Medienwissenschaft

HSK 15.3

Handbücher zur Sprach- und Kommunikationswissenschaft

Handbooks of Linguistics
and Communication Science

Manuels de linguistique et
des sciences de communication

Mitbegründet von Gerold Ungeheuer (†)
Mitherausgegeben 1985–2001 von Hugo Steger

Herausgegeben von / Edited by / Edités par
Armin Burkhardt
Herbert Ernst Wiegand

Band 15.3

Walter de Gruyter · Berlin · New York
2002

Medienwissenschaft

Ein Handbuch zur Entwicklung der Medien
und Kommunikationsformen

Herausgegeben von
Joachim-Felix Leonhard · Hans-Werner Ludwig
Dietrich Schwarze · Erich Straßner

3. Teilband

Walter de Gruyter · Berlin · New York
2002

∞ Gedruckt auf säurefreiem Papier, das die
US-ANSI-Norm über Haltbarkeit erfüllt.

ISBN 3-11-016676-3

Bibliografische Information Der Deutschen Bibliothek

Die Deutsche Bibliothek verzeichnet diese Publikation in der Deutschen
Nationalbibliografie; detaillierte bibliografische Daten sind im Internet
über <http://dnb.ddb.de> abrufbar.

© Copyright 2002 by Walter de Gruyter GmbH & Co. KG, D-10785 Berlin.
Dieses Werk einschließlich aller seiner Teile ist urheberrechtlich geschützt. Jede Verwertung außerhalb der engen Grenzen des Urheberrechtsgesetzes ist ohne Zustimmung des Verlages unzulässig und strafbar. Das gilt insbesondere für Vervielfältigungen, Übersetzungen, Mikroverfilmungen und die Einspeicherung und Verarbeitung in elektronischen Systemen.
Printed in Germany
Satz: Dörlemann Satz GmbH & Co. KG, Lemförde
Druck: Hubert & Co, Göttingen
Buchbinderische Verarbeitung: Lüderitz & Bauer-GmbH, Berlin
Einbandgestaltung und Schutzumschlag: Rudolf Hübler, Berlin

Inhalt

3. Teilband

Verzeichnis der Abbildungen und Tabellen XXII
Verzeichnis der Siglen für wissenschaftliche Zeitschriften, Reihen und
Sammelwerke XXVIII
Abkürzungen aus dem Bereich Technik und Organisation XXXIII

XLII. Mediengegenwart VIII: Der Film I: Kommunikative und ästhetische Analysen

171.	Jürgen Felix, Kommunikative und ästhetische Funktionen des modernen Spielfilms	1789
172.	Rüdiger Steinmetz, Kommunikative und ästhetische Charakteristika des gegenwärtigen Dokumentarfilms	1799
173.	Hermann Kalkofen, Kommunikative und ästhetische Funktionen des aktuellen Wissenschaftsfilms	1813
174.	Ursula von Keitz, Kommunikative und ästhetische Funktionen des Werbefilms	1821
175.	Thomas Herbst, Film translation – dubbing	1829
176.	Reinhold Rauh, Kommunikative und ästhetische Leistungen der Sprache im Film	1833

XLIII. Mediengegenwart IX: Der Film II: Förderung

177.	Klaus-Peter Dencker, Filmförderung in der Bundesrepublik Deutschland	1837

XLIV. Mediengegenwart X: Der Hörfunk I: Technik

178.	Bertram Bittel / Ingo Fiedler, Konzept und Realisierung der Analog-Digitalen Senderegien beim Südwestfunk	1882
179.	Gerhard Steinke, Produktions- und Speichertechnologien im Hörfunk	1891
180.	Henning Wilkens, Zusatz-Dienst: ARI, Radiodatensystem etc.	1908

XLV. Mediengegenwart XI: Hörfunk II:
Übertragungstechnik

181. Joachim Kniestedt, LW-, MW- und KW-Rundfunkverbreitung 1915
182. Theodor Prosch, Die Netze des Planes Genf 1984 für UKW am Beispiel Baden-Württemberg (Bundesrepublik Deutschland) . 1932
183. Thomas Lauterbach, Das Digitale Radio DAB 1941

XLVI. Mediengegenwart XII: Der Hörfunk III:
Organisations-, Programm-, Konsumentenstrukturen

184. Hans J. Kleinsteuber / Barbara Thomaß, Gegenwärtige Organisationsstrukturen des Hörfunks 1959
185. Horst O. Halefeldt, Gegenwärtige Programmstrukturen des Hörfunks 1975
186. Walter Klingler, Die Hörfunkkonsumenten 1983

XLVII. Mediengegenwart XIII: Hörfunk IV:
Kommunikative und ästhetische Analysen

187. Matthias Holtmann, Der Hörfunk in Abhängigkeit von Zulieferern 1988
188. Jürg Häusermann, Kommunikative und ästhetische Funktionen des Hörfunkprogramms 1995
189. Gerlinde Mautner, Kommunikative Funktionen der Hörfunknachrichten 2006
190. Carmen Zahn / Jürg Häusermann, Kommunikative Funktionen des Hörfunkmagazins 2019
191. Felix Kribus, Kommunikative und ästhetische Funktion des Hörfunk-Features in seiner Entwicklung ab 1945 2026
192. Peter Kottlorz, Kommunikative und ästhetische Funktion religiöser Hörfunksendungen 2039
193. Wolfgang Seifert, Kommunikative und ästhetische Funktionen der Musiksendungen im Hörfunk 2045
194. Kurt Sauerborn, Wissenschaft im Hörfunk: Aufgabe, Inhalt, Form, Präsentation 2049
195. Herbert Kapfer, Kommunikative und ästhetische Funktionen des Hörspiels 2064
196. Hans-Rüdiger Fluck, Hörfunkspezifische Präsentationsformen und Texttypen 2071
197. Josef Eckhardt, Kommunikative und psychologische Dispositionen beim Radiohören 2091

XLVIII. Mediengegenwart XIV: Der Hörfunk V: Zukünftige Entwicklungen

198.	Gerhard Steinke, Technische Weiterentwicklung des Hörfunks	2097
199.	Peter Marchal, Zukünftige Programmentwicklungen des Hörfunks	2117

XLIX. Mediengegenwart XV: Fernsehen I: Technik

200.	Heide Riedel, Von der Nipkowscheibe zur Braunschen Kathodenstrahlröhre	2127
201.	Heide Riedel, Der Weg zum Ikonoskop und Ikonoskopabtaster	2136
202.	Heide Riedel, Die Entwicklung des Zwischenfilmverfahrens	2140
203.	Heide Riedel, Der Fernseh-Einheitsempfänger E1 (1939)	2143
204.	Heide Riedel, Der Weg zur Gerbernorm	2147
205.	Wilhelm Sommerhäuser, Von der Composit- zur Componententechnik	2150
206.	Manfred Strobach, Produktionstechnik und -methoden	2155
207.	Technik der Elektronischen Berichterstattung (entfallen)	
208.	Reinhard Kalhöfer, Sendeabwicklung beim Fernsehen	2167

L. Mediengegenwart XVI: Fernsehen II: Übertragungstechnik

209.	Sven Boetcher / Eckhard Matzel, Die Entwicklung der Farbfernsehsysteme (PAL, SECAM, NTSC, PALplus)	2174
210.	Douglas Gomery, The History of U.S. Cable TV Networks (CATV)	2188
211.	Wolfgang Weinlein †, Die Fernsehversorgung und das Frequenzspektrum	2196
212.	Douglas Gomery, The Multimedia Project – Orlando/Florida	2213
213.	Pierre Meyrat, Die Satellitentechnik im Fernsehen	2219
214.	Ulrich Reimers, Die HDTV-Diskussion	2232
215.	Ulrich Reimers, Das Digitale Fernsehen (DVB)	2242

LI. Mediengegenwart XVII: Fernsehen III: Organisations-, Programm-, Konsumentenstrukturen

216.	Dietrich Schwarzkopf, Organisationsstrukturen des Fernsehens	2256
217.	Miriam Meckel, Programmstrukturen des Fernsehens	2269
218.	Walter Klingler, Die Fernsehkonsumenten	2280

LII. Mediengegenwart XVIII: Fernsehen IV: Kommunikative und ästhetische Analysen

219. Die Abhängigkeit des Fernsehens von den Programm-Zulieferern (entfallen)
220. Georg Felsberg, Service-Sendungen im Fernsehen 2286
221. Bernhard Nellessen / Fritz Frey, Entwicklung, Funktion, Präsentationsformen und Texttypen der Magazinbeiträge: Politische Magazine 2291
222. Bernhard Zimmermann, Kommunikative und ästhetische Funktionen des Fernsehens in ihrer Entwicklung 2298
223. Peter Ludes / Georg Schütte / Joachim Friedrich Staab, Entwicklung, Funktion, Präsentationsformen und Texttypen der Fernsehnachrichten 2308
224. Heinrich Löffler, Entwicklung, Funktion, Präsentationsformen und Texttypen der Talkshows 2321
225. Gerd Hallenberger, Entwicklung, Funktion, Präsentationsformen und Texttypen der Game Shows 2330
226. Gabriele Kreutzner, Entwicklung, Funktion, Präsentationsformen und Texttypen der Soap-Operas 2340
227. Knut Hickethier, Entwicklung, Funktion, Präsentationsformen und Texttypen der Fernsehspiele 2350
228. Peter Kottlorz, Entwicklung, Funktion, Präsentationsformen und Texttypen religiöser Sendungen im deutschen Fernsehen 2363
229. Ludwig Graf, Entwicklung, Funktion, Präsentationsformen und Texttypen der Telekolleg- oder Akademie-Sendungen . . . 2369
230. Richard Brunnengräber, Entwicklung, Funktion, Präsentationsformen und Texttypen der Wissenschaftssendungen . . 2384
231. Verena Burk, Entwicklung, Funktion, Präsentationsformen und Texttypen der Sportsendungen 2388
232. Entwicklung, Funktion, Präsentationsformen und Texttypen der Kindersendungen (entfallen)
233. Hans-Friedrich Foltin, Fernsehen als Unterhaltung 2406
234. Siegfried J. Schmidt, Entwicklung, Funktionen und Präsentationsformen der Werbesendungen aus der Sicht der Wissenschaft 2414
235. Karl-Heinz Hofsümmer / Dieter K. Müller, Entwicklung, Funktionen und Präsentationsformen der Werbesendungen aus der Sicht der Praxis 2425
236. Michael Altrogge, Entwicklung, Funktion, Präsentationsformen und Texttypen der Videoclips 2439
237. Werner Holly, Fernsehspezifik von Präsentationsformen und Texttypen 2452
238. Colin Berry, Viewing patterns and viewer habits: Communicative and aesthetic analyses 2465

LIII.	Mediengegenwart XIX: Fernsehen V: Zukünftige Entwicklungen und Forschungsgeschichte	
239.	Gerd Hallenberger, Zukünftige Programmentwicklungen des Fernsehens	2478
240.	Lothar Mikos, Forschungsgeschichte des Fernsehens	2486
240a.	Dietrich Schwarze, Interaktives Fernsehen	2500

LIV.	Neue Dienste	
241.	Dietmar Kaletta, Die technische Voraussetzung von Online-Diensten: Das Internet	2508
242.	Dietmar Kaletta, Die technischen Grundlagen von Online-Diensten im Internet	2525
243.	Georg Sandberger, Haftung der Online-Dienste: Strafrecht, Zivilrecht, Urheberrecht, Wettbewerbsrecht	2533
244.	Ralph Schmidt, Neue Online-Dienste und Internet	2564
245.	Martin Gläser, Online-Dienste: Ökonomie	2580
246.	Friedrich W. Hesse / Stephan Schwan, Internet-based Tele-teaching	2597
247.	Birgit Godehard / Carsten Klinge / Ute Schwetje, Aktuelle Bedeutung der Telearbeit für Unternehmen – Empirische Befunde aus dem Mittelstand	2611
248.	Frank Scholze / Werner Stephan, Electronic Publishing	2634

LV.	Mediengesellschaft I: Medienmarkt	
249.	Helmut Volpers, Der internationale Buchmarkt	2649
250.	Horst Röper, Der internationale Zeitungs- und Zeitschriftenmarkt	2661
251.	Hannemor Keidel, Der internationale Film- und Videomarkt	2666
252.	Carl Mahlmann / Peter Zombik, Der internationale Markt für Musik-Produktionen	2677
253.	George Wedell / Olivia Henley, International media markets: Television-production	2690
254.	Horst Röper, Die internationale Medienverflechtung	2694
255.	Jürgen Heinrich, Der Markt der Informationsökonomie	2699

LVI.	Mediengesellschaft II: Medienpolitik	
256.	Gerd G. Kopper, Medienpolitik in Deutschland	2714
257.	Dirk M. Barton, Medienpolitik in Europa	2727
258.	Gerald Baldasty, Media-Politics in USA	2741

LVII.	Mediengesellschaft III: Medienrecht und Medienethik	
259.	Udo Branahl, Medienrecht in Deutschland	2750
260.	Herbert Bethge, Medienrecht in Europa	2761
261.	Martin Eifert, Medienrecht in den USA	2772
262.	Dietmar Mieth, Medienethik	2787

LVIII.	Mediengesellschaft IV: Medienpädagogik und Mediendidaktik	
263.	Dieter Baacke †, Medienpädagogik	2800
264.	Gerhard Tulodziecki, Mediendidaktik	2807

LIX.	Forschungsschwerpunkte und Forschungseinrichtungen	
265.	Hans Bohrmann, Medienforschungsschwerpunkte und -einrichtungen: Deutschland	2820
266.	Medienforschungsschwerpunkte und -einrichtungen: Europa (entfallen)	
267.	Douglas Gomery, Media research programmes and institutions in the United States	2829
268.	Nobuya Otomo, Medienforschungsschwerpunkte und -einrichtungen: Japan	2833
269.	Joachim-Felix Leonhard, Medienarchive	2840

LX.	Register	
Namenregister		2859
Institutionenregister		2932
Sachregister		2947

1. Teilband

Vorwort	XXI
Verzeichnis der Abbildungen, Karten und Tabellen	XXIII
Verzeichnis der Siglen für wissenschaftliche Zeitschriften, Reihen und Sammelwerke	XXVI
Abkürzungen aus dem Bereich Technik und Organisation	XXXI

I. Medienwissenschaft I: Grundlagen

1. Ulrich Saxer, Der Forschungsgegenstand der Medienwissenschaft ... 1
2. Frank Hartmann, Die Grundlagen der wissenschaftlichen Erforschung der Medien ... 15
3. Manfred Muckenhaupt, Die Grundlagen der kommunikationsanalytischen Medienwissenschaft ... 28
4. Die Grundlagen der ästhetikorientierten Medienwissenschaft (entfallen)
5. Siegfried Weischenberg, Die Grundlagen der Kommunikatorforschung in der Medienwissenschaft ... 58
6. Anna M. Theis-Berglmair, Die Grundlagen der Organisationsforschung in der Medienwissenschaft ... 70
7. Michael Charlton / Michael Barth, Grundlagen der empirischen Rezeptionsforschung in der Medienwissenschaft ... 82
8. Walter Klingler / Gunnar Roters, Die Grundlagen der Wirkungsforschung in der Medienwissenschaft ... 111
9. Helmut Mangold / Peter Regel-Brietzmann, Die Schnittstelle Mensch-Maschine in der Medienwissenschaft ... 118

II. Medienwissenschaft II: Medientheorie

10. Wolfgang Adam, Theorien des Flugblatts und der Flugschrift ... 132
11. Hans Bohrmann, Theorien der Zeitung und Zeitschrift ... 143
12. Johannes Kamps, Theorien des Plakats ... 148
13. Tilo R. Knops, Theorien des Films ... 161
14. Friederike Herrmann, Theorien des Hörfunks ... 175
15. Manfred Schneider, Theorien des Fernsehens ... 189
16. Jürgen Heinrich, Theorien der Medienverflechtung ... 200

III. Medienwissenschaft III: Medienanalyse

17. Semiotische Methoden der Medienanalyse (entfallen)
18. Hans-Jürgen Bucher, Sprachwissenschaftliche Methoden der Medienanalyse ... 213
19. Bernhard Zimmermann, Literaturwissenschaftliche Methoden der Medienanalyse ... 231
20. Klaus Merten, Sozialwissenschaftliche Methoden der Medienanalyse ... 244
21. Hans-Dieter Kübler, Qualitative versus quantitative Methoden in der Medienanalyse ... 256

IV. Nachbar- und Hilfswissenschaften

22.	Hans-Dieter Bahr, Medien-Nachbarwissenschaften I: Philosophie	273
23.	Winfried Nöth, Medien-Nachbarwissenschaften II: Semiotik	281
24.	Hans-Jürgen Bucher, Medien-Nachbarwissenschaften III: Linguistik	287
25.	Klaus Kanzog, Medien-Nachbarwissenschaften IV: Literaturwissenschaft	310
26.	Hans-Dieter Kübler, Medien-Nachbarwissenschaften V: Sozialwissenschaften	318
27.	Thomas Hoeren, Medien-Nachbarwissenschaften VI: Jurisprudenz	337
28.	Franz Xaver Bea, Medien-Nachbarwissenschaften VII: Ökonomie	347
29.	Hans-Dieter Kübler, Medien-Nachbarwissenschaften VIII: Pädagogik und Didaktik	355
30.	Gundolf Winter, Medien-Nachbarwissenschaften IX: Kunstwissenschaft/Kunstgeschichte	366
31.	Hans Norbert Janowski, Medien-Nachbarwissenschaften X: Theologie	374
32.	Klaus Haefner, Medien-Nachbarwissenschaften XI: Informatik	385

V. Technische Grundlagen der Medien I: Printmedien

33.	Eva Hanebutt-Benz, Technik des Buches	390
34.	Ernst-Peter Biesalski, Buchbinderei	421

VI. Geschichte der Printmedien und ihrer Erforschung I: Buch und Broschüre I: Technik

35.	Otto Mazal, Schreib- und Illustrationstechniken bis zum Beginn des Buchdrucks	439
36.	Das abendländische Buch vor der Erfindung des Buchdrucks (entfallen)	
37.	Severin Corsten, Die Technikgeschichte der Inkunabeln (Wiegendrucke)	444
38.	Gerhard Brinkhus, Die Technikgeschichte des Buches und der Broschüre vom 16. bis zum 20. Jahrhundert	450

VII. Geschichte der Printmedien und ihrer Erforschung II: Buch und Broschüre II: Geschichte des Verlags-, Vertriebs- und Bibliothekswesens

39.	Eduard Schönstedt, Geschichte des Buchverlags	458

40.	Stephan Füssel, Geschichte des Buchhandels	468
41.	Joachim-Felix Leonhard, Geschichte der Bibliotheken	473
42.	Ernst Fischer, Geschichte der Zensur	500

VIII. Geschichte der Printmedien und ihrer Erforschung III: Buch und Broschüre III: Kommunikative und ästhetische Analysen

43.	Erich Kleinschmidt, Kommunikative und ästhetische Leistungen der Sprache in Büchern und Broschüren in ihrer geschichtlichen Entwicklung	514
44.	Peter Rau, Kommunikative und ästhetische Funktionen des antiken Buches	526
45.	Volker Honemann, Funktionen des Buches in Mittelalter und früher Neuzeit	539
46.	Bettina Kümmerling-Meibauer, Kommunikative und ästhetische Funktionen historischer Kinder- und Jugendbücher	560

IX. Geschichte der Printmedien und ihrer Erforschung IV: Buch und Broschüre IV: Forschungsgeschichte

47.	Stephan Füssel, Buch-Forschung	569
48.	Ute Schneider, Forschungsgeschichte des Buch- und Broschürenautors	574
49.	Ute Schneider, Forschungsgeschichte des Lesers	583

X. Geschichte der Printmedien und ihrer Erforschung V: Buch und Broschüre V: Geschichtliche Längs- und Querschnitte in Auswahl

50.	Werner H. Kelber, The Bible in the book tradition	592
51.	Justus Cobet, Herodot (ca. 485–425 v. Chr.), Historien und die antike Geschichtsschreibung	600
52.	Johannes Brachtendorf, Augustinus, 'Confessiones' (354–430) und die großen Autobiographen	614
53.	Benedikt Konrad Vollmann, Von Isidor von Sevilla, 'Etymologiae' (636 gest.) zu Albertus Magnus (1193–1280). Die großen mittelalterlichen Enzyklopädien	625
54.	Joerg O. Fichte, The shaping of European historiography: Beda, 'Historia Ecclesiastica Gentis Anglorum' (c. 731) and Geoffrey of Monmouth, 'Historia Regum Britanniae' (c. 1136)	636
55.	Jakob Hans Josef Schneider, Die Summa Theologiae des Thomas von Aquin (1225–74) und das christliche Weltbild des Mittelalters	649

56. Folker Reichert, Marco Polo, 'Divisament dou monde' und die Reisebücher 665
57. Hans-Werner Ludwig, Thomas Morus, 'Utopia' und die Utopien 680
58. Lothar Fietz, Baldassare Castigliones 'Il Cortegiano' (1528) und das Menschenbild der Renaissance 695
59. Margarete Lindemann, Robert Estienne, Dictionarium (1531), und die Entwicklung der Lexikographie 710
60. Peter Herde, Niccolò Machiavelli, 'Il Principe' (1532) und die Staatskunstlehren 725
61. Andreas Kühne / Stefan Kirschner, Nicolaus Copernicus, 'De Revolutionibus Orbium Coelestium' (1543) und das Neue Weltbild 734
62. Bernhard Kelle, Abraham Ortelius, Theatrum Orbis Terrarum (1570) und die Entwicklung der Atlanten 746
63. Ernst Fischer, Bestseller in Geschichte und Gegenwart 764
64. Bernd Dolle-Weinkauff, Entstehungsgeschichte des Comic .. 776

XI. Geschichte der Printmedien und ihrer Erforschung VI: Flugblatt und Flugschrift I: Herstellung, Vertrieb und Forschungsgeschichte

65. Eva-Maria Bangerter-Schmid, Herstellung und Verteilung von Flugblättern und Flugschriften in ihrer geschichtlichen Entwicklung 785
66. Wolfgang Harms, Forschungsgeschichte der Flugblätter und Flugschriften 790

XII. Geschichte der Printmedien und ihrer Erforschung VII: Flugblatt und Flugschrift II: Kommunikative und ästhetische Analysen sowie geschichtliche Längs- und Querschnitte in Auswahl

67. Erich Straßner, Kommunikative Aufgaben und Leistungen des Flugblatts und der Flugschrift 794
68. Johannes Schwitalla, Präsentationsformen, Texttypen und kommunikative Leistungen der Sprache in Flugblättern und Flugschriften 802
69. Michael Schilling, Geschichte der Flugblätter und Flugschriften bis um 1700 817
70. Sigrun Haude, Geschichte von Flugblatt und Flugschrift als Werbeträger 820

XIII.	Geschichte der Printmedien und ihrer Erforschung VIII: Zeitung und Zeitschrift I: Technik	
71.	Roger Münch, Technische Herstellung von Zeitungen und Zeitschriften bis ins 20. Jahrhundert	825
XIV.	Geschichte der Printmedien und ihrer Erforschung IX: Zeitung und Zeitschrift II: Geschichte des Verlags- und Distributionswesens	
72.	Volker Schulze, Geschichte der Zeitungs- und Zeitschriftenverlage	831
XV.	Geschichte der Printmedien und ihrer Erforschung X: Zeitung und Zeitschrift III: Kommunikative und ästhetische Analyse	
73.	Erich Straßner, Kommunikative Aufgaben und Leistungen der Zeitung	837
74.	Erich Straßner, Kommunikative Aufgaben und Leistungen der Zeitschrift	852
75.	Ulrich Püschel, Präsentationsformen, Texttypen und kommunikative Leistungen der Sprache in Zeitungen und Zeitschriften	864
XVI.	Geschichte der Printmedien und ihrer Erforschung XI: Zeitung und Zeitschrift IV: Forschungsgeschichte	
76.	Hartwig Gebhardt, Forschungsgeschichte der Zeitung	881
77.	Hans Bohrmann, Forschungsgeschichte der Zeitschrift	892
XVII.	Geschichte der Printmedien und ihrer Erforschung XII: Zeitung und Zeitschrift V: Geschichtliche Längs- und Querschnitte in Auswahl	
78.	Kurt Koszyk, Allgemeine Geschichte der Zeitung	896
79.	Erich Straßner, Historische Entwicklungstendenzen der Zeitungsberichterstattung	913
80.	Gerhardt Petrat, Geschichte des Intelligenzblattes	923
81.	Hans-Wolfgang Wolter, Geschichte des General-Anzeigers . .	931
82.	Heinz-Dietrich Fischer, Geschichte der Parteizeitung	939
83.	Jörg Hennig, Geschichte der Boulevardzeitung	955
84.	Geschichte der alternativen Presse (entfallen)	
85.	Hasso Reschenberg, Geschichte der Fachzeitschriften	965

XVIII. Geschichte der Printmedien und ihrer Erforschung XIII: Das Plakat I: Herstellung, Vertrieb und Forschungsgeschichte

86. Johannes Kamps, Herstellung und Verteilung des Plakats in seiner geschichtlichen Entwicklung 974
87. Johannes Kamps, Forschungsgeschichte des Plakats 979

XIX. Geschichte der Printmedien und ihrer Erforschung XIV: Das Plakat II: Kommunikative und ästhetische Analysen sowie geschichtliche Längs- und Querschnitte in Auswahl

88. Dieter Fuder, Kommunikative und ästhetische Funktionen des Plakats in ihrer geschichtlichen Entwicklung 985
89. Dieter Fuder, Kommunikative und ästhetische Leistungen der Sprache im Plakat in ihrer geschichtlichen Entwicklung 1001
90. Bernhard Denscher, Geschichte des Plakats 1011
91. Robert Müller, Geschichte des Werbeplakats 1016

Farbtafeln   nach 1025

2. Teilband

Verzeichnis der Abbildungen, Karten und Tabellen XX
Verzeichnis der Siglen für wissenschaftliche Zeitschriften, Reihen und Sammelwerke XXV
Abkürzungen aus dem Bereich Technik und Organisation XXX

XX. Technische Grundlagen der Medien II: Film

92. Wolfgang Mühl-Benninghaus, Vom Stummfilm zum Tonfilm   1027
93. Bodo Weber, Die Filmformate 1032
94. Peter Kübler, Der Trickfilm 1038

XXI. Geschichte des Films und seiner Erforschung I: Technik

95. Ludwig Maria Vogl-Bienek, „Projektionskunst". Paradigma der visuellen Massenmedien des 19. Jahrhunderts 1043

XXII. Geschichte des Films und seiner Erforschung II: Produktion und Distribution

96. Helmut Merschmann, Die Filmproduktion in ihrer geschichtlichen Entwicklung 1059
97. Carsten Fedderke, Der Filmverleih in seiner geschichtlichen Entwicklung 1072
98. Thorsten Lorenz, Das Kino in seiner geschichtlichen Entwicklung 1084

XXIII. Geschichte des Films und seiner Erforschung III: Kommunikative und ästhetische Analysen

99. Erich Straßner, Kommunikative und ästhetische Leistungen der Sprache in der Geschichte des Films 1093
100. Wolfgang Mühl-Benninghaus, Kommunikative und ästhetische Funktionen des deutschen Stummfilms 1106
101. Jürgen Felix, Kommunikative und ästhetische Funktionen des Spielfilms 1117
102. Wolfgang Mühl-Benninghaus, Kommunikative und ästhetische Funktionen des deutschen Dokumentarfilms . . . 1123
103. Hans-Christian Schmidt-Banse, Die kommunikativen und ästhetischen Funktionen der Filmmusik 1137

XXIV. Geschichte des Films und seiner Erforschung IV: Forschungsgeschichte

104. Douglas Gomery, The Research History of Film as an Industry 1143
105. Michael Töteberg, Forschungsgeschichte des Kinos 1150

XXV. Geschichte des Films und seiner Erforschung V: Filmgeschichtliche Fallstudien

105a. Martin Loiperdinger, Die Anfänge des Films 1161
106. Hans-Werner Ludwig, David Wark Griffith 1167
107. Frank Kessler, Die Ufa in der Weimarer Republik (1918–1933) 1177
108. Janina Urussowa, Der russische Film. Lev Kuleschov, Vsevolod Pudovkin, Sergei Eisenstein 1185
109. Olaf Schumacher / Hans J. Wulff, Warner, Fox, Tobis-Klangfilm und die Anfänge des Tonfilms (zwanziger Jahre) . . 1198
110. Hans-Peter Rodenberg, Der klassische Hollywoodfilm der dreißiger und vierziger Jahre 1207
111. Gianni Rondolino, Der italienische Neorealismus (Rossellini, De Sica, De Santis, Visconti, Fellini, Antonioni) 1219

112.	Klaus Peter Walter, Das 'cinéma des auteurs' und die Nouvelle Vague	1228
113.	Harry Blunk †, Der DDR-Film	1237

XXVI. Technische Grundlagen der Medien III: Hörfunk

114.	Dietrich Schwarze, Die akustischen Grundlagen der Tontechnik	1246
115.	Wolfgang Rein, Grundlagen der Hörfunk-Studiotechnik	1272
116.	Peter Lentz, Die Grundlagen der Hörfunk-Übertragungstechnik	1289

XXVII. Technische Grundlagen der Medien IV: Die Übertragung

117.	Dirk Didascalou / Werner Wiesbeck, Die drahtlose Informationsübertragung	1305
118.	Joachim Speidel, Die leitergebundene Informationsübertragung	1323
119.	Frank Müller-Römer, Distributions- und Kontributionssysteme für Hörfunk und Fernsehen	1339
120.	Henning Wilkens, Zusatzdienste in Rundfunk und Fernsehen	1348
121.	Siegfried Dinsel, Empfangstechniken für Hörfunk und Fernsehen	1353

XXVIII. Geschichte des Hörfunks und seiner Erforschung I: Technik

122.	Hans Schubert, Von der Edisonwalze zur CD	1362
123.	Gerhard Steinke, Produktionsmethoden im Wandel der technischen Entwicklung	1366
124.	Ansgar Diller, Vom Kristalldetektor zum Superhet	1375
125.	Dieter Stahl, Kunstkopf-Stereophonie	1377

XXIX. Geschichte des Hörfunks und seiner Erforschung II: Übertragungstechnik

126.	Heinrich Brunswig, Die internationale Sendertechnik vor 1945	1387
127.	Peter Senger, Das Sendernetz der Deutschen Welle, Realisierung einer weltweiten Hörfunkversorgung	1395
128.	Ansgar Diller, Groß-Veranstaltungen der Rundfunk-Übertragung: Olympische Spiele in Berlin 1936	1412

XXX.	Geschichte des Hörfunks und seiner Erforschung III: Organisation, Programm und Forschungsgeschichte	
129.	Horst O. Halefeldt, Die Organisationsstruktur des Hörfunks in ihrer Entwicklung	1415
130.	Renate Schumacher / Horst O. Halefeldt, Die Programmstruktur des Hörfunks in ihrer Entwicklung	1429
131.	Renate Schumacher, Zur Geschichte der Hörfunkforschung	1445
XXXI.	Geschichte des Hörfunks und seiner Erforschung IV: Kommunikative und ästhetische Analysen	
132.	Felix Kribus, Kommunikative und ästhetische Funktion des Hörfunk-Features in seiner Entwicklung bis 1945	1460
133.	Wolfram Wessels, Kommunikative und ästhetische Funktionen des hörfunkdramatischen Bereichs in ihrer Entwicklung bis 1945	1469
134.	Ansgar Diller, Kommunikative Funktion der Hörfunkpropagandasendungen im Zweiten Weltkrieg	1478
XXXII.	Geschichte des Hörfunks und seiner Erforschung V: Geschichtliche Längs- und Querschnitte in Auswahl	
135.	Peter Ziegler, Geschichte der politischen Berichterstattung im Hörfunk	1483
136.	Hans-Jürgen Krug, Geschichte des Hörspiels	1488
137.	Horst O. Halefeldt, Die Arbeiter-Radio-Bewegung in Deutschland	1500
138.	Manfred Jenke, Die Geschichte des Musikprogramms	1504
XXXIII.	Technische Grundlagen der Medien V: Elektronische Informationsverarbeitung	
139.	Werner Rupprecht, Digitalisierung als Grundlage der elektronischen Informationstechnik	1514
XXXIV.	Geschichte des Fernsehens	
140.	Dietrich Schwarzkopf, Geschichte des Fernsehens	1539
141.	Friedrich-Wilhelm von Sell, Die Entwicklung des Organisationsrechts der elektronischen Medien in Deutschland	1552

XXXV. Mediengegenwart I: Buch und Broschüre I: Technik, Verlags-, Vertriebs- und Bibliothekswesen

142.	Renate Stefan, Die Technik der modernen Buch- und Broschürenherstellung	1564
143.	Elmar Mittler, Bibliotheken – gegenwärtige Situation und Tendenzen der Entwicklung	1574

XXXVI. Mediengegenwart II: Buch und Broschüre II: Kommunikative und ästhetische Analysen

144.	Bettina Kümmerling-Meibauer, Kommunikative und ästhetische Funktionen des modernen Kinder- und Jugendbuchs	1585
145.	Rosemarie Gläser, Kommunikative und ästhetische Funktionen des Sachbuchs der Gegenwart	1594
146.	Günther Hadding / Werner Ludewig, Ästhetische und kommunikative Funktionen des modernen Lexikons	1605
147.	Hans-Otto Hügel, Kommunikative und ästhetische Funktion des Romanhefts	1621
148.	Dietrich Grünewald, Kommunikative und ästhetische Funktion der Comicschriften	1631
149.	Horst Dieter Schlosser, Kommunikative und ästhetische Leistungen der Sprache im modernen Buch	1639
150.	Valeria D. Stelmakh, Verbraucherverhalten und Leserreaktion (am Beispiel der Lesersituation im postsowjetischen Rußland)	1648

XXXVII. Mediengegenwart III: Buch und Broschüre III: Zukünftige Entwicklungen

151.	Günther Pflug, Zukunftsperspektiven des Buches	1556

XXXVIII. Mediengegenwart IV: Zeitung und Zeitschrift I: Technik, Verlags- und Vertriebswesen

152.	Boris Fuchs, Technik der modernen Zeitungs- und Zeitschriftenproduktion	1664
153.	Boris Fuchs, Moderne Zeitungsdruckereien	1671
154.	Volker Schulze, Der Zeitungs- und Zeitschriftenverlag	1677

XXXIX. Mediengegenwart V: Zeitung und Zeitschrift II: Kommunikative und ästhetische Analysen

155.	Volker Schulze, Agenturen und Pressestellen als Informationsquellen der Zeitung	1681

156.	Christoph H. Roland, Kommunikative Funktion von Pressestellen	1685
157.	Peter Zschunke, Kommunikative Funktionen der Agenturarbeit	1689
158.	Roger Fowler, The language of newspapers: communicative and aesthetic aspects	1693
159.	Hans Ramge / Britt-Marie Schuster, Kommunikative Funktionen des Zeitungskommentars	1702
160.	Michael Geisler, Berichterstattung in der Zeitung: Kommunikative und ästhetische Fragen	1712
161.	Thomas Schröder, Kommunikative Funktionen des Zeitungsinterviews	1720
162.	Gernot Stegert, Kommunikative Funktionen der Zeitungsrezension	1725
163.	Bernhard Sowinski, Kommunikative und ästhetische Funktionen der Werbebeiträge in Zeitungen und Zeitschriften (Anzeigen)	1729
164.	Erich Straßner, Zeitschriftenspezifische Präsentationsformen und Texttypen	1734
165.	Hans-Dieter Kübler, Kommunikative und ästhetische Dispositionen im Konsum- und Rezeptionsverhalten von Zeitungs- und Zeitschriftenlesenden	1740

XL. Mediengegenwart VI: Zeitung und Zeitschrift III: Zukünftige Entwicklungen

166.	Thomas Breyer-Mayländer, Auswirkungen der Digitaltechnik auf die technische Weiterentwicklung von Zeitungen und Zeitschriften	1751
167.	Andreas Kübler, Zukunftsperspektiven von Zeitungen und Zeitschriften	1756

XLI. Mediengegenwart VII: Plakat I: Kommunikative und ästhetische Analysen

168.	Michael Schirner, Kommunikative und ästhetische Funktionen des Werbeplakats	1766
169.	Gerd Müller, Kommunikative und ästhetische Funktionen des Wahlplakats	1770
170.	Erich Straßner, Kommunikative und ästhetische Leistungen von Bild und Sprache im Plakat	1783

Verzeichnis der Abbildungen und Tabellen

3. Teilband

Klaus-Peter Dencker, Filmförderung in der Bundesrepublik Deutschland

Tab. 177.1:	Tabelle A: Filmförderung des Bundesministeriums des Inneren (1989–1996)	1846
Tab. 177.2:	Tabelle B: Filmförderung des BKM (2000)	1847
Tab. 177.3:	Tabelle C: Filmförderung des BMI für die neuen Bundesländer (1990–1993)	1847
Tab. 177.4.1:	Tabelle D 1: Jahresrechnungen der FFA (1996–2000)	1849
Tab. 177.4.2:	Tabelle D 2: Einnahmen und Ausgaben der FFA (1968–1998)	1850
Tab. 177.5:	Tabelle E: Multiplexe – Besuch und Umsatz nach Generationen (1997–2000)	1853
Tab. 177.6:	Tabelle F: Gesamtdotation der sieben Film-/Fernsehabkommen ARD/ZDF/FFA (1974–2003)	1854
Tab. 177.7:	Tabelle G: Fördermittel des Fernsehens an Filmförderinstitutionen des Bundes und der Länder 1999	1855
Tab. 177.8:	Tabelle H: Direkte Zuwendungen zwischen privaten Sendeunternehmen und FFA (1989–1998)	1856
Tab. 177.9:	Tabelle I: Übersicht über alle Länderförderungen, Gesamtvolumina und Förderungsbereiche (2000/2001)	1866
Tab. 177.10:	Tabelle J: Struktureller Aufbau von MEDIA PLUS	1873

Bertram Bittel / Ingo Fiedler, Konzept und Realisierung der Analog-Digitalen Senderegien beim Südwestfunk

Abb. 178.1:	Prinzip der analog-digitalen Senderegie	1883
Abb. 178.2:	Blockschaltbild der analog-digitalen Senderegie	1884
Abb. 178.3:	Möglichkeit der Monovermittlung mit einem Digitalkoppler	1890

Gerhard Steinke, Produktions- und Speichertechnologien im Hörfunk

Abb. 179.1:	5-Kanal(3/2)-Referenzanordnung der Lautsprecher für Mehrkanal-Stereofonie	1896
Abb. 179.2:	Grundstruktur eines Tonkanals in einem Analog-Tonmischpult der 2. Generation	1897
Abb. 179.3:	Prinzip der steuertechnischen Hierarchie von fernsteuerbaren Pegelstellern	1899
Abb. 179.4:	Aufbau eines Tonkanals in PCM-Technik für digitale Anlagen der 4. Generation	1900
Abb. 179.5:	Beispiel für den Raumaufteilungsplan für den technischen Bereich einer kompletten Hörfunkstation	1904

Joachim Kniestedt, LW-, MW- und KW-Rundfunkverbreitung

Abb. 181.1:	Prinzipschaltbild eines Senders mit Pulsdauermodulation für den LW-, MW- oder KW-Bereich	1918
Tab. 181.1:	MW-Sender für die Programme der Landesrundfunkanstalten	1926
Tab. 181.2:	LW-, MW- und KW-Sender für die beiden Programme des DeutschlandRadios	1927
Tab. 181.3:	LW/MW-Sender für andere Programme	1927

Verzeichnis der Abbildungen und Tabellen XXIII

Thomas Lauterbach, Das Digitale Radio DAB
Abb. 183.1: Blockschaltbild DAB-Signalerzeugung und DAB-Empfänger 1945
Abb. 183.2: DAB-Audiorahmen 1946
Abb. 183.3: Generierung des OFDM-Signals 1949
Tab. 183.1: Parameter der Transmission Modes 1950

Hans-Rüdiger Fluck, Hörfunkspezifische Präsentationsformen und Texttypen
Tab. 196.1: Vergleich radiojournalistischer Formen in der Praxisliteratur 2078
Tab. 196.2: Nachrichtengliederung 2079
Tab. 196.3: Schaubild: journalistische Darstellungsformen 2082

Gerhard Steinke, Technische Weiterentwicklung des Hörfunks
Abb. 198.1a: Ablauftechnische Organisation einer großen Hörfunkanstalt – Ist-Zustand 2102
Abb. 198.1b: Ablauftechnische Organisation einer großen Hörfunkanstalt – Soll-Zustand 2103
Abb. 198.2: Anschluß und Ausbau des Aktualitätenspeichers in einer großen Hörfunkanstalt 2104
Abb. 198.3: Zuständigkeiten für die Betreuung technischer Probleme im System Hörrundfunk 2105
Abb. 198.4: Blockschaltbild eines neueren großen digitalen Tonmischpultes 2107
Abb. 198.5: Grundprinzip eines digitalen Programm-Abwicklungsmischpultes 2111

Heide Riedel, Von der Nipkowscheibe zur Braunschen Kathodenstrahlröhre
Abb. 200.1: Patentschrift Nipkow 2129
Abb. 200.2: Patentzeichnung Nipkow 2131
Abb. 200.3: Karolus-Fernsehanlage 1924 2132
Abb. 200.4: Apparatur von Dickmann und Glage 1906 2134
Abb. 200.5: Film-Abtaströhre von Ardenne, 1933 2135

Heide Riedel, Der Weg zum Ikonoskop und Ikonoskopabtaster
Abb. 201.1: Fernseh-Kanone, 1936 2139

Heide Riedel, Die Entwicklung des Zwischenfilmverfahrens
Abb. 202.1: Fernsehaufnahmen der RRG für das Zwischenfilmverfahren 2142

Heide Riedel, Der Fernseh-Einheitsempfänger E 1 (1939)
Abb. 203.1: Außenansicht des E 1 2145
Abb. 203.2: Empfängerchassis des E 1 2146

Heide Riedel, Der Weg zur Gerbernorm
Abb. 204.1: Erste deutsche Fernsehnorm 2148
Abb. 204.2: Schema Zeilensprung 2149

Reinhard Kalhöfer, Sendeabwicklung beim Fernsehen
Abb. 208.1: Struktur des übergeordneten Verwaltungssystems einer Sendeabwicklung 2172

Sven Boetcher / Eckhard Matzel, Entwicklung der Farbfernsehsysteme (PAL, SECAM, NTSC, PALplus)
Abb. 209.1: Vorläufer des NTSC-Coders 2176
Abb. 209.2: NTSC-Coder und Decoder 2177
Abb. 209.3: SECAM-Coder und Decoder 2179
Abb. 209.4: Zeigerdarstellung der Phasenanlagen beim PAL-Verfahren 2183
Abb. 209.5: PAL-Coder und Decoder 2185
Abb. 209.6: Blockschaltbild des PALplus-Coders 2186
Abb. 209.7: Schematisches Oszillogramm einer Video- und Helperzeile 2187

Wolfgang Weinlein, Die Fernsehversorgung und das Frequenzspektrum
Abb. 211.1:	Gesamtes Frequenzspektrum	2197
Abb. 211.2:	Frequenzplanungsregionen	2199
Abb. 211.3:	Spektrum der Frequenzbereiche I bis V	2202
Tab. 211.1:	Anzahl der Fernsehsender (1995)	2204
Abb. 211.4:	11/12 GHz-Satellitenbereich	2206
Abb. 211.5:	Kabel-Frequenzraster	2211
Tab. 211.2:	Frequenzplanung ab 2008	2213

Ulrich Reimers, Die HDTV-Diskussion
Abb. 214.1:	Vergleich der Bildausschnitte beim heutigen Fernsehen und bei HDTV	2232
Abb. 214.2:	Typische Betrachtungsbedingungen beim heutigen Fernsehen	2233
Abb. 214.3:	Beispiel für einen HDTV-Bildschirm	2233
Abb. 214.4:	Vergleich der Zeilenstruktur beim heutigen Fernsehen und bei HDTV	2234
Abb. 214.5:	Auflösungsvergleich zwischen heutigem Fernsehen und HDTV	2235

Ulrich Reimers, Das Digitale Fernsehen (DVB)
Abb. 215.1:	Ein Szenario für die Nutzung von DVB	2243
Abb. 215.2:	Organisationsplan des DVB-Projektes	2247
Abb. 215.3:	Belegung der UHF-Fernsehkanäle in Europa mit Sendern für das analoge Fernsehen	2249
Abb. 215.4:	Möglichkeiten zur Verbreitung des Digitalen Fernsehens	2250
Abb. 215.5:	Aufgabenverteilung bei der Entwicklung von DVB	2251

Miriam Meckel, Programmstrukturen des Fernsehens
Tab. 217.1:	Produktionsarten des Gesamtprogramms im deutschen Fernsehen nach Rundfunktypen 1988–1990	2274
Tab. 217.2:	Produktionsländer des Gesamtprogramms im deutschen Fernsehen nach Rundfunktypen 1988–1990	2275
Tab. 217.3:	Programmstrukturen der fünf bundesdeutschen Fernsehvollprogramme 1994	2275

Ludwig Graf, Entwicklung, Funktion, Präsentationsformen und Texttypen der Telekolleg- oder Akademiesendungen
Abb. 229.1:	Telekolleg II 1998–2000, Stundenplan für 6 Trimester	2372
Abb. 229.2:	Die übergeblendete Grafik strukturiert den realen Prozess und bestätigt das abstrakte Modell	2377
Abb. 229.3:	Aus einem Trickfilm zur Standortbestimmung durch Satellitennavigation	2377
Abb. 229.4:	Drei Bildquellen in einem Endbild (1): Flugzeuge beim Start	2378
Abb. 229.5:	Drei Bildquellen in einem Endbild (2): Frequenzanalyse eines Posaunenklangs	2378
Abb. 229.6:	Neugierde wecken: Aktive Impfung	2378
Abb. 229.7:	Antwort geben: Reaktion des menschlichen Immunsystems auf Erreger	2379
Abb. 229.8:	Digitale Rekonstruktion der mittelalterlichen Abtei von Cluny	2380
Abb. 229.9:	Bild einer Analogie „Das Atom ist wie das Sonnensystem"	2381
Abb. 229.10:	Analogie „Fernsehsender brauchen Platz auf einem Frequenzband, wie Vögel auf einer Leitung"	2382
Abb. 229.11:	Analoges Modell: Darstellung der Funktionsweise eines Transistors	2382
Abb. 229.12:	Logisches Bild eines Wärmekraftwerkes	2383
Abb. 229.13:	Logisches Bild eines Flight-Mangement and Guidance-Systems	2383

Verzeichnis der Abbildungen und Tabellen   XXV

Verena Burk, Entwicklung, Funktion, Präsentationsformen und Texttypen der Sportsendungen

Tab. 231.1:	Entwicklung der ARD-Sportberichterstattung 1953 bis 1962	2389
Tab. 231.2:	Kosten der Übertragungsrechte an der Fußball-Bundesliga zwischen der Saison 1966/67 und 1969/70	2390
Tab. 231.3:	Entwicklung der ARD- und ZDF-Sportberichterstattung 1963 bis 1975	2391
Abb. 231.1:	Entwicklung der ARD- und ZDF-Sportberichterstattung 1976 bis 1984	2392
Abb. 231.2:	TOP-10-Rangliste der Sender nach ihrem Umfang der Sportberichterstattung 1998	2392
Tab. 231.4:	Entwicklung der Rechtekosten der 1. Fußball-Bundesliga auf dem deutschen Fernsehmarkt	2395
Abb. 231.3:	Europäische Übertragungsrechte an den Olympischen Sommerspielen 1980 bis 2008	2395
Tab. 231.5:	Entwicklung der europäischen Rechtekosten der Fußball-Europameisterschaften	2396
Abb. 231.4:	Kosten für die europäischen Übertragungsrechte an den Fußball-Weltmeisterschaften 1982–2006	2396
Tab. 231.6:	Anteile der Kategorien „Sportinformation" und „Sportdarstellung" an der Sportberichterstattung der TV-Anbieter ARD und ZDF von 1986 bis 1999	2402
Tab. 231.7:	Anteile der Kategorien „Sportinformation" und „Sportdarbietung" an der Sportberichterstattung der TV-Anstalten RTL und SAT.1 von 1986 bis 1999	2403
Tab. 231.8:	Sportberichterstattung ausgewählter TV-Anbieter nach Sendungsformen	2403

Karl-Heinz Hofsümmer / Dieter K. Müller, Entwicklung, Funktion und Präsentationsformen der Werbesendungen aus der Sicht der Praxis

Tab. 235.1:	Sendestart privater TV-Sender in Deutschland	2427
Tab. 235.2:	Entwicklung der Netto-Werbeeinnahmen in Deutschland 1988–1998	2428
Tab. 235.3:	Ausgestrahlte TV-Sports 1993 und 1998	2431
Tab. 235.4:	Verhältnis Programm–Reichweite vs. Werbeblock–Reichweite 1998	2434
Tab. 235.5:	Spotreichweite indexiert auf Blockreichweite	2435
Tab. 235.6:	Häufigkeit der Verlaufsformen in Werbeblöcken nach Blocklänge	2436
Tab. 235.7:	Häufigkeit der Verlaufsformen in Werbeblöcken nach Blocklage	2436

Dietmar Kaletta, Die technische Voraussetzung von Online-Diensten: Das Internet

Abb. 241.1:	Das OSI-Referenzmodell	2512
Abb. 241.2:	Das TCP/IP-Referenzmodell	2513
Abb. 241.3:	Der IP-Header	2513
Abb. 241.4:	Der TCP Header	2514
Abb. 241.5:	Der UDP-Header	2514
Tab. 241.1:	Bandbreitenanforderung pro individuellem Datenstrom	2516

Ralph Schmidt, Neue Online-Dienste und Internet

Tab. 244.1:	Mehrwert-Effekte Internet-basierter Online-Dienste	2568
Tab. 244.2:	Typologie Internet-basierter Online-Dienste und -Anwendungen	2570

Martin Gläser, Online-Dienste: Ökonomie

Abb. 245.1:	Akteure im Rahmen von Online-Austauschvorgängen	2581
Abb. 245.2:	Transaktionsbereiche für Online-Dienstleistungen	2583
Abb. 245.3:	Mögliche Wirkungen von E-Commerce auf die Wertschöpfungskette	2592
Abb. 245.4:	Konvergenz der TIME-Branchen	2595

Birgit Godehardt / Carsten Klinge / Ute Schwetje, Aktuelle Bedeutung der Telearbeit für Unternehmen – Empirische Befunde aus dem Mittelstand

Tab. 247.1:	Anzahl der Beschäftigten	2613
Tab. 247.2:	Alter der Telearbeiter	2613
Abb. 247.1:	Regionale Verteilung	2614
Abb. 247.2:	Durch Telearbeit angestrebte und erreichte Ziele aus Unternehmenssicht	2615
Abb. 247.3:	Durch Telearbeit befürchtete und eingetretene Probleme aus Unternehmenssicht	2617
Abb. 247.4:	Angestrebte und erreichte Ziele aus Sicht der Telearbeiter	2618
Abb. 247.5:	Befürchtete und eingetretene Probleme aus Sicht der Telearbeiter	2619
Abb. 247.6:	Für Telearbeit geeignete Tätigkeiten	2620
Abb. 247.7:	Veränderung der Zusammenarbeit	2621
Abb. 247.8:	Veränderung der Arbeitssituation	2622
Abb. 247.9:	Veränderung der Mitarbeiterführung	2622
Abb. 247.10:	Kommunikationsanwendungen und Verbindungsmöglichkeiten an den Telearbeitsplätzen	2624
Abb. 247.11:	Anwendungsgrad der beschriebenen Technologien im Unternehmen	2625
Abb. 247.12:	Arbeitsverhältnisse der Telearbeitnehmer	2626
Tab. 247.3:	Anzahl abgeschlossener Betriebs- und Zusatzvereinbarungen	2627
Tab. 247.4:	Beispielrechnung der Kosten per Telearbeitsplatz für ein Jahr	2629
Abb. 247.13:	Veränderungen der Arbeitsdurchführung	2630
Abb. 247.14:	Durchschnittliche Anzahl von Anwesenheitstagen im Unternehmen	2631
Tab. 247.5:	Durchschnittliche Reduktion berufsbedingter Pendelstrecken pro Woche und Telearbeiter	2632
Abb. 247.15:	Das Potential der Telearbeit	2633

Frank Scholze / Werner Stephan, Electronic Publishing

Abb. 248.1:	Allgemeines Kommunikationsmodell des Publizierens	2634
Abb. 248.2:	Schematisch vereinfachte Übersicht des Herstellungsprozesses	2636
Abb. 248.3:	Verhältnis analoger Medien und Dokumente	2639
Abb. 248.4:	Verhältnis elektronischer Medien und Dokumente	2639
Abb. 248.5:	Teilbereiche des Electronic Publishing	2640
Abb. 248.6:	Elektronisches Papier	2647

Helmut Volpers, Der internationale Buchmarkt

Tab. 249.1:	Titelproduktion in den 20 größten buchproduzierenden Ländern im Jahr 1994	2651
Tab. 249.2:	Internationale Titelproduktion nach Sachgruppen 1994	2652
Tab. 249.3:	Führende Multinationale Medienunternehmen mit bedeutenden Anteilen im Buchverlagswesen nach Rangfolge des Umsatzes im Jahr 1995	2657
Tab. 249.4:	Steuerpflichtige Buchverlage und steuerbarer Umsatz 1994 nach Umsatzgrößenklassen in Deutschland	2659

Horst Röper, Der Internationale Zeitungs- und Zeitschriftenmarkt

Tab. 250.1:	Tageszeitungsexemplare je 1000 Einwohner 1996	2663
Tab. 250.2:	Deutsche Verlage in ausländischen Märkten	2664
Tab. 250.3:	Auslandsumsätze der deutschen Großverlage	2665

Hannemor Keidel, Der internationale Film- und Videomarkt

Tab. 251.1:	Der europäische Kinofilm im Vergleich (1996)	2671

Carl Mahlmann / Peter Zombik, Der internationale Markt für Musikproduktionen

Tab. 252.1:	Absatz- und Umsatzentwicklung im Welttonträgermarkt	2679
Tab. 252.2:	Durchschnittsabsatz von Longplays pro Haushalt 2000	2680

George Wedell / Olivia Henley, International media markets: Television-production

Tab. 253.1:	Transmission of European production in Europe 1988 & 1992	2691
Tab. 253.2:	Market shares of USA and Indigenous film in European countries 1989–1992	2693
Tab. 253.3:	Programme categories, and imported programmes in a group of countries around the world	2693

Jürgen Heinrich, Der Markt der Informationsökonomie

Tab. 255.1:	Entwicklung der Beschäftigung im Informationsbereich von 1882 bis 2010 in Deutschland	2708
Tab. 255.2:	Marktvolumen und Marktstruktur der Informationsökonomie 2000	2710
Tab. 255.3:	Anteil des Umsatzes mit Informations- und Kommunikationstechnologie am Bruttoinlandsprodukt 2000	2710
Tab. 255.4:	Volumen und Struktur des IuK-Sektors in Westeuropa 2000	2711
Tab. 255.5:	Bruttowertschöpfung des IuK-Sektors in Deutschland von 1992 bis 1998	2711
Tab. 255.6:	Beschäftigung im IuK-Sektor in Deutschland von 1992 bis 1998	2711
Tab. 255.7:	Determinanten der Informationsökonomie und internationaler Entwicklungsstand 2000	2712

Verzeichnis der Siglen für wissenschaftliche Zeitschriften, Reihen und Sammelwerke

AB	Archiv für Begriffsgeschichte
Ä & K	Ästhetik und Kommunikation
AEÜ	Archiv für Elektronik und Übertragungstechnik
AGB	Archiv für Geschichte des Buchwesens
AJS	American Journal of Sociology
(Dt.) Ak. Wiss. B./DDR. IdSL/ZI Baust.	= (Deutsche) Akademie der Wissenschaften zu Berlin bzw. der DDR. Veröffentlichungen des Instituts für deutsche Sprache und Literatur bzw. des Zentralinstituts für Sprachwissenschaft. Bausteine zur (Sprach)geschichte des Neuhochdeutschen
Ann Rev Psych	Annual Review of Psycholgoy
APr	Archiv für Presserecht
Archiv	Archiv für das Studium der neueren Sprachen und Literaturen
AS	Acta Sociologica
ASG	Archiv für Sozialgeschichte
ASR	American Sociological Review
Aufriß	Deutsche Philologie im Aufriß. Hrsg. v. Wolfgang Stammler, 3 Bde., Berlin 1952–57
BbdB	Börsenblatt für den deutschen Buchhandel
BDW	Bild der Wissenschaft
BES	Beiträge zur Erforschung der deutschen Sprache
BGR	Beiträge zur Geschichte des Rundfunks
BGS	Beiträge zur Geschichte der Sprachwissenschaft
BRP	Beiträge zur Romanischen Philologie
C	Cinema
CC	Cahiers du cinéma
Ch	Cahiers d'histoire mondiale
CJ	Cinema Journal
CL	Comparative Literature
CP	Cognitive Psychology
CQ	Critical Quarterly
CR	Communication Research
CS	Communication and Society
CSMC	Critical Studies of Mass Communication
CY	Communication Yearbook
DAI	Dissertation Abstracts International
DaP	Data Processing
DaS	Discourse and Society
DASDJb.	Deutsche Akademie für Sprache und Dichtung. Jahrbuch
DB	Das deutsche Buch
DD	Development Dialogue
DG	Dialog der Gesellschaft
DLE	Das literarische Echo
DNS	Die neueren Sprachen
DP	Discourse Processes
DS	Deutsche Sprache. Zeitschrift für Theorie, Analyse und Dokumentation
DU	Der Deutschunterricht. Beiträge zu seiner Praxis und wissenschaftlichen Grundlegung

DVjs	Deutsche Vierteljahrsschrift für Literaturwissenschaft und Geistesgeschichte
EA	Études Anglaises
EBU-Review	European Broadcasting Union, Technical Review and Monographs
EC	Essays in Criticism
ECI	Études Classiques
EF	Études Françaises
EJC	European Journal of Communication
ES	English Studies
ETZ	Elektrotechnische Zeitschrift
Euph.	Euphorion. Zeitschrift für Literaturgeschichte
FB	Fernsehen und Bildung
FL	Folia Linguistica
FM	Le Français Moderne
FMK	Funkkolleg Medien und Kommunikation. Studienbrief
FS	Frühmittelalterliche Studien
GFBRD	Geschichte des Fernsehens in der Bundesrepublik Deutschland, hrsg. v. Helmut Kreuzer/Christian Thomsen, 5 Bde., München 1993–94
GJ	Gutenberg Jahrbuch
GKJ	Gesellschaftliche Kommunikation und Information. Hrsg. v. Jörg Aufermann/Hans Bohrmann/Rolf Sülzer, 2 Bde., Frankfurt a. M. 1973
GL	Germanistische Linguistik. Berichte aus dem Forschungsinstitut für deutsche Sprache, Deutscher Sprachatlas
GpF	Grundlagen des populären Films. Hrsg. v. Bernhard Roloff/Georg Seesslen, 10 Bde., Reinbek b. Hamburg 1979–1981
GRM	Germanisch-Romanische Monatsschrift
GW	Gesamtkatalog der Wiegendrucke. Hrsg. v. d. Kommission für den Gesamtkatalog der Wiegendrucke. Leipzig 1925 ff.
HA	A Handbook of Archaeology. Hrsg. v. Homer L. Thomas. 4 Bde., Jonsered 1993–1996
HbPsych	Handbuch der Psychologie. Hrsg. v. David Katz. Basel 1951
HCR	Human Communication Research
HdA	Handbook of Discourse Analysis. Hrsg. v. Teun van Dijk, 4 Bde., London 1985
HdF	Handbuch der Fachpresse. Hrsg. v. Otto B. Roegele/Hans Großmann. Frankfurt a. M. 1977
HdP	Handbuch der Publizistik. Hrsg. v. Emil Dovifat, 3 Bde., Berlin 1968–69
HdZ	Handbuch der Zeitungswissenschaft, Hrsg. v. Walther Heide, 2 Bde., Leipzig 1940–43
HeS	Handbuch der empirischen Sozialforschung. Hrsg. v. René König, 14 Bde., Stuttgart 1962–79
HJC	Harward Journal of Communication
HJFRT	Historical Journal of Film, Radio and Television
IASL	Internationales Archiv für Sozialgeschichte der deutschen Literatur
IHHF	Internationales Handbuch für Hörfunk und Fernsehen. Hrsg. v. Hans-Bredow-Institut für Hörfunk und Fernsehen. Baden-Baden/Hamburg ^{23}1996
IJSL	International Journal of the Sociology of Language
IZK	Internationale Zeitschrift für Kommunikationsforschung
JaP	Journal of applied Psychology
JB	Journal of Broadcasting
JBEM	Journal of Broadcasting and the Electronic Media
JC	Journal of Communication
JCE	Journal of Contemporary Ethnographie
JEGP	Journal of English and Germanic Philology
JELH	Journal of English Literary History
JET	Journal of Educational Television

JIG	Jahrbuch für Internationale Germanistik
JLSP	Journal of Language and Social Psychology
JMK	Jahrbuch zur Medienstatistik und Kommunikationspolitik
JML	Journal of Memory and Language
JMLit	Journal of Modern Literature
JPC	Journal of Popular Culture
JPol	The Journal of Politics
JPR	Journal of Psycholinguistic Research
JQ	Journalism Quarterly
JVL	Journal of Verbal Learning and Verbal Behaviour
KuP	Kommunikation und Politik
KZSS	Kölner Zeitschrift für Soziologie und Sozialpsychologie
LB	Linguistische Berichte. Forschung, Information, Diskussion
LE	Literatur und Erfahrung
LGL	Lexikon der germanistischen Linguistik. Hrsg. v. Hans P. Althaus/Helmut Henne/Herbert E. Wiegand. Tübingen ²1990
LiLi	Zeitschrift für Literaturwissenschaft und Linguistik
LM	Lexikon des Mittelalters. Hrsg. v. Robert-Henri Bautier. Bd I ff. München/Zürich 1980 ff.
LS	Language in Society
LTK	Lexikon für Theologie und Kirche, begr. v. Michael Buchberger, hrsg. v. Walter Kasper, 6 Bde., Freiburg i. B. ³1993–1997
Maf	Massenkommunikationsforschung, Hrsg. v. Dieter Prokop, 3 Bde., Frankfurt a. M. 1972–77
MBK	Mittelalterliche Bibliothekskataloge Deutschlands und der Schweiz. Hrsg. v. Bernhard Bischoff. 4 Bde., München 1918–1979
MBKÖ	Mittelalterliche Bibliothekskataloge Österreichs. Hrsg. v. d. Österreichischen Akademie der Wissenschaften. 5 Bde., Wien/Köln/Graz 1915–1971
MCR	Mass Communication Review
MCRY	Mass Communication Review Yearbook
MCS	Media, Culture and Society
MD	Medien Dialog
Mf	Medienforschung, Hrsg. v. Dieter Prokop, 3 Bde., Frankfurt a. M. 1985–96
MFS	Modern Fiction Studies
MJ	Medien Journal
ML	Modern Languages. Journal of the Modern Language
MLN	Modern Language Notes
MLQ	Modern Language Quarterly
MLR	Modern Language Review
ModSpr	Moderna sprak
MP	Media Perspektiven
mp	medien praktisch
MPh	Modern Philology
MSRG	Mitteilungen. Studienkreis Rundfunk und Geschichte
MTJ	Media Trend Journal
Mu	Muttersprache. Zeitschrift zur Pflege und Erforschung der deutschen Sprache
NBL	Neue Beiträge zur Literatur
NDB	Neue Deutsche Biographie
NDL	Neue deutsche Literatur. Monatsschrift für deutschsprachige Literatur und Kritik
NGC	New German Critique
NRF	Nouvelle Revue Française
NS	Die neueren Sprachen. Zeitschrift für Forschung, Unterricht und Kontaktstudium auf dem Fachgebiet der modernen Fremdsprache
NTF	Nachrichtentechnische Fachberichte
NTZ	Nachrichtentechnische Zeitschrift

OBST	Osnabrücker Beiträge zur Sprachtheorie
ÖM	Die öffentliche Meinung
PB	Psychological Bulletin
PBB H bzw. T	Beiträge zur Geschichte der deutschen Sprache und Literatur H (= Halle) und T (= Tübingen)
PCS	Progress in Communication Science
PMLA	Publications of the Modern Language Association
Polit.Mein	Die politische Meinung
PolitVj	Politische Vierteljahresschrift
POQ	The Public Opinion Quarterly
PQ	Philological Quarterly
PR	Psychological Revue
PZ	Zur Politik und Zeitgeschichte
QJS	The Quarterly Journal of Speech
REL	Review of English Literature
RES	Review of English Studies
RF	Romanische Forschungen
Rqh	Revue de questions historiques
RiD	Rundfunk in Deutschland, Hrsg. v. Hans Bausch, 5 Bde., München 1980
RJ	Romanistisches Jahrbuch
RLSI	Research on Language and Social Interaction
RRQ	Reading Research Quarterly
RTM	Rundfunktechnische Mitteilungen
RuF	Rundfunk und Fernsehen
RuH	Rufer und Hörer
ShJ	Shakespeare Jahrbuch
ShQ	Shakespeare Quarterly
ShS	Shakespeare Survey
SLG	Studia Linguistica Germanica
SM	Schweizer Monatshefte
SMPTE-Journal	Society of Motion Pictures and Television Engineers-Journal
SPh	Studies in Philology
SPIEL	Siegener Periodicum zur Internationalen Empirischen Literaturwissenschaft
SS	Studien zur Sozialwissenschaft
STZ	Sprache im technischen Zeitalter
SUF	Sinn und Form
SuL	Sprache und Literatur in Wissenschaft und Unterricht
TAP	Transactions of the Antennas and Propagation society
TBC	Transactions of Broadcasting society
TCL	Twentieth Century Literature
TCS	Theory, Culture and Society
TEMC	Transactions of Elektromagnetic compatibility society
TLS	The Times Literary Supplement
TMTT	Transactions of Microwave Theory and Techniques society
TP	Theorie und Praxis
TuK	Text und Kritik
TuP	Theorie und Praxis des sozialistischen Journalismus
VL	Die deutsche Literatur des Mittelalters. Verfasserlexikon. Hrsg. v. Wolfgang Stammler/Karl Langosch. Bd. 1–10; Berlin–New York ²1981–1999
VP	Victorian Poetry
VS	Victorian Studies
WW	Wirkendes Wort. Deutsche Sprache in Forschung und Lehre
WWP	Wesen und Wirkungen der Publizistik
ZAA	Zeitschrift für Anglistik und Amerikanistik
ZaP	Zeitschrift für angewandte Psychologie
ZdA	Zeitschrift für deutsches Altertum und deutsche Literatur
ZdB	Zeitschrift für Deutschkunde

ZdG	Zeitschrift für deutsche Geistesgeschichte
ZdS	Zeitschrift für deutsche Sprache
ZEPP	Zeitschrift für Entwicklungspsychologie und Pädagogische Psychologie
ZfdPh	Zeitschrift für deutsche Philologie
ZfG	Zeitschrift für Germanistik
ZfS	Zeitschrift für Semiotik
ZFSL	Zeitschrift für Französische Sprache und Literatur
ZFO	Zeitschrift Führung + Organisation
ZGL	Zeitschrift für Germanistische Linguistik
ZPR	Zeitschrift für Public Relations
ZPSK	Zeitschrift für Phonetik, Sprachwissenschaft und Kommunikationsforschung
ZRP	Zeitschrift für Romanische Philologie
ZS	Zeitschrift für Soziologie
ZZ	Zeitung und Zeit

Abkürzungen aus dem Bereich Technik und Organisation

ABC	Annular Beam Control
ABV	Asia-Pacific Broadcasting Union
ACATS	Advisory Committee on Advanced Television Service
ADA	Auto Directional Antenna
ADR	ASTRA Digital Radio
ADTV	Advanced Definition TV
AES	Audio Engineering Society
ALERT	Advice and Problem Location for European Road Traffic
APL	Average Picture Level
ARD	Arbeitsgemeinschaft der öffentlich-rechtlichen Rundfunkanstalten Deutschlands
ARI	Autofahrer-Rundfunk-Informationen
ASCII	American Standard Code for Information Interchange
ASIC	Application Specific Integrated Circuit
ASK	Amplitude Shift Keying
ASPEC	Adaptive Spectral Perceptual Entropy Coding
ATM	Asynchronous Transmission Mode
ATRAC	Adaptive Transform Acoustic Coding
ATTC	Advanced Television Test Center
BB	Basisband
BCN	Broadcast Communication Network
BER	Bit Error Rate
BK	Breitbandkommunikation
BSS	Broadcast Satellite Services
C/N	Carrier to Noise
CAE	Computer Aided Engineering
CATV	Cable Authority TV
CCD	Charge Coupled Device
CCIR	Comité Consultatif International de Radiodiffusion
CCETT	Centre Commun d'Etudes de Télédiffusion et Télécommunications
CD	Compact Disc
CD-i	Compact Disc – interactiv
CD-ROM	Compact Disc – Read only Memory (650 Megabyte)
CENELEC	Comité Européen de Normalisation Electrotecnique
CIRC	Cross Interleave Reed Solomon Code
COFDM	Coded OFDM
COM	Circle Optimized Modulation
CPU	Central Processor Unit
CRC	Cyclic Redundant Check
CW	Continuous Wave
D-VHS	Digital-Video Home System
DAB	Digital Audio Broadcasting
DAT	Digital Audio Tape
DATV	Digitally Assisted TV
DAVOS	Digitales Audio-Video-Optisches System
DB	Data Broadcasting
DBS	Direct Broadcasting Satellite
DCC	Digital Compact Cassette
DCT	Discrete Cosinus Transformation

DCT	Digital Component Technology
DFS	Deutscher Fernmeldesatellit (Kopernikus)
DIB	Digital Integrated Broadcasting
DMX	Digital Music Express
DQPSK	Differential Quadrature PSK
DRAM	Dynamic Random Access Memory
DSC	Digital seriell component
DSP	Digital Signal Processing
DSR	Digital Satellite Radio
DTV	Digital TV
DVB	Digital Video Broadcasting
DVB-C	Digital Video Broadcasting-Cable
DVB-MS	Digital Video Broadcast-Multipoint System
DVB-S	Digital Video Broadcast-Satellite
DVB-T	Digital Video Broadcast-Terrestrial
DVC	Digital Video Cassette
DVD	Digital Video Disc (4,7 Gigabyte)
D-VHS	Digital-Video Home System
DZ	Datenzeile
E(I)RP	Equivalent (Isotropic) Radiated Power
EBU	European Broadcasting Union (entspricht UER)
ECC	Error Correction Code
ECS	European Communication Satellite
EDTV	Enhanced Definition TV
EEPROM	Electrical Erasable Programmable ROM
ENG	Electronic News Gathering
ESA	European Space Agenca
ESC	Energy Saving Collector
ESRO	European Space Research Organisation
ETS	European Telecom Standard
ETSI	European Telecom Standardization Institute
EUREKA	European Research Commission Agency
EUTELSAT	European Telecommunication Satellite Organization
EWS	Emergenca Warning System
FBAS	Farb-, Bild-, Austast- und Synchronsignal
FCC	Federal Communications Commission, USA
FFT	Fast Fourier Transformation
FIFO	First-In/First-Out
FSS	Fixed Satellite Services
FTTC	Fiber to the Curb
FTTH	Fiber to the Home
FuBk	Fernsehausschuß der Funkbetriebskommission
GFK	Glasfaserverstärkter Kunststoff
GGA	Großgemeinschaftsantennenanlage
GOPS	Giga Operations per Second
GPS	Global Positioning System
GSM	Groupe Spécial Mobiles, Paris
HDI	High Definition Interlaced
HDTV	High Definition TV
IBC	International Broadcasting Convention
IDTV	Improved Definition TV
IFFT	Inverse FFT
IFRB	International Frequency Regulative Board
INTELSAT	International Telecommunication Satellite Organization
IRD	Integrated Receiver Decoder
IRT	Institut für Rundfunktechnik (München)
ISDN	Integrated Services Digital Network

ISO WG	International Standardization Organization Working Group
ITU	International Telecommunication Union
JESSI	Joint Electron Silicon Semiconductor Integration
JPEG	Joint Photographic Experts Group
JTC	Joint Technical Committee (ETSI-EBU)
KU	Frequenzband für Satelliten – Links 10,7–12,75 GHz
LCA	Logic Cell Array
LCD	Liquid Crystal Display
LDTV	Limited Definition TV
LNC	Low Noise Converter
LSB	Least Significant Bit
LSI	Large Scale Integration
LWL	Lichtwellenleiter
MAC	Multiplex Analog Component
MACP	Motion Adapted Color Plus
MAZ	Magnetische Aufzeichnungsanlage
Mbps	Megabytes per second
MD	Mini Disc
MJD	Modified Julian Day
MMDS	Multichannel Microwave Distribution-System
MOD	Magneto Optical Disc
MPEG	Motion Pictures Expert Group
MSC	Multiadaptive Spectral Audio Coding
MSPS	Mega Symbols per Second
MUSE	Multiple Subnyquist-Sampling and Encoding
MUSICAM	Masking pattern-adapted Universal Subband Integrated Coding and Multiplexing
MVDS	Multipoint Video Distribution System
NICAM	Near Instantaneous Companding
NMR	Noise to Mask Ratio
NTSC	National Television System Committee
OFDM	Orthogonal Frequency Division and Multiplexing
Offline	Daten, die auf einem Datenträger, z. B. einer Disc, gespeichert sind
Online	zeitkritische drahtlose oder drahtgebundene Datenübertragung
OTS	Orbital Test Satellite
PAD	Programme Associated Data
PAL	Phase Alternation Line
PASC	Precision Adaptive Subband Coding
PCM	Pulse Code Modulation
PCN	Personal Communication Network
PDC	Programme Delivery Control
Pixel	Picture Element (Colour Picel = R.G.B oder Y.U.V)
POM	Power Optimized Modulation
PRZ	Prüfzeile
PSK	Phase Shift Keying
QAM	Quadrature Amplitude Modulation
QMF	Quadrature Mirror Filter
RBDS	Radio Broadcast Data Service (USA)
RDS	Radio-Daten-System
RMS	Root Mean Square
RP	Radio Paging
SAW	Surface Acoustic Waveform
SCA	Subsidiary Channel Authorization
SCPC	Single Channel Per Carrier
SDE	Satelliten-Direkt-Empfang
SDTV	Standard Definition TV
SECAM	Séquentiel Couleurs à Mémoire

SES	Société Européenne des Satellites, Luxemburg
SFN	Single Frequency Network
SIS	Sound-in-Sync
SMATV	Satellite Master Antenna Television
SMD	Surface Mounted Device
SMPTE	Societe of Motionpictures and Television Engeneers
SNG	Satellite News Gathering
SRG	Schweizerische Rundspruchgesellschaft
S-VHS	Super Video Home System
TCM	Trellis Codierte Modulation
TMC	Traffic Message Channel
TWTA	Travelling Wave Tube Amplifier
UEP	Unequal Error Protection
UER	Union Européenne de Radiodiffusion (entspricht EBU)
UHF	Frequenzbereiche für den Rundfunk Band IV (470–606 MHz) Fernsehen Band V (606–790/862 MHz) Fernsehen
UIT	International Telecommunication Union
UTC	Universal Time Coordinated
VGA	Video Graphics Adapter
VHF	Frequenzbereiche für den Rundfunk Band I (47–68 MHz) Fernsehen Band II (87,5–108 MHz) Radio Band III (174–230 MHz) Fernsehen + DAB
VHS	Video Home System
VKF	Verkehrsfunk
VPS	Video-Programm-System
VPV	Videotext programmierter Videorecorder
VSB	Vestigial Sideband (Modulation)
Vtxt	Videotext
WARC	World Administrative Radio Conference
www	world-wide-web
ZSB-AM	Zweiseitenband-Amplitudenmodulation

XLII. Mediengegenwart VIII: Der Film I: Kommunikative und ästhetische Analysen

171. Kommunikative und ästhetische Funktionen des modernen Spielfilms

1. Einleitung
2. Die Modernität des Stummfilms
3. Die Aktualität der Avantgarde
4. Die Lücken im System
5. Die neuen Wellen
6. Die Postmoderne im Kino
7. Literatur

1. Einleitung

Daß der Film ein, wenn nicht gar das Medium der Moderne ist, verbürgt keineswegs seine Modernität als Kunstform. Gerade im Vergleich mit den modernen Künsten, wie sie sich in Literatur, Malerei und Musik im späten 19. bzw. frühen 20. Jh. ausgebildet haben, analog zum Prozeß der gesellschaftlichen Modernisierung und mit unscharfen Grenzziehungen innerhalb der verschiedenen Nationalkulturen, wirkt der Film und insbesondere der populäre Spielfilm beinahe anachronistisch. Definiert sich die moderne Kunst maßgeblich durch das Moment der Innovation, verstanden als Bruch mit vorherrschenden Traditionen und Destruktion klassischer Formen (was in den Avantgarde-Bewegungen dann zur weißen bzw. verbrannten Leinwand, zur regellosen Collage bzw. leeren Seite, zum bloßen Geräusch bzw. totalen Schweigen führte), so entwickelte das Erzählkino seinen 'klassischen Stil' Ende der zehner Jahre unter Rückgriff auf Erzählkonventionen und Genremuster des 'well-made play', der 'popular romance' und der 'short story' des 19. Jhs. (vgl. Bordwell 1986). Bis in die fünfziger Jahre blieb dieser klassische Stil gebunden an das Studiosystem und weitgehend stabil, trotz aller Ausdifferenzierungen der einzelnen Genres. Erst unter dem Konkurrenzdruck des neuen gesellschaftlichen Leitmediums Fernsehen und im Zuge einer sich neu formierenden Popkultur geriet das Hollywood-System, gerieten wenig später auch andere nationale Filmindustrien in die Krise und bisweilen an den Rand des Ruins. Daß 'Papas Kino' tot sei, wurde zur programmatischen Überzeugung der 'neuen Wellen' der sechziger und siebziger Jahre, in der französischen Nouvelle vague ebenso wie im Neuen deutschen Film, und die Erzählkonzeptionen des New Hollywood erscheinen retrospektiv „oft wie schlichte Umkehrungen des klassischen Erzählsystems" (Hugo 1995, 256). Insofern ist es naheliegend, den Beginn des 'modernen Films' auf das Jahr 1960 zu datieren (vgl. z. B. Nowell-Smith 1997). Aber trotz dieser deutlichen Zäsur innerhalb der Filmgeschichte, die für die Entwicklung des Spielfilms ähnlich bedeutsam wurde wie der Wechsel vom Stumm- zum Tonfilm, ist eine solche Periodisierung des 'modernen Films' nicht ohne Brisanz. Zum einen beinhaltet dieses Epochenkonzept eine Verengung der historischen Perspektive, weil es die Modernisten der klassischen Periode und den Neorealismus ebenso ausgrenzt wie die Traditionslinie der filmischen Avantgarde, die von Sergej Eisenstein und René Clair über Maya Deren und Kenneth Anger zu Andy Warhol und Jean-Luc Godard führt (vgl. Hayward 1996, 221 ff.); zum anderen bleibt der Modernitätsbegriff auch mit Blick auf den Spielfilm der achtziger und neunziger Jahre unscharf, wenn dieser durch die Rückkehr zum Erzählstil der 'klassischen Periode' charakterisiert ist (vgl. Bordwell 1995). Ob der moderne Spielfilm tatsächlich erst um 1960 beginnt, ob bereits mit *Citizen Kane* (1941) (vgl. Gregor/Patalas 1965, 7) oder schon in der Stummfilmzeit, wäre ebenso zu diskutieren wie das lineare Epochenmodell von Filmgeschichte. Endet der moderne Film mit dem Anbruch der Postmoderne oder schreibt er sich in 'unserer postmodernen Moderne' fort? War die Postmoderne vielleicht nur ein historisches Zwischenspiel in einer nicht endenden Moderne? Bis heute ist die Diskussion um die Modernität des Films allenfalls in Ansätzen geführt (vgl. z. B. Friedberg 1993, Charney/Schwartz 1995). Beinahe selbstverständlich wird der Beginn und das Ende des modernen Kinos mit dem Auf- und Abtauchen der 'neuen Wellen' des Autorenfilms identifiziert. Die allererst noch zu schreibende Geschichte des modernen Films hätte die Eigendynamik nationaler Filmkulturen ebenso zu beachten wie die Schnittstellen zwischen dem Medium Film und der modernen Kunst. Vielleicht konstituiert sich der moderne Film nicht durch eine filmhistorische Zäsur, sondern als eine Subgeschichte des Mainstream-Kinos.

2. Die Modernität des Stummfilms

Bei seiner 'Geburt' war der Film, war das Kino ein genuin modernes Medium – nicht nur weil der Film die fotografische Realitätsillusion technisch perfektionierte, als Medium der bewegt-bewegenden 'lebendigen Fotografien', sondern auch weil das Kino zur Attraktion einer populären Medienkultur wurde, die in Varietés, auf Jahrmärkten und in Vergnügungsparks ein neues heterogenes Publikum unterhielt. Im Film, insbesondere in den bis ca. 1905 dominanten dokumentarischen Genres, wurden realistische Abbilder einer gesellschaftlichen Wirklichkeit sicht- und verfügbar, die sich im Übergang vom konservativen Bürgertum zur modernen Industriegesellschaft befand. Vor der Entdeckung des filmischen Erzählens, durch Schnitt und Montage sowie die Adaption literarischer Stoffe, präsentierte sich der Film als ein „Kino der Attraktionen" (Gunning 1996), primär ausgerichtet auf exhibitionistische Konfrontation statt auf diegetische Versunkenheit. Erst mit dem Kinogründungsboom um 1907, mit der Entdeckung des 'Kunstfilms' im folgenden Jahr und den 'Autorenfilmen' der frühen zehner Jahre wurde das moderne Massenmedium Film 'literarisiert' und das Illusionskino zu einem Kulturfaktor, der die etablierten Künste veränderte und den das Bildungsbürgertum ernst nahm. Einerseits diskutierte man nun alle möglichen Auswirkungen des 'Schundfilms' auf ein ungebildetes (Großstadt-)Publikum, andererseits sollte das Kino nicht nur Kientopp sein, sondern auch Filmkunst werden. „Kientopp ist nicht Film", resümierte Rudolf Arnheim 1932 in seinem Buch *Film als Kunst* (Arnheim 1974, 23). Bereits 1911 hatte Ricciotto Canudo den Film als 'siebente Kunst' proklamiert (vgl. Wuss 1990, 36ff.), und der Topos vom Film als 'Synthesis der Künste' war in der Stummfilmzeit ebenso etabliert wie später die Rede vom Kino als 'Traumfabrik'. Aus dem Kino der Bastler und Erfinder war eine internationale Filmindustrie entstanden, die Filme und insbesondere Spielfilme, strukturiert nach Sujets, Genres, Stars, seriell produzierte. Der Spielfilm entwickelte sich im Spannungsverhältnis zwischen den Reproduktionsmechanismen des modernen Unterhaltungsmediums Kino, das sich die großen Werke der bürgerlichen Kultur ebenso aneignete wie die seriellen Erzählformen der Unterhaltungsliteratur, und den Ansprüchen an eine neue Kunstform, deren 'Wesen und Werden' dann der Filmtheoretiker Béla Balázs rückblickend reflektierte: nicht nur als „Proklamation einer neuen Kunst", fast schon als Entfaltung einer „neuen Kulturepoche" (Balázs 1972, 7). Die Stummfilmzeit brachte nicht nur das klassische Erzählkino hervor, sondern auch die erste populäre Bildkultur der Moderne, konkurrierend weniger mit den modernen Künsten als mit der Werbung als visuellem Massenmedium. Noch lange Zeit blieb der Spielfilm dem Verdikt verhaftet, daß es vor allem die 'kleinen Ladenmädchen' und anderen Ungebildeten seien, die ins Kino gingen (vgl. Kracauer 1977, 279), aber bereits Franz Kafka notierte: „Im Kino gewesen. Geweint."

Den Anschluß an die moderne Kunst fand bereits der deutsche 'expressionistische Film'. Wie die expressionistische Malerei zeigt auch *Das Cabinet des Dr. Caligari* (1920) eine dezentrierte Welt der fallenden, stürzenden Linien und der instabilen, sich ins Dämonische verzerrenden Identitäten. F. W. Murnaus *Nosferatu – Eine Symphonie des Grauens* (1922) bezieht sich nicht nur auf Bram Stokers literarische Vorlage, sondern auch explizit auf 'Vor-Bilder' der romantischen Malerei. Fritz Langs *Dr. Mabuse, der Spieler* (1922) adaptiert zwar den gleichnamigen Kolportage-Roman von Norbert Jacques, verdichtet aber seine Licht-Schatten-Visionen zu einem intensiven 'Bild der Zeit' und zu Trugbildern, deren hypnotischem Sog das Individuum erliegt. Mit der Katastrophenerfahrung der 'Stahlgewitter' (Ernst Jünger) war die bürgerliche Welt vollends aus der Ordnung geraten, und das sowjetische Montage-Kino revoltierte nicht nur gegen die 'Verfilmung' bürgerlicher Literatur, gegen das 'abgefilmte Theater', sondern proklamierte auch den 'neuen Menschen', entwickelt nach dem Vorbild der modernen Maschinen, des kinematographischen Apparats: „Unser Weg – *vom sich herumwälzenden Bürger über die Poesie der Maschinen zum vollendeten elektrischen Menschen*" (zit. n. Albersmeier 1998, 8). Um den modernen Menschen zu bilden, übertrug Eisenstein sein am Proletkult-Theater entwickeltes Konzept einer 'Montage der Attraktionen' auf das neue Medium Film, und auch für Dziga Vertov manifestierte sich der 'Maschinen-Mensch' in der kinematographischen Bewegung: „Ich bin ein mechanisches Auge. [...] *Ich bin in ununterbrochener Bewegung*, ich nähere mich Gegenständen und entferne mich von ihnen, ich krieche unter sie, ich klettere auf sie, [...] ich rase in voller Fahrt in die Menge, ich renne vor angreifenden Soldaten her, ich werfe mich auf den Rücken, ich erhebe mich zusammen mit Flugzeugen, ich falle und steige zusammen mit fallenden und aufsteigenden Körpern" (ebd., 45f.). Wie in der Malerei ging auch im Film die Utopie eines 'neuen Sehens' mit der Zersplitterung vertrauter Perspektiven einher: der künstlerischen Darstellung und der menschlichen Wahrnehmung. Der 'Mann mit der Kamera' wurde zum 'mechanischen Auge', zum 'Kinoglaz'.

Der 'Schock der Moderne', resultierend vor allem aus der Dezentrierung des Subjekts in den modernen Metropolen und forciert durch die Katastrophenerfahrung des Ersten Weltkrieges, produzierte eine neue Logistik der Wahrnehmung. Und es war nicht nur die moderne Malerei, es war auch und vor allem der Film, der das Publikum mit einem neuen Sehen konfrontierte: mit einer anderen Wahrnehmung, mit der Wahrnehmung des Anderen – jenseits der Grenzen bildungsbürgerlicher Kunst und Vernunft. Insofern ist der berühmte 'Schnitt durch das Auge', den die Eingangssequenz von *Un Chien andalou* (1929) vorführt, mehr als ein Affront gegen Wahrnehmungskonventionen. Es ist einer „der schockierendsten Momente des Weltkinos" (Vogel 1997, 63), der die voyeuristische Schaulust entsetzt und die Macht des kinetmatographischen Medium sichtbar, ja körperlich spürbar werden läßt. Zur Zeit des Surrealismus begannen auch bildende Künstler wie Salvador Dali und Man Ray mit dem Medium Film zu experimentieren, und Filme wie René Clairs *Entr'acte* (1924) oder Jean Cocteaus *La Sang d'un poète* (1932) schlossen den Graben zwischen dem narrativen Film und der avantgardistischen Kunst. Die Visualisierung des Unbewußten wurde zum Thema, und die Ästhetik des Schocks stiftete ‚Vor-Bilder', die ebenso abrufbar, zitierbar wurden wie das babylonische Stadtbild aus Fritz Langs *Metropolis* (1927). Nicht nur faszinierte die Avantgarde das Kino der Attraktionen, wie Tom Gunning zutreffend betont, auch faszinierte die Kunst des Stummfilms (post-)moderne 'auteurs' wie Francis Ford Coppola, der in *Apocalypse Now* (1979) die 'Treppensequenz' aus Eisensteins *Panzerkreuzer Potemkin* (1926) zitiert und der Abel Gances verstümmeltes Monumentalwerk *Napoleon* (1927) in restaurierter Fassung wieder ins Kino brachte. „Wir sind eine Generation von Waisen", schrieb Werner Herzog im Vorwort zu Lotte H. Eisners Memoiren, deren kunsthistorische Studie *Die dämonische Leinwand* zu den herausragenden Publikationen über den deutschen Stummfilm zählt: „es gibt keine Väter, allenfalls Großväter, auf die wir uns beziehen können, also Murnau, Lang, Pabst, die Generation der zwanziger Jahre" (zit. n. Eisner 1988, 7).

3. Die Aktualität der Avantgarde

Die meisten Avantgardefilme mögen eher ikonisch als narrativ sein, eher der bildenden Kunst als der Literatur zugehören (vgl. Scheugl/Schmidt 1974, 646), aber nicht nur die Filme von Luis Buñuel und Salvador Dali, auch *La Roue* (1923) von Abel Gance und *La Coquille et le Clergyman* (1925) von Germaine Dulac zeigen, was Maya Derens *Meshes of the Afternoon* (1943) und Kenneth Angers *Fireworks* (1947) wiederum bestätigen: daß Avantgardefilme auch erzählen, mit narrativen und visuellen Elementen spielen können – nur eben anders als der kommerzielle Spielfilm, als Gegenentwürfe zu konventionellen Bildsprachen und Erzählformen. Genau genommen erweist sich der Terminus 'avant-garde', ursprünglich die in unbekanntes Terrain ausgesandte militärische 'Vorhut' bezeichnend, für die Kennzeichnung filmischer Formen als ebenso unscharf wie der Begriff 'Spielfilm', unter dem man ganz selbstverständlich den narrativ-fiktionalen Film subsumiert. Narrativ-fiktional sind auch Experimentalfilme wie Greenaways *Vertical Features Remake* (1978), und auch Viking Eggelings *Diagonal-Symphonie* (1923/24) und Fernand Légers *Ballet mécanique* (1924) spielen mit visuellen Formen, so wie Norman McLarens 'handmade films' mit dem Filmmaterial oder Greenaways *A TV Dante, Cantos 1–8* (1989) mit multimedialen Möglichkeiten. Statt Avantgarde- und Spielfilme strikt voneinander abzugrenzen, wäre gerade nach den Vernetzungen zu fragen: wie sich das filmische Medium auf die bildenden Künste und der kommerzielle Spielfilm auf den experimentellen Kunstfilm bezieht – mit welchen Adaptionsstrategien, Reibungsverlusten, Transfigurationen. Die eine Perspektive hätte Strategien der Intermedialität zu akzentuieren, wie sie etwa die 'Ein*bild*ungen' des Jean-Luc Godard in *Passion* und *Scénario du Film Passion* (beide 1982) strukturieren, die andere Strategien der Intertextualität, etwa wie sich Rainer Werner Fassbinders hyperartifizielle Genet-Adaption *Querelle – Ein Pakt mit dem Teufel* (1982) auf die aggressiven Körperbilder aus Kenneth Angers *Scorpio Rising* (1963) bezieht. Nicht nur an Fassbinders Spielfilmen, etwa im Vergleich von *In einem Jahre mit 13 Monden* (1978) und *Die Ehe der Maria Braun* (1979), läßt sich die Vernetzung von experimentellen und konventionellen Bildstrategien aufzeigen. Auch das feministische Kino, wie es etwa Monika Treut in *Die Jungfrauenmaschine* (1988) und *Let's Talk About Sex* (1995) inszeniert, bewegt sich im Spannungsverhältnis von Avantgarde-Film und kommerziellem Erzählkino.

Im Kontext der postmodernen Kultur sind die tradierten Grenzziehungen zwischen 'E und U', zwischen hoher Kunst und Populärkultur brüchig geworden, nicht nur in der Literatur und den bildenden Künsten. Moderne Autorenfilme wie Godards *Pierrot le fou* (1965) oder Michelangelo Antonionis *Blow Up* (1966) reflektieren kunsthistorische 'Vor-Bilder', zugleich sind sie Reflexionen über das Medium Film und eine filmisch gewordene Realität. Die Popularisierung ehemals avantgardistischer Strategien im allgegenwärtigen „Universum der technischen Bilder" (Vilém Flusser) stellt auch für den Film eine neue Herausforderung zur Grenzüberschreitung dar. Nach der Ära der Splatter-Movies und seiner diversen Slapstick-Varianten dürften Schnitte durch Auge oder Körper den Filmzuschauer kaum noch schockieren – so wenig wie die realistische Abbildung sexueller Praktiken, die in Zeiten von Warhols *Blow Job* (1964) noch dem Underground-Kino vorbehalten war und im Fall von Nagisa Oshimas Liebesdrama *Ai no corrida* (1976) noch mit Zensurmaßnahmen geahndet wurde. „Film als subversive Kunst" (Vogel 1997) definiert sich maßgeblich über die Form. Bereits die Filme der 'Warhol Factory' verstören durch ihre langen Einstellungen, durch ihre überlangen Formate: „Wenn jemand [...] eine halbe Stunde braucht, um zum Orgasmus zu kommen (*Blow Job*), fragt niemand mehr nach dem Warum und Woher" (Scheugl/Schmidt 1974, 1067) – oder er/sie beginnt, die ästhetischen Strategien eines Films zu hinterfragen, der zwar einen sexuellen Akt zeigt, aber die Schaulust doch nicht befriedigt. Godards bekannte Forderung, nicht politische Filme zu machen, sondern Filme politisch zu machen (vgl. Godard 1971, 186), verweist auf den Vorrang der (filmischen) Form vor dem (gefilmten) Inhalt im Kontext des 'counter-cinema'. In Shinya Tsukamotos 'industrial movies' *Tetsuo – The Iron Man* (1989) und *Tetsuo II – Body Hammer* (1991) sind es nicht so sehr die gezeigten Gewaltakte, die den Zuschauer verstören, ist es vor allem der 'audiovisuelle Terror', der ihn ausgeübt wird. Daß allerdings auch die Grenzen des – im Kommerzkino – Darstellbaren immer noch überschritten werden können, zeigt nicht zuletzt das 'Cinema of Transgression', wie es etwa Nick Zedd in *War is Menstrual Envy* (1990/1992) inszeniert oder Richard Kern in *Sewing Circle* (1992) – wenn die Porno-Ikone Annie Sprinkle einem Opfer schwerer Brandwunden die Narben leckt oder einer Frau die Vagina zugenäht wird (Stiglegger 1998). Mit solchen Verletzungen schließt der Underground-Film an die schockierenden Praktiken der Performance-Kunst an und markiert den menschlichen Körper im Zeichen postmoderner Zitat-Kultur als seismographisches Instrument authentischer Erfahrung.

4. Die Lücken im System

Das klassische Hollywood-Kino war nicht so monolithisch, wie es Bordwells neoformalistisches Modell suggeriert (vgl. Bordwell/Staiger/Thompson 1988). Daß Truffaut, Godard und andere Filmkritiker der *Cahiers du cinéma* in standardisierten Studioproduktionen die 'persönliche Handschrift' einzelner 'auteurs' entdeckten, von John Ford, Alfred Hitchcock, Howard Hawks und manchem anderen, verweist auf Lücken im System, die Hollywood-Regisseure nutzen konnten, obwohl sich der Produzent das Recht auf den 'final cut' in der Regel vorbehielt. In *A Personal View: A Journey Through American Movies* (1994) hat Martin Scorsese die Verfahrensweisen solcher 'Schmuggler' im System thematisiert, die eben nicht nur gut bezahlte 'Handwerker' waren, sondern den Filmen auch eine eigene 'vision du monde' einschrieben, vergleichbar den Auftragsarbeiten von Malern zu Zeiten des Kunst fördernden Großbürgertums. Zwar suchten Hollywood-Filme der 'klassischen Ära' keineswegs den Anschluß an die moderne Kunst, zwar wurden unliebsame 'Wunderkinder' wie Orson Welles aus dem System eliminiert, grenzten Abenteuerfilme und Musicals die soziale Realität weitestgehend aus, schrieben insbesondere Western die US-amerikanische Geschichte um, aber dennoch schrieben sich die modernen Krisensymptome auch in das klassische Hollywood-Kino ein. Die frühen Slapstick Comedies dokumentierten Schmerzerfahrungen mechanisierter Körper und die gesellschaftliche Deformation individueller Persönlichkeiten, aber auch eine anarchistische Lust an der Destruktion bürgerlicher Moral- und Wertvorstellungen. In Zeiten sozialer Depression zeigten Gangsterfilme wie *Little Cesar* (1930) oder *Scarface* (1932) die Verkehrungen des 'amerikanischen Traums' von einer stets glücklich endenden 'Erfolgsstory'. Zur Zeit des Zweiten Weltkrieges porträtierte der Film noir die Schattenseiten einer Gesellschaft, in der die sozialen Machtverhältnisse ähnlich undurchschaubar waren wie die Geschlechterrollen bereits in den Screwball Comedies instabil. In der Nachkriegszeit revidierten *Red River* (1948) und *The Searchers* (1956) die Mythologie von Hollywoods 'großen Erzählungen' selbst im ur-amerikanischen Genre des Western. In Rocker- und Jugendfilmen wie *The Wild One* (1953) und *Rebel without a Cause* (1955) kündigte sich die Auflösung einer patriarchalen Familienstruktur an, an deren 'Heilungsprozeß' sich das Hollywood-Kino seitdem abarbeitet, in Steven Spielbergs *Close Encounters of the Third Kind* (1977) ebenso wie in James Camerons *The Terminator II: Judgement Day* (1991).

Modern im Sinne der modernen Kunst war das klassische Hollywood-Kino nie, wollten seine 'Professionals' auch niemals sein, auch wenn es dort gebildete Europäer wie Fritz Lang oder Douglas Sirk gab. Hollywoods 'Modernität' manifestierte sich als Reaktion auf gesellschaftliche Krisenerfahrungen und war bisweilen, etwa in den SF-Filmen des 'kalten Krieges', durchaus reaktionär. Doch so stabil der 'klassische Stil' auch war, Bilder der 'Traumfabrik' altern wie ihre Stars. Von dem jugendlichen Helden, den John Wayne in *Stagecoach* (1939) darstellt, bis zu dem hilfsbedürftigen Sheriff, den er in *Rio Bravo* (1959) und dessen Varianten *El Dorado* (1967) und *Rio Lobo* (1967) verkörpert, ist es ein weiter Weg, an dessen Ende sich auch die Produktivität des klassischen Kinos erschöpft hatte. Möglich, daß Howard Hawks *Hatari! Hatari!* (1962) nur noch drehte, weil er abenteuerlustig war, und vielleicht ist die Legende wahr, daß bei Hawks letztem Western sein Kumpel John Wayne stillschweigend die Regie übernahm. Sicher ist, daß der prototypische Hollywood-Held John Wayne in seinem letzten Western *The Shootist* (1976) auch die eigene Rollen- und Leidensgeschichte auf die Leinwand brachte: eines filmischen Körpers, der vom Verfall gezeichnet war. Wenn Montgomery Clift der erste 'Kranke als Idol' gewesen ist, wie Enno Patalas 1963 in seiner *Sozialgeschichte der Stars* schreibt, so sind ihm mit James Dean und Anthony Perkins andere gefolgt, neurotische Einzelgänger und psychopathische Serienkiller, die seitdem zu Hollywoods Figurenensemble gehören. Am Ende der klassischen Ära destruieren nicht nur europäische Produktionen wie die James Bond-Serials und die Italo-Western Hollywoods Regelsystem. Monumentale Spektakel wie *Ben Hur* (1959) und *The Greatest Story Ever Told* (1963) konnten ein überaltertes Kino ebenso wenig retten wie die B-Movies und Double Features, wie all die seriell reproduzierten Genrefilme. In *Love Me Tender* (1956) gab Elvis 'the king' Presley sein Leinwanddebüt – zwar noch zwischen 'Pulverdampf und heißen Liedern', aber bereits als Ikone einer neuen Populärkultur. Das junge Kino dieser Jahre aber kam nicht aus Hollywood, sondern von der Ostküste, aus Japan und vor allem aus Europa, und erst nachdem eine neue Generation amerikanischer Regisseure die 'neuen Wellen' studiert hatte, an Filmschulen und im Medium Fernsehen ausgebildet worden war, konnte Hollywood die Leinwände dieser Welt in einem Rachefeldzug zurückerobern. Das perfekte 'Hollywood-Wunderkind' ist Steven Spielberg, nicht Orson Welles.

5. Die neuen Wellen

Das Ende des Zweiten Weltkrieges bedeutete für Europa auch den Zusammenbruch seiner nationalen Filmindustrien. Damit war vielleicht kein 'Nullpunkt' markiert, aber ein historischer Einschnitt. Bereits im noch faschistischen Italien artikulierte sich ein neues Verständnis des Films. Realismus war das Programm, gerichtet gegen die naive und manierierte Konventionalität der 'Ära der weißen Telephone'. Neo-realismo war der Begriff, den Umberto Barbaro 1943 mit Blick auf die Filme von Carné geprägt hatte. Das Attribut 'neu' wurde zum Markenzeichen des 'modernen Films'. Neu wollten sie alle sein – der Neorealismo, die Nouvelle vague, der Neue deutsche Film, das New Hollywood, und neu bedeutete in erster Linie: anders als die Alten, Innovation statt Konventionalität. Das schloß eine Wiederentdeckung der sozialen Realität ein und eine Wertschätzung der filmhistorischen Tradition nicht aus. Luchino Viscontis Debutfilm *Ossessione* (1943), der als Vorläufer des Neorealismo gilt, adaptierte James M. Cames Kriminalroman *The Postman Always Rings Twice* und poetisierte zugleich eine soziale Realität des schäbigen Milieus und der leidenschaftlichen Körper, zuweilen stillgestellt in tableauxartigen Bildern, in denen die Dialektik von äußerer Wirklichkeit und innerer Natur in Momenten höchster Intensität aufgehoben war (Kiefer 1995). Der dokumentarische Realismus, der in Roberto Rosselinis *Roma città aperta* (1945) vor allem die Zerstörung des vertrauten Lebensraums und in Vittorio De Sicas *Ladri di Biciclette* (1948) auch die Auflösung der tradierten Familienstrukturen sichtbar machte, konnte sich nur kurzfristig als dominante Form des italienischen Nachriegskinos behaupten. Bereits De Sicas *Miracolo a Milano* (1950) vollzog eine spielerische Überhöhung der sozialen Realität ins märchenhaft Wunderbare, was eine ironische Rückbesinnung auf eine originäre italienische Volkskultur beinhaltete, die noch nicht von jenem 'Konsumismus' infiziert war, den dann Pier Paolo Pasolini so leidenschaftlich in Wort und Bild bekämpfte, unter Einsatz seiner Kunst und seines Körpers. In Zeiten des Konsumkapitalismus wurde die Originalität der Kultur ebenso fraglich wie die Authentizität des Subjekts.

Was später als Nouvelle vague kanonisiert wurde, die Filme von François Truffaut, Jean-Luc Godard, Claude Chabrol, Jacques Rivette, Agnès Varda und anderen, war von Anfang an eine heterogene Bewegung, zwar mit vielfältigen Berührungspunkten, aber auch mit widerstreitenden Interessen. Zwar einte diese 'neue Welle' zunächst ihre Wertschätzung für die 'auteurs' des klassischen Kinos, ihre Ablehnung des konventionellen Studiostils und ihr Anspruch auf den Ausdruck eigener Subjektivität, ob nun als Filmkritiker, Drehbuchautor oder Filmregisseur. Man verteidigte den Film als Kunst, man schrieb eigene Geschichten, drehte 'on location', im zeitgenössischen Milieu, man rehabilierte die subjektive Anordnung des Materials durch Schnitt und Montage, man suchte nach neuen Formen filmischer Realitätserfassung. Aber während François Truffauts in *Les 400 coups* (1959) die Konstitution des Subjekts vorrangig als autobiographische Erfahrung porträtierte und sein filmisches Alter ego Jean-Pierre Léaud in den folgenden Filmen des Antoine Doinel-Zyklus den Eintritt in die bürgerliche Welt vollziehen ließ, sind in Godards *À Bout de souffle* (1960) Subjekt und Welt medial konstituiert – als Konglomerate aus Hollywood-Kino und Kriminalromanen, Werbung und Populärkultur, was filmhistorische Referenzen ebenso einschließt wie ein ironisches Spiel mit Genre- und Wahrnehmungskonventionen und die Zerstörung der kinematographischen Realitätsillusion. Für Godard führte dieser Bruch mit den Spielfilmkonventionen über *Vivre sa vie* (1962), *Pierrot le fou* (1965) und *Made in USA* (1966) zu *Week-End* (1967), zum Experimentieren mit dokumentarischen und essayistischen Formen, über eine Politik der Form zu einem genuin politischen Kino. „Der Film", sagt André Bazin, „unterschiebt unserer Vorstellung eine Welt, die mit unseren Wünschen übereinstimmt", heißt es am Anfang von *Le Mépris* (1963), und es ist kein Zufall, daß in dieser Reflexion über das Filmemachen ausgerechnet Fritz Lang den Film-im-Film-Regisseur spielt und Godard selbst seinen Assistenten. Godards Filme zerstören kinematographische 'Wunschwelten', sind Selbstreflexionen des Kinos und Angriffe auf die Sehnsüchte des Zuschauers. Wurde Truffaut mit Filmen wie *Jules et Jim* (1961) und *La Mariée était en noir* (1967) selbst zu einem 'modernen Klassiker', so zog sich Godard nach *Week-End* vom offiziellen Kino zurück, verwischte seine Autorenschaft im Filmkollektiv 'Gruppe Dziga Vertov', drehte Essay- und Videofilme, die für das große Publikum 'unsichtbar' blieben. In den achtziger Jahren tauchte das 'Autorenkonstrukt' Jean-Luc Godard wieder auf: in *Scénario du Passion* (1981) als Maler-Dirigent-Autor-Regisseur (Müller 2000), in *Prénom Carmen* (1983) in der selbstironischen Pose des eingebildeten Kranken. In *Nouvelle Vague* (1990) zitiert Godard alles herbei: Bilder, Titel und Dialoge aus Filmen, Filmfiguren und Kinomythen, literarische Prosa und philosophische Sentenzen, klassische Musik, Jazz und Pop. Godards Spätwerk ist Film als Kunst-Theorie, versammelt Bruchstücke, Zitate zu einem 'imaginären Museum', das schon längst kein 'normaler Zuschauer' mehr betritt, weil es allenfalls vordergründig eine Geschichte und offensichtlich keinen verstehbaren Sinn mehr gibt.

Den „Zusammenbruch des konventionellen deutschen Films" hatte 1962 das 'Oberhausener Manifest' ausgerufen (Prinzler/Rentschler 1998, 29), aber erst mit den Spielfilmen von Alexander Kluge, Werner Herzog, Volker Schlöndorff, Wim Wenders und Rainer Werner Fassbinder etablierte sich der Neue deutsche Film als eine neue nationale Filmkultur und bald auch als internationales Markenzeichen. In der Umbruchphase der BRD, im Übergang von der Ära des 'Wirtschaftswunders' und der 'So grün war die Heide'-Filme zur 68er-Generation und ihrer Politkultur, wurde der moderne Autorenfilm zu einem Leitmedium in der Auseinandersetzung mit der deutschen Geschichte und Gegenwart – von Kluges programmatischen *Abschied von Gestern* (1966) bis zu Fassbinders BRD-Trilogie *Die Ehe der Maria Braun* (1979), *Lola* (1981) und *Die Sehnsucht der Veronika Voss* (1982), von Wenders' *Im Lauf der Zeit* (1976) über die Kollektivproduktion *Deutschland im Herbst* (1978) bis zu *Stammheim* (1985) von Reinhard Hauff. Doris Dörries Kinoerfolg *Männer* (1985) markiert den Abschied vom politischen Kino des Neuen deutschen Films und den Beginn der Ära der neuen deutschen Beziehungskomödien. Filme wie Katja von Garniers *Abgeschminkt* (1993) und Rainer Kaufmanns *Stadtgespräch* (1995) reflektieren spielerisch den 'Lifestyle' einer Post-68er-Generation, nicht die deutsche Geschichte oder die zeitgenössische Politik.

Die Geschichte des Neuen deutschen Films geht mit der Veränderung des Produktionssystems einher. Nicht nur Wenders hatte Film an einer Hochschule studiert, nicht nur Fassbinders Produktivität wäre ohne die Unterstützung des öffentlich-rechtlichen Fernsehens und seiner engagierten Redakteure undenkbar gewesen. Schon zwischen 1966 und 1968 wurden zwanzig Filme vom 'Kuratorium Junger Deutscher Film' gefördert, aber am System der Filmförderung und Abhängigkeit vom Produktionssystem Fernsehen offenbarte sich bald auch das Dilemma, in das der geförderte Künstler gerät, wenn Originalität Repräsentativität beanspruchen muß, auch für das große Publikum sprechen soll (Elsaesser 1994, 115ff.). Mit staatlichen Geldern wurden auch unterhaltsame Sexfilme produziert, und daß Fassbinders TV-Serie *Acht Stunden sind kein Tag* (1972–73) nach wenigen Folgen eingestellt, sein Monumentalwerk *Berlin Alexanderplatz* (1980) in der Boulevard-Presse als 'Schmuddelsex' attackiert wurde, verdeutlicht die Grenzen einer 'Autorenpolitik' im Massenmedium Fernsehen. Das veränderte politische Klima am Ende der siebziger Jahre veränderte auch nachhaltig die Medienkultur. Alexander Kluge ist heute ein Mann des Fernsehens, und ein 'agent provocateur' wie Christoph Schlingensief, der für das Kino *100 Jahre Adolf Hitler* (1989), *Das deutsche Kettensägenmassaker* (1990) und *Terror 2000* (1992) inszenierte, changiert mittlerweile zwischen den Medien Film, Fernsehen und Theater. Rückblickend spricht einiges dafür, daß das Ende der 'Ära Fassbinder' auch das Ende des Neuen deutschen Autorenfilms einleitete oder vielleicht sogar besiegelte. *Das Boot* (1981), mit 25 Millionen Mark der bis dato teuerste deutsche Film, gewährte einen anderen, einen abenteuerlichen Blick auf die deutsche Vergangenheit und wurde ein internationaler Erfolg. Waren für den jungen Fassbinder das avantgardistische Theater und das Gegenkino eines Jean-Luc Godard noch zentrale Bezugspunkte, so wurde in den achtziger Jahren das US-amerikanische Kino wieder zum Anziehungspunkt junger deutscher Regisseure. Nicht nur ein 'professioneller Handwerker' wie Wolfgang Petersen ist heute ein erfolgreicher Hollywood-Regisseur, auch Roland Emmerich, und auch Volker Schlöndorff, der sein 'Handwerk' als Regieassistent von Louis Malle, Alain Resnais und Jean-Pierre Melville, dem 'Mentor' der Nouvelle vague, erlernt hatte, arbeitete in den achtziger Jahren in den USA. 1982, im Todesjahr von Rainer Werner Fassbinder, der, wie Wolfram Schütte in seinem Nachruf schrieb, „das Herz, die schlagende, vibrierende Mitte" des Neuen deutschen Films war, kam *Hammett* (1982) in die Kinos – ein Kriminalfilm im Retro-Look, ein Werk des Regisseurs Wim Wenders und des Produzenten Francis Ford Coppola. Trotz aller Krisen ist Wenders bis heute produktiv geblieben und das vielleicht nicht zuletzt deshalb, weil er mit neuen Medien und Produktionsformen experimentiert und die postmoderne Mediatisierung der Kultur und Persönlichkeit zum Thema seiner Autorenfilme macht.

Waren die Gangsterballade *Bonnie and Clyde* (1967), der Spätwestern *The Wild Bunch* (1969) und das Roadmovie *Easy Rider* (1969) die 'Schlüsselfilme' des New Hollywood, so war Coppola die 'Schlüsselfigur' eines neuen Hollywood-Systems: ein Regisseur, der beim B-Movie-Produzenten Roger Corman gelernt hatte und der mit dem abstrusen Horrorfilm *Dementia 13* (1963) debütierte, der mit den *The Godfather* (1972) und *The Godfather (Part II)* (1974) die US-amerikanische Kinokrise beendete und der mit *Apocalypse Now* (1979) den Abgesang auf den 'amerikanischen Traum' bis zum visuellen Exzeß, ja bis ins Opernhafte steigerte – und dieser Coppola war auch ein Filmmogul, der ein eigenes Studio aufbaute, der Millionen verschleuderte und der nach *One from the Heart* (1982), *Rumble Fish* (1983) und *The Cotton Club* (1984) noch tiefer abstürzte als Dennis Hopper nach seinem autodestruktiven Western *The Last Movie* (1971). An der Wirkungsgeschichte von *Easy Rider* und der Karriere von Coppola ließe sich die Geschichte eines New Hollywood illustrieren, dessen Modernität sich entweder durch die Revision klassischer Genres definierte, wie sie beispielsweise Robert Altman mit *McCabe and Mrs. Miller* (1971) oder *The Long Goodbye* (1973) vorführte, oder durch Referenzen auf die zeitgenössische Jugendkultur wie in Mike Nichols' *The Graduate* (1967) oder in Peter Bogdanovichs *The Last Picture Show* (1971). Formale Experimente wie Monte Hellmans existentialistischer Western *The Shooting* (1966) oder sein anti-narratives Roadmovie *Two-lane blacktop* (1971) hatten dagegen höchstens bei kunstbeflissenen Filmkritikern oder auf europäischen Filmfestivals Erfolg. *Easy Rider*, unter chaotischen Produktionsbedingungen gedreht, wurde nicht zuletzt deshalb ein systematisch vermarkteter 'Überraschungserfolg', weil die Pop-Ballade von den 'wilden jungen Männern' die Landschaftsbilder des klassischen Western mit dem Lebensgefühl der jungen Generation verband, schnelle Bild-Montagen und rhythmische Popsongs in einer Weise synthetisierte, wie man es aus Richard Lesters Musikfilmen und aus dem Fernsehen kannte. 'Captain America' und sein zumeist bekiffter Kumpel Billy stellen reine Projektionsflächen dar - für den kollektiven Traum von Freiheit und Abenteuer. Gerade deshalb eigneten sich diese Anti-Helden so hervorragend als Identifikationsfiguren für eine junge Generation, die in Zeiten des Vietnam-Krieges nicht mehr kämpfen wollte und sich als Opfer der Gesellschaft fühlte. Der Kinoerfolg dieses Roadmovie ließ sich nicht wiederholen, nur vermarkten. Erst als das New Hollywood die Erzählkunst des klassischen Hollywood wieder entdeckte und dabei die Gewichtung von Narration und Spektakel verschob, überwand Hollywood seine Krise, auch dank neuer Marketing-Strategien und eines internationalisierten Produktionssystems. Das modernistische New Hollywood war tatsächlich nur ein kurzes Zwischenspiel in einer Umbruchsphase des US-amerikanischen Gesellschafts- und Mediensystems. Ein politisches Kino, wie dasjenige Godards oder Fassbinders, war das New Hollywood nie, und die Suche nach neuen Erzählformen war stets auch durch den Blick auf den Erfolg an der Kinokasse strukturiert, außer bei Außenseitern wie Monte Hellman oder Robert Altman. Daß Spielberg die anderen Autoren von *Close Encounters of the Third Kind* (1977) auszahlte, um sein Werk als einen 'Steven Spielberg-Film' präsentieren zu können, daß er für sein SF-Spektakel François Truffaut als Darsteller gewann, war eine 'Autorenpolitik' mit anderen Mitteln und zu einem anderen Zweck. Spielberg etablierte nicht nur das Blockbuster-Kino, sondern popularisierte auch den Filmregisseur als Superstar, und er machte niemals den Fehler des 'industriellen Künstlers' Francis Ford Coppola, der in seiner Maßlosigkeit die Filmindustrie zur Produktion von Filmkunst 'mißbrauchen' wollte (was ihm bisweilen ja auch gelang).

Bezeichnenderweise nennt sich Spielbergs Produktionsfirma 'DreamWorks', hieß Coppolas heute längst ruiniertes Studio 'Zoetrope'.

6. Die Postmoderne im Kino

Seit dem Poststrukturalismus ist vom 'Tod des Subjekts', von der 'Agonie des Realen' und vom 'Verfall der großen Erzählungen' die Rede, und die Postmoderne-Debatte der achtziger Jahre stellte sogar die Moderne als Epoche zur Disposition. Das waren nicht nur theoretische Diskurse, damit waren auch Tendenzen in Literatur, Architektur und bildender Kunst charakterisiert. Die postmoderne Kunst verabschiedete die Konzepte einer klassisch gewordenen Moderne, definierte sich nicht mehr durch die Destruktion der Tradition, sondern durch einen historisierenden Eklektizismus, die Vermischung von Hoch- und Populärkultur und die Kunst des ironisierenden Zitats. Die Romane von Thomas Pynchon und Kurt Vonnegut jr. verfahren nach solchen postmodernen Erzählstrategien, wie sie etwa auch in *Le deuxième cri, Venus 1975* und anderen 'Nach-Bildern' von Erro sichtbar und im 'neuen Klassizismus' der postmodernen Architektur deutlich geworden sind (Felix 2001). In den achtziger Jahren vollzog auch das Kino einen Wechsel zur postmodernen Ästhetik, ohne jedoch einen einheitlichen 'internationalen Stil' auszubilden wie die postmoderne Architektur. Auch in Ridley Scotts *Blade Runner* und Peter Greenaways *The Draughtsman's Contract* (beide 1982), in Jim Jarmuschs *Down by Law* und David Lynchs *Blue Velvet* (beide 1986), in Oliver Stones *Natural Born Killers* und Quentin Tarantinos *Pulp Fiction* (beide 1994) bleibt die 'persönliche Handschrift' des Filmregisseurs erkennbar, erst recht in den Filmen von Lars von Trier, Léos Carax, Aki Kaurismäki und den Coen-Brüdern. Was das postmoderne Kino stilistisch vereint, ist die Tendenz zur Künstlichkeit, zur Doppelcodierung der Bilder, Geschichten, Figuren und zum filmhistorischen Zitat, wie wir es als cinephile Tendenz bereits seit der Nouvelle vague kennen und wie es längst auch das postklassische Hollywood-Kino bis zum Exzeß betreibt, ob nun in den *Indiana Jones*-Serials (1981 ff.) oder in der *Scream*-Trilogie (1997 ff.). Während aber der postklassische Hollywood-Kino Spielfilme aus Filmgeschichte(n) kompiliert, seriell funktioniert und zunehmend auf die Spielfreude eines jungen Publikums ausgerichtet ist, das sich in den Wahrnehmungsräumen von *The Matrix* (1999) und *Tomb Raider* (2001) so kundig zu bewegen weiß wie in den gleichnamigen Computer Games, wahren postmoderne Filme wie Lars von Triers *Forbrydelsens Element* (1984), Greenaways *The Cook, the Thief, His Wife & Her Lover* (1989) oder Lynchs *Twin Peaks: Fire Walk With Me* (1992) nicht nur ihren Werkcharakter, sondern treiben die Kunst des Zitats auch bis zur Verstörung des Zuschauers voran, was eine Wiederbelebung der Schockästhetik nicht ausschließt.

Daß sich die authentische Wirklichkeit nicht mehr abbilden läßt, weil unsere Realitätserfahrung selbst medial konstituiert sei, war ein Paradigma der Postmoderne. Jean-Jacques Beineix' *La Lune dans le caniveau* (1982) und Coppolas *One from the Heart* (1983) verstörten durch ihre Pastiche-Ästhetik noch den Zuschauer, weil sie mit übersteigerter Melodramatik und in quälender Langsamkeit präsentiert wurde und bar jeder Ironisierung war. In Hollywoods hyperrealistischen Hochgeschwindigkeitskino verlangt niemand mehr nach authentischer Realität, weil auch Action-Filme wie *Die Hard* (1984) oder *Speed* (1994) mittlerweile als 'Action-Kammer-Spiele' begriffen werden, deren „Handlungsverlauf – Besetzung, Abschottung und Rückeroberung von Gebäuden oder Verkehrsmitteln – gemäß der Logik von Computer Games in Form situativer Verdichtung" entworfen sind und deren Handlungsräume „als Serie von Erlebniswelten nach Art von theme parks" organisiert (Reicher/Robnik 1997, 73). Was manchem Filmhistoriker heute noch als eine Rückkehr zum 'klassischen Stil' erscheint, produziert de facto nur noch den Anschein des alten Illusionskinos. Auch in der Postmoderne ist nicht das oft zitierte 'anything goes' die Regel, allerdings hat sich mit der Logistik der Wahrnehmung auch die Logik der Kombinatorik verändert. Wer die Regeln kennt, kann mitspielen, und nur wenn keine Regel erkennbar wird, mißlingt das vergnügliche Spiel. Das unterscheidet postmoderne Autorenfilme wie Lynchs *Lost Highway* (1997) grundsätzlich vom postklassischen Hollywood-Kino à la *Titanic* (1997): daß die einen zu immer wieder neuen, prinzipiell unabschließbaren Interpretationen auffordern und so die modernistische Tradition des 'offenen Kunstwerks'

(Umberto Eco) mit postmodernen Mitteln fortsetzen, die anderen das Regelwissen bestätigen und die Schaulust befriedigen, so wie es Hollywoods Unterhaltungskino immer schon tat, nur eben sehr viel schneller und wesentlich spielfreudiger. Das postklassische Hollywood-Kino ist kein klassisches Wahrnehmungsdispositiv, eher schon ein interaktiver Wahrnehmungsraum wie die Computerspiele. Auch in der Postmoderne bleibt Filmkunst an eine Politik der Form gebunden, an die Kunst der Montage, der Collage, des Arrangements, um in Auseinandersetzung mit der Tradition Innovationen hervorzubringen. Nicht von ungefähr beziehen sich postmoderne Autorenfilmer wie David Lynch und Peter Greenaway auf Kompositionsprinzipien der bildenden Kunst, nicht zufällig wurde Lynchs *The Straight Story* (1999) als 'eine wahre Geschichte' mißverstanden, nicht ohne Grund zog sich Greenaway in den neunziger Jahren aus dem Kino zurück. Die nach der Postmoderne ausgerufene 'Zweite Moderne' wurde im Kino von einer 'Wiederkehr des Realen' begleitet, von einem neuen Realismus, der in Filmen wie in Catherine Breillats *Romance* (1999) oder Virginie Despentes' *Baise-moi* (2000) nicht nur durch sexuelle Inhalte schockierte, sondern durch die Art und Weise ihrer Darstellung – durch eine realistische Darstellungsform und eine neue Körperpolitik. Nach der Postmoderne sind im Kino wieder menschliche, höchst verletzliche Körper zu sehen, denen es nur noch an einem eigenen Innenleben fehlt und noch immer gilt für das Kino Vertovs emphatischer Satz: „Ich, die Maschine, zeige euch die Welt, wie nur ich sie sehen kann."

7. Literatur

Albersmeier, Franz-Josef (Hrsg.), Texte zur Theorie des Films. Stuttgart ³1998.

Arnheim, Rudolf, Film als Kunst. München 1974.

Balázs, Béla, Der Film. Wien ⁴1972.

Balio, Tim (Hrsg.), The American Film Industry. Madison ²1985.

Bordwell, David/Janet Staiger/Kristin Thompson, The Classical Hollywood Cinema. Film Style & Mode of Production to 1960. London 1988.

–, „Classical Hollywood Cinema: Narrational Principles and Procedures". In: Narrative Apparatus, Ideology. A Film Theory Reader. Hrsg. v. Philip Rosen. New York 1986, 17–34.

–, „Die Hand und die Rückkehr des klassischen Hollywood-Kinos". In: Der schöne Schein der Künstlichkeit. Hrsg. v. Ken Adam et al. Frankfurt a. M. 1995, S. 151–200.

Charney, Leo/Vanessa R. Schwartz (Hrsg.), Cinema and the Invention of Modern Life. Berkeley/Los Angeles/London 1995.

Denzin, Norman K., Images of Postmodern Society. Social Theory and Contemporary Cinema. London/Newbury Park/New Delhi 1991.

Eisner, Lotte, Ich hatte einst ein schönes Vaterland. Memoiren, Vorwort von Werner Herzog. München 1988.

Elsaesser, Thomas, Der Neue Deutsche Film. Von den Anfängen bis zu den neunziger Jahren. München 1994.

Felix, Jürgen, „Ironie und Identifikation. Die Postmoderne im Kino". In: Leben aus zweiter Hand? Soziale Phantasie und mediale Erfahrung. Hrsg. v. Heinz-B. Heller. Münster 1991, S. 50-74.

–, „Postmoderne Permutationen. Vorschläge zu einer 'erweiterten' Filmgeschichte". In: MEDIENwissenschaft, 4/96, 400–410.

–, „Nach-Bilder. Über die Kunst des Zitats im Zeitalter der Reproduktion". In: Die Wiederholung. Hrsg. v. ders./Bernd Kiefer/Susanne Marschall/Marcus Stiglegger. Marburg 2001, 63–78.

Foster, Hal, The Return of the Real. The Avantgarde at the End of the Century. Cambridge/London 1996.

Friedberg, Anne, Window Shopping. Cinema & the Postmodern. Berkely/Los Angeles/London 1993.

Godard, Jean-Luc, Godard/Kritiker. Ausgewählte Kritiken und Aufsätze über Film (1950 bis 1970). München 1971.

–, Einführung in eine wahre Geschichte des Kinos. München/Wien 1981.

Greenaway, Peter, The Stairs. Munich Projection / München Projektionen. London 1995.

Gregor, Ulrich/Enno Patalas, Geschichte des modernen Films. Gütersloh 1965.

Grimminger, Rolf/Jurij Murašov/Jörg Stückrath (Hrsg.), Literarische Moderne. Europäische Literatur im 19. und 20. Jahrhundert. Reinbek b. Hamburg 1995.

Gunning, Tom, „Das Kino der Attraktionen. Der frühe Film, seine Zuschauer und die Avantgarde", In: METEOR Texte zum Laufbild No. 4 (1996), S. 25–34.

Hayward, Susan, Key Concepts in Cinema Studies. London/New York 1996.

Heller, Heinz-B., „Made in U.S.A.: Nouvelle Vague und die Bilder der Bilder aus Amerika". In: Amerika! Amerika? Bilder aus der neuen Welt – Bilder der neuen Welt. Hrsg. v. Jürgen Felix u. a., Marburg 1992, S. 67–78.

Hickethier, Knut (Hrsg.), Filmgeschichte schreiben. Ansätze, Entwürfe und Methoden. Berlin 1989.

Hugo, Chris, „New Hollywood: Ökonomie und Filmstil". In: The Last Great American Picture Show. New Hollywood 1967–1976, hrsg. v. Alexander Horwath. Wien 1995, S. 248–269.

Jansen, Peter W./Wolfram Schütte (Hrsg.), New Hollywood. München/Wien 1976.

Kiefer, Bernd, „Ossessione ... von Liebe besessen". In: Filmklassiker. Beschreibungen und Kommentare. Hrsg. v. Thomas Koebner. Stuttgart 1995. Band 1: 1913–1946, S. 463–469.

Kracauer, Siegfried, Das Ornament der Masse. Essays. Frankfurt a. M. 1977.

Kuenzli, Rudolf E. (Hrsg.), Dada and Surrealist Film. Cambridge/London 1996.

Mast, Gerald/Marshall Cohen (Hrsg.), Film Theory and Criticism. Introductory Readings. New York/Oxford 1985.

Müller, Jürgen E., „Das Genie und die Passion des Filme-Machens. Zur Auto(r)-Präsenz von Jean-Luc Godard in seinen Filmen". In: Genie und Leidenschaft. Künstlerleben im Film. Hrsg. v. Jürgen Felix. St. Augustin 2000.

Patalas, Enno, Sozialgeschichte der Stars. Hamburg 1963.

Prinzler, Hans-H./Eric Rentschler (Hrsg.), Augenzeugen. 100 Texte neuer deutscher Filmemacher. Frankfurt a. M. 1998.

Reicher, Isabella/Drehli Robnik, Das Action-Kammer-Spiel. Hollywood-Filme nach dem Die-Hard-Bauplan. Teil 2. In: METEOR Texte zum Laufbild, No. 7 (1997), S. 73–80.

Robnik, Drehli, Der Körper ist OK. Die Splatter Movies und ihr Nachlaß. In: Unter die Haut. Signaturen des Selbst im Kino der Körper. Hrsg. v. Jürgen Felix. St. Augustin 1998, S. 235–278.

Sargeant, Jack, Deathtripping. The Cinema of Transgression. London/San Francisco 1995.

Scheugl, Hans/Ernst Schmidt jr., Eine Subgeschichte des Films. Lexikon des Avantgarde-, Experimental- und Undergroundfilms, 2 Bde. Frankfurt a. m. 1974.

Stam, Robert, Reflexivity in Film and Literatur. From Don Quixote to Jean-Luc Godard. New York ²1992.

Stiglegger, Marcus, Ästhetik der Auflösung. Zur Zerstörung des Körpers in der Industrial Culture. In: Unter die Haut. Signaturen des Selbst im Kino des Körpers. Hrsg. v. Jürgen Felix. St. Augustin 1998, S. 279–292.

Vogel, Amos, Film als subversive Kunst. Kino wieder die Tabus – von Eisenstein bis Kubrik. St. Andrä-Wördern 1997.

Wagner, Monika (Hrsg.), Moderne Kunst. Das Funkkolleg zum Verständnis der Gegenwartskunst, 2 Bde. Reinbek b. Hamburg 1991.

Welsch, Wolfgang (Hrsg.), Wege aus der Moderne. Schlüsseltexte zur Postmoderne-Diskussion. Weinheim 1988.

Wuss, Peter, Kunstwert des Films und Massencharakter des Mediums. Konspekte zur Geschichte der Theorie des Spielfilms. Berlin 1990.

Zielinski, Siegfried, Audiovisionen. Film und Fernsehen als Zwischenspiele in der Geschichte. Reinbek b. Hamburg 1989.

Jürgen Felix, Mainz (Deutschland)

172. Kommunikative und ästhetische Charakteristika des gegenwärtigen Dokumentarfilms

1. Systematischer Teil
2. Historischer Teil: Entwicklungslinien der Dokumentarfilmästhetik und -thematik
3. Fernsehen: die Haßliebe
4. Literatur

1. Systematischer Teil

Wenn dieser Beitrag mit dem Versuch beginnt, Begriffsfestlegungen zu treffen, dann zeugt das nicht vom grenzenlosen Vertrauen in die Kraft der Definition, sondern ist allein Ausdruck von Pragmatik. Produktion, Produkt, Rezeption, Wirkung und damit jeweils verbunden die Ästhetik und theoretische Reflexion des gegenwärtigen Dokumentarfilms stehen in einem historischen Zusammenhang, der zwar eine Vielzahl an Themen und Formen, an individuellen Stilen und überindividuellen Schulen wie definitorischen Versuchen des 'Dokumentarischen' mit sich brachte, der sich aber auf die Kernfragen reduzieren läßt: Wie, d.h. mit welchem Inhalt und in welcher Form geht das Produkt dokumentarischer Film aus der Wirklichkeit hervor (Produktionsästhetik), oder wie ist es – als Teil dieser Wirklichkeit – in die Wirklichkeit zurückgekoppelt (Rezeptions-/Wirkungsästhetik). Zugrunde liegt die durch Lebenserfahrung und Medienerfahrung gespeiste Unterstellung, daß dokumentarischer Film ('dokumentarischer

Film', 'Documentary', 'Documentaire') eine besondere Affinität zur Wirklichkeit habe: Das, was im Film gezeigt wurde, und das, was 'tatsächlich passierte', wurde lange als kongruent angenommen. In der über hundertjährigen Geschichte des Films und der über sechzigjährigen Geschichte des Fernsehens entwickelte sich seit den zwanziger Jahren des 20. Jhs. eine Vielzahl an Definitionen des Dokumentarischen. Im Sprachgebrauch von Praktikern und Theoretikern werden die Begriffe teils synonym, teils in je unterschiedlichem Maß als Teilmengen von einander verwendet. Zur Begriffsverwirrung trug bisher die Vermischung zweier Ebenen bei: die Unterscheidung 1. nach dem Modus der dokumentarischen Darstellung und 2. die historisch-pragmatisch entstandenen dokumentarischen Formen (vgl. auch Hickethier 1993, 180).

1.1. Modi der dokumentarischen Darstellung

In Anlehnung an Nichols sollen hier vier Arten der dokumentarischen Darstellung ('Modes of Representation') als dominierende Grundmuster unterschieden werden: 1. das expositorische, 2. das beobachtende, 3. das interaktive und 4. das reflexive Documentary (vgl. Nichols 1991, 32ff.).

1.1.1. Der *expositorische Dokumentarfilm* macht mit einem allwissenden, objektivistischen, Fakten und Positionen mischenden Kommentar eine Aussage zum allgemeinen Zeitgeschehen. Personen werden in einen filmischen Kontext gesteckt, der nicht der ihre ist und über den sie keine Kontrolle haben (vgl. Nichols 1991, 37). Die visuelle Komponente ist weniger stark ausgeprägt; Bilder kommen zu einem größeren Prozentsatz aus dem Fernseharchiv. Der Zuschauer ist beim expositorischen Documentary auf eine schlüssige, Ursache-Wirkungszusammenhänge herstellende Argumentation mit Lösungen/Lösungsvorschlägen eingestellt. Aufgrund seiner starken Verankerung im Fernsehen herrscht eine hohe Konventionalität der verbalen und der visuellen Argumentation vor. Diese Art des Documentary entspricht dem Fernsehfeature.

1.1.2. Der *beobachtende Dokumentarfilm* ist charakterisiert durch rezeptives Verhalten der Regie und der Kamera gegenüber der vor-filmischen Realität: den Personen und Ereignissen. Soweit irgend möglich, übernehmen die filmischen Instanzen keine Kontrolle der Situation. (Nach-)Inszenierungen von räumlichen und zeitlichen Arrangements und Handlungen sind ebenso ausgeschlossen wie Interviews, wie ein Kommentar und externe Musik. Der beobachtende Dokumentarfilmer ist nur in sehr geringem Maße Herr seines Stoffes. Die authentifizierende Kraft des beobachtenden Films erwächst aus der Spontaneität der Beobachtung, die zugleich – nach Auffassung der Vertreter dieser Schule – ein Surplus an Wahrheit gegenüber der Inszenierung mit sich bringt (vgl. Wildenhahn 1973, 92f.). Dem steht die von Brecht zugespitzte Position gegenüber, das Foto der Krupp-Werke oder der AEG ergäbe nichts über „die Verdinglichung der menschlichen Beziehungen" (Brecht 1967, Bd. 18, 161).

Das Verfahren des beobachtenden Dokumentarfilms ist mit der sozialwissenschaftlichen Methode der teilnehmenden Beobachtung zu vergleichen. Bei beiden wird unterstellt, daß die Handelnden die Beobachtungsinstanz sehr schnell 'vergessen' und so handeln, als sei diese Instanz nicht anwesend. Die beobachtende Methode ('beobachtenden Kamera') wird meist mit dem 'Direct Cinema' von Donn Allen Pennebaker, Richard Leacock (*Primary*, USA 1959; *The Chair*, USA 1963), Robert Drew, den Brüdern Maysles und Fred Wiseman gleichgesetzt. Klaus Wildenhahn war der wichtigste Exponent des westdeutschen Dokumentarfilms, der das 'Direct Cinema' in diesem Sinne adaptierte: „Original aufgenommenes Material, Bild und Ton, muß aus sich heraus wirken. Zusätzliche Texterläuterungen sollen so sparsam wie überhaupt nur möglich beigegeben werden ... Der zusätzliche Text soll nicht mehr (allerdings auch nicht weniger) bewirken als die beobachteten Szenen, die beobachteten Menschen, ihr Reden, die Zeit und den Ort begreifbar zu machen ... Schlußfolgerungen sollen nicht als verbales Anliegen des Autors mitgeliefert werden. Ein Dokumentarfilm soll so aufgenommen sein, daß der Empfänger die Folgerungen selber ziehen und diskutieren kann ... Eine Plattform zu schaffen für jene, die nicht zu Wort kommen, jene reden zu lassen, die sonst nicht an den Diskussionen teilnehmen, Dinge sagen zu lassen, wie sie sonst nicht gesagt werden – das ist die Aufgabe des Dokumentaristen" (Wildenhahn 1973, 111f., 114). Vor allem 1979/80 wurde ein erbitterer Streit über dieses Selbstverständnis: Dokumentarfilm gleich beobachtender Dokumentarfilm gleich Verzicht auf Kommentar und andere filmische Stilelemente geführt (vgl. Roth 1982). In der DDR führten die auf der Leipziger Dokumentarfilmwoche gezeigten Filme des 'Direct Cinema' und des französischen 'Cinéma Vérité' zu einem positiven Schock unter den Dokumentarfilmern und zu kulturpolitischer Beunruhigung in den Hierarchien (vgl. Filmmuseum Potsdam 1996, 132 und 373). Mit wenigen Ausnahmen (Jürgen Böttcher: *Ofenbauer*, 1962 und Karl Gass: *Feierabend*, 1964) konnten sich Elemente des beobachtenden Dokumentarfilmstils in der DDR aus ideologischen, technischen und ökonomischen Gründen erst in den siebziger und achtziger Jahren entfalten (vgl. Filmmuseum Potsdam 1996, a.a.O. und Beutelschmidt 1995, 225–228; siehe auch unten). Karl Gass formulierte bereits 1964 Prinzipien der beobachtenden Kameraarbeit, die vorwegnahmen, was Wildenhahn später formulieren und in seinen Filmen (beginnend mit *Parteitag 64*) praktizieren sollte: „Wir haben ihnen [den Arbeitern] nicht vorgeschrieben, was sie sagen, wie sie sich vor der Kamera bewegen sollen; (…) Sie merkten, daß wir ihre Wirklichkeit nicht verfälschen würden. (…) Bei den Dreharbeiten versuchten wir, mit einem Minimalaufwand an Technik auszukommen. Wir waren unaufdringlich, zurückhaltend, bescheiden, geduldig" (Bieghold/Wüste/Gass 1964, 276). Gass verwendet allerdings einen Kommentar mit durchaus didaktischen Elementen („Jeder soll vor seiner eigenen Tür kehren, wenn ihm das Gezeigte nicht gefällt"), seine Bilder aus Schwedt intensivieren durch ungewöhnliche Cadrierungen (Untersichten), und er verwendet Musik. Er zeigt nicht nur, sondern vermittelt auch eine Aussage: Die Helden der Arbeit dürfen auch mal einen draufmachen.

Ein Mißverständnis in der Adaption des 'Direct Cinema' bestand im Unterschätzen der Tatsache, daß dessen US-amerikanische Protagonisten zwar immer mit einer beobachtenden, flexiblen Kamera arbeiteten, aber doch sehr genau planten, *wann* sie drehten. Sie fingierten keine Mise-en-Scène, aber sie studierten die Szenen des Alltags doch sehr genau, um zu wissen, wann die Krisen, die Entscheidungsszenen, entstehen würden, die sie für die Dramaturgie, für die Krisenstruktur des Films brauchten. Die Beobachtung bezog sich nicht auf eine Abbildung der vorgefundenen Realität mit allen langen und langweiligen Phasen der Nicht-Spannung, sondern sie bezog sich auf die Beobachtung und Antizipation von Zeiten der Spannung (zu denen dann in der filmischen Umsetzung durchaus auch Zeiten der Ent-Spannung gehörten): Filme des 'Direct Cinema' also als Kondensat der Dramaturgie des Alltags, in dem vor allem die 'spannenden' Krisenszenen verwendet wurden; Filmzeit also nie gleich verfilmter Zeit.

Technische Voraussetzungen für das 'Direct Cinema' wie für das 'Cinéma Vérité' und die beobachtende Dokumentarmethode waren folgende Entwicklungen (vgl. Salt 1983, 309 ff. und 330 ff.): das Aufkommen leichter 16mm-Kameras (ARRIflex 16 BL, Auricon Cine-Voice, Eclair NPR) mit größeren 400-Fuß-Filmmagazinen in Verbindung mit der Möglichkeit der verbindungslosen, quartz-synchronen Tonaufzeichnung auf ebenfalls transportablen Bandgeräten (Nagra III) ab 1959 – mit Vorläufern beim NWDR-Fernsehen 1954 (vgl. Diercks 1984 und Schulze 1984) wie in den 60er Jahren schließlich in Empfindlichkeit und Richtcharakteristik verbesserte Mikrophonen; die Entwicklung stärkerer Weitwinkel-Optiken, besonders lichtempfindlicher High-Speed-Objektive (Angénieux) und von Zoom-Objektiven Ende der 50er Jahre; lichtempfindlicherer Schwarzweiß-Filmemulsionen (1954: Tri-X von Eastman-Kodak, 1956: Superior 4 von Dupont, schließlich 1959: Ilford HPS mit 400 ASA); transportable Quartz-Jodid-Lampen ab 1964. Diese neuen Technologien ermöglichten flexible Film- und Tonaufnahmen unter den widrigsten Licht- und Raumverhältnissen, und sie prägten die Ästhetik einer ganzen dokumentarischen und fernsehjournalistischen Epoche, einschließlich der Nouvelle Vague mit Godards *Außer Atem* (Frankreich 1959): Handkamera (Living Camera), körniger Schwarzweiß-, später auch Farbfilm, natürliches, also oft schwaches, dunkles Licht – eben scheinbares 'Uncontrolled Cinema'. Etwa 20 Jahre später, Ende der 70er, Anfang der 80er Jahre, beim Übergang vom Film zur Elektronischen Berichterstattung (EB) bzw. zum Electronical News Gathering (ENG) im Fernsehen wiederholte sich dieses Phänomen, wie es sich gegenwärtig, Ende der 90er Jahre, wieder 20 Jahre später, mit dem Übergang von der analogen zur digitalen Aufzeichnung und Bearbeitung

(Production und Post-Production) wiederholt. Medienwissenschaft hat sich bisher wegen der übertriebenen Focussierung auf das 'Lesen' des ästhetischen Produkts als „Text" mit dem Zusammenhang von Technologie und Gerätetechnik mit der Produktions, Post-Produktions und Rezeptionsästhetik kaum befaßt.

1.1.3. Der *interaktive Dokumentarfilm* weist durchaus auch beobachtende Elemente auf. Der wesentliche Unterschied zum beobachtenden Documentary liegt aber darin, daß Kamera und Regisseur bzw. Interviewer sich deutlich erkennbar in die filmisch festgehaltene Situation durch verbale – meist aus dem Off – und visuelle Stellungnahmen und (kritischen) Kommentare 'einbringen', mit den Protagonisten interagieren, sie gar zu Aussagen provozieren, die sie sonst nicht machen würden, wobei sie das Aufzeichnungsinstrumentarium durchaus als Machtinstrument einsetzen. Die Interaktion mit dem Subjekt Interviewer/Kameramann wird nicht hinter dem objektivistischen Schein des Protokollinstruments 'verborgen' wie beim beobachtenden Documentary, sondern sie wird im Gegenteil als strukturierendes und dramaturgisches Element verwendet, indem der Gesprächspartner in die Kamera spricht und damit den Zuschauer an Stelle des Interviewers adressiert (vgl. Nichols 1991, 54). Neben der Provokation sind auch Überraschungsmomente, subjektiv-assoziatives Arbeiten und insgesamt ein Methodenpluralismus möglich (vgl. Roth 1980, 16). Jean Rouchs und Edgar Morins *Chronique d'un Eté* (F 1959) und Chris Markers politische Pariser Momentaufnahme *Le Joli Mai* (F 1962) sind die kennzeichnenden Filme des 'Cinéma Vérité', in denen aufgrund der neuen flexiblen Aufnahmetechnik Interaktion möglich wurde. Claude Lanzmans *Shoah* (F 1985) ist eine jüngere Fortsetzung des interaktiven Dokumentarfilms (z.B. die Barbierszene).

1.1.4. Der *reflexive Dokumentarfilm* ist Ausdruck des Zweifels am Realitätsgestus und Objektivitätsanspruch der bisher behandelten Formen des Dokumentarfilms; es ist Ausdruck der Suche nach einer filmisch-künstlerischen Form, die dem objektivistischen Schein die Affirmation entzieht, oder wie Alexander Kluge es formuliert: Es sei „die schärfste Ideologie, daß die Realität sich auf ihren realistischen Charakter beruft", und: „Das Motiv für Realismus ist nie Bestätigung der Wirklichkeit, sondern Protest" (Kluge 1983, 119). Im reflexiven Documentary wird die Referenz auf außerfilmische Realität deutlich erkennbar, zum Teil verstärkt durch Referenz auf das filmische Darstellen selbst, aufgehoben; aufgebrochen werden dokumentarische Normen, Normen des dokumentarischen Genres insgesamt; Polarisierungen und Vieldeutigkeiten zwischen Ton und Bild bzw. innerhalb des Tons/des Bildes, Subjektivität, Dialektik, Fragmentarisierung des optischen und akustischen Ausdrucks, offene Form und Vielfalt der Formen, einschließlich der Inszenierung (vgl. Nichols 1991, 61; Möbius 1991). Eine Mischung der dokumentarischen und der Spielfilmformen findet statt (vgl. Steinmetz 1995, 164–181; Hickethier 1993, 193–196), und das alles, um einen poetischen Ausdruck zu erreichen, der die Eigenaktivität des Zuschauers erfordert und herausfordert. Nur im reflexiven Spiel zwischen Film und Zuschauer entsteht der Inhalt, die Aussage. Aussage und Inhalt sind – wie in anderen poetischen Künsten bisher schon – wenig fixierbar; sie variieren je nach der Begegnung des Individuums mit dem Film und seiner Bedeutungszuschreibung, weit stärker jedenfalls als in den Dokumentarfilm-Modi 1. bis 3. Und damit ist auch ein konstruktivistischer Ansatz der Sicht von/auf Film beschrieben.

Der Dokumentarfilmer Peter Krieg postulierte 1990 das „Ende der Wahrheit" und konstatierte einen „Umbruch, der uns aus einem Zeitalter der Wahrheiten in ein Zeitalter der Wahrnehmungen katapultiert" (Krieg 1990, 88) und forderte die Dokumentarfilmer auf: „Wenn sich die Dokumentarfilmer von ihrer alten, immer konservativer werdenden Rolle verabschieden können, dann können sie ein ganz neues Universum der Komplexität entdecken bzw. erfinden und damit auch einen ganz neuen Dokumentarfilm" (Krieg 1990, 94). Mit seinen reflexiven Dokumentarfilmen, u.a. *Maschinenträume* (BRD 1988) beschritt er seit Mitte der 80er Jahre auch in seinem filmischen Schaffen diesen Weg.

Es ist fraglich, ob der konstruktivistische Ansatz der Ausweg aus dem objektivistischen Dilemma des Dokumentarfilms sein kann. Er ist überhaupt nicht neu. Selbst die Klassiker des beobachtenden und kompilierenden Dokumentarkinos haben nie den Konstruktionscharakter ihres Arbeitens geleugnet;

beispielsweise die Puristen des 'Direct Cinema', Richard Leacock und Frederick Wiseman: „Man zeigt nie das Ganze, man wählt aus, und die Auswahl ist das, was zählt" (Leacock zit. n. Wildenhahn 1973, 155); „My films are totally subjective. The objective-subjective argument is from my view, at least in film terms, a lot of nonsense. The films are my response to a certain experience" (Wiseman zit. n. Barsam 1973, 272). Erwin Leiser: „Der Dokumentarist arrangiert die Wirklichkeit (...) Mit dokumentarischen Mitteln arbeiten heißt, (...) dem Zuschauer zu überlassen, was er in die Filmszenen hineinliest. Der Zuschauer sieht mit den Augen der Kamera – und bezieht das Gesehene auf sich selbst" (Leiser 1996, 21). Bitomsky (1972) hat mit dem Gedanken der ersten und zweiten Produktion das Prinzip der Konstruktion von Wirklichkeit bereits 1973 ebenso formuliert wie Kluge 1975 mit dem Gedanken der „drei Kameras": „Ein Dokumentarfilm wird mit drei 'Kameras' gefilmt: der Kamera im technischen Sinn (1), dem Kopf des Filmemachers (2), dem Gattungskopf des Dokumentarfilm-Genres, fundiert aus der Gattungserwartung, die sich auf Dokumentarfilm richtet (3). Man kann deshalb nicht einfach sagen, daß der Dokumentarfilm Tatsachen abbildet. Er fotografiert einzelne Tatsachen und montiert daraus nach drei, z. T. gegeneinander laufenden Schematismen einen Tatsachenzusammenhang. Alle übrigen möglichen Tatsachen und Tatsachenzusammenhänge werden ausgegrenzt" (Kluge 1975, 202). Auch die Widerspiegelungstheorie des sozialistischen Realismus negierte nicht (immer) die Bedeutung des Subjekts: „In der Kunst stellen Objektivität und Subjektivität eine Einheit dar, das Objektive ist nicht denkbar ohne das Subjektive, das heißt, es äußert sich in der Kunst stets gebrochen durch die Sicht des Künstlers, in seiner Deutung des Dargestellten (...) Der Dokumentarfilm reproduziert die Wirklichkeit exakt, er wiederholt sie jedoch nicht, noch 'dupliziert' er sie. Das Kunstwerk besitzt eine eigene 'Existenz' und eine eigene Form (...) Zur Kunst wird der Dokumentarfilm mit der Auswahl, Interpreatation und Sinngebung der realen Fakten." (Drobashenko 1962, 64).

Subjektivität und Konstruktion in der filmischen Produktion (Dreharbeiten) und Post-Postproduktion (Bild-/Tonmontage) als filmisches Prinzip selbst zu thematisieren, um damit den Zuschauer zu eigener Konstruktion quasi 'zu zwingen', ist keine neue Qualität, denn konstruiert und re-konstruiert wurde schon immer, sondern höchstens eine neue Quantität. Und diese Quantität ist in hohem Maße didaktisch.

Der reflexive Dokumentarfilm ist Ausdruck des poetischen Gestaltungswillens von Dokumentarfilmern, die zugleich aus der Schublade der Langweiler und Agitatoren, der Abbildrealisten und Objektivisten, der Authentisten und Wahrheits-Wahrnehmer herauskommen wollten. Es ist in den späten siebziger und beginnenden achtziger Jahren als Gegenmodell zum beobachtenden Dokumentarfilm entstanden.

1.2. Historisch-pragmatisch entstandene dokumentarische Formen

1.2.1. Filmdokument

Besonders im Zusammenhang mit historischen Ereignissen/Ereignissen mit historischer Dimension und von naturwissenschaftlichen und wissenschaftskinematographischen Aufzeichnungen wird der Begriff des Dokuments verwendet. Beispiele: Röntgenaufnahmen einer Katze (zwanziger Jahre) (in der Encyclopedia Cinematographica des IWF), Cantis Film über Krebs; der Kaiser weiht das Völkerschlachtdenkmal ein, der Berliner Alexanderplatz um 1896, Lenin spricht etc. Diese Dokumente können bewußt zum Zweck des Dokumentierens eines einmaligen Ereignisses/Vorgangs geschaffen worden sein, oder sie können ohne diese Intention – z. B. als Live-Übertragung im Fernsehen – aufgrund der Einmaligkeit, Unwiederholbarkeit und der (historischen) Bedeutung, die das übertragene Ereignis/der festgehaltene Vorgang/die Person im Laufe der Zeit erhielt, zu Dokumenten geworden sein; z. B.: erste Mondlandung, Brandt und Stoph in Erfurt, der Fall der Mauer etc.

Filmische Dokumente haben meist die Qualität einer historischen Quelle (vgl. Moltmann/Reimers 1970, 17ff.), besonders dann, wenn sie als „wissenschaftliche Filme" historisch-kritisch mit Begleitmaterialien ediert sind, die eine Art Anmerkungsapparat darstellen (vgl. Moltmann/Reimers 1970, 117).

1.2.2. Dokumentation, dokumentarische Kompilation

Eine Dokumentation hält den Ablauf von Ereignissen – meist – in chronologischer Abfolge fest, enthält sich der Wertung und wird meist im (Programm-)Kontext einer didaktischen (Schulunterricht: Unterrichtsfilm) und/oder diskursiven Aufarbeitung (z. B. als Zuspiel zu einer Diskussionsrunde im Fernsehen) eingesetzt, in der dann erst die (Be-)Wertung des dokumentierten Themas stattfindet. Elemente der Dokumentation sind filmische und andere visuelle/akustische Dokumente, als Graphiken aufbereitete Fakten und Daten, Erinnerungen von Zeitzeugen, Aussagen/Statements von Zeitgenossen. Der Begriff der dokumentarischen Kompilation stellt gegenüber der Dokumentation besonders das Kompilieren (Zusammentragen) der unterschiedlichen, heterogenen Dokumente heraus, meint aber dasselbe. Dokumentation und dokumentarische Kompilation verwenden in der Praxis nicht nur filmische Dokumente im oben definierten Sinn, sondern oft auch Teile anderer Dokumentationen und dokumentarischer Kompilationen. So zeugen Dokumentationen sich teilweise gegenseitig fort – ein filmischer Dialog quer durch Zeit, Raum und Ideologie.

1.2.3. Feature

Das Fernsehfeature verwendet alle dokumentierenden und journalistischen Grundformen, um einen Sachverhalt umfassend und mediengerecht darzustellen: Interview, Statement, szenische Darstellung, Film-/Fernsehdokumente aus dem Archiv, Fotos, Grafiken (vgl. Zimmermann 1990, 101). Es ist damit unter den dokumentarischen Formen am breitesten angelegt, polymorph. Eher als die visuellen Elemente ist der allwissende, berichtende, erklärende OFF-Kommentar typisch für das Feature. Hinsichtlich des Zusammenhangs von Besonderem (Individuellem) und Allgemeinem (Gesellschaftlichem) ist das Feature deduktiv angelegt: Individuen, Einzelheiten tragen als Belege zur Schilderung eines allgemeinen Zusammenhangs bei (vgl. Steinmetz 1988). Es findet ein „ständige[r] Wechsel zwischen Anschauung und Abstraktion, zwischen Schilderung und Schlußfolgerung" statt (La Roche 1975, 142).

1.2.4. Reportage

Die Reportage ist ein Augenzeugen-, Erlebnis- und/oder Erfahrungsbericht. Sie ist induktiv angelegt: Von der Darstellung des Einzelnen wird – im Film 'selbst' oder erst in der zweiten Produktion durch den Zuschauer – auf den allgemeinen Zusammenhang geschlossen; Individuen, Einzelnes werden in der Reportage oberflächlicher, aktuell-journalistisch kennengelernt oder auch tiefergehend, bis hin zur emotionalen Identifikation bzw. Ablehnung (vgl. Steinmetz 1988). Der Reporter/Autor gibt sich direkt (performativ) oder indirekt als wertende Erzählinstanz zu erkennen.

1.2.5. Essayfilm/Filmessay

Dies ist die poetische Form, von einer Person, einem Sachverhalt, einer Landschaft zu erzählen. Auch hier ist eine große Bandbreite medialer Darstellungsformen möglich (On-/Off-Kommentar, persönlicher Auftritt des Autors, Interview, Gespräch, Lesung aus Texten, teilnehmende Beobachtung, Musik). Dabei sind jedoch starke (gestaltete) visuelle und akustische Komponenten typisch für den Essayfilm. Die alles bestimmende zentrale Figur des Autors als Erzähler ist deutlich und wird durch performative Mittel deutlich gemacht. Sie geht souverän subjektiv mit Menschen und Themen um, sie bewegt sich frei in Zeit und Raum. Chris Marker, Michael Mrakitsch, Christian Rischert, Hartmut Bitomsky und der späte Joris Ivens haben den filmischen Essay durch ihre poetische Persönlichkeit geprägt. Der Essay ist bereits eine filmische Mischform und steht zwischen dokumentarischen und fiktionalen Formen.

1.2.6. Dokumentarfilm, Documentary, Documentaire

Die Bezeichnung 'Documentary' läßt sich vom französischen 'Documentaire' über John Grierson und Paul Rotha bis an den Anfang der Fünfziger verfolgen, als sie auf englische und US-amerikanische Fernsehsendungen angewendet wurde (vgl. Zimmermann 1990, 100; Hörl 1996, 52ff.). Rotha meinte damit ein kreatives und zugleich physische Wirklichkeit, also reale Menschen und Orte zeigendes Genre, das Bilder und Töne aus der Welt 'draußen' mitbringt und das er abgrenzte vom Spielfilm, der bis in die 50er Jahre hinein überwiegend an das Studio gebunden war (vgl. Rotha 1939, 69f.). Rotha und vor ihm Flaherty und Grierson verstanden unter 'Documentary' durchaus bewußtes, synthetisierendes Gestalten und Interpretieren, das erzieherisch und propagandistisch – in dem nicht durch den Nationalsozialismus belasteten Sinn des Wortes – beeinflussen sollte: Produktions- und Wirkungsästhetik in einem. Schon John Grierson ging mit seinem Verständnis von

'Documentary' weit über den Bereich des Journalismus hinaus in Richtung Poetisierung und Dramatisierung von Wirklichkeit (vgl. Hörl 1996, 65).

Auch Sergej Drobashenko vertritt, von einer materialistischen Position aus, nicht einen Standpunkt der Widerspiegelung von Wirklichkeit, sondern hebt die gestaltende Hand des Autors, des Filmkünstlers, hervor, um Wirkung zu erzielen: Drobashenko definiert den Dokumentarfilm (als publizistischen Film) wie den Spielfilm als Kunst. Das Künstlerische daran ist die subjektive Interpretation eines 'objektiven Sachverhalts' durch den Filmkünstler, also eine synthetische Leistung. Hier soll erzogen und propagandistisch beeinflußt werden wie bei Grierson: Produktionsästhetik antizipiert Wirkung. Drobashenko rechnet den Dokumentarfilm zu den film-publizistischen Künsten. Er vertritt keineswegs eine 'reine' Widerspiegelungstheorie, sondern legt großen Wert auf die subjektive, interpretative Leistung des Dokumentaristen.

Rotha grenzt den Dokumentarfilm von dem Reise- und dem Wochenschau-Film insofern ab, als er jenem 'höhere Ziele', eine weitergehende Ausnutzung der kreativen Möglichkeiten von Kamera und Ton, ein kreatives und argumentatives Verfolgen von Zielen zubilligt (Rotha 1939, 77). Er beschreibt bereits das Phänomen, das heute nach wie vor auf Dokumentarfilme zutrifft: Sie entstehen am Schneidetisch, es sind 'Schneidetischfilme' und sind nicht – oder jedenfalls kaum – Drehbuchfilme wie es Spielfilme sind, deren Ablauf sich eben vorplanen, vorbereiten und entsprechend dieser Vorbereitung weitgehend in Film umsetzen läßt. Rotha: Nothing photographed, or recorded on the celluloid, has mean until it comes to the cutting-bench. (Rotha 1939, 79)

2. Historischer Teil: Entwicklungslinien der Dokumentarfilmästhetik und -thematik

2.1. 50er Jahre

Das (scheinbar) Faktische des Dokumentarfilms setzen nach Gründung der beiden Staaten in Deutschland Filmschaffende in der DDR und Unterrichtsfilme in der BRD zur politischen Beeinflussung und Agitation ein. Kurt Maetzigs *Augenzeuge* wurde in den ersten Jahren mit dem programmatischen Vorspann gezeigt: „Sie sehen selbst, Sie hören selbst – urteilen Sie selbst". Eine Aufforderung, der implizit das scheinbar unangreifbar Wirkliche und Wahrhaftige des dokumentarischen Bildes als Behauptung unterlag.

Das Dokumentarfilmschaffen in der DDR war bestimmt von dem Bewußtsein, für einen 'hohen Zweck' zu arbeiten. Als 'Parteijournalisten' erfüllten die sozialistischen Dokfilmschaffenden ihren Auftrag, der nicht vor allem filmisch-ästhetisch definiert war, sondern 'operative' Aufgaben hatte: vor allem „mitzuwirken als Planer und Leiter an der Festigung unseres sozialistischen Staates, mitzuformen am sozialistischen Menschenbild und konsequent den Kampf gegen seine Feinde zu führen." (Inst. für Filmwissenschaft/Liebmann/Matschke/Salow 1969, 6). Die antifaschistisch-demokratischen Kräfte in Deutschland sollten durch Dokumentarfilme unterstützt werden. Parteinahme, Suche nach neuen filmischen Methoden und Techniken, das Verfolgen sozialistischer Ideale, operative Mitwirkung am politischen Tageskampf, politische Aktion, Beitrag zur Vollendung des Sozialismus, Zwang zur Erkenntnis der Wahrheit – das waren die wesentlichen Aufgaben des dokumentarischen Filmschaffens der DDR (vgl. Herlinghaus 1969, 11). Thematische Konstanten im dokumentarischen Filmschaffen der DDR zur Zeit des Kalten Krieges waren Antifaschismus und die antifaschistische Kontinuität in der DDR, die Bundesrepublik mit ihrer angeblich ungebrochenen Kontinuität aus dem Kaiserreich und vor allem dem Nationalsozialismus, seit dem Vietnamkrieg in den 60er Jahren auch die Solidarität mit den kämpfenden Völkern der Dritten Welt. In den ersten Nachkriegsjahrzehnten stand die in mehrfacher Hinsicht „aufbauende", teils heroisierende Auseinandersetzung mit dem jungen Sozialismus – organisatorisch, politisch-ideologisch und ökonomisch-industriell – im Vordergrund (vgl. Heimann 1996; Jordan 1995; Opgenoorth 1995, 71–73; Gass 1995; Zimmermann 1995; Beutelschmidt 1995, 224f.). Eine „Ästhetisierung der Abfolge" und u.a. durch dokumentarische Inszenierung eine „Instrumentalisierung der Gattung" (Jordan 1995, 61f.) fanden statt. Repräsentiert in personae von Andrew und Annelie Thorndike fand die „Indienststellung des Dokumentarfilms unter die Parteipolitik und damit wirklich Beschädigung von Selbstverständnis und Selbstbewußtsein des

Dokumentarfilms als Kunst" statt (Jordan 1995, 62).

In der BRD bedeutete Dokumentarfilm im Kino der fünfziger Jahre überwiegend Kulturfilm im betulichen Sinne. Anders als in der DDR mit der staatlichen DEFA hatte er keine zentrale Produktionsheimat. Die faschistische Vergangenheit wurde – im Gegensatz zur DDR – filmisch verdrängt und – wie in der DDR – der Heroisierung des Wiederaufbaus ('Wirtschaftswunder') gefrönt. Doch: mit Ausnahmen war der westdeutsche Dokfilm der 50er Jahre nicht politisch (vgl. Steinmetz 1990; Hickethier 1990). Ein eigenes Gewicht zunächst in der filmischen Reportage entwickelte das Fernsehen der ARD. Hier fabulierten Reisereporter ab 1957 den Daheimgebliebenen Exotisches aus fernen Ländern, u.a. von den Eskimos und aus Belgisch-Kongo vor, um Versäumtes nachzuholen und zu re-portieren. Dennoch herrschte keine komplette dokumentarische Tabula Rasa. Das junge Fernsehen des NWDR bzw. NWRV und des SDR vor allem aber auch von SFB und SWF, entwickelten und pflegten die lange dokumentarische Reportageform. Peter von Zahns *Bilder aus der Neuen Welt* (NWRV) dienten – mit Entwicklungshilfe der United States Information Agency (USIA), der US-amerikanischen Propaganda-Administration – der Orientierung am neuen Bruder (vgl. Steinmetz 1990, 60; Steinmetz 1996, 349f.) und wurden zum Prototyp der Auslandsreportage. Heinz Huber und dann Dieter Ertel verhalfen dem sozial- und kulturkritischen Dokumentarfilm im Fernsehen – beim SDR – mit der Reihe „Zeichen der Zeit" (1957–73) und einigen Vorläufern zur Entfaltung (vgl. Steinmetz 1990, 56–67 und Zimmermann 1990, 104). „Kritisch wollte man sein, respektlos wollte man sein und mit den überkommenen Formen des affirmativen Journalismus aufhören" (Ertel 1990, 50; vgl. auch Steinmetz/Spitra 1989, 19–42).

2.2. 60er Jahre Ost: Vom Ich zum Wir

Im Dokumentarfilm der DEFA setzte mit dem Beginn der sechziger Jahre im Verfolg des 'Bitterfelder Weges' eine Orientierung auf den Alltag, das Individuum, auf das Subjekt ein, hier auf das Subjekt als 'sozialistische Persönlichkeit'. Mit Jürgen Boettcher (*Ofenbauer* 1962 und *Stars* 1963), Karlheinz Mund, Gitta Nickel und mit dem Beginn der Langzeitbeobachtung durch Winfried Junge/Eberhard Leupold (*Wenn ich erst zur Schule geh'* 1961 und *Nach einem Jahr* 1962), Richard Cohn-Vossen in den sechziger Jahren und dann Volker Koepp in den siebziger Jahren (*Wittstock*-Filme ab 1975) wird der Beginn einer solchen Alltagsorientierung in Einzel- und Gruppen-/Kollektivporträts markiert. Das Individuelle war immer im Bezug zu zeigen auf das sozialistische System und seine Errungenschaften, meist mehr, manchmal weniger: 'Vom Ich zum Wir'. Im Individuum war die Totalität des gesellschaftlichen Prozesses mitzugestalten. Beim Dokumentaristen, beim Künstler war eine „Verabsolutierung des schöpferischen Subjekts auf Kosten des Abbildcharakters der Kunst" nicht zugelassen (vgl. Rülicke-Weiler 1965, 11–21). An Stelle 'reiner' Beobachtung stand oft die Inszenierung der Laien, die sich selbst als sozialistische Persönlichkeiten spielten (vgl. Rother 1996, 111). Der Kommentar war hier eher zurückgenommen zu Gunsten der Protagonisten.

Eine andere, aus den fünfziger Jahren weitergezogene ästhetische und thematische Linie des Dokumentarfilms in der DDR war gekennzeichnet durch agitatorische Werke, die als Kompilationen zum Teil sinfonisch (Annelie und Andrew Thorndike, Joachim Hellwig, teilweise Karl Gass) oder als polemische Porträts (Heynowski & Scheumann) angelegt waren und historische oder Gegenwartsthemen behandelten: den westdeutschen Staat und seine 'faschistische Kontinuität', Hymnen auf DDR und UdSSR, den Vietnamkrieg, Kambodscha, dann später Chile und Nicaragua. Diese Filme stellten ihren 'investigativen', nämlich Schwächen des Feindes aufdeckenden Charakter deutlich heraus und betrieben Agitation durch – teils gefälschte oder ethisch unsauber erlangte – Fakten, um ihr Ziel zu erreichen, gegen Imperialismus und Revanchismus zu kämpfen (vgl. Roth 1977, 169ff. und 175ff.; Rother 1996, 94ff.). In der BRD fielen viele Filme dieser Linie auf den Festivals in Oberhausen und Mannheim, aber auch in der jungen Generation insgesamt, auf fruchtbaren Boden, weil sie „Ereignisse darstell(t)en und analysier(t)en, die bei allen Zuschauern, gleich welcher politischen Einstellung, einen Nerv" trafen (Roth 1997, 175).

2.3. Sechziger Jahre West: Ästhetische Linke und „Direct Cinema"

In der BRD (und in Westberlin) entwickelte sich in der Folge des 'Oberhausener Manifests' von 1962 und im Zuge der Entfaltung der Studentenbewegung eine „ästhetische Linke" (Patalas 1966), die ihre filmischen Zentren an den 1966/67 gegründeten Filmhochschulen/-akademien in München und Westberlin entwickelte und sich bis in die siebziger Jahre hinein filmisch in einer sensibilistischen Linie, repräsentiert durch Gerhard Theuring und Wim Wenders (HFF München) – eher Spielfilm – und in einer agitatorische Linie, repräsentiert durch Hartmut Bitomsky und Harun Farocki (DFFB Westberlin) – eher Dokumentarfilm – entwickelte (vgl. Brandlmeier 1988, 54f.). Thematisch mochten ost- und westdeutsche Dokumentaristen politische Gemeinsamkeiten haben: den antiimperialistischen Kampf und die internationale Solidarität mit unterdrückten Völkern (was sich auf China schon nicht mehr erstreckte), die Aufarbeitung der NS-Vergangenheit, den Blick auf den Industriearbeiter (mit allerdings diametral gegensätzlichen Diagnosen hinsichtlich des 'Fortschritts'). Aber ästhetisch lagen Welten zwischen der auf 35mm-Technik, zum Teil 70mm bei den Thorndikes (vgl. Rother 1996, 101; Schreiber 1996, 132), basierenden, altbackenen Professionalität der DEFA und der auf Formzerstörung, 'schmutzige' Nichtperfektion in Cadrierung und Montage, Experiment, Spontaneität und basisorientierten Einsatz gerichteten film-'ästhetischen Linken'. So wurde die klassische Schuß-Gegenschuß-Montage abgelehnt. Charakteristisches Kennzeichen – für die Nouvelle Vague wie für den Jungen Deutschen Film war vor allem die lange Einstellung, die „ein Sich-Überlassen an die Dinge (...), ein Sich-Zeigen der Dinge ermöglich(en)" sollte (Gansera 1988, 48). Da es das Ziel war, die Trennung zwischen Produktion und Konsumtion aufzuheben, bekamen die neuen Amateurformate Super 8-Film und 'Video' eine gewisse, wenn auch geringe Bedeutung im westlichen 68er Aufbruch: als Basismedien einer Gegenöffentlichkeit. Die agitatorische Filmarbeit wurde verknüpft mit Rückgriffen auf die dokumentarischen Traditionen Vertovs und Eisensteins und einer strukturalistischen, linguistischen und semiotischen Filmtheorie, die sich als intellektueller Ballast auch in dokumentarischen Produktionen niederschlug. Trotz aller Versuche wurden filmische Formen nicht gefunden, die über extreme Experimente – *Heinrich Viel* von Schmidt/Büttenbender/Keusch: eine 35-Minuten-Einstellung, die Fließbandarbeit zeigt – und intellektuelle Thesen- und Themenfilme hinausgingen: „Eine Revolutionierung der Kurzfilminhalte hat zwischen 1967 und 1971 stattgefunden – eine ästhetische Revolution ist dagegen ausgeblieben" (Landgraeber 1988, 81). Nur wenige agitatorische Dokumentarfilme aus dieser Zeit haben heute noch inhaltliche und/oder ästhetische Bedeutung. Allenfalls als Zeitdokumente sind sie relevant. Unter den nicht-experimentellen, konventionell porträtierenden und/oder agitierenden DEFA-Produktionen ist der Anteil der heute noch aussagekräftigen Dokumentarfilme Anteil aber höher zu sein als unter den westdeutschen 'Bewegungsfilmen' (Filmen der linken Bewegung).

In den sechziger Jahren lagen auch die Wurzeln von Filmen, die inhaltlich und ästhetisch weniger brachial-politisch orientiert waren, vor allem in der 'Stuttgarter Schule' des SDR-Fernsehens mit ihren 56 kritischen 'Zeichen der Zeit'-Filmen zwischen 1957 und 1973 und ihren Autoren Roman Brodmann, Dieter Ertel, Helmut Greulich, Wilhelm Bittorf u.a. Die Autoren hielten den westdeutschen Wirtschafts-Wunderkindern den Spiegel vor u.a. in Sachen Konsum, Straße, Auto, Schule, Fernsehen, Urlaub, Sport, Strafvollzug, Restauration und Kleinbürgertum. Wenige Wochen nach dem tödlichen Polizeischuß auf den Studenten Benno Ohnesorg am 2. Juni 1967 (Fanal für die Entstehung der 'Bewegung 2. Juni', später RAF) in Westberlin während des Staatsbesuchs des umstrittenen Schahs von Persien lief Roman Brodmanns *Polizeistaatsbesuch* als Folge der Reihe 'Zeichen der Zeit' in der Prime Time des ARD-Fernsehens am 20. 7. 1967 (vgl. Steinmetz/Spitra 1989, 157). Nach Klaus Wildenhahns *Parteitag 64* (NDR, 18', 1964) war Brodmanns *Die Miss-Wahl* (SDR, 45', 30. 6. 1966) noch vor Wildenhahns *In der Fremde* (NDR, 80', 1967) und Wilhelm Bittorfs *Der Untergang der Graf Bismarck* (SDR, Reihe 'Miterlebt', 15. 3. 1967) der erste längere Direct-Cinema-Dokumentarfilm im westdeutschen Fernsehen. Aus derselben Grundform der beobachtenden Kamera entwickelte Eberhard Fechner mit *Nachrede auf Clara Heydebreck* (NDR 1969) seinen eigenen unverkennbaren Dokumentarstil, der aus einer Vielzahl von Interviews nach dem *Rashomon*-Prinzip – aber erheblich dichter montiert – Situationen, Zeiten, Lebenswelten aus verschiedenen Perspektiven von (Zeit-)Zeugen (re-)konstruierte.

Im Gegensatz zum Fernsehen der DDR war das Fernsehen der BRD ein Medium, in dem sich Dokumentaristen entwickeln und eine eigene Sprache finden konnten, wenn es auch durchaus Gemeinsamkeiten zwischen beiden (Fernseh-)Systemen darin gab, daß sie, je weiter sie tatsächlich zu Massen-Medien wurden, desto härter politische Zensur übten. Im DDR-Fernsehen kam Problematisches bis in die siebziger Jahre hinein nicht vor (vgl. Kersten 1995, 119, 124; Roth 1995, 184). Peter Nestlers Film *Ein Arbeiterclub in Sheffield* wurde 1965 verstümmelt vom SDR ausgestrahlt, 1971 Ulrike Meinhofs *Bambule* vom SWF abgesetzt. Peter Nestler stand für die poetische Richtung im Dokumentarfilm der Bundesrepublik, Klaus Wildenhahn für die beobachtende (vgl. Wildenhahn 1975, 122, 134; Roth 1983, 103–105). „Der poetische Film unterwirft aktuelles Filmmaterial einer verfremdenden handwerklichen Bearbeitung, in der Regel mit Hilfe des Textes (...) Filmtext arbeitet mit gezieltem Lakonismus, der seine Bedeutung durch kontrapunktischen Bildbezug erhält. Er muß für den Empfänger übersichtlich bleiben und enthält Ellipsen" (Wildenhahn, 1975, 122). Wildenhahn begründete seinen filmischen Direct-Cinema-Purismus wie er ihn bis in die achtziger Jahre hinein vertrat sowohl praktisch als auch theoretisch, indem er den Begriff des Dokumentarischen sehr eng faßte und den „poetischen Film" als „synthetisches Produkt" vom dokumentarischen scharf abgrenzte (Wildenhahn 1975, 122, 193). Dies führte schließlich in die sogenannte Kreimeier-Wildenhahn-Debatte 1979/80, in der es um den Zusammenhang von Produktionsästhetik – Abbildung/Beobachtung vs. Zuspitzung durch Montage und Kommentar – und Wirkungsästhetik – politische Wirkung, gesellschaftliche Einflußnahme – ging (vgl. Zimmermann 1990, 108 und Anm. 25f.). In den siebziger und achtziger Jahren entwickelte sich auf der einen Seite der beobachtende Dokumentarfilm hin zu sensiblen Menschen- und Landschaftsporträts mit langen, ruhigen Einstellungen, viel O-Ton und keinem oder wenig Kommentar, und auf der anderen Seite entfalteten die engagierten bis agitatorischen Dokumentarfilme eine größere thematische wie ästhetische Breite und Tiefe. Die Konzentration auf bzw. das Engagement für Minderheiten und Außenseiter war beiden Richtungen gemeinsam, für die direkt politisch engagierten Filme war darüber hinaus die Begleitung politischer und Bürgerbewegungen typisch: Mieterinitiativen, Häuserbesetzungen, Anti-Kernkraft-Bewegung, Staat und politischer Extremismus von links und von rechts. Hier war das Fernsehen ebenfalls beteiligt durch die Reportage-Reihen *Schauplatz* und *48 Stunden* (beide WDR). Eine dritte Linie markierte der Dokumentarfilm – auch im Fernsehen –, der sich der deutschen Geschichte in Form von Kompilationen, Rekonstruktionen oder über Einzelgeschichten näherte: Erwin Leiser (bereits seit Beginn der sechziger Jahre), Hans Dieter Grabe, Eberhard Fechner, Produktionen der 'Chronos-Film' und der Jubiläums-Dokumentarismus des Fernsehens – mit durchaus beachtlichen Dokumentarfilmen und Dokumentationen jeweils zu Eckdaten der jüngeren deutschen Geschichte: 1933, 1939, 1945, 1949, 1953, 1961. Der Trend des öffentlich-rechtlichen Fernsehens in den 70er und 80er Jahren zu historischen Groß-Dokumentationen konnte sich entwickeln vor dem Hintergrund der sich zu Vollprogrammen entfaltenden Dritten Programme, einer zunehmenden Einschaltquoten-Konkurrenz zwischen ARD und ZDF, des Niedergangs des zeithistorische Themen bearbeitenden Fernsehspiels und des Zurückdrängens dezidiert sozialer und politischer Programmplätze aus der Prime Time (politische Magazine) oder ganz und gar aus dem Programm (die oben erwähnten SDR-Reihen). In unterschiedlichen Fassungen, aber auf demselben Grundkonzept basierend, sahen die Deutschen in Ost und West den *Großen Krieg* bzw. *The World at War*, eine sowjetisch-amerikanische Koproduktion.

Wenn an der Wende von den siebziger zu den achtziger Jahren im westdeutschen Dokumentarismus eine Krise diagnostiziert wurde (vgl. z.B. Roth 1982 und Roth 1983, 116f.), so hatte das seine Begründung nicht wirklich im Mangel an kreativen Kräften und Themen sondern in „der Krise der an ihrem Anspruch gesellschaftsverändernder Praxis gescheiterten Neuen Linken" (Zimmermann 1990, 108). Vier Wege aus dieser „Krise", besser: dieser kreativen Stagnation, lassen sich in den 80er Jahren in Gestalt neuer Themen, neuer Formen und neuer Techniken ausmachen: der Weg in die Nahwelt, in die Region (das Ruhrgebiet, Bayern, Norddeutschland); der Weg in die Dritte Welt (Peter Krieg: *Septemberweizen*, BRD 1980); der Weg in die Mischform aus Dokumentarfilm und Spielfilm (Mörsdorf/Steinmetz: *Verkabelt und verkauft*, BRD 1982; Peter Heller: *Das Brot des Siegers*, BRD 1987; Peter Krieg: Maschinenträume, 1988); und schließlich der Beginn der dokumentarischen Videoarbeit (Gründung der Medienwerkstatt Freiburg 1978, dann auch Medienoperative Westberlin; elektronische Produktionen auf westdeutschen Dokumentarfilm-Festivals 1982). Befreien konnte sich der Dokumentarfilm von den engen künstlerisch-ideologischen wie politisch-ideologischen Fesseln der sechziger und siebziger Jahre und – durchaus unter Weiterführung der beobachtenden wie der politischen/politisch-journalistischen Linie – zu einer größeren Breite der Themen und Formen gelangen (*Menschen und Straßen*, SWF; *Der Dokumentarfilm* ...; *Das Kleine Fernsehspiel*, ZDF; *Die Reportage am Montag/Dienstag*, ZDF). Dies aber unter solidarischer Pflege des Feindbildes Fernsehen durch die Dokumentaristen.

2.4. *Drehbuch: die Zeiten* – Achtziger Jahre Ost

Jürgen Böttcher mit seinen Arbeiter- und Künstlerporträts, die auf das Bild und die Person und nicht auf den Kommentar vertrauten, Volker Koepp und Winfried Junge mit ihren Langzeit-Porträts Einzelner – Arbeiterinnen bei Koepp, Schüler einer Grundschulklasse und was aus ihnen wurde bei Junge – waren die zentralen Regisseure des DEFA-Dokumentarfilms auch zu Beginn der 80er Jahre. Junge und Koepp setzten ihre Langzeitbeobachtungen noch über die Wende hinaus fort (*Drehbuch: die Zeiten*, 1994 und *Neues aus Wittstock*, 1992). In ihren Filmen der achtziger Jahre erwies sich die Überlegenheit des Dokumentarischen gegenüber der Autorintention selbst: Böttcher, Koepp und Junge zeigten – ex post betrachtet – Zeichen der Endzeit der DDR, wie es zumindest Junge nie im Sinn hatte. Die politische Wende 1989/90 markierte insofern eine Wahrnehmungswende, einen Paradigmenwechsel, der Inhalte und Formen in einem neuen Licht erscheinen läßt (vgl. Haucke 1995, 201f.). Eine jüngere Dokumentaristen-Generation warf in der zweiten Hälfte der 80er und zu Beginn der neunziger Jahre einen deutlich kritischen, entmythologisierenden Blick auf das alte System der DDR, der vor allem in der Genauigkeit der Zeichnung individueller Existenz, einzelner Menschen, lag und damit u.a. das offizielle Frauenbild ad absurdum führte, aber auch auf das neue Deutschland mit all seiner gesamtgesellschaftlichen wie persönlichen Ungewißheit in Frage stellte: Helke Misselwitz mit *Winter Adé* (1988), Petra Tschörtner mit *Und die Sehnsucht bleibt* (1987), *Berlin – Prenzlauer Berg* (1990) und *Innere Mauer* (1991), Andreas Voigt (*Leipzig im Herbst*, 1990), Thomas Heise, Thomas Grimm, Jörg Foth. Eine „Rücknahme der 'gesamtgesellschaftlich' orientierten Kommentarkonstruktionen" war typisch für die unmittelbare Vor- und Nachwendezeit, „keine Agitki-Videoästhetik und keine operative Verpflichtungsethik – aber eine poetische Sublimierung von Warner- und Utopistenrollen, von Gejagten und Unentwegten – schmerzliches wie unermüdliches Mühen um Utopien, (...) poetische Verdichtung statt der bloßen soziologischen Typisierung" (Haucke 1995, 203). Die Filme der Wendezeit waren gekennzeichnet vom Fragen als Ausdruck allgemeiner wie individueller, existentieller Unsicherheit – der journalistische Gestus des Fragens wurde zur Metapher der Zeit. In der DEFA erprobte filmische Formen wurden weitergeführt, ohne daß neue auftauchten. Elektronische Produktionen kamen zu den überwiegenden Filmproduktionen hinzu. Thomas Grimm hatte als erster in der DDR bereits 1988 mit professionellen elektronischen Produktionen, vor allem Oral History, begonnen (*Frie Ost*, 1988 und *Off Ground* 1989) und seine Arbeit als Produzent und Dokumentarist des *Zeitzeugen-TV* fortgesetzt (vgl. Beutelschmidt 1995, 242). Dokumentarische Videos der Umweltzerstörung in der DDR trugen als subversive Schmuggelware in den letzten beiden Jahren vor Öffnung der Grenzen über das West-Fernsehen und über kleinere Festivals (Kassel, Augsburg) zur 'Herstellung von Öffentlichkeit' bei (Ulrich Neumann/Carlo Jordan: *Bitteres aus Bitterfeld*, 1988; dies.: *Über allen Wipfeln ist Ruh – waldlos auf 2000 zu?*, 1989). Im letzten Jahr des Deutschen Fernsehfunks (DFF) wurde 1991 ein elektronisch-dokumentarisches *Fenster* geöffnet, in dem 23 meist halbstündige Produktionen Deutschlandbilder vermittelten. Offen blieben dabei – „auch als Gegenkonzept zum Korsett der unübersichtlichen Rubriken in den Anstalten" (Hohmann 1995, 195) – „Form, Ästhetik, Genre, Thema, Autoren, Stäbe, Produktion" (ebda.). Das *Fenster* gab den Blick frei auf Impressionen der Merk-Würdigkeiten und Widersprüche zwischen den Zeiten: der FDJ-Sekretär, der eine schlagende Verbindung gründet; „die Bunker werden heute geöffnet, und die ehemaligen Befehlshaber werden zu Erklärern ihrer obskuren Vergangenheit. In *Der rote Milan* von Hans Wintgen und Claus Freymuth erläutert ein ehemaliger Stasioffizier seine Kunstauffassung, als wäre er der Nachbar von nebenan"; der Traum von Amerika, vom Film über die Indianer; ein Pendeln zwischen den Zeiten, Aktualität und Zeitlosigkeit (vgl. Hohmann 1995, 196 ff.). Das Fenster-Programm zugleich eine Art Trainingsprogramm für die neue Zeit der Kollegen-Konkurrenz, der elektronischen Produktion und des harten Wettbewerbs um rare Fernseh-Sendeplätze und (zu) geringe Etats.

Eine radikale Veränderung der Produktionsbedingungen für ostdeutsche Dokumentaristen setzte 1989, in der Privatisierung des VEB DEFA-Studio für Dokumentarfilme 1990 bis 1992 (vgl. Burkhardt 1995, 217–222) und besonders danach ein: vom Staatsangestellten, der von westdeutschen Kollegen beneidet wurde um die äußeren Konditionen – „ein halbes Jahr Recherche, ein viertel Jahr Drehzeit, ein halbes Jahr Endfertigung für einen Film (...); Budgets von mehreren Hunderttausend, auch für Filme, die anschließend verboten wurden" (Hohmann 1995, 197) – zum „freien" Anbieter in der Marktwirtschaft, in der es keinen oder nur einen sehr kleinen Markt für seine von ihm als Kulturgut gemeinte Ware gab.

Ab Mitte der neunziger Jahre setzte sich die digitale Produktions- und Post-Produktionstechnik immer mehr gegen die analoge elektronische Technik durch. Damit hielten neue bzw. die intensive Anwendung lange bekannter Stilmittel Einzug in den Dokumentarfilm, bis hin zur Erzeugung virtueller Personen und Räume. Das Dokumentarische als Prinzip ist – wenn es nicht von ethischer Reflexion begleitet wird – in seinem Authentizitäts-, Realitäts- und Wahrheitsanspruch endgültig in Frage gestellt, wenn nicht aufgelöst. Hinzu kommt aus der Kommerzialisierung der Kabel- und Satellitenkanäle der Trend zur 'Reality' in der fernsehspezifischen Mischung aus Dramaturgie und Authentizität (vgl. Früh/Kuhlmann/Wirth 1996). Mit der Zielgruppenorientierung und dem Quotenzwang des Fernsehens zusammenhängend, findet eine Formatierung auch dokumentarischer Themen und Formen sowie eine allgemeine Infotainisierung statt. Mit dem engen Verständnis des Dokumentarfilms als eines sensibel beobachtenden Kameraauges hat das so gut wie nichts mehr zu tun. Spielereien, Videoclip-Ästhetik und eine relativ willkürliche Bedeutungszuschreibung dessen, was 'real' und was 'relevant' ist – durch das Fernsehen –, stehen ante portas. Dennoch bilden die in diesem Beitrag beschriebenen dokumentarischen Darstellungsformen und Stile nach wie vor die Grundsubstanz dokumentarischen Arbeitens.

3. Fernsehen: die Haßliebe der Dokumentarfilmer

„Kino im Kopf – das Fernsehen vor Augen" – so beschrieb Christoph Hübner Traum und Wirklichkeit des Dokumentarfilmers (In: Heller/Zimmermann 1990, 76 ff.). Ohne das Fernsehen gäbe es heute den Dokumentarfilm und die Breite seiner Erscheinungsformen nicht mehr. Das Kino ist kein Ort des Dokumentarfilms wie es einmal war, als Robert Flaherty seinen *Nanook* 1922 aufführte. Schon sein *Moana* (1926) aber mutierte im Titel vor allem wegen der gezeigten halbnackten polynesischen Schönheit zu *The Love Life of a South Sea Siren* (Armes 1974, 34), um zum Zuschauermagneten des Kinos zu werden. Schon damals war der Produzent an allem schuld, weil er an die Publikumsakzeptanz dachte. Exostik, Abenteuer, Nackte, Wilde, erst recht aber alltägliche, leidende, arbeitende und für ihre Rechte kämpfende Menschen locken nicht mehr ins dokumentarische Kino (außer: ganz bestimmte Zuschauergruppen zu Festivals) – und auch kaum noch ins Fernsehen. Erwin Leiser schrieb kurz vor seinem Tod noch von der „Geringschätzung" des Dokumentarfilms durch die Fernsehanstalten, von den erheblich geringeren Minutenpreisen (Leiser 1996, 18). Das Fernsehen der achtziger und neunziger Jahre – zunächst das öffentlich-rechtliche, dann auch das privat-kommerzielle – wurde zum Aufkäufer von Ausstrahlungsrechten, betätigte sich weniger als Auftraggeber und (seltener) selbst als Produzent. Diese Geringschätzung entwickelte sich im Fernsehen der BRD zugleich mit der Verhärtung des Quotenwettbewerbs seit dem Beginn des dualen Rundfunksystems 1984.

Eine Haßliebe, eine gegenseitige Geringschätzung prägte und prägt noch das Verhältnis von Dokumentarfilmern und Fernsehen (vgl. Steinmetz/Spitra 1989, 49 f. u. ö.). Sehen die Programm-Manager im Dokumentarfilm den 'Quotenkiller', so sehen umgekehrt Dokumentarfilmer im Fernsehen die Maschine, die durch Standardisierung und Verkürzung der Produktion, Programm-Formatierung und Quoten-Fixierung aus individuellen, gereiften, ästhetisch anspruchsvollen und diskutablen Dokumentarfilmen Glitzerwaren von der Stange macht – und das noch en miniature: Briefmarkenformat statt Kinoleinwand.

Im Kino gibt es einen Gegentrend: Seit 1989, stärker noch seit 1993, nahm die Zahl der in deutschen Kinos ur- und erstaufgeführten abendfüllenden deutschen Filme ohne Spielhandlung: d. h. Kultur-, Dokumentar- und Wirtschaftsfilme wieder erheblich zu: von 11 (1989) über 26 (1993) auf 25 (1996) (Spitzenorganisation der Filmwirtschaft e. V. (Hrsg.). Filmstatistisches Taschenbuch 1997, 10). Das waren mehr Kino-Filme als in der Frühzeit des Fernsehens (nur für die BRD: 1954: 20; 1956: 16; 1958: 21; 1961: 17; 1966: 15; 1969: 17 nach: Spitzenorganisation der [BRD-]Filmwirtschaft e. V. (Hrsg.). Filmstatistische Taschenbücher 1964 und 1972. In den SPIO-Taschenbüchern sind für die Jahrzehnte der deutschen Zweistaatlichkeit nur die westdeutschen Filme erfaßt. Zwischen den Angaben in einzelnen SPIO-Taschenbüchern bestehen aufgrund geänderter Erhebungskriterien (Inkrafttreten von EWG-Richtlinien) leichte, für die hier zu treffende Aussage aber zu vernachlässigende Unterschiede.). In den siebziger Jahren, als das Farbfernsehen sich entfaltete und zugleich die politischen Wogen der achtundsechziger Jahre sich glätteten, kam die Kino-Uraufführung von Dokumentarfilmen in der Bundesrepublik nahezu zum Erliegen. Verantwortlich für die Trendwende in den neunziger Jahren – wenn auch auf niedrigem Niveau – ist das veränderte Freizeitverhalten: Überdruß an der im wahrsten Sinne des Wortes unüberschaubaren Anzahl von Fernsehprogrammen; technisch hochwertige, Sinnlichkeit und Erlebnisqualität bietende, neue Kinos; boomender Kinobesuch durch neue Kinocenter, vor allem in Ostdeutschland.

Zum Vergleich der Bedeutung von Spiel- und Dokumentarfilmen: Die Zahl der in Kinos ur- und erstaufgeführten Lang-Spielfilme nationaler und internationaler Produktion stabilisierte sich in den neunziger Jahren (1981: 339; 1984: 307; 1986: 281; 1989: 350; 1992: 309; 1996: 317) [Spitzenorganisation der Filmwirtschaft e. V. (Hrsg.). Filmstatistische Taschenbüchern 1997, 11; 1992, 11; 1990, 12], während die Zahl der im deutschen Fernsehen gezeigten Kinofilme explodierte (von 1989 [nur BRD]: 4596 auf 13 674 im Jahr 1992 auf 16 667 im Jahr 1996) [Spitzenorganisation der Filmwirtschaft e. V. (Hrsg.). Filmstatistisches Taschenbuch 1997, 64 und 66; 1990, 49].

Vor diesem Hintergrund ist die positive Tendenz des Dokumentarfilms im Kino Mitte der 90er Jahre um so überraschender. Man kann sagen, daß der Dokumentarfilm wieder einen Platz im Kino gefunden hat, auch wenn es vor allem der spektakuläre Exotik- und Aktions-Dokumentarfilm ist, der in den IMAX-Kinos „erlebt" werden kann und kaum noch der porträtierende, poetische, soziale, politische, historische oder experimentelle. Der Erfolg des History-Channels in den USA signalisiert auch für das Fernsehen, daß ein Bedürfnis an Dokumentarischem existiert. Daß Dokumentarisches nicht die Massen bewegt, sondern kleinere Zuschauersegmente anspricht, ist nicht neu. In – noch zu schaffenden – dokumentarischen Spartenprogrammen werden diese Zielgruppen erreicht, in Einzelfällen – z. B. Jubiläums-Dokumentationen – auch in den Vollprogrammen.

Eine existenzielle Bedrohung für den Dokumentarfilm liegt wiederum darin, daß das öffentlich-rechtliche Fernsehen als – 1998 immer noch – größter Auftraggeber und wichtigste Abspielstätte für Dokumentarfilm vor einer grundlegenden ökonomischen, strukturellen und programmlichen Erneuerung steht und seine Zukunft im neuen Jahrhundert so ungewiß ist wie nie zuvor (vgl. z. B. Hamm/Glotz/Gröbel/Mestmäcker 1998). Die Dokumentaristen sind herausgefordert, neue Formen zu finden, um statt des Verlustes von Wirklichkeit wieder Lust auf Wirklichkeit zu machen, und das nicht nur im Reality-TV.

Brücke Medienwissenschaft

Eine Bemerkung zur Medienwissenschaft soll am Ende dieses Beitrags stehen: Medienwissenschaft hat die Zukunftsaufgabe, Brücken zu schlagen: zwischen den Filmen und den Texten über Filme, zwischen Filmkritik und Filmanalyse, zwischen schriftlichen und filmischen Quellen, zwischen östlichen und westlichen Perspektiven, zwischen systematischem und historischem Vorgehen.

4. Literatur

Barsam, Richard Meran, Nonfiction Film. A Critical History. New York 1973.

Bieghold, Michael/Werner Wüste/Karl Gass, Unsere Arbeit an dem Dokumentarfilm „Feierabend". In: Filmwissenschaftliche Mitteilungen 2/1964, 264–276.

Beutelschmidt, Thomas, Sozialistische Audiovision. Zur Geschichte der Medienkultur in der DDR. Potsdam 1995.

Bitomsky, Hartmut, Die Röte des Rots von Technicolor. Kinorealität und Produktionswirklichkeit. Darmstadt/Neuwied 1972.

Brandlmeier, Thomas, Filmtheorie und Kinokultur. Zeitgeschichte und filmtheoretische Debatten. In: Kino-Fronten. 20 Jahre '68 und das Kino. Hrsg. v. Werner Petermann/Ralph Thomas. München 1988.

Diercks, Carsten, Pionierarbeit mit der entfesselten Kamera 1954 beim NWDR Hamburg. In: Fernseh-Informationen Nr. 3/Feb. 1984.

Drobashenko, Sergej, Film und Leben. Über das künstlerische Bild im Dokumentarfilm. Moskau/Berlin (DDR) 1962.

Eder, Klaus/Alexander Kluge, Ulmer Dramaturgien. Reibungsverluste. München 1980.

Früh, Werner/Christoph Kuhlmann/Werner Wirth, Unterhaltsame Information oder informative Unterhaltung? Zur Rezeption von Reality-TV. In: Publizistik 4/96, 428–451.

Gass, Karl, Von der filmischen Hymne zur realistischen Dokumentation. Auf den Spuren des Bitterfelder Weges? In: Deutschlandbilder Ost. Dokumentarfilme der DEFA von der Nachkriegszeit bis zur Wiedervereinigung. Hrsg. v. Peter Zimmermann, Konstanz 1995, 77–106.

Hamm, Ingrid (Hrsg.), Fernsehen auf dem Prüfstand. Aufgaben des dualen Rundfunksystems. Internationale Studien im Rahmen der Kommunikationsordnung 2000; beraten durch: Peter Glotz, Jo Groebel, Ernst-Joachim Mestmäcker. Gütersloh 1998.

Heimann, Thomas, Von Stahl und Menschen. 1953 bis 1960. In: Schwarzweiß und in Farbe. DEFA-Dokumentarfilme 1946–93. Hrsg. v. Filmmuseum Potsdam, Potsdamm 1996, 48–91.

Herlinghaus, Hermann, Annelie und Andrew Thorndike. In: Filmdokumentaristen der DDR. Hrsg. v. Inst. für Filmwissenschaft/Rolf Liebmann/Evelin Matschke/Friedrich Salow. Berlin 1969

Hickethier, Knut, Die Welt ferngesehen. Dokumentarische Sendungen im frühen Fernsehen. In: Bilderwelten – Weltbilder. Dokumentarfilm und Fernsehen. Hrsg. v. Heinz-B. Heller/Peter Zimmermann. Marburg 1990, S. 23–48.

–, Film- und Fernsehanalyse. Stuttgart 1993.

Inst. für Filmwissenschaft/Rolf Liebmann/Evelin Matschke/Friedrich Salow (Hrsg.), Filmdokumentaristen der DDR, Berlin 1969.

Jordan, Günter, Von Perlen und Kieselsteinen. Der DEFA-Dokumentarfilm von 1946 bis Mitte der 50er Jahre. In: Deutschlandbilder Ost. Dokumentarfilme der DEFA von der Nachkriegszeit bis zur Wiedervereinigung. Hrsg. v. Peter Zimmermann, Konstanz 1995, 51–63.

Kluge, Alexander, Die realistische Methode und das sog. 'Filmische'. In: Alexander Kluge. Gelegenheitsarbeit einer Sklavin. Zur realistischen Methode. Frankfurt a.M. 1975.

Kluge, Alexander (Hrsg.), Bestandsaufnahme: Utopie Film, Frankfurt a.M. 1983.

Krieg, Peter, WYSIWIG oder das Ende der Wahrheit. Dokumentarfilm in der Postmoderne. In: Bilderwelten – Weltbilder. Dokumentarfilm und Fernsehen. Hrsg. v. Heinz-B. Heller/Peter Zimmermann. Marburg 1990, S. 88–94.

Landgraeber, Wolfgang, Der politische Kurzfilm in Oberhausen 1967–1971. Ein Rückblick auf die bundesdeutschen Beiträge. In: Kino-Fronten. 20 Jahre '68 und das Kino. Hrsg. v. Werner Petermann/Ralph Thomas. München 1988.

Möbius, Hanno (Hrsg.), Versuche über den Essayfilm. Marburg 1991.

Nichols, Bill, Representing Reality. Issues and Concepts in Documentary. Bloomington/Indianapolis 1991.

Patalas, Enno, Plädoyer für eine ästhetische Linke. In: Filmkritik Nr. 7/1966.

Roth, Wilhelm, Dokumentaristen. Wege zur Wirklichkeit. In: Film in der DDR. München/Wien 1977.

Rotha, Paul u.a., Documentary Film, London ²1939.

Rother, Hans-Jörg, Auftrag: Propaganda. 1960 bis 1970. In: Schwarzweiß und in Farbe. DEFA-Dokumentarfilme 1946–93. Hrsg. v. Filmmuseum Potsdam 1996, 92–127.

Rülicke-Weiler, Käthe, Revisionistische Entstellungen des Realismus-Begriffes in der Diskussion der sechziger Jahre. Lehrbrief Nr. 3 der Hochschule für Film und Fernsehen der DDR 1975.

Salt, Barry, Film, Style and Technology. London 1992.

Schieber, Elke, Im Dämmerlicht der Perestroika. 1980 bis 1989. In: Schwarzweiß und in Farbe. DEFA-Dokumentarfilme 1946–93. Hrsg. v. Filmmuseum Potsdam 1996, 180–233.

Schreiber, Eduard, Zeit der verpaßten Möglichkeiten. 1970 bis 1980. In: Schwarzweiß und in Farbe. DEFA-Dokumentarfilme 1946–93. Hrsg. v. Filmmuseum Potsdam 1996, 128–179.

Schulze, Otto, Ergänzungen zur 'entfesselten Kamera 1954' von Carsten Diercks. In: Fernseh-Informationen Nr. 8/April 1984.

Spitzenorganisation der Filmwirtschaft e.V./ SPIO (Hrsg.), Filmstatisches Taschenbuch. Wiesbaden 1957–1997.

Steinmetz, Rüdiger, Zwischen Journalismus und Kunst. Die Reportage im Fernsehen. In: medium Nr. 4/1988, 15–18.

–, Nicht nur eine Gartenlaube zum Feierabend. Zur Entwicklung sozial- und kulturkritischer Programme in den ersten Fernsehjahren. In: Bilderwelten – Weltbilder. Dokumentarfilm und Fernsehen. Hrsg. v. Heinz-B. Heller/Peter Zimmermann. Marburg 1990, 56–67.

–, Zwischen Realität und Fiktion. Mischformen zwischen Spielfilm und Dokumentarfilm. In: Zeiten und Medien – Medienzeiten. Karl Friedrich Reimers zum 60. Geburtstag. Hrsg. v. Gerhard Maletzke/Rüdiger Steinmetz. Leipzig 1995, 164 bis 181.

–/Helfried Spitra (Hrsg.), Dokumentarfilm als Zeichen der Zeit. München 1989.

Zimmermann, Peter, Dokumentarfilm, Reportage, Feature. Zur Stellung des Dokumentarfilms im Rahmen des Fernseh-Dokumentarismus. In: Bilderwelten – Weltbilder. Dokumentarfilm und Fernsehen. Hrsg. v. Peter Heller/Peter Zimmermann. Marburg, 1990, 99–113.

–, Der Dokumentarfilm der DEFA zwischen Propaganda, Alltagsbeobachtung und subversiver Rezeption. In: Deutschlandbilder Ost. Dokumentarfilme der DEFA von der Nachkriegszeit bis zur Wiedervereinigung. Hrsg. v. Peter Zimmermann. Konstanz 1995, 9–24.

*Rüdiger Steinmetz, Leipzig
(Deutschland)*

173. Kommunikative und ästhetische Funktionen des aktuellen Wissenschaftsfilms

1. Ein taxomisches Problem
2. Die Klassifikation der International Scientific Film Association (ISFA/AICS)
3. Aufgaben des wissenschaftlichen Films
4. Ausblick
5. Literatur

1. Ein taxomisches Problem

Der Geltungsbereich der Gattungsbezeichnung *Wissenschaftsfilm* bzw. *wissenschaftlicher Film* ist strittig. Nicht anders geht es ihrem englischen Pendant: „The term 'science film' is rather arbitrary and open to individual interpretation" (Strasser 1972, 13). Strassers Kritik hat ein Vierteljahrhundert später weiterhin Gültigkeit, war eine, die Fakultäten übergreifende, theoretische Reflexion der wissenschaftlichen Filmarbeit doch in den 1970ern zu einem gewissen Abschluß gekommen, ohne durchweg ergiebig gewesen zu sein (Liesegang/Kieser/Polimanti 1920; Faasch 1951; Michaelis 1955; Wolf 1957, 1961, 1967; Painlevé 1962; Stachowiak 1973; Tosi 1986). Nicht einmal dem Begriff des Wissenschafts- oder wissenschaftlichen Films war eine allgemein akzeptierte Definition zuteil geworden. 1961, zur Einweihung des Institutsneubaus, gab das Göttinger Institut für den Wissenschaftlichen Film (IWF) eine Broschüre heraus, deren Titel erkennen läßt, was dieser Einrichtung zur Aufgabe gemacht worden war: *Der Film im Dienste der Wissenschaft* (Wolf 1961). Von der Verwendung des Ausdrucks wissenschaftlicher Film in der Überschrift hatte man abgesehen; in der Entstehungszeit des IWF war diese Bezeichnung auch für Filme gebräuchlich, die allenfalls indirekt „im Dienste der Wissenschaft" standen. Die *Kleine Enzyklopädie Film* stellte 1966 fest, daß der wissenschaftliche Film in Deutschland nach dem 1. Weltkrieg einen schnellen Aufschwung genommen und sich beim Publikum unter dem Begriff Kulturfilm eingeführt habe (Wilkening/Baumert/Lippert 1966, 316). Nach Auskunft des *Fischerlexikons Film Rundfunk Fernsehen* ist dieser Begriff „typisch deutsch; die anderen Völker haben die weit umfassendere Bezeichnung 'Dokumentarfilm' (documentaire, documentary) gewählt und bezeichnen nur den biologischen oder medizinischen Film als 'wissenschaftlichen' Film" (Eisner/Friedrich 1958, 278). Aus dem Kulturfilm wurde, gewissermaßen auf dem Verordnungsweg, der *populärwissenschaftliche* Film: „Da Konzeption und Erkenntnismethoden des sogenannten K.s (sic) nicht präzis genug waren und sich diese Bezeichnung auch im internationalen Sprachgebrauch nicht durchsetzte, wurde in der Filmproduktion der sozialistischen Länder der Begriff „populärwissenschaftlicher Film" eingeführt" (Wilkening/Baumert/Lippert 1966, 829). Vor dem Hintergrund dieser Sprachregelung, die von der International Scientific Film Association (ISFA/AICS) übernommen wurde, konnte G. Wolf, der Gründer des IWF, definieren: „Ähnlich wie eine wissenschaftliche Zeitschrift oder ein wissenschaftliches Buch, so ist auch ein wissenschaftlicher Film ein Film für die Wissenschaft. Ein Film, der über ein wissenschaftliches Thema für das breitere Publikum hergestellt wird, ist demnach kein wissenschaftlicher Film, sondern ein populärwissenschaftlicher Kulturfilm" (Wolf 1957, 477). Man könne, läßt Wolf in der Einweihungs-Broschüre verlauten, darüber im Zweifel sein, wie eine Institution aussehen müsse, die die Filmarbeit der Wissenschaft eines größeren Landes zu betreuen habe. Auf jeden Fall müsse es „eine wissenschaftliche Institution sein, d. h. ihr Grundcharakter muß ein wissenschaftlicher sein" (Wolf 1961, 7). Aus den Antworten auf die – auf einem Seminartag 1981 diskutierte – Frage nach den besonderen Kennzeichen eines wissenschaftlichen Films, die Mitglieder des IWF in Interviews und auf dem Seminartag selbst zu Protokoll gegeben hatten, konnten 16 Bestimmungselemente (BE) gewonnen werden: BE 15 bescheinigt dem wissenschaftlichen Film, er werde *für die Wissenschaft* und BE 13, darüberhinaus, *von Wissenschaftlern gemacht*. Den derart akademisch begriffenen Wissenschaftsfilm nimmt Strassers *Work of the Science Film Maker* nur eben gerade zur Kenntnis: „Many scientists use the film as a medium for analysis or as a record of their research and their practical work. ... These films, made purely for research and scientific investigation, do not come within the scope of this book, most of them being films in name only." Ein wissenschaftlicher Film dieses Typs ist kein typischer Film; der Science Film Maker Strasser kommt aus der Kulturfilmarbeit der UFA. Ein *second type* des Wissenschaftsfilms, der Typ, um den es Strasser geht, „embraces all films which present scientific ideas, facts and events in a truly cinematic form. Their aim is usually to impart and spread scientific knowledge" (Strasser 1972, 13). Dies Geschäft läßt sich von Produzenten aller Art betreiben: „Some technological and industrial films, for instance, can rightly claim to be science films whether they are made by a scientist, a professional film unit, a teacher, a university film society, an in-plant unit or any other kind of film maker" (Strasser 1972, 13). Die Produzenten müssen nicht selbst Wissenschaftler sein, die Rezipienten auch nicht. Die diesen Typus Wissenschaftsfilm kennzeichnenden Bestimmungselemente sind das Ziel der Verbreitung von *scientific knowledge* und ihre *truly-cinematic form*.

2. Die Klassifikation der International Scientific Film Association (ISFA/AICS)

Was haben der *name-only-* und der *truly-cinematic-Typ*, die Strasser, der *wissenschaftliche* und der *populärwissenschaftliche* Film, die Wolf einander gegenüberstellt, noch miteinander zu tun? Gehen die deklarierten Unterschiede nicht bereits so tief, daß zwei getrennte Gattungen veranschlagt werden sollten? Da sie in jedem Fall derselben Film-Familie angehören, fanden sie in der ISFA/AICS ein gemeinsames Dach. Die 1947 von Painlevé, Korngold und Maddison ins Leben gerufene Vereinigung umfaßte, seit 1954, die Sektionen *Forschungsfilm*, *Hochschulunterrichtsfilm* und *populärwissenschaftlicher* Film. Während der populärwissenschaftliche Film in der ISFA/AICS-Gliederung mit der *section du film de vulgarisation scientifique* eine Sektion für sich erhielt, bildete der wissenschaftliche Film eine Inter-Sektion mit dem *film de recherche* – nicht alle Forschung dient der Wissenschaft – und dem *film d'enseignement superieur* (Combres 1993, 35).

Es sind, und unter ihnen vorrangig die kommunikativen und ästhetischen, Funktionen, die in den beiden Gattungen Wissenschaftsfilm charakteristisch verschieden ausgeprägt sind. Wolle man den Stoffinhalt als das einzige und charakteristische Merkmal ansehen, stellt Bekow 1961 fest, so müsse man die sogenannten populärwissenschaftlichen Filme und zahlreiche Dokumentarfilme gleichfalls den wissenschaftlichen Filmen hinzurechnen, und zwischen ihnen und z. B. einem Hochschulunterrichtsfilm oder einem wissenschaftlichen Filmdokument bestünde nur ein gradueller Unterschied. Auch der populärwissenschaftliche Film entnehme seinen Stoff ja einem wissenschaftlichen Themenkreis und benutze durchaus die gleichen technischen Mittel wie der wissenschaftliche; er wende sich jedoch an einen fachlich nicht vorgebildeten und auch nur allgemein interessierten Zuschauerkreis, zu dem er nur in einer Form Zugang finde, die zugleich der Unterhaltung diene. In erster Linie müsse er also *publikumswirksam* sein, was häufig nur unter Verzicht auf eine den thematischen Gegebenheiten und deren wissenschaftlicher Bedeutung entsprechende Darstellung möglich sei. Deshalb vermöge er in der Regel nur oberflächliche Information zu geben. Von einem wissenschaftlichen Film werde dagegen verlangt, daß seine Aussage wissenschaftlichen Wert habe. „Voraussetzung dafür – und somit für die Gestaltung des Films ausschlaggebend – ist eine wissenschaftliche Konzeption; ihr haben sich alle anderen Gesichtspunkte unterzuordnen" (Bekow 1961, 40).

BE 10 im Katalog der IWF-Bestimmungselemente 1981 konstatiert, ein wissenschaftlicher Film richte sich an *ca. 10⁴ Adressaten*, BE 08, er bemühe sich um *umfassende Vollständigkeit*, BE 07, er wende sich an den *Verstand,* BE 03, er beabsichtige *nicht primär ästhetische Wirkungen*. Diese hermetische Genrekonstitution eines Films allein für die Wissenschaft hat weiterhin Verfechter und zunehmend Gegner. Aus ökonomischer Sicht war eine solitäre Existenz dieser Gattung seit jeher problematisch. Painlevé, im eigenen Verständnis Realisator wissenschaftlicher und populärwissenschaftlicher Filme, beschließt seinen Essay *Le Film de Recherche:* „Nous rappellerons en terminant qu'un film de recherche est un document brut, mais que son montage avec des prises de vue annexes permet d'exposer la méthodologie du chercheur ou servir à une diffusion plus générale pour un public averti et qu'il trouve place également dans des films destinés au grand public" (Painlevé 1961, 117). Die Ermahnung, Forschungsaufnahmen für Hochschulunterrichtsfilme zu nutzen, fand bei Painlevés Lesern bedeutend mehr Resonanz als die Empfehlung, sie auch zu Filmen beizusteuern, die sich ans breite Publikum wenden. Kein anderer als Wolf aber hat den Förderern des IWF vorgeschlagen, bei einer Revision der Aufgaben des Instituts zu prüfen, wieweit der wissenschaftliche Film nicht nur zur Vermittlung von Fachwissen, sondern zur *Erziehung im Sinne der Menschenbildung* herangezogen werden könne (Wolf 1961, 15). Der wissenschaftliche Film, wie er ihn konzipiert hat, muß die zentrale Aufgabe bleiben; wie Painlevé denkt Wolf bei seiner Anregung an eine symbiontische Beziehung der wissenschaftlichen mit der populärwissenschaftlichen Gattung. Neben dem bildungsträchtigen Gedanken steht im Hintergrund auch hier die bildungsökonomische Erwägung einer Mehrfachnutzung informationeller Ressourcen.

3. Aufgaben des wissenschaftlichen Films

Die kommunikative Funktion des populärwissenschaftlichen Films, als Film über Wissenschaft, läßt sich im Sinn von *belehrender Unterhaltung* (Zierold 1943, 3), von *edutainment* bestimmen. Die Bedeutung des Films für die Wissenschaft ist mit Wolf durch drei Eigenschaften gegeben, die es, erstens, erlauben, *Bewegungsvorgänge als Laufbild zu fixieren und zu konservieren*, zweitens, *die Zeit zu dehnen und zu raffen* und, drittens, *gestaltete Bildfolgen über Bewegungsvorgänge oder gedankliche Zusammenhänge in anschaulicher Form zusammenzustellen* (Wolf 1961, 6).

Eine Trias, deren Elemente sich als *Dokumentieren, Sichtbarmachen, Veranschaulichen* etikettieren lassen, siehe auch die *Kleine Enzyklopädie Film:* „Die gesamte wissenschaftliche Filmarbeit läßt sich entsprechend der jeweiligen Aufgabenstellung in zwei Bereiche einteilen, in *Dokumentationen* und *optische Analysen*. Die Arbeiten auf beiden Gebieten können unter Berücksichtigung der notwendigen didaktischen Gesichtspunkte auch zu Unterrichts- und Lehrfilmen verwendet werden" (Wilkening/Baumert/Lippert 1966, 330). Dieser Gliederung entsprechen die Kategorien *Filmdokument, Forschungsaufnahmen* und *Hochschulunterrichtsfilm*. Fungiert er in den beiden ersten Formen primär als Methode, wird der wissenschaftliche Film in der dritten Form zum Medium der Kommunikation. Der Enzyklopädieartikel, der nicht ohne Beteiligung der DDR-Sektion der ISFA, der *Nationalen Vereinigung für den wissenschaftlichen Film* entstanden sein dürfte, hebt hervor, daß die Gestaltung des wissenschaftlichen Films von der des übrigen Berufs- und Amateurfilmschaffens wesentlich abweiche und daß sich Abweichungen nicht nur auf Regie, Handlungsführung und Schnitt, sondern auch auf Beleuchtung, Kameraführung und andere technisch-gestalterische Momente beziehen. So seien Szenenlängen von 3 Minuten keine Seltenheit, und sie würden bisweilen noch länger sein, wenn nicht die Aufnahmefähigkeit der Kamera für das Filmmaterial diese Grenze setzen würde (Wilkening/Baumert/Lippert 1966, a.a.O.).

Die Frage stellt sich, wie weit die Definition von Film allgemein den materiellen Träger Film voraussetzt. Als sich die ISFA auf ihrem 42. Kongreß, 1992, aufgelöst hatte, gab sich ihre, mit neuen Strukturen und neuen Statuten ausgestattete Nachfolgeorganisation den Namen *International Association for Media in Science* (IAMS), die NVWF war 1991 einer gesamtdeutschen Gesellschaft für Medien in der Wissenschaft beigetreten, vorher schon war aus dem BUFC das *British Universities Film and Video Council*, BUFVC geworden. Der Belang der Frage, wann wissenschaftlicher Film *Film* sein muß, richtet sich nach der Aufgabenstellung; er ist beim Hochschul-Unterrichtsfilm marginal.

3.1. Dokumentieren

Die erste Aufgabe der wissenschaftlichen Kinematographie besteht für Wolf darin, einen Vorgang so abzubilden, daß das Bewegungsbild einer überaus sorgfältigen wissenschaftlichen Beschreibung entspricht, d. h. ihn bildmäßig zu dokumentieren (Wolf 1961, 17); ein Dokumentationsfilm oder Filmdokument ist „ein Film, der einen Bewegungsablauf mit einem hohen Wirklichkeitsgehalt fixiert und dabei so angelegt ist, daß er möglichst vielseitig forschungsmäßig ausgewertet werden kann" (Wolf 1967, 10–11). Ein Objektivitätsanspruch, wie er in diesen Bestimmungen erhoben wird, begegnet einer Kritik, die es *verwunderlich* findet, daß sich ausgerechnet bei Wissenschaftlern, die mitten in der Filmpraxis stehen, über alle Diskussionen der Vergangenheit hinweg die Vorstellung gehalten habe, der wissenschaftliche Film ermögliche eine *abbildliche Reproduktion der Wirklichkeit mit hochgradiger Objektivität* (Ballhaus/Brednich 1988, 149). Der Begriff des *Wirklichkeitsgehalts – Abbildungstreue* wäre terminologisch einwandfrei – ließ diesen Anspruch auch wissenschaftstheoretisch bedenklich erscheinen. Filmästhetisch inakzeptabel schien schließlich Wolfs Postulat, der Dokumentations-Film solle einer *Beschreibung* entsprechen, weil es die filmische Ur-Eigenart, *Erzählmedium* zu sein, ignoriere (Ballhaus/Brednich a.a.O.). Metz sieht im Reich des *cinéma* indessen auch nicht-narrative Genres, wenn auch als Randprovinzen. Eine solche Provinz ist das Filmdokument.

Wolfs Konzeption des Filmdokuments findet sich anderorts, wo über das filmische Pendant des von Feininger *reproduktive Zweckfotografie* Genannten, reflektiert wird, wieder. Feininger kennzeichnet diese Art Photographie wie folgt: „Tatsachen und Geschehnisse sollen für sofortige oder künftige Auswertung aufgezeichnet werden. Je näher diese Bildart der Wirklichkeit kommt, desto größer ist ihr Nutzwert; das Ideal ist die perfekte Reproduktion." Typische Beispiele seien „Mikrofotos, Luftaufnahmen für kartographische Zwecke, medizinische und industrielle Röntgenfotos, aber auch Aufnahmen von Dokumenten und Büchern auf Mikrofilm, Katalogfotos und Fotos, die für die Bebilderung von Lehrbüchern und Gebrauchsanweisungen verwendet werden, und selbstverständlich der gesamte, ungeheuer verzweigte Komplex der wissenschaftlichen Fotografie" (Feininger 1977, 13). Stellt Feininger der *reproduktiven* Zweckfotografie eine *dokumentarisch illustrative Fotografie* gegenüber, so unterscheidet Prost auf kinephotographischem Gebiet vergleichbar *representational film* und *illustrative film*. Er definiert: „When film is a faithful reproduction of some aspect of an original scene, it may be called a REPRESENTATIONAL film. The ultimate purpose of representational films is data retrieval" (Prost 1975, 325). Nicht seine *Objektivität*, vielmehr, ob es dem Film jemals gelingen könnte, *Kunst* zu werden, war zunächst bezweifelt worden. *Illustrative films* sind *narrative Filme*. Dem Umstand, daß das Bewegungsbild der Repräsentation sowohl als der Illustration dienen kann, gerecht wird die Betrachtung des Bewegungsbildes als ein in zwei verbundene Schichten gegliedertes Ganzes: „Es ist einerseits Bild *von etwas*, andererseits ist es ein *Bild* von etwas. Es repräsentiert *etwas*, und es repräsentiert es auf eine je bestimmte *Art* und *Weise*." Der Film besitzt „eine globale Artikulation in zwei „Strata" oder „Schichten", die „repräsentische" und die „kinematographische" Schicht" (Möller-Naß 1988, 75). Der Begriff *repräsentisch* ist ein Gewinn; statt *kinematographisch* soll hier *illustrativ* oder *filmisch* verwendet werden.

Bewegungsbilder sind immer *auch* repräsentisch; ohne, daß Möller-Naß es ausgeführt hätte, läßt sich sagen, daß sie am ehesten als *autonome Einstellungen* die Chance haben, *essentiell* repräsentisch zu sein, ist die Montage doch schon Komponente der filmischen Schicht (Möller-Naß 1988, 77). Unter den mehr als 3000 Filmdokumenten, die von der 1952 gegründeten, in die Sektionen Biologie, Ethnologie und Technische Wissenschaften gegliederten ENCYCLOPAEDIA CINEMATOGRAPHICA bisher veröffentlicht wurden, ist Nummer E 2900 (Myxotheca arenilega (Foraminifera) - Gamogonie) wahrscheinlich nicht das einzige, doch sicher ein seltenes Beispiel für einen aus nur einer Einstellung bestehenden Film. Das Filmdokument ist eine denkbar schlichte filmische Form. Unter den 1990 formulierten Kriterien zur Bewertung von Filmbeiträgen in der Enzyklopädie-Sektion Biologie an erster Stelle steht die Forderung nach einer *größtmöglichen Abbildungstreue*. Hinsichtlich der Bildgestaltung kann Feiningers Idee einer reproduktiven Zweckphotographie durchaus auf das Filmdokument übertragen werden. Bei der Präsentation der Geschehensabläufe – die Dokumentation soll *repräsentativ* und *genügend ausführlich* sein – spielen didaktische Gesichtspunkte, der geforderten Abbildungstreue gemäß, eine *untergeordnete Rolle*. „Erst recht unterordnen müssen sich 'filmästhetische' Gesichtspunkte bei der Montage der Aufnahmen." Welche Gesichtspunkte können in Frage kommen? Die Edition der Aufnahmen sollte, der Zeit des Geschehensablaufs entsprechend, in chronologischer Sukzession erfolgen. Als Möglichkeiten der Repräsentation stehen sich eine *temporale kontinuierliche Abbildung,* bei der es keine übersprungenen Zeitmomente gibt, und eine *temporal diskontinuierliche Abbildung* gegenüber, bei der Zeitmomente übersprungen werden (Möller-Naß 1988, 272). Im Dokumentations-Zusammenhang nicht trivial ist nun, daß die vollständige Abbildung eines Geschehensablaufs nicht notwendig zugleich eine temporal kontinuierliche Abbildung sein muß. Prozesse, in denen Elemente des Handlungs- oder Geschehenszusammenhanges nicht *direkt* aufeinander folgen, können, unter Verzicht auf alle oder einige der für den Handlungszusammenhang irrelevanten „Zwischenzeiten", die durch Handlungen oder Ereignisse ausgefüllt sind, die nicht zum Handlungszusammenhang gehören, doch *chronologisch* und *vollständig* abgebildet werden. Die *Auslassung irrelevanter Handlungen und Ereignisse* soll nach dem Willen von Möller-Naß *Dialemma* heißen. Eine – wohlbegründete – dialiptische Montage ist mit dem Postulat der Abbildungstreue vereinbar. „Im Gegensatz zur *temporal diskontinuierlichen, aber vollständigen Darstellung* eines Handlungszusammenhanges stehen die Formen, die einen Handlungszusammenhang *unvollständig* und damit auch notwendig *temporal diskontinuierlich* repräsentieren. Diese Auslassungen fragmentieren das vorgegebene Ganze, weshalb sie in traditioneller Terminologie „Ellipsen" genannt werden können" (Möller-Naß 1988, 272). Elliptische Montage, im Urteil prominenter Autoren das filmische Gestaltungsmittel *par excellence*, kommt für das Filmdokument kaum in Betracht. Der Umstand, daß die vollständige Abbildung eines Geschehensablaufs diskontinuierlich sein darf, kann die Kameraarbeit erleichtern. Einem bei Aufnahmen besonders im Humanbereich verständlichen Bestreben jedoch, den „filmsprachlich" geforderten Wechsel von Einstellungsgröße und -perspektive auch mit der Einzelkamera zu erreichen und im *continuity filming* „auf Anschluß" zu drehen, muß der Hersteller eines Filmdokuments, das *data retrieval* ermöglichen soll, widerstehen und derlei Versuche Dokumentarfilmern überlassen. Der Schnitt in der Einstellung ist auch deshalb verpönt, weil er der Kontinuitätssuggestion widerspricht. Die Trennung von Einstellungsteilen durch atmosphärische (d.h. vom referierten Geschehensablauf unabhängige) Inserts ist ein – methodisch problematischer – ästhetischer Notbehelf. Die ästhetisch kontraindizierte Trennung durch Schwarzfilmkader ist methodisch angezeigt. Für die Bild-Ton-Beziehungen im Filmdokument gilt, daß Originalton auch bildsynchroner Ton sein sollte. Beispiel: Ein Filmwechsel habe die Unterbrechung einer Einstellung bedingt, die Tonaufzeichnung sei währenddessen kontinuierlich weiter erfolgt. Dieser Originalton ist während eines bei der Post-Produktion zur Bildauffüllung eingefügten atmosphärischen Inserts nicht bildsynchron. Der Mangel ist meist nicht gravierend.

Seit 1990 räumen die Statuten der Enzyklopädie-Sektion Biologie die Möglichkeit ein, das Filmdokument, falls dies „unumgänglich" erscheine, mit einem Tonkommentar zu versehen. Hier sei jedoch nur an eine *Beschreibung* zu denken, nicht aber an *Interpretationen* und *Schlußfolgerungen*. Methodisch läßt sich das vertreten, wenn die Aufnahmen stumm oder O-Ton und Kommentar – im Fall von Video – kanalgetrennt sind. Die Biologie-Statuten legen des weiteren fest, daß das Filmdokument artspezifisch-*monographisch* sei, daß sich die Dokumentation jeweils auf einen *Funktionskreis* beschränke, daß *Komplexität* und *Variabilität* der dem Funktionskreis entsprechenden Vorgänge den Umfang ihrer Dokumentation bestimmen. Da die sektionsübergreifenden Richtlinien der ENCYCLOPAEDIA CINEMATOGRAPHICA vorsehen, daß die für eine wissenschaftliche Dokumentation erforderliche „Protokollierung jeder einzelnen Filmaufnahme mit allen für das Verständnis und die genaue Bild-für-Bild-Analyse wichtigen Daten" in einer druckschriftlichen Begleitpublikation niedergelegt wird (Wolf 1967, 53), fordern abschließend auch die Statuten der Biologie-Sektion die integrale Einheit von Filmdokument und Begleitpublikation. Dem von Lorenz konzipierten Vorbild der EC-Sektion Biologie folgen auf ihre Weise auch die Sektionen Ethnologie und Technische Wissenschaften.

Die Edition von Filmdokumenten durch die als internationale Aufgabe verheißungsvoll begonnene ENCYCLOPAEDIA CINEMATOGRAPHICA ist, aus unterschiedlichen Gründen, nahezu zum Erliegen gekommen. Das Filmdokument kann Geschehensabläufe repräsentieren; Wickler spricht hier von Ablaufsform-Präparaten (Wickler 1964, 110). Die Dokumentation vermag aber nur gering ausgedehnte Segmente der Realität zu erfassen. „Je größer der zeitliche und räumliche Umfang und je größer das betreffende Lebewesen, desto schwieriger bis schließlich unmöglich wird die schlichte verständliche Dokumentation mit einer einzigen Kamera. Die Gruppenjagd der Schimpansen auf *Colobus*-Affen ist schließlich nur mit mehreren Kameras und als geschickte Schnitt-Zusammenstellung vorzuführen" (Wickler 1994, 3). Die Durchführung von – zumal zeitgleichen – Aufnahmen für eigene spezielle Fragestellungen ist mit der Videographie andererseits derartig erleichtert worden, daß an ihrer aufwendigen Publikation kaum noch Bedarf besteht. Die gleichwohl attraktive Konzeption des enzyklopädischen Filmdokuments als *kinematographisches Stichwort* könnte einer virtuellen, in digitalen Massenspeichern vorgehaltenen ENCYCLOPAEDIA CINEMATOGRAPHICA zugrunde gelegt werden (Hermann 1987).

3.2. Sichtbarmachen

Stachowiak, Begründer der allgemeinen Modelltheorie, ruft in Erinnerung, daß der Mensch aus der *überabzählbaren eindimensionalen Mannigfaltigkeit* der allein nach Maßgabe des subjektiven Zeitquants unterscheidbaren Wahrnehmungswelten „nur die eine ihm sensorisch zugängliche herausschneidet (wie auch sein Auge nur elektromagnetische Wellen des kleinen Frequenzbereichs von $4*10^{14}$ bis $8*10^{14}$ empfängt)" (Stachowiak 1973, 288). Das läßt sogleich an Zeitraffung und -dehnung, an Infrarot- und Röntgenbild denken. Stachowiak widmet dem Film modelltheoretische Überlegungen, die für Forschungsaufnahmen belangvoll sind; für ihn ist „jeder Stumm- oder Tonfilm ein *dynamisch-technisches* Modell des dargestellten Geschehens" (Stachowiak 1965, 455). Modelle allgemein werden bestimmt als *Abbildungen und damit Repräsentationen natürlicher oder künstlicher „Originale"* (Stachowiak 1973, 131) Bilder sind Modelle; Kinematographie läßt sich Mittel der *bildlichen Bewegungsdokumentation* auffassen (Wolf 1967, 11). Bildmodelle gibt es nicht nur als *zeitinvariante Einzelexemplare;* t-äquidistante Phasenbilder lassen sich zu *zeitvariablen Bewegungsbildmodellen* zusammenstellen: Bildmodelle von Geschehensabläufen nennt Stachowiak *kinematographisch* (Stachowiak 1973, 162). Zwangsläufig zeitvariabel sind die von Stachowiak im Zusammenhang mit dem Film nicht eigens behandelten *phonographischen* Modelle, denen besonders Painlevé Beachtung gewidmet hat (Painlevé 1962, 114).

Dynamisch-technische Modelle besitzen potentiell eine so hohe Originalangleichung, daß *Zeitmaßvergleiche* sinnvoll werden, die räumlich-metrischen Vergleichen zwischen Original und Modell entsprechen (Stachowiak 1965, 455). Die allgemeine Modelltheorie beleuchtet einen Umstand, der den Anspruch des *Filmdokuments Bewegungspräparat* (Wolf 1967, 10) zu sein, begreiflich werden läßt: Stachowiak sieht im Film das *Modell eines nach bestimmten Gesichtspunkten ausgewählten konfigurativen oder prozessiven Originals;* während der Zeitlupen- bzw. Zeitrafferfilm ein *zeitliches Dilatations*- bzw. *Kontraktionsmodell* des gefilmten Bewegungsablaufs ($m_t > 1$ bzw. $m_t < 1$) darstellt, wird das kinematographische Modell für $m_t = 1$ zur „*Zeitkopie*" seines Originals (Stachowiak 1973: 181). *Kopie* bedeutet das denkbar höchste Maß der Originalangleichung eines Modells. So nimmt es nicht Wunder, wenn Wolf konstatiert: „Hätte der Film nur diese eine Möglichkeit, Bewegungsvorgänge geschwindigkeitsgleich zu fixieren, so wäre er schon darum allein für die moderne naturwissenschaftliche Forschung von großer Bedeutung" (Wolf 1967, 16). Das Bildmodell des Meßfilms, der Kinematogrammetrie, entspricht einer reproduktiven Zweckphotographie, bei der es sich längst auch um digitale Photographie handeln kann. Wolf hat das geschwindigkeitsgleiche Filmdokument als Forschungsfilm aufgefaßt. Sichtbarmachen ist Sache der Zeittransformation, zumal in Verbindung mit Bildmodellen, wie Video-Mikroskopie und Positronen-Emissions-Tomographie, zwei Beispiele nur, sie zustandebringen. Da diese Bildmodelle meist auch in Form von zeitinvarianten Einzelexemplaren existieren, es andererseits auch bildlose Kinematographie geben kann (i. e. das Streak-Verfahren; vgl. Rieck 1968, 93) bedürfen sie hier keiner eigenen Betrachtung (vgl. Rieck 1968, 9). Außerhalb der Betrachtung bleibt aber auch die Visualisierung durch rechnererzeugte Bewegungsbildmodelle symbolischer Originale in der numerischen Simulation.

Erstellung und Auswertung von Forschungsaufnahmen werden zunehmend mehr durch Rechner unterstützt. Ihre in Wissenschaft und Industrie noch wachsende Bedeutung liegt vor allem auf dem naturwissenschaftlich-medizinisch-technischen Sektor. Sie werden kaum noch in Form von (Video-)Filmen mit druckschriftlichen Begleitpublikationen, sondern im Internet veröffentlicht.

3.3. Veranschaulichen

Während sich Forschungsaufnahmen deutlich von narrativen Filmen unterscheiden, gilt es abschließend eine Form zu betrachten, in der der wissenschaftliche Film unter Umständen auch als Erzählmedium auftreten kann. Weist die profilmische Wirklichkeit Dimensionen auf, denen ein Filmdokument nicht gewachsen wäre, so kann ein Dokumentarfilm versuchen, sie illustrativ-narrativ zu vermitteln. Er spielt besonders in der Ethnographie (z. B. „Kupferarbeit in Santa Clara, Michoacán – Ein Handwerk im Wandel" IWF 1993) eine Rolle, und ist vom populärwissenschaftlichen Nachbarn bisweilen kaum zu unterscheiden. In IWF-Katalogen wird er als Hochschulunterrichtsfilm geführt.

In Form des Hochschulunterrichtsfilms geht der wissenschaftliche Film seiner Aufgabe nach, durch Anschauung Wissen zu vermitteln (Wolf 1957, 477). Wissen, knowledge, ist in der Lernzieltaxonomie von Bloom die erste von sechs Klassen des kognitiven Bereichs; die andern fünf sind Verstehen, Anwendung, Analyse, Synthese und Bewertung. Außer dem kognitiven sind in der Taxonomie ein affektiver und ein psychomotorischer Lernzielbereich vorgesehen (Bloom 1973). Unter den kognitiven haben die in der in sich hierarchisch untergliederten Wissens-Klasse zusammengefaßten Lernziele für den wissenschaftlichen Film in der Tat zentrale Bedeutung. Nun weisen Gagné und Merrill darauf hin, daß Lernziele real meist nicht in reiner Form, sondern mit anderen, taxonomisch sogar weit entfernten integriert existieren (Gagné/Merill 1990). Eine entstehende Koexistenz dieser Art verzeichnet der Hochschulunterrichtsfilm; zwar haben kognitive Lernziele weiterhin Priorität, sie werden nun aber auch mit affektiven integriert oder durch sie ersetzt.

Wolf nennt 1975 als Hauptanwendungsgebiete Biologie, Medizin und Technische Wissenschaften; der Kanon hat sich seither differenziert und erweitert. So hat der Hochschulunterrichtsfilm etwa, nach dem Vorbild der USA, in der Psychologie und, dank der Computergrafik, auch in den exakten Naturwissenschaften erhebliche Bedeutung erlangt.

Instruktionsmedien können dazu konzipiert sein, die Hauptlast des Unterrichts selbst zu tragen. Sie unterscheiden sich *both qualitatively and quantitatively* von andern, ihrerseits *intended to complement instruction* (Heinrich 1985, 10). Entsprechend sieht Wolf den Hochschulunterrichtsfilm, einerseits, im „Praktikum zur Vorbereitung von in Gruppen durchzuführenden Experimenten oder als Film für den Einzelstudenten … zur Vorbereitung eines Examens" und, andererseits, als „Film für die große Vorlesung, die kleinere Spezial-Vorlesung, als Film für ein Seminar zur Anregung einer Diskussion" (Wolf 1975, 7). Diesem von individualisierter Instruktion am einen Ende, der Vorlesung alten Stils am anderen begrenzten Spektrum stehen verschiedene Formen der Präsentation gegenüber; sie kann am kopfhörerbewehrten Rechner-Terminal, doch auch – noch – auf der Tonfilm-Leinwand erfolgen. Unterschiede nicht nur in der Technologie: Im Multimedia-Fall hört der Hochschulunterrichts-Film damit auf, linear zu sein; mit interaktiven Medien werden auch taxonomisch höherstufige kognitive Lernziele, z. B. der Analyse-Klasse, erreichbar (Bolten & al. 1995, 20). Die Steigerung der didaktischen Effizienz erfordert eine erhebliche Erhöhung des Produktionsaufwands (Keil-Slawik 1997, 33). Angesichts der aufgehobenen Linearität und eines geringen Bewegungsbildanteils ist die Frage berechtigt, inwiefern dieses audiovisuelle Mittel noch als Film bezeichnet werden kann. Richtig Film sind aber auch die andern Typen nicht mehr, wenn sie sich in VHS-Qualität – HDTV ist Desiderat geblieben – präsentieren, doch ist der Wert der Mühelosigkeit des Zugriffs nicht leicht zu überschätzen. Video überwiegt längst auch im Aufnahmebereich. Digitalisierung bringt AV-Realaufnahmen, rechnererzeugte Bewegungsbilder, visuelle wie aurale alphanumerische Zeichen in ein gemeinsames Datenformat. Die Post-Produktion wird nicht nur bedeutend erleichtert; die Digitalisierung bietet der Gestaltung eine reiche Fülle neuer Möglichkeiten. Computergraphik verhilft der Animation in ihren mannigfachen Formen zu einer Verbreitung, die vielen Hochschulunterrichtfilmen ein dezidiert nonnarratives – Metz müßte sagen: unfilmisches – Gepräge gibt; sie zeichnen sich andererseits durch wachsende Rücksichtnahme auf TV-etablierte Rezipientengewohnheiten und -erwartungen aus.

4. Ausblick

Die Bedeutung von Audio-Visualisierung in der Wissenschaft wird nicht abnehmen. Wer sie künftig besorgen wird, ist die Frage. Staatlich subventionierte zentrale Produktionseinrichtungen passen den Zuwendungsgebern nicht mehr in die Medienlandschaft. Das Österreichische Institut für den Wissenschaftlichen Film wurde 1996 geschlossen. Die Weiterexistenz der IWF ist – 1998 – äußerst gefährdet.

5. Literatur

Ballhaus, Edmund/Rolf W. Brednich, Der wissenschaftliche Film am Wendepunkt? Anmerkungen zum Stand und zu den Perspektiven des ethnologischen Films. In: Wiss. Film (Wien) 38/39, 1988, 149–152

Bekow, Günter, Aufgabe und Problematik der Gestaltung im wissenschaftlichen Film. In: Der Film im Dienste der Wissenschaft. Hrsg. v. Gotthard Wolf, Göttingen 1961, 40–51

Bolton, John/Alan Cooper/Ian Every/Steve Swithenby, Multimedia in Physics at the Open University. In: Viewfinder 24, 1995, 19–21

Combres, Elisabeth, L'association internationale du cinéma scientifique a l'association internationale pour les medias dans la science. Magisterarbeit (masch.) Paris 1993

Eisner, Lotte/Heinz Friedrich (Hrsg.), Das Fischer Lexikon Film Rundfunk Fernsehen. Frankfurt a. M. 1958

Faasch, Werner, Einführung in die wissenschaftliche Kinematographie. Halle (Saale) 1951

Feininger, Andreas: Die neue Foto-Lehre. München 1977

Gagné, Robert M./M. David Merrill, Integrative Goals for Instructional Design. In: Educational Technology Research and Development 38, 1990, 22–30

Heinrich, Robert, Instructional Technology and the Structure of Education. In: ECTJ Educational Communication and Technology. A Journal of Theory, Research and Development 33, 1985, 9–15

Hermann, Siegfried, Orientierungshilfen bei der Gestaltung von wissenschaftlichen Filmen für die ENCYCLOPAEDIA CINEMATOGRAPHICA. In: Wiss. Film (Wien) 36/37, 1987, 7–23

Keil-Slawik, Reinhard, Multimedia in der Hochschullehre. In: Virtueller Campus. Forschung und Entwicklung für neues Lehren und Lernen. Hrsg. v. Simon Hartmut. Münster etc. 1997, 27–42

Liesegang, F. Paul/Karl Kieser/Oswald Polimanti, Wissenschaftliche Kinematographie. Leipzig 1920

Michaelis, Anthony R., Research Films in Biology, Anthropology, Psychology, and Medicine. New York 1955

Möller-Nass, Karl-Dietmar, Filmsprache. Eine kritische Theoriegeschichte. Münster 1988

Painlevé, Jean, Le Film de Recherche. In: Research Film 4, 1961, 108–117

Prost, J. H., Filming Body Behavior. In: Principles of Visual Anthropology. Hrsg. v. Paul Hockings. Den Haag/Paris 1975, 325–363

Rieck, Joachim, Technik der Wissenschaftlichen Kinematographie. München 1968

Stachowiak, Herbert, Gedanken zu einer allgemeinen Theorie der Modelle. In: Studium Generale 18, 1965, 432–462

–, Allgemeine Modelltheorie. Wien/New York 1973

Strasser, Alex, The Work of the Science Film Maker. London-New York 1972

Tosi, Virgilio, Il linguaggio delle immagini in movimento. Teoria e tecnica del cinema e della televisione nella ricerca scientifica, nella didattica e nella divulgazione. Rom 1986

Wickler, Wolfgang, Phylogenetisch-vergleichende Verhaltensforschung mit Hilfe von Enzyklopädie-Einheiten. In: Research Film 5, 1964, 109–118

–, Alte und neue Erwartungen an die EC. Vortrag auf der Versammlung der ENCYCLOPAEDIA CINEMATOGRAPHICA 31. 10. 1994 (masch.)

Wilkening, Albert/Heinz Baumert/Klaus Lippert (Hrsg.), Kleine Enzyklopädie Film. Leipzig 1966

Wolf, Gotthard, Der wissenschaftliche Film (Methoden – Probleme – Aufgaben). In: Die Naturwissenschaften 18, 1957, 477–482

– (Hrsg.), Der Film im Dienst der Wissenschaft. Festschrift zur Einweihung des Neubaus für das Institut für den wissenschaftlichen Film. Göttingen 1961

–, Der wissenschaftliche Dokumentationsfilm und die Encyclopaedia Cinematographica. München 1967

–, Der wissenschaftliche Film in der Bundesrepublik Deutschland. Bonn-Bad Godesberg 1975

Zierold, Kurt, Bestimmungen über Film und Bild in Wissenschaft und Unterricht. ⁴Stuttgart/Berlin 1943

Hermann Kalkofen, Göttingen
(Deutschland)

174. Kommunikative und ästhetische Funktionen des Werbefilms

Medienübergreifend stellt Werbung eine Form persuasiver Kommunikation dar, die durch visuelle und sprachliche Zeichen, welche in komplexer Weise aufeinander bezogen sind, das Kaufverhalten der Konsumenten zu beeinflussen versucht. Das Ziel jeder (in Druck- oder audiovisuellen Medien realisierten) Werbestrategie besteht darin, daß der Rezipient Konsumgüter oder Dienstleistungen, auf die Anzeigen und Filme an ihren je spezifischen Präsentationsorten und in verschiedenen Distributionskanälen (Plakat, Zeitschrift, direct mailing, Rundfunk, Kino, Fernsehen oder im Internet) referieren, kauft oder in Anspruch nimmt.

Die Gattung Werbefilm (auch: Reklamefilm oder Werbespot) wird hinsichtlich der Herstellungstechniken, Distributionsformen, semantischen Strukturen und ihrer Wirkung untersucht. Gnam 1931 kategorisiert die Gattung in Werbekurzfilme/Trickfilme, Realfilme, Animationsfilme und Werbelangfilme. Mit letzterem Begriff faßt er Industrie- und Fabrikationsfilme sowie den Grenzbereich des Lehrfilms. Heute sind die Begriffe Werbefilm und Werbespot gebräuchlich. Beide bezeichnen einen zu werblichen Zwecken produzierten, im Kino vorgeführten oder im Fernsehen ausgestrahlten Filmstreifen oder Videofilm von je nach Distributionsform variierender Länge. In der Kinowerbung werden drei verschiedene Arten von Filmen eingesetzt: Werbefilme mit einer Mindestlaufzeit von 44 Sek. (20 m bei 35 mm Normalfilm im Bildformat 1:1,66), Werbekurzfilme mit einer Laufzeit zwischen 22 und 42 Sek. (bei einer Länge zwischen 10 und 19 m). Fernsehwerbespots hingegen haben in Deutschland eine Maximallaufzeit von 30 Sek.

Werbefilme und -spots wollen als Resultate kapitalintensiver Auftragsarbeit nicht primär ästhetisch rezipiert sein, sondern sind referentiell in dem Sinne, als mindestens ein Element der Fiktion mit konkreten Objekten der Alltagswelt identifiziert werden kann. Das Auto, das in der Welt des Films durch eine in Abendsonne getauchte, menschenleere toskanische Hügellandschaft fährt, steht tatsächlich beim Autohändler um die Ecke. Die Wiedererkennbarkeit von Elementen der Fiktion, die in der Alltagswelt des Rezipienten als käufliche Produkte existieren, ist das banale Glücksversprechen, das der Werbefilm gibt. Werbekonzepte, die durch Film und Spot vermittelt werden, gehen in Folge der hohen Kosten für ihre Distribution vor allem durch das Fernsehen nur auf, wenn sich eine hinreichend große Zahl von Zuschauern mit den dargestellten Figuren, die die Werbewelten bevölkern, ihren explizit oder implizit formulierten Problemen bzw. ihren in repräsentativen Zeichen anzitierten Lebensstilen identifizieren kann, wenn die mittransportierten (Verhaltens-)Normen mit den je eigenen kompatibel sind und die im Film vermittelten Werte für eine möglichst große soziale Gruppe erstrebenswert erscheinen.

Jeder Produktion eines Werbefilms geht eine bewußte Wahl derjenigen (optischen und verbalen, akustischen und graphischen) Zeichen und Erzählformen voraus, von denen angenommen werden kann, daß sie die komplexe Funktionalität werblicher Kommunikation möglichst störungsfrei garantieren. Selektionsbeschränkend wirken dabei sowohl die primäre Bedeutung der Materialität des Produkts, als auch (aus Marktanalysen gewonnene) Annahmen über Bedürfnislagen, Werte- und Normsysteme, Kaufverhalten und Wahrnehmungsvermögen der jeweils anvisierten Zielgruppe. Grundparameter der Kommunikationsform Werbefilm sind 1. die Behauptung eines Mangels, 2. die Behauptung, das beworbene Produkt oder die Dienstleistung behebe diesen Mangel, 3. die Etablierung des Firmen- bzw. des Markennamens und des Produktnamens mit dem Ziel, diese im Gedächtnis der Rezipienten zu verankern, 4. die Herstellung von Produktumwelten, in denen Alltagshandeln als signifikantes Handeln erscheint und ästhetisch überhöht wird und 5. dem Produkt/der Dienstleistung über seinen/ihren Gebrauchswert hinaus Zusatzwerte zu verleihen.

Zusatzwerte können sowohl rhetorisch im Slogan („Campari – Was sonst?"), als auch in der konkret dargestellten Umwelt des Produkts verankert sein. Angestrebt wird die kognitive Übernahme der Bedeutung der Werbebotschaft durch den Rezipienten. Werbestrategisch wichtig ist nicht primär der Gebrauchswert des Produkts, sondern sein durch rhetorische Strategien bildlicher oder sprachlicher Art vermittelter Zusatzwert. Produkte werden so selbst zu Botschaften (cf. Karmasin 1993). Unterscheidbar sind metaphorische (das Produkt ist [wie] ...) und metonymische (Das Produkt bewirkt ...) Beziehungen zwischen Produkt und dargestellter Umwelt. Die Akzeptanz von Werbung – nicht die des Produkts – nimmt in dem Maße zu, wie die Produktumwelten an Ästhetisierung zunehmen.

Die neuere Forschung analysiert Werbefilme und -spots hinsichtlich der zugrundeliegenden Idee, ihrer Dramaturgie, ihrer Copy-Strategie, ihrer audiovisuellen Gestaltung und ihrer Botschaft bzw. gesellschaftspolitischen Implikationen (cf. Schmidt/ Spieß 1996). Seeßlen 1992 unterscheidet zehn (idealtypische) dramaturgische Muster, die in Werbefilmen gebräuchlich sind.

Die 'Anpreisungsdramaturgie', zugleich traditionellste Form des Werbens, führt die von Sympathieträgern dargestellten Vorteile eines Produkts vor. Die 'assoziative' Dramaturgie besteht in der Montage von Glücksbildern, die in mehr oder minder engem Zusammenhang zum Produkt stehen. In diese Kette der Glücksbilder wird das Bild der Ware integriert, die im Gegensatz zu den anderen Bildern die ökonomischen Möglichkeiten des Rezipienten nicht übersteigt. Die 'dissoziative' Dramaturgie liegt dem klassischen Muster von 'Problem und Lösung' zugrunde, wobei das Problem einen pragmatischen, sozialen und tiefenpsychologischen Effekt aufweist. Ausgangs- und Endsituation eines nach diesem dramaturgischen Schema konzipierten Werbefilms sind die Explikation des Problems/Mangels und die Tilgung des Problems/Mangels, wobei das Produkt/die Dienstleistung in der dargestellten Welt als Problemlöser fungiert. Die 'denunziative' Dramaturgie kehrt spielerisch Machtverhältnisse um: ein mit negativen Merkmalen ausgestatteter sozialer Konkurrent wird dem Besitzer/Benutzer eines Produkts nach anfänglicher Aggression als unterlegen geschildert. Der Besitzer wird der Notwendigkeit persönlicher Rechte enthoben, denn die Ware schafft für ihn die ersehnte soziale Gerechtigkeit. Eine 'totemistische' Dramaturgie liegt Filmen zu Grunde, wenn sich das mit einem Produkt verbundene Glücksversprechen in einem Glückswesen oder einem freundlichen (Trickfilm-)Begleiter durch den Alltag manifestiert. Die quirlige Seele der Ware oder das verlebendigte Produkt bringt Ordnung in die alltägliche Mühsal. Bei der 'Heim- und Herd'-Dramaturgie versammelt das Produkt eine Gruppe von Menschen um sich, sein Konsum stiftet Gemeinschaft und sozialen Sinn. Solche Filme antworten auf die in der Alltagswelt von Familien real häufig erfahrenen Kommunikationsverluste, indem sie symbolisch 'erlösen'. Eine 'fetischistische' Dramaturgie liegt vor, wenn das Produkt eine magische oder rituelle Qualität erhält und seinem Besitzer einen Hauch von Unsterblichkeit verleiht. In der Dramaturgie der 'Belohnung' entschädigt das Produkt für erlittene Frustration. Das Produkt kann auch, wie in vielen Spots, in denen Süßigkeiten beworben werden, zur Paarbildung beitragen und schließlich in der 'Macht'-Dramaturgie seinen Besitzer über andere erheben.

Copy-Strategien streben konkrete Gestaltungsanweisungen für Werbefilme an. Sie sind die eigentlichen persuasiven Muster, die Filmen und Spots zu Grunde liegen und bilden jene expliziten oder impliziten Argumente ab, auf Grund derer die Rezipienten das beworbene Produkt erwerben sollen. Die Strategie des 'Slice of Life' koppelt eine alltägliche, in einer pointierten Episode geschilderte Situation, an ein Produkt. Die 'Lifestyle'-Strategie rückt den Produktnutzen in den Hintergrund und exponiert stattdessen Ambiente und Atmosphäre der dargestellten Welt. In der 'Testimonial'-Strategie lobt ein überzeugter Benutzer ein Produkt gegenüber einer noch umaufgeklärten Person. Werbung mit Symbolen transportiert die Botschaft über Vermittler-Figuren, die über einen längeren Zeitraum eingesetzt werden ('Klementine'). Ähnlich funktioniert die 'Presenter'-Strategie, die Conférenciers für Waren und Dienstleistungen einsetzt ('Melitta-Mann'). Werbefilme im Nachrichtenstil schließen an typische Formen der Moderation von Nachrichtensendungen an und bedienen sich jornalistischer Darstellungstechniken. Die 'Product is hero'-Strategie verdreht das reale Subjekt-Objekt-Verhältnis: das Produkt wird zum Hauptdarsteller. Die Strategie der Demonstration rückt die in einem Test inszenierte Leistungsfähigkeit eines Produkts in den Mittelpunkt. Die 'Reason why'-Strategie schließlich nennt einen rationalen Grund für den Kauf eines Produkts.

Als mögliche Botschaften von Werbefilmen haben Klöpfer/Landbeck 1991 vier typische Varianten ausgemacht, die ursprünglich in der Printwerbung entwickelt wurden und bis heute in den verschiedenen Werbeformaten fortexistieren: 1. „Kauft das Gute", 2. „Entdeckt Eure Wünsche", 3. „Wir nehmen Teil an einem Leben in der besten Zeit, die es je gegeben hat" und 4. „Es gibt nichts Schöneres als die Selbstentfaltung der eigenen Möglichkeiten".

Mit der gesteigerten Ästhetisierung von Werbefilmen verbinden sich immer komplexere audiovisuelle Gestaltungsformen. Das Produkt tritt z. B. mit der Verringerung der Rekurrenz von Produktnamensnennung oder -abbildung in der filmischen Narration in den Hintergrund und die Welt, in die es eingebunden ist, nimmt an Relevanz zu. Tendenziell stoßen Werbefilme hier an die Grenze ihrer Funktionalität, die ästhetische Dimension kollidiert nicht selten mit der Hauptfunktion des Films, Träger einer Werbebotschaft zu sein (hierzu Schmidt/Spieß 1994 und 1996).

Die Entwicklung der Gattung in rund hundert Jahren Filmgeschichte ist verbunden mit einer sehr starken Varianz ihrer Techniken und Formen. Ihre kommunikativen Muster, von der einfachen, didaktisch geprägten Werbeerzählung bis hin zu hochkomplexen Formen der Auflösung, Narration und Bild-Ton-Montage, halten stets Schritt mit der allgemeinen Entwicklung von Kinematographie und Television und lassen Rückschlüsse auf sozioökonomische und politische Basisstrukturen ebenso wie sublime psychologische Dispositionen von Gesellschaften zu. Dies gilt insbesondere für Normen und Werte im Verhältnis der Geschlechter (cf. Schmerl 1980 und Goffman 1981).

Werbefilme kommen nahezu gleichzeitig mit den ersten, kurzen, in Nummernprogrammen präsentierten Spielfilmen auf. Filmpioniere wie George Meliès in Frankreich oder Oskar Meester (1866–1943) in Deutschland entwickeln auch dieses filmische Sub-Genre. Meester produziert 1896 im Auftrag einer Berliner Badewannenfirma den Film 'Bade zu Hause!' (cf. Westbrock 1984). Das Kino wird zum neuen Präsentations- und Rezeptionsort von Werbung. Auch Formen von product placement gibt es schon in den zehner Jahren: so verweist ein Zwischentitel in Ernst Lubitschs 'Schuhpalast Pinkus' von 1916 auf den Hersteller der Garderobe, die die Darstellerinnen im Film tragen, was zu einer unvermittelten Brechung der Illusion führt und dem Zuschauer das Gemachte des Films schlagartig in Erinnerung ruft.

Charakteristisch für die Frühphase der Commercials bis etwa 1930 ist einerseits eine starke Betonung der Produktleistung (bei Lebensmitteln häufig ihr Nährwert), auf der allein die werbliche Argumentation aufgebaut ist. Zur Darstellung hochkomplexer physikalischer oder physiologischer Prozesse wird dabei häufig Sachtrick- oder Zeichentrick eingesetzt. Die Werbefilmproduzenten, zumeist Inhaber selbständig arbeitender Ateliers, setzen dabei auf einen hohen Wiedererkennungswert ihres individuellen Stils. Trick- und Animationsfilme übersetzen Naturvorgänge in naive Bilder mit starker Tendenz zur Anthropomorphisierung des gesamten Tier- und Pflanzenbereichs, bis hin zum Anorganischen. Charakteristisch für diese ästhetisch-ideologische Strategie in Deutschland sind die fürs Kino produzierten Werbefilme von Julius Pinschewer (einem der Pioniere des Werbefilms in Europa) und Hans Fischerkoesen (1896–1973). Julius Pinschewer (1883–1961) richtete als erster ein Atelier nur zur Herstellung von Werbefilmen ein und ließ sich die Idee, Filmstreifen als Werbeträger zu verwenden, 1910 patentieren (cf. Westbrock 1984 und Amsler 1997). Gleichzeitig wurden erstmals bei der Herstellung eines Werbefilms der Firma Maggi ('Die Suppe') professionelle Schauspieler eingesetzt. Dies gilt bis heute, wo Markenartikler Wert darauf legen, mit prominenten Vermittlern zu werben und sich im Sinne der Akzeptanzsteigerung ästhetisch eng an Spielfilmwelten anlehnen (cf. von Keitz 1992). Ebenfalls verwendete Pinschewer als erster die Tricktechnik in der Werbefilmproduktion. In den folgenden Jahren wurde das Medium Film vor allem für Markenartikler immer interessanter, die ihre Produkte in weiten Bevölkerungskreisen bekannt machen wollten. In den zwanziger Jahren begannen Werbefilmproduzenten auch mit verschiedenen, noch in der Entwicklungsphase stehenden Trickfilmformen zu experimentieren. Der Werbefilm avancierte zum Spielfeld der Avantgarde.

Die Erfindung des Tonfilms machte es Ende der zwanziger Jahre möglich, neben Bildern auch das Wort im Sinne persuasiver Rhetorik einzusetzen und damit die Wirkung der Werbeaussage zu verstärken. Der erste deutsche Werbetonfilm, 'Die chinesische Nachtigall' von 1928, bewarb Schallplatten für die Firma Tri-Ergon. Der erste abendfüllende deutsche Tonfilm, 'Melodie der Welt' (1928) von Walther Ruttmann, war ein Auftragswerk für die Hamburg-Amerika-Linie der Hapag Lloyd. Auch die Farbfilmtechnik wurde in Deutschland erstmals bei einem Werbefilm eingesetzt (cf. Agde 1998).

Die steigende Bedeutung des Werbefilms und seiner Verbreitung im Kino dokumentiert sich in Deutschland auch daran, daß das neue Werbemedium vom Gesetzgeber beachtet wurde. Das Reichslichtspielgesetz (RLG) vom 12. 5. 1920 sah Regelungen auch für Werbefilme vor, und das Gesetz über Wirtschaftswerbung bestimmte unter dem Einfluß der Nationalsozialisten und ihrem Bestreben, die Medien zu kontrollieren, in einer Verordnung vom Oktober 1933, daß Wirtschaftswerbung generell genehmigungspflichtig sei. Die deutschen Werbefilmer mußten sich nun den ästhetischen Vorstellungen der Nationalsozialisten unterordnen, und für die gesamte Filmproduktion wurde eine Vorzensur eingeführt. Eine Reihe von Werbefilmern, darunter Julius Pinschewer, emigrierte ins Ausland. Dennoch gibt es neben den äußerst biederen und das didaktische Moment betonenden Kino-Commercials in den dreißiger Jahren auch einige künstlerisch bedeutsame Werbefilme. Hans Fischerkoesen (der 'deutsche Walt Disney') kombinierte in zahlreichen seiner Produktionen fürs Kino Realfilm- und Zeichentricksequenzen zu phantastischen und hochpoetischen Welten. Deren Rhythmik wird bestimmt durch eine taktgenaue Bild-Ton-Montage. In 'Schall und Rauch', einem zweieinhalbminütigen Werbefilm für die Zigarettenmarke 'Muratti' aus dem Jahr 1933, verwandeln und verdichten sich die dünnen Rauchschwaden, die ein in einen Abendanzug gekleideter Mann mittleren Alters in die Luft bläst, vor schwarzem Hintergrund in eine Reihe stilisierter, weiß-transparenter und nahezu körperloser Spitzentänzerinnen, die in der oberen Hälfte des Bildes zu Johann Strauß' 'Frühlingsstimmenwalzer' tanzen. Der Mann verharrt dabei genießend im Sessel (zur Herstellungstechnik von 'Schall und Rauch' cf. Agde 1998). Die eskapistische Grundierung des Films (mit den Merkmalen Tagtraum, Genuß, männliche Passivität) bleibt wie auch die avantgardistischen Werbefilme Oskar Fischingers (1900 bis 1967) und Wolfgang Kaskelines (1892 bis 1973) für dieselbe Firma gebunden an die Produktklasse der 'Genußmittel'. In diesem Produktsektor liegen traditionell die größten Möglichkeiten arbiträrer Beziehungen von werblichem Zeichen und Produkt. Der knapp dreiminütige, von Fischinger in Gasparcolor-Technik produzierte Trickfilm 'Muratti greift ein' von 1934 inszeniert einzig die Marke selbst, löst Packung und Zigaretten aus jeglichem pragmatischen Zusammenhang einer menschlichen Alltagswelt, anthropomorphisiert die gezeichneten, stabförmigen Zigaretten und arrangiert im Trick immer neue Stäbchen-Formationen als Gruppe, Haufen, Rudel, läßt sie ironisch-spielerisch im Gleichschritt einer Militärparade „marschieren" oder in einer sportlichen Riege antreten (Konsequent selbstreferentielle Formen wie diese wurden in den achtziger Jahren bei den Marken 'Lucky Strike' und 'Camel' wieder aufgegriffen).

1944 wurde in Deutschland die Vorführung von Werbefilmen im Kino gänzlich untersagt. Dieses Verbot bestand auch nach Kriegsende weiter und wurde von den Alliierten erst 1949 wieder aufgehoben. Bis zur Gründung der Bundesrepublik waren die Filme der Zensur unterworfen. Vom wirtschaftlichen Aufschwung der fünfziger Jahre profitierte auch die Werbewirtschaft: Produkte und Dienstleistungen wurden nun vermehrt im Kino beworben. Die Zahl der von der FSK (Freiwilligen Selbstkontrolle der Filmwirtschaft) geprüften Werbefilme stieg von 61 im Jahre 1950 auf 923 im Jahre 1961 an, um dann in Folge der Kinokrise und der wachsenden Konkurrenz durch das Fernsehen im Verlauf der sechziger Jahre auf 207 Filme im Jahre 1969 abzufallen (cf. Seidenfaden 1990). In den achtziger und neunziger Jahren steigt die Zahl der Fernsehwerbespots durch die Einführung des dualen Rundfunksystems in Deutschland sprunghaft an.

Die kreativsten Formen von Filmwerbung wirken bisweilen zurück auf Spielfilmästhetiken. Eine wesentliche Rolle für die Steigerung der Varianzbreite von Formen der Narration spielt dabei der Erwerb von Kompetenzen im Wahrnehmen und Verstehen audiovisueller Formate auf Seiten des Zuschauers. Allgemein besteht diese Kompetenz in der erhöhten Verarbeitung bildlicher und auditiver Information. Die einfache, am Muster von Problem und Lösung orientierte Werbeerzählung (wie sie noch heute das Segment 'Wasch- und Reinigungsmittel', in abgeschwächter Form die Produktgruppe 'Nahrungsmittel' und den Bereich 'Pharma' dominiert), rückt das Produkt in eine unmittelbare Nähe zu seinem alltäglichen, pragmatischen Verwendungszusammenhang. Werbliche Mikroerzählungen lehnen sich, je länger, desto konventioneller, eng an die klassische Spielfilmdramaturgie an. Wiedererkennbar ist zumeist eine dreiteilige Minimalstruktur aus Exposition, Konflikt/Verschärfung des Problems und dessen Lösung. Ein frühes Beispiel hierfür ist der rund neunminütige Zeichentrickfilm 'Kolko, die Geschichte eines Rübenprotestes', den der selbständige Produzent und spätere Propagandafilmer Svend Noldan (1893–1978) im Jahr 1926 für das Deutsche Kalisyndikat hergestellt hat. Das beworbene Produkt ist Kali-Dünger, Held der Geschichte ist eine unterernährte, gleichwohl neugierig-pfiffige Steckrübe. Eines Nachts beschließt die Rübe ihr Feld für einen Erkundungsgang zum angrenzenden Acker zu verlassen, der einem anderen Bauern gehört. Dort schlummern, satt und wohlgerundet, die Artgenossen. Die Rübe erkundigt sich danach, warum es diesen so gut geht und erfährt, daß deren Feld mit Kalidünger angereichert ist. Wie eine gewerkschaftlich organisierte Arbeiterschaft beim Arbeitgeber mehr Lohn für die Beschäftigten einfordert, so fordert die Rübe für sich und ihre dünnen Artgenossen einen besseren Boden. Ihre Entschlossenheit, an den bestehenden, allzu kargen Umständen ihrer Existenz etwas zu ändern, bekräftigen die Rüben durch den, an eine offene Straßendemonstration gemahnenden, nächtlichen Protestmarsch zum schlafenden Bauern. Im Traum aufgeklärt über die Möglichkeiten der Ertragsverbesserung durch Kali-Dünger beschließt der Bauer, „seinen Rüben" einen mit Nährstoffen angereicherten Boden zu bieten. Die Wirkung läßt sich unmittelbar an deutlich voluminöseren und mit lächelndem Gesicht im Feld schlummernden Steckrüben ablesen.

Neben der Anthropomorphisierung natürlicher Objekte illustrieren in der klassischen Werbeerzählung Zeichen- und Sachtricksequenzen (heute überwiegend computergeneriert) abstrakte, d. h. in der Regel unsichtbare physikalische Prozesse (Wie funktioniert ein Kolbenmotor ohne das beworbene Motorenöl und wie bewegt er sich mit Hilfe dieses Produkts?) oder physiologische Prozesse im Körperinneren. Solche Illustrationen exponieren jedoch i. d. R. stark Produktnutzen oder -leistung und sind deshalb in Märkten, in denen immer mehr Produkte annähernd dasselbe leisten, quantitativ weniger gefragt, als Tricktechniken, mithilfe derer die Ästhetik der Produktumwelt gesteigert oder die Oberfläche des Produktes selbst ästhetisch überhöht werden kann.

Klassische Werbeerzählungen haben sich vor allem im Produktsegment 'Wasch- und Reinigungsmittel', 'Hygiene (ohne Parfum/Duftstoffe)' und 'Pharma' erhalten. Die Ausfaltung von Zusatzwerten und die Ästhetisierung der dargestellten Welt, die auf das Produkt abstrahlen sollen, sind hingegen typisch in Werbefilmen der Segmente 'Alkoholica' und 'Zigaretten', die heute in Folge restriktiverer Distributionsnormen mehrheitlich im Kino und nicht im Fernsehen präsent sind. Sie assoziieren den Konsum dieser Produkte mit Geselligkeit, Steigerung des Lebensgefühls, kommunikativen

Anschluß und Erotik. Der Zusatzwert Erotik resp. Sexualität ist indes in den achtziger und neunziger Jahren sowohl in der partnerbezogenen als auch der autoerotischen Variante zu einem Universalwert avanciert, mit dem sich nahezu jedes Produktsegment, vom Käse über Mineralwasser, Kaffee und Süßigkeiten, vom Automobil bis zur Telekommunikationstechnik verbinden läßt. Zuvor war dieser Wert hauptsächlich dem Segment 'Parfum und Duftstoffe' vorbehalten. Die zunehmende Beliebigkeit der Verbindung von Produkt und Zusatzwert läßt in diesem Fall auf ein gewandeltes Verständnis von Nähe und Körperlichkeit schließen. In der erotisch-sexuellen Kommunikation haben Parfums und Duftstoffe traditionell die Aufgabe, den olfaktorischen Reiz einer Person zu steigern. Diese (selbst- oder partnerbezogene) Reizsteigerung wiederum ist in der Alltagswelt gebunden an eine faktische räumliche Nähe, einen Radius des Intimen. Die Aufladung beliebiger anderer Produktsegmente mit dem Zusatzwert 'Erotik' indes bedeutet einerseits, daß dem Konsum der Produkte ein massiver autoerotischer Beigeschmack gegeben wird (Süßigkeiten, Eis, Käse), andererseits, daß das Anbieten dieser Produkte den erotischen Wert der anbietenden Person unabhängig vom Intimitätsgrad steigert.

Werbefilme bzw. Werbespots reproduzieren als narrative, fiktionale Kleinformen Muster des Spielfilms ebenso, wie die in den kinematographischen Kleinformen (Kurzfilm, Experimentalfilm) und im Videoclip entwickelten Muster der Montage auf die narrativen Strukturen von Spielfilmen zurückwirken können. Grimm 1996 unterscheidet hinsichtlich der Erzähltypologie Werbegeschichten, die, wie die beschriebene klassische Werbeerzählung Noldans, eine durchgehende Geschichte präsentieren, von solchen, die aus einer Akkumulation von Ereignissen bzw. Sammlung von Episoden bestehen. Für erstere ist eine konsistente Handlungsführung unter Einschluß aller drei dramaturgischen Grundelemente (Exposition – Problemsteigerung/Konflikt – Lösung) und Figuren charakteristisch. Mindestens der/die Protagonist/in ist über die gesamte erzählte Zeit des Spots präsent. Erzählen Werbefilme und -spots eine durchgehende Geschichte, so können sie ein singuläres Ereignis enthalten oder ein Ereignis, das mindestens einmal wiederholt wird. Diese Ereignisse sind jedoch nicht identisch, sondern (funktional) äquivalent, ihr Erzählmuster ist seriell.

In einem Spot für die Marke 'Du darfst' (kalorienreduzierte Nahrungsmittel) geht eine junge Frau dynamisch durch die Straßen. Jedesmal, wenn sie an einer spiegelnden Glasfront vorbeikommt, betrachtet sie, ohne stehenzubleiben, zufrieden und sich selbst zulächelnd ihre schlanke Gestalt. Die Serie der Selbstkonfrontationen ist verbunden durch das unspektakuläre Montageprinzip des Jump Cuts. Eine Voice Over (hier lesbar als angenäherte Voice In) intoniert den Slogan 'Ich will so bleiben, wie ich bin.' Die dargestellte Figur selbst, ihre Kleidung sowie die Lichtverhältnisse, die die Tageszeit andeuten, bleiben bei wechselnder innerstädtischer Lokalität konstant. Angestrebt wird hier mit dem dominanten Wert der Statuserhaltung das Vermeiden möglicher Ereignisse (von denen das schlimmste das Dickwerden zu sein scheint).

Die zweite Variante seriellen Erzählens im Werbefilm besteht in der Verkettung der Szenen durch ein- und dieselbe Figur bei raum-zeitlicher Varianz. Die Verkettung kann als Reigen- oder Ringstruktur und offener Zyklus ausgeführt sein. Der offene Zyklus ist dabei für die Verbreitung eines Produkts und seine potentiell alle Konsumenten überzeugende Leistung besonders geeignet. Inszeniert wird eine Form der Mund-zu-Mund-Propaganda, wobei diejenige Figur, die in der vorhergehenden Szene die Vermittlerrolle innehatte, in der darauffolgenden ausscheidet und diejenige Figur, die in der Rezipientenrolle war, die Produktinformation weiterträgt (Staffel-Prinzip). Diese Verkettung hat die (epidemische) Amplifikation von Produktwissen zum Prinzip, die offene Form des Zyklus ist hier unmittelbar funktional, ein geschlossener Zyklus würde diese Amplifikation bremsen und die dargestellte Wirkung des Produkts relativieren.

Konsistente Werbewelten lassen sich auch durch gleiche Stilniveaus und eine konstant bleibende Figur konstruieren, wenngleich gravierende Raumwechsel stattfinden und der Transfer (per Flugzeug, Auto, Schiff) selbst zum zentralen Spannungsmotiv wird. In einem neueren Spot für Kaffee (Tchibo 'Gala') reist eine Frau mittleren Alters in mehreren Etappen zu einem (Mittelmeer-)Hafen, läßt sich von dort auf eine Motoryacht übersetzen, wird von ihrem Partner empfangen und trinkt mit ihm

Kaffee. Danach befragt, was sie sich nun wünsche, antwortet sie: „... daß sich nichts verändert."

Logisch quer zu den Varianten der konsistenten Werbeerzählung und der Episodengeschichte liegt deren Auflösung durch die Montage. Die heute wenig eingesetzte Plansequenz präsentiert die Werbehandlung in einer einzigen Einstellung und etabliert ein strenges raum-zeitliches Kontinuum. Plansequenzen konstruieren in jedem Fall eine konsistente Welt, auch wenn diese einen surrealen Charakter annehmen kann. Ein Spot für die Automarke Audi, der in einer Reihe von Jump Cuts das Nobelmodell des Unternehmens Kunstwerken aus der prähistorischen Zeit bis zur Moderne gleichstellt, könnte das 'Abschreiten' dieser Objekte durch den Helden (Besitzer) in einem Raum zwischen Galerie und Garage und das gleichzeitige Aufzählen ihrer Epochendatierung durch eine Voice Over auch in einer Plansequenz erzählen, ohne daß sich die semantische Struktur des Spots wesentlich verändern würde. Die Jump Cuts haben hier lediglich die Funktion zu verkürzen und die Passage des jungen Mannes entlang der Kunstwerke hin zum Automobil als insignifikante Bewegung auszuweisen.

Episodengeschichten folgen demgegenüber in einer atemporalen Montage von Plansequenzen oder Szenen aufeinander, Ereignisse stehen relativ zur dargestellten Zeit diskontinuierlich zueinander, sie bilden autonome Sequenzen. Episodengeschichten haben häufig eine thematische Konstanz bei Varianz von Raum, Zeit und Figuren. Die einfachste Form der Etablierung einer thematischen Konstanz bei raum-zeitlicher Varianz ist das Zeigen des Konsums selbst in einer Reihe von Parallelmontagen. Diese Strategie wird sich eine Marke – es sei denn, der Spot stellt das Hypertrophe dieses Verfahrens ironisch aus – nur dann leisten können, wenn sie am Markt sehr gut eingeführt ist. Die Darstellung des Konsums ein- und desselben Produkts zu verschiedenen Tageszeiten durch Personen verschiedenen Alters und Geschlechts, in verschiedenen Lebenswelten, Stilniveaus, Ländern etc. birgt die Gefahr der Ereignislosigkeit und Reduktion des Appellcharakters eines Werbefilms.

Wesentlich für die kommunikative Struktur einer Werbeerzählung ist auch ihre Geschlossenheit oder Offenheit. Bei der einfachen 'geschlossenen' Geschichte fungiert allein eine Figur oder Figurengruppe als Held. Solange das Herausstellen des Produktnutzens in der werblichen Kommunikation als zentrale Werbeaussage behandelt wurde, wurde tendenziell auch eine 'geschlossene' Geschichte erzählt. Die Geschichte ist in diesem Falle explizit und vollständig abgebildet, und es wird eine Vor- und Nachgeschichte vorausgesetzt. Noldans 'Kolko'-Film präsupponiert, daß der Boden, in dem die üppigen Rüben des Nachbarfeldes heranwachsen, bereits mit Kali-Dünger angereichert worden und nicht qua seiner chemisch-biologischen Zusammensetzung ein 'besserer' Boden ist. Der Verlauf der Geschichte bestätigt diese Präsupposition. Die aus dem Film ableitbare Nachgeschichte, die zugleich auch das Nachahmungsangebot an den (z. B. in der Agrarwirtschaft tätigen) Zuschauer mittransportiert, besteht darin, daß der Ernteerfolg der üppigen Rüben kein einmaliges Ereignis darstellt, sondern wiederholbar ist.

Demgegenüber weist eine 'offen' konstruierte Geschichte Leerstellen auf und ist elliptisch erzählt. Sie präsupponiert ein Bündel möglicher Vor- und Nachgeschichten. Bereits zu Beginn der Geschichte besteht eine Inkonsistenz in der dargestellten Welt. Techniken der Verrätselung durch fragmenthafte Abbildung von Raum, Objekten oder Figuren und ihren Handlungen sollen die Aufmerksamkeit des Rezipienten steigern und seine Assoziationskraft ansprechen. 'Offen' konstruierte Geschichten lassen die Beziehung von Produkt und Umwelt uneindeutig und bedienen sich zumeist der assoziativen Dramaturgie.

Bis zum zweiten Weltkrieg bleiben die Produktionsbedingungen von Werbefilmen in Deutschland annähernd konstant: das Werbefilmgeschäft ist ein bilateraler Prozeß zwischen dem Unternehmen, das neu entwickelte Konsumgüter in den Markt einführen will und Werbefilmproduzenten, deren kreatives Potential darin besteht, um das Produkt herum eine fiktionale Geschichte zu konstruieren. Als repräsentativ mag hier die Werbefilmabteilung der Ufa oder das Atelier Fischerkoesen gelten. In den Anfangsjahren der Bundesrepublik beginnen sich internationale Agenturen, vor allem aus den USA, zu etablieren. Sie verwalten die Werbeetats der Unternehmen und entwickeln seit den 50er Jahren als „kapitalistische Dienstleistungstruppe" (J. Scholz), die das Geld der Kunden in Form von Marktanteilen und Erlösen renditeträchtig anlegen soll,

Werbekonzepte und Kampagnen für neue Produkte und Dienstleistungen. Produzenten von Werbefilmen setzen die Kampagnen technisch um. Die Gattung Werbefilm/Werbespot ist in der Herstellung zu einer extrem arbeitsteiligen Kommunikationsform geworden, die sich dem Dilemma zwischen sozialer Akzeptanz (durch Reduzierung explizit werblicher Strukturen) und Kundenorientierung („Werbung muß verkaufen") stets neu zu stellen hat.

Literatur

Agde, Günter, Flimmernde Versprechen. Geschichte des deutschen Werbefilms im Kino seit 1897. Berlin 1998.

Amsler, André, „Wer dem Werbefilm verfällt, ist verloren für die Welt. Das Werk von Julius Pinschewer 1883–1961. Zürich 1997.

Auer, Manfred et al., Product Placement. Die neue Kunst der geheimen Verführung. Düsseldorf 1988.

Baldwin, Huntley, How to create Effective TV Commercials. Chicago ²1992.

Bekmeier, Sigrid, Nonverbale Kommunikation in der Fernsehwerbung. Heidelberg 1989.

Bohrmann, Thomas, Ethik–Werbung–Mediengewalt. Werbung im Umfeld von Gewalt im Fernsehen. München 1997.

Brechtel-Schäfer, Jutta, Analyse der Fernsehwerbung in der BRD. Diss. Marburg 1972.

Brosius, Hans-Bernd/Andreas Fahr, Werbewirkung im Fernsehen. Aktuelle Befunde der Medienforschung. München 1996.

Ceserani, Gian P., Storia della pubblicità in Italia. Roma/Bari 1988.

Deutsches Werbefilmforum 5 und 6, Berlin 1971 und 1972.

Diamond, Edwin/Stephen Bates, The Spot. The Rise of Political Advertising on Television. Cambridge (Mass.)/London ³1992.

Drost, Wolfgang et al., Partnerschaft heute. Frauenbilder/Männerbilder in der Perspektive französischer und deutscher Werbestrategen. Siegen 1989.

Eco, Umberto: Einführung in die Semiotik ⁵1985.

Erlinger, Hans-Dieter (Hrsg.), Unterhaltung, Werbung und Zielgruppenprogramme. 1994.

Esmeyer, Rainer, Untersuchungen zu Filmtrailern. Berlin: FU 1990 (= Mag. Arb. masch.).

Gnam, Arnulf, Der Film in seiner Bedeutung als Werbemittel. Diss. München 1931.

Goffman, Erving, Geschlecht und Werbung. Frankfurt am Main 1981.

Grimm, Petra, Filmnarratologie. Eine Einführung in die Praxis der Interpretation am Beispiel des Werbespots. München 1996.

–, 'Filmschnipsel' mit Kalkül. Der Trailer im deutschen Kino. Konstruktionsprinzipien und Rezeption einer intertextuellen Filmsorte. In: Michael Schaudig (Hrsg.): Positionen deutscher Filmgeschichte. 100 Jahre Kinematographie. München 1996, S. 455–472.

Guckes, Emil, Der Tonfilm als Werbemittel in Deutschland. Diss. Innsbruck 1937.

Hediger, Vinzenz, Verführung zum Film. Der amerikanische Kinotrailer seit 1912. Marburg 2001.

Heygster, Anna-Luise/Eberhard Maseberg, Fernsehkritik: Werbung im Fernsehen. Mainz 1975.

Karmasin, Helene, Produkte als Botschaften. Wien 1993.

Keitz, Ursula von, Adaption und Funktionalisierung von Spielfilmcodes im neueren Werbefilm. in: SPIEL, Jg. 11, Heft 1, 1992, S. 165–188.

Kloepfer, Rolf/Hanne Landbeck, Ästhetik der Werbung. Der Fernsehspot in Europa als Symptom neuer Macht. Frankfurt am Main 1991.

Knilli, Friedrich, Die Unterhaltung der deutschen Fernsehfamilie. München: Hanser ²1971.

Kulturabteilung der Deulig-Film-AG (Hrsg.), Der Propaganda-Spielfilm der Deulig-Film-AG. Neue Wege der Werbung. Berlin 1925.

Morreale, Joanne, The Presidential Campaign Film: A Critical History. Westport (Conn.) 1993.

Navratil, Josef, Das Werk des österreichischen Kulturfilmproduzenten Ing. Karl Köfinger am Beispiel einer Serie von Fremdenverkehrswerbefilmen. Wien 1989.

Reinhardt, Dirk, Von der Reklame zum Marketing. Geschichte der Wirtschaftswerbung in Deutschland. Berlin 1993.

Schenk, Michael, Wirkungen der Werbekommunikation. Köln 1990.

Schmerl, Christiane, Frauenfeindliche Werbung. Sexismus als heimlicher Lehrplan. Reinbek b. Hamburg 1980.

Schmidt, Siegfried J./Brigitte Spieß, Die Geburt der schönen Bilder. Fernsehwerbung aus der Sicht der Kreativen. Opladen 1994.

–, Die Kommerzialisierung der Kommunikation. Fernsehwerbung und sozialer Wandel 1956–1989. Frankfurt am Main 1996.

Seeßlen, Georg, „Die Werbung sagt immer die Wahrheit". In: Medien Concret 1/1992, S. 12–19.

Seidenfaden, Thomas, Das Werbefilmprogramm im bundesdeutschen Kino von 1970–1980. München 1990 (= Mag. Arb. masch.).

Steiner-Hall, Daniele, Musik in der Fernsehwerbung. Frankfurt am Main 1987.

Stock, Walter (Red.), „Catch as Catch Can". Werbung und Film. Gerolzhofen 1991.

Westbrock, Ingrid, Der Werbefilm. Ein Beitrag zur Entwicklungsgeschichte des Genres vom Stummfilm zum frühen Ton- und Farbfilm. Hildesheim/Zürich/New York 1983.

Wüsthoff, Klaus, Die Rolle der Musik in der Film-, Funk- und Fernsehwerbung. Berlin 1978.

Zeitdokument Werbung am Beispiel Nivea von 1912 bis 1977. Hamburg 1978.

Ursula von Keitz, Zürich (Schweiz)

175. Film translation – dubbing

1. Translating films
2. Problems of translational equivalence in dubbing
3. The texts of dubbed films
4. Dubbed text and translation
5. Bibliography

1. Translating films

1.1. Various methods of film translation

The amount of foreign productions shown in the cinema or on television in many non-English speaking countries is substantial, although it is difficult to give exact figures. There are differences between various countries: for instance, the proportion of the hours of foreign language originals broadcast varies considerably amongst different European television stations ranging from 44 percent in Finland (YLE), 41 percent in Denmark (DR) and 40 percent in Norway (NRK), 34 percent in the Netherlands (NOS) and 33 percent in Sweden (SVT) to 21 percent with the German ZDF and 19 percent for the French TF1 (figures for 1986 from Luyken 1991, 15). The increasing emergence of commercial channels may contribute to an increase in foreign productions televised, and although the percentage of dubbed programmes in the ZDF-Hauptprogramm remained fairly constant between 1988 (21.9 percent) and 1993 (21.5 percent), the actual number of hours of dubbed programmes has gone up because of the general increase in broadcasting time. This international character of film and television productions makes the translating of films a crucial activity, although, interestingly enough, it has received relatively little attention within translation theory. There are three main methods of adapting foreign film material: (i) subtitling, where the film is supplied with a translation in the form of subtitles, (ii) dubbing, where the original voices of the actors are replaced by dubbing actors, (iii) voice-over, where one speaker reads out a translation of the dialogue and the original voices can be heard in the background. What is interesting to see is that, within Europe, most countries tend to have very clear preferences for one method of language transfer over the others: According to Luyken (1991, 30, 33), subtitling is used in 90 percent or more cases of linguistic transfer on television in the Netherlands, Finland or Greece, while Austria, Germany, Spain, France and Italy use lip-synch dubbing in more than 80 percent of all cases. The decisive factor in most cases is that of cost: since dubbing is considerably more expensive than subtitling it will, as a rule, be used if the viewing audience is sufficiently large to justify such an investment (cf. Rabanus 1982, 69; Luyken 1991, 104–6).

1.2. Viewers' preferences with respect to dubbing and subtitling

Viewers do not seem to have an overall preference for either subtitling or dubbing. Research shows that acceptance of either method is very high if viewers are used to it. Luyken (1991, 112) takes the contrast between an 82 percent preference for subtitling in the Netherlands and a 78 percent preference for dubbing in West Germany to conclude that "preferences may not be unalterable and that they might be transformed by familiarisation with other alternatives." What is interesting, however, is that acceptance of subtitling increases as one moves from lower to higher social class; both in the Netherlands (from 74 percent to 86 percent), in Germany (from 3 percent to 9 percent), and also the United Kingdom (from 32 percent to 51 percent). This may be linked to the parameter of familiarity with the foreign language: figures from the U.K. show a clear preference for dubbing (53 percent) versus subtitling (35 percent) amongst people who do not understand the foreign language, whereas amongst those who do the preferences are mirror-imaged (54 percent in favour of subtitled versions, 36 percent in favour of dubbed versions) (all figures taken from Luyken 1991, 115 and 117).

1.3. Translational equivalence of subtitling and dubbing

The link between the preference for subtitles and familiarity with the original language of the film is an indication of the great advantage of subtitles over dubbing, namely the supplementary character of the information contained in the subtitles for viewers who can at least partly follow it in the original. From the perspective of foreign language teaching this is an obvious strength, which, however, is to be seen on a different level from that of translational equivalence. Given that subtitling means transferring spoken information into the written medium (and that reading the subtitles distracts from the picture in the film), given that it is difficult marking speaker changes in the titles, and, above all, that the brevity of the titles inevitably results in a quantitative loss of information, one may not be justified in speaking of translational equivalence in the context of subtitling (Reiß/Vermeer 1984, 138). However, one undeniable advantage of dubbing is that at least in principle it permits a communicative approach to translation (in the terms of Reiß/Vermeer 1984, 135), i.e. one that results in a translation which does not appear to be a translation but can be perceived like an original text produced in the target language. Since the function of most films in the cinema or on television is (roughly) the same in the original and target cultures, it is obvious that it is such an approach which should generally be aimed at.

2. Problems of translational equivalence in dubbing

2.1. Special levels of equivalence

Translation for dubbing purposes is highly complex in that translational equivalence has to be achieved not only at all the levels that are typically identified for written texts within translation theory – such as equivalence of content, style, text form, etc. – but also at further levels, some of which concern general problems of translating the spoken language, some of which are specific to film dubbing.

2.2. Translation problems specific to dubbing

2.2.1. Lip synch

The most obvious constraint that has to be observed in dubbing is that of matching the sounds of the dubbed texts with the lip movements of the actors in the film. One can distinguish between two types of lip synch: (i) quantitative lip synch, which means that lip movements of the original should be accompanied by speech sound in the dubbed version, and (ii) qualitative lip synch, which concerns the similarity of the sounds in the original and the dubbed versions with respect to observable movements of the articulatory organs. The degree of lip synch necessarily depends on a variety of factors, most of all on the extent to which a speaker's lips can be seen in the picture. It has to be said that – apart from very exceptional productions like the BBC dramatisations of Shakespeare's plays – films usually contain a relatively high proportion of off-scenes or scenes where a speaker's lips are not clearly observable, which considerably facilitates achieving lip synch. On the whole, research has shown that violations of quantitative lip synch are much more noticeable than those of qualitative lip synch, where there is considerable room for flexibility. It seems that even extreme violations of qualitative lip synch (such as having a bilabial consonant in the place of an open vowel) are rarely noticed by viewers, at least as long as they occur as isolated instances. Even as far as quantitative lip synch is concerned, there seems to be some flexibility: on the one hand, discrepancies of 0.56 or 0.84 msecs that were measured in dubbed films do not seem to be particularly noticeable in a normal viewing situation; on the other hand it is possible to modify the speed in which a particular passage is spoken to adjust the dubbed version to quantitative lip synch. Increases in the dubbed versions of more than 25 percent, even 50 percent of the phonemes appear quite normal, even increases of more than 100 percent of phonemes or syllables are perfectly feasible without resulting in observable anomalies. On the other hand, speed of delivery carries certain connotations – such as self-consciousness, insecurity or nervousness –, which limits the scope of possible discrepancies if equivalence at the level of content is to be maintained (cf. Herbst 1994, Ch. 2).

2.2.2. Nucleus synch

In addition to lip synch, the correlation of target language sound with the picture of the original film also has to be observed with respect to paralinguistic phenomena. It can be shown that certain movements of the body – gestures such as raising the eyebrows – tend to co-occur with the articulation of stressed syllables, so-called nuclei. Syllables which are given great prominence should occur in the same place in the dubbed film as in the original since it is to be suspected that violations of nucleus synch result in viewers feeling that there is something unnatural about the film without being able to put their fingers on it.

2.2.3. Voices

It is obvious that voice quality is also an important factor with respect to the correlation between sound and picture. On the whole, the casting practice of dubbing studios seems to be rather successful. It is mostly obvious biological factors that have to be observed in this respect: sex (with the exception of young boys who often get dubbed by slightly older girls); age and the physical stature the dubbing actor should not differ too much from that of the actor in the original, although there is no need for a dubbing voice to be similar to the original voice for it to be convincing. Since people strongly associate a particular voice with a particular person (not a type of person), it seems advisable to have an actor dubbed by the same one dubbing actor throughout, even in different productions once the viewing public has got used to that voice.

2.3. Accent

The translation of accent (or of dialect forms) presents a problem that is not restricted to dubbing but is one that is very relevant to dubbing since it may largely determine the aesthetic quality of the dubbed version of a film.

Linguistically, accents carry certain meanings as they convey information about the speakers' regional and social background. Interestingly enough, the regional and social meanings are inseparably connected so that, for example, a Welsh miners' accent could not be translated by a Ruhr miners' accent because, for the German audience, the associations made with any regional German accent would be disturbing in a film set elsewhere. In fact, – leaving aside comical effects etc. – the only variety of a language that can be dubbed into is the standard language (Herbst 1994, 96–112). This inevitably results in a text which lacks any kind of regional or social differentiation and which, especially in a language such as German, which is hardly ever spoken without a trace of a regional accent or without any regionally marked expressions, must be perceived as rather unnatural or possibly stilted. This unavoidable loss of 'atmospheric' meaning can be seen as a major factor impinging on any real equivalence in dubbing since many films play on accent (and equally untranslatable dialect) differences between, for example, the American, English or Scottish varieties of English.

Where the information contained in the accents of speakers has a plot-carrying as opposed to an aesthetic function (as, for example, when language is the subject of a film or play as in Shaw's *Pygmalion*), it is essential that indirect equivalents should be found. There is a danger, however, that in dubbing such information will remain untranslated because, being non-verbal, it is not contained in the script used as the basis for the translation. In the dubbed versions, this can result in totally meaningless exchanges, esp. when reference to information conveyed in the original by the accent (and not conveyed in the translation at all) is explicitly referred to in a dialogue.

3. The texts of dubbed films

3.1. Weaknesses of dubbed dialogue

Despite these additional constraints that restrict the translator's scope in dubbing, it seems perfectly possible to arrive at translations which meet the demands of translational equivalence. Partly, the quality of the dubbed version depends on the text to be translated (i.e. on the number of *on*-scenes, important accent differences etc. it contains); partly, of course, on the skill and care with which the individual translation is done. Although it is difficult to generalize – and indeed a number of excellent productions are proof of the high quality that can be achieved in dubbing – a study which investigated dubbing from English into German (cf. Herbst 1994) came to the conclusion that television series such as soap operas typically contain a number of violations of the norms of the German language, which can only be traced back to bad translation and which mark these texts as a special kind of language typical of dubbing.

3.2. Anglicisms

One such typical characteristic of many dubbed films is the high proportion of anglicisms in the German text. The following types tend to occur frequently:

(a) German words are used with the meanings of their English equivalents,
(b) unusual collocations, i.e. unidiomatic word combinations are used,
(c) English idioms and set phrases are translated word-for-word into German,
(d) phrases are used in situations where they are not appropriate in the German language (pragmatic anglicisms).

Apart from the fact that dubbed films, like other forms of translation especially in the media, exert considerable influence on the development of present-day German, it has to be noted that the resulting dialogue does not sound natural. Although the language of dubbed films typically is not ungrammatical or unacceptable (although instances of such uses can also be found) it has one main weakness, the violation of the idiomatic character of the target language in the sense that wordings that are established for certain facts or events are not used (e.g. when *kill* is translated by *töten* in contexts where *ermorden* or *umbringen* would be used in idiomatic German or when *my life is in danger* is translated literally as *mein Leben ist in Gefahr* instead of making use of the established *ich bin in Lebensgefahr*). Since these are not intended deviations from the idiomatic norm of the target language, it would be surprising if such language did not affect the perception of the films in question (cf. Herbst 1994, 129–149).

3.3. Style and text structure

The same applies to another characteristic of many dubbed films – the use of words and phrases of totally opposed levels of style. Formal and informal elements can be found in close proximity in dubbed text (without any style shift being intended); indeed formal elements tend to be overused so that dubbed dialogue often exhibits many of the characteristics of the written rather than the spoken language, which adds to the artificiality arising from the use of the standard language.

Furthermore, a text linguistic investigation of dubbed dialogue reveals that many of the linguistic ties that are used in texts to create cohesion (such as pronominalization, ellipsis etc.) are not used as consistently as in the original films, which again must be seen as a serious weakness in the translated versions (cf. Herbst 1994, 161–195).

4. Dubbed text and translation

It is an interesting phenomenon that dubbed films are easily recognizable as such simply by listening to the sound track, i.e. without actually watching the film. The consistent use of the standard language and the linguistic characteristics pointed out in section 3 may play a certain role in this, but the intonation of dubbed dialogue undeniably also contributes to this effect. Since films are often dubbed by recording very short takes (consisting of only a few phrases or sentences) it is, of course, difficult for the actors to fully exploit the intonational options of the language. This reveals a very typical weakness of a certain approach to dubbing in general. Many of the translational flaws identified, especially lack of text structure and idiomaticity, can be traced back to one phenomenon, namely an approach to translation which appears to regard the sentence as the basic unit of translation, which, of course, is contrary to all insights of translation theory. In particular, the wide-spread practice of basing the synch dialogue on a preliminary rough translation, often done (in a very short time and for very little money) on the basis of the written script alone, is extremely harmful in this respect. A different orientation in the translation approach (cf. Herbst 1994) – giving higher priority to naturalness of dialogue on the basis of taking the scene rather than the sentence as the basic unit of translation – would certainly produce more satisfactory results. It has to be said that although a good many of the dubbed films shown in the cinemas and on television display a larger number of translational weaknesses, only a small proportion of these are actually unavoidable so that dubbing as such can be considered to have the potential for film translation that is fully in line with the demands of translational equivalence. Although such an approach would not necessarily result in a substantial increase in production costs, it has to be said that the low quality of many dubbed productions could certainly be avoided if tv stations and film companies accepted that providing a good translation is a special skill that requires a certain amount of time and must be adequately rewarded.

5. Bibliography

Herbst, Thomas, Linguistische Aspekte der Synchronisation von Fernsehserien. Phonetik, Textlinguistik, Übersetzungstheorie. Tübingen 1994

Luyken, Georg-Michael (et al.), Overcoming language barriers in television. Dubbing and subtitling for the European audience. Manchester 1991

Rabanus, Gert: Shakespeare in deutscher Fassung. Zur Synchronisation der Inszenierungen für das Fernsehen, In: Jahrbuch Deutsche Shakespeare-Gesellschaft West. 1982: 63–78.

Reiß, Katharina/Hans J. Vermeer, Grundlegung einer allgemeinen Translationstheorie, Tübingen 1984

Thomas Herbst, Erlangen–Nürnberg (Deutschland)

176. Kommunikative und ästhetische Leistungen der Sprache im Film

1. Einleitung
2. Analysen und Systemansätze
3. Taxonomie der Verbindung von Wort und Bild
4. Die sprachlich-bildliche Hierarchie
5. Literatur

1. Einleitung

Wie im alltäglichen Leben funktioniert auch Sprache im Film nicht entsprechend einer einfachen Formel, sondern auf Grundlage der vielfältigen Kombinationsmöglichkeiten werden die spezifischen und komplexen Leistungen beider Zeichensysteme differenziert aktiviert. Von daher ist zu erklären, daß die – gemessen an der zentralen Wertigkeit – auch noch zahlenmäßig extrem wenigen Analysen und/oder Systemansätze sehr heterogene Fälle der Kombination von gesprochener Sprache und filmischem Bild behandeln, die wiederum jeweils nur eine kleine Auswahl aus den zahlreichen Möglichkeiten darstellen.

2. Analysen und Systemansätze

Verhältnismäßig häufig findet in der einschlägigen Literatur der sogenannte *Off-Kommentar (auch voice over oder voice off)* Berücksichtigung. Mehr auf Handwerkslehre angelegte Darstellungen weisen darauf hin, daß diese Möglichkeit eher sparsam und nur im Sinn einer verbalen Ergänzung des Visuellen anzuwenden sei (vgl. Mitry 1965, 1049). Es fehlt nicht an Analysen, die zeigen, daß durch die kommentierende Verwendung von Sprache für die visuelle Wahrnehmung Aufmerksamkeitsfelder geschaffen werden, indem das sprachlich Kommentierte und visuell zu Sehende zum zentralen Mittelpunkt des jeweiligen Filmeindrucks wird (vgl. Bordwell/Thompson 1985, 181). Wenn der Kommentar zum Film insbesondere einem Ich-Erzähler zuordenbar ist, dann wird auch immer wieder deutlich gemacht, daß hiermit eine *Erzählperspektive* bzw. ein *point-of-view* vorgegeben ist (vgl. Silverman 1985). Bruce Kawin (Kawin 1984) hat hierzu ausgehend von der grammatischen 1., 2. und 3. Person der Rede eine Typologie der möglichen Erzähler im Film zu entwickeln versucht. Vom *Kommentar* im Spielfilm ergeben sich schließlich die größten Überschneidungen zu Untersuchungen von Dokumentar-, Feature- und Nachrichtenfilmen, etwa in Bernward Wembers Modell einer *Bild-Text-Schere* (Wember 1976).

Quantitativ sehr viel häufiger als der *Kommentar im Film* ist die Verwendung des *Dialogs im Film* oder, wie es auch heißt, des im *On* Gesprochenen. Die Verwendung dieser so genannten Möglichkeit ist seit Tonfilmbeginn, etwa von Rudolf Arnheim (Arnheim 1977, 75ff.) oder Siegfried Kracauer (Kracauer 1979, 165ff.), schneidender Kritik unterzogen worden, weil damit die künstlerischen Möglichkeiten des Films verschüttet und die Priorität des Verbalen über das Visuelle sanktioniert würden. Karl-Dietmar Möller hat darauf hingewiesen, daß das gesprochene Wort bzw. dessen Adressierung eine besondere Beziehung zum Blick des Sprechers unterhält, die gerade dann signifikant würde, wenn zwischen beiden zeichenhaften Zuwendungsmöglichkeiten ein Konflikt entsteht (vgl. Möller 1985, 312f.). Auch ist beim Dialog nicht zu vergessen, daß die verbalen und visuellen Ebenen durch die Lokalisierung des zu Hörenden an den Mundbewegungen des Sprechers zur Synthese kommen – was bei schlecht synchronisierten Filmen sehr verstörend wirkt (vgl. Levin 1984).

Besonders großen Raum hat Michel Chion (Chion 1982) dem von ihm so genannten *acousmêtre* eingeräumt, also all den Fällen, in denen die Stimme des Sprechers scheinbar von außerhalb des Bildraums kommt. Diese manchmal unter *Off-Stimme* rubrizierte Möglichkeit kann unter Umständen rätselhaft, unheimlich wirken (vgl. Fischer 1985). Mit dieser Möglichkeit ergibt sich aber auch die logische Folgerung, daß sich das Gesprochene nicht immer simultan auf das gleichzeitig zu Sehende beziehen muß, sondern sich asimultan von einer Einstellung auf die andere beziehen kann (vgl. Chion 1990, 16–24).

Gerade was die ästhetischen Leistungen der Sprache im Film betrifft, so ist schließlich auf das Konzept der kontrapunktischen Verwendung des Wortes hinzuweisen, das erstmals von Eisenstein/Pudovkin/Alexandrov im Sinn von 'Achronisation mit den visuellen Bildern' (Eisenstein/Pudovkin/Alexandrov, 1979, S. 44) eingeführt und beispielsweise von Kracauer im Sinn semantischer Inadäquanz von Wort und Bild fortgeführt wurde (vgl. Kracauer, 1979, S. 147 bis 185).

3. Taxonomie der Verbindung von Wort und Bild

Das Aufzählen der (hier nur ausschnitthaft wiedergebbaren) Fälle verbal-visueller Kombinatorik im Film scheint ebenso wie die verwendeten Termini technici ins Unübersehbare zu tendieren. Tatsächlich sind diese Fälle aber immer wieder auf einige wenige logische Konstanten rückführbar, im besonderen auf drei Kriterien: (1) die raum-zeitliche, (2) die semantisch, pragmatisch, syntaktische und (3) die qualitative Zuordnung. Alle drei Kriterien sind in jedem konkreten Fall einer Wort-Bild-Zuordnung gleichzeitig virulent. (Zur ausführlichen Herleitung vgl. Rauh 1984; 1987.)

3.1. Raum-zeitliche Zuordnungen

Immer wenn von *Kommentar, Dialog im Film* etc. die Rede ist, hat man es im Grunde mit Fällen raum-zeitlicher Zuordenbarkeit des Sprachlichen zum Bild zu tun. A) Im Fall des sogenannten Dialogs ist das Sprachliche zeitlich und räumlich zuordenbar, man kann auch sagen: synchron und syntop. B) Im Fall des sogenannten Kommentars ist es nicht zuordenbar, man kann auch sagen asynchron und asyntop. Logischerweise ergeben sich noch weitere Mischtypen: C) asynchrone und syntope Zuordnung, was dem sogenannten *Sprechen aus dem Off* entsprechen würde, und D) die synchrone und asyntope Zuordnung, die den Fällen entspricht, in denen die Sprache, wie es manchmal heißt, *dem Bild hinterher hinkt*. Diese vier raum-zeitlichen Klassen sind wiederum Spezialfälle der simultanen Kombinationen, die von den asimultanen Kombinationen zu unterscheiden sind – wenn sich also etwas Gesprochenes im Film auf etwas vor- oder nachzeitig zu Sehendes bezieht. In asimultanen Kombinationen sind auch die wirksamsten erzählerischen Potentiale des Films angelegt, indem durch das Wort Erwartungen oder Erinnerungen geweckt oder Informationen gegeben werden, die später bzw. vorher durch das Bild positiv oder negativ bestätigt werden können.

3.2. Semantik, Pragmatik, Syntaktik

Wenn von Blicken und Worten im Film die Rede ist, von point-of-view, von Rede-Kommentierung oder von Erzeugen von Wahrnehmungsfeldern im Bild durch Sprache, so ist es möglich, diese Fälle auf die Unterscheidung von Semantik, Pragmatik und Syntaktik (vgl. Morris 1972) zurückzuführen. A) Unter Semantik fällt z.B. das Kommentieren, die Selbstcharakterisierung durch Aussehen und Sprechen, B) unter Pragmatik die Errichtung einer Erzählperspektive ebenso wie die Koppelung von Blicken und Worten, C) unter Syntaktik die Erzeugung eines Bildaufbaus durch Worte oder die syntaktische Verklammerung der Einzeleinstellungen durch einen Kommentar.

3.3. Die Qualität der Zuordnung

A) Gewöhnlich ist es im Film so, daß die Verbindung von Wort und Bild vom Rezipienten, wie im Alltag, nicht bewußt erlebt wird, da sich beide zum Gesamteindruck potenzieren. *Potenzierung* ist auch die gewöhnliche, scheinbar trivial erscheinende kommunikative Leistung von Sprache im Film, die allerdings auch den Mehrwert des Tonfilms gegenüber dem Stummfilm ausmacht: Wie im alltäglichen Leben sind Menschen (als Protagonist oder Antagonist) zu hören und gleichzeitig zu sehen oder das, worüber gesprochen wird, ist auch zu sehen bzw. visuelle und erzählerische Perspektiven sind kompatibel. Im synthetisch zusammengesetzten Film gibt es aber noch andere logische Möglichkeiten, nämlich *Modifikation, Parallelität und Divergenz.* Insbesondere sie sind für die ästhetische Leistung von Sprache im Film charakteristisch. B) Modifikation hat weitgehende Berührungspunkte zu dem, was oft unter dem kontrapunktischen oder kontrastiven Gebrauch von Sprache im Film verstanden worden ist: etwa in Fassbinders *Fontane Effi Briest* (1974) wird der literarische Gestus des Gesprochenen durch die realen Sprecher semantisch modifiziert; in Neil Jordans *Butcherboy* (1998) wird die im Kommentar evozierte kindlich-naive Welt durch die zu sehende Brutalität des kindlichen Hauptprotagonisten modifiziert; bei der in *Psycho* (1960) immer nur im synchronen/asyntopen Sprechen zu hörende Mutter des Haupthelden stellt am Ende modifizierenderweise das Bild richtig, daß es sich um eine Tote handelt; Joseph Losey macht in *Accident* (1967) auf pragmatischer Ebene vor allem durch das modifizierende Blickverhalten der Protagonisten den doppelten Boden des Gesprochenen bemerkbar; eine der wichtigsten Mittel von Hollywoods Schwarzer Serie war der Einsatz eines Ich-Erzählers, dessen Innenperspektive von der Außenperspektive des filmischen Bildes modifiziert wurde; Modifikationen können auch syntaktisch angelegt sein, wofür insbesondere Robert Altmans Filme zahlreiche Beispiele geben, wenn er immer wieder die Sprecher in den jeweils dezentralen Teil des Bildaufbaus abdrängt. C) Bei Parallelität kommt paradoxerweise auf beiden Ebenen dasselbe zum Ausdruck. Was in der üblichen Handwerkslehre als für den Tonfilm schädlich eingeschätzt wird, kann durchaus ästhetische Relevanz haben: der ästhetische Reiz von vielen Literaturverfilmungen von Robert Bresson oder auch Jean-Marie Straub liegt darin, daß das, worüber gesprochen wird, auch genauso zu sehen ist; als (pragmatische) Parallelität ist aufzufassen, wenn, wie etwa in Montgomerys *Lady in the Lake* (1946), die Kamera zu den Worten des in der Ich-Form sprechenden Haupthelden suggerieren will, sie wäre mit dessen Blick identisch; ästhetische Experimente mit der syntaktischen Parallelität von Sprache und Bild wurden besonders im 'New American Cinema' der 60er Jahre in Form des sogenannten 'Strobe-Cuts' unternommen, als man die Sprechtrakte abrupt zu Einstellungsanfang oder -ende schnitt. D) Bei Divergenzen sind Sprache und Bild qualitativ unzuordenbar. Gerade die Verwendung dieser qualitativen Möglichkeit macht das Konstruierte an Filmen spürbar und ist auch oft Grundlage sprachlich-bildlicher Metaphern: in Pasolinis *Große Vögel, kleine Vögel* (1966) spricht der tierische Rabe mit einer menschlichen Stimme; Alexander Kluge hat nicht nur programmatisch herausgestellt, daß Sprache im Film blind sein darf, weil totaler Sinnzwang unsinnig geworden sei (vgl. Reitz/Kluge/Reinke 1965, 1025), sondern dies etwa in *Abschied von Gestern* (1966) in der semantischen Zusammenhangslosigkeit von gesprochenen Worten bzw. Titeln und dem zu Sehenden umsetzt; um Divergenzen handelt es sich auch, wenn im Spielfilm eine sprechende Person in die Kamera blickt, also der fiktionale Raum des Films aufgebrochen wird, was ebenfalls schon in Hollywoods Schwarzer Serie erprobt wurde; der sogenannte 'Jump-Cut', also das kontinuierliche Sprechen, während die Einstellungen visuell von Schauplatz zu Schauplatz springen, wurde erstmals in *Außer Atem* (1959) von Jean-Luc Godard eingesetzt und wäre als syntaktische Divergenz zu klassifizieren.

Modifikation, Parallelität und Divergenz sind notwendige, keine hinreichenden Voraussetzungen einer ästhetischen Funktion der Sprache im Film. Was jeweils im gleichen Fall als Dilletantismus oder ästhetische Raffinesse rezipiert wird, hängt vom zeitgenössischen, übergeordneten kulturellen Kontext ab.

4. Die sprachlich-bildliche Hierarchie

Untersuchungen (vgl. Arnheim 1977, 75 ff.; Metz 1973, 36 f.; Altman 1980 oder Gryzik 1984, 68 ff.), die sich auf den fundamentalen sprachlich-bildlichen Aufbau von Filmen eingelassen haben, haben immer wieder darauf hingewiesen, daß Sprache dem Bild hierarchisch übergeordnet ist, d.h. daß das gesprochene Wort die Wahrnehmung des Visuellen semantisch, pragmatisch und syntaktisch steuert: Durch Sprache wird festgelegt, auf welche semantische Einzelheit es im polysemen Bild ankommt, was umgekehrt auch schon immer zur Manipulation verleitet hat (vgl. dazu das 'Happening' von Alan Kaprov in: Die Zeit vom 20. 3. 1981); Sprache erzwingt durch den durch sie vorgegebenen point-of-view zu einer jeweils differenzierten Einstellung auf das zu Sehende; Sprache kann durch Verklammerung der Einstellungen filmische Kontinuität herstellen. Wenn im Film diese 'natürliche' Hierarchie gewahrt bleibt, ist der gewöhnliche Kinonaturalismus garantiert, potenzieren sich also Sprache und Bild. Verstöße gegen diese Hierarchie (also Modifikationen, Parallelitäten und Divergenzen) haben eine ästhetische Wirkung. Es scheint, als ob das Visuelle ebenso bedeutend oder noch bedeutender, jedenfalls vom Verbalen dissoziiert wäre.

Eine differenzierte naturwissenschaftliche Klärung zur allgemeinen sprachlich-bildlichen Hierarchie, also zur Induktion visueller Reize zu verbalen Bedeutungen bzw. deren Deduktion, sind in den Forschungsergebnissen von Psychophysik, Psycholinguistik oder Sinnespsychologie ansatzweise gegeben bzw. zu erwarten (vgl. auch Norretranders 1994 oder Pinker 1994).

5. Literatur

Altman, Rick, Moving Lips: Cinema as Ventroliquism. In: Cinema/Sound. Hrsg. v. Rick Altman. New Haven 1980

Arnheim, Rudolf, Kritiken und Aufsätze zum Film. Hrsg. v. Helmut H. Diederichs. Frankfurt a. M. 1977

Bordwell, David/Kristin Thompson, Fundamental Aesthetics of Sound in the Cinema. In: Film Sound. Theory and Practice. Hrsg. v. Elisabeth Weis/John Belton, New York 1985

Chion, Michel, La voix au cinema. Paris 1982

–, L'Audio-Vision, Paris 1990

Eisenstein, Sergej/Wsewolod Pudowkin/Grigorij Alexandrov, Manifest zum Tonfilm. In: Texte zur Theorie des Films. Hrsg. v. Franz-Josef Albersmeier, Stuttgart, 42–46

Fischer, Lucy, Lang and Pabst. Paradigms of early sound practice. In: Film Sound. Theory and Practice. Hrsg. v. Elisabeth Weis/John Belton, New York 1985

Gryzik, Antoni, Le rôle du son dans le récit cinématographique, Paris 1984

Kawin, Bruce, An Outline on Film Voices. In: Film Quarterly 38/2, 1984, 38–45

Kracauer, Siegfried, Theorie des Films. Die Errettung der äußeren Wirklichkeit. Frankfurt a. M. 1979

Levin, Tom, The Acoustic Dimension: Notes on Cinema Sound. In: Screen 25, 1984, 55–68

Metz, Christian, Sprache und Film, übers. v. M. Theune/A. Ros. Frankfurt a. M. 1973

Mitry, Jean, Das Wort als Spiegel der Wirklichkeit. In: STZ 13, 1965, 1045–1063

Möller, Karl-Dietmar, Filmsprache. Eine kritische Theoriegeschichte. Münster 1985

Morris, Charles W., Grundlagen der Zeichentheorie, übers. v. Roland Posner. München 1972

Norretranders, Tor, Spüre die Welt. Die Wissenschaft des Bewußtseins. Übers. v. Alken Bruns. Reinbek 1994

Pinker, Steven, The Language Instinct. New York 1994

Rauh, Reinhold, Worte und Blicke im Film. In: STZ 89, 1984, 30–53

–, Sprache im Film. Die Kombination von Wort und Bild im Spielfilm. Münster 1987

Reitz, Edgar/Alexander Kluge/Wilfried Reinke, Wort und Film. In: STZ 13, 1965, 1015–1030

Silverman, Kaja, A Voice to Match. The Female Voice in Classic Cinema. In: Iris 3/1, 1985, 57–70

Wember, Bernward, Wie informiert das Fernsehen? München 1976

Reinhold Rauh, Gwangju (Süd-Korea)

XLIII. Mediengegenwart IX: Der Film II: Förderung

177. Filmförderung in der Bundesrepublik Deutschland

1. Vorbemerkung
2. Voraussetzungen
3. Erste Filmförderungsmaßnahmen
4. Die kulturelle Filmförderung des Bundes
5. Die wirtschaftliche Filmförderung des Bundes
6. Die Filmförderung der Länder
7. Die europäische Filmförderung
8. Schlußbemerkung
9. Anmerkungen
10. Literatur

1. Vorbemerkung

Für das Verständnis gegenwärtiger Filmförderung, einem komplizierten Mechanismus von Kontroll-, Prädikatisierungs-, Prämierungs-, Preis- und Förderungsmaßnahmen, muß beachtet werden, daß das Medium Film seit seiner Entstehung vor über 100 Jahren von einem sich ständig erweiternden und komplexer werdenden Netz technischer, wirtschaftlicher, rechtlicher, künstlerischer und politischer Konstituenten bestimmt wurde, so daß schließlich ein Fördersystem aus Einzelaspekten und Einzelmaßnahmen zusammenwuchs, das in vielen Bereichen einer Gesamtkonzeption entbehren mußte.

Angesichts der zunehmend raschen Technologieentwicklung (Digitalisierung), Entdeckung neuer Abspielorte/-techniken (TV/PC/DVD) und Internationalisierung konkurrierender Märkte (Europa/Amerika) wird sich dieser Befund für die Zukunft verstärken und die Problematik vergrößern, Qualität und Effektivität der Filmförderung im Widerstreit ungleicher Zielsetzungen privatwirtschaftlicher, öffentlich-rechtlicher und staatlicher Förderszenarien sinnvoll zu steigern.

2. Voraussetzungen

2.1. Charakteristik des Mediums

Die Geschichte des Films zeigt, daß das Fehlen einer Gesamtkonzeption und die Entwicklung unterschiedlicher Zielsetzungen in den Förderungsmaßnahmen zu einem wesentlichen Teil Ausdruck und Charakteristik des Mediums selbst sind, das im Gegensatz zu den anderen Künsten nicht das Werk des Schaffensprozesses einzelner ist und nicht unabhängig von der kommerziellen Verwertung, sondern erst nach einem vielstufigem Produktionsverfahren (Exposé, Treatment, Drehbuch, Filmdreh, Filmschnitt, -Synchronisation, Trick/Nachbearbeitung) im Team und auf der Leinwand oder dem Bildschirm (Vervielfältigung, Vertrieb, Verleih, Vorführung) während des Rezeptionsvorgangs existiert. D.h. der Film muß als janusköpfiges Medium verstanden werden, das einerseits zwischen dem sich gegenseitig bedingenden Begriffspaar Publikumsgeschmack und Marktfähigkeit als Warenprodukt ökonomischen Bedingungen folgt und andererseits als ästhetisches Gebilde, als Kunstform und als Vermittler von unterhaltenden, informativen und bildenden Inhalten kulturellen Ausdruckswert besitzt.

Innerhalb dieser früh erkannten Doppelrolle, die der Film zwischen Wirtschaft[1] und Kultur[2] somit spielt[3], entwickelte sich zwischen dem „Film als Ware"[4] und dem „Film als Kunst"[5] ein breites Spektrum unterschiedlicher Ausdrucksformen, das die vielseitigen Einsatz- und Funktionsmöglichkeiten des Mediums spiegelt.

Neben dem dominanten Bereich des Spielfilms[6] haben sich Gattungen wie der Kultur- oder Dokumentarfilm[7], das Feature im Fernsehen[8], der Experimentalfilm[9], der Instruktions- und Lehrfilm[10], der Werbefilm[11], der Clip[12], Formen filmischer Videokunst[13], sowie computergenerierte Animations- und Multimedia-Produktionen[14] herausgebildet.

Der Gebrauchswert[15] des Films erwies sich somit nicht nur als Ware, sondern auch als eine neue Sprache[16], deren theoretische Grundlegung insbesondere durch die Filmemacher des russischen Revolutionsfilms in den 20er Jahren erfolgte[17].

Insofern wurde das Medium schließlich im politischen Bereich für Propagandazwecke[18], als „politische Ware"[19], benutzt und damit zugleich einer der Untersuchungsgegenstände für die analytischen Modelle der Massenkommunikationsforschung in den USA[20] nach dem Ersten Weltkrieg.

2.2. Technologieabhängigkeit

Ein weiteres ganz wesentliches Charakteristikum des Mediums Film sind Wechselwirkungen und Abhängigkeiten von der Technologieentwicklung, die immer stärker die Dimensionierung der Förderungsmaßnahmen des Produktionsmarktes bestimmt.

Dies betrifft einerseits das Medium unmittelbar (im Hinblick auf technische, elektromagnetische, elektronisch-analoge und elektronisch-digitalisierte Aufzeichnungs-, Bearbeitungs- und Abspielverfahren) und andererseits die gesamten, die Filmherstellung und die Filmvermittlung begleitenden und zuliefernden filmwirtschaftlich relevanten Technologiebereiche.

Markierungspunkte sind der Übergang vom Stummfilm zum Tonfilm, vom Schwarzweißfilm zum Farbfilm, vom 35mm- zum 16mm- und 8mm-Format einerseits und zur 70mm-Filmtechnik andererseits, vom technischen Belichtungsverfahren (FAZ) zur magnetischen Bildaufzeichnung (MAZ), von elektronisch-analoger zu elektronisch-digitaler Multimedia-Produktion (PC), begleitet von der Erweiterung des Trägerspektrums: Zelluloid (Film), Magnetband (TV/ Video), Bildplatte (CD-Rom), Video-CD, CD-i (Compact Disc Interactive), DVD (Digital Versatile Disc), DVB (Digital Video Broadcasting) und MHP (Multimedia Home Platform).

Von diesen wiederum abhängig ist der Wechsel der Abspielorte, die zusammen mit Verleih und Vertrieb innerhalb des Verwertungsmarktes für Leinwand und Bildschirm die wichtigste Größe bilden. Er reicht von der Leinwand der ersten Filmtheater bis zu den späteren Breitwandverfahren (CinemaScope, Todd AO, Cinerama, Circorama), dem 3-D-Filmtheater, den Multiplexen mit THX-Standard (wie Cinemaxx, CineCitta, Cinedom, Cinestar, UCI) mit übergroßen Leinwänden und höchstentwickelten digitalen Tonsystemen (Dolby-Digital, DTS, SDDS) und Spezialtheatern wie dem High-Definition-Dom (HDO) in Oberhausen, der einmal als Herstellungs- und Abspielstätte für HDTV-Produktionen entwickelt wurde, oder IMAX-Spielstätten (IMAX 3 D, IMAX-DOM).

Parallel zur Entwicklung der Filmtheater ist die des Fernsehers als Terminal[21] auf der Basis höherer Übertragungskapazitäten[22] (neben der terrestrischen insbesondere für die Kabel- und Satelliten-Kommunikation) mit eigenen Spielfilm(sparten)kanälen, interaktiven Abruftechniken (near-video-on-demand, pay-per-view, pay-per-channel) und Rückkanal (z.B. im ADSL/Asymetrical Digital Subscriber Line-Verfahren), als Abspielstätte für Kassetten und (in Verbindung mit dem PC) Disketten zu beachten, wobei sich gravierend auf die zukünftige Medienlandschaft die sogenannte „technologische Konvergenz"[23], das Zusammenwachsen von PC und Telekommunikation auswirken wird.

2.3. Duales Fördersystem

So bestimmen die technischen Konstituenten die Interpendenzen von Medium und Produktion ebenso wie von Produktion und Rezeption[24], und damit gerät neben der technischen Qualität auch die inhaltliche in zunehmende Abhängigkeit von der Technologieentwicklung, so daß in der Erfüllung der Praeferenzen des Publikums zwei Förderungsnotwendigkeiten zu erkennen sind: für die international wirtschaftlich konkurrenzfähige, weil technisch perfekte und publikumswirksame und für die zu unterliegen drohende innovative, nur der künstlerischen Qualität verpflichtete Produktion.

Dieser Dualismus findet nun seine Entsprechung in einem Jahrzehnte langen dualen Fördersystem von wirtschaftlicher und kultureller Filmförderung, das erst in den letzten Jahren[25] nach kritischen und teilweise heftigen Diskussionen mit dem Ergebnis in Frage gestellt wurde, neue Förderungsmodelle auszuprobieren[26].

In der Auseinandersetzung spiegelt sich wiederholt die scheinbar unauflösbare Frage, ob der Film nun ein Wirtschafts- oder Kulturgut, dominant als Ware oder Kunst zu betrachten sei. Die durchaus vorhandene Erkenntnis, daß sich beides nicht ausschließt (nicht ausschließen muß), hat lange nicht zu ganzheitlichen, integrierten Fördermodellen geführt, sondern eher das Reklamieren zuständiger Verantwortlichkeit unterstrichen: Die Kulturhoheit der Länder (Art. 70 GG) einerseits und andererseits in Konkurrenz dazu die Zuständigkeit des Bundes in Wirtschaftsangelegenheiten (Art.

72 Abs. 1, 74 Nr. 11 GG). Ansätze für eine Veränderung könnte die mit dem Organisationserlaß des Bundeskanzlers vom 27. Oktober 1998 übertragene Zuständigkeit der kulturellen und wirtschaftlichen Filmförderung aus dem Innen- und Wirtschaftsministerium zum Beauftragten der Bundesregierung für Angelegenheiten der Kultur und der Medien (BKM) bringen, wie das neu geschaffene „Bündnis für den Film" zeigt.[27]

Dennoch gilt weiterhin die Definition, daß das Filmwesen (Filmwirtschaft und Filmkunst) ein Teil der Kulturwirtschaft[28] ist, was hinsichtlich der verschiedenen Rechtsbereiche, (Freiheits-, Eigentums-, Urheber-, Leistungsschutz-, Verwertungs-, Außenwirtschaftsrecht, Steuer-, Gebühren- und Abgabenverordnungen) zu komplizierten Finanzierungs- und Abwicklungsmodellen führt, in denen viele Rechteinhaber miteinander in einem kaum auflösbaren Beziehungsnetz verknüpft sind.

3. Erste Filmförderungsmaßnahmen

3.1. Bis zur UFA-Gründung

Die Vorgeschichte der Filmförderung beginnt, nachdem die ausländische Filmwirtschaft bis ca. 1917 den deutschen Markt beherrschte und der Marktanteil des deutschen Films vor dem Ersten Weltkrieg ganze 10 Prozent[29] betrug. Während zunächst um die Jahrhundertwende der englische Film dominierte, übernahm der französische Film (Pathé-Frères, Gaumont, Eclair) ab 1902 die Vorherrschaft auf dem europäischen Markt. Die amerikanische Filmwirtschaft spielte in Europa noch keine Rolle, denn bis 1907 wurde der amerikanische Markt noch vom Ausland versorgt[30]. Ab 1912 waren die Italiener (Cines) und während des Weltkrieges die Dänen (Nordisk Film-Company) Marktführer.

Erst in den Jahren von 1912 bis 1917 wuchs in Deutschland das Interesse der Banken und „Finanzleute aus der Warenhaus- und Konfektionsbranche"[31], die Filmwirtschaft zu unterstützen. Erst dann hatte sich der Film vom unseriösen Image des Wanderkinos befreit, gab es (seit 1902) eine wachsende Zahl fester Filmtheater und hatten sich zwischen der Produktion und dem Theaterbetrieb Vertriebsorganisationen, Verleihstellen und der Filmhandel entwickelt[32].

Insbesondere das Entstehen der Filmfabriken in Amerika, dortige Trust – Gründungen mit europäischer Beteiligung und das Herausdrängen der europäischen Konkurrenz aus dem eigenen Land führte zu einer Krise im Verleihgeschäft der Europäer und damit auch in Deutschland. Durch diese Schädigung des Verleihgeschäfts wurden erste Anstöße zur „Monopolisierung des Handels"[33] gegeben. Größere Filmtheaterketten entstanden (Projektions AG Union/1911, Deutsche Kinematographische Gesellschaft/ 1912, Henschel-Konzern/1915), die sich wieder mit ausländischen Unternehmen zusammenschlossen (Fiag). Filmfabriken bildeten einen Trust, um auf Grund einer Konvention bei den Filmtheaterbesitzern nun ihre Filme absetzen zu können.

Mit dem Aufstieg Hollywoods und der drohenden Vereinnahmung des deutschen Filmmarktes durch die Nordisk Film-Company, die in Deutschland zu produzieren begann, mehrere Produktionsfirmen angliederte und ihren Einfluß neben der Produktion auch auf Verleih und Filmtheater zu sichern versuchte, reagierte das Deutsche Reich mit der Gründung der Universum Film AG (UFA) am 18. 12. 1917.

General Ludendorff hatte die Bedeutung des Films als „politisches und militärisches Beeinflussungsmittel"[34] erkannt und über das staatliche „Bild- und Filmamt" (BUFA) versucht, gegen private, vor allem ausländische Interessen die Filmarbeit zentral zu lenken. Er veranlaßte zunächst den Kauf der Hauptanteile an der Nordisk Film-Company und ließ dann über die Deutsche Bank mit finanzieller Beteiligung des Deutschen Reiches die UFA gründen. Sie entstand als Spitzenkonzern unter Übernahme der Nordisk Film-Company, dem Messter- und Union-Konzern[35]. Damit waren die Sparten Technik, Produktion, Verleih und Filmtheater zusammengeführt und der Konzern konnte gegenüber dem amerikanischen Markt für einige Jahre den Markt in Europa für sich beanspruchen[36].

3.2. Zwischen den Weltkriegen

Nach dem Krieg, gab das Reich seine Beteiligung an der UFA auf. Die Nordisk Film-Company veräußerte ihren Aktienbesitz. Die privatwirtschaftliche Entwicklung der UFA geriet in finanzielle Schwierigkeiten, von denen sie sich erst nach 1927 und mit dem Erfolg des Tonfilms 1931 erholte: „Die Filmwirtschaft hatte sich für ihre verschiedenen Sparten eigene Verbände geschaffen; diese Verbände waren in der Spitzenorganisation der deutschen Filmindustrie e.V. (Spio) zusammengefaßt. Zum Schutze des deutschen Films war ein gut funktionierendes Kontingentsystem geschaffen worden, dem sich auch die amerikanischen Filmfirmen eingefügt hatten"[37].

1932 legte die Spio den sogenannten Spio-Plan vor, der eine Reorganisation der Filmwirtschaft vorsah. Dieser Plan wurde nicht veröffentlicht, aber das national-sozialistische Regime griff – ohne dies einzugestehen – wichtige Vorschläge (Einrichtung einer Filmkreditbank) auf, um sie für seine politischen Zwecke auszunutzen:

- Eingliederung des Filmwesens in das Reichsministerium für Volksaufklärung und Propaganda,
- berufsständische Ordnung des Filmwesens,
- Regelung der Zensur in Filmsachen,
- reichsmittelbare Lenkung der Filmwirtschaft[38].

Mit der Gründung der „Filmkammer" (1933), in der Unternehmerverbände (Spio) und Arbeitnehmergruppierungen (Filmschaffende) mit Zwangsmitgliedschaften vereinigt waren, begann die Verstaatlichung und Zentralisierung des gesamten Filmwesens. Trotz großzügiger Kredite der gegründeten Filmkreditbank GmbH – die 1935 75 Prozent der deutschen Filmproduktion finanzierte – gerät das Filmwesen in Not, weil sich die Auslandsmärkte verschließen. Am 1. 6. 1942 wurde als Gegenmaßnahme nach Eingliederung der UFA die UFA Film GmbH (UFI) als neuer Spitzenkonzern gegründet. Neben der Kontrolle der gesamten Produktion unterstanden die Verleihe, technischen Betriebe und ein Großteil der Filmtheater der UFI. Von 1933 bis 1944 nahm die Anzahl der produzierten und zugelassenen Spielfilme um 50 Prozent ab, die Anzahl der Filmtheater stieg von 4889 auf 6484, die Besucher von 244,9 Mio auf 1101,7 Mio[39].

3.3. Nachkriegsansätze

Nach 1945 wurde ein Teil der UFI, deren Werte und Anlagen der Sowjetischen Besatzungszone zufielen, für die Bildung eines neuen Staatskonzerns, der Deutschen Film AG (DEFA) 1946 verwendet, die verbliebenen Konzernreste wurden reprivatisiert und 1956 als zwei Gesellschaften (Universum Film AG und UFA Theater AG) in einer neuen UFA[40] zusammengeführt, die sich nicht behaupten konnte und 1964 auf die Bertelsmann-Gruppe überging, die die UFA Theater AG dann 1971 an die Filmtheatergruppe Riech abgab.

Während in Ostdeutschland die Verstaatlichung des Filmwesens mit der Gründung des „Staatlichen Komitees für Filmwesen" 1952, nach seiner Auflösung 1954 mit der „Hauptverwaltung Film" im Ministerium für Kultur und schließlich nach einer Strukturänderung des Ministeriums 1958 mit der „Vereinigung Volkseigener Betriebe des Filmwesens" (WB Film) schneller zur Festigung der Filmwirtschaft beitrug[41], gestaltet sich der privatwirtschaftliche und dezentrale Prozeß in Westdeutschland schwieriger. Der durch die Teilung verkleinerte innerdeutsche Markt und die durch die Öffnung des Binnenmarktes zunehmende Expansion der amerikanischen Filmwirtschaft, die bis 1952 wieder 30 Prozent der in der Bundesrepublik im Umlauf befindlichen Filme ausmachte, zwang schließlich die öffentliche Hand, ab 1949 Förderungsmaßnahmen einzuleiten.

Der gewerblichen Wirtschaft wurde zwar der Wiederaufbau durch Steuerhilfen, Subventionen und aus Mitteln des Marshall-Plans ermöglicht. Und so konnten auch die der gewerblichen Wirtschaft am nächsten stehenden Filmtheaterbetriebe auf diese Hilfen zurückgreifen, ebenso die technischen Betriebe sowie der Verleih, der sich mit ausländischen Filmen und vorhandenen deutschen Filmstöcken half. Aber die Filmproduktion war auf weitergehende Finanzierungshilfen angewiesen und litt unter der Verunsicherung und der bei Behörden und Banken offenen Frage, wie der Film als nicht rein gewerbliches Wirtschaftsgut zu behandeln sei. „Die Mischung von Wirtschaft und Kunst verlangt für den Film eine andere Art der Betrachtung und Behandlung; im Unterschied zur gewerblichen Wirtschaft haftet dem Film als Folge dieses Dualismus ein primär spekulatives Moment an"[42].

So wurden in den 50er und 60er Jahren eine Reihe von Maßnahmen initiiert: Bürgschaften, Verleihung von Prämien und Preisen, Gesetzgebung zur Filmförderung (die Zuschüsse zur Finanzierung von Filmvorhaben ermöglichte) als direkte Hilfen, und als indirekte Hilfsmaßnahmen: Steuerpraeferenzen für Berlin, Zuschüsse für die Filmfestspiele in Berlin (seit 1951), Mannheim (seit 1952) und Oberhausen (seit 1954), für die Beteiligung des deutschen Films an Festspielen im Ausland. Dabei muß festgestellt werden, daß der Dualismus auch seine positiven Auswirkungen hatte: „Die Vergnügungsbesteuerung für Filmvorführungen wurde durch Prädikatszuerkennung gemildert, wenn nicht beseitigt. Für Anträge auf Länder- und Bundesbürgschaften wurde regelmäßig die Qualität des Filmvorhabens mit beurteilt. Preise und Prämien des Bundes waren vom Gedanken der Qualitätsverbesserung getragen. Beim Kulturfilmfonds des Landes Nordrhein-Westfalen stand der Gesichtspunkt des Kulturellen überhaupt im Vordergrund. Die Filmabkommen mit dem Ausland verfolgten zwar wirtschaftliche Absichten, brachten aber in ihren Bestimmungen, besonders solchen für die Koproduktion, auch kulturelle Forderungen zur Geltung. Das Filmförderungsgesetz machte Qualitätsbewertungen (Prädikate, vergleichbare Auszeichnungen auf Festivals) zur Voraussetzung der Filmhilfe und zog für zusätzliche Hilfen den Begriff ›des guten Unterhaltungsfilms‹ heran"[43].

3.4. Bürgschaften

Den Anfang machten die Bürgschaften, Bundes- und Länderbürgschaften und Bund-Länder-Bürgschaftskombinationen, die ab 1950 angeboten wurden[44]. Die Bürgschaftssysteme waren uneinheitlich und die Bemühungen um eine Vereinheitlichung erfolglos. Dennoch gab es gemeinsame Grundzüge, die vor allem dem am 20. 3. 1950 zum ersten Mal im Bundesfinanzministerium (später Bundeswirtschaftsministerium) tagenden „Länderausschuß Filmwirtschaft" (bestehend aus Filmreferenten von Bund und Ländern) zu verdanken sind.
Diese waren:

– Antragsberechtigt war, wer in der Bundesrepublik mit der Herstellung oder dem Verleih gewerblich befaßt war.
– Der Antragsteller mußte eine gewisse Bonität nachweisen.
– Kreditbedingungen- und Laufzeiten mußten mit dem Bürgen abgestimmt sein. Die Zinssätze wurden begrenzt.
– Der Antrag wurde abgelehnt, wenn zu erwarten war, daß die Herstellungskosten nicht eingespielt wurden oder den Grundsätzen der 1949 gegründeten Freiwilligen Selbstkontrolle der Filmwirtschaft (FSK) widersprachen.
– Der Antragsteller wurde zur Sparsamkeit und zur zweckentsprechenden Verwendung der Mittel verpflichtet.
– Der Auslandsvertrieb wurde auf „erfahrene" Firmen beschränkt.

– Sicherungsübertragungen aller Eigentums-, Urheber-, Verleih- und Vertriebsrechte (woraus sich Eingriffsmöglichkeiten des Bürgen ergaben).
– Herstellung und Auswertung unterlagen einer strengen Wirtschaftsprüfung.
– Die Umsatzsteuer wurde aus den Erlösen abgeführt.
– Der Verleiher verpflichtete sich, einen prädikatisierten Beiprogrammfilm zu zeigen. Die Verpflichtung entfiel ab einer gewissen Länge (2500 m) des Hauptfilms.
– Alle Bürgschaften unterlagen dem Prüfrecht der Rechnungshöfe von Bund und Ländern.

Von den Ländern vergaben Bayern, Berlin, Hamburg, Hessen und Niedersachsen Bürgschaften.

Bayern gründete 1950 eine Filmfinanzierungsgesellschaft, deren Gesellschafter Banken waren und die den Status einer Filmbank besaß, aber wegen Refinanzierungsschwierigkeiten bereits 1951 wieder aufgelöst wurde. Bis 1954 gab es durch Bayern eine Vollverbürgung für Einzelfirmen, ab dann bis 1958 Staffelverbürgung (die ersten 50 Prozent der Herstellungskosten blieben unverbürgt). 1958 wurde ein Bankenkonsortiums gegründet, das Kredite nach bestimmten Richtlinien zur Verfügung stellte und Bayern übernahm eine Globalbürgschaft für Kredite bis zu einer Höhe von 4 Mio DM.

In *Hamburg* wurden zunächst Landesbürgschaften in Verbindung mit Bundesbürgschaften gewährt (1949–1953). 1953 wurde die Hamburger Filmkontor GmbH gegründet, eine Art regionale Filmbank, deren Verluste bis zu 2,5 Mio DM durch eine Garantieerklärung der FHH abgesichert waren. Nach anfänglicher Staffelfinanzierung wurden später nur noch Einzelfinanzierungen vorgenommen, allerdings bei voller Haftung des Antragstellers.

In *Niedersachsen* wie in *Hessen* gab es anfangs ebenfalls Einzelbürgschaften, in der Regel zusammen mit dem Bund. Ab 1951 koordinierten die Länder Hamburg und Niedersachsen ihre Aktivitäten und 1956 übernahm das Hamburger Filmkontor zu gleichen Bedingungen wie in Hamburg auch die Zuständigkeit der Förderung in Niedersachsen. Ab 1964 gewährte der Bund den Ländern Hamburg und Niedersachsen Rückbürgschaften in Höhe von 50 Prozent. Das Hamburger Filmkontor löste sich zum

1. 1. 1970 auf. Seine Wirkung wird allgemein als beispielhaft und wirkungsvoll bewertet[45], auch wenn es – wie übrigens bei allen Bürgschaftssystemen – Bürgschaftsverluste gab.

Die geringsten Bürgschaftsverluste hatte *Berlin* zu verzeichnen. Hier wurde von Anfang an nur eine Bürgschaft bis zu 50 Prozent der Herstellungskosten übernommen. 1951 bildete sich unter Führung der Berliner Bank AG ein Bankenkonsortium, das die Kredite vergab, für die das Land Berlin eine 40prozentige Ausfallbürgschaft übernahm. Ab 1955 wurden auch über die Berliner Industriebank AG besonders zinsgünstige Kredite gewährt.

Der *Bund* übernahm Bürgschaften in 2 Phasen: von 1950 bis 1953 als direkte Bürgschaft gegenüber den Kreditinstituten und von 1953 bis 1956 als mittelbare Bürgschaft über die zu diesem Zweck gegründete Bundesbürgschaftsgesellschaft. Die Bundesbürgschaften wurden dann eingestellt, weil sich die Ertragslage der Filmwirtschaft besserte, die Verluste aus den Bürgschaften aber zu groß waren.

Zu den Bürgschaften von Bund und Ländern gab es außerdem eine Reihe von Maßnahmen, die den Aufschwung der Filmwirtschaft Mitte der 50er Jahre begünstigte.

3.5. FSK/FBW/Kulturfonds NRW

Von der Filmwirtschaft wurde die *Freiwillige Selbstkontrolle der Filmwirtschaft* (FSK) gegründet, die am 18. 7. 1949 ihre Arbeit aufnahm[46]. Neben Fragen der Feiertagszulassung und Jugendgefährdung, wurde auf die Wahrung der Grundrechte und der Verfassungsgesetze geachtet. Seit April 1985 fallen nicht nur Filme der Filmtheater, sondern auch bespielte Videokassetten und vergleichbare Bildträger unter das neue Jugendschutzgesetz (JSchG) und damit in den Prüfbereich der FSK. Die FSK war aber auch im Zusammenhang mit der *Filmbewertungsstelle Wiesbaden* (FBW) von Bedeutung, denn nur ein von der FSK freigegebener Film konnte zur Bewertung für eine Prädikatisierung zugelassen werden. Die FBW wurde zunächst als „Filmbewertungsstelle der Länder" 1951 errichtet und erhielt 1957 die heutige Bezeichnung. Die Prädikatisierung der Filme „besonders wertvoll" oder „wertvoll" waren Voraussetzungen für die Steuervergünstigungen, die die Länder nach Maßgabe ihrer Steuergesetzgebung vornahmen[47].

So sah der *Kulturfonds Nordrhein-Westfalen* vor, daß nach dem neuen Vergnügungssteuergesetz von 1949 auf Grund der Steuerermäßigung für prädikatisierte Filme die Filmtheaterbesitzer einen bestimmten Prozentsatz der Steuerermäßigung in einen „Fonds zur Förderung des deutschen Films" (Kultur- und Dokumentarfilms) abführen mußten. Nach Änderung des Vergnügungssteuergesetzes 1954 wurde die Erhebung für den sogenannten „Kulturfilmfonds" eingestellt. Der Fonds war 1966 erschöpft. Nordrhein-Westfalen hatte aber mit dem Fonds-Modell einen Weg für überregionale einheitliche Maßnahmen auf der Basis einer zentralen Filmbewertung und zentralen Filmförderung gewiesen, der letztlich allerdings an verfassungs- und haushalts-rechtlichen Bedenken scheiterte[48].

Gegenüber der durch die Bürgschaftssysteme begründeten wirtschaftlichen Förderung traten mit der FBW und der Vergabe von Preisen und Prämien durch den Bund seit 1951 Elemente einer kulturellen Filmförderung in den Vordergrund, die von den Filmemachern in der Folgezeit stärker eingefordert wurden.

Den Anfang machte das „Oberhausener Manifest" vom 28. 2. 1962[49], gefolgt von der „Mannheimer Erklärung" von 1967[50] und der „Hamburger Erklärung" vom 22. 9. 1979[51]. Oberhausen reagierte auf die inzwischen einsetzende Krise des deutschen Films, die u. a.[52] durch die schnelle Verbreitung des Fernsehens in den 50er Jahren ausgelöst wurde. 1956 wurde die höchste Zahl der Filmtheaterbesucher festgestellt, die von 487,4 Mio im Jahr 1950 auf 817,5 Mio stieg. 1962 verringerte sich der Besuch bereits wieder um die Hälfte auf 442,9 Mio, im Jahr 2000 waren es nur noch 152,5 Mio[53].

3.6. Kuratorium junger deutscher Film

Zwei Maßnahmen sorgten dafür, daß das Filmwesen in der 2. Hälfte der 60er Jahre wieder aufblühte und jenen „Jungen Deutschen Film"[54] hervorbrachte, der zur produktivsten und qualitativ besten Phase der deutschen Filmgeschichte nach 1945 gehörte. Diese waren die Gründung des „Kuratoriums junger deutscher Film" (zunächst als Einrichtung des Bundes) und der Beginn der kulturellen Filmförderung des Bundes.

Das Kuratorium wurde als e.V. am 1. 2. 1965 als konkretes Ergebnis des „Oberhausener Manifestes" von Alexander Kluge, Norbert Kückelmann und Hans-Rolf Strobel gegründet und vom damaligen Innenministerium mit einmalig 5 Mio DM Fördermittel ausgestattet. Als 1968 die Debatte über die verfassungsrechtliche Zuständigkeit des Bundes neu entflammte und die 5 Mio DM aufgebraucht waren, übernahmen die Länder die Unterstützung des Vereins, der am 29. 4. 1982 in eine Stiftung mit Rechtssitz in München umgewandelt wurde. Nach einer Planung der Kultusministerkonferenz (KMK) im Dezember 1968 und dem Beschluß vom 3. 4. 1969 sollten die 11 Bundesländer (nach dem Königssteiner Schlüssel verteilt) jährlich 750000,- DM als Fördersumme zur Verfügung stellen. Ein Memorandum, der sogenannte „Lübecker Beschluß" (KMK 2./3. 6. 1977) sah außerdem vor, die Länderzuschüsse stufenweise bis zu einem Betrag von 5,2 Mio DM bis 1981 zu steigern. Dazu ist es nicht gekommen (1978: 1,1 Mio DM; 1979/1980/ 1981: 1,5 Mio DM). Die Länder haben dann in einer Verwaltungsvereinbarung vom 18. 5. 1982, der die neuen Bundesländer mit Wirkung vom 1. 1. 1992 beitraten, sich verpflichtet, der Stiftung laufend jährlich Zuwendungen zu gewähren, die seit 1982 2,2 Mio DM[55] betrugen. Mit dieser Fördersumme wurden im wesentlichen Produktions-, Vertriebs- und Abspielförderung in Form von bedingt rückzahlbaren Darlehen sowie die Übernahme von Untertitelungskosten betrieben, und zwar nach den Richtlinien der Satzung: das deutsche Filmschaffen zu fördern und vor allem den Nachwuchs zu unterstützen. Die Abspielförderung wurde 1996 eingestellt und die Untertitelungs- und Vertriebsförderung wurde seit 1996 nur für Filme gewährt, die zugleich auch vom Kuratorium Produktionsförderung erhielten.

In der ersten Hälfte der 90er Jahre ist die Debatte um das Kuratorium unter anderen Vorzeichen erneut belebt worden. Die Kultusminister hatten bereits 1992 dem Kuratorium nahegelegt, sich neue Konzepte zu überlegen. Da einerseits die Länder für ihre eigenen Fördermaßnahmen das Geld dringend benötigten, andererseits mit 2,2 Mio DM bei den steigenden Produktionskosten keine umfangreich effektive Förderung mehr gewährleistet schien (auch erkennbar an den geringen Darlehensrückflüssen) und schließlich die Aufgabe der Nachwuchsförderung inzwischen in fast jedem Bundesland in die Richtlinien der Filmförderung eingegangen war, wurde über eine neue Schwerpunktbildung (Kinder- und Jugendfilm) nachgedacht, die zu einer Neuformulierung der Richtlinien vom 1. 1. 1984 führte und am 1. 1. 1996 in Kraft trat, und die auch dem Vorwurf eines „esoterischen Künstlerzirkels"[56] begegnen sollte. Die KMK beschloß am 3. Juli 1997 eine Fortsetzung der Länderförderung mit dem Schwerpunkt der Förderungstätigkeit im Bereich Kinderfilm und Talentförderung. Für einen Fortbestand des Kuratoriums sprach, daß dies die einzige, von allen Ländern gemeinsam[57] getragene kulturelle Filmförderung in Deutschland war und damit einen Anknüpfungspunkt bildete für die auch gegenwärtig noch andauernde Diskussion um Annäherung, Kompatibilität und Kooperation der einzelnen Länderförderungen, um eine Konzeption der Filmförderung zu entwickeln, mit der sich Europa gegenüber den USA besser zu behaupten vermag. Ein weiterer Anknüpfungspunkt für diese Diskussion wäre die kulturelle Filmförderung, die der Bund im Prinzip seit 1951 betreibt, wenn nicht unterschiedliche Auffassungen über die Zuständigkeit einer solchen Förderung zwischen Bund und Ländern nach wie vor bestünden[58].

Die Ständige Konferenz der Kultusminister der Länder gewährte der Stiftung 1997 eine Zuwendung von 1 816 800,- DM, 1998 1 687 800,- DM, 1999 1 664 745,33 DM, 2000 1 697 636,85 DM. Ein von der Kultusminister-konferenz im Herbst 2000 zunächst gefasster Beschluß, die Zuwendungen für das Kuratorium ab 2001 um 200000,- DM zu kürzen, wurde noch im gleichen Jahr in der Sitzung vom 7. 12. 2000 rückgängig gemacht.

Für September 2001 ist eine Richtlinienänderung vorgesehen, in der weiterhin im Mittelpunkt die Kinderfilm- und Talentförderung steht, wobei es im wesentlichen um Stoffentwicklung, Drehbuch- und Projektentwicklung geht, verbunden mit intensiver Beratung und Projektbetreuung (seit 1998 von 3 Projektbetreuern geleistet).

4. Die kulturelle Filmförderung des Bundes

Die kulturelle Filmförderung des Bundes erfolgt auf der Basis von Richtlinien (FFR) des Bundesministeriums des Innern (BMI) vom 27. Februar 1984 in der nun gültigen Fassung vom 1. Februar 2000 des Beauftragten der Bundesregierung für Angelegenheiten der Kultur und der Medien (BKM), nachdem die kulturelle Filmförderung mit dem Organisationserlaß des Bundeskanzlers vom 27. Oktober 1998 von der Zuständigkeit des Bundesministeriums des Innern in den Verantwortungsbereich des neu eingerichteten Beauftragten der Bundesregierung für Angelegenheiten der Kultur und der Medien übergegangen ist. Auf Grund einer Vereinbarung mit der Filmförderungsanstalt (FFA) vom 14./22. 6. 1989 werden folgende Maßnahmen des BMI (nachfolgend BKM) von der FFA als Dienstleister abgewickelt:

- Produktionsförderungen (Spielfilm, Kinderfilm, Kurzfilm)
- Filmpreisfolgevorhaben (Deutscher Filmpreis, Deutscher Kurzfilmpreis)
- Verleihförderung (Verleiherpreis)
- Kopienförderung

Die Drehbuchförderung wird vom BKM in Zusammenarbeit mit dem Bundesverwaltungsamt (BVA) abgewickelt.

Gefördert wird durch die Verleihung von Auszeichnungen und die Vergabe von Prämien sowie Förderhilfen als nicht rückzahlbare Zuwendungen mit dem Ziel, zur Qualitätssteigerung und Verbreitung „des deutschen Films mit künstlerischem Rang" beizutragen. Über die Auszeichnungen, Prämien und Förderungen entscheidet der Beauftragte der Bundesregierung für Angelegenheiten der Kultur und der Medien nach Vorschlägen eines Auswahlausschusses für Filmförderung, der aus insgesamt 8 Fach-Kommissionen besteht.

Mit den neuen Richtlinien des BKM wurde gegenüber den Vorjahren eine deutliche Stärkung der kulturellen Filmförderung des Bundes mit folgenden Schwerpunkten vorgenommen:

- Stärkung des Dokumentarfilms (mit eigenem Deutschen Filmpreis)
- Stärkung des Kinder- und Jugendfilms (mit einem eigenen Filmpreis)
- Stärkung der Produktion (durch flexibleren Einsatz der Gelder des Filmpreises für die gesamte Bandbreite der Filmherstellung)
- Stärkung des Kurzfilms (durch verbessertes Reglement des Deutschen Kurzfilmpreises, mit eigenem Sonderpreis für Kurzfilmprogramme im Rahmen der Kinoprogrammpreise sowie zusätzliche Verwendung des Preisgeldes auch für Langfilmprojekte)
- Verbesserung der Drehbuchförderung (mit der Aufstockung um einen weiteren Drehbuchpreis und der Erhöhung der Fördermittel)
- Stärkung der Verleihförderung (mit der Erhöhung der Fördermittel)
- Stärkung der Kinoförderung (mit der Erweiterung der Zweckbindung der Preisgelder der Kinoprogrammpreise)
- Innovationsförderung (mit der zusätzlichen Vergabe von 2 Innovationspreisen im Hinblick auf die Modernisierung der Filmbranche)

Auf Anregung des BKM wurde im Jahr 2000 ein Kinopreis für Kommunale Kinos gestiftet. Der Preis wird vom Kinematheksverbund vergeben, der 1978 vom Bundesarchiv/ Filmarchiv Berlin, Deutschen Filminstitut Frankfurt und dem Filmmuseum Berlin/ Deutsche Kinemathek gegründet wurde. Der BKM stattete den Preis mit 60.000,- DM in der Hoffnung aus, dass Aufstockungen von den Ländern vorgenommen werden. Im Jahr 2001 stellte der BKM 65000,- DM zur Verfügung und die Medien- und Filmgesellschaft Baden-Württemberg 10000,- DM. Vergeben werden in 5 Kategorien (nach Kinostandort und Einerwohnerzahl) 1. Preise in Höhe von 10000,- DM und 2. Preise in Höhe von 3000,- DM.

Schließlich gelang es, im Haushalt 2000 den Ansatz für die kulturelle Filmförderung des BKM von bisher 15,5 Mio DM (1993 16 Mio DM, 1996 14 Mio DM) auf 18 Mio zu erhöhen, wobei sich die Erhöhung um ca. 50 Prozent der bisherigen Fördermittel im besonderen ausgewirkt hat auf: den Kinoprogrammpreis, den Verleiherpreis, den Dokumentarfilmpreis, die Drehbuchförderung, die Kopienförderung und die Produktionsförderung. Weitere Steigerungen des Haushalts um jährlich 1 Mio DM bis zum Jahr 2003 sind geplant[59].

4.1. Auszeichnungen

4.1.1. Deutscher Filmpreis

Der Deutsche Filmpreis wurde erstmals 1951 mit einer Dotierung von 15000,- DM vergeben[60]. Die Auszeichnung erfolgt heute auf Grund der Entscheidung eines vom BKM berufenen Auswahlausschusses auf der Basis eines Nominierungsverfahrens. Vergeben wird der Deutsche Filmpreis

- für programmfüllende Spielfilme in Gold verbunden mit einer Prämie bis 1 Mio DM, in Silber verbunden mit einer Prämie bis zu jeweils 800000,- DM für zwei Filme und mit einer Urkunde verbunden mit einer Prämie bis zu je-

weils 500 000,- DM bei bis zu 6 möglichen Nominierungen,
- für programmfüllende Dokumentarfilme in Gold verbunden mit einer Prämie bis zu 400 000,- DM und mit Urkunden verbunden mit einer Prämie bis zu jeweils 200 000,- DM bei bis zu 2 möglichen Nominierungen,
- für den besten deutschen Kinder- und Jugendfilm in Gold verbunden mit einer Prämie bis zu 500 000,- DM,
- für hervorragende (darstellerische) Einzelleistungen und die beste Regie in Gold verbunden mit einer Prämie von jeweils 20 000,- DM,
- für weitere 3 Einzelleistungen (z. B. Kamera, Schnitt, Szenenbild usw.) in Gold verbunden mit einer Prämie von jeweils bis zu 20 000,- DM,
- für herausragende Verdienste um den deutschen Film in Gold als Ehrenpreis,
- für den besten ausländischen Film in Gold als Ehrenpreis,
- für den nach Auffassung des Publikums besten deutschen Film und die beste darstellerische Leistung in Gold als Ehrenpreis,

wobei die Prämien für den programmfüllenden Spielfilm, Dokumentarfilm und Kinder- und Jugendfilm zweckgebunden für die Herstellung eines neuen programmfüllenden Films mit künstlerischem Rang sind[61].

4.1.2. Deutscher Kurzfilmpreis

Der Deutsche Kurzfilmpreis wird seit 1968 vergeben. Als Filmpreis in Gold für einen Kurzfilm von höchsten 7 Minuten Vorführdauer und für einen Kurzfilm bis höchsten 15 Minuten Vorführdauer ist er verbunden mit einer Prämie bis zu jeweils 60 000,- DM, in Silber mit einer Prämie bis zu jeweils 40 000,- DM und mit Urkunden mit einer Prämie bis zu 25 000,- DM bei bis zu 8 Nominierungen.

Die Prämie ist zweckgebunden für die Herstellung eines neuen Kurzfilms oder programmfüllenden Films.

4.1.3. Drehbuch Preis

Der Drehbuchpreis des Bundesministers des Innern wird seit 1988 ausschließlich an Autoren vergeben, die bei der Verfilmung des Drehbuchs nicht selbst Regie führen. Er wird als Urkunde in Verbindung mit einer Prämie bis zu 50 000,- DM verliehen, von denen 40 000,- DM zweckgebunden in die Herstellung eines neuen Drehbuchs fließen müssen. Es können bis zu 5 Drehbücher nominiert werden.

4.1.4. Innovationspreis

An Filmschaffende und sonstige im Filmwesen tätige Personen oder Institutionen können bis zu 2 Innovationspreise (für Leistungsfähigkeit und Fortentwicklung) verbunden mit einer Prämie bis zu 30 000,- DM (in Ausnahmefällen auch höher) vergeben werden. Die Prämien sind zweckgebunden für Investitionen auf dem Gebiet des Filmwesens.

4.2. Förderungen

4.2.1. Produktionsförderung

Zur seit 1962 existierenden Produktionsförderung gehören gegenwärtig 3 Maßnahmen: Produktionsförderung A: Allgemeine Produktionsförderung für programmfüllende Filme mit Prämien bis zu 500 000,- DM; Produktionsförderung B: Förderung von Kurzfilmvorhaben mit Prämien bis zu 25 000,- DM; Produktionsförderung C: Besondere Förderung für Kinder- und Jugendfilme mit Prämien bis zu 500 000,- DM. Für die Produktionsförderung gelten u. a. folgende Maßgaben: Der Hersteller muß einen angemessenen Eigenanteil der Finanzierung nachweisen – die Förderung kann nur vor Drehbeginn erfolgen – die Vorführung des geförderten Films muß in Verbindung mit einem neuen deutschen Kurzfilm erfolgen – für die Videoauswertung gibt es eine Sperrfrist von 6 Monaten, für das Fernsehen 2 Jahre.

4.2.2. Drehbuchförderung

Die ebenfalls seit 1962 existierende Drehbuchförderung kann für hervorragende Drehbuchentwürfe für programmfüllende Spielfilme Förderungen bis zu 50 000,- DM, in besonderen Fällen bis 100 000,- DM vergeben. Außerdem werden den geförderten Autoren auf Antrag Mittel für eine dramaturgische Beratung bewilligt.

4.2.3. Absatzförderung (Verleiherpreis)

Eine Absatzförderung, seit 1977, wird in Form der Vergabe eines Verleiherpreises betrieben. Kriterien für die Vergabe sind: die kulturelle Qualität der Verleiharbeit – der Anteil deutscher Filme – der Anteil europäischer Filme – die durch den Verleih erzielte Verbreitung – die Repertoirepflege. Es können bis zu 3 Preise jährlich mit Prämien bis zu 200 000,- DM vergeben werden. Die Prämie ist zweckgebunden für den Verleih vor allem deutscher und europäischer Filme mit künstlerischem Rang zu verwenden, insbesondere für die Finanzierung

- des Ankaufs von Filmlizenzen
- von Verleihvorkosten
- von Werbemaßnahmen
- der Herstellung neuer Verleihkopien
- der Ergänzung der technischen Ausstattung des Büros, z. B. mit audio-visuellen und elektronischen Kommunikationsmitteln.

4.2.4. Kinoförderung

Die Kinoförderung gibt es als Abspielförderung seit 1970, ergänzt um eine Zusatzkopienförderung seit 1990. Gewürdigt wird die Programmarbeit der Filmtheater, die in Form von Urkunden in Verbindung mit Prämien zwischen 40000,- und 10000,- DM ausgezeichnet werden. Außerdem können für die drei Teilbereiche Kinder- und Jugendfilm, Kurzfilm sowie Dokumentarfilm Sonderprämien bis zu jeweils 10000,- DM vergeben werden. Die Prämien sind zweckgebunden für den Betrieb des prämierten Filmtheaters zu verwenden.

4.2.5. Kopienförderung

Für die Herstellung zusätzlicher Kopien programmfüllender Filme und Kurzfilme, „die künstlerischen Rang haben und eine erhebliche Publikumsresonanz erwarten lassen, stellt der Beauftragte der Bundesregierung für Angelegenheiten der Kultur und der Medien Fördermittel bereit".

Förderkopien können insbesondere Kinos mit kulturell herausragender Programmgestaltung und angemessener Berücksichtigung des deutschen Films zuerkannt werden.

4.2.6. Sonstige Förderungen

Im Einzelfall können Vorhaben von gesamtstaatlicher Bedeutung gefördert werden, sofern sie von erheblicher kultureller Bedeutung sind.

Im weiteren Sinne gehören aber zur kulturellen Filmförderung des Bundes auch die Förderung der Berliner Filmfestspiele, des Bundesarchivs/Filmarchivs, des Kinematheksverbundes und der Deutschen Film- und Fernsehakademie Berlin (letztmalig 1998).

Eine Übersicht über die Entwicklung der vom BMI insgesamt zur Verfügung gestellten Mittel von 1989 bis 1996 ergibt sich aus der Tabelle A[62] und für die Förderung des BKM im Jahr 2000 aus der Tabelle B[63].

Der Bund hat außerdem in der Zeit von 1990 bis 1993 die ostdeutsche Filmkultur und Filmwirtschaft nach Herstellung der deutschen Einheit in die kulturelle Übergangsfinanzierung des Bundes einbezogen (Tabelle C)[64] und über die Treuhandanstalt bei der Privatisierung der früheren DEFA-

Tab. 177.1: Tabelle A: Filmförderung des Bundesministeriums des Inneren (1989–1996)

Bundesministerium des Innern, Bundesarchiv	– Beträge in 1000 DM –							
	1989	1990	1991	1992	1993	1994	1995	1996
Filmpreise, Produktionsförderung, Festivals (außer Berlin)	11300	14500	15500	15700	16000	16700	15100	14000
Internationale Filmfestspiele Berlin	3462	3612	4112	4592	4252	5096	4388	4663
Bundesarchiv (Filmarchiv)	4747	5083	9120	12500	10997	11271	11771	12000
Kinematheksverbund (Stiftung Dt. Kinemathek Berlin, Dt. Institut) für Filmkunde Ffm/Wiesbaden	707	589	632	869	973	935	925	984
Deutsche Film- und Fernsehakademie Berlin	2642	2675	3575	3828	3891	4120	3200	2200
Insgesamt	22858	26419	32539	37489	36113	37122	35384	33847
Auswärtiges Amt	14000	13400	13500	14200	13100	11400	11700	11600

Tab. 177.2: Tabelle B: Filmförderung des BKM (2000)

	Beträge in 1000 DM
Beauftragter der Bundesregierung für Angelegenheiten der Kultur und der Medien (BKM)	2000
1.1 Filmpreise	8.985
1.2 Produktionsförderungen	7.500
1.3 Festivals (außer Internationale Filmfestspiele Berlin)	394
2. Internationale Filmfestspiele Berlin	4.925
3. Bundesarchiv – Filmarchiv	12.750
4. Kinematheksverbund (Stiftung Deutsche Kinemathek Berlin, Deutsches Filminstitut Frankfurt/Main)	1.800
5. Deutsche Film- und Fernsehakademie Berlin	Förderung 1998 ausgelaufen
insgesamt	
Auswärtiges Amt	ca. 15.000

Studios und des umfangreichen Studiogeländes in Babelsberg die Fortführung der Filmproduktion sichergestellt.

Schließlich muß noch die Förderung durch das Bundesarchiv für die Restaurierung von Dokumentar- und Spielfilmen erwähnt werden: 1999 2,0 Mio DM, 2000 1,5 Mio DM, 2001 1,0 Mio DM.

4.3. Förderungen des Auswärtigen Amts (AA)

Als weitere Institution kultureller Filmförderung ist das *Auswärtige Amt* (AA) zu erwähnen (vgl. ebenfalls Tabelle A und B). Seine Hauptaufgabe ist es, den deutschen Film im Ausland auf Festivals, anläßlich von Filmwochen, innerhalb des internationalen Kulturaustausches, oft im Rahmen von EU-Filmfestivals, bekannt zu machen. Dafür hat das Amt bereits seit April 1957 die Mittlerorganisation *Inter Nationes* eingeschaltet, von der das Filmmaterial einschließlich der nichtgewerblichen Verwertungsrechte erworben und für den Austausch zur Verfügung gestellt wird, z. B. in den Auslandsvertretungen und *Goethe-Instituten*. Die Mittel dafür kommen vom Auswärtigen Amt, ebenso für Förderungen über das *Institut für Auslandsbeziehungen/Stuttgart*. Schließlich gibt es die Förderung von

Tab. 177.3: Tabelle C: Filmförderung des BMI für die neuen Bundesländer (1990–1993)

Filmförderung des Bundes für das Beitrittsgebiet 1990 bis 1993				
	Beträge in Mio. DM			
	1990/91	1992	1993	1990–93
Bundeshaushalt 1990 Teil B (Beitrittsgebiet) • für die Finanzierung in der DDR begonnener Projekte	14,40			14,40
Bundesministerium für innerdeutsche Beziehungen • für Projekte der DEFA-Studios	3,00			3,00
Bundesministerium des Innern (allg. kulturelle Filmförderung) • für Filmpreise, Filmprojekte, Filmfestivals	5,92	3,10	3,40	12,42
Bundesministerium des Innern (kulturelle Übergangsfinanzierung) • Substanzerhaltungsprogramm (Filmproduktion u.a.)	14,32	11,57	6,80	32,69
• Programm „Beseitigung der Teilungsfolgen"	1,93	0,14	0,18	2,25
• Infrastrukturprogramm (filmkulturelle Einrichtungen u.a.)	3,01	3,47	6,40	12,88
Bundesarchiv • für das Filmarchiv Berlin[1]	4,80	5,00	5,00	14,80
Filmförderungsanstalt • für Filmtheater (Investitionen, Kopienförderung)	1,40	3,80	4,00	9,20
• für Filmprojekte	2,60	0,50	2,80	5,90
Summen	51,38	27,58	28,58	107,54

[1] Ehemaliges Staatl. Filmarchiv der DDR.

Fernsehproduktionen für das Ausland über die *TransTel*/Köln (Gesellschafter sind die Anstalten und der Bund), über große öffentlich-rechtliche Sender mit Auslandsauftrag wie Deutsche Welle, 3sat und arte sowie der Projektförderung für Institute wie das *Institut für den Wissenschaftlichen Film* in Göttingen oder das *Institut für Film und Bild in Wissenschaft und Unterricht* in Grünwald/München. Im Jahr 2000 stellte das AA ca. 15 Mio DM Fördermittel für die auswärtige Film- und Fernseharbeit zur Verfügung.

4.4 Förderungen der Bundesministerien für Bildung und Forschung (BMBF) und für Familie Senioren Frauen und Jugend (BMFSFJ)

Das BMBF ist zuständig für die institutionelle Förderung des *Instituts für den Wissenschaftlichen Film* in Göttingen (2000 3 643 700,- DM) und unterstützt außerdem Projekte auf dem Gebiet des wissenschaftlichen Films (2000 5 720 000,- DM). Insgesamt stellte das BMBF im Jahr 2000 eine Fördersumme von 9 564 400,- DM zur Verfügung.

Das BMFSFJ hat 2000 367 000,- DM für Projektförderung zur Verfügung gestellt.

5. Die wirtschaftliche Filmförderung des Bundes

5.1. FFG/FFA

Die wirtschaftliche Filmförderung des Bundes ressortierte zunächst beim Ministerium für Wirtschaft (ab 1998 wie die kulturelle Filmförderung beim BKM) und basierte auf dem inzwischen mehrfach novellierten „Gesetz für Maßnahmen zur Förderung des deutschen Films" (FFG) vom 22. 12. 1967, das ab 1. 1. 1968 in Kraft trat, ergänzt durch das „Zweite Gesetz zur Änderung des Filmförderungsgesetzes" vom 21. 12. 1992 mit dem Geltungsbereich ab 1. 1. 1993[65] und dem „Dritten Gesetz zur Änderung des Filmförderungsgesetzes", das am 29. April 1998 verabschiedet wurde und ab 1. Januar 1999 Grundlage für die gegenwärtige Arbeit der FFA ist. Bestandteil des Gesetzes war die Gründung der FFA als Bundesanstalt des öffentlichen Rechts mit Sitz in Berlin, deren Aufgabenfeld lautet:

1. die Qualität des deutschen Films auf breiter Grundlage zu steigern und die Struktur der Filmwirtschaft zu verbessern; die vom Deutschen Bundestag für den deutschen Film und für europäische Filmförderungsmaßnahmen jährlich zur Verfügung gestellten Haushaltsmittel sollen eine sinnvolle Ergänzung bilden,
2. deutsch-ausländische Gemeinschaftsproduktionen zu unterstützen,
3. die Bundesregierung bei der Harmonisierung der Maßnahmen auf dem Gebiet des Filmwesens innerhalb der Europäischen Wirtschaftsgemeinschaft im Sinne gleicher Wettbewerbsvoraussetzungen zu beraten,
4. die gesamtwirtschaftlichen Belange der Filmwirtschaft zu unterstützen,
5. die Zusammenarbeit zwischen Film und Fernsehen unter Berücksichtigung der besonderen Lage des deutschen Films zu pflegen,
6. für die Verbreitung und marktgerechte Auswertung des deutschen Films im In- und Ausland zu wirken,
7. auf eine Abstimmung und Koordinierung der Filmfördermaßnahmen des Bundes und der Länder hinzuwirken[66].

Die Vorgeschichte dieser Gesetzgebung reicht zurück bis in die 50er Jahre zu Plänen einer Quotenregelung[67], dem Semmler-Plan[68], dem Filmgroschen-Plan[69] und dem Martin-Plan[70], der in gewisser Hinsicht das Filmförderungsgesetz in seinen Grundsätzen vorbereitete. Gegenüber der vollkommen filmwirtschaftlichen Akzentuierung des Martin-Plans stellte das FFG in der Aufgabenbeschreibung der FFA die kulturpolitische Komponente stärker heraus: „Durch diese Voranstellung der kulturpolitischen Komponente ist programmatisch die Zielsetzung der angestrebten Filmförderung, nicht jedoch der Charakter dieses Gesetzes gekennzeichnet. Nach dem Willen des Gesetzgebers sollte kein Kulturgesetz, sondern ein Wirtschaftsförderungsgesetz geschaffen werden"[71]. Die Zielsetzung war dreifach: Förderung der Produzenten, der Filmtheaterbesitzer und der Werbung für den deutschen Film im Ausland. Die Fördermittel wurden zunächst allein durch die Filmabgabe aufgebracht, die sich im Regelfall auf 0,10 DM je verkaufte Eintrittskarte belief und an die FFA abgeführt werden mußte.

Die gegenwärtigen Schwerpunkte der Förderung sind bei der Produktionsförderung die Referenzfilmförderung, die Projektfilmförderung, die Förderung von Kurzfilmen und von Drehbüchern sowie Maßnahmen der Weiterbildung. Außerdem gibt es eine Absatzförderung, Filmtheater- und Videothekenförderung und eine Zusatzkopienförderung.

Die Finanzierung der FFA erfolgt aus mehreren Quellen:

— Abgabe der Filmwirtschaft:
 1,5 Prozent bis 2,5 Prozent des Umsatzes pro Abspielstelle und nach der jeweiligen Höhe des Umsatzes gestaffelt 2000 33 899 282,11 DM (1999 34 487 323,58 DM).

— Abgabe der Videowirtschaft:
 1,8 Prozent vom Jahresumsatz der Inha-

ber von Lizenzrechten, die Bildträger verleihen und verkaufen 2000 62 242 767,63 DM (1999 9 874 118,33 DM)[72].
- Einnahmen aus dem Film- und Fernsehabkommen mit öffentlich-rechtlichen Rundfunkanstalten:
  Abkommen mit kurzen Laufzeiten zwischen der FFA und ARD/ZDF:
  bis 2003 jährlich 11 Mio DM.
- Einnahmen aus dem Abkommen mit privaten Fernsehveranstaltern:
  Abkommen mit kurzen Laufzeiten zwischen der FFA und dem Verband privater Rundfunk und Telekommunikation e.V. (VPRT):
  bis 2003 jährlich 11 Mio DM.
- Auftragsverwaltung des UFI-Abwicklungserlöses:
  Das 1971 gebildete Vermögen betrug 1994 ca. 40 Mio DM. Davon vergibt die FFA jährlich revolvierend aus Erlösen ca. 8 Mio DM[73].

Das FFG sieht nach § 68 die Verteilung der oben beschriebenen Einnahmen wie folgt vor:
- 45 Prozent für die Referenzfilmförderung, wenn der Referenzfilm innerhalb von 2 Jahren mindestens 100 000 Besucher oder bei einem Prädikat der FBW bzw. einem Hauptpreis eines A-Filmfestivals mindestens 50 000 Besucher nachweisen kann (FFG § 22).
- 8 Prozent für die Projektförderung, wenn ein Film auf Grund des Drehbuchs erwarten läßt, daß er „die Qualität und die Wirtschaftlichkeit des deutschen Films verbessert" (FFG § 32)
- 2 Prozent für die Förderung des Kurzfilms, wenn der Film innerhalb von 2 Jahren von der FBW prädikatisiert wird bzw. eine besondere Auszeichnung auf einem Festival erhält (FFG § 41).
- 2 Prozent für die Förderung von Drehbüchern (FFG § 47).
- 20 Prozent für die Förderung des Filmabsatzes, für Verleih und Vertrieb (FFG § 53,53a).
- 20 Prozent für die Förderung des Abspiels, für Strukturverbesserungen, Kooperationen, Modernisierungen, Beratungen, Zusatzkopien (FFG § 56).
- 3 Prozent für filmberufliche Weiterbildung des Nachwuchses und für Forschung, Rationalisierung und Innovation (FFG § 59,60).

Insgesamt standen der FFA 2000 154 Mio DM (1999 88,6 Mio DM) zur Verfügung (Tabellen D 1 und D 2)[74].

Tab. 177.4.1: Tabelle D 1: Jahresrechnungen der FFA (1996–2000)

Zusammenstellung der Jahresrechnungen der FFA von 1996 bis 2000 (ohne Ufi-Sondervermögen)					
	1996 TDM	1997 TDM	1998 TDM	1999 TDM	2000 TDM
A. Einnahmen					
Zinsen und Verwaltungseinnahmen	5.189	4.015	4.562	4.188	3.359
Filmabgabe	29.387	31.728	37.786	34.487	33.899
Filmabgabe der Videowirtschaft (§ 66a FFG)	–	–	–	9.960	13.670
Filmabgabe der Videowirtschaft (Vergleich vom 23. 12. 99)	–	–	–	–	48.573
Rückzahlung und Tilgungen	4.970	7.590	6.215	6.103	6.248
Entnahme aus Rückstellungen	71	1.993	–	4.500	11.443
Überschüsse aus dem Vorjahr	6.387	6.302	5.210	7.522	10.904
Zuführungen der Fernsehsender	2.520	18.667	18.813	19.195	23.210
Sonstige Zuführungen	3.260	3.273	2.878	2.650	2.698
Summe der Einnahmen	51.784	73.568	75.465	88.605	154.004
B. Ausgaben					
Verwaltungskosten	5.307	5.075	5.662	5.608	6.479
Förderungsmaßnahmen	49.270	50.464	58.524	51.790	63.045
Rückstellungen	3.350	1.550	1.050	2.300	750
Immobilienerwerb				15.505	972
Summe der Ausgaben	57.927	57.094	65.236	75.203	71.246

Tab. 177.4.2: Tabelle D 2: Einnahmen und Ausgaben der FFA (1968–1998)

Einnahmen und Ausgaben der Filmförderungsanstalt in DM 1968 bis 1998 (Ist-Zahlen)

	Einnahmen							Ausgaben nur für Filmproduktionen, Absatz, Werbung und Verwaltungskosten			
	Filmabgabe (§ 66 FFG)	direkte Zuwendungen von ARD und ZDF ab 1989 auch vom Privat-TV	Filmabgabe der Videowirtschaft (§ 66a FFG)	Zinsen u.ä.	Rückzahlungen	Zuwendungen Bund/Länder	Summe	Filmproduktionen	Filmabsatz	Werbung	Verwaltungskosten	Summe
1968	15.385.925	–	–	148.046	–	–	15.533.971	4.562.000	–	117.200	592.818	5.272.018
1969	16.809.995	–	–	406.032	–	–	17.216.027	11.680.563	–	175.982	812.505	12.669.050
1970	15.354.216	–	–	795.164	–	–	16.149.380	13.784.098	–	306.920	899.141	14.990.159
1971	14.607.170	–	–	625.529	–	1.600.000	16.832.699	10.796.890	–	380.675	999.613	12.177.178
1972	14.409.235	–	–	599.008	–	1.600.000	16.608.243	10.231.714	–	502.692	1.003.834	11.738.240
1973	14.032.555	1.000.000	–	1.441.351	–	1.600.000	18.073.906	10.533.200	–	505.241	1.094.843	12.133.284
1974	13.953.609	1.000.000	–	1.527.426	–	1.600.000	18.081.035	8.603.696	–	651.258	1.378.242	10.633.196
1975	18.389.366	1.000.000	–	984.990	4.898	1.600.000	21.979.254	16.043.877	233.987	693.310	1.557.293	18.528.467
1976	16.470.288	1.000.000	–	792.578	353.597	1.822.800	20.439.263	13.759.850	308.000	830.470	1.451.417	16.349.737
1977	17.727.142	1.300.000	–	888.935	210.009	2.640.000	22.766.086	13.184.483	568.439	1.033.933	1.587.930	16.374.785
1978	19.394.462	1.000.000	–	867.038	323.813	2.512.704	24.098.017	15.422.991	144.856	1.217.055	1.702.526	18.487.428
1979	26.099.907	500.000	–	1.510.236	630.093	2.626.356	31.366.592	9.336.929	696.405	1.435.328	1.962.468	13.431.130
1980	31.995.404	6.500.000	–	2.878.780	1.292.640	1.746.487	44.413.311	23.643.564	1.232.845	2.320.727	2.052.207	29.249.343

177. Filmförderung in der Bundesrepublik Deutschland

1981	33.313.116	3.500.000	—	4.402.736	2.957.142	2.784.800	46.957.794	30.319.219	1.386.147	2.409.911	2.336.531	36.451.808
1982	29.685.223	3.500.000	—	3.597.518	2.934.458	2.002.373	41.719.572	29.919.836	2.275.256	2.479.131	2.594.366	37.268.589
1983	30.585.572	3.500.000	—	1.953.419	3.362.557	3.342.535	42.744.083	26.514.697	3.180.959	1.968.431	2.651.765	34.315.852
1984	28.142.386	3.250.000	—	2.269.439	4.298.814	4.319.339	42.279.978	22.103.236	3.651.440	1.942.746	2.735.328	30.432.750
1985	23.925.913	3.250.000	—	1.781.079	3.119.751	633.499	32.710.242	23.762.176	2.366.955	1.781.716	2.774.192	30.685.039
1986	27.294.584	3.250.000	—	1.733.716	3.385.600	949.481	36.613.381	22.153.633	1.785.118	1.533.226	2.964.031	28.436.008
1987	18.658.818	8.000.000	4.047.556	1.653.125	4.769.802	1.369.354	38.498.655	24.773.160	2.151.870	2.187.650	3.018.378	32.131.058
1988	18.174.117	8.000.000	6.841.013	1.638.000	4.884.000	1.698.000	41.235.130	24.178.640	2.347.757	2.257.783	3.341.000	32.125.180
1989	17.079.640	10.000.000	5.629.360	2.428.000	3.972.000	4.917.000	44.026.000	21.458.427	2.503.775	1.944.107	3.498.000	29.404.309
1990	17.729.666	12.750.000	6.789.917	3.861.000	4.163.000	2.157.000	47.450.583	26.286.604	1.871.784	2.015.042	3.559.000	33.732.430
1991	21.595.999	14.750.000	7.609.001	4.948.000	4.411.000	6.105.000	59.419.000	26.948.320	2.294.248	2.267.385	4.058.000	35.567.953
1992	19.772.625	14.150.000	5.625.568	5.627.651	4.581.645	6.159.722	55.917.211	37.203.321	1.967.644	2.440.317	4.302.483	45.913.765
1993	24.736.766	11.300.000	1.608.641	5.293.784	4.071.295	3.410.347	50.420.833	28.582.290	3.370.716	1.982.703	4.336.845	38.272.555
1994	26.688.578	11.210.900	269.424	3.054.525	3.849.434	3.143.220	48.216.081	33.921.493	5.448.746	2.082.328	4.545.133	45.998.700
1995	26.309.574	29.569.100	92.912	3.503.662	6.238.655	3.310.394	69.024.297	23.427.073	3.926.874	2.461.550	4.986.611	34.802.108
1996	29.309.348	2.520.000	78.018	5.189.224	4.969.713	3.260.195	45.326.498	41.760.286	5.084.512	2.309.411	5.307.014	54.461.223
1997	31.635.491	18.667.500	92.032	4.014.694	7.590.459	3.272.537	65.272.713	42.754.534	4.550.675	3.048.400	5.075.142	55.428.750
Gesamt	659.266.691	174.467.500	38.683.442	70.414.685	76.374.374	72.183.143	1.091.389.836	647.650.800	53.349.008	47.283.628	79.178.656	827.462.092

5.2. Abgaben Film-/Videowirtschaft

Das Aufkommen aus der *Abgabe der Filmwirtschaft* betrug 1990 (im Jahr der ersten Multiplex-Eröffnung) noch 17,7 Mio DM. Entscheidend für die Verdoppelung auf 33,9 Mio DM im Jahr 2000 war die steigende Tendenz der Filmbesuche, die insbesondere mit der Entwicklung der Multiplexe verknüpft war.

Die Statistik der FFA (Tabelle E) weist aus, dass sich die Anzahl der Multiplex-Besuche von 1995 mit 13 703 041 bis 2000 mit 61 591 828 und der Umsatz 1995 mit 158 162 695,- DM bis 2000 mit 712 856 694,- DM weit mehr als vervierfacht haben. Dies erklärt sich aus der Tatsache, dass von 1990 bis 1995 17 Multiplexe mit 185 Leinwänden eröffnet wurden, dagegen von 1996 bis 2000 aber 111 Multiplexe mit 977 Leinwänden.

Die Statistik macht allerdings auch auf eine rückläufige Entwicklung aufmerksam. Die im Jahr 1998 bisher höchste Abgabe der Filmwirtschaft zeigt ab 1999 abnehmende Tendenz. Ursache ist die sich abzeichnende Gefahr eines „Overscreenings"[75], auf das folgende Zahlen hindeuten: 1995 gab es 13 703 041 Besucher bei 185 Leinwänden, d.h. 74 070 Besucher pro Leinwand; 1998 gab es 45 094 521 Besucher bei 726 Leinwänden, d.h. 62 113 Besucher pro Leinwand; 2000 gab es 61 591 829 Besucher bei 1162 Leinwänden, d.h. 53 005 Besucher pro Leinwand. Trotz der steigenden absoluten Besucherzahlen (hervorgerufen, durch neue Multiplex-Eröffnungen) könnte sich in den Folgejahren ein Auslastungsproblem der Filmtheaterlandschaft entwickeln. Dies ist besonders zu beachten vor dem Hintergrund, dass im Jahr 2000 der Anteil der Multiplex-Besucher an dem bundesweiten Filmtheaterbesuch 40,4 Prozent und der Anteil der Multiplexe am Gesamtumsatz aller Filmtheater in der Bundesrepublik 44,2 Prozent betrugen.

Positiver ist das Ergebnis der Umsatzentwicklung des *Videomarktes*[76], die vor allem auf die steigenden Absatzzahlen im DVD-Geschäft zurückzuführen sind. Nach der FFA-Statistik gab es 1999 Programmanbieterzahlungen in Höhe von 9 874 118,33 DM und im Jahr 2000 13 669 660,81 DM.

5.3. Film- und Fernsehabkommen (öffentlich-rechtlich und privat)

Gegenüber der gesetzlichen Festlegung der Abgabe durch die Film- und Videoprogrammanbieter, sind die Zahlungen der Fernsehveranstalter freiwillig.

Das Abkommen mit den öffentlich-rechtlichen Anstalten, das sogenannte *Film- und Fernsehabkommen*, datiert seit dem 1. Abkommen November 1974 (2. Abkommen Juli 1980; 3. Abkommen November 1983; 4. Abkommen März 1986/Nachtragsvereinbarung November 1988; 5. Abkommen Juli 1989; 6. Abkommen April/Mai 1993; 7. Abkommen März 1997 und Anpassung durch Änderungsvereinbarung März/April 1998). Über die Bereitstellung der Mittel gibt folgende Tabelle F[77] Auskunft.

In der jetzt gültigen Fassung mit einer Laufzeit bis 2003 wurde festgelegt, daß die ARD und ZDF jährlich insgesamt 11 Mio DM für Projektfilmförderung zahlen und jährlich je 4,5 Mio DM für Gemeinschaftsproduktionen von Kinofilmproduzenten und öffentlich-rechtlichen Sendern.

Über das Abkommen mit der FFA hinaus muß allerdings zur Bewertung der Leistungen von ARD/ZDF für die deutsche Filmwirtschaft berücksichtigt werden, daß erheblich mehr Mittel für Eigenproduktionen einzelner Anstalten, Auftragsproduktionen, Ankäufe, Synchronisationen, Finanzierung von Filmreihen/Retrospektiven und Erwerb von Ausstrahlungsrechten aufgebracht werden. Außerdem engagieren sich die großen Anstalten innerhalb der Filmförderungen ihrer Länder, indem sie entweder die Filmfördereinrichtungen direkt unterstützen oder eine eigene Filmförderung errichtet haben wie die in Niedersachsen[78].

Die *privaten Fernsehveranstalter* (Verband Kabel und Satellit e.V. jetzt: Verband Privater Rundfunk und Telekommunikation e.V./VPRT) haben seit 1989 dem Fonds für Produktionsförderung der FFA in Übereinkunft mit dem BMWi freiwillige Beiträge zugeführt: in einer Vereinbarung für 1989 bis 1991 (1989 2 Mio DM; 1990 4 Mio DM; 1991 6 Mio DM) und in einer weiteren für das Jahr 1992 (6 Mio DM).

Im Zusammenhang mit der Verabschiedung des FFG 1992 hatte der Deutsche Bundestag am 12. November 1992 eine Entschließung verabschiedet, nach der „die privaten Fernsehunternehmen ein Film-/ Fernsehabkommen mit der Filmwirtschaft abschließen und sich dabei zu einem direkten Beitrag an die FFA in Höhe von mindestens 10 Mio DM in 1993 und 1994 und von mindestens 12 Mio DM jährlich ab 1995 verpflichten" sollten. Dem folgte ein Abkom-

Tab. 177.5: Tabelle E: Multiplexe – Besuch und Umsatz nach Generationen (1997–2000)

Multiplexe – Besuch und Umsatz nach Generationen 1997 bis 2000

Generationen	Spielstätten	Leinwände	Besucher 1997	Besucher 1998	Besucher 1999	Besucher 2000	Differenz 00/99	Vergl. 00/99 Prozent	Umsatz 1997	Umsatz 1998	Umsatz 1999	Umsatz 2000	Differenz 00/99	Vergl. 00/99 Prozent
1.: 1990 und 1991 eröffnete MP's	6	81	8.197.874	7.118.431	6.063.423	5.835.490	-227.933	-3,8	101.291.050	89.817.904	76.583.611	71.741.422	-13.234.298	-14,7
2.: 1992 bis 1994 eröffnete MP's	6	53	4.887.013	4.658.673	4.180.243	3.911.456	-268.787	-6,4	56.327.447	56.517.124	51.902.189	46.560.663	-5.541.536	-10,3
3.: 1995 eröffnete MP's	5	51	4.210.973	4.180.652	3.950.340	3.719.921	-230.419	-5,8	48.691.261	50.316.652	47.994.151	45.808.435	-2.185.716	-4,6
4.: 1996 eröffnete MP's	13	119	10.298.356	9.927.560	8.724.537	7.376.976	-1.347.561	-15,4	115.383.527	115.593.287	102.364.273	87.166.273	-15.198.000	-14,8
5.: 1997 eröffnete MP's	22	206	4.598.820	14.832.842	13.298.852	12.448.060	-850.792	-6,4	52.976.569	175.628.597	155.868.108	144.134.766	-11.733.342	-7,5
6.: 1998 eröffnete MP's	25	216		4.376.383	11.842.847	11.302.422	-540.425	-4,6		49.021.117	137.638.509	128.946.952	-8.691.557	-6,3
7.: 1999 eröffnete MP's	27	230			3.219.502	11.604.074	8.364.572	260,4			36.497.017	128.282.430	91.785.413	251,5
8.: 2000 eröffnete MP's	24	206				5.393.430						60.015.763		
Summe	128	1.162	32.193.036	45.094.541	51.279.744	61.591.828	10.312.085	20,1	374.669.854	536.894.681	608.847.858	712.856.694	103.808.836	17,1

Multiplexanteil am Gesamtbesuch

	1996	1997	1998	1999	2000
bundesweit	14,6 %	22,5 %	30,3 %	34,4 %	40,4 %
alte Bundesländer	14,1 %	20,2 %	27,4 %	32,6 %	39,7 %
neue Bundesländer	17,0 %	34,0 %	43,0 %	42,3 %	43,3 %

Multiplexanteil am Gesamtumsatz

	1996	1997	1998	1999	2000
bundesweit	17,1 %	25,5 %	33,6 %	38,5 %	44,2 %
alte Bundesländer	16,6 %	23,1 %	30,7 %	36,8 %	43,6 %
neue Bundesländer	19,9 %	38,4 %	47,6 %	47,0 %	47,3 %

Quelle: FFA

Tab. 177.6: Tabelle F: Gesamtdotation der sieben Film-/Fernsehabkommen ARD/ZDF/FFA (1974–2003)

Abkommens-zeitraum	Gesamtdotation der sieben Film-/Fernsehabkommen ARD/ZDF/FFA für die Herstellung von Filmen (1974 bis 2003)						
	für Gemein-schafts-Produk tionen Mio. DM	für Vorabkauf Mio. DM	als Zuschuß zur Projekt-förderung der FFA Mio. DM	für Nachwuchs-förderung Mio. DM	als Zuschuß für die Autoren-förderung FFA Mio. DM	für die „Erleich-terte" Referenz-filmförde-rung Mio. DM	Gesamt-volumen Mio. DM
1. Abkommen 5 Jahre 1974–1978	34,00	5,40	5,0	0,00	0,00	0,00	44,40
2. Abkommen 5 Jahre 1979–1983	54,00	0,00	15,00	7,50	2,50	0,00	79,00
3. Abkommen 3 Jahre 1984–1986	36,00	0,00	9,00	5,25	0,75	0,00	51,00
4. Abkommen 3 Jahre 1987–1989	36,00	0,00	19,50	3,00	0,75	3,75	63.00
5. Abkommen 3 Jahre 1990–1992	39.75	0,00	22,50	3,00	0,00	3,75	69,00
6. Abkommen 3 Jahre 1993–1995	42,75 (incl. Nach-wuchsförd. 3,00 Mio. DM)	0,00	33,00	0,00	0,00	0,00	75,75
7. Abkommen 3 Jahre 1996–1998	22,00	0,00	18,00	0,00	0,00	0,00	40,00
7. Abkommen angepaßt durch Ände-rungsverein-barung aus März 1998 5 Jahre 1999–2003	45,00	0,00	55,00	0,00	0,00	0,00	100,00
Summen	309,50	5,40	177,00	18,75	4,00	7,50	522,15

men, das die FFA 1994 mit 10 im VPRT zusammengeschlossenen privaten Sendeunternehmen für 2 Jahre abschloß mit jeweils einer Zahlung von 10,5 Mio DM in 1995 und 1996.

Am 12. Dezember 1996 wurde ein weiteres Abkommen geschlossen, das bis Ende 1998 (Auslaufen des Gesetzes) Zahlungen der 10 privaten Sender (Pro7, RTL Television, SAT 1, RTL 2, Premiere, Kabel 1, VOX, Super RTL, TM 3, DF 1) an die FFA in Höhe von nominal 30 Mio für zwei Jahre regelte. Allerdings waren die privaten Sen-

der berechtigt, ihre Zahlungsverpflichtungen, die sie im Rahmen ihrer Länderförderungen zum FilmFernsehFonds Bayern, Filmstiftung NRW, Filmboard Berlin-Brandenburg und FilmFörderung Hamburg leisten bis zu 50 Prozent anzurechnen, so daß 1998 tatsächlich nur 6 292 500,- DM an die FFA flossen[79].

Am 6. November 1998 wurde für die Laufzeit von 1999 bis zum 31. Dezember 2003 ein Abkommen geschlossen, nach dem jährlich 11 Mio DM an die FFA fließen sollen.

177. Filmförderung in der Bundesrepublik Deutschland

Tabelle 177.7: Tabelle G: Fördermittel des Fernsehens an Filmförderinstitutionen des Bundes und der Länder 1999

	Fördermittel des Fernsehens an Filmförderinstitutionen des Bundes und der Länder 1999 in Mio. DM										
	FFA	Hamburg	Nordrhein-Westfalen	Berlin/Brandenburg	Bayern	Sachsen/S.-Anhalt/Thüringen	Baden-Württemberg	Hessen	Niedersachsen	Schleswig-Holstein	Gesamt
Öffentlicher Rundfunk gesamt	20,0*	4,0	31,5	2,0	2,0	2,0	2,0	2,0	2,0	1,35	90,35*
ARD	10,0*	–	–	–	–	–	–	–	–	–	10,00*
BR	–	–	–	–	6,0	–	–	–	–	–	6,00
HR	–	–	–	–	–	–	–	2,0	–	–	2,00
MDR	–	–	–	–	–	7,5	–	–	–	–	7,50
NDR	–	2,0	–	–	–	–	–	–	2,0	1,35	5,35
SWR	–	–	–	–	–	–	7,5	–	–	–	7,50
WDR	–	–	26,5	–	–	–	–	–	–	–	26,50
ZDF	10,0*	2,0	5,0	2,0	3,0	2,5	1,0	–	–	–	25,50*
Privater Rundfunk											
gesamt	11,0	–	6,0	6,0	6,5	–	–	–	–	–	29,50
VPRT	11,0	–	–	–	–	–	–	–	–	–	11,0
RTL	–	–	–	–	2,0	–	–	–	–	–	2,0
SAT.1	–	–	3,0	4,0	–	–	–	–	–	–	7,0
ProSieben	–	–	3,0	2,0	3,0	–	–	–	–	–	8,0
RTL II/TM 3	–	–	–	–	1,5	–	–	–	–	–	1,50
Gesamt	31,0*	4,0	37,5	8,0	15,5	10,0	8,5	2,0	2,0	1,35	119,85*

* Davon jeweils 4,5 Mio. DM Produktionsmittel, die von der ARD und vom ZDF im Rahmen des Film/Fernseh-Abkommens unmittelbar an Koproduzenten gezahlt werden.

Tab. 177.8: Tabelle H: Direkte Zuwendungen zwischen privaten Sendeunternehmen und FFA (1989–1998)

Bundesverband Kabel und Satellit bzw. VPRT	Abkommen vom 25. 10.– 22. 12. 1994	Abkommen vom 12. 12. 1996	Abkommen mit Premiere vom 8. 1. 1997	Gesamt- volumen	Jahr
\-	\-	\-	\-	\-	
\-	\-	\-	\-	\-	
\-	\-	\-	\-	\-	
\-	\-	\-	\-	\-	
\-	\-	\-	\-	\-	
2.000.000	\-	\-	\-	2.000.000	1989
4.000.000	\-	\-	\-	4.000.000	1990
6.000.000	\-	\-	\-	6.000.000	1991
6.000.000	\-	\-	\-	6.000.000	1992
\-	\-	\-	\-	\-	
\-	18.480.000	\-	\-	18.480.000	1995
\-	\-	\-	\-	\-	
\-	2.520.000	\-	\-	2.520.000	1996
\-	\-	9.670.000	750.000	10.420.000	1997
\-	\-	7.000.000	\-	7.000.000	1998
18.000.000	21.000.000	16.670.000	750.000	56.420.000	

Table header spanning: 56 Mio. DM direkte Zuwendungen des VPRT bzw. aus 3 Abkommen zwischen privaten Sendeunternehmen und FFA 1989–1998

5.4. Ufi-Sondervermögen

Das von der FFA verwaltete Ufi-Sondervermögen[80] beläuft sich auf ca. 40 Mio DM. Über seine Verwendung entscheidet der BKM im Einvernehmen mit dem BMF. Aufgrund Art. 1, Nr. 14 des Gesetzes zur Änderung des Filmförderungsgesetzes vom 9. August 1971 wurde das Sondervermögen „Ufi-Abwicklungserlös" gebildet. In § 74 des Gesetzes ist geregelt, dass das Sondervermögen für die Förderung der Filmwirtschaft zu verwenden ist. Die FFA stellt jährlich ca. 8 Mio DM für Maßnahmen (in der Regel bis zu einer Höhe von 300000,- DM) wie z. B. die Modernisierung und Verbesserung der Filmtheater als zinslose Darlehen zur Verfügung.

5.5. Förderungen des BMWi/BKM

Neben den gegenwärtig aufweisbaren Einnahmen der FFA hat es in den Jahren 1988 bis 1990 auch Mittel vom BMWi in Höhe von 2 bis 3 Mio DM für die Produktionsförderung der FFA gegeben. Diese Mittelzuwendung ist eingestellt worden. In 1996 wendete das BMWi 8,2 Mio DM auf: für EURIMAGE und EFDO-ABROAD[81] 5,5 Mio DM, für eine Vertriebsförderung im Rahmen von Abkommen mit Frankreich und Österreich 0,6 Mio DM, für die Förderung des Absatzes deutscher Filme im Ausland 1,3 Mio DM, sowie für die „Auslandsbeauftragten für den deutschen Film" der FFA 0,5 Mio DM und die Berliner Filmmesse 0,4 Mio DM[82]. Mit dem Organisationserlaß des Bundeskanzlers vom 27. Oktober 1998 wurde die Zuständigkeit aus dem BMWi zum BKM übertragen. Danach werden weiterhin die Produktion von Filmen im Rahmen des multilateralen europäischen Förderungssystems EURIMAGES (Fondsbeitrag sowie Verwaltungs- und Beratungskosten), der Absatz von Filmen im Rahmen von in Deutschland angesiedelten Projekten des MEDIA-Programms, u. a.

- die seit 1997 gegründete EFP(European Film Promotion e.V.), die sich für die Verbreitung des europäischen Films

und die Erschließung neuer Märkte einsetzt und der 20 europäische Filminstitute und Filmvertriebe angehören (BKM-Förderung 2000 130000,- DM, Media-Förderung 65000,- DM, Film-Förderung Hamburg GmbH 100000.- DM),
- das 1991 gegründete Fort- und Weiterbildungsprogramm (Nipkow-Programm) (BKM-Förderung 2000 150000,- DM, Media-Förderung 400000,- DM, Filmboard Berlin-Brandenburg 200000,- DM),
- die 1989 gegründete European Film Academy (EFA) e.V., die einerseits Workshops, Veranstaltungen und Master Classes für junge Regisseure ausrichten und andererseits jährlich die European Film Awards (früher bekannt unter dem Namen FELIX) verleiht (BKM-Förderung 2000 266667,- DM, Stiftung Deutsche Klassenlotterie Berlin 716733,- DM, Filmboard Berlin-Brandenburg-Beteiligung 200000,- DM, MEDIA-Beteiligung 459996,- DM, sonstige Beteiligungen (FFA) 78486,- DM, sowie Unterstützungen aus der Filmindustrie und durch Sponsoren aus der Privatwirtschaft),

sowie die Vertriebsförderung von Filmen nach dem Regierungsabkommen mit Frankreich und Österreich gefördert. Hinzu kommt die Förderung des Absatzes deutscher Filme im In- und Ausland (u.a. Zuschüsse zu den Kosten für die Auslandsbeauftragten des deutschen Films, für die Werbung des deutschen Films im Ausland) sowie bis zu 450000.- DM zur Förderung der Berliner Filmmesse und anderer Koproduktionsanstalten. Insgesamt stehen im Jahr 2000 8 Mio DM zur Verfügung.[83]

5.6. Zusammenfassung

Zusammengefasst ergibt sich damit für die kulturelle und wirtschaftliche Filmförderung des Bundes (ohne FFA) im Jahr 2000 ein Mittelvolumen von 54,5 (1996 von 51,6 Mio DM).

Aus den letzten Statistiken von 1995 und 1998 ist zu ersehen, daß die reine Bundesfilmförderung für 1994 rund 44 Mio DM (für 1996 46 Mio DM) betrug, von der 49 Prozent auf das BMI (1996 51,7 Prozent), 31,8 Prozent auf das BMWi (1996 30,7 Prozent), 18,2 Prozent auf das AA (1996 17,1 Prozent) und 1 Prozent auf das BMBF (1996 0,3 Prozent) und 1996 0,1 Prozent auf das BMFSFJ entfielen. Im Jahr 2000 haben sich die prozentualen Anteile etwas verschoben (BKM 53,8 Prozent, AA 28, 1 Prozent, BMBF 17,6 Prozent, BMFSFJ 0,5 Prozent).

Im Verhältnis dazu brachten die Länder für ihre eigenen Filmförderprogramme, die seit 1977 eingerichtet wurden, ca. 187 Mio DM (1996 181 Mio DM) auf, d.h. von den insgesamt 231 Mio DM Fördermittel in der Bundesrepublik (1996 227 Mio DM) entfallen auf die Länder ca. 81 Prozent (1996 79 Prozent) und auf den Bund ca.19 Prozent (1996 20,5 Prozent)[84].

Es ist jedoch davon auszugehen, daß auch diese Zahlen nicht das Gesamtvolumen der in der Bundesrepublik zur Verfügung stehenden Filmförderungsmittel erfassen. Dafür gibt es u.a. eine Reihe von Gründen: Maßnahmen, die die technischen und elektronischen Infrastrukturbereiche des Filmwesens berühren, werden innerhalb der sogenannten „Medienförderung" subsumiert; Ausbildungsmaßnahmen, die von den Wissenschafts- und Bildungsministerien getragen werden, erscheinen nicht innerhalb der klassischen Filmförderung (Herstellung, Vertrieb, Abspiel) der Kultus- und Wirtschaftsministerien; Veranstaltungsprojekte außerhalb der Filmtheater und Filmfestivals, werden aus Fachtiteln subventioniert, zu denen die Projekte gehören, dazu zählen auch institutionelle Förderungen außerhalb der mit Film befaßten Institute.

6. Die Filmförderung der Länder[85]

Die Vielfalt der Ressortierung einzelner Filmfördermaßnahmen spiegelt sich wieder in den von Land zu Land ganz unterschiedlichen Strukturen und Bedingungen der Länderfördersysteme. Dabei ist zu beobachten, daß von der progressiven Idee der Selbstverwaltung durch die Filmszene Ende der 70er Jahre in den Ländern mit großer Filmförderung abgerückt und zum Stiftungs- oder GmbH-Modell übergegangen wurde. Zum früheren Gremienmodell[86] trat das sogenannte Intendantenmodell[87] (Filmboard Berlin-Brandenburg GmbH) und die Stärkung des Geschäftsführers[88] der GmbH (FilmFörderung Hamburg GmbH). Der Dualismus von kultureller und wirtschaftlicher Filmförderung wurde teilweise aufgehoben und Förderungsstrukturen entwickelt, die den Film sowohl als Wirtschafts- als auch als Kulturgut berücksichtigen, aber auch wieder eingeführt, wie das Beispiel Hessen zeigt.

Die jüngsten Umstrukturierungsmaßnahmen setzen schließlich nicht nur auf Fusionen einzelner Länderförderungen sondern auch auf die Ausweitung der Förderungsmaßnahmen auf die Bereiche der elektronischen Medien (Multimedia-Projekte), was sich bereits im Fehlen des Begriffs „Film" im Namen etwa der Mitteldeutschen Medienförderung GmbH und der Nord Media Agentur GmbH zeigt. Dazu gibt es Bestrebungen, die unterschiedlichen Antragsbedingungen der Länder prinzipiell anzunähern und den sogenannten Länderbezug/Ländereffekt liberaler zu handhaben[89].

6.1. Berlin
(Filmboard Berlin-Brandenburg)

Dieser Länderbezug geht zurück auf die Anfänge der zunächst wirtschaftlichen Filmförderung in den Ländern wie z. B. in Berlin[90]. Dort wurde am 20. 12. 1977 vom Senat beschlossen, 15 Mio DM für Kreditierung von Filmprojekten zur Verfügung zu stellen, die überwiegend in Berlin hergestellt und für die ca. 50 Prozent der Gesamtkosten des Films in Berlin ausgegeben werden mußten (später sogar 2/3). 30 Prozent der Herstellungskosten (max. bis zu 2 Mio DM) wurden als bedingt rückzahlbare Darlehen gewährt. Mit dem Senatsbeschluß für die Richtlinien zur Berliner Filmförderung vom 27. 4. 1978 wurde die Durchführung des Förderprogramms der Filmkredittreuhand GmbH übergeben, die bereits seit 1954 Filmprojekte mit Bürgschaften aus öffentlichen Mitteln ausstattete. In den Richtlinien vom 28. 9. 1982[91], 12. 3. 1987, 1. 10. 1990 zeigt sich dann eine Erweiterung des Förderspektrums von der Produktionsförderung für programmfüllende Filme zunächst auf Kurzfilme und Low-budget-Filme, dann auf produktionsvorbereitende Maßnahmen, Verleih, Vertrieb, Abspiel und auf Fernseh- und Videofilme. Mit dem Erlaß der Richtlinien am 10. 8. 1994 nahm die Filmboard Berlin-Brandenburg GmbH (zu je 50 Prozent von den Ländern Berlin und Brandenburg getragen) ihre Arbeit auf, die die gleichen Förderbereiche (über die Investitionsbank des Landes Brandenburg) berücksichtigt, mit einem Schwerpunkt bei der Stoff- und Projektentwicklung (Incentive Funding). Der Regionaleffekt beträgt inzwischen 100 Prozent der gewährten Fördersumme, die von kleinen bis großen Produktionen zwischen 30 Prozent und 70 Prozent der Herstellungskosten liegt. Das Ziel der Filmboard GmbH ist, konsequent auf den erfolgreichen Film zu setzen, d. h. die Drehbuchförderung und Projektentwicklung wird nur Produzenten und nicht Regisseuren oder Autoren gewährt; Produktionsförderung bekommt nur, wer ein Marketingkonzept und einen Verleihvertrag vorweisen kann und jedes Projekt muß so konzipiert sein, daß die Wahrscheinlichkeit der Kosteneinspielung besteht. Die Besonderheit dieser GmbH liegt in dem in der Bundesrepublik bisher einzigen Intendantenmodell. Der Intendant (zugleich Geschäftsführer) der GmbH bedient sich zwar zur Entscheidungsfindung seines GmbH-Teams und der Empfehlung von Experten außerhalb der GmbH, entscheidet und verantwortet aber allein.

Zu den Filmboard-Maßnahmen gehören außerdem die Aus- und Weiterbildungsinstitution „Master School Drehbuch" und der Location-Service „Berlin Brandenburg Film Commission".

Die Filmboard Berlin-Brandenburg GmbH verfügte 2000 über ein Mittelvolumen von 32,3 Mio DM (Landeszuwendungen Berlin 13,2 Mio DM, Brandenburg 12,1 Mio DM, Beteiligungen: ZDF 2 Mio DM, SAT.1 3 Mio DM, PRO 7 2 Mio DM).

6.2. Bayern (FFF)

In Bayern mochte man diesem Modell nicht folgen, als am 1. 3. 1996 der FilmFernseh-Fonds Bayern GmbH (FFF) gegründet wurde und mit der Verabschiedung der Richtlinien am 15. 5. 1996 seine Arbeit aufnahm. Die Filmförderung, die knapp zwei Jahre nach Beginn der Berliner Filmförderung unter ganz ähnlichen Bedingungen ab 1979 ihre Mittel vergab[92], wurde damit auf eine ganz neue Basis gestellt. Das Fonds Modell besteht aus den Gesellschaftern: Freistaat Bayern 55 Prozent (27,5 Mio DM), Bayerischer Rundfunk (BR) 12 Prozent Prozent (6 Mio DM), Bayerische Landeszentrale für Medien (BLM) 8 Prozent (4 Mio DM), PRO 7/SAT.1 6 Prozent (3 Mio DM), Kirch 6 Prozent (3 Mio DM) ZDF 6 Prozent (3 Mio DM) RTL 4 Prozent (2 Mio DM), TeleMünchen 3 Prozent (1,5 Mio DM), insgesamt stehen 50 Mio DM zur Verfügung. Für die Vergabe der Mittel durch den FFF ist ein Vergabeausschuß verantwortlich, der aus 15 Personen besteht (7 werden vom Staat, 7 von den Gesellschaftern benannt, und der Geschäftsführer des FFF als „geborenes Mitglied"). Entscheidungen werden mit ²/₃ Mehrheit getroffen. Anders als in NRW, wo der WDR mit der Vergabe seiner Mittel Rechte erwirbt oder in Niedersachsen, wo der NDR den Rechteerwerb für den Sender grundsätzlich zur Förderungsbedingung macht, ist das bayrische Modell offen. Die Förderung Film/Fernsehen wird mit ²/₁ angegeben. Entscheidend ist aber auch hier der sogenannte Bayern-Effekt. Mindestens das 1,5fache der gewährten Darlehensbeträge müssen in Bayern ausgegeben werden. Allerdings gibt es einen auf die zukünftige Kooperation der Länder ausgerichteten Passus, daß auf den Effekt verzichtet werden kann, wenn eine andere Länderförderung bei einem anderen Projekt zugunsten Bayerns in gleicher Höhe auf ihren Landeseffekt verzichtet. Bis auf den Bereich Nachwuchsförderung (Abschluß- und Erstlingsfilme von Absolventen der HFF, sonstige Nachwuchsförderung) von insgesamt ca. 2,3 Mio DM, wird der Hauptteil der Förderung unter kulturellen und wirtschaftlichen Gesichtspunkten vergeben. Dafür gibt es im Gegensatz zu Berlin, wo alle Mittel der Ministerien in die Filmboard GmbH geflossen sind, bei der Bayerischen Staatskanzlei einen weiteren Förderungskatalog „Preise" (Bayerischer Filmpreis 1,25 Mio DM, Bayerischer Fernsehpreis 0,65 Mio DM), Bayerische Dokumentarfilmpreis 0,3 Mio DM, Filmfest München (Stadt und Staat anteilige Finanzierung: 1,2 Mio DM), sonstige Veranstaltungen/ Festivals (1,2 Mio DM) sowie institutionelle Förderung des Bayerischen Filmzentrums (das Nachwuchsproduzenten zu günstigen Bedingungen Arbeitsmöglichkeiten bietet), Drehbuchwerkstatt 0,3 Mio DM und Aus- und Weiterbildung 2,68 Mio DM (ohne Hochschule für Fernsehen und Film München).

6.3. Hamburg (FFHH)

Während in Bayern 1979 eine dominant wirtschaftliche Filmförderung entstand, entwickelte sich in Hamburg das erste und interessanteste Modell einer kulturellen Filmförderung. Anlaß war die Planung einer Filmwoche 1978 in München, die an den Forderungen der auf Mitwirkung drängenden Filmemacher scheiterte. Die Konzeption der in München gescheiterten Filmemacher lag dem Hamburger Senat vor, der am 4. 7. 1979 für ein in eigener Regie organisiertes Filmfest Mittel bewilligte. Es folgte die sich auf Oberhausen beziehende „Hamburger Erklärung" am 22. 9. 1979, die sich gegen verwaltende Staatsnähe und undurchsichtige Gremienentscheidungen wandte, und die Gründung des „Hamburger Filmbüros e.V." am 29. 10. 1979[93]. Der Senat beschloß weiter, daß fortan vom Filmbüro in Selbstverwaltung nach mit dem Senat abgestimmten Richtlinien eine kulturelle Filmförderung betrieben wird. 1980 wurden erstmalig dafür 3 Mio DM für ein Filmhaus, Selbstverwaltungskosten und direkte Filmförderung (2,3 Mio DM) von der Kulturbehörde zur Verfügung gestellt. In zwei Schwerpunktbereichen wurde gefördert: I (Kurz-, Experimentalfilm, Videoproduktion), II (Spiel- und Dokumentarfilm). Für jeden Schwerpunktbereich wurden 2 Auswahlgremien berufen, die jeweils aus 3 Filmemachern bzw. drei Nichtfilmemachern bestanden, so daß ein Projekt nach Ablehnung durch das erste Gremium noch einmal eine Chance bis zur endgültigen Ablehnung hatte[94]. 1982 kam zur kulturellen Filmförderung eine von der Wirtschaftsbehörde betriebene wirtschaftliche Filmförderung „Film Fonds Hamburg"[95] auf der Basis der Kreditierung von Darlehen über die Hamburgische Landesbank hinzu. Einem Modellversuch für die Vertriebsförderung (1985 bis 1988) folgte 1989 das von wirtschaftlicher und kultureller Filmförderung gemeinsam getragene VertriebsKontor, das fortan für Verleih und Vertrieb zuständig war.

Doch bereits seit 1989 gab es in Hamburg Diskussionen über eine Neustrukturierung der Filmförderung unter dem Gesichtspunkt der Zusammenführung von kultureller und wirtschaftlicher Filmförderung. Am 18. 10. 1994 beschloß der Senat die Gründung der FilmFörderung Hamburg GmbH (Gesellschafter ist die Freie und Hansestadt Hamburg) und daß die neue Gesellschaft von einer/einem Geschäftsführer/in geleitet wird, die/der zugleich Mitglied in den mit 4 Fachleuten besetzten Vergabegremien (seit der Beteiligung von NDR und ZDF am Fördervolumen besteht das Gremium im Schwerpunktbereich 1/„großer Spielfilm" aus 6 Mitgliedern) ist und bei Stimmengleichheit entscheidet. Damit wurde durch die Stärkung des Geschäftsführers eine Kombination aus Intendanten- und Gremienmodell geschaffen. Eine weitere Besonderheit ist, daß in Hamburg festgelegt wurde, daß bis zu 15 Prozent der Projektmittel für Projekte aller Genres bis zu 1 Mio DM Herstellungskosten reserviert sind, für die neben den Produzenten auch Filmemacher antragsberechtigt sind. Die FFHH GmbH betreibt Film- und Fernsehförderung, wobei die Fördersumme von 50 Prozent bis zu 70 Prozent der Herstellungskosten betragen kann. Die Förderung wird als bedingt rückzahlbares Darlehen gewährt. Die zurückgezahlten Mittel fließen auf ein „Referenzkonto", auf das der zurückzahlende Produzent innerhalb eines bestimmten Zeitraums für ein neues Filmprojekt zurückgreifen kann (wie dies bereits zur Zeit des Filmbüros e.V. galt). Hamburg wollte damit vor allem auch eine Stärkung der Produzenten erreichen. Zur Stärkung der audiovisuellen Medien in Hamburg wurde festgelegt, dass das 1,5fache der Gesamtförderungssumme des laufenden Jahres in Hamburg ausgegeben werden muß (im Gegensatz zu anderen Länderförderungen, wo sich das 1,5fache auf das einzelne Projekt bezieht).

Die FFHH GmbH wird anteilig von der Wirtschafts- und der Kulturbehörde finanziert, ergänzt durch Beiträge von NDR und ZDF ab 1998, die in das Gesamtfördervolumen einfließen. Im Jahr 2001 standen 20,98 Mio DM zur Verfügung (16,98 Mio Landesmittel, je 2 Mio NDR und ZDF).

Gegenwärtig werden die geltenden Richtlinien vom 15. Juli 2000 – wie bei allen anderen Länderförderungen auch – mit dem Ziel überarbeitet, Kompatibilität hinsichtlich der Vorschriften der EU zu erreichen, die eine Notifizierung der Filmförderungsrichtlinien in ganz Europa notwendig machen.

Die Länderförderung in Hamburg wird ergänzt durch eine von der FFHH GmbH betriebene Kinoförderung, das Betreiben eines Location-Büros und die Unterstützung der European Film Promotion (EFP) – bis 2000, ab 2001 Kulturbehörde Hamburg –, sowie Mittel (2001 ca. 2,5 Mio DM) der Kulturbehörde für Festivals, Filmzentren und Abspiel und Vertriebsförderung. Neben der anteiligen Finanzierung der FFHH GmbH finanziert die Wirtschaftsbehörde auch komplementär (mit 0,5 Mio DM) zur Kulturbehörde das Filmfest in Hamburg.

Weitere Förderungen kommen von der Schulbehörde (240000,- DM) und Wissenschaftsbehörde (2,5 Mio DM), wie dies in den meisten Ländern der Fall ist.

6.4. Nordrhein-Westfalen
(Filmstiftung NRW)

Ein Jahr nach der Gründung des Hamburger Filmbüros wurde das Filmbüro Nordrhein-Westfalen 1980, heute mit Sitz in Mühlheim a.d.R., gegründet, das auf Grund einer „Vereinbarung zur kulturellen Filmförderung" zwischen dem Kultusministerium und dem Verein vom 17. 9. 1981 in Selbstverwaltung und auf der Basis von Gremienentscheidungen bis 1989 jährlich ca. 2 Mio DM (1990 3,7 Mio DM, 2001 2,9 Mio DM) vergeben konnte. Die heute gültigen Richtlinien vom 5. 10. 1998 beziehen sich auf die beiden Hauptförderbereiche: Produktion und Vertrieb. Weiter gibt es Förderungen für Multimedia-Projekte und zur Fortentwicklung der filmkulturellen Infrastruktur. Seit 1995 erhält das Filmbüro seine Mittel vom Wirtschaftministerium NRW. Eine Besonderheit ist hervorzuheben: Der bei anderen Länderförderungen notwendige Landesbezug kann aus übergeordneten filmkulturellen Gesichtspunkten oder wenn andere Förderinstitutionen (wie z.B. aufgrund von Vereinbarungen Baden-Württemberg und Hessen) das Projekt bereits gefördert haben, entfallen.

Am 27. 2. 1991 wurde zur bestehenden kulturellen Filmförderung die Filmstiftung Nordrhein-Westfalen GmbH gemeinsam vom Land und dem WDR gegründet. Der WDR hatte ein Startkapital von 33 Mio DM zur Verfügung gestellt. Darin enthalten war der 2 Prozent-Anteil der Rundfunkgebühr, die von der Landesanstalt für Rundfunk an den WDR zurückfließen (Kabelgroschen). Die Landesregierung stellte 12 Mio DM bereit. 1996 wurden vom WDR und vom Land je 22,9 Mio DM aufgebracht, womit NRW neben Bayern das größte Filmförderungsvolumen der Länder besaß. 1997 kam als neuer Gesellschafter das ZDF hinzu und PRO7 und SAT.1 als assoziierte Kooperationspartner. Gegenwärtig steht als Fördervolumen ca. 60 Mio DM (je 45 Prozent Land und WDR, 10 Prozent ZDF und noch auszuhandeln PRO7/SAT.1-Anteil) zur Verfügung.

Über die Vergabe der Mittel entscheidet ein Filmförderungsausschuß. Der Einsatz der WDR-Mittel kann nur erfolgen, „wenn das Projekt mit den gesetzlichen Aufgaben des WDR vereinbar ist … Werden Mittel des WDR zur Förderung eines Projekts verwendet, erhält der WDR an der hieraus entstehenden Produktion Fernsehsenderechte"[96]. In den Förderungszielen wird – obwohl es sich um eine wirtschaftliche Filmförderung handelt[97] – mit dem Begriff der „Kulturwirtschaft" und dem Hinweis auf ein „vielfältiges und qualitativ profiliertes Filmschaffen" und „die Qualität ... des deutschen Films"[98] auch signalisiert, daß der nach außen hin scheinende Dualismus der Filmförderung in NRW durchaus fließende Grenzen besitzt. Der wirtschaftliche Effekt der Förderung ist ausweislich der Richtlinien in Höhe von 150 Prozent der Fördersumme zu erbringen, d.h. für jede Mark Filmförderung muß 1,50 DM in NRW wieder ausgegeben werden. Eine Statistik[99] 1999–2000 besagt, dass 413 Projekte mit knapp 360 Mio DM gefördert wurden und einen NRW-Effekt von ca. 633 Mio DM, d.h. 176 Prozent erbrachten. Schwerpunkt der Stiftung ist die Förderung des Kinofilms und – eine Besonderheit – neben der Filmförderung gibt es bereits seit 1993 einen Hörspielförderung.

Angesichts einer Vielzahl von weiteren Förderungsmaßnahmen in den Bereichen Aus- und Weiterbildung, Technologieentwicklung und Neue Medien wurde seit 1999 in NRW darüber diskutiert, eine Art Dachgesellschaft zu gründen, die im Hinblick auf eine Effektivitätssteigerung alle Aktivitäten bündeln und Ressourcen zusammenführen sollte. Diese Gesellschaft wurde als „Medien GmbH" am 1.8.2001 gegründet.

6.5. Baden-Württemberg (MFG)

Zu den anfänglich 4 großen Filmförderländern Bayern, Berlin-Brandenburg, Hamburg und NRW wurde mit der Gründung der „Medien- und Filmgesellschaft Baden-Württemberg mbH" (MFG) durch die Gesellschafter Land Baden-Württemberg, Süddeutscher Rundfunk und Südwestfunk im Oktober 1995 mit einem Mittelvolumen von 10 Mio DM die nächst größere Länderförderung neu strukturiert. Die GmbH bedient sich mehrerer Vergabegremien und für regelmäßige Konsultationen eines vom Ministerium berufenen Fachbeirats. Ähnlich wie in Hamburg ist die Position der Geschäftsführung gestärkt worden, ohne allerdings ganz dem Intendantenmodell zu folgen. Sie hat Vorschlags- und Vetorecht und insofern eine noch stärkere Position als in Hamburg, denn theoretisch könnte der Vergabejury nur vorgelegt werden, was die Geschäftsführung vorschlägt. Bemerkenswert ist, daß gegenüber den wirtschaftlichen Zielsetzungen in den Neu- und Umstrukturierungsmodellen der vier großen Filmförderländer in der MFG ausdrücklich diejenigen Projekte gefördert werden, „die kulturellen Wert besitzen ... auch Filme mit geringen Herstellungskosten und Filme junger Autoren"[100]. Seit 1998 beteiligt sich auch das ZDF. Das Fördervolumen beträgt 16,4 Mio DM (Landesmittel 8,6 Mio DM, SWR 6,9 Mio DM, ZDF ca. 1 Mio DM). Hinzu kommen Rückflüsse und sonstige Einnahmen in Höhe von 1,2 Mio DM.

Neben dem Geschäftsbereich „Filmförderung" gibt es in der MFG den Geschäftsbereich „Medienentwicklung" (Förderung der Medienwirtschaft, der elektronischen Medienentwicklung und Medienunternehmensstruktur) mit einem Fördervolumen von 9,1 Mio DM (Landesmittel 6,8 Mio DM, SWR 2,3 Mio DM). Und auch hier kommen noch sonstige Einnahmen in Höhe von 4,2 Mio DM hinzu.

6.6. Sachsen/Sachsen-Anhalt/Thüringen (MDM)

In den Bereich der fünf stärksten Länderförderungen (Filmstiftung NRW, FFF Bayern, Filmboard Berlin-Brandenburg, FFHH, MFG) rückte 1998 die Mitteldeutsche Medienförderung GmbH (MDM) auf.

Die Ministerpräsidenten der drei Länder Sachsen, Sachsen-Anhalt, Thüringen vereinbarten Ende 1997 die Gründung einer gemeinsamen Medienförderung, die am 30. Januar 1998 mit der Unterzeichnung des Gesellschaftsvertrags ihre Arbeit aufnahm. Zu den drei Ländern kamen im Oktober 1998 als weitere Gesellschafter das ZDF und der MDR. Ein jährliches Fördervolumen beläuft sich auf 25 Mio DM (Sachsen 7,5 Mio DM, Sachsen-Anhalt 5 Mio DM, Thüringen 5 Mio DM, MDR 5 Mio DM, ZDF 2,5 Mio DM).

Die Ziele der MDM sind Entwicklung, Pflege und Stärkung der Filmkultur-, Fernsehkultur- und Medienkulturwirtschaft, Stärkung des audiovisuellen Sektors in Deutschland und in Europa, Verbesserung und Sicherung der Wirtschaftskraft in den drei Länder. Neben den üblichen Förderbereichen wie Stoffentwicklung, Projektentwicklung, Produktionsförderung, Verleih/Vertrieb sind neu ausgewiesen Multimedia-Projektentwicklung und Multimedia-Produktion.

Neben der Arbeit der MDM (mit dem Akzent einer wirtschaftlichen Film- und Medienförderung) gibt es aber weiterhin in allen drei Ländern eine kulturelle Filmförderung der Ministerien, die seit 1991 betrieben wird.

In *Sachsen* begann die kulturelle Filmförderung des Sächsischen Staatsministeriums für Wissenschaft und Kunst 1991 vor allem mit der Unterstützung der Trickfilmproduktion, der Förderung des Dokumentar- und Animationsfilms. Grundlage eines sogenannten Modellversuchs der Förderung, der bis zum 30. 7. 1994 lief, waren die „Bewilligungsvoraussetzungen zur kulturellen Filmförderung im Freistaat Sachsen" vom 1. 10. 1992. Die Fördermittel werden gegenwärtig in Zusammenarbeit mit dem 1992 gegründeten Filmverband Sachsen e.V. nach den Richtlinien vom 7. 5. 1997 vergeben. Fördermittel können vergeben werden für Abspielförderung (Zusatzkopienförderung, Festivals, vernetztes Abspiel von Kinder- und Jugendfilmen), Produktions- und Drehbuchförderung, Absatzförderung (Synchronisationen und Untertitelungen), Förderungen von Maßnahmen zur Bewahrung des audiovisuellen Erbes.

In *Sachsen-Anhalt* wurde die Filmförderung 1991 aufgenommen, um strukturelle Defizite aufzuheben. Das Kultusministerium von Sachsen-Anhalt erließ am 24. 10. 1991 „Richtlinien über die Gewährung von Zuwendungen zur Film- und Medienkultur-Förderung im Land Sachsen-Anhalt", dessen langfristiges Ziel für das Förderungsprogramm lautete: „Unterstützung der Ansiedlung einer Film- und Medienwirtschaft, Schaffung und Sicherung von Arbeitsplätzen in diesem Wirtschaftszweig, schrittweise Angleichung der Wettbewerbsbedingungen der Medienbranche an die übrigen Bundesländer" (Runderlaß des MSEK vom 24. 10. 1991, 1.2). Diese für eine kulturelle Filmförderung ganz ungewöhnliche Zielsetzung wurde dann auch in der Überarbeitung der Richtlinien vom 15. 8. 1996 (die noch heute gelten) herausgenommen und stattdessen „mit der Gewährung von Zuwendungen eine wirksame Förderung von Filmkunst und Medienkultur bezweckt", damit „insbesondere medienpädagogisch künstlerisch wertvolle Filme sowie audiovisuelle Medienkunstwerke (einschließlich <Multimedia-Kunst>) zur Geltung kommen" (Runderlaß des MK vom 15. 8. 1996, 1.2). Die Fördermittel werden in Zusammenarbeit mit dem Medienverband Sachsen-Anhalt e.V. vergeben, der 1997 gegründet wurde und aus der seit 1994 bestehenden Medieninitiative Sachsen-Anhalt (MISA) hervorgegangen war.

In *Thüringen* wurde die kulturelle Filmförderung zunächst ab 1991 vom Thüringer Ministerium für Wissenschaft und Kunst (später: für Wissenschaft, Forschung und Kultur) betrieben und seit 2000 vom Kultusministerium des Freistaat Thüringens. Der Förderungsansatz 1991 wollte eine Alternative zum kommerziellen Kinobetrieb anbieten mit den drei Schwerpunkten Abspiel-/Festivalförderung, Verleih-/Vertriebsförderung und Drehbuchförderung bei Projekten mit Thüringer Spezifik. Unterstützt wurden wichtige Initiativen wie die des 1991 gegründeten Kommunalen Kinos e.V. und des Filmbüros e.V. 1992 verstärkten sich die Bemühungen insbesondere um die Förderung des Kinder- und Jugendfilms. Eine „Vorläufige Richtlinie zur kulturellen Filmförderung im Land Thüringen vom 1. 1. 1994 sah eine Zusammenarbeit mit dem Filmbüro und dem Interessenverband Filmkommunikation e.V. vor und setzte einen deutlichen Schwerpunkt in der Förderung der Programmkinos und Filmfestivals. Mit der „Richtlinie zur Förderung von Künstlern und künstlerischen Projekten in den Bereichen bildender Kunst, Literatur, Musik, darstellende Kunst und Film" vom 20. 9. 1996 wurde die Richtlinie von 1994 außer Kraft gesetzt. Zur Zeit gilt die Richtlinie des Thüringischen Kultusministeriums über die „Gewährung von Zuwendungen aus Mitteln des Freistaats Thüringen zur kulturellen Filmförderung" vom 22. 5. 2000. Gegenstand der Förderung sind kulturelle Filmvorhaben und Veranstaltungen, die Thüringen als Standort des kulturellen Films präsentieren, Verleih, Vertrieb, Abspiel, Unterstützung filmkultureller Initiativen und Projekte der Talentförderung.

6.7. Niedersachsen/Bremen (NORD MEDIA)

Die jüngsten Umstrukturierungsmaßnahmen verzeichnet Niedersachsen, dessen Filmförderung seit 1986 besteht, und das damit in den Kreis der sechs großen Länderfilmförderungen vorgestoßen ist. Das zunächst zuständige Ministerium für Wissenschaft und Kunst vergab zwischen 1986 und 1989 jährliche Fördermittel zwischen 200000,- DM und 500000,- DM. Am 1. März 1989 schloß sich das Wirtschaftministerium der Förderung an, und am 1. 1. 1990 trat die gemeinsame „Richtlinie über die Gewährung von Zuwendungen zur wirtschaftlichen und kulturellen Filmförderung im Land Niedersachsen" (RLNS) in Kraft. Die Niedersächsische Landestreuhandstelle (LTS) – eine Tochter der Norddeutschen Landesbank – wurde mit der Abwicklung der Filmförderung in Niedersachsen beauftragt. Ab 1990 war wieder das Ministerium für Wissenschaft und Kunst allein zuständig.

Auf Grund einer Pilotstudie über die „Kulturelle Kinoförderung in Niedersachsen" (August 1992) wurde das „Kinobüro" als Verein 1993 gegründet – dem das Kinobüro Schleswig-Holstein auf der Grundlage eines Vertrags zwischen PRO7 und dem Wirtschaftsverband der Filmtheater Nord-West am 1. 1. 1996 folgte –, das als Dachverband für die Kinokultur und Kinowirtschaft mittels eines Beirats Mittelbewilligungen der Landestreuhandstelle für die Bereiche Verleih/Vertrieb, Filmtheaterförderung, Zusatzkopien und Festivals fachlich vorbereitete. Hauptakzent war die Entwicklung der Filmtheaterlandschaft in Niedersachsen. Weiterhin beim 1986 in Osnabrück gegründeten Verein „Film- und Medienbüro Niedersachsen" blieb in Zusammenarbeit mit einer Filmkommission, die das Ministerium für Wissenschaft und Kunst und das Ministerium für Wirtschaft, Technologie und Verkehr beruft, der Produktionsförderbereich.

Außerdem gab es in Niedersachsen eine eigene Filmförderung des NDR, abweichend von der Beteiligung an der Filmförderung des NDR etwa in Schleswig-Holstein[101] oder des WDR in NRW und des SDR und SWF in Baden-Württemberg, die ebenfalls über die Landestreuhandstelle abgewickelt wurde. Sie entstand mit der Novellierung des Landesrundfunkgesetzes 1993 aus der sich auf § 64, Abs. 3 stützenden Förderung aus dem 2 Prozent-Anteil der Rundfunkgebühren. Die Mittel aus den Rundfunkgebühren wurden auf Grund einer Vereinbarung zwischen dem Ministerium für Wissenschaft und Kunst und dem NDR und der am 20. 4. 1995 verabschiedeten „Richtlinie für die Filmförderung des NDR" (RNDR) vergeben. Sie sah vor, daß die Beschlüsse über die Mittelvergabe von einem eigenen Beirat getroffen werden, in den gleichberechtigt Mitglieder vom NDR und vom Land Niedersachsen entsandt werden, so dass nur im beiderseitigem Einvernehmen Entscheidungen getroffen wurden. An allen geförderten Projekten erwarb der NDR die Fernsehnutzungsrechte.

Seit 1998 gab es dann gravierende Umstrukturierungsüberlegungen (zusammen mit Bremen). Auf Vorschlag der Niedersächsischen Staatskanzlei konstituierte sich am 24. September 1998 eine Projektgruppe zum Thema „Filmförderung in Niedersachsen", um Vorschläge für eine verbesserte Förderung der audiovisuellen Medien in Niedersachsen zu erarbeiten. Das Ergebnis wurde in einem Abschlußbericht „Empfehlungen zur Förderung audiovisueller Medien am Standort Niedersachsen" vom 12. August 1999 vorgelegt.

Der Bericht empfahl die Gründung einer Mediengesellschaft Niedersachsen zusammen mit dem NDR, der NORD/LB und weiteren Partnern (z. B. ZDF, RTL und SAT.1). Die Aufgaben der Mediengesellschaft sollten um die Bereiche Multimediaförderung, Servicefunktionen für Medienunternehmen erweitert werden, und die überwiegend kulturelle Filmförderung sollte zugunsten einer stärker wirtschaftsorientierten Förderung audiovisueller Medien eine mehr kulturwirtschaftliche Ausrichtung erfahren, die mit erheblich mehr Mitteln (mindestens 20 Mio DM) ausgestattet werden müsste, um Niedersachsen im Vergleich mit anderen Ländern wettbewerbsfähig zu halten.

Auf Grund der Empfehlung wurde am 1. 1. 2001 die Mediengesellschaft Niedersachsen/Bremen NORD MEDIA GmbH gegründet. Sie gliedert sich in zwei Tochtergesellschaften, in einen Profit-Bereich für Agentur- und Consultingleistungen (NORD MEDIA Agentur GmbH) und in einen Non-Profit-Bereich (NORD MEDIA Fonds GmbH), dessen Aufgabe die Medienförderung und branchenspezifische Qualifizierungsmaßnahmen ist. Neben den Ländern Niedersachsen und Bremen sind weitere Gesellschafter der NDR, Radio Bremen, die Deutsche Messe AG/Hannover, das Film & Medienbüro Niedersachsen, das Kinobüro Niedersachsen e.V. sowie als Partner das ZDF, SAT.1, Verband Nordwestdeutscher Zeitungsverleger (VNZ), Unternehmensverbände Niedersachsen e.V. (U.V.N.), das Filmbüro Bremen e.V. und die Deutsche Telekom. Die Mittelausstattung für 2001 beträgt 22,18 Mio DM (7,5 Mio DM Landesmittel, 8,5 Mio Sender (öffentlich-rechtlich), 6,18 Mio DM Sender (privat).

Der Senator für Bildung, Wissenschaft und Kunst des Landes *Bremen* stellte auf der Grundlage einer „Vereinbarung zur kulturellen Filmförderung" vom 1. 1. 1991 erstmals einen kleinen Etat für eine kulturelle Filmförderung zur Verfügung. Mit der Durchführung wurde das 1989 gegründete Filmbüro Bremen e.V. beauftragt. Neben der NORD MEDIA gibt es diese kulturelle Filmförderung bis heute. Damals waren die Ziele: Förderung nichtkommerzieller Film- und Videoprojekte, Förderung der Bremer Filminfrastruktur und Verhinderung der Abwanderung Bremer Filmschaffenden in die „Filmstädte", Nachwuchsförderung sowie Förderung der Kinokultur. Die heutigen Schwerpunkte nach den seit 1997 gültigen Richtlinien sind Nachwuchs-, Kurzfilm- und Dokumentarfilmförderung. Die Mittel werden seit 1999 vom Senator für Inneres, Kultur und Sport zur Verfügung gestellt.

Eine weitere Film- und Medienförderung wird in Bremen von der BIA Bremer Innovations-Agentur GmbH betrieben, die als Tochter der BIG Bremer Investitionsgesellschaft (deren Gesellschafter der Senator für Wirtschaft und Häfen ist) 1994 gegründet wurde. Seit 1999 fördert sie in drei Schwerpunktbereichen: Investitionsförderung, Unternehmensgründung und Projektförderung (Produktionsförderung). Ihr steht ein Mittelvolumen von 2 Mio DM zur Verfügung.

6.8. Übrige Länder/Übersicht

Über Umstrukturierungsmaßnahmen denkt auch *Schleswig-Holstein* nach. Beim Ministerium für Wirtschaft, Technologie und Verkehr wurde 2001 ein Arbeitsstab eingerichtet, der sich mit der Frage der Stärkung der Medienwirtschaft und der Qualifizierung bisheriger Infrastrukturen in Schleswig-Holstein befasst.

In Schleswig-Holstein wurde am 11. Mai 1989 der Verein „Kulturelle Filmförderung Schleswig-Holstein e.V." als unabhängiger Träger einer Landesfilmförderung in Selbstverwaltung gegründet. 1989 standen 300 000,- DM, in den Jahren 1990 und 1991 jeweils 500 000,- DM zur Verfügung. Die noch gültigen „Förderrichtlinien der Kulturellen Filmförderung Schleswig-Holstein e.V." vom 25. 3. 1993 (ab Januar 2002 sollen neue Richtlinien vorliegen) sahen den Einsatz der Fördermittel in zwei Bereichen vor – „für Maßnahmen zur Verbesserung der Rahmenbedingungen und der Infrastruktur für das Entstehen, für das Verständnis und für die Präsentation von Filmen und zur Förderung ausgewählter Projekte". Heute stehen 185 000,- DM (Ministerium für Bildung, Wissenschaft, Forschung und Kultur) und 220 000,- DM (Unabhängige Landesanstalt für das Rundfunkwesen/ULR) zur Verfügung.

Daneben gibt es eine Förderung, die direkt vom Ministerium für Bildung, Wissenschaft, Forschung und Kultur in Höhe von insgesamt ca. 500 000,- DM für Aus- und Weiterbildung, Veranstaltungen, institutionelle Förderungen und Produktionen im Low-Budget-Bereich vorgenommen wird.

1994 wurde die Gesellschaft zur Förderung audiovisueller Werke in Schleswig-Holstein (MSH) gegründet. Gesellschafter sind der NDR und die ULR. Das Mittelvolumen beträgt 2,5 Mio DM (NDR 2,1 Mio DM, ULR 04 Mio DM). Die wirtschaftlich orientierte Förderung umfasst nicht nur den Filmbereich, sondern auch Fernsehen und Hörfunk. Ziel der Förderung ist es, „ein vielfältiges und profiliertes Schaffen zu unterstützen, die wirtschaftliche Leistungsfähigkeit von Produktionsunternehmen zu stärken, die Aus- und Fortbildung zu verbessern und die schleswig-holsteinische Film-, Fernseh- und Hörfunkkultur qualitativ, quantitativ und marktorientiert weiter zu entwickeln" (Richtlinien der MSH für Fördermaßnahmen vom 15. 6. 2001). Ein sechsköpfiger Beirat (2 NDR, 2 ULR, 2 Filmschaffende/-produzenten) vergibt zweimal im Jahr die Förderungssummen.

Eine GmbH-Neugründung hat zwar auch das *Saarland* mit der „Gesellschaft zur Medienförderung – Saarland Medien – mbH" vorgenommen, die am 1. 1. 1999 ihren Betrieb aufnahm. Sie verfügt über ein Mittelvolumen von 600 000,- DM (250 000,- DM kommen vom Ministerium für Bildung, Kultur und Wissenschaft, 50 000,- DM vom Ministerium für Wirtschaft und 300 000,- DM von der Landesanstalt für das Rundfunkwesen). Aber die Gesellschaft betreibt zur Zeit keine projektorientierte Filmförderung im klassischen Sinn, sondern die Mittel werden im wesentlichen an nichtkommerzielle Institutionen (wie an das Saarländische Filmbüro e.V.) und Initiativen, die nachhaltige und messbare Wirkung für den Standort Saarland haben, vergeben. Lediglich die vom Wirtschaftministerium kommenden 50 000,- DM werden für die Förderung von Kopien/Zusatzkopien eingesetzt.

Bis zur Gründung der Saarland Medien GmbH gab es seit 1987 eine wirtschaftliche Filmförderung des Wirtschaftsministeriums in Zusammenarbeit mit der Saarländischen Investitionskreditbank (Richtlinien der Landesregierung zur Förderung der Filmwirtschaft im Saarland vom 25. 8. 1987) und ab 1990 eine kulturelle Filmförderung des Kulturministeriums (Richtlinien der Landesregierung über die Gewährung von Zuwendungen im Rahmen der kulturellen Filmförderung des Saarlandes vom 20. 11. 1990/Mittelvolumen 1990 100 000,- DM), ab 1993 in Zusammenarbeit mit dem Saarländischen Filmbüro e. V., das 1987 gegründet wurde (Richtlinien der Landesregierung über die Gewährung von Zuwendungen im Rahmen der kulturellen Filmförderung des Saarlandes vom 21. 12. 1993). Für die kulturelle Filmförderung stand dem Saarländischen Filmbüro e. V. ein Volumen von 750 000,- DM Landesmittel zur Verfügung. Die heutige Funktion des Saarländischen Filmbüro e. V. konzentriert sich auf koordinierende Aufgaben im Saar-Lor-Lux-Raum, auf Veranstaltungen und beratende Tätigkeiten mit einem Budget von 50 000,- DM die von der Saarland Medien GmbH im Rahmen der institutionellen Förderung gezahlt werden.

In *Hessen* gibt es seit 1985 eine kulturelle Filmförderung mit den Schwerpunkten Produktionsförderung, Verleih und Abspiel mit „Richtlinien der hessischen Filmförderung" vom 1. 3. 1989 und ihrer Neufassung vom 1. 5. 1996. Gegenwärtig wird die kulturelle Filmförderung einerseits aus Mitteln des Ministeriums für Wissenschaft und Kunst (HFF-Land) und andererseits aus Mitteln des Hessischen Rundfunks (HFF-hr) betrieben. Diese Kooperation findet seit 1997 mit einem Basisetat von 3 Mio DM in Zusammenarbeit mit dem 1980 gegründeten Filmbüro Hessen e. V. statt.

Im Jahr 2000 wurden auch in Hessen Überlegungen angestellt, neben der kulturellen Filmförderung auch eine wirtschaftliche Filmförderung einzurichten. Das Ergebnis ist die Einrichtung eines FilmFonds in Höhe von 15 Mio DM beim Ministerium für Wirtschaft, Verkehr und Landesentwicklung, das die Mittel für den gesamten Medienbereich revolvierend und technisch abgewickelt über die Investitionsbank Hessen AG (IBH) mittels eines Beirats vergeben wird.

In *Mecklenburg-Vorpommern* wurde im April 1990 der „Mecklenburg-Vorpommern Film e. V." gegründet, der für die kulturelle Filmförderung in Mecklenburg-Vorpommern auch heute noch zuständig ist. Die Grundlage der Förderungsmaßnahmen für den Verein bildete die „Vereinbarung über Richtlinien zur Filmförderung im Land Mecklenburg-Vorpommern" vom 10. 12. 1992 und in der Überarbeitung von 1997, ein Entwurf, der bisher vom Kultusministerium des Landes Mecklenburg-Vorpommern nicht bestätigt wurde. Für das Ministerium gilt die „Richtlinie über die Gewährung von Zuwendungen zur Projektförderung im kulturellen Bereich durch das Land Mecklenburg-Vorpommern" vom 12. 3. 1997. Die Maßnahmen erstrecken sich auf die drei Bereiche Stoff- und Projektentwicklung, Produktion, Verleih-, Vertrieb- und Abspielförderung mit einem Mittelvolumen von 0,725 Mio DM. Insgesamt stehen in Mecklenburg-Vorpommern 2,5 Mio DM Landesmittel des Kultusministeriums für den Film/Medienbereich zur Verfügung (neben der kulturellen Filmförderung für institutionelle Förderungen, Veranstaltungen, Festivals, Archive, Multimediaprojekte).

In *Rheinland-Pfalz* wurden 1990/91 erstmals Mittel für Filmförderung bereitgestellt, 160 000,- DM für die wirtschaftliche und 70 000,- DM für die kulturelle Filmförderung. 1996 gab es 150 000,- DM wirtschaftliche Filmförderung nur für das Ziehen von Zusatzkopien für Filmtheater im ländlichen Raum. In der kulturellen Filmförderung standen 90 000,- DM nur für einen Filmtheater-Wettbewerb und Projektförderungen u. a. für das Filmbüros Rhein-Pfalz e. V. zur Verfügung. Es gab keine Produktionsförderung. Drehbuch- und Produktionsförderungen wurden 1996 von der „Stiftung Rheinland-Pfalz für Kultur" mit rund 800 000,- DM gefördert. Die Stiftung fördert seit 1991 kulturelle Projekte in Rheinland-Pfalz. Im Jahr 2000 wurden nur noch 28 450,- DM für Filmförderung ausgegeben.

Gegenwärtig stehen 125 000,- DM vom Kulturministerium und 150 000,- DM vom Wirtschaftministerium zur Verfügung, wobei beide Bereiche nach der Wahl 2001 in Rheinland-Pfalz und der damit verbundenen Umstrukturierung der Zuständigkeiten in den Ministerien im Ministerium für Wissenschaft, Forschung und Kultur zusammengeführt wurden.

Weiterhin werden Überlegungen des Wirtschaftministeriums weitergeführt, eine neue Film- und Medienproduktionsförderung mit einem Mittelvolumen von 10 Mio DM einzurichten, die die bereits bestehende „Multimedia-Initiative rlp" ergänzen soll. Gedacht ist an eine Filmförderungsgesellschaft. Die Entscheidungen dazu sollen Ende 2001 fallen.

Eine für 2000/2001 ermittelte Übersicht über alle Länderförderungen, Gesamtvolumina und Förderungsbereiche ergibt sich aus nachfolgender Tabelle I.

Tab. 177.9: Tabelle I: Übersicht über alle Länderförderungen, Gesamtvolumia und Förderungsberichte (2000/2001)

Länder	Budget (Mio.) 2000/2001	Gültiges Förderprogramm seit	Gültige Richtlinien von	Ministerium/ Stiftung/ GmbH/ Verein	Intendant/Geschäftsleitung/ Gremien/ Beirat	Produktionsvorbereitung (DM)	Drehbuch (DM)
Baden-Würtemberg – MFG	16,4	1995	2000	GmbH	Geschäftsführung, Gremien	150.000	50.000
Bayern FilmFernsehFonds Bayern GmbH	50	1996	2001	GmbH	Geschäftsführung, Gremien	Projektentwicklungs-Förderung 200.000	30.000 bis 40.000
Berlin-Brandenburg – Filmboard Berlin-Brandenburg GmbH	32,3	1994	1994	GmbH	Intendant	70 %	70 %
Bremen – Filmbüro Bremen e.V.	100.000	1993	1999	Ministerium/ Verein	Gremium	12.000	12.000
Hamburg – FilmFörderung Hamburg GmbH	20,98	1995	2000	GmbH	Geschäftsleitung, Gremium	200.000 300.000 (Incentive)	100.000
Hessen – Hessische Filmförderung	3,5	1996 u. Filmförder. d. HR	1996	Ministerium, Rundfunkanstalt, Verein	Gremium	30.000	30.000
Mecklenburg-Vorpommern – Kulturelle Filmförderung Mecklenburg-Vorpommern	725.000	1990	Entw. f. 1997	Ministerium, Verein	Gremium	10.000 bis 30.000,-	10.000 bis 30.000,-
Niedersachsen – Ministerium f. Wissenschaft u. Kultur	3,8	1990	1990	Ministerium	Gremium	30.000	30.000
– Filmförderung d. NDR in Niedersachsen	9,1	1995	1995/ 1999	Verein	Beirat	30.000	30.000
– Nord Media GmbH	22,18	2001					
Nordrhein-Westfalen – Filmstiftung Nordrhein-Westfalen GmbH	60	1991	1998	GmbH	Gremium	200.000	80.000
– Filmbüro NW e.V.	2,984	1980	1998	Verein	Gremium	keine Höchstgrenzen	
Rheinland-Pfalz Kultusministerium	275.000	1990	1991	Ministerium/ Verein	Beirat	500.000	–
Saarland – Saarland Medien GmbH	600.000	–	–	GmbH	–	–	–
Schleswig-Holstein – Ministerium f. Bildung, Wissenschaft, Forschung u. Kultur	500.000	1989	1993, neu ab: 2002	Ministerium	–	–	–
– Kulturelle Filmförderung	185 TSD (KuM) u. 220 TSD (ULR)	1989	1993, neu ab: 2002	Ministerium, Verein	Gremium	15.000	–
– MSH	8,5 Mio.	1994	2001	GmbH	Geführung Beirat	80 % der Kosten	15.000 bis 30.000 EURO
MDM GmbH – Sachsen – Sachsen-Anhalt – Thüringen	25 Mio.	1998	2001	GmbH	Geschäftsführer und Gremien	Projektentwicklung: max. 100.000 Euro	max. 25.000 Euro
Sachsen	1,6	1992	1997	Ministerium	Ministerium, Beirat	–	15.000
Sachsen-Anhalt	600 TSD	1991	2000	Ministerium	Ministerium, Beirat	28.000	30.000
Thüringen	700 TDM	1991	2000	Ministerium	Beirat	auf Antrag	auf Antrag

Produktion LOW	Produktion HIGH	Post-Produktion	Verleih/ Vertrieb	Abspiel	Kopien Zusatzkopien	Fernsehen	Video	Sonstiges (Ausbildung/ Fortbildung/ Veranstaltungen usw.)
–	2 Mio.	–	250.000	auf Antrag	–	–	500.000	auf Antrag
Nachwuchsförderung Gesamt: 2,11 Mio. DM	3 Mio. (Film) 1 Mio. (TV)	–	400.000	Kinoinvestitionsförderung 100.000 Prämien 60 x 15.000	40.000– DM/ jährlich	s. Prod. High	–	0,33 Mio. DM
70 %	50 %	–	50 %	70 %	98 TDM	30 %	–	70 %
–	60.000	–	15.000	–	–	–	–	ja
70 %	50 %	ja	ja	die GmbH bekommt 220.000 von der KB	–	30 %	fällt i.d.R. unter „Produktion LOW"	ja
–	150.000	20.000	30.000	30.000	100.000	–	–	20.000
200.000	500.000	–	30.000	30.000	auf Antrag			ja
50.000	2 Mio.	auf Antrag	auf Antrag	auf Antrag	auf Antrag	auf Antrag	auf Antrag	auf Antrag
auf Antrag	500.000 u. mehr auf Antrag	auf Antrag	auf Antrag	auf Antrag	–	auf Antrag	auf Antrag	auf Antrag
max. 65 %	max. 50 %	max. 50 %	max. 70 %	max. 100 %	max. 100 %	max. 50 %	–	Einzelfallentscheidung im Rahmen der allg. Geschäftstätigkeit der Filmstiftung
max. 90 % d.h. 10 % Eigenanteil						–	–	ja
–	–	–	–	65.000	15.000	–	–	–
–	–	–	–	–	50 TDM	–	–	–
18.000	–	–	–	–	–	–	–	21.760 Filmfestivals 152.900 Filmpräs. inst. Förd. 300.000
–	100.000	–	15.000 (ab 2002)	–	–	–	–	–
–	50 % der Kosten	möglich	–	–	–	50 % der Kosten	–	
max. 50 % der Kosten (aus öffentlichen Geldern)		ohne Beschränkung	ohne Beschränkung	entfällt	Produktion	Produktion	auf Antrag * Multimedia Projektentw.: Projetentw., + Paketförd.: 150.000 E, + Filmmarketg.: 12.500 E	
100.000 bis 200.000	100.000 bis 200.000	–	15.000	30.000	–	–	–	
121.807	90 % der Kosten	15.000	–	195.000	auf Antrag	–	90 % der Kosten	209.500
auf Antrag	–	auf Antrag	auf Antrag	auf Antrag	auf Antrag	–	auf Antrag	ja

6.9. Zusammenfassung

Zusammenfassend kann festgestellt werden, daß es keine einheitliche Entscheidung für eine kulturelle oder wirtschaftliche Filmförderung in den Ländern gibt. Der Versuch der Integration führte bisher immer zu einer gewissen Dominanz der wirtschaftlichen Filmförderung. Dies hängt nicht zuletzt damit zusammen, daß Filmförderung ein wichtiger Faktor im Medienstandortwettbewerb ist und die Kooperationen mit den großen öffentlich-rechtlichen Anstalten zudem seit der Entwicklung des dualen Rundfunksystems unter dem Konkurrenzdruck des gemeinsamen „Marktes" stehen.

Schließlich spielt immer noch eine Rolle, was Eckart Stein schon 1990 formulierte[102], dass „der Medienkrieg der Zukunft nicht in den alten Gräben zwischen Kino und Fernsehen ausgetragen wird, sondern zwischen den Monopolisten der Gegenwart – zwischen amerikanischen Major Companies, den Medienmogulen aus Europa und Australien wie den Murdochs, den Maxwells, den Hersants, den Berlusconis und den japanischen Hardware-Produzenten wie Sony". Allerdings läge darin auch eine Chance, wenn richtig ist, dass in Zukunft nicht mehr die einzelnen Fördersysteme auf regionaler und nationaler Ebene von Bedeutung sein werden, sondern neue Verbundsysteme mit ganz eigener Wirksamkeit und Qualität, besondere Formen von Kooperationen und Partnerschaften, die den „Monopolisten der Gegenwart" entgegenstehen könnten. Als Beispiel sei das jüngste Kooperationsabkommen zwischen Deutschland und Frankreich genannt, dass der Staatsminister Julian Nida-Rümelin und die französische Ministerin für Kultur und Kommunikation Cathérine Tasca am 17. 5. 2001 in Cannes unterzeichnet haben. Es besteht aus zwei Teilen, dem Abkommen über Koproduktionen und dem über die Förderung von Filmvorhaben in Koproduktion, das sogenannte Minitraité. Im Zusatzabkommen verpflichten sich beide Staaten, speziell für die Förderung deutsch-französischer programmfüllender Filme jährlich je 3 Mio DM oder 10 Mio FF zur Verfügung zu stellen. Ausdrücklich heißt es: "Der europäische Film muss durch Kooperationen gestärkt werden" (Pressemitteilung Nr.197/01 des Bundespresseamts).

7. Die europäische Filmförderung

So ist im Zusammenhang mit den nationalen Filmförderungssystemen[103] die europäische Filmförderung ein wichtiger Faktor geworden, um den Binnenmarkt nicht freiwillig den Nichteuropäern (vor allem der amerikanischen und japanischen Medienindustrie) zu überlassen[104]. Grundlage war das Grünbuch über die Errichtung eines Gemeinsamen Marktes in Europa 1984/85. Jedoch kann man schon in der „Empfehlung der Kommission vom 8. April 1964 an die Mitgliedstaaten über die in Artikel 11 der ersten Richtlinien auf dem Gebiet des Filmwesens vorgesehene Bescheinigung zur Anerkennung von Filmen als Filme eines Mitgliedstaats" (64/242/EWG) eine „Liberalisierung des Dienstleistungsverkehrs auf dem Gebiet des Filmwesens" ablesen.

Die drei wichtigsten Maßnahmen der Europäischen Gemeinschaft, mit denen die Stärkung des Medienmarktes Europa begann und die auf die Positionsbestimmung der audiovisuellen Kapazität Europas der im Europäischen Rat vereinigten Staats- und Regierungschefs am 2./3. Dezember 1998 in Rhodos zurückzuführen sind, waren:

– Erstens auf der *ordnungspolitischen Ebene* die am 3. Oktober 1989 verabschiedete und 1997 ergänzte Richtlinie *„Fernsehen ohne Grenzen"* (Richtlinie 89/552/EWG zur Koordinierung bestimmter Rechts- und Verwaltungsvorschriften der Mitgliedstaaten über die Ausübung der Fernsehtätigkeit in der geänderten Fassung der Richtlinie 97/36/EG des Europäischen Parlaments und des Rates vom 30. 7. 1997), in der unter Wahrung von Allgemeininteressen (wie Jugendschutz, kulturelle Vielfalt, Verbraucherschutz usw.) in der Gemeinschaft die Freiheit des Angebots von Fernsehdiensten gewährleistet werden sollte. Im Jahr 2000 hat die Kommission drei Studien in Auftrag gegeben, die über Auswirkungen der Maßnahmen zur Verbreitung und Produktion europäischer Fernsehprogramme, über jüngste technische Entwicklungen und Markttrends und über neue Techniken der Werbung Erkenntnisse sammeln sollen. Auf der Basis dieser Studien will die Kommission Ende 2002 eine Überprüfung der Richtlinie vornehmen.

– Zweitens auf der *Ebene der Förderung technischer Innovationen* mit dem Beschluß 93/424/EWG des Rates vom 22. Juli 1993 über einen Aktionsplan zur Einführung fortgeschrittener Fernsehdienste in Europa (am 5. 8. 1993 eingeführt) zur Förderung des Breitbildfernsehens 16:9 (*Aktionsplan 16:9*). Für die Laufzeit des Programms von 1993 bis 1997 waren 228 Mio ECU vorgesehen. Es wurden über 60 000 Stunden Breitbildübertragungen und 23 000 Stunden neue oder umformatierte Programme kofinanziert[105].
Eine weitere Aktion wurde mit der Richtlinie 95/47/EG des Europäischen Parlaments und des Rates vom 24. Oktober 1995 über die *Anwendung von Normen für die Übertragung von Fernsehsignalen* am 23. 11. 1995 eingeführt. Es ging im wesentlichen um die Entwicklung des gegenüber Amerika und Japan besseren High Definition Television/ HDTV-Systems sowie einer weiteren Bekräftigung der Förderung des Aktionsplans 16:9.

– Drittens auf der *Produktionsebene* mit den *MEDIA*-Programmen (MEDIA I/1991–1995; MEDIA II (1996–2000; MEDIA Plus 2001–2005) zusätzliche Förderungen auf der europäischen Ebene hinsichtlich von Ausbildungsmaßnahmen, Projektentwicklung und Verbreitung audiovisueller Werke der Mitgliedstaaten.

In jüngster Zeit gibt es zwei Förderprogramme, die über den Film- und Fernsehbereich hinausgehen, aber in der Entwicklung der Medienkonvergenz für den audiovisuellen Programmbereich wichtig sind (Beispiel Multimedia):

– Das *5. Rahmenprogramm der Europäischen Union für Forschung und technologische Entwicklung* (FTE) 1998–2002. Das Programm enthält vier Schwerpunkte, und einer der Schwerpunkte lautet „Benutzerfreundliche Informationsgesellschaft (IST Information Society Technologies)" – die Integration der früheren Programme ESPRIT, ACTS und Telematikanwendungen. IST fördert Forschung und technologische Entwicklung.

– Ein von der Kommission 1999 gestartete Initiative „*eEurope* 2002. Eine Informationsgesellschaft für alle"[106], um Europa ans Netz zu bringen. Hauptziel ist die Stärkung der Informationswirtschaft bei zunehmender Nutzung des Internets. Ein am 24. Mai 2000 entworfener Aktionsplan wurde 2001 weiter qualifiziert[107].

7.1. Audiovisuelle EUREKA

Schon im sogenannten „Blaubuch: Für ein Europa der Erziehung und der Kultur", das Frankreich 1987 vorlegte, gab es bereits einen umfangreichen Katalog des „Europäischen Förderungsmechanismus für die Programmindustrien". Er entstand nach einem Treffen, zu dem Frankreich am 19./20. Februar 1987 nach Paris eingeladen hatte, wo er einstimmig von den Ländern Belgien, Dänemark, Spanien, Frankreich, Griechenland, Irland, Italien, Luxemburg und Portugal verabschiedet wurde. Am 25. bis 27. September 1988 unterzeichneten 250 Kulturschaffende aus Europa die „Europäische Charta für den audiovisuellen Bereich" (Erklärung von Delphi), und Carlo Ripa diMeana forderte in seinem Beitrag „Eine neue Dimension für die europäische Politik im audiovisuellen Bereich" auf der Tagung des Rats der Kulturminister in Athen am 29. 11. 1988 die Errichtung eines „Audiovisuellen *EUREKA*". Dieses wurde am 2. 10. 1989 in Paris von 26 Staaten und der EU gegründet und sollte mit 250 Mio ECU aus gestattet werden. Es handelte sich um ein europäisches Medienförderprogramm mit den Schwerpunkten Aus- und Weiterbildung, Produktion, Vertrieb und Information für die Staaten der europäischen Gemeinschaft, des Europarats und des Ostblocks.

Seit 1996 (in einem Vierjahresprogramm) bestand die Hauptaufgabe darin, den mittel-, ost- und südeuropäischen Ländern einen besseren Zugang zum europäischen audiovisuellen Markt zu ermöglichen. Nach einer Evaluierung des Programms wurde in einer Erklärung von Elounda, die von den Mitgliedern des „Audiovisuellen *EUREKA*" am 23. 11. 1999 angenommen wurde, die Aufgaben für die Zukunft konkretisiert: Vor dem Hintergrund der Auswirkungen der digitalen Revolution auf die gesamte Medienproduktion sollen Schulungs-, Informations- und Werbemaßnahmen durchgeführt werden, insbesondere in den Bereichen audiovisuelles Unternehmensmanagement, Finanzierungsmechnismen, Umwandlung traditioneller Medien und zum Entstehen neuer Medien.

7.2. EURIMAGES

Parallel zur Initiative Frankreichs, das Förderprogramm „Audiovisuelles *EUREKA*" zu entwickeln, wurde am 26. Oktober 1988 vom Ministerkomitee des Europarats in Straßburg mit der Resolution (88)15 ein europäischer Förderfonds zur Unterstützung europäischer Koproduktionen *EURIMAGE* (European Support Fund for the co-production of cinematographic works) gegründete. Dem Fonds gehörten anfänglich 12, inzwischen 26 Mitgliedsländer des Europarats an. Europäischen Gemeinschaftsproduktionen konnten zunächst nur mit Beteiligung von mindestens 3 Ländern, heute nur noch von zwei Ländern, gefördert werden. Die Förderung betrifft einen kommerziellen und einen künstlerischen Förderbereich und erfolgt auf der Basis eines erfolgsbedingt rückzahlbaren zinslosen Darlehens. In der Bundesrepublik ist die FFA nach einer Verwaltungsvereinbarung vom 7./20. Juli 1992 mit dem damaligen Bundesministerium für Wirtschaft für die Betreuung der *EURIMAGES*-Projekte zuständig. Die Mittel des Fonds stammen aus freiwilligen Beiträgen der Mitgliedsstaaten. Im Jahr 2000 standen insgesamt (mit Rückflüssen und Zinserträgen) 118,7 Mio FF zur Verfügung. Der deutsche Beitrag betrug im Jahr 2000 14,9 Mio FF (ca. 5 Mio DM) und wird aus Haushaltsmitteln des BKM bestritten. Damit ist die Bundesrepublik nach Frankreich (25 Mio FF) und Italien (20 Mio FF) der drittgrößte Beitragszahler. Insgesamt hat die Bundesrepublik seit 1989 171,3 Mio FF eingezahlt[108].

7.3. Die MEDIA-Programme

Das umfangreichste Europäische Förderprogramm für den Filmbereich ist das MEDIA (Mesures pour Encourager le Développement de l'Industrie Audiovisuelle)-Programm. Es wurde unter der Bezeichnung „Aktionsprogramm zur Förderung der audiovisuellen Produktionsindustrie (KOM (86) 255 am 26. April 1986 von der Kommission genehmigt. Es besteht aus einer Pilotphase und inzwischen drei Programmphasen (MEDIA I, MEDIA II, MEDIA Plus).

Die Pilotphase gliedert sich in eine einjährige Konsultationsphase 1987, an der mehr als 2000 Fachleute aus der audiovisuellen Industrie teilnahmen, begleitet von ausführlichen Marktuntersuchungen zu Produktion und Vertrieb, und in eine 3jährige Versuchsphase von 1988–1990, in der 9 Pilotvorhaben gestartet wurden.

7.4. MEDIA I

Nach dem erfolgreichen Abschluß der Pilotphase beschloß der Rat am 21. Dezember 1990 die Durchführung eines Aktionsprogramms zur Förderung der Entwicklung der europäischen audiovisuellen Industrie (MEDIA) (1991–1995) (90/685/EWG). Das Mittelvolumen betrug 200 Mio ECU. Es sollten Ausbildung, Produktion und Vermarktung gefördert werden. In Form von Krediten und Bürgschaften wurden keine Subventionen gewährt, sondern nur Startkapital bis zu 50 Prozent der Gesamtkosten. Innerhalb des MEDIA-Programms wurden fortgeführt und entwickelten sich insgesamt 19 Einzelprogramme[109]:

Qualifizierung/Professionalisierung
- *EAVE* (Les Entrepreneurs de l'Audiovisuel Européen) Ausbildungsprogramm zur Entwicklung von Produzentenpersönlichkeiten und Produktionen seit 1988
- MEDIA BUSINESS SCHOOL (MBS) Ausbildung-, Forschungs- und Entwicklungszentrum seit 1990
- SOURCES (Stimulating Outstanding Resources for Creative European Scriptwriting) Ausbildungsprojekt für Drehbuchautoren seit 1992

Verbesserung der Produktionsbedingungen
- *SCRIPT* (Support for Creative Independent Production Talent/European Script Fund) Projektentwicklungsförderung (1989–1996)
- DOCUMENTARY Projektentwicklung für Dokumentarfilme (1991–1996)
- *CARTOON* (Association Européenne du Film d'Animation) Entwicklungsförderung für Animationsprojekten seit 1988
- *MEDIA INVESTMENT CLUB* Zusammenschluß europäischer Unternehmen, um innovative Nutzung neuer Technologien zu befördern (1988–1997)
- SCALE (Small Countries improve their Audiovisual Level in Europe) Firmenentwicklungsförderung in kleinen EU-Ländern (1992–1996)

Verleih und Vertrieb
- *EFDO* (European Film Distribution Office) Vertriebsförderung von Filmen innerhalb Europas (1988–1996)

- *EVE* (Espace Vidéo Européen) Unterstützung der Verbreitung von Videos und anderen Bildträgern (1990 bis 1996)
- GRECO (Groupment Européen pour la Circulation des Oeuvres) Vertriebsförderung von Fernsehfilmen (1991–1996)
- *EURO AIM* (European Association for an Audiovisual Independent Market) Dienstleistungsförderung für Produzenten und Verleiher (1988–1996)
- *BABEL* (Broadcasting Across the Barriers of European Label) Förderung von Untertitelung und Synchronisation (1988–1996)

Kinoförderung
- MEDIA SALLES
Förderung für die Werbung und Information zum europäischen Kino (1992 is 1996)
- EUROPA CINEMAS
Europäisches Kino-Förderungsnetz seit 1992
- EUROPEAN FILM ACADEMY (EFA) Zusammenschluß europäischer Filmemacher seit 1991

Bewahrung und Verwertung
- MAP-TV (Mémoire Archives-Programmes TV) Förderung von Produktionen mit Archivmaterial (1989–1996)
- LUMIERE
Förderung von Archivierung und Nutzung von Archivbeständen (1991–1996)

Finanzierung
- MEDIA VENTURE
Risikofinanzierung von Publikumsfilmen und lang laufenden Fernsehserien (1990–1992)
- EURO MEDIA GARANTIES (EMG) Aktiengesellschaft, die mit Finanzinstituten das Risiko der Kreditgarantie teilt (1991–1994)

7.5. MEDIA II

Nachdem im April 1993 ein Gutachten über die Bewertung der einzelnen Media-Programme[110] erstellt wurde und das Grünbuch[111] Ergebnisse für neue Strategien vorlegte, wurde ein neues Media-Programm, Media II 1996–2000, durch den Rat am 10. 7. 1995 (Programm zur Förderung der Projektentwicklung und des Vertriebs europäischer audiovisueller Werke/MEDIA II – Projektentwicklung und Vertrieb, 1996–2000 (95/563/EG) und am 22. 12. 1995 (Durchführung eines Fortbildungsprogramms für die Fachkreise der europäischen Programmindustrie/MEDIA II – Fortbildung, 1996 bis 2000 (95/564/EG) mit einem Mittelvolumen von 310 Mio ECU beschlossen. Für Projektentwicklung wurden 60 Mio ECU, für Vertrieb 205 Mio ECU und für Fortbildung 45 Mio ECU bereitgestellt.

Die Kommission stellte fest, dass einerseits gemeinschaftliche Fördermechanismen notwendig seien, andererseits könnten sie aber die Unterstützungsmaßnahmen der Mitgliedsstaaten zur Förderung der nationalen kulturellen Identität nicht ersetzen. Insofern müsste das Programm zur Förderung der europäischen audiovisuellen Industrie unter Wahrung der Komplementarität die Fördermechanismen auf regionaler, nationaler und gemeinschaftlicher Ebene einbeziehen. Sie stellte weiter fest, dass für die 19 von MEDIA I aufgebauten Förderprogramme die zur Verfügung gestellten Finanzmittel nicht ausgereicht hätten und daher eine stärkere Konzentration der Mittel auf wenige Aufgabenfelder tiefgreifenderen Einfluß auf die Strukturen der europäischen Programmindustrie nehmen könnten. Evaluation und Konsultationen ergaben drei Hauptfördergebiete: Ausbildung, Projektentwicklung/Vorproduktion und Produktion/Vertrieb. Es gab (bis 30. 6. 2001) vier verwaltende Büros (Intermediary Organisations): Media Research and Consultancy (MRC) = IO TRAINING/Madrid, Media Assistance Development (vorher: European Media Development Agency (EMDA)/London) = IO DEVELOPMENT/Brüssel, D&S Media Service GmbH = IO DISTRIBUTION/Brüssel (Kino/Promotion)/München (TV)/Dublin(Video) und MEDIA Assistance = IO FINANZEN/Brüssel, sowie Industrial Platforms und Kino-Netzwerke. Für die Industrial Platforms erhielten drei alte Media-Projekte den Zuschlag: Cartoon/Brüssel, Map-TV/Straßburg und Media Investment Club (nun: Multimedia Investissements)/Bry-Sur-Marne Cedex. Für die Kinoförderung wurde – wie bei Media I – Europa Cinémas/Paris zuständig und das von Media Salles ins Leben gerufene Euro Kids Network/Mailand (Zusammenschluß von Kinobesitzern, die den Kinder-Jugendfilm pflegen).

MEDIA II hat außerdem die Infrastruktur der *MEDIA DESK*'s ausgebaut. MEDIA DESK ist ursprünglich 1992 als Hauptinformationsbüro der EU in Deutschland gegründet wurde, das über alle MEDIA I-Programme informierte. Bis 1995 war MEDIA DESK dem im Juni 1996 auslaufenden Europäischen Filmbüro e.V./EFDO angegliedert. 1996 wurde MEDIA DESK als Gesellschaft gegründet. Gegenwärtig ist MEDIA DESK eine 100 Prozent Tochter der FFHH GmbH. Es gibt in 18 Ländern Europas sogenannte MEDIA DESK's, die sowohl von der Gemeinschaft als auch von den Mitgliedstaaten anteilig finanziert werden und als Informationsbüros für das laufende MEDIA-Programm arbeiten. In 6 Ländern (Deutschland, Frankreich, England, Irland, Italien, Spanien) gibt es außerdem noch *MEDIA ANTENNEN* (Regionalbüros). In der Bundesrepublik gibt es neben dem MEDIA DESK in Hamburg MEDIA ANTENNEN in Berlin-Brandenburg (seit 1997), Düsseldorf (seit 1994) und München (seit 1993).

Als ein paneuropäisches Promotion-Office wurde der *European Film Promotion* (EFP) e. V. 1997 als Nachfolge von EFDO/ABROAD gegründet. Er wird anteilig vom Bund, vom MEDIA-Programm und vom Land Hamburg finanziert. Ihm gehören z.Zt. 20 europäische Filmverbände an.

Die Bilanz von MEDIA II weist eine Unterstützung von 1700 Projektentwicklungen auf, die Unterstützung des Vertriebs von 400 europäischen Filmen, der Produktion von 380 Fernsehfilmen, die Unterstützung von 350 europäischen Kinos und mehr als 100 Filmfestivals, Messen und Märkten. MEDIA II hat für die Bundesrepublik innerhalb der Laufzeit von 1996 bis 2000 folgende Mittel zur Verfügung gestellt: Projektentwicklung 9 407 568,- Euro, Produktion 6 626 500,- Euro, Vertrieb 1 950 000,- Euro, Verleih 11 495 837,- Euro, Kinoförderung 3 200 000,- Euro, Promotion 2 346 084,- Euro, Festivals 465 000,- Euro und Aus-/Fortbildung 3 654 529,- Euro[112].

7.6. MEDIA PLUS

Der erfolgreiche Verlauf von MEDIA II[113] führte zu den Beschlußvorlagen der Kommission zur „Durchführung eines Fortbildungsprogramms für die Fachkreise der Europäischen audiovisuellen Programmindustrie/MEDIA – Fortbildung (2001 bis 2005)" und zur „Durchführung eines Förderprogramms für Entwicklung, Vertrieb und Öffentlichkeitsarbeit hinsichtlich europäischer audiovisueller Werke/MEDIA Plus – Entwicklung, Vertrieb und Öffentlichkeitsarbeit (2001–2005)", KOM (1999) 658 vom 14. 12. 1999, die vom Rat am 20. Dezember 2000 (2000/821/EG) und vom Europäischen Parlament und vom Rat vom 19. Januar 2001 (Beschluß Nr. 163/2001/EG) beschlossen wurden.

MEDIA PLUS besteht aus zwei relativ eigenständigen Programmteilen, aus MEDIA-Fortbildung und MEDIA-Entwicklung/Vertrieb/Promotion/Pilotprojekte mit einem Budget von 50 MIO Euro bzw. 350 Mio Euro (Tabelle J).

7.7. Europäischer Investitionsfonds (EIF)

Der Europäische Investitionsfonds wurde 1994 als Joint-Venture zwischen der Europäischen Investitionsbank/Luxemburg, der Europäischen Union (vertreten durch die Kommission) und europäischen Banken und Finanzinstituten gegründet. Sie ist eine Tochter der Europäischen Investitionsbank (EIB) und ist der sogenannte Risiko-Kapital Arm der EIB Gruppe. Mit einem Investitionspotential von 3 Milliarden Euro bis zum Jahr 2003 ist der EIF einer der Hauptakteure des europäischen Risiko-Kapitalmarktes. Die EU-Kommissarin für Kultur Viviane Reding und der Präsident der EIB-Gruppe Philippe Maystadt schlossen am 19. Dezember 2000 einen ersten Vertrag über die Errichtung eines Spezialfonds[114] „Venture Capital for Creative Industries" mit einem Mittelvolumen von 50 Mio Euro. Am 17. Mai 2001 stellten sie in Cannes weitere Maßnahmen und das Programm „*i2i-Audiovisuell*" vor, das in einer dreijährigen Laufzeit 12–15 Mrd Euro für Darlehen und 1 Mrd Euro für Risikokapitaloperationen, „eine qualitative Neuorientierung der Tätigkeit der EIB-Gruppe in Richtung zukunftsträchtige Sektoren, die sich durch eine hohe Wertschöpfung in den Bereichen Technologie und Humankapital auszeichnen"[115], den audiovisuellen Sektor in Europa stärken und den Übergang zu digitalen Technologien beschleunigen soll.

7.8. Kultur 2000

Ein weiteres Förderungsinstrument der Gemeinschaft ist das Programm „Kultur 2000", für das die Kommission dem Europäischen Parlament und dem Rat bereits 1997 einen Vorschlag vorlegte, mit dem Ziel, dass dieses Programm die früheren Kulturprogramme KALEIDOSKOP, ARIANE und RAPHAEL ersetzen soll. Es wurde vom

Tab. 177.10: Tabelle J: Struktureller Aufbau von MEDIA PLUS

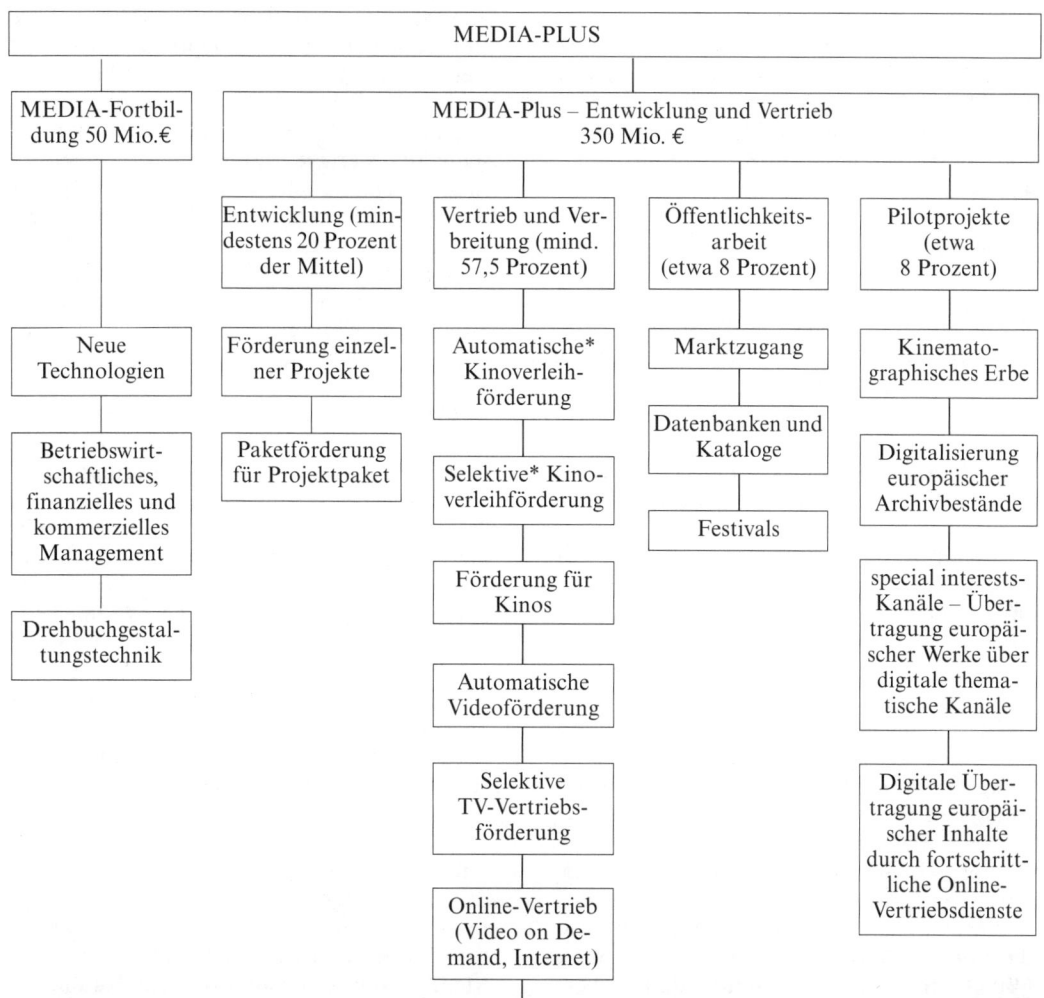

* Automatische und selektive Förderung
Im automatischen Verleihsystem erhält z.B. der Verleiher pro Besucher automatisch eine Prämie, die er wieder in neue europäische Filme investieren muß. Ähnlich dem automatischen Kinoverleihsystem erhalten Viedeovertriebsfirmen Prämien für den Verkauf oder Verleih europäischer nicht-nationaler Titel, die wieder in die Herausgabe von und Werbung für neue europäische Titel investiert werden müssen. Der Automatismus besteht darin, daß – wer alle Bedingungen erfüllt und die meisten „Partner" in den Antrag einbringt (viele Verleiher, viele Sender, viele Zuschauer etc.) – im Prinzip die größten Chancen hat, gefördert zu werden. Das automatische Verleihsystem belohnt den wirtschaftlichen Erfolg und regt – durch die Bedingung, die Prämien in europäische Filme zu reinvestieren – zugleich die Produktion und Zirkulation europäischer Filme an.
Das selektive Verleihsystem und die TV-Vertriebsförderung können auch halb-automatisch genannt werden. Bei der selektiven Verleihförderung erhält halb-automatisch der Film einen Zuschlag, der von den meisten Verleihern eingereicht wird. Bei der TV-Vertriebsförde4rung erhält der Produzent halb-automatisch eine Förderung für den Vertrieb seines TV-Filmes, wenn an der Produktion mind. 2 TV-Sender beteiligt sind.

Europäischen Parlament und vom Rat am 14. 2. 2000 beschlossen (Beschluß Nr.508/ 2000/EG) und hat eine Laufzeit von 2001 bis 2004 und besitzt ein Mittelvolumen von 167 Mio Euro. Audiovisuelle Werke sind im Förderkatalog nicht ausdrücklich erwähnt, aber Synergien zwischen Kultur und neuen Technologien.

8. Schlußbemerkung

In einem viel beachteten Beitrag „Filmpolitik und Filmförderung in Deutschland"[116] hatte 1993 Hans Gerd Prodoehl für einen Paradigmawechsel plädiert. Seine Analyse der diagnostizierten Filmkrise, die seit Jahrzehnten immer wieder neu in die öffentliche Debatte dringt, macht ein ganz bestimmtes Phänomen aus: das „Syndrom der Parzellierung. Die deutsche und europäische Filmwirtschaft ist auf verschiedenen Ebenen und Feldern parzelliert. Die These ist, daß die Misere des deutschen (und europäischen) Films so lange anhalten wird, wie diese Parzellierung das Bild der deutschen (und europäischen) Filmlandschaft prägt".

Die Parzellierung erschwere die Planung und Realisierung von Filmen mit großen Budgets und damit die Produktion international wettbewerbsfähiger Kinospielfilme. Sie verhindere eine strategische Planung von Filmprojekten in der Perspektive einer vertikalen und horizontalen Integration, das heißt, einer konzertierten Aktion von Produktions-, Verleih-, Vertriebs-, und Abspielaktivitäten und einer multimedialen Vermarktung. Sie mache Mischkalkulationen zwischen erfolgreichen und erfolglosen Filmen unmöglich. Und sie verhindere schließlich den Aufbau von Gegenmachtpositionen in der deutschen Filmwirtschaft zur Eindämmung der Hegemonie der US-Major-Companies.

Zur Überwindung dieser Parzellierung schlug Prodoehl vor, dass in einem ersten Schritt eine Filmkommission der Länder gegründet werden sollte, um in einem zweiten Schritt eine gemeinsame Filmförderinstitution der Länder und des Bundes („Filmfördergesellschaft der Länder und des Bundes (FFG)") zu errichten. Diese FFG sollte institutionelle Formen der Kooperation mit anderen nationalen Filmförderinstitutionen in Europa aufbauen. Statt der MEDIA- und EURIMAGE-Programme sollten europäische Institutionen wie eine europäische Filmbank, ein europäischer Filmverleih/-vertrieb usw. entstehen. Für die Verwertung aller nichteuropäischen Filme sollte für die Filmverleiher eine Abgabepflicht eingeführt werden. Nach französischem Vorbild sollten mit der FFG Verträge zwischen allen privaten und öffentlichen Fernsehstationen abgeschlossen werden, um Koproduktionen zu finanzieren. Filmproduktionen müssten durch steuerliche Maßnahmen gefördert werden. Und schließlich sollte der Zubuchung durch Abspieltermine von US-Verleihunternehmen in den bundesdeutschen Kinos eine Kontigentierung für nicht-europäische Filmvorführungen überlegt werden.

Modelle der Koordinierung[117] wurden mehrfach diskutiert. So der 1991 vorgebrachte Vorschlag von Bayern, einen Länderbeauftragten[118] für Filmförderung zu berufen. Aus den nachfolgenden Diskussionen in der MPK und KMK ergab sich im Frühjahr 1993 (parallel zu dem Vorschlag von Prodoehl, eine Filmkommission der Länder einzurichten) der MPK-Beschluß, einen gemeinsamen „Filmausschuß der Länder" (FAL) zu gründen, in dem sowohl die Kultusministerien als auch die Staats- und Senatskanzleien vertreten sein sollten. Dieser FAL trat am 20. 10. 1994 zum ersten Mal zusammen. Seine Arbeit, zunächst auf 3 Jahre begrenzt, dauert an.

Einen weiteren Schritt zur Koordinierung und Harmonisierung des bestehenden Fördernetzes unternahm kurz nach seiner Berufung zum Beauftragten der Bundesregierung für Angelegenheiten der Kultur und der Medien Staatsminister Michael Naumann. Er rief zu einem „Bündnis für den Film" auf. Am 9./10. April 1999 wurden Vertreter der Film- und Fernsehwirtschaft, Filmförderer und Medienpolitiker nach Potsdam zu einer ersten Gesprächsrunde eingeladen. Weitere Treffen fanden am 31. Oktober 1999 in Hof und am 3./4. November 2000 in Berlin statt.

Es bleibt abzuwarten, ob der FAL und das „Bündnis für den Film" den von Prodoehl erwarteten Paradigmawechsel ermöglichen werden.

9. Anmerkungen

[1] Altenloh, Emilie, Zur Soziologie des Kinos. Die Kino-Unternehmung und die sozialen Schichten ihrer Besucher. Jena 1914.

[2] Pinthus, Kurt, Das Kinobuch. Leipzig 1914 (Neudruck: Zürich 1963).

[3] Dadek, Walter, Die Filmwirtschaft. Grundriß einer Theorie der Filmökonomik. Freiburg 1957; –, Das Filmmedium. Zur Begründung ei-

ner Allgemeinen Filmtheorie. Freiburg 1968; Müller, Corinna, Frühe deutsche Kinematographie. Formale, wirtschaftliche und kulturelle Entwicklungen 1907–1912. Stuttgart/ Weimar 1994; Hertel, Carlos, Ansätze zur Verbesserung der Wettbewerbsfähigkeit der europäischen Filmindustrie. Potsdam 1997.
[4] Bächlin, Peter, Der Film als Ware. Basel 1945 (Neudruck: Berlin 1972).
[5] Arnheim, Rudolf, Film als Kunst. Berlin 1932 (Neudruck: Frankfurt 1979).
[6] Toeplitz, Jerzy, Geschichte des Films. Berlin, Bd. 1 1972, Bd. 2 1979, Bd. 3 1979, Bd. 4 1983, Bd 5 1991; Jacobsen, Wolfgang/Anton Kaes/Hans Helmut Prinzler (Hrsg.), Geschichte des deutschen Films. Stuttgart/ Weimar 1993.
[7] Rotha, Paul, Documentary Film. London 1952; Roth, Wilhelm, Der Dokumentarfilm seit 1960. München/Luzern 1982; Arriens, Klaus, Wahrheit und Wirklichkeit im Film. Philosophie des Dokumentarfilms. Würzburg 1999; Hoheberger, Eva (Hrsg), Texte zur Theorie des Dokumentarfilms. Berlin 2000.
[8] Fernsehdokumentarismus. Bilanz und Perspektiven. Hrsg. Peter Zimmermann. München 1992.
[9] Film als Film. 1910 bis heute. Hrsg. Birgit Hein/Wulf Herzogenrath. Köln 1977; Petzke, Ingo, Das Experimentalfilm-Handbuch. Frankfurt 1989; Weiss, Peter, Avantgarde-Film. Frankfurt 1995.
[10] Roeber, Georg/Gerhard Jacoby, Handbuch der filmwirtschaftlichen Medienbereiche. München 1973.
[11] Westbrock, Ingrid, Der Werbefilm. Hildesheim/Zürich/New York 1983; Schierl, Thomas, Vom Werbespot zum interaktiven Werbedialog. Köln 1997; Agde, Günter, Geschichte des deutschen Werbefilms im Kino seit 1897. Berlin 1998.
[12] Clip, Klapp, Bum. Hrsg. v. Veruschka Bódy/ Peter Weibel. Köln 1987; Kloppenburg, Josef, Musik multimedial. Filmmusik, Videoclip, Fernsehen. Laaber 2000.
[13] Videokunst in Deutschland. Hrsg. Wulf Herzogenrath. Stuttgart 1982; Video-Skulptur. Hrsg. Wulf Herzogenrath/Edith Decker. Köln 1989; Lampalzer, Gerda, Videokunst. Historischer Überblick und theoretische Zugänge. Wien 1992; Frieling, Rudolf/Dieter Daniels, Medien Kunst Interaktion. Die 80er und 90er Jahre in Deutschland. Wien 2000.
[14] Plant, Darrel, Flash! Creative Web Animation. Berkeley 1998.
[15] Bitomsky, Hartmut, Die Röte des Rots von Technicolor. Kinorealität und Produktionswirklichkeit. Neuwied 1972, S. 21.
[16] Spottiswoode, Raymond, A Grammar of the Film. London 1935. Vgl. dazu: Dencker, Klaus, Über die wechselseitige Befreiung der Künste. Zum Medieneinfluß und zur Veränderung des Kunstbegriffs auf dem Weg ins 20. Jahrhundert. In: Sprache im technischen Zeitalter 110, 1989, S. 151 ff; Paech, Joachim, Literatur und Film. Stuttgart 1988; Arijon, Daniel, Grammatik der Filmsprache. Das Handbuch (dt. Karl H. Silber).Frankfurt 2000.
[17] Vgl. dazu vor allem die Schriften von Sergej M. Eisenstein, Dziga Vertov und Wsewolod I. Pudowkin: „Dem Filmregisseur dient jede Szene des gedrehten Films in der gleichen Weise wie dem Dichter das Wort" (W.I.P. Filmregie und Filmmanuskript. Berlin 1928 (Neudruck: Zürich 1961, S. 8).
[18] Kohnlechner, Peter/Peter Kubelka (Hrsg.), Propaganda und Gegenpropaganda im Film 1933–1945. Wien 1972; Barkhausen, Hans, Filmpropaganda für Deutschland im Ersten und Zweiten Weltkrieg. Hildesheim/Zürich/ New York 1982.
[19] Kreimeier, Klaus, Kino und Filmindustrie in der BRD. Ideologieproduktion und Klassenwirklichkeit nach 1945. Kronberg 1973, S. 190 „Der Film als politische Ware".
[20] Harold D. Lasswell, der die Kommunikationsforschung mit der berühmten Lasswell-Formel „who says what in which channel to whom with what effects" (The structure and function of communication in society. In: Bryson, L. (Hrsg.), Propaganda, communication, and public opinion. Princeton 1946, S. 74–94) wesentlich befördert hat, schrieb bereits 1927: „The strategy of propaganda ... can readily be described in the language of stimulus-response ... The propagandist may be said to be concerned with the multiplication of those stimuli which are best calculated to evoke the desired response" (Propaganda Techniques in the World War. New York 1927).
[21] Neue Fernsehempfangstechniken. Hrsg. ZDF. Mainz 1985, S. 7 u. 92 (= ZDF Schriftenreihe, H. 31); Gerd Bock, Programmverbreitung (Hörfunk und Fernsehen). Verbreitung von Hörfunk- und Fernsehprogrammen und neue Rundfunkdienste. In: Internationales Handbuch für Hörfunk und Fernsehen. Baden-Baden 2000, S. 179ff.
[22] ISDN (Integrated Services Digital Network), ATM (Asynchronous Transfer Mode) und jüngst FTTH (Fibre-To-The-Home-Technic), welche Internetzugänge für den PC von bis zu 10 Megabit pro Sekunde ermöglicht und damit 150 mal schneller ist als ISDN; Klaus Lipinski, Lexikon der deutschen Datenkommunikation, 8.V.0, MTTP 2000.
[23] Sjurts, Insa, Chancen und Risiken im globalen Medienmarkt – Die Strategien der größten Medien-, Telekommunikations- und Informationstechnologiekonzerne. In: Internationales Handbuch für Hörfunk und Fernsehen. Baden-Baden 2000, S. 31.
[24] Dadek, Walter, Das Filmmedium, aaO., S. 17.
[25] Insbesondere von Günter Rohrbach und Wolf Donner 1990 in der öffentlichen Diskussion wieder aufgegriffen: G.R., David gegen Goli-

ath. Die Konkurrenzfähigkeit des deutschen Films stärken. In: epd 9, 1990, S. 16ff; W.D., Die Kino Killer. In: tip 12, 1990, S. 56ff..

26 So die Länderförderungsmodelle von Baden-Württemberg (MFG Medien- und Filmgesellschaft Baden-Württemberg mbH), Berlin/Brandenburg (Filmboard Berlin-Brandenburg GmbH), Hamburg (FilmFörderung Hamburg GmbH), Sachsen, Sachsen-Anhalt und Thüringen (MDM Mitteldeutsche Medienförderung GmbH) sowie die jüngste Umstrukturierung 2001 (Zusammenschluß der Förderungen Niedersachsens und Bremens) zur „Nord Media Agentur GmbH".

27 Vgl. 8. Schlußbemerkung.

28 Roeber/Jacoby, aaO., S. 51 und 61.

29 Diederichs, Helmut H., Konzentration in den Massenmedien. Systematischer Überblick zur Situation in der BRD. München 1973, S. 131.

30 Altenloh, aaO., S. 16.

31 Altenloh, aaO., S. 10.

32 Bächlin, aaO., S. 25.

33 Altenloh, aaO., S. 16.

34 Roeber/Jacoby, aaO., S. 79.

35 Roeber/Jacoby, aaO., S. 81, Lipschütz, Rahel, Der UFA-Konzern. Geschichte, Aufbau und Bedeutung im Rahmen des deutschen Filmgewerbes. Berlin 1932.

36 Noelle-Neumann, Elisabeth/Winfried Schulz (Hrsg.), Publizistik. Frankfurt 1971, S. 29 (= FL9).

37 Roeber/Jacoby, aaO., S. 71.

38 Roeber/Jacoby, aaO., S. 72.

39 Diederichs, aaO., S. 138.

40 Das UFA-Buch. Hrsg. Hans-Michael Bock/Michael Töteberg. Frankfurt 1992.

41 Kersten, Heinz, Das Filmwesen in der sowjetischen Besatzungszone Deutschlands. 2 Bde. Bonn/Berlin 1963, Bd. 1, S. 7ff.

42 Roeber/Jacoby, aaO., S. 524.

43 Roeber/Jacoby, aaO., S. 188.

44 Eine ausführliche Darstellung aller Bürgschaftssysteme bei: Roeber/Jacoby, aaO., S. 526–551.

45 Roeber/Jacoby, aaO., S. 538. vgl. auch: Ludwig Fera, Staatliche Filmförderung in Hamburg. In: Hamburger Filmgespräche II. Hrsg. Hamb.Ges. f. Filmkunde e.V. Hamburg 1965, S. 96f.

46 Erste Versuche, eine solche Institution ins Leben zu rufen, sind aus dem Jahr 1911 bekannt, wo es in einer Resolution des Württembergischen Goethebundes heißt: „Die ... Versammlung hält die rohen, nur auf Sensation berechneten Vorführungen der Kinematographtheater für eine ernste Gefährdung der heranwachsenden Jugend und hält es für dringend notwendig, auf diesem Gebiete durch Selbsthilfe, insonderheit durch die Hebung der Darbietungen Wandel zu schaffen". In: Victor Noack, Der Kino. Etwas über sein Wesen und seine Bedeutung. Leipzig 1913, S. 20f.

47 Henschel, Kurt/Karl Friedrich Reimers (Hrsg.), Filmförderung. Entwicklungen/Modelle/Materialien. München 1992, S. 275 (Verwaltungsvereinbarung vom 1. 1. 1985); zur FBW vgl. auch: Bär, Peter, Die verfassungsrechtliche Filmfreiheit und ihre Grenzen: Filmzensur und Filmförderung. Frankfurt 1984, S. 383ff.

48 Roeber/Jacoby, aaO., S 555.

49 Bär, aaO., S. 250.

50 Roeber/Jacoby, aaO., S. 520 und in: Filmkritik, H 12, 1967, S. 663.

51 Filmförderung in Hamburg. Hrsg. Staatliche Pressestelle Hamburg 1980, S. 79.

52 Eine ganze Reihe von Gründen führt Bär, aaO., S. 261ff, an.

53 Diederichs, aaO., S. 151 u. Geschäftsbericht 2000. FFA Berlin, 2001, S. 24.

54 Jenny, Urs, Der junge deutsche Film – eine Bilanz. In: Neuer Deutscher Film. Mannheim 1967, S. 1ff.

55 Bär, aaO., S. 364ff.

56 Bär, aaO., S. 372 und „Informationen No. 1" (Hrsg. Stiftung Kuratorium junger deutscher Film).Wiesbaden 1998, S. 2: „Das Kuratorium will, anders als in früheren Jahren, nun entschieden mehr für die Transparenz seiner Arbeit tun: Berichte zu Produktionen, die vom Kuratorium angestoßen und von ihm (mit-)begleitet werden, Interviews mit Autoren, Regisseuren, Portraits von Produzenten, vielleicht auch Dramaturgen und ihrem Arbeitsalltag, dazu Nachrichten, Termine, Veranstaltungen, Auszeichnungen, Prädikate – das ganze Spektrum also, das zur Förderarbeit gehört und den Nachweis sinnvoller Tätigkeit bietet. Der Stille der vergangenen Jahre soll nun Öffnung, Öffentlichkeit und Einblick folgen.".

57 Von den Ländern gemeinsam gefördert wurde nur noch bis 1992 das „Institut für Film und Bild in Wissenschaft und Unterricht" (Grünwald/München), zuletzt mit 683 714,- DM und das „Institut für den Wissenschaftlichen Film" (Göttingen), 1995 mit 6 539 000,- DM.

58 Der Bund hat diese sogenannte Regelungskompetenz des Bundes wie folgt begründet: „Nach der grundgesetzlichen Verteilung staatlicher Aufgaben zwischen Bund und Ländern liegt das Schwergewicht der Zuständigkeiten im kulturellen Bereich bei den Ländern. Gleichwohl darf nicht übersehen werden, daß das Grundgesetz dem Bund, teils ausdrücklich, teils stillschweigend, Kompetenzen in kulturellen Angelegenheiten übertragen hat. Für die kulturelle Filmförderung ergibt sich vor allem eine ungeschriebene Bundeszuständigkeit unter dem Gesichtspunkt der Verantwortung des Bundes für die gesamtstaatliche Repräsentation; diese bildet die Basis für die Förderung national herausragender Vorhaben und Einrichtungen. Weiter sind für die Zuständigkeit des Bundes von Bedeutung die Gesichtspunkte der Pflege der auswärtigen Beziehungen (auswärtige Kulturpolitik) und der Verantwortung für die Förderung der Belange Berlins ... Der

Bund hat auch die Aufgabe, im Rahmen der Bundesgesetze (z. B. Steuergesetze, Sozialgesetze) die Belange des Films im Hinblick auf seine kulturelle Bedeutung zu berücksichtigen" In: Kulturelle Film-Förderung des Bundes. Hrsg. Bundesminister des Innern/ Referat Öffentlichkeitsarbeit. Bonn (1989), S. 21 f. Vgl. dazu die Diskussion bei Bär, aaO., S. 357 ff, der dem Bund zwar die hoheitliche Aufgabe der Preisvergabe, nicht aber die Filmförderung zubilligt und bei Siegfried Dörffeldt, Filmförderung aus rechtlicher Sicht. In: Hundertmark, Gisela/Louis Saul (Hrsg.), Förderung essen Filme auf ... Positionen – Situationen – Materialien. München 1984, S. 39 ff.

[59] Bericht der Bundesregierung über die Lage des deutschen Films sowie die Verbesserung seiner Rahmenbedingungen. Bonn, 15. Dezember 2000, S. 5.

[60] Roeber/Jacoby, aaO., S. 558.

[61] Diese und weitere Angaben beziehen sich auf Zahlen, die in den Filmförderungsrichtlinien des BKM vom 1. 2. 200 ausgewiesen sind.

[62] Kulturelle Filmförderung des Bundes. Hrsg. Bundesministerium des Innern/Referat Öffentlichkeitsarbeit. Bonn 1996, S. 35.

[63] Brief des BKM vom 27. 6. 2001 an den Verf.

[64] Kulturelle Filmförderung des Bundes, aaO., S. 21.

[65] In: MP II, 1993, S. 62 ff.

[66] Gesetz über Maßnahmen zur Förderung des deutschen Films (FFG § 2) in der letztgültigen Fassung, FFA, Berlin 1999, S. 5.

[67] Betrifft Spielzeitquotenregelung, mit der andere europäische Länder in den 50er Jahren erfolgreich waren. Vgl. Roeber/Jacoby, aaO., S. 562.

[68] Johannes Semmler legte im Auftrag der SPIO „Vorschläge zur Ordnung der deutschen Filmwirtschaft" vor. Vgl. Roeber/Jacoby, aaO., S. 563.

[69] Eine Selbsthilfemaßnahme der deutschen Filmwirtschaft, die 1955 die Erhebung einer Abgabe an den Filmtheaterkassen in Höhe von 0,10 DM vorschlugen. Vg. Roeber/Jacoby, aaO., S. 563.

[70] Ein Initiativantrag der CDU/CSU-Abgeordneten Martin, Kemmer und Fraktion vom 29. 3. 1963. Vgl. Roeber/Jacoby, aaO., S. 564. Zu allen Plänen auch Bär, aaO., S. 271 ff.

[71] Roeber/Jacoby, aaO., S. 569 und dort weitere Quellenhinweise.

[72] Die Diskrepanz der Zahlen von 1999 und 2000 ist auf das Ergebnis eines Vergleichs zurückzuführen, der zwischen der FFA und der Videowirtschaft (Bundesverband Video e.V./ BVV und Interessenverband des Video- und Medienfachhandels e.V./IVD) am 23. 9. 1999 über die ausstehende Videoabgabe für die Jahre 1993 bis 1998 geschlossen wurde.

[73] Geschäftsbericht 1995. Hrsg. FFA. Berlin 1996, S. 7 ff und Geschäftsbericht 2000. Hrsg. FFA, Berlin 2001, S. 18 f.

[74] D 1: Geschäftsbericht 2000. Hrsg. FFA-Filmförderanstalt. Berlin 2001, S. 7. D 2: FFA 1968–1998. 30 Jahre Erfolg ist kein Zufall. Hrsg. FFA, Berlin, o. J., S. 67.

[75] FFA-intern. Berlin, 5. 2. 2001, S. 7 (Tabelle E); Gerhard Neckermann, Kinobranche im Auf- und Umbruch. In: MP 9,1999, S. 486; vgl. auch Gerhard Neckermann, Multiplexe verändern Kinomarktstruktur. In: MP 9,1994, S. 459ff; Bär, Rolf /Neckermann, Gerhard Kinostruktur und Multiplexentwicklung. In: MP 3,1997, S. 114ff; Neckermann, Gerhard/Dirk Blothner, Das Kinobesucherpotential 2010 nach soziodemographischen und psychologischen Merkmalen. Berlin (FFA) 2001.

[76] Filmstatistisches Taschenbuch 2000. Hrsg. Markus Roth. SPIO/Wiesbaden 2000, S. 71 und Media Perspektiven Basisdaten. Daten zur Mediensituation in Deutschland 2000. Frankfurt 2000, S. 64.

[77] Geschäftsbericht 2000 der FFA. Berlin 2001, S. 73.

[78] Friccius, Enno, Fernsehen und Filmförderung in Deutschland. In: MP 9, 1999, S. 488ff (Tabelle G).

[79] FFA 1968–1998. 30 Jahre Erfolg ist kein Zufall. Hrsg. FFA, Berlin o.J., S. 68 (Tabelle H).

[80] Grundlage der Entstehung des Sondervermögens ist das Gesetz zur Abwicklung und Entflechtung des ehemaligen reichseigenen Filmvermögens vom 5. Juni 1953. Das Gesetz bestimmt, dass Gesellschaften, an denen das Reich mittelbar oder unmittelbar beteiligt war, Vermögenswerte solcher Gesellschaften und Vermögenswerte der Filmwirtschaft, die im Eigentum des Reiches gestanden haben, in private Hand zu überführen sei. Nach § 15 des Gesetzes war der nach Berichtigung der Schulden verbleibende Abwicklungserlös der aufgelösten Gesellschaften, soweit er nicht auf Beteiligungsrechte anderer Gesellschafter als des Reiches entfiel, an den Bund abzuführen und für die Förderung der Filmwirtschaft zu verwenden.

[81] Siehe europäische Filmförderung (7).

[82] Siehe Bundeshaushaltsplan, Einzelplan 09, Titel 68 301/189.

[83] Bundeshaushaltsplan 2001, Einzelplan 04 (= Prozent BKM), Titel 68 311/193 „Maßnahmen der wirtschaftlichen Filmförderung".

[84] Die Ausgaben der Länder für Film und Filmförderung 1991 bis 1995, Hrsg. Sekretariat der KMK. Bonn 1995, S. 6f (Sonderheft Nr. 77) und 1998 (Sonderheft 87), S. 4f. Nach dem Sonderheft 87 sind die Statistiken von der KMK nicht fortgeführt worden.

[85] Übersichten: Finanzen für Film, Funk, Fernsehen und Multimedia. Nationale und internationale Förderprogramme im Medienbereich. Eine Dokumentation. Köln, Stadtsparkasse Köln, 4. Aufl. 1998; Trotz, Lydia, Filmförderung in den neuen Bundesländern. Hrsg. HFF Potsdam-Babelsberg. Berlin 1996 (BFF Bd. 48);

Filmförderung in Deutschland und der EU. Hrsg. KPMG, 3. aktualisierte Auflage, München 2000; Bundes- und wirtschaftliche Länderförderungen 2000 im Überblick. In: FFA-intern. Berlin 5. 2. 2001, S. 16.
86 D.h. Fachgremien empfehlen Förderentscheidungen für die mittelbewilligenden Institutionen.
87 Der Intendant entscheidet und verantwortet allein die Fördermaßnahmen.
88 Die/der Geschäftsführer/in ist Mitglied der Fachgremien und entscheidet bei Stimmengleichheit (Hamburg) oder sie/er hat ein Veto- und Vorschlagsrecht (Baden-Württemberg).
89 Siehe 8. Schlußbemerkung zum Filmausschuß der Länder(FAL) und „Bündnis für den Film"
90 Vgl. Bär, aaO., S. 413ff; Henschel/Reimers, aaO., S. 130ff; Clevé, Bastian, Film-, Fernseh-, Multimedia-Finanzierungen. Stuttgart 1996, S. 107ff.
91 Bei Hundertmark/Saul, aaO., S. 260ff.
92 Bär, aaO., S. 418ff; Hundertmark/Saul, aaO., S. 263ff; Henschel/Reimers, aaO., S. 118ff.
93 Bär, aaO., S. 422ff; Hundertmark/Saul, aaO., 152ff u. S. 267ff. Dem Filmbüro Hamburg folgten schnell weitere Filmbüros u.a. in NRW, Hessen, Niedersachsen und Schleswig-Holstein, die z.T. heute noch kulturelle Filmförderung betreiben.
94 Henschel/Reimers, aaO., S. 136ff.
95 Henschel/Reimers, aaO., S. 144ff.
96 Friedrich Nowottny, Zur Gründung der Filmstiftung NRW am 27. 2. 1991. Rede auf dem Medienforum Köln 1991, Skript S. 3f.
97 „Die Förderung eines programmfüllenden Kinofilms ist nur möglich, wenn der Film einen wirtschaftlichen Erfolg in Filmtheatern erwarten läßt" (Richtlinien 3.2.1 vom 7. 10. 1992).
98 Richtlinien 1.1 und 3.1.1 vom 7. 10. 1992; für PRO7 und ZDF gilt gleiches für Förderungen aus dem WDR-Topf.
99 Die Zahlen. Hrsg. Filmstiftung Nordrhein-Westfalen GmbH. Düsseldorf, April 2001, S. 12
100 Vergabeordnung der MFG, Stuttgart November 1995, S. 2. Vgl. auch Clevé, aaO., S. 111ff
101 Am 26. 6. 1993 gründete der NDR gemeinsam mit der Unabhängigen Landesanstalt für das Rundfunkwesen in Schleswig-Holstein (ULR) die „MSH Gesellschaft zur Förderung audiovisueller Werke für Schleswig-Holstein mbH"
102 Eckart Stein, Das Publikum will keine Halbheiten. In: Film-Dienst 23, 1990, S. 17.
103 Zu den nationalen Filmförderungssystemen in Europa vgl. „Öffentliche Fördereinrichtungen in Europa", hrsg. Europäische Audiovisuelle Informationsstelle, 76 allée de la Robertsau, F-67000 Straßburg (Bd. 1: Vergleichende Analyse nationaler Förderprogramme; Bd. 2: Nationale Monografien).
104 „Grundsätze und Leitlinien für die audiovisuelle Politik der Gemeinschaft im digitalen Zeitalter". Mitteilung der Kommission der Europäischen Gemeinschaft an den Rat, das Europäische Parlament, den Wirtschafts- und Sozialausschuß und den Ausschuß der Regionen. KOM (1999) 657, 14. 12. 1999, S. 8; vgl. auch Dörr, Dieter, Europäische Medienordnung und -politik. In: Internationales Handbuch für Hörfunk und Fernsehen 2000/2001. Hrsg. Hans-Bredow-Institut Hamburg, Baden-Baden 2000, S. 65ff.
105 Die Europäische Kommission hat das französische Institut IDATE beauftragt, eine Erhebungsstudie des Aktionsplans 16:9 durchzuführen, deren Ergebnisse unter http//www.idate.fr/16-9evaluation dokumentiert sind. Vgl. auch Finanzen für Film, Funk, Fernsehen und Multimedia, aaO., Kap. C, 1.2.
106 eEurope. Eine Informationsgesellschaft für alle. Mitteilung über eine Initiative der Kommission für den Europäischen Sondergipfel von Lissabon am 23./24. März 2000, KOM (1999) 687 vom 8. 12. 1999.
107 The eEurope 2002 Update, COM (2000)783, November 2000; eEurope 2002 Impact and Priorities, COM (2001)140, März 2001.
108 Geschäftsbericht 2000. Hrsg. FFA. Berlin 2001, S. 19.
109 Das Medien-Handbuch. Hrsg. Media-Desk Hamburg, August 1992. Kulturförderung der Europäischen Gemeinschaft. Hrsg. BMI/Abtlg. Kultur, Bonn, Oktober 1994. Stefan Braunschweig/Hannemor Keidel, Film- und Fernsehproduktion in Europa zwischen Markt und Förderung. In: Henschel/Reimers, aaO., S. 29ff. Film Financing and Television Programming: A Taxation Guide. Hrsg. KPMG. Amsterdam 1996. Clevé, aaO., S. 119ff.
110 Von der internationalen Management Consulting Firma Roland Berger und Partner GmbH.
111 Grünbuch der Kommission der EU: Strategische Optionen für die Stärkung der Programmindustrie im Rahmen der audiovisuellen Politik der Europäischen Union, KOM (94)96 vom 6. 4. 1994
112 Abel, Jürgen, MEDIA historisch und statistisch. Von der Idee bis zu den Ergebnissen: Eine kleine Geschichte der europäischen Filmförderung. In: MEDIA INFO. Hrsg. MEDIA DESK Deutschland, Hamburg Mai 2001, S. 8f.
113 Bericht der Kommission über die im Rahmen des Programms MEDIA II (1996–200) erreichten Ergebnisse für den Zeitraum 1. Januar 1996–30. Juni 1999, KOM (1999)91 vom 16. 3. 1999.
114 Vorschläge für einen sogenannten „Europäischen Garantiefonds" von der EU gab es bereits 1995, der mit insgesamt 90 Mio ECU ausgestattet werden sollte; vgl. dazu Vorschlag für einen Beschluß des Rates zur Errichtung eines Europäischen Garantiefonds zur Förderurng der Film- und Fernsehproduktion (Bundesrat Unterrichtung durch die Bundesregierung Dr. 449/96 vom 11. 6. 1996) und Vorschlag für einen Beschluß des Rates zur Errichtung eines Europäischen Garantiefonds zur Förderung

der Film- und Fernsehproduktion (Bundesrat Beschluß des Bundesrats Dr. 440/96 vom 27. 9. 1996).
[115] Pressekommuniqué der Europäischen Investitionsbank, Luxemburg 19. 12. 2000.
[116] MP 4, 1993, S. 159ff.
[117] Seit 1995 treffen sich z. B. auf Initiative des Filmboard Berlin-Brandenburg regelmäßig die größeren Filmförderinstitutionen der Länder und des Bundes, um neben einem besseren Informationsaustausch weitergehende Verfahrensangleichung und Vereinfachung der Fördersysteme zu diskutieren.
[118] Bereits von Rohrbach und Donner 1990 (Anm. 22) gefordert.

10. Literatur

Abel, Jürgen, MEDIA historisch und statistisch. Von der Idee bis zu den Ergebnissen: Eine kleine Geschichte der europäischen Filmförderung. In: MEDIA INFO. Hrsg. MEDIA DESK Deutschland. Hamburg Mai 2001, S. 8f.

Agde, Günter, Geschichte des deutschen Werbefilms im Kino seit 1897. Berlin 1998.

Altenloh, Emilie, Zur Soziologie des Kinos. Die Kino-Unternehmung und die sozialen Schichten ihrer Besucher. Jena 1914.

Arijon, Daniel, Grammatik der Filmsprache. Das Handbuch (dt. Karl H. Silber). Frankfurt 2000.

Arnheim, Rudolf, Film als Kunst. Berlin 1932 (Neudruck: Frankfurt 1979).

Arriens, Klaus, Wahrheit und Wirklichkeit im Film. Philosophie des Dokumentarfilms. Würzburg 1999.

Bächlin, Peter, Der Film als Ware. Basel 1945 (Neudruck: Berlin 1972).

Bär, Peter, Die verfassungsrechtliche Filmfreiheit und ihre Grenzen: Filmzensur und Filmförderung. Frankfurt 1984.

–/Gerhard Neckermann, Kinostruktur und Multiplexentwicklung. In: MP 3, 1997, S. 114ff.

Barkhausen, Hans, Filmpropaganda für Deutschland im Ersten und Zweiten Weltkrieg. Hildesheim/Zürich/New York 1982.

Bericht der Bundesregierung über die Lage des deutschen Films sowie die Verbesserung seiner Rahmenbedingungen. Bonn, 15. Dezember 2000, S. 5.

Bericht der Kommission über die im Rahmen des Programms MEDIA II (1996–2000) erreichten Ergebnisse für den Zeitraum 1. Januar 1996–30. Juni 1999, KOM (1999) 91 vom 16. 3. 1999.

Bitomsky, Hartmut, Die Röte des Rots von Technicolor. Kinorealität und Produktionswirklichkeit. Neuwied 1972, S. 21.

BMI/Abtlg. Kultur (Hrsg.), Kulturförderung der Europäischen Gemeinschaft. Bonn, Oktober 1994.

Bock, Gerd, Programmverbreitung (Hörfunk und Fernsehen). Verbreitung von Hörfunk- und Fernsehprogrammen und neue Rundfunkdienste. In: Internationales Handbuch für Hörfunk und Fernsehen. Baden-Baden 2000, S. 179ff.

Bock, Hans-Michael/Michael Töteberg (Hrsg.), Das UFA-Buch. Frankfurt 1992.

Bódy, Veruschka/Peter Weibel (Hrsg.), Clip, Klapp, Bum. Köln 1987.

Braunschweig, Stefan/Hannemor Keidel, Film- und Fernsehproduktion in Europa zwischen Markt und Förderung. In: Henschel, Kurt/Karl F. Reimers (Hrsg.), Filmförderung. Entwicklungen / Modelle / Materialien. München 1992.

Bryson, L. (Hrsg.), Propaganda, communication, and public opinion. Princeton 1946, S. 74–94.

Bundesminister des Innern / Referat Öffentlichkeitsarbeit (Hrsg.), Kulturelle Film-Förderung des Bundes. Bonn 1989.

–, (Hrsg.), Kulturelle Film-Förderung des Bundes. Bonn 1996.

Clevé, Bastian, Film-, Fernseh-, Multimedia-Finanzierungen. Stuttgart 1996.

Dadek, Walter, Das Filmmedium. Zur Begründung einer Allgemeinen Filmtheorie. Freiburg 1968.

–, Die Filmwirtschaft. Grundriß einer Theorie der Filmökonomik. Freiburg 1957.

Dencker, Klaus P., Über die wechselseitige Befreiung der Künste. Zum Medieneinfluß und zur Veränderung des Kunstbegriffs auf dem Weg ins 20. Jahrhundert. In: Sprache im technischen Zeitalter 110, 1989, S. 151ff.

Diederichs, Helmut H., Konzentration in den Massenmedien. Systematischer Überblick zur Situation in der BRD. München 1973.

Donner, Wolf, Die Kino Killer. In: tip 12, 1990, S. 56ff.

Dörffeldt, Siegfried, Filmförderung aus rechtlicher Sicht. In: Hundertmark, Gisela/Louis Saul (Hrsg.), Förderung essen Filme auf ... Positionen – Situationen – Materialien. München 1984, S. 39ff.

Dörr, Dieter, Europäische Medienordnung und -politik. In: Internationales Handbuch für Hörfunk und Fernsehen 2000/2001. Hrsg. Hans-Bredow-Institut Hamburg. Baden-Baden 2000, S. 65ff.

Fera, Ludwig, Staatliche Filmförderung in Hamburg. In: Hamburger Filmgespräche II. Hrsg. Hamb.Ges.f.Filmkunde e.V. Hamburg 1965.

FFA (Hrsg.), FFA 1968–1998. 30 Jahre Erfolg ist kein Zufall. Berlin, o. J.

– (Hrsg.), Geschäftsbericht 1995. Berlin 1996.

– (Hrsg.), Geschäftsbericht 2000. Berlin 2001.

FFA-intern. Bundes- und wirtschaftliche Länderförderungen 2000 im Überblick. Berlin 5. 2. 2001.

Finanzen für Film, Funk, Fernsehen und Multimedia. Nationale und internationale Förderprogramme im Medienbereich. Eine Dokumentation. Köln, Stadtsparkasse Köln, ⁴1998.

Friccius, Enno, Fernsehen und Filmförderung in Deutschland. In: MP 9, 1999, S. 488 ff.

Frieling, Rudolf/Dieter Daniel, Medien Kunst Interaktion. Die 80er und 90er Jahre in Deutschland. Wien 2000.

Gesetz über Maßnahmen zur Förderung des deutschen Films (FFG § 2) in der letztgültigen Fassung, FFA. Berlin 1999.

Grundsätze und Leitlinien für die audiovisuelle Politik der Gemeinschaft im digitalen Zeitalter. Mitteilung der Kommission der Europäischen Gemeinschaft an den Rat, das Europäische Parlament, den Wirtschafts- und Sozialausschuß und den Ausschuß der Regionen. KOM (1999) 657, 14. 12. 1999, S. 8.

Hein, Birgit/Wulf Herzogenrath (Hrsg.), Film als Film. 1910 bis heute. Köln 1977.

Henschel, Kurt/Karl F. Reimers (Hrsg.), Filmförderung. Entwicklungen / Modelle / Materialien. München 1992.

Hertel, Carlos, Ansätze zur Verbesserung der Wettbewerbsfähigkeit der europäischen Filmindustrie. Potsdam 1997.

Herzogenrath, Wulf (Hrsg.), Videokunst in Deutschland. Stuttgart 1982.

–/Edith Decker (Hrsg.), Video-Skulptur. Köln 1989.

Hoheberger, Eva (Hrsg.), Texte zur Theorie des Dokumentarfilms. Berlin 2000.

Hundertmark, Gisela/Louis Saul (Hrsg.), Förderung essen Filme auf ... Positionen – Situationen – Materialien. München 1984.

Jacobsen, Wolfgang/Anton Kaes/Hans H. Prinzler (Hrsg.), Geschichte des deutschen Films. Stuttgart/Weimar 1993.

Jenny, Urs, Der junge deutsche Film – eine Bilanz. In: Neuer Deutscher Film. Mannheim 1967.

Kersten, Heinz, Das Filmwesen in der sowjetischen Besatzungszone Deutschlands. 2 Bde. Bonn/Berlin 1963.

Kloppenburg, Josef, Musik multimedial. Filmmusik, Videoclip, Fernsehen. Laaber 2000.

Kohnlechner, Peter/Peter Kubelka (Hrsg.), Propaganda und Gegenpropaganda im Film 1933–1945. Wien 1972.

KPMG (Hrsg.) Filmförderung in Deutschland und der EU. München ³2000.

– (Hrsg.), Film Financing and Television Programming: A Taxation Guide. Amsterdam 1996.

Kreimeier, Klaus, Kino und Filmindustrie in der BRD. Ideologieproduktion und Klassenwirklichkeit nach 1945. Kronberg 1973.

Lampalzer, Gerda, Videokunst. Historischer Überblick und theoretische Zugänge. Wien 1992.

Lasswell, Harold D., Propaganda Techniques in the World War. New York 1927.

Lipinski, Klaus, Lexikon der deutschen Datenkommunikation, 8.V.O. MTTP 2000.

Lipschütz, Rahel, Der UFA-Konzern. Geschichte, Aufbau und Bedeutung im Rahmen des deutschen Filmgewerbes. Berlin 1932.

Media-Desk Hamburg (Hrsg.) Das Medien-Handbuch. August 1992.

Müller, Corinna, Frühe deutsche Kinematograpie. Formale, wirtschaftliche und kulturelle Entwicklungen 1907–1913. Stuttgart/Weimar 1994.

Neckermann, Gerhard, Kinobranche im Auf- und Umbruch. In: MP 9, 1999, S. 486.

–, Multiplexe verändern Kinomarktstruktur. In: MP 9, 1994, S. 459 ff.

–/Dirk Blothner, Das Kinobesucherpotential 2010 nach soziodemographischen und psychologischen Merkmalen. Berlin (FFA) 2001.

Noack, Victor, Der Kino. Etwas über sein Wesen und seine Bedeutung. Leipzig 1913.

Noelle-Neumann, Elisabeth/Winfried Schulz (Hrsg.), Publizistik. Frankfurt 1971.

Nowottny, Friedrich, Zur Gründung der Filmstiftung NRW am 27. 2. 1991. Rede auf dem Medienforum Köln 1991, Skript S. 3 f.

Öffentliche Fördereinrichtungen in Europa. Hrsg. Europäische Audiovisuelle Informationsstelle, 76 allée de la Robertsau, F-67000 Straßburg (Bd. 1: Vergleichende Analyse nationaler Förderprogramme; Bd. 2: Nationale Monografien).

Paech, Joachim, Literatur und Film. Stuttgart 1988.

Petzke, Ingo, Das Experimentalfilm-Handbuch. Frankfurt 1989.

Pinthus, Kurt, Das Kinobuch. Leipzig 1914 (Neudruck: Zürich 1963).

Plant, Darrel, Flash! Creative Web Animation. Berkeley 1998.

Pudowkin, Wsewolod J.P., Filmregie und Filmmanuskript. Berlin 1928.

Roeber, Georg/Gerhard Jacoby, Handbuch der filmwirtschaftlichen Medienbereiche. München 1973.

Rohrbach, Günter, David gegen Goliath. Die Konkurrenzfähigkeit des deutschen Films stärken. In: epd 9, 1990, S. 16 ff.

Roth, Markus (Hrsg.), Filmstatistisches Taschenbuch 2000. Wiesbaden 2000.

Roth, Wilhelm, Der Dokumentarfilm seit 1960. München/Luzern 1982.

Rotha, Paul, Documentary Film. London 1952.

Schierl, Thomas, Vom Werbespot zum interaktiven Werbedialog. Köln 1997.

Sekretariat der KMK (Hrsg.), Die Ausgaben der Länder für Film und Filmförderung 1991 bis 1995. Bonn 1995 u. 1998.

Sjurts, Insa, Chancen und Risiken im globalen Medienmarkt – Die Strategien der größten Medien-, Telekommunikations- und Informationstechnologiekonzerne. In: Internationales Handbuch für Hörfunk und Fernsehen. Baden-Baden 2000.

Spottiswoode, Raymond, A Grammar of the Film. London 1935.

Staatliche Pressestelle (Hrsg.), Filmförderung in Hamburg. Hamburg 1980.

Stein, Eckart, Das Publikum will keine Halbheiten. In: Film-Dienst 23, 1990.

Stiftung Kuratorium junger deutscher Film (Hrsg.), „Informationen No. 1". Wiesbaden 1998.

Toeplitz, Jerzy, Geschichte des Films. Berlin, Bd. 1 1972, Bd. 2 1979, Bd. 3 1979, Bd. 4 1983, Bd. 5 1991.

Trotz, Lydia, Filmförderung in den neuen Bundesländern. Hrsg. HFF Potsdam-Babelsberg. Berlin 1996.

Weiss, Peter, Avantgarde-Film. Frankfurt 1995.

Westbrock, Ingrid, Der Werbefilm. Hildesheim/Zürich/New York 1983.

ZDF (Hrsg.), Neue Fernsehempfangstechniken. Mainz 1985

Zimmermann, Peter (Hrsg.), Fernsehdokumentarismus. Bilanz und Perspektiven. München 1992

Klaus-Peter Dencker, Hamburg
(Deutschland)

XLIV. Mediengegenwart X: Der Hörfunk I: Technik

178. Konzept und Realisierung der Analog-Digitalen Senderegien beim Südwestfunk

1. Einleitung
2. Konzept
3. Realisierung
4. Erfahrungen und Besonderheiten
5. Zusammenfassung
6. Literatur

1. Einleitung

Im nachfolgenden Aufsatz wird beschrieben, unter welchen Gesichtspunkten der Südwestfunk den Übergang von der Analogtechnik zum digitalen Hörrundfunk realisierte.

Mit dem Konzept war es möglich, kurzfristig und kostengünstig eine vollständig digitale Übertragungskette zu erreichen, wie es zu der Einführung des digitalen Satellitenrundfunks (DSR) erstmals notwendig wurde. Die digitale Audiotechnik, die sich schon einige Jahre zuvor in der Produktion hochwertiger Musikaufnahmen durchgesetzt hatte, konnte nun auch in der Senderegie Einzug halten. Dabei war es möglich, diese neue Technik in einem kaum geänderten Erscheinungsbild an die bisherige Technik anzupassen, so daß für das Bedienpersonal ein sanfter Übergang zur digitalen Signalverarbeitung möglich wurde.

Nach der relativ schnellen Realisierung in den Senderegien wurde dieses Konzept auch konsequent bei der Erneuerung des Hauptschaltraums im Hörfunk angewendet. Die dabei erreichte hohe Flexibilität und Anpassungsfähigkeit gegenüber neuen Techniken macht auch langfristige Aspekte des Konzeptes deutlich.

2. Konzept

Es gibt grundsätzlich zwei Möglichkeiten, eine digitale Senderegie zu realisieren:

(a): Ersatz der gesamten Analogkomponenten durch digitale Regieeinheiten.
(b): Nur digitale Quellen werden digital verarbeitet.

Zur damaligen Zeit ging man davon aus, daß, wie im Produktionsbereich üblich, nur Ansatz (a) der einzig gangbare Weg ist. Dies beinhaltet jedoch, daß sämtliche über Jahre hinaus gewachsenen Bedien- und Arbeitsphilosophien, die dazu noch für jedes Funkhaus unterschiedlich sind, in neuer Technik mit den zu erwartenden Einführungsproblemen in kürzester Zeit entwickelt werden müßten. Da die meisten der im Sendebereich zu verarbeitenden Quellen auch in den nächsten Jahren noch analog sein werden, besteht die Möglichkeit der digitalen Verarbeitung lediglich für die digitalen Quellen wie z.B. CD-Spieler, DAT-Geräte oder Hard-Disc-Recorder. Das rein digitale Sendestudio ist somit weder vom Benutzer erwünscht, noch von der Technik erforderlich, und es erschien uns beim Südwestfunk damals die hier beschriebene analog/digitale Hybridlösung sinnvoller, eleganter und vor allem wesentlich kostengünstiger. Außerdem zeichnet sich das Konzept durch eine hohe Flexibilität aus, was bei der sich rasant ändernden Technik von großer Bedeutung ist.

Ziel sollte es also sein, einerseits die rein digitale Übertragung digitaler Quellen z.B. zur DS-1 Leitung zu ermöglichen, andererseits einen kaum geänderten Regietischaufbau zu erhalten, um dem technischen Personal allzu große Umstellungsprobleme zu ersparen. Und dies alles bei einer mit vertretbarem Aufwand geänderter Infrastruktur.

Von der technischen Seite führte dies also zur analog/digitalen Hybridlösung. Abbildung 178.1 zeigt das theoretische Prinzip. In Abb. 178.2 ist die Realisierung als Blockschaltbild dargestellt. Es handelt sich also theoretisch um die Parallelschaltung eines analogen Mischpultes und eines digitalen Mischpultes. Beide Mischpulte führen dabei an ihren Ausgängen die vollständige Sendesumme ($A\Sigma$, $D\Sigma$). Das Digitalpult speist mit

178. Konzept und Realisierung der Analog-Digitalen Senderegien beim Südwestfunk

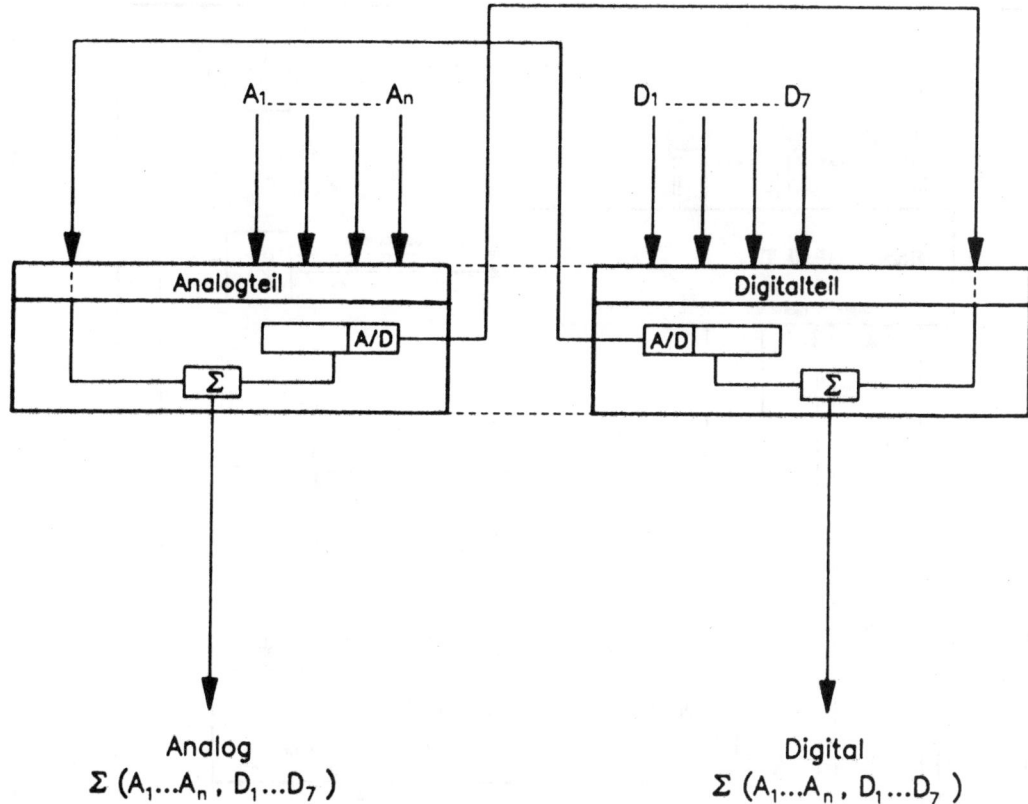

Abb. 178.1: Prinzip der analog-digitalen Senderegie

der in digitaler Form vorliegenden Gesamtinformation den digitalen Sendeweg, wie z. B. eine Satellitenübertragungsstrecke. Als Digital-Audio-Format wird innerhalb des Funkhauses grundsätzlich das AES/EBU Format verwendet. Das Analogpult dient wie bisher mit seinem 6-dB-Analogausgangssignal zur Speisung der analogen terrestrischen Sendeleitungen.

Möglich wird diese „Parallelschaltung" durch die Einrichtung zweier eigentonfreier Ausspielwege, der analogen Gruppe (AGrp) und der digitalen Gruppe (DGrp). Das Analogpult speist über einen Ausspielweg (festverdrahtet, hinter Pegelsteller) die Summe seiner analogen Quellen ohne die digitale Gruppe über einen A/D-Wandler in einen Eingang des Digitalpultes. Dieser Eingang ist fest eingestellt und nicht zu bedienen. Umgekehrt gibt das Digitalpult über seinen AUX-Ausspielweg (fest eingestellt, hinter Steller) seine digitalen Quellen ohne die analoge Gruppe über einen D/A-Wandler auf einen Eingang des Analogpultes, welcher ebenfalls nicht bedient werden muß.

Diese Konfiguration hat nun folgende Vorteile: Ein Ausfall des Digitalpultes führt nicht zum Modulationsausfall auf den Sendeleitungen der analogen Ebene. Die Analogausgänge der digitalen Quellen (z. B. CD-Spieler) können auf die analogen Eingänge umgeschaltet werden. Auch der digitale Leitungssender (DS-1 Coder) kann im Havariefall sofort auf seine analogen Eingänge umgeschaltet werden. Dies führt trotz des neuen digitalen Teils des Mischpultes zu einer großen Betriebssicherheit.

Ein zweiter großer Vorteil liegt in der Möglichkeit, das Digitalpult für den Bedienenden unsichtbar zu machen. Das heißt, die Pegelsteller, einschließlich Stellerstart und Vorhörtasten, für das hier beschriebene Digitalpult werden in das Analogpult integriert. Die Hardware für die Signalverarbeitung kann sich dabei abgesetzt in einem 19"-Geräteträger befinden. Durch die feste Verdrahtung der Ausspielwege wird erreicht, daß der Tontechniker nicht zwischen digital und analog zu unterscheiden braucht. Dies bedeutet weiterhin, daß auch beste-

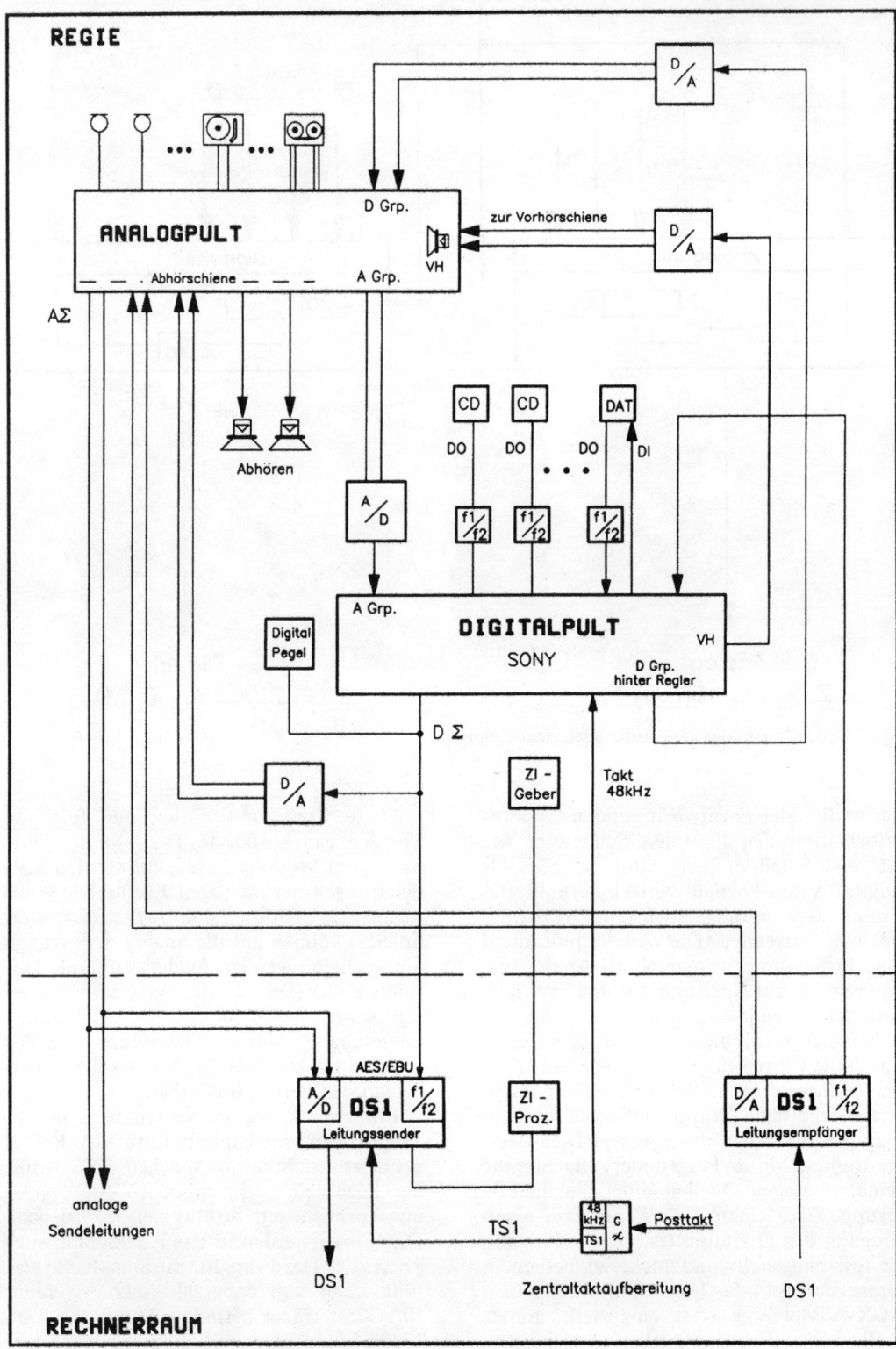

Abb. 178.2: Blockschaltbild der analog-digitalen Senderegie

hende Mischpulte nach diesem Konzept leicht digitalfähig erweitert werden können. Eine Voraussetzung ist ein Stereo-Ausspielweg hinter Pegelsteller oder dessen Nachrüstbarkeit, womit die analoge Gruppe gebildet werden kann. Ein zusätzlicher festverdrahteter Eingang für die digitale Gruppe dürfte die wenigsten Probleme bereiten. Falls noch Freiraum zur Aufnahme von zusätzlichen Pegelstellern zur Verfügung steht, oder Kanäle getauscht werden können, ist sogar eine völlige Integration möglich.

Einzige Hinweise auf den digitalen Sendeweg sind ein zusätzlicher Aussteuerungsmesser und eine Taste im Abhörfeld, mit denen man die Digitalsumme bei Bedarf über einen D/A-Wandler abhören oder visuell kontrollieren kann. Der Vorhörausgang des Digitalpultes wird ebenfalls über einen D/A-Wandler fest auf die Abhörschiene des Analogpultes geschaltet, so daß auch hier die Bedienung identisch bleibt. Lediglich die gegenseitige Ablösung muß noch berücksichtigt werden.

Auch die Aufschaltung auf die „n-1"-Konferenzschiene des Analogteils ist über den digitalen Ausspielweg leicht möglich. Zuschaltbar auf „n-1" sind die digitalen Quellen dann über die Taste „Maschinensumme", da es auch hier ohne Bedeutung ist, ob es sich um eine digitale oder analoge Zuspielung handelt.

Zu einem weiteren Vorteil dieses Konzeptes gelangt man über folgende Qualitätsüberlegungen: Wir haben uns immer wieder gefragt, wo uns der Einsatz der Digitaltechnik aus meßtechnischer Sicht eine sinnvolle Verbesserung der Audioqualität verspricht. Es hat sich herausgestellt, daß wirklich nur da Verbesserungen bestehen, wo eine digitale Quelle, wie z.B. CD, DAT oder digitale Leitungsüberspielung unter Beachtung der gesamten Satellitenstrecke, ohne eine Digital/Analog- oder Analog/Digital-Wandlung übertragen wird. Bei den anderen analogen Quellen bedeutet es für ein Sendepult keine Verbesserung, erst die A/D-Wandlung zu machen und die Mischung auf die digitale Ebene zu legen, dafür sind die Analogteile zu gut. Im Gegenteil, dadurch, daß man nur einen A/D-Wandler benötigt, kann dieser hochwertiger sein, als wenn man für jeden Kanal einen separaten Wandler einsetzen muß. Dies führt zudem zu einem deutlich spürbaren Kostenvorteil.

Um das Ziel der rein digitalen Übertragung erreichen zu können, muß der Schaltraum eines Funkhauses zwingend mit berücksichtigt werden. Diese Aufgabe kann im konsequenten Sinne des Konzeptes durch die Parallelinstallation eines analogen – und eines digitalen Koppelfeldes im Hauptschaltraum gelöst werden. Auch hierbei kann die Steuerung beider Koppelfelder mittels einer Bedientastatur erfolgen und damit die analogen oder digitalen Sendesummen der einzelnen Sendekomplexe auf die in ihrer Art entsprechenden Leitungen verteilt werden. Querverbindungen zwischen Analog- und Digitalkoppelfeld sind über entsprechende A/D- und D/A-Wandler möglich. Damit wäre eine Infrastruktur geschaffen, durch die beide Techniken durchgängig handhabbar werden.

3. Realisierung

Im Herbst 1990 wurden die „neuen" Sendekomplexe SK4, SK5 und der Tonträger 7 beim Südwestfunk in Baden-Baden nach der oben beschriebenen Art fertiggestellt. 1991/92 wurden schrittweise die „alten" Sendekomplexe auf denselben Stand gebracht. Dies schließt für SK2 und SK3 jeweils ein Selbstfahrerstudio (Diskothek) mit ein. 1993 sollte der Hauptschaltraum folgen, was aber aus bautechnischen und organisatorischen Gründen um etwa ein Jahr verschoben werden mußte.

Im digitalen Sendebetrieb ist mittlerweile, neben der digitalen Versorgung von DSR mit dem S2 Kultur-Programm, seit 1996 auch die digitale Versorgung von Astra-Digital-Radio mit mehreren Programmen. Ende des Jahres soll die Einspeisung im Digital-Audio-Broadcast-Pilotprojekt ebenfalls in der gleichen Weise erfolgen.

3.1. Sendekomplexe

Die Analogkomponenten wurden von der Firma Monitora geliefert, die auch die Montage, die Sprechertische und das Gesamtdesign ausführte. Zu dem „Analogpult" muß allerdings bemerkt werden, daß sich dies natürlich nur auf den Audioteil bezieht, die Steuerebene ist dagegen zum größten Teil prozessorgesteuert. Unter dieser Voraussetzung ist es sogar möglich, den gesamten Regietisch automatisch zu messen. In 2,5 Stunden können durch Verkopplung einer rechnergestützten Meßapparatur und dem tischinternen Steuerrechner alle 40 Modulationswege einschließlich der Bandmaschinen auf Frequenzgang, Klirrfaktor,

Übersprechen und Störpegel hin untersucht werden. Dies bedeutet für die Wartung eine erhebliche Zeitersparnis.

Der digitale Audioteil wurde von der Firma Sony geliefert, die über zwei 8-kanalige Prototypenversionen das spezielle Produkt eines 16-kanaligen Mischpultes K-1199 entwickelte. Dieses Mischpult ist eine reine Prozessoreinheit ohne Bedienoberfläche, welche sich perfekt in die Analogeinheit von Monitora integrieren ließ. Sowohl die Schnittstellen zu den Pegelstellern und der Vorhörsteuerung, als auch die verschiedenen AES/EBU- und Taktausgänge wurden speziell für das Konzept in möglichst einfacher Form realisiert. Zu beachten ist, daß sich die Kosten für ein derartiges Mischpult während der Entwicklungsphase vom ersten Prototyp bis zur Serienversion etwa um den Faktor 10! verringerten.

Auch bei der Firma Monitora und der Firma Studer wurden solche Mischpulte in 8- und 16-kanaliger Version entwickelt. Das DAM-8 Digitalpult von Monitora wurde u.a. im Südwestfunk Landesstudio Freiburg, welches nach dem gleichen Regietischkonzept aufgebaut wurde, eingesetzt.

3.2. Hauptschaltraum

Grundlage für den Betriebsablauf im Hörfunkschaltraum bilden seit über 20 Jahren zwei Prozeßrechner zur Vereinfachung von Bedienfunktionen und Durchführung von Routinearbeiten. Die Aufgabe der beiden Rechner (Siemens-Prozeßrechner vom Typ 320 und R30 beim alten System oder M70 und PC-Netz beim neuen System) ist es, den Bestellverkehr für den gesamten Programmaustausch mit den anderen Rundfunkanstalten über den Hörfunksternpunkt in Frankfurt abzuwickeln, und die entsprechenden Leitungen innerhalb unseres Funkhauses per Rechner zu schalten. Der Schaltweg führt dabei über ein Modulationskoppelfeld und wird durch Vorgabe von Quelle und Ziel vom Rechner selbständig geprüft, disponiert und geschaltet. Natürlich ist über eine Tastatur auch eine direkte Bedienung des Koppelfeldes möglich. Dies sollte natürlich auch bei dem neuen analog/digitalen Koppelfeldsystem unverändert bleiben, damit der Bediener mit identischer Arbeitsweise sowohl analoge, als auch digitale Modulationswege schalten kann.

Da schon sehr früh die Verwendung eines Analogkoppelfeldes der Firma Siemens (Crossmatik-D) feststand, bot es sich aus steuerungstechnischen Gründen an, dazu das neu entwickelte digitale Koppelfeld der gleichen Firma ergänzend anzuschaffen. Während das analoge Koppelfeld eine Größe von 192 Eingängen auf 192 Ausgängen (Stereo) aufweist, hat der digitale Teil als Raumvielfach im AES/EBU Format, einen Umfang von 96 Eingängen auf 96 Ausgängen.

Überspielungen von Analog nach Digital oder umgekehrt können über jeweils 4 A/D- und D/A-Wandler zwischen den Koppelfeldern sehr einfach geschaltet werden, ohne daß der Nutzer zusätzliche Schaltungsparameter eingeben muß. Alle Abhör- und Kontrollmechanismen können analog und digital identisch aufgebaut werden.

4. Erfahrungen und Besonderheiten

4.1. Aussteuerung und Headroom

Die Aussteuerung und Pegelung beim Übergang von einem Pult ins andere war vom Konzeptbeginn an eine Problematik, von der uns bewußt war, daß diese nicht allein theoretisch, sondern nur mit Hilfe der Praxis zu lösen sei. Daher war im Blockschaltbild der ersten Veröffentlichung 1988 (Bittel/Fiedler) vor den A/D-Wandler der analogen Gruppe ein Limiter eingezeichnet. Er sorgte anfangs vom qualitativen Standpunkt aus gesehen für die meisten Diskussionen. Zu Unrecht, denn dieser Limiter stand zwar auch als reale Lösungsmöglichkeit, aber mehr noch als Symbol für diese noch offenen Fragen im Aussteuerungsbereich. Die Überlegungen und Entwicklungen in diesem Bereich sollen kurz erläutert werden:

Einerseits sollte man bei einem digitalen Audiosystem bestrebt sein, eine größtmögliche Ausnutzung der Systemdynamik zu erzielen, d.h. so nah wie möglich an der Klippgrenze zu arbeiten. Andererseits ist genau darauf zu achten, daß diese Klippgrenze nicht überschritten wird, da die nichtlinearen Verzerrungen darüber bekanntermaßen sprunghaft ansteigen. Aus dieser Vorsicht heraus arbeitet man mit einer Aussteuerungsreserve, dem sogenannten „Headroom", um eine Sicherheit gegenüber plötzlich auftretende Signalspitzen zu haben. Bei einer Senderegie „fährt" man aber meist schon optimal ausgesteuertes Material, da es sich in der Regel um vorproduzierte Aufnahmen handelt. Warum also nochmals einen Headroom von z.B. 10 dB, mit dem wir anfangs die Anlagen eingepegelt hatten? Dazu muß man bedenken, daß die analogen Quellen weiterhin nach einem Instrument mit 10 ms Anstiegszeit ausgesteuert werden. Aus früheren Untersuchungen (Jakubowski 1984) geht hervor, daß dieses Instrument einen bis zu 7 dB geringeren Pegel als den wahren Spitzenpegel anzeigen kann. Also arbeitet man eigentlich nur mit einem Headroom von 3 dB, der zum Ausgleich der nicht idealen Aussteuerung in einem Sendeablauf eher knapp bemessen ist. Die Einstellung mit 10 dB Headroom sowohl für den A/D-Wandler der analogen Gruppe, als auch den D/A-Wandler der digitalen Gruppe stellte sich für den Anfang als brauchbarer Wert heraus, zumal sich dabei auch für die Meßtechnik eine vorteilhafte Transparenz ergab. Daher wurden auch Alternativen, die einen unterschiedlichen Headroom von A nach D gegenüber D nach A vorsahen, wieder verworfen. 1994 erfolgte die Übernahme einer internationalen Empfehlung durch die Hörfunkbetriebsleiter der ARD bezüglich des Headrooms für digitale Überspielungen bzw. digitalen Programmaustausch auf einen Wert von 9 dB, was einer Klippgrenze von 15 dBu entspricht. Auf diesen Wert wurden alle Geräte und Wandler abgeglichen, was die meßtechnische Durchsichtigkeit nochmals erhöhte, am bisher beschriebenen Prinzip aber nichts änderte.

Es erwies sich allerdings immer wieder als möglicher Schwachpunkt, daß vereinzelt auftretende Pegelspitzen vom analogen Teil, speziell vom Mikrofonkanal, den A/D-Wandler der AGrp. übersteuern konnten. Dieses Problem konnte erst ab 1995 durch ein neues Gerät der Firma Jünger Audio gelöst werden.

Dieses Gerät ist eine Kombination aus einem hochwertigen A/D-Wandler und einem, innerhalb eines bestimmten Bereiches annähernd ideal arbeitenden, digitalen Limiter. Durch eine entsprechende Einstellung konnte indirekt der Headroom vergrößert und trotzdem die Gesamtdynamik verbessert werden! Interessanterweise mit der Lösung, die ganz zu Anfang schon als Möglichkeit aufgezeichnet wurde.

Mit diesen Einstellungen können wir, und auf diese Einschränkung sei hingewiesen, bei den von der Technik ausgesteuerten Programmen digital auf Sendung gehen. Bei Programmen, die vom Selbstfahrerstudio aus „gefahren" werden, müssen aufgrund der hier herrschenden unvollkommenen Aussteuerung durch die Moderatoren andere Lösungen gesucht werden.

4.2. Synchronisation und Abtastraten

Die Existenz verschiedener Abtastraten im Funkhaus verlangte bei der Synchronisation digitaler Anlagen von Beginn an ein besonderes Augenmerk. Problematisch war anfangs, daß die Studiotaktfrequenz standardmäßig auf 48 kHz festgelegt wurde, aber der überwiegende Teil der Tonträger, insbesondere die Compakt Disk, mit einer Abtastrate von 44,1 kHz arbeiten. Daneben war noch der „Posttakt" zu berücksichtigen, der bei 32 kHz liegt und mit dem die DS-1 Sender und Empfänger arbeiten.

In den Anfangsjahren der digitalen Audio-Studio-Technik standen nur wenige, noch sehr teure Abtastratenwandler zur Verfügung. Nur ein Gerät, der Sony DFX-2400, konnte alle erforderlichen Abtastraten auf eine extern zugeführte Taktrate wandeln, mit der dazu erforderlichen Synchronisierfunktion bis hin zu plesiochronen Signalen. Da der Preis dieser Geräte jedoch über 25 000,– DM betrug, waren natürlich ökonomische Gesichtspunkte bei der Synchronisation zu berücksichtigen. So war es günstiger, in den einzelnen Regien mit einer Taktfrequenz von 44,1 kHz zu „fahren", da die meisten Quellen CD-Spieler waren, die dann bei möglicher Fremdsynchronisation keinen Abtastratenwandler benötigten.

Lediglich für die DAT-Recorder und den Pultausgang war ein Wandler notwendig. Daß aber bei einer digitalen Überspielung über DS-1 Leitungen, die über das Regiepult geführt wird, vier Abtastratenwandler hintereinander geschaltet wären, zeigt, daß diese Lösung nicht dem Sinne einer hochwertigen Lösung entspricht.

Nach dem Einbau fester 32/48 kHz-Wandler in den DS-1 Geräten war die Taktfrequenz 32 kHz im Funkhaus praktisch nicht mehr relevant. Weiterhin war ein 48 kHz Zentraltakt vorhanden, mit dem alle Regien synchronisiert werden mußten, wenn sie über das digitale Koppelfeld vermittelbar sein sollten. Durch die Einführung von billigen und kleinen Abtastenratenwandlern, die sogar als Option in CD-Spielern für unter 1000,– DM verfügbar sind und die Funktionalität der großen alten Geräte haben, ist die Taktung auf 48 kHz heute kein Problem mehr.

Das Konzept sieht eine sternförmige Zentraltaktversorgung zu allen Studios vor.

Hier werden nur die Pulte oder die Ausgangswandler synchroniert. Das Regiepult versorgt dann seinerseits seine Quellen sternförmig im Studio. Diese Vorgehensweise hat große Vorteile bei der Verkabelung und sorgt außerdem dafür, daß bei einem Ausfall des Taktes die Regie durch automatisches Umschalten auf internen Takt ohne große Störung weiterarbeiten kann.

4.3. Fehler und Havarie

Eine Schwierigkeit bei den ersten digitalen Audiogeräten bestand darin, daß bei den Eingängen von z.B. Mischpulten nicht nur eine Frequenzsynchronität, sondern auch eine Phasen- oder Rahmensynchronität hergestellt werden mußte. Speziell beim älteren Sony-Digital-Interface-Format-2 war das ein bekanntes Problem, bei dem schon geringe unterschiedliche Kabellängen, z.B. der Taktleitung, ausreichen konnten, ein System zu heftigsten Störungen zu bewegen.

Auch fehlte eine Normierung des Bezuges von Subframestart im AES/EBU-Format zur Synchronisationsflanke bei den Quellgeräten. Die ersten Geräte verschiedener Hersteller lieferten hierbei individuell willkürliche Phasenbezüge an ihren Ausgängen. Mit der Entwicklung von „Time base correction"- oder „Frame alignment circuit"-Chips, die in jedem Eingang sitzen müssen, konnten dann jegliche Laufzeiten ausgeglichen und die Phasen den internen Takten angepaßt werden, so daß dies heute kein Problem mehr darstellt.

Äußerst positive Erfahrungen haben wir mit dem analog-digitalen Konzept im Hinblick auf die Havariemöglichkeiten machen können. Denn Fehler im Digitalteil können sehr unregelmäßig auftreten und ein schnelles Umschalten auf einen Analogkanal ermöglicht eine schnelle Behebung der Störung. Zwei Beispiele mögen dies verdeutlichen:

Wir bekamen ganz zu Anfang über einen längeren Zeitraum in unregelmäßigen Abständen Fehlererscheinungen bezüglich der CD-Kanäle mit scheinbar selbstheilendem Charakter, die sich anfangs in keinster Weise nachvollziehen ließen. Die sehr lange anhaltende Fehlersuche ergab, daß zwar die Auswirkung ein Kanalausfall (oder auch ähnliches) im Digitalkanal war, die Ursache jedoch in den CD-Spielern lag! Diese konnten nämlich in Bezug auf ihre AES/EBU-Schnittstelle im Pause Modus impulsartige Emphasis-Informationen erzeugen, die, was die Fehlersuche noch erschwerte, auch von der eingelegten CD abhängig waren. Diese Impulse werden von der nachfolgenden Signalverarbeitung erkannt und können dort zu Störungen führen.

Durch die Havarieschaltungen ist bei solchen Fehlern einige Male der Umzug in einen Ersatzsendekomplex erspart geblieben.

Eine zweite langwierige Fehlersuche verschaffte uns ein Effekt, der die Kanäle des Digitalpultes voll aufsteuerte und sich nicht mehr durch die Pegelsteller bedienen ließ. Dies passierte mit verschiedenen Pulten fast nur in einer Regie! Nach dem „Glück", den Fehler ein einziges Mal auf dem Labortisch nachvollziehen zu können und damit einen Systemfehler zu beweisen, konnte wiederum nach längerer Testphase bei der Herstellerfirma ein Softwarefehler festgestellt werden. Dieser konnte im Zusammenhang mit dem Einschalten (also dem Initialisieren) des Mischpultes den beschriebenen Fehler bewirken, allerdings von 100 Einschaltvorgängen vielleicht nur einmal! Ansonsten lief das Pult einwandfrei.

Nach der Beseitigung derartiger „Kinderkrankheiten" dieser Technik liefen die Digitalpulte derartig zuverlässig, daß diese Havarieumschaltungen überflüssig wurden und für andere Zwecke umgebaut werden konnten.

4.4. Verkabelung und Notsteckfeld

Die ursprüngliche Überlegung bei der Festlegung der AES/EBU-Norm in Bezug auf die digitale Schnittstelle, nämlich die Verwendung der vorhandenen analogen Modulationsverkabelung auch für das Digitalsignal, stellte sich schnell als nur sehr eingeschränkt anwendbar heraus. Daß Probleme durch Dämpfung und Reflexionen durch Fehlanpassung auftreten können, wurde allen sofort klar, die mit größeren Strukturen und längeren Kabelwegen zu tun hatten. Das Kabelnetz der digitalen Audiotechnik ist also eher mit der Videotechnik zu vergleichen als mit der bisherigen analogen Audio-Studio-Technik. Daher wurde auch eine Erweiterung der Schnittstellennorm in Richtung unsymmetrische Koaxialleitung eingeleitet. Die Ausführung der Verkabelung war also von Anfang an für die Funktion und Betriebssicherheit der digitalen Signalübertragung im Funkhaus von entscheidender Bedeutung. Wir arbeiten daher bei kurzen Strecken, d.h. im Studiobereich, mit Datenkabeln. Bei großen Leitungslängen, also insbesondere von den Studios zum Schaltraum, ist die Verwendung von Twinaxkabeln oder speziellen niederohmigen Datenkabeln notwendig, um hohe Dämpfungsverluste zu vermeiden.

Weiterhin ist bei der Digitalverkabelung darauf zu achten, daß keine Rangierungen, so wenig wie möglich Steckverbindungen und keine passiven Verteilungen geplant werden dürfen. Dies gilt besonders für den Schaltraum in Verbindung mit dem Koppelfeld, da sich hier die Infrastruktur konzentriert. Trotz dieser Einschränkungen sollte im Schaltraum die Bedienung und Havariemöglichkeit der digitalen Ebene der der analogen Ebene, getreu dem Gesamtkonzept, gleich sein. Dazu mußte das benötigte digitale Notsteckfeld den besonderen Ansprüchen in Sachen Wellenwiderstand, Dämpfung und Übersprechen genügen. Die Firma Ghielmetti entwickelte dazu ein entsprechendes Produkt, bei welchem noch die Möglichkeit des Abhörens vorgesehen ist, indem man sich hochohmig auf die digitalen Leitungen aufschaltet und über einen Digital/Analog-Wandler abhören kann.

Die Gesamtstruktur sieht vor, daß alle Quellen und Verbraucher zuerst auf das Notsteckfeld aufgelegt werden. Dazwischen liegt der Digitalkoppler, der mit allen seinen Ein- und Ausgängen an das Steckfeld angeschlossen ist. Durch die räumliche Trennung von Steckfeld und Koppelfeld wird eine Mindestverkabelung vorgegeben. Da für die Steckfeldanbindungen sowieso ein größeres Anschlußfeld erforderlich ist, konnte man dieses so komfortabel auslegen, daß hier alle Rangieraufgaben durch einfaches Umstecken erledigt werden können.

Messungen dieser Realisierung bestätigen, daß trotz einer Mindestauslegung der Verkabelung nicht auf Flexibilität verzichtet werden muß – allerdings nur unter sorgfältiger Beachtung der oben genannten physikalischen Bedingungen.

4.5. Digitale Monovermittelbarkeit

Da in der ARD das Sternpunktnetz als DS-1 Leitungsnetz zur Verfügung steht, sollte es natürlich auch digital vermittelt werden. Die Sternpunktleitungen werden aber nicht nur als Stereoleitungen, sondern auch als Monoleitungen benutzt, d.h. die Subframes des AES/EBU Formates können völlig unterschiedliche Modulation beinhalten. Der Anteil der Monoübertragungen über das Sternpunktnetz beläuft sich dabei auf über 90 Prozent der gesamten Schaltungen. Dies erfordert digitale Monovermittelbarkeit. Abgesehen von Lösungen, z.B. die Monovermittlung auf der analogen Ebene zu belassen, gingen anfängliche Überlegungen davon aus, auf der digitalen Ebene könne das nur mittels eines Zeitmultiplexkoppelfeldes technisch sauber realisiert werden. Ein derartiges Zeitmultiplexkoppelfeld, auch TDM-Matrix (Time Devision Multiplex-Matrix) war bei der Planung zwar der Favorit, aber es gab anfangs kaum Anbieter einer solchen Technik.

Aus diesen und vor allem aus den zuvor erwähnten Gründen der gemeinsamen Steuerung zweier Koppelfelder über ein System, fiel die Entscheidung damals zugunsten des Raumvielfach-Koppelfeldes der Firma Siemens. Dennoch wollten wir nicht auf die Forderung der digitalen Monovermittelbarkeit verzichten und suchten eine Möglichkeit, auch mit einem Raumvielfachkoppelfeld diese Aufgabe erfüllen zu können.

Die Lösung fanden wir in der Verwendung von digitalen Subframesplittern/-combinern, die den entsprechenden Quellen und Senken fest zugeordnet werden müssen. Wie Abb. 178.3 zeigt, wird den DS-1 Sendern eine Art Subframeweiche vorgeschaltet, die von einem Eingang das Subframe A, und vom anderen Eingang das Subframe B auf den Ausgang überträgt. Den DS-1 Empfängern wird jeweils ein Splitter nachgeschaltet, wodurch ein Ausgang in beiden „Kanälen" das Subframe X des Eingangs beinhaltet, der andere Ausgang des Splitters in beiden „Kanälen" das Subframe Y des Eingangs beinhaltet. Durch diese vorgesetzte Aufteilung und Zusammenführung entstehen also Digitalsignale, die in beiden Kanälen die gleiche Information tragen. Durch Setzen einer oder zweier Koppelpunkte (man kann anhand des Bildes alle sinnvollen Fälle durchdenken) wird nun digitale Monovermittelbarkeit möglich. Dabei bleibt das Koppelfeld selber ein reiner Stereovermittler, so daß auch meßtechnisch eine klare Struktur vorhanden bleibt. Diese Lösung ist leider nicht völlig frei von Nachteilen. So müssen für alle monovermittelbaren Leitungen quellenseitig jeweils drei Eingänge, senkenseitig jeweils zwei Ausgänge belegt werden.

Die Problematik der digitalen Monovermittelbarkeit ist somit theoretisch gelöst. Sie

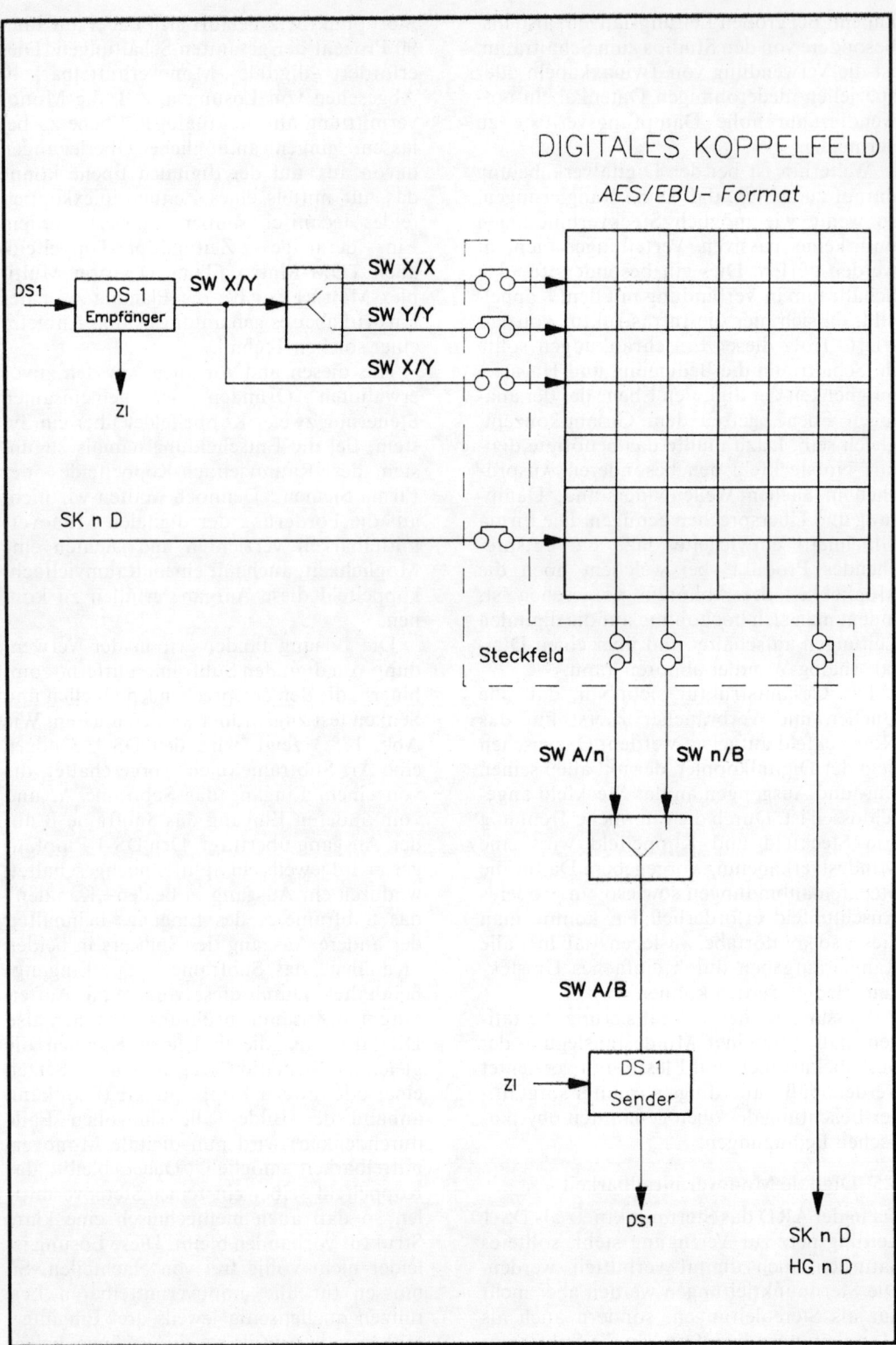

Abb. 178.3: Möglichkeit der Monovermittlung mit einem Digitalkoppler

wurde allerdings praktisch nicht umgesetzt, da die einzige Anwendung auf den Sternpunkt DS-1 Leitungen naturgemäß nur Wortberichte (Korrespondentenbeiträge vielfach nur in Telefonqualität) beinhaltet. Bei diesen wäre eine Umrüstung von Analog nach Digital nur aus Qualitätsgründen nicht zu rechtfertigen.

5. Zusammenfassung

Es hat sich gezeigt, daß sich das ursprünglich beschriebene Konzept einer analog/digitalen Senderegie auch auf die gesamte Funkhausstruktur übertragen läßt. Dabei ist es äußerst konsequent fortführbar und bleibt doch durchaus anpassungsfähig. Der große Vorteil liegt in der Möglichkeit, eine Stück für Stück Realisierung vorzunehmen. Daß dies notwendig ist, hat sich in den letzten Jahren gezeigt:

Zum einen weil dringende Standardisierungen sehr spät erfolgen oder vom Markt unterlaufen wurden (z. B. Abtastrate), zum anderen natürlich aus wirtschaftlichen Gesichtspunkten.

Durch die konsequente Verfolgung dieses Konzeptes ist der Übergang vom analogen in das digitale Zeitalter beim Südwestfunk kein unkalkulierbares Risiko. Durch die von Beginn an gewährleistete Akzeptanz der Bedienoberfläche wurde der Übergang zwischen zwei Technologiewelten sehr moderat vollzogen, sowohl für den Nutzer, als auch für die betreuende Meßtechnik. Die bestehenden und zukünftig ausschließlich digitalen Verteilwege können im Sendestudiobereich bei ganz normalem Ersatzinvestitionsverhalten ohne zusätzliche Kosten bedient werden.

6. Literatur

Bittel, Bertram, Einbindung des Hörfunk-Schaltraumes in eine digitale Infrastruktur. In: Bericht zur 17. Tonmeistertagung 1992 Karlsruhe, Hrsg. Bildungswerk des Verbandes Deutscher Tonmeister (VDT). München etc. 1993, 498–505.

Bittel, Bertram/Ingo Fiedler, Konzept einer digitalen Senderegie. In: RTM 32, 1988, 116–119.

–/–, Neue analog-digitale Senderegien beim Südwestfunk. In: RTM 35, 1991, 116–121.

Jakubowski, Horst, Aussteuerungstechnik in der digitalen Tonstudiotechnik. In: RTM 28, 1984, 213–219.

Bertram Bittel/Ingo Fiedler, Baden-Baden (Deutschland)

179. Produktions- und Speichertechnologien im Hörfunk

1. Allgemeines
2. Produktionstechnologien
3. Speicherung und Archivierung
4. Literatur

1. Allgemeines

Auch die Produktionstechnologien im Rundfunk haben sich in Abhängigkeit von der Entwicklung der technischen Mittel, die für die Produktion von Rundfunkprogrammen erforderlich sind, sowie aufgrund der jeweiligen gesellschaftlichen und wirtschaftlichen Situation und der damit verbundenen Einordnung des Rundfunks in die Medienlandschaft, weiterentwickelt.

Unter Technologie wird im allgemeinen die Ausarbeitung und Zusammenfassung der einzelnen für einen Arbeitsprozeß erforderlichen Arbeitsgänge und -methoden verstanden, dabei auch die Voraussetzung für die Technik. Die *Betriebstechnologie* des Rundfunks, also die Technologie des „Rundfunkmachens", kann man definieren als das objektive Zusammenwirken von künstlerisch/journalistisch sowie technisch bzw. organisatorisch Tätigen mit den Arbeitsmitteln bei der Vorbereitung, Herstellung und Verteilung von Programmen einschließlich der Organisation und Überwachung dieser Teilprozesse innerhalb des Systems (Reproduktionsprozesses) Hör- und Fernsehrundfunk. Dabei gilt es zahlreiche schöpferische, organisatorische sowie auch notwendige Routine-Prozesse rationell zu beherrschen, unter Nutzung dafür vorgesehener technischer Einrichtungen (stationär und mobil) sowie Datenverarbeitungsanlagen nach vereinbarten Reglements (Standards, Qualitätsvorschriften, einschließlich nationaler und internationaler Regeln), im Hinblick auf die einwandfreie Versorgung der Teilnehmer und der möglichen interaktiven Verbindung mit diesen.

Zur Optimierung dieses interdiszplinären Zusammenspiels ist ständig für höchste Effektivität der Produktionstechnologien zu sorgen. Das Primat des Programminhaltes vor der Technik erfordert die Gewährleistung größtmöglicher Variabilität und Erweiterungsfähigkeit der Programmgestaltung mit Hilfe der einzusetzenden technischen Mittel und Methoden sowie deren hohe technische Qualität und Betriebszuverlässigkeit, um die Wirksamkeit der Programme nicht zu beeinflussen. Bei der Weiterentwicklung der technischen Einrichtungen und Technologien wird man stets von praxisgerechten Anforderungen und optimierten arbeitsorganisatorischen Bedingungen ausgehen, um den Anteil von Routinearbeiten zu minimieren oder weitgehend automatisierten Lösungen zuzuweisen, damit sich die eingesetzten Arbeitskräfte auf vorwiegend schöpferische Tätigkeiten konzentrieren können (Hoeg 1974; Hoeg/Wasner 1978). Alle technisch-technologischen Lösungen müssen paßfähig zu den im Redaktionsbereich und Archivwesen sowie in den zu anderen Medien und Kommunikationseinrichtungen übergreifenden Verbindungen und Netzwerken sein. Ferner ist reibungsloser nationaler und internationaler Programmaustausch zu gewährleisten.

Die Einführung neuer Technologien, wie sie mit technischen Innovationssprüngen verbunden ist, erfordert deren ausreichende Erprobung (meist zunächst in einem Inselbetrieb) und neben der Betrachtung der Preis-/Leistungsverhältnisse vor allem Berücksichtigung der Konsequenzen in den gegenwärtigen und umzustellenden Betriebsabläufen sowie im Zusammenspiel des Systems Hörfunk. Nicht jedes neue technische Gerät oder Aufzeichnungsformat ist in einem Funkhaus einsetzbar, wenn damit einseitige Qualitätssprünge und Probleme, z. B. hinsichtlich der künftigen Archivierung, des Programmaustauschs, der Handhabung oder der unzureichenden Wirksamkeit beim Hörer verbunden sind. Auch die aus Preisgründen häufig anzutreffende Vermischung von professioneller Technik mit Consumergeräten kann zu Schwierigkeiten, insbesondere auch mit Auswirkungen für den Hörer, führen. Die heutige Hörfunkarbeit im technischen Bereich erfordert weit mehr als früher einheitliche Planung und Leitung der ständig sich mehr verzahnenden technologischen Prozesse sowie Berücksichtigung der internationalen Tendenzen der Medienentwicklung (in Bezug auf Multimedia, Eigenfinanzierung von Programmen, sog. Pay-TV bzw. -Audio), um Risiken bei der Einführung neuer medienwirksamer Technologien (z. B. beim DAB und Rundfunk im Internet) zu vermeiden.

In der Anfangsperiode des Rundfunks (vgl. Art. 123/124) waren die Prozesse überschaubar und wurden häufig von den „Pionieren" in Personalunion als Entwickler, Betriebstechniker und Programmschaffende entsprechend den vorhandenen eingeschränkten technischen und wirtschaftlichen Bedingungen sowie persönlichen Vorstellungen und Erfahrungen gestaltet. Die Frage nach einer optimalen Technologie stand zunächst noch nicht. Die weitere Entwicklung der Prozesse, die neben der technischen und inhaltlichen Vervollkommnung, insbesondere durch eine starke Erhöhung der Programmproduktion verbunden mit einer starken Extensivierung von Produktionsmitteln und Arbeitskräften gekennzeichnet war, führte durch Spezialisierung zu einer gewissen Verselbständigung bestimmter Teilprozesse, teilweise auch Verlagerung in Fremdstudios u.ä., was die Entstehung unübersichtlicher und uneinheitlicher Prozeßtechnologie begünstigte (Hoeg 1974; Hoeg/Wasner 1978). Zunehmende technologische Forschung zur Verknüpfung und Rationalisierung von Prozessen, schrittweise Automatisierung und Digitalisierung, aber auch Budgetverringerungen usw., haben heutzutage dazu geführt, daß unterschiedliche Systemlösungen vom kleinsten kommerziellen Studio bis zur großen Funkhauslösung (beim öffentlich-rechtlichen Rundfunk) mit hoher Effektivität nebeneinander bestehen.

Die folgenden Darstellungen der Hauptprozesse beschränken sich auf Grundprinzipien der Produktionsprozesse Programm*produktion* und Programm*abwicklung*.

Vor diesen Prozessen liegt die „Programm*vorbereitung*" (u. a. die Festlegung des Programminhalts und die Struktur seines Ablaufs), für die der redaktionelle Bereich verantwortlich ist, aber von dem aus dennoch eine Vielfalt von Verbindungen zum technischen Bereich bzw. gemeinsam zu verwaltenden Bereichen (Archive, Ressourcenzentralen usw.) führen, wie die Informations- und Recherchesysteme usw. Dies ist an anderen Stellen beschrieben (vgl. Kapitel XLVI). Die zunehmenden Verzahnungen

179. Produktions- und Speichertechnologien im Hörfunk

und Vernetzungen und das Fortschreiten der Digitalisierung und Automatisierung vieler Teilprozesse und Funktionen in Funkhäusern läßt ohnehin eine starre Trennung der hier aus Zweckmäßigkeitsgründen getroffenen Einteilung der Hauptprozesse nicht in allen Fällen zu. Beim dualen Rundfunksystem, das auch den sog. Bagatellrundfunk zuläßt, kann es auch kleine Rundfunkanstalten – oder „Stationen" geben, die das gesamte „Programm" aus einem Raum mit einer Person und mit Aufzeichnungen im sog. „Selbstfahrerbetrieb" abwickeln, durch gelegentliche live-Ansagen (heutzutage gern „Moderationen" genannt) unterbrochen.

Auf Aspekte der Programm*distribution*, d. h. der Verteilung der Programmsignale zu Sendern (Strahlern) oder im Rahmen des Programmaustausches zu anderen Institutionen wird hier nicht eingegangen. Verbindungen zum Prozeß „Programm*rezeption*" beim Hörer werden nur im Hinblick auf die Akzeptanz bestimmter Wiedergabetechniken und -technologien, die sich aufgrund der Hörgewohnheiten und Hörbedürfnisse herausgebildet haben, gestreift.

2.1. Produktion und Vorproduktion von Musik und Wort

2.1.1. Das Aufnahmestudio und die Aufnahmetechnologie

So begann es 1923: „Ein Zimmer im 3. Stock Potsdamer Straße 4 steht für den Aufnahmeraum zur Verfügung und dieser mußte noch mit dem Telegraphischen Reichsamt geteilt werden, so daß eigentlich für die Künstler nur ein Raum von 3,50 m Länge und 3,70 m Breite bleibt. Der Raum wird durch gespannte Pferdedecken geteilt, an den Wänden Seidenpapier, später Scheuertücher. Die Decke teils durch Bindfaden, teils durch Papierbehänge „akustisch" hergerichtet. Ein Klavier, eine Sprechmaschine, Stühle und Notenständer bilden das Mobiliar und dann die Sensation: das „Kohlemikrofon" ... Die Sprechmaschine wurde als Untersatz für das Mikrophon benutzt, und wenn die Figur des Vortragenden größer war, dann kam zwischen Untersatz und Mikrophon noch ein dickes Adreßbuch. Am 29. Oktober 1923, dem Beginn des Unterhaltungsrundfunks, hatten wir null zahlende Hörer, am 31. Dezember 1025. Nur beschränkte Mittel sind vorhanden. Der Hörer muß (in der Inflationszeit) sofort 60 Goldmark Jahresgebühren zahlen. Für aufwendige akustische Maßnahmen war zunächst kein Geld verfügbar. 1925 erhielt dieses Funkhaus ein neues Studio: „Die Akustik ist hervorragend – und dazu das neue, alles weit in den Schatten stellende Reiß-Mikrophon – 443607 Hörer!" [(3) Funkstunde 1926]. Anregungen gaben auch die akustischen Anforderungen der ersten Tonfilmstudios: „Die so häufig gerühmte Hallwirkung ist nichts anderes als Überakustik. Eine leichte Überakustik kann dem Orchester einen edlen Klang geben und weiche Modulationen schaffen [...]. Ein geringes Zuviel aber verschmiert und macht unklar [...]." (Seidler-Winkler 1926).

Schon bald (1925–1930) versuchte man den musikalisch-akustischen Problemen der Sprach- und Musikaufnahme im Studio auf den Grund zu kommen, dazu wurde die Funkversuchsstelle bei der Staatlichen Akademischen Hochschule für Musik in Berlin geschaffen (Schünemann 1929, 277), wo für die Anforderungen an Studios, an Tonregieanlagen und an die Ausübenden Grundlagen geschaffen wurden (diese Arbeiten wurden später teilweise im Institut für Rundfunktechnik, München, aber auch im Labor für Akustisch-Musikalische Grenzgebiete des RFZ, Berlin-Adlershof, fortgeführt. Letzten Endes entstehen daraus die Pflichtenhefte und Forderungsprogramme für alle technischen Einrichtungen zur Programmproduktion und -abwicklung). In Kenntnis der akustischen Eigenschaften bestimmter Materialien entstand das „Schäffer'sche Zelt", das aus einer geschickten Anordnung von Zeltstangen und Vorhängen bestand, mit dem in einer Ecke des Studios „trockene" Sprach- und Gesangsaufnahmen produziert werden konnten. Weitere Erkenntnisse aus dieser Zeit waren dicke schwere Wände für hohe Schalldämmungen, ebenso Doppeltüren mit einem Korridor hoher Absoption dazwischen, Vorhänge vor Wänden und Decken, mehrschichtige Decken- und Wandkonstruktionen usw., um das Studio vom Außenlärm abzuschirmen (Völker 1993). Alle diese Erkenntnisse verwendeten später die Akustiker Walter Schäffer und Joachim v. Braunmühl sowie der Architekt Hans Poelzig beim Neubau des Hauses des Rundfunks in der Masurenallee (1931), das noch bis zur Nachkriegszeit einen hohen erreichten Stand der Akustik dokumentierte, und wo drei große Sendesäle (dabei Saal 3 mit akustisch unterschiedlich behandelten und auch variablen Wänden) verschiedenen künstlerisch-akustischen Forderungen lange Zeit genügten.

Im Funkhaus Berlin-Masurenallee wurden nicht nur die ersten Technologien der Einkanalaufnahme entwickelt, sondern in den Jahren 1941 bis 1944 auch Grundlagen der Zweikanal-Stereofonie-Aufnahme durch Dr. Heck, Dr. Schiesser und Toningenieur Helmut Krüger. Der große Sendesaal mit nahezu 18.000 m³ und für 1.100 Zuhörer wurde durch seine vielen Originalübertragungen weithin bekannt. Er ist, nach einer völligen Rekonstruktion im Jahre 1956 – bis auf die Deckenkonstruktion –, noch heute in Benutzung. Dazu kamen weitere Hörspielstudios, auch mit beweglichen Wandelementen. Viele der nach dem Kriege entstandenen Funkhäuser griffen auf die dort gewonnenen Erfahrungen zurück; es entwickelte sich rasch ein recht hoher Stand der einkanaligen Mikrofon-Aufnahmetechnologie. Insbesondere zur Vermeidung von störenden Reflexionen und Auslöschungen versuchte man häufig, bei Aufnahmen mit großen Orchestern mit einem einzigen Aufnahmemikrofon auszukommen. Aus der Not wurde eine Tugend; die Aufnahmen mit den „Neumann-Mikrofonen" aus den ersten Nachkriegsjahren haben noch heute Bestand auf Digitalplatten.

Insbesondere durch den Tonmeister Peter Burkowitz der Schallplattenindustrie wurde eine Theorie für die *einkanalige* Aufnahme- und Übertragungstechnik entwickelt (Burkowitz 1952) und entstanden Forderungen an die akustischen Eigenschaften von großen Aufnahmeräumen. Seine Erfahrungen z. B. mit dem speziellen Frequenzverlauf des Nachhalls in der Christus-Kirche in Berlin-Dahlem (Tiefenabfall um 250 Hz, Anhebung von 1000 bis 4000 Hz auf ca. 2.2 s) – also ganz anders als es in Konzertsälen gewünscht wurde, wo eine Tiefenanhebung die „Wärme" bringen soll (u. a. Musikvereinssaal Wien) – wurde z. B. beim Neubau des Produktionskomplexes beim Ostdeutschen Rundfunk (1953–55) berücksichtigt – mit außergewöhnlichem Erfolg: Dieser Saal 1 in Berlin-Oberschöneweide, nur für Aufnahmen ohne Publikum vorgesehen, mit 12.300 m³, ca. 2,2 s Nachhallzeit, sehr hoher Diffusität infolge stark gegliederter Decken und Wände ohne Vorzugsrichtung, zählt heute noch zu den besten europäischen Aufnahmestudios (Steinke 1960). Sowohl in der Einkanal- als auch später in der stereofonen Zweikanaltechnik entstanden dort eine Vielzahl berühmter Aufnahmen höchster Durchsichtigkeit. Die Erkenntnis, genügend große Decken- und Wandabstände zu haben, um zu vermeiden, daß die ersten Reflexionen die subtilen Einschwingvorgänge der Musikinstrumente verwischen, stammt ebenfalls von Burkowitz. Sie wurde lange Zeit in den übrigen Rundfunkhäusern und kommerziellen Studios ignoriert, zumal die hohen Kosten für ein derartiges reines Aufnahmestudio (ohne Publikum) meist unerschwinglich waren. Zu dieser Zeit begann man auch, sich stärker mit den Anforderungen an Regie- und Abhörräume im Rundfunk sowie der akustischen Situation des Hörers im Wohnraum zu befassen und gab aus Sicht des Rundfunks Empfehlungen an die Empfängerindustrie, was schließlich auch zu speziellen Standards für die hochqualitative Heimwiedergabe (High Fidelity) führte.

In neuerer Zeit hat die Kostensituation und die hohe Zahl kommerzieller Studios die Zahl der rundfunkeigenen Klangkörper reduziert und damit auch die Eigenproduktionen der Rundfunkanstalten zurückgedrängt, daher ist hinsichtlich anspruchsvoller Raumakustik trotz ausreichender Erkenntnisse in vielen Fällen für Klassikproduktionen nahezu wieder der Nachkriegsstand eingetreten. Sowohl Rundfunk als auch Schallplattenfirmen müssen sich häufig auf Aufnahmemöglichkeiten in brauchbaren Kirchen bzw. bei Konzertmitschnitten in Konzertsälen beschränken. Lange Zeit glaubte man sogar, nach amerikanischem Vorbild durch Polymikrofonie und zugefügtem künstlichem Nachhall sinfonische Musik in kleinen Studios produzieren zu können. Die Gewöhnung an hohe Klangqualität durch die Möglichkeiten der CD und insbesondere die mehr und mehr sich entwickelnde Mehrkanal-Stereofonie mit mehr als 2 Kanälen, davon 2 nur für die Rauminformation, führt jedoch wieder zu den schon früher bekannten hohen Anforderungen an die akustische Qualität und die Dimensionen der Studios. Lediglich finanzielle Zwänge werden dies nicht überall zulassen. Dagegen werden wohl der erwähnte akustisch hochwertige Saal 1 als auch die weiteren Studios im ehemaligen Funkhaus Berlin-Oberschöneweide durch das Engagement des Dirigenten Daniel Barenboim sowie des Filmorchesters Babelsberg zunehmend wieder als zentrale Produktionsstätte für anspruchsvolle internationale Musik- und

Wortproduktionen für alle Tonträger- und Filmformate genutzt.

Mit der Möglichkeit der Unterbringung von zwei Signalen in der Stereo-Schallplatte und später bei der HF-Stereo-Übertragung hat sich eine sehr ausgefeilte und anspruchsvolle sog. raumbezogene (d. h. für Lautsprecherwiedergabe geeignete) *Zweikanal-Stereofonie*-Aufnahmetechnik entwickelt (u. a. Hoeg/Wagner 1970; Hoeg/Steinke 1975; Dickreiter 1979/94). Hierbei wird z. B. für sinfonische Musik vorzugsweise ein Stereo-Hauptmikrofon, unterstützt durch eine möglichst geringe Anzahl von Einzelmikrofonen für Solisten, Instrumente oder Instrumentengruppen, eingesetzt. Als Hauptmikrofone werden kompakt aufgebaute Kugelflächenmikrofone Koinzidenzmikrofone (für Intensitäts-Stereofonie) oder zwei distanziert angeordnete Einzelmikrofone (für … Intensitäts- u. … Stereofonie) verwendet. Auch bei moderner Musik und bei Hörspielen können die große Anzahl von Einzelmikrofonen und andere Signalquellen (z. B. Geräusche, die früher vom Tonband, heute aus CD-Archiven über Festplattenspeicherung bearbeitet und zugespielt werden (vgl. Renner 1996) in beliebige Richtungsinformationen umgewandelt und je nach Wunsch über die Basis zwischen den Lautsprechern plaziert werden. Bei einer korrekt angeordneten Zweilautsprecheranordnung zeichnen sich derart in den letzten 30 Jahren produzierte Aufnahmen durch eine hohe Natürlichkeit und Durchsichtigkeit, hohe stereofone Auflösung über die gesamte Basis infolge einer Vielzahl abgebildeter Phantomschallquellen und gute Tiefenstaffelung aus, entsprechend der Anordnung der natürlichen Schallquellen.

Die allerdings dabei auftretenden prinzipbedingt Einschränkungen der Zweikanal-Stereofonie, wie starke Platzabhängigkeit, fehlende Stabilität besonders von Mittensignalen, vor allem die zu geringe Räumlichkeit und mangelnde Einbeziehung in die akustische Atmosphäre, führten zu zwei weiteren Entwicklungsrichtungen: Einerseits wurde an der Verbesserung der bekannten *Kunstkopf*-Stereofonie (wie sie etwa von de Boer, Philips, schon in den dreißiger Jahren begonnen wurde) gearbeitet, was mit der Entwicklung verbesserter Kopfhörer auch zur Einführung im Rundfunk in den Jahren 1973–76 führte; allerdings begrenzt auf spezielle Genres in Musik und Hörspiel. Diese Art der sog. kopfbezogenen Zweikanal-Stereofonie bildet gewissermaßen die Referenz auch für das mit Lautsprechern anzustrebene Ziel einer der Realität sehr nahe kommenden Wiedergabe. Es ist die einzige und typisch radiophone Technologie, bei der der Produzent im Hörfunk und der Hörer im Heim die gleichen Hör- und Wiedergabebedingungen besitzen, ohne Einflüsse der jeweiligen Hörräume! Die verbleibenden geringen Abweichungen entstehen lediglich durch die Qualität der benutzten Kopfhörer und die Unterschiede der jeweiligen Gehöreigenschaften. Vorteilhaft gegenüber jeder Lautsprecherwiedergabe ist ferner, daß das Schallereignis direkt bis an den Hörer – also das Hörereignis bis an das Ohr – herangebracht werden kann; der übliche Abstand zum Lautsprecher, der eine distanzierte Rezeptionsbeziehung schafft, entfällt. Dazu kommt die nur hier gegebene Möglichkeit der Wiedergabe in Originaldynamik, was im Wohnraum kaum möglich ist, aber außerordentlich hohe Anforderungen an die Aufnahme- und Übertragungstechnik stellt. Für Studiobedingungen wurde inzwischen die Kopfhörer-Wiedergabe von Zwei und Mehrkanal-Stereofonie durch Überlagerung mit einem optimalen virtuellen Abhörraum sowie durch Einbeziehung der Kopfpeilbewegungen (head-tracking) praxisgerechter entscheidend verbessert [(32) Theile 1999].

Da viele Hörer das Kopfhörertragen als lästig empfinden, wurde parallel dazu seit den sechziger Jahren im Hörfunk (neben der bekannten Entwicklung im Film) vielerorts an einer *Mehrkanal*technologie gearbeitet, die mit wenigstens 4 oder besser 5 Kanälen bei Lautsprecherwiedergabe eine weitaus stärkere Annäherung an die natürlichen Verhältnisse in einem Aufnahmeraum, dem Konzertsaal oder im Freien erlaubt. Zur Entwicklung dieser Mehrkanal-Stereofonie mit *Surround*-Sound-Empfindung, d. h. der Ein- und Umhüllung des Hörers durch ambiente Schallanteile, die mit der Stereo-Ambiofonie begann, vgl. auch u. a. (Steinke 1996). Zunächst konnte diese Technologie nur behelfsmäßig, mittels spezieller Matrizierungsverfahren (z. B. Dolby-Surround-Matrix, Circle-Surround), über zwei Kanäle übertragen bzw. gespeichert werden, zuerst im Film, dann auch im Hörfunk und Fernsehen. Erst seit etwa 1992 ist aber durch die Datenreduktion bei digitalen Signalen die Möglichkeit einer Bereitstellung von mehr als zwei diskreten Übertragungs- und Aufzeichnungskanälen ohne jegliche Einschränkung gegeben. Dazu ist die seit 1992 gültige internationale Empfehlung ITU-R, BS 775-1 zu nennen, die die für Hörfunk, Fernsehen und Filmwiedergabe im Heim gleichermaßen geltenden Bedingungen für die Anordnung von Lautsprechern für 5 diskrete Übertragungskanäle definiert (siehe *Abb. 179.1*, gemäß ITU 1992/94): dabei sind 3 Frontallautsprecher und 2 (bzw. optional 4) rückwärtige Lautsprecher für die Räumlichkeit und Einbeziehung, den sog. Surround-Effekt, liefernden Rauminformationen in gleichem Abstand von einem Referenz-Hörerort aufzustellen und entsprechend mit 5 Signalen zu versorgen. Als Option kann, wie beim Film üblich, zusätzlich auch ein schmalbandiger Tieftonkanal LFE (= low frequency effect) von 20 bis 120 Hz für Effekte vorgesehen und mit übertragen werden. Diese Signale sind durch Mehrkanal-Übertragungs- und Sendetechnik (DAB = Digital Audio Broadcasting bzw. DVB = Digital Video Broadcasting) oder moderne Speichermedien, wie z. B. die Digital Versatile Disc = DVD oder Mehrkanaltonband seit 1997 auch für Heimwiedergabe verfügbar und stellen damit neue hohe Ansprüche an die Produktion im Hörfunk bzw. im Fernsehen, aber auch auf der Wiedergabeseite im Heim.

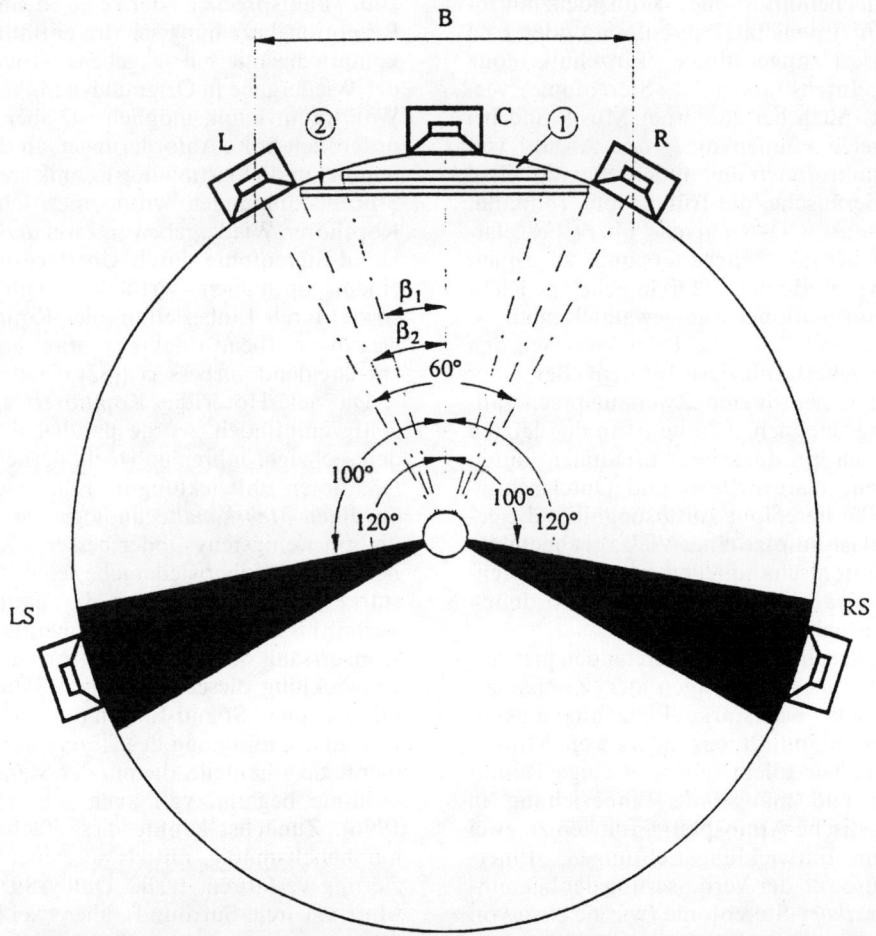

Abb. 179.1: 5-Kanal (3/2)-Referenzanordnung der Lautsprecher für Mehrkanal-Stereofonie gemäß Empfehlung ITU-R.BS. 775-1 (1994)
B = Basis-(Lautsprecher L/R-)Abstand für Hörwinkel = 60°.
Referenzplatzentfernung D = B von möglicher Bildwand (HDTV):
bei (1) = 3 x H (Höhe Bildwand) mit Bildwinkel $2b_1 = 33°$, und
bei (2) = 2 x H mit $2b_2 = 48°$.
Höhe der Lautsprecher (akustische Zentren) h = 1.2 m

2.1.2. Zur Entwicklung von Anlagen zur Programmproduktion

Vom einfachsten Ein- und Ausschalten einer Mikrofonleitung zum Sender bis zu kleinen Tonmischpulten der ersten Generation mit etwa 5 bis 8 Reglern (Fachbegriff: „Pegelsteller") zum Ein- und Ausblenden der verschiedenen Tonquellen – Mikrofon, Plattenspieler, Magnetophon, Telefonleitung u. ä. in den Anfangsjahren des Rundfunks, verging nur ein kurzer Zeitraum bis zum Aufbau größerer Anlagen für die Abwicklung auch umfangreicher Sendungen, insbesondere bei starkem Anteil von Original(live)beiträgen. *Abb. 179.2* (Steinke/Hoeg 1984, 1445) zeigt den prinzipiellen Aufbau des (analogen) Tonkanals in einem Tonmischpult der heute noch angewendeten 2. Generation (vgl. auch Dickreiter 1979/94). Die zunehmende Trennung der Programm-Produktions- von den Abwicklungsprozessen brachte deren Verselbständigung mit unterschiedlichen Forderungen an Technologie und Technik. Die Produktionstechnologien für moderne Tanz- und Effektmusik sowie die typisch radiophonen Hörspiele verlangten bald noch größere Anlagen als es gelang, in moderner Mehrkanaltechnik mit mehrspurigen Magnetbandgeräten (von anfänglich vier bis später 24 und mehr Kanälen) Sprache und Geräusche bzw. Einzelinstrumente, Gesangssolisten und Instrumentengruppen nacheinander in der sog. Playbacktechnik aufzunehmen. Hierbei werden bei Musikproduktion zunächst Rhythmusinstrumente aufgenommen, zu denen später etappenweise und synchron weitere Instrumentenklänge, Gesang u. a. aufgezeichnet werden, wie es schon beim Film üblich war. Die höhere Tonqualität beim Hörfunk erforderte die Erfüllung ganz spezifischer Anforderung bei diesen Tonmischpulten, was durch die seinerzeitige Analogtechnik jedoch immer an Grenzen stieß – die Addition vieler Einzelkanäle brachte auch einen Anstieg des thermischen Grundrauschens der eingesetzten Bauelemente und Verstärker mit sich. Die Einführung des UKW-Rundfunks und später der Rundfunk-Stereofonie bedingte weitere notwendige Qualitätssprünge hinsichtlich geringerem Grundgeräusch, kleinsten linearen und nichtlinearen Verzerrungen u. ä. Die zunehmende Verbreitung der Rechentechnik auch im Studiobereich führte schließlich zu einer neuen Denkart und Zielstellung der nachrichtentechnischen Funktionen einer Tonregieeinrichtung, die wie folgt gegliedert werden können (Fliege, N. 1986):

– Kommunikation Mensch–Maschine: Eingabe, Ausgabe und Anzeige von Informationen in einem Bedienfeld, Dialogverkehr an einem Bildschirm,
– Steuerung und Einstellung aller Tonkanäle einschließlich der Schaltung der Kanäle („Wege" = Routing), Steuerung peripherer Einrichtungen (Signalverteiler u. ä.),

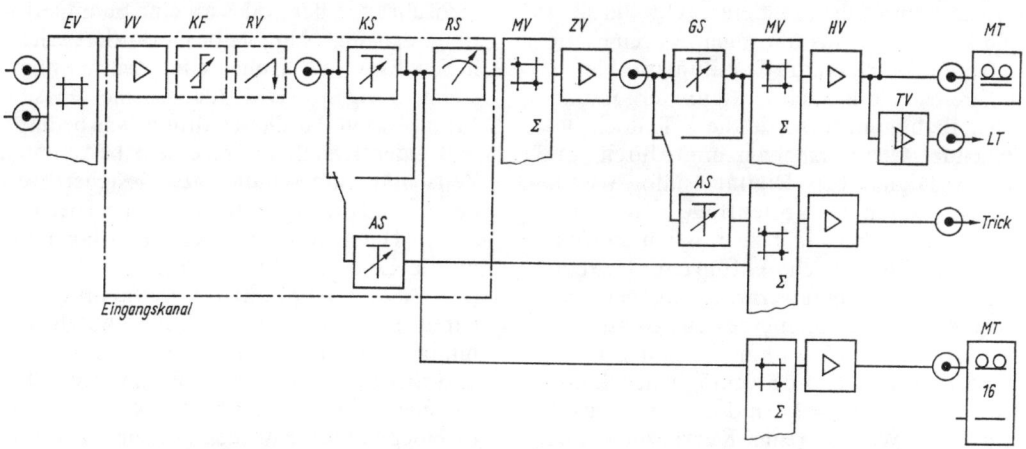

Abb. 179.2: Grundstruktur eines Tonkanals in einem Analog-Tonmischpult der 2. Generation
EV Eingangsverteiler; *VV* Vorverstärker; *RV* Regelverstärker; *KF* Kanalfilter; *KS* Kanal-Pegelsteller; *RS* Richtungssteller; *MV* Mischverteiler; *ZV* Zwischenverstärker; *GS* Gruppen-Pegelsteller; *AS* Abzweig-Pegelsteller; *HV* Hauptverstärker; *TV* Trennverstärker; *MT* Magnetbandgerät; *LT* Leitung (engl. line) (nach Steinke/Hoeg, 1984).

- Signalbearbeitung der Tonsignale (Verstärkung, Filterung, Dynamikbeeinflussung, Verzögerung),
- Dokumentation und Verarbeitung von Tonregieinformationen (Speichern und Veranlassen von Mischpulteinstellungen, Editieren, dynamisches Abmischen, Archivieren der Daten).

Dazu kommen noch Wartungs-, Service- und Havarieaufgaben. Mit Hilfe moderner Mikroelektronik konnten somit zunächst Analoganlagen der 3. Generation steuerbar gemacht werden (sog. DCA-Technik = digital controlled analogue); der Einsatz spezieller Mikroprozessoren für die digitale Signalverarbeitung ermöglichte dann den Schritt zur 4. Generation.

Die schrittweise Ablösung der analogen Audiotechnik durch die Digitaltechnik erfolgt nunmehr zwar zügig, inzwischen aber langsamer als angenommen, da für hohe Qualitätsanforderungen und sehr komplexe Anlagen das Preis-/Leistungsverhältnis bzw. damit verbundenen Umstellungen vor- und nachgelagerter Prozesse immer noch eine Rolle spielen. Auf dem Gebiet der Speichertechnik sind dagegen digitale Aufzeichnungsgerät meist billiger und in vielen Bereichen auch besser als entsprechende analoge Geräte. Bei den Effekt- und Klangbeeinflussungsgeräten dominieren bereits digitale Geräte. Auch die Nachbearbeitung wird heute sehr oft mit digitalen Systemen, den sogenannten DAW's = Digital Audio Workstations, durchgeführt. Bei den Tonmischpulten, insbesondere sehr großen und komplexen Ausführungen, waren es die anfänglichen Software-Stabilitätsprobleme, unzureichende Berücksichtigung ergonomischer Bedingungen sowie die z.T. noch bestehende Qualitätsbegrenzung durch die Analog/Digital- bzw. Digital/Analog-Wandler, die – neben der Kostenfrage – zu Vorbehalten gegenüber einer zu raschen Einführung der Digitaltechnik führten. Heutzutage erfolgt die Signalverarbeitung meist mit einer Wortbreite von mindestens 24 bit, was bei geeigneten Algorithmen einen Störabstand von über 130 dB ermöglichen kann. Der schwächste Punkt sind noch immer die erwähnten Wandler (engl. Kurzbezeichnung ADC bzw. DAC). Neueste Technologien, z.B. bei 28 bit-DA-Wandlern ermöglichen aber auch hier gehörrichtig gemessene Störabstandswerte von über 140 dBpq. Kritische Punkt notwendige Filter für Unterdrückung sind hier das Verhalten der Wandler bei kleinen Eingangssignalen, die geeignete hohe Abtastfrequenz.

Ein wesentlicher Vorteil der Digitaltechnik liegt in der Steuerbarkeit aller Parameter. Bei analoger Technik waren es bestenfalls die Pegelsteller in den Mikrofon- oder Quellenwegen sowie einige Schalter, die mit vernünftigem Aufwand in Form einer Fernsteuerung von spannungsgesteuerten Verstärkern (VCA = voltage controlled amplifier) bzw. sog. Inkrementalstellern in eine Automatisierung einbezogen werden können, wie dies *Abb. 179.3* zeigt (nach Steinke/ Hoeg 1984, 1447). Hierbei wird die bisher übliche Hintereinanderschaltung mehrerer Verstärker und Pegelsteller (sog. Zweier- und Dreierkette) durch eine einzige Kette ersetzt.

Bei digitalen Systemen kann dagegen praktisch jeder Parameter automatisch gesetzt werden. Die digitale Signalverarbeitung ist keiner Alterung unterworfen und nicht temperaturabhängig, eingestellte Parameter müssen nicht nachgestellt werden. Größere digitale Tonmischpulte werden im allgemeinen aus einer großen Anzahl von Standardbausteinen für die erforderlichen Operationen zur Berechnung und Speicherung der Signalveränderungen (mittels DSP = Digital Signal Processor) aufgebaut, die aber typischerweise nicht speziell zur Audioverarbeitung ausgelegt sind und deshalb durch zusätzliche elektronische Komponenten an die Anforderungen in Mischpulten angepaßt werden müssen. Insbesondere die Zusammenführung aller DSP's an eine Summierleitung, den sog. Summenbus, erfordert erheblichen Aufwand. Üblich sind Zeitmultiplexsummierungen (TDM-Bus = Time Division Multiplex) in Parallelschaltung, was bedingt, daß jeder Kanal nur in einem bestimmten Zeitschlitz aufgeschaltet bzw. gesteuert werden kann. Hier gibt es inzwischen bei den einzelnen Herstellern optimierte und hochintegrierte Lösungen für die Busanschaltungen (z.B. ASIC = Application Specific Integrated Circuit), damit digitale Tonmischpulte mit minimalem Hardwareaufwand realisierbar und in allen Funktionen voll („dynamisch") automatisierbar sind. *Abb. 179.4* (nach Steinke/Hoeg, 1424) zeigt den prinzipiellen Aufbau eines Tonkanals mit digitalem Signal für Anlagen der 4. Generation.

Die weitere Entwicklungstendenz bei Tonmischpulten ist gekennzeichnet durch zunehmende Trennung von Stell-, Wirk- und

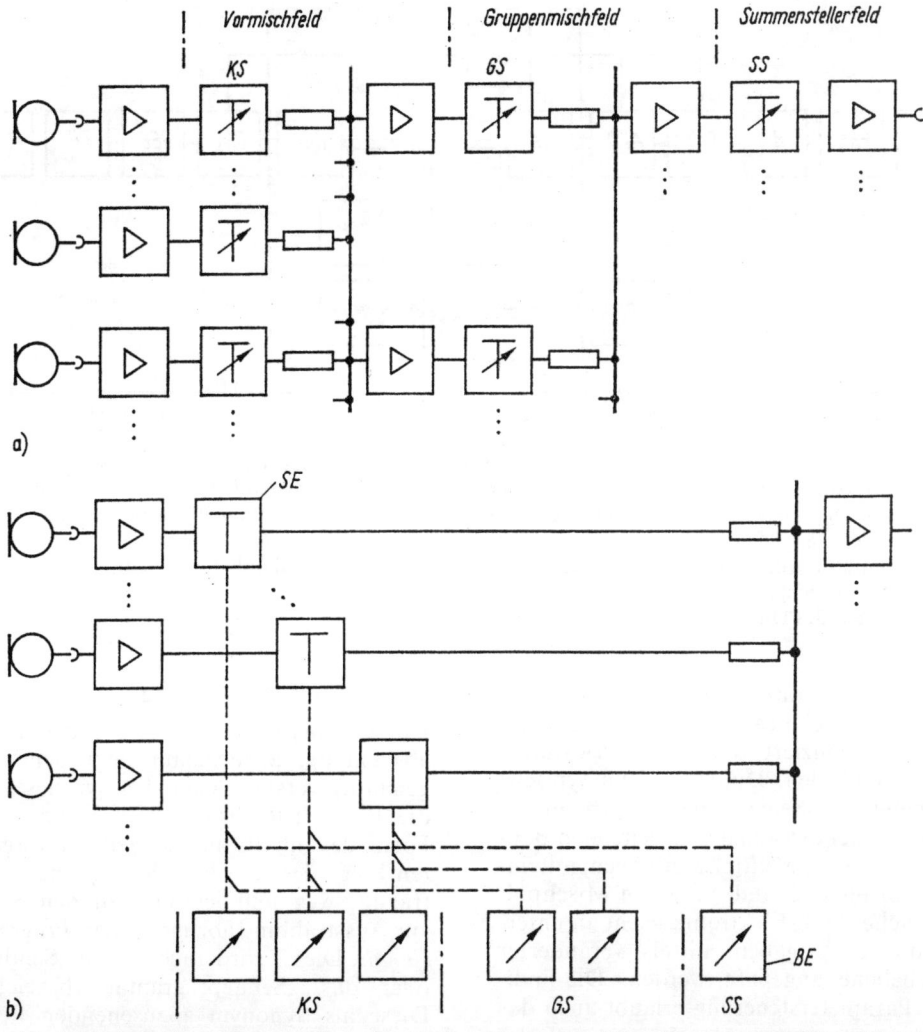

Abb. 179.3: Prinzip der steuertechnischen Hierarchie von fernsteuerbaren Pegelstellern
a) konventionelle Dreierkette der analogen 2. Generation
b) steuertechnische Gruppenbildung (3. Generation digital gesteuerter Analoganlagen)
(nach Steinke/Hoeg 1984).

Rückmeldefunktionen. Die ursprüngliche Einheit dieser Funktionen löst sich immer mehr auf. Die Trennung wird einerseits erzwungen durch die zunehmende Komplexität moderner Mischanlagen und durch die gewünschte starke Automation, sowie die Unterbringung von Funktionseinheiten außerhalb des eigentlichen Regiebereiches (aufgrund von Erwärmung, Lüftergeräuschen, Umfang usw.); unterstützt wird sie durch die modernen Technologien der digitalen Steuerung und der digitalen Signalverarbeitung. Diese Trennung ermöglicht höhere Flexibilität, die Einführung neuer Funktionen sowie neue Bedienweisen, was auch Weiterentwicklung der Ergonomie in bezug auf die Zuordnung der drei genannten Funktionsbeziehungen zueinander bedingt. Dazu kommt, daß künftig integrierte Lösungen auch die klassische Trennung zwischen Mischpult und Speichergerät auflösen werden und die zu beherrschende Informationsmenge durch den Bediener steigt. Bedienmittel der Rechentechnik, Rollkugel oder -tasten sowie getrennte Displayanzeige usw., werden zunehmend eingesetzt. Nur damit sowie mittels Zentralbedienung bei nicht oder wenig zeitkritischen Schaltfunktionen kann die zunehmende Anzahl von Bedienelementen (bei modernen Mehrkanalanla-

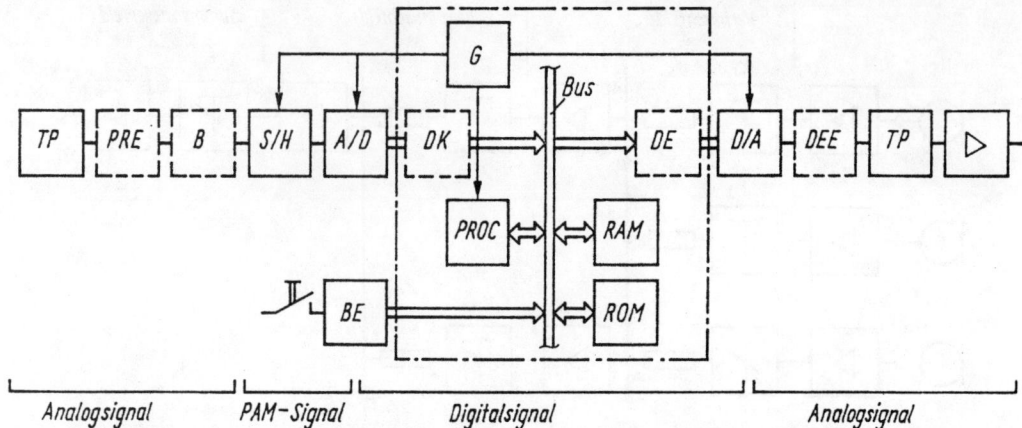

Abb. 179.4: Aufbau eines Tonkanals in PCM-Technik für digitale Anlagen der 4. Generation.
TP Tiefpaß; *PRE* Preemphasis-Glied; *B* Begrenzer (Limiter); *S/H* Abtaststufe (smaple and hold);
A/D Analog-Digital-Wandler; *DK* Digital-Kompressor; *PROC* Prozessor (Signalverarbeitung im Digitalbereich); *BE* Bedienelemente; *DE* Digital-Expander; *D/A* Digital-Analog-Wandler;
DEE Deemphasis-Glied (wahlweise); *ROM* Festprogrammspeicher (read only memory);
RAM Arbeitsspeicher (read access memory); *G* Taktgenerator;
Bus Systembus des Digitalprozessors (nach Steinke/Hoeg 1984)

gen der 3. Generation können es in der sog. Bedienoberfläche ca. 4.000 bis 6.000 sein!) drastisch reduziert und nach Prioritäten gruppiert werden. Durch die nun typische Trennung von Bedien- und Verarbeitungsebene, bei der die signalverarbeitenden Baugruppen durch Multiplexleitungen miteinander verbunden sind, kann ein Mischpult bei gleicher DSP-Elektronik leicht an unterschiedliche Aufgaben mittels veränderter Bedienebene angepaßt werden. Die indirekte Parametersteuerung erlaubt auch das Abarbeiten anderer Algorithmen auf der gleichen Hardware (Beispiel: Nachhall sowie Laufzeitausgleich für Stützmikrofone sind leicht integrierbar). Ferner können weitere externe Geräte in die Multiplexverbindungen eingeschleift werden, z. B. Ein- und Ausgangssignalverteil- und -mischeinrichtungen (noch gültige frühere Bezeichnungen dafür sind: Kommutierungseinrichtungen, Kreuzschienen, Matrizen, Koppelfelder), aber auch sog. Codes (Komb. Kodier- u. Dekodiereinrichtungen) d. h. für Matrix-Surroundtechniken usw. (Bäder 1996). Künftig wird der Anteil der zunehmend rein softwaremäßig arbeitenden Tonmischpulte zunehmen, insbesondere weil die einfache Speicherung und Editierung von Wort- und Musikprogrammen auf den aus der Computertechnik übernommenen Harddisk-Recordern im Hörfunk Einzug genommen hat (Renner, 1996).

2.2. Programmabwicklung

Unter *Programmabwicklung* (auch Sendeabwicklung, Sendeablauf oder Senderegie genannt) versteht man die Synthese, d. h. die Echtzeit-Realisierung, der endgültigen Form, des Inhalts und der zeitlich festgelegten Folge des vom Funkhaus an den Übertragungsweg und letztlich an den Sender zur Ausstrahlung abzugebenden *Programmsignals*. Dieses wird auch als die „Sendung" oder das „Sendeprogramm" bezeichnet: Diese als Synonym anzusehenden Benennungen rühren noch von der Zeit her, in der sich sowohl der Programmspeicher, das Grammophon (der damals einzige Musikspeicher) als auch der eigentliche Sender im „Senderaum" bzw. in einer zusammenhängenden Raumanordnung befanden.

Das Programmsignal setzt sich zusammen aus:

– einzelnen Archivaufzeichnungen (in Form von Aufzeichnungen auf Magnetband oder plattenförmigen Tonträgern) bzw. Aufzeichnungsträger fremder Produzenten (z. B. Consumer-CD's).
– der Übernahme von kompletten Programmen (Reportagen, Veranstaltungen usw.), die über Übertragungswege (Leitungen, Satellitenverbindungen u. ä.) angeliefert werden.
– Original(live)beiträgen wie Nachrichten, Meldungen der Agenturen, Kommen-

tare, Gespräche mit Korrespondenten sowie auch anrufenden Hörern, die unmittelbar im Ablauf des Programms einzufügen sind,
– Ansagen und Wortbeiträge (sog. Moderationen) durch den Programmsprecher bzw. Moderator (Leiter des Programmablaufes),
– verschiedenen Signalen, wie Pausenzeichen, Zeitzeichen u. a.

Zur Programmabwicklung im weiteren Sinne gehören noch eine Reihe von peripheren Prozessen, die vor, während und nach der eigentlichen Programmrealisation ablaufen müssen, um die notwendigen und organisatorischen Voraussetzungen für einen ordnungsgemäßen Programmablauf zu schaffen sowie die Abrechnung, Auswertung und Kontrolle zu organisieren (Hoeg, 1974; Hoeg/Wasner 1978).

2.2.1. Entwicklungsgeschichte der Rationalisierung der Programmabwicklung

Der Wunsch nach weitgehender Automatisierung vieler der Einzelvorgänge bestand bereits seit den sechziger Jahren. Nach Durchdringung der wichtigsten Prozeßabläufe und Entwicklung einer neuen Systemlogistik entstanden kleine und mittlere Teilautomatisierungslösungen bei deutschen und anderen europäischen Rundfunkanstalten. Die damals bekannten amerikanischen Lösungen für Stations- und Werbeansagen (sog. Jingles) auf der Basis der minderqualitativen Endlosband-Kassette, der sog. NAB-Cartridge, konnten nur begrenzt übernommen werden. Namhafte deutsche Studiofirmen bemühten sich um spezielle und robuste Ausführungen einer speziellen Bandkassette für automatisierbare Abläufe, eingesetzt in großen mechanisch gesteuerten Archiven, um den manuellen, personalintensiven Betriebsablauf im Hörrundfunk zu unterstützen. Herausragendes Beispiel war das modulare Kassettenautomationssystem CAMOS 3000 (Studer), das für ständig wiederkehrende Ansagen und Stationskennungen, die Jingles, Werbebeiträge (sog. Werbespots) beim SDR eingesetzt und von diesem gemeinsam mit Studer und IRT entwickelt wurde. Durch die Verwendung von professionellen Kassetten mit 1/4"-Band und 9,5 cm/s Geschwindigkeit war eine relativ hohe Wiedergabequalität erreichbar. Ein sog. Spielerturm mit 4 Abspieleinheiten konnte max. 43 Kassetten zu je 15 oder 30 min. Spieldauer aufnehmen, also insgesamt 21,5 bzw. 43 Std. Die Einlagerung, Auslagerung und Transport der Kassetten erfolgte automatisch aus Archiveinheiten zu je 1024 Kassetten, von Steuerrechnern über Interface-Prozessor kontrolliert. Dieser seinerzeitige Höchststand konnte aber später mit dem Direktzugriff von optischen Tonträgern und deren bequemere Archivstapelung (in sog. Juke-Boxen) mit eigenen Abspieleinheiten und vor allem auch der Qualität nicht konkurrieren. Schließlich mußte auch jedes Bandstück zuerst von anderen Trägern – in Echtzeit – umgezeichnet werden, letzten Endes bis zum ständigen Umzeichnen aktueller Musiktitel. Man schätzte seinerzeit ca. 4.000 Musiktitel als für ständigen Zugriff aus einem Zwischenspeicher erforderlich in den speziellen Informations- und Unterhaltungsprogrammen. Vor dem Einsatz der Kassettentechnik waren mehrere kleinere und mittlere Systemlösungen mit dem automatischen Abspiel der üblichen Archivmagnetbänder ausgestattet worden, um Qualitätseinbußen zu vermeiden. Schließlich besteht ein Rundfunkprogramm heute wie sicher auch künftig etwa zu 80 Prozent und mehr aus vorproduzierten Beiträgen, die in Form von konfektionierten Aufzeichnungen (bisher Magnetband, heutzutage mehr und mehr über optische bzw. magneto-optische Aufzeichnungen bzw. Datenfiles von der Festplatte in Workstations) zur Sendung gelangen. In allen Entwicklungsphasen wurde daher versucht, diesen Elementarprozeß der Automatisierung zugänglich zu machen. (Es ist interessant, daß aufgrund der großen Speicherkapazität des Magnetbandes dies sich auch in großen Rechensystemen zur Aufzeichnung der großen digitalen Datensätze am besten eignet, und somit auch für die nächste Epoche für die großen Urbandarchive mit Digitalkassetten offensichtlich die technisch und kostenmäßig günstigste Lösung bleibt (vgl. 3.).

Wesentliche Voraussetzungen in dieser Technologie für die praxisgerechte Anwendung im Programmabwicklungsprozeß waren jedoch noch nicht erfüllbar; diese und andere Insellösungen bei Hörfunk und Fernsehen, wie ASMOS (NDR, 1970), COMPAS (NDR, 1971) (Pönninghaus 1970; Schadwinkel 1971; Thärichen 1974) bewährten sich auf die Dauer nicht bzw. reichten für die erwartete Effektivitätserhöhung noch nicht aus. Immerhin wurden aber viele

Nebenprozesse automatisiert durch die Anwendung von freiprogrammierbaren Prozeßrechnern zur Automatisierung von Schalt- und Steuervorgängen zur Kopplung von Signalverteilungen und anderen Prozeßabläufen. Besonders geeignet für die Automatisierung zur Personaleinsparung zeigten sich die Rundfunk-Auslandsprogramme (z. B. Hoeg et al. 1978; 1986). Hier konnten viele Routinehandlungen reduziert, Streßsituationen abgebaut sowie subjektive Fehler bei der Abwicklung fremdsprachiger Programme vermieden und die Überwachung des Ablaufes vereinfacht werden. Außerdem erfolgte die zeitlich sich ständig ändernde Anschaltung zu den verschiedenen Richtantennen und -strahlern prozeßgesteuert. Dadurch konnte eine größere Anzahl parallel laufender Programme (bis zu 9) von wenigen Arbeitskräften abgewickelt werden.

Die seinerzeit größte Systemlösung, die von der Programmplanung über die Abwicklung bis zu den Sendern und allen zugehörigen ökonomischen Prozessen als informations- und steuertechnisches Rückgrat diente, wurde 1968 beim Japanischen Rundfunk und Fernsehen in Form des sog. TOPICS (Total on-line Program and Information Control System) in Betrieb genommen, für insgesamt 3 Rundfunk- und 2 Fernsehprogramme (NHK 1969). Hier war vor allem der umfangreiche Informationsaustausch über Displays, der die sonst übliche Kommunikation mittels Papier oder Telefon ersetzen konnte, ein Beweggrund für die Einführung einer sog. „SMART" = Scheduling Management and Allocating Resources Technique = Programmablaufplan-Leitungs- und Ressourcen-Zuteilungstechnik. Die Hauptaufgabe für automatisierbare Wiedergabe aus Speichern erfüllten ebenfalls Magnetband-Kassettenautomaten für eine modifizierte Spulentechnik („Einlochkassette"), das sog. „ABCS" = Automatic Broadcast Control System.

Alle diese Lösungen waren Meilensteine für die technologische Forschung bei der Durchdringung und Vereinfachung vieler Teilprozesse und deren Zusammenwirken, sie förderten auch das Verständnis für solche Rationalisierungsbemühungen, auch auf seiten des Programms. Hier brachte der zunehmende Computereinsatz bessere Bedingungen für die Programmvorbereitung. Dennoch konnte erst die digitale Technik eine ausschlaggebende Lösung für das Schlüsselproblem bringen: Benötigt wurde ein international einheitlicher Tonträger, der mechanisch unempfindlicher war als das Magnetband. Dieser wurde ab 1982 mit der Compact Disc verfügbar – einem Consumerprodukt, das seinerzeit die gleichen Qualitätsparameter wie die sog. Studioqualität aufwies, da die dabei eingesetzten 16-bit-Wandler sowohl für das Studio als auch das Heim genutzt wurden. Dazu kam bald die Digital-Aufzeichnung aller übrigen Beiträge auf Harddisk-Systemen, magneto-optischen Speichern und CD-ROM. Von seiten der Industrie wird diese für den öffentlich-rechtlichen Rundfunk wichtige Schrittfolge gern bestritten (Barth 1994) – es sei der Erfolg der kommerziellen Stationen gewesen, der den traditionellen Rundfunk zur stärkeren Automatisierung veranlaßt hätte. Die vorstehend ausführlicher dargestellte Entwicklung der Rundfunkrationalisierung beweist aber, daß ohne diesen langen Vorlauf seit den sechziger Jahren und ohne die CD auch beim Privatrundfunk kein aussichtsreicher Start möglich gewesen wäre. Schließlich besteht allgemeine Übereinstimmung, daß dort vor allem weniger die technische Umsetzung von Kunst, sondern vielmehr Profit gefragt ist, und wie man diesen mit geringstmöglichem Aufwand, notfalls auf Kosten der Qualität, maximieren kann. Daß in letzter Zeit eine sich dennoch ergebende Wechselwirkung auch den öffentlich-rechtlichen Rundfunk in einigen Aspekten beeinflußt, zeigt sich dagegen mehr bei der Programmgestaltung als beim Technikeinsatz; schließlich gelten für eine seriöse Rundfunkanstalt eine Vielfalt von Prämissen und Sicherheitsanforderungen für spezielle Havarielösungen, auf die der private Hörfunk bzw. der Bagatellrundfunk oft verzichtet bzw. verzichten muß.

2.2.2. Prinzipien moderner Programmabwicklungslösungen

Die konzeptionellen Anforderungen an die Steuerung der Programmabwicklung einer Hörfunkstation richten sich naturgemäß zunächst nach der Einbindung in ein Gesamtsystem, wie es z. B. eine große Rundfunkanstalt darstellt. Die Komplexität wird dabei bestimmt u. a. von der Größe des Systems, der Einfügung in Informations- und Programmaustauschverbindungen, der Zahl der zu versorgenden Regionen und dabei aufzuteilenden Gesamt- und Regionalprogramme, dem Zugang zu ggf. sehr umfangreichen Text- und Audioarchiven, der Verzahnung mit den programmvorbereitenden Bereichen usw. Die enormen Datenmengen, auf die zu beliebiger Zeit in beliebigem Umfang zurückgegriffen werden muß, und die früher ohne die Möglichkeit der elektronischen Datenverarbeitung gar nicht ausschöpfbar waren, erfordern komplizierte Netzwerke, Recherchesysteme, Zwischenspeicherungen von Text- und Audiosignalbeiträgen für die aktuellen Tagesabläufe, schnelle Auswertbarkeit und Einfügung der Meldungen der Agenturen und häufig auch aktuelle und spontane Eingriffe in lange geplante Programmabläufe. Dennoch kann man auch für bestimmte Genres und Hörergruppen Teilsysteme mit weitgehend autarken Programmbereichen und eigener Programmabwicklung herauslösen, wie es z.B. ein Jugendprogramm einer öffentlich-rechtlichen Anstalt darstellt oder das Magazinprogramm einer kleinen privaten Hörfunkinstitution.

Die Verzahnung der unterschiedlichen Arbeitsbereiche mittels elektronischer Datenleitungen bedingt und erlaubt vorteilhafterweise auch ein örtliches Zusammenrücken der hauptsächlich beteiligten Mitarbeiter. *Abb. 179.5* (nach Barth 1994, 58) zeigt z.B. den Raumaufteilungsplan für die Programmabwicklung einer kompletten kommerziellen Hörfunkstation. Eine solche Struktur ist mittels digitaler Text- und Audiosignalverarbeitung weiter optimierbar. Auch ist die Interaktivität zur stärkeren Einbeziehung der Hörer, die manche Hörergruppen anspricht und von der sich viele Stationen als wichtigen Programminhalt hohe Hörerzahlen versprechen, leicht realisierbar. Dagegen muß für andere Hörerschichten, denen diese (meist mit kommerziellem Anreiz, Gewinnspielen usw. gekoppelte) Interaktivität übertrieben und lästig erscheint und die zum Weg- und Umschalten auf andere Programme führt, ein anders strukturiertes und anspruchsvolleres Programm abgewickelt werden, das dafür viel umfangreichere Zwischenspeicher bzw. auch schnellen Zugriff bis ins Urbandarchiv erfordert. Der jeweils interne Aufbau der Struktur der Programmabwicklung wird also von den speziellen Anforderungen bestimmt (siehe auch dazu Barth, 1994; sowie die Beschreibung des SWF-3-Studio von Bayer 1993, bzw. Thomsen 1996).

Aus der in 2.2. eingangs erläuterten Zusammensetzung des Programmsignals ergibt sich zwangsläufig die allgemeine Struktur einer Programm-Abwicklungsanlage: Es müssen lediglich die Einzelquellen zeitgerecht nach Ablaufplan automatisch oder manuell an die Ausgangsleistung des Funkhauses bis zu den Sendern angeschaltet werden. Ist jeder Einzelkanal durch entsprechende Regeleinrichtungen auch voll „ausgesteuert", d.h. auf den zugelassenen Maximal-Signalpegel gebracht (bei den meisten mitteleuropäischen Rundfunkanstalten +6 dBu = 1,55 V; dagegen in England, USA u.ä. +4 dBu), handelt es sich eigentlich nur um die einfache Aufgabe einer störungsfreien Signalanschaltung und -verteilung. Tatsächlich kann man bei weitgehend vorkonfektionierten Sendebeiträgen, z.B. für Auslandsprogramme, auch so verfahren (vgl. Hoeg et al. 1986). Für eine lebendigere Programmgestaltung durch den Moderator selbst (sog. „Selbstfahrerbetrieb") eignet sich aber ein einfaches Tonmischpult mit etwa maximal 12 Pegelstellern für die einzelnen Tonquellen zur Ein- und Ausblendung, Musik-Hinterlegung, der selbst dosierbaren Musik-/Sprachunterschiede usw. noch besser, das allerdings nach vorgegebenen Zeitabläufen rechnergestützt arbeitet, um zeitliche Eckpunkte definitiv einzuhalten. Die Mischung und Einblendung von analogen und digitalen Tonsignalquellen ist dabei durch simple Schaltungsmaßnahmen unproblematisch.

Die zunehmende Digitalisierung ist für diese Abwicklungsanlagen in allen Fällen als Rationalisierungs- und Gestaltungsmittel von Vorteil, wie es das Beispiel des ersten digitalen Funkhauses des SWF im Landesfunkhaus Mainz beweist (Thomsen 1996). Hierbei lassen sich in den modernen Digital-Abwicklungspulten die verschiedenen Pulteinstellungen leicht den veränderlichen Notwendigkeiten des Programmablaufes sowie den Analog- oder Digitalspeicherformaten anpassen. Dadurch können auch mehrere Regieräume (im Rundfunkjargon häufig und mißverständlich nur als „Regien" bezeichnet) mit ihren gleichartig aufgebauten Einrichtungen zusammengeschaltet werden (da sog. „multi-sendestraßenfähig") bzw. bei Havarien und Programmänderungen umgeschaltet werden.

Immer mehr wird die Nutzung linearer (PCM-codierter), d.h. nicht-datenreduzierter, Beiträge im Vorbereitungs- und Zwischenspeicherungsprozeß bevorzugt, seitdem die Datenmengen durch höhere Prozes-

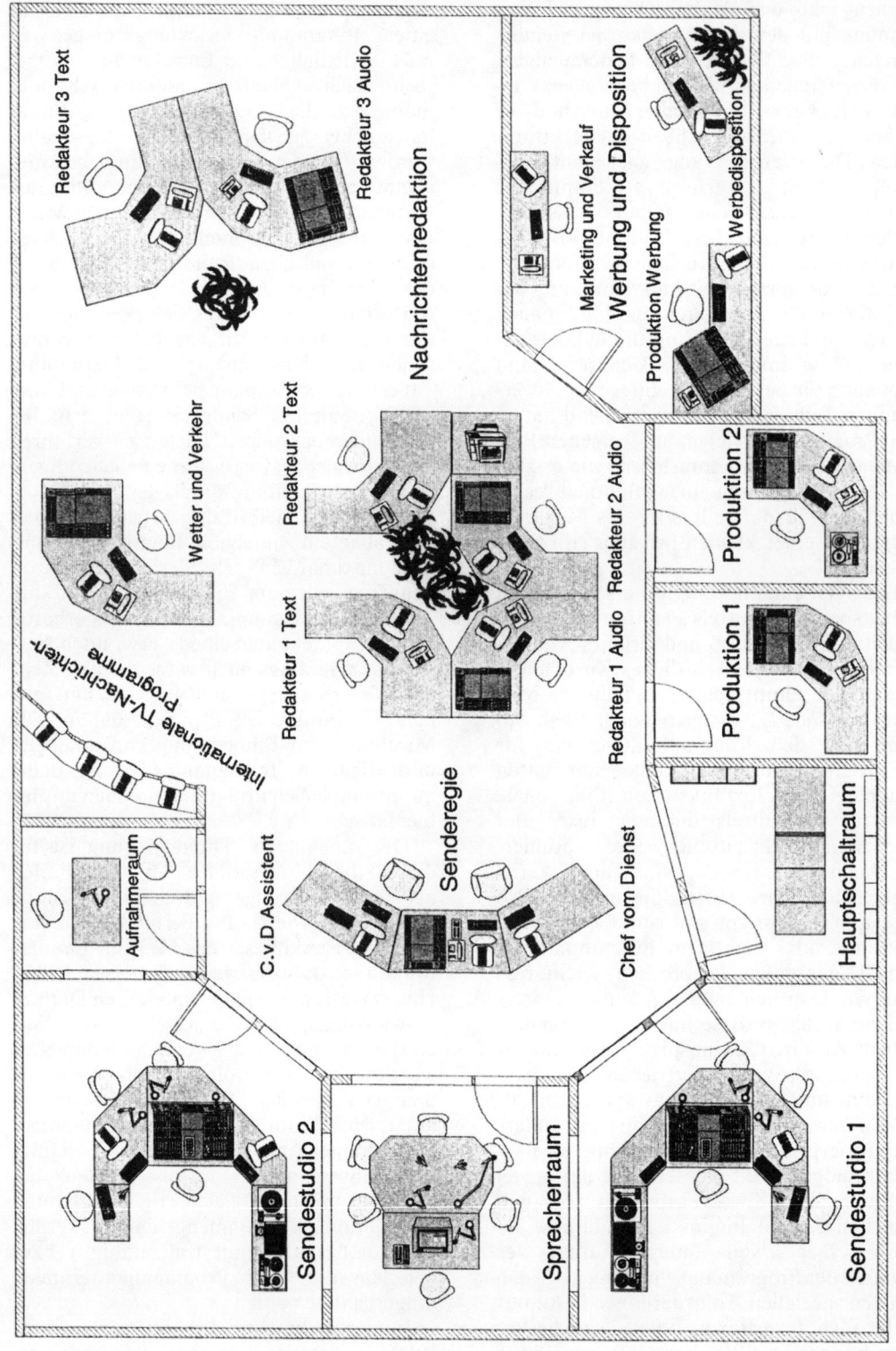

Abb. 179.5: Beispiel für den Raumaufteilungsplan für den technischen Bereich einer kompletten Hörfunkstation (nach Barth 1994)

sorgeschwindigkeiten und -kapazitäten beherrschbar geworden sind. Dadurch fallen alle mit der Datenreduzierung verbundenen Probleme bei der Bearbeitung sowie die Zeitverzögerung weg. Sofern der entsprechende Vorlauf gegeben ist, werden alle Beiträge in den für die Sendung bestimmten Zwischenspeicher, dem sog. Server, eingespielt. Die in der Redaktion an den Digital-Arbeitsplätzen (Workstations) erarbeiteten bzw. durch Überspiele oder aus dem Archiv kommenden Tonbeiträge (Band oder CD), die z. T. noch auf CD-R selbst aufgezeichnet werden, erlauben dadurch sofortigen Zugriff auf jede beliebige Position alle gewünschten Verkürzungen, Umstellungen usw. Noch vor wenigen Jahren hielt man an dieser Stelle die Datenreduzierung für unumgänglich. Die schnelle Entwicklung der Rechentechnik läßt jedoch nicht nur die höheren Datenmengen linearer Audiosignale zu, sondern in den kommenden Jahren auch weitere Vereinfachungen und völlige Umstellung der Analog- auf Digitaltechnik im vernetzten Funkhaus erwarten. Das kann dennoch, wie in *Abb. 179.5* ersichtlich, zumindest in einer Übergangszeit erfordern, daß Produktionsräume in der Nähe der eigentlichen Programmabwicklung weiterhin auch Analog-Wiedergabegeräte besitzen, um aktuelle Einblendungen von beliebigem, auch historischem, Fremdmaterial zu ermöglichen. Der jetzige Prozeß der Zwischenspeicherung wird zwar immer schneller, aber er birgt auch die Gefahr in sich, daß ständige Hörer eines Programms zu viele Titelwiederholungen am gleichen Tag oder anderen Zeiträumen in Kauf nehmen müssen, wenn die entsprechende Vorbereitungszeit oder Fachredakteure zur Gestaltung der Programme fehlen.

Die Workstations der Redakteure können inzwischen sowohl Text- als auch Audiosignalverarbeitungen (von Telefonoriginalbeiträgen u.ä.) vornehmen. Die Programmablaufpläne, für die bereits vereinheitlichte Software für Hörfunkstudios mit vielen Detailmodulen für Langzeit-Grob- und Tages-Feinplanungen verfügbar sind (z. B. Programmsoftware D'accord), enthalten daher alle notwendigen Details, um dem Moderator bzw. dem Leiter des Programmablaufs die Informationen auf ihren eigenen Displays vorzugeben, die zur Gestaltung und für die Ansagen, aber vor allem auch zur Einhaltung der Zeitvorgaben des Ablaufplanes, erforderlich sind. Das betrifft u. a. Nachrichtenbearbeitung, Audio/Textintegration, Beitragsproduktion, Recherche und Zugriff zum Musikarchiv und Originaltonarchiv sowie externen MOD-Archiven, automatische Mitzeichnungen (Mitschnitte). Auch die für viele Hörer lästigen, da sehr häufig zu sendenden Jingles und Werbebeiträge sind für ständigen Zugriff abrufbar gespeichert bzw. werden zeitgerecht eingefügt. Innerhalb größerer Hörfunkorganisationen wie der ARD können darüber hinaus die einzelnen Funkhäuser auf eigene oder auch direkt auf gemeinsame *„Aktualitätenspeicher"* zugreifen, in die ständig aktuelle Beiträge, Nachrichten usw. aller teilnehmenden Partner eingespielt werden und über entsprechende Anforderungen, auch der Übertragungswege, verfügbar sind (Schmidt, Seb. Justus 1994). Alle diese Voraussetzungen erlauben minimalen Personaleinsatz, z. B. den o. a. „Selbstfahrerbetrieb" durch den jeweiligen Moderator bzw. in Verbindung mit einem Nachrichtensprecher, der die Meldungen direkt vom (Flachbild)-Monitor abliest, und über ein eigenes Bedienfeld sich ein- und ausblenden bzw. Zusatzinformationen (Verkehrsmeldungen) anfordern kann. Zur „papierlosen" Programmabwicklung gehören auch die Parallelprozesse der Registrierung, Gebührenerfassung (GEMA) der wirklich ausgestrahlten Musiktitel o. ä., Sicherungs- und Havarieprogramme, Wartungsprogramme usw. (vgl. Kaminski 1993).

Die Verbindung und Übertragung der zu Datenströmen digitalisierten Informationen innerhalb eines Netzes bzw. eines Systems zur Programmabwicklung oder innerhalb eines oder mehrerer Funkhäuser (Programmdistribution) erfolgt über spezielle schnelle Trassen und synchrone Netze mittels neuartiger Vermittlungs- und Übertragungstechnologien, z. B. FDDI oder ATM (Asynchronous Transfer Mode), auf die an anderer Stelle näher eingegangen wird (vgl. auch Thomsen 1995; Michel 1993; Renner St. 1996). Neue und große Anforderungen an die Tonsignal-Qualitätsüberwachung brachte die Einführung der Mehrkanal-Stereofonie (populär „Surround-Sound" genannt) seit 1997 und sind, nachdem diese Technologie eher für DVD-Video-Audio nunmehr auch beim Pay-TV im digitalen Fernsehen DVB eingesetzt sind (Steinke 2000).

3. Speicherung und Archivierung

In der Geschichte des nun bald 80jährigen Hörrundfunks wurden die verschiedensten Tonträger benutzt und archiviert – von den Wachs- und Schellackplatten über das analoge Magnettonband bis zu den digitalen Band- und Massespeichern. Das bedeutet auch im Zeitalter der Digitaltechnik noch ein langes Nebeneinander von Einzeltonträgern und Signalformaten verschiedenster Art. Dazu kommt, daß eine ständige umfangreiche Umzeichnung älterer Tonträger (Schellackplatten, analoge Studiomagnetbänder 38,1 cm/s) erforderlich ist, um sie vor dem Altern (Zerfall) und weiteren mechanischen Beschädigungen zu sichern. Dazu muß man feststellen, daß erst ab ca. 1975 die Magnetbandtechnik durch den Einsatz hochwertiger Kompandereinrichtungen (Systeme Telcom oder Dolby A) einen brauchbaren, aber immer noch nicht zufriedenstellenden Qualitätsstand erreicht hatte. Es konnten zwar Störabstände über 70 dB erzielt werden, dennoch kann das analoge Magnetband impulshafte Klänge bis hin zu Rechteckfunktionen nur eingeschränkt aufzeichnen und somit nicht originalgetreu wiedergeben. Manche Schallplattenfirmen, insbesondere in den USA, arbeiten heute noch mit breiterem Magnetband und 76,2 cm/s Bandgeschwindigkeit, sowie geringen Aufzeichnungspegel, um Verzerrungen und Grundgeräusch zu minimieren. Dies ist allerdings zu relativieren: Für die Übertragung über die UKW-Sendetechnik war die Qualität bereits 1960 ausreichend, da UKW ja von vornherein einen begrenzten Störabstand aufweist. Im Hinblick auf bestmögliche Archivierung zur Nutzung in Zeiten höherer Audiospeicher- und -wiedergabequalität hat aber der Rundfunk stets seine Funktion als wichtiger Kulturträger beachtet und die Original- bzw. Uraufzeichnung wertvoller Musik- und Wortproduktionen bestmöglich, d.h. nach dem jeweiligen Höchststand der Technik genutzt. Damit war auch der Programmaustausch und die weitere Nutzung bzw. Vermarktung, z.B. über Schallplattengesellschaften möglich. Darüber hinaus muß aber ständig und das in zunehmendem Umfang die schnelle Verfügbarkeit und Abspielbarkeit der Aufzeichnungen im automatisierten Betrieb moderner Funkhäuser gewährleistet werden, wie im Abschn. 2.2.2., Programmentwicklung, bereits erläutert. Die Einführung der CD und der kleinen Digitalbandkassette (R-DAT) hat eine gewisse Erleichterung gebracht; aber weder reichen deren Qualität für hohe Studioanforderungen aus (begrenzt auf 16 bit, was maximal 74 dB gehörrichtig bewerteter Störabstand bedeutet), noch sind beide für die Automatisierung künftig ausreichende und praktikable Tonträger. Die Mängel der bisherigen A/D-D/A-Wandler und die früher unzureichende Wortbreite mit 16 bzw. 18 bit waren bzw. sind auch die Hauptgründe, warum noch in vielen professionellen Bereichen ein Vorbehalt gegen die digitale Aufzeichnungstechnik besteht. Es ist daher noch eingehend zu prüfen, ob die im folgenden genannten Schritte wirklich bald ohne Einschränkungen realisierbar sind, d.h. ohne daß wertvolle Urbandaufnahmen im Bereich ihrer kleinsten Pegel beeinträchtigt werden (Vögeding 1996).

Da die bisher bekannten und üblichen analogen oder auch digitalen Speichermedien keine unbegrenzte Lebensdauer erwarten lassen, sollte das jeweils (nach Aufnahme und Bearbeitung) endgültig zu speichernde Material lediglich als „Datensatz" (wie die Files im Computer) angesehen und langfristig auf Magnetbandkassetten in Großspeichern mit hohen Abtastwerten (d.h. also mindestens 20 bit Wortbreite und 48 oder 96 kHz Abtastfrequenz) oder sogar als Datenstrom (DSD) mit Abtastfrequenzen über 1,3 MHz archiviert werden. Dort können sie mit Verfahren aus der Datenverarbeitung verwaltet und zuverlässig geschützt werden sowie immer wieder auch in Echtzeit verfügbar bleiben. Von Zeit zu Zeit können diese Datensätze auf neue Speicherbänder oder 10–100 GB Harddisc im Schnellverfahren umkopiert und als „ewiger Datensatz" in ihrer Ausgangsqualität erhalten bleiben. Da es nicht möglich ist, die riesigen Archivbestände in den Funkhäusern in kurzer Zeit auf dieses neue Verfahren umzuzeichnen, kann dies meist nur dann und schrittweise geschehen, wenn die älteren Aufnahmen für eine langfristige Sendeplanung recherchiert und aus dem Archiv geholt, dann auf preiswerte Übergangsformate bzw. für das neue Archiv umgezeichnet sowie in die aktuellen Sendespeicher (Hartplattensysteme oder CD-R-Zwischenträger) eingespielt werden. Alle Umzeichnungen und weiteren Verarbeitungen in der Programmabwicklung müssen in linear codierter Form erfolgen; die Verwendung der Datenreduktion (die noch 1993/94 bei der Abwicklung als sinnvoll empfohlen wurde [vgl. (22) Barth 1993] hat sich bei den bisherigen automatisierten Abwicklungsanlagen infolge mehrfacher Kaskadierung schon bis zum Funkhausausgang und der damit verbundenen Qualitätseinschränkung sowie Zeitverzögerung nur für eine gewisse Übergangszeit gelohnt, wie o. a., aber nicht bewährt. Erst am Funkhausausgang kann eine angemessene Bitratenreduktion für die Ausstrahlung im DAB- oder anderen Übertragungssystemen vorgenommen werden.

Mit dieser Strategie wird das Nebeneinander der verschiedenen Speicherformate langfristig reduziert, aber nicht ausgeschlossen. Im Reportagebetrieb wird die z.Zt. noch preiswerte R-DAT-Kassette bald durch den scheckkartengroßen Festspeicher oder die mehrfach beschreibe DVD-R im Rep. Laptop abgelöst werden); in der Mehrkanal-Stereotechnik ist das 5- bis 8spurige S-DAT-Verfahren in Form der Mi8-Kassette zwar nicht Standard, aber gilt ebenso wie die DVD-R als vorläufig vereinbart. In der Musik-Mehrkanalproduktion benötigt man das 24- oder 48-Spur-Magnetband, das über Hartplatten-Bearbeitungsplätze abschnittsweise editiert und dann für die verschiedenen Nutzungsformate (2- bis 8-kanalig) „ausgelesen" und sowohl als Ur-Mehrspurband als auch als Datensatz archiviert werden muß. Die 1990 begonnene Einführung der DVD (Digital Versatile (oder Video) Disc) wird eine Zeitlang auch das bequeme Speichermedium für Abwicklungszwecke darstellen müssen, bis entsprechende preiswürdige Zwischenspeicher auch dafür verfügbar sind.

Langfristig wird – zumindest beim öff.-rechtl. Rundfunk – davon ausgegangen, daß jede Rundfunkanstalt über ein rechnergestütztes automatisches Tondatenarchiv (meist noch historisch „Schallarchiv" genannt – aber gespeichert wird nicht der Schall, sondern das gewandelte Tonsignal!) auf der Basis von Großmassenspeichern mit schnellstem Zugriff verfügen wird. Dies sind z. B. NTP/DLP-Längsaufzeichnungsformate aus dem Computerbereich auf Einlochkassetten, zu denen über Robotersysteme ein rechnergesteuerter Zugriff möglich ist und die mittels automatischer Qualitätsüberwachung gesichert werden. Bis zur vollen Verfügbarkeit dieser Archive ist allerdings ein riesiger Überspielaufwand zu bewältigen. Die Vorteile der Computertechnik, daß z.B. kein Archivband mehr das Zentralarchiv verläßt, sondern der Datensatz beliebig über Netzwerke nutzbar ist, wird die neue Rundfunktechologie langfristig so unterstützen, daß bessere Programme und neue Dienste möglich werden [(31) Herla 1996].

4. Literatur

Bäder, Karl-Otto, Tonmischpulte – Stand und Entwicklungstendenzen großer Anlagen für Rundfunk, Fernseh- und Filmton. In: Fernseh- und Kinotechnik. Berlin 50, 1996, H. 5, S. 230–233.

Barth, Rüdiger, Aufbruchstimmung. Die Sendeablaufsteuerung als Bestandteil eines Gesamtkonzeptes für ein rechnergestütztes Hörfunkbetriebssystem im Netzwerk. In: StudioMagazin, Oberhausen; Special Rundfunktechnik, August 1994.

Bayer, I., Die SWF 3-Diskothek. Modernes Selbstfahrerstudio beim SWF. In: Production Partner 1993, 5, S. 106–114.

Burkowitz, Peter, Beitrag zu einer wissenschaftlichen Grundlage der Einkanal-Schallübertragung. In: Funk und Ton, Berlin 6, 1952, H. 11, S. 561–580.

Dickreiter, Michael, Handbuch der Tonstudiotechnik. München 1979. Neuauflage 1994.

„Die Funkstunde", Berlin, Rundfunk-Jahrbuch 1926.

Fliege, Norbert, Neues Konzept für eine rechnergesteuerte Tonregieanlage. Vortrag 14. Tonmeistertagung 1986.

Herla, Siegbert, Von der Schallarchiv-Rettung zum integrierten Digitalarchiv. In: RTM 40 (1996), H. 2, S. 42–48.

Hoeg, Wolfgang, Technologische Forschung als Basis für Weiterentwicklung und Rationalisierung des Rundfunkprozesses. In: Technische Mitteilungen des RFZ, Berlin, 18, 1974, 4, S. 95–99.

Hoeg, Wolfgang et al., APA-RBI S 2000: Ein mikrorechnergesteuertes teilautomatisiertes Programmabwicklungssystem für Radio Berlin International. In: Technische Mitteilungen des RFZ, Berlin 30, 1986, 1, S. 1–11.

Hoeg, Wolfgang/Klaus Wagner, Stereofonie-Aufnahmetechnik. Berlin 1970.

Hoeg, Wolfgang/G. Steinke, Stereofonie-Grundlagen. Berlin ²1975.

Hoeg, Wolfgang/M. Wasner, Vorbereitungen zur Einführung einer rechnergestützten Technologie der Programmabwicklung im Hörrundfunk (I, II). In: Technische Mitteilungen des RFZ, Berlin, 22, 1978, 3, S. 55–60; S. 73–78.

Kaminski, Peter, Sendeautomationssysteme – eine technische Übersicht. In: Production Partner 1993, H. 4, S. 50–65.

Michel, Dieter, Netzwerklösungen in der digitalen Audiotechnik. In: Audio Professional, 1993, H. 4, S. 34–37; H. 5–6, S. 20–26.

NHK, Automatic Broadcasting Control System, Nippon Electric Company, Lim., Tokio, Dezember 1969.

Pönninghaus, Siegfried: Automatisierte Senderegie beim NDR-Hörfunk. In: radio mentor 1970, H. 6, S. 418–422.

Recommendation ITU-R (vormals CCIR), Genf: BS.775-1: Multichannel Stereophonic Sound System with and without accompanying picture. Geneva, 1992/1994.

Renner, Stefani, Hörspiel und Feature mit ProTools. In: Audio Professional. Köln 1996, H. 1/2, S. 22–26.

Renner, Stefani, Vernetzte Rundfunkstationen. In: Audio Professional. Köln 1996, H. 5/6, S. 72–74.

Schadwinkel, Gerhard et al., Die automatisierte Fernsehbetriebszentrale des NDR in Hamburg-Lokstedt und das dabei verwendete COMPAS-System. In: RTM, 15, 1971, H. 6, S. 239–259.

Schmidt, Sebastian-Justus, ARD-Aktualitätenspeicher. Vortrag zur 18. Tonmeistertagung, Karlsruhe, 1994, Bericht S. 326–342.

Schünemann, Georg, Die Funkversuchsstelle bei der Staatlichen Akademischen Hochschule für Musik in Berlin (aus dem Jahresbericht der HfM). In: Rundfunk-Jahrbuch 1929, S. 277–293. Hrsg. v. der Reichs-Rundfunk-Gesellschaft, Berlin.

Steinke, Gerhard, Maßnahmen zur Erreichung eines optimalen monofonen Rundfunkübertragungsverfahrens. In: Technische Mitteilungen des BRF, Berlin 4, 1960, H. 1, S. 21–32.

Steinke, Gerhard: Surround Sound – die neue Phase. In: Fernseh- und Kinotechnik, Berlin, 50; 1996, H. 10, S. 591–598; H. 11, S. 668–674.

Steinke, Gerhard et al., Elektroakustik. In: Taschenbuch Akustik, Berlin, 1984.

Steinke, Gerhard, Surround-Sound für DVD und Rundfunk: Qualitätskriterien u. -überwachung. In: Fernseh- u. Kinotechnik, 54, 2000, H.5, S. 266–274; M.6, S. 340–345.

Thärichen, H., Prozeßrechnergesteuerter Sendebetrieb im Hörfunk des Hessischen Rundfunks. RTM 18, 1974, H. 1, S. 1–10.

Theile, Günther, Vituelle Lautsprecher in einem virtuellen Raum. In: Fernseh- u. Kinotechnik 53 (1999), Nr. 11, S. 670–672.

Thomsen, Dieter, On Air: Das erste digitale Funkhaus. In: Audio Professional Köln. 1996, H. 9/10, S. 11–19.

Thomsen, Dieter, ATM – Schnelltrassen für Mediendaten. Audio Professional, Köln, 1995, H. 7/8, S. 38–59.

Vögeding, A., Analoges Magnetband im Zeitalter der Digitaltechnik. In: StudioMagazin, Oberhausen 1996, August, S. 45–48.

Völker, Ernst-Joachim, Akustik und Aufnahmetechnik in den ersten Rundfunkstudios in Deutschland. In: 50 Jahre Stereo-Magnetbandtechnik, AES Berlin, 1993, S. 183–196.

Gerhard Steinke, Berlin
(Deutschland)

180. Zusatz-Dienst: ARI, Radiodatensystem etc.

1. Autofahrer-Rundfunk-Information ARI
2. Radio-Daten-System RDS
3. Verfahren mit größerer Übertragungskapazität
4. Technische Weiterentwicklung von Zusatzdiensten im Hörfunk, das TPEG-Verfahren
5. Literatur

1. Autofahrer-Rundfunk-Information ARI

Seit 1974 werden im deutschen UKW-FM-Hörfunk mit ARI, dem ersten System dieser Art, für den Teilnehmer bestimmte, unhörbare Zusatzinformationen übertragen. Bei ARI haben diese Zusatzinformationen nur mit dem zugehörigen Programm zu tun. Eine statische Kennung gibt an, daß über den betreffenden Sender regelmäßig Informationen zum Straßenverkehr verbreitet werden. Für die Dauer der entsprechenden Durchsagen wird eine weitere Kennung ausgegeben, die eine Lautschaltung entsprechend ausgerüsteter Rundfunkempfänger ermöglicht. Nach der Einführung des Radio-Daten-Systems RDS wurde vereinbart, ARI im Jahr 2005 abzuschalten.

2. Radio-Daten-System RDS

Mit diesem Verfahren werden im UKW-FM-Hörfunk Zusatzinformationen für sehr unterschiedliche Anwendungen übertragen, auch solche, die nicht mit der zugehörigen

Tonmodulation zusammenhängen. RDS ist in der europäischen Norm EN 50067 in allen Einzelheiten genau beschrieben und wird in den meisten europäischen sowie in einigen außereuropäischen Ländern eingesetzt. Sämtliche Sender der öffentlich-rechtlichen Rundfunkanstalten in Deutschland verwenden RDS. Doch auch bei den privaten Programmanbietern sind Sender ohne RDS inzwischen die Ausnahme.

2.1. Struktur

Trozt seiner relativ geringen Übertragungskapazität (netto etwa 731 bit/s) ermöglicht das System – dank seiner sorgfältigen Strukturierung – eine große „Palette" denkbarer Anwendungen. Deren Vielzahl darf aber nicht darüber hinwegtäuschen, daß von einem Sender nicht alles gleichzeitig übertragen werden kann.

Die Informationen der verschiedenen Anwendungen werden in Gruppen übertragen und normalerweise regelmäßig wiederholt. Die Gruppen bestehen aus vier Blöcken mit jeweils 16 Informationsbit, die nur etwa elf mal pro Sekunde wiederholt werden können. Für wichtige und häufig zu übertragende Anwendungen eignen sich die ersten beiden Blöcke jeder Gruppe. Anderen Anwendungen sind dagegen die letzten beiden Blöcke einzelner Gruppen fest zugeordnet. Die Häufigkeit, mit der die Informationen der Anwendungen ausgesendet werden, kann durch Reihenfolge und Häufigkeit der verschiedenen Gruppen variiert werden, wobei wegen der Funktionsfähigkeit des Systems für einige Anwendungen in der Norm Mindesthäufigkeiten festgelegt sind.

Da die Codierung von RDS nur 16 Gruppenarten in zwei Varianten zuläßt, wurde die Spezifikation, bevor alle Gruppen mit Anwendungen belegt waren, um den Modus „Offene Daten" ergänzt, damit auch noch zukünftige und bisher nicht bekannte Anwendungen später implementiert werden können. Dazu werden in einer bestimmten Gruppe sowohl eine vereinbarte Anwendungskennung als auch die Information ausgesendet, mit welcher Gruppe die zugehörige Anwendung übertragen wird.

2.2. Beschreibung der Anwendungen

2.2.1. Programmbezogene Informationen

Name der Programmkette (PS)

Dabei handelt es sich um einen Text von maximal acht alphanumerischen Zeichen, welcher etwa einmal pro Sekunde ausgesendet werden soll. Er wird in RDS-Empfängern angezeigt, um den Hörer darüber zu informieren, welches Programm er gerade empfängt. Der Name der Programmkette ist somit die Visitenkarte des Programms. Er ist nicht für einen automatischen Suchlauf vorgesehen. PS darf auch nicht dazu verwendet werden, durch sequentielle Variation des achtstelligen Textes „Laufschriften" oder andere „verlängerte" Informationen zu übertragen.

Verkehrsfunkkennung (TP)

Dies ist ein Statussignal, das ebenso wie beim ARI-System anzeigt, daß das empfangene Programm zu gewissen Zeiten Verkehrsdurchsagen überträgt. Damit dürfen nur Programme gekennzeichnet werden, welche die Verkehrsdurchsagekennung (TA) bei Verkehrsnachrichten dynamisch schalten. TP kann als Kriterium für einen automatischen Suchlauf dienen.

Verkehrsdurchsagekennung (TA)

Diese Information dient zusammen mit der eingeschalteten Verkehrsfunkkennung (TP) zur Kennzeichnung von Verkehrsdurchsagen, um eine Lautschaltung von Rundfunkempfängern während der Durchsagen zu ermöglichen. Nach dem Ende einer Verkehrsdurchsage wird der ursprüngliche Betriebszustand wieder hergestellt.

Ein Sender, der *keine* Verkehrsfunkkennung (TP), jedoch permanent die Verkehrsdurchsagekennung (TA) überträgt, zeigt dadurch an, daß er in *Informationen über andere Programmketten* (EON) auf Programme verweist, welche regelmäßig Verkehrsdurchsagen senden. Dieser Status kann vom Empfänger während eines automatischen Suchlaufs ausgewertet werden.

Programmartkennung (PTY)

Damit läßt sich die Art eines Hörfunkprogramms innerhalb von 31 Möglichkeiten kennzeichnen. Zur Anzeige im Rundfunkempfänger können acht oder sechzehn alphanumerische Zeichen verwendet werden. Die Programmartkennung wird für jeden Programmbeitrag übertragen und könnte auch für einen Sendersuchlauf genutzt werden. Ob sie programmabhängig dynamisch geändert wird oder nur den Schwerpunkt der Programmarten statisch kennzeichnet, liegt im Ermessen des Programmanbieters. Welche Variante genutzt wird, sollte dem

Rundfunkgerät über die Decoderinformation (DI) mitgeteilt werden.

Eine der 31 möglichen Kennungen ist für eine Alarmkennung reserviert, um den Empfänger laut zu schalten, falls er sich nur in Empfangsbereitschaft befindet. Mit einer weiteren Kennung kann der Sender aber auch signalisieren, daß er keine Programmart-Kennzeichnung vornimmt.

Name der Programmart (PTYN)

Diese Anwendung kann vom Programmanbieter verwendet werden, um die Programmart (PTY) genauer zu beschreiben (z.B. PTY: Sport, PTYN: Fußball). Wenn für einen Programmbeitrag eine der festgelegten Programmarten ausreichend ist, sollte keine zusätzliche Datenkapazität für PTYN verwendet werden. PTYN ist nicht als Kriterium für eine automatische Suche nach Programmarten vorgesehen und auch nicht für die sequentielle Übertragung längerer Informationen.

Decodersteuerung (DI) und Indikator für dynamische PTY Schaltung

Diese Information kennzeichnet, in welcher Betriebsart (Mono/Stereo, Kunstkopf, Kompression) das empfangene Rundfunksignal gesendet und ob die Programmart (PTY) dynamisch geschaltet wird.

Musik/Sprache-Kennung (M/S)

Dieses Signal meldet dem Empfänger, ob Musik oder Sprache gesendet wird. Damit könnte ein Rundfunkteilnehmer Lautstärke und Klangfarbe der Programmwiedergabe in entsprechend ausgerüsteten Empfängern seinen persönlichen Hörgewohnheiten differenziert und individuell anpassen. Eine dynamische Musik/Sprache-Kennzeichnung wird aber derzeit von den Programmanbietern kaum vorgenommen.

Radiotext (RT)

Diese Textübertragung ist vor allem für Heimempfänger gedacht, welche natürlich mit geeigneten Anzeigeeinrichtungen ausgerüstet sein müssen. Eine typische Anwendung hierfür könnte darin bestehen, einzelne Programmbeiträge genauer zu kennzeichnen oder ergänzende Informationen zum Programm zu vermitteln (Titel, Interpret, Konzerttermine und dergl.).

Programmbeitragskennung (PIN)

Diese Anwendung soll es entsprechend ausgerüsteten Empfängern und Recordern ermöglichen, auf einen oder mehrere bestimmte, vom Hörer vorgewählte Programmbeiträge zu reagieren. Ähnlich wie bei VPS wird dazu der planmäßige Sendebeginn (Uhrzeit und Tag des Monats) codiert übertragen.

2.2.2. Abstimmhilfen

Liste der Alternativen Frequenzen (AF)

Diese Frequenzlisten zeigen, welche Sender im gleichen oder in einem benachbarten Empfangsgebiet dasselbe Programm übertragen. Wenn der Rundfunkempfang gestört ist, kann der Empfänger diese Listen automatisch abfragen und in der Regel durch Umschalten auf eine günstigere Empfangsfrequenz die optimale Übertragungsqualität aufrechterhalten. Enthält der Empfänger einen Speicher für diese Listen, so läßt sich die Umschaltzeit auf einen anderen Sender verkürzen.

Für die Übertragung der Listen sind zwei Verfahren genormt: zum einen die Übermittlung aller Sender einer Programmkette in einer Gesamtliste, oder aber die Aussendung mehrerer Listen, die für jeden Senderstandort nur die nutzbaren Alternativen enthalten und damit die Zahl der Umschaltversuche erheblich reduzieren. Nach dem zweiten Verfahren werden die Alternativfrequenzen jeweils paarweise zusammen mit der Empfangsfrequenz übertragen, um den Empfängern eine eindeutige Zuordnung der Alternativen zum jeweiligen Senderstandort zu ermöglichen.

Programmkennung (PI)

Ähnlich wie beim Namen der Programmkette (PS) dient diese Information dazu, die Sender einer Programmkette eindeutig zu identifizieren. Sie besteht aus einer Länder-, einer Bereichs- und der eigentlichen Programmkennung. Dieser kurze Code ist nicht für eine direkte Anzeige vorgesehen, sondern wegen seiner häufigen Übertragung im ersten Block jeder Gruppe für den Suchlauf. Vor allem aber läßt sich hiermit bei einer Umschaltung auf alternative Frequenzen (AF) prüfen, ob auf einer besser empfangbaren Frequenz tatsächlich dasselbe Programm übertragen wird.

Die Bereichskennung des PI-Codes ermöglicht die Kennzeichnung des Sendebereiches eines Programms (lokal, regional, überregional, national und international). Insbesondere die zwölf möglichen Regionalkennungen sind für Programmanbieter wichtig, um regionale Varianten eines Programms zu kennzeichnen.

Erweiterte Länderkennung (ECC)

Da die Länderkennung im PI normalerweise zwar ausreicht, um Programme benachbarter Länder zu unterscheiden, mit ihren 15 nutzbaren Möglichkeiten aber natürlich nicht „weltweit" eindeutig sein kann, ist eine erweiterte Länderkennung vorgesehen. Wenn Anwendungen auf die eindeutige Identifizierung eines Landes angewiesen sind, kann die erweiterte Länderkennung zusätzlich übertragen werden. Dazu ist jedoch nur eine relativ seltene Wiederholung erforderlich.

Erweiterte Informationen über andere Programmketten (EON)

Mit dieser Anwendung können sowohl Alternative Frequenzen, der Name der Programmkette, Verkehrsfunk- und Verkehrsdurchsagekennung als auch Programmart- und Programmbeitragskennung für jede andere Programmkette übertragen werden. Der Bezug zum zugehörigen Programm wird durch die entsprechende Programmkennung (PI) hergestellt.

Die wichtigste Anwendung dieser Information ist die Verkehrsdurchsagekennung. Zusammen mit Verkehrsfunk- und Durchsagekennung des empfangenen Programms kann bei Verkehrsdurchsagen in anderen Programmen automatisch auf diese umgeschaltet werden. Nach dem Ende der Durchsage wird auf das zuvor empfangene Programm zurückgeschaltet. Damit ist der Hörer frei in seiner Programmwahl und muß trotzdem nicht auf Verkehrsinformationen verzichten.

2.2.3. Andere Anwendungen

Kanal für Verkehrsinformationen (TMC)

Die Übertragung von Verkehrsinformationen in codierter Form wird in den RDS-TMC-Gruppen vorgenommen. Diese Codierung muß wegen der geringen Datenkapazität des RDS-Kanals sehr effizient sein, was empfangsseitig einen relativ hohen Aufwand zur Rückwandlung erfordert. Der Empfänger benötigt daher große Tabellen, die ggf. über eine Smart-Card geladen werden können.

Für eine derartige Codierung müssen zunächst standardisierte Meldungen verabredet werden. Die EBU tat dies schon vor sehr langer Zeit für den „gesprochenen Verkehrsdienst". Das hierbei entstandene und sieben Sprachen umfassende Dokument war Grundlage für die Entwicklung des Meldungskataloges, der unter dem Namen ALERT C in die Standardisierung eingegangen ist. Eine Weiterentwicklung für zusätzliche Informationen wie öffentlicher Nahverkehr, Parkplatzinformationen etc. wird unter dem Namen ALERT C+ genormt.

Neben dem Katalog für die eigentlichen Meldungen wird ein Ortskatalog benötigt. Er muß alle für Verkehrsmeldungen relevanten Orte enthalten. Dieser Ortskatalog wird auf einer Smart-Card gespeichert und für die jeweils befahrene Region eingespielt. Die Regeln für seine Erstellung sind europaweit genormt.

Auf der Smart-Card sind neben dem Ortskatalog auch die für die Sprachausgabe benötigten Daten enthalten. Die Sprachausgabe der gleichen Meldung kann so in verschiedenen Sprachen erfolgen. Idealerweise wird angestrebt, daß der Teilnehmer im gesamten Verbreitungsgebiet die Meldungen in gewohnter Weise und Sprache hören kann. (Selbstverständlich ist auch die Textausgabe auf einem Monitor möglich; Untersuchungen haben jedoch ergeben, daß die Aufnahmefähigkeit optischer Reize beim Autofahren ohnehin schon überlastet ist). In absehbarer Zeit werden einfache und zuverlässige „Vorlesemaschinen" einsetzbar sein, d.h. Prozessoren, die einen ASCII-Text in Sprache umwandeln können.

In Deutschland ist nach vielen vorbereitenden und begleitenden Projekten RDS-TMC zur Funkausstellung 1997 eingeführt worden.

Anwendung Offener Datenkanal (ODA)

Mit dieser Anwendung ist in einigen RDS-Gruppen die Übertragung von Daten möglich, deren Verwendung in der Norm zuvor nicht festgelegt waren. Informationen über Datenkanal und Anwendungskennung ermöglichen einem speziellen Empfänger die Decodierung nach dem zugehörigen Protokoll, dessen Einzelheiten in einem Anwendungsverzeichnis für Offene Daten des RDS Forums eingetragen sind.

Zeitsignal (CT)

Diese Information ist nicht zur direkten Anzeige bestimmt, sondern zur Korrektur freilaufender Uhren. Sie wird bei jedem Minutenwechsel in die Gruppenfolge eingeschoben. CT dient auch zur Zeitkennzeichnung verschiedener RDS Anwendungen und muß deshalb möglichst genau sein.

Rundfunkinterne Informationen (IH)

Diese Daten sind nur für interne Anwendung in den Rundfunkanstalten vorgesehen. Einige Beispiele dafür sind Programmquellenkennung, Fernsteuerung von Sendernetzen oder Personenruf für das Betriebspersonal. Die Festlegung der Codierung steht jeder Rundfunkanstalt frei: Rundfunkempfänger dürfen diese Informationen nicht auswerten.

Notfall-Warnsystem (EWS)

Diese Anwendung ermöglicht die Übertragung von Warninformationen. Entsprechende Daten werden nur im Notfall ausgesendet und nur von besonderen Empfängern ausgewertet.

Personenruf (RP)

Diese Anwendung ist nicht allgemein verbreitet und wird nur in einigen Ländern von bestimmten, dafür vorgesehenen Senderketten übertragen. In Deutschland war die Einführung kein Erfolg und der Dienst wurde eingestellt. Teilnehmer am Personenrufdienst benötigen einen besonderen Personenrufempfänger, in dem ein Teilnehmer-Adressencode gespeichert ist.

Transparente Datenkanäle (TDC)

32 Einzelkanäle ermöglichen die Übertragung jeglicher Art von Daten, die von den Programmanbietern individuell festgelegt und auf bestimmte Nutzerkreise zugeschnitten werden können.

3. Verfahren mit größerer Übertragungskapazität

Weil die Übertragungsrate von RDS für die vielen möglichen Anwendungen doch sehr begrenzt ist, wurden von verschiedenen Seiten Systeme mit höheren Datenraten für den UKW-FM-Hörfunk entwickelt. Alle diese Systeme verwenden Datenkanäle im oberen Bereich des Multiplexsignals eines FM-Hörfunkprogramms. Sie sind inzwischen auch in der neuen der Empfehlung ITU-R BS.1194-2 aufgenommen worden und dort relativ ausführlich beschrieben. Als Grund für eine Empfehlung von drei verschiedenen Systemen werden die unterschiedlichen Anwendungsbereiche und deren Anforderungen genannt.

Wegen der höheren Datenraten sind auch größere Pegel im Multiplexsignal für die Datenübertragung erforderlich. Deshalb sind bei Einhaltung der international vereinbarten Systemparameter geringe Beeinträchtigungen des Hörfunkprogramms nicht mehr unter allen Randbedingungen zu vermeiden. Die Systeme sind derzeit nur in wenigen Ländern im Einsatz. Die öffentlich-rechtlichen Rundfunkanstalten in Deutschland verwenden wegen der möglichen Programmbeeinträchtigungen bislang keines der im folgenden kurz mit ihren wichtigsten Parametern und Anwendungsbereichen erläuterten Systeme.

3.1. DARC (Data Radio Channel)

Für dieses ursprünglich aus Japan stammende Verfahren wird ein unsymmetrisches Signal bei 76 kHz mit einer Bandbreite von 44 kHz und einem vom Programmpegel abhängigen Hubanteil von ± 3 bis ± 7,5 kHz dem Hörfunk-Multiplexsignal zugefügt. (Dieses Übertragungsverfahren wird auch in ETS 300 751 „Radio Broadcast Systems; System for Wireless Infotainment Forwarding and Teledistribution (SWIFT)" verwendet.) Dank einer von den Zuverlässigkeitsforderungen abhängigen Nettodatenrate von 6,8 bis 9,8 kbit/s und einer hohen Kompatibilität mit dem Hörfunkprogramm eignet sich DARC sehr gut für die Übertragung intelligenter Verkehrsinformationen.

3.2. HSDS (High Speed Data System)

Das von der Firma Seiko propagierte System verwendet einen Datenkanal bei 66,5 kHz mit einer Bandbreite von 16 kHz unsymmetrisch zum Träger sowie einen Hubanteil zwischen ±3,75 und ±7,5 kHz. Mit einer Nettodatenrate von 10,5 bzw. 8,3 kbit/s ist HSDS am besten für Anwendungen mit geringen Einschaltzeiten (Stromsparschaltungen) geeignet, z. B. für Personenruf.

3.3. STIC (Subcarrier Transmission Information Channel)

Dieses Verfahren wurde von den USA vorgeschlagen und verwendet einen Träger bei 72,2 kHz mit einer Bandbreite von 16 kHz und ±7,5 kHz Hubanteil. Die Nettodatenrate ist 7,6 kbit/s, die Codierung gewährleistet eine hohe Zuverlässigkeit bei langen Nachrichten und bei Mehrwegeempfangsstörungen, besonders wenn das Hörfunkprogramm stark komprimiert ist. Damit ist auch STIC bestens für die Übertragung intelligenter Verkehrsinformationen geeignet.

4. Technische Weiterentwicklung von Zusatzdiensten des Hörfunks, das TPEG-Verfahren

4.1. Überblick

Schon seit langem ist bei den Rundfunkanstalten das Aussenden von Verkehrsinformationen als gesprochener Dienst Teil des Programmangebots. Mit der Einführung des Radio-Daten-Systems (RDS) wurde ein erster Schritt in Richtung Digitalisierung im Hörfunk getan. Neben Abstimm-Informationen für den Empfänger ist es im RDS möglich, auch digital kodierte Verkehrsinformationen zu übertragen. Dies geschieht über den Traffic Message Channel (TMC). Das TMC-Verfahren ist flächendeckend in Deutschland eingeführt und bietet dem Nutzer einige bisher nicht realisierte Vorteile wie Filterung, Selektion, höhere Aktualität, Sprachunabhängigkeit und verschiedene Varianten der Präsentationen von Verkehrsmeldungen.

Mit der Entwicklung von neuen Übertragungsstandards wie zum Beispiel DAB (Digital Audio Broadcasting), DVB (Digital Video Broadcasting) oder anderer Verfahren eröffnen sich bedingt durch die zur Verfügung stehenden höheren Datenraten neue Möglichkeiten. Als programmbegleitende Informationen oder als separater Datendienst könnten so zum Beispiel Anwendungen wie „Traffic and Traveller Information (TTI)" übertragen werden. Im Multimedia-Zeitalter liegt es nun auf der Hand, ein Übertragungsverfahren nicht nur für ein Übertragungssystem zu entwickeln, sondern ein Verfahren zu definieren, welches in verschiedenen Systemen verwendet werden kann.

Zu diesem Zwecke etablierte sich die TPEG Project Group innerhalb der EBU (European Broadcasting Union). Die Abkürzung TPEG steht hierbei für „Transport Protocol Expert Group".

4.2. Anforderungen und Entwurfskriterien

Im Hinblick auf eine hohe Zukunftssicherheit wurden bei der Entwicklung von TPEG folgende Anforderungen umgesetzt:

TPEG ist unabhängig von Übertragungskanal, d.h. es kann leicht durch eine Adaptionsschicht auf das jeweilige Übertragungsmedium angepaßt werden. Dies erbit eine hohe Flexibilität und eine leichte Portierbarkeit.

TPEG definiert die *TTI* (Traffic and Traveller Information) nicht wie bisher in linearen Listen (z.B. Ereignisliste), sondern benutzt eine hierarchische Baumstruktur, so daß nur der jeweils gewünschte Detaillierungs- und Komplexitätsgrad) übertragen bzw. dekodiert werden muß.

TPEG strukturiert neben dem eigentlichen Informationsgehalt (Baumstruktur) auch die Präsentationsformen in einer hierarchischen Form. Das heißt je nach Eigenschaften des Empfängers kann die gleiche Information als einfacher Text, als synthetische Sprache, als Graphik oder als Unterstützung zur Fahrzeugnavigation ausgegeben werden.

Dem TPEG-Protokollentwurf liegen folgende Kriterien zugrunde:

- unidirektionaler, Byte-orientierter Datenstrom
- asynchrone Rahmenstruktur
- Trägersystem mit transparentem Datenkanal und minimaler Übertragungssicherheit ist ausreichend
- Fehlererkennung auf verschiedenen Ebenen
- Informationsübertragung von einem Datenbestand zu einem anderen
- Service- und Netzwerkinformationen sind übertragbar
- Verschlüsselung ist möglich

4.3. Aufbau und Struktur

Der Aufbau der TPEG-Spezifikation entspricht dem ISO/OSI 7-Schichten-Modell. Dabei erstreckt sich TPEG von der Anwendungsschicht in Ebene 7 bis zur Vermittlungsschicht in Ebene 3. In der darunter liegenden Sicherungsschicht findet dann die Adaption auf die Bitübertragungsschicht in Ebene 1 statt.

Der Datenstrom wird in einer Rahmenstruktur, welche hierarchisch in 4 Stufen aufgebaut ist, übertragen. Der *Transportrahmen* sorgt für die Synchronisation und eine CRC-Fehlererkennung. Im *Servicerahmen* werden die Bezeichnungen des Service-Anbieters, des Service-Namens und ein optionaler Verschlüsselungshinweis bereitgehalten. Im darunterliegenden *Multiplexrahmen* finden sich die Bestandteile einer oder mehrerer TPEG-Applikationen. Im *Komponentenrahmen* schließlich werden die

Informationsdaten, bestehend aus Komponentennamen und Feldlänge transportiert.

Die Syntax ist weitestgehend modular aufgebaut. Zunächst werden Grundtypen definiert. Aus diesen werden die Kompositelemente zusammengebaut. Hier unterscheidet man applikationsunabhängige Elemente (z. B. Zeitangaben) und applikationsspezifische Typen (z. B. Straßensperrung). Das Format der Datenelemente ist entweder deklarativ oder nicht-deklarativ. Eine deklarative Struktur besteht immer aus einem Bezeichner, einer Längenangabe und dem Dateninhalt. Mit dieser Flexibilität können leicht neue Typen in zukünftigen Applikationen definiert werden. Ein schon existierender TPEG-Decoder könnte weiterhin verwendet werden, da er mit Hilfe der Längenangabe die neue Struktur einfach überspringen kann. Eine nicht-deklarative Struktur dient zur Beschreibung eines Elements fester Größe.

4.4. Applikationen im TPEG-Format

TPEG-Spezifikation ist untergliedert in sogenannte Applikationen. Diese sind eigenständig und können parallel verwendet werden. Ausnahmen sind die Teile 1 bis 3, in welchen die grundsätzlichen Strukturen und Formate definiert sind.

Bisher wurden oder werden folgende Applikationen entwickelt:

1. Überblick und Inhaltsverzeichnis
2. Syntax, Semantik und Rahmenaufbau (grundlegende Beschreibung des Protokolls)
3. Applikation SNI: Netzwerk- und Service-Informationen (Abstimmhilfen und Übergabe)
4. Applikation RTM: Road Traffic Messages (Straßenverkehrsmeldungen)
5. Applikation PTI: Public Transport Information (Öffentlicher Personenverkehr)
6. Applikation STI: Status- and Travel-Time Information (Verkehrslage und Reisezeiten)

5. Literatur

Anderson, Roland, DARC developments in Sweden. Teracom R&D, Karlskrona, Sweden, 1994

Brägas, Peter, Verkehrsrundfunk. Rundfunktechnische Mitteilungen, Hamburg, 1974

DIN-Norm DIN EN 50067, Ausgabe: 1999–04; Spezifikation des Radio-Daten-Systems (RDS) für VHF/FM Tonrundfunk im Frequenzbereich 87,5 bis 108,0 MHz; Deutsche Fassung EN 50067:1998

DIN-Norm DIN ETS 300751, Ausgabe: 1998–06; Rundfunksysteme – System für drahtlosen Infotainment-Versand und Televertrieb (SWIFT); Englische Fassung ETS 300751:1997

ITU-R-Empfehlung BS.643-2; System for automatic tuning and other applications in FM radio receivers for use with the pilot-tone system

ITU-R-Empfehlung BS.1194-2; System for multiplexing frequency modulation (FM) sound broadcasts with a sub-carrier data channel having a relatively large transmission capacity for stationary and mobile reception

Kopitz, Dietmar/Marks, Bev; RDS: The Radio Data System. Artech House, Boston, London, 1998

Mielke, Jürgen, Die Übertragung von Zusatzinformationen im UKW-Hörrundfunk. Rundfunktechnische Mitteilungen, Hamburg, 1984

Mielke, Jürgen/Karl-Heinz Schwaiger, Radio-Daten-System RDS – Gegenwärtiger Entwicklungsstand und Versuchsergebnisse. Rundfunktechnische Mitteilungen, Hamburg, 1986

Netzband, Rolf/Jürgen Mielke, Untersuchungen am Verkehrsrundfunk-Kennungssystem. Rundfunktechnische Mitteilungen, Hamburg, 1974

Parnall, Simon, Erweiterte Informationen über andere Programmketten. Rundfunktechnische Mitteilungen, Hamburg, 1991

Süverkrübbe, Rolf, Verkehrsfunksysteme. Rundfunktechnische Mitteilungen, Hamburg, 1974

Technische Pflichtenhefte der öffentlich-rechtlichen Rundfunkanstalten in der Bundesrepublik Deutschland; 5/3.6 Verkehrsrundfunk-Coder. Institut für Rundfunktechnik GmbH, München, 1975

Technische Pflichtenhefte der öffentlich-rechtlichen Rundfunkanstalten in der Bundesrepublik Deutschland; 5/3.7 Verkehrsrundfunk-Überwachungsgerät. Institut für Rundfunktechnik GmbH, München, 1975

Technische Pflichtenhefte der öffentlich-rechtlichen Rundfunkanstalten in der Bundesrepublik Deutschland; 5/3.8 Coder für Radiodatensystem (RDS) – Zusatzinformationen im UKW-Hörrundfunk gemäß RDS-Norm DIN EN 50 067. Institut für Rundfunktechnik GmbH, München, 1994

Technische Pflichtenhefte der öffentlich-rechtlichen Rundfunkanstalten in der Bundesrepublik Deutschland; 5/3.9 Betriebs- und Überwachungsdecoder für das Radiodatensystem (RDS) Zusatzinformationen im UKW-Hörrundfunk gemäß RDS-Norm DIN EN 50 067. Institut für Rundfunktechnik GmbH, München, 1994

Henning Wilkens, München
(Deutschland)

XLV. Mediengegenwart XI: Hörfunk II: Übertragungstechnik

181. LW-, MW- und KW-Rundfunkverbreitung

1. Einführung des Rundfunks in Deutschland
2. Ausbreitungseigenschaften der elektromagnetischen Wellen für den Rundfunk
3. Technik der Rundfunk-Sendeanlagen im LW-, MW- und KW-Bereich
4. Der LW-, MW- und KW-Rundfunk in beiden Teilen Deutschlands bis zum Jahre 1990
5. Der LW-, MW- und KW-Rundfunk im vereinigten Deutschland
6. Frequenzen für den LW/MW- und den KW-Rundfunk
7. Künftige Entwicklung des LW/MW- und des KW-Rundfunks
8. Literatur

1. Einführung des Rundfunks in Deutschland

1.1. Erste Sendeversuche

In den ersten Jahren der Nutzung der elektromagnetischen Wellen für die Nachrichtenübermittlung wurden Telegrafiezeichen durch Austastung des Sendesignals übertragen. In den damaligen Löschfunkensendern entstanden nur gedämpfte Schwingungen, d.h., die Amplitude der Schwingungen blieb nicht konstant, sie nahm schnell ab. Zur Erzeugung von ungedämpften Schwingungen begann man die für die Stromerzeugung verwendeten 50-Hz-Wechselstrom-Generatoren umzukonstruieren für weit höhere Drehzahlen, um höhere Frequenzen zu erreichen. Mit solchen Maschinensendern konnten schon vor dem Ersten Weltkrieg Langwellen von 750 m mit einer Leistung von 200 kW erzeugt werden. Für das ausgesendete Signal gab man damals noch die Wellenlänge und nicht die Frequenz an. Die benutzte Wellenlänge von 750 m entspricht einer Frequenz von 400 kHz. Erst mit der in den 30er Jahren zu Ehren von Heinrich Hertz eingeführten Einheit „Hertz" für die Anzahl der Schwingungen pro Sekunde setzte sich die Angabe der Sendefrequenz in kHz und MHz durch.

Den entscheidenden Fortschritt in der Nutzung der elektromagnetischen Wellen brachte die Erfindung und Weiterentwicklung der Elektronenröhre. Der erste Röhren-Versuchssender kleinerer Leistung wurde bereits 1915 in der Sendestelle Königs Wusterhausen bei Berlin in Betrieb genommen. Damals versuchte man, die Sender außer für die Übertragung von Telegrafiezeichen auch für die Übermittlung von Sprache zu nutzen. Hierzu mußte die ungedämpfte Hochfrequenz (Trägerwelle) im Rhythmus der Sprache beeinflußt (moduliert) werden. Mit einem solchen amplitudenmodulierten Sender gelang es Hans Bredow, dem Vater des deutschen Rundfunks, im Jahre 1917 an der deutschen Westfront nicht nur Sprache, sondern auch Musik zu übertragen.

1.2. Konzertsendungen auf der Langwelle

In einem Experimentalvortrag im November 1919 in Berlin hat Hans Bredow die Übertragung von Musik und Sprache über einen Röhrensender vorgeführt und erstmals von der Möglichkeit eines „Rundfunks für alle" gesprochen. Ihm wird die Einführung des Wortes „Rundfunk" zugeschrieben. Hans Bredow ermutigte das Postpersonal in der Sendestelle Königs Wusterhausen, eigene Versuche zur Übertragung von Musik durchzuführen. So wurde am 22. Dezember 1920 das erste Instrumentalkonzert von Postlern über einen 5-kW-Sender auf der Langwelle übertragen. Ein Jahr später gelang die Übertragung der Aufführung der Oper „Madame Butterfly" aus der Staatsoper in Berlin. Mitte Juli 1923 begann dann die Reihe der regelmäßigen Sonntagskonzerte, die von Königs Wusterhausen auf der Langwelle ausgestrahlt wurden. Die Sonntagskonzerte fanden in ganz Europa begeisterte Zuhörer.

1.3. Der Beginn des deutschen Rundfunks auf der Mittelwelle

Der Erfolg der Sonntagskonzerte führte dazu, daß sich in Berlin die ersten Gesellschaften zur Veranstaltung eines Rundfunkprogramms bildeten. Die Verhandlungen des Reichspostministeriums mit den Programmgesellschaften führten schließlich zu dem bedeutenden Beschluß der Deutschen Reichspost, die Errichtung und den Betrieb der Sender selbst zu übernehmen und die Programmgestaltung privaten Gesellschaften zu überlassen. Aus finanziellen Gründen war die Post im Jahre 1923 nicht in der Lage, für die Einführung des Rundfunks bei der Funkindustrie einen Sender in Auftrag zu geben. Daher mußte die Post von dem eigenen Personal den ersten Rundfunksender bauen lassen. Er konnte in wenigen Wochen fertiggestellt und im Dachgeschoß des Voxhauses in Berlin aufgebaut werden. Mit dem Sender wurde am 29. Oktober 1923 auf der Mittelwelle 400 m der Rundfunk in Deutschland eingeführt.

Wenige Monate später begannen ein zweiter Sender in Berlin und die Sender Leipzig, München, Frankfurt/Main, Hamburg, Stuttgart, Breslau und Königsberg mit der Programmausstrahlung. Die Sender mit einer Leistung von 1,5 kW und der im Oktober 1924 in Betrieb genommene Sender Münster wurden als Hauptsender bezeichnet. Ende 1926 war mit dem Sender Langenberg der erste Ausbau des Netzes der 10 Hauptsender auf der Mittelwelle abgeschlossen. Mit dem Sender Langenberg hatte damals die Deutsche Reichspost den leistungsstärksten Mittelwellensender Europas mit 15 kW Leistung in Betrieb genommen. Die Hauptsender befanden sich in den Städten der damaligen regionalen Sendegesellschaften. Um den Versorgungsbedarf der Gesellschaften zu erfüllen, errichtete die Deutsche Reichspost in den Jahren 1924 bis 1929 noch 17 Nebensender mit Leistungen von 0,25 kW und 0,5 kW.

Ende der 20er Jahre hatte die Belegung der Mittelwelle mit Sendern, auch mit höheren Leistungen im Ausland, so zugenommen, daß vor allem der Fernempfang der deutschen Sender mit ihren niedrigen Leistungen schwieriger wurde. Die Deutsche Reichspost ließ daher vom Jahre 1930 ab, die leistungsschwachen Hauptsender in den Städten durch Großsender mit Leistungen von 60 kW und 100 kW ersetzen. Der erste Großsender wurde in Mühlacker aufgebaut. Bis Anfang 1934 waren alle geplanten Großsender fertiggestellt, für die zur besseren Programmabstrahlung Standorte außerhalb der Städte ausgewählt worden waren (Kniestedt 1994, 52 ff.).

1.4. Der LW-Sender für die überregionale Versorgung

Ergänzt wurde die Rundfunkversorgung in Deutschland noch durch einen überregionalen LW-Sender, dem Deutschlandsender. Die Leistung des Deutschlandsenders wurde durch einen neuen Sender in Zeesen bei Königs Wusterhausen mit 150 kW und schließlich im Jahre 1939 durch den Sender Herzberg an der Schwarzen Elster auf 500 kW erhöht.

1.5. Beginn des KW-Rundfunks

In den ersten Jahrzehnten der Funktechnik glaubte man noch, daß mit längeren Wellen auch längere oder größere Entfernungen überbrückt werden können. Amerikanische Funkamateure entdeckten erst Anfang der 20er Jahre, daß Kurzwellen weiter reichen als Langwellen. Die ersten Versuchssendungen mit Kurzwellen in Deutschland zeigten, daß bei einer Leistung von nur 250 W die Reichweite teilweise größer war als die vom Deutschlandsender auf der Langwelle mit damals 5 kW Leistung. Nach den gut verlaufenen Versuchssendungen wurde am 26. August 1929 der deutsche KW-Rundfunk mit dem „Weltrundfunksender" in Zeesen mit 8 kW Leistung eingeführt. Für die Übertragung der Berichte von den Olympischen Spielen in Berlin nach Übersee wurde die Sendestelle Zeesen in den Jahren 1935/1936 beträchtlich ausgebaut. Hierzu konnten acht Sender mit je 40 kW Leistung in Betrieb genommen werden (Kniestedt 1979, 209 ff.).

2. Ausbreitungseigenschaften der elektromagnetischen Wellen für den Rundfunk

Die Hochfrequenz (HF) oder Radiofrequenz (RF) eines Senders wird über die Energieleitung der Sendeantenne zugeführt und von dieser als elektromagnetische Welle abgestrahlt. In welchem Maße die Wellen im Raum oder am Empfangsort vorhanden sind, wird mit der Feldstärke in µV/m angegeben. Für die Betrachtung der Ausbreitung und

schließlich für die Planung von Sendernetzen werden folgende Parameter verwendet:
- Ausbreitungskurven, die den Verlauf der von einem Sender erzeugten Feldstärke im logarithmischen Maß in dB bezogen auf 1 µV/m für 1 kW Sendeleistung angeben. Die Kurven sind das Ergebnis statistischer Auswertungen.
- Mindestnutzfeldstärke. Sie ist erforderlich, um eine gewünschte Empfangsqualität unter Berücksichtigung natürlichen Rauschens, jedoch ohne Interferenzen von anderen Sendern, zu erreichen.
- Schutzabstand. Er gibt den Mindestpegelabstand zwischen der Feldstärke des Nutzsenders und der Feldstärke des interferierenden Senders an, die für eine gewünschte Empfangsqualität erforderlich ist.

Die Berücksichtigung der Ausbreitungseigenschaften bei der Planung der Sendernetze und der zu erwartenden Versorgung ist sehr kompliziert. Die Ausbreitungseigenschaften der für den Rundfunk genutzten Wellen unterscheiden sich beträchtlich.

2.1. Ausbreitung der Lang- und Mittelwellen

Für den Rundfunk auf der Lang- und Mittelwelle stehen folgende Frequenzbereiche zur Verfügung:

LW 148,5 kHz bis 283,5 kHz
MW 524,5 kHz bis 1606,5 kHz

In diesen Frequenzbereichen bilden sich die von der Antenne abgestrahlten Wellen als Boden- und als Raumwelle aus. Die Ausbreitung der Bodenwelle ist zeitlich recht stabil. Ihre Reichweite ist jedoch stark frequenzabhängig. Sie nimmt mit zunehmender Frequenz ab. Nach den Ausbreitungskurven hat ein Langwellensender auf der Frequenz 150 kHz eine Reichweite von 400 km. Auf der oberen Mittelwellenfrequenz 1 500 kHz beträgt bei gleicher Leistung die Reichweite der Bodenwelle nur noch 30 km.

Für die Ausbreitung der Raumwelle ist die Ausbildung der Ionosphäre von wesentlicher Bedeutung. Je nach der Stärke und dem Einfallswinkel des Sonnenlichts reflektieren und dämpfen die verschiedenen Schichten der Ionophäre die Raumwellen. Tagsüber werden die Wellen von der unteren Schicht, der D-Schicht, gedämpft. Abends und nachts löst sich diese Schicht auf. Die Raumwellen werden dann von der darüberliegenden E-Schicht und der F-Schicht in 90 bis 200 km Höhe reflektiert und gelangen zur Erde zurück. Die Fähigkeit dieser Schichten, die Raumwellen zu reflektieren, hängt nicht nur von der Tageszeit, sondern auch von der Jahreszeit und besonders von der Frequenz sowie vom Einfallswinkel des Signals auf die Schichten ab.

Wenn durch zu steile Abstrahlung von der Antenne die Raumwelle nach der Reflexion bereits dort wieder auf die Erde auftrifft, wo noch das Signal der Bodenwelle empfangen wird, können sich die Signale infolge unterschiedlicher Phasenlage durch Interferenz auslöschen. Zur Vermeidung dieses Nahschwunds müssen die Antennen so ausgelegt werden, daß keine Steilstrahlung auftritt. Ein ähnlicher Schwund durch die Interferenz von zwei Signalen tritt bei Gleichwellenbetrieb in dem Gebiet auf, wo die Signale beider Sender zu empfangen sind. Um dieses Verwirrungsgebiet zu vermeiden, sollen Gleichwellensender mit ausreichendem Abstand betrieben werden und das gleiche Programm ausstrahlen.

2.2. Ausbreitung der Kurzwellen

Dem Rundfunk auf der Kurzwelle stehen zehn Teilbereiche von 5,9 MHz bis 26,1 MHz zur Verfügung. Für die Ausbreitung der Kurzwelle ist allein die Raumwelle von wesentlicher Bedeutung. Eine Angabe der von einem Kurzwellensender zu erwartenden Versorgung ist daher nur auf der Grundlage des komplexen Systems der Raumwellenausbreitung möglich. Da sich nachts die D- und E-Schicht der Ionosphäre auflösen, werden die Kurzwellen nur von der F-Schicht in 200 bis 400 km Höhe reflektiert. Die Fähigkeit der Reflexion dieser Schicht hängt von der Ionisierung durch das Sonnenlicht ab. Daraus folgt, daß der Auftreffwinkel des Sonnenlichts und damit die Tageszeit und die Jahreszeit die Reflexion der Kurzwelle beeinflussen. Außerdem wirkt sich die Anzahl der Sonnenflecken auf die Reflexionsfähigkeit aus. Der Einfluß der Sonnenflecken, die sich in einem 11jährigen Zyklus immer wieder bilden, wird durch die Sonnenflecken-Relativzahl angegeben.

Die Reflexion der Kurzwelle in der Ionosphäre ist im besonderen Maße von der Frequenz und dem Auftreffwinkel des Signals auf die F-Schicht abhängig. Mit wachsender Frequenz verschiebt sich der Reflexionsort zu größeren Höhen der Schicht. Schließlich wird eine Frequenz erreicht, bei der die Stärke der Schicht nicht mehr für eine Reflexion ausreicht. Das Signal wird nur noch gebeugt. Diese Frequenz wird als Grenzfrequenz oder „maximum usuable frequency" (MUF) bezeichnet. Ein zweiter für die Ausbreitung der Kurzwelle wichtiger Begriff ist die kritische Frequenz. Es ist die Frequenz, bei der das Signal bei senkrechter Anstrahlung der Schicht gerade noch reflektiert wird.

Die große Reichweite der Kurzwellen insbesondere für überseeische Zielgebiete wird aber nicht nur durch die eine Reflexion an der Ionosphäre erreicht. Erst durch die dann folgende Reflexion des Signals beim Wiederauftreffen auf die Erdoberfläche und die Wiederholung dieses Vorgangs, den man als Sprung oder Hop bezeichnet, kann das Kurzwellensignal so weit reichen und schließlich den ganzen Erdball umrunden. Der Auftreffwinkel des Signals an der Ionosphäre wird durch den Erhebungswinkel der Abstrahlung von der Antenne bestimmt. Von diesem Winkel hängt es ab, mit wieviel Hops das Signal z. B. die Entfernung von 6350 km nach New York überbrücken kann. Bei einem Erhebungswinkel von 25 Grad sind sechs Hops und von 15 Grad nur vier Hops erforderlich. Bei einer großen Zahl von Hops wird das Signal durch die Reflexionseigenschaften der Ionosphäre und der Erdoberfläche stark gedämpft.

Der Reflexionsvorgang bei der Ausbreitung der Kurzwelle über die Raumwelle zeigt, daß die Auswahl der jeweils für das Zielgebiet zu einer bestimmten Sendezeit geeigneten Frequenz sehr schwierig ist. Sie hängt von der Tageszeit, der Jahreszeit und der Sonnenfleckentätigkeit ab. Für den Rundfunk auf der Kurzwelle gibt es daher keinen über Jahre anzuwendenden Frequenzplan wie für die Lang- und Mittelwelle. Die Frequenzbenutzungen müssen für die jeweilige jahreszeitliche Sendeperiode und jährlich wegen der sich ändernden Sonnenflecken-Relativzahl immer wieder neu international abgestimmt werden.

3. Technik der Rundfunk-Sendeanlagen im LW-, MW- und KW-Bereich

3.1. Übertragungsbedingungen für amplitudenmodulierte Sender

In den internationalen Frequenzplänen beträgt der Abstand der den Sendern zugewiesenen Frequenzen, auch Trägerfrequenzen genannt, 9 kHz (Kanalraster). In der Regel strahlen die Sender beide Seitenbänder des amplitudenmodulierten Hochfrequenz- oder Radiofrequenz-(RF-)Signals aus. Die Bandbreite der Ausstrahlung wird in den Sendern durch einen Tiefpaß derzeit auf +/–4,5 kHz begrenzt. Die Sender müssen die in einem Pflichtenheft festgelegten Bedingungen und Toleranzen für folgende Kriterien der Signalübertragung einhalten:

– Abweichungen und Einstellbarkeit der Trägerfrequenz,
– harmonische und mischfrequente Nebenaussendungen,
– niederfrequenter Amplitudengang,
– Klirrfaktor,
– Störmodulation (Fremd- und Geräuschspannung).

Das Pflichtenheft für die Übertragungsbedingungen hat die Deutsche Telekom gemeinsam mit der Arbeitsgemeinschaft der Rundfunkanstalten Deutschlands (ARD) ausgearbeitet. Außerdem müssen die Sender, die vom Verband Deutscher Elektrotechniker (VDE) und international von der International Electrotechnical Commission (IEC) festgelegten Sicherheitsbestimmungen für Funksender einhalten.

3.2. Technik der LW- und MW-Sender

Das Prinzipschaltbild eines Senders mit Pulsdauermodulation (PDM) für den LW-, MW- oder KW-Bereich zeigt Abb. 181.1. In der Steuerstufe wird die von einem Quarzoszillator mit einer Genauigkeit von +/–10 Hz erzeugte Trägerfrequenz auf das 1000fache verstärkt. Die an das RF-Gestell abgegebene Leistung beträgt dann 50 mW. Der RF-Teil besteht aus den Stufen Vortreiber, Treiber und Endstufe. Im PDM-Teil wird das Tonsignal in ein pulsdauermoduliertes Signal umgewandelt und verstärkt. Das PDM-

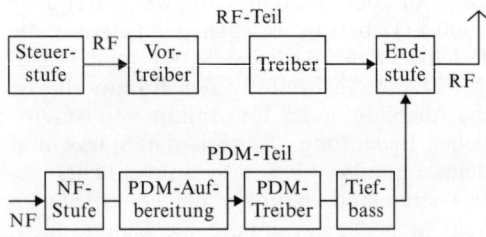

Abb. 181.1: Prinzipschaltbild eines Senders mit Pulsdauermodulation für den LW-, MW- oder KW-Bereich

Signal wird dann in den Anodenkreis der Endstufe eingeführt. Nach der Modulation der Trägerfrequenz erscheint das PDM-Signal nicht mehr, sondern nur noch das amplitudenmodulierte Signal. Die Pulsdauermodulation dient nur als Hilfsmodulation zur Verbesserung des Wirkungsgrades des Senders (Technik des Rundfunks 1989, 11 ff.).

Die Treiberstufe und die Endstufe sind mit Hochleistungstetroden in Metall-Keramik-Technik bestückt. Ihre Verlustleistung wird durch Siedekondensationskühlung (Hyper-Vapotron-Kühlung) abgeführt. Übliche Leistungsstufen bei den LW-Sendern sind 250 kW und 500 kW und bei den MW-Sendern 100 kW, 300 kW und 400 kW. Höhere Leistungen erreicht man durch Parallelschaltung der im C-Betrieb arbeitenden Endstufen. Auch bei geringen Leistungen, wie z.B. 200 kW, bietet die Parallelschaltung den Vorteil der aktiven Reserve, d.h., bei Ausfall einer 100-kW-Stufe kann der Sender mit der zweiten 100-kW-Stufe, also mit halber Leistung, weiterbetrieben werden. Da die international zugewiesenen Frequenzen für die Versorgung mit den verschiedenen Programmen nicht ausreichen, werden MW-Sender auch auf Gleichwelle betrieben. Dafür ist eine sehr genaue Übereinstimmung der Trägerfrequenzen der im ausreichenden Abstand für dasselbe Programm betriebenen Sender erforderlich.

3.3. Antennen für LW- und MW-Sender

Die Ausgangsleistung der Endstufe wird über den Ausgangskreis und die RF-Energieleitung der Sendeantenne zugeführt. Zur Ankopplung der RF-Energieleitung an den Fußpunktwiderstand der Antenne ist ein Anpassungsnetzwerk erforderlich. Als Antennen werden überwiegend selbststrahlende durch Pardunen abgespannte Masten als Stahlgitterkonstruktion verwendet (Vertikalstrahler). Die Masten sind in der Regel isoliert aufgestellt und werden am Fußpunkt eingespeist. Solche Antennen ergeben eine Rundstrahlung.

Unter Berücksichtigung der gewünschten Abstrahlung und des Aufwandes, den hohe Masten erfordern, haben sich Längen von einem Viertel und 5/8 der Wellenlänge für die Vertikalstrahler als günstigste Lösung ergeben. Als Folge der dichten Frequenzbelegung im LW- und MW-Bereich dürfen mehrere Sender nur mit Richtstrahlung betrieben werden. Die Richtwirkung oder nur die Ausblendung einer bestimmten Strahlungsrichtung erreicht man durch einen oder mehrere Antennenmasten, die als Reflektoren dienen. Durch den Phasenunterschied der Abstrahlung von den Masten entsteht die Richtwirkung. Reflektormasten können mit Leistung gespeist werden (aktiver Strahler) oder nur strahlungsgekoppelt sein (passiver Strahler).

Für den LW-Bereich ergeben Masten mit einem Viertel der Wellenlänge eine zu große Bauhöhe. So müßte ein solcher Mast für die Frequenz 153 kHz entsprechend 1960,8 m Wellenlänge eine Höhe von 490 m haben. Auch wenn man die Masten durch eine Dachkapazität nur elektrisch verlängert und damit kürzer baute, wäre der Aufwand noch zu groß. Für die LW-Sender wurde ein neuartiger Antennentyp entwickelt, den man als gefalteten Monopol bezeichnet. Bei diesem Antennentyp werden die Masten im oberen Drittel eingespeist. Die oberen Teile der Pardunen bilden eine elektrische Verlängerung und wirken bei der Abstrahlung mit. Der Mast braucht dann nur eine Höhe von weniger als 0,2 der Wellenlänge zu haben, und die Isolierung am Fußpunkt entfällt. Auch bei diesem Antennentyp kann mit einem zweiten Mast eine geforderte Richtwirkung erreicht werden.

3.4. Technik der KW-Sender

Die komplizierten Ausbreitungseigenschaften der Kurzwelle und die große Anzahl der zu verschiedenen Tageszeiten zu versorgenden Zielgebiete in der Welt erfordern häufige Umschaltungen in den Kurzwellen-Sendestellen. Die Umschaltungen umfassen

— die Sendefrequenz und damit das Abstimmen der Sender,
— die Antennen und deren Strahlungsrichtung einschließlich Erhebungswinkel und
— das Programm.

Damit müssen die KW-Sender für einen schnellen Frequenzwechsel ausgelegt sein. Die früher übliche Handabstimmung entspricht seit Jahren nicht mehr den Forderungen der Programmveranstalter. Mit einer automatischen Abstimmung kann der Sender je nach Abstand der bisherigen Frequenz in 10 s bis 60 s auf die neue Frequenz umgestimmt werden. Die Sender sind hierzu mit einem Frequenzbereichsanalysator und einem Organisator ausgerüstet. Der Analysator ermittelt den Teilbereich, in dem die neue Frequenz liegt. Der Organisator steuert die Frequenzumstimmung des Senders in den verschiedenen Phasen. Je nach Anzahl der Sender und deren Auslastung in einer Sendestelle können bis zu 20 Frequenzwechsel je Tag erforderlich werden. Der Betrieb größerer Sendestellen wird daher durch Prozeßrechner gesteuert. Die Sendeleistungen betragen meist 100 kW oder 500 kW.

3.5. Antennen für KW-Sender

In einer KW-Sendestelle müssen die Richtstrahlantennen für die verschiedenen Zielrichtungen so aufgebaut werden, daß sie sich bei gleichzeitiger Abstrahlung nicht behindern. Außerdem sind die längen- und frequenzabhängigen Verluste auf den RF-Energieleitungen zu berücksichtigen. Aus diesen Vorgaben und der Anzahl der Zielgebiete sowie der gleichzeitig abzustrahlenden Programme hat sich eine sternförmige Anordnung der Antennen als beste Lösung herausgestellt. An den drei Armen einer solchen Sterns werden zwischen Stahlgittertürmen die einzelnen Richtstrahlantennen aufgebaut. Sie bestehen aus Halbwellen-Dipolen, die in Zeilen und Spalten zu einer Wand mit Speiseleitungen und Reflektorfläche zusammengeschaltet werden. Dipolwände aus je vier Dipolen über- und nebeneinander ergeben im mittleren Frequenzbereich einen Gewinn von 100. Bei einer zugeführten Leistung von 100 kW ergibt sich in der Hauptstrahlungsrichtung eine Leistung von 10000 kW. Die Strahlungsrichtung der Dipolwände läßt sich elektrisch durch sogenannte Schielschaltungen horizontal und vertikal verändern. Die Dipolwände können breitbandig für bis zu vier KW-Teilbereiche ausgelegt sein.

Außer Dipolwänden werden für die Kurzwelle auch horizontal polarisierte logarithmisch-periodische Antennen verwendet. Sie bestehen aus mehreren Dipolen, deren Länge, vom Speisepunkt aus gesehen, zunimmt. Die breitbandigen Antennen haben einen geringeren Gewinn als die Dipolwände und eignen sich für Zielgebiete in bis zu 2000 km Entfernung. Für Rundstrahlung und Entfernungen von 200 km bis 1800 km werden Quadrant-Antennen eingesetzt. Sie bestehen aus einem horizontal polarisierten Ganzwellen-Dipol, dessen Schenkel senkrecht zueinander stehen, d.h., der Dipol ist um 90° geknickt. Für die Schaltung der einzelnen Sender auf die verschiedenen Antennen sind die KW-Sendestellen mit koaxialen Antennenwahlschaltern ausgerüstet. Je nach Anzahl der Sender und Antennen kann ein solcher Schalter aus einigen Hundert hochbelastbaren Schaltelementen bestehen.

4. Der LW-, MW- und KW-Rundfunk in beiden Teilen Deutschlands bis zum Jahre 1990

Trotz der Wirren und Zerstörungen am Ende des Zweiten Weltkrieges gab es in Deutschland zu keiner Zeit Funkstille im Rundfunk. Noch bevor der letzte Reichssender Flensburg sein Programm einstellte, konnte man in Norddeutschland am 4. Mai 1945 die Ansage aus dem Hamburger Funkhaus empfangen: „This is Radio Hamburg, a station of the Allied Military Government". Als zweiter deutscher MW-Sender meldete sich am 10. Mai 1945 „Radio München" aus einem amerikanischen Übertragungswagen. Drei Tage später konnte man in Berlin die Ansage „Hier spricht Berlin" des MW-Senders Tegel hören. Nach dem Wiederbeginn der deutschen Rundfunkprogramme verlief die weitere Entwicklung der Organisation und Sendetätigkeit im Westen und Osten Deutschlands sehr verschieden.

4.1. Die Entwicklung des Rundfunks in der Bundesrepublik Deutschland

In den drei westlichen Besatzungszonen konnten noch bis zum Januar 1946 sieben weitere MW-Sender mit ihren Sendungen beginnen. Dafür ist dem Senderpersonal der Post, die bis zum Kriegsende die Sender betrieben hatte, und auch den Spezialisten der Besatzungsmächte zu danken. Soweit die zum Teil zerstörten Sendeanlagen nicht in kurzer Zeit instandgesetzt werden konnten, wurden fahrbare MW-Sender dafür verwendet (Hermann/Kahle/Kniestedt 1994, 85ff.).

4.1.1. Bildung der Landesrundfunkanstalten und ihre Sender

Die organisatorische Entwicklung des Rundfunks in den drei westlichen Besatzungszonen verlief nicht einheitlich. Für das gesamte Gebiet der britischen Besatzungszone und dem britischen Sektor von Berlin wurde im Herbst 1945 der Nordwestdeutsche Rundfunk (NWDR) gegründet. Dagegen entstanden in der amerikanischen Besatzungszone einschließlich der Enklave Bremen und im amerikanischen Sektor von Berlin fünf Rundfunkprogramme, und zwar Radio München, Radio Frankfurt, Radio Bremen und Radio Stuttgart sowie in Berlin der Rundfunk im amerikanischen Sektor (RIAS). Aus diesem Anfang wurden in den Jahren 1948/1949 die Landesrundfunkanstalten

- Bayerischer Rundfunk   BR
- Hessischer Rundfunk   HR
- Radio Bremen   RB
- Süddeutscher Rundfunk   SDR

gebildet.

In der französischen Besatzungszone, in der sich keiner der früheren Großsender befand, wurde die Programmausstrahlung mit den damaligen Nebensendern Koblenz und Freiburg begonnen. Aus dem gemeinsamen Programm entstand im Jahre 1948 der Südwestfunk (SWF). Nach der Rückgliederung des Saarlandes wurde dort der Saarländische Rundfunk (SR) gegründet. Aus dem Teil des NWDR in Berlin entstand der Sender Freies Berlin (SFB). Im Jahre 1956 wurde das Gebiet des NWDR aufgeteilt in die Bereiche für den Westdeutschen Rundfunk (WDR) und den Norddeutschen Rundfunk (NDR). Mit der Bildung der neun Landesrundfunkanstalten war die Organisation des Rundfunks auf der Seite der Länder abgeschlossen. Auf Anordnung der Militärregierungen mußte die Post die Sender an die neu gegründeten Landesrundfunkanstalten abgeben. Die Post blieb nur für die Rundfunkleitungen zu den Sendern und zwischen den Studios zuständig.

Die Sendekapazität der Landesrundfunkanstalten mit den MW-Sendern war durch die völlig unzureichende Frequenzzuteilung im Kopenhagener Wellenplan vom Jahre 1948 sehr begrenzt. Für die drei westlichen Besatzungszonen waren nur sechs partagierte, d.h. von anderen Ländern ebenfalls genutzte, Mittelwellen im Plan vorgesehen. Außerdem durfte die Leistung der Sender 70 kW nicht überschreiten. Mit der unzureichenden Frequenzzuteilung hätten nur 40 Prozent der Fläche und 60 Prozent der Bevölkerung der Bundesrepublik Deutschland versorgt werden können. Es mußte daher ein anderes System als die bisherigen LW- und MW-Sender für die Wiederherstellung der Rundfunkversorgung gefunden werden. Aus den Beratungen der Rundfunkexperten der Post, der Landesrundfunkanstalten und der Industrie ergab sich, daß die Rundfunksituation in Deutschland nur durch die Einführung des Ultrakurzwellen-(UKW-)Rundfunks mit Frequenzmodulation verbessert werden konnte.

Noch vor dem Inkrafttreten des Kopenhagener Plans eröffneten als erste Landesrundfunkanstalten der Bayerische Rundfunk und der Nordwestdeutsche Rundfunk am 28. Februar und am 1. März 1949 die Programmausstrahlung über UKW-Sender. Der UKW-Rundfunk bietet durch die Frequenzmodulation eine wesentlich bessere Empfangs- und Wiedergabequalität als die amplitudenmodulierten Aussendungen auf der Lang- und Mittelwelle. Außerdem standen im UKW-Bereich ausreichend Frequenzen zur Verfügung, um weitere Programme einzuführen. Auf der Mittelwelle konnten Verbesserungen nur durch internationale Absprachen mit den von den jeweiligen Frequenznutzungen betroffenen ausländischen Verwaltungen erreicht werden. Erst der im Jahre 1978 in Kraft getretene Genfer LW/MW-Frequenzplan brachte eine Verbesserung. Die im Laufe der Jahre zusätzlich in Betrieb genommenen Sender und erhöhten Leistungen konnten nahezu beibehalten werden.

4.1.2. MW- und LW-Sender für den Deutschlandfunk

Obwohl im Kopenhagener Wellenplan von 1948 für Deutschland keine LW-Frequenz vorgesehen war, begannen in der sowjetischen Besatzungszone im Dezember 1945 Rundfunksendungen mit kleiner Leistung auf der Langwelle. Später wurde auf der von der UdSSR überlassenen Frequenz das Programm des Deutschlandsenders ausgestrahlt. In der Bundesrepublik Deutschland begannen Versuchssendungen auf der Langwelle erst im Mai 1953. Der NWDR hatte durch Absprachen mit Norwegen und Dänemark eine Frequenz am unteren Ende des Langwellenbereichs hierfür freibekommen.

Damals begannen in der Bundesrepublik Deutschland Verhandlungen zwischen Bund und Länder über eine Neuordnung des Rundfunks. Der Bund hatte in einem Gesetzesentwurf geplant, für den Rundfunk zwei nationale Anstalten für

- die provisorische Langwelle und
- den Auslandsdienst auf der Kurzwelle

einzuführen. Außerdem war die Errichtung einer nationalen Anstalt für ein zweites Fernsehprogramm vorgesehen. Die unterschiedlichen Auffassungen des Bundes und der Länder zu dieser Neuordnung führten schließlich zu der von einigen Landesrundfunkanstalten

eingereichten Klage beim Bundesverfassungsgericht in Karlsruhe. Das Gericht entschied in seinem Urteil vom Februar 1961 lediglich zur Frage des Fernsehens. Schon im Herbst 1960 war in einer Vorentscheidung bekannt geworden, daß gegen die Gründung der zwei Rundfunkanstalten des Bundesrechts keine Einwände bestünden. Damit war der Weg frei für die letzten Arbeiten an dem entsprechenden Gesetz. Es wurde als „Gesetz über die Errichtung der Rundfunkanstalten des Bundesrechts" am 1. Dezember 1960 verkündet und sah die Gründung
- des Deutschlandfunks (DLF) und
- der Deutschen Welle (DW)

vor. Aufgabe des Deutschlandfunks war es, Rundfunksendungen für Deutschland und das europäische Ausland zu veranstalten. Der Deutschlandfunk eröffnete sein Programm am 1. Januar 1962 mit dem bisherigen LW-Versuchssender in Hamburg und dem ersten MW-Sender der Deutschen Bundespost in Mainflingen bei Hanau. Dort konnte im Herbst 1962 mit einem früheren fahrbaren LW-Sender auch die Ausstrahlung des Programms vom Versuchssender in Hamburg übernommen werden. Zur selben Zeit war auch ein MW-Sender in Braunschweig für den Deutschlandfunk fertiggestellt. Bis zum Jahre 1968 konnte mit den weiteren MW-Sendern in Ravensburg, Bad Dürrheim, Neumünster und einem zweiten Sender in Braunschweig der Ausbau des MW-Sendernetzes für den Deutschlandfunk vorerst beendet werden. Dazu hatte man auch die ersten Sender Braunschweig und Mainflingen durch neue, stärkere Sender ersetzt. Für die Langwelle war ein leistungsstarker Sender in Donebach im südlichen Odenwald errichtet worden.

Die Vorbereitungen für die LW/MW-Rundfunkkonferenz im Jahre 1975 nutzte die Deutsche Bundespost gemeinsam mit dem Deutschlandfunk, um das MW-Sendernetz umzugestalten. Die Doppelversorgung durch die beiden Sender in Braunschweig und im Südwesten des Bundesgebietes durch die Sender Ravensburg und Bad Dürrheim wurde aufgegeben zugunsten neuer Sender in Thurnau im Raum Bayreuth und in Nordkirchen. In dem Plan war auch eine LW-Frequenz für den seit Jahren nicht mehr betriebenen Sender Erching der Voice of America (VOA) vorgesehen. In Verhandlungen mit den USA gelang es, diese Frequenz für einen leistungsstarken zweiten LW-Sender des Deutschlandfunks freizubekommen. Nach einem provisorischen Programmbetrieb mit dem Sender Erching übernahm ein neuer LW-Sender in Aholming im Raum Passau im Jahre 1989 die Programmausstrahlung.

4.1.3. KW-Sender für die Deutsche Welle

Für den Wiederbeginn der deutschen KW-Sendungen hatten die Landesrundfunkanstalten die Deutsche Welle gegründet, die ihr Programm am 3. Mai 1953 mit Sendern des NWDR in Osterloog eröffnete. Bald darauf begann die Planung und der Aufbau einer neuen KW-Sendestelle bei Jülich. Nach Trennung des NWDR in den WDR und den NDR lag der Aufbau der Sendestelle in den Händen des WDR. In der Sendestelle hat der WDR fünf KW-Sender mit je 100 kW Leistung und sternförmig angeordnete Richtstrahlantennen bis zum Jahre 1961 errichtet und betrieben. Nach Verkündung des Gesetzes der Rundfunkanstalten des Bundesrechts ging die von den Landesrundfunkanstalten gegründete Deutsche Welle mit dem selben Namen in die Rundfunkanstalt des Bundesrechts über. Wie im Gesetz vorgesehen übernahm die Deutsche Bundespost am 1. September 1961 die KW-Sendestelle Jülich. Bis zum Jahre 1964 wurden dort vier weitere 100-kW-Sender und die zugehörigen Richtstrahlantennen aufgebaut.

Schon bald nach der Übernahme der Sendestelle Jülich begann die Deutsche Bundespost auf Wunsch der Deutschen Welle mit der Planung einer zweiten großen Sendestelle für den KW-Rundfunk. Obwohl die Deutsche Welle im Jahre 1965 ihre Relaisstation Kigali in Ruanda in Betrieb genommen hatte und später weitere Relaisstationen in Portugal und auf Malta errichtete, war das kein Ersatz für die Sendekapazität im Bundesgebiet. Die sehr schwierige Suche nach einem ausreichend großen Grundstück von etwa 3 km × 3 km mit guter Bodenleitfähigkeit und freiem Vorfeld für die Abstrahlung von den Antennen dauerte mehrere Jahre. Erst im Jahre 1968 konnte im Landkreis Mindelheim ein geeignetes Grundstück gefunden und erworben werden. Die dort errichtete Sendestelle erhielt den Namen Wertachtal. Der Aufbau der Sendestelle mußte dann beschleunigt werden, weil die ersten Sender für die Ausstrahlung der Berichte von den Olympischen Spielen im Sommer 1972 in München fertiggestellt werden sollten. Für fünf Sender mit je 500 kW Leistung konnte der Termin eingehalten werden. Nahezu die Hälfte der geplanten Antennen standen ebenfalls zur Verfügung. Weitere vier Sender konnten bis Ende 1974 den Betrieb aufnehmen. Bis zum Jahre 1979 war der Aufbau der sternförmig angeordneten Sendeantennen abgeschlossen. Dazu gehörten

- 52 Dipolwände,
- 11 Dipolzeilen,
- 5 logarithmisch-periodische Antennen und
- 6 Quadrant-Antennen.

Mitte der 80er Jahre übernahm die KW-Sendestelle eine zusätzliche Aufgabe. Die Voice of America hatte gebeten, ihren KW-Sendebetrieb vom bisherigen Standort des Bayerischen Rundfunks in München zum Wertachtal zu verlegen. Hierzu wurden vier weitere 500-kW-Sender und die benötigten Richtstrahlantennen aufgebaut. Die Sendestelle Wertachtal stellt eine der größten KW-Rundfunksendestellen Europas dar. Sie hat vor allem wegen des einheitlichen Aufbaus der ersten neun Sender in der damals modernen Technik und der umfangreichen Antennenanlage viele Fachbesucher aus der ganzen Welt angelockt und für die Planung solcher Sendestellen als Vorbild gedient.

4.1.4. KW-Sender der Landesrundfunkanstalten und für ausländische Programmveranstalter

In den Jahren 1946/1947 haben einige der heutigen Landesrundfunkanstalten noch unter ihrem früheren Namen, wie z.B. Radio München, mit der Ausstrahlung der MW-Programme auf der Kurzwelle begonnen. Der Hessische Rundfunk hat dann im Jahre 1961 die KW-Sendungen eingestellt und die Frequenz Radio Bremen überlassen. Radio Bremen strahlt auf der Frequenz ein gemeinsames Programm mit dem Sender Freies Berlin aus. Damit sind folgende KW-Sender der Landesrundfunkanstalten in Betrieb:

Landesrundfunkanstalt	Sender	Leistung in kW	Frequenz in kHz
BR	München	100	6085
RB/SFB	Bremen	10	6190
SDR	Mühlacker	20	6030
SWF	Rohrdorf	20	7265

Auch der RIAS in Berlin strahlte sein Programm über einen KW-Sender bis 1993 aus.

Auf der Kurzwelle werden vom Bundesgebiet aus seit Mitte der 50er Jahre auch Programme ausländischer Programmveranstalter ausgestrahlt. Die Voice of America begann ihre Sendungen mit KW-Sendern beim Bayerischen Rundfunk in München. Sie verlegte später den Sendebetrieb zur Sendestelle Wertachtal. Radio Free Europe/Radio Liberty (RFE/RL) betreibt in Biblis und Lambertheim KW-Sender mit bis zu 100 kW Leistung und in Holzkirchen Sender mit 10 kW und 20 kW Leistung. Diese Sender strahlen Programme für Empfangsgebiete im Nahen Osten und Südosten Europas aus.

4.2. Entwicklung des LW-, MW- und KW-Rundfunks in der ehemaligen DDR

Im Gegensatz zu den drei westlichen Besatzungszonen durfte die Post in der sowjetischen Besatzungszone und dann in der DDR die Rundfunksender weiterbetreiben und auch neue Sender errichten (Hermann/Kahle/Kniestedt 1994, 159ff.).

4.2.1. MW-Sender

Auf dem Gebiet dieser Besatzungszone hatte Deutsche Reichspost zwei MW-Sender mit 100 kW Leistung und drei Sender kleiner Leistung sowie einen LW-Sender mit 500 kW Leistung betrieben. Ein großer Teil der Sendeanlagen war durch Kriegseinwirkungen zerstört oder stark beschädigt worden. Das erfahrene Senderpersonal der Post konnte mit Unterstützung der Besatzungsmacht aber bereits am 13. Mai 1945 den MW-Sender Berlin behelfsmäßig wieder in Betrieb nehmen. Am 1. September 1945 begann auch der Sender Leipzig das Programm des Berliner Rundfunks auszustrahlen. Der MW-Sender Berlin war an seinem früheren Standort in Tegel – nunmehr im französischen Sektor – wieder in Betrieb genommen worden. Da der Sendemast den Flugverkehr in Tegel gefährdet haben soll, wurde er im Dezember 1948 auf Befehl des französischen Stadtkommandanten von Berlin gesprengt. Daraufhin verlegte die Post den Sender in die sowjetische Besatzungszone nach Königs Wusterhausen, wo er im März 1949 wieder mit der Programmausstrahlung begann.

Die zentral auf Berlin ausgerichtete Struktur des Rundfunks blieb zunächst erhalten. Die mit geringer Leistung betriebenen Sender reichten für die Landesversorgung bei weitem nicht aus. In den Jahren 1950/1951 entwickelten die Fachkräfte der Deutschen Post gemeinsam mit dem Funkwerk Köpenick einen neuen Sendertyp mit 250 kW Leistung. Der erste Sender dieses Typs nahm im Juli 1952 in der neuen Sendestelle Berlin-Köpenick den Betrieb auf. Es folgten die Sender Dresden und an neuen Standorten die Sender Burg, Schwerin und für den sowjetischen Auslandsrundfunk der Sender Wachenbrunn. In dieser Besatzungszone waren zunächst auch Länder entstanden und Landesrundfunkanstalten gebildet worden, so z.B. der Mitteldeutsche Rundfunk als Dreiländeranstalt für Sachsen, Thüringen und Sachsen-Anhalt. Die föderative Struktur wurde Mitte 1952 abgelöst durch das zentral auf Berlin ausgerichtete System.

4.2.2. LW-Sender

Bereits im Dezember 1945 begannen auch wieder Rundfunksendungen auf einer von der UdSSR überlassenen Langwellenfrequenz mit einem kleinen Sender in Königs Wusterhausen. Im August 1946 übernahm dort ein neuer LW-Sender mit 100 kW Leistung den Sendebetrieb und verbreitete das Programm des Deutschlandsenders. Eine erhebliche Verbesserung der Versorgung konnte im Jahre 1962 mit einem 750-kW-Sender am neuen Standort Oranienburg erreicht werden.

4.2.3. KW-Sender

Auf dem Gebiet der sowjetischen Besatzungszone befanden sich die große KW-Sendestelle Zeesen und die in den letzten Kriegsjahren errichtete Sendestelle Oebisfelde. Da die Sender und Antennenanlagen durch die Kriegseinwirkungen kaum beschädigt waren, wurden sie von der Besatzungsmacht demontiert. Für den Wiederbeginn des KW-Rundfunks verwendete man zunächst Festfrequenz-Sender in den kommerziellen Sendestellen Königs Wusterhausen und Nauen. Im Jahre 1955 wurde der Auslandsrundfunk der DDR mit einem Sender in Königs Wusterhausen und am Jahresende mit dem ersten neuen Sender in Leipzig eröffnet. Durch die ersten drei KW-Sender mit 100 kW Leistung in Königs Wusterhausen konnte die Programmabstrahlung beträchtlich erweitert werden. Im Jahre 1964 nahm die Deutsche Post in Nauen den ersten KW-Sender in Betrieb. Zugleich wurde dort eine dreh- und schwenkbare Dipolwand – die einzige in Deutschland – fertiggestellt. An dem Standort konnte im Jahre 1972 mit dem ersten 500-kW-Sender die Sendekapazität für das Programm „Radio Berlin International" weiter vergrößert werden. Im Jahre 1990 waren fünf Sender in Nauen, vier Sender in Königs Wusterhausen und ein Sender in Leipzig für den Auslandsrundfunk der DDR auf Kurzwelle in Betrieb.

5. Der LW-, MW- und KW-Rundfunk im vereinigten Deutschland

5.1. Der Rundfunk von der Wende bis zur Vereinigung

Es waren die Bürger der damaligen DDR, die im Oktober 1989 die unerwartete Wende in den Beziehungen zwischen den beiden Teilen Deutschlands einleiteten. Das gab auch den Anstoß, mit Verhandlungen zur Verbesserung der Rundfunkversorgung zu beginnen und dafür eine gemeinsame Arbeitsgruppe zu bilden. Zu ihrer Aufgabe gehörten die Technik, der Betrieb, die Dienste, die Ressourcenplanung, die Tarife, das Marketing und die unternehmensübergreifende Frequenzplanung. Das übergeordnete Ziel dieser rein technischen Aufgabe war, entsprechende Vorschläge für die Umgestaltung und Ergänzung der Sendernetze für die förderative Struktur und die Einführung des dualen Rundfunksystems im Osten Deutschlands auszuarbeiten.

Die schnelle Annäherung der beiden Teile Deutschlands und schließlich ihre Vereinigung am 3. Oktober 1990 hatten die Dringlichkeit der Aufgabe der Arbeitsgruppe noch erhöht. Für die medienpolitischen Entscheidungen benötigten die neuen Bundesländer die Vorschläge zur Umgestaltung der Sendernetze. Die Arbeitsgruppe hat die Untersuchungen im Herbst 1990 im wesentlichen abgeschlossen und entsprechende Vorschläge unterbreitet. Lediglich für den MW-Rundfunk blieb noch zu untersuchen, wie bei der neuen Nutzung der Sender im Osten Deutschlands die Interferenzfälle mit Sendern im bisherigen Bundesgebiet beseitigt werden könnten.

Die Vorschläge der Arbeitsgruppe sollten als Grundlage für die medienpolitischen Entscheidungen der neuen Bundesländer dienen. Die Entscheidungen hingen auch davon ab, welche und wieviele Landesrundfunkanstalten dort entstehen werden. Das war am Tag der Vereinigung noch nicht abzusehen. An dem Tag beendeten die bisherigen Organisationen für die Veranstaltung von Ton- und Fernseh-Rundfunkprogrammen in der DDR ihre Tätigkeit. Nach Artikel 36 des Einigungsvertrages hat dann eine gemeinschaftliche, staatsunabhängige Einrichtung die Aufgabe übernommen, die Bevölkerung mit Rundfunkprogrammen zu versorgen. Die von dem Rundfunkbeauftragten geleitete Einrichtung sollte außerdem die Überführung der Programmveranstaltung in die neuen Rundfunkanstalten vorbereiten.

Die erste Änderung betraf die von der Deutschen Post und ab Mitte 1990 von dem Unternehmen Telekom der Deutschen Post betriebenen Rundfunksender. Nach Art. 27 des Einigungsvertrages ging das Eigentum der früheren Deutschen Post an Telekommunikationseinrichtungen an die Bundesrepublik Deutschland über. Das schloß auch das Eigentum an Sendern und Leitungen für den Rundfunk ein. Sie wurden am Tag der Vereinigung von der Telekom – jetzt Deutsche Telekom – übernommen. Die auch von der Deutschen Post betriebenen Studioeinrichtungen gingen an die Rundfunkorganisation über. Mit der Übernahme der Sender sind dort alle technischen Einrichtungen zur Verbreitung von Ton- und Fernseh-Rundfunkprogrammen der Landesrundfunkanstalten in einer Hand. Dagegen betreiben die Landesrundfunkanstalten in den alten Bundesländern alle ihre Tonrundfunksender und die Fernsehsender für das erste Programm selbst.

Die zweite Änderung im Bereich des Rundfunks betraf die MW- und KW-Sender, die bisher das Programm „Radio Berlin International" ausgestrahlt hatten. Nach einer Entscheidung des Bundesministeriums des Inneren standen die KW-Sender nun der Deutschen Welle zur Verfügung. Die beiden MW-Sender in Berlin und Burg konnte der Deutschlandfunk nutzen. Von den übrigen MW-Sendern mußte ein Teil wegen Interferenzstörungen mit Sendern im bisherigen Bundesgebiet abgeschaltet werden. Ein weiterer Teil kleinerer Sender stellte den Betrieb aus Kostengründen ein. Nur 14 MW-Sender blieben in Betrieb, von denen mehrere bald Regionalprogramme ausstrahlten. Der LW-Sender Oranienburg verbreitete vorerst weiter das Programm Deutschlandsender-(DS-)Kultur (Hermann/Kahle/Kniestedt 1994, 211 ff.).

5.2. Die neuen Landesrundfunkanstalten und die MW-Sender aller Landesanstalten

Schon bald nach der Vereinigung entstanden in den neuen Bundesländern folgende Regionalprogramme:

- Radio Mecklenburg Vorpommern,
- Antenne Brandenburg,
- Radio Sachsen-Anhalt,
- Thüringen-Radio und
- Sachsen-Radio.

Mit den Programmen hatte zwar jedes neue Bundesland ein eigenes Regionalprogramm. Daraus war aber noch nicht erkennbar, ob auch soviele Landesrundfunkanstalten entstehen werden. Das wäre eine zu aufwendige und damit unwirtschaftliche Lösung gewesen. Erst Mitte 1991 fiel die Entscheidung, wieviele und welche Landesrundfunkanstalten gebildet werden sollten. Die letzte Entscheidung betraf das Land Mecklenburg-Vorpommern. Dort entstand keine eigene Landesrundfunkanstalt, sondern das Land schloß sich dem Norddeutschen Rundfunk an. In den übrigen Ländern begannen zwei neue Landesrundfunkanstalten, wie im Einigungsvertrag vorgesehen, am 1. Januar 1992 mit ihren Programmen:

- Ostdeutscher Rundfunk Brandenburg (ORB) für das Land Brandenburg und
- Mitteldeutscher Rundfunk (MDR) für die Länder Sachsen-Anhalt, Thüringen und Sachsen.

Die Grundlage für die Umgestaltung des Rundfunks in den neuen Bundesländern und Einbeziehung in die föderative Rundfunkstruktur der Bundesrepublik Deutschland bildete der Staatsvertrag über den Rundfunk im vereinten Deutschland. Er wurde am 31. August 1991 zwischen den 16 Bundesländern abgeschlossen. Von den während der Tätigkeit der Einrichtung noch betriebenen 14 MW-Sendern nutzten die neuen Landesrundfunkanstalten und der Norddeutsche Rundfunk nur noch acht Sender. Die Gesamtzahl der in den neuen und alten Bundesländern betriebenen MW-Sender beträgt 31. Davon haben elf Sender eine Leistung von 100 kW bis 600 kW. Ihre Reichweite, vor allem nachts bei den Frequenzen des oberen MW-Bereichs, geht weit über die Gebiete der Landesrundfunkanstalten hinaus. Die Standorte, Frequenzen und Leistungen der MW-Sender sind in der Tabelle 181.1 zusammengefaßt.

Tab. 181.1: MW-Sender für die Programme der Landesrundfunkanstalten, Leistung ab 1 kW.

	Sender	Frequenz in kHz	Leistung in kW
BR	Dillberg	801	50
	München	801	300
HR	Frankfurt	594	300
	Hoher Meißner	594	200
MDR	Leipzig	531	100
	Burg	783	20
	Wachenbrunn	882	20
	Dresden	1044	100
	Reichenbach	1188	5
NDR	Rostock	558	20
	Dannenberg	630	10
	Helpterberg	657	40
	Flensburg	702	5
	Putbus/Bergen	729	5
	Lingen	792	10
	Hannover	828	50
	Hamburg	972	100
RB	Bremen	936	100
SDR	Mühlacker	576	300
	Heidelberg	711	5
	Heilbronn	711	5
	Ulm-Jungingen	711	5
	Bad Mergentheim	711	3
SFB	Berlin	567	50
	Berlin	1449	5
SWF	Bodenseesender	666	300
	Freiburg	828	40
	Wolfsheim	1017	600
	Baden-Baden	1485	1
WDR	Langenberg	720	200
	Bonn	774	5

5.3. LW-, MW- und KW-Sender für die beiden Programme des Deutschland Radios

Im Jahre der Vereinigung gab es die drei überregionalen Rundfunkprogramme:

- Deutschlandfunk (DLF) mit LW-, MW- und UKW-Sendern in den alten Bundesländern,
- RIAS Berlin mit MW- und UKW-Sendern in Berlin und in Hof/Bayern sowie einem KW-Sender und
- Deutschlandsender-(DS-)Kultur mit einem LW-Sender und 15 UKW-Sendern in den neuen Bundesländern.

Im Rundfunkstaatsvertrag im vereinten Deutschland war vorgesehen, daß ARD und ZDF eine Einrichtung für diese drei Rundfunkprogramme gründen. Die für die Programme genutzten Frequenzen reichen jedoch bei weitem nicht für eine bundesweite Versorgung mit drei Programmen aus. In einem abgeänderten Beschluß der Bundesländer vom Februar 1992 waren nur noch zwei überregionale oder nationale Rundfunkprogramme, und zwar ein Informationsprogramm und ein Kulturprogramm, vorgesehen. Aus Untersuchungen ging damals hervor, daß die bisher für die drei Programme genutzten Frequenzen auch für die Variante mit nur zwei nationalen Programmen für eine bessere Versorgung nicht ausreichen. Das gilt vor allem für den UKW-Bereich. Eine Verbesserung der Versorgung wäre erreichbar, wenn man die noch für Programme der ausländischen Streitkräfte betriebenen LW-, MW- und UKW-Sender nutzen könnte.

Die medienrechtliche Entscheidung über die künftigen nationalen Rundfunkprogramme fiel am 17. Juni 1993. An diesem Tag unterzeichneten die Ministerpräsidenten der 16 Bundesländer den Staatsvertrag über die Errichtung der Rundfunkanstalt „Deutschlandradio" als Körperschaft des öffentlichen Rechts. Deutschlandradio soll gleichwertige Funkhäuser mit den jeweiligen Programmdirektionen in Köln und Berlin betreiben und zwei Programme veranstalten. In beiden Programmen sollen die Bereiche Information und Kultur die Schwerpunkte bilden. Die Programme sollen einen objektiven Überblick über das Weltgeschehen, insbesondere ein umfassendes Bild der deutschen Wirklichkeit, vermitteln und die Zusammengehörigkeit im vereinten Deutschland fördern. Am 1. Januar 1994 gingen die bisherigen drei Programme DLF, RIAS und DS-Kultur in die beiden Programme der neuen Rundfunkanstalt mit der geänderten Schreibweise „DeutschlandRadio" über. Das DLF-Programm aus Köln behielt seine Bezeichnung bei. Sie wurde nur durch den Untertitel „Ein Informationsprogramm im DeutschlandRadio" ergänzt. Das Programm aus Berlin trägt den Namen „DeutschlandRadio Berlin".

Nach dem Staatsvertrag über die Errichtung der Rundfunkanstalt stehen ihr die Frequenzen zur Verfügung, die der DLF, der RIAS mit seinem ersten Programm und DS-Kultur am 1. Juli 1991 genutzt haben. Nach

Maßgabe der Bundesländer können weitere Frequenzen für die Verbreitung der beiden Programme bereitgestellt werden. Eine bessere flächenmäßige Versorgung mit den beiden Programmen ist damit aber kaum zu erwarten, weil dem DeutschlandRadio nach dem Staatsvertrag bei der Bereitstellung der Frequenzen kein Vorrang zukommt. Nach dem Stand vom Herbst 1996 werden die beiden Programme über insgesamt 76 Sender verbreitet, die sich auf die Programme und Frequenzbereiche wie folgt verteilen:

Programm	LW	MW	KW	UKW
DLF Köln	2	6	–	36
DLR Berlin	1	1	1	29

Die Standorte, Frequenzen und Leistungen der LW-, MW- und KW-Sender für das DeutschlandRadio sind in der Tabelle 181.2 aufgeführt

Tab. 181.2: LW-, MW- und KW-Sender für die beiden Programme des DeutschlandRadios.

Programm	Sender	Frequenz in kHz	Leistung in kW
DLF Köln	Donebach	153	250
	Aholming	207	250
	Nordkirchen	549	100
	Thurnau	549	100
	Braunschweig	756	200
	Ravensburg	756	100
	Neumünster	1269	300
	Heusweiler	1422	600
DLR Berlin	Oranienburg	177	100
	Berlin	990	100
	Berlin	6005	100

Für die MW-Sender sind in den Tabellen 181.1 und 181.2 jeweils die höchsten Betriebsleistungen angegeben. Sie können Tag oder Nacht sowie bei Rund- oder Richtstrahlung niedriger sein. Ergänzend zur Tabelle 181.2 sei noch angemerkt, daß aus wirtschaftlichen Gründen nicht mehr alle LW- und MW-Sender mit ihrer vollen Leistung betrieben werden. Die beiden LW-Sender Donebach und Aholming strahlen das Programm nicht mit ihrer vollen Leistung 500 kW, sondern nur mit der halben Leistung aus. Der LW-Sender Donebach und der MW-Sender Berlin strahlen zeitweilig ein Sonderprogramm, z. B. von wichtigen Sitzungen des Bundestages, aus. Beim LW-Sender Oranienburg wurde die Leistung sogar von 750 kW auf 100 kW reduziert. Aus wirtschaftlichen Gründen hat man auch für das Programm DLF-Köln auf den Weiterbetrieb des MW-Senders mit 800 kW Leistung in Mainflingen verzichtet. Dafür strahlt nun der MW-Sender Heusweiler des Saarländischen Rundfunks mit 600 kW Leistung das Programm aus. Der MW-Sender Mainflingen wird nun vom Evangeliumsradio genutzt.

5.4. LW- und MW-Sender für andere Programme

Über die LW- und MW-Sender in Deutschland werden nicht nur die Programme der öffentlich-rechtlichen Rundfunkanstalten verbreitet. Seit den ersten Nachkriegsjahren sind auch Sender für die Programme zur Betreuung der ausländischen Streitkräfte oder für andere ausländische Programme in Betrieb. Nach der Einführung des dualen Rundfunksystems werden auch Programme privater Veranstalter über LW- und MW-Sender verbreitet. In Tabelle 181.3 sind die

Tab. 181.3: LW/MW-Sender für andere Programme, Leistung ab 1 kW

Programm	Sender	Frequenz in kHz	Leistung in kW
ERF	Saarlouis	183	2000
Radioropa	Burg	261	200
STIRUS	Berlin	693	250
RFE	Holzkirchen	720	150
AFN	Frankfurt	873	150
AFN	Berlin	1107	10
AFN	Grafenwöhr	1107	10
AFN	Kaiserslautern	1107	10
AFN	München	1107	40
AFN	Nürnberg	1107	10
AFN	Bremerhaven	1143	5
AFN	Stuttgart	1143	10
VOA	München	1197	300
STIRUS	Wachenbrunn	1323	150

Erläuterungen zu den Programmen:
AFN = American Forces Network
ERF = Europ. Rundfunk- und Fernseh A.G.
RFE = Radio Free Europe
STIRUS = Stimme Rußlands
VOA = Voice of America

Sender für andere Programme mit ihren Standorten, Frequenzen und Leistungen aufgeführt, soweit ihre Leistungen über 1 kW liegen. Sender kleinerer Leistung werden vor allem für das Programm American Forces Network (AFN) betrieben, und zwar 21 Sender auf zwei Gleichwellen mit Leistungen von 0,3 kW bis 1,0 kW.

5.5. KW-Sender für die Deutsche Welle

Nach der Vereinigung durfte die Deutsche Welle alle KW-Sender, die vorher das Programm „Radio Berlin International" ausgestrahlt hatten, nutzen. Das waren die Sender in Nauen, Königs Wusterhausen und Leipzig. Auch hier hat es sich gezeigt, daß die damit auch im Vergleich zum Ausland recht große Anzahl von KW-Sendern wirtschaftlich nicht vertretbar ist. Die Deutsche Welle hat daher auf die Nutzung der vier Sender in Königs Wusterhausen und des einen Senders in Leipzig verzichtet und strahlt nur noch über folgende Sender ihre Programme für die Zielgebiete in der ganzen Welt aus:

	Anzahl der Sender	Leistung je in kW
Wertachtal	9	500
Jülich	9	100
Nauen	3	500
	1	100

In der Sendestelle Nauen sollen die drei veralteten handbedienten 500-kW-Sender durch vier neue, automatisch abstimmbare Sender gleicher Leistung ersetzt werden. Als Antennen sind hier abweichend von den Sendestellen Wertachtal und Jülich vier drehbare Dipolwände geplant, die den Sendern fest zugeordnet werden.

Die Ausstrahlung der Programme der Voice of America von der Sendestelle Wertachtal soll eingestellt werden. Die bisher dafür verwendeten vier 500-kW-Sender wird dann die Deutsche Welle nutzen. Da ihr damit in den Sendestellen Wertachtal und Nauen 17 Sender dieser Leistung zur Verfügung stehen werden, kann sie dann auf die weitere Nutzung der neun 100-kW-Sender in Jülich verzichten.

6. Frequenzen für den LW/MW- und den KW-Rundfunk

Die internationalen Regelungen für die Nutzung von Frequenzen teilen sich in

- die Zuweisung von Frequenzbereichen für die einzelnen Funkdienste und
- die Zuteilung von Frequenzen für die einzelnen Sender.

Für die Zuweisung von Frequenzbereichen werden internationale Verträge für das Funkwesen abgeschlossen. Für die Zuteilung von Frequenzen müssen auf internationaler Ebene weltweite oder regionale Frequenzpläne ausgearbeitet werden.

Bereits kurz nach der Errichtung der ersten Funkverbindungen war es notwendig geworden, internationale Regelungen für die Nutzung der Frequenzen festzulegen. Hierzu fand im Jahre 1906 in Berlin die erste internationale Funkkonferenz statt, die den „Funktelegraphischen Vertrag" ausarbeitete und abschloß. Der zweite Vertrag vom Jahre 1912 enthielt bereits eine wichtige Grundregel für die Funkdienste. Danach ist der Betrieb aller Funkanlagen so einzurichten, daß sie andere Funkanlagen nicht stören. Die Frequenzen der Langwelle von 150 kHz bis 300 kHz und der Mittelwelle von 500 kHz bis 1500 kHz wurden für die Nachrichtenverbindungen kaum genutzt. Es bot sich daher an, die ersten Rundfunksender auf Frequenzen dieser Bereiche zu betreiben. Nach den Funktelegraphischen Verträgen mußte jede Frequenznutzung dem Büro der Welttelegraphenunion in Bern gemeldet werden. Aus der Union entstand im Jahre 1932 durch Zusammenlegung mit der Internationalen Funkkonferenz die „Internationale Fernmeldeunion" (UIT) mit Sitz in Genf. Für die Annahme und Verwaltung der Frequenzanmeldungen bildete die UIT den „Internationalen Ausschuß für Frequenzregistrierung" (IFRB).

Die Aufgabe der Internationalen Fernmeldeunion und ihrer Mitgliedsländer sind in dem „Internationalen Fernmeldevertrag" (IFV) festgelegt. Der erste Vertrag, in dem die Frequenzbereiche für den Rundfunk zugewiesen wurden, ist der Weltfunkvertrag vom Jahre 1927. Zu diesem Vertrag gehörte erstmals die „Vollzugsordnung für den Funkdienst" (VOFunk), in der die Bestimmungen für den Betrieb dieser Dienste zusammengefaßt sind.

In Anbetracht der Weiterentwicklung der Funktechnik und der großen Zunahme der Funkdienste müssen die Internationalen Fernmeldeverträge von Zeit zu Zeit revidiert werden. Die Internationale Fernmeldeunion führt für die Überarbeitung der

Verträge Weltweite Funkverwaltungskonferenzen (World Administrative Radio Conference, WARC) durch. Seit dem Jahre 1927 haben sechs solcher Konferenzen im Abstand von 5 bis 20 Jahren stattgefunden. Die letzte Funkverwaltungskonferenz in Torremolinos im Jahre 1992 ist von Bedeutung für den KW-Rundfunk, weil hierfür die Teilbereiche erweitert wurden. Für den LW/MW-Rundfunk gelten im wesentlichen noch die Regelungen des Internationalen Fernmeldevertrages vom Jahre 1979. Zu erwähnen ist noch, daß die erste Funkverwaltungskonferenz im Jahre 1927 beschlossen hat, den „Beratenden Ausschuß für den Funkdienst" (CCIR) zu gründen. Aufgabe des Ausschusses ist es, alle technischen, wissenschaftlichen und betrieblichen Fragen der Funkdienste zu studieren und Empfehlungen für die Durchführung der Dienste auszuarbeiten.

6.1. Frequenzpläne für den LW/MW-Rundfunk

Vor der Einführung des Rundfunks waren die Frequenzen lediglich den einzelnen Diensten zugeteilt. Erst mit der Einführung des Rundfunks wurde es insbesondere in Europa notwendig, die Frequenzen auch geografisch den Orten der Sendestellen zuzuordnen. Aus dieser Erkenntnis wurde auf Anregung von Hans Bredow Mitte der 20er Jahre der erste Frequenzplan für den MW-Rundfunk ausgearbeitet. Bis zum Jahre 1938 sind vier neue Frequenzpläne entstanden. Der letzte Frequenzplan konnte wegen des Zweiten Weltkrieges nicht mehr in Kraft treten. Die erste Funkverwaltungskonferenz nach dem Kriege beschloß, einen neuen Frequenzplan für den LW/MW-Rundfunk auszuarbeiten. Hierzu fand im Jahre 1948 die Europäische Rundfunk-Konferenz in Kopenhagen statt. An der Konferenz nahmen 32 europäische Länder und als Beobachter die USA teil. Deutschland war nicht vertreten. In dem ausgearbeiteten Frequenzplan wurde Deutschland nur ein „technisches Minimum" zugestanden. Es erhielt für die vier Besatzungszonen nur acht partagierte Frequenzen in einem ungünstigen Teil des MW-Bereichs. Das war völlig unzureichend für die Versorgung mit der bereits damals vorhandenen Anzahl von Programmen. Eine Langwelle war für das Land im Plan nicht mehr vorgesehen.

Ein Vergleich des Kopenhagener Frequenzplans mit dem vorangegangenen Plan vom Jahre 1929 spiegelt deutlich die enorme Entwicklung des Rundfunks in den 30er Jahren wieder. In diesem Zeitraum hat sich die Anzahl der Sender fast verdoppelt. Die Gesamtleistung der Sender stieg auf das 40fache. Nach Inkrafttreten des Kopenhagener Plans hat sich innerhalb von elf Jahren die Anzahl der Sender wiederum fast verdoppelt und die Gesamtleistung der Sender stieg auf das 1,5fache gegenüber der Leistung im Plan an. Daraus ergab sich wiederum die Notwendigkeit, einen neuen Frequenzplan aufzustellen. Die Rundfunk-Konferenz hierzu fand erst in den Jahren 1974 und 1975 in zwei Teilen in Genf statt. Im ersten Teil wurden die technischen Parameter für die Aufstellung des Frequenzplans erarbeitet. Im zweiten Teil gelang es nach sehr schwierigen meist bilateralen Verhandlungen einen Plan aufzustellen. Die Schwierigkeiten werden besonders aus folgenden Zahlen deutlich: Obwohl im Planungsgebiet zur Zeit der Konferenz 1300 Sender in Betrieb waren, wurden noch Frequenzen für weitere 2000 Sender angefordert. Das entspricht einem Anstieg um 154 Prozent.

Ein annehmbarer Frequenzplan konnte daher nur durch Kompromißlösungen entstehen. Trotzdem stellt der Genfer Plan vom Jahre 1975 für Deutschland eine wesentliche Verbesserung gegenüber dem Kopenhagener Plan 1948 dar. Die Zuteilungen umfassen mehr Sender und Frequenzen als damals, und die zusätzlichen Zuteilungen sind als Bestandteil des Plans geschützt (Krath/Kniestedt 1976, 20ff.).

6.2. Frequenzen für den KW-Rundfunk

6.2.1. Zuweisung von Frequenz-Teilbereichen

Wegen der begrenzten Reichweite können für den LW/MW-Rundfunk in den Regionen der Welt noch verschiedene Frequenzbereiche zugewiesen werden. Für die Kurzwelle mit ihrer interkontinentalen Reichweite können die Frequenz-Teilbereiche nur weltweit zugewiesen werden. Die Weltfunkkonferenz in Washington im Jahre 1927 wies erstmals dem KW-Rundfunk sechs Frequenz-Teilbereiche zu, die von 6 MHz bis 21 MHz reichten. Sie umfaßten insgesamt eine Breite von 850 kHz. Im KW-Rundfunk werden diese Bereiche nicht nur mit der Frequenz, sondern auch mit der Wellenlänge als Band bezeichnet. Dem 6-MHz-Bereich entspricht das 49-m-Band, das sich besonders für die Europa-Versorgung eignet. Bis zum Jahr 1938 wurde die Anzahl der Teilbereiche für den KW-Rundfunk auf acht erhöht, und die gesamte Bandbreite der Bereiche stieg auf 2350 kHz an. Trotz der schon damals weltweiten Zunahme der KW-Sendungen blieb die Anzahl der Teilbereiche und die gesamte Bandbreite mehr als 40 Jahre unverändert. Es hatte sich aber nicht nur die Anzahl der Sendungen, sondern auch die Sendeleistungen waren erheblich gestiegen. So wurden für überseeische Zielgebiete Sender mit 500 kW Leistung statt vorher 100 kW eingesetzt. Erst im Jahre 1979 gelang es, dem KW-Rundfunk einen neuen Teilbereich, das 22-m-Band entsprechend 13-MHz-Bereich, zuzuweisen und die gesamte Breite des Frequenzbandes auf 3130 kHz zu erweitern. Danach entstand durch die weltweit steigende Nutzung der Kurzwelle für den Rundfunk wiederum ein neuer Frequenzbedarf. Außerdem hatte das vergebliche Bemühen der KW-Rundfunkkonferenz in den Jahren 1984 und 1987, einen Nutzungsplan für die Frequenzstunden aufzustellen, gezeigt, das ein weiterer Frequenzbedarf besteht.

Erst im Jahre 1992 ist es auf der Weltweiten Funkverwaltungskonferenz in Torremolinos gelungen, die gesamte Breite des Frequenzbandes für den KW-Rundfunk um etwa 25 Prozent auf 3920 kHz zu vergrößern. Neu wurde das 15-m-Band entsprechend 18-MHz-Bereich zugewiesen. Damit stehen dem KW-Rundfunk folgende Teilbereiche zur Verfügung:

Bezeichnung des Frequenz-Teilbereichs		Bandbreite der Teilbereiche
in MHz	in m	in kHz
6	49	5900– 6200
7	41	7100– 7350
9	31	9400– 9900
11	25	11600–12100
13	22	13570–13870
15	19	15100–15800
17	16	17480–17900
18	15	18900–19020
21	13	21450–21850
26	11	25670–26100

Die Erweiterung vom Jahre 1992 darf jedoch erst vom Jahre 2007 unter bestimmten Bedingungen, u. a. die Einführung des Einseitenband-Verfahrens, genutzt werden.

6.2.2. Nutzungspläne für den KW-Rundfunk

Der erste Versuch, einen solchen Plan auszuarbeiten, wurde auf der Weltweiten Funkverwaltungskonferenz in Atlantic City im Jahre 1947 unternommen. Damals entstand der Begriff der „Frequenzstunde", d.h. die stundenweise Nutzung einer Frequenz. Ein Plan kam auf der Konferenz, die als erste KW-Rundfunkkonferenz bezeichnet wird, nicht zustande. Es konnten lediglich Planungsparameter festgelegt werden. Ein zweiter Versuch in Mexico City, einen Plan für die Nutzung der Frequenzstunden aufzustellen, blieb auch in den Jahren 1948/1949 ohne ein befriedigendes Ergebnis. Damals wurden erstmals die Zielgebiete für den KW-Rundfunk weltweit beschrieben. Sie werden als CIRAF-Zonen bezeichnet.

Auf der dritten KW-Rundfunkkonferenz im Jahre 1950 konnte zwar kein Nutzungsplan ausgearbeitet werden, man einigte sich jedoch auf ein Anmelde- und Abstimmungsverfahren unter Beteiligung des IFRB in Genf. Nach der Einführung dieses sogenannten „Artikel-17-Verfahrens" stieg die Anzahl der KW-Sender und der Sendestunden weiter an, und zwar bis zum Jahre 1987 um etwa 62 Prozent. Besonders die Länder der Dritten Welt forderten daher, erneut eine KW-Rundfunkkonferenz zur Ausarbeitung eines Nutzungsplans einzuberufen. Diese Konferenz fand in den Jahren 1984 und 1987 in zwei Teilen in Genf statt (Masson/Kniestedt 1987, 349ff.). Im ersten Teil der Konferenz gelang es, die technischen Planungsparameter und -grundsätze auszuarbeiten und ein rechnergestütztes Planungsverfahren zu entwickeln. Für die Planung im zweiten Konferenzteil waren damals 45600 Anforderungen für die vier jahreszeitlichen Sendeperioden mit 163100 Frequenzstunden je Tag angemeldet worden. In Anbetracht der kaum zu bewältigenden Anforderungen gelang es der Konferenz lediglich, das rechnergestützte Planungsverfahren zu verbessern. Ein Nutzungsplan konnte nicht aufgestellt werden. Seitdem werden Testplanungen durchgeführt, die als Vorbereitung auf die nächste KW-Rundfunkkonferenz dienen sollen.

7. Künftige Entwicklung des LW/MW- und KW-Rundfunks

7.1. LW/MW-Rundfunk

Für diesen Rundfunk könnte durch eine Vergrößerung der übertragenen Tonfrequenz-Bandbreite von 4,5 kHz auf 7 kHz eine bessere Wiedergabequalität erreicht werden. Mit der größeren Bandbreite darf aber nur gesendet werden, wenn die Versorgung der in den Nachbarkanälen betriebenen Sender nicht gestört wird. Nach vorheriger Koordinierung hat man schon vor Jahren über mehrere Sender die Programme mit größerer Bandbreite ausgestrahlt. Die Sendungen können aber nur mit besserer Qualität empfangen werden, wenn auch die Bandbreite der Empfänger vergrößert wird. Solche Empfänger werden wegen des geringen Bedarfs kaum angeboten. Bei anderen Versuchen mit LW-Sendern hat man durch eine Phasenmodulation codierte Zusatzinformationen, z.B. eine Senderkennung, übertragen.

Die großen Vorteile des DAB-(Digital Audio Broadcasting-)Systems gegenüber dem UKW-Rundfunk gaben den Anstoß, auch für den analogen LW/MW-Rundfunk digitale Übertragungsverfahren zu untersuchen und zu entwickeln. Schließlich kann in diesem Frequenzbereich wegen der größeren Reichweite eine landesweite Versorgung mit weniger Sendern als im UKW-Bereich realisiert werden. Bei den Untersuchungen und Forschungen wurde angestrebt, durch die Digitalisierung eine Tonqualität wie beim UKW-Rundfunk zu erreichen. Nach Möglichkeit sollten die vorhandenen Sender dafür benutzt werden können. Wegen der schmalbandigen MW-Kanäle ist bei der Digitalisierung ein größerer Aufwand für die Quellcodierung erforderlich als im UKW-Bereich. Erste Versuche mit den hierzu entwickelten Verfahren haben gute Ergebnisse gezeigt. Die Industrie hat auch schon Versuchsempfänger für den digitalen LW/MW-Rundfunk entwickelt. So konnte den Besuchern der Internationalen Funkausstellung 1995 in Berlin die hohe Qualität der Versuchssendungen vorgeführt werden.

7.2. Entwicklung des KW-Rundfunks

Für diesen Rundfunk ist der Übergang von dem Zweiseitenband-Verfahren auf das Einseitenband-System mit unterdrücktem Träger vorgesehen. Die dem KW-Rundfunk vom Jahre 2007 ab zugewiesenen neuen Frequenz-Teilbereiche dürfen nur mit diesem Verfahren genutzt werden. Damit können nicht nur mehr Sender untergebracht werden, sondern es sollen sich auch die Verzerrungen auf dem Übertragungsweg verringern. Die Sender können dann eine weltweite Kennung ausstrahlen. Sie würde das Auffinden der Sender wesentlich erleichtern.

8. Literatur

Hermann, Siegfried/Wolf Kahle/Joachim Kniestedt, Der deutsche Rundfunk – Faszination einer technischen Entwicklung. Heidelberg 1994.

Kniestedt, Joachim, 70 Jahre Rundfunk. In: Telekom Unterrichtsblätter 1994, 52–63 und 160–173.

Kniestedt, Joachim, 50 Jahre Kurzwellen-Rundfunk. In: Archiv für das Post- und Fernmeldewesen 1979, 209–253.

Krath, Herbert/Joachim Kniestedt, Internationale Rundfunkkonferenz für den LW- und MW-Bereich in Genf 1974/1975. In: Zeitschrift für das Post- und Fernmeldewesen 1976, 20–31.

Masson, Franz/Joachim Kniestedt, Weltweite Funkverwaltungskonferenz für den Kurzwellen-Rundfunk in Genf 1984/1987. In: Archiv für das Post- und Fernmeldewesen 1987, 349–383.

Technik des Rundfunks. Werle, Horst (Hrsg.), Heidelberg 1989.

*Joachim Kniestedt, Bonn
(Deutschland)*

182. Die Netze des Planes Genf 1984 für UKW am Beispiel Baden-Württemberg (Bundesrepublik Deutschland)

1. Der Genfer Plan 1984
2. Auswirkung des Genfer Planes auf die UKW-Versorgung in der Bundesrepublik Deutschland
3. Die Genfer Konferenz 1984 aus Sicht des Bundeslandes Baden-Württemberg
4. Konferenzergebnisse für Baden-Württemberg
5. Wertende Analyse der Ergebnisse der Genfer Wellenkonferenz 1984 und Vorschau
6. Literatur

1. Der Genfer Plan 1984

Der UKW-Frequenzbereich bildet in der Bundesrepublik Deutschland seit 1949 die Grundlage für die Verbreitung von Tonrundfunk. Die Radio Regulations (1990, RR8–60ff.), ein international abgestimmtes und völkerrechtlich verbindliches Regelwerk zur Frequenznutzung, wiesen 1984, zum Zeitpunkt der Genfer Konferenz, Frequenzen im Bereich zwischen 87.5 MHz und 108 MHz für den Rundfunk auf primärer Basis aus, daneben aber auch Nutzungen für mobile Funkdienste. Bis zum Jahre 1984 waren Frequenzzuweisungen für den Betrieb von UKW-Sendern in der Rundfunkzone I (Europa, Teile Asiens, Teile Afrikas) durchgängig lediglich im Bereich unter 100 MHz erfolgt; nur wenige Länder hatten die Inbetriebnahme von UKW-Sendern im Bereich oberhalb 100 MHz gestattet. Ursache waren vor allem militärische und aeronautische Funkdienste, die im Bereich 100 MHz bis 108 MHz angesiedelt waren. Deren Betrieb verhinderte aus Gründen der elektromagnetischen Kompatibilität die Nutzung durch den Rundfunkdienst.

Die Einberufung zur Genfer Wellenkonferenz diente daher überwiegend dem Zweck, das verbliebene 8 MHz Spektrum des UKW-Bereichs der Rundfunknutzung zugänglich zu machen. Zuvor schon wurden Versuche unternommen, mit bi- und multilateralen Abmachungen die Nutzung von Frequenzen im Bereich 100 MHz bis 108 MHz zu erleichtern. Letztendlich blieb ein Erfolg bei der Realisierung der dabei entworfenen Frequenzpläne aus, z.B. des Darmstädter Abkommens, 1971.

Mit der Genfer Wellenkonferenz verband sich daher auf deutscher Seite die Erwartungshaltung, den Bestand an Übertragungskapazität, vor allem im Bereich unter 100 MHz, zu wahren, und soviele zusätzliche Frequenzpositionen zu notifizieren, daß unbeschadet des Bedarfs der öffentlich-rechtlichen Landesrundfunkanstalten der Wettbewerb mit privat veranstaltetem Rundfunk ermöglicht werden konnte. Entsprechende Pilotprojekte, z.B. in Baden-Württemberg das Ulmer Stadtradio mit Beteiligung des Süddeutschen Rundfunks und ortsansässiger Verleger, waren Anfang der 80er Jahre gestartet worden.

Aus internationaler Sicht verband sich die Genfer Konferenz mit ähnlichen Zielstellungen; die westeuropäischen Länder wünschten vor allem Frequenzressourcen für Zwecke des kommerziellen Rundfunks verfügbar zu machen, die osteuropäischen Staaten beabsichtigten, die UKW-Versorgung aus dem Bereich I (60 MHz) in den Bereich II (87.5 MHz bis 108 MHz) zu verlagern.

1.1. Organisation und Arbeit der Genfer Wellenkonferenz 1984

Die regionale Verwaltungskonferenz für den UKW-Hörrundfunk war für eine zweite, abschließende Sitzungsperiode von der Internationalen Fernmeldeunion (ITU), einer Organisationseinheit der UNO, in der Zeit vom 29. Oktober bis 7. Dezember 1984 einberufen worden. Eine erste Sitzungsperiode hatte sich im Herbst 1982 der Aufgabe gewidmet, die technischen Grundlagen für die Planung von Rundfunkfrequenzen zu schaffen; in der zweiten Sitzungsperiode war die Aufgabe zu lösen, einen neuen Frequenzplan für den UKW-Hörrundfunk im Bereich 87.5 MHz bis 108 MHz zu erstellen. Das Planungsgebiet bestand aus Europa, Teilen Afrikas und der Sowjetunion sowie Ländern in Vorderasien. An der Konferenz nahmen 75 Länder mit etwa 470 Delegierten teil. Die Sitzungsperioden wurden von Frau Marie Huet (Frankreich) geleitet. Die deutsche Delegation unter Leitung des Auswärtigen Amtes setzte sich aus Vertretern des Bundes, der Länder, der Deutschen Bundespost und der Landesrundfunkanstalten der ARD zusammen (Kienast 1985, 108ff.).

Für die Erarbeitung des Frequenzplanes waren insgesamt etwa 53000 Frequenzanforderungen zu berücksichtigen, wobei zu

Beginn der Konferenz einige technische Parameter noch nicht abschließend festgelegt waren: Die Ausbreitungskurven für den Nahen Osten und Afrika, die Kriterien für die Verträglichkeit zwischen Rundfunkdienst und Flugnavigationsfunkdienst sowie die Kriterien für die Kompatibilität zwischen Rundfunkdienst und anderen zugelassenen Diensten im Frequenzbereich 87.5 MHz bis 108 MHz. Insofern war gleich zu Beginn der Konferenz eine Aufteilung der Arbeit beschlossen worden und zwar zwischen der Technischen Arbeitsgruppe, die sich mit Planungsparametern befaßte, der Kommission 4, die den Frequenzplan zu erstellen hatte, und der Kommission 5, deren Aufgabe die Ausarbeitung des eigentlichen Vertragstextes war. Der Komplexität der Planungsaufgabe wurde durch eine feinere Unterteilung des Plangebietes in Planungsflächen Rechnung getragen. So unterteilte man die Bundesrepublik Deutschland in die Planungsregionen Nord, West und Süd; die deutschen Interessen waren daher in drei europäischen Planungsgruppen gleichzeitig zu vertreten.

1.2. Das Vertragswerk

Die Ergebnisse der Planungskonferenz sind in den Final Acts zusammengefaßt. Dieses Abschlußdokument enthält das eigentliche Regionale Verwaltungsabkommen, welches aus 13 Artikeln und fünf Anhängen besteht, wobei Anhang 1 den eigentlichen Frequenzplan beinhaltet und in drei Teile untergliedert ist. Der erste Teil enthält die Frequenzen 87.5 MHz bis 100 MHz und löst das Regionale Abkommen von Stockholm 1961 und Genf 1963 ab. Der zweite Teil enthält die Frequenzen und Zuweisungen im neu geplanten Frequenzbereich 100 MHz bis 108 MHz. Der dritte Teil enthält diejenigen Standorte und Frequenzen, über deren Implementierung in den Plan keine abschließende Einigung erzielt werden konnte. Diese Positionen wurden zum Gegenstand späterer Verhandlungen und Koordinierungsverfahren erklärt. Der Anhang 2 enthält die technischen Grundlagen, die zur Aufstellung des Plans dienten und bei künftigen Planänderungen Anwendung finden. U.a. finden sich hier die technischen Kriterien, die bei der Koordinierung von Rundfunkdiensten mit dem Flugnavigationsfunkdienst zu beachten sind. Schließlich enthalten die Anhänge 3, 4 und 5 Angaben über kennzeichnende Merkmale, Grenzentfernungen und zusätzliche technische Parameter, die bei späteren Koordinierungen von Sendern Anwendung finden.

Von entscheidender Bedeutung sind Artikel 4 und Artikel 5 des Abkommens. Artikel 4 beschreibt das verwaltungstechnische Verfahren, kennzeichnende Merkmale eines neuen Senders in den Plan aufzunehmen oder einen bestehenden Sender zu modifizieren. Artikel 5 regelt das Verfahren zur Beseitigung eventueller Unverträglichkeiten zwischen Rundfunkdienst und Flugnavigationsfunkdienst. Schließlich legt Artikel 13 das Inkrafttreten des Planes fest (1. Juli 1987 um 01.01 Uhr mitteleuropäischer Zeit) mit einer Laufzeit von zunächst 20 Jahren.

2. Auswirkung des Genfer Planes auf die UKW-Versorgung in der Bundesrepublik Deutschland

Für die Bundesrepublik Deutschland konnte im Frequenzbereich 87.5 MHz bis 100 MHz eine günstige Versorgungssituation erhalten bleiben. Zusätzliche Wünsche für die Schließung von Versorgungslücken konnten weitgehend erfüllt werden. Bei einigen Sendern ließen sich durch Änderung der technischen Merkmale erhebliche Verbesserungen der Rundfunkversorgung erzielen, nur wenige Sender wurden in ihrer Versorgungswirkung negativ tangiert.

Die Hörbarkeit deutscher Sender im Ausland entlang der Grenze der Bundesrepublik zu Nachbarländern konnte aufgrund zahlreicher vereinbarter Richtantennenauflagen und Leistungsbeschränkungen nicht im gewünschten Umfang aufrechterhalten bleiben. Neue Sendernetze z.B. in Polen, der Tschechoslowakei und der Schweiz reduzierten die Reichweite deutscher UKW-Sender in das Ausland zusätzlich.

Die Umstellung auf das Trägerfrequenzraster von 100 kHz nützte der europaweiten Einführung von preiswerten Empfängern mit Synthesizern.

Der Frequenzbereich zwischen 100 MHz und 108 MHz wurde im Vergleich zu dem Frequenzbereich unterhalb 100 MHz dichter belegt. Hierdurch wurde Übertragungskapazität für eine zusätzliche zwei- bis dreifache flächendeckende, länderspezifische UKW-Versorgung verfügbar, die in den Folgejahren sowohl der Entwicklung des privat veranstalteten Rundfunks als auch dem Ausbau der öffentlich-rechtlichen Regionalversorgung diente.

3. Die Genfer Konferenz 1984 aus Sicht des Bundeslandes Baden-Württemberg

3.1. Ausgangslage

Die Basis der bis zum Inkrafttreten des Genfer Plans bestehenden Tonrundfunkversorgung bildete der Stockholmer Plan, der im Jahre 1961 unterzeichnet wurde. Dieser Plan, der im Laufe der Zeit zahlreichen Modifikationen unterworfen war, enthielt für Baden-Württemberg 39 Positionen im Bereich 87.6 MHz bis 99.9 MHz. Mit dieser Frequenzressource war technisch die Verbreitung von drei Hörfunkprogrammen der beiden Landesrundfunkanstalten Süddeutscher Rundfunk (SDR) und Südwestfunk (SWF) innerhalb der jeweiligen Anstaltsgrenzen möglich. Füllsender mit Leistungen unter 1 kW waren im Stockholmer Plan nicht aufgeführt, lediglich in einem Anhang aufgelistet.

Zu Jahresbeginn 1984 waren in Baden-Württemberg 78 UKW-Sender in Betrieb, davon 43 Sender mit Leistungen von 1 kW oder mehr. Dieser, im Vergleich zum Stockholmer Plan deutliche Zuwachs war darauf zurückzuführen, daß der Süddeutsche Rundfunk die Regionalprogramme 'Kurpfalz-Radio', 'Radio Stuttgart' und das 'Ulmer Schwabenradio' sowie das ARD-Ausländerprogramm zusätzlich zu den Hauptprogrammen ausstrahlte, wobei allerdings nur wenige Sender mit sehr geringer Leistung und unzulänglicher Versorgung genutzt werden konnten. Weiterhin hatten SDR und SWF zahlreiche Füllsender errichtet, um eine verbesserte UKW-Versorgung für die Hauptprogramme in topographisch ungünstigen Lagen herzustellen. Zusätzlich hatten die amerikanischen und kanadischen Stationierungsstreitkräfte an acht Standorten UKW-Sender in Betrieb, um eigene Programme (AFN und CFN) auszustrahlen. Die Rundfunkanstalten konnten in der Praxis keineswegs eine lückenlose, flächendeckende UKW-Versorgung herstellen. Wie umfangreiche meßtechnische und theoretische Untersuchungen zeigten, war die Verbreitung der drei Hauptprogramme vorwiegend in Oberschwaben, am Hochrhein, auf der Schwäbischen Alb und abschnittsweise im Neckartal und Oberrheingraben dringend zu verbessern. Völlig unbefriedigend war die Versorgung durch die vierte UKW Senderkette, über die nicht nur die Regionalprogramme aus Stuttgart, Ulm und Heidelberg übertragen, sondern auch täglich ab 19.00 Uhr Ausländerprogramme in fünf Sprachen ausgestrahlt wurden, was einen Bruch des Sendeablaufs bedeutete und keine Teilnehmerakzeptanz fand. Insofern gingen die vorbereitenden Planungsüberlegungen von der Zielstellung aus, die Sender im Frequenzbereich unter 100 MHz einer Revision mit dem Zweck der Verbesserung der Versorgung zu unterziehen und zusätzliche Frequenzen im Band zwischen 100 MHz und 108 MHz einzuplanen, um private Hörfunkprogramme zu ermöglichen und Regionalisierungsvorhaben des öffentlich-rechtlichen Rundfunks zu verwirklichen (Prosch 1985, 100).

3.2. Vereinbarungen über die technischen Planungsgrundlagen und erste Sitzung der regionalen UKW-Planungskonferenz

Die physikalischen Grundlagen für die Beschreibung der UKW-Wellenausbreitung terrestrischer Sender waren bereits in den 40er Jahren bekannt. Theoretisch läßt sich die Empfangsfeldstärke an beliebigen Orten in einem Gebiet mit hoher Genauigkeit berechnen, sofern nur Daten über die Topographie, die elektrischen Oberflächeneigenschaften des Geländes, die atmosphärischen Bedingungen und die technischen Parameter des Senders genügend genau vorliegen. Die Theorie läßt sich auf mehrere Sender, die von verschiedenen Standorten in ein Gebiet einstrahlen, anwenden, um Empfangbarkeitsvorhersagen für jeden Ort auf der Landkarte zu berechnen, auch unter Einbeziehung von Störsituationen, die sich aufgrund von Gleichwellengebrauch oder Nachbarkanalnutzung ergeben. In der Praxis der Genfer Planungskonferenz war dieser Weg der Sendernetzplanung jedoch nicht gangbar, weil die Kosten für die Computerzeit und für die Bereitstellung der Geländedaten zu hoch gewesen wären. Deshalb vereinbarten die Konferenzteilnehmer Vereinfachungen, um mit finanzierbarem Aufwand zu brauchbaren Vorhersagen über Versorgungsgebiete und Störsituationen zu kommen.

Drei grundsätzliche Fragen mußten einvernehmlich beantwortet werden, um hier ein Ergebnis zu erzielen, nämlich welcher technische Aufwand einem Rundfunkteilnehmer zugemutet werden kann, welches Rechenmodell die Wellenausbreitung beschreiben soll und anhand welcher Kriterien entschieden werden kann, daß am Ort eines Rundfunkteilnehmers ein UKW-Signal in definierter Qualität empfangbar ist.

Das Ergebnis wurde in Form statistischer Ausbreitungskurven, Algorithmen und Tabellen zusammengefaßt und als verbindliches Verfahren zur Planung der technischen Daten von Sendern erklärt. Die Wellenausbreitung wird im Rahmen dieses Regelwerks durch empirisch ermittelte lokale und zeitliche Quantile der Feldstärkeverteilung beschrieben, mit der Entfernung vom Sender und dessen effektiver Höhe sowie Strahlungsleistung als Parameter. Die Nutzfeldstärke des Senders wird durch den örtlichen und zeitlichen Medianwert charakterisiert, die störende Feldstärke bezüglich der Versorgungsgebiete anderer Sender durch das obere zeitliche Perzentil. Die maximale Reichweite eines Senders ist durch die Mindestfeldstärke festgelegt, deren Überschreitung notwendige Bedingung für die Herstellung der Versorgung ist. Die Bewertung der störenden Beeinflussung durch Gleich- und Nachbarkanalsender erfolgt anhand von Schutzabständen, die in Abhängigkeit von der relativen Frequenzlage des Störsignals zum Nutzsignal für die Betriebsarten Mono- bzw. Stereophonie definiert sind; hierbei wird zwischen Dauerstörung und troposphärischer Störung unterschieden, indem die mit unterschiedlichen Schutzabständen gewichteten Quantile der Störfeldstärke, nämlich der zeitliche Median bei Dauerstörung und das obere zeitliche Perzentil bei troposphärischer Störung verglichen werden und das Maximum als Beiwert der Störung beibehalten wird. Bei mehreren störenden Einstrahlungen werden die Beiwerte verknüpft, um ein Maß für die Gesamtstörwirkung aller ungewünschten Einstrahlungen in einem Versorgungsgebiet zu gewinnen. Die vereinbarte Methode ist das abgekürzte Multiplikationsverfahren, das im Falle der UKW-Versorgung in ausreichender Genauigkeit den lokalen Medianwert der bewerteten Summenfeldstärkeverteilung der Störbeiwerte liefert. Sofern Stereoversorgung betrachtet wird, geht die Richtwirkung der Empfangsantenne in die Rechnung ein. Der zumutbare Aufwand für den Empfang von UKW-Rundfunk ist ebenfalls festgelegt und verlangt eine Außenantenne in mindestens 10 Meter Höhe über Grund sowie Rundempfangs- bzw. eine definierte Richtempfangscharakteristik für Mono- bzw. Stereoempfang. Das Ergebnis dieser Bewertungsmethode von UKW-Sendern ist die „nutzbare Feldstärke", die ein Gütemaß für die Versorgungseigenschaft eines Senders darstellt; liegt der Wert der nutzbaren Feldstärke nahe bei dem Wert der Mindestfeldstärke, besitzt der Sender hohe Reichweite und die Ausdehnung des Versorgungsgebietes wird im wesentlichen durch thermisches Rauschen des Empfängers bestimmt. Hohe nutzbare Feldstärken sind ein Indiz für eine Begrenzung der Reichweite eines Senders durch störende Einstrahlungen anderer Sender (Quellmalz 1993, 7ff.).

Neben diesem Analyseverfahren für die Bewertung der Versorgungseigenschaften von UKW-Sendern wurde weiterhin ein Rautengitter als Planungshilfsmittel festgelegt, das in Abständen von 240 km Gleichkanalbetrieb von UKW-Sendern vorsah.

3.3. Strukturierung der Sendernetze

Während die Festlegung der technischen Parameter relativ unproblematisch war, bereitete die Erarbeitung eines Konzepts über die Ausgestaltung der neuen Sendernetzstrukturen erhebliche Schwierigkeiten. Innerhalb der Bundesrepublik konnte Konsens insoweit hergestellt werden, als der Bestand der Sendernetze erhalten, jede Verschlechterung der Versorgung vermieden, und im Bedarfsfall durch Modifizierungen Verbesserungen herbeigeführt werden sollten. Zu letzterem zählten Leistungserhöhungen, Verlagerungen von Sendern zu günstigeren Standorten und das Einplanen von zusätzlichen Sendern mit Lückenfüllaufgaben in Gebieten, deren Topographie ungünstige Bedingungen für die Wellenausbreitung bietet.

Was die Nutzung des Frequenzbandes oberhalb 100 MHz anbelangte, beschritt Baden-Württemberg einen eigenen Weg, der sich wesentlich von den Planungen der anderen Bundesländer und des Auslandes unterschied. Dem Konzept lagen folgende Prämissen zugrunde (Schurig 1990, 319):

(a) Baden-Württemberg sollte ein zusätzliches Sendernetz erhalten, das flächendeckend alle Rundfunkteilnehmer versorgt. Das Netz sollte so strukturiert sein, daß in den zwölf Verwaltungsregionen individuelle Regionalprogramme abgestrahlt werden können (regional richtig versorgende Senderkette).

(b) Gemeinden, mit einer Einwohnerzahl von 25 000 oder mehr sollten eigene lokale Rundfunkstationen erhalten, Ballungsräume, die von ihrer Struktur her Einheiten bilden, sollten mit entsprechend angepaßten Sendern höherer Leistung versorgt werden.

(c) Der Deutschlandfunk sollte in Grenznähe Gelegenheit bekommen, in das Ausland Schaufensterprogramme auszustrahlen. Zusätzlich waren leistungsstarke Sender einzuplanen, die z. B. den lokalen Rundfunksendern Rahmenprogramme zubringen und Gebiete versorgen sollten, die außerhalb der Reichweite der Sender kleiner Leistung liegen (Rumpfkette).

(d) Die Stationierungsstreitkräfte sollten zwei zusätzliche Sender erhalten: in Schwäbisch Gmünd – Mutlangen (AFN) und Söllingen (CFN). Das vorhandene Sendernetz sollte unbeeinträchtigt weiterbestehen.

Um die Eigenart der Planung in Baden-Württemberg hervorzuheben, bietet sich ein Vergleich mit anderen Bundesländern an.

In Hessen sollten landesweit zwei weitere flächendeckende Netze in Betrieb gehen; in Bayern drei; in Nordrhein-Westfalen drei; im Saarland zwei. Für Rheinland-Pfalz wurde ein Modell entwickelt, welches zwei flächendeckende Netze vorsah, wobei ein Teil der Sender zur Lückenfüllung bereits ausgestrahlter Programme dienen sollte.

Im Ausland wurden teilweise völlig andere Konzepte entwickelt: die Niederlande entschieden sich für ein feinmaschiges, dichtes Sendernetz mit zahlreichen Sendern kleiner Leistung, ergänzt durch wenige Hochleistungssender. Frankreich verfolgte ein Konzept, das im wesentlichen auf die kommerzielle Nutzung von Sendern kleiner und mittlerer Leistung ausgerichtet war.

Die schweizerische Verwaltung beabsichtigte, die bestehenden zwei Netze um drei weitere zu ergänzen, diese an kantonale und sprachliche Gegebenheiten anzupassen sowie eine Vielzahl von Sendern kleiner Leistung für kommerzielle Programmanbieter in Betrieb zu nehmen.

Diese Gegenüberstellung zeigt, daß Baden-Württemberg ein Versorgungskonzept mit Augenmaß anstrebte, das verglichen mit der angestrebten sechsfach flächendeckenden Versorgung z. B. in Bayern, Nordrhein-Westfalen oder in der DDR auf eine Flächendeckung mit insgesamt vier Programmen hinauslief, welche durch lokale Sender kleiner Leistung und ein Rumpfnetz ergänzt werden sollte. Dieses Konzept zeichnete sich dadurch aus, daß mit einer hohen Senderdichte, die in einem gebirgigen Land für eine Vollversorgung erforderlich ist, fünf Ketten in der Fläche und lokale Versorgungsschwerpunkte ausgebildet werden sollten.

Das Ergebnis dieser Aktivitäten mündete in ein mit der Landesregierung abgestimmtes Mengengerüst, das als Grundlage für die Ausarbeitung der technischen Merkmale der einzelnen Sender diente; SDR und SWF erhielten den Auftrag des Landes, das Konzept technisch zu konkretisieren.

3.4. Erstellung eines vorläufigen Frequenzplanes für die Bundesrepublik Deutschland

Das abgestimmte Mengengerüst und die technischen Planungsgrundlagen ermöglichten im folgenden Zeitraum bis zur Beginn der Konferenz die Festlegung der Senderstandorte, der Frequenzen, Leistungen und Antennencharakteristiken. Für Baden-Württemberg galt folgender Leitfaden:

(a) Vorhandene Rundfunksenderstandorte werden für neue Sendernetze mitgenutzt.

(b) Die Anzahl neuer Standorte wird möglichst gering gehalten. Der Schutz der Landschaft hat Vorrang; zusätzliche Baumaßnahmen sind zu vermeiden.

(c) Zusätzliche Frequenzen sollen verträglich mit bereits am Standort abgestrahlten Frequenzen sein.

(d) Das regionalisierbare, flächendeckend zusammenschaltbare Netz soll möglichst im Bereich zwischen 100 MHz und 104 MHz angesiedelt sein, um dessen rasche Inbetriebnahme unter Vermeidung von Koordinierungen mit dem Flugnavigationsfunkdienst zu ermöglichen.

Die Bearbeitung dieser Aufgaben war verknüpft mit intensiver Synthese- und Analysetätigkeit aller Rundfunkfachleute innerhalb der Bundesrepublik Deutschland. Die

Schwierigkeit bestand darin, einerseits die Forderung der Länder zu erfüllen, andererseits den Grad der gegenseitigen Störwirkung der landesspezifisch unterschiedlich konzipierten Sendernetze möglichst gering zu halten. Zwar konnte auf statistische Rechneranalysen zur Beurteilung der Wirkung von Verbesserungen der Frequenzplanvarianten zurückgegriffen werden, wobei das Konzept der nutzbaren Feldstärke herangezogen wurde, eine automatisierte Sendernetzsynthese war jedoch global nicht möglich.

Dagegen konnte die Güte der geplanten Versorgung sowie die störende Einstrahlung anderer Sender in Baden-Württemberg vorteilhaft unter Berücksichtigung topographischer Gegebenheiten bewertet werden. Wellenausbreitungsmodelle und Darstellungsmethoden waren in diesem Land zu diesem Zweck soweit entwickelt, daß mit Hilfe von Geländedatenbanken für jeden Senderstandort detaillierte Versorgungskarten hoher Auflösung erzeugt werden konnten. Dies erwies sich als äußerst nützlich, wenn in gebirgigen Landesteilen (Odenwald, Schwäbische Alb, Schwarzwald) Sender optimiert werden mußten; gerade bei Füllsendern und Lokalsendern mit geringer Strahlungsleistung war die Bewertung der Versorgungsgüte mit Hilfe des Konzepts der nutzbaren Feldstärke wenig geeignet. Als konkretes Ergebnis konnte nach sukzessiver Erarbeitung von insgesamt 14 Planvarianten eine abgestimmte nationale UKW-Frequenzliste zusammengestellt werden, deren Positionen als „Requirements" der Bundesrepublik Deutschland dem Internationalen Frequenzregistrierungsbüro (IFRB) termingerecht zugeleitet werden (Scherer 1987, 25).

3.5. Vorkoordinierung mit dem Ausland

Nachdem für die Bundesrepublik Deutschland ein nationaler Rundfunkplan erarbeitet worden war, der den Ansprüchen des Mengengerüstes genügte und gegenseitige Störeinstrahlung auf ein vertretbares Maß begrenzte, wurde bilateral mit den Nachbarländern verhandelt. Frühzeitige Abmachungen bezüglich des Frequenzgebrauchs waren erwünscht, um bereits vor Beginn der Konferenz die nationalen Planungen aufeinander abstimmen und verträglich machen zu können. Besonderes Interesse bestand in Baden-Württemberg an Gesprächen mit Österreich, Frankreich, der Schweiz und der damaligen DDR. Es stellte sich heraus, daß sowohl die Schweiz als auch Frankreich Einstrahlungen vieler deutscher Sender unterbinden wollten. Demgegenüber stellte Österreich ein Konzept der Einstrahlung auf Gegenseitigkeit vor; die damalige DDR verlangte große Reichweiten ihrer eigenen Sender, forderte jedoch keine Reduzierung der Einstrahlung anderer Sender, sofern ihr eigenes Versorgungskonzept unangetastet bliebe.

Trotz großer Anstrengungen, Kompromisse zwischen deutschen Interessen und Planungen der Nachbarländer zu finden, konnte nur ein Bruchteil der Kollisionsfälle gelöst werden, d. h. durch Umplanung der nationalen „Requirements" die Kompatibilität der angestrebten Frequenznutzungen erzielt werden. In einigen Fällen mußte festgestellt werden, daß die Planungen im Ausland nach Bekanntwerden des deutschen Planes dahingehend modifiziert wurden, daß schwerwiegende Kollisionsfälle neu entstanden. Nach Abschluß dieser vierten Planungsphase stand fest, daß mit Reduktionen am deutschen Mengengerüst während der Genfer Konferenz zu rechnen war, weil nur in wenigen Fällen multilaterale Vereinbarungen über den Frequenzgebrauch an Standorten in Grenznähe getroffen werden konnten.

3.6. Die zweite Sitzungsperiode der UKW-Rundfunkkonferenz in Genf

Während der sechswöchigen Sitzungsperiode war ein verbindlicher UKW-Plan auszuarbeiten. Als Arbeitshilfsmittel für eine qualifizierte Modifikation der beim IFRB eingegangenen Frequenzanforderungen aus 75 Ländern, diente ein Rechnersystem, das zur Verträglichkeitsanalyse der geplanten Senderdaten genutzt wurde. Die Arbeit der verschiedenen Expertengruppen bestand darin, die Frequenzanforderungen, Sendermerkmale, Standorte etc. derart zu modifizieren, daß die Störwirkungen auf der Basis von Gegenseitigkeit akzeptiert werden konnten. Fortschritte und Erfolg der Maßnahmen waren den Rechenergebnissen des IFRB zu entnehmen, die auf Mikrofiches an die Delegationen verteilt wurden. Da keine Einigkeit über tolerable Maximalwerte der nutzbaren Feldstärke bestand, verhandelten die Delegationen zäh und führten langwierige Koordinierungsgespräche. Erst am letzten Sitzungstag konnten die Verhandlungsergebnisse fixiert werden.

4. Konferenzergebnisse für Baden-Württemberg

Für das Bundesland Baden-Württemberg wirkte sich der Genfer Wellenplan einerseits durch Eingriffe in die bestehende Versorgung, andererseits durch die Verfügbarkeit zusätzlicher Übertragungskapazität für regionale, landesweite und lokale Senderstrukturen aus (Krank 1985, 1).

4.1. Neue Übertragungskapazitäten

Mit dem Genfer Plan erhielt Baden-Württemberg ein neues flächendeckendes, in Regionen bzw. Verwaltungsbezirke aufteilbares Sendernetz. Mit Frequenzen, die im Bereich 100 MHz bis 104 MHz lagen, war eine rasche Inbetriebnahme nach Inkrafttreten des Frequenzplanes sichergestellt. An den meisten vorgesehenen Senderstandorten waren bereits Sender im Bereich unter 100 MHz in Betrieb. Damit war das Ziel erreicht, eine bereits vorhandene Infrastruktur mitnutzen zu können.

Für den Deutschlandfunk konnten drei Sender an den exponierten Standorten Blauen, Witthoh und Hornisgrinde in den Wellenplan eingebracht werden. Die gewünschte Schaufensterfunktion konnte so realisiert werden. Eine weitere flächenhaft versorgende Senderkette mit leistungsstarken Sendern an insgesamt 11 Standorten (Rumpfnetz) wurde mit Frequenzen oberhalb 104 MHz implementiert. In den Plan eingebracht wurden 73 Senderstandorte für lokalen Rundfunk mit kleiner und mittlerer Leistung, um Ballungsräume und Gemeinden mit einer Mindestgröße von 20000 Einwohnern versorgen zu können. Für die Stationierungsstreitkräfte konnten zusätzliche Sender an den Standorten Schwäbisch Gmünd, Söllingen und Heidelberg notifiziert werden. Es gelang weiterhin, den 100 kW-Sender AFN Stuttgart auf der Frequenz 102.3 MHz von Richt- auf Rundstrahlung umzustellen.

4.2. Eingriffe in den Frequenzbestand

Die beabsichtigte Einführung eines Frequenzrasters von 100 kHz konnte in Baden-Württemberg durchgängig realisiert werden. Der Bestand an Übertragungskapazität wurde im nördlichen Landesteil weiter ausgebaut, während im Westen und Süden Einbußen der Versorgung in Kauf zu nehmen waren. So gelang es einerseits, an den Standorten Ulm und Bad Mergentheim die Strahlungsleistungen der Sender für die Verbreitung der drei Hauptprogramme des SDR deutlich zu erhöhen, Sender des SWF vom Standort Waldburg zu dem höheren Standort Schwarzer Grat zu verlagern und zahlreiche Füllsender (z. B. Karlsruhe, Weinheim, Heilbronn, Nördlinger Ries, Tübingen, Ermstal) einzuplanen; andererseits waren Leistungsreduktionen in Richtung Frankreich (Blauen, Hornisgrinde) und Richtung Schweiz (Witthoh) für die bestehenden Sender aller drei Ketten hinzunehmen. Insbesondere die Versorgungssituation im Bodenseeraum mußte nach Inkrafttreten des Genfer Planes als kritisch bewertet werden, nachdem die Schweiz eine Vielzahl zusätzlicher Sender in Grenznähe eingeplant und von der deutschen Seite eine erhebliche Reduzierung der Einstrahlung in die Schweiz abverlangt hatte. Die Realisierung der vom Ausland verlangten Richtstrahldiagramme erwiesen sich in der Folge als kostenträchtig, zumal sie keine Verbesserung der Versorgung in Baden-Württemberg herbeiführte. Die Maßnahmen ließen sich jedoch rechtfertigen, weil der status quo der baden-württembergischen UKW-Versorgung im Frequenzbereich unterhalb 100 MHz im wesentlichen aufrecht erhalten bleiben konnte und Frequenzen für den Ausbau zusätzlicher Sendernetze im Gegenzug verfügbar wurden.

4.3. Die Umsetzung des Genfer Wellenplans in Baden-Württemberg

Unmittelbar nach Abschluß der zweiten Sitzungsperiode der Genfer Konferenz beantragten die Landesrundfunkanstalten Genehmigungen für den Aufbau und die Inbetriebnahme der leistungsstarken Sender der regionalisierbaren Kette im Bereich 100 MHz bis 104 MHz sowie von Füllsendern im Bereich unter 100 MHz. Die Anträge wurden jedoch von der Deutschen Fernmeldeverwaltung nicht weiter bearbeitet. Ursache war die bevorstehende Verabschiedung des Landesmediengesetzes Baden-Württemberg, das am 12. 12. 1985 vom Landtag beschlossen und im Gesetzblatt von Baden-Württemberg vom 31. 12. 1985 verkündet wurde; das Gesetz schuf im wesentlichen die Rechtsgrundlage für den privaten Rundfunk. Wichtige Bestandteile des Landesmediengesetzes hinsichtlich der Nutzung von UKW-Frequenzen bildeten Abschnitt 2 (Sicherung von Übertragungskapazität für Rundfunk- und rundfunkähnliche Kommunikation) und Abschnitt 9 (Landesanstalt für Kommunikation). Gemäß Mediengesetz erfordert die Verbreitung von Rundfunkprogrammen eine Frequenzzuweisung, über die eine neu zu schaffende Einrichtung des Landes, die Landesanstalt für Kommunikation (LfK) zu entscheiden hat. Deren Kernauftrag besteht in der Aufstellung eines Nutzungsplans.

Gleichzeitig enthielt § 13 dieses Mediengesetzes eine Festschreibung der Programmvielfalt der Landesrundfunkanstalten auf dem Stand vom 31. 12. 1984, was praktisch die Zuweisung neuer Übertragungskapazität (z. B. im Frequenzbereich oberhalb 100 MHz) ausschloß. Hiergegen wandte sich der Süddeutsche Rundfunk mit einer erfolgreichen Klage vor dem Verfassungsgericht (Entscheidung vom 23. 04. 1987), die zu einer späteren Novellierung des Landesmediengesetzes, insbesondere zu der Streichung dieser verfassungswidrigen Bestimmung führte (Wittig-Terhardt/Rüggeberg 1989, 5).

Im ersten Halbjahr 1986 erarbeitete die neugegründete Landesanstalt für Kommunikation den ersten Nutzungsplan, der am 30. 07. 1986 im Gesetzblatt für Baden-Württemberg als Verordnung verkündet wurde. Anlage 2 zu § 7 Absatz 2 listet die UKW-Frequenzen von SWF und SDR auf, Anlage 3 zählt 71 Lokalsenderpositionen und 24 Regionalsender-Frequenzen für private Programmanbieter auf, deren Frequenzpositionen konform mit den Einträgen im Genfer Wellenplan waren. Die Ausschreibung der laut Nutzungsplan für den privaten Rundfunk zugewiesenen Übertragungskapazität wurde im Staatsanzeiger für Baden-Württemberg am 13. 08. 1986 veröffentlicht. Zur sofortigen Nutzung wurden 32 Frequenzen des Genfer Plans für Lokalfunk sowie 19 Frequenzen für Regionalsender ausgeschrieben. Mit einer voraussichtlichen Nutzbarkeit ab Juli 1987 und teilweise auf 160 W beschränkter Leistung waren weitere 18 Frequenzen für lokale Rundfunkanbieter und 4 Frequenzen für Regionalfunk in der Ausschreibung enthalten. Bei der sofort nutzbaren Kapazitätstranche handelte es sich um Frequenzen unter 104 MHz, Frequenzen oberhalb 104 MHz waren zu diesem Zeitpunkt noch nicht abschließend mit dem Flugnavigationsfunkdienst koordiniert und insofern nur unter Vorbehalt nutzbar; die meisten in Genf notifizierten Frequenzen oberhalb 104 MHz hielt die LfK demzufolge als Kapazitätsreserve zurück.

In der folgenden Zeit lizenzierte die LfK private Rundfunkveranstalter und verhandelte parallel mit den Landesrundfunkanstalten über die Zuteilung von Frequenzen aus der Kapazitätsreserve für die Verbreitung öffentlich-rechtlicher Regionalprogramme; am 24. 03. 1987 hatte das Verfassungsgericht seinen Beschluß verkündet und das Regionalisierungsverbot für die Landesrundfunkanstalten aufgehoben. Um eine von SDR und SWF in Aussicht gestellte Normenkontrollklage hinsichtlich der Rechtmäßigkeit des Nutzungsplans zu vermeiden, unterbreitete die Landesanstalt für Kommunikation am 11. 12. 1987 einen Kompromißvorschlag, der einzelne Frequenzpositionen aus der Kapazitätsreserve im Bereich oberhalb 104 MHz für öffentlich-rechtliche Regionalprogramme vorsah. Obwohl mit dieser Übertragungskapazität keine Vollversorgung erzielbar war, empfahl der Rundfunkrat des Süddeutschen Rundfunks am 15. 12. 1987, den Vorschlag anzunehmen, bis zum 31. 07. 1989 auf den Prozeßweg zu verzichten und eine Neuplanung von Frequenzen im gesamten Frequenzbereich zwischen 87.5 MHz und 108 MHz in die Wege zu leiten. Somit waren Anfang 1988 die im Genfer Wellenplan notifizierten Planpositionen für Sender in Baden-Württemberg aus zwei Gründen zu revidieren.

Erstens mußten die kennzeichnenden Merkmale der Regionalsender im Bereich 100 MHz bis 104 MHz neu koordiniert werden, weil die Deutsche Bundespost mit der Abstrahlung der privaten Programme beauftragt worden war. Die Bundespost beabsichtigte, Sender mehrheitlich auf eigenen Standorten zu betreiben. Deren Koordinaten, Masthöhen etc. stimmten jedoch nicht mit den im Genfer Plan notifizierten Senderdaten überein; dieser enthielt die Standortdaten der UKW-Sender der Rundfunkanstalten.

Zweitens enthielt das Kompromißpaket, das mit der Landesanstalt für Kommunikation ausgehandelt war, die Planungsfreigabe für zusätzliche Sender, die für Zwecke des öffentlich-rechtlichen Rundfunks nachkoordiniert werden sollten, sowie Planungsaufträge für Modifikationen der kennzeichnenden Merkmale von Sendern der Kapazitätsreserve (Schröter 1990, 370). Parallel zu diesen nach Artikel 4 des Genfer Abkommens verlaufenden Aktivitäten galt es, die Koordinierung mit dem Flugnavigationsfunkdienst nach Artikel 5 zu forcieren, um die ursprünglich für 1996 vorgesehene früheste Nutzbarkeit von Frequenzen oberhalb von 104 MHz zeitlich vorzuziehen.

Das Ergebnis langjähriger Um- und Neuplanungen war hauptsächlich für die Regionen Bodenseeraum/Hochrhein und Nordbaden erfolgreich. Im wesentlichen wurde die Verlagerung des Plansenders vom Standort Schwarzer Grat zum bayerischen Standort Grünten, die Nachplanung von leistungsstarken Frequenzen an den Standorten Witthoh und Wannenberg erzielt sowie die Verlagerung einer Frequenz von Mühlacker nach Ettlingen/Karlsruhe mit Nachplanungen von leistungsstarken Sendern in Pforzheim, Mühlacker und Maulbronn. Die Deutsche Bundespost konnte die Umkoordinierung aller Regional- und Lokalsender auf eigene Standorte realisieren. Allerdings mußte teilweise auf Senderreichweite verzichtet werden, teilweise konnten jedoch auch die Sendegebiete für den Lokalfunk durch Leistungserhöhungen und durch Nachplanung von Füllsendern mittlerer und kleinerer Leistungen verbessert werden.

Umfangreiche Aktivitäten im Bereich der Frequenzplanung führten so zu zahlreichen Verbesserungen der Hörfunkversorgung; die wirtschaftliche Lage der privaten Hörfunkanbieter entwickelte sich dennoch nicht zufriedenstellend. Die Landesanstalt für Kommunikation revidierte deshalb nach vorangegangener Änderung des Mediengesetzes die Rahmenbedingungen für den privaten Rundfunk dahingehend, daß eine Konzentration des regionalen Privatfunks auf drei Bereichssender mit größeren Senderketten und des lokalen Privatfunks auf 14 regionale Senderketten vorgenommen werden sollte. Um die Frequenzausstattung für private Rundfunkveranstalter zu verbessern, wies die Landesanstalt für Kommunikation die für öffentlich-rechtliche Regionalprogramme reservierten Rumpfnetzfrequenzen aus der Kapazitätsreserve oberhalb 104 MHz für private Veranstalter nutzungsplanmäßig aus. Dies stellte einen Bruch der im Kompromißpaket enthaltenen Linie für die Vergabe und Zuweisung von Frequenzen dar. Daraufhin reichten die Landesrundfunkanstalten Klage ein. Der Landesverwaltungsgerichtshof Mannheim entschied die Normenkontrollklage zugunsten des öffentlich-rechtlichen Rundfunks und bestätigte die Auffassung des Süddeutschen Rundfunks, daß die Verbreitung von Regionalprogrammen Bestandteil der Grundversorgung sei. Nachdem die Revision des Urteils durch den Bundesverwaltungsgerichtshof in Berlin im folgenden Jahr verworfen wurde, wies die LfK die letzten leistungsstarken UKW-Frequenzen des Genfer Plans im Jahre 1995 für Zwecke der Landesrundfunkanstalten aus; der Regelbetrieb begann nach kurzer Zeit.

5. Wertende Analyse der Ergebnisse der Genfer Wellenkonferenz 1984 und Vorschau

Das Ergebnis der Genfer Wellenkonferenz bildete die Grundlage für das Entstehen des privaten Rundfunks in Baden-Württemberg. Die medienpolitisch gewünschte Ausprägung von regionalen und lokalen Versorgungsstrukturen erhielt in Genf eine gesicherte fernmelderechtliche Basis. Die ursprünglichen Notifizierungen der Frequenzpositionen, hauptsächlich im Bereich 100 MHz bis 107.9 MHz, haben sich jedoch keineswegs als statisch erwiesen. Hierzu haben zahlreiche Modifikationen, Umplanungen und Ergänzungen in dem folgenden Zeitraum von etwa 10 Jahren beigetragen. Die unterschiedlichen Zielstellungen innerhalb des dualen Rundfunksystems, nämlich die Herstellung der Vollversorgung mit den bestehenden drei öffentlich-rechtlichen Hauptprogrammen und deren Erweiterung auf flächendeckende Verbreitung von Regionalprogrammen einerseits, sowie die Schaffung eines auf stabilem wirtschaftlichen Fundament stehenden privaten Regional- und Lokalfunks andererseits, führten zu einer Dynamisierung der baden-württembergischen Einträge des Genfer Wellenplans. Es ist evident, daß die Artikel 4 und 5 für die Entwicklung des Rundfunks in Baden-Württemberg von großer Tragweite waren, weil sich die Nachplanung von Sendern und Frequenzen als medienpolitisch unvermeidbar herausstellte. Vergleicht man den erreichten Ausbaustand der UKW-Sendernetze in Baden-Württemberg im Jahre 1997 mit dem Mengengerüst des Jahres 1984, erkennt man klar die Abkehr von einem ursprünglich gewünschten, diversifizierten Lokalfunkkonzept mit ca. 75 Kleinleistungssendern und die Hinwendung zu einem Versorgungskonzept mit regionaler und landesbezogener Strukturierung. Die sendertechnische Ausprägung dieser Entwicklung wäre noch deutlicher im fortgeschriebenen Genfer Wellenplan sichtbar, würden die konservierenden Schutzmechanismen für originäre Notifizierungen weniger scharf greifen. Dieser Schutz der Reichweiten bestehender Sender ist Kern von Artikel 4, der in Verbindung mit den im Plan-Anhang notifizierten nutzbaren Feldstärken jedes Plansenders verhindert, daß zusätzliche störende Einstrahlungen eine bestehende Versorgung beeinträchtigen.

Aus heutiger Sicht prägt der Genfer Frequenzplan aus dem Jahre 1984 noch immer entscheidend die Ausgestaltung des dualen Rundfunksystems im Bundesland Baden-Württemberg; wesentliche Änderungen der technischen Merkmale von Hochleistungssendern bzw. die Einplanung zusätzlicher Sender sind aufgrund der Schutzmechanismen des Artikel 4 nicht zu erwarten. Insofern schreibt der Plan Genf '84 solange die Zukunft des UKW-Rundfunks in Baden-Württemberg fest, bis eine neue Planungskonferenz nach etwa 20 Jahren Laufzeit des Genfer UKW-Abkommens zusammentritt. Soweit heute erkennbar, wird ein neuer Frequenzplan für die Verbreitung des analogen (frequenzmodulierten) Tonrundfunks jedoch nur ein Unterpunkt der Agenda sein; voraussichtlich werden die Einführung eines digitalen Übertragungsverfahrens und die Einplanung von hierfür erforderlichen Frequenzen vorrangig behandelt werden.

6. Literatur

Kienast, Dietmar, Die zweite Sitzungsperiode der Regionalen UKW-Rundfunkkonferenz. In: RTM 29, 2, 1985, 108–111.

Krank, Wolfgang, Bericht an die Landesregierung von Baden-Württemberg über die Ergebnisse der Planungskonferenz für den UKW-Rundfunkdienst, Genf 1984. Baden-Baden 1985.

Prosch, Theodor, Zur Situation des UKW-Tonrundfunks in Baden-Württemberg nach der Genfer Wellenkonferenz. In: Regionalisierung im Hörfunk, Südfunk-Hefte, 11. Hrsg. v. Süddeutschen Rundfunk. Stuttgart 1985, 100–123.

Quellmalz, Achim, Graphenorientierte Planung von Sendernetzen. In: Südwestfunk Schriftenreihe Rundfunktechnik Band 3. Hrsg. v. Wolfgang Krank. Baden-Baden 1993, 7–15.

Scherer, Joachim, Frequenzverwaltung zwischen Bund und Ländern. In: Beiträge zum Rundfunkrecht, 39. Hrsg. v. Hessischen Rundfunk. Frankfurt a. M. 1993.

Schröter, Christian, Frequenzgerangel, zur Entwicklung und Problematik der baden-württembergischen Frequenz-Zuteilung im UKW-Hörfunkbereich. In: Massenmedien in Baden-Württemberg, 17. Hrsg. v. Hans-Peter Biege. Stuttgart 1990, 359–374.

Schurig, Christian, Entwicklung des privaten Rundfunks in Baden-Württemberg. In: Massenmedien in Baden-Württemberg, 17. Hrsg. v. Hans-Peter Biege. Stuttgart 1990, 318–324.

Wittig-Terhardt, Margret/Jörg Rüggeberg, Das Landesmediengesetz Baden-Württemberg vor dem Bundesverfassungsgericht, Dokumentation des Verfahrens über die Verfassungsbeschwerden des SDR und SWF. Baden-Baden 1989.

Radio Regulations, International Telecommunication Union, (UIT). Genf 1990.

Theodor Prosch, Stuttgart
(Deutschland)

183. Das Digitale Radio DAB

1. Einführender Überblick
2. Das Tonkodierverfahren nach MPEG-1 bzw. MPEG-2 Layer 2
3. Das Übertragungsverfahren COFDM
4. Der DAB-Multiplex
5. Programm- und Abstimminformation
6. Stand der Standardisierung und Einführung
7. Literatur

1. Einführender Überblick

1.1. Gegenstand und Abgrenzung, Literatur

Digital Audio Broadcasting, DAB, ist ein digitales Übertragungssystem, das die Aussendung von Daten durch terrestrische und satellitengestützte Sender im Frequenzbereich 30 MHz–3 GHz und den Empfang dieser Daten mit mobilen, portablen und stationären Empfängern erlaubt. Bei der Entwicklung des Systems in den 1980er Jahren dachte man vorallem an die Nutzung des Systems für digitalen Hörrundfunk und programmbegleitende Zusatzdaten. Hierfür sind die Systemparameter und die Signalisierung der Programm- und Abstimmorganisation ausgelegt, wie sie in der DAB-Spezifikation (EN 300 401) definiert sind. Allerdings ist das Übertragungsverfahren auch für andere Anwendungen geeignet, z. B. Übertragung von Stand- und Bewegtbildern (Hallier/Lauterbach/Unbehaun 1994), Datendiensten (Thiele 1995), elektronischen Zeitungen (Zeller/Bock 1996), Multimediadiensten (Lauterbach/Unbehaun/Stierand u.a. 1996, Olsson/Rebhan/Wergeland u.a. 1996), in Kombination mit einem bidirektionalen Kommunikationssystem, z. B. GSM-Funktelefon, sogar für interaktive Anwendungen (Unbehaun 1996; Lauterbach/Unbehaun u.a. 1997). In diesem Zusammenhang wird auch die Bezeichnung „Digital Multimedia Broadcasting" (DMB) verwendet (Siegle 1995). Die Einführung solcher Dienste ist technisch gelöst, inwieweit sie medienrechtlich möglich sein wird, kann und soll im Rahmen dieses Artikels nicht diskutiert werden. Ebensowenig kann auf die unterschiedlichen möglichen Ansätze zur technischen Realisierung eines solchen Systems eingegangen werden. In Europa, aber auch in weiten Teilen der Welt beginnt sich das in diesem Artikel beschriebene DAB-System durchzusetzen, das im Rahmen des Eureka 147-Projekts entwickelt und durch das europäische Normungsinstitut ETSI standardisiert wurde.

Hinsichtlich der Literatur zu DAB sei zunächst auf die Monographien von Hoeg/Lauterbach (2001), Freyer (1997) und Lauterbach (1996) verwiesen, ferner auf eine Reihe von zusammenfassenden Übersichtsartikeln (Schulze 1997; Kozamernik 1995; Schneeberger 1992 und Schulze 1991). Ferner sei auf die Beiträge in den Tagungsbänden einer Reihe von Fachtagungen hingewiesen, die hier nur aufgelistet werden können: First International Symposium on DAB, Montreux, 1992; Second International Symposium on DAB, Toronto, 1994; Third International Symposium on DAB, Montreux, 1996; International Academy of Broadcasting: In-depth seminar on technical aspects of DAB, Montreux 1995; ITG-Fachtagung Hörrundfunk, Mannheim 1995, Kleinheubacher Tagung 1996. Weiterhin sei hingewiesen auf die Schriftenreihe der DAB-Plattform e. V., die eine große Breite von DAB-relevanten Themen abdeckt. Darstellungen zu Teilaspekten des DAB-Systems sind zahlreich, so daß ebenfalls nur eine Auswahl genannt werden kann: zur Tonkodierung sei auf die Arbeiten von Brandenburg/Stoll (1994), Schröder/Spille (1994) und Stoll (1994), sowie auf die grundlegenden Arbeiten von Zwicker/Feldkeller (1967) hingewiesen, ebenso auf die Zusammenstellung von Mlasko/Unbehaun (1996), an die sich die Darstellung des Abschnitts 2 dieses Artikels anlehnt. Im Hinblick auf DAB-Kanalkodierung und Modulation ist die Arbeit von Hagenauer (1988) ebenso fundamental wie die von Weinstein/Ebert (1971). Darüberhinaus sei auf Le Floch/Alard/Berrou (1995) für eine theoretische Darstellung hingewiesen, weiterhin auf die Arbeiten von Alard/Lassale (1987); Le Floch/Halbert-Lassale/Castelain (1989) und Wächter (1992) für eine Zusammenfassung des Standes der DAB-spezifischen Auslegung des COFDM-Systems sowie die der Beschreibung in Abschnitt 3 dieses Artikels zugrundeliegende Darstellung von Schrader/Stepen (1996). Über die ersten Konzepte und Experimente zu einem DAB-System, das alle wesentlichen Elemente des später spezifizierten Systems bereits enthält, berichten Dosch (1989) und Pommier/Ratliff/Meier-Engelen (1990).

Wichtige Aspekte der DAB-Implementierung können in diesem Artikel nicht behandelt bzw. nur gestreift werden, so daß nur auf eine Literaturauswahl verwiesen werden kann. Dies betrifft die Thematik der Empfängerkonzepte (Amor 1996; Schneiders 1996; Taura/Tsujishita/Takeda u.a. 1996), der Sendernetzarchitektur (Titze 1996) und der Netzplanung (Brugger 1994; Lau/Williams 1992), und ihre Verifikation durch Feldstärke- (Großkopf 1995; Lau/Pausch/Stelle u.a. 1993) und Versorgungsmessungen (Frieling/Lutter/Schulze 1996; Becker/Wiesbeck 1995).

Zum Abschluß dieser Einführung sei noch folgender Hinweis erlaubt: praktisch alle Spezialbegriffe im Zusammenhang mit DAB wurden während der Systementwicklung in englischer Sprache geprägt. Diese werden als solche in diesem Artikel verwendet, insbesondere um den Anschluß an Spezifikationstexte und englischsprachige Fachveröffentlichungen zu erleichtern.

1.2. Anforderungen an ein digitales Rundfunksystem

Bevor in den folgenden Abschnitten auf die Technik des DAB-Übertragungsverfahrens eingegangen wird, sollen zunächst die wesentlichen Anforderungen an ein neues digitales Rundfunksystem, wie es DAB ist, genannt werden (ITU-R 1995). Ein solches System hat die durch die hohe Mobilität der Menschen in den Industriegesellschaften und das große Informations- und Unterhaltungsangebot der elektronischen Medien entstehenden Bedürfnisse zu befriedigen. Bisherige Rundfunksysteme bieten verläßlichen hochqualitativen Empfang nur stationär und können mit den gestiegenen Anforderungen an die Tonqualität, die sich am Beispiel der Compact Disc orientieren, nicht konkurrieren. Auch für die entstehenden digitalen Multimedia-Dienste der Datenautobahn ist Mobilität wünschenswert, und dazu sind digitale drahtlose Verteiltechniken, wie DAB sie bietet, erforderlich. Neue Digitale Übertragungsverfahren sind erheblich frequenz- und leistungsökonomischer als die herkömmlichen analogen Techniken. Dies ist für den zukünftig möglichen Umfang der terrestrischen Rundfunkversorgung entscheidend, da diese vorallem Spektrum im Bereich unterhalb von 1 GHz nutzt, das besonders gut für mobile Dienste geeignet und deshalb stark nachgefragt ist.

Die Forderung nach Frequenzökonomie hat zur Konsequenz, daß die Datenrate bzw. der Datenumfang der Quellen (z. B. Ton, Bild, Bewegtbild) erheblich reduziert wird. Mit dem gegenwärtigen Stand der Technik kann eine CD-vergleichbare Tonqualität bei Datenraten von ca. 160–256 kbit/s für ein Stereosignal erwartet werden, für ein Fernsehbild mit hinreichender Qualität sind 1,5–3 Mbit/s erforderlich. Damit eine bestimmte Empfangsqualität erreicht wird, muß bei digitalen Systemen ein erheblich geringerer Rauschabstand erreicht werden als bei analogen, da durch die digitale Signalverarbeitung Übertragungsfehler korrigiert werden können. Sender eines digitalen Netzes benötigen deshalb nur eine im Vergleich zu analoger Übertragung geringe Leistung. Daher kann ein digitales Netz erheblich leistungsökonomischer betrieben werden als ein analoges, und dies ist sowohl hinsichtlich der Energiekosten als auch der elektromagnetischen Umweltverträglichkeit bedeutsam.

Schließlich muß ein neues Rundfunksystem für die unterschiedlichen Verbreitungsgebiete von Rundfunkprogrammen (lokal/regional/national/international) geeignet sein, da anderenfalls kaum mit einer Akzeptanz durch den Verbraucher gerechnet werden kann.

Zusammenfassend können als wichtigste Kriterien, die für die Entwicklung von DAB relevant waren, genannt werden: sicherer Empfang im Auto und mit tragbaren Geräten, CD-vergleichbare Tonqualität, frequenzökonomisch durch Tondatenreduktion, leistungsökonomisch durch geeignetes Übertragungsverfahren und Kodierung, Eignung für internationalen, nationalen, regionalen und lokalen Rundfunk, zukunftssicher durch Multimedia-Tauglichkeit.

Das in diesem Artikel beschriebene DAB-System, das international als „Eureka 147" DAB-System oder auch „Digital System A" bekannt ist, ist bislang das einzige, das diese Anforderungen erfüllt und für das die internationale Fernmeldeunion (International Telecommunications Union, ITU) eine Empfehlung ausgesprochen hat.

1.3. DAB-Systemüberblick

Ein digitales Hörfunkübertragungssystem besteht im wesentlichen aus den drei Komponenten Tondatenreduktion, Multiplexbildung und Kanalkodierung/Modulation. Für die Übertragung multimedialer Inhalte sind gegebenenfalls weitere Quellkodierverfahren für Bilder und Video sowie zur Textdarstellung erforderlich, ebenso die Übertragung von Informationen zur Ablaufsteuerung. Einen Überblick über diese Verfahren wurde andernorts gegeben (Lauterbach 1997). Man hat sich bei DAB für die Tonkodierung an den Internationalen Standards „Information technology – Coding of moving pictures and associated audio for digital storage media up to about 1.5 Mbit/s" (ISO 11172-2), bekannt als „MPEG-1" bzw. „Information technology – Generic Coding of moving pictures and associated audio" (ISO 13818-2), bekannt als „MPEG-2", orientiert. In DAB übernommen wurde jeweils der „Layer 2", der einen Kompromiß zwischen Komplexität und erzielbarer Kompression darstellt. Es können relativ kurze Verzögerungszeiten bei der Kodierung und Dekodierung erreicht werden. Typische Datenraten sind 128–384 kbit/s für Mono-, Stereo- und Mehrkanalübertragung. Als Modulationsverfahren wird Coded Orthogonal Frequency Division Multiplexing (COFDM) verwendet, wobei eine Bandbreite von 1,5 MHz festgelegt wurde und vier verschiedene Parametersätze definiert sind, um das System für Mobilempfang zwischen 30 MHz und 3 GHz verwendbar zu machen. COFDM ist ein Vielträgerverfahren, das besonders gut für die Übertragung im Mobilfunkkanal geeignet ist. Zur Korrektur der auftretenden Übertragungsfehler werden bei DAB ratenkompatible punktierte

Faltungskodes mit typischen Koderaten zwischen ¼ und ¾ eingesetzt. Die Gesamtdatenrate beträgt (ohne Kanalfehlerschutz) 2,4 Mbit/s, wodurch angesichts der genannten Datenraten für eine Tonübertragung eine Multiplexbildung mehrerer Programme möglich wird. Hierfür wurde eine flexible Aufteilung der Übertragungskapazität auf eine Vielzahl von Sub-channel vorgenommen, in denen unabhängig voneinander Ton- und Datenprogramme unterschiedlicher Datenrate und mit unterschiedlich starkem Fehlerschutz übertragen werden können. Die Gesamtheit der auf einem DAB-Multiplex übertragenen Programme nennt man Ensemble.

Da der Multiplex flexibel ist, muß den Empfängern mitgeteilt werden, wie der Multiplex des gerade empfangenen DAB-Ensembles konfiguriert ist bzw. wann und wie er ggf. umkonfiguriert wird. Dies geschieht im Fast Information Channel (FIC). Dort werden auch alle sonstigen Daten übertragen, die für die Bedienung und Steuerung des Empfängers erforderlich sind, z.B. Sendernamen und alternative Frequenzen.

Zur Erzeugung eines DAB-Signals werden die einzelnen Hörfunkprogramme mit Audio-Kodern datenreduziert. Dann wird durch die Kanalkodierung die für die Fehlerkorrektur im Empfänger benötigte Redundanz hinzugefügt und eine Zeitverwürfelung durchgeführt. Mehrere Datendienste können in einem Paket-Multiplex zusammengeführt werden, dieser wird dann ebenfalls der Kanalkodierung zugeführt. Die kanalkodierten Daten der Sub-channel werden mit den Fast Information Channel (FIC)-Daten, die den Aufbau des Multiplex und Programminformationen enthalten, zusammengeführt und schließlich COFDM-moduliert. Dies erfolgt in der Regel digital durch eine (inverse) Fast Fourier-Transformation (iFFT). Das Signal wird digital/analog – gewandelt, auf die entsprechende Sendefrequenz gemischt, verstärkt, gefiltert und abgestrahlt.

Im Empfangsgerät wird das DAB-Antennensignal im Hochfrequenzteil in eine Zwischenfrequenzlage gebracht, gefiltert und digitalisiert. Anschließend werden die Informationen auf den einzelnen COFDM-Trägern zurückgewonnen (in der Regel wiederum durch eine FFT). Hier braucht im Prinzip nur der Teil der Daten ausgewertet werden, der die gewünschten Programme enthält. Nach der Fehlerkorrektur (i.a. durch Viterbi-Dekodierung) werden die Daten entweder zu einem Audio-Dekoder weitergeleitet, der daraus das Tonsignal wiedergewinnt, oder aber über eine geeignete Datenschnittstelle zur weiteren Nutzung ausgegeben. Die FIC-Daten werden zur Steuerung und Bedienung des Empfängers genutzt.

2. Das Tonkodierverfahren nach MPEG-1 bzw. MPEG-2 Layer 2

Wie in 1.1. erwähnt, ist eine zentrale Forderung an das neue Rundfunksystem DAB die Tonwiedergabe in „CD-vergleichbarer Qualität". Die Tonwiedergabe wird als subjektiv sehr gut empfunden, wenn ein Frequenzbereich von ca. 20 Hz bis 20 kHz übertragen werden kann. Nach dem Abtasttheorem wird daher eine Abtastfrequenz von ≥ 40 kHz benötigt. Für reine Sprache genügt eine Bandbreite von ca. 10 kHz, so daß gegenüber Musik die Abtastfrequenz halbiert werden kann. Die subjektive Qualität ist außerdem vom Rauschen abhängig, das dem Signal überlagert ist. Bei der Quantisierung der Abtastwerte ist deshalb eine Auflösung von 16 Bit je Wert nötig, um das Quantisierungsrauschen unterhalb der Wahrnehmungsgrenze zu halten und einen hinreichend großen Dynamikumfang zu erreichen. Wegen der Forderung nach Frequenzökonomie ist es nicht möglich, die aus diesen Forderungen resultierende Datenrate von ca. 1,5 MBit/s für ein Stereo-Tonsignal zu übertragen. Die deshalb anzuwendende Reduktion der Tondatenrate beruht auf zwei Grundprinzipien:

(a) Nutzung psychoakustischer Erkenntnisse über die Wahrnehmung des menschlichen Ohres zur Entfernung unhörbarer Komponenten aus dem Tonsignal (Irrelevanzreduktion)
(b) Verwendung mathematischer Methoden zur möglichst effektiven Darstellung der zu übertragenden Restdatenströme (Redundanzreduktion)

Die Anwendung dieser Methoden erfordert einen hohen Aufwand an Rechenleistung bei der Kodierung der Tonsignale, die erst durch die in den letzten Jahren stark gestiegene Leistungsfähigkeit integrierter Schaltungen möglich wurde.

Für das DAB-System wurde, wie in 1.3. erwähnt, das MPEG-1 bzw. MPEG-2 Layer 2-Verfahren gewählt.

183. Das Digitale Radio DAB

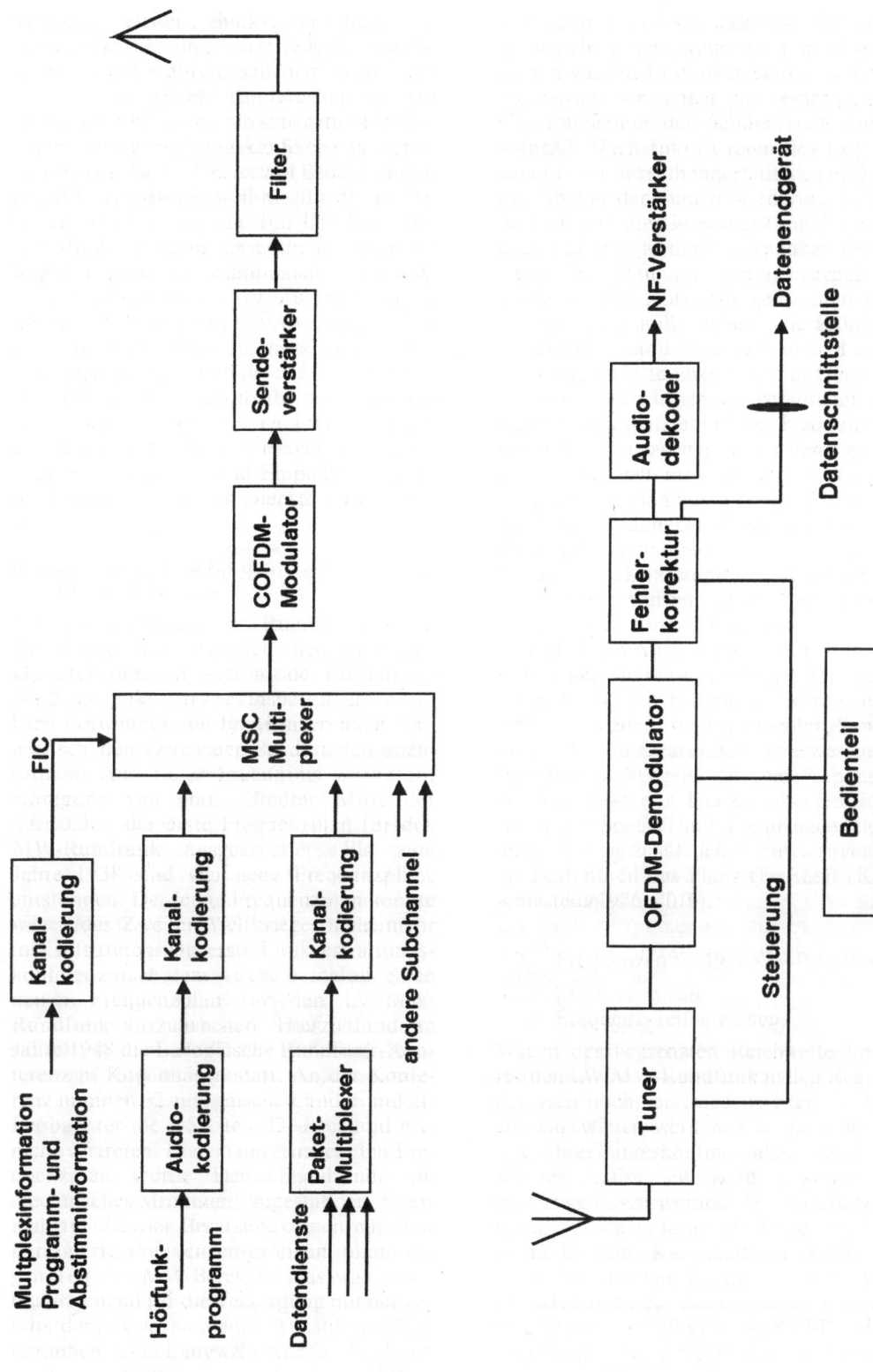

Abb. 183.1: Blockschaltbild DAB-Signalerzeugung und DAB-Empfänger

Die Kodierung erfolgt bei diesem Verfahren in den Komponenten Filterbank, psychoakustisches Modell, Bitzuweisung, Quantisierung und Bitstromformatierung: die digitalen Tondaten werden blockweise in der Filterbank vom Zeitbereich in Teilbänder des Frequenzbereichs transformiert. Mit Hilfe des psychoakustischen Modells wird die benötigte Bitzuweisung für jedes Teilband ermittelt. Das psychoakustische Modell beruht auf umfangreichen Untersuchungen über die Wahrnehmung des menschlichen Gehörs (Zwicker/Feldkeller 1967). Ein Geräusch geringer Lautstärke wird nicht wahrgenommen, wenn ein spektral benachbartes Geräusch größerer Intensität auftritt. Dieser Effekt wird als Verdeckung bezeichnet. Wegen der Verdeckung kann man einen frequenzabhängigen Schwellwert bestimmen, der durch den spektralen Verlauf des Tonsignals gegeben ist, unterhalb dem z. B. Rauschen oder Töne vom Signal völlig verdeckt werden und für das Ohr nicht wahrnehmbar sind. Dieser Wert wird als Mithörschwelle bezeichnet.

Bei der Tondatenreduktion wird die Mithörschwelle in jedem Teilband berechnet, ebenso werden die tonalen und atonalen Signalkomponenten bestimmt, die nicht durch andere verdeckt sind. Je nach der zur Verfügung stehenden Anzahl von Bits (bestimmt durch die vorgegebene Datenrate) erfolgt die Quantisierung in den Teilbändern, wobei angestrebt wird, das Quantisierungsrauschen in jedem Teilband unterhalb der Mithörschwelle zu halten. Falls dies nicht möglich ist, muß eine optimale Verteilung der Bits gefunden werden, so daß die hörbaren Störungen gering bleiben. Auch hierbei werden psychoakustische Erkenntnisse genutzt, um unvermeidbare Artefakte nur dort zuzulassen, wo sie subjektiv am wenigsten störend sind, üblicherweise in den höchstfrequenten Teilbändern. Für jedes relevante Teilband werden zur effektiven Darstellung der Amplituden der Spektrallinien drei Skalenfaktoren berechnet. Dazu wird das Maximum der Absolutwerte von aufeinanderfolgenden Werten bestimmt. Aus einer Skalenfaktorentabelle wird dann der kleinste Faktor gesucht, der gerade über dem Maximum liegt. Bei einer Kodierung der Skalenfaktoren mit 6 Bit beträgt der erreichbare Dynamikbereich 120 dB.

Die Bitstromformatierung schließlich erzeugt den in MPEG standardisierten Datenstrom, der aus Rahmen (Abb. 183.2) besteht, die bei der für DAB vorgesehenen Abtastrate von 48 kHz jeweils die kodierten Daten für 24 ms (48 ms bei halbierter Abtastrate) enthalten. Die Rahmen bestehen aus einem Header einschließlich einem Cyclic Redundancy Check (CRC) zur Fehlererkennung, Information über die Bitzuweisung für die Teilbänder, den Skalenfaktoren und den quantisierten Abtastwerten. Zusätzlich enthält der DAB-Tondatenrahmen die CRC-Bytes für die Skalenfaktoren und ein Feld für die Übertragung von programmbegleitenden Zusatzdaten (Programme Associated Data, PAD).

Für die Tonkodierung sind neben der Verarbeitung eines Kanals (Single Channel Mode) drei weitere Möglichkeiten für die Verarbeitung von Stereosignalen verfügbar. Im „Dual Channel"-Betrieb werden die zwei Kanäle als vollkommen voneinander unabhängig betrachtet, wohingegen im „Stereo"-Betrieb die Korrelation von linker und rechter Signalkomponente zur weiteren Verringerung der Datenrate ausgenutzt wird. Im „Joint Stereo"-Betrieb schließlich wird zusätzlich die Erkenntnis genutzt, daß das menschliche Ohr höhere Frequenzen (über 2 kHz) nur mit eingeschränkter Richtungsauflösung orten kann.

Durch die Übertragung zusätzlicher Informationen als programmbegleitende Daten kann u. a. eine Anpassung der Signaldynamik an die jeweilige Hörumgebung (zu Hause, im Auto, Walkman) erfolgen. Über eine Anpassung der Skalenfaktoren ist die individuelle Einstellung der Wiedergabedynamik im Empfänger möglich. Hierbei werden im MPEG-Dekoder die Skalenfaktoren jedes Rahmens mit einem frequenzunabhängigen Koeffizienten, der innerhalb der programmbegleitenden Daten am Ende des Rahmens übertragen wird, multipliziert (dies entspricht einer breitbandigen Verstärkungs-

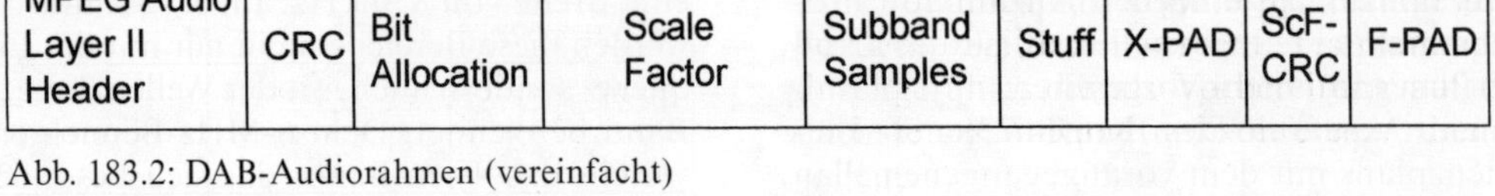

MPEG Audio Layer II Header	CRC	Bit Allocation	Scale Factor	Subband Samples	Stuff	X-PAD	ScF-CRC	F-PAD

Abb. 183.2: DAB-Audiorahmen (vereinfacht)

regelung). Da im Studio der zukünftige Verlauf des Signals bekannt ist, kann durch dieses Verfahren eine glatte, vorausschauende Regelung der Verstärkung erfolgen, die keine störenden Sprünge aufweist.

Bei der DAB-Anwendung von MPEG ist es wichtig, die Einflüsse von Übertragungsfehlern zu kennen und im Empfänger so gut wie möglich durch ein „Concealment" zu verschleiern. Die Skalfaktoren sind besonders empfindlich gegenüber Bitfehlern bei der Übertragung, da mit einem Skalfaktor die Amplituden vieler benachbarter Spektrallinien normiert werden. Deshalb sind im DAB-System für die Skalfaktoren gegenüber MPEG zusätzliche CRC-Worte zur Fehlererkennung vorgesehen. Ferner werden die empfindlicheren Daten bei der Übertragung mit einem stärkeren Kanalfehlerschutz (siehe 3.) versehen als die Teilband-Abtastwerte, bei denen sich Fehler weniger störend bemerkbar machen (Weck 1993). Bei Störungen der Skalfaktoren kann der Empfänger die entsprechenden Werte des vorhergehenden Rahmens wiederverwenden. Häufen sich solche Fehler oder treten Fehler im Header auf, so ist eine Stummschaltung erforderlich.

Eine erwähnenswerte Eigenschaft des Tonkodierverfahrens nach MPEG ist, daß die Implementierung des Enkoders erheblich aufwendiger ist als die des Dekoders. Die Sorgfalt, mit der die Mithörschwelle und die Bitzuweisung berechnet werden, hat direkten Einfluß auf die Qualität des rekonstruierten Signals. Dies ist vorteilhaft bei einer Rundfunkanwendung, da nur eine kleine Anzahl der aufwendigen Koder bei den Programmanbietern benötigt wird, denen eine sehr große Anzahl von einfachen und damit kostengünstigen Dekodern in den DAB-Empfängern gegenübersteht.

Ein weiterer Gesichtspunkt betrifft die objektive und subjektive Qualität der dekodierten Tonsignale. Die klassische Charakterisierung durch den Signal-Geräusch-Abstand ist hierfür nur eingeschränkt aussagefähig. Vielmehr muß die „Hörbarkeit" von Codierungsfehlern berücksichtigt werden. Dazu können die Parameter „Noise to Mask Ratio" (NMR), d.h. der Abstand des Rauschens von der Mithörschwelle, und „Signal to Mask Ratio" (SMR) d.h. der Abstand der Signalamplitude von der Mithörschwelle herangezogen werden. Die Verfahren zur Messung dieser Größen beruhen auf der Analyse des psychoakustischen Verdeckungseffektes in jedem Teilband. Rauschen in Teilbändern unterhalb der frequenzabhängigen Mithörschwelle ist nicht wahrnehmbar, während weißes Rauschen gleicher Amplitude deutlich hörbar hervortreten würde. Zur Bestimmung der subjektiven Qualität der Kodierung wurden umfangreiche Hörtests vorgenommen. Es ergab sich, daß bei dem MPEG-1 Layer 2-Verfahren bei einer Datenrate von 256 kbit/s für ein Stereoprogramm kein hörbarer Unterschied zwischen dem Original und einem MPEG-kodierten Signal festzustellen ist. Bei einer Datenrate von 192 kbit/s bleibt die Transparenz für die meisten Audiostücke noch immer erhalten, lediglich bei einigen kritischen Testpassagen treten gerade noch wahrnehmbare, aber nicht störende Unterschiede zum Original auf. Zu beachten ist auch, daß höhere Bitraten Reserven für die Nachbearbeitung oder Mehrfachkodierung bieten. Für reine Sprachprogramme genügt eine geringe Bandbreite des übertragenen Signals. Dafür ermöglicht der MPEG-Standard eine Betriebsart mit halbierter Bandbreite und Abtastrate. Auch diese Erweiterung wurde inzwischen in die DAB-Spezifikation übernommen.

3. Das Übertragungsverfahren COFDM

Die Übertragung zwischen Sender und mobilen bzw. tragbaren Empfängern mit Rundstrahlantenne ist dadurch gekennzeichnet, daß das abgestrahlte Signal den Empfänger auf unterschiedlichen Wegen erreicht, z.B. durch die Reflexion des Signals an Bergen, Gebäuden, usw., im Gleichwellennetz auch durch Signalanteile weiter entfernter Sender. Hierdurch entsteht ein Interferenzmuster, wobei unterschiedliche Frequenzen unterschiedlich gut zu einem festen Standort übertragen werden (Frequenzselektivität). Die spektrale Breite, die in etwa vergleichbare Übertragungseigenschaften aufweist („Kohärenzbandbreite") ist proportional zur Wegdifferenz bzw. zum Kehrwert der Laufzeitdifferenz (im Mobilfunkkanal in Städten einige µs, in hügeligem Gelände einige 10 µs, im Gleichwellennetz bis zu mehreren 100 µs). Durch die unterschiedliche Länge der Wege treffen die einzelnen Signalteile auch zu unterschiedlichen Zeiten am Empfänger ein, so daß es zu Intersymbolinterferenzen kommt. Diese wirken sich insbesondere dann stark aus, wenn die Laufzeitdifferenzen in die

Größenordnung der Symboldauer kommt, bei Einträgerübertragung also bei Übertragungsraten von einigen Mbit/s. Bewegt sich der Empfänger durch das Interferenzmuster, entsteht zusätzlich eine Zeitabhängigkeit der Übertragung auf jeder Frequenz. Die Zeit, für die sich die Übertragung nur geringfügig ändert, ist durch den Kehrwert der maximalen Dopplerverschiebung $f_{max} = f \cdot v / c$ gegeben (f: Frequenz, v: Fahrzeuggeschwindigkeit, c: Lichtgeschwindigkeit), die bei üblichen Fahrzeuggeschwindigkeiten im VHF/UHF-Bereich von wenigen Hz bis zu einigen 100 Hz beträgt.

„Orthogonal Frequency Division Multiplexing" (OFDM) ist ein breitbandiges Mehrträger-Übertragungsverfahren, bei dem die orthogonalen Unterträger unabhängig voneinander i.a. in der Amplitude und Phase moduliert werden, sich jedoch spektral überlagern. Eine Darstellung des Standes der Theorie wurde durch Le Floch/Alard/Berrou (1995) gegeben. Die Orthogonalität bezieht sich auf die Zeitfunktion und spektrale Anordnung der Unterträger, die so erfolgt, daß der Modulationsinhalt jedes Unterträgers trotz der spektralen Überlappung zurückgewonnen werden kann, da das gesamte Spektrum empfangen und gemeinsam demoduliert wird, ohne daß ein Herausfiltern einzelner Unterträger nötig würde. Bei der Übertragung eines OFDM-Signales in einem zeit- und frequenzselektiven Kanal, z.B. bei der Mobilübertragung, ergibt sich unter Umständen eine erhebliche Bitfehlerrate, da einzelne Unterträger völlig ausgelöscht werden können. Daher ist es erforderlich, die zu übertragenden Daten durch einen fehlerkorrigierenden Kode zu schützen. Da solche Kodes Bündelfehler nur in begrenztem Umfang korrigieren können, wird außerdem eine Zeitverwürfelung der kodierten Daten durchgeführt, und logisch benachbarte Bits nicht auf benachbarte Unterträgern übertragen, sondern über das gesamte verfügbare Spektrum verteilt. Die Kombination aus OFDM und Kanalfehlerschutz wird auch als „Coded Orthogonal Frequency Multiplexing" (COFDM) bezeichnet. Abb. 183.3 zeigt schematisch die Generierung eines COFDM-Signals. Anstelle der Modulation zahlreicher Oszillatoren wird in der Praxis der Zeitverlauf des Signals durch eine inverse Fast-Fourier-Transformation (iFFT) der Modulationsinhalte (Amplituden- und Phasenwert jedes Trägers) berechnet und anschließend das Zeitsignal durch Digital/Analog-Wandlung erzeugt.

Ein weiterer Gesichtspunkt bei der Übertragung in Mehrwegekanälen betrifft die Intersymbolinterferenzen durch die zeitlich verschobenen Signalanteile. Diese können dadurch unterdrückt werden, daß die Modulationsschritte am Sender länger als für die Dekodierung benötigt gehalten werden. Das Signal wird in dieser zusätzlichen Zeit, die als Schutzintervall bezeichnet wird, periodisch fortgesetzt. Solange alle Signalanteile am Empfänger um weniger als die Dauer des Schutzintervalls versetzt eintreffen, kann das Auswertefenster so gelegt werden, daß keine Intersymbolinterferenzen auftreten.

Die wählbaren Parameter eines OFDM-Systems sind die Bandbreite B, bzw. Unterträgeranzahl K und -frequenzabstand Δf, die Symboldauer T, die Schutzintervalldauer Δ, die Modulationsart und der Signalverlauf auf jedem Unterträger. Allerdings sind diese wegen der Orthogonalitätsforderung nicht unabhängig voneinander. Bei sinusförmigen Unterträgern und Phasenumtastung, d.h. der bei DAB angewandten Modulationsart, entspricht beispielsweise der Unterträgerabstand genau dem Kehrwert der Symboldauer, $\Delta f = 1/T$.

Für DAB hat man das COFDM-System so dimensioniert, daß es sowohl an die in Frage kommenden Frequenzbereiche für terrestrische und satellitengestützte Ausstrahlung (30 MHz – 3 GHz) für Mobilempfang mit Geschwindigkeiten bis ca. 300 km/h angepaßt ist, als auch terrestrischen Gleichwellenbetrieb ermöglicht, in der Regel unter Nutzung der vorhandenen UKW-Senderstandorte (Entfernung benachbarter Sender ca. 60–75 km). Hierbei muß ein geeigneter Kompromiß zwischen folgenden gegensätzlichen Anforderungen gefunden werden. Zum einen wirken sich Echos bei großer Symboldauer weniger stark aus, da die Intersymbolinterferenzen dann, bezogen auf die Symboldauer, geringer sind. Außerdem erhält man bei großer Symboldauer mit gleichem Anteil an hinzugefügter Redundanz ein absolut gesehen längeres Schutzintervall. Zum anderen erfordern hohe Dopplerbandbreiten, die ein Maß für die Zeitselektivität des Mobilfunkkanals sind, große Trägerabstände. Untersuchungen haben gezeigt, daß das Produkt von maximaler Dopplerverschiebung und Symboldauer $f_{max} \cdot T \approx 0.0625$ nicht überschritten werden

183. Das Digitale Radio DAB

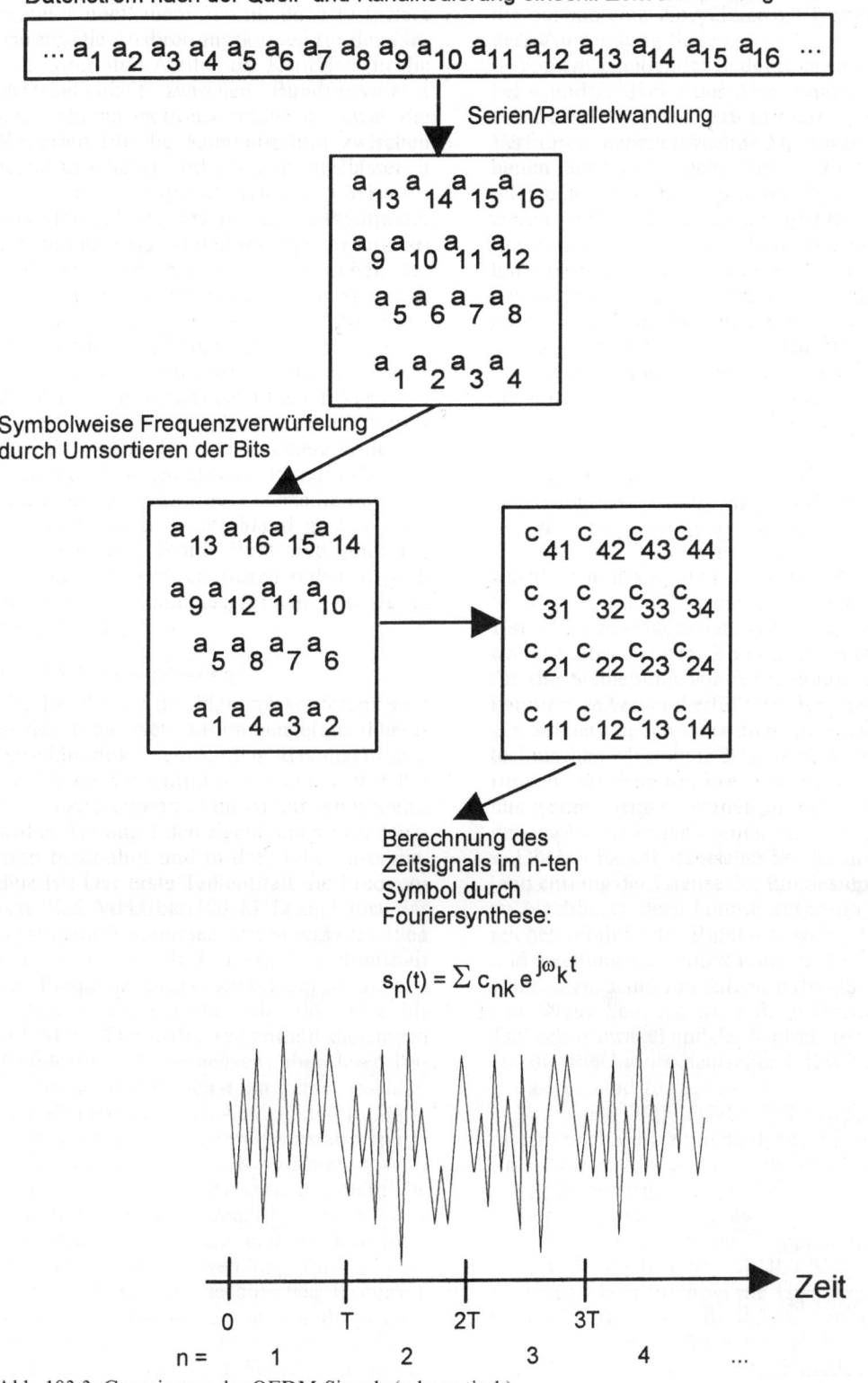

Abb. 183.3: Generierung des OFDM-Signals (schematisch)

sollte. Dieser Kompromiß ist über den geforderten Frequenzbereich mit einem einheitlichen Parametersatz nicht abzudecken. Daher wurden vier verschiedene „Transmission Modes" definiert. Die Bandbreite des Signals beträgt in allen Transmission Modes 1,536 MHz. Als Modulationsverfahren für die K Unterträger dient eine differentielle 4-Phasen-Umtastung (Differential Quadratur Phase Shift Keying, DQPSK) mit einem Offset von $\pi/4$.

Die Parameter der einzelnen Modes sind in Tabelle 183.1 zusammengestellt. Um das Maß an hinzugefügter Redundanz zu begrenzen, hat man bei DAB für alle Modes ein Verhältnis von Schutzintervalldauer zu Symboldauer von $\Delta \approx T/4$ festgelegt. Mode I wird bei der Übertragung im VHF-Bereich bis etwa 300 MHz verwendet und ist bis zu Fahrzeug-Geschwindigkeiten von 300 km/h geeignet. Die Schutzintervalldauer ist so groß, daß für ein Gleichwellennetz mit einem Senderabstand von 60–90 km künstliche Echos von Nachbarsendern noch innerhalb des Schutzintervalls liegen.

Mode II ist für den Betrieb bis 1.5 GHz konzipiert. Für diesen Frequenzbereich ist durch das um den Faktor 4 kleinere Schutzintervall nur noch eine Anwendung in kleinen Gleichwellennetzen mit geringem Senderabstand sinnvoll.

Für Satelliten-Anwendungen bis etwa 3 GHz ist ein weiterer Systemparametersatz (Mode III) mit sehr kurzer OFDM-Symboldauer spezifiziert worden. Die Symboldauer beträgt ein Achtel der des Gleichwellensystems.

Der später hinzugefügte Mode IV ist auch bei höheren Frequenzen (bis 1,5 GHz) noch für ein ausgedehntes Gleichwellennetz geeignet, allerdings nur dann, wenn keine zu großen Fahrzeuggeschwindigkeiten abzudecken sind. Er liegt mit seinen Parametern zwischen Mode I und Mode II.

Bei der Übertragung von OFDM im Mobilfunkkanal liegen wie erwähnt auch bei guten Rauschabständen die Bitfehlerraten so hoch, daß eine Audioübertragung hoher Qualität ohne Fehlerkorrektur nicht möglich ist. Die dafür erforderliche Kanalkodierung wurde dem Quellensignal so angepaßt, daß die einzelnen Bits entsprechend der Auswirkungen eventueller Fehler geschützt sind (siehe 2.3.).

Für die Kanalkodierung des DAB-Systems wurden Faltungskodes gewählt. Bei diesen Kodes liegen die Daten in Form eines im Prinzip unendlich langen Datenstromes vor. Im Enkoder, der als Schieberegister mit verschiedenen Verknüpfungen der Stufen realisiert werden kann, werden pro Zeittakt aus k Eingangsbits n Ausgangsbits erzeugt. Die Koderate $R = k/n$ ist ein Maß für die hinzugefügte Redundanz. Der Dekoder vergleicht die Empfangsfolge mit allen möglichen Sendefolgen und wählt unter diesen die wahrscheinlichste aus. Bei gleich wahrscheinlichen Sendefolgen ermöglicht dies eine Dekodierung nach dem „Maximum-Likelihood-Prinzip", die effizient mit dem Viterbi-Algorithmus realisiert werden kann.

Faltungskodes sind zwar empfindlich gegen Bündelfehler und erfordern daher eine Zeit- und Frequenzverwürfelung. Sie werden aber bei DAB eingesetzt, da sie weiche Entscheidungen bei der Dekodierung („Soft Decision") und die Ausnutzung von Kanalzustandsinformationen in einfacher Weise erlauben. Außerdem können durch eine Punktierung (Hagenauer 1988) aus einem

Tab. 183.1: Parameter der Transmission Modes

Transmission Mode	Mode I	Mode II	Mode III	Mode IV
Bandbreite	1,536 MHz	1,536 MHz	1,536 MHz	1,536 MHz
Anzahl der Unterträger	1536	384	192	768
Abstand der Unterträger	1 kHz	4 kHz	8 kHz	2 kHz
Symboldauer	1000 µs	250 µs	125 µs	500 µs
Schutzintervall	≈ 246 µs	≈ 62 µs	≈ 31 µs	≈ 123 µs
Rahmendauer	96 ms	24 ms	24 ms	48 ms
Symbolanzahl pro Rahmen	76	76	153	76
Anzahl der Common Interleaved Frames pro Rahmen	4	1	1	2
Anzahl der Fast Information Blocks pro Rahmen	12	3	4	6

Mutterkode in systematischer Weise Kodes mit unterschiedlichen Koderaten abgeleitet werden, wodurch die Anpassung der Fehlerkorrekturmöglichkeit an die Empfindlichkeit der einzelnen Bits erreicht werden kann („unequal error protection", UEP). Man erreicht dadurch ein subjektiv akzeptables Ausstiegsverhalten, d.h. eine kontinuierliche Verschlechterung des Signals an den Grenzen des Versorgungsgebietes.

Zur Auflösung der bei der Übertragung entstehenden Bündelfehler ist sowohl für den Frequenz- als auch für den Zeitbereich eine Verwürfelung („Interleaving") der Bits vorgesehen. Der Zeitinterleaver sortiert die aus dem Kanalkoder kommenden Bits so um, daß als Ausgangsfolge eine pseudozufällige Permutation der Eingangsfolge entsteht. Bei der Übertragung im Mobilfunkkanal ist aufgrund der typischen Kohärenzbandbreiten von einigen 10–100 kHz zu erwarten, daß bei selektiver Auslöschung gleich mehrere benachbarte OFDM-Unterträger betroffen sind. Daher werden die Modulationsinhalte jedes Symbols für die Unterträger vor der Modulation umgeordnet. Die Funktion wurde so gewählt, daß eine möglichst gute Verteilung über die gesamte Bandbreite gegeben ist.

Das gesendete DAB-Signal besteht aus der zeitlichen Abfolge von COFDM-Symbolen. Die Information wird, wie erwähnt, in den Differenzen der Trägerphasen der Unterträger kodiert. Zur Synchronisation der Empfänger ist das Signal in Übertragungsrahmen unterteilt, die aus einer festen, vom Mode abhängigen Anzahl hintereinander gesendeter COFDM-Symbole mit unterschiedlichen Inhalten bestehen. Anzahl der Symbole und Rahmendauer sind ebenfalls in Tabelle 183.1 enthalten. Die ersten beiden Symbole jedes Rahmens enthalten die Daten des „Synchronisation Channel", die darauf folgenden die des „Fast Information Channel" (FIC) und die übrigen die des Main Service Channel (MSC) siehe 4.).

Der Synchronisation Channel besteht aus dem Null-Symbol und dem Phasenreferenz-Symbol. Während des Null-Symbols ist die abgestrahlte Sendeleistung erheblich niedriger als während der restlichen OFDM-Symbole, da keine oder nur wenige zur Senderidentifikation im Gleichwellennetz dienende OFDM-Unterträger ausgesendet werden. Den Einbruch im Leistungsverlauf gegenüber den anderen Symbolen kann ein Empfänger detektieren und damit den Anfang eines Rahmens erkennen. Das zweite Symbol des Synchronisation Channel ist das Phasenreferenz-Symbol, das als Referenz für die differentielle QPSK-Modulation dient und zur genauen Frequenz- und Zeitsynchronisierung des Empfängers ausgewertet werden kann.

Mit den Symbolen des FIC, der dem Synchronisation Channel folgt, werden hauptsächlich Steuerungs- und Dekodierungsinformationen übertragen. Dieses sind im wesentlichen Informationen über den DAB-Multiplex und die darin enthaltenen Dienste und Programme (siehe 4.). Erst nach der Auswertung des FIC kann der Empfänger die eigentlichen Nutzdaten dekodieren. Um dies möglichst schnell durchführen zu können, wurde im FIC auf die Zeitverwürfelung der Daten verzichtet, jedoch eine Koderate von $1/3$ gewählt, so daß diese Daten gut geschützt sind. Die übrigen Symbole des Rahmens tragen den MSC, der die eigentlichen Nutzdaten, also die Programme und Datendienste des Ensembles überträgt. Die Daten sind zeitverwürfelt, und weisen für diejenigen Programme und Komponenten, die für Mobilempfang bestimmt sind, typische Koderaten von $1/2$ auf.

4. Der DAB-Multiplex

4.1. Aufbau des DAB-Multiplex

Die vier Transmission Modes unterscheiden sich, wie aus Tabelle 1 ersichtlich, wesentlich in der Symboldauer, der Anzahl und dem Frequenzabstand der orthogonalen Träger sowie dem Aufbau und der Dauer des Rahmens. Im Mode I wird ein Datenrahmen in 96 ms übertragen und enthält 233 472 bit, im Mode IV wird ein Datenrahmen alle 48 ms übertragen und enthält 116 736 bit, in den Modes II und III schließlich wird ein Datenrahmen in 24 ms übertragen und enthält 58 368 bit im Mode II und 58 752 bit im Mode III. Damit bietet das DAB-System in den Modes I, II und IV insgesamt eine Datenrate von 2432 kbit/s (Bruttodatenrate), im Mode III 2448 kbit/s. Davon werden 32 kbit/s (16 kbit/s im Mode III) für Synchronisationszecke (Sync) benötigt, für den Fast Information Channel stehen 96 kbit/s zur Verfügung (112 kbit/s im Mode III), die restlichen 2304 kbit/s stehen für den Main Service Channel (MSC) zur Verfügung. Aufgrund der Kanalkodierung ist die nutzbare Datenrate (Nettodatenrate) je nach Koderate geringer. Trotz der Unterschiede der vier Modes werden in den Rahmen Gruppen von Bits sinnvoll zu Datenfeldern zusammengefaßt, um eine Beschreibung des Multiplex zu erreichen, die vom jeweiligen Mode unabhängig ist. Hierzu dient die Gliederung des FIC in eine Abfolge von Fast Information Blocks (FIBs). Je 24 ms werden drei bzw. vier (Mode III) FIBs übertragen. Ein FIB besteht aus 256 bit (netto), von denen 240 bit für Daten und 16 bit für ein CRC-Feld zur Fehlererkennung bestimmt sind. In jedem FIB können mehrere „Fast Information Groups" (FIGs) übertragen werden, die jeweils einen „Header" enthalten, in dem der Inhalt und die Länge der jeweiligen FIG angegeben wird. Es sind insgesamt 8 verschiedene Typen von FIGs definiert, die teilweise durch einen „Subheader" noch weiter in ihrer Bedeutung unterschieden werden können. Reihenfolge und Länge von FIGs innerhalb eines FIB sind beliebig.

Zur Mode-unabhängigen Beschreibung der Daten im MSC werden Common Interleaved Frames (CIFs) definiert. Ein CIF enthält unabhängig vom Mode, 55296 bit (brutto), und es wird jeweils im Mittel ein CIF in einem Zeitraum von 24 ms übertragen.

Die 55296 bit eines CIF werden zu 864 Kapazitätseinheiten (capacity unit, CU) zu je 64 bit gruppiert. Jeder Anwendung kann nur eine ganze Zahl von Kapazitätseinheiten je CIF als Übertragungskapazität zugewiesen werden. Eine Gruppe aufeinanderfolgender Kapazitätseinheiten, die dem gleichen Fehlerschutz durch die Kanalkodierung unterliegen und Daten derselben Anwendung beinhalten, bilden einen „Subchannel". Insgesamt können bis zu 64 Subchannel mit verschiedenen Größen gebildet werden. Hierbei ist zu beachten, daß der CIF aus Daten gebildet wird, die bereits den Faltungskoder und den Zeitverwürfler durchlaufen haben. Für die Übertragung im MSC des DAB-Systems stehen zwei Möglichkeiten zur Verfügung: Stream Mode und Packet Mode.

4.2. Stream Mode, Audioübertragung und Programmbegleitende Daten (PAD)

Im Stream Mode wird die Kapazität eines Sub-channels von einer Anwendung vollständig in Anspruch genommen. Audiodaten werden immer auf diese Art übertragen. Ein eigener Stream Mode-Sub-channel kommt aber auch für andere kontinuierliche Quellen in Frage, z. B. für Video oder Datendienste, die mit konstanter Datenrate übertragen werden. Bei der Übertragung im Stream Mode gibt es zwei verschiedene Möglichkeiten des Fehlerschutzes: ungleichmäßigen Fehlerschutz, der auf die Fehlerempfindlichkeit der verschiedenen Bits eines MPEG Layer 2 Audio-Datenrahmens zugeschnitten ist (siehe 2.), und gleichmäßigen Fehlerschutz, der für allgemeine Daten geeignet ist.

Innerhalb eines Audio-Datenstroms gibt es einen Kanal für „Programme Associated Data" (PAD), d.h. für programmbegleitende Zusatzdaten. Vom Audio-Rahmenende gezählt, enthält es zunächst zwei Bytes des Fixed PAD (F-PAD) und dann, vor dem CRC über die Skalenfaktoren (siehe 2.), bis zu 48 Byte weitere programmbegleitende Daten (extended programme associated data, X-PAD).

In den F-PAD Bytes können Steuerdaten für eine dynamische Lautstärkeregelung (Dynamic Range Control, DRC) übertragen werden (siehe 2.). Weiterhin kann eine Musik/Sprache-Kennung übertragen werden, aber auch eine elektronische Kennzeichnung eines Produkts, z.B. der CD, die gerade gespielt wird oder des Artikels, für den geworben wird. Weiterhin kann der F-PAD Rundfunk-interne Daten, die bei der Audiokodierung eingetragen wurden, enthalten. Ferner sind im F-PAD einige Informationen über die Länge des X-PAD enthalten.

X-PAD wird dann benötigt, wenn umfangreichere programmbegleitende Daten, z.B. Texte oder Bilder übertragen werden sollen. Im X-PAD werden Daten – ähnlich wie im Packet Mode – in „X-PAD Data Groups" übertragen, wobei eine Datengruppe auf die X-PAD-Felder mehrerer Audiodatenrahmen aufgeteilt werden kann.

Eine X-PAD-Datengruppe besteht aus einem „Contents Indicator", der angibt, welche Art von Daten die entsprechende Datengruppe enthält, dem Datenfeld und optional einem CRC zur Fehlererkennung.

Innerhalb des X-PAD können verschiedene Anwendungen (bis zu 128 verschiedene) übertragen werden.

Für die Übertragung von Texten wurde das „Dynamic Label" spezifiziert. Texte werden in Segmenten zu je 16 Zeichen übertragen, wobei die Segmente auch mehrfach übertragen werden können, um die Übertragungssicherheit zu verbessern.

In-house Daten erlauben es ebenso wie im F-PAD, Daten für rundfunkinterne Zwecke im X-PAD zu übertragen. Als Besonderheit ergibt sich hier, daß die internen Daten bereits im Studio in den X-PAD eingetastet werden können und somit transparent durch den DAB-Multiplex zum Empfänger übermittelt werden können.

Durch das „Multimedia Object Transfer" Protokoll können im X-PAD multimediale Objekte, die aus einer Datei mit Zusatzinformationen bestehen, übertragen werden. MOT wird z.B. für die Übertragung von Texten und Bildern im HTML-Format verwendet.

Zur besseren Nutzbarkeit des X-PAD gibt es ein PAD-Inhaltsverzeichnis, in dem übertragen werden kann, welche der vorgenannten Anwendungen im X-PAD zur Zeit oder in naher Zukunft übertragen werden.

4.3. Packet Mode

Für programmunabhängige Datendienste, bei denen die Daten nicht kontinuierlich, sondern je nach Aufkommen und Bedarf übertragen werden sollen, bietet sich ein Packet Mode-Sub-channel an. Hierbei werden die Daten in jeweils mit Adressen versehenen Datenpaketen übertragen, nachdem sie zuvor in Datengruppen zusammengefaßt wurden, die aus einem „Header", einem bis zu 8192 Byte großen Datenfeld und einem CRC bestehen, der es erlaubt, nach dem Empfang einer Datengruppe eventuelle Fehler festzustellen. Im Header werden Zähler übertragen, die es ermöglichen, Datengruppen zur Erhöhung der Übertragungssicherheit mehrfach hintereinander zu übertragen. Ferner können verschiedene Typen von Datengruppen gekennzeichnet werden, so daß z.B. abwechselnd Daten und Parameter für ein Zugangskontrollsystem übertragen werden können. Die Datengruppen werden in mehreren aufeinanderfolgenden Paketen mit derselben Paketadresse übertragen, zwischen denen Pakete anderer Komponenten mit anderen Adressen eingeschoben sein können.

Die Pakete bestehen ebenfalls aus einem Header, Datenfeld und CRC. Der Paket-Header enthält insbesondere eine Adresse, die es ermöglicht, die Pakete zu identifizieren, die zu einer Service Component (siehe 4.4.) gehören. In einem Packet Mode-Sub-channel ist die gleichzeitige Übertragung von Daten mehrerer Anwendungen (bis zu 1023 verschiedenen) möglich. Ferner enthält der Paket-Header ein Datenfeld, das anzeigt, ob es sich um das Paket handelt, mit dem eine Datengruppe beginnt oder endet, oder ob es sich um ein Paket dazwischen handelt.

Die Länge der Pakete beträgt 24, 48, 72 oder 96 Bytes, von denen jeweils 5 für Header und CRC abgehen.

Weiterhin kann der Kanal durch Stopf-Pakete oder Stopfbytes innerhalb der Pakete aufgefüllt werden, so daß die Anwendungen variable Datenraten anliefern können.

4.4. Die DAB-Multiplexkonfiguration

Die Aufteilung des Main Service Channel auf die verschiedenen Teilkanäle und deren Zuordnung zu Hörfunkprogrammen und Datendiensten wird als Multiplexkonfiguration (Multiplex Configuration Information, MCI) bezeichnet.

Der DAB-Multiplex kann eine Vielzahl von Hörfunkprogrammen und Datendiensten enthalten, deren Zusammenhang zunächst nicht erkennbar ist. Nun soll aber zum Beispiel der Empfänger zu einem gegebenen Hörfunkprogramm den passenden Datendienst auswerten. Deshalb wurde zur Beschreibung der Zusammenhänge zwischen verschiedenen Teilkanälen folgendes Konzept gewählt.

Audiokanäle, Datenkanäle im MSC oder FIC werden als „Service Components" bezeichnet, sofern sie jeweils für sich dem Nutzer zugänglich sind. Inhaltlich zusammengehörige Komponenten bilden einen „Service". Die Komponente, die für das Programm wesentlich ist (z.B. die Audio-Komponente im Falle eines Hörfunkprogramms), heißt „Primary Service Component", die anderen „Secondary Service Components". Jedes Programm hat genau eine primäre Komponente und kann keine, eine oder mehrere sekundäre Komponenten haben. Alle Programme, die im DAB-Multiplex übertragen werden, bilden zusammen ein Ensemble. Um den Zustand des DAB-Multiplex, die Multiplexkonfiguration, zu einem gegebenen Zeitpunkt zu beschreiben, sind folgende Informationen erforderlich:

– die Größe und Kodierung der einzelnen Sub-channels,
– die Übertragungsart in jedem Sub-channel (Stream oder Packet Mode),
– welche Service Components in welchem Sub-channel transportiert werden,
– welche Service Components zu welchem Service gehören.

Diese Informationen zusammen werden als „Multiplex Configuration Information" (MCI) bezeichnet und müssen dem Empfänger bekannt sein, um den MSC des DAB-Ensembles überhaupt dekodieren zu können. Die MCI wird deshalb im FIC übertragen. Eine statische Multiplexkonfiguration wird den Bedürfnissen des Hör- und Multimediarundfunks kaum gerecht. Deshalb ist es möglich, die Multiplexkonfiguration während des laufenden Sendebetriebs zu verändern. Die dazu notwendigen Vorgänge werden als Multiplexrekonfiguration bezeichnet. Um sicherzustellen, daß alle Empfänger die neue Konfiguration rechtzeitig kennen, wird die MCI der neuen Konfiguration in einer Zeitspanne von 6 Sekunden vor der Rekonfiguration, die ab einem bestimmten CIF gültig wird, mindestens dreimal vollständig übertragen. Die Multiplexrekonfiguration kann im Prinzip so erfolgen, daß Programme, die davon nicht betroffen sind, ohne Unterbrechung weiter empfangen werden können.

5. Programm- und Abstimminformation

5.1. Zweck und Übertragung der Programm- und Abstimminformation

Ein häufig von Rundfunkhörern geäußerter Wunsch ist der nach möglichst einfacher Sendereinstellung am Radiogerät. Besonders auf längeren Autofahrten muß der Sender häufiger gewechselt werden, wenn man ein eingestelltes Programm über eine längere Wegstrecke verfolgen will. Die Einführung des Radio-Daten-Systems (RDS) im UKW-Bereich brachte eine benutzerfreundliche Bedienung durch Anzeige der Sendernamen und die weitgehend automatische Umschaltung auf die jeweilige beste Empfangsfrequenz des eingestellten Programms mit sich.

Bei DAB wurde im Hinblick auf die für Bedienungsfreundlichkeit und optimale Empfangsqualität notwendige Programm- und Abstimminformation der bei RDS eingeschlagenen Weg fortgesetzt, wobei viele der Merkmale von RDS übernommen wurden. Ebenso wie die Multiplex-Konfiguration wird auch die Programm- und Abstimminformation im Fast Information Channel (FIC) übertragen, wobei die einzelnen Informationen in kurzen Zeitabständen wiederholt werden, z.B. alle 0,1 Sekunden, um dem Empfänger einen raschen Zugriff darauf zu ermöglichen. Falls umfangreiche Programminformationen übertragen werden sollen, insbesondere auch Information über Programme anderer DAB-Ensembles oder AM/FM-Programme, kann ein Teil der Programminformation in einen Packet Mode-Subchannel ausgelagert werden, der als „Auxiliary Information Channel" (AIC) bezeichnet wird.

5.2. Programmidentifikation

Generell werden alle Programme und Datendienste, die in einem DAB-Ensemble enthalten sind, durch „Service Identifier" (SId) gekennzeichnet. Ebenso erhält auch jedes DAB-Ensemble einen „Ensemble Identifer". Die SIds werden als Referenz für alle programmbezogenen Informationen sowie für Frequenzangaben verwendet, während der EId diese Funktion für die Information übernimmt, die allen (oder zumindest den meisten) Programmen im Ensemble gemeinsam sind, z.B. Datum und Uhrzeit. SIds und EId sind für die automatische Erkennung eines Programmes und die Zuordnung von Informationen zu einem Programm durch den Empfänger bestimmt. Sie eignen sich aber nicht für die Programmwahl durch den Hörer. Deshalb werden zusätzlich Ensemble- und Programmnamen übertragen. Die Namen sind 16 Buchstaben lang, allerdings kann von allen Namen eine bis zu 8 Zeichen lange abgekürzte Version erzeugt werden. Ebenso kann auch den Programmkomponenten ein Name zugeordnet werden.

5.3. Programme Number und Programme Type

Die „Programme Number" (PNum) kennzeichnet jede Sendung mit dem Sendedatum und der Uhrzeit. Sie kann zur Steuerung von Aufnahmegeräten verwendet werden, oder zur Programmwahl mittels einer elektronischen Programmzeitschrift. Die PNum-Kennung wird während der Dauer der betreffenden Sendung gleichlautend in regelmäßigen Abständen ausgestrahlt.

Der „Programme Type" (PTy) dient zur Kategorisierung von Programmen und Sendungen, um dem Hörer die Auswahl aus dem Programmangebot zu erleichtern. Im einfachsten Fall („statischer PTy") wird die Art des Programms angegeben, unabhängig von der gerade laufenden Sendung. Weiterhin können „dynamische PTys" signalisieren, welchen Inhalt der gerade gesendete Beitrag hat, z.B. Nachrichten, Sport, Popmusik. Folgende Funktionen eines Empfängers können mit PTy verwirklicht werden: Suche nach einem Sender, der eine den Interessen des Hörers entsprechende Programmzusammenstellung ausstrahlt, Suche nach einem Programm, auf dem gerade eine Sendung läuft, die für den Hörer interessant ist, und schließlich eine Beobachtung aller Programme, bis auf irgendeinem Programm eine für den Hörer interessante Sendung beginnt, dann Umschalten auf dieses Programm.

Die Suche nach einer gerade laufenden Sendung erfordert, diese mit allgemein gehaltenen Begriffen zu kennzeichnen, die aus einer überschaubaren festen Tabelle ausgewählt sind, damit die Chance, eine entsprechende Sendung auch tatsächlich zu finden, hinreichend groß ist. Dies wird bei DAB durch die Zuordnung von bis zu zwei „coarse codes" („grobe" PTy-Kodes) zu einer Sendung bewerkstelligt. Diese beiden Grob-Kodes ändern sich i. a. von Sendung zu Sendung, oder können statisch ausgestrahlt werden.

Die Tabelle der Grob-PTys besteht aus 64 Einträgen, deren erste 32 mit der von der Union der europäischen Fundfunkanstalten (UER/EBU) definierten Tabelle für RDS-PTys übereinstimmen. Die übrigen 32 können pro Land über DAB frei definiert werden.

Für die Funktion, bei der der Empfänger auf eine Sendung bestimmter Art wartet, ist es erforderlich, daß eine Sendung möglichst treffend gekennzeichnet wird. Um dies zu erreichen, werden einer Sendung bis zu 2 weitere „fine codes" („feine" PTy-Kodes) zugeordnet, die aus einer in jedem Land frei definierbaren Tabelle mit 256 Einträgen stammen. Die Definitionen der Bedeutung der Fein-PTys kann ebenfalls über DAB erfolgen. Wegen des großen Umfangs dieser Tabelle ist es dem Hörer aber nicht zuzumuten, solange zu warten, bis zufällig eine Sendung der gewünschten Art tatsächlich ausgestrahlt wird. Vielmehr ist eine Vorschau notwendig, aus der ersehen werden kann, Sendungen mit welchen Fein-PTys in der nächsten Zeit zu empfangen sind. Der Hörer kann dann aus diesen vorangekündigten Fein-Kodes auswählen und dabei sicher sein, nicht vergebens auf die gewünschte Sendung zu warten.

5.4. Durchsagen

Eine weitere nützliche Funktion ist die des „Announcement support/Announcement switching" (Durchsagekennung). Hierunter versteht man die Kennzeichnung einer gesprochenen Meldung, z. B. einer Verkehrsinformation, während der Ausstrahlung, so daß im Empfänger während der Durchsage eine bestimmte Aktion ausgelöst werden kann, etwa Erhöhung der Lautstärke oder Umschalten auf das Programm, in dem die Durchsage erfolgt. Neben Verkehrsmeldungen werden bei DAB einige weitere Durchsagetypen unterstützt, z. B. Meldungen über öffentliche Verkehrsmittel, kurze Wetterberichte, Nachrichtenschlagzeilen, Katastrophenwarnungen. Der Hörer kann bei der Programmwahl erkennen, ob ein Programm einen gewünschten Meldungstyp unterstützt, wobei es gleichgültig ist, ob das Programm selbst die Durchsage überträgt oder ob dazu auf ein anderes Programm umgeschaltet werden muß. Deshalb muß dem Empfänger mitgeteilt werden, durch Meldungen welcher anderen Programme im selben Ensemble das gerade gehörte Programm ggf. unterbrochen werden darf, falls der Hörer dies wünscht. Dazu wurde das Kozept der „Announcement Cluster" eingeführt. Dabei handelt es sich um eine Gruppe von Programmen, die durch dieselben Durchsagetypen unterbrochen werden dürfen. Während ein Programm eine bestimmte Meldung sendet, wird parallel dazu im FIC signalisiert, für welchen Cluster sie bestimmt ist. Die Meldungen können zusätzlich durch ein „New Flag" gekennzeichnet werden, das nur dann gesetzt wird, wenn eine Meldung zum ersten Mal ausgestrahlt wird. Dadurch kann ein spezieller Durchsagekanal innerhalb eines DAB-Ensembles eingerichtet werden, in dem alle aktuell gültigen Meldungen zyklisch wiederholt werden. Würde das „New Flag" in diesem Fall nicht verwendet, würde ein Hörer, der ein anderes Programm hört, alle paar Minuten durch dieselben Meldungen unterbrochen. Durch Verwendung des „New Flag" hört er beim erstenmal alle Meldungen, und wird anschließend nur durch die jeweils als neu gekennzeichneten unterbrochen.

Weiterhin können für Durchsagen die Regionen angegeben werden, für die sie bestimmt sind.

5.5. Frequenzinformation und Regionen

Ein weiterer Aspekt der Programm- und Abstimminformation betrifft die Frequenzinformation. Durch DAB-Gleichwellennetze können große Verbreitungsgebiete auf einer einzigen Frequenz versorgt werden. Dadurch entfällt die Notwendigkeit, während der Fahrt zwischen mehreren Sendern, die dasselbe Programm ausstrahlen, umzuschalten, wie dies in UKW-FM-Senderketten der Fall ist. In manchen Verbreitungsgebieten ist es aber erforderlich, mehrere Frequenzen für dasselbe DAB-Ensemble zu nutzen (z. B. Mecklenburg-Vorpommern, Sachsen). Daher ist es auch in DAB-Netzen nötig, Alternativfrequenzen für die in einem Ensemble enthaltenen Programme anzugeben. Die Alternativfrequenzen können zusammen mit der Region im Gleichwellennetz, in der sie gültig sind, übertragen werden, so daß der Empfänger die wahrscheinlichsten Alternativfrequenzen beim Verlassen des Sendegebietes zuerst prüfen kann.

Als Alternativen können sowohl andere DAB-Ensembles als auch UKW- und AM-Alternativfrequenzen (Lang-, Mittel-, Kurzwellensender) angegeben werden.

Wie erwähnt, ist die Kennzeichnung von Regionen in Gleichwellennetzen z. B. für Durchsagen und Frequenzinformationen erforderlich. Die Einschränkung von Funktionen auf bestimmte Regionen ist dabei vor allem in größeren Gleichwellennetzen erforderlich. Sie erfolgt durch einen „Region Identifier", dem die geographische Region und ein Name zugeordnet werden kann, und zwar entweder über eine Liste von Senderkennungen, die jeder Gleichwellensender während des Null-Symbols (siehe 3.) ausstrahlt, und zusätzlich über die Angabe der Begrenzung der Region durch Länge und Breite. Während dadurch der Empfänger automatisch bestimmen kann, in welcher Region er sich befindet, kann der Hörer auch selbst die ihn interessierenden Regionen, für die er z. B. Durchsagen hören möchte, aus einer Liste der Regionsnamen wählen.

6. Stand der Standardisierung und Einführung

Das DAB-Übertragungssystem ist in einem europäischen Telekommunikationsstandard (EN 300 401) standardisiert, zuerst veröffentlicht im Februar 1995. Dieser Standard definiert nur das DAB-Signal, das vom Sender abgestrahlt wird, d. h. er beschreibt den Weg von den Quell-Daten, z. B. digitalisierten Tonsignalen, zum zeitlichen Verlauf des gesendeten Signals. Daher wurden weitere Standards erforderlich, die Geräteeigenschaften und -schnittstellen normen. Hierzu gehören je eine Norm für das Übertragungsformat vom Multiplexer zum Sender (Ensemble Transport Interface, ETI), eine digitale Schnittstelle, die in der DAB-Sendertechnik gebräuchlich ist (digitale I/Q-Schnittstelle, DIQ). Ferner wurde ein Datenformat für die Zubringung von Signalen von den Programmanbietern zum Multiplexer definiert (Service Transport Interface, STI). Ein weiterer Standard definiert ein Übertragungsprotokoll für multimediale Datenobjekte (Multimedia Object Transfer, MOT). Ferner wurde eine Spezifikation für die Übertragung von MPEG-Transportdatenströmen über DAB erarbeitet. Für DAB-Empfänger wurde durch das europäische elektrotechnische Normungsinstitut CENELEC eine digitale optische Datenschnittstelle (Receiver Data Interface, RDI) sowie Meßmethoden und typische Leistungsmerkmale (Characteristics of DAB receivers) standardisiert.

Zur Vorbereitung der DAB-Einführung in Europa wurde im Sommer 1995 eine T-DAB-Planungskonferenz durch die CEPT durchgeführt (Mägele/Weinauge 1995; Petke/Hilliar 1995; Lehnert 1996). Diese resultierte in einem Zuweisungsplan, der für jedes geographische Gebiet in den europäischen Ländern zwei Bedeckungen vorsieht, meist eine überregionale und eine regionale/lokale. Die Frequenzbereiche, in denen eine Zuweisung erfolgte, liegen hauptsächlich im VHF-Band III (174–240 MHz) und im L-Band (1452–1467,5 MHz). Auf der Basis dieses Plans wurde in Großbritannien und Schweden am 27. 9. 1995 der DAB-Betrieb offiziell eingeführt, wenn auch die Versorgung von 60–80 Prozent der Bevölkerung in diesen Ländern erst 1998 und später erreicht wurde. In mehreren anderen Ländern, darunter Dänemark, Deutschland und Schweiz, wurden von 1995–1998 zunächst Pilotprojekte durchgeführt, in deren Rahmen speziell dafür entwickelte DAB-Empfänger (Heimgeräte und Autoempfänger) zur Marktforschung an Interessenten bzw. repräsentativ ausgewählte Teilnehmergruppen abgegeben wurden. Im Rahmen dieser Projekte wurden auch programmbegleitende und allgemeine Datendienste unter Einbeziehung von Texten und Bildern erprobt. Ein weiterer Schritt zur DAB-Einführung zumindest in Deutschland ist darin zu sehen, daß ab 1997 ein Teil des Rundfunkgebührenaufkommens für DAB zur Verfügung gestellt wurde.

7. Literatur

7.1. Normen

ETS 300 401: Radio Broadcast Systems; Digital Audio Broadcasting (DAB) to mobile, portable and fixed receivers

ETS 300 799: Digital Audio Broadcasting (DAB); Distribution Interfaces; Ensemble Transport Interface (ETI)

ETS 300 798: Digital Audio Broadcasting (DAB); Distribution Interfaces; Digital Baseband I/Q-Interface (DIQ)

ETS 300 797: Digital Audio Broadcasting (DAB); Distribution Interfaces; Service Transport Interface (STI)

EN 50248: Characteristics of DAB receivers.

EN 50255: Receiver Data Interface (RDI)

ISO 11172: Information technology – Coding of moving pictures and associated audio for digital storage media up to about 1.5 Mbit/s

ISO 13818: Information technology – Generic Coding of moving pictures and associated audio

7.2. Bibliographische Dokumentation

Alard, M./Roselyne Lassalle, Principles of modulation and channel coding for digital broadcasting for mobile receivers. In: EBU Review-Technical 224, August 1987, 168.

Amor, Hamed, Aktueller Stand der DAB-Einführung aus Sicht der Endgeräteindustrie. In: Hörfunk-Jahrbuch 1997. Hrsg. v. Stephan Ory und Helmut G. Bauer. Berlin 1997.

Becker, Torsten/Werner Wiesbeck, Die Bitfehlerrate als Versorgungskriterium für digitale Funksysteme. In: RTM 39, 1995, 20.

Brandenburg, Karlheinz/Gerhard Stoll, ISO-MPEG-1 Audio: A Generic Standard for Coding of High-Quality Digital Audio. In: J. Audio Eng. Soc., Vol 42, No. 10, 1994, 780.

Brugger, Roland, DAB-Gleichwellennetze bei 1,5 GHz. In: RTM 38, 1994, 14.

Dosch, Christoph, Erste Erfahrungen über den Empfang digitaler Tonsignale für Mobilempfang – Bericht über eine terrestrische Ausstrahlung zur Simulation einer Rundfunksatellitenübertragung anläßlich der WARC-ORB (88). In: RTM 33, Heft 1, 1989, 8.

Freyer, Ulrich, DAB-Digitaler Hörfunk. Berlin 1997.

Frieling, Günter/Franz-Josef Lutter/Henrik Schulze, Bitfehlermessungen zur Beurteilung der DAB-Rundfunkversorgung. In: RTM 40, Heft 4, 1996, 123.

Großkopf, Rainer, Vergleich verschiedener Feldstärkevorhersagen mit Messungen im DAB-Gleichwellennetz in Bayern. In: RTM 39, Heft 3, 1995, 102.

Hagenauer, Joachim, Rate compatible punctured convolutional codes (RCPC codes) and their applications. In: IEEE Transactions on Communications, Bd. COM-36, 1988, 389.

Hallier, Jürgen/Thomas Lauterbach/Matthias Unbehaun, Multimedia Broadcasting to mobile, portable and fixed receivers using the Eureka 147 Digital Audio Broadcasting System. In: Proceedings of the ICCC Regional Meeting on Wireless Computer Networks (WCN), Den Haag, 21.–23. 9. 1994, 794.

Hoeg, Wolfgang/Thomas Lauterbach (Eds.), Digital Audio Broadcasting – Principles and Applications, Chichester 2001.

ITU-R – Spcial Publication „Terrestrial and Satellite Digital Sound Broadcasting to vehicular, portable and fixed recievers in the VHF/UHF bands"; Radiocommunication Bureau. Geneva 1995.

Kozamernik, Franc, Digital Audio Broadcasting – radio now and for the future. In: EBU Technical Review, Autumn 1995, 2.

Lau, Armin/Michael Pausch/Andreas Stelle/Wolfgang Wütschner, Erste Ergebnisse aus den Untersuchungen mit dem DAB-Gleichwellennetz in Bayern. In: RTM 38, 1994, 193.

–/W. F. Williams, Service planning for terrestrial digital audio broadcasting. In: EBU Review – Technical 252, 1992, 4.

Lauterbach, Thomas, DAB/DMB: Der neue digitale Multimedia-Rundfunk. Erscheint in: telekom praxis, Mai 1997.

–, Digital Audio Broadcasting. Feldkirchen 1996.

–/Ingo Stierand/Matthias Unbehaun/Andreas Westendorf, Realisation of Mobile Multimedia Services in Digital Audio Broadcasting (DAB). In: Proceedings of the European Conference on Multimedia Applications, Services and Techniques, Louvain-la Neuve, 28.–30. Mai 1996, Part II, 549.

–/Matthias Unbehaun/Didier Angebaud/Alain Bache/Thierry Groult/Roger P. Knott/Paul Luff/Marc Bourdeau/Pierre Karlsson/Richard Rebhan/Nils Sundström, Using DAB and GSM to provide interactive multimedia services to portable and mobile terminals. Erscheint in: Proceedings of the European Conference on Multimedia Applications, Services and Techniques. Milano 21.–23. 5. 1997.

Le Floch, Bernard/M. Alard/C. Berrou, Coded Orthogonal Frequency Division Multiplex. In: Proceedings of the IEEE 83, 1995, 982.

–/Roselyne Halbert/Lasalle/Damien Castelain, Digital Sound Broadcasting to mobile receivers. In: IEEE Transactions on Consumer Electronics 35, 1989, 493.

Lehnert, Joachim, Bericht über die CEPT-Planungskonferenz zur Einführung von DAB in Europa vom 3.–21./22. Juli 1995 in Wiesbaden. Schriftenreihe der DAB-Plattform e. V., Heft 10. München 1996.

Mägele, M./B. Weinauge, Ergebnisse der T-DAB Planungstagung in Wiesbaden". In: ntz 10, 1995.

Mlasko, Torsten/Matthias Unbehaun, Tondatenreduktion nach MPEG Audio Layer II. In: Thomas Lauterbach, Digital Audio Broadcasting. Feldkirchen 1996, 53.

Olsson, Sophie/Richard Rebhan/Björn Wergeland/Olle Franceschi/Pierre Karlsson, Multimedia goes mobile in broadcast networks. In: Proceedings of the European Conference on Multimedia Applications, Services and Techniques, Louvain-la Neuve, 28.–30. Mai 1996, Part II, 557.

Petke, Gerd/R. Hilliar, Europäische Planungstagung für digitalen terrestrischen Rundfunk (T-DAB). In: RTM 39, Heft 4, 1995, 159.

Pommier, Daniel/Paul A. Ratliff/Egon Meier-Engelen, The convergence of satellite and terrestrial systems approaches to digital audio broadcasting with mobile and portable receivers, EBU Review – Technical, No. 241/242, 1990.

Schneeberger, Günter, DAB-Digitaler terrestrischer Hörrundfunk für mobilen Empfang. In: taschenbuch der telekom praxis 29. Hrsg. v. Heinz Poch. Berlin 1992, 148.

–, Datendienste mit DAB. Schriftenreihe der DAB-Plattform e. V., Heft 18. München 1996.

Schneiders, Peter, Stand der DAB-Empfängerentwicklung. In: Thomas Lauterbach, Digital Audio Broadcasting, Feldkirchen 1996, 175.

Schrader, Marc/Markus Stepen, Das DAB-Übertragungsverfahren DOFDM. In: Thomas Lauterbach, Digital Audio Broadcasting. Feldkirchen 1996, 29.

Schröder, Ernst/J. Spille, Der MPEG-2-Standard, Audio-Codierung (Teil 4). In: Fernseh- und Kinotechnik, 48. Jahrgang, Nr. 7–8, 1994, 364.

Schulze, Henrik, DAB: Das europäische System für den digitalen Hörrundfunk. Erscheint in: Kleinheubacher Berichte, 1997.

–, Digital Audio Broadcasting – Stand der Entwicklung. In: Bosch Technische Berichte 54. Stuttgart 1991, 17.

Siegle, Gert, Multimedia für den Hörfunk – Zusatzdienste für Digital Audio Broadcast. 5. Bosch Telecom – Fachpresse-Kolloquium, Backnang 1995.

Stoll, Gerhard, The New ISO/MPEG Standard for Low Bitrate Audio Coding and its importance for DAB. In: Audio and Video Digital Radio Broadcasting Systems and Techniques. R. De Gaudenzi und M. Luise (Ed.). Amsterdam 1994.

Taura, Kenichi/Masahiro Tsujishita/Masuyuki Takeda/Hiroaki Kato/Masayuki Ishida/Yoshinobu Ishida, A digital audio broadcasting (DAB) receiver. In: IEEE Transactions on Consumer Electronics 42, No. 3, 1996, 322.

Thiele, Michael, Digitaler Rundfunk in den Startlöchern. In: Elektronik 11, 1995, 36.

Titze, Wolfram, DAB-Sendernetze. In: Thomas Lauterbach, Digital Audio Broadcasting, Feldkirchen 1996, 157.

Unbehaun, Matthias, Multimedia environment for mobiles – terminal technology and transmission. In: Proceedings of the ACTS Mobile Telecommunications Summit. Granada, Spanien, 27.–29. 11. 1996, 842.

Wächter, Thomas, Das Übertragungsverfahren des zukünftigen digitalen Hörrundfunks. In: Der Fernmeldeingenieur, November/Dezember 1992.

Weck, Chris, Unequal error protection for digital sound broadcasting – principle and performance. 94th Convention of the Audio Engineering Socienty. Berlin 1993, Preprint No. 3459.

Weinstein, Stephen B./P. M. Ebert, Data transmission by frequency division multiplexing using the discrete fourier transform. In: IEEE Transactions on Communications, Band COM-19, 1971, 628.

Zeller, Emil/Wolfgang Bock, MEMO: A generalised platform for prototyping electronic newspapers and related services. In: Proceedings of the ACTS Mobile Telecommunications Summit, Granada, Spanien, 27.–29. 11. 1996, 588.

Zwicker, Eberhard/Richard Feldkeller, Das Ohr als Nachrichtenempfänger. Stuttgart ²1967.

(Stand 1997)
Thomas Lauterbach, Nürnberg
(Deutschland)

XLVI. Mediengegenwart XII: Der Hörfunk III: Organisations-, Programm- und Konsumentenstrukturen

184. Gegenwärtige Organisationsstrukturen des Hörfunks

1. Einige definitorische Abgrenzungen
2. Die Rahmenbedingungen von Hörfunk
3. Der öffentlich-rechtliche Typus
4. Der privat-kommerzielle Typus
5. Der nicht-kommerzielle Typus
6. Zusammenfassung und Ausblick
7. Literatur

1. Einige definitorische Abgrenzungen

Hörfunk findet nach gängigem Verständnis im Radio statt. Hörfunk bezeichnet dabei eher die auditive, also auf den Hörsinn wirkende Qualität des Mediums Rundfunk, Fernsehen ist in dieser Perspektive der audiovisuelle Strang. Der Terminus Radio orientiert sich auf den gesamten Prozeß des Produzierens, Verteilens und Konsumierens dieses Hörfunks. Begrifflich kann Radio auch die technische (hardware) und die programmliche (software) Seite dieses Mediums umfassen, sowie die Institution, in der Radioangebote erstellt werden. Beide Begriffe Hörfunk und Radio erweisen sich als unklar, zudem überlappen sie sich über weite Bereiche. In diesem Beitrag sollen beide so angegangen werden, daß die Organisation von Hörfunk bzw. Radio im Mittelpunkt stehen (Keith/Krause 1898), wobei Organisation verstanden wird als eine Anordnung und Zusammenfügung von Teilen, um so zu einem zweckbestimmten Zusammenwirken zu kommen. Organisationen kommunizieren nach innen, zwischen den inneren Untergliederungen und sie kommunizieren nach außen, zu anderen Organisationen (Theis 1994). Die Besonderheit der Radio-Organisation ist, daß auch das Organisationsziel darin besteht zu kommunizieren, nämlich Programme zu produzieren.

Was eigentlich sind Hörfunk und Radio? Die Begriffe Hörfunk und Radio umfassen umgangssprachlich beide ganz unterschiedliche Bedeutungen. Faßt man das gesamte Spektrum von Sinngehalten zusammen, so erhält man damit einen Überblick über das Spektrum erforschbarer Aspekte der Organisation dieses Mediums. Bei erster Annäherung zu Hörfunk und Radio können wir feststellen (Häusermann 1998; Kleinsteuber 1991):

- Der Hörfunk beruht auf einer Übertragungstechnik, die eine gerichtete und auditive Verbindung zwischen einem Studiomikrofon und einem häuslichen Lautsprecher herstellt.
- Der Hörfunk wird von Anbietern in Studios produziert, über Sender transportiert und von Zuhörern in Empfängern konsumiert, wobei alle Stufen dieses Prozesses in je spezifischer Weise organisiert sind oder zumindest potentiell organisiert sein können.
- Hörfunk stellt sich als ein Massenmedium dar, genauer: neben dem Fernsehen gilt es als zweites elektronisches Massenmedium, das hohe Einschaltungszeiten auf sich zieht, aber als ein 'Nebenher-Medium' nur vergleichsweise wenig Aufmerksamkeit genießt.
- Hörfunk bezeichnet ein Programmangebot im Radio, das in spezifischer Weise geplant (z. B. Vollprogramm), in spezifischer technischer Qualität ausgesendet (z. B. Stereoprogramme) und in örtlich und zeitlich sehr unterschiedlicher Weise konsumiert werden kann (z. B. im Wohnzimmer, im fahrenden Auto, gezielt unter Einbezug von Rundfunkzeitschriften).

Ohne Mühe werden sich weitere begriffliche Inhalte finden lassen, die den schillernden und mehrdeutigen Charakter der hier bearbeiteten Termini Hörfunk und Radio unterstreichen.

Je tiefer man in spezifische Spielformen von Hörfunk/Radio eindringt, um so eher verwischen sich die Konturen. So löst sich die gerichtete Struktur des Rundfunk-Mediums tendenziell auf, wenn Rückkanäle genutzt werden, etwa das Hineintelefonieren in Sendungen. Die klare Unterscheidung vom Fernsehen wird bei Einführung digitaler Techniken so nicht mehr möglich sein, da z. B. der digitale Hörfunk (Digital Audio Broadcasting) begleitende Bilder auf einem kleinen Display ermöglicht. Rundfunk konkurriert mit anderen Audio-Techniken, etwa Tonträgern wie Audiocassette, CD und als neuester Technik MP3 Player und Internetradio, die tendenziell ähnliche Inhalte vermitteln können (etwa Musik) oder auch die zeitversetzte Nutzung des Mediums erlauben.

Spezifische Besonderheiten des Hörfunks sollten nicht unerwähnt bleiben. Er ist unbestreitbar das aktuellste Medium; die Erstinformation über viele Ereignisse erhalten Menschen über das Radio. Das Radio ist ein tendenziell lokales Medium; neben der Lokalzeitung ist kein Medium so gezielt auf das Lokale bzw. die Region gerichtet. Der Hörfunk ist ein sehr kostengünstiges Medium; Sendeanlagen und Studioeinrichtungen sind in einfachster Form für jeweils einige Tausend DM zu errichten. Das Radio ist ein Medium mit vergleichsweise geringer professioneller Anforderung, weswegen viele Enthusiasten ohne kommerzielle Interessen oder der Intention des Broterwerbs in dem Medium arbeiten. (z. B. Community Radio)

Auch diese Besonderheiten des Radio relativieren sich zunehmend. So gibt es in wachsender Zahl Radioprogramme ohne aktuelle Nachrichten. Die Lokalität von Radioprogrammen, Ausdruck der Tatsache, daß terrestrische Senderadien nur lokale bzw. regionale Reichweiten zulassen, wurde durch großflächige Vernetzung (Sendenetze, Networks, Internet) unterlaufen; die mit den Rundfunksatelliten mögliche Übertragung von Radioprogrammen (Astra Digital Radio, ADR) verstärkt diese Entwicklung. Je nach Eigenart von Radio-Hardware (hochwertige digitale Studios) und Radioprogrammen (z. B. öffentlich-rechtliche Programme mit hohem Wortanteil) kann der Hörfunk auch kostenintensiv arbeiten. Schließlich hat sich auch im Radio eine hohe Professionalität entwickelt; das gilt für Radiojournalisten und -moderatoren, die sich auf Besonderheiten dieses auditiven Mediums eingestellt haben, aber auch für die gesamte kommerzielle Marketingstrategie und Reichweitenforschung (LaRoche 2000).

Die nachfolgende Darstellung umfasst folgende Punkte: Nach einem kurzen Anriß der allgemeinen Rahmenbedingungen werden die bedeutenden Organisationsformen von Hörfunk abgehandelt. In der Bundesrepublik spricht man gemeinhin von einem dualen System und meint damit einerseits den Bereich der öffentlich-rechtlichen Rundfunkanstalten, zum anderen die privat-kommerziellen Hörfunkanbieter. Da im deutschen und internationalen Kontext auch private, nicht-kommerzielle Radioformen eine bescheidene, aber doch distinkte Rolle spielen, wird hier von einem triadischen System, bestehend aus drei Säulen, ausgegangen. Alle drei Organisationsformen des Hörfunks werden in vertiefter Darstellung präsentiert. Die organisatorische Dimension von Radio und Hörfunk kann prinzipiell auf drei Ebenen beschrieben werden:

– zum Einen, indem die allgemeinen Rahmenbedingungen dargelegt werden, die Hörfunk erst ermöglichen, sozusagen als ein äußerer konzentrischer Ring, der sich um die eigentliche Organisation legt und als Sendetechnik, Medienpolitik, Rundfunkökonomie, Programmaufsicht etc. interessiert;
– zum Zweiten, indem man die hörfunkproduzierende Organisation selbst in den Mittelpunkt stellt, also den Sender, die Anstalt, das Unternehmen und seine Untergliederungen, Organe, Mitarbeiter etc.;
– zum Dritten, indem man fragt, wie die Herstellung, die Verbreitung und der Empfang von Hörfunk organisiert sind, also wie sich die Institution Radio in der Abfolge von Produktion über Distribution bis zu Konsumtion gestaltet, oder anders gesehen – wie sich Radio prozeßhaft vom Studio bis zum Empfangsgerät darstellt. In jedem dieser Fälle kann die Organisation von Hörfunk und Radio über verschiedene Dimensionen hinweg, quasi querschnittig, verfolgt werden. Hier soll wie folgt vorgegangen werden:
– Stand der Technik (also beispielsweise Entwicklungsstand und Besonderheiten von Radiosender und -empfänger),
– die rechtlichen Voraussetzungen (z. B. die gesetzliche Erlaubnis zum Radiomachen),

- die politische Dimension (welche sich insbesondere auf medienpolitische Akteure, Interessen und Umsetzungen bezieht),
- die ökonomischen Bedingungen (die wirtschaftliche Dimension des Radiomachens, der Finanzierung, der Einnahmen und Ausgaben, der ökonomischen Verfassung der Radioorganisation etc.),
- und die kulturelle Ebene (was z. B. die kulturellen Impulse erfaßt, die Hörfunkproduktion und -konsum geben).

Einige dieser Aspekte werden im Kontext des vorliegenden Gesamtwerks auch an anderer Stelle abgehandelt, andere stehen ganz im Zentrum des Bereichs Organisation.

2. Die Rahmenbedingungen von Hörfunk

Technik/Entwicklung: Radio beruht auf der drahtlosen oder auch leitergebundenen Übertragung auditiver Inhalte. Der Hauptstrom der Radio-Geschichte begann mit terrestrischer Ausstrahlung im Bereich niedriger Frequenzen (Lang-, Mittel-, Kurzwelle) und der Amplitudenmodulation (AM). Nach dem Zweiten Weltkrieg wurde das ultrakurze Wellenband (UKW) in Frequenzmodulation (FM) erschlossen – gegenwärtig der hauptsächlich genutzte Wellenbereich. Inzwischen wird die Digitalisierung des Hörfunks betrieben, seit 1999 befindet sich Digital Audio Broadcasting (DAB) im Regelbetrieb, die Digitalisierung von Kurz-, Mittel-, Langwelle mit Digital Radio Mondiale (DRM) soll ab 2003 erfolgen. Bis zum Jahr 2015 soll laut Entscheidung der Bundesregierung die Digitalisierung des Hörfunks abgeschlossen sein.

Radio wird meist mit terrestrischer Ausstrahlung gleichgesetzt, dies erweist sich als zu einfach. Bereits zur Frühzeit des Radios wurde das Programm auch vereinzelt über Draht verbreitet (Drahtfunk), heute werde Koaxialkabelnetze mit Programmen belegt. Seit Ende der achtziger Jahre wird Radio auch über Satellit parallel zu TV-Programmen abgestrahlt (ADR), für die Dritte Welt wurde mit Worldspace ein digitales Satellitenangebot zur Verfügung gestellt. In den 90er Jahren begann Internetradio („Cyberradio"), dabei werden in Audio-Streaming-Technik (Real-Audio) normale Radioprogramme zusätzlich über Internet angeboten (offline Radiostationen) oder es werden Audio-Angebote nur im Netz zur Verfügung gestellt, häufig auch in Paketen mit sehr differenzierten Musikfarben und Wahlmöglichkeiten (online-Radio). Zukünftig werden auch Techniken der mobilen Kommunikation Radioempfang als Teil ihres Leistungsangebots übernehmen können (UMTS), das wird allerdings zusätzliche Kosten erzeugen. Für die organisatorische Seite bedeutet dies, daß zu Beginn der Radiogeschichte die Sendetechnik große und aufwendige Formationen erforderten; im Verlaufe der Verfeinerung der Technik wurden diese Anforderungen immer geringer, das Medium wurde kostengünstiger, die organisatorischen Anforderungen nahmen ab. Vom Kommunikationsraum her besehen, verlässt Radio seine bisherige regionale und nationale Verbreitung und geht einerseits in den lokalen Raum (Lokalradio), andererseits globalisiert es sich auch (Cyberradio, DRM).

Technik/Sendeanlagen: Radiowellen nutzen das elektromagnetische Sendespektrum. Es ist nicht unerschöpflich und bereits frühzeitig gab es Konkurrenzen und Zuteilungsbedarfe. Auf internationalen Funkverwaltungskonferenzen (z.B. Europäische Funkkonferenz 1948, Kopenhagener Wellenplan) werden Frequenzpläne erstellt und den Regionen und Staaten zugewiesen. Bei der Errichtung von Sendeanlagen teilt sich die deutsche Telekom die Aufgaben mit öffentlich-rechtlichen Anstalten, seit der Postliberalisierung 1998 können auch weitere Träger Sendeanlagen errichten (wie z.B. bei DAB realisiert). In anderen Staaten sind meist die Inhaber einer Sendelizenz auch diejenigen, welche die Sendetechnik betreiben. Terrestrische Ausstrahlung bedarf einer internationalen Koordination von Senderechten und der Ausstrahlung. Bei neuen Techniken ist dies nicht mehr notwendig, Cyberradio entstand völlig ohne nationale oder globale Regulierung.

Recht/Sendeberechtigte: Für das international praktizierte Rundfunkrecht (Deutschland und andere Staaten) ist typisch, daß Sendefrequenzen als öffentliches Gut gesehen werden, deren Nutzung auf gesetzlicher Grundlage Dritten überlassen werden kann. Historisch gesehen, gibt es Radiotätigkeit in öffentlicher Trägerschaft, in der Bundesrepublik in öffentlich-rechtlichen Anstalten (internationaler Gattungsbegriff: Public Service), beruhend auf speziellen Rundfunkgesetzen. Einmalig auf der Welt ist die deutsche Situation, wo die Rundfunkverantwortung als Teil des Föderalismus bei den Bundesländern liegt; internationale charakteristisch ist eine Kompetenz des Zentralstaats, verbunden mit dem Angebot nationaler Radiokanäle.

Seit Einführung des 'dualen' Systems werden auf der Basis von Landesmediengesetzen von speziell dafür geschaffenen Aufsichtsbehörden Sendelizenzen auf Zeit an private Interessenten vergeben. In der Bundesrepublik sind dies die Landesmedienanstalten, in anderen Staaten übernimmt diese Aufgabe eine zentrale Behörde (z. B. die FCC in den USA). Senderechte werden auf der Grundlage von Lizenzen an privatrechtliche Träger vergeben. Alle öffentlichen und privaten Anbieter müssen bei ihrem Sendebetrieb gesetzlich fixierte Auflagen einhalten, erstere z. B. einen 'Grundversorgungsauftrag' wahrnehmen, letztere z. B. Begrenzungen bei der Plazierung von Werbespots akzeptieren. Für den öffentlich-rechtlichen Bereich schreiben die Gesetze als Organisationsform die rechtsfähige Anstalt vor, die als juristische Person des öffentlichen Rechts über Rechte der Selbstverwaltung verfügt, im privat-kommerziellen Bereich haben sich GmbH & Co. KGs als wichtigste Form durchgesetzt. Lizenzen können auch an nichtkommerzielle Träger gehen, deren Organisationsform ganz unterschiedlich gestaltet sein kann und Vereine, Stiftungen, Genossenschaften einschließt.

Politik/Einflußnahmen: Politische Interessen haben von Anbeginn der Entwicklung des Radios eine erhebliche Rolle gespielt, wobei sein Bedeutungsverlust nach dem Siegeszug des Fernsehens auch den politischen Druck reduzierte. Nach eher bürokratisch-etatistischen Einflüssen in den zwanziger Jahren wurde das Radio in den dreißiger Jahren zum zentralen Propagandaorgan des Nazi-Regimes. Auch als internationales Kommunikationsmedium spielte es zeitweise eine große Rolle, so wurde der Kalte Krieg im sog. Ätherkrieg abgebildet, in Deutschland standen sich z. B. Deutsche Welle/Deutschlandfunk und Radio Berlin International (RBI) gegenüber. Zentrales Medium des Auslandsradios ist nach wie vor die Kurzwelle, die große Distanzen zu überwinden vermag, aber nur mäßige Hörqualität ermöglicht. Kurzwelle eignet sich besonders, nationale Zensurwälle zu überwinden und kritische Informationen zu übertragen; auch im neuen Jahrtausend lebt etwa Zweidrittel der Weltbevölkerung in Regionen, in denen freie Berichterstattung nicht gesichert ist.

In der bundesdeutschen Entwicklung sorgte vor allem die starke Präsenz von Parteipolitikern in den Rundfunkräten des öffentlich-rechtlichen Bereichs dafür, daß deren Anliegen bis in die Personalbesetzung und Programmgestaltung wirksam wurden. Deren Einfluß und daraus resultierende Proporzstrukturen bestimmen bis heute die politische Realität. Das gilt ähnlich für die neugegründeten Landesmedienanstalten. Andererseits ist die Bedeutung des Mediums Radio für die politische Kommunikation gegenüber dem Fernsehen massiv zurückgegangen, sodass politischer Druck geringer geworden ist. Insgesamt ist für die deutsche Rundfunklandschaft typisch, dass die politischen Parteien in ihrer Gesamtheit den massivsten Einflussfaktor im Rundfunkwesen darstellen; sie beziehen ihre Kraft daraus, dass sie sich vorab einigen und darauf Schlüsselpositionen im Proporz besetzen.

Ökonomie/Finanzierung: Im Prinzip finanzieren sich Radioorganisationen aus zwei zentralen Quellen, der Gebühr und den Werbeeinnahmen. Die erste ist für den öffentlich-rechtlichen Bereich typisch, die zweite für den privat-kommerziellen Sektor. In bescheidenem und angesichts der scharfen Konkurrenz abnehmendem Umfang senden auch einige öffentlich-rechtliche Radioprogramme Werbespots. Organisatorisch bedeutet dies, daß die Rundfunkanstalten eine gemeinsame Gebühreneinzugszentrale (GEZ) unterhalten und einzelne 'Töchter' für Programmproduktion und Werbung gegründet haben, die gewinnorientiert arbeiten dürfen. Rund um den kommerziellen Radiosektor haben sich Werbeagenturen und Agenturen zur Bemessung von Reichweiten etabliert, welche die Werbewirksamkeit der Programme sicherstellen sollen. Nicht-kommerzielle Lokalsender finanzieren sich aus ganz unterschiedlichen Quellen, etwa aus Mitgliederbeiträgen, Spenden, öffentlichen Zuweisungen oder auch Werbung.

Kultur/Programm: Die öffentlich-rechtlichen Anstalten bieten meist vier bis fünf Hörfunkprogramme in ihrem Sendegebiet an, das regelhaft aus einem Bundesland besteht, mitunter kooperieren mehrere Bundesländer oder Regionen innerhalb eines Landes werden bedient. Insgesamt zählen wir ca. 50 regional begrenzte Programme, dazu einige wenige nationale Angebote als Ergebnis des Vereinigungsprozesses (Deutschlandradio) sowie einen Auslandsanbieter (Deutsche Welle) als Bestandteil internationaler Kulturarbeit. In den jeweiligen Rundfunkgesetzen sind Rahmenstandards für die Hörfunkangebote gesetzt, faktisch besteht das Angebot heute aus einer Verbindung von Misch-, Sparten- und Zielgruppenprogrammen. Die kommerziellen Sender haben sich dagegen durchgängig auf bestimmte 'Musikformate' spezialisiert, die der werbenden Wirtschaft klar definierte und kaufkräftige Zuhörerschaften erschließen sollen. Der nicht-kommerzielle Sektor versucht die verbleibenden Programminteressen zu befriedigen und findet seine Nischen in Minderheiten-, Stadtteil- und Zugangsprogrammen. Eine weitere Diversifizierung erfolgt inzwischen, indem kommerzielle Anbieter kleine Marktnischen zu besetzen versuchen: Die Tageszeitung Frankfurter Allgemeine erprobt (im Jahre 2001 in Berlin und München) mit ihren F.A.Z. Stationen Business Radio, wobei aktuelle Geschäftsinformationen in Ballungsräumen für Führungskräfte und Meinungsbildner im Mittelpunkt stehen.

3. Der öffentlich-rechtliche Typus

Der Rundfunk im Dienste der Öffentlichkeit (public service broadcasting) geht zurück auf das Vorbild der britischen BBC (British Broadcasting Corporation), die 1927 geschaffen worden war, um als Treuhänderin im öffentlichen Interesse, jedoch fern vom Staatseinfluß zu handeln. Sie ist beispielgebend für die Organisation des Hörfunks in vielen Ländern Europas gewesen, wenngleich gerade das Kriterium der Staatsferne häufig verletzt wurde. Nationale Hörfunkangebote spielen in vielen Ländern eine größere Rolle als in Deutschland; gleichzeitig erlaubt der geringere finanzielle und technische Aufwand eine stärkere Regionalisierung als das Fernsehen. Außerhalb Europas hat der öffentlich-rechtliche Hörfunk nie eine vergleichbare Rolle gespielt, sondern ist von Anbeginn an in einer schwachen Position gewesen (Beispiel USA) oder marginalisiert worden (Beispiel Kanada, Australien).

3.1. Technik

Die Ausstrahlung öffentlich-rechtlicher Radioprogramme erfolgt in der Bundesrepublik über terrestrische Frequenzen, wobei der UKW-Bereich der bedeutendste ist. Mit den fünf bzw. sechs bestehenden Senderketten in den Bundesländern wird unter 100 MHz ein Versorgungsgrad von 99 Prozent erreicht, oberhalb 100 MHz von 95 Prozent. Insgesamt standen im Jahr 1999 1091 UKW Sender, 42 LW- und MW-Sender sowie 5 KW-Sender zur Verfügung. Die Auslandsprogramme der Deutschen Welle werden zudem über insgesamt bis zu 59 KW-, MW- und UKW-Sender im In- und Ausland ausgestrahlt (ARD Jahrbuch 2000, 198). Die Planung, Errichtung und Betreibung von Sendenetzen und einzelnen Sendern für neue Programmveranstalter erfolgt durch die Telekom, während die Landesrundfunkanstalten ihre UKW-Sender selbst planen, errichten und betreiben (Bock 2000, A 179ff.). Eine wachsende Zahl von Programmen ist über Satellit empfangbar. Über den ASTRA-Satelliten wurden 1999 40 Programme der öffentlich-rechtlichen Anstalten ausgestrahlt. Darüber hinaus werden in allen Bundesländern Kabelnetze mit Satellitenhörfunkprogrammen versorgt. Der digitale terrestrische Hörfunk, (Digital Audio Broadcasting DAB) wurde in vier Ländern als Regelbetrieb aufgenommen. Außerdem werden Hörfunkprogramme im Real-Audio-Format über das Internet übertragen.

Es wird sowohl landesweiter Hörfunk, in Einzelfällen auch regionaler, sowie nationaler Hörfunk ausgestrahlt. Die einzelnen Landesrundfunkanstalten bieten zwischen drei und fünf Hörfunkprogramme an. Innerhalb der vergangenen Jahre haben die Rundfunkanstalten eine rasante Entwicklung der Produktions- und Sendetechnik gesehen. Bestimmend ist dabei der Trend zur Digitalisierung. Digitale Techniken werden in den unterschiedlichsten Bereichen, von den Produktionsstudios, über die Schalt- und Sendezentralen bis hin zur Sendetechnik eingesetzt. Insgesamt sind bis Ende 1999 18 Hörfunkprogramme der ARD komplett auf die neue Technik umgestellt worden. (ARD Jahrbuch 2000, 204). Die Digitalisierung hat die Arbeitsorganisation im Hörfunk maßgeblich verändert.

3.2. Rechtliche Voraussetzungen

Die Ausstrahlung von Radioprogrammen in der Verantwortung von öffentlich-rechtlichen Anstalten ist in der Bundesrepublik die ältere, an dem Vorbild des public broadcasting service der britischen BBC orientierten Form. Die verfassungsrechtliche Grundlage der deutschen Rundfunkordnung bildet die in Artikel 5 des Grundgesetzes enthaltene Garantie der Rundfunkfreiheit. Bestimmend für die gegenwärtigen Organisationsstrukturen des öffentlich-rechtlichen Rundfunksystems waren allerdings die Besatzungsmächte, die nach den Erfahrungen mit dem nationalsozialistischen Staatsrundfunk nach dem Ende des Zweiten Weltkrieges zunächst jeglichen deutschen Sendedienst verboten und ab 1948 in den einzelnen Ländern die Gründung staatsfern organisierter, durch Gebühren finanzierter Anstalten des öffentlichen Rechts zuließen. Während das Fernsehprogramm der am Ende des Gründungsprozesses acht Landesrundfunkanstalten gemeinsam über ihrem Zusammenschluß, der 1950 entstandenen Arbeitsgemeinschaft der öffentlich-rechtlichen Rundfunkanstalten Deutschlands (ARD) veranstaltet wurde, verblieb das Hörfunkprogramm in der alleinigen Verantwortung der Landesrundfunkanstalten.

Die Vereinigung Deutschlands brachte die Umstrukturierung des Rundfunks im neuen Teil des Bundesgebietes mit sich. Nach der Überführung des 'Rundfunks der DDR' und des 'Deutschen Fernsehfunks' gemäß Einigungsvertrag vom 6. 9. 1990 in eine gemeinschaftliche Einrichtung der fünf ostdeutschen Bundesländer und Berlins wurden durch Staatsvertrag – ähnlich den acht Anstalten in den alten Ländern (Bayerischer Rundfunk BR, Hessischer Rundfunk HR, Norddeutscher Rundfunk NDR, Radio Bremen RB, Südwestrundfunk SWR, Sender Freies Berlin SFB) – zwei weitere Landesrundfunkanstalten gegründet: der Mitteldeutsche Rundfunk MDR und der Ostdeutsche Rundfunk Brandenburg ORB. Mecklenburg-Vorpommern schloß sich dem NDR an, Ostberlin dem SFB. Ähnlich wie der SWR aus der Zusammenlegung der ehemaligen Anstalten SDR (Süddeutscher Rundfunk) und SWF (Südwestfunk) hervorgegangen ist, ist eine Fusion von SFB und ORB in der Diskussion, die allerdings bislang wegen Widerstandes aus der Bevölkerung erst die Form einer Kooperation hat.

Darüber hinaus bedurfte es einer Neugestaltung des nationalen Hörfunkes, in dem der bundesweite Deutschlandfunk und der Deutschlandsender Kultur, der aus den DDR-Hörfunkprogrammen hervorgegangen war, aufgehen sollte. Erst 1993 wurden die entsprechenden Verträge unterzeichnet, die die Ausstrahlung zweier nationaler Hörfunkprogramme durch die von ARD und ZDF getragene öffentlich-rechtliche Körperschaft „Deutschlandradio" begründen. „DeutschlandRadioBerlin" sendet ein kulturorientiertes Programm, „Deutschlandfunk" hat den Schwerpunkt Information und sendet aus Köln (Kauffmann 1997).

Während es etliche Bundesgesetze gibt, die den Hörfunk berühren (Persönlichkeits- und Jugendschutz, Urheberrecht), fällt die Rundfunkveranstaltung in die Regelungskompetenz der Länder, der sie durch die Landesrundfunkgesetze nachkommen. Diese sehen überwiegend eine staatliche Aufsicht, z. B. durch die Beanstandung eines Rechtsverstoßes, vor, jedoch keine Fachaufsicht.

Als Anstalten des öffentlichen Rechts verfügen die Landesrundfunkanstalten über weitgehende Rechte der Selbstverwaltung. Diese werden jeweils durch den Rundfunkrat, den Verwaltungsrat und den Intendanten ausgeübt. Die Idee der Staatsferne und der Verpflichtung des Rundfunks gegenüber der Allgemeinheit sollte vor allem in dem Konstrukt des Rundfunkrates umgesetzt werden, der aus Vertretern gesellschaftlich relevanter Gruppen zusammengesetzt ist, und dem die Wahl des Intendanten, die Überwachung der Einhaltung der Grundsätze der Programmgestaltung sowie die Beratung des Intendanten in allgemeinen Programmangelegenheiten obliegt.

3.3. Politische Dimensionen

Das Konstrukt der Rundfunkräte mit Vertretern der gesellschaftlich relevanten Gruppen war der Versuch, Rundfunk der Kontrolle der Allgemeinheit zu unterstellen bei seiner gleichzeitigen Staats- und Parteiferne. Allerdings hat die Tatsache, daß eine maßgebliche Zahl von Landtags- und Bundestagsabgeordneten in den Rundfunkräten ihren Sitz hat, dazu geführt, daß die Parteien auch die übrigen Vertreter in den Rundfunkräten polarisierten und so ihre Stellung erheblich ausbauten. Die Kritik an der Einflußnahme der Parteien auf die Sender wird seit langem geführt (vgl. Schneider 1981), hat allerdings wenig an der Situation geändert, daß Gremienentscheidungen parteipolitisch gefärbt sind und Personalentscheidungen einem sogenannten Personalproporz entsprechen müssen. Galt dieser Proporz anfangs nur für die Besetzung höherer Leitungsebenen, so wurde er mit der Zeit zunehmend auf die unteren Bereiche der Hierarchien ausgeweitet. Auch der Versuch inhaltlicher Kritik und Einflußnahme auf insbesondere politische Magazinsendungen ist der starken Stellung der Parteien innerhalb der Rundfunkräte geschuldet. Der Vorwurf, der den Rundfunkanstalten trotz ihrem Auftrag zur Unabhängigkeit eine Nähe zur jeweiligen Landesregierung nachsagt, kann vielleicht nicht in jedem einzelnen Fall aufrechterhalten werden; das Problem des Parteieneinflusses auf den öffentlich-rechtlichen Rundfunk bleibt jedoch bestehen.

Eine weitere politische Dimension der Organisation des öffentlich-rechtlichen Rundfunks, die für seine Entwicklung eine Relevanz hat, ist die Frage der Arbeitnehmervertretung. Die Beschäftigten bei den Landesrundfunkanstalten gehören vornehmlich zum gewerkschaftlichen Organisationsbereich der Dienstleistungsgewerkschaft ver.di, die 2001 aus dem Zusammenschluss von fünf Einzelgewerkschaften entstanden war – unter ihnen die vormals zuständige IG Medien. Diese hatte in ihre Bundesfachgruppe Rundfunk / Film / Audiovisuelle Medien die frühere RFFU (Rundfunk-, Fernseh- und Filmunion) integriert. Sie war an den einzelnen Anstalten traditionellerweise stark vertreten und hat aufgrund ihrer Position im Laufe der Jahre mit den öffentlich-rechtlichen Arbeitgebern ein ausdifferenziertes System von Tarifverträgen ausgehandelt, welches für die Ausgestaltung der Tätigkeitsbereiche eine prägende Wirkung hat. Die klare Definition von Berufsbildern hatte es bisher verhindert, daß sich multifunktionale Tätigkeiten, insbesondere aufgrund einer Aufhebung der Trennung von Redaktion und Technik, in den Anstalten ausprägen konnten. Durch die Digitalisierung der Rundfunktechnik hat diese Trennung aber zunehmend aufgehoben.

3.4. Ökonomische Bedingungen

Seit die Ausstrahlung privat-kommerzieller Rundfunkprogramme zugelassen worden war, haben sich die ökonomischen Bedingungen für den öffentlich-rechtlichen Hörfunk drastisch gewandelt. Zwar wird er nach wie vor über Gebühren finanziert, deren Höhe eine Kommission zur Ermittlung des Finanzbedarfes (KEF) festsetzt, sowie über einen geringeren Anteil von Einnahmen aus den ausgestrahlten Werbeeinblendungen, doch hat sich der finanzielle Druck, der auf den Rundfunkanstalten insgesamt lastet, natürlich auch auf den Hörfunk ausgewirkt.

Von den 1999 insgesamt 8694,5 Mio. DM, die durch die Rundfunkgebühren erhoben wurden, entfielen auf den Hörfunk 4169,5 Mio. DM. Die ARD-Werbegesellschaften erzielten im gleichen Jahr 112,8 Mio. DM, aus der Hörfunkwerbung. Im Rahmen des Finanzausgleiches der Landesrundfunkanstalten, der auch dem Hörfunk zugute kommt, sind drei kleine Anstalten (RB, SR und SFB) die Nutznießer der Aufbringungen der großen, welche sich 1999 auf 176,2 Mio. DM beliefen (ARD-Jahrbuch 1999, 389). Die andauernde Debatte um die Kosten des öffentlich-rechtlichen Rundfunks haben ihre Auswirkungen auch auf den Hörfunk, der die Aufwendungen pro Sendeminute von 1990 bis 1999 von 102 auf 84 DM gesenkt hat (MP-Basisdaten 2000: 12). Insbesondere unter dem Kostenargument wird zunehmend dafür plädiert, die ARD neu zu strukturieren, was zur Schließung der kleinen Sendeanstalten führen könnte. Die Konkurrenz durch die neuen privatkommerziellen Radiosender haben die Position des öffentlich-rechtlichen Hörfunks am Markt erheblich geschwächt. So sind seine Marktanteile von 84,6 Prozent im Jahr 1988 auf 55,3 Prozent 1999 gesunken – mit weiterhin fallender Tendenz (http://www.ard-werbung.de/radio/forschung/ma99radio/chart1.asp).

Betrachtete man die Kostenstruktur des öffentlich-rechtlichen Hörfunks in Verbindung mit seiner Programmstruktur, so ist auffällig, daß vor allem zwei ihm eigene Programmerkmale zu Buche schlagen: der Anteil der Bereiche Information und Service sowie Kultur/Bildung von 658443 Stunden an 1369921 Stunden Gesamtprogramm, der mit 104 bzw. 197 DM pro Sendeminute veranschlagt wird (MP-Basisdaten 1999: 12).

3.5. Kulturelle und programmliche Ebene

Der Auftrag zur Grundversorgung verpflichtet die Landesrundfunkanstalten, mit ihren Programmen Information, Bildung, Kultur und Unterhaltung zu vermitteln und dabei die Darstellung der bestehenden Meinungsvielfalt zu sichern sowie inhaltliche Standards gemäß dem Auftrag des Rundfunks zu wahren.

Im Durchschnitt aller Landesrundfunkanstalten und aller ihrer Programme bestreitet der öffentlich-rechtliche Hörfunk der Bundesrepublik 62,4 Prozent seines Programms mit Musik und 36,8 Prozent mit Wortbeiträgen; hinzu kommen 0,8 Prozent

Werbefunk. Innerhalb der Wortprogramme macht der Bereich Information und Service mit 24,9 Prozent den größten Anteil aus (ARD Jahrbuch 2000: 411).

Aufgrund der Konkurrenzsituation, die durch die Zulassung privat-kommerzieller Radiosender entstanden war, gerieten die öffentlich-rechtlichen Sender in das Dilemma, diesem Anspruch nachkommen und dabei gleichzeitig in der Massenattraktivität ihrer Programme mit den neuen Sendern mithalten zu müssen. Diese neuen Anforderungen haben eine Vielzahl von Programmreformen innerhalb der verschiedenen Landesrundfunkanstalten mit sich gebracht, deren Ziel häufig eine Neuorganisation des Programms und eine stetige Reduzierung des Wortanteils war, die eine Anpassung an die tatsächlich oder vermeintlich gewandelten Hörerbedürfnisse leisten sollte.

Wesentlich für die Anpassung des öffentlich-rechtlichen Hörfunks an die veränderte Marktsituation ist die Umstrukturierung seiner Angebote. In der Differenzierung der Programmangebote der einzelnen Anstalt wurde das wesentliche Wettbewerbsmittel gesehen, das denn auch fast alle Landesrundfunkanstalten angewandt haben. Im Verlaufe der neueren Entwicklung lassen sich folgende Programmtypen differenzieren: Integrierte Mischprogramme (Vollprogramme), musikdominierte Tagesbegleitprogramme, Kulturprogramme, Spartenprogramme und Zielgruppenprogramme. In der Regel wird gegenwärtig neben einem massenattraktiven Programm – am Beispiel des Norddeutschen Rundfunk: der landesweite NDR 2 und NDR 1 mit regionalem Bezug –, einem Informationsprogramm – NDR 4 – und einem Klassikprogramm – NDR 3 – auch ein Jugendprogramm – N-joy Radio – ausgestrahlt. Allerdings führt der Druck des Marktes mittlerweile dazu, daß auch die Wortprogramme – wie 1995 bei NDR 4 geschehen – einer erneuten Reform unterzogen und im Ringen um eine wachsende Hörerzahl massengängiger gestaltet werden.

Die eigenen kulturellen Leistungen, die der öffentlich-rechtliche Hörfunk seit jeher erbracht hatte, sind angesichts des Kostendrucks zunehmend gefährdet. Dazu gehören im Bereich U- und E-Musik unter anderem die Radiosymphonieorchester, die Ausschreibung von Musikwettbewerben oder Musikpreisen oder die Subventionierung von Musikfestivals. Im Wortbereich treten die Landesrundfunkanstalten mit der Hörspielproduktion sowie des Bildungsfunks als Arbeitgeber für freischaffende Autoren auf, eine Funktion, die jedoch ebenfalls angesichts des Kostendrucks abnimmt.

Wesentlich für geändertes Hörerverhalten ist die Steigerung der durchschnittlichen werktäglichen Reichweite von 1964 bis 2001 von 68 auf 79 Prozent, wobei die tägliche Hördauer von 3:26 Stunden den Hörfunk zum meistgenutzten Medium macht (http://www.ard-werbung.de/radio/forschung/ma99radio/chart3.asp. Ridder/Engel 2001, 105). Mit der Vervielfältigung der Hörfunkprogramme ging auch eine Ausdifferenzierung des Hörerpublikums einher, wobei jüngere Forschungen darauf verweisen, daß die Segmentierung der Publika entlang der Linie Information versus Unterhaltung erfolgt. Öffentlich-rechtlicher Rundfunk wird überwiegend von Hörern genutzt, die Wert auf seine Informationsleistungen legen, während privat-kommerzielle Programme von Hörern mit ausgeprägteren Unterhaltungsbedürfnissen gehört werden (vgl. Scherer 1994, 260). Auch in der Altersstruktur ihrer Hörer unterscheiden sich die beiden Typen des Hörfunks. Der öffentlich-rechtliche hat einen höheren Anteil in der Altersgruppe der über 49jährigen, die von den privat-kommerziellen als Zielgruppe für die werbetreibende Industrie als nicht sonderlich attraktiv eingeschätzt werden.

Die Landesrundfunkanstalten mit ihren insgesamt über 21 600 Mitarbeitern sind nach vergleichbaren Organisationsschemata aufgebaut: Die Hörfunk-Direktion ist (wie auch die Fernseh-Direktion) unmittelbar dem Intendanten unterstellt und koordiniert ihrerseits die weiteren Hauptabteilungen, die entweder nach Ressorts oder auch nach Programmbereichen gegliedert sind.

Bedingt durch die Digitalisierung der Studiotechnik, wird im öffentlich-rechtlichen Hörfunk die jahrzehntelange Trennung zwischen den Arbeitsbereichen Redaktion und Technik aufgehoben. In den Landes- wie in den Regionalstudios gibt es die beim privat-kommerziellen Typus schon lange weitverbreiteten Selbstfahrerstudios, und Reporter können nicht mehr auf die Dienste von Cuttern zurückgreifen. Auch bei der Erstellung von Beiträgen wird die Trennung zwischen redaktioneller und technischer Arbeit meist noch aufrechterhalten. Auch zwischen den Medien Hörfunk und Fernsehen beginnt eine Entgrenzung, wenn

Reporter damit beauftragt werden, Audio und Video-Material zur aktuellen Berichterstattung zu liefern.

4. Der privat-kommerzielle Typus

Als Wiege der kommerziellen Organisation von Hörfunk können die USA gelten, wo die ersten regelmäßigen Radiosendungen 1919/20 von kommerziell arbeitenden Stationen ausgestrahlt und schon 1922 von Werbespots begleitet wurden. In Europa, wo das Modell des öffentlichen Rundfunks (mit Ausnahme von Luxemburg) die Nachkriegszeit bestimmte, sind erst in den letzten zwei Jahrzehnten privat-kommerzielle Hörfunkprogramme zugelassen worden, zuletzt in Albanien und in Österreich. Aufgrund der starken regionalen und lokalen Ausdifferenzierung der Sender gibt es in manchen Ländern über tausend Programme, die sich allerdings häufig zu Networks zusammenschließen. Lokale Hörfunkangebote häufen sich insbesondere in städtischen Ballungsräumen.

4.1. Technik

Die Vergabe von Lizenzen an neue privatkommerzielle Hörfunkanbieter wurde ermöglicht, indem neue Frequenzen (überwiegend jenseits von 100 MHz) freigegeben wurden. Die Möglichkeiten zum ökonomischen Erfolg eines Veranstalters hängen unter anderem von der Senderstärke ab, die ihm zugebilligt wird, welche wiederum sein Verbreitungsgebiet bestimmt, sowie u. U. auch von der Lage der vergebenen Frequenz innerhalb des Frequenzspektrums. Frequenzen bis 104 MHz wurden erst ab 1987 uneingeschränkt genutzt. Das gilt für den Bereich von 104 bis 108 MHz ab 1996.

Entscheidend für die Organisationsstruktur der neuen privat-kommerziellen Sender in technischer Hinsicht war, daß sie von Anfang an mit dem neuesten technischen Equipment starten konnten. Dieses mußte einerseits dem Erfordernis Genüge tun, personalsparend eingesetzt zu werden, als auch in der Bedienbarkeit leichten Zugang zu gewähren. Bestimmend für die Ausstattung der Stationen waren und sind die sogenannten Selbstfahrerstudios, in denen die Trennung von Technik und Redaktion aufgehoben ist und der jeweilige Moderator im Studio die redaktionelle Vorbereitung sowie die Verantwortung für den technischen Ablauf einer Sendung übernimmt. Allerdings haben Digitalisierung und Computereinsatz im Sendestudio mittlerweile dazu geführt, daß einzelne Sendungen gar nicht mehr von einem Mitarbeiter betreut werden müssen (Widlok 1994: 147). Die Erstellung eines 24-Stunden-Programmes, die einschließlich der Berechnung von GEMA-Gebühren und anderen verwaltungstechnischen Abläufen von Hand eines Redakteurs drei bis fünf Stunden in Anspruch nimmt, kann von einem Computer in 20 Minuten erledigt werden (Bernauer 1992, 52).

4.2. Rechtliche Voraussetzungen

Nach der grundsätzlichen Zulassung privatkommerziellen Rundfunks haben alle Bundesländer Landesrundfunkgesetze erlassen, die aufgrund der Rechtsprechung des Bundesverfassungsgesetzes zu den Anforderungen an eine duale Rundfunkordnung weitgehend ähnliche Strukturen und Vorschriften aufweisen (Schuler-Harms 2000, A 153). Dazu gehören Grundsätze für die Verteilung der Übertragungskapazitäten, Regelungen für die Kontrolle der Veranstalter und die Programmaufsicht, mit der die Landesmedienanstalten beauftragt wurden. Die Landesrundfunkgesetze sehen für die Lizenzierung von Programmveranstaltern, Programmbindungen, organisatorische Auflagen, Werbungsbegrenzungen und Konzentrationsbarrieren vor. Die Landesmedienanstalten, die als Anstalten des öffentlichen Rechts geschaffen wurden, sollen als Lizenzierungs- und Aufsichtsbehörden in den Bundesländern über die Einhaltung dieser Auflagen wachen und gegebenenfalls Sanktionen bis hin zur Aufhebung einer Lizenz ausüben. Ein Medienstaatsvertrag aller Bundesländer vom 3. 4. 1987 schuf gemeinsame Grundlagen, unter anderem für die Finanzierung der beaufsichtigenden Landesmedienanstalten sowie für die Zulassung von Werbung an Sonn- und Feiertagen. Ähnlich den Rundfunkanstalten des öffentlichen Rechts steht in den Landesmedienanstalten dem Direktor ein Gremium zur Seite, welches sich aus Vertretern gesellschaftlich relevanter Gruppen zusammensetzt, oder aber aus wenigen in einem besonderen Verfahren gewählten Einzelpersonen.

Für die Struktur des privat-kommerziellen Hörfunks sind zwei Organisationsprinzipien maßgeblich, die beide die Aufgabe haben, eine publizistische Machtkonzentration zu verhindern und die vom Bundesverfassungsgericht geforderte Ausgewogenheit und inhaltliche Vielfalt zu sichern: Das außenplurale Modell sieht vor, daß eine Vielzahl von Anbietern Meinungs- und Programmvielfalt herstellt; der einzelne Veranstalter ist nicht gefordert, ein ausgewogenes Programm zur Verfügung zu stellen. Nach dem binnenpluralen Modell soll durch eine möglichst heterogene Anbietergemeinschaft oder durch Programmbeiräte beim einzelnen Anbieter ein Pluralität widerspiegelndes Programm hergestellt werden. In den einzelnen Bundesländern werden sowohl das eine oder das andere oder eine Mischform beider Modelle praktiziert.

Ebenfalls von der Entscheidung des Landesgesetzgebers ist es abhängig, ob nur landesweite Programme zugelassen werden, oder ob viele lokale Sender eine Lizenz erhalten. Diese unterschiedliche Zulassungspraxis hat zu einer Art Süd-Nord-Gefälle in der Zahl der Sender geführt, innerhalb dessen den 54 lokalen und regionalen Sendern Baden-Württembergs und 72 lokalen Sendern Bayerns die jeweils nur ein oder zwei landesweiten Sender in den übrigen Bundesländern gegenüberstehen. Ausnahmen bilden die Stadtstaaten Hamburg und Berlin mit sieben bzw. an die 20 Sendern, sowie Nordrhein-Westfalen, wo 44 Lokalsender, die in ihrem Verbreitungsgebiet konkurrenzlos sind, mit einem lizensierten Rahmenprogrammanbieter kooperieren.

Das bevölkerungsreichste Bundesland hat dabei mit dem „Zwei-Säulen-Modell" eine innovative und weltweit einzigartige Rundfunkorganisationsform geschaffen, welche die Programmverantwortlichkeit bei Veranstaltergemeinschaften und die Werbefinanzierung bei kommerziell arbeitenden Betriebsgesellschaften ansiedelt. Das Scheitern des Hamburger Senders 'Radio Korah', der mit dem gleichen Modell kommerzielle Intentionen und binnenplurale Programmkontrolle unter einem Dach vereinen wollte, galt zwar als Beleg für die Unvereinbarkeit der ungleichen Partner in einem 'Zwei-Säulen-Modell'. Die Erfahrungen in Nordrhein-Westfalen werden hinsichtlich der Frage, ob es möglich ist, durch ein kompliziertes Vertragswerk, das Wirtschafts- und Stellenpläne beinhaltet, die in ihren Interessen divergierenden Partner zu einer Kooperation zu zwingen, durchaus unterschiedlich bewertet (vgl. Widlok 1994 und Hirsch 1991).

4.3. Politische Dimensionen

Ähnlich wie bei den Rundfunkräten in den öffentlich-rechtlichen Anstalten sind auch die entsprechenden Gremien in den Landesmedienanstalten von einem deutlichen Parteieneinfluß gekennzeichnet. Diese starke Stellung der Parteien, insbesondere jener, welche die jeweilige Landesregierung stellen, und die folgenschwere Aufgabe, Lizenzen zu erteilen (und gegebenenfalls zu entziehen), die diese Aufsichtsbehörden haben, bewirken, daß sie zu einem gewichtigen medienpolitischen Faktor geworden sind. Insbesondere bei der anhaltenden Debatte um die Medienkonzentration und verschiedene Modelle der Konzentrationsbeschränkung wird deutlich, daß landes- und standortpolitische Erwägungen vor publizistischen Funktionskriterien rangieren können.

Im Bereich des privat-kommerziellen Hörfunks herrschte für die dort Beschäftigten zunächst ein tarifloser Zustand. Auf Seite der Hörfunkunternehmen ist der Tarifverband Privater Rundfunk (TPR) der Tarifpartner, mit dem die IG Medien, der Deutsche Journalistenverband DJV und DAG lange nach Start der privat-kommerziellen Hörfunkprogramme 1991 den ersten Manteltarifvertrag abschließen konnten. Der gewerkschaftliche Organisationsgrad der Mitarbeiter beim privat-kommerziellen Rundfunk liegt erheblich unter dem in den öffentlich-rechtlichen Rundfunk.

4.4. Ökonomische Bedingungen

Ausschlaggebend, wenn nicht alleinige Finanzierungsquelle des privat-kommerziellen Hörfunks ist die Werbung (Haas/Frigge/Zimmer 1991). Dabei ist ein neu am Werbemarkt aquirierender Sender darauf angewiesen, entweder Werbeaufträge, die bisher an andere Medien gingen, an sich zu binden, oder das Werbevolumen insgesamt zu vergrößern, um dann an dem höheren Werbeaufkommen zu partizipieren. Während Markenartikelwerbung als attraktive, weil bewährte Finanzierungsquelle gilt, die jedoch insbesondere für den lokalen Hörfunk schwierig zu erreichen ist, ist der lokale Funkwerbemarkt ein naheliegender Bereich, der jedoch weniger lukrativ ist. Verbundsysteme, innerhalb derer verschiedene Hörfunkveranstalter bei der Aquisition kooperieren, sollen die Defizite ausgleichen.

Von Beginn seiner Existenz waren Zeitungsverleger am privat-kommerziellen Rundfunk interessiert. Dem Argument, daß durch die Zulassung insbesondere von Lokalfunk den Zeitungen ein Teil der Werbeeinnahmen entzogen würde, folgten auch die Landesmedienanstalten, so daß bei der Lizenzvergabe Zeitungsverlage faktisch bevorzugt wurden. Das galt sowohl für landesweite Sender wie Radio Schleswig-Holstein (R.S.H.) wie auch für zahlreiche lokale Sender, wie sie insbesondere in Bayern und Baden-Württemberg entstanden. Damit griff das Problem der Konzentration in der Form von Doppelmonopolen auch auf den privat-kommerziellen Typus des Hörfunks über. Das Konzentrationsproblem stellt sich dabei auf bundesweiter sowie regionaler bzw. lokaler Ebene: Ein marktbeherrschendes Unternehmen wie der Springer-Konzern hält oder hielt Beteiligungen in allen Bundesländern mit privatkommerziellen Hörfunk (Röper 2001, 18). Des weiteren sind die Bertelsmann AG und die Holtzbrinck-Gruppe als bedeutende Medienunternehmen an einer Vielzahl von Lokal- und Regionalsendern beteiligt. Gut drei Viertel aller im Lokalfunk aktiven Verlage haben im Verbreitungsgebiet ihrer Zeitungen mindestens eine monopolähnliche Stellung und formieren sich somit zu Doppelmonopolen. Zwar wurden pressespezifische Beteiligungsbeschränkungen in die Landesmediengesetze aufgenommen, da sie jedoch faktisch ausgehöhlt wurden, wird die Diskussion über ökonomische Strukturfragen noch geführt.

Für den wirtschaftlichen Erfolg der neuen Sender ist es entscheidend, mit wieviel Anbietern sie in ihrem jeweiligen Verbreitungsgebiet konkurrieren, bzw. ob die Größe ihres Verbreitungsgebietes überhaupt eine wirtschaftliche Leistungsfähigkeit zuläßt. So verwundert es nicht, daß eine Senderstruktur, wie die in Norddeutschland, in der zunächst jeweils ein landesweiter Sender (R.S.H. in Schleswig-Holstein, ffn in Niedersachsen) zugelassen wurde, die Unternehmen schon in einem Jahr in die Gewinnzone führte. Dem wirtschaftlichen Erfolg dieser Sender kam es zudem zugute, daß sie in der Vermarktung ihrer Werbezeiten gemeinsam mit Radio Hamburg zusammenarbeiteten und so über die 'Funk-Kombi Nord' der werbetreibenden Wirtschaft eine Reichweite anbieten konnten, die von Anfang an mit dem teilweise werbefinanzierten zweiten Programm des öffentlich-rechtlichen NDR konkurrieren konnte. Dieses Modell wurde später auch von den Lokalsendern bzw. Senderketten im anders strukturierten Süddeutschland übernommen.

Für den Werbezeitenverkauf ist die entscheidende Größe der sogenannte 'Tausenderkontakt-Preis', der den Betrag benennt, welcher für einen 30-Sekundenspot pro Tausend erreichter Hörer zu zahlen ist. Allerdings wird dieser Preis noch durch andere Faktoren modifiziert, so daß sich Spotpreise von 3 DM pro Sekunde bei einem kleinen lokalen Sender bis hin zu 82 DM bei einem landesweiten Sender ergeben.

4.5. Kulturelle und programmliche Ebene

Seit ihrem Auftreten am Markt haben die privat-kommerziellen Hörfunksender eine rasante Entwicklung genommen, innerhalb derer sie ihre Reichweiten auf Kosten derer des öffentlich-rechtlichen Hörfunks beträchtlich ausweiten konnten (Merten et. al. 1995, 8).

Entscheidend für den kommerziellen Erfolg eines privat-kommerziellen Senders ist es, eine ausreichende Anzahl möglichst homogener Hörer zu binden, die für die werbetreibende Wirtschaft als Konsument interessant ist. Um diese Zielgruppen eindeutiger lokalisieren zu können, hat sich die Formatierung der Sender durchgesetzt. Als vorherrschende Format-Typen, die sich an Vorbildern aus den USA orientiert haben (Kleinsteuber 1993), gelten das 'Adult Contemporary Radio'(ACR), das sich mit gefälliger Pop-Musik an die kaufkräftige Altersgruppe der 25- bis 49jährigen richtet, sowie das 'Contemporary Hit Radio' (CHR), das eine Zielgruppe im Alter von 14 bis 24 Jahren anpeilt und die jeweils bestverkauften Musiktitel spielt. Die Formatierung eines Senders erfordert die Ausrichtung an einer klar definierten Musikfarbe sowie eine Programmorganisation, die einer strikten 'Programmuhr' folgt. Diese gibt den genauen Ablauf für Wort- und Musikbeiträge vor, Zeitpunkt und Dauer von Moderationen, Service- und Informationsbeiträgen sowie Hörergesprächen ebenso wie Tempovorgaben für die zu spielenden Musiktitel, und deren Abwechslung hinsichtlich Instrumental- oder Vokalmusik, weiblicher oder männlicher Interpreten, deutscher oder englischer bzw. anderer Sprache. Damit soll die einheitliche Gestaltung des Programms und seine jederzeitige Wiedererkennbarkeit gewährleistet werden. Die weitere Aufdifferenzierung der Programmformate hat sich vor allem in den Ballungsgebieten durchgesetzt, in denen der Wettbewerb einen stärkeren Druck in Richtung Formatierung ausgeübt hat. So findet sich im kommerziellen Sektor in Hamburg beispielsweise neben dem 'Radio Hamburg', das die 14–45jährigen erreichen soll, ein für eine Hörergruppe von 35 bis 59 Jahren konzipiertes 'AlsterRadio', „fun fun radio 95.0", für die gleiche Altersgruppe, 'Radio Energy' für junge Hörer sowie ein 'Klassik Radio'. Aus den benachbarten Bundesländern strahlen zusätzlich einige Stationen gezielt auf den lukrativen Markt ein (z. B. R.SH aus Schleswig-Holstein und ffn aus Niedersachsen). Mit diesem vielkanaligen Radio werden inzwischen ganz unterschiedliche, in der Tendenz immer kleiner werdende Zielgruppen bedient. Die möglichst genaue Beschreibung der von den Sendern erzielten Reichweiten und der bedienten Zielgruppen hat zu einer Ausdifferenzierung der Radioforschung geführt. Diese hatte einst mit Auswertungen von Hörerpost begonnen, wurde dann über Stichtagbefragungen erweitert, qualitative Ansätze und Tagesablauferhebungen verfeinert; besonderes Interesse gilt heute der Kernhörerschaft und der Definition von Konsumententypen („Erika – die aufgeschlossene Häusliche"), vor allem auch, um Hörgewohnheiten zu erkennen und Werbung gezielt platzieren zu können. (Lindner-Braun 1998)

Unabhängig von ihrem jeweiligen Format haben die privat-kommerziellen Sender dem Funktionswandel des Hörfunks, der als 'nebenbeimedium' im Vergleich zu früher zwar länger, aber beiläufiger genutzt wird, insofern Rechnung getragen, als sie das Programmprofil auf 'Durchhörbarkeit' zugeschnitten haben. Ein deutlich geringerer Wortanteil als bei öffentlich-rechtlichen Programmen sowie der Anstieg von den Wortanteilen in den Rubriken 'Wetter', 'Verkehr' und 'Buntes' auf Kosten der Themenbereiche Wirtschaft, Politik und Soziales, wie er in einer bayerischen Untersuchung belegt wurde, ist auch für andere privat-kommerzielle Sender beobachtbar (Widlok 1994, 146).

Im Unterschied zu den hochkomplexen Organisationsstrukturen, die mit der Größe der öffentlich-rechtlichen Landesrundfunkanstalten einhergehen, kann man bei privat-kommerziellen Hörfunkanbietern von einer Unternehmensorganisation ausgehen, bei der ein Geschäftsführer einem Aufsichtsrat rechenschaftspflichtig ist, und der die Betriebsbereiche Programm, Technik und Produktion, Marketing und Werbung sowie Finanzen und Verwaltung koordiniert (Bernauer 1992, 80). Entsprechend den reduzierten Ansprüchen an die inhaltliche Ausgestaltung des Programms haben sich in vielen Sendern die Zahl der Ressorts erheblich reduziert. Bei den kleinen Lokalsendern finden sich in der Regel nur noch das 'Wort'- und das 'Musikressort'. Bei landesweiten Sendern besteht neben der Wortredaktion eine Redaktion Aktuelles. Für die redaktionellen Mitarbeiter stellen sich also sowohl multifunktionelle Aufgaben hinsichtlich der Bearbeitung verschiedener Themengebiete als auch hinsichtlich der Vorbereitung, Begleitung und Moderation einer Sendung, da die Integration der Produktions- und Sendetechnik eine weitgehende Aufhebung der bisherigen Trennung von Redaktion und Technik erlaubt. Aufgrund der Normierung des Programmes und auch der Verdichtung der Arbeitsabläufe der Beschäftigten ist es somit im privat-kommerziellen Hörfunk zu einer Einschränkung der Sendungsformen gekommen, welche ihrerseits den Funktionswandel des Hörfunkes zum „Nebenbeimedium" stabilisieren.

5. Der nicht-kommerzielle Typus

Eine dritte Spielform der Radioorganisation stellt die nicht-kommerzielle Variante dar, fast immer auf kleinräumig-lokaler Verbreitung konzentriert. Dieser ist der am wenigsten präzise beschreibbare Typ, schon daran erkennbar, daß er über eine Negation (nicht-kommerziell) definiert wird. In verschiedenen Teilen der Welt wird er unter variierenden Bezeichnungen geführt, z. B. Community Radio (USA), Nahradio (Skandinavien), freies Radio (Südeuropa), (Kleinsteuber 1991; Dorer/ Marschik 1995). Wenn man überhaupt einen Anfang benennen kann, so entstand dieser Radiotyp mit der Station KPFA in Region San Francisco Ende der vierziger Jahre; diese Station wurde mit einer Reihe weiterer im Pacifica Network zusammengeschlossen (Hampf 2000). In Deutschland haben sich die folgenden Begriffe durchgesetzt: nichtkommerzielles Lokalradio (NKL), Hochschulradios, offene Hörfunkkanäle. Damit werden sie in die Kategorie „Bügermedien" sortiert. In Bezug auf Lizenzierung, Organisation, Finanzierung und Zielsetzung unterscheidet sich dieser Typ Radio entschieden von den beiden vorausgegangenen Typen.

5.1. Technik

Für kleine, dezentral arbeitende Stationen ist es von zentraler Bedeutung, daß die Kosten niedrig gehalten werden können. Dies ist heute weder bei der Studiogestaltung, noch bei der Sendetechnik ein Problem. Für einige Tausend DM ist es möglich, einfaches Material zusammenzustellen, wozu oft auch normale Geräte der Haushaltselektronik hinzugezogen werden können oder abgelegtes Material großer Stationen. Zur Mindestausstattung zählen Mikrofon mit Mischpult, CD-Player, Kassettenrekorder, Telefon. In ähnlicher Preisklasse ist heute einfache Sendetechnik in Monoqualität und mit eigeninstallierter Antenne zu bekommen. In fast allen Staaten verfügen derartige Sender über eigene Sendeanlagen oder haben zumindest (wie in Skandinavien) die Wahl. In der Bundesrepublik besteht erst seit wenigen Jahren die Möglichkeit, Sendeanlagen auch außerhalb des Monopols der Deutschen Telekom zu betreiben.

5.2. Rechtliche Voraussetzungen

Die rechtlichen Rahmenbedingungen für nicht-kommerzielle Stationen unterscheiden sich nur wenig von denen kommerzieller Anbieter, mit denen sie die private Trägerschaft gemeinsam haben. Normalerweise werden ihre Verhaltensregeln in denselben Gesetzen festgelegt und von denselben Aufsichtsbehörden (Landesmedienanstalten) wahrgenommen wie sie für den kommerziellen Typ geschaffen wurden. Die zumeist eher simplen Bestimmungen orientieren sich an dem Faktum, daß kleine Stationen dieses Typs inhaltlich kaum zu beaufsichtigen sind. Ganz unterschiedlich wird gehandhabt, ob Werbung erlaubt ist und wie Bestandteile des Programms auszusehen haben. Oft sehen sich die Aufsichtsbehörden weniger in der Rolle des Reglementierenden, als in der des kulturpolitisch Anspornenden.

In Deutschland sind die Bestimmungen in den jeweiligen Landesmediengesetzen sehr unterschiedlich gehalten. Nach Angaben aus dem Jahre 2000 sind in Deutschland zwischen 30 und 40 nichtkommerzielle Lokalradios auf Sendung, ihre Zahl nimmt langsam zu. Schwerpunkte finden sich in Baden-Württemberg (14 NKL), Bayern (10 NKL), Hessen (7 NKL), Niedersachsen (6 NKL), dazu kommen Sachsen und Sachsen-Anhalt (3), Hamburg und Thüringen (2). In NRW gibt es das „Zweisäulen-Modell", wobei kommerzielle Betriebs- mit nicht-kommerziellen Veranstaltergemeinschaften zusammenarbeiten, die Anrecht auf eigene Sendezeiten haben (Jarren et. al 1993); in Thüringen werden NKLs nur innerhalb offener Hörfunkkanäle zugelassen. In den übrigen Bundesländern sind NKLs nach geltendem Recht nicht zulässig, der Schwerpunkt liegt hier eher auf offenen Hörfunkkanälen. (ALM Jahrbuch 2000: 622–634) Unschwer ist zu erkennen, dass der Förderalismus diese Szene fragmentiert hat, womit in Deutschland insgesamt sehr komplizierte Bestimmungen das Bild bestimmen und das Klima insgesamt für diese Art Bürgermedium nicht förderlich erscheint.

Wenn die Organisationsform einer Station nicht festgelegt ist, so tendieren derartige Stationen dazu, sich in Radiovereinen, in Genossenschaften oder Stiftungen organisatorisch zusammenzubinden, international trifft man auch auf normale Unternehmensformen. Wichtig für diese Stationen ist eine enge Bindung an die Hörer, die oft zugleich die Mitfinanzier oder auch Programmmacher sind; eigene Programmzeitschriften und eigene Veranstaltungen sind üblich. Eine besondere Untergruppe stellen die Universtätsstationen dar, die oft mit Journalistik- und Kommunikationswissenschaftlichen Studiengängen verknüpft sind. Im Jahre 2000 wurden etwa zehn gezählt (ALM 2000: 623f). Nicht zu erfassen ist die Szene offener Hörfunkkanäle (etwa 70), die von Trägervereinen betrieben werden (mitunter auch den Landesmedienanstalten) und nach dem Warteschlangenprinzip arbeiten; damit ist eine strukturierte Programmarbeit nur begrenzt möglich.

5.3. Politische Dimension

Nicht-kommerzielle Stationen haben nur dann eine ernsthafte Chance, wenn sie medienpolitisch gewollt sind. Oft ging es darum, den politisch und kommerziell beherrschten 'offiziellen' Informationskanälen eigene, 'alternative' und zugangsoffen gestaltete Kanäle entgegenzusetzen. So verwundert es nicht, daß sie zuerst in Staaten entstanden, in denen das Radiomedium kommerziell dominiert wurde und ihnen eine kompensatorische Funktion zukommt: Stationen dieser Richtung finden sich in USA, Kanada und Australien (community radio). In Skandinavien ist mit dem Nahradio-Modell ein enges Netz von privat initiierten, aber öffentlich reglementierten Lokalstationen entstanden (z.B. in Dänemark über 300), die vor allem örtlichen Zugang für Gruppen aller Art (einschließlich politischer und religiöser Kräfte) bieten. In Südeuropa entstanden seit den späten 70er Jahren viele Piratenstationen, sog.

'radio libre', die oft mit politisch-partizipativer Intention entstanden und sich nach einer sehr lebendigen Aufbruchsphase in dauerhafte Lokalstationen konsolidierten (oder auch – wie viele – sich kommerzialisierten oder verschwanden).

5.4. Ökonomische Bedingungen

Die wirtschaftliche Potenz nicht-kommerzieller Stationen ist zumeist gering, oft wanken sie finanziell immer wieder am Abgrund entlang. Entsprechend vermögen sie weder in den Einnahmen noch in den erzielten Reichweiten mit den professionell betriebenen Stationen zu konkurrieren. Normalerweise bieten Mitgliederbeiträge der Radioenthusiasten einen finanziellen Grundsockel, ergänzt um Spenden, Sponsorenbeiträge, Verkauf von Sendezeit, mitunter auch in bescheidenem Umfang Werbung. In einigen Fällen werden die besonders hohen fixen Kosten deutscher Stationen (bestehend aus Abgaben an Telekom und den Urheberrechteinhaber GEMA) teilweise von den Landesmedienanstalten übernommen (so etwa bei der ältesten Station dieser Art, zugleich ein Vorzeigeobjekt in Baden-Württemberg: 'Radio Dreyeckland').

5.5. Kulturelle und programmliche Ebene

Die nicht-kommerziellen Stationen beziehen ihre Dynamik aus ihrer Nähe zu den jeweiligen lokalen Gegebenheiten und der breiten, aktiven Mitarbeit interessierter Radiomacher. Zudem orientiert sich das Programm an den Themen, die von den großen Anbietern ignoriert werden. Diese Stationen bieten sich als Sprachrohr für alle Spielarten von 'Minderheiten' an, aus den Stadtteilen kommend, umfassen sie politisch aktive Gruppen, Frauen, Außenseiter der Gesellschaft, ethnische Gruppen, Migranten u. a. Weitere Nutzer sind einfach Radiobegeisterte, die ein spielerisch-experimentelles Verhältnis zum Medium pflegen. Schließlich bilden derartige Stationen auch ihre künftigen Mitarbeiter selbst aus und unterstützen damit den Erwerb kommunikativer Kompetenz. In Konsequenz dieser Produktionsbedingungen ist das resultierende Programm besonders bunt, vielgestaltig und multikulturell (einschließlich fremder Sprachen), der Anteil von Wortbeiträgen ist höher, die Musikfarben sind unkonventionell (typisch Weltmusik), behandelte Themen werden oft von den Neuen Sozialen Bewegungen eingebracht. Es gibt im Ausland mit seiner hohen Dichte von Stationen dieses Typs auch spezialisierte Anbieter, sie werden z. B. betrieben von Ausländergruppen (etwa Nordafrikaner in Frankreich) oder arbeiten in bestimmten Sparten wie wie klassische Musik, Nachrichten oder Universitätsthemen.

Allen Stationen ist gemein, daß sie nicht im direkten ökonomischen Wettbewerb mit öffentlichen und kommerziellen Anbietern stehen, sondern sich um Ergänzung, Kompensation und Alternative bemühen. Faktisch ist ihre Zielsetzung vor allem kulturpolitischer Art; deshalb florieren sie auch in den Staaten, in denen ihre kulturelle Bedeutung anerkannt und unterstützt wird. Doch kommt ihnen auch eine medienpolitische Funktion als Informationsquelle außerhalb großer Anbieterformationen zu. So sind sie zu einem essentiell wichtigen Bestandteil westlich-pluralistischer Gesellschaften und dem wachsenden Bedürfnis nach Teilnahme und Selbermachen geworden. Das wird jetzt auch in Deutschland erkannt, wo derartige Stationen jahrelang kaum eine Chance erhielten.

Beispiele für diesen Typ Radiostation sind das 'Freie Sendekombinat Hamburg' (FSK), das auf der Kooperation selbständiger Radiovereinigungen (wie Radio St. Paula oder UniRadio/Academic Hardcore) beruht und die Programmschrift 'Transmitter' herausgibt. 'Radio Z' in Nürnberg hat im betulichen Bayern mit seinem teilweise provokanten Programm immer einmal wieder für Turbulenzen ausgelöst. 'Radio Mephisto' ist die Hochschulstation der Universität Leipzig und versorgt mit seinem professionell angelehnten Programm vor allem die universitäre Öffentlichkeit und daran Interessierte. 'Radio F.R.E.I.' sendet aus Erfurt auf dem Offenen Kanal der Stadt.

6. Zusammenfassung und Ausblick

Das Radio als ältestes elektronisches Medium schaut auf eine gleichermaßen beachtliche wie wechselvolle Geschichte zurück. Sein rascher Aufstieg zum dominierenden Medium im 'goldenen Zeitalter' des Radios (etwa 1930 bis 1950/USA, bis 1960/Deutschland) endete mit jähem Absturz und Verdrängung durch das Fernsehen. Unbestritten hat es nun als Sekundär- und Nebenher-Medium mit einzigartigem Mobilitätsangebot und höchster Aktualität einen neuen Platz gefunden.

Nachdem das traditionelle Public Service-Modell des Hörfunks durch Kommerzialisierung und Formatierung massiv erschüttert worden war, drängten nun aktivere Formen des Radiomachens im nicht-kommerziellen Typ auf Anerkennung. Die nächsten Herausforderungen werden wohl von der technischen Seite kommen, allerdings auch tief in organisatorische Bereiche eingreifen.

Digitalisierung ist das große Thema, schließlich wurden und werden alle Übertragungswege derzeit digital ausgelegt; moderne Radiostudios sind bereits digitalisiert und arbeiten mit digitalen Tonträgern (CDs). Die Digitalisierung des Hörfunks begann bereits in den 80er Jahren, ohne dass sie bisher zu einem Durchbruch geführt hätte (Kleinsteuber 2001). Ein Digital Satellite Radio (DSR), übertragen in den deutschen Kabelnetzen, scheiterte an mangelndem Interesse der Hörer. Ein digitaler Standard für terrestrische Ausstrahlung Digital Audio Broadcasting (DAB) hatte um 1995 in verschiedenen Staaten Europas Premiere; in Deutschland wurde DAB ab 1999 in den Regeldienst übernommen. In großen Teilen Deutschlands wurde bereits ein Sendenetz erstellt. DAB zeichnet sich durch CD-ähnliche Qualität aus. ermöglicht störungsfreien mobilen Empfang (vor allem auch im Auto), auch in großer Fläche ohne Umschaltung (Gleichwellentechnik). Es bietet programmbegleitende oder eigenständige Informationen, darstellbar auch auf einen kleinen Display. Diese neue Technik, inzwischen ausgereift, wurde zu einem technologiepolitischen Förderungsschwerpunkt in Europa und vor allem in Deutschland. Ihr tatsächlicher Zugewinn für den Hörer ist allerdings begrenzt, Empfangsgeräte sind noch teuer und eigene Programmangebote fehlen weitgehend. Dazu kommen organisatorische Probleme. So erfolgt die Ausstrahlung ganz anders als bisher über einen Multiplexern, also einen Sendern, der etwa sechs Programme und begleitende Datendienste überträgt. Es entstehen neue Koordinierungs- und Lizenzierungsprobleme, zudem muß über ein zentrales Bitmanagement die Datenaussendung geordnet werden. Auch international ergibt sich ein Ordnungsbedarf, da die für DAB bereitgehaltenen Frequenzen über Ländergrenzen hinweg wechseln, in den USA wird zudem mit einem konkurrierenden Standard (IBOC) experimentiert. Insgesamt steht zu befürchten, daß die bisherige Universalität des Radios (mit einem 'Weltempfänger' kann derzeit in jedem Teil der Welt zugehört werden) verloren geht. Insgesamt gilt, dass die Innovatoren der Radiotechnik bisher zu wenig an die eingefahrenen Traditionen und alltäglichen Nutzungsweisen des typischen Hörers anknüpfen und folglich kaum Erfolge erzielten (Kleinsteuber 2001)

Inzwischen erwachsen DAB zudem Konkurrenztechniken. Das ursprünglich für terrestrische TV-Übertragung entwickelte DVB-T eignet sich auch für Radioprogramme. Die Digitalisierung von Kurz-, Mittel- und Langwelle über Digital Radio Mondiale (DRM) wurde stark aus dem Public Service-Bereich (in Deutschland vom Anbieter von Kurzwellen-Auslandssendungen Deutschen Welle) vorangetrieben und vermeidet einige Probleme von DAB. DRM, das ab 2003 regelhaft eingeführt werden soll, ermöglicht eine UKW-nahe Übertragungsqualität über weite Distanz bei deutlich weicherem Übergang von analoger zu digitaler Übertragung; Sendelizenzen müssen nicht neu erteilt und Sendeanlagen können weiter verwendet werden. Die Zusatzkosten für Empfänger sollen gering sein, Vergabe zusätzlicher Sendefrequenzen ist auch in deutschen Ballungszentren noch möglich (z. B. in Berlin etwa 20). Radioempfänger der Zukunft werden wahrscheinlich Mehrnormengeräte sein, mit denen der Empfang unterschiedlicher Übertragungsstandards (DAB, DRM) möglich ist.

Eine neue Qualität erhält der Begriff Radio mit dem Audio-Streaming im Internet (etwa über den Real Player). Unter Begriffen wie Cyberradio werden sowohl herkömmlich ausgestrahlte Stationen zusätzlich via Internet angeboten (Offline-Radio), es haben sich zudem Sender etabliert, die nur im Netz operieren (Online-Radio). Hier besteht wieder die Möglichkeit, dass einem herkömmlichen Radioformat gefolgt wird, es kann aber auch Audio-on-Demand angeboten werden, wobei individuelle Musikpräferenzen und gezielte Werbung eingebaut werden können. Schätzungen gehen davon aus, dass im Jahre 2001 etwa 10 000 Radiostationen aus vielen Teilen der Welt im Cyberspace aktiv sind. Radio via Internet wurde mit großen Hoffnungen eingeführt, bisher ist die Nutzung aber gering, etliche online-Stationen sind bereits wieder vom Markt verschwunden. Die Kosten sind für den Nutzer solange erheblich, wie Haushalte noch nicht über eine Flatrate versorgt werden. Die Nutzung ist an einen Netzanschluss gebunden und relativ kompliziert, derzeit erfolgt sie vor allem parallel zur Arbeit am Computer. Eigene Internetradios befinden sich in der Entwicklung, die einen leichten und übersichtlichen Zugang zu der bereits bestehenden Programmfülle eröffnen sollen.

Auf jeden Fall gilt, dass Radio in Zukunft wohl keine spezifische Übertragungstechnik mehr beschreiben wird, stattdessen bezeichnet es eine elektronische und digitale Hörversorgung, die an alte Radiotraditionen anknüpft. Es zeichnet sich ab, daß mit der Digitalisierung das Radio seine Besonderheiten verliert, Radio zukünftig den Datenstrom bezeichnen wird, der ausschließlich auf das Ohr wirkt. Ob man angesichts technischer Konvergenzprozesse auch individuelle und interaktive Nutzungsformen noch Radio nennen sollte, wird noch zu klären sein. Es ist derzeit bereits möglich, daß ein auf das Radio aufgesattelter Traffic Channal Verkehrsinformationen überträgt, die wahlweise den Navigations-Computer des Autos füttern oder dem Fahrer per mechanischer Stimme mitgeteilt werden. Aber ist dies Radio? Auf viele Datenangebote wird der Hörer auch individuell antworten können, etwa per Mobilfunk. Wie auch immer der Konsument auf diese technisch möglich gewordenen Leistungen reagieren wird, es sieht so aus, als wenn sich viele Hörer nur schwer vom alten 'Dampfradio' zu trennen vermögen. Viele Träume von der schnellen Digitalisierung sind bereits enttäuscht worden.

7. Literatur

ALM Jahrbuch – Privater Rundfunk in Deutschland 1999/2000. Arbeitsgemeinschaft der landesmedienanstalten in Deutschland (Hrsg.) München 2000.

ARD Jahrbuch. Arbeitsgemeinschaft der öffentlich-rechtlichen Rundfunkanstalten der Bundesrepublik Deutschland (Hrsg.). Baden-Baden/Hamburg 200.

Barth, Christoph/Schroeter, Christian (Hrsg.), Radioperspektiven: Strukturen und Programme. Baden-Baden 1997.

–,Webradios in der Phase der Etablierung: Angebote, Nutzung und Inhalte des Hörfunks im Internet. In: Media Perspektiven 2001/1, 43–50.

Bauer, Helmut G./Stephan Ory (Hrsg.), Hörfunk-Jahrbuch 2000/2001 Berlin, 2001.

Bernauer, Klemens P. Privatradios in der Krise? Berlin 1992.

Bock, Gerd, Programmvorbereitung (Hörfunk und Fernsehen). Verbreitung von Hörfunk und Fernsehprogrammen und neue Rundfunkdienste. In: IHHF, 179–201.

Bruenjes, Stephan/Ulrich Wegner (Hrsg.), Radio-Report: Programme, Profile, Perspektiven. München 1998.

Buchholz, Axel, Privatfunk wohin? München 1990.

Dorer, Johanna/Alexander Baratsits (Hrsg.), Radiokultur von morgen. Wien 1995.

–,–/Matthias Marschik, Ein Europa – viele Stimmen. Aufbruchstimmung bei nicht-kommerziellen Radioinitiativen in Ost und West. In: medium, Nr. 1, 1995, 14–18.

Haas, Michael H./Uwe Frigge/Gert Zimmer, Radio-Management: Ein Handbuch für Radio-Journalisten. München 1991.

Häusermann, Jürg. Radio. Tübingen 1998.

Hampf, Michaela, Freies Radio in den USA: die Pacifica-Foundation 1946–1965. Münster/Hamburg 2000.

Hans-Bredow-Institut (Hrsg.) Internationales Handbuch für Hörfunk und Fernsehen 2000/2001 (IHHF). Baden-Baden, Hamburg 2000.

Hirsch, Nicola, Lokaler Hörfunk in Nordrhein-Westfalen. Eine Analyse des Zwei-Säulen-Modells für privat-kommerziellen Rundfunk sowie seiner Realisierung aus politikwissenschaftlicher Sicht. Bochum 1991.

Jarren, Otfried et. al., Die Einführung des lokalen Hörfunks in Nordrhein-Westfalen. Elektronische Medien und lokalpolitische Kultur. Opladen 1993.

Kauffmann, Ulrich. Der nationale Hörfunk im vereinigten Deutschland. Rechtsgrundlagen, Organisation, Programmauftrag und Finanzierung. München 1997.

Keith, Michael C./Krause, Joseph M., The Radio Station. Boston 1989.

Kleinsteuber, Hans J., Radio – Das unterschätzte Medium. Erfahrungen mit nicht-kommerziellen Lokalstationen in 15 Staaten. Berlin 1991.

–, Der Weg zum Format-Radio in den USA. Die Genese des modernen kommerziellen Hörfunks in den 50er Jahren und deren Bedeutung für die Bundesrepublik. In: Amerikastudien/American Studies, Nr. 4, 1993, 525–548.

–, Digital Audio Broadcasting – Euphorien und Probleme bei der Digitalisierung des Radios. In. Horst Ohde/Andreas Stuhlmann (Hrsg.), Radio-Kultur und Hörkunst. Würzburg 2001.

LaRoche, Walther, Radio-Journalismus. Ein Handbuch für Ausbildung und Praxis im Hörfunk. München 2000.

Lindner-Braun, Christa (Hrsg.), Radioforschung. Konzepte, Instrumente und Ergebnisse aus der Praxis. Opladen/Wiesbaden 1998.

Merten, Klaus/Petra Gansen/Markus Götz, Veränderungen im dualen Hörfunksystem. Vergleichende Inhaltsanalyse öffentlich-rechtlicher und privater Hörfunkprogramme in Norddeutschland. Münster, Hamburg 1995.

o. V., Radio Days: Hörfunk-Trends; Planung, Marketing, Forschung. In: Media Spectrum 1997, Mai Special.

Ridder, Christa-Maria/Engel, Bernhard, Massenkommunikation 2000: Images und Funktionen der Massenmedien im Vergleich. In: Media Perspektiven 2/2001, 102–125.

Röper, Horst, Formationen deutscher Medienmultis 1999/2000: Entwicklungen und Strategien der größten Medienunternehmen. In: Media Perspektiven 1/2001, 2–30.

Scherer, Helmut, Funktionsdifferenzierungen beim Hörfunk? Unterschiede und Gemeinsamkeiten in der Nutzung und Bewertung öffentlich-rechtlicher und privater Programme. In: Medienwandel – Gesellschaftswandel? Zehn Jahre dualer Rundfunk in Deutschland. Eine Bilanz. Hrsg. v. Otfried Jarren. Berlin 1994, 245–264.

Schneider, Norbert, Parteieneinfluß im Rundfunk. In: Fernsehen und Hörfunk für die Demokratie. Ein Handbuch über den Rundfunk in der Bundesrepublik Deutschland. Hrsg. v. Jörg Aufermann/Wilfried Scharf/Otto Schlie. 2. Auflage, Opladen 1981, 116–126.

Schuler-Harms, Margarete, Das Rundfunksystem der Bundesrepublik Deutschland. In: IHHF, 139–160.

Theis, Anna M. Organisationskommunikation. Theoretische Grundlagen und empirische Forschungen. Opladen 1994.

Verband Privater Rundfunk und Telekommunikation (Hrsg.), Privater Hörfunk in Deutschland: zur Situation des dualen Rundfunksystems und den Rahmenbedingungen des Wettbewerbs. Berlin 1996.

Widlok, Peter, Hörfunkanbieter und Hörfunkprogramme in Deutschland. in: Politische Kommunikation in Hörfunk und Fernsehen. Hrsg. v. Otfried Jarren. Opladen 1994.

Hans J. Kleinsteuber/Barbara Thomaß, Hamburg (Deutschland)

185. Gegenwärtige Programmstrukturen des Hörfunks

1. Marktsituation und Programmstrukturen
2. Programmstrukturen im kommerziellen Bereich des dualen Rundfunksystems
3. Programmstrukturen im öffentlich-rechtlichen Bereich des dualen Rundfunksystems
4. Programmstrukturen im Bereich nicht-kommerziellen Privatfunks
5. Literatur

1. Marktsituation und Programmstrukturen

Die heutigen Programmstrukturen des Hörfunks in der Bundesrepublik Deutschland sind in hohem Maße von der Einführung privaten Rundfunks vor gut zehn Jahren bestimmt. Das seither entwickelte, auf Länderebene jeweils ganz unterschiedlich ausgestaltete duale Rundfunksystem hat das traditionelle föderale Organisationsprinzip des Hörfunks hierzulande sozusagen auf die Spitze getrieben. Gab es über Jahrzehnte hinweg zwar auf Landesebene festgelegte, aber im Kern von Land zu Land vergleichbare Anbieter- und überwiegend auch Programmstrukturen, haben sich im letzten Jahrzehnt Konstellationen herausgebildet, die sich zum Teil selbst innerhalb eines Bundeslandes noch einmal gravierend voneinander unterscheiden. Dies gilt vor allem für Bundesländer, die – wie Bayern oder Sachsen – in Ballungsräumen zahlreiche Privatradios zugelassen haben. Hier zeigt sich erneut das aus der Rundfunkgeschichte bekannte Phänomen, daß die dichtbevölkerten städtischen Räume am leichtesten, nämlich über nur wenige Frequenzen zu versorgen sind und deswegen dort zuerst (zusätzliche) Programme angeboten werden.

Während im privaten Sektor des dualen Systems die Tendenz eher dahin geht, neben der jeweiligen Landesebene auch die lokale und regionale Ebene zu erschließen, nimmt im öffentlich-rechtlichen Bereich unter finanziellem und politischem Druck die Neigung zu, Mehr-Länder-Anstalten zu bilden und dadurch oder durch Kooperation ohne Fusion zu Hörfunkprogrammen zu kommen, deren Sendegebiet mehrere Bundesländer umfaßt. Andererseits ist das Bestreben der Rundfunkanstalten selbst, mit Fensterprogrammen auch die regionale Ebene zu bedienen, bislang nicht gebrochen.

Vor dem skizzierten Hintergrund zerfällt die Hörfunklandschaft der Bundesrepublik in eine große Anzahl, zum Teil räumlich sehr kleiner Märkte. Aus der Perspektive des Privatfunks betrachtet sind es rund 110 Märkte. Diese Zahl liegt noch höher, wird der Overspill landesweiter UKW-Programme in Betracht gezogen, d.h. deren Reichweite über die jeweiligen offiziellen Sendegebiete hinaus. Mehr oder weniger überall auf diesen Märkten ist das knappe Dutzend bundesweit angelegter und verbreiteter Kanäle präsent, vom öffentlich-rechtlichen DeutschlandRadio mit seinen beiden Kultur- und Informationswellen über die kommerziellen Angebote Klassik Radio und RTL-Der Oldie Sender bis hin zu nur über Satellit und Kabel ausgestrahlten Programmen wie Star* Sat Radio. Diese Programme verfügen nur zum geringsten Teil über UKW-Frequenzen und sind damit kaum besser gestellt als jene eigentlich regional orientierten Programme, die zusätzlich über Kabel und Satellit verbreitet werden, außerhalb ihres angestammten Sendegebiets. Anders als beim Fernsehen dominiert beim Radio nämlich immer noch der terrestrische Empfang, sind also UKW-Frequenzen Voraussetzung für den Erfolg beim Publikum.

Durchweg via UKW zu hören sind in allen Marktgebieten die teils für mehrere Bundesländer, teils für einzelne Bundesländer bestimmten Angebote der Landesrundfunkanstalten. Jeweils mindestens eines dieser je Bundesland vier bis fünf Programme teilt mehrfach am Tag seine Senderkette auf und bringt regionale Fensterprogramme. Den Haupt- und Fensterprogrammen der Rundfunkanstalten stehen in den meisten Bundesländern landesweit ausgestrahlte kommerzielle Programme gegenüber, die zum Teil aus freien Stücken, zum Teil in Erfüllung von Lizenzauflagen Regionalsendungen anbieten, allerdings zumeist nicht in Form von Fensterprogrammen. Baden-Württemberg und Nordrhein-Westfalen haben keine landesweiten Wellen zugelassen. Zwischen Aachen und Paderborn, Bielefeld und Siegen gibt es aber ein gemeinsames Rahmenprogramm für die Lokalstationen, das über deren Frequenzen im ganzen Land zu hören ist.

Lokale Radiomärkte mit spezifischen Angebotsstrukturen existieren nur in Baden-Württemberg, Bayern, Nordrhein-Westfalen und einigen Teilen Sachsens. Baden-Württemberg hat darüber hinaus eine Zwischenebene, nämlich drei sogenannte Bereichssender für (1) Baden, (2) Württemberg Mitte und (3) Südost-Württemberg, Heilbronn–Würzburg, Zürich–Vorarlberg, eingeführt. In Sachsen werden bislang vier Großräume lokal versorgt. Der Lokalfunk in Bayern besteht einerseits aus sogenannten Mehrfrequenzstandorten, d.h. Sendegebieten, in denen mehrere kommerzielle Angebote miteinander konkurrieren, andererseits aus Einfrequenzstandorten, an denen der jeweilige Lokalfunk über ein Monopol verfügt. Eine Monopolsituation wurde auch in den nordrhein-westfälischen Lokalfunkgebieten geschaffen, während es im Südwesten eine gewisse Konkurrenz zwischen Bereichs- und Lokalsendern gibt. Die sächsischen Lokalradio-Städte Chemnitz, Dresden, Leipzig und Zwickau wären in der bayerischen Terminologie als Mehrfrequenzstandorte zu bezeichnen.

Die Marktsituation solcher Gebiete, in denen lokal bis zu 13 Programme (Nürnberg) miteinander um die Gunst der Hörerschaft ringen, ähnelt stark der in den großstädtischen Ballungsräumen Berlin und Hamburg, wo aufgrund der politischen Gliederung in Stadtstaaten juristisch betrachtet landesweite Programme praktisch Lokalfunk darstellen. In solchen Gebieten tummeln sich – alle Verbreitungsebenen zusammengenommen – bis zu mehr als 30 Hörfunkwellen unterschiedlichster Art. Das duale System hat den publizistischen und zwangsläufig dort, wo es um die Akquisition von Werbegeldern geht, auch wirtschaftlichen Wettbewerb zwischen öffentlich-rechtlichen und kommerziellen Anbietern auf seine Fahnen geschrieben. Daher kann die Entwicklung von Programmstrukturen seit gut zehn Jahren auch bei den Landesrundfunkanstalten und partiell dem DeutschlandRadio nicht ohne Blick auf die Konkurrenzangebote erfolgen – mindestens in den Marktsegmenten, in denen ein unmittelbarer Wettbewerb stattfindet. Insofern hat das duale System nicht nur im kommerziellen Sektor, sondern zum Gutteil ebenso im öffentlich-rechtlichen die Voraussetzungen der Programmgestaltung grundlegend verändert. Da die Erwartungen des Publikums in hohem Maße von dem geprägt werden, was in massenattraktiven Programmen mit Erfolg angeboten wird, ändern sich darüber hinaus auch die Erwartungen an Programme, die keiner direkten kommerziellen Konkurrenz ausgesetzt sind.

Am meisten dem inzwischen vorherrschenden Konkurrenzdenken entzogen ist der zweite, in der Rundfunköffentlichkeit kaum beachtete Zweig privaten Rundfunks: die Offenen Kanäle und der nicht kommerzielle Lokalfunk (Bürgerfunk). Zumindest der Bürgerfunk bildet, wenn er mehrere Stunden am Tag oder gar ganztags sendet, eigene Programmstrukturen aus.

2. Programmstrukturen des Hörfunks im kommerziellen Bereich des dualen Rundfunksystems

Mehr oder weniger über alle Verbreitungsebenen hinweg kennen die Programmstrukturen des kommerziellen Hörfunks in der Bundesrepublik hauptsächlich ein Vorbild: das formatierte Musikradio US-amerikanischer Provenienz, das jeweils konsequent auf eine bestimmte Musikfarbe und eine bestimmte Altersgruppe zugeschnitten ist. Deutsche Vorbilder wie die Musik- und Servicewellen der Landesrundfunkanstalten, die in den 80er Jahren eine nicht zu unterschätzende Rolle spielten, haben nicht nur an Bedeutung verloren, sondern sich zum Teil selbst in Richtung Formatradio entwickelt. Der Erfolg amerikanischer Konzepte beruht allerdings nicht zum geringsten darauf, daß sie deutschen Verhältnissen angepaßt wurden. So ist das in den USA beliebteste Musikradio-Format AC (Adult Contemporary) hierzulande häufig noch weiter gefaßt als in seinem Herkunftsland.

Die amerikanischen Radioformate sind durchweg Produkte einer Konkurrenzsituation, wie sie in der Bundesrepublik erst seit wenigen Jahren in Ballungsräumen wie Berlin, Hamburg oder München anzutreffen sind. Sie zielen konsequent darauf ab, gegen eine zahlenmäßig große Konkurrenz gezielt bestimmte relativ kleine Marktsegmente zu erobern, die den betreffenden Stationen zumindest mittelfristig ihr Auskommen sichern können. Im hier wie in den USA wichtigsten Sektor, dem der Musikradios, ist der Musikgeschmack bestimmter Altersgruppen der Bevölkerung der Angelpunkt für die Konzeption eines Programms. Die erfolgreichsten derartigen Formate sind in der Bundesrepublik das schon genannte AC-Format mit Hits aus den jeweils letzten drei Jahrzehnten für eine Altersgruppe, die maximal von 14 bis 49 Jahren reicht. Ebenfalls zu den Erfolgsformaten zählen AC-Varianten wie Hot AC und Soft AC, die sich primär durch den Anteil der Oldies und Hits voneinander unterscheiden, außerdem CHR/ EHR (Contemporary bzw. European Hit Radio) und MOR (Middle of the Road). Daneben finden sich in den Selbstdarstellungen der Programmanbieter alle möglichen Versionen zweier „deutscher" Formate: (1) Melodie, Schlager, Evergreen und (2) Volkstümliche und Volksmusik, Schlager. Eine marginale Rolle spielen in einigen lokalen Märkten Jazzwellen und kirchlich ausgerichtete Kanäle. Letztere wandeln zum Teil US-Formate ab und geben „x Prozent christliche Musik" hinzu.

AC ist in seinem Herkunftsland ein Format für die Altersgruppe der 25- bis 49jährigen, also für die kaufkräftigste und konsumfreudigste Gruppe der Erwachsenen. Diese Gruppe ist hauptsächlich mit Hits aus ihrer Jugend, also aus den 50er, 60er und 70er Jahren, zu locken und in geringerem Ausmaß mit aktuellen Titeln aus den Charts sowie vergleichbaren Titeln aus den letzten Jahren („recurrents"). Bei den Varianten Hot AC und Soft AC wird der Anteil der Oldies und der aktuellen Titel in die eine bzw. die andere Richtung verändert. Hot AC zielt dementsprechend eher auf die jüngeren, Soft AC auf die älteren Jahrgänge. Die zweitgrößte Zielgruppe, die der 14- bis 24jährigen, ist gut mit dem Format CHR bzw. EHR zu erreichen. Dieses allein an aktuellen Hits orientierte Format, ein Nachkomme des in den 50er Jahren erfolgreichsten US-Formats Top 40, hat nur eine sehr kurze „playlist" von 40 bis 100 Titeln, die bis zu achtmal am Tag wiederholt werden. MOR ist gewissermaßen ein breiteres AC-Format, das neben aktuellen Hits und Oldies auch einzelne Titel aus Bereichen wie Jazz, Country und Hardrock zuläßt.

Die ältere Generation ist hierzulande noch mit einer Musik aufgewachsen, die wenig vom seit den späten 50er und frühen 60er Jahren internationalisierten und amerikanisierten Musikmarkt geprägt ist. Daher greifen kommerzielle Programme für diese Generation eher auf deutsche Vorbilder wie WDR 4 zurück, das melodiöse Musikprogramm des öffentlich-rechtlichen Konkurrenten Westdeutscher Rundfunk (WDR), das sich nach seinem Start 1984 rasch zum erfolgreichsten Programm in der Bundesrepublik entwickelt hat (3,6 Mio 'Hörer gestern' 1997).

Formatradios, vor allem solche nach amerikanischem Vorbild, haben die deutschen Traditionen der Programmgestaltung weitgehend hinter sich gelassen oder gar nicht erst aufgegriffen und entwickeln ihre Programmstrukturen nicht als zeitliche Abfolge mehr oder weniger unterschiedlicher Sendungen verschiedener Genres. Sie gehen vielmehr den umgekehrten Weg, d. h. sie konzipieren eine 'channel identity', legen die dazu gehörigen Elemente und Regeln bis ins Einzelne fest und geben dann erst bestimmten größeren Programmflächen eine gewisse Individualität und einen Namen. Der Festlegung der Musikfarbe und der angepeilten Altersgruppe folgt eine genaue Erfassung der in Frage kommenden Musiktitel ('playlist') per Computer, wobei auch Merkmale wie die vermittelte Stimmung, das Tempo oder das Arrangement systematisch aufgenommen werden. Außerdem werden die Titel danach eingestuft, wie oft sie pro Tag eingesetzt werden dürfen („Rotation"). Jenseits der Musik werden Vorgaben für die Moderation, die Nachrichten, eventuelle weitere Wortelemente, die Werbung und nicht zuletzt die Eigenwerbung und Stationskennung festgelegt. Aus diesen Zutaten entstehen dann 'Sendeuhren' für die einzelnen Stunden des Tages, d. h. Stundenabläufe, in denen genauestens geregelt ist, was zu welcher Zeit (wieder-)kommt, etwa die Nachrichten zur vollen Stunde, der Wetterbericht davor oder danach, die Werbung um Viertel vor und Viertel nach usw. Bei der Musik spielt in diesem Kontext die Feinauswahl eine große Rolle. Sie ist nicht nur von der Plazierung auf der Stundenuhr, sondern auch von der Tageszeit abhängig. So sind beispielsweise am Morgen 'Wachmacher' gefragt, und auch die Moderation ist zu dieser Tageszeit entsprechend angelegt. Ein wichtiges Element ist die Eigenwerbung mit kleinen Spots: 'Jingles', d. h. musikalische Kennungen mit dem Sendernamen; Image IDs, bei denen noch ein Spruch wie „Hier spielt die Musik" hinzukommt; „Bumper", musikalische Elemente zur Ankündigung von Rubriken; 'Stinger' zur Beendigung einer Rubrik und 'Showopener' zur musikalischen Einleitung einer Sendung.

Ist die Konzeption so weit gediehen, werden Tagesabläufe festgelegt. Dabei ergeben sich durchaus Berührungspunkte mit der deutschen Tradition, denn spätestens bei der Entwicklung von Magazinprogrammen und Musik- und Servicewellen in den 70er Jahren mußten große Sendeflächen für unterschiedliche Tageszeiten unterschiedlich gefüllt werden, gleichzeitig durfte aber das Grundkonzept der Welle nicht verletzt werden. So enthalten Frühsendungen in der Regel einen Grundstock an tagesaktueller Information und einen Ausblick auf das absehbare Tagesgeschehen, vormittags werden Service- und Lebenshilfe geboten, mittags steht das aktuelle politische Geschehen im Vordergrund usw. Raum für etwas individueller zugeschnittene Sendungen ist am ehesten in der Fernsehzeit zwischen 20.00 und 22.00 Uhr oder noch später am Abend. Dann bekommen beispielsweise die Starmoderatoren eines Senders eine Stunde für 'ihr' Programm. Bei allen Musikradios, auch wenn sie in Deutschland oft erheblich mehr Wortbeiträge enthalten als in den USA, gilt, daß die Musik zumeist 80 und mehr Prozent des Programms ausmacht, selbst auf lokaler Ebene. Eine Studie der Bayerischen Landesmedienanstalt stellte 1990 anhand einer Stichprobe fest, daß die bayerischen Lokalradios an Mehrfrequenzstandorten im Schnitt 82 Prozent Musik und 18 Prozent Wort brachten, wobei Moderation und Zwischenansagen nicht dem Wort zugeschlagen wurden. Der geringste Wortanteil lag bei 7,5 Prozent, der höchste bei 25,5 Prozent.

Die Verteilung der verschiedenen Musikradio- und der anderen Formate auf die einzelnen Märkte in der Bundesrepublik zeigt charakteristische Strukturen. Dort, wo es nur einen privaten Anbieter gibt, hat dieser in der Regel eines der erfolgversprechenden Formate, vornehmlich AC mit seinen Varianten, gewählt. Radio NRW, das nordrhein-westfälische Mantelprogramm im Format Hot AC, ist ein Beispiel dafür. In Bayern gibt es auch einige Sendegebiete, in denen der Erfolg mit deutscher Volks- und volkstümlicher Musik gesucht wurde. Sobald ein zweiter kommerzieller Anbieter auf Sendung geht, wird offenkundig eine Marktteilung angestrebt, d. h. einer der Bewerber konzentriert sich auf die älteren, einer auf die jüngeren Hörerinnen und Hörer. Das gilt für den Normalfall, daß es sich um zwei verschiedene Anbieter handelt, wie in Sachsen-Anhalt mit Radio Brokken (deutsche Schlager und internationale Oldies für 25- bis 54jährige) und Radio SAW (Hot AC für 14- bis 49jährige), aber auch für den Sonderfall in Rheinland-Pfalz, wo RPR zwei unterschiedliche Programme unterhält.

Erst bei drei und mehr Anbietern wie in den Ballungsräumen von Hamburg über Berlin bis München kommt es zu einem intensiveren Wettbewerb mit mehr oder weniger gleichartigen Programmen, aber an den Rändern auch zur Suche nach Nischen und zum Auftreten von Spezialanbietern. Zu nennen sind hier vor allem die Jazzkanäle in München, Nürnberg und Berlin sowie die diversen religiösen Programme vom Wetzlarer ERF bis zu Radio Paradiso in Berlin. Hinzu kommen Spezialangebote für die jüngsten Hörer wie Radio2Day in München mit Funk, Soul, Dance, House und Acid-Jazz oder Kiss FM im 'Urban Dance'-Format in Berlin.

Versuche, jenseits der Musikradios auch Wortformate zu etablieren, Nachrichtenkanäle etwa oder einen News&Talk-Sender, sind bereits in mehreren Fällen an mangelndem Zuspruch gescheitert oder drohen derzeit zu scheitern.

3. Programmstrukturen des Hörfunks im öffentlich-rechtlichen Bereich des dualen Rundfunksystems

Die öffentlich-rechtliche Anbieterszene ist wesentlich leichter zu überschauen als die kommerzielle. Sie besteht aus den elf Landesrundfunkanstalten der ARD (Arbeitsgemeinschaft der öffentlich-rechtlichen Rundfunkanstalten der Bundesrepublik Deutschland) und dem DeutschlandRadio, das gemeinsam von der ARD und dem Zweiten Deutschen Fernsehen (ZDF) getragen wird. Innerhalb der ARD sind Mehr-Länder-Anstalten und Landesrundfunkanstalten zu unterscheiden, da erstere überwiegend für mehrere Bundesländer bestimmte Hörfunkprogramme, letztere durchweg Programm für nur ein Bundesland ausstrahlen. Mehr-Länder-Anstalten sind derzeit der Norddeutsche Rundfunk (NDR) für Hamburg, Mecklenburg-Vorpommern, Niedersachsen und Schleswig-Holstein sowie der Mitteldeutsche Rundfunk (MDR) für Sachsen, Sachsen-Anhalt und Thüringen. 1998 kommt der Südwestdeutsche Rundfunk (SWR) für Rheinland-Pfalz und Baden-Württemberg hinzu, der aus dem Süddeutschen Rundfunk (SDR) und dem Südwestfunk (SWF) hervorgeht.

Innerhalb der ARD gibt es auf zwei für die Programmstrukturen nicht unerheblichen Feldern eine enge Zusammenarbeit. Die Landesrundfunkanstalten veranstalten gemeinsam drei unterschiedlich gefärbte Nachtprogramme, die 'ARD-Pop Nacht', das 'ARD-Nachtkonzert' mit E-Musik und den 'ARD-Nachtexpress' / 'ARD-Radiowecker' mit leichter Unterhaltungsmusik. Dieses Angebote werden an die jeweiligen Programme der Landesrundfunkanstalten „angehängt", sofern diese kein eigenes Nachtprogramm produzieren. Das zweite Feld intensiver Kooperation sind Sendungen in sechs verschiedenen Fremdsprachen für in der Bundesrepublik lebende Ausländer, welche die einzelnen Anstalten entweder gesondert auf Mittelwelle (MW) ausstrahlen oder auf UKW-Kanälen, die noch nicht mit Vollprogrammen belegt sind.

Bei aller Individualität der jeweiligen Ausgestaltung tauchen bestimmte Programmtypen in den Angeboten der meisten oder mehrerer Landesrundfunkanstalten auf. Dies sind (1) Musik- und Servicewellen, (2) Jugendradios, (3) Programme mit melidiöser Musik, (4) Landes-/Regionalprogramme, (5) Infowellen, (6) Nachrichtenradios und (7) Kulturprogramme. Hinzu kommen singuläre Typen wie der E-Musik-Kanal Bayern 4 Klassik und das für Ausländer und Deutsche in Berlin bestimmte SFB 4 MultiKulti.

Musik- und Servicewellen sind die Umsetzung eines seit rund 25 Jahren in Deutschland höchst erfolgreichen Programmkonzepts. Dieses Konzept setzt primär auf populäre internationale Unterhaltungsmusik, Service vor allem für Autofahrer und aktuelle Information, über den Tag strukturiert durch ein einprägsames Raster von stündlichen, am Morgen oft sogar halbstündlichen Nachrichten und durch großflächige Magazine. Weitere Kennzeichen sind die durchgehende Moderation, die Reduktion aller Wortbeiträge auf eine programmverträgliche Kürze, die Durchlässigkeit des Programmschemas für aktuelle Meldungen, sei es vom Straßenverkehr oder vom Tagesgeschehen, und die vielfältigen Versuche, die Hörer über Wunschsendungen, Spiele, Hot-Lines etc. zu beteiligen und an sich zu binden. Ihre individuelle Ausprägung erhalten die Musik- und Servicewellen einerseits durch die Feinauswahl der Musik, andererseits durch Umfang und Art der Wortbeiträge. Statistisch bewegte sich der Wortanteil an solchen Programmen 1996 nach Angaben der Anstalten zwischen 14,3 und 33,3 Prozent (SDR 3 bzw. NDR 2). Auffällig dabei der durchweg recht hohe Anteil von Nachrichten und politischer Information mit bis zu mehr als 12 Prozent. Dies ist darauf zurückzuführen, daß Programme wie NDR 2 oder hr 3 nach wie vor am Mittag und am Abend aktuelle Magazine wie 'hr 3 – InForm' bringen.

Ein in den letzten Jahren wichtiger gewordenes Element im Wortbereich sind satirische und komische Beiträge sowie Serien von Minihörspielen und sogenannten Radio-Comics. Hier wirkt offenbar der Erfolg, den SWF 3 mit Derartigem seit langem hat, stilbildend. Und zwar nicht allein für den öffentlich-rechtlichen, sondern auch für den kommerziellen Bereich. Umgekehrt hat das amerikanische Formatradio, sei es über die private Konkurrenz, sei es auf direktem Wege inzwischen auch Vorbildfunktion für die Modernisierung der Servicewellen übernommen, die zumeist in direktem Wettbewerb zu AC-formatierten kommerziellen Landeswellen stehen. Musikuhren und computergestützter Musikeinsatz wie oben beschrieben sind jedenfalls auch diesen ARD-Programmen inzwischen nicht mehr fremd.

Dies gilt noch weit mehr für den zweiten, wesentlich jüngeren Typ ARD-Programme, die Jugendwellen. Sie entstanden seit 1993 im Nord-, Mittel- und Westdeutschen Raum sowie in Berlin/Brandenburg und waren zum Gutteil eine Reaktion darauf, daß sich Servicewellen wie NDR 2 angesichts wachsender kommerzieller Konkurrenz als zu weit gefaßt erwiesen, um die jüngste Hörergruppe, die 14- bis 19jährigen, angemessen anzusprechen. Dementsprechend versuchen die Jugendwellen mit im Detail sehr unterschiedlichen Konzepten Ansätze des Formatradios und Ansprüche des öffentlich-rechtlichen Programmauftrags, der ein Setzen allein auf Musik ausschließt, miteinander zu verbinden. Konkret heißt das zum Beispiel, daß ein Programm wie Fritz, gemeinsam veranstaltet vom Ostdeutschen Rundfunk Brandenburg (ORB) und vom Sender Freies Berlin (SFB), sich nur zu 60 Prozent auf aktuelle und ältere Musik aus den Charts stützt und zu immerhin 40 Prozent Platz auch für Sperriges und Kantiges wie Heavy-Metal- oder Grunge-Musik läßt. Das Tagesraster der Jugendwellen ist von regelmäßigen Nachrichten und O-Ton-Reports sowie großflächigen, durchgehend moderierten Magazinen, jetzt häufig als Radio-Shows apostrophiert, bestimmt. Der Musikanteil lag 1996 bei diesen Wellen zwischen 62,6 Prozent (Fritz) und 94 Prozent (MDR Sputnik). Vor allem bei den Jugend- und den Servicewellen geht der Trend in den letzten Jahren dahin, auch das Nachtprogramm im eigenen Profil zu gestalten und keines der gemeinsamen ARD-Nachtprogramme (mehr) zu übernehmen.

Für die mittlere und ältere Generation haben die Landesrundfunkanstalten seit den 80er Jahren Wellen entwickelt, die von melodiöser, überwiegend deutschsprachiger Musik geprägt sind, also ein breites Spektrum herkömmlicher Unterhaltungsmusik vom Schlager bis zur Operette, von volkstümlicher bis Volksmusik bieten. Je nach individuellem Konzept werden auch internationale Oldies hinzugemischt. In reinster Form verkörpert diesen Programmtyp WDR 4, wo es jenseits der Musik, deren Anteil fast 93 Prozent beträgt, lediglich Nachrichten und kurze Wortbeiträge zu den unterschiedlichsten Themen gibt.

Überwiegend kombinieren die Landesrundfunkanstalten den musikalischen Ansatz von WDR 4 mit ihren regionalen Angeboten, d. h. mit Fensterprogrammen aus der Region für die Region, landesweit ausgestrahlten regionalen und landesbezogenen Informationssendungen sowie sonstigen regional gefärbten Beiträgen. Die Reihe derartiger Programme reicht von S4 Baden-Württemberg, SWF 4 Landeswelle Rheinland-Pfalz und SR 3 Saarlandwelle über hr 4 bis zu den Landesprogrammen von MDR und NDR, also bis zur Welle Nord aus Kiel.

Diese Programme zuvorderst bilden die 'Mäntel' für die insgesamt 64 Fensterprogramme der Landesrundfunkanstalten. Deren Bandbreite wiederum ist sehr groß. Mindestens werden, etwa beim NDR, regionale Veranstaltungstips geboten, in vielen Fällen darüber hinaus mehrmals täglich tagesaktuelle Journale, etwa beim HR, in einigen Fällen, vor allem im Südwesten, sogar mehrere unterschiedliche Sendungen pro Tag, Regionalnachrichten, eigene Morgen- und Mittagsmagazine sowie Sportsendungen. Der Anteil der Wortbeiträge an den Landesprogrammen liegt dementsprechend erheblich höher als beim WDR 4 und erreicht bei S4 Baden-Württemberg einen Spitzenwert von 43,6 Prozent in 1996. Zum Teil noch stärker vom Wort geprägt sind die in ihrer Ausprägung sehr unterschiedlichen aktuellen Infowellen einzelner Landesrundfunkanstalten, Programme, deren Gemeinsamkeit eher in der Dominanz der Tages- und Hintergrundberichterstattung als in ihrer Musikfarbe besteht. WDR 2 beispielsweise zielt musikalisch auf eine jüngere Gruppe als hr1 oder SDR 1 und dient zudem noch als Mantel für die regionalen Fensterprogramme des WDR, erfüllt dort also Funktionen wie bei den anderen Anstalten hr4 bzw. S4 Baden-Württemberg. NDR 4, aus der Kulturwelle des NDR heraus entwickelt, setzt auch im

Wortbereich andere Akzente und geht jenseits der tagesaktuellen Magazine zu den Haupthörzeiten und der politischen Hintergrundberichte auch auf zahlreich andere Themen von der Kultur bis zum 'Modernen Leben' ein. Mehr als bei anderen Programmtypen gilt hier, daß die Grenzen fließend sind.

Ganz eindeutig abgrenzen läßt sich hingegen der jüngste Typ von Informationsprogramm auf dem deutschen Hörfunkmarkt: das Nachrichtenradio. Nach amerikanischem Vorbild formatierte Spartenprogramme dieser Art wurden in Deutschland zuerst von kommerziellen Anbietern gestartet – mit geringem Erfolg. Mit B5 aktuell, MDR info und dem InfoRadio von ORB und SFB brachten dann die Landesrundfunkanstalten ihre Versionen auf den Markt und bauten dabei auf die Leistungsfähigkeit der eigenen Korrespondentennetze im In- und Ausland – durchaus mit Erfolg. Die Nachrichtenradios funktionieren nach speziellen Stundenuhren, die einen Takt von 15 oder 20 Minuten für die Wiederholung und Aktualisierung der neuesten Nachrichten vorgeben und dazwischen Raum lassen für speziellere Berichte, etwa aus der Wirtschaft oder vom Sport, sowie für viel Service vom Wetter bis zu Informationen für Bergsteiger. Diese Kanäle kommen ganz ohne Musik aus.

Fast noch schwerer als die Infowellen sind die Kulturprogramme der Landesrundfunkanstalten auf einen gemeinsamen Nenner zu bringen, nicht zuletzt deswegen, weil sie sich derzeit in einem längerfristigen Modernisierungsprozeß befinden, der kaum irgendwo als abgeschlossen betrachtet werden kann. So wird im Südwesten mit der Entstehung des SWR das bisher schon in Kooperation von SDR und SWF betriebene S2 Kultur 1998 eine neue Fasson erhalten. Im Nordosten haben sich NDR, ORB und SFB 1997 in einem langwierigen Prozeß verständigt, eines ihrer Kulturprogramme unter dem Signum Radio 3 gemeinsam zu betreiben.

Klar zu unterscheiden ist immerhin zwischen Rundfunkanstalten, die wie HR, MDR, SR, SDR und SWF nur über eine UKW-Kette für ihre kulturellen Angebote von der E-Musik bis zum Hörspiel verfügen, und Anstalten wie BR, NDR, ORB, SFB und WDR, die über zwei Ketten verfügen.

Die erstgenannten Anstalten versuchen nach wie vor, das Interesse an anspruchsvoller Musik und anspruchsvollen Wortsendungen in einem Programm zu befriedigen. Solche Programme weisen, trotz mehrfacher Modernisierung und Einführung von Magazinsendungen auch hier, immer noch Spuren des klassischen Kästchenprogramms auf, in dem bis in die 50er Jahre hinein alle Ansprüche der Hörer nacheinander befriedigt werden mußten. Dies hängt auch damit zusammen, daß solche Kästchen auf anderen Wellen zu Störfaktoren und deshalb verschoben wurden, und damit, daß die Kulturprogramme sich seit etlichen Jahren gezwungen sehen, mehr als früher Nachrichten und politische Hintergrundberichterstattung aufzunehmen.

Anstalten mit zwei Kulturprogrammen begegnen diesen Schwierigkeiten anders und tendieren seit einigen Jahren dazu, ihre Angebote auf Wortwellen einerseits und Musikkanäle andererseits zu verteilen. So dient das schon erwähnte Radio 3 den beteiligten Anstalten als E-Musikwelle, die allerdings auch Magazine zum Musik- und sonstigen Kulturgeschehen enthält. Daneben existieren dann stärker wortgeprägte Programme wie NDR 4 und RadioKultur von SFB und ORB.

Spezielle Varianten in dieser Richtung haben BR und WDR ausgeprägt. Der BR verfügt seit 1980 über einen reinen E-Musikkanal, Bayern 4 Klassik, der jenseits der Ansagen und der Nachrichten kaum Wort enthält (weniger als 1 Prozent). Als Pendant dazu wurde Bayern 2 Radio zu einem Programm, das zu fast 70 Prozent aus Wortbeiträgen unterschiedlichster Art besteht. Von der Radiokunst bis zum „Modernen Leben", von der Politik über die Wirtschaft bis zur Kultur reicht dort der Themenfächer. Dieser Ansatz ähnelt deutlich dem von WDR Radio 5, das allerdings mit über 80 Prozent einen noch höheren Wortanteil ausweist. Außerdem betreibt der WDR neben Radio 5 keine E-Musikwelle, sondern ein eher klassisches Kulturprogramm, das sich im Kern kaum von beispielsweise hr2 unterscheidet, im Wortbereich aber beschränkt ist auf Politik, Kultur und Hörspiel.

Eine Besonderheit hat seit 1994 der SFB ausgebildet, indem er sein viertes Programm ganz auf die in Berlin lebenden Ausländer unterschiedlichster Nationen und interessierte Deutsche ausrichtete. SFB 4 Multi-Kulti bietet in 18 verschiedenen Fremdsprachen Informationen aus aller Welt und Service für das interkulturelle Leben in Berlin, außerdem deutschsprachige Magazine und World Music.

Das DeutschlandRadio mit seinen beiden bundesweit verbreiteten Programmen Deutschlandfunk und DeutschlandRadio Berlin ist in die Typologie der landesweiten und Mehr-Länder-Programme nicht einzuordnen. Da ihm gesetzlich vorgegeben ist, in beiden Programmen die Schwerpunkte auf Information und Kultur zu legen, hat es zwei unterschiedliche Varianten einer Mischung aus Kulturprogramm und Infowelle ausgeprägt: Der Deutschlandfunk tendiert mit einem Wortanteil von über 70 Prozent und einem deutlichen Akzent auf der politischen Information eher zum Informations-, das Berliner Angebot mit fast 46 Prozent Musik und beispielsweise erheblich mehr Hörspielen eher zum Kulturprogramm.

4. Programmstrukturen im Bereich nicht-kommerziellen Privatfunks

Nicht ganz außer Acht bleiben darf angesichts des erdrückenden Übergewichts kommerzieller und öffentlich-rechtlicher Angebote – 1997 waren es mehr als 220 – der zweite, der nicht kommerzielle Bereich des Privatfunks in der Bundesrepublik: die Offenen Kanäle und der nicht-kommerzielle Lokalfunk. Die Offenen Kanäle, die es in 12 von 16 Bundesländern in unterschiedlicher Dichte gibt, prägen weder im herkömmlichen Sinne noch im Sinne amerikanischer Formatradios Programmstrukturen aus, da sie nur Sendezeiten an Interessenten vergeben und diese bestenfalls die Chance erhalten, jeweils zur gleichen Zeit 'on air' zu sein.

Anders die Programme lokaler Radioinitiativen, die mittlerweile in Baden-Württemberg, Hessen, Niedersachsen und Sachsen existieren. Sie weisen ein inhaltlich wie formal breites Spektrum an Sendungen auf, von speziellen Musikangeboten über Lokalmagazine und politische Reportagen bis zu Schülerfunk und Gruppenradio, also der Selbstdarstellung von Vereinigungen unterschiedlichster Art. Je umfangreicher das Angebot einzelner Sender wie Radio Dreyeckland in Freiburg oder Radio X-Mix in Frankfurt am Main ausfällt, um so mehr braucht es Strukturen. Soweit erkennbar dient dann eher die klassische Kästchenstruktur und die Magazinformate öffentlich-rechtlicher Provenienz als Vorbild dieser alternativen Radios zum Zuhören als der glatte Ablauf amerikanischer Musikradios. Die Lokalradios in Frankfurt, Darmstadt, Kassel und Marburg beginnen den Tag beispielsweise mit Frühmagazinen unter Titeln wie „Radiowecker", kennen Vormittagsmagazine, Presseschauen, Veranstaltungskalender, Jazzsendungen und Kinderradio von Kindern für Kinder.

5. Literatur

Altendorfer, Otto, Die Entwicklung des lokalen Rundfunks in Sachsen. In: Hörfunk-Jahrbuch 96/97, 62–71.

ARD-Jahrbuch. Hamburg 1969ff.

Barth, Christoph/Christian Schröter (Hrsg.), Radioperspektiven. Strukturen und Programme. Baden-Baden 1997.

Bauer, Helmut G., Struktur des privaten Hörfunks in Deutschland. In: Hörfunk-Jahrbuch '94, 11–22.

Bucher, Hans-Jürgen/Walter Klingler/Christian Schröter (Hrsg.), Radiotrends. Formate, Konzepte und Analysen. Baden-Baden 1995.

Cabanis, Rainer M., Radio in besonders engen Märkten. In: Hörfunk-Jahrbuch '95, 55–61.

Haedecke, Gert, Mehr Wort denn je. Das Kulturelle Wort und sein Platz im Programm. In: ARD-Jahrbuch 95, 24–30.

Halefeldt, Elke, Hessen: bald sechs freie Radios. In: FUNKkorrespondenz 1997, 38, 25–27.

Halefeldt, Horst O., Immer näher ran. Regionalisierung im Wettbewerb. In: ARD-Jahrbuch 96, 87–100.

Hörfunk-Jahrbuch. Berlin 1995ff.

Jahrbuch der Landesmedienanstalten. München 1993ff. (1993 als DLM-Jahrbuch. Hrsg. v. den Landesmedienanstalten).

Jenke, Manfred, Radio im Wandel. In: ARD-Jahrbuch 91, 126–137.

Kamp, Uli, ... und kein bißchen leise. Offene Kanäle im Hörfunk. In: Hörfunk-Jahrbuch 96/97, 89–102.

Kuchenreuter, Hans, Entwicklung des lokalen Hörfunks im Bayern. In: Hörfunk-Jahrbuch 96/97, 49–61.

Martius, Philip von, Der Lokalfunk in Baden-Württemberg im zweiten Zulassungszeitraum. In: Hörfunk-Jahrbuch 96/97, 41–48.

Lüke, Friedmar, Formatradio – unsere Zukunft? In: ARD-Jahrbuch 94, 43–55.

Offene Kanäle und Bürgerfunk in Deutschland. Hrsg. v. Arbeitskreis Offene Kanäle und Bürgerrundfunk der Landesmedienanstalten (AKOK). Halle 1997.

Die Programme der Lokalradios in Bayern. Mehrfrequenzstandorte. Hrsg. v. der Bayerischen Landeszentrale für neue Medien. München 1990.

Prüfig, Katrin, Formatradio – ein Erfolgskonzept? Ursprung und Umsetzung am Beispiel Radio FFH. Berlin 1993.

Statistisches Jahrbuch der ARD. Hamburg 1964ff.

Volpers, Helmut, Hörfunklandschaft Niedersachsen. Berlin 1996.

Walendy, Elfriede, Offene Kanäle in Deutschland – ein Überblick. In: MP 1993, 306–316.

*Horst O. Halefeldt, Karben
(Deutschland)*

186. Die Hörfunkkonsumenten

1. Die lange Tradition des Hörfunks
2. Hörfunkprogramme in der Bundesrepublik: Das Angebot
3. Der Hörfunk in der Medienkonkurrenz
4. Der quantitative Umgang mit dem Radio
5. Motive der Radionutzung
6. Die Nutzung unterschiedlicher Programmtypen
7. Der Hörfunk in der Konkurrenz zu anderen auditiven Medien
8. Hörfunk in der zweiten Hälfte der 90er Jahre – Bilanz und Ausblick
9. Literatur

1. Die lange Tradition des Hörfunks

Der Hörfunk ist in der zweiten Hälfte der 90er Jahre in Deutschland mehr als 70 Jahre alt – und damit mit der wechselhaften deutschen Geschichte eng verbunden. Die ersten Gehversuche fanden Anfang der 20er Jahre statt. Mit dem Beginn der nationalsozialistischen Herrschaft 1933 endete die Suche nach einem Platz zwischen staatlicher Aufsicht und Regelung mit demokratieorientierten Optionen. Bis 1945 erfolgte der bedingungslose Einsatz des elektronischen Mediums zum Zwecke der NS-Propaganda für ein diktatorisches System.

Dann trennten sich zunächst die Wege des Rundfunks in Deutschland. Aus der bis dahin immer gemeinsam verlaufenden Entwicklung wurden durch die Ost-West-Teilung zwei unterschiedliche Entwicklungsstränge. In den heute sogenannten alten Bundesländern wandelte sich der Rundfunk Ende der 40er Jahre – zunächst direkt nach Ende des Zweiten Weltkriegs unter alliierter Kontrolle – zum wichtigen publizistischen, demokratieorientierten Faktor in öffentlich-rechtlicher Konstruktion. Der letzte größere Einschnitt in der Bundesrepublik-West, allerdings in keine Weise vergleichbar mit den politischen Umbruchsdaten 1933 und 1945, folgte schließlich in den 80er Jahren mit der Etablierung des sogenannten dualen Systems – und der dadurch entstandenen Konkurrenz zwischen öffentlich-rechtlichen Rundfunkanstalten und privatrechtlichen Anbietern. In der DDR wurde nach dem Zweiten Weltkrieg der Weg in den Staats- und Parteirundfunk oktroyiert, bis schließlich in den letzten Jahren die Rundfunkstrukturen der alten Bundesrepublik und die der alten DDR mit der Vereinigung beider Territorien (wieder) zusammenwuchsen.

2. Hörfunkprogramme in der Bundesrepublik: Das Angebot

Zu Beginn der zweiten Hälfte der 90er Jahre werden – nimmt man das Jahr 1996 als Maßstab – in der Bundesrepublik Deutschland rund 230 Hörfunkprogramme produziert, mit – über Sender, Kabel oder Satellit – lokalen, regionalen, bundeslandweiten oder größeren geographischen Verbreitungsgebieten.

Seit Mitte der 80er Jahre ist das Gesamtangebot nicht nur zahlenmäßig massiv angewachsen, es hat auch eine deutliche Ausdifferenzierung der Programmtypen stattgefunden. Da die überwiegende Zahl der Sender aber nicht bundesweit zu empfangen ist, kann dies in den einzelnen Regionen nur sehr unterschiedlich wahrgenommen werden. Die Ursachen für den Differenzierungsprozeß liegen gleichermaßen in der Ausdifferenzierung der Angebote des öffentlich-rechtlichen Rundfunks (z. B. Infoprogramme, Jugendprogramme u. a.) sowie in der zunehmenden Lizenzierung kommerzieller Programme. Radioprogrammformate reichen in Deutschland heute von mehr oder minder fast reinen Musikkanälen unterschiedlichster Musikfarbe bis hin zu reinen Wortkanälen wie z. B. Info-/Nachrichtenprogrammen, um die Bandbreite einmal am Wort-Musik-Verhältnis deutlich zu machen.

3. Der Hörfunk in der Medienkonkurrenz

Den rund 80 Millionen Bundesbürgerinnen und -bürgern steht damit ein Medium zur Verfügung, das ihnen eine Vielzahl inhaltlicher Optionen anbietet, sich aber auch immer stärker gegen konkurrierende Massenmedien behaupten muß. Dies gilt in besonderer Weise in Relation zum Fernsehen, aber auch zur Tageszeitung, den beiden anderen wichtigsten tagesaktuellen Medien. Trotz aller Unterschiede stehen sie in direkter, nicht nur ökonomischer Konkurrenz, so etwa, wenn es um journalistische Kompetenz, um das Zeitbudget von Nutzerinnen und Nutzern oder um Gratifikationen für diese geht.

Zunächst zum Zeitbudget bzw. zum zeitlichen Umgang der Bundesdeutschen mit diesen drei tagesaktuellen Massenmedien. An einem durchschnittlichen Wochentag von Montag bis Samstag (ohne Sonntag) liegen Fernsehen und Hörfunk mit einer Tagesreichweite um die 80 Prozent deutlich vor der Tageszeitung mit rund 65 Prozent (Basis: Massenkommunikation 1995 und MediaAnalyse 1996). An dem skizzierten durchschnittlichen Wochentag (Montag bis Samstag) entfallen im Schnitt rund 6 Stunden des Tageszeitbudgets auf Medien (z.T. als Erst- oder Zweittätigkeit mit anderen Tätigkeiten). Dabei sind jeweils rund 45 Prozent des von Bundesdeutschen mit den drei tagesaktuellen Medien an einem Durchschnittstag verbrachten Zeit für den Hörfunk und auf das Fernsehen zu verbuchen, für die Tageszeitung sind knapp 10 Prozent zu verzeichnen.

Die Relationen zwischen den drei tagesaktuellen Massenmedien lassen sich auch nach inhaltlichen Kategorien abbilden. Bei Imagepunkten wie 'Politische Information', 'Politische Information ohne Aktualität' und zum Beispiel bei 'Unterhaltung' ergeben sich dabei unterschiedliche Konstellationen. Bei der Dimension 'Politische Information' liegt das Fernsehen deutlich vor dem Radio und der Tageszeitung – gemessen am Image in den jeweiligen Nutzerschaften. Bei der Dimension 'Politische Information ohne Aktualität' folgt auf das Fernsehen die Tageszeitung – mit deutlichem Vorsprung vor dem Radio. Schließlich bei 'Unterhaltung' liegt der Hörfunk knapp vor dem Fernsehen, bei weitem Abstand zu der folgenden Tageszeitung. Soweit einige Daten zur direkten Konkurrenz der drei großen tagesaktuellen Massenmedien.

4. Der quantitative Umgang mit dem Radio

Die starke Position des Radios bei der bundesdeutschen Bevölkerung läßt sich mit weiteren quantitativen Daten untermauern (Basis: MediaAnalyse 1996). An einem durchschnittlichen Wochentag von Montag bis Sonntag (5.00 bis 24.00 Uhr) hören – wie beschrieben – rund 80 Prozent aller Bundesbürger und -bürgerinnen ab 14 Jahren zumindest kurz Radio. Bei den 6- bis 13jährigen liegt der Wert mit 30 Prozent weit darunter. Der für die Gesamtbevölkerung beschriebene Wert blieb im übrigen seit Anfang der 80er Jahre relativ stabil. Gleiches gilt für die Hördauer. Dieser Wert liegt in der zweiten Hälfte der 90er Jahre bei ca. 170 Minuten an einem durchschnittlichen Wochentag von Montag bis Sonntag.

Männer hören generell etwas häufiger Radio als Frauen, legt man die Tagesreichweite zugrunde. Auf der anderen Seite hören sie in der Regel kürzer, weisen damit eine geringere Hörfunkverweildauer auf als Frauen. Die stärksten RadionutzerInnen – auch dieses sind wieder seit Jahren stabile Werte – sind die 30- bis 60jährigen, sowohl gemessen an der Tagesreichweite an einem durchschnittlichen Wochentag von Montag bis Sonntag wie auch an der Hördauer.

Vergleicht man das Radioverhalten in den einzelnen Wochenabschnitten, zeigt sich, daß die Tagesreichweite des Mediums mit rund 82 Prozent an den Werktagen (Montag bis Freitag) etwas bis deutlich über den Werten für die Wochenendtage mit 78 Prozent (Samstag) bzw. 72 Prozent (Sonntag) liegt. Bei der Hördauer sind die Relationen vergleichbar, der Samstag ähnelt eher den Werktagen. Für Montag bis Freitag sind Mitte der 90er Jahre im Schnitt 174 Minuten zu registrieren, für die Samstage 168 Minuten und für die Sonntage 148 Minuten. Radiohören ist Mitte der 90er Jahre vor allem eine Akvitität 'im Haus'. Rund 125 Minuten der insgesamt knapp 170 Minuten finden 'im Haus' statt, 45 Minuten 'außer Haus'. Wichtigste Kombination mit Radionutzung: 'Arbeit im Haus' mit 51 Minuten.

Bleibt bei der quantitativen Radionutzung abschließend festzuhalten, daß der

Höchstwert im Tagesverlauf – wieder im Durchschnitt Montag bis Sonntag durch die Werktage bestimmt – in der Zeit von 7.00 bis 9.00 Uhr liegt. In dieser Zeit hören im Schnitt pro Viertelstunde rund 30 bis 33 Prozent aller Bundesbürgerinnen Radio – relativ rasch wechselnde Publika gerade in der Frühzeit. Vor 7.00 Uhr steigt der Wert zwischen 5.30 und 7.00 Uhr sprunghaft an, nach 9.00 Uhr fällt die Nutzungskurve in leichten Wellenbewegungen ab – über ca. 25 Prozent in den beiden Viertelstunden rund um 12.00 Uhr, 20 Prozent um ca. 12.45 Uhr, 15 Prozent um 14.00/15.00 Uhr und 10 Prozent um ca. 18.00/18.30 Uhr.

Pro durchschnittlichem Wochentag werden im übrigen Mitte der 90er Jahre im statistischen Mittel 1,3 Radioprogramme gehört – ein Wert, der, nimmt man alle innerhalb von 14 Tagen realisierten Programmwechsel mit hinzu, dann auf knapp drei verschiedene Programme steigt.

5. Motive der Radionutzung

Im Medienvergleich zwischen Hörfunk, Fernsehen und Tageszeitungen werden die spezifischen Eigenschaften des Hörfunks für seine NutzerInnen bereits kurz angesprochen. Die Rolle des „tagesbegleitenden Mediums Nummer 1" – so der weitverbreitete Name für den Hörfunk aufgrund seiner Ganztagspräsenz in bundesdeutschen Ohren – läßt sich näher beschreiben (Basis: MediaTrend 1990, eine Studie der ARD, deren Ergebnisse auch für die zweite Hälfte der 90er Jahre noch in den Grundzügen Bestand haben).

Drei Grunderwartungen prägen das Bild der Hörfunknutzungsmotive: der Wunsch nach „Information und Wissensvermittlung", die Suche nach „Ablenkung" und schließlich die Rolle des Mediums als „entspannendem Tagesbegleiter". Bei „Information/Wissensvermittlung" stehen die schnelle Übermittlung von Wissen um aktuelles, neues Geschehen im Vordergrund, bei „Ablenkung" vor allem die zerstreuende Funktion gespielter Musik, von Gesprächen usw. Schließlich dient das Medium bei „Entspannung" als Beitrag zur physischen Regeneration und zum Abbau des Alltagsstresses. Information und Ablenkung sind als Nutzungsmotive – so die Ergebnisse dieser Studie – leicht dominant, aber erst alle drei Faktoren erklären die hohe Gesamtreichweite und Hördauer des Mediums – und indirekt damit auch die beschriebene Stabilität der Nutzungszahlen in den 90er Jahren – trotz beispielsweise expandierender Fernsehangebote.

Schon diese geschilderten Werte machen deutlich, daß Radio nach wie vor differenzierte Funktionen erfüllt (Basis im weiteren: Baden-Württemberg und Rheinland-Pfalz, Bevölkerung ab 14 Jahren, Südwestfunk-Trend 1996; ähnlich fallen die Daten in den anderen Bundesländern aus). Nimmt man das Interesse an zwölf unterschiedlichen Programmbestandteilen bzw. -funktionen als Maßstab, läßt sich das Bild weiter differenzieren. Fragt man danach, welche von ihnen „sehr wichtig" sind (Skala „sehr wichtig", „wichtig", „weniger wichtig" oder „gar nicht wichtig"), ergibt sich an der Meßlatte „sehr wichtig" gemessen folgendes Bild: Platz 1 mit deutlichem Abstand – 62 Prozent „sehr wichtig" – für „Nachrichten", auf Platz 2 „Musik" mit 54 Prozent, dann im Mittelfeld „Verkehrsinformationen" mit 39 Prozent, „Aktuelle Informationen" mit 36 Prozent, „Lokale Informationen" mit 34 Prozent und „Moderation" mit 32 Prozent. Dann weiter „Humor" mit 22 Prozent, „Wunschkonzerte" kommen im Vergleich dann auf 18 Prozent „sehr wichtig". Soweit die Spitzenplätze und das Mittelfeld. Auf den weiteren Plätzen „Hörernähe" mit 15 Prozent, „Sport" mit 15 Prozent, 12 Prozent „Service/Tips" und „Spiele/Quiz" mit 3 Prozent. Am Rande bemerkt: Nimmt man die beiden Antwortkategorien „sehr wichtig" und „wichtig" zusammen, entdifferenziert sich das Bild: Dann erreichen alle genannten Kategorien zwischen 50 und zum Teil weit über 90 Prozent.

Wie auch an anderen Punkten lassen sich auch hier in einzelnen Nutzergruppen deutliche Unterschiede erkennen. Für die Altersgruppe der 14- bis 19jährigen beispielsweise ist die Merkmalskombination „Musik und Moderation" noch einmal deutlich entscheidender, als dies zum Beispiel für die 40- bis 49jährigen oder die 50jährigen der Fall ist. Oder umgekehrt ausgedrückt: „Information" hat bei den 14- bis 19jährigen nicht den Stellenwert wie für die älteren Generationen.

6. Die Nutzung unterschiedlicher Programmtypen

Deutlich über 95 Prozent der genannten Radionutzung entfallen in der zweiten

Hälfte der 90er Jahre auf Programme, deren Programmformate sich im weitesten Sinne mit einer Mischung aus Unterhaltungsmusik (von Rap/Hiphop bis volkstümlicher Musik bzw. Volksmusik) und Wort beschreiben lassen. Dabei ist die inhaltliche Gewichtung in den Angeboten – wie eingangs skizziert – sehr unterschiedlich. Weit unter 5 Prozent entfallen auf die sog. „gehobenen" Programme, im weitesten Sinne mit E-Musik und Information/Kultur beschrieben. Hierzu sind auch Wort-Spartenkanäle (ohne Infokanäle) zu zählen.

Rund 20 Programme, nahezu ausschließlich öffentlich-rechtlicher Herkunft, stellen nach wie vor diese besondere Form des Radioangebotes dar. Dabei sind die Hörerinnen und Hörer dieser Programme in der Regel auch Nutzer anderer Angebote, so daß für sie eine besondere Form der Ausdifferenzierung der Nutzungsmuster und -interessen gilt.

Folgt man den Ergebnissen der Reichweitenuntersuchungen für den Hörfunk, so erreichen die gehobenen Programme Mitte der 90er Jahre innerhalb von 14 Tagen (sog. weitester Hörerkreis) rund 14 Prozent aller Bundesdeutschen. In der Tagesreichweite eines durchschnittlichen Wochentages von Montag bis Sonntag sind für die gehobenen Programme rund 4 Prozent zu bilanzieren.

Dieser Wert steht auf der einen Seite in direktem Vergleich zur Gesamtnutzung des Hörfunks, auf der anderen Seite kann und muß man diesen Wert der quantitativen Nutzung kultureller Einrichtungen gegenüberstellen, z.B. der Zahl der Theaterbesucher, der Museumsbesucher usw. Gemessen daran ist der im hörfunkinternen Abgleich kleine Anteil mehr als beachtlich. Dieser Vergleich soll allerdings nicht unterschiedliche Erlebniswelten negieren, wie sie beim Hören einer Sendung bzw. beim Besuch einer Aufführung entstehen, wohl aber auf die Leistung hinweisen, die aus dem Angebot eines (Radio-)Kontaktes zum Thema Kultur entsteht bzw. entstehen kann.

Trotz dieser nach wie vor positiven Gesamtbilanz für „gehobene" Programme ist ein Rückgang in den Nutzungsdaten nicht zu verkennen. So ging beispielsweise in den alten Bundesländern der weiteste Hörerkreis von Mitte der 80er auf Mitte der 90er Jahre von rund 22 Prozent auf 16 Prozent zurück (für die neuen Bundesländer liegen für die 80er Jahre keine vergleichbaren Daten vor). Dieser Prozeß hat sicher mehrere Gründe: Generell ist die Zahl der Hörfunkprogramme – wie beschrieben – in den letzten zehn Jahren dramatisch gestiegen, fast durchweg allerdings im Bereich der nichtgehobenen Programme. Damit hat sich schon zahlenmäßig die Angebotsrelation gehobene Programme zu anderen Programmen zuungunsten der sog. gehobenen Programme verschoben. Schon dies alleine ist ein Grund für reduzierte Zahlen. Eine zweite, damit eng verbundene Ursache ist zu erwähnen. Die verschärfte Konkurrenz hat zu einer Präzisierung der Programmformate geführt, damit auch in vielen Fällen zur erhöhten Bindung der Hörerinnen und Hörer an „ihr" Programm. Da aber gehobene Programme anteilig erheblich stärker vom „Umschalten" profitieren als andere Angebote, schlägt sich dies negativ bei ihnen nieder.

7. Der Hörfunk in der Konkurrenz zu anderen auditiven Medien

Der Hörfunk kann sich nicht nur gegenüber den anderen tagesaktuellen Massenmedien – Fernsehen und Tageszeitung – behaupten, wie eingangs geschildert, sondern auch gegenüber den Tonträgern Kassetten, Tonband, CD und – dramatisch rückläufig – Schallplatte. Während für den Hörfunk Mitte der 90er Jahre – wie geschildert – auf eine Tagesreichweite von über 80 Prozent zu verweisen ist, liegt sie für die Gesamtheit der auditiven Speichermedien bei knapp über 10 Prozent, den knapp 170 Minuten Hördauer für das Radio stehen 14 Minuten für Kassette/Tonband/CD/Schallplatte gegenüber. Auch hier gilt im übrigen: die einzelnen soziodemographischen Gruppen unterscheiden sich deutlich. So liegt beispielsweise die Tagesreichweite für die auditiven Speichermedien bei den 14- bis 19jährigen bei über 30 Prozent – verbunden mit 41 Minuten Hördauer –, bei den 40- bis 49jährigen bei knapp 10 Minuten Hördauer. Soweit Daten zur Konkurrenz zwischen dem Hörfunk und den auditiven Speichermedien.

8. Hörfunk in der zweiten Hälfte der 90er Jahre – Bilanz und Ausblick

Hörfunk ist nach wie vor – sowohl von der Tagesreichweite als auch vom Zeitbudget her – mit dem Fernsehen und der Tageszeitung zusammen das wichtigste Massenmedium. Die Vielzahl der Programmangebote hat dabei zu einer Ausdifferenzierung der Musikfarbe und der Wortinhalte geführt. Hörerinnen und Hörer haben heute die Möglichkeit, relativ weitgehend den eigenen Geschmack und den eigenen Erwartungen im Radio zu folgen. Dabei spielt die gewünschte Musik eine wichtige Rolle, für viele ist sie die ausschlaggebende Grundorientierung, nicht jedoch das ausschließliche Auswahlkriterium.

Unabhängig vom konkreten gehörten Programm und unabhängig von der präferierten Musikfarbe ist Radiohören heute – nach wie vor – von der Quantität und Qualität her immer auch Nachrichten, Moderation, Information und anderes mehr. Solange die Mehrzahl der Radioprogramme diese Grundfunktionen, insbesondere die Funktion der Information, bewahren, wird sich an der Funktionsvielfalt des Mediums Hörfunk wenig ändern. Tendenzen in Richtung reiner Unterhaltungsnutzung sind allerdings erkennbar – sowohl gemessen an den angebotenen Programmformaten wie auch an den sich abzeichnenden Veränderungen in der Radionutzung.

9. Literatur

Franz, Gerhard/Walter Klingler/Nike Jäger, Die Entwicklung der Radionutzung 1968 bis 1990. In: MP 1991/6, 400–409.

Keller, Michael/Walter Klingler, Jugendwellen gewinnen junge Hörerschaften. In: MP 1996/8, 441–450.

Kiefer, Marie-Luise, Massenkommunikation 1995. Ergebnisse der siebten Welle der Langzeitstudie zur Mediennutzung und Medienbewertung. In: MP 1996/5, 234–248.

Klingler, Walter/Ines Müller, Hörfunk in der zweiten Hälfte der 90er Jahre – nur Musik, Musik, Musik? In: Mediale Klassengesellschaft. Politische und soziale Folgen der Medienentwicklung. Hrsg. von Michael Jäckel/Peter Winterhoff-Spurk. München 1996, 89–108.

Walter Klingler, Baden-Baden (Deutschland)

XLVII. Mediengegenwart XIII: Hörfunk IV: Kommunikative und ästhetische Analysen

187. Der Hörfunk in Abhängigkeit von Zulieferern

1. Allgemeines
2. Medienforschung
3. Musik
4. Software für Hardrock
5. Radio als Multimedium
6. Literatur

1. Allgemeines

In der zweiten Hälfte der 90er Jahre gibt es in Deutschland zwischen 250 und 300 Hörfunkprogramme, davon rund 60 öffentlich-rechtliche. Auch wenn Peter Marchal in seinem Aufsatz „zukünftige Programm-Entwicklungen des Hörfunks" zu Recht darauf hinweist, daß eine vollständige empirische Analyse aller vorhandenen Hörfunkprogramme in Deutschland bislang fehlt, so gilt sowohl für die Privaten als auch (und zunehmend) für die öffentlich-rechtlichen Radioanbieter: Erklärtes Unternehmensziel sind größtmögliche Akzeptanz und Reichweiten oder (salopp formuliert): Keiner macht Radio, damit's keiner hört!

Fast ein wenig wehmütig gedenken Radiomacher der „guten alten Zeiten" der 50er, 60er bis hinein in die 70er Jahre, in denen sich die Hörerschaft einmütig vor dem grünen Auge des Röhrenempfängers versammelte, um (bar jedweder Programmalternative) die öffentlich-rechtlichen Sendungen entgegenzunehmen. Reichweiten waren kein Thema. So selbstverständlich vorhanden waren paradiesisch gute Einschaltquoten, daß die öffentlich-rechtlichen Radiomacher mit Fug und Recht (und durchaus glaubwürdig) ein redaktionelles Selbstverständnis entwickeln konnten, dem Programmakzeptanz weitgehend unwichtig erschien. Gute Reichweiten waren zwar nicht ausdrücklich störend und unerwünscht, jedoch auch nicht ausdrücklich erwünscht oder avisiert, keinesfalls jedoch unerläßlich oder gar einflußnehmend auf die redaktionellen Programmüberlegungen und -konzepte.

Dieser liebenswert-nostalgische Ansatz wich Mitte der 80er Jahre zeitgleich mit der Etablierung der privaten Radioanbieter der (für viele schmerzlichen) Erkenntnis, daß Radioprogramme wie SWF 3, SDR 3, HR 3, NDR 2, BR 3 etc. (im besonderen die öffentlich-rechtlichen Pop-Service-Angebote also), zu Produkten geworden waren, die sich wie Markenartikel im Markt der Anbieter und Abnehmer zu behaupten hatten.

Gleichzeitig wurde immer deutlicher, daß die öffentlich-rechtliche 'Radio-ARD', die bis dato aus eigenen redaktionellen Ressourcen ihre Substanz geschöpft und gesichert hatte, ohne die Leistungen von Programmzulieferern unterschiedlichster Provenienz immer weniger konkurrenzfähig war. Outsourcing, die Verlagerung von bislang im eigenen Haus erbrachten Leistungen für ein Programm oder für eine Radiostation, wurde zu einem der Schlüsselbegriffe unserer Tage.

Programmplanung heute ergibt sich in Abhängigkeit von Erkenntnissen und Prognosen der Medienforschung. Der Erfolg des Radios bei bestimmten avisierten Zielgruppen wird auch und entscheidend dadurch erzielt, daß bereits bei der Grundkonzeption von Programmangeboten den Ergebnissen der Medien-Analysen Rechnung getragen wird.

Der Markterfolg der angebotenen Musik (ablesbar in den wöchentlichen Hitlisten) ist für den Erfolg eines Mediums Radio, das speziell im Bereich Pop-Service zwar rund 70 Prozent des Programms mit Musik bestreitet, jedoch so gut wie keine eigene Musik mehr produziert, von entscheidender Bedeutung. Die zur Aufführung gebrachten Musiktitel werden von der Tonträgerindustrie hergestellt und von den Radiostationen gespielt. Daraus ergibt sich ein musikredaktioneller Aktionsrahmen für die Hersteller von Radioprogrammen, der einerseits größer, andererseits weniger komplex geworden ist, als in den 50er, 60er und 70er Jahren, in denen das öffentlich-rechtliche Radio noch selbst Unterhaltungs-, Schlager-, Tanz- und Popmusik produziert hat, die einen nicht unbeträchtlichen Anteil der gesendeten Musik ausmachte.

In aller Regel spielt das heutige Radio im Bereich investigativer Journalismus eine weniger tragende Rolle als z. B. die Printmedien. Damit hat die Abhängigkeit des Hörfunks von den Recherche-Ergebnissen anderer (nicht eigener) Journalisten sowie von der täglichen Leistung der Nachrichtenagenturen deutlich zugenommen. Festzustellen ist jedoch, daß die öffentlich-rechtlichen Programme mehr und mehr bemüht sind, der zunehmenden Abhängigkeit von externen Redaktionsleistungen entgegenzuwirken und sich wieder auf die eigenprofilierenden Fähigkeiten zu besinnen. Programme wie SDR 3 und SWF 3 (und in nächster Zukunft folgerichtig SWR 3) versuchen zunehmend in den Bereichen Moderation, Comedy, Events, Öffentlichkeitsarbeit etc. das Programmheft selbst wieder in die Hand zu nehmen. So spielen bei öffentlich-rechtlichen Programmen mit großem Eigenprofil und starker Identität (Eins live, SWR 3, N-joy, HR 3) Fremdvergaben von Unterhaltungs-Programmteilen wie Radio-Soaps, Comedy-Serien und Kurz-Comics sowie von recherchierten Spezialbeiträgen aus allen Themenbereichen eine relativ geringe und weiter abnehmende Rolle.

Mit der steigenden Massenakzeptanz neuer Übertragungsmöglichkeiten neben UKW werden sich die Charaktere von Hörfunkprogrammen zwangsläufig verändern. Für den Hörer wird es eine weltweit fast unüberschaubare Auswahl an Radioangeboten geben. Die zukünftigen Hörfunkkonzepte sind direkt abhängig vom Tempo, in dem die Entwicklung neuer Techniken fortschreitet. Hinzu kommt, daß die digitale Technik das Berufsbild der Radiomacher (Techniker, Redakteure, Moderatoren, Producer) nachhaltig verändert hat und weiter verändern wird. Der Redakteur bearbeitet ohne Techniker Beiträge am digitalen Schnittplatz DIGAS; der Moderator präsentiert ohne Techniker Magazine und Shows im digitalen Selbstfahr-Studio, der Techniker übernimmt Aufgaben des Producers oder Supervisors.

Der Hörfunk findet sich zunehmend in Abhängigkeit von der Entwicklung im Bereich Multimedia. In einer Welt von Internet, Online und Zusatzdiensten werden sich weite Teile des Radios ändern bzw. profilieren müssen in einer Funktion als „Regieanweiser" einer multimedialen Welt.

2. Die Medienforschung

Der öffentlich-rechtliche Hörfunk der Nachkriegszeit war als konkurrenzloses Informations- und Unterhaltungs-Primärmedium in einer Situation, die der idealen Wunschvorstellung eines Radiomachers recht nahe kommt: Sendungskonzepte wurden von den Redakteuren und Producern vielfach auf der Basis ihres öffentlich-rechtlichen Selbstverständnisses und ihrer Berufserfahrung erstellt. Marktanalysen und Erkenntnisse der Medienforschung (so bereits vorhanden) wurden bestenfalls mit wohlwollendem Interesse zur Kenntnis genommen, in den seltensten Fällen jedoch in Programmüberlegungen einbezogen. Programmentscheidungen waren in aller Regel 'Bauch'-Entscheidungen der Macher.

Ähnlich dem TV-Konsumenten schaltete der Radiohörer nach Studium des in jenen Tagen ausführlichen Hörfunk-Teils der einschlägigen Programmzeitschriften (Hörzu, TV Hören und Sehen, Gong etc.) gezielt sein Mittagskonzert, sein Hörspiel, seine Hitparade, sein Radioquiz, seinen „Bunten Abend" ein.

Im Laufe der letzten Jahrzehnte hat sich das Radio zu einem Medium entwickelt, dessen Zentralfunktion sich für die mittlere, vor allem aber für die jüngere Generation auf die alltagsbegleitende Unterhaltungsdimension reduziert. Knappe Wortbestandteile und Nachrichten, die den aktuellen Kontakt zur Welt garantieren, dürfen sein; Stimmungsmanagement und Stimulation durch die jeweils passende Musikfarbe (und Ansprache) müssen sein. Eine Generation, die mit diesen Vorgaben aufwächst – das zeigen alle Untersuchungen – hat allenfalls noch rudimentäre Vorstellungen von den vielfältigen kommunikativen Möglichkeiten des Mediums Radio. Die Radiomacher laufen Gefahr, daß es ihnen am Ende kaum anders geht (vgl. Oehmichen 1998).

Und dennoch: All dies und die Erkenntnis, daß Radio zu einem Sekundärmedium geworden ist, das nur noch nebenbei konsumiert wird (am Arbeitsplatz, bei der Hausarbeit, im Auto, bei den Hausaufgaben, bei Freizeitbeschäftigungen), vermittelt dem Radiomacher seine Medienforschung, die damit für die Programmarbeit bereits im Vorfeld der Planung immer wichtiger wird und zunehmend programmberatende Funktion erlangt.

Die Medienforschung des Hessischen Rundfunks beispielsweise hat ermittelt, daß die von Jugendlichen bevorzugten Themen in folgender Rangfolge von Interesse sind:

(1) Musikbranche, Neuheiten im Bereich Musik, Veranstaltungen
(2) Schule, Ausbildung, Berufseinstieg
(3) Familiärer, persönlicher Bereich (Partnerschaft, Sexualität, Eltern, Drogen)

Wie wichtig sind Ihnen nachstehende Programmelemente im Radio? fragte die HR-Medienforschung. Daraus ergab sich folgende Rangreihe:

- Musik
- Meine Lieblingsmusik, die ich kenne und gerne höre
- Musikbranche, Neuheiten
- Veranstaltungshinweise
- Service (Wetter, Verkehr und Zeit)
- Comedy/Blödelnummern
- Infos zu Ausbildungsthemen
- Infos über weitere Aktivitäten des Senders (Raves, Online/Internet, CD's etc.)
- Nachrichten
- Infos zu persönlichen Themen (Partnerschaft, Sexualität etc.)
- Ausgeh- oder Kennenlernsendungen, Partyvermittlung
- Interviews mit Musikern
- News zu Popstars, Klatsch
- Hintergrundreportagen zu aktuellen Themen
- Regionale Initiativen an denen ich teilnehmen möchte
- Aktivitäten des Radioprogramms (Gewinnspiele, Verlosungen)
- Sportberichterstattungen
- Katastropheninfos (Flugzeugabsturz, Hochwasser, Geiselnahme)
- Gewinnspiele mit Hörern, die anrufen
- Kontakt-/Grußmöglichkeiten
- Hintergründe zu allen Fragen in Gesellschaft und Politik
- Kulturnotizen (Theater, Oper, Bücher, Ausstellungen, Museen)
- Telefongespräche mit Hörern über etwas Persönliches
- Werbung

Diese Auflistung der präferierten Themen und Programmelemente im Radio in der Reihenfolge ihrer Wertigkeit bei der Zielgruppe zeigt bereits in Grundzügen wie ein erfolgreiches Radioprogramm der 90er den Erwartungen junger und jüngerer Hörer Rechnung tragen sollte, um erfolgreich zu sein im Sinne von Akzeptanz. Die Ergebnisse der HR-Befragung in Bezug auf ein jugendorientiertes Programm sind nur ein Beispiel für die Vermittlung von programm-relevanten Erkenntnissen durch die Medienforschung an die Macher. Sie gelten in der Methode für fast alle Arten von modernen Hörfunkangeboten.

„Find the hole! (finde die Marktlücke!)". Dieser konsequente Rat amerikanischer Medienforscher an ihre Radiopeople aus dem Jahre 1985 – seinerzeit von unseren Radiomachern noch mit Naserümpfen bedacht – hat spätestens mit der endgültigen Etablierung der Privatanbieter als ernstzunehmende Mitbewerber auf einem immer enger werdenden Markt Einzug gehalten auch in den öffentlich-rechtlichen Radioalltag (vgl. McKinsey 1985).

Die Medienforschung hat jedoch nicht nur bei der Konzeption und Erstellung neuer Radioangebote programmberatende Funktion erlangt. Auch bei der Qualitäts- und (vor allem) Erfolgskontrolle laufender Angebote begeben sich die Programmacher zunehmend in 'Abhängigkeit' ihrer Media-Experten. Ein Beispiel:

Die Vormittags-Talkshow 'SDR 3 Leute' verzeichnete zwischen der MA '95 und der MA '96 einen Verlust an jüngeren Hörern. Nach den Ergebnissen der MA '97 hatte die Sendung zwar wieder Hörer hinzugewonnen, jedoch nicht im jüngsten Alterssegment. Um in die Untersuchung, die die SDR-Medienforschung unverzüglich begann, nicht ausschließlich die Kenner von 'SDR 3 Leute' einzubeziehen, wurden außerdem die Kenner der Sendung 'Antenne im Gespräch' in Antenne 1 Stuttgart (Sonntag, 12–13 Uhr) und der Sendung 'SWF 1 Nachtradio' (Montag–Freitag, 22.15–24.00 Uhr) mitbefragt. Eine für Baden-Württemberg repräsentative Telefonumfrage (Gesamt-Fallzahl 1884) erbrachte folgende Ergebnisse:

Jeder dritte Hörer (27 Prozent) ab 14 Jahren in Baden-Württemberg hat 'SDR 3 Leute' schon mal gehört, das sind rund 2 Millionen Menschen. In der jüngsten Altersgruppe ist die Bekanntheit noch höher: 40 Prozent der 14–25jährigen haben die Sendung schon mal gehört. Von den drei untersuchten Talksendungen 'SDR 3 Leute', 'Antenne im Gespräch' und 'SWF 1 Nachrichten' ist „SDR 3 Leute" die bekannteste und beliebteste Sendung, dabei weit über die Programmgrenzen hinaus bekannt: Unter den Befragten, die die Sendung schon gehört haben, sind 31 Prozent SDR 3 Kernhörer,

24 Prozent Kernhörer privat-kommerzieller Programme, 16 Prozent SWF 3 Kernhörer.

71 Prozent Der Kenner von 'SDR 3 Leute', also 1,4 Millionen Hörer ab 14 Jahren hören mindestens 1 × pro Woche 'SDR 3 Leute'. In der jüngsten Altersgruppe (14 bis 25 Jahre) sind es sogar 76 Prozent die die Sendung mindestens 1 × pro Woche einschalten. 11 Prozent hören die Sendung fast täglich (4–6 × die Woche), das sind rund 220 000 Hörer pro Tag.

Nach Inhalten gefragt, stellte sich heraus, daß besonders brisante, eher reißerische Themen des Typus 'Vera am Mittag' (eine TV-Talkshow besonders provokanter Machart, die stark polarisierende Themen aufgreift) bei den ganz jungen Hörern beliebt sind. Außerdem sind die Kernhörer von SDR 3, den Privaten und (eine erstaunliche Kenntnis) vor allem die Hörer von S 4 Baden-Württemberg an diesen Gästen bzw. Themen interessiert. Mit den Hörern der privaten Programme teilen sich die SDR 3 Kernhörer weiter eine Vorliebe für Gäste aus der Film-, Fernseh- und Musikbranche. Hier sind die Hörer von SDR 3 den Privaten geschmacklich näher als den Hörern von SWF 3. Weiterhin zeigte sich, daß die SDR 3 Hörer in Bezug auf die Life-Style Themen (Film, TV, Mode etc.) ihre Vorliebe mit den Hörern privatkommerzieller Programme teilen, aber im Gegensatz zu diesen wesentlich stärker an Informationsthemen (politisches Geschehen, Umweltschutz etc.) interessiert sind und geschmacklich eher mit den SDR 1- und SWF 3 Hörern übereinstimmen (vgl. Blumers 1997).

Fazit: Insgesamt zeigt die Untersuchung, daß 'SDR 3 Leute' ein vielfach interessiertes Publikum hat, das weit über die Grenzen des dritten Hörfunkprogramms des SDR hinausreicht.

Die Macher von 'SDR 3 Leute' gewinnen somit auf empirischer Basis die Erkenntnis, daß im Wesentlichen mit ihrem Sendungskonzept und ihrer Themenauswahl richtig liegen: Nur ein weiteres Beispiel für die Unverzichtbarkeit der Medienforschung für erfolgreiche Programmacher – eine Abhängigkeit, die gern in Kauf genommen wird.

3. Musik

Ohne Musik kann das Radio kein großes Publikum gewinnen. Durch Musik wird besonders ein junges (und jüngeres) Publikum an den Hörfunk gebunden. Sie läßt Akzeptanz und Reichweite sinken oder steigen, sie ist der maßgebliche Sympathieträger, sie gibt in 80 Prozent der Fälle den Ausschlag bei der Entscheidung für ein bestimmtes Radioprogramm. Der Anteil der U-Musik an den Radioprogrammen der ARD überflügelt den E-Musikanteil um mehr als das Doppelte. Bedeutsamer als dieses Mengenverhältnis ist die Tatsache, daß U-Musik den überwiegenden Bestandteil der mehrheitsfähigen, reichweitenstarken Programme ausmacht. Unterhaltungs- (also Pop-) Musik konnte sich im Verhältnis zu anderen Programminhalten des Hörfunks deswegen so erfolgreich durchsetzen, weil sie dem Rezeptionsverhalten des Massenpublikums entgegenkommen. Der Hörfunk, für das breite Publikum ein Begleit- und Hintergrundmedium, wird nebenbei, beiläufig, oft nur hinhörend (also nicht zuhörend) aufgenommen. Auch Popmusik kann nebenbei aufgenommen werden, weil sie keine ungeteilte Aufmerksamkeit erheischt. Das Rezeptionsverhalten gegenüber dem Medium deckt sich also mit dem gegenüber der Popmusik. Daher rührt ihr hoher Stellenwert im Radio (vgl. Heinemann 1992).

Je beliebter (populärer) die gesendete Musik, desto (im Sinne von Akzeptanz) erfolgreicher ist das gesamte Radioprogramm). Aufschluß über die Beliebtheit der zu spielenden Musik geben die Hitlisten. Viele Fachleute und Musikexperten warnen davor, Hitparaden in den Bereichen Musik, Belletristik und Sachliteratur, Film und Video zu ernst zu nehmen: Speziell im Musikbereich seien Hitparaden ausgedruckte Schein-Empirik, voller Mutmaßungen und Unwägbarkeiten, die über Beliebtheit und de facto – Abverkäufe von Tonträgern nicht so verlässlich viel aussagten wie man gemeinhin zu glauben gewohnt sei.

Mag sein. Fest steht jedoch:

– Hitparaden gibt es, seit es Popmusik gibt, also seit den 40er Jahren unseres Jahrhunderts.
– Hitparaden spiegeln (zumindest tendenziell) die augenblicklichen Popmusik-Präferenzen der Radiohörer und Schallplattenkäufer, der Radio- und Fernsehredakteure (der Airplay-Verursacher).
– Hitparaden erscheinen wöchentlich neu.
– Hitparaden sind für Radio- und (Musik-)Fernsehstationen in aller Welt willkommener wöchentlicher Anlaß die

beliebtesten (weil bestverkauften und meistgespielten) Musikstücke in der Reihenfolge ihrer Beliebtheit zu spielen.

Hitparaden für Deutschland ermittelt seit 1976 die Baden Badener Firma Media Control. Für ihren Daten-Supermarkt sammelt Media Control in 15 europäischen Ländern Informationen. Dafür wird täglich 12000 Stunden Radio gehört, werden 64 Deutsche TV-Stationen ausgewertet. Die Firma ermittelt die Bestseller-Listen von 'Stern' und 'Focus', Kinohitparaden, organisiert TED-Umfragen und erstellt die Musik-Charts. Diesen Analysen-Dienst für die elektronischen Medien nutzen Werbekunden, die wissen wollen, in welchem Umfeld ihre Spots gesendet werden und was die Konkurrenz macht, sowie TV und Radio selbst.

Die Musiktitel in den Hitlisten von Media Control sind nahezu ausschließlich Produktionen der nationalen und internationalen Tonträgerindustrie. Produktionen der Radio-Sender wird man in den Hitparaden vergeblich suchen. Das war nicht immer so. Öffentlich-rechtliches Radio der Nachkriegszeit bis hinein in die 70er Jahre mit seinen Tanz- und Unterhaltungsorchestern, Radio Big Bands, Combos sowie Gesangs- und Instrumental-Solisten redete ein gewichtiges Wort mit in den Hit- und Schlagerparaden. Viele der Hits der Sängerin Catharina Valente z. B. entstanden – begleitet von Erwin Lehn und seinem Südfunk Tanzorchester – in den Aufnahmestudios des SDR. Der Rundfunk produzierte also in jenen Tagen aus eigenen Ressourcen populäre Musik, die qualitativ durchaus auf 'Industrie-Level' war und entsprechend oft in den Hitparaden jener Tage landete. Durch Entwicklung der Produktions-Technologie in der Musikindustrie befinden sich speziell englische und amerikanische Popmusikproduktionen seit den 70er Jahren auf einem Level, mit dem deutsche Radioproduktionen einfach nicht mehr mithalten können. Die Radiostationen gerieten als Pop-Produktionsstätten immer mehr ins Hintertreffen. Heute spielen öffentlich-rechtliche und private Radioanbieter in ihren Pop-Programmen zu 99,9 Prozent Produkte der Tonträger-Industrie.

Dem Rundfunk kommt in der Vermittlung von Musikproduktionen an die Konsumenten eine mehrfache Rolle zu: Musiksendungen dienen zum einen bei den privaten Verbrauchern unmittelbar der Erfüllung von Musikwünschen, andererseits sind sie für die Tonträgerhersteller und (indirekt) die Musikverlage ein Werbemedium für ihre Tonträger, die sie den privaten und öffentlich-rechtlichen Popmusik-Redakteuren nur zu gern zur Verfügung stellen (vgl. Hummel 1992).

4. Software für Hardrock Die EDV in der Musikprogrammgestaltung

Die Formatierung des Musikprogramms ist ein Mittel zur Steigerung der Durchhörbarkeit und Verlässlichkeit eines Programms und damit ein wesentliches Mittel auf dem Weg zum Programmerfolg beim Hörer insgesamt: Der Grad der Formatierung des Programms und die Organisation der Musikauswahl entscheiden darüber, wie der spezifische Musikpool und die aktuelle playlist erstellt wird.

Hierbei lassen sich zwei Richtungen unterscheiden:

(1) Die Zusammenstellung der Titel ist hoch standardisiert. Dazu wird ein sogenannter Musikcomputer eingesetzt, der nach einem programmspezifisch festgelegten Schema die Musiktitel-Rotation vorgibt, d.h. wann welcher Titel wie oft am Tag zu spielen ist. Der verantwortliche Redakteur hat die Aufgabe, Neuerscheinungen auf Basis der Formatvorgaben zu kontrollieren und eventuell in die Titelrotation zu nehmen und 'burn-outs' aus der Titelrotation zu nehmen ('drops'). Die Programmierung des Computers liegt meist in den Händen von speziellen Anbietern und Musikberatern (BSS, Selector, Music Scan etc.) die in der Regel ein komplettes 'Package' von Basiserhebungen, Programmierung und Poolpflege anbieten und senderspezifisch erstellen. Die meisten privaten Anbieter und einige öffentlich-rechtliche haben diesen Weg gewählt (vgl. Neuwöhner 1998).

(2) Die Titelzusammenstellung ist wenig standardisiert. Zwar wird ein programmspezifischer Musikpool erstellt, und die Musikfarbe folgt einer definierten Programmleitlinie. Die Suchkriterien sind jedoch weniger restriktiv, da spezifisches Fachwissen der Musikredakteure in den Auswahlprozeß einfließen soll. Bei den meisten öffentlich-rechtlichen Programmen entscheiden Musikredak-

teure über die Musikauswahl und greifen allenfalls bei der Recherche, Zusammenstellung und Bereitstellung von Musikfahrplänen auf Musikdatenbanken und Ergebnisse von Musikuntersuchungen zurück. Ihre Aufgabe liegt darin, in der Musikauswahl Qualität und Popularität zu verbinden (vgl. Neuwöhner 1998).

Erkennen und kompetentes Beurteilen zeitgeistiger Strömungen durch den Musikredakteur eines erfolgreichen Programms sind heute von besonderer Bedeutung. Wohl zu keiner Zeit haben sich die Themen Jugendkultur und Lebensgewohnheiten so deutlich anhand des Musikkonsums aufzeigen lassen wie heute. Dabei steht fest: Die Musikgeschmäcker (und die damit verbundenen lebensstilistischen Schwerpunkte) der heutigen jungen und jüngeren Musikkonsumenten und Radionutzer sind so heterogen wie niemals zuvor. Galt noch während der 50er und 60er Jahre das Schnittmuster Rock'n Roll, Beatles und Rolling Stones sind Rebellion und Aufruhr gegen Schlager und Operetten-Heilewelt der Nachkriegs-Elterngeneration, so finden wir heute nicht selten bis zu drei Generationen einmütig versammelt bei Konzerten von Joe Cocker, Tina Turner und Phil Collins. Andererseits finden wir bei den jungen Leuten eine Vielzahl von (musikalischen) Geschmacks-Sektionen, die geprägt sind von Abgrenzung, ja, bisweilen Intoleranz, gegenüber Anders-Denkenden (bzw. Anders-Hörenden). Die Welt teilt sich auf in die Adidas- und Strickmützen Kluft der Jamiroquai-Gemeinde, in den tätowierten Lederlook der Heavy-Metal-Fans, in den Henna-gefärbten Lumpenlook der Kelly-Familien-Mitglieder, in die Lack- und Gel-Kälte der Technos, in die gepiercten Nasen und Augenbrauen der Brit-Pop-Fans und viele andere Steinchen in einem gesellschaftlichen Gesamtmosaik, womit klar wird: Musik (auch im Radio) ist heute nicht nur Unterhaltung für die Ohren, Musik ist Lebensstil, Philosophie, Kleidung, Freizeitverhalten, Weltanschauung und Religion zwischen Lärmbelästigung und Ethno-Stille. Aus der Verantwortung, all dies kompetent zu beurteilen und zum wichtigen Teil seiner täglichen Arbeit werden zu lassen, kann den Musikredakteur kein Computer dieser Welt entlassen.

Und dennoch: Kein Musikredakteur ist heute mehr in der Lage das riesige und ständig wachsende Repertoire der Pop- und Rockmusik-Geschichte der vergangenen 40 Jahre zu überblicken und abrufbereit im Gedächtnis zu haben. Die EDV-(oder EDV-gestützte) Musikprogrammgestaltung, die auch als konfortables Nachschlagewerk dem Redakteur hilft und zur Repertoirausweitung und größeren Verlässlichkeit in Formatierung und Programmvielfalt beiträgt ist aus der modernen Radiowelt der 90er nicht mehr wegzudenken.

5. Das Radio als Multimedium

Gegen Ende der 90er und im ersten Jahrzehnt des 21. Jhs. steht die Digitalisierung der Sendernetze und die digitale Verbreitung von Programmen im Vordergrund. DAB Digital Radio, internet-Radio und Digitale Satellitenprogramme sind die neuen Herausforderungen. Im Südwesten startete 1997 'Das Ding' als Gemeinschaftsprojekt von SDR und SWF, und auch die kommerziellen Radioanbieter versuchen sich in zusätzlichen digitalen Radioprogrammen. Allerdings scheint die anfängliche Euphorie wegen der bislang recht begrenzten Empfangsmöglichkeiten vorerst etwas verflogen zu sein. Sicher scheint nur, daß sich die Programmangebote mit den neuen technischen Möglichkeiten weiter vervielfältigen und inhaltlich weiterentwickeln werden.

'Das Ding' z.B. ist mehr als nur ein Radio: Es ist ein multimediales Jugendnetzwerk. Neben Audio werden Texte, Grafiken, Bilder, HTML-Seiten übertragen und bestehende Netzwerke wie das WWW mit eingebunden. Dieses Angebot ist empfangbar

– im Internet: weltweit mit Live-Real Audio auf der Homepage www.dasding.de.
– mit einem DAB-Empfänger im Empfangsbereich des Digitalen Radio Projekts Baden-Württemberg. Das Digitale Radio, das gerade getestet wird, überträgt Musik in CD-Qualität. Es kann mobil oder stationär empfangen werden. Neben Audio können auf einem kleinen Bildschirm Zusatzdaten, Texte, Bilder, Grafiken etc. übertragen werden. Digitales Radio soll eines Tages UKW ablösen.
– mit einem ARD-Empfänger (Astra Digital Radio) bundesweit über den Satelliten Astra 1 c.

Zusätzlich wird „Das Ding" frühmorgens im TV gleichsam als Frühstücksfernsehen für die jüngste Zielgruppe präsentiert. Es ist damit das erste Projekt, das Radio, TV und Internet miteinander kombiniert. In einer nächsten Stufe sollen die Hörer/Zuschauer/ User den Sendungsablauf interaktiv über ihren Internetzugang zuhause steuern können.

Der Anbieter von öffentlich-rechtlichen Rundfunk- und TV-Programmen sind einem drastischen Wandel unterworfen. Durch die Zulassung privater Anbieter hat sich der Markt grundlegend gewandelt. Die öffentlich-rechtlichen Anstalten haben durch den Verlust ihrer Monopol-Stellung sowohl Marktanteile als auch in dramatischer Weise Werbeeinnahmen verloren. Die Situation wird noch prekärer dadurch, daß die Veranstalter privater elektronischer Medien sich mehrheitlich aus Teilhabern der Printmedien rekrutieren (vgl. Bornträger 1994).

Hermann Fünfgeld, der Intendant des SDR, stellte zu Beginn der 90er fest: æIn dem Maße in dem sich eine beginnende Konkurrenzsituation auf der Anbieterseite nun mit der Kombination einer pressemäßigen und elektronischen Konzentration verdichtet, d. h. die Träger der Presse und neuer privater Rundfunkanbieter als wirtschaftliche und publizistische Einheit gegen den bestehenden öffentlich-rechtlichen Rundfunkveranstalter konkurrierend auftreten, verändern sich die bisherigen Informations- und Kommunikationssysteme."

Bleibt heute hinzuzufügen: Und nehmen die Abhängigkeiten von externen Programmzulieferern zu; ein paar von ihnen (vielleicht die wichtigsten) habe versucht, darzustellen am Beispiel der öffentlich-rechtlichen Pop-Service-Angebote, die in aller Regel die Haupt-Werbeumsatzträger der Anstalten sind.

Weit weniger Einfluß nehmen externe Programmzulieferer auf die öffentlich-rechtlichen Kulturprogramme.

– Die Förderung moderner zeitgenössischer Musik ist eines der wichtigsten Programmanliegen von Programmen wie S 2 Kultur. Kompositionsaufträge an zeitgenössische Komponisten auf der Basis unabhängiger redaktioneller Entscheidungskompetenz werden aus eigenen Produktionsressourcen umgesetzt und zur Aufführung gebracht.
– Die öffentlich-rechtlichen Radioanbieter unterhalten nach wie vor große Klangkörper mit bis zu 120 Musikern, die in einer Vielzahl von Produktionen und Live-Konzerten das musikkulturelle Zeitgeschehen wiederspiegeln und aktiv mitgestalten.
– Die Aufführung von Kammermusik und das Aufzeigen kammermusikalischer Entwicklungen ist fast ausschließlich nurmehr ein Thema öffentlich-rechtlicher Kulturprogramme in Unabhängigkeit von Zulieferern.

6. Literatur

Blumers, Marianne, SDR 3 Leute, Untersuchung einer Talk Sendung, Süddeutscher Rundfunk Medienforschung, August 1996/Januar 1997.

Bornträger, Anke, Der SDR 3 CLUB als Marketinginstrument einer öffentlich-rechtlichen Rundfunkanstalt, Fachhochschule für Druck. Stuttgart 1994.

Dokumentation: Radios auf dem Weg zu Format und neuem Profil. In: Kabel & Satellit Nr. 25, 09. 06. 1992.

Halper, Donna L., Radio Music Directing, Butterworth-Heinemann, 1991.

–, Full Service Radio, Programming for the Community, Butterworth-Heinemann, 1991.

Heinemann, Rudolf, Musik im Hörfunk. In: Handbuch der Musikwirtschaft 1994.

Hummel, Marlies, Musikwirtschaft in Deutschland. In: Handbuch der Musikwirtschaft 1994.

Jungwirth, Bruno, Das Ding – Ein Multimedium für Jugendliche?, Universität Konstanz, Sommersemester 1997.

McKinsey & Company, Radio in Search of Excellence, National Association of Broadcasters 1987.

Neuwöhner, Ulrich, Musikstudien oder Titeltest – die Methoden der Musikforschung im SDR, Süddeutscher Rundfunk Medienforschung 1998.

Oehmichen, Ekkehardt, Medienforschung als Programmberatung. In: Media Perspektiven, Februar 1998.

Schürmanns, Werner, Radio zwischen Rauschen und Rasterfahndung. In: Media Spectrum, Oktober 1995.

Sklar, Rick, Programming for Excellence in Radio, National Association of Broadcasters 1987.

Stiefel, Susanne, Goldfingers Gipfelsturm. Die Erfolgsgeschichte des großen Kommunikators Karl Heinz Kögel. In: Sonntag Aktuell, 12. 04. 1998.

Matthias Holtmann, Stuttgart/Baden-Baden (Deutschland)

188. Kommunikative und ästhetische Funktionen des Hörfunkprogramms

1. Einleitung
2. Produktion: Das Medium der leichten Verbreitung
3. Rezeption: Das Medium der Begleitung
4. Codes: Das akustische Medium
5. Literatur

1. Einleitung

Das Medium Hörfunk weist sowohl aus der Sicht der Produktion (2.) wie auch der Rezeption (3.) Leistungen auf, die es von anderen publizistischen Medien, insbesondere seinen Vorgängern im Printbereich, unterscheiden und die eng mit der Zugänglichkeit seiner Botschaften wie mit der Mobilität seiner Rezipienten zusammenhängen. Die Beschränkung auf akustische Codes und deren konsequente Entwicklung zu einem differenzierten Ausdrucks-Instrumentarium führt zu Besonderheiten der ästhetischen Mittel des Mediums im sprachlichen und nichtsprachlichen Bereich (4.).

2. Produktion: Das Medium der leichten Verbreitung

Um die kommunikativen Leistungen des Mediums Radio zu ermitteln, liegt aus heutiger Sicht ein Vergleich mit den publizistischen Medien Fernsehen und Tageszeitung nahe. In der Zeit der Entwicklung des Mediums Radio, die in den ersten zwei Jahrzehnten des 20. Jhs. viel Experimentelles an sich hatte, wurde dagegen „der Funk zunächst nicht in seiner Bedeutung für die Publizistik erkannt" (Lerg, 1965/1970, 43). Das neue Massenmedium entwickelte sich aus dem militärisch und wirtschaftlich genutzten Medium Funk; für seine Promotoren lag die Besonderheit des Radios zunächst nur in einer Erweiterung des Rezipientenkreises. Adressat war nicht mehr, wie in der drahtlosen Telegraphie und Telephonie, eine einzelne Empfängerstation oder eine klar definierte Gruppe, sondern ein beliebig großes Publikum. Diese Eigenschaft ist zwar nicht mehr exklusiv, seit das Radio Konkurrenz durch das Fernsehen bekam. Und es ist damit zu rechnen, daß sich die Verteilung der Funktionen im Mediensystem weiter ändern wird. Noch immer aber kann Radio als das Medium angesehen werden, das die Verbreitung publizistischer Botschaften besonders leicht macht.

Diese wird von drei Faktoren unterstützt: von der Bestrahlung großer Gebiete mit verhältnismäßig geringem technischen Aufwand, von den technisch und finanziell niederschwelligen Produktionsmitteln und auf der Inhaltsseite von der Beschränkung auf Codes der gesprochenen Sprache. Diese Eigenschaften machen das Radio zum prädestinierten Mittel politischer Macht wie auch zu einem Instrument der Partizipation des Publikums an der Massenkommunikation.

2.1. Leichte Verbreitung

Radio erlaubt eine kontinuierliche, aktuelle Verbreitung von Inhalten über fast beliebig große Räume hinweg. Es ist nicht wie die Tageszeitung von schnellen Transportmitteln abhängig. Es muß nicht wie das terrestrische Fernsehen topographische Hindernisse mit aufwendigen Relaisstationen überwinden. Erst mit der Einführung von Rundfunksatelliten konnte das Fernsehen in dieser Beziehung aufholen.

Radio ist in der Lage, seine Informationsfunktion mit lokaler, regionaler, nationaler und internationaler Ausdehnung wahrzunehmen und damit herkömmliche politische und kulturelle Räume zu überschreiten. Seine damit verbundenen Leistungen gehen von der Umschreibung neuer kultureller Kleinräume bis zur Propaganda in internationalem Maßstab.

2.1.1. Lokales, regionales, überregionales Radio

Radio ist gleichermaßen dazu geeignet, große, grenzüberschreitende Bereiche wie auch kleine Subregionen zu versorgen. In Kleinräumen trägt es zur regionalen Identitätsbildung bei; es scheint wenigstens in beschränktem Maße in der Lage zu sein, für sein Publikum kulturelle Räume zu schaffen (Bausinger 1996).

Als in verschiedenen europäischen Ländern in den 1970er und 1980er Jahren im lokalen Bereich die Gründung neuer Radiostationen rechtlich möglich wurde, entstanden gerade in Ballungsräumen private Stationen. Ob sie zur Verbesserung der lokalen Information beitragen, ist zwar umstritten

(Jonscher 1995, 159; Saxer 1991, 53). Doch es zeigte sich, daß sich zumindest jüngere HörerInnen von den bisher bevorzugten ausländischen Programmen ab- und den neuen lokalen Programmen zuwandten – entsprechend einem „Bedürfnis nach Identifikationsmöglichkeiten mit der bewohnten und gebauten Umwelt, in der man lebt" (Teichert 1982, 13). Als Gründe nannten sie selbst die Musikfarbe und die heimatliche Sprache in den Programmen (Saxer 1989). Dies läßt auf eine gewisse Fähigkeit des Mediums Radio schließen, Teile der Bevölkerung auf eine Region hin zu orientieren (Saxer 1989, Hättenschwiler 1990).

Die Tendenz zur Regionalisierung (zumindest in Deutschland und anderen westeuropäischen Ländern) hat allerdings in erster Linie technische und wirtschaftliche Gründe (Bausinger 1996, 63–81; Jonscher 1995). Oft werden die herkömmlichen Kulturlandschaften bei der Neuschaffung regionaler Sender nicht berücksichtigt (Bausinger 1996). Die Hörer-Gemeinden, die kreiert werden, decken sich nur selten mit kulturellen oder politischen Einheiten. Was auf der kommerziellen Seite als Hörerbindung zu Buche schlägt, drückt sich auf der Inhaltsseite oft als Konstruktion einer neuen regionalen Einheit aus. Hörer/Innen werden in Clubs organisiert; das bestrahlte Gebiet wird in Slogans als Radioregion definiert (die Rede ist z. B. vom „SWF3-Land").

2.1.2. Nationales Radio

Die Fähigkeit des Radios, Identität zu schaffen, wurde im nationalen Maßstab von jeher genutzt. Radio war und ist in vielen Ländern zunächst ein Medium mit nationaler Ausstrahlung und damit auch mit dem Anspruch auf offizielle oder halboffizielle Gültigkeit seiner Aussagen. Die BBC suchte, sobald es technisch möglich war, nicht nur Großbritannien, sondern das ganze Empire zu bedienen (Wood 1992). Offen als Instrument des Staates deklariert wurde das Radio in der Sowjetunion, wo V. I. Lenin den Hörfunk definierte als „Zeitung ohne Papier und Draht, die in ganz Russland vernommen werden kann" (Sartori 1984, 199). Dem nationalsozialistischem Staat diente es als „Führungsmittel" (Rühl 1995, 293).

Dieser Informations- und Propagandafunktion im Dienste etablierter politischer Macht steht allerdings die Freiheit der Rezeption gegenüber. Auch wenn sich die Produktion noch relativ gut staatlich kontrollieren läßt, ist es auch unter diktatorischen Bedingungen nicht möglich, die Rezeption auf die eigenen Sender einzuschränken. Im Gegenteil scheint eine starke staatliche Kontrolle des Radios gerade dazu zu führen, daß Teile des Publikums Pluralismus suchen, indem sie sich ausländischen Konkurrenzangeboten zuwenden. Ein zeitgenössisches Beispiel bringt für arabische Länder Boyd (1993, 5–6).

2.1.3. Internationales Radio

Radio ist das traditionelle grenzüberschreitende Medium für die Propagierung nationaler Anliegen. Schon 1927 entdeckten die Sowjetunion und Deutschland die Möglichkeiten der Kurzwelle für speziell an ausländische Hörer gerichtete Sendungen. Unterdessen sind es über 100 Staaten, die auf Kurz- oder Mittelwelle Auslandssendungen ausstrahlen – Sendungen, die einen starken Akzent auf die politische und kulturelle Information legen, mit mehr oder weniger deutlichen Propagandazielen (Wood 1992, 129).

Die Auslandsdienste auf Mittel- und Kurzwelle werden gerne als Zeugnis dafür gesehen, daß sich McLuhans Bild vom globalen Dorf bewahrheitet habe (z. B. Sartori 1984, 201). Indessen sorgen gerade die Propagandafunktion und die für die Auslandssendungen typische nationale Symbolik dafür, daß auch intensivstes Radiohören keine Dorfatmosphäre aufkommen läßt. Die HörerInnen werden als Bewohner anderer Länder und Kontinente angesprochen, auf einer einzigen Frequenz wird von einer Sprache zur anderen gewechselt, schwankende Empfangsstärke und Interferenzen unterstreichen geradezu die großen Entfernungen. Damit rufen die Inhalte der nationalen Auslandsprogramme immer auch die existierenden kulturellen und politischen Grenzen in Erinnerung. Als eher völkerverbindend, wenn auch in dem Sinn, daß sie kulturelle Grenzen verwischen, können dagegen die Ziele derjenigen Sender verstanden werden, die primär der kommerziellen Unterhaltung dienen und sich in ihren Programmen betont international geben (z. B. Radio Luxemburg, Africa No. 1). Sie verbreiten ähnlich wie Fernsehserien oder Kinofilme Botschaften einer global tätigen Unterhaltungsindustrie und werden denn auch vielerorts als Bedrohung nationaler (edukativer und politischer) Radiotätigkeit gesehen (Bourges 1978, 83–87).

2.2. Ein niedrigschwelliges Produktionsmedium

Wenn eine beschränkte Reichweite in Kauf genommen wird, ist beim Medium Radio das Senden mit billigsten Mitteln möglich. Die jüngere Rundfunkgeschichte hat gezeigt, daß auf UKW auch finanziell schwache Gruppen und Einzelpersonen zu Kommunikatoren werden können, sofern keine gesetzlichen Hürden dies verhindern (Kleinsteuber 1991, 296–311). Die Leistungen sogenannter Radiopiraten unterstreichen dies deutlich. Piratensender können im UKW-Bereich mit oft sehr geringen Investitionen einen Ballungsraum mit Popmusik und Werbung bedienen oder den BewohnerInnen einer Region alternative Informationen und Kommentare anbieten (Kleinsteuber 1991, 298). Der direkte Vergleich der benötigten Produktionsmittel für entsprechende Sendeformen in Radio und Fernsehen fällt immer zugunsten des Radios aus. Dies führt z. B. dazu, daß das billigere Hörspiel ein Übungsfeld für spätere AutorInnen von Fernseh-Spielfilmen darstellen kann (Lewis 1991, 15).

Auf der Empfängerseite ist die technische und finanzielle Handhabbarkeit augenfällig. Radiogeräte, auch mit einem ausreichend funktionierenden SW-Teil, sind nicht nur billig, sondern lassen sich auch für die Rezeption in größeren Gruppen einsetzen, so daß sich der Kostenaufwand pro HörerIn drastisch reduziert. Man denke an die Relaistechnik in Miethäusern und Spitälern oder an das gruppenweise Zuhören in arabischen Ländern (Brunner 1953 nach Boyd 1993, 7). Allerdings variiert die Wirtschaftlichkeit des Mediums Radio mit dem Nord-Süd-Gefälle. Die verhältnismäßig billige Sendetechnik auf UKW macht sich für kommerzielle Lokalsender in städtischen Gebieten des Nordens bezahlt, während Radiosender mit edukativen Zielen in den großen Regionen des Südens auf die ungleich teurere MW- und KW-Technik angewiesen sind (Boyd 1993, 56–58; Bourgault 1995, 96). Zudem kann die politische Konkurrenz, wie sie z. B. zwischen Staaten des Nahen Ostens herrscht, zu einem teuren technischen Wettlauf führen (Boyd 1993, 340–342). Auch die wirtschaftlichen Probleme auf der Empfängerseite dürfen nicht unterschätzt werden. In Zimbabwe zum Beispiel kommen auf 8,5 Millionen Einwohner nur gerade „300 000 Radioapparate, davon wiederum die meisten in den städtischen Zentren" (Schmidt 1989, 529). Hohe Preise und Angebotsmangel bei Batterien erschweren die Rezeption.

2.3. Ein Medium der Macht und der Partizipation

Öffentlich verfaßtes Radio, in diktatorischen Staaten wichtiges Medium zentraler Machtausübung, wird in Demokratien nicht nur als Garant inhaltlicher Qualität gesehen (Kiefer 1996), sondern auch als ein Mittel, weite Kreise der Bevölkerung an der öffentlichen Kommunikation partizipieren zu lassen (Rowland/Tracey 1989). Als Forderung wurde dies schon früh sehr deutlich formuliert (vgl. Artikel Nr. 18, Theorien des Hörfunks), weil der Hörfunk ohne die Produktionstechnik und Logistik seiner publizistischen Vorläufermedien auskommt. Er scheint sich besser als die schriftlichen Medien dafür zu eignen, daß Rezipienten Kommunikatorfunktionen übernehmen – nicht zuletzt durch seine Oralität, die es Bürgerinnen und Bürgern erlaubt, am Mikrofon oder auch über das Telefon gesprochene Voten abzugeben, ohne diese zu verschriftlichen oder anderswie aufzubereiten.

Konsequent genutzt wird dies in den Sendungen des *rural radio* verschiedener Entwicklungsländer, die aus der Zusammenarbeit der lokalen Bevölkerung und professioneller Animatoren entstehen. Zum Programm verschiedener westafrikanischer Radios beispielsweise gehörten schon in den 1970er Jahren Sendungen zu landwirtschaftlichen Projekten, die in Zusammenarbeit zwischen Dorfbewohnern unter Leitung eines Animators entstanden (Bourges 1978, 110–119). Solche Modelle wurden mit mehr oder weniger starker staatlicher und nichtstaatlicher Unterstützung erprobt, z. B. in den 1980er Jahren das *Liberian Rural Communications Network* (Bourgault 1995, 92–102) oder *Radio 4* in Zimbabwe (Schmidt 1989, 530–531). Diese Formen von *development journalism* werden in seinen Wirkungsmöglichkeiten unterschiedlich beurteilt (z. B. Grossenbacher 1988 skeptisch, Krohn 1995 wohlwollend), sie demonstrieren aber in jedem Fall die Einsetzbarkeit des mobilen, rein auditiven Mediums Radio (vgl. auch 3.2.2.). Radioempfang kann dabei gezielt mit interpersonaler Kommunikation kombiniert werden. Gruppenrezeption von Sendungen ist „die in der Praxis gebräuchlichste Methode zur Verbreitung bzw. Durchsetzung von Innovationen und damit zur Überwindung traditionaler Attitüden" (Kunczik 1985, 103–104). Mit Formen gemeinsamer Rezeption kann z. B. das Wissen im Ernährungssektor vermehrt werden. Zuhörgruppen unter der Leitung einer Expertin oder eines Experten diskutieren, was sie in der Sendung gehört haben, und planen im Anschluß daran eigene Aktivitäten.

Aus der Sicht der Institution ist jede Form der Partizipation ein Ersatz für das in der Zwei-Wege-Kommunikation selbstverständliche Feedback. Da gibt es von einer Redaktion gestaltete Features, die darauf angelegt sind, Hörerreaktionen zu provozieren, aus denen dann eine Folgesendung entsteht. Da gibt es moderierte Sendungen mit Phone-ins, bei denen sich HörerInnen zu aktuellen Fragen äußern, anderen AnruferInnen Ratschläge erteilen oder auch nur Quizfragen beantworten. Und da gibt es verschiedene Formen des „offenen Kanals", bei denen die inhaltliche Verantwortung ganz oder zu einem großen Teil von den produzierenden Rezipienten getragen wird (Thomas 1984). Crisell (1986) ist der Meinung, daß das Radio als „blindes" Medium stärker als andere Medien auf derartige Feedbackmöglichkeiten angewiesen sei. Zu den in jüngerer Zeit stark geförderten Formen gehört die Gründung von Hörerclubs. Was die Clubmitglieder vereint, sind weniger politische Inhalte als Gratifikationen in Form kultureller Angebote. Die Clubs mit ihren konsumorientierten Zielen bestehen im deutschsprachigen Raum oft parallel zu den demokratisch verfaßten Trägerschaften, deren Mitglieder ein Mitspracherecht als Aufsichtsorgane haben.

3. Rezeption: Das Medium der Begleitung

Das Publikum des Radios ist nur in örtlicher Hinsicht dispers. Im Gegensatz zu schriftlichen Medien rezipieren die Adressaten die gleiche Botschaft gleichzeitig. Lazarsfeld war sogar der Meinung, das Radiopublikum fühle sich trotz der örtlichen Trennung als Gemeinschaft (Klapper 1966). Neben der Organisation der HörerInnen in Clubs entsteht in der Zeit der Hörerkontaktsendungen ein Zusammengehörigkeitsgefühl, so daß Saxer (1989) von einer Dorfbrunnenfunktion des Radios spricht. In mancher Hinsicht läßt sich das Radio auch als ein Medium beschreiben, das dem Rezipienten Freiheit gibt: Freiheit der Programmwahl, Freiheit der Bewegung und Möglichkeiten der aktiven Nutzung.

Das Radio hat aber nicht nur neue Möglichkeiten der Mediennutzung (3.1.) geschaffen, sondern es hat auch in die Alltagskommunikation des Publikums eingegriffen (3.2.).

3.1. Nutzungsbedingungen und Nutzungsziele

Nach herkömmlicher Lesart bietet das Radio – wie auch andere aktuelle publizistische Medien – einem mehr oder weniger genau bestimmbaren Rezipientenkreis Information, Unterhaltung und Service.

Die heutigen Formen erlauben es aber kaum mehr, einer Sendung eine einzige Funktion zuzuweisen. Zudem haben sich gerade mit dem Medium Radio neue Funktionen entwickelt, die die herkömmliche Vorstellung von Unterhaltungs-, Informations- und Servicefunktion erweitern.

3.1.1. Nutzung des Radios als Optimierungsprozess

Der Vergleich zwischen Hörfunk und Tageszeitung zeigt Vorzüge auf, die das Radio bei der Inhaltsselektion des Rezipienten hat. Dem Konsum einer oder mehrerer Tageszeitungen steht die ständige Wahl zwischen meist mehreren Dutzend Radiosendern gegenüber. Der Hörer kann potentiell ohne finanzielle Konsequenzen von einem Sender zum nächsten wechseln und damit unter verschiedenen journalistischen und künstlerischen Angeboten, gegebenenfalls unter verschiedenen politischen Inhalten wählen. Ob er dies allerdings auch tut, hängt von der Funktion des Radios als Einschaltmedium oder als Begleitmedium ab (vgl. 3.1.2.).

Andererseits vermag das Radio mit seiner breiten Streuung und den zeitlichen Vorgaben, an die sich der Hörer halten muß, sein Publikum nie so gezielt anzusprechen, wie es ein Printmedium kann, dessen LeserInnen ihre Nutzungszeit autonom wählen und einteilen können (McFarland 1990, 10).

Das Angebot des Mediums Radio ist im Zeitalter der Medienverbünde nur im Kontext der übrigen Medien – vor allem Tageszeitung und Fernsehen – zu würdigen. Es ist Bestandteil der „alltäglichen Informationsroutinen. Der morgendliche Griff zum Einschaltknopf des Radiogerätes gewährleistet einen ersten Überblick, das weitere Hören erlaubt die aktuelle Fortschreibung der Informationslage, der tägliche Zeitungskonsum gilt im 'aktuellen Bereich' der Nacharbeit des 'gestrigen' Geschehens, das Fernsehen schließlich ersetzt abends den Hörfunk, faßt den Tag zusammen, verdichtet, bebildert, signalisiert die wichtigsten Themen der Folgetag-Zeitung." (Klingler/Windgasse 1994, 117).

Ein Radioprogramm ist deshalb Resultat eines Optimierungsprozesses. Ein beschränktes Angebot wird abgestimmt auf die Bedürfnisse eines möglichst großen Publikums unter Berücksichtigung der Produktionsbedingungen der Kommunikatoren. Als Kompromiß zwischen der Nachfrage und den redaktionellen Möglichkeiten hat sich z. B. die leicht aktualisierte Nachrichtensendung zu jeder vollen oder halben Stunde entwickelt. Die Meldungen verweisen in ihrer Kürze auf vertiefende Beiträge in- und außerhalb des Mediums. Die Periodizität entspricht der Balance zwischen Abruf- und Berieselungsfunktion.

3.1.2. Vom Einschaltmedium zum Begleitmedium

Schon die professionellen Anbieter der 1920er Jahre reservierten in ihren Programmen Zeitspannen, die es den HörerInnen möglich machten, das Radiogerät neben anderen Tätigkeiten (z.B. Hausarbeit) laufen lassen zu können. Heute sind die Programme weitgehend auf diese Nutzung angelegt. Das Einschaltmedium, das sich im Laufe des Tages an unterschiedliche Zielgruppen wandte, wurde zum formatbestimmten Begleitmedium. „Formatradio ist ein durchhörbares Begleitmedium, das zu allen Sendezeiten seinen Grundcharakter und Grundaufbau beibehält. Alle Programmbestandteile (Musik, Wort, Verpackung) werden den Formatkriterien untergeordnet, so daß insgesamt ein einheitliches Programm entstehen kann." (Sturm/Zirbik 1996, 143–144)

Das Format eines Radioprogramms ist sein spezifisches, immer wiederkehrendes Erscheinungsbild. Es ergibt sich aus:

- Inhalten (Musik, Wort, Werbung)
- Präsentation (Moderation, akustische Bearbeitung, Promotion)
- Programmstruktur (Art, Länge der Programmelemente und ihre Abfolge)

Der Schwerpunkt liegt bei der Formatbestimmung meist auf der Musik. Für kommerzielle Sender reicht die Bestimmung der Musikfarbe zur Charakterisierung aus, auch wenn weitere Elemente (besonders der Moderationsstil) hinzukommen. „Primär über die Musik läßt sich ein Sender nachhaltig im Hörermarkt positionieren. Die Musik ist 'ohrenfälligstes' Unterscheidungsmerkmal für den Hörer." (Sturm/Zirbik 1996, 201)

3.1.3. Information in kurzen Abständen

Das Medium Radio hat zusammen mit seiner Begleitfunktion auch die Möglichkeiten entdeckt, gleiche oder ähnliche Inhalte in kurzen Abständen zu wiederholen. Die Aufbereitung von Nachrichtensendungen in kurzen Abständen wurde schon in den Anfangsjahrzehnten als radiospezifische Chance gesehen. Im Formatradio sind Wiederholungen ähnlicher oder gleicher Elemente in noch kürzeren Intervallen möglich geworden. Spezielle Nachrichtenprogramme mit viertelstündlichen Updates sind nicht mehr nur in den USA, sondern auch in Europa etabliert (in Deutschland z.B. das 5. Programm des Bayrischen Rundfunks). Jingles oder Werbespots können noch kürzer hintereinander geschaltet werden. Zusammen mit Musik und Moderation tragen sie dazu bei, daß die HörerInnen das Programm leicht wiedererkennen.

3.1.4. Service

Mit besonderen Nutzungszielen sind diejenigen Inhalte verbunden, die als Service zusammengefaßt werden können: Ratschläge, Handlungsanweisungen (oder auch Prognosen, wie im Falle der Wettermeldungen), die sich auf die aktuelle Situation einer Vielzahl von Rezipienten beziehen. Diese Serviceleistungen profitieren in besonderem Maß von der Möglichkeit des Radios, aktuell zu informieren. Daß sich z.B. auf einer bestimmten Autobahn ein Stau gebildet hat, ist eine Meldung, die nur über das Medium Radio Sinn macht, weil jede andere Form der Publikation zu wenig schnell wäre und weil es das Medium ist, das den AutofahrerInnen in ihrem Gefährt auch zur Verfügung steht.

Aus der Sicht der Rezipienten sind es Informationen, die sich in konkrete Handlungen umsetzen lassen, oft sogar Handlungsanweisungen. Ihre Funktion geht also über diejenige des Meldens oder Berichterstattens hinaus und nähert sich in ihrem Appellcharakter derjenigen des Kommentierens, mit dem Anspruch, unmittelbar auf die aktuelle Situation des Hörers anwendbar zu sein. Autor ist aber eine zuliefernde Instanz (z.B. Automobilclub, Polizei, meteorologisches Institut).

3.2. Einfluß des Radios auf die Alltagskommunikation

Massenmedien charakterisieren sich auch durch ihren Einfluß auf die räumliche und die zeitliche Dimension des sozialen Lebens. Sie befähigen Menschen dazu, über weite Raum- und Zeitspannen zu kommunizieren. Ebenso führen sie dazu, daß bisherige Zeiten und Räume neu geordnet und genutzt werden (Thompson 1995, 31). Auch der Hörfunk hat Kommunikationszeiten und -räume neu gestaltet.

3.2.1. Vom Stundenplan des Radios zum Stundenplan des Rezipienten

In den Jahrzehnten ohne Fernsehkonkurrenz bestimmten die wichtigsten Programmpunkte des Radios den Tagesablauf seiner Rezipienten beträchtlich. Man denke etwa an die BBC der ersten Jahre, die ihr erstes Nachrichtenbulletin abends um 19 Uhr sendete (Scannell 1991, 25, 41), oder an das 'Wunschkonzert' des Süddeutschen Rundfunks Mitte der 1950er Jahre, das um 21.30 Uhr rund 45 Prozent Hörerbeteiligung erreichte (Lersch 1995, 113). In der heutigen Zeit der service-orientierten Programme ist das Medium stärker auf Abrufbarkeit ausgerichtet: Nachrichten werden stündlich oder in noch kürzeren Abständen gesendet, einheitliche Programmfarben ermöglichen „Durchhörbarkeit" bzw. ein Einschalten zu jedem beliebigen Zeitpunkt (Sturm/Zirbik 1996, 219). Dennoch werden auch heute *Specials* programmiert, für die entsprechend geworben wird, und einzelne Perioden im Tagesablauf (z.B. die Aufstehzeit am Morgen) haben weiter ihre Attraktionen – z.B. zeitlich klar positionierte Interviews, Wettbewerbe, Sketches). Der zeitstrukturierende Einfluß des Radios ist aber stark gemildert. Radiozeit ist nicht mehr so sehr Zeit, die die Rezipienten dem Radio opfern, als vielmehr Zeit, in der sie dem Radio während anderer Verrichtungen Tribut zollen (Klingler/Windgasse 1994, 116). Man ißt während des Fernsehens, aber man hört Radio während des Essens.

Diesen Gegebenheiten paßt sich das Programming an, die Planung und Kontrolle des Formats und der Programmstruktur einer Radiostation aufgrund der Analyse des Marktes: der möglichen Zielpublika, der Werbekunden, der Konkurrenz.

Die Planung des Tages- und Wochenprogramms einer Radiostation geschieht in Abhängigkeit der Produktionsweise, der zur Verfügung stehenden Ressourcen und der Konkurrenz im Verbreitungsraum. Die Vorstellung, eine neue Lokalstation lasse sich nur über eine programmliche Marktlücke finden (Keith 1987, 14), ist allerdings eine Idealisierung: Eichhorn/Riess/Scherer (1996, 224) vermuten aufgrund ihrer Analyse bayrischer Lokalradios, „daß insbesondere an den großen Standorten die Konkurrenz nicht zu einer starken Ausdifferenzierung im Programmangebot geführt hat, sondern daß statt dessen erfolgreiche Formate von neuen Anbietern kopiert werden".

3.2.2. Zuhörräume

Mit der Einführung des Radios öffneten sich öffentliche und private Räume zueinander. Konzerte und Vorträge, später auch Parlamentsdebatten konnten ins Wohnzimmer übertragen werden. Gottesdienste aus Kirchen, bei denen die Hörerin am Lautsprecher, örtlich (evtl. auch zeitlich) vom Geistlichen getrennt, an sakralen Handlungen teilnimmt, erweitern den Ort, „wo zwei oder drei in meinem Namen versammelt sind". In der einzelnen Wohnstube ist die Institution Kirche mit Symbolen (z.B. Segensspendung) präsent, die da ohne das Radio keinen Eingang gefunden hätte.

Das neue Medium Radio führte für die Rezipienten zu einer Neuorientierung in ihrem Wohnraum, die auch körperlich faßbar wird. Carsten Lenk (1994) hat anhand von Fotografien die Geschichte des Radios als eine Geschichte der Choreographie des Zuhörens gezeichnet. Radiohören ist in der Frühzeit auch eine Sache des eingeschränkten Bewegungsraums, der Gruppierung von Personen, der Körperhaltung. Dabei ist natürlich mit großen kulturellen Unterschieden zu rechnen: Radio, das „rein akustische" Medium, scheint aus moderner westeuropäischer Sicht prädestiniert für individuelle Rezeption durch isolierte Einzelpersonen. Und doch ist es in einzelnen Ländern trotz der Mobilität der Transistorgeräte noch immer ein ausgesprochenes Medium für Gruppenrezeption (Boyd 1993, 7).

Die technische Entwicklung ermöglichte dem Rezipienten im Laufe der Zeit größere Bewegungsfreiheit. Der Vergleich mit dem Fernsehen zeigt, daß beim Radiohören die Ausrichtung auf einen Apparat durch die Körperhaltung wegfällt. Später verbannte das Radio seine ZuhörerInnen auch nicht mehr in einen festen Zuhörraum (etwa in die gute Stube), sondern diese konnten selbst entscheiden, wohin sie ihr Gerät mitnehmen wollten. Die Geräte wurden kleiner, leichter, transportabel. Man nahm das Radio, auch außer Haus, wie ein Musikinstrument mit. Und so wie die Radioapparate die räumliche Mobilität der Rezipienten mitmachten, stellten sich auch die Programme auf die damit diversifizierten inhaltlichen Ansprüche ein.

4. Codes: Das akustische Medium

Die akustische Natur des Mediums Hörfunk schränkt die zur Verfügung stehenden Codes ein auf gesprochene Sprache, Musik und Geräusche. Auf der Suche nach der Spezifik radiophoner Gestaltungsmittel wird gewöhnlich von dieser Beobachtung ausgegangen: „We cannot see its messages, they consist only of noise and silence, and it is from the sole fact of its blindness that all radio's other distinctive qualities – the nature of its language, its jokes, the way in which its audiences use it – ultimately derive." (Crisell 1986, 3) Daraus ergibt sich eine Radio-Ästhetik des akustischen Ausdrucks, die bisher nur für das Hörspiel und verwandte Formen eingehend beschrieben worden ist. Unter dem Aspekt seiner Ausdrucksmittel ist Radio

– *das Medium der journalistischen Aussage* mit den Mitteln der gesprochenen Sprache, des Geräusches und der Musik, wie sie im Feature verwirklicht ist (vgl. die Artikel Nr. 166 und 253)
– *das Medium des Spiels* mit diesen Mitteln in der Collage oder im Hörspiel (vgl. die Artikel 167, 172 und 255)
– *das Medium des Live* mit der Anmutung des sprachlich vermittelten Dabeiseins (vgl. den Artikel 18)
– *das Medium der Moderation, der Jingles und Trailers*, also der Selbstthematisierung und Eigenwerbung als eines unausweichlichen Programmbestandteils (vgl. den Artikel Nr. 257).

Radio ist zudem – in mancher Hinsicht in erster Linie – das Medium der *Musik*. Diese wird vor allem in Form von Fremdbeiträgen ins Programm genommen (vgl. den Artikel 249). Musikalische Elemente werden daneben auch speziell komponiert, etwa für Hörspiele und Jingles, und in ähnlicher Funktion wie Geräusche oder verbale Strukturierungselemente eingesetzt. Aber auch die fremdproduzierte Musik übernimmt eine identitätsstiftende Funktion. Es ist nicht nur die Klangfarbe, die einem Programm seine Gestalt gibt, sondern auch die gezielte Plazierung eines immer wiederkehrenden Stücks.

Fremdproduzierte Musik kann auf diese Weise mit eigenen Aussagen aufgeladen werden, etwa dann, wenn sie als Backtimer verwendet wird: „Die sogenannten backtimer (Instrumentalstücke zum Überbrücken fehlender Zeit vor Nachrichten oder Schlagzeilen) unterstützen die Wiedererkennung des Senders und fördern die Positionierung eines Programmes. Sie werden im Kontext des Klangbildes der Eigenwerbung und Verpakkung ausgewählt. Auf diese Weise tragen die backtimer zum Profil eines Senders bei." (Sturm/Zirbik 1996, 237–238).

4.1. Verbale Mittel

4.1.1. Primat der sprachlichen Codes

Radio gilt für viele MedienwissenschaftlerInnen als verbales Medium (z. B. Crisell 1986, 56). Im Gegensatz zu den sprachlichen Ausdrucksmitteln sind die Geräusche, so vielseitig sie in Radioproduktionen eingesetzt werden, schwächer differenziert. Ihre journalistische Aussagekraft erhalten sie erst, wenn sie mit sprachlichen Verweiselementen versehen werden.

Deutlich illustriert wird dies zum Beispiel dann, wenn eine Sendung Geräusche zum Thema hat – etwa im Versuch, durch das Klangbild das frühere Leben in einem Dorf aufleben zu lassen. Die einzelnen Geräusche werden vom Moderator im Gespräch mit Gewährsleuten zuerst sorgfältig eingeführt, erklärt, also verbal mit Bedeutung angereichert, ehe sie zu einer mehrminütigen Atmosphäre zusammengefügt werden. Sogar reine Geräusch-Collagen bekommen ihren Gehalt in entscheidendem Maß durch die Anmoderation, reine Musiksendungen *(Music while You Work)* durch den zweckbestimmenden Namen der Sendung und ihre Plazierung im Programm.

Die Rolle des Wortes im Radio zeigt sich deutlich in Live-Übertragungen. Bei einer Sportreportage im Fernsehen werden Bilder hergestellt, die Reporter und Zuschauer gleichzeitig auf ihrem Bildschirm sehen. Im Radio dagegen wird primär eine verbale Darstellung des Ereignisses übermittelt. Wenn am Sonntagnachmittag Live-Reportagen aus den verschiedenen Fußballstadien übertragen werden, erlebt der Hörer nicht nur einen Wechsel von Schauplätzen (mit ihrer jeweiligen klanglichen Atmosphäre), sondern auch einen der Sprecher, die das Geschehen durch recht freie textliche Gestaltung wiedergeben. Sie berichten und kommentieren im Präsens; aber sie tun dies mit einer Verzögerung, die je nach Spielgeschehen länger oder kürzer sein kann, und sie sind auf Techniken des Zusammenfassens angewiesen. Für die Illusion, dabeizusein (z. B. bei einem Weltmeisterschafts-Endspiel), ist heute das Medium Fernsehen zuständig. Im Radio dagegen behält auch die Live-Sendung den Charakter des Vermittelten. Live bedeutet in der Radio-Übertragung nicht *Hinsehen,* sondern Kontakt mit einem professionellen *Augenzeugen* (Crisell 1986, 120).

4.1.2. Das personale, kontextbildende Wort

Die Sprache des Mediums Radio ist gesprochene Sprache. Ob aus einem Manuskript gelesen wird oder ob jemand ad hoc, frei formuliert – im Radio ist jeder Text in einer bestimmten stimmlichen Interpretation zu hören. Damit ist Radiosprache auf eine besondere, körperliche Weise mit einer Kommunikatorfigur verbunden. Zur Planung einer Radiosendung gehört immer auch eine Entscheidung für eine bestimmte Stimme. Dadurch, daß jeder Text in einer sprecherischen Realisation vermittelt wird, sind auch bereits Aspekte der Interpretation vorgegeben, wie sie sich z. B. durch Intonation und Tempoverhältnisse ergibt.

So sehr die Konzentration des Radios auf den akustischen Bereich dem Text eine stimmliche Persönlichkeit verleiht, so sehr erleichtert sie auch die Loslösung des Textes von seinem Autor. Im Radio ist z. B. die folgende Aussage möglich: *Sie hören einen Vortrag von A. B., er wird gelesen von C. D.* Hörfunktypisch war lange Zeit die lesende Stimme, die sich nicht mit dem Autor identifiziert, wie es bei Nachrichten oder Polizeidurchsagen noch heute der Fall ist. Diese Möglichkeit, das gesprochene Wort von der Person zu lösen, nutzen experimentelle Formen des Hörspiels. Klippert (1977) spricht dann vom „autonomen" statt vom „personalen" Wort.

Die Stimme vermittelt nicht nur Persönlichkeit, sondern auch Informationen über den Raum und den situativen Kontext (Klippert 1977, 105). Zudem ist sie „Sozietät stiftend" (Klippert 1977, 85): Es bedarf nur einer einzelnen Stimme, um die Konstellation der Interaktion offenzulegen. Intonation und Räumlichkeit lassen erkennen, ob der Träger der Stimme jemanden anspricht oder ob er monologisiert.

Die Nutzung des Radios in Situationen des Alleinseins, gekoppelt mit der Präsenz einer Stimme, ermöglicht die Empfindung von Nähe und persönlichem Angesprochensein, sei dies nun auf einer langen Autofahrt, im Krankenbett oder bei einer einsamen Arbeit. Moderationstexte, deren Entstehen der Zuhörer mitverfolgen kann, rufen im Gegensatz zu nichtaktuellen Medien wie Musik-Kassette oder CD die Präsenz des Live-Mediums Radio in Erinnerung.

4.1.3. Die sprachlichen Ausdrucksmittel

Radiosprache läßt sich am leichtesten in ihrem Spannungsverhältnis zur Schriftlichkeit beschreiben. Wenn auch (vom Gesang abgesehen) jedes Wort im Radio gesprochen ist, gibt es verschiedene Ausprägungen der Nähe zur Schriftlichkeit: Der Sprachstil orientiert sich – vom Autor mehr oder weniger bewußt gesteuert – an einer eigenen schriftlichen Vorlage (Manuskript, Stichwortzettel usw.), am Wortlaut schriftlicher Quellen (Agenturen, politische Bulletins, PR-Texte usw.), an den Stilen schriftlicher Textsorten (verwandte Zeitungstextsorten, Sprache der Politik, der Schule usw.) (Lutz/Wodak 1987). Dies verschärft die Verstehensprobleme, die durch die „Flüchtigkeit" des Mediums ohnehin entstehen (Häusermann/Käppeli 1986/1994, 13–24).

Radiosprache mit ihrem mündlichen Charakter und ihrer Orientierung an der Schriftlichkeit befinden sich zudem in einem Spannungsfeld zwischen hochsprachlicher Norm und Umgangssprache. Gewöhnlich nähert sich die Moderation (besonders von Begleitprogrammen) der gesprochenen Umgangssprache, während Informationsbeiträge noch sehr nahe bei der traditionellen, schriftgebundenen Standardsprache bleiben. Die Frage, in welchem Maße sich RadiosprecherInnen umgangssprachlich ausdrükken sollen, wird oft im Hinblick auf die Integrationsfunktion des Mediums beantwortet. Dies zeigt das Beispiel der deutschsprachigen Schweiz, wo lokale politische Informationen nicht in Standardsprache, sondern im örtlichen Dialekt (wenn auch mit vielen Merkmalen der Schriftlichkeit) gesprochen werden (Ramseier 1988).

Die Mündlichkeit der Radiosprache kommt in bestimmten Kategorien der Inszenierung besonders zum Ausdruck: Die Informationen können monozentriert (also in einer monologischen Textform) – oder bizentriert, d. h. durch Interviews oder andere Gesprächsformen, vermittelt werden (Burger 1984/1990). Radiospezifische Mischformen sind Kombinationen von Sprechertext und Originalton, über die ein artifizieller Dialog zwischen Berichterstatter und Informant konstruiert wird (Bericht mit O-Ton).

Wer Radiotexte analysiert, muß sich auch den verschiedenen Sprachstilen zuwenden, die je nach Textsorte gepflegt werden. Eine Veränderung im Stil kann dabei Anzeichen einer Veränderung in der Funktion der Textsorte sein. So hat sich zum Beispiel im Bereich der Wetterprognose in vielen deutschsprachigen Programmen ein Wandel vollzogen. Traditionell wurde das Thema 'Wetter' als Zusatz zu den Nachrichtensendungen abgehandelt, in nüchternen, an der wissenschaftlich-meteorologischen Terminologie orientierten Formulierungen, mit einem hohen Anteil an abstrakten Substantiven. Diese Form wird heute teils ergänzt, teils ersetzt durch einen eigenständigen Programmpunkt, in dem eine namentlich benannte Person einen subjektiv gefärbten Text präsentiert, der umgangssprachlicher, bildhafter, verbaler und konkreter gestaltet ist. Auch da, wo die Wetterprognosen im Rahmen der Nachrichtensendung belassen wurden, hat sich der Stil oft entsprechend aufgeweicht. Diese Entwicklung kann als Anpassung an die Wetter-Shows des Fernsehens gewertet werden, aber generell auch als Zeichen dafür, daß ein klassisches Informationsthema auch zur Unterhaltungs- und Kontaktfunktion aktiviert wird.

4.1.4. Metafunktionen: Präsentation, Moderation, Eigenwerbung

Das Radio als rein akustisches, 'flüchtiges' Medium ist auf Meta-Informationen angewiesen, die dem Zuhörer Inhalt und Struktur des Programms ankündigen und ihm helfen, sich im Angebot zu orientieren. Diese moderierenden Informationen haben die Funktion der Orientierungshilfe (z. B. durch die Ankündigung von Programmbeiträgen), der Motivation des Rezipienten für das Programm und seine Beiträge, der Transparenz bezüglich der Produktionsprozesse, des Kontakts zwischen Kommunikator und Rezipient, und der Repräsentation der Institution (Häusermann/Käppeli 1986/1994, 309).

Für diese Moderationsfunktionen werden auch Elemente vorfabriziert, die zu festen Zeiten oder bei Bedarf zugespielt werden. Sie sind meistens attraktiver gestaltet, als es einem einzelnen Moderator in der Live-Situation möglich wäre: mit mehreren Sprechern, mit Geräusch-, Musik- und Verfremdungseffekten. Trailers, Signete, Indicatifs usw., die meist von den ModeratorInnen auf Cartridges abgespielt werden, dienen nicht nur der Identifikation der Station bzw. der Sendung, sondern auch der Trennung von Programmelementen oder der Auflockerung bzw. dem Setzen eines akustischen Akzentes (Sturm/Zirbik 1996, 242 ff.; Haas/Frigge/ Zimmer 1991).

4.2. Paraverbale Mittel

Jedes Wort, das im Radio vermittelt wird, bedarf einer Stimme, die es hörbar macht. Die Texte werden mit zusätzlicher Information vor allem auf der Ebene des melodischen, rhythmischen und dynamischen Akzents angereichert bzw. gedeutet (Häusermann/ Käppeli 1986/1994, 128–143). Von den Kommunikatoren werden dabei Fähigkeiten im Bereich von Atmung, Stimmbildung, Artikulation usw. verlangt.

Anhand der sprecherischen „Grundqualitäten" (Hellmut Geissner, nach Klippert 1977, 99) – zum Beispiel Klangfarbe, Tonhöhe – unterscheiden sich die Stimmen der Sprecherinnen und Sprecher. Anhand des Einsatzes der sprecherischen Gestaltungsmittel – in den Bereichen Artikulation, Intonation, Betonung, Rhythmus usw. – kennzeichnen sich ihre sprecherischen Fähigkeiten und die Stile, die sie produzieren. Das Format einer Radiostation wird nicht zuletzt auch durch die Sprechstimmen und Sprechweisen geprägt.

War das Sprechen früher ausgebildeten Berufssprechern vorbehalten, die die Manuskripte der journalistischen RedakteurInnen lasen, so wurden die journalistischen und sprecherischen Aufgaben (im deutschsprachigen Bereich) seit den 1970er Jahren immer stärker zusammengelegt. Wer im Radio Texte schrieb, sollte sie, besonders in der aktuellen Information, auch selbst präsentieren. Damit traten Fragen des „nichtprofessionellen" Sprechens eigener Texte in den Vordergrund. Dies wird nicht zuletzt dadurch deutlich, daß sprecherzieherische Lehrwerke sich heute nicht mehr nur an Bühnenstandards ausrichten, sondern sich explizit an den nichtprofessionellen Mikrofonsprecher wenden (vgl. Wachtel 1994).

4.3. Nichtverbale Mittel: Geräusche, Atmosphäre

Die nichtverbalen Mittel des Radios fallen zunächst vor allem als Begleitelemente im Hörspiel oder in Reportagen und Features auf. Im Gegensatz zu den verbalen Mitteln können sie sehr sparsam eingesetzt werden. Ein Geräusch braucht nur zwei, drei Sekunden angespielt zu werden und läßt sich dann ausblenden, um dennoch einem längeren Beitrag eine bestimmte Atmosphäre zu verleihen. Klippert (1977) betont daher mehrmals die Gefahr, bei der Hörspielarbeit Geräusche nur naturalistisch einsetzen zu wollen – als 'Geräuschkulisse' – und zeigt die Vorteile gezielter experimenteller Herstellung und Auswahl mit z. B. symbolischer oder auch szenischer Funktion. Einzelne signifikante Geräusche entsprechen der Darstellungsabsicht oft besser als eine originale Geräuschaufnahme (Klippert 1977, 59).

Nichtverbale Mittel können als Originalton (unverwechselbare, ad hoc entstandene Aufnahmen, deren Herkunft für das Publikum identifiziert wird) eingesetzt werden oder als bloße Ambiance („Atmosphäre", „Atmo") dazu verwendet werden, eine Szene zu untermalen.

Oft haben sie Beweischarakter. Sie illustrieren nicht nur die Handlung, sondern belegen auch die Authentizität der journalistischen Leistung, belegen z. B., daß der Autor am Ort des Geschehens recherchiert hat. Klippert (1977, 59–61) zeigt anhand eines einzigen Beispiels (Schreibmaschinengeklapper), wie viele weitere Funktionen ein Geräusch übernehmen kann, z. B. Kommentierung, Interpunktion, Ersatz einer ganzen verbalen Szene, sogar als Dialogpartner einer Hörspielfigur (Klippert 1977, 619). Dabei lassen sich ornamentale und argumentative Funktionen wiederfinden, wie sie die Rhetorik seit der Antike für das gesprochene und geschriebene Wort systematisiert. So können Geräusche das auf der verbalen Ebene Gesagte nicht nur untermalen, sondern auch in seiner Geltung stützen und damit als Argument dienen. Eine Rhetorik der Radiogeräusche, die Klippert skizziert, könnte weitergehen und z. B. auch die Toposfunktion von Ambiance und Geräusch untersuchen.

4.4. Be- und Verarbeitung des Tons

Die Stimm-, Klang- und Geräuschinformationen des Radios unterscheiden sich nicht nur nach ihrer Ausgangsqualität, sondern auch nach der Art ihrer Bearbeitung. Klippert (1977) gliedert seine Darstellung der Möglichkeiten der Ver- und Bearbeitung des Tons nach den verschiedenen technischen Mitteln: das Mikrofon, das den Raum konstruiert, in dem sich der Ton befindet, das Tonband, das die Montage und damit eine neue zeitliche Anordnung des Tons ermöglicht, und das Mischpult, das das Blenden und Verändern des Tons ermöglicht.

Der Veränderung der akustischen Ereignisse ist in den Dimensionen Intensität (wenig – viele Geräuschquellen miteinander), Lautstärke, Stereophonie (schmal – weit) und Bearbeitung (gefiltert, bedämpft, verzerrt usw.) möglich. Ihr sind angesichts der Möglichkeiten der digitalen Hörfunkproduktion kaum mehr Grenzen gesetzt. Dennoch haben sie ihren wichtigsten informativen und ästhetischen Gehalt durch den Kontrast, den der Schnitt und die verschiedenen Formen der Blende herstellen.

Die Kombination unterschiedlicher akustischer Ereignisse umfaßt, neben dem einfachen Schnitt, die Vorgänge des Einblendens, Ausblendens, und Durchblendens. Klippert (1977, 39–40) teilt die mit Blenden möglichen Übergänge in vier Gruppen ein: Die „Raumblende" ermöglicht eine örtliche Veränderung, die „Dimensionsblende" eine Veränderung unterschiedlicher „Daseinsschichten" (z. B.: von der realen Sprechsituation in der Ausgangsstimme des Sprechers wird zur technisch veränderten Stimme geblendet, die einen anderen Bewußtseinszustand darstellt). Die „Zeitblende" ermöglicht es, zeitliche Distanzen zu bezeichnen. In der „Kompositions- oder Ausdrucksblende" werden akustische Elemente mit ornamentaler oder akzentuierender Absicht bewegt und kombiniert.

Der Umstand, daß das einzelne akustische Ereignis seine Bedeutung durch seine Entwicklung in der Zeit und seine Beziehungen zu anderen Elementen ausdifferenziert, ermöglicht den bewußten Einsatz zeitlicher Figuren, z. B. die Wiederholung des einzelnen Elementes oder den verbalen Verweis auf ein nichtverbales Element. Radiospezifisch ist insbesondere die Gleichzeitigkeit verschiedener akustischer Mittel: Eine einfache Musikansage läßt sich nicht nur vor oder nach dem betreffenden Stück, sondern auch gleichzeitig mit dem Stück, „über" die Musik gesprochen, realisieren.

So zeigt das Radio Möglichkeiten des Spiels mit der zeitlichen und räumlichen Dimension der klanglichen Information, die auch in anderen Medien übernommen werden. Es ist zum Beispiel darauf hingewiesen worden (Scherer 1994), daß viele der Effekte der frühen Rockmusik eigentlich Radio-Effekte sind, Filter-, Stör- und Rückkopplungserscheinungen, die vom Kurz- und Mittelwellenempfang, aber auch von den militärischen Nutzungen des Mediums inspiriert waren. Zur Zeit, wo die kreativen Impulse vor allem aus dem Computerbereich zu kommen scheinen, ist nicht zu sagen, ob diese Phase abgeschlossen ist oder ob das Medium Radio auch in Zukunft solche Anregungen zu geben vermag.

5. Literatur

Bausinger, Hermann, Zur Identität der Baden-Württemberger. Kulturelle Raumstruktur und Kommunikation in Baden-Württemberg. Stuttgart 1996.

Bourges, Hervé, Décoloniser l'information. Paris 1978.

Bourgault, Louise M., Mass Media in Sub-Saharan Africa. Bloomington/Indianapolis 1995.

Boyd, Douglas A., Broadcasting in the Arab World. A Survey of the Electronic Media in the Middle East. Ames, Iowa 1993.

Bucher, Hans-Jürgen/Walter Klingler/Christian Schröter, Radiotrends. Formate, Konzepte und Analysen. Baden-Baden 1995.

Bucher, Hans-Jürgen/Christian Schröter, Programmstrukturen des privatrechtlichen Hörfunks in Baden-Württemberg und Rheinland-Pfalz. Tübingen 1990.

Burger, Harald, Sprache der Massenmedien. Berlin/New York ²1990.

Crisell, Andrew, Understanding Radio. London/New York 1986.

Eichhorn, Wolfgang/Martin Rieß/Helmut Scherer, Die publizistischen Leistungen der Lokalradios in Bayern. In: Medien-Transformation, Hrsg. v. Walter Hömberg/Heinz Pürer 1996, 210–226.

Grieger, Karlheinz/Ursi Kallert/Markus Barnay, Zum Beispiel Radio Dreyeckland. Wie freies Radio gemacht wird. Geschichte, Praxis, politischer Kampf. Freiburg 1987.

Grossenbacher, René, Journalismus in Entwicklungsländern. Medien als Träger des sozialen Wandels?, Köln/Wien 1988.

Haas, Michael H./Uwe Frigge/Gert Zimmer, Radio-Management. Ein Handbuch für Radio-Journalisten. München 1991.

Halefeldt, Horst O., Das erste Medium für alle? Erwartungen an den Hörfunk bei seiner Einführung in Deutschland Anfang der 20er Jahre. In: RuF 34, 1986, 23–43. 157–176.

Hättenschwiler, Walter, Radiohören im Umbruch. Hörerforschung und ihre Ergebnisse in der Schweiz. Zürich 1990.

Häusermann, Jürg: Radio. Tübingen 1998.

Häusermann, Jürg/Heiner Käppeli, Rhetorik für Radio und Fernsehen. Schriften zur Medienpraxis. Aarau/Frankfurt a. Main ²1994.

Hömberg, Walter/Heinz Pürer (Hrsg.), Medien-Transformation. Zehn Jahre dualer Rundfunk in Deutschland. Konstanz 1996.

Jonscher, Norbert, Lokale Publizistik: Theorie und Praxis der örtlichen Berichterstattung. Ein Lehrbuch. Opladen 1995.

Keith, Michael C., Radio Programming. Consultancy and Formatics. Boston/London 1987.

Kiefer, Marie L., Unverzichtbar oder überflüssig? Öffentlich-rechtlicher Rundfunk in der Multimedia-Welt. In: RuF 44, 7–26.

Klapper, Joseph T., The effects of mass communication. The Free Press. New York 1966.

Kleinsteuber, Hans (Hrsg.), Radio, das unterschätzte Medium: Erfahrungen mit nichtkommerziellen Lokalstationen in 15 Staaten. Berlin 1991.

Klingler, Walter/Thomas Windgasse, Der Stellenwert des Hörfunks als Informationsquelle in den 90er Jahren. In: Politik und Medien. Analysen zur Entwicklung der politischen Kommunikation. Hrsg. v. Michael Jäckel/Peter Winterhoff-Spurk. Berlin, 103–122.

Klippert, Werner, Elemente des Hörspiels. Stuttgart 1977.

Krohn, Dörthe, Die Wellen der Freiheit. Das letzte Welttreffen freier Radios in Mexiko und das kommende in Senegal. In: Medium 1/95, 11–13.

Kunczik, Michael, Massenmedien und Entwicklungsländer. Köln/Wien 1985.

Lenk, Carsten, Die Erscheinung des Rundfunks. Einführung und Nutzung eines neuen Mediums 1923 bis 1932. Opladen 1997.

Lerg, Winfried B., Die Entstehung des Rundfunks in Deutschland. Herkunft und Entwicklung eines publizistischen Mittels. Frankfurt a. Main ²1970.

Lersch, Edgar, Das Hörfunkprogramm. Lebensumstände der Hörer und ihre Erwartungen an das Radioprogramm. In: Rundfunk in Stuttgart 1959–1959. Hrsg. v. Konrad Dussel/Edgar Lersch/Jürgen K. Müller. Stuttgart 1995, 91–200.

Lutz, Benedikt/Ruth Wodak, Information für Informierte. Linguistische Studien zu Verständlichkeit und Verstehen von Hörfunknachrichten. Wien 1987.

McFarland, David T., Contemporary Radio Programming Strategies. Hillsdale 1990.

Ramseier, Markus, Mundart und Standardsprache im Radio der deutschen und rätoromanischen Schweiz. Aarau/Frankfurt a. Main/Salzburg 1988.

Rühl, Manfred, Rundfunk publizistisch begreifen. In: Publizistik Jg. 40, 1995, 279–304.

Sartori, Carlo, La radio, un medium per tutte le stagioni. In: Dalla selce al silicio. Storia dei mass media. Hrsg. v. Giovanni Giovannini. Torino 1984, 183–210.

Saxer, Ulrich, Lokalradios in der Schweiz. Schlußbericht über die Ergebnisse der nationalen Begleitforschung zu den lokalen Rundfunkversuchen 1983–1988. Zürich 1989.

–, Medien als problemlösende Systeme. Die Dynamik der Rezeptionsmotivation aus funktional-struktureller Sicht. Spiel 10, 1991, 45–79.

Scannell, Paddy, Broadcast talk. London 1991, 1–13.

Scherer, Wolfgang, Die Stimme seines Herrn. Zur Kriegsgeschichte der Schallaufzeichnung. Radio-Feature, S 2 Kultur, 4. 7. 1994.

Schmidt, Klaus J., Die Zimbabwe Broadcasting Corporation (ZBC). In: RuF 37, 1989, 524–531.

Sturm, Robert/Jürgen Zirbik, Die Radio-Station. Ein Leitfaden für den privaten Hörfunk. Konstanz 1996.

Teichert, Will, Die Region als publizistische Aufgabe. Ursachen, Fallstudien, Befunde. Hamburg 1982.

Thomas, Carmen, Hallo, Ü-Wagen. Rundfunk zum Mitmachen. Erlebnisse und Erfahrungen. München 1984.

Thompson, John B., The Media and Modernity. A social Theory of the Media. Cambridge, UK. 1995.

Wachtel, Stefan, Sprechen und Moderieren in Hörfunk und Fernsehen. Konstanz 1994.

Jürg Häusermann, Tübingen
(Deutschland)

189. Kommunikative Funktionen der Hörfunknachrichten

1. Einführung
2. Begriffsklärungen
3. Produktion von Hörfunknachrichten
4. Kommunikative Funktionen und Gestaltung von Hörfunknachrichten aus der Perspektive der Textproduzenten
5. Mediennutzung, kommunikative Funktionen, Verstehen und Verständlichkeit aus der Sicht der Rezipienten
6. Resümee und Ausblick
7. Literatur

1. Einführung

Bei aller Vielfalt der entmonopolisierten Radiolandschaft läßt sich doch eine Konstante erkennen: Ob die Rundfunkanstalten öffentlich-rechtlicher oder privater Natur sind, die Sender auf Pop oder Klassik ausgerichtet, für ein lokales oder überregionales Publikum gestaltet, immer wird den Hörern in regelmäßigen Abständen auch Information in der Form von Nachrichten geboten. Gewiß variiert die quantitative und qualitative Auswahl der Inhalte ebenso wie der Präsentationsstil, aber gänzlich ohne Nachrichten scheint bislang kein professionell geführter Sender auskommen zu wollen. Nachrichten sind ein fixer Bestandteil der Erwartungshaltung von Hörern, und dieser passen sich auch die Privaten an, obwohl sie, anders als die öffentlich-rechtlichen Anstalten, keine gesetzlich verankerte Informationspflicht haben.

Die Akzeptanz des Hörfunks als Informationsmedium ist durch beeindruckende Reichweiten dokumentiert: 64 Prozent der Gesamtbevölkerung und 81 Prozent der Radiohörer, so die von Berg/Kiefer (1992, 174) für 1990 erhobenen Zahlen, hörten am Stichtag Nachrichten. Um die Frage, welche kommunikativen Funktionen Hörfunknachrichten heute in welcher Weise erfüllen, und warum sie sich gegenüber augenscheinlich attraktiveren Medien nach wie vor behaupten können, geht es im vorliegenden Beitrag.

2. Begriffserklärungen

Bei 'Hörfunknachrichten' handelt es sich um einen Sammelbegriff, der eine Vielzahl journalistischer Ausdrucksformen umfaßt. Was die Nachrichten-Slots füllt, kann in Länge, Struktur und Präsentationsform stark variieren, und zwar sowohl zwischen verschiedenen Sendern als auch innerhalb des Nachrichtenangebots eines einzelnen Senders. Ein 'Newsflash' in der Form einiger Schlagzeilen gehört ebenso dazu wie ein 50-minütiges

Nachrichtenjournal. Insbesondere bei den längeren Varianten gibt es fließende Übergänge zu Magazinsendungen, die aus Features bestehen.

Das Hauptgewicht im vorliegenden Beitrag liegt auf dem Prototyp von Hörfunknachrichten: den meist stündlich übertragenen, nur wenige Minuten dauernden Nachrichtensendungen, die sich auf das jeweilige Tagesgeschehen mit dem relativ höchsten Nachrichtenwert (Galtung und Ruge 1973; van Dijk 1988, 119–124) beschränken.

Obwohl insbesondere bei diesen kurzen Nachrichtensendungen die 'harten' Fakten im Mittelpunkt stehen – Hintergrundberichte, Kommentare und 'human interest stories' sind i. d. R. längeren Magazinsendungen vorbehalten – wäre die Beschreibung ihrer Funktion als 'Informationsvermittlung' (aus der Sicht der Produzenten) bzw. 'Informationsaufnahme' (aus der Sicht der Rezipienten) doch zu kurz gegriffen. Wie in späteren Abschnitten noch im Detail auszuführen sein wird, erfüllen die Nachrichten darüber hinaus wichtige Aufgaben für die Gestaltung des gesamten Senderformats, und auch die Bedürfnislage der Hörer ist nicht allein vom Interesse am Tagesgeschehen bestimmt. Der Trend zum Verschwimmen der Grenzen zwischen Information und Unterhaltung – Stichwort *Infotainment* – macht sich also auch hier bemerkbar.

Hinter dem Begriff *kommunikative Funktion* verbergen sich zwei Perspektiven: diejenige des Textproduzenten – was will der Autor mit dem Text erreichen – und jene des Rezipienten – welchen Nutzen erhofft der Hörer aus dem Textkonsum zu ziehen. Beide Blickwinkel sollen hier Berücksichtigung finden.

3. Produktion von Hörfunknachrichten

3.1 Aktualität

Im Vergleich zu den anderen Nachrichtenmedien besticht der Hörfunk durch seine Reaktionsgeschwindigkeit und der damit verbundenen Unmittelbarkeit seiner Bulletins. Der geringe technische und logistische Aufwand der Produktion und die häufigen Übertragungszeiten bedeuten, daß ein gerade eben stattgefundenes Ereignis i. d. R. zu allererst in den Radionachrichten gebracht wird. Die darstellerischen Mittel des Mediums sind zwar auf den akustischen Kanal beschränkt, aber sie können von Anfang an in vollem Umfang genützt werden. Nicht so im Fernsehen: Wird ein Ereignis zu knapp vor oder gar während einer Nachrichtensendung bekannt, muß es sich de facto mit Hörfunktechnik begnügen, mit dem Verlesen einer Meldung oder bestenfalls einer Tonschaltung zum Schauplatz. Ganz zu schweigen von der Presse, die seit der Etablierung effizient organisierter und weltumspannend agierender Hörfunkdienste kaum mehr News im Sinne echter Neuigkeiten vermitteln kann. Einer, maximal zwei Zeitungsausgaben pro Tag stehen stündliche Radionachrichten gegenüber (oft noch ergänzt durch halbstündige Schlagzeilen), für die es ein 'bei Redaktionsschluß noch nicht bekannt' fast nicht gibt: Noch buchstäblich in letzter Sekunde können Meldungen eingefügt, geändert, in ihrer Reihenfolge verschoben werden; denn was es zu ändern gilt, ist immer nur vorzulesender Text: ideale Bedingungen für die kurzlebige Ereignisberichterstattung (Crisell 1994, 124). In der Aktualität unschlagbar, in Hinblick auf semiotische Komplexität das Schlußlicht: So ist der Hörfunk im Ensemble der Nachrichtenmedien positioniert.

3.2. Der zeitliche Rahmen

Das Verfassen von Meldungen und deren Zusammenstellung zu Bulletins wird von zwei zeitlichen Rahmenbedingungen wesentlich beeinflußt: die nur minimal variable Länge der Hörfunknachrichten und ihre dichte zyklische Repetition. Wenn zu einer bestimmten Tageszeit für die Nachrichten nur ein vier-Minuten-Slot vorgesehen ist, dann muß genau für vier Minuten Material produziert werden – gleichgültig, ob das Angebot an berichtenswerten Neuigkeiten gerade reichhaltig oder spärlich ist. Die Printmedien sind hier eindeutig flexibler. Daß darüber hinaus die Hörfunkbulletins oft in einstündigen Intervallen ablaufen – bei manchen Sendern noch ergänzt durch zwischengeschaltete Schlagzeilen – setzt die Redakteure unter permanenten Zeitdruck. Standhalten können sie ihm nur durch starke Routinisierung im organisatorischen Ablauf und in der sprachlichen Gestaltung: auch dies eine Erklärung dafür, warum das formale Erscheinungsbild der Textsorte Nachrichten zumindest in seinen Grundzügen über sprachliche und kulturelle Grenzen hinweg so einheitlich ist.

3.3. Autoren, Quellen, Textbearbeitung

Die Produktion von Radionachrichten hat – wie jene anderer Programmsparten auch – zwei Komponenten: die rein technische Seite (auf die hier aufgrund der 'kommunikativen' Orientierung des Artikels nicht weiter eingegangen werden soll) und die kreativen Aspekte, d. h. die inhaltliche und formale Gestaltung des Outputs. Unter letzterem Gesichtspunkt stellt sich die Nachrichtenproduktion im Hörfunk als institutionell geregelte Textarbeit dar. Auf der Basis verschiedener Quellen schreiben ein oder mehrere Redakteure den Nachrichtentext, der ggf. mit O-Tönen kombiniert, von einem (meist professionell geschulten) Sprecher verlesen und live übertragen wird. Dieser Sprecher, bemerkt Burger (1990, 103), „tritt nicht als 'Ich' in Erscheinung, sondern als reiner Vermittler des Textes"; nur bei manchen Sendern wird er zumindest namentlich genannt (und auch dann nur in der dritten Person). Gemäß Bells (1991, 39) Klassifikation der Rollen in der Nachrichtenproduktion ist der Sprecher ein „animator", der den von einem „author" (dem Journalisten) verfaßten und einem „editor" autorisierten Text vorträgt.

Während bei längeren Nachrichtenmagazinen Redakteure oft selbst am Mikrofon sitzen, ist bei den Kurznachrichten zumindest zum gegebenen Zeitpunkt die Trennung der Funktionen Autor und Sprecher am gebräuchlichsten (Fluck 1993, 96). Eine Ausnahme sind „voice pieces" (Wilby/Conroy 1994, 143), d. h. in die Meldungen eingespielte Berichte von Korrespondenten und Fachjournalisten (etwa einem Spezialisten aus der Wirtschaftsredaktion). Davon abgesehen hat sich das Modell 'Redakteur am Mikrofon', wie es etwa der Österreichische Rundfunk im Frühjahr 1990 versuchsweise einführte, bislang nicht durchgesetzt.

Zu den Quellen, die als Basis für die Nachrichtenbulletins dienen, zählen Agenturmeldungen, Presseaussendungen, Korrespondentenbeiträge und die Berichterstattung anderer Medien, wobei das Material der Nachrichtenagenturen die Berichterstattung dominiert (Höhne 1992, 61–62). Der oder die Redakteure des aktuellen Dienstes finden in den Agenturmeldungen nicht nur die Inhalte vor, sondern auch eine Strukturierung der Handlungsabläufe, eine Auswahl beteiligter und kommentierender Personen und eine Darstellung der Kausalzusammenhänge. Die Bearbeitung der Quellentexte – ein Vorgang, den Biere (1993, 77) in bezug auf Zeitungen als „komplexe[n] Kompilationsprozeß" bezeichnet – umfaßt die Selektion von Inhalten, die Kürzung auf die zulässige Länge und ggf. Akzentverschiebungen in der Darstellung der Ereignisse und der Beteiligten, die auch als *news actors*, 'Nachrichtenakteure', bezeichnet werden (vgl. z. B. Bell 1991, 193–198). Ob auch sprachliche Veränderungen vorgenommen werden, hängt einerseits vom aktuell wirksamen Zeitdruck ab, andererseits aber auch davon, wie intensiv die Anpassung der Nachrichten an das allgemeine 'Format' des Senders betrieben wird (vgl. dazu genauer Abschnitt 4.2) bzw. aufgrund der jeweils geltenden ökonomischen Rahmenbedingungen betrieben werden kann.

Im Zuge der Umwandlung von Quellen- zum Meldungstext sollten im Idealfall auch auf allen sprachlichen Ebenen – Lexis, Syntax, Diskurs – Anpassungen an das rein akustische Medium und das jeweilige Zielpublikum getroffen werden, um die Rezeption zu erleichtern. Den eindringlichen diesbezüglichen Appellen in Journalistenhandbüchern zum Trotz (Boyd 1993, 38–49; Ohler 1991, 79–82; Warnecke 1990, 58–63; Weischenberg 1990, 141–146) werden allerdings dem Anspruch an Verständlichkeit (siehe dazu Abschnitt 5.3) noch längst nicht alle Rundfunkstationen gerecht. Die medien- und adressatenadäquate Gestaltung fordert personelle (und damit finanzielle) Ressourcen, die noch am ehesten in den großen, meist staatlichen Rundfunkanstalten verfügbar sind. Je kleiner der Sender, desto stärker wird er für den Nachrichtendienst i. d. R. auf die vorfabrizierten Texte der Agenturen zurückgreifen und sie einfach so kürzen und zusammenbauen, daß sie eine Sendung der erforderlichen Länge ergeben. Insbesondere das Agenturmaterial verstößt aber, wie Straßner (1991, 162) in Bezug auf die dpa konstatiert, „eklatant gegen die Prinzipien der Sprech- und Hörbarkeit" – ein Mangel, der nur durch nachträgliche sprachliche Adaptierung ausgeglichen werden kann. Kleine Privatsender können das meist nicht finanzieren, und so sind gerade sie von der agenturgestützten Fertigteilbauweise ihrer Nachrichtentexte dominiert (Straßner 1991, 166; Burger 1990, 102).

Fertige Nachrichtenmeldungen werden im Computernetzwerk der Redaktion zentral verfügbar gemacht. Sie werden meist nicht nur in einer, sondern in einer Reihe von Nachrichtensendungen in jeweils aktualisierter Form verwendet. Die einzelne Meldung kann im Umfang reduziert und nach hinten verschoben werden, sobald Wichtigeres nachgerückt ist, oder sie wird an die Sendungsspitze geholt, ausgebaut und mit neuen O-Tönen kombiniert, wenn sich eine anfänglich zweitrangige Story doch als bedeutsam herausstellen sollte. Beobachtet man die inhaltliche Zusammensetzung mehrerer aufeinanderfolgender Sendungen, so sieht man „wie ein Thema durch den Tag wandert" (Ohler 1991, 85). Bei linguistischer Betrachtungsweise spricht man von „Textketten" (Wintermann 1972, 139; Lutz/ Wodak 1987, 11), die sich durch vielfältige intertextuelle Bezüge auszeichnen.

4. Kommunikative Funktionen und Gestaltung von Hörfunknachrichten aus der Perspektive der Textproduzenten

4.1. Informationsauftrag und Objektivitätsanspruch

Für die öffentlich-rechtlichen Sendeanstalten ist die Informationspflicht in den jeweiligen Rundfunkgesetzen festgeschrieben, und Nachrichtenbulletins sind eines der Vehikel, die dieser juristisch definierten Aufgabe nachkommen. Das Informieren im Sinne der 'Weitergabe von Fakten' ist aus der Perspektive des Managements und der Redakteure die dominante kommunikative Funktion. Wie Wilby/Conroy (1994, 178) ausführen:

„Bulletin information is the outcome of radio's primary public service function – to keep listeners informed of those events and developments of particular interest and relevance to them. The emphasis is on reporting these events, not discussing or analysing them."

Auch das Objektivitätsgebot ist rechtlich verankert (Warneke 1990, 58; Heun 1975, 66; BBC 1993). Folgerichtig sind Hörfunknachrichten – insbesondere in ihrer kurzen, stündlich gesendeten Variante – ein klassisches Beispiel für eine „informationsbetonte Textsorte" nach Lüger (1983, 66). Explizite Wertungen und appellative Elemente, wie sie für „meinungsbetont-persuasive" Textsorten (Lüger 1983, 82) typisch sind, kommen in Hörfunknachrichten höchstens in Zitaten vor. Gleichwohl darf dies nicht zu der Annahme verleiten, daß die 'objektive', 'distanzierte', ganz auf 'Information' konzentrierte Darstellung nur die Fakten wiedergebe. Auch bei bestem Willen zur Unparteilichkeit beinhaltet jede Wiedergabe eines Ereignisses notwendigerweise eine Perspektivierung und zumindest implizite Bewertungen. (Dieser diskursiven Konstruktion von Wirklichkeit analytisch auf den Grund zu gehen, ist das Hauptanliegen einer Forschungstradition innerhalb der Sprachwissenschaft, die sich als 'kritische Linguistik' bzw. 'kritische Diskursanalyse' etabliert hat und die ihr Interesse häufig auf Medientexte richtet. Vgl. u. a. Fowler/Kress 1979; Fowler 1991a und b, 1996; Fairclough 1989, 1992, 1995.

4.2. Bedarfsorientierte Programmgestaltung, Konvention und Innovation

Der gesetzlich verankerte Informationsauftrag der staatlichen Rundfunkanstalten ist zwar eine entscheidende, aber nicht die einzige Determinante der kommunikativen Funktion. Das juristische Bedingungsgefüge allein erklärt weder, warum Information gerade in der konventionalisierten Form der Nachrichtensendungen vermittelt wird, noch warum sich auch private Musiksender den Luxus häufiger Bulletins leisten. Beide Fragen führen uns zum Rezipienten: Wie in Abschnitt 5.2 noch genauer ausgeführt wird, erfüllen die Nachrichten für Hörer auch Funktionen, die nicht primär etwas mit den Inhalten zu tun haben, sondern mit der Strukturierung des Programmablaufs und ganz allgemein des Tagesablaufs, sowie mit der Vermittlung von Ereigniskontinuität und einem Gefühl existentieller Sicherheit. Um es überspitzt zu formulieren: zu jeder halben bzw. vollen Stunde kann sich der Hörer vergewissern, daß die Welt noch 'in Ordnung' ist. Die Regelmäßigkeit der Bulletins ermöglicht darüber hinaus eine exakte zeitliche Abstimmung des Nachrichtenhörens mit begleitenden Tätigkeiten – der Fahrt zum Arbeitsplatz, dem Frühstück, der Mittagspause. Die Nachrichten markieren Einschnitte im Tagesablauf der Hörer bzw. steuern sie sogar – dann nämlich, wenn Aktivitäten so geplant werden, daß sie mit einem Sendetermin für Nachrichten zusammenfallen. Die Nachrichtensendezeit wird so zur Einschaltzeit (Ohler 1991, 75), also zu dem Moment, wo der Hörer für den Sender gewonnen wurde.

Aber auch aus der Sicht der Nachrichtenproduktion erfüllt das fixe Programmschema eine wichtige Funktion:

„Feste Zeiten sind (...) notwendig, weil sie das Skelett darstellen, um das die Programme gebaut werden. Nachrichten haben also auch eine wichtige programmtechnische Funktion. Sie schaffen Zäsuren und erlauben den Wechsel im Charakter des Programms" (Hoiss/Tschech 1975, 207).

Hörfunkproduktion und -nutzung stehen in dialektischer Wechselbeziehung: Einerseits hat sich das Rezeptionsverhalten unter dem Eindruck des – ursprünglich nur über Monopole verfügbaren – Angebots herausgebildet, andererseits reagiert das Angebot auf die Bedarfslage der Konsumenten. (Zu einem transaktionalen Modell der Medienwirkungen vgl. Früh/Schönbach 1982, 82 und Schönbach 1992, 111.) Sender, die neu in den Markt eintreten, passen sich diesen Gegebenheiten an und übernehmen die bewährten, beim Publikum gut eingeführten Nachrichtenkonzepte.

Gleichzeitig ist nicht zu übersehen, daß der durch die Privaten hervorgerufene Konkurrenzdruck die traditionelle Gestaltung von Nachrichten sehr wohl beeinflußt hat. Auch bei vielen öffentlich-rechtlichen Rundfunkanstalten werden die Nachrichten nun dem Gesamtkonzept des Senders angepaßt. Der konsequent durchgezogene Stil, dem auch die Informationsblöcke entsprechen sollen, wird als 'Format' des Programms bezeichnet (Stümpert 1991, 214–215; Prüfig 1993, 13), die diesbezügliche Gestaltung als 'formatting' (Wilby/Conroy 1994, 40; 137). Wilby und Conroy (1994, 36–40) sprechen überdies von der 'Markenidentität' – brand identity – von Rundfunkstationen. Sie wird durch die gezielte Kombination aufeinander abgestimmter Inhalte und Präsentationsformen erzielt, und die Nachrichtengestaltung ist ein Teil davon:

„Branding is achieved through careful and planned consideration of the language style of presenters and announcers, the quality of their voices, jingles, the type of music played, topics discussed and relevance of output to listeners' needs and interests (e.g. travel and weather reports, news bulletins, sports reports). For all their spontaneity, such factors are subject to careful planning and control, reflecting the radio producer's constant nightmare of people switching off the moment they hear something they do not like (Wilby/Conroy 1994, 39)."

Gerade bei den von Musik und Unterhaltung dominierten, meist 'nebenbei' gehörten 'Begleitprogrammen' (zur Unterscheidung von bewußt(er) rezipierten 'Einschaltprogrammen' vgl. Pörtl 1991, 209–210 und Arnold/Verres 1989, 10) müssen die Programmgestalter verhindern, daß der Hörer während des Nachrichtenslots den Sender wechselt. „Der Trend", konstatiert auch Straßner (1991, 165), „geht hin zum Fließprogramm, zum Prinzip der 'Durchhörbarkeit' des Programms". Nur mehr bei traditionellen Sendern mit hohem Wortanteil und einem proportional hohen Anteil an älteren und gebildeten Hörern (z.B. BBC Radio 4, Bayern 5, ORF Ö1) werden die Trennlinien zwischen den Nachrichten und dem umgebenden Programm noch auf klassische Weise markiert: mit einer vom Nachrichtensprecher gesprochenen Senderidentifikation (z.B. „this is Radio 4"), der Zeitansage und (fakultativ) dem Gong.

Bei Musikprogrammen mit einer vorwiegend jungen Zuhörerschaft wird hingegen versucht, die durch Nachrichtenbulletins entstehenden Brüche möglichst unauffällig zu gestalten, und zwar insbesondere am Sendungsende. Als Beispiel seien die Nachrichten des Popmusik-Senders BBC Radio 1 genannt.

Der Beginn der Radio-1-Nachrichten wird mit einem Jingle signalisiert (zur Definition und Klassifikation von Jingles vgl. La Roche 1991a und Haas 1991), der klanglich zu dem für Radio 1 typischen Musikprogramm paßt. Vor dem Hintergrund des ausklingenden Jingles schaltet sich entweder der Nachrichtensprecher direkt mit einer Zeitansage ein, oder der Moderator übergibt das Wort an ihn mit einer Einleitung wie etwa „Hugh Williams has the latest news". Der Übergang ist harmonisch, aber dennoch klar markiert. Das Ziel sei es, so ein leitender BBC-Redakteur im Interview, „to hit people hard with the real strong news". Am Ende der Nachrichtensendung geht es hauptsächlich darum, grobe Einschnitte zu vermeiden, und die Hörer 'sanft' ins Programm zurückzuführen – „to ease them back into the programme", wie sich der Redakteur ausdrückte, damit die Nachrichten kein 'Klotz am Bein' des Senders würden („not making news seem like a huge sort of ball and chain around the legs of the network"). Drei Techniken tragen zu diesem Effekt des fließenden Übergangs bei. (1) Es gibt zwar parallel zur 'Ansage' am Beginn der Sendung eine 'Absage'; diese ist aber nicht streng formalisiert, sondern variabel und im lockeren Konversationsstil der anschließenden Moderation gehalten, z. B.: „That's the news for now, we'll have more for you on One at 11.30" (10. 10. 1989), „that's it for now from the 1 FM newsroom, next update 9.30" (21. 12. 1994). (2) Die letzte Meldung des Bulletins ist inhaltlich häufig der Kategorie *soft news* zuzuordnen (vgl. Tuchman 1978, 47–48; Weiner 1990, 310; Jipp 1990, 12–13), behandelt also anders als *hard news* nicht aktuelles Zeitgeschehen aus Politik und Wirtschaft, sondern Anekdotisches aus dem Alltagsleben: das entlaufene Zootier, die skurrile Erfindung, die Großtat für das Guiness Buch der Rekorde. Hier geht es sichtlich nicht um die Vermittlung relevanter tagespolitischer Informationen, die im traditionellen Sinne Nachrichtenwert besitzen, sondern um ein Abfedern des Kontrasts zwischen der Ernsthaftigkeit der vorangegangenen Meldungen und dem nachfolgenden, locker moderierten Musikprogramm. Zumindest für diese Teile der Nachrichtensendungen ist eindeutig nicht die Informations-, sondern die Unterhaltungsfunktion als dominant anzusehen. (3) Bezugnehmend auf die an den Schluß gestellte *human interest story* kann sich sogar ein kurzes Zwiegespräch zwischen Nachrichtensprecher und Moderator entwickeln, so daß ganz entgegen der Konvention der Nachrichtensprecher sehr wohl nicht nur als Vorleser, sondern auch als dialogisch agierendes Individuum präsent ist.

4.3. Aufbau von Hörfunknachrichten

Kurznachrichten im Hörfunk sind aus folgenden Elementen zusammengesetzt: (1) den Schlagzeilen, (2) den ausformulierten Meldungen (in absteigender Reihenfolge nach ihrem relevanten Nachrichtenwert geordnet), (3) dem Wetterbericht und (4) den Verkehrsnachrichten, wobei (1), (3) und (4) fakultativ sind. Die einzelnen Meldungen sind i. d. R. nicht explizit durch kohäsive Mittel miteinander verknüpft (Burger 1990, 106), so daß sie als in sich geschlossene Module innerhalb der Sendung frei verschoben und ggf. durch andere Meldungen ausgetauscht werden können, ohne daß der gesamte Text zu redigieren ist. Meldungen können von sogenannten O-Tönen (englisch *actuality*) aufgelockert werden, d. h. von „authentischen Wort-Aufnahmen" (Buchholz 1991, 105), also z. B. Ausschnitten aus Interviews oder Reden, bisweilen verbunden mit Umgebungsgeräuschen vom Ort des Geschehens. „Actuality", vermerkt Boyd (1993, 120; und zwar in Bezug auf Radio und TV) „is used to transport the audience to the scene, to hear the words as they were said, and to see or hear the news as it is actually happening". Durch den Sprecherwechsel und differenzierte Klangkulissen bringen O-Töne Farbe und Abwechslung in die Nachrichtendramaturgie und vermitteln größere Unmittelbarkeit und Authentizität als der vom Sprecher gelesene Text. Sie helfen auch mit, lange Passagen mit indirekter Rede zu vermeiden. Statt z. B. die Äußerungen zweier Konfliktparteien indirekt wiederzugeben (und dabei mit Rücksicht auf das Objektivitätsgebot auf ein sehr kleines Set von wertneutralen verba dicendi – allen voran *sagen* – angewiesen zu sein), läßt man die Betroffenen selbst zu Wort kommen (Hardt-Mautner 1993b, 321–322).

Als Trennsignale zwischen den einzelnen Meldungen dienen entweder Pausen oder eine Kombination von Pausen mit einer sogenannten 'Ortsmarke' (La Roche 1991b, 88–89) oder mit einem Stichwort, welches das Thema der Meldung ankündigt. Eine weitere Möglichkeit zur Meldungsbegrenzung ist der Einsatz von Tönen oder Tonfolgen als „akustische Newstrenner" (Schönbach/Goertz 1995, 20).

Wenn zwischen den Meldungen Pausen gemacht werden, hängt deren Länge vom Präsentationsstil der Nachrichten, und dieser wieder vom übergeordneten Format des Senders ab. BBC Radio 1 zum Beispiel will ein junges und dynamisches Klangbild vermitteln, und entsprechend stark wird auch das Tempo der Nachrichten forciert: durch höhere Sprechgeschwindigkeit und kurze Pausen. Für ähnlich ausgerichtete Sender im norddeutschen Raum (radio ffn, OK Radio, Radio Schleswig-Holstein) konstatieren Schönbach/Goertz (1995, 21) ebenfalls die Tendenz zur Pausenverkürzung; bei Radio Hamburg und N-Joy Radio übernehmen Newstrenner die Funktion der Abgrenzung der einzelnen Meldungen.

Meldungen sind nach dem Lead- bzw. Leadsatz-Prinzip aufgebaut (Burger 1990, 107; Ohler 1991, 77; Nail 1976, 45–46), d. h. die wesentlichsten Informationen – Ort, Ereignis, Beteiligte – sind im ersten Satz enthalten. Eine explizite zeitliche Einordnung erübrigt sich meist, da bei Hörfunknachrichten der dominante temporale Bezugsrahmen ohnehin die Gegenwart und unmittelbare Vergangenheit sind. (Dies wird auch in der Wahl der Tempora deutlich: sowohl für das Englische als auch das Deutsche gilt, daß in Leadsätzen das Perfekt am häufigsten ist; vgl. Wintermann 1972, 209; Hardt-Mautner 1993b, 324.) Nach dem Leadsatz gehorcht der Rest der Meldung dann dem „Pyramidenprinzip der zunehmenden Differenzierung, Aspektualisierung und Detaillierung" (Schwitalla 1993, 12). Für den Hörer hat die Struktur der abnehmenden Wichtigkeit den Vorteil, daß das Informationsbedürfnis rasch befriedigt wird und daß er bei für ihn weniger interessanten Meldungen seine Aufmerksamkeit verringern kann. Den Produktionsprozeß erleichtert das Leadprinzip insofern, als es das Kürzen vom Textende her erleichtert. Zusammen mit dem Fehlen von Kohäsionssignalen zwischen den Meldungen erhöht dies die Manipulierbarkeit des Textes, was die unter Zeitdruck ablaufende Produktion erheblich erleichtert.

4.4. Die Sprache von Hörfunknachrichten

Aus linguistischer Perspektive bilden Rundfunknachrichten „einen Texttyp, der in der Mitte zwischen schriftlich konstituierten und mündlich konstituierten sowie zwischen wissenschaftlichen und nicht-wissenschaftlichen, d. h. fiktiv erzählenden Texten steht" (Harweg 1968, 1). In Sandigs (1972, 118) Textsortentypologie erhalten Hörfunknachrichten u.a. die Merkmale [+ gesprochen], [– spontan], [+ monologisch]; auch auf die besondere sprachliche Form des Textanfangs und Textendes und auf das Fehlen der 1. und 2. Person wird hingewiesen. Es ist offensichtlich, daß Hörfunknachrichten nicht als 'gesprochene' Sprache im eigentlichen Sinne klassifiziert werden dürfen. Beim manuskriptgetreu vorgelesenen Nachrichtentext ist die Affinität zur geschriebenen Standardsprache der Printmedien höher als jene zur mündlichen Umgangssprache (Nail 1976, 44). Ein wesentlicher Aspekt dieser Schriftlichkeit ist die starke Informationskomprimierung durch eine Verbindung von geringer Redundanz und der „Eliminierung von Erklärungskontexten" (Fluck 1993, 103). Beides erschwert die Sprachverarbeitung (siehe 5.3), und zwar gerade in einem rein akustischen und ephemeren Medium, das die wiederholte Rezeption nur über den technischen Umweg der Bandaufnahme ermöglicht. Auf syntaktischer Ebene, so der Befund von Studien zur deutschen Nachrichtensprache (Böhm u.a. 1972, 161; Straßner 1975, 95; Nail 1976, 47; Küffner 1982, 76, 79–80; Lutz/Wodak 1987, 13; Bramstedt 1994, 233), wird die hohe Informationsdichte durch mehrfach modifizierte Nominalgruppen erzielt („Nominalstil"), die im schlimmsten Fall zu „monströsen Substantivknäuel[n]" (Küffner 1982, 80) anwachsen können. Von der Komprimierung besonders betroffen sind naturgemäß die Kurznachrichten, und innerhalb der einzelnen Meldung ist es vor allem der Leadsatz, der leicht mit Informationen überfrachtet wird, stellt er doch den Versuch dar, „möglichst viele Anworten auf die bekannten journalistischen W's (wer, was, wann, wo warum?) in einer Satzeinheit unterzubringen" (Straßner 1978, 180).

Auf lexikalischer Ebene ermöglicht es die Verwendung von Fachwörtern (vornehmlich aus den von *hard news* abgedeckten Themenbereichen Politik und Wirtschaft), komplexe Sachverhalte präzise und ökonomisch zu vermitteln (vgl. Fluck 1991, 35). In Hinblick auf das Objektivitätsgebot haben Fachausdrücke überdies den Vorteil der (relativen) Wertfreiheit, während umgangssprachliche Paraphrasierungen leicht um subjektive Interpretationen angereichert sein können (Küffner 1982, 79). Obwohl fachsprachliche Elemente für viele Hörer die Verständlichkeit beeinträchtigen, ist zu bedenken, daß im engen zeitlichen Korsett der Kurznachrichten „die Grenzen journalistischen Wissenstransfers eng gezogen sind" (Fluck 1989, 255): Termini technici haben nicht immer alltagssprachliche Synonyme, und Paraphrasen wären oft zu lang. Sie wären auch nicht unbedingt verständlicher (Burger 1990, 113; Küffner 1982, 77), da sich fehlendes Hintergrundwissen nur in eingeschränktem Maße durch Vereinfachung an der sprachlichen Oberfläche kompensieren läßt (siehe auch 5.3).

Die phonetische Realisierung der Nachrichtentexte wird ebenfalls von den beiden Faktoren Schriftlichkeit und Objektivitätsanspruch gesteuert. „[M]an hört (und soll es hören), daß der Text nicht etwa spontan formuliert ist, sondern total abgelesen wird" (Burger 1990, 105). Kennzeichen freier gesprochener Sprache, wie Wiederholungen, Anakoluthe, Versprecher, etc. kommen kaum vor und gelten als Fehlleistungen, die der Nachrichtensprecher entschuldigend zu korrigieren hat. Ebenfalls im Unterschied zu 'echter' gesprochener Sprache werden Pausen „an den syntaktischen Schnittstellen, also vorwiegend bei Satzzeichen, auch zur Abhebung zitierter Passagen, kaum je aber zur rhetorischen Zwecken" (Burger 1990, 105) gesetzt. Zumindest bei Hörfunknachrichten klassischen Zuschnitts ist der Vortrag um all jene paraverbalen Signale bereinigt, die auf die Meinung und/oder emotionale Befindlichkeit des Sprechers schließen lassen könnten. Der Sprechstil ist „zu verantwortlichem Ernst und vermittelnder Distanz im Sinne des rhetorischen 'aptum' verpflichtet" (Varwig 1991, 317). Im Zuge der Anpassung der Nachrichtengestaltung an die Formate 'junger', dynamisch wirkender Programme gibt es aber auch schon das Modell weniger distanzierter Präsentation; „statt Verkündigungsstil die aufgelockerte Präsentation", beschreibt Fluck (1993, 104) diese Entwicklung.

BBC Radio 1 ist dafür ein Beispiel: Gewiß wird immer noch ein Manuskript ohne Abweichungen vorgelesen, aber Sprechtempo, Intonation und kürzere Pausen wecken den Eindruck sehr engagierter, hastiger, von Sensationsbewußtsein geprägter Berichterstattung. Von den Informanten einer rezeptionsorientierten Studie (Hardt-Mautner 1992, 234–235) wird der Radio-1-Präsentationsstil u. a. als „chatty", „speedy", „punchy", „more jazzy", „racy", „snappy" und „breathless" bezeichnet. Wer das traditionelle Format gewöhnt ist und nicht zur primär intendierten Zielgruppe von Radio 1 gehört, kann durchaus so irritiert sein, daß er das Gefühl beeinträchtigten Verstehens bekommt („I find this very hyped manner of speaking actually more difficult to follow", „I think I understand less if it's rat-a-tat-tat at me"). Werden die formalen Abweichungen von der konventionellen Ausprägung der Textsorte als zu massiv empfunden, dann kann den Radio-1-Texten mitunter sogar der Status als 'Nachrichten' abgesprochen werden. So meint ein Informant: „It was more as if they were putting on a show for Radio One (...) I like news to be news". (Zu einem deutschen Beispiel, den 'Infos' im SWF-3-Popshop, vgl. Burger 1990, 126.)

Bislang unangefochten in der Nachrichtengestaltung ist die Monopolstellung der jeweiligen nationalen Standardsprache – in Bezug auf Lexis, Syntax und phonetische Realisierung. Dialektale Färbungen sind höchstens bei den in *voice pieces* zu Wort kommenden Fachredakteuren und Korrespondenten anzutreffen (und auch dann nur auf lautlicher Ebene). Die Verwendung der Hochsprache als primäre 'Stimme' des Senders ist fest etablierte Konvention, die sowohl auf der Seite der Textproduzenten als auch der -rezipienten eng mit dem Anspruch der 'objektiven' Berichterstattung verknüpft ist. Der Vorstellung von Nachrichten im Dialekt wird mit Skepsis begegnet, stellen Lutz/Wodak (1987, 183) bei ihren Untersuchungen in Österreich fest, und auch die von Hardt-Mautner (1992, 240–243) interviewten Briten stehen der von der Mehrzahl der BBC-Sprecher verwendeten Standardvariante – *received pronunciation* – positiv gegenüber. (Zu BBC English vgl. Leitner 1980; Leitner 1983, 60–68; Tomalin/Strevens/ McArthur 1992, 109–111). Aus Äußerungen von Informanten läßt sich entnehmen, daß die Aussprache als konstitutiv für die Textsorte angesehen wird: Nachrichten im Dialekt würden nicht so viel 'bedeuten' („it wouldn't mean as much ... it wouldn't be as meaningful"), und Standard-Englisch sei 'völlig unparteiisch' („well it's completely impartial isn't it"). Sogar in der von Diglossie geprägten deutschen Schweiz, wo Schwyzerdütsch in den Medien schon sehr viele Domänen erobert hat (u. a. TV-Dokumentationen, Magazine, Talkshows), werden die Meldungsblöcke der Hörfunknachrichten sowohl im öffentlich-rechtlichen DRS als auch bei den Privaten ausschließlich in (der schweizerischen Variante) der Hochsprache gelesen.

5. Mediennutzung, kommunikative Funktionen, Verstehen und Verständlichkeit aus der Sicht der Rezipienten

5.1. Mediennutzung

Radionachrichten zu hören ist nur selten eine Hauptbeschäftigung: Der Hörfunk gilt als „ubiquitäres Begleitmedium" (Schäffner 1994, 252), als „secondary medium" (Crisell 1994, 13) bzw. „Medium des 'Nebenbei'" (Mathes 1990, 11), und so werden auch die Nachrichten meist nur parallel zu anderen Aktivitäten rezipiert. Die größte Schwäche des Radios, die Beschränkung auf den akustischen Kanal, ist also zugleich seine größte Stärke, weil das Hören weniger perzeptive und motorische Kapazitäten beansprucht als das Lesen der Zeitung oder das Verfolgen der TV-Nachrichten. Ein weiterer Unterschied zur TV-Rezeption fällt auf: Obwohl auch für das Radio die Aufnahmetechnologie vorhanden ist, hat sich anders als im TV zeitversetzte Rezeption nicht durchgesetzt (Wilby/Conroy 1994, 31). Der Hörfunk ist unmittelbar, dem Hier und Jetzt verhaftet geblieben.

Die Verbreitung leichter und erschwinglicher Radiogeräte hochentwickelter Technologie hat ihren Teil zur Allgegenwärtigkeit des Hörfunks beigetragen. Pro Haushalt oder Arbeitsstätte sind meist mehrere Geräte vorhanden (ganz zu schweigen von Autoradios und UKW-Empfängern im Walkman-Format), und dies hat auch die Privatheit, ja Intimität des Radiohörens erhöht:

„[R]adio is an 'intimate' mode of communication not simply because its messages can be fully 'realized' only inside the listener's head, but because they frequently reach him in circumstances of solitude and privacy and can accompany him in an unprecedented range of places and activities. This means that it can be, and is, assimilated to his daily existence much more than are the other media, and to a much greater extent than ever before (Crisell 1994, 13)."

Das einzelne Gerät ist kein Sammelpunkt für Gruppen mehr, wie dies aus der Frühzeit des Hörfunks attestiert ist (McLuhan 1968, 327; Pegg 1983, 197); im Gegenteil: Radio- bzw. Radionachrichtenhören wird von Menschen häufig alleine erlebt und übernimmt mitunter sogar die Funktion menschlicher Gesellschaft.

Die 'Berieselung' durch das Radio schließt dennoch die aufmerksame Rezeption von Nachrichten nicht aus. Wie sich ein Informant im Interview ausdrückt: „Sometimes it's riveting stuff and you stop everything to listen". Schlagzeilen zu Beginn von Nachrichtenbulletins sowie das Leadsatzprinzip in der Struktur der einzelnen Meldung ermöglichen dem Hörer eine gewisse Steuerung seines Aufmerksamkeitsniveaus: Werden für ihn interessante Meldungen angekündigt, kann er sich auf intensivere Textverarbeitung einstellen – ein kleiner Ausgleich für die ansonsten gezwungenermaßen lineare Rezeption im akustischen Medium.

5.2. Kommunikative Funktionen

Das Bemühen, die 'kommunikative Funktion' von Radionachrichten aus der Perspektive der Hörer zu beschreiben, kreist um die Frage, worin die Motivation besteht, Hörfunknachrichten zu hören bzw. welchen Nutzen die Rezipienten erwarten. Die Antworten lassen sich grob in fünf Kategorien zusammenfassen: (1) Nachrichten werden gehört, weil sie ein fixer Bestandteil des Radioprogramms sind, (2) weil es sich dabei um ein Ritual handelt, das fest zur Alltagsroutine gehört, (3) weil die regelmäßige Versorgung mit Nachrichten eo ipso ein Bedürfnis nach kontinuierlicher Aktualisierung erzeugt, (4) um ein Gefühl der Sicherheit und Verankerung in der Außenwelt zu erhalten, (5) um den aktuellsten Stand an Informationen zu erhalten, den weder Presse noch TV bieten können. Gewiß gibt es zwischen (1) bis (5) fließende Übergänge. Ein bestimmter Rezeptionsakt kann durchaus durch mehrere Kategorien bestimmbar sein – wenn etwa der habitualisierte Nachrichtenkonsum zu einer fixen Tageszeit mit echtem Informationsbedürfnis, z.B. an einem Wahltag, zusammenfällt. Auch für einen bestimmten Hörer kann das Nachrichtenhören der Situation und der Tageszeit entsprechend unterschiedliche Funktionen erfüllen (Berieselung während der Fahrt an den Arbeitsplatz, Anbindung an die Außenwelt, um der Isolation am Arbeitsplatz zu begegnen, Informationsvermittlung spätabends, wenn z.B. noch nach den letzten TV-Nachrichten ein Ereignis passiert ist).

Insbesondere bei den musikorientierten Begleitprogrammen werden die Nachrichtenbulletins quasi en passant, als Teil der Sendungen, in die sie eingebettet sind, rezipiert. Wer nicht einen bewußten Akt setzt und nach Ertönen des Nachrichten-Jingles das Gerät abschaltet, wird nolens volens auch mit den neuesten Informationen konfrontiert. „I suppose it's just there, isn't it", kommentiert eine Informantin diesen 'unfreiwilligen' Nachrichtenkonsum.

Eine weniger sporadische und weniger zufällige Art Nachrichten zu rezipieren tritt dann auf, wenn das Radiohören regelmäßig und zu fixen Zeiten erfolgt – oft gekoppelt mit wiederkehrenden Tätigkeiten im Tagesablauf. Gerade dann ist allerdings auf den „hohen Grad der Ritualisierung des Nachrichtenkonsums" (Lutz/Wodak 1987, 23) hinzuweisen. „Die regelmäßige Nutzung einer Nachrichtensendung", argumentieren auch Burkart/Vogt (1982, 146), „ist nur zum Teil als Ausdruck einer aktuellen Bedarfslage zu interpretieren."

Es gilt weiterhin zu bedenken, daß das Medium selbst das Bedürfnis nach mehr Nachrichtenkonsum fördert. Die mit großer

Häufigkeit und Regelmäßigkeit gesendeten Kurznachrichten sind per definitionem Momentaufnahmen sich entfaltender Ereignisse. Jede Sendung gibt und hält das Versprechen 'Fortsetzung folgt' (Hardt-Mautner 1992, 226–227).

Sieht man die Ritualisierung des Nachrichtenkonsums und die Entwicklung von 'Fortsetzungsgeschichten' im Zusammenhang, so erkennt man, daß Hörfunknachrichten unterschwellig auch die Funktion erfüllen, ein Bedürfnis nach Kontinuität zu stillen; das Radio fungiert „als Medium der jederzeitigen Daseins- und Umwelt-Vergewisserung" (Jenke 1986, 69, zit. nach Nembach 1989, 42). Für Menschen, die von sozialer Isolation betroffen sind (ob zu Hause oder an kontaktarmen Arbeitsplätzen) sind die Radionachrichten darüber hinaus eine Brücke zur Außenwelt.

Parallel zu diesen im weitesten Sinne sozialen Funktionen erfüllen die Radionachrichten wichtige Aufgaben in der Informationsvermittlung. Als Nachrichtenquelle hat der Hörfunk gegenüber Presse und TV vor allem drei Wettbewerbsvorteile: (1) häufige Verfügbarkeit (Halbstunden- oder Stundenintervall), (2) örtliche Flexibilität bei der Rezeption, und (3) Aktualität. In den Morgenstunden, der Zeit der höchsten Einschaltziffern (Church, 1994, 131), sind alle drei Faktoren wirksam. Die vorhandene Auswahl an verschiedenen Bulletins ermöglicht die Anpassung an den individuellen Morgenrhythmus, der aufgrund der rein akustischen Übermittlung auch ungestört ablaufen kann. Darüber hinaus liefern die Hörfunknachrichten im Gegensatz zur de facto bereits veralteten Morgenzeitung tatsächlich aktuelle Informationen und erfüllen so „eine Art 'Alarmfunktion': Sie informieren das Publikum hauptsächlich darüber, ob sich in der Nacht etwas Wesentliches ereignet hat oder ob die Welt noch so ist, wie sie am Abend zuvor war" (Schönbach/Goertz 1995, 14).

Daß das Informationsbedürfnis in gleichem Maße ein Interesse an Neuem und an Kontinuität umfaßt, ist nur auf den ersten Blick ein Paradoxon. Denn zu den Faktoren, die den Nachrichtenwert von Meldungen steuern, erinnert van Dijk (1988, 121), gehören sowohl 'Neuigkeit' *(novelty)* als auch spezifische 'Voraussetzungen' *(presupposition)*. Auch das Neue muß in konventionalisierte Interpretationsrahmen eingebunden sein, um ein Verstehen prinzipiell zu ermöglichen. Für den Hörer sind zwar nicht im einzelnen die konkreten Inhalte, aber doch die prinzipiellen Ereignisstrukturen und Personenkonfigurationen vorhersehbar. Fazit: „novelty in the news is limited. It is the tip of an iceberg of presuppositions and hence of previously acquired information. Also complete novelty is by definition incomprehensible: Without previous models and schemata, we cannot understand what a news text is about" (van Dijk 1988, 121).

5.3. Verstehen und Verständlichkeit

Das Problem der Verständlichkeit von Hörfunknachrichten beschäftigt Medienwissenschaftler und Linguisten ebenso wie Redakteure und Programmdirektoren. Auch wenn Nachrichten nicht nur zur Informationsgewinnung gehört werden (siehe 5.2), so ist dies aus der Sicht der Rezipienten doch eine sehr zentrale kommunikative Funktion, und aus der Sicht der Produzenten ginge schließlich der Informationsauftrag ins Leere, wenn die Nachrichten nur als Teil des 'Geräuschteppichs' wahrgenommen, nicht aber kognitiv verarbeitet würden.

Empirische Untersuchungen, die sich mit der Verständlichkeit von Hörfunknachrichten befassen, haben zumeist eine oder mehrere der folgenden untersuchungsleitenden Fragestellungen als Ausgangsbasis: (1) Welche Auswirkungen haben Inhalt, Aufbau, Präsentationsform und sprachliche Gestaltung der Nachrichten auf die Verständlichkeit? (2) Welchen Einfluß haben soziodemographische Charakteristika der Rezipienten (Alter, Geschlecht, Bildung) auf die Verstehensleistungen? (3) Welchen inhaltlichen Transformationen wird der Nachrichtentext im Zuge des Rezeptionsprozesses unterzogen?

Ohne hier die theoretischen und methodologischen Prämissen der Verständlichkeitsforschung im einzelnen aufzurollen (vgl. Heringer 1979; Kintsch/van Dijk 1978; Mandl 1981; Larsen 1983; Hoppe-Graff 1984; Lutz/Wodak 1987, 35–84; Hardt-Mautner 1992, 57–62), seien im folgenden die wesentlichsten Ergebnisse ausgewählter Studien zusammengefaßt.

Für die Kurznachrichten des Österreichischen Rundfunks (ORF) bestätigen die von Lutz/Wodak (1987) durchgeführten Verständlichkeitstests, daß der Faktor 'soziale Schicht' statistisch signifikante Auswirkungen auf die Reproduktionsleistungen hat, und zwar bei den jugendlichen ebenso wie bei den erwachsenen Testpersonen (Lutz/Wodak 1987, 117–124; 149–156; 208–209). In einer zweiten Testreihe führten die Autoren an Nachrichtentexten Veränderungen durch (u. a. syntaktische Vereinfachung, Auflösung von Nominalphrasen, Erhöhung der semantischen Kohärenz und der Kohäsion, Einfügung von einleitenden Schlagzeilen), ließen die umformulierten Texte aber auch durch professionelle Nachrichtensprecher lesen, so daß der Eindruck der Authentizität gewahrt blieb (Lutz/Wodak 1987, 89–93). Die Umformulierungen erhöhten zwar die Reproduktionsleistungen seitens der Testpersonen, der Effekt war allerdings erst recht wieder bei jenen Versuchspersonen am höchsten, die auch schon bei der schwierigeren Originalvariante gut abgeschnitten hatten (Lutz/Wodak 1987, 133–134). Die verstehensfördernde Wirkung sprachlicher Vereinfachung hört dort auf, wo Bildungsdefizite und sozialisationsbedingte Interessenlagen die Rezeption erschweren oder ganz blockieren.

Zu vergleichbaren, in Details aber dennoch differierenden Ergebnissen kommt Hardt-Mautner (1992, 1993a, b) in ihrer Studie zu den Hörfunknachrichten der beiden BBC-Sender Radio 1 und Radio 4. Das Herstellen vereinfachter Varianten erübrigte sich, da mit den Nachrichten im 'jungen' Sender Radio 1 ohnehin ein alternatives Nachrichtenformat vorlag, das sich von den klassischen Nachrichten in Radio 4 (einem auf das gesprochene Wort konzentrierten Sender für ältere Hörer) abhob. Die Radio-1-Version bestand aus einer geringeren Anzahl von Meldungen, verwendete einen O-Ton und eine *human-interest*-Geschichte. Sie war für alle jugendlichen Versuchspersonen nicht nur leichter verständlich als die Radio-4-Nachrichten, sondern verhalf gerade auch jenen unter ihnen zu besseren Verstehensleistungen, die mit Radio 4 Schwierigkeiten hatten. Ein konträres Bild ergab sich allerdings bei Verstehenstests mit älteren Versuchspersonen: Hier waren die Reproduktionsleistungen für Radio-4-Nachrichten – also das traditionelle Nachrichtenformat, das diese Personengruppe gewöhnt ist – höher als bei der für den Pop-Sender Radio 1 konzipierten Variante. Der adressatenadäquaten Nachrichtengestaltung der BBC kann somit deutlicher Erfolg bescheinigt werden (Hardt-Mautner 1992, 122–126). Parallel zu den von Lutz/Wodak referierten Resultaten konstatierte auch Hardt-Mautner statistisch signifikante schichtspezifische Verstehensunterschiede sowie den Einfluß kognitiver und emotionaler Faktoren auf das Textverstehen. Treten Lücken in der Textverarbeitung auf, so versuchen die Rezipienten, die fehlenden Informationen durch Inferenzen zu komplettieren: „Auf der Suche nach Sinn im Text wird das verfügbare Vorwissen herangezogen; je weniger verfügbar ist, desto mehr wird die Quantität und Qualität der Textverarbeitung in Mitleidenschaft gezogen" (Hardt-Mautner 1992, 221).

In der Studie von Schönbach/Goertz (1995), die eine große Bandbreite norddeutscher Rundfunknachrichten unterschiedlicher Formate zum Gegenstand hat, wird der Zusammenhang zwischen der Präsentationsform und den Erinnerungsleistungen untersucht. Aus den vielfältigen Detailbefunden dieser Arbeit destillieren die Autoren „immerhin ein solides Rezept" heraus: Nachrichtensendungen sollten „eher wenige, dafür aber jeweils längere Meldungen enthalten" (Schönbach/Goertz 1995, 109–110). Wurden Sendungen von Versuchspersonen als „einfach", aber „nicht zu monoton" bezeichnet, dann steigerte dies die Erinnerungsleistungen. Somit werde die Gestaltung der Nachrichten zum „Balanceakt" zwischen „Dramatik" und Vereinfachung: Letztere dürfe nicht so weit gehen, daß sie das Interesse beim Zuhörer mindere (Schönbach/Goertz 1995, 110). Ein weiteres Ergebnis erscheint bemerkenswert: Nachrichten, deren Aufmachung Hörer als attraktiv empfinden, werden nicht notwendigerweise auch besser erinnert. Dies ist in der Tat „schmerzlich für Radiomacher, für die Nachrichten auch zur Attraktivität des Gesamtprogramms beitragen sollen" (Schönbach/Goertz 1995, 111). Wenn sich nun herausstellt, daß ein bestimmtes Nachrichtenformat für die Einschaltquoten (und damit ggf. für Werbeeinnahmen) gut, für die Informationsaufnahme aber schlecht ist, dann sind Programmgestalter gezwungen, Prioritäten zu setzen: ein Zielkonflikt, demgerade im Lichte der Deregulierung der Medienlandschaft eine gewisse Brisanz zu eigen ist.

6. Resümee und Ausblick

Im Ensemble der Nachrichtenmedien zeichnet sich der Hörfunk sowohl durch seine Aktualität als auch durch die große Flexibilität aus, die er als Begleitmedium den Hörern bei der Rezeption gewährt. Die kommunikativen Funktionen der Radionachrichten sind einerseits im Bedürfnis nach Information begründet, leiten sich andererseits aber auch aus dem Streben nach ritualisiertem, die persönliche Verankerung in der Umwelt bestärkendem Medienkonsum ab. Die Programmgestalter sind ihrerseits genötigt, die kommunikative Funktion auf zwei verschiedenen Ebenen zu reflektieren und zu realisieren: Zum einen haben sie dem vom Gesetz vorgegebenen und von den Erwartungen der Hörer eingeforderten Informationsauftrag zu erfüllen, und zum anderen haben sie darauf zu achten, daß sich die Nachrichten harmonisch in das übrige Programm einfügen, um während der Nachrichten-Slots die Loyalität der Hörer zu 'ihrem' Sender nicht aufs Spiel zu setzen.

Für die Zukunft wird man ein weiteres Anwachsen der kommerziellen Radiostationen sowie der lokalen und auf kleinere Zielgruppen zugeschnittenen Sender erwarten dürfen. Für den aktuellen Dienst ergeben sich dabei folgende Szenarien: Erstens erhöht die ökonomische Notwendigkeit, Hörer (als Rezipienten von Werbeeinschaltungen!) an den Sender zu binden, auch den Druck, die Nachrichten möglichst ansprechend– und zwar in Übereinstimmung mit der übergeordneten 'Identität' der Station (Wilby/Conroy 1994, 38) – zu gestalten. Zweitens ist speziell bei den privaten Anbietern aus Kostengründen mit einer verstärkten Standardisierung des Nachrichtenoutputs zu rechnen, und zwar durch den Einsatz vorgefertigter Agenturtexte und durch verschiedene Formen der Kooperation zwischen Sendern. Dennoch darf man, drittens, auch auf eine Differenzierung hoffen: Community Radio sowie Sender von und für spezielle Interessengruppen könnten das Nachrichtenangebot erweitern. Darüber hinaus ist zu sehen, daß das Zusammenspiel von differenzierten Nachrichten des traditionellen Mediums Hörfunk und informativer Vernetzung im modernen Medium Internet neue Wirkungsformen entfaltet, unter denen auch demokratiepolitische Möglichkeiten nicht unerwähnt bleiben sollen.

Insgesamt betrachtet werden Hörfunknachrichten angesichts ihrer vielfältigen kommunikativen Funktionen auch weiterhin ihren Stellenwert innerhalb des reichhaltigen Angebotsspektrums der Medienlandschaft behaupten können.

7. Literatur

Arnold Bernd-Peter/Hanns Verres, Radio. Macher, Mechanismen, Mission. München 1989

BBC, Producers' Guidelines. London 1993

Bell, Allan, The language of news media. Oxford, U.K./Cambridge, Mass. 1991

Berg, Klaus/Marie-Luise Kiefer (Hrsg.), Massenkommunikation IV. Eine Langzeitstudie zur Mediennutzung und Medienbewertung 1964–1990. Baden-Baden 1992

Biere, Bernd U., Zur Konstitution von Pressetexten. In: Sprache in den Medien nach 1945. Hrsg. von Bernd Ulrich Biere/Helmut Henne. Tübingen 1993, 56–86

Böhm, Stefan/Gerhard Koller/Jürgen Schönhut/ Erich Straßner, Rundfunknachrichten. Sozio- und psycholinguistische Aspekte. In: Sprache und Gesellschaft. Hrsg. v. Annemarie Rucktäschel. München 1972, 153–194

Boyd, Andrew, Broadcast journalism. Techniques of radio and TV news. Oxford ²1993

Bramstedt, Beate, Nachrichten im öffentlich-rechtlichen und im privaten Hörfunk. In: Mu 104, 1994, 232–247

Buchholz, Axel, Bericht mit O-Ton. In: Radiojournalismus. Ein Handbuch für Ausbildung und Praxis im Hörfunk. Hrsg. v. Walther von La Roche/Axel Buchholz. München ⁵1991, 105–119

Burger, Harald, Sprache der Massenmedien. Berlin/New York ²1990

Burkart, Roland/U. Vogt, Richten nach Nachrichten? Eine Rezeptionsanalyse von TV-Nachrichten. Wien 1982

Church, Jenny (Hrsg.), Social trends 24. London 1994

Crisell, Andrew, Understanding radio. London/New York ²1994

Dijk, Teun A., van, News as Discourse. Hillsdale/N. J. 1988

Fairclough, Norman, Language and power. London/New York 1989

–, Discourse and social change. Cambridge 1992

–, Critical discourse analysis. The critical study of language. London/New York 1995

Fluck, Hans-Rüdiger, Hörfunknachrichten und ihre Vermittlung. In: Mu 99, 1989, 249–264

–, Fachsprachen. Tübingen 1991

–, Zur Entwicklung von Rundfunk und Rundfunksprache in der Bundesrepublik Deutschland nach 1945. In: Sprache in den Medien nach 1945. Hrsg. v. Bernd Ulrich Biere/Helmut Henne. Tübingen 1993, 87–107

Fowler, Roger, Language in the news. Discourse and ideology in the press. London/New York 1991a

–, Critical linguistics. In: The linguistics encyclopedia. Hrsg. v. Kirsten Malmkjær. London/New York 1991b, 89–93

–, On critical linguistics. In: Texts and practices. Readings in critical discourse analysis. Hrsg. v. Carmen R. Caldas-Coulthard/Malcolm Coulthard. London/New York 1996, 3–14

–,/Gunter Kress, Critical linguistics. In: Language and control. Hrsg. v. Roger Fowler/Bob Hodge/Gunter Kress. London/Boston/Henley 1979, 185–213

Früh, Werner/Klaus Schönbach, Der dynamisch-transaktionale Ansatz. Ein neues Paradigma der Medienwirkungen. In: Publizistik 27, 1982, 74–88

Galtung, J./M. Ruge, Structuring and selecting news. In: The manufacture of news. Deviance, social problems and the mass media. Hrsg. v. S. Cohen/J. Young. London 1973, 62–72

Haas, Mike, Jingle – die Feinheiten. In: Radiojournalismus. Ein Handbuch für Ausbildung und Praxis im Hörfunk. Hrsg. v. Walther von La Roche/Axel Buchholz. München ⁵1991, 199–205

Hardt-Mautner, Gerlinde, Making sense of the news. Eine kontrastiv-soziolinguistische Studie zur Verständlichkeit von Hörfunknachrichten. Frankfurt a. M. 1992

–, Attuned to the Audience. Empirische Befunde zur Rezeption von BBC- und ORF-Hörfunknachrichten. In: Medienjournal 17, 1993a, 28–37

–, Hörfunknachrichten. Eine rezeptionsorientierte Untersuchung massenmedialer Kommunikation am Beispiel von BBC und ORF. In: Fachtextpragmatik. Hrsg. v. Hartmut Schröder. Tübingen 1993b, 309–341

Harweg, Roland, Die Rundfunknachrichten. In: Poetica 2, 1968, 1–14

Heringer, Hans J., Verständlichkeit - ein genuiner Forschungsbereich der Linguistik? In: ZGL 7, 1979, 255–278

Heun, Manfred, Die Subjektivität der öffentlich-rechtlichen Nachrichten. In: Nachrichten. Entwicklungen – Analysen – Erfahrungen. Hrsg. v. Erich Straßner. München 1975, 66–82

Höhne, Hansjoachim, Meinungsfreiheit durch viele Quellen. Nachrichtenagenturen in Deutschland. In: Publizistik 37, 1992, 50–63

Hoiss, Josef/Hans Tschech, Die Arbeit des Nachrichtenredakteurs im Hörfunk. In: Nachrichten. Entwicklungen – Analysen – Erfahrungen. Hrsg. v. Erich Straßner. München 1975, 206–217

Hoppe-Graff, S., Verstehen als kognitiver Prozeß. Psychologische Ansätze und Beiträge zum Textverstehen. In: Zeitschrift für Literaturwissenschaft und Linguistik 55, 1984, 10–37

Jenke, Manfred, 9 Millionen Minuten. Die Bedeutung der Musik für das Radio und sein Publikum. In: ARD-Jahrbuch 1986, 63–84

Jipp, Karl-Ernst, Wie schreibe ich eine Nachricht. Stuttgart 1990

Kintsch, Walter/Teun A. van Dijk, Toward a model of text comprehension and text production. In: PR 85, 1978, 363–394

Küffner, Rolf, Nachrichtensprache – eine Fachsprache mehr? In: Fachsprache 4, 1982, 71–82

La Roche, Walther von, Jingle – die Grundlagen. In: Radiojournalismus. Ein Handbuch für Ausbildung und Praxis im Hörfunk. Hrsg. v. Walther von La Roche/Axel Buchholz. München ⁵1991a, 194–198

–, Nachrichten-Präsentation. In: Radiojournalismus. Ein Handbuch für Ausbildung und Praxis im Hörfunk. Hrsg. v. Walther von La Roche/Axel Buchholz. München ⁵1991b, 87–97

Larsen, S., Text processing and knowledge updating in memory for radio news. In: DP 6, 1983, 21–38

Leitner, Gerhard, BBC English and Deutsche Rundfunksprache. A Comparative and historical analysis of the language on the radio. In: JSL 1980, 75–100

–, The social background of the language of radio. In: Language, image, media. Hrsg. von H. Davis/P. Walton. Oxford 1983, 50–74

Lüger, Heinz-Helmut, Pressesprache. Tübingen 1983

Lutz, Benedikt/Ruth Wodak, Information für Informierte. Linguistische Studien zu Verständlichkeit und Verstehen von Hörfunknachrichten. Wien 1987

McLuhan, Marshall, Die magischen Kanäle. Düsseldorf 1968

Mandl, Heinz, Einige Aspekte zur Psychologie der Textverarbeitung. In: Zur Psychologie der Textverarbeitung. Ansätze, Befunde, Probleme. Hrsg. v. Heinz Mandl. München 1981, 3–37

Mathes, Rainer, Programmstruktur und Informationsangebote privater Hörfunksender in Baden-Württemberg. Stuttgart 1990.

Nail, Norbert, Zum Sprachgebrauch in Rundfunknachrichten. Kritische Anmerkungen zu neueren Forschungen in einem Teilbereich der „Sprache in den Massenmedien". In: ZGL 4, 1976, 41–54

Nembach, Ulrich, Radio neu gesehen. Hörfunk als modernes Brauchtum. Ein Beitrag zu einer Theorie des Hörens und Sehens und für eine zukünftige Rundfunkhomiletik. Frankfurt a. M. 1989.

Ohler, Josef, Nachrichten. In: Radiojournalismus. Ein Handbuch für Ausbildung und Praxis im Hörfunk. Hrsg. v. Walther von La Roche/Axel Buchholz. München ⁵1991, 75–87

Pegg, Mark, Broadcasting and society 1918–1939. London/Canberra 1983

Pörtl, Gerhard, Das Radio-Angebot planen. In: Radiojournalismus. Ein Handbuch für Ausbildung und Praxis im Hörfunk. Hrsg. v. Walther von La Roche/Axel Buchholz. München ⁵1991, 208–214

Prüfig, Katrin, Formatradio – ein Erfolgskonzept: Ursprung und Umsetzung am Beispiel Radio FFH. Berlin 1993

Sandig, Barbara, Zur Differenzierung gebrauchssprachlicher Textsorten im Deutschen. In: Textsorten. Hrsg. v. Elisabeth Gülich/Wolfgang Raible. Frankfurt 1972, 113–124

Schäffner, Gerhard, Hörfunk. In: Grundwissen Medien. Hrsg. v. Werner Faulstich. München 1994, 235–254

Schönbach, Klaus, Transaktionale Modelle der Medienwirkung: Stand der Forschung. In: Medienwirkungen. Einflüsse von Presse, Radio und Fernsehen auf Individuum und Gesellschaft. Hrsg. v. Winfried Schulz. Weinheim 1992, 109–119

–,/Lutz Goertz, Radionachrichten: Bunt und flüchtig? Eine Untersuchung zu Präsentationsformen von Hörfunknachrichten und ihren Leistungen. Berlin 1995

Schwitalla, Johannes, Textsortenwandel in den Medien nach 1945 in der Bundesrepublik Deutschland. Ein Überblick. In: Sprache in den Medien nach 1945. Hrsg. v. Bernd Ulrich Biere/Helmut Henne. Tübingen 1993, 1–29

Straßner, Erich, Produktions- und Rezeptionsprobleme bei Nachrichtentexten. In: Nachrichten. Entwicklungen – Analysen – Erfahrungen. Hrsg. v. Erich Straßner. München 1975, 83–111

–, Sprache in den Funkmedien. In: Mu 88, 1978, 174–182

–, Mit 'Bild' fing es an. Mediensprache im Abwind. In: Mediensprache, Medienkommunikation, Medienkritik. Hrsg. v. Hans-Jürgen Bucher/Erich Straßner. Tübingen 1991, 113–229

Stümpert, Hermann, Formate für Begleitprogramme. In: Radiojournalismus. Ein Handbuch für Ausbildung und Praxis im Hörfunk. Hrsg. v. Walther von La Roche/Axel Buchholz. München ⁵1991, 214–218

Tomalin, Barry/Peter Strevens/Tom McArthur, BBC English. In: The Oxford Companion to the English Language. Hrsg. v. Tom McArthur. Oxford, etc. 1992, 109–111

Tuchman, Gaye, Making news. A study in the construction of reality. New York 1978

Varwig, Freyr R., Wie lehrt und lernt man Nachrichtensprechen? In: Mu 101, 1991, 308–325

Warnecke, Rainer, Nachricht im Radio. In: Praktischer Journalismus in Zeitung, Radio und Fernsehen. Hrsg. v. Heinz Pürer. Salzburg ³1990, 56–66

Weiner, Richard, Webster's New World Dictionary of Media and Communications. New York 1990

Weischenberg, Siegfried, Nachrichtenschreiben. Journalistische Praxis zum Studium und Selbststudium. ²Opladen 1990

Wilby, Pete/Andy Conroy, The radio handbook. London/New York 1994

Wintermann, Bernd, Die Nachrichtenmeldung als Text. Linguistische Untersuchungen an Rundfunknachrichten. Diss. Göttingen 1972

*Gerlinde Mautner, Wien
(Österreich)*

190. Kommunikative Funktionen des Hörfunkmagazins

1. Einleitung
2. Von der 'gemischten Sendung' zum Begleitprogramm
3. Typen von Magazinen
4. Magazinspezifische Leistungen
5. Das Hörfunkmagazin in der Kritik
6. Literatur

1. Einleitung

Die Sendeform Hörfunkmagazin wird in der deutschsprachigen Literatur allgemein als Mischung aus Wortbeiträgen und Musik beschrieben. Als charakteristische Leistungen werden Information und Unterhaltung genannt, als Form die Abfolge von Beiträgen, die live von einem Moderator präsentiert werden. Schilling (1978, 6) gelangt aufgrund einer „perspektivische[n] Bestandsaufnahme der Sendeform Hörfunkmagazin bei laufendem Radio" zu den folgenden fünf konstitutiven Kriterien:

1. Mischung von (U-)Musik und Wort in einem Programm;
2. Präsentation durch Moderatoren;
3. Prinzip Aktualität;
4. Journalistische Einsätze in der Regel 'live';
5. Meist Langformen (30 bis 120 Minuten).

Auch neuere Arbeiten schließen sich dieser Definition an, z. B. Kolbet-Sandig (1995,

63), die, „um eine knappe, präzise und unprätentiöse Definition der Sendeform Hörfunkmagazin zu erhalten", den fünf Kriterien Schillings noch das Kriterium der „ressortübergreifenden Themenauswahl" hinzufügt.

Solchen relativ engen Definitionen stehen praxisnähere weite Magazin-Begriffe entgegen. Unger (1992, 110) zum Beispiel sagt sehr generell: „Mit Magazin wird die Sendeform bezeichnet, die unterschiedliche Beiträge präsentiert."

In der Tat werden im Hörfunkalltag ganz unterschiedliche Programmangebote als Magazine bezeichnet. Als gemeinsame Wesenszüge bleiben das Mehrfachangebot (unterschiedliche Beiträge werden in einer Sendung zusammengefaßt) und die Präsentation durch eine Moderator- oder Sprecherfigur. Zwei Beispiele mögen dies illustrieren.

(1) *Begleitprogramm:*
Im 1. Programm des Südwestfunks wird die Zeitschiene von 09.05 bis 12.00 mit der Sendung *Ton ab* gefüllt, die stark musikbetont ist. Zwischen halbstündliche Nachrichtenausgaben sind in der Regel zwei Wortbeiträge plaziert, eingebettet in formatgemäße Musik, die nicht an- oder abmoderiert wird. Die Wortbeiträge können aus allen Sachgebieten stammen. Sie haben zwar oft einen aktuellen Anlaß, nehmen aber keinen direkten Bezug auf politische Diskurse. Dies wird zum Beispiel deutlich durch die Serie *Politiker und ihr Hobby,* in der die politische Meinung des Porträtierten ausgeblendet ist, oder durch Interviews, in denen aktuelle Ereignisse vertieft werden, deren Selektionskriterium die Buntheit und der *human touch*, nicht die politische Relevanz ist. Die Moderatorin tritt auf, wenn sie die Sendung, sich selbst oder Wortbeiträge an- bzw. abmoderiert. Sie spricht auch die aktuellen Verkehrsdurchsagen und bestreitet einzelne Beiträge selbst, als Interviewerin oder Sketchpartnerin.

(2) *Kompaktsendung:*
Das Radio der Deutschen und Rätoromanischen Schweiz hat in seinem täglichen Programm eine Sendung, die sich von *Ton ab* in fast jeder Hinsicht unterscheidet, die aber von den Machern ebenfalls als Magazin bezeichnet wird: das *Echo der Zeit*. Abends (je nach Programmkette nach den 17-, 18- oder 19-Uhr-Nachrichten) werden im Laufe von ca. 35 Minuten Informationsbeiträge zu tagesaktuellen Ereignissen präsentiert, die nur bisweilen mit musikalischen Trennelementen von meist 5 Sekunden Dauer abgeschlossen werden. Formal sind die verschiedensten Beitragstypen möglich, vom monologischen Korrespondentenbericht über den Beitrag mit O-Ton und die Kurzreportage bis zum Gespräch zwischen Korrespondent und Moderator und zum Experten- oder Betroffenen-Interview. Inhaltlich ist die Auswahl aber streng auf politische und kulturelle Tagesereignisse ausgerichtet, mit einem starken Schwerpunkt auf der internationalen Politik. Über ein halbes Dutzend Kurzbeiträge passen in die Sendung, zusätzlich das *Echo-Dossier*, in dem eine Korrespondentin oder ein Korrespondent ein Thema ohne Anspruch auf Tagesaktualität featureartig vertieft.

Während das Modell *Ton ab* noch durchaus dem Anspruch nachkommt, Information und Unterhaltung zu vereinen, ist das *Echo der Zeit* auf aktuelle politische Information ausgerichtet. (*Chronik-* oder *Umschau-Sendung*, auch *Kompaktsendung, Blocksendung, Journal;* LaRoche/Buchholz 1991, 104). Diese Art Magazine sind also „moderierte Sendungen ohne wesentliche Musikanteile als gestalterisches Mittel. Sie können jedoch kurze Musik-Brücken oder akustische Akzente enthalten. [...] Der Moderator [...] ist in besonderem Maß Vermittler der Beiträge anderer, gleichzeitig aber auch Vermittler von Informationen, die in den Beiträgen nicht enthalten sind..." (Machatschke, 1980/1991, 104).

Das Hörfunkmagazin im weiten Sinn, wie wir es hier fassen werden, ist eine Art Programm im Programm, eine Folge von Einzelbeiträgen. Bestandteile sind kürzere Berichte, O-Ton-Beiträge, Telefon- oder Studiointerviews, Kommentare/Glossen, Call-Ins, Moderatorenmeldungen, Umfrageergebnisse, Kurznachrichten usw., die nicht einzeln gesendet werden könnten, sondern die ihren Sinn erst im Zusammenspiel in der Sendung und durch die sie zusammenhaltende Live-Moderation erhalten. Der einzelne Beitrag bedarf der Moderation, die ihn in einem übergeordneten Diskurs verortet. Die Moderation liefert auch den roten Faden in einer Abfolge inhaltlich heterogener Beiträge. Jingles, Trailers und Zwischenmusik markieren den Rahmen. Zusätzlich *können* rekreative Elemente (z. B. Musik, Wortunterhaltung) in der Sendung enthalten sein, die sich mit den informationshaltigeren Wortbeiträgen abwechseln und zwischendurch ein entspannteres Zuhören erlauben.

2. Von der 'gemischten Sendung' zum Begleitprogramm

Der Terminus *Magazin* kam relativ spät mit einer neuen Sendeform aus den USA nach Europa und er wurde auch dann beibehalten, als sich daraus verschiedene Sendeformen entwickelten. Zudem wurde er auf Sendeformen angewandt, die auch in europäischen Radioprogrammen schon seit den Anfangsjahren existierten (Wagenführ 1968).

Wer die Anfänge der Sendeform zu bestimmen sucht und sich am Auftreten des Terminus *Magazin* orientiert, wird als Ausgangspunkt das Jahr 1955 nennen, als in den USA die Sendung *Monitor* der NBC startete. Wer aber auf die formalen Merkmale achtet, wird Beispiele für Magazine bzw. Magazinvorläufer schon viel früher finden. „Die Dramaturgie des Magazin-Journalismus ist natürlich älter als der Begriff Magazin, der heute noch von der Frischwärts-Mentalität seiner Innovationsphase kündet. Daß sich nämlich Reporter zum Beweis von Aktualität direkt von Schauplätzen melden, ist Bestandteil nicht nur des antiken Theaters, sondern auch früher Radio-Historie. Und daß Sprecherstimmen Identifikationsfiguren (!) werden, ist Erfahrung von Wunschkonzert-Generationen" (Schilling 1978, 6). Schon Huth (1944, 58) beschreibt „Umschausendungen" und „gemischte Sendungen". Magazine *avant la lettre* waren etwa auch Sportmagazine mit Aktualitätsanspruch (Gödeke 1976, 66) oder Soldatensendungen (Huth 1944, 66).

Die Geschichte des Hörfunkmagazins beginnt demnach vor seiner bewußten und aus kommerziellen Gründen gezielten Einführung durch die NBC, auch wenn deren Sendung *Monitor* gemeinhin als *das* erste Hörfunkmagazin gilt. Sie markiert jedoch den Zeitpunkt, ab dem man auch in Europa vom Magazin zu reden begann und ab dem die Sendeform Magazin nach amerikanischem Vorbild sich massiv auszubreiten begann, die es ermöglichte, daß auch *politische Berichterstattung* im lockeren Rahmen von Unterhaltungsmusik erfolgte.

Die Ausbreitung der Magazine erfolgte zu einer Zeit, als das Fernsehen die Wohnzimmer eroberte. Die auf die Einschaltquoten fixierten Sponsoren liefen zum neuen Bildmedium über; der Geräteabsatz sank. Damit kamen die kommerziell ausgerichteten Radiostationen in Bedrängnis. Das Magazin-Konzept eignete sich als Werberahmenprogramm für ein neues Modell des Mehrfach-Sponsoring (Heiks 1982). Vorausgehende Versuche, das Programm lediglich in kleinere Blöcke aufzusplitten, waren ohne Erfolg geblieben, weil die Programmkennung (und damit die Hörerbindung) nicht mehr gewährleistet war (Heiks 1982, 122). Das Magazin-Konzept dagegen kam sowohl neuen Hörgewohnheiten als auch den veränderten Werbebedingungen entgegen. Ende der 1950er und zu Beginn der 1960er Jahre versuchten es auch verstärkt europäische Sender, die meist nicht in privater, sondern in öffentlicher Hand lagen, mit dem neuen Erfolgsrezept. In den späten 1950ern wurde von der BBC das Morgenmagazin *Today* ins Leben gerufen, „ein Magazinprogramm mit der Absicht zu amüsieren und zu informieren. Es spezialisierte sich auf Beiträge, die das Exzentrische und das Bizarre anpriesen, obgleich sich ein oder zwei Stücke in jede der 30minütigen Abschnitte [...] mit Hauptthemen des Tages beschäftigten." (Tate 1991, 84)

In Deutschland waren es zuerst RIAS-Berlin, der Saarländische und der Westdeutsche Rundfunk, die sich das amerikanische Magazinkonzept zu eigen machten: „Die Parole für die programmpolitische Auseinandersetzung lautete: Wider die Kästchenprogramme! Gemeint waren damit jene von den einzelnen Abteilungen der Funkhäuser beigesteuerten Ressortbeiträge, die historisch nach dem Prinzip der Vortragsfolge entstandenen Programmkästen." (Lerg 1991, 39) An ihre Stelle traten Unterhaltungsmusik und „aktuelle Information, Belehrung und Wortunterhaltung a tempo und aus allen Bereichen (auch aus denen, die gegenwärtig vernachlässigt werden, weil einfach kein Kästchen dafür da ist, wie z. B. die Bundesinnenpolitik): Politik, Kultur, Sport, Wirtschaft, Lokales, Feuilleton". (Hahn 1962 nach: Heiks 1982, 120)

Die neue Sendeform aus den USA stieß in Europa auf eigene Bemühungen auch staatlicher Sender, eine breite Hörerschaft zu erreichen und sie umfassend zu informieren bzw. politisch zu beeinflussen. Die

Magazin-Idee kam den propagandistischen Absichten sowohl kapitalistischer als auch sozialistischer Systeme entgegen. Heiks (1982, 124) betont, „daß in beiden politischen Lagern nach der gleichen Programmform gegriffen wurde, da man sich dadurch wachsenden politischen Einfluß erhoffte". So wurden bei RIAS die Magazine auf Anregungen aus den USA mit dem ausdrücklichen Ziel der politischen Bildung einer breiten Hörerschaft eingeführt. Parallel dazu war Magazinartiges auch in der DDR zu hören – im *Berliner Rundfunk* vom 22. 5. 1956 an in der Sendung *10.40 Uhr – Treffpunkt Alexanderplatz* (Heiks 1982, 124).

Daß sich in den 1960er und 1970er Jahren auch in Europa die Form des Magazins rasch ausbreitete, hängt mit der gesamten Hörfunkentwicklung zusammen. Ihre Einführung im Rundfunkprogramm war begleitet von umfassenderen Programmreformen (z. B. Rock'n-Roll-Musik, Jugendsendungen). Das Radio machte sich – unterstützt durch technische Neuerungen (Transistor, Autoradio) – auf den Weg zu einer neuen Zielgruppe: die jungen Hörer einer mobilen Gesellschaft. Letztlich blieb das Magazin nicht ein einzelner Sendungstyp, sondern es wurde für viele Sender das Programm-Muster schlechthin. Es kam nicht nur zu einem allgemeinen „Magazin-Sog" (Nehls in: Arnold/Quandt 1991, 41), sondern zu einer Magazinisierung des Hörfunkprogramms (Heiks 1982, 130) in vielen großen Rundfunkstationen. Das ganze Tagesprogramm wurde zu einer Abfolge von Magazinen (in ihrer mehrstündigen, stark musiklastigen Form auch *Begleitprogramme* genannt). Was früher eine Folge von Einzelsendungen war, die von anonymen Sprecherstimmen an- und abgesagt wurden, war jetzt ein Kontinuum, in dem sich Moderatorinnen und Moderatoren abwechselten, die als wiedererkennbare Persönlichkeiten über die An- und Absage hinaus mit eigenen Beiträgen (von der Zeitansage bis zum Interview und zur Moderatorenmeldung) in Erscheinung traten.

Die Hörfunkgeschichte des Magazins scheint bestimmt durch zwei verschiedene Motivationen auf Seiten der Produzenten. Inhaltlich motiviert, entwickelten sie neue Formen der Information bzw. politischen Erziehung, mit dem Ziel, eine möglichst breite Hörerschaft zu erreichen. Kommerziell motiviert, ließen sie sich von neuen Ansprüchen der Werber und von der Nutzung des Radios als Begleitmedium leiten. Beides führte letztlich weg von der sendungsbezogenen Programmkonzeption des Einschaltmediums zur format- und moderationsbezogenen Programmkonzeption des Begleitmediums.

3. Typen von Magazinen

Magazine im weiten Sinne – als Abfolgen von Beiträgen und Moderationen – lassen sich auf verschiedenen Wegen klassifizieren.

Die Praxis legt oft eine *inhaltliche* Typeneinteilung nahe: *Klassische* oder sogenannte „Omnibus"-Magazine sind „tagesaktuelle Sendungen mit Beiträgen aus nahezu allen Ressorts bei starker Betonung des politischen Geschehens" (Heiks 1982, 75), im Gegensatz zu den Spezialmagazinen einzelner Fachressorts (Musikmagazine, Kulturmagazine, Politmagazine, Satiremagazine, Unterhaltungsmagazine).

Unger (1992) klassifiziert Magazine nach Gesichtspunkten der *Themenauswahl*. Er findet drei Gruppen:

> das *offene Magazin*, das unterschiedliche Themen behandelt,
> das *monothematische- oder Ein-Thema-Magazin*
> und das *Sparten-Magazin* mit Themen aus einer Sparte.

Formal erhält der aus inhaltlichen Gesichtspunkten gewählte Typ sein Gesicht durch die *Struktur*, die sich aus der Abfolge seiner Hauptbestandteile (Moderation, Beitrag, Musik) ergibt, mit den bereits genannten Extremen:

> *Kompaktsendung:* Moderation + Beitrag + Moderation + Beitrag ...
> *Unterhaltungsmagazin, Begleitprogramm*: Rekreatives Element – Moderation – Rekreatives Element + Moderation – Rekreatives Element – Moderation + Beitrag – Rekreatives Element ...

Magazine lassen sich damit auch von der *Zuwendung* her unterscheiden, die sie dem Hörer abverlangen. Magazine im Einschaltprogramm können über längere Zeit eine hohe Informationsdichte aufweisen, während gleich lange Magazine im Begleitprogramm niedrigere Informationsdichte anstreben (Arnold 1991, 263–264).

4. Magazinspezifische Leistungen

Magazinsendungen sind offen für Musik, Moderation, Wortbeiträge (Berichte, O-Ton-Beiträge, Reportagen, Interviews, Telefongespräche, Kommentare, Serviceleistungen, Comicals), und Trennelemente (Jingles, Zwischenmusik). Jede im Radio auftretende Form – von der Nachricht bis zum Hörspiel – kann (in meist kürzerer Variante) als Magazinbestandteil auftreten. Magazintypisch sind deshalb nicht diese Bestandteile, sondern ist ihre Aufbereitung durch Kombination und Präsentation. Wenn auch für das Radiomagazin kaum neue Informations- und Unterhaltungselemente erfunden wurden, so hat sich durch die Betonung der Moderationstätigkeit eine Gewichtsverlagerung von der Darstellungs- auf die Beziehungsebene ergeben.

Die besonderen kommunikativen Funktionen des Magazins haben nicht nur eine Sendeform geprägt, sondern zugleich die gesamte Radio-Kommunikation und mit ihr den Gebrauch des Mediums Radio verändert. „Daß heute mehr Radio gehört wird als je zuvor, hängt auch mit der Pionierarbeit zusammen, die die aktuellen Magazine geleistet haben. Sie werden auch in Zukunft ein wichtiger Bestandteil der Radioprogramme sein, vorausgesetzt, es wird erkannt, daß diese Sendeform ihre ursprüngliche Aufgabe erfüllt hat und sich nun inhaltlich und formal auf neue Aufgaben vorbereiten muß." (Arnold 1991, 264)

4.1. Kontakt und Selbstdarstellung

Eine wichtige Rolle bei der Entwicklung der Sendeform Magazin scheint das Bedürfnis nach Verstärkung der Hörerbindung gespielt zu haben. Heiks (1982, 121) z.B. betont Hörerbindung und Programmkennung als Hauptziele des Magazins. Das Ziel einer möglichst umfassenden Information eines großen Hörerkreises mußte angesichts veränderter Rezeptionsbedingungen mit neuen Mitteln erreicht werden. Insofern ist die Rolle des präsenter und persönlicher werdenden Moderators als ebenso wichtig einzuschätzen wie die formatbildende inhaltliche Mischung von Beiträgen und Musik. Die Programmpräsentation, seit den Anfängen des Hörfunks sprecherisch wie sprachlich von offizieller Diktion geprägt und auf Ankündigungen ausgerichtet, verlagerte sich von der Inhalts- und Appellebene stärker auf die Beziehungs- und Selbstdarstellungsebene. Es mußten nicht nur Inhalte angekündigt werden, es mußte nicht nur zum Zuhören aufgefordert werden, sondern die Zuwendung der Hörer sollte auch durch eine persönliche Bindung an den Vermittler verstärkt werden. In die scheinbar monologische Funktion des Moderierens wurden sprachliche und sprecherische Elemente aufgenommen, die aus dialogischen Situationen stammten (Narr 1988, 3). Besonders in Begleitprogrammen ist die direkte Interaktion mit Publikumsvertretern (meist über Telefon) zum regelmäßigen Bestandteil geworden.

Funktion der Selbstdarstellung haben nicht nur die gesprochenen Teile des Magazins, in denen die Sendung bzw. deren kommunikativen Ziele thematisiert werden. Auch die Musik hat neben ihrer rekreativen Funktion die Aufgabe, ein Klangbild zu schaffen, das für die Sendung bzw. den Sender typisch ist und zur Wiedererkennung beiträgt (vgl. Art. 250).

4.2. Unterhaltende Information – informative Unterhaltung

Das Magazin bietet durch die Moderation, aber auch durch seine Offenheit für unterschiedliche Themen die Möglichkeit, Information unterhaltend zu präsentieren. „Die Programmstrukturen ... waren zweifellos auch, beeinflußt durch die technischen Möglichkeiten des Tonbandes, zu einer gewissen Erstarrung gelangt, und die neue Form des Magazins bedeutete einen Schritt zur Wiedergewinnung der Lebendigkeit und Unmittelbarkeit" (Arnold 1991, 264)

Entsprechend sind die Empfehlungen formuliert, die Radiopraktiker für die Gestaltung von Magazinen aussprechen. Magazine sollen „mit Informationen unterhalten beziehungsweise unterhaltend informieren" (Arnold 1991, 265). „Unterhaltendes gehört in die Vielfalt der Information, wie es zum Alltag gehört" (Thoma 1980/1991, 185).

Auf der anderen Seite wird aber auch die Informationsfunktion des Magazins betont. Nicht nur *viele* Hörerinnen und Hörer sollen erreicht werden, sondern diese sollen auch „... im Sinne eines positiv verstandenen Stichflammenjournalismus ..." (Arnold 1991, 265) über die jeweiligen Zusammenhänge umfassend informiert werden. Zumindest soll das Magazin ihre Neugier für aktuelle Themen wecken: „Das Wichtigste, was ein Magazin kann und was alle Einwände fast ganz aus dem Felde schlägt, ist, daß es Anstöße gibt, Hörer auf den Geschmack bringt" (Thoma 1980/1991, 184). Arnold (1991, 265) erinnert dabei an die potentiellen Möglichkeiten des Magazins: „Eine wohl einmalige Chance haben die aktuellen Magazine auch in der funkischen Dokumentation von Tagesereignissen. Originaltöne, Interviews und dergleichen – also typische Hörfunkformen – bieten sich geradezu an."

4.3. Kommentieren/Beeinflussen/Überzeugen

Mit der Einführung einer als Person erkennbaren Moderatorfigur ist auch die Möglichkeit des Kommentars angelegt – und zwar außerhalb speziell als Kommentare deklarierter Beiträge. Die Aufarbeitung der Beitragsthemen durch den Moderator wird oft über subjektive, wertende Aussagen geleistet (Thoma 1980/1991, 191).

4.4. Beratung, Service

Das Magazin bietet, besonders in seinen offenen Formen, Gelegenheit zu Beiträgen der Beratung und des Service. So haben in den Begleitprogrammen Antworten von Expertinnen und Experten auf Anfragen zu persönlichen Problemen der HörerInnen ihren Platz. Die Weitergabe praktischer Information aus fremden Quellen vom Börsen- und Wetterbericht bis zur Verkehrsmeldung und zum Veranstaltungstip ergänzt die redaktionellen Eigenleistungen, macht für den Rezipienten das Radio über die Zuhörzeit hinaus präsent und erschließt der Kommunikationsorganisation über Sponsoring neue Mittel.

5. Das Hörfunkmagazin in der Kritik

Kritiker in Deutschland sahen zu Beginn in den Magazinen die Gefahr der „'Fallenstellerei' für die Hörer" (Heiks 1982, 142): Über ein attraktives Musikangebot sollten ihnen Informationen verkauft werden, für die sie sich sonst gar nicht interessiert hätten. Weitere Anlässe zur Kritik boten die notgedrungene Oberflächlichkeit der Informationsangebote (Hall 1978) in Magazinsendungen bis zur seichten Berieselung und der Live-Zwang, der zu vorschnellen Kommentaren oder zu fehlender Selbstkritik bei der Wiedergabe aktueller Nachrichten führen kann.

Auch die Formen der Interaktion zwischen Kommunikator und Publikum, die in „Gewinnspielen und Grüßen von Hinz an Kunz" (Nehls 1991, 41) gipfeln, wurden Objekt der Kritik, die sich an einer Tendenz zur Beliebigkeit der Inhalte stört (Nehls 1991, 41).

Der Erfolg der Magazinform ist indessen nicht zu bestreiten. Als wohl wichtigste medienspezifische Innovation demonstriert sie, daß es dem Radio gelungen ist, sich in der Konkurrenz zu den audiovisuellen Medien neu zu orientieren, auf neue Hörbedürfnisse zu reagieren und neue Hörgewohnheiten zu schaffen.

6. Literatur

Arnold, Bernd-Peter, ABC des Hörfunks, Reihe: Praktischer Journalismus, München 1991

–/Quandt, Siegfried, (Hrsg.), Radio heute – Die neuen Trends im Hörfunkjournalismus. Frankfurt a. Main 1991.

BBC-Handbook. London 1956ff.

Blaukopf, Kurt, Senderfärbung und kulturelle Entwicklung. In: Communications 3, 1977, 315–335.

Boelke, Willi, A., Die Macht des Radios. Frankfurt a. Main 1977.

Broder, Henryk M., Hörerverlade – Wie in den Funkhäusern die Qualität ausgetrieben wird. In: Medium 7, 1977, 8–9.

Brüning, J., „heute mittag", Magisterarbeit am Institut für Publizistik, Berlin 1974.

Burger, Harald, Sprache der Massenmedien. Berlin/New York ²1990.

Busch, Jürgen C., Radio Multikulti – Möglichkeiten für lokalen Ethno-Funk. Berlin–Deutschland–Großbritannien. Berlin: Vistas, 1994.

Die BBC um ihre jungen Hörer besorgt. In: epd / Kirche und Rundfunk Nr. 26 vom 3. 7. 1965.

Ecke, Jörg-Oliver, Motive der Hörfunknutzung: eine empirische Untersuchung in der Tradition des „User- and Gratifications-Ansatzes". Nürnberg 1991.

Gödeke, Peter, Sport im Hörfunk. Münster 1976

–, Sport und Hörfunk. In: Sport und Massenmedien. Hrsg. v. Josef Hackforth/Siegfried Weischenberg. Bad Homburg, 1978, 20–28.

Haas, Michael H./Uwe Frigge/Gert Zimmer, Radio-Management – Ein Handbuch für Radiojournalisten, München 1991.

Haase, Amine, Magazinsendungen im Hörfunk. In: Publizistik, 15, 1970, 58–73.

Häusermann, Jürg/Heiner Käppeli, Rhetorik für Radio und Fernsehen. Schriften zur Medienpraxis. Aarau/Frankfurt a. Main ²1994.

Hale, Julian, Radio Power. Philadelphia 1975.

Hall, P. C., Informationen in Aspik? – Aspik als Information! – Zur vertrautesten Radio-Programmform: Hörfunkmagazin. In: Medium 8, 1978, H. 4, 2.

Heiks, Michael, Politik im Magazin – Empirische Analyse zur Entstehung und Darstellung politischer Realität am Beispiel der WDR-Hörfunksendung „Das Morgenmagazin", Frankfurt a. Main 1982.

Hofer, Arthur, Unterhaltung im Hörfunk – Ein Beitrag zum Herstellungsprozeß publizistischer Aussagen. Nürnberg 1978.

Huth, Arno, Radio – Heute und Morgen. Zürich/ New York 1944.

Jahnke, Hans, Die ganze Welt fürs halbe Ohr. Das WDR Mittagsmagazin als Exempel. In: Medium 8, 1978.

Kepplinger, Hans M., Die aktuelle Berichterstattung des Hörfunks: Eine Inhaltsanalyse der Abendnachrichten und politischen Magazine, Freiburg 1985.

Kolbet-Sandig, Christiane, Das Hörfunkmagazin: Radioprogramme zwischen Unterhaltung und Information; die Pilotsendungen. Nürnberg 1995.

LaRoche, Walther von/Axel Buchholz, Radio-Journalismus. Ein Handbuch für Ausbildung und Praxis im Hörfunk. München/Leipzig ²1991.

Leitner, Gerhard, Gesprächs-Analyse und Rundfunkkommunikation. Hildesheim/Zürich/New York 1983.

Lerg, Winfried B./Marianne Ravenstein/Sabine Schiller-Lerg, Sowjetische Publizistik zwischen Öffnung und Umgestaltung. Die Medien im Zeichen von Glasnost und Perestroika. Münster 1991.

Magazinmode auch im französischen Hörfunk. ORTF reformiert wieder mal die Hörfunkprogramme. In: epd/Kirche und Rundfunk Nr. 38 vom 25. 9. 1968.

Milev, Rossen (Hrsg.), Radio auf dem Balkan – Zur Entwicklung des Hörfunks in Südosteuropa. Hamburg 1995.

Narr, Andreas, Verständlichkeit im Magazinjournalismus, Frankfurt/Bern 1988.

Nehls, Thomas, Aktuelle Hörfunkmagazine. In: Hrsg. v. Bernd-Peter Arnold/Siegfried Quandt. Radio Heute – Die neuen Trends im Hörfunkjournalismus. Frankfurt a. Main 1991, 39–57.

Nowottnik, Marlies, Jugend, Sprache und Medien. Untersuchungen von Rundfunksendungen für Jugendliche. Berlin/New York 1989.

Schilling, Heinz, Vom Desorientierungszwang zum Orientierungsangebot – Perspektivische Bestandsaufnahme der Sendeform Hörfunkmagazin bei laufendem Radio. In: Medium 8, 6–9.

Straßner, Erich, Von der Schreibe zur Spreche – Zur Verständlichkeit von Hörfunknachrichten. In: Bucher/Klingler/Schröter 1995, 199–210.

Tate, Judith, „Today" and „The Jimmy Joung Show" (BBC). In: Bernd-Peter Arnold/Siegfried Quandt 1991. 84–90.

Thoma, Dieter, Magazin und Magazinmoderation. In: Walther LaRoche/Axel Buchholz, (1980/1991), München, 183–192.

Thorn, Beate-Maria, Hörfunkmagazine: Zum Einfluß publizistischer Produktionsbedingungen auf das Sprachverhalten. Diss., Tübingen 1981.

Unger, Karl, Darstellungsformen im Hörfunk. In: Hrsg. v. Heinz-Günter Clobes/Hans Pankens/Karl Wachtel, Bürgerradio und Lokalfunk – Ein Handbuch. München 1992, 91–111.

Wachtel, Stefan, Sprechen und Moderieren in Hörfunk und Fernsehen, Konstanz ²1995.

Wagenführ, Kurt, Hörfunkmagazine – die große Mode? In: HuF 18, 1986, 9–10.

Carmen Zahn/Jürg Häusermann, Tübingen (Deutschland)

191. Kommunikative und ästhetische Funktion des Hörfunk-Features in seiner Entwicklung ab 1945

1. Situation des Rundfunks im Nachkriegsdeutschland: Voraussetzungen für die Entstehung von Feature
2. Formvarianten des Features
3. Gesamtresümee: Hörfunk-Feature
4. Literatur

1. Situation des Rundfunks im Nachkriegsdeutschland: Voraussetzungen für die Entwicklung von Feature

Das Ende des II. Weltkrieges bedeutete das Ende der NS-Herrschaft, die den Rundfunk bis zuletzt zu Propagandazwecken mißbraucht hatte. Die Programminhalte waren dementsprechend ideologisch stark gefärbt.

Durch die Stürmung des Hamburger Funkhauses noch vor dem offiziellen Kriegsende am 4. Mai 1945 beendeten die Engländer den nationalsozialistischen Hörfunk. Der Sendebetrieb, der durch Demontage von technischem Gerät unmöglich gemacht worden war, wurde noch am selben Tag abends mit den Worten wieder aufgenommen: „Hallo, hallo, here is Radio Hamburg, a station of the Military Government".

Es soll nun geklärt werden, welche Faktoren dazu beigetragen haben, daß das ideell und materiell völlig zerstörte deutsche Rundfunksystem gerade in Hamburg wieder ein Programm hervorbringen konnte, so daß auch das Feature eine zweite Blütephase erleben sollte.

Im wesentlichen ist der schnelle Wiederaufbau des Hamburger Senders, der dadurch in den ersten Jahren nach dem Krieg eine Sonderstellung im deutschen Rundfunksystem einnehmen konnte, auf drei Gründe zurückzuführen:

1) Auf technischem Gebiet konnte der Sender in Hamburg auf Tonträger wie Schallplatten zurückgreifen, die in einem Salzbergwerk den Krieg überdauert hatten. Dazu gehörten auch ein Dutzend Tonbandmaschinen, die den Engländern noch unbekannt waren. Die Schallaufzeichnung implizierte eine Produktionsmethode, die die Bearbeitung einer auf Band fixierten Modulation (Sprache, Musik etc.) ermöglichte und jener Eigenproduktivität Vorschub leistete, die als wesentliches Merkmal des Features determinierbar ist, nämlich die Montage von Material unterschiedlicher Zeit und unterschiedlichen Ortes.

2) Der Rundfunk war das primär verfügbare Medium. Zeitungen erschienen aus Rohstoffmangel noch nicht, Theater und Kinos waren zerstört, Bücher waren Mangelware. Der Rundfunk hatte das ganze Feld der Aufmerksamkeit für sich alleine! Dabei stellte sich für das Medium die Frage, wie es die Lage der Menschen verbessern konnte, ohne sie zu bagatellisieren oder zu dramatisieren.

3) Auf personalpolitischem und damit auch programminhaltlichem Gebiet war entscheidend, daß die britische Regierung neben den englischen auch deutsche Kontrolloffiziere zur Überwachung des Sendebetriebes entsandt hatte. Diese deutschen Kontrolloffiziere waren meist Emigranten oder ehemalige Rundfunkmitarbeiter, die als 'entnazifiziert' galten. Damit waren die Kontrollen weniger streng als beispielsweise in Stuttgart bei den Amerikanern.

Den toleranten Führungsstil sieht Schwitzke als Hauptgrund für die kurze Wiederaufbauphase des Senders (vgl. Schwitzke 1963, 259). Darin dokumentiert sich auch implizit die Haltung der Engländer, die keinen Wert auf Vergeltung und Denunzierung, sondern auf eine sogenannte 'reeducation'-Politik der Deutschen Wert legten: Hauptmerkmal des Führungsstils war, daß die vorgeschlagenen Programminhalte großzügig akzeptiert wurden. Für dieses Verhalten zeichnete Hugh Carleton Greene verantwortlich, der Deutschland durch die Leitung des deutschsprachigen Dienst der BBC schon kannte.

Greene begann im Oktober 1946 das Funkhaus in Hamburg als sogenannter Chief-Controller zu leiten. Er muß seine Aufgabe funktional und frei von Ressentiments gesehen und muß im wesentlichen die freiheitliche Atmosphäre am Sender weiter kultiviert haben: Er war nicht autoritär, sondern konstruktiv-kooperativ. Sein Ziel lag in der Integration des Senders. In der Gewährung der größtmöglichen Freiheit von Mitarbeitern sah er dessen Chance zur Entwicklung und Neugestaltung.

Peter von Zahn und Axel Eggebrecht gehörten zu den ersten Redakteuren, die für die Engländer arbeiteten. Eggebrecht hatte u. a. für die Berliner Zeitung geschrieben, und Zahn war Dolmetscher. Sie konnten auch deswegen am Sender arbeiten, weil die Engländer sie für 'politisch unbedenklich' hielten.

Ein weiteres Indiz der toleranten Führung bestand in der Mitbestimmung Zahns bei der Einstellung von Redakteuren: Zahn selbst durfte Schriftsteller einstellen, so zum Beispiel Ernst Schnabel.

Greene setzte nicht nur auf eine freiheitliche Kontrolle, sondern auch auf ein liberales Programm. Er brachte die Idee des Features nach Deutschland, da er die Versuche der 'experimental hour' der BBC kannte, und trug sie den Redakteuren vor. Das Feature als Fakten vermittelnde Dokumentarsendung kam seiner Neigung zur wahrheitsgetreuen Berichterstattung, der er sich selbst jahrelang als Korrespondent und Journalist verpflichtet gefühlt hatte, entgegen und, deswegen förderte er es.

In der Darstellung von Aktualität und Analyse von Hintergründen wurde das Feature als adäquate Form erachtet. Staude erkennt zu Recht dessen aktuelle Komponente: *„Das Feature als traditionell offene Sendeform bot die Möglichkeit, alle zu dieser Zeit brennend aktuellen Themen aufzugreifen und sie interessant hörbar zu machen."* (1990, 47)

Fazit: Mit der Besetzung Deutschlands durch die Alliierten wurde der Rundfunk in einer Weise politisch, wie er es weder während der Weimarer Republik noch zu Zeiten der NS-Herrschaft auch nur in Ansätzen gewesen war. Speziell der NWDR wurde unter der britischen Führung von Hugh Greene zu einem Ort des rundfunkkulturellen Wachstums, da sich dort publizistische Aufgeschlossenheit der Kontrolloffiziere mit den materiellen Voraussetzungen der Sendeanlagen des NWDR vereinten, und weil Schriftsteller und Journalisten in freiheitlicher Atmosphäre arbeiten konnten.

Gerade im Feature erkannten Redakteure wie Ernst Schnabel und Axel Eggebrecht die Chance, informativ und weitgehend unzensiert zu aktuellen Problemen und zur Politik Stellung zu nehmen. Es entsprach der Einstellung der Engländer nach einem wahrheitsgetreuen Journalismus.

Die hörfunkschaffenden Redakteure der ersten Stunde waren schreibende Autoren. Sie mußten erst Erfahrungen mit dem neuen Medium und dessen Rezeptionsbedingungen sammeln (vgl. Hülsebus-Wagner 1982, 37f.). Für einen Leser zu schreiben war nicht gleichbedeutend damit, für den Hörer zu schreiben.

1.1. Feature innerhalb der Schriftsteller-Bewegung: Das antinationalsozialistische Selbstverständnis der Schriftsteller der „Gruppe 47"

Im Rahmen der Untersuchung des Features der unmittelbaren Nachkriegszeit wird nun das Augenmerk auf eine literarische Gruppe gerichtet, die die Entwicklung der Funkform durch ihr schriftstellerisches Engagement stark begünstigt hat. Die Gruppe trug auch dazu bei, daß das Feature als literarische Gattung diskutiert wurde. Zunächst soll grundsätzlich die Entstehung und Funktion der Gruppe erörtert werden, woran sich die Darstellung der Verbindung zum Funk anschließen wird.

Am 16. Mai 1947 strahlte der Nordwestdeutsche Rundfunk das Feature „29. Januar" von Ernst Schnabel aus. Es war das Resultat einer Idee, zu der Autor und Redakteur Ernst Schnabel die Hörer aufgerufen hatte. Sie sollten ihre Erlebnisse und Gedanken am 29. Januar 1947 zu Papier bringen und dem Rundfunk einsenden. Aus den über 35000 Zuschriften wählte Schnabel einige Dutzend aus, deren Inhalte Schnabel in Spielszenen umsetzte. Die Sendung spiegelt vorwiegend Sorgen und Angst der Menschen wider.

Schnabels Absicht, die Nachkriegszeit aufzuarbeiten, indem sie offen beschrieben wird, findet ihre Entsprechung in einem Zusammenschluß von Schriftstellern, denen es offensichtlich ebenfalls um Vergangenheitsbewältigung, aber auch um die Zukunft gehen sollte. Der Chronist der Gruppe, H. M. Brockmann, sieht das primäre Anliegen der Gruppe in der Schaffung einer neuen Literatur für das zukünftige Deutschland.

An dem ersten Gruppentreffen im September 1947 nahmen damals unbekannte Schriftsteller wie Heinrich Böll, Hans Magnus Enzensberger, W. M. Guggenheimer, Arno Schmidt, Martin Walser und Inge Schneider-Lengyel teil. Hans W. Richter hatte zu dieser Zusammenkunft eingeladen. Das durch die amerikanische Besatzungsmacht ausgesprochene Verbot der Nachkriegszeitschrift 'Der Ruf', die Richter zusammen mit Alfred Andersch herausgegeben hatte, hatte die Suche nach einer neuen Publikationsmöglichkeit erst bewirkt.

Bei den Treffen lasen die Schriftsteller aus ihren Werken, die anschließend diskutiert wurden. Thematisiert wurden gegenwärtige Probleme wie z. B. Arbeitslosigkeit oder Angst vor der Zukunft, was in Form von Kurzgeschichten, Essays, Dramatik, Epik und Lyrik dargestellt wurde.

In diesem Zusammenhang ist zu fragen, ob die Gruppe in ihrer Einflußnahme nicht überschätzt wurde. Denn die breite Bevölkerung war nach einem verlorenen Krieg nicht an einer Vergangenheitsbewältigung interessiert, sondern in erster Linie daran, wie die alltäglichen Probleme zu lösen wären, also die Wiederherstellung einer bürgerlichen Sicherheit. Die Gruppe mag intellektuelle und literarische Kreise beeinfluß haben, bei der breiten Masse ist nicht davon auszugehen.

Nachdem Entstehung und Funktion der Gruppe 47 erörtert worden sind, soll nun die Beziehung zwischen der Gruppe und dem Rundfunk geklärt werden: Es waren Ernst Schnabel und Alfred Andersch, die die Verbindung zur Gruppe herstellten. Beide nahmen an den Tagungen teil und brachten das Feature als neues Gedankengut ein. Brockmann (1982, 86) bestätigt das Interesse der Literaten, sich an dieser Funkform zu versuchen: *„Es herrschte weitgehend Einstimmigkeit darüber, daß der Autor merkt, er werde beim Funk gebraucht. Und daraus resultiert seine Einstellung zum scheinbar so schnell weggesprochenen Wort-Werk, das zur echten, großen Aufgabe wird."* Bei allem Idealismus, den die jungen Autoren an den Tag legten, darf jedoch nicht vergessen werden, daß sie darauf angewiesen waren, ihre Werke zu verkaufen, um zu überleben. Die Gruppentagungen, die in Abständen von einem Monat bis zu einem Vierteljahr stattfanden, sind somit als Kontaktbörse zwischen Autoren und Vertretern von Hörfunkanstalten, Verlagen und Zeitungen anzusehen.

Fazit: Die Autoren der Gruppe 47 versuchten, schreibend die Welt zu verändern. Themen ihrer Literatur waren die kritische Nachbetrachtung des Krieges und der Ausblick auf die Zukunft. Durch die Teilnahme der Rundfunk-Redakteure Alfred Andersch und Ernst Schnabel entstand ein symbiotischer Konnex zwischen Gruppe und Rundfunk. Der Autor verfaßte anspruchsvolle, literarische Manuskripte, mit denen er das Niveau des Rundfunkprogramms verbessern wollte. Im Gegenzug wurde er vom Rundfunk bezahlt und konnte sich etablieren.

1.2. Feature in der Diskrepanz zwischen Hörfunk und der Gruppe 47

Die Zusammenarbeit zwischen Rundfunk und Schriftstellern der Gruppe 47 bewirkte zweierlei: Die Arbeit der Autoren für den Hörfunk machte eine Neudefinition des traditionellen Literaturbegriffs notwendig. Darüber hinaus mußte eine neue Art des Schreibens erarbeitet werden, die auf das Rezeptionsvermögen eines Hörers zugeschnitten war.

Zunächst soll die Erweiterung des Literaturbegriffs durch die Gruppe 47 dargestellt werden. Im Anschluß daran erfolgt eine Erörterung der Differenz zwischen visueller und akustischer Rezeption.

Andersch und Schnabel konnten auf den Tagungen der Gruppe 47 Autoren wie z. B. Wolfgang Weyrauch und Siegfried Lenz zur Mitarbeit am Rundfunk motivieren. Diese Autoren hatten jedoch bisher für ein Printmedium gearbeitet. Sie begriffen den Rundfunk lediglich in seiner unterhaltenden Funktion und nicht als potentieller Vermittler von Literatur. Das ahistorische, technische Wesen des Rundfunks muß dem traditionellen Literaturbegriff, der nur das geschriebene, zeitlose und damit tradierbare Wort beinhaltete, konträr gegenüber gestanden sein.

Der Autor mußte nicht nur seine Einstellung zum Rundfunk als Literaturträger überprüfen, auch in der Produktion von literarischen Texten für den Funk mußte er der Formzwänge gewahr werden, wie dies schon Alfred Döblin in seinem Aufsatz 'Literatur und Rundfunk' (1975, 232) zu bedenken gibt: *„Es heißt jetzt Dinge machen, die gesprochen werden, die tönen. Jeder, der schreibt, weiß, daß dies Veränderungen bis in die Substanz des Werkes hinein im Gefolge hat."* Was Döblin hier anspricht, ist die grundsätzliche Differenz zwischen gelesenen und gehörten Aussagen. Die Berücksichtigung einer akustischen Rezeption immanenten Bedingungen beeinflußt ein Werk essentiell bei seiner Entstehung, da es auf den hörenden Rezipienten hingearbeitet sein muß, wie Straßner (1984, 364) konsequenterweise feststellt: *„Das Anhören von Texten, noch dazu von solchen, die aus einem Lautsprecher dringen, deren Produzenten man nicht sehen kann, bedarf größerer Aufmerk-*

samkeit, größerer Konzentration als das Lesen. Gesprochene Sprache, die über ein Hörmedium verbreitet wird, muß akustisch aufgenommen und sofort verstanden werden."
So verfaßten die Autoren Manuskripte, die ohne weitere Bearbeitung für den Funk gesendet werden konnten. Welche grundsätzlichen Unterschiede zwischen Lese- und Hörrezeption bestehen, wird im folgenden dieses Artikels konkret zu besprechen sein.

Die Autoren mußten damit nicht nur zu einem neuen Schreib-, d.h. Sprechstil finden, sie hatten sich auch mit der Frage auseinanderzusetzen, ob gesprochene und gehörte Sprache als Produkt eines technischen Mediums auch literarische Qualität besitzen kann.

Die Tagungen der Gruppe sind bis ins Jahr 1961 dokumentiert, doch zu dieser Zeit wurde nicht mehr über den Hörfunk gesprochen. Dies war zum letzten Mal im Oktober 1955 in Bebenhausen bei Tübingen der Fall, wo über den Einfluß des Rundfunks auf die Literatur diskutiert wurde.

Als Grund für die Abkehr der Autoren sieht Alfred Andersch das geringe Interesse der literarischen Öffentlichkeit an der Medienarbeit. Aufgrund des mangelnden Echos waren die Autoren entmutigt und publizierten wieder in der Buchform. Mittlerweile hatte das Verlagswesen Anfang der 60er Jahre expandiert und war für die Schriftsteller sowohl in finanzieller als auch populärer Hinsicht wieder lukrativer geworden.

Fazit: Insgesamt gesehen spielte der Hörfunk bis Mitte der 50er Jahre keine allzu große Rolle auf den Tagungen der Gruppe. Das Featuregenre erfuhr durch die Tätigkeit der Autoren eine gewisse Anerkennung in literarischer Hinsicht.

Dabei ist zu berücksichtigen, daß die Autoren Schriftsteller waren und bisher in Buchform publiziert hatten. Nach einer Sensibilisierung für die verschiedenen Rezeptionsbedingungen schrieben sie Manuskripte, die für den Funk nicht mehr bearbeitet werden mußten.

Selbstverständlich verfaßten neben den Mitgliedern der Gruppe 47 auch noch andere Schriftsteller Features, die auch nicht unbedingt literarischen Anspruch erhoben, sondern mehr Dokumentarsendungen darstellten. Die Gruppe 47 sollte deswegen erläutert werden, da sie einen mehr oder weniger organisierten Zusammenschluß verkörperte, dessen Werke auch faßbar sind, da sie von den Rundfunkanstalten produziert wurden.

Differenz zwischen schriftlicher und akustischer Rezeption:

Visuelle Rezeption:	Akustische Rezeption:
Der Text richtet sich an das Auge.	Der Text richtet sich ans Ohr.
Der Rezipient hat ein Schriftbild vor sich.	Der Rezipient hört im Radio Menschen mit ihrer Stimme.
Der Rezipient kann im Text springen.	Der Rezipient muß warten, bis wieder etwas kommt, was ihn interessiert.
Der Rezipient bestimmt die Lesegeschwindigkeit selbst.	Der Rezipient muß mit der Sprechgeschwindigkeit des Sprechers hören.
Der Rezipient kann Nicht-Verstandenes wiederholen.	Der Rezipient kann jedes Wort nur einmal hören.
Informationsübermittlung erfolgt in abstraktem Wortgebilde.	Informationsübermittlung erfolgt in akustischem, assoziativen Reiz.

Quelle: Walter von LaRoche/Axel Buchholz (Hrsg.): Radio-Journalismus. Ein Handbuch für Ausbildung und Praxis im Hörfunk. München: List Verlag 1980, 148f. I.f.a.: LaRoche.
Zusammenstellung der Tabelle: der Verfasser.

2. Formvarianten des Features

Die Definition und Theorie des Features, die die Arbeit einleitete, wurde von der Darstellung und Erörterung der historischen Entwicklung gefolgt. Jetzt sollen die durch Wirkungselemente bestimmbaren Formvarianten des Features dargelegt und auf ihre Intention bzw. Wirkung hin untersucht werden.

In der Reihung von Einzelkomponenten erkennt Fischer (1964, 85) das Prinzip des Features, das er als mixtum compositum determiniert. Je nach Quantität der Wirkungselemente und Intention des Autors entsteht eine der drei folgenden Formvarianten:

a)   Klassisches (Wort-)Feature
b)   Dokumentar-Feature/Dokumentation
c)   Originalton-Feature

Das klassische Feature besitzt als Hauptbestandteil das Wort. Ein Erzähler führt durch die Sendung, indem er zum einen das Thema selbst verbalisiert und zum anderen auf mögliche Elemente wie z.B. Zitat, Interview und Reportage eingeht, d.h. sie ankündigt, bewertet, in den Zusammenhang einordnet oder verbindet. Die genannten

Funktionen können auch auf zwei Sprecher verteilt sein.

Geräusch und Musik sind denkbare Elemente. Aufnahmeort ist vorwiegend das Rundfunkstudio.

Das Dokumentar-Feature muß sich bezüglich seiner Bestandteile und Form vom klassischen Feature nicht unterscheiden. Auch hier übernimmt ein Sprecher bzw. ein Sprecherpaar die oben genannten Funktionen.

Der Begriff des Dokumentarischen impliziert jedoch die Eigenschaften der Verbürgtheit und Authentizität. Demnach unterscheiden sich klassisches und Dokumentar-Feature in der Intention des Autors, d. h. in der Wirkung: Während das klassische Feature nicht explizit den Anspruch auf Überprüfbarkeit und Absolutheit der Aussagen erhebt, sind die Aussagen des Dokumentar-Features objektiv begründet und unumstößlich, vor allem schon meist deswegen, da sie in den dieser Formvariante adäquaten Wirkungselementen des Zitats oder des O-Tons zu Gehör gebracht werden.

Der Hörer kann sich der Aussage nicht oder nur schwer entziehen, da der Raum für persönliche Auslegung fehlt. Er muß sich den vom Autor dargelegten Tatsachen stellen.

Geräusch und Musik sind möglich. Nicht alle Aufnahmen müssen im Rundfunkstudio entstanden sein.

Das Originalton-Feature besitzt als Hauptbestandteil, neben dem Erzähler in seinen genannten Funktionen, eine Modulation, die aufgrund ihrer formalen und inhaltlichen Eigenschaften vom Autor für so relevant gehalten wird, daß der Hörer sie im Original und nicht durch Sprecher referiert vernimmt. Das prädestinierte Element ist der O-Ton. Da der O-Ton in seiner Funktion nicht festgelegt ist, kann er sowohl im Dokumentar-Feature als Beweis, d. h. Dokument, eingesetzt werden als auch im O-Ton-Feature, in dem er einen Eindruck von einer Sache oder Person vermittelt. O-Ton ist eine Methode der Darstellung.

Geräusch und Musik sind denkbare Elemente, unabhängig davon, ob sie als O-Ton vorliegen oder nicht.

Fazit: Generell nimmt der Anteil des O-Tons am Gesamtwerk in der Reihenfolge klassisches, Dokumentar- und O-Ton-Feature kontinuierlich zu, wobei sich die zwei letztgenannten Varianten nur intentional unterscheiden.

Das in diesem Zusammenhang auftauchende Problem der Bestimmung der auktorialen Intention und Wirkung auf den Hörer (Information, Belehrung, Unterhaltung, Konfrontation, Provokation etc.) kann mit der quantitativen und qualitativen Bestandsaufnahme der Wirkungselemente nur teilweise gelöst werden. Es wird niemals nur ein Motiv für den Einsatz eines Wirkungsmittels geben.

2.1. Elemente des Features

Die gebräuchlichen Wirkungselemente des Features sollen anhand konkreter Beispiele dargestellt und analysiert werden. Zu den Elementen, die durch die menschliche Stimme hervorgebracht werden, zählen Dialog, Monolog, Reportage, Zitat, Interview, Nachricht, Kommentar und Umfrage.

Zu den nicht-sprachlich erzeugten Komponenten gehören Geräusch und Musik.

Der Begriff *Dialog* geht auf griechisch „diálogos" mit der Bedeutung „Gespräch, Unterredung" zurück. In diesem Sinne bezeichnet er eine Kommunikationssituation, in der zwei (oder mehr) Menschen über ein Thema sprechen. Dabei ermöglicht die dialektische Denkweise der Kommunizierenden möglicherweise eine neue Erkenntnis. Damit bekommt der Hörer einen Eindruck von der Vielschichtigkeit eines Themas und kann sich eigene Gedanken machen.

Der Dialog kann auch nur dramaturgische Funktion haben, nämlich akustischer Neureiz: Hat der Hörer dem ersten Sprecher schon unkonzentriert zugehört, so erweckt der zweite Sprecher möglicherweise erneut Aufmerksamkeit. Um die Stimmen der Sprecher besser zu unterscheiden, können männliche und weibliche Stimmen opponiert werden.

Der Begriff *Monolog* entstammt – genau wie Dialog – der griechischen Sprache, wo „monologós" „mit sich selbst redend" bedeutet. Als Selbstgespräch werden im Monolog Gedanken und Denkprozeß eines Menschen für einen anderen, d. h. für den Hörer, akustisch faßbar und nachvollziehbar. Würffel (1978, 21) sieht zu Recht die Prädestination des Monologes für die Darstellung der Psyche.

In der journalistischen Fachliteratur wird die *Reportage* immer wieder als organisch entwickelte Kunstform des Rundfunks erwähnt. In der Phase, in der das Fernsehmedium noch nicht existierte, war die Reportage *die* bevorzugte Form, da sie den Hörer direkt und ohne Zeitverzögerung ein Ereignis miterleben ließ, worin auch Eckert (1950/51, 111) das Hauptkriterium sah.

Der Terminus *Zitat* geht auf das lateinische Partizip des Verbs „citare", d. h. auf „citatum" zurück, was mit „das Angeführte, das Erwähnte" zu übersetzen ist. Es ist somit die wörtliche Wiedergabe der Äußerung eines Menschen. Diese Äußerung kann aus einem Satz, einer Redewendung oder aus einem Vers bestehen.

Der Terminus *Interview* geht auf französisch „entrevue" mit der Bedeutung „verabredete Zusammenkunft" zurück. Das morphologisch verwandte Verb „entrevoir" bedeutet soviel wie „einander kurz sehen".

Im Gegensatz zu den spontanen Interviews, die z. B. in der Politik oder im Sport mittlerweile gang und gäbe sind, ist das konventionelle Interview ein verabredeter Termin zwischen zwei Personen. Ein Interviewer befragt eine Person über sie selbst (Personen-Interview) oder zu einem Thema (Sach-Interview). Die Interviewsituation weist zwei wichtige Merkmale auf: Der Informationsfluß geht vorwiegend in Richtung des Interviewenden, der das Gespräch auch lenkt, d. h. lenken sollte.

Im Gegensatz zu den meisten anderen Termini entstammt der Begriff der *Nachricht* der deutschen Sprache, wo er schon im 17. Jh. in der Bedeutung „das, wonach man sich zu richten hat" angewendet wurde. Die Funktion der Nachricht besteht in der sachlichen Information eines Rezipienten über Ereignisse, Vorgänge und Zustände auf der Welt. Sie muß das Wesentliche eines Sachverhaltes aktuell und in komprimierter Form wiedergeben und darf nicht zuviel Wissen voraussetzen.

Die Relevanz der Nachricht hat sich im Laufe der Jahrhunderte durch die Ausbreitung der elektronischen Medien grundlegend geändert: Durch die Ablösung der Nachricht von ihrem originären Entstehungsort kann sie für den Rezipienten völlig bedeutungslos werden (Scheinaktualität).

Der *Kommentar* versucht über die kritische Bewertung eines (politischen) Sachverhalts den Hörer zur eigenen Meinungsbildung anzuregen. Der Kommentar ist das explizite Produkt der Meinung eines Redakteurs und damit subjektiv.

Die *Umfrage* ist die Aneinanderreihung bzw. Montage von Äußerungen, die von verschiedenen Personen stammen, zu einer bestimmten, einheitlichen Fragestellung. In der Reihung von konträren und gleichsinnigen Aussagen wird der gesamte Bereich des betreffenden Themas erschlossen. Befragt werden im allgemeinen Passanten: Der Mann und die Frau auf der Straße formulieren oft so, daß sich der Hörer damit leicht identifizieren kann. Er fühlt sich verstanden und solidarisiert sich möglicherweise mit den Aussagen der Befragten.

Der Begriff *Geräusch* geht auf den mittelhochdeutschen Ausdruck „geriusche" zurück. Er bezieht sich auf alle Schallvorgänge, d. h. Modulationen, die nicht (oder sehr selten) von der menschlichen Stimme erzeugt werden. Darunter fallen z. B. Türknarren, Meeresrauschen, Hundegebell oder das Atmen eines Menschen. Das Geräusch zählt neben dem Wort und der Musik zu den drei Hauptkomponenten des Rundfunks. Das grundsätzliche Wesen des Geräusches liegt in seiner Nicht-Sprachlichkeit. Es kann nicht wie eine sprachliche Äußerung rezipiert, d. h. kann nicht dem Verstand, der Ratio, unterworfen werden, sondern spricht die Assoziationsfähigkeit und das Unterbewußtsein des Hörers an, die der Subjektivität unterliegt:

Der Terminus *Musik* geht auf das griechische Wort „mousiké" zurück, das mit „Musenkunst" übersetzt werden kann. Musik wird als ein Kunstwerk betrachtet, in dem Töne in melodischer, harmonischer und rhythmischer Ordnung zusammengefügt werden und damit eine Einheit bilden.

Der Grundzug der Musik liegt, dem Geräusch vergleichbar, in der nicht-sprachlichen Aussage, die eine emotionale Rezeption impliziert, wie Kühner (1954, 224) zu Recht behauptet.

Der vom Hörfunk geprägte Begriff *Originalton* ist eine hybride Wortbildung. „Original" geht auf mittellateinisch „originale" mit der Bedeutung „ursprüngliches Exemplar" zurück. Das Wort „Ton" entstammt der griechischen Sprache, wo „tónos" mehrere Bedeutungen wie „Ton, Laut, Klang" besitzt.

Im Sinne des „ursprünglichen (hörbaren) Lautes" bezeichnet der Originalton zunächst jede Art von Modulation, die außerhalb eines Tonstudios, z. B. auf der Straße, beim Arbeitsplatz oder in der Kneipe aufgezeichnet wird, in der Absicht, diese in einen neuen Inhalt einzubetten.

Originalton ist damit kein weiteres Element des Features wie bspw. das Interview, sondern es beschreibt die Art einer Aufnahme, wie Geers (1992, 20) zu Recht sieht:

"Originalton ist nicht die Wirklichkeit. Originalton ist eine Methode, sich mit der Wirklichkeit zu befassen."

Letztendlich ist der Originalton ein Resultat der Entwicklung der Rundfunktechnik in den 50er Jahren, ohne die er nicht existieren würde. Die portable, unproblematische Schallaufzeichnung, die später noch zur Stereophonie erweitert wurde, implizierte eine veränderte Themenwahl, da der Aktionsradius des Mikrofons über die Schallwände des Rundfunkstudios hinaus stark expandiert wurde.

2.2. Das klassische Wort-Feature der Nachkriegsjahre: Fiktion und Realität

Nachdem die konstituierenden Featureelemente in Funktion und Wirkung beschrieben und analysiert worden sind, sollen nun die für die Nachkriegszeit repräsentativen klassischen Wort-Features bis Mitte der 50er Jahre überblicksartig kurz und in Ansätzen erörtert werden. Sie wurden ausgewählt, weil sie die damalige Zeit widerspiegelten und sich mit den aktuellen Problemen der Nachkriegszeit auseinandersetzten.

Das erste, abendfüllende Feature nach Kriegsende von Axel Eggebrecht „was wäre wenn", das am 9. 3. 1947 gesendet wurde, beschäftigt sich mit der tags darauf stattfindenden Moskauer Konferenz, in der die Siegermächte über die Reparationen und die Stellung Deutschlands in Europa sprachen. Eggebrecht verstand sich als politischer Autor. Er versuchte die Frage zu beantworten, die die deutsche Bevölkerung damals am brennendsten interessierte, nämlich: Wie wird die Zukunft von Deutschland aussehen?

Im November 1947 debütierte Peter von Zahn mit „London – Anatomie einer Weltstadt". Die Darstellung von London gelingt ihm nicht besonders gut, da er zu viele Sprecher einsetzt, die den Hörer mit Information regelrecht überfrachten. Ein anderes Reisefeature thematisiert Land und Menschen der Vereinigten Staaten (NWDR 1956). Dabei analysiert der Autor die politische und soziale Situation: Zahn zeichnet die augenblickliche Situation der amerikanischen Gesellschaft im Juli 1956. Er erörtert das Problem der Rassenfrage, die wirtschaftliche Lage, die Konsumgesellschaft und die Kultur in den USA. Gleichzeitig integriert Zahn in seine Sendung erstmals Korrespondentenberichte, die dem Stück aktuelle Züge geben.

Bevor Ernst Schnabel für den NWDR arbeitete, hatte er schon erste Erfahrungen mit dem Rundfunk der BBC gemacht. Sein erstes Feature „29. Januar" (NWDR 1947) ist das Resultat eines Höreraufrufs: Die Hörer sollten niederschreiben, was sie an diesem Tag erlebt hatten. Aus rund 30 000 Zuschriften wurden 2000 ausgewählt, aus denen die Spielszenen kreiert wurden: 156 Sprecher stellen in Spielszenen, Monologen und Zitaten ein Deutschland der äußeren Zerstörung und inneren Depression nach.

Schnabel wiederholte sein Experiment von der Hörerbeteiligung 1950 in dem Feature „Ein Tag wie morgen" und bekam dann sogar 80 000 Zuschriften. Diese Reihung der Einzelteile wurde durch das aufgekommene Magnettonband ermöglicht. Dadurch konnten die vielen Splitterszenen überhaupt erst montiert werden.

Nachdem Ernst Schnabel im Oktober 1951 Intendant des NWDR geworden war, holte er Alfred Andersch nach Hamburg. Im Gegensatz zu Zahn legte Andersch größten Wert auf die Montage, wie er sie schon in seinem ersten, politischen Feature „Menschen im Niemandsland" (NWDR 1952) anwendete.

Andersch versucht den Standort des Menschen im Jahre 1951 auf dem Hintergrund des Ost-West-Machtkampfes zwischen Amerikanern und Russen zu bestimmen, den er anhand fünf Themen herauskristallisiert, die auf reale Ereignisse oder Situationen Bezug nehmen: Herstellung der Atombombe, Korea-Krieg, politisches Autarkiebestreben der Dritte-Welt-Länder, Eiserner Vorhang und deutsch-deutsche Grenze.

Andersch schrieb neben politischen auch Reise-Features. „Die bitteren Wasser von Lappland" (NWDR 1953) thematisiert eine der Fragen, die den Autor in seinem Leben beschäftigt: Worin besteht die Freiheit für den Menschen? Die Beantwortung der Frage versucht er in einer geheimnisvollen Parabel: Drei Westeuropäer durchwandern die Landschaft Schwedens und Lapplands, wo sie durch die eigenwillige Natur fast zu Tode kommen, sich aber dann doch retten können. Andersch verwendet für sein Stück eine Sprache, die ausdrucksstark und metaphorisch ist. Dadurch wird das Geschehen für den Hörer greifbar und bleibt trotz der abstrakten Thematik des Freiheitsgedankens konkret.

Fazit: Die Pionierautoren Zahn, Eggebrecht, Schnabel und Andersch haben für die Umsetzung ihrer Themen die Form des Features gewählt.

Die Features Ende der 40er und Anfang der 50er Jahre, geschrieben von Rundfunk-Redakteuren und Autoren der Gruppe 47, spiegelten die Zeit und ihre Probleme wider: Die politischen Features setzten sich mit der Nachkriegswirklichkeit, den daraus resultierenden Folgen und dem Elend auseinander. Der Autor verstand sich als Aktionist, der die Welt verändern wollte, indem er sie analysierte und interpretierte.

Nach einer gewissen Phase der Akzeptanz der Umstände wurde auf andere, weniger brisante Themen wie Länderreisen und Städteportraits oder allgemeine Probleme umgeschwenkt, was vor allem aus dem veränderten Informationsbedürfnis des Hörers resultierte. Als sich dessen wirtschaftliche Lage verbessert hatte, war dieser nicht mehr an nachempfundenen Schicksalen interessiert (er war selbst lange genug davon betroffen!), sondern an aktuellen politischen, sozialen und universellen Themen.

2.3. Das gegenwärtige Feature der 60er Jahre: Der Griff nach Authentizität

Der Darstellung und Analyse der Phase des klassischen Wort-Features ab 1945 folgt nun die Erörterung der zeitlich nachfolgenden Formvariante, nämlich die Phase des gegenwärtigen Features, die Anfang der 60er Jahre einsetzte. Für diesen Wechsel, der die Betonung des Dokumentarischen bedeutete, sind mehrere Faktoren verantwortlich:

1) Das mittlerweile gut entwickelte Medium Fernsehen entzog dem Hörfunk jetzt Themen, die es aufgrund seiner visuellen Komponente besser realisieren konnte. Damit brachte sich der Rundfunk selbst um einen Teil seiner Hörer, die vom Fernsehen abgezogen wurden.

2) Das Informationsbedürfnis der Hörer änderte sich, was Briefe an die Feature-Redaktionen und Hörerumfragen dokumentieren. Die Hörer interessierten jetzt kritische Auseinandersetzungen mit aktuellen Themen aus Politik und Gesellschaft.

Vor allem der letztgenannte Grund führte in der Praxis zu Features, die Themen wie Menschen und Gesellschaft, Technik, Umwelt, Medizin und Forschung verbürgt und objektiv aufbereiteten. Charakteristisch für die Features der Gegenwart (1960–1975) ist damit der Lösungsvorschlag für das Thema.

In dem Werk „Alkoholismus. Beschreibung und Analyse einer verbreiteten Erscheinung" geht die Autorin Charlotte Rottweiler den Ursachen und Konsequenzen des Alkoholismus (SFB 1968) nach: Ihre methodische Vorgehensweise, die Krankheit Alkoholismus als vielschichtiges Problem zu sehen, wird durch eingebettete Äußerungen von Experten und Betroffenen flankiert, die im Zitat zu Wort kommen.

Das Dokument in Form des Zitates hat somit zunächst die Funktion, etwas als wahr, verbürgt, und nicht als Hypothese des Autors hinzustellen. Der Hörer kann sich der Äußerung eines Experten nicht entziehen. Sie hat für ihn absoluten Wahrheitsgehalt, und dieser ist es auch, der den Hörer möglicherweise zu einer aufgeklärteren Denkweise bewegen soll, indem er Alkoholiker nicht mehr stereotypisiert, sondern ihnen Verständnis entgegenbringt.

Aufklärung des Hörers, der ebenfalls seine Vorurteile kritisch überdenken soll, ist auch die Intention des Autors Carl Heinz Trinckler, der Situation und Berufsbild des Schriftstellers (NDR 1968) analysiert: Ein Erzähler führt durchgängig durch die Sendung und erörtert zentrale Einzelaspekte des Schriftstellertums, wie Definition des Berufes, Funktion und Aufgabe, Einkommen, Publikationsmöglichkeit und Selbstverständnis. Eingeschoben sind diesen Teilthemen konkrete, auch historische Fallbeispiele, die belegen und veranschaulichen sollen.

Das Zitat hat in diesem Fall die dokumentarische Funktion, (schriftliche) Statements von Behörden, Verbänden und Büchern oder Aussagen von verstorbenen Schriftstellern hörbar zu machen. Damit erhält das Feature den im Untertitel erwähnten Charakter einer „Untersuchung", die systematisch und objektiv vorgeht.

Die hörbar gemachte Fortsetzung des Zitates, das originär nur in Schriftform vorliegt, ist der Originalton. In der Absicht, den vom Hörer gewünschten aktuellen Sachthemen noch stärkeren Authentizitätscharakter zu verleihen, entstand Mitte der 60er Jahre das Originalton-Feature. Maßgeblich beteiligt daran war die Rundfunktechnik, die tragbare Aufnahmegeräte entwickelte.

Der Originalton förderte den Einzug des frei formulierten Wortes in die Hörfunkprogramme, das lange als „akulturell" und damit als nicht sendefähig betrachtet wurde. Der O-Ton ließ jetzt alle die zu Wort kommen, die, wenn überhaupt, sich bisher nur indirekt artikulieren konnten. Darunter sind neben dem Experten und Politiker vor allem der Durchschnittsbürger, d. h. der Hörer selbst, zu verstehen.

Klaus Lindemann (SFB) entwickelt seine Features aus dem Originalton. Er hat den O-Ton in seiner Funktion entdeckt, Menschen mittels ihrer absoluten Eigenaussage zu charakterisieren. Sein Feature über Drogenabhängige montiert fast ausschließlich Originaltonaufnahmen von Betroffenen, die unter der Sucht in mehr oder weniger starkem Maße leiden. Der Autor hat die Schilderungen von Süchtigen thematisch geordnet. (SFB 1972)

Während der Leser des Manuskriptes allenfalls eine Ahnung von der ausweglosen, katastrophalen Situation des Rauschgiftsüchtigen bekommt, die sich in dessen Worten niederschlägt, offenbart erst die Rezeption der Sendung die Hysterie und Verzweiflung des vom Entzug Betroffenen.

Eine Erweiterung der die Authentizität fördernden Elemente implizierte die Stereophonie, die Mitte der 60er Jahre aufkam und eine formale wie auch inhaltliche Differenzierung des O-Ton-Features bewirkte: Indem sie einen Schallvorgang bzw. eine Modulation äußerst originalgetreu und wiedererkennbar reproduzierte, löste sie das Element Geräusch aus seiner rein illustrierenden und schauplatzbezeichnenden Funktion und machte es zur dominierenden Aussage.

Paradigma dafür ist der dreiminütige O-Ton zu Beginn der Sendung „Catch as catch can" (SFB 1968). Dort wird die Darstellung einer Catchveranstaltung nur durch das Stöhnen und Ächzen der kämpfenden Ringer und die Zurufe des emotional stark involvierten Publikums wie „Mach' ihn kalt" oder „Hau' ihm eine rein" geleistet. Die Aggression und Emotionalität vermittelt allein der Originalton, der vom Sprecher nicht kommentiert wird und der damit autonom wird. Erst im Anschluß kommen der Erzähler, Ringer und Zuschauer, d. h. der Mann von der Straße zu Wort.

Neben der wörtlichen Information gibt der O-Ton Aufschluß über Sprechlautstärke, -geschwindigkeit und Jargon des Sprechenden.

Der mögliche Verzicht auf das Wort, das jetzt vom Originalton-Geräusch ersetzt wurde, prädestinierte Themen bzw. Inhalte, die in der Form des Originalton-Geräusch-Features radiogene Resultate zeitigen würden. Damit schieden andere Themenbereiche aus, die nicht an typischen, charakteristischen Geräuschen erkannt werden konnten. Es mußten Inhalte sein, bei deren Realisation außer dem Wort des Sprechers auch das Geräusch das Thema erfassen würde.

Fazit: Die Verlagerung des Hörerinteresses, das zur Thematisierung von gesellschaftlichen und sozialen Problemen führte, prädestinierte die dokumentarischen Formen Zitat und O-Ton zur authentischen, verbürgten Wiedergabe von Äußerungen. Ohne Anspruch an die Subjektivität und die Montage-Kunst des Autors wurden jetzt gesellschaftliche Mißstände und Vorurteile erörtert. Gleichzeitig wurden Lösungswege angeboten.

Mit dem Originalton erfuhr das Dokument im gegenwärtigen Feature eine Erweiterung bezüglich seiner Glaubwürdigkeit. Damit verbunden war auch eine veränderte Entstehungsweise: Der Autorentext war eine Reaktion auf zuvor aufgenommene Sprache und Geräusche. Durch den Einzug des Originaltons in den Rundfunk wurde im freigesprochenen Wort eine eigene Kunstform mit literarischem Anspruch erkannt.

2.4. Das neue Feature der 70er Jahre: Symbiose zwischen Wort und nichtsprachlicher Modulation

Hauptmerkmale des Mitte der 70er Jahre aufkommenden neuen Features sind Flexibilität in der Gestaltung und großes Themenrepertoire. Das Wort des Sprechers, das im gegenwärtigen Feature teilweise vom Geräusch dominiert wurde, hat seine tragende Funktion der Inhaltsvermittlung zurückerlangt. Wort, Geräusch und Musik ergänzen sich zu einer Einheit, wobei der Originalton häufig zum Einsatz kommt.

Mit der Wiederentdeckung der Sprache besitzt das Wort nicht mehr nur die Funktion, Originalton und Originalgeräusch anzukündigen und zu kommentieren, sondern vermittelt Eindrücke, Gefühle und Gedanken, möglicherweise mit literarischem Anspruch. Die Subjektivität des Autors ist wieder in den Vordergrund getreten.

Als beispielhaftes, preisgekröntes Werk ist „Kann man Verdi ernst nehmen" (SFB 1975) von Klaus Lindemann zu nennen, der die Oper „Ein Maskenball" an der Deutschen Oper Berlin von der Entstehung der Inszenierung bis zur Premiere begleitet hat. Sowohl Originaltonaufnahmen als auch Eindrücke des Autors, die ein Erzähler in der Ich-Form schildert, zeichnen in dokumentarischer Weise die Entstehung der Oper als „work in progress" nach:

Das Wechselspiel von Musik, Geräusch und Musik im Originalton erzeugt Live-Charakter, so daß der Hörer den Eindruck bekommt, mitten im Geschehen zu stehen. Lindemann kontrastiert Interviews, die er mit dem Regisseur und dem Dirigenten des „Maskenball" geführt hat, mit Originaltonaufnahmen von Orchester-, Beleuchtungs- und Bühnenproben. Damit will er dem Hörer auf möglichst vielfältige Weise den Inszenierungsvorgang nahebringen.

Der Autor geht der zentralen Frage nach, die er gleich zu Beginn der Sendung formuliert hat: Warum hat das Publikum die Aufführung abgelehnt? Die Antwort geben Originaltonaufnahmen, die vermitteln, daß es an dem Regisseur lag.

Das Themenrepertoire des neuen Features scheint unerschöpflich groß: Von der Portraitierung bekannter Persönlichkeiten (Metropolitan Lady. Die Masken der Marlene Dietrich; SDR 1978) über gesellschaftliche Analysen (Disco-Fieber. Jeder ein Superstar von der Stange in kalter Ekstase; SDR 1979) bis hin zum Originaltonbericht, der ein exponiertes Ereignis beschreibt und analysiert. Dazu gehört auch die Sendung „Fünf Tage im Oktober. Psychogramm einer Geiselnahme" (SDR 1978): Augenzeugenberichte im O-Ton und Passagen, in denen ein Sprecher Daten und Fakten vermittelt, verdichten sich zu einer authentischen Schilderung der Situation an Bord des Lufthansa-Flugzeuges, das im Oktober 1977 nach Mogadischu entführt wurde. Außerdem wird dargestellt, wie die Betroffenen später im Kampf der Medien um die „Story" vermarktet wurden.

Im O-Ton, in denen ehemalige Passagiere Erlebnisse und Gedanken während der fünftägigen Geiselnahme schildern, wird die gewaltige gefühlsmäßige Anspannung für den Hörer nachgezeichnet. Kontrapunktisch dazu stehen der Sprecher, der über die Situation an Bord und die Anteilnahme der Menschen sachlich berichtet, und die Sprecherin, die aus einem Buch zitiert, das den Bild-Journalismus bezüglich der Terroristenleichen kritisiert.

Ebenfalls in der Absicht, mittels O-Ton eine bestimmte Frage zu beantworten, d. h. ein Thema darzustellen, steht das Feature über junge Discothekengänger (Disco-Fieber; SDR 1979).

Der Autor gibt dem Hörer Einblick in die Discoszene, ihre Trends und Geschichte. Dabei wird der O-Ton in der Funktion einer aus Statements montierten Umfrage eingesetzt, die Beweggründe der Discogänger erfahren will. Diesen Statements folgen erklärende, den Hintergrund erhellende Aussagen von Studiosprechern, die zu bestimmten Geschehnissen aus der Musik- und Discobranche Bezug nehmen bzw. diese parodieren. In dieser Ironisierung erzeugt der Autor eine kritische Distanz zum Gegenstand: Der Versuch einer kritischen, soziologischen Studie über das Verhalten von Jugendlichen in Diskotheken und deren Trends lebt aus der Authentizität, die der atmosphärische O-Ton vermittelt.

Im Gegensatz zu den bisher besprochenen, repräsentativen neuen Features nimmt das Element Musik in dieser Sendung breiten Raum ein. Dabei erlangt die Musik jedoch niemals tragende, d. h. inhaltvermittelnde Funktion. Sie dient vor allem zur Herstellung einer Atmosphäre, wie sie in der Discothek herrscht, und hat teilweise Stichwort gebende Funktion für die Studiosprecher. Insgesamt gesehen wirkt die Musik zu penetrant, da sie allgegenwärtig ist und durch ihren Gesangsanteil teilweise vom Wort ablenkt. Auch verliert sie durch den häufigen Einsatz mit der Zeit an Wirkung.

Diese Beispiele dokumentieren, wie der Autor im neuen Feature die moderne Rundfunktechnik als Mittel zum Zweck benutzt: Originaltonaufnahme, Stereophonie und Bearbeitung des Tonmaterials durch Mischpult und Schnitt erlauben es, auf eine bestimmte (dokumentarische oder charakterisierende) Wirkung hinzuarbeiten.

Charakteristisches Merkmal ist, daß der Autor viel stärker in den Produktionsprozeß einbezogen ist. Mit der Abgabe des Skriptes ist seine Aufgabe noch nicht beendet, sondern er begleitet den Realisationsprozeß im Studio.

Im neuen und auch gegenwärtigen Feature kann der Autor zum Regisseur werden bzw. den Regisseur beratend unterstützen. Dem anspruchsvollen Autor wird es darum gehen, für jeden teilthematischen Aspekt das adäquateste Element in Wort, Geräusch oder Musik zu wählen, um damit eine optimale Gesamtwirkung zu erzielen. Es kann nicht darum gehen, einen Text, der im Grunde ein Vortrag ist, auf mehrere Sprecher zu verteilen. Dieses sogenannte „Routine-Feature" kann den Hörer schnell ermüden und wird der grundsätzlichen Definition Andersch' der Montage-Kunst nicht gerecht.

Seit Mitte der 70er Jahre hat die Sendeform keine wesentliche Entwicklung erfahren, was folgende Gründe hat:

1) Die innovativen Originalton-Produktionen des SFB haben schon Ende der 60er Jahre das Niveau für Radiogenität sehr hoch angesetzt, so daß sie bis heute qualitativ nur schwer zu übertreffen waren.

2) Mit der Wiederentdeckung der Sprache als Hauptinformation fand nur eine neue Gewichtung der Elemente statt. Eine grundsätzlich neue Komponente oder Auffassung wurde dadurch nicht geschaffen.

Die Abkehr vom Geräusch basierte nämlich auf der Einsicht, daß nicht alle Themen radiophon realisiert werden können, alleine schon aus der Überlegung heraus, daß die spezielle Darstellung den Hörer zu stark ablenkt. Viele Themen können ebenso gut als Wort- oder Dokumentar-Feature realisiert werden.

3) Die Honorierung ist für den Autor wenig attraktiv, da sich die Auftragslage nachhaltig verschlechtert hat. Denn viele Sendeanstalten produzieren auf dem Hintergrund der Etatkürzungen Autorenmanuskripte in Gemeinschaft. Die Feature-Autoren, die im allgemeinen freie Mitarbeiter sind, werden damit einem verschärften Konkurrenzkampf ausgesetzt, denn die Sendeplätze des Features werden verringert, was unmittelbar mit folgender Situation zusammenhängt:

4) Das Feature ist kein Populär-, sondern Minderheitenprogramm und damit nicht das „Aushängeschild" einer Sendeanstalt.

5) Darüber hinaus hat das Fernsehen, das dem Rezeptionsbedürfnis eines auf konkrete Reize konditionierten Publikums eher entgegenkommt, dem Radio den Rang abgelaufen. Die Programmverantwortlichen werden über die Zukunft des Features entscheiden, die aufgrund personeller und finanzieller Engpässe und dem Kampf mit den Privatsendern um Einschaltquoten noch nicht gesichert ist.

Da weder technischer Fortschritt noch journalistische Trends dem Feature derzeit eine neue Richtung anzeigen, ist eine Weiterentwicklung derzeit nicht zu erwarten. Damit ist vorläufig ein gewisser Endpunkt in der Entwicklung des Features erreicht worden.

Fazit: Mit der Wiederentdeckung der Sprache als primärem Ausdrucksmittel war das neue Feature geboren. Kennzeichen des neuen Features sind die Themenbreite und vielseitige Gestaltung, wobei die Behandlung gesellschaftlich-soziologischer Inhalte im Vordergrund steht. Die Sendungen behandeln alle nur denkbaren Themen: Menschen, Politik, Gesellschaft, Literatur und Exotisches.

Innerhalb des neuen Features sind alle Formvarianten möglich (Wort-, Dokumentar- und O-Ton-Features). Sie beinhalten in unterschiedlichem Verhältnis sprachliche und nicht-sprachliche Modulation, wodurch auch die Funktionsänderung bewirkt wird. Der Autor, der den Produktionsprozeß viel stärker begleitet, muß die Formensprache und deren Wirkung beherrschen.

Bedingt durch Sparmaßnahmen und einhergehender Programmuniformierung ist die Zukunft des Features nicht gesichert.

3. Gesamtresümee Hörfunk-Feature

Die für das Feature besonders relevanten Aspekte der Geschichte, Form und Sprache wurden in den einzelnen Kapiteln ausführlich dargestellt und erörtert. Die dort gewonnenen Erkenntnisse werden jetzt abschließend zusammengefaßt und mit einem Schlußkommentar versehen:

ETYMOLOGIE: Nach einhelliger Überzeugung verschiedener Quellen entstammt das Wort „Feature" der englischen Sprache, wo es auf lateinisch „factura" zurückgeht, das die Bedeutungen „das Machen" bzw. „die Bearbeitung" besitzt.

DEFINITION: Das Feature ist eine Rundfunksendung, die die akustischen Bestandteile (Sprache, Geräusch und Musik) aus verschiedenen inhaltlichen und zeitlichen Zusammenhängen zu einem elaborierten Thema (Person oder Sache) verarbeitet, in der radiophonen Auflösung eigenproduktiv wird und damit eine neue Realität für den Hörer erschafft. Die Intention der Sendung richtet sich nach der Funktion der akustischen Teile.

Jener Prozeß, singuläre Teile zu einem neuen Ganzen zu synthetisieren, ist für das Feature wesentliches Kriterium und wird von den literaturwissenschaftlichen Arbeiten nicht berücksichtigt, da diese das Augenmerk nur auf die Beschreibung der Repertoire-Montage richten. Damit bleibt ihnen das für die Abgrenzung zu anderen Sendeformen relevante Kriterium der Eigenproduktivität unzugänglich.

Charakteristikum der Sendeform bleibt nach wie vor, daß eine eingängige deutsche Übersetzung bis heute nicht existiert. In den Anfangsjahren des deutschen Rundfunks wurden die Begriffe „Hörfolge" bzw. „Hörbild" näherungsweise benutzt.

INHALT/DRAMATURGIE: Prinzipiell existiert in der Themenwahl nur die Einschränkung, daß der darzustellende Gegenstand der Realität entstammen muß. Von der Reiseerzählung über das Personenportrait bis hin zur Darstellung gesellschaftlicher Probleme, z. B. Randgruppen, ist damit alles realisierbar.

Die Auswahl und Anlage des Themas ist in mehr oder weniger starkem Maße der Subjektivität des Autors unterworfen, weswegen es keinen Prototyp des Features gibt. Trotzdem lassen sich vier Grundmerkmale determinieren:

a) *Struktur:* Der Begriff „Struktur" impliziert formal heterogene Teile, die das Thema beinhalten. Da keine Handlung wie im Hörspiel vorangetrieben wird, besteht auch kein Zwang zur Stringenz, sondern punktuelle Aktionen ermöglichen die Unterbrechung, Abwechslung und Überraschung.

b) *Vielgestaltigkeit:* Die der Struktur immanente Heterogenität bringt folgende Featureelemente hervor: Dialog, Monolog, Reportage, Interview, Zitat, Nachricht, Kommentar, Umfrage sowie Geräusch und Musik. Eine besondere Art, mit dem Inhalt der Elemente umzugehen, ist der O-Ton.

c) *Deskription/Analyse:* Vorwiegend vermittelt das Wort den Sachverhalt. Dabei besitzt das Feature sowohl ein rein informierendes (episches) als auch ein analytisches Moment, bei dem es um Reflexion und kritische Betrachtung des Gesagten geht.

d) *Metaebene:* Der erzählerischen Ebene folgt die analytische, wodurch erst eine dialektische Sichtweise ermöglicht wird und dem Hörer die verschiedenen Ebenen einer Thematik offensichtlich werden.

GENESE: Mit dem Beginn des Unterhaltungsrundfunk in England und Deutschland Anfang der 20er Jahre entstand das Feature im Rahmen der Suche nach hörfunkspezifischen Darstellungsformen. Diese akustischen Experimente in den Rundfunkanstalten der Weimarer Republik zeitigten erste Vorläufer des Features, die Menschen und Heldentaten thematisierten. Während der NS-Zeit wurde das Feature zugunsten von Propaganda- und Weihestücken aus dem gleichgeschalteten Rundfunkprogramm genommen.

WERDEGANG: Nach dem II. Weltkrieg trug der Führungsstil der britischen Besatzungsmacht im wesentlichen dazu bei, daß der Nordwestdeutsche Rundfunk durch seine technischen als auch personalpolitischen Voraussetzungen bald eine Führungsposition einnahm: In der Thematisierung der aktuellen Situation und Versorgungslage ist die Funktion der Features nach Kriegsende zu sehen. Die Sendungen sollten die Bevölkerung moralisch und psychisch aufbauen.

Die Städte- und Reise-Features Anfang der 50er Jahre kompensierten den Informationsmangel, der durch zwölf Jahre NS-Herrschaft entstanden war. Mit der Verbesserung der Nachkriegssituation verlagerte sich das Informationsinteresse der Hörer, die jetzt nicht mehr subjektive Schilderungen hören wollten, sondern auf gesellschaftliche und soziologische Themen Wert legten.

Das Bedürfnis nach Verbürgtheit brachte Anfang der 60er Jahre das Dokumentar-Feature hervor, das, bedingt durch die Entwicklung tragbarer Schallaufzeichnung, den Originalton in seiner dokumentarischen Funktion entdeckte und damit das freigesprochene Wort bzw. die Alltagssprache im Rundfunkprogramm salonfähig machte. Der Anspruch auf künstlerische Durchformung war in den Hintergrund getreten. Nachvollziehbares und Tatsächliches waren gefragt.

Die Stereophonie, d.h. die stereophone O-Ton-Aufnahme, implizierte eine weitere Funktionsänderung der Elemente, diesmal im nicht-sprachlichen Bereich. Durch die hohe Übertragungsgüte emanzipierte sich das Geräusch zum selbständigen, aussagefähigen Handlungsträger und wurde die Fortsetzung des Sprechens mit anderen Mitteln. Die Originalton-Features, die das Geräusch einsetzten, kamen der Maxime nach radiophoner Umsetzung besonders nach. Damit erfüllten sich Anderschs und Deiters Feststellung, daß bestimmte Inhalte die Featureform provozieren. Feature war damit nicht nur Form, sondern auch Inhalt.

Die Wiederentdeckung des Wortes und die Abkehr vom Geräusch als autonomen Handlungsträger läuteten die Phase des neuen Features Mitte der 70er Jahre ein. Sprache und nicht-sprachliche Information standen jetzt gleichberechtigt nebeneinander und wurden von der modernen Rundfunktechnik im beabsichtigten Sinne bearbeitet.

Zukunft: Die Periode der 80er Jahre war geprägt von der Weiterentwicklung der bewährten Formen und Methoden, wobei die bekannten Formvarianten zu einem gewissen Grad „ausgereizt" wurden. Der Anfang der 90er Jahre sind abzeichnende Sparkurs der öffentlich-rechtlichen Rundfunkanstalten, die die alleinigen Abnehmer solcher Sendungen sind und die den Autoren immer weniger Angebote machen können, beeinträchtigt die Situation des Features nachhaltig. Im Konkurrenzkampf mit den privaten Rundfunkanbietern um Einschaltquoten besteht die Gefahr, daß die Programmverantwortlichen das Feature als qualitatives Minderheitenprogramm als überflüssig erachten, wodurch die Zukunft dieser Sendeform als noch nicht gesichert anzusehen ist. Dies wird schon dadurch dokumentiert, daß dem höheren Arbeitsaufwand in den entsprechenden Abteilungen nicht mit einer Personalaufstockung begegnet wird.

Sprache: Die Verstehbarkeit als relevantes Kriterium für eine optimale Rezeption setzt der Komplexität von sprachlichen Äußerungen Grenzen. Zu den sprachlichen Kriterien, die den Verständnisprozeß im Hörer fördern, aber nicht garantieren können, zählen vor allem:

– konkreter Wortschatz einer Alltagssprache
– Lineare Gedankenführung bzw. innere Kohärenz
– Redundanz
– Aktivische Satzkonstruktionen (Subjekt-Verb-Nähe)
– Parataktische Satzfolgen
– Keine Spezialkenntnisse.

All die genannten Kriterien lassen sich unter der Absicht subsumieren, sich an einer Sprache zu orientieren, die dem Niveau des Hörers entspricht (Sprechsprache), so daß die Rezeption gewährleistet wird (vgl. Straßner 1981, 62).

Bei der Auflistung der sprachlichen Kriterien war auch stets vorausgesetzt worden, daß die Thematik für den Hörer von Interesse ist, kein intellektuelles Gefälle zwischen Rezipient und Sendung besteht und die Sendung gut umgesetzt ist. Von einer ungestörten Hörsituation wird also ausgegangen.

Rezeption: In der Akustik hat das Wort seine höchste Informationsdichte bei gleichzeitig kürzester Rezeptionsmöglichkeit erreicht: zur semantischen Information addiert sich jetzt die phonetisch-lautliche durch den Sprecher.

Die Flüchtigkeit des gehörten Wortes kann teilweise dadurch kompensiert werden, wenn die gehörten Aussagen konkretisiert werden: sei es durch Beispiele, Dramatisierung oder Story-Form.

RUNDFUNKIMMANENZ: In der Montage von teilen, die aus verschiedenen zeitlichen und inhaltlichen Zusammenhängen stammen, erschafft das Feature eine neue Realität und wird damit eigenproduktiv. Die Rundfunkimmanenz wurde durch die Entwicklung des technischen Apparates verstärkt, was aus der Schallaufzeichnung im allgemeinen, und aus der mobilen Aufzeichnung im speziellen resultierte. Denn erst die Erfindung der Schallaufnahme bzw. -wiedergabe ermöglichte eine nicht mehr dem natürlichen Zeitkontinuum unterworfene Sendung, wie sie zu Beginn des Rundfunks nicht möglich war.

SUBJEKTIVITÄT DES AUTORS: Sie ist unvermeidbar und gehört zu jedem künstlerischen Prozeß. Relevant ist in diesem Zusammenhang, daß auch Features mit Untertiteln wie „Dokumentation" oder „Bericht" eine Objektivität suggerieren, die nicht existent ist. Auch wenn der Autor vorgibt, objektiv zu sein, sind jeder notwendige Schnitt im O-Ton, jedes Auslassen eines thematischen Aspektes letztendlich Zensur und Verfälschung.

SCHLUSSKOMMENTAR: Das Feature stellt einen der letzten Freiräume für Autoren und Produzenten im Rundfunk dar. In seiner Art des „akustischen Mimikry", also andere Formen zu „imitieren", ohne selbst eine von diesen zu sein, genießt es absolute Freiheit bezüglich Kreativität und Phantasie. Es liegt an der entsprechenden Reaktion und an der Rundfunkanstalt selbst, diesen unschätzbaren Reichtum zu bergen und dem Hörer zugänglich zu machen. Gerade in einer Zeit, in der das Überangebot an Medien eine fundierte Information vortäuscht und genau das Gegenteil der Fall ist, kann das Feature als halb- oder einstündige Sendung, die nicht vom Zwang einer Schlagzeilen-Aktualität beherrscht wird, dem Hörer ein Thema differenziert und radiophon umgesetzt nahebringen und ihn informieren.

Wenngleich das Feature jeden Inhalt zu thematisieren vermag, so liegt seine Stärke in der radiophonen Umsetzung, die im Originalton-Feature absolut zum Tragen kommt. Dort verbinden sich die analytische Absicht des differenzierten Berichts mit der ästhetischen Wirkung der Collage, was für den Hörer von größtem Reiz sein kann.

4. Literatur

Andersch, Alfred, Versuch über das Feature. Anläßlich einer neuen Arbeit Ernst Schnabels. In: RuF 1, 1953, 94–97.

Auer-Krafka, Tamara, Die Entwicklungsgeschichte des westdeutschen Rundfunk-Features von den Anfängen bis zur Gegenwart. Wien 1980.

Braun, Peter L., Mit Farbband und mit Tonband. In: Medium 11., 1981, 27–28.

Deiters, Heinz G., Das Feature. Gedanken zu einer hörfunkeigenen Ausdrucksform. Manuskript des NDR.

Eckert, Gerhardt, Zur Theorie und Praxis der Hörfolge. In: RuH 5, 1950/51, 110–114.

Fischer, Eugen K., Das Hörspiel. Form und Funktion. Stuttgart 1964.

Geers, Jürgen, Originalton. Überlegungen zur Geschichte und Formensprache einer dokumentaristischen Hörfunkästhetik. Frankfurt/M.: Manuskript des HR 1992.

Gerhardt, Marlis, Nahbild in blitzartiger Beleuchtung. Das Radio-Feature: im Zentrum die Subjektivität des Autors. In: Weiterbildung und Medium 5/87, 28–33.

Hülsebus-Wagner, Christa, Feature und Radio-Essay. Hörfunkformen von Autoren der Gruppe 47 und ihres Umkreises. Aachen 1982.

Petschke, Simone, Die Trennung des Features vom Hörspiel im Zeitraum von 1950 bis 1954 beim NWDR. Berlin: Diss. FU Berlin 1985.

Schlemmer, Johannes, Über die Verständlichkeit des gesprochenen Wortes im Hörfunk. In: RuF 2, 1968, 129–135.

Staude, Linda, Montagekunst par exellence. Versuch einer Dramaturgie des Hörfunk-Features. Dortmund: Diplomarbeit am Institut für Journalistik an der Universität Dortmund 1990.

Straßner, Erich, Sprache in den Funkmedien. In: Mu 88, 1975, 174–182.

–, Produktions- und Rezeptionsprobleme bei Nachrichtentexten. In: Nachrichten. Entwicklungen – Analysen – Erfahrungen. Hrsg. v. Erich Straßner. München 1975, 83–111.

(TONAUFNAHMEN)

70 Jahre SDR. 1924 bis 1994. Ein Streifzug durch 70 Jahre Radio-Programm, Compact-Disc 1 + 2.

Felix Kribus, Stuttgart (Deutschland)

192. Kommunikative und ästhetische Funktion religiöser Hörfunksendungen

1. Historische Aspekte
2. Rundfunkrechtliche Rahmenbedingungen
3. Theologische Voraussetzungen
4. Definitionen
5. Formen und Inhalte
6. Ästhetische Kriterien
7. Kommunikative Funktion
8. Literatur

1. Historische Aspekte

Seit den Anfängen des Rundfunks war Religion Gegenstand medialer Kommunikation. In einem der ersten Übertragungsversuche wurden am Weihnachtsabend im Jahre 1909 Passagen aus der Bibel für Schiffsbesatzungen auf Hoher See gelesen. Entsprechend dem Stand der technischen Entwicklung und der religiösen Prägung der jeweiligen Gesellschaft gab es religiöse Hörfunkbeiträge zunächst in den USA, Großbritannien und Deutschland. Eine Gottesdienstübertragung war die erste religiöse Radiosendung in den USA. Sie fand am 2. Januar 1921 in Pittsburgh statt (Biernatzki 1991, 2). Fast zwei Jahre später, am Heiligabend 1922, gab es die erste religiöse Ansprache in der BBC. Im Mai 1923 wurde in Großbritannien eine Sonntagskommission eingerichtet, dem Vertreter der Church of England, der größeren protestantischen Denominationen und der Röm. Katholischen Kirche angehörten. Aufgabe dieses Komitees war es, die BBC in religiösen Fragen zu beraten und mit Sonntagspredigern zu versorgen. Drei Jahre später, 1926, wurde das Komitee offiziell zum Central Religious Advisory Committee (CRAC) ernannt (Biernatzki 1991, 2). Eher inoffiziell verlief der Start religiöser Hörfunksendungen in Deutschland. Die ersten Kontakte zwischen Rundfunkanstalt und Kirche entstanden dadurch, daß die Programmveranstalter gelegentlich prominente Geistliche um Vorträge baten (Bauer 1966, 9). Begonnen hatte der berühmte Berliner Großstadtseelsorger Dr. Carl Sonnenschein am Karsamstag 1924, im Vox-Haus Berlin. Im gleichen Jahr wurden die ersten Morgenfeiern gesendet, die in Deutschland – in der einen oder anderen Form – bis heute Bestandteil des religiösen Hörfunkprogramms sind.

2. Rundfunkrechtliche Rahmenbedingungen

Die Präsenz der Religionsgemeinschaften in den Rundfunkprogrammen der verschiedenen Länder hängt vom jeweiligen Staats-Kirchen-Verhältnis ab. Bei der völligen Trennung von Staat und Kirche, wie z. B. in den USA, müssen die Religionsgemeinschaften sich entweder selbst als Programmveranstalter organisieren oder religiöse Programme in den kommerziellen Sendeanstalten finanzieren. In der Bundesrepublik Deutschland besteht seit 1985 das sogenannte Duale Rundfunksystem. Neben dem gebührenfinanzierten öffentlich-rechtlichen Rundfunk gibt es den privatwirtschaftlich organisierten Rundfunk, der sich allein aus dem Werbeeinkommen finanzieren muß. Beide Teile des Rundfunksystems müssen den staatlich anerkannten Religionsgemeinschaften Zeit für eigenverantwortlich gestaltete Sendungen zur Verfügung stellen. Rechtliche Grundlagen hierfür sind die im Art. 4 des Grundgesetzes garantierte Religionsfreiheit sowie die Meinungs- und Pressefreiheit in Artikel 5 GG. Die nach Art. 137 Abs. 1–8 der Weimarer Reichsverfassung als Körperschaften öffentlichen Rechts anerkannten Religionsgemeinschaften erhalten das sogenannte Drittsenderecht im Rundfunk. Dieses Drittsenderecht beruht u. a. auf der Eigenständigkeit der Körperschaften öffentlichen Rechts sowie vor allem auf ihrer besonderen Relevanz für die Gesellschaft. Dementsprechend ist das Drittsenderecht auch in jedem Landesmediengesetz und dem Rundfunkstaatsvertrag der Länder der Bundesrepublik Deutschland enthalten. Immer wieder wird die Frage gestellt, warum nicht auch andere gesellschaftliche Gruppen dieses Drittsenderecht beanspruchen dürfen bzw. was die Kirchen zu diesem Sonderstatus berechtigt. Diese Frage wurde 1976 durch das sog. 'Bremer Pastorenurteil' des Bundesverfassungsgerichts beantwortet: „Die Kirchen (besitzen) zum Staat ein qualitativ anderes Verhältnis als irgendeine andere gesellschaftliche Großgruppe (Verband, Institution); das gilt nicht nur aus der Verschiedenheit, daß jene gesellschaftlichen Verbände partielle Interessen verbinden, während die Kirchen ähnlich wie der Staat den Menschen als Ganzes in allen Feldern seiner Betätigung und seines Verhaltens anspricht und (rechtliche oder sittlich-religiöse) Forderungen an ihn stellt, sondern insbesondere auch aus dem Spezifikum des geistig-religiösen Auftrags der Kirchen." (Materialien zur Medienpolitik 5, 1985, 14).

3. Theologische Voraussetzungen

„Die evangelische Publizistik ist eine Lebensäußerung der Kirche. Sie ist wie die Kirche insgesamt dem Auftrag zur Bezeugung des Evangeliums verpflichtet. Es entspricht dem Wesen dieses Auftrags, daß er in verschiedener Gestalt und mit vielfältigen Mitteln erfüllt wird. Die evangelische Publizistik ist mit ihren Mitteln an der Erfüllung des evangelischen Auftrags beteiligt." (Mandat und Markt 1997, 16)

Neben der biblisch begründeten Selbstverpflichtung zur Verkündigung ihrer Botschaft sehen die Christen auch einen eigenen humanen Wert in den technischen Kommunikationsmitteln. So erkannten die Verfasser der Pastoralinstruktion 'Communio et Progressio', der Magna Carta der Katholischen Medienarbeit, in den technischen Kommunikationsmitteln „Geschenke Gottes, weil sie nach dem Ratschluß der göttlichen Vorhersehung die Menschen brüderlich verbinden, damit diese im Heilswerk Gottes mitwirken" (Communio et Progressio 1971, 7). Demnach sind „Gemeinschaft und Fortschritt der menschlichen Gesellschaft die obersten Ziele sozialer Kommunikation und ihrer Instrumente, wie der Presse, des Films, des Hörfunks und des Fernsehens." (Communio et Progressio 1971, 7). Diese durchweg positive Einschätzung der Medien durch die Katholische Kirche im Jahr 1971 wurde mit der Pastoralinstruktion 'Aetatis Novae' 1992 zwar nicht aufgehoben, doch relativiert, indem gesellschafts- und medienkritische Momente in diese Stellungnahme des Päpstlichen Rates für die Sozialen Kommunikationsmittel hereingenommen wurden: „Die Macht der Medien reicht so weit, daß sie nicht nur die Denkweisen, sondern sogar den Inhalt des Denkens beeinflussen. Für viele Menschen entspricht die Wirklichkeit dem, was die Medien als Wirklichkeit ausgeben ... So kann Einzelmenschen und Gruppen, von denen die Medien keine Notiz nehmen, defacto Schweigen auferlegt werden ... Es ist daher wichtig, daß die Christen imstande sind, die fehlende Information dadurch zu bieten, daß sie jene zu Wort kommen lassen, die keine Stimme haben." (Aetatis Novae, 1992, 9). In dieser sogenannten 'anwaltschaftlichen Funktion' der christlichen Medienarbeit sehen die Kirchen neben dem Verkündigungsauftrag die zweite Legitimation ihrer Präsenz in den verschiedenen Ausformungen des Rundfunks: „Das Mandat der evangelischen Publizistik hat wie der kirchliche Auftrag eine diakonische und gesellschaftsdiakonische Dimension. Sie soll Benachteiligten Gehör verschaffen, auf physische und psychische, materielle und kreatürliche Not hinweisen und die kritischen und helfenden Wirkungen des Evangeliums ins Spiel bringen. Die evangelische Publizistik ist in diesem Sinne auch eine Publizistik 'von unten' zugunsten der Gescheiterten und Ausgestoßenen, der Ausgegrenzten und Stummen." (Mandat und Markt 1997, 17).

4. Definitionen

Sendungen, in denen die Kirchen ihrem doppelten Selbstanspruch – des Verkündigungsauftrags und der anwaltschaftlichen Funktion – gerecht werden wollen und für die sie das Drittsenderecht in beiden Rundfunksystemen eingeräumt bekamen, definieren sie und die meisten Rundfunkgesetze wie folgt: „Unter Verkündigungssendungen ... verstehen wir neben der Übertragung gottesdienstlicher Handlungen auch Sendungen über sonstige religiöse Themen, insbesondere solche über Fragen der öffentlichen Verantwortung der Kirchen." (Materialien zur Medienpolitik 5, 1985, 20).

Als Begriff für die unter kirchlicher Verantwortung stehenden Beiträge im Hörfunk hat sich im Rundfunk die Bezeichnung 'Verkündigungssendungen' eingebürgert. „Nach den Begriffsbestimmungen der Theologen ist Verkündigung der Auftrag Gottes an die Kirche, seine Taten, Offenbarungen und Verheißungen öffentlich und verbindlich zu allen Zeiten zu proklamieren. Zur etymologischen Klärung sind die Begriffe Kerygma, Evangelium und Wort Gottes zu berücksichtigen. Aus der Rekonstruktion ihres Gebrauchs im A.T. und N.T. geht hervor, daß Verkündigung Beauftragung durch Gott voraussetzt, daß ihr Inhalt dem einzelnen Verkündiger nicht zur Disposition steht, daß er aber auch nicht mechanisch kolportiert, sondern in der jeweiligen historischen Situation vergegenwärtigt werden soll, daß er kein unverbindliches Angebot, sondern Zustimmung beanspruchende Botschaft ist" (Vogt 1978, 82/83). Neben den Verkündigungssendungen gibt es die sogenannten „redaktionellen Beiträge". In Abgrenzung zu den eigenverantwortlich gestalteten Sendungen der Kirche reklamieren die redaktionellen Beiträge journalistische Unabhängigkeit auch und gerade von den kirchlichen Institutionen. Ursprünglich gab es keine eigenen Kirchen- bzw. Religionsredaktionen in den Funkhäusern. Die religiösen Sendungen wurden von kirchlichen Beauftragten inhaltlich verantwortet und von Mitarbeitern der Sendeanstalt organisatorisch und technisch betreut. Nach dem Zweiten Weltkrieg entwickelten sich – auch im Zuge der Programmausweitung durch den UKW-Betrieb – eigenständige Redaktionen, die sich der Fragen um Religion, Kirche und Gesellschaft annahmen (vgl. Vogt 1978, 116f.). Man könnte sagen, die Journalisten der religiösen Fachredaktionen berichten über Religion, wohingegen Verkündiger Beiträge aus ihrer Religion heraus erstellen. Im privatwirtschaftlichen Rundfunk gibt es keine Fachredaktionen zu Religion und Kirche.

5. Formen und Inhalte

Entsprechend der gewachsenen Aufgabenverteilung in Verkündigungssendungen und redaktionellen Beiträgen differenziert sich auch das Angebot der religiösen Sendungen im öffentlich-rechtlichen Hörfunk aus.

5.1. Verkündigungssendungen

Das Angebot kirchlicher Verkündigungssendungen im öffentlich-rechtlichen Hörfunk der Bundesrepublik Deutschland umfaßt Gottesdienstübertragungen, sonntägliche Morgenfeiern, werktägliche Morgenandachten und verschiedene Kurzformen.

Gottesdienste werden zumeist an christlichen Hochfesten wie Weihnachten, Ostern oder Pfingsten aus Kirchen im Sendegebiet der betreffenden Rundfunkanstalt übertragen. Außerdem gibt es Gottesdienstübertragungen zu besonderen aktuellen Anlässen wie Kirchentagen, Papstbesuchen und Staatsakten oder zu historischen Anlässen wie Gedenkfeiern, Jubiläen oder Heiligsprechungen. Verbindendes formales Element bei allen Gottesdienstformen ist der Live-Charakter. Aus theologischen Gründen und auf Grund der Tatsache, daß viele – vor allem alleinstehende und ältere – Menschen die Gottesdienste zu Hause mitfeiern, werden zeitversetzte Übertragungen abgelehnt. Das zweite Charakteristikum der Gottesdienstübertragung im Hörfunk ist die hörbare Präsentation einer feiernden Gemeinschaft. Dazu gehören Gebete von Priester und Gottesdienstbesuchern, Predigt, Lieder und Musikstücke. Abgesehen von dem Versuch, den im Radio übertragenen Gottesdienst durch einen organischen Wechsel von Wort und Musik so hörfunkgerecht wie möglich zu gestalten, unterscheidet er sich im Ablauf nicht weiter von sonstigen Gottesdiensten der evangelischen und katholischen Kirche.

Die älteste religiöse Sendung im deutschen Hörfunkprogramm ist die Morgenfeier. Die 'Südwestdeutsche Rundfunk AG' in Frankfurt sendete 1924 als erste deutsche Rundfunkanstalt mit der Morgenfeier eine regelmäßige religiöse Sendung. Ihr Sendetermin war Sonntagmorgen von 8.00 bis 9.00 Uhr und sie wurde von kirchlichen Gemeinden und Vereinen gestaltet: „Die Mitte der Frankfurter Morgenfeiern bildete eine Ansprache. Die Sprecher waren in der Regel Pfarrer aus Frankfurts Gemeinden; oft wirkte dann auch der Kirchenchor ihrer Gemeinde mit. Der Inhalt der Ansprachen galt mehr Themen der Ethik als der Glaubensverkündigung. In den einzelnen Feiern wurden statt der Ansprachen Texte aus dem Werk klassischer religiöser Schriftsteller vorgelesen. Die Form blieb aber immer die gleiche: Umrahmung eines Wortblocks durch Musik. Lesungen aus der Schrift oder Gebete kamen nicht vor" (Bauer 1966, 11). An diesem Grundprinzip hat sich bis heute nichts geändert. Sendeplatz ist nach wie vor der Sonntagvormittag, Kern der Sendung ist das Wort, wobei heute vielleicht eine stärker biblische und theologische Perspektive dominiert, umrahmt von – zumeist – klassischer Musik. Verändert hat sich aber die Dauer der Sendung. Eine Morgenfeier dauert in verschiedenen Hörfunkprogrammen der ARD nicht länger als 15–20 Minuten. Auch die Plazierung innerhalb des Gesamtprogramms am Vormittag ist von Rundfunkanstalt zu Rundfunkanstalt verschieden. In der einen ist die Morgenfeier eine eigene Sendestrecke, abgegrenzt von den anderen Programmeinheiten, in der anderen ist sie als autonomer Programmteil eingebettet in ein journalistisch gestaltetes Sonntagsmagazin zu religiösen und kirchlichen Themen.

Der Klassiker im eigenverantwortlich von den Kirchen gestalteten Hörfunkprogramm ist die sogenannte 'Morgenandacht'. Nach dem Zweiten Weltkrieg wurde sie von den Siegermächten gemäß dem Vorbild ähnlicher Sendungen der BBC ins Programm gebracht (vgl. Glässgen 1983, 75f.). In Ergänzung zu den sonntäglich gesendeten Morgenfeiern sind die Morgenandachten die werktägliche Kurzform religiösen Hörfunkprogramms. Morgenandachten findet man in allen Programmen des öffentlich-rechtlichen und auch privaten Hörfunks der Bundesrepublik Deutschland. Sie dauern zwischen 1 Minute 30 Sekunden (im Privatradio) und bis zu 5 Minuten in den Kulturprogrammen des öffentlich-rechtlichen Rundfunks. Sie heißen 'Wort in den Tag', 'Morgengedanke', 'Morgenandacht', 'Geistliches Wort', 'Auf ein Wort', 'Aktuelle Botschaft' oder 'Randnotiz'. Sie haben ihren festen Sendeplatz in der Prime Time des Radios zwischen 6.00 und 9.00 Uhr morgens oder 'floatend' in dieser Zeit, d.h. sie werden zu verschiedenen Zeiten in das laufende Programm eingestreut. Die Morgenandachten sind zum Teil live, zum Teil vorproduziert. Ihre Form ist nahezu ausschließlich monologisch, d.h. eine Kurzansprache mit religiöser Botschaft (vgl. Kampmann 1993, 51f.). Aufgrund ihrer Kürze und ihrer günstigen Sendezeit im aktuellen Programm des Hörfunks sind die Morgenandachten die Verkündigungssendungen, die sich formal am wenigsten vom Programmfeld unterscheiden bzw. unterscheiden sollten, ohne ihr inhaltliches Spezifikum aufzugeben.

5.2. Redaktionelle Sendungen

Die journalistische Behandlung religiöser und kirchlicher Themen bedient sich derselben Formen wie in anderen Bereichen. Koordinaten dieser Arbeitsweise sind kritische Distanz zu Sujets und Institutionen, Neuigkeit, Besonderheit, Aktualität und nicht zuletzt das Bemühen, die Wirklichkeit darzustellen, und mit dieser spezifischen Darstellung an der Verbesserung der präsentierten Wirklichkeit zu arbeiten. So sind Kirche und Religion u.a. Gegenstand von Reportagen, Features, Interviews, Nachrichten, Diskussionssendungen und Kommentaren. Die betreffenden Fachredaktionen arbeiten dabei anderen Redaktionen zu und plazieren ihre Beiträge in den aktuellen Informations- und Kulturprogrammen. Sie haben aber auch ihre eigenen Sendeplätze, vornehmlich am Sonntagvormittag. So z.B. die Fachredaktion ‚Religion Kirche und Gesellschaft' des Südwestrundfunks mit dem ‚Sonntagsmagazin' sonntags zwischen 7.00 und 10.00 Uhr. Als ein Beispiel gegenwärtiger

Präsentation religiös-kirchlicher Themen sowie der formalen Integration von Verkündigungssendungen und redaktioneller Beiträge sei das Grundgerüst des SWR 'Sonntagsmagazins' genannt: In der Strecke von 7.05 bis 10.00 Uhr werden folgende Programmteile gesendet: Nachrichten und gegebenenfalls Kommentar zu Kirche und Religion, Lebenserfahrungen, Kindersendung, Bibellesung von Profisprecher aus Rundfunkanstalt, Kirchliche Morgenfeier, aktueller, oder bunter Beitrag bzw. Glosse. Moderiert wird die Sendung von einem Mitglied der Redaktion. Die Musikzusammenstellung entspricht dem Format des Programms in der das 'Sonntagsmagazin' eingebettet ist.

6. Ästhetische Kriterien

Die Präsenz der Kirchen mit eigenverantwortlich gestalteten Verkündigungssendungen in beiden Teilen des Dualen Rundfunksystems ist nicht unumstritten. Das liegt nicht nur an der zeitweiligen inhaltlichen Sperrigkeit religiöser Sendungen oder an der privilegierten Rolle der Kirchen, eigene Sendezeiten eingeräumt zu bekommen, sondern auch an der Qualität der kirchlichen Verkündigungssendungen. Steht es den Rundfunkveranstaltern aus gutem Grund nicht an, sich in die Inhalte der christlichen Verkündigungssendungen einzumischen, so kritisieren sie mit Recht die formale Qualität mancher religiöser Beiträge (vgl. Weiß 1995, 105f.). Der Grund für dieses immer wieder formulierte Desiderat liegt in der strukturellen Ungleichheit von immer nur punktuell auftretenden kirchlichen Verkündigern in einem professionellen Programmumfeld. Die Professionalität bezieht sich auch hier vornehmlich auf die formalen Aspekte der Hörfunkbeiträge, also auf die Sprechtechnik. Auch wenn die Sprechtechnik allein einen Hörfunkbeitrag noch nicht gelingen läßt, so genügen andererseits weder Persönlichkeit noch Pathos um am Radio zu überzeugen. Der Transfer gängiger – bzw. leider auch längst überholter – sprechtechnischer und rhetorischer Mittel von der Kirche ins Radio führen zu der allseits unbeliebten Radiopredigt bzw. dem Kanzelton (vgl. Arntz-Pietscher 95, 39f.). Die kirchlichen Verkündiger müssen zunächst mühsam das kleine Einmaleins des hörfunkgerechten Sprechens lernen. Das heißt, sie müssen sich u.a. von der Schriftsprache lösen und nicht mehr nach der Interpunktion sprechen, d.h. einen Text sprechen lernen, statt ihn vom Manuskript abzulesen. Dazu gehört auch eine hörfunkgerechte Wortwahl und das entsprechende Satzgefüge sowie eine saubere Aussprache oder eine Reduzierung der mundartlich geprägten Phonetik. Ein weiterer Schritt zur gelungenen Präsentation im Hörfunk ist ein angemessener Sprechrhythmus und die sprecherische Gliederung des Textes. Dabei geht es um das jeweils passende Sprechtempo oder die Anzahl und das richtige Setzen von Pausen. Der berühmtberüchtigte Kanzelton führt zur nächsten Schieflage bei den kirchlichen Sendungen. Der heutige Radiohörer, zumal wenn er nicht religiös oder kirchlich sozialisiert ist, will sich nicht 'von oben herab' belehren und schon gar nicht bekehren lassen. Dementsprechend wichtig ist die Sprechhaltung für die kirchlichen Radiosprecherinnen und -sprecher. Es entspricht nicht nur dem gängigen Zeitgeist, sondern auch der christlichen Botschaft den Hörern partnerschaftlich zu begegnen, das heißt weder herablassend noch anbiedernd, sondern das, was er oder sie mitzuteilen hat, anzubieten, mit genügend formalem und inhaltlichem Freiraum für den Adressaten. Nicht zu trennen von der Sprechhaltung ist schließlich die Stimme. Mag sie auch psychologisch unterschiedlich auf die verschiedenen Hörer wirken, so ist nicht zuletzt sie samt dem Atem, der sie prägt, die Trägerin aller Botschaften. Insofern ist eine der wichtigsten Elemente der kirchlichen Radioarbeit die 'Stimmigkeit' einer Person. Egal ob eine Stimme voll, rund oder rauh ist, der Sprecher oder die Sprecherin muß zu seiner oder ihrer eigenen Stimme finden, ohne irgend jemand zu imitieren, sich zu vergaloppieren, sich zu distanzieren oder schlimmstenfalls zu chargieren. Allein die Verbindung einer authentischen, oder anders ausgedrückt, einer wahrhaftigen Person mit dem jeweiligen religiösen Inhalt macht die intendierte Botschaft glaubwürdig. Die oben beschriebenen formalen Defizite religiöser Sendungen lassen sich durchaus beheben. Eine wichtige Voraussetzung dafür ist die sehr sorgsame Auswahl von Sprecherinnen und Sprechern. Und selbst wenn diese Auswahl gut war, bedarf es der regelmäßigen Schulung der Sprecherinnen und Sprecher, weil sie nur dadurch ihre Schieflage zum Programmumfeld ausgleichen können. Und schließlich sind die – möglichst kleinen – Sprecherteams auf die verschiedenen Programmtypen – Kultur, Jugendliches Pop-Programm, Informationsprogramm oder Programm für ältere Hörer – hin zu profilieren.

7. Kommunikative Funktion religiöser Hörfunksendungen

Im Idealfall fügen sich Intention der Hörfunkproduktion und Erwartung der Rezipienten wie ein Puzzle ineinander. Dies ist aber weder bei kirchlichen noch bei anderen Sendungen im Radio immer der Fall. Dies liegt zum einen an der pluralen Struktur der westlichen Gesellschaften, in der die Erwartungen so zahlreich wie die Lebenseinstellungen der Menschen sind, zum anderen aber auch an einer mangelnden Ausrichtung der Programmacher auf die Bedürfnisse und Interessen der Rezipienten. Das Bundesverfassungsgericht der Bundesrepublik Deutschland hat in seinen verschiedenen Rundfunkurteilen den Hörfunk und das Fernsehen die Aufgaben-Trias „Information, Unterhaltung und Bildung" zugewiesen. Mit der Einführung des privatwirtschaftlich organisierten Rundfunks wurde diese Aufgabenbeschreibung zwar nicht aufgegeben, doch fand in der Praxis eine deutliche Akzentverschiebung in Richtung Unterhaltungsorientiertheit der audiovisuellen Medien statt. Dabei zeichnen sich die privaten Rundfunkveranstalter durch eine äußerst konsequente Konsumentenorientiertheit aus, wohingegen die öffentlich-rechtlichen Rundfunkveranstalter den Spagat zwischen Qualität und Quote versuchen müssen. In einer ähnlichen Lage befinden sich die Kirchen mit ihren Verkündigungssendungen in den Programmen beider Systeme. Zum einen wollen sie sich nicht allen erdenklichen Niveaus anbiedern, anderseits sollen sie auch nicht so bieder sein, daß sie den Unterhaltungscharakter des jeweiligen Programms zerstören. Dazu haben sie von ihrem Verständnis her eine doppelte Zielgruppe. Ihr Kernpublikum, d. h. die Gläubigen, und die gesamte Gesellschaft. Insofern bewegen sich die Sprecherinnen und Sprecher von Verkündigungssendungen auf einem schmalen Grat. Sie dürfen einerseits nicht so hermetisch binnenchristlich orientiert sein, daß sie die Mehrheit der Bevölkerung ausschließen, andererseits dürfen sie auch nicht so beliebig zeitgeistlich sein, daß sie ihre Botschaft und deren Kernpublikum verlieren. Die Medienforschung liefert bei diesem Problem einen hilfreichen Orientierungsrahmen. Im Zuge der Programmvermehrung ergab sich auch eine größere Differenzierung der Publika, so daß die verschiedenen Adressatengruppen genauer definiert und zielgerechter angesprochen werden können. So sind z. B. Alter und Bildungsgrad noch immer ein Indikator für das Interesse an religiösen und kirchlichen Fragen. Das heißt aber wiederum nicht, daß es in der Bundesrepublik gar kein Interesse an religiösen Fragen mehr gibt. Eine qualitative Rezipientenstudie aus dem Jahre 1995 (vgl. Halefeldt 1995, 9f.) hat gezeigt, welch überraschend großes Interesse an religiösen Fragen, vor allem aber, welche starken Bedürfnisse an medialer Seelsorge bestehen: „Alle Untersuchungsteilnehmer, die sonntags fernsehen und/oder Radio hören, sind in der Studie dazu befragt worden, welche Funktionen und Bedeutung kirchliche und religiöse Sendungen 'für sie persönlich' wichtig sind und welche möglichen Themenschwerpunkte derartiger Sendungen sie interessieren ... Unter den elf vorgegebenen Funktionen – die im Westen durchgehend höhere Zustimmung erfuhren als im Osten – haben die Stichworte 'Hoffnung', 'Lebenshilfe und -beratung' sowie 'Trost und Aufmunterung' Vorrang. Sie werden im Westen von zwei Dritteln bis drei Viertel der Befragten, die sonntags den Rundfunk nutzen, als 'sehr' oder 'etwas wichtig' bezeichnet" (Halefeldt 1995, 10). Hinsichtlich der Themenpräferenzen ergab sich ein klares Interesse für politische und gesellschaftliche Probleme der Gegenwart: „Danach finden die Sonntagshörer und -zuschauer vor allem Beiträge 'sehr' interessant, die Themen wie 'Frieden', 'Dritte Welt', 'Armut', 'Abtreibung' oder 'Gentechnologie' behandeln. Demgegenüber fühlen sie sich von den Stichworten 'Kirchentage', 'Islam' oder 'Biblische Geschichten und Personen' weniger angesprochen" (Halefeldt 1995, 10).

Schließlich präsentierte die Rezipientenbefragung einige für die scheinbar immer säkularer strukturierte Bundesrepublik überraschende Befragungsergebnisse: So ist es 61 Prozent der Menschen im Westen (60 Prozent im Osten) sehr wichtig, über ihr Leben nachzudenken; daß sie den Nächsten lieben können ist 71 Prozent der Bevölkerung im Westen sehr wichtig (68 Prozent im Osten), und an Jesus Christus glauben zu können ist 40 Prozent der Menschen im Westen (und 22 Prozent im Osten) sehr wichtig (vgl. Halefeldt 1995, 12). Diese Ergebnisse dürften für die gesellschaftliche Legitimation und für die kommunikative Funktion religiöser Hörfunksendungen von nicht unerheblicher Bedeutung sein.

8. Literatur

'Aetatis Novae'. Pastoralinstruktion zur Sozialen Kommunikation 20 Jahre nach Communio et Progressio. Päpstlicher Rat für die sozialen Kommunikationsmittel. In: Arbeitshilfen 98. Hrsg. v. Sekretariat der Deutschen Bischofskonferenz, Bonn 1992

Arntz-Pietscher, Cora, Der Pastor zwischen Kanzelton und klerikalem Sound. Sprecherische Merkmale einer pathetischen Sprechweise. In: sprechen, II/95, 39–45.

Bauer, Günther, Kirchliche Rundfunkarbeit 1924–1939. Frankfurt a. M. 1966

Biernatzki, William E., Religion in the History of Broadcasting. In: CR Trends 11, 1991, No. 1, 2–5

Communio et Progressio. Pastoralinstruktion über die Instrumente der Sozialen Kommunikation. Päpstliche Kommission für die Instrumente der Sozialen Kommunikation. Veröffentlicht im Auftr. des II. Vat. Konzils. ²Trier 1991

Düsterfeld, Peter/Hans W. Hessler, Gemeinsamer Brief des Fernsehbeauftragten des Rates der EKD und des Leiters der Zentralstelle Medien der DBK an den Vorsitzenden der Rundfunkkommission der Länder als Stellungnahme zu einem Staatsvertrag der Länder zur Neuordnung des Rundfunkwesens in der Bundesrepublik Deutschland und Berlin (West). In: Materialien zur Medienpolitik 5. Medienpolitische Grundpositionen. Hrsg. v. d. Zentralstelle Medien der Deutschen Bischofskonferenz. Bonn 1985, 17–21

Freizeit und Medien am Sonntag. Repräsentativ-Erhebungen in den alten und neuen Bundesländern 1994. Durchgeführt von ENIGMA, Institut für Markt- und Sozialforschung, Jürgen Ignaczak GmbH, im Auftrag von ARD, ZDF, GEP, VDD, Unveröffentlichter Materialband 1994

Glässgen, Heinz, Katholische Kirche und Rundfunk in der Bundesrepublik Deutschland 1945–1962. Berlin 1983

Halefeldt, Elke, Der Sonntag in Ost und West. Studie zur Religiosität und Mediennutzung der Deutschen. In: FUNK-Korrespondenz Nr. 31–32/4. August 1995, 4–13

Hober, David, Die Radiopredigt – Ein Beitrag zur Rundfunkhomeletik. Stuttgart Berlin Köln 1996.

Kampmann, Susanne, Morgenandachten im Hörfunk. Geschichtliche, empirische und publizistische Aspekte zu einem umstrittenen Genre. Bochum 1993

Mandat und Markt. Perspektiven evangelischer Publizistik. Publizistisches Gesamtkonzept 1997. Hrsg. v. Kirchenamt der Evangelischen Kirche in Deutschland. Frankfurt a. M. 1997

Materialien zur Medienpolitik 5. Medienpolitische Grundpositionen. Hrsg. v. der Zentralstelle Medien der Deutschen Bischofskonferenz. Bonn 1985

Rundfunkgesetze. Fernsehen und Hörfunk. Textsammlung. Bearb. v. Günter Herrmann. ²Köln (etc.) 1977

Von Gott reden in Radio und Fernsehen. Hrsg. v. ORF-Abt. Religion-Hörfunk. Graz 1992

Weiß, Johannes, Eine fruchtbare Partnerschaft – Kirche und Radio. In: ARD Jahrbuch 95. Hamburg 1995

Peter Kottlorz, Stuttgart
(Deutschland)

193. Kommunikative und ästhetische Funktionen der Musiksendungen im Hörfunk

1. Musik als 'Urbestandteil' des Radioprogramms
2. Musikproduktion/Klangkörper
3. Musik als 'Trägerwelle' des Hörfunks
4. Musik-Spartenprogramme im Satelliten- und DAB-Zeitalter
5. Medium und Message: Informationen durch und über Musik
6. Literatur

1. Musik als 'Urbestandteil' des Radioprogramms

Seit der Geburt des Rundfunks ist Musik, in welcher Form auch immer, ein elementarer Bestandteil des Radioprogramms. Im wesentlichen wird sie, auch das von Anfang an, in zwei Funktionen eingesetzt: Erstens zur Unterhaltung und Stimulation der Hörer, als „Emotionswecker" (Jungk 1971, 84ff.). Diese Funktion wird seit den dreißiger Jahren zu Werbezwecken genutzt, von den totalitären Regimes der Nazis und Kommunisten zweckgerichtet politisch, heute überwiegend kommerziell. Zweitens als Kontrast- und Auflokkerungselement zwischen Wortsendungen. Grundlage dafür ist die (empirisch zunächst nicht gestützte) Auffassung der Programmverantwortlichen, daß zuviel Wort hintereinander (Nachrichten, Lesungen, Hörspiele, Diskussionen, Dokumentationen) für die Hörer zu 'schwer' und deshalb Musik, welcher Art auch immer, unentbehrlich sei.

Beide Grundfunktionen von Musik im Radio, deren kommunikative Funktion immer auch eine ästhetische Komponente hat (wie umgekehrt auch), sind natürlich miteinander verwandt. Bis zur Gegenwart sind sie konstitutiv geblieben. Was sich hingegen nicht gehalten hat, ist die Idee einer genuinen „Radio-Musik" nach dem Ideal von Spiel- und Gebrauchsmusik der 20er und frühen 30er Jahre (Paul Hindemith und Max Butting). Selbst das mehrfach wiederbelebte Genre der 'Funkoper' mußte schließlich im ersten Nachkriegsjahrzehnt (trotz Henzes fabulösem 'Ende einer Welt' nach Hildesheimer) seinen Geist mangels Angebot und Nachfrage endgültig aufgeben.

2. Musikproduktion/Klangkörper

Bis in die Gründerjahre der ARD wird die im Radio-Programm benötigte Musik fast ausschließlich in den Rundfunkanstalten selbst produziert (mittels festangestellter Klangkörper und ad hoc engagierter freier Ensembles und Solisten), zuerst immer live, später auch auf Tonträger (Wachsmatrize, Tonband, DAT und CD). Heute gibt es in den Archiven genügend Musik-Konserven, um die rundfunkeigenen Klangkörper (Sinfonieorchester, Großes Unterhaltungsorchester, Chor, Big- und Mediaband, andere Ensembles) überflüssig zu machen. Sämtliche in der Bundesrepublik Deutschland existierenden Privatradios, die auf 'E-Musik' in ihren Programmen weitgehend oder gänzlich verzichten, haben deshalb konsequenterweise keine eigenen Klangkörper. Selbst das kommerzielle 'Klassikradio' stützt sich, wie die Pop-Stationen, fast 100prozentig auf aktuelle Industrie-Produktionen. Auch in den ARD-Anstalten, deren 'U-Musik'-Abteilungen nicht anders verfahren, sind zumeist schon die Konsequenzen gezogen und die Ensembles dieses Bereichs reduziert oder gänzlich abgebaut worden.

Demgegenüber versuchen sich die Klangkörper der 'E-Musik' in den Landes-Rundfunkanstalten (Sinfonieorchester und, soweit noch vorhanden, dazugehörige Chöre), in neuen Organisationsformen – entweder als aus den Programmdirektionen herausgelöste eigene Hauptabteilung mit einem Musik-Intendanten oder Musik-Direktor an der Spitze oder, auf dem Wege des 'Outsourcing', als GmbH mit der Mutteranstalt als einzigem oder Haupt-Gesellschafter – auch künstlerisch neu zu profilieren. Ob das der richtige Weg in eine gesicherte ARD-Zukunft ist, wird sich noch zeigen müssen. Die Radio-Sinfonieorchester produzieren heute deutlich weniger Musik fürs Archiv, d.h. 'Material' für Sendungen. Das wird nicht mehr als ihre Hauptaufgabe angesehen. Sie sollen vielmehr versuchen, in ihren neuen Organisationsformen im rundum durchkommerzialisierten Musikmarkt aus eigener Kraft, d.h. möglichst kostendeckend, sich zu behaupten und eine Position zu sichern, die mit unverwechselbaren programmatischen Akzenten (noch) dem öffentlich-rechtlichen Programmauftrag entspricht. Im Wesentlichen geht es dabei um neue, vergessene, seltene oder nur mit großem Aufwand aufführbare Musik, um Werk-Serien oder Komponisten-Zyklen, mancherorts auch um eigene kleinere oder größere Festivals (z.B. Schwetzinger Festspiele des SDR und Rheinisch-Westfälische Musikfeste des WDR), zunehmend auch um internationale Auftritte und Tourneen – und um die CD- bzw. Video-Vermarktung dieser Aktivitäten. Beteiligungen Dritter und Sponsoring werden bei alledem immer mehr zu wichtigen Finanzierungs-Elementen.

Da auch der Musikmarkt sich nach dem Prinzip von Angebot und Nachfrage reguliert, d.h. vom Karten- und Plattenverkauf lebt, findet unvermeidbarerweise nun auch eine schleichende Kommerzialisierung des öffentlich-rechtlichen 'E-Musik'-Angebots statt. Die äußert sich in einer generellen Repertoire-Anpassung an die großen sinfonischen Standard- und Erfolgsprogramme der Konkurrenz-Orchester, in der Verpflichtung derselben Solisten und Dirigenten, die auch überall woanders auftreten. Sie werden nicht nur nach ihren musikalischen Qualitäten, sondern mehr und mehr nach ihrem PR-Wert, d.h. ihrer Anziehungskraft engagiert, die sie für das Käufer-Publikum haben. Dadurch aber verlieren die Rundfunk-Orchester zunehmend an Eigenprofil und stellen gerade durch diese Anstrengungen, sich im Markt neu zu positionieren, ihre Existenzgrundlage (der Gebührenfinanzierung) langsam aber sicher selbst in Frage.

An dieser Entwicklung wird besonders deutlich, daß die allmähliche Änderung der kommunikativen Funktion von Musik im Radio ihre ästhetischen Konsequenzen hat. Wie in einem Musterbeispiel Hegelianischer Dialektik schlagen zunächst kaum spürbare quantitative Veränderungen der einen (kommunikativen) Funktion, wenn der richtige

'Pegelstand' erreicht ist, um in eine neue Qualität der anderen (ästhetischen) Funktion.

3. Musik als 'Trägerwelle' des Hörfunks

Mit der 'Emotionswecker'-Funktion von Musik im Radio der Frühzeit ist der Weg zum 'formatierten' Programm von heute praktisch schon vorbestimmt. Technische Voraussetzung ist der UKW-Rundfunk mit seiner Wellen-Vielfalt. Diese wiederum nötigt zu neuen Programm-Strukturen mit Komplementär- und Konkurrenz-Funktion. Waren am Ende der 50er Jahre die ARD-Anstalten noch stolz auf ein zweites Hörfunk-Programm, das als 'Welle der Freude' (WDR) mit leichter Musik das 'seriöse' erste Programm ergänzte, so jagen sich heute die vier bis fünf Hörfunk-Programme einer öffentlich-rechtlichen Rundfunkanstalt oft gegenseitig 'Marktanteile' (Hörer-Quoten) ab, von der Konkurrenz mit Nachbar-Anstalten und Privatsendern ganz zu schweigen.

Heutzutage wird ein Radioprogramm als ein hauptsächlich 'nebenbei', d.h. ergänzend zu anderen (Haupt-)Tätigkeiten, genutztes Tagesbegleit-Medium definiert und entsprechend durchstrukturiert. Dabei bestimmt in erster Linie die 'Musikfarbe', zusammen mit exakt festgelegten Wortanteilen, das 'Format' des Programms. Und diese 'Musikfarben' sind in der Regel generationsspezifisch sortiert. Ein gutes Beispiel ist das sehr erfolgreiche Hörfunkprogramm 'WDR 4' mit seinem auf die ältere Generation ausgerichteten Spezialangebot von leichter unterhaltender Musik (eine raffinierte Mischung aus Deutschem Schlager, Operette, Musical, American Standard und verwandten Genres). Ein anderes Beispiel geben die Magazin-Wellen, wie sie – mit Varianten natürlich – von fast allen ARD-Anstalten angeboten werden. Hier ist das Format musikalisch beispielsweise durch 'Country and Western Music' vorgegeben. Dem Informationsauftrag wird mit stündlichen Nachrichten sowie höchstens vier Wortbeiträgen von maximal zwei- bis dreieinhalb Minuten Dauer pro Stundenblock genügt. Hinzu kommen Werbung, Verkehrs- und Wetterbericht. Eine 'Musik-Uhr' regelt den Einsatz von Hits und Oldies, bekannten und weniger bekannten Titeln. Bei modernen Sendern ist bereits der gesamt Sendeablauf rechnergesteuert. Der 'human factor' ist nur noch in der Person des mehr oder weniger populären Moderators bzw. der Moderatorin vorhanden, und auch die haben ihre strengen Vorgaben. Alle anderen Elemente solcher Hörfunksendungen, auch und gerade die eingesetzte Musik, sind manuell oder per Rechner vorprogrammiert, um individuelle Abweichungen möglichst auszuschließen. Angestrebt ist mit derartigen Vorgaben, daß dem jeweiligen Programm – zu dem auch immer wiederkehrende Musik-Signale (Jingles) vor bestimmten Programm-Elementen gehören, die jederzeitige (Wieder-)Erkennbarkeit gegenüber konkurrierenden Wellen gesichert wird. Sehr genau beschreibt Rudolf Heinemann (49ff.) dieses Verfahren, nach welchem die U-Musik als Mittel zum Zweck ihren Kunstwerk-Charakter verliert, „wie eine Ware konsumiert" und deshalb auch den strengen Gesetzen des Marktes unterworfen wird.

Folgerichtig spielt die empirische Hörerforschung bei der Festlegung von Programm-Inhalten und -Strukturen eine immer größere Rolle, auch und gerade hinsichtlich der Musik. Erforscht werden u.a. Tagesablauf-Gewohnheiten, Musikpräferenzen und -Toleranzen. Als instruktives Beispiel kann die WDR-Untersuchung zur Musikakzeptanz bei Radiohörern in NRW des Jahres 1984 und deren Auswertung für die Programmstrategien des Hörfunks durch Josef Eckhardt dienen (S. 405ff.). Vom 'Kulturauftrag' des öffentlich-rechtlichen Rundfunks ist zwar noch die Rede, doch setzt sich bei dieser Art der Programm-Definition nach Marktgesetzen der flache Mehrheits-Geschmack zwangsläufig immer stärker durch. Minderheiten-Inhalte, auch auf dem Gebiet der U-Musik, werden, wie z.B. experimenteller Jazz, Lieder und Chansons, erst in Randzeiten und am Ende ganz verdrängt. Damit haben sich die öffentlich-rechtlichen Anstalten auf den sehr gefährlichen Weg der 'Selbstkommerzialisierung' begeben, an dessen Ende einmal die Gebührenfinanzierung prinzipiell in Frage gestellt werden könnte.

4. Musik-Spartenprogramme im Satelliten- und DAB-Zeitalter

Der Weg vom musikdefinierten Format-Programm zu reinen Musik-Spartenprogrammen ist fast vorgezeichnet. Die jetzt schon reichlich vorhandenen Rundfunk-Satelliten und stärker noch das in Entwicklung begriffene DAB-Radio stellen dafür beinahe beliebig viele Kanäle zur Verfügung. Sie können 100prozentig nach den durch die Medienforschung bekannten Musikpräferenzen sortiert und belegt werden. Ein Spartenprogramm bietet z. B. nur Folk Music, ein anderes nur Operette und Musical, ein drittes nur Kammermusik, andere nur experimentelle Elektronik oder nur afrikanische oder asiatische Folklore.

Die Finanzierung wird wohl nur als 'Pay-Radio' möglich sein, weil die meisten Präferenz-Gruppen für nennenswerte Werbe-Erträge zu klein sind. Aber der Markt aus vielen kleinen Hörerschaften für fast jede Art musikalischer Spezialität, der von den öffentlich-rechtlichen Anstalten aus eigener Kraft nicht voll bedient werden kann, ist vorhanden und – insbesondere im Verbund mit den riesigen Archiven der industriellen Musikproduzenten – über ein Abonnenten-System als 'Pay Radio' auch kostengünstig abzuschöpfen.

Musik als Dauerangebot präferierter Genres hat natürlich ganz andere kommunikative Funktionen als die Begleit-, Hintergrund- und Zwischenmusik im Radio-'Normalprogramm'. Sie wirkt eher auf das Individuum und seine jeweiligen psychischen Befindlichkeiten und Bedürfnisse ein. Ihre ästhetische Komponente wird um so stärker wirksam, je weniger ein solches „einfarbiges" Musik-Programm als Dauerberieselung hingenommen und je stärker die präferierte Musik bewußt erlebt wird, d. h. je mehr die Musik wieder ihren ursprünglichen 'Darbietungscharakter' zurückgewinnt.

5. Medium und Message: Informationen durch und über Musik

Als beliebig manipulierbare Ware 'U-Musik' ist die Musik im Radio nur „lebensbegleitende Umgangsmusik", nicht mehr „ereignishafte Darbietungsmusik" (Blaukopf 1989, 158). Letzteres trifft hingegen auf die 'E-Musik' (im weitesten Sinne des Wortes 'ernst' oder 'ernsthaft') zu, die noch ganz andere kommunikative Funktionen hat als die bloße Formatbestimmung. Natürlich bewirkt sie diese auch, z. B. für den Typus des 'Dritten Programms' (WDR, NDR, SFB) mit ausführlichen Wortsendungen (Literatur, Feature, Hörspiel, Kultur aktuell, Politik) und etwa 60–66 Prozent Musik-Anteil ('E-Musik' vom Mittelalter über Barock, Klassik und Romantik bis zur Neuen Musik, aber auch Musik fremder Hochkulturen, internationale Folklore, moderner Jazz und andere musikalische Minderheiten-Genres). Als erlebbare Darbietungskunst ermöglicht diese Musik dem Einzelhörer des Massenmediums Radio Teilhabe am Geschehen in nahen und fernen Musikwelten. Für seine Rundfunkgebühr bekommt er (oder sie) Veranstaltungen aller Art, vom regionalen Straßen-Musikfest bis zu internationalen Großereignissen und Festivals, beinahe jederzeit frei Haus geliefert, heutzutage zumeist in bester Digital-Qualität. Direktübertragungen, Live-Aufzeichnungen, aber auch Gesprächskonzerte oder Diskussionsrunden im Studio, Kommentare zu alter und neuer Musik, Interpretationsvergleiche, Musikerportraits, Musikfeatures und nicht zuletzt die ereignisorientierte aktuelle Musik-Berichterstattung in den (noch) fast bei jeder ARD-Anstalt vorhandenen Kultur- und/oder Musik-Magazinen dieser Programme haben eine ebenso stark kommunikative wie inhaltlich-ästhetische Funktion.

Bei entsprechender Nutzung dieser Minderheiten-Programme mit heute nur noch 2 bis 3 Prozent durchschnittlicher Tages-'Reichweite' erschließen sich dem aufmerksamen Hörer (der also 'zuhört' und nicht nur 'hinhört') musikalische Tiefendimensionen, die andere Medien allein nicht vermitteln können.

Tatsächlich aber korreliert dieser Hörertyp – darauf deuten die bisherigen Befunde zumindest indirekt hin – mutmaßlich mit dem Typus des überdurchschnittlichen Nutzers anderer Medien wie Schallplatte, CD, Tonband, MC und DAT, auch von entsprechenden Büchern und Zeitschriften. Und es ist wohl auch derselbe alte oder junge Zeitgenosse, der häufiger ins Konzert und in die Oper geht, auch zu entfernten Veranstaltungen, zu wichtigen Premieren und Festspielen reist, Musik- und Theaterzeitschriften liest oder sogar abonniert, seine Kinder musikalisch ausbilden läßt und im Einzelfall sogar selbst musiziert. Ganz gewiß ist dieser Typus repräsentativ lediglich für eine sehr kleine Minderheit unserer erwachsenen Gesamtbevölkerung, aber er ist es, der dem öffentlichen Musikleben immer noch Zuwachsraten verschafft – trotz finanzieller und institutioneller Krisen. Jedenfalls haben sich sämtliche bisherigen kulturpessimistischen Prognosen, daß das Musikinteresse und das

Eigenmusizieren durch die Allgegenwärtigkeit von Musik in den elektronischen Medien spürbar nachlassen und die Dauerberieselung zur totalen Beliebigkeit und Gleichgültigkeit führen würde, nicht bewahrheitet. Im Gegenteil: Interesse an und Beschäftigung mit Musik, meßbar z. B. an steigenden Anmeldungen zum Musikschul-Unterricht und zum Laienmusizieren jeder Art (wie vom DEUTSCHEN MUSIKRAT registriert), haben in den letzten Jahrzehnten deutlich zugenommen. Ob und wieweit diese Entwicklung als Positiv- oder als Negativ-(= Trotz)-Reaktion auf die veränderte Rolle der Musik im Radio zu werten ist, muß solange dahingestellt bleiben, bis entsprechende Untersuchungen finanziert werden und ihre Ergebnisse mit aussagekräftigen Zahlen dann auch Aufschlüsse über die Typen-Korrelation des Zuhörers von 'E-Musik' im Radio mit dem überdurchschnittlichen Nutzer anderer Medien- und vor allem Musik-Angebote geben können.

6. Literatur

Blaukopf, Kurt, Beethovens Erben in der Mediamorphose. Heiden 1989

Dibelius, Ulrich (Hrsg.), Musik auf der Flucht vor sich selbst, München 1969

Eckhardt, Josef, Musikakzeptanz und Programmstrategien des Hörfunks. Baden-Baden 1987, 405 ff.

Frank, Bernward/Gerhard Maletzke/Karl H. Müller-Sachse (Hrsg.), Kultur und Medien, eine Studie der ARD/ZDF-Medienkommission, Baden-Baden 1991

Heinemann, Rudolf, Stellenwert der U-Musik im Radio. In: Musikforum 80, 1994, S. 49 ff.

Kühn, Hellmut, Die Musik in deutschen Rundfunkprogrammen. In: Musik in den Massenmedien Rundfunk und Fernsehen, Perspektiven und Materialien. Hrsg. v. Hans-Christian Schmidt, Mainz 1976, 24 ff.

Jungk, Klaus, Musik im technischen Zeitalter. Berlin 1971

Pauli, Hansjörg, Musik in den Massenmedien. In: In Sachen Musik, in Verbindung mit dem Deutschen Musikrat hrsg. von Sigrid Abel-Struth/Richard Baum/Ulrich Dibelius/Richard Jakoby. Kassel 1977, 21 ff.

Seifert, Wolfgang, Der Rundfunk als Kulturfaktor – Musikalische Aspekte des Themas. In: Der Rundfunk als Kulturfaktor. Hrsg. v. Klaus von Bismarck, WDR Köln 1968, 35 ff.

–, Musik und Wort im Hörfunk. In: Musik und Bildung, Zeitschrift für Theorie und Praxis der Musikerziehung, hrsg. von Siegfried Borris/Egon Kraus, Heft 6/77, Mainz 1977, 327 ff.

–, Musik in den Massenmedien. In: Das Orchester, Heft 7/8, Mainz 1977, S. 519 ff.

–, Kultur-Radio im Wandel der Radio-Kultur, ein Rückblick auf 36 Jahre Rundfunkarbeit. In: Radiokultur, das monatliche SFB-Programm-Magazin für die „Kultur im Radio", Heft /92, Berlin 1992, 76 ff.

Wolfgang Seifert, Köln
(Deutschland)

194. Wissenschaft im Hörfunk: Aufgabe, Inhalt, Form, Präsentation

1. Die medialen Bedingungen für Wissenschaft im Hörfunk
2. Auswahl und Aufbereitung von Wissenschaftsthemen im Hörfunk
3. Welche Wissenschaftssendung in welchem Programm
4. Der Stellenwert einer Wissenschaftsredaktion im Sender
5. Ein bitteres Nachwort
6. Literatur

1. Die medialen Bedingungen für Wissenschaft im Hörfunk

Weltkongreß der Gynäkologen in Rio de Janeiro. Dem Ansturm Tausender Mediziner und Wissenschaftler ist die Infrastruktur des Kongreßgebäudes nicht ganz gewachsen. Die Veranstalter haben einen großen Vortragssaal mit provisorischen Trennwänden in mehrere kleine Räume umgewandelt, jeder mit eigenen Projektionsanlagen für Folien, Dias und Videos, dazu noch die übliche Raumbeleuchtung. Als Folge des erheblichen Mehrbedarfs an elektrischer Energie bricht prompt die Stromversorgung zusammen. Nach dem ersten Aha-Effekt mit Gejohle im Auditorium kommt ziemlich bald Unsicherheit und damit Unruhe auf. Und um Panikreaktionen abzuwenden, schlägt der Vorsitzende eines Symposiums beherzt vor, die Referate wie geplant weiterzuhalten, nur eben im Dunkeln. Tatsächlich tastet sich im spärlichen Licht der Notbeleuchtung ein Referent zum Rednerpult vor, und dort sind seine ersten Worte: „first slide please".

Dieser Vorfall in Rio hat einiges mit Rundfunkarbeit und speziell mit Wissenschaftsberichten im Hörfunk gemein. Rundfunkjournalisten arbeiten im übertragenen Sinn immer 'im Dunkeln'. Zu keiner Minute hilft die Visualisierung des Themas, keine Zeichnung, kein Dia. Alle Inhalte sind grundsätzlich und ausschließlich zu verbalisieren und dabei nicht nur in Wörter, sondern am besten in Sprache zu fassen, wobei Pausen, Gedankenpausen, auch in nicht dramaturgisch gestalteten Hörfunk-Sendungen zur sprachlichen Darbietung gehören können. Sollte es einem cleveren Rundfunkreporter gelingen, einem Experten die entscheidende Schachmatt-Frage zu stellen, dürfte es nicht einmal die literarische Figur des Dr. Murke wagen, die darauf folgende Gedankenpause als Schweigen zu sammeln, sie tontechnisch also herauszuschneiden. Weiter können es sich Rundfunk-Journalisten etwa bei unvorhersehbaren Zwischenfällen in live-Sendungen zu keiner Sekunde leisten, erst einmal orientierungslos zu bleiben, 'the show must go on', und zwar kontrolliert. Und Wissenschaftsjournalisten haben es oft genug mit Forschern und Fachleuten zu tun, die nicht über den Schatten ihres Metiers springen können, denen Denkart, Sprache und Handlungsweise ihres Berufes eingeprägt sind, die also ihr Dia wollen, auch wenn es keinen Strom gibt.

1.1. Die mediengerechte Qualifikation eines Wissenschaftsjournalisten im Funk

Das alles bedeutet, daß auch das Ressort Wissenschaft im Hörfunk zunächst einmal medientechnische und dann erst inhaltlich-fachliche Rahmenbedingungen zu erfüllen hat. Da die wenigsten Wissenschaftsberichte unter Aufsicht eines Redakteurs oder Spielleiters im Rundfunkstudio aufgezeichnet werden, sondern 'draußen vor Ort', zählen zur Medientechnik scheinbar nur banale Dinge wie die Bedienung des Aufnahmegeräts, richtiges Mikrophonhalten, das beispielsweise abhängt vom Stimmvolumen des interviewten Partners, physikalisch formuliert von seinem Schalldruck auf die Membran des Mikrophons. Reporter mit technischem Verständnis reduzieren ein scharfes 's', das eine kleine Zahnlücke des Gesprächspartners verursacht, allein mit dem Ausrichten des Mikrophons. Das alles sind Dinge, die später einem Reporter in Fleisch und Blut übergehen und die in technischer Hörqualität münden. Inhaltlich anspruchsvolle Anforderungen an die Berichter beginnen, wenn sie bei einer Außenaufnahme gleichzeitig auf Technik wie auch auf das Thema achten müssen. Beispiel: „Sie haben sich eben versprochen, Herr Professor. Sie wollten zuweisen sagen, haben aber abweisen formuliert. Der Versprecher liegt genau über einem Geräusch (Beifall oder vorbeifahrendes Auto), und an der Stelle kann man nicht schneiden. Wiederholen Sie bitte noch mal den ganzen Satz von Anfang an, also von: ... damals war ..." Funkische Meriten haben Wissenschaftsjournalisten erst dann verdient, wenn sie im Interview ihren Gesprächspartnern, den Experten, fachlich einigermaßen gewachsen sind, ohne daß dadurch ein Insidergespräch zustande kommt. Beispiel: „Sie haben gesagt, Herr Professor, das neue Medikament wirkt. Aber wie ist das möglich, wenn unsere Körperzellen nicht einmal einen Rezeptor, eine Bindestelle, für die Moleküle der Substanz haben? Ist da nicht eher Nebenwirkung statt Wirkung zu erwarten?" Und die funkische Weihe ist endgültig verdient, wenn der Interviewer den Experten im Interesse der Hörer führen und dolmetschen kann. Bekanntes Beispiel aus dem Wissenschaftsjournalismus: „Sie sagen, Apoptose limitiert vitale Prozesse, Herr Professor. Aus dem Fachchinesisch müssen wir raus, das wissen Sie ja selbst. Also, Apoptose bedeutet, der Tod von Körperzellen ist vorprogrammiert, ständig sterben Zellen ab, und neue wachsen nach. Das ist ein natürlicher Vorgang in unserem Organismus. Wenn Sie diesen Vorgang in ein Sprachbild fassen, ihn etwa mit dem Herbstlaub vergleichen, kommen wir weiter, weil das jeder auf Anhieb versteht. Ein Blatt fällt vom Baum, weil es vorprogrammiert von der Natur abstirbt, aber neue Blätter wachsen nach. Dem Baum macht das nichts aus, der lebt weiter. Genausowenig schadet es normalerweise unserem Organismus, wenn Zellen eingehen. Und denken Sie bitte daran, Herr Professor, Sie sprechen im Rundfunk nicht für Ihren Chef oder einen anderen Institutsdirektor, sondern nur für die Hörer, nur für ein breites Publikum."

1.2. Der Wissenschaftsjournalist als Dolmetscher zwischen Experten und Hörern

Ein Rundfunkjournalist, der solche Anregungen gibt, handelt in der Regel kaum aus Geltungssucht, sondern er arbeitet Wissenschaft für ein Massenmedium auf. Journalistensprache muß dabei nicht unbedingt das Gegenteil von Wissenschaftssprache sein, sie soll vielmehr dem Reporter zu jeder Zeit das Dolmetschen zwischen Experten und dem Publikum ermöglichen.

Wissenschaft im Hörfunk bedingt, daß trotz manchmal komplizierter Stoffe Sprache und damit Inhalte beim erstmaligen Hören sofort verstanden werden müssen. Der Zeitungsleser geht automatisch einen Satz zurück in seiner Lektüre, wenn er einen Sachverhalt auf Anhieb nicht richtig erfaßt hat oder beim Lesen nur mal kurz gestört worden ist. Der Rundfunkhörer kann nicht 'nachhören'. Eine 'slow-motion', eine Zeitlupe wie im Fernsehen, kennt der Hörfunk nur in Form der Redundanz, der Wiederholung oder Teilwiederholung eines Sachverhalts aus z. B. etwas anderem Blickwinkel. In der Regel gilt: vorbei ist vorbei. Deswegen öffnen sich Verständnislücken schnell, wenn einmal der Zusammenhang fehlt. Professionelle Rundfunkarbeit grenzt in letzter Konsequenz an pedantisches Verhalten. Ein Wackler in der Stimme des Sprechers im Studio, das Räuspern eines Mitbewohners zu Hause, ein Autohupen oder Telefonklingeln im falschen Moment, und schon wird der Unterschied zwischen Hypertonie und Hypotonie akustisch nicht mehr wahrgenommen. Rundfunkprofis streichen deswegen konsequent solche Fremdwörter aus dem Manuskript und ersetzen sie mit allgemein verständlichen Ausdrücken, wenn dies denn möglich ist. So kommt im Idealfall nur der hohe und der niedrige Blutdruck in einer Medizinsendung vor, ohne daß damit am fachlichen Prestige der Redaktion zu kratzen wäre.

All diese Strategien, akustische und inhaltliche Mißverständnisse zu vermeiden, Fachchinesisch zu übersetzen und damit Rundfunksendungen hörbar zu gestalten, laufen üblicherweise nicht über den Sender, sondern im Hintergrund wissenschaftsjournalistischer Arbeit ab und sind deswegen selten offen im Programm zu erkennen, aber sie zählen wesentlich zu den Qualitätskriterien für Wissenschaftsberichte im Hörfunk. Ganz ohne Zweifel müssen im Rundfunk im Vergleich zu Fachzeitschriften wissenschaftliche Inhalte vereinfacht werden. Dabei gehen aber zwangsläufig Informationen verloren. Es steht also ständig die journalistische Entscheidung an, ob dieser Informationsverlust für Niveau und Attraktivität einer Sendung redaktionell noch hinnehmbar und den Hörern noch zumutbar ist oder nicht. Je intensiver sich die Rundfunkmitarbeiter um die Aufarbeitung ihrer Themen kümmern, desto attraktiver werden die Sendungen. Erfahrene Programmgestalter und -macher vergessen dabei nicht, daß die Hörer geistig gefordert sind, wenn sie ihnen anspruchsvolle Sendungen anbieten. Für Rundfunkleute gibt es deswegen kein größeres Kompliment als ein Hörerbrief, in dem steht: „Ich bin in die Sendung (...) durch Zufall auf der Autobahn geraten und fand sie so spannend und faszinierend, daß ich die AB verlassen habe, auf einen Parkplatz gefahren bin und dort noch 45 Minuten interessiert zugehört habe."

2. Auswahl und Aufbereitung von Wissenschaftsthemen im Hörfunk

Für die Hörerschaft steht und fällt der Wert einer Wissenschaftssendung mit der Auswahl und Aufbereitung der Themen. Daß sie Interesse an Wissenschaft im Hörfunk hat, beweisen Studien aus verschiedenen Forschungsdisziplinen, beispielsweise aus den Kommunikationswissenschaften einschließlich der Medienforschung, der Psychologie und Soziologie. Die Gründe für dieses Interesse haben sich im Lauf der Rundfunkgeschichte sicherlich gewandelt, wenngleich von den Anfängen des Radios bis heute Motive durchschlagen, die unter Wissenschaftlern wie Hörern gleichermaßen verbreitet sind: Neugier an neuen Forschungserkenntnissen und Sensationslust. Mit einem Science-Fiction-Hörspiel hat Orson Welles schon in den Kinderjahren des Hörfunks Rundfunkgeschichte geschrieben.

Er inszenierte ohne Vorankündigung und Programmhinweise live im Studio eine Invasion aus dem Weltraum so täuschend echt, daß unter der Hörerschaft Panik ausbrach. Und in der literarischen Gattung science-fiction steckt nun mal als Grundlage die Wissenschaft. Heute reicht eine nicht eigens als Satire angekündigte Meldung, das Bonner Finanzministerium plane eine Ausreisesteuer zu erheben, für panikartige Reaktionen unter den Nutzern elektronischer Medien. Die Expeditionsreportage von ehemals, die Abenteuer verhieß, hat längst der Reisebericht aus Tourismuszentren abgelöst, aber das ungebuchte Abenteuer bleibt trotzdem manchen Pauschalurlaubern nicht erspart. Ein wesentliches Motiv für das Interesse an Wissenschaft im Hörfunk hat sich freilich gründlich verändert. Heute dominiert nicht mehr allein die Neugier auf Forschungserkenntnisse, sondern der Wunsch nach Lebenshilfe. Auch dies wissen die begleitenden Wissenschaften zu deuten. Das Leben ist in fast allen Bereichen so kompliziert geworden, daß jeder Mensch für sich individuelle Beratung sucht, um seine Alltagsprobleme zu bewältigen. Beispiel aus dem Bereich der Medizin: allein der traditionsreiche Sektor der inneren Medizin hat sich in den letzten Jahrzehnten aufgegliedert in viele Spezialgebiete: die Hepatologie, Gastroenterologie, Nephrologie, Urologie, Pulmunologie, Onkologie, und viele andere Subspezialitäten sind entstanden, was im Prinzip kein Nachteil für einen Patienten sein muß, solange seine optimale Therapie gewährleistet ist. Die Praxis sieht aber manchmal so aus, daß für ihn ein „Doctor-Jogging" beginnt, daß er also von einem Spezialisten zum anderen zieht oder herumgereicht wird, und am Ende keinerlei Überblick mehr hat, was für ihn nun gut ist oder nicht. Zum Zeitgeist von heute zählt auch, daß allzuoft Ängste geschürt werden, die von Irrationalität zeugen. Der berühmt-berüchtigte „Schadstoff der Woche" möge als Beispiel dafür stehen. Aus jeder Meldung über den Rinderwahnsinn BSE, über Kernkraftwerke und Gentechnik wird erst einmal Bedrohung und Untergang der Menschheit herausgehört und -gelesen. Die daraus resultierende Ratlosigkeit, produziert von Zeitläuften und gesellschaftlichen Entwicklungen, war beispielsweise für den Süddeutschen Rundfunk (SDR) schon 1970 Anlaß, über seine Wissenschaftsredaktion zusätzlich zu deren bis dahin schon erfolgreichen Wissenschaftsprogrammen eine neue Sendung zur Lebenshilfe einzurichten, die noch heute existiert (Sommer 1997).

Damals hieß sie 'Ruf Heidelberg ... die Wissenschaftsredaktion antwortet', heute nach einem Umzug, weil das SDR-Studio Heidelberg aus finanziellen Gründen aufgegeben werden mußte, 'Ruf Mannheim 418000 – die Wissenschaftsredaktion informiert'. Das Konzept der Sendung, das später ausführlich erklärt werden wird, ist ebenso einfach wie erfolgreich, doch die Voraussetzungen für den Erfolg und dessen Bestand über Jahrzehnte, sind nachhaltig nur mit journalistischen Mühen zu schaffen. In einer Sitzung des Kulturausschusses des SDR-Rundfunkrates, jenes gesellschaftlich relevant besetzten Gremiums, das Programme und Programminhalte einer öffentlich-rechtlichen Anstalt überwacht, hat im September 1981 Dr. h.c. Johannes Schlemmer, der Begründer und damalige Leiter der SDR-Wissenschaftsredaktion, das Engagement von Hörfunkjournalisten für Wissenschaftsthemen begründet: „Die Gefährdungen, denen wir ausgesetzt sind, beruhen zum größten Teil auf der Nutzung dessen, was uns die Wissenschaften als Fortschritte angeboten haben. Und doch werden nur mit Hilfe der Wissenschaften, diese Probleme zu bewältigen sein. ... Zusammenhänge zu erklären und auf die Unausweichlichkeiten vorzubereiten, ist eine der wichtigsten Aufgaben der Wissenschaftsjournalisten in den Medien. Es ist ein Teil ihres Auftrags, die immer unübersichtlicher werdende Welt verstehbar zu machen und die Verunsicherung zu mindern, die aus dem Nichtmehrverstehen kommt".

Schlemmer, der die Wissenschaft im SDR beispielhaft für alle ARD-Anstalten etablieren durfte, lüftet hier eines der Erfolgsgeheimnisse von Wissenschaftssendungen im Hörfunk: eine unabhängige, nichtkommerzielle öffentlich-rechtliche Rundfunkanstalt muß, bis zu einem gewissen Grad, mit der Wissenschaft kooperieren, vorzugsweise mit jenen Repräsentanten des akademischen Geistes, die wie die Anstalten des öffentlichen Rechts unabhängig und interessenfrei arbeiten. Hier wird die hochgesteckte journalistische Ambition erkennbar: engagiert, aber gleichermaßen kritisch distanziert. Auf die zusätzliche Kompetenz des Wissenschaftsjournalisten zielt 1986 Stephan Ruß-Mohl, damals Professor für Allgemeine Publizistik der Freien Universität Berlin als Herausgeber des Buchs 'Wissenschaftsjournalismus', das im List-Verlag erschienen ist (1), schon im Vorwort: „Mehr und mehr räumen Journalisten ein, wie wichtig gerade Wissenschaftsthemen für die Medien geworden sind. Und mehr und mehr drängen sich auch außerhalb der traditionellen Wissenschaftsseiten und Sendungen Themen, die mit Forschung und Technik zu tun haben, in die Spalten und Sendezeiten. ... Die hohe Kunst des Journalismus, das Publikum zu fesseln, seine Aufmerksamkeit zu gewinnen für etwas, für das es sich noch gestern keinesfalls interessiert hätte, beherrschen nur wenige Journalisten, die mit Wissenschaftsthemen hantieren. Statt dessen überfordern sie häufig ihr Publikum. Das mag damit zusammenhängen, daß sie selbst vielfach überfordert sind. Es gibt wohl kein schwierigeres, journalistisches Arbeitsfeld als die Wissenschaftsberichterstattung. Weder ist die Mehrzahl der Journalisten für den Umgang mit Wissenschaftsthemen hinreichend gerüstet, noch die der Wissenschaftler für den Umgang mit Medien".

2.1. Die fachlich-wissenschaftliche Kompetenz eines Rundfunkjournalisten

Ein zweites Erfolgsgeheimnis für Wissenschaft im Hörfunk liegt also in der Kompetenz der Journalisten. Damit ist nicht nur ihr Sachverstand gemeint, sondern auch ihre Fähigkeit mit Experten umzugehen, sie aufzutauen, wenn es nötig ist, und eine angenehme, lockere Gesprächsatmosphäre zu schaffen, damit, wie es im Neudeutsch heißt, die Information 'rüber kommt'. Das dritte Erfolgsgeheimnis liegt auf ethisch höherer Ebene. Im Interesse der Hörer geht es bei anspruchsvoller Rundfunkarbeit letztlich um die Glaubwürdigkeit der Information, die vermittelt werden soll. In der Meinung der Bevölkerung gilt der öffentlich-rechtliche Rundfunk als ein sehr glaubhaftes Medium, speziell mit seinen Wissenschaftssendungen. Doch dieses Ansehen muß erworben und bewahrt werden.

Beispiel: bei keiner Pressekonferenz einer Pharmafirma fehlt heute ein renommierter Wissenschaftler, der als geladener und honorierter Gast des Veranstalters ein Referat zu halten hat. Dieser Experte steht auch für Interviews zur Verfügung. Im Vorgespräch mit ihm sollte kein Wissenschaftsjournalist folgenden Standardsatz unterlassen: „So, wie ich Sie kenne, Herr Professor, antworten Sie als ein angesehener Forscher und nicht nur als Gast dieser Veranstaltung". Da er das nicht überhören kann, setzt er die Akzente bei gleichem Inhalt anders als vorher. Aus dem neuen Allheilmittel, das die Firma ankündigte, wird so manchmal eine erfolgversprechende Substanz, die unter bestimmten Bedingungen bei ausgewählten Patienten gute klinische Ergebnisse bringen kann. Genausowenig wie Wissenschaftsjournalisten sich bei ihrer Rundfunkarbeit scheuen sollten, fachspezifische Sprachbarrieren zu überwinden, die manche Forscher ungewollt aufbauen, dürfen sie sich ebensowenig von Forschungsinhalten blenden lassen, die ihnen vorgesetzt werden.

Korrekte wissenschaftsjournalistische Arbeit hat einmal Dr. Gustav Strübel, der direkte Nachfolger Schlemmers, ebenfalls vor dem Rundfunkrat so charakterisiert: „Es ist nicht Aufgabe des Wissenschaftsjournalisten, sich den Kopf der Forscher zu zerbrechen, er soll auch nicht einfach zu deren Sprachrohr werden, sondern er muß für die Öffentlichkeit wichtige Vorgänge und Entwicklungen in Hochschulen und Forschungsstätten sachlich werten und seinem Publikum vermitteln können. Das verlangt zugleich, daß er über das bloße Spezialistentum hinaus eine geistige Position einnimmt, die ihn befähigt, neben der Darstellung von Ergebnissen und Erkenntnissen der Wissenschaft auch zu ihrer Entzauberung beizutragen, nicht zuletzt, indem er nach der sozialen Funktion ihrer Arbeit, nach dem allgemeinen Nutzen und der Menschenverträglichkeit ihrer Unternehmungen fragt". (Kulturausschuß Mai 1984). Dieses anspruchsvolle Selbstverständnis sollte vom Anbeginn wissenschaftsjournalistischer Tätigkeit antrainiert sein, weil ein Reporter schon bei einfachen Dingen in Sekundenschnelle seine Glaubwürdigkeit aufs Spiel setzt, wenn ihm etwa bei einer live-Sendung (statt der) die Diabetes oder (statt das) der Virus herausrutscht. Solche Patzer verraten dem kundigen Hörer, daß da jemand über ein Thema spricht, mit dem er wohl nicht ganz vertraut ist. Im Hörfunk kann eben nicht nur nicht nachgehört, sondern auch nicht nachredigiert werden. Die Anforderungen an Wissenschaftsjournalisten im Hörfunk sind also objektiv hoch. Johannes Schlemmer qualifizierte vor dem Rundfunkrat kompetentes Personal schon 1981 so: „Die Redaktion kann ihre Arbeit nur dann in sinnvoller, das heißt in hinreichender Kompetenz erfüllen, wenn sie über eine ausreichende Zahl spezialisierter Mitarbeiter verfügt. Dabei ist – so wünschenswert für den einzelnen Mitarbeiter eine Ausbildung in einem Fach der Lebenswissenschaften oder auch der angrenzenden exakten Bereiche erscheint – der präzise und schnelle Umgang mit der Sprache ebenso eine primäre Voraussetzung für eine erfolgreiche Arbeit wie die didaktische Fähigkeit des Ordnens und Erklärens". Hörfunkbedingungen für Wissenschaftsjournalismus, die noch heute gelten.

2.2. Die Wechselbeziehung zwischen Wissenschaft und Journalismus

Steht ein kompetentes Team von Wissenschaftsjournalisten/-tinnen, dann sind damit auch mentale Barrieren in Wissenschaftskreisen aufzubrechen, ein großer Fortschritt in der wechselseitigen Beziehung. Die Repräsentanten von Wissenschaft und Forschung saßen ehemals fast ohne Ausnahme in ihrem sprichwörtlichen 'Elfenbeinturm'. Für etliche von ihnen war das Gros der Journalisten durchaus Schmierfinke, die Zitate aus dem Zusammenhang rissen, angesehene Persönlichkeiten gern in ein ihrer Ansicht falsches Licht rückten, wertvolle Arbeitszeit für minderwertige Erzeugnisse raubten usw. Aus diesem Elfenbeinturm haben kompetente Wissenschaftsjournalisten sie mit Geduld und guter Arbeit herausgeholt. Einige der Experten kamen recht schnell, weil sie die Vorteile erkannt hatten, die Medien bieten. (Redaktionsinterner Joke: in den Fachverlagen holen sie sich mit ihren Veröffentlichungen die wissenschaftliche Reputation, bei uns öffentliches Ansehen und ein nettes Nebeneinkommen.) Das Verhältnis von Wissenschaft zum Journalismus ist eindeutig von wechselseitigen Interessen geprägt. Weder sollten Journalisten noch so qualifiziert klingende Thesen der Experten fraglos publizieren, noch sollten sich Wissenschaftler von eilfertigen Reportern ahnungslos mißverstehen lassen.

2.3. Die Wissenschaftsthemen im Hörfunk

Über die Themen, die im Wissenschaftsfunk erscheinen, entscheidet letztlich ein Kriterium: was möchte der Hörer eigentlich wissen? Und hier sind es nach allen Erfahrungen der Kommunikationswissenschaften jene Wissenschaftsbereiche, die sein persönliches Leben berühren, zu denen er mental direkten Zugang hat. Allen voran Medizin, Gesundheit, Ernährung, Psychologie, Kindererziehung, Biologie, Botanik, Zoologie und seit Jahren mit immer höherem Stellenwert die Ökologie. All diese Bereiche fallen unter den Begriff der Lebenswissenschaften, also unter jene Forschungsbereiche, die mit Lebensraum, Lebensbedingungen, Lebensqualität und Lebenserwartung zu tun haben. Sie gleichermaßen gut und ausgewogen zu betreuen, wäre für einen einzelnen Rundfunkmitarbeiter journalistischer Größenwahn. Folglich teilen sich in einem gut funktionierenden Team die Kollegen Arbeit und Kompetenz, wobei Überschneidungen nicht auszuschließen sind. Für besonders wichtige Gebiete, wie beispielhaft die Medizin, gilt als redaktionelle „Insider-Richtlinie": möglichst bei mehr Kongressen und Fortbildungsveranstaltungen dabei zu sein als die Ärzte selbst. Mit diesem Ehrgeiz ist kein journalistischer Anspruch auf fachliches Detailwissen verbunden. Es kann nur darum gehen, Entwicklungen in Diagnose und Therapie dauerhaft zu verfolgen und wissenschaftlich begründbare und belegbare Erfolge von behaupteten und vermuteten Wirkungen zu unterscheiden. Zu den bekannten 'W' aus dem journalistischen Handwerkszeug: wer sagt wann, was, wo, wie und warum, kommt in der Wissenschaft unabdingbar ein 'Q' hinzu: mit welcher Qualifikation? Nur so lassen sich beispielsweise in der Medizin Scharlatane und fragwürdige Therapieverfahren entlarven. Und um den Wert einer wissenschaftlichen Studie in der Forschungslandschaft zu orten, bieten sich folgende Testfragen an: nach antikem Vorbild erst einmal das „cui bono", also wem nutzt diese Studie? Dann: wer hat Interesse an ihr, wer ist ihr Auftraggeber? Und falls immer noch keine Antworten sprudeln: wer finanziert sie?

3. Welche Wissenschaftssendung in welchem Programm?

In welchen funkischen Formen nun wissenschaftliche Inhalte angeboten werden, das hängt von verschiedenen Faktoren ab: Tagesaktualität, Bedeutung und Tragweite eines Ereignisses, der Schwierigkeitsgrad eines Themas, die Eignung eines Journalisten oder Experten, die zur Verfügung stehende Sendezeit oder Produktionsmöglichkeit. All dies sind Kriterien für die Entscheidung, wann und wie schnell ein Thema in welcher Länge ins Programm kommt und in welches. In einem Kulturprogramm erwarten die Hörer sicherlich anspruchsvollere Themen und Sendeformen als im Hauptprogramm, einem Programm der Grundversorgung. Die Rundfunkanstalten des öffentlichen Rechts bieten ein breites Spektrum von Wissenschaftssendungen an: eine werktägliche aktuelle Wissenschaftssendung gibt es im Deutschlandfunk/Deutschlandradio (DLF/DLR). Inhalte: verschiedene Kurzberichte, Reportagen, Interviews, Kommentare, jeweils ca. 4 Minuten lang, Gesamtlänge 25 Minuten. Tägliche Sendungen signalisieren den hohen Stellenwert der Wissenschaft in einem Sender. Der Vorteil für die Hörer ist dabei, schnell aktuell informiert zu sein, am Stand und Entwicklung der Dinge teilzuhaben. Regelmäßige Information sichert Wissensvorsprung, erleichtert das Werten von Vorgängen: gestern noch so beurteilt, heute so. Die Nachteile für den Sender: es muß ein hoher redaktioneller und technischer Aufwand getrieben werden und eine große Schar journalistischer Zulieferer bereitstehen. Inhaltlich wächst das Risiko fachlich nicht immer fundierter Schnellschüsse, das grundsätzlich droht, wenn Aktualität Vorrang hat vor abwägender Kompetenz. Mit der Zahl der Wissensgebiete, über die berichtet wird, und der Schar der Zulieferer erhöht sich der Anspruch an die Kompetenz der verantwortlichen Redakteure und Moderatoren. Der hohe Organisations- und Koordinationsaufwand im Hintergrund entsteht, weil ständig Produktionszeiten und Konferenzleitungen bei anderen Sendern zu reservieren sind, auf deren Mithilfe man angewiesen ist. Fehlversuche und damit die neue Ausschau nach technischen Alternativen sind vorprogrammiert, weil im täglichen Ablauf immer etwas irgendwo an Kleinigkeiten hakt.

Periodische Wissenschaftssendungen im Abstand von einer Woche oder 14tägig bieten fast alle Sender in ihren Kulturprogrammen in unterschiedlicher Länge an. Der Vorteil für die Hörer ist dabei, daß hektische Tagesaktualität ausgeschaltet ist, die Beiträge mehr Hintergrundinformation bieten und besser und detailreicher ausgearbeitet sind. Im Vergleich zum Schnellschuß können schon Reaktionen, also andere Meinungen und Wertungen, auf Ereignisse wiedergegeben werden. Das Einordnen eines Vorgangs in den Zeitlauf fällt leichter.

Nachteil für den Hörer: er hat das alles irgendwo wchon mal in den letzten Tagen wenigstens kurz gehört, gesehen, gelesen. Der Anreiz für spontanes Interesse fehlt vielleicht deswegen, das Gefühl abgestandener Information kann aufkommen. Eine technische Schwierigkeit für den Hörer darf nicht unterschätzt werden, nämlich einen periodischen Programmplatz mit seiner Sendefrequenz wiederzufinden oder in Erinnerung zu behalten. Alltagserfahrung: da war doch was, aber wo? Diese Orientierungslosigkeit ist vorprogrammiert bei einer Programmänderung, wenn also beispielsweise Sendungen von einem Programm in ein anderes verschoben werden. Hörgewohnheiten sind hartnäckig, das berücksichtigen Programmgestalter zu wenig, wenn sie anbieten wollen. Die meisten Hörer schalten regelmäßig erst einmal die Programme der sogenannten Grundversorgung ein, in der Regel das 1. Programm einer Station, das Hauptprogramm. Für den Sender bringen periodische Sendungen Vorteile: er braucht weniger personellen und technischen Aufwand zu treiben, seine Redakteure können Wissenschaftsbeiträge preiswert von anderen Anstalten übernehmen, die etwas früher am Ball waren. Aber auch bei dieser Art von Programmgestaltung entstehen Nachteile für den Sender: auch für periodische Sendungen muß er Redaktionspersonal bereit halten. Und wenn das mit einer 30minütigen Sendung pro Woche nicht ausgelastet ist, muß es mit zusätzlichen Aufgaben für andere Sendungen betreut werden. Und dieses Kompetenzgemisch führt in der Praxis dann zum Paradoxon, daß auch periodische Sendungen, für die man viel Zeit zu haben glaubt, erst 'auf den letzten Drücker' fertig werden. Einen Kompromiß zwischen tagesaktuellen Wissenschaftsberichten und umfangreichen, vielgestaltigen Periodika hat der 'Süddeutsche Rundfunk' (SDR) erzielt.

3.1. Ein Beispiel: Wissenschaft im Hörfunk des Süddeutschen Rundfunk SDR

Dieser Kompromiß soll hier exemplarisch dargestellt werden, um vor allem die unterschiedlichen Sendeformen zu charakterisieren, mit denen Wissenschaft im Hörfunk präsentiert werden kann. Die SDR-Wissenschaftsredaktion hat keine tägliche Sendung, liefert aber Beiträge von Tagesereignissen den aktuellen Magazinen zu, die in den verschiedenen Programmen ohnehin eingerichtet sind, die aber unter anderer Redaktionsherrschaft stehen. Funktioniert diese interredaktionelle Kooperation, profitiert davon der Hörer. In diese Tagesmagazine fließen etwa Berichte von Kongreßeröffnungen, Messen, Pressekonferenzen, also kurz „Neues aus der Wissenschaft" ein, das aktuell von allgemeiner Bedeutung ist. Wissenschaftsbeiträge erscheinen hier neben anderen tagesaktuellen Ereignissen aus den Ressorts Politik, Sport, Kultur, Wirtschaft, Unterhaltung usw. Was jeweils aus der Wissenschaft gesendet wird, darüber entscheidet kein Fachjournalist aus der Wissenschaftsredaktion, sondern der zuständige Chef eines Tagesmagazins.

3.2. Lebenshilfe als Wissenschaftsthema

Unter eigener Verantwortung und in eigenen Sendezeiten produziert die Wissenschaftsredaktion des SDR dagegen mehrere periodische Sendungen. Die populärste davon ist eine Servicesendung mit dem Titel: 'Ruf Mannheim 418000 – die Wissenschaftsredaktion informiert'. Sie läuft jeden Donnerstag von 20:05–22:00 Uhr im Programm SDR 1, also im Hauptprogramm des Senders. Länge der Sendung, also abzüglich Nachrichten und Verkehr, 110 Minuten. In dieser Sendung werden Hörerfragen beantwortet, die zuvor über Telefon, Fax oder Brief eingegangen sind. Mit diesen Fragen befassen sich Redakteure und Journalisten, sie wählen diejenigen Themen aus, die für eine breite Hörerschaft interessant sind. Individuelles Hörerinteresse veranlaßt damit zwar einen Beitrag, aber die Antwort fällt nie auf einen einzelnen Hörer bezogen aus. Weder gibt es, am Beispiel der Medizin, persönliche Ferndiagnosen noch Therapievorschläge. Selten verfassen redaktionelle Mitarbeiter zur Antwort selbst einen Beitrag, in der Regel suchen sie dafür einen ausgewiesenen Experten aus der Wissenschaft, den sie interviewen. Redaktionsinternes Kriterium für ein Thema: interessant ist außer dem vorrangigen Hörerinteresse, was nicht oder noch nicht in einem Lexikon oder Sachbuch steht. Und das Kriterium für die Wahl der Experten: sie müssen reden und erklären können, ihren Standpunkt unabhängig von Einflüssen der Politik, Wirtschaft und Konfessionen vertreten. Und wenn sie darüber hinaus auch noch bekannt sind, um so besser. Die Beiträge werden aufgezeichnet, aber live moderiert, zwischen den 10–12 Beiträgen (Länge jeweils zwischen 4–6 Minuten) pro Sendung ist Musik zu hören, die dem Hörer eine kurze Unterhaltung oder auch nur ein mentales Abschalten vom vorherigen Thema ermöglichen soll.

Zusätzlich zur Musik kann auch der Moderator unterhaltsame Effekte in die Sendung einbringen. Die Entscheidung gegen eine live-Sendung mit Fachleuten im Studio und direkte Hörerfragen wurde getroffen, weil die Antwort auf ein Hörerproblem (manchmal schwere Krankheiten) gut vorbereitet sein sollte, wozu auch ein Experte einmal nachdenken oder nachschlagen muß, und weil Anfragen sprachlich ungeübter Hörer langatmig wirken können, was wertvolle Sendezeit kostet. Vorteil dieses Sendungsangebots für die Hörer: Auskünfte aus erster Hand, hohe Glaubwürdigkeit, kompaktes Eingehen auf ein Problem. Vorteil für den Sender: große Hörerbindung. Es existiert ein Stammpublikum, zum Teil noch vom Anfang der Sendung an seit 27 Jahren. Mitarbeiter des SDR finden weit außerhalb seines Sendegebiets in Hamburg, Berlin oder München bei überlasteten Institutsdirektoren offene Türen, weil die während ihrer Studienzeit in Baden-Württemberg schon 'RUF' gehört haben. Nachteil für den Sender: außer seinen ständigen Mitarbeitern müssen auch die Experten honoriert werden, wenn auch nur mit einer Aufwandsentschädigung, es sei denn sie wären von Amts wegen ohne Geld auskunftspflichtig. Und für die Mitarbeiter, die 'draußen in der Welt' Wissenschaftstrends orten und Experten kennenlernen müssen, fallen etliche Reisekosten an. Das Themenspektrum der Ruf-Sendung charakterisieren einige willkürlich herausgegriffene Überschriften: Was taugen Bluttests zur Früherkennung von Rheuma? Gefährdet der 'Transrapid' die Gesundheit? Sind Luftbefeuchter Bakterienschleudern? Wie genau können Wettervorhersagen sein? Helfen Träume, die Informationsflut zu bewältigen? Wieviel Taschengeld steht einem Ehepartner aus dem Familieneinkommen zu?

Nach 25 Jahren 'RUF', belegt eine Statistik, hatten rund 2000 Experten ca. 20 000 Hörerfragen beantwortet und sich dabei, wie auch die Journalisten, kein einziges Mal in einem Prozeß zu verantworten, obwohl manchmal harte Information geliefert wurde („gefährliches Medikament", „untauglicher Therapieversuch", „Beutelschneiderei" etc). Und die Experten blieben auch auf tückisch einfache Fragen die Antwort nicht schuldig: Wieviel PS hat ein Pferd? Kriegt eine Kuh Sonnenbrand? Warum ist Bierschaum weiß?

Das Konzept der Sendung und die Themen sorgen dafür, daß Wissenschaft im Hörfunk nicht nur informativ, sondern auch unterhaltsam sein kann.

3.3. Das kleine Feature im Wissenschaftsfunk

Dies gilt auch für eine weitere Sendung im Programm SDR 1. Ihr Titel ist ein Versprechen: 'Lebendige Wissenschaft'. In dieser Sendung wird ein Thema mit der funkischen Form des Features dargestellt. Im besten Fall besteht ein Feature aus den Elementen Wort, Geräusch, Musik. Den Wortanteil kann man auf verschiedene Stimmen aufteilen: Autor, Interviewpartner, Zitate-Sprecher. Das Merkmal einer Sendung dieses Zuschnitts ist, daß die wesentlichen Elemente (bis auf die Zitate) originär aufgenommen sind. Sowohl der Nobelpreisträger wie auch der Autor sind selbst zu hören, es geht nicht wie im Hörspiel um ein mit dramaturgischen Mitteln und Schauspielern künstlerisch gestaltetes Hörwerk. Die Reihe 'Lebendige Wissenschaft' ist sonntags vormittags von 9:45 bis 10:00 Uhr zu hören, also 15 Minuten lang.

Einige Themen zur Illustration: Von Hammerstücken und Sehnenscheidenetüden – die alltäglichen Leiden der Berufsmusiker. Mokka und Muckefuck – Kaffeegeschmack im Licht der Chemie. Überflieger der Geschichte – Luftbildarchäologen im Einsatz.

Diese Sendereihe bringt Themen hervor, die weder von Tagesaktualität noch vom Angebot zur Lebenshilfe diktiert, sondern einfach nur interessant sind. Mit solchen Sendeformen und Themen paßt sich eine Wissenschaftsredaktion an die Erfordernisse eines 1. Programms an: populär, unterhaltsam und vielleicht dann erst informativ.

3.4. Das 'Urgestein Vortrag' im Funk

Wissenschaft in einem Kulturprogramm, in diesem Fall S2-Kultur, dem Gemeinschaftsprogramm des Süddeutschen Rundfunks (SDR) und des Südwestfunks (SWF), präsentiert sich dagegen, was Themen, Form und Dauer der Sendezeit angeht, völlig anders. Das Urgestein einer Wissenschaftssendung im Hörfunk ist der Vortrag. Eine einzige Person spricht 30 Minuten lang über ein Thema. In unserer schnellebigen Zeit oberflächlicher Information ist das für alle selbsternannten Programmnivellierer ein medialer Anachronismus. Und trotzdem, der SDR hat schon 1946 mit einem live-Vortrag und einem damals schon prominenten Referenten seine Wissenschaftssendungen erfolgreich begonnen, wenn auch gleich mit einer schlechten Erfahrung: dem Philosophen Karl Jaspers mußte nach 30 Minuten das Mikrophon abgedreht werden, weil er die verabredete Zeit nicht eingehalten hatte. Jaspers soll das nie verwunden haben. Trotz dieses 'Überziehers' ist die Form Vortrag eines Wissenschaftlers bis heute im Programm geblieben. Zu hören jeden Sonntag von 8:30 bis 9:00 auf S2-Kultur. Heute heißt die Sendereihe 'Aula', die im Gemeinschaftsprogramm beider Sender alternierend vom SDR und SWF besetzt wird. Entgegen vielen Erwartungen ist der Vortrag als Sendeform keine einfache Angelegenheit.

Es ist nicht bloß eine halbe Stunde Sendezeit zu füllen. Und nicht allein das Thema bestimmt, wie attraktiv die Sendung wird, sondern die Art und Weise, wie es in dieser halben Stunde aufgebaut ist, wie Spannung gehalten und gelöst werden kann. Da kein geschulter Sprecher liest, sondern der Autor selbst, können Nebensächlichkeiten in seiner Sprache, die bei ihm im Alltag nie auffallen, im Rundfunk den Höreindruck gewaltig stören. Dazu zählen etwa: ein aufdringlicher Dialekt, mit der Zunge anstoßen, Schmatzgeräusche beim Sprechen, unkontrollierbare Attitüden wie Fingerschnipsen oder auf den Tisch klopfen während der Aufnahme, ein zu langsames, langweiliges Sprechen genauso wie ein zu schnelles mit Schnuddeln usw. Bei einem Vortrag über diese Zeitspanne gewinnen akustische Äußerlichkeiten im Vergleich zu einem kurzen Interview unverhältnismäßig viel an Bedeutung. Nicht nur wegen der Ästhetik, sondern weil Hörer erfahrungsgemäß zu ihrem schnellen Ärger oder unplanmäßigem Vergnügen z.B. nur auf das nächste unübliche Geräusch warten und am Vortrag nicht mehr interessiert sind.

Nur rundfunkjournalistische Erfahrung kann hier gegensteuern, den Referenten beispielsweise einfühlsam auf funkische Bedürfnisse eintrainieren. Ohne diese Äußerlichkeiten überbewerten und integren Honoratioren der Wissenschaft ganz persönliche Eigenarten versagen zu wollen, richtet sich über deren fachliche Qualifikation hinaus trotzdem auch danach die Auswahl der Referenten. Die journalistische Sorge hat hier dem unbeschädigten Ansehen des Professors zu gelten, und war mit der Testfrage: entspricht sein Artikulationsvermögen seiner Qualifikation als Forscher? Zum Handwerkszeug des Rundfunkjournalisten gehört einmal mehr, interessante Leute zu kennen, zu wissen, worüber sie arbeiten, wie diese Arbeiten einzuordnen sind in der Wissenschaftsszene und wie sie sich in dem für sie ungewohnten Medium Hörfunk präsentieren können. Was bei der Aufbereitung eines Vortrags für ein Massenmedium zu berücksichtigen ist, das hat der Zeitungsjournalist Günter Haaf in seinem Artikel 'Appetit wecken auf Wissenschaftsgeschichten' für das Buch „Wissenschaftsjournalismus" (1) u.a. so beschrieben: „Entscheidend – auch für die eigene Motivation – ist der Einstieg. Es können (möglichst selbst erlebte) Szenen sein, wunderliche und paradoxe Aussagen, verblüffende Fakten. Ist das Thema angerissen und in seinen wesentlichen Aussagen vorgestellt, kommt der 'Griff in die Kiste': wie hat sich (alles) historisch oder sachlich entwickelt? In diesem Teil (des Beitrags) muß sehr sorgfältig vom Einfachen zum Komplexen, vom Bekannten zum Unbekannten fortgeschritten werden. Jetzt zahlt es sich auch aus, wenn griffige Zitate, hübsche Beispiele und andere auflockernde Elemente ... in die Geschichte eingebaut werden". Was für Zeitungs- und Rundfunkjournalisten zur Aufbereitung eines Themas gilt, können auch Wissenschaftler für sich nutzen, wenn sie für Medien arbeiten. Auch hier, um das Themenspektrum nur anzureißen, einige Beispiele aus der Sendereihe 'Die Aula': es referierten der Sportwissenschaftler Prof. Hans Eberspächer über 'Leistung beginnt im Kopf – Spitzensport und Psychologie', der Astronom Prof. Rudolf Kippenhahn über 'Entfernungen im Weltall', der Sprachwissenschaftler Prof. Manfred Hellmann über 'Wir hatten eine Menge zu lernen – Sprache und Kommunikation nach der Wende', der Familientherapeut Prof. Helm Stierlin: 'Verrechnungsnotstände – über Gerechtigkeit in Partnerbeziehungen' oder der Dermatologe Prof. Ernst Jung über 'Die Haut – Spiegel der Seele, Folie der Umwelt'. Gerade Jung ist ein Beispiel dafür, daß es auch im Funk keine Regel ohne Ausnahme gibt. Er spricht als Schweizer auffällig schwyzerdütsch und wird trotzdem sowohl von der Redaktion als auch von der Hörerschaft für eine so lange Sendestrecke akzeptiert.

3.5. Das Ohr der Hörfunk-Wissenschaft an der aktuellen Forschungsfront

Ein ganz anderes Sendungsformat als die 'Aula' hat die periodische Sendung 'Kulturchronik' im Programm S2-Kultur, die jeden zweiten Dienstag von 21:00 bis 22:00 Uhr zu hören ist. Obwohl sie nur alle 14 Tage erscheint, ist sie im Kulturprogramm die eigentliche aktuelle Sendung der Wissenschaftsredaktion. Ihre ca. 6 Beiträge in der Durchschnittslänge von 8 Minuten handeln das ab, was in den tagesaktuellen Magazinen des 1. Programms an Wissenschaftsthemen zu kurz gekommen ist oder überhaupt nicht berücksichtigt werden konnte: wissenschaftspolitische Vorgänge, neue Forschungserkenntnisse, von einem Kongreß nicht die Eröffnung oder eine Pressekonferenz, sondern ein wichtiges Schwerpunktthema. Die journalistische Leitlinie, immer das Ohr an der Forschungsfront zu haben, gilt für diese Sendung besonders. Beispiel: hier wurde schon 1990 von den Arbeiten der Tübinger Entwicklungsbiologin Prof. Dr. Christiane Nüsslein-Volhard berichtet. Sie hatte als Grundlagenforscherin entdeckt, daß sich die Gestaltung der Form von Taufliegen auf vier Steuergene zurückführen läßt, wofür sie 5 Jahre später den Nobelpreis erhielt. Die Formen der Beiträge für die 'Chronik' fallen nicht aus dem üblichen Rahmen: Autorenberichte mit eingestreuten O-Tönen (Original-Tönen) eines Forschers, reine Interviews, Kommentare, gelegentlich eine Glosse.

3.6. Das Wissenschaftsbuch im Rundfunk

Zu einer weiteren Wissenschaftssendung: in der Sendereihe 'S2-Buchzeit' stellt die Redaktion alle 14 Tage donnerstags von 14:30 bis 15:00 Uhr interessante Wissenschaftsbücher vor, keine komplizierten Fachbücher für wenige Experten, sondern auch hier populärwissenschaftliche Neuerscheinungen, die am besten aus der Feder eines Forschers stammen sollten. Die Form der Beiträge: reine Rezension, die vom Autor der Buchbesprechung oder einem Sprecher gelesen wird, aber auch ein Interview mit dem Verfasser des Buchs oder seinem Verleger. Wissenschaftsthemen auch über Bücher zu erschließen und einem kleinen, aber sehr interessierten Hörerkreis nutzbar zu machen, zählt seit Jahrzehnten zu den selbst gesteckten Aufgaben der Redaktion und eines Kulturprogramms.

3.7. Das große Wissenschaftsthema als Diskussion oder Feature

Die über die Jahre meist buntscheckige Sendung der SDR-Wissenschaft trägt heute den Reihentitel 'FORUM', zu hören samstags von 17:05–18:00 Uhr, ebenfalls im Programm S2-Kultur. In dieser knappen Stunde sind vorwiegend die 'großen' Themen der Zeit zu finden. Dafür gleich ein paar Stichwörter: das humane Genomprojekt, die Dienstleistungsgesellschaft, Tiere als Organspender, die ökologische Bedeutung der Küsten, Frauenuniversitäten, die Globalisierung usw. Als Aufmacher der Sendung erhalten die Themen auch für diese Reihe anlockende Titel, etwa: 'Rasender Stillstand – die Zukunft des europäischen Verkehrs' oder 'Lacher zur Leiche – die Wissenschaft seziert die Lust am Krimi'. Buntscheckig ist diese Sendung, weil an ihr schon viele Formen funkischer Gestaltung für wissenschaftliche Inhalte ausprobiert worden sind. Wenige willkürlich ausgewählte Seiten aus zumeist alten Manuskripten verdeutlichen den Trend der Aufbereitung. In den Anfängen der Sendung schwebten der Redaktion geschriebene Rollenspiele vor, um ein Thema 'kontradiktorisch' aufzubereiten.

(A) Aber ich glaube, wir sollten uns wieder unserem eigentlichen Thema 'Trinkwasser' zuwenden.
B: Wir hatten uns eigentlich keine Sekunde davon entfernt. – Aus Abwasser kann man nun mal kein Trinkwasser machen. Wahrscheinlich scheiterte an dieser ebenso banalen wie fatalen Tatsache bislang auch die Geburt eines Trinkwasser-Hygienegesetzes. Ein umfangreicher Vorschriften- und Grenzwerte-Katalog würde schlagartig den miserablen Zustand des Trinkwassers in weiten Teilen der Bundesrepublik aufdecken. Und was dann? Er ließe sich gegenwärtig nicht ändern.
A: Wollen Sie damit sagen, daß ein Teil der Bevölkerung in unserem Lande Trinkwasser vorgesetzt bekommt, das eigentlich diesen Namen nicht verdient?
B: Ja. Es ist ein trauriges Faktum, daß eine große Zahl der über 1500 kleinen und großen Wasserversorgungsunternehmen der Bundesrepublik die elementaren Voraussetzungen für die Lieferung von gutem Trinkwasser nicht erfüllen.
A: Noch einmal die Frage: Was verstehen Sie unter gutem Trinkwasser? Gerade haben Sie doch darüber Klage geführt, daß eine exakte Definition noch aussteht.
B: In allgemeiner Form lassen sich selbstverständlich die Forderungen an gutes Trinkwasser nennen. Was ich beklagt habe, ist, daß eine umfassende wissenschaftliche Präzisierung fehlt, zum Beispiel, welche Schadstoffe in welcher Konzentration und welche überhaupt nicht im Trinkwasser vorkommen dürfen usw.
A: Ich warte auf Ihre Forderungen an gutes Trinkwasser.
B: Zunächst: Es muß frei sein von Krankheitserregern. Es darf keine gesundheitsschädigenden Eigenschaften haben. Es muß keimarm und seiner äußeren Beschaffenheit nach appetitlich sein, das heißt farblos, klar, kühl, geruchlos und von gutem Geschmack. Die Liste ließe sich noch verlängern, aber ich glaube, das sind die wichtigsten Eigenschaften von gutem Trinkwasser.

Dieses Rollenspiel ist ein Beispiel aus der Sendung 'Die große Verschwendung – Überlegungen zur Sicherung der Trinkwasserversorgung' (16. 10. 1976)

Praktisch hieß das, es saßen als Sprecher zwei Schauspieler im Studio, von denen der eine die 'Für-' und der andere die 'Gegenposition' des Themas einnahm. Die Ausgangslage dabei war, einen konfliktreichen Stoff zu entwirren, ihn von komplizierten Verästelungen der Zusammenhänge loszulösen und im Dialog zu popularisieren. Diese gestaltete Form von Wissenschaftsthemen fiel aber beim Zuhören manchmal insofern deutlich auf, als man im übertragenen Sinn 'das Papier rascheln', also die Schreibtischarbeit hörte. Funkinterner Slogan: es ist ein Unterschied, ob man Schreiben sprechen oder Sprechen schreiben kann. Die Sprecher konnten nicht immer inhaltlich eine Ahnung haben von dem, was sie da lasen. Haupteinwand gegen diese Form aber war: die Person, um die es ging, ein Forscher mit einer provokanten These etwa, war gar nicht bei der Sendung dabei. Sprecher lasen Zitate, die aus einem seiner Artikel oder Bücher stammten.

Weiteres Beispiel:
Eine Manuskriptseite aus der Sendung: 'Gibt es einen Gedächtnisstoff?' (10. 4. 71)

2. Spr. Das sieht nach einem Beweis aus, das muß ich zugeben. Danach müßte ja unser Hirn zu einem großen Teil aus solchen Molekülen bestehen!

1. Vielleicht – ich bin jedenfalls sicher, daß da noch epochale Erkenntnisse gewonnen werden. Denken Sie nur: Ungar hat seinen ganz einfach aufgebauten Synapsen-Stoff sogar von Ratten auf Mäuse übertragen – und das funktionierte auch! Die undressierten Mäuse lernten, was die dressierten Ratten gekonnt hatten! Nun sind Mäuse und Ratten eng verwandt, doch immerhin, da ist eine erstaunliche serologische Brücke geschlagen. Sogar was Hamster gelernt haben, läßt sich durch Injektionen auf Ratten übertragen, und diese beiden Nagetiere haben sich nun bestimmt genügend weit voneinander entfernt in der Evolution, um zu belegen, daß der Mechanismus der Gedächtnisspeicherung mit Hilfe von Eiweißmolekülen mindestens ein gemeinsames Säugetier-Erbe ist.

2. Gut – aber da muß ich doch immer wieder nach der Bedeutung dieser Dinge für den Menschen fragen!
1. Das lassen wir am besten nochmals Dr. Zippel beantworten im Namen der Göttinger Forschergruppe:

1. Zit.: „Das Interesse der Forscher, die an dem Problem der „Informationsübertragung" arbeiten, liegt ausschließlich in der Aufklärung eines biologischen Mechanismus. Manipulationen der Gesellschaft oder des Individuums, die häufig vermutet werden, erscheinen mir zum augenblicklichen Zeitpunkt völlig ausgeschlossen, zumal da noch keinerlei Hinweise auf die Übertragbarkeit komplizierter Lernleistungen vorliegen."

2. Das glaube ich gern – aber wie lang gilt das?
1. Das weiß ich nicht. Das weiß niemand. Nach dem gegenwärtigen Wissensstand müßte man ja Menschenversuche machen, um überhaupt die Vorfragen zu lösen. Nur Wahnsinnige könnten das tun!

Die weitere Entwicklung dieser Sendeform sah dann so aus, daß ein Wissenschaftler in kurzen Bandstücken als sogenannter Original-Ton, O-Ton, auftauchte, daß aber nach wie vor die Sprecher mit den verlesenen Dialogtexten dominierten.

1: Ich denke nicht an Personen, die ungewöhnlich sensibel reagieren, obgleich selbstverständlich auch das ein Grund sein könnte, sich gegen einen möglichen Gefahrenherd zu schützen. Denn es läßt sich nie mit Sicherheit im vorhinein sagen, wer im konkreten Einzelfall zu diesem Personenkreis gehört und wer nicht. Doch ich denke hier an etwas anderes, nämlich an bestimmte, möglicherweise kritische Frequenzen.
2: Solche bevorzugten Frequenzen scheint es tatsächlich zu geben. Über sie sagt Professor Wever:

Zit.: A: „In meinen eigenen Versuchen ..." (heute O-Ton) E: „... anzufangen". 0'31

2: Versuche dieser Art erfordern einen beträchtlichen Zeitaufwand. Deshalb wurden im Institut von Professor Wever keine Kontrolluntersuchungen vorgenommen, die den Nachweis hätten erbringen können, ob auch mit geringeren oder höheren Frequenzen ähnliche Resultate zu verzeichnen sind. Andere Experimente scheinen jedoch zu bestätigen, daß die Frequenz von 10 Hertz eine bevorzugte Frequenz ist, was die Wirksamkeit auf den menschlichen Organismus betrifft.

Zit.: A: „Es gibt eine Untersuchungsreihe ..." (heute O-Ton) E: „... keine Effekte mehr". 0'29

1: Genau das ist es, worauf ich hinauswollte. Elektrischer Reiz ist nicht gleich elektrischer Reiz. Der Organismus sucht sich unter den verschiedenen Frequenzen eben die aus, auf die er reagiert, indem er den elektrischen Reiz in irgendeiner Weise biologisch verarbeitet.
2: Das Interessante ist nur, daß der von Professor Wever erwähnte Frequenzbereich technisch überhaupt nicht genutzt wird. Unser Stromnetz arbeitet mit 50 Hertz. Infolgedessen ist es gegenstandslos, daraus irgendwelche Schlüsse ziehen zu wollen, die die biologische Wirksamkeit oder Gefährlichkeit der technisch bedingten Umweltelektrizität belegen könnten.

Ein Auszug aus der Sendung 'Heilsame Spannungen – die Einflüsse der Umweltelektrizität auf den Menschen' (15. 8. 81)

Erst danach verschwanden nach einer Übergangsphase mit Mischformen die gestalteten Dialoge und die Autorensendung kam zum Zug. Dabei schreibt und liest ein journalistischer Autor seinen eigenen Text, er präsentiert aber vor allem als wesentliche Bestandteile der Sendung diverse Wissenschaftler, Forscher, Experten, die er zuvor interviewt oder deren Stimme er technisch sonstwie eingefangen hat. Der Autor hält also bei dieser Sendeform die Fäden in der Hand, er führt in das Thema ein, erklärt Hintergründe, schafft Verständnis, überläßt aber z. B. gegensätzliche Positionen den Fachleuten, die er auch ruhig einmal gegeneinander ausspielen kann, ohne sich selbst dabei als besserwisserischer Schiedsrichter aufzuspielen.

Letztes Beispiel dafür aus der Sendung 'Lacher zur Leiche – die moderne Wissenschaft seziert die Lust am Krimi' (14. 12. 96)

Autor: *An Versuchen zur Ehrenrettung des Krimis fehlt es gewiß nicht.*
Leserinnen und Leser von Kriminalgeschichten werden sich in der Regel kaum um

eine Wertediskussion über dieses Genre kümmern. Für sie, für uns alle als Krimikonsumenten zählt eigentlich, ob die Handlung spannend ist, ob wir uns gut unterhalten fühlen und damit letztlich auch bei einem Verbrechen amüsieren.

Und das ist der zweite populäre Bezug zum Krimi. Im Alltag haben wir alle sicher Angst, Angst zu haben. Das schadet unserem Selbstbewußtsein. Im Krimi suchen wir aber diese Angst als Spannung. Wir fürchten um den Helden, wenn er in Gefahr gerät. Wir warten aber entspannt und locker auf die nächste Leiche. Merkwürdig. Diese Bewußtseinsspaltung führt uns eine Autorin von Kriminalgeschichten vor: Sabine Deitmer. Sie kommt aus der Frauenbewegung und gilt als die deutsche Begründerin des feministischen Kriminalromans. Ihr Erstlingswerk mit dem satirischen Titel „Bye, bye Bruno – wie Frauen morden", ist mittlerweile 250000mal verkauft. Ein Ausschnitt aus ihrer Lesung „Die Lust an der Leiche – Bekenntnisse einer Triebtäterin":

Band: *Deitmer: Ja, ich komme ... davon genommen (Bandausschnitt endet mit Lacher) 0:40*

Autor: *Lacher zur Leiche, schizophrener gehts eigentlich nicht. Aber es entspricht dank des täglichen Angebots an Fernsehkrimis durchaus unserem täglichen Verhalten. Sonntags um 20 Uhr 10 reagieren wir während der „Tagesschau" mit Abscheu auf Mord und Totschlag, um uns 10 Minuten später im „Tatort" köstlich damit zu unterhalten. Versuche zur Erklärung dieser Bewußtseinsspaltung gab es bei den Kölner Krimitagen genug. Etwa bei der Podiumsdiskussion mit dem Kriminalschriftsteller Frank Schätzing und Prof. Volker Neuhaus:*

Band: *Schätzing/Neuhaus: Sind wir ... es wolle, zurück 2:30*

Diese Form der 'verfeatureten' Darstellung eines wissenschaftlichen Themas konkurriert eigentlich nur mit der Rundfunkdiskussion, bei der alle Kontrahenten unter der Leitung eines Journalisten an einem Tisch sitzen. Für die Hörer kann eine solche Diskussion dann von Gewinn sein, wenn sie gut besetzt ist und gut läuft. Die praktischen Schwierigkeiten dabei sind aber gelegentlich nicht zu überhören. Manche Diskussionen wirken einfach nur weitschweifig, füllen schnell, bequem und preiswert Sendezeit, ohne die Erwartungen interessierter oder gar anspruchsvoller Hörer zu erfüllen. Gut getextete Originalaufnahmen von Experten sind deswegen als Feature oft die bessere Lösung, weil der Autor einer solchen Sendung, die im Studio mit Zeitaufwand vorproduziert wird, das Thema einfach besser im Griff hat. Der Hektik unserer schnellebigen Zeit entspringt eine weitere praktische Schwierigkeit, eine gute Diskussion zustande zu bringen: bei großen und bedeutenden Kongressen trifft man zwar wichtige Wissenschaftler, aber die stehen generell unter Zeitdruck, reisen kurz vor ihrem Referat an und verschwinden danach schnell wieder. Es bleibt Illusion, mehrere von ihnen, auf die es ankommt, an einen Tisch zu einer Diskussion zu kriegen, weil ihre Termine nicht zu koordinieren sind. Das schafft nicht einmal der Rundfunk mit einem Honorarangebot. So bleiben nur flinke Einzelinterviews, die trotzdem gekonnt sein müssen, was aber ihre Aufbereitung später im Studio nicht erspart. Unabhängig von solchen praktischen Aufnahmeproblemen geht bei der großen Form der Wissenschaftssendung der Trend eindeutig hin zur Authentizität, also zur Beteiligung der Wissenschaftler. Dabei ist die Diskussion aus besagten Gründen eher Wunsch als Realität und das Wissenschaftsfeature keineswegs eine Notlösung.

Soweit der Überblick über Sendeformen, wie sie von der Wissenschaftsredaktion in den Programmen SDR 1 und S2-Kultur gestaltet und präsentiert werden. Sie können und sollen nicht einen einzelnen Sender als wissenschaftspäpstliche Institution hochjubeln, sondern nur als Beispiele dafür stehen, wie Wissenschaftsthemen für den Hörfunk aufbereitet werden können. Andere Sender haben dafür sicherlich auch andere Möglichkeiten.

Vom Rundfunkprogramm und von der Sendeform hängt ganz entscheidend auch die Zielgruppe ab, die eine Wissenschaftsredaktion in der Hörerschaft anpeilt. In einem Hauptprogramm, in der Regel dem ersten, ist eine repräsentative Mischung aller soziologisch relevanten Schichten der Bevölkerung zu erwarten. Aufgabe für Wissenschaftsjournalisten kann hier nur sein, jeden einzelnen und noch so kurzen Beitrag so allgemeinverständlich wie möglich darzubieten: Fremdwörter raus, Hintergründe nur andeuten, nicht vertiefen, nur knappe, aber deswegen trotzdem nicht oberflächliche Information. Eine ganz andere Hörerschaft hat erfahrungsgemäß ein Kulturprogramm eingeschaltet. Es sind im wesentlichen vorgebildete Menschen mit Abitur oder Studium, die an den Zeitläuften sehr interessiert sind, die ihr Wissen erweitern und sich auch im Medium Rundfunk zumindest erhellende Hintergrundinformation abholen wollen. Dieser Hörerschaft kann ein Programm gehobenen Niveaus angeboten werden, in dem nicht jedes Fremdwort und jeder Zusammenhang von Anfang an erklärt werden muß. Die Zielgruppe und damit die Hörererwartung entscheidet also eindeutig mit über die Programmgestaltung und den Sendeplatz.

4. Der Stellenwert einer Wissenschaftsredaktion im Sender

Zahlreiche Programmplätze und vielfältige Sendungsformen kann eine Wissenschaftsredaktion nur dann bekommen und nutzen, wenn ihr ein Sender die dafür nötigen Freiheiten gewährt. Um die Tragweite dieser Aussage zu verstehen, ist ein – wenigstens dezenter – Blick hinter die Kulissen einer beliebigen öffentlich-rechtlichen Rundfunkanstalt angezeigt, es geht also jetzt nicht mehr um das konkrete Beispiel Wissenschaft im SDR. Entscheidend für Ansehen und Position der Wissenschaft im Sender kann sein, wo sie in der Programmstruktur und Hierarchie des Funkhauses angesiedelt ist. Arbeitet sie etwa unter dem Dach einer Chefredaktion 'Politik und Zeitgeschehen', versinkt sie möglicherweise unter der täglichen Themenlast dieses Ressorts. Wahrscheinlich setzt sie sich wenig mit zeitaufwendigen und tiefgründig ausgearbeiteten Sendungen durch, weil politische Ereignisse in der Regel dominieren. Ist die Wissenschaft einer Chefredaktion Kultur angegliedert, stehen ihr sicherlich längere Sendestrecken zur Verfügung, dafür dürfte sie im aktuellen Bereich unterrepräsentiert sein. In beiden Fällen wäre der schon zitierte Kompromiß die bessere Lösung: aktuellen Magazinen zuliefern und parallel eigene Sendezeiten füllen. Doch dafür ist unbedingt der Wille zur Kooperation verschiedener selbständiger Redaktionen erforderlich. Erfahrungen und Vorkommnisse in einzelnen Häusern lehren, daß dieser Wille nicht unbedingt vorausgesetzt werden kann. Beispiel: nicht jede Redaktion hat von ihrer Arbeitsweise und Aufgabenstellung her Mitarbeiter der gleichen Kompetenz wie fachlich versierte und erfahrene Wissenschaftsjournalisten. So sind in anderen Redaktionen manchmal ideologische Einfärbungen oder vielleicht auch nur fehlende Kenntnisse spätestens dann zu spüren, wenn im Programm Formulierungen auftauchen wie: „Röntgenstrahlen sind Todesstrahlen" oder „Zähne werden mit dem Giftgas Fluor geputzt" oder wenn eine grüne Welle sanfter Medizin anpreist „bei akuter Blinddarmentzündung hilft ein natürliches pflanzliches Heilmittel statt Operation". Mit anderen Worten: science meets ideology oder der Zeitgeist unterschwelliger, aber grassierender Ängste schlägt zu. In einer solchen Situation gelten kritische Wissenschaftsjournalisten schnell als rechthaberische Arroganzlinge und weniger als hilfreiche Kollegen, und dann fällt eine interredaktionelle Kooperation schwer. Wissenschaftsjournalisten beurteilen mit anderem Blick und Sachverstand das Zeitgeschehen, sie differenzieren und relativieren Vorgänge, doch das kostet Sendezeit, die Kollegen vom aktuellen Zeitfunk selten haben. Für die zählt die Schlagzeile des Tages, also der Herzklappenskandal statt der Herzchirurgie.

Um inhaltlich ausgewogene, objektive Sendungen auch bei Wissenschafts- und nicht nur bei Politiksendungen zu garantieren, müßte jede Geschäftsleitung einer öffentlich-rechtlichen Rundfunkanstalt eigentlich im Haus- und Hörerinteresse entscheiden, wer mit welcher Qualifikation was berichtet. Hausinterne Reibungsverluste, die sich draußen bei der Hörerschaft als Qualitätseinbuße bemerkbar machen und damit an die Glaubwürdigkeit eines Senders gehen, sind trotzdem nicht der Grund dafür, daß in einigen Rundfunkanstalten dieser Republik Wissenschaftssendungen im Hörfunk immer mehr abgebaut werden oder überhaupt nicht mehr vorkommen.

4.1. Der 'Zeitgeist' arbeitet gegen einen seriösen Wissenschaftsfunk

Nein, die Finanznot zwingt nach Angabe der betreffenden Sender dazu. Dabei ist nach wie vor genug Geld da, nur wird es seit langem schon vermehrt für programmfremde Aufgaben ausgegeben. Da Rundfunkgebühren nicht beliebig zu erhöhen sind, müssen die vorhandenen Einnahmen auch zugunsten allgemeiner Modernisierungsmaßnahmen umverteilt werden. Nur wenige Stichwörter für diese Entwicklung:

die in jedem Funkhaus grassierende Digitalisierung der Arbeitsabläufe, die Eigenwerbung der Anstalten draußen in der Öffentlichkeit auf Straßenbahnen und Bussen, um sich für die Wirtschaft als Werbeträger attraktiv zu machen und der Trend zu immer mehr öffentlichen Veranstaltungen irgendwo im Sendegebiet, um Hörernähe zu demonstrieren. Im Programm selbst wird ebenfalls seit langem schon Geld umgeschichtet. Bekanntlich steigen seit Jahren die Kosten für Übertragungsrechte für Sport in astronomische Höhen, und Sport ist nun mal populärer als Wissenschaft. Zu diesen Sachzwängen kommen manchmal auch selbst gestellte Hürden hinzu, die der Wissenschaft im Hörfunk zu schaffen machen. Beispielsweise erklärt immer wieder mal irgendwann ein Neuling in der unteren Führungsschicht, der gerade den Rundfunk neu erfunden hat, im Brustton der Überzeugung, nach heutigen Hörgewohnheiten könnte kein Mensch mehr einem Beitrag folgen, der länger als 3 Minuten dauere. Als ob niemand mehr ein Buch lesen würde, das umfangreicher als 20 Seiten ist. Aber solche Neulinge vermehren sich und klettern eifrig die Hierarchieleiter empor. Düster für die Wissenschaft im Hörfunk sieht es bei jenen Anstalten des öffentlichen Rechts aus, die mit der Waffe einer freiwilligen Niveauabsenkung ihrer Programme einen unerklärten Konkurrenzkrieg gegen Privatsender führen, um Einnahmen aus dem Werbefunk zu sichern. Auch das ist eine Form des Zeitgeistes, der leistungsbereiten und kompetenten Wissenschaftsredaktionen im Hörfunk entgegenwehen kann. Dabei geht mit Sicherheit ein eigentlicher Zweck von Rundfunkveranstaltungen verloren, nämlich dem Hörer mit anspruchsvollen Sendungen zu dienen. Vielleicht kann hier die Rückbesinnung weiterhelfen, um größeren Schaden zu vermeiden. Schon 1981 hat Johannes Schlemmer beispielhaft für die Wissenschaftsredaktion des SDR vor dem Rundfunkrat erklärt: „Bei der notwendigen Auswahl von Nachrichten und Stoffen kann über den speziellen Auftrag der Redaktion hinaus als Grundsatz nur gelten, jene wichtigen Ereignisse zu erklären und einzuordnen, die für das Leben und das Zusammenleben der Menschen Sinn und Wert versprechen. Denn worin sollte die Rechtfertigung des steigenden Aufwands für jegliche wissenschaftliche Bemühung liegen, wenn nicht in ihrem potentiellen Nutzen für den Menschen?"

5. Ein bitteres Nachwort

Nachdem dieser Artikel geschrieben war, hat der 'Zeitgeist' schneller als gedacht zugeschlagen. Mit der Fusion der beiden Sender 'Süddeutscher Rundfunk' (SDR) und 'Südwestfunk' (SWF) in die neue Anstalt 'Südwestrundfunk' (SWR) am 1. September 1998 ist die Wissenschaftsredaktion des SDR zerschlagen worden, eine Redaktion, die nach Ansicht von Medienexperten zu den bedeutendsten der deutschen Sender zählte. Der SWF hatte zuvor kein gleichwertiges Engagement in dieser Richtung. Die Hörfunkwissenschaft hat alle ihre Sendezeiten im 1. Programm ersatzlos verloren. Aus diesem Programm ist eine Pop-Welle geworden. Wie bei den kommerziellen Sendern sind den ganzen Tag über nach dem Motto „Rufen Sie uns an …!!" unbedeutende Leute mit noch unbedeutenderen Meinungen zu einem gestellten Thema zu hören. (Insider-Karikatur: sagen Sie uns Ihre Meinung, damit wir keine eigene haben müssen.) In dieses angeblich hörernahe Programm mit seinem juvenilen und werbefreundlichen Musik-Appeal dürfen gelegentlich mal wissenschaftliche Inhalte eingestreut werden, dann vorzugsweise zur Bedingung: „eine interessante Frage und eine interessante Antwort, für beides zusammen Länge 1 Minute 30 Sekunden, bitte nicht mehr". Über Inhalt und redaktionelle Abnahme solcher Wortsprengsel entscheiden nicht mehr die Wissenschaftsredakteure, sondern irgendwelche Streckenchefs oder Wellenchefs, die nicht durch wissenschaftsjournalistische Qualifikation auffallen, dafür aber auf neuen Hierarchieebenen agieren. Beispielsweise darf nach deren Ansicht in den wenigen verbliebenen längeren Wortstrecken des Programms (15 od. 30 Min.) kein „schweres Medizinthema" mehr die Hörerschaft belasten. Die in Deutschland beklagenswerte und skandalöse Unterversorgung von Schmerzpatienten wird so beispielsweise durch das Thema 'Wetterfühligkeit' ersetzt. Und eine Reportage über das 'Sternentheater Planetarium' wird mit der Begründung abgelehnt: „im Hörfunk kann man keinen Sternenhimmel sehen."

Im 2. Programm, SWR 2 Kultur, verantwortet die Wissenschaftsredaktion in eigener Kompetenz wöchentlich nur noch zwei Sendungen alleine: eine 25 Minuten lang mit aktuellen Themen und ein 30minütiges Wissenschaftsfeature. Auch die Reihe 'Forum', also das große Wissenschaftsthema, wird in der Endabnahme von einer neuen Hierarchie verantwortet. Die 'Buchzeit' ist weggefallen. Die jahrzehntelangen Bemühungen, qualifizierten Wissenschaftsjournalismus im Hörfunk zu betreiben, sind für das Sendegebiet SWR gegen massive Proteste mit einem Strich zerstört worden.

Wann werden die neuen Rundfunkherrschaften begreifen, daß sie mit einer beispiellosen Verflachung des Qualitätsniveaus konsequent am Untergang der öffentlich-rechtlichen-Rundfunkanstalten Deutschlands arbeiten?

6. Literatur

Göpfert, Winfried, „Wissenschaftsjournalismus". Ein Handbuch für Ausbildung und Praxis, München 1996, 285 S.

Göpfert, Winfried/Hans P. Peters, „Medientraining für Wissenschaftler", Publizistik 40 (2), Köln 1995, S. 208–211

Kotzmann u. a. (Hrsg.), „Publizistische Qualität". Probleme und Perspektiven ihrer Bewertung. Bamme, darin Wissenschaftsjournalismus, S. 99–109, München, Wien: Profil, 1993

Robert Bosch Stiftung GmbH (Hrsg.), „Wissenschaftsjournalismus und Journalistenausbildung" – Eine Bestandsaufnahme. Stuttgart, 1983

– (Hrsg.), „Wissenschaftsjournalismus und Öffentlichkeitsarbeit" 1990

Ruß-Mohl, Stephan (Hrsg.) „Wissenschaftsjournalismus" – Ein Handbuch für Ausbildung und Praxis München, 1986

Kurt Sauerborn, Mannheim (Deutschland)

195. Kommunikative und ästhetische Funktionen des Hörspiels

1. Einleitung
2. Rückblick
3. Gegenwart
4. Produktion
5. Performance
6. Intermedialität
7. Perspektiven
8. Literatur

1. Einleitung

Eine Darstellung des Genres Hörspiel im Kontext der rasanten medialen und technologischen Entwicklungen in den neunziger Jahren und um die Jahrhundertwende muss von der Feststellung ausgehen, dass audio- und radiokünstlerische Werke und Tendenzen der Gegenwart und allerjüngsten Vergangenheit kein gründlich untersuchter Gegenstand der literatur-, kommunikations- und medienwissenschaftlichen Forschung sind. Die fünfziger und sechziger Jahre brachten in der Bundesrepublik Deutschland eine Fülle wissenschaftlicher und publikumsorientierter Publikationen zum Hörspiel hervor. Die Kontinuität dieser theoretischen und historischen Begleitung endet mit der Phase des sogenannten Neuen Hörspiels Ende der sechziger/Anfang der siebziger Jahre. Die vergleichsweise wenigen Publikationen in der Folgezeit setzen sich überwiegend mit Themen im Umfeld der künstlerisch und theoretisch anregenden Phase des Neuen Hörspiels auseinander; Hörspiel und Radiokunst der achtziger und neunziger Jahre finden sich untergeordnet im Kontext theoretischer Darstellungen zur Klangkunst und zur Medienkunst. Ästhetisch-technologisch und medial verknüpft scheinen die Genres Hörspiel, Klangkunst und Medienkunst in einer gemeinsamen Kategorie aufzugehen, wobei nicht nur die Frage der umfassenden Definition noch offen ist; übergeordnet bleibt die Frage nach der fortschreitenden Konvergenz der Medien, insbesondere die Frage nach Funktion und Verhältnis der Medien Hörfunk und Internet in der Zukunft.

2. Rückblick

Die Gattung Hörspiel kann zwar einen Existenznachweis über mehr als 75 Jahre führen: sie ist fast so alt wie der Rundfunk selbst. Sie ist zudem die einzige originäre Kunstform, die aus dem Medium Rundfunk hervorging. Ihre Anfänge liegen in live inszenierten Studiospektakeln, den so genannten Sendespielen. In den Pioniertagen des Rundfunks, im Zeitraum zwischen 1924 und 1930, setzten sich zahlreiche bedeutende Autoren, Regisseure, Dramaturgen und Programmgestalter mit den Mitteln und

Möglichkeiten des damals neuen Mediums auseinander. Spurenelemente dieser historischen medienutopischen Debatten um das Hörspiel zeigen sich in aktuellen Publikationen zur elektronischen Medienkunst, die beispielsweise einen Bogen von Brechts Radiotheorie zu interaktiven künstlerischen Konzeptionen und Modellen der neunziger Jahre zu spannen versuchen. Den ersten, ebenso wagemutigen wie aus heutiger Sicht hilflosen Versuch in den zwanziger Jahren, den Rundfunk als Fortsetzung der Bühne zu interpretieren und zu nutzen, standen bemerkenswerte theoretische Anstrengungen gegenüber, das neue Medium spezifisch zu bedienen und sozialutopisch zu definieren. Die Nationalsozialisten machten den avantgardistischen Bemühungen durch die Gleichschaltung ein Ende. Propaganda und Unterhaltung ersetzten bildungsbürgerliche Belehrung und intellektuelle Diskussion. Rückwärtsorientierte ästhetische Vorstellungen, zum Teil nahezu deckungsgleich mit denen der NS-Zeit, bestimmten in Westdeutschland die mit dem Zentralbegriff der inneren Bühne operierende Hörspieltheorie der fünfziger Jahre, der häufig einseitig als groß beschriebenen Ära des Genres; die östliche Hörspielproduktion, die primär realistische Darstellungsformen hervorbrachte und unter Zensurbedingungen entstand, bezog sich bis zum Ende der DDR auf das sozialistische Erbe der Weimarer Republik. In der Bundesrepublik folgten nach polemisch referierten Ideen eines totalen Schallspiels zu Beginn der sechziger Jahre präzise Analysen zu der Situation des Genres und seinen verpassten Möglichkeiten sowie zahlreiche von den Techniken der Collage und Montage geprägte oder sprachthematisch orientierte Produktionen: die Phase des sogenannten Neuen Hörspiels erschöpfte sich jedoch in wenigen Jahren. Forderungen nach dem Primat narrativer Stücke setzten sich durch, tendenziell zu Ungunsten medienreflexiver und experimenteller Ansätze und Darstellungsformen, wenngleich sich neben der Gattung Hörspiel eigenständig die Akustische Kunst zu definieren und etablieren versuchte. Es bleibt festzuhalten, dass sich bereits in den siebziger Jahren eine partielle Ablösung radiophoner bzw. akustischer Spielformen vom Medium Hörfunk und die Hinwendung zu übergreifenden medialen Konzeptionen abzuzeichnen begann. Die zunehmend von den visuellen Medien geprägten siebziger und achtziger Jahre drängten das Hörspiel, das quantitativ von narrativen und dramatischen Formen bestimmt blieb, an den Rand der öffentlichen Wahrnehmung. Die in den achtziger Jahren aufgestellte Forderung, den Begriff Hörspiel durch den Begriff der Audio Art zu ersetzen, wurde in der Praxis nicht eingelöst. Die sich neu herausbildende internationale Audio Art tangierte das in den öffentlich-rechtlichen Sendeanstalten weiterhin gepflegte und verwaltete Hörspiel nur unerheblich. Das beinahe in Vergessenheit versinkende Genre partizipierte in diesem Zeitraum an den Folgen technischer Neuerungen: die digitale Sampling-Technik brachte international beachtete Audiostücke hervor, die sich durch Bearbeitung und insbesondere Rhythmisierung vielfältigen akustischen Materials – häufig situativer Art – auszeichneten; diese in der Verwendung ihrer Materialien von der Kunstform der Performance beeinflussten Audiostücke waren zwar schon nicht mehr der Gattung Hörspiel zuzuordnen, sondern häufig in den Kategorien der Pop-Avantgarde angesiedelt, sie faszinierten und schockierten aber die Fachkritik, wohl auch, weil es sich um keine elitären, sondern um massenkulturelle Produktionen ohne expliziten Kunstanspruch handelte. Eine die Entwicklungen und Tendenzen der achtziger und neunziger Jahre miteinschließende Definition der Gattung Hörspiel liegt nicht vor. Die gerade in dieser Zeit in allen Künsten verstärkt wahrzunehmende Tendenz zur Grenzüberschreitung und Auflösung separater Kunstformen lässt sich auch im Genre Hörspiel nachweisen.

3. Gegenwart

Die Begriffe Klangkunst und Medienkunst finden teilweise synonyme Verwendung.

Klangkunst wird als Kunst zwischen den Künsten, als Intermedia-Kunst par excellence definiert. Der Begriff, der auf künstlerische Werke und Initiativen der achtziger und neunziger Jahre Anwendung findet, ist allerdings seines per se übergreifenden und interdisziplinären Anspruchs wegen durchaus unscharf. Ähnliches gilt für den Terminus der Medienkunst, der, häufig mit den Prädikaten 'digital' oder 'elektronisch' kombiniert, in den neunziger Jahren im Zusammenhang mit visuellen interaktiven bzw. telematischen Kunstwerken gebraucht wurde. Der englische Begriff sound art fasst alle möglichen Spielarten von Kunst und

Klängen zusammen, die sich mit anderen Medien und Materialien kombinieren. Musik, Kunst, Theater, Film, Video und Performance sind die Gattungen, aus deren Synthese klangkünstlerische Projekte realisiert werden. Plastische Kunst und musikalisierte Raumkunst werden als Formen unter Klangkunst subsummiert. Der Klang selbst ist plastisches Material. Entsprechend zielen Klangskulpturen und Klanginstallationen, die seit den achtziger Jahren auf Festivals, in Museen und im öffentlichen Raum präsentiert werden, häufig primär auf die Hörbarmachung von Materialklängen ab. Die Ganzheitlichkeit der Wahrnehmung gilt als Voraussetzung für die Klangkunst, wie sie schon bei Richard Wagners Idee des Gesamtkunstwerks zum Ausdruck kam. In ihrer Entwicklung und Geschichte bezieht sich die Klangkunst dabei auf die intermedialen Strömungen, die sich vielfältig in den wesentlichen künstlerischen Bewegungen und Richtungen des zwanzigsten Jhs. nachzeichnen lassen. Dem Rezipienten kommt eine aktive Rolle zu: seine Wahrnehmung erschließt erst das auditive Kunstwerk im räumlichen, architektonischen oder natürlichen Kontext. Während die Geschichte des Hörspiels in Deutschland sich primär auf die deutschsprachige Literatur bezieht, steht die Entwicklung der Klangkunst von Anfang an im internationalen Kunstkontext. Die Kunstformen „sound art" und „audio art" rekurrieren jedoch häufig auf die Theorien der deutschen Rundfunkpioniere und frühen -theoretiker von Bertolt Brecht bis Rudolf Arnheim. Die englische, amerikanische und kanadische Sekundärliteratur verwendet dabei regulär den deutschen Begriff 'Hoerspiel' – auch 'Horspiel', nicht aber die Termini 'radio drama' und 'radio play'. Der Begriff 'Hoerspiel' umfasst in seiner Bedeutung in der englischsprachigen Sekundärliteratur der 'sound art' nicht nur erzählende und dramatische Formen, er subsummiert die grenzüberschreitenden, enge Gattungsvorstellungen sprengenden Theorieansätze, die in der deutschsprachigen Hörspieltheorie von den Rundfunkpionieren, zu Beginn der sechziger Jahre von Friedrich Knilli und wenige Jahre später von den Theoretikern des sogenannten 'Neuen Hörspiels' verfolgt wurden.

Auf die nicht nur technische, sondern auch institutionelle Abhängigkeit des Hörspiels wurde seit Anfang der siebziger Jahre hingewiesen. Hörspiel wurde als verwaltete Kunst, die Gebundenheit des Genres an den Apparat Rundfunk im medienpolitischen Sinn problematisiert. Die technischen und technologischen Entwicklungen der achtziger und neunziger Jahre forcierten audiokünstlerische Prozesse abseits und unabhängig vom Medium Rundfunk: Hörstücke erschienen auf Schallplatten und Audiokassetten. Audiokünstler begannen, in eigenen Studios Produktionen zu realisieren. Die Etablierung des Internet löste für die privaten Produzenten grundsätzlich auch das medienpolitische Problem der Übertragung und öffentlichen Verbreitung; der Computer als Medium ermöglicht nicht nur die autonome künstlerische Produktion, sondern auch ihre „Sendung". Für das öffentlich-rechtliche Hörspiel und für sein Trägermedium, den Rundfunk, bedeutet diese Entwicklung zwar einerseits den Verlust eines Monopols; andererseits führt das Internet unabhängige audiokünstlerische Produzenten und öffentlich-rechtliche Dramaturgien, die ihre Hörspiele ins Netz stellen, medial zusammen. Diese Entwicklung wirkt auf die Definitionsproblematik Hörspiel-Klangkunst-Medienkunst zurück; die durch die technologischen Neuerungen zunehmend unscharf gewordenen Begriffe müssen im Feld der entstehenden digitalen Hybridkultur neu untersucht werden. Zwar stehen potenziell jedem Computer-Benutzer mit Internet-Anschluss die Optionen für Produktion und Sendung zur Verfügung. Der technologische Wandel ist für den Audiokünstler jedoch mit dem Wechsel von Abhängigkeiten verbunden: wurden bis zur Einführung der weltweiten Internet-Nutzung nur Hörspiele und Hörstücke zur Produktion und Sendung gebracht, die von einer Hörspieldramaturgie oder -redaktion akzeptiert wurden, so verfügt der autonome Produzent jetzt grundsätzlich über einen direkten Zugang zu einem Medium, das vordergründig ohne Kontrolle funktioniert. Andererseits ist der von inhaltlichen Instanzen unabhängige Anwender-Künstler auf Software-Entwickler und -Produzenten angewiesen. Die Investitionen von Industriezweigen im Kunstbereich sind strategischer Art; in Labors darf experimentiert werden, am Ende müssen aber vermarktbare Resultate stehen.

Die zunehmende Dominanz visueller Medien, das wachsende Programmangebot der Medien Fernsehen und Hörfunk, die verstärkte Nutzung von Speichermedien, die Entwicklung des Computers als Medium und die Etablierung des Internets sind die wesentlichen medialen Phänomene, die jeweils eigenspezifisch ihren Beitrag zur Marginalisierung des Hörspiels geleistet haben, wie sie in der Gegenwart konstatiert werden muss.

4. Produktion

Die öffentlich-rechtlichen Rundfunkanstalten der Bundesrepublik Deutschland sind auch nach der Einführung des dualen Systems der wichtigste Produzent und Anbieter von sendefähigen Hörspielen geblieben. Hörspiele verfügen in allen Kulturradio-Programmen der ARD-Sender über Sendeplätze. Seit den sechziger Jahren ist der Programmanteil des Genres im Bereich Hörfunk insgesamt stark rückläufig. Zum einen erklärt sich dieser Rückgang über die zahlreichen zusätzlichen Wellen, die von den Landesrundfunkanstalten etabliert wurden, nicht zuletzt um in der Konkurrenz mit den privaten Rundfunkanbietern zu bestehen. Zum anderen ist der Rückgang aber auch über fusionierte Programme und Kooperationen zwischen verschiedenen Sendern zu begründen. Der Programmanteil von Hörspielproduktionen im Hörfunk insgesamt beträgt nur 0,5 Prozent. In den neunziger Jahren wurden jährlich durchschnittlich über 600 Hörspiele produziert. Die Durchschnittskosten pro Sendeminute lagen im Jahr 1998 bei 502 DM. Um Vergleichswerte zu nennen: die Durchschnittskosten für Magazinsendungen lagen in diesem Jahr bei 188 DM, die für Leichte Musik bei 23 DM. Die vergleichsweise hohen Produktionskosten stellen bei zunehmender Knappheit der Mittel den Fortbestand des Genres Hörspiel immer wieder in Frage. Die in den Sendeanstalten geführte Diskussion um Kosten und Nutzen aufwendiger Produktionen tangiert gleichzeitig aber auch qualitative bzw. inhaltliche Aspekte und die Substanz des öffentlich-rechtlichen Programmauftrags. Die institutionellen Garantien für den Fortbestand des Genres Hörspiel sind mit denen des Mediums bzw. denen des öffentlich-rechtlichen Rundfunks in Deutschland untrennbar verbunden; schwer einzuschätzen sind die fundamentalen medienpolitischen Entwicklungen in Deutschland und die noch darüber stehenden künftigen gesetzlichen medienrechtlichen Grundlagen für Europa insgesamt.

5. Performance

Das digitale Zeitalter hat einem Genre, dem der Hörspielkunst, zu einer Renaissance mitverholfen. Nach den live inszenierten Sendespielen der zwanziger Jahre definierte, entwickelte und realisierte sich das Hörspiel fast ausschließlich über die Studioproduktion und die Bandaufzeichnung. Aus vielerlei Gründen, die hier nicht näher erörtert werden müssen, stellt sich historisch betrachtet die Entwicklung des Hörspiels überhaupt im Vergleich zu anderen künstlerischen Sparten als weniger sprunghaft oder per se innovatorisch dar – als Gegenbeispiel sei hier lediglich die elektronische Musik genannt, zu deren kontinuierlicher Genese und Förderung die öffentlich-rechtlichen Anstalten ganz wesentlich beigetragen haben. Auch der Sprung in die hörspiel- und radiokünstlerische Gegenwart bzw. allerjüngste Vergangenheit kann dies verdeutlichen: erst in den achtziger und neunziger Jahren wurde das Genre Hörspiel/Radiokunst von der längst etablierten Kunstform der Performance eingeholt und mitgeprägt.

Unabhängig von der Quantität der in den neunziger Jahren in den Studios entstandenen literarischen und unterhaltenden Hörspiele, Serien und Krimis, die in ihrer Gesamtheit eine beträchtliche kulturelle Leistung des Kulturradios darstellen, haben vor allem die mehr oder minder von Varianten der Performance geprägten Radiokunst-Projekte für überdurchschnittliches Aufsehen gesorgt und der Gattung selbst neue wesentliche Impulse gegeben. Produktionen von Andreas Ammer, FM Einheit, Ulrike Haage, John Berger, Klaus Buhlert, Werner Cee, Alvin Curran, Bruno Beusch, Tina Cassani, Gerfried Stocker, Rupert Huber, Christoph Schlingensief, Philip Jeck, Hartmut Geerken, Famoudou Don Moye, Jon Rose, Sodomka/Breindl, s-space, Norbert Math, John King, Thomas Meinecke, Move D, Michael Riessler, Grace Yoon, HCD und herausragend Heiner Goebbels (dessen Werke zum Teil der Kategorie Musiktheater zugeordnet werden) stehen für die Formenvielfalt der klang- und radiokünstlerischen Performance. Ihrer Grundform entsprechend wiesen viele dieser Performances mehr oder minder stark ausgeprägte visuelle Komponenten auf. Im Zusammenhang mit Performance-bestimmten oder -beeinflussten Konzeptionen sind historisch besonders das Studio für Akustische Kunst des WDR und die Redaktion Kunstradio des ORF zu nennen, die, seit langem dem Prinzip der offenen Dramaturgie folgend, zahlreiche bedeutende und radiokünstlerische Arbeiten, Klanginstallationen oder auch die Klangbrücken von Bill Fontana realisiert haben. Die Abteilung Hörspiel und Medienkunst im BR verfolgt einen alternativen Ansatz, der neben Performance-geprägten auditiven Konzeptionen die zusätzliche Realisierung audiovisueller Produktionen, Video-Installationen und bimedialer Projekte miteinbezieht. Der SFB präsentiert in seinem Programm 'Internationale Digitale Radiokunst', der Sender Deutschlandradio stellt 'Ars Acustica'-Produktionen vor. Der SWR, der aus der Fusion der Sender SDR und SWF hervorging, sorgt mit der jährlichen Vergabe des 'Karl-Sczuka-Preises für Radiokunst' für die kontinuierliche Pflege der materialkompositorischen oder musikalisch strukturierten Produktionslinie des Genres Hörspiel. Die Entgrenzung des Hörspiels und die ästhetische Überschneidung mit den Genres Klangkunst und Medienkunst zeigt sich auch bei Festivalveranstaltungen der späten neunziger Jahre wie etwa 'sonambiente', 'intermedium 1' oder bei den 'Freiburger Hörspieltagen'.

6. Intermedialität

In der zweiten Hälfte der neunziger Jahre häufen sich wissenschaftliche Veröffentlichungen zum Phänomen der Intermedialität. Für das historische Intermedia, das sich in den zwanziger Jahren bis zur Ablösung des Stummfilms durch den Tonfilm auf der Theorieebene in Veröffentlichungen mit Titeln wie 'Farblichtmusik', 'Konkretes Licht' etc. niederschlug und sich über Konzeptionen von optophonetischen Geräten, Farbklavieren, Lichtplastiken und filmischen Experimenten realisierte, stehen Namen wie Raoul Hausmann, László Moholy-Nagy, Nikolas Braun, Arthur Segal, Viking Eggeling, Hans Richter und László Sándor. Dick Higgins 1966 veröffentlichtes Manifest 'Intermedia', das sich historisch auf Pablo Picasso, Marcel Duchamp und John Heartfield berief und sich in der Kategorie 'happening in music' auf die Komponisten Philip Corner und John Cage bezog, definierte eine seit den Dadaisten und Futuristen existente Strömung in der Kunst, die sich – wenn auch unter vielfach wechselnden Vorzeichen – über das zwanzigste Jahrhundert erstreckte. Higgins definierte mit 'Intermedia' künstlerische Formen, die keiner bestimmten Gattung zugeordnet werden können. Noch im Jahr von Higgins Veröffentlichung gründete sich auf Initiative von Otto Beckmann in Wien die Experimentalgruppe 'ars intermedia', deren Arbeitsgebiet die gesamte Computerkunst umfaßte. Gleichzeitig entwickelten die Gruppe 'Pulsa' und der britische Architekt John Lifton Formen intermediärer Klangkunst. Unter dem Titel 'intermedia '69' präsentierten beispielsweise auch John Goetz und Klaus Staeck in Heidelberg Aktionen, happenings, Objekte, Environments und Filme u.a. von Joseph Beuys, Pierre Garnier, Dick Higgins, Bernhard Höke, Blinky Palermo und Dieter Rot. Die herausgegriffenen intermedialen Ansätze und Aktivitäten sollen hier nur die grobe Skizze für den historischen Kontext und die technische Entwicklung gegenwärtiger Medienkunst liefern. Aktionskunst, Happening, Fluxus, Mixed Media, Multimedia Inszenierungen, Pop und Technokunst – die Kultur des zwanzigsten Jahrhunderts durchzieht ein intermedialer roter Faden. Dass für die Entwicklung der aktuellen interaktiven Medienkunst akustisch-intermediale Projekte erhebliche Bedeutung hatten, zeigt sich etwa auch an den frühen Arbeiten des Kanadiers David Rokeby, der in den frühen achtziger Jahren Klangsysteme konzipierte, die mit lichtempfindlichen Sensoren operierten und Synthesizerklänge auslösten. Insgesamt können die angeführten intermedialen Projekte, die von den kybernetischen Konzepten, ästhetischen Positionen und apparativen Möglichkeiten der sechziger Jahre ausgingen, aus heutiger Sicht nur als stark beschränkte Entgrenzungsexperimente wahrgenommen werden; zwar war in der damaligen Kunstrevolution konzeptuell alles möglich, nicht aber technisch. Der Medienkünstler und -theoretiker Peter Weibel erinnert in diesem Zusammenhang an virtuelle Realität und Cyberspace als Ideen der sechziger Jahre, auch wenn ihre Technologie erst Ende der achtziger Jahre realisiert wurde. Das neue Interesse an Intermedialität resultiert in erster Linie aus dem Paradigmenwechsel, der von der digitalen Revolution ausgelöst wurde.

7. Perspektiven

Dass die Gattung Hörspiel in den neunziger Jahren eine Renaissance erlebte, neue Publikumsgruppen erschließen konnte und gegenwärtig im boomenden Hörbuchmarkt sogar einen beachtlichen kommerziellen Faktor darstellt, darf nicht darüber hinwegtäuschen, dass die fundamentalen Veränderungen, die das digitale Zeitalter evoziert, die Existenz einer isolierten oder autonomen Sparte, die Radiokunst, Klangkunst und akustische Medienkunst subsummiert, in Frage stellen bzw. obsolet werden lassen. Dies gilt in Erweiterung auch für Einzelmedien wie Hörfunk oder Fernsehen. Über das Binärsystem und die Computertechnik wachsen die Medien zusammen und verschmelzen zu einem gemeinsamen Supermedium. Der Computer als Medium integriert alle Medien. Nicht nur die Signale und Daten aller Einzelmedien, auch deren Darstellungsweisen werden auf das neue, universelle Medium übertragen. Die intensive Vernetzung von Datenträgern und die Umcodierbarkeit von Daten, von optischen und akustischen Signalen ermöglicht die Generierung virtueller Realitäten. Interaktivität in ihrer künstlerischen Nutzung mag heute noch in vielen Fällen vor allem die Technologie selbst als Faszinosum vorführen; die Rasanz der medialen Entwicklungen und ihrer globalen Akzeptanz wird freilich die begrenzten Interaktionsmöglichkeiten der Gegenwart in absehbarer Zeit nur mehr als einen ersten Schritt zur Virtualisierung des Lebens erscheinen lassen. Weltweit agierende Industrien sorgen mit der Monopolen inhärenten Macht für eine rasche Durchsetzung medientechnischer Normen. Formen der Telepräsenz, fiktive Realitätsentwürfe und interaktive Systeme, die heute in militärischen, medizinischen und auch in künstlerischen Labors entwickelt und erprobt werden, verändern das Leben des Einzelnen in der spätkapitalistischen Gesellschaft gravierend. Das technologische Interesse fokussiert sich auf den menschlichen Körper und seine Vernetzung. Vor dem Hintergrund der Suche nach einem neuen Realitätsbegriff wiederum erhält die ohnehin eindeutige Präsenz und Dominanz visueller Medien noch stärkere Bedeutung. Synthetische Bilder erzeugen über die menschlichen Sinne virtuelle Welten, sie stellen den Betrachter in virtuelle Raumsituationen und fordern zur Interaktion, zur körperlichen Beteiligung heraus. Das Illusionsniveau interaktiver Installationen bzw. die Qualität der Simulation geht an die Grenzen der Komplexität menschlicher Wahrnehmungs- und Reaktionsfähigkeit und verlangt eine Ausdehnung der Sinne in den virtuellen Raum.

In Phasen weitgreifender technischer Umwälzungen – freilich nicht nur dann – definieren sich die Arbeitsweisen des Autors oder Künstlers vor allem als experimentell; künstlerische Konzeptionen, die Entwicklung von Modellen und die dafür notwendige konkrete Software-Entwicklung greifen eng ineinander und stellen die strikte nominelle Zuordnung von Funktionen und Rollen in Frage. Der Umgang mit verkoppelten Medien ist künstlerische Selbstverständlichkeit geworden. Die Konzentration und Fixierung auf ein Einzelmedium erscheint zunehmend anachronistisch. Die Versuche, Neues zu schaffen, konzentrieren oder stützen sich auf das Supermedium Computer. Jenseits der traditionellen Gattungen entstehen multimediale Werke, die sich nicht mehr über den alten Originalbegriff fassen lassen und ihren Intentionen nach eher Linien der Anti-Kunst als der Kunst folgen.

Die sich entwickelnde interaktive Medienkunst bietet ein weites theoretisches Feld, viele kultur- und kunstgeschichtliche Fragen lassen sich nur eingeschränkt oder vorläufig beantworten. Zahlreiche, häufig interdisziplinäre Forschungsprojekte beschäftigen sich mit Intermedialität und Interface Design, Medialisierung und Mediatisierung, Partizipation und Interaktivität, Telematik, Hybridisierung, Techno-Ästhetik und Cyberspace, Konfigurationen zwischen Kunst und Medien sowie ethischen Fragen zur virtuellen Revolution.

Die Verkoppelung der Medien und die Tendenz zur Medien-Konvergenz stellen akustische Kunstwerke in einen neuen Kontext. Das isolierte Genre wird zwar weiter existieren – nicht nur im Übertragungsmedium Hörfunk, dem es seine Existenz verdankt, sondern auch in der Form von Hörbüchern oder on-demand-Programmen; rein quantitativ werden in der allernächsten Zukunft linear erzählte Hörspiele, die in erster Linie für Rundfunksendungen geschrieben und produziert werden, dominieren. Qualitativ und für den medientheoretischen Diskurs von Interesse sind jedoch vor allem jene Projekte, die sich mit den medialen Formen der Vermischung auseinandersetzen oder interaktive Möglichkeiten erproben und neue Fragen aufwerfen: Welche Funktion kommt dem Sound im Gesamtverbund zu? Wie ist die Relation zwischen Bild und Sound? Welche medialen und künstlerischen Verknüpfungsmöglichkeiten ergeben sich aus den technisch-apparativen Möglichkeiten der digitalen Produktionsmittel? Die Künste nähern sich einander an. Multimediale Kombinationen verwischen Genre-Zuordnungen. Viele audiovisuelle Installationen und Räume beziehen unter anderem einen Reiz aus der nicht mehr vorhandenen oder explizit verdeckten oder punktuell inszenierten Unterscheidbarkeit der eingesetzten Medien. Integriert die sich entwickelnde interaktive Medienkunst die akustischen Spielformen und setzt sie die bislang gültige Hierarchie, die den visuellen Medien eine gewisse Dominanz einräumt, außer Kraft? Oder handelt es sich nur um eine Verschiebung von der untergeordneten Rolle des Soundtracks im Film – sei er noch so elaboriert, mit Surround-Technik ausgestattet etc. – zur akustischen Stützfunktion interaktiver Bilder? Nimmt der Entstehungsprozess seinen Ausgang von radio-, von klang-, von video- oder netzkünstlerischer Seite? Über diese und andere Fragen lassen sich die Konzeptionen einzelner Werke und die Funktion ihrer jeweiligen Komponenten bestimmen.

Fernsehen, Hörfunk, Internet – Zusammenspiele unterschiedlicher Mediensysteme werden von allen involvierten Veranstaltern initiiert, als entsprechend komplex erweist sich die Nachzeichnung intermediärer Herangehensweisen und ästhetischer Transformationen im Einzelfall, zumal die Diskussion um stilbegriffliche Definitionen erst eröffnet ist. Es ist offen, ob die elektronische Medienkunst, die an sie gerichteten nonaffirmativen Erwartungen erfüllen kann. Ihre Akzeptanz ist im Lauf der neunziger Jahre kontinuierlich gewachsen. In Museen, Kunsthäusern, Festivals und Kulturprogrammen des Hörfunks und Fernsehens ist sie inzwischen präsent. In der ebenso aufgeregt geführten wie unergiebigen Debatte um high- und low-culture hat sie ihren undefinierten Status behaupten können. Sie ist noch nicht kanonisiert, aber auch nicht mehr rein avantgardistisch. Medienkunst kann die Wahrnehmung der menschlichen Sinne in einer vom Prinzip der Simulation durchdrungenen Welt sensibilisieren und schärfen; sie kann Irritationen in den allzu selbstverständlich werdenden Gefügen zwischen Schein und Realität provozieren. Sie kann selbstreflexiv technologisch-ökonomische Abhängigkeiten transparent machen und das offenbar grenzenlose Illusionsbedürfnis der sogenannten Informationsgesellschaft mit Desillusionierungs-Programmen erschüttern.

Das alte und singuläre Medium steht sicher nicht im Mittelpunkt der relevanten und stürmischen Entwicklungen der Gegenwart, doch auch künftig kann es die Qualität von Informationen garantieren und Kunst ermöglichen. Dem Medium Rundfunk wächst eine neue Vermittlungsfunktion zu, die darin besteht, die von Autoren, Musikern, Produzenten, Medienkünstlern und -theoretikern intendierten Verknüpfungen der Künste mit zu unterstützen und voranzutreiben. Ansätze einer intermedialen Traditionslinie, die sich aus dem ursprünglich radiokünstlerischen Genre entwickelt, kristallisieren sich über zahlreiche Produktionen und Performances, die seit Beginn der neunziger Jahre entstanden, heraus. Die Realisierung multimedialer Konzepte setzt jedoch nicht nur weitgehende Planungsautonomie und ein redaktionelles Selbstverständnis voraus, das sich aktuellen technischen und ästhetischen Entwicklungen gegenüber offen zeigt und Risiken eingeht. Der zu organisierende Verbund von Mediensystemen läuft auf die Überwindung bestehender Genre- und Strukturgrenzen hinaus und erfordert ein Kunst- oder Produktionsmanagement, das über multimediale Kompetenz verfügt und koordinierte Sendeplätze in den Medien Hörfunk, Fernsehen und Internet einräumen kann.

8. Literatur

Akademie der Künste (Hrsg.), Klangkunst. München-New York 1996.

Arbeitsgemeinschaft der öffentlich-rechtlichen Rundfunkanstalten der Bundesrepublik Deutschland (Hrsg.), ARD-Jahrbuch 99. Frankfurt 1999.

Augaitis, Daina/Dan Lander (Hrsg.), Radio rethink. Art, sound and transmission. Banff 1994.

Augen-Blick. Marburger Hefte zur Medienwissenschaft. Radioästhetik – Hörspielästhetik, Marburg 1997, Nr. 26.

Blomann, Karl-Heinz/Frank Sielecki (Hrsg.), Hören – Eine vernachlässigte Kunst? Hofheim 1997.

Bosseur, Jean-Yves, Sound and the visual Arts. Intersections between Music and Plastic Arts today, übers. v. Brian Holmes/Peter Carrier. Paris 1993.

Bund der Kriegsblinden und Filmstiftung Nordrhein-Westfalen (Hrsg.), HörWelten. 50 Jahre Hörspielpreis der Kriegsblinden. Berlin 2001.

Deutsches Rundfunkarchiv (Hrsg.), Hörspiele in der ARD 1996. Eine Dokumentation. Berlin-Brandenburg 1998.

Döhl, Reinhard, Das Neue Hörspiel. Darmstadt 1988.

Druckrey, Timothy (Hrsg.), Ars Electronica Facing the Future. Cambridge-London 1999.

Furlong, William, Audio Arts. Beunruhigende Versuche zur Genauigkeit. Leipzig 1992.

Geerken, Hartmut, Das interaktive Hörspiel als nicht-erzählende Radiokunst. Essen 1992.

Hay, Gerhard (Hrsg.), Literatur und Rundfunk 1923–1933. Hildesheim 1975.

Helbig, Jörg (Hrsg.), Intermedialität. Theorie und Praxis eines interdisziplinären Forschungsgebiets. Berlin 1998.

Hickethier, Knut (Hrsg.), Brauchen Fernsehspiel und Hörspiel eine neue Dramaturgie? Berlin 1985.

Hobl-Friedrich, Mechthild, Die dramaturgische Funktion der Musik im Hörspiel. Grundlagen – Analysen. Erlangen-Nürnberg 1991.

Hünnekens, Annette, Der bewegte Betrachter. Theorien der interaktiven Medienkunst. Köln 1997.

Kahn, Douglas, Noise Water Meat. A history of sound in the arts. Cambridge-London 1999.

Kahn, Douglas/Gregory Whitehead (Hrsg.), Wireless Imagination. Sound, radio and the avantgarde. Cambridge-London 1992.

Kapfer, Herbert (Hrsg.), Vom Sendespiel zur Medienkunst. Die Geschichte des Hörspiels im Bayerischen Rundfunk. Das Gesamtverzeichnis der Hörspielproduktion des Bayerischen Rundfunks 1949–1999. München 1999.

Knilli, Friedrich, Das Hörspiel. Mittel und Möglichkeiten eines totalen Schallspiels. Stuttgart 1961.

Kolb, Richard, Das Horoskop des Hörspiels. Berlin-Schöneberg 1932.

Kostelanetz, Richard (Hrsg.), Text-Sound Texts. New York 1980.

Lander, Dan/Micah Lexier, Sound by Artists. Toronto 1990.

LiLi. Radio. Heft 111, September 1998.

Maurach, Martin, Das experimentelle Hörspiel. Eine gestalttheoretische Analyse. Wiesbaden 1995.

Meyer, Petra M., Die Stimme und ihre Schrift. Die Graphophonie der akustischen Kunst. Wien 1993.

Metzger, Heinz-Klaus/Rainer Riehn/Günter Peters (Hrsg.), Autoren-Musik. Sprache im Grenzbereich der Künste. München 1993.

Rötzer, Florian/Peter Weibel (Hrsg.), Cyberspace. Zum medialen Gesamtkunstwerk. München 1993.

Schade, Sigrid/Christoph Tholen (Hrsg.), Konfigurationen – Zwischen Kunst und Medien. München 1999.

Schöning, Klaus (Hrsg.), Neues Hörspiel. Essays, Analysen, Gespräche. Frankfurt am Main 1970.

–, (Hrsg.), Neues Hörspiel O-Ton. Der Konsument als Produzent. Versuche. Arbeitsberichte. Frankfurt am Main 1974.

–, (Hrsg.), Spuren des Neuen Hörspiels. Frankfurt am Main 1982.

–, (Hrsg.), Hörspielmacher. Autorenporträts und Essays. Königstein/Ts. 1983.

Schwitzke, Heinz, Das Hörspiel. Dramaturgie und Geschichte. Köln-Berlin 1963.

Thomsen, Christian W./Irmela Schneider (Hrsg.), Grundzüge der Geschichte des europäischen Hörspiels. Darmstadt 1985.

Vowinckel, Antje, Collagen im Hörspiel. Die Entwicklung einer radiophonen Kunst. Würzburg 1995.

Westdeutscher Rundfunk (Hrsg.), Studio Akustische Kunst. 155 Werke 1968–1997. Köln 1997.

Herbert Kapfer, München
(Deutschland)

196. Hörfunkspezifische Präsentationsformen und Texttypen

1. Entwicklungslinien
2. Grundtypen radiojournalistischer Texte und Darstellungs- bzw. Sendeformen
3. Bestand und Wandel bei Texttypen und Präsentationsformen
4. Beschreibungsansätze und -ziele
5. Literatur

1. Entwicklungslinien

Die Verwendung und Entwicklung von 'funkischen' oder 'radiophonen' Texttypen und Präsentationsformen reicht bis in die Anfangszeit des Mediums Hörfunk zurück. 'Funkisch' und 'radiophon' leiten sich daraus ab, daß seit Beginn der Verbreitung drahtlos übertragener Programme in Deutschland (29. 2. 1923) Rundfunk bis weit in die 50er Jahre hinein als Bezeichnung derjenigen Institution üblich war, „die Töne, Melodien und Sprache in normaler Lautstärke mit der Geschwindigkeit des Lichtes über enorme Entfernungen hin durch den Äther zu einem Empfänger überträgt" (Seeberger 1962, 1353). Und bis in unsere Tage ist Rundfunk – wie auch in diesem Beitrag – häufig synonym mit Hörfunk und der umgangssprachlichen Form Radio, während in der medienbezogenen Fachterminologie Rundfunk als Oberbegriff für Hörfunk und Fernsehen gilt.

Texttyp wird im folgenden synonym verwendet zu Textsorte, Textklasse, Gattung, Genre usw., die in der publizistischen Literatur häufig vorkommen, „ohne damit wesentliche Abweichungen oder Schwerpunkte betonen zu können" (Roloff 1982, 6). Präsentationsformen stehen dagegen mit dem Vermitteln-Können in Zusammenhang und beziehen sich stärker auf die strukturell-formale und dramaturgisch-inszenatorische Seite von Sendebeiträgen als Gesamtkomposition.

Zunächst begann die Hörfunkzeit mit der Übertragung von Musik, Rezitationen klassischer Literatur und Hörspiel, beinhaltete aber auch z. B. bereits die Form der Stationsansage („Hallo, hallo! Hier Sendestelle Berlin, Voxhaus, auf Welle 400" (Seeberger 1962, 1358). Und zur Ansage gesellte sich wenig später die – zwar persönlich gefärbte, aber doch stereotype, zunächst noch live gesprochene – Absage. Beide Formen werden heute durch vorproduzierte und computergesteuerte Stations- und Sendungsjingles und Trailers ersetzt, Beispiele für den teilweise extremen und technikbezogenen Wandel funkischer Texte und ihrer Vermittlung. Viele, wenn nicht die meisten der hörfunkspezifischen Texttypen und Präsentationsformen im Wort- und Musikbereich sind allerdings auch heute keine völlig neuen Erfindungen, sondern „Neu ist lediglich die Mischung von vorhandenen Programm-Elementen. Die Programmelemente Information, Musik und Unterhaltung werden mit einer Struktur versehen, die das Ganze 'verpackt'" (La Roche/Buchholz 1993, 199).

Da also die Übernahme und Herausbildung von Texttypen und Präsentationsformen eng zusammen mit der technischen und mit der programmstrukturellen Hörfunkentwicklung gesehen werden muß, seien zunächst einige Entwicklungslinien in diesem Bereich skizziert.

1.1. Hörfunkspezifik

Von Anfang an machten sich die Gestalter von Einzelsendungen und Programmen Gedanken darüber, wie sie formal der Spezifik des Mediums Rechnung tragen könnten. Diese Spezifik hat der Rundfunkpionier Hans Bredow in jener Aufbruchszeit wie folgt umschrieben:

„Täglich Premiere, stündlich Abwechslung, geistige und künstlerische Arbeit am laufenden Band, ohne Ruhe und Rast, das ist sein Kennzeichen" (transkribiert nach Lohrengel 1993, Tl. 1) – in heutiger Diktion würde man stattdessen von Hörerbezogenheit und Einschaltprogrammen, Aktualität und 'Infotainment' (diese Hybridbildung aus engl. Information und Entertainment, auch in der Prägung des Infotainers [für Moderator] greifbar, ist im deutschsprachigen Raum vor allem in der Sprache der 'Macher' und Funkhäuser anzusiedeln), Kreativität und Programmstrategien sprechen.

D. h. insbesondere senden, was den Hörer interessieren könnte, was technisch machbar und dem Medium angemessen ist. Aus diesem Angemessenheitskriterium leitet sich einmal die Maxime 'Fürs Hören schreiben' ab (und immer noch werden im Hörfunk viele Sendetexte am Schreibtisch oder Computer verfaßt und vorformuliert, z. B. Nachrichten, Kommentare, Features) und zum anderen die Maxime, den Hörer möglichst unmittelbar an Ereignissen teilhaben zu lassen und Live-Sendungen zu gestalten (z. B. Live-Berichterstattungen wie Reportagen, Präsentationsformen unter Verwendung verschiedener O-Töne [z. B. Nachricht, Feature], heute auch Einbezug und aktive Beteiligung des Hörers in laufenden Programmen u. a.). Originalton-Berichte aus der Frühzeit des Hörfunks gab es z. B. von der ersten Atlantik-Überquerung eines Zeppelins (1925) und der ersten Atlantik-Überquerung in Ost-West-Richtung, den Olympischen Spielen in den 30-er Jahren und dem Fußball-WM-Endspiel (Bern 1954), das damals medial nur per Radio miterlebbar war (vgl. die akustischen Beispiele dieser Ereignisse in Auszügen bei Lohrengel 1993).

Im Zentrum des Hörfunks steht außerhalb des Musikbereichs daher immer das gesprochene, nicht das geschriebene Wort, ein Faktum, das auch bei schriftlich vorliegenden oder vorformulierten Texten gilt (vgl. Wachtel 2000). Hörfunk ist ausschließlich ein akustisches Medium. Und dies bedeutet mit Blick auf den Hörer, daß es generell keine Wiederholbarkeit im Sinne eines 'Zurückblätterns' gibt und daher mögliche Verstehensschwierigkeiten beim Hörer (akustischer wie inhaltlicher Art) antizipiert werden müssen. In der Praxis wirkt sich diese Spezifik z. B. konkret dahingehend aus, daß ein akustisch nur schlecht identifizierbarer O-Ton nicht verwendet werden dürfte, wenn es sich nicht gerade um Informationen über ein 'Jahrhundertereignis' handelt. In diesem Sinne lauten die Hinweise vieler Praktiker zur Qualität von O-Tönen und ihrem Einsatz, z.B. Bernd-Peter Arnold (1991, 175): „Muß der Reporter sie erst erläutern, dann haben Geräusche keinen Sinn mehr. Überdies lenken unklare Geräusche den Hörer von Informationen im Text oder im O-Ton ab. Natürlich gibt es Ausnahmen: Wenn man das große 'Reporterglück' hat, einen Vulkanausbruch, einen Flugzeugabsturz, eine Schiffsexplosion oder die Glocken bei der deutschen Vereinigung aufzunehmen, dann gelten andere Regeln".

Inhaltlich stehen von Anfang an Information, Bildung und Unterhaltung im Mittelpunkt des Mediums, zunächst überregional konzipiert und heute aufgrund geänderter medienpolitischer und technischer Strukturen stärker regional und lokal diversifiziert. Als frühes Beispiel einer überregionalen 'funkischen' Formentwicklung in Deutschland (1924), die bis heute in Gebrauch ist, sei die Presseschau genannt. Als Beispiel für regionale und/oder lokale Diversifizierung, wie sie z.B. auch im Nachrichtenbereich üblich geworden ist, ist z.B. auf Veranstaltungshinweise, Marktberichte, Lokalwerbung zu verweisen. Gegenüber den Medien Zeitung und Fernsehen hat hier der Hörfunk immer noch den Vorteil, das schnellste und technisch mobilste Medium zu sein – ein Mikrofon kann selbst bei einem Fallschirmabsprung benutzt werden und eine technisch akzeptable Übertragung liefern.

Hörfunkspezifisch, wenngleich auch in starkem Wandel begriffen, ist ferner der von B. Brecht in seiner 1932 verfaßten Rede 'Der Rundfunk als Kommunikationsapparat' (Brecht 1967, 129f.) kritisierte Sachverhalt, daß Hörfunk in erster Linie einen Distributionsapparat bilde und die Einfluß- und Mitproduktionsmöglichkeiten des Hörers daher gering seien. Nicht Aktivierung des Hörers, sondern verständliche und effektive Vermittlung von akustisch realisierten Texten, ohne Eingreifmöglichkeit des weithin unbekannten Hörers (Hörerforschung ist ein Mittel der neueren Rundfunkgeschichte), bestimmte daher lange das Selbstverständnis von Hörfunkjournalisten und Programmredakteuren. Und inwieweit der Einbezug des Hörers in das journalistische Gespräch und die heutigen Beteiligungsmöglichkeiten des Hörers am Programm nicht nur eine Illusion und Partizipationsfiktion darstellen, ist noch nicht ausdiskutiert (vgl. Neumann-Braun 1997, 193ff.).

Die permanente Verfügbarkeit von Radiogeräten, individuelle Programmwahlmöglichkeit und leichtere Gerätebedienung sowie die Konkurrenz des Fernsehens führten indes seit den 50er Jahren zu einer veränderten Mediennutzung und machten aus dem führenden akustischen Medium Hörfunk überwiegend ein Begleit- oder Nebenbei-Medium, das heute während der unterschiedlichsten Aktivitäten der Hörer und nicht mehr auf das Familienwohnzimmer beschränkt genutzt wird (vgl. u.a. Flottau 1972, 81ff.; Arnold/Verres 1989, 7ff.; Arnold 1991, 27ff.).

Durch die Einführung von zusätzlichen Programmen und Kanälen wird heute versucht, adressatenspezifischer auf einzelne Zielgruppen wie Frühaufsteher, junge Hörerinnen und Hörer, Autofahrer usw. einzugehen und durch spezifische Text- und Vermittlungsformen im Verein mit einer spezifischen Musikauswahl sogenannte Radioformate zu gestalten und damit besser beim Hörer 'anzukommen'. Hörererwartungen und Hörerakzeptanz bleiben jedoch noch unzureichend erforscht, wenn auch durch Analysen von Hörerbriefen, Erfassung von Einschaltquoten oder Hörermitbeteiligung zahlreiche Daten zur Radionutzung geliefert wurden (u.a. in ARD-Jahrbuch und Media Perspektiven, vgl. z.B. für die Zielgruppe Jugendliche auch Nowottnick 1989).

So bleibt aufgrund der Lage in der Kommunikationsforschung derzeit noch ungeklärt, ob die Mehrzahl der Hörer Programme nur toleriert oder wirklich akzeptiert. Sicher ist für die Radiomacher nur, „daß jedes Programm ein klares Profil haben muß. Mischprogramme, deren Konzept darin besteht, daß sie keines haben, können in der heutigen Radiolandschaft nicht mehr bestehen" (Arnold 1991, 36). Hörfunk richtet sich damit nicht mehr wie früher gleichzeitig an alle, sondern an (auch werbeträchtigere) fester umrissene Zielgruppen, die aber dennoch insgesamt ein disperses massenmediales Publikum im Sinne Maletzkes (1963, 32) darstellen, zumal heute durch Satellitenübertragung und Einspeisung in Kabelnetze eine nahezu unbegrenzte technische Reichweite auch von Hörfunksendungen möglich ist.

1.2. Zum Verhältnis von Technikentwicklung und Medientextgestaltung

Zu Beginn der Rundfunkgeschichte wurde das neue technische Medium inhaltlich als Unterhaltungsrundfunk konzipiert, bei dem der Musikanteil den Wortanteil wesentlich überwog. Neben der Unterhaltung stellte er sich aber dann auch die Aufgabe, zu bilden und zu informieren. Allerdings erlaubten die technischen Mittel zunächst nur Kurzwellenübertragungen mit begrenzter Reichweite, Dauer und Qualität, so daß Außenaufnahmen und Fernübertragungen fehlten. Daher beschränkte man sich auf die Weitergabe von Pressemeldungen, auf Rundfunkvorträge oder Lesungen. Aktuelle Informationen, wie wir sie heute erwarten, setzten mit frühen Sportübertragungen ein, wie die folgende auszugsweise Sendechronik des Deutschen Rundfunks 1923ff. zeigt:

1923 erste dichterische Wortsendung mit Heines 'Seegespenst' und Übertragung der Weihnachtsansprache des Reichskanzler Dr. Marx;
1925 Übertragung der Reden der Präsidentschaftskandidaten v. Hindenburg und Marx; Erste Übertragung eines Sportereignisses [Ruderregatta in Münster], erste Gymnastikstunde;
1926 erste Schulfunkstunde;
1927 erster Kinderfunk;
1929 Übertragung vom Zeppelin-Weltflug u. a.

Noch wenig ausgeprägt waren der spätere dialogische Charakter des Hörfunks, der Einsatz von O-Tönen oder ein intensives, fortlaufendes Informationsprogramm, das heute viele radiojournalistische Formen prägt. Diese bildeten sich aber allmählich heraus – etwa die Hörfunkreportage – und führten insgesamt dazu, daß Hörfunk im Hinblick auf Texttypen und Präsentationsformen nicht mehr nur verlesene Zeitung, Literatur oder Wissenschaft war, sondern ein eigenständiges akustisches Medium wurde.

Die Verbesserung der Übertragungsqualität auf Mittel- und Langwelle ermöglichte dann den Ausbau bestehender radiophoner Formen, bevor in den 50er- und 60er-Jahren die Nutzung des neuen Frequenzbereichs Ultrakurzwelle (UKW) mit Stereoton neue Gestaltungsmöglichkeiten (z. B. im Bereich Hörspiel) eröffneten und ein differenzierteres Programmangebot mit vielfältigeren Formen (z. B. bei Magazin- und Quizsendungen) und weiterem journalistischem Aktionsradius (z. B. Sport-Konferenzschaltungen, Auslands-Wochen mit Live-Reportagen) erlaubte.

Neue technische Möglichkeiten wie der Verkehrsrundfunk und der Satellitenrundfunk führten dann seit den 70er-Jahren zu neuen Programminitiativen und zu einer Ausdifferenzierung des Programmangebotes (z. B. Einführung von Servicewellen für Autofahrer, VKF, und fünfter Hörfunkprogramme bei öffentlich-rechtlichen Anstalten sowie Stationen privater Anbieter), die neue Texttypen in den Hörfunk brachten (z. B. Staubericht, Ratgebersendungen, Verbraucherhinweise), teilweise aber auch durch den Trend zu Aktualisierung, Typisierung, Personalisierung und Spezialisierung zu einer immer wieder kritisierten 'Entwortung' und Oberflächlichkeit des Mediums führten. Dagegen wurden ausgangs der 80er-Jahre von den ARD-Anstalten gezielte Informations-, Bildungs- und Kulturprogramme mit einem hohen Wortanteil gesetzt (z. B. WDR 5).

Die 90er-Jahre sind zudem gekennzeichnet durch veränderte Kommunikationsräume, d. h. daß neben die landesweiten verstärkt regionale und lokale, aber auch großräumigere (z. B. europäische) Programme treten, die ihre publizistische Bewährungsprobe teilweise noch bestehen müssen und sich vielfach an tradierte Formen des Hörfunks (z. B. Nachrichten) oder inhaltlich-formal an Formen der Boulevardpresse anlehnen (z. B. Schlagzeilengestaltung, Berichtsformen) (vgl. zu dieser Entwicklung u. a. die Beiträge im ARD-Jahrbuch '89, 45 ff. sowie Jenke 1991, 127 ff.).

Die nahe Zukunft des Hörfunks prägt bereits heute die Einführung des digitalen Satellitenhörfunks (Müller-Römer 1989, 410 ff.) und die Umstellung auf digitale Signalverarbeitung im Studio, die auch für Texttypen und Präsentationsformen weitreichende Bedeutung haben dürfte. Diese Digitalisierung des Radios hat gegenüber der bisherigen Technik den Vorteil einer „umfassenden Integration von Daten für die unterschiedlichsten Anwendungen zwischen Computer, Telekommunikation und Unterhaltungselektronik. Schallaufnahmen werden nun genauso berechenbar wie Buchstabenkombinationen oder Abrechnungsdaten für die Nutzung von Abrufdiensten. Auch eine weitere wichtige technische Bedingung ist inzwischen erfüllt: die Beherrschbarkeit der Datenmengen" (Bischoff 1995, 26).

Konkrete Neuerungen ergeben sich dabei u. a. durch Audioschnittstellen, die digitalen Schnitt dann passgenau – man hört und sieht am Bildschirm auch die Sprechpausen, Einzelwörter oder Sätze – am Bildschirm ermöglichen (mit der Möglichkeit jederzeitiger späterer Bearbeitung) und durch die Möglichkeit des Zugriffs einer CAR (Computer aided radio)-vernetzten Radiostation „auf Schallarchiv, Pressearchiv, Nachrichtenagenturen, eingelaufene Korrespondentenberichte und O-Töne der Reporter" (Bischoff 1995, 27). Durch diese technische Entwicklung gerät schließlich auch der Hörfunkbegriff in Frage, indem neue Angebotsformen möglich werden, etwa die Bereitstellung des Recherchematerials zu einer Sendung oder vollständiger Interviewtexte zu gesendeten Auszügen, zeitversetzte Nutzung von Sendungen über Computernetze u.a.m.

1.3. Veränderung von Programmstrukturen und Vermittlungsformen

Ebenso stark wie technische Innovationen haben Veränderungen der Programminitiativen und -konzepte auf die sprachliche, inhaltliche und radiophone Gestaltung der Einzelsendungen und Gesamtprogramme eingewirkt. War es technisch bedingt in der Anfangszeit des Hörfunks nur ein Programm, das sich an alle Hörer wendete und in einem breit gefächerten Programm jedem von allem – Unterhaltung, Information, Bildung – etwas bieten wollte, so zeichnen sich die sowohl politisch wie technisch bedingten Programmreformen nach 1945 [Öffentlich-rechtlicher Programmauftrag; Einführung zweiter Programme in den 50er-Jahren und später dritter, vierter und weiterer Programme] insbesondere durch die Tendenzen zur Diversifizierung im Hinblick auf eine Spezialisierung, Typisierung und Aktualisierung aus. Damit verbunden war eine stärkere Einbeziehung des Hörers, dem nicht mehr nur verkündet wurde, was in der Welt geschah und wie die Ereignisse zu bewerten und einzuordnen waren, sondern mit dem man nun einen partnerschaftlichen Umgang suchte im Sinne der demokratischen Neuordnung der Rundfunklandschaft.

In einer Situation ohne Konkurrenz und als einziges Rundfunkmedium mit Draht zur Außenwelt transportierten die Radiosender nach 1945 zunächst jedoch immer noch ein Mischprogramm, d.h. aus der Vorkriegszeit „vertrauten Gemischtwaren-Funk, das traditionelle Potpourri aus Unterhaltung, Klassik, Schulfunk, Literatur und Nachrichten" (Kehm 1989, 61), das bis heute in der Ressortaufteilung der großen Sendeanstalten nachwirkt:

RESSORTAUFTEILUNG ÖFFENTLICH-RECHTLICHER ANSTALTEN
BSP. HAUPTABTEILUNGEN HR
(Hessischer Rundfunk)

- Politik und Zeitgeschehen
  (unterteilt in Nachrichtendienste/Hessenrundschau, Politik, Zeitfunk, Sportfunk, Wirtschaftsfunk, Sozialfunk, Landfunk und Büro Bonn)
- Bildung und Erziehung
- Kulturelles Wort
- Musik
- Unterhaltung

Mit der Einführung der zweiten Programme sowie von Nachtprogrammen ergaben sich dann neue Angebote, insbesondere im Unterhaltungs- und literarisch-kulturellen Bereich (z. B. Radio-Essay, Hörspiele). Während dieser Zeit waren alle Programme Einschaltprogramme und blieben es auch bis in die 60er Jahre.

Mitte der 60er Jahre begann dann mit der Einführung 3. und 4. Hörfunkprogramme die Einrichtung sogenannter Servicewellen, die neue Vermittlungsformen mit sich brachten. Zu ihren wichtigsten zählen die Einführung von Magazinen und Radio-Reports, die in personalisierter Form (Moderatoren) eine tagesaktuelle und hörerbezogene Mischung aus Unterhaltung und Information bieten (mit z. B. stündlichen und halbstündlich aktualisierten Nachrichten und Berichten, Reportagen, Interviews, Kommentaren, Glossen und Servicemeldungen wie Reisetips oder Hinweise auf kulturelle Veranstaltungen). Differenziert nach unterschiedlichen Themen wie z. B. Wissenschaft, Ökologie oder Kultur nehmen diese Magazine die zentralen Programmplätze während des Tages ein und zählen zu den meistgenutzten Hörfunkangeboten. Ein breiter Programmfächer ist häufig für die Abendstunden und neu profilierte Kultur- und Wortprogramme zu registrieren, wo spezielle Hörerinteressen angesprochen werden und zu einzelnen Themen umfangreichere und anspruchsvollere, Aufmerksamkeit fordernde Sendungen wie Feature- und Hörspielproduktionen, Lesungen oder Diskussionsforen, d. h. journalistische und kulturelle Wortprogramme angeboten werden.

Neben Neuerungen und Akzentverschiebungen beim Einsatz von Texttypen und Vermittlungsformen durch die Verstärkung der Hörerorientierung tritt seit den 60er Jahren eine teilweise fest installierte Hörerbeteiligung (z. B. in der Pilotsendung mit Bürgerbeteiligung von Carmen Thomas 'Hallo Ü-Wagen', WDR, oder in der NDR-Anrufsendung 'Redezeit'), die neue Texttypen wie Statements oder Telefonanrufe/-interviews in den Funk gebracht und insgesamt die Tendenz zu einer aufgelockerten Präsentation, neuen Textsorten-Arrangements und sprachlich zur Mündlichkeit und der Integration funktionaler, sozialer und auch dialektaler Sprachvarianten in das Gesamtprogramm bestärkt hat. Im Rahmen verstärkter Höreraktivierung und verstärkter Öffentlichkeitsarbeit der ARD-Sender als Resultat der Konkurrenz mit privaten Anbietern nehmen diese Sendungen 'vor Ort', z. B. auf öffentlichen Plätzen und Veranstaltungen oder in Einkaufszentren, beständig zu und liefern immer neue Formen von Begegnungsgesprächen, Diskussionsmitschnitten und Interviews. Umgekehrt erhalten neuerdings auch Hörer verstärkt Gelegenheit in Studios zu gelangen (Stichwort 'Offenes Radio') und z. B. wie beim WDR 1 „Sendungen in 'Alltagssprache über Alltagsthemen' in eigener Regie zu gestalten" (ARD-Jahrbuch '91, 218), sofern sie dies nicht schon in Form des Community-Radios praktizieren können.

Diese Hörerorientierung und Aktivierung des Hörers äußert sich auch in der Einrichtung didaktisierter Bildungsangebote wie Schul- und Kinderfunk, Funkkollegs, Radio-Akademien und Sprachkursangeboten, die zum Teil mit umfangreichen Begleitprogrammen auf anderen Sendeplätzen und in Verbund mit anderen Institutionen konzipiert und durchgeführt werden.

Ein Beispiel bietet die von S2 Kultur 1995 eingerichtete 'Radio-Akademie'. Die Frage nach der Moral, mit umfassendem Begleitprogramm im Schulfunk und auf anderen Sendeplätzen, einer Funkfassung von 'Sofies Welt' (Jostein Gaarder), Hörspielfassungen des Romans über die Philosophie sowie einem Begleitbuch mit dem Titel 'Die Frage nach der Moral. Leben, Politik, Werte, Wirtschaft, Technik, Alltag', von T. Borsche u. a., Weinheim 1995.

Im Rahmen dieser Angebote neu belebt wurden u. a. Erzähltraditionen (Kindergeschichten, regionale Erzählungen) und speziell geschaffen texttypische Einzelsendungen wie z. B. die besonders für den Einsatz im Deutschunterricht gedachten Sendungen der Deutschen Welle „Deutsche im Alltag – Alltagsdeutsch" (mit der Kombination von Reporter und Sprachlehrer) oder das Erklärstück 'Stichwort der Woche', zu denen dem interessierten Hörer auch Manuskripte, Transkripte und teilweise Kassetten zur Verfügung gestellt werden.

Die Redaktion Sprachkurse/Bildungsprogramme der Deutschen Welle beschreibt Anlaß und Aufbau dieser Sendungen folgendermaßen (verv. Mskrpt., Köln, o. J., S. 3):

„Viele Hörer hatten uns außerdem gebeten, zusätzlich zu unserem Radiosprachkurs noch ein weiteres Programm zu machen, das ihnen das Verständnis der Umgangssprache erleichtert. Sie dachten dabei vornehmlich an das VoA-Programm 'News in Special English', das mit einem Minimalwortschatz versucht, englische Nachrichten ausländischen Hörern verständlich zu machen. Wir haben den Anfang aber nicht mit 'Nachrichtendeutsch', sondern mit der Umgangssprache gemacht. Seit Ende 1991 produzieren wir alle zwei Wochen eine 15-Minutensendung unter dem Titel Deutsche im Alltag – Alltagsdeutsch. Sie ist so aufgebaut, daß Menschen einem Reporter entweder aus ihrem Leben erzählen oder daß der Reporter sich auf Marktplätzen oder sonstwo unters Volk mischt und die Leute zu bestimmten Themen befragt. Was wir hierbei zu hören bekommen, ist ein Deutsch, das oft auch landschaftlich gefärbt ist und so dem Hörer die Chance bietet, sich mit der deutschen Sprache in allen Schattierungen vertraut zu machen. Neben dem Reporter fungiert in der Sendung außerdem ein 'Lehrer', der sich immer dann zu Wort meldet, wenn bestimmte Spracheigentümlichkeiten oder Redewendungen erläutert werden sollen. Wir bieten sie jetzt per Transkription an, auf Kassette und mit Manuskript. Über 400 Deutschlehrer in der ganzen Welt sind bereits darauf abonniert.

Weitere Programme in 'einfachem Deutsch' sind

[...]

Stichwort der Woche, ein kurzes Erklärstück über ein Wort, das in der vergangenen oder laufenden Woche Schlagzeilen machte und in den Nachrichten und Kommentaren wiederholt auftaucht. (Ist zwar nicht auf Kassette erhältlich, Manuskripte können jedoch bestellt werden)".

Insgesamt zeigt sich damit im Hinblick auf Texttypen und Präsentationsformen eine

Tendenz zur Mündlichkeit (O-Töne), zur Vermischung der Sendeformen, Textsorten und Sprachvarietäten und zum Bemühen um Verständlichkeit und Attraktivität sowie eine Ausweitung von Beteiligungsangeboten. Statt 'verlesener Schreibe' gelten Texttypen und Vermittlungsformen als adäquat, die Authentizität vermitteln, Hörerorientierung zeigen, sach- und medienspezifisch 'gebaut' sind und dem jeweiligen Programm entsprechen (vgl. u. a. Marnach 1999). Für Begleitprogramme mit kürzeren Sendeeinheiten in großflächigen Magazinen und Journalen sind das eher die kleinen Darstellungsformen (wie Nachricht, Glosse, Hörergespräch, Telefoninterview, Mini-Feature usw.), die den Allround-Journalisten verlangen. Für die als Einschaltprogramme konzipierten Sendungen stehen im Vordergrund monothematische und intensiver vorbereitete 'gebaute' Beiträge wie Feature, Reportagen und Dokumentationen, Hörspiele, Rezensionen, Diskussionen usw., die meist von Ressortjournalisten verantwortet werden.

Damit der Hörer aber auch finden kann, was er gerade sucht oder bevorzugt, wurden in den letzten Jahren ergänzend zu den Einschalt- und Begleitprogrammen sogenannte Spartenprogramme eingerichtet, die sich auf bestimmte Musik- oder Wortangebote spezialisieren (z. B. Bayern 4 Klassik, Bayern 5 Nachrichten). Dennoch wird es für den Hörer immer schwieriger, sich im vervielfachten und diversifizierten Programmangebot zurechtzufinden (1995 wurden nach Hellack 1996, 23 in Deutschland von deutschen Gesellschaften 213 öffentlich-rechtliche und privatwirtschaftlich finanzierte Hörfunkprogramme ausgestrahlt), zumal die meisten Tageszeitungen und Programmzeitschriften kaum mehr Hinweise und Erläuterungen zum Hörfunkprogramm bieten. Dadurch hat sich inzwischen der Verweis auf Sendungen und Sendeplätze zu einer vielfältigen Textform (auch) der Eigenwerbung entwickelt (Jingles, Spots, Promos, Trailer, Hörfunk-Comics u. a.), die sich teilweise an die Vermittlungsformen der Rundfunkwerbung anlehnt.

2. Grundtypen radiojournalistischer Texte und Darstellungs- bzw. Sendeformen

Zwar sind jedem Hörfunkjournalisten aus praktischer Arbeit Charakteristika und Unterschiede radiojournalistischer Texte und Darstellungsformen wie Nachricht, Bericht oder Reportage bekannt, eindeutige und übereinstimmende Definitionen liegen aber für die Praxis nicht vor und eine wissenschaftlich begründete Textklassifikation oder Texttypologie für diesen Bereich gibt es (noch) nicht. Wenn auch in den letzten Jahren zahlreiche informative publikationswissenschaftliche und linguistische Untersuchungen zu einzelnen Texttypen und Darstellungsformen wie z. B. Nachrichten oder Magazin vorgelegt wurden (s. Literaturverzeichnis), so gilt insgesamt auch heute immer noch die Feststellung von E. K. Roloff (1982, 6):

„Brauchbare Kriterien für die begriffliche Bestimmung einzelner Artikel und Sendungen gibt es als unbestrittenen Maßstab weder bei Forschungsprojekten mit Inhaltsanalysen, wo die Abgrenzung der Textkategorien immer wieder Probleme aufwirft, noch an Journalistenschulen oder in der redaktionellen Praxis".

Dies hängt sicher einmal damit zusammen, daß Texttypen und Sendeformen, also z. B. Nachrichten und Nachrichtenpräsentation, in der journalistischen Ausbildung und Praxis meist als Einheit gesehen werden und Textklassifikationen oder -typologien Abgrenzungen nur insoweit leisten können, als sie pragmatisch orientierte Zielsetzungen haben, also z. B. ausbildungs-, programm- oder hörerbezogen angelegt sind. Aber auch dann „werden die Grenzen zwischen manchen Gattungen stets undeutlich bleiben, weil sich publizistische Kategorien nicht wie mathematische Formeln festlegen lassen; sie können sich überschneiden und unterschiedlich ausgelegt werden" (Roloff 1982, 6).

Auf diesen Sachverhalt weisen insbesondere die Handbücher für Ausbildung und Praxis immer wieder hin, für die texttypologische Festlegungen eher praxisferne Theorie bleiben. Ein repräsentatives Beispiel dazu liefert Pürer (1991, 80) unter der Kapitelüberschrift „Bericht und 'gebauter Beitrag' im Radio": „Die Darstellungsform 'Bericht' ist mit 'großer Bruder der Nachricht' treffend beschrieben" – so die Definition im Handbuch über 'Radio-Journalismus' von LaRoche/Buchholz. Grundsätzlich ist das richtig, in der Praxis zeigt sich jedoch, daß man mit dieser Definition nicht immer auskommt. In der Reihe Nachrichten – Bericht – Kommentar steht der Bericht logisch in der Mitte. Die Nachricht liefert Grundinformationen über

Fakten und Ereignisse. Der Bericht erweitert diese Information – etwa durch besondere Hintergründe oder Bezüge zu anderen Fakten. Und der Kommentar schließlich liefert die kritische Analyse der Fakten. So klar sind die Grenzen aber nur in der Theorie".

Die Handbücher beschränken sich daher auf die – inzwischen auch ressortbezogene (z. B. Kultur-, Reise-, Wirtschafts-, Wissenschaftsjournalismus) – Darstellung grundlegender radiojournalistischer Formen, d.h. sowohl von Texttypen wie Sendeformen, die vor allem an der täglichen Praxis orientiert und tätigkeitsbezogen in verschiedener Abfolge, aber immer mit der Nachricht in der Spitzengruppe, beschrieben werden (siehe Tabelle unten).

Während hier in gemischter Form 15 bis 23 grundlegende Texttypen und Sendeformen aufgeführt sind, müßte ein an den tatsächlich verwendeten Texttypen und Sendeformen orientiertes Klassifikationsschema mit einer Vielzahl an Untertypen rechnen, die teilweise auch als Textdeklarationen in den Ausbildungshandbüchern auftauchen

(z. B. Kurznachrichten). So ließe sich tentativ z. B. allein der Bereich 'Nachricht' typologisch wie in folgender Skizze untergliedern, indem textinterne und textexterne Kriterien herangezogen werden (siehe Tabelle 196.2).

Das Problem der Kriterienfindung für die Text- und Präsentationsklassifikation besteht indes vor allem darin, tragfähige und trennscharfe Kriterien für einen Gesamtbereich zu finden, der zunehmend durch eine Vermischung von Texttypen und Präsentationsformen geprägt wird. So ist es fast immer das Ziel einer Hörfunkmoderation, zu informieren und zu unterhalten, d.h. Texte und Informationen so zu präsentieren, daß der Hörer nicht abschaltet und sein Interesse wach bleibt. Insofern geben z. B. Moderation und Moderator nach der Charakteristik Harald Burgers (1984, 151) zumeist das Bild eines „textlinguistischen Chamäleons" ab, das durch ein Konglomerat heterogener Texttypen, Präsentationsformen und journalistischer Funktionen letztlich nicht mehr typologisch beschreibbar ist.

Tab. 196.1: Vergleich radiojournalistischer Formen in der Praxisliteratur

Arnold 1991	Pürer 1991	La Roche/Buchholz 1993
Nachrichten	Nachricht	Moderation
Nachrichtenmeldung	Bericht	Nachrichten/Nachrichten-
Nachricht mit O-Ton	Interview	Präsentation
Bericht	Reportage	Radio-Report
Reporter-Statement	Feature	Kompaktsendung
Korrespondenten-Bericht	Analyse	Bericht mit O-Ton
Bericht in Form eines Magazingesprächs	Meinung	Information ohne O-Ton
Der gebaute Beitrag	(Glosse/Kommentar)	Interview
Reportage	Weitere Darstellungsformen	Statement
Kommentar	(Korrespondentenbericht,	Umfrage
Meinungskommentar	Dokumentation,	Reportage
Der analytische Kommentar	Diskussion,	Sportreportage
Interview	Porträt, Feuilleton,	Kulturberichte
Diskussion	Essay)	Kommentar
Feature	Journalistische Arbeit	Glosse
Presseschau	in Nachrichtenmagazinen	Diskussion
Programme mit Hörerbeteiligung		Feature
Jingles und Trailer		Mini-Feature
Moderation		O-Ton-Collage
		Magazin und Magazin-
		Moderation
		Musik-Moderation
		Jingle
		Trailer und Comic

Tab. 196.2: Nachrichtengliederung (mögliche Feindifferenzierung)

inhaltlich	Reichweite	Herkunft/ Quelle	Textstil/ -umfang	Sendeform (Präsentation)	...
Politik	lokal	Eigenrecherche	mit/ohne Lead	verlesen	
Sport	regional überregional	Agentur	mit/ohne Ortsmarke	(Sprecher/ Redakteur ...)	
Wirtschaft	(Inland)	Mitteilung von außen	standard-/ umgangssprachlich		
Kultur	international	...		frei formuliert	
				live/zeitversetzt	
	(Ausland)			Text mit O-Ton	
				nur O-Ton Nachrichtenblock	
				Kurznachrichten Nachrichten in Schlagzeilen	

Hier helfen auch gerade die 'einfachen' sprach-, situations-, sozial- und publizistikbezogenen Einteilungen wie die Trias referierend, interpretierend, kommentierend oder Kriterienpaare wie

- vorbereitet vs. spontan
- monologisch vs. dialogisch
- instruktiv vs. deklarativ
- tatsachenbetont, vs. meinungsbetont usw.

nicht weiter, da sich durch zahlreiche Überschneidungen, Überlagerungen und Akzentverschiebungen generelle Merkmaldominanzen zwar postulieren lassen, nicht aber in der von Mischformen geprägten radiojournalistischen Wirklichkeit vorfinden. So kann z. B. der O-Ton sowohl als eigenständige Sendeform (z. B. Korrespondentenbericht) wie als Bauelement von Sendungen (Bericht mit O-Ton, O-Ton-Collage u.a.) vielfältige, ja diametral entgegengesetzte Wirkungen erzielen, je nachdem wie er ausgewählt, bearbeitet und im Sendekontext eingesetzt wird.

Ähnliches gilt auch für die mit Hilfe technischer Kriterien zu bestimmenden Sendungsarten, die u.a. mit unterschiedlichen Arbeitstechniken, Qualitätsmerkmalen und Wirkungen beim Rezipienten verbunden sind:
live, Mitschnitt, Konserve; zeitversetzt, montiert, bearbeitet, Studio-/Außenaufnahmen.

Insofern ist es bei der derzeitigen Forschungslage angezeigt, sich mit den Praktikern vorerst auf Grundformen radiojournalistischer Arbeit zu beschränken und diese im Zusammenwirken von intuitiv und pragmatisch erfaßbaren Texttypen und Präsentationsformen exemplarisch so zu beschreiben, daß ihre generelle Merkmalhaftigkeit und Komplexität verdeutlicht werden. Dies wird möglich durch einen von nominalistischen Definitionen abweichenden funktional-pragmatischen bzw. funktional-kommunikativen und zugleich mehrdimensionalen Ansatz, wie ihn z. B. linguistikorientiert Gläser (1993, 20f.) und publizistikorientiert Haller (1993, 90ff.) vorschlagen.

So beruht Hallers Vorschlag auf einer funktionalen Einschätzung der journalistischen 'Genres' unter Beachtung des Grades objektivierter und subjektiver Darstellungsweise und der sach-, adressaten- und mediumbezogenen Angemessenheit im journalistischen Umgang mit Ereignissen und Sachverhalten, die sich graphisch als Anordnung von Darstellungsformen auf einer Skala zunehmender Subjektivität der Geschehensdarstellung verdeutlichen läßt (siehe Tabelle 196.3).

Ausgangspunkt ist auch hier die im weitesten Sinne verstandene 'Nachricht' (Meldung, Tatsachenbericht u.a.) als faktizierende Darstellung, von der sich die übrigen Darstellungsformen durch den jeweiligen Grad der Faktendimensionierung und der kommunikativen (d.h. technisch-dramaturgisch, intentional) Art der Faktenpräsentation unterscheiden. Verknüpft man einen solchen Ansatz mit einer Berücksichtigung der vorherrschenden Kommunikationsformen im Hörfunk mit den Hauptmerkmalen

Tab. 196.3: Schaubild: journalistische Darstellungsformen (Haller 1993,93)

	Zeitungsbericht	Feature	Nachrichten-Magazingeschichte	Hintergrund & Report	Reportage
Zunehmend subjektiv in der Darstellung des Geschehens ▶					
Journalistische Fragen:					
Was mache ich mit dem Thema?	faktizierende Darstellung eines Ereign. und/oder Sachverhalts	sinnliche Darstellung eines Ereign. und/oder Sachverhalts durch Einbezug der Handelnden	Erzählung von/über Handlungen mit Ursachen und Folgen für die Beteiligten	Beschreibung & Erklärung komplexer Sachverhalte mit den beteil. Menschen	Schilderung erlebter/ erfahrener Geschehnisse als Beobachter und/oder Teilnehmer
Was ist der Hauptzweck (Funktion)?	Unstrittige Informationen über Neuigkeiten geben	Informationen konkret und anschaulich machen	eine Entwicklung aufzeigen & einschätzen	Zusammenhänge aufklären und beurteilen	Distanz/Barrieren überwinden & die Leser teilhaben lassen
Wie lauten die Anforderungen?	Überprüfbarkeit der berichteten Sachverhalte	Situationen und Zusammenhänge exemplarisch zeigen	Dramaturgie als Erzählablauf; Beurteilung mit Quintessenz	analytische Darlegung und vorläufig abschließende Beurteilung	authentische & einmalige Erlebnisse/ Beobachtungen

Die häufigsten Mischformen: „Anfietschern" oder Feature als Einstieg in einen Bericht (Effekt: „szenischer Einstieg" für mehr Lesernähe)
Feature und Magazingeschichte durchsetzt (Effekt: Versinnlichung, human touch, Unmittelbarkeit)
Report als Magazingeschichte (Effekt: Dramatisierung der Gesamtschau, Entwicklungsbogen)
Magazingeschichte und Reportage durchsetzt (Effekt: Augenschein und Erlebnisschilderungen dienen als authentische Belege)

wie akustisch, gesprochen (auch: verlesen), öffentlich, Einweg, aktuell, so ergibt sich eine Basis für eine sachadäquate, Publizistik bzw. Kommunikationsforschung und Linguistik integrierende Darstellung. Das bedeutet etwa für die folgende Darstellung, daß die sowohl auf konkrete Spezifika wie allgemeine Merkmale ausgerichteten Texttypen- und Formbeschreibungen auch die medialen und institutionellen Bedingungen zu berücksichtigen haben, d.h. z.B. die staatlich verordneten Programmaufträge der Medien, die Konkurrenzsituation zwischen öffentlich-rechtlichen und privaten Anbietern, die Organisation der Rundfunkanstalten, die Komplementärfunktionen zwischen Hörfunk und Zeitung oder die Grundsätze publizistischer Arbeit (Pressekodex).

3. Bestand und Wandel bei Texttypen und Präsentationsformen

Als der Hörfunk entstand und noch Jahrzehnte danach standen aus der Zeitung und dem kulturellen Bereich übernommene Textsorten im Vordergrund der Programme. Im Informationsbereich waren dies vor allem die Nachricht, der ihr nahestehende und teilweise auch deckungsgleiche Bericht und die Reportage, Kommentare und Interviews, die bis heute, medienspezifisch weiterentwickelt, in allen Sparten grundlegende und häufig verwendete Texttypen darstellen. Unter ihnen zählen die Nachrichten (auch Meldungen, Berichte) bzw. die Nachrichtensendungen zu den wichtigsten Strukturelementen des Hörfunkprogramms.

3.1. Informations- und Dokumentationsbereich (Nachrichten, Berichtsformen, O-Ton, Reportage und Feature)

Der Stellenwert der Hörfunknachrichten ergibt sich aus der bis zur potentiellen Zeitgleichheit reichenden Aktualität und ihrer optimalen Zugänglichkeit, die Hörfunknachrichten zu den meistgehörten Sendebeiträgen gemacht haben. Diese werden heute von speziellen Nachrichtenredaktionen erarbeitet und im allgemeinen zu festen, nahezu unumstößlichen Sendeterminen, meist stündlich oder halbstündlich gesendet.

Als Textsorte gehören diese Nachrichten mit ihren wesentlichen sprachlich-textuellen Eigenschaften zu den konstantesten und ausführlich erforschten Textsorten (z. B. Straßner 1975; Nail 1981; Burger 1990; Arnold 1991, 125 ff.), vor allem in Form der 'klassischen', vorgelesenen Hörfunknachrichten. Ihrer komplexen syntaktischen und lexikalischen Struktur nach handelt es sich dabei aber bis heute um wenig medienspezifische Texte, da sie (von Agenturen und Redakteuren) vorformuliert und schriftlich fixiert, auch durch den Vortrag eines geübten Sprechers ihren Schreibduktus nicht verlieren und daher – so eine seit den 60er Jahren immer wieder vorgebrachte Kritik – nur schwer verständlich seien (u. a. Straßner 1995, 199 ff; Kindel 1998). Zur Kritik an der informationskomprimierenden, wenig redundanten Nachrichtengestaltung gesellte sich auch inhaltliche Kritik, die insbesondere auf eine Änderung ideologisch verfestigter Auswahlkriterien und auf eine Relativierung des Objektivitätsanspruchs zielte. Trotz intensiver Diskussionen zwischen Funkmitarbeitern und Wissenschaftlern hat sich der Stil in Blocknachrichten aber kaum verändert und zeigt sich bis heute, auch mit Blick auf Privatsender (die allenfalls eine ungezwungenere, weniger professionell durchgestylte Diktion zeigen), als relativ einheitlich.

Und anstelle einer Auflockerung der Komprimierung wurden die Nachrichten teilweise als im Halbstundentakt verbreitete Nachrichten in Schlagzeilen (z. B. eine Minute Gesamtdauer) nach durchgehenden oder wechselnden Konstruktionsprinzipien (vgl. La Roche/Buchholz 1993, 90 f.) noch weiter verdichtet, so daß der Hörer zwar auf diese Weise immer mehr (im Sinne vieler unzusammenhängender 'Informationshäppchen'), zugleich aber auch immer weniger erfährt (im Sinne orientierender Information). Dieses programmstrukturell inzwischen weithin gängige Verfahren der Zerstückelung wirklicher Lebenswelt durch immer kürzere Informations- und andere Sendesegmente trägt zwar, wie der schnelle Schnitt im Fernsehen, zur unterhaltsamen Abwechslung und zur vordergründigen Weckung und Aufrechterhaltung der Aufmerksamkeit des Hörers bei in Richtung auf spartenvermischendes Infotainment, weiterreichende und tiefergründende Bedürfnisse der Hörer nach Information und Orientierung werden aber so kaum mehr befriedigt werden können.

Die Nutzung neuer technischer (z. B. Telefonübertragung via Satellit) und informatorisch-organisatorischer Möglichkeiten (z. B. Aufbau eines umfassenden Korrespondentennetzes) im Hinblick auf informative und zugleich attraktive Textformen wie den – ursprünglich angloamerikanischen – Radio-Report, wo der Nachrichtenredakteur selbst unter Verwendung von Texttypen wie „Meldung, Reportage, Interview, Statement, Umfrage, O-Ton-Bericht – bei entsprechender Kennzeichnung sogar Kritik und Kommentar" (La Roche/Buchholz 1993, 97) die Sendung präsentiert, oder die verschiedenen Spielarten von O-Ton-Nachrichten, bilden dagegen den Beweis, daß Attraktivität der Formen und seriöse Inhalte, wie es Arnold (1987, 48) fordert, durchaus miteinander vereinbar sind, ohne daß gleich jede Nachricht auf einem 'Musikbett' daherkommen müßte. Einwände gegenüber diesen Formen, daß sie subjektiver und wertender als die herkömmlichen gelesenen Nachrichten seien und von den Inhalten eher ablenken würden, verkennen die sonst eher verschleierte Tatsache genereller Subjektivität bei der Nachrichtenauswahl und die zusätzlichen Vorteile der Report-Form durch Erschließung primärer Nachrichtenquellen, erhöhte Höreranreize, und ggf. gesteigerte Aktualität.

Einige der beschriebenen Aspekte der modernen Nachrichtenpräsentation faßt die Formenübersicht auf der folgenden Seite zusammen.

Im Sammelbegriff der Hörfunkberichterstattung ist der neben der Nachricht meistverwendete informative Texttyp Bericht bereits vorhanden. Kürzere oder längere, schriftlich verfaßte und verlesene oder frei formulierte Berichte aus den Ressorts Politik, Wirtschaft, Wissenschaft, Kultur oder Sport sind als selbständige oder in andere Sendeformen montierte Informationseinheiten wichtige Bestandteile des täglichen Programmangebots. Gegenüber der Nachricht, mit der ein Bericht den dramaturgischen Aufbau gemeinsam hat (das 'Wichtigste' zuerst), läßt er sich weitgehend sprachlich (durch seine individuelle Ausdrucksweise) und formal durch seine relative Selbständigkeit und Produzentenbezogenheit (eigenständige Sendeform, gewöhnlich vom Verfasser selbst präsentiert) abgrenzen. Während Nachrichten streng faktizierende Formen der Informationsvermittlung umfassen, können Berichte auch subjektive – z. B. argumentierende, kommentierende oder glossierende – Ele-

> *Aspekte der Nachrichtenpräsentation*
> (Seriöser Inhalt – Attraktive Formen)
>
> '*Klassische Nachrichten*' (Blocknachrichten)
>   Aufbau: Informationskern, Quelle, Einzelheiten, Hintergründe, Zusammenhänge (Leadsatzprinzip)
>   Plazierung der Einzelnachricht: nach (vermuteter) Wichtigkeit, Ausland/Inland; Ressorts
>   fester Zeittakt (stündlich, halbstündlich etc.)
>   Berufssprecher, angemessenes Sprechtempo (Verständlichkeit)
>   Neueste Informationen und Wiederholungen gemischt
> *Kurznachrichten* (selbständige kurze Sendung mit kurzen Nachrichten oder längere Nachrichtensendung ergänzend)
> *Nachrichten in Schlagzeilen* (eigene Sendeform oder als Einleitung und Zusammenfassung einer größeren Nachrichten-/Informationssendung)
> *O-Ton-Nachrichten* (Einspielung von Korrespondentenberichten, Interviews u.a.); Nachrichtenredakteur
> *Radio-Report* (Erschließung primärer Nachrichtenquellen, Redakteur präsentiert, Höranreize durch Vor-Ort-Berichte und Originalaussagen)
> *News-Show* (Nachricht als Unterhaltungsware, live präsentiert, auch zwei Redakteure im Studio, Studiogäste, O-Töne)
> *Allg. Formatierungsmöglichkeiten:* durch Programmankündigung (mit/ohne Stationsansage), „trocken" oder mit Thema-Jingle, Hintergrundgeräuschen, „Musikbett" u.a.; Begrüßung; Zeitansage, Namentliche Vorstellung der Redakteure/Sprecher; durch Orts-, Themenmarken; Sprecherwechsel u.a.

mente enthalten bis hin zur Mischung von Bericht und Kommentar, die in deutschen Funkhäusern als kommentierender Bericht (Pürer 1991, 81) bekannt ist.

Diese stärker persönlichkeitsbezogene Darstellung wird in der Praxis produktions- und funktionsbezogen in zwei grundlegende Berichtsformen differenziert:

Bericht ohne O-Ton, auch Reporter-Statement, Bericht in Form eines Magazingesprächs (nach Arnold 1991, 167 in den 60er Jahren entstandene Berichterstattung in Form eines Interviews zwischen Moderator und Reporter/Korrespondent mit dem Ziel einer funkspezifischeren, dialogisierten Informationsvermittlung); Ergebniszusammenfassung durch Interviewpartner, z.B. bei Veranstaltungen ohne direkte Übertragungsmöglichkeit, Bericht mit O-Ton (montierte, vorgefertigte Mischung aus Text und O-Ton, auch in einer Variante Bericht mit O-Ton live, vereinzelt auch gebauter Beitrag genannt).

Hinzu kommt der Korrespondentenbericht, der als Mischform gilt und eigentlich keine eigene journalistische Berichtsform darstellt, denn „Korrespondenten kommentieren, erläutern und analysieren mehr als daß sie berichten" (Arnold 1991, 167) sowie die bereits genannte Mischform kommentierender Bericht (vgl. dazu La Roche/Buchholz 1993, 119).

Der nicht nur für Berichte zu konstatierende zunehmende Einsatz von O-Ton, d.h. Original-Ton (i.e. alle authentischen und original aufgenommenen Töne, vor allem aber Wort-Aufnahmen), entspricht dem Bemühen um radiophone Präsentationsformen, d.h. medienspezifische und zugleich dramaturgische Gestaltung bei Darstellungs- und Sendeformen (z.B. Hervorhebung von Aussagen, Höranreize durch Verlebendigung, und Abwechslung) in den verschiedenen Programmsparten. Der Einsatz von O-Ton (Textanteil, Plazierung, Abfolge, Bearbeitung, Präsentation durch An- und Abtexten u.a.) wird daher in den einschlägigen Handbüchern der 90er Jahre ausführlich beschrieben (z.B. La Roche/Buchholz 1993, 105ff.), nachdem in den letzten Jahren häufige Kritik bei der formalen Themenumsetzung, z.B. im Wirtschaftsbereich, laut wurde wie 'routinemäßige und einfallslos produzierte Einzelbeiträge im Magazinbereich' (Schawinsky 1990, 139) oder Berichte nach „der 08/15-Methode: Text – O-Ton – Text" (ebd. 141). Durch die neuen Möglichkeiten des digitalen Schnitts wird heute die Montagetechnik wesentlich erleichtert und dürfte bei der Arbeit mit O-Tönen zu Qualitätssteigerungen in den monierten Bereichen führen, wenn hier – auch durch eine solide Ausbildung – handwerkliches journalistisches Können und Kreativität zusammenkommen.

Als erweiterte Formen der Hörfunkberichterstattung lassen sich auch Reportage und Feature auffassen, die allerdings durch zusätzliche Elemente und typologische Merkmale gekennzeichnet sind. Zu diesen zählt ihre stärkere Unterhaltungsfunktion, obwohl sich heute durch die Konkurrenz der Medien insgesamt eine Berichterstattung herausgebildet hat, die auf eher unterhaltende Informationsübermittlung hin angelegt ist, ohne jedoch dadurch die journalistischen Grundsätze der Trennung von Fakten und Meinungen und der Unterscheidung von Objektivität und Parteilichkeit in der Berichterstattung prinzipiell aufzugeben (Details zur Entwicklung und Gestaltung von Reportagen im Radio siehe u. a. bei Braun 1968; Pürer 1991, 151 ff.; Arnold 1991, 177 ff.; La Roche/Buchholz 1993, 140 ff.; Haller 1990, 61 ff.).

Für die Reportage gilt im Vergleich zu Nachricht und Bericht generell: „Sie beschreibt – häufig in der Ich-Form – mit mehr Details als der Bericht, mit erzählenden Stilmitteln und wechselnder Beobachtungsperspektive Personen und Situationen. Die Reportage ist farbiger, ausführlicher und persönlicher als die Nachricht – ohne deshalb eine Meinungsdarstellungsform zu sein" (Weischenberg 1990, 29). Im Hörfunk zählt die Reportage, insbesondere die Originalreportage, zu den klassischen Formen der Berichterstattung. Dabei wird die Beobachtung von Ereignissen und Situationen durch den Reporter vor Ort simultan in sprachliche Bilder umgesetzt, so daß der Hörer das Geschehen live miterleben kann. Durch die Konkurrenz des Fernsehens wurde diese Reportageform zeitweise in den Hintergrund gedrängt, insbesondere in der Sportberichterstattung, hat aber durch neue Techniken (z. B. Konferenzschaltungen, drahtlose Mikrofone) wieder an Verbreitung und Wertschätzung bei Hörern und in Funkhäusern gewonnen. Allgemein gilt die Hörfunkreportage nicht nur als klassische radiophone, sondern auch durch die unmittelbare, direkte Wiedergabe von Wahrnehmungen als besonders schwierige und kunstvolle Darstellungsform, die intensiver Vorbereitung und Übung bedarf. Dazu gehören gründliche Recherchen, Wahrnehmungs- und Sprachtraining sowie dramaturgische Fähigkeiten im Hinblick auf den Reportageablauf (z. B. Informationen zu historischen Aspekten, Detailbeobachtungen, treffende Ausdrücke, Stimmtonmodulation; Zielsetzung, Standort, Einstieg, Perspektivierung, zeitliche Orientierung durch Zeitraffung, -dehnung u. a.).

Durch Aufnahme am Ort des Geschehens und zeitgleiche Ausstrahlung erhält diese sogenannte echte Hörfunkreportage jene Funktion der Unmittelbarkeit und des Dabeiseins, die durch zeitversetzte Ausstrahlung – wie bei jedem O-Ton – als Fiktion beim Hörer immer noch vorhanden ist (z. B. bei aufgezeichneten Interviewseinspielungen usw.). Von dieser Wirkung profitieren auch jene 'unechten' Reportageformen, die keine live-Solo-Schilderungen mehr sind, sondern wie die geschriebene und dann verlesene Reportage wegen besonderer Bedingungen (z. B. Aufnahmeverbot am Ort des Geschehens) im Nachhinein produziert werden (vgl. La Roche/Buchholz 1993, 149 f.).

Von der Hörfunkreportage unterschieden (vgl. Haller 1990, 76 ff.), auch wenn sie zentrale Darstellungsformen wie Statement, Bericht, Interview und O-Töne benutzt, ist die neuere Form des Features (in deutschen Funkhäusern seit etwa 1945 üblich, aber als Hörbild seit den 20er Jahren bekannt). Feature, aus dem amerikanischen und angelsächsischen Journalismus stammend, fungiert dort als Oberbegriff für unterhaltungsbetonte Informationsdarstellungsformen zur vertiefenden Analyse und Dokumentation von Zuständen und Ereignissen (vgl. Weischenberg 1990, 30). In der deutschen publizistischen Literatur wird Feature teilweise mit dem mehr vom Literarischen her kommenden, bereits in den 20er Jahren von SWF-Intendanten F. Bischoff in Breslau entwickeltem Hörbild gleichgesetzt (Leiling 1959, 135; Brühl 1970, 18; Wessels 1991, 31; Arnold 1991, 228) und zwischen einer eher literarischen (Text-)Form und hörfunkbezogener Kompositions- und Darstellungsform unterschieden (z. B. in den bei Roloff 1982, 36 ff. abgedruckten Definitionsversuchen oder bei La Roche/Buchholz 1993, 174).

Heute kann Feature überwiegend als „Sammelbegriff für akustische Ausdrucksformen zur Übermittlung und Vertiefung von Information; ein Vehikel zur Vermittlung von radiophon aufgelösten und gestalteten Sachstoffen" (Pürer 1991, 181) verstanden werden: „Ein Feature-Schreiber ist [...] mehr als nur Reporter; er schildert zwar, ergänzt aber die Beschreibung durch sein Wissen" (La Roche 1978, zit. nach Roloff 1982, 37). Weitere wesentliche Unterschiede zur Reportage und anderen Darstellungsformen dieses schwer beschreibbaren und daher äußerst widersprüchlich definierten Texttyps, eine Art „sphinxische Multiform" (Haller 1990, 68), sind zum einen die Montageform bei der akustischen Konzeption eines Themas mit einem spezifischen, dramaturgisch kalkulierten Textsortenarrangement (als eine In-Beziehung-Setzung der gesammelten unterschiedlichen Ton- und

Textmaterialien) und die Art des Umgangs mit O-Tönen: „Das Feature präsentiert [...] nicht nur O-Ton, es verarbeitet ihn, läßt ihn aufgehen in einer Geschichte" (La Roche/ Buchholz 1993, 174).

Diese Verarbeitung (Auswählen, Mischen, Einblenden, Zuspielen usw.) erfordert im allgemeinen die Zusammenarbeit von Autor, Redakteur und Produzent sowie eine meist lange Produktionszeit (mit Arbeitsaufwand bis zu einem Jahr, so Pürer 1991, 180 in bezug auf das SFB-Feature „Hühner" von P. L. Braun) mit oft hohen Kosten. Einig ist man sich in den Redaktionen indes über die funkische Angemessenheit dieser Sendeform, deren konzeptionelle Bauelemente und Techniken daher gerne von allen Ressorts zur Gestaltung der unterschiedlichsten Sendebeiträge eingesetzt werden (anfietschern, verfietschern).

In Form des Mini-Features ist diese „traditionelle, oft ans Künstlerische grenzende radiophone Form für die aktuelle Berichterstattung entdeckt und nutzbar gemacht worden" (Arnold 1991, 232) als attraktive Mischung von Originalton, Atmosphäre/ Geräusche, Musik und Informationstext (s. La Roche/Buchholz 1993, 177ff.). Diese Übertragung von ursprünglichen Mitteln des Hörspiels auf journalistische Themen begann z. B. beim SWF im Jahr 1965 mit der Einrichtung fester wöchentlicher Feature-Termine, bei denen es konzeptionell um die ausführliche Darstellung von Hintergrund-Informationen zu nicht tagesaktuellen journalistischen Themen in formal offener, hörfunkspezifischer Sendeform ging (Wessels 1991, 31–33). Feature-Termine heute finden sich – als Weiterführung der Symbiose von Literatur und Hörfunk seit den 50er-Jahren, aber längst losgelöst von den damals innovativen Hörspielabteilungen – in allen Ressorts und vor allem in den speziell eingerichteten neueren Wort-Programmen (z. B. NDR 4) als „Angebot an eine Hörerschaft, die das gesprochene Wort nicht als quälend, sondern als anregend empfindet; für die 'Wort' nicht kurz oder lang, sondern gut oder weniger gut ist; [...]" (Jenke 1991, 130).

Im Gegenzug sind die 'Kulturwellen' journalistischer geworden und pflegen in großflächigen Musik- und vertiefenden Wortprogrammen auf der Basis eines weit gespannten Kulturbegriffs heute (z. B. Radio Bremen 2) „Kulturfeature und Essay, Politisches Feature, Wissenschaftsfeature, Hörbilder aus Religion/Theologie/Kirche [...]" (Paffenholz 1988, 54). Damit hat sich der Hörfunk eine Möglichkeit eröffnet, um außer durch Aktualisierung und Typisierung auch qualitativ an Profilierung zu gewinnen, entsprechend der wohlmeinenden Forderung vieler Kritiker mit Blick auf den sich immer mehr verstärkenden 'Trend zur Boulevardisierung': „Der Hörfunk darf nicht aufhören, (auch, gelegentlich!) Anforderungen an die Hörerinnen und Hörer zu stellen. Manchmal (nicht zu selten) muß er verlangen, gehört und nicht nur im Hintergrund der Aufmerksamkeit wahrgenommen zu werden" (Huhn 1990, 177).

3.2. Meinungsäußerungen und Kritik (Interview, Diskussion, Kommentar, Glosse, Rezension)

Zu den in diesem Überblick noch anzusprechenden zentralen Texttypen, die – teilweise schon genannt – als Bauelemente verschiedener Hörfunksendungen wie als eigenständige Formen begegnen, gehören die vom Zeitungsjournalismus übernommenen Textsorten Interview, Kommentar, Glosse und Rezension/Kritik sowie als besonders radiophoner Text- und Sendungstyp die Gesprächsform der Diskussionssendung (als kontroverse Gesprächsrunde mit oder ohne spezielle thematische Einführung). Hinzu kommt noch der von Anfang an dazugehörige Rundfunkvortrag (Würzburger 1950, 152ff.).

Hier nicht weiter dargestellt werden spezielle literarische Sendeformen wie Hörspiel, szenische Dokumentation oder Lesung und die vielfältige Präsentation literarischer Texte wie Gedichte, Erzählungen, Essays usw. (s. dazu Paffenholz 1988), Formen des Kirchen- und Schulfunks sowie reine Unterhaltungssendungen mit und ohne Hörerbeteiligung (z. B. Quizsendungen, Wunschkonzerte etc.), wenngleich ihr Einfluß auf die Entwicklung anderer Sendeformen teilweise beachtlich war (z. B. Hörspiel und O-Ton-Collagen).

Interviews lassen sich allgemein mit Haller (1991, 100f.) als Kommunikationsereignisse in der Form von Rollenspielen bzw. Gesprächsbeziehungen mit festen Spielregeln beschreiben, die eine dreifache Funktion aufweisen:

1. Thematische Information (Sachinformation), 2. Abbildung des gedanklichen Verlaufs (Transparenz der Aussagenentwicklung), und 3. situativ-kontextuelle Orientierung (Gesprächskontext, Persönlichkeit der Sprecher).

Im Hörfunk, wo Interviews heute meist per Telefon stattfinden, spielt im Zuge der 'Entsachlichung und Verpersönlichung' des Hörfunkjournalismus seit den 50er Jahren die dritte Funktion eine besondere Rolle, da der akustische Kanal gegenüber dem Medium Zeitung mehr an Information und gegenüber dem Fernsehen eine stärker auf Sprache konzentrierte Darstellung der Gesprächssituation bieten kann: „Es kann die Gesprächspartner mit ihrem Spontanverhalten ohne viel Aufwand und dabei sehr geräuschvoll vorführen – und so ein Stück Alltäglichkeit widerspiegeln" (Haller 1991, 35).

Je nach Interviewziel lassen sich dabei die drei intentionalen Typen Interview zur Sache, Meinungsinterview und Interview zur Person (vgl. La Roche/Buchholz 1993, 123) unterscheiden. Durch die Einbindung von Interviews in Sendungen mit Hörerbeteiligung wie z. B. 'Hallo Ü-Wagen' (WDR 1) hat sich das Radio-Interview funktional inzwischen weiterentwickelt „zu einer Kommunikationsform zwischen Betroffenen, Passanten und Fachleuten mit dem Ziel, nicht nur Probleme zu erörtern, sondern auch Zeitthemen im Lebenszusammenhang des Alltags zu beleuchten: eine Art radiophoner Marktplatz" (Haller 1991, 36). Die Mehrheit der Interviewformen im Radio sind indes nach Haller (1991, 361) nurmehr „kurze live-Interviews im Rahmen aktueller Berichterstattung oder improvisierter Telefontalks während Hörerreaktionen", d.h. in andere Radioproduktionen eingebundene Gespräche oder Teile davon, also kaum mehr 'reine' Interviews.

Eine solche Einbindung bildet beispielsweise die erst in der jüngsten Zeit üblich gewordene Verwendung von Interviews als Bestandteil der Themenvorstellung oder des Einstiegs in Diskussionssendungen und Mitmachsendungen (s. Arnold 1991, 227; Haller 1991, 37). Diese meist live ausgestrahlten Sendungen haben das Ziel, über ein bestimmtes Thema zu informieren und in Gesprächsform kontroverse Ansichten und Meinungen dazu deutlich werden zu lassen. Um dieses Ziel – auch akustisch – optimal zu erreichen, wurden feste Struktur- und Ablaufmuster herausgebildet, wie die zeitlich begrenzte Studiodiskussion mit und ohne Hörerbeteiligung (mit speziell eingeladenen Gästen und Steuerung durch einen neutralen Diskussions-/Gesprächsleiter, Vorstellung der Teilnehmer, Forumsdiskussion mit Schlußrunde etc.) oder öffentliche Diskussionsveranstaltung mit Hörerbeteiligung sowie „die sogenannte 'meet the press'-Methode, bei der mehrere Journalisten einen Gesprächspartner befragen, sozusagen ins Kreuzverhör nehmen" (La Roche/Buchholz 1993, 171).

Eine meist kombinierte Form der Befragung und der Diskussion sind gesprächsbezogene neuere Formen wie etwa die auch im Hörfunk heimisch gewordene Talk-Show oder das im WDR 5 kreierte 'Tischgespräch' mit folgender Sendekonzeption: „Ein Gastgeber und ein Gast setzen sich in einem Restaurant oder Bistro an einen Tisch, unterhalten sich und geben interessierten Menschen übers Radio die Möglichkeit, ihnen zuzuhören [...] Jeden Donnerstag sollen 'Leute ins Gespräch gezogen werden, deren Leben menschliche oder historische, politische oder kulturelle Entwicklungen beispielhaft verdeutlicht'" (WDR-Programmankündigung 5. 01. 1995).

Geschriebene oder frei formulierte Kommentare – als analytische oder Meinungskommentare – sowie Glossen als ausnahmslos geschriebene kritische und oft feuilletonistische Kurzkommentare (2–3 Minuten Länge) bilden gleichfalls selbständige Texttypen und spezielle Sendeformen (z. B. Geräuschglosse oder Glosse mit O-Tönen), die oft auch in andere Produktionen eingebaut werden. Ihnen typologisch zur Seite stehen Rezension (z. B. Sachbuchrezension) und Kritik (z. B. Theaterkritik), die beide heute gleichfalls verstärkt mit O-Tönen gestaltet und dadurch in ihrer Wirkung radiophoner und eindringlicher werden (Pürer 1991, 224ff.).

Zu den tradierten Formen des Hörfunks zählt auch der früher häufige und beliebte Vortrag (vgl. Würzburger 1950, 152ff.), der jedoch keine journalistische Darstellungsform bildet und daher heute fast nur noch in Einschaltprogrammen zu finden ist.

3.3. Formatierungs- und
      Verpackungselemente

Neben diesen einzelnen Texttypen und Sendeformen müssen zur Komplettierung dieses Überblicks noch die neueren Produktions- und Formatierungselemente des Hörfunks wie Jingle, Trailer oder Comic erwähnt werden, bevor abschließend die heute hörfunkprägenden Präsentationsformen Magazin und Kompaktsendung dargestellt werden.

Wenngleich der Hörfunk heute seine Programme großflächiger gestaltet, so bedarf er doch musikalischer und verbaler Signets als einzelprogrammverbindende oder -trennende musikalische und verbale oder gemischte akustische Elemente wie Jingles, Trailer oder Comics (detaillierte Beschreibung und Abgrenzung der einzelnen Formen z. B. bei La Roche/Buchholz 1993, 194 ff.; Arnold 1991, 241 ff.; Prüfig 1993, 25 ff.).

Die in den U.S.A zuerst produzierten Jingles bilden sowohl musikalische Brücken wie Trenner zwischen und innerhalb von Sendungen, z. B. um einzelne Themenblöcke gegeneinander abzugrenzen oder anzukündigen sowie als Wort- und Musik-Mischungen z. B. Stations- und Titelansagen zu ersetzen oder Programme zu 'verpacken'. Differenziert werden sie nach Beschaffenheit ('Farbe') oder Funktion in z. B. Thema-, Trenn-, Brückenjingles, A-capella-Jingles, Stinger, Bumper, Promos u. a.

Trailer sind dagegen primär kurze verbal orientierte Programmbeiträge (aber gewöhnlich längere als der Jingle), die für eigene Programme oder Aktionen des Senders werben und wie der Jingle vorproduzierte (und im Paket käufliche) Aufmerksamkeitssignale darstellen, die zugleich der Image-Identifikation von Sendungen und Sendern dienen. Zu diesen Formatierungs- und Verpackungselementen zählt auch der sogenannte Hörfunk-Comic, eine hörspielverwandte Miniatur-Form, die ihre Wirkung „durch Farbigkeit, Dramatik, Wortwitz, aber vor allem durch die Wiedererkennbarkeit ihrer Typen und durch ihre häufige Wiederholung" (La Roche/Buchholz 1993, 206) erzielt. Für den formatgerechten Einsatz all dieser Elemente eines Senders bzw. einer Station sorgt eine sogenannte Sende- oder Programmuhr, die den Ablauf einer Sendestunde schematisch darstellt und der gezielten, konkurrenzbezogenen Positionierung der eigenen Programmelemente dient (Prüfig 1993, 27 ff.).

3.4. Offene Mischformen im Bereich Information und Unterhaltung (Magazine und Journale)

Als eine der wichtigsten Neuentwicklungen unter den eigenständigen Text- und Sendeformen gilt das Hörfunkmagazin, das in einer Mischung aus (tages)aktueller Information und musikalischer Unterhaltung besteht (vgl. Nehls 1991, 39 ff.). Diese Sendeform wurde in den 50er Jahren im unterhaltungsorientierten amerikanischen kommerziellen Hörfunk entwickelt, um die Attraktivität der Sendungen und Einschaltquoten zu erhöhen. Anfang der 60er Jahre wurde die Sendeform 'Magazin' auch in Deutschland etabliert. 1965 sendete z. B. WDR 2 zum ersten Mal sein 'Mittagsmagazin' (vgl. Haase 1970, 60 f.), dem zwei Jahre später ein 'Morgenmagazin' folgte. In der Zwischenzeit übernahmen auch alle anderen deutschen Sendeanstalten und die Fachressorts die neue Sendeform Hörfunkmagazin, die heute – entsprechend dem allgemeinen Trend zum unterhaltenden Journalismus mit großflächigen Sendungen – die Tagesprogramme der meisten Sender dominiert (vgl. ARD-Jahrbuch '93, 135, 139, 143).

Kennzeichen dieser Sendeform mit bis zu mehreren Stunden Dauer ist die live-Zusammenbindung unterschiedlichster Informationen vor dem Hintergrund unterhaltender Musik zu einem linguistisch nur schwer beschreibbaren Textsortenarrangement (mit vorproduzierten Beiträgen, Live-Interviews, Berichten, Kommentaren usw.) durch einen oder zwei Moderatoren (Doppelmoderation). Ihre Aufgabe besteht darin, inhaltlich sachbezogen zu informieren und zu unterhalten (z. B. durch Mitteilung aktueller Informationen, Interviews, Anekdoten, Musikansagen u. v. m.), inhaltlich-phatisch durch Höreransprache und die Schaffung von Höranreizen (z. B. unkonventionelle Formulierungen, Wortspiele, Schaffung eines fiktiven gemeinsamen Wahrnehmungs- und Kommunikationsraums) für eine enge Hörer-Sender-Bindung und formal für die Integration und Personalisierung der unterschiedlichsten Programminhalte in dieser Sendeform zu sorgen.

Insofern lassen sich die entsprechenden Moderatorenäußerungen (insbesondere An- und Abmoderation) als eigenständige Textformen erfassen und beschreiben, die inhaltlich vielfach den kleinen Darstellungsformen in Presse und Alltag nahestehen (wie z. B. Anekdoten, Witze, Human-Interest-Stories, Kalendertexte, definitorische Äußerungen) und sprachlich durch die typischen phonetischen und syntaktischen Merkmale mündlicher Sprachvarianten (z. B. Sprechton, Versprecher, Wiederholungen, idiolektale Besonderheiten, Verwendung von Umgangssprache und Vermischung von Sprachvarietäten, kürzere und einfacher strukturierte Sätze u. v. m.) geprägt sind, ohne daß dabei die Standardsprache als Leitsprache aufgegeben würde.

Viele Moderatoren, über deren erwünschte und wechselnde Qualifikationsprofile u. a. Brühl (1971, 159), Arnold (1991, 244 ff.), La Roche/Buchholz (1993, 39 ff. u.

183 ff.) informieren, nutzten in der Anfangszeit ihre relative Freiheit oft zur gefälligen Selbstdarstellung und mußten sich den Vorwurf 'seichter Geschwätzigkeit' (Wicht 1989, 84) gefallen lassen. Doch in der Zwischenzeit haben sich verschiedene programmbezogene Moderationsstile herausgebildet und die Moderatoren sind in bezug auf Kompetenz (journalistischer Moderator, Unterhaltungsmoderator) und Moderationsstil (z. B. 'soft talker', 'Marktschreier') stärker (idealtypischen) formatadäquaten Moderationsvorgaben unterworfen ('Pflichtenhefte', die z. B. die stilistische Verbindlichkeit der Eingangsmoderation oder von Musikansagen festlegen), um Sender und Sendungen möglichst unverwechselbar zu gestalten und die Hörer an die Radiostationen zu binden (vgl. La Roche/Buchholz 1993, 43 f.; Prüfig 1993, 22 f.).

Wie man als Moderator programmabhängig sowie „gefällig, geschliffen und intelligent mit dem Hörer plaudern" (Arnold 1991, 57) kann und soll, wird in der Ausbildungsliteratur heute umfassend vermittelt. Dabei gilt die Arbeit des Moderators als höchst komplexe Tätigkeit, die nur bis zu einem bestimmten Grad erlernbar ist und bei der es, vor allem in reinen Unterhaltungsprogrammen, ohne ein bestimmtes Maß an natürlichem Talent nicht geht (vgl. Arnold 1991, 67). Denn mehr als in jedem anderen Hörfunkbereich gilt hier, daß das gesprochene Wort nicht zurücknehmbar und zugleich für den Hörer nicht wiederholbar ist.

Moderatorentexte haben in diesen Magazinen nach Schwitalla (1993, 16) generell „eine subsidiäre Funktion zur quantitativ vorherrschenden Musik", die insgesamt zur Organisation und Vermittlung kleinerer, leichter und damit auch nebenbei konsumierbarer Informationseinheiten führt. Ob durch diese Aufteilung einer Information in viele kleine unterhaltende bruchstückhafte Informationssegmente, die zudem oft noch über Tage und Wochen verstreut werden, auch der Verständlichkeit und dem großen Ziel journalistischer Arbeit im Sinne der „Vermittlung von Sinngehalten, Zusammenhängen und Wertungen" (Coulmas 1973, 23) und nicht nur einem unterstellten Unterhaltungsauftrag mit dem Ziel der Steigerung von Einschaltquoten gedient wird, ist eine umstrittene und ungelöste Frage in der aktuellen Hörfunkdiskussion und Kommunikationsforschung (vgl. Neumann-Braun 1993, 38 ff., 157 ff.).

Von der beschriebenen Form des Hörfunkmagazins als Verbindung von Wort- und Musikprogramm unterscheiden die Funkhäuser noch moderierte Sendungen ohne größere Musikanteile, also überwiegend wortbezogene Magazine. Sie werden uneinheitlich als Journal (z. B. DW Morgen-, Mittag-, Abendjournal) oder Kompaktsendung, Blocksendung, Chroniksendung, Umschausendung bezeichnet und finden sich vor allem in den Bereichen politischer Information, aber auch in anderen Fachressorts. Wie das Magazin auch sind diese Sendungen für alle Darstellungsformen offen und zielen auf formale und inhaltliche Abwechslung und Attraktivität. Der Moderationsstil ist gegenüber dem Magazin informativer, knapper und präziser, da der Moderator hier andere Aufgaben wahrnimmt: „Er ist in besonderem Maß Vermittler der Beiträge anderer, gleichzeitig aber auch Vermittler von Informationen, die in den Beiträgen nicht enthalten sind oder die zum Verständnis eines Beitrags notwendig sind" (La Roche/Buchholz 1993, 104). Da diese Sendungen, vom Zeitfunk abgesehen, meist nicht tagesaktuell sein müssen, können sie im Gegensatz zu Magazinsendungen auch vorproduziert sein. Beispiel einer tagesaktuellen moderierten Sendung dieser Art ist die seit über 50 Jahren (1. 10. 1946) vom NWDR/NDR produzierte „Chronik des Tages", deren Längsschnittuntersuchung im Hinblick auf den Wandel von Texttypen und Präsentationsformen besonders ergiebig sein dürfte.

4. Beschreibungsansätze und -ziele

Wie wiederholt festzustellen war, lassen sich Texttypen und Präsentationsformen definitorisch nur unvollkommen und kommunikationslinguistisch nicht einfach beschreiben (vgl. auch Fluck 1993, 102 ff.; Holly/Püschel 1993, 139 ff.). Sie sind eigentlich nur mit einem mehrdimensionalen Ansatz zu erfassen, der ebenso theorie- wie empiriebezogen ist und der Multifunktionalität und kommunikativ-technischen Entwicklung Rechnung trägt. Die Beschreibung der Strukturen, des Bestandes und des Wandels von Texttypen und Präsentationsformen, die in ständiger Veränderung begriffen sind, ist aber unverzichtbar, um weitere Aufklärung darüber zu erhalten, welche Rolle die Sprache und ihre Textformen im Hörfunk spielen, welche Wirkung den damit verbundenen Präsentationsformen zukommt und wie das Medium die allgemeine Sprachkommunikation und unsere Vorstellungen von Textualität beeinflußt.

5. Literatur

Armstrong, Cameron B./Alan M. Rubin, Talk radio as interpersonal communication. In: JC 39.2, 1989, 84–94.

Arnheim, R., Rundfunk als Hörkunst. München/Wien 1979.

Arnold, Bernd-Peter, ABC des Hörfunks. Konstanz 1991.

Arnold, Bernd-Peter/Siegfried Quandt (Hrsg.), Radio heute: die neuen Trends im Hörfunkjournalismus. Frankfurt a. M. 1991.

Arnold, Bernd-Peter/Hanns Verres, Radio. Macher, Mechanismen, Mission. München 1989.

Bakenhus, Norbert, Praxis-Handbuch Lokalradio. Konstanz 1994.

Bargstedt, Peter/Ralph Weiß, Die Morgennachrichten im Hörfunk. Themen – Akzente – Nachrichtenstile. Hamburg 1987.

Berghaus, Margot/Ursula Hocker, Lokalberichterstattung eines privaten Hörfunksenders. Ludwigshafen 1994.

Bierig, Jeffrey/John Dimmick, The late night radio talk show als interpersonal communication. In: JQ 56/1979, 92–96.

Bischoff, Jürgen, Computer Aided Radio. Die Digitalisierung ist voll im Gange. In: medium 25.1995, H. 1, 25–30.

Bodenstedt, Hans, Reportage. In: Aus meinem Archiv. Probleme des Rundfunks. Hrsg. v. Hans Bredow. Heidelberg 1950, 164–169.

Brandt, Wolfgang, Hörfunk und Fernsehen in ihrer Bedeutung für die jüngste Geschichte des Deutschen. In: Sprachgeschichte. Ein Handbuch zur Geschichte der deutschen Sprache und ihrer Erforschung. Hrsg. v. W. Besch u. a., Berlin, New York 1985, zweiter Halbband, 1669–1678.

Braun, Alfred, Achtung, Achtung, Hier ist Berlin! Aus der Geschichte des Deutschen Rundfunks in Berlin 1923 – 132. Berlin 1968.

Brühl, Fritz, Der Hörfunk im Zeitalter des Fernsehens. In: Der Hörfunk im Zeitalter des Fernsehens. Hrsg. v. Fritz Brühl/Werner Höfer. Köln/München 1970, 7–27.

–, Sprache im Hörfunk. In: Mu 89.1979, H. 3–4, 149–159.

Bucher, Hans-Jürgen/Christian Schröter, Privatrechtliche Hörfunkprogramme zwischen Kommerzialisierung und publizistischem Anspruch. In MP 8.1990, 517–539.

Buchholz, Axel, „Klassische Nachrichten" in der Defensive. Der O-Ton-Nachrichten-Trend aus der Sicht eines Praktikers. In: Perspektiven der Hörfunkforschung. Radioprogramme in Forschung und Prasis. Hrsg. v. Hans-Jürgen Bucher/Walter Klingler/Christian Schröter. Baden-Baden 1993, 159–162.

Burger, Harald, Die Sprache der Massenmedien. Berlin/New York 1984.

–, Das Gespräch in den Massenmedien. Berlin/New York 1991.

Busch, Jürgen C., Radio Multikulti: Möglichkeiten für lokalen Ethnofunk. Berlin – Deutschland – Großbritannien. Berlin 1994.

Coulmas, Peter, Radio ohne Zukunft? Wiederkehr und Wandel eines Mediums. Osnabrück 1973.

Dahl, Peter, Arbeitersender und Volksempfänger. Proletarische Radio-Bewegung und bürgerlicher Rundfunk bis 1945. Frankfurt a. M. 1978.

–, Sozialgeschichte des Rundfunks für Sender und Empfänger. Reinbek 1983.

Dankert, Harald, Sportsprache und Kommunikation. Tübingen 1969.

Döhl, Reinhard, Das neue Hörspiel. Darmstadt 1988.

Ecke, Jörg-Oliver, Motive der Hörfunkbenutzung. Nürnberg 1991.

Fluck, Hans-R., Hörfunknachrichten und ihre Vermittlung. In: Mu 99.1989, H. 3, 249–264.

–, Zur Entwicklung von Rundfunk und Rundfunksprache in der Bundesrepublik Deutschland nach 1945. In: Sprache in den Medien nach 1945. Hrsg. v. Bernd U. Biere/Helmut Henne. Tübingen 1993, 87–107.

Forschungsgruppe Telefonkommunikation (Hrsg.), Telefon und Gesellschaft. Beiträge zu einer Soziologie der Telefonkommunikation. Berlin 1989.

Först, Walter (Hrsg.), Rundfunk in der Region. Probleme und Möglichkeiten der Regionalität. Köln 1984.

Franz, Gerhard/Walter Klingler/Nike Jäger, Die Entwicklung der Radionutzung 1968 bis 1990. In: MP 1991, 400–409.

Fraund, Martin/Jürgen Goetzmann (Hrsg.), Wie sag ich's im Radio. Ein Handbuch für die kirchliche Hörfunkarbeit. Frankfurt a. M. ²1989.

Gläser, Rosemarie, A Multi-level Model for a Typology of LSP Genres. In: Fachsprache 15.1993, H. 1–2, 18–26.

Haase, Armind, Magazinsendung im Hörfunk, dargestellt am Beispiel des Mittagsmagazins des Westdeutschen Rundfunks. In: Publizistik 15.1970, H. 1, 58–67.

Haaß, Christof, Radionachrichten – öffentlichrechtlich versus privat. München 1994.

Hackforth, Josef/Christoph Fischer (Hrsg.), ABC des Sportjournalismus. Konstanz 1994.

Haedecke, Gert, Radio-Renaissance. Hörfunk der siebziger Jahre. In: ARD-Jahrbuch 1989, 103–104.

Haller, Michael, Die Reportage. Ein Handbuch für Journalisten. München 1987.

Haller, Michael u. a., Das Interview. Ein Handbuch für Journalisten. München 1991.

Hammerschmidt, Helmut, Der Rundfunkreporter. Garmisch-Partenkirchen 1957.

Hans-Bredow-Institut (Hrsg.), Internationales Handbuch für Hörfunk und Fernsehen 1994/95. Baden-Baden 1994.

Häusermann, Jürg, Radio. Tübingen 1998.

–/Käppeli, Heiner, Rhetorik für Radio und Fernsehen. Aarau/Frankfurt a. M. ²1994.

„Hart dran, gut drauf". Unterhaltung im Radio. Unterhaltsames Radio", Themenheft, Agenda, 1992, Nr. 2.

Hellack, Georg, Presse, Hörfunk und Fernsehen in der Bundesrepublik Deutschland. Basis-Info Medien 12/1996.

Heß, Dieter (Hrsg.), Kulturjournalismus. Ein Handbuch für Ausbildung und Praxis. München 1993.

Heyen, Franz-Josef/Friedrich P. Kahlenberg (Hrsg.), Südwestfunk. Vier Jahrzehnte Rundfunk im Südwesten. Düsseldorf 1968.

Hofer, Arthur, Unterhaltung im Hörfunk. Ein Beitrag zum Herstellungsprozeß publizistischer Aussagen. Nürnberg 1978.

Holly, Werner/Ulrich Püschel, Sprache und Fernsehen in der Bundesrepublik Deutschland. In: Sprache in den Medien nach 1945. Hrsg. v. Bernd Ulrich Biere/Helmut Henne. Tübingen 1993, 128–157.

Hülsebus-Wagner, Christa, Feature und Radio-Essay: Hörfunkformen von Autoren der Gruppe '47 und ihrem Umkreis. Aachen 1983.

Huhn, Dieter, Zeitungen – Radio – Fernsehen: Ratgeber für emanzipatorischen Umgang mit den Medien. Köln 1990.

Jenke, Manfred, Radio im Wandel. Die Hörfunkprogramme der ARD am Beginn der neunziger Jahre. In: ARD-Jahrbuch 1991, 126–137.

–, Hin zur Allgemeinheit. Was der öffentlich-rechtliche Hörfunk leisten muß und kann. In: Wirtschaft in den Medien: Defizite, Chancen und Grenzen; eine kritische Bestandsaufnahme. Hrsg. v. Gero Kalt. Frankfurt a. M. 1990, 125–132.

Kalt, Gero (Hrsg.), Wirtschaft in den Medien: Defizite, Chancen und Grenzen; eine kritische Bestandsaufnahme. Frankfurt a. M. 1990.

Kampmann, Susanne, Morgenandachten im Hörfunk. Geschichtliche, empirische und publizistische Aspekte zu einem umstrittenen Genre. Bochum 1993.

Kehm, Peter, Blütezeit. Hörfunk der fünfziger Jahre. In: ARD-Jahrbuch 1989, 61–62.

Keil, Erika, Hörerbeteiligung am Radio. Vom sprachlosen Ich zum eloquenten Du. Frankfurt a. M. 1991.

Kindel, Andreas, Erinnern von Radio-Nachrichten. München 1998.

Kliemann, Peter, Neue Konzepte – Neue Konkurrenten. Hörfunk der achtziger Jahre. In: ARD-Jahrbuch 1989, 119–120.

Kribus, Felix, Das deutsche Hörfunk-Feature. Geschichte, Inhalt und Sprache einer radiogenen Ausdrucksform, Stuttgart 1995.

Kutterof, Albrecht/Rainer Mathes, Charakteristika und Unterschiede privater Hörfunkprogramme in Baden-Württemberg. In: MP 1991, 590–603.

La Roche, Walther von/Axel Buchholz (Hrsg.), Radio-Journalismus. Ein Handbuch für Ausbildung und Praxis im Hörfunk. München/Leipzig ⁶1993.

Leiling, O. H., Funk. Ein neues Weltreich. München 1959.

Lohrengel, Karl, 70 Jahre und kein bißchen leise. Ein akustischer Streifzug durch die Geschichte des deutschen Radios. 2. Teile, Bergisch Gladbach 1993 [produziert von der media contact management GmbH, Bergisch Gladbach, im Studio Ansgar Ballhorn, Odenthal, Cass.-Nr 8993, mit Sendetranskript].

Maletzke, Gerhard, Psychologie der Massenkommunikation. Hamburg 1963.

Marnach, Barbara, Medizin im Hörfunk. Die „Sprechstunde" des DeutschlandRadios als medizinische Ratgeber- und Informationssendung. Hagen 1999.

Nail, Norbert, Nachrichten aus Köln, London, Moskau und Prag. Marburg 1981.

Narr, Andreas, Verständlichkeit im Magazin-Journalismus. Probleme einer rezipientengerechten Berichterstattung im Hörfunk, Frankfurt a. M./Bern 1988

Nehls, Thomas, Aktuelle Hörfunkmagazine. In: Radio heute: die neuen Trends im Hörfunkjournalismus. Hrsg. v. Bernd-Peter Arnold/Siegfried Quandt. Frankfurt a. M. 1991, 39–46.

Neumann-Braun, Klaus, Rundfunkunterhaltung: zur Inszenierung publikumsnaher Kommunikationsereignisse. Tübingen 1993.

–/Michael Charlton (Hrsg.), Spracherwerb und Mediengebrauch. Tübingen 1990.

–, Partizipationsfiktion „Hörergespräch". In: Radioperspektiven. Strukturen und Programme. Hrsg. v. Christof Barth/Christian Schröter. Baden-Baden 1997, 193–201.

Nowottnick, Marlies, Jugend, Sprache und Medien. Untersuchungen von Rundfunksendungen für Jugendliche. Berlin/New York 1989.

Odendahl, F. W., Die ersten Schritte des Rundfunks als aktueller Berichterstatter. In: Bredow, Hans, Aus meinem Archiv. Probleme des Rundfunks. Heidelberg 1950, 160–164.

Orians, Wolfgang, Hörerbeteiligung im Radio. Eine Fallstudie zu Motivation, Erwartung und Zufriedenheit von Anrufern. München 1991.

Paffenholz, Alfred, Überlegungen zur Literatur im Radio. In: ARD-Jahrbuch 1988, 47–66.

Prinz, Hellmut H., In 160 Minuten um die Welt: das Mittagsmagazin. Bonn-Bad Godesberg 1976.

Prüfer, Thomas, Sportberichterstattung im Hörfunk. In: Sportmedien und Mediensport. Wirkungen, Nutzung, Inhalte. Hrsg. v. Josef Hackforth. Berlin 1988, 341–359.

Prüfig, Katrin, Formatradio – ein Erfolgsrezept? Ursprung und Umsetzung am Beispiel Radio FHH. Berlin 1993.

Pürer, Heinz (Hrsg.), Praktischer Journalismus in Zeitung, Radio und Fernsehen. München 1991.

Rager, Günther/Petra Werner/Bernd Weber, Arbeitsplatz Lokalradio. Journalisten im lokalen Hörfunk in Nordrhein-Westfalen. Opladen 1992.

Ramseier, Markus, Mundart und Standardsprache im Radio der deutschen und rätoromanischen Schweiz. Aarau/Frankfurt a. M./Salzburg 1988.

Rogge, Jan-Uwe, Radio-Geschichten. Beobachtungen zur emotionalen und sozialen Bedeutung des Hörfunks im Alltag von Vielhörern. In: MP 1988, 139–151.

Roloff, Eckart K. (Hrsg.), Journalistische Textgattungen. München 1982.

Romann, Gernot, Allein gegen alle im Kampf um die Hörer. In: ARD-Jahrbuch 1992, 69–75.

Schawinsky, Karl, Routiniert, aber lieblos. Defizite im öffentlich-rechtlichen Hörfunk. In: Wirtschaft in den Medien: Defizite, Chancen und Grenzen; eine kritische Bestandsaufnahme. Hrsg. v. Gero Kalt. Frankfurt a. M. 1990, 139–144.

Schmidt, Hans-Harro, Nachrichten – News Shows. In: Radio heute: die neuen Trends im Hörfunkjournalismus. Hrsg. v. Bernd-Peter Arnold/Siegfried Quandt. Frankfurt a. M. 1991, 27–38.

Schneider, Irmela, Radio-Kultur in der Weimarer Republik. Tübingen 1984.

Schröter, Detlev/Hans Wagner, Hörfunkmoderation: Muster und Stile. In: RuF 1992, 107–131.

Schwitalla, Johannes, Textsortenwandel in den Medien nach 1945 in der Bundesrepublik Deutschland. Ein Überblick. In: Sprache in den Medien nach 1945. Hrsg. v. Bernd-Ulrich Biere/Helmut Henne. Tübingen 1993, 1–29.

Seeberger, Kurt, Der Rundfunk. Entwicklung und Eigenart. In: Deutsche Philologie im Aufriß. Hrsg. v. W. Stammler. Bd. III, Berlin ²1962, 1353–1382.

Seip, Axel/Axel Buchholz, Radio-Spiele und Radio-Aktionen. Hannover 1993.

Singelnstein, Christoph, Innenansichten des Übergangs. In: ARD-Jahrbuch 1992, 51 ff.

Stegert, Gernot, Filme rezensieren in Presse, Radio und Fernsehen. München 1993.

Straßner, Erich, Sprache in den Funkmedien. In: Mu 88.1978, H. 3, 174–184.

–, Von der Schreibe zur Spreche. Zur Verständlichkeit von Hörfunknachrichten. In: Radiotrends. Formate, Konzepte und Analyse. Hrsg. v. Hans-Jürgen Bucher u. a. Baden-Baden 1995, 199–210.

– (Hrsg.), Nachrichten. Entwicklungen – Analysen – Erfahrungen. München 1975.

Thomas, Carmen, Hallo Ü-Wagen. Rundfunk zum Mitmachen. Erlebnisse und Erfahrungen. München 1984.

Troesser, Michael, Die Illusion von der Mitproduktion – oder die Macht des Moderators im Wohnzimmer des Hörers. In: Semiotik und Massenmedien. Hrsg. v. G. Bentele. München 1981, 81–107.

–, Moderieren im Hörfunk: handlungstheoretische Untersuchungen zur Moderation von Hörfunksendungen des Westdeutschen Rundfunks mit Publikumsbeteiligung. Tübingen 1986.

Vogel, Andreas, Rundfunk für alle. Bürgerbeteiligung, Partizipation und zugangsoffene Sendeplätze in Hörfunk und Fernsehen. Berlin 1989.

Wachtel, Stefan, Schreiben fürs Hören. Trainingstexte, Regeln und Methoden. Konstanz ²2000.

–, Sprechen und Moderieren in Hörfunk und Fernsehen. Konstanz ⁴2000.

Weinbender, J., Rundfunkdeutsch. In: Jahrbuch der deutschen Sprache. Leipzig 1944, II, 214–238.

Weischenberg, Siegfried, Nachrichtenschreiben. Journalistische Praxis zum Studium und Selbststudium. Opladen ²1990.

–, Annäherung an die 'Außenseiter'. Theoretische Einsichten und vergleichende empirische Befunde zu Wandlungsprozessen im Sportjournalismus. In: Publizistik 39, 1994, H. 4, 428–452.

Weiß, Ralph/Werner Rudolph, Die lokale Welt im Radio. Information und Unterhaltung als Beiträge zur kommunalen Kommunikation. Opladen 1993.

Wessels, Wolfram, „Das Hörspiel bringt ..." Eine Geschichte des Hörspiels im Südwestfunk. Siegen 1991.

Wicht, Henning, Mundwerksburschen und Magazine. Hörfunk der sechziger Jahre. In: ARD-Jahrbuch 1989, 83–84.

Würzburger, Karl, Rundfunkvortrag – Dialog. In: Bredow, Hans, Aus meinem Archiv. Probleme des Rundfunks. Heidelberg 1950, 152–157.

Zehrt, Wolfgang, Hörfunk-Nachrichten. Konstanz 1994.

Hans-Rüdiger Fluck, Ulan Bator (Mongolei)/Bochum (Deutschland)

197. Kommunikative und psychologische Dispositionen beim Radiohören

1. Geschichtliche Bezüge
2. Der Stellenwert des Radiohörens
3. Die Rolle der Musik beim Radiohören
4. Die Moderation
5. Das Kulturradio
6. Literatur

1. Geschichtliche Bezüge

Die Funktion eines Massenmediums läßt sich nicht losgelöst von den jeweiligen gesellschaftlichen Verhältnissen und vom aktuellen Medienangebot im gegebenen Umfeld beschreiben. Der Stellenwert des Radios in Westeuropa ist anders als z. B. in Zentralafrika. Selbst in einem einzigen Land können sich durch geschichtliche, politische oder technische Entwicklungen erhebliche Veränderungen in der Bedeutung des Radios für das tägliche Leben der Bevölkerung einstellen. So waren die Gründe in Deutschland, das Radio einzuschalten, in den zwanziger Jahren, im Dritten Reich oder in unserer Zeit sehr unterschiedlich.

In den Jahren zwischen 1923 und 1927 befand sich das neugeborene Medium in Deutschland in der Phase des Experimentierens. Das Programmangebot, das sich zunächst an vorhandenen akustischen und Printmedien, wie Theater, Konzerthaus oder Tageszeitungen orientierte, löste große Spannung beim staunenden Publikum aus. Ein Zeitzeuge, der seinem Vater beim Basteln eines Radioempfanggerätes zuschaute, erinnert sich:

„In den Kopfhörern kratzte und rauschte es ... bevor die noch unbekannten Töne des Rundfunks zu hören waren. Die Gesichter der 'Lauscher' verklärten sich, wenn aus dem 'Äther' Musik erklang! Dann wisperte Alfred Braun: 'Achtung, Achtung, hier meldet sich die Berliner Funkstunde!' Gebannt wurde die Sendung dann aufgenommen. Und wehe dem, der da störte! Er wurde erbarmungslos aus dem Raum verwiesen. Schließlich wollte man sich dem Genuß des Radiohörens in Ruhe hingeben können" (Stachowiak 1993).

Genuß des Radiohörens in Ruhe und mit Hingabe? Im Deutschland des ausgehenden zwanzigsten Jahrhunderts gehört diese mediale Verhaltensweise zu den eher seltenen Fällen. In einer 1984 durchgeführten repräsentativen Umfrage bei Radiohörern in Nordrhein-Westfalen bekundeten gerade neun Prozent der Befragten, daß sie werktags vor 9.00 Uhr beim Radiohören „ganz aufs Zuhören" konzentrieren, von 9.00 bis 18.00 Uhr sind es im Durchschnitt sogar nur fünf Prozent gewesen. Der Anteil der ganz aufs Zuhören konzentrierten Hörerschaft an dem jeweiligen Radiopublikum stieg zwar nach 21.00 Uhr immerhin auf 23 Prozent, um diese Tageszeit beträgt aber das Publikum des Radios seit Jahrzehnten höchstens nur noch drei–vier Prozent der erwachsenen Bevölkerung (Eckhardt 1987, 407).

Wie ist es zu dieser grundlegenden Veränderung des Radiohörverhaltens gekommen? Das ursprünglich betont kulturell orientierte, auf seriöse Information und anspruchsvolle Unterhaltung ausgerichtete Profil des Radioangebots wich in der Zeit des Nationalsozialismus einem gleichgeschalteten Programm, das über die den breiten Bevölkerungsschichten zugänglichen 'Volksempfänger' vor allem die politischen Intentionen des Reichspropagandaministeriums erfüllte. Trotz des Vertrauensverlustes, der dem Massenmedium durch Mißbrauch seitens der Staatsmacht zugefügt worden war, gewann das Radio nach dem Zweiten Weltkrieg dennoch seine frühere Bedeutung sehr bald wieder zurück. Anfang der fünfziger Jahre war das Radio das bevorzugte und mit Aufmerksamkeit verfolgte Medium des breiten Publikums für Information, Kultur und Unterhaltung (vgl. Lersch 1995, 59f.).

Der grundlegende Wandel der Funktion der Nutzung des Radios durch sein Publikum kam mit dem Fernsehen. Bereits in der zweiten Hälfte der fünfziger Jahre zeichnete es sich ab, daß das neue visuelle Massenmedium das Radio zumindest am Abend an den zweiten Platz verdrängen wird. SDR-Hörfunkdirektor Peter Kehm äußerte dazu die Meinung im Jahre 1957: „Wenn es richtig ist, was die in England erkannten Tatbestände erweisen, daß nämlich das Fernsehen im Begriffe ist, beim breiten Publikum die bisher vom Hörfunk behauptete Stellung für sich zu erobern, so muß es auch richtig sein, den Hörfunk dort einzuschränken, wo er bisher dasselbe breite Publikum ansprach, und ihn demgegenüber dort auszubauen, wo er auch künftig noch neben dem

Fernsehen eine spezifische Aufgabe erfüllen kann" (nach Lersch 1995, 63).

Diese Einschätzung hat sich als richtig erwiesen. Bis in das letzte Jahrzehnt des 20. Jahrhunderts hinein blieb es bei einer schwerpunktmäßigen Rollenteilung zwischen Radio und Fernsehen in diesem Sinne. Damit war aber auch die neue Rolle des Radios als Tagesbegleiter des Hörers vorbestimmt und die Radionutzung mit voller Zuwendung zum Programm als Verhalten von eher kleineren Hörerschaften besiegelt.

2. Der Stellenwert des Radiohörens

Die Medienforschung hat verhältnismäßig spät die Frage danach gestellt, welche Bedeutung das Radiohören für den Hörer eigentlich einnimmt. Bei der Fülle von Forschungsergebnissen, die über quantitative Züge des Hörverhaltens, Meinungen oder Präferenzen des Radiopublikums erarbeitet worden waren, blieb die Frage nach Funktion und Bedeutung des Radiohörens in Abhängigkeit von psychischen, situativen und zeitlichen Bedingungen weitgehend vernachlässigt.

Erst eine im Auftrag des WDR 1980 in Köln durchgeführte kleinere qualitative Studie ergab Anhaltspunkte dafür, daß Radiohören aus der Sicht des Hörers häufig eine partnerschaftliche Beziehung darstellt, die überwiegend nur in situativem Kontext interpretiert werden kann. In einer breiter angelegten Untersuchung wurden deshalb anschließend folgende Fragen gestellt: Wie läßt sich der Stellenwert des Radiohörens über die jeweilige Hörsituation des einzelnen Radiohörers erfassen? In welchen Situationen, wie werden Radioprogramme erlebt und bewertet? Nach welchen Kriterien wird das Radio ein- bzw. ausgeschaltet?

Das Konzept dieser Studie sah eine 20 Tage lang dauernde Selbstbeobachtung der Testpersonen in ihren eigenen Wohnräumen vor. Durch Einsatz eines Zufallsgenerators, der zu zufällig bestimmten Zeitpunkten optische und akustische Signale von sich gab, wurden die Testpersonen zur Registrierung von Selbstbeobachtungsdaten aufgefordert. Als Versuchspersonen wurden nach vorgegebenen Quotenmerkmalen insgesamt 120 Teilnehmer verpflichtet. Jugendliche, Hausfrauen und Berufstätige, die als besondere Zielgruppen von Radioprogrammen gelten, bildeten das Profil des Panels. Der tägliche Beobachtungszeitraum richtete sich nach der Aufenthaltsdauer in der eigenen Wohnung und lag zwischen 5 Stunden bei Berufstätigen und 14 Stunden bei Hausfrauen.

Die Selbstbeobachtung bezog sich auf folgende Tatbestände der Hörsituation: Tätigkeiten, Anwesenheit anderer Personen, eingeschaltete Geräte, gehörte Radioprogramme, wahrgenommene Inhalte der Radioprogramme und deren Bewertung, Stimmungslagen, Wochentag und Uhrzeit. Nach Abschluß der Erhebung konnten über 30.000 Selbstbeobachtungen einer mehrstufigen Analyse unterzogen werden.

Zu Fragen der kommunikativen und psychologischen Dispositionen beim Radiohören erwiesen sich, wie erwartet, vor allem die Situationsmerkmale bei eingeschalteten Geräten als relevant. Im Vergleich der Medien Fernsehen, Schallplatte und Radio variierten die Merkmalkorrelationen erheblich. Fernsehen wurde demnach erkennbar als eigenständige Tätigkeit verstanden, die kaum andere Tätigkeiten zuläßt. Man ist weniger häufig allein, sondern mit Familienangehörigen zusammen. Die Stimmungslage entspricht etwa den Durchschnittswerten.

Die Benutzung von Tonträgern (Schallplatte, Tonbandgerät, Kassettenrecorder) streute über verschiedene Tätigkeitsbereiche und zeichnete sich insbesondere dadurch aus, daß man sich bei eingeschalteten Geräten auch unterhält. Überdurchschnittlich häufig wurden Situationen registriert, in denen diese Geräte beim Besuch von Freunden und Bekannten eingeschaltet waren. Dementsprechend lag auch der Wert positiver Stimmungslagen überdurchschnittlich hoch.

Im Gegensatz dazu waren Radiogeräte überwiegend bei verschiedenen Formen von Hausarbeit eingeschaltet. Bei durchschnittlicher Stimmungslage wurden dabei überdurchschnittlich oft Situationen mit eingeschaltetem Radio aufgezeigt, wenn die Testperson alleine war. In 72 Prozent der Situationen, in denen Radiogeräte eingeschaltet waren, wurde nebenbei zugehört, in den übrigen 28 Prozent der Fälle mehr oder weniger konzentriert.

Noch aufschlußreicher erwies sich die Analyse der Stimmungslagen nach dem Kriterium der Häufigkeit der Mediennutzung. Bei überdurchschnittlich häufigen Hörfunknutzern zeigte sich, daß bei eingeschaltetem Radio negative Stimmungslagen schneller und stärker abgebaut wurden als in Situationen, in denen kein Hörfunkgerät eingeschaltet war. Obwohl ein kausaler Zusammenhang durch die Anlage der Untersuchung nicht belegt werden konnte, ist dieses Ergebnis als deutliches Indiz dafür zu werten, daß Radiohören allgemein einen im positiven Sinne stabilisierenden Effekt auf die Stimmungslagen der Hörer ausüben kann.

Eine Analyse des Umschaltverhaltens ergab einige typische Abläufe der Veränderungen von kommunikativen Dispositionen:

1. Hörfunkgerät wird ausgeschaltet und kein anderes Gerät eingeschaltet: Man ist nicht mehr alleine, weniger mit Hausarbeit beschäftigt und unterhält sich mit anderen.

2. Wechsel von Hörfunk zu Fernsehen: Vergleichbar mit Situationswechsel 1, nur besteht hier weniger Bedürfnis, sich zu unterhalten.

3. Wechsel von Fernsehen zu Hörfunk: Hauptsächlich durch Veränderungen im Tätigkeitsbereich gekennzeichnet; sowohl Hausarbeit als auch das Bedürfnis, sich zu unterhalten, nehmen zu.

4. Wechsel von Hörfunk zu Hörfunk und Fernsehen: Kennzeichnet Situationen, wo mehrere Aktivitäten von verschiedenen Personen in der Wohnung ausgeübt werden und die Gerätenutzung somit auch von verschiedenen Personen beeinflußt werden kann.

Insgesamt zeigt die Studie, daß in den meisten Fällen eher situationsspezifische als angebotsorientierte Motive dafür ausschlaggebend sind, ob überhaupt Radio gehört wird oder nicht. Insbesondere wichtig erscheint für die Einschaltung des Hörfunkgerätes der Umstand, ob man alleine oder mit anderen Personen zusammen ist. Radiohören zu Hause schafft einen Kommunikationsraum, in dem wohl der einzelne, aber kaum eine Gruppe von Hörern im Umfeld eines Hörfunkgerätes Platz findet.

In dem Bericht über die Studie 'Stellenwert des Radiohörens' wird das Ergebnis, wie folgt, zusammengefaßt: „Radiohören kann vielfach mehr bedeuten als den gezielten Konsum von Einzelleistungen des Mediums Hörfunk. Das Radio dürfte in einer großen Zahl von Hörsituationen einen hohen Stellenwert für den Hörer haben: es verbindet ihn in seinem Zuhause mit der Außenwelt, es bietet ihm Möglichkeiten, seine negativen Stimmungslagen abzubauen oder seine positive Stimmung zu festigen. Damit kann das Radio die Funktion eines oft fehlenden Kommunikationspartners übernehmen" (Eckhardt 1982, 188).

Im wesentlichen hat sich an diesen Funktionen des Radios in der Bundesrepublik Deutschland bis Ende der 90er Jahre nicht viel geändert. Die einzige Veränderung besteht darin, daß bei bestimmten Nutzergruppen, vor allem bei Jugendlichen, das Fernsehen die Rolle des Radios als tagesbegleitendes Medium übernimmt (vgl. Frielingsdorf/Haas 1995, 336). In den USA und Japan ist eine vergleichbare Entwicklung in breitem Umfang beobachtbar.

3. Die Rolle der Musik beim Radiohören

Die herausragende Rolle der Musik bei den Grunddispositionen für das Radiohören wird durch die Medienforschung umfassend belegt. Auf der Liste von allgemeinen Präferenzen beim Radiohören steht überall mit überwältigender Mehrheit aller Meinungsäußerungen neben der aktuellen Information die Musik.

In einer im Auftrag des Westdeutschen Rundfunks 1984 durchgeführten Repräsentativumfrage zu den Musikpräferenzen von Radiohörern in Nordrhein-Westfalen wurden u.a. auch die Wirkungsfunktionen der Musik untersucht. Eine Faktorenanalyse der Aussagen von 800 Befragten ergab dabei fünf Funktionen (Eckhardt 1987, 410):

Faktor 1: 'Parasozialer Kontakt'. Die Musik, und sicherlich auch das Hörfunkprogramm insgesamt, vermittelt dem Hörer das Gefühl, nicht allein zu sein. (Beispiele für vorgegebene Aussagen: „Ohne Musik käme ich mir oft einsam und verlassen vor." „Ohne Musik wäre die Stille im Haus manchmal nicht zu ertragen.")

Faktor 2: 'Distanz'. Man hat kein Verhältnis zur Musik, empfindet sie eher störend, allenfalls toleriert man sie als dezente Hintergrundmusik. (Beispiele: „Ich nehme Musik eigentlich nur wahr, wenn Sie mich stört." „Ich habe kein Verhältnis zur Musik.")

Faktor 3: 'Kontaktförderung'. Hier bildet die Musik einen als positiv empfundenen Hintergrund für Gespräche oder menschliche Kontakte allgemein. (Beispiele: „Mit Musik im Hintergrund sind Gespräche lockerer und entspannter." „Bei Musik kommt man sich näher.")

Faktor 4: 'Stimmungskontrolle'. Musik dient zum Aufbau einer positiven Stimmung, sie belebt, befreit, schafft Ausgeglichenheit. Auch hier geht es um Förderung menschlicher Kontakte, wobei die Musik aber weniger Kulissencharakter zu haben scheint als beim Faktor 3. („Musik belebt meine Fantasie." „Musik hilft mir, zu mir selbst zu finden." „Musik ist wichtig, um unter Freunden und Bekannten etwas Gemeinsames zu haben.")

Faktor 5: 'Funktionalität'. Musik hilft, mit Routinearbeiten, mit langweiligen oder gar unangenehmen Tätigkeiten fertig zu werden. Sie wird dabei keineswegs nur als Zeitverkürzer empfunden, sie verhindert zugleich negative Stimmungen, die durch die Arbeit selbst, den Zwang zur Arbeit oder die Umstände der Arbeit entstehen können. („Mit Musik nimmt man Dinge in Angriff, die man sonst gerne vor sich hinschiebt." „Mit Musik geht die Arbeit leichter von der Hand.")

Eine Analyse zeigt bei der Zuordnung der Ausprägungen dieser Faktoren zu demographischen Teilgruppen der Radiohörerschaft zum Teil erhebliche Unterschiede. Die Nähe zur Musik ist bei Frauen und Männern gleich ausgeprägt, sie sinkt aber kontinuierlich mit dem Alter. Unterschiede zwischen Frauen und Männern ergeben sich vor allem bei den Faktoren 'parasozialer Kontakt' und 'Kontaktförderung'. Außer beim Faktor 'Distanz' und – in geringem Maße – beim Faktor 'Kontaktförderung' zeigt sich kein kontinuierliches Altersgefälle, eher eine Bruchstelle beim Austritt aus dem Twen-Alter. Insgesamt sind die von den Befragten eingeschätzten Wirkungen der Musik bei der Altersgruppe 14 bis 29 Jahre weit überdurchschnittlich ausgeprägt. Die Ansprechbarkeit der Jugendlichen und der jungen Erwachsenen durch das Radio beruht insbesondere auf dieser Gegebenheit.

4. Die Moderation

Wenn auch die Moderation in den allgemeinen Präferenzlisten der Radiohörerschaft eher einen mittleren Platz einnimmt, spielt sie doch eine bestimmende Rolle bei der Akzeptanz von Radioprogrammen, insbesondere bei denen, die einen tagesbegleitenden Anspruch haben. Die Medienforschung behandelt dieses Thema in der Regel am Rande anderer Forschungsanliegen mit, eigens diesem Gegenstand gewidmete Untersuchungen sind selten. So wurde in einer im Auftrag der BLM durchgeführten explorativen Fallstudie die Rolle der Moderationen bei Morgensendungen im Radio untersucht (Schröter 1994).

In 73 ausgewerteten Interviews bei nicht repräsentativ ausgewählten Radiohörern in Bayern wurde hier u. a. nach Programmpräferenzen und Einstellungen zur Moderation gefragt. Aus den Antworten wurden auf dem Wege einer Faktorenanalyse 'Anspruchsfaktoren' ausgearbeitet, mit denen die Hörer den Radioprogrammen im allgemeinen wie der Moderation im besonderen begegnen.

Offensichtlich handelte es sich bei den Gesprächsteilnehmern um intensive Radionutzer, die regelmäßig oder häufig zwei bis drei Programme hörten (überwiegend ein lokales und ein überregionales Radioprogramm). Die Mehrheit bestätigte, daß „viel Musik, regelmäßige Kurznachrichten und kurze Moderationsbreaks zur Programmverknüpfung unverzichtbare Basiselemente der Programmgestaltung" sind.

Die faktorenanalytische Auswertung ergab drei Züge der Erwartungen gegenüber der Moderation: In der 'verbindlichen Moderation' bündeln sich Merkmale, die die Hinwendung des Moderators zum Publikum und den Umgang mit Gesprächspartnern betreffen („glaubwürdig, geduldig, freundlich, kompetent"). In der 'authentischen Moderation' geht es um die Selbstdarstellungseigenschaften des Moderators („spontan, selbstbewußt, natürlich") und die 'dynamische Moderation' betrifft mit den Eigenschaften „schnell" und „witzig" einen unterhaltsamen Präsentationsstil.

Um die Anmutungsqualitäten von Moderationsbeiträgen näher zu beschreiben, wurden den Teilnehmern zwölf ausgewählte Moderationsausschnitte vorgespielt, die mit einem vorgegebenen Polaritätsprofil aus gegensätzlichen Eigenschaften beurteilt werden konnten. Dieses Experiment führte in der Auswertung zunächst zum Ergebnis: „Die Leistungen der Moderatoren werden von den Hörern in verschiedenen, zusammenhängenden Bündeln von Eigenschaftsmerkmalen wahrgenommen."

Im ersten Eigenschaftsbündel gilt der Moderator als Unterhalter, der je nach Bedürfnissen als „interessant/uninteressant, informativ/nichtssagend, anspruchsvoll/anspruchslos usw." beurteilt wird. Im zweiten Bündel wird der Moderator als Präsentator klassifiziert („friedlich/aggressiv, höflich/frech, ruhig/hektisch, bescheiden/arrogant") und im dritten schließlich gilt er als „Mensch" mit Eigenschaftspaaren wie „herzlich/nüchtern, warm/kühl, heiter/traurig, freundlich/unfreundlich").

Als weiteres Ergebnis der Faktorenanalyse wurden fünf verschiedene Hörertypen beschrieben, die auf der Grundlage der Programmerwartungen und Ansprüche gebildet worden waren:

1. Die unterhaltungsorientierten Hörer. Diese haben überdurchschnittlich ausgeprägte Erwartungen im Anspruchsfaktor 'Begleitfunktion', durchschnittliche Ansprüche an die Information und lehnen eine 'Ablenkungsfunktion' ab. Sie nutzen häufig zwei Radiosender nebeneinander. Mehr als die Hälfte dieser unterhaltungsorientierten Hörer hat Lieblingsmoderatoren und kennt deren Namen.

2. Die informationsorientierten Hörer. Kennzeichnend für sie ist der besondere Anspruch auf aktuelle Information, während die Begleitfunktion des Radios mit viel Musik von ihnen unterdurchschnittlich geschätzt wird. Jenseits der Information dient ihnen das Radio als Geräuschkulisse mit Ablenkungsfunktion. Sie nutzen mehrere Radioprogramme nebeneinander und haben häufig keinen Lieblingsmoderator.

3. Die 'Geräuschkulissen-Hörer'. Charakteristisch für sie ist ein auffallend geringes Informationsinteresse und durchschnittlicher Anspruch auf die Begleitfunktion. Sie suchen im Radio hauptsächlich Ablenkung und wollen das Gefühl des Alleinseins loswerden. Sie binden sich häufiger an einen Sender und ihre Ansprüche an die Moderation beinhalten Eigenschaften wie „spontan, schnell und witzig".

4. Die 'Radionörgler'. Sie stehen dem Radio ausgesprochen skeptisch gegenüber, wünschen keine persönliche Ansprache, haben keinen Lieblingsmoderator und auch ansonsten keine besonderen Erwartungen an das Radio. Unter den Kritikpunkten heben sie die Werbung als besonders störend hervor.

5. Radio als Lebensinhalt. Hierbei handelt es sich ausschließlich um Frauen über 60 Jahre, die von morgens bis abends Radio hören. Ihre Erwartungen sind bei allen Anspruchsfaktoren überdurchschnittlich hoch. Sie nehmen scheinbar jedes Programmelement gleichermaßen stark interessiert wahr und haben natürlich einen Lieblingsmoderator.

Insgesamt zeigt sich in der explorativen Fallstudie, daß die Moderation nicht nur ein unverzichtbarer Bestandteil von Radioprogrammen darstellt, sondern auch in der Regel mit mehr oder minder konkreten Ansprüchen und Erwartungen der Hörerschaft verbunden ist. Diese Erwartungen bilden allerdings für sich keine unabhängige Größe. Sie sind ein Bestandteil bzw. eine Funktion dessen, was Radiohörer vom Radioprogramm generell erwarten. Es gibt daher keine ideale Moderation. Der kommunikative Anspruch des einzelnen Radiohörers bietet einem breiten Spektrum von Moderatoreneigenschaften eine Akzeptanzchance.

5. Das Kulturradio

Nachdem bereits in den einleitenden geschichtlichen Betrachtungen darauf hingewiesen wurde, daß sich die Funktion der Radionutzung in Deutschland seit Bestehen dieses Mediums grundlegend geändert hat, dürfte es klar sein, daß die obigen Ausführungen zum Stellenwert des Radiohörens, zur Musik und Moderation im Radio die aktuelle Lage aus der Perspektive der großen Bevölkerungsmehrheit beschreiben. Die in den zwanziger Jahren entwickelte Vorstellung der kulturellen Bereicherung breiter Bevölkerungsschichten durch das Radio hat sich als unrealistisch erwiesen. Nichtsdestoweniger steht das Radio bis heute auch für hohe Kulturansprüche: Die öffentlich-rechtlichen Rundfunkanstalten Deutschlands sehen sogar in diesem Bereich ihre besonderen Leistungsschwerpunkte.

Durch die Einführung des privatrechtlichen Hörfunks Ende der 80er Jahre in der Bundesrepublik sind allerdings die öffentlich-rechtlichen Kulturprogramme zunehmend in Bedrängnis geraten. Ihr ohnehin nicht allzu breites Publikum hat sich in wenigen Jahren dramatisch verringert und es wurde im Durchschnitt erheblich älter. Die Medienforschung widmet sich mit steigendem Interesse diesem Gegenstand, es zeichnen sich jedoch nur erste Ergebnisse zur Beschreibung der Zugangsbarrieren zum Kulturradio ab (z. B. Oehmichen 1995).

Es zeigt sich dabei, daß vor allem die jüngere Generation keinen Zugang mehr zu traditionellen Kulturprogrammen findet. Ihre Mediensozialisation fand unter Bedingungen statt, die durch die Konkurrenz anderer, vor allem Bildschirmmedien, bestimmt wurde. Es ist gegenwärtig noch nicht zu erkennen, auf welchem Weg die Anbieter von Kulturprogrammen zu einer dauerhaften Lösung kommen. Interessanterweise wird auch hier nach neuen Kommunikationsmodellen zwischen Absender und Empfänger gesucht.

Der SFB und das DeutschlandRadio Berlin versuchen neuerdings Kulturprogramme mit tagesbegleitender Funktion zu gestalten (Matejka 1994, 43). Oehmichen schlägt u. a. vor: „Keine Minderung des inhaltlichen Anspruchniveaus, aber sorgfältige, hörerfreundliche, das heißt verständliche Vermittlung; dabei mehr offene Gespräche und Debatten auch mit Hörern, weniger Vorgefertigtes, Subjektivität und spürbares Engagement der Moderatoren für ihre Themen und Gegenstände; neue Beweglichkeit, mehr Überraschung". Erste Erfolge für Veränderungen dieser Art haben sich ansatzweise bereits eingestellt.

6. Literatur

Eckhardt, Josef, Stellenwert des Radiohörens – Versuch eines neuen Forschungsansatzes. In: RuF 1982/2, 178–188

–, Musikakzeptanz und Programmstrategien des Hörfunks. In: MP 1987/7, 405–427

Frielingsdorf, Britta/Sabine Haas, Fernsehen zum Musikhören. In: MP 1995/7, 331–339

Lersch, Edgar, Was gibt's wann im Radio? Grundzüge der Entwicklung der Programmstrukturen von 1923 bis heute. In: Das Radio hat viel(e) Geschichte(n). ZFP-Dossier, Zentrale Fortbildung der Programm-Mitarbeiter ARD/ZDF. Wiesbaden 1995, 57–68

Matejka, Wilhelm, Kultur als Tagesbegleitung. In: WDR, Kultur im Hörfunk, Dokumentation einer Fachtagung. Köln 1994

Oehmichen, Ekkehardt, Zuwendungsbarrieren zum Kulturradio. In: MP 1995/11, 547–553

Schröter, Detlef, Die Rolle der Moderation bei Morgensendungen im Radio. München 1995

Stachowiak, Aribert, Gleiche Stelle – Gleiche Welle. Frankfurt-M. 1993

Josef Eckhardt, Köln
(Deutschland)

XLVIII. Mediengegenwart XIV: Der Hörfunk V: Zukünftige Entwicklungen

198. Technische Weiterentwicklung des Hörfunks

1. Allgemeines: Einfluß der gesellschaftlichen Veränderungen auf die technische Weiterentwicklung
2. Technische Entwicklungstendenzen
3. Programmempfang
4. Literatur

1. Allgemeines: Einfluß der gesellschaftlichen Veränderungen auf die technische Weiterentwicklung

Ausgehend von der gegenüber der technischen dominierenden gesellschaftlichen Entwicklung sowie der Veränderung der Bedürfnisse, wird sich die begonnene gewaltige Umwälzung der Hörfunkstrukturen, einschl. der Technik, fortsetzen. Dies geschieht unter Nutzung der sich ständig verbessernden technischen Möglichkeiten, u.a. infolge der schnell vordringenden Digitaltechnik, des Preisverfalls in der Computertechnik. Der inzwischen entstandene Wettbewerb im Äther aufgrund des dualen Systems von öffentlich-rechtlichen Rundfunkanstalten und rein kommerziellen Privatstationen trägt ebenfalls erheblich dazu mit bei. Dabei verringert sich die Zahl der Arbeitsplätze sowie die Höhe der verfügbaren Budgets (sowohl im Hörfunkbereich als auch bei den Rezipienten).

Die Verknüpfung der technischen Weiterentwicklung mit der Entwicklung der Hörfunk-Programme ist daher sehr eng und wechselseitig. Hinsichtlich der Prognostizierbarkeit technischer Entwicklungen und der daraus zu ziehenden Konsequenzen ist Zurückhaltung angebracht; Markteinführungsfragen hängen vorwiegend von Ökonomiedaten ab und weniger von technischen Barrieren. Der Rezipient selbst ist nicht einschätzbar. Zusätzlich wird der stärker werdende Wunsch nach einer Multi-Media-Welt im Heim auch neue Varianten der Rundfunkversorgung hervorbringen, die dabei zu berücksichtigen sind: Multimedia ist das Zusammentreffen der Technologien von Rundfunkindustrie, Computerindustrie und Kommunikationsindustrie, dabei kommen unterschiedliche Übertragungs- und Speichermedien sowie der Zugang zum Internet zum Einsatz. Dazu sind Trends bei der Datenkompression und -reduktion sowie Verteilung der Signale zu beachten; man muß sich an Netzwerken für Computer orientieren, nicht lediglich eigene Rundfunkstrukturen für Netze suchen.

Der reine Hörfunk kann durch diese Entwicklung in seiner Bedeutung und im Umfang zurückgedrängt werden – er wird nicht mehr nur mit dem Fernsehrundfunk, sondern auch mit einem Datenrundfunk konkurrieren, diesen sinnvoll ergänzen müssen – wie auch umgekehrt. Die Aussendung von 'Daten' erfüllt dann die wesentlichen Grundsätze des sog. Rundfunk-Begriffs, wenn die Verbreitung zeitgleich und an die Allgemeinheit geht. Dabei werden aber viele Datendienste nur mit dem privaten PC realisierbar sein, der auch die Interaktivität unterstützt.

„Rundfunk ist die für die Allgemeinheit bestimmte Veranstaltung und Verbreitung von Darbietungen aller Art in Wort, in Ton und in Bild unter Benutzung elektrischer Schwingungen ohne Verbindungsleitungen oder längs oder mittels eines Leiters. Die kennzeichnenden Merkmale des Begriffes Rundfunk sind die gleichzeitige Verbreitung einer Mitteilung oder eines Programms an jedermann" (Müller-Römer 1993).

Wie Befragungen zeigen, geht die Zahl der anspruchsvollen Hörer für interessante und gehaltvolle Programme ohne jegliche Werbeanteile stetig zurück. Die Mehrheit verlangt vorzugsweise unterhaltende, von gesellschaftlichen und eigenen Problemen ablenkende Programme und nimmt dabei auch Werbung (infolge technischer Manipulationen – wie starke Kompression und Klangverfärbung für höhere Lautheitsempfindung – für den intelligenten Hörer besonders lästig und störend) mit in Kauf bzw. ist sogar an solcher als einem scheinbaren Programmbeitrag interessiert. Dabei herrscht Überdruß in bezug auf die Quantität, man findet bei fast allen Programmen den gleichen Inhalt. Eine Folge davon ist, daß der 'Kunde' immer mehr nur das bezahlen möchte, was er auch wirklich in Anspruch nimmt, wobei er zunehmend mehr Differenzierung verlangt – es entsteht eine Nachfrage nach einem Audio-Aufrufdienst = 'Audio-on-Demand'.

Aufgrund der dafür unterschiedlichen Programmanforderungen und -gestaltung wird dies zu unterschiedlichem Aufbau der jeweiligen Hörfunkstrukturen und -organisationen bis hin zum Programmablaufschema führen. Während sich private, kommerzielle Stationen – trotz hoher Risiken – immer mehr auf einzelne, eng abgrenzbare 'Sparten' (Genres) meist Musik-, wenig Wortbeiträge, Gespräche mit Hörern, Glücksspiele u. ä.) für bestimmte Hörerkreise und Altersgruppen in Regionalbereichen konzentrieren, und sich dafür sowohl gebührenpflichtige als auch gebührenfreie Hörfunkkanäle (Stationen) ausbilden, ist der öffentlich-rechtliche Rundfunk weiterhin dem Auftrag der Allgemeinheit zur prinzipiellen Grundversorgung und von Komplettprogrammen hoher Qualität bei minimaler Gebühr verpflichtet. Dies kann – aufgrund der z. Zt. noch begrenzten Anzahl verfügbarer Kanäle – zeitweise auch zu Lasten von Hörergruppen gehen, die bei fehlendem Interesse an der gerade laufenden Sendung zum Fernsehen oder zu anderen (oder gar eigenen CD-)Programmen wechseln, so daß der 'Haussender' für viele Hörerschichten an Bedeutung verliert, wenn er nicht dem Hauptteil des Bedarfs, der leichten Unterhaltung und dem Eingehen auf den vorwiegend oberflächlichen Massengeschmack gewidmet ist bzw. die Möglichkeit der Anforderung gewünschter Programmbeiträge bietet.

Die ständige Erfassung und auch Veröffentlichung von Hörerzahlen für bestimmte Sender und Sendungen (Programme), verführen die meisten Verantwortlichen zum reinen 'Quotendenken', was sich teilweise auch beim öffentlich-rechtlichen Rundfunk bemerkbar macht. Soweit dies übersehbar ist, gibt es nur wenige deutschsprachige Hörfunk-Programme (Sender/Anstalten), die sich dem Grundauftrag voll verpflichtet fühlen, für alle Hörergruppen geeignete, anspruchsvolle und dazu völlig werbefreie Sendungen auszustrahlen (u. a. Deutschlandradio). Nimmt man, wie es gängig geworden ist, die USA als Anhaltspunkt für Entwicklungen, wie sie jeweils 10 bis 20 Jahre später auch in Europa und Deutschland Einzug halten und zum de-facto-Standard werden können, ist für die Hörfunklandschaft eine Entwicklung vorauszusagen, die zur starken inhaltlichen und kulturellen Schlichtheit, lediglich durch (wenige) Musik- und Wortgenres differenziert, vorwiegend kommerziell und auf Wettbewerb um Marktanteile ausgerichtet, tendiert.

Das kann auch dazu führen, daß in vielen Fällen – auf Veranlassung und als Sparmaßnahme des Programmanbieters – die technischen Möglichkeiten und die erreichbaren Qualitäten nicht voll ausgeschöpft werden, so daß häufig nur der minimal nötige technische Aufwand für gerade akzeptable Empfangs- und Wiedergabequalität getrieben wird. Aus der Verschmelzung der Kreativität für Programminhalt und Technik entsteht eine zunehmend größere Indifferenz und Einflußnahme der Programmseite gegenüber den weiterhin notwendigen technischen Anforderungen, aber auch Fachkräften und Leitungsorganen. Man glaubt, insbesondere bei kleinen Privatstationen mit minimaler technischer Ausrüstung, Hörfunk allein mit dem Computer machen und auf technische Fachkräfte verzichten zu können und betreibt die Station mit 'Allroundpersonal'. Diese Tendenz ist inzwischen auch bei größeren Anstalten zu beobachten und kann sich nachteilig auswirken. Hohe Anforderungen werden dann nur noch von einer Minderheit von Hörfunkanbietern sowie Rezipienten gestellt. Letztere wird sich dann meist selbst versorgen müssen – d. h. sie nimmt lediglich noch die Informationsprogramme des Hörfunks bzw. Fernsehens zur Kenntnis; Musik- und ggf. Hörspielaufzeichnungen werden aus eigenen Quellen (CD, DVD-Audio u. ä.) zusammengestellt, um sowohl der Werbung zu entgehen als auch die gewünschte Wiedergabequalität zu erhalten, deren allgemeine Verbreitung nicht immer möglich oder 'zu teuer' geworden ist. Ein anderer Hörerkreis verfällt den Kampagnen der sog. Hi-End-Technik und läßt sich von speziellen Industriefirmen und Händlern teure, aber nicht optimale Heim-Anlagen aufdrängen.

Insgesamt ist der damit auch hier verbundene kulturelle Verfall zur Einseitigkeit und Verflachung (zu einer Art sog. 'Micky-Maus-Kultur') absehbar. Dazu kommt, daß sich der Druck der privaten/kommerziellen Stationen auf die öffentlich-rechtliche Rundfunkversorgung erhöhen wird, da erstere ständig um mehr Rechte über die sog. AER-Koordinierungsgruppe, als ein Pendant zur EBU, und als Partner gegenüber nationalen sowie Internationalen Rundfunkorganisationen kämpfen, insbesondere beim WorldDAB-Forum.

Man kann daher die mögliche technische Entwicklung des Hörfunks in einer vorzugsweisen bildorientierten Welt – bei aller verbleibenden Vielfältigkeit – durch zwei Hauptströmungen kennzeichnen:

– Hörfunkstationen/-sender des *massenkompatiblen Bagatellhörfunks*, im Sinne von rechnergestützten Abspielautomaten für Sparprogramme, die minimalen technischen Ansprüchen genügen und notwendigen technischen sowie personellen Aufwand lediglich bei den Werbebeiträgen als Haupteinnahmequelle treiben (die Brüskierung von sich nicht berücksichtigt fühlenden Hörern und die Reduzierung sog. 'wortlastiger' Programme wird dabei in Kauf genommen). Die meisten dieser Kanalnutzer werden künftig weniger Rundfunkanbieter, sondern viel mehr Dienstleistungsanbieter gegen Gebühren sein. Neue Nutzungen mit neuen Konsequenzen!

– Hörfunkanstalten/-programme des *öffentlich-rechtlichen Rundfunk*netzes, die jeweils mit der technischen Entwicklung Schritt halten wollen, aber durch die Kostenentwicklung zur ständigen Suche nach optimaler Struktur für die der Allgemeinheit dienenden Programme gezwungen sind, d. h. laufend Personalreduzierungen, Konzentrationen, stärkere Vernetzung der Programme, Archive usw., vornehmen müssen. Das wird neben teilweise wirtschaftlicherer Betriebsabwicklung dennoch kontinuierliche Gebührenerhöhungen wegen der Investitionen beinhalten, die die Erweiterung derartiger anspruchsvoller Programme erschweren.

Parallel dazu ist infolge der entsprechenden Einbeziehung der *Tontechnik beim Fernsehrundfunk* dort eine ähnliche technische Entwicklung anzunehmen. Die Funktion des bisher meist als 'Begleitton' diskriminierten Audio-Programmsignals wird sich dabei ebenfalls infolge künftig deutlicherer Qualitätsunterschiede verändern: Beim Bagatellprogramm ist die Tonfunktion in der Tat meist begleitend, bei der Werbung jedoch bereits mit ausschlaggebend. Bei anspruchsvollen Musiksendungen sowie Fernsehspielen im Fernsehen ist sehr gute Tonqualität (z. B. durch den künftigen Mehrkanalton) sogar unverzichtbar; hier hat das Bild die Begleitfunktion und kann ohne Ton nicht existieren. Allerdings empfinden viele Hörer die infolge mangelhafter Regietätigkeit sehr intensiven Musik-Daueruntermalungen (im Rundfunkjargon: 'Musikbetten'), die z. B. bei Serienfolgen nur von wenigen Motivtakten abgeleitet ständig wiederholt werden, lediglich in zeitlicher oder klanglicher Folge modifiziert, um Kosten für speziell komponierte Musik zu sparen, als lästig. Bei der gegenwärtigen Zuordnung sind sie sowohl als störend als auch die Deutlichkeit und Verständlichkeit hindernd anzusehen. Hier wird das Fernsehen noch viel vom Hörfunk lernen müssen. Dies wirkt sich insbesondere für den Kreis der Hörgeschädigten außerordentlich nachteilig aus (s. 2.5.).

2. Technische Entwicklungstendenzen

Auf der Basis der Kenntnis gegenwärtig üblicher Hörfunkbetriebstechnik (vgl. Art. 179) können sich folgende Tendenzen abzeichnen:

2.1 Übergang von Analog- zur Digitaltechnik in Qualitätskategorien

Aufgrund zunehmend gewonnener Erkenntnisse wird der Stand der bisherigen Digitaltechnik mit einer Wortbreite pro Abtastwert von 16 bit (Consumer) bis 20 bit (Studio) und den Abtastfrequenzen 44,1 kHz (Consumer) bzw. 48 kHz (Studio) sowie auch der perzeptuellen Datenreduzierung nicht mehr in allen Fällen akzeptiert. Hochwertigste analoge Anlagen können diesen Stand noch erreichen; hinsichtlich solistischer Programmsignale ist er mittels der analogen Technik sogar zu übertreffen. Für Heimwiedergabe ist dieser Qualitätsstand zwar meist ausreichend, nicht jedoch für höchste Ansprüche sowie Studiozwecke mit der Notwendigkeit der Nachbearbeitung. Durch die Entwicklung besserer und preisgünstiger Signalprozessoren wird sich die begonnene Einführung höherer Qualität in digitaler Technik zügig fortsetzen und der Einsatz von Analoggeräten und bisherigen Technologien zurückgehen.

Es werden sich künftig differenziertere Qualitätsansprüche und -kategorien sowohl auf seiten der Programmanbieter als auch der Rezipienten herausbilden: Für höchste Ansprüche wird als nächstes Ziel in den Studios eine lineare PCM-Technik (d. h. ohne Datenreduzierung) mit einer 24-bit-Wortbreite sowie einer Abtastfrequenz von mindestens 96 kHz angestrebt und sich voraussichtlich auch durchsetzen. Aufgrund der bei der A/D- und D/A-Wandlung eintretenden Verluste sowie des notwendigen Zusatzes von Hilfssignalen (sog. Dither) für ein nicht störendes kontinuierliches Ruhegeräusch kann man nur mit derartig hohen Werten auf der sicheren Seite für eine ausreichende Auflösung bei der Abtastung auch sehr kleiner Tonsignale sowie der Umwandlung und der Ausfilterung des Hörbereiches liegen. Man erreicht damit noch nicht die bei 24 bit rechnerisch möglichen 144 dB (eff) für einen optimalen Signal- zu Störabstand, jedoch – mit Technologien für Serienfertigung – mindestens Werte über 100 dBqp bewerteten Störabstand („Signaldynamik"), gehörrichtig und mit Quasispitzenwert gemessen, gemäß Empfehlung ITU-R Bs. 468-4. Man liegt damit knapp unterhalb der physikalischen Rauschgrenze (Referenz ist ein 200-Ohm-Widerstand mit einem Rauschpegel von –130,8 dBu, effektiv, unbewertet. Gehörrichtig bewertet bedeutet dies –118 dBuqp). Übliche Literaturangaben beziehen sich meist auf nicht-gehörrichtige Messungen und Beurteilungen bzw. streben durch Anwendung hierfür ungeeigneter Filter (z. B. sog. dBA-Messung in den USA) lediglich „schöne" große Zahlenwerte an und sind daher für eine Qualitätsbewertung nutzlos.

Die immer wieder auftretenden Forderungen nach Erweiterung des zu übertragenden Audiobereiches bis zu mehr als 40 kHz werden sich allgemein nicht durchsetzen können, da sie nur für einzelne Personen in verschiedener Weise „wahrnehmbar" sind und mit den üblichen Studio-Monitoren ohnehin nicht abgestrahlt werden können. Bei den aus technischen Gründen sinnvollen hohen Abtastfrequenzen (also 96 kHz und höher) sind derartige Bedingungen ohnehin implizit und ohne zusätzlichen Aufwand erfüllt. Die Bevorzugung von älteren analogen Techniken (teilweise sogar wieder Röhrentechnik) aus nostalgischen bzw. Geschmacksgründen oder auch aus anderen Vorbehalten, wird sich gegenüber dem angestrebten höheren Stand der Digitaltechnik nicht auf die Dauer halten können und zumindest aus dem Studiobereich in den o. a. obskuren und überteuerten 'High-End-Bereich' verschwinden. Allerdings gehört zu einer stabilen digitalen Betriebstechnik auch ständige sorgfältige Qualitätsüberwachung, um kleinste, kaum hörbare Fehler durch Anpassungs- und Schaltprobleme (z. B. Zeittaktfehler, sog. Jitter) zu erkennen und auszuschließen.

Daraus ist auch ableitbar, daß der zu treibende höhere Aufwand und die höhere Komplexität der Schaltungs- und Betriebstechnik zu stärkerer Preisdifferenzierung gegenüber der bisherigen – d. h. nun seit ca. 1980 gängigen – 16-bit-Digitaltechnik führen, aber dennoch die schrittweise Einführung eines höheren Qualitätsbewußtseins fördern kann. Andererseits ist es nur bei einer Begrenzung der Abtastwerte auf akzeptable Werte und mit der perzeptuellen Datenreduktion in der gegenwärtigen Dekade möglich, die Ausstrahlung und Verbreitung eines digitalen Hörfunks einzuführen und zu betreiben. Der damit erreichbare Qualitätsstand wird in der Mehrheit der Fälle auf der Empfangsseite ausreichen; er ist bei geringen Abstrichen (etwa 1 bis 1.5 Grade auf einer 5-stufigen Qualitätsskala gemäß ITU/CCIR) mit der gegenwärtigen Qualität der CD-Technik vergleichbar, wenn auf dem gesamten Übertragungsweg die dafür geltenden Bedingungen eingehalten werden. Das betrifft sowohl die Größe der Bitdatenrate bei Aussendung und Übertragung (bei Mehrkanal-Stereofonie mit 5.1-Kanälen z. B. 384 bis 900 kbit/s) als auch die dabei gegebene Bedingung der störungsarmen mehrfachen Kaskadierung. Es wird jedoch im Rahmen der internationalen Standardisierung intensiv an einer Qualitäts-Verbesserung bei niedrigen Abtastraten für die weiterführende MPEG-4-Codierung gearbeitet, so daß wirtschaftliche Erleichterungen absehbar sind.

2.2. Entwicklung von neuen Systemen zur Programmproduktion und Programmabwicklung

2.2.1. Allgemeines

Der offensichtliche Wunsch der Programmproduzenten beim Hörfunk ist es, künftig ein voll-integriertes System für die Produktion und Abwicklung von Programmbeiträgen zu schaffen – von der Agenturmeldung über die 'Sendung' (Abwicklung des Programms) bis zur Registrierung und Honorarabrechnung. Dabei ist die komplizierte Ablauforganisation Redaktion – Tonträgerarchiv – (technischer) Programmabwicklungsbetrieb – Honorare/Lizenzen, mit Eingriffsmöglichkeiten von den unterschiedlichsten Stellen des Systems 'Hörfunk' mit seinen vermischten hierarchischen Ebenen zu berücksichtigen. Die künftige Entwicklung kann auf der Basis von Überlegungen (Müller, 1996) etwa wie folgt eingeschätzt werden:

Bei einer kleinen Station mit einem einzigen Programm, ein „Ein-Programm-Radio", ist diese Integration aufgrund der einfachen auf 'Konserven' basierenden Struktur, in der alles auf einen Kernbereich, den der Programmabwicklung, konzentriert ist, relativ leicht in innovativer, computergestützter Technik zu realisieren. Sowohl die Verbindungen zur Außenwelt (Werbungskunden), Programmaustausch mit anderen Rundfunkanstalten usw., als auch der Verwaltungsaufwand sind gering. Teilweise können Verwaltungsaufgaben außerhalb der Station, z. B. in der übergeordneten Institution, Verlagshaus o. ä., erledigt werden. Da sich der Hauptbetrieb meist innerhalb einer einzigen Programm-Abwicklungseinheit (sog. Selbstfahrer-Senderegieraum) und dem sich unmittelbar daran anschließenden Tonträgerarchiv abspielt, sind auch die Informations- und Audiodatenflüsse sehr gering. Die vernetzten Redaktionsarbeitsplätze mit hocheffektiven Workstations (für Text- und Audiobeiträge) sind mit dem zentralen (digitalen) Datenspeicher und der Abwicklungseinheit verbunden. Die künftige Entwicklung kann daher durch weitere Softwareoptimierung und gelegentliche Erneuerung der Hardware sowie Nutzung der neuesten Speicherformate und -möglichkeiten gekennzeichnet werden. Auch die Zuständigkeit für die Betreuung eines derartigen kompakten integrierten Systems ist relativ einfach durch den Inhaber zu regeln. Kleine Stationen arbeiten überdies bei Eigenbeiträgen meist mit der hier preiswürdigen Bitratenreduktion. Als Audiofile-Format ist hier das sog. Musifile-Format, nach Spezifikation von Digigram, üblich geworden.

Ist das Tonträger-Archiv groß genug, kann man weitere Sendefrequenzen für 'Wellenprogramme' mit unterschiedlichen Musikgenres belegen, ohne daß der Gesamtaufwand nennenswert steigt, lediglich weitere leicht anzuschließende Selbstfahrerstudios für das weitere 'Spartenprogramm' kommen hinzu.

Ganz anders sieht es bei den schon bestehenden größeren (meist öffentlich-rechtlichen) Hörfunkanstalten aus, die zu unterschiedlichen Komplettprogrammen verpflichtet sind und dafür auch erhebliche Eigenproduktionen von Musik und künstlerischem Wort aufwenden. Hier reichen die bisherigen Organisationsstrukturen und die zur Zeit verfügbare Netzwerktechnik nicht mehr aus, um mit vertretbarem Aufwand das komplexe Netz der Zuständigkeiten, Abläufe, Informations- und Datenflüsse mit computergestützter Netzwerktechnik nachzubilden, das aus den unterschiedlichen Fachredaktionen, der Programm- ('Sende-')leitung, den im Laufe der Zeit entstandenen zentralen Datenbanken und dezentralen Musikplanungssystemen sowie Dokumentationsaufgaben und Abrechnungssystemen im Anschluß an die Abwicklung des jeweiligen Programms (d. h. der 'Sendung') usw., gewachsen ist. Verständlich wird dies am Beispiel der gegenwärtigen ablauftechnischen Organisation einer großen Hörfunkanstalt, (Abb. 198.1a) gegenüber künftig vereinfachten Betriebsabläufen (Abb. 198.1b).

Die Schwierigkeiten wachsen weiter durch die neuen und noch entstehenden Dienste wir Radiotext, Internet, DAB, spezielle programmbegleitende Daten (z. B. individuelle Dynamikbeeinflussung) oder programmunabhängige Daten, Programme für Hör- und Sehgeschädigte usw., wodurch neue Strukturen gebildet werden, die sich teilweise den vorstehend genannten überlagern.

Für die Schaffung einer voll-integrierten, computergestützten Lösung ist systematische und prognostische technologische Forschung erforderlich, um danach die Organisationsstrukturen so zu verändern, daß Steuerungs- und Audiowege kanalisiert werden, wobei sich zweifellos wiederum mehrere Ebenen, Netze und Speicher erforderlich machen werden. Eine Arbeitsgruppe der ARD, „Konzepte innovativer Radiosysteme" = KIR, befaßt sich seit einiger Zeit damit. Sie hat u. a. eingeschätzt, daß bei einer digitalen Audioqualität von 48 kHz und 16 bit, pro Tag ca. 1 Tera bit innerhalb einer großen Hörfunkanstalt bewegt werden.

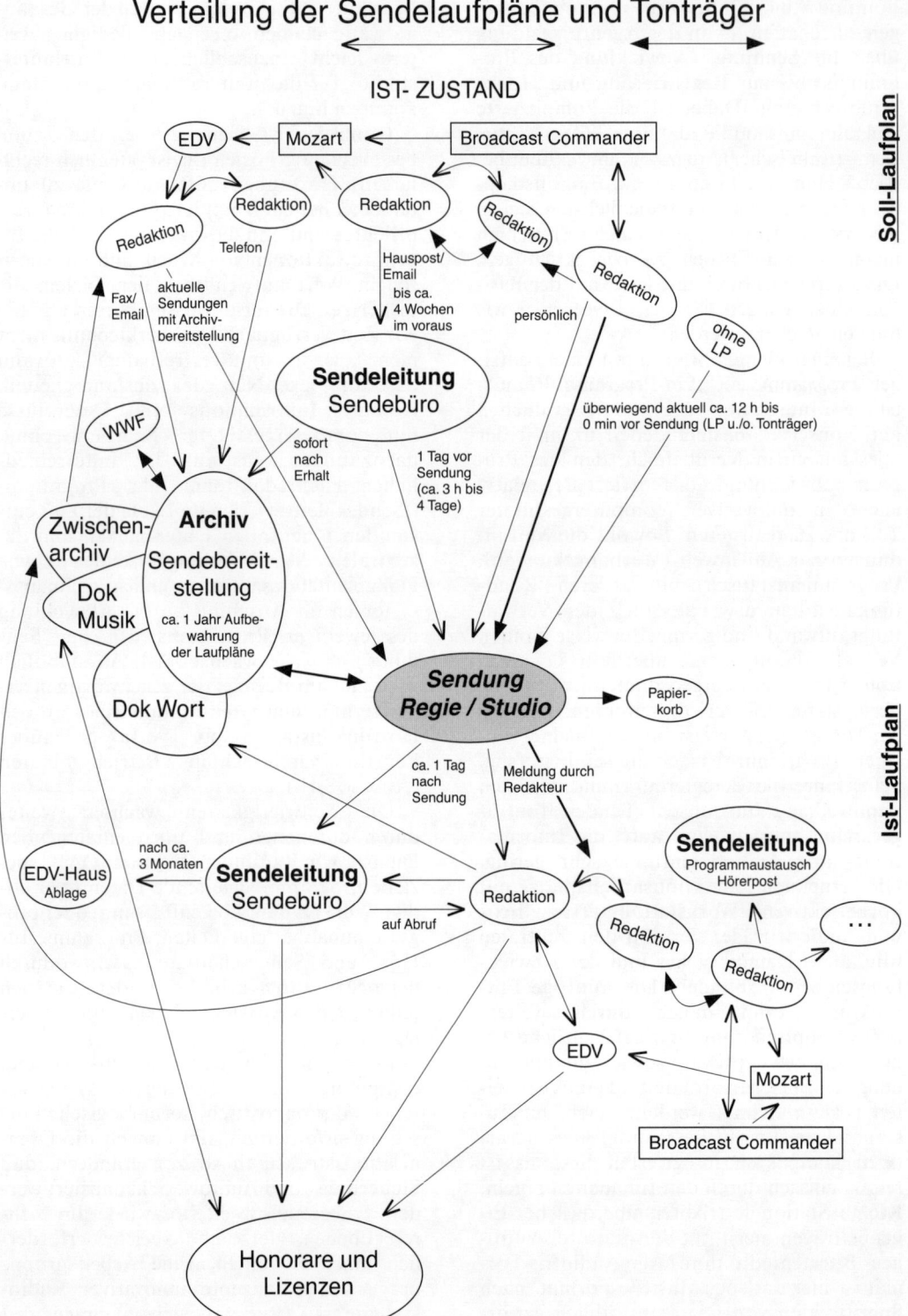

Abb. 198.1a: Ablauftechnische Organisation einer großen Hörfunkanstalt – Ist-Zustand (nach H. Müller, 1996)

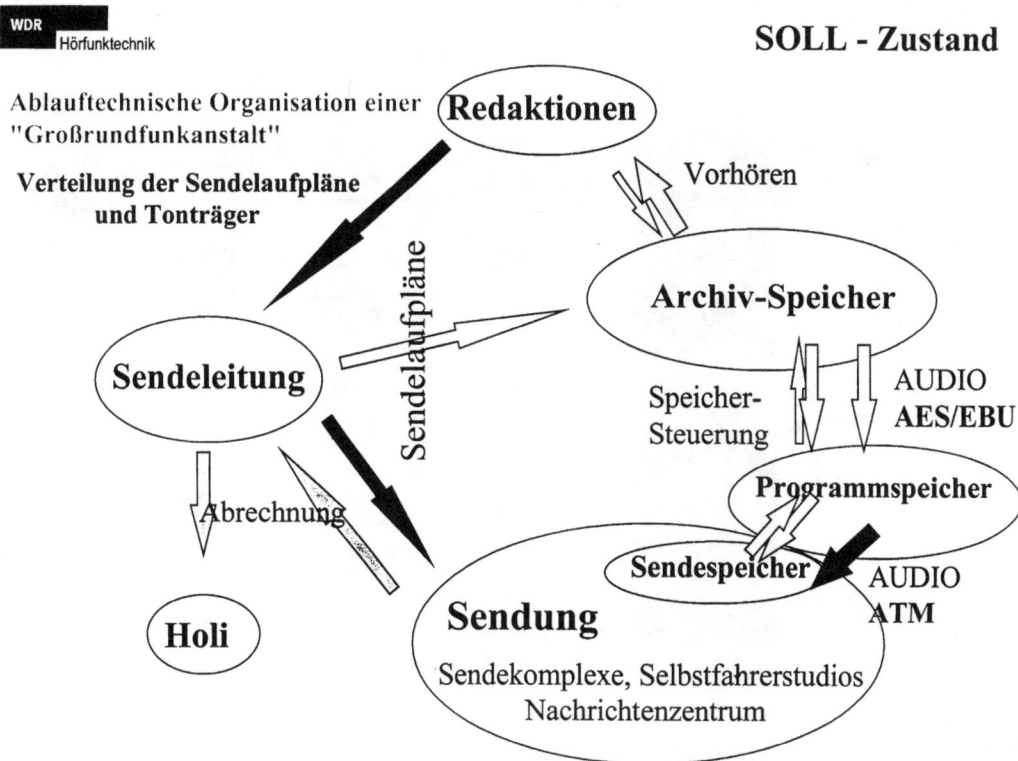

Abb. 198.1b: Ablauftechnische Organisation einer großen Hörfunkanstalt – Soll-Zustand (nach H. Müller, 1996)

Voraussichtlich wird man sich dabei auch teilweise der Tendenz nach sog. Wellenprogrammen anschließen, die in ihrer Struktur denen der o. a. 'Ein-Programm-Musikradios' ähneln. Alles ist also auf eine 'Welle' (Frequenz, Sparten-Programm) konzentriert und erfolgt vom Programm-Abwicklungskomplex aus. Der übrige Teil der Programmstruktur bleibt aber weiterhin sehr komplex und erfordert neue technologische Orientierungen. Hierin ist die Vernetzung der im Laufe der Jahre entstandenen Insellösungen, kleine studiotechnische Komplexe in der jeweils verfügbaren analogen bzw. digitalen Technik, einzubeziehen, mit kurzen Lebensdauerzyklen (meist unter fünf Jahre). Die erneuerten Teilsysteme müssen hinsichtlich notwendiger Schnittstellen immer wieder paßfähig für das Gesamtsystem bleiben; je nach Einsatzort (Vorproduktion, Abwicklung) werden sie auch unterschiedlichen Qualitätsstand aufweisen und differenzierte Havariebedingungen und -lösungen erfordern.

Das wird auch bedingen, daß große Hörfunksysteme infolge der starken Vernetzung und beliebigen Zugriffsfähigkeit mit durchgängig *linearer* digitaler Codierung (LPCM) arbeiten müssen, d. h. also mit Datenströmen von 1,4 Mbit/s für ein zweikanaliges Stereo-Signal. Die Wirtschaftlichkeit der Bitratenreduktion kann dann erst vom Ausgang der Programmabwicklung, zur Verteilung (Distribution) der Programme und ihrer Ausstrahlung sowie beim Empfang voll genutzt werden. Ferner müssen digitale Audio- (und Video-)signale in computergerechte Form gebracht werden, um sie in den verschiedensten Netzwerken verteilen zu können, also 'Paketierung' in logische, paketierte Daten.

Zu den Einzelsystemen, die teilweise in sich geschlossene Bereiche darstellen und separat weiterentwickelt werden können, sind bei größeren Hörfunksystemen zu zählen:

Produktionssysteme für Musik und Hörspiel; Studios für Klanggestaltung zur Produktion von Stationskennungen u. ä. (sog. Jingles, Trailers, Promotion-Takes etc.), aber auch für experimentelle Musik als einer typisch radiophonen Programmgattung des Hörfunks. Dazu zählen ferner die Hörfunk-

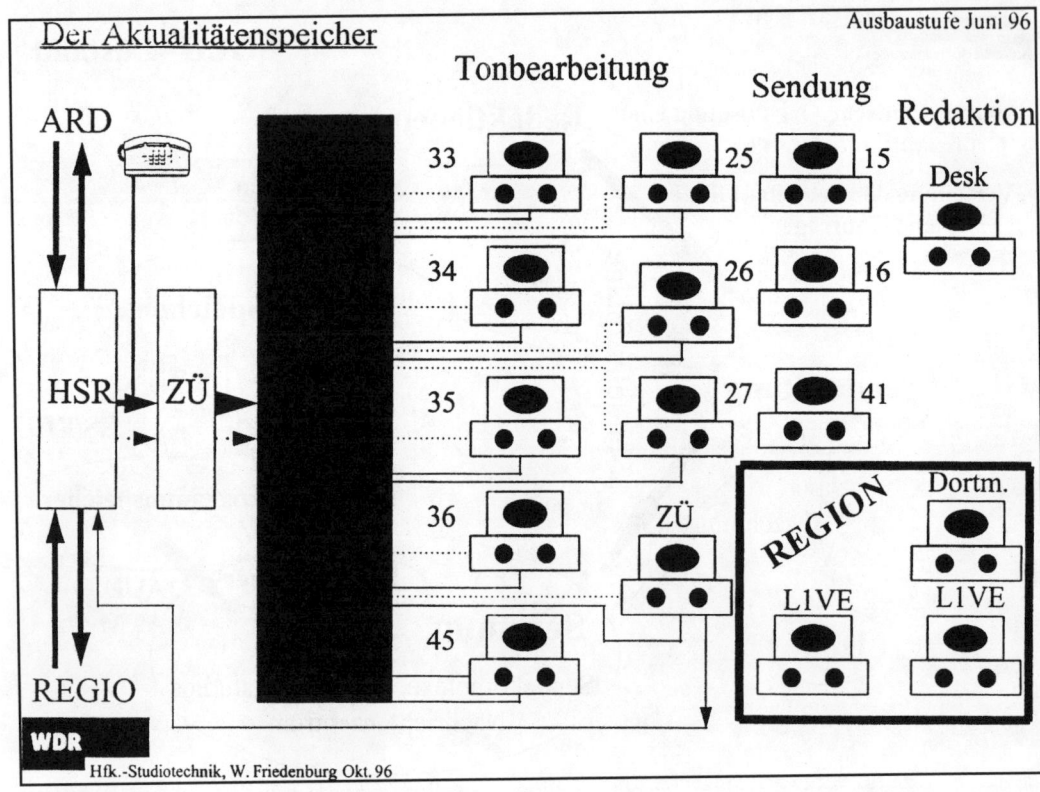

Abb. 198.2: Anschluß und Ausbau des Aktualitätenspeichers in einer großen Hörfunkanstalt (nach H. Müller, 1996)

Betriebszentrale mit Systemen für den ISDN-Leitungsaufbau, Konferenzanlagen, Beitragsaustausch zu anderen Funkhäusern über einen sog. Sternpunkt von Überspielwegen, Informationsverteilsysteme (IVS) zu den Programm-Abwicklungskomplexen, den Studios und übrigen Produktionsbereichen usw. Zur Kosteneffizienz wird es auch hier künftig zu Standard-Lösungen kommen.

Eine wichtige spezielle Einrichtung, eng an den Programm-Abwicklungskomplex gebunden, wird weiterhin der sog. Aktualitätenspeicher (kombinierte Speicher- und Servereinrichtung, zentral angeordnet, bleiben, mit dem alle aktuellen Beiträge erfaßt und zur beliebigen Anwendung und Bearbeitung von vielen Stellen innerhalb und außerhalb des Systems (Funkhauses) zugänglich gemacht werden können. Hier werden neuere Softwarelösungen den Zugriff vereinfachen und beschleunigen (Abb. 198.2).

Problematisch wird auch künftig die technische Betreuung der Systemprobleme werden, für die ebenfalls die Struktur optimiert werden muß (Abb. 198.3), die notwendigen Schulungen, Fortbildungen u. ä. für die ständig sich entwickelnden Teilsysteme. Hier muß man hochqualifizierte Ansprechpartner für die unterschiedlichen Probleme im System einsetzen, zumal die Betriebssicherheit der komplexeren Systeme erhöht werden muß.

Die Widersprüchlichkeit zwischen notwendiger technologischer Forschung und Realisierung wird durch die schnelle technische Entwicklung und Bereitstellung von Lösungen durch die verschiedenen Hersteller verstärkt, so daß die Forschung meist hinterherhinkt. Projektgruppen werden erforderlich, die in eine Standard-Leitungshierarchie einzuordnen sind, so daß Änderungen in Teilen des Systems nicht zu einer Umwälzung des Gesamtsystems führen müssen. Hier wird eine straffe einheitliche Lenkung und Durchsetzung der technischen Strategie gegenüber den journalistischen Bereichen notwendig, um ein Absinken des Niveaus und Zersplittern der großen Hörfunksysteme zu verhindern.

Zuständigkeit für die Betreuung eines Systems

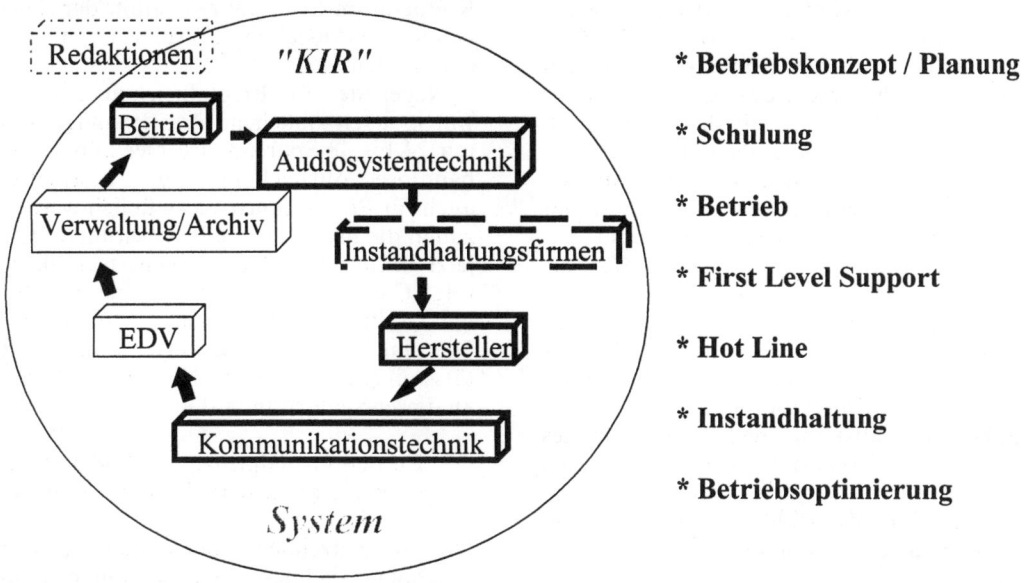

* Betriebskonzept / Planung

* Schulung

* Betrieb

* First Level Support

* Hot Line

* Instandhaltung

* Betriebsoptimierung

Tonm 11/96

Abb. 198.3: Zuständigkeiten für die Betreuung technischer Probleme im System Hörrundfunk (nach H. Müller, 1996)

2.2.2. Entwicklung der Programm-Produktionstechnologie

2.2.2.1. Vorproduktion im stationären Bereich

– Klangkörper, Studios, Aufnahmetechnologien:
Bei der Produktionstechnik für Musik und Hörspiel, als typisch radiophone Programminhalte des Hörfunks, können sich veränderte Entwicklungsrichtungen abzeichnen.

Während die öffentlich-rechtlichen Anstalten bisher als Hauptkulturträger fungieren – neben der Theater- und Konzertlandschaft sowie der Recording-Industrie (Schallplattenbetriebe usw.) – und eigene Klangkörper besitzen, die ständige Produktionen der klassischen, Unterhaltungs-/Pop- und Gegenwarts-Musik für die eigenen Archive und Programme erzeugen, aber auch öffentlich in eigenen Konzerten auftreten, gibt es Diskussionen, daß der inzwischen erreichte Überbestand an CD-Produktionen in der Welt für alle gängigen Werke die Erhaltung dieser rundfunkeigenen Klangkörper nicht länger sinnvoll und wirtschaftlich zulassen würde. Während dies in Deutschland zunehmend stärker propagiert und realisiert sein wird, wehren sich ausländische gleichartige Institutionen, wie z.B. BBC in Großbritannien und Radio France in Frankreich, bisher erfolgreich gegen diese Entwicklung; sie sind sogar der Auffassung, daß der künftige DAB weiterhin eigene hochqualitative Produktionen erfordert, aus ökonomischen Gründen allerdings oft in Koproduktion mit dem Fernsehen bzw. mit Multimedia- und Schallplatten-Produzenten. Dabei stellt man sich auch darauf ein, daß das Archiv vorteilhaft für die künftig eigenen zusätzlichen Kanäle, z.B. gebührenpflichtige bzw. gebührenfreie Hörfunk-Aufrufdienste (Radio-on-Demand-Wege), mit genutzt werden kann.

Ein weiteres wichtiges Argument dafür ist, daß nur in den größeren Funkhäusern – vorwiegend des öffentl.-rechtl. Rundfunks – raum- und bauakustisch hochwertige Aufnahmestudios verfügbar sind, die den bei digitaler Technik und der Mehrkanal-Technologie notwendigen Anforderungen genügen können.

Insbesondere die mit dem Start der Digital Versatile Disc (DVD) seit 1996/97 nun mögliche und notwendige Neuaufnahme der gesamten Musikliteratur in der erweiterten Mehrkanal-Aufnahmetechnik im 3/2-Format sollte auch die Hörfunkinstitutionen motivieren, hier nicht das gesamte Feld der Recordingindustrie zu überlassen und sich zum Abspielautomaten degradieren zu lassen, wie es die kleinen privaten Stationen zwangsläufig sein müssen. Bisher war der (deutsche) Hörfunk der Initiator und Antrieb der Entwicklung der Tonstudio-Aufnahmetechnik.

Dazu sind neue Aufnahmetechnologien (Mikrofontechniken, Raumschall-Aufnahme usw.) zu entwickeln, um über die künftig notwendigen drei Frontal- und die beiden Surroundschall-Lautsprecher ein optimales Klangerlebnis (sowohl für Musik als auch künstlerisches Wort), ggf. auch in Kombination mit Video/TV-Bild, zu entwickeln und ständig zu vervollkommnen.

– Regie- und Hörtesträume:
Es wird künftig erforderlich sein, die akustische Qualität der zugehörigen Regie- und Hörtesträume erheblich gegenüber dem jetzigen Stand zu verbessern – die seit längerem bekannten Anforderungen an kürzere Nachhallzeiten (ca. 0.2 s gegenüber früher 0.3 bis 0.5 s), Gleichmäßigkeit der Absorptionsverteilung im Hinblick auf die Mehrlautsprecherwiedergabe, und insbesondere starke Dämpfung der Kurzzeitreflexionen in den ersten 20 ms sind – neben dem Einsatz hochqualitativer Koaxial-Referenzmonitore – zügig durchzusetzen. Besonders die Forderungen zur Unterdrückung der Kurzzeitreflexionen standen seit langem international zur Diskussion (u.a. Steinke, 1994 [9], Vorschlag mit $> 20\pm 5$ dB im Bereich 0...30 ms). Inzwischen wurde dies mit der ITU-R (CCIR)-Empfehlung BS 1116 [10] geregelt, wonach Raum-Reflexionen zumindest im Bereich von 1 bis 8 kHz innerhalb der ersten 10 ms mit ≥ 15 dB zu unterdrücken sind.

Die in großen Hörfunksystemen autarken Bereiche mit akustisch hochwertigen Musik- und Wortstudios werden zunehmend mit digitalen Tonmischpulten mit höheren Abtastraten ausgestattet werden, um eigene Archiv-CD's (in Koproduktion) mit speziellen CD-Recordern für kleine Stückzahlen selbst zu produzieren. Hier wird mit dem erwähnten Einzug der Mehrkanal-Stereofonie mit 5 und mehr Kanälen und den höheren Anforderungen ein Umschlag in höhere Qualitätskategorien erfolgen müssen – bei Kooperation bzw. Konzentration der dabei beteiligten Anstalten aufgrund der steigenden Kosten.

Neben den für Erstaufzeichnung gegenwärtig noch üblichen Magnetbandgeräten mit 24 bis 48 Spuren, wird hier künftig die bandlose Aufzeichnung auf Festplatten auch für Produktionszwecke üblich werden, zumal die nachfolgende Bearbeitung bereits jetzt mittels Festplattenspeichertechnik erfolgt (Mehrkanal-Editier-Systeme wie 'Sonic Solutions', 'Dyaxis' usw. sind üblich). Die eingangs erwähnte notwendige Qualitätssteigerung auf 24 bit/96 kHz wird auch an dieser Stelle Standard werden.

– Zu den Grundprinzipien moderner digitaler Großmischpulte und ihrem Systemaufbau:
Die einzusetzenden großen digitalen Tonmischpulte sind gekennzeichnet durch räumliche Trennung der ergonomisch gestalteten Arbeitsfläche mit intuitiv zu betätigenden Bedienelementen (also analoge Bedienoberfläche) und der eigentlichen Steuerung, Bearbeitung und Verteilung der Tonsignale in voll digitalen Ebenen. Die moderne Steuerung erlaubt Zusammenfassung von Funktionen, die nur in der Vorbereitungsphase benötigt werden, was durch entsprechende Displays, Bildschirme übersichtlich vereinfacht wird. Nur die unbedingt nötigen Funktionen, für die ständiger und unmittelbarer Zugriff erforderlich ist, sind dem jeweiligen Kanal zugeordnet, für den weiterhin ein Flachbahnregler (mit Endlosband oder konventionellem Steller mit Anschlag) üblich bleiben wird. Da auch der Zusammenhang zwischen der Einstellung eines Parameters und dessen Umsetzung im Signalweg nicht mehr gegeben ist, entspricht dem Steuerparameter ein Parametersatz für den entsprechenden DSP, der einem Zuordnungsspeicher entnommen wird. Dadurch kann ein Mischpult bei gleicher DSP-Elektronik durch andere Ausführung der Bedienebene leicht an unterschiedliche Aufgaben angepaßt werden bzw. es können infolge der indirekten Parametersteuerung auch andere Algorithmen abgearbeitet werden.

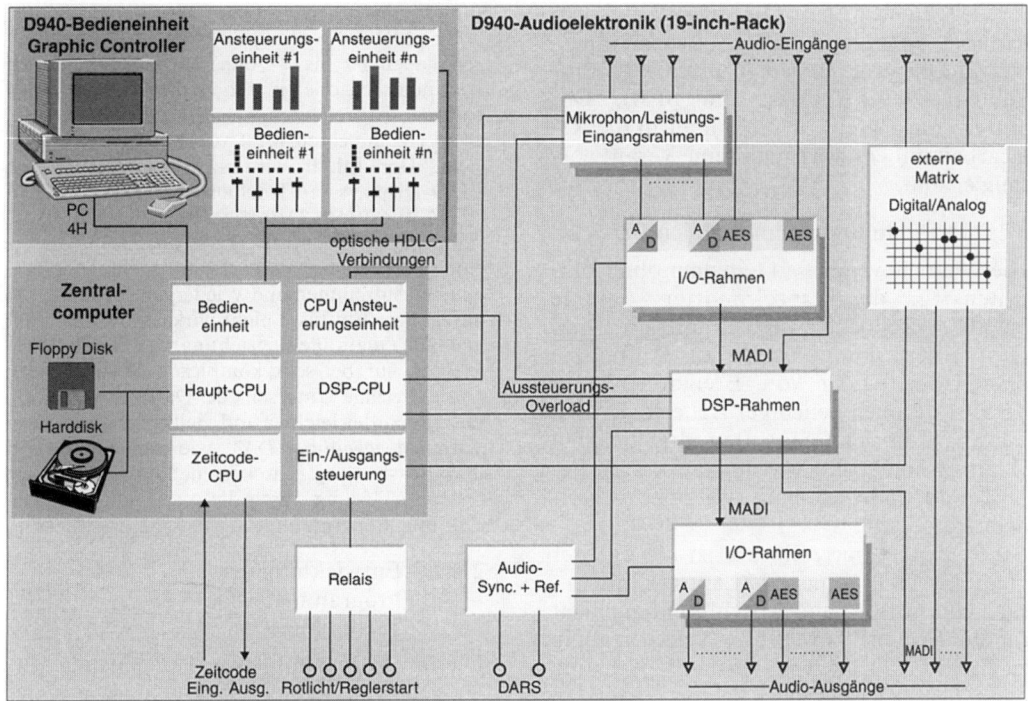

Abb. 198.4: Blockschaltbild eines neueren großen digitalen Tonmischpultes (Beispiel: Studer D 940; nach Bäder, 1996)

Durch diese Möglichkeiten der einfachen Modifizierung ist die z. B. Anwendung für die künftige Mehrkanaltechnik im 3/2-Format problemlos möglich. Auch können damit mehrere Bedienungsebenen („Layers") übereinander geschichtet werden, und somit viele Quellen (z. B. unterschiedliche Musikgruppen, Chöre u. ä.) in Zwischen-Bearbeitungsgruppen zusammengefaßt werden. Insbesondere für aufwendige Livesendungen und in Übertragungswagen kann man dadurch mit kleineren Mischpulten und geringerem Personaleinsatz auskommen.

Abb. 198.4 zeigt ein Blockschaltbild eines typischen Beispiels eines der neuesten digitalen Großmischpulte (Studer D 940; nach Bäder, ebenda), das für alle Ausgangs-Formate einsetzbar ist.

Künftig wird es auch notwendig werden, beim Einsatz der virtuellen Studios im Fernsehen zum Bild adäquat auch virtuelle Ton- bzw. Klangebenen für akustisch differenzierte Bewegungen von Stimmen zu schaffen – davon wird auch im Hörfunk/Hörspiel profitiert werden. Somit müssen auch immer mehr Bearbeitungsmöglichkeiten mittels Softwarelösungen entwickelt werden, ohne die Bedienfläche bzw. die elektronische Grundkonfiguration der Anlagen verändern zu müssen.

Die Vorgaben nach Flexibilität, Qualität und Erweiterbarkeit werden besonders mittels Einsatz von digitalen Signalverteilsystemen (früherer Rundfunkjargon: 'Kreuzschienen') erhöht, speziell in Verbindung mit Video- und Datenverarbeitungsanlagen.

Die moderne Tonmischpult-Technik ist dabei auch ein Beispiel, daß trotz des starken Eindringens der Computertechnik in den Hörfunk im Produktionsbereich die besonderen Mensch-Maschine-Interface-Bedingungen unverzichtbar bleiben werden, ebenso wie der hochqualifizierte Tonmeister/Sound-Designer im Hörfunk für Musik und künstlerisches Wort unentbehrlich bleiben wird, der nach einer Arbeitsperiode von 'Rohaufnahmen' der künstlerischen Darbietung mit dem Tonmischpult erst in komplizierten Nachbearbeitungs- und Abmischphasen ein neues, möglichst vollkommenes Klangprodukt kreiert.

Für die Hörspiel- und Featureproduktion zeichnet sich die Tendenz ab, künftig nur noch computergestützte Harddisk-Recorder einzusetzen, um von der – historisch bedingten – Vielfalt der Zuspielmagnetbandgeräte für Geräusche, Musik, O-Ton usw., und dem dadurch höheren Zeit- und Bearbeitungsaufwand wegzukommen (typisch z.B. Pro-Tools-Harddisk-Recorder im SFB). Der Toningenieur greift damit stärker in die Regiearbeit mit ein, was auch seine Verantwortung erhöht.

2.2.2.2. Produktionen im mobilen Bereich

Hier werden weiterhin kleinste mobile Einheiten für den Einzelreporter, digitale Satelliten-Reportagewagen, mittlere und Groß-Übertragungs-Wagen zur Aufnahme bzw. Übertragung von Ereignissen und Veranstaltungen beliebiger Art erforderlich werden. Für letztere gelten die gleichen Qualitätskategorien wie im stationären Bereich und sind hier nicht weiter zu behandeln.

Für den Reportereinsatz ist sowohl der modifizierte PC-Einsatz (Laptop) mit zusätzlicher Misch- und Anschlußmöglichkeit für das Telefon – bzw. ISDN-Netz vorrangig zu erwarten als auch weiterhin die Nutzung qualitativ akzeptabler Consumertechnik in professionellen Ausführungen, in Ablösung des um 1988 eingeführten Formates R-DAT. Hier wird man bald vom Magnetband und seinen Schwächen (Mechanik- und Bandfehler durch Umwelteinflüsse, mangelnder schneller Zugriff usw.) unabhängig werden. Infolge der schnellen Entwicklung von Festkörperschaltkreisen (reine Halbleiterspeicher) in Chipkartengröße (sog. Compact Flash-Format CF mit ca. 200 MB) wurde bereits 1996 die Speicherung von MPEG-datenreduzierten Stereo-Signalen bis zu 40 min. möglich, so daß autarke Reportergeräte in DIN-A-5 Größe inzwischen eingeführt sind.

Als ein Beispiel für berührungslos zu beschreibende Tonträger kann sich für Ministationen zum portablen Recordereinsatz künftig auch das digitale Aufzeichnungsformat MiniDisc eignen. Neuere MiniDiscs, besitzen eine Speicherkapazität von 140 MB. MiniDisc-Recorder sind robust und können sich infolge ihrer Zuverlässigkeit, bequemen Bedienung, schnellen Aufzeichnungsbereitschaft, Batterielebensdauer und geringem Gewicht bewähren (mit Kopfhörern bzw. kleinen Einbaulautsprechern).

Bereits in Kleinstationen – die mit Bitratenreduktion arbeiten (müssen) – ist die MiniDisc ein zweckmäßiges – und gegenüber Workstations preiswürdigeres – Medium zum Ersatz für Carts (Cartridges, d.h. Einloch-Bandkassetten, für die sog. Jingles u.ä.) und zur Musikuntermalung. Solche MD-Decks für professionelle Anwendungen haben 60 bis 74 min Aufzeichnungsdauer, kontinuierlich oder in zahlreichen (z.B. 255) separaten Aufzeichnungssegmenten, bei 16-Bit, 44.1 kHz, mit einem ATRAC-Datenreduktionssystem. Der Inhalt wird sichtbar registriert in LCD-Displays, mit Tracknummer, Pegel, Tracktitel, Zeitposition. Derartige Reportergeräte sind stabil gegen Erschütterungen und Stöße, da sie einen Festspeicher als Puffer für mehrere Sekunden bei Aufnahmen und Wiedergabe benutzen, so daß äußere Einflüsse nicht wirksam werden können. Die Qualität entspricht nahezu dem R-DAT-System, nur bei sehr komplexen Musiksignalen gibt es geringe Unterschiede. Dafür ist der Mini-Disc-Recorder leichter und vielfältiger, mit vielen Vorteilen gegenüber DAT, wie schneller Zugriff und Bearbeitung; ein kosteneffektives Medium bis zur Ablösung durch die o.a. Festkörperspeicher im CF-Format.

2.2.2.3. Entwicklung der Programmabwicklungs-Technologie

Die im Programmbereich zunehmende Vernetzung von Redaktionsarbeitsplätzen mit Zugriff auf zentrale Disk-Server (insbesondere im Nachrichtensektor) führt naturgemäß zu stärkerem Zusammenrücken mit dem rein technischen Bereich der Programmabwicklung und der Einflußnahme darauf. Die journalistischen Workstations stellen dann relevante Informationsknotenpunkte dar. Das gemeinsame Ziel sind effizientere Arbeitsabläufe bei der Bearbeitung der redaktionellen Beiträge, insbesondere, um schneller mehr Nachrichten zu bearbeiten, in hoher Tonqualität mit besten Recherchemöglichkeiten zu einem wirtschaftlich günstigen Preis. Analog kann man diese Entwicklung auch für Musikprogramme mit speziellen Auswahlsystemen absehen. Es gibt viele spezifische Lösungen, z.B. von BBS bzw. Management Data, DALET von Thum u. Mahr, Digispot (Bahr) und anderen Institutionen, deren Weiterentwicklung die immer stärkere Einbeziehung digitalisierter Archive, schnellere Bearbeitung und Abwicklung und Übertragung möglich machen (eine Übersicht derartiger Systeme zur Programm-Abwicklungsautomation s.u.a. in Kaminski). Die detaillierte Behandlung ist den zuständigen Artikeln zur Programmseite vorbehalten; hier soll lediglich auf die auch von seiten der Technik notwendige gebührende Berücksichtigung hingewiesen werden, um die künftige Voll-Integration zu erreichen.

2.2.3.1. Prinzipien moderner Programmabwicklungs-Technologie

Am beispielhaften Aufbau neuerer autarker Aktualitätskomplexe (SFB, 1995, SWF, 1996) kann man die Entwicklung zu künftig üblichen Systemlösungen mit höherem Automatisierungsgrad absehen.

Da ein derartiger Aktualitätenkomplex weitgehend unabhängig von einem Hauptschaltraum operieren kann, ist er sowohl als eine Teilsystemlösung einer großen Hörfunkanstalt als auch allein für eine einzige Station nutzbar. Den Kern bildet ein rechnergestützter Produktions- und Abwicklungs(Sende-)komplex, bestehend aus z.B. zwei Regieräumen für Einmann-(Moderator-)betrieb (sog. 'Selbstfahrerplätze'), einem Regieraum für Betrieb mit Techniker und einem Sprecherstudio; dazu einem Technik-Geräteraum. Es ist auch üblich, alle Regieräume (Rundfunkjargon: 'Regien') für Betrieb mit Techniker auszustatten, jedoch für Selbstfahrerbetrieb einen dafür konstruierten mobilen Regieplatz daneben anzuordnen (SWF). Zusätzlich ist ein Nachrichtenstudio verfügbar. Dazu kommen mehrere (z.B. 3...6 audiofähige Redaktionsarbeitsplätze in einem Großraumbüro, über Netzwerk angebunden.

Im Regieraum wird ein großes (ausbaufähiges) voll-digitales Tonmischpult mit 24 bis 32 Stereo- bzw. AES/EBU-Kanälen eingesetzt. Als digitale Quellen sind u.a. angeschlossen: ein computergestütztes, vernetztes Redaktions- und Audiosystem (im Beispiel des SFB: Digispot-System) mit aus Sicherheitsgründen zwei zentralen Speichern. Darin sind alle Audiobeiträge (Musik, Wort, Jingles, Werbeblöcke) verfügbar, die manuell oder automatisch gestartet werden können. Ferner hausinterne Leitungen vom Schaltraum, Studios, Magnetbandgeräte, CD-Player, DAT-Recorder usw. Die Einordnung im Funkhaus erfolgt über (meist via Glasfaser) fernsteuerbare digitale Signalverteiler (Rundfunkjargon: Koppelfeld; z.B. Nexus, Ghielmetti u.a.) mit z.B. 64 Eing./40 Ausg., im Technikraum bzw. größere Verteiler mit 128 x 128 im unbesetzten Hauptschaltraum, die auch Verbindungen zwischen Selbstfahrerplätzen, Redaktionsplätzen usw. schalten. Sie sind also von allen bzw. ausgewählten Plätzen aus anzusteuern. Vollständige Automation ist bei Bedarf stets auch möglich, insbesondere nachts, evtl. nur mit einem Redakteur. Optisch über Studiofenster mit dem Regieraum verbunden sind die Selbstfahrerplätze für Moderatoren, mit gewöhnlich 8 Kanälen (mitunter bis zu 32). Sie besitzen Verbindungen zum Aufnahmeraum; üblich sind auch weitere Mikrofone im Raum für Co-Moderator bzw. Gäste sowie Leitungen vom zentralen Signalverteiler (weitere CD-Spieler, Leitungen vom Regieraum usw.). Somit sind also komplexe Sendungen aus dem Regieraum mit Techniker in Verbindung mit den Räumen mit Selbstfahrerplätzen möglich, z.B. bei vielen Telefon-Gesprächspartnern. Texte für die Moderatoren erscheinen im Sprecher- bzw. Selbstfahrerraum auf Flachbildschirmen zur direkten Ablesung.

Die Automationssysteme werden kontinuierlich weiterentwickelt; insbesondere, um bei aller Verschiedenheit Paßfähigkeit bei zunehmender Integration beizubehalten. Üblich sind dazu typische Softwaremodule, wie z.B.

– Nachrichten- und Beitragsbearbeitung: ein Nachrichtenagentursystem mit Beitragskomponenten, Stichwort- und Textsuchverfahren sowie individuellen Konfigurationsmöglichkeiten;
– Audio-/Textintegration: Audioelemente lassen sich unmittelbar in die Beitragstexte einbetten. Texte und Audiosignale sind einzeln veränderbar und können auch in weiteren Schritten bearbeitet werden;
– Beitragsproduktion: Die Produktionsoberfläche erlaubt gleichzeitige Aufnahme und Wiedergabe, z.B. zur Kommentierung/Übersetzung fremdsprachiger Texte;
– Cart-Assist: Möglichkeit der gleichzeitigen Produktion mit vier nur virtuell vorhandenen Tonträgern (Jingles u.a.), einschl. Aufnahme;
– Musikarchiv: Schnellzugriff mit umfassender Suchoption;
– Automatische Aufzeichnung: Erlaubt vollautomatischen Transfer von CD-Inhalten in den Server zum Zwecke des Schnellzugriffs;
– O-(Original-)Ton-Archiv sowie Mitzeichnung: Automatische Aufzeichnung des Mikrofonsignals (Anmoderation) und nachfolgenden Beiträgen im O-Ton-Archiv.
– Aktualitätenspeicher mit Dreitonerkennung, Aussendung und Codec-Unterstützung
– Sendeplanung: Einsetzbar für mehrere „Wellen"; Strukturmodell für Grob- und Feinplanung, grafische Auswertung u.a.

Alle Audiodaten sind auf verschiedenen Servern, größere für Musik, kleinere für Werbung, Beiträge usw. gespeichert. Über FDDI-Netzwerk haben alle angeschlossenen Rechner Zugriff. Diverse Beiträge sind zur Sicherheit auch auf Festplatten der entsprechenden Rechner gespeichert.

Zur künftigen Programm-Abwicklungstechnologie gehört auch die Codierung aller Programmbeiträge durch entsprechende Kenndaten bzw. Zusatzinformationen, damit es dem Hörer möglich ist, nach Genre und Sparte die Beiträge auszusuchen (z. B. Jazz-Musik, Klassik u. ä.), zu überspringen oder auch auszublenden (z. B. Werbung). Eine solche Idee existiert seit den dreißiger Jahren, wurde aber erst ab 1968 und zunächst nur zur Sendersuchlaufsteuerung in Empfängern benutzt (Arnold/Gerätebau Hempel). Der Vorschlag des RFZ, beim ostdeutschen Rundfunk eine Sender- und Programmkennung für automatische Programmwahl einzuführen, wurde 1970 dort aus durchsichtigen politischen Gründen abgelehnt. Erst 1989 bei den zaghaften Einführungsschritten für einen digitalen Rundfunk über Satellit (DSR) griff man die Idee der Genre- und Programmkennung in begrenztem Umfang systemgerecht wieder auf (Kategorien Information, Bildung, E- und U-Musik). Sie ist nun als Senderkennung über das Radiodaten-System RDS bei FM und auch andere Netze üblich. Ein künftiger digitaler Hörfunk muß jedoch die Genrekennung umfassend anwenden, auch wenn sich damit eine andere Hörergewohnheit entwickeln kann, nämlich daß man lediglich nur noch Programme, statt Sender (Stationen) wählt. Gleichzeitig müssen bei der Programmabwicklung alle Beiträge über Dynamikprozessoren geführt werden, damit die Steuersignale zur individuellen Dynamikeinstellung abgeleitet, in Empfänger rückgewonnen und dann bedarfsgerecht genutzt werden können.

2.2.3.2. Tonmischpultprinzipien für die künftige Programmabwicklung

Die fortschreitende Automatisierung sowie die Summe der möglichen Steuermöglichkeiten ist künftig nur mit digitaler Technik möglich. Die Tastenbelegung der meist modular aufgebauten Abwicklungspulte muß nach Bedarf umprogrammierbar sein, damit nicht alle Schaltungen diskret aufgebaut werden müssen. Die Bedienung wird immer stärker bildschirmunterstützt werden. Die Mischpulte müssen daher eine hohe Anzahl von Steuerrechnern für verschiedene verteilte Aufgaben besitzen; zentrale Supercomputer werden gegenüber einer verteilten Intelligenz vermieden. Dies bietet hohe Betriebssicherheit, auch bei Ausfall eines Rechners, ohne Rückwirkungen auf das Bussystem (z. B. serielles Bussystem CAN = Control Area Network, aus der Autoindustrie, ein Multimastersystem mit prioritätsgesteuertem Zugriff), das somit einfache und auch lange Zuleitungen toleriert. Auf dieser Basis ist eine Weiterentwicklung des Sendeschemas, der Programmentwicklung, und des personellen Einsatzes jederzeit möglich.

Abb. 198.5 zeigt beispielhaft das Grundprinzip eines digitalen Programm-Abwicklungspultes ('Broadcast-Konsole') der neueren Generation (Studer On-Air 2000, 1996):

Das Abwicklungspult ist modular aufgebaut und besteht aus einer zentralen Bedieneinheit und max. vier Kanalblöcken zu je 6 Kanalzügen, also bis zu 24 Eingangskanälen. Jeder Eingangskanal kann mit unterschiedlichen Modulen bestückt werden:

– Leitungseingangsmodul: Stereo mit A/B-Umschaltung, mit oder ohne Übertrager.
– Mikrofoneingangsmodul, mit analogem Insert, A/B-Umschaltung.
– Digitaleingangsmodul: AES/EBU bzw. S/PDIF-Eingang mit SFC und A/B-Umschaltung.
– Quellenwahlmodul: Stereoeingang mit 6-fach-Eingangsselektor.

Jeder Modul hat Pegelstellerstart- und Locate-Ausgänge, jeweils auch einen Steuereingang, z. B. für Mikrofon-Mute bzw. für das CD-Player-'Ready'-Signal. Zusätzlich gibt es weitere Interface-Module, wie Sync-Module zur externen Synchronisation des Pultes, Telefon-Hybrid-Modul für 2 Telefonhybride, RS 232-Interface für Funkuhr usw.

Jeder Kanalzug besitzt einen Pegelsteller und lediglich drei Tasten. Alle anderen Funktionen sind über eine zentrale Bedieneinheit ansteuerbar (Balance, Pegeleinstellung, Filtereinstellungen). Ausgänge (jeweils mono oder stereo): Programm, Record, Audition sowie Hilfs-Ausgänge. Als Steuerrechner dient ein Microcontroller statt eines PC, was einen sehr schnellen Start des Systems erlaubt. Die Bedienung erfolgt vorzugsweise über Touchscreens (berührungsgesteuerte Bildschirme) für jeden Kanalblock sowie über Pegelsteller und die Tasten ein/aus/Abhören-vor-Regler. Somit ist es nicht erforderlich, über – zeitverzögernde – Menüs oder Submenüs im Betrieb zugreifen zu müssen. Auch die zentrale Bedieneinheit besitzt Touchscreen und darunter Inkrementalgeber und Tastenfeld zur Steuerung von Abhören und Aussteuerung (Monitoring), ferner Tasten für nicht-kanalbezogene Funktionen (Telefonhybride, Hilfspegelsteller usw.). Die Inkrementalgeber haben funktionsabhängige Endanschläge und Rast-

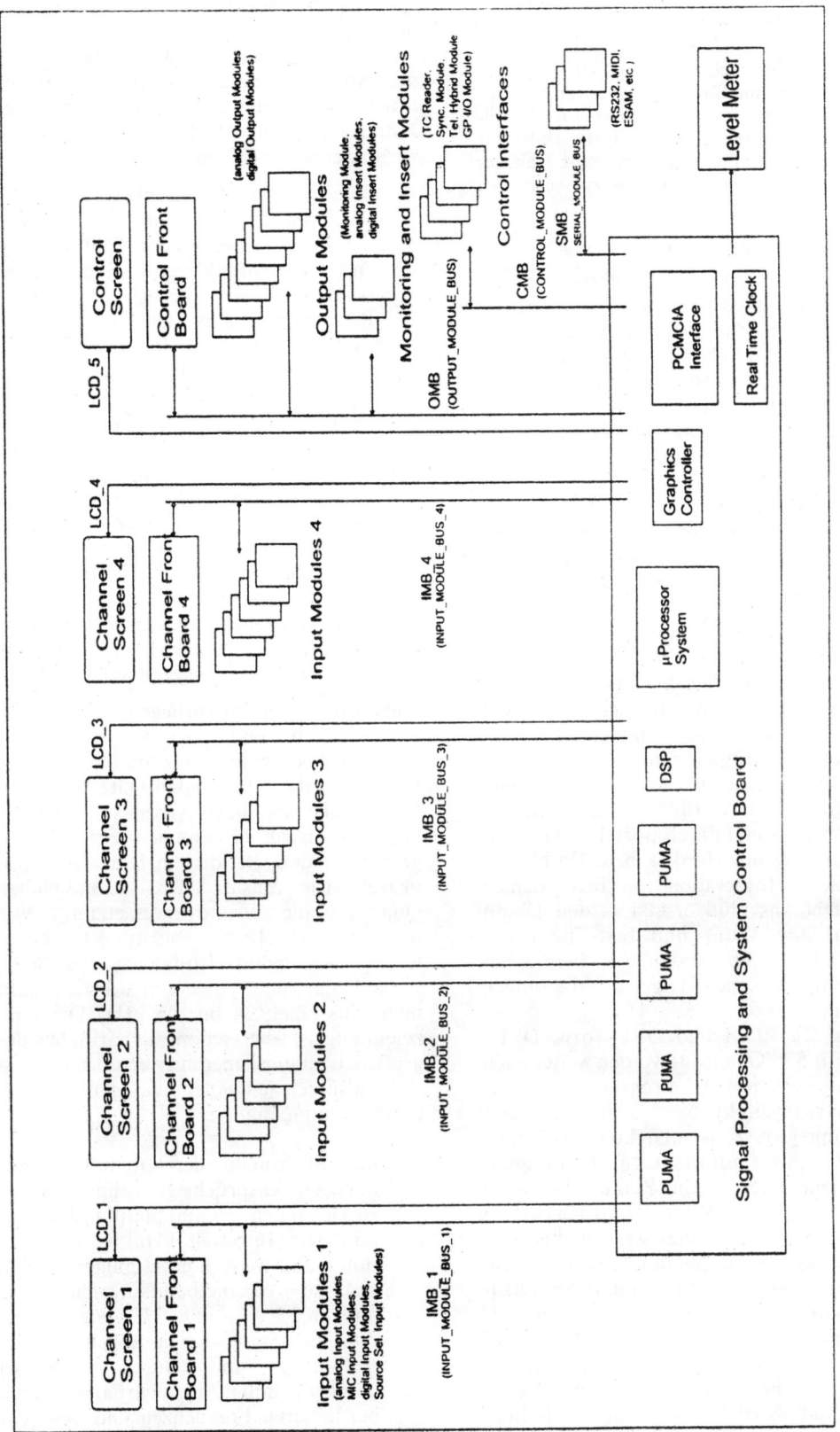

Abb. 198.5: Grundprinzip eines digitalen Programm-Abwicklungsmischpultes (Beispiel: Broadcast-Konsole Studer On-Air 2000, 1996)

punkte. Das Speichern von Einstellungen des Mischpultes, einschließlich der Mikrofoneingangspegel erfolgt über PCM-CIA-Karten.

Die Signalverarbeitung erfolgt mit sog. PUMA-Chips, das sind für Audioanwendungen optimierte Signalprozessoren mit enormer Rechenleistung. Hierzu werden jeweils 5 PUMA-DSP's auf einem Chip zusammengefaßt, mit sehr schneller serieller Summenbusverbindung zwischen den Chips.

2.3. Speicherung und Archivierung

Die durch die weiteren Fortschritte der Digitaltechnik ableitbaren Entwicklungstendenzen zeigen, daß sich die Ablösung des Magnetbandes durch optische bzw. magnetooptische Speichermedien im aktuellen Reportagebetrieb und im stationären Aufnahmebetrieb zügig fortsetzt. Da die Editierung aller Arten von Beiträgen – aus Qualitäts-, Zeit- und wirtschaftlichen Gründen – häufig mit digitalen Workstations und Harddiks-Recordern sowie linearer Codierung erfolgt, ergibt sich dadurch auch eine Formatverringerung.

Für die aufwendigeren Musikaufnahmen werden sich parallel dazu 24- bis 48-Spur-Magnetbandgeräte im DASH-Format noch so lange bewähren, bis der Übergang auf 24 Bit/96 kHz allgemein vollzogen ist und dafür Festplattenspeicher hoher Stabilität preisgünstig verfügbar sind.

Im Reportagebetrieb werden zunehmend die Formate R-DAT (linear) bzw. MiniDisc (bitratenreduziert) durch portable Workstations/Laptops mit Hardisk bzw. Halbleiterspeicher, bei Integration von Textsystemen und ISDN-Anschluß, ersetzt werden. Damit können dann Audio- und Text-File in das Studio übertragen werden bzw. bereits am Aufnahmeort sendefertige Bearbeitungen erfolgen.

CD's, CD-ROM und DVD (bzw. DVD-Audio für 5.1-Kanalton) werden weiter auch im automatisierten Programm-Abwicklungsbetrieb direkt bzw. über Serverumzeichnung genutzt werden können. Neben der DVD als Endformat für Mehrkanal-Audiosignale werden eine Zeit lang noch die üblichen 8-Kanal-Magnetband-Kassettenformate (S-VHS) genutzt werden, bis man sich für den Programmaustausch auf ein DVD-R-Format einigen und darüber verfügen kann. Derartige Technologien mit 8-mm-Videoband haben sich bereits in der EDV als sog. Streamersysteme zur Datenspeicherung bewährt und können im Zwischen-Studiobetrieb als portables Medium für den Programmaustausch genutzt werden.

Die Verdrängung des Magnetbandes aus dem Studio-Aufnahmebereich in den reinen (digitalen) Archivbereich ist in den nächsten Jahren mit hoher Sicherheit möglich; sie wird zweigleisig erfolgen:

– Umzeichnung (Rundfunkjargon aus der Wachs-Schallplattenzeit: Umschnitt) der vorhandenen großen Tonträger-Archive (Rundfunkjargon: Schallarchiv) beim Hörfunk – ebenso wie bei der Recording/Schallplatten-Industrie – zur Rettung der Bestände und dauerhaften Sicherung. Dies erfolgt durch Umwandlung in 'ewig bestehende' Datensätze – über das lineare RIFF-WAVE-Audiofile-Format – bei entsprechender Qualitätskontrolle und notwendiger Fehlerkorrektur und Aufzeichnung dieser Datensätze, zusammen mit Qualitätsprotokoll und Arbeitsdaten, auf Digitale Massenspeicher (DMS). Diese werden wiederum einer ständigen Qualitätsüberwachung unterzogen und die Datensätze zu gegebener Zeit verlustfrei auf neues Trägermaterial umgezeichnet.

Die im WAV-Format vorliegenden Audiodaten können bei Bedarf aus dem Archiv-Server über das lokale – im Funkhaus übliche FDDI – (Fiber Distributed Data Interface) Netz an der jeweiligen Arbeitsstation abgehört bzw. in der Programmabwicklung eingesetzt werden. Bei diesem Umzeichnungsprozeß ist Einsatz der bestmöglichen Qualität eine Grundvoraussetzung. Wie o.a., reicht die 16 bit Abtastrate für hochwertige Analogaufzeichnungen, bei denen meist Kompander eingesetzt wurden, nicht mehr aus (Ziel: 24 bit, 96 kHz) Die Umzeichnung ist aber schon aus Gründen des großen Umfangs überlagerter und an Umwelteinflüssen leidender analoger Magnetbänder unumgänglich.

– das Mißtrauen der Qualitätsstudios höchster Ansprüche gegenüber der unzureichenden Digitalqualität der Anfangszeit (16 bit; 48 kHz) hat dazu geführt, daß weiterhin an einigen Stellen analoge Magnetbandaufzeichnungen mit 76,2 cm/s und 1/2"-Format für Zweispur-Stereosignale üblich und gerechtfertigt sind. Durch die dabei mögliche hohe Aussteuerbarkeit auch bei höheren Frequenzen und den sehr großen Störabstand (bei zusätzlichem Kompandereinsatz) werden diese Studios bzw. Archivbestände erst dann auf den Digitalbereich übergehen, wenn sich die künftigen hohen Abtastraten in der Praxis bewährt haben und preisgünstiger geworden sind (s. Vögeding 1996).

Die Verwendung der Digitalen Massenspeicher DMS wurde bereits erfolgreich in Pilotprojekten des Hessischen Rundfunks (Admira) sowie des SWF realisiert, u.a. „Digitales Medienarchiv-System" (DMAS) zur digitalen Archivierung, Recherche und den On-Line-Zugriff auf digitale Audio-Inhalte. Die Technologie wird außerdem noch für direkten Zugriff auf die Medieninhalte Bild, Text und Video erweitert. Bei der größeren Lösung steht ein Bandroboter (IBM 3494) mit bereits bewährten Laufwerken (IBM 3590 Magstar) zur Verfügung. Auf Bandkassetten werden Wort, Musik und andere Multi-Mediadaten digital gespeichert. Mit einer neuen Bandtechnologie (128-Spur-Serpentinenaufzeichnung) können Datenraten bis zu 20 MB/s (SCSI-2) bzw. 17 MB/s (ESCON) beherrscht werden. Die Magnetband-Kassetten speichern 10 GB, verdichtet über 30 GB. Ein Bandroboter (Grundeinheit mit 15 Laufwerkseinheiten, Ein-/Ausgabestation für 10 oder 30 Kassetten) besitzt eine Speicherkapazität bis zu *62 Terabyte*. Eine kleinere Ausführung (Tischmodell 3570) ermöglicht direkten Zugriff von einem oder zwei Laufwerken auf bis zu 100 Gigabyte unkomprimierter Daten [21]. Äquivalente Systemlösungen gibt es auch von Sony (Kassettensystem DIR 1000 mit hoher Kopiergeschwindigkeitsrate von 256 Mbit/s und Kassetten mit 110 Gigabyte), bzw. z.B. beim ORB, von Grau Storage Systems und Emass, bei dem auch die Handhabung unterschiedlichster Medien, wie MOD und DLT-Band, möglich ist. Es kann erwartet werden, daß bei Bewährung dieser Pilotprojekte alle Rundfunkanstalten auf derartige Archivierungssysteme übergehen und die o.a. Umzeichnung der vorhandenen Analogarchive schnellstens einleiten werden.

2.4. Programmverteilung (Distribution)

Für den Programmaustausch zwischen den Studios bzw. Übermittlung zum Sender (Ausstrahlung) ist sowohl lineare PCM als auch die bitratenreduzierte Form nach dem MPEG-Audio-Standard mit 384 bzw. 256 kbit/s weiterhin zu erwarten. Über ISDN werden Reporter-Informationen mit 32 bzw. 64 kbit/s (MPEG-codiert) an das Studio gegeben.

Für Netzwerke in Funkhäusern bewährt sich ein FDDI-Netzwerk mit Medienlänge bis 200 km. Man kann mit einer Nettodatenrate von 60 bis 100 Mbit/s rechnen, was bei linearen Audiodaten den gleichzeitigen Zugriff von 40 bis 60 Teilnehmern ermöglicht. Dazu können noch FDDI-Subnetze kommen. Bei Bitratenreduzierung kann man dies zwar erhöhen, für eine nachfolgende Bearbeitung wird dies aber wenig geschätzt.

Als universelle Netzwerktechnologie wird daher seit einiger Zeit die Vermittlungs- und Übertragungstechnologie nach ATM (Asynchronous Transfer Mode) auf Glasfasernetzen – in lokalen und öffentlichen Netzen – eingesetzt, die hohe Datenraten (155 Mbit/s bis 1,2 Gbit/s und höher) für hohe Kanalzahlen gestatten. Solche Hochgeschwindigkeitsnetze (z.B. für Europäisches Breitbandnetz) werden auf eine Lebensdauer von ca. 20 Jahren geschätzt. Die Telekom strebt nach 2000 ein Photonik-Netz an mit Bandbreiten von ca. 50 TeraBit/s und sieht dies als Schritt auf kostengünstige Glasfaserverkabelung bis in die Wohnungen für jedermann. Dazu kommt weiterhin auch Programmzuspielung via Satellit – der direkte Zugang zu einem Satelliten mittels einer transportablen Bodenstation unmittelbar am Ort der Berichterstattung – sowie Programmzuführung zu terrestrischen Sendern. Ein eigener Satelliten-Transponderkanal kann für ein Funkhaus durchaus finanziell attraktiv sein. Bei der Programmzuspielung ist Bitratenreduktion weiterhin sinnvoll; sie senkt Kosten und erlaubt kleine und preisgünstige Sende- und Empfangsanlagen.

2.5. Programmausstrahlung

Die Digitalisierung schreitet hier nicht im erwarteten Umfang und Tempo voran. Ursprünglich war der digitale Hörfunk DAB als Ablösung des in der erreichbaren technischen Qualität à priori begrenzten FM-UKW-Hörfunks vorgesehen gewesen. Unzureichende und indifferente Programmpolitik im föderalen Ländersystem führte aber bereits bei dem 1989 eingeführten, 1999 abgeschalteten digitalen Satellitenrundfunk DSR nicht zur umfassenden Nutzung für 16 unterschiedliche Programmsparten (Genres), da die Kanäle einfach auf die Länder zur beliebigen Nutzung verteilt wurden. Damit konnte man kein Hörerinteresse und Bevorzugung gegenüber den gleichen Programmen über FM wecken (s. a. 2.2.3.1.). Auch beim DAB ließ man 1995 die Möglichkeit des offiziellen Beginns des nun technisch weitgehend ausgereiften Systems infolge programmpolitischer Fehleinschätzungen der ARD ungenutzt und startete lediglich vorsichtig den Beginn mit Pilotprojekten. Das war beim Stereo-Rundfunk ebenso, wo auch die Landesrundfunkanstalten 1963 anfänglich ebenfalls sehr zögerlich waren. (Dagegen begann der ostdeutsche Rundfunk zur gleichen Zeit mit der systematischen regulären Einführung der Rundfunk-Stereofonie.) Der fehlende Mut der Programmanbieter zum digitalen Rundfunk rächte sich durch die entsprechende Zurückhaltung der Industrie bei der Empfängerentwicklung und -fertigung sowie durch passive Resistenz der Privatsender. Es ist zu erwarten, daß sich die Sender- und Empfangstechnik bei DAB zügig erweitert; insbesondere, weil inzwischen die meisten europäischen Länder sowie Kanada, Australien und Indien sich dafür entschieden haben (EUREKA-Projekt 147); Japan will eine modifizierte Variante ISDB = Integrated Services Digital Broadcast, bei Aufteilung der verwendeten Trägerfrequenzen in kleine Segmente, (BST = Band Segmented Transmission) nutzen.

Es gibt aber keinen Druck, keine Notwendigkeit, auf FM-Hörfunk baldigst zu verzichten, solange nicht per Gesetz die Abschaltung von FM-Sendernetzen terminiert wird, so daß die Akzeptanz beim Rezipienten für DAB nicht beschleunigt wird. Im UKW-Bereich werden solche Programme verbleiben, die dafür auch angemessen sind und für die veränderte technische Parameter nicht unbedingt erforderlich werden. Erst die Tatsache, daß bei digitaler Übertragung die Zahl der Programme und der Kanäle zu vervielfachen sein wird (sowohl mit DAB als auch digitaler Satellitenübertragung, wie z. B. bei ADR) sowie mittels der Möglichkeiten der zusätzlichen Datenübertragung, läßt eine stetig wachsende Nachfrage erwarten. Allerdings ist hier der Hörfunk nicht mehr allein – im Fernsehen kommt DVB/DTVB hinzu, mit der Ausstrahlung großer Datenmengen in sog. Datencontainern. Es steht somit bald eine flexible Ton- und Bildqualität zur Verfügung, dazu mit hochsicheren Verschlüsselungstechniken für gebührenpflichtige TV- und Audio-Dienste.

Zu berücksichtigen ist auch, daß man bereits über FM-UKW-Netze mittels weiterer Hilfsträger noch zusätzliche Daten mit relativ hohen Datenraten zwischen 16 und 60 kbit/s unterbringen kann, sog. Data Radio Channel = DARC, seit 1996 in Japan eingeführt, wie dort auch das VICS (Vehicle Information Communication System) für spezielle Autofahrernachrichten. In USA gibt es ähnliche Zusatzdatensysteme, wie HSDS (High Speed Data System) bzw. STIC (Subcarrier Transmission Information Channel); diese werden jedoch von der ITU wegen Verschlechterung des Audiostörabstandes u. a. Beeinträchtigungen nicht allgemein empfohlen. Beim konventionellen Analog-TV kann man dagegen zusätzlich noch bis 384 kbit/s, ohne Verschlechterung des Videosignals, unterbringen, was zur Konkurrenz zu den gerade gestarteten DAB-Datendiensten führen kann. Dort wird häufig propagiert, daß man bei DAB mehr Raum für die Datendienste-Anwendung und weniger für Audio lassen sollte, da eingeschätzt wird, daß Daten ein wichtiger Faktor beim Gesamterfolg von DAB wird, um die DAB-Technologie sowohl beim Anwender als auch bei den Rundfunkanbietern zu verkaufen.

Positiv wird der hörbare Unterschied bei DAB sein, so daß auf die bei FM-UKW noch übliche Signalbearbeitung durch starke Signalkompression und Klangkorrektur für einen besseren Störabstand bzw. höhere Lautstärke nunmehr verzichtet werden kann. Hier sollten jedoch künftig die geltenden internationalen (ITU) bzw. neue nationale Regelungen des BAPT stärker beachtet bzw. kontrolliert werden, damit die – insbesondere bei kommerziellen Stationen – häufig willkürliche und mangelhafte Aussteuerung bzw. Übersteuerung von FM-Sendern unterbunden und bei DAB von vornherein verhindert wird, um Qualitätsbeeinträchtigungen zu vermeiden.

Die programmbegleitenden Daten über DAB- oder DVB-Netzwerke werden dem Hörer eine große Hilfe zur Anpassung der Dynamik und Lautstärkeverhältnisse von Wort und Musik sein. Auch die Sonderdienste, wie spezielle Programme für Hör- und Sehgeschädigte, die nach internationalen Empfehlungen vorbereitet werden, können die Bedeutung und den Nutzen des Hörfunks, insbesondere für DAB, beträchtlich erhöhen. Hier sind sowohl im Studio, bei der Distribution, bei der Ausstrahlung und beim

Hörer auf der Wiedergabeseite zahlreiche Möglichkeiten der individuellen Verbesserung der Verständlichkeit von Musik- und Wortsendungen gegeben. Das standardisierte Mehrkanaltonsystem bietet dafür gute Voraussetzungen. Entsprechende Untersuchungen wurden z.B. bei der Deutschen Telekom AG durchgeführt; entsprechende Realisierungen gibt es bereits beim Dolby-Digital-Mehrkanal-Übertragungssystem.

Ausstrahlungen im AM-LW, und KW-Bereich werden für den Hörrundfunk weiterhin von Bedeutung sein, sowohl für mobile Empfänger auf Reisen und generell für Entwicklungsländer, insbesondere für Informationsprogramme. Auch hier ist inzwischen die Digitalisierung mit Zusatzdiensten für die Anzeige von Informationen vorgesehen. AMMW wird zumindest in Deutschland wenig Bedeutung erreichen, trotz der auch hier gegebenen Datendienste großer Reichweite.

3. Programmempfang

Wie könnte der Hörfunkempfänger bzw. – die Audio-Heimanlage von morgen aussehen? Gegenwärtig fehlen noch – außer bei den Pilotprojektgeräten – komplexe DAB-Endgeräte für den Konsumenten, da die Industrie das Risiko der Nichtakzeptanz scheut. Möglicherweise kann auch die propagierte Interaktivität anfangs nicht die erwartete Bedeutung haben, lediglich eine Ergänzung des Vorhandenen bilden. Hierzu sind noch verschiedene technische Probleme zu lösen, wie u.a. die Bereitstellung der Inhalte auf Abruf an Server, Schaffung einer Netzstruktur für jeden Benutzer, mit breitbandigem Hinkanal zu jedem Benutzer, Rückkanal von jedem einzelnen Benutzer zu den Informationsanbietern usw.

Mit hoher Sicherheit wird, im Sinne des in Abschn. 1. erwähnten bei Multimedia erfolgenden Zusammenwirkens der drei Technologien – Computer, Kommunikation und Rundfunk – das Endgerät der Zukunft ein Hybrid zwischen dem zunehmend intelligenten Hörfunk-/TV-Gerät/Tuner und dem zunehmend videofähigen PC sowie der Mehrkanal-Stereoanlage, Audio-/Videospielern, Faxgerät, Video-Spielkonsole und Telefon usw. sein. Wiederum wird man dabei – je nach Komfortgrad – sowohl Kompaktanlagen als auch aus einzelnen diskreten Einheiten zusammensetzbare und schrittweise zu ergänzende Systeme vorfinden.

Die technischen Quellen und das Übertragungsmedium selbst (ob FM-UKW, DAB, DVB, auch das Internet usw.) werden für den Rezipienten zunehmend uninteressanter werden, wenn er nur jeden Programmwunsch durch ein benutzerfreundliches Auswahlverfahren („Nutzerführung" durch entsprechende Software) erfüllt bekommt, und das auch mit einem Hinweis auf die verfügbaren Qualitätsklassen: Schließlich wird der Unterschied in der technischen Qualität zwischen FM-UKW und DAB erkennbar bleiben, aber eine kennzeichnende Einstufung ist wichtig für die weiteren Nutzungsabsichten (z.B. für eigene Aufzeichnungszwecke usw.).

Durch das unterschiedliche Entwicklungs- und vor allem Einführungstempo der verschiedenen Dienste wird die Endgeräteindustrie zu höherer Paß- und Kombinierfähigkeit gedrängt werden, um von den vielen zusätzlichen Einzelgeräten für den jeweiligen Dienst (Industriejargon: 'Set-Top-Boxen'; gemeint sind meist interaktive digitale Decoder für die unterschiedlich bearbeiteten Signalkombinationen) wegzukommen und sie in die kompakten Empfangsteile nach der Einspeisung in die Netzwerke (Kabel oder drahtloser Empfang) zu integrieren.

Gegenwärtig gibt es noch keine ausgereiften Vorstellungen für die künftigen Endgeräte für den digitalen Hörfunk bzw. Fernsehen; die unterschiedlichsten Realisierungsvarianten werden diskutiert (u.a. Botteck).

Man kann davon ausgehen, daß die zusätzlichen digitalen Datendienste eine weitere Bereicherung für den Nutzer (und eine wichtige Einnahmequelle für die Programmanbieter) werden können. Daraus kann aber auch resultieren, daß der eigentliche 'Hörfunk' mit Komplettprogrammen an Bedeutung verliert – der Rezipient wählt seine gewünschten Audio- und/oder Video- und/oder Datenprogramme aus – bei bestimmten Sparten oder Musikgenres evtl. ganz ohne Wortinformationen – und erkennt den Ursprung nur auf den Displayangaben, falls nicht der Programmanbieter, wie z.Zt. die privaten Stationen, ständig durch Jingles oder Wort die Stationskennung hörbar bemerkbar macht. Die öffentlich-rechtlichen Komplettprogramme (neben rein lokalen Programmen) werden künftig wahrscheinlich in solcher Art von Programmen existieren, auf dessen (Haupt-)Teile der Nutzer beliebig zugreifen kann ('Audio-on-Demand'), wie es bereits beim Fernsehen (sog. ARD-MuxX) geplant ist. Hierzu könnte der Hörer auch zusätzliche Hintergrund-Beiträge zu aktuellen Themen anfordern usw.

Der Hörfunk wird für den portablen und mobilen Empfangsbereich seine Bedeutung weiterhin behalten – beim Bett- oder Küchenradio, im Auto. DAB wird mit seiner hohen Tonqualität, der Störfreiheit beim Empfang und mit der Möglichkeit der individuellen Dynamikeinstellung, im Auto und im Heim, dem Hörfunk eine neue Qualität verleihen. Im Auto wird aus Gründen der Unfallgefahr die optische Datenvermittlung nicht zu weit getrieben werden dürfen. Hier müssen vielmehr die jahrzehntelangen Forderungen nach speziellen Autofahrerprogrammen endlich erfüllt werden; andernfalls werden die kommerziellen Stationen diese Marktlücke erkennen und ausfüllen.

Für das moderne Heim-Audio/Videotheater kann der Hörfunk bzw. der hochwertige Ton zum großen Videobild einen besonderen Gewinn mit der 3/2-Mehrkanal-Stereofonie bringen. Künftig wird hier eine Konkurrenz des Hörfunks zur DVD belebend wirken können. Spezielle Prozessoren in den Heim-Wiedergabeanlagen werden jedoch notwendig werden, damit die jeweils unterschiedlichen Hörer-(Wohnraum/Anordnungs-)Bedingungen für eine optimale und einfach zu bedienende Wiedergabe berücksichtigt und die Stereosignale in Bezug auf eine Referenzeinstellung korrigiert werden können, um ein bestmögliches Hörerlebnis zu vermitteln (s. Fels et al.; Steinke, 1997). Ggf. könnte sich hierzu ein spezieller interaktiver Dienst entwickeln. Dabei wird auch die Frage der individuellen Dynamikeinstellung für akzeptable Lautstärke sowie die Wahl des gewünschten Wort- zu Musikverhältnisses bedeutsam sein. Für das vorhandene CD-Archiv und für alle Quellen, die noch keine für eine individuelle Einstellung erforderlichen Steuer-Stellsignale tragen, benötigt man dabei einen eigenen hochwertigen Regelverstärker (Dynamik-Kompressor).

4. Literatur

Bäder, Karl O., Entwicklungstendenzen bei Tonmischpulten. Vortrag zur 19. Tonmeistertagung, (s. Tagungsbericht, S. 76–85) 1996, S. 76–85. –, Tonmischpulte – Stand und Entwicklungstendenzen großer Anlagen für Rundfunk, Fernseh- und Filmton. In: Fernseh- und Kinotechnik, 50 (1996), H. 5, 230–233.

Botteck, M., Vom Rundfunk zu Multimedia. Endgeräte für digitale Dienste. In: Fernseh- und Kinotechnik, 50 (1996), H. 4, 159–162.

BSS Broadcast Commander, Druckschrift der Broadcast Systems Service GmbH, Grenzach.

Fels, Peter/Gerhard Steinke/Ulf Wüstenhagen, Optimale Heimwiedergabe von Mehrkanal-Tonprogrammen. Vortrag zur 19. Tonmeistertagung. In: Bericht zur 19. TMT, 1996, 170–183.

Firmen- und Pressemitteilung: IBM 3494 Kassettenarchivsystem. IBM Stuttgart 1996.

Herla, Siegbert/Frank Lott, Der Weg zum Tonfile – Dauerstreß oder entspanntes Qualitätsmanagement? Vortrag zur 19. Tonmeistertagung. In: Tagungsbericht, 1966, S. 566–593.

Hermann, Siegfried/Wolfgang Kahle/Joachim Kniestedt, Der deutsche Rundfunk. Heidelberg 1994, 146–147.

Hoeg, Wolfgang/Thomas Lauterbach (Hrsg.), Digital Audio Broadcasting I. Wiley, UK. ISBN 0471 858943

Kaminski, P., Sendeautomationssysteme. Eine technische Übersicht. In: Production Partner, 1993, H. 4, 50–65.

Marschner, Wilfried, et al., Das neue Fernsehproduktionsstudio des BR in München-Unterföhring, Abschn. 7: Audiokonzept. In: Fernseh- und Kinotechnik, 48 (1994), H. 12, 657/658.

Müller, Horst, Konzepte innovativer Radiosysteme. Integrationsprobleme bei Großrundfunkanstalten. Vortrag zur 19. Tonmeistertagung. In: Tagungsbericht, 1996, 695–708.

Müller-Römer, Frank, Entwicklungslinien digitaler Rundfunksysteme (Hörfunk und Fernsehen) und neuer Rundfunkdienste. Vortrag zum Fachkongreß Digitales Fernsehen – Digitaler Hörfunk: Technologien von morgen des Münchner Kreises, 25./26. November. München 1993.

–, Frank, Digitale Systeme für Hörfunk und Fernsehen. Schriftenreihe der DAB-Plattform e.V., München, Heft 14 (April 1996).

–, Drahtlose terrestrische Datenübertragung an mobile Empfänger: Beschreibung des künftigen Multimedia-Systems DAB und seiner Einsatzmöglichkeiten für den Rundfunk. Schriftenreihe des SLM. Berlin, Vistas, 1998. ISBN 3-0915 8-212-9

Recommendation ITU-R BS 775-1: Multichannel Stereophonic Sound System with and without accompanying Picture (Genf, 1992 bis 1994); sowie Standard SMPTE – N 15/04/152-300.

Recommendation ITU-R BS 1116: Methods for the Subjective Assessment of Small Impairments in Audio Systems including Multichannel Sound Systems. Genf, 1994.

Renner, Stefani, Funkhaus auf neuen Wegen – Radio SAW Magdeburg. In: Audio Professional, Heft 1/2, 1997, 33–37.

–, Vernetzte Rundfunksysteme: Privatstation „Radio CD" mit Siemens CARAT. In: Audio Professional, Heft 1/2, 1995, 58–66.

–, Hörspiel und Feature mit ProTools. In: Audio Professional, Köln, 1996, H. 1/2, 22–26.

–, Aktualitätenkomplex des SFB. In: Audio Professional, 1995, H. 5/6, 63–70.

Schneeberger, Günter, Datendienste mit DAB. Schriftenreihe der DAB-Plattform e.V., München, Heft 18 (August 1996).

Steinke, Gerhard, Multichannel Surround Sound – hohe Anforderungen für neue Möglichkeiten. Realisiert die Mehrkanal-Sorroundtechnologie eine neue Selbstverständlichkeit für den hohen Qualitätsanspruch? Es gibt noch viele offene Fragen. In: StudioMagazin – Mastering Special, Sept. 1996, 54–66.

–, Vom Referenz-Hörraum zur Tonsystemlösung für das Filmtheater der Zukunft. In: Fernseh- und Kinotechnik, 48 (1994), H. 11, 583–592; H. 12, 667–678.

–, Audio non plus ultra: Das Digital-Tonmischpult OXF-R3 von SONY. In: Fernseh- und Kinotechnik, 50 (1996), H. 1–2, 52/54.

–, Verschlungene Wege zum Mehrkanal-Wohnzimmer der Zukunft. Die optimale Wiedergabe im Heim – ein global kaum lösbares Problem? In: StudioMagazin 20 1997, H. 1 (Nr. 209), 32–40; 49–51.

Stratmann, D., Was macht ein Auto-Bus im Studio? Der CAN-Bus für steuerungstechnische Aufgaben in einem Mischpult. In: StudioMagazin Special „Rundfunktechnik", 8.1994, 16–22.

Thomsen, Dieter, ATM – Schnelltrasse für Mediendaten. In: Audio Professional 7/8 1995, 38–59.

–, On Air: Das erste digitale Funkhaus. Volldigitaler Hörfunk-Komplex des SWF im LFH Mainz. In: Audio Professional, Heft 5, 1996.

Vögeding, A., Analoges Magnetband im Zeitalter der Digitaltechnik. In: StudioMagazin, 19, 1996, August, 45–48.

Von Ow, A., Digitales Mischpult STUDER ON-AIR 2000. In: Swiss Sound, Publication of Studer Professional Audio AG, Nr. 37, Mai 1996, 3–5.

*Gerhard Steinke, Berlin
(Deutschland)*

199. Zukünftige Programmentwicklungen des Hörfunks

1. Vorbemerkungen
2. Rechtliche und politische Rahmenbedingungen
3. Programmtypen heute
4. Die Programmentwicklung seit 1984
5. Trends in der Mitte der neunziger Jahre
6. Hörfunkprogramme morgen
7. Literatur

1. Vorbemerkungen

Eine vollständige empirische Analyse aller vorhandenen Hörfunkprogramme in Deutschland fehlt bislang. Die Radioprogrammforschung wurde zwar seit Mitte der achtziger Jahre intensiviert, doch blieb es bei Studien in einzelnen Regionen bzw. Bundesländern, die untereinander zeitlich und methodisch kaum vergleichbar sind (vgl. Klingler u.a. 1995). Nur die Gesamtzahl von mehr als 200 Hörfunkprogrammen Mitte der neunziger Jahre ist bekannt, davon rund 50 öffentlich-rechtliche.

Im folgenden werden aktuelle Trands der Programmentwicklung im Kontext von Rundfunkpolitik, -recht und -ökonomie sowie Veränderungen der Arbeitsorganisation untersucht. Es gilt, kurzfristige, nicht verallgemeinerbare Entwicklungen – also Einzel- und Sonderfälle – von durchgehenden Trends abzugrenzen. Zu unterscheiden ist bei der Erstinstallation von Hörfunkprogrammen zwischen qualitativ neu strukturierten und solchen, die lediglich bewährte traditionelle Muster wiederaufleben lassen bzw. erfolgreiche jüngere lediglich kopieren. Weiterhin werden sowohl Hörfunkprogramme als Ganzes als auch deren Bestandteile (Sendeformen, Präsentationsstile, Inhalte usw.) betrachtet.

Unter *Programm* wird hier mit Schäffner verstanden „die Summe aller Beiträge eines Senders (Musik, Nachrichten, Berichte, Reportagen, Interviews, Diskussionen, Radiospiele- und '-shows', Vorträge, Hörspiele und 'Features') in ihrer speziellen Anordnung und Moderation, einschließlich der Werbeunterbrechungen und Senderkennungen ('Jingles')" (vgl. Schäffner 1994, 250). Hörfunkprogramme im heutigen Sinne stellen eine in sich unbegrenzte Abfolge von Einzelelementen dar, anders als in der Frühzeit des Rundfunks und auch noch nach

1945, als nur stundenweise (und das mit Absicht) gesendet wurde. Sie sind in sich mit Hilfe eines Programmschemas gerastert, um sie für die Hörer – auch wegen geringer gewordener Vorinformation in der (Programm-)Presse – „übersichtlich" und „einprägsam" zu halten (vgl. Haedecke 1995, 26). Hörfunkprogramme haben entweder ein täglich mehr oder weniger unverändertes Raster großflächiger Sendestrecken (sogenannte 'Systemsender') oder sie vermitteln in der (ausgedruckten) Programmankündigung dank täglich wechselnder Sendeinhalte den Eindruck größerer Vielfalt.

2. Rechtliche und politische Rahmenbedingungen

In der Bundesrepublik Deutschland liegt die Zuständigkeit für den Rundfunk bei den Bundesländern, als Teil ihrer allgemeinen Kulturhoheit. Die öffentlich-rechtlichen Anstalten werden von Rundfunkräten überwacht, die kommerziellen Sender durch Landesmedienanstalten – beides auf der Grundlage von Ländergesetzen, die die Aufsicht durch Gremien festschreiben, deren Zusammensetzung die „gesellschaftlich relevanten Kräfte" widerspiegelt. Übergreifende Regelungen finden sich in den Staatsverträgen zwischen den Bundesländern (z.B. Regelungen für Rundfunkgebühren bzw. zulässige Marktanteile), im Rahmen der Rundfunkurteile des Bundesverfassungsgerichts bzw. – künftig – der europäischen Medienordnung. Für alle kommerziellen Anbieter bildet der Zwang, durch die jeweilig zuständige Landesmedienanstalt zugelassen zu werden, das entscheidende Nadelöhr. Die Zulassungskriterien selbst sind in den einzelnen Bundesländern keinesfalls einheitlich (vgl. Hege 1994, 11), doch kann man sagen, daß in jedem Fall Angaben über das beabsichtigte Programm (Programmschema) unabdingbar sind und bei der Frequenzvergabe die Sicherung der Programmvielfalt zu beachten ist (vgl. z.B. § 35, 1 des Staatsvertrages über die Zusammenarbeit zwischen Berlin und Brandenburg im Bereich des Rundfunks vom 29. 2. 1992). Die Regel ist, daß sich bei den Landesmedienanstalten, die als Aufsichtsorgane Zulassungsbescheide aufheben bzw. Auflagen für die Programmgestaltung beschließen können, für frei werdende oder neu ausgeschriebene Frequenzen mehrere Interessenten melden.

Beide Lager des seit 1984 dualen Rundfunksystems tangieren sich wegen der begrenzten Reichweite von UKW-Wellen zwangsläufig auf (sub-)regionaler und lokaler Ebene – dort nämlich, wo es um die konkrete Verteilung der – knappen – Hörfunkfrequenzen geht. Es gibt viele Beispiele, wo öffentlich-rechtliche Anbieter auf 'angestammte' Frequenzen verzichten mußten (z.B. der WDR gegenüber kommerziellen Lokalsendern) – wie auch, umgekehrt, Fälle des Frequenztausches bzw. der Frequenzrückgabe zu registrieren sind. Nach der flächendeckenden Verkabelung der Bundesrepublik durch die Bundespost und der Verbreitung von Hörfunkprogrammen auch über Satellit befindet sich ein neues terrestrisches Verbreitungssystem in der Erprobung: *Digital Audio Broadcasting* (DAB) verspricht störungsfreien, vor allem auch mobilen Hörfunkempfang in CD-Qualität, eine größere Angebotsvielfalt und aktuellere, ausführlichere Information auch über das laufende Programm sowie zusätzliche Datendienste (vgl. Ring 1994, 55; 1995, 132). Neuerdings scheint jedoch digitale Übertragung über Mittel-/Langwelle aus Kostengründen das Rennen zu machen.

Rechtlich umstritten ist derzeit der Anspruch der öffentlich-rechtlichen Rundfunkanstalten auf ihr weiterbestehendes Monopol im Bereich der 'Grundversorgung', mit dem sie auch die Erhebung von Rundfunkgebühren legitimieren. Sie bedeutet, mit den Worten von Dieter Grimm, Richter am Bundesverfassungsgericht „dreierlei: Die Programme müssen von der gesamten Bevölkerung empfangen werden können, der Information, Bildung und Kultur genügend Raum geben und die Fülle der gesellschaftlichen Meinungen widerspiegeln". Nach Grimm ist die Legitimation der öffentlich-rechtlichen Rundfunkanstalten gefährdet, für sich diese Grundversorgung – und damit letztlich Rundfunkgebühren – zu reklamieren, wenn sie ihrerseits die Anpassung ihrer Programme an die der kommerziellen Konkurrenz nicht begrenzen (vgl. Grimm 1996).

Die Zukunft des Hörfunks in Deutschland unter Programmaspekten hängt folglich zunächst einmal von den Rahmenbedingungen ab, die von Politik und Rechtsprechung u.a. für Finanzierung und Verbreitung gesetzt werden. Jede Änderung der Finanzierungsgrundlagen beider Sektoren der Rundfunkordnung, etwa durch Einschränkung bzw. Erweiterung der Werbemöglichkeiten oder Neufestlegung der Rundfunkgebühren durch die Länderparlamente, hat gravierende Folgen für die Programmplanung. Von heute aus betrachtet läßt sich feststellen, daß – unter Fortschreibung des jetzigen politischen und juristischen status quo – alle Anzeichen dafür sprechen, daß die öffentlich-rechtliche Seite ihr Programmangebot und seine Vielfalt nicht einschränken wird. Das schließt die Möglichkeit einer weiteren Konzentration der einzelnen Elemente des Programmauftrags auf einzelne Wellen bzw. allgemein: ihre Umverteilung nicht aus.

3. Programmtypen heute

Hörfunkprogramme heben sich voneinander ab nach Inhalt bzw. Funktion (Unterhaltung, Information, Beratung, Bildung), Größe der Zielgruppe, Musikformat, Präsentationsstil sowie Wort-Musik-Anteil (vgl. Schäffner 1994, 250); außerdem unterscheiden sie sich danach, ob sie Werbung, Sponsoring u. a. enthalten und ob sie für ganze Bundesländer oder aber Regionen (Bereiche), Subregionen bzw. lokale Räume ausgestrahlt werden. De facto lassen sich – wie etwa das Beispiel 'SWF3' zeigte – nur teilweise derartige Typen in reiner Form ausmachen. Die Ergebnisse der Programmpolitik und -planung haben offenbar häufig Kompromißcharakter bzw. sind in sich nicht konsequent realisiert. Der Rundfunkstaatsvertrag vom 31. 8. 1991 definiert in seinem § 2 (2)

(1) Vollprogramm als „ein Rundfunkprogramm mit vielfältigen Inhalten, in welchem Information, Bildung, Beratung und Unterhaltung einen wesentlichen Teil des Gesamtprogramms bilden";
(2) Spartenprogramm als „ein Rundfunkprogramm mit im wesentlichen gleichartigen Inhalten";
(3) Fensterprogramm als „ein zeitlich begrenztes Rundfunkprogramm, das für ein regionales Verbreitungsgebiet im Rahmen eines weitreichenden Rundfunkprogramms verbreitet wird" (vgl. Media Perspektiven. Dokumentation 1991, 108).

In Anlehnung daran beteht für Bullinger die „spezifische Funktion" des Vollprogramms darin, „durch ein vielfältiges Gesamtprogramm für die ganze Bevölkerung eine gute Basis für die Darstellung der *Meinungsvielfalt* zu schaffen ... Um dieser Funktion der Vielfaltförderung willen räumen die Rundfunkgesetze dem Vollprogramm eine besondere Stellung ein". Vollprogramme seien „in sich grundversorgungstauglich", im Unterschied zu den anderen Programmkategorien (Bullinger 1994, 597f.). Im einzelnen kennzeichnen in der vorherrschenden Terminologie folgende Programmtypen den derzeitigen Stand:

– *Einschaltprogramme*, die nur von öffentlich-rechtlicher Seite angeboten werden. Dazu werden gezählt:
Mischprogramme (auch als „Vollprogramme" bezeichnet, vgl. Hickethier 1994, 108). Einzige Beispiele sind 'Deutschlandfunk' Köln und 'Deutschlandradio' Berlin;
Kulturprogramme, wozu man die Minderheitenprogramme mit E-Musik und Wort rechnet (z.B. SWR 2, 'HR2', 'WDR3'. Vgl. Hickethier 1994, 108f.; Schäffner 1994, 250).
– *Begleitprogramme*, auch „Massenprogramme" genannt, die viel populäre Unterhaltungsmusik mit aktueller Information verbinden. Dazu zählen auch die Serviceprogramme, die Anfang der siebziger Jahre für Autofahrer entstanden (z.B. 'HR3', 'NDR2', 'SFB 88,8'. Vgl. Hickethier 1994, 108; Schäffner 1994, 250), außerdem: Zielgruppenprogramme, die sich seit Anfang der neunziger Jahre speziell etwa an Jugendliche wenden (z.B. 'Fritz', 'MDR-Sputnik', 'N-joy');
Fensterprogramme, also öffentlichrechtliche Programme, die zu bestimmten Tageszeiten in einzelne regionale auseinandergeschaltet werden;
Lokalradios, die mit Ausnahme der Stadtstaaten nur von kommerzieller Seite angeboten werden.
– *Spartenprogramme*, die „auf ein bestimmtes Programminteresse des Publikums", z.B. an Nachrichten oder Musik zielen (vgl. Hickethier 1994, 109). Beispiele sind das 'InfoRadio' in Berlin-Brandenburg und die Klassik- bzw. Jazz-Wellen.
Einen Sonderfall stellt das 1995 neuentwickelte Programm 'Radio5' des WDR dar, das fast nur Wortelemente enthält, und zwar in allen nur denkbaren Sendeformen (Nachrichten, Zeitfunk, Kommentar, Feature, Hörspiel, Dokumentation usw.).

4. Die Programmentwicklung seit 1984

Die elf *Landesrundfunkanstalten* (bis 1992 neun) bieten gegenwärtig jeweils vier bis fünf Hörfunkprogramme an, davon ein Teil im Verbund mit einer anderen Anstalt. Alle senden ein Kulturprogramm sowie ein unterhaltungsorientiertes Massenprogramm; dazu kommt bei manchen eine Autofahrer- bzw. Servicewelle, eine Regionalwelle (mit sogenannten 'Fensterprogrammen') – bei einigen auch noch ein Spartenkanal für jüngere Hörer bzw. eine Informationswelle. Das bundesweit verbreitete Deutschlandradio bietet zwei Mischprogramme an – das eine eher informations- (der 'Deutschlandfunk'), das andere eher unterhaltungsorientiert ('Deutschlandradio' Berlin, in dem 'RIAS' und das Programm 'DS Kultur' der DDR-Wendejahre aufgingen). Ein Teil dieses Gesamtangebots der Landesrundfunkanstalten mündet nachts in drei gemeinsame Programme der ARD ein, die im Wechsel von den beteiligten Anstalten zusammengestellt werden.

Die Entwicklung, die zu dieser Auffächerung der einstigen zwei Programme seit den sechziger Jahren, insbesondere aber seit Mitte der achtziger Jahre geführt hat, wird als *Diversifizierung* bezeichnet. Man setzte damit bewußt innerhalb des eigenen Hauses auf kontrastierende, ja konkurrierende Angebote und ordnete die einzelnen Elemente mehr oder weniger konsequent neu zu.

Die ausschließlich werbefinanzierten, sogenannten *„privaten" Hörfunkprogramme* vermitteln ein weit uneinheitlicheres Bild als die öffentlich-rechtlichen. Der Grund dafür sind die unterschiedlichen Mediengesetze der Bundesländer und die dahinterstehenden rundfunkpolitischen Positionen und Interessenlagen. Sie waren, als sie ab 1984 zugelassen wurden, in der Offensive und hatten die Chance, auch bis dahin in der Bundesrepublik Deutschland unbekannte Programmtypen, Sendeformen und Präsentationsstile unabhängig vom Parteienproporz zu entwickeln, zu testen und möglicherweise dann wieder zu modifizieren. Mit Ausnahme von Rheinland-Pfalz und Hessen, wo ihnen das nicht ermöglicht wurde, haben sie den lokalen Raum erschlossen – bis dahin rundfunkpolitisches 'Brachland'. In Bayern, Nordrhein-Westfalen sowie in den Stadtstaaten Berlin und Hamburg ist das inzwischen flächendeckend geschehen, oft unter maßgeblicher Beteiligung der lokalen Zeitungsverlage – in anderen Bundesländern nur sporadisch (Sachsen, Baden-Württemberg). Landesweit werden kommerziell orientierte Hörfunkprogramme mit Ausnahme von Bremen in allen Bundesländern ausgestrahlt. Inzwischen haben sich drei Grundformen kommerzieller Programmverbreitung herausgebildet: (a) Hörfunkprogramme, die 'autark', also redaktionell eigenständig und als Vollzeitprogramme gefahren werden (z.B. 'RSH' – Radio Schleswig-Holstein (b) Programme, die in Zusammenarbeit von Senderketten entstehen (z.B. die 'Gong'-Radios (c) Programme, die nur zu bestimmten Tageszeiten lokal-eigenständig angeboten werden, ansonsten sich aber aus einem gemeinsamen 'Mantel'-Programm speisen (z.B. der Anbieter Radio NRW mit den angeschlossenen, wirtschaftlich selbständigen Lokalradios in Nordrhein-Westfalen).

Schließlich gehören zur Radio-Gegenwart in Deutschland *alternative Hörfunksender*. Ihr Ursprung liegt in der Bewegung der 'Freien Radios', die in den siebziger bis Anfang der achtziger Jahre auch in der Bundesrepublik Deutschland versuchten, eine neue Art Radio im Sinne von „Gegen-Öffentlichkeit" und radikaler 'Basis'-Beteiligung zu machen. Nach langen Jahren der Illegalität und Verfolgung wurden Reste dieser Aufbruchsperiode dann ab 1989 durch Vergabe eigener UKW-Frequenzen legalisiert: 'Radio Z' in Nürnberg und 'LoRa' in München sowie 'Radio Dreyeckland' in Freiburg/Breisgau (vgl. Bojadzijev u.a. 1993, 14). Sie beruhen weitgehend auf ehrenamtlicher Mitarbeit und finanzieren sich aus Spenden und Mitgliedsbeiträgen, sind also weder von Werbeeinnahmen noch Rundfunkgebühren abhängig und kommen in dieser Hinsicht dem US-amerikanischen Public Radio am nächsten. In anderen Bundesländern dagegen gibt es lediglich die *offenen Kanäle* – also allen Bürgern zugängliche öffentliche Einrichtungen zur freien Aussprache und radiophonen Betätigung, mit denen Anfang der achtziger Jahre für eine Öffnung des monopolistischen Radiomarktes unter dem Stichwort 'mehr Bürgernähe' geworben wurde. Sie werden teils im Rahmen eigener Frequenzen angeboten (wie z.B. in Berlin oder über Kabel in Rheinland-Pfalz, Saarland, Hessen und Bremen), teils – auch hier wieder eine NRW-Sonderentwicklung – als tägliches Reservat von 15 Prozent der Sendezeit

("Bürgerfunk"), das den dortigen Lokalradios auferlegt ist (vgl. Günnel 1993, 16 ff.; so auch Krebs 1996). Insgesamt ist die Versorgung derzeit mit offenen Kanälen nicht überall gewährleistet (so z. B. sind sie in Bayern nicht vorgesehen), zum andern hinsichtlich der Verbreitung in weiten Teilen eingeschränkt (Kabel- statt terrestrischem Empfang).

5. Trends in der Mitte der neunziger Jahre

Während in den USA kommerzfreie Sender (z. B. das Public Radio) kaum eine Rolle spielen, dominieren in Deutschland die öffentlich-rechtlichen Sender in Bezug auf Anzahl landesweiter wie auch Fensterprogramme und Vielfalt der Programmtypen. Sie liegen auch in der Gunst der Hörer mit einem bundesweiten Marktanteil von rund 60 Prozent vorn (allerdings in Hamburg und vor allem Berlin deutlich darunter). Die Hörfunknutzung in Deutschland hat sich langfristig auf hohem Niveau (rund zweieinhalb Stunden täglich) eingependelt – bei übrigens bemerkenswert hoher Programmtreue (es wird kaum umgeschaltet, vgl. Keller u. a. 1995, 522 ff.; so auch Keller u. a. 1996). Vorbildfunktion für öffentlich-rechtliche Neuschöpfungen bzw. Programmreformen haben in der jüngsten Vergangenheit eher französische und britische Muster gehabt (so für das Berliner 'InfoRadio' der französische Sender 'France Info', für die Kontrastierung hauseigener Programme allgemein die Typisierung bei der britischen BBC). Gleichwohl haben sich zumindest die kommerziellen Sender in Deutschland mehr oder minder die US-amerikanische Hörfunkphilosophie zu eigen gemacht, nach der nicht mehr Programme 'verkauft' werden, sondern 'Hörerzahlen' – an die Werbekunden nämlich (anschaulich dargestellt 1996 in einem Feature des Deutschlandradio Berlin von Frühling u. a.).

Der *„Paradigmenwechsel"* öffentlich-rechtlicher Programmplanung, also ihre Orientierung an maximaler Hörerzahl (vgl. Zimmermann 1995, S. 226) hat bisher nicht zu deren absolutem Primat geführt; die Mehrheit der Anstalten scheint mit 'angezogener Programmbremse' zu fahren, also zu versuchen, Reichweite *und* Qualität als Programmziele miteinander zu verbinden und dabei dem öffentlich-rechtlichen Auftrag der Grundversorgung weiterhin gerecht zu werden. In beiden Systemen des Hörfunks bemüht man sich gleichwohl um die Verlängerung der Hörzeiten, um mehr 'Durchhörbarkeit', um besseren 'Programmfluß'. Nach der allseits vollzogenen Programmvermehrung und -diversifikation auf öffentlich-rechtlicher Seite, in Antizipation der neuen Konkurrenzsituation in den achtziger Jahren, scheint dieser Prozeß mehr oder minder abgeschlossen; die meisten Anstalten haben ihre Programmpalette abgerundet, so daß nun allenfalls noch innerhalb der bestehenden Programme Reformen entsprechend den genannten Vorgaben zu erwarten sind. Bleiben die politischen und juristischen Rahmenbedingungen, wie sie sind, so scheint die Entwicklung grundlegend neuer Programme – die Auflösung des DDR-Rundfunks Anfang der neunziger Jahre gab noch einmal eine solche Chance – im öffentlich-rechtlichen Sektor unwahrscheinlich. Mit weiteren Kooperationsbemühungen sowohl bei ganzen Programmen (so bis zur Gründung des SWR zwischen SDR und SWF im Südwesten) wie auch bei Übernahme und gemeinsamer Produktion teurer anspruchsvoller Wort- und Musiksendungen ist weiterhin zu rechnen. Im weniger starren kommerziellen Bereich könnte es, bei gleichbleibend starkem Interesse am Radiomarktzugang und unter zunehmendem Profilierungsdruck, eher dazu kommen, wie die Berliner Neugründungen 'NewsTalk', 'Radio Paradiso' oder eines türkischen Senders gezeigt haben.

Die Kulturprogramme als Aushängeschild und Alibi für die Erfüllung des speziellen öffentlich-rechtlichen Auftrags werden zunehmend kritisiert wegen innerer Erstarrung und der Diskrepanz von überdurchschnittlichen Kosten je Sendeminute und relativ niedrigen Hörerzahlen (vgl. dazu Lindenmeyer 1994, 5) und bekommen die Konkurrenz ausschließlich werbefinanzierter Klassik-Wellen zu spüren.

Schäffner bilanziert das derzeitige Programmangebot insgesamt so: „Die weitaus meisten Programme in Deutschland sind Begleitprogramme im klassisch-additiven 'Staccato'-Stil (Programmelemente werden nacheinander 'abgefahren') mit ca. einem Drittel Wort- und zwei Dritteln Musikanteil (bei Privatsendern auch mehr). Selbst der Wortanteil ist nicht selten mit senderspezifischen 'Musikteppichen' unterlegt. Die meisten Privatradios, aber auch die meisten 'Servicewellen' der ARD-Anstalten sind in der segmentierten Radiolandschaft nach

US-Vorbild als sogenannte 'Formatradios' konzipiert, bei denen die Programmfolge einschließlich Musikfarben und Moderationsstil in stündlichen 'Musikuhren' vorgegeben sind" (vgl. Schäffner 1994, 251). Klingler u. a. kommen in ihrer vergleichenden Darstellung für den kommerziellen Bereich zu folgendem vorläufigen Fazit: „Die Mehrzahl der untersuchten, neu auf den Markt getretenen privatrechtlichen Programme aus dem denkbaren Hörfunkspektrum (vom Kultur- über Informations- bis reinen Musikkanal) versteht sich als Service- und Begleitprogramm (mit der Tendenz zu weniger Service) und versucht, sich dementsprechend auch zu positionieren. Dafür sprechen die in der Regel hohen Musikanteile von über 75 Prozent, wenngleich in der jeweiligen inhaltlichen Ausgestaltung sowie den Formaten ganz unterschiedliche Wege beschritten werden. Damit zeigt sich zugleich aber auch ihre unmittelbare musikalische Konkurrenzstellung zu den populären Hörfunkprogrammen der öffentlich-rechtlichen Landesrundfunkanstalten à la BR3, SWF3 oder NDR2 und ihre Zielgruppenorientierung an einer jüngeren bis mittleren Generation" (vgl. Klingler u.a. 1995, 488).

Bei mehreren Sendern, so nach dem SWF nun auch bei WDR, NDR, SR und HR, werden innerhalb der Hörfunkdirektionen *neue Organisationsmodelle* realisiert. Die Hegemonie der überkommenen Fachredaktionen, die – neben den Magazinredaktionen – ihre eigenen Sendeplätze füllen und die darauf basierenden Hierarchien von Abteilungs- und Hauptabteilungsleitern werden abgelöst durch „Wellenchefs", die nun die Hauptverantwortung für 'ihr' Programm unterhalb der Direktorenebene tragen sollen. Der Sinn solcher Maßnahmen ist es, endlich die Identifikation der Programmanbieter mit dem jeweiligen Gesamtprogramm, statt nur mit den eigenen Sendeplätzen, zu erleichtern – eine Entwicklung, die noch durch die neue Funktion des Programmdesigners und -layouters gefördert werden soll (ein Modell, das der Südwestfunk bereits seit Mitte der siebziger Jahre in 'SWF3' verwirklicht hat). Gleichwohl ist zu fragen, ob mit der Bedeutungseinbuße des Fachredaktionsprinzips nicht auch die geballte fachliche Kompetenz in den Ressorts für Wirtschaft, Politik, Bildung usw. verlorengehen könnte.

Zusammenfassend lassen sich derzeit folgende Trends auf Programmebene erkennen:

– die (allerdings durch die erzielbaren Reichweiten begrenzte) Etablierung weiterer Spartenkanäle (Info-Wellen, Musik-Wellen, Multikulti- sowie Programme für ausländische Mitbürger);
– die Etablierung von Zielgruppensendungen, sofern der Frequenzmangel dank neuer Verbreitungswege überwunden werden kann;
– die Hinwendung zum 'Lokalen' bzw. 'Regionalen' durch Verstärkung entsprechender Informations- und Identifikationsangebote (Lokalradios, Fensterprogramme);
– die verstärkte Konturierung von Programmen der Landesrundfunkanstalten untereinander;
– die Vermehrung von Wiederholungen wie auch Übernahmen kostenintensiver Programmbestandteile (lange Wortsendungen, E-Musik).

Innerhalb der Programme scheint die Entwicklung weitaus offener. Das Bemühen um mehr Hörer und stärkere Hörerbindung an das jeweilige Programm schlägt sich in Experimenten mit *neuen Sendeformen und Präsentationsstilen* auf öffentlich-rechtlichen Wellen nieder, oft als nahezu permanente 'Programmkosmetik' in Form kleiner und kleinster Retuschen:

– der Trend zu mehr Musik und weniger Wort, zur geradezu mechanisch-monotonen Zeitbegrenzung außerhalb der Kulturwellen auf Worteinheiten von maximal zwei oder drei Minuten scheint nicht mehr durchgehendes Credo zu sein. Neben der Nutzung des Radios als Geräuschkulisse oder Mittel der Selbstkonditionierung bzw. -stimulation hat, so das Kalkül mancher Programmverantwortlicher, auch eine erhöhte Aufmerksamkeit, konzentriertes *Zu*hören eine Chance im Wunsch nach substantieller, kompakter – nicht kurzer! – Information über das Tagesgeschehen und seine Hintergründe oder nach Dialogchancen, die nur das Radio in seiner Anonymität vermitteln kann; letzteres nicht unbedingt als Wiederbelebung einstiger (Studio-)Diskussionen von Experten, Gelehrten oder Schriftstellern, sondern als Gespräch von Moderator und Hörer, zwischen einzelnen Hörern oder zwischen Betroffenen und Zuhörern über nur scheinbar Banales, über Gegenstände abseits der 'großen Politik';

- hier und da besinnt man sich wieder auf die alte Form der Reportage, die es seit den sechziger Jahren kaum noch im Hörfunk gab, verwandelt sie allerdings in eine Art Kurz-Feature (z. B. WDR und Deutschlandradio Berlin);
- die Tendenz zu immer kürzeren Nachrichtenformen scheint zum Stillstand gekommen zu sein. Aus der früheren Grundform der Nachrichten – heute drei bis fünf Minuten lang (einst zehn Minuten) und von Sprechern immer nur zur vollen Stunde verlesen – werden Kurz-, ja Miniformen abgeleitet, die zu immer größerer Formenvielfalt führen (zusätzlich zu den etablierten Formen der Newsshow als Kombination von redaktionell präsentierten Nachrichten, Hintergründen und O-Ton, des gebauten Beitrags oder des Interviews);
- wortdominierte Sendungen mit einer Länge, die das traditionelle Höchstmaß von einer oder eineinhalb Stunden überschreitet, haben HR und Deutschlandradio Berlin entwickelt. Hier werden offenkundig Anleihen bei solchen Magazinsendungen gemacht, die schon immer Unterhaltung mit aktueller Information verbinden wollten. Die monothematische Beteiligungssendung 'Hallo Ü-Wagen' auf 'WDR2', begründet durch Carmen Thomas, war hier seit Mitte der siebziger Jahre mit drei Stunden Länge Vorreiter. Phone-in-Sendungen u. ä. geben den Hörern nun mehr als üblich Zeit zum Zuhören, zum Sich-Einlassen auf ein Thema, gar zur Produktion eigener Beiträge. Die dreistündige 'Galerie' nachmittags im 'Deutschlandradio' Berlin verwendet das Magazinmuster, um nun auch Kultur und Literatur zu transportieren. Hier kommt Musik, sofern sie nicht als solche schon thematisiert wird, allenfalls als Musikakzent vor – ansonsten aber stehen Inhalte, steht mithin Wort in unterschiedlichsten Formen im Vordergrund (Moderation, Beitrag, Interview, Kommentar, Lesung usw.); ähnlich ist auch das einstündige mittägliche Kulturmagazin „Scala" auf WDR5 konzipiert. Die Feierlichkeit, ja Abgehobenheit mancher 'anspruchsvollen' Sendung macht der Beiläufigkeit Platz: Kultur darf auch schon tagsüber stattfinden, die fragwürdige Abgrenzung von „U" und „E", von leichter Muse und Schwerverdaulichem wird durchbrochen. Dank der verfügbaren Sendedauer ist ein Formen-Mix möglich – gleichzeitig aber doch die Gesamtsendung durch Moderatorenpersönlichkeit und inhaltliche Akzentsetzung als solche erkennbar. Eine weitere Spielart solcher überlanger Wortsendungen sind die 'Lange Nacht' (Deutschlandradio Berlin) und ähnliche Sendungen, die sich an ein speziell interessiertes Publikum wenden (z. T. im Rahmen von Programmschwerpunkten, die eine ganze Welle quer durch die Sendungen und Ressorts über mehrere Tage unter ein bestimmtes Motto stellen);
- wenig beachtet sind Sendungen von Kinder- und Jugendfunkredaktionen, in denen auch neue Formen erkundet werden. 'Ohrenbär' auf SFB '88,8' und 'WDR4' (gegen Abend) sowie 'Lilipuz' mit der Nachrichtensendung „Klicker" auf 'WDR5' und 'Kakadu' im 'Deutschlandradio' Berlin (beide am frühen Nachmittag) können dafür stehen. Da werden Nachrichten speziell für Kinder live moderiert, ist die Zielgruppe im Studio vertreten. 'Radio unfrisiert', eine dreistündige Sendung am Samstagnachmittag auf 'HR4', die sich mit jeweils einem Thema und Beteiligungsangeboten an Jugendliche bis 1998 wandte, dürfte bundesweit einmalig sein. Wo das Diktat der Mindest-Reichweite programmentscheidend ist, werden diese Ansätze kaum Überlebenschancen haben;
- Die Dimension Wort im Hörfunkprogramm selbst scheint einem grundlegenden Wandel dergestalt unterworfen, daß das 'Wort pur' offenbar in den Begleitprogrammen und darüber hinaus nicht mehr genügt. Zum Zweck der Komprimierung (erleichtert durch den Übergang von der analogen zur digitalen Produktion) werden ihm Geräusche und/oder Musik beigemischt, die im Höreindruck wie eine Beschleunigung wirken und den Eindruck der Rastlosigkeit vermitteln. Damit wandelt sich die Radioästhetik als solche, wird Radio quasi mehrdimensional; und zwar nicht im Sinne jener Zeiten, als man den O-Ton für Hörspiel und Feature, dann auch für die Tagesaktualität entdeckte – als Gewinn an Authentizität, an Nähe zum Geschehen –, vielmehr im Sinne

der bloßen Verstärkung des Höreindrucks. Es fragt sich, ob darunter nicht zwangsläufig die Konzentration auf das Gehörte, auf die Inhalte der Worte leidet und so die erstrebte Wirkung wieder neutralisiert wird.
- im Rahmen des *Marketing* von Hörfunkprogrammen werden nun systematisch auch bei öffentlich-rechtlichen Sendern neue Hörerbedürfnisse und Hörerschaften erkundet und entsprechende Programmangebote entwickelt. Um im immer härter werdenden Konkurrenzkampf das eigene Programm für die Hörer noch unterscheidbar von anderen zu halten, reicht offenbar das Programm selber nicht mehr aus; Jingles gleichsam als Markenzeichen sollen Hörfunkprogramme wieder identifizierbar machen, und zwar nicht nur zur vollen Stunde wie einst Pausenzeichen, Senderkennungen usw., sondern nun auch mehr und mehr während oder zwischen laufenden Sendungen. Öffentlich-rechtliche Wellen werden nicht mehr mit Anstaltsnamen und Programmnummer präsentiert, sondern erhalten einprägsame Eigennamen (wie z. B. 'EinsLive' an Stelle der alten Bezeichnung 'WDR1'); die neueren öffentlichen Wellen machen durchweg davon Gebrauch ('Fritz' und 'InfoRadio' von ORB und SFB, 'N-Joy Radio' des NDR).

Die Unübersichtlichkeit des Hörfunkangebots, durch die Programmvermehrung in den achtziger Jahren bis zur Undurchschaubarkeit gesteigert, wird weniger denn je durch die externe Programminformation über die Printmedien (Programmzeitschriften, aktualisierte Information in der Tagespresse, wöchentliche Supplements) aufgewogen. Die bekannte Misere, daß über Hörfunkprogramme kaum noch informiert wird (viele, zumal neu auf den Markt geworfene Programmzeitschriften verzichten ganz darauf), zwingt öffentlich-rechtliche Sender zum Handeln: In Zusammenarbeit mit Verlagen wurden und werden senderspezifische Programmzeitschriften entwickelt (so beim NDR, WDR und SFB), die teils kostenlos abonniert werden können. Pflege und Stärkung der Hörerbindung durch Hörertelefon, Internet-Seiten, Hörerclubs und -aktionen sowie Werbung neuer Hörer durch öffentliche Veranstaltungen und Anzeigenkampagnen sind Maßnahmen, um das Programmumfeld insgesamt zu verbessern.

Sucht man im Wege der Programmbeobachtung heute nach neuen Sendeformen, so ergibt sich folgendes – sicher nicht vollständiges – Bild: Entgegen der Behauptung ihrer Interessenvertretung (vgl. Privater Rundfunk und Telekommunikation 1996, 1) zeichnen sich Eigenentwicklungen kommerzieller Anbieter nicht ab. Die Variationsbreite der dort gebräuchlichen Sendungen ist mager (so sehr man sich auch erkennbar um Professionalität in Nachrichtengebung und bei der lokalen und regionalen Information bemüht). Ganze Sendeformen wie Hörspiel, Feature oder Dokumentation fehlen hier (ganze Ressorts wie Kinder- oder Schulfunk übrigens auch). Man muß auf massenwirksame Unterhaltung setzen, um Reichweiten auf dem immer enger werdenden Hörfunkmarkt zu erzielen, die der Werbewirtschaft und den Sponsoren noch interessant erscheinen. Innovativ sind, wenn man so will, allenfalls neuartige Formen von Werbeclips und ein Moderationsstil, der solchen Ohren ungewohnt klingen muß, die an öffentlich-rechtliche Stimmen gewöhnt sind. Manches mögen – vorübergehende – Professionalitätsdefizite sein, die man durch 'Originalität' zu kompensieren sucht. Möglicherweise verbirgt sich hinter allzu flotten Moderatorensprüchen auch der Versuch, sich dem Jargon der (eher jüngeren) Zielgruppen anzupassen. Die kommerziellen 'Klassik-Radios' verfahren mit dem musikalischen Erbe tendenziell genauso wie die üblichen Formatradios mit der Pop-Musik: man bringt stets nur einzelne Sätze aus Werken der Klassik (die Neue Musik bleibt ausgespart), man blendet ein und aus, unterbricht mit Werbung, preist den eigenen Sender an. – Aus naheliegenden Gründen haben die kommerziellen Sender auch eine Sendeform kultiviert, die man unter 'Gewinnspiel' zusammenfassen kann, wie überhaupt Formen der Interaktion mit den Hörern, die jenen freilich nur karge Beteiligungschancen einräumt (im Gegensatz zu Mitmach-Angeboten im öffentlich-rechtlichen Sektor). Redakteure der öffentlich-rechtlichen Sender sehen sich von ihren Aufsichtsgremien dem Vorwurf ausgesetzt, neuen Sendeformen gegenüber zu wenig aufgeschlossen zu sein; sie halten dem entgegen, die kommerzielle Seite habe sich ja selbst lediglich des Fundus der öffentlich-rechtlichen Sendeformen bedient, soweit sie ihrer Unternehmensphilosophie des Formatradios entsprachen.

6. Hörfunkprogramme morgen

Zukünftige Programmentwicklungen des Hörfunks in Deutschland lassen keinen einheitlichen Trend erkennen. Zu unterschiedlich scheinen, trotz unübersehbarer Konvergenzsymptome, die Ausgangsbedingungen (Finanzierung, Kontrolle), Interessenlagen (Quotenmaximierung vs. Reichweiten- *und* Qualitätsorientierung) und Programmvorstellungen (Entertainment vs. Informations- und Bildungsauftrag). Die Wiederbelebung des Mediums Hörfunk als eines Podiums des gesellschaftlichen Diskurses wie in der unmittelbaren Nachkriegs- und 'Wirtschaftswunder'-Zeit scheint ausgeschlossen. Gleichwohl bietet der Hörfunk gegen Ende dieses Jahrhunderts, idealtypisch als Gesamtangebot gesehen, eine kaum zu überbietende Fülle an Radiokultur, einen Reichtum an Chancen zu Information, Reflexion, zu (Weiter-)Bildung und zu (musikalischer) Unterhaltung. Nichts spricht gegen die Annahme, daß die Hörmedien insgesamt (also einschließlich Kassette, Schallplatte und CD) und damit auch das Radio im sogenannten 'audio-visuellen Zeitalter' Zukunft haben.

Diese insgesamt (noch) vorhandene Radiokultur wird freilich in der Medienkritik und darüber hinaus in der veröffentlichten Meinung nicht mehr wahrgenommen, was auf mögliche Defizite auch in der Selbstdarstellung dieses Mediums hinweist. Ungenutzte „Entfaltungslücken" des Hörfunks nannte Buggert, selbst Hörspielleiter, den Umstand, daß er „schneller, beweglicher und unaufwendiger" sei als der „größere Bruder Fernsehen", mit dem er organisatorisch eng verbunden sei und den er sogar selbst finanziert und „hochgepäppelt" habe. Daneben werde wohl die Musik eine „Domäne" des Hörfunks gegenüber dem Fernsehen bleiben, ebenso wie Ratgebersendungen im Rahmen der Servicefunktion und Angebote für kleine Minderheiten, die das Fernsehen wegen der Kosten nicht bedienen könne. Eine weitere Chance sieht Buggert in Regionalisierung und Hörerbeteiligung (vgl. Buggert 1983, 2f.).

Dank der Zulassung auch kommerzieller Anbieter ab 1984 ist die Zahl der Hörfunkprogramme heute in Deutschland größer denn je – und noch im Anwachsen begriffen. Was die öffentlich-rechtlichen Anstalten an Programmsubstanz nach 1945 entwickelten, ist noch auffindbar in Winkeln und Schlupflöchern der neu gemischten öffentlich-rechtlichen Angebote, wenn auch nicht im gleichen Maß gewachsen in den beiden letzten Jahrzehnten wie die Zahl ihrer Programme. Nachdem das duale Rundfunksystem für Hörfunk und Fernsehen festgeschrieben worden ist, scheint fürs erste die Aufteilung der Hörermärkte so, daß beide Ziel-, Finanzierungs- und Kontrollsysteme nebeneinander bestehen bleiben können (unter den gegebenen politischen und rechtlichen Rahmenbedingungen); hier wie auch bei den Verbreitungstechnologien und auf Grund der Substitution von „Programm" durch interaktive Nutzungsarten sind am ehesten noch Veränderungen wahrscheinlich. Im Gegensatz dazu zeichnet sich sowohl auf der Programmebene als auch, mit Einschränkung, bei Sendeformen und Präsentationsstilen derzeit kaum ein Wandel ab. Selbstzufriedenheit mit dem Erreichten aber wird sich keiner leisten können, der weiß, daß es in erster Linie auf das eigene 'Produkt' und seine Glaubwürdigkeit bei den Hörern in Zukunft ankommen wird. Wenn Kiefer von einer künftigen Komplementär- und Korrektivfunktion (in Hinblick auf Minderheiten und Qualität der Programme) des öffentlich-rechtlichen Rundfunks im Rahmen seines Grundversorgungsauftrags gegenüber dem kommerziellen Angebot spricht, so könnte darin eine neue Perspektive für ihn liegen (vgl. Kiefer 1995, 10ff.). Damit könnte auch dem nicht unbegründeten Verdacht begegnet werden, die öffentlich-rechtliche Seite habe sich nur unter dem Druck der neuen kommerziellen Konkurrenz gewandelt – und zwar im Sinne einer Selbstkommerzialisierung. „Auf Dauer aber wird der öffentlich-rechtliche Rundfunk sich auf diesem Jahrmarkt von Sensation, Nervenkitzel, hunderterlei Zerstreuungen und 'Service'-Anmutungen nur dann behaupten, wenn er sich davon deutlich absetzt, sich auf seine spezifische Funktion besinnt, festhält am Prinzip der Gemeinnützigkeit, nach dem er eingerichtet worden ist und von dem die Rundfunkgesetze sprechen, als Instanz zur Gewährleistung von Glaubwürdigkeit und Qualitätsanspruch. Der öffentlich-rechtliche Programmauftrag zur 'Grundversorgung' kann, recht verstanden, nur Bestand haben, wenn er sich beständig hieran gebunden zeigt und messen läßt" (Kehm 1995, 24. Vgl. auch Lindenmeyer 1994, 5f.).

7. Literatur

Bojadzijev, Manuela/Romina Brustolon/Karl Duncker, Neue Perspektiven für freie Radios? In: Medium 4, 1993.

Buggert, Christoph, Verkabelte Literatur? Die Chancen des Hörspiels in der zukünftigen Medienlandschaft. In: Funk-Korrespondenz 19, 1983.

Bullinger, Martin, Rechtliche Eigenart der Vollprogramme im Rundfunk. In: Zeitschrift für Urheber- und Medienrecht 11, 1994. Dokumentation IIIa. In: MP 1991.

Frühling, Gerhard, Kurt Reissnegger, Radio in den USA. Hörfunksendung Deutschlandradio Berlin am 11. 6. 1996.

Grimm, Dieter, Die Marktwirtschaft wird's nicht richten. Interview mit dem für Medienfragen zuständigen Verfassungsrichter Dieter Grimm. In: DIE ZEIT v. 15. 11. 1996.

Günnel, Traudel, Auf den Spuren der medienrechtlichen Grundlagen für ein drittes, nichtkommerzielles Säulchen in der Hörfunklandschaft. In: Medium 4, 1993.

Haedecke, Gert, S 2 Kultur – Entstehungsgeschichte und Programmkonzept. In: Radiotrends – Formate, Konzepte und Analysen. Hrsg. v. Hans Jürgen Bucher/Christian Schröter/Walter Klingler. Baden-Baden 1995.

Hege, Hans, Zusammenarbeit der Landesmedienanstalten. In: Jahrbuch der Landesmedienanstalten 1993/94. Privater Rundfunk in Deutschland. Hrsg. v. Landesmedienanstalten. München 1994.

Hickethier, Knut, Rundfunkprogramme in Deutschland. In: Internationales Handbuch für Hörfunk und Fernsehen. Hrsg. v. Hans-Bredow-Institut. Hamburg 1994.

Kehm, Peter, 'Öffentlich-rechtlich', ein Konzept für den deutschen Rundfunk nach dem Krieg – Rückblick und Bilanz nach 45 Jahren. In: Das Radio hat viel(e) Geschichten. Sieben Jahrzehnte Rundfunk in Deutschland. Hrsg. ZFP – Zentrale Fortbildung der Programm-Mitarbeiter. Wiesbaden 1995.

Keller, Michael/Walter Klingler, Hörfunk behauptet sich im Wettbewerb. In: Media Perspektiven 11, 1995.

–, Media Analyse 1996: Jugendwellen gewinnen junge Hörerschaften. In: Media Perspektiven 8, 1996.

Kiefer, Marie Luise, Überflüssig oder Unverzichtbar? Öffentlich-rechtlicher Rundfunk im deregulierten, digitalisierten Medienwunderland. In: Vortrag Seminar zur Rundfunkgeschichte 30. 10.–3. 11. 95 in Baden-Baden. Hrsg. v. ZFP. Wiesbaden 1995.

Klingler, Walter/Christian Schröter, Strukturanalysen von Radioprogrammen 1985 bis 1990. In: Media Perspektiven 10, 1995.

Krebs, Tobias, ... dann mach' ich mir mein Radio selbst – oder: vom Hörer hinterm Mikrophon. Formen alternativer Radioproduktion. In: Manuskript des Radiofeatures auf Bayern2 am 3. u. 4. 7. 1996. Hrsg. v. BR 1996.

Lindenmeyer, Christoph, Warum weiß Herr B. nicht, was läuft? Das Kulturradio wird überleben. In: Kirche und Rundfunk 91, 1994.

Privater Hörfunk in Deutschland. Status und Perspektiven einer Medienbranche. Hrsg. v. Verband Privater Rundfunk und Telekommunikation e. V. Bonn 1996.

Ring, Wolf-Dieter, Datenautobahn und Regelungsbedarf. In: Jahrbuch der Landesmedienanstalten 1993/94. Privater Rundfunk in Deutschland. Hrsg. v. Landesmedienanstalten. München 1995.

Ring, Wolf-Dieter, Entwicklung und Perspektiven von digitalem Radio und Datendiensten. In: Jahrbuch der Landesmedienanstalten 1993/94. Privater Rundfunk in Deutschland. Hrsg. v. Landesmedienanstalten. München 1995.

Schäffner, Gerhard, Hörfunk. In: Grundwissen Medien. Hrsg. v. Werner Faulstich. München 1994.

Zimmermann, Harro, Konsens der Erschöpften – Radio-Kultur in Deutschland. In: Kulturinszenierungen. Hrsg. v. Stefan Müller-Doohm/Klaus Neumann-Braun. Frankfurt a. M. 1995.

Peter Marchal, Osnabrück
(Deutschland)

XLIX. Mediengegenwart XV: Fernsehen I: Technik

200. Von der Nipkowscheibe zur Braunschen Kathodenstrahlröhre

Ein altes chinesisches Sprichwort sagt: „Ein Bild ist mehr wert als hundert Wörter." Dahinter steht die menschliche Erfahrung, daß ein Bild nicht nur stärker als Gesprochenes die Phantasie anregt, sondern gleichzeitig im Zeitraffer eine Unzahl Informationen weitergibt. Seit Jahrhunderten geistern durch die Märchen aller Kulturen Erscheinungen, die sich unsichtbar machen können – Menschen mit Tarnkappen, die zuschauen, ohne selbst gesehen zu werden, oder andere Fabelwesen, die genau wissen, was im selben Moment weit entfernt, ja, in einem anderen Land passiert. Diese phantastischen Märchenwünsche sind Ausdruck des alten Menschheitstraums, ein bestimmtes Bild an einem anderen Ort sichtbar zu machen, d.h. eine räumliche Erscheinung auf eine andere Ebene optisch zu übertragen.

Die Geschichte dieser Wandlung, Grundidee des Fernsehens, beginnt mit der „Camera obscura" des Mittelalters und findet ihre Fortsetzung in der 'Laterna magica' des 17. Jahrhunderts, als Künstler anfingen, sich mit der Perspektive zu beschäftigen. Die Suche, menschliche Dimensionen und bisher bekannte Schemata zu sprengen, verstärkte sich im 18. Jahrhundert. Das Schlüsselwort ist Elektrizität, ohne die moderne Technik nicht denkbar ist. Es gelang die gesetzmäßige Erfassung der verschiedenen elektrischen Erscheinungen und ihrer Wirkungsweise. Die Namen der betreffenden Wissenschaftler wie Volta, Ampère, Galvani – um nur einige zu nennen – sind in unseren Sprachgebrauch eingegangen und die damit verbundenen Begriffe aus unserem Alltag nicht mehr wegzudenken. Im 19. Jahrhundert goß ein schottischer Physiker diese vielen Detailerkenntnisse in eine übergreifende Form: James Clerk Maxwell ist mit seinen 1873 aufgestellten Gleichungen eine umfassende Theorie der Elektrizität gelungen, aus der sich alle elektrischen und magnetischen Veränderungen ableiten lassen.

Bevor an Versuchen zum elektrischen 'Fern-Sehen' experimentiert wurde, war das elektrische 'Fern-Hören' möglich geworden. 1876 hatte Alexander Graham Bell auf der Weltausstellung in Philadelphia sein elektromagnetisches Telefon vorgestellt: eine Erfindung, durch die Schallwellen in elektrische Schwingungen umgesetzt, diese über Draht transportiert und beim Empfänger wieder in Schallwellen zurückverwandelt werden. Das Problem des 'Fern-Sehens' stellt sich ähnlich: die Umwandlung eines Bildes in elektrische Werte und deren Rückverwandlung in ein dem Original entsprechendes sichtbares Bild.

Die Realisierung dieses Vorhabens ist nicht die Erfindung eines einzelnen. Vor mehr als hundert Jahren, noch bevor der Film erfunden wurde, beschäftigten sich Wissenschaftler und Bastler in aller Welt mit der Möglichkeit, fern zu sehen, den Traum zu realisieren, weiter zu sehen, als das Auge reicht, wobei es zuerst noch um die Übertragung stehender Bilder ging.

Schon im Jahre 1843 beschrieb der schottische Uhrmacher Alexander Bain ein Verfahren, Bilder auf elektrischem Wege zu übertragen. Das geschah sechs Jahre nach der öffentlichen Vorführung des ersten funktionierenden Morse-Telegraphen, durch den einfache Zeichen (Punkte und Striche) über Drähte kilometerweit geschickt wurden. Bain wollte ein Bild in Zeichen zerlegen, deren Helligkeitswerte Punkt für Punkt in proportionale elektrische Stromimpulse verwandeln und diese nacheinander durch einen Kanal übertragen. Die Bilder wurden unter Zwischenschaltung eines metallischen Rasters von einer an einem Pendel befestigten Kontaktfeder zeilenweise abgetastet. Der Bildschreiber am Empfangsort sollte ebenso gebaut sein wie der Bildgeber, wobei beide synchronisiert (in Gleichlauf gebracht) werden sollten. Auf dem Rasterrahmen des Bildschreibers lag ein präpariertes Papierblatt, das sich an den Punkten der unter Spannung stehenden Rasterelemente, die von der Abtastfeder berührt wurden, chemisch verfärben und so das zu übertragende Bild reproduzieren sollte.

Obwohl dieser 'Kopier-Telegraph' nie gebaut wurde, enthält er die beiden wesentlichen Merkmale einer elektrischen Fernseheinrichtung: die Zeichenabtastung der Bildvorlage und den Gleichlauf (Synchronizität) zwischen Sende- und Empfangseinrichtung. 30 Jahre später entdeckten die Engländer Willoughby Smith und Joseph May, daß das chemische Element Selen lichtempfindlich ist, d. h. Lichtimpulse unmittelbar in elektrische Stromimpulse verwandeln kann. Diese Entdeckung und die bekannte Trägheit des Auges (die Netzhaut reagiert selbst nach dem Verschwinden eines Lichteindrucks noch um den Bruchteil einer Sekunde nach) brachten die Forscher weiter.

Unabhängig voneinander schlugen 1878 der portugiesische Physiker Adriano de Paiva und der französische Advokat Constantin Senlecq vor, Selen zu benutzen, um die Helligkeitswerte eines Bildobjekts in entsprechende Stromstärkegrade umzuwandeln. Die Bildvorlagen sollten dabei in Zeilen und Punkte zerlegt und nacheinander übertragen werden. Das Problem, aus der sequentiellen Übertragung wieder ein ganzes Bild entstehen zu lassen, wollte de Paiva durch die Ausnützung der Trägheit des Auges lösen: Er wollte die gleichzeitige, aber gleichzeitig unmögliche Übermittlung der Bildelemente durch ihre nacheinander folgende Übermittlung ersetzen.

Obwohl auch dieser Konstruktionsvorschläge nicht verwirklicht wurden, war dies jedoch der erste theoretische Schritt zur Lösung des Bildübertragungsproblems. Viele der nun folgenden praktischen Vorschläge für Fernsehapparaturen scheiterten; in Italien arbeitete Carlo Mario Perosino daran, in den USA George B. Carey und Graham Bell, in England Edmond Ayrton und John Perry. Die Schwierigkeiten, die es zu überwinden galt, faßte der Amerikaner Edward Sawyer 1880 zusammen:

- die Trägheit des Selens, dessen Reaktion für eine hohe Bildauflösung zu langsam ist;
- die Notwendigkeit, das Bild in mindestens 10.000 Bildelemente zu zerlegen;
- das Fehlen eines auf die geringen Widerstandsänderungen des Selens ansprechenden Lichtrelais auf der Empfängerseite;
- das Fehlen des bei sequentieller Bildübertragung notwendigen Synchronisierungssystems zwischen Geber und Empfänger.

Bald darauf entstanden die ersten mechanischen Bildzerleger wie z. B. der mit oszillierenden Spiegeln arbeitende Bildgeber und -schreiber des Franzosen Maurice Leblanc, der den prinzipiellen Gedanken der Bildrasterung einführte (Goebel 1953, 262–284).

Einen entscheidenden Fortschritt in der Entwicklung des Fernsehens brachte die theoretische Erfindung eines jungen Studenten der Naturwissenschaften in Berlin, Paul Nipkow (1860–1940), im Jahr 1884. Er hatte sich schon als Schüler sehr intensiv mit dem Telefon beschäftigt und später den Gedanken gehabt, daß für das Auge in ähnlicher Weise eine Einrichtung geschaffen werden könne, um bewegte Dinge außerhalb des natürlichen Wirkungskreises zu sehen. Ihm gelang diese Einrichtung mit der nach ihm benannten Nipkowscheibe, für die er am 6. Januar 1884 unter dem Namen 'Elektrisches Teleskop' beim Kaiserlichen Patentamt in Berlin ein Patent einreichte und am 15. Januar 1885 erhielt. Es war das erste Patent in der weltweiten Fernsehgeschichte überhaupt, und das darin beschriebene Verfahren bildete 40 Jahre später in allen technisch entwickelten Ländern die Grundlage des Fernsehens.

„Beim Anblick einer Kerze [...] soll ihm der Gedanke gekommen sein, das Bild der Kerzenflamme mosaikartig zu zerlegen und die einzelnen Helligkeitswerte nacheinander zu übertragen. Nipkow kam auf die Idee, für die Zerlegung in Zeilen oder sogar Bildpunkte eine rotierende Scheibe mit spiralförmig angeordneten Löchern zu verwenden. Die Bildzerlegung mußte so schnell gehen, daß infolge der Trägheit des Auges der Zerlegevorgang selbst nicht mehr wahrgenommen werden konnte. Nipkow soll sich ein Pappmodell einer Spirallochscheibe mit 24 Löchern angefertigt haben, und er bei schnellem Drehen die Kerzenflamme durch die Löcher der Scheibe als geschlossenes Bild erkennen konnte. Seine theoretische Überlegung, die Trägheit des Auges bei dem Abtastvorgang mit einzubeziehen, hatte sich damit als richtig erwiesen. Die gewonnenen Lichtpunktserien mußten in Stromimpulse umgewandelt und dann über Leitungen übertragen werden. Hierzu konnte eine Selenzelle und für die Bildwiedergabe ebenfalls eine Spirallochscheibe zusammen mit einem Lichtrelais verwendet werden. [...] Der Abtastvorgang konnte wesentlich schneller ablaufen als bei den bisher beschriebenen Verfahren, die nach jeder Zeile einen Rücklauf der Ab-

KAISERLICHES PATENTAMT

PATENTSCHRIFT
— № 30105 —

KLASSE 21: ELEKTRISCHE APPARATE.

PAUL NIPKOW in BERLIN.
Elektrisches Teleskop.
Patentirt im Deutschen Reiche vom 6. Januar 1884 ab.

Der hier zu beschreibende Apparat hat den Zweck, ein am Orte A befindliches Object an einem beliebigen anderen Orte B sichtbar zu machen; derselbe wird durch die beiliegenden Zeichnungen des Näheren dargestellt.

In Fig. 1 ist T eine leichte Scheibe, welche durch ein Uhrwerk schnell, aber gleichmäfsig um ihre Achse gedreht werden kann. $D_1 D_2 D_3$... sind durch die Scheibe gebohrte, auf einer Spirale in gleichmäfsigen Abständen vertheilte Oeffnungen.

Fig. 2 zeigt die Scheibe T im Querschnitt; D ist eine der erwähnten Oeffnungen mit der zweckmäfsigen Form der Scheibenwandung, F die Achse, welche durch ein Zahnrad mit einem Uhrwerk in Verbindung steht. In dem Rohr H läfst sich eine convexe Linse G mit ihrer Fassung verschieben. H ist so gelagert, dafs man bei einer Umdrehung der Scheibe alle Oeffnungen $D_1 D_2 D_3$... durch die Linse G sehen kann; der Durchmesser von H ist so gewählt, dafs nur immer eine einzige Oeffnung sichtbar ist. Das Rohr J, welches H gerade gegenüber auf der anderen Seite der Scheibe T angeordnet ist, wird einerseits durch die Linse K, andererseits durch den Hohlspiegel C geschlossen; es hat denselben Durchmesser wie H und ist an den Innenwänden durch Politur reflexionsfähig gemacht. Die im Hintergrunde von J angebrachte Selenzelle L ist in den Stromkreis $L M N$ eingeschaltet; in demselben ist M die Stromquelle, N eine auf einer Station II angeordnete Spule.

Fig. 3 stellt die Station II dar. Die Spule N ist, um den Körper O gewickelt, welcher geeignet ist, die Polarisationsebene eines ihn durchlaufenden polarisirten Lichtstrahles unter dem Einflufs eines die Spirale durchstreichenden elektrischen Stromes zu drehen, z. B. ein Cylinder aus Faraday'schem schweren Glase oder eine mit Schwefelkohlenstoff gefüllte, beiderseits durch ebene Glasplatten geschlossene Röhre. P ist eine Lichtquelle, Q eine convexe Linse, R und S sind Nicol'sche Prismen, T_1 ist eine zweite Scheibe, welche der beschriebenen durchaus gleicht, auch ebenso schnell gedreht wird wie T. Das Rohr U endlich ist dem Apparatsatz $Q R O S$ gerade gegenüber auf der anderen Seite der Scheibe T_1 angebracht; es hat denselben Durchmesser wie H und J; das Auge V sieht bei einer Umdrehung der Scheibe T_1 alle Oeffnungen $D_1 D_2 D_3$... nach einander in seinem Gesichtsfelde.

Der Apparat wird in folgender Weise in Betrieb gesetzt:

Nachdem man durch Bedecken der Linse G die Selenzelle L von allem Lichte abgeschnitten hat, schliefst man den Stromkreis $L M N$ und läfst das II den Analysator S so stellen, dafs alles von P kommende Licht, nachdem es durch Q parallel gemacht und durch R polarisirt worden, ausgelöscht wird, dafs also das Auge V die gerade in seinem Gesichtsfelde befindliche Oeffnung der Scheibe T_1 nicht beleuchtet sieht. Nun wirft man mittelst der Linse G ein reelles Bild des wiederzugebenden Objectes auf die Scheibe T und setzt diese selbst und die Scheibe T_1 in gleichmäfsige, gleich schnelle Bewegung. In demselben Momente, in dem etwa die Oeffnung D_{20} in das von G entworfene Bild eintritt, mufs auch die gleichnamige Oeffnung der Scheibe T_1 im Ge-

Abb. 200.1: Patentschrift Nipkow

tasteinrichtungen zum Beginn der nächsten Zeile erforderten. Die bei diesen Verfahren erforderlichen horizontalen und vertikalen Abtastbewegungen hat Nipkow durch das Rotieren der Scheibe ersetzt. Für die richtige Zuordnung der Bildpunkte bei der Bildwiedergabe war eine Synchronisierung der beiden Spirallochscheiben erforderlich, die mechanisch oder elektrisch sichergestellt werden mußte" (Kniestedt 1984, 40).

Nipkow gab für seine Scheibe die erwähnten 24 Löcher an, d.h. sie konnte 24 Zeilen abtasten: Die Löcher sind spiralförmig so angeordnet, daß sich jeweils nur ein Loch vor dem zu übertragenen Objekt befindet. Durch eine Kondensatorlinse wird das von einer Lichtquelle ausgehende Licht zu einem parallelen Lichtbündel gesammelt, aus dem stets nur ein ganz dünner Strahl durch eines der Löcher in der Scheibe auf das Bild fallen kann. Rotiert die Scheibe, wandert ein Lichtpünktchen nach dem anderen über das Bild, wobei infolge der spiraligen Lochanordnung die Bahnen dieser Lichtpunkte immer tiefer über die Bildfläche laufen, d.h. durch jedes Loch wird eine Bildzeile abgetastet: Ist das erste Loch am Ende der ersten Zeile angelangt, steht das zweite Loch am Beginn der zweiten Zeile usw. Nach einer vollen Umdrehung der Scheibe hat das 24. Loch die letzte Zeile abgetastet, und der Vorgang wiederholt sich beim ersten Loch und der ersten Zeile. Wird diese Unterteilung über die gesamte Bildfläche fortgesetzt, ergibt sich eine sehr feine, regelmäßige Netzeinteilung, das sog. 'Bildraster'. Um den Eindruck der Bewegung zu erzielen, hatte Nipkow für seine Spirallochscheibe zehn Scheiben-Umdrehungen, d.h. zehn Bildabtastungen oder Bildwechsel (Bw) pro Sekunde vorgeschlagen. Er bezog sich damit – wie de Paiva vor ihm – auf die Trägheit des Auges, das Lichteindrücke nur dann voneinander unterscheiden kann, wenn sie länger als 1/10 Sekunde dauern. Sind sie kürzer, entsteht der Eindruck einer fließenden Bewegung.

Die Zusammensetzung des Bildes an einem räumlich entfernten Ort, d.h. die Übertragung, hatte Nipkow ähnlich simpel wie genial vorgesehen: Die Helligkeitswerte des Bildobjekts werden Punkt für Punkt einer Selenzelle angeboten. Die von der Zelle gelieferten helligkeitsproportionalen Bildsignalströme gelangen über eine Fernleitung zu einem von Michael Farady 1845 angegebenen trägheitsfreien Lichtrelais, das den Lichtstrom einer Glühlampe im Rhythmus der ankommenden Stromimpulse moduliert. Eine zweite, mit der Geberscheibe synchron laufende Nipkowscheibe auf der Empfangsseite ordnet die wechselnden Helligkeitswerte für das Auge des Betrachters wieder zu einem scheinbar kontinuierlichen Bildeindruck des Originals.

Für Nipkow stammte seine „Generalidee des Fernsehens", mit der er die zweidimensionale Information eines Bildes mit einer einzigen Bewegung, der Rotation, in eine wie beim Telefon über Leitungen übertragbare, eindimensionale Information umwandelte, denn auch vom Telefon ab.

Obwohl er seine Erfindung nie praktisch verwirklichte, waren in seinem Patent die drei Grundelemente aufgeführt, nach denen das Fernsehen auch heute noch arbeitet:

(1) Zerlegung des Bildes in Bildpunkte, die nacheinander übertragen werden.
(2) Übertragung der Bildpunkte, in Zeilen so aneinandergereiht, daß sie eine Fläche ergeben, die Zeilen links oben beginnend und rechts unten endend.
(3) Übertragung bewegter Vorgänge in Reihenbildern, d.h. es werden schnell genug so viele Bilder nacheinander wiedergegeben, daß die Vorgänge im Auge verschmelzen (Bruch 1969, 46).

Nach dem Ersten Weltkrieg häuften sich die Versuchsanordnungen zur Bildübertragung. Kamen die spekulativen Fernsehideen des 19. Jahrhunderts vor allem von Erfindern und bastelnden Amateuren, waren es nach dem Krieg, in dem zumindest in Europa die Forschungstätigkeit auf dem Gebiet des Fernsehens ruhte, die Industriefirmen mit ihren wissenschaftlich geschulten Ingenieuren, die die Entwicklung des Fernsehens vorantrieben. Fast alle benutzten zur Rasterung des Bildes eine Nipkowscheibe.

1924: Der deutsche Physiker August Karolus (Telefunken) verwendet als Bildfeldzerleger zwei fast metergroße Nipkowscheiben mit 48 Löchern, die zur Vermeidung von Synchronisationsschwierigkeiten durch eine mechanische Welle miteinander verkoppelt sind und mit 600 Umdrehungen/min rotieren. Zur Lichtsteuerung auf der Empfangsseite wählt er die Kerrzelle.

1925: Der schottische Erfinder John Logie Baird gibt in einer öffentlichen Veranstaltung in London Bildvorgaben erkennbar wieder: Eine Zerlegerscheibe mit zwei Spiralen aus je acht Linsen (anstelle der Abtastlöcher) erzielt in Verbindung mit einer rotierenden Spi-

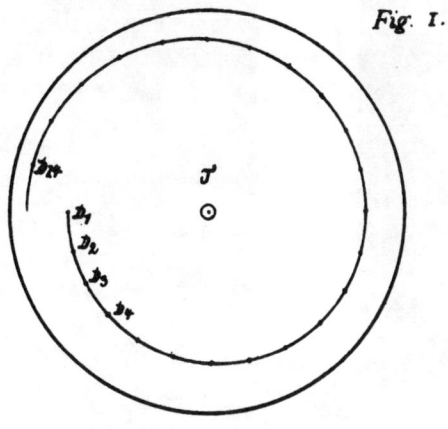

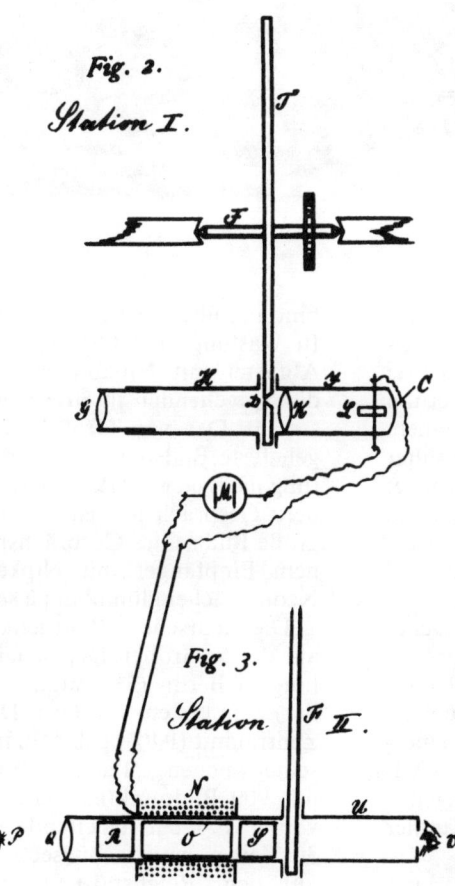

Abb. 200.2: Patentzeichnung Nipkow

Abb. 200.3: Karolus-Fernsehanlage 1924

ralschlitz-Scheibe eine Bildauflösung in rd. 400 Bildpunkte. 1928 zeigt Baird erste 17zeilige Farbfernsehbilder: Er benutzt dazu zwei gleichgroße Nipkowscheiben mit je drei um 120° versetzte Lochspiralen, die mit einem roten, einem grünen und einem blauen Filter bedeckt sind. Auf der Empfangsseite arbeitet er mit einer Neonröhre für den Rotanteil und einer mit Helium und Quecksilberdampf gefüllten Entladungsröhre für den Blau- und Grünanteil des zu betrachtenden Bildes.

1928: Der ungarische Ingenieur Denes von Mihály, der noch 1923 in Budapest in seinem 'Telehor' genannten Fernsehempfänger oszillierende Spiegel nach Leblanc benutzt hat, verwendet nach seiner Übersiedlung nach Berlin ebenfalls Nipkowscheiben (600 U/min mit 30 Blendenöffnungen = 30 Zeilen) und als lichtelektrischen Wandler eine Alkalimetall-Photozelle.

Die erste Fernsehübertragung, die weiter reicht, als das Auge sieht, findet 1927 in den USA statt: Herbert E. Ives (Mitarbeiter der American Telephone & Telegraph Company) veranstaltet eine Fernseh-Sprechverbindung über eine Entfernung von 330 km: In Washington DC tastet ein Lichtpunkt-Abtaster mit Nipkowscheibe das Gesicht des Sprechenden in 50 Zeilen bei 17,7 Bw/sec ab. Das von Großflächen-Photozellen gelieferte Bildsignal wird über eine Freileitung nach New York übertragen, wo der andere Gesprächsteilnehmer das 5 x 7,5 cm große Bild seines Gesprächspartners auf einem Empfänger mit Nipkowscheibe und Neon-Flächenglimmlampe sehen kann.

Die deutsche Öffentlichkeit sieht 1928 auf der 5. Großen Deutschen Funkausstellung in Berlin (31. August bis 9. September) zum ersten Mal fern. Das Reichspost-Zentralamt (RPZ) gab Mihály Gelegenheit, seinen neuen „Telehor"-Empfänger, eine mit 900 Bildpunkten und einer Bildgröße von 4 x 4 cm arbeitende Apparatur für 30 Zeilen bei 10 Bw/sec, dem Publikum auf dem Reichspost-Stand vorzuführen. Vor dem Bildschreiber, der in einem Dunkelzelt aufgestellt war, hatte die Post Schranken anbringen lassen, so daß die Besucher das Fernsehbild durch eine Lupe –

wie eine Briefmarke – einzeln betrachten konnten.

Karolus/Telefunken zeigten auf dieser Funkausstellung Fernsehbilder mit der höchsten bis dahin überhaupt erreichten Auflösung von 96 Zeilen oder rd. 10.000 Bildpunkten. Zur Rasterung wurden auf Geber- und Empfangsseite Nipkowscheiben mit je vier Spiralen von 24 Löchern benutzt. Die Konstrukteure der 20er Jahre hatten die mechanischen Bildabtaster zu einem hohen Niveau entwickelt, ohne hinreichend befriedigende Ergebnisse zu erzielen. Die mechanischen Lösungen des Fernseh-Problems mußten in einer Sackgasse enden, da der Mechanik körperliche Grenzen gesetzt sind.

Die Forderung nach möglichst hohem Auflösungsvermögen des Bildobjekts, also guter Detailwiedergabe, bedingt daher:

– einen möglichst feinen Abtaststrahl,
– sehr dünne Zeilen,
– eine sehr hohe Zeilenzahl.

„Die Frage drängt sich auf, warum zu dieser Zeit nicht die Braunsche Röhre zur Bildwiedergabe benutzt wurde, da doch schon M. Dieckmann die Brauchbarkeit der 'Bildröhre' im Jahre 1906 nachgewiesen hatte" (Rudert 1979, 240).

In der Tat waren nahezu alle Bausteine, die in den 30er Jahren zum elektronischen Fernsehen mit der geforderten hohen Bildauflösung führten, schon vorher gefunden worden. Das älteste Element war die Kathodenstrahl- oder nach ihrem Erfinder benannte Braunsche Röhre.

Der Physikprofessor Ferdinand Braun hatte sich 1897 in Straßburg mit den ein Jahr vorher entdeckten Röntgenstrahlen beschäftigt. Wie viele andere Wissenschaftler war auch er vom durch diese Entdeckung ausgelösten „Strahlenfieber" gepackt – jeder suchte damals nach neuen Strahlen oder wenigstens neuen Eigenschaften der Röntgenstrahlen –; bei seinen Untersuchungen stieß Braun auf die Kathodenstrahlen. Die von ihm entwickelte Röhre hatte allein den Zweck, ein schnell reagierendes Anzeige- und Beobachtungsinstrument für Schwingungsvorgänge zu sein, um die Kurvenform von Wechselströmen aufzeichnen zu können.

„Um die Wirkungsweise der Kathodenstrahlenröhre zu verstehen, gehen wir am besten von der Wirkungsweise der Elektronenröhre aus. Eine Elektronenröhre besteht aus einem luftleer gemachten Glaskolben, der bei der einfachsten Form zwei Elektroden enthält, von denen die eine geheizt wird. [...] Den in der beheizten Elektrode steckenden Elektronen wird eine zusätzliche Bewegungsenergie erteilt, die sie befähigt, die zum Verlassen der Metalloberfläche nötige Austrittsarbeit zu leisten. Wird dann außerdem eine Spannungsquelle so mit den beiden Elektroden verbunden, daß der negative Pol an der erhitzten Elektrode – der *Kathode* –, der positive Pol an der kalten Elektrode – der *Anode* – liegt, so verlassen die Elektronen unter dem Einfluß beider Wirkungen die Kathode und fliegen zur Anode hinüber. [...] Derartig frei durch den luftleeren Raum fliegende Elektronen werden *Kathodenstrahlen* genannt. Diese Strahlen haben verschiedene Eigenschaften. [...] Eine besonders kennzeichnende Eigenschaft besteht darin, daß sie bestimmte Stoffe zum Selbstleuchten bringen, eine Erscheinung, die man *Fluoreszenz* nennt. Überzieht man z.B. die hinter der durchlochten Anode liegende Glaswand mit einem solchen Stoff, so entsteht auf diesem *Fluoreszenz*- oder *Leuchtschirm* ein Lichtfleck, dessen Form unter gewissen Umständen der Form der Anodenöffnung entspricht" (Günther 1938, 118–119).

Die Helligkeit dieses Leuchteffektes kann man ändern, wenn man die Geschwindigkeit der Elektronen ändert: Der Lichtfleck wird mit steigernder Geschwindigkeit dunkler, weil er kürzer auf einem Punkt verweilt, und heller, wenn er langsamer läuft. Durch senkrecht zur Strahlrichtung erzeugte elektrische oder magnetische Felder kann die Richtung des Kathodenstrahls abgelenkt werden; auf diese Weise kann man den Lichtpunkt auf dem Leuchtschirm der Kathodenstrahlröhre beliebig in seitlicher Richtung hin- und herbewegen.

Am 15. Februar 1897 berichtete Ferdinand Braun erstmals in den 'Annalen der Physik und Chemie', einer in Leipzig erscheinenden wissenschaftlichen Zeitschrift, unter dem Titel 'Über ein Verfahren zur Demonstration und zum Studium des zeitlichen Verlaufes variabler Ströme' über die von ihm gefundene Röhre und ihre Möglichkeiten als Anzeigeinstrument. Er selbst soll von der guten Bildqualität überrascht gewesen sein, als er die Kurve des vom Straßburger Elektrizitätswerk abgegebenen Wechselstroms auf dem Schirm seiner Röhre erblickte.

Max Dieckmann und Gustav Glage, beide Assistenten von Braun, erweiterten ihre Anwendungsmöglichkeiten: Sie praktizierten und beschrieben 1906 ein 'Verfahren zur Übertragung von Schriftzeichen und Strichzeichnungen unter Benutzung der Kathodenstrahlröhre' (Patent vom 12. September 1906), wobei sie als erste die Braunsche Röhre als Bildschreiber für die elektrische Übertragung von Bildern verwendeten.

Abb. 200.4: Apparatur von Dieckmann und Glage 1906

„Die willkürlichen Bewegungen eines Abtaststifts in einem sog. Koordinaten-Geber wurden durch zwei senkrecht zueinander angeordnete Schiebe-Widerstände in zwei Ströme wechselnder Stärke verwandelt, die auf der Wiedergabeseite durch zwei senkrecht zueinander stehende Spulenpaare den Kathodenstrahl einer Braunschen Röhre analog der Bewegung des Geberstiftes ablenkten" (Goebel 1953, 272).

Erstmalig waren bei Glage und Dieckmann die Eigenschaften einer Kathodenstrahlröhre erwähnt worden, die auch 50 Jahre später noch für eine moderne Bildröhre galten: zweimalige magnetische Ablenkung, langsam hin und schnell zurück ('Sägezahnablenkung') und eine Hell-Dunkel-Steuerung des Kathodenstrahls.

Zumindest in Deutschland und West-Europa waren beide Forscher ihrer Zeit weit voraus, die von ihnen gefundene Methode für die trägheitslose Bildwiedergabe war im Prinzip gefunden. Unverständlicherweise geriet sie für Jahre in Vergessenheit.

In Deutschland verhalf der Braunschen Röhre als elektronischem Abtast- und Wiedergabeorgan ein junges Universalgenie zum Durchbruch, Manfred von Ardenne (1907–1997). Er hatte als Achtzehnjähriger zusammen mit dem Fabrikanten Siegmund Loewe die legendäre Radio-Mehrfachröhre 3 NF entwickelt, die erste integrierte Schaltung der Welt, die einen Dreiröhrenverstärker in sich vereinigte. Aus den ihm zufließenden Lizenzgeldern baute er sich in

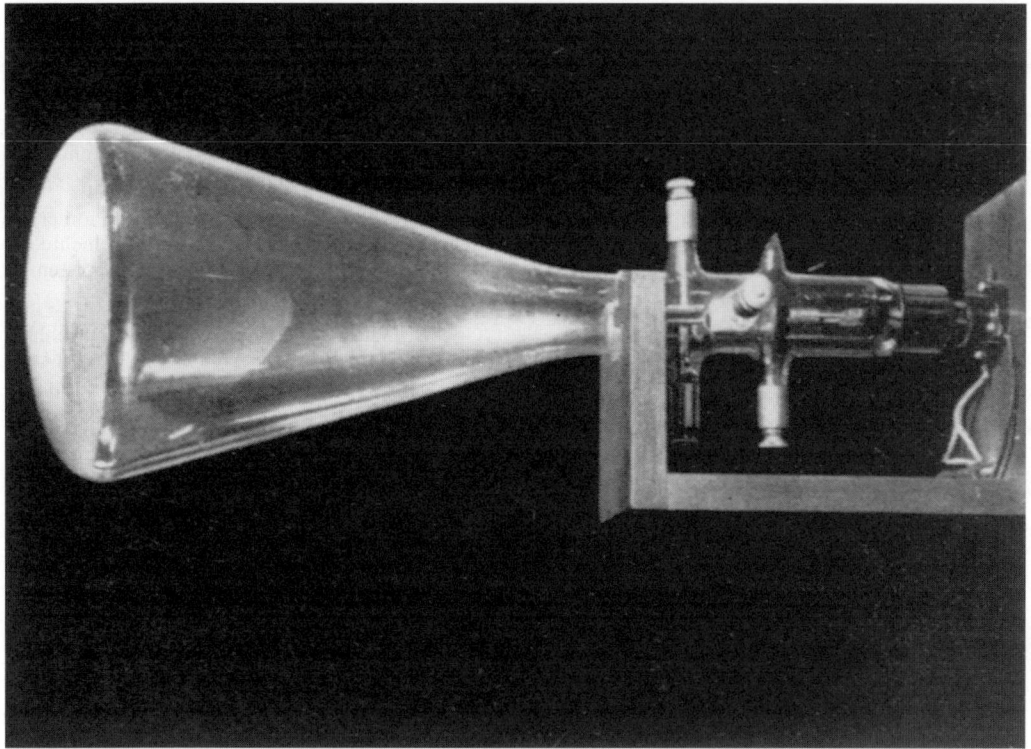

Abb. 200.5: Film-Abtaströhre von Ardenne, 1931

Berlin-Lichterfelde ein Labor, wo er im Auftrag Loewes Grundlagenforschung auf dem Gebiet der Fernsehtechnik betrieb. Dabei setzte er auf die Möglichkeiten der Elektronik durch die Braunsche Röhre, mit deren verbessertem Aufbau er sich beschäftigte. Er beschrieb seine Überlegungen später:

„Alle an der Entwicklung des Fernsehens maßgeblich beteiligten europäischen Stellen bedienten sich 1930 ohne Ausnahme mechanischer Methoden zur Bildzerlegung und -zusammensetzung. Mit zunehmender Bildfeinheit mußte der mechanisch-optische Weg zu sehr lichtschwachen Bildern und zu sehr teuren präzisionsmechanischen Bauelementen führen, die dann ein Hindernis für die allgemeine Durchsetzung des Fernsehens gebildet hätten. Ich sah, daß dieser Weg in einer Sackgasse enden mußte. Demgegenüber hatte die Bildsynthese mit abgelenkten Elektronenstrahlen den grundsätzlichen Vorteil, daß bewegte mechanische Teile ganz wegfielen und höchste Präzision der Bildschreibung allein auf Grund der elektronenoptischen Entwicklung erreichbar schien. Ein weiterer prinzipieller Vorzug bestand, wie ich aus theoretischen Erwägungen erkannte, in der viel höheren Helligkeit bei großer Bildfeinheit (und der für allgemeine Nutzung notwendigen hohen Bildpunktzahl)" (Ardenne 1972, 96).

In einem Artikel der Zeitschrift FERNSEHEN vom Mai 1930 legte v. Ardenne die Richtung und Ergebnisse seiner Studien ausführlich dar; er schloß mit den Worten:

„Durch die geschilderten Versuche ist der Nachweis erbracht worden, daß mit normalen Braunschen Röhren ein Fernsehempfang, d.h. gleichzeitige Helligkeits- und Lagensteuerung der Bildpunkte möglich ist. Die Zusatzeinrichtungen bestehen lediglich aus dem eigentlichen Empfänger und einer Glimmlampenreduktionsschaltung mit Tonselektion, welche den Synchronismus mit dem Sender und die Verkettung der beiden Ablenkungsfrequenzen miteinander vornimmt und die richtige Stromkurvenform herstellt. Eine solche Einrichtung besitzt keine rotierenden Teile und ist zur Wiedergabe derart hoher Bildpunktzahlen befähigt, daß mit ihr ein idealer Fernsehempfang ohne weiteres möglich ist, sobald durch die Benutzung entsprechend kurzer elektrischer Wellen (zweckmäßig ultrakurzer oder infraroter Wellen) die Übermittlung der erforderlichen Seitenbänder gewährleistet ist" (Ardenne 1930, 202).

Monate später wurde ihm plötzlich klar.

„daß eigentlich im Lichterfelder Laboratorium fast alles betriebsbereit zur Verfügung stand, um einen ersten Versuch zur Übertragung von Diapositiven unter Verwendung der Elektronenstrahlröhre auf der Sende- und Empfangsseite vorzunehmen. Ich erklärte Emil Lorenz [sein Glasbläser – d. Verf.] meinen Plan. [...] In fieberhafter Eile entnahmen wir dem Fertigungslager zwei Elektronenstrahlröhren, stellten zwei Einrichtungen zur Erzeugung der Ablenkspannungen aus Bestandteilen des Niederfrequenz-Labors zusammen, brachten einen der Breitbandverstärker in Betriebsbereitschaft und entlehnten dem optischen Labor eine Linse hoher Lichtstärke und eine Photozelle geringer Trägheit. Noch am gleichen Abend, am 14. Dezember 1930, hatten Emil Lorenz und ich ein entscheidendes Erlebnis. Ich hielt eine Schere vor den Schirm meines 'Leuchtfleck-Abtasters' und sah tatsächlich, wie ihre Konturen am anderen Ende des Zimmers auf dem Leuchtschirm der Empfängerröhre erschienen. Wir wiederholten den Versuch mit einem Diapositiv und erzielten einen noch viel eindrucksvolleren Erfolg" (Ardenne 1972, 102–103).

Der Leuchtfleck-Abtaster, der an diesem Tag von v. Ardenne konzipiert und erstmalig experimentell realisiert wurde, ist später unter der englischen Bezeichnung 'flying spot scanner' zum vielbenutzten Bauteil der Fernseh- und Computertechnik wie überhaupt der Elektronik geworden.

Im Frühjahr 1931 gelang ihm die vollelektronische Übertragung von Kinofilmen, zwar auch nur mit 10.000 Bildpunkten wie bei mechanischen Apparaturen, aber mit viel größerer Bildhelligkeit. Die erste öffentliche Vorführung seiner Anlage für 100 Zeilen und Braunscher Röhre auf Sende- und Empfangsseite fand auf der 8. Großen Deutschen Funkausstellung und Phonoschau 1931 in Berlin (21. bis 30. August) statt – später vielfach als „Weltpremiere des elektronischen Fernsehens" bezeichnet.

Literatur

Ardenne, Manfred v., Die Braunsche Röhre als Fernsehempfänger. In: FERNSEHEN. Hrsg. v. Fritz Banneitz, 1. 1930, 193–202.

–, Ein glückliches Leben für Technik und Forschung. Zürich/München 1972.

Bruch, Walter, Die Fernseh-Story. Ein Pionier des deutschen Fernsehens erzählt die Geschichte der Bildübertragungstechnik – von den Utopisten bis zum Farbfernsehen. Stuttgart 1969.

Goebel, Gerhart, Das Fernsehen in Deutschland bis zum Jahre 1945. In: Archiv für das Post- und Fernmeldewesen. Hrsg. im Auftrag des Bundesministers für das Post- und Fernmeldewesen. 5. Jg., Nr. 5. Frankfurt a. M. 1953, 259–393.

Günther, Hanns (Hrsg.), Das Große Fernsehbuch. Stuttgart 1938.

Karolus, August, Die Anfänge des Fernsehens in Deutschland in Briefen, Dokumenten und Veröffentlichungen aus seiner Zusammenarbeit mit der Telefunken GmbH 1923–1930. Hrsg. v. Hildegard Karolus. Berlin/Offenbach 1984.

Kniestedt, Joachim, Die Grundidee des elektrischen Fernsehens von 1884. In: Sonderdruck aus dem Archiv für das Post- und Fernmeldewesen. 36. Jg., Nr. 1. Bonn 1984, 35–51.

Mihály, Denes v., Das elektrische Fernsehen und das Telehor. Berlin 1923.

Riedel, Heide, Fernsehen – Von der Vision zum Programm. 50 Jahre Programmdienst in Deutschland. Hrsg. v. Deutsches Rundfunk-Museum. Berlin 1985.

Rudert, Frithjof, 50 Jahre „Fernseh", 1929–1979. In: Bosch Technische Berichte. Bd. 6. Stuttgart 1979, 236 bis 267.

Heide Riedel, Berlin (Deutschland)

201. Der Weg zum Ikonoskop und Ikonoskopabtaster

Ardenne hatte die Braunsche Röhre nicht nur für die Wiedergabe eines Bildes im Fernsehempfänger benutzt, für die sie bis heute aufgrund ihrer Eigenschaften im Hinblick auf die geforderte hohe Auflösung verwendet wird. Er setzte sie auch auf der Geberseite ein, um eine lichtdurchlässige Bildvorlage wie Diapositiv oder Film per Durchleuchtung mit dem Elektronenstrahl abzutasten und ein elektrisches Fernsehsignal für Sendezwecke zu erstellen. Diese Flying-Spot-Technik war damals für die Filmabtastung die optimale Methode.

Die Aufgabenstellung, das Abbild auch nicht lichtdurchlässiger Vorlagen wie z. B. ein Papierfoto oder gar einen sich bewegenden Menschen in ein elektrisches Fernsehsignal umzuwandeln, erforderte ein völlig neues Bauelement. Es mußte in der Lage sein, die unterschiedlichen Helligkeitswerte dieses Abbildes direkt, d. h. zeitgleich in elektrische Signale umzusetzen. Leistete die Braunsche Röhre mit ihrem feinen Elektronenstrahl eine gute Wiedergabe, mußte für eine ebenso anspruchsvolle, d. h. qualitätsmäßig ebenbürtige Aufnahme also das Gegenstück gefunden werden. Hier arbeitete man immer noch mit der Nipkowscheibe, die aber aufgrund ihrer unförmigen Abmessungen und ihrer geringen Lichtausbeute diesen Forderungen nicht entsprach.

Den Wunsch erfüllte ein 1919 in die USA emigrierter Russe, der Physiker und Elektroingenieur Vladimir Kosma Zworykin (1889–1982). Während seines Studiums an der Petersburger Technischen Hochschule war er mit dem seit 1910 an einer vollelektronischen Bildwiedergabe forschenden Boris Rosing zusammengetroffen – und von der Aufgabenstellung fasziniert. War die Lösung 1910 in Rußland noch fern, kam Zworykin ihr in den USA näher. Dort wurde er zunächst Mitglied des Forschungslaboratoriums der Westinghouse Electric and Manufacturing Company in East Pittsburgh, wo er sich der elektronischen Bildabtasung widmete. Ende 1923 gelang es ihm, auf elektronischem Weg das Schattenbild eines Kreuzes zu übertragen. Am 29. Dezember 1923 meldete er ein USA-Patent auf die Braunsche Röhre als Abtaster für Diapositive und Filme an – dasselbe Flying-Spot-Verfahren, das Manfred von Ardenne 1930 in Berlin erstmalig in Betrieb vorführte. Beide waren, so muß man jedenfalls die Literatur interpretieren, ohne Kenntnis voneinander. „Wir hörten in Europa nicht viel von ihm, bis Ende 1934 erstaunliche Nachrichten aus den USA eintrafen [...]" (Bruch 1967, 39).

Seit 1929 arbeitete Zworykin für die Radio Corporation of America (RCA) in Camden, New Jersey, unter dem von der Zukunft der Elektronik überzeugten Präsidenten David Sarnoff. Der unterstützte ihn bei der Entwicklung eines 'Elektronenauges' anstelle der Nipkowscheibe für die Bildabtastung. Zworykin verwendete hierfür die Braunsche Röhre quasi in umgekehrter Wirkung: Seine Kathodenstrahlröhre mit kugelförmigem Kopf, die wie die Braunsche Röhre luftleer gepumpt war, besaß keine Leuchtschicht für die Bildwiedergabe, sondern an ihrer Stelle brachte er eine lichtempfindliche Platte mit Speicherwirkung an. Er ging dabei von der Funktion des menschlichen Auges aus: Die Signale in den Sehnerven wollte er als in Elektrizität umgewandelte Lichtsignale nachbilden. Auf diese Kondensatorplatte plazierte er Millionen von kleinen lichtempfindlichen Elementarkondensatoren, die eine vergleichbare Funktion wie die Rezeptorelementchen des Auges haben sollten.

„Das 'Ikonoskop', wie er sein elektrisches Auge nannte (eikon, griech.: das Bild – d. Verf.), besitzt eine dünne, gut isolierende Glimmerplatte als Träger, darauf Millionen feiner Cäsium-Silber-Tröpfchen: im Mikroskop als kleine Inselchen erkennbar, durch Zwischenräume voneinander isoliert. Auf der Rückseite der Glimmerplatte eine Silberfolie, so daß die kleinen Inselchen – mit der Silberfolie als zweitem Belag – die Millionen kleinster Kondensatoren bilden. Auf die Tröpfchenseite wird das Bild projiziert, dann sendet jede photoempfindliche Insel Elektronen aus: Und zwar lädt sie sich, abhängig von ihrer Beleuchtung, durch den Verlust an negativen Elektronen entsprechend der Helligkeit des jeweiligen Bildpunktes positiv auf. Auf dem Schirm entsteht ein Bild aus – je nach Helligkeit – verschieden großen elektrischen Ladungen, ähnlich wie in der Retina des menschlichen Auges durch Veränderung des Sehpurpurs in den Rezeptorelementchen ein Bild kurzzeitig gespeichert ist" (Bruch 1969, 109–111).

Ein dieses 'Ladungsbild' der Speicherplatte abtastender Elektronenstrahl, der wie in der Braunschen Röhre erzeugt und wie dort abgelenkt wird, zapft die vielen kleinen elektrischen Ladungen punktweise an, gibt sie ab, d. h. entlädt sie nacheinander und führt sie dann als Bildsignal dem Verstärker zu. Da während der Dauer einer Bildabtastung bis zum kurzen Entladungsvorgang die elektrische Ladung aufgespeichert wird, ist das Ikonoskop, vor allem im Vergleich zur Nipkowscheibe, sehr empfindlich.

Auch andere Forscher arbeiteten in den 20er Jahren an der Entwicklung der Braunschen Röhre als Bildgeber, so z. B. M. M. Séguin in Frankreich, C. Sabbah in den USA. Doch noch 1932 schrieb Fritz Schröter, Chef der Abteilung 'Physikalische Forschung' bei Telefunken:

„Keine der genannten Kathodenstrahl-Abtastvorrichtungen hat in absehbarer Zeit Aussicht auf Verwirklichung, da die vakuumtechnischen Schwierigkeiten außerordentlich groß und die Mittel zu ihrer Überwindung noch nicht entwickelt sind. Weder die Kalium-, noch die Selenraster sind bei der hohen Zahl einzelner Zellen mit homogen verteilter Anfangsempfindlichkeit geschweige denn gleichförmiger zeitlicher Veränderlichkeit derselben herstellbar, abgesehen von der den meisten

Entwürfen anhaftenden technischen Komplikation oder mangelnden physikalischen Stichhaltigkeit" (Schröter 1932, 62).

Bei Telefunken war man zu dieser Zeit noch von der mechanischen Bildabtastung überzeugt.

Trotzdem war es Schröter, der das von Zworykin in den USA 1934 zur Serienreife entwickelte Ikonoskop nach Deutschland brachte. 1935 hatte er zusammen mit Rudolf Urtel, einem jungen Entwicklungsingenieur bei Telefunken, die RCA besucht und Zworykins Ikonoskop in der Praxis besichtigt. Beide kamen begeistert zurück und nun des Sinnes, daß nur die Elektronik dem Fernsehen Zukunftschancen bieten könne. Die RCA stellte der Firma Telefunken kurz danach eine Ikonoskop-Aufnahmeröhre zur Verfügung, und Rudolf Urtel setzte sie in einer Musteranlage in Betrieb. Bei Telefunken war diese amerikanische Hilfestellung als Niederlage angesehen worden. Um sie auszuwetzen, machte man sich in der zweiten Hälfte der 30er Jahre an die Verbesserung der immer noch begrenzten Lichtempfindlichkeit des Ikonoskops. Ziel war die Verzehnfachung, und das Ergebnis nannte man 1939 Superikonoskop. Die wesentlichste Änderung wurde an der Speicherplatte vorgenommen, indem ein sog. Bildwandler vorgesetzt wurde, der sie empfindlicher machte: eine separate Fotokathode. Auf ihr wird über eine Optik das aufzunehmende Motiv abgebildet. Wird die Fotokathode mit Licht bestrahlt, sendet sie, genau wie die Braunsche Röhre, Elektronen aus, die durch hohe Anodenspannung beschleunigt, mit großer Wucht quer durch die Elektronenröhre geschleudert werden und auf die ihr gegenüberliegende Speicherplatte aufschlagen. Durch jedes auf ein Mosaikelement treffendes Fotoelektron wird eine Vielzahl von Sekundärelektronen ausgelöst. Hierdurch erklärt sich die größere Empfindlichkeit des Superikonoskops. Je größer also die Helligkeit des zu übertragenden Bildes ist, desto intensiver gerät der Beschuß durch Fotoelektronen, und um so mehr Sekundärelektronen entstehen. Um die Wucht des Aufpralls der Fotoelektronen auf der Speicherplatte zu verstärken, werden sie kurz nach Austritt von einer Fokussierspule, die wie eine magnetische Linse wirkt, gebündelt.

Im Februar 1936 war ein anderer junger Ingenieur in die Weltfirma Telefunken eingetreten, Walter Bruch. Ihm kommt das Verdienst zu, die Elektronenröhre Ikonoskop erstmals in einem Abtaster, d.h. einer Kamera, für die Praxis vorbereitet, eingesetzt und bedient zu haben.

Bei seinem Eintritt in die Firma hatte Bruch das Fragment einer sog. Gegenseh-Anlage vorgefunden, eine frühe Ausgabe des Video-Telefons, die ein früherer Mitarbeiter auf elektronischer Basis, d.h. mit zwei Ikonoskop-Aufnahmeröhren, nach dem Vorbild von Urtels Musteranlage gebaut, aber nicht fertiggestellt hatte. Bruch beschloß, dieses Ungetüm von mehr als zehn Metern Länge, bedingt durch die zwei Sprechkabinen an den jeweiligen Enden, in Betriebsbereitschaft zu bringen. Es gelang ihm durch Urtels Beratung, durch intensive Lötkolbenarbeit und mit Hilfe dreier Mechaniker. Im Juni 1936 konnte er stolz sein erstes Bild vorführen.

Die Reichspost hatte zwischenzeitlich beschlossen, die im August 1936 stattfindenden Olympischen Spiele im seit März 1935 öffentlichen Deutschen Fernseh-Programmdienst zu übertragen, um sie zu einem Propaganda-Feldzug für Deutschlands Größe zu nutzen. Urtel hatte sich geweigert, seine Musteranlage für diesen Zweck zur Verfügung zu stellen. Wahrscheinlich war es Fritz Schröter, der auf die Idee kam, die betriebsfähige Gegenseh-Anlage von Walter Bruch zu einer Reportage-Anlage unzufunktionieren und sie zusammen mit zwei anderen elektronischen Kameras während der Olympischen Spiele einzusetzen. Bruch hatte zwei Monate Zeit. Und er schaffte es, zusammen mit seinen Mechanikern Richard Wulf und Paul Mischewsky, aus den vorhandenen Teilen die Olympia-Anlage „zusammenzunageln", wie er es in seinen Erinnerungen beschrieb (Bruch 1967, 60). Die eigentliche Kamera, d.h. der Kamerakopf, stammte von dem besten und bekanntesten Konstrukteur Telefunkens, von Emil Mechau. Die Speicherplatte des Ikonoskops hatte eine Größe von 9 x 12 cm; über einen Winkelspiegel konnte der Kameramann das Bild direkt auf der Speicherplatte kontrollieren. Einen Tag vor Eröffnung der Spiele (1. bis 16. August 1936) war die Anlage fertig.

„Ein einziges Mal hatten wir das Gerät am letzten 'Arbeitssonntag' vom Labor aus auf unseren Hof gerichtet und für gut genug befunden. Danach wurde alles rasch zusammengeschraubt, auf einen Wagen gesetzt, und los ging es zum Stadion. Das Aufstellen am Standort, die täglich nötigen Ver-

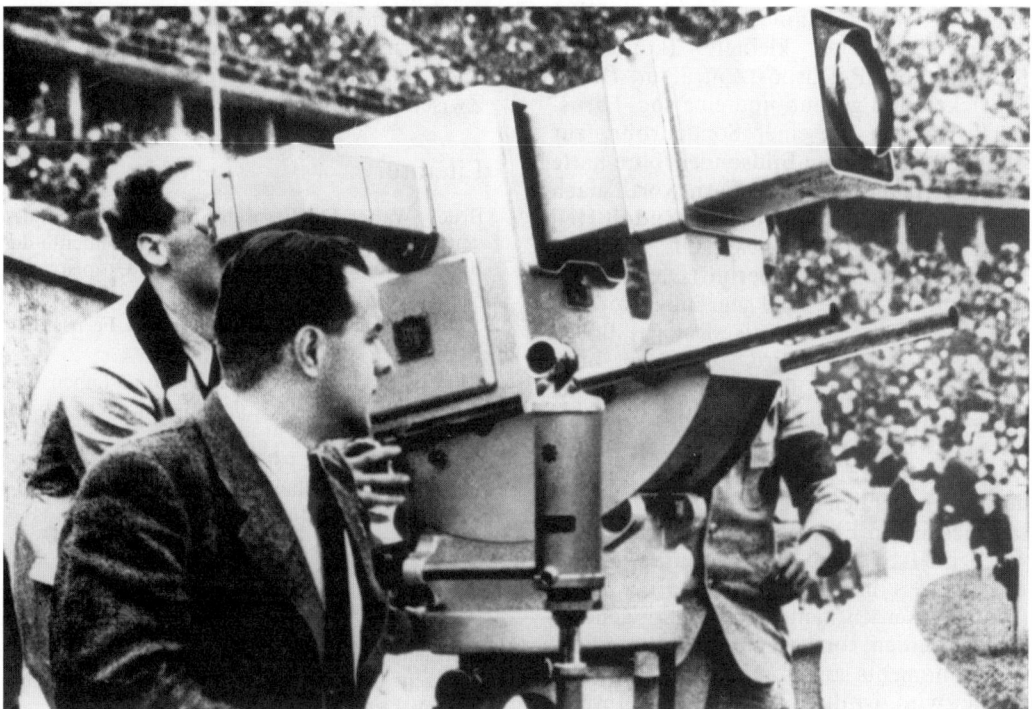

Abb. 201.1: Fernseh-Kanone, 1936

besserungen, die Umschalterprobungsarbeit zur Nacht, während wir auf dem Rasen des Kampffeldes lagen und draußen Harald Kreutzberg bei Fackelschein seine nächtlichen Tänze übte, sind Erinnerungen an ein großes Wagnis, das wir damals auf uns nahmen" (Bruch 1967, 60).

Walter Bruch wunderte sich auch im Alter noch über diesen Mut. Daß er während der Spiele zusätzlich die Arbeit des Kameramanns übernahm, erklärte er mit der Notwendigkeit technischen Einfühlungsvermögens, seiner Kenntnis der ganzen Apparatur natürlich und der Tatsache, daß er damals 16-mm-Schmalfilm-Amateur war – nach Ansicht seiner Vorgesetzten die ideale Voraussetzung.

Die Kamera besaß drei Objektive für Nah-, Mittel- und Fernaufnahmen von 25 cm, 90 cm und 160 cm Brennweite. Das größte Objektiv, von Leitz in Wetzlar gebaut, besaß einen Linsendurchmesser von imponierenden 40 cm; wenn es eingesetzt wurde, hatte die Kamera eine Gesamtlänge von 2,20 m, was ihr den Beinamen 'Fernseh-Kanone' einbrachte. So war denn auch die Arbeit mit körperlichen Anstrengungen verbunden:

„Um das 50 kg schwere Riesenobjektiv zu wechseln, waren zwei Mann notwendig, die es auf der Schulter in seinen Bajonettverschluß einzuhängen hatten. Mehr Hilfskräfte hatte das Olympische Komitee auch nicht zugelassen. Da wir unmittelbar unter den Augen des Publikums und der Ehrentribüne arbeiteten, mußte das 'ruckzuck' gehen, und es war nicht ganz einfach, dabei noch eine 'gute Figur' zu machen. [...] Technisch brachten die Sendungen uns täglich neue Erfahrungen und Fortschritte. Während wir draußen standen, oben kurbelten und unten kontrollierten und einstellten, saßen die Kollegen im Labor und erfanden Neues. Das Ikonoskop wurde täglich gewechselt, nicht etwa infolge von Abnutzung, sondern um es immer weiter zu verbessern" (Bruch 1967, 61–63).

Wie schnell sich in den 30er Jahren das Fernsehen entwickelte, ist an der Tatsache abzulesen, daß diese 'Fernseh-Kanone' schon neun Monate später als besondere Attraktion im Deutschen Museum in München einen Platz fand, im Rahmen einer Sonderausstellung zum Thema Fernsehen, an deren Gestaltung auch Walter Bruch mitgewirkt hatte.

Bei diesen ersten im Fernsehen übertragenen Olympischen Spielen von 1936 waren noch zwei weitere Kameras eingesetzt worden: eine zweite, kleinere Ikonoskop-Kamera, vom Reichspostzentralamt (RPZ) entwickelt und gebaut, und eine sog. Farnsworth-Kamera mit einer Sondenröhre zur Bildaufnahme. Diese Bildsondenröhre hatte der Amerikaner Philo T. Farnsworth nach Ideen von Max Dieckmann und Rudolf Hell (Patent 1925) 1934 entwickelt, und die Firma Fernseh AG in Berlin (Die Fernseh AG war am 11. Juni 1929 gegründet worden. Gesellschafter waren: die Robert Bosch GmbH, Stuttgart; Baird Television Ltd., London; Zeiss-Ikon, Dresden; D. S. Loewe, Berlin) hatte sie zum erstmaligen Einsatz für die Spiele gebaut. Diese Röhre, von Farnsworth „Dissector-Tube" genannt, wandelt den abzubildenden Gegenstand in seiner Gesamtheit in ein Elekronenbild um. Da nicht wie beim Ikonoskop während eines ganzen Bildwechsels die aufgenommene Energie gespeichert werden kann, um dann abgenommen zu werden, sondern nur die während des Abtastmoments ankommende Energie verwendet wird, ist diese Röhre sehr viel weniger empfindlich, braucht also für Aufnahmen im Freien sehr viel Licht und war daher der Speicherröhre von Zworykin unterlegen. Die Fernseh AG benutzte sie deshalb später auch nur zur Abtastung hell beleuchteter Zwischenklischees (Filmabtaster).

Literatur

Bruch, Walter, Die Fernseh-Story. Ein Pionier des deutschen Fernsehens erzählt die Geschichte der Bildübertragungstechnik – von den Utopisten bis zum Farbfernsehen. Stuttgart 1969.

–, Kleine Geschichte des deutschen Fernsehens. Berlin 1967.

Kurylo, Friedrich/Ferdinand Braun, Leben und Wirken des Erfinders der Braunschen Röhre. München 1965.

Lipfert, Kurt, Das Fernsehen. Eine allgemeinverständliche Darstellung des neuesten Standes der Fernsehtechnik. München/Berlin 1938.

Pütz, Jean (Hrsg.), Televisionen. Die Welt des Fernsehens. Köln 1978.

Schröter, Fritz, Die Zerlegungsmethoden des Fernsehens. In: Handbuch der Bildtelegraphie und des Fernsehens. Grundlagen, Entwicklungsziele und Grenzen der elektrischen Bildfernübertragung. Hrsg. v. Fritz Schröter. Berlin 1932, 26 bis 94.

Heide Riedel, Berlin (Deutschland)

202. Die Entwicklung des Zwischenfilmverfahrens

Am 8. März 1929 hatte die Deutsche Reichspost mit einem von Mihálys Firma Telehor AG gekauften Filmabtaster die erste drahtlose 'Fernseh-Rundfunksendung' durchgeführt. Sie fand statt in der Zeit von 23.10 Uhr bis 0.30 Uhr auf Welle 475,4 m. Der Bildgeber stand im Maschinenkeller des Berliner Rundfunksenders in Witzleben. Diese ersten Versuche mit Übertragung von Diapositiven, also noch stumm und ohne Programmcharakter, fanden deshalb so spät statt, weil dann der Sender 'frei' war, da damals nachts keine Hörfunkprogramme ausgestrahlt wurden.

Ende 1929 konnte schon ein kleiner Film übertragen werden, der sich in einer Endlos-Schleife wiederholte: zwei junge Mädchen im Badeanzug, die sich mit den Köpfen aufeinander zu- und voneinander fortbewegten und dabei ab und zu in Äpfel bissen. Anfangs auf Langerwelle ausgestrahlt, wurden die Versuche im August 1932 auf UKW umgestellt und für die kleine Abtastzelle, dem 'Studio', im Haus des Rundfunks (HdR) von der Post ein neuer mechanischer Filmabtaster mit Nipkowscheibe und Gleichstromverstärker installiert. Er war durch ein 750 m langes Kabel mit dem stärksten bis dahin gebauten UKW-Sender (Leistung: 16 kW) verbunden, der gegenüber auf dem Messegelände in Funkhalle IV stand: ein Laboratoriumsgerät der Firma Telefunken, die ihn der Post leihweise für die Versuche überlassen hatte. Antennenträger wurde der 1926 für Hörfunk-Zwecke erbaute Funkturm (zur Vorgeschichte des Programms s. Riedel 1985, 42f.).

Bis zu diesem Zeitpunkt war es nicht gelungen, brauchbare Tageslicht-Aufnahmen größerer Szenen oder die unmittelbare Übertragung aktueller Ereignisse im Freien durchzuführen. Die in Betrieb befindlichen Lichtstrahlabtaster mit Nipkowscheibe oder dem von Emil Mechau/Telefunken entwickelten Linsenkranz (1935) waren lediglich in der Lage, eine oder höchstens zwei Personen in der dunklen Abtastzelle im Brustformat aufzunehmen. Für die Beleuchtungsstärken im Freien und einer genügend großen Bildrasterung waren sie aufgrund ihres geringen optischen Wirkungsgrades nicht geeignet.

Die Fernseh AG ging ab Anfang 1931 neue Wege, indem sie für das Fernsehproblem die damals schon hochentwickelten Elemente der Normalfilm-Technik nutzte: Filmaufnahmekameras, Filmmaterial, Entwicklungs- und Fixierverfahren. Das von Georg Schubert entwickelte sog. 'Zwischenfilmverfahren' bediente sich dieser Mittel, indem es für die Fernsehaufnahme den Umweg über die Abtastung eines Zwischenklischees machte, d. h. den filmischen Vorgang zwischen das aufzunehmende Ereignis und die Fernsehausstrahlung schaltete: Durch das entwickelte Filmband kann ein Lichtstrom hindurchgeschickt werden, der um mehrere Größenordnungen stärker ist als der von einem hell beleuchteten natürlichen Objekt reflektierte, der Fernsehabtastung also die erforderlichen hohen Helligkeitswerte lieferte. Schubert ermöglichte mit seinem Zwischenfilmverfahren 'Fast-Live-Fernsehsendungen', indem er die Folge Belichten – Entwickeln – Fixieren – Trocknen – Negativ-Abtasten auf eine kurze Zeitspanne konzentrierte.

Der Ablauf war folgender: Das zu übertragende Ereignis wurde mit einer handelsüblichen Normalfilmkamera aufgenommen. Der Spezialfilm (steile Kennlinie und dünnschichtige Emulsion) lief aus der Kamera unmittelbar durch einen lichtdichten Kanal in die Entwicklungseinrichtung, wo er durch besondere Fixiermethoden in etwa 85 Sekunden entwickelt, durch Heißluft getrocknet, das Negativ sofort durch einen Filmabtaster geschickt wurde und über Kabel oder Relaissender den Fernsehsender modulieren konnte. Die Umkehr in das Positiv erfolgte auf elektrischem Weg in einem Bildstrom-Verstärker. In Extremfällen konnte die Zeit von der Aufnahme bis zur Wiedergabe auf 15 Sekunden gesenkt werden, wobei der Film dann allerdings noch naß durch den Abtaster lief; danach wurde er auf eine Trommel gerollt und unter Wasser aufbewahrt, bis er für Archivzwecke getrocknet werden konnte (Rudert 1979, 241 f.).

Die erste Anlage dieser Art, die mit 90 Zeilen arbeitete, wurde von der Fernseh AG im August 1932 vorgestellt und, nach Modifikation mit einer Tonfilm-Kamera, 1934 in einen Fernsehaufnahmewagen für die Reichs-Rundfunk-Gesellschaft (RRG) eingebaut. Dieser erste 3,5 t schwere „Ü-Wagen" beherbergte auf dem Dach Kamera, Kameramann und Assistenten, im Innern die komplette Ausstattung zur Schnellentwicklung des Films, Filmabtaster, Verstärker und Taktgeber. Er war also gleichzeitig sowohl eine (rollende) chemische Filmentwicklungs-'Fabrik' als auch Studio. Kamera und Entwicklungseinrichtung konnten ausgeschaltet, d. h. stillgelegt werden, so daß sich mit dem Filmabtaster des Wagens allein auch fertige Kino- oder eigene Archivfilme übertragen ließen. Für die Bildaufnahmen wurden Kameraobjektive von 40, 255 und 650 mm Brennweite verwendet. Nach Eröffnung des deutschen 'Fernseh-Rundfunks' in Berlin am 22. März 1935 wurden von der RRG neben diesem ersten Zwischenfilm-Reportagewagen noch ein kleiner Tonfilm- und ein Beleuchtungswagen für die Aufnahme aktueller Tagesereignisse eingesetzt.

Für die Olympischen Spiele 1936 wurde neben den drei elektronischen Kameras ein neuer, ebenso von der Fernseh AG gelieferter Zwischenfilm-Wagen in Betrieb genommen. Er benutzte im Gegensatz zu dem ersten Wagen einen Halbformatfilm von 35 mm Breite mit einem Bildformat von nur 9 x 12 mm. Dadurch konnten die Aufnahmekosten um die Hälfte gesenkt und die Aufnahmedauer einer 'Filmkassette' auf 65 Minuten erhöht werden. Der Ton wurde als 5fach-Doppelzackenschrift auf den Film mitaufgezeichnet; die Kamera des Wagens war mit auswechselbaren Objektiven von 2,8 bis 50 cm Brennweite ausgerüstet. Zur Bedienung des Zwischenfilm-Übertragungswagens waren vier Mann erforderlich: zwei auf dem Dach zur Bedienung der Kamera, zwei im Wageninnern zur Entwicklung und Abtastung des Films, der zwei Minuten nach der Aufnahme völlig getrocknet durch den Abtaster geschickt werden konnte. Dieser Wagen war noch bis zur Funkausstellung 1938 im Einsatz (Goebel 1953, 348).

Für viele Reportage-Zwecke hatte er sich indessen als zu schwerfällig erwiesen. Deshalb entwickelte die Fernseh AG 1936/37 ein Zwischenfilmgerät in Form eines kompakten Schranks (1,20 m H x 1,30 m T x 0,65 m B), das auch für Innenaufnahmen gedacht war. Aus einer kombinierten Spiegelkamera für Bild und Ton mit drei Objektiven von 5, 7,5 und 15 cm Brennweite lief der Halbformatfilm in das Schnellentwick-

Abb. 202.1: Fernsehaufnahmewagen der RRG für das Zwischenfilmverfahren

lungsgerät und konnte nach einer Naßbearbeitungsdauer von 33 und einer Trockenzeit von 43 Sekunden abgetastet werden; die hierfür verwendete Sondenröhre war in einem Ernemann-Projektor eingebaut. Sämtliches Zusatzbehör wie Bildverstärker, Impulsgeber, Modulationsgerät und Tonverstärker waren in tragbaren Kästen untergebracht, so daß die Anlage transportfähig war und mit ihrer Einkanal-Modulation unmittelbar auf den Sender arbeiten konnte. Sie stellte die letzte Stufe des kurzen Zwischenspiels des Zwischenfilmverfahrens dar, das von den höchstempfindlichen Superikonoskop-Kameras 1939 endgültig verdrängt wurde.

Als Nachteile des Zwischenfilmverfahrens galten drei Faktoren:

– die Verzögerung des Fernsehbildes um mindestens eine Minute;
– die erforderlichen Mittel, um bei gleichzeitiger akustischer Übertragung auch deren Wiedergabe entsprechend der Bildverzögerung zu verschieben;
– die durch hohen Filmverbrauch selbst bei Schmalfilm erheblichen Betriebskosten (für Normalfilm ca. RM 1500,– pro Stunde) (Karolus 1937, 230).

Nach den Erfahrungen mit dem Zwischenfilmverfahren wurde 1939 von der Fernseh

AG jedoch noch eine Spiegelreflex-Kamera entwickelt, die für Schnellberichterstattung bei Ein-Mann-Bedienung für gleichzeitige Bild- und Tonaufnahmen im Halbformat gedacht war und schon beachtliche technische Daten aufwies:

- Spiegelreflex-Sucher,
- Revolverkopf mit vier Objektiven;
- Kopplung aller Objektive: Blende und Entfernung stehen stets auf gleichen Werten, nach Objektivwechsel entfällt jede Nachregelung;
- Aufbelichtung eines Überblendsymbols (Irisblende) während des Objektivwechsels;
- 5fach-Zackenschrift für Lichtton;
- Verfolgungsstativ mit je einer Schwungmasse für Schwenkung und Neigung;
- zur Erleichterung des schwierigen Zusammenspiels von Kameramann und Kommentator: ein mit der Kamera gekoppelter, parallaxenfreier Sucher für den Sprecher und ein Kopfhörer zum Mithören für den Kameramann (Rudert 1979, 242–243).

Die so aufgenommenen Filme hatten eine Länge von 200 m und eine Spieldauer von rund sieben Minuten und konnten ohne Nachbearbeitung oder Schnitt nach Durchlaufen eines Schnellentwicklungsgeräts abgetastet werden: Die Kassette mit dem belichteten Film wurde unmittelbar auf das Entwicklungsgerät aufgesetzt; der zur Abtastung, also zur Fernsehausstrahlung fertige Film konnte nach 80 Sekunden entnommen werden.

Literatur

Goebel, Gerhart, Das Fernsehen in Deutschland bis zum Jahre 1945. In: Archiv für das Post- und Fernmeldewesen. Hrsg. im Auftrag des Bundesministers für das Post- und Fernmeldewesen. 5. Jg., Nr. 5. Frankfurt a. M. 1953, 259–393.

Günther, Hanns (Hrsg.), Das Große Fernsehbuch. Stuttgart 1938.

Karolus, August, Das Großbildproblem beim Fernsehen. In: Fernsehen. Die neuere Entwicklung insbesondere der deutschen Fernsehtechnik. Hrsg. v. Fritz Schröter. Berlin 1937, 228–248.

Riedel, Heide, Fernsehen – Von der Vision zum Programm. 50 Jahre Programmdienst in Deutschland. Hrsg. v. Deutschen Rundfunk-Museum. Berlin 1985.

Rudert, Frithjof, 50 Jahre „Fernseh", 1929–1979. In: Bosch Technische Berichte. Bd. 6. Stuttgart 1979, 236–267.

Heide Riedel, Berlin (Deutschland)

203. Der Fernseh-Einheitsempfänger E 1 (1939)

Die seit 1929 von der Deutschen Reichspost ausgestrahlten stummen Fernsehübertragungen dienten ausschließlich technischer Erprobung und industrieller Entwicklung. Erst mit der Hinzunahme des Tons durch die Installierung eines zweiten UKW-Senders (April 1934) wurden Inhalte möglich und angedacht. Trotzdem interessierte sich die Propagandamaschinerie der Nationalsozialisten nicht sonderlich für das neue Medium, da die Bilder zu flau und die von der Industrie seit 1928 auf den jährlichen Funkausstellungen vorgestellten Empfänger, alles Prototypen, mit ihren kleinen Fernsehbildern nicht ihrer Vorstellung von Propaganda-Ästhetik entsprachen. Das änderte sich schlagartig, als aus Großbritannien die Nachricht kam, die BBC wolle ab Herbst 1935 ihre bisherigen Versuchssendungen (405 Zeilen) durch einen regelmäßigen 'Television-Service' ablösen (was tatsächlich erst 1936 geschah). So wurde die eilige Eröffnung des „ersten regelmäßigen Fernsehprogrammdienstes der Welt" am 22. März 1935 in Berlin zu einem reinen propagandistischen Akt, um den Engländern als erste 'Fernsehnation' zuvorzukommen. Denn die deutsche Industrie war zur Serienfertigung noch gar nicht bereit, im Gegenteil: Telefunken warnte z. B. vor der überstürzten Herstellung noch nicht ausgereifter Empfänger, um den Fernsehgedanken nicht zu diskreditieren (Reiss 1979, 35f.). Die rd. 250 Fernsehgeräte, die 1935 bei offiziellen Vertretern von Regierung und Partei, bei Technikern und einigen Journalisten standen, hätten bei regulärem Verkauf rd. 2.000 Reichsmark gekostet, für eine Serienproduktion ein inakzeptabler Preis.

Das ab 1935 von der Reichs-Rundfunk-Gesellschaft (RRG) produzierte Programm (musikalische Aufführungen, Bilder der Woche, kleine Kulturfilme u. ä.) des am 29. Mai 1935 benannten 'Fernsehsenders Paul Nipkow' wurde an drei Wochenabenden ausgestrahlt; an zwei weiteren Abenden und täglich vor- und nachmittags eine Stunde sendete die Post weiterhin ein Versuchsprogramm, bestehend aus UFA-Filmen und zwei Ansagerinnen (Riedel 1985, 69f.). Ab April 1935 konnte dieses Programm außer von den Besitzern der 250 Empfänger auch von 'normalen' Bürgern verfolgt werden: In Berlin war in einem Postamt die erste öffentliche 'Fernsehstube' eröffnet worden, deren Eintritt kostenlos war und die rd. 30 Personen Platz bot. Am 15. Mai 1935 wurden vier weitere 'Stuben' in Betrieb genommen; während der Olympischen Spiele 1936 war ihre Zahl in Berlin auf 25 angewachsen, in Potsdam standen eine und in Leipzig zwei weitere Fernsehstuben zur Verfügung.

Während der Spiele konnten an diesen 28 Stellen rd. 10.000 Menschen täglich die Fernsehübertragungen verfolgen. Fernsehen als Gemeinschaftsempfang entsprach der Vorstellung des Propagandaministers Joseph Goebbels, für den die wirksamsten Propagandamittel weiterhin Kino und Hörfunk blieben und der sich der Freigabe einer Fernsehgeräte-Produktion für Heimempfang widersetzte.

Ab 1937 hatte die Industrie ihre weiterhin als Prototypen entwickelten Fernsehempfänger durchgängig mit Braunscher Röhre ausgestattet. Auf der Funkausstellung 1938 zeigten die fünf führenden Firmen (Fernseh AG, Radio AG D. S. Loewe, C. Lorenz AG, TeKaDe und Telefunken) Empfänger, deren Verkaufspreis, wären sie in Serie hergestellt worden, auch kaum weit unter 2.000 Reichsmark gelegen hätte. Alle Geräte arbeiteten mit Braunscher Röhre und waren für ein 441zeiliges Bild ausgerüstet. Es waren drei Gruppen zu erkennen:

(1) Standempfänger, bei denen die Braunsche Röhre wegen ihrer Länge (bis über 70 cm) senkrecht eingebaut war, wodurch das Bild nur in einem Umlenkspiegel gesehen werden konnte (Bildgröße zwischen 21 x 26 und 27 x 36 cm), das aber immerhin von etwa 30 Personen, weshalb diese Geräte vereinzelt zum Einsatz in den Fernsehstudios kamen.

(2) Tisch-Kleinempfänger, teils als reine Bildempfänger, die für den Tonempfang an ein Radio angeschlossen werden mußten, teils auch mit eingebautem Einkreisempfänger für die Wiedergabe des Tons ausgerüstet (Bildgröße ca. 20 x 23 cm). Der Fernseh AG war es gelungen, um 50 Prozent kürzere Braunsche Röhren zu entwickeln, so daß die ganze Technik in kleinere Chassis paßte.

(3) Heimprojektionsempfänger mit Braunscher Hochvoltröhre für etwa 20 kV Anodenspannung (Bildgröße ca. 40 x 50 cm) (Goebel 1953, 320).

Die Produktionstechnologie war relativ hoch entwickelt – jetzt drängte die Industrie massiv auf die Freigabe der Fernsehheimempfänger-Serienproduktion, denn sie wollte ihre Forschungsergebnisse vermarkten; rentabel war das nur durch Serienproduktion. Die Fernseh AG schlug dem Reichspostministerium vor, ein Konsortium aus Industrie, Post, RRG, Elektrizitätswirtschaft und der Deutschen Arbeitsfront (DAF) zu bilden, welche als Finanzierungsgesellschaft

„die Auflegung so großer Serien von Fernsehgeräten ermöglichen könnte, daß der Preis des Einzelgerätes sich bereits so weit absenken ließe, daß zwar für den Anfang nicht die Allerärmsten, aber doch schon weite Kreise der Bevölkerung für die Anschaffung eines Fernsehgerätes interessiert werden könnten" (Hempel 1969, 168).

Reichspostminister Wilhelm Ohnesorge war offen für die Vorschläge der Industrie, denn die Post hatte selbst große Summen in Anlage- und Forschungsmittel für die Fernsehentwicklung gesteckt: 1937 waren es 18 Millionen und 1938 23 Millionen Reichsmark (Goebel 1953, 383). Noch während der Funkausstellung 1938 (5. bis 21. August) kam es zu einer Einigung zwischen Post und den fünf Industriefirmen: Es sollte, nach dem Vorbild des Radios VE 301 ('Volksempfänger') in Gemeinschaftsarbeit ein Fernseh-Einheitsempfänger entwickelt werden. In der ersten Serie sollten 4.600 Geräte produziert werden, wobei die fünf Firmen entsprechend ihrer Kapitalstärke beteiligt wurden und die Post sich bereit erklärte, 25 Prozent des Risikos für den Produktionsanlauf zu übernehmen.

„Es waren also vornehmlich wirtschaftliche Fragen, die den Anstoß gaben, den Einheitsempfänger in selbstloser Gemeinschaftsarbeit zu schaffen. Das Ziel eines verhältnismäßig niedrigen Gestehungspreises war nur durch Ausschaltung jeden Konkurrenzkampfes erfüllbar. Ein umfas-

203. Der Fernseh-Einheitsempfänger E 1 (1939)

Abb. 203.1: Außenansicht des E 1

sender Erfahrungsaustausch wurde daher in großzügigster Weise beschlossen. Ferner mußte die Konstruktion für eine Großserienfabrikation durchgebildet werden; denn die Herstellung in großer Stückzahl war die selbstverständliche Voraussetzung für einen niedrigen Preis. Aber auch für die Fabrikationsvorbereitung, Materialbeschaffung und Fertigung selbst war im Interesse der Preisbildung unbedingt engste Zusammenarbeit aller Beteiligten erforderlich. So wurde die Herstellung der Einzelteile getrennt an die verschiedenen Firmen vergeben, damit die Werkzeugkosten möglichst gering bleiben. Parallel hier zu durften bei der technischen Entwicklung des Empfängers in keiner Weise irgendwelche Hemmnisse durch die Verteilung des Patentbesitzes oder durch Lizenzfragen entstehen" (Suhling 1942, 4).

Im November 1938 nahm die Industrie die Fertigung auf. Im Februar 1939 kam das erste Mustergerät heraus; mittlerweile waren 10.000 Stück geplant. Zur 16. Großen Deutschen Rundfunk- und Fernsehausstellung Berlin 1939 (28. Juli bis 6. August) kam der Einheitsempfänger auf den Markt, allerdings von der geplanten hohen Auflage erst rd. 50 Exemplare. Reichspostminister Ohnesorge kündigte während der Ausstellung die Ausbreitung des Fernsehens durch Freigabe des privaten, noch kostenlosen Fernsehens an.

Der E 1 genannte Empfänger hatte dementsprechend auch alle „Heim"-Vorteile. Er war relativ preisgünstig (RM 650,–), klein (B 65 cm, H 37 cm, T 38 cm) und einfach in der Bedienung; seine Technik war in einem Holzgehäuse verpackt. Erreicht wurde sein handliches Format durch eine neue, von der Fernseh AG entwickelte Braunsche Röhre:

„Bisher war es üblich, Fernsehröhren runder Form mit stark gekrümmtem Leuchtschirm zu benutzen. Die geforderte räumliche Beschränkung bei großem Bildformat läßt sich mit einer solchen Röhrenform schlecht vereinbaren, weil erhebliche Teile der runden Schirmfläche infolge des rechteckigen Bildformats ungenutzt bleiben. Deshalb wurde für den Einheitsempfänger eine Röhre mit viereckigem Leuchtschirm entwickelt, dessen Fläche nur unwesentlich größer als das geplante Bildformat ist und bei welcher der vom Kathodenstrahl nicht überstrichene Teil des Kolbenraums eingespart wird. [...] Die Tiefe des Empfängergehäuses wird durch die Röhrenlänge bestimmt. Zur Beschränkung der Tiefenabmessungen mußte man sich im allgemeinen behelfen, die Röhre senkrecht anzuordnen und das Leuchtschirmbild mit Hilfe eines Spiegels zu betrachten oder den Kolbenhals über die Rückwand des Gehäuses hinausragen zu lassen, was wiederum keine vollkommene Beschränkung darstellt. 1938 wurde erstmalig für den Kleinempfänger der Fernseh

Abb. 203.2: Empfängerchassis des E 1

AG ein Rohr von bis dahin ungewöhnlich geringer Länge entwickelt, indem der Kippwinkel gleichzeitig eine bisher für unmöglich gehaltene Vergrößerung erfuhr. Die Röhrenlänge ging insgesamt auf etwa 30 Prozent zurück! [Falsche Angabe. Richtig: 50 Prozent – d. Verf.] Die hier gesammelten Erfahrungen konnten bei der Entwicklung der Röhre für den Einheitsempfänger sehr gut verwertet werden. Bei den bisher entwickelten Röhren kleiner Abmessungen störte aber fast noch mehr als das kleine Bildformat die starke Krümmung des Leuchtschirms. Deshalb wurde der Boden des Viereckrohrs so flach wie möglich gestaltet. Für das gewölbte Bildformat von 195 x 225 mm wurde ein Krümmungsradius von 800 mm gewählt, der eine genügend kleine Wölbung des Leuchtschirms bei hinreichend großer Implosionssicherheit des Kolbens ergibt. Die gesamte Länge der Röhre wird zur Erhöhung der Implosionsfestigkeit noch mit Klebestreifen beklebt [...] und der Kolben am Leuchtschirm in einen aus Preßmasse hergestellten Rahmen gebettet, der nach den Kanten des Viereckrohrs profiliert ist und eine Glasscheibe aus Sicherheitsglas trägt" (Suhling 1942, 12f.).

Diese neue Bildröhre besaß eine Länge von 39 cm und ermöglichte den ersten rechteckigen Bildschirm. Er erlaubte einen Betrachtungsabstand von 1,70 bis 2 m, stellte also für normale Wohnzimmer kein Raumproblem dar. War er nicht in Betrieb, konnte der Bildschirm durch eine Schiebetür verschlossen werden. Zum guten Empfang wurde von dem Hersteller-Kartell auch eine „Einheits-Antenne" angeboten.

In der Bedienungsanleitung für den E 1 hieß es:

„Von seinen vier Bedienungsknöpfen brauchen höchstens drei beim Fernsehempfang betätigt zu werden. Zwei davon dienen zur Einstellung der Bildhelligkeit und des Bildkontrastes, mit dem dritten wird die Bildschärfe eingestellt. [...] Der vierte Drehknopf dient zur Lautstärkeregelung des Tones. Wie bei normalen Rundfunkempfängern ist natürlich auch die Tonfärbung durch einen hierfür bestimmten Drehknopf an der Rückseite des Gerätes möglich. [...] Der E 1 ist nicht an die gleichzeitige Ton- und Bildsendung gebunden. Er kann auch für den Tonempfang allein benutzt werden. Dadurch ist es möglich, während der Fernseh-Programmpausen das normale Rundfunkprogramm des Orts- oder Deutschlandsenders zu hören, weil dieses in Zukunft auch über den Ultrakurzwellen-Tonbegleitsender geleitet wird" (Werbeprospekt der Firma Telefunken, Nr. Dr. 9/2124).

Im Dezember 1939 sollte der E 1 lieferbar sein; seine Geschichte war beendet, bevor sie richtig angefangen hatte: Mit Ausbruch des Kriegs am 1. September 1939 wurde die weitere Produktion eingestellt.

Literatur

Goebel, Gerhart, Das Fernsehen in Deutschland bis zum Jahre 1945. In: Archiv für das Post- und Fernmeldewesen. Hrsg. im Auftrag des Bundesministers für das Post- und Fernmeldewesen. 5. Jg., Nr. 5. Frankfurt a. M. 1953, 259–393.

Hempel, Manfred, Der braune Kanal. Die Entstehung und Entwicklung des Fernsehens in Deutschland bis zur Zerschlagung des Hitlerregimes. Leipzig 1969.

Reiss, Erwin, „Wir senden Frohsinn". Fernsehen unterm Faschismus. Berlin 1979.

Riedel, Heide, Fernsehen – Von der Vision zum Programm. 50 Jahre Programmdienst in Deutschland. Hrsg. v. Deutsches Rundfunk-Museum. Berlin 1985.

–, 70 Jahre Funkausstellung. Politik – Wirtschaft – Programm. Berlin 1994.

Suhling, Edgar, Der deutsche Einheits-Fernsehempfänger E 1. Dipl.-Arbeit (masch.) Berlin 1942.

*Heide Riedel, Berlin
(Deutschland)*

204. Der Weg zur Gerbernorm

Voraussetzung für jedes drahtlose Fernsehen ist die Verwendung von festgesetzten technischen Daten auf Geber- und Wiedergabeseite, um die Kongruenz der Bilder zu gewährleisten. Dies bedeutet, daß Zeilenzahl und die Zahl der pro Sekunde zu übertragenen Bilder zu einer für die Herstellerindustrie auf Sende- und Empfangsseite verbindlichen Norm erklärt werden.

Maßgebend für eine solche Norm sind die physiologischen Eigenschaften des menschlichen Auges und das vorhandene Frequenzband des Übertragungskanals. Die Anzahl der Zeilen, in die jedes Bild für die elektrische Übertragung zerlegt werden muß, ist nach oben und unten begrenzt durch das Sehvermögen des Auges:

(1) Sein Auflösungsvermögen beträgt etwa 1 ... 1,5 mm auf 3 m Entfernung (1/60° ... 1/40°).
(2) Der günstigste Sehwinkel beträgt in vertikaler Richtung etwa 12° bis 15°.

Aufgrund dieser Eigenschaften ergibt sich eine größte, noch sinnvolle Zeilenzahl von 600 bis 900 Zeilen; dabei muß das Bild mindestens zehnmal pro Sekunde abgetastet werden, um im Auge infolge seiner Trägheit wieder zu einem geschlossenen Helligkeitseindruck verschmolzen zu werden. Die untere Grenze der Zeilenzahl ist dann erreicht, wenn keine Details mehr wahrgenommen werden, d. h. das sehr grob zerlegte Bild vom Auge nicht mehr zusammengesetzt werden kann.

Im Genfer Wellenplan vom 15. November 1926 war für Europa der Trägerfrequenz-Abstand der damaligen Rundfunksender mit noch geringer Leistung auf 10 kHz festgelegt worden. Die dadurch gegebene größte Modulations-Bandbreite lag bei 5 kHz. Um sie nicht zu überschreiten, hatte Denes von Mihály für seinen erstmals 1928 vorgeführten Fernsehempfänger ein quadratisches Bildformat mit einer Abtastung in 30 Zeilen bei zehn Bildwechseln/sec gewählt, was 900 Bildpunkte pro Bild ergab. An das starke Flimmern, meinte er lakonisch, werde sich der Betrachter mit der Zeit gewöhnen (Goebel 1953, 301).

Das allerdings widerstrebte den Forschern bei der DRP. Sie führten Modulationsversuche bis zu 7500 Hz am Berliner Sender durch, um festzustellen, ob benachbarte Sender durch die erhöhte Modulationsfrequenz gestört würden. Das war nicht der Fall, und so konnte die DRP als Fernmelde-Hoheitsbehörde am 20. Juli 1929 die erste für alle Beteiligten verbindliche deutsche Fernsehnorm erklären: die Zerlegung des zu übertragenen Bildes mit einem Seitenverhältnis von 4:3 in 30 Zeilen bei einer Bildfrequenz von 12,5 Hz (ein Viertel der Netzfrequenz), was 1.200 Bildpunkten entsprach.

Die Erhöhung der Zeilenzahl erfolgte von da an in raschem Turnus: Anfang 1931 beschrieb die zweite deutsche Fernsehnorm 48 Zeilen, wobei die Bildwechsel in Anlehnung an die höhere Tonfilm-Bildfrequenz (24/sec) auf 25/sec, d. h. die Hälfte der Netzfrequenz, festgelegt wurde; die Zahl der Bildpunkte erhöhte sich dadurch auf über 3.000. Ende 1932 konnte durch den Übergang auf Ultrakurzwellen (höhere Modulationsfrequenzen) die genormte Zeilenzahl

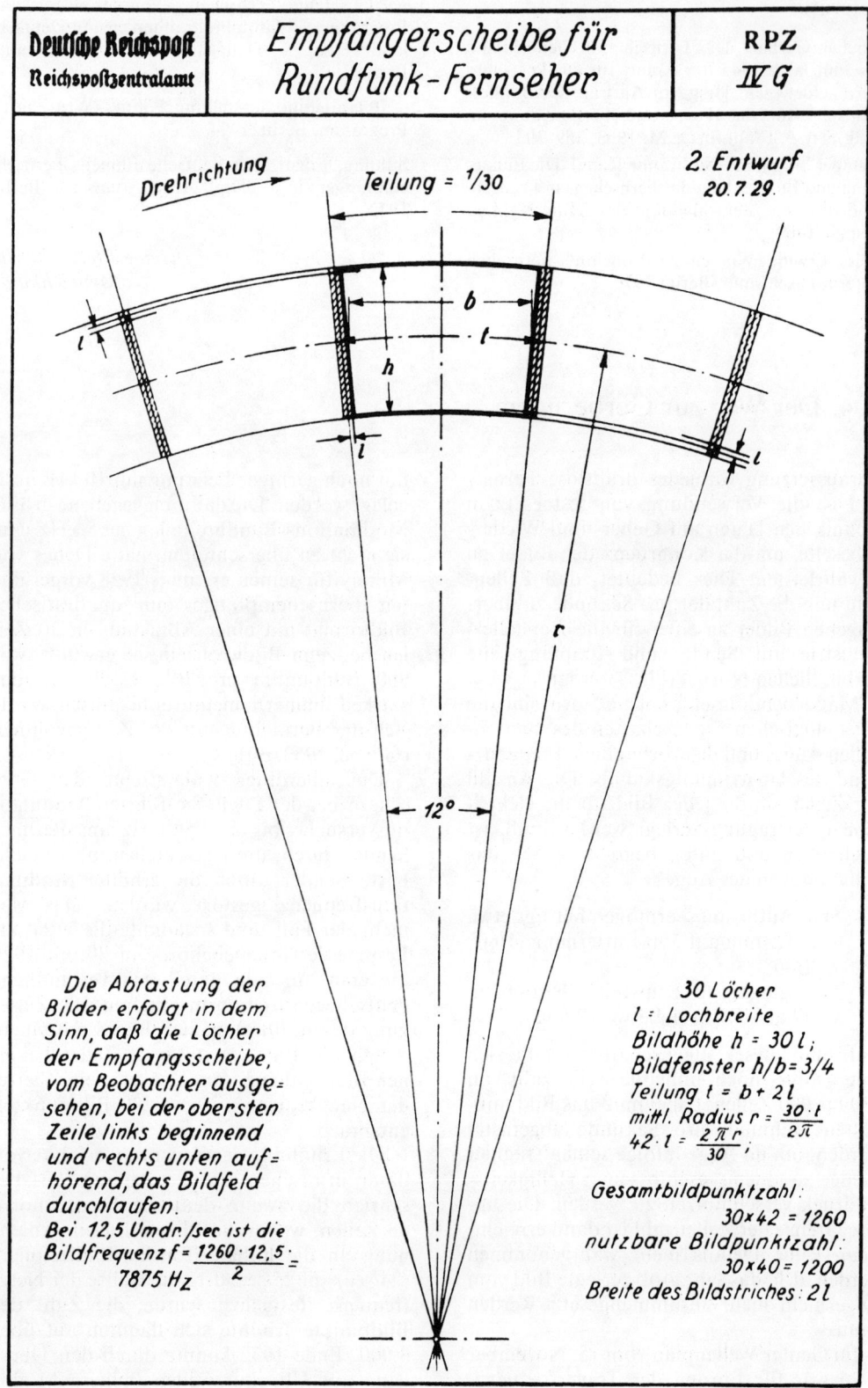

Abb. 204.1: Erste deutsche Fernsehnorm

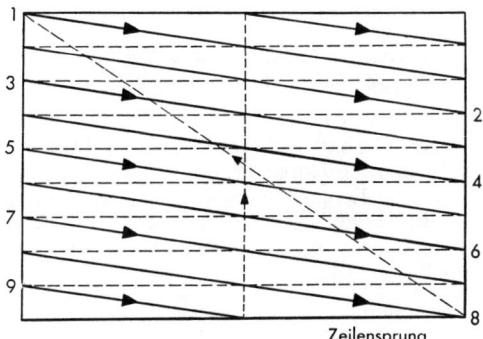

Abb. 204.2: Schema Zeilensprung

auf 90 bei 25 Bw/sec erhöht werden, und am 1. April 1934 wurde das 180zeilige Bild bei 25 Bw/sec zur neuen deutschen Fernsehnorm erklärt.

Es schien, als sei damit die endgültige Betriebsform gefunden worden. Eine entscheidende Verbesserung der Bildauflösung brachte aber erst das 1935 von drei Industriefirmen erprobte 'Zeilensprungverfahren', bereits 1930 von Fritz Schröter/Telefunken als Patent eingereicht. Bisher war am häufigsten immer noch das Flimmern der Fernsehbilder bemängelt worden, das besonders dann auftrat, wenn der Bildschirm hell war. Die Ursache für diese Erscheinung lag in dem zeitlichen Abstand zwischen der Abtastung der obersten und der untersten Zeile: Wenn der Elektronenstrahl bei seinem raschen Hin- und Herlaufen unten am Bildrand angekommen ist, sind die obersten Zeilen, trotz der kurzen Speicherfähigkeit der Bildröhre, bereits verblaßt, d. h. die Bildhelligkeit wechselt bei jedem Einzelbild von oben nach unten verlaufend, wodurch das Auge bei 25 Bw/sec einem 25maligen Helligkeitswechsel ausgesetzt ist und dadurch der Eindruck des Flimmerns entsteht. Schröter war auf die Idee gekommen, die Zahl der Lichtunterbrechungen zu vergrößern, indem er den Elektronenstrahl so lenkte, daß er bei seinem ersten Weg über den ganzen Bildschirm jedesmal eine Zeile ausläßt und diese bei seinem zweiten Weg – wieder von oben beginnend – nachzieht. Das vollständige Bild wird also in Form von zwei kammartig ineinandergreifenden Halbbildern abgetastet, d. h. jedes Bild wird in zwei Teilraster zerlegt, die nacheinander abgetastet werden, wobei der Elektronenstrahl zuerst die ungeraden und dann die geraden Zeilen schreibt. Zur Umlenkung des Elektronenstrahls sind zwei Kippgeräte ('Sägezahn-

generatoren') erforderlich, die ihn führen: Eins dient zur horizontalen Ablenkung des Strahls ('Zeilenkipp'), eins zur vertikalen Ablenkung ('Bildkipp'). Auf diese Weise bietet die ursprüngliche Übertragung von 25 Bw/sec unserem Auge 50 Halbbildwechsel, die, da der von oben nach unten fortschreitende Helligkeitswechsel doppelt so schnell vor sich geht wie ohne Zeilensprung, ausreichend flimmerfrei empfunden werden.

Dieses Zeilensprungverfahren wird bis heute im Grunde bei allen Fernseh-Systemen angewandt. In Deutschland wurden am 15. Juli 1937 441 Zeilen bei 25 Bw/sec zur endgültigen deutschen Fernsehnorm erklärt, wobei nach dem neuen Verfahren 50 Halbbilder von je 220 1/2 Zeilen übertragen wurden. Diese Norm galt in Deutschland bis zum 26. November 1943, als die UKW-Sender des Fernsehens durch einen Bombenangriff zerstört wurden und der Betrieb eingestellt wurde.

Nach dem Zweiten Weltkrieg war zuerst jede deutsche Tätigkeit auf dem Gebiet des Fernsehens von den Alliierten untersagt worden. Erst 1949 begann der Nordwestdeutsche Rundfunk (NWDR) in Hamburg mit Zustimmung der britischen Miltiärregierung mit ersten Fernsehversuchen. Die Experimente wurden mit einer neuen, von der deutschen Industrie geschaffenen Norm durchgeführt: 625 Zeilen.

Zu jener Zeit wurde in Europa das Bemühen diskutiert, eine gesamteuropäische Fernsehnorm einzuführen, um durch diese Standardisierung Programmaustausch zwecks Senkung der Betriebskosten zu ermöglichen. Drei Gruppen standen sich in dieser Auseinandersetzung gegenüber: Großbritannien hatte 1946 mit seiner Vorkriegs-Zeilenzahl von 405 den Fernsehprogrammbetrieb wiederaufgenommen und wollte, da bereits über eine halbe Million englische Fernsehteilnehmer registriert waren, die eigene Norm zum europäischen Standard machen. Frankreich beharrte mehr aus patriotischen Gründen auf seinen 819 Zeilen als Norm, denn knappe 4000 französische Teilnehmer waren als Argument gegenüber Europa nicht so schlagend. Diesen beiden Nationen stand der Block der Länder gegenüber, die mit ihren Fernsehsendungen gerade erst beginnen wollten, also noch volle Handlungsfreiheit und sich für 625 Zeilen entschieden hatten. Dazu gehörte der gesamte Ostblock, die Benelux-Länder, Dänemark, Schweden, Italien und die Schweiz (Tetzner 1950, 355).

1951 wurde vom CCIR (Comité Consultatif International des Radiocommunications = Internationaler beratender Ausschuß für das Funkwesen), in dem die Bundesrepublik Deutschland zu dem Zeitpunkt noch nicht Mitglied war, als europäischer Standard die 625 Zeilen empfohlen. Diese neue Fernsehnorm, die nach dem Vorsitzenden der Kommission, die sie ausgearbeitet hatte, dem Schweizer Dr. Walter Gerber, auch Gerbernorm genannt wird, gilt seither auch in der Bundesrepublik. Sie beinhaltet: Das Verhältnis Breite zu Höhe des Fernsehbildes beträgt 4:3. Die Abtastung erfolgt zeitlinear von links nach rechts und von oben nach unten. Das Bild ist aus 625 Zeilen mit einem Zeilensprung 2:1 aufgebaut. Es werden 25 volle Bilder pro Sekunde gesendet. Die Zeilenfrequenz beträgt 25 x 625 = 15625 Hz ± 0,1 Prozent langsame Änderung. Die Halbbild- oder Rasterfrequenz beträgt 50 Hz. Die Zahl der Bildpunkte liegt bei etwa 500.000 pro Bild.

Mit Einführung des Farbfernsehens sind inzwischen auch Großbritannien und Frankreich auf 625 Zeilen übergegangen.

Literatur

Europäische 625-Zeilen-Fernsehnorm der C.C.I.R. (o. Verf.). In: Funk-Technik 21, 1950, 642–643.

Goebel, Gerhart, Das Fernsehen in Deutschland bis zum Jahre 1945. In: Archiv für das Post- und Fernmeldewesen. Hrsg. im Auftrag des Bundesministers für das Post- und Fernmeldewesen. 5. Jg., Nr. 5. Frankfurt a. M. 1953, 259–393.

Kroll, Günter, Fernsehnormen in der Welt. In: Philips Fernsehtaschenbuch. Hamburg 1964, 251–267.

Pütz, Jean (Hrsg.), Televisionen. Die Welt des Fernsehens. Köln 1978.

Rindfleisch, Hans, Technik im Rundfunk. Ein Stück deutscher Rundfunkgeschichte von den Anfängen bis zum Beginn der achtziger Jahre. Norderstedt 1985.

Tetzner, Karl, Fernsehnormen. In: Funk-Technik 12, 1950, 355.

*Heide Riedel, Berlin
(Deutschland)*

205. Von der Composit- zur Componententechnik

1. Das Schwarzweißfernsehen
2. Das Farbfernsehsystem
3. Die Farbträgerfrequenz
4. Das Composit-Signal
5. Der digitale Komponentenstandard
6. Literatur

1. Das Schwarzweißfernsehen

Die Anfänge der Fernsehtechnik reichen weit in das 19. Jh. zurück. Wegen der zu übertragenden großen Zahl von Bildpunkten zur Darstellung eines Bildes war sehr bald klar, daß nur eine serielle Übertragung für das Fernsehen in Betracht kommen konnte. Das erste wirklich funktionierende Fernsehsystem wurde 1883 von Paul Nipkow vorgeschlagen. Er benutzte zur zeilenweisen Bildzerlegung eine Spirallochscheibe. Der horizontale Abstand der Löcher entsprach der Bildbreite, der radiale Abstand vom ersten zum letzten Loch bestimmte die Bildhöhe. Die Zahl der Löcher war das Maß für die Anzahl der Zeilen. Die Grundidee von Nipkow, die Bildzerlegung durch eine Drehbewegung vorzunehmen, lag auch einigen anderen mechanischen Bildabtast- und Wiedergabeverfahren zugrunde wie z. B. beim Weillerschen Spiegelrad, beim Linsenkranzabtaster von Mechau und der Spiegelschraube. Es würde hier den Rahmen sprengen, die gesamte Entwicklung der Fernsehtechnik darzustellen.

Obwohl man schon in einem frühen Stadium der Entwicklung – etwa Anfang 1930 – erkannte, daß die mechanischen Verfahren wegen der Begrenzung der möglichen Zeilenzahl durch die mechanischen Gegebenheiten nicht zu einer befriedigenden Bildqualität führen würde, wurden die ersten Fernsehsendungen mit mechanischen Systemen realisiert. Regelmäßige Fernsehsendungen gab es in Deutschland als erstem Land auf der Welt ab März 1935. England folgte im November 1936, Frankreich wahrscheinlich im März 1938. Es gibt auch Angaben, nach denen bereits im Januar 1936 in Frankreich die ersten Fernsehbilder öffentlich verbreitet wurden.

Ab 1936 trat dann aber die rein elektronische Bildabtastung mit der Entwicklung der

Ikonoskop-Aufnahmeröhre nach Zworykin und der Bildsondenröhre nach Farnsworth ihren Siegeszug an. Gesendet wurde 1936 in Deutschland noch mit 180 Zeilen und 25 Bildern. Ab 1938 erhöhte man die Zeilenzahl auf 441 und übertrug 50 Halbbilder pro Sekunde nach dem Zeilensprungverfahren. Die USA starteten ihr Fernsehsystem 1938 mit der gleichen Zeilenzahl von 441 wie in Deutschland, aber mit 60 Halbbildern pro Sekunde. Bereits 1941 wurde in den USA die Zeilenzahl auf 525 Zeilen erhöht. Diese Norm besteht noch heute in den Ländern mit einer 60 Hz-Netzfrequenz.

Während die Entwicklung des Fernsehens in den USA weiterging, wurde der Fortschritt in Europa durch den Zweiten Weltkrieg stark gebremst. In Deutschland mußte das Fernsehen am Ende des Krieges 1944 ganz eingestellt werden.

Die heute in Europa und den sogenannten 50 Hz-Ländern betriebene Fernsehnorm wurde ab 1948 von deutschen Fernsehfachleuten unter der Leitung von Prof. Nestel entwickelt. Zur gleichen Zeit fanden auch auf internationaler Ebene – im Rahmen von CCIR (Comitée Consultative Intrrnational des Radiocommunications) – Beratungen über eine Verbesserung der Bildübertragung statt. Erst 1951 konnten auch deutsche Experten wieder an den internationalen Beratungen teilnehmen. Aufgrund von Überlegungen für den internationalen Programmaustausch, auch mit den USA, wurde eine Norm mit etwa gleicher Zeilenfrequenz als sinnvoll angesehen. So wurde aus der 525-Zeilennorm der USA die 625-Zeilennorm für Europa abgeleitet. Das Produkt aus Zeilenzahl und Bildwechsel pro Sekunde beträgt bei der US-Norm 15750 Hz und bei der 625-Zeilennorm 15625 Hz. Noch im Jahre 1951 hat sich eine CCIR-Arbeitsgruppe unter Leitung des Schweizer Fernsehfachmanns W. Gerber für die Einführung der 625-Zeilennorm ausgesprochen. Sie ist auch als Gerber-Norm bekanntgeworden. Sie unterscheidet sich vom deutschen Vorschlag lediglich durch die Reduktion der Videobandbreite von 6 auf 5 MHz. Die CCIR-Vollversammlung entschied sich für die 625-Zeilennorm und empfahl deren allgemeine Einführung in Europa. Lediglich Großbritannien und Frankreich folgten dieser Empfehlung nicht. Großbritannien blieb bei seiner eingeführten 405-Zeilennorm und Frankreich führte nun die 819-Zeilennorm ein. Erst mit der Einführung des Farbfernsehens gingen auch diese beiden Länder zur 625-Zeilennorm über.

2. Das Farbfernsehsystem

Auf der Basis der 625-Zeilennorm wurde nach und nach eine Schwarzweiß-Fernsehstudiotechnik mit einem hohen Qualitätsniveau entwickelt. Als 1967 das Farbfernsehen in Deutschland und Europa eingeführt wurde, konnten die USA auf dreizehn Jahre Erfahrung in der Farbfernsehtechnik zurückblicken. Eine Grundforderung für ein Farbfernsehsystem war die volle Kompatibilität zum bestehenden Schwarzweiß-Fernsehen, das heißt, die große Zahl der bereits vorhandenen Schwarzweiß-Fernsehempfänger mußte in der Lage sein, Fernsehbilder in schwarzweiß wiedergeben zu können. In den USA war aus dieser Forderung 1954 das NTSC-System entstanden. Bei diesem System wird die Farbinformation einem Farbträger überlagert, der innerhalb der Schwarzweiß-Information am oberen Bandende eingefügt wird. Durch die Zeilenstruktur des Zeilenbildes entstehen die Signalanteile um die ganzzahligen Vielfachen der Zeilenfrequenz herum. Es entsteht ein kammartiges Frequenzspektrum, in das am oberen Ende der Farbträger mit einem ungradzahligen Vielfachen der Zeilenfrequenz eingefügt wird. Da für die Farbübertragung das Schwarzweiß Bild Y und zwei Farbsignale (Rot-Helligkeit/R − Y) und Blau-Helligkeit/B − Y) benötigt werden, muß der Farbträger zwei Farbinformationen übertragen. Das geschieht beim NTSC-System durch die sogenannte Quadraturmodulation. Die beiden Farbsignale R − Y und B − Y, auch V und U genannt, werden gegeneinander um 90° gedreht und dem Farbträger aufmoduliert. Das NTSC-Verfahren bildet bis heute die Basis für alle anderen Farbfernsehsysteme.

Da die originalgetreue Farbübertragung beim NTSC-System von der korrekten Übertragung der Phasenlage des Farbträgers abhängt, wird an die Übertragungswege in diesem Punkt eine sehr hohe Anforderung gestellt, die in der Praxis nicht immer erfüllt wird. Deshalb entwickelte Walter Bruch in Deutschland das PAL-Verfahren. Es basiert ebenfalls auf dem NTSC-System, aber eines der beiden Farbsignale (R − Y) wird von Zeile zu Zeile um 180° im Studio geschaltet. Im Empfänger wird dieser Vorgang wieder rückgängig gemacht, so daß die auf dem Übertragungsweg entstehenden Phasenfehler durch Kompensation der Phasenfehler in zwei aufeinanderfolgenden Zeilen so gut wie beseitigt werden. Damit ist die Originalfarbe wieder einwandfrei herstellbar.

Nach gründlichen Voruntersuchungen und Vergleichen verschiedener Systeme, insbesondere von NTSC, PAL und SECAM, fiel im Juni 1966 in Oslo in der Vollversammlung des CCIR die Entscheidung zugunsten des PAL-Verfahrens mit einem Stimmenverhältnis von 13:11 gegen das französische SECAM-Verfahren. Das von Frankreich entwickelte SECAM-Verfahren überträgt in einer Zeile nur ein Farbdifferenzsignal. Erst durch Speicherung über die Dauer einer Zeile steht wieder ein komplettes Fernsehsignal zur Verfügung. Trotz der CCIR-Entscheidung führten Frankreich und einige andere Länder das SECAM-System ein.

3. Die Farbträgerfrequenz

Die europäische Farbträgerfrequenz wurde mit 4,43361875 MHz festgelegt. Damit insbesondere auf dem Schwarzweiß-Empfänger keine allzu störenden Muster des Farbträgers sichtbar werden, mußte wegen der Schaltphase des Farbdifferenzsignales R – Y die Periodenzahl des Farbträgers auf einer Zeile so gewählt werden, daß jeweils eine Vierteldrehung am Ende einer Zeile fehlt (Periodenzahl des Farbträgers: 283,75). Man spricht hier auch vom Viertelzeilenoffset. Während bei NTSC sich die Farbträgerraster innerhalb von zwei Vollbildern kompensieren, also mit 12,5 Hz, geschieht das bei PAL erst innerhalb von 4 Vollbildern, also mit 6,25 Hz. Bei dieser niedrigen Frequenz findet eine Kompensation im Auge nur noch sehr eingeschränkt statt. Mit Hilfe des sogenannten 25 Hz-Versatzes wird das Farbträgerraster zusätzlich zur Reduktion der Störwirkung des Farbträgerrasters im Schwarzweiß-Fernseher über das Bild diagonal bewegt. Da sich bei PAL das Farbraster erst nach 4 Vollbildern oder 8 Halbbildern wiederholt, spricht man auch von der 8er-Sequenz. Störungsfreie Schnitte bei der Bearbeitung sind nur bei Einhaltung der 8er-Sequenz möglich, das führt oft zu Problemen bei der Bildkomposition.

4. Das Composit-Signal

Die Einführung der Farbfernsehtechnik brachte neben der notwendigen Umrüstung der Studios auch eine neue Art von Fernsehsignal hervor. Das bisherige Schwarzweiß-Signal mußte um die beiden Farbkomponenten R – Y und B – Y ergänzt werden. Die Zusammenfügung der einzelnen Signalelemente erfolgt im PAL-Coder. Dieses „zusammengesetzte" Signal wird heute allgemein als Composit-Signal oder FBAS-Signal bezeichnet.

Da das PAL-Composit-Signal wie das NTSC-Signal in jeder Zeile im Gegensatz zu SECAM die volle Farbinformation neben der Helligkeit enthält, ist eine unmittelbare Verarbeitung einkanalig möglich. Das SECAM-Signal ist zu einer Bearbeitung im Studio nicht geeignet bzw. es muß vorher wieder in die Komponenten Y, R – Y, B – Y aufgespalten werden. In Frankreich wurden daher mit der Einführung der Farbe neben der Änderung auf die 625-Zeilennorm die Studios als Komponentenstudios aufgebaut. Der Gleichlauf von drei erforderlichen Kanälen war jedoch zumindest in den ersten Jahren sehr unbefriedigend. Das führte zum Aufbau von PAL-Studios auch in SECAM-Ländern, das SECAM-Signal wurde dort erst am Studioausgang oder erst am Sender gebildet.

Für das PAL-Studio wurden bald schon Gerätekomponenten mit einem hohen Qualitätsstandard von der Studiogeräteindustrie entwickelt: Kameras, Film- und Diaabtaster, MAZ-Anlagen, Schalt- und Übertragungseinrichtungen sorgten für eine exzellente Bildqualität. Die einkanalige Übertragung im Studio nach der Codierung an der Bildquelle sorgte für eine relativ einfache Handhabung, wenn auch an die Geräte hinsichtlich der Linearität und Stabilität und an die Phasenlage der Signale hohe Anforderungen gestellt werden mußten.

Mit der Verbesserung der technischen Parameter im Fernsehstudio stellte sich auch eine kritischere Haltung gegenüber systembedingten Fehlern ein. Cross-Colour und Cross-Luminance und die daraus resultierenden Fehler im Fernsehbild gerieten immer mehr in das Blickfeld der Kritik. Mehr Komfort und eine leichtere Handhabung der Schnitt- und Bearbeitungseinrichtungen führten zur Erhöhung der Bandgenerationen im Magnetaufzeichnungsbereich mit den bekannten Qualitätsminderungen von Generation zu Generation der Aufzeichnung. Bereits in den siebziger Jahren und Anfang der achtziger Jahre kamen zunehmend Geräte in die analoge PAL-Umwelt, die intern mit digitaler Signalverarbeitung ausgestattet waren. Dazu gehören z. B. Timebase-Korrektoren in der Magnetaufzeichnung, digitale Effektgeräte, Framestore-Synchronizer, Geräte für die Trickgraphik, Schriftgeneratoren sowie Standbildspeichersysteme. Im Zusammenhang mit der Entwicklung des für die Satellitenübertragung vorgesehene D2-MAC-Systems (MAC = Multiplex Analog Components) wurde anläßlich der Jahrestagung der Fernseh- und Kinotechnischen Gesellschaft 1988 in einem Vortrag von Hans Wellhausen dargelegt, daß PAL-Signale für die Generierung von MAC-Signalen keine ausreichende Qualität bereitstellen. Damals gab es Überlegungen, analoge Komponentenstudios zur Qualitätsverbesserung einzurichten. Durch die Entwicklung analoger Komponentenmischer und des analogen Beta-Komponentenaufzeichnungsformates der Firma Sony wäre dieser Weg auch möglich gewesen. Für Frankreich war das sicherlich nicht besonders problematisch, dort waren wegen des SECAM-Systems ja analoge Komponentenstudios vorhanden. Analoge Komponenteninseln wurden dann auch in der PAL-Umgebung, meist aber nur im MAZ-Schnitt eingerichtet. Es setzte sich aber bald – ab Mitte der achtziger Jahre – mehr und mehr die Erkenntnis durch, daß einer voll digitalen Komponentenstudiotechnik die Zukunft gehört.

5. Der digitale Komponentenstandard

1979/1980 haben Experten in Europa einen digitalen Studiostandard diskutiert. Die Überlegungen hatten die Ablösung der konventionellen Signalformen PAL, NTSC und SECAM zum Ziel. Sie sollten durch einen gemeinsamen Standard ersetzt werden. Man einigte sich auf ein digitales System mit Abtastraten von 12 MHz für die Helligkeit Y und je 4 MHz für die beiden Farbdifferenzsignale R – Y und B – Y mit einer Quantisierung von 8 Bit. B – Y und R – Y werden auch mit C_B und C_R im Digitalstandard bezeichnet. Das hätte zu einer Datenrate von nur 160 Mbit/s geführt. Aus den USA kamen durch die SMPTE aber Bedenken. Man wollte eine höhere Qualität eines zukünftigen digitalen Standards, dies auch im Hinblick auf die komplexer gewordenen Nachbearbeitungsprozesse. Diesen Gesichtspunkten wurde im CCIR Rechnung getragen: Anfang 1982 empfahl CCIR in der Recommandation 601 den neuen Standard. Dieser Komponentenstandard sieht Abtastraten von 13,5 MHz für die Helligkeit Y und je 6,75 MHz für die beiden Farbdifferenzsignale R – Y und B – Y vor. Die Quantisierung war auch hier mit 8 Bit beabsichtigt. Dieser Standard wurde auch als 4:2:2-Standard bekannt. Aus den Abtastraten und der Quantisierung ergibt sich eine Bruttodatenrate von 216 Mbit/s. Ferner wurde sowohl für die 525-Zeilennorm als auch für die 625-Zeilennorm dieselbe Zahl von 720 Abtastwerten pro aktiver Zeile festgelegt. Dadurch entstehen gemeinsame Strukturen für Geräte mit 525 und 625 Zeilen mit möglichen wirtschaftlichen und technischen Vorteilen. Die folgende Tabelle verdeutlicht die Zusammenhänge:

Zeilenzahl	625	525
Abtastfrequenz Y	13,50 MHz	
Abtastfrequenz C_B/C_R	6,75 MHz	
Quantisierung	10 Bit	
Abtastwerte/Zeile (aktiv)	720	
Abtastwerte/Zeile (Austast.)	144	138
Übertragungsrate	270 Mbit/s	

In den Folgejahren hat die Industrie nach diesem Standard eine ganze Reihe von Geräten entwickelt, die zunehmend als Inseln in der analogen Studioumgebung (NTSC, PAL, SECAM) eingesetzt wurden. Durch das Satellitenübertragungsformat D2-MAC kamen die 16:9-Formatdiskussionen auf und mit ihnen die Frage nach der Tauglichkeit von CCIR 601 für dieses Breitbildformat. Bei einigen besonders kritischen Bildbearbeitungen zeigte sich nämlich die 8 Bit-Quantisierung den Anforderungen nicht ganz gewachsen. Die magnetische Bildaufzeichnung stellte lange Zeit ein kritisches Glied in der Studiogerätefamilie hinsichtlich der Digitalisierung dar. Die hohe Bitrate von über 200 MHz schien zunächst eine technologische Grenze zu setzen. Bei der Festlegung eines neuen digitalen Studiostandards mußten auch die verbesserten Übertragungsverfahren PALplus und D2-MAC berücksichtigt werden.

Zur Diskussion und Klärung der vielen Fragen und Probleme fand auf Initiative und Einladung des Technischen Direktors des Zweiten Deutschen Fernsehens, Herrn Dr. Albrecht Ziemer, im Oktober 1990 eine Klausurtagung mit Experten der Firmen BTS, Sony und Thompson sowie Vertreter der öffentlich-rechtlichen Rundfunksysteme aus Deutschland, Österreich und der Schweiz in Isny/Allgäu statt. In dieser Klausur sollten Empfehlungen für eine zukünftige 16:9-Fernsehproduktionstechnik erarbeitet werden. In zwei Arbeitsgruppen wurden die Einzelprobleme diskutiert. Eine Gruppe befaßte sich mit der Bildsignalerzeugung und -verteilung, die andere Gruppe untersuchte die Bearbeitung und Speicherung.

Als kurzgefaßtes Ergebnis wurde folgendes festgestellt:

(1) Die 8 Bit-Quantisierung reicht für einen zukünftigen digitalen Studiostandard nicht aus, die Quantisierung in CCIR 601 muß auf 10 Bit erhöht werden. Damit ergibt sich eine Datenrate von 270 Mbit/s.

(2) Die im CCIR-Standard 601 vorgesehenen Abtastwerte von 13,5 MHz für die Helligkeit Y und je 6,75 MHz für die beiden Farbdifferenzsignale R − Y und B − Y sind auch für verbesserte Übertragungssysteme wie PALplus und D2-MAC tauglich.

(3) Auch für zukünftige 16:9-Bilder reichen die Abtastwerte von CCIR 601 aus.

(4) Die serielle analoge Komponententechnik ist für die Signalverteilung und -verarbeitung in zukünftigen Studios nicht zu befürworten. Es wird einhellig festgestellt, daß die Signalqualität nach CCIR 601 mit 10 Bit-Quantisierung nur durch eine digitale Signalverteilung, eine digitale Signalverarbeitung und digitale Signalspeicherung gesichert werden kann.

(5) Für die Übertragung wird die bisherige Form: „Eine Leitung für ein Signal" beibehalten. 270 Mbit/s lassen sich auf den herkömmlichen 75 Ohm-Kabeln bis zu 300 m ohne Regeneration übertragen. Die CCIR-Empfehlung 656 enthält auch die Festlegung für eine serielle digitale Datenübertragung.

Aus der Klausurtagung wurde der neue Normungsvorschlag mit 10 Bit-Quantisierung und der Datenrate 270 Mbit/s vorgelegt.

Nach dieser 'Isny-Norm' richtet sich inzwischen die Studiogeräteindustrie. Heute stehen alle Videoanlagen für das Studio in dieser digitalen Komponententechnik zur Verfügung. Das gilt auch für die Magnetaufzeichnung. Seit 1993 stehen das transparente Format D5 von Panasonic und das datenreduzierte Format Digital Beta von Sony für die digitale Studioaufzeichnung zur Verfügung. Neuere Studios werden nur noch in dieser digitalseriellen Komponententechnik DSC eingerichtet. Dabei werden die einzelnen Abtastwerte der digitalen Komponenten in folgender Form übertragen: C_b, Y, C_r, C_b, Y, C_r usw.

In einem digitalen Studio kann weitgehend auf Signalentzerrungen und häufige Justagen verzichtet werden, die Betriebsparameter sind stabiler. Es ist nur in geringem Umfang vorbeugende Wartung erforderlich. Der Betrieb der digitalen Studiotechnik ist wirtschaftlicher. Die DSC-Technik stellt mit ihrer erheblich gegenüber der analogen FBAS-Technik verbesserten Qualität das Ausgangsmaterial für alle Fernsehsendeformate PAL, PALplus und die digitalen Sendeformate bereit. Damit ist technisch der Übergang von der FBAS-Composittechnik zur digitalen Componententechnik vollzogen. Es wird allerdings noch einige Jahre dauern, bis alle Studioeinrichtungen mit dieser digitalen Componententechnik ausgestattet sind. Erst dann wird der volle Qualitätsgewinn erreicht werden. Aus einem digitalen 270 Mbit-Komponentensignal kann durch entsprechende Verfahrenstechniken unter Umständen auch ein quasi HDTV-Signal gewonnen werden. Auch alle heute bekannten Videostandards wie NTSC, PAL, PALplus, SECAM, D2-MAC und MPEG-2 sind aus dem Komponentenstandard ableitbar.

6. Literatur

CCIR-Recommendation 601 und 656.

Habermann, Werner, Diskussion um das künftige Aufzeichnungs-Format. In: RTM 2, 1983.

Heber, Hans/E. Winter/A. Ziemer, Neue Studios für verbesserte Fernsehnormen. In: Fernseh- und Kinotechnik 1, 1991.

Kniestedt, Joachim, Die historische Entwicklung des Fernsehens. In: Archiv für das Post- und Fernmeldewesen. Bonn 1985.

Mayer, Norbert/Rüdiger Sand, Digitale Verarbeitung von Fernsehsignalen. In: RTM 1, 1981.

Schönfelder, Helmut, Farbfernsehen 2, Abtastung und Codierung, Teil B. Darmstadt, 1966.

Wellhausen, Hans, Einführung von Komponentensignalen im Fernsehstudio. Vortrag a.d. Jahrestagung der Fernseh- und kinotechnischen Gesellschaft, Tagungsband T. 1, 1988.

Wilhelm Sommerhäuser, Berlin
(Deutschland)

206. Produktionstechnik und -methoden

1. Dominanz der Technik
2. Mit Film unterwegs
3. Elektronisch nur live
4. Revolution durch die MAZ
5. Farbe – eine neue Dimension
6. Hohe Investitionen für Umrüstungen
7. Formen und Arten
8. Planung und Steuerung
9. Das Problem der Qualität
10. Literatur

1. Dominanz der Technik

1.1. Am Anfang war die Technik. Es war die große Zeit der Ingenieure, Wissenschaftler, Tüftler und Forscher. Läßt man die mehr oder weniger experimentellen Schritte auf dem Weg der Übertragung von bewegten Bildern in den ersten zwei Jahrzehnten des 20. Jahrhunderts außer Acht, so dominierte doch auch in den dreißiger Jahren zunächst das Bemühen, die technischen Möglichkeiten der Television zu ergründen, zu verbessern und auszubauen. Ganz abgesehen davon, daß die Zahl der Rezipienten lange Zeit geringer war als die Mannschaft der Pioniere, die sich in Europa und den USA um die Entwicklung der neuen Kommunikationstechnik bemühten. So blieb die Vorstellung, daß für das neue Medium eigene Inhalte zu produzieren wären, ebenfalls weitgehend Vision. Der Fernsehpionier Wladimir Kosma Zworykin (1889–1982) erinnerte sich so: „An die dummen Kasperstreiche der Fernsehkomiker dachten wir nicht einmal" (Gööck 1989, 178).

1.2. Was zunächst und meist über kurze Entfernungen gesendet wurde, war das, was eben technisch möglich war. Insoweit war freilich das Fernsehexperiment bei den Olympischen Spielen 1936 schon ein Stück TV-Historie besonderer Art, auch wenn sich über die Gestaltung der Programminhalte – geschweige denn über Planung und Kalkulation der Berichterstattung niemand den Kopf zerbrochen hat. Sechzehn Olympiaden später wird allein das produktionstechnische und -wirtschaftliche Konzept von ARD und ZDF für die Sommerspiele in Australien eine Vielzahl von Dateien füllen.

1.3. Selbst als nach dem Zweiten Weltkrieg in Deutschland begonnen werden konnte, den Vorsprung von Amerikanern, Engländern und Franzosen auf dem Feld der elektronischen Bildübermittlung aufzuholen, waren es zunächst wieder die technischen Voraussetzungen, die im Vordergrund der ersten Fernsehbemühungen standen. Zudem galt es, nicht nur in einem Funkhaus die Skepsis und den Widerwillen bei eingefleischten Radio-Autoritäten zu überwinden – bei Programm-Machern und selbst bei Technikern. Von den Verwaltungsräten, die den hohen Investitionsbedarf für das neue Medium fürchteten, ganz zu schweigen. Der Aufwand für spezielle Fernsehproduktionen wurde noch gar nicht ins Kalkül gezogen. „In der Beratung zeigen sich weiter besondere Einwände, die durch die wirtschaftlichen Sorgen, die augenblicklich Westdeutschland bewegen, bestimmt sind" (Pfeifer 1991, 237). Mit derart „grundsätzlichen Bedenken gegen die Durchführung eines Fernsehprogramms" versuchte – laut Protokoll vom 17. 03. 1951 – der NDR-Verwaltungsrat den Generaldirektor Adolf Grimme und sein Team der Fernsehwegbereiter zu bremsen. Dabei hatte der 'Nordwestdeutsche Fernsehdienst' bereits im November 1950 sein Versuchsprogramm gestartet. Aber auch als sich der „kleine Bruder des Hörfunks" immer kräftiger entwickelte, waren nicht Produktionsmethoden und -kosten Kritikthemen für die Bedenkenträger, sondern die Rentierlichkeit der Investitionen und zudem die kulturkritische Furcht vor amerikanischen Programminhalten. Immerhin waren Anfang der 50er Jahre schon gut eine Million DM pro Studio, mehr als 500.000 DM für einen Ü-Wagen und ca. 25.000 DM für die Ausrüstung eines Filmtrupps erforderlich (Pfeifer 1991, 248). Doch diese Minimalausstattung verlangte allerdings ein Konzept, das im Dezember 53 einer außerordentlichen ARD-Hauptversammlung zur 'Koordinierung der Fernsehplanung in der Bundesrepublik' vorgelegt wurde (Pfeifer 1991, 251). Die Kosten für eine Sendeminute wurden damals auf 120 DM geschätzt, wobei offen ist, auf welcher Kalkulationsgrundlage dieser Wert ermittelt wurde.

1.4. Aus der Argumentation für die Konzentration des Fernsehaufbaus in Hamburg aber läßt sich schon ablesen, in welchen Programmbahnen sich das neue Medium entwickeln sollte. Generaldirektor Grimme plädierte mit Erfolg für die Hansestadt wegen der Nähe zur „Neuen Deutschen Wochenschau", dem Bilderdienst von dpa und dem Fundus der Hamburger Theater (Pfeifer 1991, 237). Dem entspricht auch die Definition eines Machers der ersten Stunde beim SDR: „Ein wenig Theater, ein wenig Kino, eine große Dosis Rundfunk und ein bißchen Wochenschau" (Strobach 1995, 155).

1.5. Weil aber nicht nur im Hörfunk, von dessen Finanztropf das Deutsche Fernsehen in seinen Gründerjahren alimentiert wurde, sondern vor allem bei den deutschen Spielfilmproduzenten und Filmtheaterbesitzern das junge 'Pantoffelkino' mit feindseligem Argwohn begleitet wurde, mußten sich in der Entwicklungsphase der Fernsehanstalten die Produktionsbetriebe mehr oder weniger nach eigenen Regeln entfalten. Nach Struktur, Größe und Hierarchie der Häuser spiegelt noch heute Zuschnitt und Zuordnung der Fernseh-Produktion die Problematik der Aufbauzeiten. Dabei blieb über lange Zeit die Dominanz der Technik offenkundig; nicht nur in den Organigrammen der Häuser, in denen von Anfang an überall eine technische Direktion zur Geschäftsleitung zählte. Erst nach 1970 konnten sich NDR und WDR einen Produktionsdirektor leisten. Meist waren der Hauptabteilung Produktion aber nicht einmal Sachanlagen und Personal von allen „produzierenden Einheiten" wie Licht, Ton, MAZ zugeordnet. Nur der kleinste Sender, Radio Bremen, versammelte nach 1973 Technik und Produktion unter dem Dach einer Betriebsdirektion. Damit wurden die Bereiche
  Aufnahme (Kamera, Licht, Ton),
  Nachbearbeitung (Schnitt und Ton),
  Sendung (Ü-Technik, Studio und MAZ),
  Ausstattung (Bühne, Kostüm, Maske),
  Organisation (Produktions- und Aufnahmeleiter)
  FS-Technik (Planung, Meßtechnik, Wartung) organisatorisch und funktional zusammengefaßt.

2. Mit Film unterwegs

2.1. Die Methoden für die Herstellung des Programms entsprachen in den ersten Jahren des 'Bildfunks', wie das Fernsehen noch im SDR-Geschäftsbericht 1954 auf einer halben Seite betitelt wurde, schlicht und einfach den produktionstechnischen Möglichkeiten. Alles, was außerhalb der Studios aufgenommen wurde, war den 'Filmtrupps' zugeordnet; aktuelle Berichte kleinen Teams, die sich am Vorbild der Kino-Wochenschauen orientierten; Dokumentationen und FS-Spiele einem Mitarbeiterstab, der ebenfalls in Ausrüstung und Umfang dem klassischen Film-Muster entsprach. Dieses Herstellungs-System bedingte auch, daß bald zur Grundausstattung jeder „Fernsehanstalt" ein Kopierwerk gehören mußte, auch wenn das belichtete Material nur zu einer äußerst unrentablen Auslastung reichte. Zudem belastete – nach den Anfängen mit 35 mm-Negativ-Filmen – auch die folgende Doppelgleisigkeit von 35 mm und 16 mm in der Aufnahme, Entwicklung, Bearbeitung und Sendung die Kostenrechnung ebenso wie das spätere Nebeneinander des Einsatzes von Negativ- und Umkehrmaterial.

2.2. Nicht nur als Kostenfaktor war bei dem Bildspeicher Film das Problem des Transportes einzukalkulieren. Programme konnten zum Zweck der Aufzeichnung und späteren Wiedergabe nicht von einer Anstalt zur anderen überspielt werden. Die Filme mußten per Bahn, Auto oder Flugzeug vom Produktionsort zum Sitz der Sendeanstalt angeliefert werden. Dies bedeutete zum Beispiel für die Tagesschau lange Zeit eine Begrenzung der echten Aktualität und die Einschränkung auf Programm-Prinzipien der Kino-Wochenschau.

2.3. Nicht minder problematisch erwies sich zudem bei der Produktionstechnik 'Film' ein den Absichten der Berichterstattung adäquater Einsatz des Tones. Bei größeren Produktionen konnte wohl nach dem personal- und zeitaufwendigen System der Spielfilm-Produktionen verfahren und mit der Licht- bzw. Randspurton-Methode gearbeitet werden. Für kleine mobile Filmtrupps aber mußte bis zur Einführung des Pilotton-Verfahrens die Kombination von Bild und Ton ein Feld des Experimentierens bleiben. Aus diesem Grunde beschränkte man sich in der aktuellen Berichterstattung auf einen recht sparsamen Einsatz von Interviews, Statements und ähnlichen O-Tönen. Die Verwendung von Standard-Atmosphären und Musiken war deshalb lange Zeit mehr als nur eine Notlösung. In diesen Zusammenhang gehört auch die Tatsache, daß zu der Raumausstattung der noch jungen Fernsehanstalten in der Regel ein „Synchronstudio" gehörte, nicht nur für die Bearbeitung der wenigen ausländischen Spielfilme, die zur Verfügung standen, sondern auch für die Nachbearbeitung von eigenen Filmproduktionen.

3.1. Ein weiteres Hauptaugenmerk bei den produktionstechnischen Innovationen galt aber der Entwicklung der Produktionsform, die dem Fernsehbegriff im Wortsinn optimal entsprach – die Live-Übermittlung von Veranstaltungen unterschiedlicher Art. Begriffe wie 'Konserve', 'Wiederholung', 'Repertoirefähigkeit' spielten bei Programm- wie Produktions-Planern noch keine Rolle. Schließlich galt es ja, nur eine Sendezeit von täglich zwei Stunden zu füllen, was sich bei der Arbeitsteilung und mit dem Produktions-Ehrgeiz der ersten Anstalten durchaus bewältigen ließ. Zudem nahmen die wenigen Zuschauer Ausfälle und Verzögerungen weniger tragisch als die Macher selbst. Insgesamt profitierte das Deutsche Fernsehen in dieser Pionierzeit von dem Primat der Techniker in der Produktion, weil nicht nur der Qualitätsstandard, sondern auch die Möglichkeiten der Produktionstechnik kontinuierlich verbessert wurden. Auch die 'Umschaltlöcher' beim Wechsel von einer sendenden Anstalt zur nächsten (Jaedicke 1979, 7) wurden von den Sendertechnikern geschlossen.

3.2. Für die Produktionsmethode 'Live' mußten sich zunächst selbst Regisseure und Dramaturgen den Voraussetzungen anpassen, die ihnen die Technik im Studio bot. Dies bedingte unter anderem die Anwesenheit aller Akteure während der verhältnismäßig langen Zeit der Proben bis zum Tag der Sendung; Spielhandlungen mit möglichst wenig Darstellern und nicht zu häufigem Szenenwechsel. Außerdem waren für die Produktionen ausreichend Kaltproben einzuplanen, um für den Live-Ablauf das Pannenrisiko zu minimieren. Bezeichnend dafür ist zum Beispiel die Tatsache, daß noch Ende der 50er Jahre für den Neubau des SDR-Fernsehstudios in Stuttgart mehrere Probenräume für das Fernsehspiel und ein Übungssaal für das Fernsehballett eingeplant wurden. Für die damals bereits erfundene, aber noch nicht voll anerkannte Technik der Signalspeicherung auf Magnetband (MAZ) war dagegen kein Areal reserviert worden. Dafür hatte man – nicht nur in Stuttgart – schon längere Zeit Erfahrungen mit einer umständlichen Methode des Programmspeicherns gesammelt.

3.3. Die komplizierte Form, elektronisch live produzierte Programme von einem Bildschirm mit zwei 35-mm-Kameras aufzuzeichnen, wurde sprachschöpferisch von den Anwendern 'Fazen' genannt. (FAZ für Filmaufzeichnung) Ziel war dabei, sich eine gewisse Korrektur-Möglichkeit durch den Schnitt zu sichern, wie darüber hinaus die Chance, unabhängig von der unmittelbaren Produktion zu senden. Damit war per „Electronic-Cam" in der Kombination Elektronik–Film der erste Schritt zu einer eigenen fernsehspezifischen Produktionsform getan. Die Nutzung des Bildträgers Film bot in diesem Zusammenhang zunächst mehr Gestaltungsspielraum in der Nachbearbeitung und Konfektionierung als der Start der Zwei-Zoll-MAZ-Technik, bei der künstlerische Schnitte anfangs nicht möglich waren.

3.4. Das Produktionsverfahren, das sich in seinem Grundprinzip seit der Gründerzeit am wenigsten gewandelt hat, ist die Live-Außenübertragung geblieben. Freilich lassen auf diesem Feld technisches Raffinement, Kamera-Aufwand, elektronische Trickverfahren, Satelliten-Einsatz und andere Neuerungen der Produktionstechnik keinen Vergleich mit den ersten Übertragungen von Sportereignissen oder Unterhaltungssendungen aus Hallen und Stadien zu. Von der Kostenexplosion ganz abgesehen.

3.5. Immerhin aber war es selbst bei den Olympischen Spielen 1936 schon möglich, die Unmittelbarkeit der Live-Signale durch die Zuspielung von, vor Ort aufgenommenen und entwickelten, Filmbildern zu ergänzen (Goöck 1989, 162). Ebenfalls ein Vorgriff auf die Produktionsverfahren, die heute nicht nur die unmittelbare Wiederholung von einzelnen Szenen (Slow-Motion/Replay), sondern auch durch leicht zeitversetzte Wiedergabe von live-aufgezeichneten Abläufen, die zeitnahe Teilnahme an Ereignissen ermöglichen, die parallel an unterschiedlichen Orten stattfinden.

3.6. Wegen der zahlreichen Experimente und technischen Verfeinerungen bei Aufnahme und Nachbearbeitung kann man – gerade bezogen auf die Produktionsverfahren – die ersten fünf Jahre des Deutschen

Fernsehens als den Zeitraum betrachten, in dem Entwicklung von Gerätetechnik wie auch Bedienkomfort, sowie die Neuland-Erkundung und -Eroberung durch die Programmgestalter die Programmherstellung bestimmten und zugleich begrenzten.

4. Revolution durch die MAZ

4.1. Wenn auch nur die Einführung der elektronischen Aufzeichnung von Bild-, Ton- und Steuerungs-Signalen auf Magnetband (MAZ) in unmittelbaren Zusammenhang mit der Systematik der Programmherstellung in Verbindung stand, so spielte doch eine zweite Neuerung auf dem Gebiet der Sendetechnik und damit verknüpft eine medienpolitische Entwicklung Ende der 50er Jahre eine wesentliche Rolle für die Gesamtstruktur des Fernsehens in Deutschland. Das waren zum einen die Ausdehnung der Sendernetze in den UHF-Bereich und zum zweiten die Absichten der Bundesregierung, eine Konkurrenz für den Fernsehmonopolisten ARD zu schaffen (Stichwort: Adenauer-Fernsehen). Nachdem über die ARD-Sender im VHF-Bereich bis 1958 rund 80 Prozent der Haushalte in der Bundesrepublik erreichbar waren und die Zahl der Fernsehteilnehmer die Millionen-Grenze überschritten hatte, war die Television in Deutschland als 'Kulturtechnik' etabliert und anerkannt (Zielinski 1993, 147). So verlangte mit der Programm- auch die Produktionsplanung neue klare Strukturen – nicht allein wegen der vorsorglichen Ausrichtung auf den mit den 60er Jahren heraufdämmernden Wettbewerb.

4.2. Entsprechend den ersten Entwürfen für ein ARD-Programm-Schema hatten die Anstalten ihre Programmplanung auszurichten. Dieser Konzeption wiederum mußte in den Häusern die Produktion bei der Organisation und Disposition der Programmherstellung folgen. Dafür kam die neue Technik der Magnetaufzeichnung wie gerufen. Denn damit wurde nicht mehr allein durch aufwendige Filmproduktionen, sondern mit der schnelleren und meist preiswerteren Elektronik die Produktion von Programmreserven möglich. Nach dem SWF, der 1958 die erste Sendung auf MAZ (Ein Feature über van Gogh) präsentierte, zogen in den Folgejahren bis 1962 schrittweise die anderen Anstalten nach (Zielinski 1986, 131). Jetzt hatte das Fernsehen neben den Methoden 'Live', 'Film' und der inzwischen bedeutungslosen 'FAZ' endlich ein viertes Verfahren, das der Programmorganisation neue Entfaltungsräume erschloß. Freilich stellte in den Kinderzeiten der MAZ der Schnitt die Techniker wie die Gestalter vor große Schwierigkeiten. So wurde am Anfang lediglich „am Stück" aufgezeichnet, und bei den ersten Sendungen aus reiner Vorsicht eine Filmaufzeichnung als Sicherheitsreserve auf dem Filmabtaster bereit gehalten.

4.3. Kontinuierlich wurde aber auch bei der elektronischen Aufzeichnung die Schnittechnik verbessert. War zunächst die Überbrückung von Unterbrechungen nur durch Schwarzblenden zu kaschieren oder später durch harte Schnitte – von Insidern „blutige" genannt – möglich geworden, so schloß schließlich das System des elektronischen Schnitts die Lücke zur perfekten MAZ-Bearbeitung. Damit konnten durch Kombination von Zuspiel- und Aufzeichnungsmaschinen nicht nur einzelne Szenen im besten Wortsinn nahtlos aneinandergefügt (assembled), sondern auch Sequenzen eingesetzt (inserted) werden. Die Nutzung des Timecodes auf einer Hilfsspur der MAZ-Bänder und schließlich die EDV-Technik vervollständigten das System, das aber schon mit seinem Start eine neue Ära der Fernseh-Produktionstechnik eingeläutet hatte.

4.4. Umwälzend war die differenzierte Nachbearbeitung vor allem deshalb, weil jetzt konsequent Vorproduktion geplant und realisiert werden konnten. Zudem bedeutete der MAZ-Schnitt eine wesentliche Verbesserung und Rationalisierung der künstlerischen Arbeit, da nun die Arbeitsmethoden des Spielfilms – z.B. die zeitökonomische Aufteilung der Dreharbeit nach Schauplätzen und Darstellereinsätzen – auch für die elektronische Aufzeichnung von Fernsehprogrammen angewandt werden konnten. Zudem war quasi in Hinterbandkontrolle die unmittelbare Beurteilung der technischen wie gestalterischen Qualität einer Aufzeichnung möglich.

4.5. Einen ebenfalls entscheidenden Nutzeffekt brachte die neue Form der Aufzeichnung von Bild- und Tonsignalen (einschließlich von Kennmarken wie Timecodes) für die Übermittlung von Programmen von einem Ort zum anderen. Damit gewann die Tagesschau zum Beispiel eine neue Dimension in ihrer Aktualität, weil nun Berichte nicht nur von den einzelnen Anstalten der ARD, sondern aus aller Welt über Kabel, Richtfunk und später auch über Satellit unmittelbar nach Hamburg überspielt werden konnten.

4.6. Wohl erschien anfänglich die Investition für die neue Aufzeichnungstechnik beträchtlich. Eine Zwei-Zoll-Ampex-Maschine kostete mit der Modifikation für die deutsche Fernsehnorm, aber ohne Installations- und andere Nebenkosten immerhin 340.000 DM (Zielinski 1986, 131). Dennoch wog allein der Gewinn an Produktionsflexibilität den Millionenaufwand für die MAZ-Einrichtungen in der ARD bald auf. Hinzu kam der Nutzen, daß die Bänder, auf denen Ton und Bild gemeinsam gespeichert wurden, wiederverwendbar waren und damit nicht nur den Kopierwerksaufwand einsparten, sondern bei Mehrfachnutzung schon bei der zweiten Aufzeichnung den Film-Minutenpreis unterschritten (Zielinski 1986, 136).

4.7. In gewisser Hinsicht könnte man – vor allem wegen der Einführung der Signalspeicherung auf Magnetband – den Übergang in die sechziger Jahre auch als die Wende von der vorindustriellen Zeit in die industrielle Epoche des Fernsehens bezeichnen. Dieser Wandel offenbart sich besonders in den Strukturen, die nach 1963 für das 'Zweite Deutsche Fernsehen' prägend wurden. Die neue Länderanstalt war nicht mehr gezwungen, Abenteuer und Fehler der Gründer- und Erfinderphase nachzuvollziehen. Also mußten in Wiesbaden und Mainz auch nicht die Voraussetzungen dafür geschaffen werden, alle Produktionen für das eigene Voll-Programm selbst herstellen zu können. Spiel, Dokumentation und Unterhaltung wurden weitgehend ausgelagert, d. h. angekauft, als Auftrag vergeben oder in Partnerschaft koproduziert. Damit war zugleich das Grundraster entwickelt, das – freilich mit kontinuierlicher Differenzierung – seither die Abstimmung von Programm- und Produktionsplänen bestimmt.

5. Farbe – eine neue Dimension

5.1. Als für den Zuschauer von im Wortsinn signifikanter Bedeutung, doch auch für die Herstellung des Programms von erheblicher Relevanz muß im historischen Rückblick noch ein wichtiges Datum notiert werden:

Der Einzug der Farbe im Jahre 1967. Abgesehen vom beträchtlichen Investitionsaufwand, auf den sich die Finanzstrategen ja schon über einige Zeit hinweg vorbereiten konnten, mußte sich jetzt vor allem das Personal in allen Produktionsbereichen auf die neue Dimension der Bildgestaltung und -verarbeitung einrichten. Kameramänner, Lichttechniker, Masken-, Szenen- und Kostümbildner standen nicht nur vor der Herausforderung, der Farbenfreude der Programmverantwortlichen gerecht zu werden, sie mußte darüber hinaus ja noch an die Vielzahl der Zuschauer denken, die nach wie vor in der überwiegenden Mehrheit monochrom ausgerüstet waren. Wieder war es der Film, der zunächst einen Hauptanteil an der Realisierung der neuen Programmvielfalt abdeckte, zumal da für die aktuelle elektronische Berichterstattung die Entwicklung von tragbaren, farbtüchtigen Aufnahmeeinheiten noch auf sich warten ließ.

5.2. Schon in der Schwarz-Weiß-Ära hatte sich die Filmproduktion auf dem Feld der aktuellen Berichterstattung lange gegen die Magnetband-Aufzeichnung behaupten können. Nicht nur weil trotz des Siegeszuges der Zwei-Zoll-MAZ in den Studios und bei den großen elektronischen Außenübertragungen noch 1959 in Fachpublikationen die Meinung vertreten wurde, daß die normale Filmkamera niemals von dem magnetischen Aufzeichnungsverfahren verdrängt werden könnte (Zielinski 1986, 137). Diese Ansicht behielt bei der aktuellen Produktion in Deutschland immerhin knapp zwei Jahrzehnte Gültigkeit.

5.3. Vorausschauende Techniker allerdings waren überzeugt, daß man bald dem Beispiel der USA folgen werde, wo sich das System des „electronic news-gathering" (ENG) durchzusetzen begann (Lahann 1979, 23). Dafür waren tragbare elektronische Kameras entwickelt worden, die über Kabel mit ebenfalls transportablen Bandgeräten verkoppelt waren. Bald konnte eine solche ENG-Einheit gleich mit einem Reportage-Ü-Wagen verbunden werden, um die Signale per Bildfunk direkt zum Sender zu übermitteln. Die Fußballweltmeisterschaft 1978 brachte schließlich international den Durchbruch für das neue elektronische Verfahren der Berichterstattung, das danach in der Bundesrepublik ebenfalls vor allem das journalistische Fernsehen revolutionieren sollte.

5.4. Zunächst konkurrierten bei der Aufzeichnung die Ein-Zoll-Geräte von Bosch (BCN) mit dem ¾-Zoll-U-matic-Highband-Anlagen von Sony (Lahann 1979, 29). Wohl wurde von den Technikern das BCN-System wegen der professionellen Qualität höher eingeschätzt, nachdem aber der WDR das Studio Bonn mit den leichteren und billigeren Sony-Equipment ausgerüstet hatte, setzte sich die U-Matic sowohl bei der Aufnahme wie zunehmend in der Schnittbearbeitung auch bei den anderen Sendern durch. Damit wurde der Film auf der bisherigen Domäne der aktuellen Berichterstattung zurückgedrängt.

6. Hohe Investitionen für Umrüstungen

6.1. Vor der Umrüstung der klassischen 'Filmtrupps' auf das System der elektronischen Berichterstattung (= EB) hatten die Fernsehanstalten die große Investitions-Aufgabe zu bewältigen, den Bereich der elektronischen Studioproduktionen dem Farbzeitalter anzupassen. Für diese Umstellung der Studioeinrichtungen und der Ü-Wagen blieb eine relativ kurze Übergangsphase. In allen Sendern war dies mit Produktionsengpässen verknüpft, da ja u. a. für den Umbau Studiokapazität stillgelegt werden mußte. Das Handikap der Normenvielfalt (NTSC aus USA und SECAM aus Frankreich und dem Ostblock) war für die Ingenieure zwar ärgerlich, hatte aber bei der konsequenten Ausrichtung auf die bessere PAL-Norm kein wesentliches Gewicht.

6.2. Bis ins Olympiajahr 1972 war die Monochromie bei den Produktionsbetrieben soweit Vergangenheit, daß die 72er Sendestatistik der ARD für eigene Beiträge nur noch 16,7 Prozent und für das Gesamtprogramm 14,6 Prozent Schwarz-Weiß-Anteil ausweist (ARD-Jahrbuch 1973, 327). Die Olympia-Berichterstattung aus München und Sapporo steht mit 100 Prozent Farbe zu Buch. Sie war aber nicht allein deshalb weltweit ein Beweis für vorbildliche Abstimmung der Planung von Programm, Technik und Produktion, was im übrigen auch die Kostenrechnung widerspiegelt. Denn mit 3585 DM pro Minute konnten die Olympia-Sendungen dem Vergleich mit Spiel (4238 DM) und Unterhaltung (3550 DM) durchaus standhalten.

6.3. Insgesamt freilich dokumentiert die Kostentabelle nicht nur die Spuren der endgültigen Umstellung auf das Farbfernsehen, sondern darüber hinaus die Problematik, die sich aus der umfänglichen Programmausweitung, der allgemeinen Preisentwicklung, der föderalen Struktur des Deutschen Fernsehens und dem Wandel vom „Pantoffelkino" zum „Fenster zur Welt" ergaben.

6.4. Mit Blick auf die Lücke, die zwischen dem Finanzbedarf des Fernsehens und den verfügbaren Mitteln klaffte, setzten zum einen die ARD-Intendanten (August 74) und die Ministerpräsidenten der Länder (Februar 75) zwei Daten, die in ihren Auswirkungen auch die Organisation von Programm und Produktion gravierend beeinflußten (ARD-Jahrbuch 75, 11/12).

Zum einen beschlossen die Intendanten ein Sparkonzept mit Programm-Einschränkungen und zum anderen die Regierungschefs die Einsetzung der „Kommission zur Ermittlung des Finanzbedarfs der Rundfunkanstalten" (= KEF). Damit nahmen die Produktionsbetriebe in doppelter Hinsicht an Gewicht in der Hierarchie des Fernsehens zu. Hatten sie bislang mehr oder weniger als Erfüllungsgehilfen für das Programm bei der Nutzung der ständig wechselnden und stetig erweiterten wie verbesserten Produktionstechniken gewirkt, so gewannen jetzt Postulate wie Kostenbewußtsein, Rationalisierung und Kapazitätsauslastung eine dominierende Bedeutung im Einsatz von Produktionstechnik und der Festlegung von Produktionsmethoden.

6.5. Es wäre allerdings ungerecht, wollte man heute behaupten, daß bis zur Installierung der KEF in den Produktions-Etagen der Fernsehanstalten nicht gerechnet und kalkuliert worden wäre. Nur blieben im Zeichen der Expansion des Programms, des Anstiegs der Zuschauerzahlen wie der wachsenden Vielfalt der technischen Voraussetzungen die Verfechter der Betriebs-Ökonomie meist zweite Sieger. Angesichts des Produktionsvolumens und des Investitionsaufwandes hatten allerdings schon zu Beginn der 70er Jahre einzelne Anstalten (z. B. BR, SWF, NDR und WDR) mit Organisationsreformen Fundamente für eine Anpassung der Betriebsstruktur an die Notwendigkeit rationeller Produktionsmethoden gelegt (Töldte 1975, 127). Zentrale Funktion in diesem Managementkonzept fiel der

Betriebs-Disposition zu, in der die Anforderungen des Programms an Personal und Sachmittel konzentriert und koordiniert zu bearbeiten waren. Damit sollte gewährleistet werden, daß der Einsatz der Produktionsmittel, Mitarbeiter wie Gerät, auch nach rationellen und wirtschaftlichen Kriterien gesteuert werden konnte. Selbst wenn Reibungsverluste bei solch gravierenden Änderungen von Binnenstrukturen nicht zu vermeiden waren, so konnten doch bald Erfolge belegt werden. Der SWF verbuchte schon 1975 nach den ersten fünf Jahren seiner neuen Produktionsplanung und -disposition eine Steigerung des Produktionsvolumens von 36 Prozent und der Sendeleistung von 75 Prozent – und das bei einem Abbau von gut 30 Planstellen im Produktionsbereich (Töldte 1980, 279).

6.6. Analog zu dem Wandel vom vorindustriellen zum industriellen Fernsehen (siehe 4.7.), hatten sich nicht wegen, aber mit der KEF die „Produktionswerkstätten" endgültig zu Produktionsbetrieben gemausert. Kennzeichnend dafür ist auch das Exempel des Bayerischen Rundfunks, der bereits 1963 dem Produktionschef eine eigene betriebswirtschaftliche Abteilung für Leistungsaufschreibung zugeordnet hatte, die eine Abrechnung der Produktionen über Kostenträger umsetzen mußte. Bis Ende der 70er Jahre war nach Einbezug EDV-unterstützter Verfahren diese Management-Institution Vorbild auch für andere Anstalten (Haselmayr 1982, 29).

6.7. Mit der Reorganisation der Produktionsbereiche und der höheren Gewichtung ihrer Verantwortung wuchs auch die Forderung nach entsprechender Aus- und Fortbildung vor allem für die Mitarbeiter, die für das ökonomische Prinzip zuständig sein sollten. Bis weit über die Pionierzeit hinaus hatte neben der Herstellung von immer mehr Sendungen in allen Bereichen das Einlernen neuer Techniken, das Beherrschen neuer Systeme und Geräte im Vordergrund gestanden. So rekrutierte sich auch eine Mehrheit der Produktionsleiter, wenn sie nicht in den ersten beiden Fernseh-Jahrzehnten vom Spielfilm zur Television gewechselt waren, aus Autodidakten der Betriebe. Meist lief der Weg über die Erfahrung als Aufnahmeleiter und vergleichbare Assistenzpositionen, obwohl die Forderung nach „Produktionsmanagern" nicht erst im Zeichen der akuten Finanznot erhoben wurde (Töldte 1980, 277).

6.8. Aber erst mit dem Einzug der EDV im operativen Feld und der Verpflichtung, für die KEF betriebswirtschaftliche Leistungsnachweise aufzulisten, gewann nicht nur die Kostenerfassung, sondern zudem Planung, Disposition und damit Betriebssteuerung einen hervorragenden Stellenwert bei der wirtschaftlichen Beurteilung von Produktionstechniken und -methoden. Kennzeichnend dafür ist u.a. die Einrichtung einer ständigen Arbeitsgruppe der ARD/ZDF-Produktionschef-Konferenz, die sich seit 1976 konzentriert mit der Produktionsmittelplanung und -bewirtschaftung zu befassen hat (Haselmayr 1982, 29). Den Mitgliedern dieser AG aber war zuvor schon klar, daß die Fernsehproduktion im Gegensatz zu einer weit verbreiteten Auffassung weniger ein kapitalintensives Unternehmen denn eher ein personalintensiver Betrieb ist. Für Programm-Mitarbeiter aber war über lange Zeit der Einsatz von festangestelltem Personal wie die Nutzung von vorhandenen Sachmitteln keine Frage der Kostenrechnung. So blieb die Bewirtschaftung von anteiligen Betriebskosten auf lange Dauer ein Streitthema zwischen dem Programm und der Produktionswirtschaft. Erst in den 90er Jahren gab es – etwa bei der Kooperation der Produktionsbetriebe von SWF und SDR – erfolgversprechende Ansätze für die Kontrolle und Steuerung des Aufwands einschließlich der anteiligen Betriebskosten.

7. Formen und Arten

7. Bei der Ausarbeitung von Konzepten für die Rationalisierung von Fernsehproduktionen und die rationelle Bewirtschaftung von Produktionskapazitäten konnten die Verantwortlichen von den bekannten Grundmustern der Produktionsformen, Produktionstechniken, und Produktionsmethoden ausgehen: Bei den Produktionsformen war zu unterscheiden nach:

7.2. Eigenproduktion

In diesem Fall wird das Programm in ausschließlicher Verantwortung und mit dem entsprechenden Risiko von der Anstalt erstellt. Sie sichert sich damit auch die Rundfunk-relevanten Rechte. Die teilweise mögliche Anmietung von Sachmitteln oder Verpflichtung von Fremd- bzw. „freiem" Personal wird im Rahmen der Kalkulation bei den „direkten Kosten" (z.B. Honorare, Mieten) verbucht.

7.3. Koproduktion

7.3.1. Eigen

In der Regel trägt auch in diesem Fall die produzierende Anstalt die alleinige Verantwortung für die Herstellung des Programm-Bestandteils. Im Koproduktionsvertrag wird die Beteiligung von einem oder mehreren Partnern – in erster Linie Anteil an den Produktionskosten – festgelegt. Ebenso sind Risikoverteilung und Nutzungsrechte vertraglich zu fixieren.

7.3.2. Beteiligung

Gewissermaßen als Juniorpartner zahlt die Anstalt Anteile an den Produktionskosten und/oder leistet Beistellungen an Produktionskapazität (Personal und/oder Sachmittel), während die Verantwortung für Organisation und Abwicklung bei einem anderen Haus liegt. Nutzungsrechte und Anrechnung auf Sendepflichtquoten sind ebenfalls vertraglich zu vereinbaren.

7.3.3.

Eine Sonderform der Koproduktion stellt die Gemeinschaftsproduktion dar, für die sich zwei oder mehr Anstalten zu gleichen Teilen über Kosten, Verantwortung, Risiko und Nutzen vertraglich einigen.

7.4. Auftragsproduktion

7.4.1. Komplett

In diesem Fall wird nach Vorgaben der auftraggebenden Anstalt die Produktionsverantwortung einem Partner (Einzelperson oder Firma) übertragen, der für den vertraglich bestimmten Preis das Risiko der Herstellung zu tragen hat. Wobei Form, Umfang und Fertigstellungstermin wie auch Fragen der Nutzungsrechte im Auftragskontrakt festgelegt werden.

7.4.2. Mit Beistellung

Bei dieser modifizierten Form der Auftragsproduktion wird dem Partner ein wesentlicher Teil der Herstellung übertragen, während die Anstalt – vertraglich umrissen – Personal und/oder Sachmittel „beistellt" bzw. Funktionen der Endfertigung (z.B. Farbkorrektur) übernimmt.

7.5. Programmankauf

In der Regel werden beim Ankauf von bereits produzierten Einzelsendungen, Serien oder auch Film-Paketen lediglich Ausstrahlungsrechte zeitlich und räumlich begrenzt erworben. Das gilt auch für lizenzpflichtige Übernahmen von Live-Produktionen, die von Dritten hergestellt und angeboten werden. In Ausnahmefällen können fertige Programme auch ganz in das Eigentum der Anstalt übernommen werden. Einen Sonderfall bilden in diesem Zusammenhang Lizenz-Ankäufe von Produktionen, die noch vom Lizenznehmer nachbearbeitet (z.B. synchronisiert oder untertitelt) werden müssen, gleichwohl aber als Produkt im Eigentum des Lizenzgebers verbleiben. So wurde etwa die Serie 'Bonanza' zwar von der ARD synchronisiert, nach Ablauf der Lizenzen aber (mit der ARD-Synchronisation) vom Eigner an Kommerz-Kanäle weiterverkauft.

7.6.

Die in der Sendeplanung zusätzlich erwähnten Formen Programm-Übernahme und Wiederholung fallen hauptsächlich für Sendeleistungspläne und Sendeabwicklung ins Gewicht, verursachen aber für die FS-Produktion im Rahmen von Abspielung und Präsentation gleichwohl Kosten.

7.7. Produktionsarten

7.7.1.

Für die mittelfristige Leistungs- wie Programmplanung steht mit Blick auf Etatbewirtschaftung und Kapazitätsauslastung bei der Abstimmung zwischen Programm und Produktion die Frage im Mittelpunkt: 'Eigenproduktion oder Auftrag bzw. Ankauf?' Da die Methode der Filmaufzeichnung elektronisch produzierter Programme (FAZ) heute nicht mehr zur Debatte steht, ist bei der Entscheidung über Eigenproduktionen lediglich nach den Produktionsarten
7.8. Elektronisch live oder Aufzeichnung
7.9. Film
zu differenzieren.

7.8. Elektronische Live-Produktionen

7.8.1. Im Studio

In diese Sparte fallen zunächst alle aktuellen Sendungen mit Nachrichten- und -Magazincharakter. Aber auch Diskussions-Sendungen und zunehmend Ratgeber- oder Unterhaltungsprogramme, die wegen der 'interaktiven' Einbindung von Zuschauern live produziert werden müssen. In der Disposition der erforderlichen Produktionsmittel ist vor allem für die Nachrichten- und Magazinformen die Herstellung von Zuspielteilen zu bedenken, ebenso die Zuordnung der Produktions- und Technikbereiche, die für andere Ergänzungen z.B. aus der Grafik oder bei der Zuschaltung von „Außenstellen" für Leitungsverbindungen erforderlich sind. Da es sich in den überwiegenden Fällen um Programme mit festgelegtem Termin-Rhythmus sowie fixen Sendezeiten und -längen handelt, kann der Einsatz von Personal und Sachmitteln nach Erfahrungswerten kontingentiert zugeteilt werden. Zusätzliche Kapazität muß bei Bedarf und nach Begründung bereitgestellt werden. Für größere Einzelproduktionen ist im Rahmen der Programm- und Leistungsplanung nach vereinbarten Fristen eine adäquate Detailkonzeption notwendig, die den betroffenen Produktionsbereichen die zeitgerechte Kalkulation und Disposition in Einzel-Produktionsplänen ermöglicht.

7.8.2. Außenübertragung

Für den Live-Einsatz der Fernseh-Elektronik außerhalb des Studios hat sich das Variationsspektrum im Zeichen des technischen Fortschritts ebenfalls wesentlich verbreitert: Vom Einsatz einer einzelnen Kamera, die in Verbindung mit der entsprechenden Abspiel-Elektronik (z. B. Reportagewagen) über Kabel, Richtfunk oder Satelliten-Leitung mit dem Sendestudio verbunden werden kann, bis zu der Vernetzung von mehreren Ü-Wagen, die etwa bei großen Sportereignissen aus den Signalen von mehreren Kameras das Sendebild kombinieren können. Dabei steht inzwischen auch dank der Digitaltechnik eine Fülle von Zusatzgeräten (u.a. Grafik, Schrift, Slow-Motion) zur Verfügung, die für die Ergänzung der Livebild-Information zugeschaltet werden können. Bei der digitalen Bildübermittlung per Satellit kann sogar mehrkanalig gesendet werden, so daß dem Zuschauer die Wahl überlassen bleibt, aus welcher Perspektive, d.h. von welcher Kamera er das jeweilige Ereignis verfolgen möchte. Bei Autorennen werden dafür etwa ausgewählte Fahrzeuge mit speziellen Kleinkameras ('Fingerkameras') ausgerüstet. Zu besonderen Kostenfaktoren für die Kalkulation solcher Übertragungen gehören zunächst die Lizenzrechte, aber auch Standortmieten, Aufbauzeiten, Reise- und Übernachtungskosten, Sicherheitsmaßnahmen, Hilfskräfte und Leitungs- wie Energieaufwand.

7.8.3. Elektronische Aufzeichnung
7.8.3.1. Im Studio

Auch im Fall der elektronischen Vorproduktion ist bei der Disposition der Produktionsmittel und des Personals nach dem Aufwand zu differenzieren. Die Skala reicht dabei von dem Einkamera-Einsatz für die Aufzeichnung eines Kommentars bis zur Spiel- oder Showproduktion. Grundsätzlich zu unterscheiden bleibt die Frage, ob mit oder ohne Nachbearbeitung. In der Regel ist für Sendungen, die aus Zeitgründen der Mitwirkenden oder der Studiobelegung mit „Live-Charakter" aufgezeichnet wird, keine oder nur wenig Nachbearbeitungszeit vorgesehen. Dagegen ist für szenische Produktionen (Spielhandlungen) oder Unterhaltungs-Sendungen eine umfängliche Konfektionierung die Regel. Dafür können einer Produktionsregie mehrere Bild- und Tonzuspiel- wie auch Trick-Einrichtungen zugeordnet werden.

7.8.3.2. Als besondere Variante für die elektronische Aufzeichnung im Studio hat inzwischen das virtuelle Verfahren Einzug gehalten. Während beim klassischen Chroma-Key-System (Blue-Box) lediglich Teile des Hintergrunds (Rundhorizonte, Rücksetzer, Blauwand etc.) über das elektronische Trickverfahren „ausgestanzt" und durch andere Bildquellen ersetzt wurden, kann im virtuellen Studio die gesamte Umgebung der Akteure (Kulissen wie Requisiten) durch Computertechnik eingespielt werden. Damit werden bei diesem Verfahren im Gegensatz zum normalen Chroma-Key-System alle Kamerabewegungen wie Schwenks oder Fahrten möglich, da der Rechner in Echtzeit zu jeder Kameraposition die korrekte Perspektive errechnet und auch dreidimensional wiedergibt. Für die Zukunft läßt diese Produktionsmethode deutliche Einsparungen beim Szenenbau und beim Dekorationsaufwand erwarten.

7.8.5. Vorproduktion außen

7.8.5.1. Streng genommen muß man zu dieser Produktionsart zunächst alle Berichte zählen, die mit elektronischen Kameras für den großen Bereich der Information hergestellt werden, zumal im aktuellen Bereich die elektronische Berichterstattung den Film so gut wie total abgelöst hat. Dabei hat innerhalb von wenigen Jahren (siehe 5.3.) der technische Fortschritt die Mobilität – vom schweren BCN-Ein-Zoll-Recorder über U-Matic-$^3/_4$-Zoll und Beta-$^1/_2$-Zoll-Formate in den Cassetten-Kameras bis inzwischen zur digitalen Minicassette bzw. zum digitalen Chip – ebenso gesteigert, wie auch der Personaleinsatz vom Drei- zum Zwei- und in Ausnahmefällen zum Ein-Mann-Team verringert wurde.

7.8.5.2. Für den im Zusammenhang mit dieser Produktionsmethode zu kalkulierenden Personaleinsatz ist zudem der wichtige Bereich der Nachbearbeitung einem steten Wandel unterworfen. Noch ist der Schnitt zwar eine Domäne von Produktions-Mitarbeiter(innen), die sich vom klassischen Filmschneidetisch mit Galgen und getrennter Tonbearbeitung über den elektronischen Schnitt auf die digitale Nachbearbeitung (z.B. AVID) einrichten mußten. Längst aber ist neben dem Standard-Aufnahme- und Schnitt-Personal auch der Allroundman denkbar, der auf der Festplatte seiner Kamera Bild und Ton speichert, die Information auf einen Zentralspeicher (Server) überträgt und von seinem Schreibtisch-PC aus die Sendefassung seines Berichtes herstellt.

7.8.6. Auch für die umfangreichere elektronische Aufzeichnung außerhalb des Studios haben sich die klassischen Ausrüstungen wie Kameras, Mischpulte, Aufzeichnungsgeräte, Trick- und Grafik-Generatoren im Zeichen der Digitalisierung die Produktionsmöglichkeiten und Methoden ständig gewandelt und verbessert. Das gilt für eine zur zeitversetzten Sendung disponierte Quasi-Live-Aufzeichnung etwa eines Gottesdienstes ebenso wie für die Produktion einer Unterhaltungsshow mit mehreren Schauplätzen, für die noch eine aufwendigere Nachbearbeitung einzuplanen ist. Für die Aufzeichnung gelten bei der Organisation Bedingungen adäquat zur Live-Sendung.

7.9. Film-Produktion

7.9.1. Studio

Theoretisch können Fernsehanstalten in ihren Studios natürlich auch noch nach der traditionellen Methode des Spielfilms produzieren, zumal die modernen Filmkameras über die Kombination mit elektronischem Zusatzgerät eine unmittelbare Beurteilung der Aufzeichnung zuläßt. In der Regel wird aber nur in Ausnahmefällen der Film im Studio genutzt, etwa für Einzelsequenzen von Spieldokumentationen, vor allem wenn sie auf 35 mm-Film mit Spezialkameras für das 16:9-Breitbild-System produziert werden.

7.9.2. Außenproduktion

Bei Spielproduktionen ebenso wie bei größeren Dokumentationen und Features hat die Elektronik den herkömmlichen Film noch nicht ganz verdrängt. Speziell für das 16:9-Format wird noch 16 mm und 35 mm-Negativmaterial belichtet, wobei die elektronische Nachbearbeitungs-Technik nicht nur für die Farbkorrektur das Produktionsspektrum wesentlich erweitert hat. Deutliches Zeichen für den grundsätzlichen Wandel – vor allem für den Verzicht auf den Film in der Aktualität aber zunehmend auch bei Spielproduktionen – ist die Tatsache, daß die überwiegende Zahl der Fernsehanstalten ihre hauseigenen Kopierwerke schließen konnte.

8. Planung und Steuerung

8.1. Während die Produktionstechniken stets den Möglichkeiten angepaßt wurden, die von der technischen Entwicklung vorgegeben waren – wenn auch oft auf Anregung aus dem eigentlichen Produktionsbereich – sind die Produktionsmethoden von den Anforderungen des Programms determiniert. Mit der ständigen Zunahme des Programmbedarfs und der damit verbundenen Veränderung der Beschaffung entwickelte sich ein Markt, der durch die Konkurrenz im dualen System zwischen öffentlich rechtlichen Rundfunkanstalten und kommerziellen Programmanbietern geradezu explodierte. Zudem hatte ja die Filmwirtschaft recht bald erkannt, daß die Blockade gegen das neue elektronische Medium mit dem Schlachtruf „Keinen Meter Film für das Fernsehen" (Jaedicke 1979, 13) aus Selbsterhaltungsmotiven nicht mehr sinnvoll war. Die mit dieser Entwicklung verknüpfte Verteuerung von Film-Lizenzen und Übertragungsrechten und die stark abgeflachte Kurve des Gebührenzuwachses führte dazu, daß neben technischer Machbarkeit und programmlicher Notwendigkeit das ökonomische Prinzip zu einem mitbestimmenden Faktor für die Fernsehproduktionen wurde (siehe 6.4.).

8.2. Wirtschaftlichkeit als Zielvorgabe sollte nicht nur die Investitionspolitik beeinflussen, sondern weit mehr die Herstellung und Beschaffung von Programmen. Im Zeichen der vielfältigen technischen Umwälzungen – allem voran die elektronische Bildspeicherung (MAZ), das Farbfernsehen, die Elektronische Berichterstattung und Nachbearbeitung bis hin zur Digitalisierung – war die Anschaffung von Neuanlagen schon begleitet durch den Abbau von Eigenkapazitäten. Da gilt speziell für den Bereich der Vorproduktionen etwa durch eine deutliche Reduzierung der Studios. Sowohl durch die Einrichtung einer gemeinsamen ARD-ZDF-Dispositions-Zentrale für mobile Übertragungseinheiten – vor allem Ü-Wagen – wie durch die Zunahme des Angebots freier Kapazitäten wurde daneben die Verringerung anstaltseigener Produktionsmittel auf diesem Feld möglich (Haselmayr 1982, 28).

8.3. Dessen ungeachtet konzentrierte sich die Umsetzung von Wirtschaftlichkeit zunächst auf die Definition, nach der die eigenen Kapazitäten (Personal und Sachanlagen) mit dem Ziel einer höchstmöglichen Auslastung zu nutzen sind. Erst schrittweise wurde danach auch die Absicht verfolgt, für den geplanten Programmumfang den Mitteleinsatz zu begrenzen. Für beide Intensionen aber war die Abstimmung der Leistungsplanung des Programms mit der Konzeption der Produktion unabdingbar. Für einen solchen Abgleich waren Methoden zu entwickeln, die durch Termin-Koordination der Produktionen eine verbesserte Nutzung der Eigenkapazität mit Zeitachsen-Bezug erlauben. Die Vorgabe des Programms dafür sind zwangsläufig die Programmpflichten laut Sendeplanung, unterteilt nach Programmfarben (wie Information, Spiel Unterhaltung, etc.), Terminen und Schemakriterien (Regel- oder Einzelsendung) (Geyer 1973, 117).

Darüber hinaus sind zusätzlich geplante Zugänge zum Programmvermögen – also Vorproduktionen ohne konkreten kurz- oder mittelfristigen Sendetermin – für den Gesamtrahmen der Produktionsplanung – mittel- wie langfristig – zu berücksichtigen.

8.4.1. Produktionsrahmenplan

Diese Konzeption legt möglichst in Standard-Leistungspaketen die Kapazitätsauslastung entsprechend den Produktionsverfahren fest. Gleichzeitig kann im Soll-Ist-Vergleich die notwendige Nutzung von Fremdkapazität ermittelt werden. Differenziert nach den einzelnen Kostenträgern wird dann im eigentlichen

8.4.2. Produktionsplan

gemäß der jeweiligen Kontenstruktur die Kalkulation ausgearbeitet. Außerdem werden nach der Festlegung der Aktivitäten in der zeitlichen Abfolge

8.4.3. Arbeits- und Einsatzpläne

für Personal und Sachmittel erstellt. Parallel dazu ist nun auch die Vergabe von Aufträgen an Fremdfirmen möglich. Aus der Vernetzung der Planung für die einzelnen Produktionen und nach ihrer Verteilung auf der Zeitachse ergibt sich die

8.4.4. Dienstplan-Disposition

für das Personal und die

8.4.5. Nutzungspläne

für die Sachmittel. Effektiv aber wird eine solche Projektierung erst durch eine kontinuierliche

8.4.6. Soll-Ist-Kontrolle,

die wiederum eine realistische und zeitnahe Leistungsaufschreibung bedingt. Auch in diesem Bereich hat der Einsatz der EDV in den Produktionsbetrieb entscheidenden Fortschritt bewirkt. Beispielhaft dafür sei ein Produktionsplanungs- und Steuerungssystem erwähnt, das unter Mitwirkung der NDR-Produktion entwickelt wurde.

9. Das Problem der Qualität

9.1. Im Spannungsfeld zwischen den kreativen Vertretern des Programms, die sich immer wieder auf die Notwendigkeit künstlerischer wie journalistischer Qualität und die unberechenbare aktuelle Einsatzflexibilität berufen, und den auf konkrete Planungsvorgaben angewiesenen Produktionswirtschaftlern bleibt der Gegensatz von qualitativer und quantitativer Bewertung nach wie vor ungelöst. Insoweit ist auch eine Beurteilung der Wirtschaftlichkeit von Produktionsbetrieben mit Blick auf Kapazitätsauslastung und Output an Sendeminuten wegen der ausschließlichen Mengenrelation wenig aussagekräftig. Solche Betrachtungen, wie sie auch die KEF anstellt, müssen mit Bezug auf den Programmauftrag relativiert werden (Haselmayr 1982, 17). Deshalb bemüht man sich in Fernsehanstalten auf unterschiedlichen Wegen, Wertziffern zu ermitteln.

9.2. Daß für kommerzielle Anbieter für diesen Programmwert das Erreichen von Einschaltquoten als Vorgabe festgelegt wird, erscheint gemäß der Finanzierungsstruktur dieser Unternehmen konsequent. Die sogenannten Privat-Kanäle (= kommerzielle Fernsehanstalten) haben deshalb in überwiegendem Maße auf die Einrichtung von eigenen Produktionsbetrieben verzichtet, zum Teil werden selbst Sende-Komplexe nur angemietet. Damit können die „Privaten" in weit schlankeren Betrieben ihre Programmpolitik zielgerichtet auf Publikumsnähe und Einschalterfolge ausrichten. Außerdem erlaubt die zeitlich befristete und erfolgsabhängige Verpflichtung von Auftragspartnern eine raschere Änderung von Programmstrukturen.

9.3. Daß bei einem Massenmedium, das den weitaus überwiegenden Anteil seiner Finanzmittel aus den Gebühren seines Publikums bezieht, auch die Akzeptanz – also der quantitative Zuschauererfolg – zu berücksichtigen ist, darf nicht bestritten werden. Dennoch sind hier für die Programmbewertung noch eine Reihe anderer Kriterien zu beachten: Wie „Öffentlich-rechtlicher Auftrag, Beitrag zum Programm-Profil, Erfüllung von Sendeplatz-Vorgaben und öffentliche Resonanz", in toto keine Parameter, die sich von der FS-Produktion technisch oder methodisch quantifizieren lassen. Gleichwohl müssen in die Produktionsplanung und damit in die Entscheidung über Herstellungsverfahren und Technikeinsatz Aspekte einbezogen werden, die mit der Weiterverwertung von Programmen in Zusammenhang stehen. Sei es die Eignung für den Programmaustausch (= Poolfähigkeit), den Verkauf an andere Anstalten, den Cassetten-Vertrieb oder einfach als repertoiretaugliches Programmvermögen.

9.4. Ausschließlich in den Entscheidungsbereich der Abstimmung zwischen Programm-Hierarchie und Produktion fällt die Kategorie Aufwand. Dafür muß bei der Vorplanung im Abgleich mit dem Programm-Budget ein Limit festgelegt werden, das von der Produktionswirtschaft bei der Steuerung und Kontrolle der Produktionskosten im Auge zu behalten ist. Im Vorfeld freilich kann die Aufwandsermittlung auch dazu führen, daß die Produktionsgenehmigung verweigert wird oder nach Auflagen die Verringerung einzelner Posten erreicht werden muß.

9.6. In der Festlegung der Parameter für Produktions-Methode und Technik sind die Einflußmöglichkeiten im wesentlichen auf den Sektor beschränkt, der im Zusammenhang mit dem Organisationsgrad des Produktionsbetriebes steht – d. h. die Verfügung über die dispositiven Produktionsmittel (Bayer 1991, 113). Aber selbst dabei werden Fakten wirksam, die vom Markt fixiert sind – z.B. Honorare für Regisseure, Darsteller und andere freie Künstler. Andererseits hat sich aber mit dem dualen System auch ein Markt entwickelt, der die Nutzung freier Kapazitäten zu einem wichtigen Kalkulationsfaktor aufgewertet hat. Die Auslagerung von Produktionen zu privatrechtlichen Firmen (z.B. Bavaria, Studio Hamburg, FSM, Telefilm Saar) war zunächst mit der Zielsetzung verbunden, mit solchen Tochterfirmen nicht nur aufwendige Vorproduktionen für die eigene Programm-Verwertung, sondern auch marktfähig für Dritte abzuwickeln.

9.7. Längst haben Bestrebungen zum „Outsourcing" von Produktionsaufgaben ein größeres Ausmaß angenommen, weil der Aufwand für neue Programme (z.B. Spartenkanäle), neue Formen der Distribution (digitale Satellitenausstrahlung), Reform der föderalen Struktur (z.B. Fusion SDR-SWF zum SWR) und der Zwang zu arbeitsteiliger Kooperation die Frage nach der optimalen Betriebsgröße und Organisationsstruktur einer öffentlich-rechtlichen Fernsehproduktion dringlich machen. Vergleichbare Entwicklungen kennzeichnen auch die Fernsehlandschaft in anderen europäischen Ländern, in denen öffentlich-rechtliche Anstalten wie in Großbritannien BBC, in der Schweiz SRG oder in Österreich ORF entweder verstärkt Produktionen auslagern (BBC) oder den eigenen Betrieb auch privatwirtschaftlich einsetzen (SRG) bzw. in Kooperation mit privaten Anstalten die Quasi-Monopolstellung zu verteidigen suchen (ORF).

9.8. Wie bei den europäischen Partneranstalten so bedingen auch beim öffentlich-rechtlichen Fernsehen in Deutschland die neuen Methoden der Technik vor allem im Bereich der Digitalisierung weiteren Investitionsaufwand, der sowohl für Produktionstechniken wie -methoden erforderlich wird. Dies wird zwangsläufig zu weiteren Konzentrationen und Kooperationen führen. Zudem aber schaffen die Innovationen neue Formen und Wege für eine rationellere Produktion etwa durch Produktionsmittel für Aufnahme und Nachbearbeitung, die kostengünstigere und schnellere Produktionsverfahren versprechen. Letztlich werden die Digitalisierung und die damit verbundene Korrelierung in der EDV-Technik dazu beitragen, daß die Steuerung der Betriebe nach produktionswirtschaftlichen Vorgaben dem Industriemanagement eher vergleichbar wird. So ist deutlich geworden, daß mit dem Abschied von dem Analog-Zeitalter dem Fernsehen ein größerer Wandel ins Haus stand, als vor gut 40 Jahren mit der Erfindung der elektronischen Signalspeicherung. Damit hat wieder eine technische Entwicklung den Anstoß zu einem ganz neuen Kapitel in der Entwicklungsgeschichte der Fernseh-Produktion gegeben (1996).

10. Literatur

ARD-Jahrbuch 1973.

ARD-Jahrbuch 1975.

ARD und Harald Töldte, Die Fernsehproduktion. In: Nach fünfundzwanzig Jahren, Köln 1981.

Bayer, Werner, Kosten für Fernsehproduktionen im Medienmarkt der Zukunft. In: Neue Technik, neue Programme, ökonomische Utopien? Stuttgart 1991.

Geyer, Friedrich K., Programme kosten Geld. In: ARD-Jahrbuch 1973.

Gööck, Roland, Die großen Erfindungen – Radio, Fernsehen, Computer, Künzelsau 1989.

Haselmayr, Helmuth, Milliardenumsatz. In: ARD-Jahrbuch 1982.

Jaedicke, Horst, Das blaue Wunder, SDR. Stuttgart 1979.

Lahann, Gerhard, Elektronische Berichterstattung. In: ARD-Jahrbuch 1979.

Pfeifer, Werner, Bild und Ton – das Fernsehen. In: Der NDR. Hannover 1991.

Töldte, Harald, Zu Diensten des Programms. In: ARD-Jahrbuch 1975.

Strobach, Manfred, Signale aus einem Zwischenreich. In: 40 Jahre Süddeutscher Rundfunk – Fernsehen. Stuttgart 1995.

Zielinski, Siegfried, Zur Technikgeschichte des BRD-Fernsehens. In: Geschichte des Fernsehens in der Bundesrepublik Deutschland. München 1993.

Manfred Strobach, Weinstadt-Endersbach (Deutschland)

207. Technik der Elektronischen Berichterstattung

Redaktioneller Hinweis: Aus terminlich–technischen Gründen muß der an dieser Stelle vorgesehene Artikel leider entfallen.

208. Sendeabwicklung beim Fernsehen

1. Aufgaben der Sendeabwicklung
2. Technische Einrichtungen
3. Software der Sendeablaufsteuerung
4. Übergeordnetes Verwaltungssystem
5. Spezialitäten
6. Entwicklungstendenzen

In unserem bunten Markt der öffentlich-rechtlichen und privaten Anbieter mit so unterschiedlich ausgerichteten Fernsehstationen gibt es natürlich auch entsprechend verschieden ausgeprägte Sendeabwicklungen. Im folgenden wird zunächst beispielhaft eine typische Einrichtung beschrieben, wie sie bei großen Programmanbietern zu finden ist. Auf neue Entwicklungen wird am Schluß des Artikels eingegangen.

1. Aufgaben der Sendeabwicklung

Die Sendeabwicklung ist in der Regel sowohl für die betriebliche Abwicklung eines Fernsehprogramms, als auch für dessen Präsentation und die qualitative Überwachung der zu sendenden Bild-, Ton- und Zusatzsignale verantwortlich. Bereits fertiggestellte MAZ-Beiträge (MAZ = magnetische Bild- und Tonaufzeichnung) werden hier vom Band abgespielt, externe Zuspielungen und Lifebeiträge (zeitkritische Beiträge) von externen Produktionseinrichtungen werden koordiniert. Bei Bedarf sind auch Sendemitschnitte anzufertigen und die Sendeabwicklung kann auch verantwortlich für die Erstellung von gesetzlich vorgeschriebenen Mitschnitten (geringerer Qualität aber lückenlos) sein. Grundsätzlich dient die Technik in der Sendeabwicklung dazu, das Bedienpersonal zu entlasten, indem Routinearbeiten automatisch erledigt werden können und die Steuerung aller am Prozeß beteiligten Geräte von einem Arbeitsplatz aus fernsteuerbar sind. Der Grad der Automatisierung ist abhängig vom jeweiligen Anwendungsfall, so kommt bei einer Abspielstation für mehr als hundert Satellitenprogramme (beispielsweise DBS, Direct Broadcast Satellite in den U.S.A.) nur eine komplett automatische Steuerung infrage, während bei der Abwicklung eines Fernsehprogramms mit vielen Beiträgen variabler Länge (aktuell, life) die manuelle Steuerung unverzichtbar ist.

2. Technische Einrichtungen

2.1. Senderegie

Im Mittelpunkt der Sendeabwicklung steht die Senderegie. Nach einem vorgegebenen Programmablaufplan werden hier alle Programmteile zu einem kompletten Programm zusammengefügt und so das Endprodukt des Programmanbieters, d.h. der Fernsehstation erstellt. Programmteile können sein: Laufbildbeiträge von MAZ-Maschinen, Bildplatten oder digitalem Speichersystem, Programmübernahmen, Programmpräsentationen, Standbilder, Schriftzusetzungen und Programm- bzw. Hinweistafeln. Dabei sind alle Programmteile je nach Anforderung mit Fernsehtext, Untertiteln, Logos, VPS-Daten, Prüfzeilen und weiteren Zusatzsignalen zu versehen.

In der Regel gehört auch die qualitative Überwachung von Bild-, Ton- und Zusatzsignalen zu den Aufgaben der Senderegie. Es gibt aber auch Sendeabwicklungen, in denen im Sinne einer Arbeitsteilung diese Aufgaben einem eigenen Bereich 'Sendekontrolle' zugeordnet sind.

Als zusätzliche Aufgabe obliegt einer Senderegie oft auch die Zuspielung von Beiträgen an eine andere Fernsehstation über einen getrennten Sendeweg. Dies können Beiträge aus dem eigenen Studio der Sendeabwicklung im Rahmen von Fernseh-Konferenzschaltungen sein; so kann zum Beispiel einem ortsansässigen Politiker die Teilnahme an der Diskussion in einer anderen Fernsehstation möglich gemacht werden.

Kernelemente der Senderegie sind der Sendemischer und die Bedienung der Sendeablaufsteuerung. Der Sendemischer unterscheidet sich vor allem dadurch von anderen Mischern, daß er auf einer Bedienebene sowohl Video- als auch Audiosignale beeinflußt. Die Steuerung von Audio- und Videosignalen kann miteinander verkoppelt werden (audio follow video). Die Vielzahl von Manipulationen an Bild- bzw. Tonsignalen, wie sie ansonsten üblich sind, stellt ein Sendeablaufmischer natürlich nicht zur Verfügung, da Kompaktheit und Übersichtlichkeit im Vordergrund stehen.

2.2. Sendestudio

Zur Programmpräsentation ist der Sendeabwicklung oft ein eigenes kleines Produktionsstudio zugeordnet. Wenn die Regie für dieses Studio räumlch in der Senderegie untergebracht ist, können beide Einrichtungen von einer Person bedient werden. Folgende Produktionsmöglichkeiten sind typisch für ein solches Studio: Gleichzeitiger Einsatz von zwei (fernsteuerbaren) Kameras, Blue-Screen-Tricktechnik, Schriftzusetzung, Überblendung von Hintergründen, Ansagen mit eingebundenen Laufbildgebern zur Produktion von Trailern (kurze Vorschau für einen Beitrag) und Programmvorschauen, Tonzuspielungen und Mischung bei Ansagen, oft zwei Aktionsplätze mit getrennter Einleuchtung, Verlesen von Nachrichten mit entsprechender Bildunterstützung. Dabei wird bei der Blue-Screen-Tricktechnik ein einfarbiger, z.B. blauer Hintergrund verwendet, der von einer Elektronik im Bildsignal detektiert wird, die an diesen Stellen im Bild auf ein anderes Hintergrundbild umschaltet. (Beispiel moderierte Wetterkarte: Der Moderator steht vor einer blauen Wand und die Wetterkarte wird elektrisch an die Stelle des blauen Hintergrunds gesetzt.) Die Technik eines solchen Sendestudios ist am ehesten vergleichbar mit der Technik eines kleinen Nachrichtenstudios, bei dem auch oft ferngesteuerte Kameras eingesetzt werden, um Personal einzusparen. Normalerweise wird die Technik eines Sendestudios von nur einer Person bedient, die für Bild, Ton, Beleuchtung und Kamerafernsteuerung zuständig ist.

2.3. Sendezuspielung

Die meisten Programmbeiträge werden heute noch von Magnetbändern abgespielt. Das ablauffolgerichtige Bereitstellen der

MAZ-Beiträge ist die Hauptaufgabe der Sendezuspielung.

Das geeignete Werkzeug dazu ist ein Cassettenautomat, der die Sendecassetten, die sich in einem Vorratsmagazin befinden, nach einem vorbestimmten Plan in der richtigen Reihenfolge zur Sendung bringt. Damit mit dem Sendeablaufmischer die Übergänge zwischen den einzelnen Beiträgen gestaltet werden können, besitzt der Cassettenautomat mindestens zwei Videoausgänge, auf denen wechselweise die vorprogrammierten Sequenzen abgespielt werden, zwischen denen der Sendeablaufmischer jeweils blenden kann. Normalerweise erfolgt die Steuerung des Cassettenautomaten durch die Sendeablaufsteuerung, ausnahmsweise wird er aber auch manuell von Bedienplätzen im Sendezuspielraum oder in der Senderegie bedient.

Da die Vorbereitung des Cassettenautomats Zeit in Anspruch nimmt, müssen für kurzfristige Programmänderungen weitere MAZ-Maschinen zur Verfügung stehen. Diese Maschinen stellen auch eine aktive Ausfallreserve für den Automaten dar.

MAZ-Aufzeichnungsformate unterliegen in Abständen von einigen Jahren einem Modernisierungsprozeß, der immer wieder neue Formate hervorbringt. Deshalb müssen neben den MAZ-Maschinen des Cassettenautomats im Hauptsendeformat auch MAZ-Maschinen anderer Aufzeichnungsformate zur Verfügung stehen, wenn auch zusätzliche (MAZ-)Sendeformate zugelassen sind.

Wenn die Einzelmaschinen über ein Schnittsteuersystem in ihren Grundfunktionen bedient werden, so kann dieses Schnittsteuersystem auch vorbereitend zum einfachen Bearbeiten der Sendebänder genutzt werden.

Der Cassettenautomat identifiziert die einzelnen Cassetten anhand von Aufklebern (Labeln) auf dem Rücken der Cassetten. Dieses Label kann entweder eine einmalige Identifizierungsnummer der Cassette tragen, die der Cassettenautomat liest und der Sendeablaufsteuerung mitteilt, welche eine Zuordnungstabelle der Identifizierungsnummern zu den Beitragsbeschreibungen enthält, oder das Label beinhaltet die ablaufrelevanten Daten eines zu sendenden MAZ-Beitrags, die dann allerdings jeweils für eine bestimmte Sendung erfaßt werden müssen.

Für diesen Fall ist ein Belabelungsplatz notwendig, an dem diese Daten eingegeben und auf ein Label (als Strichcode) gedruckt werden, welches dann auf den Cassettenrücken geklebt wird. Die so „belabelten" Cassetten werden nur in ein Übergabefach des Automaten gelegt, der die Label liest und die Cassette dann selbständig in einem Vorratsmagazin ablegt. Da die Verwaltung der Cassetten im Automaten autark erfolgt, kann er sie jederzeit im Magazin wiederfinden.

3. Software der Sendeablaufsteuerung

Schon seit mehr als 25 Jahren werden die Abläufe in Sendekomplexen mancher Rundfunkanstalten durch und mit Hilfe von Software gesteuert. Der Sendeablauf, das heißt die Folge der Beiträge, die gesendet werden sollen, wird also mit Hilfe eines Programms „Sendeablaufsteuerung" bestimmt. Dieses Programm realisiert die Schnittstelle zu allen für die Sendung erforderlichen Betriebsmitteln. Dabei kann die Sendeablaufsteuerung den Sendeabwickler unterstützen oder den Sendeablauf teilweise oder weitgehend automatisch abwickeln. Die Sendeablaufsteuerung bezieht ihre Informationen aus Sendeablaufdaten (sehr umfangreiche Liste), die vorbereitend erzeugt werden. In der Regel werden diese Daten über eine Rechnerschnittstelle aus einem übergeordneten System übernommen und nur für den Havariefall ist eine Übergabe mit einem Datenträger (Band oder Diskette), im Extremfall durch manuelle Eingabe am Sendeablaufsystem vorgesehen. Da in der Regel ein Betrieb rund um die Uhr gewährleistet werden muß, sind die Sendeabläufe in Abschnitten fortlaufend zu laden, abzuwickeln, zu protokollieren und zu löschen. Im einfachsten Fall bezieht sich ein Abschnitt auf einen Tag. Wie man jeder Programmzeitschrift entnehmen kann, entspricht ein Sendetag allerdings nicht einem Wochentag von 00:00 Uhr bis 24:00 Uhr, das heißt, die Definition des Sendetages wird vom Anwender im Sendeablauf bestimmt und nicht vom Datumswechsel.

In der Regel verwendet man für jeden Sendekanal eine eigene Sendeablaufsteuerung, und nur wenn viele Sendekanäle auf gleiche Ressourcen zugreifen müssen, kann eine gemeinsame Sendeablaufsteuerung sinnvoll sein. Dies trifft zum Beispiel für Einrichtungen zu, die das gleiche Programmaterial zeitversetzt über verschiedene Kanäle aussenden.

Da der Sendeablauf absolut zeitgenau festliegt, ist ein von einer Echtzeituhr (DCF77) abgeleiteter Zeittakt besonders wichtig. Die Steuerung muß bildgenau in Abhängigkeit von einem Timecode erfolgen können, der mit der Echtzeit gekoppelt ist.

Grundsätzlich wickelt die Sendeablaufsteuerung den Sendeablauf zeitgerecht ab und generiert dabei auch die zugehörigen VPS-Daten. Ziel ist es, den Sendeabwickler von zeitkritischen Schaltungen und von zeitkritischen Zuspielungen (bildgenaues Einspielen von Laufbildgebern) zu entlasten. Damit wird dieser in die Lage versetzt, auch kreative Funktionen wahrzunehmen, z.B. Ansagen und Präsentationen vorzubereiten und zu begleiten. Änderung im Sendeablauf und manuelle Eingriffe müssen auch im automatischen Betrieb jederzeit möglich sein.

Besondere Bedeutung haben bei Sendeablaufsteuerungen die verschiedenen möglichen Umschaltkriterien, die den Übergang auf den nächsten Beitrag auslösen. Am einfachsten ist die feste Zeitvorgabe. Dabei erfolgt die Umschaltung zur vorgegebenen Beginnzeit eines Beitrages. Das Kriterium ist also Anfang-orientiert. Eine Umschaltung ist aber auch abhängig von der im Beitrag angegebenen Dauer möglich. Bei Laufbild-Beiträgen wird die Dauer im zugehörigen Datensatz bildgenau geführt und auch so bei der Steuerung berücksichtigt. Das Kriterium ist also Ende-orientiert. Ein solches Ende-Kriterium kann auch manuell ausgelöst werden, zum Beispiel aus einem Studio am Ende des Live-Beitrags. Mit einer Take-Taste an der Sendeablaufsteuerung kann der Sendeabwickler unmittelbar die Umschaltung von einem zum nächsten Beitrag auslösen. Eine besondere Next-Take-Taste dient dazu, den Beitrag nach dem gerade aktiven 'ONAIR'-Beitrag ohne Warten auf ein möglicherweise vorgesehenes Umschaltkriterium zu starten.

Die Sendeablaufsteuerung protokolliert den tatsächlichen Sendeablauf, d.h. auch im manuellen Betrieb werden alle Bedienvorgänge festgehalten, damit ein vollständiges Sendeprotokoll erstellt werden kann. Zu jedem einzelnen Beitrag, der abgewickelt wird, sind alle zugehörigen Prozeßdaten, steuernde Eingriffe und Systemmeldungen in ein Logbuch abzulegen. Über eine Datenschnittstelle stehen dem übergeordneten System diese Daten dann zur Verfügung. Neben der Erstellung des Sendeablaufprotokolls dient das Logbuch auch dazu, Unregelmäßigkeiten in der Abwicklung nachzuvollziehen und Fehler auszuwerten. Um auch Auswertungen über einen größeren Zeitraum machen zu können, ist eine Langzeitspeicherung erforderlich.

Als Interface zwischen Mensch und Maschine dient zunächst die heute übliche farbige Darstellung auf einem Monitor mit grafischen Elementen und Fenstertechnik. Für direkte steuernde Eingriffe sind besondere Steuertasten und in der Regel eine Rechnermaus vorgesehen. Die Steuertasten dienen auch zur Anzeige von Funktionszuständen. Als Mindestausstattung sind folgende Tasten anzusehen:

Mit einer MAN/AUTO-Taste wird zwischen manuellem und automatischem Betrieb umgeschaltet. In der Stellung MAN werden vom Rechner keine Steuerungen veranlaßt. Eine TAKE-Taste dient zur manuellen Fortschaltung des Sendeablaufs und die NEXT-TAKE-Taste setzt das Umschaltkriterium für den nächsten Beitrag (s.o.). Eine HOLD-Taste dient dazu, in der Umschaltphase die Aufblende zu verzögern, und wenn die SKIP-Taste gedrückt wurde, wird der nächste Beitrag im Sendeablauf übersprungen. (Das kann zum Beispiel nötig sein, wenn die Sendezeit eines Life-Beitrags überzogen wurde.)

Der Sendeabwickler als Person muß die Möglichkeit haben, sich eines bestimmten Beitrages zu vergewissern, indem er ihn kurz anspielt oder eine Bildvorlage auswählt. Hier ist es besonders wichtig, daß die Sendeablaufsteuerung eine mögliche Störung des Sendeablaufs verhindert. (Zum Beispiel kann eine MAZ, von der ein Sendebeitrag abgefahren werden soll, nicht gleichzeitig für eine Vorschau benutzt werden.) Da die Sendeablaufsteuerung die Mindest-Vorbereitungszeiten (z.B. einer MAZ zur Positionierung oder die eines Cassettenautomaten) kennt und den Vorgang überwacht, kann sie die Operation gegebenenfalls ablehnen, vorzeitig beenden oder den Bediener warnen.

Aufwendige Dateneingaben erfolgen natürlich über eine Standardcomputertastatur. Aktuelle Beitragsänderungen sollten bis kurz vor dem ONAIR-Zeitpunkt möglich sein. Zur Sicherheit werden diese Änderungen allerdings erst dann wirksam, wenn ihre Zulässigkeit überprüft bzw. hergestellt ist.

Die Sendeablaufsteuerung hat Zugriff auf eine Vielzahl von Geräten, z.B.:
Sendemischer,
Cassettenautomat (Video, Audio, Zusatzdaten),

Ausspielserver,
MAZ-Maschinen,
Bildplatten,
Einzelbildspeicher,
Schriftgenerator,
CD-Player,
Cassettenrecorder (Audio),
Logo Eintaster,
Datenzeilen-Kombinierer,
Fernsehtext-Bildgeber und
Kreuzschiene der Senderegie.

Der Zugriff kann dabei auch durchaus sehr komplex sein. Schon bei einer einfachen MAZ-Maschine muß die Positionierung, Start und Stop, Standby, On und Off und das Rückspulen möglich sein. Wesentlich aufwendiger gestaltet sich die Steuerung eines MAZ-Automaten. Hier ist die systemspezifische Software des Automaten mit ihren mannigfaltigen Möglichkeiten zu berücksichtigen. Die Schnittstelle zwischen der Software der Sendeablaufsteuerung und der Software des Automaten birgt viele Probleme und ist besonders fehleranfällig.

Wegen der umfassenden betrieblichen und technischen Einbindung der Sendeablaufsteuerung in den Gesamtbetriebsablauf und die technischen Einrichtungen eines Sendekomplexes muß davon ausgegangen werden, daß das System sehr lange – realistisch sind mehr als 10 Jahre – in Betrieb bleiben muß. In den meisten Fällen muß mit einem 24-Stunden-Sendetag, das heißt 'rund um die Uhr' gerechnet werden. Schon bei der Auslegung des Systems muß deshalb dafür gesorgt werden, daß nach der Inbetriebnahme das System wenn nötig neuen betrieblichen Anforderungen angepaßt werden kann. Es müssen also neue Steuerungsfunktionen und Geräte leicht integriert werden können. Dies setzt einen modularen Aufbau von Hard- und Software voraus. Die Steuerungssoftware muß auch so strukturiert sein, daß mit Hilfe von Testprogrammen gezielte Funktionstests von Systemteilen durchgeführt werden können, ohne daß der laufende Betrieb behindert wird.

Um eine hohe Systemsicherheit zu erreichen, müssen vor allem die verwendete Rechnerhardware und die Schnittstellen zu den zu steuernden Geräten von hohem Qualitätsstandard sein. Parallelrechnersysteme steigern u.U. wegen der problematischen Funktionsübernahme die Systemsicherheit nicht wesentlich. Die Betriebssicherheit kann einfach durch eine jederzeit mögliche, die automatische Steuerung überdeckende, manuelle Bedienung des Sendemischers und manuelle Fernbedienung der sendewichtigen Systemkomponenten erhöht werden. Unabhängig von einer üblicherweise vorhandenen USV (Unterbrechungsfreien Stromversorgung) darf bei einer Netzunterbrechung kein Datenverlust, kein Fehlsteuerung und keine Systemblockade entstehen. Das System muß nach einer Netzunterbrechung selbsttätig wieder anlaufen und den Sendeablauf fortsetzen.

4. Übergeordnetes Verwaltungssystem

Die Sendeabwicklung ist funktional in den Gesamtprozeß der Programmerstellung in einer Fernsehstation eingebettet. Im folgenden wird der Informationsfluß dazu beschrieben.

Ausgangspunkt ist ein Programmplan, der zum Beispiel für das erste Programm der ARD von der ARD-Programm-Koordination in München erstellt wird. Er enthält die Hauptprogrammbeiträge mit Uhrzeit, Dauer, Titel und VPS-Daten. Dieser Plan wird mit Dispositionsdaten ergänzt zum Sendeplan, der gepflegt wird bis zur Übertragung ins System zur eigentlichen Sendeablaufbearbeitung. Hier fügt man alle Sendebeiträge hinzu, die für die Abwicklung der Sendung erforderlich sind, z.B. Präsentationsbeiträge, Ansagen, Programmtafeln, Trailer, Spots, Füller. Mit den zugehörigen Daten für die Abwicklung und Steuerung in der Senderegie ergibt sich so der Sendeablauf. Wie oben beschrieben generiert das Programm zur Sendeablaufsteuerung ein Ablaufprotokoll, welches alles enthält, „was über den Sender gegangen" ist, also tatsächlich abgewickelte Beiträge, eventuelle Fehlschaltungen, Störungshinweise, Entschuldigungen usw. Zusätzlich enthält es alle technischen Daten der Steuerung. Diese inhaltlich unwesentlichen technischen Daten werden für das Sendeprotokoll entfernt, das alle gesendeten Beiträge enthält und archiviert werden kann.

5. Spezialitäten

Filmbeiträge werden oft mit Dolby-codiertem Ton ausgestrahlt. Ein kleines Problem ergibt sich aus der normalerweise fehlenden geeigneten Abhörmöglichkeit im Sendekomplex.

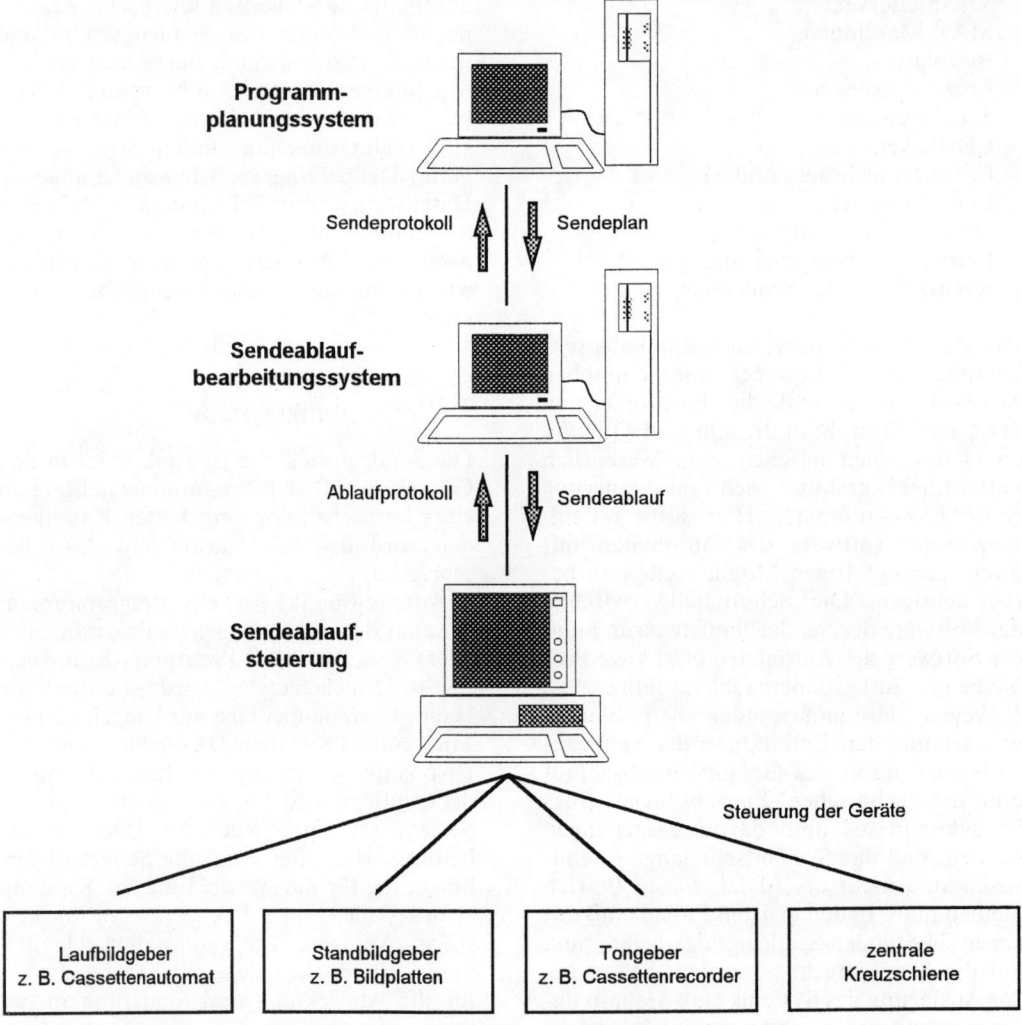

Abb. 208.1: Struktur des übergeordneten Verwaltungssystems einer Sendeabwicklung

Ein erhebliches Problem ergibt sich bei digital ausgeführten Sendeabwicklungen durch unterschiedliche Signalverzögerungen von Bild- bzw. Tonsignalen im Komplex (unter Umständen auch schon bei der Zuspielung von Beiträgen). In der Regel dauert die Bildsignalverarbeitung länger und muß synchronisiert werden, so daß man das Tonsignal künstlich verzögern muß. Diese Tonsignalverzögerung muß anpaßbar sein, wenn sich die Parameter bei den Bildsignalen ändern (z. B. Umschaltung auf PALplus).

In Sendeabwicklungen ergeben sich die gleichen Probleme wie in Produktionsstudios, wenn zwischen den Bildseitenformaten 4:3 und 16:9 umgeschaltet wird. Da im Umschaltmoment das Verhalten der 16:9-fähigen Empfänger nicht definiert ist, sollte die Umschaltung während einer Schwarzblende erfolgen.

6. Entwicklungstendenzen

Die heute erkennbare Tendenz zu einer immer größeren Zahl von Verbreitungswegen – man spricht von mehreren hundert digitalen Satellitenkanälen – muß sich auch auf die Technik der Sendeabwicklung auswirken. Diese Entwicklung ist dadurch möglich geworden, daß die Kosten für die Ausstrahlung eines Fernsehsignals drastisch reduziert werden konnten.

Zukünftig wird es entsprechend dieser Entwicklung immer mehr Sendekomplexe geben, die am gleichen Ort eine Vielzahl von Fernsehprogrammen abwickeln (Playout-Center). Wesentlich für deren Wirtschaftlichkeit ist, daß der Personalbedarf nicht proportional zu der Zahl der Sendesignale steigt. Dies wird dadurch erreicht, daß die Sendeabläufe fast vollständig automatisch abgewickelt werden. Programmmaterial muß dann in Cassettenautomaten bzw. in Servern mit großen Festplattenarrays vorliegen. Eine komplexe Sendeablaufsteuerung muß sehr zuverlässig laufen, da ein korrigierender manueller Eingriff nur die Ausnahme bilden kann. Bei Sendekomplexen für kommerzielle „pay per view"-Kanäle wird mit der Sendeablaufsteuerung auch ein aufwendiges Abrechnungssystem verbunden. Da bei einzeln bezahlten Beiträgen vom Fernsehzuschauer so gut wie keine Toleranz gegenüber Sendestörungen zu erwarten ist, sind hier die Anforderungen bezüglich der Zuverlässigkeit der Sendeabwicklung ganz besonders hoch.

*Reinhard Kalhöfer, Hamburg
(Deutschland)*

L. Mediengegenwart XVI: Fernsehen II: Übertragungstechnik

209. Entwicklung der Farbfernsehsysteme (PAL, SECAM, NTSC, PALplus)

1. Entwicklung des NTSC-Verfahrens
2. Von SECAM I zu SECAM opt.
3. Farbfernsehen nach dem PAL-Standard
4. PALplus. Die kompatible Weiterentwicklung des PAL-Systems
5. Literatur

Grundlage aller heutigen Fernsehverfahren ist die zeilenweise Abtastung der Bildvorlage. Sie wurde 1884 von Paul Nipkow erfunden. Die zunächst mechanische Bildfeldzerlegung wurde Mitte der dreißiger Jahre dieses Jahrhunderts durch Abtastung mittels Elektronenröhren abgelöst. Das so abgetastete Bild wird im Empfänger synchron auf dem Bildschirm wiedergegeben, und zwar ebenfalls zeilenweise. Dazu sind einheitliche Standards erforderlich.

Als am 17. Dezember 1954, fast ein Jahr nach der Einführung des deutschen Nachkriegsfernsehens, die amerikanische Aufsichtsbehörde FCC die Genehmigung erteilte, das vom National Television System Committee (NTSC) unter Mitarbeit von 30 Firmen und über 100 Experten erarbeitete Farbfernsehen zur allgemeinen Benutzung einzuführen, tauchte kurz darauf auch in Europa der Gedanke nach einem einheitlichen Farbfernsehsystem auf. Bis dahin existierten weltweit vier verschiedene Zeilenstandards: außer der 525-Zeilen-Norm in den USA allein drei in Europa, nämlich 405 Zeilen in England, 819 in Frankreich und 625 in den übrigen europäischen Ländern. Alle Experten waren sich einig, daß beim Farbfernsehen ein Programmaustausch zwischen den europäischen Ländern nur mit einheitlicher Zeilenzahl sinnvoll ist. Daher widmete man sich zuerst der Aufgabe, die Zeilennorm zu vereinheitlichen. Nach langen Verhandlungen wurde international beschlossen, Farbfernsehen in Europa nur in 625 Zeilen zu produzieren und auszustrahlen. Das bedeutete, in England für Farbfernsehen von der 405-Zeilen-Norm und in Frankreich von der 819-Zeilen-Norm abzugehen.

In Bezug auf ein einheitliches Farbartübertragungssystem konnte eine solche Übereinstimmung nicht erreicht werden. Es wurde deshalb zunächst beschlossen, mit der Festlegung eines Farbfernsehsystems für Europa noch zu warten. Das amerikanische System hätte wegen der Zeilenzahl von 525 nicht ungeändert übernommen werden können. Es erforderte eine Neuentwicklung des Farbfernsehempfängers. Für die europäische Empfängerindustrie gab es zudem noch wesentliche Probleme auf dem Gebiet des Schwarzweißfernsehens zu lösen. Ebensowenig waren die Sendeanstalten bereit, zu diesem frühen Zeitpunkt das Farbfernsehen einzuführen. Ihm wurden enorme Kosten im Studio und auf der Ausstrahlungsseite prognostiziert.

So blieb es zunächst bei Schwarzweißfernsehen in Europa und Farbfernsehen nach dem NTSC-Verfahren in USA.

1. Entwicklung des NTSC-Verfahrens

Die Aufgabenstellung für ein Farbfernsehübertragungssystem ist, die Kamerasignale Rot, Grün und Blau (RGB) über einen möglichst schmalbandigen Kanal zum Farbfernsehempfänger zu übertragen. Gleichzeitig sollen die bereits vorhandenen Schwarzweißgeräte aus dem Farbfernsehsignal die Helligkeitsinformationen (Luminanzsignal) entnehmen können, ohne daß dabei die Bildqualität verschlechtert wird.

Prinzipiell gibt es zwei Möglichkeiten, ein farbiges Bild zu übertragen:

(1) Zeitmultiplex-Verfahren = RGB sequentiell. (Die Farbwertsignale werden zeitlich nacheinander übertragen)

(2) Frequenzmultiplex-Verfahren = RGB simultan. (Die Farbwertsignale werden gleichzeitig in parallelen Kanälen übertragen.)

Bei den Zeitmultiplexverfahren nutzt man die zeitliche Integrationswirkung des Auges aus. Bietet man dem Auge in schneller Folge den roten, grünen und blauen Farbreiz an, dann bewirkt die Trägheit der Sehzellen eine additive Farbmischung. Ein entsprechendes Verfahren mit rotierenden Filterscheiben wurde bereits 1940 vom Leiter der Forschung bei der amerikanischen Rundfunkgesellschaft CBS (Columbia Broadcasting Systems), Peter Goldmark, in den USA vorgeführt. Die CBS hatte dieses Verfahren noch soweit verbessert, daß es sogar 1950 von der FCC als offizielle Farbfernsehnorm in den USA eingeführt wurde. Es zeigte sich jedoch bald, daß dieses Verfahren nicht kompatibel zu den vorhandenen Empfängern war.

Um ein entsprechendes Gegengewicht gegen das Verfahren der CBS zu haben, wurde das bereits erwähnte National Television Systems Committee (NTSC) gegründet. Vor allem die RCA (Radio Corporation of America) war der Führer des NTSC und Gegenspieler der CBS.

Bei der RCA hatte man von anfang an auf die simultane Übertragung gesetzt. Die drei Farbwertsignale wurden bereits bei den ersten Übertragungsversuchen 1947 in einem Frequenzmultiplexverfahren übertragen. Das Verfahren war bereits empfängerseitig kompatibel. Es wurde nämlich das Grün-Signal, das dem Luminanzsignal am nächsten kommt, im Frequenzbereich des normalen Schwarzweiß-Signals übertragen, rot und blau belegten jeweils einen extra Kanal. Man benötigte dafür aber auch mehr als die dreifache Bandbreite. Parallel dazu wurden augenphysiologische Untersuchungen durchgeführt. Hartridge konnte nachweisen, daß das Auge bei feineren Bilddetails praktisch farbenblind ist. Nur die Helligkeitsinformation wird mit einer höheren Auflösung wahrgenommen. Für das Farbfernsehen bedeutet das, daß für Rot und Blau jeweils nur etwa 2 MHz Bandbreite benötigt werden. Die grüne Farbe (großer Luminanzanteil) mußte hingegen weiter mit 4 MHz Bandbreite übertragen werden.

Die beste Kompatibilität hinsichtlich der Helligkeitswiedergabe der Schwarzweiß-Empfänger wurde durch eine sogenannte Matrizierung der RGB-Signale erreicht. Durch geeignetes Multiplizieren von Rot-Grün und Blauwert mit bestimmten Faktoren erhält man das Helligkeitssignal (im folgenden Y bzw. Luminanz genannt). Entsprechend werden zwei Farbdifferenzsignale (R–Y und B–Y) erzeugt, die nur Farb- und keine Helligkeitsinformation enthalten.

$Y = 0{,}3\,R + 0{,}59\,G + 0{,}11\,B$
$R - Y = 0{,}7\,R - 0{,}59\,G - 0{,}11\,B$
$B - Y = -0{,}3\,R - 0{,}59\,G + 0{,}89\,B$

Für diese Signale konnte in idealer Weise das von Hartridge gefundene Phänomen ausgenutzt werden. Um im Farbfernsehempfänger wieder die für die Bildröhre notwendigen RGB-Signale zu erzeugen, mußten die Luminanz und die beiden Farbdifferenzsignale wieder miteinander verrechnet werden (Dematrizierung).

Trotz dieser doch schon recht beachtlichen Einsparung an Bandbreite – statt der dreifachen Bandbreite des Schwarzweiß-Signals, wurde nur noch die doppelte Bandbreite benötigt – mußte ein Verfahren gefunden werden, das mit der Bandbreite des Schwarzweiß-Signals (5 MHz) auskam. Bei RCA glaubte man dieses Ziel nicht mit einer rein simultanen Übertragungstechnik erreichen zu können. Es wurde versucht nacheinander je eine rote, grüne und blaue Zeile zu übertragen. Aber sehr bald zeigte sich auch hierbei, daß man eine größere Bandbreite benötigte, wenn man nicht bei stark gesättigten Farben eine deutliche Zeilenstruktur in Kauf nehmen wollte. Auch die bildpunktsequentielle Farbübertragung, führte zu einer störenden Punktestruktur. Diese Störung konnte nur dadurch vermieden werden, daß man bei den RCA-Experimenten die Idee des „luminance-by-pass" von Loughlin berücksichtigte. Dabei wurde dem punktsequentiellen Signal zusätzlich das Helligkeitssignal überlagert. Die Punktestruktur wurde dadurch weitgehend vermieden, da die Helligkeit fast ausschließlich von dem additiv überlagerten Helligkeitsanteil bestimmtwird. Abb. 209.1 zeigt das Blockschaltbild dieses Vorläufers eines NTSC-Coders.

Die simultanen Farbsignale RGB werden in ihrer Bandbreite (TP = Tiefpaß) auf den für das Auge relevanten Bereich von 0 bis 2 Hz begrenzt. Der elektronische Schalter erzeugt ein bildpunktsequentielles Farbsignal. Das kommt einer Modulation mit der

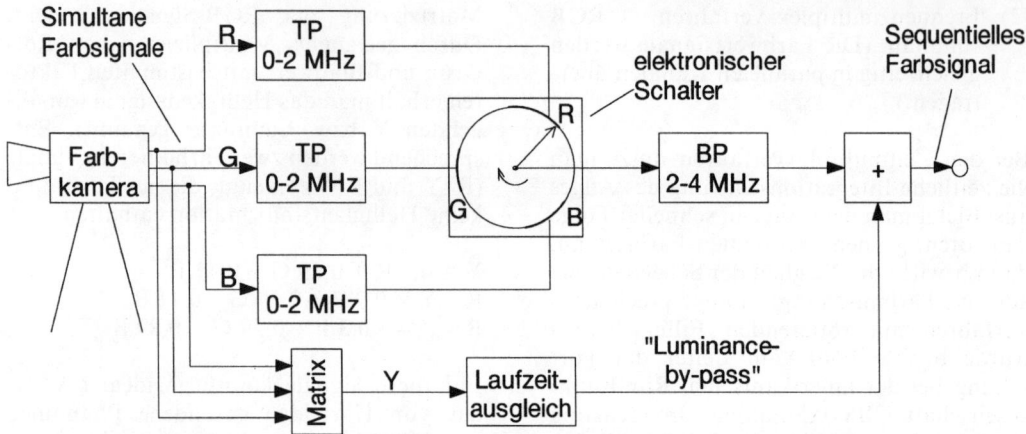

Abb. 209.1: Vorläufer des NTSC-Coders

Umlauffrequenz (Farbträgerfrequenz) des Schalters gleich. Der Bandpaß (BP) filtert den Bereich um die Modulationsfrequenz heraus, in dem sich nun die Farbinformation befindet. Mit der Matrix wird aus den Farbsignalen (RGB) das Helligkeitssignal (Y) errechnet, dies wird nach einem Laufzeitausgleich dem Farbsignal hinzuaddiert.

Im Decoder durchläuft das Signal den umgekehrten Weg. Wichtig ist dabei, daß die Umlauffrequenz und Phase der Schalter in Coder und Decoder identisch sind.

In einem weiteren Schritt wurden statt des RGB-Signals die Farbdifferenzsignale (R–Y, B–Y) auf den Farbträger moduliert, gleichzeitig ersetzte man den elektronischen Schalter durch einen Doppelgegentaktmodulator mit unterdrücktem Farbträger.

Damit war das NTSC-Verfahren geboren. Diese Gemeinschaftsentwicklung mehrerer amerikanischer Firmen wurde am 17. Dezember 1954 als offizielle Farbfernsehnorm der USA von der amerikanischen Bundesbehörde FCC eingeführt.

Coder und Decoder des NTSC-Systems sind in Abb. 209.2 dargestellt. Hier sind noch einige zusätzliche Funktionen zur Reduzierung der Störungen, durch den Farbträger hinzugekommen.

Beispielsweise werden statt der Farbdifferenzsignale R–Y und B–Y die Signale I und Q moduliert, wobei die Farbträgerfrequenz unterdrückt wird. I und Q werden ebenfalls per Matrix aus RGB erzeugt. Ihre Amplitude entspricht der Farbsättigung, deshalb reduziert sich die Störung durch den Farbträger („Perlschnurstörung") bei unbunten Szenen auf Null. Für die Q-Komponente genügt eine Bandbreite von 0,5 MHz, wohingegen für die I-Komponente 1,5 MHz benötigt werden. I und Q werden mit einer Phasenverschiebung von 90° zueinander moduliert. Durch diese Amplituden und Phasenmodulation sind die Signale voneinander entkoppelt.

Daß es überhaupt möglich ist, im Luminanzkanal noch die Farbinformation zu übertragen, ist einer Besonderheit des Luminanzspektrums zu verdanken. Es besteht aus Spektrallinien, in Form eines Kammes, jeweils bei Vielfachen der Horizontalfrequenz. Die Farbträgerfrequenz wurde nun so gewählt, daß sie genau zwischen zwei dieser Spektrallinien fällt, wodurch sich die Störwirkung weiter reduziert. In der Impulserzeugung des NTSC-Coders ist deshalb die Farbträgerfrequenz fest mit der Horizontalfrequenz verkoppelt.

Zusammenfassend kann man sagen, daß das NTSC-Verfahren die drei Forderungen, die an ein Farbfernsehsystem zu stellen sind, erfüllt:

– Einkanalübertragung in den für Schwarzweißfernsehen genutzten Kanälen
– Senderseitige Kompatibilität mit den existierenden Sendern
– Empfängerseitige Kompatibilität mit bereits vorhandenen Schwarzweißfernsehen

NTSC-Fernsehen findet man heute in etwa zwanzig Ländern der Erde; darunter Japan, Mexiko, Kanada und natürlich USA. Etwa 12 Prozent der Weltbevölkerung haben heute in ihrem Land NTSC-Farbfernsehen. USA

209. Entwicklung der Farbfernsehsysteme (PAL, SECAM, NTSC, PALplus)

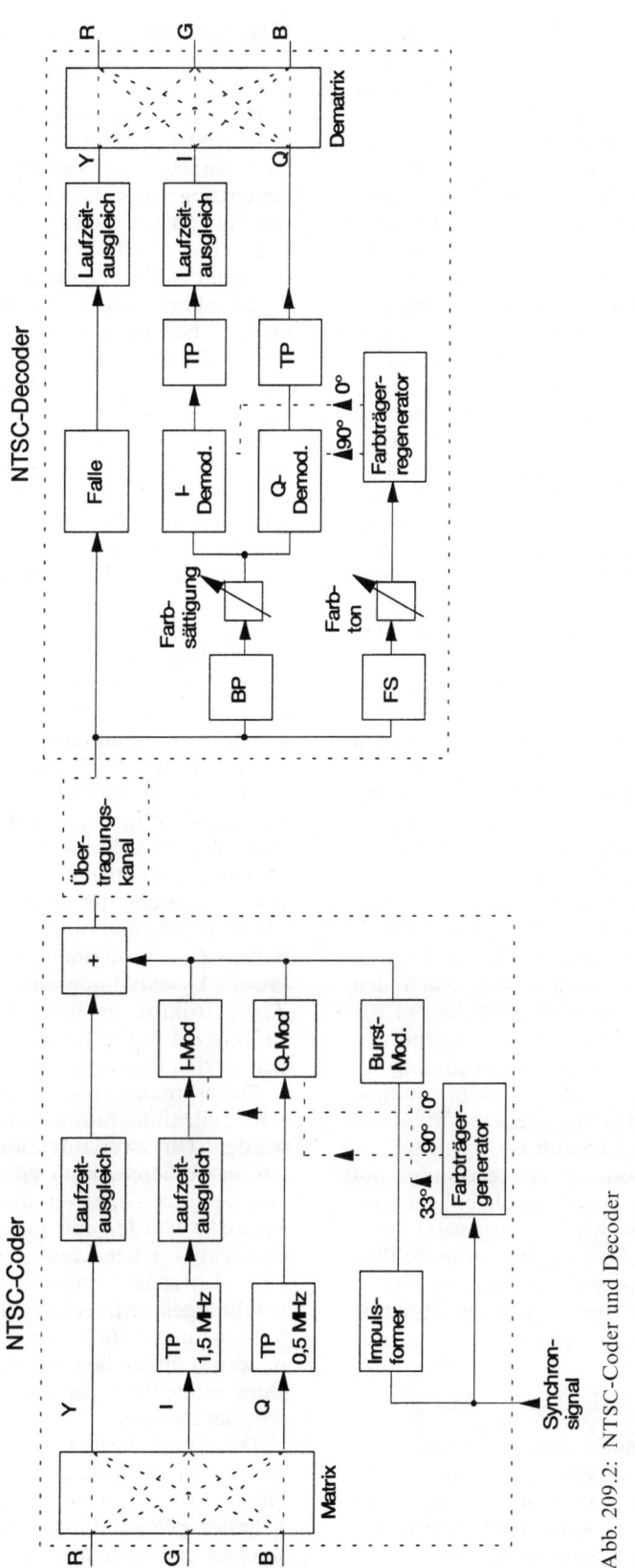

Abb. 209.2: NTSC-Coder und Decoder

war zwar das erste Land, das sich auf ein Farbfernsehsystem festgelegt hatte, aber schon bei der Einführung war klar, daß NTSC einen gravierenden Mangel hatte.

Das NTSC-Signal reagiert nämlich sehr empfindlich auf Phasenstörungen auf dem Übertragungsweg. Die Amplitude des Farbträgers ist proportional zur Farbsättigung, während die Phasenlage proportional zum Farbton ist. Dementsprechend wirken sich Phasenverschiebungen auf dem Übertragungsweg direkt auf den Farbton aus, auf den das menschliche Auge ungünstigerweise auch noch wesentlich empfindlicher reagiert als auf die Farbsättigung. Nun kann zwar diese Farbtonänderung mit dem Farbtonregler des Empfängers ausgeglichen werden, jedoch sind die Phasenfehler zusätzlich noch abhängig von der Amplitude des Signals (differentieller Phasenfehler). Farbveränderungen zeigen sich deshalb besonders deutlich in hellen, farbigen Flächen. Dieser Nachteil hängt bis heute dem NTSC-Verfahren an.

In Europa, wo man die amerikanische Entwicklung aufmerksam verfolgte, bemühte man sich um die Erarbeitung einer eigenen Farbfernsehnorm. Das CCIR (Comité Consultatif International des Radiocommunications) stellte in einem Studienprogramm 1955 die wichtigsten Anforderungen an ein Farbfernsehsystem zusammen. 1956 nahmen über 100 Experten aus 25 Ländern an einer Studienreise durch die USA, Frankreich, Großbritannien und die Niederlande teil, die vom CCIR organisiert worden war. Nach den Vorführungen in den USA stieß das NTSC-Verfahren wegen seiner Phasenempfindlichkeit bei vielen Ländern auf Ablehnung. In einigen Ländern, vor allem Großbritannien, neigte man trotzdem dazu, ein modifiziertes NTSC-Verfahren einzuführen.

Ziel war es deshalb, ein Verfahren mit geringerer Phasenempfindlichkeit zu entwickeln. Seit 1956 wurden insgesamt sechs Vorschläge gemacht, bei denen zwar die Phasenempfindlichkeit reduziert werden konnte, dies aber meist mit einer größeren Störempfindlichkeit bezahlt wurde.

2. Von SECAM I zu SECAM opt.

Ein Vorschlag kam von dem französischen Physiker Henry de France im Jahre 1956. Es sollte das Luminanzsignal simultan zum zeilensequentiellen Farbsignal übertragen werden. Das Basispatent wurde am 25. Mai 1956 angemeldet. In abgewandelter Form erhielt dieses Prinzip später die Bezeichnung SECAM (siehe Abb. 209.3).

Wie beim NTSC-Verfahren werden in einer Matrixschaltung zunächst das Luminanzsignal und die beiden Farbsignalkomponenten abgeleitet. Das Luminanzsignal wird simultan zu den Farbsignalen übertragen.

Der modulierte Farbträger wird ebenfalls wie beim NTSC-Verfahren zum Luminanzsignal addiert und im Luminanz-Frequenzbereich übertragen. Es wird also für die Farbfernsehübertragung nach dem SECAM-Verfahren genausoviel Bandbreite wie für Schwarzweißfernsehen benötigt.

Die Farbinformation wird jedoch nicht wie beim NTSC-Verfahren einem Farbträger in unterschiedlicher Phasenlage aufmoduliert, sondern mittels eines elektronischen Schalters wird der Farbträger zeilenweise abwechselnd mit R–Y und dann B–Y moduliert.

Dem elektronischen Schalter im Empfänger wird durch einen speziellen Identifizierungsimpuls (in der V-Lücke übertragen) die Schaltphase der Farbdifferenzsignale mitgeteilt. Es wäre nun denkbar, im Empfänger das modulierte Farbdifferenzsignal zunächst zu demodulieren und dann die Farbdifferenzsignale zeilenweise abwechselnd auf der Bildröhre zu schreiben. Leider reicht nun aber die geometrische Integrationswirkung des Auges nicht aus, um die verschiedenartigen Farbinformationen der beiden benachbarten Zeilen miteinander verschmelzen zu lassen. Es entstünde eine störende farbige Zeilenstruktur, insbesondere dann, wenn zufällig ein Farbdifferenzsignal keinen nennenswerten Pegel hat.

Daher mußte zusätzlich eine elektronische Zeilenintegrationsschaltung entwickelt werden. Um zwei aufeinanderfolgende Zeilen zu addieren, muß eine Zeile um 64µs (Dauer einer Zeile) verzögert werden. Erste Versuche wurden mit einem Laufzeitkabel gemacht – einem zentnerschweren Koloß von 32 Metern Länge, in Form einer Acht geschlungen. Mit Hilfe einer Ultraschall-Verzögerungsleitung von nur wenigen Zentimetern Länge, konnte die Zeilenverzögerung schließlich jedoch sehr elegant verwirklicht werden.

Die modulierten Farbdifferenzsignale werden im Empfänger einmal direkt und einmal verzögert an den elektronischen Schalter gelegt, dieser schaltet im Zeilenwechsel entweder die Signale direkt durch,

209. Entwicklung der Farbfernsehsysteme (PAL, SECAM, NTSC, PALplus)

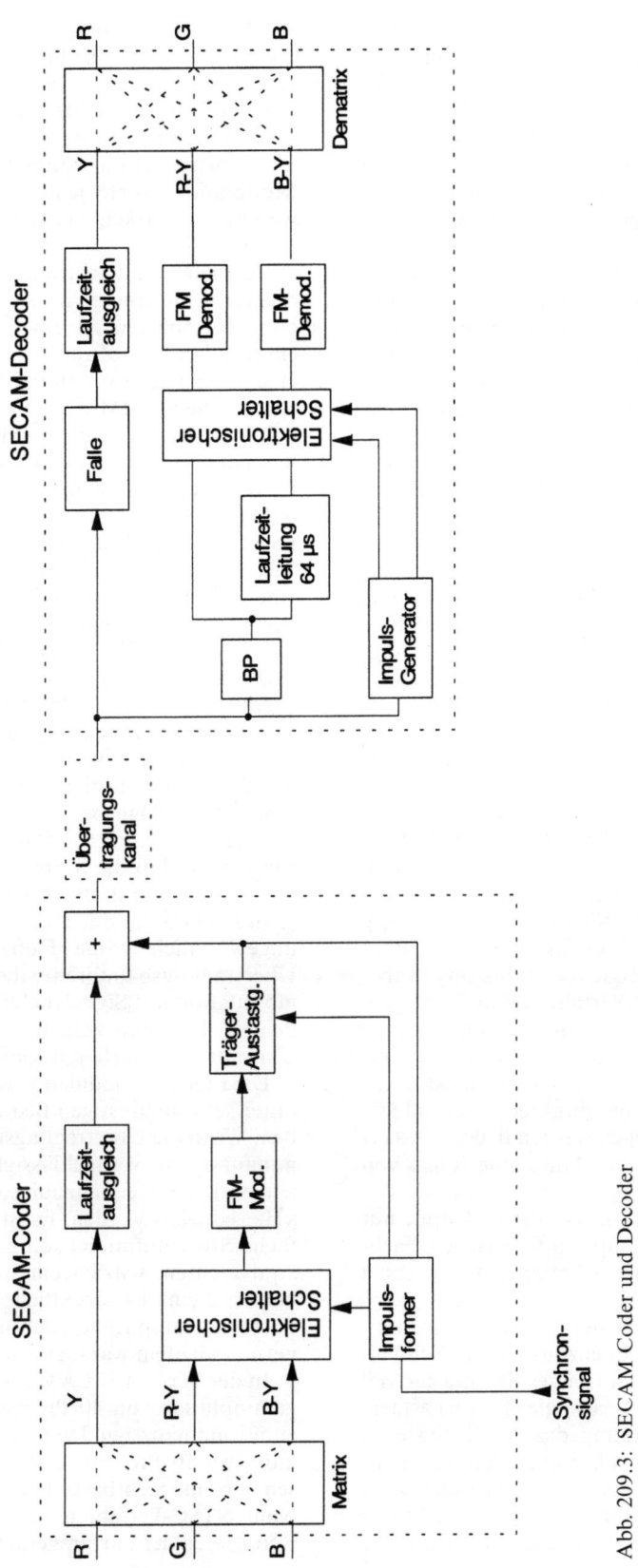

Abb. 209.3: SECAM Coder und Decoder

oder er vertauscht sie. Auf diese Weise liegen an den Demodulatoren ständig beide und immer die gleichen modulierten Farbdifferenzsignale an. Die demodulierten Signale steuern dann die Bildröhre an.

Mit der Verzögerungsleitung wird eine Gleichzeitigkeit der in Wirklichkeit sequentiellen Farbdifferenzsignale simuliert; daher kommt auch die Bezeichnung SECAM (Séquentiel à mémoire). Der durch dieses Verfahren erlittene Schärfeverlust in vertikaler Richtung für die Farbwiedergabe ist nicht von Bedeutung, da das Auge Farbinformation – wie bereits erwähnt – wesentlich unschärfer wahrnimmt als Helligkeitsinformation. Tatsächlich ist beim NTSC-Verfahren in der Vertikalauflösung noch eine Reserve enthalten, die vom SECAM-Verfahren ausgenutzt wird.

Die Anwendung eines zeilensequentiellen Verfahrens im Chrominanzanteil macht das Verfahren phasenunabhängig. Differentielle Phasenfehler haben praktisch keinen Einfluß mehr auf den Farbton. In der ursprünglichen Version des SECAM-Verfahrens hatte man für die Übermittlung der zeilensequentiellen Chrominanzinformation eine Amplitudenmodulation des Farbträgers vorgesehen. Bei diesem Verfahren störten nun jedoch nichtlineare Übertragungsfehler die Farbtontreue erheblich. Man war deshalb gezwungen, auf eine Frequenzmodulation des Farbträgers überzugehen. Damit war der Einfluß von Nichtlinearitäten völlig ausgeschaltet. Das Verfahren ist, was Phasen- und Amplitudenbeeinflussung anbelangt, dem NTSC-Verfahren weit überlegen.

Durch die Frequenzmodulation ergaben sich jedoch einige Probleme, die das Verfahren in seiner ursprünglichen Form (SECAM I) in verschiedenen Punkten dem NTSC-Verfahren unterlegen werden ließen. Das erforderte im Lauf der Jahre eine Reihe von Weiterentwicklungen über SECAM II, III, IIIa und IIIb bis hin zu SECAM opt., mit dem Ziel, den Kompromiß zwischen Farbträgerstörung und Störempfindlichkeit zu verbessern.

Auf dem Schirm des Schwarzweiß-Empfängers ist die frequenzmodulierte Schwingung nämlich als unruhiges Störmuster viel stärker zu sehen, als die frequenzstarre Farbträgerschwingung des NTSC-Systems, da die Spektren von Luminanz und Chrominanz nicht wie bei NTSC miteinander „verkämmt werden können". Um die Sichtbarkeit zu verringern, hatte man den Farbträger an die Zeilenfrequenz gekoppelt und jede dritte Zeile und zusätzlich nach jedem Halbbild den Farbträger in seiner Phasenlage umgepolt. So erreichte man zumindest bei unmoduliertem Träger (keine Farbe) eine ungestörte Schwarzweiß-Wiedergabe. Bei Modulation störte jedoch der FM-Träger wesentlich stärker, als der Farbträger bei NTSC.

Versuche, die Farbträgeramplitude zu reduzieren, um eine geringere Störwirkung zu erhalten, führten zu einer größeren Störempfindlichkeit. Zwar hat ein FM-System eine geringere Störempfindlichkeit als das entsprechende AM-System – je größer man den Frequenzhub der FM-Modulation wählen kann, um so unempfindlicher ist das System gegen Störungen –, der Frequenzhub von SECAM für die Modulation des Farbträgers ist jedoch sehr eingeschränkt. Für die Chrominanzübertragung steht nur eine Bandbreite von insgesamt etwa 2 MHz zur Verfügung, wenn man nicht schlechter sein will, als die Störempfindlichkeit des AM-Verfahrens (NTSC), dann muß der Frequenzhub etwa gleich der maximalen Modulationsfrequenz gewählt werden. Er müßte damit bei etwa +/– 1 MHz liegen. Wegen der zur Gesamtbandbreite unsymmetrischen Trägerlage bei 4,4 MHz, kann aber nur ein Hub von +/– 500 kHz ausgenutzt werden, so daß die Störempfindlichkeit bereits doppelt so groß ist, wie die einer Amplitudenmodulation. Dabei ergibt sich eine ungewöhnlich große Hubausnutzung der Übertragungsbandbreite, die bei Frequenzmodulation mit Signalverzerrungen verbunden ist. Dadurch wird im wesentlichen die Chrominanzschärfe reduziert.

Die Frequenzmodulation wird bei SECAM unter sehr ungünstigen Bedingungen betrieben. Wenn die Übertragungsfehler des Chrominanzsignals vernachlässigbar bleiben sollen, muß der Frequenzhub sogar auf +/– 250 kHz reduziert werden. Es ist damit die vierfache Störempfindlichkeit gegenüber einem äquivalenten AM-System zu erwarten. Dabei erscheint es eigentlich unmöglich, die Farbträgeramplitude auch noch zu verkleinern. Trotzdem war dies erforderlich.

In der Version SECAM I war eine Farbträgeramplitude von 40 Prozent im Verhältnis zum Luminanzsignal vorgesehen, diese hätte auf etwa 10 Prozent reduziert werden müssen, um eine Sichtbarkeit des Störmusters wie beim NTSC-Verfahren zu erreichen. Durch Reduzieren der Farbträgeramplitude erhöhte sich auch das „Übersprechen" zwischen Luminanz und Chrominanz (Cross-Colour). Beim ursprünglichen SECAM I-Verfahren war es deshalb unmöglich, einen geeigneten Kompromiß zwischen der Sichtbarkeit des Farbträgers und der Störempfindlichkeit des Systems zu finden.

Die eigentliche Verschlechterung des Störabstandes bei SECAM gegenüber NTSC macht sich nur bei höheren Frequenzdifferenzen zum Farbträger bemerkbar. Will man den Störabstand des SECAM-Verfahrens verbessern, dann muß man vor allem die höheren Störfrequenzen dämpfen. Man ordnet deshalb im Empfänger vor der Demodulation des Chrominanzsignals ein Trägerfrequenzfilter an, das die Charakteristik einer Glockenkurve hat und deshalb von SECAM-Entwicklern als „Cloche-Filter" bezeichnet wurde. Das Filter dämpft also die Frequenzen, die einen größeren Abstand zur Trägerfrequenz haben. Damit wird der Störabstand des SECAM-Verfahrens wesentlich verbessert. Auf der Senderseite (im SECAM-Coder) muß ein Filter eingesetzt werden, das einen entgegengesetzten Frequenzgang hat, wie das Empfängerfilter, um über alles einen gleichmäßigen Frequenzgang zu erhalten. Dieses Verfahren wird auch als trägerfrequente Preemphase (Coder) bzw. Deemphase (Decoder) bezeichnet. Dieser schon deutlich verbesserte Entwicklungsstand erhielt die Bezeichnung SECAM II.

Für die Störbefreiung reichte die trägerfrequente Pre- und Deemphase nicht aus. Es wurde noch eine videofrequente (nicht moduliertes Chrominanzsignal) Pre- und Deemphase hinzugenommen, wie sie in trägerfrequenten Systemen üblich ist. Diesem System gab man den Namen SECAM III.

Parallel dazu wurde von russischen Ingenieuren das NIR-Verfahren entwickelt, wegen seiner Ähnlichkeit zum SECAM-Verfahren erhielt es die Bezeichnung SECAM IV. Der nächsten Entwicklungsstufe des eigentlichen SECAM-Systems gab man deshalb die Bezeichnung SECAM IIIa. Hier wurde nun die trägerfrequente Preemphase unsymmetrisch gewählt, da man festgestellt hatte, daß es günstiger ist, das Farbträgerminimum auf einen statistisch ermittelten Sättigungswert zu legen. Dieser mittlere Sättigungswert ist in Farbbildern häufiger als der Weißwert enthalten, so daß durch diese Maßnahme die Farbträgerstörung weiter reduziert wurde.

In einem letzten Verbesserungsschritt wurde für die Übertragung der beiden Farbdifferenzsignale noch jeweils eine unterschiedliche Ruhefrequenz gewählt. Die frequenzmodulierten Farbträgerstörungen sind dadurch von Zeile zu Zeile noch etwas gegeneinander versetzt, so daß sich eine bessere Ausintegration des Störmusters ergibt. Dieses verbesserte Verfahren erhielt die Bezeichnung SECAM IIIb.

SECAM IIIb war die endgültige Version des SECAM-Verfahrens. Sie wurde als SECAM III opt. (SECAM III optimalisé) genormt. Daß so viel an diesem Verfahren experimentiert wurde, zeigt, daß man sich hier offenbar an der physikalischen Grenze der Frequenzmodulation befindet. Die FM wird hier unter so ungünstigen Bedingungen betrieben, daß eine Reihe von Maßnahmen erforderlich sind, um die systembedingten Störungen und die Störempfindlichkeit gegen äußere Einflüsse zu minimieren.

Heute wird in etwa 40 Nationen SECAM ausgestrahlt. Dazu gehören Ägypten, Afghanistan, Griechenland, Ungarn, Polen, Rußland und natürlich Frankreich. Etwa 15 Prozent der Weltbevölkerung hat in ihrem Land SECAM als Farbfernsehsystem.

Das am weitesten verbreitete Fernsehverfahren ist jedoch PAL. Es wird in etwa 80 Ländern verwendet und ca. 70 Prozent der Weltbevölkerung hat PAL in ihrem Land als Farbfernsehsystem.

Die weite Verbreitung des PAL-Systems ist sicherlich eine Folge der guten Störfestigkeit des Signals, der verhältnismäßig einfachen Verarbeitung in den Studios und nicht zuletzt der Anstrengungen, die gemacht wurden, das Verfahren in vielen Ländern vorzuführen. So reiste Walter Bruch, der Erfinder des PAL-Verfahrens mit einigen Technikern und einem erstmalig in Transistortechnik aufgebauten Farbübertragungswagen und technischem Zubehör durch viele Länder Europas, Mexiko, China, Rußland und Iran, um nur einige zu nennen. Meist wurden die Anlagen direkt an lokale Schwarzweiß-Fernsehsender angeschlossen, die dazu umgerüstet wurden. In vielen Ländern wurden so die ersten farbigen Fernsehbilder übertragen. Auch in der ehemaligen DDR wurde das PAL-System vorgeführt. Man sprach sich dort auch allgemein für eine Einführung von PAL aus, doch auf politische Weisung Moskaus mußte schließlich doch SECAM eingeführt werden. Eben dieser Druck Rußlands führte dazu, daß SE-

CAM in vielen Ostblock-Ländern eingeführt wurde.

Rußland seinerseits hatte sich nämlich mit Frankreich auf die Einführung von SECAM in Rußland und den Ostblockstaaten geeinigt. Frankreich versprach im Gegenzug wirtschaftliche Unterstützung. Rußlands Vertrag mit Frankreich wurde just zu dem Zeitpunkt bekannt, als sich am 24. März 1965 Delegierte der internationalen Fernmeldekonferenz in Wien trafen, um sich auf ein einheitliches europäisches Fernsehsystem zu einigen. Auf der Konferenz wurden nicht wie vorgesehen die bisherigen technischen Untersuchungen gegeneinander abgewogen, sondern sie wurde ausgenutzt, um Staaten für das eigene Fernsehverfahren zu gewinnen. Bei der Einführung der Farbfernsehsysteme spielten also nicht allein technische Überlegungen eine Rolle, sondern auch politische und wirtschaftliche Interessen.

Einige Staaten, darunter Rumänien und die Tschechoslowakei, hatten sich um Unabhängigkeit von Moskau zu demonstrieren, zunächst für PAL ausgesprochen. Der Prager Frühling zwang jedoch zu einem Umschwenken auf SECAM. Die Studioverarbeitung blieb aber weiterhin in PAL. Auch in der ehemaligen DDR wurden die Studioignale in PAL verarbeitet. Nur zur Ausstrahlung wurde das PAL-Signal in SECAM gewandelt. Das erleichterte die Umstellung auf PAL nach der Wiedervereinigung Deutschlands erheblich.

3. Farbfernsehen nach dem PAL-Standard

Das PAL-Verfahren erhielt am 3. Januar 1963 bei einer EBU-Tagung der ad-hoc-Gruppe Farbfernsehen seinen Namen. PAL bedeutet „Phase alternation line" und beschreibt das Grundprinzip des Verfahrens: es wird die Phasenlage des modulierten Farbartsignals von Zeile zu Zeile umgeschaltet. Dadurch löschen sich Phasenverzerrungen auf der Übertragungsstrecke weitgehend aus.

Der Gedanke beim PAL-Verfahren ist folgender: Wenn man über einen Kanal zwei Signale überträgt – eines unverändert und das andere „invertiert" – so werden diese durch Phasenstörungen in gleicher Weise beeinflußt. Invertiert man im Empfänger das vorher invertierte Signal wieder, dann hat der Nutzsignalanteil bei beiden Signalen die gleiche Richtung, der Störanteil hingegen ist entgegengesetzt. Bei Addition beider Signale hebt sich der Störanteil gerade auf und nur der Nutzanteil bleibt übrig. Das funktioniert allerdings nur bei Störungen, die zeitlich konstant sind, wie Phasenstörungen.

Beim PAL-Verfahren wird dieses Prinzip folgendermaßen realisiert: In zwei aufeinanderfolgenden Zeilen (Z1 und Z2) wird das Farbdifferenzsignal V (R–Y) abwechselnd in seiner Phasenlage gegenüber U (B–Y) entweder um +90° oder –90° geschaltet (invertiert). Man kann sich also zwei Zeiger (U und V) vorstellen, die aufeinander senkrecht stehen (Abb. 209.4).

Addiert man die Zeiger U und V, so ergibt sich das Chrominanzsignal, dies ist zeilenweise abwechselnd an der horizontalen gespiegelt (C1, C2). Ist nun die Übertragungsstrecke mit einem Phasenfehler (phi) behaftet, dreht sich die Phasenlage aller Zeiger in die gleiche Richtung (C1*, C2*). Im Empfänger werden die beiden Zeiger wieder miteinander addiert und zwar so, daß der im Coder bereits an der horizontalen gespiegelte Zeiger nochmals daran gespiegelt wird. Man erhält so als Summenzeiger wieder einen Zeiger (C), der genau dieselbe Phasenlage hat (er zeigt in dieselbe Richtung), wie der Ausgangszeiger im Coder. Allerdings ist er in seiner Länge um den Faktor Cosinus (phi) verkürzt. Die Phasenlage des Zeigers entspricht dem Farbton und die Länge entspricht der Sättigung. Bei diesem Verfahren wird der kritische Phasenfehler (siehe NTSC) in einen weniger kritischen Sättigungsfehler transformiert.

Das Verfahren funktioniert aber nur dann, wenn man eine Addiermöglichkeit für zwei zeitlich benachbarte Zeilen hat. Dazu ist eine Speichervorrichtung für die Dauer einer Zeile auf der Empfängerseite erforderlich.

Beim sogenannten Simple PAL-Verfahren wurde zunächst auf die elektronische Integration zweier benachbarter Zeilen verzichtet. Dies wurde der zeitlichen und geometrischen Integrationswirkung des Auges überlassen. Bei geringen Phasenstörungen bis ca. 10 bis 15 Grad auf der Übertragungsstrecke und ausreichendem Betrachtungsabstand lieferte das Verfahren akzeptable Bilder; darüber hinausgehende Phasenstörungen führten jedoch zu einer stark sichtbaren Zeilenstruktur. Das Auge muß wegen des Zwischenzeilenverfahrens

209. Entwicklung der Farbfernsehsysteme (PAL, SECAM, NTSC, PALplus)

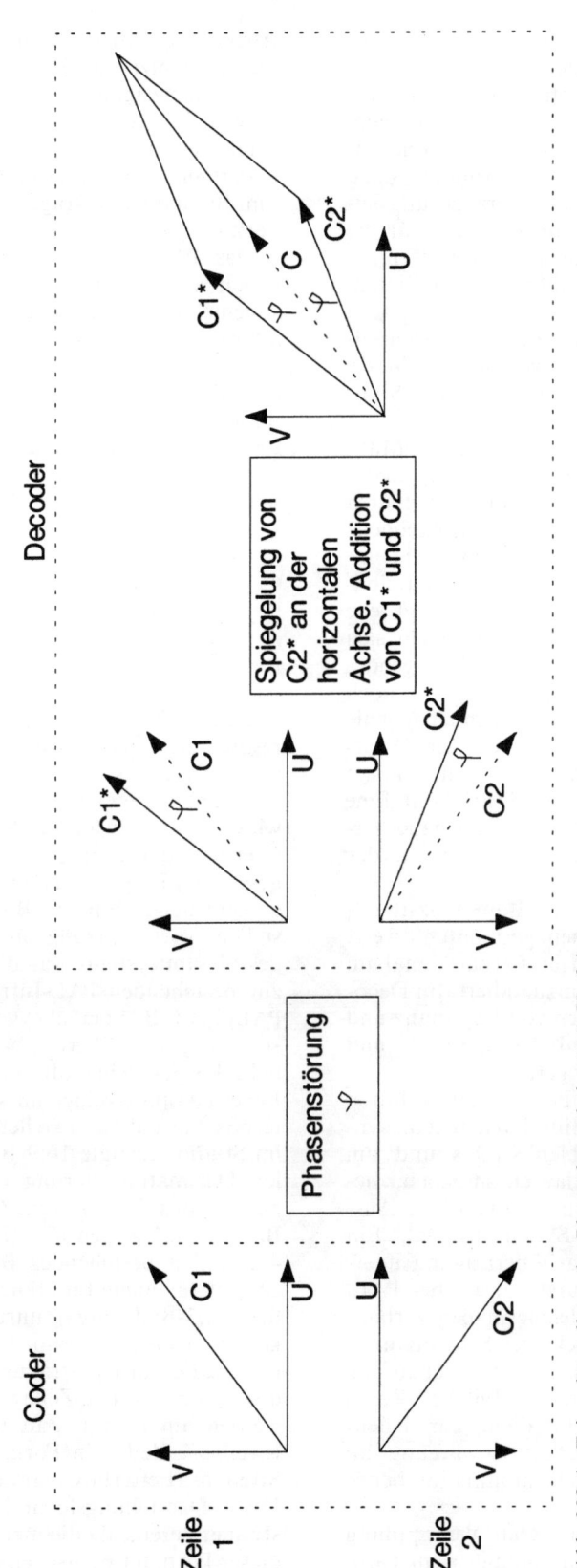

Abb. 209.4: Zeigerdarstellung der Phasenlagen beim PAL-Verfahren

(Gerber-Norm) nicht über zwei, sondern über vier Zeilen integrieren.

Die Idee, statt der optischen eine elektronische Integration der Zeilen vorzunehmen, konnte erstmals von Walter Bruch (Telefunken) umgesetzt werden. Er benutzte dazu wie SECAM auch, eine Verzögerungsleitung. Bei SECAM diente sie dazu, für die hintereinander übertragenen Farbdifferenzsignale eine Gleichzeitigkeit zu simulieren. Bei PAL hingegen wird sie eingesetzt, zwei benachbarte Zeilen zum Zweck der Phasenfehlerkompensation zu verzögern. Dieses Verfahren erhielt die Bezeichnung Standard-PAL (Abb. 209.5).

Auch beim PAL-Verfahren mußten Maßnahmen getroffen werden, die Sichtbarkeit der Farbträgerschwingung zu reduzieren. Durch eine geeignete Wahl der Farbträgerfrequenz erzeugt diese über 4 Teilbilder hinweg ein entgegengesetztes Störmuster. Nach acht Teilbildern hat das Störmuster wieder die gleiche Lage (Achtersequenz). Es verbleibt ein sich langsam über den Bildschirm bewegendes Muster als Reststörung. Man sorgt nun noch für eine zusätzliche kontinuierliche diagonale Bewegung des Störmusters, die die Wahrnehmbarkeit wesentlich reduziert, indem man die Farbträgerfrequenz um 25 Hz erhöht. Eine spezielle Schaltung sorgt für die genaue Verkoppelung der Farbträgerfrequenz mit der Zeilenfrequenz.

Die Verarbeitung des Luminanzsignals erfolgt im Coder in einem getrennten Zweig. Sie wird dem modulierten Farbartsignal am Ausgang des Coders hinzuaddiert. Im Decoder werden die Spektren von Luminanz und Chrominanz mittels Farbträgerfalle und Bandpaß voneinander getrennt.

Zum kompletten PAL-Signal gehören noch eine Reihe von Hilfssignalen. Zur Synchronisierung des Ablenkstrahls und um ihm Zeit zum Zurücklaufen zu geben, dienen die horizontale und die vertikale Austastlücke sowie das Synchronsignal. Ein Signal, das für die Farbübertragung unerläßlich ist, ist der Burst. Er ist bei PAL, SECAM und NTSC gleichermaßen vorhanden und besteht aus mehreren Schwingungszügen des Farbträgers, die am Zeilenanfang (im noch nicht sichtbaren Teil der Zeile) übertragen werden. Er dient zur Rückgewinnung der Farbträgerschwingung im Empfänger, die für die Demodulation benötigt wird.

Der Burst schafft eine feste Verkopplung zwischen Farbträger und moduliertem Farbartsignal. Er wird im PAL-Coder dem V-Signal zugesetzt und ist demzufolge wie die Chrominanzsignale sicher gegen Phasenstörungen. Im Decoder wird er mit einer Torschaltung vom PAL-Signal abgetrennt und steuert einen Generator, der phasengleich zum Burst die Farbträgerschwingung regneriert.

Das PAL-Verfahren wurde von Walter Bruch am 31. Dezember 1962 als Patent angemeldet. In der Folgezeit wurde das Verfahren verfeinert und die notwendigen Geräte für Studios von NTSC auf PAL umgebaut oder neu entwickelt. Es folgte eine Reihe von Vorführungen in verschiedenen Ländern. In Deutschland startete das PAL-Fernsehen am 25. 8. 1967 mit dem historischen Knopfdruck Willy Brandts.

4. PALplus.
Die kompatible Weiterentwicklung des PAL-Systems

Anfang 1994 begannen erste Rundfunkanstalten in Deutschland und Europa mit der regelmäßigen Ausstrahlung von Programmen in PALplus.

PALplus ist eine kompatible Weiterentwicklung des bewährten PAL-Standards, die es ermöglicht, Fernsehbilder auf dafür vorgesehenen Empfängern im 16:9-Format mit entsprechend höherer Bildqualität darzustellen. Voraussetzung für die Entwicklung des Gesamtsystems war die Kompatibilität zur bestehenden PAL-Infrastruktur. So ist PALplus z.B. über alle vorhandenen Ausstrahlungswege übertragbar und herkömmliche 4:3-Fernsehgeräte sind ebenfalls in der Lage, PALplus-Bilder im sogenannten Letterbox-Format darzustellen. Dafür wird das im Studio erzeugte 16:9-Bild einer vertikalen Dezimationfilterung unterworfen, wobei das aus 576 aktiven Zeilen bestehende Bild auf 432 Zeilen reduziert wird. Ein aus 432 Zeilen bestehendes Bildfenster – dargestellt auf einem Empfänger mit herkömmlicher 4:3-Bildröhre – führt dann wieder zur korrekten Geometrie mit 16:9-Bildseitenverhältnis. Da zur Übertragung des Fernsehbildes aber 576 aktive Zeilen erforderlich sind, werden am oberen und unteren Bildrand jeweils 72 Zeilen in Form eines schwarzen Streifens (Letterbox-Darstellung) zugesetzt. Diese Darstellungsform kennen viele Zuschauer bereits, da die meisten Kinofilme in dieser Form im Fernsehen ausgestrahlt wer-

209. Entwicklung der Farbfernsehsysteme (PAL, SECAM, NTSC, PALplus)

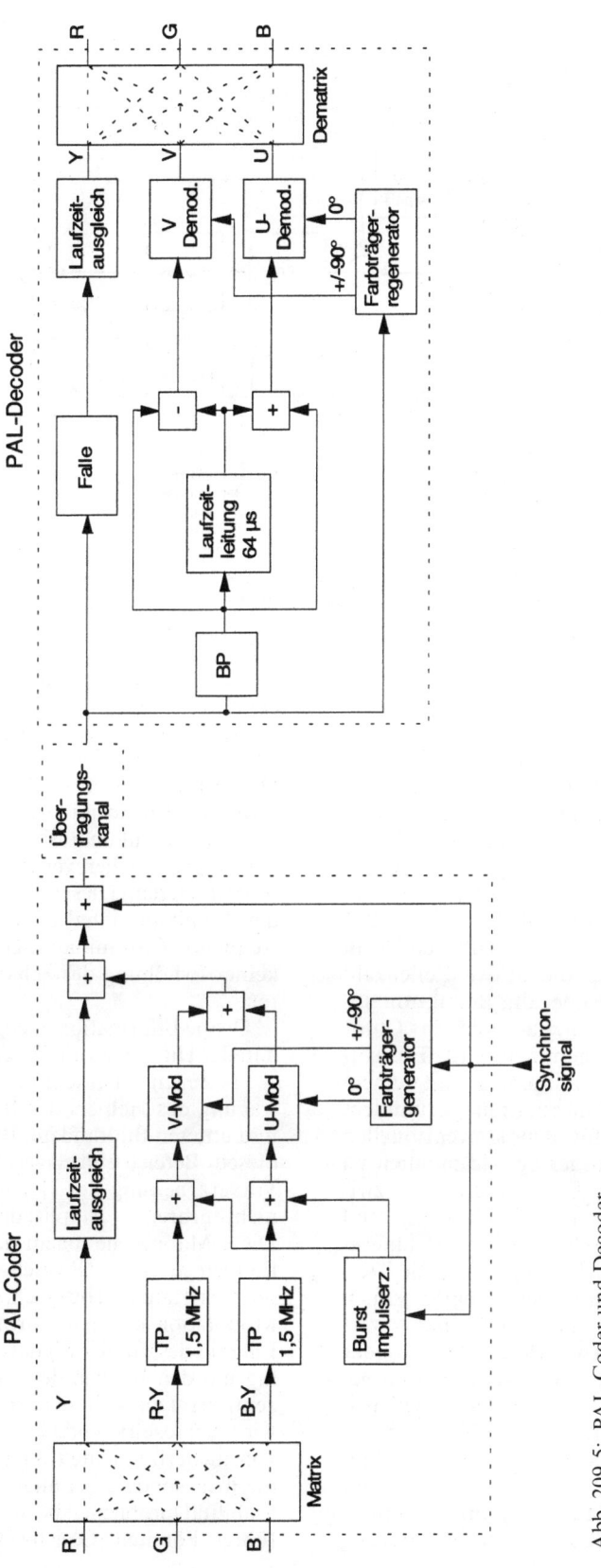

Abb. 209.5: PAL-Coder und Decoder

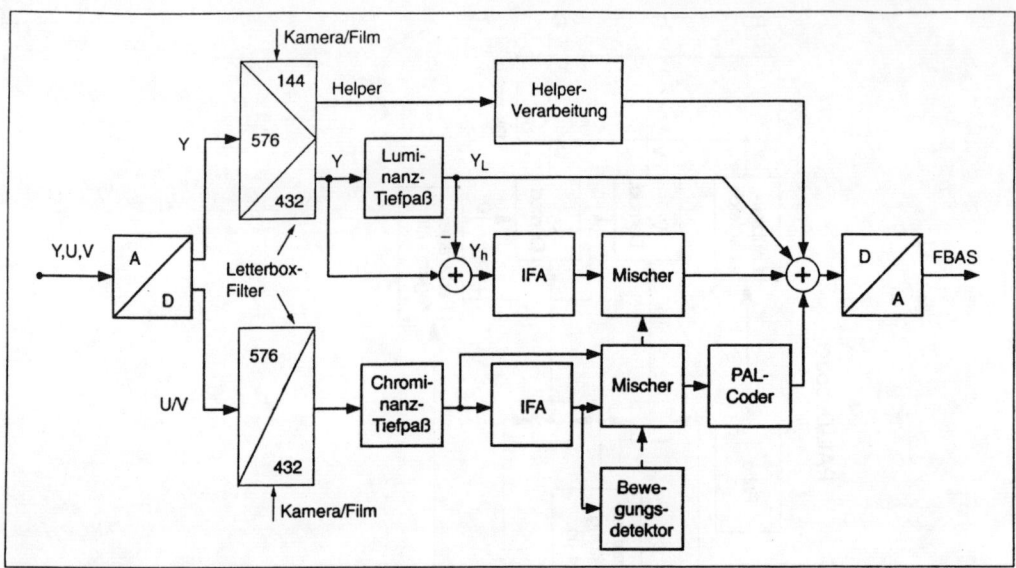

Abb. 209.6: Blockschaltbild des PALplus-Coders; IFA: Intra Frame Average; Y_L: tieffrequentiertes Luminanzspektrum; Y_h: hochfrequentiertes Luminanzspektrum

den. Mit Hilfe des in Abb. 209.6 dargestellten Blockdiagramms eines PALplus-Coders soll im folgenden die Funktionsweise von PALplus näher erläutert werden.

Das im Abtaststandard 625/50/2:1 (625 Zeilen, 50 Hz Bildwechselfrequenz mit Zeilensprung) vorliegende Eingangssignal wird nach entsprechender Analog/Digital-Wandlung zunächst einem Vertikalfilter zur Formatkonversion zugeführt. Dieses Filter vermindert durch eine Tiefpaßfilterung in vertikaler Richtung die aktive Zeilenzahl von 576 auf 432, wobei die Reduktion sowohl für das Luminanz- als auch das Chrominanzsignal vorgenommen wird. Ein solcher Prozeß ist naturgemäß mit einem Verlust an Detailinformation verbunden. Um die Verluste für den konventionellen PAL-Empfänger so gering wie möglich zu halten, wird bei der Formatkonversion zwischen einer Verarbeitung im Kamera- und Film-Mode unterschieden. Im Kamera-Mode (Teilbildverarbeitung) kann die Tiefpaßfilterung nur auf benachbarte Zeilen innerhalb eines Teibildes angewendet werden, da zwei aufeinanderfolgende Teilbilder zu unterschiedlichen Bewegungsphasen gehören. Handelt es sich bei dem Quellensignal um Filmmaterial, so werden die zu einer Bewegungsphase gehörenden Teilbilder zunächst zu einem Vollbild zusammengefaßt und danach dem Filterungsprozeß unterworfen (Vollbild-Mode). Nach der Filterung wird mit Hilfe einer Unterabtastung wieder ein Zeilensprung-Bild erzeugt.

Wie bereits erwähnt, geht bei der Formatkonversion von 576 auf 432 Zeilen vertikale Detail-Information verloren. Der PALplus-Empfänger benötigt aber genau diese Information, um auf dem Bildschirm ein Bild mit der ursprünglichen vertikalen Auflösung zu reproduzieren. Dieser Prozeß wird nur auf das Luminanzsignal angewendet, da hochfrequente Chrominanzsignale subjektiv zu keiner Erhöhung des Schärfeeindrucks führen.

Da die Informationsmenge des Helpers genau der Differenz von 576 Zeilen – 432 Zeilen = 144 Zeilen entspricht, bietet sich zur Übertragung des Helpers der Bereich am oberen und unteren Bildrand an. Bevor das Signal in diesem Bereich eingelagert wird, erfolgt eine Vorverarbeitung des Helpers in Form einer nichtlinearen Amplituden-Vorverzerrung. Diese Maßnahme macht das Signal unempfindlich gegenüber Rausch- und Echoeinflüssen des Kanals. Hiernach schließt sich eine Modulation mit dem Farbträger an, die die Energie des Helper-Signals schwerpunktmäßig um den Bereich der Farbträgerfrequenz zentriert. Durch diese Farbträgermodulation wird das resultierende Spektrum des Helpers von niederfrequenten Signalanteilen befreit, die insbesondere bei älteren Empfängern zu Stabilitätsproblemen bei der Synchronisation führen könnten. Gleichzeitig wird auch die

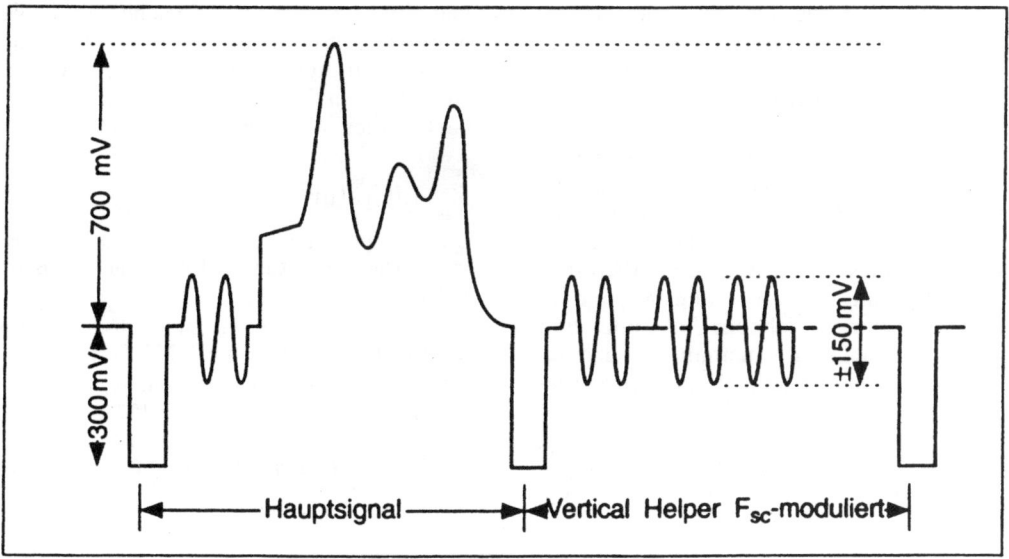

Abb. 209.7: Schematisches Oszillogramm einer Video- und Helperzeile

Sichtbarkeit des Helper-Signals auf dem Standard-Empfänger vermindert.

Um die Störwirkungen des Helpers bei der Wiedergabe auf konventionellen Empfängern auf ein vernachlässigbares Maß zu reduzieren, wird das Hilfssignal nur mit einem verminderten Pegel übertragen. Als Aussteuerungsgrenze sind 300 mV$_{pp}$ symmetrisch zum Schwarz-Bezugswert entsprechend der Burst-Amplitude festgelegt worden. Ein Zeilenoszillogramm für eine Helper- und eine Video-Zeile aus dem Kernbereich ist schematisch in Abb. 209.7 dargestellt.

Für die Farbcodierung wird bei PALplus ein sehr wirksames Verfahren eingesetzt, das in der Fachliteratur als „Color-Plus" publiziert wurde. Dieses Verfahren basiert auf einer speziellen Teilbild-Kammfiltertechnik, die es erlaubt, Überspracheffekte zwischen Luminanz- und Chrominanzkanal (Cross-Color, Cross-Luminanz) zu eliminieren und gleichzeitig die Luminanzauflösung bis an die Bandgrenze des Übertragungskanals zu erhöhen. Die Wirkungsweise dieser Methode ist gezielt auf die spektrale Verkämmung der Leuchtdichte- und Farbinformation eines PAL-Signals abgestimmt. Allerdings hat sich bei diesem Verfahren als besonders nachteilig herausgestellt, daß farbige Objekte mit einem störenden 24 Hz-Bewegungsrucken wiedergegeben werden. Um dies zu vermeiden, ist für das PALplus-Konzept das Color-Plus-Prinzip zu einer bewegungsabhängigen Variante modifiziert worden.

Gemäß dem Blockdiagramm ist im Chrominanzkanal ein Bewegungsdetektor für die Erkennung von farbig bewegten Objekten vorgesehen. Übersteigt das Ausgangssignal des Detektors einen vorgegebenen Schwellwert, wird mit Hilfe der Mischstufen auf eine Standard-PAL-Kodierung übergeblendet. Dadurch wird eine ruckartig verlaufende Wiedergabe von farbig bewegten Objekten (z.B. Rolltitel) verhindert.

Um die Kompatibilität zum existierenden PAL-Standard bei der Übertragung der Farbinformation sicherzustellen, muß der Coder natürlich noch einen PAL-Modulator enthalten. In dem Blockdiagramm befindet er sich nach der Mittelung im Chrominanzzweig. Am Ausgang werden daraufhin alle Signalanteile additiv zusammengefaßt. Das auf diese Weise entstandene Signal wird danach wieder in ein analoges Format umgesetzt und kann demzufolge – wie ein konventionelles PAL-Signal – einem Sender zugeführt werden.

Die PALplus-Decodierung im Empfänger erfolgt genau in der inversen Form der beschriebenen Codierung.

Damit PALplus-Coder und Decoder einwandfrei und vor allem synchron arbeiten, ist die Übertragung gewisser Statusinformationen, wie z.B. Bildformat und Kamera-/

Film-Mode) erforderlich. Diese sogenannten Breitbild-Signalisierungs-Signale werden in der ersten Hälfte der Zeile 23 (V-Lücke) in digitaler Form übertragen. Damit ist gewährleistet, daß Coder und Decoder immer den gleichen Mode (Kamera- oder Film-Mode) aktiviert haben und eine automatische Bildformatumschaltung bei 16:9-Fernsehgeräten erfolgt. Die Steuerung des Bewegungsdetektors erfolgt allerdings nicht über die Signalisierungs-Signale in Zeile 23, sie wird vielmehr im Coder und Decoder unabhängig voneinander, nach exakt den gleichen Gesetzmäßigkeiten vorgenommen.

Diese umfangreiche Sigalverarbeitung, die zur Codierung und Decodierung im PALplus-Standard notwendig ist, ist ohne den Einsatz digitaler Speicher und Signalprozessoren nicht möglich. Erst der Preisverfall digitaler Schaltungen und Speicherchips hat für eine wirtschaftliche Machbarkeit dieses Verfahrens gesorgt.

5. Literatur

Bruch, Walter/Heide Riedel, PAL Das Farbfernsehen, Deutsches Rundfunk-Museum e. V. Berlin 1987.

Rindfleisch, Hans, Technik im Rundfunk, Institut für Rundfunktechnik GmbH. München 1985.

Schönfelder, Helmut, Fernsehtechnik, Teil 2, Vorlesungsniederschrift. Darmstadt 1973.

Sven Boetcher/Eckhard Matzel, Mainz (Deutschland)

210. The History of U.S. Cable TV Networks (CATV)

1. History
2. Pay-TV
3. Basic Niche Networks
4. Pay-Per-View
5. The Future
6. Reference

1. History

As TV evolved in the U.S. the number of stations allotted by the Federal Communications Commission was, in any one urban market, limited by law. Most of the U.S. had but three channels, which served up only network fare. Entrepreneurs thus constructed towers to access distant signals and thus Community Antenna Television or CATV was born in the 1950s. Later, with addition of specialized cable TV networks, CATV became cable TV in the suburbs and cities of the U.S. Networks arose and by the the 1980s Cable TV in the U.S. came in two versions: (1) basic (one fee per month for a series of networks channels), and (2) premium (a special monthly fee in addition to the basic fee for one separate network, most often showing uncut, uncensored feature films). Ted Turner's CNN news channel and Time Warner's HBO became the very symbols for the successes of the cable television industry.

2. Pay-TV

The innovation of pay-TV networks began in the 1970s with HBO. Into the 1990s HBO continued to be the dominant pay network, functioning as the second-run at home "neighborhood" movie house. In retrospect HBO's success is not surprising. In one survey, taken twenty years ago, in the days before cable television became widespread, respondents were asked what they most disliked about film showings on over-the-air TV networks. There were only two significant answers: constant advertisement interruptions and the long wait for blockbusters to appear. HBO would solve both these problems – and more.

HBO began as a microwave service in 1972, and it was not until 1975 when HBO went to satellite distribution that it sparked the interest in cable television. In one of the most productive investments in television history Time, Inc., not yet merged with Warners, gambled $ 7.5 million on a five year lease to put HBO on RCA's satellite, Satcom I, even before the satellite had been launched. HBO commenced satellite national distribution on 30 September 1975; within five years six million subscribers had signed up. By giving its subscribers uncut, uninterrupted movies a few months after they had disappeared from theaters, growth proved nothing less than spectacular. Indeed Time, Inc. proved so successful with its cable operations (read: HBO) that the video arm of the company surpassed the publishing activities in terms of profits generated.

In 1976, Viacom International, a major television program supplier, created a rival to HBO with Showtime. In 1979 came The Movie Channel; a year later a fourth network, Cinemax, became a network. To further differentiate its product, during the 1980s, Cinemax regularly scheduled more films than the competition, an average of eighty-five per month. The Movie Channel followed with an average of seventy-eight per month; Showtime came next with fifty-five; HBO offered fifty. By the mid-1980 every cable system in the U.S. offered at least one pay service, with over ninety percent carrying two or more. If a system had only one pay channel, the odds were that it was HBO since this was in three quarters of the nation's cable systems.

HBO certainly ranked as the healthiest of the pay-cable movie services in the late 1980s, as the home video industry began making inroads into the business of watching un-cut, un-censored films outside theaters. Indeed HBO and its sister service Cinemax garnered about two thirds of all subscriber growth in pay services from 1984 through 1988. Consequently by the close of the 1990s Time-Warner's two pay services controlled some two-thirds of the pay television market while Showtime and The Movie Channel settled for the remaining third. To maintain its strength HBO signed exclusive agreements with studios in an effort to catch a future hit. Its contract with Twentieth Century-Fox, for example, called for $ 300 million in fees for three years.

Moving into the 1990s all the pay cable movie channels functioned similarly. Local cable systems charged subscribers about $ 10 per month per pay-cable movie channel. That revenue was then split between the local franchise (which keeps about two thirds) and the pay-cable channel (the other one-third). HBO pioneered the scheduling of movies for pay-TV to create an attractive package each month, so that subscribing households would be willing to pay each month. The average pay-TV service offered between twenty and fifty movies per month, a handful of first-runs, but mostly "encores" from previous months. During the course of the month the movies were scheduled from four to six times on different days and at different times of the daily schedule. The idea was to give the viewer several opportunities to watch each film, but not to quickly exhaust the movies the pay service has to offer. Thus, the success of a pay-cable movie channel has been determined not by ratings for a single program, but by the general appeal and satisfaction level for the month as a whole. The test was not a rating, but whether customers kept on writing their monthly checks.

With all the changes and programming variations in this marketplace, the big winners have been the Hollywood studios. Reliable estimates suggest that the major studios gain millions and millions of additional dollars per annum. Movie viewers gain as well. For twenty years over-the-air television had brought the best and worst of Hollywood into the home, but with significant disadvantages: constant interruptions for advertisements, the sanitization of the movie stories to please television's moralist critics, and a wait of several years for hits to appear. Pay-cable movie channels jettisoned the advertisements, and ran the films intact only months after they had disappeared from movie theaters. For theatrical failures, the "clearance time," could be a matter of weeks.

But with all the successes and failures of HBO, Cinemax, Showtime, and the Movie Channel, it should not be forgotten that there have been challengers who tried something different. There is no point in listing all the corporate Casualties that have fallen before HBO and company, but a case for the difficulty of starting and maintaining an alternative pay-cable institution can be best made seen with a look at the experiences of the independent Z Channel of Los Angeles. From its founding in the early 1970s to its demise two decades later, the Z Channel drew national attention for its eclectic mix of movie blockbusters, classic motion pictures, foreign films, and, even student films from area universities. The Z Channel wielded a great deal of influence because of its location in the movie-making capital of the U.S. For example, more than three-quarters of the members of the Academy of Motion Picture Arts and Sciences subscribed, so frequent play on the Z Channel could propel a film to multiple Academy Awards as was the case with Woody Allen's Annie Hall (1977).

At $ 10 per month, on the Z Channel subscribers saw an uncut version of Heaven's Gate (1980), Orson Welles' cut of Touch of Evil (1958), and the studio release and director's cut of Once Upon a Time in America (1982). Film buffs lobbied to have a fully restored version of The Big Trail (1930) shown. The Z Channel regularly unspooled silent films. But the Z Channel could never attract more than one hundred thousand subscribers. It calculated it needed three times that to break even. The Z Channel began on 1 April 1974, when only HBO was in business. It was able to survive on the margin even with the introduction of three other pay-cable channels. It could not survive the exclusive contracts Time and Viacom began to sign in the mid-1980s. By 1989 the Z Channel experiment was over.

3. Basic Niche Networks

The innovation of niche networks found on principally on basic cable. These networks are best organized by these categories: movie channels; music channels; culture channels; audience targets networks; news channels, and sports channels.

(A) The movie channels include American Movie Classics, Turner Network Television, The Cartoon Network. Just as important as the innovation of HBO and its premium channel cousins was the arrival of the "superstation," a cable television network fashioned from the widespread presentation of an independent station notaffiliated with any network. A superstation serves as an extension of the familiar independent, over-the-air station discussed in the previous chapter. Led by Ted Turner's WTBS, channel 17 from Atlanta, all superstations offer movies for approximately one-half of their broadcast day. WTBS was the first SuperStation and is inextricably linked with the term. Movie showings have always been at the core of the superstation programming strategy, coming in the morning, afternoon, and many evenings. If, through the 1980s, one wanted to view the best and worst of Hollywood's sound film past, one tuned to a superstation.

Indeed, Ted Turner purchased an entire movie studio to acquire movies for WTBS. In the spring of 1986 Kirk Kerkorian, long time head of MGM/UA in one form or another, sold MGM to Ted Turner for nearly one and a half billion dollars. (The stock was selling for nine dollars per share and Kerkorian asked and got twenty eight dollars per share from Turner.) But Turner soon learned that he had been fleeced, and by that summer was looking for a buyer of MGM – minus the film library. In the end, Kerkorian bought back MGM for $ 300 million, which left Turner owning more than four thousand movies for more than one billion dollars or about four hundred thousand dollars per title. In 1987, Turner purchased the rights to some eight hundred RKO films not covered in the original MGM/UA deal a year earlier giving him exclusive license to Citizen Kane (1941), King Kong (1933) and the Astaire-Rogers films.

Because of its presence on nearly every cable system in the U.S. Turner's SuperStation has long ranked among the most watched of all basic cable networks. For example, in November of 1986 WTBS had eleven of the top fifteen rated cable shows, including the top one, the film The Dirty Dozen (1967). To insure that the repeat showings of some classics would continue high, Turner pulled some from syndication, and so in the late 1980s one could only see Captains Courageous (1937) or The Red Badge of Courage (1951) on a Turner channel. Turner also led the way to colorization so that he could milk his massive film library more fully on his channel.

But there are other superstations. WGN, owned by Tribune Corporation, has long supplied watchers of independent stations in Chicago with movies. This was launched on the satellite in October, 1978, and within three years was fed to more than ten million cable homes, primarily in the midwestern U.S. As an independent station in the 1950s and 1960s, WGN originated theme movie weeks and at one time had Basil Rathbone do the introductions for old Sherlock Holmes movies in which he had appeared. Indeed, the Tribune Company of Chicago did so well with WGN that it in 1984 put another station it owned, WPIX from New York, onto the satellite and created yet another superstation. These became the big four of the superstation business: WTBS from Atlanta, WGN from Chicago, WWOR from New York, and WPIX from New York.

American Movie Classics presented older films with the film buff in mind. A subsidiary of Cablevision, the giant multiple system operator, AMC was half owned by giant Tele-Communications, Inc. In addition to regular movies, American Movie Classics also cablecasted interview segments entitled "Classic Stories from Classic Stars," biographical sketches on its "Star Facts," and fascinating mini-documentaries packaged as "Making a Classic." Like the Family Channel, AMC was offered as part of basic cable service in about half the nation's cable systems.

AMC quietly became one of the fastest growing networks during the 1980s and 1990s. AMC had began in October of 1984 as a pay service, but switched onto the basic tier in 1987. That same time saw TCI become involved and promote AMC as a "bonus to basic." TCI claimed a passive role in selecting American Movie Classics' films; but it played no such passive role in selling the service to millions across the nation. By August 1987 American Movie Classics had grown to seven million subscribers in one thousand systems. Critics raved. It was a chance to see black-and-white films which may have slipped through the cracks. It was wall-to-wall movies with no commercials, no aggressive graphics, no pushy sound, no sensory MTV overload, no time frame. AMC also has created first run documentaries that focus on the movie business, including a profile of Republic Studios, a compilation history entitled "Stars & Stripes: Hollywood and World War II," "Knockout: Hollywood's Love Affair with Boxing." It regularly featured interviews with actors by Richard Brown, professor of cinema studies at the New School of Social Research in New York City, as part of its on-going "Reflections On the Silver Screen."

American Movie Classics also has a deal with Twentieth Century Fox for its old Movietone Newsreels. All are in sound and go from the 1930s through the 1950s. Most deal with movie premieres or movie puff such as a bored John Barrymore putting his profile in the cement in front of Grauman's Chinese theatre or Shirley Temple in 1935 accepting her special Oscar and then asking her mother if it is time to go home.

Indeed in June of 1988 American Movie Classics was doing well enough to begin a colorful magazine. A old time classic star graces the cover; the first issue had Katharine Hepburn, later came James Stewart, Marilyn Monroe, Gregory Peck, John Wayne, and Henry Fonda. Inside the cover comes a short picture laden piece about a classic movie palace. Then comes a table of contents, articles about the stars of the Golden Age of Hollywood (keyed to American Movie Classic showings). The core of the magazine are the listings of that month's American Movie Classics offerings, highlighting festivals from stars, series (such as Charlie Chan) and themes ("Super Sleuths," for example).

In response, Ted Turner launched Turner Network Television or TNT in October of 1988. TNT served as a showcase of the older films which Turner acquired from Kirk Kerkorian three years earlier: the Warner Bros., RKO, and MGM packages. Reel after reel of rare films, unseen since the 1950s on television and only available in archives, appeared at the rate of nine or ten a day. Despite all too frequent breaks for per-inquiry advertisements, film buffs rearranged their schedules and TNT's rating grew to among the highest in the cable television business.

In the fall of 1989 TNT did begin to add NBA Professional basketball to its all-movie schedule, but for the twelve months before than, TNT had been a movie lover's dream-come-true. For that special year the TNT "day" began at 9am with romance films ("Love Affairs"). Reruns of the old television series "Medical Center" offered a one hour chance for a quick bath, aerobics, a jog, and/or meal. Then at noon came "Song and Dance," old musicals, at 14:00 a comedy ("Just for Laughs"), 16:00 "Hollywood Legends," then another two hour break for Jim Henson and the Muppets, and at 20:00 and 22:00 "Big Pictures," the blockbusters with the best known stars. From midnight through dawn came an overnight of rare treats, the most obscure of feature films.

TNT's director of Program Acquisitions and Scheduling held a power rarely matched by any exhibitor in U.S. film history. They selected the actual offerings from the thousand of choices. Mateas, who had trained at the Los Angeles independent television station KTLA, became famous for her imaginative couplings. One night she presented He Couldn't Say No (1938), She Couldn't Say No (1954), and She Had to Say Yes (1933). Late in 1988 and early in 1989 there came a double bill of the two rare Trader Horn (1931, and 1973) films. One could catch seldom seen Joan Crawford classics from her early flapper phase such as Torch Singer (1933), and A Woman's Face (1941). Best of all the films, with few exceptions, were gorgeous; the original negatives and master prints, stored in vaults in Kansas City, were remastered onto one inch videotape in Los Angeles, and then sent to TNT headquarters in Atlanta.

Later Turner followed the same strategy by introducing the cartoon Network, based on his ownership of rights to Warner Bros. and MGM animation, and then the Turner Classics Movies began several years later and repeated the strategy of TNT as the former moved more and more to sports programming.

(B) The music channels include TNN, MTV, VH1 and others. In 1981 came Music Television or MTV. This is an advertiser supported 24-hour channel, offering music videos of top rock stars, aimed at teens. (Its sister channel is VH1, aimed at an older audience.) Owned and operated by Viacom, Inc., it proved a vital link to music promotion, often serving as more powerful than the traditional media means of promoting music, radio. It was also a pioneer in transplanting cable networks that started in the USA, in Europe, Asia, and the rest of the world.

In 1983 came the Nashville Network or TNN. From its base at the Grand Ole Opry house, in the Opryland theme park, outside the capital of country music, TNN cablecast videos of new performers, a nightly variety show, and other country music news and events. For example, TNN, the Nashville Network, regularly cablecasted motion pictures of Roy Rogers and Gene Autry. TNN was launched in March of 1983 and is one of the most widely seen services, particularly in the Southeast. It cablecasts auto racing, fishing shows, and rodeo events in the weekends. The sister network to TNN is Country Music television, which is country music's version of MTV. It started in 1983 and has helped country music spread first to all parts of the U.S., then all parts of the world. CMT attracts a younger, more urban audience that the more tradition country music offering on TNN.

(C) The cultural channels include Discovery, The Learning Channel, Arts & Entertainment, Bravo, The History Channel.

Bravo functioned as the art house cable network of the 1980s, showing foreign films, documentaries and experimental cinema. As a pay service, Bravo, owned by Cablevision, targeted highly educated, well-off audiences. In July of 1988 Bravo canceled the television premiere of Jean-Luc Godard's controversial film Hail Mary (1985), after receiving complaints from around the nation. In earlier years Bravo might have taken a chance on this modern-day version of the tale of Joseph and Mary. Thereafter Bravo grew less bold so as not to offend its affluent, educated, "sophisticated" audience. The strategy seems to be working since in 1988 Bravo for the first time was able to turn a profit. (During the preceding seven years Bravo had racked up an estimated ten million dollars in losses.) In addition, during 1988 Bravo began to shed its pay status, save in selected upscale situations. By 1989 nearly three-quarters of Bravo's nearly one and half million subscribers received it as part of their basic package.

In 1984 came the Arts & Entertainment network, owned by the Hearst Corporation, Capital Cities/ABC, and NBC, regularly presented movies as a small portion of its service, and was launched in February, 1984. It competes for upscale cable television viewers with Bravo, showing biographical documentaries, and old movies.

In 1985 came the Discovery Channel, from outside Washington, D.C. Also known as the nature channel it cablecast documentaries of wildlife and other subjects around the clock. Most of these documentaries were produced outside the U.S., and their first-run cable rights were acquired by Discovery for the network. In 1991 the Discovery Channel purchased The Learning Channel and created not a second nature network, but one which cable cast all sorts of documentaries.

The History Channel is the latest of the offerings in this category, and programs documentaries, TV movies, and assorted non-fiction programming with an historical emphasis.

(D) Audience Specific Networks include those such as Black Entertainment Television, Lifetime for women, The Family Channel, Nickelodeon for children, Univision for Hispanic-Americans.

Evangelist Pat Robertson originated his Christian Broadcasting Network (CBN) in 1977 to spread the message of fundamentalist Christian religion. But when CBN moved to a broad-based service in 1981 as a fully taxed, for-profit institution, more and more movies have appeared, principally Hollywood's Hays Code approved titles from the 1930s and 1940s. The network was propped up in 1989 when Tele-Communications, Inc. purchased a one-sixth stake in the Family Channel, thus guaranteeing presentation of the Family Channel on Tele-Communication, Inc.'s millions of subscriber homes. As part of that deal Pat Robertson insisted that Tele-Communications, Inc. not force R-rated films on "his" network.

In 1979 came the Spanish International Channel, aimed at Hispanic Americans and Spanish speakers in countries in Central and South America. In 1988 it was retitled Univision.

In 1980, based in Washington, D.C., and funded by cable franchise owners, in particular Tele-Communications, Inc., Robert Johnson began the Black Entertainment Television, headquartered in Washington, D.C., which featured programs for black Americans including movies made by blacks or for blacks. Launched in January, 1980, BET reached more than twenty-three million households.

An odd one here is the USA Channel which aims, like the broadcast networks, for a general audience. And it is generally the highest rated of the cable networks in the U.S. The USA cable network began in 1980, sponsored by two major Hollywood studios as an outlet for their older TV shows, Paramount and Universal. The USA network ranked as one of most far reaching of these other cable channels. The USA network has long offered a superstation-like schedule. Movies flowed in prime time on the USA network just like the counter programming of an independent or the superstations discussed above. The USA cable network regularly, for example, programs Woody Allen "festivals," grouping together titles such as Manhattan (1979), Love and Death (1975), Bananas (1971), and Everything You Always Wanted to Know About Sex But Were Afraid to Ask (1972). In the late 1980s the USA network was aggressive in purchasing films and commissioning made-for-TV movies. On the former front, late in 1989 USA agreed to pay some fifty million dollars for twenty six films from Walt Disney's Touchstone for runs before the films would be released to over-the-air stations. This marked a first and gave USA a way to differentiate its product.

In 1979 came Nickelodeon, with programming aimed at children. This continued in the afternoons, but to adults in primetime the company began "Nick at Night," re-runs of old sitcoms from the past. In 1996 it began a second, all day re-run sister channel, "TV Land." with such TV classics as "The Phil Silvers Show," "Gunsmoke," "Hill Street Blues," and "That Girl."

In 1982 came the Playboy Channel, based on the fame and design of its parent magazine. But from the beginning it was faced with problems, often left off franchise line-ups because of community pressure. In 1987 it became more and more a pay-per-view deliverer and a premium channel, so that adults who wished to pay extra for erotic movies and the like, could not complain that children were unduly exposed.

In 1983 came Lifetime, aimed at women, established through a merger of Daytime and Cable health network. It is the only cable network to identify females as the targeted audience, and delivers talk shows, movies, and TV series that women seem to like.

In 1983 came the Disney Channel. Although at the beginning this was primarily a pay service, by the 1990s it had become a basic channel aimed at children during most of the day, but more and more to their parents at night. It did some of its own original programming, but mostly relied on the incredible resources of the parent Disney studio.

In 1992 came the Science Fiction Channel owned by Viacom which supplied much of the old genre programming Time Warner owns and operated the Comedy Channel which uses the same organizing and operational principle.

(E) The news channels include CNN, C-SPAN, The Weather Channel, CNBC, MSNBC, and FOX News.

The Cable Satellite Public Affairs Network began in 1979 television of the session of the House of Representatives. It began in March of 1979 cablecasting to 3.5 million households in the USA, all paid for by the major cable franchise holders, or multiple system operators. In 1980 Brian Lamb, its chief operating officer from the beginning, added a radio-like call-in show which featured discussion makers from Washington, D.C., and often from state and local governments as well. C-SPAN went 24-hour a day in September, 1982 and two years later offered viewers uninterrupted coverage of both the Republican and Democratic National Conventions during the summer of 1984. In 1986 the United States Senate decided to permit C-SPAN to cablecast and

C-SPAN II was begun. Since then C-SPAN has never gathered large audiences, but always has linked political junkies to the debates of their member of Congress.

CNN ranks as one of the most important, indeed maybe the most important, innovation in cable television during the final quarter of the 20th century. In 1984 CNN first began to earn wide-spread recognition and praise for its nearly around the clock coverage of the Democratic and Republican Conventions. By 1990 Ted Turner's 24 hour-a-day creation had become the major source for breaking news. Praise became routine so that few were surprised when a mid-1990s Roper survey found viewers ranked CNN as the "most fair" among all TV outlets, and the Times Mirror's Center for The People & The Press found viewers trusted CNN more than any television news organization.

But success did not come overnight. Launched in June of 1980 by the then tiny Turner Broadcasting of Atlanta, in the beginning CNN (mocked as the "Chicken Noodle Network.") accumulated losses at the rate of $ 2 million a month. Ted Turner transferred earnings from his highly profitable superstation to slowly build a first rate news organization. CNN set up bureaus across the U.S., and then around the world. Yet at first Turner and his executives were never sure they would even survive the stiff competition from rival Satellite NewsChannel, a joint venture of Group W Westinghouse and ABC. In January, 1982 Turner let Satellite News Channels know he was serious and initiated a second CNN service, "Headline News." Through 1982 and most of 1983 CNN battled SNC. In October 1983 ABC and Westinghouse gave up and sold their news venture to Turner.

CNN then took off. By 1985 it was reaching in excess of 30 million homes in the U.S. and had claimed its first profit. In 1987 when President Ronald Reagan met Mikhail S. Gorbachev at a summit that would signal the end of the Cold War, CNN was on the air continuously with some seventeen correspondents on site. By 1989 CNN had 1600 employees, an annual budget was about $ 150 million, and was available in 65 countries.

By 1991, as the only cable TV network in the world operating live from the very beginning of Operation Desert Storm, CNN reported everything the military permitted – from the first bombing of Baghdad to the tank blitz that ended the conflict. Indeed, at a press conference after the initial air bombing runs by the U.S. Air Force, Defense Secretary Richard B. Cheney and General Colin L. Powell, Chairman of the Joint Chiefs of Staff, admitted that they were getting much of their war information from CNN! But the fame of CNN's Gulf War coverage did not turn into corporate fortune because the costs of coverage of a wide ranging set of battles had risen faster than advertising revenues. Indeed, the crest came on the night of the invasion of Kuwait by Iraq when CNN captured 11 percent of the audience as compared to the usual 1 or 2 percent normal audience shares but advertising time had already been sold based on the smaller audiences.

Whatever the news mix, CNN's prestige never stopped rising. It became a basic component of how the new global village communicated. So when United States troops invaded Panama in 1989, the Soviet foreign ministry's first call did not go to its counterpart in the United States diplomatic corps, but to the Moscow bureau of CNN, so a statement could be read on camera condemning the action. Ted Turner proudly told anyone who would listen that Margaret Thatcher, François Mitterrand, Nancy Reagan, and Fidel Castro all had declared themselves faithful viewers of CNN. But as CNN moved well past 50 million households reached in the USA (and millions more abroad), all was not calm inside the organization as staffers began to grumble about low wages and pressure not to unionize. And by the early 1990s Ted Turner seemed to lose his innovative magic. In 1992 he heralded and launched an "Airport Channel," and a "Supermarket Channel," but neither added much in the way of new audience or profits. And as CNN reached over more and more of the world, indigenous local news organizations began to publicly label Ted Turner a "cultural imperialist."

There are smaller and more specialized news networks. In 1981 came the Financial News Network, offering business news all day long. It had diffulty and was acquired in 1991 by CNBC, which began in 1989 as NBC's Consumer News and Business Channel. CNBC continues with financial news during the day and the hours after Wall Street closes. But at night it is filled with talk and discussion shows hosted by Dick Cavett, Charles Grodin, and others along the years. In 1982 came the Weather Channel, operating from Atlanta (also home of Turner's varied operations), it provided world wide weather forecasts, reports and discussion 24-hours a day. Local specific forecasts are inserted into national and international reports. Little publicized, but heavily used during storms and other weather calamities, the Weather Channel is a classic niche service that works well even though there are multiple outlets for weather news on other television, radio, and other outlets. As trials and judges permitted cameras in the court rooms of the U.S., and the heavy publicity of the O. J. Simpson trial in the mid-1990s, came Court TV with around the clock coverage of the sensational and mundane conflicts in the ever adjudicary U.S. legal system.

(F) The sports cable networks include the nationally cablecast ESPN as well as a number of regional networks such as Home Team Sports and SportsChannel America, and others.

In 1979 began the Entertainment and Sports programming Network or ESPN. In the intervening years came ESPN2 and ownership and cooperation with ABC, under 1986–1995 owner Capital Cities and then after that the Disney Corporation.

Regional sports networks also exist, often allied with a particular arena (for example, Madison Square Garden in New York City), certain teams (the prime Ticket network and the Los Angeles Lakers in Los Angeles, California), and/or a certain sector of the USA. Home Team Sports for the various teams and arenas in the Washington, D.C. and Baltimore, Maryland). These most often are pay extra additional to the basic cable TV payment package.

4. Pay-Per-View

In this sector of the industry one event is sold for a special price. Originally this was tried with motion pictures, but by the 1980s settled into a niche of professional wresting and boxing. Premium services and basic cable channels charge viewers for groups of movies, either by subscription or as part of a basic cable package fee. To extract the maximum amount of money, it would make sense to follow the theatrical box-office model literally and charge a separate fee for each movie watched, just as one pays an admission fee before one enters a movie theater.

The cable television equivalent of the theatrical box-office is called Pay-Per-View or PPV, and has begun to be innovated in the late 1980s.

On a serious level PPV began on a national basis in November, 1985, and by the late 1980s was available on at least a quarter of cable systems. PPV represented one of the faster growing segments of the cable business as the industry turned into the 1990s. Entrepreneurs sought to innovate PPV to customers tired of waiting so long to see blockbuster films. Just as pay cable services had come into the marketplace because of the limitations of movies presented on over-the-air television, so PPV sought its niche based on the perceived failure of HBO and Showtime. PPV is sold as convenience service, rotating screenings of the same "new" blockbuster film around the clock as soon as it becomes available. And there seemed to be some success. In 1988 PPV seemed to become a serious alternative. The number of homes equipped to receive PPV doubled in that year, from five to ten million. Three networks dominate PPV movie channels: Request Television, Viewer's Choice, and Cable Video Store.

5. The Future

The future of cable networks available in the U.S. is bright. There should become more and more capacity on franchises around the U.S. and so more space for new channels. At one point in 1996 the American Health network, Animal Planet [all animals, like Discovery], Ovation [fine arts], Speedvision [auto racing], the Fox News Channel [like CNN and MSNBC], and the Prime Life Network [for those in their '60s] were announced, about to go onto the satellite. How long will they last? Will they replace the more established networks? Will they pioneer new genres? We can only wait to learn the answer.

The future of PPV revolved around one question: when should the major Hollywood studios release films to PPV? Should it be soon after the film leaves the theaters? Before home video? Before Pay-TV? As of the end of the 1980s the release schedule has yet to be firmed up, but most think it will eventually come a month or so after the end of the theatrical run. The Hollywood studios of the late 1980s worried about off PPV taping. How could they stop the viewer from simply taping the PPV showing and then building up a tape library without having to buy the tape in the store? In 1989 Macrovison and Eidak began to encode PPV transmissions so that when copied on a video cassette recorder the copy became distorted. This could be overridden, but only at considerable expense to the home viewer.

Still, the future seemed bright for PPV because it alone offers the Hollywood movie companies and cable companies a method by which to extract the maximum in consumer surplus for movie fans who do not want to pay for a theater ticket, but want to see the film before its debut on tape. PPV could become a new window for motion picture release. Yet some argue that homes would best be served not by cable at all, but through direct broadcast satellites or wireless cable.

In the end, the pay-cable industry, however constituted, has grown and thrived for one reason – its ability to deliver uncut, uncensored, uninterrupted screenings of feature films. Indeed, with all the aforementioned technological change and skilled marketing, the most important point is that the true demand rests not with new technology, but with interest in seeing feature films. The extraordinary side of all this innovation is that Americans in record numbers wish to watch their favorite motion pictures, over and over again. The new technologies of pay-cable television simply seek the most profitable way to satisfy that demand. However, during the 1980s pay-cable ceased to be the only show in town; a revolution in watching movies at home took place; home video would transform movie watching as nothing had since the introduction of the movie show itself.

6. Reference

Picard, Robert C., The Cable Networks Handbook. Riverside, California, 1993.

Douglas Gomery, Maryland (USA)

211. Die Fernsehversorgung und das Frequenzspektrum

1. Die internationale Ordnung des Funkwesens
2. Die ersten Fernsehübertragungen
3. Künstliche Erdtrabanten
4. Breitbandverteilnetze
5. Harmonisierte Frequenznutzung im 21. Jh.
6. Literatur

1. Die internationale Ordnung des Funkwesens

1.1. Der Anfang

Regeln und Vereinbarungen für eine internationale Zusammenarbeit sind in keinem anderen Bereich der Technik so wichtig wie in der Nachrichtentechnik. Bereits 1865 wurde in Paris die Internationale Telegraphenunion gegründet mit dem Zweck, den zwischenstaatlichen Telegrammverkehr über Leitungen zu regeln.

Mit der Anwendung der Hertz'schen Wellen für die Telekommunikation wurden verbindliche Regelungen zur Nutzung der verfügbaren Frequenzspektren insbesondere für den Hör- und Fernsehrundfunk erforderlich. Anfang des 20. Jhs. wurden zwei internationale Funkkonferenzen abgehalten (1909 in Berlin, 1912 in London), die sich hauptsächlich mit Regelungen des Seefunkdienstes befaßten.

1923, zur Zeit der Einführung des Rundfunks in Europa, bestanden praktisch keinerlei zwischenstaatliche Rechtsgrundlagen für diesen neuen Dienst. Aus privater Initiative schlossen sich 1925 nationale Rundfunkorganisationen in Genf zu einem Weltfunkverein zusammen. Es wurde ein erster 'Genfer Wellenplan' erarbeitet, der – im November 1926 in Kraft getreten – die Zuteilung von Frequenzen an europäische Rundfunksender im Bereich 545 bis 1500 kHz regelte.

Auf der weltweiten Funkkonferenz 1927 in Washington wurden erstmalig allen Funkdiensten genau festgelegte Frequenzbereiche zugewiesen, die sich von der Langwelle (160 bis 228 kHz) über die Mittelwelle (675 bis 1500 kHz) bis zu den Kurzwellenbändern erstreckten.

Nach weiteren Funkkonferenzen (1927 in Brüssel, 1929 in Prag) schlossen sich 1932 in Madrid die Internationale Funkkonferenz mit der Internationalen Fernmeldeunion zusammen, die ab jetzt alle Fernmeldedienste umfaßte. [siehe Abb. 211.1] Die UIT (Union

211. Die Fernsehversorgung und das Frequenzspektrum

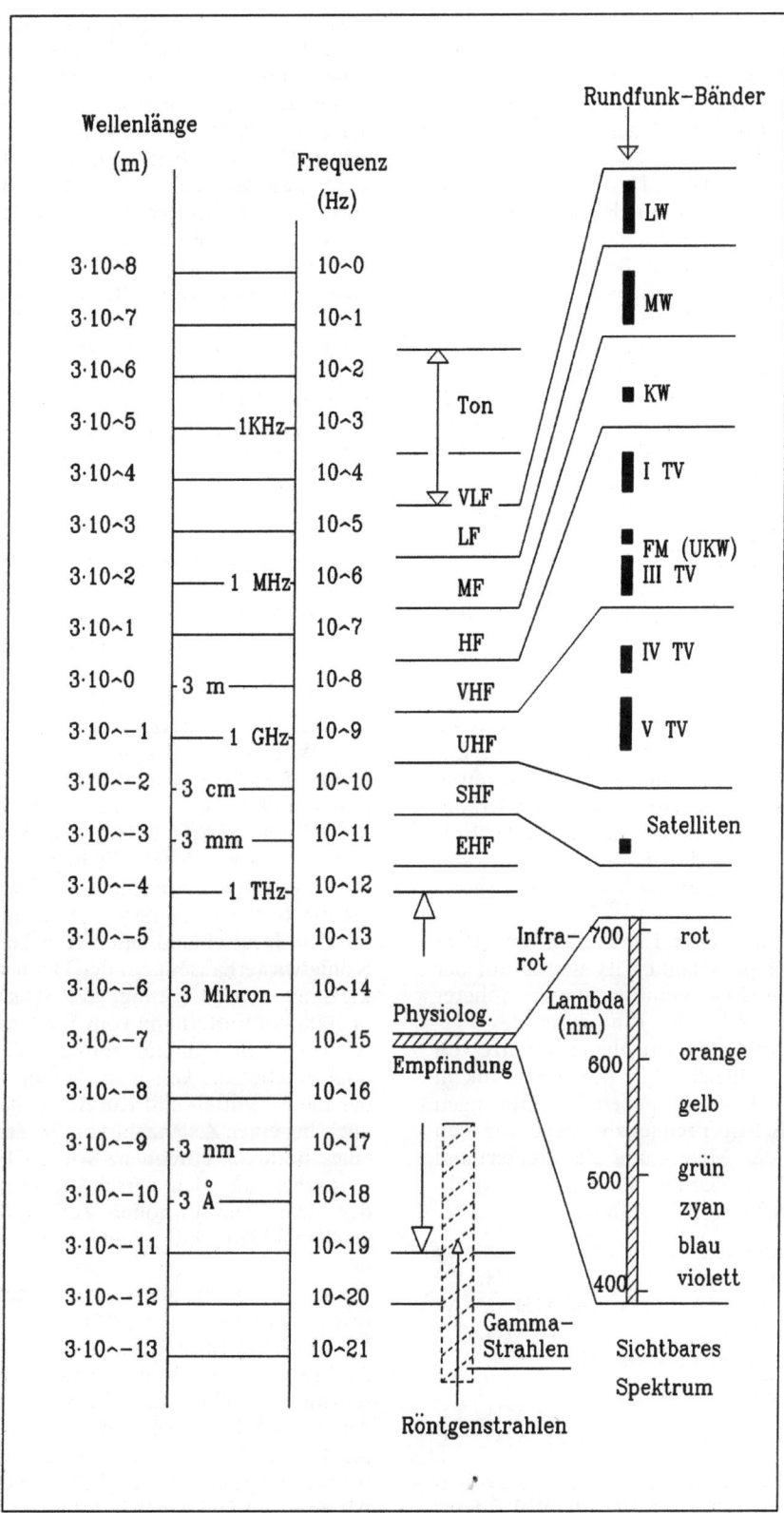

Abb. 211.1: Gesamtes Frequenzspektrum

International Télécommunications oder ITU, International Telecommunication Union) mit Sitz in Genf, wurde somit zum weltweiten 'Verwalter' und 'Hüter' aller Frequenzressourcen. Nach der Gründung der UNO wurde die UIT zu einer ihrer Unterorganisationen. Ihre Verfassung ist niedergelegt in dem von Regierungsbevollmächtigten unterzeichneten Internationalen Fernmeldevertrag. Die Bestimmungen des Vertrages werden ergänzt durch Vollzugsordnungen für den Funkdienst sowie für den Telegrafen- und Fernsprechdienst.

Zur Erleichterung der Verhandlungen ist in den Vollzugsordnungen für den Funkdienst die Welt in drei Regionen aufgeteilt. Europa gehört zur Region 1, wobei innerhalb dieser Region nochmals zwischen der Europäischen und Afrikanischen Rundfunkzone unterschieden wird. Die Europäische Rundfunkzone wird im Osten durch den 40. Grad östlicher Länge, im Süden durch den 30. Grad nördlicher Breite begrenzt. [siehe Abb. 211.2]

1.2. Frequenzen für das Fernsehen

Vor Beginn des 2. Weltkrieges fanden noch drei Wellenkonferenzen statt (1933 in Luzern, 1938 in Kairo und 1939 in Montreux). Eine besondere Bedeutung kam der Konferenz in Kairo zu, auf der für den in der Entwicklung befindlichen Fernsehrundfunk der Frequenzbereich 40,5 bis 56 MHz vorgesehen wurde.

Auf der weltweiten Funkverwaltungskonferenz 1947 in Atlanta City wurde mit der technischen Erschließung immer höherer Frequenzbereiche die Einteilung des Frequenzspektrums bis zur oberen Grenze von 10,5 GHz festgelegt. Für den Rundfunk in der Region 1 wurde, neben Erweiterungen der klassischen Frequenzbereiche für den Hörfunk, das Meter- und Zentimeterband (VHF und UHF), in dem auch der Fernsehdienst stattfinden soll, definiert:

VHF-Bereich:
Band I   41. . . . . 68 MHz TV
Band II   87,5 . . . 100 MHz UKW
Band III 174. . . . . 216 MHz TV
(in Frankreich ab 162 MHz)
UHF-Bereich:
Band IV   470. . . . . 585 MHz TV
Band V   610. . . . . 940 MHz TV

Nach der Fundfunkwellenkonferenz 1948 in Kopenhagen stellte sich 1952 die Wellenkonferenz in Stockholm die Aufgabe, ein europäisches Fernsehsendernetz in den Bändern I und III zu planen und die Frequenzzuweisung vorzunehmen. Insgesamt wurden auf dieser Konferenz 636 Fernsehsender eingeplant. Die Bundesrepublik Deutschland erhielt Frequenzpositionen für 31 Fernsehsender, was zunächst als günstige Voraussetzung für den Auf- und Ausbau des Fernsehrundfunks gesehen wurde.

Die weltweite Funkverwaltungskonferenz (World Administrative Radio Conference – WARC) von Genf 1959 erweiterte die Zuweisung von Frequenzbereichen an Funkdienste bis zur oberen Grenze von 40 GHz. Auf Initiative der Bundesrepublik Deutschland wurden dem Bereich 11,7 bis 12,5 GHz Aufgaben des Rundfunks zugeteilt, die zehn Jahre später präzisiert wurden.

2. Die ersten Fernsehübertragungen

2.1. Historischer Rückblick

1929 begann die Deutsche Reichspost mit drahtlosen Fernseh-Versuchssendungen über den Mittelwellensender Berlin-Witzleben auf der Frequenz 641 kHz mit einer Leistung von 1,5 kW. Das aus 30 Zeilen bestehende Bild wurde zunächst mit 10 Bildwechseln pro Sekunde und ab Spätjahr 1929 mit 12,5 Bildwechseln ausgestrahlt. Die Videobandbreite betrug 4,5 bzw. 7,5 kHz. Es folgten Versuche im Lang- und Kurzwellenbereich. Zwar konnten die Testübertragungen auf der Langwelle mit dem Deutschlandsender II in Zeesen (bei Königswusterhausen) auf der Frequenz 183,5 kHz mit einer Leistung von 35 kW noch in 1000 km Entfernung vom Sender mit ausreichender Bildqualität empfangen werden, doch ergaben die Versuche, daß die Nutzung der Lang-, Mittel- und Kurzwellenbereiche – auch bei einer Zeilenzahl von 48 Zeilen und einer Bildwechselfrequenz von 25 Hz – für Fernsehen aus den verschiedensten Gründen – vor allem für höhere Zeilenzahlen und größere Videobandbreiten – nicht geeignet ist.

1932 begannen über den Berliner Funkturm Fernsehversuchsabstrahlungen auf der Ultrakurzwellenfrequenz 42,95 MHz. Am 22. März 1935 eröffnete der Deutsche Fernsehrundfunk über den Ultrakurzwellensender Berlin-Witzleben auf Wellenlänge 7,06 m (42,46 MHz) seinen regelmäßigen Fernsehbetrieb mit 180 Zeilen und 25 Bildwechseln. Als zweites Land der Welt folgte im November 1936 Großbritannien mit der Ausstrah-

211. Die Fernsehversorgung und das Frequenzspektrum

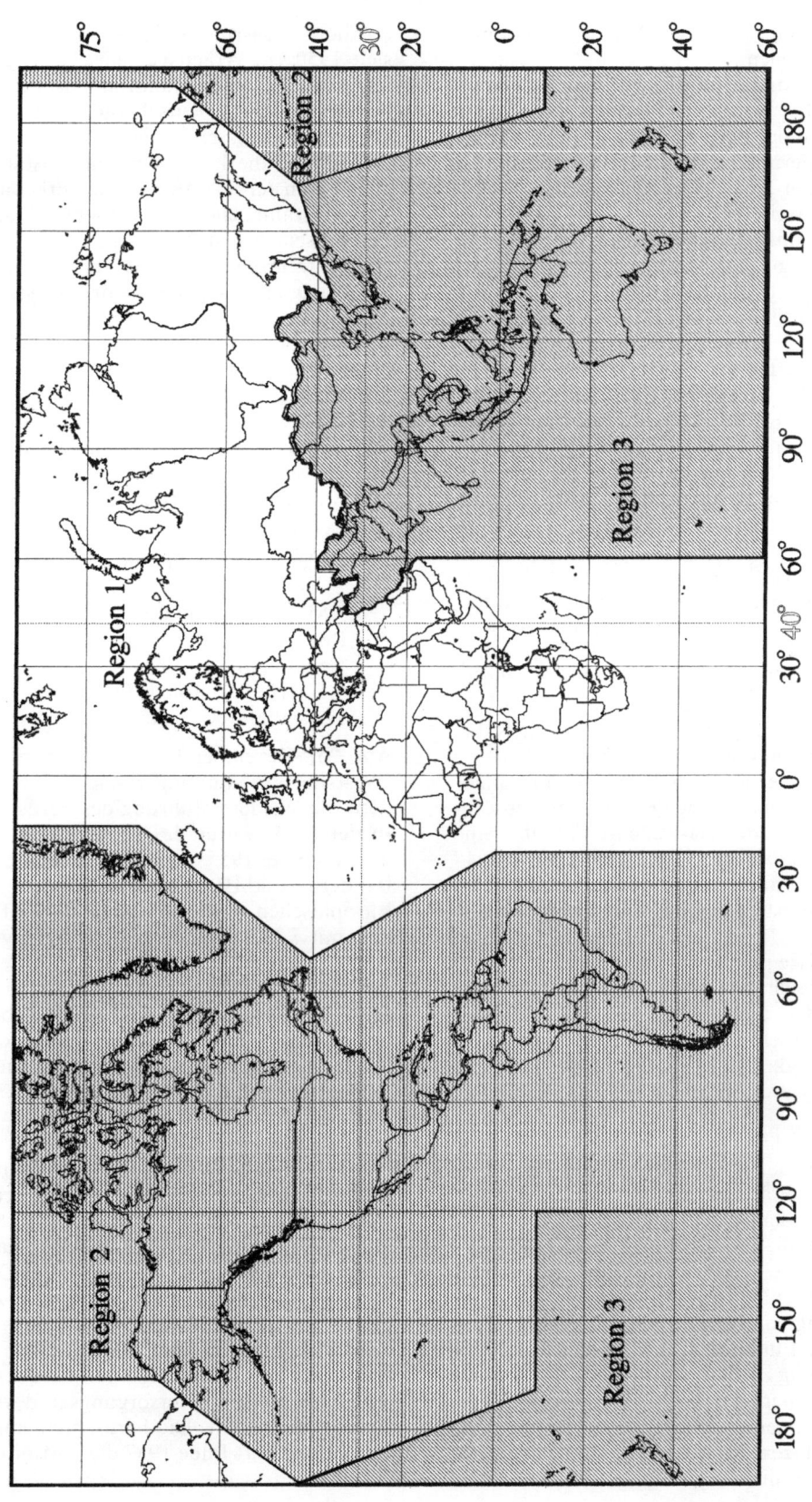

Abb. 211.2: Frequenzplanungsregionen

lung eines regelmäßigen Fernsehprogramms mit 405 Zeilen.

Noch vor Beginn des zweiten Weltkriegs nahm die Deutsche Reichspost auf dem Turmbau des Berliner Amerikahauses einen 40-kW-Fernsehsender in Betrieb, der mit der 441-Zeilen-Norm einen wesentlichen Schritt in der Weiterentwicklung des Deutschen Fernsehfunks darstellte. Für die Fernsehversorgung des Reichsgebietes schätzte man damals mindestens den Bedarf von 21 Hauptsendern mit Strahlungsleistungen zwischen 2 kW und 20 kW im Frequenzbereich 40 MHz bis 53 MHz. Zum Preis von 650,- RM kam Mitte 1939 unter der Bezeichnung FE 1 der erste Einheitsempfänger auf den Markt. Infolge des Kriegsausbruchs wurden jedoch nur ca. 50 Geräte gefertigt.

Neben der terrestrischen Verbreitung des Fernsehrundfunks, für die zu Kriegsbeginn 12 Sender größerer Leistung zur Verfügung standen, wurde noch 1941 im Bereich Hamburg ein Fernseh-Drahtfunknetz ('Kabelfernsehen') in Betrieb genommen, das jedoch 1943 infolge teilweiser Zerstörung wieder stillgelegt werden mußte. Berlin konnte – auch nach der Zerstörung des Berliner Senders – bis Herbst 1944 via Kabel mit Fernsehprogramm versorgt werden.

In Paris errichteten deutsche und französische Ingenieure einen Fernsehversuchssender, der nach der 441-Zeilen-Norm über eine Antenne auf dem Eiffelturm bis Mitte 1944 sein Programm ausstrahlte, das noch an der Südküste Englands empfangen werden konnte.

Bei Kriegsende war im ehemaligen deutschen Reichsgebiet nur noch ein fahrbarer Bildsender unversehrt. Alle fernsehtechnischen Einrichtungen wurden beschlagnahmt. Jede Tätigkeit auf dem Gebiet der Fernsehtechnik wurde verboten.

2.2. Nach 1945

1948 wurde in der Verordnung der britischen Militärregierung zur Gründung des Nordwestdeutschen Rundfunks (NWDR) der Begriff 'Fernsehen' erstmals wieder erwähnt. Die Verordnung sah vor, sobald technisch möglich, auch wieder die Ausstrahlung von Fernsehprogrammen zuzulassen. Die Funkhoheit, insbesondere die Genehmigung zur Errichtung und zum Ausbau eines Sendernetzes sowie zum Wechsel von Sendefrequenzen blieb bis 1955 bei der Alliierten Hohen Kommission. Gleichzeitig jedoch ging die Zuständigkeit für die Sender an die Landesrundfunkanstalten über, die sich 1950 zur Arbeitsgemeinschaft der öffentlich-rechtlichen Rundfunkanstalten der Bundesrepublik Deutschland (ARD) zusammengeschlossen hatten.

Während die Landesrundfunkanstalten – allen voran der NWDR – mit den Erkenntnissen aus zahlreichen Versuchsabstrahlungen Fernsehsender planten und aufbauten, bereitete die Deutsche Bundespost die Programmzuführung zu den Sendern vor. Zur gleichen Zeit erarbeitete eine Arbeitsgruppe des CCIR (Comité Consultativ International Des Radiocommunications) unter dem Vorsitz des Schweizer Fernsehexperten Gerber die technischen Merkmale für eine verbesserte Fernsehnorm. Die nach Gerber benannte und von der Vollversammlung gebilligte Norm hatte folgende technische Kriterien:

- 625 Zeilen,
- Zeilensprungverfahren,
- 25 Hz Bildwechselfrequenz,
- 5 MHz Videobandbreite,
- Restseitenbandverfahren (AM),
- Negativmodulation,
- 5,5 MHz Bild/Tonabstand,
- Tonsignal frequenzmoduliert.

Am 25. Dezember 1952 vollzog sich in (West-)Deutschland mit zunächst fünf Sendern die Wiedereinführung des Fernsehens. In der DDR wurde das Fernsehen offiziell im Dezember 1955 eingeführt. In den UHF-Bändern I und III standen gemäß der ersten Europäischen Wellenkonferenz 1952 elf Kanäle mit 7 MHz Bandbreite zur Verfügung. Nach damaligen Untersuchungen sollte diese Kanalzahl für die Versorgung von 80 Prozent der Bevölkerung des Bundesgebietes mit einem Fernsehprogramm ausreichen. Die UHF-Bänder IV und V waren zu diesem Zeitpunkt noch nicht voll erschlossen.

2.3. Das Deutsche Fernsehen

Am 1. November 1954 eröffneten die in der ARD zusammengeschlossenen Landesrundfunkanstalten (NWDR, SFB, HR, BR, SDR und SWF) das Gemeinschaftsprogramm 'Deutsches Fernsehen' – heute 'Erstes Deutsches Fernsehen' genannt. Zu diesem Zeitpunkt waren 14 Sender, davon sechs mit einer Strahlungsleistung von 100 kW, in Betrieb. Der mit den verfügbaren Frequenzen erzielbare erwähnte Versorgungsgrad wurde etwa 1958 erreicht. Die Fernsehteilnehmerzahl überschritt Ende 1957 die 1-Millionen-Grenze.

Im Vorgriff auf den Band IV/V-Frequenzplan wagte im Spätherbst 1958 der Westdeutsche Rundfunk (WDR) mit der Inbetriebnahme des UHF-Senders in Aachen-Stolberg als erste ARD-Anstalt den Sprung in den Dezimeterbereich. Damit eröffnete sich die Möglichkeit, Versorgungslücken im Fernsehprogramm der ARD durch Nutzung der Frequenzbereiche IV/V zu schließen. Voruntersuchungen des Fernmeldetechnischen Zentralamtes (FTZ) hatten ergeben, daß mit der Nutzung dieses Frequenzbereiches nicht nur die Versorgungslücken im Ersten Programm geschlossen werden können, sondern darüberhinaus eine annähernde Vollversorgung des Bundesgebietes mit zwei weiteren flächendeckenden Fernsehprogrammen möglich wäre.

2.4. Das Karlsruher Urteil

Nach Erlangen der Souveränität am 5. Mai 1955 strebte die Bundesregierung eine Neuordnung des Rundfunks an. Ein 1959 von der Bundesregierung verabschiedeter Entwurf für ein Bundesrundfunkgesetz sah unter anderem eine Bundesanstalt für die Veranstaltung eines 2. Fernsehprogramms vor. Das Programm sollte bundesweit über eine Senderkette der Deutschen Bundespost verbreitet werden. Die Einführung eines zweiten Fernsehprogramms scheiterte zunächst an unterschiedlichen Auffassungen in Bundesrat und Bundestag. Die Konsequenz war die Gründung der 'Deutschland-Fernseh GmbH' ('Adenauer Fernsehen') durch die Bundesregierung. Nach Plänen des Fernmeldetechnischen Zentralamts (FTZ) sollten bis Ende 1960 in einer ersten Ausbaustufe 29 Sender im UHF-Bereich ca. ²/₃ der Bevölkerung des Bundesgebietes mit einem zweiten Fernsehprogramm erreichen. Für eine großflächige Versorgung waren Strahlungsleistungen von 50 kW bis 500 kW vorgesehen. Nachdem das Bundesministerium für das Post- und Fernmeldewesen den Landesrundfunkanstalten die Genehmigung zur Errichtung einer eigenen Senderkette für ein zweites Programm verweigerte, und das 'Adenauer Fernsehen' bei den Bundesländern auf heftigen Widerspruch stieß, erhoben die Länder Hamburg, Hessen, Niedersachsen und Bremen gegen die Maßnahmen des Bundes Klage beim Bundesverfassungsgericht in Karlsruhe. In einer einstweiligen Verfügung vom 17. Dezember 1960 legte das Gericht fest, daß bis zur Entscheidung in der Hauptsache nur das von den ARD-Anstalten veranstaltete 1. Fernsehprogramm ausgestrahlt werden darf. Damit war vorerst die Ausstrahlung eines 2. Fernsehprogramms sowohl durch die Bundesregierung als auch durch die ARD-Anstalten untersagt. Im sogenannten Fernsehurteil vom 25. Februar 1961 stellten die Karlsruher Richter fest, daß der Bund durch die Gründung der 'Deutschland-Fernseh GmbH' gegen das Grundgesetz verstoßen habe. Fragen der Zuständigkeit für die Errichtung von Rundfunksendern wurden vom Gericht wie folgt entschieden:

„Rundfunksender sind Funkanlagen und damit Fernmeldeanlagen im Sinne § 1 Abs. 1 des FAG (Fernmeldeanlagengesetz)."

„Die Gesetzgebungskompetenz des Bundes für das Fernmeldewesen läßt auch Regelungen zu, die dem Bund das ausschließliche Recht vorbehalten, Funkanlagen für Zwecke des Rundfunks zu errichten und zu betreiben."

„Der Bund hat also durch den Bau posteigener Sender, die zur Ausstrahlung eines 2. Fernsehprogramms dienen sollen, nicht gegen das Grundgesetz verstoßen."

Kompromißbereit zeigte sich das Verfassungsgericht hinsichtlich den von den Rundfunkanstalten errichteten und betriebenen Hörfunk- und Fernsehsendern. Nach dem Grundsatz bundesfreundlichen Verhaltens sollte den Landesrundfunkanstalten die Netzträgerschaften über die Hörfunksender und den Sendern zur terrestrischen Verbreitung des „Ersten Fernsehprogramms" erhalten bleiben.

2.5. Neue Programme – neue Frequenzen

1961 wurde auf der zweiten europäischen Wellenkonferenz in Stockholm der Frequenzplan für die Bänder I, II und III revidiert und ein Frequenzplan für den Dezimeterbereich (UHF; 470 bis 790 MHz) für den Fernsehrundfunk erarbeitet, der am 1. 9. 1962 in Kraft trat. [siehe Abb. 211.3] Für den UHF-Bereich einigte man sich auf ein einheitliches Kanalraster von 8 MHz. Für die Ausarbeitung der Frequenzpläne wurde erstmals eine theoretische Frequenzverteilung nach einem Rautennetz zugrunde gelegt. Die in Stockholm ausgearbeiteten Frequenzpläne für den Fernsehrundfunk enthielten für die Bundesrepublik Deutschland einschließlich West-Berlin folgende Zuteilungen:

Für 39 Standorte VHF-Frequenzen.
Für 248 Standorte UHF-Frequenzen.

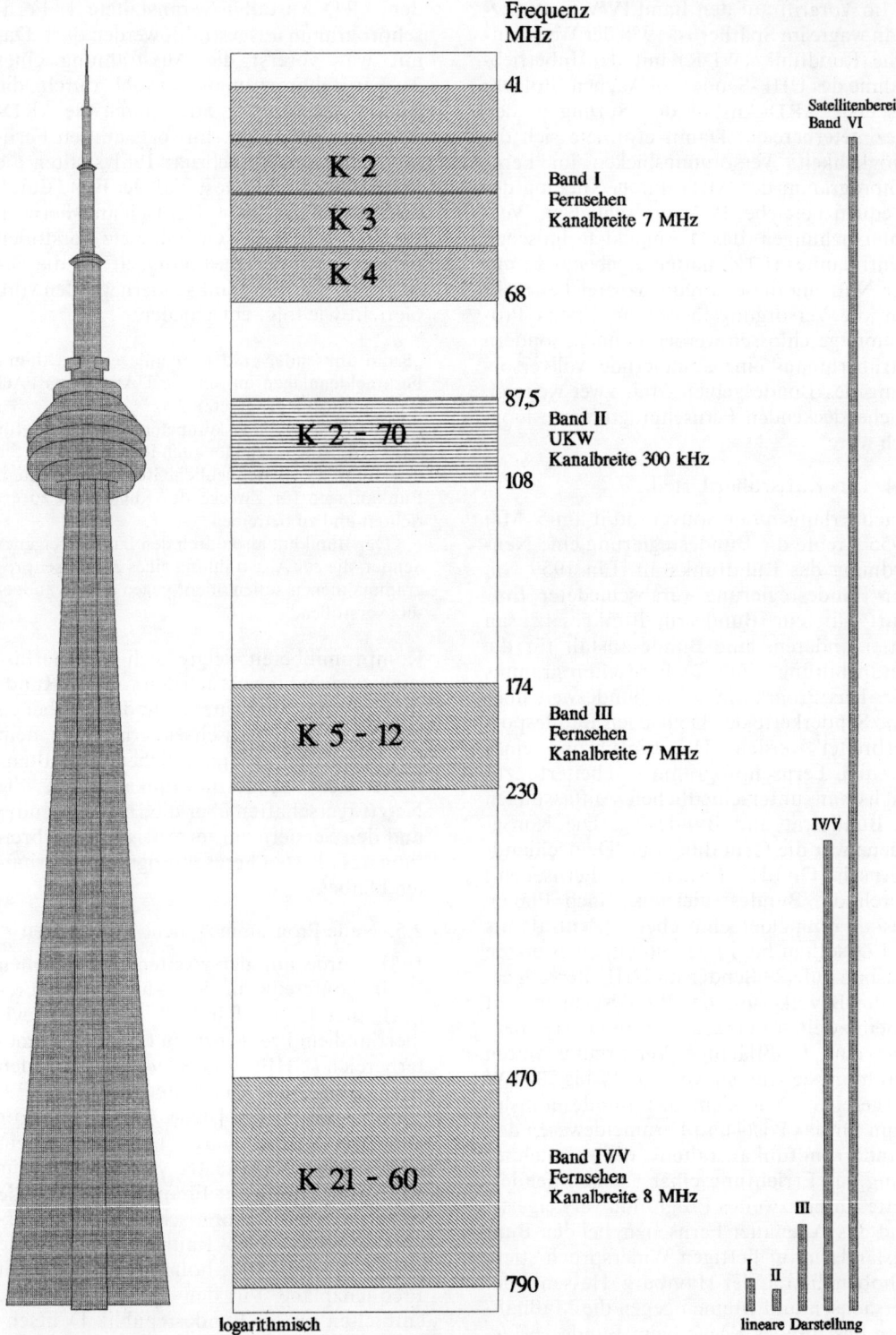

Abb. 211.3: Spektrum der Frequenzbereiche I bis V

Alle bis dahin betriebenen UHF-Sender mußten zu diesem Zeitpunkt auf die neuen Planfrequenzen umgestellt werden. Mit der internationalen Zuteilung der Band IV/V-Frequenzen konnten nunmehr die ARD-Anstalten sowie die Deutsche Bundespost ihre Aktivitäten für eine „Vollversorgung" mit dem 1. Fernsehprogramm und für die Errichtung einer zweiten und dritten Senderkette forcieren.

Die stärkere geländeabhängige Dämpfung der Dezimeterwellen erfordert im UHF-Band eine wesentlich höhere effektive Strahlungsleistung als die Sender in den Bändern I und III. Sogenannte Grundnetzsender weisen eine Strahlungsleistung von bis zu 500 kW auf, während vergleichsweise im VHF-Bereich 100 kW ausreichen. Die ersten UHF-Sender waren Weiterentwicklungen der VHF-Sendertechnik. Transistor-Vorstufen, Zwischenfrequenzmodulation und Einsatz von – in den USA 'entdeckten' – geschwindigkeitsgesteuerten Laufzeitröhren (Klystron) erlaubten bald wesentliche Verbesserungen der Senderkonzeptionen und führten – trotz hoher Senderleistung – zu wirtschaftlichen Betriebsdaten.

Während die Deutsche Bundespost an dem Ausbau von UHF-Fernsehsendern mit großer Reichweite arbeitete, stabilisierten die Landesrundfunkanstalten mittels des Dezimeterbereiches ihre Grundversorgung und setzten UHF-Frequenzen zur Komplettierung (Lückenfüllung) ihrer Sendernetze ein. Die Frequenzzuweisungen für den UHF-Bereich richteten sich nach den Festlegungen der Stockholmer Wellenkonferenz von 1961.

Mit Zustimmung der Bundesländer strahlte die ARD ab Mitte 1961 über die fertiggestellten UHF-Sender der Deutschen Bundespost ein gemeinsames, vorläufiges zweites Programm ab.

2.6. Das ZDF und die „Dritten"

Am 1. April 1963 eröffnete das aufgrund eines Staatsvertrages zwischen den Bundesländern gegründete 'Zweite Deutsche Fernsehen' (ZDF) sein Programm. Zu diesem Zeitpunkt konnte die Deutsche Bundespost insgesamt 45 UHF-Sender vorhalten, die ca. 75 Prozent der Bevölkerung mit diesem Programm versorgten.

In den Jahren 1964 bis 1969 starteten als 'Dritte Programme' die regionalen Fernsehangebote der ARD, die entweder als Gemeinschaftsprogramm mehrerer Anstalten (NDR, RB und SFB; SDR, SR und SWF) oder Eigenprogramme einzelner Anstalten (BR, HR, WDR) terrestrisch ausschließlich über UHF-Sender der Deutschen Bundespost ausgestrahlt wurden. Die Dritten Programme arbeiten auf der Basis von Verwaltungsvereinbarungen eng zusammen, tauschen Programme aus und können auf einen gemeinsamen Programmpool zugreifen. Seit 1993 werden mit 'Bayerisches Fernsehen', 'B1' (SFB), 'Hessen 3', 'MDR-Fernsehen', 'N3', 'Fernsehen Brandenburg', 'Südwest 3' und 'West 3' insgesamt acht Fernsehregionalprogramme angeboten.

Da der Senderausbau im UHF-Bereich und die Umstellung der Haushalte auf neue Empfänger Zeit brauchten – herkömmliche Empfänger benötigten für den UHF-Empfang ein Vorschaltgerät – dauerte es etliche Jahre, bis für das Zweite und die Dritten Programme ein ähnlich hoher Versorgungsgrad erreicht wurde wie für das Erste Deutsche Fernsehen.

Zum 1. 1. 1980 registrierte die bundesdeutsche Statistik 70 Grundnetzsender und 1348 Umsetzer für das Erste Fernsehprogramm, 91 Sender und 1790 Umsetzer wurden für das Zweite Programm ausgewiesen und für die Dritten waren 90 Grundnetzsender und 1833 Umsetzer in Betrieb. Bei den Umsetzern handelt es sich um unbemannte Kleinsender kleiner Sendeleistung, die über keine Modulationsstufe verfügen, sondern lediglich das empfangene 'Muttersignal' in einen anderen Sendekanal umsetzen, um es dann – nach entsprechender Verstärkung – in Richtung des zu versorgenden Ortes wieder abzustrahlen. Mit Hilfe dieser Füllsendertechnik konnten im Mittel ca. 98 Prozent der Bevölkerung mit den drei Fernsehprogrammen versorgt werden. Als versorgt galten jene Empfangsorte, in denen – abgesehen von Hochhausabschattungen – bei zumutbarem Aufwand für die Empfangsantenne die Qualität des empfangenen Bildes nicht merklich vermindert war. Es blieben noch, insbesondere in topographisch ungünstigen Gebieten, eine Reihe von Orten mit Einwohnerzahlen zwischen 800 und 200, die noch als unterversorgt galten. Bundespost und ARD bildeten eine gemeinsame Expertengruppe zur Schließung dieser 'Restlücken' mittels Füllsendern im UHF-Bereich. Statistisch gesehen, konnte jedoch die Restversorgung mittels Umsetzern nur unwesentlich zu einer Steigerung des angegebenen Prozentsatzes beitragen.

Mit dem Ausbau des Dezimeter-Wellenbereichs für das Zweite und die Dritten Programm/e sowie für die Lückenfüllung beim Ersten Programm waren die terrestrischen Frequenzressourcen für den Fernsehrundfunk praktisch erschöpft. Weitere 1971 dem Fernsehrundfunk zugeteilte Frequenzbänder im Zentimeter- und Millimeterbereich konnten praktisch aus physikalischen Gründen für terrestrische Programmverbreitungen nicht eingesetzt werden. Zusätzliche Fernsehprogramme schienen zu diesem Zeitpunkt nur noch über Satelliten bzw. Kabelnetze verbreitet werden zu können.

Mit der Einführung des dualen Rundfunksystems in Deutschland Mitte der 80er Jahre wurden große Anstrengungen unternommen, mittels verfeinerter Planungsmethoden die terrestrischen Fernsehfrequenzpositionen zu überarbeiten, so daß in den bestehenden Frequenzbändern auch eine Reihe von kommerziellen Fernsehsendern untergebracht werden konnten. Mit Stand vom 1. Januar 1995 veröffentlichte die Meß- und Empfangsstation Wittsmoor des NDR nachfolgende Senderübersicht für die Bundesrepublik Deutschland:

Tab. 211.1: Anzahl der Fernsehsender (Stand: 1. 1. 1995)

	Bereich I/III (VHF)		Bereich IV/V (UHF)	
	Sender	Umsetzer	Sender	Umsetzer
1. Programm	42	1386	49	1419
2. Programm	–	2	101	2848
3. Programm	–	3	118	3049
Private Programme	9	–	259	–
Summe	51	1391	527	7316

Alles in allem sind dies 9285 Fernsehsender und Füllsender für 21 unterschiedliche Programme (1. Programm, 2. Programm, acht 3. Programme und 11 kommerzielle Programme). In Europa sind über 40000 Fernsehsender in Betrieb. Die Zahl der tatsächlichen Senderstandorte bzw. Antennenträger ist wesentlich geringer als die Anzahl der eingesetzten Frequenzpositionen (Fernsehsender). Zum Teil trägt an einem Standort ein Antennenträger (Mast oder Turm) die Antennen für einen ARD-Sender sowie für Sender der Bundespost (Deutsche Telekom). Im UHF-Bereich werden nicht selten die Sendeantennen mehrfach genutzt. Ein Antennenfeld dient dann sowohl der Abstrahlung des Zweiten- und eines Dritten Programms.

Die Einführung des Farbfernsehens nach der Pal-Norm (25. 8. 1967), des Videotextes (1. 6. 1980; zunächst als Feldversuch), des Stereo- bzw. Mehrkanaltons (ZDF, September 1981), von 'PalPlus' (1995; Bildformat 16:9) oder die Einführung von Prüf- und Datenzeilen in die Austastlücken der Programmsignale hatten keine Auswirkungen auf die Sendertopologie oder den Frequenzbedarf. Um so mehr bedurfte jede Neuerung im Signalgemisch teilweise umfangreiche, kostenintensive Modifikationen und Erweiterungen an den Sendern bzw. Modulations-Zuführungsleitungen (Stereo).

3. Künstliche Erdtrabanten

3.1. Eine Vision wird Wirklichkeit

Der britische Wissenschafts-Schriftsteller und Radar-Ingenieur Arthur C. Clarke beschrieb schon 1945 das Prinzip einer Weltkommunikation mittels dreier geostationärer Satelliten. Am 4. Oktober 1957 startete die Sowjetunion mit SPUTNIK den ersten künstlichen Erdtrabanten. Drei Monate später folgte die USA mit dem Satellit EXPLORER. Ein aluminiumbedampfter Ballon von 30 m Durchmesser, ECHO 1, auf einer Umlaufbahn von 1000 km Höhe, war ein als Reflektor dienender passiver Satellit, über den 1960 zum ersten Mal eine Nachrichtenübertragung erfolgreich durchgeführt werden konnte. Mit TELESTAR 1, ein aktiver, asynchroner Satellit mit Verstärkern und Frequenzumsetzern gelang am 23. Juli 1962 die erste öffentliche 'Punkt-zu-Punkt' Fernseh-Direktübertragung von den USA nach Europa und umgekehrt. Ein Jahr später wurde mit SYNCOM 2 der erste funktionsfähige Satellit auf der von Clarke beschriebenen Synchronbahn, dem geostationären Orbit in 36000 km Höhe über dem Äquator plaziert. Mit dem berühmten geostationären Satelliten EARLY BIRD begann 1965 die Ära des kommerziellen Nachrichtenverkehrs im All. Bereits 1961 unterzeichnete die Deutsche Bundespost ein Abkommen mit der 'National Aeronautics and Space Administration' (NASA), um sich an den Versuchen mit Satelliten zu beteiligen. 1964 gründeten die Fernmeldeverwaltungen von zehn Ländern, darunter die Bundesrepublik Deutschland, zusammen mit der amerikanischen COMSAT (Communications Satellite Corporation) das spätere Satelliten-Konsortium INTELSAT, welches heute mit über 100 Mitgliedern ein weltumspannendes satellitengestütztes Fernmeldesystem unterhält. Die Bundesrepublik Deutschland und die Republik Frankreich schlossen 1967 ein bilaterales Abkommen über den Bau und die Nutzung von experimentellen Fernmeldesatelliten. Im Rahmen dieses Abkommens wurde das Projekt SYMPHONIE realisiert aus dem 1974 und 1975 zwei Fernmeldesatelliten hervorgingen, die vor allem im Hinblick auf den für einen späteren Zeitpunkt geplanten Bau von Satelliten für die Direktabstrahlung von Hörfunk- und Fernsehprogrammen von Bedeutung waren.

3.2. Fixed Satellite Service (FSS)

Eine Reihe europäischer Länder gründeten 1964 die ESRO (European Space Research Organisation), die zusammen mit der CEPT (Conférence Européenne des Administrations des Postes et des Télécommunications) und der EBU/UER (European Broadcasting Union) an einer Projektstudie eines Fernmeldesatelliten (TELECOM) arbeitete. Die Stelle der ESRO übernahm 1974 die Europäische Raumfahrt Agentur (ESA). Im Auftrag der ESA wurden zwei Testsatelliten mit der Bezeichnung OTS (Orbital Test Satellite) gebaut. OTS 1 stürzte 1977 bei einem mißglückten Startversuch ab. OTS 2, 1978 erfolgreich in den Orbit gebracht, diente über viele Jahre zur Demonstration von Übertragungen breitbandiger Informationen wie Fernsehprogramme und der Erprobung neuer Übertragungstechniken, wie z.B. MAC (Multiplexed Analogue Components). 1982 führte, auf Initiative des Europäischen Parlaments, die EBU/UER mit Beteiligung der ARD über den OTS eine Reihe von Programmexperimenten durch, die dem Test und der Demonstration verschiedener Programmformen für einen denkbaren europäischen Fernsehdienst dienten.

In der Zwischenzeit konstituierte sich in Europa 1977 – mit der Deutschen Bundespost als Signatar – die von der CEPT gegründete Satellitenorganisation INTERIM EUTELSAT (später EUTELSAT), die 1983 den ersten regulären europäischen Fernmeldesatelliten bzw. Nachrichtensatelliten mit der Bezeichnung ECS (European Communication Satellite) im Orbit plazierte. Die Sendeleistung der als Fernmeldesatelliten klassifizierten 'orbitalen Sender' betrug in der Anfangszeit ca. 20 Watt und erforderte bei der damals verfügbaren Technik einen hohen Empfangsaufwand, der sich vor allem im Parabol-Antennendurchmesser (5 Meter und mehr) manifestierte. Die Zuteilung der Orbit- und Frequenzpositionen erfolgt gemäß den internationalen Radio Regulations für den FSS (Fixed Satellite Service) durch die internationale Fernmeldeunion ITU bzw. UIT in Genf. In Europa teilen sich die Fernmeldesatelliten die nicht exklusiven (Down Link)-Frequenzbereiche im KU-Band von 10,7 GHz bis 11,7 GHz und 12,5 GHz bis 12,75 GHz mit anderen terrestrischen Funkdiensten. [siehe Abb. 211.4]
Der Empfang von über Fernmeldesatelliten abgestrahlten Signalen war der Allgemeinheit fernmelderechtlich untersagt. Aufgrund der geringen Sendeleistung und des damit verbundenen hohen Empfangsaufwands wäre dies praktisch für 'jedermann' ohnehin kaum möglich gewesen.

Bereits in den 70er Jahren zeichnete sich ab, daß mit dem technologischen Fortschritt die Sendeleistung eines Satelliten so gesteigert werden könnte, daß ein direkter Empfang mit kleinen Empfangsantennen möglich wird. Vorschauend befaßte sich daher die UIT seit 1971 mit der Zuweisung von Satelliten-Frequenzbereichen an den Rundfunk für den Direktempfang und mit der Zuteilung von Sendekanälen an die einzelnen Länder.

3.3. Broadcast Satellite Service (BSS)

Auf der weltweiten Funkverwaltungskonferenz 1977 in Genf (WARC'77) wurden für die meisten Länder Europas, Afrikas und Asiens die Plandaten (Orbitposition und Frequenzen für max. fünf Fernsehkanäle) für je einen Rundfunksatelliten festgelegt. Der dem Rundfunkdienst über Satelliten (BSS = Broadcast Satellite Service) zugeteilte Frequenzbereich – 11,7 bis 12,5 GHz – ist exklusiv und muß nicht mit anderen Diensten geteilt werden. Für die Bemessung der Sendeleistung wurde zugrunde gelegt, daß die von einem nationalen Rundfunksatelliten abgestrahlten Programme im gesamten Versorgungsgebiet des zugehörigen Staates mittels Einzelempfangsanlage, die mit einem Parabolspiegel von unter einem Meter Durchmesser ausgerüstet ist, empfangbar sein müssen. Ein Kriterium hierfür war die sog. Leistungsflußdichte des Satellitensignals, die am Rande des Versorgungs-

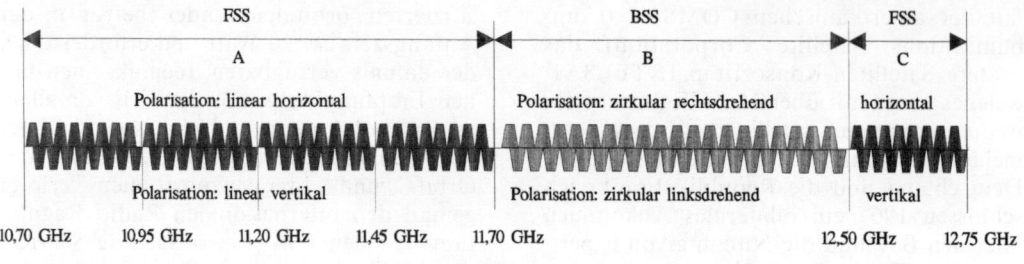

Legende:
FSS = Fixed Satellite Service (Fernmeldesatelliten bzw. Fernsehsatelliten)
BSS = Broadcast Satellite Service (Rundfunksatelliten gem. WARC' 77)
WARC = World Administrative Radio Conference
A = Derzeit noch überwiegend analoge Nutzung
B = BSS-Bereich wird auch von Fernmeldesatelliten mit linearer Polarisation benutzt
C = Überwiegend digitale Nutzung
◊ = Transponder; (Bandbreite zwischen 26 und 36 MHz)

Abb. 211.4: 11/12 GHz-Satellitenbereich

gebietes (service-area) –103 dBW pro m² nicht unterschreiten durfte.

Die Bundesrepublik Deutschland bekam für ihren fünfkanaligen Rundfunksatelliten die Orbitposition 19° West zugeteilt, auf der weitere sieben Satelliten anderer Staaten – darunter Frankreich – geplant waren. Im Idealfall hätten aus dieser Orbitposition insgesamt 40 Fernsehprogramme mit unterschiedlichen Versorgungskonturen abgestrahlt werden können. Auf einer Orbitposition war demnach das gesamte BSS-Band mit einer Breite von 800 MHz untergebracht, das nach Plan im Abstand von sechs Winkelgraden wieder erneut plaziert werden konnte. Die Bandbreite eines frequenzmodulierten BSS-Kanals wurde auf 27 MHz festgelegt, dies bedeutet, daß sich benachbarte Kanäle überschnitten. Zur Vermeidung von Nachbarkanalstörungen wechselte von Kanal zu Kanal die Polarisation zwischen rechtsdrehend und linksdrehend. Die Sendeleistungen der 'direktstrahlenden' Satelliten waren relativ hoch. So war für den Deutschen Rundfunksatelliten pro Kanal eine nominelle Sendeleistung von ca. 240 Watt, entsprechend einer Strahlungsleistung (EIRP = Equivalent Isotropically Radiated Power) von 65 dBW vorgegeben. Die leistungsstarken Rundfunksatelliten zählten zu der Klasse der sog. „High Power Satellites".

1980 wurde in Paris ein Abkommen zwischen der Regierung der Französischen Republik und der Regierung der Bundesrepublik Deutschland über die technisch-industrielle Zusammenarbeit auf dem Gebiet der Rundfunksatelliten unterzeichnet. Es wurde vereinbart, inklusiv Reserve (Back-Up), je zwei weitgehend baugleiche Rundfunksatelliten zu entwickeln und zu bauen. Die beiden „präoperationellen" Satelliten sollten 1983/84 ihren Betrieb aufnehmen. Unstimmigkeiten bezüglich Detailspezifikationen, Konflikte über die Entscheidung welche Komponenten aus welcher nationalen Produktion beim Projekt eingesetzt werden sollten, sowie finanzielle Probleme verzögerten jedoch die Fertigstellung der ersten europäischen Rundfunksatelliten um mehrere Jahre.

1984 drängte die erste deutsche, privatrechtliche, kommerzielle Fernsehanstalt 'SAT 1' auf eine bundesweite Verbreitung ihres Fernsehprogramms. Die terrestrischen Frequenzreserven für weitere, flächendeckende Fernsehprogramme waren erschöpft, so daß nur eine Verbreitung via Satellit in Frage kam. Nahezu zum gleichen Zeitpunkt hatte das ZDF mit Beteiligung des österreichischen und des schweizerischen Fernsehens (ORF und SRG) ein deutschsprachiges, kulturell geprägtes Programm „3sat" vorbereitet, das über Satellit verbreitet werden sollte. Der deutsche Direktsatellit TV-SAT stand zu diesem Zeitpunkt für die Ausstrahlung dieser beiden Programme nicht zu Verfügung. Zur Verbreitung der Programme 'SAT 1' und

'3sat' mußte die Deutsche Bundespost auf ihre anteilige Transponderkapazität auf dem europäischen Fernmeldesatelliten ECS 1 (Eutel-sat) zurückgreifen. Die Satellitenstrecken dienten hierbei als Programmzubringer zu den Kopfstationen der im Aufbau befindlichen Breitbandkabelnetze. Ein Direktempfang der ECS-Programme durch jedermann war aufgrund der geringen Sendeleistung und des damit verbundenen Empfangsaufwands mit damaliger Technologie nur schwer möglich. Darüberhinaus war nach dem Fernmeldeanlagengesetz für die Errichtung und den Betrieb einer Fernmeldesatelliten-Empfangsanlage eine zweckgebundene Genehmigung erforderlich, die nur jenen Antragstellern erteilt wurde, in deren Wohngegend eine Heranführung der Satellitenprogramme per Breitbandkabel innerhalb einer angemessenen Zeit nicht möglich war.

'Eins Plus', ein von den ARD-Landesrundfunkanstalten gemeinsam veranstaltetes Satellitenprogramm wurde ab März 1986 über den Fernmeldesatelliten INTEL-SAT VA-F12 – Orbitposition 60° Ost – abgestrahlt und nach und nach in das Kabelnetz der Deutschen Bundespost eingespeist. Für die zentrale Abspielung war der Südwestfunk Baden-Baden verantwortlich. Die Zuständigkeit für eine Einspeisung in das Kabelnetz liegt – bis heute – bei den Landesregierungen bzw. bei deren öffentlich-rechtlichen Landesmedienanstalten.

3.4. High Power contra Medium Power

Am 21. November 1987 wurde Europas erster Direktsatellit, der deutsche TV-SAT 1, mit Ariane-Flug Nr. 20 auf den Weg zu seiner Orbitposition gebracht. Der Satellit konnte jedoch seinen Betrieb nicht aufnehmen. Aus nie ganz geklärten Gründen – angeblich wegen eines bei den Startvorbereitungen in Französisch Guayana fälschlicherweise eingesetzten Transportbolzens – ließ sich ein Solarpaneel nicht entfalten und blockierte darüberhinaus die Inbetriebnahme des eingeklappten Empfangsreflektors.

Auf Initiative der luxemburgischen Regierung wurde im März 1985 die privatwirtschaftlich betriebene Gesellschaft Société Européene des Satellites (SES) gegründet. Ziel der SES war, unter Nutzung einer luxemburgischen Konzession, ein sog. Medium-Power-Satelliten-System speziell für die europaweite Verbreitung von Fernsehprogrammen zu konzipieren und zu betreiben. In Übereinstimmung mit den Bestimmungen des Radioreglements der Internationalen Fernmeldeunion vollzog die luxemburgische Postverwaltung beim International Frequency Registration Board (IFRB) das Melde-, Koordinations- und Registrierungsverfahren für die geostationäre Orbitposition (19,2° Ost) und die entsprechenden FSS-Frequenzen für das SES-Satellitensystem mit der Bezeichnung ASTRA. Die Dauer der von der luxemburgischen Regierung der SES erteilten Konzession wurde auf 22 Jahre festgelegt mit der Möglichkeit einer Verlängerung.

Zwei Monate nach dem erfolgreichen Start des ersten französischen Direktsatelliten TDF 1 konnte im Dezember 1988 die SES den 16-kanaligen Medium-Power-Satelliten ASTRA 1A erfolgreich positionieren. Medium-Power, ein Synonym für die Leistungsklasse, besagt, daß der Satellit im Gegensatz zu den High-Power-Satelliten – in Übereinstimmung mit den Fernmelde-Reglements – nur über eine Ausgangsleistung von ca. 63 Watt bzw. eine nominelle EIRP von ca. 52 dBW verfügt. Wesentliche Verbesserungen bei der Empfangstechnologie Ende der 80er Jahre machten es möglich die Signale von Medium-Power-Satelliten innerhalb des Versorgungsgebietes mit einem Antennenaufwand (Parabolspiegel) empfangen zu können der geringer ist (ca. 60 cm Durchmesser) als die WARC 1977 für den Empfang von High-Power-Satelliten definierte. Abweichend von den BSS-Systemen verfügt das ASTRA-System über eine Sendeantennenkonfiguration, die auf der Erde keine elliptische sondern eine an das Versorgungsgebiet angepaßte Kontur (shaped beam) hervorbringt. Seit Mitte der 90er Jahre ist SES mit sechs Satelliten (ein siebter ist noch für 1997 geplant) auf der Orbitposition 19,2° Ost präsent und nutzt damit auf dieser Position das gesamte FSS-Band einschließlich des BSS-Bereiches.

Vergleichbar mit dem SES-Konzept sind die Aktivitäten von EUTELSAT, die 1989 ihrerseits begannen mit der Positionierung eines Fernmeldesatelliten der 2. Generation auf 13° Ost eine 'Hot Bird Position' zum Zwecke der Fernsehprogrammverbreitung aufzubauen.

Nach der Panne mit TV-SAT 1 bemühte sich die Deutsche Bundespost (heutige Deutsche Telekom AG) wiederholt, auf dem französischen Rundfunksatelliten TDF 1 bzw. auf dem 1990 gestarteten Ersatzsatelliten TDF 2 Kapazitäten anzumieten. Sie scheiterte jedoch an dem Widerstand der französischen Genehmigungsbehörde CSA (Conseil Supérieur de l'Audiovisuel).

Mitte 1989 gelang der Start und die Inbetriebnahme des deutschen TV-SAT 2. Um die geforderte hohe Strahlungsleistung (EIRP) von 65 dBW zu erreichen, war eine HF-Leistung von ca. 230 Watt pro Kanal erforderlich. Die Programmabstrahlungen fanden auf den fünf DBS-Kanälen statt, die der Bundesrepublik auf der WARC 77-Konferenz mit linksdrehender Polarisation zugeteilt wurden.

Die Zuteilung der Kanäle an Programmanbieter erfolgte im Einklang mit einem im April 1987 von den Ministerpräsidenten der Länder unterzeichneten Rundfunkstaatsvertrag. Danach konnten drei Fernsehkanäle auf der Basis von Länderquoten an private Veranstalter vergeben werden. Ein vierter Kanal stand der ARD für ein gemeinsames zusätzliches Fernsehprogramm zur Verfügung. Darüberhinaus sollte der ARD-Kanal in der Zeit von 1 Uhr bis 18 Uhr (damals fernsehfrei) für die Übertragung des 'Digitalen Satelliten Hörfunks' (DSR / Digital Satellite Radio) genutzt werden. Der fünfte Kanal stand dem ZDF zur Verfügung. Für den sog. 'Westschienenkanal' (Bremen, Hessen, Nordrhein-Westfalen und Saarland) fand sich kein geeigneter (privater) Bewerber. Somit wurden über TV-SAT folgende – längst eingeführte – TV-Programme ausgestrahlt:

- 'RTL Plus', (privater Anbieter),
- 'SAT 1', (privater Anbieter),
- 'ARD Eins Plus',
- '3 sat', (ZDF).

Den nicht vergebenen Westschienenkanal nutzte die Bundespost zur Ausstrahlung der im DSR-System angebotenen digitalen Hörfunkprogramme.

Alle über TV-SAT (wie auch über TDF) gesendeten Fernsehprogramme wurden in der für Europa propagierten einheitlichen Farbfernsehnorm für Satellitenübertragungen – D2-MAC/Paket – ausgestrahlt. Basis für die Anwendung von D2-MAC, eine damals zeitgemäße, technisch interessante Alternative zur PAL-Norm, waren 1985 getroffene Vereinbarungen des deutschen und französischen Postministeriums auf ihren Direktsatelliten die D2-MAC-Norm einzusetzen. 1990 erarbeitete die Europäische Kommission eine 'MAC-Richtlinie' mit dem Ziel, für alle ab 1992 den Betrieb aufnehmende Satellitenprogramme – im FSS- und BSS-Bereich – die MAC-Norm zwingend vorzuschreiben. Nicht zuletzt vor dem Hintergrund eines sich abzeichnenden, künftigen digitalen Fernsehen hat die D2-MAC-Norm sehr rasch an Bedeutung verloren. In einigen europäischen Ländern werden Fernsehprogramme, die ausschließlich für den eigenen, nationalen Markt bestimmt sind, noch verschlüsselt in D2-MAC abgestrahlt.

Die Akzeptanz von TV-SAT, auf 19° West kopositioniert mit OLYMPUS und den beiden französischen Direktsatelliten TDF 1 und TDF 2, war trotz der hohen Strahlungsleistungen äußerst gering. Ende 1994 veräußerte die Deutsche Telekom TV-SAT 2 an die PTT Norwegens, die ihn auf 1° West zur Unterstützung ihres Satelliten THOR einsetzte.

Eine Analyse der in Europa nach den Vorgaben der WARC 77 realisierten High-Power-Projekte zeigt, daß diese Spezies von Direktsatelliten in technischer Hinsicht relativ unzuverlässig war, wie aus nachfolgender Aufstellung zu entnehmen ist:

TV-SAT 1 . . . . Totalausfall
TV-SAT 2 . . . . voll funktionsfähig
TDF 1 . . . . teilweiser Ausfall
TDF 2 . . . . teilweiser Ausfall
OLYMPUS . . . . teilweiser Ausfall
TELE-X . . . . voll funktionsfähig
MARCO POLO 1 . . . voll funktionsfähig
MARCO POLO 2 . . . voll funktionsfähig

OLYMPUS, ein Produkt der Europäischen Raumfahrt Organisation (ESA), verfügte neben einer Nutzlast im 20/30 GHz-Bereich über zwei Transponder im 12 GHZ-Band, deren Sendeantennen schwenkbar ausgelegt waren. Ein Kanal war für die italienische Rundfunkgesellschaft RAI (Radio Audizioni Italia) vorgesehen, über den zweiten Kanal, dessen Frequenzposition aus dem österreichischen WARC-Kontingent entliehen war, sollte ein „Europäisches Fernsehen" ausgestrahlt werden.

TELE-X, 1989 auf 5° Ost positioniert, verfügt über zwei funktionsfähige WARC-Transponder zur Versorgung skandinavischer Staaten.

Während Frankreich nach Teilausfällen bei TDF 1 zwangsweise auf den Betrieb seines Reservesatelliten TDF 2 angewiesen war, nahm Großbritannien 1990 auf der WARC-Position 31° West zunächst nur einen dreikanaligen Direkt-Satelliten, MARCO POLO 1, in Betrieb. Nachträgliche

Konzessionen für die Abstrahlung weiterer Satellitenprogramme machten eine Aktivierung der Reservekanäle erforderlich, was eine erhebliche Leistungsminderung zur Folge hatte. Mit dem Start von MARCO POLO 2, Anfang 1991, konnte Großbritannien seine fünf WARC-Kanäle mit voller Nennleistung nutzen.

Außerhalb Europas gab es um die 90er Jahre noch in Japan eine Reihe von DBS-Projekten. Zwei von fünf Satelliten hatten einen Totalausfall zu verzeichnen, während für die drei übrigen ein teilweiser Ausfall registriert wurde.

Als WARC-Satelliten der „zweiten Generation" (zirkulare Polarisation; zum Teil hybride Konfiguration; reduzierte Leistung) lassen sich in Europa noch folgende Satelliten klassifizieren:

- 5° Ost; SIRIUS; Schweden,
- 1° West; THOR; Norwegen,
- 30° West; HISPASAT, Spanien.

1982 entschied sich die Deutsche Bundespost ein nationales Fernmeldesatellitensystem „DFS-KOPERNIKUS" aufzubauen. Vorgesehen waren zwei Low-Power-Satelliten (plus einem Standby-Satelliten) mit relativ starker Bündelung der Abstrahlung, was innerhalb des deutschsprachigen Raumes eine EIRP zwischen ca. 49 und 52 dBW gewährleistete. Als Mission des DFS-Systems war ursprünglich reine Mehrzweck-Telekommunikation vorgesehen. Je Satellit waren 11 Betriebstransponder (drei mit je 90 MHz im 11 GHz-Bereich, sieben mit je 44 MHz im 12,5 GHz-Bereich und einen mit 90 MHz im 20 GHz-Bereich) vorgesehen. DFS 1 wurde am 6. Juni 1989 auf 23,5° Ost und DFS 2 im Juli 1990 auf 28,5° Ost positioniert. Aufgrund der stattgefundenen politischen Entwicklung und der fehlenden Redundanz bei TV-SAT wurde DFS 1 nicht im fernmeldetechnischen Bereich sondern zur Übertragung und Verbreitung von TV- und Hörfunkprogrammen eingesetzt. Offensichtlich versuchte die Deutsche Bundespost DFS-KOPERNIKUS auch als nationalen Direktsatelliten – im Wettstreit mit dem eigenen TV-SAT und als Alternative zu ASTRA – attraktiv zu machen. Die 90 MHz-breiten Transponder im 11 GHz-Bereich wurden zur Aufnahme von je zwei Fernsehkanälen geteilt (sog. Halbtransponderbetrieb), was eine deutliche Verringerung der Abstrahlleistung (bzw. Zunahme des für den Empfang erforderlichen Paraboldurchmessers) zur Folge hatte. KOPERNIKUS war der erste Satellit der zur Abstrahlung von Fernsehprogrammen sowohl den 11 GHz- als auch 12,5 GHz-Bereich nutzte, was seine Akzeptanz als 'direktempfangbaren' Satellit erschwerte, da zu diesem Zeitpunkt praktisch keine Satellitenempfänger (bzw. LNC = Low Noise Converter) zur Verfügung standen, die beide Frequenzbereiche abdeckten. Mit Stand vom Juli 1991 wies die Belegung von DFS 1 13 Programmkanäle einschließlich des digitalen Hörfunks (DSR) aus. Während der deutsche WARC-Satellit TV-SAT die Programme im D2-MAC-Standard ausstrahlen mußte, lieferte der, von der Deutschen Bundespost als „Zweitabstützung" (Back-Up) für den TV-SAT deklarierte, DFS 1 seine Programme – auch die von TV-SAT abgestrahlten Programme – in der PAL-Norm. KOPERNIKUS 1 führte zahlreiche Programme dem Breitbandkabel zu, konnte jedoch auch von jedermann mit mittlerem Aufwand – im PAL-Standard – direkt empfangen werden.

In Ergänzung eines im August 1990 aufgestellten Memorandum auf Understanding (MoU) zur Weiterentwicklung der Fernsehnorm D2-MAC vereinbarten im Januar 1991 die TV-SAT-Programmanbieter, Vertreter der Endgeräteindustrie, die Deutsche Bundespost Telekom und das Bundesministerium für Post- und Telekommunikation eine gemeinsame Vorgehensweise zur Einführung und Stärkung von D2-MAC auf Direktsatelliten. In dieser Vereinbarung verpflichtete sich die Deutsche Bundespost Telekom, ein Konzept zur Vermehrung der Zahl der abstrahlbaren Fernsehkanäle auf 19° West durch finanzielle Beteiligung technisch umzusetzen. Durch das Engagement der Bundespost erhielt die Eutelsat-Organisation praktisch 'grünes Licht' für die Vorbereitung eines seit mehreren Jahren verfolgten multinationalen Direktstrahlsatelliten-Projektes der zweiten Generation mit der Bezeichnung EUROPESAT. Nach ausgiebigen Projektstudien entschloß man sich für ein 36-kanaliges DBS-System, bestehend aus drei Betriebssatelliten und einem Orbit-Standby, auf der Orbitposition 19° West unter Nutzung des gesamten WARC-Frequenzbereiches (11,7 bis 12,5 GHz). Das Projekt EUROPSAT, das Frankreich, Deutschland, Italien und Schweden unterzeichnet haben, sollte über mehrere steuerbare Spotbeams sowie über elliptische oder geformte 'Eurobeams' verfügen. Die

Ausgangsleistung eines Transponders sollte 100–125 Watt betragen. Die Entscheidung für die Auftragsvergabe war noch für 1991 vorgesehen. Bereits für 1993 war die Positionierung eines präoperationellen Systems vorgesehen. Mit steigender Akzeptanz des ASTRA-Systems schwanden die Interessen – und die finanzielle Bereitschaft – der EUROPESAT-Signatare. Das EUROPESAT-Projekt wurde still und leise abgebrochen.

Seit etwa 1994/1995 bieten das marktbeherrschende SES-System ASTRA und die auf der 'Hot Bird Position' (13° Ost) konkurrierende Eutelsat-Organisation für Europa rund 100 analoge (verschlüsselte und unverschlüsselte) Fernsehprogramme überwiegend in der PAL-Norm an. Zur Jahresmitte 1996 notierte SES über 30 Millionen Haushalte im deutschsprachigen Raum, die entweder direkt oder per Kabel ASTRA-Programme empfangen können. Mit der Einführung des digitalen Fernsehens nach dem 'MPEG 2-Standard' (Mitte 1996) steigt ständig die Anzahl der von den beiden Unternehmen zusätzlich angebotenen 'Digitalpakete'. Über einen 36 MHz-Transponder können in datenreduzierter, digitaler Form beispielsweise entweder acht Programme in Standardbildqualität (4 bis 6 Mbit/s) oder fünf Programme in besserer Qualität (8 Mbit/s; entsprechend hochwertiger PAL(plus)-Programme) übertragen werden.

Die Weichen für die Zukunft des Satellitenfernsehens scheinen gestellt zu sein. Eutelsat verfügt noch über weitere Orbitpositionen und Optionen, die SES beabsichtigt ab Sommer 1997 mit dem Start einer zweiten ASTRA-Generation auf 28,2° Ost eine neue ASTRA-Position zu aktivieren.

Die Deutsche Telekom AG, Nachfolgerin des Staatsunternehmen Deutsche Bundespost, nahezu bei allen Satelliten- und Übertragungsprojekten (TV-SAT, KOPERNIKUS, EUROPESAT, DSR, D2-MAC, HDMAC) gescheitert, ist (zahlendes) Mitglied bei Eutelsat und Anteilspartner von SES. Gleichwohl ist nicht auszuschließen, daß die Deutsche Telekom AG auch in Zukunft weiterhin auf eigene Satellitenprojekte spekuliert.

3.5. Eigenes Spektrum für HDTV?

Auf der weltweiten Funkverwaltungskonferenz 1992 in Torremolinos (WARC-92) stellte die EBU/UER in internationaler Zusammenarbeit erstmals digitales HDTV (High Definition TV) in Studioqualität (140 Mbit/s) für eine 20-GHz-Satellitenübertragung vor. Die Bandbreiten der für Satellitenübertragungen zugeteilten Frequenzbereiche waren und sind für breitbandiges, analoges HDTV zu gering bemessen. Alle bis dahin bekannten und praktizierten (analoge) HDTV-Übertragungsverfahren waren schmalbandig (z.B. HDMAC, MUSE, HDNTSC). Einziger Ausweg für eine relativ breitbandige HDTV-Übertragung ist eine Frequenzzuweisung für den Satellitenrundfunk innerhalb des 20-GHz-Bereiches. Möglicherweise beeindruckt durch die offensichtlich überzeugende HDTV-Demonstration einigten sich die Delegierten in Torremolinos auf folgende, sog. koprimäre Zuweisungen für den DBS-Rundfunk zur Ausstrahlung von breitbandigen HDTV-Programmen:

- Region 2:   17,3–17,8 GHz
- Region 1 u. 3:   21,4–22,0 GHz

Unter ko-primär ist zu verstehen, daß die Nutzung dieser Bänder für breitbandiges HDTV beabsichtigt, aber nicht darauf beschränkt ist. Ab dem Jahre 2007 hat BSS in diesen Bändern Priorität über andere Dienste. Eine vorherige Inbetriebnahme ist jedoch für viele Länder ohne große Schwierigkeiten möglich. Ob einmal von einer Nutzung des 20 GHz-Bereiches für die Ausstrahlung 'breitbandiger' HDTV-Programme Gebrauch gemacht werden wird oder ob der Mitte der 90er Jahre spezifizierte, datenreduzierende Digitalstandard MPEG 2 für die Übermittlung hochzeiliger 'Hyperrealität' (ca. 40 Mbit/s) über bereits verfügbare Spektren ausreichend sein wird, ist keine Frage der Technik.

4. Breitbandverteilnetze

Ein weiteres Medium für die Rundfunkprogrammverteilung sind die Breitbandverteilnetze (BVN). Nachdem die Bundesregierung 1982 die Voraussetzung für den Aufbau einer bundesweiten technischen Infrastruktur geschaffen hatte, begann die Deutsche Bundespost den intensiven Ausbau großflächiger Breitbandverteilnetze. Entsprechend eines Ministerpräsidentenbeschlusses von 1978 errichtete die Bundespost bereits zu Beginn der 80er Jahre Kabelfernseh-Pilotprojekte in den Städten Berlin, Dortmund, Ludwigshafen und München.

Die Notwendigkeit eines Breitbandverteilnetzes ergab sich zum einen aus der begrenzten Verfügbarkeit terrestrischer Fre-

211. Die Fernsehversorgung und das Frequenzspektrum

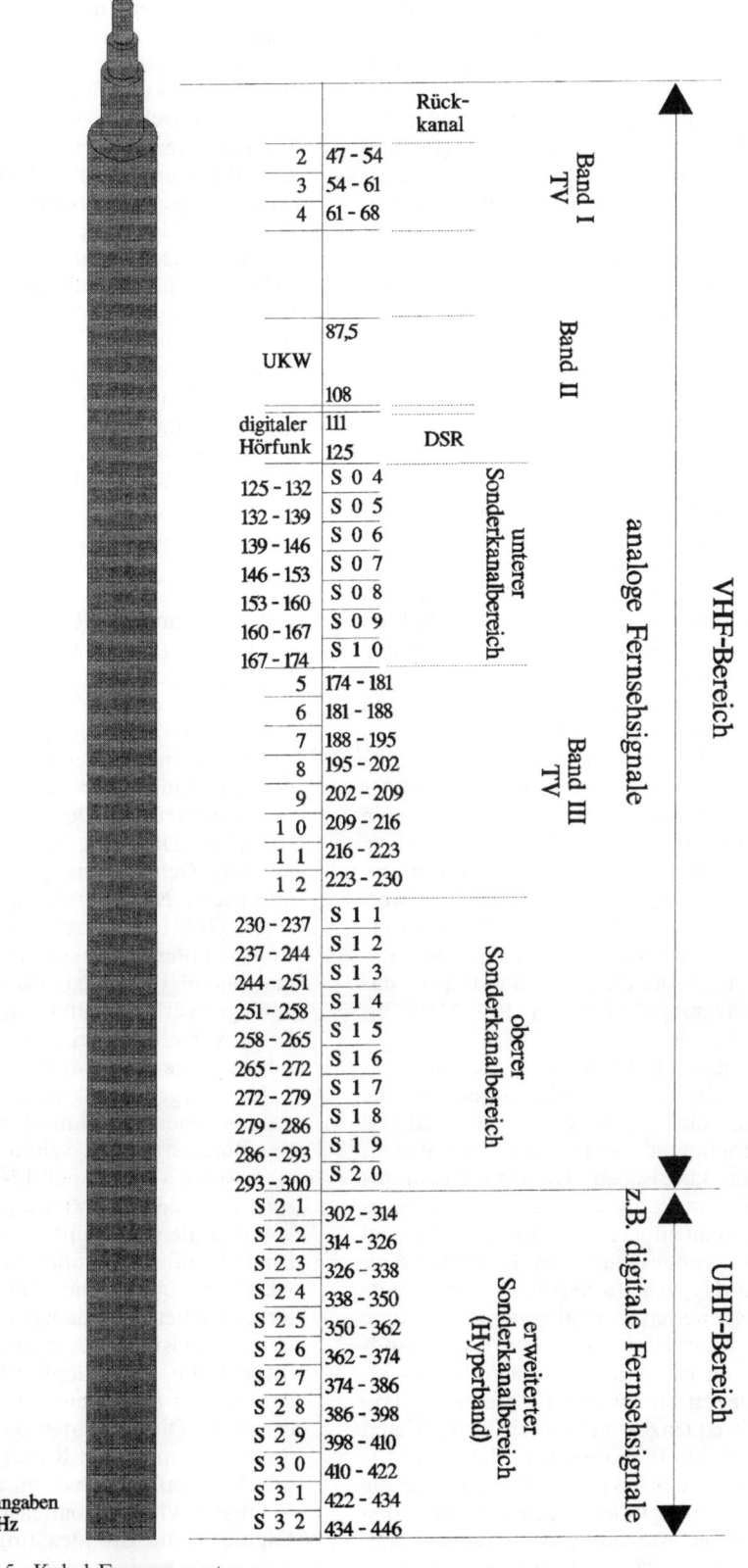

Abb. 211.5: Kabel-Frequenzraster

quenzen, die keine weiteren bundesweiten Fernsehprogramme mehr zuließ und zum anderen, daß die über Fernmeldesatelliten verbreiteten Fernsehprogramme zum damaligen Zeitpunkt nicht von jedermann empfangen werden durften und konnten. Gemäß der FTZ-Richtlinie 15 R 55 erstreckte sich die Kanaleinteilung im Kabel zunächst von ca. 47 MHz bis 300 MHz. Sie umfaßte die Fernsehbänder I und III, das UKW-Band (Band II) sowie einen unteren und einen oberen Sonderkanalbereich. Ursprünglich war eine tarifabhängige Unterscheidung zwischen einem 'Grundpaket' (bis Kanal 8) und 'Zusatzpaket' (Kanal 9 bis Sonderkanal 20) vorgesehen. Der untere Teilbereich war für gesetzlich bestimmte und weitere ortsmöglich empfangbare Programme sowie für die TV-SAT-Programme bestimmt. Im oberen Teilbereich sollten Programme übertragen werden, die am Ort terrestrisch nicht empfangbar waren und zusätzlich herangeführt werden mußten bzw. von Fernmeldesatelliten abgestrahlt wurden. Die Sperrung des einen oder anderen Teilbereichs sollte optional durch verplombte Filter ('Bayernfilter') in den Anschlußdosen erfolgen. Der Bereich 5 bis 10 MHz ermöglicht die Übertragung schmalbandiger Signale vom Teilnehmer zur zentralen Kopfstation. Unter anderem könnte dieser Rückkanal bei interaktiven Netzen für den Abruf einzelner Programmblöcke (z. B. pay-per-view) verwendet werden. Mit der Verpflichtung, auch Programme in der D2-MAC-Norm im Kabel zu verbreiten, erweiterte die Deutsche Bundespost das Kabelfrequenzspektrum um 140 MHz bis 440 MHz. [siehe Abb. 211.5] In diesem VHF-Bereich, dem sog. Hyperband, war eine Kanalbandbreite von 12 MHz vorgesehen, die auch für die Übertragung 'hochzeiliger' MAC-Programme (HDMAC) ausgereicht hätte. Im 'klassischen' Kabelspektrum bis 300 MHz können maximal 29 analoge Fernsehprogramme übertragen werden. Mit dem Ende der bundesdeutschen D2-MAC-Ära, wird das Hyperband vermehrt zur Unterbringung weiterer analoger Programme genutzt. Nachteil der analogen Hyperbandverbreitung ist, daß Fernsehempfänger älterer Generation für den Empfang des Hyperbandfrequenzbereichs nicht ausgerüstet sind. In Zukunft beabsichtigt die Deutsche Telekom AG den Hyperbandbereich für die Übertragung digitaler – unter Umständen nach eigener Auswahl zusammengestellter und speziell codierter – Programmpakete zu nutzen. Ob und in wieweit diese geplante Aktivität mit nationalen und europäischen Richtlinien konform geht, ist zum gegebenen Zeitpunkt zu prüfen. Ob darüberhinaus eine technisch mögliche Erweiterung der Kabelfrequenzen bis zu 862 MHz – z. B. zur Unterbringung weiterer Analogprogramme – vorgenommen werden wird, ist bislang nicht absehbar. Betreiber der Kabelnetze sind neben der Deutschen Telekom auch private Subunternehmen und Marketinggesellschaften. Die Kanalzuteilung erfolgt gemäß den unterschiedlichen Landesmediengesetzen durch die jeweiligen Landesmedienanstalten. Mit Stand 1996 waren in der Bundesrepublik Deutschland ca. 17 Millionen Kabelhaushalte – entsprechend ca. 52 Prozent aller Fernsehhaushalte – zu verzeichnen.

5. Harmonisierte Frequenznutzung im 21. Jh.

Die zu Beginn der 90er Jahre sich offenbarende rasante Entwicklung der digitalen Rundfunktechnologie (Hörfunk und Fernsehen) und die daraus resultierenden Anwendungsmöglichkeiten verlangten nach einer zukunftsweisenden Harmonisierung des für Rundfunkzwecke bestimmten Frequenzspektrums. 'Detailed Spectrum Investigation' (DSI) ist eine Aktivität der CEPT mit dem Ziel, langfristig in Europa eine harmonisierte Nutzung des Frequenzbereiches 29,7–960 MHz zu erreichen. Im Mittelpunkt steht – unter Berücksichtigung einer angemessenen Übergangsperiode – die Ablösung analoger Verfahren durch digitale Techniken. Erste Vorschläge sehen im Fernsehbereich folgende Szenarien vor (siehe Tabelle 211.2).

Im Vorgriff auf eine Umsetzung der vorgesehenen Nutzungsänderung wurde in der Bundesrepublik schon 1994 begonnen, eine Reihe von 'Kanal 12-Fernsehfrequenzen' (223–230 MHz) für die Abstrahlung von digitalem Hörfunk (DAB) umzunutzen. Eine endgültige europaweite oder weltweite Abstimmung über die künftige Nutzung der terrestrischen Frequenzressourcen ist nicht ohne Revision bestehender Abkommen (Stockholm 1961, Genf 1984 [UKW]) möglich und ist frühestens 1999 (WARC-99) zu erwarten. Dies bedeutet, daß eine totale Ablösung des analogen Rundfunks (Fernsehen und Hörfunk) durch digitale Systeme (DVB = Digital Video Broadcasting und DAB = Digital Audio Broadcasting) nicht vor dem Jahre 2020 beginnen wird.

Tab. 211.2: Frequenzplanung ab 2008

Zeitraum	Band	Frequenzbereich	Nutzung
ab 2008	I	47– 54 MHz	kein Fernsehen
		54– 68 MHz	Fernsehen und Mobil-Service
	III	174–216 MHz	Fernsehen und Mobil-Service
		216–230 MHz	DAB und Fernsehen
	IV/V	470–862 MHz	Fernsehen (keine analoge Erweiterung)
ab 2020	I	47– 68 MHz	kein Fernsehen
	III	174–216 MHz	kein Fernsehen (Neuzuteilung möglich)
	IV/V	470–510 MHz	digitales Fernsehen (DVB) (und möglicher Mobil-Service; Neuzuteilung möglich)
		500–862 MHz	digitales Fernsehen (DVB)

6. Literatur

Ahrens, Wilfried, ASTRA – Fernsehen ohne Grenzen. Düsseldorf 1993.

Breitkopf, Klaus/Peter Schiwy/Beate Schneider, Satellitenfernsehen und Satellitenhörfunk. Percha am Starnberger See 1987.

Kniestedt, Joachim, Die historische Entwicklung des Fernsehens. Sonderdruck aus ARCHIV für das Post- und Fernmeldewesen. Bonn 1985.

Lepper, Peter/Peter Heyer, SATTECH, Satellitenempfang & -Kommunikation, Teil A. Hrsg. v. Peter Lepper/Peter Heyer. Daun/Eifel 1991.

Reuter, Michael, Telekommunikation. Aus der Geschichte in die Zukunft. Heidelberg 1990.

Rindfleisch, Hans, Technik im Rundfunk. Ein Stück Rundfunkgeschichte von den Anfängen bis zum Beginn der achtziger Jahre. Hrsg. v. Institut für Rundfunktechnik GmbH. München 1985.

Witte, Eberhard, Neue Fernsehnetze im Medienmarkt. net-Buch Telekommunikation. Schriftenreihe der Zeitschrift nachrichten elektronik + telematik (net). Heidelberg 1984.

40 Jahre FTZ und PTZ in Darmstadt. In: Archiv für deutsche Postgeschichte, 1, 1989. Hrsg. v. Gesellschaft für deutsche Postgeschichte e. V. Frankfurt 1989.

WARC-93, Die rundfunkrelevanten Ergebnisse der WARC-92. In: RTM, Jahrg. 36, Heft 5, 1992.

Wittsmoorliste, Hörfunk- und Fernsehsender in der Bundesrepublik. Zusammengestellt von der Meß- und Empfangsstation Wittsmoor. Stand 1. 1. 1995. Hrsg. v. Norddeutscher Rundfunk 1995.

(Stand 1998)
Wolfgang Weinlein †, Baden-Baden
(Deutschland)

212. The Multimedia Project – Orlando/Florida

1. An Experiment
2. The Orlando Specifics
3. Video on Demand
4. Early Results
5. The Future
6. Reference

1. An Experiment

This article deals with conception of a full media service whereby one systems offers the cable subscriber a plethora of choices, such as home video equivalent and video games, usually found in separate offerings. This is what many think will be the wave of the future in the mass media and so a test of its attractiveness and delivery to 4,000 homes in the Orlando, Florida metro area by the largest media company in the world, Time Warner, is being closely watched during the final years of the twentieth century.

In this Orlando experiment each full services media box, the size of a video cassette recorder, sits on top of the television set, and plus a remote control and a color printer defines a multitude of capabilities. The set-top box, created by Silicon Graphics, Inc. and Scientific Atlanta, Inc., is ten times more powerful than a 486 personal computer, the standard of the mid-1990s.

This full service media system allows customers to order any of fifty movies – at any time – with the press of a button. It permits viewers to pause at any point in a movie, for example to go to the kitchen and make some popcorn or take a break to go to the bathroom. Standard cable TV systems of the mid-1990s can not offer either feature. Customers have other choices, from being able to play cards via the full service network or shop electronically from such upscale merchants as Spiegel, Eddie Bauer, and, of course, the Warner Bros. Studio Store. Customers can order stamps, which will be delivered by the U.S. mail, and also can arrange pickups by the postal service as well. In short Time Warner's full service network seeks to test, in the actual marketplace, the concept of convergence which has been touted as the future of cable TV plus traditional telephone plus personal computers.

This is a significant experiment because it will cost Time Warner millions upon millions of dollars. For example, each full service media box costs nearly $10,000 to purchase from the manufacturer, install, and maintain. Necessary fiber optic lines cost millions. The company has announced that Gerald M. Levin, CEO of Time Warner, has committed $3 to $5 billion for the experiment over the years. Levin has publically stated: "The same kind of minds that denounced Galileo as a heretic, ridiculed Edison's notion of an electric powered light and dismissed the Wright brothers' ideas as a crackpot scheme have turned their sights on the new medium of interactivity. Interactivity is going to change how customers view the world."

In practical terms, if it works, the full service media network could become the most powerful devise ever to market and sell Time Warner's movies, books, music, television, and the other software. Time Warner executives salivate at the possibility of selling future on-demand services as well as taking local and long distant telephone access and computer data access from giants AT&T, MCI, and Microsoft. They, led by Levin, envision the home of the twenty-first century as a complex multi-media center, all hooked to Time Warner. Orlando offers a rare and important real world experiment of what might work, a rare example of scientific sample experiment to test the future rather than simply starting something up and seeing if it would work.

2. The Orlando Specifics

When it launched its experiment in December of 1994 Time Warner represented a vast media conglomerate, a colossus created in 1989 as Warner Communication and Time, Inc. merged. Since then Time Warner has functioned as a major player in the television business. Its Hollywood studio produces a vast array of TV programs [and movies] and distributes them around the world. Its cable television division counts millions of subscribers, and owns and operates leading networks such as HBO and Cinemax. Each year Time Warner also sells millions of videos.

Time Warner has been so successful a merger that through the 1990s it ranked as the largest media company in the world, owning assets in excess of $20 billion, and yearly generating revenues also measured in billions of dollars. Fully half these revenues come from television-related subsidiaries. The rest come from moviemaking, owning and operating one of the top six major music labels, and publishing a string of magazines including Time, Fortune, and Money.

Time Warner is everywhere in the television business of the 1990s. In cable television its representatives sit on the board of WTBS-the SuperStation, CNN and TNT, Black Entertainment television, and the Comedy Cable-TV Channel. In 1995 Time Warner counted more than eleven million cable subscribers, with plans for more expansion. In short, as the twentieth century drew to a close, Time Warner could count rival Tele-Communications, Inc. as its only true competitor in the cable television industry and only the other five major Hollywood studios as serious rivals in making television shows.

Warner Bros. television shows over the years offer an imposing list that included "Martin", "Living Single", "Jenny Jones", "Love Connection", "Dukes of Hazard", "Eight Is Enough", "Knots Landing", "The Waltons", "Wonder Woman", "Alf", "Family Matters", "Full House", "Head of the Class", "My Favorite Martian", "Murphy Brown", and "Perfect Strangers". All could and would be marketed on any future full service media network. Dozens of made-for TV movies also stream out yearly from the Warner studio. Indeed Warner has few rivals as a Hollywood factory. Warner entered television production first during the mid-1950s, and served as the site for the creation of such early hits as "Cheyenne", and "77 Sunset Strip". The company truly hit its corporate stride when refashioned in the 1970s into Warner Communication under Steven J. Ross. Time, Inc. came to cable TV in the 1960s and became a leader on the strength of its innovation of HBO a decade later. With the merger in 1989 the combination Time Warner tied these assets together and tried to make the biggest television company in world history.

Steven J. Ross created Time Warner. As much as a single person can be responsible for merging a multi-billion dollar worldwide media conglomerate, the credit has to go to Ross. When talks began toward the merger, Ross sought to create an American company that could stand up to Sony and Matsushita from Japan which then were buying into Hollywood and taking over other media businesses in the United States. The merger was advertised as a combination of equals and at first Ross and J. Richard Monro of Time, Inc. were listed as co-chief operating officers. But this "sharing of power" proved short-lived; within a year Ross stood alone atop his media colossus.

But Steven J. Ross died in December of 1992. The actual day-to-day running of Time Warner then fell to Ross' protege, Gerald M. Levin. Levin inherited and thereafter expanded some of Ross' bold experiments. In September 1992, for example, Ross initiated New York 1 News, a 24-hour local cable channel for one million subscribers living on Manhattan Island. Ross knew such a proposition would be expensive, but New York City was his home town and could not journalistic giant Time, Inc. help make a 24-hour local cable TV news operation profitable? New York 1 News represents an experiment on a grand scale only Time Warner could attempt. Here the largest media company in the world, in the largest media market in the United States, under the close glare of Madison Avenue's advertising experts, tries to make "the future" profitable now. With the close involvement of the New York Times, New York 1 News repesented one significant case by which future "information superhighway" watchers will judge the success (or failure) of the new age of mass communications.

Thus Time Warner's Orlando, Florida trial was simply one part of a vast media empire. Gerald M. Levin has made technical innovation and corporate synergy stand at the center of Time Warner's future. Can the company truly bring the world of 500 channels to the 100 million living rooms in the United States and then to billions more around the world? Can Time Warner's book and magazine visions really generate new television shows and make long promised corporate synergy profitable? And can Gerald M. Levin negotiate these future forays while still paying off the billions of dollars of corporate debt accumulated as part of the Time Warner merger?

The jury is still out I write this in 1996. Thus the future of Time Warner is unclear as the 20th century ends. Gerald M. Levin, the hand picked successor, will need all his skills to navigate the new promised land of 500 cable TV channels. He has announced that Time Warner will offer telephone service to businesses in New York City and has formed an alliance with "Baby Bell" U.S. West to offer both cable and telephone service in the Rocky Mountain states. There are other possible investments into foreign cable TV businesses and new television networks.

Gerald M. Levin's career will be judged on whether these ventures turn profitable. In the meantime we must judge Time Warner as a bold corporate experiment in progress. Is it a venture that only was able to build up debts or a farsighted merger which resulted in a new type of media conglomerate that redefined the television industry?

In December 1994, after much hype and promise, Time Warner finally unveiled its long delayed interactive television network in Orlando, Florida. Movie on demand, plus games for the kids on demand plus home shopping for the older folks serve as the corner stone of experiment that started with five households in Seminole County, just north of Orlando city.

Time Warner, in late 1994, was bold about the importance of this experiment. Gerald M. Levin, publicly stated that his career as the CEO of the largest media company in the world rested on the success of this full service network experiment. After two years of preparation, Time Warner claimed that it had surmounted all technical hurdles. But technology working was the least of its problems. Convincing customers to change their lives and pay for the new service – that was the key.

This would be a clear demonstration, one that would try to convince the world that Time Warner was in the lead to the next wave of video service. It is one thing to set up a system to offer movies on demand; it is quite another to service all the households that seek the "same" movie on a Saturday night. The experiment held price constant in the beginning. That is customers of Time Warner cable system did not see any increase in their cable TV bills, but were charged $3 for movie viewing and $3 for renting a video game.

The delays caused some of the service suppliers to drop out even before the first customers went online in December, 1994. For example, a mail order flowers services, that employees a "800" toll free number in the United States, dropped out of going online shortly before it was to make a payment in excess of $100,000 for software to hook into the system.

From the beginning there were delays. It was supposed to have the 4,000 online in early 1994; it just made its start by the end of that year. In 1994, at the start, Time Warner predicted that it would have all 4,000 homes online by spring of 1995. It was December, 1995 before it could begin the full experiment.

In 1994 Time Warner was focusing on replacing much of its coaxial cable lines that carried regular cable television into these households. It spent millions of dollars (an exact figure was never announced) on laying a new fiber optic system that was high capacity, offered top quality pictures, and allowed much data to make its way to homes.

Many in the cable TV industry saw the experiment as more of a showcase of Time Warner power and capability than a serious text of the future of video delivery to the home. The full service network, even if it worked as impressively as promised, would never make money, at least in the economics of modern cable and video services. How many years would Time Warner stockholders and Gerald M. Levin wait? Others pointed to millions needed to be spent up front, before the system could begin to make a profit in Time Warner systems around the United States. Would the stockholders and Levin be willing to ante up such millions in a world where few seemed confident of what technology and entertainment will bring next?

In a widely covered press conference (150 reporters), held in middle of December, 1994, Levin and company had an audience of reporters from around the world. The first families online talked of the marvel and wonder of calling on movies whenever they desired. Parents speculated about "video allowances", in the same manner as allocating money for their children. Children raved at clear image video games, with no cartridges to change. Here was their chance to be a part of the world's greatest experiment in television and multimedia of the future.

Time Warner began the experiment loath to offer anything which might look like a personal compeer. Instead it offered jazzed up onscreen menus and made all commands able to come from a simple and familiar remote control. But this, despite Time Warner's promises, was no ordinary remote control, but a device with thirty possible buttons and more combinations – all to choose the vast selection of choices Time Warner was touting. It was a remote control married to a small calculator married to a video cassette recorder control unit.

Gerald M. Levin promised, at that press conference, but only in the future "The New Exchange". This was so customers could order up programs like the NBC Nightly News or CNN or MSNBC newscasts any time of the day or night, once they already had been broadcast or cablecast. In essence the viewer could fashion her or his own newscast, to jump between numerous past reports for the news they specifically desired. But with these "call ups" come targeted advertisements. If one, for example, called up stock market quotations, then along came an advertisement from a broker, hawking services. But wouldn't the viewer simply click out of the advertisement to something more informative or entertaining?

Impressive, upon first inspection, was "Shopper Vision". The viewer could select from a menu of stores, browse and then buy. In video images the viewer could pull a product off the shelf, inspect it, read the label, check the price, and even order it. Here digital access allowed shopping by category or brand or some other organizing principle. The kick was that one was charged $10 for processing an order. But this was a promise, not demonstrated in actuality in the 14 December of 1994 press demonstration.

3. Video on Demand

The fourth step would be the problem of video on demand. This is at the cornerstone of the concept of the full service network. Time Warner, maker and distributor of top movies through its Warner Bros. studio, knows that the most significant source of revenue for a feature film is rental and sales on video. This is a pot of gold of in excess of $15 billion in the United States, and more in the rest of the world. Customers journey to video stores, select tapes, return home, watch them, and then return them a couple of days later. The Time Warner Orlando experiment seeks to deviate some of those billions to at home rentals. But it needs to have a big selection of videos, one that can match the 10,000 in a major video store. But Time Warner also knows that most video renters seek only a handful of recent hit titles and so with 50 on demand, it thinks it can take away a portion of the video rental market. The idea is to eliminate the need to journey to a store and return the tape a couple of days later. This is done with computers, video cassette recorders, and the interactive nature of the Orlando system.

This was difficult because of the complexity of doing things on demand. Earlier results, by Time Warner and others, had never been impressive in the marketplace of the real world. In the early 1990s Time Warner had tried a test of a 150 channel system in Queens, New York, but viewers balked at waiting for designated start times in the same manner as HBO, but at a higher frequency, that is every fifteen minutes, not every 2 hours. TCI, the largest cable franchiser in the United States, tried an even more primitive video on demand system that required employees to draw a tape off a shelf and place it into a video cassette recorder as customers sent in their orders.

4. Early Results

Time Warner, by the end of 1995, had connected the last of 4,000 customers to its full service network near Orlando, Florida, one year after the interactive experiment began. This would be the full sample for the experiment. Time Warner had spent millions of dollars in 1995 to upgrade its cable system to support this full service network. As of the end of 1995 the full service network offered movies, previews, retail catalogues, and sports – instantly on demand. However, glitches remain as the high technology experiment still drew questions and complaints from actual users. Many stated upfront, for example, that it was slow and did not offer enough. At the end of 1995 users could order from 95 movies titles and view the film as if on videotape – that is fast forwarding and rewinding and pausing. Time Warner's full service network users could also order from about ten retailers including trendy gadget seller The Sharper Image, upscale cooking and appliance seller Williams-Sonora, housewares retailer Crate & Barrel, and surely not unexpectedly movie memorabilia from the company's own Warner Bros.

Time Warner had formed alliances, by the end of 1995, to offer banking and food services that were to come online in 1996. Through a deal with Barnett Banks, Inc., for example, customers of the full service network will be able to conduct basic banking transactions. From Pizza Hut, Inc. they can order a pizza and so on.

Still Time Warner seemed to be hedging its bets in 1996, shifting the focus away from Orlando by beginning a national online computer service in the greater Akron/Canton, Ohio area, known as Road Runner. The local content and speed for accessing graphics and applications seeks to surpass the capability of popular computer services such as America Online. Road Runner operates on Warner Cable's existing fiber-optic cable instead of phone lines. That way information traveled up to 100 times faster than through a standard modem, ending the delay of transferring graphics and photos from the Internet into a computer.

Time Warner offered 300,000 customers the chance to pay $39.95 a month to use a Motorola cable modem emblazoned with the Road Runner logo. The apparatus offered unlimited access to the Internet, the vast media libraries of Time-Life Books and Pathfinder, the World Wide Web site created by Time, Inc. The average installation fee is $200. Later in 1996 and through 1997 Time Warner planned to expand this Road Runner experiment into San Diego, California, and them Elmira, Birmingham, and Corning, New York and Columbus and Youngstown, Ohio.

Time Warner believed 1996 was the moment to enter the market and eventually dominate its competitors as an Internet provider with a new on-line service it plans to unveil this summer in the Akron/Canton, Ohio, area. Richard Duncan, former executive editor of Time magazine and current senior vice president of Time Inc.'s Excalibur division, said, "We're bigger than all of them. We will be able to offer things they don't have."

5. The Future

All this investment – whether in Orlando or Akron/Canton, was spent to increase future earning. In 1996 Time Warner seemed to be doing well. In a February 1996 announcement, about fiscal 1995, Time Warner's five businesses reported records for the fourth quarter, with the company posting more than $1 billion in combined pre-tax earnings for the first time. Time Warner reported record earnings before interest, taxes, depreciation and amortization of $3.308 billion on revenues of $17.696 billion for 1995, compared to $2.961 billion on revenues of $15.905 billion for 1994.

Time Warner Chairman and CEO Gerald M. Levin said two of the accomplishments in the year were the announced merger with Turner Broadcasting System that reinforces Time Warner as the world's foremost media company and cable acquisitions now passing 18 million homes or close to 20 percent of television homes in America.

And Time Warner seemed also to hedge its bets by staying in traditional cable TV. This also might serve to use as a base in the future for more full service networks. In January, 1996, for example, Time Warner completed its $2.7 billion buyout of Cablevision Industries, adding aproximately 1.3 million subscribers to give it a total of 11.5 million subscribers and making it among the biggest cable operators. The deal included subscribers in New York city northern suburbs and Rochester, Orlando and Tampa, Florida; Raleigh and Greensboro, North Carolina; California's San Fernando Valley, California [part of Los Angeles], and Columbia, South Carolina. Gerald M. Levin stated that the Cablevision purchase and others closed last year will "enhance our position as the best-clustered cable system in the world." The January 1996 announcement came nearly six months after Time Warner closed a $2.4 billion deal to acquire Kblcom Inc., the Houston Industries' subsidiary which owned its cable TV businesses.

But the biggest complication of Time Warner in 1996 was its announced takeover of Turner's cable businesses, including CNN, TBS, TNT, the Cartoon network, and an array of others. The deal proceeded slowly to come together as many opposed it for its wealth of accumulated power. The company needed to rethink all matters after that fall 1995 takeover proposal, including looking for partners for the Orlando experiment. Levin took the opportunity to regroup the massive company into three basic parts (1) entertainment; (2) cable and telephone; and (3) news and information. But the proposed deal also meant billions in new debt that needed to be paid off. The Orlando experiment seemed to take second place to regrouping, say Time magazine's news gathering resources with CNN's to gain economies of scale and lower costs, always promised for the synergy of such mergers.

The climate for interactivity changed by 1996 as the World Wide Web seemed the way of the future, not cable TV shopping and ordering of movies. Others who had considered aping Time Warner and its full service network pulled back and never began, awaiting to see what Time Warner and its spending accomplished. Concerns about high investment cost and what was the precise nature of consumer demand replaced visions of a new media world and full service through a souped up television set. Time Warner did not complete its lining up of 4,00 home until December of 1995 and so in 1996 the experiment and its results are still in process. But will the Time Warner vision be what the world goes to? Most think that interactivity will come, only the form is still much in doubt. The future will tell us.

6. Reference

Bruck, Connie, Master of the Game: Steve Ross and the Creation of Time Warner. New York 1994.

Douglas Gomery, Maryland (USA)

213. Die Satellitentechnik im Fernsehen

1. Telekommunikationssatelliten
2. Erste Satelliten für den Empfang von TV-Signalen
3. Die WARC 1977 für die Rundfunkzone I und III und ihre Folgen
4. Medium-Power-Satelliten und der 60 cm Ø Empfangsspiegel
5. Vervielfachung der Fernsehkanäle durch Verwendung digitaler Übertragungsnormen
6. Digitaltechnik – Markt der neuen Dienste
7. Die digitale Zukunft
8. Literatur

1. Telekommunikationssatelliten

Es hat in der Geschichte der Kommunikation immer wieder evolutionäre Quantensprünge mit revolutionierenden Auswirkungen in allen Bereichen der Gesellschaft gegeben, in Kultur und Politik, in Wissenschaft und Wirtschaft. Gutenbergs Erfindung gehört dazu, ebenso der Telegraph und der Kinematograph, das Telefon und das Radio, das Fernsehen und die Satellitenkommunikation.

Jetzt stehen wir vor einem weiteren Evolutionssprung, dem gleichfalls das Attribut der Umwälzung zugeschrieben wird. Von der digitalen Revolution ist zu Recht die Rede, wenn von der neuen Technik der Komprimierung digitaler Datenströme gesprochen wird. Die Innovation der „digital compression", wie die Fachleute sagen, verheißt allen Beteiligten in den Bereichen Hardware und Software enorme wirtschaftliche Chancen, die aber nur zum Erfolg führen, wenn unternehmerische Initiative sich in einem stabilen politischen Umfeld im freien Wettbewerb entfalten und die Wünsche der Konsumenten berücksichtigen kann.

Für den Bereich des Fernsehens birgt die Konbination der Techniken Satellitenübertragung und Datenkompression ein noch kaum abschätzbares Potential von Neuerungen und Veränderungen. Die meisten Fachleute sind sich darüber einig, daß die digitale Revolution das Fernsehen als Wirtschaftsfaktor noch schneller verändern und voranbringen wird als es die Übertragung von Videosignalen über Satelliten seit Anfang der achtziger Jahre getan hat.

Die Geschichte der Fernsehsatelliten beginnt freilich viele Jahre vorher, und es lohnt sich, einen kurzen Blick darauf zu werfen, zumal da es auch eine europäische Erfolgsstory besonderer Art ist.

Die Geschichte beginnt im Grunde mit der Vision des britischen Mathematikers und Futurologen Arthur C. Clarke aus dem Jahr 1945. Clarke veröffentlichte damals seine Idee von einem weltumspannenden Kommunikationsnetz auf der Basis von drei Satelliten auf geostationären Orbitpositionen über dem Äquator. Jede dieser künstlichen Relaisstationen sollte jeweils ein Drittel der Erdoberfläche abdecken und im Verbund miteinander über Bodenempfangsstationen den ganzen Globus mit Telefon- und Rundfunk- sowie Fernsehsignalen versorgen.

Es dauerte dann bekanntlich noch zwölf Jahre, ehe 1957 mit dem sowjetischen Sputnik der erste Satellit überhaupt gestartet wurde und im Zeichen des Kalten Krieges ein hektisches Supermacht-Rennen in Richtung Weltraum auslöste.

Tausende von künstlichen Trabanten sind seit 1957 auf eine Umlaufbahn geschossen worden. Die meisten waren und sind Satelliten für militärische Zwecke; dazu kommen wissenschaftliche Forschungssatelliten und die große Gruppe der sogenannten Anwendungssatelliten zur Wetterbeobachtung, Erderkundung, Navigation und Landvermessung sowie jene Kunstmonde, die für die Kommunikationswelt ohne Grenzen eine zunehmend bedeutende Rolle spielen: die Nachrichtensatelliten.

Der erste echte Nachrichtensatellit mit der Bezeichnung Score wurde am 18. Dezember 1958 gestartet; US-Präsident Dwight D. Eisenhower richtete über ihn eine Weihnachtsbotschaft an die Welt. Der Satellit verglühte wegen seiner großen Außenfläche und der niedrigen Flugbahn am 21. Januar 1959 nach nur 500 Erdumrundungen in der Atmosphäre.

Die erste Fernsehverbindung über den Atlantik übernahm ab 23. Juli 1962 Telstar 1. Auch dieser Satellit umrundete die Erde in nur geringer Höhe, so daß die Übertragungen auf jeweils 30 Minuten beschränkt waren.

Im Januar 1964 wurde zum erstenmal ein Nachrichtensatellit, Syncom 3, auf eine geostationäre Umlaufbahn gebracht, also genau über dem Äquator, das heißt auf jenen Orbit im Weltraum, den achtzehn Jahre zuvor der Engländer Clarke in seiner futuristischen Beschreibung vom weltumspannenden Kommunikationsnetz vorgesehen hatte.

Die geostationäre Bahn wird daher auch Clarkes Orbit genannt. Sie ist eine kreisförmige Umlaufbahn über dem Äquator in einer mittleren Höhe von 35.790 Kilometern.

Die Umlaufzeit eines Satelliten auf dieser Bahn ist bei einer Geschwindigkeit von rund 11.000 Kilometern pro Stunde mit 23 Stunden und 56 Minuten exakt synchron mit der Umdrehungsgeschwindigkeit der Erde; deshalb nennt man geostationäre Satelliten auch Synchronsatelliten. Von der Erde aus gesehen scheint der Satellit am Himmel fixiert, stationär zu sein.

Die meisten Nachrichtensatelliten sind heute auf Clarkes Orbit positioniert. Es gibt Ausnahmen wie den russischen Nachrichtensatelliten Molnija, der auf einer elliptischen Bahn die Erde umkreist. Die nördlichen Gebiete Rußlands können so besser versorgt werden als von einer geostationären Position aus.

Die organisatorische und rechtliche Grundlage eines globalen Kommunikationsnetzes für zivile Zwecke, so wie es sich Clarke 1945 vorgestellt hatte, legten am 20. August 1964 in Washington elf Nationen mit der Unterzeichnung eines Übereinkommens zur vorläufigen Regelung für ein weltweites kommerzielles Satellitenfernsehsystem und der Gründung des International Telecommunication Satellite Consortium (Intelsat). Ziel dieser Organisation war es, ein weltumspannendes Satellitennetz aufzubauen, zu betreiben und den Satelliteneinsatz zu koordinieren.

Am 6. April 1965 wurde der erste Intelsat-Satellit, Early Bird, der später in Intelsat I umbenannt wurde, auf seine geostationäre Umlaufbahn gebracht. In der Folgezeit expandierte das Intelsat-System auf über 140 Länder mit 350 Bodenstationen. Die Intelsat-Flotte von neunzehn geostationären Satelliten ist über dem Atlantik, dem Indischen Ozean und dem Pazifik positioniert. Die Satelliten gehören den Mitgliedern der Organisation – das sind inzwischen 106 Vertragsländer – gemeinsam.

Intelsat – und damit praktisch der bis heute größte Bereich der zivilen Satellitennutzung in der westlichen Welt – stand von Anfang an und über viele Jahre unter der Dominanz der Amerikaner, die als einzige über eine leistungsfähige Weltraumindustrie und das entsprechende Know-how verfügten.

Amerikaner waren zunächst auch die wichtigsten Intelsat-Kunden. Nach der Intelsat-Satzung müssen die Anteile an der Organisation im Verhältnis zum Nutzungsanteil des Satellitensystems stehen. Am Anfang hatten die USA einen Anteil von 63 Prozent. Im Jahr 1981 war dieser Anteil auf 22,5 Prozent gesunken. Der Anteil Großbritanniens stieg im selben Zeitraum von 8 auf rund 13 Prozent. Frankreich als drittgrößter Intelsat-Nutzer hatte 1981 6,55 Prozent Anteil, die Bundesrepublik Deutschland, Brasilien und Japan hatten je 3 Prozent.

Die Europäer brauchten – teils aus Gründen widerstreitender Interessen, teils schlicht aus Geldmangel wegen anderer Prioritäten – lange, ehe sie Anschluß an die in den Vereinigten Staaten mit Hochdruck vorangetriebene Satellitenentwicklung fanden. An frühen Initiativen hat es nicht gefehlt, aber die Resultate blieben bis in die achtziger Jahre hinein dürftig.

Der erste Versuch, sich von der amerikanischen Übermacht in der Weltraumforschung und -technik zu lösen, trägt das Datum 29. März 1962: Sieben Staaten, darunter die Bundesrepublik Deutschland, unterzeichneten in London eine Konvention für die Europäische Organisation für die Entwicklung und den Bau von Raumfahrzeugträgern (European Launcher Development Organization, ELDO). Die Organisation sollte die künftige europäische Weltraumforschung von den Satellitenträger-Kapazitäten der amerikanischen Weltraumbehörde NASA unabhängig machen.

Knapp drei Monate später, am 14. Juni 1962, kam es zur Gründung der Europäischen Organisation zur Weltraumforschung (European Space Research Organization, ESRO).

Im Dezember 1966 versammelten sich in Paris die Vertreter von zwölf europäischen Regierungen zur ersten Europäischen Weltraumkonferenz (European Space Conference, ESC).

Seit dem 31. Mai 1975 arbeitet die aus dem Zusammenschluß von ELDO und ESRO entstandene European Space Agency, ESA, als europäische Behörde in Paris. Mitgliedstaaten sind Frankreich, die Bundesrepublik Deutschland, Großbritannien, Italien, Belgien, Schweden, Holland, die Schweiz, Spanien, Dänemark und Irland. Kanada, Norwegen und Österreich beteiligen sich an einzelnen Projekten. Österreich ist assoziiertes

Mitglied, Kanada und Norwegen haben Beobachterstatus.

Aufgabe der ESA ist es, die Zusammenarbeit europäischer Staaten zu ausschließlich friedlichen Zwecken auf dem Gebiet der Weltraumforschung und Weltraumtechnik im Hinblick auf deren Nutzung für die Wissenschaft und operationelle Weltraumanwendungsgebiete sicherzustellen und zu entwickeln.

Die ESA nahm sich drei Schwerpunktprojekte vor: das Raumlabor Spacelab, das 1983 an Bord eines Spaceshuttles der NASA erfolgreich im Weltraum erprobt wurde und anschließend in das Eigentum der NASA überging; den Bau einer europäischen Satelliten-Trägerrakete; schließlich ein System europäischer Nachrichtensatelliten.

Mit einem eigenen Trägerraketenprojekt noch unter der Ägide der 1962 gegründeten ELDO hatten die Europäer zunächst wenig Fortüne. Zehn Exemplare der ersten Generation, Europa-I-Rakete genannt, wurden auf dem australischen Testgelände Woomera ohne Erfolg erprobt. Am 20. Dezember 1972 scheiterte auf dem Versuchsgelände in Kourou, Französisch-Guayana, ein Test mit einer Europa-Rakete der zweiten Generation. 2,5 Milliarden Mark waren inzwischen ausgegeben. Die beteiligten Regierungen beschlossen, das Projekt einzustellen.

2. Erste Satelliten für den Empfang von TV-Signalen

Mehr Glück und wie sich herausstellen sollte auch kommerziellen Erfolg hatten die Europäer mit der Nachfolgerrakete Ariane. Unter Federführung der französischen Raumfahrtbehörde CNES (Centre National d'Études Spatiales) beauftragten zehn Länder, die späteren Signatarstaaten der ESA, im Dezember 1973 die ESRO, einen Satellitenträger der dritten Generation zu bauen.

Die erste Ariane wurde sechs Jahre später, im Dezember 1979, vom Raketenversuchsgelände in Kourou erfolgreich gestartet. Nachdem im Mai 1980 der zweite Ariane-Test gescheitert war – die Rakete landete im Meer –, gelang es mit der dritten Ariane am 12. März 1981, gleich zwei Satelliten auf eine geostationäre Umlaufbahn zu bringen: den indischen Nachrichtensatellit Apple und den europäischen Meteosat 2.

Im Dezember 1992 meldete die Ariane-Betreiber-Gesellschaft Arianespace den erfolgreichen Start von bis dahin 87 Satelliten und einen Auftragsbestand für 31 weitere Satellitenstarts. Die Hälfte der Aufträge kamen aus dem nichteuropäischen Ausland, darunter fünf aus den Vereinigten Staaten. Auf dem Weg zu diesem Erfolg hat es freilich auch empfindliche Rückschläge gegeben.

Das dritte ESA-Projekt, der Bau eines europäischen Nachrichtensatellitensystems, schien, wie das Trägerraketenprojekt, zunächst auch nicht unter einem günstigen Stern zu stehen.

Am 14. September 1977 sollte in den USA an Bord einer Delta-Rakete der erste von zwei voroperativen ESA-Satelliten mit der Bezeichnung OTS (Orbital Test Satellite) gestartet werden. Der Satellit OTS 1 ging verloren, als die Rakete nach einem Fehlstart zerstört werden mußte. Der Versuchssatellit OTS 2, mit der Kapazität von 4500 Telefon- und zwei Fernsehkanälen, wurde am 11. Mai 1978 gestartet und kam heil in den Orbit.

Ab Oktober 1981 strahlte der britische private Fernsehanbieter Satellite Television plc., der Vorläufer von Rupert Murdochs Sky Television, über OTS 2 das erste europaweit zu empfangende werbefinanzierte Fernsehprogramm aus. Unter Federführung des Südwestfunks verbreitete die ARD vom 22. bis 28. November 1981 über diesen Satelliten ein Versuchsprogramm. OTS 2 funktionierte bis zum Frühjahr 1984.

Nach dem Versuchsprojekt OTS konnte grünes Licht gegeben werden für das eigentliche operative Satellitensystem der European Communications Satellites (ECS).

Schon im Juni 1977 hatten 17 der in der CEPT (Conference Européenne des Administrations des Postes et des Telecommunications) zusammengeschlossenen europäischen Postverwaltungen eine Vereinbarung zur Gründung einer europäischen Satellitenorganisation unterzeichnet, das Interim Eutelsat Constitution Agreement. Aus der Vorläuferorganisation Interim Eutelsat entstand später die European Communication Satellite Organization, Eutelsat, die ab September 1985 offiziell ihre Arbeit begann, nachdem die Postverwaltungen der 26 CEPT-Staaten die Eutelsat-Konvention unterzeichnet hatten. Zwanzig der Signatare hielten im Jahre 1995 Anteile an der Eutelsat, darunter die Deutsche Telekom mit 10,82 Prozent. Die beiden größten Anteilseigner sind die Telekommunikationsbehörden Frankreichs und die British Telecom mit jeweils 16,4 Prozent.

Eutelsat hat drei Organe: die Vollversammlung der Signatarorganisationen, den ECS-Rat, das Entscheidungsgremium für die Satellitenentwicklung und das Generaldirektorat als Exekutivorgan.

Im Mai 1983 unterschrieben die ESA und die Interim Eutelsat das ECS-Abkommen, nach dem zunächst fünf Fernmeldesatelliten gebaut werden sollten, ein System mit vielfachen Funktionen. Es sollte den Telefon- und Fernschreibverkehr erweitern und modernisieren sowie für die Koordinierung von Fernseh- und Hörfunkverbindungen zwischen den Mitgliedsanstalten der Europäischen Rundfunkunion EBU zur Verfügung stehen.

Die ECS-Satelliten wurden gebaut und später in Eutelsat umbenannt. Sie verfügten über je zehn Sendekanäle mit einer Leistung von je 20 Watt. Die geringe Sendestärke bewirkt, daß diese in der Fachsprache Low Power Satellites genannten Trabanten nur mit relativ großem Antennenaufwand, mit Antennen von mindestens zwei bis drei Metern Durchmesser, zu empfangen und daher vor allem für die Einspeisung in Breitbandkabelnetze geplant und geeignet waren.

Mit dem Bau von Low-Power-Satelliten folgten die Europäer der ursprünglichen Entwicklung in den USA. Auch dort hatte man zunächst ausschließlich Satelliten mit geringer Leistung in der Größenordnung von 10 bis 20 Watt eingesetzt, um Kabelnetze landesweit mit neuen Fernsehprogrammen zu versorgen.

Dies war der konkrete Einstieg in ein Marktsegment der Fernsehindustrie, an das im Zusammenhang mit Low-Power-Satelliten ursprünglich niemand gedacht hatte: in das Geschäft mit dem Fernsehdirektempfang.

In der Theorie hatte der Direktempfang schon in den frühen siebziger Jahren Konturen gewonnen, die schließlich 1977 zum Konzept der WARC-Konferenz mit der Vergabe von Frequenzen an einzelne Länder und den Plänen für High-Power-Satelliten führten (WARC ist die Abkürzung für 'World Administrative Radio Conference'). Doch davon war so gut wie nichts realisiert, als die Low-Power-Satelliten ganz neue, zukunftsweisende Möglichkeiten eröffneten.

Denn bald stellte sich in den USA heraus, daß Fernsehzuschauer, die nicht an Kabelnetze angeschlossen waren, die relativ hohen Kosten nicht scheuten, um Satellitensignale mit eigenen Parabolspiegeln von zwei bis drei Metern Durchmesser direkt in ihre Wohnstuben zu holen. Schon Mitte der achtziger Jahre waren in Nordamerika bereits über eine Million privater Empfangsanlagen in Betrieb.

Der erste ECS-Satellit, Eutelsat 1-F1, wurde im Juni 1983 mit einer Ariane-Rakete auf seine geostationäre Position 13 Grad östlicher Länge gebracht, der zweite, Eutelsat 1-F2, im August 1984 auf 7 Grad östlicher Länge. Ein dritter Satellit, Eutelsat 1-F3, wurde im September 1985 bei einem Ariane-Fehlstart zerstört. Seine Aufgabe übernahm 1986 Eutelsat 1-F4.

Unabhängig von den Eutelsat-Projekten nahmen mehrere Länder eigene nationale Fernmeldesatellitensysteme in Angriff. So startete Frankreich 1984 seinen Mehrzwecksatellit Telecom 1A, dem im Mai 1985 Telecom 1B folgte. Die Deutsche Bundespost gab 1983 den Deutschen Fernmeldesatelliten (DFS) Kopernikus in Auftrag. Das System, bestehend aus zwei operativen und einem Reservesatelliten, war ursprünglich vorwiegend darauf angelegt, die Leistung der Kabel- und Richtfunknetze in der Bundesrepublik und nach Berlin zu verbessern. Die Bundespost fühlte sich unter dem Eindruck des Erfolgs des luxemburgischen Satellitensystems ASTRA schließlich genötigt, Kopernikus zum Fernsehsatelliten unzufunktionieren. DFS Kopernikus 1 startete am 6. Juni 1989, Kopernikus 2 ein Jahr später, am 25. Juli 1990, Kopernikus 3 am 12. Oktober 1992.

Seit Anfang der siebziger Jahre war abzusehen, daß die Entwicklung der Satelliten von den vorwiegend für Telefon-, Telex- und Datenübertragungen konzipierten Fernmeldesatelliten, den Low-Power-Satelliten mit geringer Sendestärke, in Richtung des individuellen Satellitendirektempfangs von Fernsehsendungen weitergehen würde. Es würde also neben den Fernmeldesatelliten künftig auch Rundfunksatelliten (Direct Boradcasting Satellites, DBS) geben, über die ausschließlich Hörfunk- und Fernsehprogramme abgestrahlt würden.

Dahinter standen auch wirtschaftliche Überlegungen mit potentiell weitreichenden medienpolitischen Auswirkungen.

Der deutsche Medienexperte Dietrich Ratzke hat sie Anfang der achtziger Jahre in seinem Standardwerk Handbuch der neuen Medien am Beispiel der Bundesrepublik Deutschland so beschrieben: Für die drei in der Bundesrepublik ausgestrahlten terrestrischen Fernsehprogramme sind etwa 5.000 Sender und Füllsender notwendig. Für die Ausstrahlung eines Fernsehprogramms entstehen im terrestrischen Sendernetz Jahreskosten von rund 150 Millionen Mark. Bei Ausstrahlung über Satellit sinken diese Kosten auf etwa ein Zehntel. Durch die bundesweite Verteilung per Satellit könnten die rund 5.000 terrestrischen Fernsehsender in der Bundesrepublik Deutschland für neue Programmaufgaben freigemacht werden. Freilich, die Verteilung von Frequenzen ist in Deutschland weniger die Sache von kostenbewußten Experten, sondern Domäne der Landespolitiker, im Zweifel die des Bundesverfassungsgerichts.

3. Die WARC 1977 für die Rundfunkzone I und III und ihre Folgen

Um die Entwicklung in Richtung Satellitendirektempfang in geordnete Bahnen zu lenken und um zu vermeiden, daß die zu erwartenden nationalen DBS-Projekte einander funktechnisch ins Gehege kommen, wurde – wie schon erwähnt, bereits früher – nämlich 1977 auf der Funkverwaltungskonferenz WARC 77 über die Zuteilung von 1000 Rundfunksatellitenkanälen für Europa, Afrika, Asien und Australien verhandelt.

WARC-Veranstalter war und ist die Internationale Fernmeldeunion ITU (International Telecommunications Union), eine Sonderorganisation der Vereinten Nationen in Genf.

Am 1. Januar 1979 trat der in Genf beschlossene Frequenzplan für die Region I und III in Kraft, die mit Ausnahme der westlichen Hemisphäre die ganze Welt umfassen. Die Frequenzen für die Region II, Nord- und Südamerika, wurden auf einer zweiten Konferenz im Jahre 1983 festgelegt.

Einigkeit bestand in Genf darüber, daß die künftigen Rundfunkanstalten ausschließlich für die nationalen Bedürfnisse der Länder verwendet würden – Fernsehen ohne Grenzen war ausdrücklich nicht erwünscht.

Ins Auge gefaßt wurden Satelliten mit hoher Sendeleistung, High-Power-Satelliten, für deren Empfang für die damaligen Verhältnisse vergleichsweise kleine Antennen mit einem Durchmesser von ursprünglich 90 Zentimetern ausreichen sollten.

Die von den DBS-Satelliten ausgehenden kegelförmigen Strahlenbündel, die jeweils einen begrenzten, elliptischen Footprint auf der Erde abdecken, ließen sich zwar technisch in etwa den geographischen Umrissen der einzelnen Länder anpassen, doch würde sich eine gewisse Überstrahlung, in der Fachsprache Overspill, nicht vermeiden lassen.

So bekam auf der WARC 77 zwar jedes Land unabhängig von seiner Größe fünf Satellitenkanäle zugesprochen, allerdings mit unterschiedlich starken Sendeleistungen – entsprechend seiner Fläche. So wurde der Bundesrepublik Deutschland erlaubt, mit 260 Watt zu senden, der Schweiz mit 100 Watt, dem kleinen Luxemburg aber nur mit 50 Watt.

Die Sendestärke ist freilich nur ein Faktor des Satellitenempfangs. Ebenso entscheidend sind die Größe und Leistungsfähigkeit – Stichwort Programmvielfalt – der Satellitenempfangsanlage beim Empfänger am anderen Ende der Kommunikationsstrecke.

Noch wichtiger indessen – zeigte sich – war die Programmvielfalt, die die Konsumenten zum Kauf von Empfangsanlagen stimulierte, und damit Satellitendirektempfang zu einer Massendienstleistung machte.

Auf diesem Gebiet waren schon wenige Jahre nach der Genfer Frequenzverteilungskonferenz so große Fortschritte gemacht worden, daß die beabsichtigte Beschränkung des Rundfunksatellitenempfangs auf die jeweiligen Ländergrenzen technisch ad absurdum geführt wurde, lange ehe die ersten DBS-Satelliten einsatzbereit waren.

Niemand fragte sich 1977, wie denn die anvisierten, auf nationale Verbreitung beschränkten Satellitenprojekte jemals rentabel sein könnten. Eine internationale Verbreitung, die einen großen Markt mit vielen Millionen Zuschauern garantiert hätte, stand nicht zur Diskussion. So kam auch niemand auf die Idee, sich Gedanken über die Vermarktung der DBS-Satelliten als Programmträger zu machen. Den Geist von Genf bestimmten die Interessen der subventionierten Raumfahrtindustrie und der Postmonopole. Der technisch geprägte Zeitgeist schien zu diktieren: Was machbar ist, wird gemacht, ohne Rücksicht auf Verlust oder Gewinn. Ein Mindestmaß an betriebswirtschaftlicher Vernunft hätte schon damals zu der Einsicht führen müssen, daß die teuren Hochleistungssatelliten mit allenfalls fünf Kanälen niemals wirtschaftlich betrieben werden könnten.

Das Resultat: Fünfzehn Jahre nach WARC 77 gab es nur fünf konkrete Projekte, die mit erheblichen staatlichen Subventionen realisiert wurden: das französische TDF und das deutsche TV-SAT-System, den schwedischen TELE-X, den spanischen HISPASAT und den von der ESA in Auftrag gegebenen OLYMPUS.

Im April 1980 vereinbarten Frankreich und die Bundesrepublik Deutschland die seit Mitte der siebziger Jahre anvisierte gemeinsame Entwicklung eines DBS-Satellitensystems mit den französischen Satelliten TDF 1 und TDF 2 und den deutschen TV-SAT 1 und TV-SAT 2. Beide Systeme wurden erst viele Jahre später realisiert, waren von Pannen verfolgt und sind inzwischen so gut wie gescheitert.

Im Oktober 1990, zwei Jahre nach dem Start von TDF 1 und zwei Monate nach der Inbetriebnahme von TDF 2, war das französische DBS-System kaum mehr als eine Ruine. Vier der insgesamt zwölf Transponder funktionierten nicht mehr; die Kapazität des Systems war somit um ein Drittel reduziert, noch ehe ein regulärer Sendebetrieb beginnen konnte. Nicht besser erging es dem deutschen Gegenstück. TV-SAT 1, Ende 1987 in den Orbit geschossen, konnte überhaupt nicht genutzt werden, weil sich eines seiner Sonnenpaddel nicht entfaltet hatte. TV-SAT 2, im Herbst 1989 gestartet, funktionierte zwar, doch fehlte es an Empfangsgeräten. Ende 1992 gab es europaweit kaum mehr als 200000 D2-MAC-Empfangsgeräte. Seine Nutzung wurde Mitte der neunziger Jahre eingestellt.

Ein einziges Projekt aus dem Konzept der WARC 77 sollte in Großbritannien kommerziell durch die konzessionierte Betreibergesellschaft BSB (British Satellite Broadcasting) betrieben werden. Nach einem kurzen erbitterten Konkurrenzkampf gegen die Programmanbieter auf dem ASTRA-System wurde der Betrieb mit Milliardenverlusten eingestellt. Mittlere und kleine Länder konnten wegen der hohen Kosten im Verhältnis zur erreichbaren Teilnehmerzahl solche DBS-Satelliten nicht nutzen, wenngleich der kleinste der damals von der WARC 77 mit fünf DBS-Frequenzen beglückte Staat, das Großherzogtum Luxemburg, zunächst zu jenen gehörte, die sich von der neuen Technik besonderen Gewinn versprachen. Doch das entsprechende Projekt Luxsat, betrieben von der CLT, scheiterte, nicht zuletzt am politischen Widerstand vor allem aus Frankreich.

4. Medium-Power-Satelliten und der 60 cm Ø Empfangsspiegel

Eine wirtschaftlich interessante Perspektive bekam das Satellitenfernsehen Mitte der achtziger Jahre mit der Entwicklung von Medium-Power-Satelliten. Während der hohe Energiebedarf der DBS-Satelliten von bis zu 230 Watt je Transponder allenfalls fünf Transponder pro Satellit zuließ, reichten infolge der rasanten technischen Entwicklung im Empfangsgerätesektor Medium-Power-Satelliten mit 50 Watt je Transponder aus, um nahezu kontinentale Gebiete mit einer großen Programmvielfalt zu versorgen, so daß bis zu sechzehn Transponder für ebenso viele Fernsehprogramme auf einem Satelliten untergebracht werden konnten.

Das Medium-Power-Prinzip wurde der Schlüssel zum Erfolg des Satellitendirektempfangs, in Europa durch die ASTRA-Satelliten der Société Européenne des Satellites (SES). Der erste Satellit, ASTRA 1A, ging aufgrund einer 1 1/2jährigen Startverzögerung wegen Problemen mit der Ariane Trägerrakete im Dezember 1988 in den Orbit. Bis 1993 kamen die Satelliten ASTRA 1B und 1C hinzu, kopositioniert mit ASTRA 1A auf derselben Orbitposition 19,2° Ost. ASTRA 1D wurde im November 1994 ebenfalls am selben Ort stationiert.

Die Satelliten Nummer fünf, sechs und sieben, ASTRA 1E, 1F und 1G, die zwischen 1995 und 1996 in den Orbit gingen, markieren den Beginn der digitalen Zukunft in Europa. Die beiden letzteren Satelliten wurden vom Weltraumbahnhof Baikonur in Kasachstan gestartet. Der achte Satellit ASTRA 1H ist für das Jahr 1999 als Reservesatellit vorgesehen. Damit stehen auf der gleichen Orbitposition 19,2° Ost insgesamt 64 analoge und 56 digitale Kanäle zur Verfügung.

Neu war aber nicht nur die optimale Auslegung der Leistungsflußdichte der Satelliten auf die Zielgebiete, so daß in den zentralen Ländern Europas Antennen mit 60 cm Durchmesser (bzw. 50 cm für digitale Kanäle) verwendet werden konnten und möglichst wenig Leistung über Meeren und nicht anvisierten Gebieten verloren ging. Neu war vor allem die Kopositionierung der Satelliten auf der gleichen Orbitalposition mit einer optimierten Nutzung des gesamten Frequenzbereiches im Ku-Band von 10,7 bis 12,75 GHz.

Die digitalen Kanäle ermöglichen dank der Datenkompression nicht nur die Übertragung von Hunderten von Fernsehprogrammen, sondern auch die Verbreitung von Multimedia-Inhalten. Diese können mit ASTRA NET, einer von SES/ASTRA seit 1997 betriebenen breitbandigen, offenen Multimedia-Plattform, direkt an PCs in Unternehmen oder Privathaushalten übertragen werden.

Der nächste Schritt beim Ausbau des ASTRA-Satellitensystems zu einem interaktiven Breitbandnetz ist die Bereitstellung eines direkten Rückkanals per Satellit. Dieses interaktive Satelliten-Rückkanalsystem wird nach Inbetriebnahme des ASTRA 1H-Satelliten im Lauf des Jahres 1999 funktionstüchtig sein und ein integriertes Kommunikationssystem via Satellit schaffen, welches der wachsenden Nachfrage nach asymmetrischer Zwei-Weg-Kommunikation für die Zusammenführung und Verteilung von Multimedia-Inhalten mit hoher Geschwindigkeit entspricht. Die Rückwärtsübertragung erfolgt im Ka-Bandbereich mit Antennen zwischen 60 und 120 cm für Datenraten zwischen 150 kbit/s und 2 Mbit/s.

Dieses technische Konzept, das seit Anfang der neunziger Jahre von anderen Satellitenbetreibern imitiert wird, erlaubt es, dem Konsumenten eine äußerst attraktive Programmauswahl anzubieten. Sie übertrifft damit auch das Angebot der Kabelnetze, so daß der Satellitendirektempfang auch kostenmäßig eine interessante Alternative zum Kabel darstellt.

Eutelsat ging mit dem Start von Eutelsat II-F1 am 30. 08. 1990 zu seiner zweiten Satellitengeneration mit einer auf 50 W erhöhten Sendeleistung über. Die Footprints der Satelliten wurden wesentlich vergrößert, so daß in ganz Europa, dem nördlichen Afrika, in Teilen von Griechenland und der Türkei, ja sogar in Moskau der Empfang möglich war. Der als Eutelsat II-F6 in Auftrag gegebene Satellit wurde in Hotbird 1 umbenannt und so modifiziert, daß eine Kopositionierung mit Eutelsat II-F1 auf der Position 13° Ost möglich war. Damit ging Eutelsat denselben Weg wie ASTRA, durch Kopositionierung von Satelliten mehr Programme von einer Orbitposition anzubieten. Inzwischen sind Hotbird 2–5 in Betrieb. Bei den Hotbird-Satelliten 2–5 wurde nochmals die Leistung erhöht (115 W bzw. 135 W) und die Ausleuchtzone erheblich vergrößert, so daß der Widebeam in ganz Europa mit einer Spiegelgröße von 65 cm zu empfangen ist.

Derzeit wird auf Hotbird 3 und 4 ein für Rundfunkanbieter sehr interessantes Verfahren getestet, die Verlagerung des Multiplexers ins All. Bei der digitalen Übertragung müssen alle Fernsehprogramme, die auf einem Transponder senden, am Uplink gemultiplext werden; das heißt für die Programmveranstalter, sie müssen ihr Programm plus Daten im Normalfall per Leitung zum Uplink senden. Dies verursacht unter Umständen hohe Leitungskosten. Bei dem hier im Versuch befindlichen Skyplex-Verfahren kann der Programmanbieter nun sein eigenes Programm als SCPC-Signal (Single Channel per Carrier) zum Satelliten schicken; dort wird es mit anderen Programmen zu einem Bouquet gemultiplext und als MCPC (Multi Channel per Carrier) wieder ausgesendet. Somit fallen nur die Uplink-Kosten an, teure Leitungswege werden gespart.

Neben der Verteilung von Fernseh- und Hörfunkprogrammen ist Eutelsat seit jeher in sämtlichen Sparten des Satellitengeschäftes tätig. So wird z. B. der Programmaustausch der EBU sowie ein Großteil der SNG-Verbindungen (Satellite News Gathering) über Eutelsat abgewickelt. Weitere Geschäftsfelder sind die Geschäftskommunikation, wie Videokonferenzen und Datenübertragungen für große Unternehmen, Euteltracs, ein Service, mit dem Speditionen bzw. Reedereien die Positionen ihrer Flotte bestimmen und gezielt Nachrichten zu einzelnen LKWs oder Schiffen übermitteln können, sowie natürlich der internationale Telefonverkehr.

Der letzte Satellit, der derzeit produziert wird, ist der Siberia Europa Satellite. Er verfügt über eine sehr große Ausleuchtzone, die eine Verbindung von Westeuropa bis ins östliche Sibirien ermöglicht. Dieser Satellit wurde bei einem russischen Raumfahrtunternehmen in Auftrag gegeben und soll 1999 mit einer Proton-Rakete vom Raumfahrtzentrum Baikonur aus gestartet werden.

Ab Ende 1983 war das Aufkommen der ersten privaten Programme eng an die Kabelverteilung gebunden. Die Programme wurden damals über Low-Power-Satelliten zugeführt. Der zweite Wachstumsschub der elektronischen Medien trat ab 1989 zeitgleich mit und abhängig von der beispiellosen Entwicklung beim Satellitendirektempfang. Die wegweisende Rolle hat dabei das ASTRA-Satellitensystem gespielt.

In ganz Europa wurden schon Mitte 1998 über 73 Millionen Fernsehhaushalte mit

ASTRA-Programmen versorgt. Ein Drittel davon, also fast 26 Millionen Haushalte, empfingen die Signale direkt vom Satelliten, ohne Weiterverbreitung über Kabelnetze. Die übrigen 47 Millionen Haushalte wurden über Kabel erreicht.

Die Reichweitensteigerung über ASTRA hat für die privaten Anbieter bereits 1993 Einnahmen in Höhe von mehr als drei Milliarden ECU generiert. Hinzu kommen die Milliardenumsätze von Industrie und Handel, die direkt auf den ASTRA-Boom zurückzuführen sind, und schließlich auch die Auftragsentwicklung der deutschen Film- und Fernsehproduktionen, die nach Angaben des Bundesverbandes Deutscher Fernsehproduzenten 1993 in Deutschland die Milliardengrenze überschritten hat.

Einen wesentlichen Anteil an dieser Entwicklung haben die europäische Politik und die europäische Rechtsprechung. Sie haben entscheidende Rahmenbedingungen für die erfolgreiche Markteinführung des Satellitendirektempfangs gesetzt:

– Einmal durch die allgemeinen wirtschaftspolitischen Zielsetzungen der Europäischen Union, die grundsätzlich auf eine Deregulierung hinauslaufen, was auch den globalen Trends entspricht.
– Zweitens durch die aus diesen Zielsetzungen abgeleiteten EG-Richtlinien für grenzüberschreitendes Fernsehen (Fernsehen ohne Grenzen).
– Drittens mit der im Rahmen des Europarates entwickelten Konvention für Satellitenrundfunk, die auf der Grundlage von Kultur und Menschenrechten mit den wirtschaftsorientierten EG-Richtlinien konvergiert.
– Viertens schließlich mit dem berühmten Autronic-Urteil, das diese Europaratkonvention bestätigt, ja: legitimiert. Dabei hat der Straßburger Gerichtshof für Menschenrechte in seinem Urteilsspruch gegen die Schweiz auch die technischen Einrichtungen zum Empfang von Programmsignalen beim Satellitenrundfunk unter den Schutz des Artikels 10 der Europäischen Menschenrechtskonvention gestellt. Dieser Artikel garantiert die Meinungsäußerungs- und Meinungsempfangsfreiheit. Staatliche Verbote von Parabolantennen sind seither nur noch in genau spezifizierten Ausnahmefällen möglich.

Das Besondere dieser vier Eckwerte ist: Sie haben alle ein gemeinsames Zentrum – den Menschen. Es ist der Mensch als Individuum und Kulturträger, nicht zuletzt als Teilnehmer am wirtschaftlichen Leben, als Konsument.

Der kürzeste Weg zum Konsumenten, das hat sich mit der Verwirklichung des ASTRA-Projektes erneut eindrücklich bestätigt, führt über den Markt. Deshalb wurden bei der Konzipierung des ersten privaten Satellitensystems die technische Konfiguration und die Marktstrategien konsequent auf die Marktbedürfnisse und Marktverhältnisse abgestimmt.

Am Anfang des ASTRA-Erfolgs stand die Einsicht, daß eine schnelle Belebung des Marktes nur gelingen konnte, wenn empfangsseitig kostengünstige Geräte verfügbar waren, die zum Empfang eines attraktiven Angebotes genutzt werden konnten. Vor diesem Hintergrund wurden in der zweiten Hälfte der achtziger Jahre Gespräche mit allen Herstellern aufgenommen, mit dem Ziel, zukunftstaugliche Geräte aufgrund bestehender technischer Lösungen für den Empfang von ASTRA-Signalen in bestehenden Normen – damals im wesentlichen PAL – zu entwickeln und auf den Markt zu bringen. Das rasch verfügbare Angebot von verschiedenen Geräten unterschiedlicher Preisklassen in millionenfacher Stückzahl war die wichtigste Voraussetzung, daß eine schnelle Marktdurchdringung in wenigen Jahren überhaupt möglich war.

5. Vervielfachung der Fernsehkanäle durch Verwendung digitaler Übertragungsnormen

Die Zukunft der Fernsehverteilung wird neue Möglichkeiten bringen durch die Verwendung digitaler Übertragungsnormen. Das Gesetz der economies of scale wird aber auch bei der Markteinführung der digitalen Kompressionstechnik über Erfolg oder Mißerfolg entscheiden. Ein digitaler Empfangsdecoder ist ein komplexer und enorm schneller Rechner. Attraktive Preise für Empfänger erfordern deshalb eine Produktion von entsprechenden Chips in millionenfacher Stückzahl.

Digital compression erlaubt eine Vervielfachung der Transportkapazität von Satelliten- und Kabelsystem um den Faktor zehn. Der wirtschaftliche Effekt ist offensichtlich:

Die Beseitigung des Mangels an Übertragungskapazität senkt deutlich die Verbreitungskosten für Fernsehen. Damit wird die Zugangsschwelle für neue Angebote deutlich gesenkt.

Eine ganz neue Generation von Fernsehprogrammen kann entstehen: Das Special Interest Fernsehen. Fernsehprogramme für Zielgruppen, die viel kleiner sein können als beim werbefinanzierten Privatfernsehen, das zum Überleben hohe Einschaltquoten braucht. Fernsehprogramme, die wie Zeitschriften bezahlt werden: Im Abonnement (Pay-TV) oder als Einzelsendung (Pay-per-View). Ein Großteil dieser Special Interest-Angebote wird wie Fachzeitschriften vermutlich durch eine Mischfinanzierung aus Entgelten und zielgruppenorientierter Werbung getragen.

Special Interest Fernsehen wird in naher Zukunft so selbstverständlich sein, wie heute die Special Interest-Zeitschriften: zur Autozeitschrift gibt es als Pendant das Autofernsehen, zur Reisezeitschrift das Reisefernsehen, zum Golf-Magazin das Golf-TV, zur Programmzeitschrift den elektronischen Programmführer, zur Börsenzeitschrift das Börsenfernsehen, zur Rätselzeitschrift den Gameshow-Kanal, zur Kinderzeitschrift den Kinder-Kanal, entsprechendes auch für andere Zielgruppen wie zum Beispiel Senioren oder Ausländer. Hinzu kommen neue Angebote, die keine gedruckten Vorbilder haben wie zum Beispiel der Wetterkanal oder der Opernkanal.

Wenn auch diese Aufzählung nur als Beispiel zu verstehen ist, ist damit zu rechnen, daß nach dem Durchbruch der digitalen Verbreitung in Europa eine Vielzahl solcher Special Interest Kanäle gegründet wird, für nationale oder europäische, und seltener – infolge der wirtschaftlichen Einschränkungen – auch regionale Verbreitung. Die Mehrheit von ihnen werden bereits mit einigen hunderttausend Abonnenten erfolgreich wirtschaften können. So entsteht neben dem Zeitungs-Kiosk der neue Fernseh-Kiosk.

Einen großen Teil der künftigen Transportkapazität von Satelliten- und Kabelsystemen werden die sogenannten On-Demand-Kanäle einnehmen, also Abrufdienste für eine Vielzahl von Einzelprogrammen oder Programmpaketen, die sich der Zuschauer ansehen kann, wann immer er Zeit dafür findet.

Echtes Video-on-Demand ist ein technisch ehrgeiziges Unterfangen. Es besagt, daß der einzelne Fernsehzuschauer zu jeder Zeit aus einer großen elektronischen Filmothek sofort auf Knopfdruck seiner Fernbedienung einen Film auswählen und sofort empfangen kann. Das verlangt einen enorm großen und leistungsstarken technischen Steuerungs- und Verteil- und Abrechnungsapparat und eine ebenso große Kanalkapazität, d.h. praktisch einen Kanal pro Zuschauer. Dessen Verwirklichung ist technisch extrem aufwendig, und die wirtschaftliche Nutzung muß noch bewiesen werden.

Schon heute lösbar und erprobt ist eine Vorform, Near Video on Demand. Dabei wird eine begrenzte Anzahl von Filmen in regelmäßigen Abständen – entsprechend einem vom Programmanbieter gewählten Raster –, zum Beispiel jede halbe Stunde, ausgestrahlt, so daß der Kunde seinen Film zu einer ihm passenden Zeitperiode einschalten kann.

Vom Movie on Demand ist es nur ein kleiner Schritt zur Warenlieferung on Demand. Der elektronische Vertrieb wird in Zukunft zahlreiche Warengruppen umfassen, mit Tausenden von Artikeln, ähnlich wie in einem Versandhauskatalog. Hier entsteht ein neuer volkswirtschaftlich interessanter Entwicklungssprung: Der elektronische Transportweg, bislang für die Laufbilder des Fernsehens reserviert, wird zur neuen Vertriebsebene für Waren und Dienstleistungen. 1994 setzten die amerikanischen Homeshopping-Kanäle Waren im Gesamtwert von drei bis vier Milliarden Dollar pro Jahr um. Ähnliche Größenordnungen werden auch in Europa zu erzielen sein.

Seit dem 1. Oktober 1993 ist in Europa der erfolgreiche amerikanische Shopping-Center QVC via ASTRA auf Sendung. Dieser wurde später durch den deutschen Shopping-Kanal H.O.T. ergänzt. Der elektronische Vertriebsweg wird sicher von anderen Branchen genutzt werden. Künftig werden über den Bildschirm auch Reisen, Finanzdienstleistungen, Versicherungen, Aktienkäufe, Leasing-Service u. ä. angeboten.

Die neue Technik wird nachhaltig auch die Werbung beeinflussen. So wie die digitalen Fernsehdienste das Sehverhalten individualisieren, werden sie auch zu einer Ausdifferenzierung der Werbebotschaften und Marketingideen führen.

Elektronisches Direktmarketing wird möglich. Die Flut der unsere Briefkästen verstopfenden Prospekte und Postwurfsendungen kann ersetzt werden durch gezielte

Ansprachen präziser definierter Zielgruppen am Special Interest-Bildschirm. Und alles nur, sofern der Konsument dies wünscht und sich auf den entsprechenden Kanal umschaltet. Alles in allem ein Geschäft mit kaum abschätzbarem wirtschaftlichen Potential. Für Direktmarketing hat die deutsche Wirtschaft 1993 immerhin weit über 20 Milliarden Mark ausgegeben – mehr als dreimal so viel wie für Fernsehwerbung. Der Großteil diese Ausgaben wird für Papier- und Protokosten verbraucht. Der elektronische Verbreitungsweg wird kürzer und preiswerter sein.

6. Digitaltechnik – Markt der neuen Dienste

Diese Zukunft mit einem Angebotspotential von mehreren hundert elektronischen Medienangeboten wird gedeihlich sein, wenn alle Beteiligten der Branche die Lehren des bisherigen Ergolgsweges beherzigen, die sich auf die Formel bringen lassen: Entscheiden über Erfolg und Mißerfolg muß und wird der Markt. Dessen Funktion kann keine noch so gutgemeinte Industriepolitik ersetzen.

Wenn aber der Markt entscheidet, gilt es, sich darüber im klaren zu sein, was die Marktteilnehmer – die Konsumenten, die Programmanbieter und die Satelliten- und Kabelnetzbetreiber – von dem technischen Fortschrittssprung der Datenkomprimierung erwarten.

(a) Der Konsument
In mancher Beziehung ist die Rolle des Konsumenten am unkompliziertesten. Konsumenten kaufen weder Technologie noch Satelliten- oder Kabelübertragungsstandards. Sie warten auch nicht ungeduldig auf die Einführung der digitalen Kompression. In Wirklichkeit wissen sie nicht einmal, was unter digitaler Kompression zu verstehen ist. Man kann den Konsumenten deshalb als technologie-indifferent bezeichnen.

Was der Konsument aber sicher möchte, ist Abwechslung, eine Programmvielfalt, sowie unmittelbaren und indvduellen Zugriff auf das Programmangebot. Der Konsument könnte auch daran interessiert sein, seine Fernsehprogramme mit einem breiten Bildformat zu genießen. Das kritische Thema ist für den Konsumenten jedoch immer die Frage nach dem Wert dieser neuen Angebote im Verhältnis zu ihren Kosten.

(b) Der Programmanbieter
Aus Sicht des Programmanbieters sprechen unter anderem folgende Gründe für eine rasche Einführung von digitaler Kompression: Er möchte erstens die Nachfrage der Konsumenten bestmöglichst befriedigen. Der logische Weg dazu ist die Einführung neuer und zusätzlicher Programme. Doch über diesem Weg liegt die Schranke des nicht endlos vermehrbaren Werbekuchens. Dazu kommt, daß neue Programmangebote eine gewisse Zeit brauchen, ehe sie einen rentablen Marktanteil erreichen. Zusätzliche Programme, schon gar wenn es um eine große Zahl neuer Angebote geht, müssen folglich anders als durch Werbung finanziert werden. Die digitale Technik wird daher, wie in den USA, vermehrt Pay-TV bringen, auch in Form von Pay-per-view, weil deren Fixkosten geringer und die Erträge pro Teilnehmer wesentlich höher sind.

Die digitale Kompression wird außerdem ein weiteres Problem der Programmanbieter lösen: die in allen europäischen Ländern auftretenden Engpässe in den Kabelnetzen. Vorausgesetzt natürlich, daß die neue Technik rechtzeitig eingeführt wird, bevor die verfügbare Übertragungskapazität aufgebraucht ist.

(c) Der Satellitenbetreiber
Der Satellitenbetreiber hat (ebenso wie der Kabelnetzbetreiber) kein primäres Interesse, die Übertragungsstandards zu wechseln. Ein Zwang entsteht dann, wenn er für neue Angebote keine Kapazitäten mehr verfügbar hat und dadurch sein Verteilmedium für die Marktentwicklung eine künstliche Beschränkung bewirkt.

Programmanbieter und Konsumenten dürfen aber erwarten, daß ihre Bedürfnisse durch neue technologische Verbesserungen und damit verbundene Kostenreduktionen abgedeckt werden. Der einzige Weg, der aus dieser Situation herausführt, geht über die Einführung der digitalen Kompression.

7. Die digitale Zukunft

Die digitale Zukunft bietet die Individualisierung und damit die Demokratisierung des Fernsehens. Das Fernsehgerät wird ersetzt durch eine multifunktionale Kombination aus Computer und – interaktivem – Empfangs- und Sendegerät. Und dies ist nicht Science Fiction. All dies ist in den USA bereits erdacht und wird zum Teil erprobt.

Dort ist die digitale Zukunft in vieler Hinsicht bereits Gegenwart.

Inzwischen gibt es in den USA mit Direc TV das erste Satellitenfernsehunternehmen, das mit Hilfe der Kompressionstechnik Dutzende von Programmen und Diensten anbietet. Am 4. August 1994 hat DirecTV von Cap Canaveral seinen zweiten Satelliten gestartet. Das Satellitsystem überträgt 150 Kanäle, ermöglicht Interaktivität über das Telefonnetz, und kann mit einer kleinen Satellitenschüssel von 46 Zentimetern Durchmesser empfangen werden. Zum Empfang braucht der Konsument ferner einen Decoder sowie eine Fernbedienung; die Empfangsausrüstung inklusive Antenne kostete anfänglich 700 Dollar. Für 22 Dollar pro Monat kann er Personal Choice abonnieren, das sind 30 Spartenkanäle. 30 Dollar kostet das zweite Programmpaket, Total Choice, das sind 40 Kanäle, darunter alle Programme, die schon heute im Kabel erfolgreich sind. Für drei Dollar pro Film kann man das Direct Ticket kaufen, das heißt Pay-per-view, das auf über 60 Kanälen verbreitet wird. Das mühsame Zappen ist nicht mehr erforderlich. Der Zuschauer erfährt auf dem Bildschirm, in welchem Kanal er sich befindet, welche Sendung gerade läuft, wie sie klassifiziert ist; er kann ferner unerwünschte Sendungen wie nichtjugendfreie Filme blockieren. Der Start des Unternehmens hat eine Milliarde Dollar gekostet, 700 Millionen allein die Konstruktion der Hughes-Satelliten. DirecTV hat Ende 1996 fast 2½ Millionen Abonnenten erreicht, am Ende des Jahres 2000 sollen es zehn Millionen sein.

Erfolg im Direktempfangsbereich hatten aber auch Kandidaten von DirecTV, namentlich Primestar und Echostar. Zusammen erreichten diese amerikanischen Satellitenbetreiber Ende 1996 rund 4½ Millionen Teilnehmer. Diese Zahl mag verglichen mit Europa gering erscheinen. Es muß jedoch in Betracht gezogen werden, daß einerseits die Kabelverbreitung in den USA sehr viel weiter entwickelt ist und andererseits die dazu im Wettbewerb stehenden Satelliten, anders als in Europa, nicht zur Hauptsache durch werbefinanzierte Programmanbieter, sondern – wie im Kabel – durch Abonnenten finanziert werden. Im Schnitt bezahlen die Abonnenten in den USA heute knapp 40 $ für das Basisangebot einschließlich Pay-TV- und Pay-per View-Programme.

Andere Pilotprojekte mit Digitaltechnik in den USA waren weit weniger erfolgreich.

Sie befaßten sich mehrheitlich mit der Erprobung der Technik von neuen Angebotsformen, für welche eine ausreichende Nachfrage heute noch nicht vorhanden ist, unter anderem

– Filme auf Abruf,
– Videokonferenzen,
– Bildtelephon,
– Teleshopping direkt mit der Fernbedienung und
– interaktive Fernlehrgänge, die es dem Teilnehmer erlauben, mit dem Lehrer individuell zu kommunizieren.

Bei all diesen neuen Möglichkeiten wird sich jedoch das Nutzerverhalten nicht plötzlich ändern. Die etablierten und erfolgreichen Vollprogramme werden sicher für längere Zeit weiterhin den Hauptanteil der Zuschauer erreichen. Pay-per-View und Near-Video-on-Demand werden vorerst substituierend in den Markt des Videoverleihs und -verkaufs eingreifen.

Aber werden die Konsumenten, die, wie es heißt, nicht einmal ihren Videorecorder bedienen können, sich für interaktive Dienste gewinnen lassen? Nun, vielleicht wird ein Teil der älteren, computerfernen Generation nicht viel anfangen können mit den interaktiven Diensten. Ein maßgeblicher Teil der Interaktivität, insbesondere für die Abrechnung des Programmkonsums, wird indessen ohne Zutun des Teilnehmers erfolgen. Und viele Dinge, insbesondere das Programmieren von Geräten, TED-Umfragen und Ähnliches werden einfacher als sie es bis heute sind. Aber vor allem werden zahlreiche Dienstleistungen für individuelle Informationsbedürfnisse mit geringen Aufwendungen für Anbieter und Konsumenten möglich.

Sicher ist, daß die Teilnehmer nicht 'Interaktivität' per se kaufen wollen. Ich wage aber heute zu behaupten, daß interaktive Dienste zur Beschaffung individueller Informationen eine wichtige Rolle spielen werden, wenn die Weichen bei der Gerätestandardisierung richtig gestellt werden. Erste Erfolge zeigten der Teletext, der Datex J-Dienst oder das in Frankreich erfolgreiche Minitel. Seit Mitte der 90er Jahre ist indessen das Internet dank seiner weltweiten Standardisierung ein durchschlagender Erfolg. Es ist eindeutig festzustellen, daß ein offenbar großer Bedarf an individueller Information beim Konsumenten vorhanden ist, wenn das Preis-/Leistungsverhältnis den

Konsumenten überzeugt. Welche Schlußfolgerungen können wir daraus ziehen?

Ein digitaler Fernsehempfangsdecoder enthält im wesentlichen bereits die Elemente, die zur Darstellung von Bildern, Graphiken und Daten erforderlich sind. Der Einbau eines Kabelmodems, welches auch den Empfang von Internet- und Mail-Diensten erlaubt, erfordert nur geringe zusätzliche Kosten. Damit enthält jedoch ein solcher digitaler Decoder alle Elemente für eine interaktive Kommunikation, sofern die erforderlichen Funktionen richtig spezifiziert werden. Die anfallenden Mehrkosten für eine vollständige Interaktivität sind damit sehr gering.

Darüber hinaus weist ein solcher digitaler Decoder einige Vorteile gegenüber seinen Konkurrenten Minitel, BTX oder Teletext auf. Zwei davon sollen erwähnt werden:

(1) Programm- bzw. Diensteanbieter können über Kabel und Satellit Software anbieten, welche den Abruf von Zusatzinformationen extrem vereinfacht und auf wenige Tastendrucke der Fernbedienung beschränkt.

(2) Durch den Bildspeicher im Empfangsgerät können nicht nur Schriften und Graphiken, sondern ganze Fernsehbilder wiedergegeben werden.

Beim Blick in die Zukunft mangelt es bei manchen nicht an Skepsis. Das fängt an mit der oft gestellten bangen Frage, ob der Konsument denn auch bereit sein werde, das künftige Angebot von Hunderten digitaler Dienste anzunehmen. Meine Gegenfrage: Für wen stellt dies überhaupt ein Problem dar? Der Konsument wird nach wie vor höchstens ein Programm zur selben Zeit empfangen. Aber zwei negativen Einflüssen wird er entrinnen können: Erstens, einer Belehrung durch die Programmschaffenden und, zweitens, einer Einheitskost durch die Jagd nach den höchsten Einschaltquoten. Alternative Angebote gegen eine angemessene Bezahlung werden dem Konsumenten eine attraktive Vielfalt bieten, die, richtig vermarktet, sich durchsetzen werden.

Das Fernsehen mit seinem reichhaltigeren und bunteren Angebot wird so zum Schrittmacher für andere Dienste in der digitalen Zukunft.

Eine weitere skeptische Frage lautet: Werden genügend Leute bereit sein, für einen neuen Pay-TV-Filmsender, sagen wir: monatlich 50 Mark auszugeben? Vielleicht nicht, aber wenn Filme auf Abruf für je drei oder vier Mark angeboten werden, dann werden sie vielleicht doch 50 Mark, wenn nicht mehr, im Monat ausgeben, so daß sich die Veranstaltung eines Pay-per-view-Senders lohnt. Wenn nur 0,5 Prozent der deutschen Haushalte sich ein Programm oder einen Spielfilm zu 5 Mark anschauen wollen, ergibt dies Einnahmen von mehr als einer halben Million Mark pro Sendung.

Besorgte Stimmen gibt es auch aus dem Bereich der Print-Medien. Wird der elektronische Kiosk die Werbeeinnahmen der Printmedien abgraben? Pragmatiker sehen das nüchtern. In Deutschland und anderswo ist die Tageszeitung mit Abstand der bedeutendste Werbeträger, und so wird es, selbst nach Meinung des deutschen Zeitungsverlegerverbandes, auch bleiben. Einbußen in der Konkurrenz mit dem weiter entwickelten Fernsehmarkt werden die Publikumszeitschriften hinnehmen müssen, ein Trend, der ja längst eingesetzt hat. Insgesamt wird sich nichts grundsätzlich an der jetzigen Situation ändern, daß Printmedien und Fernsehen sich als Werbeträger ergänzen.

Dann die Skepsis mancher kultureller Bedenkenträger. Ein Blick in die Geschichte der Kommunikation zeigt, daß es ähnliche Einwände schon immer gegeben hat. Schon Gutenberg konnte ein Lied davon singen. Neil Postman wurde noch vor wenigen Jahren von der 'Sunday Times' so zitiert: „Das Problem mit dem Information Superhighway, über den jetzt alle möglichen Leute reden, liegt darin, daß niemand eine Antwort auf die Frage hat, welches Problem dieser Superhighway lösen soll. Falls die Antwort sein sollte: um mehr Informationen schneller transportieren zu können, dann ist das Ganze reine Zeitverschwendung. Das ist nicht unser Problem. Unser Problem ist: Wie werden wir mit der Masse an Information fertig, die schon heute auf uns einströmt?"

Postmans Argument hat ungefähr so viel für sich wie das jener Leute, die vor einem Jahrhundert gegen die Erfindung des Automobils protestiert haben, weil man sich vor lauter Pferdedroschken schon jetzt nicht mehr auf die Straße wagen könne. Durch die rasante Entwicklung des Internet dürfte Neil Postman inzwischen eines Besseren belehrt worden sein.

Beim Blick auf die digitale Zukunft ist allerdings Skepsis, ja Besorgnis angebracht, wenn man den Komplex der Regulierungen und Einengungen und der dirigistischen Reflexe betrachtet, denen sich die Beteiligten durch Medienpolitik und Medienbürokratien in Deutschland und in Europa insgesamt ausgesetzt sehen. Das gilt für nationale wie europäische Regulierungen.

Unerläßliche Voraussetzung für einen Markterfolg mit der neuen Technik ist, daß keine politischen und bürokratischen Hürden aufgebaut werden, auch nicht aus noch so gut gemeinten industriepolitischen Motiven. Wir haben es beim Hick-Hack um die D2-Mac-Norm erlebt, wohin eine protektionistische, dirigistische Industriepolitik führt – in die Irre, und das auf Kosten der europäischen Steuerzahler.

Erfreulicherweise scheint man das in Brüssel und anderswo begriffen zu haben, wenngleich ein Rest von Besorgnis immer noch angebracht ist.

Dabei gibt es in Brüssel zwei unterschiedliche Lager. Gewisse Kräfte innerhalb der Kommission und des Parlaments plädieren für eine Unterstützung europäischer Initiativen, um – wie schon im Falle von D2MAC – die europäische Wirtschaft vor Konkurrenz zu „schützen".

Hingegen verlangt der EG-Vertrag die Garantie eines freien Wettbewerbs als Motor für eine optimale wirtschaftliche Entwicklung, der auch anderen europäischen Unternehmen im Umfeld der „zu schützenden Wirtschaftszweige" zu Gute kommt.

Seit der gescheiterten Einführung von D2 MAC als europäische Fernsehnorm ist die Gestaltung einer europäischen Industriepolitik ein besonders sensibles Kapitel. Noch zu oft wird übersehen, daß nur das Angebot von Inhalten und deren ökonomischer Transport zu den Konsumenten die Nachfrage nach neuen Produkten ankurbeln kann. Daraus ist eine weitere Forderung abzuleiten: eine enge Kooperation der EU mit den Fernsehveranstaltern und Netzbetreibern zu allen Fragen der wirtschaftlichen Entwicklungsmöglichkeiten.

Zur Verhinderung weiterer Waterloos á la D2 MAC muß der Weg der Kooperation mit den Marktteilnehmern gegangen werden. Ein gutes Beispiel für das Engagement aller beteiligten Gruppen ist die Arbeit der europäischen Digital Video Broadcasting-Group. Vor der Verabschiedung weiterer EU-Richtlinien, Guidelines oder kostenträchtiger Aktionspläne muß die Unterstützung jeglicher politischer Maßnahmen durch alle betroffenen Gruppen sichergestellt sein.

Denn eines ist klar: Ob man den großen technischen Sprung in die neue Welt der Kommunikation nun enthusiastisch begrüßt, ihn fürchtet oder gar verdammt: Kommen wird er in jedem Fall. Und es wäre bedauerlich, wenn in Europa dagegen unnötige Barrieren aufgerichtet würden.

Die digitale Zukunft ist in Europa nur zu gewinnen, wenn sich Medienpolitik und Medienbürokratie darauf konzentrieren, sichere politische und wirtschaftliche Rahmenbedingungen zu schaffen.

Das Spiel ist gigantisch und die Einsätze sind groß. Die Telekommunikation ist der Markt der Märkte.

Experten schätzen, daß das Volumen der Kommunikationswirtschaft bis zum Jahr 2000 weltweit auf über 3000 Milliarden Dollar wachsen wird. Das wäre halb so viel wie das jetzige Bruttosozialprodukt der Vereinigten Staaten und das Dreifache des heutigen Weltumsatzvolumens in der Unterhaltungselektronik. Die Kommunikationsindustrie hat schon jetzt die Antriebsfunktion für die Entwicklung neuer Techniken übernommen, die man früher der Rüstungsindustrie zuschrieb.

In Europa wird die Telekommunikation bis zur Jahrtausendwende die bisher dominierende Automobilindustrie in ihrer volkswirtschaftlichen Bedeutung überholt haben und nach Schätzungen rund 60 Millionen Menschen beschäftigen.

Allein in Deutschland, so wird prognostiziert, wird die Informationstechnik und die Telekommunikation zur Jahrhundertwende Umsätze in der Größenordnung von über 220 Milliarden DM erwirtschaften.

Hier wird sich also das Schicksal des Wirtschaftsstandorts Europa entscheiden, und zwar schneller als noch vor ganz kurzer Zeit auch nur vorstellbar war. Die Entwicklung wird noch rasanter verlaufen als die sprunghafte Ausweitung des Fernsehprogramm-Angebots im letzten Jahrzehnt.

Eine solche Entwicklung technische „Revolution" zu nennen, ist sicher nicht übertrieben.

Der Erfolg wird sich nur einstellen, wenn alle Player im digitalen Spiel um einen neuen, großen Markt die eine elementare Erkenntnis beherzigen: Diesen Markt mit potentiell vielen Millionen Kunden wird nur schaffen und erobern, wer die Wünsche und Bedürfnisse dieser Millionen Konsumenten erkennt und bestmöglich bedient. Das mag banal klingen, ist aber, wie wir aus manchen Irrungen und Verwirrungen der Vergangenheit wissen, alles andere als mühelos in wirtschaftliche Realität umzusetzen.

Fazit: Entscheidend ist der Markt. Das gilt auch und gerade für die digitale Zukunft in ganz Europa.

8. Literatur

Ahrens, Wilfried, ASTRA – Fernsehen ohne Grenzen, Düsseldorf/Wien/New York/Moskau 1993.

Baylin, Frank, 1996/1997 World Satellite Year, Mariposa, Boulder/USA ⁴1996.

Broadcasting Satellite Service WARC 92, EBU/UER, Genf.

Gordon, Gary/Waler Morgan, Principles of Communication Satellites. Chichester/UK 1993.

Herler, Eberhard, Nachrichtenübertragung über Satelliten. Heidelberg 1993.

Pritchard, Suyderhoud, Satellite Communication Systems Engineering, 2nd Edition. Prentice Hall, New Jersey/USA.

Ratzke, Dietrich, Handbuch der neuen Medien. Stuttgart 1982.

Pierre Meyrat, Herrliberg (Schweiz)

214. Die HDTV-Diskussion

1. Das Fernsehen hoher Darstellungskraft – eine Definition
2. Die HDTV-Diskussion und ihre Hintergründe
3. Einführungsperspektiven für HDTV
4. Literatur

1. Das Fernsehen hoher Darstellungskraft – eine Definition

High Definition TeleVision (HDTV) ist der Sammelbegriff für eine Familie neuer Systeme für den Fernsehrundfunk und die Bilddarstellung in Medizin, Industrie und vergleichbaren professionellen Applikationen. HDTV entstand als Konzept Ende der 1960er Jahre in Japan (Fujio 1982) und war bis zum Beginn der 1990er Jahre Gegenstand intensivster weltweiter Forschung und Entwicklung (Carbonara 1991, 3–14). Allen HDTV-Vorschlägen ist gemeinsam, daß sie die Zahl der aktiven (sichtbaren) Zeilen im Vergleich zu heutigen Fernsehbildern in etwa verdoppeln (auf z.B. 1050, 1125 oder 1250 Zeilen) (Reimers 1990). Das Bildformat ist breiter (16:9), die Zahl der Bildpunkte pro Bildbreite ist mehr als doppelt so groß wie heute. HDTV-Bilder in dem hier gemeinten Sinn bzw. mit der beschriebenen technischen Qualität existieren jedoch nur im Produktionsstudio und sind ohne gewisse Qualitätsverluste nicht zum Zuschauer übertragbar. Die Qualitätsverluste werden erheblich von der Art des Übertragungsverfahrens bestimmt. Der Effekt des Übertragungsverfahrens auf die beim Zuschauer darstellbare Bildqualität kann so bedeutend sein, daß ein objektiver Qualitätsgewinn im Vergleich zu dem heutigen Fernsehnormen optimal möglichen kaum wahrgenommen werden kann. HDTV bedarf im Studio der vollständigen Neuinvestition aller vorhandenen videotechnischen Einrichtungen. Zur Tondarstellung für HDTV-Inhalte im Fernsehrundfunk ist Stereophonie oder – besser noch – ein Multikanal-Ton mit zum Beispiel fünf Tonkanälen erforderlich.

Wie Abb. 214.1 anschaulich zeigt, soll der Gewinn eines HDTV-Bildes für den Zuschauer vor allen Dingen darin liegen, daß der wahrnehmbare Ausschnitt aus der Welt um ein Vielfaches (zum Beispiel um den Faktor 5,3 s. u.) wächst. Das heißt aber wiederum, daß HDTV vom großen Bild lebt, welches ein Betrachter auch als groß wahrnimmt. HDTV ist darum sinnlos, wenn der Bildschirm des Betrachtungsgerätes klein und/oder der Abstand des Betrachters zu

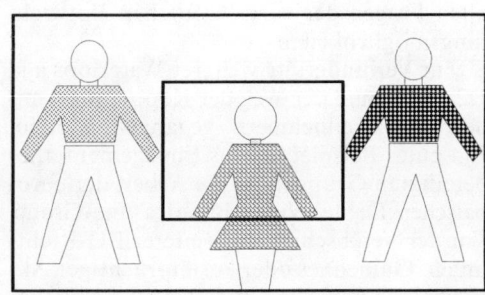

Abb. 214.1: Vergleich der Bildausschnitte beim heutigen Fernsehen und bei HDTV

diesem Bildschirm groß ist. 'High Definition TeleVision' sollte daher konsequenterweise auch als 'Fernsehen hoher Darstellungskraft' übersetzt werden, nicht als „Fernsehen hoher Detailauflösung" (dies entspräche High Resolution TeleVision, einem bisher [noch] nicht eingeführten Kunstbegriff). Die Verdoppelung der Zahl der sichtbaren Zeilen sowie der Zahl der Bildpunkte pro Bildbreite im Vergleich zu heute resultiert daher auch nicht in einer höheren 'Bildschärfe'.

Um diese möglicherweise etwas überraschenden Feststellungen verstehen zu können, muß man wissen, daß die im heutigen Fernsehen angebotene Detailauflösung von der Mehrzahl der Zuschauer bereits nicht mehr genutzt werden kann, da ihre Betrachtungsgewohnheiten den Systemeigenschaften nicht angepaßt sind. Abb. 214.2 zeigt eine wohl typische Wohnzimmerkonfiguration, in der ein großer Fernsehempfänger mit einer Bilddiagonalen von 70 cm von einem Betrachter aus einem Abstand von 2,50 m betrachtet wird. Der Betrachtungsabstand ergibt sich dabei als unmittelbare Folge der Wohnzimmergestaltung, das heißt vor allen Dingen aus der Aufstellung des Fernsehsessels. Bei dem heute standardisierten Verhältnis Bildbreite::Bildhöhe (4:3) läßt sich aus der Bilddiagonalen die Höhe des Fernsehbildes (42 cm) errechnen und zu dem Betrachtungsabstand ins Verhältnis setzen. Es zeigt sich, daß der Betrachtungsabstand üblicherweise mindestens der sechsfachen Bildhöhe entspricht. Wesentliche Parameter – insbesondere die Zeilenzahl – des heutigen Fernsehens waren unter der Prämisse entwickelt worden, daß der Sehschärfe eines Menschen in einem Betrachtungsabstand entsprechend der vierfachen Bildhöhe Rechnung getragen werden sollte. Damit sitzt der Betrachter in Abb. 214.2 aber bereits so weit von seinem Empfänger entfernt, daß einige der Qualitätsparameter schon des heutigen Fernsehens von ihm nicht mehr genutzt werden können.

Nimmt man nun an, daß auch mit dem Kauf eines Empfängers für das zukünftige Fernsehen die innenarchitektonische Gestaltung eines Wohnraumes nicht wesentlich verändert werden wird, der Fernsehsessel also seinen Abstand zum Bildschirm beibehält, wäre es wenig sinnvoll, die Detailauflösung eines Fernsehbildes noch weiter zu erhöhen. In Abb. 214.3 ist der Bildschirm zur Betrachtung eines HDTV-Bildes dargestellt.

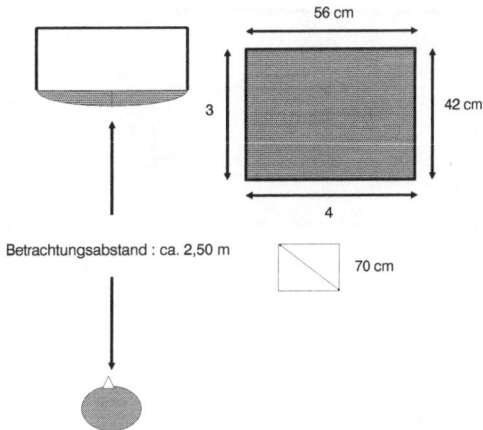

Abb. 214.2: Typische Betrachtungsbedingungen beim heutigen Fernsehen

Eine Bilddiagonale von 172 cm wird hier angenommen, die bei einem für alle HDTV-Standards vorgesehenen Verhältnis Bildbreite : Bildhöhe (16:9) einer Bildhöhe von 84 cm entspräche. In einem unveränderten Wohnzimmer würde ein Verhältnis Betrachtungsabstand : Bildhöhe = 3 resultieren. Dies entspricht einer Halbierung der Zahl beim heutigen Fernsehen.

Vergleicht man das sichtbare Bild beider Bildschirme aus dem unveränderten Betrachtungsabstand (Abb. 214.4), so erkennt man zum einen die bereits weiter oben erwähnte Vergrößerung des Ausschnittes aus der Welt um den Faktor 5,3, zum anderen erkennt man aber auch, daß die für HDTV typische Verdoppelung der sichtbaren Zeilenzahl wegen des halbierten relativen Betrachtungsabstandes zu einer gleichen Zeilendichte wie beim heutigen Fernsehen führt.

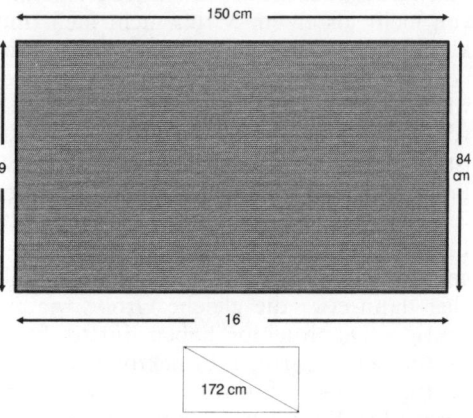

Abb. 214.3: Beispiel für einen HDTV-Bildschirm

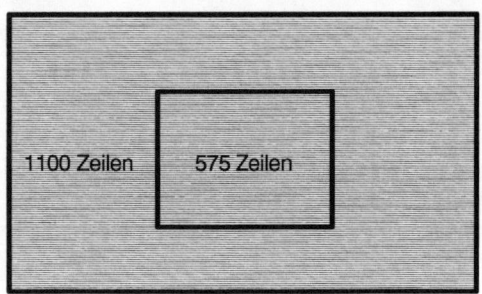

Abb. 214.4: Vergleich der Zeilenstruktur beim heutigen Fernsehen und bei HDTV

Die Detailwiedergabe bleibt damit grundsätzlich ebenfalls gleich.

Natürlich ist nun zu erläutern, aus welchem Grund das Verhältnis Bildbreite:Bildhöhe bei HDTV von dem beim heutigen Fernsehen abweicht. Auch hierfür gibt es zwei Gründe:

– Die bessere Anpassung an das Gesichtsfeld des Menschen. Wie man leicht selbst nachprüfen kann, ist das horizontale Gesichtsfeld etwa doppelt so weit wie das vertikale. Damit emuliert eine Verbreiterung des Fernsehbildes zunehmend die physiologischen Gegebenheiten.

– Den Aspekt der Gerätevermarktung. Ein neues Gerät, das (auch in ausgeschaltetem Zustand) erheblich anders aussieht als die heutigen Empfänger, weckt das Interesse der Konsumenten nach Einschätzung der Gerätehersteller schneller.

Eine weitere ganz praktische Problematik ergibt sich in Anbetracht der Größe des neuen Bildschirmes. Hier muß berücksichtigt werden, daß Bilder mit einer Diagonale von mehr als einem Meter nicht mehr mit klassischen Bildröhren erzeugt werden können. Die Physik, die Kosten und das Gewicht eines solchen Bildrohres setzen hier voneinander unabhängige Grenzen. Also ist ein derartiges Bild als Bild eines HDTV-Projektors anzunehmen, der in fernerer Zukunft zum Beispiel als Flüssigkristall-Lichtventil-Projektor oder als Mikrospiegel-Projektor ausgeführt sein könnte, welcher dann etwa die gleiche Größe wie ein heutiger Diaprojektor haben dürfte. Erste Prototypen derartiger Projektoren für das heutige Fernsehen wurden 1989 erstmalig vorgeführt. Ein solches Gerät könnte unauffällig in einem Regal Platz finden und das Bild auf eine einfache weiße Wand werfen. Der Fernsehempfänger würde bei diesem Szenario praktisch keinen Platz einnehmen und trotz der Größe des erzeugbaren Bildes bis zum Einschalten nahezu unsichtbar bleiben können.

Große Bilder sind sicherlich bei weitem nicht an jedem Ort sinnvoll. Zweit- und Drittfernseher in Schlafzimmer und Küche würden ein HDTV-Bild kleinformatig wiedergeben. Eine ähnliche Situation existiert aber auch heute bereits, denn viele der Spielfilme, die für die Kinoleinwand produziert wurden und nun im Fernsehen betrachtet werden, müssen ebenfalls als „Miniaturen" angesprochen werden.

Große Bilder können auch gänzlich unerwünscht sein, denn ein grundsätzlich gewollter Effekt bei der Betrachtung großer Bilder ist die weit geringere Möglichkeit, zu den Geschehnissen auf dem Bildschirm Distanz zu wahren ('Telepräsenz'). Dies könnte vor allen Dingen aber natürlich bei häufigem Fernsehkonsum oder bei ungeeigneten Programmen insbesondere bei Kindern zu Problemen führen.

Ähnlich wie der Vergleich der Bildausschnitte beim heutigen Fernsehen und bei HDTV ist auch der Vergleich der Detailwiedergabe der unterschiedlichen Systeme möglich (Abb. 214.5). Aufgetragen ist hier die zweidimensionale, betrachterbezogene Auflösung in „Linienpaare pro Grad des Gesichtsfeldwinkels". Hinter dieser Beschreibung verbirgt sich eine Aussage darüber, wie viele Paare abwechselnd weißer und schwarzer Linien (Linienpaare) der Betrachter in horizontaler (fx) oder vertikaler (fy) Richtung sähe, wenn sein Blickfeld auf einen Winkelgrad begrenzt wäre. 25 Linienpaare pro Grad des Gesichtsfeldwinkels heißt also, daß in dem horizontalen Blickwinkel des HDTV-Bildes nach Abb. 214.4 (33 Grad) insgesamt 825 Linienpaare wahrgenommen werden könnten.

Die beschriebene Beibehaltung der Zeilendichte pro Bildhöhe äußert sich in Abb. 214.5 darin, daß die Auflösung in vertikaler Richtung in allen Fällen bei dem gleichen Wert begrenzt wird (30 Lp/Grad). Dieser Begrenzung überlagert sich ein durch die Auswirkungen der Zeilenstruktur und durch das sogenannte Zwischenzeilenverfahren ('Interlacestörungen') hervorgerufener Effekt, der die tatsächlich vom Auge nutzbare Auflösung in einer numerisch nicht exakt zu beschreibenden Art einschränkt.

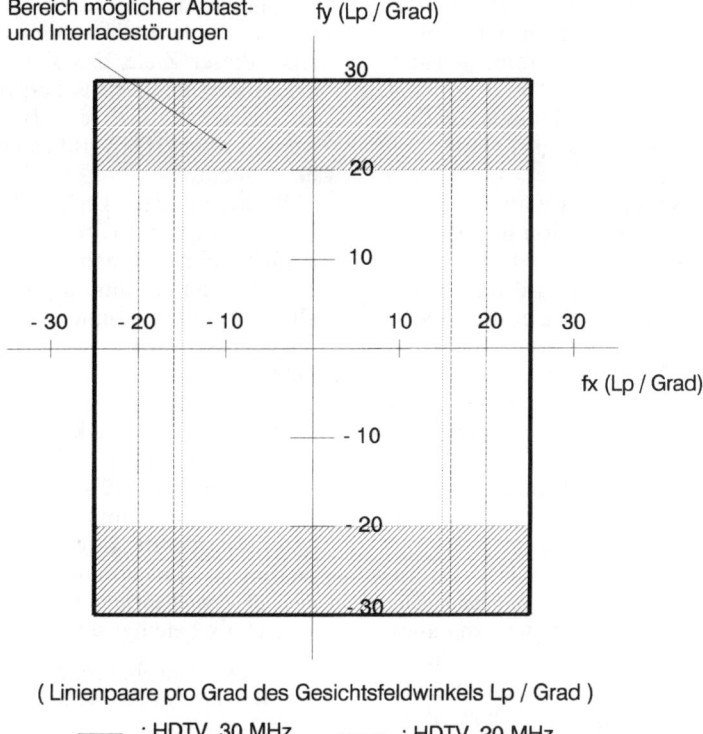

Abb. 214.5: Auflösungsvergleich zwischen heutigem Fernsehen und HDTV

Die Auflösung in horizontaler Richtung wird durch die Signalbandbreite des jeweils gewählten Fernsehsystems definiert. Als Folge des vergrößerten Betrachtungswinkels und des breiteren Bildes erreicht ein HDTV-Bild bei einer Bandbreite von 20 MHz nur etwa die heute auf einem mittelguten PAL-Farbempfänger mit einer effektiven Bandbreite von ca. 3,6 MHz darstellbare Auflösung (ca. 15 LP/Grad). Ein optimal übertragenes und dargestelltes PAL-Bild heute würde 20 LP/Grad ermöglichen, ein HDTV-Signal mit einer Bandbreite von 30 MHz käme auf einen Wert von 25 LP/Grad. Da das menschliche Auge eine in fx und fy etwa gleiche Detailwahrnehmungsfähigkeit besitzt, ist somit eine Bandbreite von etwa 30 MHz für eine adäquate Systemauslegung erforderlich.

Die Produktion von Programmaterial für ein HDTV-Fernsehen erfordert zumindest in der Theorie eine andere Dramaturgie, als sie im heutigen Fernsehen typisch ist. Der Grund dafür ist erneut der erheblich vergrößerte Ausschnitt aus der Welt, für den ein HDTV-System entwickelt wird. Aus der Tatsache der gleichbleibenden Detailwiedergabe kann unmittelbar gefolgert werden, daß ein Bildelement, das heute in Großaufnahme dargestellt werden muß, um alle Einzelheiten abbilden zu können, in Zukunft in der gleichen Absolutgröße auf dem Bildschirm erscheinen kann; darum herum aber existiert ein sichtbares Umfeld 5,3 mal so groß wie das Gesamtbild bisher. Behielte man die heutige Bildgestaltung allerdings unverändert bei, könnte dies dazu führen, daß die Großaufnahme eines Gesichtes mit einer Höhe von ca. 80 cm dargestellt werden würde. Ein im eigenen Wohnzimmer wohl kaum häufig ertragbarer Effekt.

Andererseits ermöglicht der große Bildausschnitt eine in vieler Hinsicht für den Zuschauer neue und vielleicht angenehmere szenische Gestaltung. Insbesondere kann die Kameraführung ruhiger erfolgen, als bisher. Viele Schnitte werden vermeidbar. Bei einem Fußballspiel, z. B., kann der Betrachter auf dem Bildschirm das Spielgeschehen auch in der weiteren Umgebung vom Ball betrachten. Es ist an ihm, sich auszusuchen, worauf er seine Aufmerksamkeit richten möchte. Die Dominanz der Entscheidungen des Regisseurs wird tendenziell reduziert.

Die Verhältnisse bei HDTV ähneln damit stark denen bei der Produktion mit 35-mm-Film. Die heutige, erprobte und ausgefeilte Bildführung im Fernsehen wird darauf abgestimmt werden müssen. Die gestalterische Eigenständigkeit einer Fernsehproduktion wird konsequenterweise zum Teil verlorengehen. Die Vermarktbarkeit einer Produktion in verschiedenen Trägerformaten aber dürfte gewinnen.

Es ist nur natürlich, daß die beschriebenen Einflüsse der Technik auf ihre zukünftige Arbeit von vielen Programmachern mit Zurückhaltung betrachtet werden. Enthusiastische Befürworter von HDTV findet man daher bisher (auch) in diesem Bereich kaum.

Zusammengefaßt kann HDTV also als ein Fernsehsystem beschrieben werden, dessen Existenzberechtigung in der Darstellung eines großen Bildfeldes liegt. Das System bietet etwa die gleiche Detailauflösung wie das heutige Fernsehen. HDTV-Fernsehen erfordert Veränderungen auf dem gesamten Weg eines Programmes von der Produktion über die Produktionsgeräte, die Übertragungswege, das Empfangsgerät bis – theoretisch zumindest – hin zu den Sehgewohnheiten.

2. Die HDTV-Diskussion und ihre Hintergründe

Die Diskussion über HDTV und seine Einführung war über Jahre hinweg eine Diskussion unter Ingenieuren. Das neue Fernsehsystem stellte sich als die Konsequente Weiterverfolgung des Ziels nach immer besserer Qualität von Bild und Ton dar. Ausgehend von der Einführung des Schwarz-Weiß-Fernsehens (in Deutschland) im Jahr 1952 und der Einführung der Farbe 1967, schien Anfang der 1980er Jahre die Zeit für einen weiteren Schritt reif. Ganz selbstverständlich begann daher die Entwicklung von HDTV und der zugehörigen Komponenten. Die Überzeugung aller an dieser Entwicklung beteiligten Organisationen und Individuen war, daß mit der Erreichung der technischen Ziele auch die Einführung von HDTV weitgehend automatisch möglich werden würde. Tatsächlich wurden die technischen Ziele auch durchweg erreicht. Nur eines dieser Ziele, das sich dann allerdings als entscheidender als ursprünglich vermutet darstellte, blieb ein Traum: Der preiswerte, große HDTV-Bildschirm existiert bis heute nicht.

Während der Entwicklungsdauer von HDTV wurde zur Überraschung vieler dann jedoch mehr und mehr deutlich, daß die Erreichung der technischen Entwicklungsziele allein für einen möglichen Erfolg nicht ausreichend sein würde. Je weiter die Entwicklung der HDTV-Technik fortschritt, je näher der Termin einer möglichen HDTV-Einführung also rückte, desto lauter wurden die Diskussionen über das neue System. Erstmals wurde unübersehbar, daß ein Fernsehsystem erst dann zu einem Erfolg werden kann, wenn es die Interessen von fünf Gruppierungen gleichermaßen berücksichtigt, die alle an dem Betrieb einer zukünftigen Fernsehtechnik beteiligt sein werden. Es sind dies:

– Der Fernsehzuschauer, der gleichzeitig der potentielle Käufer der neuen Endgeräte ist.
– Die Geräteindustrie und der Handel, die alle für Programmproduktion, -verbreitung und -empfang notwendigen Anlagen herstellen und vertreiben müssen.
– Der Programmproduzent, der in die veränderte Technik investieren muß, um damit das eigentlich Neue, nämlich das neue Programm in Bild und Ton zu generieren.
– Der Betreiber der vielfältigen benötigten Übertragungswege, über die die Programme zu den Zuschauern, aber auch zwischen den Programmproduzenten, verteilt werden müssen. Und schließlich:
– Politische Institutionen, ohne deren Unterstützung vielfältige Hemmnisse insbesondere bei der Durchsetzung im internationalen Bereich nur schwer oder gar nicht zu überwinden sind.

Im folgenden soll versucht werden, Schlüsselargumente der Diskussion zu hinterfragen und auf die hinter den Argumenten verborgenen Motivationen zurückzuführen. Im Mittelpunkt der Analyse sollen die (vermuteten) Interessen von Zuschauern und Programmproduzenten stehen. Kurz sollen vorab aber die Interessenlagen der übrigen drei Gruppierungen beschrieben werden.

Die Faszination jeglicher 'Neuer Fernsehsysteme' für Industrie und Handel liegt selbstverständlich in der Erwartung auch neuer Geschäfte. Insbesondere existiert die Erwartung, daß in den ersten Jahren des Verkaufes grundsätzlich neuer Geräte die Erlösspanne größer sein wird als die wegen der breiten Konkurrenz insbesondere aus Billigländern in Fernost im jeweils bereits existierenden Geschäft mit der sogenannten 'Braunen Ware' erreichbare Spanne. Hierbei ist allerdings zu berücksichtigen, daß der Verkauf grundsätzlich neuartiger Geräte zu einem Rückgang des Absatzes bei den klassischen Fernsehempfängern und ihren Peripheriegeräten, wie etwa den Videorecordern, führen wird. Es besteht somit ein erhebliches Risiko, daß durch zu intensive oder zu lang anhaltende Diskussionen über neue Fernsehstandards der Zukunft mehr und mehr Kunden ihre normalen Planungen des Ersatzes von Altgeräten zurückstellen, um möglichst direkt in die neue Technik investieren zu können. Ein unkontrollierbarer Umsatzeinbruch könnte die Folge sein.

Nicht alle Firmen, die im Rahmen der HDTV-Entwicklung erhebliche Summen und vor allen Dingen die Arbeitskapazität hochqualifizierter und damit rarer Spezialisten in die Erstellung neuer Geräte und Systeme steckten, taten dies freiwillig und aus Überzeugung. Vielmehr steckte hinter zahlreichen Aktivitäten zumindest in Europa und in USA die Furcht, den ohnehin vorhandenen Vorsprung japanischer Firmen so groß werden zu lassen, daß mit der Markteinführung von HDTV ein weitgehender Zusammenbruch der westlichen Unterhaltungselektronik-Industrie einhergehen könnte. Das Verschwinden dieser Sparte der italienischen Industrie in der Folge der verspäteten Einführung des Farbfernsehens in Italien wurde als beispielhaftes Menetekel angesehen.

Ziel von Industrie und Handel war es daher, nach einer ausreichend langen Entwicklungszeit, innerhalb derer die Öffentlichkeit möglichst wenig in Unruhe über die Zukunft versetzt werden sollte, mit der Marktreife der Geräte auf ein Umfeld zu treffen, das den schnellen Markterfolg garantierte. Zu diesem Umfeld gehörten alle anderen in diesem Abschnitt analysierten Entscheidungsfelder. Insbesondere mußte auch die Verfügbarkeit von attraktivem Programmaterial gewährleistet sein.

Für den Betreiber von Übertragungswegen – in der Bundesrepublik Deutschland waren dies in den 1980er Jahren im wesentlichen die Landesrundfunkanstalten und die unter anderem für die Zuspielleitungen, die Breitbandkabel-(BK-)Netze und die damals noch national betriebenen Fernsehsatelliten (TV-SAT 2 und DFS 1 Kopernikus) zuständige Telekom – könnte das für die Industrie Gesagte grundsätzlich natürlich ebenfalls Gültigkeit besitzen. Der Einfluß der Politik führte allerdings bereits während der Entwicklungsphase von HDTV wiederholt dazu, daß wirtschaftliche Argumente zurückstanden und daß insbesondere von der Telekom mutig erhebliche Investitionen getätigt wurden, die zur Bereitstellung von Übertragungswegen dienten. Allen Beteiligten bei der HDTV-Entwicklung war bewußt, daß ohne diese Übertragungswege nicht einmal Feldversuche denkbar gewesen wären, geschweige denn eine ernstzunehmende Markteinführung.

Die Einführungsphase neuer Rundfunksysteme ist immer auch geprägt durch vielfältige Beteiligung politischer Institutionen – sei es im Rahmen der Forschungsförderung, der Regulierung oder bei der Standardisierung. Da das Fernsehen ein Medium ist, das das Interesse der Öffentlichkeit auf sich zieht, und da neue Systeme stets mit gewaltigen Startinvestitionen verbunden sind und übernational realisiert werden müssen, ist eine Unterstützung – nicht jedoch eine Lenkung – durch mehrere Ressorts (Wirtschaft, Forschung, Post, Außenpolitik) unverzichtbar für den Erfolg eines neuen Systems. Ziel der so in einer Einführungsphase einzubindenden politischen Institutionen sollte es natürlich stets sein, zum besten der nationalen Industrie und zum besten der Programmacher im Land die Durchsetzung eines Systems zu begleiten und zu unterstützen. Aber auch hier muß vor allen Dingen das Wohlergehen der zukünftigen Zuschauer oberste Richtschnur aller Aktivitäten sein.

Im folgenden sollen die vermutete Interessenlage der Zuschauer – der potentiellen Käufer von Endgeräten für HDTV – sowie die Probleme der Programmacher bei der Produktion von Beiträgen für dieses Medium näher betrachtet werden.

2.1. Zuschauerakzeptanz als das entscheidende Erfolgskriterium

Auch High Definition Television kann nur dann erfolgreich sein, wenn seine Zuschauer es wollen. Durch zwei Szenarios soll hier in scherenschnittartiger Vereinfachung verdeutlicht werden, welche Ingredienzien für einen (fast) sicheren Markterfolg, und welche für einen (fast) sicheren Mißerfolg sorgen könnten. Beiden Szenarios ist die Tatsache gemeinsam, daß HDTV von einem gegenüber heute erheblich vergrößerten Bild leben wird.

2.1.1. Szenario (1): Der Mißerfolg

Nach der Einführung eines neuen Systems als Dienst bietet der Handel das große Fernsehbild in der Implementierung als klassischer Fernsehempfänger an. Das große und nahezu drei Zentner schwere Gerät (alle Daten sind abgeleitet aus heutiger Gerätetechnik) kostet DM 4000 ... 5000. Peripheriegeräte für den neuen Fernsehstandard wie etwa Videorecorder und Videokamera sind (noch) nicht verfügbar. Mit dem neuen Gerät empfängt der Zuschauer wenige und hauptsächlich solche Programme, die auch schon in PAL ausgestrahlt werden. In der Rücksicht auf ihre heutigen Zuschauer sorgen die Programmproduzenten dafür, daß in der szenischen Gestaltung auch neuer Produktionen der limitierten Bildauflösung und der geringeren Bildgröße der in den Haushalten bereits vorhandenen PAL-Empfangsgeräte Rechnung getragen wird. Dazu setzen sie viele Großaufnahmen und andere klassische Darstellungsformen des heutigen Fernsehens ein.

2.1.2. Szenario (2): Der Erfolg

Dem Zuschauer werden Empfangsgeräte angeboten, die als Projektionsgeräte trotz kleiner Baugröße und trotz geringen Gesamtgewichtes große Bilder hoher Qualität auf einem flachen Bildschirm erzeugen können. Der Kauf eines solchen Gerätes führt dazu, daß HDTV im Wohnzimmer nicht schon allein durch die Existenz des großen Empfangsgerätes sichtbar wird, sondern erst auffällt, wenn dieses Gerät eingeschaltet wird. Videorecorder und Videokamera sind kurzfristig im Markt verfügbar. Gegenüber heutigen Gerätepreisen ist ein verhältnismäßig geringer Aufschlag von 10 ... 20 Prozent zu zahlen. Die in dem neuen Standard ausgestrahlten Programme sind ganz oder teilweise Exklusivprogramme, die auf die Limitierungen des PAL-Fernsehens keine Rücksicht nehmen müssen. Die wenigen Programme, deren Parallelausstrahlung in PAL stattfindet, werden zunehmend auf die Leistungsmerkmale des neuen Systems zugeschnitten, dadurch verschlechtert sich Schritt für Schritt die szenische Bildqualität beim PAL-Empfang.

Selbst bei Szenario (2) bleibt eine in ihrer Höhe noch schwer abschätzbare Akzeptanzschwelle vor der Einführung von Geräten im Einzelhaushalt zurück. Das wirklich große Bild wird nämlich in jedem Fall zu einem dominierenden Faktor im Fernsehzimmer werden. Die Zimmereinrichtung wird darauf sogar abgestellt werden müssen. Ob hierzu Bereitschaft besteht, ist als gänzlich offen zu bezeichnen. In USA allerdings existiert seit dem Beginn der 1990er Jahre ein Trend, schon für die Darstellung der heutigen Fernsehbilder vermehrt auf großformatige Wiedergabegeräte umzusteigen. Sogenannte Rückprojektionsempfänger sind dort seit Jahren im Markt außerordentlich erfolgreich. Vielleicht ist dieser US-amerikanische Trend ein Indiz für eine vergleichbare Entwicklung in Europa.

Beide Szenarios machen deutlich, daß – selbst wenn alle system- und gerätetechnischen Fragen gelöst wären und die Übertragungswege bereitstünden – zum Erfolg die Ingredienzien:

- Bauform der Empfangsgeräte
- Preise der Empfangsgeräte
- Verfügbarkeit der Peripheriegeräte
- Attraktivität des (exklusiven?) Programmangebotes
- Finanzierbarkeit eines solchen Programmes
- Know-how der Programmacher

berücksichtigt und aufeinander abgestimmt werden müssen.

2.2. Programmproduktion für das 'Neue Fernsehen'

Die wesentliche Änderung für den Programmacher bei Produktionen für das 'Neue Fernsehen' gegenüber den Produktionen für PAL ist der größere „Ausschnitt aus der Welt", der dem Zuschauer präsentiert werden kann und muß (Abb. 214.1). Totale und halbtotale Bildeinstellungen werden daher eine größere Bedeutung erhalten, vielleicht sogar dominieren. Hierbei werden mehr Personen und mehr Umfeld sichtbar bleiben als bisher. Die seltener werdenden Großaufnahmen werden mehr Details sichtbar machen, als dies bei PAL der Fall war. Damit gehören Billigausstattungen der Vergangenheit an.

Die Konsequenzen für eine Programmproduktion lassen sich an zwei Beispielen wie folgt auflisten (Reimers 1991, 83–86):

2.2.1. Live-Produktion mit Publikum:

- Produktionsgeräte werden mindestens vorübergehend teurer sein als bisher.
- Das Bühnenbild ist größer (auch in der Tiefe) und benötigt hochwertigere, natürlichere Requisiten.
- Mehr Personen sind sichtbar und müssen agieren.
- Wegen der größeren Bühne steigen die Kosten für die Beleuchtungstechnik.
- Die Tonproduktion wird wegen des großen Bildes für das Programmerlebnis noch wichtiger und dadurch komplexer.
- Für die Bildgestaltung wird mehr Aufwand betrieben werden müssen (Kräne, Schienenwagen).
- Der Aufwand für die Nachbearbeitung steigt.
- Die Konsequenz aus dem Vorgenannten ist ein erhöhter Personalbedarf in vielen Bereichen.

Am Beispiel einer 90minütigen Folge des 'ARD-Wunschkonzertes' wurde mit einer fiktiven Ermittlung der Produktionskosten versucht, die genannten Effekte zu quantifizieren. Es ergibt sich dabei ein Anstieg der Gesamtkosten um 13 Prozent. Die wichtigste Komponente dieses Kostenanstieges liegt in den Kosten für das Bühnenbild, die um 22 Prozent steigen dürften. Weitere Mehrkosten resultieren aus der Vergrößerung des Produktionsstabes, den teureren Geräten und der Beleuchtung.

Es gibt Überlegungen, Produktionen für HDTV mit weniger Kameras zu realisieren, da die Mehrzahl aller Einstellungen Totale oder Halbtotale sein könnte. Ob diese Reduktion realisierbar sein wird, bleibt abzuwarten. Sollte sie es sein, würden bei der betrachteten Produktion unter der Annahme der Verwendung von nur noch 2 Kameras Mehrkosten von 10 Prozent gegenüber heute resultieren.

2.2.2. Fernsehspielproduktion mit Film als Aufnahmemedium

- Der 16-mm-Film wird durch (Super-16mm-Film bzw. durch) 35-mm-Film abgelöst werden müssen. Damit werden Gerät, Material und Nachbearbeitung teurer.
- Das Bühnenbild ist größer (auch in der Tiefe) und benötigt hochwertigere, natürlichere Requisiten.
- Mehr Personen sind sichtbar und müssen agieren.
- Wegen der größeren Bühne/Szene steigen die Kosten für die Beleuchtungstechnik.
- Die Tonproduktion wird wegen des großen Bildes für das Programmerlebnis noch wichtiger und dadurch komplexer.
- Für die Bildgestaltung wird mehr Aufwand betrieben werden müssen (Kräne, Schienenwagen).
- Die Konsequenz aus dem Vorgenannten ist ein erhöhter Personalbedarf in vielen Bereichen.

Ähnlich wie für die Live-Produktion mit Publikum wurde auch hier an Hand eines realen Beispieles der Versuch unternommen, fiktiv eventuelle Mehrkosten zu analysieren. Das Beispiel ist eine 90minütige Folge der vom NDR produzierten Serie 'Schwarz-Rot-Gold'. Hier ergibt sich ein Gesamtkostenanstieg um 20 Prozent. Honorare für Darsteller werden um etwa 46 Prozent steigen, da die nicht für die gesamte Produktion, sondern nur nach Drehtagen bezahlten Schauspieler wegen der Notwendigkeit zur häufigeren Präsenz im Bild auch an mehr Drehtagen beschäftigt werden müssen. Mehrkosten für den Produktionsstab werden etwa in gleicher Höhe anfallen wie die Mehrkosten für Honorare. Der dritte bedeutende Kostenblock resultiert dann aus dem Wechsel des Filmformates.

Je nach Programmform ist mit Mehrkosten zwischen 0 Prozent (Eingekaufte Spielfilme), 7 Prozent (Sport, Live-Übertragungen von Originalschauplätzen etc.) und 20 Prozent (Fernsehspiel) zu rechnen.

Die Frage, ob und gegebenenfalls wie zusätzliche Programmangebote für HDTV mit öffentlichen Mitteln finanziert werden sollten, blieb in der Entwicklungsphase von HDTV über lange Zeit offen. Im Jahr 1993 führte die Europäische Kommission ein Förderprogramm ein, das Mehrkosten für die Produktion von HDTV-Programmen in Teilen erstattet. Gleichzeitig wurde aber auch die Förderung von Programmen im neuen Bildformat (16:9) gestartet, ohne daß diese 16:9-Programme HDTV-Qualität besitzen müssen. Die Frage, ob es statthaft sein darf, Programmformen zu gestalten, die auf die ca. 30 Millionen allein in der Bundesrepublik Deutschland existierenden Fernsehempfänger immer weniger Rücksicht nehmen, kann hier nicht beantwortet werden. Es ist aber wohl deutlich geworden, wie schwerwiegend die nichttechnischen Probleme gerade in diesem Bereich waren.

Die Mehrkosten für Programmproduktionen sind nicht das einzige Hindernis für Programmanbieter auf dem Weg zu HDTV. Vielfältige Investitionen in Produktionsanlagen sind ebenfalls unverzichtbar. Um diese in Angriff nehmen zu können, muß der Markt für Produktionsgeräte eine Reihe von Bedingungen erfüllen:

– Ein Standard für die Fernsehnorm im Studio muß verbindlich definiert worden sein.
– Die gesamte heute übliche Palette von Produktionsgeräten muß in der neuen Norm verfügbar sein. Verringerte Funktionalität bei neuem Standard ist nicht akzeptabel.
– Die Abhängigkeit von nur einem Lieferer wäre inakzeptabel.
– Die Geräte müssen in puncto Zuverlässigkeit den Status von ausgereiften Produkten haben.
– Bei gegebener Funktionalität wären Mehrpreise gegenüber heutiger Ausrüstung allein wegen des neuen Fernsehstandards nur in geringem Umfang akzeptabel.

Während beim Übergang vom Schwarz-Weiß-Fernsehen zur Farbe Mitte der 1960er Jahre die Fernsehanstalten alleinige Programmproduzenten waren, eine gute Finanzausstattung zur Verfügung hatten sowie mit Pioniergeist zu Experimenten bereit waren, ist die Fernsehwelt – auch in der Bundesrepublik – heute durch den Zwang zur kostenoptimierten Perfektion in einer harten Konkurrenz der Programmanbieter untereinander gekennzeichnet. Eine Entscheidung für das 'Neue Fernsehen' wird durch die steigenden Produktionskosten und die beschriebenen Investitionsprobleme also erheblich erschwert.

3. Einführungsperspektiven für HDTV

Wird die Diskussion über Sinn und Möglichkeiten von HDTV also in einer Einführung des neuen Fernsehsystems resultieren? Wann wird HDTV eingeführt werden, und in welchen Ländern der Erde ist eine Nutzung des Fernsehens hoher Darstellungskraft im Rundfunk zu erwarten?

In Japan begann die HDTV-Entwicklung. Japan hat als erstes Land der Erde am 25. November 1991 in einem Satellitenkanal mit regelmäßigen HDTV-Ausstrahlungen begonnen. Als Ausstrahlungsstandard wird MUltiple Subsampling Encoding (MUSE) verwendet. Das tägliche Programmangebot besteht derzeit aus 12 Stunden Programmaterial, von dem ein beträchtlicher Teil Wiederholungen sind. Im japanischen Markt der Unterhaltungselektronik sind Umsetzer erhältlich, die den Empfang der MUSE-Signale gestatten, diese dann aber in Signale nach heutiger (NTSC-)Fernsehnorm umsetzen und so die Darstellung der HDTV-Programme in sehr mäßiger Qualität auch auf bereits vorhandenen Fernsehempfängern gestatten. Immer wieder einmal werden in Japan Planungen für eine Ausweitung des HDTV-Programmangebotes veröffentlicht. Die Ernsthaftigkeit dieser Ankündigungen ist schwer einzuschätzen.

Angetrieben durch die Angst vor den japanischen Entwicklungen, hat Europa im Rahmen des länderübergreifenden Forschungs- und Entwicklungsprojektes EUREKA 95 ab 1986 einen eigenen Standard für die HDTV-Produktion wie auch für die HDTV-Ausstrahlung entwickelt (High Definition Multiplexed Analogue Components – HD-MAC). Die Entwicklung war technisch außerordentlich erfolgreich und führte zu einer starken und eigenständigen europäischen Position im Feld HDTV. Testübertragungen und erste Live-Übertragungen, zum Beispiel von den Olympischen Spielen in Barcelona und Albertville, haben die Leistungsfähigkeit des europäischen Systems unter Beweis gestellt. Regelmäßige HDTV-Übertragungen sind niemals gestartet worden. Kein Programmanbieter hat seine Studios mit HDTV-Technik ausgestattet, faktisch ist das Fernsehen hoher Darstellungskraft in Europa derzeit nicht existent.

Wiederum als Reaktion, diesmal auf die Entwicklungen in Japan und in Europa, startete 1987 in USA die 'Federal Communications Commission (FCC)' eine nationale Initiative. Ziel dieser Initiative war es, einen HDTV-Fernsehstandard zu entwickeln, der die terrestrische und damit lokal eingeschränkte Ausstrahlung von HDTV ermöglichen sollte. Über eine Entwicklungszeit von etwa 8 Jahren entstand so das 'Grand Alliance HDTV System', das erste Verfahren, bei dem HDTV-Signale in digitalisierter Form zur Ausstrahlung gebracht werden (Reimers 1995). Bis zum Frühjahr 1995 blieb die US-amerikanische Entwicklung auf HDTV beschränkt. Mehrfache Anläufe interessierter Parteien, im Rahmen der Entwicklungen des 'Grand Alliance System' auch Fernsehen der heute üblichen Qualität zu berücksichtigen, scheiterten. Gleichzeitig war aber festzustellen, daß kein Rundfunk-Programmveranstalter auch nur damit begonnen hatte, seine Studios in HDTV-Technik auszustatten. Immer deutlicher wurde daher die Parallele zu den europäischen Anstrengungen, wo ein technischer Standard entwickelt und optimiert worden war, ohne daß die damit zusammenhängenden Investitionsmaßnahmen der übrigen Marktpartner erkennbar gewesen wären. Im Sommer 1995 hat nun auch in USA die Entscheidung stattgefunden, den ursprünglich für HDTV entwickelten Übertragungsstandard für das Fernsehen heutiger Qualität zu öffnen. In den USA existiert seither ein technisches Übertragungsverfahren, mit dem über terrestrische Sendernetze und im Kabel mittels der Übertragung digitalisierter Signale Fernsehsignale beliebiger Qualität, einschließlich HDTV, zum Fernsehzuschauer transportiert werden können. Die Verhältnisse ähneln daher denen in Europa (Reimers 1995). Welche Rolle das Fernsehen hoher Darstellungskraft in USA wirklich entwickeln wird, bleibt also abzuwarten. Berücksichtigt man jedoch die Erfahrungen mit HDTV in Japan und Europa so scheint es wahrscheinlich, daß HDTV im Fernsehrundfunk auch in USA noch über lange Zeit von geringer Bedeutung bleiben wird.

HDTV, das Fernsehen hoher Darstellungskraft, scheint nach dem Vorgesagten in allen Ländern der Erde von einer Markteinführung im Bereich des Rundfunks und in nennenswertem Maßstab noch Jahre entfernt zu sein. Hat HDTV also überhaupt eine Einführungsperspektive?

Die Antwort auf diese Frage ist naturgemäß spekulativ. Grundsätzlich sollte man meinen, daß technische Entwicklungsprozesse längerfristig noch stets dazu geführt haben, daß das Bessere den weniger guten Vorgänger irgendwann ablöste. Dies könnte auch im Fernsehen so sein. Andererseits wird die HDTV-Einführung auch weiterhin davon abhängen, ob die in Abschnitt 2 genannten Interessengruppen bereit sind, diese Einführung zu unterstützen. Ein Wandel der Positionen, die bisher dazu geführt haben, daß HDTV noch immer nicht zur Realität wurde, ist nicht erkennbar.

Was also könnte die Einführungsperspektiven verbessern? Zum einen wohl die Tatsache, daß die Entwicklung technischer Schlüsselkomponenten voranschreitet. Das hochauflösende, flache Projektionsdisplay ist zwar noch immer nicht in Sicht, aber neuere Entwicklungen (Plasmatron, Digital Micromirror Device etc.) zeigen in die richtige Richtung. Zum anderen nutzen immer mehr Menschen täglich hochauflösende Bildwiedergabegeräte, insbesondere PC-Bildschirme mit zum Beispiel Super-VGA-Auflösung und gewöhnen sich dabei an hochqualitative Grafiken. Zum dritten führt die Digitalisierung der Signalformen, die in Speichermedien wie Kassetten oder Disks abgelegt sowie über Übertragungswege jeglicher Art übertragen werden können, dazu, daß zwischen HDTV und dem Fernsehen heutiger Qualität kein grundsätzlicher Unterschied mehr bleibt. Unterschiedlich ist nur die Menge der Daten, die für die Aufzeichnung pro Bild benötigt wird, oder die Datenrate, die zur Übertragung der einen oder der anderen Bildqualität erforderlich ist.

Vielleicht wird HDTV daher nicht als Weiterentwicklung des klassischen Rundfunks erfolgreich werden, sondern den Massenmarkt über einen möglicherweise ganz unspektakulären Eintritt im Umfeld des PC oder als Variante des Videokassetten- bzw. des Disk-Marktes erreichen. Es wäre nicht das erste Mal, daß die Rundfunkmedien im Zuge einer Diversifizierung der Mediennutzung zu technisch zweitklassigen Lösungen werden. Die Markteinführung der Audio-CD hat zu einer Tonqualität im Heim geführt, für die es noch immer kein adäquates Pendant im Rundfunk gibt, das von den Hörern auch breit akzeptiert wird.

4. Literatur

Carbonara, Corey, The Evolution of High Definition Television. In: Proceedings 1991 HDTV World Conference. Ottawa 1991, 3–14.

Fujio, Takashi u. a., High Definition Television. Tokyo. (NHK Technical Monograph 32).

Reimers, Ulrich, Verbesserte Fernsehsysteme – die Alternativen. In: Fernseh- und Kinotechnik 44, 1990, 445–460.

–, Voraussetzungen für die Einführung „Neuer Fernsehsysteme". In: Fernseh- und Kinotechnik 45, 1991, 83–86.

Digitale Fernsehtechnik – Datenkompression und Übertragung für DVB. Hrsg. v. Ulrich Reimers. Berlin/Heidelberg/New York 1995.

Ulrich Reimers, Braunschweig (Deutschland)

215. Das Digitale Fernsehen (DVB)

1. Digitales Fernsehen – eine Definition
2. Die historische Entwicklung der Ideen für das Digitale Fernsehen
3. Die Entwicklung der Zielsetzungen für das Digitale Fernsehen in Europa
4. Die Struktur des DVB-Projektes
5. Mögliche Vorbereitungswege für das digitale Fernsehen.
6. Fertig gestellte Bestandteile des Systems 'Digitales Fernsehen'
7. Europäisches DVB als weltweite Systemlösung
8. Literatur

1. Digitales Fernsehen – eine Definition

Das Wort 'digital' gehört zu den Elementen der deutschen Sprache, die in den vergangenen Jahren häufig genutzt, oft auch mißbraucht worden sind. 'Digital' bedeutet eigentlich nur, daß mit Fingern abzählbare Elemente vorhanden sind. Im Sprachgebrauch der Informationstechnik wird 'digital' häufig synonym zu „abgetastet, quantisiert und binär dargestellt" verwendet. Im Umfeld der Technik der elektronischen Medien ist „digital" ein Gütesiegel, das erstmals bei der Markteinführung der 'Compact Disc (CD)' breiten Kreisen der Bevölkerung bekannt gemacht wurde.

Das 'digitale Studio' bezeichnet die Einführung von digitalen Signalformen in die Hörfunk- und Fernsehproduktion. Im digitalen Studio werden die Audio- und Videosignale mit festgelegten Abtastfrequenzen abgetastet und mit festgelegten Quantisierungsstufenzahlen quantisiert.

Der 'digitale Fernsehempfänger' erhält bisher unverändert analoge Eingangssignale, die er jedoch intern digitalisiert und als Digitalsignale weiterverarbeitet. Die Bilddarstellung erfolgt unverändert in analoger Form.

Es wird deutlich: Die Begriffe bedürfen einer sorgfältigen Definition, will man das Maß der Konfusion in Grenzen halten. 'Digitales Fernsehen', im internationalen Sprachgebrauch meist als 'Digital TeleVision Broadcasting (DTVB)' oder – weniger glücklich, aber mittlerweile international üblich – als 'Digital Video Broadcasting (DVB)' bezeichnet, meint üblicherweise die Ausstrahlung digitalisierter Bild-, Ton- und sonstiger Informationen als Datensignale. Da diese Datensignale in den allermeisten Fällen zeitkontinuierlichen Trägerschwingungen aufgeprägt werden müssen, um sie in den Übertragungskanal einzupassen, findet die eigentliche Übertragung beim digitalen Fernsehen jedoch unter Verwendung analoger Signale statt.

Im Kontext dieses Kapitels wird unter 'Digitalem Fernsehen' tatsächlich vorrangig das System zur Übertragung von Audio, Video und allgemeinen Daten in der beschriebenen Form verstanden. Dabei werden zahllose technische und funktionale Elemente unter diesem Begriff mittlerweile mehr oder weniger treffend subsumiert. Abb. 215.1 stellt ein Systemszenario dar, das die Gerätetechnik des digitalen Fernsehens aus der Sicht eines Nutzers beschreibt. Im großen und ganzen handelt es sich bei DVB also um alle für die Verteilung und den Empfang erforderlichen Geräte und die zugehörige Signaldarstellung und -verarbeitung, jedoch mit Ausnahme der Technik des Studios und der eigentlichen Bilddarstellung auf einem Display.

Als Verbreitungswege für DVB kommen insbesondere die Ausstrahlung per Satellit und die Signalverteilung in Kabelnetzen und in (Groß-) Gemeinschaftsantennenanlagen ('[G]GA') in Frage. Auch die Ausstrahlung in konventionellen terrestrischen Sendernetzen ist in einigen Ländern geplant. Eine Verteilung von DVB-Signalen über Telefonleitungen gehört zu den gänzlich neuen Möglichkeiten des digitalen Fernsehens. Die Nutzung von Glasfasern scheint – dort wo diese verfügbar sind – wegen der ihnen inhärenten Übertragungskapazitäten auch für Fernsehsignale mit großer Datenrate relativ unproblematisch. Die Reduktion der Datenrate eines Fernsehprogrammes auf zum Beispiel nur wenige Mbit/s ermöglicht jedoch auch die Übertragung eines einzelnen Fernsehprogrammes über Kupfertelefonleitungen zwischen der letzten Vermittlungsstelle und dem Teilnehmer bei Übertragungsentfernungen von einigen Kilometern. Schließlich kann in vielen Ländern die Mikrowellenübertragung von DVB-Signalen ('Multichannel Microwave Distribution System [MMDS]') genutzt werden, um ein Programmangebot, das in seiner Vielfalt dem Angebot typischer Kabelnetze gleich kommt, in den Privathaushalt zu übertragen. Der besondere Vorteil von MMDS liegt dabei in der Tatsache, daß zum

215. Das Digitale Fernsehen (DVB)

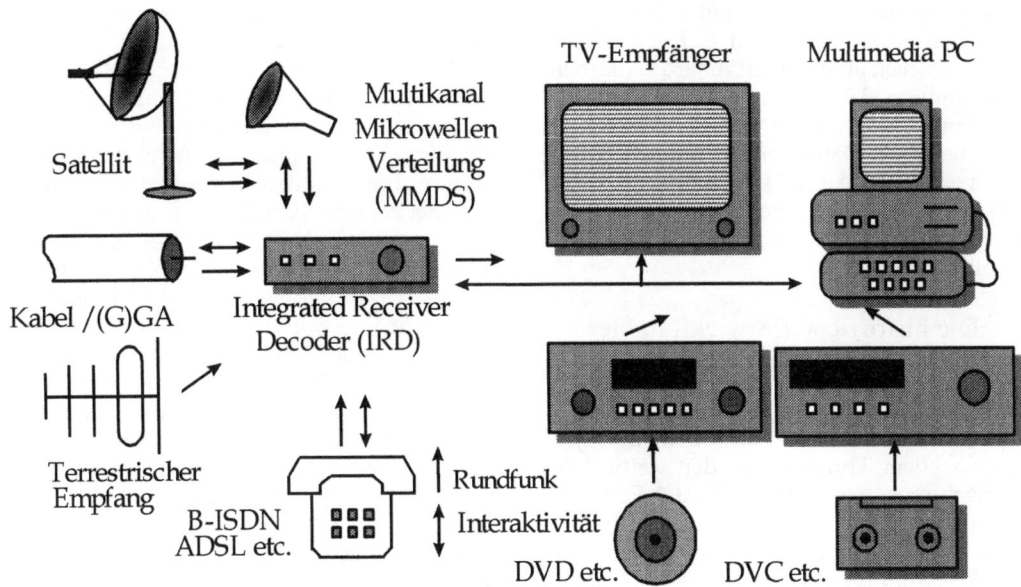

Abb. 215.1: Ein Szenario für die Nutzung von DVB

Beispiel dünn besiedelte Regionen angeschlossen werden können, auch wenn eine Kabelverlegung wirtschaftlich nicht gerechtfertigt werden kann.

Während Satellit und terrestrische Übertragung (noch) nicht rückkanalfähig sind, lassen sich sowohl über Telefon- als auch über Kabelnetze und in Gemeinschaftsantennenanlagen Informationen in Gegenrichtung, das heißt vom Zuschauer zum Netzbetreiber oder zum Programmanbieter zurücksenden. Die Nutzung des Rückkanals für die Bestellung und Abrechnung von Pay-TV-Angeboten oder im Zusammenhang mit Versandhandels- (Teleshopping-) Angeboten etc. ist in Planung und erfordert nur relativ geringe Datenraten.

Die DVB-Decoder ('Integrated Receiver Decoder [IRD]') nimmt die Rolle eines Datenmodems ein, in dem die digitalen Signale demoduliert und decodiert werden, so daß sie einem Display zur Verfügung gestellt werden können. Der Decoder bereitet darüber hinaus auch die Rückkanal-Daten auf und wertet Zusatzdaten des DVB-Datenstromes aus, die dem Display zur Gestaltung zum Beispiel einer grafischen Benutzeroberfläche zugeführt werden können. Längerfristig kann erwartet werden, daß der Decoder (IRD) im Endgerät integriert wird.

Als eigentliches Endgerät werden neben dem klassischen Fernsehempfänger zukünftig zunehmend auch Personal Computer ('Multimedia PC') eingesetzt werden. Diese werden den Fernsehempfänger sicherlich nicht ersetzen, wenn aber das digitale Fernsehen für geschäftliche Anwendungen wie Börsenfernsehen, Bankgeschäfte etc. genutzt werden sollte, wird die direkte Interaktion mittels Tastatur und Maus erforderlich sein.

Als Speichermedien für digitales Fernsehen können neben der Festplatte der Desktop Video Workstation Kassetten und Bildplatten Verwendung finden. Im Rahmen eines internationalen Entwicklungsprojektes ist das DVC-Format ('Digital Video Cassetten') spezifiziert worden. Unter den Bezeichnungen 'CD-Video' bzw. 'Digital Versatile Disc (DVD)' stehen Bildplattenformate zur Verfügung, die datenratenreduzierte Fernsehsignale aufzuzeichnen bzw. abzuspielen gestatten.

Im Umfeld des digitalen Fernsehens spielen Begriffe wie 'Multimedia', 'Interaktivität', 'Datenautobahnen' eine gewisse Rolle. Wie sich die Anwendungen bzw. die technischen Lösungen, die sich hinter den Begriffen verbergen, entwickeln werden, ist derzeit (Jahresmitte 1997) noch nicht mit ausreichender Sicherheit prognostizierbar. Es ist zu vermuten, daß das gezeigte Szenario eine genügend genaue Beschreibung des Nutzerumfeldes auch im Zeitalter 'interaktiver Multimedialität' darstellt. Sicher scheint aber bereits heute, daß die im Verlauf des vorliegenden Beitrages noch zu beschreibenden technischen Lösungen für Quellencodierung und Übertragung Teil des Szenarios sein werden. Ergänzt werden sie vielleicht durch Standards, die den breitbandigen Rückkanal beschreiben, durch Konzepte für sogenannte 'Server', also für Geräte, die große Datenmengen für den Abruf durch eine hohe Anzahl von Teilnehmern bereitstellen und verwalten, und außerdem durch eine Vielzahl von Kommunikationsprotokollen.

2. Die historische Entwicklung der Ideen für das Digitale Fernsehen

Die Geschichte der Entstehung erster Konzepte für das digitale Fernsehen läßt sich nur vor dem Hintergrund der weltweiten Entwicklungen auf dem Gebiet der Fernsehtechnik in der zweiten Hälfte der 1980er Jahre verstehen. Während in Japan das 'MUSE-(Multiple-Subsampling-Encording-) System' zur Ausstrahlung von HDTV über Satellit und zur HDTV-Übertragung im Kabel bereitstand und in Europa im Rahmen des europäischen Forschungsverbundvorhabens EUREKA 95 das HDTV-System HD-MAC entwickelt wurde, fühlten sich die „Broadcaster" unter den nordamerikanischen Programmanbietern durch Entwicklungen bedroht, denen sie zum damaligen Zeitpunkt nichts entgegensetzen konnten. Insbesondere hätte die in Europa und Japan angestrebte Satellitenausstrahlung von HDTV das klassische Geschäftsfeld der Rundfunkveranstalter in USA gefährdet, wenn auch dort der Satellit zum primären Medium für die HDTV-Übertragung geworden wäre. Die Stabilität dieses Geschäftsfeldes resultiert daraus, daß große Networks für ihr Programm überregional bedeutende Werbespots akquirieren und landesweit bereitstellen, während die eigentliche Ausstrahlung der Programme der Networks von regionalen Partnern, sogenannten 'Affiliates' durchgeführt wird, die ihre Werbeeinnahmen wiederum durch den Verkauf lokal und regional bedeutender Werbung erwirtschaften. In einem solchen Geschäftsgefüge wirkt die nicht regionalisierbare Satellitenausstrahlung nahezu zwangsläufig destabilisierend. Schon die Verkabelung, die insbesondere in USA mit Programmangeboten einhergeht, welche nur im Kabel gesehen werden können, hatte die Rundfunklandschaft erheblich verändert. Es lag daher in Nordamerika nahe, eine Initiative zur Entwicklung von terrestrisch und damit regional ausstrahlbarem HDTV als Gegengewicht gegen MUSE und HD-MAC zu starten.

Die zweite Initiative zur Entwicklung eines ebenfalls terrestrisch ausstrahlbaren HDTV-Standards, diesmal aber von vornherein mit der Maßgabe, dabei den Durchbruch zum digitalen Fernsehen zu schaffen, wurde 1991 in Skandinavien gestartet (Appelquist 1993, 16–19). Rückblickend ist es schwierig, die wirkliche Motivation für den Start des Projektes HD-DIVINE nachzuvollziehen. Es war zum einen wohl eine Mischung aus der Überzeugung, HD-MAC sei technisch der falsche Weg, zum anderen dem Wunsch öffentlich-rechtlicher Rundfunkveranstalter, die skandinavischen Regierenden an der Vergabe terrestrischer Frequenzen an den werbefinanzierten Rundfunk zu hindern, indem man einen großen skandinavischen Aufbruch verkündete, und schließlich einem erheblichen Stück Pioniergeist. Bereits 1992 konnte HD-DIVINE erste Teilsysteme öffentlich demonstrieren.

Mitte 1991 fanden erste Gespräche im kleinsten Kreise in Deutschland statt, die das Ziel hatten, eine Bestandsaufnahme der Situation der Technik des Fernsehens weltweit zu erstellen, und die die Frage klären sollten, welche wirklichen Entwicklungsalternativen in Europa vorhanden waren. Aus diesen ersten Gesprächen entstand dann im Frühjahr 1992 die 'European Launching Group', eine Gruppierung mit Teilnehmern aus allen Teilen der Branche, die anfangs inoffiziell tagte und erst am 10. September 1993 in das 'European DVB Project' übergeführt wurde (Reimers 1993, 451–461).

In Japan wurde während mehrerer Jahre am digitalen Fernsehen offiziell nicht gearbeitet. Der Erfolg des HDTV mit MUSE als Übertragungsstandard sollte nicht gefährdet werden. Erst im Sommer 1994 wurde im Ministerium für Post und Telekommunikation ein 'Digital Broadcasting Development Office' gegründet, dessen Aufgabe die Koordination aller Entwicklungsanstrengungen ist. Eine Projektstruktur der 'Association of Radio Industries and Businesses (ARIB)' unterstützt diese Arbeiten.

3. Die Entwicklung der Zielsetzungen für das Digitale Fernsehen in Europa

Will man die Leistungsmerkmale des Digitalen Fernsehens würdigen, so ist es erforderlich, zuallererst die Entwicklung der Zielsetzungen bei der Entwicklung von DVB zu verstehen. Der Prozeß bei der Erarbeitung technischer Lösungen war nämlich beileibe nicht geradlinig. So wie sich das Wissen um die technischen Möglichkeiten verbesserte, veränderte sich parallel dazu auch die kommerzielle Einschätzung dessen, was mit DVB erreicht werden soll und kann. Zu Beginn der DVB-Entwicklung existierte ein Katalog von möglichen Zielen, der noch als eher klassisch und rundfunktypisch zu beschreiben ist (Reimers 1997). Insbesondere wurde DVB damals auch noch als System zur Übertragung von Fernsehbildern, also als ein Nachfolger seitheriger Fernsehnormen, verstanden:

(1) Digitales Fernsehen könnte die Übertragung besonders hochwertiger HDTV-Bilder – unter Umständen sogar über zukünftige terrestrische Sendernetze – ermöglichen.
(2) DVB könnte es ermöglichen, Programme mit heutiger technischer Qualität über schmalbandigere Kanäle zu übertragen bzw. innerhalb existierender Übertragungskanäle das Programmangebot zu vervielfältigen.
(3) DVB könnte das Übertragungsverfahren sein, mit dem preiswerte Westentaschenfernseher mit einer großen Zahl von Fernsehprogrammen versorgt werden, wobei Ziel der Entwicklung sein müßte, den stabilen Empfang mit eingebauter Empfangsantenne oder einer kleinen Stabantenne zu realisieren.
(4) Für die Versorgung von Fernsehempfängern in Fahrzeugen (Zügen, Bussen, Pkws) könnte DVB ähnlich hervorragende Eigenschaften besitzen, wie 'Digital Audio Broadcasting (DAB)' dies für die Versorgung von Hörfunkempfängern tut. Das heißt, DVB könnte stabilen Empfang in schwierigen Funkkanälen und bei hoher Fahrgeschwindigkeit ermöglichen.
(5) DVB in seiner Funktion als Datenübertragungsverfahren könnte darüber hinaus typische Merkmale des Einsatzes digitaler Technik besitzen, zum Beispiel die Stabilität der Übertragung bis zu einer (scharf) definierten Versorgungsgrenze, die Möglichkeit zur einfachen Übertragung über Telekommunikationsleitungen als ein Dienst unter vielen und die mögliche Integration in die Welt der Personal Computer.

Im Verlauf der Arbeit am digitalen Fernsehen hat sich der Zielkatalog jedoch erheblich geändert. HDTV ist dabei zwar nicht aus dem Blickfeld verschwunden, hat aber seine Rolle als erstrangiges Ziel verloren. Die Versorgung portabler Empfänger ist weiterhin ein Ziel bei der Entwicklung des Standards für die terrestrische Ausstrahlung geblieben, hat jedoch ebenfalls nicht mehr die ursprünglich vermutete Wertigkeit beibehalten. In der umfangreichen Liste der möglichen Parameter für den terrestrischen Standard gibt es daher auch die Möglichkeit, für portablen Empfang geeignete Betriebsarten zu wählen. Die Möglichkeit zum Mobilempfang, schließlich, ist nicht mehr Teil der Nutzeranforderungen für das DVB-System. Gerade die letztgenannte Veränderung des Zielkataloges mag überraschen. Dabei muß man aber berücksichtigen, daß mit DAB ein Verfahren zur Übertragung digitaler Signale zum mobilen Empfänger vorliegt, dessen Einführung gerade beginnt. DAB erreicht eine Bandbreiteeffizienz von etwa 0,8 bis 1 Bit/s pro Hz bereitgestellter Kanalbandbreite. Mit DVB-Systemen für die terrestrische Ausstrahlung (zum stationären oder stationär betriebenen portablen Empfangsgerät) sind Werte der Bandbreiteeffizienz von bis zu etwa 4 Bit/s pro Hz erreichbar. Würde man das Digitale Fernsehen nun dafür einsetzen wollen, Empfänger in schnellfahrenden Fahrzeugen sicher zu versorgen, würde dabei eine Lösung herauskommen, die eine Bandbreiteeffizienz von etwa 2 Bit/s pro Hz auswiese. Dieser Wert ist für die Versorgung stationärer oder stationär betriebener portabler Empfangsgeräte aber so niedrig, daß ein solcher Ansatz in vielen Ländern (noch?) nicht auf Interesse stößt. In Deutschland sieht man dies jedoch – insbesondere bei Teilen der Automobilindustrie und bei manchen Programmanbietern – anders. Feldtests zur Erprobung des mobil empfangbaren DVB sollen daher bereits 1998 beginnen. Andererseits eignen sich die diversen Systeme zur Übertragung von DVB-Signalen per Satellit, im Kabel, aber auch terrestrisch ausgezeichnet zur Bereitstellung auch von Hörfunkprogrammen in einer Anzahl, wie sie mit DAB nicht erreicht werden kann. Unabhängig jedoch von der Entscheidung für eines der zwei möglichen terrestrischen Ausstrahlungsverfahren wird die Frage nach der Verfügbarkeit ausreichender Frequenzressourcen zum dominierenden Thema werden.

Der aktuelle Schlüsselbegriff bei der Definition der Zielsetzungen für das digitale

Fernsehen ist mittlerweile der 'Datencontainer' geworden (Reimers 1994, 115–123). Mit diesem Begriff soll das Konzept veranschaulicht werden, das im europäischen DVB-Projekt der Erarbeitung der Übertragungsstandards für alle Übertragungswege zu Grunde liegt. Ein Datencontainer ist gekennzeichnet durch die Tatsache, daß in ihm eine maximale Datenmenge pro Zeiteinheit praktisch fehlerfrei ('Quasi Error Free – [QEF]') übertragen werden kann. Dabei spielt die Art der Daten keine Rolle, solange sie nur nach den Regeln der verschiedenen DVB-Standards paketiert und mit Zusatzdaten wie Synchroninformationen etc. ergänzt worden sind. Das 'Digitale Fernsehen' darf daher nicht mehr lediglich als Ersatz für die seitherigen Fernsehnormen verstanden werden, sondern ist das erste System für den 'Datenrundfunk', bei dem die Art der ausgestrahlten Programmformen (Hörfunk, Fernsehen, Datenfunk) frei gewählt werden darf. Vor dem Hintergrund dieses Konzeptes kann die Frage nach dem 'Warum' für das digitale Fernsehen nunmehr wie folgt beantwortet werden.

(1) DVB ermöglicht die Vervielfachung der Anzahl der Fernsehprogramme, die in einem Übertragungskanal bzw. in einem Datencontainer übertragen werden können.
(2) DAB ermöglicht die Übertragung von Hörfunkprogrammen und gestattet Datenrundfunk für Unterhaltungs- und für geschäftliche Anwendungen.
(3) DVB ermöglicht die flexible Wahl der Bild- und Tonqualität einschließlich der Wahl von HDTV, solange die resultierende Datenrate die Kapazitätsgrenzen des Datencontainers nicht überschreitet.
(4) Für die Nutzung im Zusammenhang mit entgeltpflichtigen Diensten ('Pay Services') existieren hochsichere Verschlüsselungsverfahren, die den unbefugten Zugang zu derartigen Diensten sehr erschweren, wenn nicht gar unmöglich machen.
(5) DVB in seiner Funktion als Datenübertragungsverfahren besitzt darüber hinaus typische Merkmale des Einsatzes digitaler Technik, zum Beispiel die Stabilität der Übertragung bis zu einer (scharf) definierten Versorgungsgrenze, die Möglichkeit zur einfachen Übertragung über Telekommunikationsleitungen als ein Dienst unter vielen und die mögliche Integration in die Welt der Personal Computer.

4. Die Struktur des DVB-Projektes

Das bereits in Abschn. 2. erwähnte europäische Projekt zur Entwicklung des digitalen Fernsehens ('European DVB Project') stellt den eigentlichen Kristallisationspunkt für die Arbeiten in Europa dar. Dieses Projekt entstand aus der Erfahrung, daß Entwicklungen auf dem komplexen Gebiet der Elektronischen Medien nur dann erfolgreich sein können, wenn alle in diesem Umfeld bedeutenden Organisationen an einer solchen Entwicklung beteiligt sind und wenn die kommerziellen Interessen eine den technischen Überlegungen gleichrangige Rolle bei der Definition der Entwicklungsziele erhalten. Das Projekt wurde nach längerer Vorlaufphase im September 1993 offiziell ins Leben gerufen und hat in den vergangenen zwei Jahren eine große Zahl technischer Systeme entwickelt, die digitales Fernsehen zu einer Realität machen werden. Das DVB-Projekt arbeitet ohne nennenswerte Fördermittel. Alle Mitglieder leisten einen jährlichen Mitgliedsbeitrag, die zu erbringenden Entwicklungsleistungen werden von den einzelnen Organisationen selbst finanziert.

Abb. 215.2 zeigt die aktuelle Organisationsstruktur des Projektes. Die Zahl der Mitgliedsfirmen liegt mittlerweile bei mehr als 210, wobei 25 Länder Europas vertreten sind. Über ihre europäischen Tochterunternehmen sind auch Firmen aus den USA, aus Japan und Korea beteiligt. Außerordentliche Mitglieder kommen darüber hinaus unter anderem aus Kanada und Australien. Die Mitglieder sind Inhalte-Anbieter im weitesten Sinne, Gerätehersteller, Netzbetreiber und Behörden aus den einzelnen Ländern. Auch die Europäische Kommission ('Commission of the European Communities – [CEC]'), die „Union Europäischer Rundfunkveranstalter – (UER/EBU)" sowie Verbände und Normungsorganisationen sind mit einem Sonderstatus an der Arbeit beteiligt.

Die kommerzielle Arbeitsgruppe des DVB-Projektes ('Commercial Module') hat die Aufgabe, Anforderungen an die neu zu entwickelnden Systeme aus der Sicht von Nutzern zu formulieren. Diese Anforderungen stellen die Grundlage für die Arbeiten im 'Technical Module' dar, das seit Anbeginn vom Autor geleitet wird. Eine große Anzahl sogenannter adhoc groups arbeitet innerhalb des Technical Module an speziellen Themen. Nach Abschluß der Entwicklungsarbeiten verifiziert die kommerzielle Arbeits-

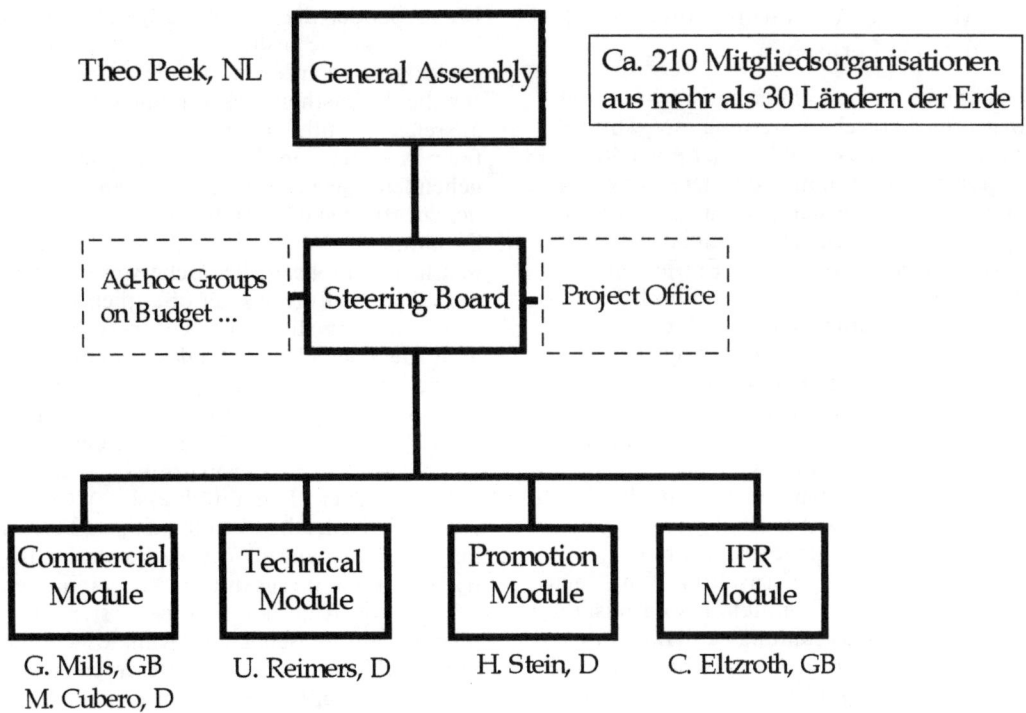

Abb. 215.2: Organisationsplan des DVB-Projektes

gruppe die Spezifikationen für die neuen Systeme und leitet sie gegebenenfalls an den Lenkungsausschuß ('Steering Board') zur endgültigen Beschlußfassung weiter.

Zusätzlich zu den beschriebenen Strukturen existieren eine als „Promotion Module" bezeichnete Gruppierung sowie ein 'IPR-Module' (IPR: Intellectual Property Right – Schutzrecht). Die Aufgabe des ersten ist es, die Betreuung von Interessenten in allen Teilen der Welt durchzuführen. Diese Arbeitsgruppe ist eine Folge der geradezu überwältigenden Akzeptanz der europäischen Verfahren. Das IPR-Module regelt die Auswertung der großen Zahl von Patenten, die im Rahmen der Arbeit des DVB-Projektes entstanden sind.

Zum Zeitpunkt der ersten Arbeiten an DVB in Europa hatte die 'Moving Pictures Experts Group (MPEG)', eine Arbeitsgruppe der weltweit tätigen Normungsorganisationen ISO und IEC, bereits mit der Arbeit an einem Verfahren zur Quellencodierung von Bild- und Tonsignalen und der zugehörigen Systemebene ('MPEG-2') begonnen. Der als 'MPEG Audio' bekannte Systemvorschlag für die Quellencodierung von Tonsignalen in Mono und Stereo befand sich sogar bereits in der Endphase der Normung.

Das europäische DVB-Projekt entschloß sich daher zu der Festlegung, daß im Umfeld des digitalen Fernsehens in Europa die von MPEG zu erwartenden Standards Verwendung finden sollten, um eine möglichst breite internationale Basis für die im DVB-Projekt genutzten technischen Lösungen zu schaffen. Diese Festlegung führte zu einer intensiven Zusammenarbeit zahlreicher europäischer Organisationen mit MPEG und im Ergebnis dazu, daß die in Europa an einigen Stellen in der Forschung verfolgten separaten Ansätze für die Bildcodierung zu Gunsten eines weltweiten Standards zurückgestellt wurden. Das strategische Ziel des DVB-Projektes, möglichst weltweit einheitliche Lösungen zu unterstützen, hat außerdem mit dazu beigetragen, daß auch die Grand Alliance in USA beschloß, die Quellencodierung für Bildsignale gemäß MPEG-2 zu realisieren. In Japan soll ebenfalls MPEG-2 für die Quellencodierung für das digitale Fernsehen Verwendung finden.

Per Kooperationsvertrag mit den Normungsinstituten ETSI und CENELEC wurde sichergestellt, daß beide Institute die vom DVB-Projekt erarbeiteten Spezifikationen in die regulären Normungsprozeduren überleiten.

5. Mögliche Verbreitungswege für das digitale Fernsehen

Denkt man an die technischen Verbreitungswege für Fernsehprogramme, so fällt den meisten zuallererst wohl immer noch die terrestrische Ausstrahlung, das heißt die drahtlose Abstrahlung der Programme von auf der Erde stehenden Antennenmasten ein.

Bereits der Versuch der Einführung des digitalen Hörfunks (Digital Audio Broadcasting [DAB]) hat jedoch gezeigt, daß die Bereitstellung von Sendefrequenzen für neue terrestrische Dienste – zumindest in Europa – außerordentlich problematisch ist. Denn weder ist es möglich, heute mit analoger Fernsehausstrahlung belegte Kanäle kurzfristig zu räumen, um sie danach exklusiv für die digitale Fernsehtechnik zu nutzen, noch gibt es ungenutzte Frequenzressourcen, die dem Fernsehrundfunk neu zugewiesen werden könnten. Insofern ist die terrestrische Ausstrahlung von DVB angewiesen auf neuartige technische Konzepte für den Übertragungsstandard, die es möglich machen, mit wenigen Frequenzen große Teile der zu versorgenden Bevölkerung zu erreichen, auf eine langfristige Strategie zur Umwidmung von Frequenzressourcen sowie auf die Einführung in Regionen, die zum Beispiel als Folge einer geographischen Insel- oder Randlage bereits heute Frequenzspektrum für DVB zuweisen können.

In den Vereinigten Staaten von Amerika sind derzeit etwa 1700 Fernsehsender in Betrieb (Jansky 1991). Dies entspricht einer so geringen Auslastung des für den Fernsehrundfunk zugewiesenen Frequenzbereiches, daß die Arbeiten der 'Grand Alliance' darauf abzielen, die Einführung von DVB in Frequenzlücken vorzunehmen, den sogenannten 'Tabu-Kanälen' (Jansky 1991). Diese Tabu-Kanäle werden für die bisherige Ausstrahlung von analogen NTSC-Signalen deshalb an einem gegebenen Ort nicht genutzt, weil sie zum Beispiel in Nachbarkanallage oder im Abstand der Lokaloszillatorfrequenz zu einer tatsächlich genutzten Sendefrequenz liegen und daher gestört würden bzw. als Störer wirken könnten. Das von der Grand Alliance entwickelte Übertragungsverfahren soll nun in der Lage sein, die Ausstrahlung in einigen dieser bisher ungenutzten Kanäle zu gestatten. Dies bedeutet, daß bei etwa vergleichbarem Versorgungsgebiet zum Beispiel durch Reduktion der Sendeleistung im Vergleich zu einem NTSC-Sender die Störwirkung eines DVB-Senders auf die bisherigen NTSC-Empfänger reduziert werden muß und daß gleichzeitig die Robustheit des digitalen Systems ausreichen muß, störungsfreien DVB-Empfang trotz der von den NTSC-Sendern ausgehenden Beeinträchtigungen zu ermöglichen. In vielen Teilen Europas ist die Situation im Vergleich zu der in den USA deutlich komplexer. Typischerweise hat in den Ländern Europas der öffentlich-rechtliche Rundfunk die Aufgabe der Vollversorgung der Bevölkerung. Dies bedeutet den Betrieb einer Vielzahl von Sendern unterschiedlichster Leistungsklassen. Abb. 215.3 zeigt die Belegung des UHF-Bereiches (Kanäle 22 bis 69) in Europa mit Fernsendern jeglicher Leistungsklasse (WGDTB 1063). Es ist leicht zu erkennen, daß allein im Kanal 22 nahezu so viele Sender in Betrieb sind wie insgesamt in den Vereinigten Staaten von Amerika. Auf den ersten Blick scheinen nur im Bereich der Kanäle 34 bis 38 und oberhalb von Kanal 60 Reserven zu existieren. Tatsächlich gibt es in beiden Bereichen unterschiedliche Zuweisungen in einigen Ländern Europas. Speziell in den Kanälen oberhalb 60 finden sich in vielen Ländern noch militärische Dienste.

In Großbritannien existiert seit dem Sommer 1995 ein sogenanntes 'White Paper' der Regierung, in dem die Rahmenbedingungen für die Einführung des terrestrischen digitalen Fernsehens sowie des terrestrischen digitalen Hörfunks (Digital Audio Broadcasting [DAB]) definiert werden. In diesem Dokument wird mit Blick auf die terrestrische Ausstrahlung von DVB-Signalen ein Weg aufgezeigt, wie dem Großteil der Bevölkerung Zugang zu mindestens 18 terrestrisch ausgestrahlten Programmen (verteilt auf 6 Kanäle) verschafft werden soll. Anders als ursprünglich geplant, werden diese Kanäle im wesentlichen mit konventioneller Frequenzplanung allociert werden. Das Konzept der sogenannten Gleichwellennetze hat in Großbritannien daher an Bedeutung verloren.

In Skandinavien, das heißt in einer Region Europas, in der wegen der relativen Randlage die Störwirkung von Sendernetzen benachbarter Länder begrenzt ist und wo darüber hinaus die Zahl terrestrisch ausgestrahlter Analog-Programme ohnehin relativ gering ist, existieren im gesamten UHF-Bereich Frequenzreserven, die für die Einführung von DVB genutzt werden kön-

215. Das Digitale Fernsehen (DVB)

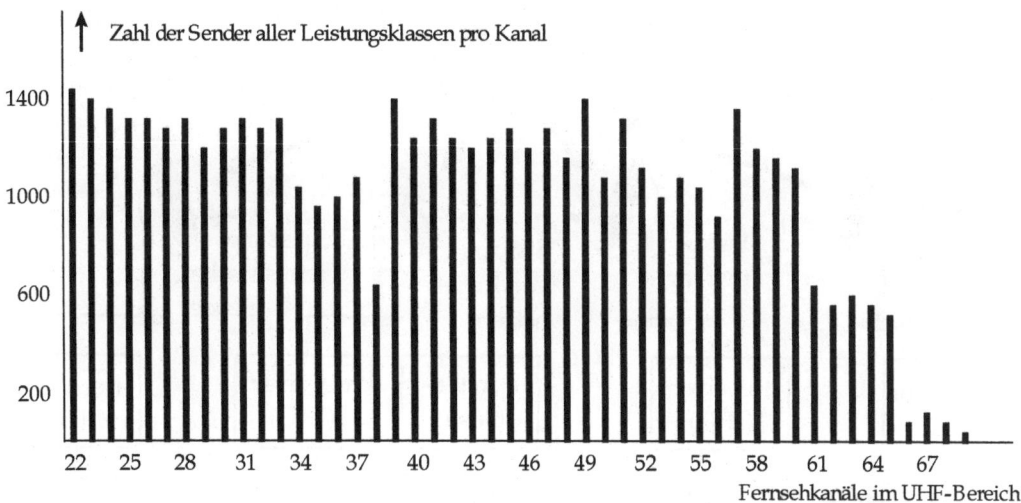

Abb. 215.3: Belegung der UHF-Fernsehkanäle in Europa mit Sendern für das analoge Fernsehen

nen. Eine DVB-Einführung wird in Schweden derzeit vorbereitet.

Auf Basis einer Analyse der derzeitigen Zuweisung von Frequenzspektrum in Europa an die verschiedenen Arten von Nutzern hat eine Spezialistengruppe des 'European Radio-communications Office (ERO)' einen Vorschlag zur Neuverteilung erarbeitet. Dieser Vorschlag, der im Herbst 1995 der 'European Conference of Postal and Telecommunications Administrations (CEPT)' vorgelegt wurde, enthält die Idee, die Kanäle oberhalb Kanal 61 bis zum Jahr 2008 in all den Regionen für DVB zur Verfügung zu stellen, wo sie derzeit noch nicht für den Rundfunk genutzt werden. Bis zum Jahr 2020 sollen dann weite Teile des UHF-Bereiches durch DVB belegt werden, während zur gleichen Zeit die Zahl der Sender für analoge Standards reduziert werden soll.

Die Möglichkeiten, DVB per Satellit und Kabel einzuführen, sind weit weniger von der Notwendigkeit zur langfristigen Planung bestimmt, als dies für das terrestrisch ausgestrahlte Fernsehen gilt. Im Mittelpunkt der Einführungsstrategie für DVB stand in Europa daher die Satellitenverbreitung. Bereits im Sommer 1996 hat diese begonnen. Unter anderem steht seit Oktober 1995 der Satellit ASTRA 1E für die DVB-Ausstrahlung auf seiner Soll-Orbitposition (19,2 Grad Ost) bereit.

Abb. 215.4 zeigt ein mögliches Szenario für die Gestaltung der Verbreitungswege, wobei der Satellit eine zentrale Rolle einnimmt. Nach der Zusammenführung von jeweils einzelnen datenreduzierten Audio-, Video- und Zusatzdatensignalen zu den Programmen 1 bis n werden diese in einen Gesamtdatenstrom (Datencontainer) umgewandelt, der nach geeigneter Verarbeitung dem Satelliten-Uplink zugeführt wird. Der Satellit verteilt den Datencontainer sodann an Direktempfangsanlagen, an Kabelkopfstationen und an die Standorte terrestrischer Sender. In den Kabelkopfstationen werden die Signale empfangen und demoduliert sowie – gegebenenfalls nicht vollständig – decodiert. Anschließend werden die Programme innerhalb eines Containers gegebenenfalls neu zusammengestellt und danach mittels eines spezifischen Modulationsverfahrens im Kabel weiterverteilt. Natürlich können die Kabelprogramme den Kopfstationen auch auf andere Weise zugeführt werden, zum Beispiel über Telekommunikationsdatenleitungen. Die für Kabelnetze beschriebene Vorgehensweise gilt im Prinzip auch für Gemeinschaftsantennenanlagen. In mehreren Ländern Europas, auch und gerade in Deutschland, ist die Entscheidung zur Einführung von DVB im Kabel bereits gefallen. An den Standorten terrestrischer Sender für analoges oder digitales Fernsehen können die per Satellit empfangenen Signale ebenfalls demoduliert und decodiert werden. Nach einer Nachverarbeitung, zum Beispiel also der Umcodierung in PAL, werden sie sodann ausgestrahlt.

Wann und in welchem Umfang in welchem Land Europas digitales Fernsehen auch auf Telekommunikationsleitungen bis

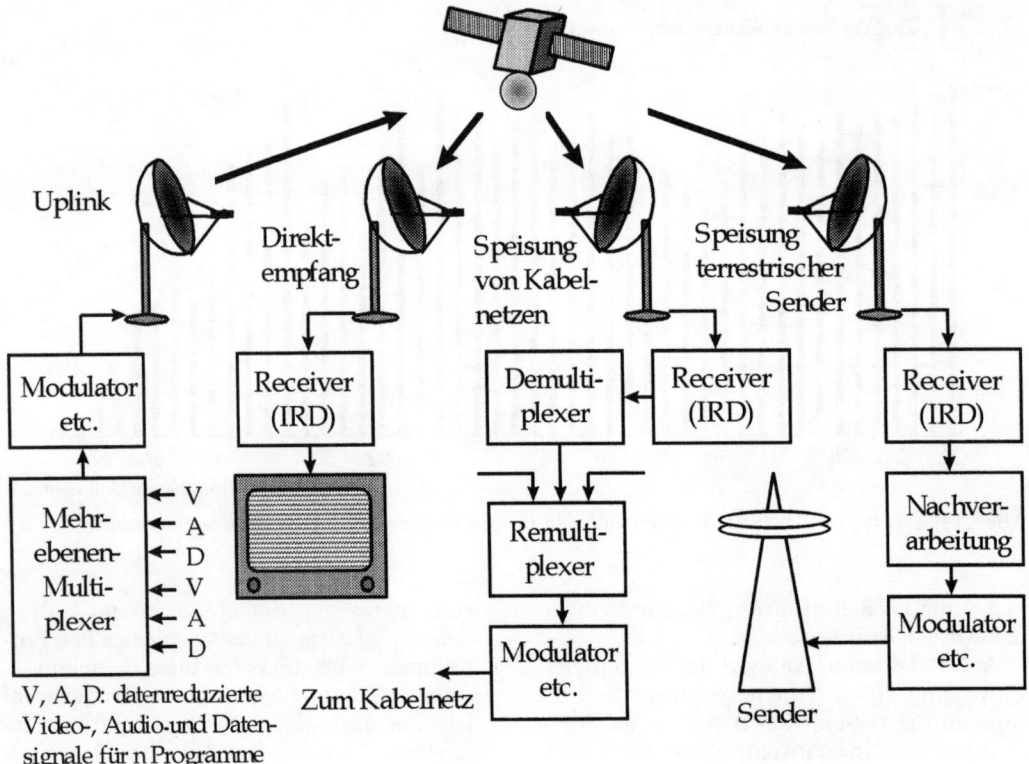

Abb. 215.4: Möglichkeiten zur Verbreitung des Digitalen Fernsehens

zum Zuschauer gebracht wird, ist wohl weniger eine technische als vielmehr eine kommerzielle bzw. kommunikationspolitische Frage. In Großbritannien, wo British Telecom nicht das Recht besitzt, Rundfunk zu betreiben, und wo Rundfunk bereits die gleichzeitige Verteilung eines Programmes an nur zwei Teilnehmer darstellt, existiert naturgemäß ein starker Anreiz, das in der Hand von British Telecom liegende Telefonnetz in Kupfer- und Glasfasertechnik für die Übertragung individuell abrufbarer Programme zu den Telefonkunden einzusetzen. In Deutschland hingegen, wo derzeit die Deutsche Telekom AG die Telefonnetze und zur gleichen Zeit zumindest die höherrangigen Netzebenen des Kabelnetzes betreibt, ist die Einführung von DVB-Diensten im Telefonnetz vor Fall des Netzmonopoles wohl kaum zu erwarten.

6. Fertiggestellte Bestandteile des Systems 'Digitales Fernsehen'

Die Aufgabenverteilung bei der Entwicklung von DVB ist in Abb. 215.5 dargestellt. Es ist darüber hinaus möglich, diesem Bild den aktuellen Band der Entwicklung einzelner Systemlösungen zu entnehmen. Wie man leicht sieht, ist das DVB-Projekt in ein komplexes Netz von Kooperationen eingebunden.

Wenn von 'Digitalem Fernsehen' die Rede ist und wenn dabei wirklich die Verbreitung von Videosignalen gemeint ist, geht es immer um die Verbreitung datenreduzierter Signale. Statt in jeder Sekunde eine im Fernsehstudio übliche Datenmenge von 166 Mbit/s (netto, ohne Berücksichtigung der Austastlücken) pro Fernsehprogramm zu verbreiten, kann nach der Datenreduktion dasselbe Programm ohne für den Zuschauer sichtbare Qualitätseinbußen bereits mit einer Datenrate von nur etwa 4 ... 9 Mbit/s ausgestrahlt werden. Das DVB-Projekt hatte sich bereits zu Beginn aller Arbeiten darauf festgelegt, an der Entwicklung eines weltweiten Standards für die Datenreduktion mitzuwirken und diesen Standard dann auch einzusetzen. Unter der Bezeichnung MPEG-2 existieren mittlerweile diese weltweit gültigen Vorschriften für die Datenreduktion von Bild- und Tonsignalen und für die Zusammenstellung von Bild, Ton und Zusatzdaten zu einem kompletten Datenstrom.

215. Das Digitale Fernsehen (DVB)

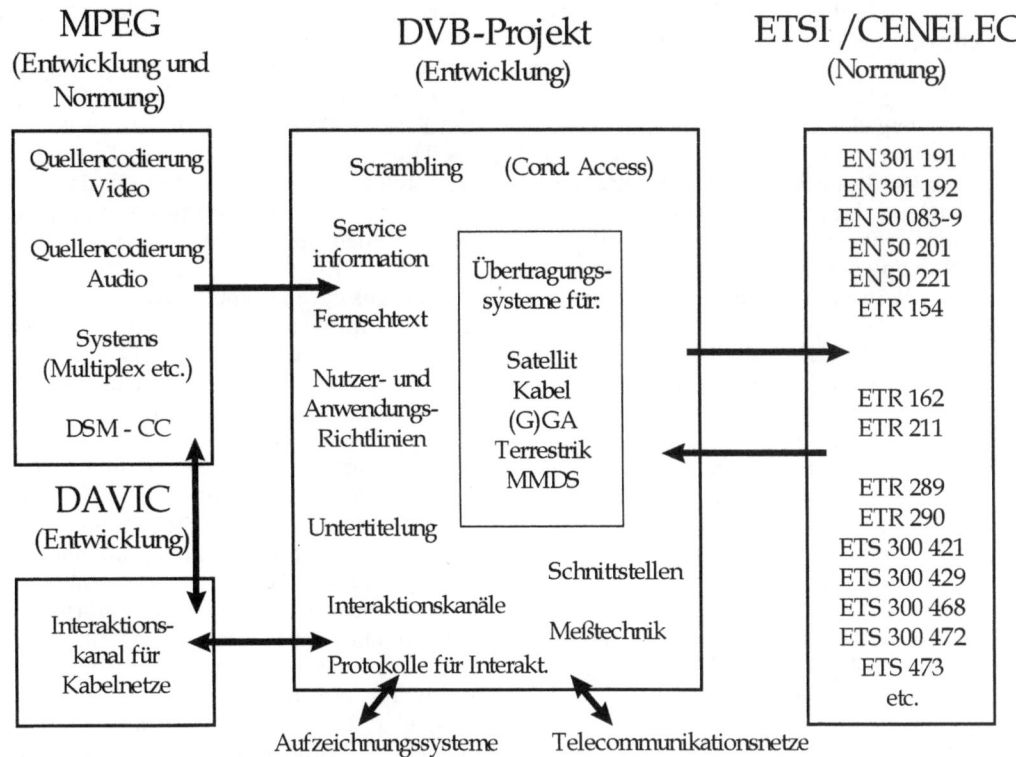

Abb. 215.5: Aufgabenverteilung bei der Entwicklung von DVB

Die Übertragung von DVB-Signalen soll über Kabel, Satellit, terrestrische Sender, Mikrowellenverbindungen und in Telekommunikationsnetzen erfolgen können. Für die genannten Übertragungswege mußten daher Übertragungsverfahren entwickelt und standardisiert werden (Stenger, 1994; Reimers 1994; Schäfer 1996). Als konzeptionelle Grundlage dieser Verfahren wurde im DVB-Projekt der bereits in Abschnitt 3. eingeführte Datencontainer definiert, der in seiner Kapazität von Übertragungsmedium zu Übertragungsmedium prinzipiell natürlich wechseln kann. Insbesondere mit Blick auf die typische Auslegung von Breitband-Kabelnetzen (BK-Netzen), in denen je auch heute bereits die per Satellit und die über terrestrische Sender empfangbaren Programme weiterverteilt werden können, erschien jedoch die Angleichung der in den verschiedenen Übertragungsmedien zulässigen Containerkapazitäten unabdingbar. Tatsächlich lassen sich unter Verwendung der im DVB-Projekt entwickelten Übertragungsverfahren Container mit einer Kapazität von bis zu 38 Mbit/s in einem einzigen Kabelkanal (Bandbreite 8 MHz) übertragen. Obwohl per Satellit noch höhere Datenmengen möglich wären, kann wohl davon ausgegangen werden, daß alle Satellitenbetreiber diese Zahl als Vorgabe auch für ihre Systemauslegung verwenden werden, denn nur dann können sie sicherstellen, daß die in einem Satellitenkanal transportierte Datenmenge auch in einem Kabelkanal weiterverbreitet werden kann. Für das terrestrische Fernsehen sind 32 Mbit/s pro Kanal (Kanalabstand 8 MHz) die Obergrenze für die Kapazität des Datencontainers. Das heißt, daß auch die terrestrisch in einem Kanal ausgestrahlten Signale in einem Kabelkanal weiterverbreitet werden können.

Die Qualität der Datenübertragung über alle Medien kann durch die erreichte Bitfehlerrate beschrieben werden. Für Satellit und Kabel sowie die terrestrische Ausstrahlung wurde eine quasi-fehlerfreie Übertragung angestrebt und auch erreicht. Eine Bitfehlerrate von $1*10^{-11}$ entspricht dieser quasi-fehlerfreien Übertragung. Diese Zahl bedeutet, daß in einem für die Satellitenausstrahlung typischen Datencontainer nur etwa alle 40 Minuten ein einziges fehlerhaftes Bit auftreten wird. Die Übertragung ist daher so zuverlässig, daß die für das digitale Fernsehen entwickelte Verfahren auch für andere Anwendungen genutzt werden können. Aus dieser Feststellung resultiert die bereits weiter oben angedeutete Beobachtung: Viele Organisationen, die von DVB reden, meinen nicht in erster Linie das 'Digitale Fernsehen' als Mittel zur Übertragung von Videoprogrammen, sondern den Datenrundfunk unter Nutzung der DVB-Datencontainer.

Unter Verwendung der geschilderten Verfahren ('DVB-S[atellite]') wird ein einziger zukünftiger Fernsehsatellit in seinen typischerweise 18 Übertragungskanälen nahezu 700 Mbit/s ausstrahlen können. Diese Datenmenge steht dann auch in jedem Haushalt zur Verfügung, wenn dieser mit einer entsprechenden Empfangsanlage ausgestattet ist. Die benötigte Empfangsantenne ist mit 60 cm Durchmesser etwa so groß wie die heute üblichen 'Schüsseln'. Auch in den deutschen BK-Netzen werden voraussichtlich bis zu 18 Kanäle für die Übertragung von DVB-Signalen verfügbar gemacht werden. Auch im Kabelhaushalt können unter Verwendung des Systems 'DVB-C(able)' somit bis zu 700 Mbit/s genutzt werden.

Will man die gesamte Datenmenge für das Fernsehen verwenden, lassen sich in 700 Mbit/s etwa 120 Programme mit einer jeweiligen Datenrate von 6 Mbit/s unterbringen. Die Bildqualität jedes Programmes entspräche dann etwa der des heutigen PAL-Fernsehens. Da das Konzept des Datencontainers aber die Flexibilität bietet, auch andere Dienste 'einzufüllen', könnten durch Zuordnung nur eines einzigen Kabel- oder Satellitenkanales für die Hörfunk-Übertragung etwa 190 Radioprogramme übertragen werden. Die Zahl der Möglichkeiten ist also gewaltig.

Mit zunehmender Verbreitung des Wissens um die technischen Eigenschaften der DVB-Verfahren entstehen Ideen zu deren Nutzung für 'Datenrundfunk'. Eine Untersuchung der Nutzeranforderungen auch an die sogenannten 'interaktiven' Techniken zeigt nämlich, daß die dabei ausgelösten Datenströme in vielen Fällen asymmetrisch sind. Große Datenraten werden nur in Richtung vom Datenanbieter zum Endkunden benötigt, die Rückwärtsrichtung kommt mit niedrigen Datenraten aus. Da aber DVB bezüglich der Kosten pro Bit und Teilnehmer unübertroffen günstig liegen kann, bekommt das Digitale Fernsehen zunehmend einen prominenten Platz bei der Planung von Datenautobahnen.

Die Entwicklung der Verfahren für die DVB-Übertragung über Kabel (DVB-C) und Satellit (DVB-S) war bereits zu Beginn des Jahres 1994 abgeschlossen. Das European Telecommunications Standards Institute (ETSI) hat diese Verfahren in europäische Normen umgewandelt (ETS 300 429, ETS 300 421).

Ebenfalls europäische Normen sind mittlerweile zahlreiche weitere Entwicklungen des DVB-Projektes geworden. Dazu gehört die Einfügung von Fernsehtext in DVB-Signale sowie die überaus wichtigen Service-Informationen. Diese werden zukünftig zusammen mit dem DVB-Signal übertragen. Sie ermöglichen unter anderem dem Endgerät die automatische Einstellung und den Wechsel zwischen Programmen unabhängig davon, über welches Übertragungsmedium sie angeboten werden. Service-Informationen erlauben aber auch dem Zuschauer einen komfortablen Umgang mit dem Programmangebot, denn die Auswahl aus zum Beispiel 120 Programmen ist mit den heute üblichen Methoden (Programmzeitschrift, Kanalwahl mittels Fernbedienung) sicherlich kaum noch denkbar. Mittels der Service-Informationen wird der Zuschauer zukünftig Programme nicht nur, wie heute, je nach Programmveranstalter, sondern auch nach gewünschtem Programminhalt auswählen können. Der Druck auf die Taste 'Nachrichten' führt dann zur automatischen Anwahl eines Programmes oder mehrerer Programme, in denen gerade Nachrichten gesendet werden. Auch die Auswahl von Programmen in Abhängigkeit von der Altersgruppe jugendlicher Zuschauer ist möglich und damit prinzipiell auch die automatische Blockierung nicht kindgerechter Programme. Die tatsächliche Nutzung der vielfältigen Möglichkeiten, die mit den Service-Informationen geboten werden, bleibt letztendlich dem Hersteller des Endgerätes und seiner Kreativität überlassen.

Ein Schwerpunkt in der Arbeit des DVB-Projektes in der zweiten Hälfte des Jahres 1994 und im gesamten Jahr 1995 lag bei der Entwicklung von Verfahren für die terrestrische Ausstrahlung von DVB-Signalen. Ein erster Entwurf einer Spezifikation lag im Januar 1995 vor (Reimers 1997). Die hohe Komplexität des vorgeschlagenen Systems machte es erforderlich, daß umfangreiche Tests durchgeführt wurden, bevor die endgültige und gegenüber dem ursprünglichen Entwurf modifizierte Spezifikation im November 1995 verabschiedet werden konnte ('DVB-T[errestrial]'). Vorgesehen ist wieder die Ausstrahlung von Datencontainern in 8-MHz-Kanälen. Als Übertragungsverfahren wird 'Coded Orthogonal Frequency Division Multiplex - (COFDM)' eingesetzt, ein Multiträgerverfahren, das prinzipiell bereits vom Digital Audio Broadcasting her bekannt ist (Reimers 1997). Bei COFDM werden die zu übertragenden Daten auf eine große Zahl einzelner Träger unterschiedlicher Frequenz verteilt. Die Verwendung von COFDM gestattet prinzipiell die Realisierung von Gleichwellennetzen ('Single-Frequency Network – [SFN]'). Voraussetzung für die Realisierung von SFNs ist die Einführung der sogenannten Schutzintervalle (Guard Interval) der Dauer T_g. Sollen Gleichwellennetze so ausgelegt werden, daß die heute existierenden Fernseh-Senderstandorte mit typischen Abständen in der Größenordnung von 60 km mehr oder weniger beibehalten werden können, so folgt aus dieser Entwicklungsvorgabe ein Wert für T_g von ca. 200 µs. Dies wiederum erfordert eine Dauer des gesamten gesendeten Symbols T_s von z.B. 1 ms, denn die Symboldauer muß groß gegenüber der Dauer des Schutzintervalles sein, geht die Dauer des Schutzintervalles doch für die eigentliche Datenübertragung verloren. Das Prinzip der COFDM erzwingt zur Realisierung der Orthogonalität der einzelnen Träger einen Abstand dieser Träger, der dem Kehrwert der Differenz T_g-T_{gg} entspricht (hier 1,25 kHz). In einem Kanal der effektiv nutzbaren Bandbreite von ca. 7,5 MHz können so etwa 6000 einzelne Träger untergebracht werden, die jeder einzeln einen Teil der Nutzdaten übertragen müssen. Wegen der senderseitigen Realisierung eines solchen COFDM-Signals mittels einer 'Inversen Diskreten Fourier-Transformation (IDFT)' mit 8192 („8k") Abtastwerten wird diese Spezifikation als „8k-Variante" bezeichnet. Es wird deutlich: Sowohl die senderseitige Hardware wie auch die Schaltungstechnik im Empfänger werden durch die hohe Trägerzahl und den geringen Frequenzabstand der einzelnen Träger recht komplex. Diese Erkenntnis hat insbesondere die im DVB-Projekt vertretenen Organisationen aus Großbritannien dazu bewogen, auf das zusätzlichen Spezifizierung einer einfacheren Variante ('2k-Variante') zu bestehen. Mit dieser lassen sich zwar keine großflächigen Gleichwellennetze realisieren, dafür aber wird die Schaltungstechnik vereinfacht, und die in Großbritannien geforderte Einführung der terrestrischen Ausstrahlung von DVB-Signalen bereits im Jahr 1998 scheint realisierbar (Schäfer 1996).

Für die Mikrowellenübertragung (MMDS) von DVB-Signalen, die in manchen Ländern als Ersatz für Kabelnetze – z.B. in ländlichen Gebieten – genutzt wird, sind gleich zwei Spezifikationen entstanden. Eine zielt ab auf die Ausstrahlung in Frequenzbereichen unterhalb 10 GHz ('DVB-M[icrowave]C[able-based]'). Die andere ist für den Einsatz im Bereich oberhalb 10 GHz konzipiert ('DVB-M[icrowave]S[satellite-based]'). Damit für MMDS nicht grundsätzlich neue Empfänger auf den Markt gebracht werden müssen, verbirgt sich hinter DVB-MC im wesentlichen der Kabelstandard (DVB-C), jedoch wird das für die Verbreitung im Kabel vorgesehene Signal mit einer Frequenzumsetzung in den Mikrowellenbereich transponiert. Entsprechend basiert DVB-MS auf dem Satellitenstandard (DVB-S), ergänzt um die notwendige Frequenzumsetzung. MMDS-Empfänger können daher aus Kabel- oder Satellitenempfängern bestehen, denen ein Mischer vorgeschaltet wird.

Ein neues Übertragungsverfahren für Grafikelemente, zum Beispiel für die hochwertige Untertitelung, wurde ebenfalls entwickelt und innerhalb des DVB-Projektes verabschiedet. Auf der Basis von Bitmaps können nahezu beliebige Schriftformen, aber auch ganze Grafiken wie zum Beispiel Stationskennungen, parallel zum Videosignal übertragen und dann im Heimempfänger eingeblendet werden. Auf diese Weise werden natürlich auch Untertitelungen in mehreren Sprachen möglich.

In sogenannten „Nutzungsrichtlinien" ('Implementation Guidelines') hat das DVB-Projekt die technischen Leistungsmerkmale definiert, die ein DVB-Empfänger besitzen muß, um das Digitale Fernsehen empfangen und darstellen zu können. Dabei wird unterschieden zwischen Minimalen Leistungsmerkmalen und Optionen für höherwertige Geräte.

Natürlich gehört zur Realisierung komplexer Systeme, und als ein solches muß DVB zweifellos bezeichnet werden, die Festlegung von Schnittstellen. Schnittstellen innerhalb von Geräten wurden im DVB-Projekt prinzipiell nicht betrachtet. Hier war es der Wunsch der gerätebauenden Industrie, durch keinerlei Normen eingeengt zu werden. Schnittstellen zwischen Geräten aber müssen spezifiziert werden. Drei Sorten von Schnittstellen wurden im DVB-Projekt definiert. Zum einen die Schnittstellen der Endgeräte (IRD) beim DVB-Nutzer, zum anderen die Schnittstellen zwischen professionellen Geräten, wie sie zum Beispiel in Kabelkopfstationen oder in Satelliten-Sendestellen benötigt werden, zum dritten eine besondere, im Zusammenhang mit Verschlüsselungsverfahren wichtige Schnittstelle ('Common Interface' – siehe unten). Die Spezifikation der Schnittstellen zum Endgerät ist im wesentlichen eine Sammlung bereits international üblicher Lösungen für HF-, Audio-, Video- und Datenschnittstellen, die in einem DVB-Dokument gesammelt wurden. Dieses Dokument schreibt dann aber vor, welche dieser Schnittstellen für welchen Zweck zu verwenden sind, und nennt verbindliche Mindestausstattungen sowie optionale Ergänzungen. Die Spezifikation ist eine von CENELEC herausgegebene 'European Norm – (EN)' geworden. Ebenfalls den Status einer EN hat die Spezifikation für Schnittstellen im professionellen Bereich erhalten. Besonderheit dieses Dokumentes ist die Beschreibung von asynchronen und synchronen parallelen und seriellen digitalen Schnittstellen, die die Übergabe von DVB-Datenströmen in Echtzeit ermöglichen.

Das Programmangebot im digitalen Fernsehen wird zumindest in den ersten Jahren vermutlich sehr weitgehend durch verschlüsselte Angebote geprägt werden. Pay-TV-Programme, die nur dann gesehen werden können, wenn der Zuschauer eine zum Beispiel monatliche Gebühr zahlt, und Pay-per-View-Angebote, bei denen eine Abrechnung pro gesehenem Beitrag erfolgt, gehören zu dieser Kategorie. Da jeder Anbieter eines verschlüsselten Programmes Wert darauf legen muß, daß seine Programme nicht von Unbefugten entschlüsselt werden können, bedurfte es intensiver Gespräche, um ein gewisses Maß europaweiter Vereinheitlichung auch auf diesem Feld zu erreichen. Im Ergebnis konnte ein gemeinsames Verschlüsselungsverfahren ('Common Scrambling System') entwickelt werden, das Bestandteil aller europäischen Empfangsgeräte für DVB werden soll und das die Entschlüsselung aller Programme erlaubt. Zahlreiche weitere Entwicklungen im Umfeld von „Pay-Diensten" sind mittlerweile ebenfalls abgeschlossen worden. Sie reichen von einer einheitlichen Schnittstelle für die Einfügung von Conditional-Access-Modulen in DVB-Empfangsgeräte (Common Interface) über Entwürfe für Verträge, die zwischen den verschiedenen Marktpartnern abgeschlossen werden können, bis hin zu einem Vorschlag für die europäische und nationale Gesetzgebung gegen unautorisierte Nutzer ('Piraten'). Nicht standardisiert worden ist das Conditional-Access-Verfahren als solches. Die DVB-Partner haben stets darauf Wert gelegt, die freie Auswahl unter mehreren konkurrierenden derartigen Systemen zu behalten. Ab der zweiten Hälfte des Jahres 1995 hat in Deutschland die Frage der Wahl eines Conditional-Access-Verfahrens große Pressewirksamkeit erlangt. Der 'Streit' um die 'Set-Top-Box' alias 'Kirch versus MMBG' war nämlich – zumindest was den technischen Teil der Auseinandersetzung betraf – im wesentlichen eine Diskussion um die Wahl eines solchen Verfahrens. Was sollte es sonst auch gewesen sein, entsprechen doch die beiden Set-Top-Box-Konzepte den DVB-Standards.

Im Umfeld von DVB wurde der Bedarf nach Richtlinien für die Messung von Signalen, die Überprüfung der Integrität von Datenströmen usw. immer dringlicher. Eine eigene Spezialistengruppe hat daher eine umfangreiche Spezifikation erarbeitet, die Empfehlungen für die DVB-Meßtechnik beinhaltet.

In Abb. 215.1 waren bereits Geräte zur Speicherung (DVC etc.) oder zum Abspielen (CD-Video, DVD etc.) von digitalen Signalen beschrieben worden, die zukünftig in den Haushalten Verbreitung finden könnten. Im Rahmen des DVB-Projektes können selbstverständlich keine Standards für derartige Geräte entwickelt werden. Es mußte aber dafür Sorge getragen werden, daß sich diese Geräte zukünftig problemlos in ein DVB-Umfeld integrieren lassen. Die Erarbeitung von speziell für Aufzeichnungsmedien wichtigen Service-Informationen, die Verfahren zur Behandlung verschlüsselter Signale vor oder bei der Aufzeichnung sowie die Suche nach besonders geeigneten Datenschnittstellen zur Einbindung von Aufzeichnungssystemen gehörten zum Aktionsbereich einer eigenen Gruppierung des Technical Module, die ihre Arbeiten im Frühsommer 1996 erfolgreich abschließen konnte.

Schließlich behandelten gleich zwei Gruppierungen des TM das Arbeitsfeld 'Interaktive Dienste'. Das Commercial Module hatte dafür ursprünglich ein Pflichtenheft erarbeitet, in dem Interaktive Dienste auf solche Dienste beschränkt werden, die einen schmalbandigen Rückkanal (bis 128 kbit/s) benötigen und im Zusammenhang mit DVB-Übertragungen genutzt werden. Beide Gruppierungen kooperieren mit dem 'Digital AudioVIsual Council – (DAVIC)', einer weltweit tätigen Organisation, die sich die Spezifikation aller für Interaktive Dienste relevanten Techniken auf die Fahnen geschrieben hat. Eine der Gruppierungen entwickelt die vom Übertragungsmedium abhängigen technischen Lösungen zur (Rückwärts-)Übertragung von Daten vom Endkunden zum Netzbetreiber oder zum Programmanbieter. Diese Gruppierung hat Spezifikationen vorgelegt, die die Nutzung von Telefonnetzen (einschließlich ISDN) sowie die Nutzung von Schnurlostelefonen nach dem DECT-Standard (Digital European Cordless Telecommunication) für diesen Zweck gestatten. Auch ein Vorschlag für die Nutzung der Koaxialkabel in BK-Netzen und Großgemeinschaftsantennenanlagen existiert. Dieser ermöglicht es den Betreibern von klassischen Fernseh-Kabelnetzen in koaxialer Kupfertechnik, ihren Kunden über diese Netze schnelle Datenkommunikation anzubieten, die in ihrer Datenrate beim bis zu 50-fachen dessen liegt, was mit ISDN heute möglich ist. Die zweite Gruppierung des TM hat im Frühjahr 1996 eine Spezifikation für die vom Übertragungsmedium unabhängigen Protokolle zur Abwicklung Interaktiver Dienste erarbeitet.

7. Europäisches DVB als weltweite Systemlösung

Die Entwicklung des Digitalen Fernsehens in Europa begann 1992 mit Blick auf den europäischen Markt. Von Anbeginn wurde jedoch auch eigentlich nichteuropäischen Organisationen, wie zum Beispiel den Geräteherstellern, deren Mutterhaus sich in Fernost befindet, der Zugang zum DVB-Projekt nicht verwehrt. Es scheint nun so, daß – unter anderem wegen dieser Offenheit des Projektes – DVB dabei ist, sich zu einer weltweit akzeptierten und eingesetzten Systemlösung zu entwickeln.

Beeindruckend ist dabei zum einen die Geschwindigkeit, mit der die europäischen Systeme sich im Markt durchzusetzen beginnen, zum anderen aber auch die lange Liste der Länder, in denen DVB eingeführt worden ist oder eingeführt werden soll. Ob in Japan, Hongkong, Australien, Südafrika, Kanada oder sogar in USA: Wer immer eine Einführung des digitalen Fernsehens über Satellit vorbereitet, hat sich entweder bereits oder aber scheint sich derzeit für DVB zu entscheiden. Innerhalb der für die weltweite Promotion zuständigen DVB-Gruppe sind ca. 150 Anwender aus 6 Kontinenten gelistet. Nur die Antarktis scheint derzeit (noch?) DVB-freies Territorium zu sein.

Über JSAT wird auch in Japan bereits Digitales Fernsehen weitestgehend entsprechend den europäischen Standards ausgestrahlt.

DVB hat sich zu einer Lösung für zahllose Länder in aller Welt entwickelt – wann hätte ein in Europa entwickeltes Verfahren der Unterhaltungselektronik in den letzten 30 Jahren dies je von sich sagen können?

8. Literatur

Appelquist, P., HD-DIVINE, a Scandinavian terrestrial HDTV project. In: EBU Technical Review. 1993, 16–19.

Jansky, D. M., Methods for Accomodation of HDTV Terrestrial Broadcasting. In: IEEE Transactions on Broadcasting 37, 1991, No. 4, 152–157.

Reimers, Ulrich, Systemkonzepte für das Digitale Fernsehen in Europa. In: Fernseh- und Kinotechnik 47, 1993, Nr. 7–8, 451–461.

–, Das europäische Systemkonzept für die Übertragung digitalisierter Fernsehsignale per Satellit. In: Fernseh- und Kinotechnik 48, 1994, Nr. 3, 115–123.

–, Digitales Fernsehen für Europa – Ein Entwicklungsbericht. In: Fernseh- und Kinotechnik 50, 1996, Nr. 4, 145–152.

– (Hrsg.), Digitale Fernsehtechnik – Datenkompression und Übertragung für DVB. Berlin/Heidelberg/New York ²1997.

Schäfer, R., Der DVB-T-Standard. In: Fernseh- und Kinotechnik 50, 1996, Nr. 4, S. 153–158.

Stenger, L., Das europäische Systemkonzept für die Übertragung digitalisierter Fernsehsignale im Kabel. In: 16. Jahrestagung der FKTG (1994), Nürnberg, Tagungsband, S. 67–80.

WGDTB 1063, Hrsg. v. Ulrich Reimers et al., Report to the European Launching Group on the Prospects for Digital Terrestrial Television.

Ulrich Reimers, Braunschweig
(Deutschland)

LI. Mediengegenwart XVII: Fernsehen III: Organisations-, Programm-, Konsumentenstrukturen

216. Organisationsstrukturen des Fernsehens

1. Strukturunterschiede zwischen öffentlich-rechtlichen und privatrechtlichen Veranstaltern
2. Beispiele von Organisationsstrukturen
3. Literatur

1. Strukturunterschiede zwischen öffentlich-rechtlichen und privatrechtlichen Veranstaltern

Rundfunkunternehmen sind entweder solche, die nur Hörfunk oder nur Fernsehen veranstalten oder solche, bei denen beide Medien Gegenstand ihrer Tätigkeit sind.

Während die traditionellen öffentlich-rechtlichen Rundfunkanstalten in Europa oft Hörfunk- und Fernsehsendungen produzieren (zum Beispiel ARD, BBC, RAI), sind die später entstandenen kommerziellen Veranstalter überwiegend auf ein Medium orientiert. Allerdings gibt es auch einmediale öffentlich-rechtliche Rundfunkunternehmen (in Deutschland das Zweite Deutsche Fernsehen und das DeutschlandRadio). Privatrechtliches und öffentlich-rechtliches Fernsehen weisen in der internen Organisation manche medienbedingten Ähnlichkeiten auf, unterscheiden sich aber nicht nur in der Rechtsform, sondern auch vor allem in ihrem Organisationszweck, der auf die organisatorische Unternehmensgestaltung zurückwirkt. Der Organisationszweck eines kommerziellen Fernsehunternehmens ist, wie überall in der Privatwirtschaft, der Gewinn. Demgegenüber dient die Organisation des öffentlich-rechtlichen Fernsehens der Erfüllung des gesetzlich vorgegebenen, am Gemeinwohl orientierten Programmauftrags. Von ihrem Zweck her hat die Organisation des privatwirtschaftlichen Fernsehens einen klaren Marktbezug, die Organisation des öffentlich-rechtlichen Fernsehens hat ihn nicht. Das setzt der Vergleichbarkeit der beiden Organisationsformen Grenzen. Gleiches gilt für die Beurteilung der Organisationsleistung. Beim werbefinanzierten privatwirtschaftlichen Fernsehen besteht die zu erbringende Leistung darin, publikumswirksame Programme auszustrahlen, die geeignet sind, die Botschaften der eingeblendeten Werbung mit der Wirkung zu transportieren, daß sich der Zuschauer zum Erwerb der beworbenen Waren und Dienstleistungen entschließt.

Es soll also eine wirtschaftlich erhebliche Nachfrage erzeugt werden. Im Gegensatz dazu besteht die Organisationsleistung des öffentlich-rechtlichen Fernsehens nicht in der Erzeugung von Nachfrage nach Wirtschaftsgütern, sondern in der Herstellung von Aufmerksamkeit für ein inhaltlich breites Angebotsspektrum (Information, Bildung, Unterhaltung, Ratgeberfunktion), das sowohl den Interessen von Publikumsmehrheiten wie auch denen von Minderheiten dient (Vollversorgung, Grundversorgung). Die Organisation des öffentlich-rechtlichen Fernsehens muß dem derart umfassenden Programmauftrag gerecht werden. Das bedeutet zum Beispiel die Einrichtung und Unterhaltung von Redaktionen für Programmbestandteile, die bei den kommerziellen Veranstaltern nicht zum Organisationszweck gehören. Nach der ständigen Rechtsprechung des deutschen Bundesverfassungsgerichts können an die inhaltliche Vielfalt der privatwirtschaftlichen Programme geringere Anforderungen gestellt werden, solange der öffentlich-rechtliche Rundfunk die 'unerläßliche Grundversorgung' erbringt. Das heißt, daß an die öffentlich-rechtliche Organisation, die diese Grundversorgung leistet, entsprechend höhere Anforderungen zu stellen sind.

Die Gebote der Sparsamkeit und der Wirtschaftlichkeit gelten für den privatwirtschaftlichen Fernsehunternehmer als „ordentlichen Kaufmann" ebenso wie für die öffentlich-rechtlichen Veranstalter, bei denen Aufsichtsgremien, Rechnungsprüfer und Rechnungshöfe auf die Einhaltung achten. Der unterschiedliche Unternehmenszweck wirkt sich jedoch auch darauf aus, ob Sparsamkeit und Wirtschaftlichkeit in gleicher Weise zu interpretieren sind.

So ergeben sich Unterschiede in der Organisationsstruktur insbesondere bei Leitung, Produktion und Kontrolle. Die Führungsstruktur bei den privatwirtschaftlichen Veranstaltern ist geprägt von dem Leitsatz des 'schlanken Managements', das heißt ein Geschäftsführer oder zwei, wenige Abteilungen und eine kleine Zahl von Mitarbeitern. Bei den öffentlich-rechtlichen Fernsehveranstaltern hat sich die Leitungsstruktur dagegen nach dem breiten Leistungsspektrum des Programmauftrags zu richten. Hinzu kommt, daß, zum Beispiel beim deutschen öffentlich-rechtlichen Fernsehen, bei förmlicher Alleinverantwortung des Intendanten doch faktisch keine streng monokratische Leitung besteht, sondern eine nicht unbeträchtliche interne Selbständigkeit. Einer schlanken Organisation mit hohen Gehältern für Leitungskräfte und mit außerordentlich hohen Gagen für prominente Entertainer steht beim öffentlich-rechtlichen Fernsehen eine Gehaltsstruktur gegenüber, die sich weitgehend am öffentlichen Dienst orientiert. Das 'Outsourcing', die Vergabe von Produktionsaufträgen außer Haus, ist bei privatwirtschaftlichen und öffentlich-rechtlichen Programmveranstaltern nicht unbedingt einheitlich zu beurteilen.

Der deutsche privatwirtschaftliche Fernsehsender RTL betont zum Beispiel, daß er, um nicht ein Unternehmen mit aufgeblähter Personalstruktur, „ähnlich den öffentlich-rechtlichen Verwaltungswasserköpfen", zu werden, auf ein Dienstleistungskonzept setze. Dieses sehe vor, daß die Anzahl der Auftragsproduktionen stark wachse, so daß der Sender als schlanke Steuerungszentrale in einem Geflecht aus vielen kleinen Produktionsunternehmen fungiere. 'Outsourcing' wird auch von den öffentlich-rechtlichen Fernsehveranstaltern betrieben, seit einigen Jahren verbunden mit dem Abbau eigener Produktionseinrichtungen im nichtaktuellen Bereich. Das – jedenfalls in Deutschland gültige – Konzept der Gründungsjahre, wonach die öffentlich-rechtlichen Programmveranstalter in der Programmproduktion autark sein sollten, wurde aufgegeben. 'Outsourcing' stößt aber dort an Grenzen, wo Kosteneinsparungen für das Unternehmen mit Nutzeneinbußen für die Allgemeinheit einhergehen. Das kann bei Auftragsproduktionen der Fall sein, deren Qualität nicht gesichert ist. Die optimale Unternehmensgröße eines öffentlich-rechtlichen Fernsehveranstalters richtet sich nach anderen Maßstäben als allein nach den in der Privatwirtschaft geltenden.

Die Größe einer deutschen Landesrundfunkanstalt hat außer einer betriebswirtschaftlichen auch eine landespolitische Dimension. Dieser Gesichtspunkt spielt bei Plänen zur Neuordnung der ARD in Deutschland eine Rolle. Wo öffentlich-rechtliche Fernsehveranstalter gesetzlich vorgeschriebene anstaltseigene Kontrollorgane haben, die sich aus Vertretern der Öffentlichkeit zusammensetzen, ergibt sich daraus ein Organisationsunterschied zu privatrechtlichen Veranstaltern, die ohne derartige Kontrollorgane auskommen. Effizienz und Effektivität privatwirtschaftlicher und öffentlich-rechtlicher Fernsehveranstalter sind demnach nicht naturnotwendig mit den gleichen Maßstäben meßbar.

Staatlich organisiertes Fernsehen hat in demokratisch regierten Ländern einen ähnlichen Programmauftrag wie öffentlich-rechtliches, vom Staate unabhängiges Fernsehen. In autoritären oder totalitären Staaten diente und dient es weder privatwirtschaftlichen Interessen noch dem pluralistisch verstandenen Gemeinwohl, sondern steht im Dienste des Staates beziehungsweise der Staatspartei und hat deren Botschaften zu transportieren und zu propagieren. Die unmittelbare Staatskontrolle zu diesem Zweck ist ein wesentliches Element der Organisationsstruktur.

2. Beispiele von Organisationsstrukturen

Im folgenden werden beispielhaft folgende Organisationsstrukturen des Fernsehens dargestellt: Vereinigte Staaten als Ursprungsland des kommerziellen Fernsehens, Großbritannien als Modell eines dualen Fernsehsystems, in dem sich sowohl der öffentlich-rechtliche wie der privatrechtliche Sektor als 'Public Service' verstehen, deutsches Staats- und Parteifernsehen unter nationalsozialistischer und kommunistischer Herrschaft und das koexistentielle 'duale Fernsehsystem' der Bundesrepublik Deutschland.

2.1. Vereinigte Staaten

Das Fernsehen der Vereinigten Staaten ist der Prototyp kommerziellen Rundfunks. Das in seinen wichtigsten Leistungsträgern stark konzentrierte Fernsehen, das sich selbst als Industrie ('Industry') versteht, kann weitgehend unabhängig von staatlicher Kontrolle kommerziell tätig sein. Trotz konkurrenzbedingten Rückgangs ihrer Marktanteile nehmen die drei kommerziellen Fernseh-Networks nach wie vor eine dominierende Stellung ein: American Broadcasting Company (ABC), Columbia Broadcasting System (CBS) und National Broadcasting Company (NBC). Alle drei sind inzwischen Bestandteile größerer Konglomerate, deren wirtschaftliche Interessen zum Teil außerhalb des Medienbereichs liegen. 1995 übernahm die Walt Disney Company, deren Geschäftstätigkeit Film- und Fernsehproduktionen, Verlage, Freizeitparks und Hotels umfaßt, für 19 Milliarden Dollar den Fernsehkonzern Capital Cities/ABC. CBS wurde, ebenfalls 1995, für 5,4 Milliarden Dollar von Westingshouse, einem Produzenten von Haushaltsgeräten und Nukleartechnik, erworben. NBC, 1926 von der Radio Corporation of America (RCA), einer gemeinsamen Gründung von General Electric und Westinghouse, ins Leben gerufen, kehrte 1986 für den Kaufpreis von 6,8 Milliarden Dollar zu General Electric zurück. Die Networks produzieren den größten Teil aller Fernsehprogramme, versehen sie mit der Mehrzahl der Werbespots und leiten sie an lokale Stationen weiter, die sich den Networks gegenüber vertraglich zur Übernahme der Programme verpflichtet haben (Affiliates). Die Affiliates fügen eigene Werbespots, Lokalnachrichten und andere lokal eingespeiste, nicht notwendig selbst produzierte Beiträge hinzu. Die drei Networks versorgen jeweils über 200 Affiliates mit Programmen. Daneben unterhalten sie eigene Sendestationen in großstädtischen Ballungsräumen. Waren die Networks zunächst hauptsächlich Vermittler (Makler) zwischen den Programmproduzenten und den Affiliates, so dürfen sie seit 1995 selbst produzieren (Nachrichten und sonstige Public-Affairs-Programme konnten freilich auch schon vorher Network-Eigenproduktionen sein).

Als viertes Network begann sich 1986 das zu Rupert Murdochs Imperium gehörende Fox Broadcasting zu etablieren. Der Australier Murdoch hatte die amerikanische Staatsbürgerschaft angenommen, um in den Vereinigten Staaten Fernsehsender erwerben zu können. Hauptsächliche Konkurrenten der Networks, die zusammen einen Fernsehmarktanteil von etwa 50 Prozent haben, sind die Kabelfernseh- und Pay-TV-Unternehmen. Sie werden überwiegend von großen Anbietern beherrscht. AOL/Time Warner, dem größten Medienkonzern der Welt, im Jahre 2000 entstanden durch Verbindung des Internet-Veranstalters America Online (AOL) mit dem klassischen Medienkonzern Time Warner, gehören der Pay-TV-Kanal Home Box Office (HBO), der als das weltweit erfolgreichste Unternehmen im Abonnementsfernsehen gilt, ferner Ted Turners Fernsehunternehmen Cable News Network (CNN) und Turner Broadcasting System (TBS Superstation) sowie zahlreiche Spartenkanäle. Der größte Kabelnetzbetreiber der Vereinigten Staaten, Tele-Communications Inc. (TCI), hält auch Anteile an Programmunternehmen. Bei den Fernsehveranstaltern, die Networks eingeschlossen, besteht eine hierarchische Binnenstruktur.

Dies hängt auch damit zusammen, daß der Lizenznehmer für alle Aktivitäten des lizensierten Unternehmens voll verantwortlich ist. Faktisch trägt ein General Manager die Verantwortung. Er hat im gesamten Unternehmen den Durchgriff auf alle wichtigen Entscheidungen, auch auf solche, die journalistische Aufgaben betreffen.

Die Organisation eines amerikanischen Fernsehunternehmens ist normalerweise in die Bereiche Programm, Verwaltung, Technik und Werbung gegliedert. Bei den Networks bestehen separate Direktionen für Nachrichten, die eine aktualitätsbedingte teilweise journalistische Selbständigkeit haben. Generell muß jedoch organisatorisch gesichert sein, daß sich das Programm den jeweiligen wirtschaftlichen Erfordernissen anpaßt, insbesondere bei nicht in genügendem Umfang erreichten oder fallenden Einschaltquoten (Ratings), die zur schnellen Absetzung von Programmen führen. Diese erfolgsorientierte Flexibilität führt zu der Tendenz, das Erfolgsrisiko möglichst auf die Programmproduzenten abzuwälzen. Amerikanische kommerzielle Fernsehunternehmen bedürfen einer staatlichen Lizenz. Für die Lizenzerteilung zuständig ist die Federal Communications Commission (FCC), eine durch den Federal Communications Act von 1934 geschaffene Bundesbehörde. Die sieben Commissioners, die das oberste Leitungsorgan darstellen, werden auf sieben Jahre vom Präsidenten der Vereinigten Staaten ernannt. Die FCC kann allgemeine Regeln erlassen. Die jeweils befristeten Lizenzen werden nach dem Prinzip der lokalen Programmverantwortung lokalen Fernsehveranstaltern erteilt. Damit fallen die großen Networks, die die lokalen Veranstalter zentral mit Programm versorgen, aus dem unmittelbaren Regelungsbereich der FCC weitgehend heraus. Nur soweit die Networks eigene Stationen betreiben, können sie unmittelbarer Adressat von Maßnahmen der FCC sein. Im Zuge der Deregulierung gab die FCC 1987 eine der wichtigsten von ihr erlassenen Regeln, die Fairness-Doktrin, auf. Danach waren die Rundfunkveranstalter verpflichtet, politisch relevante Themen in ganzer Breite und dem tatsächlichen Meinungsbild entsprechend zu behandeln. Die FCC versteht sich nicht so sehr als staatliche Regelungsautorität, sondern als Schiedsrichter (Referee), ist aber durch den Telecommunications Act von 1996 bestätigt und mit einigen neuen Kompetenzen ausgestattet worden. Von Anfang an war die FCC nicht allein für den Rundfunk (Hörfunk und später Fernsehen), sondern für den gesamten Bereich der Telekommunikation zuständig, auch für die Bereiche Telephon und Telegraphie.

2.2. Großbritannien

In Großbritannien ist sowohl die öffentlich-rechtliche gebührenfinanzierte British Broadcasting Corporation (BBC) als auch das werbefinanzierte Independent Television (ITV) der Vorstellung von Rundfunk als Public Service verpflichtet.

Das von der britischen Regierung eingesetzte Peacock Committee definierte in seinem Bericht vom Juli 1986 über die Finanzierung der BBC Public Service wie folgt (wobei diese Grundsätze für die Organisation des Fernsehens wie für die des Hörfunks bestimmend sind): (1) Rundfunk ist ein nationales Gut (Asset), das mehr zum nationalen Wohl als für das einzelner Interessengruppen genutzt werden sollte. (2) Die Verantwortung für den Rundfunk sollte daher in den Händen einer Rundfunkinstanz (Authority) (oder mehrerer) liegen, die als „Treuhänder für das nationale Interesse" berufen wird beziehungsweise werden. (3) Die Rundfunkinstanzen sollten in ihren täglichen Geschäften und im Inhalt ihrer Programme von Einmischung (Intervention) der Regierung frei sein. Rechtsgrundlage der BBC ist eine königliche Konzession (Royal Charter), die die BBC ermächtigt und verpflichtet, Rundfunkprogramme als 'Public Services' und als Mittel zur Verbreitung von Information, Bildung und Unterhaltung anzubieten sowie alle der Erfüllung dieser Aufgaben dienenden Maßnahmen in eigener Verantwortung und Zuständigkeit zu treffen. Dafür gilt eine Generalvollmacht. Verbunden mit der Royal Charter ist die Lizenz, die vom Minister für Nationales Erbe (National Heritage) erteilt wird und die gleiche Laufzeit hat.

Die Royal Charter, von der Regierung ausgearbeitet, im Entwurf dem Parlament vorgelegt und formell von der Krone ausgestellt, begründet die rechtliche Existenz der BBC. Für das Senderecht ist die Lizenzerteilung erforderlich, die der Zustimmung des Unterhauses bedarf. Charter und Lizenz werden nur befristet erteilt. Die Fassungen vom 1. Mai 1996 gelten bis 2006. Höchstes Organ der BBC ist das Board of Governors. Rechtlich gesehen, besteht die BBC aus dem Zusammenschluß der Governors zu einer Körperschaft (Body Corporate). Das zwölfköpfige Board setzt sich zusammen aus dem Chairman, dem Vice Chairman, drei nationalen Governors (für Nordirland, Wales und Schottland) sowie sieben weiteren Governors. Sie werden formell von der Krone berufen (Queen in Council), praktisch von der Regierung nach Konsultation mit der Opposition und mit der BBC. Die Governors sollen keine Rundfunkfachleute sein, sondern unabhängige Persönlichkeiten (Persons of Judgement and Independence), mit möglichst langjährigem Dienst für die Öffentlichkeit.

Sie werden ausdrücklich nicht als Vertreter von Organisationen oder Interessengruppen berufen. Die Governors entscheiden über die Besetzung der oberen Leitungspositionen, insbesondere über die Ernennung des Generaldirektors, und bestimmen die allgemeine Politik der BBC. Beim Generaldirektor liegt die tatsächliche Weisungsmacht. Dem von ihm geleiteten Board of Management gehören im übrigen an: der Stellvertretende Generaldirektor, der zugleich Chief Executive von BBC Worldwide ist, sowie die leitenden Mitarbeiter für Programm und Verwaltung. Im Juni 1996 wurde die BBC organisatorisch neu aufgeteilt in die Bereiche Production, Broadcast, Resources, News, Worldwide und Corporate Centre. Im Fernsehen betreibt die BBC zwei landesweite Programme, BBC 1 und BBC 2. BBC 1 ist das nationale populäre Hauptprogramm, BBC 2 das innovative, experimentelle Programm, das unterschiedliche Zielgruppenbedürfnisse berücksichtigt, aber sich nicht als elitär versteht. BBC Worldwide, im Mai 1994, eingerichtet, ist zuständig für die kommerziellen Aktivitäten. Das im Juli 1994 vorgelegte Weissbuch der britischen Regierung über die Zukunft der BBC hatte die BBC ermutigt, sich kommerziell zu betätigen und zu diesem Zweck Joint Ventures mit privaten Partnern zu vereinbaren, unter der Voraussetzung einer sauberen Trennung von den gebührenfinanzierten Rundfunkaufgaben. Dabei war daran gedacht, daß die BBC als 'Global Player' auf den Weltmärkten präsent sein sollte. Wichtigste kommerzielle Veranstaltung der BBC, außerhalb des Verkaufs und des Ankaufs von Produktionen, ist der Informations- und Nachrichtenkanal BBC World, ein Programm mit Werbung, das am 26. Januar 1995 zunächst für Europa über Satellit auf Sendung ging.

BBC World sendet 24 Stunden in englischer Sprache. In mehreren deutschen Bundesländern wird das Programm über Kabel verbreitet, in Berlin seit August 1996 terrestrisch. Kommerzieller Partner der BBC bei BBC World ist die Pearson Public Limited Company. Ebenfalls eine kommerzielle Unternehmung ist das gemeinsam mit Thames Television veranstaltete Fernseh-Abonnementsprogramm BBC Prime, das hauptsächlich Serien, Fernsehspiele und Unterhaltung anbietet. Das Regierungs-Weissbuch von 1994 legte großen Wert darauf, daß die BBC Programmproduzent bleibt. 1993 führte die BBC intern Producers Choice ein, ein System, das die eigenen Produktionsabteilungen dem Wettbewerb mit externen Produzenten aussetzt. Dadurch wurden die bisherigen hohen festen Kosten gesenkt, Personalabbau wurde möglich, und eine größere Zahl von Produktionsstudios wurde geschlossen.

Wie die BBC ist die Independent Television Commission (ITC) eine Körperschaft. Sie ersetzte 1991 die Independent Broadcasting Authority (IBA). Die Mitglieder – Chairman, Deputy Chairman, sieben weitere Mitglieder sowie der Chief Executive – werden vom Minister für Nationales Erbe ernannt. Die ITC vergibt die Lizenzen für das werbefinanzierte Independent Television (ITV). Die Lizenzen für die 15 regionalen ITV-Gesellschaften und für das ITV-Frühstücksfernsehen wurden im Januar 1993 für zehn Jahre neu erteilt. Auf Grund einer von der konservativen Regierung Thatcher bewirkten Reform des ITV-Bereichs wurden die Lizenzen mittels eines Auktionsverfahrens vergeben. Die ITC vergab jedoch von den 16 Lizenzen acht nicht an den Höchstbietenden. Thames TV, eine der größten und erfolgreichsten ITV-Gesellschaften, verlor die Lizenz, blieb aber Produzent. Außer den 15 regionalen bestehen folgende weitere ITV-Gesellschaften: (1) Channel Four, der das Vereinigte Königreich mit Ausnahme von Wales bedient. Die Gesellschaft hat den Auftrag, sich solcher Programminteressen anzunehmen, die bei den anderen ITV-Gesellschaften unterrepräsentiert sind.

Channel Four akquiriert seine Werbung selbst. Die regionalen ITV-Gesellschaften sind zur finanziellen Unterstützung von Channel Four verpflichtet, falls dessen Einkünfte unter eine bestimmte Höhe sinken. Andererseits werden die regionalen Gesellschaften an den Einkünften von Channel Four beteiligt, wenn sie die festgelegte Höhe überschreiten. (2) Independent Television News Ltd., die das ITV-Programm mit Nachrichten versorgt. Sie wurde 1993 aus den ITV-Gesellschaften ausgegliedert. (3) GMTV Ltd., das ITV-Frühstücksfernsehen, (4) Teletext Ltd., (5) die Welsh Fourth Channel Authority in Cardiff (Sianel 4 Cymru). Sie versorgt Wales mit Programmen in der Landessprache und übernimmt Programme von Channel Four. Die regionalen ITV-Gesellschaften strahlen gleichzeitig Beiträge eines gemeinsamen nationalen Programms (Network) aus, zu dem sie zuliefern. Die fünf größten Gesellschaften stellen etwa 50 Prozent des Programms. Das gemeinsame ITV Network Centre koordiniert die Programmzulieferungen zum nationalen Network. Die gleichzeitig in allen Regionen ausgestrahlten Network-Sendungen werden durch regionale Beiträge der zuständigen Gesellschaft ergänzt.

2.3. Deutschland 1933–1945

Beim Fernsehen im nationalsozialistischen Deutschland, das sich rühmte, am 22. März 1935 den ersten regelmäßigen Fernsehdienst der Welt eröffnet zu haben, war für die Organisation zunächst eine 'Vereinbarung über die Durchführung des Fernsehdienstes' zwischen der Reichspost und der Reichsrundfunkgesellschaft (RRG) vom Frühjahr 1935 maßgebend. Danach war die Post für die Grundlagenforschung und den Senderbetrieb zuständig, während die Studio- und Aufnahmetechnik Sache des Rundfunks war. Die Besitzrechte an der RRG waren unmittelbar nach Hitlers Regierungsantritt auf das Deutsche Reich übergegangen, vertreten durch das am 12. März 1935 eingerichtete Reichsministerium für Volksaufklärung und Propaganda unter Joseph Goebbels. Als Instrument der Befehlsübermittlung vom Propagandaministerium an den Rundfunk wurde bei der RRG eine Reichssendeleitung geschaffen. Der Reichssendeleiter Eugen Hadamovsky eröffnete am 22. März 1935 die erste deutsche reguläre Fernsehsendung. Er hatte die inhaltliche Zuständigkeit für das Fernsehen zunächst ohne formale Regelung übernommen.

Nach dem Sendebeginn beanspruchte das Propagandaministerium auch die Zuständigkeit für die Sendeanlagen der Post. In dem 'Erlaß des Führers und Reichskanzlers über die Zuständigkeit auf dem Gebiet des Fernsehwesens' vom 12. Juli 1935 wurde jedoch bestimmt, daß die Zuständigkeiten auf dem Gebiet des Fernsehens auf den Reichsminister der Luftfahrt, also auf Hermann Göring, übergingen, der sie im Benehmen mit dem Reichspostminister ausüben sollte. Das Propagandaministerium wurde nicht erwähnt. Die Zuständigkeit des Luftfahrtministers wurde mit der „besonderen Bedeutung des Fernsehens für die Flugsicherung und den nationalen Luftschutz" begründet. Das Propagandaministerium protestierte dagegen, daß es nicht beteiligt worden war, obwohl ihm die RRG unterstand. Auch das Reichskriegsministerium verlangte Mitwirkung.

In einem zweiten Erlaß Hitlers vom 11. Dezember 1935 blieb der Luftfahrtminister zuständig für alle zur Sicherung der Luftfahrt, des Luftschutzes und der Landesverteidigung erforderlichen Maßnahmen auf dem Gebiet des Fernsehens. Dem Reichspostministerium wurde die gesamte zivile Entwicklung übertragen. Dem Propagandaministerium, hieß es in dem Erlaß, obliege „die darstellerische Gestaltung von Fernsehübertragungen zum Zwecke der Volksaufklärung und Propaganda". Damit waren drei staatliche Stellen für das Fernsehen zuständig. Das dürfte typisch gewesen sein für die nationalsozialistische Vermischung von proklamierter gradliniger Zentralisierung und gewollten tatsächlichen vielfachen Kompetenzüberschneidungen, die auch in scheinbar nebensächlichen Fragen letztlich eine Entscheidung Hitlers verlangten. Inhaltlich und personell war das Fernsehen unmittelbar vom Reichspropagandaministerium abhängig und war dessen Instrument. Wegen seiner minimalen Verbreitung trat es jedoch als Indoktrinierungs- und Lenkungsinstrument hinter dem Hörfunk zurück. Die Leitung des Fernsehprogrammdienstes in der RRG wurde zunächst nur nebenamtlich wahrgenommen: der stellvertretende Reichssendeleiter Carl Heinz Boese erhielt auch diese Funktion. Es gab anfangs keine festgelegte Organisation; Improvisation und Zufall herrschten. Organisatorisch etabliert wurde das Fernsehen durch eine Dienstanweisung des Propagandaministers vom Februar 1936.

Gleichzeitig wurde zum ersten Male ein Etat Fernsehen im Haushalt der RRG eingerichtet. Im Frühjahr 1937 war etwa ein Dutzend hauptamtliche Mitarbeiter für das Fernsehen tätig. Angestellt wurden hauptsächlich jüngere Hörfunkmitarbeiter mit nachgewiesener nationalsozialistischer Gesinnung. Im Frühjahr 1937 wurde Hans-Jürgen Nierentz, damals 27 Jahre alt, nationalsozialistischer Schriftsteller und insbesondere Hörspielautor, zum ersten Fernsehintendanten ernannt. Er war zuständig für Programm und Verwaltung einschließlich Finanzen. Ernannt und abberufen wurde der dem Reichsintendanten des Deutschen Rundfunks unterstehende Fernsehintendant auf dessen Vorschlag vom Propagandaminister. Um qualifiziertes technisches Personal für das Fernsehen zu gewinnen und besser bezahlen zu können als es die RRG, eine Körperschaft des öffentlichen Rechts, konnte, gründete die Reichspost 1939 die Reichspost-Fernsehgesellschaft mit beschränkter Haftung. Sie gliederte sich in die Bereiche Studiobetrieb, Reportagebetrieb, Technik und Planung, Fernsehkinodienst sowie Verwaltung und Geschäftsführung. Für den Fernsehbereich der RRG bestand 1938 folgende Geschäftsverteilung: Intendant, Sendeleiter, Oberspielleiter, Spielwart, Kapellmeister, Filmreferat, Bühnenbildner, Requisiten und Kostüme, Dramaturgie und Presse, Programmverwaltung. Der Fernsehsendeplan kam wie folgt zustande: die Programmabteilungen legten ihre Vorschläge der Abteilung Dramaturgie vor, die die Vorhaben auf Tauglichkeit und Wirtschaftlichkeit prüfte und dann spätestens drei Wochen vor der Sendung dem Stellvertreter des Intendanten einen Programmplan präsentierte. Die Abteilung für Aktuelles wendete sich unmittelbar an den Intendanten-Stellvertreter. Nach Genehmigung durch den Intendanten fand die Ausführungsplanung statt einschließlich der Verpflichtung der Darsteller. Programm und Technik verständigten sich über die praktische Umsetzung der Projekte. Der zweite Fernseh-Intendant Herbert Engler teilte den Programmdienst kurz nach Kriegsbeginn 1939 in die Produktionsressorts Zeitgeschehen, Kunst und Unterhaltung sowie Film und Bild auf. Damit wurde die Bedeutung der aktuellen Berichterstattung und der filmischen Eigenproduktionen unterstrichen. Für das deutsche Besatzungsfernsehen in Paris 1943–1944 war inhaltlich das Rundfunkreferat der Propagandaabteilung des Militärbefehlshabers in Frankreich zuständig. Diese Abteilung war faktisch eine Außenstelle des Propagandaministeriums.

2.4. Deutsche Demokratische Republik (DDR)

In der Organisation des Fernsehens der Deutschen Demokratischen Republik (DDR) drückt sich die unmittelbare Abhängigkeit vom Staat und von der Sozialistischen Einheitspartei Deutschlands (SED), der kommunistischen Staatspartei, aus. Die Funktion des Fernsehens der DDR war, dem kommunistischen Medienverständnis entsprechend, abgeleitet von Lenins Definition der Presse im revolutionären Rußland, wonach die Presse „nicht nur ein kollektiver Propagandist und ein kollektiver Agitator, sondern auch ein kollektiver Organisator" ist. Unter der Organisationsfunktion des Fernsehens wurde seine Aufgabe verstanden, die durch Agitation und Propaganda erweckten Energien und Emotionen auf eine dem sozialistischen System zugute kommende Weise zu kanalisieren und zu lenken, das heißt Verhaltensmuster und Anleitungen zum Handeln zu geben. Das Fernsehen der DDR sollte der Erhaltung und Festigung des kommunistischen Herrschaftssystems sowie der Heranbildung des „sozialistischen Menschen" dienen.

Professor Werner Ley, Vorsitzender des Staatlichen Rundfunkkomitees der DDR, schrieb im Jahre 1958: „Funk und Fernsehen in unserer DDR vertreten die Gedankenwelt unserer neuen sozialistischen Gesellschaft. [...] Die zehn Gebote sozialistischer Moral, von Walter Ulbricht auf dem V. Parteitag aufgestellt, sind unsere Richtschnur". Heinz Adameck, bis 1989 Vorsitzender des Staatlichen Komitees für das Fernsehen, erklärte im Jahre 1962: „Das Fernsehen ist eines der bedeutendsten Mittel zur Verwirklichung der Politik von Partei und Regierung. Seine Grundaufgabe besteht darin, bei der geistigen Formung des Menschen der sozialistischen Gesellschaft mitzuhelfen". Wie der Hörfunk war das Fernsehen in der DDR eine staatliche zentralistische Einrichtung, finanziert durch Gebühren und Zuschüsse aus dem Staatshaushalt. Das Fernsehen, das am 3. Januar 1956 seinen regulären Betrieb aufnahm, bildete zunächst einen eigenständigen Intendanzbereich in dem 1952 eingerichteten Staatlichen Rundfunkkomitee beim Ministerrat der DDR. Im September 1965 wurde das Fernsehen aus dem Rundfunkkomitee herausgelöst, und es gab nunmehr eigenständige, gleichberechtigte Staatliche Komitees für den Rundfunk (Hörfunk) und das Fernsehen. Beide waren zentrale Staatsorgane, Organe des Ministerrats. Die Vorsitzenden und ihre Stellvertreter wurden auf Beschluß des Ministerrats von dessen Vorsitzenden berufen. Der Beschluß wurde dem Ministerrat von der SED vorgegeben. Insofern bestimmte die Staatspartei die Leitung des Fernsehens.

Beide Komitees waren an das Presseamt beim Vorsitzenden des Ministerrats und an das Zentralkomitee der SED, insbesondere an die Abteilung für Agitation und Propaganda, gebunden. 1985 wurde der Aufbau des Staatlichen Komitees für das Fernsehen der Struktur der Leitung der Kombinate, das heißt der Staatskonzerne der DDR, angepaßt. Dies bedeutete Aufteilung der Verantwortlichkeit unter die Teilbereichsleiter. Seit Juni 1985 bestand das Komitee aus dem Vorsitzenden, vier Ersten Stellvertretern des Vorsitzenden (darunter die Bereiche Programmstrategie, Programmdirektion und ökonomische Direktion), sieben Stellvertretern des Vorsitzenden (Programmaustausch und Film, Aktuelle Kamera, Publizistik, Fernsehdramatik, Unterhaltung und Musik, Kinder/Jugend/Bildung, Sport) sowie fünf weiteren Mitgliedern einschließlich des Chefkommentators Karl-Eduard von Schnitzler. Die Ersten Stellvertreter waren berechtigt, den Vorsitzenden in allen Fragen zu vertre-

216. Organisationsstrukturen des Fernsehens

ten, die Stellvertreter nur in ihrem Arbeitsbereich. Die Fernsehjournalisten wurde an der Sektion Journalistik der Karl-Marx-Universität in Leipzig, dem 'Roten Kloster', ausgebildet. Sie mußten die vom Staatlichen Komitee für das Fernsehen 1972 aufgestellten 'Anforderungen an Fernsehkader (Berufsbilder)' erfüllen. Die Anforderungen umfaßten die Bereiche Verantwortung (Funktion), Wissen und Bildungsstand, politisch-berufliche Fähigkeiten sowie politisch-charakterliche Qualifikation. In einer Neufassung aus dem Jahre 1985 wurden die Anforderungen noch stärker ideologisch bestimmt. So wurden „unbedingte Treue zur Arbeiterklasse, ihrer Partei und zum Marxismus-Leninismus" gefordert, ebenso „Stolz auf die Errungenschaften des Sozialismus, Liebe zur sozialistischen Heimat, Treue zum proletarischen Internationalismus". Die Mitarbeiter des DDR-Fernsehens galten als Geheimnisträger; Westkontakte durften sie nicht unterhalten. Die praktische Arbeit der Fernsehjournalisten wurde durch zahlreiche allgemeine und Einzel-Weisungen der Partei geregelt. Für die Chefredaktionen der DDR-Medien, auch des Fernsehens, fanden an jedem Donnerstag Anleitungssitzungen beim Leiter der Abteilung Agitation der Partei statt. Dabei wurde die politische Linie für die kommende Woche bekanntgegeben, und einzelne Formulierungen wurden als Sprachregelung vorgegeben. Auswertungskommissionen des SED-Zentralkomitees und des Presseamts beim Ministerrat überprüften die Einhaltung. Der Chefredakteur der Aktuellen Kamera, der Nachrichtensendung des DDR-Fernsehens, erhielt tägliche Weisungen vom SED-Zentralkomitee. Der Gründungsname des DDR-Fernsehens 'Deutscher Fernsehfunk' wurde 1972 geändert in 'Fernsehen der DDR'. Damit wurden die Abkehr von einer gesamtdeutschen Aufgabe des DDR-Fernsehens und seine Hinwendung zu einer Politik der Abgrenzung von der Bundesrepublik Deutschland signalisiert. Am 12. März 1990, ein halbes Jahr vor der deutschen Wiedervereinigung, erhielt das DDR-Fernsehen seinen ursprünglichen Namen zurück. Die gesamtdeutsche Aufgabe des DDR-Fernsehens hatte darin bestanden, wie Adameck es ausdrückte, die „Wahrheit" auch in Westdeutschland zu verbreiten. Zu diesem Zweck unternahm es das DDR-Fernsehen, Personen und Verhältnisse in der Bundesrepublik Deutschland zu „entlarven". Andererseits wurden die Lebensverhältnisse in der DDR, die Friedensliebe und die gesamtdeutschen Bemühungen der DDR-Führung positiv hervorgehoben. Adameck schrieb in der 'Berliner Zeitung' am 27. November 1961, wenige Monate nach dem Mauerbau, das Fernsehen der DDR sei immer mehr zum „Anwalt der fortschrittlichen humanistischen Traditionen in Deutschland" geworden. Er behauptete, das Fernsehen der DDR sei für 95 Prozent der westdeutschen Zuschauer mit einem befriedigenden Empfang zugänglich.

In Wirklichkeit war das DDR-Fernsehen nur in einem schmalen westdeutschen Streifen entlang der innerdeutschen Grenze empfangbar. Hingegen konnten zunächst etwa 60 Prozent, später etwa 80 Prozent der Zuschauer in der DDR das Fernsehen der Bundesrepublik Deutschland empfangen. Der Empfang war anfänglich verboten, wurde aber nach 1973 – außer für bestimmte Berufsgruppen – toleriert. Bis 1983 lag ein inhaltliches Schwergewicht des DDR-Fernsehens auf eigenproduzierten Sendungen der Fernsehdramatik. Sie wurden als besonders geeignet angesehen, politische Botschaften und Verhaltensregeln durch Spielhandlung wirksam zu transportieren. Kriminalfilme wie 'Polizeiruf 110' und 'Der Staatsanwalt hat das Wort' zielten auf die Warnung vor irregeleitetem sozialem Verhalten, nicht zuletzt durch westliche Einflüsse verursacht, ab. Eine Programmreform im Jahre 1983, die eine „alternative Programmstruktur" einführte, ließ das problemorientierte Gegenwarts-Fernsehspiel zurücktreten zugunsten von internationalen Spielfilmen und Serien, soweit sie für das devisenarme DDR-Fernsehen erschwinglich waren. Ein zaghafter Versuch zur Regionalisierung des Programms durch Einrichtung von Fernsehstudios in Halle, Dresden, Karl-Marx-Stadt (Chemnitz) und Rostock scheiterte in den sechziger Jahren an der Dominanz der Berliner Zentrale, die sich aus den zentralistischen Vorstellungen von Partei und Staat herleitete. Die Studios konnten nur einzelne Beiträge zum nationalen Programm zuliefern. Besondere Aufmerksamkeit der Partei galt den Fernsehsendungen für Kinder und Jugendliche.

Mitarbeiter des Potsdamer Zentralinstituts für Schulfunk und Schulfernsehen, das unmittelbar der Bildungs- und Erziehungsministerin Margot Honecker unterstand, waren an der Konzeption und Produktion von Sendungen beteiligt. Ein zweites Fernsehprogramm wurde, gleichzeitig mit der Inbetriebnahme des Berliner Fernsehturms, nach dem Moskauer der zweithöchste der Erde, am 3. Oktober 1969 eröffnet. Es galt zunächst weitgehend als Wiederholungsprogramm, erhielt aber auch seit dem 17. Februar 1972 auf Wunsch des Oberkommandos der Sowjetischen Streitkräfte in Deutschland zweimal wöchentlich Sendungen in russischer Sprache. Erst durch die „alternative Programmstruktur" von 1983, die eine Alternative sowohl innerhalb des Fernsehangebots der DDR wie zum westdeutschen Fernsehen herstellen sollte, gewann das zweite Fernsehprogramm ein deutlicheres Profil. Nach der 'Wende' in der DDR, dem Zusammenbruch des kommunistischen Systems, wurden die Staatlichen Komitees für Rundfunk und Fernsehen durch Beschluß des Ministerrats vom 30. November 1989 aufgelöst. An die Spitze des Fernsehens wurde Hans Bentzien als Generalintendant berufen. Er stellte sich das Fernsehen der DDR in einem wiedervereinigten Deutschland als drittes öffentlich-rechtliches System neben ARD und ZDF vor, das die kulturelle Identität der DDR wahren sollte. Das entsprach nicht den Vorstellungen der letzten DDR-Regierung. Bentzien wurde im Mai 1990 abberufen. Die Periode bis zur deutschen Wiedervereinigung ist durch rasch wechselnde Personalentscheidungen und durch Kompetenzwirrwarr gekennzeichnet. Programmlich zeichnete sich das DDR-Fernsehen durch eine zunehmend kritische Haltung gegenüber dem bisherigen System und durch eine deutliche Öffnung für die Interessen der Bevölkerung aus, aber auch zum Teil durch Übertragen der alten Abhängigkeit vom Staat auf die neuen Inhaber der Macht, verbunden mit anpasserischem Verhalten. Am 15. Dezember 1990 wurden mit Beginn des Abendprogramms um 20 Uhr die Sender des ersten Programms des Deutschen Fernsehfunks (DFF) auf das Fernsehgemeinschaftsprogramm der ARD umgeschaltet. Auf der Frequenz des zweiten Programms sendete bis zum 31. Dezember 1991 die DFF-Länderkette.

Mit diesem Tage war der Deutsche Fernsehfunk gemäß Einigungsvertrag zwischen den beiden deutschen Staaten liquidiert. Landesrundfunkanstalten nach westdeutschem Muster (Mitteldeutscher Rundfunk und Ostdeutscher Rundfunk Brandenburg) traten an seine Stelle und wurden Mitglieder der ARD. Die Zuständigkeit des Senders Freies Berlin wurde von West-Berlin auf ganz Berlin erstreckt.

2.5. Bundesrepublik Deutschland

2.5.1. Öffentlich-rechtliches Fernsehen

Der öffentlich-rechtliche Rundfunk (Hörfunk und Fernsehen) in der Bundesrepublik Deutschland ist in vom Staat unabhängigen gemeinnützigen Anstalten des öffentlichen Rechts organisiert. Dies geschah nach dem Ende des Zweiten Weltkriegs in bewußter Abkehr vom staatlichen Rundfunk der nationalsozialistischen Herrschaftsperiode.

In der Bundesrepublik Deutschland bestanden 1990 neun Landesrundfunkanstalten, föderal gegliedert (Bayerischer Rundfunk, Hessischer Rundfunk, Norddeutscher Rundfunk, Radio Bremen, Saarländischer Rundfunk, Sender Freies Berlin, Süddeutscher Rundfunk, Südwestfunk, Westdeutscher Rundfunk), eine Anstalt aller Bundesländer, das Zweite Deutsche Fernsehen (ZDF) und zwei Bundesrundfunkanstalten, die Deutsche Welle für Rundfunksendungen für das Ausland und der Deutschlandfunk für Rundfunksendungen für ganz Deutschland und das europäische Ausland, ferner in Berlin der von der amerikanischen Besatzungsmacht gegründete Rundfunk im Amerikanischen Sektor (RIAS). Nach der deutschen Wiedervereinigung kamen der Mitteldeutsche Rundfunk und der Ostdeutsche Rundfunk Brandenburg hinzu. Der Deutschlandfunk ging, ebenso wie der RIAS und der Deutschlandsender Kultur, ein Rest des DDR-Hörfunks, in dem neu gegründeten nationalen Hörfunk DeutschlandRadio auf. Im Gegensatz zu den Anstalten ist DeutschlandRadio eine Körperschaft des öffentlichen Rechts, deren Mitglieder die Landesrundfunkanstalten und das ZDF sind. Gegründet werden öffentlich-rechtliche Rundfunkanstalten in Deutschland durch Gesetze oder Staatsverträge der Bundesländer, die von Verfassungs wegen für den Rundfunk zuständig sind, als Teil ihrer Kulturhoheit. Die öffentlich-rechtlichen Rundfunkanstalten sind nicht Behörden. Freilich hat das Bundesverfassungsgericht in seinem ersten Fernsehurteil vom 28. Februar 1961 festgestellt: „Die von den Rundfunkanstalten öffentlichen Rechts erfüllten Aufgaben gehören zum Bereich der öffentlichen Verwaltung". Dies wurde bekräftigt durch das Mehrwertsteuerurteil des Bundesverfassungsgerichts vom 27. Juli 1971. Darin wurde betont, die Veranstaltung von Rundfunk(Hörfunk)- und Fernsehdarbietungen sei eine öffentliche Aufgabe, die jedoch nach Artikel 5 des Grundgesetzes weder mittelbar noch unmittelbar zur staatlichen Aufgabe gemacht werden könne. Artikel 5 verweise sie „in den Raum der Gesellschaft".

Im 1. Leitsatz des Mehrwertsteuerurteils heißt es: „Die Rundfunkanstalten stehen in öffentlicher Verantwortung, nehmen Aufgaben der öffentlichen Verwaltung wahr und erfüllen eine integrierende Funktion für das Staatsganze. Ihre Tätigkeit ist deshalb nicht gewerblicher oder beruflicher Art". Die Werbung im öffentlich-rechtlichen Fernsehen dürfte jedoch nicht dem Bereich der Verwaltung zuzurechnen sein. In der Konkurrenz mit privatrechtlichen Veranstaltern erwies sich die Organisation als Verwaltung als hinderlich. Die öffentlich-rechtlichen Rundfunkanstalten haben Selbstverwaltungsrecht. Sie unterliegen nicht Weisungen und auch nicht einer Fachaufsicht ihrer staatlichen Muttergemeinwesen, wohl aber deren Rechtsaufsicht.

Die Selbstverwaltung erstreckt sich auf die Wirtschaftsführung, das heißt die Rundfunkanstalten entscheiden selbständig über die Verwendung ihrer Finanzmittel. Ein Konkursverfahren über eine öffentlich-rechtliche Rundfunkanstalt ist in den Rundfunkgesetzen ausdrücklich ausgeschlossen. Organe der Rundfunkanstalten sind der Rundfunkrat (beim ZDF der Fernsehrat), der Verwaltungsrat und der Intendant. Oberstes Organ ist der Rundfunkrat (Fernsehrat), der aus Vertretern der gesellschaftlich relevanten Kräfte zusammengesetzt ist. Welche Gruppierungen als gesellschaftlich relevant anzusehen sind, bestimmt das betreffende Landesrundfunkgesetz. Überwiegend handelt es sich um Verbände aus den Bereichen Soziales, Kultur, Wissenschaft, Kirchen. Die Mitglieder des Rundfunkrats sind Sachwalter der Allgemeinheit. Sie dürfen nicht das Programm nach den Interessen der entsendenden Verbände ausrichten. Staatliche Organe dürfen im Rundfunkrat keine entscheidenden Funktionen haben. Während beim Westdeutschen Rundfunk (WDR) und beim Norddeutschen Rundfunk (NDR) auf Grund früherer Gesetze alle Rundfunkratsmitglieder von den Landtagen gewählt wurden, ist dies jetzt nur noch für eine Minderheit der Fall. Zu den wichtigsten Aufgaben des Rundfunkrats gehören das Budgetrecht, die Wahl des Intendanten und der Erlaß von Satzung und Programmrichtlinien. Er überwacht die Einhaltung des Programmauftrags und der Programmgrundsätze. Die Mitglieder des Verwaltungsrats werden sämtlich oder in ihrer Mehrheit vom Rundfunkrat gewählt. Die nicht so gewählten Mitglieder sind meist Träger staatlicher Funktionen. Dem vierzehnköpfigen Verwaltungsrat des ZDF gehören fünf Länder-Ministerpräsidenten an (Stand 31. Dezember 2000). Hauptaufgabe des Verwaltungsrats ist die Überwachung der Geschäftsführung.

Der Intendant leitet und vertritt die Rundfunkanstalt. Bei Radio Bremen war von 1979 bis 1999 Leitungsorgan nicht der Intendant, sondern das vom Rundfunkrat gewählte Direktorium. Der Intendant beruft die leitenden Mitarbeiter. Die meisten Rundfunkgesetze bestimmen, daß er dazu der Zustimmung des Rundfunkrats bedarf. Die Binnenorganisation einer deutschen öffentlich-rechtlichen Rundfunkanstalt ist grundsätzlich in drei Bereiche gegliedert:

(1) Programmbereich (Programmdirektion, Chefredaktion, Hauptabteilungen, Redaktionen),
(2) Produktionsbereich (Technische Direktion, Produktionsdirektion),
(3) Verwaltung (Verwaltungs- und Finanzdirektion, Justitiariat).

Die Fernseh-Chefredaktion einer deutschen öffentlich-rechtlichen Rundfunkanstalt ist in der Regel, anders als bei der Presse, lediglich die Hauptabteilung Politik. Beim ZDF ist der Chefredakteur ein dem Programmdirektor gleichgestellter Direktor.

Im Produktionsbereich hat das ZDF im Juli 1997 Produktion und Technik zu einer Produktionsdirektion zusammengefügt. In anderen Rundfunkanstalten besteht entweder eine eigene Produktionsdirektion oder die Produktionsbereiche sind den Programmdirektoren unterstellt. Bei den Landesrundfunkanstalten gliedert sich die Fernsehprogrammdirektion in der Regel in die Hauptabteilungen Sendeleitung, Politik, Kultur, Fernsehfilm und Unterhaltung, Regionalprogramm. Eine Reduzierung der Zahl der Hauptabteilungen ist zu beobachten. So waren noch vor einigen Jahren Fernsehfilm, Unterhaltung und Sport, der jetzt meist zum Bereich Politik/Information gehört, separate Programmbereiche. Bei Mehrländeranstalten (Mitteldeutscher Rundfunk, Norddeutscher Rundfunk, ab 1998

Südwestrundfunk) sind die Direktoren der Landesfunkhäuser für die Landesprogramme zuständig, unbeschadet der Gesamtverantwortung des Intendanten. In allen Landesrundfunkanstalten sind die Fernsehprogrammdirektoren auch für die Dritten Fernsehprogramme verantwortlich. Frühere eigenständige Direktionen für die Dritten Programme, die regionalen Ursprungs sind, aber bundesweit verbreitet werden, wurden abgeschafft. Ein Programmschema legt fest, welche Fernsehprogramme in welchen Sparten für welche Sendezeiten zu produzieren beziehungsweise in Auftrag zu geben oder zu kaufen sind. Das Schema des Fernsehgemeinschaftsprogramms der Landesrundfunkanstalten (Erstes Deutsches Fernsehen) wird zwischen ihnen vereinbart. Die Vorschläge zur Ausfüllung der im Schema festgelegten Sendungen kommen aus den Redaktionen. Zu den Projektbeschreibungen gehören Kostenvoranschläge. Die Projektvorschläge bedürfen zur Realisierung der Zustimmung des Programmdirektors oder des Intendanten. In den aktuellen Bereichen, insbesondere bei den Nachrichtensendungen, entscheiden die Redaktionsleiter. Beim ZDF, ähnlich bei den Landesrundfunkanstalten, sehen die einzelnen Schritte bei der Herstellung einer Fernsehproduktion wie folgt aus: Stoffzulassung – Einplanung in das Gesamtprogramm – Rechteerwerb – Buchentwicklung – Buchabnahme – Produktionsvergabe – endgültige Kalkulation – Produktionsbewilligung (Ermächtigung zur Aufnahme der Produktion) – Rohschnittabnahme. Für das Werbefernsehen (und den Werbefunk) haben die Landesrundfunkanstalten Tochtergesellschaften in der Rechtsform einer Gesellschaft mit beschränkter Haftung (GmbH) gegründet. Die Geschäftsanteile liegen zu 100 Prozent bei der Mutteranstalt, entweder unmittelbar oder über Treuhänder, meist die Vorsitzenden der Aufsichtsgremien. Die „Werbetöchter" sind zuständig für die Akquisition von Werbesendungen und für die Gestaltung des Rahmenprogramms. Fernsehwerbung darf bei den öffentlich-rechtlichen Rundfunkanstalten nur werktags vor 20 Uhr im Umfang von 20 Minuten täglich stattfinden. Vorgesehen dafür ist die Zeit zwischen 17 Uhr 30 und 20 Uhr. Die 'Werbetöchter' haben zur Erfüllung gemeinsamer Aufgaben und zur Wahrung gemeinsamer Interessen die Arbeitsgemeinschaft ARD-Werbung gegründet. Zu ihren Aufgaben gehört die Akquisition von Werbung zur nationalen Ausstrahlung und die Gestaltung eines inhaltlich und strukturell harmonisierten Fernseh-Vorabendprogramms. Eine Gemeinschaftsredaktion Vorabend plant diesen Programmbestandteil.

Die Landesrundfunkanstalten gründeten 1950 zur Erfüllung gemeinsamer Aufgaben die Arbeitsgemeinschaft der öffentlich-rechtlichen Rundfunkanstalten der Bundesrepublik Deutschland (ARD). Die ARD ist eine nicht rechtfähige Verwaltungsgemeinschaft des öffentlichen Rechts, nach anderer Ansicht eine Gesellschaft bürgerlichen Rechts. Mitglieder sind die – seit der Wiedervereinigung elf – Landesrundfunkanstalten und die Bundesrundfunkanstalt Deutsche Welle. Das DeutschlandRadio nimmt an den Beratungen der ARD teil. Das 1961 gegründete ZDF hat auf den Beitritt, der ihm nach der ARD-Satzung möglich gewesen wäre, verzichtet. Jeweils für ein Jahr wird ein Mitglied zur geschäftsführenden Anstalt gewählt. Der Intendant der geschäftsführenden Anstalt ist der ARD-Vorsitzende. Eine der wichtigsten gemeinschaftlichen Einrichtungen der ARD ist das bundesweit ausgestrahlte Erste Deutsche Fernsehen. Rechtsgrundlagen sind der Rundfunkstaatsvertrag und der Fernsehvertrag der ARD, eine Verwaltungsvereinbarung der Landesrundfunkanstalten, die danach bestimmte Prozentanteile (auch in den einzelnen Programmsparten) beizutragen haben.

Daneben gibt es gemeinsam finanzierte Sendungen wie die Nachrichtensendungen Tagesschau und Tagesthemen, Wetterkarte, Sportschau, Spielfilme und Vorabendprogramm. Über die Zusammensetzung des Ersten Deutschen Fernsehens auf Grund der Programmangebote der Mitglieder entscheidet die Ständige Programmkonferenz, in der die Anstalten durch ihre Fernsehprogrammdirektoren vertreten sind. Vorsitzender ist der Programmdirektor Erstes Deutsches Fernsehen, der von den Intendanten gewählt wird. Die ARD-Anstalten unterhalten, einzeln oder zu mehreren, zum Teil mit ausländischen Partnern, Tochtergesellschaften zum Verkauf und Ankauf sowie zur Produktion von Fernsehprogrammen. Für das Fernsehen sind folgende weitere gemeinschaftliche Einrichtungen von besonderer Bedeutung: die Degeto Film GmbH zum Einkauf von Spielfilmen und Serien, die Sportrechte- und Marketingagentur GmbH

(SportA), gemeinsam mit dem ZDF zum Erwerb von Sportrechten, das Deutsche Rundfunkarchiv (DRA), das auch die Archivbestände des DDR-Fernsehens übernahm, und die Zentrale Fortbildung der Programmitarbeiter ARD/ZDF.

Finanziert wird das öffentlich-rechtliche Fernsehen durch einen Anteil an der Rundfunkgebühr. Die Fernsehgebühr hat jedermann zu zahlen, der ein Fernsehgerät zum Betrieb bereithält. Die Höhe der Rundfunkgebühr, die sich in eine Grundgebühr und eine Fernsehzusatzgebühr aufteilt, wird durch einen Staatsvertrag aller Bundesländer festgelegt. Die Bedarfsanmeldungen der Rundfunkanstalten werden vorab durch eine von den Ministerpräsidenten der Bundesländer berufene, in ihrer Arbeit unabhängige Kommission zur Ermittlung des Finanzbedarfs der Rundfunkanstalten (KEF) geprüft. Seit dem 1. April 1992 betreibt auch die Deutsche Welle, der Auslandsrundfunk, Fernsehen, durch Satelliten oder Rebroadcasting durch ausländische Veranstalter.

2.5.2. Privatrechtliches Fernsehen

Die Organisation privatrechtlicher Fernsehveranstalter ist durch ihren Charakter marktwirtschaftlicher Unternehmen bedingt. Dem Veranstalter steht es frei, die gesellschaftsrechtliche Form zu wählen. SAT 1 war zunächst eine Gesellschaft mit beschränkter Haftung, RTL eine GmbH & Co KG; dies ist auch die Rechtsform des Abonnements-Fernsehsenders Premiere und des Nachrichtenkanals n-tv. ProSieben, ursprünglich GmbH, wurde 1997 in eine Aktiengesellschaft umgewandelt und ging als erster deutscher privater Fernsehveranstalter an die Börse. Im Jahre 2000 schlossen sich SAT 1 und die ProSieben-Gruppe (außer ProSieben der Sender Kabel 1 und der Nachrichtensender N 24) zur ProSieben-Sat 1 Media AG zusammen. Sie bildet mit dem Deutschen Sportfernsehen und dem Pay-TV-Sender Premiere World die „Senderfamilie" des Unternehmens Leo Kirch, der die „Bertelsmann-Familie" mit den Sendern RTL, RTL 2, Super RTL und VOX gegenübersteht.

Anders als bei den öffentlich-rechtlichen Rundfunkanstalten, die nur durch Gesetz gegründet werden können, ist die Gründung eines privaten Fernsehunternehmens ein privatautonomer Gestaltungsakt. Das Unternehmen bedarf jedoch einer rundfunkrechtlichen Zulassung. Die Voraussetzungen sind in den Mediengesetzen der deutschen Bundesländer geregelt. Auch private Fernsehunternehmen mit bundesweitem Programm benötigen die Zulassung in einem Bundesland. Zuständig für die Zulassung sind die Landesmedienanstalten der Bundesländer. Die 16 deutschen Bundesländer unterhalten 15 Landesmedienanstalten (Berlin und Brandenburg haben eine gemeinsame). Nach der gegenwärtigen Rechtslage kann der Bewerber die Landesmedienanstalt wählen. So ist zum Beispiel RTL, das von Köln aus operiert, in Hannover zugelassen. Die Landesmedienanstalten, rechtsfähige Anstalten des öffentlichen Rechts, werden aus einem Anteil von zwei Prozent an der öffentlich-rechtlichen Rundfunkgebühr des betreffenden geographischen Anstaltsbereichs finanziert. Außer für die Zulassung (gegebenenfalls auch für die Zurücknahme einer Zulassung) privater Rundfunkveranstalter sind die Landesmedienanstalten insbesondere für die laufende Aufsicht, vor allem die Programm- und Konzentrationskontrolle, sowie für die Mitwirkung an der Weiterverbreitung von Rundfunkprogrammen in Kabelanlagen zuständig. Sie können Geldbußen bis zu 500000 DM wegen Ordnungswidrigkeiten verhängen, zum Beispiel wegen Verbreitung von Sendungen ohne Zulassung, Vermischung von Programm und Werbung, Überschreitung der zulässigen Werbedauer. Die Landesmedienanstalten haben mehrere Gemeinsame Richtlinien erlassen, so über die Trennung von Programm und Werbung sowie zur Gewährleistung des Jugendschutzes. Nach dem Rundfunkstaatsvertrag der Bundesländer ist im privaten Rundfunk, das heißt in Hörfunk und Fernsehen, „die Vielfalt der Meinungen im wesentlichen zum Ausdruck zu bringen". Die bedeutsamen politischen, weltanschaulichen und gesellschaftlichen Kräfte und Gruppen müssen in den Vollprogrammen angemessen zu Worte kommen; Auffassungen von Minderheiten sind zu berücksichtigen. Ein einzelnes Programm darf die Bildung der öffentlichen Meinung „nicht in hohem Maße ungleichgewichtig beeinflussen". In bundesweit verbreitete Fernsehvollprogramme sollen bei terrestrischer Verbreitung regionale Fensterprogramme aufgenommen werden. Erreicht ein Veranstalter mit einem Vollprogramm oder einem Spartenprogramm mit Schwerpunkt Information im Jahresdurchschnitt einen Zuschaueranteil von zehn Prozent, so muß er Sendezeit für unabhängige

Dritte einräumen, auch in der Hauptsendezeit. Die zuständige Landesmedienanstalt schreibt derartige Fensterprogramme aus und verständigt sich mit dem Hauptveranstalter über die Auswahl. Kommt eine Einigung nicht zustande, so bestimmt die Landesmedienanstalt, welcher Bewerber den Zuschlag erhält. Beim Stand vom 1. Juli 2001 haben nur SAT 1 und RTL eine Zuschauerbeteiligung von mehr als 10 Prozent im Jahresdurchschnitt. Programmfenster für unabhängige Dritte werden bei beiden hauptsächlich beliefert von der von Alexander Kluge mit einem japanischen Partner gegründeten Documentary Company for Television Programmes (DCTP). Sie liefert unter anderem Stern TV und Spiegel TV an SAT 1, RTL und Vox. Bei Vox hat die DCTP eine eigene Lizenz. Der Umfang der Werbung im privatrechtlichen Fernsehen wird durch den Rundfunkstaatsvertrag bestimmt. Danach dürfen Gottesdienstübertragungen und Kindersendungen nicht durch Werbung unterbrochen werden. Das gleiche gilt für Nachrichten und andere Sendungen des Zeitgeschehens, wenn sie kürzer als 30 Minuten sind. Insgesamt darf die Dauer der Werbung 20 vom Hundert, die der Spotwerbung 15 vom Hundert, der täglichen Sendezeit nicht überschreiten. Im Prinzip ist Blockwerbung vorgesehen; die Blöcke sind zwischen die einzelnen Sendungen zu setzen. Jedoch kann die Blockwerbung – und das ist die Regel – auch unter bestimmten Voraussetzungen in eine Sendung eingefügt werden. So dürfen Kinofilme und Fernsehfilme, die länger als 45 Minuten dauern, nur einmal je vollständigem 45-Minuten-Takt unterbrochen werden. Eine weitere Unterbrechung ist zulässig, wenn diese Sendungen mindestens 20 Minuten länger dauern als zwei oder mehr vollständige Zeiträume zu 45 Minuten. Privatrechtliche Veranstalter können ihre Programme außer durch Werbung auch durch Teleshopping und Entgelte der Teilnehmer (Pay-TV) finanzieren. Teleshopping ist die Sendung direkter Angebote an die Öffentlichkeit für den Absatz von Waren oder die Erbringung von Dienstleistungen.

Verglichen mit den öffentlich-rechtlichen Rundfunkanstalten ist die Organisation der privatrechtlichen Fernsehunternehmen, wie die Veranstalter ständig betonen, einfacher und weniger personalintensiv. Bei RTL bestehen zum Beispiel vier Direktionen für Programm, Information, den kaufmännischen Bereich und die Produktion. Dem Geschäftsführer unmittelbar unterstellt sind die Bereiche Fremdprogramm, Corporate Presentation, Kommunikation und Marketing, Promotion sowie ein Generalsekretariat. Der personalstärkste Bereich bei RTL ist die Informationsdirektion, da Informationssendungen praktisch die einzigen vom Sender selbst produzierten Beiträge sind.

Im übrigen setzt RTL auf ein Dienstleistungskonzept mit einer „schlanken Steuerungszentrale" und einem Geflecht von Produktionsunternehmen. Zur Vertretung ihrer Interessen haben die deutschen privaten Rundfunkveranstalter den Verband Privater Rundfunk und Telekommunikation (VPRT) mit Sitz in Bonn gegründet. Ihm gehören rund 160 Unternehmen und Verbände aus den Bereichen privater Hörfunk, privates Fernsehen, Multimediadienste, Telekommunikation und Rundfunktechnik an. Die Mitglieder sind in drei Fachbereichen organisiert: Hörfunk, Fernsehen sowie Vertrieb, Technik und Telekommunikation.

3. Literatur

Bleicher, Joan K., Institutionengeschichte des bundesrepublikanischen Fernsehens. In: Geschichte des Fernsehens in der Bundesrepublik Deutschland. Bd. 1 Institution, Technik und Programm. Rahmenaspekte der Programmgeschichte des Fernsehens. Hrsg. v. Knut Hickethier. München 1993.

British Broadcasting Corporation, Extending Choice. The BBC's Role in the New Broadcasting Age. London 1992.

Fischer, Heinz-Dietrich/Olaf Jubin (Hrsg.), Privatfernsehen in Deutschland. Konzepte, Konkurrenten, Kontroversen. Frankfurt a. M. 1996.

Hans-Bredow-Institut (Hrsg.), Internationales Handbuch für Hörfunk und Fernsehen. Baden-Baden 1999.

Heil, Karolus H., Das Fernsehen in der Sowjetischen Besatzungszone Deutschlands 1953–1963. Hrsg. von Bundesministerium für Gesamtdeutsche Fragen. Bonn/Berlin 1967.

Herrmann, Günter, Rundfunkrecht. Fernsehen und Hörfunk mit Neuen Medien. München 1994.

Hoff, Peter, Organisation und Programmentwicklung des DDR-Fernsehens. In: Geschichte des Fernsehens in der Bundesrepublik Deutschland. Bd. 1 Institution, Technik und Programm. Rahmenaspekte der Programmgeschichte. Hrsg. v. Knut Hickethier. München 1993.

Hoffmann-Riem, Wolfgang, Kommerzielles Fernsehen. Rundfunkfreiheit zwischen ökonomischer

Nutzung und staatlicher Regelungsverantwortung: das Beispiel USA. Baden-Baden 1981.

Kiefer, Marie L., Unverzichtbar oder überflüssig? Öffentlich-rechtlicher Rundfunk in der Multimedia-Welt. In: RuF 44, 1996, 7–26.

Mahle, Walter A., Großbritannien. Ein Modell für die Bundesrepublik? Bd. 1 Kommerzielles Fernsehen in der Medienkonkurrenz. Hrsg. v. Arbeitsgemeinschaft für Kommunikationsforschung e. V. Berlin 1984.

Mikos, Lothar, Das Mediensystem in der ehemaligen DDR im Umbruch. In: Privatkommerzieller Rundfunk in Deutschland. Entwicklungen, Forderungen, Regelungen, Folgen. Hrsg. v. Bundeszentrale für Politische Bildung. Bonn 1992.

Ridder, Christa-Maria, National öffentlich-rechtlich, international kommerziell – ein tragfähiges Konzept? Zum Weißbuch der britischen Regierung über die Zukunft der BBC. In: MP 11, 1994, 560–566.

Winckler, Klaus, USA. Analyse eines Unterhaltungsoligopols. Bd. 4 Kommerzielles Fernsehen in der Medienkonkurrenz. Hrsg. v. Arbeitsgemeinschaft für Kommunikationsforschung e. V. Berlin 1984.

–, Fernsehen unterm Hakenkreuz. Organisation – Programm – Personal. Köln/Weimar 1994.

Dietrich Schwarzkopf, Starnberg
(Deutschland)

217. Programmstrukturen des Fernsehens

1. Strukturen des deutschen Fernsehprogrammarktes
2. Programmstrukturentwicklung im deutschen Fernsehen
3. Ebenen der Programmstrukturierung
4. Trends der Programmstrukturentwicklung
5. Literatur

1. Strukturen des deutschen Fernsehprogrammarktes

Der deutsche Fernsehmarkt bietet zur Zeit etwa dreißig bis fünfzig terrestrisch sowie über Kabel und Satellit verbreitete Fernsehprogramme, die sich in ihrer Zielsetzung bzw. ihrem Programmauftrag und ihrer dementsprechenden Programmkonzeption deutlich voneinander unterscheiden. Grundlegende Abgrenzungskriterien sind Programmauftrag und ökonomische Verankerung (öffentlich-rechtliche versus privat-kommerzielle Programme), inhaltliche Themenvarianz und qualitative Vielfalt (Vollprogramme versus Sparten- oder Special-Interest-Programme) und der geographische Bezugsraum (internationale, nationale, regionale und lokale Programmangebote), die sich bei den einzelnen Programmanbietern in unterschiedlicher Kombination wiederfinden. Neben diesen Strukturierungsmerkmalen, die sich auf den gesamten Fernsehprogrammarkt beziehen, weist jedes einzelne Programm in sich Strukturen auf, die das Programm als Gesamtprodukt eines Senders weiter untergliedern. Unter einer Programmstruktur versteht man dabei das System, „das sich in der Plazierung verschiedener Sendungen bzw. Programmformen innerhalb eines zeitlichen Kontinuums erkennen läßt" (Hickethier 1984, 442). Programmstrukturen dienen der inneren Gliederung und Ordnung eines Fernsehprogramms und sollen es so auch dem Zuschauer erleichtern, sich innerhalb eines Fernsehprogrammangebots durch das Prinzip der regelmäßigen Wiederkehr besser zu orientieren. Mit der Anbietervermehrung nach Einführungen des privat-kommerziellen Fernsehens in Deutschland 1984 haben die Programmstrukturen an Bedeutung gewonnen und werden regelmäßig in Form von Programmstrukturanalysen wissenschaftlich untersucht (vgl. Faul 1989; Schatz/Immer/Marcinkowski 1989, Gehrke/Hohlfeld 1994, Merten 1994; Krüger 1992; 1993; 1995a; 1995b; 1995c; 1996; Krüger/Zapf-Schramm 1994).

Die einzelnen Programmveranstalter sind zunehmend bemüht, durch konsequente Strukturierung den Wiedererkennungswert ihrer Angebote für den Zuschauer zu erhöhen und dem einzelnen Programm auf diesem Wege ein eigenes, unverwechselbares 'Gesicht' zu geben. Die Herausbildung von Programmstrukturen läßt sich damit seit den Anfängen des Fernsehens im Nachkriegsdeutschland als ein dynamischer Prozeß charakterisieren, der sich in drei Hauptentwicklungsphasen vollzogen hat.

2. Programmstrukturentwicklung im deutschen Fernsehen

2.1. Vom Integrationskonzept zu regelmäßigen Strukturen

Die Anfänge des Fernsehens in Deutschland waren auch nach dem Zweiten Weltkrieg zunächst deutlich vom Vorbild des Kinos beeinflußt. Mit dem offiziellen Programmstart des NWDR-Gemeinschaftsprogramms am 1. Januar 1953 strahlte der Sender ein zweistündiges Abendprogramm von 20:00 bis 22:00 Uhr aus, das mit der Tagesschau eingeleitet und jeden Abend durch unterschiedliche Sendeformate und -gattungen komplettiert wurde (vgl. das Programmschema bei Hickethier 1984, 446). Zu diesem Zeitpunkt waren noch kaum strukturierende Elemente in der Abend- und Wochenplanung des NWDR-Programms auszumachen. Die Programmverantwortlichen verfolgten ein Konzept des Abendprogramms als einheitlichem Gesamtangebot, das vom Zuschauer auch als solches in seiner Gesamtheit rezipiert werden sollte. Dementsprechend sowie aufgrund der fehlenden Konkurrenzangebote entfiel die Notwendigkeit einer weitergehenden Strukturierung mit dem Ziel der Zuschauerbindung durch kontinuierliche Wiederkehr vergleichbarer Angebote in gleichen Zeitabschnitten. Im Verlauf der fünfziger Jahre änderte sich dies: Mit der schrittweisen Ausweitung der Sendezeit auf den Nachmittag und die späteren Abendstunden in Verbindung mit der Entwicklung neuer Programmformen, insbesondere Ratgeberprogramme und Zielgruppenprogramme für Frauen und Kinder (vgl. Bleicher 1993, 13 ff.), wurde vermehrt darüber nachgedacht, wie man das Gesamtangebot durch strukturbildende Elemente und Regelhaftigkeiten ausdifferenzieren und gleichzeitig übersichtlicher gestalten könne. „An die Stelle der Forderung nach einem 'organischen' Programm [...] tritt die Forderung nach regelmäßig wiederkehrenden Strukturen" (Hickethier 1984, 452). Darüber hinaus zeitigte die föderalistische Organisationsstruktur des Nachkriegsfernsehens in Deutschland ihre Wirkung. Zunehmend beteiligten sich auch die anderen Rundfunkanstalten an der Programmproduktion für das Gemeinschaftsprogramm, deren Zulieferungen nach bestimmten Produktionsschlüsseln geregelt wurden (vgl. Bausch 1980, 266 ff.). Programmausweitung und Ausdifferenzierung der Programmproduktion nach den Geboten der föderalistischen Senderorganisation führten somit auch zu einer verstärkten Strukturierung des Fernsehprogramms mit parallelen Programmabfolgen, periodischen Ordnungsmustern und wiederkehrenden Tagesschwerpunkten. Die erste Phase der Entwicklung des Fernsehprogramms im Nachkriegsdeutschland läßt sich demnach als Umbruchphase charakterisieren: vom Integrationskonzept eines im Umfang begrenzten organischen Gesamtprogramms zu den ersten erweiterten Programmangeboten mit regelmäßigeren Strukturen.

2.2. Konkurrenz und Koordination

Die zweite Phase der Programmstrukturentwicklung im deutschen Fernsehen setzte mit Beginn der sechziger Jahre ein. Durch den Versuch der Regierung Adenauer, mit der 'Deutschland Fernseh GmbH' ein Staatsfernsehen durchzusetzen, der vom Bundesverfassungsgericht 1961 vereitelt wurde (BVerfGE 12, 205 ff.; vgl. auch Bausch 1980, 430 ff.), geriet das erste und bislang einzige Fernsehprogramm der ARD zunehmend unter Konkurrenzdruck. In Vorbereitung auf den Sendestart des ZDF, der schließlich am 1. April 1963 erfolgte, veranstaltete die ARD ab dem 1. Juni 1961 ein zweites Fernsehprogramm, das die ARD auf die bevorstehende Konkurrenzsituation vorbereiten sowie neue Sende- und Programmformate erproben sollte.

Gleichzeitig intensivierte auch die Ständige Programmkonferenz der ARD – erstmals mit einem hauptamtlichen Programmkoordinator – ihre Bemühungen um Koordination der beiden Fernsehprogramme, die dem Prinzip der Kontrastierung ohne direkte Konkurrenz folgen sollte. Das Fernsehspiel wurde dem Feature, der Spielfilm der Politischen Diskussion oder dem Politmagazin und die Quizshow der Dokumentarsendung gegenübergestellt. Mit diesem Nebeneinander der beiden ARD-Programme konnte der Zuschauer erstmals zwischen unterschiedlichen Programmangeboten wählen. Aus Gründen der Orientierungshilfe für den Zuschauer sowie mit dem Ziel der koordinierten Kontrastierung beider Programme kam der Strukturierung der Angebote in Form von wiederkehrenden Programmschemata eine neue und weitreichendere Bedeutung zu. So mußten z. B. die Anfangszeiten beider Programme präzise aufeinander abgestimmt werden, um dem Zuschauer das „Umsteigen" von einem auf das andere Programm ohne Verluste zu ermöglichen. Die aus dieser Erprobungsphase innerhalb der ARD-Programme gewonnenen Erfahrungen beeinflußten auch die Programmkoordination zwischen ARD und ZDF im Vorfeld des Sendestarts 1963. So wurde z. B. zwischen den beiden Sendern lange um den Beginn der Nachrichtensendung des ZDF gerungen, die mit dem früheren Sendeplatz um 19:30 eine Konkurrenz zur ARD-Tagesschau darstellte (vgl. Hickethier 1984, 457ff.). Trotz dieser Differenzen in den Koordinationsverhandlungen schlossen ARD und ZDF im März 1963 ein Abkommen, aus dem auch ein gemeinsam abgestimmtes Programmschema für das Abendprogramm hervorging (vgl. Hickethier 1984, 457ff.; Scharf 1981, 243ff.). Von diesem Zeitpunkt an herrschte in der Programmgestaltung von ARD und ZDF das Prinzip der kontrastierenden Koordination, wobei beide Programme sich trotzdem immer wieder darum bemühten, mit neuen Sendeformen oder kurzfristigen Veränderungen eher der gegenseitigen Konkurrenz Vorschub zu leisten. Auch im Hinblick auf die Programminhalte traten seit 1963 in Folge der Konkurrenz von ARD und ZDF Veränderungen ein. So setzte das ZDF von Beginn an verstärkt auf unterhaltungsorientierte Programme, wie Spielfilme und eingekaufte Serien, während die ARD eher versuchte, ihre Kompetenz im Bereich Information und Bildung durch Ausweitung der Nachrichtensendungen und der Auslandsberichterstattung sowie die Etablierung neuer politischer Magazine zu stärken (vgl. Bleicher 1993, 21). Die koordinierte Konkurrenz beider Programme zeigte sich folglich nicht nur in der Feinstruktur der zeitlich und thematisch aufeinander abgestimmten Abendprogramme, sondern ebenso in der Gesamtkonzeption der beiden Programme, nach der die ARD deutliche Akzente auf Information und Bildung, das ZDF dagegen eher auf Unterhaltung setzte. Die zweite Phase der Entwicklung der Fernsehprogrammstrukturen in Deutschland zeichnet sich demnach durch das Prinzip der koordinierten Kontrastierung oder Konkurrenz aus und brachte weitreichende Innovationen in der Feinstrukturierung der Programme sowie bei neuen Sende- und Programmformen mit sich.

2.3. Dualisierung und Konvergenz

Schon weit vor der Einführung des privatkommerziellen Fernsehens in Deutschland zeichneten sich Entwicklungen ab, die als Vorboten dieser grundlegenden Umstrukturierung hin zu einem dualen Fernsehsystem zu deuten sind und dieselbe schließlich auch vorbereitet haben.

Mitte der siebziger Jahre verstärkte sich der politische Druck auf die öffentlich-rechtlichen Rundfunkanstalten. Öffentliche Auseinandersetzungen um die „Ausgewogenheit" der Programme und notwendige Alternativen zu diesen beeinflußten auch die Programmplanung bei ARD und ZDF (vgl. Hickethier 1993, 214ff.). So wurden z. B. die politischen Magazine von ihrem Platz in der Hauptsendezeit (Prime Time) in den späteren Abend verschoben, um diese begehrten Sendeplätze für Unterhaltungsangebote freizumachen. Einzelne Angebote erfuhren deutliche Popularisierungstendenzen und wurden in ihrer politischen Brisanz beschnitten.

Darüber hinaus führte der Ausbau der Dritten Fernsehprogramme seit Ende der sechziger Jahre zu einer stärkeren Ausdifferenzierung des gesamten Programmangebots im deutschen Fernsehen. Während die Vollprogramme von ARD und ZDF hinsichtlich der Funktionen Information, Bildung und Unterhaltung und den damit verbundenen Sendeformaten weiterhin dem Integrationsprinzip folgten, orientierten sich die Dritten Programme eher am Prinzip der Differenzierung und Zielgruppenorientierung, setzten ihren Programmakzent deutlich auf die Funktionsbereiche Information und Bildung (vgl. Roß 1967) und entwickelten unterschiedliche Programmprofile (vgl. Krüger 1995c). Spätestens mit dem Ausbau der Dritten Programme zu Vollprogrammen nahm bei ARD und ZDF die Tendenz zu, 'schwere' Programme aus den Bereichen Dokumentation, Bildung und Wissenschaft oder Kultur in die Dritten Programme 'abzuschieben', um die attraktiven Sendeplätze der Hauptprogramme noch stärker für unterhaltungsorientierte Angebote zu reservieren.

Schließlich lassen sich ab Mitte/Ende der siebziger Jahre deutliche Tendenzen der 'Magazinisierung' in den Hauptprogrammen von ARD und ZDF erkennen. Größere Programmeinheiten und längere Sendungen, insbesondere aus den anspruchsvolleren Programmbereichen Information und Bildung, wurden in kleinere Teile zerlegt, was zu ausdifferenzierteren Programmstrukturen sowie zu einer Beschleunigung des gesamten Programmablaufs geführt hat (vgl. 3.1.). Parallel dazu wurden die dem Zuschauer zugemuteten Aufmerksamkeitsspannen entsprechend kürzer und die Möglichkeiten ausgeweitet, sich durch den häufigen Wechsel zwischen den Programmen in Form eines „Unterhaltungsslaloms" den anspruchsvolleren Programmangeboten zu entziehen.

Diese zunächst in kleinen und wenig offensichtlichen Schritten vollzogenen latenten Veränderungen der Programmangebote und -strukturen manifestierten sich schließlich mit dem Sendestart der privat-kommerziellen Anbieter 1984 (vgl. Ernst/Hiegemann 1992). Sie versuchten von Beginn an, sich mit unterhaltungsorientierten Programmen im Markt zu etablieren und waren gerade in den Anfangsjahren des dualen Rundfunksystems fast ausschließlich auf billige Kaufprogramme aus dem Fictionbereich (Serien und Spielfilme) angewiesen. Die sich aus dieser Situation ergebende Diskrepanz zwischen politischer Motivation für die Einführung privat-kommerziellen Fernsehens (Steigerung der Vielfalt in der Berichterstattung und den Programmangeboten) und der faktischen Entwicklung seit Mitte der achtziger Jahre (monotone Orientierung der privat-kommerziellen Rundfunkanbieter an Unterhaltungskonzepten) hat einige Studien zur Entwicklung der Programmstrukturen im dualen Fernsehsystem hervorgebracht (vgl. Faul 1989; Schatz/Immer/Marcinkowski 1989; Merten 1994; Gehrke/Hohlfeld 1994). Kernpunkt dieser wissenschaftlichen Auseinandersetzung ist die Konvergenzhypothese. Sie besagt, daß die Programme der öffentlich-rechtlichen sowie der privat-kommerziellen Anbieter sich im Zuge zunehmender Konkurrenz im Kampf um die Zuschauer immer ähnlicher werden. „Sowohl (a) von der Zunahme des absoluten Sendeumfangs, (b) von der Favorisierung massenattraktiver Sparten und (c) von der Plazierung massenattraktiver Inhalte an Sendeplätzen mit hoher Nutzungschance her lassen sich deutliche Konvergenzeffekte nachweisen" (Merten 1994, 135). Während zunächst nur die negativen Effekte der Konvergenz im Sinne einer Angleichung der vordem anspruchsvolleren Programmangebote der öffentlich-rechtlichen an die privat-kommerziellen Anbieter ('Selbstkommerzialisierung') thematisiert wurden, haben z. B. Schatz/Immer/Marcinkowski (1989) die Konvergenzthese ausdifferenziert und stellen fest, daß im Gegenzug die über Jahrzehnte vom öffentlich-rechtlichen Fernsehen etablierten Qualitätsstandards umgekehrt auch als Gradmesser für die neu in den Markt getretenen privaten Anbieter fungieren und so ihre Auswirkungen auf die Programmgestaltung, insbesondere im Informationssektor, haben. Die Konvergenz zwischen öffentlich-rechtlichen und privat-kommerziellen Fernsehprogrammen im dualen Rundfunksystem zeigt sich demnach nicht als 'Einbahnstraße', sondern als gegenseitige, unterschiedlich stark ausgeprägte programmstrukturelle und -inhaltliche Annäherung an das jeweils andere System (vgl. kritisch Stock 1990; Krüger 1992, 83 ff.; 442 ff.). Im Ergebnis hat die Einführung des dualen Rundfunksystems bei den Fernsehprogrammangeboten damit nicht zu einer Ausweitung inhaltlicher Vielfalt (vgl. 2.3.), wohl aber zu Veränderungen in den Programmstrukturen hinsichtlich Programmoutput und -dynamik, Programmquellen und struktureller Ausdifferenzierung einzelner Angebote der Funktionsbereiche Information, Bildung und Unterhaltung geführt. Die dritte Phase in der programmstrukturellen Entwicklung des deutschen Fernsehens zeichnet sich demnach durch eine unterschiedlich stark ausgeprägte reflexive inhaltliche Annäherung der beiden Rundfunksysteme (Konvergenz) bei gleichzeitiger programmstruktureller Ausdifferenzierung aus.

3. Ebenen der Programmstrukturierung

Die Strukturierung von Fernsehprogrammen erfolgt auf verschiedenen, miteinander verzahnten Ebenen. Dabei handelt es sich zum einen um zeitliche Dimensionen der Programmkontinuität (Sendeumfang und -abfolge, Periodizität und zeitliche Gliederung des Programms) und zum anderen um Dimensionen der Zusammensetzung des Programms aus unterschiedlichen Einheiten nach Herkunft (Programmquellen) und Funktion (Programminhalte) (vgl. Hickethier 1993, 175).

3.1. Programmexpansion und Programmdynamik

Die Entwicklungsgeschichte der deutschen Fernsehprogramme ist seit der Aufnahme des Sendebetriebs nach 1945 durch Programmexpansion im Sinne einer stetigen schrittweisen Ausweitung des Sendeumfangs gekennzeichnet. Begann der Betrieb des NWDR-Gemeinschaftsprogramms 1953 mit einem zweistündigen Abendprogramm unter dem expliziten Vorsatz, diesen Sendumfang langfristig beizubehalten (vgl. 2.1.), so erfolgten doch alsbald Ausdehnungen des Programms in die späteren Abendstunden und den Nachmittag. Schritt für Schritt haben die öffentlich-rechtlichen Rundfunkanstalten im weiteren Verlauf ihrer Programmangebotsentwicklung die Lücken zwischen den einzelnen Programmleisten geschlossen (vgl. Hickethier 1984). Auch dieser Prozeß ist durch den Markteintritt der privat-kommerziellen Anbieter forciert worden. Mit ihren neuen Angeboten in den frühen Morgenstunden und am Mittag fungierte der Privatfunk als Katalysator für die stetige Programmexpansion – auch der öffentlich-rechtlichen Anstalten, die z.B. mit einem im Wechsel zwischen ARD und ZDF gestalteten Mittags- und Morgenmagazin (seit 1989 bzw. 1992) diese Programmleisten Ende der achtziger bzw. Anfang der neunziger Jahre ebenfalls besetzt haben (vgl. Bleicher 1993, 29). Der tägliche Programmoutput ist von 1986 bis 1994 bei der ARD von 854 auf 1256 Minuten gestiegen (ZDF = 806: 1216; RTL = 428: 1440; SAT1 = 579: 1437 Min.) Damit hat sich der Programmoutput enorm ausgeweitet, bei den privaten Veranstaltern zum Teil sogar verdreifacht (vgl. Krüger 1993; 1995a). Endstufe dieses Prozesses der Programmexpansion ist das 24-Stunden-Programm, das selbst die Nachtstunden zwischen 1:00 Uhr und 6:00 Uhr durch Wiederholungsprogramme oder die Ausstrahlung von Pausenfüllern (Aquarium, Eisenbahnfahrten durch Deutschland) umfaßt. RTL bot bereits 1993 ein Rund-um-die-Uhr-Programm, SAT1 und PRO SIEBEN folgten diesem Trend zum „Non-Stop-Fernsehen" etwas später und mit einigen weiteren Verzögerungen auch die öffentlich-rechtlichen Hauptprogramme von ARD und ZDF sowie einige Dritte Programme (z.B. das WDR Fernsehen) (vgl. Krüger 1995a, 69). Diese Ausweitung des Programmangebots erfolgte nicht strukturneutral, sondern hatte Konsequenzen für die programmstrukturelle Entwicklung der einzelnen Angebote, so z.B. durch die Zunahme von Wiederholungsprogrammen und die verstärkte Ausstrahlung von Kaufprogrammen (vgl. 3.2.).

Parallel zur Ausweitung des Angebots in quantitativer Dimension ist bei den einzelnen Programmen auch eine zunehmende Dynamisierung in qualitativer Hinsicht zu erkennen. Gemessen an der Zahl der einzelnen Programmeinheiten (redaktionelle und nicht redaktionelle Sendungen, Werbeunterbrechungen, Programmhinweise und Trailer) hat sich die Programmdynamik im Zeitraum zwischen 1988 und 1993 verdoppelt. Das Hauptprogramm von ARD und ZDF wies 1988 durchschnittlich 2,4 bzw. 2,3 Einheiten pro Stunde auf. 1993 waren es 5,6 bzw. 4,8 Einheiten (vgl. Krüger/Zapf-Schramm 1994, 111 f.; Krüger 1995a, 69). Bei den Privatsendern hat dieser Prozeß der Programmdynamisierung schon früher eingesetzt und ist rasanter verlaufen. Auch in diesem Zusammenhang hatten die privat-kommerziellen Programme also eine Katalysatorfunktion für die Entwicklung des öffentlich-rechtlichen Fernsehens. Insgesamt hat sich in den Programmangeboten des deutschen Fernsehens ein Beschleunigungsprozeß vollzogen, der strukturell zu einer stärkeren Untergliederung des Programms mit schnellerer Abfolge einzelner Programmeinheiten geführt hat. Diese Entwicklung ist letztlich darauf zurückzuführen, daß die Programmveranstalter auf diesem Wege versuchen, dem Wechsel des Zuschauers von einem zum anderen Programm ('Zapping') durch eine schnelle und variationsreiche Abfolge der einzelnen Angebote in ein und demselben Programm entgegenzusteuern.

3.2. Programmquellen

Mit dem Eintritt neuer öffentlich-rechtlicher und privat-kommerzieller Anbieter in den deutschen Fernsehmarkt und der schrittweisen Ausdehnung der einzelnen Senderangebote auf ein 24-Stunden-Programm ist die Frage der Programmbeschaffung zu einer der zentralen Herausforderungen der Programmveranstalter und der audiovisuellen Produktionsindustrie geworden. Die privat-kommerziellen Rundfunkanbieter, tendenziell aber auch die öffentlich-rechtlichen Anstalten, haben auf die Notwendigkeit, ihre Programme zu füllen mit unterschiedlichen Strategien reagiert, die sich zeitlich in zwei Phasen gliedern lassen. In der Anfangsphase des dualen Rundfunksystems setzten vor allem die privaten Anbieter aus Kostengründen vornehmlich auf billige US-Kaufprogramme und auf einen hohen Anteil an über den Tag verteilten Wiederholungen einzelner Programmteile.

Tab. 217.1: Produktionsarten des Gesamtprogramms im deutschen Fernsehen nach Rundfunktypen 1988–1990 in Prozent (Quelle: Krüger 1992, 340)

	öffentlich-rechtlicher Rundfunk			privat-kommerzieller Rundfunk		
	1988	1989	1990	1988	1989	1990
Eigenproduktion	55	55	51	17	19	14
Eigenproduktion mit Fremdmaterial	2	1	1	32	21	10
Koproduktion	4	11	11	0	0	0
Auftragsproduktion	11	11	11	4	3	4
Übernahme	6	1	3	1	1	0
Kaufproduktion	20	18	20	42	50	64
Werbung	2	2	1	4	6	8

Insbesondere erfolgreiche US-Langzeitserien, wie 'Dallas' oder der 'Denver Clan', führten zu einem wahren Serienboom im deutschen Fernsehen. Auch ARD und ZDF gaben eine Reihe von Serien in Auftrag (z. B. 'Die Schwarzwaldklinik', 'Das Traumschiff' und die 'Lindenstraße'), die beim Publikum einen enormen Erfolg verbuchten.

Unter programmstrukturellen Gesichtspunkten versuchten öffentlich-rechtliche wie private Anbieter vor allem ein durchgehendes Format für das Vorabend- und Abendprogramm zu etablieren, um mit wiederkehrenden Serien ('Daily Soaps') die Zuschauer an das Programm zu binden (vgl. Radler 1995). Hinsichtlich der Programmstrukturierung ging es nun also in erster Linie darum, die nach ökonomischen Kriterien aquirierte Programmware (Preis-Leistungs-Verhältnis von Produktions- oder Einkaufskosten und Werbeeinnahmen unter Berücksichtigung der zu erwartenden Einschaltquote) unter strengen Vorgaben einer vertikalen Programmstrukturierung und -formatierung so einzusetzen, daß von den Einzelprogrammen jeweils die qualitativ adäquate und quantitativ größtmögliche Zielgruppe erreicht wird.

Die Ausdehnung des gesamten Fernsehprogrammangebots in Deutschland seit Mitte der achtziger Jahre hat aber nicht nur zu einem Wandel in den Programm-, sondern auch in den Produktionsstrukturen geführt. Zu Beginn der neunziger Jahre haben sich nämlich auch bei den privat-kommerziellen Anbietern tendenzielle Veränderungen vollzogen: Mit der Erkenntnis, daß billige US-Produktionen nicht immer ebensowie nationale Produktionen geeignet sind, überdurchschnittliche Einschaltquoten zu erzielen (vgl. Bitereyst 1992, Meckel 1994, 178 ff.) und damit einen kommerziell erfolgversprechenden Programmrahmen für die TV-Werbung darzustellen, setzten auch sie verstärkt auf Eigenproduktionen. So begann RTL im Oktober 1991 z. B. mit der Ausstrahlung seiner ersten selbstproduzierten Serie 'Das Schloß am Wörthersee'. Auch die Produktion von Daily Soaps („Gute Zeiten, Schlechte Zeiten", RTL und „Verbotene Liebe", ARD) ist so begründet.

Auch auf europäischer Ebene war man angesichts der immensen Inportanteile US-amerikanischer Fernsehprogramme (vgl. Varis 1996; Meckel 1996b) darum bemüht, medienpolitische Vorgaben zu implementieren und finanzielle Anreize für Eigen- und Koproduktionen zu schaffen. EG-Kommission und Europarat etablierten mit den 'MEDIA', 'Audiovisuelles Eureka' und 'Eurimages' Förderprogramme für die europäische Produktionsindustrie, um die Herstellung, Aufbereitung und den Vertrieb von Fernsehprogrammen zu optimieren, neue Kooperationsmöglichkeiten zu schaffen (vgl. Meckel 1994, 114ff.; 1996b) und so der nationalen und europäischen 'Software-Krise' entgegenzusteuern. Auch die öffentlich-rechtlichen Anbieter in Europa mühten sich, mit gemeinsamen Projekten, z. B. der 'Europäischen Produktionsgemeinschaft' (EPG), einen Gegenakzent zur Dominanz von US-Programmen im Fictionbereich zu setzen (vgl. Meckel 1994, 121ff.). Tatsächlich haben all diese Maßnahmen zwar tendenzielle Erfolge mit sich gebracht. Vor allem bei den kommerziellen Fernsehanbietern weist die Programmstruktur aber noch immer einen deutlichen Überhang von importierter US-Kaufware auf (vgl. Europäi-

Tab. 217.2: Produktionsländer des Gesamtprogramms im deutschen Fernsehen nach Rundfunktypen 1988–1990 in Prozent (Quelle: Krüger 1992, 347)

	öffentlich-rechtlicher Rundfunk			privat-kommerzieller Rundfunk		
	1988	1989	1990	1988	1989	1990
BRD/Deutschland vor 1945	68	74	72	60	49	35
DDR/Österreich/Schweiz	7	8	9	0	1	1
EU ohne BRD	12	4	5	9	11	10
Europa ohne EU	2	1	1	0	0	0
USA	10	11	11	21	32	44
andere Länder	1	2	2	3	9	9
nicht entscheidbar	0	0	0	7	0	0

sche Audiovisuelle Informationsstelle 1995, 160 ff.).

Trotz der gegenläufigen Tendenzen verstärkter Eigen- und Koproduktionen seit Beginn der neunziger Jahre hat sich seit Einführung des dualen Rundfunksystems in Deutschland somit ein Wandel der Rundfunkveranstalter – auch der öffentlich-rechtlichen – vom „producer broadcaster" zum „publisher broadcaster", vom Programmproduzenten zum Programmverteiler vollzogen (vgl. Bleicher 1993, 31; Meckel 1994, 111 ff.).

Die Programmstrukturentwicklung der deutschen Fernsehanbieter, vor allem des privat-kommerziellen, aber in Teilen auch des öffentlich-rechtlichen Systems, zeichnet sich folglich hinsichtlich der Programmbeschaffung durch eine Zunahme von Wiederholungen, mehr eingekaufte Programmware und einen tendenziellen Überhang bei den US-Importen, insbesondere im Fictionbereich, aus, wobei sich diese Entwicklungen seit Mitte der neunziger Jahre deutlich abgeschwächt haben.

3.3. Programminhalte

All diese Verschiebungen in den Programmstrukturen der einzelnen Fernsehanbieter haben auch zu Veränderungen in der funktionalen Ausdifferenzierung des Programms geführt. So wies das Programm von fünf deutschen Fernsehanbietern 1994 deutliche Unterschiede in der strukturellen Verteilung nach Programmfunktionsbereichen (Information, Bildung, Unterhaltung) auf.

Die öffentlich-rechtlichen Hauptprogramme ebenso wie die Dritten Programme der ARD oder die öffentlich-rechtlichen Spezialprogramme (3sat, Arte) setzen noch immer einen Schwerpunkt auf die Funktionsbereiche Information und Bildung, während die privat-kommerziellen Anbieter vornehmlich die Unterhaltungsfunktion bedienen (vgl. Krüger 1995a; 1995b; 1995c). Selbst innerhalb einzelner Funktionsbereiche bestehen allerdings deutliche strukturelle Unterschiede zwischen dem öffentlich-rechtlichen und dem privat-kommerziellen

Tab. 217.3: Programmstrukturen der fünf bundesdeutschen Fernsehvollprogramme 1994 in Prozent (Quelle: Krüger 1995a, 70)

	ARD	ZDF	RTL	SAT1	PRO 7
Information	38,4	45,0	20,0	16,6	5,0
Fiction	31,4	32,4	35,0	47,6	59,2
Ninfict. Unterh.	9,9	4,6	15,4	5,9	4,8
Musik	1,3	3,0	0,7	0,5	0
Sport	4,5	2,8	2,4	3,9	0
Kinder	9,7	7,3	8,3	4,6	13,7
Sonstiges	3,4	3,2	3,6	3,4	3,4
Werbung	1,5	1,7	14,5	17,5	14,0

System. So setzen die privaten Anbieter im Informationssektor eher auf „leichtere Kost", wie Boulevardthemen, Alltagsinformationen und Angebote aus den Bereichen Gesellschaft, Freizeit und Sport. ARD und ZDF dagegen bedienen weiterhin eher die „klassischen" Informationsbereiche Politik und Wirtschaft, bieten aber auch regelmäßig Informationen aus Gesellschaft, Kultur/Wissenschaft und Umwelt (vgl. Krüger 1996, 367). Auch die Abdeckung von In- und Auslandsthemen im Sinne einer umfassenden Repräsentanz des Weltgeschehens unterscheidet sich: Zwar setzen alle Anbieter in Anlehnung an die bekannten Relevanzkriterien der Bedeutsamkeit, der kulturellen Nähe und der unmittelbaren Betroffenheit hauptsächlich auf nationale Berichterstattung, jedoch haben Auslandsereignisse, insbesondere in entfernteren oder weniger populären Regionen, bei ARD und ZDF deutlich größere Chancen, sich im jeweiligen Informationsangebot des Senders wiederzufinden (vgl. ebenda, 370). Ähnliche Disparitäten lassen sich im übrigen auch bei den Informationsleistungen internationaler Anbieter feststellen (vgl. Meckel 1996a). Programmstrukturelle Konvergenzentwicklungen haben allerdings dazu geführt, daß sich die beiden Systeme im Laufe der Jahre tendenziell aneinander angeglichen haben (vgl. 2.3.). Dies hat eine intensive wissenschaftliche Diskussion um die Anforderungen an und die Umsetzung von Vielfalt im dualen Rundfunksystem als Indikator für Programmqualität mit sich gebracht, die an US-amerikanische Vorbilder (vgl. Dominick/Pearce 1976; Litman 1979; 1992; De Jong/Bates 1991; Ishihawa/Leggatt/Litman u.a. 1994) anschließt (vgl. Faul 1989; Schatz/Immer/Marcinkowski 1989; Gehrke/Hohlfeld 1994; Brosius/Zubayr 1996). Der Trend zur Konkurrenz unter und zur damit verbundenen Konvergenz zwischen den einzelnen Programmangeboten hat die zahlreichen medienpolitischen Versprechungen und Verheißungen im Hinblick auf eine ausgeprägtere Vielfalt in Deutschland Anfang der achtziger Jahre widerlegt.

„Zusammenfassend kann man sagen, daß das Fernsehen in der Bundesrepublik Deutschland durch die 'Dualisierung' [...] auf der Programmebene keinen in irgendeiner Weise nennenswerten Gewinn an *inhaltlicher* Vielfalt erzielt hat. Allerdings hat die Ausweitung des Angebotes zu neuen Möglichkeiten einer individualisierten Nutzung geführt: die Auswahlmöglichkeiten des Zuschauers haben sich insofern in *zeitlicher* Hinsicht verbessert" (Schatz/Immer/Marcinkowski 1989, 23). In diesem Ergebnis, das für das Kriterium der inhaltlichen Programmvielfalt negativ ausfällt, liegt aber eine Erkenntnis verborgen, die Brosius/Zubayr (1996) konsequent weitergedacht haben. Sie unterscheiden in programmstruktureller Hinsicht zwischen interner und externer Vielfalt. Während sich die interne Vielfalt auf die binnenplurale Programmstruktur eines einzelnen Senders bezieht, bezeichnet die externe Vielfalt die außenplurale programmstrukturelle Vielfalt der Gesamtheit aller für eine bestimmte Rezipientengruppe empfangbaren Sender (vgl. Brosius/Zubayr 1996, 187f.). Interne Vielfalt setzt damit voraus, daß der einzelne Sender im Tagesverlauf eine variationsreiche Programmgestaltung aufweist. Für die externe Vielfalt können die einzelnen Sender durchaus (sogar im Sinne von Spartensendern) eine sehr geringe interne Vielfalt aufweisen, sofern das Gesamtangebot aller Sender zu einem bestimmten Zeitpunkt dem Rezipienten eine hohe Variationsbreite an Themen, Genres und Formaten und damit ein hohes Maß an programmstruktureller Wahlmöglichkeit bietet. Die Notwendigkeit einer Differenzierung zwischen interner und externer Vielfalt bei der Programmstrukturanalyse ergibt sich somit aus den Veränderungen des deutschen Fernsehmarktes. Wo früher zwei öffentlich-rechtliche Hauptprogramme und einige Dritte Fernsehprogramme ein beschränktes Angebot an externer Vielfalt aufwiesen, wurden die Anforderungen an die interne Vielfalt zurecht hoch angesetzt. In einem Fernsehmarkt mit 30 bis 50 – durch Digitalisierung in Zukunft gar mehreren hundert – Fernsehprogrammen sieht die Situation anders aus. Hier läßt sich das Kriterium der Vielfalt (unabhängig von politisch weiterhin begründbaren Forderungen nach einer umfassenden Grundversorgung durch die öffentlich-rechtlichen Fernsehanstalten) eigentlich nur im Sinne der externen Vielfalt auf das im Markt vertretene Gesamtangebot aller Fernsehanbieter hin untersuchen. Brosius und Zubayr (1996, 208ff.) ermitteln dann auch am Beispiel des Mainzer Kabelnetzes insgesamt eine sehr hohe externe Vielfalt: Von maximal elf Hauptgenres (Aktuelle Information, Ratgeber und Bildung, Musik, Sport, Game und Unterhaltung etc.) kann ein Rezipient zu jeder Zeit durchschnittlich 8,21 verschiedene Genres auswählen. Diese Befunde werden lediglich für die Prime Time (Hauptsendezeit von 19 bis 23 Uhr) relativiert: Zu der Tageszeit, zu der die meisten Menschen fernsehen, ist die Wahlmöglichkeit weniger stark ausgeprägt. Dies läßt sich damit erklären, daß zur Hauptsendezeit die meisten Sender auf massenattraktive Programmware, vornehmlich aus dem Unterhaltungsbereich, zurückgreifen. An diesem Punkt kommt folglich der internen programmstrukturellen Vielfalt einzelner Sender im Time-Slot 19 bis 23 Uhr wieder eine größere Bedeutung zu.

4. Trends der Programmstrukturentwicklung

4.1. Entwicklung von Format-Fernsehen

Die Markt- und Programmexpansion im deutschen Fernsehen mit einer immer breiteren und ausdifferenzierteren Senderstruktur setzt die einzelnen Anbieter zunehmend unter Konkurrenzdruck. Um bei einer möglichst großen Zielgruppe längerfristige Zuschauerbindungen zu etablieren, setzen die einzelnen Programmveranstalter auf eine immer deutlichere Strukturierung des Programmverlaufs ('slot-Struktur', Bleicher 1993, 29) in Verbindung mit einer intensiven Verzahnung einzelner Programmteile. Das Fernsehen vollzieht damit eine Entwicklung nach, die in den USA ihren Ursprung gefunden hat (vgl. Rust 1988) und in Deutschland zunächst für den Hörfunk Bedeutung erlangte (vgl. Prüfig 1993): die Formatierung (vgl. Meckel 1997). Durch die Wahl eines bestimmten Programmformats richtet sich der Veranstalter mit einem durchgängigen und nach Aspekten der steten Wiedererkennungsmöglichkeit konzipierten Erscheinungsbild des Senders an eine klar definierte Zielgruppe, um diese konsequent an das Programm zu binden und dementsprechend durchgängig hohe Einschaltquoten zu erzielen. Im Hörfunk läßt sich dieses Konzept heute schon an diversen Format-Radio-Angeboten (z. B. 'Eins Live', 'Klassik Radio') belegen. Im Fernsehen wird diese Entwicklung nun mit einiger Verzögerung nachvollzogen. Das Formatfernsehen ist durch drei Merkmale gekennzeichnet:

(1) Konsequente und durchgängige programmstrukturelle Aufgliederung nach Programmfunktionen und -gattungen, umgesetzt in einer vertikal klar gegliederten Zeitabfolge
(2) Einrichtung formatierter Tages-Sendeleisten mit gleicher programmstruktureller und programmfunktionaler Ausrichtung (z. B. die RTL-Talk-Schiene am Nachmittag, die mehrere einzelne Sendungen gleicher Art umfaßt)
(3) Wiederkehrende Verweisungen in den einzelnen Programmteilen (Trailer, Live-Ankündigungen) auf das Folgende, um die Zuschauer über die Werbepausen hinwegzugeleiten ('audience flow').

Inzwischen läßt sich feststellen, daß dieser Trend zu festen Formaten nicht nur hinsichtlich eines Gesamtprogrammangebots einzelner Sender feststellbar ist, sondern auch schon für die Gestaltung einzelner Sendungen immer wichtiger wird. Für den Informationssektor läßt sich dies z. B. an den Nachrichtenmagazinen belegen (vgl. auch Ludes 1993; Cottle 1995). Sie folgen sowohl in programmstruktureller als auch in programmfunktionaler Hinsicht klaren Formatvorgaben. Programmstrukturell gliedern sich die Nachrichtenmagazine der deutschen Fernsehvollprogramme ARD, ZDF, RTL und SAT1 inzwischen fast durchgehend folgendermaßen:

(1) Längerer Filmbeitrag
(2) Kurznachrichtenblock
(3) Diverse längere Filmbeiträge (eventuell mit Gespräch)
(4) Wettervorhersage
(5) Aussteiger ('bunter Beitrag').

In programmfunktionaler Hinsicht läßt sich eine „abflachende Anspruchskurve" vom Aufmacher mit dem wichtigsten Thema des Tages über semi-aktuelle Themen und Hintergrundberichte bis zu unterhaltsameren Themen aus den Bereichen Gesellschaft, Boulevard und Kurioses verzeichnen. Die Angebote der Nachrichtenmagazine wandeln sich somit in ihrem Verlauf tendenziell von der Programmfunktion Information zur Programmfunktion Unterhaltung, was es dem Zuschauer erleichtern soll, die gesamte Sendung auch bei abfallender Aufmerksamkeit zu verfolgen (vgl. in internationalem Kontext auch Meckel 1996). Diese Entwicklung zeitigt zwar klare Programmstrukturen auch einzelner Sendungen, führt auf der anderen Seite aber auch zu einer „Verwischung der Konturen spezifischer Genres" (Faul

1989, 45). Dieser Prozeß hat sich im Informationssektor in den Begriffen 'Infotainment' und 'Boulevardisierung' niedergeschlagen (vgl. Ludes 1993; Varis 1996, 16), aber auch in anderen Programmbereiche macht sich eine Verwischung von Konturen bemerkbar. Besonders umstritten waren in diesem Zusammenhang die Angebote des sog. 'Reality TV' (z. B. RTL: 'Notruf', 'Auf Leben und Tod', 'Augenzeugen Video'), in dessen Sendungen reales Geschehen – meist Katastrophen, Notfälle, Unglücke – in fiktionaler Form unterhaltend aufbereitet wurde, sowie das Format ‚Big Brother'. Ähnliches gilt für die nachträgliche programmliche Umsetzung realen Geschehens in Fernsehfilmen ('Der große TV-Movie', RTL).

Die Entwicklung des Format-Fernsehens vollzieht sich damit auf zwei Ebenen: zum einen auf der Ebene des gesamten Programms, das ein Sender im Tagesverlauf ausstrahlt und das nach den oben genannten konkreten Formatvorgaben gestaltet wird, zum anderen auf der Ebene einzelner Sendungen im Sinne einer Feinstrukturierung, die auch das einzelne Angebot als konzipiertes Format erkennbar werden läßt. Während das Formatfernsehen strukturell klare Konturen und Abgrenzungen aufweist, führt es in programminhaltlicher Hinsicht eher zu Angleichungen zwischen den einzelnen Angeboten unterschiedlicher programmfunktionaler Ausrichtung.

Schließlich ist davon auszugehen, daß ebenso wie im Bereich des Hörfunks auch auf dem Fernsehsektor durch die zunehmende Formatierung bei den einzelnen Programmangeboten in Verbindung mit immer kürzeren Produktions- und Lebenszyklen einzelner Formate insbesondere von den kommerziellen Fernsehanbietern nicht Innovation, sondern „nuancierte Imitation" als Programmkonzept (Rust 1988; vgl. auch Pethig/Blind 1995) zugrunde gelegt wird.

4.2. Strukturelle Ausdifferenzierung

Insgesamt läßt sich bei den Programmen im deutschen Fernsehen eine Phase der programmstrukturellen Konsolidierung feststellen. Nach den weitreichenden Ausdifferenzierungen und Strukturveränderungen durch Einführung des dualen Rundfunksystems weisen inzwischen nahezu alle Anbieter eine feste Programmstruktur mit klarer horizontaler Gliederung, festen Zeitleisten und unterschiedlichen Programmfarben nach Sendetagen auf. Daran wird sich, vor allem für die bundesweiten Vollprogramme, wohl auch in Zukunft kaum etwas ändern. Vielmehr wird sich der Trend zum Formatfernsehen mit durchgängigen Sendeleisten und speziellen Produktionsschemata für einzelne Programmgattungen weiter manifestieren.

Programmstrukturelle Ausdifferenzierungen werden sich eher auf der übergeordneten Ebene neuer Senderangebote durch die Einführung von digitalem Fernsehen und Pay-TV vollziehen. In diesem Bereich läßt sich prognostizieren, daß sich sowohl hinsichtlich der Programmfunktionen als auch der Programmgattungen und -formate eine weitere Ausdifferenzierung im gesamten nationalen und internationalen Fernsehmarkt vollziehen wird. Im Programmfunktionsbereich sind durch die Einrichtung eigener Informations- und Nachrichtenkanäle (CNN, BBC World, n-tv), spezieller Bildungs- und Kulturkanäle (3sat, Arte, Phoenix) und die neu hinzugekommenen Spezial-Unterhaltungsangebote des digitalen Pay-TV (‚Premiere World') schon weitreichende Entwicklungen hin zu einer Ausdifferenzierung nach in einzelnen Senderangeboten konzentrierten Programmfunktionen vollzogen (vgl. Hickethier 1996, 155f.; Meckel 1994, 218ff.; Zimmer 1993; 1996).

Das gleiche gilt für die strukturelle Ausdifferenzierung nach Programmgattungen und -formaten. Spezielle Musikvideosender (MTV, Viva, VH-1), Filmsender (siehe oben) oder Magazin- und Dokumentationskanäle ('Discovery Channel') fassen die bisher in den deutschen Vollprogrammen in ihrer Vielfalt vertretenen Programmgattungen und -formate in einzelnen Kanälen zusammen. Diese Entwicklung der programmstrukturellen Ausdifferenzierung nicht innerhalb einzelner Programmangebote, sondern nach Sendern wird sich im Zuge neuer Angebote des digitalen Fernsehens noch beschleunigen. Die Anbieter frei zugänglicher Vollprogramme ('Free TV'), wie z. B. ARD, ZDF, RTL und SAT1, setzen dieser Entwicklung zur Zeit eine Angebotsmischung aus Programmfunktionen, -gattungen und -formaten entgegen, die durch eine konsequente Strukturierung die notwendige Übersichtlichkeit gewährleisten und der Erwartungshaltung des Zuschauers nach dem Prinzip der wiederkehrenden Angebote entgegenkommen soll. Gerade dieses programminhaltliche Mischkonzept nach strengen programmstrukturellen Vorgaben hat für den Zuschauer den Vorzug, die unterschiedlichen Programmfunktionen, -gattungen und -formate in „seinem" Sender gebündelt zu finden, und wird deshalb wohl auch in Zukunft neben den ausdifferenzierten und segmentierten Angeboten des Spartenfernsehens und des digitalen Pay TV Bestand haben.

5. Literatur

Bausch, Hans, Rundfunkpolitik nach 1945. Erster Teil: 1945–1962. München 1980.

Biltereyst, Daniel, Europäische Fictionproduktionen – nur begrenzt exportfähig in Europa. Eine vergleichende Analyse über Herkunft, Konsum und Popularität von Fictionsendungen in kleineren europäischen Ländern. In: MP 5, 1992, 316–326.

Bleicher, Joan K., Chronik zur Programmgeschichte des deutschen Fernsehens. Berlin 1993.

Brosius, Hans-Bernd/Camille Zubayr, Vielfalt im deutschen Fernsehprogramm. Eine empirische Anwendung eines Qualitätsmaßstabs. In: RuF 2, 1996, 185–213.

Cottle, Simon, The production of news formats: determinants of mediated public contestation. In: MCS 2, 1995, 275–290.

De Jong, Allard S./Benjamin J. Bates, Channel Diversity in Cable Television. In: JBEM 2, 1991, 159–166.

Dominick, Joseph R./Millard C. Pearce, Trends in network Prime-Time Programming, 1953–74. In: JC 1, 1976, 70–80.

Ernst, Tilman/Susanne Hiegemann (Red.), Privat-kommerzieller Rundfunk in Deutschland. Entwicklungen, Forderungen, Regelungen, Folgen. Bonn 1992.

Europäische Audiovisuelle Informationsstelle, Statistisches Jahrbuch 1996.

Filmindustrie, Fernsehen, Video und Neue Medien in Europa. Straßburg 1995.

Faul, Erwin, Die Fernsehprogramme im dualen Rundfunksystem. In: RuF 1, 1989, 25–46.

Gehrke, Gernot/Ralf Hohlfeld, Themenstruktur im dualen Fernsehsystem. Eine exemplarische Untersuchung von ARD, ZDF, RTL und SAT1. In: MP 5, 1994, 241–252.

Hickethier, Knut, Die ersten Programmstrukturen im deutschen Fernsehen: Von der wohlkomponierten Mitte zum Viertelstundenraster. In: RuF 4, 1984, 441–462.

–, Dispositiv Fernsehen, Programm und Programmstrukturen in der Bundesrepublik Deutschland. In: Institution, Technik und Programm: Rahmenaspekte der Programmgeschichte des Fernsehens. München, 1993, 171–243.

–, Rundfunkprogramme in Deutschland. In: Internationales Handbuch für Hörfunk und Fernsehen. Hrsg. v. Hans-Bredow-Institut. 1996/97, 147–158.

Ishikawa, Sakae/Timothy Leggatt/Barry Litman/Marc Raboy/Karl E. Rosengren/Noayuki Kambara, Diversity in Television Programming: Comparative Analysis of Five Countries. In: Studies of Broadcasting 30, 1994, 155–170.

Krüger, Udo M., Programmprofile im dualen Fernsehsystem 1985–1990. Eine Studie der ARD/ZDF-Medienkommission. Baden-Baden 1992.

–, Kontinuität und Wandel im Programmangebot: Programmstrukturelle Trends bei ARD, ZDF, SAT1 und RTL 1986 bis 1992. In: MP 6, 1993, 246–266.

–, Trends im Informationsangebot des Fernsehens: Programmanalyse 1994 von ARD, ZDF, RTL, SAT1 und PRO SIEBEN. In: MP 2, 1995a, 69–87.

–, Programmprofile kleinerer öffentlich-rechtlicher und privater Sender 1994: Programmanalyse von 3sat, Arte, Kabel 1, RTL 2 und VOX. In: MP 5, 1995b, 194–209.

–, ARD 3 – ein Faktor der Balance im dualen Fernsehsystem: Programmstrukturelle Trends bei den Dritten Programmen 1992 bis 1994. In: MP 12, 1995c, 566–585.

–, Boulevardisierung der Information im Privatfernsehen. Nichttagesaktuelle Informations- und Infotainmentsendungen bei ARD, ZDF, RTL, SAT1 und PRO SIEBEN 1995. In: MP 7, 1996, 362–374.

Krüger, Udo M./Thomas Zapfer-Schramm, Stabile Strukturen bei steigender Programmdynamik: Programmanalyse 1993 von ARD, ZDF, SAT1 und RTL. In: MP 3, 1994, 111–124.

Litman, Barry R., The Television Networks, Competition and Program Diversity. In: JB 4, 1979, 393–409.

–, Economic Aspects of Program Quality: The Case for Diversity. In: Studies of Broadcasting 28, 1992, 121–156.

Ludes, Peter, Von der Nachricht zur News Show. Fernsehnachrichten aus der Sicht der Macher. München 1993.

Meckel, Miriam, Fernsehen ohne Grenzen? Europas Fernsehen zwischen Integration und Segmentierung. Opladen 1994.

–, Informationsleistungen nationaler und internationaler Nachrichtensendungen: Anspruch und Wirklichkeit. In: Informationskontexte für Massenmedien. Hrsg. v. Peter Ludes. Opladen, 1996a, 187–211.

–, Dollars für Dallas. Strukturen der internationalen Film- und Fernsehprogrammindustrie. In: Internationale Kommunikation – eine Einführung. Hrsg. v. Miriam Meckel/Markus Kriener. Opladen, 1996b, 145–160.

–, Die neue Übersichtlichkeit. Zur Entwicklung des Format-Fernsehens in Deutschland. In: RuF4, 1997, 475–485.

Merten, Klaus, Konvergenz der deutschen Fernsehprogramme: eine Langzeituntersuchung 1980 bis 1993. Münster 1994.

Pethig, Rüdiger/Sofia Blind, Programmformenentwicklung im Wettbewerbsprozeß: Innovations- und Imitationszyklen. In: Neue Sendeformen im Fernsehen. Ästhetische, juristische und ökonomische Aspekte. Hrsg. v. Gerd Hallenberger. Siegen 1995, 57–77.

Prüfig, Katrin, Formatradio – ein Erfolgskonzept: Ursprung und Umsetzung am Beispiel Radio FFH. Berlin 1993.

Radler, Ralf, Formatentwicklung – Wege der Erarbeitung neuer Programmformen bei privaten Fernsehsendern. In: Neue Sendeformen im Fernsehen. Ästhetische, juristische und ökonomische Aspekte. Hrsg. v. Gerd Hallenberger. Siegen 1995, 31–38.

Roß, Dieter, Die Dritten Fernsehprogramme. Hamburg 1967.

Rust, Holger, Imitation als Programmkonzept. Amerikanische Fernsehsender in einer veränderten Medienlandschaft. In: MP 10, 1988, 611–620.

Scharf, Wilfried, Programmauftrag und Programmstruktur des Rundfunks. In: Fernsehen und Hörfunk für die Demokratie. Ein Handbuch über den Rundfunk in der Bundesrepublik Deutschland. Hrsg. v. Jörg Aufermann/Wilfried Scharf/Otto Schlie. Opladen 1981, 238–264.

Schatz, Heribert/Nikolaus Immer/Frank Marcinkowski, Der Vielfalt eine Chance? Empirische Befunde zu einem zentralen Argument für die „Dualisierung" des Rundfunks in der Bundesrepublik Deutschland. In: RuF 1, 1989, 5–24.

Stock, Martin, Konvergenz im dualen Rundfunksystem? In: MP 12, 1990, 745–754.

Varis, Tapio, Internationaler Programmarkt für Fernsehsendungen. In: Internationales Handbuch für Hörfunk und Fernsehen. Hrsg. v. Hans-Bredow-Institut 1996/97, 11–18.

Zimmer, Jochen, Ware Nachrichten. Fernsehnachrichtenkanäle und Veränderungen im Nachrichtenmarkt. In: MP 6, 1993, 278–289.

–, Pay TV, Durchbruch im digitalen Fernsehen? In: MP 7, 1996, 386–401.

Miriam Meckel, Münster/Düsseldorf (Deutschland)

218. Die Fernsehkonsumenten

1. Programme und Empfangstechnik von den 50ern bis in die 90er Jahre
2. Das Fernsehen etabliert sich im Medienkonzert
3. Fernsehnutzung in der Mitte der 90er Jahre: Das Beispiel 1997
4. Ausblick und Fazit
5. Literatur

1. Programme und Empfangstechnik von den 50ern bis in die 90er Jahre

Nach ersten Anfängen des Fernsehens in Deutschland während der Zeit des Nationalsozialismus entwickelte sich das Medium – nimmt man nur die alten Bundesländer und West-Berlin als Maßstab – seit den 50er Jahren rasch: Dem Fernsehen, dem Ersten der ARD, folgte Anfang der 60er Jahre das ZDF, einige Jahre später die Dritten, schließlich seit 1984, dem Zeitpunkt der Etablierung des sogenannten dualen Systems öffentlich-rechtlicher Rundfunkanstalten und privatrechtlicher Fernsehanbieter, eine Vielzahl weiterer Programme. In der zweiten Hälfte der 90er Jahre prägen – gemessen am quantitativen Nutzungsanteil – das Erste und die Dritten, das ZDF, RTL, SAT.1 und PRO7 das Bild, ergänzt durch weitere Kanäle mit unterschiedlicher inhaltlicher Ausprägung. 20, 30 und 40 verfügbare Programme stehen dem durchschnittlichen Fernsehhaushalt zur Verfügung.

Zurück in die Vergangenheit. Der Versorgungsgrad stieg von wenigen tausend Empfängern zum Zeitpunkt des regulären Programmstarts des 'Ersten Deutschen Fernsehens' im Jahr 1954 innerhalb von nur 10 Jahren auf – so das Ergebnis der wichtigsten bundesdeutschen Trendstudie zur Entwicklung der elektronischen Medien 'Massenkommunikation' – 55 Prozent aller Personen ab 14 Jahren, die 1964 bei sich zu Hause über zumindest ein Fernsehgerät verfügen konnten, also bereits mehr als die Hälfte der westdeutschen Bevölkerung. Zehn Jahre später, 1974, war hier mit rund 95 Prozent bereits eine annähernde Vollversorgung erreicht. In der zweiten Hälfte der 90er Jahre liegt der Wert nun in den neuen wie in den alten Bundesländern bei 98 Prozent.

218. Die Fernsehkonsumenten

Am Beispiel der alten Bundesländer läßt sich der mit der technischen Ausbreitung des Fernsehens parallel laufende langsame Differenzierungsprozeß der technischen Ausstattung in den Fernsehhaushalten weiter beschreiben, der sich hinter diesen Prozentzahlen verbirgt. 1974 waren – immer gemessen an den Ergebnissen der bereits erwähnten Zeitreihenstudie 'Massenkommunikation' – wie beschrieben rund 95 Prozent aller Haushalte TV-Haushalte, in 12 Prozent aller Haushalte stand mehr als ein Fernsehgerät. Die Quote der Farbfernsehgeräte lag bei 28 Prozent. 1980 waren es bei insgesamt 97 Prozent 27 Prozent mit mindestens zwei Fernsehgeräten, die Farbfernsehrate lag bei 73 Prozent. Zehn Jahre später, 1990, lag der Versorgungsgrad bei 98 Prozent, 31 Prozent hatten zwei und mehr Fernsehgeräte, 95 Prozent aller Haushalte besaßen bereits ein Farbfernsehgerät. 1995 – und damit soll die Aufzählung enden – hatte sich die Zahl der Zwei- oder Drei-TV-Geräte-Haushalte bei 33 Prozent eingependelt, bei 98 Prozent aller Haushalte mit Fernsehgerät. Fast genauso viele, 97 Prozent, besaßen einen Farb-TV-Empfänger. Die Zahlen für die neuen Bundesländer aus dem Jahr 1995 im Vergleich: Zahl der TV-Haushalte 98 Prozent (alte Bundesländer: 98 Prozent), Zahl der Mehrgerätehaushalte 34 Prozent (33 Prozent), Zahl der Haushalte mit Farbfernsehgerät 97 Prozent (97 Prozent).

Für den Umgang mit dem Fernsehgerät und mit den verfügbaren Fernsehprogrammen sind zwei weitere Indikatoren aus dem Bereich Ausstattung von wesentlicher Bedeutung: der Grad der Verbreitung der Fernbedienungen sowie die Ausstattung mit Videorecordern. Die Zahl der Personen, die bei sich zu Hause über eine Fernbedienung verfügten, lag – wieder gemessen an den alten Bundesländern – 1980 bei 40 Prozent. Damit war für noch nicht einmal die Hälfte der Fernsehhaushalte der Umgang mit im Schnitt drei Fernsehprogrammen – dem Ersten, dem Zweiten und dem jeweiligen regionalen Dritten, wenn nicht andere Dritte empfangbar waren, – der bequemere Weg beim Umschalten möglich. 1990 lag der Wert in den alten Bundesländern bei 87 Prozent, 1995 bei 96 Prozent, zumindest gemessen am Hauptfernsehgerät. In den neuen Bundesländern lag der Wert 1995 bei 90 Prozent, damit etwas unter dem für die alten Bundesländer und für West-Berlin.

Der Videorecorder wurde in den 80er Jahren auf den Markt gebracht. 1980 waren – erneut dargestellt an der Anzahl der Personen, die in den alten Bundesländern zu Hause über ein solches Gerät verfügten – nur ein Prozent zu registrieren; 1985 konnten 21 Prozent der West-Bundesbürger auf einen Videorecorder zu Hause zugreifen, 1990 41 Prozent und 1995 60 Prozent. Wie bei der Fernbedienung ist die Verbreitung in Ostdeutschland mit 1995 52 Prozent etwas geringer als in den alten Bundesländern.

Schreibt man die Ausstattungstrends bis zum Jahr 2000 vorsichtig fort, so wird – bei gleichbleibend fast vollständiger TV-Versorgung der Privathaushalte – der Trend zur Individualisierung der Fernsehnutzung durch Zweit- und Drittgeräte incl. Fernbedienung aller Voraussicht nach zunehmen, ebenso die Ausstattung mit Videorecordern. Jenseits aller Nutzungsmengen ist die Bundesrepublik Deutschland allein von den Ausstattungsmerkmalen her heute uneingeschränkt eine Fernsehnation.

2. Das Fernsehen etabliert sich im Medienkonzert

Schon mit dem Auftreten des Fernsehens in den 50ern war erkennbar, daß dieses „neue" Medium eine deutliche, ja dramatische Rollenveränderung für die anderen Massenmedien zur Folge haben würde. Erste deutliche Anzeichen waren beispielsweise, daß das TV-Gerät die abendliche Aufmerksamkeit der Familie auf sich zog, die noch Anfang der 50er Jahre dem Radio gegolten hatte. Und die Zeitungen merkten rasch die starke Konkurrenz des neuen elektronischen Mediums, das beispielsweise bereits um 20 Uhr mit der 'Tagesschau' in den alten Bundesländern mit Wort und (bewegtem) Bild Neugier und Kompetenz für sich in Anspruch nahm, und damit den erst am nächsten Morgen mit den gleichen Themen folgenden Tageszeitungen vorauseilte. Wie sich dies sowohl in den quantitativen wie auch in den qualitativen Bereichen auswirkte, läßt sich für die alten Bundesländer so bilanzieren: Bereits 1970 lag die Tagesreichweite der tagesaktuellen Massenmedien Fernsehen, Hörfunk und Tageszeitungen Kopf an Kopf. An einem durchschnittlichen Werktag (Montag bis Samstag) sahen 72 Prozent damals zumindest kurz fern, 67 Prozent hörten zumindest kurz Radio und 70 Prozent blickten zumindest kurz in die Zeitung. Gemessen an der subjektiven Unentbehrlichkeit („würde sehr vermissen") bzw. an der Unverzichtbarkeit („es würden sich zwischen diesen drei Medien entscheiden für ...") waren Hörfunk und Zeitung schon deutlich unter dem Druck des Fernsehens. 60 Prozent gaben 1970 an, sie würden im Zweifel das Fernsehen sehr vermissen (wenn es als Medium nicht mehr zur Verfügung stünde), 42 Prozent meinten dies beim Hörfunk, 47 Prozent bei der Tageszeitung. Bei der Alternativentscheidung, wenn denn nur noch ein Medium zur Verfügung stünde, votierten 62 Prozent für das Fernsehen, 21 Prozent für den Hörfunk und 15 Prozent für die Tageszeitung.

Allerdings waren die Jahrzehntwende von den 60er in die 70er und waren die 70er Jahre für das Fernsehen ein in der Bindung bis heute nicht mehr erreichbarer Höhenflug. Die Besonderheit wich der Alltäglichkeit – wie bei Hörfunk und Tageszeitung. Gleichzeitig zur Zunahme der Fernsehnutzung – bei allen registrierbaren Schwankungen – seit 1970 nahm der Nymbus durch die permanente alltägliche Verfügbarkeit mit der Zeit doch Schaden. 1980 lag die Tagesreichweite des Fernsehens bei 77 Prozent (1970: 72 Prozent), die des Hörfunks bei 69 Prozent (67 Prozent), die der Tageszeitung bei 76 Prozent (70 Prozent). Obwohl für alle drei Massenmedien damit – wenn auch unterschiedliche – Steigerungsraten zu verzeichnen waren, sagten weniger Menschen als 1970 beim Fernsehen, sie würden es im Zweifel dann, wenn es nicht mehr zur Verfügung stehen könnte, „sehr vermissen": Fernsehen 1980: 47 Prozent (1970: 53 Prozent); Hörfunk: 52 Prozent (47 Prozent); Tageszeitung: 60 Prozent (53 Prozent). Der Alltag hatte auch dieses Medium erreicht, ohne damit allerdings seine Spitzenstellung (Basis: würde mich zwischen den Medien entscheiden für) in Frage zu stellen: 51 Prozent votierten 1980 hier für das Fernsehen (1970: noch 62 Prozent); 29 Prozent für den Hörfunk (21 Prozent), 18 Prozent für die Tageszeitung (15 Prozent).

Seitdem hat sich an den Rangreihen wenig geändert. In der Tagesreichweite liegen auf Basis der alten Bundesländer – ähnliches gilt für die neuen – Fernsehen und Hörfunk etwa gleich auf, vor der anscheinend langsam zurückfallenden Tageszeitung, gemessen an dem Grad des subjektiven Vermissens sind alle etwa gleichauf („sehr vermissen"), im Grad der Bindung („würde mich entscheiden für") folgen Mitte der 90er Jahre auf das nach wie vor dominante Fernsehen, der Hörfunk, auf Platz 3 die Tageszeitung. Soweit zum Grad der Bindung an das Fernsehen.

Das Fernsehen ist aber nicht nur das Medium mit dem höchsten Bindungswert, im Detail wird dem Medium – das heißt der Gesamtheit des Angebots über alle Programme – auch die höchste Funktionsbreite zugeschrieben. Gemessen wieder an den Ergebnissen der Studie 'Massenkommunikation' aus dem Jahr 1995 wird dem Fernsehen im Vergleich zu Hörfunk und Tageszeitung am stärksten die aktuelle politische Informationsfunktion attestiert, am stärksten die Kompetenz zur politischen, nicht aktuellen Information (vor der Tageszeitung) und mit dem Hörfunk zusammen eine besondere Bedeutung in der Unterhaltungsfunktion. Dabei ist die bewertete Parität zwischen Fernsehen und Hörfunk im Bereich Unterhaltung – für Entspannung und Ablenkung zu sorgen oder beispielsweise die Sorgen und Probleme des Alltags vergessen zu lassen – auf unterschiedliche Möglichkeiten beider Medien auch zu unterschiedlichen Tageszeitpunkten zurückzuführen. Daß insgesamt dem Fernsehen als Medium dabei im Vergleich mit dem Hörfunk und der Tageszeitung noch die eindeutig höchste (relative) 'Glaubwürdigkeit' zugesprochen wird, rundet das Bild ab.

3. Fernsehnutzung in der Mitte der 90er Jahre: Das Beispiel 1997

1997 lag die Tagesreichweite des Mediums bei der bundesdeutschen Bevölkerung ab 3 Jahren – gemessen an den im Auftrag der großen Fernsehanbieter von der Gesellschaft für Konsum- und Marktforschung (GfK)/Nürnberg ermittelten Daten – bei 71 Prozent. Die durchschnittliche Sehdauer über alle BundesbürgerInnen lag bei 183 Minuten, also bei rund drei Stunden. Bei Personen ab 14 Jahren lagen die Werte dabei bei 196 Minuten; für Kinder von 3 bis 13 Jahren bei 95 Minuten. Im Trend der letzten fünf Jahre bedeuten diese Zahlen einen Anstieg. So lag beispielsweise die durchschnittliche Sehdauer für alle ZuschauerInnen ab 14 Jahren im Jahr 1994 bei 'nur' 178 Minuten, also 18 Minuten unter dem Wert für 1997. Generell steigt die Fernsehnutzung an, ein Effekt vermehrter Programmangebote, der zunehmenden und differenzierteren Ausstattung, unter anderem auch der langsam zunehmenden Bedeutung des Mediums als Ganztagesbegleiter.

Der Tagesschwerpunkt der Fernsehnutzung liegt dabei nach wie vor deutlich in der Zeit zwischen 18 und 23 Uhr. Die soziale Gruppe mit der quantitativ höchsten Zuwendung zu den TV-Empfängern ist die ältere Generation ab 65 Jahren. Insgesamt ist die Fernsehnutzung in den neuen Bundesländern deutlich höher als in den alten. Spitzenreiter waren 1997 – gemessen an der Sehdauer – die Bundesländer Sachsen-Anhalt mit 226 Minuten und Berlin mit 210 Minuten.

Nach mehr als 10 Jahren duales System – dem Nebeneinander öffentlich-rechtlicher Rundfunkveranstalter und privatrechtlicher Anbieter – konkurrieren in der zweiten Hälfte der 90er Jahre im Schnitt – wie beschrieben – pro bundesdeutschem Fernsehhaushalt rund 30 Fernsehprogramme um die Gunst der vor dem Bildschirm versammelten Zuschauerinnen und Zuschauer, der Kinder, Jugendlicher und Erwachsenen.

Die quantitative Nutzung verteilt sich in einem Haushalt bei ca. 30 verfügbaren Programmen auf eine durchschnittliche Angebotsmenge von rund 720 Sendestunden pro Tag, die eine bundesdeutsche Zuschauerin, die ein bundesdeutscher Fernsehzuschauer zur Auswahl hat, sei es zur direkten oder zur – via Videorecorder – zeitversetzten Nutzung.

Nimmt man 20 wichtige und reichweitenstarke Fernsehprogramme, die paradigmatisch für das TV-Verhalten der Bevölkerung sind als Maßstab, entfallen Mitte der 90er Jahre nicht ganz 40 Prozent dieser kumulierten Angebotsmenge – legt man eine Programmanalyse zugrunde – jeweils auf die Programmsparten Fiction und Information, 14 Prozent auf Unterhaltung, 5 Prozent auf Werbung und 4 Prozent auf Sport. Im einzelnen verbergen sich in den einzelnen Sparten dabei: Bei Information Nachrichten, Frühmagazine, Schul- und Bildungsfernsehen und spezielle Informationssendungen wie zum Beispiel politische Magazine, Ratgebersendungen und Dokumentation; zur Sparte Fiction gehören Spielfilme, Serien, Fernsehspiele, die Sparte Sport umfaßt sowohl alle Sportübertragungen als auch Sportnachrichten und -magazine. Der Sparte Unterhaltung werden Shows, Ratesendungen, Musiksendungen, Theatersendungen und andere Unterhaltungsformate zugeordnet. Die Sparte Werbung umfaßt neben den Werbeblöcken auch Teleshopping und Gameshows mit Werbung.

Anfang der zweiten Hälfte der 90er Jahre zeigt sich in der Nutzung eine dem Gesamtangebot ähnliche Reihenfolge, erkennbar sind aber auch deutliche Abweichungen: Klarer Spitzenreiter 1995/96 mit einem 46prozentigen Anteil an der Fernsehnutzung der Zuschauerinnen und Zuschauer – am Beispiel der knapp 20 wichtigsten Programme – ist die Sparte Fiction, also fast die Hälfte der in Deutschland in Privathaushalten mit dem Fernseher verbrachten Zeit bedeutet fictionale Inhalte auf dem Bildschirm. Mit einem knappen Viertel folgt Information, dann Unterhaltung mit 13 Prozent, Werbung mit 11 und schließlich Sport mit 7 Prozent. Deutlich erkennbar ist damit die Dominanz des Fictiongenres in der Nutzung. Im Angebot dagegen sind die beiden Programmbereiche Fiction und Information – wie beschrieben – etwa gleichwertig.

Nach soziodemographischen Merkmalen zeigen sich Gemeinsamkeiten und Unterschiede. Männer und Frauen haben zunächst generell ähnliche Spartennutzungsmuster. Frauen sehen prozentual gemessen etwas häufiger Unterhaltungs- und Fictionangebote als Männer. Männer wenden sich dagegen etwas häufiger Informations- und Sportsendungen zu. Die Unterschiede bei Altersgruppen fallen stärker aus. Gemessen an der Gesamtbevölkerung nutzen Kinder von drei bis 13 Jahren stark überdurchschnittlich häufig Fictionsangebote und stark unterdurchschnittlich Informationssendungen; Jugendliche und junge Erwachsene lagen ähnlich wie die Generation der 30- bis 49jährigen bei Fiction ebenfalls – wenn auch nicht ganz so stark – über dem Durchschnitt und bei Information/Infotainment darunter. Ältere Zuschauer ab 50 Jahren wandten sich Mitte der 90er Jahre dagegen überproportional Informationssendungen zu und unterproportional der Sparte Fiction bei sonst eher durchschnittlicher Zusammensetzung ihres 'Fernsehmenüs'. Die bereits geschilderten, generellen Quantitätsunterschiede in der Fernsehnutzung zwischen den alten und den neuen Bundesländern fallen im Bereich der Nutzung der Programmsparten wenig dramatisch aus – mehr Ähnlichkeiten hier als Unterschiede.

Analysen einzelner Programme zeigen die Differenziertheit der Fernsehangebote und der programmbezogenen Nutzungsmuster.

Insgesamt reichte das Angebotsspektrum der einzelnen Programme Mitte der 90er Jahre im Bereich der Information beispielsweise von einem Anteil von rund 60 Prozent (Dritte Programme im Bundesschnitt) bis nahe null Prozent (Kabel 1). Bei der Sparte Fiction beispielsweise reicht die Angebotsspanne umgekehrt von ca. 80 Prozent (Kabel 1) bis herunter zu etwa 20 Prozent (Dritte Programme). Generell räumen privatrechtliche Sender prozentual gemessen erheblich mehr Zeit für Fiction- als für Informationssendungen ein als öffentlich-rechtliche. Für die Nutzung der öffentlich-rechtlichen Programme gilt, daß sich ihre Zuschauer erheblich ausgewogener den Angeboten der verschiedenen Sparten zuwenden, als dies bei den privaten Programmanbietern der Fall ist.

Die Unterschiedlichkeit im Programmprofil und der Nutzung zwischen öffentlich-rechtlichen und privatrechtlichen Anbietern läßt sich für die vier in der Bundesrepublik Mitte der 90er Jahre meistgesehenen Programme – ARD, ZDF, RTL und SAT.1 – exemplarisch darstellen. Auf diese vier Programme entfielen zu diesem Zeitpunkt rund 60 Prozent der gesamten Fernsehnutzung. Erstes Programm und ZDF boten in 41 Prozent der Sendezeit Sendungen aus der Sparte Information an, RTL und SAT.1 16 Prozent. Im Durchschnitt widmeten sich die Zuschauer ein Drittel der mit den beiden öffentlich-rechtlichen Hauptprogrammen verbrachten Zeit deren Informationssendungen. Für RTL und SAT.1 betrug der entsprechende Nutzungsanteil an der gesamten, mit den Sendern verbrachten Zeit 14 Prozent.

Der Fictionangebotsanteil beim Ersten und beim ZDF lag 1995/96 im Tagesdurchschnitt bei knapp 36 Prozent, bei RTL und SAT.1 entfielen mit 52 Prozent mehr als die Hälfte ihres Programmoutputs auf das Fictiongenre. Betrachtet man die Nutzung, so liegt der Fictionanteil mit ca. 38 Prozent bei ARD/ZDF niedriger als bei RTL/SAT.1 mit 44 Prozent. Insgesamt trugen ARD und ZDF damit erheblich mehr zu einer inhaltlich breiten Nutzung des Mediums bei als dies RTL und SAT.1 vermochten.

Im Bereich der sogenannten Hitlisten, also der Aufstellung der meistgesehenen Sendungen, hat sich in den letzten Jahren wenig geändert. Nach wie vor werden diese durch Sport, große Unterhaltungssendungen und große Spielfilme und Fernsehproduktionen aus dem Fiction-Bereich geprägt. So prägten bundesweit 1997 z. B. Fußballübertragungen, „Wetten, daß ...?"-Sendungen, ein Schimanski-Tatort und ein Formel-1-Rennen das Bild auf den ersten zwanzig Plätzen.

Besondere Diskussionen lösten die Nutzung und vor allem die Wirkungen des Fernsehens auf Kinder und Jugendliche aus. Ein Blick auf Kinder und Jugendliche. Die quantitative Zuwendung zu diesem Medium ist zweifellos beachtlich. Sechs von zehn 6- bis 13jährigen sehen an einem Durchschnittstag zumindest kurz fern, zumindest kurz ist dadurch zu relativieren, daß über alle jüngeren ZuschauerInnen eine Verweildauer von rund 160 bis 170 Minuten zustande kommt. Lassen Sie uns einen etwas differenzierteren Blick auf diese Größenordnungen werfen. Beispiel 6- bis 13jährige: 60 Prozent von ihnen sehen am Tag fern. Von diesen verbringen rund 17 Prozent weniger als 30 Minuten vor dem Bildschirm, mehr als die Hälfte bis zu zwei Stunden, rund ein Viertel mehr als zwei Stunden. Zu den Jugendlichen, hier jetzt 12 bis 17 Jahren, also altersmäßig überschneidend mit den Kindern. Knapp 60 Prozent sehen an einem Durchschnittstag fern, im Schnitt ebenso wie bei den Kindern 160 bis 170 Minuten. Die Verteilung sieht ganz ähnlich aus wie bei den Kindern.

Fernsehen ist bei Kindern und Jugendlichen die Nummer 'Eins' unter den Medien, gemessen an der täglichen Reichweite, an der Verweildauer oder an der Bindung an das Medium. Dies gilt heute (noch?) ungebrochen für die einzelnen Altersgruppen und für Mädchen und Jungen gleichermaßen. Fernsehen ist jederzeit verfügbar, die inhaltliche Auswahlmöglichkeit ist groß. Comic- und Zeichentrickserien, auch lustige Filme, dominieren in der Gunst der Kinder, Serien und (spannende) Spielfilme bei den Jugendlichen. Hier geht der Trend zum Erwachsenenprogramm, orientiert man sich doch schließlich schon weg von der eigenen Kindheit. Macht man dies an Programmpräferenzen fest, so bestehen besondere Affinitäten in allen Altersgruppen zu RTL, Pro Sieben und RTL2, auch SAT.1, also anders als bei den Erwachsenen. Bei den Kindern spielen die Dritten Programme der ARD und der Kinderkanal sowie Nikkelodeon eine besondere Rolle; bei den Jugendlichen auch die Musikkanäle, nicht so sehr quantitativ als mehr über ihren Stellenwert mit

Stars und Musik und damit die Bindung von Jugendlichen.

Geschlechtsspezifische Unterschiede entsprechen klassischen Rollenmustern, Serien sind eine Domäne der fernsehenden älteren Mädchen; Sport, Action, Spielfilme eher für die Jungen. 'Zapping' ist dabei – wenn Kind oder Jugendlicher zu Hause und nicht die Eltern über die Fernbedienung verfügen – ein Gebot der ständigen Orientierung darüber, ob denn nun in einem anderen Kanal subjektiv Interessanteres oder Spannenderes läuft.

4. Ausblick und Fazit

Fernsehen ist in der zweiten Hälfte der 90er Jahre das wichtigste Massenmedium in der Bundesrepublik. Zeitbudget, Breite des verfügbaren Angebots, zugeschriebene Funktion und Bindung sind deutliche Indikatoren. Der quantitativen Zunahme in der Fernsehnutzung stehen dabei qualitative Veränderungen gegenüber. Alltäglichkeit und Zapping erhöhen den Grad der Nebenbeinutzung. Offensichtlich unverzichtbar, aber entmythologisiert, so könnte man den Stellenwert des Fernsehens Mitte/Ende der 90er Jahre beschreiben.

Die weitere Entwicklung ist von Fragezeichen gekennzeichnet. Beispielsweise der Frage, ob sich das digitale Fernsehen und damit möglich eine weitere massive Programmvernetzung durchsetzt, auch wie sich die sogenannten Spartenkanäle gegenüber den sogenannten Vollprogrammen halten werden. Schließlich, ob das häufig prognostizierte Zusammenwachsen von Fernsehempfängern und PCs stattfindet, und wenn, dann mit welchen Auswirkungen. Vieles spricht dafür, daß viele Veränderungsprozesse relativ langsam vonstatten gehen werden, sich der heutige Umgang mit dem Fernsehen in Quantität und Qualität noch viele Jahre so oder ganz ähnlich halten wird.

5. Literatur

Berg, Klaus/Marie-Luise Kiefer (Hrsg.), Massenkommunikation V. Eine Langzeitstudie zur Mediennutzung und Medienbewertung 1964–1995. Baden-Baden 1996.

Darschin, Wolfgang/Bernward Frank, Tendenzen im Zuschauerverhalten. Fernsehgewohnheiten und Programmbewertungen 1996. In: MP 1997, 4, 174–185.

Gerhards, Maria/Andreas Grajczyk/Walter Klingler, Programmangebote und Spartennutzung im Fernsehen 1995. In: MP 1996, 11, 572–576.

Kiefer, Marie-Luise, Massenkommunikation 1995. Ergebnisse der siebten Welle der Langzeitstudie zur Mediennutzung und Medienbewertung. In: MP 1996, 5, 234–248.

Krüger, Udo-Michael, Unterschiede der Programmprofile bleiben bestehen. Programmanalyse 1996: ARD, ZDF, RTL, SAT.1 und PRO SIEBEN im Vergleich. In: MP 1997, 7, 354–366.

Walter Klingler, Baden-Baden
(Deutschland)

LII. Mediengegenwart XVIII: Fernsehen IV: Kommunikative und ästhetische Analysen

219. Die Abhängigkeit des Fernsehens von den Programm-Zulieferern

Redaktioneller Hinweis: Aus terminlich-technischen Gründen muß der an dieser Stelle vorgesehene Artikel leider entfallen.

220. Service-Sendungen im Fernsehen

1. Sendungstypen
2. ARD-Buffet
3. Service-Sendungen als Lebenshilfe
4. Service-Sendungen als Familien- und Partner-Ersatz
5. Fernsehen zum Mitmachen
6. Service-Angebote im Internet als Programmbegleitung
7. Moderation von Service-Sendungen
8. Zuschauerreaktionen
9. Das Service-Profil der ARD
10. Service-Sendunge als 'Nebenbei-' Information
11. Service-Ideen zum Weitererzählen
12. Ausblick
13. Literatur

1. Sendungstypen

Service- oder Ratgeber-Sendungen sind heute in über einhundert Spielformen ein fester Bestandteil der Programme europäischer Fernsehanstalten. Deutsche Produktionen spiegeln das internationale Angebot.

Dem Zeitschriftenmarkt vergleichbar, reicht die Palette der Magazine von Ratgebersendungen für besondere Zielgruppen ('ARD-Ratgeber': Auto und Verkehr, Recht, Gesundheit, Geld, Reise, Technik, Bauen und Wohnen) über Verbrauchersendungen ('Teletek', 'Hobbythek', 'Infomarkt', 'N3 Visite' u.a.) über Mischformen mit Nachrichten, Sport, Serviceteilen ('Morgenmagazin' von ARD und ZDF u.a.) bis zu Service-Sendungen, die aus einem Studio- Wohnzimmer moderiert werden ('ARD-Buffet', 'Volle Kanne Susanne' im ZDF).

Ratgeber für besondere Zielgruppen sind seit 1971 von der ARD zuerst an den Wochenenden ins Programm genommen worden. Heute werden in ARD und ZDF, in allen Dritten Programmen, bei den meisten Privatsendern oft mehrmals täglich Zielgruppen bedient.

Diese klassischen Ratgeber vertiefen das Wissen rund um einen Gegenstand (z.B. das Auto) in seinen vielfältigen Ausprägungen, berichten aktuell von Neuheiten und ergänzen das Angebot mit Teilaspekten, die gebietsüberschreitend andere Spezialgebiete betreffen (z.B. Auto und Ökologie). Redakteure und Moderatoren verstehen sich als Anwälte des Publikums.

Daneben sind Verbrauchersendungen mit Themen wie Sport, Reise, Gesundheit, Lebensberatung, Ratespielen u.a. tägliche Programmelemente. In den Dritten Programmen der ARD werden diese Ratgeber vor allem in der Zeit zwischen 16 und 18 Uhr und als regionale Angebote ab 18 Uhr eingesetzt.

Ratgeber als Mischformen mit unterschiedlichen Elementen (Morgen- und Mittagsmagazine von ARD und ZDF) berichten in ihrem aktuellen Teil 'vom Tag für den Tag', bieten aber auch Service-Stücke an mit regelmäßig wiederkehrenden Experten.

Service-Programme in Wohnzimmerambiente, in denen die Moderatoren die Rolle der Gastgeber übernehmen, sind seit den fünfziger Jahren vor allem in den Vereinigten Staaten entwickelt worden. Im Tagesprogramm wurden dort über weite Strecken

Kochkurse angeboten. Omnipotente Hausfrauen führten unter Assistenz von Fachberatern in die Grundregeln der Zubereitung von Speisen ein. Häufig wurden und werden diese Sendungen von Werbeinseln unterbrochen, die Küchengeräte, Lebensmittel und andere Konsumartikel anpreisen. Aus diesen kommerziell ausgerichteten Service-Programmen haben sich eine Reihe von Service-Sendungen entwickelt, die insbesondere in Italien und Deutschland erfolgreich sind.

Am Beispiel des ARD-Buffets soll dieser Sendungstyp analysiert werden.

2. ARD-Buffet

Vorgabe war es, eine Sendestrecke von 12.15 bis 13.00 Uhr in der ARD täglich von montags bis freitags zu füllen. Vor dieser neuen Sendung 15 Minuten Nachrichten: heute oder Tagesschau. Nach ihr eine weitere Tagesschau mit dem ARD-Mittagsmagazin oder dem ZDF-Mittagsmagazin im Wechsel. Die Lage zwischen zwei Nachrichten- bzw. Magazinsendungen verbot eine weitere Sendung mit aktuellen Bezügen.

Analysiert wurden von der Medienforschung die Zuschauer, die zwischen 12 und 13 Uhr fernsehen: Familienstruktur, Geschlecht, Alter, Bildung, Hobbys und auch ihre Lesegewohnheiten. Besonders die Zeitschriften, die Menschen lesen, die zwischen 12 und 13 Uhr fernsehen, wurden untersucht.

Welche Themen greifen diese Zeitschriften auf, welche Schwerpunkte werden diskutiert, welche wöchentlich wiederkehrenden Rubriken werden bedient?

Die Tageszeit, zu der die Sendung ausgestrahlt werden sollte, war zu berücksichtigen. Als 'Sammlungsritual' gilt das Mittagessen. Viele Familien nehmen es noch gemeinsam ein und sehen vorher oder nachher fern. Ein Ruhepol ist diese Zeit nach der Vormittagsbeschäftigung und dem Mittagsschlaf für die Älteren, eine Unterbrechung des Arbeitsalltags für die Jüngeren.

Aus diesen und vielen anderen Überlegungen wurde dann eine Sendestrecke mit Elementen entwickelt, die vom Zuschauer akzeptiert werden.

Entscheidend ist, dass der Zuschauer die Sendungsteile und die Art der Moderation positiv aufnimmt. Dies geschieht vor allem dann, wenn es der Sendung gelingt, sich dem Lebensgefühl der Zuschauer zur Tageszeit der Ausstrahlung anzupassen. Als 'gut' wird empfunden, was dem Befinden des Zusehers im Augenblick der Ausstrahlung nahekommt.

Im 5 Minuten-Rhythmus wird nun ein Journal aufgeblättert, das mit Ernährungstipps, Ratschlägen vom Teledoktor, Expertengesprächen mit Zuschauerfragen (Call in), mit Berichten über Menschen mit Hobbys und einem Deutschlandrätsel den Interessen der ARD-Zuschauer zu dieser Tageszeit entspricht. Die tägliche Rubrik 'Die gute Idee' stellt Blumenschmuck und Bastelanleitungen vor, der tägliche Bericht über ein kleines Mädchen, das von Geburt an beobachtet wurde, ist ein besonders beliebtes und häufig diskutiertes Element der Sendung.

'Live' muß die Sendung sein, um den Zuschauer direkt ansprechen zu können.

Ort, Zeit und Handlung sind täglich gleich.

Es darf etwas schiefgehen, z.B. wenn ein Koch sein Gericht in der Sendezeit nicht fertigstellen kann, wenn ein Blumenstrauß aus der Vase fällt.

'Unfälle' werden als 'menschlich' empfunden.

Ein prominenter Gast muss sich in die Sendung, die in Wintergarten, Küche, Arbeitsraum und Werkstatt spielt, einbinden lassen.

Das entscheidende Element, um 'Nähe' zum Zuschauer herzustellen, ist ein Kater.

Der zugelaufene Findling streunt während der Sendezeit durchs Studio, ist manchmal zu sehen, wenn er mit einer Moderatorin schmust oder versteckt sich hinter der Gartendekoration. Er kommt zufällig ins Bild und überrascht. Von den Zuschauern wird er in vielen Briefen gelobt, geliebt, vermisst und herbeigewünscht.

Alle Moderatoren des ARD-Buffets machen die Zuschauer immer wieder darauf aufmerksam, dass aus einem Studio und nicht aus einem realen Wohnzimmer die Sendung gefahren wird. Der Schnee im Garten ist künstlich. Es gibt Pflanzen, die von den Scheinwerfern schnell verbrannt werden und deshalb gefärbt und konserviert wurden. Andere Pflanzen, an denen vorgeführt wird, wie sie gepflegt werden sollen, sind 'echt'. Offensichtlich verwechseln aber Zuschauer häufig, dass es sich nicht um den Blick ins Wohnzimmer einer Familie handelt, sondern um eine Ratgebersendung mit Spiel-Elementen. Gebastelte Tiere, Kalender und Spielzeug werden an die Redaktion und die Moderatoren geschickt. Die Briefe dazu lassen vermuten, dass mancher Zuschauer davon ausgeht, dass in dieser Wohnung wirklich gelebt wird.

Das Programm zwischen zwei Nachrichtensendungen wurde für Zuschauer eine Programmheimat, in der sie sich geborgen fühlen. Briefe mit Lebensbeichten und Bitten um Hilfe gehen täglich ein. Die Mitarbeiter des ARD-Buffets führen lange Telefongespräche in besonderen Fällen, schreiben Briefe und verweisen auf Hilfsorganisationen. Nicht nur die Sendung erreicht die Zuschauer. Die Zuschauer fordern auch weitere Auskünfte, Beratung, Lebenshilfe.

3. Service- Sendungen als Lebenshilfe

Am Beispiel des ARD-Buffets zeigt sich, was Service-Programme von anderen Sendungen unterscheidet. Der Zuschauer fordert verstärkt Rückmeldungen, Gesprächsbereitschaft, das Eingehen auf seine Lebenssituation, seine Sorgen und eine Problemlösung. Das kann zu hartnäckigen Rückfragen und Vorwürfen führen, wenn Auskünfte, nach Meinung des Zuschauers, nicht rasch oder nicht ausführlich genug beantwortet werden.

Fernsehsendungen übernehmen hier Funktionen von Seelsorgern, Erziehern und Psychologen, zwangsläufig unzureichend, wenn dafür nicht geschultes Personal zur Verfügung steht.

„Der Rock endet unterhalb des Fußknöchels." Diese Festschreibung in einem Ratgeber um 1900 ist längst einer frei variierenden Mode mit allen nur erdenklichen Formen von Rocklängen gewichen. Aber: Normen erwarten Zuschauer von den Ratgebersendungen. Orientierungshilfen im Dschungel der Moden, der Empfehlungen und Preise.

'Orientierungshilfe' scheint das Schlagwort zu sein, das um die Jahrtausendwende von Service-Publikationen gefordert wird. Nur die wenigsten Sendungen können diese Forderung erfüllen, weil sie zwar für die Produktion und Ausstrahlung ausgestattet sind, nicht aber für die Nachbereitung: Auskunft, Beratung, Gespräch.

4. Service- Sendungen als Familien- und Partner- Ersatz

Umfragen bei Betrachtern von Ratgebersendungen ergeben kein klares Bild von der Situation, in der sich Zuschauer beim Ansehen der Sendung befinden. Sicher ist, dass viele Alleinstehende alleine vor dem Fernseher sitzen. Das Gemeinschaftserlebnis Fernsehen aus den fünfziger Jahren gibt es nicht mehr.

Kontaktlos, ohne Perspektiven – das ist eine Gruppe, die zu Sendungen schreibt. Sie hat häufig eine weniger gute Ausbildung. Die Ratschläge, die von ihnen in Briefen zu Sendungen gewünscht werden, sind wenig konkret, mehr darauf ausgerichtet, den Moderatoren ihre Lebensängste zu schildern.

Andere Gruppen, zu denen auch viele über 65-Jährige gehören, sind vital und unternehmungslustig. Hier geht es bei den Nachfragen um konkrete Auskünfte, auch um ergänzende Hinweise zum Thema mit der Bitte, sie den Zuschauern in der nächsten Sendung mitzuteilen.

Eine dritte Gruppe sucht in ihren Briefen Familienanschluss, lobt Moderatoren, als wären es längst gute Freunde. Diese Gruppe macht auch Verbesserungsvorschläge für die Sendung. Sie würde gerne „mitspielen" und träumt sich in solche Situationen.

Bei vielen Ratgebersendungen wird die Zuschauerpost mit Formbriefen beantwortet. Ein Gespräch, das vom Zuschauer gewünscht und erwartet wird, findet nicht statt.

5. Fernsehen zum Mitmachen

Noch sind die technischen Voraussetzungen für ein enges Zusammenspiel zwischen Moderation, Sendung und Zuschauer begrenzt. Der 'Zuschauer im Studio', das ist die älteste Variante einer direkten Kommunikation. Der Zuschauer als Rätselrater oder Stichwortgeber mit Telefonkontakt ins Studio ist eine zusätzliche Spielart. Der fragende Zuschauer, der einen Experten als Partner im Fernsehstudio vorfindet, wird heute im 'Call in' durchgestellt.

Der Zuschauer wird zum Mitspielen, auch per Bildtelefon, aufgefordert.

Andere Formen des Mitmachens sind: Näh-, Tanz- oder Bastel-Kurse im Fernsehen.

Der Erfolg der Koch- und Backsendungen war da ein Vorbild. Häufig ist aber der Vorgang des Kochens oder des Bastelns nur eine Spielform, um einen Dialog fernsehgerecht umzusetzen. Die Ratgebersendung 'Was die Großmutter noch wußte' ist nach solchen Überlegungen entstanden und läuft sehr erfolgreich in Süddeutschland.

Interaktives Fernsehen mit einer Wahlmöglichkeit des Zuschauers, welches Sendungselement er sehen möchte, wird diskutiert. Modelle sind aber noch wenig überzeugend. Call-Zentren mit Zuschauer-Beratung außerhalb der Sendungen werden ausprobiert, scheitern häufig aber an den hohen Kosten.

6. Service-Angebote im Internet als Programmbegleitung

Eine neue Schnittstelle zwischen dem Zuschauer und der Redaktion einer Sendung ist mit dem Internetangebot entstanden. Kaum eine Service-Sendung im deutschsprachigen Raum, die nicht im Internet erreicht werden kann. Vom einfachen Abruf eines Rezeptes bis zum Dialog über Fragen, wie mit einem Problem umzugehen sei, sind alle Spielformen möglich. Das Angebot wird von vielen Zuschauern nicht als zusätzliche Leistung empfunden, sondern ist für ihn ein Bestandteil der Sendung. Was nicht schon während der Sendung im Internet steht, wird oft sehr nachdrücklich angemahnt. Kritisiert wird häufig auch, dass Beschreibungen nicht ausführlich genug oder für jeden verständlich sind. Die Gästebücher zur Sendung sind zusätzlich eine Orientierungshilfe für die Redaktion. Hier steht, was 'ankommt'. Ergänzend zum Internetangebot werden Fax-Abruf und Videotext immer häufiger genutzt.

7. Moderation von Service-Sendungen

Auch hier gibt es fast jede Spielart:
Moderationen, die nur Beiträge einer Sendung verbinden ohne Studio-Aktionen.
Sendungen mit Studio-Aktionen bis zu Sendungen ohne eingespielte Beiträge.
Gäste im Studio werden vom Gastgeber-Moderator empfangen und den Zuschauern vorgestellt. Zuschauer befragen die Gäste, der Moderator bleibt in der Rolle des nachfragenden Stichwortgebers. Live- Aktionen im Studio fordern vom Moderator handwerkliches Geschick und gute Kondition. Die Moderatoren vermitteln eine seriöse Beratung oder treten als Anwalt des Zuschauers auf.
Angesprochen werden vom Moderator die Gäste im Studio und zugleich der Zuschauer, der sich als gleichwertiger Gast fühlen soll. Über Telefon kann er mitreden.
Die Fragen oder Kommentare des Zuschauers zu den Themen werden ernst genommen. Alles dies muss der Moderator vermitteln, ohne dem Zuschauer ins Wort zu fallen oder die Fragen abzuschneiden.
Passiert es doch, reagieren viele Zuschauer empört. Ein täglicher Balanceakt, der aber mitentscheidend ist, ob der Zuschauer sich in der Sendung wohlfühlt oder nicht.

8. Zuschauerreaktionen

Die Gästebücher zur Sendung im Internet und die Zuschauerpost sind ein Spiegel, in dem die Redaktion deutlich erkennen kann, wie der Zuschauer mit dem Produkt umgeht. Häufiger wird gelobt, was gefallen hat, seltener werden Dinge beklagt. Auffällig ist, wieviele scheinbare Nebensächlichkeiten registriert und mitgeteilt werden. In Service-Sendungen scheint der Anteil der Zuschauer, die genau nachfragen, besonders hoch zu sein. Vielleicht, weil hier die Schwelle zwischen dem selbst Gewussten und dem Gezeigten nicht so hoch ist wie bei anderen Sendungstypen. Häufig wird die Redaktion auch belehrt mit ausführlichen Erklärungen.

9. Das Service- Profil der ARD

1989 startete das Mittagsmagazin mit Service-Elementen, drei Jahre später das Morgenmagazin, 1995 das Nachtmagazin. Sie ergänzten die Palette der Ratgebersendungen.
Das Wirtschaftsmagazin 'Plusminus' wird im Hauptabendprogramm ausgestrahlt. Seit 1998 kam zur Mittagszeit das ARD-Buffet hinzu. Diese Informationssendungen werden stark eingeschaltet.
In den Dritten Programmen der ARD gibt es mehrere Dutzend Ratgeber-, Service-Sendungen, die häufig untereinander Beiträge austauschen. Übernommen werden regelmäßig Kochsendungen, die sich in allen Spielarten großer Beliebtheit erfreuen. Reise-Service-Sendungen werden von vielen Dritten Programmen produziert.
Service-Elemente werden nach dem Bausteinprinzip an den Nachmittagen zu längeren Sendestrecken zusammenmontiert. Der MDR z. B. mit 'Dabei ab zwei' und 'Hier ab vier', der NDR mit 'N3 ab 4' und der SWR mit 'Kaffee oder Tee?' von 16.05 bis 18.00 Uhr. In bunter Mischung werden hier regionale Programmteile mit Service-Elementen gemischt. Nachrichten zur vol-

len Stunde gehören ebenso dazu wie unterhaltende Programmteile, Mundart und Musik.

10. Service-Sendungen als 'Nebenbei-' Information

Die meisten Service-Sendungen, die den Tag über ausgestrahlt werden, sind ein Begleitprogramm zur Hausarbeit, der Kinderbetreuung oder der Blumenpflege.

Beim Kochen wird 'mal eben' zugesehen, beim Bügeln oder Stricken aufgeblickt, und wenn etwas interessant erscheint, innegehalten und zugeschaut. Weite Teile der Sendung werden nur akustisch wahrgenommen. Bei Moderationen wird häufiger auf den Blick zum Fernseher verzichtet als bei Zuspielteilen. Hier wird auch sehr rasch entschieden, ob sich das Weitersehen lohnt, oder ob der nächste Film abgewartet oder umgeschaltet wird.

Diese Sehgewohnheiten haben sich in den letzten Jahren immer stärker ausgeprägt. Sendungen mit Service-Elementen führen noch verstärkt zum auswählen und wegsehen. Nur was interessiert, wird angenommen.

Verständlich, dass bei dieser Fernsehbetrachtung eine komplizierte Bildauflösung wenig gefällt. Wer nur manchmal aufs Bild sieht, wird leichter verwirrt. Klare übersichtliche Kamerabewegungen sind gefragt. Die 'Orientierung' wird vom Zuschauer in Briefen eingefordert. Dazu gehört auch, dass mit akustischen Signalen auf regelmäßige Programmelemente hingewiesen werden sollte. Achtung, jetzt kommen die Tipps! Achtung, jetzt die Börseninformationen! Die Tonfolge signalisiert: Jetzt hingukken oder wegsehen, je nach Thema. Zuschauer haben dies deutlich als Orientierungshilfe beschrieben.

Diese Sehweise führt dazu, dass komplizierte vertiefende Darstellungen eines Sachverhaltes weniger akzeptiert werden. Der Auseinandersetzung mit den Inhalten wird ausgewichen. Was Mühe macht, wird häufiger weggeblendet.

Auf der anderen Seite werden Erlebnisformen akzeptiert, die früher kaum vorstellbar waren. Die Beschreibung eines Prozesses, der Hausbau über den täglich berichtet wird, das Heranwachsen eines Kindes, das sind beliebte Formen, in denen der direkte Lernprozess eher im Hintergrund steht. In der Mischung mit reinen Service-Beiträgen werden hier Erfahrungen vermittelt, die wie beim Hausbau über Monate miterlebt und nicht nur beschrieben werden.

11. Service-Ideen zum Weitererzählen

Beliebt sind Beiträge über Tricks und Tipps, die in kurzer Form Ratschläge geben. Wie putze ich Fenster? Der Fachmann rät. Warum klebt der Duschvorhang? Wie ziehe ich Schneeketten auf? Das sind Geschichten und Erfahrungen, die intensiv angesehen und aufgenommen werden. Warum muß Salz ins Wasser der Pellkartoffeln? Nicht, um die Kartoffel zu salzen, sondern um zu verhindern, dass das Salz aus den Kartoffeln in das Kochwasser gelangt. Was als Kinderfrage in der 'Sendung mit der Maus' erklärt wird, interessiert den erwachsenen Zuschauer bei seinen Fragen genauso. Zusammenhänge zu verstehen, sich in einer immer komplizierter werdenden Welt zu orientieren, Regeln zu kennen, auch wenn man sie nicht immer anwendet – das wird an Service-Ratgeber-Sendungen geschätzt. Das ist auch Stoff zum Weitererzählen: Wußtest Du eigentlich, daß ...?

Tipps, die ein bekannter Fachmensch gibt, werden besonders akzeptiert. Der bekannte Radrennfahrer erklärt alles rund ums Rad, der Starkoch zeigt, wie man Knoblauch zerdrückt, die Modefotografin, wie man die Blende richtig einstellt. Wenn der Zuschauer den Fachmenschen in der Sendung selbst befragen kann, ist das ein zusätzlicher Pluspunkt in der Akzeptanz der Sendung.

12. Ausblick

Die Zahl der Service- und Ratgebersendungen wird sich noch erhöhen. Fernsehkanäle für Zuschauer mit besonderen Interessen werden geplant, darin auch viele Sendungen, die der Orientierung als Ratgeber dienen. Das Internet-Angebot wird ein fester Bestandteil der Service-Sendungen werden. Text und Bildinformationen werden für alle Beiträge jederzeit abrufbar sein. Der Austausch von Informationen über die Sendungsinhalte wird im Internet stattfinden. Die journalistische Arbeit bei der Programmgestaltung, der Auswahl der Themen und ihre Präsentation wird nur noch ein Teil der Zuschauer-Information sein.

Die Zusatzinformationen im Internet sind schon heute nicht mehr zu kanalisieren.

Service-Sendungen werden sich zukünftig noch mehr als heute nach den Wünschen der Zuschauer richten. Die Flut der angepassten Angebote wird Sendeformen, die weniger den Interessen entsprechen, ersetzen. Das erschwert journalistische Sorgfalt und eine eigene Handschrift.

Die Werbung wird, noch stärker als sie es heute schon tut, Service-Sendungen beeinflussen wollen. Interessensverbände glauben schon jetzt, Inhalte zu steuern. Die Finanznot öffentlich-rechtlicher Anstalten macht anfällig und lässt Kompromisse zu. Die Diskussion darüber, wie diese Einflussnahme verhindert werden kann, steht erst am Anfang.

13. Literatur

Arnu, Titus, Weitsprung der Rentner. Gefragt wie nie: Das Fernsehen als Lebensberater, SüddeutscheZeitung 25. 8. 2000

Düperthal, Gitta, Das Gesicht des Moderators verrät die besten Tips. Servicesendungen sind schönsten, wenn sie mißlingen Frankfurter Rundschau 22. 7. 1999

Fuest, Benedikt, TV-Ratgebersendungen zu den Themen „Bauen/Wohnen" und „Garten". Redaktionen, Konzepte, Marktanteile, Sendeplätze, Anschriften Medienspiegel Nr. 42/2000 vom 16. Oktober 2000

Heimlich, Rüdiger, „Wir kämpfen für Sie". Hilfreich oder trickreich – Ratgebersendungen wecken leicht zu hohe Erwartungen, gelegentlich täuschen sie auch Die Zeit 1. 3. 1996

Meyer, Guido, Verbrauch(t)er Zuschauer. Eine Bonner Tagung über Servicethemen im Fernsehen epd medien Nr.22/1999 vom 24. 3. 2000

–, Vom Einzelfall zum Prototyp. Servicemagazine – Information oder Anstiftung zur Schadenfreude? Rheinischer Merkur Nr.17/1999 vom 23. 4. 1999

Neira, Evelyn, Expertenrat gefragt. Ratgeber- und Servicesendungen in den Fernsehprogrammen der ARD in: ARD-Jahrbuch 1998 Seite 92–100

Neumann-Bechstein, Wolfgang, Lebenshiffe durch Fernsehratgeber. in: Geschichte des Fernsehens in der Bundesrepublik Deutschland Hrsg. v. Erlinger/Foltin, Bd. 4 München 1994

N.N., Spielend Quote machen. Georg Felsberg, der Erfinder des „ARD-Buffets", kann eine erfolgreiche Jahresbilanz seines Programms liefern, das seit dem 5. Januar 1998 auf Sendung ist. Medien Bulletin 15. 2. 1999

Scheuermann, Silke, Guter Rat ist langsam. Wir konsumieren uns zu Tode: Das Fernsehen im Beratungstest Frankfurter Allgemeine Zeitung 25. 3. Susanne Vollberg, Gute Zeiten für Verbraucher? Service und Ratgeber im öffentlich-rechtlichen Fernsehen Fernseh-Informationen Nr.4/1999 vom 26. 4. 1999

Georg Felsberg, Baden-Baden (Deutschland)

221. Entwicklung, Funktion, Präsentationsformen und Texttypen der Magazinbeiträge: Politische Magazine

1. Entwicklung der politischen Fernsehmagazine in Deutschland (NEL)
2. Funktion der politischen Magazine
3. Texttypen und Präsentationsformen
4. Zielgruppen und Zuschauerverhalten
5. Literatur

1. Entwicklung der politischen Fernsehmagazine in Deutschland

Pioniere haben es nicht leicht. Sie sind es, die als erste schwindelerregende Schluchten durchsteigen oder reißende Flüsse durchwaten müssen, damit ihre Nachfolger Brücken vorfinden. Kein leichter Job, auch das Scheitern gehört dazu. Nicht selten müssen Versuche abgebrochen und an günstigerer Stelle wiederholt werden.

So erging es den Redakteuren von 'Panorama', Pionieren des deutschen Fernsehens. 1957 wagte sich die Sendung des Norddeutschen Rundfunks mit dem Untertitel: 'Worüber man spricht – worüber man sprechen sollte' in das unbekannte Gebiet der Magazinlandschaft vor. Ein Jahr später bereits wurde der Versuch wieder eingestellt. 1961 aber kehrte 'Panorama' zurück.

Gesendet wurde das spürbar an einem Vorbild der BBC orientierte Magazin sonntags nach der 'Tagesschau'. Empfangbar war es zunächst nur mit einem Zusatzgerät für UHF-Empfang auf Frequenzen, die wenig später dem neugegründeten ZDF zu Gute kamen.

Kurz vor der 'Wiedergeburt' von 'Panorama' etablierte der Bayerische Rundfunk

1960 sein Magazin unter dem Titel 'Anno' – Filmberichte zu den Nachrichten von gestern und morgen. Zwei Jahre später änderte 'Anno' seinen Titel in 'Report' und wurde von nun an in Kooperation von Bayerischem und Süddeutschem Rundfunk bzw. Südwestfunk gesendet. Die enge redaktionelle Zusammenarbeit endete erst 1970. Seither geht 'Report' getrennte Wege als 'Report aus München' (BR) und 'Report Mainz' (SWR – bis 1998 'Report Baden-Baden' des SWF).

'Panorama' und 'Report' stießen Anfang der 60iger Jahre in eine Marktlücke. Jenseits der rein chronistischen und im Duktus fast regierungsamtlichen 'Tagesschau' gab es im Fernsehen der ausgehenden Adenauer-Ära kaum politische Informationen. Zielsicher erkannten die Macher von 'Panorama und Report' ihre Chance und boten dem Publikum, was es bisher nicht gab: Hintergründe, Analysen, Kontroversen. So wurden diese Magazine mehr und mehr zum elektronischen Forum der kritischen Öffentlichkeit und fanden schnell Nachahmer.

1965 stellte der WDR seine Arbeiten an 'Report' ein und gründete mit 'Monitor' ein eigenes Magazin. 1968 folgte der SFB mit 'Kontraste', einer Sendung, die sich jedoch vor allem der deutschen Frage und Themen der Ost-West-Problematik verpflichtet sah.

Zwei Jahre nach der Wiedervereinigung Deutschlands fand diese mit 'FAKT' (MDR) ihren Niederschlag auch in der Magazinlandschaft der ARD.

So verschieden thematische Schwerpunkte und politische Bewertungen der ARD-Magazine sein mögen, gemeinsam war ihnen von Anfang an der Anspruch aufzuklären und zu enthüllen.

Pointiert, provozierend und mitunter investigativ beleuchteten die Magazine die Rückseite dieser Republik – jenseits des schönen Scheins, der Bilanzen, der Statements, der Hochglanzbroschüren.

Contergan, Robbenjagd, Fischwürmer, Dioxin-Skandal und in jüngster Zeit der Handel mit Beutegold der Nazis sind nur wenige von vielen Beispielen dafür, wie die Magazine im öffentlich-rechtlichen Fernsehen das Wächteramt wahrnehmen, das den Medien als der faktischen vierten Gewalt im Staat zugewiesen ist. Untrennbar verbunden bleibt dies im Bewußtsein der Zuschauer mit Moderatoren wie Gert von Pacensky, Günter Gaus, Peter von Zahn, Claus-Hinrich Cassdorf, Klaus Bednarz, Franz Alt oder Jürgen Engert, um nur einige zu nennen.

Doch waren und sind die Magazine nicht nur Motoren der Investigation, sie wollen auch Foren der Diskussion sein. Der Streit um den NATO-Doppelbeschluss und die Auseinandersetzung um die friedliche Nutzung der Kernenergie wurden nirgendwo leidenschaftlicher ausgetragen als in den Magazinen der ARD. Sichtbar wurden dabei freilich auch die Grenzen dessen, was in einem öffentlich-rechtlichen Sender – seitens der Macher wie der Vorgesetzten – möglich und tolerabel ist.

So sorgten bereits die ersten Ausgaben von 'Panorama' und 'Report' in den frühen 60iger Jahren für harte Auseinandersetzungen zwischen den Redaktionen und den Vertretern der Politik in den Gremien der betroffenen Sender. (Vgl. Lampe, 1997, 31 ff.)

Anfang der 80iger Jahre wurde der Konflikt zwischen Franz Alt, dem Leiter und Moderator von 'Report Baden-Baden', und der Geschäftsleitung des SWF mit juristischen Bandagen geführt. Auf die Art, wie Alt 'Report' für seine eigene Position in den Debatten um Nachrüstung und Atomkraft instrumentalisierte, reagierte der Intendant des SWF damit, dass er die Abnahmemodalitäten für 'Report'-Beiträge verschärfte, Alt in seiner Funktion als Moderator und Leiter von 'Report' deutlich beschnitt und ihn 1992 ablöste. (Vgl. Lampe, 1997, 226 ff.)

Unter anderen Vorzeichen verlief die Entwicklung der Magazine im ZDF. Im Jahr des ersten Bonner Machtwechsels 1969 ging das 'ZDF-Magazin' auf Sendung. Fast zwei Jahrzehnte lang verstand es sich unter der Leitung und Moderation von Gerhard Löwenthal als konservatives Bollwerk in einer – aus seiner Sicht – von Links-Intellektuellen dominierten Medienszene. Löwenthal stritt vehement gegen die Ost-Verträge und eine Politik der pragmatischen Annäherung der Bundesrepublik an die DDR. Scharf geißelte er den Einmarsch der Sowjetunion in Afghanistan. Nach der neuerlichen Wende in Bonn verlor das 'ZDF-Magazin' Mitte der 80iger Jahre mehr und mehr an Bedeutung und wurde 1988 von 'Studio 1' abgelöst, einem Format, das ohne sonderliches Profil erlangt zu haben, nach fünf Jahren wieder eingestellt wurde.

Den Widerpart zu 'ZDF-Magazin' und 'Studio 1' spielte im ZDF drei Jahrzehnte lang 'Kennzeichen D'. Mit Sitz in Berlin widmete sich die Sendung konsequent der deutschen Frage und dem Innenleben der DDR. Zu den Moderatoren von 'Kennzeichen D' zählten im Laufe von fast 30 Jahren u. a. Hanns-Werner Schwarze, Gustav Trampe, Ernst Elitz, Joachim Jauer und Dirk Sager.

Einen Coup landeten die ZDF-Verantwortlichen 1993 mit 'Frontal'. Statt nach dem Ende von 'Studio 1' wieder ein politisch eindeutig ausgerichtes (konservatives) Magazin zu etablieren, setzen sie auf ein pluralistisches Konzept – bis hin zur 'Doppel-Moderation' von Bodo H. Hauser und Ulrich Kienzle.

Die sorgsam inszenierten Slap-Stick-Dialoge der beiden 'Streithähne' erreichten schnell Kultcharakter. Dass Teile einer Magazin-Moderation von Ghostwritern verfasst und voraufgezeichnet wurden, gab es vor 'Frontal' ebensowenig wie den unbekümmerten Themenmix von hart recherchierten Investigativ-Stücken und formvollendeten Miniglossen zu eher bunten Themen.

Der konsequente Bruch von 'Frontal' mit dem oberlehrerhaften Verkündigungsduktus früherer Magazine und Moderatoren hatte eine Ursache auch im Aufkommen der privaten Konkurrenz und wirkte zugleich auf diese zurück.

Der Fernsehmarkt hatte sich seit Mitte der 80iger Jahre nachhaltig gewandelt. Das Abschmelzen der Quoten nahm bei ARD und ZDF nach der Phase der Wiedervereinigung und des Golfkrieges (1989–91) dramatische Züge an. Wollte ein neues Informationsformat erfolgreich sein, mussten Verpackung und Inszenierung – zumal im Zapping-Zeitalter – stimmen.

Denn was ein Magazin inzwischen auch sein konnte, zeigten jetzt 'Explosiv', 'Taff', 'Stern-TV', 'Focus-TV', 'Akut', 'Spiegel-TV' etc.

Sex and Crime, Promi-Klatsch, Live-Style und die entschlossene Boulevardisierung anderswo seriös behandelter Themen waren die neuen Zutaten des Magazins.

2. Funktion der politischen Magazine

2.1. Im Kanon der Informationssendungen

Im Reigen der Informationssendungen des Fernsehens haben die politischen Magazine ihren Platz zwischen den Nachrichten und der Dokumentation. Liefern die Nachrichten – die ARD-'Tagesschau' inzwischen bis zu 18 mal am Tag – die Chronik der laufenden Ereignisse, nimmt die Dokumentation gezielt einen Ausschnitt aus der (Alltags-)Wirklichkeit ins Visier und verfolgt ihn über einen längeren Zeitraum, gegebenfalls auch aus verschiedenen Perspektiven.

Das politische Magazin beleuchtet in seinen Beiträgen Hintergründe, die tagesaktuell nicht aufbereitet werden können. Es lebt im hohen Maße von der Eigenrecherche und erlangt seinen Stellenwert beim Zuschauer durch die Exclusivität seiner Berichte. In diesem Sinne verstehen sich Magazin-Redakteure eher als 'Nachrichten-Produzenten' denn als 'Nachrichten-Präsentatoren'. Ihnen geht es wesentlich „um die Erläuterung und kritischen Bewertung von Motiven; um die nicht offen zutage tretenden Strömungen, Absichten und Strategien hinter politischen Entscheidungen und Prozessen. Daher ist auch nicht die Tagesaktualität das bestimmende Gestaltungsprinzip, sondern die mittelfristige, 'latente' Aktualität anhängiger Themen." (Buchwald, 1997, 197) Während es Aufgabe der Nachrichten ('Tagesschau', 'heute') und Nachrichten-Magazine ('Tagesthemen', 'heute-journal', 'Morgenmagazin', 'Mittagsmagazin' etc.) ist, Wirklichkeit möglichst objektiv zu reproduzieren, ist es Sache der Magazine, diese Wirklichkeit zu analysieren und zu interpretieren.

Dies führt zwangsläufig zu der Frage, wieviel Subjektivität, wieviel Meinung ein Magazin verträgt. Die Debatten hierüber sind endlos. Anders als in den Gründerjahren und der Hoch-Zeit der Magazine von Mitte der 60iger bis Mitte der 80iger Jahre läßt sich in der Magazin-Landschaft der jüngeren Zeit eine neue Nüchternheit beobachten.

Die politischen Magazine haben mit dem Ende des öffentlich-rechtlichen Monopols auch den Status als Säulen-Heilige verloren. Zudem haben Verantwortliche und Verbraucher den Reiz der Unberechenbarkeit erkannt. Darauf setzt ähnlich wie 'Frontal' auch 'Report Mainz'. Nur wer sich nicht einseitig politisch verorten läßt, nur wer an niemandes Kette liegt, kann nach allen Seiten 'beißen'.

2.2. Politische Magazine im gesellschaftlichen Diskurs

Es war das Jahr 1994, als das Bundesverfassungsgericht in seinem 7. Rundfunkurteil das öffentlich-rechtliche Rundfunksystem nachhaltig gestärkt hat. Unter dem Vorsitz des damaligen BVerfG-Präsidenten Roman Herzog wurde ein 63-Seiten starkes Urteil verfaßt, in dem den privat-kommerziellen Sendern Defizite an gegenständlicher Breite und thematischer Vielfalt attestiert wird. Dies könne nur hingenommen werden, soweit und solange der öffentliche Rundfunk in vollem Umfange funktionstüchtig bleibe. Auch wenn sich die Richter seinerzeit in erster Linie zum bisherigen Verfahren zur Ermittlung der Rundfunkgebühr geäußert haben, so ist doch der Fingerzeig auf die Schwachstellen der kommerziellen Sender und das daraus abgeleitete Verhältnis von Privat- zu Öffentlich-Rechtlichem Rundfunk bemerkenswert, verbirgt sich in den 63 Seiten auch eine seither gültige und prägnant formulierte Aufgabenbeschreibung für den gebührenfinanzierten Rundfunk. „Der Öffentlich-rechtliche Rundfunk hat im dualen System dafür zu sorgen, ein dem klassischen Rundfunkauftrag entsprechendes Programm für die gesamte Bevölkerung angeboten wird, das im Wettbewerb mit den privaten Veranstaltern standhalten kann."

Der Grundgedanke eines wettbewerbstauglichen Öffentlich-rechtlichen Fernsehens findet sich folgerichtig auch in der Begründung zum Staatsvertrag über den Südwestrundfunk, wenn es heißt: „Durch den Staatsvertrag soll eine langfristig stabile und wettbewerbsfähige öffentlich-rechtliche Rundfunkstruktur für den Südwesten Deutschlands geschaffen ... werden."

Was folgt daraus für den klassischen Magazin-Journalismus öffentlich-rechtlicher Prägung? Die einfache Antwort: Auch er muss dem Wettbewerb stand halten. Doch wie so oft sind die einfachen nicht immer die befriedigenden Antworten, denn was heißt in diesem Falle Wettbewerb?

Vor Jahren galt noch der Befund, die insgesamt sechs Magazine – Stand I. Hälfte 2000 – von ARD und ZDF müssten sich gegen das Anrennen der privaten Konkurrenz ihrer Haut erwehren. Dies, so die Prognose, könne schwierig werden, da sich Formate wie Spiegel-TV, Stern-TV und auch Focus-TV auf Rechercheapparate und finanzielle Potenz der jeweiligen Printpendants stützen können. Doch es kam anders. Die Verzahnung von Druck- und TV-Erzeugnis gelingt längst nicht in dem Maße, wie es die einen erhofft und andere befürchtet hatten. Auch eine klare Positionierung im Informationsangebot des jeweiligen Senders will nicht, wie der Blick auf Stern-TV und Focus-TV zeigt, in überzeugender Weise gelingen. Themenauswahl und Präsentation sind eher den entsprechenden Unterhaltungs- und Servicesegmenten des jeweiligen Senders, den dem Informationsangebot zuzurechnen.

Wettbewerb in diesen Tagen stellt sich anders dar: Sicher, immer wieder werden Fälle von Scheckbuchjournalismus öffentlich. Informationen wurden meistbietend einem Medium zugeschanzt und die öffentlich-rechtlichen zu Zaungästen degradiert. Und mitunter treibt der Zwang zur atemberaubend-exklusiven Story Früchte, die mit den Kriterien eines soliden journalistischen Handwerks nichts mehr gemein haben. Der Fall des TV-Fälschers Born, der vor allem die Mitarbeiter des Magazins 'Stern-TV' mit haarsträubenden Geschichten geleimt und finanziell abgezockt hatte, ist Ausdruck und bisheriger Endpunkt einer absurden Entwicklung.

Eine Bemerkung am Rande: Erstaunlich, dass ein Format wie 'Stern-TV' und der damals verantwortliche Chefredakteur Günther Jauch vergleichsweise wenig Schaden davon getragen haben. Dies, so die These, hat damit zu tun, dass das in Rede stehende Magazin von den Zuschauern überwiegend als Unterhaltungsangebot wahrgenommen und wird; erst in zweiter Linie, wenn überhaupt, im eigentlichen Sinn als Informationsprogramm. Ein Magazin öffentlich-rechtlicher Provinienz hätte der Nachweis, gefälschte Berichte publiziert zu haben, derart in den Grundfesten erschüttert, dass der Fortbestand in Frage gestellt worden wäre.

Der Wettbewerb heutzutage ist selbstverständlich auch heute noch ein Ringen um die Enthüllungsstory. Hier kommt der Magazinjournalismus seinem traditionellen Wächteramt am nächsten.

Doch in zunehmendem Maße kommt eine weitere Aufgabe hinzu: Vor dem Hintergrund des facettenreichen Panels der Informationsformate des Fernsehens hat sich auch der Magazinjournalist mit dem Umstand auseinander zu setzen, dass der tägliche Informationsfluß stärker und stärker anschwillt. Die Auffassung, dass ein Mehr an Information zu einem Mehr an Wissen und letztlich zu einer informierteren Gesellschaft führt, ist leider eine Fehleinschätzung. Die Erfahrung der vergangenen Jahre zeigt, dass die Vermehrung von Informationen zur Verweigerung von Wissensaufnahme führen kann. Informationsüberflutung korrespondiert demzufolge mit einem ansteigenden Bedürfnis nach Unterhaltung.

Und weil das so ist, muss – neben die Aufgabe der politischen Magazine, nämlich eigenrecherchierte Geschichten zu präsentieren, um Öffentlichkeit herzustellen – verstärkt die des Navigierens im uferlosen Informationsflußes hinzukommen. Komplexe und gesellschaftlich relevante Sachverhalte, die sich den zeitlich stark beschränkten Vermittlungsformen der Nachrichtensendungen entziehen, müssen sorgfältig aufbereitet, gewichtet und gewertet werden.

Hier, auf dem letztgenannten Feld, erwächst den politischen Magazinen von ARD und ZDF die Möglichkeit, dem oben erwähnten Wettbewerb standzuhalten. Dieses zweite Standbein, neben dem klassischen investigativen Journalismus, kann sich zum echten Wettbewerbsvorteil entwickeln.

3. Texttypen und Präsentationsformen des Magazins

3.1. Moderation

Der Wandel im Selbstverständnis der Magazinmacher (siehe oben 2.1.) und in den Sehgewohnheiten der Zuschauer hinterläßt seine Spuren unweigerlich auch bei der Moderation. Beide haben sich gewandelt: die Typen und ihre Texte. Jede Zeit produziert ihre Protagonisten. Das gilt für die Politik ebenso wie für die, die über sie berichten.

Als Günter Gaus, Hans Heigert und Gert von Paczensky noch schwarz-weiss die Welt ins rechte Licht rückten, waren ihre Zielscheiben Männer wie Adenauer, Erhard und Strauß. Löwenthals Philippiken galten einem schon in Zeiten seiner Kanzlerschaft zum Denkmal verklärten Willy Brandt. Magazinmoderationen waren nichts anderes als elektronische Leitartikel. Unter Franz Alt wurden sie gar zu Glaubensbekenntnissen überhöht.

So charismatisch das Personal in Politik und Publizistik, so karg war das Informationsangebot des Fernsehens. Nachrichten am Abend und eben die Magazine – sonst nichts. Weder 'Tagesthemen' noch 'heutejournal', weder Morgen-, Mittags-, noch Nachtmagazine in ARD und ZDF. Keine private Konkurrenz und keine Fernbedienung verführten zum Umschalten. Das ist anders geworden.

Heute ist für den Missionar am Moderationspult kein Platz mehr.

Die Moderation soll das Feld bereiten, aber nicht bestellen. Sie soll neugierig machen, soll pointierend-provozierend auf ein Thema hinführen oder das eben Geschehene in einer kurzen Abnahme ergänzen, weiter führende Fragen formulieren – mehr nicht. Denn die Minutenprotokolle der Medienforscher beweisen für alle Magazine: Moderationen sind Umschaltimpulse. Folglich gilt es, die Intervalle zwischen den Beiträgen möglichst kurz zu halten. Die Zeit der Kolumnen ist vorbei, Kompressionen sind gefragt.

3.2. Interviews und Schaltgespräche

Die genannten Sendungselemente bilden im Kanon einer Vielzahl von Präsentationsformen der politischen Magazine eher die Ausnahme. Live-Interviews oder Schaltgespräche dienen in den allermeisten Fällen dazu, Sachverhalte, die in vorangegangen Beiträgen thematisiert wurden, zu vertiefen oder zu kommentieren. Noch seltener ist das kontrovers geführte Streitgespräch.

Als Gestaltungselement aber gehören Interviews und Schaltgespräche dennoch zum Repertoire der Magazinsendungen, bieten sie auch die Möglichkeit auf aktuelle Ereignisse – sei es durch Zuschaltung eines Reporters oder eines Experten – zu reagieren.

3.3. Beiträge

Wie kaum eine andere Sendungsform im Informationsangebot der Fernsehsender verfügen die politischen Magazine über ein breites Panel unterschiedlichster Beitragsformen und Beitragslängen. Dies reicht vom investigativ-recherchierten Enthüllungsbeitrag, der stringent argumentierend die Beleglage auffächert bis hin zur polemisch zugespitzten Glosse, in der pointiert ein Sachverhalt beleuchtet wird. Eine Auswahl:

- Der klassische Recherchebeitrag stützt seine Beweisführung in aller Regel auf die Aussagen ausgewählter Gesprächspartner und/oder auf abgefilmte Schriftstücke. Zum journalistischen Handwerk gehört es, dem Betroffenen Gelegenheit zur Stellungnahme einzuräumen. Die Bildsprache dieser Beitragsform tritt bisweilen in den Hintergrund zugunsten einer klaren und nachvollziehbaren Präsentation des entsprechenden Sachverhalts.
- Die Reportage arbeitet im Gegensatz zum klassischen Recherchebeitrag stärker auf der Bildebene. Sie vermittelt ihren Gegenstand, in dem der Autor,

die Autorin einem Prozess als Augenzeuge beiwohnt. Vielfach nutzen Magazinproduzenten eine Stilart der Reportage – die Recherchereportage – um ihre Geschichte zu erzählen. Hierbei wird eine inhaltlich zentrale Fragestellung in den Mittelpunkt gerückt; der Film schildert im Reportagestil die Suche nach der Antwort.

– Auch filmische Portraits – meist aus kritischer Distanz – sind Bestandteil in Gestaltungskatalog politischer Magazine.

– Sonderformen: Die Produzenten von Magazinbeiträgen genießen im Hinblick auf die Gestaltung der jeweiligen Filme große Freiheiten. Dies bedeutet, dass durchaus auch unkonventionelle Formen möglich sind. So sind beispielsweise Beiträge vorstellbar, die ausschließlich aus einer Komposition von Aussagen unterschiedlichster Interviewpartner bestehen oder auch Stücke, die ihr Anliegen ohne jeden Autorentext – ein Stilmittel, das eher dem Dokumentarfilm zuzuschreiben ist – vermitteln. Sozusagen im Gegensatz dazu können von der Autorenhandschrift geprägte Filmessays fungieren.

– Glossen/Polemiken: Diese Form wird mittlerweile von verschiedenen Magazinen als feste Rubrik gepflegt. Neben der Möglichkeit, provokant Ereignisse des politisch-gesellschaftlichen Lebens zu kommentieren, dient dieses Mittel mitunter durchaus auch dazu, als unterhaltendes Element, Sendungen aufzulockern.

Die skizzierte Übersicht kann keinen Anspruch auf Vollständigkeit erheben. Sie soll lediglich anhand ausgewählter Beispiele die Breite des Gestaltungskorridors politischer Magazine beleuchten.

4. Zielgruppen und Zuschauerverhalten

Nach fast 20 Jahren Duales System hat im Fernsehen – in der Wahrnehmung vieler Zuschauer – eine Aufgabenteilung stattgefunden. Holzschnittartig läßt sie sich so beschreiben: Die Kommerzsender sind eher zuständig für Unterhaltung, die Öffentlich-Rechtlichen stehen für Information und Service. Differenziert aufgeschlüsselt und dort nachzulesen ist der Befund in der alljährlich publizierten, repräsentativen Imagestudie, die gemeinsam von ARD und ZDF in Auftrag gegeben wird. 1999 für die ARD erfreulich: Das Erste hat bei der Sparte Nachrichten (62% Zustimmung) und Ratgeber- und Verbrauchersendungen (50% Zustimmung) mehrheitlich als bester Sender abgeschnitten. Zum Segment Information werden aber nicht nur die Nachrichtensendungen gezählt. Neben anderen Formaten sind auch die politischen Magazine hinzu zu rechnen. Und auch hier hat die ARD die Nase vorn. Für 60 Prozent der Befragten ist das Erste das Fernsehprogramm mit den besten Politikmagazinen, 52 Prozent weisen diese Kompetenz dem ZDF zu.

Fest steht, im Bewußtsein der Zuschauer haben die Informationsangebote der Öffentlich-Rechtlichen ihren festen Platz, insbesondere die Nachrichtensendungen aber auch die Politikmagazine werden als solide und kompetente Formate geschätzt, wobei das Erste, wie die Detailanalyse zeigt, bessere Werte als das ZDF erzielt.

Was aber bedeutet dies für die Einschaltquote? Anders gewendet: Spiegelt sich der positive Eindruck, den die Zuschauer über Jahre von den Informationssendungen gewonnen haben, im täglichen Fernsehverhalten wieder?

Fokussiert auf die Situation der ARD-Politikmagazine ergibt sich folgendes Bild: An zwei Abenden in der Woche, Montags und Donnerstags um 21:00 Uhr, bietet die ARD jeweils ein 45-minütiges innenpolitisches Magazin. Um diese Zeit haben sich bundesweit ca. 30 Millionen Zuschauer vor dem Fernsehgerät versammelt – montags im Durchschnitt etwas mehr, donnerstags etwas weniger als 30 Millionen. 1999 erreichten die Politikmagazine im Durchschnitt 3,24 Mio Zuschauer. ('Report aus München': 3,57; 'Fakt': 3,45; 'Report Mainz': 3,38; 'Panorama': 3,22; 'Monitor': 3,15; 'Kontraste': 2,67).

Hierzu sind drei Dinge festzuhalten:

– Der Zuschauerzuspruch der Magazinen zuteil wird – dies gilt analog für Nachrichtenangebote – ist in starkem Maße auch ereignisabhängig. In der Hochzeit des sogenannten 'Spendenskandals' zur Jahreswende 1999/2000 und Jahresanfang (Rücktritt von Wolfgang Schäuble: 16. 2. 2000) übertrafen die Einschaltquoten bei weitem die genannten Durchschnittswerte. Beispiele: die Ausgabe von

'Panorama' am 20. 1. 2000 mit den Themen 'Bimbes, Bares, Biedermänner – CDU versinkt im Affärenchaos', 'Dubiose Seilschaften – Waffenhändler Schreiber und die SPD' und 'Befragen, bedrängen, berichten – Journalisten auf Wahrheitssuche im Spendensumpf' erreichte 4,11 Millionen; 'Monitor' am 17. 2. 2000, u. a. mit den Themen 'Schäubles Rücktritt: Wie reagiert die Basis', 'Aufklärer Clement als Vertuscher' erreichte sogar 5,07 Millionen Zuschauer (16,3 % MA). Aber auch die schnelle Reaktion der Sendung 'Fakt' am 26. 6. 2000 auf den Hamburger Todesfall nach einer Kampfhundattacke wurde mit einer überdurchschnittlichen Zuschauerresonanz belohnt (4,79 Mio).

– Ein ebenfalls wichtiger Faktor im Hinblick auf die Quantität der Zuschauerzahlen ist die Angebotssituation konkurrierender Programme. Für den Montag ist festzuhalten. Das ARD-Magazin als Informationsprogramm muss bestehen gegen Fictionprogramme. Das ZDF programmiert seit dem 17. 2. 1997 von 20:15–21:45 Uhr hochwertige Fernsehspiele. Mittlerweile versammelt das ZDF-Angebot durchschnittlich 5,13 Millionen (16,4 MA %). Die drei großen Kommerzsender RTL, SAT1 und ProSieben leiten ebenfalls im entsprechenden Zeitkorridor unterhaltendes, fiktionales Programm.
Etwas anders die Situation für die ARD-Magazine am Donnerstag. Während die Kommerzsender auch an diesem Tag auf Serien oder Fernsehspiele setzen, bietet das ZDF zumindest ab 21:15 Uhr – nach Volksmusik – mit dem 'auslandsjournal' ein Informationsangebot. In der 2. Hälfte 2000 erreichte dies die absolute Zuschauerzahl von 2,84 Millionen bei einem Marktanteil von 9,9 %.

– Ein weiterer, bisher nur wenig gewichteter Aspekt in der Frage der Akzeptanzforschung ist der des sogenannten 'audience flow'. Gemeint ist – versucht man sich dem Phänomen über die Übersetzung des Begriffs anzunähern – ein fließendes Publikum, will sagen: Ein Zuschauerstrom, der über einzelne Sendungen hinweg, das Programm eines Senders verfolgt. Erklärtes Ziel der Programmplaner ist es, Zuschauer im Programm zu halten, langfristig an die Angebote zu binden, abschalten oder Programmwechsel zu vermeiden. Wie kann das funktionieren? Die Kommerzsender machen es vor: Über einen gesamten Abend hinweg werden zum Teil ähnliche Programmfarben angeboten. Krimiserie folgt auf Krimiserie, Quincy folgt auf Colombo. Nicht Abwechslung, sondern die Wiederkehr des Immergleichen soll den Quotenerfolg bescheren.

Ein ARD-Magazin, das auf eine Volksmusiksendung (montags) oder einen Tierfilm (donnerstags) folgt, hat es, mit Blick auf den 'audience flow', schwer. Das Ergebnis einer internen Studie der SWR-Medienforschung besagt, dass die Minutenverlaufsübersichten nahezu durchgängig einen Zuschauerrückgang während des Sendungsübergangs, also vor dem Sendebeginn des Politikmagazins zeigen. Allerdings weist die Auswertung auch auf Folgendes hin: Ein Vergleich der Zuschauerschaft der letzten 10 Minuten der entsprechenden Vorlaufsendung mit der Zuschauerschaft der ersten 10 Minuten des jeweiligen Politik-Magazins offenbart eine Übereinstimmung von bis zu 60 Prozent. Konkret: 60 Prozent der Zuschauer haben sich sowohl die letzten 10 Minuten des ARD-Angebots ab 20:15 Uhr angesehen, als auch die ersten 10 Minuten ab 21:00 Uhr, d. h. auch, dass 40 Prozent in dieser Zeit das Programm gewechselt oder den Fernseher aus gemacht haben.

Wie gesagt, dieses Teilsegment der Zuschauerforschung ist bisher noch wenig untersucht, doch die skizzierten, wenn auch noch zu fundierenden Erkenntnisse legen nahe, dass es durchaus eine beträchtliche Verschränkung der Publika von Magazin und Vorlaufsendung gibt und dass es bei 40 Prozent 'Publikumsschwund' noch Optimierungsmöglichkeiten hinsichtlich der Programmverzahnung gegeben sind.

Gestützt wird dies übrigens durch konkrete Programmerfahrungen. 1997 berichtete 'Report'-Autor Peter Sydow über einen Wirtschaftszweig, der Millionen umsetzt; eine Berichterstattung über dessen Treiben allerdings in einem Politik-Magazin viele überrascht hat: Die deutsche Volksmusik. Einer der führenden Protagonisten, der Trompeter Stefan Mross, war in die Schlagzeilen geraten. Der Vorwurf: Nicht Mross selbst habe auf einigen seiner diversen CDs die Trompete geblasen, sondern angemietete Profi-Musiker. Durch intensive Recherchen gelang es dem Autor die Vorwürfe zu erhärten. Belege wurden gefunden, die den Schluss zuließen, dass ein goldgelockter Jüngling nur so tat, als könne er Trompete spielen. Dieser Beitrag wurde bewußt an den Anfang der Sendung platziert, um die Schnittmenge der Zuschauer zwischen den beiden unterschiedlichen Formaten zu erhöhen, also einen gelungenen 'audience flow' zu erzeugen und erreichte 4,4 Millionen Zuschauer. Ein deutlich höherer Wert als der, der Gesamtsendung. Diese wurde von durchschnittlich 3,6 Millionen Zuschauern gesehen.

Eine Analyse der Zuschauerschaft hinsichtlich Alterszusammensetzung und Bildungsprofil führt zu folgendem Ergebnis: Die ARD-Politik-Magazine werden bevorzugt von der Altersgruppe Erwachsene ab 65 Jahren genutzt. Das heißt: Ca. ein Viertel der Zuschauer – und dies gilt für alle sechs Sendungen – ist älter als 65. Ungefähr 14 Prozent sind der Altersgruppe 50 bis 64 Jahre zuzurechnen. Im Alterskorridor 30–49 Jahre schalten nur 7 bis 8 Prozent die ARD-Magazine ein. Etwas mehr als die Hälfte des Zuschauerpotentials ist weiblich.

Schlüsselt man die Zuschauerschaft auf nach ihrer Bildungsstruktur zeigt sich, dass mit 43 Prozent die größte Zuschauergruppe im sogenannten mittleren Bildungssegment, also Volksschule mit Lehre, anzutreffen ist. Mit nur 12 Prozent bilden Abiturienten/Studienabsolventen die kleinste Gruppe.

5. Literatur

Buchwald, Manfred, Politisches Magazin. In: Gerhard Schalt, Axel Buchholz (Hg.), Fernsehjournalismus. Ein Handbuch für Ausbildung und Praxis. München ⁶1997.

Lampe, Gerhard W., Panorama, Report, Monitor – Geschichte der politischen Fernsehmagazine, 1957–90. Siegen 2000.

Hickethier, Knut, Geschichte des deutschen Fernsehens. Stuttgart, Weimar 1998.

Kammann, Uwe (Hg.) Die Schirm-Herren. 12 politische TV-Moderatoren. Köln 1989.

Bernhard Nellessen/Fritz Frey, Mainz (Deutschland)

222. Kommunikative und ästhetische Funktionen des Fernsehens in ihrer Entwicklung

1. Einleitung
2. 'Information' und 'Unterhaltung': Grenzauflösungen und neue Synthesen
3. Tendenz zur 'Unterhaltungs'-Orientierung um jeden Preis?
4. Genres und Präsentationsformen im historischen Wandel
5. Literatur

1. Einleitung

Information, Unterhaltung, Bildung: mit dieser Begriffs-Trias wurde der Programmauftrag definiert, dem das öffentlich-rechtlich organisierte Fernsehsystem der Bundesrepublik Deutschland nach seiner Neukonstituierung im Jahre 1952 gerecht werden sollte. Und auch mehr als vier Jahrzehnte später, gegen Ende des Jahrhunderts, soll die Programmgestaltung zumindest der öffentlich-rechtlichen Anstalten diesem 'Drei-Säulen-Modell' noch Rechnung tragen, wenngleich sich die Medienlandschaft in den Jahrzehnten nach Aufnahme des Sendebetriebs grundlegend verändert hat und sich das öffentlich-rechtliche System längst einem erheblich verschärften Wettbewerb um Sehbeteiligung stellen muß, will es nicht die Grundlagen seiner Finanzierung unterminieren.

In medienhistorischer Hinsicht konterkariert der eingangs beschriebene Programmauftrag die in den fünfziger Jahren noch einflußreiche These, das Fernsehen sei ein substantiell traditionsloses Medium, denn der kulturelle Auftrag, dem das neue Medium gerecht werden sollte, war nicht unbedingt ein neuer Auftrag, sondern jener, der auch dem zuvor bereits existierenden Hörfunk öffentlich-rechtlicher Provenienz auferlegt war. Und von den älteren Medien Hörfunk, Film, Theater, Buch und Zeitung bezog das neue Medium Television auch die meisten seiner Präsentationsformen und einen nicht unerheblichen Teil seines Stoffrepertoires. (Schanze/Zimmermann 1994)

Wie der Hörfunk war auch das Fernsehen von Beginn an durch seinen Zuschnitt als 'Kompositmedium' gekennzeichnet: Nachrichtensendungen, (Volks-)Theatersendungen, 'bunte Abende' (als Vorläufer der Shows), Sportübertragungen und in der Folgezeit auch Spielfilme erwiesen sich als die beim Publikum beliebtesten Programmbausteine, aber auch die zur Demonstration des Bildungsanspruchs bestens geeigneten Literaturadaptionen erfreuten sich in der Phase des 'Ein-Kanal-Fernsehens' eines durchaus regen Zuschauerinteresses.

Die anstaltsinterne Binnengliederung in Hauptredaktionen für Nachrichten, Unterhaltung, Fernsehspiel usw. trug in organisatorischer Hinsicht dem Drei-Säulen-Modell des Programmauftrags Rechnung, verdeckte aber zugleich den Sachverhalt, daß alle Präsentationsformen des Fernsehens dem Gebot der Aufmerksamkeitserregung unterworfen und auch Informationsvermittlung – selbst bei Verzicht auf sensationalisierende Stilmittel des Boulevardjournalismus – einem inszenatorischen Kalkül ausgesetzt waren: selbstverständlich haben sich der Habitus und die Selbstinszenierung der Präsentatoren im Verlauf von fünf Jahrzehnten Fernsehgeschichte erheblich verändert und ausdifferenziert, doch von 'ästhetischen' Funktionen blieben selbst die auf den ersten Blick dominant 'kommunikativen' Funktionen des Fernsehens ständig überlagert und umschlossen.

Dennoch tendierten sowohl das Selbstverständnis der Präsentatoren als auch die Produktgestaltung in der Vergangenheit fraglos stärker als heute zu markanten Grenzziehungen zwischen den Funktions- und Aufgabenbereichen des Fernsehens: Nachrichtensendungen, Dokumentationen, alle mutmaßlich authentischen Repräsentationen von 'Wirklichkeit' suggerierten dem Publikum auch durch die Präsentationsformen eine Aura von Objektivität, die sich auf ein noch ungebrochenes Vertrauen in den Zeugnischarakter des Bildes stützen konnte.

Demgegenüber schienen die genuin ästhetischen Funktionen ihren legitimen Entfaltungsbereich in der Welt der fiktionalen Fernsehsendungen zu finden, wenngleich bereits in den sechziger Jahren in Gestalt des 'Dokumentar-Spiels' ein zeitweise von hohem Publikumsinteresse begleitetes TV-Genre entstand, das die Grenzziehungen zwischen 'Informationsvermittlung' und Fiktion, historischer 'Faktentreue' und ästhetischer Illusionierung zumindest durchlässig, wenn nicht gar hinfällig werden ließ.

2. 'Information' und 'Unterhaltung': Grenzauflösungen und neue Synthesen.

Als noch prekärer als die mutmaßliche terminologische Trennschärfe der Begriffspolarität fiktional versus non-fiktional erwies sich die nur vordergründig tragfähige Unterscheidung zwischen 'informationsvermittelnden' Sendungen und dem als 'Unterhaltung' etikettierten Sektor der Fernsehproduktionen. Zweifellos ist es auch unter genretypologischen Gesichtspunkten sinnvoll und legitim, Fernsehsendungen auch nach ihrer dominanten Funktion zu kategorisieren. Und gewiß wird niemand in Abrede stellen, daß etwa 'game shows' nach allgemeinem Verständnis dominant Unterhaltungsbedürfnisse befriedigen sollen und demgegenüber etwa politische Magazine – auch dem Selbstverständnis ihrer Urheber entsprechend – in viel stärkerem Ausmaß auch informationsvermittelnde Funktionen erfüllen (sollen). So lange die Hegemonie des öffentlich-rechtlichen Fernsehsystems gewährleistet war, konnten auch die in die Produktion von 'Information' und 'Unterhaltung' involvierten 'Macher' ihr Rollenhandeln in Anlehnung an relativ starre Genrekonventionen ausrichten. Dies führte dazu, daß etwa Nachrichten-Sprecher auf Grund ihres Verlautbarungs-Tonfalls von Teilen des Publikums irrtümlich als 'Amtsperson' oder gar Regierungssprecher eingestuft werden konnten. Auch die Moderatoren der in den sechziger Jahren eingeführten politischen Magazine (vgl. Kreuzer/Schumacher 1988) wahrten demonstrativ Distanz zum Sensationsjournalismus der Boulevardpresse und dies auch durch einen sprachlichen Duktus, der eher zum Räsonnement als zum circensischen Amüsement tendierte. Trotz des auch unter den Bedingungen des öffentlich-rechtlichen Monopols stattfindenden internen Wettbewerbs um die Zuschauergunst, schuf aber erst die Installierung eines dualen Fernsehsystems die Voraussetzungen für jene Grenzauflösungen und neue Synthesen, die sich mit Begriffen wie 'Infotainment' verbinden. Die mit der Existenz zahlreicher neuer, kommerziell ausgerichteter Anbieter einhergehende Angebotsausweitung sowie der verschärfte Wettbewerbsdruck auf dem TV-Markt begünstigten einen systeminternen 'Wandel durch (wechselseitige) Annäherung' der Anbieter und Präsentationsstile. Auch die technische Entwicklung, nicht zuletzt die Einführung der Fernbedienung, blieb nicht ohne Auswirkungen auf die Produktgestaltung, die einer Optimierung der Zuschauerbindung Rechnung tragen sollte.

3. Tendenz zur 'Unterhaltungs'-Orientierung um jeden Preis?

„Ich bin überzeugt, daß die wichtigste Industrie der Menschheit, wichtiger noch als die Rüstungsindustrie, früher oder später die Unterhaltungsindustrie sein wird und daß durch diese Produktion von Unterhaltung auf infernalische Art jede Kultur und jede Identität niedergeknüppelt wird. (...) man kann das am besten in amerikanischen Kleinstädten sehen, wo die Leute ein völlig verblödetes Dasein fristen, wie in einem Science-Fiction-Roman, der von Menschen handelt, die unter Drogen gesetzt sind und nur noch wie Zombies verwaltet werden." (Wenders, 1987)

So stellte sich 1987 für den renommierten Filmregisseur Wim Wenders das Szenario der Fernsehlandschaft dar, zu einem Zeitpunkt, als das sog. duale System in Europa noch keineswegs jene Angebotsdimensionen erreicht hatte, die es Ende des Jahrhunderts aufweist. Bezeichnenderweise ist auch in der Diktion von Wenders – wie nach wie vor bei der Mehrheit der Intellektuellen – der Unterhaltungsbegriff nicht nur ausschließlich negativ konnotiert, sondern mit geradezu apokalyptischen Visionen verknüpft. Insofern steht Wenders mit seiner Verwendung des Begriffs in einer bis ins Zeitalter der Aufklärung zurückreichenden Tradition des kulturkritischen Ressentiments gegen 'Unterhaltung', in einer Tradition, die bis in die Gegenwart weiterwirkt und auch durch gegenläufige Strömungen – wie sie der Beitrag von Hans-Friedrich Foltin in diesem Teilband vorstellt und selbst repräsentiert – keineswegs in ihrer Virulenz beeinträchtigt werden konnte.

Die in ihrer Tendenz eher deskriptiven Begriffsverwendungen, die durch Medienforscher wie Bosshart, Dehm oder Foltin favorisiert werden, haben den Vorzug, funktionale Differenzierungen zu ermöglichen und den Nutzungsaspekt stärker zur Geltung zu bringen, was den aktiven Komponenten des Rezeptionsprozesses eher Rechnung trägt und die subjektabhängigen Bedürfnisdispositionen, auf die Unterhaltungsangebote bezogen sind, deutlicher ins Blickfeld rückt. Allerdings tendieren nutzungsorientierte Erklärungsversuche von Unterhaltung generell dazu, die Produktion von Unterhaltungsangeboten als 'Antwort' auf in der menschlichen 'Natur' angelegten und virulenten Bedürfnissen zu beschreiben und den Anteil der Kulturindustrie an der Erzeugung und Formierung von kulturellen Bedürfnissen eher zu unterschätzen, was auch für die Schlußfolgerungen dieser Erklärungsansätze nicht ohne Folgen bleibt. Ungeachtet dieser analytischen Defizite und unabhängig von der Beantwortung der Frage, inwieweit die TV-Produktion nicht nur Produkte für den TV-Konsum produziert, sondern auch Bedürfnisdispositionen kreiert und vertieft, gilt jedoch für Fernsehsendungen ebenso wie für alle übrigen Erscheinungsformen der Massenkommunikation, daß starke Wirkungen nur dann erzielt werden (können), wenn sich – wie Foltin konstatiert – „Angebot und Bedarf optimal decken".

Angesichts der Heterogenität kultureller Bedürfnisse, angesichts der hochgradigen Partikularisierung und Parzellierung von kulturellen Kommunikationsräumen stellen sich Annäherungen an diese optimale Kongruenz von Angebot und Bedarf vornehmlich in Zielgruppenkommunikationen her, obwohl sie auch dort nie garantiert werden kann: so können beispielsweise selbst die in der Regel auf ein großes Publikumsinteresse treffenden Sportübertragungen – trotz grundsätzlich großer 'Bedarfsdeckung' – durchaus auch als unattraktiv, langweilig usw. empfunden werden, wenn die Leistungen der Akteure und die Spielverläufe hinter den hohen Erwartungen zurückbleiben und auch die optische Aufbereitung der Ereignisse durch die Methoden des Fernsehens diese Defizite nicht zu kompensieren vermag. Überdies ist bei aller Angewiesenheit der Kommunikate des Fernsehens auf die rezeptiven Dispositionsniveaus ihres Publikums kritisch in Rechnung zu stellen, daß insbesondere im Kontext der kommerziellen TV-Produktion nicht die Befriedigung kultureller Bedürfnisse im Mittelpunkt steht, sondern der Verkauf von Zuschauern an Werbekunden. Die Einbettung der Kommunikate in diesen ökonomischen Nexus weist ihnen einen grundlegend anderen Status zu als z. B. massenhaft verbreiteter Trivialliteratur in gedruckter Form. Zwar folgt auch deren Herstellung und Vertrieb grundlegenden Funktionsbedingungen der Marktwirtschaft: die Produkte werden Kunden offeriert, die ihrer bedürfen könnten und in der Regel auch bedürfen. Demgegenüber verkaufen die kommerziellen TV-Anbieter nicht Kulturwaren an Zuschauer, sondern Zuschauer als Konsumenten von Werbespots: von der Zahl der Zuschauer (der sog. Einschaltquote) hängt der Sekundenpreis der Unterbrecherwerbung und somit auch die geschäftliche Bilanz der Anbieter unmittelbar ab. Insofern greifen 'nutzenorientierte' Ansätze, die wie z. B. Wagner (1994) Talkshows als „präsentative Humanwirklichkeiten" zu beschreiben versuchen, generell zu kurz, wenn sie die kommerziell motivierte, dem Gesetz der Inszenierung von Scheinwelten unterworfene Herstellung von Pseudo-Kommunikationen mit anthropologischen Kategorien zu erfassen versuchen und dem Warencharakter der betreffenden Produkte analytisch nur unzureichend Rechnung tragen.

Wie die Ausführungen von S. J. Schmidt verdeutlichen, ist Fernsehwerbung nicht nur in ökonomischer Hinsicht ein signifikanter Faktor des Fernsehens der Gegenwart. Werbung verändert nicht nur Programmstrukturen und -inhalte, sondern in letzter Konsequenz auch die Präsentationsformen des Fernsehens in erheblichem Ausmaß.

Der zeitliche Umfang von Werbung hat sich von 6–8 Minuten täglich (im Jahr 1956) auf mehr als 7 Stunden pro Tag ausgeweitet und ein Ende dieser Entwicklung ist derzeit noch keineswegs abzusehen, auch wenn die These McLuhans, Werbung sei die Form von Massenunterhaltung, die sich selbst auffresse, nach wie vor ihre Plausibilität noch nicht eingebüßt hat. Daß Mitte der neunziger Jahre bereits 5600 Millionen DM auf dem Fernseh-Werbemarkt umgesetzt werden, unterstreicht die ökonomische Dynamik und volkswirtschaftliche Signifikanz des Phänomens Fernseh-Werbung ebenso wie deren formale Diversifizierung. Durch Strategien wie product placement werden überdies die Grenzen zwischen expliziter Spot-Werbung und dem Programmumfeld von Werbung durchlässig: Werbung wird zum festen Bestandteil von Programmen und unterläuft auf diese Weise die potentielle Resistenz der Zuschauer gegen explizite Spotwerbung.

Wenngleich der Produkt-Reklame auch in der Gegenwart noch ein nicht zu unterschätzender Stellenwert innerhalb der Fernseh-Werbung zukommt, lenkt S. J. Schmidts Beitrag mit gutem Grund das Augenmerk auf einen grundlegenden Wandel der Fernseh-Werbung: die Entwicklung sei gekennzeichnet durch einen Wandel der Werbung von der Reklame und Propaganda hin zu ästhetischen Kommunikationsstrategien. In dieser Entwicklungstendenz koppele sich Werbung zunehmend von ihrem ursprünglich rein ökonomischen Auftrag ab, steigere ihre ästhetischen Anmutungsqualitäten und wirke als ästhetische Kommunikationsstrategie in erheblichem Ausmaß auch auf ihre mediale Umgebung zurück. Dieser Prozeß der Ästhetisierung gehe einher mit einem Einstellungswandel der Werbetreibenden zu ihren Adressaten: aus Zuschauern, die man zum Konsum überreden oder durch ästhetische Verpackung verführen wolle, sei der Zuschauer/die Zuschauerin geworden, die man ins Gespräch verwickeln, umschmeicheln oder ganz einfach brillant unterhalten wolle.

Zu den Paradoxien dieser Umstellung von 'Produkt- auf Kommunikationswettbewerb' gehört fraglos aber auch der Umstand, daß die hypertrophe Expansion der Fernseh-Werbung beim Publikum auch massive Resistenz- und Verweigerungshaltungen gegenüber Werbung begünstigt hat.

Mit der Bezugsgröße Zuschauer/Publikum gerät indes eine Instanz der TV-Kommunikation ins Blickfeld, die bis in die unmittelbare Gegenwart zu den vergleichsweise unbekannten 'Meßgrößen' der Fernsehforschung zu zählen ist, denn trotz aller Investitionen in Marktforschung, Medienwirkungs- und Mediennutzungsforschung blieben die Erträge empirischer Forschung zur konkreten Verarbeitung televisionärer Programmangebote vergleichsweise dürftig, wie auch der Beitrag von Colin Berry in seiner detaillierten Darstellung der analytischen Probleme der Massenkommunikationsforschung deutlich macht. Schon die Definition des Begriffs „viewing" werfe Probleme auf, sofern man sich nicht dem vordergründigen Nutzungsbegriff der Einschaltquotenmessung unterwerfe und den Akt des Einschaltens bzw. Gerätebetriebs mit „viewing" gleichsetze. Immerhin hat die empirische Massenkommunikationsforschung auch Daten zutage gefördert, die zumindest Grobdifferenzierungen zwischen passiver Nutzung (z. B. Nutzung der Geräusch- und Bildkulisse des Fernsehens als Begleitkulisse für Hausarbeiten wie Bügeln usw.), habitueller Nutzung (bei stark reduzierter Aufmerksamkeitsschwelle) und relativ starker Partizipation an Programmen ermöglichen. Auch Präferenzen und Abneigungen bestimmter Zuschauergruppen sowie Wanderungsbewegungen („Programmslalom") innerhalb des Programmangebots zu einem bestimmten Zeitpunkt sind durch die Meßverfahren der empirischen Nutzungsforschung relativ genau darstellbar. Doch schon die Frage nach dem Warum der Zuwendung zu oder Abwendung von bestimmten Programmangeboten ist mit dem Instrumentarium der empirischen Sozialforschung nicht mehr hinlänglich genau beantwortbar. Darstellbar ist in diesem methodischen Rahmen vorwiegend die Extensität von Mediennutzung. Die Intensität der Zuwendung zu Programmen, ihre subjektive Verarbeitung durch die Rezipienten oder gar Einstellungsprägungen oder Einstellungsveränderungen durch die Nutzung von TV-Programmen entzieht sich weitgehend dem analytischen Instrumentarium quantifizierender Forschungsansätze. Technische Innovationen wie die Einführung der Fernbedienung haben überdies partiell auch zu neuen Nutzungsformen im Umgang mit dem Non-Stop-Betrieb Fernsehen beigetragen und es Zuschauern erleichtert, sich ihr eigenes 'Programm' aus dem unablässigen Fluß der Fernsehbilder zu 'mixen' oder auch die Monotonie der standardisierten Bilderwelten spielerisch zu konterkarieren.

Selbst hochgradig sterotypisierte Genres wie die Soap Opera erfreuen sich – wie etwa die Forschungen von Dorothy Hobson in Großbritannien belegen konnten – einer keineswegs nur passiven, zerstreuten Wahrnehmung durch ihre Rezipienten, sondern werden auf unterschiedliche Weise in den Alltag integriert oder zum Teil auch zum Gegenstand kritischer Distanzierung bei ihrem Zielgruppenpublikum.

4. Genres und Präsentationsformen im historischen Wandel

Wie schon viele der Genres und Präsentationsformen des historisch älteren Massenmediums Hörfunk, so sind auch die Genres und Präsentationsformen des Fernsehens keineswegs 'traditionslos', sondern insbesondere in ihrer Entstehungsphase weitgehend durch die Wirksamkeit und Dauerhaftigkeit medienübergreifender Gattungen beeinflußt. Ihre Ausformung steht – wie schon ein Blick auf die längst historisch gewordenen Frühformen so unterschiedlicher Genres wie Nachrichtensendungen, Theatersendungen, Show oder Kabarett erkennen läßt – zunächst im Zeichen eines „stilistischen Trägheitsprinzips" (vgl. Bausinger 1972; Straßner 1980), von dessen Übermacht sich das Fernsehen – wie auch seine Vorläufer-Medien – erst im Verlauf eines längeren historischen Zeitraums partiell befreien konnte.

Seine Spezifik entfaltet das Medium Fernsehen zunächst weniger auf der Ebene der Präsentationsformen und Genres, sondern auf den elementaren Ebenen seiner technischen und institutionellen Konstitution. Die Veränderung der technischen und institutionellen Rahmenbedingungen des Fernsehens geht – wie etwa die Einführung der Magnetaufzeichnungstechnik Ende der fünfziger Jahre oder die Beseitigung des öffentlich-rechtlichen Monopols zugunsten eines dualen Fernsehsystems in den achtziger Jahren veranschaulichen können – in der Regel mit gravierenden Veränderungen der Präsentationsformen und internen Strukturveränderungen einzelner Genres einher. Gleichwohl ist der historische Wandel einzelner Genres keineswegs umstandslos mit den Zäsuren der Technik- und Institutionsgeschichte synchronisierbar, zumal sich auch innerhalb der Programmgeschichte des Fernsehens die Ungleichzeitigkeit des Gleichzeitigen als dominant erweist. So steigt beispielsweise Ende der neunziger Jahre – nicht nur aus Kostengründen – gegenläufig zum generellen Trend zur 'Filmisierung' der Fernsehproduktion auch die Zahl der (mit vergleichsweise geringen Kosten verbundenen) Studio-Sendungen (Talkshows, Koch-Studios, Talk-Line-Sendungen usw.).

So sichert sich – ungeachtet der Expansion einschaltquoten-trächtiger Unterhaltungsangebote – ein reiner Dokumentations- und Nachrichten-Kanal wie 'Phoenix' seinen Platz als Spartenkanal in einer nach wie vor auf Programmvermehrung und Wachstum ausgerichteten Fernsehlandschaft der neunziger Jahre.

Die Expansion des Programmangebots, der Ausbau der Vollprogramme zum 24stündigen Programmfluß (bei einigen privaten Anbietern und tendenziell auch bei den öffentlich-rechtlichen Anstalten ARD und ZDF) zöge höchstwahrscheinlich auf Seiten der Nutzer eine erhebliche Orientierungsnot nach sich, wenn dem permanenten Programmfluß nicht auch eine verschärfte Segmentierung der Programmabläufe sowie auch eine zunehmende interne Segmentierung der Genres gegenüberstünden. Große Formate (wie z. B. mehrstündige Literaturverfilmungen oder Opernübertragungen) verlieren an Bedeutung zugunsten einer forcierten Kleinteiligkeit, die zahlreiche „Einstiegsstellen" insbesondere auch für jene Publikumsschichten ermöglicht, die einer habituellen Nutzung des Mediums den Vorrang vor einer selektiven Nutzung einräumen. Magazinierung und Serialisierung des Programms stiften einerseits Kontinuität und leichtere Orientierung, verändern aber einzelne Genres auch von innen heraus und bleiben auch nicht ohne Auswirkungen auf die Präsentationsformen.

Nicht unerheblich wird dieser Trend durch den verschärften Wettbewerb um Sehbeteiligung (vergegenständlicht in der Meßgröße Einschaltquote) begünstigt: die vorauseilende Unterwerfung unter die unerwünschten Folgen des sog. 'shit-click-factors' hat längst auch die industrielle Fabrikation fiktionaler Sendungen diesseits des Atlantiks erreicht, auch wenn die Bezeichnung aus der Fernsehindustrie der Vereinigten Staaten stammt, wo sie die Maxime umschreibt, daß es notwendig sei, die Zuschauer unbedingt schon in den ersten achtzig Sekunden eines Programms durch spektakuläre Effekte oder Sensationalisierung an ein Programmangebot zu 'binden', ansonsten stelle sich unweigerlich der besagte Faktor in Gestalt der Abwendung durch Klicken der Fernbedienung ein.

Selbst wenn sich die kommerziellen Anbieter dieser Produktgestaltungs-Philosophie im dualen Fernsehsystem deutscher Prägung nicht unterwerfen würden, so wäre sie doch schon allein durch den hohen Anteil der Sekundärverwertung US-amerikanischer TV-Produktionen in ihrem Programmangebot fest verankert. Da überdies auch öffentlich-rechtliche Anbieter sich in einer vom Marktnexus dominierten Wettbewerbs-Situation bewegen, bleiben auch ihre Programmangebote der Option ausgesetzt, sich den Zwängen der kurzfristigen Erfolgsmaximierung auszuliefern und z. B. auch in der Exposition von 'Tatorten' oder den Spannungsbögen von TV-Serien den extrem verkürzten 'Toleranzbereitschaften' von Fernsehnutzern Rechnung zu tragen.

Angesichts dieser Konstellationen können auch Genres und Programmangebote, die nicht auf die Segmentierung durch Unterbrecherwerbung hin angelegt waren und sind, sich auf der Ebene der Produktgestaltung durchaus Mustern assimilieren, die gewissermaßen von 'außen', d. h. durch rigorose Durchsetzung des 'Markt'-Prinzips importiert werden. Insoweit sich solche Assimilationen und eine mit ihnen verbundene Angleichung der Programmangebote von öffentlich-rechtlichen und kommerziellen Anbietern auf der Ebene der Produktgestaltung nachweisen ließen, wäre durchaus von unmittelbar ästhetischen Auswirkungen der institutionellen und technischen Veränderungen des Fernsehsystems auszugehen, wenn auch stets in Rechnung zu stellen ist, daß die Sehgewohnheiten der Zuschauer nicht beliebig manipulierbar sind und auch Ende der neunziger Jahre all jenen Programmangeboten, die einer 'Beschleunigung' der Wahrnehmung Vorschub leisten oder auch nur Rechnung tragen, eine erhebliche Zahl von Programmangeboten gegenübersteht, die – wie etwa die 'Volksmusik'-Sendungen – auf extrem verlangsamte Sehgewohnheiten angelegt sind oder – wie die Themenabende bei einem Anbieter wie arte – ein z. T. erhebliches Ausmaß an intellektueller Belastbarkeit beim Rezipienten voraussetzen. Als untrügliches Indiz dieser permanenten Gleichzeitigkeit des Ungleichzeitigen darf auch der Sachverhalt veranschlagt werden, daß die im In- und Ausland mit Abstand erfolgreichste Krimi-Serie des deutschen Fernsehens, die ZDF-Produktion 'Derrick', bezeichnenderweise ebenfalls einem verlangsamten Erzählrhythmus huldigt, und dies nicht nur, weil ihr Autor Herbert Reinecker auch im fortgeschrittensten Alter immer noch an einer demonstrativ 'altmodischen' Bedächtigkeit der Stilmittel festhält, sondern u. a. dank der von ihm favorisierten ruhigen 'Gangart' mehr Raum für eine emotionale Involvierung der Zuschauer in das Geschehen ermöglicht als dies aktionsbedingte Serien vermöchten.

Gleichwohl trägt auch der Umstand, daß sich das Fernsehen als Komposit-Medium der unterschiedlichsten Genres bemächtigt, dazu bei, daß die Trendwechsel innerhalb der jeweiligen Genres keineswegs einem 'übergreifenden', alle Genres gleichermaßen und zeitgleich durchdringenden Paradigmawechsel folgen, sondern zwischen den einzelnen Genres das Moment der Asynchronität als das bestimmende Moment des Wandels erweist.

Dies illustriert in wünschenswerter Prägnanz auch der Beitrag zur Entwicklung der Präsentationsformen und Texttypen der Fernsehnachrichten, dessen Autoren darauf verweisen, daß sich für die Entwicklung von Fernsehnachrichten-Sendungen andere Einflußgrößen als relevant erweisen als für die Entwicklung fiktionaler Sendungen und daß sich für das journalistische Genre der Nachrichtensendungen generell „medienpolitisch und medienrechtlich relevante Kräfte" als maßgeblicher erweisen als die „ästhetisch-künstlerische Gestaltung der Sendungen".

Die Autoren sehen die Entwicklung und partiell auch den Wandel der Fernsehnachrichtensendungen als Texttypus durch die Eckdaten 1952, 1956, 1963, 1984 sowie 1990 gekennzeichnet. Ihr Periodisierungsmodell stützt sich vor allem auf institutionsgeschichtliche, medienpolitische und gesellschaftsgeschichtliche Zäsuren, die mittelfristig auch für die Erscheinungsformen von Nachrichtensendungen und deren Stellenwert im Gesamtprogramm von Bedeutung sind.

Zumindest die Eckdaten 1963 (Gründung des ZDF) sowie 1984 (Etablierung eines dualen Systems und – damit einhergehend – Installierung einer dauerhaften Konkurrenzsituation von öffentlich-rechtlichen und kommerziellen Anbietern unter Marktbedingungen) erweisen sich auch für andere Fernsehgenres, z.B. für so unterschiedliche Genres wie die politischen Magazine und die Fernsehsendungen nach literarischer Vorlage, als bedeutsame Zäsuren auch mit Blick auf die Präsentationsformen bzw. die ästhetisch-künstlerische Gestaltung der betreffenden Genres. Ob hingegen die Deregulierung der Rundfunkmärkte und die neuen Verbreitungsmöglichkeiten von Fernsehnachrichten über Satellit und Kabel tatsächlich mit dem Ende einer durch „Oligopole bzw. tendenziell durch Monopole geprägten Angebotsstruktur im Fernsehnachrichtenbetrieb" einhergeht, erscheint angesichts der Konzentration (medien)wirtschaftlicher Macht in den Händen von Medien-Mogulen wie Ted Turner oder Silvio Berlusconi überaus zweifelhaft.

Für 'religiöse Sendungen' im deutschen Fernsehen stellt sich die Frage nach ihrer Entwicklung und dem Wandel ihrer Präsentationsformen insofern auf ganz andere Weise als für die fiktionalen oder journalistischen Genres, als religiöse Sendungen kein eigenes Genre hervorgebracht haben, sondern an den bereits existierenden, unterschiedlichsten Genres partizipieren. Die Übertragung von Gottesdiensten partizipiert in typologischer Hinsicht an den Präsentationsformen des Dokumentarismus und der Reportage, ohne indes für deren mitunter stark ausgeprägte Distanz zum Objekt der Übertragung offen zu sein. Der traditionsreichste Texttypus, das 'Wort zum Sonntag', exponiert seine Nähe zum Hörfunk und wurde deshalb nicht ohne Grund als eine Form des „bebilderten Hörfunks" charakterisiert, wenngleich nicht zuletzt die intimisierenden Stilmittel der Kameraführung dem Zuschauer den Zugang zur religiösen Botschaft erleichtern, sofern er sich denn aus einer Position des Vertrauens der eindimensionalen Ausrichtung des Kommunikationsvorgangs auszusetzen bereit ist.

Magazine, die auf die Behandlung religiöser und kirchlicher Themen spezialisiert sind, bedienen sich grundsätzlich der gleichen Formen, deren sich auch die auf andere Themenbereiche spezialisierten Magazine bedienen. Sie unterliegen im Wandel der Präsentationsformen weniger dem Wechsel ihrer inhaltlichen Schwerpunkte als dem Wandel der journalistischen Formen, der sich für das Magazin-Genre generell als prägend erweist. Allerdings setzt der Programmauftrag, dem sie gerecht werden sollen, ihrer formalen Variationsbreite einstweilen noch Grenzen, die in multithematisch ausgerichteten Magazinen überschritten werden könnten: Selbstpersiflage, ironische Distanz zum Gegenstand der Behandlung oder gar die Funktionalisierung religiöser Themen zum Gegenstand spielerischen Entertainments bleiben als Grenzauflösungen der Sendeform vorerst ausgeschlossen.

Insoweit religiöse Botschaften auch durch fiktionale Formate (Fernsehfilm, Pfarrhaus-Serie u.ä.) vermittelt werden sollen und diese Vermittlungsversuche religiöser oder christlicher Werte überhaupt noch dem Bereich der „religiösen Sendungen" zugeordnet werden können, unterliegt auch dieser Texttypus den für den Wandel des betreffenden Genres symptomatischen Trends und Konjunkturen.

Was für die religiösen Sendungen im Fernsehen gilt, trifft in nicht geringerem Maße auch für die Wissenschaftsprogramme zu, die weitaus stärker noch als die religiösen Sendungen als 'Marginalressorts' gelten. Bezeichnenderweise gibt es die Wissenschaftsprogramme – wie Richard Brunnengräbers Beitrag dokumentiert – überhaupt nur im Programmangebot der öffentlich-rechtlichen Anstalten (und dort vornehmlich in deren Dritten Programmen). Hinsichtlich der Präsentationsformen dominieren die Genres Magazin und Dokumentation seit den Anfängen des Wissenschaftsjournalismus im deutschen Fernsehen. An dem Wandel ebendieser Genres partizipieren partiell auch die Wissenschafts-Sendungen. Sie blieben jedoch – im Vergleich zu den politischen Magazinen oder den Kulturmagazinen – wie die Wirtschaftsmagazine einem vergleichsweise logo-zenrierten Präsentationsstil verpflichtet und dies ganz unabhängig von den inhaltlichen Trends, die z. T. dem Wandel des Zeitgeistes Tribut zollen. Während etwa der Dokumentarismus im Zuge eines Verlusts von Aufklärungsoptimismus auch seine tradierten Formen z. T. radikal in Frage stellte, um den Schein von Objektivität als Illusion zu dekouvrieren, korrespondiert der Trendwechsel von z. T. naiver Fortschritts- und Technikgläubigkeit hin zu einer zugespitzten Technik-Kritik (wenn nicht gar Wissenschaftsfeindlichkeit) innerhalb der Wissenschaftssendungen kaum mit formalen Konsequenzen hinsichtlich der Präsentationsformen.

Formale Innovation deutet sich allerdings, und dies durchaus in Anlehnung an genreübergreifende Trends der Fernsehentwicklung, in den Versuchen an, Wissenschaftsberichterstattung aus dem Ghetto der Expertenkommunikation zu befreien und in den Diskursrahmen von Massenkommunikation zu transponieren. Daß sich die journalistischen Kommunikatoren der mit Abstand populärsten Wissenschafts-Sendung des deutschen Fernsehens in den neunziger Jahren, der Knoff-Hoff-Show im ZDF, bezeichnenderweise des Show-Formats bedienen, markiert in stilistischer Hinsicht einen Aufbruch zu neuen Ufern. Allerdings bleibt auch dieser Versuch von dem Grundproblem des televisionären Wissenschaftsjournalismus tangiert, daß sich nur ein vergleichsweise geringes Spektrum neuerer naturwissenschaftlicher Erkenntnisse im Rahmen dieses Formats zugleich anschaulich als auch unterhaltsam vermitteln läßt, da Show-Sendungen generell auf Sichtbarkeit angewiesen sind. Das Experiment als wissenschaftliche Methode ist dem Show-Format insofern leichter kommensurabel als die Abstraktion.

Wenn von Entwicklung und Wandel televisionärer Genres und Präsentationsformen die Rede ist, sind bei einem grenzüberschreitenden Medium wie dem Fernsehen auch die mit der Internationalisierung des Mediums einhergehenden externen Einflußfaktoren nicht als gering zu veranschlagen. Vor allem britische und US-amerikanische Vorbilder erwiesen sich bekanntlich für die Geschichte einzelner Genres und die ihrer Präsentationsformen als maßgeblich. Schon Genre-Bezeichnungen wie Soap Opera, Show oder Talk Show lassen erkennen, daß viele beim Publikum überaus beliebten Programmformen nicht auf genuin 'nationale' Entstehungskontexte rekurrieren, sondern Importe aus dem anglo-amerikanischen Sprachraum sind oder auch Imitate von Modellen, die sich in diesem Kulturraum ausgebildet und durchgesetzt haben.

In besonderem Ausmaß gilt dies auch für das Genre Talkshow, das – wie etwa auch die Soap Opera – zunächst für den Hörfunk konzipiert wurde und aus dieser radiophonen Tradition heraus für das jüngere Medium Fernsehen transformiert wurde. In den USA setzte sich das Genre TV-Talkshow schon Anfang der fünfziger Jahre durch, zu einem Zeitpunkt also, in dem sich das Fernsehen der Bundesrepublik Deutschland noch im embryonalen Entwicklungsstadium befand und zunächst auch keine Affinität zu vielen Programmformaten der kommerziellen US-amerikanischen TV-Industrie suchte. Erst zwei Jahrzehnte später, als sich amerikanische Einflüsse in anderen Genres (z. B. in Western-Serien, Rate-Sendungen, Krimi-Serien oder Shows) längst Ausdruck verschafft hatten, wurde die Talkshow als Genre auch im deutschen Fernsehen als Programmform installiert. Ungeachtet seiner Popularität blieb das Genre innerhalb des Programmangebots der öffentlich-rechtlichen Anstalten im Vergleich zu Fernsehspiel, Nachrichtensendung oder Unterhaltungs-Show ein eher randständiges Genre. Erst die Etablierung eines dualen Fernsehsystems Mitte der achtziger Jahre schuf die Voraussetzung für eine auf stetes Wachstum angelegte Konjunktur des Genres, die sich in den neunziger Jahren ihrem Höhepunkt näherte. Die infaltionäre Vermehrung der Talkshow-Sendungen ist nicht zuletzt auch darauf zurückzuführen, daß Talkshows in betriebswirtschaftlicher Hinsicht eine konkurrenzlos günstige Kosten-Nutzen-Relation für sich reklamieren können: mit extrem niedrigen Produktionskosten wird eine im Vergleich zur finanziellen Investition extrem hohe Sehbeteiligung erreicht, was insbesondere den privaten Anbietern (aber nicht nur ihnen) Anlaß ist, in immer kürzeren Intervallen neue Talkshows in ihr Programmangebot aufzunehmen. Derzeit werden dem deutschen Publikum wöchentlich (einschließlich der in Originalsprache über Kabel und Satellit verbreiteten Talkshows ausländischer Herkunft) ca. 80–90 Talk-Show-Sendungen offeriert. Die quantitative Ausbreitung des Genres in den achtziger und neunziger Jahren geht – wie der Beitrag von Heinrich Löffler nachweist – auch mit einer größeren Variationsbreite seiner Präsentationsformen einher. Formale Innovationen sind jedoch nur begrenzt als Ausdruck der kreativen Eigendynamik des Genres zu veranschlagen. Sie erweisen sich häufig als Imitat neuerer US-amerikanischer Formate. Der inflationären Ausbreitung des Genres im Programmangebot der neunziger Jahre steht auch eine steigende Mortalitätsrate von kurzfristig erfolgreichen Talk-Shows gegenüber, die – wie das Beispiel „Schreinemakers live" illustriert – trotz stattlicher Einschaltquoten eingestellt werden, wenn sich ihr Format verbraucht hat oder hinter die Gewinn-Erwartungen der Programm-Verantwortlichen zurückfällt.

Wie bei der Talkshow, so handelt es sich auch beim Genre Game Show um eine aus dem US-amerikanischen Kulturraum importierte Programmform, die – auch in dieser Hinsicht der Talkshow vergleichbar – ursprünglich für das Medium Radio entwickelt wurde und später vom Fernsehen für seine Zwecke adaptiert wurde. Die Entstehungsgeschichte dieses Genres in den USA reicht – wie der Beitrag von Gerd Hallenberger aufzeigt, bis in die dreißiger Jahre dieses Jahrhunderts zurück, als das Radio neben dem Film noch die Rolle des Leitmediums in den USA für sich beanspruchen konnte. Als aufschlußreich erweisen sich auch mit Blick auf dieses Genre die historischen Phasenverschiebungen, die den Import dieses Genres in die deutsche Medienlandschaft regulieren. Das Radio greift mit einer Verzögerung von nahezu zwei Jahrzehnten auf die radiophonen amerikanischen Muster des Genres zurück, d.h. zu einem Zeitpunkt, als sich in den USA bereits das Fernsehen der Programmform bemächtigte. Das bundesdeutsche Fernsehen dagegen greift auf sie schon in seinen Anfängen zurück, allerdings unter Verzicht auf die pure Imitation transatlantischer Muster, die in den sechziger Jahren zunehmend ihre Funktion als Vorbilder und Orientierungsgrößen einbüßen. Bezeichnenderweise schafft erst die Beseitigung des öffentlich-rechtlichen Fernsehmonopols Mitte der achtziger Jahre die Voraussetzungen für eine 'Reamerikanisierung' des Genres durch die kommerziellen TV-Anbieter, in deren Programmangebot die nicht sonderlich kostenaufwendige Sendeform eine epidemische Ausbreitung erfährt. Das formale Spannungsverhältnis zwischen Konstanz (die schon durch das relativ starre Format der Programmform garantiert wird) und Innovation bzw. Variation erweist sich auch für die Entwicklungsgeschichte der Game Shows als symptomatisch. Allerdings verläuft – wie Hallenbergers Beitrag veranschaulicht – die Adaption amerikanischer Formate keineswegs eingleisig im Sinne einer Integration durch Ankauf von US-Programmen, sondern unter Assimilation an nationale medienkulturelle Kontexte, die ihre Bedeutung als Ferment der Genreentwicklung nicht gänzlich einbüßen. Gleichwohl erweist sich gerade bei jenen Programmformen, die – wie etwa die Talkshow oder die Game Shows – auf Modelle des US-Fernsehens zurückgreifen, das Moment des Wandels als vergleichbar schwach ausgeprägt. Darüber kann auch der häufige Wechsel von Moderatoren und (in geringerem Umfang) Moderations-Stilen nicht hinwegtäuschen.

Als weitaus facettenreicher stellt sich im Vergleich zu diesen hochgradig standardisierten Produkten die Entwicklung und interne Ausdifferenzierung der fiktionalen Gattung Fernsehspiel dar, die Knut Hickethiers Beitrag rekonstruiert. Ihre Anfänge reichen in Deutschland bis in die dreißiger Jahre dieses Jahrhunderts zurück, sofern man die auf den Raum Berlin beschränkte 'Laborphase' der Fernsehgeschichte in die Historiographie mit einbezieht und das Kriterium der allgemeinen Zugänglichkeit als konstitutives Definitionsmerkmal von Massenmedien aus forschungspragmatischen Erwägungen vernachlässigt. Selbst für die unmittelbare Nachkriegszeit gilt bekanntlich diese Einschränkung noch, wenngleich die zwischen 1948 und 1952 vom NWDR in Hamburg produzierten Fernsehspiele nicht mehr für ein nur lokal begrenztes Testpublikum produziert und ausgestrahlt, aber doch auch auf Grund der noch extrem geringen Verbreitung von Empfangsgeräten nur von einer Minderheit von Bundesbürgern empfangen werden konnten.

Die Veränderungen des Genres interferieren z.T. erheblich mit technikgeschichtlichen Zäsuren, die sich für die Fernsehentwicklung nach dem Beginn einer bundesdeutschen TV-Produktion im Jahre 1952 als konstitutiv erwiesen.

Die noch ganz im Zeichen der kulturellen Selbstlegitimation des Fernsehens stehende Phase der studio-zentrierten Live-Produktion trägt auch in der Auswahl der Stoffe und literarischen Vorlagen dem Programmauftrag „Bildung" nachhaltig Rechnung, ohne den Informations- und Unterhaltungsauftrag zu vernachlässigen. Doch die technisch bedingte Beschränkung auf live-Produktion setzte auch der Ausschöpfung kreativer Potentiale Grenzen, zwang zum Rekurs auf Theater und Hörspiel als literarische Genres und Ressourcen. Erst die sich seit 1957 eröffnende Möglichkeit der Magnetaufzeichnungstechnik schuf die Voraussetzung für eine 'Filmisierung' der Fernsehspielproduktion, die sich in den sechziger Jahren durchsetzen konnte. Der Wandel der Produktionsform öffnete das Genre sowohl für die Gestaltung epischer Stoffe und Literaturvorlagen als auch für neonaturalistische Erkundungen des gesellschaftlichen Alltags in fiktionaler oder semidokumentarischer Gestalt. Doch nicht alle technikgeschichtlichen Zäsuren erwiesen sich als vergleichbar signifikant für die Entwicklungsgeschichte des Genres. Die Erschließung neuer elektronischer Techniken wie das Blue Box-Verfahren oder die Digitalisierung des Fernsehens in den neunziger Jahren erwiesen sich für nicht-fiktionale Genres als weitaus folgenreicher als für die Präsentationsformen des Fernsehspiels bzw. Fernsehfilms. Die – auch durch die ökonomische Konkurrenz begünstigte – Animosität zwischen Filmwirtschaft und Fernsehanstalten, wich erst zwei Jahrzehnte nach Beginn der neueren bundesdeutschen Fernsehgeschichte einer gleichwohl weiterhin von Konflikten begleiteten Kooperation, der beide Medien innovative Impulse verdankten.

Nicht im Zeichen des Medienverbunds, aber doch in dem der kreativen Permutation der Medien Film und Fernsehen stand auch in der Folgezeit die Entwicklung des Genres, das sich nicht zuletzt dank seiner inneren Ausdifferenzierung bis in die unmittelbare Gegenwart auch in quantitativer Hinsicht als unverzichtbare Programmform behaupten konnte und – soweit absehbar – auch in Zukunft behaupten wird, denn der Bedarf an Fiktion ist weiterhin immens groß und der Programmhunger des Fernsehens nicht minder.

Auf welchem Anmutungs-Niveau er in Zukunft gestillt werden wird, ist eine ganz andere Frage. Nicht wenige aus dem Kreis derjenigen, die den Programmhunger stillen sollen, sehen – wie Matthew Ody, der für die US-Fernsehgesellschaft NBC Programme verkauft – ihre Situation fernab aller Euphorie: „Es ist schlicht unmöglich seinen Output zu vergrößern und dabei ein gleichbleibendes Qualitätsniveau zu halten."

5. Literatur

Bosshart, Louis, Dynamik der Fernsehunterhaltung, Freiburg/Schweiz 1979

Bourdieu, Pierre, Über das Fernsehen, Frankfurt a.M. 1998

Brunnengräber, Richard, Wissenschaft und Medien, Bonn 1988

Dehm, Ursula, Fernsehunterhaltung. Zeitvertreib, Flucht oder Zwang? Mainz 1984

Faulstich, Werner (Hrsg.), Vom „Autor" zum Nutzer: Handlungsrollen im Fernsehen, München 1994

Fiske, John, Television Culture, London/New York 1987

Foltin, Hans-Friedrich, Die Talkshow. Geschichte eines schillernden Genres. In: Unterhaltung, Werbung, Zielgruppenprogramme. Hrsg. v. Hans-Dieter Erlinger/Hans-Friedrich Foltin, München 1994, 69–112

Gellner, Winand, Ordnungspolitik im Fernsehwesen: Bundesrepublik Deutschland und Großbritannien, Frankfurt a.M. 1990

Goodfield, June, Wissenschaft und Medien, Basel 1983

Hallenberger, Gerd/Hans-Friedrich Foltin, Unterhaltung durch Spiel, Berlin 1990

Hickethier, Knut (Hrsg.), Institution, Technik und Programm. Rahmenaspekte der Programmgeschichte des Fernsehens, München 1993

–, Das Fernsehspiel der Bundesrepublik Deutschland. Stuttgart 1980

–, Film- und Fernsehanalyse, Stuttgart 1993

Hobson, Dorothy, 'Crossroads': Drama of a Soap Opera, London 1982

Holly, Werner/Ulrich Püschel, Sprache und Fernsehen, Heidelberg 1996

Kreimeier, Klaus, Lob des Fernsehens, München 1995

Kreuzer, Helmut (Hrsg.), Fernsehforschung und Fernsehkritik, Göttingen 1980

–,/Karl Prümm (Hrsg.), Fernsehsendungen und ihre Formen, Stuttgart 1979

–,/Heidemarie Schumacher (Hrsg.), Magazine audiovisuell, Berlin 1988

Ludes, Peter (Hrsg.), DDR-Fernsehen intern, Berlin 1990

–,/Heidemarie Schumacher/Peter Zimmermann (Hrsg.), Informations- und Dokumentarsendungen, München 1994

Schanze, Helmut (Hrsg.), Fernsehgeschichte der Literatur, München 1996

–,/Bernhard Zimmermann (Hrsg.), Das Fernsehen und die Künste, München 1994

Straßner, Erich, Fernsehnachrichten. Eine Produktions-, Produkt- und Rezeptionsanalyse, Tübingen 1982

Tulloch, John, Television Drama, London 1990

Wenders, Wim, „Das Kino könnte der Engel sein". In: Der Spiegel, 43 (1987) 235

Winkler, Hartmut, Switching, Zapping, Frankfurt a. M. 1991

*Bernhard Zimmermann, Marburg
(Deutschland)*

223. Entwicklung, Funktion, Präsentationsformen und Texttypen der Fernsehnachrichten

1. Ansätze der Fernsehnachrichten-Forschung
2. Fernsehnachrichten aus der Perspektive der hypothesenprüfenden quantitativ-empirischen Kommunikationsforschung
3. Fernsehnachrichten aus der Perspektive der historisch-kritischen Medienforschung
4. International vergleichende Nachrichtenforschung und Öffentlichkeitswandel
5. Literatur

1. Ansätze der Fernsehnachrichten-Forschung

Im Unterschied zur Entwicklung fiktionaler Sendungen sind für die Entwicklung von Fernsehnachrichtensendungen journalistisches Selbstverständnis, Programmschemata, internationale Konkurrenz – oder allgemeiner gesagt: das Orientierungssystem der Kommunikatoren – sowie medienpolitisch und medienrechtlich relevante Kräfte maßgeblicher als die ästhetisch-künstlerische Gestaltung der Sendungen. Dementsprechend wurden Fernsehnachrichtensendungen aus verschiedenen Forschungsperspektiven und mit unterschiedlichen Forschungsmethoden analysiert.

2. Fernsehnachrichten aus der Perspektive der hypothesenprüfenden, quantitativ-empirischen Kommunikationsforschung

Die Analyse von Fernsehnachrichten aus kommunikationswissenschaftlicher Perspektive ist vor dem Hintergrund breiter angelegter empirischer Forschungstraditionen zu verstehen. Dabei sind Fernsehnachrichten als eine hinsichtlich des Informationstypus (Nachrichten im Unterschied etwa zu fiktionalen Genres) und hinsichtlich des Mediums (Fernsehen im Unterschied etwa zu Hörfunk und Presse) spezifizierte Form massenmedial vermittelter Informationen zu betrachten. Im Zentrum der hypothesenprüfenden kommunikationswissenschaftlichen Beschäftigung mit diesem Gegenstandsbereich standen vor allem zwei Fragen: (1) die Frage nach den *Kriterien der Nachrichtenauswahl*, (2) die Frage nach der *Wirkung von Nachrichten* auf die Rezipienten. Beide Untersuchungsfragen wurden zumeist isoliert betrachtet, was zu einer Differenzierung in zwei Gegenstandsbereiche empirischer kommunikationswissenschaftlicher Forschung und Theoriebildung führte. Erst in jüngerer Vergangenheit finden sich Ansätze, die versuchen, Nachrichtenselektion und Nachrichtenwirkung auf der Grundlage derselben theoretischen Annahmen zu erklären. Beispiele hierfür sind etwa das dynamisch-transaktionale Modell (Früh 1991), das Konzept der instrumentellen Aktualisierung (Kepplinger 1989a, Kepplinger et al. 1991) oder Weiterentwicklungen des „Agenda Setting"-Ansatzes (Iyengar 1991).

Die *methodische Vorgehensweise* der meisten Untersuchungen in beiden Forschungsbereichen basiert auf den etablierten quantitativen Verfahren der empirischen Sozialforschung: kontrollierte Beobachtung, Befragung, Inhaltsanalyse und Experiment. Häufig wurden auch verschiedene Methoden miteinander verknüpft, beispielsweise teilnehmende Beobachtungen in Redaktionen mit Journalistenbefragungen oder Inhaltsanalysen mit Bevölkerungsumfragen. Zu erwähnen ist darüber hinaus die – vor allem in jüngster Zeit immer wieder geforderte – Kombination standardisierter quantitativer Herangehensweisen mit qualitativen Verfahren in Multi-Methoden-Designs.

2.1 Die *Kriterien der Nachrichtenauswahl* wurden im wesentlichen aus der Perspektive von drei Forschungstraditionen analysiert, die sich weitgehend unabhängig voneinander seit den fünfziger Jahren etablierten (Kepplinger 1989b; Staab 1990a): Gatekeeper-Forschung, 'News Bias'-Forschung und Nachrichtenwert-Theorie. Die empirischen Befunde sind auf den ersten Blick disparat, lassen sich jedoch unter einem komplexeren theoretischen Modell der journalistischen Nachrichtenauswahl integrieren.

2.1.1 Untersuchungen im Rahmen der *Gatekeeper-Forschung* (White 1950; Shoemaker 1991) hoben auf die Filterfunktion von Journalisten ab, die aus einer kaum zu überschauenden Vielzahl von Ereignissen und Meldungen nur wenige zur Veröffentlichung auswählen können. Die Mehrzahl der Studien kam zu dem Ergebnis, daß Journalisten im wesentlichen passive Informationsvermittler sind, deren Rolle sich auf das Kürzen von Meldungen reduziert; einige Studien konzentrierten sich auch auf die Einflüsse von organisatorischen Strukturen und von Quellen (und deren Interessen) auf die journalistischen Auswahlprozesse. Detaillierte Inhaltsanalysen der Medienberichterstattung wurden hier allerdings nicht vorgenommen (Hagen 1994).

2.1.2 Untersuchungen im Rahmen der *'News Bias'-Forschung* (Hackett 1984) stellten die Frage nach Einseitigkeit oder Ausgewogenheit in der journalistischen Nachrichtenauswahl. Im Zentrum standen hier die Untersuchung systematischer Abweichungen von der Maxime der Gleichbehandlung divergierender Positionen (beispielsweise im Wahlkampf), der Vergleich zwischen der Bedeutsamkeit von Themen, Ereignissen und (sozialen oder politischen) Problemen in der „Realität" und der „Medienrealität" sowie die Frage nach dem Einfluß der politischen Einstellungen und Meinungen von Journalisten auf ihr Selektionsverhalten. Die Ergebnisse zeigten, daß Nachrichtenauswahl und Berichterstattung häufig einseitig sind, von der (an externen Indikatoren, beispielsweise amtlichen Statistiken, operationalisierten) 'Realität' abweichen und wesentlich von den subjektiven Wertvorstellungen der Journalisten geprägt werden; es erfolgt häufig eine Synchronisation von Nachricht und Meinung (Schönbach 1977; Donsbach 1991a).

2.1.3 Untersuchungen im Rahmen der *Nachrichtenwert-Theorie* (Galtung/Ruge 1965; Schulz 1976) versuchen, Nachrichtenauswahl und Berichterstattung anhand von „objektiven" Kriterien von Ereignissen und Meldungen (Nachrichtenfaktoren) zu erklären. Die Ergebnisse der Untersuchungen ergaben, daß Nachrichtenumfang und – deutlich schwächer ausgeprägt – Nachrichtenplazierung mit der Anzahl und Intensität von Nachrichtenfaktoren zusammenhängen. Historisch vergleichende, längerfristig angelegte Studien wiesen auf einen Wandel einzelner Nachrichtenkriterien sowie auf medien- und genrespezifische Unterschiede hin (Wilke 1984). Im Kontext der Nachrichtenwert-Studien sind auch die vor allem kommunikationspolitisch motivierten Untersuchungen zum internationalen Nachrichtenfluß und -austausch sowie zur Rolle und Funktion von Nachrichtenagenturen (Wilke/Rosenberger 1991; Wilke 1993) zu sehen. Die Mehrzahl der Untersuchungen hob aus einer kulturkritischen Perspektive auf die Dominanz US-amerikanischer Sichtweisen ab (Kulturimperialismus).

Insgesamt legen die empirischen Untersuchungen ein komplexeres Modell nahe, das Nachrichtenauswahl und Berichterstattung als vielschichtigen Prozeß betrachtet, der *kausale und finale Aspekte* umfaßt (Staab 1990b): Journalistische Selektionsentscheidungen können sowohl Reflex auf „objektive" Aspekte von Ereignissen und Meldungen als auch Mittel zum Zweck – etwa im Dienst spezifischer politischer oder ethischer Zielsetzungen – sein. In diesem Zusammenhang sind auch *fernsehspezifische Inszenierungen* zu sehen: Fernsehnachrichten berichten zunehmend über Ereignisse, die aufgrund der erwarteten Berichterstattung einen mediengerechten Charakter erhalten (z. B. Parteitage oder Staatsbesuche), sowie über Ereignisse, die eigens zum Zweck der Berichterstattung herbeigeführt werden (wie Presseerklärungen oder Interviews). Einen zentralen Einfluß auf die Bedeutsamkeit kausaler und finaler Erklärungsmuster in journalistischen Auswahlprozessen spielen insbesondere die Relevanz des jeweiligen Themas, Ereignisses oder Problems sowie seine Kontroversität (Kepplinger 1989a).

2.2. Untersuchungen der *Wirkung von Nachrichten* beschäftigten sich – ausgehend von der Erkenntnis und Feststellung, daß Fernsehnachrichten eine zentrale Orientierungsfunktion für ihre Rezipienten besitzen – vor allem mit zwei Aspekten: dem Einfluß massenmedial vermittelter Informationen auf Meinungsbildung und Einstellungswandel sowie ihrem Einfluß auf Wissen, Kenntnisse und soziale Wahrnehmung (Lowery/De Fleur 1983; Schenk 1987). Die empirischen Befunde sind in vielerlei Hinsicht widersprüchlich, was sich zum Teil historisch, zum Teil methodisch erklären läßt, und legen – ähnlich wie bei den Kriterien der Nachrichtenauswahl – nahe, verschiedene Ansätze in komplexere theoretische Modelle zur Erklärung der Nachrichtenwirkung zu integrieren, die man unter das Paradigma der selektiven Medienwirkungen und das Paradigma der kognitiv-affektiven Medienwirkungen subsumieren kann.

2.2.1 Historisch betrachtet standen zunächst potentielle *affektive Wirkungen* der Massenmedien im Vordergrund des Forschungsinteresses (Klapper 1960), wobei die verschiedenen Studien die These minimaler Medienwirkungen zu erhärten schienen. Diese wurden einerseits mit dem Konzept des 'Two Step-Flow of Communication' erklärt (Katz 1957; Schenk 1983), das Medienwirkungen nicht als direkten, sondern als über Meinungsführer in den verschiedenen sozialen Gruppen vermittelten Prozeß betrachtet (das Konzept der Meinungsführerschaft wurde in den letzten Jahren zum Konzept der Persönlichkeitsstärke erweitert). Andererseits wurden konsistenztheoretisch begründete *Modelle selektiver Medienzuwendung und Mediennutzung* zur Erklärung des geringen Wirkungspotentials herangezogen (Donsbach 1991b). Diese Ansätze gehen davon aus, daß Individuen um Harmonie und Konsistenz zwischen ihren Einstellungen und Werten bemüht sind und deshalb Informationen selektiv aufnehmen: Medienbotschaften, die den Einstellungen und Werten eines Rezipienten widersprechen, treffen auf Widerstand. Vereinfacht und in bezug auf Fernsehnachrichten gesagt, wählen Rezipienten nur die Sendungen aus, die ihre Meinung unterstützen (selective exposure), sie nehmen nur die Meldungen wahr, die ihrer Meinung entsprechen (selective perception), und vergessen alle Meldungen, die ihrer Meinung widersprechen (selective retention).

2.2.2 Seit Beginn der siebziger Jahre verlagerte sich das Forschungsinteresse auf potentielle *kognitive Wirkungen* der Massenmedien, wobei die einzelnen Studien moderate bis starke Medienwirkungen ergaben (Kepplinger et al. 1991). Charakteristisch für diese Forschungsphase sind die lerntheoretisch fundierten Untersuchungen im Rahmen der Wissenskluftypothese, des 'Agenda Setting'-Ansatzes, der Theorie der öffentlichen Meinung und der Kultivierungshypothese. Die *Wissenskluft-Forschung* (Tichenor et al. 1970; Bonfadelli 1994) zeigte, daß insbesondere vor dem Hintergrund einer zunehmenden Diversifizierung des Mediensystems nur privilegierte Rezipienten durch gezielte Mediennutzung ihren Wissenshorizont erweitern können, während unterprivilegierte Rezipienten der Reizüberflutung erliegen und nicht in der Lage sind, gezielt Informationen auszuwählen und zu nutzen. Untersuchungen zur *'Agenda Setting'-Funktion* (McCombs/Shaw 1972; Rogers/Dearing 1988; Brosius 1994) der Massenmedien ergaben, daß diese diejenigen Themen, Ereignisse und Probleme als wichtig erachten, die die Medien selbst besonders herausstellen. Studien zur *Theorie der öffentlichen Meinung* (Noelle-Neumann 1991) zeigten, daß die Medienberichterstattung einen zentralen Einfluß auf die Vorstellung der Rezipienten von der Meinungsverteilung in der Gesellschaft ausübt, die wiederum deren Artikulationsbereitschaft beeinflußt (Schweigespirale). Untersuchungen im Rahmen der *Kultivierungshypothese* (Gerbner 1964; Melischek et al. 1984; Gerbner et al. 1986) ergaben, daß insbesondere das Fernsehen die sozialen Orientierungen und Verhaltensweisen seiner Rezipienten wesentlich steuert.

2.2.3 Seit den achtziger Jahren treten verstärkt theoretische Modelle in den Vordergrund, die verschiedene Forschungsansätze integrieren. Diese lassen sich – grob vereinfacht – unter zwei grundlegende Paradigmen subsumieren, die Medienwirkung nicht als linearen Stimulus-Response-Prozeß betrachten, sondern als das Resultat der Wechselbeziehung zwischen verschiedenen Komponenten, die eng miteinander verknüpft sind (Staab 1996):

Das *Paradigma der selektiven Medienwirkungen* betrachtet Medieneffekte als Funktion der Wechselbeziehung von Merkmalen der Medieninhalte und Merkmalen der Rezipienten. Systematische Darstellungseffekte auf Medieninhaltsseite sowie systematische Bedürfnisstrukturen und Informationsverarbeitungsprozesse auf Rezipientenseite interferieren, so daß Medienwirkungen erst aus der Interaktion zwischen beiden resultieren.

Das *Paradigma der kognitiv-affektiven Medienwirkungen* betrachtet Medieneffekte als Funktion der Wechselbeziehung von intersubjektiv prüfbaren Informationen und subjektiven Meinungen, Einstellungen und Werten. Die Medien konstruieren durch ihre Berichterstattungsstruktur einen Bezugsrahmen, den die Rezipienten unter anderem zur Beurteilung von Problemen und Personen heranziehen, so daß Medienwirkungen erst aus den kausalen Verknüpfungen und Schlußfolgerungen, die ein Rezipient aufgrund der ihm von den Medien verfügbar gemachten Informationen zieht, resultieren.

Beide Paradigmen sprechen dem Rezipienten eine aktive Rolle zu: Informationsrezeption ist kein abbildhafter Reproduktionsprozeß, sondern ein Konstruktionsvorgang, der von individuellen und situationsbedingten Prädispositionen geleitet wird. Informationsaufnahme und -verarbeitung unterliegen spezifischen Regeln (Kepplinger 1987). Ein wesentliches Ziel der empirischen Nachrichtenwirkungsforschung ist es, diese Regeln näher zu beschreiben. Dabei kann man die einzelnen Faktoren, die die potentielle Wirkung von Nachrichten strukturieren und modifizieren, zu vier Klassen zusammenfassen: Präsentationsmerkmale, Inhaltsmerkmale, Rezipientenmerkmale und Informationsaufnahmemerkmale (Brosius 1995).

Zu den *Präsentationsmerkmalen*, die die Nachrichtenwirkung steuern, gehören unter anderem die Verwendung von Stand- und Bewegtbildmaterial, die Reihenfolge, Sprachgestaltung und Informationsmenge. Bei den *Inhaltsmerkmalen* ist zwischen der 'objektiven' Kategorisierung und der subjektiven Wahrnehmung von Nachrichteninhalten zu differenzieren. Zu den *Rezipientenmerkmalen* zählen soziodemographische Charakteristika, Vorwissen, politisches Interesse, Nutzungsmotivation und psychologische Eigenschaften. Bei den *Informationsaufnahmemerkmalen* muß man die Konzepte von Behalten und Verstehen unterscheiden und detaillierter in den Blick nehmen. Die Ergebnisse (meist experimenteller) empirischer Untersuchungen zur Wirkung dieser verschiedenen Faktoren auf die Informationsvermittlung lassen darauf schließen, daß diese zusammenwirken und isoliert nur schwache Effekte ausüben.

3. Fernsehnachrichten aus der Perspektive der historisch-kritischen Medienforschung

Im Zentrum der historisch-kritischen Medienforschung standen vor allem Fragen nach (1) der Verständlichkeit von Fernsehnachrichten, (2) der historischen Entwicklung der Produktion und Präsentation von Fernsehnachrichten und (3) der Funktion von Fernsehnachrichten im Kontext des kulturellen und gesellschaftlichen Wandels.

3.1 Sprachwissenschaftliche Analysen untersuchten in der Bundesrepublik Deutschland vor allem in den siebziger Jahren den Zusammenhang von Wort- und Bildsprache für die Verständlichkeit von Fernsehnachrichtensendungen. Klaffen die verbal und visuell vermittelten Inhalte wie eine Schere auseinander (Text-Bild-Schere – Wember 1976, 1993 um das Konzept der Bauch-Kopf-Schere ergänzt), vermindert dies die Verständlichkeit. Stehen Wort- und Bildsprache in engem inhaltlichem Zusammenhang, etwa wenn Grafiken abstrakte Zusammenhänge verdeutlichen, erhöht dies die Verständlichkeit von Nachrichtensendungen. Die Produktionsroutinen des Fernsehnachrichtenjournalismus stehen diesem Anspruch oft entgegen (Straßner 1981, 1982) und führen zu einer standardisierten, formelhaften Wortsprache (Schmitz 1990).

3.2 Erst eine „funktionale Betrachtung von Text und Bild" (Muckenhaupt 1986) verdeutlicht darüber hinaus die allgemeine Kommunikations- und Orientierungsfunktion von Fernsehsendungen. Vor allem für die filmische Stereotypisierung aktueller politischer Ereignisse gewannen Fernsehnachrichten seit den fünfziger Jahren in den USA und den sechziger Jahren in der Bundesrepublik Deutschland eine Monopolstellung. Diese zunehmende gesellschaftliche Bedeutung wird im Konzept von Fernsehnachrichtensendungen als eigenem „kulturellen Diskurs", als Prozeß kollektiver, sozialer Konstruktion von Wirklichkeit (Dahlgren 1983, 1986, 1995; Newcomb/Hirsch 1986) untersucht. Seit den achtziger Jahren zeichnet sich eine Konvergenz der Programmatik dieser Forschungsrichtung mit modernen Theorien sozialer Prozesse in der Soziologie ab. Interkulturell vergleichende Studien gewinnen seit den achtziger Jahren an Bedeutung und ermöglichen es, medienspezifische von kulturspezifischen Entwicklungen zu unterscheiden (z. B. Ludes 1991; Schneider et al. 1993; Schütte 1994).

3.2.1 In den USA knüpften die Fernsehnachrichtensendungen der großen Networks (CBS ab 1948, NBC ab 1949) organisatorisch, personell, im Hinblick auf die Werbefinanzierung und auf die Reputation der Fernsehnachrichtensendungen an die Tradition des Hörfunks an. Bereits in der Frühphase der Fernsehentwicklung in den USA war die wechselseitige Verstärkung technischer Erfindungen, der Suche nach Vorteilen im Konkurrenzkampf um Einschaltquoten und Werbeaufkommen, also der Ausweitung des Zuschauer- und Werbemarktes, ein Regulativ der Fernsehnachrichtenentwicklung. In den fünfziger Jahren begann das Fernsehen, das Radio im Hinblick auf die Verbreitung, Nutzung und Glaubwürdigkeit als Leitmedium abzulösen. In der Präsentation von Fernsehnachrichten verbanden sich Elemente des Radiojournalismus mit denen von Kino-Filmwochenschauen. Journalistische Kommentare verloren an Bedeutung, weil im Fernsehen Worte nicht mehr für sich selbst stehen konnten. Der Sprecher wirkte offensichtlich durch sein Auftreten – hierin lag die Begründung einer neuen Personalisierung der Nachrichten und eines Starjournalismus. Technische Entwicklungen wie die Einführung tragbarer Kameras, der erste Einsatz der Videotechnik 1956, der verbesserte Transport von Filmmaterial in Flugzeugen, der Beginn des Satelliteneinsatzes mit Sputnik 1 im Jahr 1957, Trickfilm-Techniken, verbesserte Grafik-Projektionen und die personelle Ausweitung der Redaktionen führten zur Ausweitung einer fernsehspezifischen politischen Öffentlichkeit. Mit dem Bedeutungsgewinn von Fernsehnachrichtensendungen für die politische und allgemeine Meinungsbildung in den USA wurden sie zu einer der wichtigsten Institutionen der amerikanischen Gesellschaft. In den sechziger Jahren wurden die amerikanische Bürgerrechtsbewegung, die Weltraumfahrt und der Vietnam-Krieg zu Hauptthemen der Berichterstattung. Dies waren Ereignisse, die nur über das Fernsehen den Großteil der amerikanischen Öffentlichkeit erreichten. Damit entwickelten sich auch neue wechselseitige Abhängigkeiten und Ergänzungen etwa von Politikern, Bürgerrechtlern, Militärs, Weltraumtechnikern und Fernsehjournalisten. Zwischen 1953 und 1976 bildeten die drei großen kommerziellen Networks CBS, NBC und später ABC ein Oligopol landesweit ausstrahlender Programmanbieter. Innerhalb dieser Fernsehunternehmen stellte sich die Frage, wie die wachsende Bedeutung des Mediums ökonomisch genutzt werden konnte. Mitte der sechziger Jahre begann ein Umbruch von einer primären Gemeinwohlorientierung ökonomisch relativ selbständiger Fernsehnachrichtenredaktionen zu deren Unterordnung unter Einschaltquoten- und Profitmaximierung. Die siebziger Jahre sind gekennzeichnet durch eine weitere Verstärkung der Position des Fernsehens und die Kommerzialisierung seiner Programme, auch der Fernsehnachrichtensendungen. Ergänzt wurden diese beiden Trends durch eine zunehmende Orientierung von Fernsehinformationssendungen an Unterhaltungsprogrammen. 1967 hatte der Public Broadcasting Act in den USA die rechtlichen und finanziellen Grundlagen für ein ‘öffentliches' Fernsehen in den USA gelegt. Von Beginn an war dieser Zusammenschluß jedoch nur eine Programm-Nische im Umfeld kommerzieller Fernsehveranstalter. 1975 begann im Großraum New York die Ausstrahlung des MacNeil/Lehrer Report, von 1983 bis 1995 MacNeil/Lehrer

NewsHour (seit 1995 NewsHour with Jim Lehrer), im nicht-kommerziellen Fernsehen. Die Sendung wurde zur einzigen landesweit ausgestrahlten nicht-kommerziellen Alternative zu den Network-Nachrichten. Seit den achtziger Jahren gerieten die drei großen Networks unter zunehmenden Konkurrenzdruck durch das Kabel- und Satellitenfernsehen. 1980 begann das Cable News Network (CNN), ein 24-Stunden-Nachrichtenprogramm in Kabelnetze in den USA und später auch in anderen Ländern einzuspeisen. In den achtziger Jahren gewannen auch Local News als Konkurrent zu bundesweit ausgestrahlten Network News an Bedeutung. Unter diesen Bedingungen verstärkten sich drei Trends: (1) Kommerzialisierung: Rentabilitätsgesichtspunkte wurden zu entscheidenden Determinanten, die die professionellen Ansprüche von Journalisten im Hinblick auf eine gemeinwohlorientierte Informationsverpflichtung aus den fünfziger und sechziger Jahren zunehmend verdrängten. So reduzierten alle drei Networks seit Mitte der achtziger Jahre einerseits erheblich die Mitarbeiterstäbe der Nachrichtenredaktionen und schlossen Korrespondentenbüros im Ausland. Andererseits investierten sie in neue Satellitenübertragungstechnologien und Starjournalisten, die als Moderatoren der Evening News bald zu den bestbezahlten Fernsehschaffenden gehörten. Unter den Aspekten der Profitmaximierung wurden die Grenzen zwischen Unterhaltungs- und Nachrichtensendungen weiter aufgehoben. (2) Visualisierung: In der Nachrichtenproduktion kehrte sich das Verhältnis von Wort und Bild um in eine Dominanz der Videofilme gegenüber Wortmeldungen. (3) Aktualisierung: In den siebziger und achtziger Jahren beschleunigte sich darüber hinaus die Berichterstattung hin zu Tages-, Stunden- oder Minutenaktualität. Diese Entwicklungen und Investitionsentscheidungen förderten die zunehmende Verschränkung inszenierter Ereignisse und der journalistischen Berichterstattung hierüber zu einer neuen Fernsehwirklichkeit (Ludes 1993a).

3.2.2 Die Entwicklung von Fernsehnachrichtensendungen der Bundesrepublik läßt sich Mitte der neunziger Jahre in fünf Phasen untergliedern: (1) In der ersten Phase von 1952 bis 1956 wurde die Tagesschau der ARD zu einer regelmäßigen und schließlich alltäglichen Sendung mit festem Sendeplatz um 20 Uhr. Die erste reguläre Tagesschau wurde am 26. 12. 1952 ausgestrahlt. Sie enthielt ausschließlich Filmberichte, die von der Wochenschau übernommen wurden. Seit dem 1. 11. 1954 erhielt die Hamburger Redaktion ihr Filmmaterial von den anderen bundesdeutschen Fernsehstationen und internationalen Filmdiensten; am 1. 4. 1955 trennte sie sich organisatorisch von der Wochenschau. Bis zum 31. 10. 1956 lief die Tagesschau dreimal pro Woche. In den ersten zehn Jahren blieb sie ein Programm für eine Minderheit der Bevölkerung. Die Rezeptionserfahrungen und -erwartungen des Publikums und auch die Produktions- und Präsentationsweisen der Programmmacher orientierten sich an den Erfahrungen und Standards der Wochenschau sowie des Radio- und Printjournalismus. (2) Ab dem 1. 10. 1956 wurde die Tagesschau – außer sonntags – täglich ausgestrahlt. Ab dem 2. 3. 1959 wurde zu Beginn der Sendungen vor den Filmbeiträgen ein Wortnachrichten-Block verlesen. Im gleichen Jahr begann der internationale Filmaustausch der Eurovision; die ARD baute ihr Auslandskorrespondentennetz weiter aus. Die Anteile von Inlands- und Auslandsmeldungen hielten sich ungefähr die Waage. Der größte Teil der Auslandsfilmberichte stammte jedoch noch von fremden Quellen. (3) Am 1. April 1963 endete die Monopolstellung der Tagesschau mit dem Sendebeginn des Zweiten Deutschen Fernsehens (ZDF) und der Erstausstrahlung der Nachrichtensendung heute: Nachrichten und Informationen vom Tage um 19.30 Uhr (Straßner 1982; Ludes 1994). In den sechziger Jahren etablierte sich das Fernsehen als allgemein verbreitetes Medium: Ab 1974 kann man von einer Vollversorgung der bundesrepublikanischen Haushalte mit Fernsehgeräten sprechen. In der Anfangsphase der heute-Sendung wechselten mehrfach Sendetermin und Sendungsformat. Am 1. 10. 1973 erhielt heute schließlich den Sendeplatz um 19 Uhr, den die Sendung bis heute beibehielt. Erst mit dieser Vorverlegung erreichte die heute-Sendung substantiell höhere Einschaltquoten. Seit den sechziger Jahren hat das ZDF kontinuierlich sein Korrespondentennetz ausgebaut. 1993 gab es dann allerdings erste Schließungen von Büros. Während die Tagesschau von einem Sprecher bzw. einer Sprecherin präsentiert wird, die die redaktionellen Texte vom Blatt abliest, moderieren 'Redakteure im Studio", deren Position von Beginn an mit größeren Freiheiten ausgestattet war, die heute-Sendung. Sowohl in der ARD als auch im ZDF wurden sukzessive weitere Nachrichtensendungen in den täglichen Programmablauf aufgenommen: Seit 1966 bildete die Tagesschau mit einer Kurzausgabe zum Beginn des Nachmittagsprogramms und einer Spätausgabe zum Sendeschluß eine Klammer um das ARD-Programm. Am 2. Januar 1978 wurde mit der Erstausstrahlung der Tagesthemen und des heute-journals ein weiteres Präsentationsformat etabliert. Als Ergänzung zu den Hauptausgaben brachten diese Sendungen Hintergrundberichte, aktualisierte Nachrichtenüberblicke, Kommentare und Wettervorhersagen. Aufgrund ihrer technischen, organisatorischen und finanziellen Ausstattung konnten die Fernsehnachrichtensendungen ab Anfang der sechziger Jahre zunehmend tagesaktuell berichten. Die Tagesschau blieb auch in den siebziger Jahren die meistgesehene und angesehenste Sendung. Zugleich gab sie für andere Medien die wichtigsten Nachrichten vor. Journalisten konnten diesen Einfluß nur teilweise durch einen in professionellen Normen begründeten Autonomieanspruch relativieren. Das Öffentlichkeitsbedürfnis insbesondere der Politik und der kontrollierte Zugang von Journalisten zu Politikern strukturierten in dieser Zeit die Themenbereiche der Nachrichtensendungen vor. Mit der Etablierung der dritten Programme in den siebziger Jahren erweiterten teilweise tagesaktuell berichtende Regionalmagazine mit Nachrichtenblöcken das Fernsehnachrichtengenre. (4) Der Beginn des dualen Rundfunksystems in der Bundesrepublik Deutschland mit dem Start der Kabelpilotprojekte in Ludwigshafen und München im Jahr 1984 markiert zugleich den Anfang einer neuen Phase der Fernsehnachrichtenentwicklung. Am 2. 1. 1984 nahm RTL plus auch den terrestrischen Sendebetrieb auf und verbreitete die Nachrichtensendung 7 vor 7 um 18.53 Uhr, später RTL-Spiel/RTL Aktuell, Bilder des Tages um 19.35 Uhr. Ab dem 1. 1. 1985 ging SAT.1 auf Sendung und brachte die Nachrichtensendung APF Blick. Mit den Satellitensendern 3SAT (Sendebeginn: 1. 12. 1984) und 1 Plus (ARD; Sendebeginn: 29. 3. 1986; eingestellt 1993) erhielten die öffentlich-rechtlichen Anstalten zusätzliche Sendeplätze für ihre Nachrichtensendungen. Zugleich konnte ein wachsender Teil der deutschen Haushalte seitdem Nachrichtensendungen aus dem deutschsprachigen Ausland empfangen. Zwei Tendenzen charakterisierten in der zweiten Hälfte der achtziger Jahre die Entwicklung von Fernsehnachrichtensendungen: (a) Thematisch kam es zu einer Entpolitisierung der Berichterstattung: Sport, Sensationen sowie Alltags- und Human Interest-Themen erhielten bei den privat-kommerziellen Anbietern einen größeren Stellenwert. (b) Zugleich ist eine stärkere Unterhaltungsorientierung der Nachrichtensendungen in neuen Präsentationsmustern wie etwa Musikuntermalungen und Studio-Live-Inszenierungen zu verzeichnen (Schatz et al. 1989, Krüger 1993, 1995, 1996a, 1996b). (c) Eine stärkere Konzentration auf den Bereich Wirtschaft in APF Blick von SAT.1 sowie die Ausweitung der Werbezeit im Gesamtprogramm und damit auch im Programmumfeld von Nachrichtensendungen lassen sich als Indikatoren für eine Tendenz zur Kommerzialisierung interpretieren. Inhaltsanalysen weisen zudem darauf hin, daß sich die Anzahl der Perspektiven, aus denen ein Thema dargestellt wird, reduzierte (Krüger 1985, 1996a, 1996b; Schatz et al. 1989). Die Zuschauer nahmen jedoch in steigendem Maße dieses Angebot an, so daß sich die Reichweiten von Tagesschau und heute verringerten, die der privat-kommerziellen Nachrichtenangebote jedoch nicht proportional erhöhten. Vielmehr nutzte ein Teil der Zuschauer anstelle von Nachrichtensendungen die Unterhaltungsangebote auf den neuen Kanälen. Insgesamt ist die Entwicklung von Fernsehnachrichtensendungen somit seit ihrem Beginn, jedoch beschleunigt seit Mitte der achtziger Jahre, als Differenzierung zu beschreiben, die zu einer Entmonopolisierung der Tagesschau führte, in der Zuschauergunst aber zunächst noch Tagesschau und heute vorne sah. Die so skizzierten Entwicklungen werden gerade dadurch verstärkt, daß sie Entwicklungstendenzen im bundesrepublikanischen Fernsehprogramm insgesamt entsprechen (Ludes 1994). (5) Ende 1990, gut zweieinhalb Monate nach dem Beitritt der DDR zur Bundesrepublik Deutschland, strahlte der DFF zum letzten Mal seine Nachrichtensendungen Aktuelle Kamera und AK Zwo aus. Zugleich verbesserte sich seitdem die Sendekapazität bzw. Empfangsqualität der ARD, des ZDF und der kommerziellen Fernsehanbieter in den neuen Bundesländern. In der Publikumsgunst verloren ARD und ZDF Anfang der neunziger Jahre ihre Spitzenstellung. Damit ging auch eine Reichweitenverschiebung der

Hauptabendnachrichten einher. Allerdings blieb die Tagesschau auch bis Mitte der neunziger Jahre noch die meistgesehene (Nachrichten-)Sendung. Neue Nachrichtenangebote kamen mit neuen Programmanbietern auf den Markt. Neben stärker unterhaltungsorientierten 'Action News' (RTL 2) sind dies insbesondere die Spartenkanäle n-tv (Sendebeginn: 30. 11. 1992), euronews (Sendebeginn: 1. 1. 1993) und BBC World News (Sendebeginn: 1. 8. 1996), die ein 24-stündiges Programm senden. In deutschen Kabelnetzen ist zudem auch der Nachrichtensender CNN-International zu empfangen. Andere Spartenkanäle wie etwa der deutsch-französische Kulturkanal ARTE, die Sportsender DSF und Eurosport oder die Musikkanäle MTV und VIVA bringen außerdem Nachrichtensendungen zu ihren jeweiligen Gesamtprogramm-Inhalten. Nachrichtenmagazine am späten Abend ergänzen seit 1995 das Angebot an Nachrichtenangeboten im Tagesverlauf der Vollprogramm-Anbieter (ARD, ZDF, RTL Television u.a.). Zehn Jahre nach der Einführung des dualen Rundfunksystems hat sich mit dem Spektrum der Sendungsformen auch das Publikum der Fernsehnachrichtensendungen ausdifferenziert. Die Nachrichtenmacher der privat-kommerziellen Anbieter sehen Mitte der neunziger Jahre nicht mehr so sehr die Angebote der öffentlich-rechtlichen Anstalten, sondern vielmehr die der privat-kommerziellen Programmveranstalter als Hauptkonkurrenz.

3.2.3 Die 38jährige Geschichte der Aktuellen Kamera (AK) des Fernsehens der DDR läßt sich aufgrund einer Befragung von AK-Journalisten im Frühjahr 1990 in acht Phasen einteilen. (1) Von Beginn an interpretierten Programmacher und Politiker in der DDR Fernsehnachrichtensendungen als Mittel des antifaschistischen Kampfes. Die Erfahrungen des Widerstands gegen das Naziregime und die Ideologie kommunistischer Parteien hatte die Anfangsgeneration der Fernsehmacher in der DDR geprägt. Am 21. 12. 1952 begann mit der offiziellen Versuchsphase des Fernsehens der DDR auch die offizielle Geschichte der AK. In der Zeit von Juni 1953 bis Oktober 1954 wurden jedoch keine Nachrichtensendungen ausgestrahlt. Bis zum Bau der Mauer in Berlin im August 1961 war die politische Rolle der AK weniger eindeutig fixiert. (2) Mit der Verschärfung des Kalten Krieges in den sechziger Jahren wurde die AK zum stärker kontrollierten und politisch reglementierten Instrument im Propaganda- und Klassenkampf gegen den 'Westen'. (3) Nach dem Amtsantritt Erich Honeckers und dem 8. Parteitag der SED 1971 begann eine Phase der weltpolitischen Entspannung, der Annäherung der beiden deutschen Staaten und damit eine innerparteiliche Liberalisierung der SED. Die sozialistischen Massenmedien wurden zwar weiterhin eng an die Parteilinie gebunden, es wurde jedoch seitdem toleriert, daß DDR-Bürger westliche Fernsehsender empfingen. (4) 1978 begann mit dem Amtsantritt des ehemaligen Chefredakteurs des SED-Zentralorgans 'Neues Deutschland', Joachim Herrmann, als ZK-Sekretär für Agitation und Propaganda, eine Phase noch rigiderer Kontrolle der AK. Täglich stimmten die AK-Journalisten den Sendungsablauf z.T. mehrfach mit Beauftragten des SED-Zentralkomitees ab. Die wirtschaftlichen Schwierigkeiten der DDR in den achtziger Jahren verschärften die propagandistische Auseinandersetzung mit der Bundesrepublik. (5) Nach dem Amtsantritt Michael Gorbatschows, dem Beginn seiner Politik von Perestroika und Glasnost und der weltpolitischen Entspannung distanzierte sich die SED von dieser Politik des 'sozialistischen Brudervolkes'. Sie wurde zum Tabuthema für die Nachrichtenmedien des Landes erklärt. (6) Im Anschluß an die Kommunalwahlen im Mai 1989 erhöhten sich die gesellschaftlichen Spannungen in der DDR, ohne daß die AK darüber berichtete. Ihre Mitarbeiter erwarteten teilweise eine gewaltsame Niederschlagung von Protestdemonstrationen im Herbst 1989. (7) Mit dem Amtsantritt von Egon Krenz als Generalsekretär der SED am 18. 10. 1989 änderte sich die direkte Kontrolle der AK durch das ZK der SED. Es folgte eine Phase freierer journalistischer Arbeit im Rahmen einer reformerischen SED-Politik. Ein großer Teil der AK-Journalisten hegte die Hoffnung auf eine Verteidigung der DDR als sozialistischer Staat. Diese Hoffnung wurde endgültig nach den Volkskammerwahlen am 18. 3. 1990 und dem Ende der SED-Herrschaft aufgegeben. (8) In der Endphase der SED-regierten DDR war eine Reihe neuer Nachrichtensendungen ins Programm gekommen: Am 30. 10. 1989 begann AK-Zwo im zweiten Programm des Fernsehens der DDR (ab 14. März 1990 umbenannt in Deutscher Fernsehfunk) als Hintergrund-

Nachrichtenmagazin. Am 5. 3. 1990 folgte die AK am Morgen, am 19. 3. 1990 das AK-Mittagsmagazin. Zum letzten Mal strahlte der DFF am 14. 12. 1990 eine AK aus. Im Anschluß daran sendete die DFF-Länderkette werktags zwischen 19.00 und 19.57 Uhr ein Abendjournal, Fernsehwetter und Aktuelle Nachrichten. Am 31. 12. 1991 stellte der DFF seinen Sendebetrieb ein (Ludes 1993a).

4. International vergleichende Nachrichtenforschung und Öffentlichkeitswandel

4.1 Die Entwicklung der Fernsehnachrichtensendungen in den drei Ländern zeigt, daß dieses Programmgenre eng an die technische und politische Entwicklung gekoppelt ist. Medienhistorisch knüpfen Fernsehnachrichtensendungen einerseits an die Selektionskriterien vorhandener Informationsmedien (Tageszeitung, Hörfunknachrichten) und deren Anspruch, über die wichtigsten Ereignisse des Tages aktuell und zuverlässig zu berichten, an. Andererseits übernahmen sie visuelle Präsentationsformen der Kinowochenschauen und paßten diese speziellen Fernseherfordernissen immer mehr an. Dieser Anspruch konkurrierte in den USA von Beginn der Fernsehnachrichtengeschichte mit dem Anspruch der Einschaltquotenmaximierung. Sie kann sowohl in den USA als auch in der Bundesrepublik, dort aber erst seit den sechziger Jahren und in abgeschwächter Form, als wichtigster Regler und Verstärker von Programmentscheidungen interpretiert werden. In den USA war dieser Anspruch aufgrund des kommerziellen Radiomarktes unproblematisch. Aber auch in der Bundesrepublik Deutschland akzeptierten die Programmacher, die Zuschauer und die politisch einflußreichen bzw. beeinflußten Kontroll- und Aufsichtsgremien diese Orientierung. Denn im Unterschied zu anderen Medien erwarteten sie vom Fernsehen Bildmaterial. Zudem erhöhte sich mit wachsender Zuschauerzahl auch der Bekanntheitsgrad und die Reputation der Akteure, die in Fernsehnachrichten zu sehen waren, insbesondere von Politikern und Journalisten. Die Einführung neuer Fernsehunternehmen war sowohl in den USA als auch in der Bundesrepublik der wichtigste Grund für die Veränderungen der Sendezeiten, Sendelängen, der Präsentationsformen und Einschaltquoten der Hauptabendnachrichten. Weitere Faktoren beschleunigten diesen Prozeß seit den achtziger Jahren: die Deregulierung der Rundfunkmärkte; neue Verbreitungsmöglichkeiten von Fernsehnachrichten über Satellit und Kabel; das damit einhergehende Ende der durch Oligopole bzw. tendenziell durch Monopole geprägten Angebotsstruktur im Fernsehnachrichtenbereich der USA und der Bundesrepublik. Fernsehnachrichtensendungen strukturieren jedoch auch weiterhin die Programme der meisten Vollprogrammanbieter, sei es als Klammer für den Fernsehtag, sei es als Auftakt für das zuschauerintensive Abendprogramm. Programmanbieter schreiben Fernsehnachrichtensendungen darüber hinaus die Funktion zu, Reputation für den Sender und sein Gesamtprogramm sowie medienpolitische Legitimität zu schaffen. Die für das Medium Fernsehen charakteristische Kombination von Aktualität und Visualität gewann im Laufe der Fernsehnachrichtengeschichte in den USA und der Bundesrepublik an Bedeutung. Die technische Entwicklung ermöglichte es, daß immer mehr geographische Regionen des Nah- und Fernbereichs zunächst für tagesaktuelle Fernsehübertragungen, später für die Live-Berichterstattung erschlossen wurden (vgl. Larson 1984; Faul 1988). In der DDR war die politische Anleitung und Kontrolle der entscheidende Faktor der Fernsehnachrichtenentwicklung. Als Instrument des Klassenkampfes brachte die AK einerseits aktuelle Reaktionen auf bundesdeutsche Nachrichtensendungen des gleichen Tages. Andererseits bestimmten ideologische Vorgaben und politische Opportunität die Themenauswahl der Nachrichtensendung (Ludes 1990; Schütte 1994). Thematisch sind Fernsehnachrichtensendungen primär national orientiert.

In den US-amerikanischen Network News stieg in den siebziger und frühen achtziger Jahren der Anteil der internationalen Berichterstattung, vornehmlich jedoch aus den Metropolen Europas, Asiens und Nordamerikas (Larson 1984). Allerdings überwog – wenn auch in etwas geringerem Maß als in Tagesschau, heute und AK – auch in den Network News der Anteil inländischer Themen (Hartmann-Laugs/Goss 1988; Kepplinger 1989a).

Vor allem die Hauptnachrichtensendungen von CBS und ARD weisen eine traditionelle Hierarchie von Themengebieten, Ereignisregionen und Sachgebieten auf (Ludes/Staab/Schütte 1996). Als stabile Grundmuster sind zu konstatieren: (1) die Konzentration auf nationale Themen und das eigene Land als Schauplatz der dargestellten Ereignisse; (2) das Primat politischer Themen und (3) die Konzentration auf die jeweilige Regierung als Hauptakteur im politischen Geschehen. Neben dem Sachgebiet Politik dominieren in den USA Gesellschaftliches und Wirtschaft die Hauptnachrichtensendungen, in der Bundesrepublik Wirtschaft und Sensationen/Katastrophen. Eine gewisse Bedeutung haben in den „CBS Evening News" daneben noch die Sachgebiete Sensationen/Katastrophen, Kriminalität/Verbrechen, Militär/Krieg sowie Terrorismus/Bürgerkrieg. Weitgehend bedeutungslos bleiben hingegen die Sachgebiete Recht, Kultur, Demonstrationen, Gesundheit/Medizin, Sport, Wissenschaft, Medien, Tarifauseinandersetzungen/-verhandlungen, Umwelt, Kirche/Religion und Verkehr. Die „Tagesschau" widmet den Sachgebieten Kriminalität/Verbrechen, Recht und Demonstrationen noch eine gewisse Aufmerksamkeit. Gering ist der Anteil der Berichterstattung über die Sachgebiete Militär/Krieg, Terrorismus/Bürgerkrieg, Gesundheit/Medizin, Wissenschaft, Gesellschaftliches, Verkehr, Kultur, Kirche/Religion, Sport, Umwelt, Medien sowie Tarifauseinandersetzungen/-verhandlungen. Neuere Sachgebiete – wie Umwelt oder Medien – kommen somit in den Hauptfernsehnachrichtensendungen weniger häufig vor, als man aufgrund ihres Kontroversitätsgrades und aufgrund ihrer Präsenz in anderen Sendungsformaten erwarten könnte. Problementwicklungen und Darstellungskonventionen klaffen auseinander. Viele Ereignisregionen und Sachgebiete haben nur eine äußerst geringe Chance, Eingang in die Arena der wichtigsten tagesaktuellen Massenmedien zu finden.

Fernsehnachrichten berichten darüber hinaus zunehmend weniger über Ereignisse, von denen es keine Bilder bzw. Videofilme gibt. Die Fixierung auf aktuelles Geschehen verkürzt die Perspektive der Fernsehnachrichten-Berichterstattung. Sie wird nur teilweise durch Hintergrundberichte in Nachrichtenmagazinen sowie Diskussions- und Dokumentarsendungen des Fernsehens aufgehoben. Längerfristig wird die Themenwahl in den US-amerikanischen, aber seit der Einführung des dualen Systems auch in bundesrepublikanischen Nachrichtensendungen unterhaltungsorientierter (Ludes 1994). Zuschauer sehen die Fernsehnachrichtensendungen vorwiegend zu Hause, im alltäglichen Privatraum, meist im Wohnzimmer, in der Familie oder – seit den siebziger Jahren tendenziell stärker – individuell. Durch diese räumlichen und zeitlichen Konstanten der Rezeption tragen Fernsehnachrichtensendungen zu einer Strukturierung des Tagesablaufs bei. Die Ausweitung und Differenzierung des Programms, insbesondere seit den achtziger Jahren sowohl in den USA als auch in der Bundesrepublik schaffen Spielräume für neue Sendungsformen wie knappe, schlagzeilenartige Kurznachrichten, aktuelle Sondersendungen, ständig aktualisierte Sendungen in Nachrichten-Spartenkanälen und thematisch eingegrenzte Nachrichtensendungen in Sport- oder Musik-Spartenkanälen.

Die Textformen bundesdeutscher Nachrichtensendungen ließen sich Anfang der achtziger Jahre grob unterteilen in Sprechermeldung, Filmbericht, Korrespondentenbericht, Kommentar, Interview und Statement. Als Textsorten ließen sich Redaktionstext, Filmtext und Originalton, als Bildsorten Sprecher mit Hintergrundgrafik, Nachrichtenfilm und Korrespondentenbericht unterscheiden (Straßner 1982; Wittwen 1995). Mit der Ausweitung des Programmangebots und der Präsentationsformen von Fernsehnachrichtensendungen haben sich diese Text- und Bildsorten ausdifferenziert: europäische transnationale Sender verzichten etwa völlig auf Nachrichtenpräsentatoren im Studio und damit auf Redaktionstexte. Grafiken und animierte Sequenzen werden in Filmberichte integriert. Interviews werden live zwischen dem Nachrichtenstudio und Quellen außerhalb des Studios, häufig Experten oder Journalisten, geschaltet. Der zunehmende Einsatz von Reisekorrespondenten ändert den Charakter von Korrespondentenbeiträgen, die zuvor von Journalisten produziert wurden, die in der jeweiligen Region stationiert waren. Doppel- oder Mehrfachmoderationen übernehmen Textformen aus Talk Shows, Spartennachrichten Bildsorten aus Videoclips oder Sportsendungen.

4.2 In den neunziger Jahren kommt es in der Bundesrepublik zu einer erheblichen Ausweitung und Diversifizierung des Fernsehnachrichtenangebots. Zwischen 1990 und 1995 hat sich die Anzahl und die Gesamtdauer von Fernsehnachrichtensendungen fast vervierfacht. Es entwickelten sich zunehmend neue Nachrichtentypen: Neben den „klassischen" Nachrichtensendungen ist hier vor allem eine Magazinisierung zu verzeichnen, d. h. Fernsehnachrichten werden in Fernsehmagazinformate integriert. Auch inhaltlich findet eine Diversifizierung statt, die etwa in der Vermischung von Information und Unterhaltung deutlich wird. Die „klassische" Nachrichtensendung ist zwar weiterhin ein zentrales Konstituens des Fernsehprogramms, sie wird allerdings ergänzt durch eine Entwicklung zur „News Show" (Ludes 1993a) und zu thematisch fixierten Formaten wie etwa „Show News". In der Bundesrepublik stieg zwischen 1990 und 1995 die Anzahl monothematischer Fernsehnachrichtensendungen: 1995 machen sie knapp ein Drittel des Angebots an Fernsehnachrichtensendungen aus und fokussieren insbesondere die Themenbereiche Wirtschaft, Wetter, Sport und Unterhaltung/Show-Business.

Im Kontext der inhaltlichen Diversifizierung des Fernsehnachrichtenangebots in der Bundesrepublik ist auch die Ausweitung verschiedener journalistischer Präsentationsformate zu sehen: Interviews und Korrespondentenaufsagern kommt neben den Sprechermeldungen ein stärkeres Gewicht zu; Live-Schaltungen etablieren sich als Stilform der Nachrichtenpräsentation. Die Präsentationsformatvielfalt ist in der Bundesrepublik allerdings immer noch deutlich schwächer ausgeprägt als in den USA. Auch unterhaltende Stilmittel wie Interaktionen der Nachrichtenpräsentatoren, Talkshow- und Satire-Elemente sowie insbesondere Musikeinspielungen werden in der Bundesrepublik zunehmend in Nachrichtensendungen integriert. Weiterhin ist eine kommerzielle Einbettung von Nachrichtensendungen im Programmumfeld zu verzeichnen. Knapp ein Drittel der Fernsehnachrichtensendungen in der Bundesrepublik werden 1995 durch Werbung eingerahmt; ebenfalls knapp ein Drittel der Sendungen werden von Werbung unterbrochen bzw. in unterschiedliche Sendungsteile aufgelöst. Hier findet offensichtlich eine Angleichung an die Situation in den USA statt, wo nicht-werbliche Programmumfelder von Fernsehnachrichtensendungen die Ausnahme sind.

Das Fernsehnachrichtenangebot in der Bundesrepublik ist insgesamt betrachtet – und im Gegensatz zu den Hauptnachrichtensendungen – durch einen Trend zur Internationalisierung gekennzeichnet. Der Anteil von Sendungen mit rein oder vorwiegend nationalen Bezügen nimmt zugunsten von Sendungen mit supranationalen Bezügen ab. Zudem gibt es in der Bundesrepublik mehrere fremdsprachige Nachrichtenkanäle. Das deutsche Mediensystem ist somit sehr viel stärker als ein Teil des europäischen und des internationalen Mediensystems zu verstehen als das US-amerikanische, wo eine rein nationale Perspektive eindeutig dominiert.

4.3 Das Fernsehen und seine Nachrichtenberichterstattung haben längerfristig die Strukturierung von Öffentlichkeit verändert: Schon in den fünfziger Jahren hat das Fernsehen in den USA eine Reihe von Ereignissen für ein Massenpublikum audiovisuell zugänglich gemacht, die zuvor nicht von so vielen Menschen in Ton und Bild wahrgenommen werden konnten. In der Bundesrepublik und der DDR begann dieser Prozeß in den sechziger Jahren. Durch diese zunehmende Visualisierung öffentlicher Ereignisse entwickelte sich über mehrere Jahrzehnte hinweg ein kollektives Archiv von Bild- und Filmstereotypen für die überwiegende Mehrheit der Bevölkerung. In diesem Sinne bilden Fernsehnachrichtensendungen eine symbolische Arena, in der die Interessen von Zuschauern, von Nachrichtenquellen, von externen Einflußgruppen und die professionellen Ansprüche von Journalisten zusammentreffen und teilweise miteinander konkurrieren (Gans 1979; Ludes/Staab/Schütte 1996). So erfolgte die Auswahl entsprechender visueller Stereotypen in den USA verstärkt seit den achtziger Jahren nicht mehr nach professionell von Journalisten bestimmten Kriterien der Relevanz für das Publikum, sondern nach Kriterien der Gewinnmaximierung. Anfang der neunziger Jahre begannen sich die Sozial- und Berufsstruktur US-amerikanischer und deutscher Journalisten anzugleichen (vgl. Schneider et al. 1993; Weischenberg et al. 1993), zugleich gab es in den USA Anzeichen für eine Strukturveränderung im Journalismus durch die zunehmende Zahl und Bedeutung von Public Relations Spezialisten (Altheide/Snow 1991). Eine Öffentlichkeit, die von Journalisten entsprechend ihrer gemeinwohlorientierten professionellen Ansprüche strukturiert wird, macht so im Laufe der Fernsehnachrichtenentwicklung zunehmend

Öffentlichkeiten Platz, in denen sich kommerzielle Interessen, unterstützt von und in Konkurrenz zu vielfältigen interessegebundenen PR-Aktivitäten durchzusetzen versuchen. In demokratisch verfaßten Staaten führte der Bedeutungsgewinn des Fernsehens längerfristig u. a. zu neuen Selbstdarstellungsansprüchen an Politiker (vgl. Meyrowitz 1985; Ludes 1993b; Meyer 1994). Kurzfristige Darstellungspolitik verdrängt teilweise eine längerfristige Sachpolitik (Sarcinelli 1994; Ludes/Staab/Schütte 1996). Die formale und faktische Verfahrenskompetenz, die dem Fernsehen zugesprochen wird, gewinnt gegenüber den Leitideen des politischen Systems an Bedeutung (Jarren 1994). Die Ausdifferenzierung des Fernsehnachrichtengenres und seiner Nutzung führt in den neunziger Jahren zu einer Fragmentierung der politischen Öffentlichkeit in verschiedene Teilöffentlichkeiten mit je speziellen Kenntnissen, Kommunikationsstilen und Interessen.

5. Literatur

Altheide, David L./Robert P. Snow, Media Worlds in the Postjournalism Era. New York 1991.

Bonfadelli, Heinz, Die Wissenskluft-Perspektive. Massenmedien und gesellschaftliche Information. Konstanz 1994.

Brosius, Hans-Bernd, Agenda-Setting nach einem Vierteljahrhundert Forschung: Methodischer und theoretischer Stillstand? In: Publizistik 39, 1994, 269–288.

–, Alltagsrationalität in der Nachrichtenrezeption. Ein Modell zur Wahrnehmung und Verarbeitung von Nachrichteninhalten. Opladen. 1995.

Dahlgren, Peter, Die Bedeutung von Fernsehnachrichten. In: RuF 1983, 307–318.

–, TV News as a Cultural Discourse. In: Communications 1986, Nr. 2, 125–136.

–, Television and the Public Sphere. Citizenship, Democracy and the Media. London 1995.

Donsbach, Wolfgang, Objektivitätsmaße in der Publizistikwissenschaft 1991. In: Publizistik 36, 1991, 18–29.

–, Medienwirkung trotz Selektion. Einflußfaktoren auf die Zuwendung zu Zeitungsinhalten. Köln. 1991.

Faul, Erwin, Die Fernsehprogramme im dualen Rundfunksystem. Berlin, Offenbach. 1988

Früh, Werner, Medienwirkungen: Das dynamisch-transaktionale Modell. Theorie und empirische Forschung. Opladen. 1991.

Galtung, Johan/Marie Ruge, The Structure of Foreign News. The Presentation of the Congo, Cuba and Cyprus Crisis in Four Norwegian Newspapers. In: Journal of Peace Research 2, 1965, 64–91.

Gans, Herbert, Deciding What's News. New York. 1979.

Gerbner, George, Ideological Perspectives and Political Tendencies in News Reporting. In: JQ 41, 1964, 495–508, 516.

–/Larry Gross/Michael Morgan/Nancy Signorielli, Living with Television: The Dynamics of the Cultivation Process. In: [Jennings Bryant /Dolf Zillmann] Perspectives on Media Effects/Ed. by Hillsdale, 1986, 17–40.

Hackett, Robert A., Decline of a Paradigm? Bias and Objectivity in News Media Studies. In: CSMC 1, 1984, 229–259.

Hagen, Lutz M., Informationsqualität von Nachrichten. Meßmethoden und ihre Anwendung auf die Dienste von Nachrichtenagenturen. Opladen. 1994.

Hartmann-Laugs, Petra S./Goss, Anthony, Deutschlandbilder im Fernsehen. Band 2: Politische Informationssendungen in der Bundesrepublik Deutschland und der DDR. Zeitvergleich und neue Aspekte. Köln. 1988.

Iyengar, Shanto, Is anyone responsible? How television frames political issues. Chicago. 1991.

Jarren, Otfried, Medien-Gewinne und Institutionen-Verluste? – Zum Wandel des intermediären Systems in der Mediengesellschaft. In: Otfried Jarren (Hrsg.): Politische Kommunikation in Hörfunk und Fernsehen. Opladen 1991, 23–34.

Katz, Elihu, The Two-Step Flow of Communication: An Up-To-Date Report on a Hypothesis. In: POQ 21, 1957, 61–78.

Kepplinger, Hans M., Instrumentelle Aktualisierung. Grundlagen einer Theorie publizistischer Konflikte. In: KZSS 27, 1989, 199–220.

–, Theorien der Nachrichtenauswahl als Theorien der Realität. In: Aus Politik und Zeitgeschichte. Beilage zur Wochenzeitung Das Parlament (7. April 1989), 3–16.

–, Darstellungseffekte. Experimentelle Untersuchungen zur Wirkung von Pressefotos und Fernsehfilmen. Freiburg, 1987 München.

–/Hans-Bernd Brosius/Joachim Fr. Staab, Opinion formation in mediated conflicts and crises: a theory of cognitive-affective media effects. In: International Journal of Public Opinion Research, 3, 1991, 132–156.

Klapper, Joseph T., The Effects of Mass Communication. New York. 1960.

Krüger, Udo, Entpolitisierung als Programm? APF-Nachrichten im Vergleich zu ARD und ZDF. In: MP 1, 1985, 50–55.

–, Kontinuität und Wandel im Programmangebot. In: MP 6, zit. n. MP Basisdaten 1993, 25–26.

–, Trends im Informationsangebot des Fernsehens. In: MP 2, 1995, 69–87.

–, Boulevardisierung der Information im Privatfernsehen. In: MP 7, 1996, 362–374.

–, Tendenzen in den Programmen der großen Fernsehsender 1985 bis 1995. In: MP 8, 1996, 418–440.

Larson, James F., Television's Window on the World: International Affairs Coverage on the US Networks. Norwood, New Jersey. 1984.

Lowery, Shearon A./Melvin L. De Fleur, Milestones in mass communication research. Media effects. New York. 1983.

Ludes, Peter (Hg.), DDR-Fernsehen intern. Berlin.1990.

–, Kulturtransfer und transkulturelle Prozesse. Amerikanisierung und Europäisierung des Fernsehprogramms in der Bundesrepublik. Heidelberg. 1991.

–, Von der Nachricht zur News Show. München. 1993.

–, Die (Selbst-)Darstellung amerikanischer Präsidenten und Präsidentschaftskandidaten in Fernsehnachrichtensendungen. In: Hrsg. v. Paul Goetsch/ Gerd Hirm: Die Rhetorik amerikanischer Präsidenten seit F.D. Rossevelt. Tübingen, 1993, 97–115.

–, Vom neuen Stichwortgeber zum überforderten Welterklärer und Synchron-Regisseur. Nachrichtensendungen. In: Hrsg. v. Peter Ludes/Heidemarie Schumacher/Peter Zimmermann: Informations- und Dokumentarsendungen. Bd. 3 der Geschichte des Fernsehens in der Bundesrepublik Deutschland. München, 1994, 17–90.

–/Joachim Friedrich Staab/Georg Schütte, Nachrichtenausblendung und Nachrichtenaufklärung: Perspektivenvielfalt in der visuellen Darstellung von Politik in Fernsehnachrichten, Vortrag bei der Jahrestagung der Arbeitskreise Politik und Kommunikation der Deutschen Gesellschaft für Publizistik- und Kommunikationswissenschaft und der Deutschen Vereinigung für Politische Wissenschaft, Berlin. 1996.

–, Multimedia und Multi-Moderne: Schlüsselbilder. Buch: Fernsehnachrichten und World Wide Web-Medienzivilisierung in der Europäischen Währungsunion. CD-Rom: Schlüsselbilder (mit 86 Min. Videodokumentationen). Wiesbaden 2001.

Melischek Gabriele/Karl Rosengren/James Stappers, (Hrsg.), Cultural Indicators. A Symposium. Wien. 1984.

McCombs, Maxwell E./Donald L. Shaw, The agenda-setting function of mass media. In: POQ, 36, 1972,176–187.

Meyrowitz, Joshua: No Sense of Place. New York. 1985.

Meyer, Thomas, Die Transformation des Politischen. Frankfurt a.M. 1994.

Muckenhaupt, Manfred: Text und Bild. Tübingen. 1986.

Newcomb, Horace M./Paul M. Hirsch, Fernsehen als kulturelles Forum. In: RuF 34, Nr. 2, 1986, 177–190.

Noelle-Neumann, Elisabeth, Öffentliche Meinung. Die Entdeckung der Schweigespirale. Erweiterte Ausgabe. Frankfurt a.M. 1991.

Rogers, Everett M./James W. Dearing, Agendasetting research: Where has it been and where is it going? In: CY 11. New York, 1988, 555–594.

Sarcinelli, Ulrich, Mediale Politikdarstellung und politisches Handeln: analytische Anmerkungen zu einer notwendigerweise spannungsreichen Beziehung. In: Hrsg. v. Otfried Jarren: Politische Kommunikation in Hörfunk und Fernsehen. Opladen, 1994, 35–50.

Schatz, Heribert/Nikolaus Immer/Frank Marcinkowski (1989), Strukturen und Inhalte des Rundfunkprogramms der vier Kabelpilotprojekte. Broschüren für Bürger zum Thema: Medienlandschaft Nordrhein-Westfalen, Düsseldorf. 1989.

Schmitz, Ulrich, Postmoderne Concierge: Die 'Tagesschau'. Opladen. 1990.

Schenk, Michael, Meinungsführer und Netzwerke persönlicher Kommunikation. In: RuFe 31, 1983, 326–336.

–, Medienwirkungsforschung. Tübingen. 1987.

Schneider, Beate/Klaus Schönbach/Dieter Stürzebecher, Westdeutsche Journalisten im Vergleich: jung, professionell und mit Spaß an der Arbeit. In: Publizistik 38, Nr. 1, 1993, 5–30.

Schönbach, Klaus , Trennung von Nachricht und Meinung. Empirische Untersuchung eines journalistischen Qualitätskriteriums. Freiburg, München. 1977.

Schütte, Georg, Informationsspezialisten der Mediengesellschaft. Wiesbaden. 1994.

Schulz, Winfried, Die Konstruktion von Realität in den Nachrichtenmedien. Analyse der aktuellen Berichterstattung. Freiburg, München. 1976

Shoemaker, Pamela J., Gatekeeping. Newbury Park. 1991.

Staab, Joachim Fr., Nachrichtenwert-Theorie. Formale Struktur und empirischer Gehalt. Freiburg, München. 1990.

–, The Role of News Factors in News Selection: A Theoretical Reconsideration. In: EJC, 1990, 423–443.

–, Emotionale Stimmung und Rezeption von Fernsehnachrichten. Eine experimentelle Studie zur Informationsverarbeitung. In: Hrsg. v. Peter Ludes: Informationskontexte für Massenmedien. Theorien und Trends. Opladen,1996, 149–168.

Straßner, Erich, Fernsehnachrichten. Zusammenfassender Bericht über die DFG-Projekte 'Nachrichtensprache und der Zusammenhang von Text und Bild' und 'Die semantische Verarbeitung und Nutzung audiovisueller Information der Fernsehnachrichten'. In: MP 8, 1981, 446–460.

–, Fernsehnachrichten. Eine Produktions-, Produkt- und Rezeptionsanalyse. Tübingen. 1982.

Tichenor, Phillip J./George A. Donohue/Clarice Olien, Mass media flow and differential growth in knowledge. In: POQ 34, 1970, 159–170.

Weischenberg, Siegfried/Martin Löffelholz/ Armin Scholl, Journalismus in Deutschland. In: MP 1, 1993, 21–33.

Wember, Bernward: Wie informiert das Fernsehen? München. 1976.

–, „Die Bauch-Kopf-Schere" oder: Was machen Menschen mit Informationen. In: medium, Sonderheft: Nachrichten- und Informationsprogramme im Fernsehen, 23, 1993, 31–36.

White, David M., The „Gate Keeper": A Case Study in the Selection of News. In: JQ 27, 1950, 383–390.

Wilke, Jürgen, Nachrichtenauswahl und Medienrealität in vier Jahrhunderten. Eine Modellstudie zur Verbindung von historischer und empirischer Publizistikwissenschaft. Berlin, New York. 1984.

– (Hg.), Agenturen im Nachrichtenmarkt. Reuters, AFP, VWD/dpa, dpa-fwt, KNA, epd, Reuters Television, Worldwide Television News, Dritte Welt-Agenturen. Köln. 1993.

–/Bernhard Rosenberger, Die Nachrichten-Macher. Zu Strukturen und Arbeitsweisen von Nachrichtenagenturen am Beispiel von AP und dpa. Köln. 1991.

Wittwen, Andreas, Infotainment: Fernsehnachrichten zwischen Information und Unterhaltung. Bern. 1995.

Stand 1996

Peter Ludes, Bremen/Georg Schütte, Berlin/ Joachim Friedrich Staab, Berlin (Deutschland)

224. Entwicklung, Funktion, Präsentationsformen und Texttypen der Talkshows

1. Ausgangs- und Forschungslage – Begriffsklärung
2. Geschichte der Talkshow(s)
3. Tele-kommunikative Merkmale: Konstitutions-, Verlaufs- und Präsentationsformen
4. Die Attraktivität der Talkshows
5. Versuche einer (Text-) Typologie
6. Zur Sprache des Talks in der Show
7. Literatur

1. Ausgangs- und Forschungslage – Begriffsklärung

Unter Talkshow kann sich heute jeder Fernsehzuschauer etwas vorstellen. Das Stichwort steht auch wie selbstverständlich im neuesten Konversationslexikon: „Unterhaltungssendung, in der ein (oder mehrere) Gesprächsleiter (Talkmaster) einen oder mehrere geladene Gäste durch Fragen zu Äusserungen über private, berufliche oder allgemein interessierende Dinge anregen und sie ggf. miteinander reden lassen. Die Mischung der Gäste ergibt dabei meist den Unterhaltungseffekt. T.-S. werden meist als Live-Sendungen ausgestrahlt." (Brockhaus Bd. 21, ¹⁹1993, 598). Vor wenigen Jahren (1992) zählte man in deutschsprachigen Programmen wöchentlich an die 30 Talkshows (Steinbrecher/Weiske 1993, 12), im Jahre 1996 ergab ein Blick in ein Wochenprogramm, dass es inzwischen über 60 (!) Talkshows sind, die allwöchentlich die deutschsprachigen Programme füllen. (Die Zeitschrift Focus zählte im Januar 1996 83 regelmässige „Fernseh-Plauderrunden"; Focus 6/1996, 160.) Ihre Zahl ist dank Satellitentechnik und Verkabelung immer noch im Zunehmen begriffen. Wenn der Suchlauf im Autoradio in neun von zehn Fällen auf Unterhaltungsmusik stösst, so findet man beim Zappen durch 52 Fernsehprogramme (Stand 1996 in Basel, davon 20 fremdsprachige) neben Spielfilmen zu jeder Tages- und Nachtzeit fast ebenso viele Gesprächssendungen. Die meisten davon gehören zur Gattung Talkshow. Filme wie auch Gespräche sind Fernsehgattungen mit relativ niedrigen Produktionskosten. Die grosse Zahl dieser Sendungen ist damit jedoch nicht vollständig erklärt. Gesprächssendungen und Talkshows haben offensichtlich auch noch Erfolg und sind beliebt beim Publikum.

Kaum eine der Gesprächssendungen trägt im Programm den Titel 'Talkshow'. Talkshow ist ein Meta-Terminus und stammt aus dem Amerikanischen. Show ist der englische Ausdruck für Revue: eine Bühnendarbietung mit Künstlern, Musikern, Sängern, Tänzern, Komikern – und einem Showmaster. Im Deutschen war es das alte Varieté, welches diese Merkmale besass, nach dem Kriege kamen dann die 'Bunten Abende' oder '-Nachmittage', die nicht selten von Rundfunkanstalten 'draussen auf dem Lande' – aber auch als Betriebsfeste und im Rahmen von Messen (Funkausstellungen) und anderen Festivitäten veranstaltet wurden. Die Präsentatoren hiessen Conférenciers. Diese Revues oder Varietés waren im deutschen Fernsehen von Anfang an beliebte medienspezifische Unterhaltungssendungen.

Gesendet wurde aus Grossstudios ebenso wie aus Messehallen mit entsprechender Infrastruktur für Studio- und Übertragungstechnik. Es gab sendereigene Revue- und Ballett-Truppen und Bigbands mit ihren Chefs, die manchmal gleichzeitig Bandleader und Conférencier spielten. Gespräche mit Stars und Gästen gab es dabei auch, dies waren jedoch Programmpunkte wie die übrigen Darbietungen und Spiele. Obwohl auch schon viel geredet wurde, wurde mit der 'Show' noch nicht der Begriff 'Talk' verbunden.

Talkshows mögen heute zwar als die Fortsetzung dieser fernsehspezifischen Bühnenveranstaltungen angesehen werden, bei denen nach wie vor der Conférencier nun als Showmaster die wichtigste Figur darstellt. Die Künstler, Komiker und Clowns, Musiker und Sänger von ehedem sind jedoch durch einen oder mehrere prominente Gäste ersetzt. Die Aufführung, das Ereignis (die Show) besteht eigentlich aus einem Gespräch als einer öffentlichen Disputation, wie sie weiland die doctores Luther und Eck über die Thesen der Reformation im Jahre 1519 zu Leipzig öffentlich geführt haben. Im Gegensatz zum historischen Theologengespräch oder den in den Fernsehprogrammen ebenfalls sehr häufigen Interviews und Zweiergesprächen – ebenfalls mit bedeutenden Leuten oder 'Zeugen des Jahrhunderts' – haben die Talkshows keine primär ernsthaften Themen und sind auch nicht eigentlich auf Problemlösungen ausgerichtet. Im Vordergrund steht die Unterhaltung. Wenn dabei noch Information fliesst und Aufklärung getrieben wird, kommen auch noch Wissenwollen und Lust auf Neuigkeiten zu ihrem Recht. Infotainment nennt man diese Mischform von informierender Unterhaltung, die allen Talkshows als General-Intention zugrunde liegt.

Die Beschäftigung der Medienwissenschaften mit den Talkshows ist vergleichsweise gering geblieben. Die Entwicklung überrollte jeden Versuch einer Zustandsbeschreibung oder (zeitlos-universellen) Typologie. Auch war das Genre nicht gerade von der ernsthaftesten Art, um sich intensiver damit zu befassen. So sind es hauptsächlich die Programmzeitschriften und andere Wochenmagazine, die sich anhaltend mit diesem Genre mehr oder weniger seriös oder, angesteckt vom Objekt, mehr unterhaltsam und spielerisch auseinandersetzen. Es waren die Gesprächs- und die Textlinguistik (Kalverkämper 1975; 1975a; 1975b; 1979 mit Bibliographie; Barloewen/Brandenberg 1985; Mühlen 1985) welche sich früh der Talkshows wissenschaftlich angenommen haben. Dabei stand die Kritik zunächst im Vordergrund. Der Mediengattung selbst wurde für den deutschsprachigen Bereich angesichts der an den öffentlich-rechtlichen Anstalten geschulten Seh-Erwartungen nur geringe Chancen eingeräumt (Bayer 1975). Die Sprach- und Gesprächswissenschaften fanden in den Fernsehgesprächen Material in Hülle und Fülle für die Regeln sprachlicher Interaktionen jeglicher Art, vom philosophischen Dialog ('Ergänzungen zur Zeit', FS DRS) bis zu chaotischen Palavern und Sprecherwechseln (in 'Ulrich Meyer: Einspruch!', Sat 1). Den ersten Versuch einer medienwissenschaftlichen Bestandsaufnahme unternahmen Steinbrecher/Weiske (1993). Die folgenden Ausführungen orientieren sich in der Hauptsache an den genannten Arbeiten. Daneben werden zahlreiche eigene Beobachtungen und Kontrolluntersuchungen miteinbezogen.

Im Gegensatz zum Konversationslexikon gehen die wissenschaftlichen Arbeiten einer einfachen, alle Formen der Talkshows umfassenden Definition eher aus dem Wege. Da aber jedermann weiss, was eine Talkshow ist, müsste es möglich sein, über die Beteuerung der Schwierigkeit einer Abgrenzung hinaus, doch so etwas wie eine operationale Definition zu finden, welche jene Merkmale enthält, die man beim Erkennen der Talkshow, ohne dass sie im Programm als solche apostrophiert wird, implizit anwendet. So gesehen ist eine Talkshow eine Unterhaltungssendung aus einem Fernsehstudio mit Publikum, in deren Mittelpunkt ein lockeres Gespräch steht zwischen einem Gastgeber (host; Talkmaster) und einem oder mehreren, meistens prominenten Gästen (vgl.

auch Mühlen 1985, 16). Alle weiteren Diskussionen über Abgrenzung gegen andere Unterhaltungsformen oder gegen andere Gesprächsformen (Interview, Clubrunde) mit abweichender Besetzung und unterschiedlichen Intentionen (Information vs. Unterhaltung) betreffen Unterarten und Grenzfälle von Talkshows und nicht die Definition bzw. ihre Basismerkmale (neuere Literatur: Fley 1997; Foltin 1994; Mikos 1999; Plake 1999; Semeria 1999).

2. Geschichte der Talkshow(s)

Auch wenn man die Talkshow im deutschen Fernsehen als eine Fortsetzung der bereits beliebten Revues ansehen mag, so liegen der eigentliche Beginn und die unmittelbaren Vorbilder zwanzig Jahre früher in den amerikanischen Medien der fünfziger Jahre (Barloewen/Brandenberg 1975; Mühlen 1985, 15 f.; Steinbrecher/Weiske 1993, 109–138).

Die ersten Ansätze finden sich in den amerikanischen Radioprogrammen kurz nach dem 2. Weltkrieg. Das Geplauder der Radiosprecher im amerikanischen Soldatensender AFN (American Forces Network) in Deutschland erschien damals vielen als unsolide und oberflächlich im Gegensatz zu dem gleichzeitig entstehenden 'Bildungs- und Kulturfunk' der deutschen Länder-Rundfunkanstalten. Seit den siebziger Jahren sind Gespräche mit Studiogästen fester Bestandteil auch der deutschsprachigen Radioprogramme, insbesondere der sogenannten dritten Programme (Rock- und Disco-Musik mit Moderation im 'Jugendton', Nowottnick 1989). Es gibt auch live-Übertragungen von Radio-Talkshows ('Persönlich' in Radio DRS). Beim berühmten 'Internationalen Frühschoppen' von Werner Höfer (bis 1986) spannten jahrelang das ARD-Fernsehen und der Hörfunk des WDR zusammen und sendeten die Talkshow, die natürlich nie so bezeichnet wurde, im Radio und Fernsehen gleichzeitig (ab 1987 als 'Presseclub'). Dass man dabei eine langjährige Radiostimme ausnahmsweise auch einmal im Fernsehen als Ansager sehen konnte, war bezeichnend für die damalige Revier-Abgrenzungsmentalität in den Medien-Institutionen. Talkshows sind also ihrer Herkunft nach keine fernsehtypischen Gesprächsereignisse, sie haben auch eine radiophone Tradition, die bis heute, wenn auch nicht im gleichen Ausmass, ihre Programmanteile hat.

Die Fernsehtalkshow in Amerika (Barloewen/Brandenberg 1975; Steinbrecher/Weiske 1992, 109–138) begann 1952 mit Pat Weavers 'Today' als NBC-Morgensendung, gefolgt von einer Nachmittagssendung 'The Home Show' 1954 ebenfalls von Pat Weaver. Fast gleichzeitig begann Steven Allen mit 'The Steve Allen Show' 1951, die dann 1953 als 'The Tonight Show' fortgeführt wurde. 1962 trat der grosse Talkmaster Johnny Carson auf die Bühne (bis 1992) mit 'The Johnny Carson Show'. Weitere Talkshows mit Vorbildcharakter waren: 'Person to Person' (Edward R. Murrow 1962); 'Les Crane Show' (ABC 1962, Les Crane). Ein Versuch, alle Talkshows ohne Einzel-Talkstar unter dem Titel 'Syndicated Talkshows' (1965) zusammenzuschliessen, hatte wenig Erfolg und wurde bald aufgegeben. Es folgte die 'Mike Douglas Show' (1965 Mike Douglas); dann der andere 'große' Talkmaster Dick Cavett mit seiner 'Dick Cavett Show' (ab 1969); dann die 'John Davidson Show' (1980 John Davidson) und als Vorbild für manche aktuellen Talkshows der privaten Programme die 'David Letterman Show' (1980 David Letterman). Weiter folgen 'Signature' (CBS Cable 1982), die 'Pat Sajak Show' (1988/89); die 'Arsenio Hall Show' (1988/89). Auffallend ist, dass die meisten Shows den Namen ihrer 'hosts' tragen. Art, Charakter und Qualität der Show sind direkt abhängig von der Persönlichkeit des Entertainers, Showmasters, Hosts, Dompteurs oder Plauder-Onkels.

In Deutschland gilt als Beginn der Talkshows die 1973 zunächst von Dietmar Schönherr, dann ab 1975 von Hansjürgen Rosenbauer moderierte Sendung 'Je später der Abend', die vom WDR-Regionalprogramm in das ARD-Abendprogramm hinüberwechselte. Dieser Beginn auf der Regionalschiene und Wechsel ins Deutschlandprogramm ist typisch für die ersten Talkshows wie z. B. 'III nach 9' (1974, Nord III > ARD), 'Kölner Treff' (1976, WDR > ARD), und vor allem für 'Heut' Abend' (BR III > ARD) mit Joachim Fuchsberger. Ausnahmen sind der Stuttgarter 'Omnibus' (1978, S-3), die 'NDR Talkshow' (1979, NDR), 'Leute' (1983, NDR). Mit dem Aufkommen der privaten Fernsehsender Sat 1 und RTL und anderen ab 1985, inflationär seit den frühen neunziger Jahren, haben die Talkshows den Anteil der Spielfilme am Gesamtprogramm fast eingeholt, wenn nicht gar übertroffen. Im Monat Mai 1996 fanden sich (nach eigener Zählung) allein in deutschen, schweizerischen und österreichischen Programmen 75 verschiedene Titel für Talkshows von '2 gegen 2', '3 nach neun', '5 nach zehn' und 'Arabella Kiesbauer' bzw. 'Arena' bis zu 'Ziischtigsclub', 'Zur Person' und 'Zur Sache'. Gerade eine einzige dieser Sendungen nennt sich 'Talkshow' ('Live – die ZDF Talkshow'), die anderen allenfalls 'Talk' ('Talk im Schloss', 'Talk im Turm', 'Talk vor Mitternacht'), oder 'Show' wie 'Late Show', 'NDR Spätshow', 'Phettbergs Nette Leit Show'. In 21 der 75 Fällen steht der Name des Hosts oder der Gastgeberin im Titel: 'Arabella', 'Die Harald-Schmidt-Show', 'Gottschalks Hausparty', 'Fliege', 'Victors Spätprogramm' u. a.

Ein Grund für die inflationäre Zunahme der Talkshows dürften die schon genannten niedrigen Produktionskosten sein. Selbst wenn der Moderator pro Abend ein fürstliches Honorar erhält und für mehrere Gäste Reise- und Übernachtungskosten anfallen, so erreichen diese Sendungen nie den Durchschnitts-Minuten-Produktionspreis von 2000–3000 DM, bzw. die Kosten einer Sendestunde von 120 000 bis 180 000 DM, allenfalls einen Bruchteil davon. Darüber hinaus bieten sie dank der hohen Einschaltquoten ein günstiges Werbe-Umfeld, sind also offensichtlich nicht nur selbsttragend, sondern gewinnbringend.

Ein weiterer Grund für die Häufigkeit der Talkshows muss jedoch in deren Attraktivität liegen (s. auch unter 4). Diese basiert offensichtlich auf der Grundkonstellation: Es werden Personen statt Themen geboten, man kann öffentliche Rollenträger als Privatpersonen aus der Nähe erleben. Der Gegensatz zwischen der Intimität der angesprochenen Themen und der Öffentlichkeit oder Prominenz der Personen, ja der gesamten Situation, ist interessant. Auch muss ein Teil des Erfolgs in der multimedialen Übertragungsmöglichkeit des Fernsehens liegen, haben doch 'Talkshows' im Radio nicht annähernd dieselben Möglichkeiten. Trotz offensichtlicher Kopien amerikanischer Vorbilder – die 'Harald-Schmidt-Show' ist z.B. bis in Details bei David Letterman abge'schaut' (was auch nicht abgestritten wird) – kann man doch eine europäische oder gar deutschsprachige Eigenentwicklung ausmachen. Man könnte diese als gedankenschwerer oder anspruchsvoller bezeichnen. Solche Feststellungen basieren jedoch weniger auf intensiven Analysen (vgl. Löffler 1989, 1989a) als vielmehr auf unsystematischen Beobachtungen und Rezeptionserfahrungen. Eine detaillierte Umfrage bei den 'Machern' von zwei Dutzend deutschen Talkshows in den Jahren 1991/1992 durch Steinbrecher/Weiske hat über diese Rezeptionserfahrung hinaus keine neuen oder gar überraschenden Innenansichten oder Einblicke zu Tage gefördert (Steinbrecher/Weiske 1992, 177–219). Einmal mehr ist dies ein Beweis dafür, dass Befragungen bei den Produzenten weder in literarischen Bereichen noch bei anderen Künsten oder hier bei den Talkshows über die Rezeptionserfahrungen und -analysen hinaus wichtiges Neues beizutragen vermögen.

3. Tele-kommunikative Merkmale: Konstitutions-, Verlaufs- und Präsentationsformen

Unter dem Sammelbegriff Talkshow werden die unterschiedlichsten Realisierungen zusammengefasst. Allen gemeinsam ist die oben (unter 1.) genannte Definition. Die Unterschiede in der Konstitution, der Präsentation und dem Verlauf betreffen alle Ebenen und Bereiche, die für Talkshows als konstitutiv gelten können: 1. das Verhältnis von Talk und Show, 2. die Kulisse, 3. den Moderator, 4. den Gast/die Gäste, 5. die Themen, 6. das Präsenzpublikum, 7. allerlei Verschränkungen (vgl. auch Mühlen 1985, 17f.).

3.1. Das Verhältnis von Talk und Show

Zwischen reinem Talk auf der einen und reiner Show auf der anderen Seite gibt es eine Skala stufenloser Übergänge und Mischungen. Man kann zwischen dem eigentlichen Gespräch und den Show-Teilen unterscheiden, wenn der Gast oder jemand anders singt oder musiziert, oder wenn der Gastgeber mit dem Publikum Faxen und allerlei Spielchen macht. Es gibt auch Shows ('Sportschau', 'Wetten dass!'), in welche Gespräche integriert sind, die man konsequenterweise Show-Talks nennen müsste. Show-Teile können zur Gliederung der Talk-Teile und der ganzen Sendung dienen und umgekehrt. Auch die Gespräche selbst können immer mehr den Charakter einer Show annehmen, es braucht hierzu nicht unbedingt die Show-Einlagen. Auch Nur-Gespräche können Talkshows sein, ob sie nun 'Vis-à-Vis' heissen, wo sich zwei Personen auf einem Podium gegenübersitzen, oder 'Club', wo der Zuschauer mit Hilfe der subjektiven Kamera 'over the shoulder' eines Teilnehmers oder des Gastgebers die anderen ganz aus der Nähe betrachten kann. Auch wenn manche Studio-Gespräche auf diese Weise sehr natürlich wirken (Löffler 1983), sind es immer inszenierte und zur Schau gestellte Gespräche und insofern Talk-Shows. Themen und Gesprächscharakter hängen davon ab, an welcher Stelle auf der Talk-und-Show-Skala ein Gespräch jeweils angesiedelt ist.

3.2. Die Kulisse

Die Umgebung, das im Studio oder anderswo arrangierte Interieur, bestimmen als pragmatisch-situationelle Komponenten den Charakter des Gesprächsereignisses entscheidend. Wenn es eine Bühne ist oder ein Café oder 'im Schloss' oder 'im Turm', eine Sessel-Runde oder ein Podium im Ballettsaal, ein ehemaliges Kino oder ein Steh-Tresen, wenn es Bistro-Tischchen sind oder gar Gerichtsschranken mit Geschworenen-Bänken, so wird der Gesprächstyp dadurch massgeblich bestimmt. Die Kulisse markiert den Öffentlichkeitsgrad und den Charakter bzw. das Verhältnis von Gastgeber, Gästen und Publikum (und Zuschauern) und versucht gleichzeitig, die Inszenierung mit Vorstellungen aus dem wirklichen Leben zu verbinden.

3.3. Der Moderator

Innerhalb der Show-Talk-Skala und der vorgegebenen Kulisse nimmt der Moderator und Gastgeber – besser eigentlich Showmaster – die dominante und prägende Rolle ein. Die Einschaltquoten, d.h. der Erfolg einer Talkshow, hängen direkt von der Persönlichkeit dieses Hosts ab. Er muss ein guter Schauspieler und Menschenkenner sein, erfahren, gebildet, belesen und beschlagen in Büchern, Filmen, Theater, Musik und natürlich in der Yellow-Scene. Er muss Ausstrahlung besitzen, Vertrauen erwecken bei den Gästen und beim Publikum, darf frech und schlagfertig, aber nicht verletzend oder beleidigend sein. Unter diesen Voraussetzungen gibt es verschiedene Moderatorentypen, die der Show nicht nur ihren Namen geben, sondern sie auch in ihrem „Erfolg" prägen. Es gibt den lieben Onkel, den verständnisvollen Lehrer, die Quasseltante, den hemmungslosen Tabubrecher, die graue Eminenz, den erfahrenen Kosmopoliten, den jungen Freund, die aufgeweckte Recherchier-Journalistin usw. Das Outfit des Hausherrn oder der Gastgeberin erstreckt sich dabei vom Konfirmandenkostüm eines Musterschülers (Willemsen), über den Anzug des Biedermanns (Küppersbusch) oder den Dressman (Harald Schmidt, Thomas Gottschalk), das Mannequin (Arabella Kiesbauer) bis hin zum Clown (von der Lippe) oder gar Transvestiten (Lilo Wanders).

3.4. Der Gast / die Gäste

'Meist prominent' sollten Gast und Gäste sein und aus den Bereichen Politik, Kultur, Wissenschaft, Medien, Show-Business und Sport kommen (Steinbrecher/Weiske 1992, 70). Der Reiz der ersten Talkshows bestand darin, dass man Prominente aus der Nähe erleben konnte, sie aus dem Leben erzählen hörte, ihr Gesicht beobachten konnte, wenn der Gastgeber Intimissima aus ihrem Leben preisgab. Die Nahdistanz der Kamera vermittelt die intimste Form, um einen Menschen zu beobachten – entweder als einen wie du und ich oder eben als einen ganz anderen, mit einer Fassade oder Maske oder ertappt und entlarvt oder seltener als ehrliche Seele. Bei der späteren Inflation von Talkshows war nicht mehr nur die Prominenz der Gäste, sondern ihre Zuständigkeit für ein bestimmtes Thema oder ihre Betroffenheit wichtig. Dabei wurden Themen und Betroffene immer ausgefallener. Es soll sogar Agenturen geben, welche 'Gäste'-Karteien führen und zu den banalsten und ausgefallensten Themen Experten und Betroffene vermitteln: Russisch-Roulett-Spieler, Männer, die im Schwimmbecken schlafen, Frauen, die sich für die Reinkarnation der Barbie-Puppe halten (so im Artikel 'Maul- und Plauderseuche' von Thomas Kessler in Focus 4/1996, 162). Neuerdings beliebt sind die gegenseitigen Einladungen der Talkmaster und -masterinnen. Der Reiz dieser Partnertausche besteht darin, dass man den oder die Geladene normalerweise als Gastgeber und Situationsmächtige, also in einer anderen Rolle, kennt. Als Gast müssten sie sich eigentlich passiv und reaktiv verhalten. Alle warten jedoch auf das Ausbrechen aus den Rollen. Dies geschieht dadurch, dass der Gast-Host in seine bekannte Rolle fällt und anfängt, den Gastgeber und Befrager seinerseits 'vorzuführen'. In solchen Situationen bewährt sich die Qualität des echten Talkmasters, indem er diesen doppelten Rollentausch souverän pariert. In allen Fällen ist jedoch die richtige Auswahl der Gäste wichtig und erfordert einigen Aufwand seitens der Redaktionen. Von ihnen hängt nicht nur die Einschaltquote ab, sondern das Gelingen überhaupt.

3.5. Die Themen

Manche Talkshows haben vorgegebene Themen, zu denen der Gast oder die Gäste geladen werden. Die Themen entstammen den zentralen ('Väter und Söhne') oder peripheren Lebensbereichen ('Klosterleben'). Andere Talkshows nehmen ihre Themen aus den Lebens-, Erfahrungs- oder Interessenbereichen der Geladenen. Dabei werden zunehmend 'intimere' und tabuträchtigere Themen ausgesucht ('Wenn er mich weiter schlägt, zeig ich ihn an'). Einen eigenen Status innerhalb einer Talkshow haben die Themen, die der Moderator selbst als Alleinunterhalter in seinen kabarettistischen Solo-Nummern aus aktuellen oder situationellen Anlässen aufgreift. Die Themenwahl unterliegt prinzipiell keiner Beschränkung. Im Unterschied zu politischen, philosophischen oder literarischen und anderen Diskussionssendungen müssen die Themen der Talkshows nicht ernsthaft erörtert oder gar einer Lösung zugeführt werden. Sie geben Anlass zu Unterhaltung. Wichtig dabei ist, dass alle Personen zu dem Thema eine Beziehung haben und sich nicht als unbetroffen oder nicht zuständig verweigern.

3.6. Das Präsenzpublikum

Die meisten Talkshows haben ein so genanntes Präsenzpublikum im Studio. Die Nachfrage nach den Eintrittskarten hierzu scheint ungebrochen. Manchmal ergibt sich am Veranstaltungsort von alleine ein Zuschauerraum, wenn es eine Theater-, Redner-, Konzertbühne ist mit dem Publikum im Saal oder ein Lehrerpult und das Publikum in der 'Klasse'. Die 20 bis 100 Personen können wie bei einem Boxkampf um die Akteure herum sitzen oder sind wie im Kleinkunsttheater an Bistro-Tischchen verteilt. Auch hier ist der Variation des Studio-Arrangements keine Grenze gesetzt. Das Publikum gibt sowohl dem Gespräch als auch den übrigen Darbietungen und Einlagen den eigentlichen Showcharakter. Die Show findet also schon vollständig im Studio statt und bedürfte eigentlich nicht unbedingt der Übertragung hinaus zum 'Fernsehpublikum'. Die 'Harald-Schmidt-Show' findet allabendlich live in einem Kölner Kino statt. Dabei gerät die Live-Übertragung durch fernsehspezifische Einlagen und Schnitte, Rückläufe und Zeitlupen, nicht zuletzt auch durch systematische Publikums-Inserts in Form von Nahaufnahmen betroffen-gebannter Gesichter (über Monitoren für das Präsenzpublikum sichtbar) doch zu einem Fernsehereignis. Das Präsenzpublikum trägt nicht nur zum Showcharakter bei, sondern wesentlich auch zur Natürlichkeit und Unmittelbarkeit und hilft damit sowohl dem Entertainer als auch den Gästen, ihre intendierte Rolle wirkungsvoll zu spielen. Auch dem externen Fernsehpublikum bieten sich somit beste Identifikationsmöglichkeiten.

3.7. Allerlei Verschränkungen

Jede Talkshow zeigt eine unterschiedliche Mixtur aus den genannten Merkmalbereichen. Auch dies mag ein weiterer Grund sein für die ungebrochene Beliebtheit trotz gleichzeitiger Existenz so vieler Typen und Exemplare nebeneinander. Die Stereotypie und Monotonie der Grundkonstellation, die Identität des Moderators, die immer gleichen Abläufe bewirken auf der einen Seite einen Wiedererkennungseffekt, auf der anderen Seite gibt es die Möglichkeit zur Abwechslung von Themen, Gästen, Einlagen, Abläufen, ja selbst des Outfits. Eine unerschöpfliche Kombinationsvielfalt ist die Folge, welche immer neue Überraschungen birgt. Die 'Dauer im Wechsel' auf der einen oder 'Muster und Variation' auf der anderen Seite bildeten schon immer die Grundstruktur volkstümlicher Kunstwerke, von der mittelalterlichen Ritter- und Volksdichtung bis hin zur modernen Kriminal- und Trivialliteratur, zu Spielfilm- und Fernsehserien. Altbekanntes in immer neuen Kombinationen, Wiedererkennen und Überraschtsein bewirkten offensichtlich Vergnügen. Hinzu kommt noch der vermeintliche oder tatsächliche Aufklärungs- oder Lerneffekt, so dass die alte horazische Formel für literarische Kunstwerke des 'prodesse et delectare' auch den Talkshows als Muster zugrunde liegt.

4. Die Attraktivität der Talkshows

Die General-Intention der Talkshows ist unterhaltsame Information oder informative Unterhaltung ('Infotainment') durch „menschliche" Themen entweder im Konsens oder in der Konfrontation zwischen Personen; Problematisieren oder Problemlösungen sind dabei nicht angestrebt (Mühlen 1985, 19ff.). Bestandteil der Unterhaltung und des Vergnügens ist, wie gerade gesehen, auch die 'Mixtur' der festen Muster in grenzenloser Kombinationsvielfalt.

Diese General-Intention gilt auch für andere Fernsehsendungen, selbst für Nachrichtenmagazine, Tagesschauen, Worte zum Sonntag u. a. Die Attraktivität der Talkshow-Unterhaltung beruht offensichtlich noch auf weiteren Momenten. Zunächst werden durch die Showelemente Anklänge an traditionelle Formen der inszenierten Unterhaltung wachgerufen, die ja auch, wie gesehen, zu den Wurzeln der Talkshows gehören: Revues, Bunte Abende, Schaubuden auf Jahrmärkten, Attraktionen und Sensationen mit entsprechenden lautstarken oder clownesken Marktschreiern und Einwerbern. Es ist die fröhlich gelöste Rummelplatzatmosphäre, eine virtuelle Sonntags-, Feierabend- oder Märchenwelt.

Inhaltlich werden durch den 'personal touch' Ähnlichkeiten und Anklänge zur Yellow Press, zu den Illustrierten wach, die man beim Coiffeur oder auf einer Bahnreise oder sonst zur problemfreien Entspannung konsumiert. Prominente werden menschlich vorgestellt und nicht prominente Betroffene wecken unser Mitleid, Entsetzen, Mitgefühl, Solidarität und Identifikationsbedürfnis, Wirkungen, die man auch der Theaterbühne als moralische Anstalt und als Ort von Furcht und Schrecken und der Katharsis von alters her zuschreibt. Neben dem voyeurhaften Verlustieren ist also auch der Schauer-Effekt des Theaterbesuchs impliziert und angetönt.

Die behandelten Themen sind neben den 'Soft News' (Schicksale, Unglücke, Verbrechen, Liebe, Sex und Religion) von allgemeiner Gültigkeit. Sie decken Tabus auf, wirken aufklärerisch als Lebenshilfe und haben den gleichen Effekt wie ehemals der Tanz- oder Anstandsunterricht: brauchbar fürs Leben. Dass das alles an Personen festgemacht wird, die Vorbildcharakter haben, knüpft an die alte Tradition der Heldensagen, der Heiligenlegenden, der (Auto-) Biografien vorbildlicher Lebensläufe an. Dabei werden auch negative Muster, die „kaputten Typen" zu abschreckenden Anti-Vorbildern. So haben die Talkshows vieles, was auch der Literatur zugeschrieben wird (s. oben 3.7. 'prodesse et delectare'), sei es als schöne (Trivial-) Literatur oder als Theaterliteratur. Es ist Vermittlung von Fremderfahrung, „Wahrnehmen mit einem anderen Gehirn" von vorbildlichen oder abschreckenden Zeit- und Lebensläufen mit Einblicken in die Innenseite der Betroffenen, des Lebens überhaupt. Unterhaltung, Lebenshilfe, Aufklärung, Theaterabend und Bibelstunde, verpackt in ästhetische Formen, deren Herkunft man sowohl auf der Bühne des Fürstentheaters von ehedem als auch auf den Jahrmärkten suchen kann. Hinzu kommen Assoziationen zu kommunikativen Idealen des Alltags, zur Wohnstubenatmosphäre, zum Familien- oder Klassentreffen, wo jeder aus seinem Leben erzählt, zur Geburtstagsfeier mit dem Aufschneider, dem Bluffer oder dem Anekdotenerzähler. Die verbindende Atmosphäre, welche durch Bekenntnisse in einer privaten Runde entstehen kann, wirkt auch über den Fernsehmonitor hinaus. Alles, was man Unterhaltung, kommunikatives Wohlbefinden oder ästhetischen Genuss nennt, ist in den Talkshows enthalten. Sie bieten jedem etwas auf ihre Art und haben sehr viele Parallelen zur Literatur im weitesten Sinn, nur dass sie multimedial die ästhetischen Mittel vielfältiger einsetzen können, die all die genannten Wirkungen und Effekte verstärken.

Hinzu kommt die Überformung durch Eigenmittel des Fernsehens (Kameraführung, Bildschnitt, Studio-Effekte, Rückblenden, Inserts, Musik, elektronische Verfremdung und Animation (virtual reality, cyberspace)). Die echte oder vermeintliche Natürlichkeit wird übertragen oder gar verstärkt. Die wirkliche Welt wird als virtuelle Welt gespiegelt (Löffler 1996, 205). Realität und Fiktionalität gehen ineinander über. Mehrere Kommunikationskreise ergänzen sich gegenseitig, ein innerer (Gast/Gastgeber), mittlerer (Präsenzpublikum oder Publikum 1. Grades) und äusserer Kreis (das disperse anonyme Fernsehpublikum oder Publikum 2. Grades) umschliessen das Ereignis. Der Rezipient ist frei in der Art des Konsumierens zwischen Faszination und Betroffenheit und distanziertem Voyeurismus oder Gleichgültigkeit und Abneigung.

Bei soviel Attraktivitätsmerkmalen wundert es nicht, dass diese Sendungen höchste Einschaltquoten erreichen (1995 z.B. 'Schreinemakers live': 4,97 Mio. = 26,5 Prozent Marktanteil; 'Hans Meiser' RTL: 2,47 Mio. = 27,8 Prozent Marktanteil; 'Fliege' ARD: 1,34 Mio. = 14,9 Prozent Marktanteil usw.) nach: Kessler 1996, 162). Diese Sendungen, die ursprünglich bezeichnet wurden als „a zany light hearted show on every night in same time for people in the mood for staying up" (Pat Weaver 1950; vgl. Steinbrecher/ Weiske 1992, 110), füllen die Programme nun sowohl am Vormittag: 'Kerner' (Sat 1), über Mittag: 'Vera am Mittag' (Sat 1), am Nachmittag: 'Bärbel Schäfer', 'Hans Meiser', 'Ilona Christen', (RTL 1) und selbstverständlich am Abend bis tief in die Nacht hinein: 'Arabella Kiesbauer', jeweils um 3.15 Uhr in der Frühe (Pro 7). In der Programmverteilung, nach Einschaltquoten und der Funktion als Werbeträger haben die Talkshows gut die Spielfilme eingeholt. Trotz regelmässigem Senderhythmus mit gleichem Gastgeber in gleicher Kulisse büssen sie nichts von ihrer Anziehungskraft ein.

5. Versuche einer (Text-) Typologie

Angesichts der Fülle an Exemplaren (1996 wurden 83 wiederkehrende Rede-Sendungen mit jeweils unterschiedlichen Realisierungen gezählt, Kessler 1996, 160) tut sich die Forschung zur Talkshow nicht nur schwer mit Definitionen, auch die Versuche einer Typologie belassen es bei der Beschreibung allgemeiner und distinktiver Merkmale. Die Vielfalt ist so gross, dass man jeden der Merkmalbereiche wie Personal (Gastgeber, Gäste, Publikum), Thematik, (Unterhaltungs-) Strategie, Programm-Einbettung u. a. zur Grundlage einer Typologie machen könnte. Steinbrecher/Weiske (1992, 24–48) schlagen als Ergebnis einer Umfrage zum Selbstverständnis der 'Macher' (Redaktionen, Produzenten, Moderatoren, Fernsehanstalten) eine Einteilung in vier Typen vor:

1. Promi-Talk mit einem oder mehreren Prominenten im Mittelpunkt
2. Themen-Talk mit einem vorgegebenen Thema und Gästen, die dazu etwas zu sagen haben oder davon betroffen sind
3. Konfro-Talk zu einem Thema, das zwischen Gastgeber und Gast oder von den Gästen kontrovers diskutiert wird
4. Porträt-Talk zur Vorstellung eines Gastes als Person mit Innenleben, Intimsphäre, Biografie etc.

Nr. 1 und 4 sind auf die Gäste bezogen, Nr. 2 auf die Thematik und Nr. 3 auf den Verlauf. Daneben gibt es noch Unterarten wie den 'Confessio-Talk' beim Promi- und Porträt-Talk oder Verschränkungen zwischen allen Typen. So kann sich Konfro-Talk auf Themen und Personen beziehen und umgekehrt.

Andere Typologisierungskriterien sind gesprächsanalytischer Art und nehmen Kategorien wie Strategie und Intentionen als Einteilungskriterien. Allen Typen gemeinsam ist die inszenierte „Schau", die Virtualität des „Scheingesprächs" und der „Zwang zur Zwanglosigkeit" (Burger 1991, 168 ff.; Hess-Lüttich 1993, 164). Man kann die „Verschränkung von Person (des Gastes) zum Thema" (Mühlen 1985, 165 ff.) als Einteilungskriterium nehmen oder Intentionen wie Protektions- versus Provokationsstrategien oder „Strategien der Selbst- und Partnerdarstellung" (Mühlen 1985, 184 ff.; Burger 1991, 190 ff.; 197 ff.) oder den unterschiedlichen Einbezug der „inneren und äusseren Kommunikationskreise" (Linke 1985, 268; Hess-Lüttich 1993, 166). Man könnte die Talkshow-Typologie einbetten in eine übergreifende Klassifizierung von Medien-Dialogen überhaupt (Franke in: Löffler 1993, 126 ff.). Eine konsistente Typologie hat indessen noch niemand vorgelegt. Man muss sich denn auch fragen, ob die Typologie das vordringlichste Desiderat der Talkshow-Forschung ist. Lohnender scheinen intensive Mikroanalysen möglichst unterschiedlicher Exemplare, bei denen die Machart erkannt wird und auch Strukturen aufgedeckt werden, die ohne Mikro-Transkription der verbalen, nonverbalen und fernsehtechnischen Verlaufe mit blossem Auge und Ohr nicht wahrgenommen werden könnten. (Beispiele bei Barloewen/Brandenberg 1975, 141 f.; in Henne/Rehbock 1982, 281 ff. wieder aufgenommen; Case Studies bei Mühlen 1985, 170 ff.; Burger 1991, 169 ff.; Frei-Borer 1991; Hess-Lüttich 1993 u. a. und verbreitet auch in Seminar- und Examensarbeiten).

6. Zur Sprache des Talks in der Show

Am intensivsten und sehr früh mit Talkshows beschäftigt haben sich die Text- und Gesprächsanalyse (Kalverkämper 1979; Linke 1985; Mühlen 1985; Frei-Borer 1991; Burger 1991). Anfänglich stand noch die „Kritik" an der „Textsorte" überhaupt im Vordergrund (Bayer 1975; Kalverkämper 1979), der man keine grosse Zukunft gab. Bis heute nahm dieses Genre jedoch einen solchen Aufschwung, dass es sich als unbeschränkter Corpus-Lieferant für gesprächsanalytische Untersuchungen jeglicher Art eignet. Beliebt sind Transkriptionen und Einzelanalysen in Seminar- und Examensarbeiten, aus denen sich die meiste Beobachtungserfahrung ableitet. Dabei steht nicht das Talkshow-Typische oder -Spezifische oder die (besondere) Sprache der Talkshows im Vordergrund, sondern die Möglichkeit, diverse Konstellationen, Abläufe, Strategien, konfrontativ-konfliktäre oder konsentisch-harmonische Verlaufe, Thematisches und Verdecktes, geschlechts- oder kulturspezifisches Gesprächsverhalten zu analysieren und die Analyse-Instrumente der Gesprächslinguistik an diesem frischen und grünen Material, das zudem multimedial speicherbar, beliebig wiederholbar und transkribierbar ist, zu überprüfen und zu schärfen oder gar „Regeln des Gelingens" von Gesprächen überhaupt herauszufiltern (Frei-Borer 1991). Die Feststellung von Linke (1985, 29): „Eine detaillierte gesprächsanalytische Bestandesaufnahme und Analyse des Sprachverhaltens in unterschiedlichen Talkshow-Sendungen ist noch nicht geleistet", gilt immer noch. Die meisten Analysen paraphrasieren den Verlauf einzelner Talkshows. Hinter Sprecherwechseln, Sprecherbeiträgen, Palavern werden Strategien des Entertainments oder der Selbstdarstellung der Beteiligten aufgedeckt bis hin zur allerdringlichsten Strategie in den Privatprogrammen, nämlich die externen Zuschauer während der immer länger werdenden Werbeunterbrechungen am Zappen zu hindern, d.h. bei der 'Show' zu halten.

Eine eigentliche Talkshow-Sprache gibt es nicht. Wie die oben genannten Merkmale und deren Mixturen und die Verschränkung von Themen und Personen zum Leben und zur Erwartung des Publikums vermuten lassen, ist die Sprache funktional jeweils auf die Situation hin ausgerichtet. Da nie ein Drehbuchtext gelernt und hergesagt wird, haftet allen sprachlichen Äusserungen eine gewisse Natürlichkeit an. Dies wird durch die Rolle der stilisierten 'Laien' noch verstärkt (Burger 1996). Wenn der Bühnen- und Studiocharakter überwiegt, ist es die Sprache der Schau-Bühne, bei Auftritten und Einlagen eben die Sprache des Auftretens und der Deklamation. Wie das gesamte Arrangement und das Gelingen von der Person des Moderators und der Geladenen abhängt, so sind auch deren Gesprächigkeit, Sprachvermögen und Schlagfertigkeit konstitutive Bestandteile der Talkshow-Handlung. Es ist aber nicht nur die Sprache des Small Talks und der Geselligkeit. Neben den Grundmaximen „Zwang zur Zwanglosigkeit" oder „Unterhaltung und Unernst um jeden Preis" gibt es auch ernsthafte Gespräche ('Boulevard Bio', 'Fliege', ARD u.a.), die sehr wohl zur Gattung Talkshow zu zählen sind.

Auch Konfrontationen und Vorwurf-Entgegnungs-Szenarien ('Ulrich Meyer: Einspruch!' bis Sommer 95; oder die Schweizer 'Arena', DRS) finden sich in den Talkshows, wenn auch seltener und sind wiederum zur Unterhaltung gedacht.

Wenn man überhaupt von einem talkshow-typischen sprachlichen Merkmal sprechen will, so wäre dies noch ausgeprägter als bei allen medienspezifischen Sprechhandlungen die Oralität und Ungezwungenheit als Reflex eines allgemeinen kommunikativen Lebensgefühls (Löffler 1996). Talkshows sind Orte für „Mediensprache" und „Sprache in den Medien" jeglicher Art. Ob es die Ausdrucksweise und Schlagfertigkeit im einzelnen oder die Ausstrahlung der Personen oder ihre 'Aufführung' ist, bleibt nebensächlich. Wahrgenommen wird nicht der 'Talk', sondern die Privatheit, Besonderheit, Extravaganz von Themen, Personen und deren Wirkung und Ausstrahlung auf das innere und äussere Publikum. Das für alle Fernsehgespräche intendierte Ziel wurde gelegentlich als „kommunikatives Wohlbefinden" der Beteiligten apostrophiert (Löffler 1989, 112; Hess-Lüttich 1993, 164). Für Talkshows und ihre Sprache würde dies noch in besonderem Masse gelten.

7. Literatur

Barloewen, Constantin/Hans von Brandenberg (Hrsg.), Talk Show. Unterhaltung im Fernsehen = Fernsehunterhaltung? München/Wien 1975.

Biere, Bernd U./Helmut Henne (Hrsg.), Sprache in den Medien nach 1945, Tübingen 1993.

–/Rudolf Hoberg (Hrsg.), Mündlichkeit und Schriftlichkeit im Fernsehen, Tübingen 1996.

Burger, Harald, Das Gespräch in den Massenmedien. Berlin/New York 1991.

–, Laien im Fernsehen. In: Mündlichkeit und Schriftlichkeit im Fernsehen. Hrsg. v. Bernd U. Biere/Rudolf Hoberg, Tübingen 1996, 41–80.

Fley, Matthias, Talkshows im deutschen Fernsehen. Konzeption und Funktion einer Sendeform. Bochum 1997.

Foltin, Hans-Friedrich, Die Talkshow. Geschichte eines schillernden Genres. In: Hans-Dieter Erlinger/Hans-Friedrich Foltin (Hrsg.), Unterhaltung, Werbung, Zielgruppenprogramme. München 1994, 69–112.

Frei-Borer, Ursula, Das Clubgespräch im Fernsehen. Eine gesprächslinguistische Untersuchung zu den Regeln des Gelingens. Bern/Frankfurt a.M. 1992.

Henne, Helmut/Helmut Rehbock, Einführung in die Gesprächsanalyse. Berlin ²1982.

Holly, Werner/Peter Kühn/Ulrich Püschel (Hrsg.), Redeshows. Fernsehdiskussionen in der Diskussion. Tübingen 1989.

Jörg, Sabine (Hrsg.), Spass für Millionen. Wie unterhält das Fernsehen? Berlin 1982.

Kalverkämper, Hartwig, Talkshow. Eine Gattung in der Antithese. In: Fernsehsendungen und ihre Formen. Hrsg. v. Helmut Kreuzer/Herbert Prüm. München 1979, 404–426.

–, Kommentierte Bibliographie zur Fernsehgattung 'Talk Show'. In: Fernsehforschung und Fernsehkritik. Hrsg. v. Helmut Kreuzer. Göttingen 1980, 99–135.

–, Talk-Show. In: Sachwörterbuch des Fernsehens. Hrsg. v. Helmut Kreuzer. Göttingen 1982, 180–184.

Kessler, Thomas, Maul- und Plauderseuche. In: Focus 4, 160–162.

Kreuzer, Helmut (Hrsg.), Fernsehforschung und Fernsehkritik. Göttingen 1980.

–/Karl Prüm (Hrsg.), Fernsehsendungen und ihre Formen. München 1979.

Linke, Angelika, Gespräche im Fernsehen. Eine diskursanalytische Untersuchung. Bern/Frankfurt a. M./New York 1985.

Löffler, Heinrich, Zur Natürlichkeit künstlicher Studio-Gespräche. Beobachtungen an moderierten Gesprächen im Fernsehen. In: Sprache und Pragmatik. Lunder Symposium 1982. Stockholm 1983, 359–372.

–, Gewinner und Verlierer(-Sprache). Beobachtungen an kontrovers geführten (Fernseh-) Gesprächen. In: Sprache und Pragmatik. Lunder Symposium 1984. Stockholm 1984, 293–313.

–, Die Frage nach dem landesspezifischen Gesprächsstil – oder die Schweizer Art zu diskutieren. In: Dialoganalyse II. Hrsg. v. Edda Weigand/Franz Hundsnurscher. Tübingen 1989, 207–221.

–, Fernsehgespräche im Vergleich. Gibt es kultur- oder programmspezifische Gesprächsstile? In: Redeshows. Fernsehdiskussionen in der Diskussion. Hrsg. v. Werner Holly/Peter Kühn/Ulrich Püschel. Tübingen 1989, 92–115.

– (Hrsg.), Dialoganalyse IV. Referate der 4. Arbeitstagung Basel 1992, 2 Teile, Tübingen 1993.

–, Oralität und Schriftlichkeit im Fernsehen. In: Mündlichkeit und Schriftlichkeit im Fernsehen. Hrsg. v. Bernd U. Biere/Rudolf Hoberg. Tübingen 1996, 199–206.

Mikos, Lothar, Die täglichen Talkshows als Wandel von Gesellschaft und Fernsehsystem in der Bundesrepublik. In: Stefano Semeria (Hrsg.), Talk als Show – Show als Talk. Deutsche und US-amerikanische Daytime Talkshows im Vergleich. Opladen/Wiesbaden 1999, 11–21.

Mühlen, Ulrike, Talk als Show. Eine linguistische Untersuchung der Gesprächsführung in den Talkshows des deutschen Fernsehens. Frankfurt a. M./Bern/New York 1985.

Nowottnick, Marlies, Jugend, Sprache und Medien. Untersuchungen von Rundfunksendungen für Jugendliche. Berlin 1989.

Plake, Klaus, Talkshows. Die Industrialisierung der Kommunikation. Darmstadt 1999.

Semeria, Stefano (Hrsg.), Talk als Show – Show als Talk. Deutsche und US-amerikanische Daytime Talkshows im Vergleich. Opladen/Wiesbaden 1999.

Steinbrecher, Michael/Martin Weiske, Die Talkshow. 20 Jahre zwischen Klatsch und News. Tips und Hintergründe. München 1992.

Heinrich Löffler, Basel (Schweiz)

225. Entwicklung, Funktion, Präsentationsformen und Texttypen der Game Shows

1. Zur Terminologie
2. Forschungsstand
3. Die Entwicklung des Genres Game Show
4. Präsentationsformen des Genres
5. Funktion und Nutzungsweisen
6. Literatur

1. Zur Terminologie

Es gibt nur wenige Fernsehgenres, deren Terminologie so große Probleme aufwirft wie das Genre 'Game Show'. Ebenso wie die ältere Bezeichnung 'Quiz' ist auch der Begriff 'Game Show' aus den USA übernommen worden; allerdings zeigen sich nicht nur in der Geschichte des Gegenstandes, sondern auch in der Begriffsgeschichte gravierende Unterschiede. Geht man von dem inhaltlichen Kriterium aus, daß Sendungen dieses Genres erstens als einzigen, dominierenden oder Zusammenhang stiftenden Sendungsinhalt Spiele präsentieren (was sie beispielsweise von Magazinsendungen unterscheidet, die als zusätzlichen Anreiz Zuschauerrätsel enthalten), die zweitens ausschließlich vom und für das Fernsehen veranstaltet werden (wodurch sich eine Abgrenzung zu Sportveranstaltungen vornehmen läßt), dann war 'Quiz' die ursprüngliche amerikanische Genrebezeichnung. Seit dem amerikanischen 'Quiz-Skandal' Ende der fünfziger Jahre (vgl. Anderson 1978) ist der Begriff 'Quiz' bis vor kurzem aus dem amerikanischen Englisch jedoch fast völlig verschwunden. Damals stellte sich heraus, daß die Spielresultate vieler Quizsendungen manipuliert worden waren – bei den Zuschauern beliebte Kandidaten waren entweder vorab die richtigen Antworten auf Spielfragen verraten worden oder ihnen waren nur solche Fragen gestellt worden, die sie bereits in Vortests richtig beantworten konnten. Als Folge des Skandals wurden nicht nur wissensorientierte Quizsendungen von allen Sendern abgesetzt, als Genrebezeichnung wird außerdem seitdem fast ausschließlich 'Game Show' verwendet. In Deutschland hingegen blieben derartige Spielkonzepte und der Begriff 'Qiz' lange Zeit dominant und bis heute geläufig; so etikettierte 'Game Shows' tauchten erst Ende der 80er Jahre vor allem im Programm kommerzieller Sender auf, die sich damit auch begrifflich von den Angeboten von ARD und ZDF abgrenzen wollten. Hatte sich bis zu diesem Zeitpunkt eine Semantik etabliert, die nach Spielinhalten zwischen wissensorientiertem Quiz und anderen Arten von Spielen unterschied, die dann als 'Spielshow' o.ä. bezeichnet wurden, bezog sich der in Deutschland neue Terminus 'Game Show' auf andere Differenzkriterien – Ausstrahlungsfrequenz, Tempo, Sendungslänge etc. Angesichts der weiterhin bestehenden begrifflichen Uneinheitlichkeit wird in Übereinstimmung mit dem amerikanischen Sprachgebrauch im folgenden so verfahren, daß unter 'Game Shows' alle aktuellen und früheren Fernsehsendungen verstanden werden, deren zentraler Inhalt Spiele egal welchen Typs darstellen, also auch 'Quizsendungen', 'Spielshows' und vergleichbare Angebote.

Anzumerken ist zu diesem Ansatz, daß auch der Begriff 'Show' in den USA und in Deutschland mit Unterschiedlichem assoziiert wird: Während in Deutschland mit einer Fernseh-'Show' immer noch aufwendige Bühneninszenierungen vor Publikum verbunden werden, steht 'Show' in den USA im Kontext von Fernsehproduktionen weitaus allgemeiner für 'Sendung' – so ist eine Poli-

zeiserie eine 'Cop Show', Bill Cosbys Comedyserie die 'Bill Cosby Show' und eine 'Game Show' einfach eine 'Spiele-Sendung'.

2. Forschungsstand

Trotz der Beliebtheit der Programmsparte bei den Fernsehzuschauern galt die Game Show selbst in den USA bis vor wenigen Jahren als das vermutlich am wenigsten erforschte Fernsehgenre (Goedkoop 1985, 301). Da Sendungen dieses Genres von wenigen Ausnahmen abgesehen weder inhaltliche Bedeutsamkeit noch künstlerischer Wert oder gesellschaftlich relevante Wirkungen attestiert werden, kamen sie bis in die 80er Jahre nur selten ins Blickfeld der Medienwissenschaften. Erst durch die immer häufiger zu beobachtende Konzeptualisierung des Fernsehzuschauers als (aktiem) Nutzer anstatt nur als (passivem) Rezipienten und der damit verbundenen stärkeren kulturwissenschaftlichen Orientierung medienwissenschaftlicher Arbeiten wuchs das Interesse an der Programmsparte: Die unstrittige Popularität von Game Shows trotz ihrer inhaltlichen Belanglosigkeit wurde so als Indikator dafür erkannt, daß das Genre einen wichtigen Fokus für alltagskulturelle Umgehensweisen mit dem Medium 'Fernsehen' darstellt, die von der traditionellen Medienforschung weitgehend übersehen worden sind.

Eine umfassende Aufarbeitung der Programmsparte steht aber immer noch aus – zwar gibt es in den USA und in anderen Ländern eine Fülle von Literatur zum Thema, den weitaus größten Teil stellen jedoch populäre Veröffentlichungen über bekannte Moderatoren, humoristische Begleitpublikationen zu einzelnen Sendereihen und Handbücher, die prospektiven Kandidaten Ratschläge geben, wie man in einer Game Show Erfolg hat. Einige dieser Publikationen sind durchaus auch von wissenschaftlichem Interesse, da sie wichtige Hintergrundinformationen zur Produktion von Game Shows (vgl. Sackett/Blythe 1982) und zur Geschichte des Genres bieten (vgl. Blumenthal 1975); das gleiche gilt für einige amerikanische Veröffentlichungen, die die Entwicklung der Game Shows journalistisch aufbereiten (vgl. Fabe 1979; Graham 1988) oder eine lexikalische Übersicht vorlegen (vgl. Schwartz/Ryan/Wostbrock 1987).

Wissenschaftliche Befunde zum Genre insgesamt bieten neben einigen Beiträgen in allgemeinen Handbüchern zum Programmspektrum des Fernsehens (vgl. z. B. Goedkoop 1985; Hickey 1981) vor allem verschiedene Struktur- und Inhaltsanalysen über das deutsche (vgl. Berghaus/Staab 1995; Hallenberger/Foltin 1990) bzw. internationale Genreangebot (vgl. Cooper-Chen 1994). Hilfreich sind auch aktuelle internationale Marktübersichten, die regelmäßig in Fachperiodika der Fernsehwirtschaft erscheinen (vgl. z. B. Akyuz 1995). Darüber hinaus existiert eine Fülle disparater Forschungsbeiträge, die sich im Kontext unterschiedlichster Fachwissenschaften wie Semiotik, Linguistik, Sozial- und Kulturwissenschaften mit einzelnen Sendereihen (vgl. z. B. Fischer 1962), Textelementen (vgl. z. B. Woisin 1989), Nutzungsweisen (vgl. z. B. Fiske 1983; 1990; Herzog 1940; Schenk/Rössler/Weber 1988), Sendungsakteuren (vgl. z. B. Herzogenrath 1991) bzw. Akteurstypen (vgl. z. B. Jörg 1984) beschäftigen. Über den Forschungsstand informieren ausführlich Cooper-Chen (1994, 113 ff.) und Wulff (1992; 1995).

Was immer noch aussteht, ist die Integration der in diesen Arbeiten zusammengetragenen Wissensbestände, zumal sich trotz ihres fachwissenschaftlich sehr heterogenen Hintergrundes zahlreiche Anschlußmöglichkeiten feststellen lassen. Weiterer grundsätzlicher wissenschaftlicher Klärung bedürfen insbesondere die kommunikativen Beziehungen, die in und über Game Shows hergestellt werden, erstens in Relation zu anderen Programmangeboten des Fernsehens (bzw. anderen medialen Angeboten), zweitens deren Einbettung in alltagskulturelle Praxisformen.

3. Die Entwicklung des Genres Game Show

Game Shows gehören weltweit zu den populärsten Unterhaltungsgenres des Fernsehens. In den weitaus meisten Ländern stellen dabei direkte Format-Importe aus den USA einen erheblichen Teil des Angebots, ein weiterer Teil orientiert sich an amerikanischen Vorbildern (vgl. Cooper-Chen 1994, 145 ff.). Format-Exporte aus anderen Ländern (vor allem: Japan, Frankreich und Großbritannien) spielen allenfalls in einzelnen Regionen eine begrenzte Rolle. In jedem Fall werden jedoch auch importierte Formate an einheimische (medien-)kulturelle Kontexte adaptiert und addieren sich mit lokalen Sendungstypen zu einem jeweils eigenständigen Angebotsspektrum mit eigener Geschichte.

Eine umfassende Darstellung der Entwicklungsgeschichte des Genres ist daher unmöglich. Statt dessen soll hier erstens wegen der international herausragenden Bedeutung amerikanischer Formate kurz die Entwicklung der Game Shows in den USA skizziert werden, worauf zweitens ein Überblick zur Genreentwicklung in der Bundesrepublik folgt. Als ein Beispiel für nationale Adaptionsprozesse wird in diesem Abschnitt insbesondere das Verhältnis von Vor- und Nachbildern thematisiert, also von amerikanischen und deutschen Einflußfaktoren. Der dritte Abschnitt beschäftigt sich schließlich mit Veränderungen des Genres, die in Deutschland als Folge der Einführung des dualen Fernsehsystems eingetreten sind. Da seit den 80er Jahren zuerst in vielen westeuropäischen, nach 1989 auch in osteuropäischen Staaten kommerziell operierende Fernsehsender zugelassen worden sind, hat auch dieser Abschnitt in gewisser Weise exemplarischen Charakter: Hier geht es vor allem um allgemeine Entwicklungsdynamiken, die in allen ganz oder teilweise privatwirtschaftlich organisierten Fernsehsystemen zu beobachten sind.

3.1. Zur amerikanischen Entstehungsgeschichte

Die Entwicklung des Genres begann mit den ersten Quizsendungen amerikanischer Radiostationen um 1930. Das neue Hörfunkgenre kombinierte drei Elemente, die aus anderen kulturellen Kontexten bekannt waren, allerdings in modifizierter Form. Erstens bot es wie ein Talentwettbewerb Amateuren die Möglichkeit zum öffentlichen Auftritt, ohne jedoch eine besondere Begabung zur Voraussetzung zu haben. Statt dessen wurde in den Quizsendungen lediglich Allgemeinwissen abgefragt, wodurch diese Inszenierung zweitens an schulische Befragungen erinnerte – denen sie auch ihre Benennung verdankte: Ein 'schoolroom quiz' ist im amerikanischen Englisch das Abfragen von Schülern (vgl. Goodson 1985, 5). Anders als in der Schule drohten den Kandidaten keine Strafen, im Erfolgsfall konnten sie dagegen auf einen Preis hoffen. Dieses Element verband das Quiz mit kommerziellen Preisausschreiben, die mangels großer nationaler Lotterien in den USA eine wichtige Rolle spielten (vgl. Blumenthal 1975, 13). Während bei Preisausschreiben Gewinner in der

Regel jedoch anonym blieben, waren Quizsieger öffentliche Personen.

Die ersten erfolgreichen Quizreihen des amerikanischen Radios imitierten und ironisierten bewußt die schulische Prüfungssituation: In Sendereihen wie 'Professor Quiz' (ab 1936) und 'Doctor I. Q.' (ab 1939) agierten die Moderatoren als examinierende 'Lehrer', die sich aus dem Saalpublikum ihre Kandidaten-'Schüler' suchten. Thematisch wie strukturell wurde dieses Grundschema nach kurzer Zeit diversifiziert. Gegenstand der Spielfragen waren neben Allgemeinwissen bald auch 'leichtere' Themen, insbesondere populäre Musik ('Melody Puzzles', 'Kay Kyser's Kollege of Musical Knowledge'), wodurch diese neue Sendeform auch an andere Unterhaltungsangebote des Radios angeschlossen werden konnte. Das ursprüngliche Frage-Antwort-Gewinn-Schema wurde ebenfalls um weitere Varianten ergänzt: In 'Panel Shows' übernahmen die Kandidaten beispielsweise die Rolle des Aufgabenstellers, die Lösung hatte dann ein 'Rateteam' zu finden ('Information, Please'); durch das Jackpot-Prinzip (d. h. nicht ausgezahlte Gewinne wurden in die nächste Spielrunde übertragen) sollte die Spannung erhöht werden ('Pot o' Gold'); die Reihe 'Truth or Consequences' operierte schließlich mit der Möglichkeit der Leistungskompensation – wurde eine Wissensfrage nicht beantwortet, konnte der Kandidat dennoch einen Gewinn erreichen, wenn er erfolgreich ein Aktionsspiel bestritt. Schon um 1940 gab es über 50 verschiedene Quizreihen (vgl. Fabe 1979, 102) und das Genre hatte sich als unverzichtbarer Bestandteil des Radioprogramms etabliert.

Dank ihrer Popularität spielten Quizsendungen in der Zeit nach dem Zweiten Weltkrieg auch eine wichtige Rolle bei der sich anbahnenden Konkurrenz zwischen Radio und Fernsehen. Beide Seiten setzten dabei vor allem auf die Strategie immer höherer Gewinnsummen. Das Abwandern des Publikums zum neuen Medium Fernsehen konnten die wertvollen Preise, die nun in Radioquizsendungen vergeben wurden, jedoch nicht verhindern: Die rasch wachsende Verbreitung des Fernsehens ermöglichte es den Produzenten der Fernsehquizreihen, die häufig aus dem Radio übernommen worden waren, ebenso hohe Gewinnsummen zu bieten.

3.2. Spielsendungen in Deutschland

Die deutschen Radiohörer wurden erstmals in der frühen Nachkriegszeit Ende der 40er Jahre mit der bis zu diesem Zeitpunkt unbekannten Sendeform der Quizsendungen konfrontiert (vgl. Rosenthal 1987, 156). Die neu gegründeten Sender importierten teilweise lediglich das Grundkonzept des Genres aus den USA und entwickelten daraus eigene Sendereihen (wie etwa der NWDR beim 'Schnelldenker-Turnier' mit Hans Gertberg), teilweise wurden auch amerikanische Sendungen adaptiert – so startete Radio Frankfurt, der spätere Hessische Rundfunk, 1947 die Reihe 'Doppelt oder nichts' (moderiert von Just Scheu), die auf 'Take It or Leave It' basierte.

Die amerikanische Entwicklungsgeschichte wiederholte sich in der Bundesrepublik Deutschland, allerdings in wesentlich kürzerer Zeit: Schon 1950 bot fast jeder deutsche Radiosender seinen Zuhörern Quizsendungen, die zu den populärsten Programmangeboten gehörten; kurz nach der Aufnahme des kontinuierlichen Sendebetriebs gab es 1953 auch im Fernsehen erste Produktionen dieses Genres, darunter viele, die aus dem Radio übernommen worden waren, wie beispielsweise Hans-Joachim Kulenkampffs Reihe 'Wer gegen wen?'. Als weitere Parallele zur amerikanischen Programmentwicklung läßt sich feststellen, daß es in hohem Maße Sendungen des Genres und vor allem deren Moderatoren waren, die die Popularität des Mediums Fernsehen insgesamt gestützt haben: Mit Peter Frankenfeld und Hans-Joachim Kulenkampff waren es zwei Moderatoren von Spielsendungen, die die ersten Stars des bundesdeutschen Fernsehens waren.

Obwohl Quizsendungen prinzipiell ein aus den USA importiertes Genre waren, läßt sich bereits in den frühen 50er Jahren eine eigenständige deutsche Entwicklungslinie beobachten. Zentraler Hintergrund war dabei die völlig andersartige Organisation des bundesdeutschen Fernsehens im Vergleich mit dem amerikanischen: Während in den USA von Anfang an mehrere werbefinanzierte, kommerzielle Sender um Zuschauer konkurrierten, verfolgte das öffentlich-rechtliche bundesdeutsche Fernsehen mit nur einem Programm ganz andere Ziele. In den eher kurzen amerikanischen Quizsendungen ging es vor allem um Tempo, Spannung, hohe Preise und Unterhaltung (und die optimale Präsentation der Werbepartner) – die werbefreien bundesdeutschen Äquivalente intendierten dagegen eher die Weiterbildung ihrer Zuschauer, die mit überaus gemächlichen, langen Sendungen angestrebt wurde, bei denen die Gewinne eine untergeordnete Rolle spielten. Der explizit pädagogisierende Gestus deutscher Spielsendungen wurde oft schon in sprachlichen Etikettierungen deutlich, etwa bei dem Beruferaten „Was bin ich?", das in den Anfangsjahren als „psychologisches Extemporale mit sieben unbekannten Größen" ausgestrahlt wurde, oder bei der Fragenkategorie „Was man weiß – was man wissen sollte" der Quizreihe 'Hätten Sie's gewußt?'.

Noch größer wurde die Differenz zwischen der bundesdeutschen und der amerikanischen Genreentwicklung nach dem 'Quiz-Skandal' Ende der 50er Jahre: Nach der Aufdeckung zahlreicher Betrugsmanöver verschwanden Quizsendungen auf Dauer aus den Abendprogrammen aller amerikanischen Sender; einige Jahre später erlangte das Genre zwar wieder Popularität, aber nur in Form kurzer Produktionen im Tages- bzw. Vorabendprogramm. In der Bundesrepublik hingegen gab es keinerlei Bruch in der Genreentwicklung, obwohl einige der wichtigsten in den Skandal verwickelten Sendereihen in deutscher Adaption auch hier bekannt waren – 'Twenty-One' und 'The $ 64,000 Question', als 'Hätten Sie's gewußt' und 'Alles oder Nichts'.

In den 60er und 70er Jahren verloren die amerikanischen Vorbilder an Bedeutung, die deutschen Nachbildungen des Genres erlangten Eigenständigkeit – Veränderungen des einschlägigen Programmangebots reflektierten in hohem Maße spezifische Wandlungsprozesse der bundesdeutschen Nachkriegsgesellschaft und ihrer (Medien-)Kultur. So läßt sich beispielsweise anhand der Genreentwicklung der allmähliche Übergang zur Wohlstandsgesellschaft mit Freizeitorientierung verfolgen, in der unter anderem auch mit Fernsehunterhaltung wesentlich unverkrampfter umgegangen wird als im Fernsehen der Anfangsjahre. Ging es in Quizsendungen der 50er Jahre vor allem um das Abfragen von schulischem Wissen, griffen spätere Produktionen immer häufiger Themen aus den Bereichen Hobby und Freizeit auf – insbesondere Musik (z.B. 'Sing mit mir, spiel mit mir', 1961–1962) und Reisen (z.B. 'Rate mit – reise mit', ZDF, 1965–1967). Neben den Spielthemen änderten sich auch die Spielformen: Abgesehen von den Sendungen Peter Frankenfelds mußten die Kandidaten in frühen Spielreihen hauptsächlich intellektuelle Kompetenz beweisen, nun wurden vermehrt ganz andere Anforderungen gestellt – beim 'Goldenen Schuß' (ZDF, 1964–1970) war es Geschicklichkeit, beim 'Spiel ohne Grenzen' (ARD, 1965–1980) sportliche Talente.

Selbst der Wandel des politischen und kulturellen Klimas der bundesdeutschen Gesellschaft Ende der 60er Jahre fand seinen Niederschlag in einer vieldiskutierten und umstrittenen Spielshow: 'Wünsch dir was' (ZDF, 1969–1972). Im Einklang mit gesellschaftlichen Reformbewegungen sollte hier versucht werden, die Popularität von Fernsehunterhaltung zur Hinterfragung von tradierten Normen und Rollenmustern zu nutzen.

Vergleichsweise ruhig verlief die weitere Entwicklung des Genres in den 70er und frühen 80er Jahren: Ebenso wie das Fernsehen insgesamt war ein ausdifferenziertes Unterhaltungsangebot, darin eingeschlossen eine Fülle von Spielsendungen, längst Alltagsnormalität geworden. Personalisiert wurde dieser Wandel durch einen neuen Typus von Star-Moderator: An die Stelle der Patriarchen der Adenauer-Ära wie Frankenfeld und Kulenkampff, der „Großentertainer", so ein Kritiker, traten allmählich die „Biedermänner" (vgl. Festenberg 1994, 178). Der Prozeß der Veralltäglichung des Fernsehens implizierte unter anderem eine Professionalisierung der Unterhaltungsproduktionen: Bestätigte bei Hans-Joachim Kulenkampff ('Einer wird gewinnen', ARD) das Überziehen der vorgesehenen Sendezeit seine herausgehobene Position, war bei Hans Rosenthal ('Dalli-Dalli', ZDF) gerade deren strikte Einhaltung ein wichtiges Ziel. In noch auffälligerer Form zeigte sich die Entwicklung hin zu einem Alltags-Fernsehen im Bereich der Spielkonzepte. Immer mehr Sendereihen verlangten von ihren Kandidaten weder besondere intellektuelle noch außergewöhnliche sportliche Fähigkeiten, statt dessen konnte sich im Prinzip jeder Zuschauer daran beteiligen – nicht zuletzt als imaginärer Mitspieler vor dem Bildschirm. Besonders zahlreich waren zu dieser Zeit Ratesendungen, in denen es um das Nennen von Begriffen nach sprachlichen ('Die Pyramide', ZDF; 'Dingsda', ARD), gezeichneten ('Die Montagsmaler', ARD) oder pantomimischen ('Nur keine Hemmungen', ARD) Hinweisen ging.

Nur wenige Produktionen setzten vor allem in den 80er Jahren dagegen auf Spielkonzepte, die von den vertrauten Mustern deutlich abwichen. Die nach einigen Anfangsschwierigkeiten langfristig erfolgreichste war 'Wetten, daß …?' (ZDF, ab 1981): Während die überwiegende Mehrzahl aller Spielsendungen dem Prinzip der Reproduzierbarkeit der geforderten Leistungen durch jeden Zuschauer folgte, wurden hier gerade absolut einzigartige Darbietungen in Form von skurrilen 'Rekorden' in den Mittelpunkt der Sendung gestellt. Eine noch radikalere Abkehr von eingeführten Konventionen des Genres praktizierten die Reihen 'Donnerlippchen' (ARD, 1986–1988) und '4 gegen Willi' (ARD, 1986–1989), da sie nicht nur inhaltlich, sondern strukturell neue Varianten vorstellten. Bis zu diesem Zeitpunkt gehörte es zu den ungeschriebenen Regeln der Programmsparte, daß ein Auftritt als Kandidat ein begrenztes und überschaubares Risiko darstellt – mit dieser Rolle waren erstens prinzipiell vorher bekannte Anforderungen verbunden, die zweitens im Rahmen einer verläßlich ernsthaften Spielinszenierung zu erbringen waren, drittens konnten Kandidaten sicher sein, daß in der Sendung ihre normale Existenz, ihre Alltagsrealität unangetastet blieb. Zwar hatte auch einige Jahre zuvor 'Wünsch dir was' gelegentlich einige dieser Normen verletzt, aber gleichzeitig das Durchbrechen gesellschaftlicher Normen generell zum didaktischen Prinzip erklärt und damit legitimiert. Nun aber entfiel der scheinbar höhere Zweck: Wenn beispielsweise bei '4 gegen Willi' die Wohnungen von Kandidaten verwüstet wurden oder das Familienoberhaupt gezwungen wurde, sich eine Punk-Frisur schneiden zu lassen, um seiner Familie zu Punkten zu verhelfen, ging es nur um Schadenfreude auf Seiten der Zuschauer des Spektakels. In ähnlicher Weise handelte es sich auch bei 'Donnerlippchen', wo mit subtileren und weniger drastischen Grenzüberschreitungen operiert wurde, um das Novum einer Spielshow, die gleichzeitig als Parodie auf das Genre funktionierte.

3.3. Game Shows im Zeitalter des kommerziellen Fernsehens

In Übereinstimmung mit entsprechenden Zuschauerpräferenzen ließ sich bereits vor der Einführung des dualen Systems eine wachsende Unterhaltungsorientierung des öffentlich-rechtlichen Fernsehens beobachten, die eine allmähliche Vermehrung des Angebots an Spielsendungen einschloß. Die Zulassung kommerzieller Programmveranstalter schuf Mitte der 80er Jahre jedoch die Voraussetzungen sowohl für eine explosionsartige Ausweitung der Programmsparte als auch für einschneidende Veränderungen ihres Erscheinungsbildes: Vor allem neue kommerzielle Fernsehsender wie RTL, SAT.1 und Tele 5 bestritten bald einen erheblichen Teil ihres täglichen Programms mit einem neuen Typ von Game Show und sorgten so für eine 'Game-Show-Welle'.

Bis zu diesem Zeitpunkt war die Distanz der Spielsendungen des deutschen Fernsehens zum amerikanischen Gegenstück immer größer geworden. Während in den USA der Begriff 'Game Show' schon lange für kurze, schnelle, täglich ausgestrahlte Produktionen im Tagesprogramm stand, die eine große Zahl von Werbebotschaften integrierten, hatte sich als die wichtigste deutsche Variante des Genres dagegen die weitgehend werbefreie 90-Minuten-Show im Hauptabendprogramm etabliert, die allenfalls einmal pro Monat geboten wurde. Nun kam es zu einer raschen 'Re-Amerikanisierung' der Programmsparte, die sich auf eine erhebliche 'Amerikanisierung' der deutschen Fernsehlandschaft insgesamt zurückführen läßt: Das deutsche Fernsehen des dualen Systems wird in hohem Maße von den gleichen ökonomischen Gesetzmäßigkeiten bestimmt, die in den USA wenn auch noch drastischer die Fernsehentwicklung von Anfang an determiniert haben. Im Unterschied zu früheren Phasen der Fernsehgeschichte implizierte diese 'Re-Amerikanisierung' daher nicht nur die vermehrte Adaption amerikanischer Spielideen, es ging vor allem um die Übernahme programmstrategischer Konzepte. Vom Standpunkt eines kommerziellen Fernsehsenders aus betrachtet, zeichnet sich das Genre 'Game Show' durch folgende Merkmale aus: Sendungen dieses Typs sind attraktiv, weil sie kostengünstig in Blockproduktion herstellbar sind, sich für eine tägliche Ausstrahlung eignen und nicht zuletzt optimale Plazierungsmöglichkeiten für Werbung bieten. Die bekannte Aversion vieler Zuschauer gegen Werbung kann nicht nur durch den Aufbau von spannenden Spielverläufen umgangen werden, die ein Umschalten in Werbepausen vermindert, die unvermeidliche Vorstellung möglicher Spielgewinne läßt sich zudem als werbewirksame Produktpräsentation gestalten, die von den Zuschauern nicht unbedingt als Werbung wahrgenommen wird. Eingeschränkt wird diese Attraktivität jedoch durch den Umstand, daß Game Shows in aller Regel ein für die Werbung weniger interessantes Publikum haben, das sich überwiegend aus älteren und einkommensschwächeren Zuschauern zusetzt. Ebenso wie in den USA wurden folglich Game Shows des neuen Typs im Tages- und Vorabendprogramm eingesetzt, das weniger Zuschauer und weniger attraktivere Zielgruppen erreicht als Prime-Time-Sendungen und daher auch geringere Werbeeinnahmen erbringt.

Trotz insgesamt noch akzeptabler Zuschauerzahlen endete die deutsche 'Game-Show-Welle' Mitte der 90er Jahre, was teilweise auf ein zeitweiliges Überangebot, also eine Marktsättigung, vor allem aber auf höhere Ansprüche der Werbewirtschaft auch aßerhalb der Prime-Time zurückzuführen war – die Zuschauerzahlen der Game Shows erschien der Werbung nun auch hier als zu unattraktiv. Durchaus erfolgreiche Reihen wie 'Der Preis ist heiß' (RTL) wurden erst vom Vorabend in den Vormittag verlegt und dann eingestellt, andere wie das 'Glücksrad' (SAT 1) auf einen weniger bedeutenden Sender der gleichen Sendergruppe abgeschoben (Kabel 1).

Wenige Jahre später setzte jedoch ein neuer zeitweiliger Boom des Genres der Spielsendungen ein, überraschenderweise in Gestalt einer Renaissance der klassischen Quizsendungen der 50er Jahre, eingeleitet durch den internationalen Erfolg des britischen Formats „Who Wants to Be a Millionaire". Diese temporäre Trendwende hat viele Hintergründe, von denen nur einige fernsehspezifisch sind. Hierzu gehört erstens etwa, daß an derartigen Programmangeboten zwar vermutbar immer ein Zuschauerinteresse bestand, aber nicht immer ein Interesse der Werbewirtschaft an die Zuschauerschaft. Durch den Prozeß der fortschreitenden Segmentierung der Fernsehpublika, also der Verringerung der erreichbaren Marktanteile jedes einzelnen Senders in allen Tagesabschnitten durch die große Zahl gleichzeitig ausgestrahlter und tatsächlich genutzter Konkurrenzprogramme, sind heute zweitens hohe Zuschauerzahlen unabhängig von demographischen Gesichtspunkten für die Werbung wieder attraktiv geworden. Andere Hintergründe sind dagegen extremedial: Quizsendungen setzen beispielsweise den schon länger bestehenden Quizboom bei Brettspielen fort, den „Trivial Pursuit" eingeleitet hat. Außerdem repräsentieren diese Quizsendungen symbolisch die allmähliche Ablösung der Arbeitsgesellschaften durch 'Marktgesellschaften', die Ablösung des Leistungs- durch das Erfolgsprinzip (vgl Neckel 2000, 21): Dank der Höhe der ausgesetzten Geldpreise ist ein Quiz heute ebenso eine normale Erwerbsquelle wie etwa Lohnarbeit, Mieteinnahmen oder Börsengewinne.

In einem bezeichnenden Detail unterscheiden sich aktuelle Quizshows allerdings von ihren Vorläufern, das auch die Art des dort möglichen Gelderwerbs verändert. Im Quiz der 50er Jahre spielte der Faktor 'Glück' nur insofern eine Rolle, daß die Kandidaten natürlich nicht wußten, welche Fragen gestellt werden würden. Im Spielverlauf kam es dann, unter Berücksichtigung eines strikten Leistungsprinzip, zum Austausch 'Wissen' gegen 'Gewinn'. Heutige Quizshows operieren dagegen mit Antwortvorgaben, in einigen Fällen auch mit zusätzlichen Hilfen. Während die Kandidaten der 50er Jahre entweder eine Antwort wußten oder nicht, können heutige Quizkandidaten auf drei Wegen zum Erfolg gelangen. Ihre erste Chance besteht darin, daß sie die Antwort wirklich wissen; eine weitere ergibt sich aus dem Abwägen der vorgegebenen Alternativen nach Vermutung oder Gefühl; eine dritte ist das blinde Raten. Obwohl es vordergründig nur um 'Wissen' geht, werden Wissen, Vermuten und Glück durch die Spielregeln als austauschbar vorgeführt, und damit der Wert 'Leistung' durch 'Erfolg' substituiert.

4. Präsentationsformen des Genres

Zur typologischen Differenzierung der Programmsparte 'Game Show' liegen bis heute lediglich vereinzelte Vorschläge vor, die sich zwei unterschiedlichen Klassifizierungsstrategien zuordnen lassen. Die erste, die hauptsächlich in den USA gebräuchlich ist, geht von dem als zentral empfundenen Sendungselement aus: So unterteilt beispielsweise Hickey (1981, 64) das Genre in 'Greed Shows', bei denen die Gier der Kandidaten nach hohen Gewinnen im Vordergrund steht; 'People Shows', die menschliche Eigenheiten und Schwächen ausstellen; dem 'Hard Quiz', in dem Wissensbestände abgefragt werden und schließlich den 'Celebrity Shows', deren Attraktivität auf möglichst witzigen Auftritten prominenter Mitspieler basiert. Solche Klassifizierungsmodelle bieten zwar eine knappe Übersicht über wichtige Erscheinungsformen des Genres, sie erlauben aber weder eine Zuordnung aller Game Shows noch eine exklusive Klassifizierung, da den Kategorien nicht unterschiedliche Ausprägungen eines Merkmals zugrundeliegen, sondern unterschiedliche Merkmalstypen.

Als alternative Strategie wird die Differenzierung des Genres nach Spielinhalt, genauer: nach den Leistungsanforderungen an die Spielkandidaten, vorgenommen. So verfahren etwa Muntean/Silverman (1987, 59 ff.) und Cooper-Chen (1994, 135 ff.), mit Blick auf das deutsche Programmangebot haben vor allem Hallenberger/Foltin (1990) und Berghaus/Staab (1995) derartige Schemata vorgelegt.

Ohne die zum Zeitpunkt ihrer Untersuchung (1986/1987) noch nicht relevanten kommerziellen Fernsehsender zu berücksichtigen, unterscheiden Hallenberger/Foltin vier Hauptgruppen: Erstens 'Quizsendungen', in denen wissensbezogene Fragen gestellt werden (weiter unterteilbar nach Allgemein- und Spezialwissen); zweitens 'Fernseh-Gesellschaftsspiele', die Denk-, aber nicht Wissensleistungen erfordern (mit den Unterformen 'Begriffsspiele' [Erraten von Begriffen], 'Persönlichkeitsspiele' [Erraten persönlicher Merkmale] und 'Meinungsspiele' [Einschätzen von Meinungsbildern]); drittens 'handlungsorientierte Game Shows', die andere als Denkleistungen verlangen, nämlich Geschicklichkeit, sportliche oder Verhaltensleistungen; viertens schließlich als Sonderkategorie die 'Game Show für Kinder und Jugendliche', die in der Regel sportliche Aufgaben mit Wissensfragen kombiniert (vgl. Hallenberger/Foltin 1990, 120 ff.).

Vor dem Hintergrund des Programmangebots öffentlich-rechtlicher und privater Sender arbeiten Berghaus/Staab bei ihrer Inhaltsanalyse von Fernsehshows bei Spielsendungen mit einem Erfassungsschema, das zwischen 'Art des Spiels' und 'Anforderungsqualität des Spiels' unterscheidet. Als Spielarten werden dabei 'Wissensspiel', 'Geschicklichkeitsspiel', 'Glücksspiel', 'Assoziationsspiel', 'Kreativitätsspiel', 'Einschätzungsspiel' und 'Sonstiges' aufgeführt; die Kategorie der Anforderungsqualität differenziert sich in 'spezifisches Bildungswissen', 'Allgemeinbildung', 'Alltagswissen', 'verbale Originalität', 'motorische Originalität', 'allgemeines soziales Wissen', 'konkretes soziales Wissen', 'Glück' und ebenfalls 'Sonstiges'. Eine konsensfähige Typologie steht jedoch immer noch aus (vgl. zur Kritik an vorliegenden Modellen: Hallenberger/Foltin 1990, 114 ff.; Cooper-Chen 1994, 130 ff.; Wulff 1992, 560 f.), was einerseits auf den insgesamt unbefriedigenden Forschungsstand zu Unterhaltungssendungen des Fernsehens zurückzuführen ist, andererseits auf Spezifika des Genres, andere Typen von 'Showsendungen' eingeschlossen. Aktuelle Forschungsbefunde deuten darauf hin, daß sich solche Sendungen durch eine „modulare Grammatik" auszeichnen, über die aber noch sehr wenig bekannt ist (vgl. Wulff 1992, 560). Derartige 'Module' lassen sich etwa bei Spielsendungen hinsichtlich verschiedener Sendungselemente beobachten – der Konstellation der Spielkandidaten, der Gestaltung der Spielaufgaben, dem formalen Spielaufbau, der Integration der Spielgewinne etc. In all diesen Bereichen haben sich im Verlauf der Fernsehgeschichte eine Reihe von Varianten herausgebildet, die – relativ – frei untereinander kombiniert werden können und in großem Umfang auch kombiniert worden sind. Ausnahmen von dieser Regel betreffen vor allem prominente Spielkandidaten, die beispielsweise prinzipiell keine wertvollen Preise für sich gewinnen können, allenfalls symbolische Präsente oder Gelder für einen gemeinnützigen Zweck.

5. Funktion und Nutzungsweisen

Ebenso wie für andere Programmformen, die als 'nur' unterhaltende bis vor wenigen Jahren allenfalls gelegentlich ins Blickfeld der Medienwissenschaft gelangt sind, gilt auch für das Genre 'Game Show', daß die hier stattfindenden rezeptiven Aneignungsprozesse bislang kaum bekannt sind. Forschungsdesiderate sind also gleich doppelt festzustellen – erstens hinsichtlich der allgemeinen Rolle von 'Unterhaltung', zweitens der besonderen Rolle, die das Genre in diesem Kontext spielt.

Weitgehend Konsens besteht mittlerweile lediglich darüber, daß Unterhaltungssendungen des Fernsehens in weitaus komplexeren Formen genutzt werden als die klassische Funktionen-Trias Bildung-Information-Unterhaltung suggeriert (vgl. Dehm 1984). Jenseits allgemeiner Umschreibungen, die „Fernsehunterhaltung" etwa mit „Spaß, Entspannung und Abwechslung" verbinden (Dehm 1984, 175), gibt es zur Spezifik von „Unterhaltungs-Kommunikation" kaum Befunde.

Vor diesem Hintergrund geradezu bemerkenswert ist die Tatsache, daß sich seit 1940 Forscher zwar selten, aber immer wieder in Befragungen damit beschäftigt haben, welche Gratifikationen Game Shows ihren Rezipienten bieten – zumal in diesen Untersuchungen trotz aller methodologischer Unterschiede ähnliche Schlüsselbeobachtungen aufscheinen. Ebenso wie Herzog (1940) kommen auch McQuail/Blumler/Brown (1972) zu dem Ergebnis, daß solche Sendungen für unterschiedliche Rezipientengruppen aus unterschiedlichen Gründen reizvoll sind, wobei diese Gründe nur wenig von denen differieren, auf die bereits Herzog gestoßen war. McQuail/Blumler/Brown sehen vor allem vier Attraktoren des Genres: den „self-rating appeal"; seine Eigenschaft, „basis for social interaction" zu sein; den „excitement appeal", also Spannung, und den „educational appeal" (vgl. McQuail/Blumler/Brown 1972, 148 ff.). Beide Untersuchungen dienten schließlich als Grundlage für eine deutsche Forschungsarbeit (vgl. Schenk/Rössler/Weber 1988), in der sieben Typen von Zuwendungsmotiven unterschieden werden – „Unterhaltung, Spaß, Ablenkung"; „Information, Wissen und Bildung"; „Wettkampf, Spiel, Spannung"; „Schadenfreude, Projektion"; „Gewohnheit, Zeitvertreib"; „para-soziale Interaktion, persönliche Beziehung"; „Inhalte der Sendungen" (Schenk/Rössler/Weber 1988, 210).

Diese Aufstellungen veranschaulichen die eingangs skizzierte Problemlage: In welchen Bereichen die Gratifikationsanreize des Genres zu suchen sind, ist im wesentlichen bekannt; ungeklärt ist jedoch weiterhin, wie hier konkret allgemeine Motive der Fernsehnutzung, genreunspezifische Umgehensweisen mit Unterhaltungsangeboten und Eigentümlichkeiten der Programmsparte zusammenkommen.

Geht man von programminhaltlichen Merkmalen aus, bieten Game Shows vor allem eine einzigartige Mischung potentieller Attraktoren (vgl. hierzu Hallenberger/Foltin 1990, 67 ff.). Erstens gehören sie gemeinsam mit Nachrichtensendungen, den meisten Magazinen und allen anderen 'Show'-Varianten (nach deutscher Semantik) zur Gruppe der moderierten Sendungen, die sich durch die personale Ansprache direkt an die Zuschauer wenden. Eine Einladung zu para-sozialer Interaktion stellen hier nicht nur die Moderatoren dar, die sich gerne als vertraute Gäste im Wohnzimmer der Zuschauer inszenieren, sondern zweitens auch die Spielkandidaten. In aller Regel sind dies Zuschauerkandidaten, so daß Game Shows – zusammen mit verschiedenen Talk Shows – fast die einzige Programmsparte darstellen, die Fernseh-Amateure als Sendungsprotagonisten verwenden. Drittens operieren Game Shows mit einer besonderen Qualität von Spannung: Während etwa bei fiktionalen Produktionen der Ausgang des Geschehens meist absehbar ist, verbindet Game Show und Sportübertragen der Umstand, daß tatsächlich ungewiß ist, wer schließlich gewinnen wird. Im Unterschied zu Sportveranstaltungen sind viertens die meisten Game Shows so strukturiert, daß die Fernsehzuschauer nicht nur emotional am Schicksal der realen Mitspieler partizipieren, sondern auch die autonome Rolle des imaginierten Kandidaten einnehmen können. In ihrer heimischen Umgebung haben die Zuschauer als 'Mitrater' dabei sogar wesentlich bessere Erfolgschancen als ihre televisionären Stellvertreter, die sich in einer für sie sehr ungewohnten Situation bewähren müssen. Fünftens schließlich bieten Game Shows ebenso wie einschlägige Talk Shows die Chance des Rollenwechsels vom Zuschauer zum – kurzfristigen – Fernsehstar, aber mit einem gravierenden Unterschied: Während der Zuschauer als Talk-Show-Gast mehrheitlich als 'Opfer', als personifiziertes Exempel eines gesellschaftlichen Problems auftritt, bleibt seine persönliche Geschichte in Game Shows unberührt; als Game-Show-Kandidat ist er ein – potentieller – 'Sieger', der durch Spielgewinne sogar eventuell seine persönliche Lebenssituation merklich verbessern kann. Weitere Forschungsarbeiten zu Funktion und Nutzungsweisen von Game Shows sind dringend erforderlich (vgl. Wulff 1992; 1995), dennoch sind zumindest zwei wichtige Befunde als Ausgangspunkt für zukünftige Untersuchungen festzuhalten: Entgegen eingeführter medienwissenschaftlicher Gepflogenheiten muß zum einen davon ausgegangen werden, daß sich die Bedeutsamkeit von Game Shows nicht aus ihren manifesten Inhalten ergibt, sondern aus den kommunikativen Praktiken, die sich durch sie ausüben lassen. Als Konsequenz dieses Befundes ist zum anderen zu berücksichtigen, daß der Referenzraum einer angemessenen Analyse dieser Programmsparte nicht das Fernsehprogramm oder das

Medienangebot ist, sondern das weite Feld der Alltagskultur. Die Programmsparte 'Game Show' und ihre Popularität stehen nicht zuletzt für am Bildschirm ausgetragene Auseinandersetzungen zwischen ökonomisch bedingtem Angebot und völlig anders motivierter Nachfrage (vgl. Fiske 1990), wobei die Machtverhältnisse allerdings klar sind: Über das Angebot entscheiden Sender, Produktionsfirmen und nicht zuletzt die Werbewirtschaft; den Zuschauern bleibt die Aufgabe, mit eigenen „Strategien des Vergnügens" darauf zu reagieren.

6. Literatur

Akyuz, Gün, Trivial pursuits. In: TV World 1995/1, 23–26

Anderson, Kent, Television Fraud. The history and implications of the quiz show scandals. Westport 1978

Berghaus, Margot/Joachim F. Staab, Fernseh-Shows auf deutschen Bildschirmen. Eine Inhaltsanalyse aus Zuschauersicht. München 1995

Blumenthal, Norman, The TV game shows. How to geht on and win. New York 1975

Cooper-Chen, Anne, Games in the global village. A 50-nation study of entertainment television. Bowling Green 1994

Dehm, Ursula, Fernsehunterhaltung. Zeitvertreib, Flucht oder Zwang? Eine sozialpsychologische Studie zum Fernseherleben. Mainz 1984

DeLong, Thomas A., Quiz craze. America's infatuation with game shows. New York/Westport/London 1991

Fabe, Maxene, TV game shows. Garden City 1979

Festenberg, Nikolaus von, Narziß erobert den Bildschirm. Metamorphosen der deutschen TV-Unterhaltung. In: Fernsehen. Medien, Macht und Märkte, Hrsg. v. Helmut Monkenbusch. Reinbek 1994, 173–182

Fischer, Heinz-Dietrich, Funktionsanalyse der Quizreihe „Hätten Sie's gewußt?". In: RuF 10, 1962/1, 47–51

Fiske, John, The discourses of TV quiz shows. In: Central States Speech Journal 34, 1983, 139–150

–, Women and quiz shows: Consumerism, patriarchy and resisting pleasures. In: Television and women's culture. The politics of the popular. Hrsg. von Mary Ellen Brown. London/Newbury Park/New Delhi 1990, 134–143

Goedkoop, Richard, The Game Show. In: TV Genres. A Handbook and Reference Guide. Hrsg. von Brian G. Rose. Westport/London 1985, 286–305

Goodson, Mark, Mark Goodson. Seminars at the Museum of Broadcasting. New York 1985

Graham, Jefferson, Come on down!!! The TV game show book, New York 1988

Hallenberger, Gerd/Joachim Kaps (Hrsg.), Hätten Sie's gewußt? Die Quizsendungen und Game Shows des deutschen Fernsehens. Marburg 1991

–,/Hans-Friedrich Foltin, Unterhaltung durch Spiel. Berlin 1990

Herzog, Herta, Professor Quiz: A gratification study. In: Radio and the printed page. Hrsg. von Paul F. Lazarsfeld. New York 1940, 64–93

Herzogenrath, Carola, Hans-Joachim Kulenkampff im deutschen Fernsehen. Charakteristische Formen der Moderation. Bardowick 1991

Hickey, Neil, What do you mean: It's only a game? In: Television today. A close-up view. Readings from TV Guide. Hrsg. von Barry Cole. Oxford etc. 1981, 61–66

Hügel, Hans-Otto/Eggo Müller (Hrsg.), Fernsehshows: Form- und Rezeptionsanalyse. Dokumentation einer Arbeitstagung an der Universität Hildesheim, Januar 1993. Hildesheim 1993

Jörg, Sabine, Unterhaltung im Fernsehen. Show-Master im Urteil der Zuschauer. München/New York/London/Paris 1984

–, (Hrsg.), Spaß für Millionen. Wie unterhält uns das Fernsehen? Berlin 1982

Lewis, Bill, TV games: People as performers, in: Television mythologies. Stars, shows and signs. Hrsg. von Len Masterman. London/New York 1984, 42–45

Mason, David N., The game show handbook. London 1991

McQuail, Denis/Jay G. Blumler/J. R. Brown, The television audience: A revised perspective, in: Sociology of mass communications. Selected readings. Hrsg. von Denis McQuail. Harmondsworth 1972, 135–165

Muntean, Greg/Gregg Silverman, How to become a game show contestant. An insider's guide. New York 1987

Neckel, Sighard, Leistung versus Erfolg. Der Zufall von Reichtum und Ruhm – Zur symbolischen Ordnung der Marktgesellschaft. In: Frankfurter Rundschau v. 7. 10. 2000, 21

Pohle, Peter (Hrsg.), TV-Shows von A–Z. Handbuch der Spielshows im deutschen Fernsehen. Berlin 1993

Pretzsch, Dietmar, Game-Shows im privaten Fernsehen. Einordnung in Marketing-Mix und Publikumsanalyse, in: MP 1991/11, 727–734

Quiz und Show im Fernsehen, Eine Infratest-Analyse ausgewählter Unterhaltungssparten, in: MP, 1973/3, 117–122

Rosenthal, Hans, Zwei Leben in Deutschland. Bergisch Gladbach ²1987

Sackett, Susan/Cheryl Blythe, You can be a game show contestant and win. New York 1982

Schenk, Michael/Patrick Rössler/Uwe Weber, „Der große Preis" und „Donnerlippchen". Ein Programmvergleich von Fernsehshows im Deutschen Fernsehen. In: RuF 36, 1988/2, 207–219

Schwartz, David/Steve Ryan/Fred Wostbrock, The encyclopedia of TV game shows. New York 1987

Tietze, Wolfgang/Manfred Schneider (Hrsg.), Fernsehshows: Theorie einer neuen Spielwut. München 1991

Woisin, Matthias, Das Fernsehen unterhält sich. Die Spielshow als Kommunikationsereignis. Frankfurt a. M. etc. 1989

Wulff, Hans-Jürgen, „Wie es Euch gefällt ..." Neuere deutschsprachige Arbeiten zur Analyse von Game-Shows und Quizsendungen: Sammelrezension und problemorientierter Literaturbericht. In: RuF 40, 1992/4, 557–571

–, Zwischen Nähe und Distanz. Neuere Arbeiten zur Showkommunikation. In: RuF 43, 1995/1, 71–79

Gerd Hallenberger, Siegen (Deutschland)

226. Entwicklung, Funktion, Präsentationsformen und Texttypen der Soap-Operas

1. Entwicklung
2. Präsentationsform
3. Texttypen
4. Soziale Funktion
5. Literatur

Bis weit in die achtziger Jahre hinein war der Ausdruck 'Soap Opera' in einem Land wie der Bundesrepublik Deutschland so gut wie unbekannt. Inzwischen ist er hier fast täglich in Schlagzeilen oder Artikeln der Tages- und Wochenzeitungen zu finden. Mit Einführung des 'dualen' Rundfunksystems haben internationale Importe und eine sodann einsetzende inländische Produktion Gegenstand und Bezeichnung im Lande etabliert. Doch nicht nur die Entwicklung der Medien, sondern auch die ihrer Erforschung hat die Soap Opera gerade in jüngerer Zeit ins Zentrum des Interesses gerückt. Mit Beginn der achtziger Jahre rollt international eine Welle von Publikationen an, die eine Schlüsselstellung bei der Durchsetzung strukturalistisch und konstruktivistisch geprägter Ansätze in den Medienwissenschaften einnehmen.

Vielfach als Sammelbezeichnung für dramatische Serien mit fortlaufender Handlung gebraucht, verweist der Begriff auf eine Form der seriellen Fiktion, die sich im Rahmen eines privaten Rundfunksystems herausbildet. Maßgeblichen Einfluß nehmen dabei die werbetreibende Wirtschaft und ihre Verkaufsinteressen. Im Laufe der inzwischen mehr als sechzigjährigen Geschichte der Form traten Produzenten von Haushaltartikeln ('Seifenfirmen') unmittelbar als Hersteller von Soap Operas auf (so während ihrer gesamten Radiophase im US-amerikanischen Kontext) oder unterhielten Tochtergesellschaften, die sie produzierten und an die Rundfunkveranstalter verkauften. Von einer Ausnahme (dem Konzern Procter & Gamble) abgesehen ist das Modell der Direktproduktion durch werbetreibende Konsumgüterhersteller heute durch eine Praxis abgelöst, in der entweder ein Fernsehveranstalter (wie etwa in den USA die großen nationalen Sender ABC, CBS und NBC) oder eine beauftragte Produktionsgesellschaft für die Herstellung verantwortlich zeichnet.

1. Entwicklung

In den dreißiger Jahren bildet sich im Rahmen des US-amerikanischen Radios eine spezielle Art dramatischer Serienunterhaltung heraus, die von der Fachpresse der Medienbranche Jahre später auf den Namen 'Soap Opera' getauft wird (vgl. für das Folgende insbesondere Allen, 1985). Diese ist zunächst einmal als eine Antwort auf die institutionellen Rahmenbedingungen zu verstehen, die mit der Durchsetzung eines privatwirtschaftlich organisierten Rundfunks etabliert worden waren. Für die konkrete Entstehung der Soap Opera ist die Verzahnung zwischen den Interessen einer vorwiegend materiell-stofflich und einer immateriell-symbolisch produzierenden Industrie konstitutiv. Waren die Radioveranstalter auf Unternehmen angewiesen, die bereit waren, Sendezeit während des Tages zu kaufen, so gab es ein bestimmtes Segment der US-amerikanischen Industrie, dessen Kerngeschäft in Produktion und Vertrieb kleinpreisiger Haushaltsartikel lag und das deshalb ganz essentiell von hohen Umsatzzahlen abhing. Bindeglied zwischen Medienveranstaltern und güterproduzierendem Kunden war eine dritte Kraft, nämlich Agenturen, die um 1930 zum wichtigsten Hersteller von Radioprogrammen aufgestiegen waren. Bei Programmveranstaltern wie -herstellern bestand ein starkes Interesse daran, die Konsumgüterindustrie vom Nutzen von Investitionen in Radiowerbung zu überzeugen. Das über lange Zeit bis in die Forschung hinein wirkmächtige Konstrukt der im Hause tätigen Frau als Inbegriff der leicht beeinfluß-, wenn nicht manipulierbaren Konsumentin ist dieser Grundkonstellation und den interessegeleiteten Aktivitäten der beteiligten Industrien geschuldet (Allen, 1985).

Bei der Ausgestaltung der Sendeplätze im Tagesprogramm favorisierte man anfänglich einen Programmtyp, der in der Depressionsphase quer durch die Medien große Erfolge für sich verbuchen konnte und produzierte Magazinsendungen in der populären Ratgeber- und Selbsthilfetradition. Vom grundsätzlichen Vorgehen her kauften die Sponsoren einen festen Sendeplatz für die gesamte Woche (d.h. die Werktage), auf dem dann unterschiedliche Ratgebermagazine nach dem Rotationsprinzip platziert wurden. Experimente mit anderen Programmformen zeigten jedoch bald, daß vor allem fiktionale Programme bei der Hörerschaft hervorragend ankamen. Der Erfolg von Amos & Andy, einer dramatischen Serie mit fortlaufender Handlung im Abendprogramm, ließ darüber hinaus die markanten Vorteile einer fiktionalen Serie mit fortlaufender Handlung in Bezug auf Kosten und Hörerbindung erkennen.

Es macht wenig Sinn, die Soap Opera zur 'Erfindung' eines Einzelnen zu stilisieren. Vielmehr muß man sie als Ergebnis eines Prozesses von bricolage begreifen: In Reaktion auf bestimmte kulturelle, ökonomische und narrative Erfordernisse verbinden sich im kulturellen System flottierende Versatzstücke, Traditionen und Muster zu einer neuen Struktur (Allen, 1985, 137). Zu den wichtigsten Ausgangsmaterialien zählen hierbei das (bis ins 19. Jahrhundert und die Zeitung zurückreichende) Serienprinzip, die Ratgeber- und Selbsthilfeliteratur und eine nunmehr zu neuem Leben erwachende populäre 'Frauenliteratur' des 19. Jahrhunderts in Gestalt der domestic novel.

Von Anfang an ermöglichte der für die Form charakteristische Schwerpunkt auf Figuren und Handlung eine erfolgreiche Bewältigung der Kosten/Nutzen-Problematik. Durch die tägliche Ausstrahlung der im Bezug auf die Handlung offenen Einzelfolgen auf den von den Sponsoren fest angemieteten Sendeplätzen am Tage konnte man die Hörerinnen besser zum regelmäßigen Zuschalten bewegen als dies mit einer Ratgebersendung möglich war. Mit Erstlingen wie Painted Dreams (1930) beginnend steigt die Soap Opera in den dreißiger Jahren zum erfolgreichsten Werbeträger im Tagesprogramm auf. Den Zenit ihrer Radiozeit erreichten die Serien im Jahr 1940. Zu diesem Zeitpunkt sind die zehn Spitzenreiter mit den höchsten Tageseinschaltquoten allesamt Soap Operas. Damit ist jedoch keineswegs ein Wendepunkt, sondern vielmehr die programmliche Sättigungsmarke erreicht. Von nun an konnten nicht-serielle und nicht-fiktionale Formen und Formate wieder an Attraktivität gewinnen. Doch obwohl in den vierziger Jahren andere Angebote (insbesondere talk und variety shows) beachtliche Erfolge für sich verbuchten, kam keines auch nur annähernd an die Kosten-/Nutzeneffizienz der Soap Operas heran (für Näheres s. Allen, 1985, 121).

Die Ankunft der ersten massenproduzierten Fernsehgeräte auf dem US-Markt im Jahr 1948 beschert dem Radio und seinen Angeboten eine ungewisse Zukunft. An ihre Strategie der frühen Radiotage anknüpfend engagiert sich die werbetreibende Wirtschaft zunächst vor allem im Abendprogramm und sponsort dort reputationsförderliche Produktionen, durch die die Anfangsphase des amerikanischen Networkfernsehens als 'goldenes Zeitalter' in die Mediengeschichte eingeht. Die Auswirkungen des Konkurrenzverhältnisses zwischen Radio und Fernsehen auf die Soap Opera werden erstmals 1950/51 spürbar. Trotz vieler Ungewißheiten nimmt CBS zu diesem Zeitpunkt drei Soap Operas ins Tagesprogramm des Fernsehens. Unter dem Druck einer massiv wegbrechenden Radiohörerschaft für das Abendprogramm und der Befürchtung ähnlicher Entwicklungen am Tage entschließt sich Procter & Gamble ein Jahr später zu dem Versuch, eine erfolgreiche Radiosoap ins Fernsehen zu übertragen. Auf Basis eines gemeinsamen Drehbuchs strahlte man an den Werktagen eine Radio- und eine Fernsehversion von Guiding Light jeweils live aus. Ein weiteres Jahr später erreichte Guiding Light bereits 3,5 Millionen Fernsehzuschauer und noch 2,6 Millionen Hörer; die Radioversion wurde 1956 ganz eingestellt. Das endgültige Aus für sämtliche Soap Operas im Radio kam 1960/61. Hintergrund der Entscheidung für die Einstellung der Produktion war der sich zu dieser Zeit vollziehende Funktionswandel des Radios von einem nationalen zu einem lokalen Medium. Für lokale Veranstalter war es bedeutend attraktiver, ihre Sendezeit mit Musik und auf das Lokale bezogenen Beiträgen zu füllen, als sich zur Abnahme der von den nationalen Networks gelieferten (und vergleichsweise teuren) Programminhalte zu verpflichten.

Der Übergang vom Radio zum Fernsehen bringt massive Veränderungen für die Form als solche mit sich. Dreh- und Angelpunkt des Wandels von einem auf die rein akustische Wahrnehmung ausgerichteten zu einem audiovisuellen Produkt und von einem personalisierten zu einem abstrakten Erzählmodus ist die Figur des – stets männlichen – Sprechers. In der Radioform ist diese nicht nur oberste, der Handlung enthobene normative Instanz, sondern auch Garant eines Fließgleichgewichts zwischen fiktionalem Text und Werbebotschaft, die gleichfalls über die Sprecherstimme übermittelt wird. Mit dem Übergang zum Fernsehen verliert der Sprecher allmählich seine vormals herausragende Bedeutung. Damit geht auch die für die Radiophase typische Elastizität der Grenze zwischen den unterschiedlichen, an der Programmausstrahlung beteiligten Texten verloren. Insgesamt kann man von einem paradigmatischen Wechsel von einer dynamischen und personalisierten Nahtstelle zwischen Soap Opera und Werbeumfeld zu einer technisch-abstrakten Konjunktion zwischen hart voneinander abgegrenzten Texten sprechen, die den Grundstein für eine sich dann herausbildende strukturelle Wechselwirkung zwischen Fiktion und Werbetext legt (vgl. hierzu ausführlich Allen, 1985; Flitterman, 1983).

Insbesondere unter Einfluß des gesellschaftlichen Wandels kommt es Mitte der siebziger Jahre zu weiteren wesentlichen Veränderungen der Form. Wie Robert Allen aufzeigt, herrscht in den USA bis zum Zweiten Weltkrieg ein sehr stabiler „kultureller Konsens" bezüglich der Rollen, Aufgabenteilung und Beziehungen zwischen den Geschlechtern. Der von 1910 bis zum Zweiten Weltkrieg bei 15 Prozent stagnierende Anteil der verheirateten Frauen an der Erwerbsbevölkerung in den USA beginnt nach Kriegsende unaufhaltsam zu wachsen. Neben dieser ökonomischen Veränderung, die u.a. auch rückläufige Zuschauerzahlen für das Fernsehtagesprogramm gegen Ende der 60er Jahre mit sich bringt, treten Neuerungen bei den herrschenden Weiblichkeitsidealen. Für das damalige Tief der Soap Opera ist schließlich auch bedeutsam, daß ein guter Teil des Stammpublikums der 50er und 60er Jahre dem die Werbetreibenden interessierenden Kreis der 18–49jährigen zu Beginn der 70er Jahre entwachsen war. In Anbetracht all dieser Veränderungen ist einsichtig, daß jüngere Zuschauerinnen sich nicht (mehr) ohne weiteres für Soap Operas interessierten. Dies machte eine Reihe von 'Modernisierungsmaßnahmen' erforderlich.

Einige Produktionen wurden nun vom (brutto gerechnet) halbstündigen auf das Stundenformat aufgestockt. Möglich wurde dies u.a. durch verbesserte technische Voraussetzungen, d.h. eine inzwischen etablierte Videotechnik und damit verbundene Schnittmöglichkeiten. Die Ausweitung der Einzelfolge auf das einstündige Format bedeutete jedoch nicht nur den Schritt zur voll industrialisierten Produktionsweise, sondern legt die Grundlage zu jener Weitverzweigtheit des fiktionalen Mikrokosmos, die ein Markenzeichen der heutigen (mehrmals pro Woche ausgestrahlten) Soap Operas ist. Weitere Veränderungen sind die Darstellung weiblicher Figuren als Berufstätige, die Erhöhung des Anteils jüngerer Figuren sowie das Implementieren von Handlungssträngen, die gesellschaftlich kontroverse Themen zur Sprache bringen. Spektakulärstes Beispiel ist die Sanierung der Serie General Hospital durch die Produzentin Gloria Monty. Diese übernimmt 1978 die dahinsiechende Soap und rettet sie vor der drohenden Absetzung. Zwei Jahre später ist General Hospital die Nummer 1 des Tagesprogramms. Für geraume Zeit verfügt General Hospital über eine Fangemeinde, die sich zu einem beachtlichen Maß auch aus dem College-Milieu rekrutiert und der Serie so etwas wie Kultstatus angedeihen läßt.

Trotz der Dynamisierung der nationalen Medienentwicklung (insbesondere durch Einführung des Kabelfernsehens) bleibt den US-amerikanischen daytime Soap Operas der Erfolg – zumindest vordergründig – bis in die Gegenwart hinein treu: Anfang 1999 bieten die Nachmittagsprogramme der landesweiten Networks noch immer zehn verschiedene Soap Operas an. Und dennoch hat sich die Medienlandschaft – und somit die Situation der Form – auf weitreichende Art verändert. In den 80er Jahren sind sogenannte prime time Soap Operas wie Dallas und Dynasty zu Quotenrennern aufgestiegen und konnten als US-amerikanische Exportschlager internationale Erfolge feiern. Darüber hinaus sind die „klassischen" Soap Opeas gleichsam mobil geworden und haben das internationale Parkett erobert. Im Bezug auf weltweite Verkaufserfolge werden sie allerdings von einer verwandten, aber klar unterscheidbaren lateinamerikanischen Form, der telenovela, in den Schatten gestellt. Auf die inländische Mediensituation bezogen war die Lage für die US-amerikanischen Soap Operas wohl selten so prekär wie in der Gegenwart. Ihrer anhaltenden Beliebtheit steht eine generelle Umverteilung der Zuschauer auf immer mehr Kanäle gegenüber. Letztere zieht unausweichlich rückläufige Zuschauerzahlen für das einzelne Angebot und dies wiederum geringere Werbeeinnahmen nach sich. Für die US-amerikanischen Kabelkanäle stellt sich die Lage derzeit so dar, daß Soap Operas generell zwar hohe Publikumsbindungsraten zu günstigen Produktionskosten liefern können, die Zahl der erreichbaren Zuschauer jedoch als (noch?) zu niedrig erachtet wird, als daß man die recht hohen Anfangskosten in Kauf zu nehmen geneigt wäre. Deshalb favorisiert man bei den Kabelkanälen bislang die noch preisgünstigeren Lösungen wie z.B. Talkshows.

2. Präsentationsform

Mit diesem Stichwort konzentriert sich die Betrachtung auf die Soap Opera als Text, d.h. als komplexes, auf unterschiedlichen Codes basierendes Zeichensystem, das spezifische formale und ästhetische Merkmale aufweist. Wenngleich im Radio entstanden, ist die Soap Opera heute eine fernsehspezifische Form, die darüber hinaus unterschiedliche Verarbeitungen und Weiterentwicklungsversuche in anderen Medien anregt – man denke etwa an ihre Thematisierung in Filmen (Tootsie, Truman Show) oder an laufende Experimente im Internet. Typisch für eine Soap Opera ist, daß sie für einen Sendeplatz außerhalb der prime time produziert und mindestens einmal, in aller Regel jedoch mehrmals pro Woche ausgestrahlt wird. Die Sendelänge (Werbeblöcke eingerechnet) der Einzelfolge bewegt sich dabei zwischen einer halben und einer Stunde. Die Form präsentiert einen über die Kategorie Raum definierten sozialen Mikrokosmos – eine Straße, eine Kleinstadt, einen Freundeskreis in einem Stadtviertel. Das Figureninventar geht aber über den vor Ort vereinten Personenkreis hinaus und schließt entfernt wohnende Freunde, Verwandte oder weggezogene Bekannte ein, die ab und an direkt oder indirekt in der Handlung auftauchen. Im Kontext einer durch „mobile Privatisierung" (Raymond Williams) gekennzeichneten Moderne ist jedoch bedeutsam, daß das den Figuren gemeinsame räumliche Territorium das gemeinschaftsstiftende Moment darstellt. Gesellschaft erscheint in den Soap Operas in der Form von Gemeinschaft. Dem entspricht u.a., daß die Form typisch moderne Phänomene wie etwa anonyme Lebensverhältnisse schlichtweg nicht kennt.

Die charakteristischen Schauplätze sind allesamt Innenräume. Meist handelt es sich um die allgemein zugänglichen Teile von Privatwohnungen. Aber auch öffentliche Treffpunkte wie die Kneipe um die Ecke, das vielbesuchte Eßlokal oder der Empfangsbereich in einem größeren Arbeitszusammenhang kommen häufig vor. Thematisch stehen die Höhen und Tiefen des privaten und familiären Lebens und die Beziehungen zwischen den zahlreichen Figuren im Brennpunkt. Eine Soap Opera bietet meist nicht nur ein breites Inventar der unterschiedlichsten Persönlichkeitstypen, sondern zeigt in aller Regel auch eine gewisse Streuung der Figuren über das soziale Spektrum hinweg. Wenn Soap Operas sich generell durch ein beachtliches Figureninventar auszeichnen, so können in den werktäglich ausgestrahlten einstündigen Versionen bis zu 30 Figuren regelmäßig beteiligt sein. Die Form präsentiert eine vergleichsweise große Zahl weiblicher Figuren, die nicht ausschließlich als Partnerinnen männlicher Helden, sondern als autonom handelnde Protagonistinnen und Antagonistinnen erscheinen (Seiter, 1987, 37). Unter ihnen finden sich oftmals auch einige Frauen jenseits der fünfzig, die mit ihren Erfahrungen den Jüngeren mit Rat und Tat zur Seite stehen. Im thematischen Brennpunkt stehen alle möglichen Probleme, Katastrophen und Konflikte zwischen den Mitgliedern einer Familie bzw. denen der dargestellten Gemeinschaft. Zum Standardrepertoire gehören u.a. Eltern- und Generationskonflikte, alle nur erdenklichen Krankheiten, Erpressungen und Geheimnisse sowie Liebes- und Eheprobleme.

Das Interesse der neueren Forschung hat die Soap Opera vor allem aufgrund ihrer Erzählform auf sich gezogen. Als fortlaufende Serie ist sie nicht Vielteiler, sondern vielmehr unendliche, prinzipiell offene, unabschließbare Geschichte. Verfolgt man die Spuren ähnlicher Gebilde in die Geschichte zurück, so stellt man fest, daß sie besonders da auftauchen, wo ein modernes Kommunikationsmedium den Durchbruch sucht. So besteht beispielsweise ein unmittelbarer Zusammenhang zwischen dem Aufstieg des New York Morning Journal zum auflagenstärksten Blatt der Nation im Jahr 1907 und dessen Abdruck von The Yellow Kid, einer fortlaufenden Serie, die als erster US-amerikanischer Comicstrip gilt (Hagedorn, 1995, 32). Und nicht nur bei der Durchsetzung des privaten US-amerikanischen Rundfunksystems, sondern auch bei der kommerzieller Fernsehkanäle in Großbritannien (in den 50er/60er Jahren) und der Bundesrepublik (in den 80er/90ern) taucht die fortlaufende Serie in Gestalt der Soap Opera genau an dem Punkt auf, wo die Veranstalter sich erstmals anschicken, eigene Unterhaltungsangebote außerhalb des abendlichen Hauptprogramms zu entwickeln.

Prinzipielle Offenheit und Unabschließbarkeit sind bei einem narrativen Gebilde außergewöhnliche Merkmale. Ständige Wiederholungen, hohe Redundanz und das Fehlen eines (übergreifenden) narrativen Fortschritts haben zu der Einschätzung veranlaßt, die Soap Opera stelle eine Negation des typischerweise von populären Formen gebotenen Vergnügens dar (Brunsdon, 1982). So zeigt der Vergleich mit dem klassischen Erzählkino, daß die räumliche und zeitliche Organisation der Handlung in den Soap Operas den Prinzipien von Mehrsträngigkeit, Unterbrechung und Gleichzeitigkeit folgt, statt auf Linearität und Kontinuität zu setzen. Unter Verwendung rezeptionstheoretischer Ansätze (Iser, Eco) ist man den Besonderheiten der Form in Bezug auf semantische und ideologische Eindeutigkeit und der formal bedingten Möglichkeit unterschiedlicher Interpretationen des Präsentierten nachgegangen (Allen, 1985; Seiter, 1982). Auf die formale Beschaffenheit des Texts bezogen läßt sich sagen, daß sie Soap Opera als fortlaufende Serie geradezu davon lebt, einmal gesetzte Wertigkeiten und/oder Positionen immer wieder über den Haufen zu werfen. Von Soap Operas ist also gerade nicht zu erwarten, daß sie ein für allemal und eindeutig zu irgendetwas Stellung beziehen, was nicht heißt, daß sie keinerlei ideologische Wertigkeit besäßen. Auf diesen Punkt bezogen hat man in jüngster Zeit genrebedingte „blinde Flecken" unter die Lupe genommen, die beispielsweise eine narrative Gleichstellung von Figuren verhindern, die außerhalb des gesellschaftlichen mainstream angesiedelte Positionen repräsentieren (vgl. hierzu ausführlich Geraghty, 1995; Fuqua, 1995).

Für eine Soap Opera ist außerdem kennzeichnend, daß ihre Handlung in der zeitgenössischen Gegenwart angesiedelt ist. Im Bezug auf den Alltag ihrer Zuschauerinnen und Zuschauer zeichnet sie sich durch strukturelle und inhaltliche Anschlußfähigkeit aus. In formaler Hinsicht tritt dies insbesondere dort zutage, wo eine Serie in dem medialen Kontext ausgestrahltwird, für den sie primär produziert wurde. Jahreszeitliche und kalendarische Anlehnungen wie etwa eine Referenz auf das bevorstehende Thanksgiving-Fest in einer US-amerikanischen Soap Opera sind für den deutschen Zuschauer, der die Folge Jahre später sieht, kaum von Bedeutung. Anders verhält es sich, wenn eben jener Zuschauer die Lindenstraße einschaltet und dort eine zeitgleich stattfindende politische Wahl in der sonntäglichen Folge kommentiert findet. Solche Darstellungen entwerfen eine Koexistenz zwischen fiktionaler und Zuschauerwirklichkeit innerhalb eines gemeinsamen soziokulturellen Zeit-Raums. Das jeweilige fiktionale Präsens und die jeweilige Gegenwart des Zuschauers sind zudem ähnlich positioniert: Ebenso wie der Zuschauer verfügt die Fiktion über eine (komplexe) Geschichte und Vergangenheit und ebenso wie er oder sie ist ihre Zukunft nach vorne stets offen und prinzipiell endlich, aber nicht abschließbar. Und ein weiteres Moment, das die strukturellen Affinitäten zwischen Fiktion und Zuschauerwirklichkeit unterstreicht: wenngleich eine Figur zu einem bestimmten Zeitpunkt mehr im Vordergrund steht als eine andere, so gibt es in der Soap Opera keine Protagonisten im üblichen Sinne. Jede einzelne Figur, und sei sie noch so populär, ist potentiell ersetzbar. Von Dauer ist einzig und allein die sich ständig verändernde Gemeinschaft. Was immer der individuellen Figur geschehen mag, kann die Gemeinschaft als solche nicht gefährden.

3. Texttypen

Wie schon erwähnt ist das US-amerikanische daytime serial keineswegs die einzige Form, die mit der Bezeichnung Soap Opera belegt wird. In den achtziger Jahren machen zwei Produktionen Karriere, die man in Anerkennung ihrer Ähnlichkeiten mit den dramatischen Nachmittagsserien zunächst als (prime time) „Soap Operas" bezeichnet hat (vgl. die Einordnung von Ang in Ang, 1985). In deren Gefolge wird das Abendprogramm des US-amerikanischen Networkfernsehens vom Modell der fortlaufenden Serie durchdrungen und bildet unter Nutzung unterschiedlicher Genremuster eine Reihe serieller Hybride aus, deren narrative Merkmale jeweils spezifisch im Spannungsfeld von herkömmlicher Episodenserie (bzw. Reihe) und traditioneller daytime Soap Opera verortet sind. Wenn der Schwerpunkt auf den Gemeinsamkeiten zwischen traditioneller Soap Opera und den Erfolgsserien der achtziger Jahre wesentliche Erkenntnisse gezeigt hat, so verdeckt eine Pauschaletikettierung dieser Serien als Soap Operas aber wichtige Unterschiede zwischen den beiden Texttypen. Deren Anerkennung ist jedoch Voraussetzung für einen adäquaten Zugang zu einem Verständnis der neuesten Entwicklungen (nicht nur) bei den US-amerikanischen Serienproduktionen für das Abendprogramm.

Zwischen daytime und prime time Soap Operas sind zunächst beträchtliche Unterschiede bei den jeweiligen Produktionsbudgets zu verzeichnen (für das Folgende vgl. Kreutzner, 1991). Letztere liegen für die Abendserien um ein vielfaches höher als bei den traditionellen Nachmittagsprogrammen. Des weiteren unterscheiden sie sich in ihrer jeweiligen Produktionsbasis (Video bzw. 35mm-Film), der Anzahl der pro Ausstrahlungszeitraum abzuliefernden Folgen (5 pro Woche, d. h. ca. 260 pro Jahr im Unterschied zu 20–26 pro Saison bzw. Halbjahr) sowie bei der Ausstrahlungsfrequenz (täglich Montag bis Freitag versus einmal pro Woche). Ihre Ansiedlung im Abendprogramm deutet zudem an, daß Erfolgsserien wie Dallas und Dynasty sich an ein aus Männern wie Frauen bestehendes erwachsenes Zielpublikum richten. Auf den Punkt gebracht ist jeder der beiden Texttypen als Resultat eines jeweils spezifischen Prozesses von bricolage zu betrachten. Die im Hauptabendprogramm angesiedelte Variante bedient sich anderer Versatzstücke, Traditionen und Konventionen als die traditionelle Soap Opera. Dallas und Dynasty weisen nicht nur unübersehbare Gemeinsamkeiten mit den herkömmlichen action- und Krimiangeboten des Abendprogramms auf, sondern machen auch großzügige Anleihen bei erfolgreichen Familienmelodramen des Hollywoodkinos der fünfziger Jahre. Zudem sind sie von ihrem visuellen Stil her stärker der Opulenz einer filmischen Darstellungsweise verpflichtet. Selbst die unbestreitbare Popularität beider Varianten ist von einer jeweils anderen Qualität: Wo es den einen für eine vergleichsweise kurze, aber intensive Zeitspanne gelingt, einem Zeitgefühl Ausdruck zu verleihen, sind die anderen in der Lage, über Jahre und Jahrzehnte hinweg immer wieder einen Bezug zu den kulturellen Präferenzen und Erfahrungen ihres Publikums herzustellen. Serien wie Dallas oder Dynasty sollte man also besser als „prime time serials" bzw. als Fortsetzungsmelodramen für das Abendprogramm bezeichnen oder, wenn die Nähe zu den Nachmittagsserien betont werden soll, zumindest den produktions- und distributionsrelevanten Hinweis auf ihre Bestimmung für das Abendprogramm hinzufügen.

Schaut man sich im britischen Kontext nach Verwandten der US-amerikanischen Nachmittagsprogramme um, so sind keine einschränkenden Hinweise bei deren Einordnung als Soap Operas erforderlich. Auf den britischen Inseln wurde die Entwicklung von Unterhaltungsprogrammen nach Einführung eines „dualen" Fernsehsystems in den fünfziger Jahren forciert. Hierbei machte sich die 1955 gegründete ITV bei der Serienproduktion besonders stark. Als Dachorganisation der regional organisierten Privatveranstalter brachte ITV 1960 mit Coronation Street eine Soap Opera ins Programm, die man heute als 'britische Institution' bezeichnen kann. Ein wesentliches Merkmal der britischen Serien ist, daß sie vorzugsweise im Vorabendprogramm plaziert und meist auch nicht an allen Werktagen, sondern zwei bis vier Mal pro Woche ausgestrahlt werden. Tiefgreifendere formale und inhaltliche Unterschiede werden häufig in dem Verweis zusammengefaßt, daß die britischen Soap Operas – wenngleich in unterschiedlichen Abstufungen – einen „realistischen" Stil pflegen bzw. einem sozialen Realismus verpflichtet seien.

Die Einlagerung von Merkmalen eines ästhetischen Realismus geht bis in die Anfänge der Form im britischen Kontext zurück und läßt sich mit dem bereits erwähnten Konzept der bricolage erklären. Speziell Coronation Street entsteht in einem kulturellen Klima, das von einer am Realismus orientierten 'neuen Welle' in der Literatur, im Theater und der Filmproduktion des Landes geprägt ist (Geraghty, 1995, 66). Typisch für die britische Variante und ihre 'realistische Note' ist eine Kopplung der Alltagsaffinität der Form an einen Regionen- und einen Klassenbezug. Die regionalen Züge sind in letzter Instanz den institutionellen Rahmenbedingungen des kommerziellen Fernsehens in Großbritannien geschuldet, das sich als Vernetzung regionaler Veranstalter in Abgrenzung zur zentralistisch organisierten BBC konstituierte. Ihre Verpflichtung auf die Kategorie Klasse läßt sich mit der Plausibilität (S. Neale) erklären, die einer solchen Darstellung im Kontext der britischen Gesellschaft den fiktionalen Produkten zukommt. In den achtziger Jahren entwickelt sich die 'realistische' Tönung der britischen Produktionen dann weiter zu einem Markenzeichen neu lancierter Serien wie Brookside (für Channel 4, ab 1982) und EastEnders (BBC, ab 1985), mit denen man auch Zuschauerkreise jenseits des Stammpublikums der Form anzusprechen versuchte. Über den konventionellen 'realistischen' Schriftzug hinaus sind die neuen Produktionen vor allem dadurch gekennzeichnet, daß sie sich sozialer, kultureller und sexueller Gruppen außerhalb des mainstream und aktueller sozialer Problemstellungen annehmen. Mit der möglichen Ausnahme der Thematisierung unterschiedlicher, durch differente kulturelle Hintergründe hervorgerufener Haltungen im Bezug auf Werte, Normen und Verhaltensweisen ist die Behandlung von Homosexualität, von Aids, von sexuellen Übergriffen am Arbeitsplatz und von Gewalt in der Familie aber durchaus nicht auf die britischen Produktionen beschränkt. Die einem sozialen Realismus verpflichteten britischen Versionen lassen sich jedoch in Bezug auf ihren Anspruch, ihren Anklang in den öffentlichen Diskussionen der achtziger Jahre sowie ihre Entwicklungsfähigkeit im Umgang mit den Widersprüchen zwischen Genrekonventionen und einer am Abbildungsanspruch orientierten Darstellung von anderen Texttypen unterscheiden. Mit dem Realismuskonzept zusammenhängende Besonderheiten im visuellen Stil britischer Soap Operas sind zwar evident, bislang jedoch nicht auf den Begriff gebracht. Die diesbezüglichen Differenzen etwa zur US-amerikanischen Variante dürften jedoch weniger im Bereich der medialen Vermittlung als vielmehr bei den jeweiligen Qualitäten dessen liegen, was vor der Kamera in Szene gesetzt wird.

Weitere, auch und gerade im internationalen Kontext erfolgreiche Texttypen stellt die australische Fernsehproduktion bereit. Eine äußerst traditionelle Vertreterin der australischen Soap Opera ist gleichzeitig eine ihrer international erfolgreichsten: Die von der Firma Grundy produzierte und 1985 im australischen Fernsehen lancierte Serie Neighbours feierte u. a. auch im britischen Fernsehen triumphale Erfolge (und zählt Mitglieder des englischen Königshauses wie des anglikanischen Klerus zu ihren bekennenden Zuschauern; Crofts, 1995). Neighbours wurde in insgesamt 25 Länder exportiert. Typisch für die Serie (und der Analyse von Crofts zufolge ein wesentlicher Beitrag zu ihrem Erfolg in Großbritannien) ist die sorgfältige Gestaltung der fiktionalen Gemeinschaft, eines Straßenzugs am Rande von Melbourne, als „typisch australisch", ihre Betonung des Alltäglichen und „Gewöhnlichen" sowie ihre wertebezogene Akzentuierung von Nachbarschaftlichkeit und traditionellen Werten und Normen der australischen Mittelschicht. Das heile und gut nachbarschaftliche Australien der Serie blendet die zahlreichen nicht anglo-keltischen Ethnien und Traditionen, die die australische Gesellschaft von jeher mitgeprägt haben, aus der Darstellung aus (Crofts, 1995; Ang & Stratton, 1995). Ein derart kulturell homogenisierter und harmonisierter australischer Alltag, wie ihn Neighbours präsentiert, ist bezeichnenderweise jedoch nicht in der aktuellen Gegenwart, sondern in einer nicht näher bestimmten Vergangenheit verortet (Ang & Stratton, 1995, 132). Neben diesem betont traditionell-konservativen Beispiel hat die australische Produktion jedoch auch stärker sozialen Themen verpflichtete Serien wie A Country Practice und sogar 'postrealistische' Varianten wie die ebenso kontroverse wie kurzlebige Soap Opera Chances zu bieten (vgl. hierzu ausführlich Ang & Stratton, 1995).

Neighbours bzw. das Unternehmen Grundy stellt auch eine direkte Verbindung zum deutschen Kontext her, wo man nach Zulassung privater Veranstalter mit der Herstellung von werktäglich ausgestrahlten Soap Operas begann. In Erwartung des 'dualen' Rundfunksystems und der vorhersehbaren Quotenkonkurrenz hatte die ARD sich zu Programmexperimenten entschlossen und die am britischen Vorbild geschulte Lindenstraße entwickelt. Diese wird jedoch bis heute in einem wöchentlichen Sendeturnus ausgestrahlt und ist weitaus günstigeren Produktionsbedingungen unterworfen als die neueren, im werktäglichen Vorabendprogramm plazierten Soap Operas. Grundy/Ufa stellt mit Gute Zeiten, schlechte Zeiten, die mittlerweile einzig verbliebene, von einem privaten Anbieter ausgestrahlte, im Lande hergestellte Soap Opera her. Bei den öffentlich-rechtlichen Veranstaltern konnte die ARD neben der sonntags gezeigten Lindenstraße einen werktäglichen Doppelauftritt der Form (mit Verbotene Liebe und Marienhof) im Vorabendprogramm etablieren; das ZDF hat bislang von Produktionsbemühungen in Richtung Soap Opera abgesehen.

Im Unterschied zur Lindenstraße setzen die im Lande hergestellten und werktags ausgestrahlten Soap Operas auf ein ausgesprochen junges Publikum. Im Falle der Grundy/Ufa-Produktion 'Gute Zeiten, schlechte Zeiten' hat man es insofern mit einem neuartigen Texttypus zu tun, als die Serie auf eine innovative Produktionsweise im Zeichen einer 'globalen' Medienkultur zurückgeht. Von einer mittlerweile abgesetzten australischen Serie (The Restless Years) ausgehend arrangierte Grundy zwei unterschiedliche Koproduktionen für den westeuropäischen Markt (eine für die BRD, eine für die Niederlande). Die Drehbücher wurden (zumindest bis zum Jahr 1995) für die Einzelfolgen von Autoren in Los Angeles (um-)geschrieben und dann von einem im jeweiligen Land agierenden Produktionsteam umgesetzt (Allen, 1995). Auf der textlichen Ebene schlägt sich diese 'Globalisierung' des Produktionsansatzes beispielsweise so nieder, daß die permanente Herstellung einer spezifischen raum-zeitlichen Koexistenz von Text und Zuschauer hier entfällt.

Typisch für sämtliche werktäglich ausgestrahlten und in Deutschland produzierten Soap Operas ist ihre Ausrichtung auf ein ausgesprochen junges Publikum. Um dieses zu erreichen, setzen sie massiv auf Merkmale, wie man sie seit der von Gloria Monty durchgeführten 'Verjüngungskur' von General Hospital aus den US-amerikanischen Nachmittagsserien kennt. So hatte man schon bei General Hospital die jüngeren Zuschauergruppen über die Identifikationsmomente Musik und Starsystem an sich zu binden versucht und den Rockstar Rick Springfield für eine Zeit als Darsteller verpflichtet. Im Bezug auf den Einsatz von Rock- und Popmusik als Brücke zu jüngeren Zuschauergruppen spielten die US-amerikanischen Serien in den achtziger Jahren die unterschiedlichsten Möglichkeiten durch. International bekannt wurden solche Bemühungen jedoch v.a. durch die Mitwirkung der Popstars Kylie Minogue und Jason Donovan in der australischen Serie Neighbours. In ähnlicher Weise hat man sich in den neunzigern bei den in Deutschland produzierten daily soaps um eine Nutzung des Identifikationsmoments (Pop-)Musik bemüht und im Falle von Gute Zeiten, schlechte Zeiten aus der Präsentation der Gruppe Caught in the Act auch erzählerisch Kapital geschlagen.

Im Unterschied zu den erwähnten britischen Beispielen lassen sich im Falle der neueren deutschen Produktionen keine bemerkenswerten inhaltlichen und thematischen Neuerungen feststellen. Sie scheinen vielmehr stark vom Ausspielen der Genrekonventionen zu leben und darüber hinaus so etwas wie eine Bühne für die Inszenierung konsumistischer Lebensstile bereitzustellen. Die mit ihnen verbundenen Merchandising- und Marketingstrategien sind im bundesdeutschen Kontext zwar durchaus als Neuheiten zu betrachten (Göttlich & Nieland, 1997), stellen sich jedoch im Rahmen der internationalen Medienentwicklung als eine konsequente Fortentwicklung bzw. Modifikation jener Determinanten dar, von denen die Form von ihren Anfängen an bestimmt wurde.

4. Soziale Funktion

Eine der ersten Untersuchungen, die auf Jahrzehnte hinaus die „definitive" Studie zur sozialen Funktion von Soap Opera bleiben sollte, ist die von Herta Herzog aus dem Jahr 1942. Diese Pionierleistung ist auch als Beitrag zu den Bemühungen um die Durchsetzung eines neuen Paradigmas in der US-amerikanischen Medienforschung zu sehen, die sich zum damaligen Zeitpunkt als ausschließlich an unmittelbaren Wirkungen interessierte Massenkommunikationsforschung darstellte.

Herzog geht der Frage nach, wer genau sich die open end-Serien im Radio anhört und warum. Wie viele nach ihr kommt sie zu dem Schluß, daß es in der überwältigenden Zahl Frauen sind, die quer durch alle sozialen Schichten und Milieus Soap Operas rezipieren, wobei sie eine Verdichtung bei jüngeren Frauen, in den niedrigeren Einkommensschichten, bei Frauen mit einem geringeren Grad an formaler Bildung und in ländlichen Gebieten feststellt. Der Studie zufolge dienen Soap Operas insbesondere in spezifischen sozialen Kontexten (z. B. in ländlichen Gebieten; dort, wo weniger andere Ressourcen zur Verfügung stehen) Frauen als eine Art Beratungsquelle bzw. als Lebenshilfe. Als eines der frühen Beispiele des uses and gratifications-Ansatzes beantwortet Herzog die Frage nach der sozialen Funktion der medialen Produkte mithin unter Berücksichtigung als individuell verstandener Bedürfnislagen und des spezifischeren sozialen Kontexts des Medienkonsums.

Ähnlich früh wird eine zweite These vertreten, die den Serien eine eskapistische Funktion zuschreibt. Auch dieser Ansatz ist in weiten Teilen der Motivations- und Gratifikationsforschung verpflichtet, setzt an der als individuell verstandenen Lebenssituation an und geht von einem spezifischen Zusammenhang zwischen letzterer und dem medialen Produkt aus. Eine neuere bundesrepublikanische Studie, die diesem Ansatz verpflichtet ist, versucht beispielsweise zu belegen, daß Frauen, die mit ihrem Leben unzufrieden sind, für serielle Medienprodukte wie Soap Operas besonders empfänglich sind (Kepplinger/Weißbecker, 1997). Den Autoren zufolge können die Serien ihre eskapistische Funktion besonders gut erfüllen, weil sie – etwa im Unterschied zur konventionellen Krimireihe – einen Bezug zur Lebenswirklichkeit ihrer Rezipienten aufweisen. Mit ihrem Leben weniger zufriedenen Zuschauerinnen wird ein deutliches Interesse an sympathischen Charakteren und eine Identifikation mit solchen Figuren nachgewiesen, die über positive Eigenschaften wie Durchsetzungsfähigkeit, soziale Kompetenz und Lebenszufriedenheit verfügen. Dies wirft die Frage auf, ob es tatsächlich sinnvoll ist, hier von Eskapismus zu sprechen und ob ein solcher Befund nicht eher ausgefeiltere Interpretationen zu untermauern scheint, die sowohl der fiktionalen Qualität des Produkts als auch dem sich hier andeutenden Mechanismus einer symbolischen Bewältigung gerechter werden. Insgesamt ist der Eskapismus-Ansatz insofern problematisch, als er unweigerlich das Bild der Rezipientin als mit einem Makel behaftetes Wesen heraufbeschwört. Genau dieses einer Kombination von misogynen Einstellungen, Profitinteressen und aus dem Kontext gerissenen ästhetischen Urteilen geschuldete Konstrukt hat die Forschung über Jahrzehnte bestimmt und wurde von der neueren Forschung nachhaltig zurückgewiesen (Allen, 1985; Seiter, 1987).

Ein dritter Ansatz geht von einer sozialen Orientierungsfunktion der Soap Operas aus. Er wird vor allem durch rezeptionsbezogene Studien zu belegen versucht und bezieht sich im Kern auf die von der Annenberg School of Communication unter George Gerbner entwickelte Kultivierungstheorie der Medien. Der Orientierungsthese zufolge wirkt sich der Konsum von Soap Operas auf die Wirklichkeitswahrnehmung des Rezipienten aus, wobei spezifische Persönlichkeitsmerkmale, psychologische Faktoren, individuelle Bedürfnislagen und Motive und nicht zuletzt die Häufigkeit des Konsums als vermittelnde Größen berücksichtigt werden. In Übereinstimmung mit dem Akzent der Form auf Figuren und Handlung geraten hier wiederum in erster Linie Identifikationsmechanismen in den Blick und es wird unterstellt, daß ein hohes emotionales Engagement und ungeteilte Aufmerksamkeit für die Interaktion mit dem Text die höchsten Einwirkungspotentiale in sich birgt. In Reaktion auf die Entwicklung der Form in Deutschland hat man die Orientierungsthese in neuen Studien modifiziert und die Präsentation konsumistischer Lebensstile in Soap Operas als deren Propagierung gefaßt (Göttlich/Nieland, 1997).

Die neueren Arbeiten in der Soap Opera-Forschung sind allesamt wesentlich durch ein Bemühen um ein adäquates Verständnis der Bedeutung der Serien für ihre Nutzerinnen und Nutzer motiviert. Über das Konzept der (medialen) Repräsentation sind sie auf die Frage nach der Wirkmächtigkeit solcher Produkte verpflichtet; über den Genre-Ansatz teilen sie die Auffassung, daß in den Serien bestimmte kulturelle Widersprüche ihren Ausdruck finden, die für die Rezipientinnen und Rezipienten besondere Relevanz besitzen. Diese grundsätzliche Position ist im Rahmen der britischen Cultural Studies zu einem Erklärungsansatz zur sozialen Funktion ausgearbeitet worden. Vom Modell des kulturellen Kreislaufs (Hall, 1997) ausgehend hat Christine Gledhill vorliegende Erkenntnisse zu einem Ansatz verdichtet, demzufolge Soap Operas als Teil eines kontinuierlich vonstatten gehenden Prozesses der (symbolischen) Vergewisserung über das (kulturell konstituierte) Selbst und die dieses umgebende Wirklichkeit zu sehen sind. Im Unterschied etwa zum uses and gratifications-Ansatz wird der Rezipient hier nicht als gleichsam „gesellschaftsfreies" Individuum, sondern vielmehr als sozial und kulturell konstituiertes Subjekt verstanden. Über die Theoretisierung des Soap Opera-Konsums als Vergewisserungsprozeß wird versucht, die falsche Opposition von ideologischer Beeinflussung versus Rezipientenfreiheit in der Bedeutungskonstitution zu überwinden. Ein für künftige Arbeiten besonders interessanter Ansatzpunkt sind hierbei die Diskrepanzen, die sich zwischen den Befunden der (psychoanalytisch unterfütterten) Textkritik einerseits und denen einer (ethnographisch orientierten) Rezeptionsanalyse andererseits andeuten. Wenn eine Untersuchung wie die von Tania Modleski (1982) das textlich entworfene Zuschauersubjekt als das einer idealen Mutter ausmacht und dieser Subjektkonstitution ideologische Funktionen zuschreibt, so deutet sich in qualitativen Interviews an, daß eine solche Position keineswegs von allen Zuschauerinnen und Zuschauern unterschrieben wird (vgl. Seiter et al., 1989). Diese Kluft zwischen textlicher Subjektkonstitution und aktuell eingenommener Rezipientenposition verweist auf Aufgaben und Möglichkeiten der zukünftigen Forschung. Von textanalytischer Seite wird es darum gehen müssen, die jeweilige Subjektkonstitution text- und kontextspezifisch zu präzisieren und zu historisieren, was Voraussetzungen für historisch übergreifende und kulturell vergleichende Studien schafft. Zweitens bedarf es künftig einer stärkeren Einbeziehung insbesondere qualitativ orientierter Zuschauerstudien, wenn man die Gefahren einer essentialistischen Betrachtungsweise des Zusammenhangs zwischen den Soap Operas und der Kategorie Geschlecht überwinden und das Verhältnis zwischen dem Medienprodukt und seinem Zuschauer adäquat, d. h. dem jeweiligen historischen wie medialen Kontext entsprechend theoretisieren möchte.

5. Literatur

Allen, Robert C., Speaking of soap operas. Chapel Hill/London, 1985.

– (ed.), To be continued ... Soap operas around the world. London/New York, 1995.

Ang, Ien, Watching Dallas: soap opera and the melodramatic imagination. New York, 1985.

–/Jon Stratton, The end of civilization as we knew it: Chances and the postrealist soap opera. In: Robert C. Allen, (ed.), To be continued ... Soap operas around the world. London/New York, 1995, 122–44.

Borchers, Hans/Gabriele Kreutzner, Eva-Maria Warth, Never-ending stories: American soap operas and the cultural production of meaning. Trier, 1994.

Brunsdon, Charlotte, 'Crossroads': notes on soap opera. In: Screen, vol. 22, no 4., 1982, (spring).

Buckingham, David, Public Secrets: EastEnders and its audience. London, 1987.

Cassata, Mary/Thomas Skill (Eds.), Life on daytime television: tuning-in American serial drama. Norwood, N.J., 1983.

Crofts, Stephen, Global Neighbours? In: Robert C. Allen, (Ed.), To be continued ... Soap operas around the world. London/New York, 1995, 98–121.

Dyer, Richard et al. (Eds.), Coronation Street. London, 1981.

Feuer, Jane, Melodrama, serial form, and television today. In: Screen, vol. 25, no. 1, 1984, 4–16.

Flitterman, Sandy, The real soap operas: tv commercials. In: E. Ann Kaplan (Ed.), Regarding Television. Frederick, MD, 1983, 84–96.

Frey-Vor, Gerlinde, Langzeitserien im deutschen und britischen Fernsehen. Lindenstraße und EastEnders im interkulturellen Vergleich. Berlin, 1996.

Geraghty, Christine, Women and soap opera: a study of prime time soaps. Cambridge, 1991.

–, Social issues and realist soaps: a study of British soaps in the 1980s/1990s. In: Robert C. Allen (ed.), To be continued ... Soap operas around the world. London and New York, 1995, 66–80.

Gledhill, Christine, Genre and gender: the case of the soap opera. In: Hall, Stuart (Ed.), Representation. Cultural representations and signifying practices. London, Thousand Oaks, New Delhi, 1997.

Gleich, Uli, Funktionen von Soap Operas für die Zuschauer. Media Perspektiven 1/98, 46–50.

Göttlich, Udo/Jörg-Uwe Nieland, Alltagsdramatisierung und Daily Soaps. Öffentlichkeitswandel durch Lifestyle-Inszenierung. In: Udo Göttlich; Jörg-Uwe Nieland, Heribert Schatz (Hrsg.), Kommunikation im Wandel. Zur Theatralität der Medien. Köln, 1998, 36–53.

Herzog, Herta, What do we really know about daytime serial listeners? In: Radio Research, 1952–43, edited by Paul Lazarsfeld/Frank Stanton, New York, 1944, 3–33.

Hobson, Dorothy, 'Crossroads': the drama of a soap opera. London, 1982.

Kepplinger, Hans M./Helga Weißbecker, Geborgte Erfahrungen. Der Einfluß enttäuschter Lebensentwürfe auf die Nutzung von Fernsehunterhaltung. Medienpsychologie 9,1/1997, 57–74.

Kreutzner, Gabriele, Next time on Dynasty: Studien zu einem populären Serientext im amerikanischen Fernsehen der achtziger Jahre. (Crossroads: Studies in American Culture 4.) Trier, 1991.

–/Ellen Seiter, Not all soap operas created equal: toward a cross-cultural criticism of television serials. In: Screen, vol. 32, no. 2, 1991, 154–172.

Lopez, Ana M., Our welcomed guests: telenovelas in Latin America. In: Robert Clyde Allen (ed.), To be continued ... Soap operas around the world. London and New York, 1995, 256–275.

Mikos, Lothar, Es wird dein Leben! Familienserien im Fernsehen und im Alltag der Zuschauer. Münster, 194.

Modleski, Tania, The search for tomorrow in today's soap operas. In. Loving with a vengeance: mass-produced fantasies for women. Hamden, Connecticut, 1982.

Neale, Steven, Genre. London, 1981.

Seiter, Ellen, Eco's TV Guide: the soaps. Tabloid, no. 5 (Winter 1982), 35–43.

–, Von der Niedertracht der Hausfrau und der Größe der Schurkin: Studien zur weiblichen Soap Opera Rezeption. In: Frauen und Film, Heft 42, 1987, 35–58.

Seiter, Ellen/Hans Borchers/Gabriele Kreutzner/ Eva-Maria Warth, 'Don't treat us like we're so stupid and naive': towards an ethnography of soap opera viewers. In: Remote Control: television, audiences, and cultural power. London and New York, 1989.

Stedman, Raymond W., A history of the broadcasting of daytime serial drama in the United States. Ph. D. dissertation, University of Southern California, 1959.

Tulloch, John/Albert Moran, A Country Practice: „quality soap". Sydney, 1986.

Gabriele Kreutzner, Hagen (Deutschland)

227. Entwicklung, Funktion, Präsentationsformen und Texttypen der Fernsehspiele

1. Begriff und Geschichte des Fernsehspiels
2. Funktionen
3. Präsentationsformen und Texttypen
4. Perspektiven des Fernsehspiels und Fernsehfilms
5. Literatur

1. Begriff und Geschichte des Fernsehspiels

1.1. Begriffsentwicklung

Das Fernsehspiel stellt eine fiktionale Gattung (neben der Serie, dem Kinospielfilm und der Theateraufzeichnung) des Fernsehprogramms dar, die sich bereits in der Frühzeit des Fernsehens herausgebildet und im Verlauf ihrer Entwicklung ausdifferenziert hat nach ihrer *technischen Produktionsform* (elektronisch: Fernsehspiel; filmisch: Fernsehfilm), ihrem *Umfang* (Einzelfilm, Mehrteiler, Serie), ihren *Genres* (Fernsehkomödie, Kriminalfilm, Familiengeschichte) und ihrer *Beschaffungsart* (Eigenproduktion der Sendeanstalten, Auftragsproduktion, Koproduktion, Kaufproduktion).

Der Begriff Fernsehspiel entsteht Anfang der dreißiger Jahre analog zum bereits etablierten Begriff Hörspiel. Er behauptet sich unangefochten in der Bundesrepublik, während das DDR-Fernsehen den Begriff 'Fernsehdramatik' verwendet hat. 'Fernsehspiel' ist dabei sowohl die administrative Bezeichnung des Programmressorts und der Redaktionen als auch die Gattungsbezeichnung für die einzelne Sendung. Sie ist in den achtziger und neunziger Jahren jedoch zunehmend dem Begriff 'Fernsehfilm' gewichen und wird heute teilweise auch bereits durch den Begriff 'TV-Movie' ersetzt.

Seit Beginn ist umstritten, ob das Fernsehspiel überhaupt eine eigene Kunstgattung sei. Das Medienspezifische im Sinne einer an Lessings 'Laokoon' orientierten differenzästhetischen Bestimmung ließ sich vor allem gegenüber dem Kinospielfilm nicht immer ermitteln. Ungeachtet des jahrzehntelangen Definitionsstreits, der bis zur völligen Ablehnung einer eigenständigen Kunstform Fernsehspiel durch den Fernsehspielautor Oliver Storz, den Regisseur Ru-

227. Entwicklung, Funktion, Präsentationsformen und Texttypen der Fernsehspiele

dolf Noelte und den Fernsehkritiker Henning Rischbieter ging, besteht seit den fünfziger Jahren eine umfangreiche Fernsehspielproduktion im öffentlich-rechtlichen Fernsehen und seit einigen Jahren auch in den kommerziellen Programmen.

1.2. Geschichte der Gattung

1.2.1. Fernsehspiele vor 1945

Als erstes deutsches Fernsehspiel gilt Adolf Webers 'Das Schaukelpferd', am 7. 11. 1936 gesendet und als „Kurzspiel aus dem Fernsehlabor" annonciert. Es handelte sich um eine Liveproduktion des damaligen Fernsehsenders 'Paul Nipkow', der während der Zeit des Nationalsozialismus von 1935 bis 1944 im Raum Berlin ein Programm ausstrahlte.

Vor allem von 1937 bis 1939 und dann während des Krieges von 1939 bis 1942 hatte das Fernsehspiel im Programm ein großes Gewicht. Nach der anfänglich benutzten Form des Sketches und des aus technischen Gründen meist nur kurzen Spiels kam man bald auch zu anspruchsvolleren und umfangreicheren Produktionen, die oft (bis zu 22mal innerhalb einer Spielzeit) wiederholt, d. h. aufgeführt wurden. Neben den eher unterhaltsamen Produktionen kam es in den Kriegsjahren auch zunehmend zur Produktion von Durchhaltespielen und ideologisch aufgeladenen Abenteuerstücken. Regisseure wie Hanns Farenburg, Peter A. Horn und Hannes Küppers, die in dieser Zeit ihre ersten Fernsehspiele inszenierten, prägten in den fünfziger Jahren das bundesdeutsche Fernsehspiel mit.

1.2.2. Fernsehspiel in den fünfziger Jahren

Mit dem Neubeginn des Fernsehen in der Bundesrepublik ab 1948 beim Nordwestdeutschen Rundfunk in Hamburg galt das Fernsehspiel als „Krönung" des Programms (Gerhard Eckert). Mit Wolfgang Martin Schedes Spiel 'Es war der Wind' und vor allem mit dem programmatisch gemeinten 'Vorspiel auf dem Theater' aus Goethes 'Faust' begann 1952 die bundesdeutsche Fernsehspielproduktion, in deren Vordergrund neben der Lustspiel- und der Unterhaltungsproduktion die Inszenierung von Theaterstücken, später auch die Adaption epischer Literatur stand. Das Fernsehspiel sah seine Aufgabe in der Vermittlung der modernen westeuropäischen Literatur. Stücke von Thornton Wilder, Tennessee Williams, Eugene O'Neill, Arthur Miller, Bernhard Shaw, Jean Paul Sartre und anderen wurden für das Fernsehen inszeniert. Entsprechend der föderativen Struktur des bundesdeutschen Fernsehens konkurrierten die Fernsehspielabteilungen der Sender miteinander. Vor allem das Fernsehspiel des Süddeutschen Fundrunks profilierte sich unter dem Dramaturgen Hans Gottschalk mit eigenwillig inszenierten und gleichzeitig beeindruckenden Produktionen (z. B. Franz Josef Wirths 'Unruhige Nacht' nach Albrecht Goes). Bereits in den fünfziger Jahren wurde das direkt für das Fernsehen geschriebene Spiel (sog. 'Originalfernsehspiel') verlangt, doch zögerten viele Autoren, direkt für das noch weitgehend fremde und unbekannte Medium Fernsehen zu schreiben.

1.2.3. Fernsehspiel in den sechziger Jahren

Mit der Einführung der Magnetaufzeichnung 1957 und der Durchsetzung des Films als Produktionsmittel schwand die Liveproduktion aus dem Programm. Erster Fernsehfilm war eine Adaption von Friedrich Dürrenmatts 'Der Richter und sein Henker'. Die Verfilmung des Hörspiels 'Besuch aus der Zone' nach Dieter Meichsner führte zu heftige Debatten bis hinein in den Bundestag über die Ost-West-Darstellung. Das Fernsehen entdeckte die Möglichkeit der Fiktion, sich zu den aktuellen Problemen der Gesellschaft zu verhalten. Damit begann sich das Fernsehspiel vom zeitgenössischen Kinospielfilm abzuheben. In mehrteiligen Produktionen ('Soweit die Füße tragen', 'Am Grünen Strand der Spree', 'Die Revolution entläßt ihre Kinder') wurde eine neue Form des Erzählens von Zeitgeschichte durch umfangreiche Fernsehspielproduktionen entdeckt.

Die Autoren begannen sich für die bundesdeutsche Realität zu engagieren und drehten außerhalb der Studios. Vor allem das nach der Aufteilung des NWDR in NDR und WDR 1954 und der Auflösung des Nordwestdeutschen Rundfunkverbandes (NWRV) 1961 neu begründete NDR-Fernsehspiel entwickelte sich unter Egon Monk zur führenden Redaktion. Monk, wichtigster Fernsehdramaturg in den sechziger Jahren, zielte auf politische Aufklärungsarbeit durch das Fernsehspiel, die er auch mit eigenen Regiearbeiten wie 'Wilhelmsburger Freitag', 'Mauern', 'Anfrage' und 'Ein Tag' betrieb. Beim NDR wurden auch neue Formen der Fernsehkomödie entwickelt, die vor allem in den jährlichen Produktionen des Autors Horst Lommer und des Regisseurs Peter Beauvais einen Höhepunkt fanden. ('Ich fahre Patschold', 'Dem Glück hinterher', 'Zug der Zeit', 'Geibelstraße 27'). Die sechziger Jahre wurden zur 'Blütezeit' des Fernsehspiels.

Das Fernsehspiel weitete sich thematisch in den sechziger Jahren aus: von der Situation der kleinen Angestellten und Arbeiter, der Karrieristen und der Kritik am bundesdeutschen Wirtschaftswunder reichte die Themenpalette bis zur Auflösung der Familie und den Problemen von Jugendlichen, von sozialen Randgruppen und den Alten in der Gesellschaft. (Koebner 1975) Gleichzeitig wurden neue didaktische Formen der Vermittlung gefunden. Ein weiteres Themenfeld erschloß sich in der fiktionalen Aufbereitung von Geschichte im sogenannten Dokumentarspiel, das ab 1963 vor allem vom ZDF produziert wurde.

Eine verstärkte Öffnung zum Film und seinen Ausdrucksmöglichkeiten setzte sich Ende der sechziger Jahre durch, forciert durch den Fernsehspielleiter des Westdeutschen Rundfunks, Günter Rohrbach, der Mitte der sechziger Jahre programmatisch formulierte: „Das Fernsehspiel ist Film" und damit langfristig die Abkehr vom elektronischen Studiospiel betrieb. In den siebziger Jahren wurde diese Position auch vom Fernsehspielleiter des Zweiten Deutschen Fernsehens, Heinz Ungureit, vertreten. Damit traten neben die Autoren die Regisseure als Urheber von Fernsehspiele in den Vordergrund. Zahlreiche wichtige deutsche Kinoregisseure arbeiteten seit dieser Zeit für das Fernsehen.

1.2.4. Fernsehspiel in den siebziger und achtziger Jahren

Das 1974 zwischen den Fernsehanstalten und der Filmwirtschaft geschlossene Kino-Fernseh-Abkommen führte zur Form der Film-Fernseh-Koproduktion: Filme entstanden, die einerseits als Spielfilme im Kino und andererseits als Fernsehspiele im Fernsehen gezeigt wurden. 'Die Ehre der Katharina Blum' von Volker Schlöndorff und Heinrich Böll war eine der ersten Produktionen. Fast alle Filme von Rainer Werner Faßbinder, Wim Wenders, Volker Schlöndorff, Reinhard Hauff, Werner Herzog, die dann für die Blüte des Neuen Deutschen Films in den siebziger Jahren stehen, wurden in Zusammenarbeit mit dem Fernsehen hergestellt. Das Abkommen wurde seit 1974 immer wieder verlängert, weil sich die Zusammenarbeit trotz mancher Kritik im Detail als fruchtbar sowohl für die deutsche Filmwirtschaft als auch für das Fernsehen erwies.

In der Folge des Film-Fernseh-Abkommens wandten sich zahlreiche Autoren und Regisseure vom eigenständigen Fernsehspiel ab, weil sie mit der Koproduktion im Kino eine größere publizistische Resonanz als im Fernsehen fanden. Im Fernsehen erreichten sie jedoch weiterhin ein größeres Publikum als im Kino.

Gleichzeitig etablierte sich seit Ende der sechziger Jahre auch mehrteilige Produktionen wie z.B. Faßbinders Serie 'Acht Stunden sind kein Tag', seine 13teilige Döblin-Verfilmung 'Berlin Alexanderplatz', Peter Stripps 'Rote Erde' und Edgard Reitz' 'Heimat'. Mit der Einführung der kommerziellen Programme Mitte der achtziger Jahre schien der Niedergang des Fernsehspiels programmiert, doch hat sich das ambitionierte Fernsehspiel in den Programmen gehalten.

Ebenfalls in den siebziger Jahren entwickelte sich das Kleine Fernsehspiel im ZDF zu einer führenden experimentellen Werkstatt für Autoren und Regisseuren, die hier häufig mit einem kleinen Etat, aber mit einer größtmöglichen Realisierungsfreiheit ihre ersten Filme drehen konnten. Vor allem Filmemacherinnen wie Ula Stöckl, Elfie Mikesch, Jutta Brückner, Ulrike Ottinger, Helga Reidemeister drehten für das Kleine Fernsehspiel wichtige und oft auch ihre ersten Filme.

1.2.5. Fernsehspiel im Dualen System

In den achtziger Jahren verlor das Fernsehspiel innerhalb des Programms an Bedeutung, da vor allem Kinospielfilme und Serien im Ausland billiger zu beschaffen waren und das Publikum anzogen. Die krisenhafte Stimmung verhinderte nicht, daß weiterhin bedeutende und wichtige Produktionen sowohl als Kino-Fernseh-Koproduktionen als auch als eigenständige Fernsehfilme entstanden. Filme wie Axel Cortis 'Eine blaßblaue Frauenschrift', Fritz Lehners 'Mit meinen heißen Tränen', aber auch Filme von Frank Beyer, Eberhard Fechner, Horst Königstein, Heinrich Breloer, Karin Brandauer und anderen prägten das Fernsehspiel der achtziger Jahre.

Lange Zeit schien das Fernsehspiel allein eine Domäne des öffentlich-rechtlichen

Fernsehens zu sein, weil die neuen kommerziellen Programmveranstalter, die mit SAT.1 und RTL ab 1985/86 präsent waren, eine eigene Produktion von Fernsehfilmen als für sie nicht genug profitträchtig ablehnten. Dies änderte sich erst, als Anfang der neunziger Jahre vor allem RTL mit seinem Sendebetrieb in eine Gewinnzone stieß und die durchschnittlichen Einschaltquoten für amerikanische Kinospielfilme und Fernsehserien deutlich unter denen deutscher Produktionen lagen. Ab 1992 begann deshalb zunächst RTL, dann auch SAT.1, Pro Sieben und RTL 2 mit der Produktion eigener Fernsehfilme, die sie zumeist in Reihen (z. B. 'Schicksalhafte Begegnungen') zusammenbanden und die sie, um sich vom öffentlich-rechtlichen Fernsehspiel abzugrenzen, 'TV-Movies' nannten.

Zahlreiche Regisseure und Schauspieler des deutschen Fernsehfilms wurden bei der TV-Movie-Produktion beschäftigt, als Autoren gewann man vor allem amerikanische Drehbuchspezialisten. Ziel war eine stärkere Ausrichtung auf Spannung, Aktion und Sex, auf Melodramatik und einen möglichen aktuellen Anknüpfungspunkt in einem spektakulären publizistischen Vorfall ('Der Amokläufer von Euskirchen'). Auch Koproduktionen kamen Mitte der neunziger Jahre unter Beteiligung kommerzieller Fernsehunternehmen zustande.

Die zunehmende Serialisierung der Fernsehfiktion (ab 1992 auch Beginn der Ausstrahlung deutscher 'Daily Serials' wie 'Gute Zeiten, schlechte Zeiten') führte jedoch zu einem Bedeutungsverlust des Fernsehfilms. Reduziert wurden auch experimentelle Formen wie des Kleinen Fernsehspiels.

2. Funktionen

Mit dem historischen Wandel des Fernsehens insgesamt veränderten sich auch die Funktionen des Fernsehspiels. Da dem Fernsehspiel nicht wegen seiner Kosten, sondern auch wegen seiner Attraktion für ein breites Publikum innerhalb der Fernsehanstalten eine große Aufmerksamkeit zuteil wurde, bestand auch eine differenzierte Aufgabenzuweisung.

2.1. Kulturvermittlung und Bildung

Traditionell wird dem Fernsehspiel vor allem die Aufgabe der Kulturvermittlung und der Bildung zugewiesen. Die Dramaturgie des Fernsehens im allgemeinen und das Fernsehspiel im besonderen werde „an bester deutscher Kulturtradition anknüpfen", hieß es in den fünfziger Jahren (zit. n. Hikkethier 1980, 40) und man wollte zunächst vor allem auf die Tradition des kulturell dominanten Theaters zurückgreifen. Die Adaption von Literatur, aber auch die Übernahme von Inszenierungen des Theaters im Fernsehen dienten dazu, literarische Werke und anspruchsvolle Inszenierungen an ein breites Publikum heranzutragen, das sonst wenig Zugang zu dieser Kultur hatte. Dem Fernsehen wurde damit zum einen eine Bildungsaufgabe zugeschoben, zum anderen die Fähigkeit zur 'Demokratisierung' bzw. 'Popularisierung' der Kultur zuerkannt.

Dieser Kulturauftrag war durch den Programmauftrag gedeckt. Er schloß jedoch nicht aus, daß daneben auch Fernsehspiele gezeigt wurden, die allein der populären Unterhaltung verpflichtet waren. Das Fernsehspiel adaptierte und inszenierte Lustspiele, Komödien und Schwänke. Dennoch ist vor allem für die fünfziger und sechziger Jahre auffällig, daß im Fernsehen eine 'volksbildnerische' Kraft gesehen wurde, die dann auch in anderen Programmsparten zu einer pädagogisch inspirierten Sendungen (Schulfernsehen, Vorschulprogramme) führte. Mit dem Dokumentarspiel des ZDF z. B. verband die Redaktion vor allem eine staatsbürgerliche Bildungsabsicht (Bruhn 1967), die jedoch angesichts der Produktion nachgestellter historischer Episoden Anfang der siebziger Jahre eine heftige Kritik erfuhr. (Delling 1976) Die Einrichtung des auch heute noch wichtigsten deutschen Fernsehpreises (des Adolf-Grimme-Preises) ging folgerichtig auch vom Deutschen Volkshochschulverband (Bert Donnepp in Marl) aus.

In den medienpolitischen Auseinandersetzungen der siebziger Jahre und im Streit zwischen öffentlich-rechtlichen und kommerziellen Fernsehen seit den achtziger Jahren ist der Kulturauftrag oft zu einem negativ besetzten Begriff geworden. Dem Fernsehen wurde besonders von Vertretern des kommerziellen Fernsehens unberechtigterweise eine oberlehrerhafte Attitüde unterstellt.

2.2. Welterklärung und Orientierungshilfe

Die Möglichkeit des Fernsehens, Geschehen an entfernten Orten der Welt dem Zuschauer live (also fast gleichzeitig mit dem Geschehen) zu vermitteln, hat dem Medium die Funktion von Teilhabe und Dabeisein verschafft. Das Live-Spiel der fünfziger und sechziger Jahre war nicht nur Kulturvermittlung, sondern brachte auch – zumindest per Bildschirm – die Teilhabe an kulturellen Ereignissen. Indem das Fernsehen dem Zuschauer Sachverhalte nahe rückte, gab es diesem Einblicke in Lebensbereiche, die ihm sonst wenig oder gar nicht zugänglich waren.

Dieses Konzept wurde in den sechziger Jahren modifiziert, indem das Fernsehen jetzt die bundesdeutsche Realität kritisch zeigen wollte. Dabei ging es davon aus, daß dem Zuschauer durch die Fiktion nicht nur auf verallgemeinerte Weise sein eigener Alltag vorgeführt wurde, sondern er auch Einblicke in soziale Verhältnisse gewann, zu denen er sonst keinen unmittelbaren Zugang hatte. Vor allem die Thematisierung der Probleme von sozialen Randgruppen und der Differenzen zwischen den unterschiedlichen Generationen sollte dazu dienen, Vorurteile abzubauen und Toleranz zu entwickeln.

Dem Fernsehspiel wurde, indem es auf eine fiktionale Weise solche Einblicke verdichtete und komprimierte, dabei die Funktion eines „kulturellen Forums" (Newcomb/Hirsch 1986) zuteil. Gerade auch die überspitzte, komische, karikierende Form der Darstellung erlaubte es Zuschauern, das Verhalten der Figuren zu beobachten und zu beurteilen, die vorgeführten Verhaltensweisen und ihre Kommentierung durch andere Figuren mit eigenen Verhaltensweisen in Beziehung zu setzen.

Vor allem die seriellen Formen des Fernsehspiels neigten dazu, eine solche verhaltensorientierende Sichtweise zu fördern. Bevorzugt Familiengeschichten und -serien eigneten sich dazu, weil hier alle Formen zwischenmenschlichen Zusammenlebens im Alltag eingebracht werden konnten. ('Die Unverbesserlichen', 'Familie Semmeling', 'PS').

Es liegt deshalb auch nahe, den fiktionalen Formen im Rahmen eines solchen Konzepts des kulturellen Forums eine besondere Funktion der Verhaltensmodellierung der Zuschauer im Sinne der Modernisierung der Gesellschaft zuzuweisen. Die Studien von Joshua Meyrowitz haben nahegelegt, daß durch solche langfristig wirksamen Modellierungen des Zuschauers wesentliche Grundauffassungen von Gesellschaft (Abbau politischer Autoritäten, Verwischung der tradierten Geschlechterrollen, Aufhebung der Abgrenzungen von Kindheit und Erwachsensein) verändert wurden. (Meyrowitz 1987) Die Modellierungspotentiale des Fernsehens drohen jedoch mit der Zunahme der Programmausweitung zu schwinden, weil mit der Programmvervielfachung und der Bildung von Spartenprogrammen die Zuschauer immer mehr die Möglichkeit haben, nur noch die von ihnen bevorzugten Lebenswelten im Fernsehen zu betrachten und die Chance geringer wird, auf Fremdes, Unbekanntes und Provozierendes im Programm zu stoßen. Angesichts dieser Desintegration der Zuschauer in zahlreiche Teilpublika kommt der Fiktion eine neue Bedeutung zu, weil sie die Konfrontation unterschiedlicher sozialer Schichten durch ihre unterhaltsame Weise zum Thema für viele machen kann (Beispiel 'Lindenstraße').

2.3. Unterhaltung

Die Funktion der Kulturvermittlung wie die der Weltdarstellung sind in der Fernsehfiktion untrennbar mit der Unterhaltungsfunktion verbunden. Auch wenn zu bestimmten Zeiten der Eindruck entstand, daß die Unterhaltungsabsicht in den Hintergrund getreten sei, konnten die anderen Funktionen nicht ohne das unterhaltende Element wirksam werden. Deshalb hat es neben den 'ernsten' Fernsehspielen seit Beginn des Fernsehens immer auch 'leichte' Fernsehspiele gegeben, die allein der Unterhaltung verpflichtet waren. Ihr Anteil am Programm ist durchgängig höher als der Anteil ernster Fernsehspiele.

Die Strategien der Unterhaltung richteten sich dabei in den ersten Jahrzehnten vor allem an den Erfahrungen des Theaters aus, Unterhaltsamkeit wurde aus der Transformation theatraler Unterhaltung (Verwandlung und Verwechslung, Irritation und Erschrecken) ins Fernsehen gewonnen. Mit der Filmisierung rückten filmische Unterhaltungseffekte (Aktion, Spannung, Erotisierung und Sexualisierung) zunehmend in den Vordergrund. Vor allem mit der Etablierung kommerzieller Programme verschoben sich die Maßstäbe, so daß auch vielfach von einer Angleichung an die Normen des Hollywood-Kinos gesprochen wurde.

Die besondere Form der fiktionalen Unterhaltung durch das Fernsehen zeigt sich am deutlichsten im Kriminalgenre. Kein Genre ist so ausgeprägt wie der Fernsehkrimi, in dem sich die spezifische Form der

227. Entwicklung, Funktion, Präsentationsformen und Texttypen der Fernsehspiele

Durchbrechung gesellschaftliche Normen mit ihrer Bestrafung verbindet, ohne daß sie den Zuschauer real betrifft. Die Dominanz des Polizei- und Detektivkrimis zeigt, daß es immer um den unterhaltsamen Kitzel des Verbotenen und Gefährlichen geht, immer aber auch deren Eindämmung und Domestizierung vorgeführt wird. Die Verlockung des Verbotenen wird als gefährlich und nicht wünschenswert gezeigt, so daß die Unterhaltung nicht nur mit dem Spiel geheimer Phantasien arbeitet, sondern auch mit der Ausrichtung des Zuschauers auf die geltenden gesellschaftlichen Normen.

3. Präsentationsformen und Texttypen

Im Verlauf der Fernsehgeschichte hat sich die Gattung Fernsehspiel vielfältig ausdifferenziert. Die häufig von der Kritik vertretene Meinung, das Fernsehspiel sei im Verschwinden begriffen, resultiert daraus, daß sich das Fernsehspiel in verschiedenen Formen ausdifferenziert hat, die dann oft nicht mehr als Fernsehspiel bezeichnet werden. So stellt z.B. die 'Serialisierung' der Fiktion eine solche Abspaltung aus dem Fernsehspiel dar, ebenso die Form der Kino-Fernseh-Koproduktion oder auch das 'kleine Fernsehspiel', dessen Produktionen häufig unter dem Etikett des 'experimentellen Films' firmieren.

3.1. Die Differenzierung nach Produktionsformen

Die Veränderung der Produktionsmittel hat sich am gravierendsten auf das Entstehen neuer Formen ausgewirkt. War zunächst allein die elektronische, studiogebundene Form der Live-Produktion möglich, kam danach mit der Magnetaufzeichnung in der elektronischen Produktion die Möglichkeit hinzu, in einzelnen Abschnitten vorzuproduzieren und die Aufnahmen am Ende zu 'mischen' bzw. zu montieren. Gleichzeitig wurde durch größere finanzielle Ressourcen der Fernsehanstalten der Einsatz des Films in der Produktion möglich. Damit geriet das Fernsehspiel in die Nähe des Spielfilms, von dem es sich dann nur noch inhaltlich und allenfalls im Produktionsvorlauf unterschied. Nach der Durchsetzung des Films als bestimmendes Produktionsmittel des Fernsehspiels waren ab Ende der sechziger Jahre mit den elektronischen Stanzverfahren (Blue Box) wiederum neue elektronische Techniken einsetzbar, die dann mit der Digitalisierung des Fernsehens Mitte der neunziger Jahre erneut zusätzliche Gestaltungsmöglichkeiten schufen, die jedoch aufgrund des dominanten Naturalismus- bzw. Realismusanspruchs des Films nur selten eingesetzt werden.

3.1.1. Fernsehspiel als Livespiel

Liveproduktion bedeutet im Fernsehspiel, ein Spiel wird von Anfang bis Ende im Studio durchgespielt, im Augenblick des Spiels aufgenommen und übertragen, so daß es der Zuschauer fast im selben Augenblick auf dem Bildschirm sehen kann. Die Nähe zum Theaterspiel war dabei offenkundig und führte auch dazu, daß sich das Fernsehspiel stark an die Theaterpraktiken anlehnte und von Theaterkonventionen bestimmt wurde. Ein langsames Spielen, überdeutliches Sprechen, der Einsatz von Kulissen und Kostümen wie im Theater bestimmte die Ästhetik. Von Versuchen, das Spiel mit einer einzigen Kamera (quasi wie vom Sitz eines Theaterzuschauers aus) zu drehen, kam man jedoch sehr schnell ab, weil die flächige Projektion das Fernsehbild in die Nähe des kinematographischen Bildes rückte und damit einen häufigen Wechsel des Kamerablickes erforderlich machte. So wurde schon vor 1945 bereits im Studio mit mehreren Kameras aufgenommen, so daß im Regieraum zwischen den Aufnahmen der zumeist drei oder vier Kameras hin- und hergeschaltet werden konnte und der Zuschauer den Eindruck einer kinematographischen Einstellungsfolge gewann. Allerdings blieb die raumzeitliche Einheit des Geschehens im Studioraum erhalten, so daß die Bildwechsel keine narrative Funktion der Verknüpfung unterschiedlicher Räume und des Raffens und Dehnens der Darstellung übernehmen konnten.

Die Studiogebundenheit hatte zur Folge, daß Außenaufnahmen nicht elektronisch produziert werden konnten und deshalb sehr früh schon durch Filmeinblendungen über einen Filmabtaster eingefügt werden mußten. Die dabei riskante Verknüpfung des Livespiels mit der Technik des rechtzeitigen Filmeinsatzes erwies sich jedoch als problematisch, so daß die Zahl der Filmeinblendungen begrenzt blieb. Der Übergang zur MAZ-Produktion war deshalb Ende der fünfziger Jahre zwangsläufig.

Dennoch sahen manche Regisseure und Autoren im Live-Spiel auch positive Besonderheiten. Daß sich aber beim Livespiel ähnlich dem Theaterspiel eine Nähe und Verbindung zwischen Spielern und Zuschauern ergeben und ein 'Funke' überspringen sollte, erwies sich als Selbsttäuschung, weil das Publikum am Bildschirm nicht die Schauspieler leibhaftig sah. Auch war für den Zuschauer nicht wirklich an den Bildern erkennbar, ob es sich um ein Livespiel oder um eine Aufzeichnung handelte. Die erste Kritik am Livespiel setzte bereits sehr früh, Mitte der fünfziger Jahre ein. (Hickethier 1980, 39 ff.) Mitte der siebziger Jahre gab es noch einmal den vergeblichen Versuch im ZDF, das Livespiel für eine besondere Form des aktuellen Spiels wieder zum Leben zu erwecken.

3.1.2. Fernsehspiel als Studioproduktion

Die Aufzeichnungstechnik erlaubte eine Wiederholung des Spiels, ohne daß dieses noch einmal im Studio aufgeführt werden mußte. Dies entsprach einer effizienteren Produktions- und Verwertungspraxis und erlaubte eine ganz neue Form der Programmplanung. Anfang der sechziger Jahre etablierte sich deshalb die MAZ-Produktion im Studio.

Beim MAZ-Spiel wird auch weiterhin überwiegend im Studio produziert, die einzelnen Szenen und Sequenzen jedoch wie beim Film 'takeweise', diskontinuierlich und orientiert an äußeren Bedingungen (Schauspielerpräsenz, Studiomiete etc.) hergestellt. Weiterhin wird mit mehreren Kameras gleichzeitig gearbeitet, dadurch auch eine schnellere Produktion als beim Film ermöglicht, weil größere Einheiten zusammenhängend aufgenommen werden. Voraussetzung dafür ist jedoch zumeist eine standardisierte, gleichmäßig helle Grundausleuchtung, Effektlichter können seltener eingesetzt werden. Die Folge ist eine oft kritisierte 'flache' Bildästhetik mit geringerer Modulation und Plastizität. Der Studioproduktion ist auch zumeist ein 'Kammerspielcharakter' eigen, eine Ästhetik des 'Spiels im Gehäuse', der Innenwelten und Beziehungsprobleme.

Nach dem Bedeutungsverlust der Studioproduktion seit Mitte der siebziger Jahre durch die Filmisierung des Fernsehspiels hat sich die elektronische Studioproduktion vor allem in der Serienherstellung, vor allem bei den langlaufenden Serien, durchgesetzt.

3.1.3. Fernsehspiel als Fernsehfilm

Daß der Versuch, eine eigene Ästhetik des Fernsehspiels unabhängig vom Film zu definieren, scheiterte, hat mehrere Ursachen. Nicht zuletzt ist ein Grund vor allem im Einsatz des Films in anderen Programmsparten (Nachrichten, Dokumentation, Feature) und im Abspielen von Kinospielfilmen im Fernsehen zu sehen, so daß sich die Wahrnehmung des Zuschauers an den filmischen Konventionen ausrichtete. Der Einsatz des Films im Fernsehen erlaubte auch eine größere Mobilität, die Verwendung von Außenaufnahmen, damit auch ein anderes 'In-der-Welt-sein' der Figuren. Die filmische Produktion ermöglichte dem Fernsehspiel komplexere Erzählformen, wie sie der Kinospielfilm durch rückgreifendes und vorgreifendes Erzählen bereits entwickelt hatte. Deutlich läßt sich in der Fernsehspielentwicklung nachvollziehen, wie die filmische Produktion zu einer vermehrten Verfilmung von epischer Literatur führte. (Hickethier 1980, 92 ff.) Auch war das Konzept des Fernsehspiels der kritischen Darstellung bundesdeutscher Realität vor allem filmisch durchzusetzen gewesen.

Im Gegensatz zum Kinospielfilm, der vor allem auf 35 mm produziert wurde und wird, hat sich im Fernsehfilm aus Kostengründen der 16 mm-Standard durchgesetzt. Für das kleinere Bild auf dem Bildschirm reicht auch das Auflösungsvermögen dieses Formats. Da Fernsehfilme in der Regel mit einem niedrigeren Etat als Kinospielfilme auskommen müssen, hat sich bei Kritikern die Meinung gebildet, der Fernsehfilm sei nichts anderes als eine „Depravation des Kinofilms" (Meyer 1977). Als ästhetisches Konzept ist solch eine Position jedoch nicht zu halten.

Stattdessen hat sich seit den siebziger Jahren gezeigt, daß Kinospielfilm und filmisches Fernsehspiel aufgrund von Funktionsdifferenzierungen der Medien Kino und Fernsehen unterschiedliche ästhetische Wege gehen. Während der Kinofilm in der Folge des neueren Hollywoodfilms seit den siebziger Jahren wieder verstärkt zu spektakulären Geschichten, zur aufwendig inszenierten Schaulust, zur körperlich wirkenden Ästhetik (somatische Empatie) neigt, ist der Fernsehfilm stärker auf ein Erzählen von Lebensgeschichten, komplexeren Problemlagen und der Darstellung von Alltagsverhältnissen ausgerichtet. Auch hat sich die Ästhetik der 'kleinen Geschichten' stärker im Fernsehfilm als im Kinofilm durchgesetzt. Trotz solcher unterschiedlichen Richtungen ist jedoch eine prinzipielle Differenz der Ästhetik von Kinofilm und Fernsehfilm nicht auszumachen, hier wie dort bestimmen kinematographische und filmische Prinzipien die Regeln und Konventionen der Bedeutungsproduktion und der Sinnstiftung.

3.1.4. Fernsehspiel als Kino-Fernseh-Koproduktion

In der Folge der Filmisierung hat sich Ende der sechziger Jahre die Kino-Fernseh-Koproduktion entwickelt, die ab 1974 auch institutionell durch das zwischen der Filmwirtschaft, der Filmförderungsanstalt und den Fernsehanstalten geschlossene Film-Fernseh-Abkommen verankert wurde. Wurde es anfangs als ein besonderes filmisches Konzept präsentiert (der damalige WDR-Fernsehspielchef Günter Rohrbach sprach vom „amphibischen Film", der sich in beiden Medien gleichermaßen gut bewegen könne), so hat sich diese Produktionsform seither als 'Zweckehe' erwiesen.

Das Film-Fernseh-Abkommen wird etwa alle vier Jahre erneuert, seit Anfang der neunziger Jahre haben sich teilweise auch einzelne kommerzielle Fernsehunternehmen an der Filmförderung beteiligt. Verband sich in den siebziger Jahren mit diesem Abkommen die Absicht, einer drohenden Abgabe eines 'Filmpfennigs' durch die Fernsehanstalten zu entgehen und direkten Einfluß auf die Verwendung der zur Filmproduktion gegebenen Fernsehgelder zu erreichen, ist daraus in den achtziger und neunziger Jahren ein wechselseitiges Nutzungsverhältnis geworden. Die Filmwirtschaft erhält dadurch zusätzliche Mittel, um überhaupt die Produktion deutschsprachiger Filme zu ermöglichen, die sich in der Regel nur noch selten allein an der Kinokasse amortisieren. Das Fernsehen erhält auf diese Weise die Fernsehrechte von aktuellen Filmen und kann damit seinen Fernsehspieletat durch die indirekt beteiligten Kinogelder aufstocken.

Film-Fernseh-Koproduktion werden in der Regel anderthalb bis zwei Jahre im Kino 'ausgewertet' und danach innerhalb der Fernsehprogramme auf Fernsehspielplätzen gezeigt. Für die Filmemacher erweist sich eine solche Kombination produktiv, weil sie mit einer umfangreicheren Publizistik bei der Kinopräsentation (eventuell auch mit Kinopreisen) rechnen können, ein breites Publikum aber vor allem im Fernsehen finden. Fernsehspielredakteure und Programmverantwortliche des Fernsehens haben jedoch immer wieder beklagt, daß bei solchen Produktionen die Fernsehbeteiligung häufig verschwiegen wird, so daß diese beim Publikum als reine Kinospielfilme gesehen werden und deshalb ihre Fernsehpräsentation als eine Art 'Ausbeutung' des Kinos verstanden wird. In den letzten Jahren entzündet sich der etwa alle vier Jahre auftretende Streit um die Koproduktionen (zumeist im Vorfeld der Erneuerung des Film-Fernseh-Abkommens) vor allem um die Fernsehrechte, weil die Filmproduzenten dem Fernsehen die unbegrenzte Fernsehnutzung nicht mehr allein überlassen wollen. Angesichts des chronischen Programmbedarfs der vielen Fernsehprogramme erscheint ihnen eine eigene Verwertung mit einem verbesserten Marketing als finanziell lukrativ.

3.1.5. Das Fernsehspiel als TV-Movie

Im Rahmen der Filmisierung des Fernsehspiels hat sich seit Mitte der achtziger Jahre ein weiterer Begriff, der des TV-Movies, etabliert. Sprach Günter Rohrbach, als er Anfang der achtziger Jahre die Leitung der dem WDR und des SDR gehörenden Bavaria Atelierbetriebsgesellschaft übernahm, noch vom „Movie made for Television" und meinte damit eine gezielte Ausrichtung des Fernsehfilms auf das Fernsehen, so etablierten die kommerziellen Programmanbieter zu Beginn der neunziger Jahre das 'TV-Movie' als ein aus dem amerikanischen Fernsehen ('movies of the week') übernommene Konzept des Fernsehfilms. Hier handelt es sich im Prinzip um einen Fernsehfilm, bei dem alle Rechte beim Sender bleiben, der diesen Film als Auftragsproduktion bei einer privaten Filmproduktionsfirma in Auftrag gegeben hat. Als ästhetisches Konzept steht eine meist spektakuläre Geschichte im Vordergrund, die sich an den publizistischen Reizthemen der Medien orientiert (Schwangerschaftsabbruch, Abtreibung, Vergewaltigung, Mord, Einbruch etc.), eine 'kinogemäße' Aufbereitung durch Aktion und Spannung, dramatische Ausleuchtung und schnelle Erzählweise bietet und sich zumeist mit einem bekannten Star schmückt. Für diese Produktion wird entsprechend viel Werbung gemacht, so daß diese TV-Movies das Image des Senders mitprägen. In der ersten Jahren ab 1992 wurde eine strikte Reihenbildung durchsetzt (RTL wollte dadurch die TV-Movies als 'Serie' erscheinen lassen und zu einer vermehrten Zahl von Werbeunterbrechungen zu kommen). Im Vordergrund standen melodramatische Akzente bei Reihentiteln wie 'Gefährliche Leidenschaften', 'Schicksalhafte Begegnungen' oder 'Der große TV-Roman'. Nach teilweise eher schlechtgemachten Filmen erreichen die TV-Movies inzwischen eine Qualität, wie sie auch die öffentlich-rechtlichen Fernsehfilme auszeichnet. TV-Movies wie 'Alles außer Mord' oder 'Der Sandmann' wurden bereits mit Grimme-Preisen ausgezeichnet. Die öffentlich-rechtlichen Programme benutzen den Begriff des 'TV-Movies' bislang nur für die eingekauften amerikanischen Produktionen, die inzwischen auch in zusammenhängenden Reihen angeboten werden.

3.2. Die Differenzierung nach publizistisch-ästhetischen Intentionen

Ausdifferenzierungen des Fernsehspiels fanden in der Regel als 'Abspaltungen' vom 'normalen' bzw. 'großen Fernsehspiel' statt, das als Einzelproduktion mit einer Spieldauer von etwa neunzig Minuten und einem mittleren Aufwand von heute etwa 4–6 Mio. DM produziert wird. Diese Ausdifferenzierungen sind im historischen Prozeß 'naturwüchsig' entstanden, nicht jedoch im Sinne einer gezielten Typenentwicklung.

3.2.1. Das große Fernsehspiel

Das Fernsehspiel als 'normale' Produktion, die als Regel galt und teilweise heute noch gilt, wird von den Fernsehspielabteilungen der verschiedenen Sender produziert, wobei sich ihre Zahl bei der ARD nach dem Programmanteil richtet, die die ARD-Anstalten zum Gemeinschaftsprogramm beisteuern. Beim ZDF-Fernsehspiel ist die Zahl insgesamt auf ein Vollprogramm ausgerichtet. Für die einzelnen ARD-Anstalten hat diese Aufteilung zur Folge, daß die Zahl ihrer Fernsehspiele unterschiedlich groß ist. Sender wie Radio Bremen mit einem Programmanteil von unter 3 Prozent produzieren in der Regel nur noch ein Fernsehspiel pro Jahr, wobei dies oft nur noch der Tatort-Beitrag ist. Dementsprechend sind es eher die Anstalten mit einem 'mittleren' Programmanteil (SWF, SDR, MDR und HR) und dann vor allem die 'großen' Anstalten wie der WDR, der NDR und der BR, die die Fernsehspielentwicklung prägen. Besonders dem WDR kommt hier eine besondere Bedeutung zu, weil er durch seine Produktionen seit den siebziger Jahren wesentliche Impulse gegeben hat.

Das 'normale' Fernsehspiel weist keine einheitliche Ästhetik auf, sondern ist durch eine Vielfalt unterschiedlicher Erzählkonzepte geprägt. Auch die Themenpalette ist breit differenziert. Sucht man dennoch nach gemeinsamen Gestaltungsprinzipien, so ist in den letzten Jahren eine Tendenz zu einer deutlichen Herausstellung des fiktionalen Charakters, einer linearen Narration, einer eher konventionellen Dramaturgie mit einem eher geschlossenen Aufbau und einer eher naturalistischen bzw. realistischen Darstellung zu beobachten. Die meisten Geschichten spielen bei aller Differenzierung der Milieus vornehmlich in der Mittelschicht, die Probleme werden eher auf der Ebene der Sprache als auf der Aktion verhandelt.

Bei den Darstellern hat sich der spezifische Fernsehschauspieler herausgebildet, der eher dem 'Alltagsverhalten' verpflichtet ist als daß er sich durch extreme Besonderheiten auszeichnet. Er steht zumeist im weitesten Sinne für einen Typus, besitzt jedoch auch zumeist ein Spektrum der Verwandlungsfähigkeit, die ihn vom klassischen 'Naturspieler', wie ihn die frühe Filmtheorie (Balázs) postuliert hat, unterscheidet.

Dem 'normalen' Fernsehspiel ist oft ein didaktischer Zug ein, auch eine 'moralische' Haltung, die oft im Zusammenhang mit dem Kulturauftrag des Fernsehens in Verbindung gebracht wird, jedoch stärker mit zeitgenössischen ästhetischen und dramaturgischen Tendenzen verbunden ist. Der moralisierende Ton im Fernsehspiel der frühen sechziger Jahre ist z. B. auch in den anspruchsvolleren deutschen Kinospielfilmen der Zeit zu finden, ebenso in den zeitgenössischen Theaterproduktionen. Auffällig ist hier eine Verschiebung im Laufe der Jahrzehnte zu beobachten: Das Fernsehspiel der fünfziger bis siebziger Jahre steht vor allem den gesellschaftlich Benachteiligten nahe, kritisiert Karriererutum, Aufstiegswillen und beruflichen Ehrgeiz, weil darunter meist die menschlichen Qualitäten des Zusammenlebens leiden. Die menschlichen Qualitäten werden vor allem in Gradlinigkeit, Aufrichtigkeit, Herzlichkeit und Bescheidenheit gesehen. 'Bleibe, was Du bist' ist die häufige Devise (beispielhaft in den Fernsehkomödien von Horst Lommer und Peter Beauvais). In den siebziger Jahren setzt sich ein eher kämpferischer Ton durch: Die Betroffenen sollen sich gegen die Zumutungen der Gesellschaft zur Wehr setzen (beispielsweise in den Arbeiterfilmen der 'Berliner Schule' wie 'Schneeglöckchen blühn im September' oder 'Liebe Mutter, mir geht es gut' oder in den Altenfilmen wie 'Lina Braake' und 'Opa Schulz'). In den achtziger und neunziger Jahren entwickelt das Fernsehspiel zunehmend Sympathie für die Erfolgreichen, für diejenigen, die etwas wollen und sich durchsetzen und sich nicht mit dem ihm Zugewiesenen bescheiden (z.B. in Produktionen von Max Färberböck: 'Schlafende Hunde', 'Einer zahlt immer', aber auch Bernd Schadewalds 'Schicksalsspiel', Rainer Berg/Frank Göhres 'Stunde der Füchse').

3.2.2. Das Dokumentarspiel / Docu-Drama

Kennzeichen des Dokumentarspiels bzw. des Docu-Dramas ist die Verknüpfung (bzw. Vermischung) von Dokumentation und Fiktion. Das Dokumentarspiel wurde in den sechziger Jahren nach Erfolgen des Dokumentartheaters und der Dokumentarliteratur vor allem im ZDF gepflegt. Ziel war es dabei, historischen Ereignisse nachzuspielen und auf diese Weise eine Anschauung von einem realen Ereignis zu geben. Neben Gerichtsstücken (wie z.B. R. A. Stemmles 'Der Fall Rohrbach') kam es vor allem zur Darstellung zeitgeschichtlicher Themen wie den Widerstand gegen Hitler ('Paris muß brennen', 'Bernhard Lichtenberg', 'Der Fall der Generale') oder spektakulärer Ereignisse wie 'Affäre Eulenburg' oder 'Der Fall Mata Hari'.

Die ARD setzte dagegen vor allem ambitionierte Produktionen, für die auch aufwendige Recherche-Arbeit ermöglicht wurde. Produktionen wie 'Der Prozeß Carl v. O' über den Publizisten Carl von Ossietzky oder 'Die rote Rosa' über Rosa Luxemburg und 'Der Reichstagsbrandprozeß' waren von der Intention bestimmt, über historische Sachverhalte Aufklärung zu leisten.

Eine heftige Kritik erfuhr das Dokumentarspiel vor allem wegen seines überzogenen Anspruchs in der Folge der Produktion 'Der Soldatenmord von Lebach', die einen aktuellen Fall eines Überfalls auf ein Bundeswehrdepot aufgriff und darstellte und deren Ausstrahlung durch das Bundesverfassungsgericht 1973 verboten wurde, weil damit Persönlichkeitsrechte verletzt wurden. In der Folge wandten sich vor allem bei der ARD Filmemacher anderen ästhetischen Konzepten der Mischung von Dokumentation und Fiktion zu. Hatte z.B. Dieter Meichsner noch in Produktionen wie 'Novemberverbrecher' und 'Alma Mater' eine Form der Vermischung von Dokumentation und Fiktion bis hin zur Ununterscheidbarkeit gepflegt, so stellte Eberhard Fechner z.B. deutlich die Reduktion auf dokumentarisches Material heraus. Die ästhetische, gestaltende Arbeit lag vor allem in der kunstvollen Montage der Materialien, so daß sich ein neues und zugleich authentisches Bild einer Epoche ergab. Fechner stellte in einer Reihe von Filmen, die er aus Interviewaufnahmen montierte, Panoramen einzelner Generationen und berufsspezifischer Gruppen vor, in denen er die Erfahrungen und Mentalitäten der bundesdeutschen Gesellschaft einfing. 'Nachrede auf Klara Heydebreck', 'Klassenphoto', 'Die Comedian Harmonists', 'Der Prozeß' und 'La Paloma' waren die wichtigsten Filme.

An die Arbeit Fechners knüpfte Filmemacher wie Horst Königstein und Heinrich Breloer an. Mit 'Das Beil von Wandsbek' versuchten sie eine neue Form der Mischung, indem Fiktion und Dokumentation jedoch deutlich getrennt blieben, sich aber gleichwohl wechselweise erhellten. Vor allem Heinrich Breloer machte sich dann mit Filmen wie 'Die Staatskanzlei', 'Kollege Otto', 'Wehner' und anderen daran, die Konfliktfälle der Republik durch eine sensible Mischung von gespielten und dokumentarisch aufgenommenen Szenen auszuleuchten. Verzichtet wird auf jede moralisierende Darstellung, die Didaktik des Zeigens konzentriert sich auf ein Verstehenwollen, ohne daß es zu belehrenden Darstellungsformen kommt. Vor allem in solchen Filmen zeigen sich die besonderen Möglichkeiten des Spiels im Fernsehen.

3.2.3. Das kleine Fernsehspiel

Gegenüber dem 'großen' Fernsehspiel und dem Dokumentarspiel setzte sich das 'Kleine Fernsehspiel' ab, wie es im ZDF durch eine eigene Redaktion institutionell etabliert wurde. Ausgangspunkt war der Versuch in den sechziger Jahren, die ausgebaute Kurzfilmproduktion jener Zeit für das Fernsehen zu nutzen. Daran schloß sich ab Anfang der siebziger Jahre durch eine Verlagerung des Sendeplatzes aus dem Vorabendprogramm in die Zeit des späten Abends (nach 22.00 und 23.00 Uhr) eine Möglichkeit, auch Filme über 30 Minuten Dauer zu produzieren. Zahlreiche Filmemacher nutzten deshalb die Möglichkeit, hier Debütfilme für einen kleinen Etat produzieren zu können. Neben den Filmemacherinnen, die für das 'Kleine Fernsehspiel des ZDF' arbeiteten, fanden auch zahlreiche Filmemacher von Alexander Kluge, Wim Wenders, Werner Schroeter, Herbert Achternbusch, Helmut Costard bis zu Jim Jarmusch den Weg zum 'Kleinen Fernsehspiel'. Die Redaktion machte sich auch dadurch verdient, daß sie Filmemacher der Dritten Welt einlud, für das 'Kleine Fernsehspiel' zu produzieren. (Koebner/Netenjakob 1988) In den neunziger Jahren machte das 'Kleine Fernsehspiel' die Probleme des Programms und der Digitalisierung zu seinem Thema ('Weg durch Zeit'). Einerseits wurde mit digitalen Formen experimentiert, andererseits richtet man mit der Redaktion 'Quantum' einen experimentellen Programmplatz ein, der dann auch das 3sat-Programm und Arte belieferte. Die Konkurrenz der kommerziellen Programme führte jedoch gerade in den neunziger Jahren auch zu einer Kürzung der Mittel und Programmplätze der Redaktion, wodurch sich nicht nur die Produktionsmöglichkeiten für jüngeren Filmemacher verringerten, sondern auch die Möglichkeiten des experimentellen Gestaltens im Fernsehen insgesamt.

'Antizyklisches Beharren', nannte Redaktionsleiter Eckart Stein die Zielsetzung der Redaktion in den neunziger Jahren: Raum sollte gegeben sein „für Geduld, Handwerklichkeit, Spielfreude, Phantasie, auch für listige Verweigerung und zornigen Widerstand in einer Umgebung, in der Menschenbilder verramscht werden". Zwar förderten auch der SWF und der WDR mit eigenen Debütreihen experimentelle Produktionen, doch waren die hier entstandenen Fernsehspiele deutlicher als beim 'Kleinen Fernsehspiel des ZDF' den Erzählkonventionen des 'großen' Fernsehspiels verpflichtet.

3.2.4. Das aktuelle Fernsehspiel

Die Verbindung von publizistischer Aktualität und szenischer Darstellung war im Fernsehspiel immer schwer herzustellen, weil der lange Produktionsvorlauf (bis zu zwei Jahren) eine Aktualität nicht ermöglichte. Dem versuchte der Österreichische Rundfunk durch die Schaffung eines speziellen „Aktuellen Fernsehspiels" zu begegnen, bei dem innerhalb weniger Monate ein aktuelles Thema aufgegriffen und verfilmt wurde. 1991 entstanden auf Anregung von Gerald Szyszkowitz Fernsehspiele wie 'Hansi Vrba, Inländerfreund' und 'Der Tag, an dem sie Jack Unterweger fingen'. Diese Anregung griff Martin Wiebel vom WDR auf und produzierte 1992/93 unter dem Titel 'Brandheiß' eine Reihe von Fernsehspielen wie 'Verkehr macht frei', 'Stahlhart' oder 'Auch Engel können sterben'. Ziel war es, damit zu zeigen, daß auch die öffentlich-rechtlichen Programme rasch produzieren und damit auf Entwicklung reagieren konnten, wie sie ähnlich bei den TV-Movies der kommerziellen Programme mit dem schnellen Aufgreifen aktueller Themen zu beobachten war. Das Wiederanknüpfen an die Tradition des journalistischen Fernsehspiels, wie es sich in den sechziger und siebziger Jahren entwickelt hatte, litt jedoch daran, daß nicht immer spektakuläre Themen zur Verfügung standen, und daß die Präsentation neuer Sichtweisen bei laufenden Konflikten von einer umfangreichen Recherche abhängig war, die sich unter dem Zeitdruck der raschen Produktion jedoch nicht realisieren ließ. Sehr viel effizienter waren deshalb Produktionen, wie sie mit einem sehr viel größeren zeitlichen Abstand zum Ereignis Heinrich Breloer produzierte und durch eine sorgfältige und intensive Auseinandersetzung mit dem Material auch mit neuen Erkenntnissen liefern konnte.

3.2.5. Das mehrteilige Fernsehspiel

Die Möglichkeit des Fernsehens, durch seine andere Programmstruktur zeitlich sehr viel umfangreichere Erzählungen als das Kino liefern zu können, wurde bereits Ende der fünfziger Jahre durch die Schaffung mehrteiliger Fernsehspiele genutzt. Neben den zeitgeschichtlichen Mehrteilern wie 'Soweit die Füße tragen' über die Flucht eines Kriegsgefangenen aus Sibirien wurde die Mehrteiligkeit vor allem für die unterhaltende Krimiproduktion (Francis Durbridge: 'Das Halstuch', 'Tim Frazer') genutzt. Standen in den siebziger Jahren vor allem sozialkritische Dokumentationen (Egon Monk: 'Bauern, Bomben, Bonzen') und Verfilmungen der Abenteuerliteratur ('Der Seewolf') im Vordergrund, so nutzte man in den achtziger Jahren die Mehrteiligkeit zu ambitionierten Literaturadaptionen (Rainer W. Faßbinder: 'Berlin Alexanderplatz' nach Alfred Döblin) und zu epochalen Darstellungen wie die Filme 'Heimat' und 'Die zweite Heimat' von Edgar Reitz. Mehrteilige Produktionen, wenn es sich denn nicht um Krimiproduktionen handelt, wurden bislang nur von öffentlich-rechtlichen Anstalten hergestellt. Die spezifische Form der Mehrteiligkeit des aufeinander aufbauenden Erzählens, die eine subtile und differenzierte Darstellung gesellschaftlicher Panoramen zuläßt, widerspricht offenbar dem schnellen Verwertungsprinzip seriellen Erzählens, wie es die kommerziellen Anbieter bestimmt.

3.3. Die Differenzierung nach Genres

Trotz der gewaltigen Produktion an Fernsehspielen läßt sich eine hochgradige Genrefizierung, wie es beim Hollywoodkino zu beobachten ist, nicht feststellen. Nur wenige Genres sind ausgeprägt, gleichwohl wird in vielen Fernsehspielen mit Genremerkmalen gearbeitet.

3.3.1. Der Krimi

Umfangreichstes Genre ist die Kriminalgeschichte, die im Fernsehen nicht nur als Serie, sondern auch durch zahlreiche Einzelproduktionen etabliert ist. Gleichwohl ist die Neigung zur Reihenkonstruktion unverkennbar. Nach der eher präventiv-didaktisch gehaltenen Reihe wie 'Der Polizeibericht meldet', aus der bereits Ende der fünfziger Jahre 'Stahlnetz' (Autor: Wolfgang Menge) entstand, etablierte sich in den sechziger Jahren, als zahlreiche Krimiserien aus den USA und Großbritannien eingekauft und gesendet wurden, die deutschsprachige ZDF-Produktion 'Der Kommissar' (Autor: Herbert Reinecker), aus der dann 'Der Alte' und 'Derrick' hervorging. Die ARD konzipierte die föderalistisch angelegte Reihe 'Tatort'. Zahlreiche Reihen und kürzere Serien in den Vorabendprogrammen kamen hinzu.

Die extensive Krimiproduktion des Fernsehens ermöglichte in Zusammenarbeit von Verlagen wie Rowohlt und Goldmann die Schaffung eines 'Neuen deutschen Kriminalromans', der sich eher sozialkritisch verstand. Die Krimigeschichten von Hansjörg Martin, -ky, Friedhelm Werremeier, Michael Molsner, Fred Breinersdörfer, Felix Huby und vielen anderen wurden verfilmt, Drehbücher umgekehrt oft zu Romanen verarbeitet. Die Kriminalgeschichte muß gegen die hohe Standardisierung und das vielfach ausgeschriebene Genremuster ständig anarbeiten und nur selten gelingt es, wirklich neue und individuelle Geschichten zu erfinden. Das Interesse des Publikums ist auf die Balance zwischen der Wiederkehr des Vertrauten und Bekannten und der ständigen Irritation durch das Fremde ausgerichtet. Geschätzt werden Kommissare, wie sie Erik Ode, Walter Richter, Hansjörg Felmy, Götz George und Horst Tappert verkörpern. Die autoritäre Vaterfigur dominierte lange Zeit das Genre.

3.3.2. Die Familiengeschichte

Fast ebenso breit wie das Krimigenre ist die Familiengeschichte vertreten, das hängt nicht zuletzt mit der spezifischen Rezeptionssituation des Fernsehens im privaten und damit zumeist im familiären Rahmen zusammen. Auch hier ist die Tendenz zur Serialisierung stark, doch ist auch hier das Genre in zahlreichen Einzelproduktionen präsent. Neben den früheren Stücken wie „Im sechsten Stock" sind vor allem die Serien „Die Schölermanns" und „Familie Hesselbach" erwähnenswert, dann in den sechziger Jahren „Die Unverbesserlichen" und Rainer W. Fassbinders Serie „Acht Stunden sind kein Tag", an die sich auch andere Mehrteiler wie „Die Knapp-Familie" anschlossen. Von hier läßt sich eine Linie bis hin zu Serien wie „Diese Drombuschs" oder „Gute Zeiten, Schlechte Zeiten" ziehen.

Kennzeichen des Familiengenres im Fernsehen ist, daß die unterschiedlichsten Probleme der Gesellschaft im Inneren der Familie und repräsentiert durch einzelne Familienmitglieder, Freunde und Bekannte aufeinandertreffen und zum Austrag gebracht werden können. Dabei ist dem Genre – trotz gelegentlicher Thematisierung des Zufalls und der Zerrüttung des Familienprinzips – eine insgesamt stabilisierende Funktion eigen.

3.3.3. Das Zeitstück/Das Ost-West-Genre

Mit der Entdeckung, daß das Fernsehspiel in besonderer Weise sich der gesellschaftlichen Zustände annehmen und dem Zuschauer Problemsichten vermitteln kann, hat sich auch eine Ausdifferenzierung der Darstellung von Zeitproblemen durchgesetzt. Neben der Thematisierung der jüngsten deutschen Vergangenheit stand dabei im bundesdeutschen Fernsehspiel vor allem die deutsche Teilung im Vordergrund. Schon Anfang der siebziger Jahre sprach deshalb der Bavaria-Dramaturg Helmut Krapp von einen „Ost-West-Stück" und konstatierte Genreelemente in der Produktion. Mauer und Flucht waren deshalb seit den fünfziger Jahren immer wieder Thema des Fernsehspiels („Romeo und Julia in Berlin"), wobei vor allem nach 1961 die Zahl der Thematisierungen zunahm ('Mauern', 'Preis der Freiheit', 'Fluchtversuch', 'Verspätung in Marienborn'). Ab Ende der sechziger Jahre kam es dann auch zu satirischen Formen der Thematisierung ('Die Dubrowkrise', 'Der Mauerspringer', 'Einmal Kudamm und zurück'). Einen neuen Aufschwung nahm das Genre dann nach 1989, als das Problem der Gegensätze zwischen Ost und West sich im Zuge der deutschen Einheit neu entflammte ('Das Haus', 'Taxi nach Rathenow').

3.3.4. Die negative Utopie

Ein Subgenre des Zeitstücks stellt die sogenannte 'negative Utopie' dar, die sich in den siebziger Jahren entwickelte. Aus der Hochrechnung einer gegenwärtigen Situation wurde ein Szenario einer möglichen Zukunft entwickelt und diese dann in Form einer Fiktion im Fernsehspiel veranschaulicht. Entwickelt war diese Form zunächst in einigen Kriminalfilmen von Friedhelm Werremeier, der beispielsweise Bundesligaskandale oder auch Zollskandale vorwegnahm. Wolfgang Menge schrieb 1972 das erste Fernsehspiel, daß sich intensiv der Umweltverschmutzung verschrieb ('Smog'), dessen Realisierung sich dann der Form eines Features bediente und damit den Eindruck einer tatsächlich stattfindenden Katastrophe suggerierte. Gleichwohl war diese Suggestion immer wieder gebrochen und als Fiktion ausgewiesen. Menge hatte sich schon zuvor in der 'Dubrowkrise' und im 'Millionenspiel' erfolgreich einer solchen Gattungscamouflage bedient.

In der Folge kamen dann einige Fernsehspiele, die sich solcher möglichen und denkbaren Katastrophen annahmen, ins Programm. Vor allem zum Thema Atomunfall ('Im Zeichen des Kreuzes', 'Die Bombe') und zum Thema Chemieunfall ('Das leise Gift'), aber auch zu anderen Themen wie der Genmanipulation ('Geboren 1999') wurden Fernsehspiele gesendet. Ziel war eine Sensibilisierung der Zuschauer für drohende Gefahren.

4. Perspektiven des Fernsehspiels und Fernsehfilms

Etwa ein Drittel des Angebots der Fernseh-Vollprogramme sind fiktional, die Funktion des Fernsehens, Geschichten zu erzählen, scheint ungebrochen und der Bedarf an diesen Geschichten ist auf der Seite der Zuschauer heute größer denn je. Der Anteil des Fernsehspiels ist dabei historisch nicht festgeschrieben, wenn damit eine bestimmte Form des Spiels gemeint ist. Wird aber von einem historischen Wandel des Fernsehspiels ausgegangen, wird die seit den sechziger Jahren stattgefundene Ausdifferenzierung des Fernsehspiels als Prozeß einer Anpassung des televisuellen Erzählens an die sich wandelnden Bedürfnisse der Zuschauer gesehen, ist das Fernsehspiel in allen seinen Varianten heute unangefochten. Das Fernsehen wird sich auch weiterhin erzählend und darstellend mit der Welt auseinandersetzen. Es wird neue Formen entwickeln und den Zuschauer immer wieder mit seinen Geschichten in Bann schlagen.

5. Literatur

Behling, Klaus, Fernsehspiele nach epischer Vorlage. Diss. Mainz 1976.

Berg, Helmut O., Fernsehspiele nach Erzählvorlage. Düsseldorf 1972.

Bruhn, Wolfgang, Die Illusion des Authentischen. Das Dokumentarspiel. In: Fernsehen in Deutschland. Hrsg. v. Christian Longolius. Mainz 1967, S. 157–163.

Delling, Wolfgang, Dokumentarspiel oder Dichtung als Wahrheit. In: Bonanza & Co. Fernsehen als Unterhaltung und Politik. Reinbek 1976, S. 78–103.

Deutsches Rundfunkarchiv (Hrsg.), Fernsehspiele der ARD 1952–1972; Frankfurt/M. 1978.

–, Die Fernsehspiele 1973–1977, Frankfurt/M. 1986.

–, Lexikon der Fernsehspiele 1978–87, München 1991 (ab 1988 ff. jährl. Bände).

Hawes, William, American Television Drama. Alabama 1986.

Hickethier, Knut, Das Fernsehspiel der Bundesrepublik Deutschland. Themen, Form, Struktur. 1951–1977. Stuttgart 1980.

–, Das Fernsehspiel im Dritten Reich. In: Die Anfänge des deutschen Fernsehens. Hrsg. v. William Uricchio. Tübingen 1991, S. 74–142.

–, Fernsehspielforschung in der Bundesrepublik Deutschland und in der DDR 1950–1985. In: Intern. Jahrbuch f. Germanistik, Reihe C, Bd. 4/2.

Koebner, Thomas, Das Fernsehspiel – Themen und Motive. In: Das Fernsehspiel. Hrsg. v. Peter von Rüden. München 1975, S. 20–65.

Lingenberg, Jörg, Das Fernsehspiel in der DDR. München-Pullach 1968.

Meyer, Andreas, Auf dem Wege zum Staatsfilm. Bausteine zur Situationsanalyse des bundesdeutschen Kinos. In: Medium 7. Jg. (1977), H. 10, S. 27–30; H. 11, S. 14–19; H. 12, S. 15–21.

Meyrowitz, Joshua, Die Fernsehgesellschaft. Weinheim 1987.

Newcomb, Horace M./Hirsch, Paul M., Fernsehen als kulturelles Forum. In: RuF 1986, H. 1.

Münz-Koenen, Ingeborg, Fernsehdramatik. Berlin 1974.

Netenjakob, Egon, TV-Film Lexikon. Frankfurt a. M. 1994.

Rhotert, Bernd, Das Fernsehspiel. Diss. München 1961.

Rüden, Peter v. (Hrsg.), Das Fernsehspiel. München 1975.

Schneider, Irmela (Hrsg.), Dramaturgie des Fernsehspiels. München 1979.

Schanze, Helmut (Hrsg.), Fernsehgeschichte der Literatur. München 1996.

Schmidt, Susanne, „Es muß ja nicht gleich Hollywood sein." Die Produktionsbedingungen des Fernsehspiels und die Wirkungen auf seine Ästhetik. Berlin 1994.

Schwaegerl, Tony, Das deutsche Fernsehspiel von 1936–1961. Diss. Erlangen 1964.

Tulloch, John, Television Drama, London/New York 1990.

Waldmann, Werner, Das deutsche Fernsehspiel. Wiesbaden 1977.

Knut Hickethier, Hamburg (Deutschland)

228. Entwicklung, Funktion, Präsentationsformen und Texttypen religiöser Sendungen im deutschen Fernsehen

1. Historische Aspekte
2. Rundfunkrechtliche Rahmenbedingungen
3. Theologische Voraussetzungen
4. Definitionen
5. Präsentationsformen
6. Ästhetische Kriterien
7. Funktion
8. Literatur

1. Historische Aspekte

Religiöse Sendungen gehören zu den ältesten Programmformen im Deutschen Fernsehen. Nur die 'Tagesschau', die abendliche Hauptnachrichtensendung in der ARD, ist älter als z. B. das 'Wort zum Sonntag'. Rückblickend halten Hans Heiner Boelte und Gerhard Honal zum Verhältnis der beiden großen Religionsgemeinschaften und dem Ersten Deutschen Fernsehen fest: „Gemeinsam sind den Kirchen und der ARD mehr als 40 Jahre Erfahrung – im Umgang miteinander und in der Programmgestaltung. 'Amahl und die nächtlichen Besucher', die Fernsehoper von Gian Carlo Menotti als Gastspiel der Katholieke Radio Omroep, Hilversum, am 5. 1. 1953, gilt als erste kirchliche Sendung des Fernsehens in der Bundesrepublik Deutschland, das am 25. 12. 1952 offiziell seinen Sendebetrieb aufgenommen hatte. Der erste evangelische Fernsehgottesdienst wurde am 5. 6. 1953 übertragen; eine katholische Messe am 28. 6. 1953 aus St. Gerion in Köln. Das erste 'Wort zum Sonntag' wurde am 8. 5. 1954 ausgestrahlt. Es war die erste regelmäßige kirchliche Sendung, die im wöchentlichen Wechsel von katholischen und evangelischen Sprechern am Samstag zum Programmschluß um 22.00 Uhr live über den Bildschirm ging. Daran hat sich bis heute nichts geändert, allerdings liegt diese Sendung nicht mehr am Ende des Abendprogramms, und sie wird meist am Tage zuvor aufgezeichnet" (Boelte/Honal 1995, 108).

So fraglos wie religiöse Sendungen ins Programm des noch jungen Mediums genommen wurden, war die Akzeptanz aber allseits nicht. In den Kirchen entstand eine Kontroverse um die Angemessenheit der Übertragung von Gottesdiensten im Fernsehen, die bis heute nicht abgeschlossen ist und durch einzelne Theologen immer wieder entfacht wird. Als Hauptargumente gegen die Gottesdienstübertragungen wurden die Profanisierung des Heiligen, die Verletzung des Arkanprinzips und die fehlende persönliche Teilnahme am Gottesdienst angeführt (Vgl. Vogt 1978, 65 f.). Andererseits gibt es Stimmen, die das Fernsehen für geeignet halten, in nahezu jeder Programmform religiöse Themen unterbringen zu können (Vgl. Bieger 1995, 11). Schließlich war in der Geschichte der religiösen Programme im Fernsehen der Sonderstatus der Kirchen mit ihren eigenverantwortlich gestalteten Beiträgen immer wieder Gegenstand heftiger Debatten in den Rundfunkanstalten und zwischen den Medienrechtlern.

2. Rundfunkrechtliche Rahmenbedingungen

Die Präsenz der Religionsgemeinschaften in den Rundfunkprogrammen der verschiedenen Länder hängt vom jeweiligen Staats-Kirchen-Verhältnis ab. Bei der völligen Trennung von Staat und Kirche, wie z. B. in den USA, müssen die Religionsgemeinschaften sich entweder selbst als Programmveranstalter organisieren oder religiöse Programme in den kommerziellen Sendeanstalten finanzieren. In der Bundesrepublik Deutschland besteht seit 1985 das sogenannte Duale Rundfunksystem. Neben dem gebührenfinanzierten öffentlich-rechtlichen Rundfunk gibt es den privatwirtschaftlich organisierten Rundfunk, der sich allein aus dem Werbeeinkommen finanzieren muß. Beide Teile des Rundfunksystems müssen den staatlich anerkannten Religionsgemeinschaften Zeit für eigenverantwortlich gestaltete Sendungen zur Verfügung stellen. Rechtliche Grundlagen hierfür sind die im Art. 4 des Grundgesetzes garantierte Religionsfreiheit sowie die Meinungs- und Pressefreiheit in Artikel 5 GG. Die nach Art. 137 Abs. 1–8 der Weimarer Reichsverfassung als Körperschaften öffentlichen Rechts anerkannten Religionsgemeinschaften erhalten das sogenannte Drittsenderecht im Rundfunk. Dieses Drittsenderecht beruht u. a. auf der Eigenständigkeit der Körperschaften öffentlichen Rechts sowie vor allem auf ihrer besonderen Relevanz für die Gesellschaft. Dementsprechend ist das Drittsenderecht auch in jedem Landesmediengesetz und dem Rundfunkstaatsvertrag der Länder der Bundesrepublik Deutschland enthalten. Immer wieder wird die Frage gestellt, warum nicht auch andere gesellschaftliche Gruppen dieses Drittsenderecht beanspruchen dürfen bzw. was die Kirchen zu diesem Sonderstatus berechtigt. Diese Frage wurde 1976 durch das sog. 'Bremer Pastorenurteil' des Bundesverfassungsgerichts beantwortet: „Die Kirchen (besitzen) zum Staat ein qualitativ anderes Verhältnis als irgendeine andere gesellschaftliche Großgruppe (Verband, Institution); das gilt nicht nur aus der Verschiedenheit, daß jene gesellschaftlichen Verbände partielle Interessen verbinden, während die Kirchen ähnlich wie der Staat den Menschen als Ganzes in allen Feldern seiner Betätigung und seines Verhaltens anspricht und (rechtliche oder sittlich-religiöse) Forderungen an ihn stellt, sondern insbesondere auch aus dem Spezifikum des geistig-religiösen Auftrags der Kirchen." (Materialien zur Medienpolitik 5, 1985, 14).

3. Theologische Voraussetzungen

„Die evangelische Publizistik ist eine Lebensäußerung der Kirche. Sie ist wie die Kirche insgesamt dem Auftrag zur Bezeugung des Evangeliums verpflichtet. Es entspricht dem Wesen dieses Auftrags, daß er in verschiedener Gestalt und mit vielfältigen Mitteln erfüllt wird. Die evangelische Publizistik ist mit ihren Mitteln an der Erfüllung des evangelischen Auftrags beteiligt." (Mandat und Markt 1997, 16.)

Neben der biblisch begründeten Selbstverpflichtung zur Verkündigung ihrer Botschaft sehen die Christen auch einen eigenen humanen Wert in den technischen Kommunikationsmitteln. So erkannten die Verfasser der Pastoralinstruktion 'Communio et Progressio', der Magna Carta der Katholischen Medienarbeit, in den technischen Kommunikationsmitteln „Geschenke Gottes, weil sie nach dem Ratschluß der göttlichen Vorhersehung die Menschen brüderlich verbinden, damit diese im Heilswerk Gottes mitwirken" (Communio et Progressio 1971, 7). Demnach sind „Gemeinschaft und Fortschritt der menschlichen Gesellschaft die obersten Ziele sozialer Kommunikation und ihrer Instrumente, wie der Presse, des Films, des Hörfunks und des Fernsehens." (Communio et Progressio 1971, 7). Diese durchweg positive Einschätzung der Medien durch die Katholische Kirche im Jahr 1971 wurde mit der Pastoralinstruktion 'Aetatis Novae' 1992 zwar nicht aufgehoben, doch relativiert, indem gesellschafts- und medienkritische Momente in diese Stellungnahme des Päpstlichen Rates für die Sozialen Kommunikationsmittel hereingenommen wurden: „Die Macht der Medien reicht so weit, daß sie nicht nur die Denkweisen, sondern sogar den Inhalt des Denkens beeinflussen. Für viele Menschen entspricht die Wirklichkeit dem, was die Medien als Wirklichkeit ausgeben ... So kann Einzelmenschen und Gruppen, von denen die Medien keine Notiz nehmen, defacto Schweigen auferlegt werden ... Es ist daher wichtig, daß die Christen imstande sind, die fehlende Information dadurch zu bieten, daß sie jene zu Wort kommen lassen, die keine Stimme haben." (Aetatis Novae 1992, 9). In dieser sogenannten „anwaltschaftlichen Funktion" der christlichen Medienarbeit sehen die Kirchen neben dem Verkündigungsauftrag die zweite Legitimation ihrer Präsenz in den diversen Ausformungen des Rundfunks: „Das Mandat der evangelischen Publizistik hat wie der kirchliche Auftrag eine diakonische und gesellschaftsdiakonische Dimension. Sie soll Benachteiligten Gehör verschaffen, auf physische und psychische, materielle und kreatürliche Not hinweisen und die kritischen und helfenden Wirkungen des Evangeliums ins Spiel bringen. Die evangelische Publizistik ist in diesem Sinne auch eine Publizistik 'von unten' zugunsten der Gescheiterten und Ausgestoßenen, der Ausgegrenzten und Stummen." (Mandat und Markt 1997, 17).

4. Definitionen

Sendungen, in denen die Kirchen ihrem doppelten Selbstanspruch – des Verkündigungsauftrags und der anwaltschaftlichen Funktion – gerecht werden wollen und für die sie das Drittsenderecht in beiden Rundfunksystemen eingeräumt bekamen, definieren sie und die meisten Rundfunkgesetze wie folgt: „Unter Verkündigungssendungen ... verstehen wir neben der Übertragung gottesdienstlicher Handlungen auch Sendungen über sonstige religiöse Themen, insbesondere solche über Fragen der öffentlichen Verantwortung der Kirchen." (Düsterfeld/Heßler 1985, 20).

Als Begriff für die unter kirchlicher Verantwortung stehenden Beiträge im Fernsehen hat sich die Bezeichnung 'Verkündigungssendungen' eingebürgert. „Nach den Begriffsbestimmungen der Theologen ist Verkündigung der Auftrag Gottes an die Kirche, seine Taten, Offenbarungen und Verheißungen öffentlich und verbindlich zu allen Zeiten zu proklamieren. Zur etymologischen Klärung sind die Begriffe Kerygma, Evangelium und Wort Gottes zu berücksichtigen. Aus der Rekonstruktion ihres Gebrauchs im A.T. und N.T. geht hervor, daß Verkündigung Beauftragung durch Gott voraussetzt, daß ihr Inhalt den einzelnen Verkündiger nicht zur Disposition steht, daß er aber auch nicht mechanisch kolportiert, sondern in der jeweiligen historischen Situation vergegenwärtigt werden soll, daß er kein unverbindliches Angebot, sondern Zustimmung beanspruchende Botschaft ist" (Vogt 1978, 82f.). Neben den Verkündigungssendungen gibt es im öffentlich-rechtlichen Fernsehen die sogenannten „redaktionellen Beiträge". In Abgrenzung zu den eigenverantwortlich gestalteten Sendungen der Kirche reklamieren die redaktionellen Beiträge ihre journalistische Unabhängigkeit auch und gerade von den kirchlichen Institutionen. Ursprünglich gab es keine eigenen Kirchen- bzw. Religionsredaktionen in den Funkhäusern. Die religiösen Sendungen wurden von kirchlichen Beauftragten inhaltlich verantwortet und von Mitarbeitern der Sendeanstalt organisatorisch und technisch betreut. Nach und nach entwickelten sich eigenständige Redaktionen, die sich den Fragen um Religion, Kirche und Gesellschaft annahmen (vgl. Vogt 1978, 116f.). Im privatwirtschaftlich organisierten Fernsehen gibt es keine derartigen Fachredaktionen.

5. Präsentationsformen

5.1. Verkündigungssendungen im öffentlich-rechtlichen Fernsehen

Das Angebot kirchlicher Verkündigungssendung im öffentlich-rechtlichen Fernsehen der Bundesrepublik Deutschland umfaßt Gottesdienstübertragungen, das 'Wort zum Sonntag' und Meditationssendungen.

Gottesdienstübertragungen gibt es in beiden öffentlich-rechtlichen Sendeanstalten. Das ZDF sendet jeden Sonntag von 9.30 bis 10.15 Uhr einen Gottesdienst. Nach einem eigens für diese Fernsehgottesdienste entwickelten pastoralen Konzept findet die Übertragung 3–6 Mal nacheinander aus derselben Gemeinde statt. Dabei soll die Gemeinde vor Ort an die mit der Übertragung gegebene Sondersituation gewöhnt werden und die Zuschauer sollen einen Bezug zu der vorgestellten Gemeinde bekommen können. Begleitet werden die Gottesdienstübertragungen im ZDF durch die Einbindung von Gemeindemitgliedern bei der Seelsorge an alten und kranken Menschen am Übertragungsort, so daß eine Verbindung von Fernsehgottesdienst und realer Gemeindeaktivität entstehen kann. Begleitbriefe der Katholischen Fernseharbeit beim ZDF bereiten die Gemeinde auf die Gottesdienste vor, Anrufmöglichkeiten im Anschluß an die Übertragung bereiten die Gottesdienste nach. In der ARD werden pro Jahr ca. 20 Gottesdienste übertragen. Im Gegensatz zum ZDF werden sie nicht jeden Sonntag gesendet, sondern an den christlichen Hochfesten wie Ostern, Weihnachten und Pfingsten, oder zu besonderen Anlässen wie Kirchentagen, Papstbesuchen oder Gedenktagen. Die Fernsehgottesdienste in der ARD dauern zwischen 60 und 90 Minuten und lassen sich in verschiedene Genres einteilen. So gibt es beispielsweise den 'Kathedraltyp' mit Bischof und Prominenz, den 'Konzerttyp' mit Chor und Orchester oder den 'Brauchtumstyp' mit Folklore und Volksnähe. Aus theologischen Gründen werden alle Gottesdienste live übertragen, aus konfessionellen Proporzgründen finden sie im Wechsel von katholischer und evangelischer Kirche statt.

Mitten im ARD-Unterhaltungsprogramm am Samstagabend sitzt seit 40 Jahren das 'Wort zum Sonntag': „Eine der ältesten Sendungen des Deutschen Fernsehens ist zum geflügelten Wort geworden. Von einer kleinen Variante im Jahre 1957/58 abgesehen, als es als 'Wort am Sonntag' plaziert wurde, gehört das 'Wort zum Sonntag' seit über 40 Jahren zum Samstagabend, wo es heute zwischen Unterhaltungsshow und Actionfilm auch Zuschauer erreicht, die sich nicht für Religion und Kirche interessieren. Man sieht und hört einen Menschen, der vier Minuten lang eine persönliche Erfahrung übermitteln möchte. Acht Sprecher aus den beiden Kirchen, darunter immer mehr Frauen, wechseln sich in der Gestaltung der Sendung ab. Sie stellen sich für ihren Monolog ins Studio oder auf eine U-Bahn-Haltestelle oder an einen anderen Ort und bringen womöglich etwas mit, z. B. einen Hund. Um vom Image des Predigers wegzukommen, gab es in dieser kleinen Sendung auch politische Bekenntnisse und dramatische Appelle um manches Experiment. Die Sprecher werden trainiert und kritisiert. Keiner bleibt länger als drei Jahre unter den Auserwählten, denn im Hauptberuf sind diese Pfarrer und Laien keine Fernsehstars, und sie sollen es auch nicht werden. Von allen Sendungen der Kirche hat das 'Wort zum Sonntag' die höchste Akzeptanz und den größten Marktanteil; es reizt wie keine andere Sendung zur Persiflage, was seine Bedeutung unterstreicht" (Boelte/Honal 1995, 110). Könnte man das 'Wort zum Sonntag' noch als „bebilderten Hörfunk" bezeichnen, so gehen die Meditationssendungen in eine mehr filmästhetische Richtung. Mit diesen 5-, 10- oder 15minütigen Produktionen wird versucht, die religiöse Botschaft weniger per Wort und mehr durch die Komposition von Bildern und Musik zu vermitteln.

5.2. Verkündigungssendungen im Privatfernsehen

Um sich von den öffentlich-rechtlichen Fernsehanstalten abzugrenzen, aber auch um die ihnen per Rundfunkgesetze auferlegten religiösen Sendungen in ein massenattraktives, von der Werbung bestimmtes Programmumfeld zu integrieren, gingen die privaten Veranstalter neue Wege. Weil es keine Fachredaktion für Religion und Kirche in den privatwirtschaftlich organisierten Fernsehsendern gibt, werden die religiösen Inhalte frei in verschiedene Programmformen plaziert. So gab es z. B. ein Bibelquiz in RTL, das aber aufgrund von mangelnder Zuschauerakzeptanz sehr bald wieder aus dem Programm genommen wurde. Die Talk-Form wurde zeitweilig per Frühstückspfarrer mit religiösen Inhalten besetzt und derzeit produzieren die Kirchen Bibel-Clips innerhalb der Werbeblöcke des RTL-Programms. Auch gab es vereinzelt Gottesdienstsendungen im Programm von RTL, aber über ein paar ästhetisch interessante Experimente hinaus mochte man sich an diese herkömmlichen Verkündigungssendungen bei RTL nicht binden. Eine mit aktuellen Filmeinspielungen angereicherte Variante der monologisch-personalen Verkündigung hatte Sat 1 mit wechselnden, immer mehr in die Nacht driftenden Sendeplätzen im Programm. Erfolg beim Publikum hatte Sat 1 mit einer fiktionalen Reihe namens 'Schwarz greift ein'. Von der 13teiligen Serie mit einem Pfarrer als Hauptfigur in Kriminalstories wurden 3 Staffeln produziert. Plaziert im werktäglichen Hauptabendprogramm sollten religiöse und christlich-ethische Werte durch fiktionale Fernsehunterhaltung vermittelt werden.

5.3. Redaktionelle Beiträge im öffentlich-rechtlichen Fernsehen

Die journalistische Behandlung religiöser und kirchlicher Themen bedient sich derselben Formen wie in anderen journalistischen Bereichen des Fernsehens. Koordinaten dieser Beschäftigung sind kritische Distanz zu Sujets und Institutionen, Neuigkeit, Besonderheit, Aktualität und nicht zuletzt das Bemühen, die Wirklichkeit darzustellen und mit der fernsehspezifischen Darstellung dieser Wirklichkeit an ihrer Verbesserung zu arbeiten. So sind Religion und Kirche u. a. Gegenstand von Reportagen, Dokumentationen, Portraits, Essays, Features, Nachrichten und Magazinen oder Talk-Sendungen. Als Sendeplätze stehen der Fachredaktion für Religion und Kirche in der ARD derzeit Sonntag nachmittag von 17.30 bis 18.00 Uhr und 12 Beiträge á 45 Minuten am Mittwochabend um 23.30 Uhr für Features und Dokumentationen zu. Das ZDF bringt die redaktionellen Beiträge zweiwöchentlich auf der Dokumentationsschiene Dienstag abends von 22.15 bis 22.45 Uhr ein. In einigen Dritten Programmen der ARD werden monatlich 30–45minütige Kirchenmagazine gesendet, die sich mit aktuellen Fragen aus Religion, Kirche und Gesellschaft beschäftigen.

6. Ästhetische Kriterien

Die Thematisierung des Religiösen im Fernsehen ist längst nicht mehr nur auf die Formate der Verkündigungssendungen und die Beiträge der Fachredaktionen beschränkt. Versatzstücke von Religion finden sich in der Werbung, in Videoclips oder Shows. Spielfilme, Serien, Mehrteiler oder Dokudramas vermitteln implizit oder auch explizit religiöse Botschaften verschiedenster Art (vgl. Bieger/Fischer/Jacobi u. a. 1993, 10 f.). In dieser „Konkurrenz" befinden sich die herkömmlichen Sendungen aus und über Religion. Für die Kirchen wie auch die betreffenden Fachredaktionen heißt dies kontinuierlich am Profil und der Professionalität ihrer Sendungen zu arbeiten. Das bedeutet z. B. für die Gottesdienstübertragungen nicht nur das liturgische Geschehen zu dokumentieren, sondern die audiovisuellen Elemente der Gottesdienste stärker zu akzentuieren, mehr auf die Dramaturgie des Gesamtgeschehens zu achten oder näher an die feiernden Menschen heranzurücken. Beim ‚Wort zum Sonntag' kommt es nach wie vor darauf an, die Gratwanderung zwischen Biederkeit und Anbiederung zu schaffen und dem von einer konkreten Person gesprochenen Wort zu vertrauen. Im Zuge der dauernden Verhackstückung der Fernsehbilder kann eine 4minütige, nicht unterbrochene Zuwendung eines Menschen ans Publikum durchaus gut tun. Den Meditationssendungen wie auch den redaktionellen Beiträgen wäre es vielleicht hilfreich, sich mehr auf Bilder zu verlassen und auf Menschen einzulassen um die entsprechenden religiösen Inhalte noch fernsehgerechter zu vermitteln.

7. Funktion

Die ZDF-Gottesdienste am Sonntagmorgen sind Marktführer in dieser Sendezeit. Ihr Marktanteil lag im ersten Halbjahr 1995 bei 20 Prozent und mit jeder Gottesdienstübertragung erreichte das ZDF 800 000 Menschen. Die ARD-Zahlen liegen etwas darunter (16,1 Marktanteil und durchschnittlich 860 000 Zuschauer), doch auch dort werden stabile Quoten erreicht. D. h., die Gottesdienstübertragungen im öffentlich-rechtlichen Fernsehen können als erfolgreiches Programm bezeichnet werden, weil das Angebot von der entsprechenden Zielgruppe gesucht und dauerhaft angenommen wird. Dies ist weder bei den kirchlichen noch bei anderen Sendungen im Fernsehen regelmäßig der Fall. Dies liegt zum einen an der pluralen Struktur der Bundesrepublik Deutschland, zum anderen aber auch an einer mangelhaften Ausrichtung der Programmacher auf die Bedürfnisse und Interessen der Zuschauer. Das Bundesverfassungsgericht der Bundesrepublik Deutschland hat in seinen verschiedenen Rundfunkurteilen auch dem Fernsehen die Aufgaben-Trias ‚Information, Unterhaltung und Bildung' zugewiesen. Mit der Einführung des privatwirtschaftlich organisierten Rundfunks wurde diese Aufgabenbeschreibun zwar nicht aufgegeben, doch fand in der Praxis eine deutliche Akzentverschiebung in Richtung Unterhaltungsorientiertheit der audiovisuellen Medien statt. Dabei zeichnen sich die privaten Fernsehveranstalter durch eine äußerst konsequente Konsumentenorientiertheit aus, wohingegen die öffentlich-rechtlichen Rundfunkveranstalter den Spagat zwischen Qualität und Quote versuchen müssen. In einer ähnlichen Lage befinden sich die Kirchen mit ihren Verkündigungssendungen in den Programmen beider Systeme. Zum einen wollen sie sich nicht auf alle erdenklichen Niveaus begeben, andererseits sollen sie auch nicht durch ihre formale oder inhaltliche Sperrigkeit den Unterhaltungscharakter des Programms zerstören. Dazuhin haben sie von ihrem Verständnis her eine doppelte Zielgruppe: ihr Kernpublikum, d. h. die Gläubigen und die gesamte Gesellschaft. Die Medienforschung bietet bei diesem Problem einen hilfreichen Orientierungsrahmen. Im Zuge der Programmvermehrungen ergab sich auch eine größere Differenzierung der Publika, so daß die verschiedenen Adressatengruppen genauer definiert und besser angesprochen werden können. So sind z. B. Alter und Bildungsgrad noch immer ein Indikator für das Interesse an religiösen und kirchlichen Fragen. Das heißt aber wiederum nicht, daß es in der Bundesrepublik kein Interesse an religiösen Fragen mehr gibt. Eine qualitative Rezipientenstudie aus dem Jahr 1995 (vgl. Halefeldt 1995, 9f.) hat gezeigt, welch großes Interesse an religiösen Fragen trotz der kritischen Distanz zu religiösen Institutionen besteht: „Alle Untersuchungsteilnehmer, die sonntags Fernsehen und/oder Radio hören, sind in der Studie dazu befragt worden, welche Funktionen und Bedeutungen kirchliche und religiöse 'für sie persönlich' wichtig sind und welche mögliche Themenschwerpunkte derartiger Sendungen sie interessieren ... Unter den 11 vorgegebenen Funktionen – die im Westen durchgehend höhere Zustimmung erfahren als im Osten – haben die Stichworte 'Hoffnung', 'Lebenshilfe und -beratung', sowie 'Trost und Aufmunterung' Vorrang. Sie werden im Westen von zwei Dritteln bis drei Vierteln die sonntags den Rundfunk benutzen als 'sehr' oder 'etwas wichtig' bezeichnet" (Halefeldt 1995, 10).

Hinsichtlich der Themenpräferenzen ergab sich ein klares Interesse für politische und gesellschaftliche Probleme der Gegenwart: „Danach finden die Sonntagshörer und -Zuschauer vor allem Beiträge 'sehr' interessant, die Themen wie 'Frieden', 'Dritte Welt', 'Armut', 'Abtreibung' oder 'Gentechnologie' behandeln. Demgegenüber fühlen sie sich von den Stichworten 'Kirchentage', 'Islam' oder 'Biblische Geschichten und Personen' weniger angesprochen" (Halefeldt 1995, 10).

Schließlich präsentierte die Rezipientenbefragung einige für die scheinbar immer säkularer strukturierte Bundesrepublik überraschende Befragungsergebnisse: So ist es 61 Prozent der Menschen im Westen (60 Prozent im Osten) sehr wichtig über ihr Leben nachzudenken; daß sie den Nächsten lieben können ist 71 Prozent der Bevölkerung im Westen sehr wichtig (68 Prozent im Osten), und an Jesus Christus glauben zu können ist 40 Prozent der Menschen im Westen (und 22 Prozent im Osten) sehr wichtig (Vgl. Halefeldt 1995, 12). Diese Ergebnisse dürften für die gesellschaftliche Legitimation und für die kommunikative Funktion religiöser Fernsehsendungen von nicht unerheblicher Bedeutung sein.

8. Literatur

'Aetatis Novae'. Pastoralinstruktion zur Sozialen Kommunikation 20 Jahre nach Communio et Progressio. Päpstlicher Rat für die sozialen Kommunikationsmittel. In: Arbeitshilfen 98, Hrsg. v. Sekretariat der Deutschen Bischofskonferenz, Bonn 1992.

Barrie, Gunter/Rachel Viny, Seeing is Beliving. Religion and Television in the 1990s. London 1994.

Bieger, Eckhard, Religiöse Rede im Fernsehen. Köln 1995.

Biernatzki, William E., Religion in the History of Broadcasting. In: Communication Research Trends 11, 1991, No. 1, 2–5.

Boelte, Hans H./Gerhard Honal, Kirche und Fernsehen. Kirchliche Sendungen im Fernsehen der ARD. In: ARD Jahrbuch 95, 27. Jahrgang, Hamburg 1995, 107–111.

Communio et Progressio. Pastoralinstruktion über die Instrumente der Sozialen Kommunikation. Päpstliche Kommission für die Instrumente der Sozialen Kommunikation. Veröffentlicht im Auftr. des II. Vat. Konzils. Trier ²1991.

Düsterfeld, Peter/Hans W. Hessler, Gemeinsamer Brief des Fernsehbeauftragten des Rates der EKD und des Leiters der Zentralstelle Medien der DKB an den Vorsitzenden der Rundfunkkommission der Länder als Stellungnahme zu einem Staatsvertrag der Länder zur Neuordnung des Rundfunkwesens in der Bundesrepublik Deutschland und Berlin (West). In: Materialien zur Medienpolitik 5. Medienpolitische Grundpositionen. Hrsg. v. der Zentralstelle Medien der Deutschen Bischofskonferenz. Bonn 1985, 17–21.

Freizeit und Medien am Sonntag. Repräsentativ-Erhebungen in den alten und neuen Bundesländern 1994. Durchgeführt von ENIGMA, Institut für Markt- und Sozialforschung, Jürgen Ignaczak GmbH, im Auftrag von ARD, ZDF, GEP, VDD. Unveröffentlichter Materialband 1994.

Glässgen, Heinz, Katholische Kirche und Rundfunk in der Bundesrepublik Deutschland 1945–1962. Berlin 1983.

Halefeldt, Elke, Der Sonntag in Ost und West. Studie zur Religiosität und Mediennutzung der Deutschen. In: FUNK-Korrespondenz Nr. 31 bis 32/4. August 1995, 4–13.

Mandat und Markt. Perspektiven evangelischer Publizistik. Publizistisches Gesamtkonzept 1997. Hrsg. v. Kirchenamt der Evangelischen Kirche in Deutschland. Frankfurt am Main 1997.

Materialien zur Medienpolitik 5. Medienpolitische Grundpositionen. Hrsg. v. der Zentralstelle Medien der Deutschen Bischofskonferenz. Bonn 1985.

Rundfunkgesetze. Fernsehen und Hörfunk. Textsammlung. Bearb. v. Günter Herrmann. Köln (etc.) ²1977.

Tomé, Hans E., Gottesdienst frei Haus? Fernsehübertragungen von Gottesdiensten. Göttingen 1991.

Vogt, Gerburg E., Kirche und Fernsehanstalten. Entwicklungen, Konzepte, Programmrealisierungen. München/Osnabrück 1978.

Von Gott Reden In Radio Und Fernsehen. Hrsg. v. ORF-Abt. Religion-Hörfunk ... Graz 1992.

Zeitgeistlich. Religion und Fernsehen in den neunziger Jahren. Hrsg. v. Eckhard Bieger/Wolfgang Fischer/Reinhold Jacobi/Peter Kottlorz. Köln 1993.

Peter Kottlorz, Stuttgart
(Deutschland)

229. Entwicklung, Funktion, Präsentationsformen und Texttypen der Telekolleg- oder Akademiesendungen

1. Intentionale Bildungsprogramme
2. Zur Entwicklung der Bildungsprogramme
3. Texttypen in Bildungsprogrammen
4. Bildungsprogramme und ihre Funktionen im Vermittlungsprozeß
5. Bildungsprogramme und ihre Präsentationsformen
6. Ausbilck, die Neuen Medien
7. Literatur

1. Intentionale Bildungsprogramme

Bildungsprogramme wenden sich nicht an 'Gebildete', sondern sie wollen selbst bilden und eine Grund- oder Anpassungsbildung anbieten. Sie wollen Zugänge zur Kultur öffnen und dem Zuschauer die komplexe Zvilisation erläutern, so dass er sich in der Gesellschaft frei und souverän bewegen kann. Dieses Ziel schließt alle Bereiche des täglichen Lebens mit ein. Solche Programme sind also auf Ziele ausgerichtet und sind somit intentionale Bildungsprogramme, weil sie beim Zuschauer (Verhaltens-)Änderungen bewirken wollen. Diese Ziele sind oft von aussen vorgegeben und stehen bei der unabdingbar sorgfältigen Planung und Entwicklung der Programme im Mittelpunkt. Je verbindlicher und detaillierter die Ziele vorgegeben sind, desto mehr werden die Projekte zu einem Ausbildungsprogramm wie z.B. Schulfernsehen (vgl. 2.3.6.) oder Telekolleg (vgl. 2.3.5.). Gegenstand in diesem Kapitel sind also intentionale Bildungsprogramme.

2. Zur Entwicklung der Bildungsprogramme

2.1. Der Bildungsauftrag

Schon zu Beginn des deutschen Rundfunks am 29. Oktober 1923 wurde das Radio als Instrument der Volksbildung angesehen mit der Folge, daß schon acht Monate später die ersten Schulfunksendungen ausgestrahlt wurden.

Im Gegensatz dazu wurden intentionale Bildungsprogramme im deutschen Fernsehen erst mehr als zehn Jahre nach Gründung des deutschen Fernsehens ab 1964 (BR) regelmäßig ausgestrahlt, obwohl der Bildungsauftrag in fast allen Staatsverträgen festgehalten wurde. Im Staatsvertrag des Südwestfunks (1952) heißt es beispielsweise:

„Ausschließlicher Zweck des Südwestfunks ist die alleinige Rundfunkversorgung im Sendegebiet. Rundfunkversorgung ist die für die Allgemeinheit bestimmte Verbreitung von Nachrichten und von Darbietungen erbauender, bildender, belehrender und unterhaltender Art in Wort, Ton und Bild unter Benutzung elektrischer Schwingungen, die ohne Verbindungsleitung oder längs eines Leiters (Drahtfunk) übermittelt werden."

Der Bildungsauftrag wurde als Kulturauftrag im Sinne einer funktionalen Bildung gesehen. Inszenierungen aus deutschen Theatern wurden regelmäßig übertragen und eigene Inszenierungen aus den Studios der Fernsehanstalten live ausgestrahlt. Im Rückblick spricht man von der damaligen Blüte des Fernsehspiels. Sendungen zur Geschichte und Kunstgeschichte ergänzten das Angebot.

Spezielle Kurs- bzw. Kollegprogramme für Erwachsene fand man nicht im Programm. Ebensowenig wurden Fernsehsendungen zum Einsatz im Unterricht (Schulfernsehen) produziert.

2.2. Die Entwicklung im Ausland 1945–1965

Im Ausland wurden schon früh Bildungssendungen im engeren Sinne (Ausbildungsprogramme) wie Schulfernsehen und Kursprogramme für Erwachsene produziert und ausgestrahlt. Sie dienten in südlichen Ländern oft der Alphabetisierung. Schulfernsehprogramme sollten den Mangel an qualifizierten Lehrkräften ausgleichen oder sie gar ersetzen (Telescuola in Italien, 1958) und neue Bildungsinhalte in die Schule bringen. Der Ausgleich von Bildungsunterschieden war ebenfalls ein wichtiges Ziel.

In den USA strahlte die kommerzielle TV-Station in Philadelphia ab 1948 regelmäßig Educational Television (ETV) Programme aus. 1952 wurden die ersten ETV-Stationen zugelassen, die lediglich Schul- und Bildungsprogramme ausstrahlten. Getragen wurden diese nicht-kommerziellen Anstalten von Universitäten, gemeinnützigen Institutionen, Stiftungen und von staatlichen oder kommunalen Einrichtungen.

Frankreich war das erste Land in Europa, das 1949 Schulfernsehsendungen entwickelte, erprobte und ab 1952 regelmäßig sendete. In Japan strahlte die öffentliche Anstalt NHK (Nippon Hoso Kyokai) mit Sendebeginn auch Schulfernsehprogramme aus (1952). Weiter sind hier zu nennen UdSSR (1954), Großbritannien (1957, ITV u. BBC), Italien (1958) Österreich und Schweiz (ab 1959 Versuchsprog.), DDR (Fernsehakademie 1961), Polen (1961) Schweden (1961), Norwegen (1962) Dänemark 1963), Belgien und Niederlande (1963) Tschechoslowakei (1963/64), Ungarn (1964).

Bemerkenswert ist das Programm 'Telescuola' in Italien. Es wurde 1958 eingerichtet als Unterrichtsersatz für die neu einzurichtenden Mittelschulen in unterentwickelten Regionen, da hierfür ausgebildete Lehrer nicht zur Verfügung standen. Der Unterricht wurde aus einer Fernsehklasse in die ländlichen Schulen übertragen. Hilfslehrer betreuten die Zuschauer. Die Telescuola ermöglichte so einen mittleren Bildungsabschluß (Stuke/Zimmermann 1975, 235ff.).

2.3. Die Entwicklung in Deutschland

2.3.1. Die ersten Versuche im Deutschen Fernsehen

In Deutschland ließ die Einführung spezieller Bildungsprogramme wie Schulfernsehen, Fernsehkurse zur Erwachsenenbildung wie Telekolleg lange auf sich warten. Was das Schulfernsehen betrifft, war man der Meinung, dass das Institut für Film und Bild in Wissenschaft und Unterricht (FWU) in Göttingen und die Landes- bzw. Kreisbildstellen mit ihrer Verleihstruktur den Anforderungen der Schulen genügten. Dennoch führte die Beobachtung der Aktivitäten ausländischer Rundfunkanstalten zu intensiven Diskussionen unter Pädagogen und Didaktikern.

Als Argument für die Einführung des Schulfernsehens galt unter anderem Aktualität, medienpädagogische Erziehung, Vermittlung neuer Unterrichtsinhalte und -formen. Andererseits befürchtete man eine Entpersönlichung des Unterrichts; die Form der Darbietung durch Fernsehen laufe der Entwicklung moderner Unterrichtsmethoden zu wider. Man bezweifelte auch, ob die pädagogisch gewünschte konkrete Anschauung mit Hilfe von Sendungen, die ja nur Sekundärerfahrung liefern, geleistet würde. Als großer Nachteil gegenüber dem Schulfilm, der mit seinen Bildstellen über eine flächendeckende Verleihstruktur verfügte, wurde die Unmöglichkeit der Aufzeichnung für den Lehrer genannt (diese war erst ab 1972 möglich), die einen individuellen der Unterrichtssituation angepaßten Einsatz, die auch Wiederholungen erfordert, nicht erlaubte.

Die einfache und umfassende Distribution von Fernsehsendungen und die geringen Kosten für den Nutzer sprachen dagegen für Bildungsprogramme und wurden von den Bildungspolitikern gefordert.

Der Norddeutsche Rundfunk entwickelte 1961 die erste Versuchsreihe zum Schulfernsehen. Sechs Sendungen unterschiedlicher Inhalte und Formen sollten Erfahrungen über den Einsatz im Unterricht liefern: 'Arbeiter und Bauern in Indien' (2 Folgen), 'Zwischen Nacht und Morgen' (Fernsehspiel), 'Öl aus der Erde', 'Versuche mit Erdöl' und 'Kraftstoffe aus Erdöl'. Diese wurden in Hamburg, Bremen, Berlin und Köln ausgestrahlt (Arendt 1971, 58). Nach einer zweiten Versuchsreihe im Juni 1962 wurde das Projekt nicht fortgesetzt, obwohl es große Beachtung und Zustimmung gefunden hatte.

2.3.2. Die Dritten Programme als Kontrastprogramme

Im Verlauf der Vorgänge um die Gründung des Zweiten Deutschen Fernsehens (ZDF), das ab 1. April 1963 ein bundesweites einheitliches Programm ausstrahlte, wurde von Politikern wie auch von den Intendanten der

Rundfunkanstalten der Ruf nach einem Kontrastprogramm laut, das auch die föderalistische Struktur der Bundesrepublik widerspiegeln sollte. Unabhängig vom Gemeinschaftsprogramm (dem 1. Programm) sollte es sich an unterschiedliche Zielgruppen und Minderheiten in den Regionen wenden. Hier wurde auch der Platz für spezielle Bildungsprogramme gesehen, die nach Erscheinen des Buches von G. Picht „Die deutsche Bildungskatastrophe" (1964) von Politikern vehement gefordert wurden. Zumal Lehrprogramme der regionalen Sender so die unterschiedlichen Lehrpläne der Bundesländer berücksichtigen konnten.

Als erster Sender der ARD (Arbeitsgemeinschaft der Rundfunkanstalten Deutschlands) eröffnete der Bayerische Rundfunk (BR) am 22. September 1964 ein drittes Fernsehprogramm, das bezeichnenderweise den Namen 'Studienprogramm des BR' erhielt. Wenige Tage zuvor begann er am 14. September 1964 mit der regelmäßigen Ausstrahlung von Schulfernsehsendungen.

Am 5. Oktober startete der Hessische Rundfunk mit seinem Dritten Programm (vorerst drei Tage pro Woche). Im Norden schlossen sich die Rundfunkanstalten in Hamburg, Bremen und Berlin (NDR, RB, SFB) zu einem Dritten Programm N3 für fünf Bundesländer zusammen und strahlten ab 4. Januar 1965 Versuchssendungen aus. Der offizielle Start erfolgte am 20. September 1965.

'Westdeutsches Fernsehen' nannte der Westdeutsche Rundfunk sein drittes Fernsehprogramm, das am 22. Dezember 1965 auf Sendung ging.

Relativ spät fanden sich der Süddeutsche Rundfunk, der Südwestfunk und der Saarländische Rundfunk ab 5. April 1969 zu einem Dritten Programm 'SÜDWEST 3' für Baden – Württemberg, Rheinland-Pfalz und dem Saarland zusammen (vorerst drei Tage pro Woche)(Bausch 1980, 464f.).

Diese fünf Dritten Programme bildeten Ende der 60er, Anfang der 70er Jahre (damals z. T. auch das ZDF) die Basis für vielerlei Bildungsinitiativen im deutschen Fernsehen.

2.3.3. Das Studienprogramm des Bayerischen Rundfunks

Mit seinem Studienprogramm gehörte der BR zu den Pionieren des Bildungsfernsehens in der Bundesrepublik.

„Das Studienprogramm des Bayerischen Rundfunks ist vorläufig der einzige systematische Entwurf, der die Erfahrungsmöglichkeit von Übungs- und Realienbuch, von Analyse und Anschauung, Denken und Verstehen, neu verbindet und nicht nur ein Informations- und Lehrprogramm, sondern auch ein Programm für die Anschauung, die anspruchsvolle Unterhaltung und die gesellschaftliche Erziehung anbietet." (Oeller 1967, 25).

So bestand das Studienprogramm aus drei Teilen: (1) Dem Informationsprogramm, (2) dem Lehrprogramm für Schüler und Erwachsene wie Schulfernsehen, Telekolleg und Kursprogramm und (3) dem Kulturprogramm. Das Kulturprogramm wurde als politisches, wissenschaftliches, kulturelles und musisches Bildungsprogramm verstanden, das „als unverzichtbarer und wichtiger Bestandteil gesehen wird, weil sonst die Sorge begründet wäre, der ohnehin zeitgemäße Trend zu noch mehr analytischem und abstraktem Denken würde durch das Fernsehen und die einseitige Verstärkung der Lehrprogramme noch multipliziert. Der künftige Gebrauch der Lehrprogramme bedarf daher der Ergänzung durch breit angelegte kulturelle Programme, die Anschauung vermitteln, die Kräfte des Gemüts bewegen, die Einbildungskraft und Phantasie üben, also insgesamt den Prozeß der Individuation fördern." (Oeller 1967, 28).

Diese Charakteristika können auch heute die Ziele der Bildungsprogramme beschreiben, wobei die beiden Positionen Lehr- und Kulturprogramme immer enger zusammengeführt werden.

2.3.4. Bildungsprogramme als Aufgabe öffentlich-rechtlicher Runfunkanstalten

Im Zuge der Verhandlungen zur ersten Gebührenerhöhung in der Geschichte des dt. Fernsehens (1. 1. 1970) beschrieb die ARD 1969 in „14 Punkte zur Rundfunkpolitik" unter anderem auch ihre Aufgaben im Bereich der „elementaren Information":

(2) „Die Aufgaben des Rundfunks bestimmen sich nach den jeweiligen Bedürfnissen der Gesellschaft."

(3) „Primäre Aufgabe des Rundfunks ist eine umfassende Information. Dazu gehören nicht nur Nachrichten im herkömmlichen Sinn ..., sondern vor allem auch die elementare Information, die den Menschen in die Lage versetzt, dem technisch und intellektuell immer komplizierter werdenden Leben im letzten Drittel dieses Jahrhunderts gerecht werden zu können."

Sendezeit Telekolleg-Kurs 1998/2000 • 1. Trimester 21. 9.–20. 12. 1998 (jeweils Montag–Freitag): BFS: 13.00–13.30 Uhr ORB: 4.45–5.15 Uhr SWR: 7.30–8.00 Uhr WDR: 8.30–9.00 Uhr BR-alpha (Astra Satellit 1B auf Kanal 36): 8.30–9.00 Uhr					
Trimester	Montag	Dienstag	Mittwoch	Donnerstag	Freitag
1. Trimester September–Dezember 1998	Deutsch 1–13	Mathematik Funktionen in Anwendungen 1–13	Psychologie 1–13	Datenverarbeitung 1–13	Chemie 1–13
2. Trimester Januar–April 1999	Deutsch 14–26	Mathematik Gleichungen und Funktionen 1–13	Englisch 1–13	Sozialkunde 1–13	Chemie 14–26
3. Trimester April–Juli 1999	Deutsch 27–39	Mathematik Trigonometrie 1–6 Analysis · Folgen und Grenzwerte 1–7	Englisch 14–26	Physik Mechanik 1–13	Wirtschaft 1–13
4. Trimester September–Dezember 1999	Deutsch 40–52	Mathematik Analysis · Folgen und Grenzwerte 8+9 Differentialrechnung 1–11	Englisch 27–39	Physik Mechanik 14+15 Elektrizität 1–11	Wirtschaft 14–26
5. Trimester Dezember 1999–März 2000	Geschichte 1–13	Chemie für Biologie 1–7 Mathematik Integralrechnung 1–6	Englisch 40–52	Physik Elektrizität 12 Schwingung und Atom 1–12	Wirtschaft 27–33 Biologie 1–6
6. Trimester März–Juni 2000	Geschichte 14–26	Mathematik Integralrechnung 7–10 Vektoren und Matrizen 1–10	Englisch 53–65	Technologie 1–13	Biologie 7–19

Abb. 229.1: Telekolleg II 1998–2000, Stundenplan für 6 Trimester (Aus: *Telekolleg* II 1998–2000, Ausstrahlungen, Prüfungen, Termine. 1998. München: TRVerlagsunion.)

(4) „Diese elementare Information muß Teil jener „Bildungsoffensive sein, von der die Zukunft unseres Volkes wesentlich abhängt und die mit den herkömmlichen Mitteln der Ausbildung und Unterrichtung weder quantitativ noch qualitativ bewältigt werden kann." (Bausch 1980, 705 f.).

Dieser Auszug gibt die gesellschaftliche Funktion wieder, die man von den Bildungsprogrammen erwartete, und man war überzeugt, dass sie diese Aufgaben im Schulfernsehen, Telekolleg, Hochschulfernsehen für das Kontaktstudium, in Kursen für die berufliche Fortbildung erfüllen könnten. Zur selben Zeit favorisierte die CDU eine 'Bundesanstalt Bildungsfernsehen', die von ARD und ZDF gemeinsam getragen werden sollte (Bausch 1980, 703).

Spätestens ab 1970 entwickelten alle Fernsehanstalten in der Bundesrepublik Bildungsprogramme sowohl für Erwachsene wie auch für Schüler (Schulfernsehen).

2.3.5. Bildungsprogramme für Erwachsene

(1) Telekolleg
(2) Kursprogramme
(3) Hochschulfernsehen

(1) Telekolleg
Im April 1967 strahlte der BR das Lehrprogramm 'Telekolleg' (TK, später TK1) erstmals aus. Ab 1969 beteiligte sich der SWF für S3. Der Kurs TK1 führte zum Abschluss der 'Mittleren Reife'. Er wurde immer wieder überarbeitet. 1972 entwickelten BR, SWF u. WDR in Zusammenarbeit mit den Schulministerien der Länder BW, BY, NRW, RP, u. SL einen weiteren zweiten Kurs TK2, der von der 'Mittleren Reife' zur 'Fachhochschulreife' führte. Dieser Abschluss wurde bundesweit anerkannt. TK2 wird derzeit immer noch ausgestrahlt.

TK ist ein Programm im Medienverbundsystem mit Sendungen, schriftlichem Begleitmaterial (ca. 12 S. pro Lektion) und Lehrerunterricht. Ein Kurs dauert 2 Jahre (6 Trimester à 13 Wochen) und besteht aus 390 Lektionen (Sendungen u. Begleitmaterial) für die gewerblich-technische, kaufmännische und hauswirtschaftlich – sozialpädagogische Fachrichtung, die von den Teilnehmern entsp. ihrer Berufsausbildung gewählt werden. Die Sendungen werden von Montag bis Freitag am frühen Abend ausgestrahlt mit Wiederholungen am Wochenende (Abb. 229.1). Eine wöchentliche Servicesendung dient der Rückkopplung.

Da dieser Kurs zu einer schulischen Qualifikation führt, ist eine enge Zusammenarbeit mit den Schulministerien der Länder notwendig, die in Vereinbarungen zwischen den Ministerien und Rundfunkanstalten geregelt wird. Im TK-Arbeitskreis werden die unterschiedlichen Aufgaben koordiniert, Entscheidungen getroffen und umgesetzt.

Die Lerninhalte sind durch die Rahmenrichtlinien der Länder vorgegeben und werden unter Berücksichtigung des Systems TK zu einem gemeinsamen Lehrplan für das TK konzentriert, der von den Ministerien verantwortet wird. Die Rundfunkanstalten sind für die Umsetzung (inhaltlich, methodisch, technisch) verantwortlich.

Die betreffenden Schulministerien organisieren die Kollegtage, welche die Teilnehmer ca. alle drei Wochen an den staatlichen

Berufsschulen kostenlos besuchen, und besorgen die Abnahme der Prüfungen. Die Begleitbücher zu den einzelnen Fächern wurden anfangs von der Rundfunkanstalt entwickelt, später von der TR-Verlagsunion, zu der sich 14 Verlage zusammengeschlossen haben, hergestellt und vertrieben.

TK2 wurde ab September 1972 neben TK1 ausgestrahlt. TK1 war letztmals 1982/84 (SWF u. WDR) bzw. 1984/86 (BR) im Programm, da sich durch die schulische Entwicklung kein Bedarf mehr ergab. Bis dahin hatten 20528 Teilnehmer TK1 mit der Mittleren Reife erfolgreich abgeschlossen. Die Sendungen des Kurses TK2 wurden immer wieder überarbeitet bzw. neu produziert. Nach der Wiedervereinigung wurde 1992 auch Brandenburg mit dem Ostdeutschen Rundfunk Brandenburg (ORB) Partner.

Seit 1996 wird das TK2 ergänzt durch ein Internet-Angebot des SWR mit Foren, in denen von den Schulministerien bestellte Fachlehrer individuelle Anfragen beantworten und die Teilnehmer untereinander fachliche Fragen diskutieren. Diese Foren dienen wiederum zur Rückmeldung an die Redaktionen in den Rundfunkanstalten. Mit Hilfe von TK2 haben bis Juli 2000 ca. 35650 Teilnehmer die Fachhochschulreife erlangt. TK ist durch die Trägerschaft von Ministerien und Rundfunkanstalten als offizielle Fortbildungseinrichtung mit staatl. Abschlüssen einmalig in Europa.

Der SWR verlässt nach 31 Jahren den TK-Arbeitskreis und wird 2000 keinen weiteren TK-Kurs mehr ausstrahlen.

(2) Kursprogramme
Kursprogramme sollten der allgemeinen Weiterbildung sowie der Beruflichen Fortbildung dienen. Oft wurden sie im Medienverbund mit Begleitbüchern angeboten. Gelegentlich wurden ergänzende Begleitkurse von Institutionen der Erwachsenenbildung (Volkshochschulen, evangelische wie katholische Bildungseinrichtungen u.a.) veranstaltet. In der Regel wurden die Programme von den ARD-Anstalten für die Dritten Programme gegenseitig übernommen.

Neben Themen, die in der Gesellschaft diskutiert wurden (Kurse 'Kommunikation', 'Reden und Reden lassen', 'Warum Christen glauben' und viele andere), wurden neue Inhalte zur Fortbildung im Beruf vermittelt (Kurse 'Elektronische Datenverarbeitung', 'Managementtechniken', 'Netzplantechnik').

Einen breiten Raum nahmen und nehmen Sprachkurse ein. Die ursprüngliche analytische Konzeption wandelt sich seit Ende der 80er-Jahre zu einer anschaulich unterhaltenden Landeskunde, in der nebenbei einige Sprachsentenzen gelernt werden.

Kursprogramme sahen auch eine Aufgabe darin, Anregungen zur Gestaltung der zunehmenden Freizeit zu geben. Die Reihe 'Hobbythek' wird seit vielen Jahren ausgestrahlt. Frühsport, Chinesisches Schattenboxen, Ernährungslehre im Rahmen von Kochsendungen, Segeln, Reihen über Antiquitäten, Akustik, Fernsehtechnik Umgang mit den Medien für Lehrer und Eltern belegen die Breite des Angebots.

Schon 1967 strahlte das ZDF „kulturelle Sendereihen" aus wie 'Unsere Sinnesorgane' (6 F.) oder 'Die Götter Griechenlands' (12 F.). Später folgten z.B. 'Sozialwissenschaften' (10 F.), 'Ernährungswissenschaft für den Alltag' (6 F.). Ab 1970 hatten 'Bildungs-Sendereihen' einen festen Platz im Nachmittagsprogramm des ZDF.

Unter dem Namen 'Koop Bildung' strahlten der SWF in S3 und das ZDF von 1979 bis 1991 ein gemeinsames Kursprogramm aus. Schwerpunkte waren Naturwissenschaften (Chemie, Digitaltechnik/Mikroprozessoren) Religion und Recht (Familienrecht, Erbrecht, Mietrecht, Strafrecht) sowie eine Reihe Essays, 'Elf Länder – ein Land', welche die Länder der damaligen Bundesrepublik vorstellte. Ab 1994 beschränkt sich das ZDF auf allgemeinbildende kulturelle Dokumentationen (wöchentl., So)

(3) Hochschulfernsehen
Ursprünglich für das Grundstudium im Hochschulbereich vorgesehen, sollten diese Programme des ZDF auch Lehrern und mathematisch-naturwissenschaftlich vorgebildeten Zuschauern zu einem Kontaktstudium dienen. Zu erwähnen sind hier die sog. Studienprogramme 'Einführung in die Denkweise der Physik' (1974), 'Chemie', 'Mathematik und Experiment' (1975) und das große Projekt im Rahmen des Fernstudiums im Medienverbund (FiM) 'Grundkurs Mathematik' mit insgesamt 38 Folgen (1978–1980)

Der Westdeutsche Rundfunk strahlt seit 1983 unter dem Titel 'FernUniversität – Wissenschaft direkt' alle 14 Tage Produktionen der FernUniversität Hagen aus, die jedoch keine kursartige Reihe darstellen, sondern ergänzende oder aktuelle Beiträge zu einzelnen Themen ihrer Fernstudienlehrgänge anbieten. Das Programm wird allein von der Hochschule verantwortet und wendet sich gleichermaßen an Mitglieder der FernUniversität wie an Angehörige anderer Bildungseinrichtungen wie interessierte Zuschauer.

2.3.6. Schulfernsehen

Nachdem der Bayerische Rundfunk (BR) 1964 als erster mit einem an den Bedürfnissen der Schule orientierten (systematisch, fachbezogen) Schulfernsehen begann, folgten die anderen ARD Anstalten erst fünf Jahre später nach und nach: Westdeutscher Rundfunk (WDR)1969, Hessischer Rundfunk (HR) mit seinem Berufsschulfernsehen 1969, Saarländischer Rundfunk (SR) und Südwestfunk (SWF) für ihr gemeinsames Dritte Programm S3 1970 (Arbeitsteilung: SDR Schulfunk, SWF Schulferns.), Sender Freies Berlin (SFB) 1970, Norddeutscher Rundfunk (NDR) sowie Radio Bremen (RB) in ihrem Dritten Programm N3 1971/72. AB 1992 nahm auch der neugegründete Ostdeutsche Rundfunk Brandenburg (ORB) Schulfernsehen in sein Programm auf. Die Zusammenarbeit zwischen den Schulministerien der Länder und den öffentlich-rechtlichen Rundfunkanstalten wurde in Vereinbarungen geregelt und erfolgte in Gremien wie den Schulfernsehbeiräten (HR, NDR, RB, SFB, WDR) Das Hessische Kultusministerium fördert die Schulfernsehproduktionen des HR und erstellt das schriftliche Begleitmaterial, das den hessischen Schulen kostenlos zur Verfügung steht.

Im Bereich von S3 wird das Schulfernsehen als gemeinsame Veranstaltung zwischen den Rundfunkanstalten und Schulministerien der beteiligten Länder (SDR/SR/SWF – BW/RP/SL) in der Verwaltungsvereinbarung von 1972 definiert. Die Produktionsplanung geschieht nach Absprache in der 'Gemischten Kommission'. Die Ministerien bezahlen Förderungszuschüsse zu den einzelnen Sendungen und übernehmen die Druckkosten für das Begleitmaterial bzw. später die Schulfernsehzeitschrift, die redaktionell vom SWF (später SWR) betreut wird.

1972 wird die 'Gemischte Kommission KMK/ARD/ZDF/RIAS' gebildet. Sie hat die Aufgabe, die Zusammenarbeit zwischen den Rundfunkanstalten und den Schulministerien der 11 Länder (16 Länder ab 1991) zu koordinieren, Bedarf festzustellen und Vorschläge zur Lehrerfortbildung im Hinblick auf den Einsatz von Schulfernsehen zu entwickeln.

Während der BR Sendungen im Enrichement-Modell (vgl. 3.1) anbot, setzte der WDR eher auf das Kontext-Modell (vgl. 3.3). Das Schulfernsehen in S3 hatte anfangs die Aufgabe, neue Lerninhalte in die Schulen zu bringen (auch zur Lehrerfortbildung) und produzierte längere Reihen im Directteaching-Modell (vgl. 3.2) wie 'Neue Mathematik, 5. Schj.' (SWF) und „Sozialkunde" (SR). Der NDR übernahm dieses Modell ebenfalls für seine Reihen 'Mathematik 6. Schj.' und „Arbeitslehre". Nachdem 1972 VCR-Videorekorder auf den Markt kamen, die Lehrer also über den Einsatz frei verfügen konnten (Abbrechen, Wiederholen von Ausschnitten etc.), richtete sich das Schulfernsehen in der ARD nach und nach am Kontextmodell aus.

Im Jahr 1987 stellte der SR die Produktion von Schulfernsehsendungen ein, der SWF übernahm dessen Anteil. N3 (NDR, RB) gab sein Schulfernsehprogramm 1993 auf. Der SFB strahlt ab 2000 kein Schulfernsehen mehr aus.

Im Jahr 2000 wird Schulfernsehen noch von 5 Sendern veranstaltet: BR; HR, ORB, SWR, und WDR.

2.3.7. Tendenzen

Es ist abzusehen, dass intentionale qualifizierende Bildungsprogramme in den Programmen des öffentlich-rechtlichen Rundfunks zurückgedrängt werden zu Gunsten von massenattraktiven, unterhaltenden Bildungsprogrammen mit Enrichement-Funktion (Tiersendungen, Abenteuer in fernen Ländern ...).

Mit der Digitalisierung der Fernsehkanäle können kostengünstig Spartenkanäle eingerichtet werden. Hier wäre dann der Platz für neue Bildungskanäle, die von neuen wie alten Programmveranstaltern mit Programmen beschickt werden. Darüber hinaus können durch die neuen multimedialen Möglichkeiten (CD-ROM, DVD), individueller Abruf von weiteren Informationen über Internet (Text, Bild, Ton) und (Lern-)Programmen ergänzt und vertieft werden. Bildungsprogramme werden selbstverständlich den interaktiven Austausch zwischen Lernenden und Tutoren ermöglichen. Die Sendungen selber werden künftig wohl mehr motivierenden überblickgebenden Charakter haben. Diese Möglichkeiten können Hochschulen entlasten, dem lebenslangen Lernen dienen und zum dringend geforderten Technologietransfer beitragen. Da wissenschaftliche Veröffentlichungen insbesondere im technisch-, biologisch-, medizinischem Bereich zunehmend in multimedialer Form erfolgen werden, könnten neben den öffentlich-rechtlichen Rundfunkanstalten mit ihrem Bildungsauftrag und dem Gebot der Grundversorgung die Hochschulen selbst als Programmanbieter auftreten, wie auch Verlage oder staatliche Institutionen.

3. Texttypen in Bildungsprogrammen

Die didaktische Konzeption mit ihren Zielen und die zur Vermittlung gewählten Methoden bestimmen die Darbietungsformen in den Bildungsprogrammen. Da gegenüber klassischem Unterricht dem Fernsehen neue Kommunikationswerkzeuge zur Verfügung stehen, haben die entspr. neuen 'Fernsehmethoden' Rückwirkung auf die didaktische Konzeption, die ebenso von pädagogischen Erfordernissen abhängt, die durch das Medium erfüllt werden sollen (noch viel mehr gilt dies für die neuen Medien CD u. DVD). Im Vermittlungsprozess werden alle Textsorten des Mediums Fernsehen verwendet (Spielszenen, Dokumentationen, Magazine, Experimente im Studio, Talk u.v.a.m.) in einer Sendung oft mehrere. Daher eignen sich diese Textsorten wenig, Sendungen der Bildungsprogramme zu klassifizieren. Wenn man dagegen die Aufgaben betrachtet, die ein Bildungsprogramm in einem Lernumfeld wahrnehmen kann, findet man drei Modelle von Texttypen:

3.1. Das Enrichement-Modell

Die ersten Schulfernsehsendungen des BR waren Enrichement-, also 'Anreicherungs'-Programme. Sie können im Unterricht dazu dienen, in ein Thema einzuführen, es zu illustrieren oder abschließend zu ergänzen. Diese Sendungen, meist Dokumentationen oder Features sind gegenüber den vorgegebenen Zielen offen und relativ unverbindlich. Der Lehrer kann Sendungen nach dem Enrichement-Modell sinnvoll in seinen von ihm geplanten Unterricht einbinden, aber sie haben wenig Einfluss auf die methodische Gestaltung der Unterrichtseinheit. In dieser Weise können auch Sendungen aus dem allgemeinen FS-Programm eingesetzt werden. Schulfilme, die von den Bildstellen ausgeliehen werden können, folgen meist ebenfalls diesem Modell.

Bildungsreihen für Erwachsene sind heute mit wenigen Ausnahmen (Telekolleg, manche Sprachreihen) nach dem Enrichement-Modell konzipiert. Sie reichern Wissen an (manchmal anekdotisch), ohne eine Reproduktion des neuen Wissens beim Zuschauer zu erwarten. Die Sendungen bauen nicht aufeinander auf, haben also keine inhaltliche Progression, verlangen kein Vorwissen, so dass sie einzeln angeschaut werden können. Der Quotendruck fördert diese Entwicklung. Man findet hier Reihen zur Geographie (Ferne Länder, fremde Völker) Biologie (Tiersendungen), Geschichte (Ereignisgeschichte). Der Enrichement-Charakter wurde ganz deutlich, als zu den Hörfunksendungen des Funkkollegs Fernsehsendungen mit geigneten Themen aus dem Archiv ausgestrahlt wurden.

3.2. Das Direct-teaching-Modell

Sendungen im Direct-teaching-Modell übernehmen (unterstützt von Begleitmaterialien) den gesamten Vermittlungsprozess und ersetzen in der Erwachsenenbildung z. Bsp. beim Telekolleg den Lehrer. Das Fernsehen ist in diesem Modell das Leitmedium. In Programmen dieses Typs tritt oft ein Moderator als Fernsehlehrer auf, der agierend an Modellen, Tafeln, Problemstellungen formuliert, Lösungswege aufzeigt und die Ergebnisse zusammenfasst. Dabei wird er unterstützt durch Grafiken, eigens dafür gedrehte Dokumentationen und dafür entwickelte Trickfilme. Dies ist insbesondere bei mathematisch-naturwissenschaftlichen Themen der Fall. Wie Untersuchungen zeigten, entwickeln Zuschauer eine Beziehung zu ihrem Fernsehlehrer (Schüler wie Erwachsene). Nicht der 'Fernsehlehrer' ist unbedingtes Merkmal für Programme in der Direct-teaching-Konzeption, sondern die Anforderung, selbstlehrend zu sein. Man findet viele solche Programme ohne Moderator, besonders wenn er nicht als handelnde wie an Modellen und Versuchsanordnungen hantierende Person benötigt wird.

Die einzelnen Sendungen einer Reihe im Direct-teaching-Modell bauen aufeinander auf: die Inhalte der vorigen Sendungen werden als Vorwissen vorausgesetzt, die Zuschauer (Schüler wie Erwachsene) müssen zwischen den Sendungen den Inhalt anhand des Begleitmaterials aufarbeiten, einüben und wiederholen. Die regelmäßigen Ausstrahlungen wirken als Taktgeber für das selbständige Lernen, selbst dann, wenn die Sendungen zu Hause aufgezeichnet werden, wie Teilnehmer berichten. Programme im

Enrichement-Modell ermöglichen neue Bildungsgänge. Elemente des Direct-teaching-Modells kann man auch in den sog. Ratgebersendungen finden.

Auch im Schulfernsehen kommt dieses Modell zum Tragen, wobei der Lehrer nicht ersetzt werden soll: Inhaltliche und methodische Innovationen können durch den Multiplikationseffekt des Fernsehens schnell in die Schule gebracht werden. Insoweit können die Sendungen auch der Lehrerbildung dienen, weil sie durch einen möglichst optimierten Fernsehunterricht neben den Inhalten neue Methoden anbieten. Dies war die Aufgabe der langen Sendereihen anfangs der 70er Jahre wie 'Sozialkunde', 'Neue Mathematik', 'Sachunterricht in der Grundschule' und 'Arbeitslehre'.

Vom Lehrer verlangt diese Konzeption eine Anpassung: die Unterrichtsziele des Programms müssen vom Lehrer als die eigenen Ziele angenommen werden. Der Lehrer wird hier weniger vermitteln, sondern beraten, korrigieren und die nötige Individualisierung bei Aufarbeiten leisten. Er organisiert den Lernprozess.

3.3. Das Kontext-Modell

Als es möglich war, die Sendungen aufzuzeichnen (ab 1972) und sie unabhängig von starren Sendezeiten beliebig zur Verfügung standen, wandte man sich besonders im Schulfernsehen verstärkt dem Kontext-Modell zu: Die Sendung übernimmt weder den Unterricht noch bietet sie eine unverbindliche Ergänzung zum Inhalt, sondern sie ist Teil mit einem fest zugewiesenen didaktischen Ort in der von den Produzenten geplanten Unterrichtseinheit. Diese Konzeption versteht die Sendung als Text neben Begleitbüchern und Arbeitsbögen im gewohnten Lernumfeld und weist dem Lehrer die zentrale Rolle im Unterricht zu, die Medienkompetenz und große Flexibilität erfordert. Die didaktische Funktion der Sendung sowie der Begleitmaterialien wird in Lehrerhandreichungen beschrieben, die auch Unterrichtsvorschläge enthalten. Der Lehrer ist in seiner Unterrichtsplanung freier als beim Direct-teaching-Modell, insbesondere hat er große Möglichkeiten der Individualisierung, ist jedoch gebunden an Lerninhalte und Ziele der Programme, die nach den Erfordernissen der Lehrpläne entwickelt werden. Im Rahmen des Kontext-Modells können auch Sendungen des allgemeinen Programms eingesetzt werden.

Im Bildungsprogramm für Erwachsene findet man weniger Bildungsprogramme nach dem Kontext-Modell, da dieses den präsenten Lehrer und ausführliches Begleitmaterial verlangt. Künftig ist jedoch zu erwarten, dass Sendungen im Kontext mit Büchern, CD-Roms, Internetseiten und interaktiven Foren angeboten werden, so dass dem Kontext-Modell in der Erwachsenenbildung große Chancen eingeräumt werden können.

4. Bildungsprogramme und ihre Funktionen im Vermittlungsprozess

Lernen geschieht und geschah auch vor der Entwicklung der Sprache durch Information und Kommunikation. Der Mensch lernte in einer und durch eine Situation. Seit der Entstehung der Sprache wird das Lernen handhabbarer: Die konkrete Lernsituation kann ersetzt werden durch eine gedankliche Fiktion. Die Erfindung von Bildern, Zeichen oder Schrift ermöglicht die nicht an Personen gebundene Speicherung und Übertragung von Information. Der bewußte Einsatz von Texten und Bildern als Lernmedien ist spätestens mit dem „Orbus Pictus" des Comenius Bestandteil des Unterrichts. Das Fernsehen mit seinen Laufbildern, mit synchronen präzisen Texten und, was man nicht vergessen darf, mit seinen synchronen Geräuschen, hat die Vermittlungsmöglichkeiten erweitert. Die Fiktion – ein Grundelement des Fernsehens – kann direkter vermittelt werden als über die abstrakte digitale Sprache, die von den Adressaten auf der Basis ihrer Erfahrungen immer neu übersetzt werden muß. Bei Dokumentationen, Trickfilmen und der Präsentation von Modellen ist es erforderlich, beide Kanäle, Bild und Ton sorgfältig aufeinander zu beziehen und zwar so, dass zumindest in einem Kanal der Code bekannt ist, damit der Lernende aus der Verbindung beider Kanäle etwas Neues erfährt. In diesem Sinne haben Bilder nicht nur die Funktion abzubilden, sondern auch mitzuteilen (z. Bsp. deiktische Definitionen). So können Bildungsprogramme mit Vorzug folgende Funktionen im Vermittlungsprozess übernehmen.

4.1. Motivation

Die Darstellung von Situationen mittels Dokumentationen oder Spielszenen führt den Zuschauer hin an Sachverhalte bzw. Problemstellungen und zeigt die Relevanz des Themas auf, so dass er das Lernziel annimmt und sich mit der Sache beschäftigen will. (Die Gefahr der Pseudomotivation, die wenig mit dem Thema zu tun hat oder gar von ihm wegführt, besteht durchaus.)

4.2. Entwicklung von Fragestellungen

Die problemorientierte Darstellung der Sachverhalte (z. Bsp. durch Interviews von Betroffenen) führt beim Zuschauer zu einer Fragehaltung, die ihn erste Antworten finden läßt. Hierzu muß die Sendung Informationen und Begriffe liefern, damit die Fragen sachgerecht formuliert werden können.

4.3. Veranschaulichung von Sachverhalten

Komplexe schwierig zu vermittelnde Sachverhalte und Prozesse werden durch sorgfältig aufgenommene Realbilder mit Hilfe von Grafiken strukturiert und vereinfacht (Abb. 229.2). Trickfilme und Modelle lassen Prozesse durchschaubar werden, besonders wenn sie auf eine durch die Sendung initiierte Fragehaltung treffen (Abb. 229.3).

4.4. Darstellung von Zusammenhängen

Die dem Medium eigenen Verfahren wie Schnitt, Montage von Bildern, Zeitraffer oder Zeitlupenaufnahmen erlauben es, räumlich und zeitlich Entferntes zusammen zu bringen und so Zusammenhänge, Beziehungen, Abhängigkeiten und Funktionen von Systemen darzustellen. Die Montage mit Laufbildern von verschiedenen Kameras (verschiedene Informationsquellen) auf einem einzigen Bildschirm erlaubt die qualitative Beschreibung von Prozessen und bei Wiederholung vom Videoband deren qualitative Analyse (Abb. 229.4–5). Langzeitbeobachtungen verdeutlichen und erklären gesellschaftliche wie wirtschaftliche Entwicklungen und sind bei ökologischen Themen unverzichtbar.

4.5. Entwicklung von Abstraktionen

Die in jedem Bildungsprozess nötigen Abstraktionen können stufenweise veranschaulicht werden durch eine dynamische Darstellung des Weges vom Konkreten zum Abstrakten über Spielszenen, Modelle und Trickfilme. Der Zuschauer kann aus diesen Vorlagen Bedeutung extrahieren (Relationen, Funktionen) und sie auf neue Sachverhalte übertragen. Die Verwendung von Analogien ist hier sehr mediengemäß (vgl. 5.4.1.).

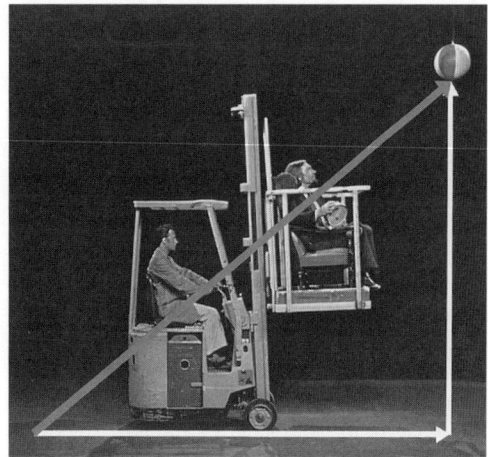

Abb. 229.2: Die übergeblendete Grafik strukturiert den realen Prozess und bestätigt das abstrakte Modell. (In: *Pfeildreiecke (1)* aus der Reihe „Mathematik 8. Schuljahr" Red./Reg. L. Graf/J.M. Perrochat. Südwestfunk Baden-Baden, 1977.)

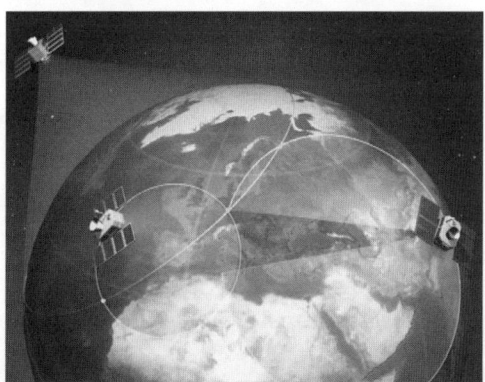

Abb. 229.3: Aus einem Trickfilm zur Standortbestimmung durch Satellitennavigation. (In: *Bis zum Horizont* aus der Reihe „Ganz schön vermessen" Red./Reg. J. Bundy/H.J.v.d. Burchard. Südwestrundfunk Baden-Baden, 1999.)

4.6. Vorgabe von Situationen

Die Forderung nach situativem Lernen verlangt die Bereitstellung von Situationen durch ihre Nachstellung in Spielszenen oder die Darstellung real gegebener Situationen durch Dokumentationen, die didaktisch wie dramaturgisch so angelegt sind, dass sie den Zuschauer zu Problemanalyse herausfordern. Die gewählte Situation muss exemplarische Qualität haben und drei Forderungen erfüllen: Sie sollte

(1) Bedeutung für den Zuschauer haben und damit dessen Interesse wecken.

Abb. 229.4: Drei Bildquellen in einem Endbild (1): Flugzeug beim Start. Drei Laufbilder, Sidestick (Steuerknüppel), Flugzeug und künstlicher Horizont mit aktuellen Geschwindigkeits- und Höhenangaben erlauben, den Prozessverlauf aus verschieden Aspekten zu beobachten, Beziehungen herzustellen und Reaktionen zu beschreiben. (In: *Immer auf Draht, der Airbus A320* aus der Reihe „Informationstechnische Grundbildung" Red./Reg. L. Graf/L. Graf. Südwestfunk Baden-Baden, 1992.)

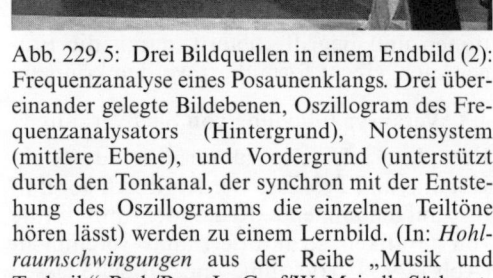

Abb. 229.5: Drei Bildquellen in einem Endbild (2): Frequenzanalyse eines Posaunenklangs. Drei übereinander gelegte Bildebenen, Oszillogram des Frequenzanalysators (Hintergrund), Notensystem (mittlere Ebene), und Vordergrund (unterstützt durch den Tonkanal, der synchron mit der Entstehung des Oszillogramms die einzelnen Teiltöne hören lässt) werden zu einem Lernbild. (In: *Hohlraumschwingungen* aus der Reihe „Musik und Technik" Red./Reg. L: Graf/W. Meindl. Südwestfunk Baden-Baden, 1982.)

(2) Bedeutung für den Lerninhalt haben und dessen Strukturen sichtbar machen.
(3) über sich hinausweisen und zum Transfer auf andere Situationen herausfordern.

5. Bildungsprogramme und ihre Präsentationsformen

Bildungsprogramme haben unterschiedliche Informationen zu vermitteln, (Lern-) Objekte vorzustellen, ihre Beziehungen untereinander aufzudecken mit dem Ziel, den Zuschauer anzuregen, seine mentalen Modelle zu erweitern oder neue zu entwickeln, die es ihm erlauben, in einem ersten Schritt in Bildern zu denken, um dann das Gelernte in Sprache zu formulieren. Hierzu verwenden Bildungssendungen auch bei einem begrenzten Thema die unterschiedlichen Präsentationsformen (Bildarten) wie Worte in einem Satz, aus denen der Zuschauer Bedeutungen entnehmen kann und sie zu einem neuen set (Satz) zusammenfügt.

Ein Beispiel möge dies verdeutlichen: In einer Sendereihe über Immunbiologie zeigt eine Spielszene, wie der Arzt und Forscher E. Jenner eine Pockenpustel einer mit Pocken befallenen Magd mit dem Skalpell aufschneidet und mit selbem die Haut eines Jungen ritzt (Abb. 229.6). Für den Zuschauer ungeheuerlich, da der Arzt das Kind ja ansteckt: Ohne weitere Erklärung ist klar, was 'aktive Impfung' bedeutet, ohne dass der Begriff genannt wurde. Ein Trickfilm zeigt anschließend, wie das Immunsystem reagiert (auf Grundlage neuester Forschung) und somit, wie und warum die aktive Impfung zum Erfolg führt. Der aufwendige Trickfilm erinnert an Science-fic-

Abb. 229.6: Neugierde wecken: In der Spielszene infiziert E. Jenner einen gesunden Jungen mit Pockenerregern (aktive Impfung). (In: *Mikroben und ihre Killer* aus der Reihe „Tatort Mensch" Red./Reg. J. Bundy/H.J.v.d. Burchard. Südwestfunk Baden-Baden, 1997. Spielszene aus *Edward Jenner, Paul Ehrlich, Erich v. Behring und die Impfung,* Targetfilm München.)

Abb. 229.7: Antwort geben: Ein Trickfilm schildert die Reaktion des menschlichen Immunsystems auf Erreger gleich einem Krieg im Weltraum. (In: *Mikroben und ihre Killer* aus der Reihe „Tatort Mensch" Red./Reg. J. Bundy/H.J.v.d. Burchard. Südwestfunk Baden-Baden, 1997.)

tion-Filme (Kampf im Weltall) und kommt damit den Fernsehgewohnheiten der Adressaten entgegen, ohne (was durchaus eine Gefahr ist) durch hohen Aufwand und zu großer dramaturgischer Ausschmückung den Blick auf das Inhalt zu verstellen – Science-fiction als Fiktion wissenschaftlicher Ergebnisse (Abb. 229.7).

Mit den neuen Technologien, wie die digitalen Verfahren, stehen neue Werkzeuge zur Verfügung, um multimediale Texte mit ihren ungeahnten Möglichkeiten zu erstellen. Synthetische Bilder erlauben neue Darstellungs- und Ausdrucksformen. Um diese gerade für Lehrzwecke nutzbare „Visualisierung" (versus Verbalisierung) zu erleichtern, legt Christian Doelker (1997) eine Bildgrammatik vor, die anleitet, in Bildsprache zu sprechen. Der philologische Ansatz kommt Autoren, Mediendidaktikern, Lehrern, Redakteuren wie Regisseuren entgegen. Auch die Regeln der Buchdruckkunst im Umgang mit Schriften und Erfahrungen der Gebrauchsgrafik sind für die Entwerfer multimedialer Seiten hilfreich (Liebig 1999). Dies wird die klassischen und neuen Präsentationsformen beeinflussen.

5.1. Spielszenen

Obwohl die Produktion von Spielszenen sehr teuer ist, wird man sie in den Bildungsprogrammen immer wieder finden, weil gewisse Inhalte anders kaum mediengerecht sinnfällig dargestellt werden können. In Spielszenen wird ein Problem entwickelt, eine Sache verhandelt, unterschiedliche Interessen aufgedeckt und Beziehungen zwischen Charakteren geschaffen. Sie liefern die dem Thema angepasste Sprache und motivieren besonders die jungen Zuschauer, darüber zu sprechen. Die folgende unvollständige Auswahl gibt eine Vorstellung über den Einsatz von Spielszenen:

5.1.1. Thema Kommunikation: Hier sind Themenbereiche mit kommunikativen Inhalten zu nennen, Sprachsendungen ebenso wie Sendungen zum Arbeitsleben (Kommunikation am Arbeitsplatz, Teamarbeit, Bewerben und Vorstellen ...).

5.1.2. Thema Recht: Rechtsfälle aus dem Alltag werden in Spielszenen nachgestellt und Konsequenzen aufgezeigt (Datenschutz, Verbraucherschutz, Arbeitsrecht ...)

5.1.3. Thema Geschichte: In Geschichtssendungen stellen 'Semi-Inszenierungen' erforschte Wirklichkeiten nach, die wie Dokumentarfilme durch Off-Texte kommentiert werden (die Akteure sprechen nicht, deshalb Semi-Inszenierung). Ziel ist 'Gelebte und erlebte Geschichte', wie eine Reihe über das Mittelalter heißt (SWF 1990). Ausschnitte aus Spielfilmen können zum Vergleich mit der Quellenlage herausfordern und haben einen hohen Motivationswert.

5.2. Dokumentationen

Die Form der Dokumentation wird in den Bildungsprogrammen am meisten verwendet, weil Probleme an der Quelle formuliert und Inhalte an konkreten, möglichst aktuellen Mustern dargestellt werden sollen (Geographie, Biologie, Umwelt, Medizin ...). Dokumentarfilme können ergänzt sein durch Trickfilme, Grafiken und Spielszenen. Sie bieten sich bei gesellschaftspolitischen Themenbereichen besonders an. Die Archive der Rundfunkanstalten stellen einen Thesaurus für viele Bildungsprogramme dar, nicht nur für Sendungen zur Zeitgeschichte. Aufnahmen von Zeitzeugen, die aus ihrem Leben berichten, sind als wichtige historische Quellen einzuordnen. Fernsehreporter sollten sich bewusst werden, dass sie historische Quellen schaffen können.

5.3. Trickfilme

Unsichtbares, aber Vorstellbares können Trickfilme in allen Abstraktionsstufen von der konkreten Realität bis zur wissenschaftlichen Theorie sichtbar machen. Sie beantworten Fragen, die im Verlauf einer Sendung auftreten, geben Erklärungen, ohne dass manchmal der mitdenkende Zuschauer bemerkt, dass die Präsentationsform geändert wird. Die Bilder (Grafiken), aus welchen der Trick zusammengesetzt wird, müssen vom Zuschauer leicht gelesen werden können (kann durch sorgfältig formulierten synchronen Text unterstützt werden), sie sollten den Charakter eines Icons haben (vgl. 5.4.2.). Dann kann der Zuschauer die Aussage aus der Animation (Bewegung), die ein Konstituens des Filmtricks ist, entnehmen

Bislang haftete Trickfilmen immer etwas Künstliches an. Gegenüber der fotografischen Abbildung besitzen die Bilder mit ihren Figuren einen reduzierten Stil, der aus dem Weglassen von Unwichtigem, von Nebensächlichkeiten herrührt. Dies entspricht der Forderung nach didaktischer Reduktion, welche die Aussage des Bildes auf das Wesentliche beschränkt und somit das Lesen und Verstehen fördert. Nur deshalb genießt man den Augenaufschlag von Walt Disneys Bambi. Ähnlich verhält es sich bei der Titelfigur der ARD Sendereihe für Kinder 'Die Sendung mit der Maus'.

Die neuen digitalen Technologien jedoch erlauben es, 'Wirklichkeiten' zu generieren. In den Dinosaurierfilmen wird für den Zuschauer unsichtbare Realität sichtbar. Realität kann, wie man sie braucht, generiert werden. Hier liegen Chancen wie Gefahren für den Bildungsbereich. Die Glaubwürdigkeit in dokumentarischem Sinne ist gefährdet und die Forderung nach didaktischer Reduktion ist nicht erfüllt, weil sie von den Autoren nicht mehr geleistet wird und die realitätsgetreuen Einzelheiten das Bild attraktiv machen. Das 'Lesen' solcher Texte wird vielleicht nicht zum gewünschten Ergebnis führen. Andererseits führen digital generierte Rekonstruktionen der 8000 Jahre alten Stadt Çatal Hüyük in Anatolien oder der mittelalterlichen Kathedrale von Cluny zu weiteren Fragen in der Forschung und wecken bei vielen Zuschauern Interesse an der Geschichte und ihren Forschungsmethoden.(Abb. 229.8).

5.4. Bilder, Grafiken, Modelle

Bilder liefern Anschauung; Grafiken und Modelle zeigen Spuren abstrakter Inhalte und hinterlassen diese beim Zuschauer. Dies bezieht sich gerade auch auf die Bilder und Grafiken in Trickfilmen. Deshalb werden

Abb. 229.8: Digitale Rekonstruktion der mittelalterlichen Abtei von Cluny. (In: *Pinsel, Partituren, Programme* aus der Reihe „Informationstechnische Grundbildung" Red./Reg. L. Graf/ W. Meindl. Südwestfunk, 1991.)

hier 'Analogie-Bilder' und 'Logische Bilder' im Abschnitt Präsentationsformen behandelt, weil sie Inhalte repräsentieren und als Bausteine der Vermittlung innerhalb eines Gesamttextes dienen.

5.4.1. Analogie-Bilder

Grundlegend für das Lernen ist die Anbindung der neuen (Lern-) Inhalte an Erfahrung und eigenes Wissen. Über die Brücke des Transfers wird das neue Wissen verankert. Hier helfen Analogie-Bilder. Issing (1993, 153) schreibt: „Der Betrachter soll aus realitätsnahen Bildern Bedeutungszusammenhänge entnehmen und diese auf nicht direkt darstellbare, aber intendierte Sachverhalte übertragen. Bildliche Analogien bedienen sich also der Analogiebrücke, der Metapher, der Gleichnishaftigkeit, der Hervorhebung von Ähnlichkeitsrelationen sowie der Beispiel- und Vergleichsfunktion." Als Beispiel ist zu nennen die Analogie zwischen dem Sonnensystem (bekanntes Wissen, Basisdomäne) und dem Wasserstoffatom (Zieldomäne): Die Objekte sind in beiden Domänen verschieden, aber die Relationen zwischen den Objekten sind analog (Abb. 229.9). Durch eine einfache Trickblende kann der Transfer initiiert werden: Die Objekte der Basisdomäne (Sonne, Planeten) werden durch deckungsgleiche Überblende geändert in die Objekte der Zieldomäne (Kern, Elektronen) die Relationsstruktur bleibt. (Während der Blende bleibt das Bild der Struktur stehen und wird so als eigenes Objekt erkannt). Ebenfalls

BASIS-DOMÄNE

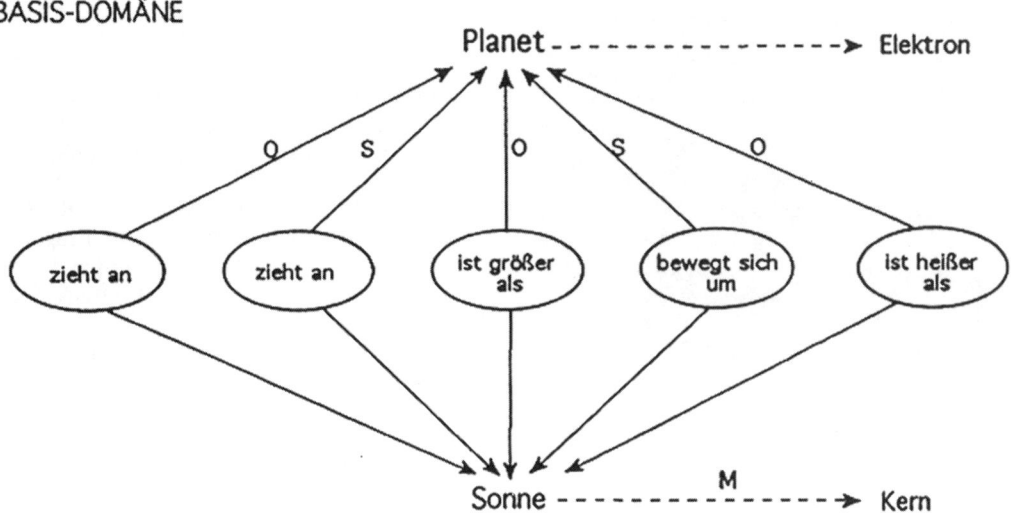

ZIEL-DOMÄNE

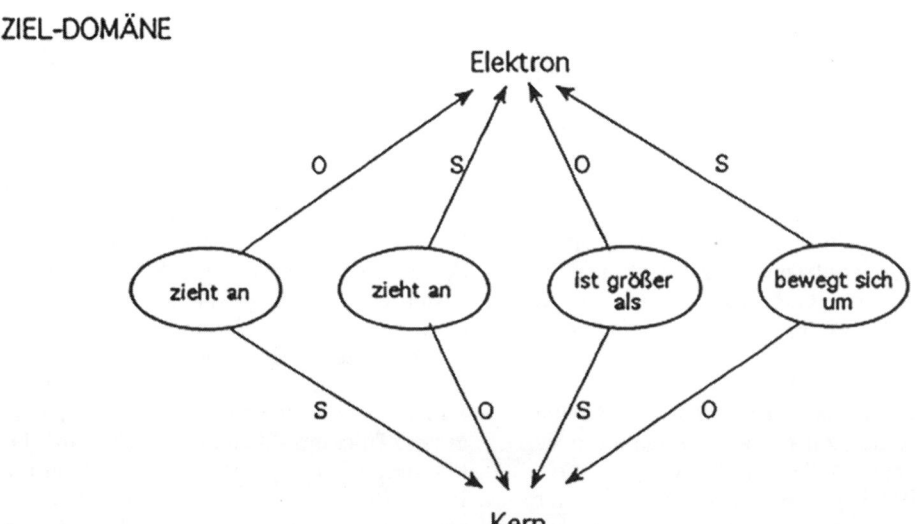

Abb. 229.9: Bild einer Analogie „Das Atom ist wie das Sonnensystem". Die Relationen zwischen den Objekten verschiedener Domänen sind analog. (Nach: Schuhmacher, R.M. u. Gentner, D. 1988. *Transfer of training as analogical mapping.* IEEE Transactions, man, and cybernetics, 4, 592. Vgl. Issing, L.)

eine strukturelle Analogie zeigt ein Bild (Abb. 229.10) aus einem Trickfilm (SWF 1988), der erklärt, dass Sender Platz (Bandbreite) auf einem Frequenzband benötigen (wie Vögel auf einer Leitung) und sich beschränken müssen (Käfig).

Um eine funktionale Analogie handelt es sich, wenn der Kreislauf des elektrischen Stromes mit einem Wasserkreislauf verglichen wird (Druck / Spannung, Menge pro Sekunde / Stromstärke, Pumpe / Batterie). In einem Schulversuch wurde diese Analogie mit gutem Erfolg verwendet, um die Funktionsweise eines Transistors zu beschreiben (Abb. 229.11), (Issing 1993, 170f.). In einer Sendung wird man dieses nur im Bild vorgelegte Transistormodell in einem Trickfilm animieren, oder besser in einem realen Modell nachbauen. Der dynamische Ablauf in den Wasserkanälen erhöht die Glaubwürdigkeit des Modells, und bestätigt es. Durch die hier mögliche deckungsgleiche Überblende des Schaltschemas (mit real eingefügten Messgeräten) wird dieses aus mehreren Bildern mit unterschiedlichen Kategorien zusammengesetzte Bild ohne Kommentar selbstlehrend.

Abb. 229.10: Analogie „Fernsehsender brauchen Platz auf einem Frequenzband, wie Vögel auf einer Leitung". (In: *D2*-MAC, ein neues Fernsehsytem Red./Reg. L. Graf/W. Meindl. Südwestfunk Baden-Baden, 1988.)

Piktogramme, Zeichnungen und grafische Elemente einfügt, die Zeichen und Schriften ersetzen, die ja selbst digital sind und keine Ähnlichkeit mit dem Bezeichneten haben (Abb. 229.13), (vgl. Liebig 1999, 104f.). Die digitalen Produktionsverfahren ermöglichen es, mehre Bewegtbilder, welche die Objekte darstellen, in ein Bild zu setzen. Die Relationen zwischen diesen werden durch logische Bildelemente angegeben. So können die dynamischen Darstellungen der Objekte die Art der Relation beschreiben. Diese Lernbilder dienen der Vermittlung von Abstraktionen in geeigneten Stufen.

Bilder von Abstraktionen auf dem Bildschirm sind externe Modelle, mit denen die Bildung interner mentaler Modelle beim Zuschauer angeregt und unterstützt werden kann.

5.4.2. Logische Bilder

Ein Bild besteht immer aus Elementen, und zwischen diesen Elementen bestehen räumliche Relationen. In logischen Bildern entsprechen diesen räumlichen Relationen aber keine räumlichen Beziehungen in der Wirklichkeit, sondern sie stellen etwas Anderes dar: zeitliche oder kausale Relationen, Hierarchien, Verwandtschaftsbeziehungen, Wirkungsrichtungen (Ökologie), Funktionen in Koordinatensystemen, Druck und Temperatur, Statistiken in Diagrammen u.v.a.m. (Abb. 229.12), (vgl. Doelker 1997, 162).

Logische Bilder besitzen i.d.R. keine äußere Ähnlichkeit mit den Dingen, die sie repräsentieren sollen, sie vermitteln Abstraktionen. Diese Bilder können lesbarer gemacht werden, wenn man reale Bilder,

6. Ausblick, die Neuen Medien

Audiovisuelle Texte sind seit langem bekannt. Neu ist, dass akustische und optische Informationen dank der Digitalisierung auf gleiche Weise gespeichert werden können und durch die elektronische Miniaturisierung ein schneller und individueller Zugriff auf die gespeicherten Informationen möglich ist. Die in den vorigen Abschnitten dargestellten Texttypen und Präsentationsformen sind bei der Informationsaufbereitung für Bildungszwecke auch hier gültig. Als neue Kategorie kommt die Interaktivität hinzu, die durch den individuellen Zugriff auf die Informationen ermöglicht wird. Das klassische Medienverbundsystem Sendung, Buch, Begleitkurs (Lehrerunterricht) muss erweitert und überdacht werden, da nun

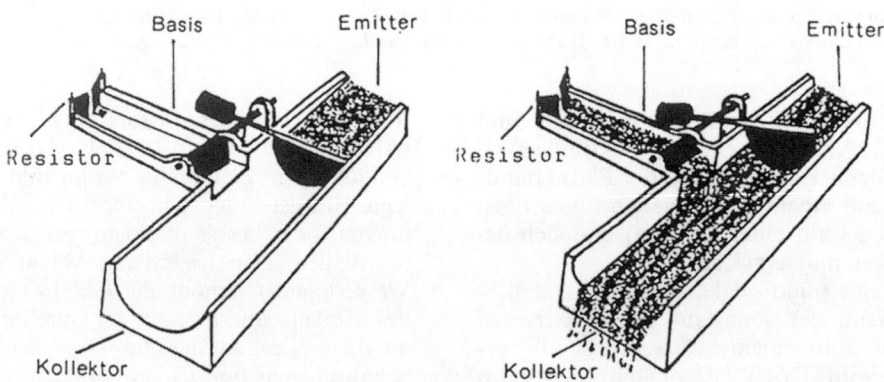

Abb. 229.11: Analoges Modell: Die Analogie zwischen Wasser- und Stromkreislauf dient auch zur Darstellung der Funktionsweise eines Transistors. (Nach Höck,H. 1979. Kosmos Elektronik-Junior. Stuttgart: Frankh'sche Verlagsbuchhandlung. Vgl. Issing, L.)

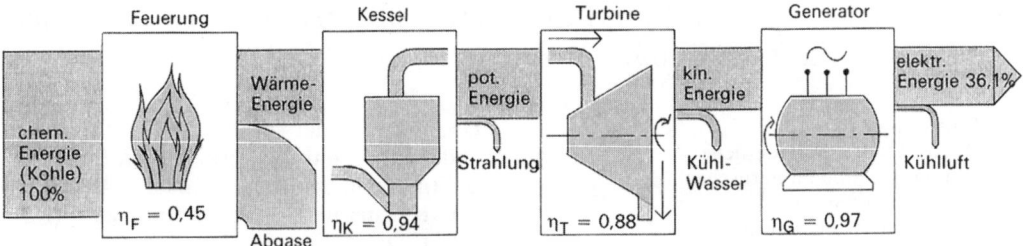

Abb. 229.12: Logisches Bild eines Wärmekraftwerkes. Die Breite der Pfeile geben den jeweiligen Anteil an mechanischer bzw. Wärme-Energie an. (In: Rosenberg, H. 1974. „Energieumwandlung". In Mesch F.(Hrsg.) *Telekolleg* II, Physikalische Technologie (Begleitbuch zur gleichnamigen Sendereihe). München: TR-Verlagsunion.)

Abb. 229.13: Logisches Bild eines Flight-Management and Guidance-Systems. Grafische Elemente wie Zeichnungen, Karikaturen sowie reale Bilder unterstützen das Lesen des Bildes. (In: *Immer auf Draht, der Airbus A320* aus der Reihe „Informationstechnische Grundbildung" Red./Reg. L. Graf/L. Graf. Südwestfunk Baden-Baden, 1992.)

auch die unterschiedlichsten audiovisuellen Texte entsprechend den individuellen Bedürfnissen zu jeder Zeit abrufbar sind. Den künftigen Bildungsprogrammen sind so vielseitige Möglichkeiten der Differenzierung im Hinblick auf Lernniveau und Inhalte gegeben. Der interaktive Umgang mit den neuen Medien bietet viele Vorteile, wenn das Material gut ausgewählt (z. B. Auswahl von Links im Internet) und pädagogisch geordnet wird, was allein schon aus Gründen der Zeitökonomie erforderlich ist. Bevor der Lernende aus dem interaktiven Umgang mit den neuen Medien Nutzen zieht, muss er jedoch die Problemstellung, einige Sachverhalte und Strategien kennen. Dies kann ein lineares Medium ohne Verzweigungen vermitteln. Ob nun dieses lineare Medium als Sendung ausgestrahlt wird oder auf einem Videoband, einer CD bzw. DVD gespeichert ist, bleibt hier nebensächlich. Künftig wird eine Sendung des Bildungsprogramms (das lineare Medium) vor allem motivieren, Interesse wecken, und Problemstellungen geben (vgl. 229.2, 229.3). Abstraktionen, entsprechende Trickfilme und logische Bilder werden wohl künftig zusätzlich auf CD oder via Internet angeboten. Auf DVD kann die Sendung mit allen multimedialen Materialien geliefert werden. Derartige Projekte werden derzeit in den Bildungsredaktionen der ARD-Anstalten entwickelt.

7. Literatur

Arendt, Joachim, In Hamburger Lehrerzeitung Nr. 13. Hamburg 1971.

Bausch, Hans, Rundfunkpolitik nach 1945. In Hans Bausch (Hrsg.). *Rundfunkpolitik in Deutschland (Bd. 3 u. Bd. 4)* München 1980.

Doelker, Christian, Ein Bild ist mehr als ein Bild, Visuelle Kompetenz in der Multimedia-Gesellschaft. Stuttgart 1997.

Issing, Ludwig J., „Wissenserwerb mit bildlichen Analogien". In Bernd Weidemann (Hrsg.). *Wissenserwerb mit Bildern.* Bern/Göttingen 1993, S. 149–176.

Liebig, Martin, *Die Infografik.* Konstanz 1999.

Oeller, Helmut, „Was heißt Studienprogramm". In Helmut Oeller (Hrsg.). *Fernsehen und Bildung 1/2 1967.* München 1967.

Stuke, Franz R./Dietmar Zimmermann, Medium Fernsehen. Münster 1975.

Ludwig Graf, Baden-Baden (Deutschland)

230. Entwicklung, Funktion, Präsentationsformen und Texttypen der Wissenschaftssendungen

1. Einleitung
2. Wissenschaft und öffentliche Kommunikation im Fernsehen
3. Die Entwicklung von Wissenschaftssendungen
4. Die Situation heute
5. Literatur

1. Einleitung

Die Expansion von Wissenschaft, Technik und Medizin, von Forschung und Entwicklung, und deren wachsende Bedeutung für die gesellschaftliche, politische und technologische Entwicklung eines Landes wie der Bundesrepublik Deutschland stehen im krassen Gegensatz zum Stellenwert in den Medien, vornehmlich im Deutschen Fernsehen: Wissenschaftsprogramme sind „Marginalressorts" (*Hömberg* 1987). Gleichwohl leisten sich die öffentlich-rechtlichen Fernsehanstalten (die ARD vornehmlich in ihren Dritten Programmen) seit langem den Luxus einer kontinuierlichen Wissenschaftsberichterstattung. Für kommerzielle Sender dagegen haben derartige Programmfarben bislang (noch) keine Relevanz, da sie wenig quotenträchtig und damit kaum werbewirksam einsetzbar zu sein scheinen. „Zwischen der Wissenschaft und der gesellschaftlichen Öffentlichkeit bestehen vielfältige Zusammenhänge und Verbindungen. Forschung und neue Technologien gestalten heute die Zukunft unserer Gesellschaft entscheidend mit und helfen, gesellschaftliche Probleme zu lösen.

(…) Andererseits ist die Öffentlichkeit über die Hochschulen und die Forschungsinstitute sowie deren wissenschaftliche Forschung oft nur unzureichend und zum Teil sogar falsch unterrichtet", weswegen die Wissenschaft „ihre Arbeit einsehbar und begreifbar machen" muß (*Depenbrock* 1976). Folgt man June Goodfield, so ist dabei das Fernsehen „die potenteste und weitverbreitete Kommunikationsform und kraft der erreichten Menschen auch am einflußreichsten" (*Goodfield* 1983). Die Erwartungshaltung der großen Masse der Zuschauer zwingt freilich zu besonderer Anstrengung: Sie sieht „im Fernsehen, daran kann es auch in der Bundesrepublik Deutschland keinen Zweifel geben, in erster Linie ein Unterhaltungsmedium, benutzen es daneben als eine Hauptquelle der politischen Information und wenden nur ein verhältnismäßig geringes Interesse Sendungen aus den Bereichen der Kultur und Wissenschaft zu" (*Katz* 1982). Diese Situation hat sich seit Anfang der achtziger Jahre wenig geändert, wenngleich viele Zuschauer gezielt Berichte aus Kultur und Wissenschaft, die ihnen von den kommerziellen Sendern nicht angeboten werden, in den Dritten Programmen der ARD und im ZDF suchen und finden.

Für die öffentlich-rechtlichen Rundfunk- und Fernsehanstalten leitet sich die Pflicht zur Vermittlung wissenschaftlicher Forschungsergebnisse und forschungspolitischer Sachverhalte „aus dem gesetzlichen Auftrag (…) zu informieren und zu bilden" ab (*Asper* 1979).

Dabei stellt sich den Programmverantwortlichen und Machern die entscheidende Frage, wer die Rezipienten der Sendungen sind – dies insbesondere vor dem Hintergrund einer veränderten Fernsehnutzung: Nach einer Untersuchung aus dem Jahre 1995 über Medienkonsum und Freizeitverhalten verweigert sich die Bildungselite fortlaufend: „Fernsehen entwickelt sich immer mehr zum Medium unterer Bildungsschichten, während die Höhergebildeten zusehends die Lust am Fernsehen verlieren. Noch 1991 gaben lediglich 29 Prozent der Befragten mit Abitur als Schulabschluß in Westdeutschland an, „gestern nicht ferngesehen" zu haben. 1995 hat die Verweigerungsquote der Höhergebildeten, die das Fernsehgerät nach Feierabend nicht mehr einschalten, einen Anteil von 39 Prozent erreicht" (*Opaschowski* 1995).

Die Frage, ob man „gestern" abend ferngesehen habe, beantworteten 72 Prozent mit „ja" (mit Bildungsabschluß Volks- und Hauptschule 77 Prozent, Realschule 72 Prozent, Gymnasium 65 Prozent, Universität und Hochschule 57 Prozent). Die Zahlen beruhen auf einer Repräsentativbefragung von 2600 Personen ab 14 Jahren im März 1995 in Deutschland (*Opaschowski* 1995).

Hinzu kommt, daß das Fernsehen immer mehr zum 'Nebenbei-Medium' wird, zum familiären Beiprogramm, zur Geräuschkulisse, vergleichbar dem Radio. Deshalb relativieren sich Einschaltquoten: „So rufen die GfK-Rechner permanent technische Daten ab, messen aber weder die persönliche Anwesenheit noch die geistig-sinnliche Beteiligung des Zuschauers. (...) Das bedeutet: Einschaltquoten und Reichweitendaten können nicht mehr der einzige Maßstab für TV-Politik und TV-Werbung sein. Als neuer Qualitätsmaßstab kommt die motivationale Zuschauerakzeptanz hinzu: Informationen über Konzentration, Interesse und Begeisterung der Zuschauer werden wichtiger als die bloße Ansammlung von Datenfriedhöfen über Einschaltquoten. Die Schlüsselfrage lautet dann: Welche Sendung fasziniert so, daß die Zuschauer von Anfang bis Ende dabeibleiben, ohne zwischendurch den Sender zu wechseln?" (*Opaschowski* 1995).

'Schlüsselfragen' dieser Art stellen sich den Redakteuren von Wissenschaftssendungen permanent, die bei wachsender Programmvielfalt im 'Unterhaltungsmedium Fernsehen' komplexe Themen aufzubereiten und zu transportieren versuchen.

2. Wissenschaft und Öffentliche Kommunikation im Fernsehen

Die Mechanismen, die eine Interaktion zwischen Wissenschaft und Öffentlichkeit bestimmen, sind oft nur schwer auszumachen und bislang sicherlich auch durch die wissenschaftliche Forschung selbst erst unzureichend betrachtet worden.

Es ist allerdings durchaus begrüßenswert, daß es in den letzten Jahrzehnten – auch in der Bundesrepublik Deutschland – einen Schritt hin zu mehr „Öffentlicher Wissenschaft" (*Haber* 1967) gegeben hat, wobei das Fernsehen hinsichtlich der Grenzen der Darstellbarkeit – gerade mit Blick auf Rezipienten mit geringen Vorkenntnissen – noch die besten Möglichkeiten zu haben scheint, da es Vorgänge durch „laufende Bilder" optisch aufbereiten und verständlich darbieten kann und muß. In einer Untersuchung über wissenschaftliche Themen in den Massenmedien kommt das EMNID-Institut u. a. zu dem Ergebnis: „Die einprägsamsten Berichte über Forschung und Wissenschaft vermitteln für 65 Prozent das Fernsehen, 15 Prozent die Tagespresse, 12 Prozent Illustrierte und 3 Prozent der Hörfunk" (EMNID 1972). Die Ausnahme bilden jene Befragten, die der Presse als Informationsmedium Vorrang eingeräumt haben; sie betrachten dieses Medium auch als das einprägsamste, dann erst folgen Fernsehen und Illustrierte.

Grundsätzlich sind vier Ebenen der Öffentlichen Kommunikation zu unterscheiden: Dabei ist es ausschlaggebend und davon abhängig, in welcher Weise und in welcher Intensität ein Dritter – als Mittler zwischen Kommunikator und Rezipient – auftritt, etwa als Redakteur, Fachjournalist, Moderator etc., der mehr oder weniger sowohl auf die Form als auch auf den Inhalt einer Aussage (Artikel, Film, Diskussion, Interview etc.) Einfluß nimmt (*Brunnengräber* 1988):

1. Die Ebene des Fachwissenschaftlers: Mit Kollegen desselben Faches kommuniziert der Wissenschaftler ohne Mittler, etwa im Gespräch, in Vorlesungen und Vorträgen, durch Fachaufsätze und Fachbücher. Die hierdurch hergestellte Öffentlichkeit ist sehr begrenzt.
2. Die Ebene des Wissenschaftlers: Die Information an Wissenschaftler anderer Fachrichtungen funktioniert über interdisziplinäre Fachzeitschriften und auch Formen des Sachbuches. Hier beginnt der Einfluß des Mittlers, der auswählt, redigiert und lektoriert, zu wachsen. „Die einzelnen wissenschaftlichen und technischen Disziplinen expandieren so rasch, daß sie untereinander zum Teil den Kontakt verloren haben. Dort, wo sie aus irgendwelchen Gründen an einem Problem sich wiederbegegnen, stoßen sie auf erhebliche Verständnisschwierigkeiten, weil sie verschiedene Denkweisen und Sprachen entwickelt haben" (*Krauch* 1963.
3. Die Ebene des motivierten Laien: Der Wissenschaftler erreicht den motivierten Laien über Sachbücher, die Wissenschaftsseiten von Tageszeitungen, Zeitschriften, Hörfunk- und Fernsehsendungen. Der motivierte Laie verfügt meist über eine höhere Bildung und zeigt von sich aus Interesse an den Ergebnissen wissenschaftlicher Forschung oder auch an Hochschulpolitik und technologischem Fortschritt. Auf dieser Ebene erhöht sich der Einfluß des Mittlers, die Zahl der Rezipienten wächst.
4. Die Ebene des nichtmotivierten Laien: Der Wissenschaftler erreicht den nichtmotivierten Laien oft nur zufällig, etwa bei einem 'bedeutenden Ergebnis seiner Arbeit', das durch den Nachrichtenteil einer Zeitung, durch Radio und Fernsehen oder die besondere Aufbereitung in

Illustrierten und Magazinen erfolgt. Hier hat der Wissenschaftler kaum noch Einfluß auf Gestaltung und Inhalt der Aussage. Nur in Ausnahmefällen funktioniert eine Rückkopplung zwischen Mittler (Redaktion, Lektorat etc.) und Wissenschaftler. Jetzt ist jene Gruppe von Rezipienten angesprochen, die dem wissenschaftlichen Treiben „mehr oder weniger schweigend und unbeteiligt" gegenübersteht. (*Krauch* 1963).

Auf der dritten und vierten Kommunikationsebene bewegen sich Fernseh-Programm-Macher. Deshalb fällt gerade beim Fernsehen der Person des „Mittlers", der eine „Dolmetscherfunktion" von entscheidender Bedeutung besitzt, eine besondere Verantwortung gegenüber Wissenschaftlern und Rezipienten zu.

Im 'Rand-Ressort Wissenschaft' arbeiten in der Bundesrepublik Deutschland 1700 Wissenschaftsjournalisten, das sind drei Prozent der 55000 Journalisten in Deutschland: Die Festangestellten führen oft ein Schattendasein und arbeiten in einer „Redaktion, die weniger als fünf Prozent des Gesamthauses stellt", mehr als 40 Prozent der Freien müssen nach einer Untersuchung von Ursula Stamm von der Freien Universität Berlin „für sieben oder mehr Medien gleichzeitig arbeiten, um sich zu ernähren" (*Wegner* 1995). Viele dieser Journalisten halten mitunter „schon zu lange an den alten Formen fest, hie und da kommt die Wissenschaft immer noch sehr oberlehrerhaft daher. Die Zeiten, in denen sich ein kluger Mann wie Hoimar von Ditfurth hinstellen konnte, um die Welt zu erklären, sind vorbei" (*Göpfert* 1995).

Wissenschaftsjournalisten haben in der Regel ein Hochschulstudium als Berufseinstieg benutzt – nicht wie oft üblich ein Volontariat in einer Redaktion –, 58 Prozent bezeichnen sich als Vollakademiker, nur 5,5 Prozent sind ohne Abitur. Abitur und Studium sind die wichtigsten Faktoren, um bei Wissenschaftlern und auch gegenüber den Rezipienten anerkannt zu sein und als qualifiziert gelten zu können (*Roloff* et al. 1975).

3. Die Entwicklung von Wissenschaftssendungen

Die Reise zum Mond im Raumschiff: „Als die Badewanne gerade voll war, mußte Ernst von Khuon zurück ins Studio: Die Astronauten, die nach historischer Mondlandung gerade wieder Erdboden betraten, hatten ihre Landekapsel früher als erwartet verlassen. Glückliche Zeiten auch, als ein Wissenschaftsjournalist noch Hals über Kopf für Aktuelles herbeizitiert wurde.

Glückliche Zeiten auch, als eine nach heutigem Maßstab dröge präsentierte Wissenschaftssendung innerhalb eines Tages über 11000 telefonische Anfragen provozierte. Freilich war das Jahr, in dem das zum ersten und letzten Mal geschah, das Jahr 1969 – und selbst Astronauten hielten gestandene Wissenschaftsjournalisten, wie den inzwischen 80jährigen von Khuon, nie wieder von der verdienten Körperpflege ab" (*Wegner* 1995). Die Landung US-amerikanischer Astronauten am 21. Juli 1969 auf dem Mond wird gemeinhin als der Höhepunkt wissenschaftlicher Berichterstattung im Fernsehen gefeiert.

In den Anfangszeiten des Wissenschaftsjournalismus im Fernsehen sollten Erfolgsmeldungen vom Vormarsch der Forschung das „richtige und nötige, praktische und theoretische Weltbild" (*Tenbruck* 1977) vermitteln, davon ausgehend, daß die Gesamtheit wissenschaftlicher Erkenntnisse zu einem geschlossenen Weltbild verhelfe, was seine Wurzeln in dem ungebrochenen Aufklärungsdenken des 18. Jhs. und der unbedingten Fortschrittsgläubigkeit des 19. Jhs. hat, in dem noch von einem wissenschaftlichen Weltbild geträumt wurde.

Doch davon nahm man Abschied: Die Wissenschaftsredaktionen griffen nach und nach auch die mitunter problematischen Folgen des wissenschaftlichen Vormarsches auf, wozu vielerorts Bürgerinitiativen und politische Aktionen den Anstoß und Ausschlag gegeben haben (*Asper* 1979). „Denn schließlich ist auch Wissenschaft hin und wieder nur Vorwand, um politische, ideologische oder kommerzielle Interessen zu rechtfertigen. Ein Beispiel dafür ist die bemannte Raumfahrt. Ihren Nutzen haben wir immer wieder hinterfragt, schon in unserer ersten Sendung. Klaus Sondergelds simpler Test mit Blutzellen in Reagenzgläsern hat eindrucksvoll demonstriert, wie sich Wissenschaft vor den Karren der Politik spannen läßt: In der Fast-Schwerelosigkeit einer einfachen Labor-Zentrifuge vermehrten sich die Zellen ähnlich schnell wie in der Fast-Schwerelosigkeit des Spacelab, nur eben weit billiger" (SDR 1996).

„Technikscheu und Wissenschaftsfeindlichkeit nehmen in immer stärkerem Maße Besitz vom Gesamtbewußtsein unserer Gesellschaft, die, wie keine vor ihr unter den Folgen des Fortschritts zu leiden hat – von der Atombombe bis hin zum Waldsterben – und die deshalb von all dem am liebsten überhaupt nichts mehr wahrnehmen möchte. Natürlich ist das gerade das am meisten Verkehrte. Nicht die Wissenschaft verkörpert das schlechthin Böse in dieser Welt, sondern bloß einige ihrer militärisch- und zivilindustriellen Verwertungen, und nur die Wissenschaft könnte uns aus dem ihr angelasteten Elend wieder heraushelfen" (v. Cube 1984).

4. Die Situation heute

In den Dritten Programmen der ARD sind Wissenschaftssendungen durchgängig vertreten. Präsentationsformen und Programmtypen sind moderierte oder nichtmoderierte Magazine sowie Dokumentationen. Aufgrund fortwährender Programmstrukturänderungen verbietet sich eine Auflistung nach Sendeplätzen. Regelmäßige Sendungen bietet seit Jahren das ZDF an, das erste Programm der ARD tut sich da schon schwerer. Trotzdem soll versucht werden, die wichtigsten Wissenschaftsprogramme der einzelnen Sender in einer Programmübersicht aufzuführen (Stand: März 1996):

1. ARD/1. Programm: 'Globus', monatlich, von mehreren Sendeanstalten redaktionell betreut: 'Ratgeber Gesundheit'.
2. arte: 'Archimedes' als 14tägiges Magazin, dazu unregelmäßig Dokumentationen.
3. 3sat-Wissenschaft: Hervorgegangen aus 1plus-Wissenschaftsmagazin, Themen werden aus unterschiedlichen ARD-Sendungen zusammengestellt, 14tägig.
4. Bayerischer Rundfunk: 'Forscher, Fakten, Visionen', 'Sprechstunde' jeweils monatlich; dazu Natur und Umwelt- sowie Forschung und Technik-Dokumentationen; Natur und Tiere wöchentlich, dazu Computer- und Technikmagazine.
5. Deutsche Welle: 'Leonardo' als Zukunftsmagazin und 'Noah' als Umweltmagazin monatlich.
6. Hessischer Rundfunk/Studio Kassel: 'Aus Wissenschaft und Forschung', Magazin und Dokumentation zweimal pro Woche; 'SKYROCK' als Computer- und Multimediamagazin 14tägig.
7. Mitteldeutscher Rundfunk: 'Extrem' und 'Globus' monatlich.
8. Norddeutscher Rundfunk: 'Prisma'-Magazin und Dokumentationen jeweils monatlich; 'Globus'; dazu 'Länder-Menschen-Abenteuer' und 'Natur und Tiere'.
9. Ostdeutscher Rundfunk Brandenburg: Wissenschaftsmagazin monatlich.
10. Süddeutscher Rundfunk/Studio Mannheim: 'Abenteuer Wissenschaft', Dokumentation, 14tägig.
11. Sender Freies Berlin: 'EinStein' und 'Ökologo' jeweils 14tägig.
12. Südwestfunk: 'Sonde', Magazin, 14tägig, 'Länder-Menschen-Abenteuer', Dokumentation, wöchentlich.
13. Westdeutscher Rundfunk: 'Quarks & Co.' und 'Globus' jeweils monatlich; Tiermagazine und Tierdokumentationen, 'Hobbythek'.
14. ZDF: 'Abenteuer Forschung', monatlich und 'Knoff-Hoff-Show' sechsmal jährlich, dazu Tier-, Natur- und Medizinsendungen und Dokumentationen.
15. ORF/Österreich: 'Modern Times', wöchentlich.
16. SRG/Schweiz: 'Menschen, Technik, Tiere', 14tägig.

Wissenschaftssendungen besetzen Nischen in den Programmen der öffentlich-rechtlichen Sender, vornehmlich in den Dritten Programmen. Da gerade in allen Dritten Programmen derzeit ein starker Trend zur Regionalisierung herrscht, könnten auf den ersten Blick Wissenschaftsredaktionen in eben jenen Nischen mit „regionalisierter Wissenschaft" überleben, ein auf den ersten Blick sinnvolles wie gewagtes Unterfangen, denn Wissenschaft und Forschung leben von der Interdisziplinarität, von der Überregionalität und dem offenen Austausch über Grenzen hinweg. Wollen Wissenschaftssendungen nicht in eine regionale oder gar lokale Bedeutungslosigkeit verfallen, müssen gerade sie sich überregional öffnen, kooperieren und internationalisieren.

5. Literatur

Asper, H., Zwischen Bildung und Unterhaltung. Breite und Vielfalt der Wissenschaftssendungen. In: Fernsehsendungen und ihre Formen. Hrsg. v. Helmut Kreuzer/Karl Prümm Stuttgart 1979. S. 348–364.

Brunnengräber, Richard, Wissenschaft und Medien. Dissertation. Bonn 1988.

Cube v., Alexander, Wissenschafts-Journalismus. In: Dennhardt, J. und Hartmann, D. (Hrsg.): Schöne und neue Fernsehwelt. Utopien der Macher. S. 154–160. Kindler München 1984.

Depenbrock, Gerd, Journalismus, Wissenschaft und Hochschule. Bochumer Studien zur Publizistik- und Kommunikationswissenschaft, Bd. 7. Bochum 1976.

EMNID-Institut (Hrsg.), Wissenschaftliche Themen in den Massenmedien. Bielefeld 1972.

Göpfert, Wolfgang, Interview. Alte Formen. In: Medium/Magazin 12/95, S. 72. 1995.

Goodfield, June, Wissenschaft und Medien. Birkhäuser Verlag Basel 1983.

Haber, Hans, Naturwissenschaft und Öffentlichkeit. In: IBM-Nachrichten 17/67, S. 724-727. Sindelfingen 1967.

Hömberg, Walter, Wissenschaftsjournalismus in den Medien. Zur Situation eines Marginalressorts. In: Media Perspektiven 5/87, S. 297. 1987.

Katz, K., Kultur und Wissenschaft im WDR-Fernsehen. Erfahrungen und Perspektiven. Deutsches Fernsehen ARD, Dokumentation 12/82. 1982.

Krauch, H., Technische Information und öffentliches Bewußtsein. Die Chancen einer öffentlichen Diskussion wissen-schaftspolitischer Entscheidungen. In: atomzeitalter 9/63, S. 235–240. 1963.

Meutsch, D. /B. Freund (Hrsg.), Fernsehjournalismus und die Wissenschaften. Westdeutscher Verlag Opladen 1990.

Opaschowski, H. W., Medienkonsum. Analysen und Prognosen. B.A.T Freizeit-Forschungsinstitut Hamburg 1995.

Roloff, E. K./Walter Hömberg, Wissenschaftsjournalisten – Dolmetscher zwischen Forschung und Öffentlichkeit. In: bild der wissenschaft 9/75, S. 56–60. 1975.

SDR/Süddeutscher Rundfunk, Studio Mannheim, 10 Jahre Abenteuer Wissenschaft. Stuttgart 1996.

Tenbruck, F., Warum und wie soll das Fernsehen über Wissenschaft berichten? In: ZDF-Schriftenreihe, H. 18, S. 13–18, 1977.

Wegner, J., Arbeit in der Nische. In: MediumMagazin 12/95, S. 68–71. 1995.

Richard Brunnengräber, Kassel
(Deutschland)

231. Entwicklung, Funktion, Präsentationsformen und Texttypen der Sportsendungen

1. Entwicklung
2. Funktion
3. Präsentationsformen
4. Texttypen
5. Literatur

1. Entwicklung

Möchte man die Geburtsstunde des Sports im deutschen Fernsehen datieren, so wird man unweigerlich auf das Jahr 1936 verwiesen. Bereits anläßlich der Olympischen Sommerspiele in Berlin sendete das Fernsehen bis zu sieben Stunden täglich Live-Übertragungen des Sportgroßereignisses, die von ca. 150000 sportbegeisterten Berlinern in insgesamt 28 „Fernsehstuben" der Stadt verfolgt werden konnten (vgl. Foltin/Hallenberger 1994, 113; Hackforth 1975, 37). Diesem Ausgangspunkt des deutschen Sportfernsehens folgten bis zum Ende des Zweiten Weltkriegs Übertragungen vom Boxen, Fußball, Tennis und Schwimmen.

Mit der offiziellen Einführung des deutschen Fernsehens am zweiten Weihnachtsfeiertag 1952 avancierte der Sport dann zu einem festen Programmbestandteil des Fernsehens. Die ARD, die bis zum Jahr 1962 auch eine Monopolstellung in der Fernsehsportberichterstattung besaß, setzte in den Anfangsjahren insbesondere auf die Live-Übertragung von Autorennen, Ruderregatten, Reitturnieren sowie Handball- und Fußballspielen, da mit ihnen die Leistungsfähigkeiten des neuen Mediums am besten unter Beweis gestellt werden konnten (vgl. Foltin/Hallenberger 1994, 115). Es waren in den fünfziger Jahren aber vor allem die Olympischen Spiele und die Berichterstattung über den Fußball, die das Publikum in ihren Bann zogen und gleichzeitig als Katalysator für weitere Entwicklungen im Fernsehsport wirkten. So etablierte sich ab dem Februar 1953 der Fußball mit regelmäßigen Live-Übertragungen der Oberligaspiele im bundesdeutschen Fernsehen, für die der

NWDR zwischen 1000 und 2500 DM pro Spiel für die Senderechte an die Fußballvereine bezahlte (vgl. Großhans 1997, 38). Im März desselben Jahres erfolgte dann die erste Übertragung eines Fußball-Länderspiels (Deutschland – Österreich). Als eigentlicher Höhepunkt der Fernsehsportberichterstattung der fünfziger Jahre ist jedoch die Fußball-Weltmeisterschaft 1954 in der Schweiz zu bezeichnen, deren Ausstrahlung aus Sicht der Medienwissenschaft als Meilenstein für den Durchbruch des neuen Massenmediums gelten kann. Die TV-Gerätehersteller Telefunken, Saba und Nordmende konnten aus Anlaß der WM einen Rekordabsatz an Fernsehern verzeichnen. Der Fußball übernahm als dominanter Inhalt die Spitzenposition in der Sportberichterstattung von Hörfunk und Fernsehen, obgleich lediglich 27000 Haushalte über ein eigenes Fernsehgerät verfügten und der größte Teil der Bevölkerung die Spiele live am Radio oder als Zusammenfassung in der Kino-Wochenschau verfolgen mußte. Neben den Übertragungen sportlicher Großereignisse – darunter zählten zu dieser Zeit auch die Olympischen Winterspiele in Cortina d'Ampezzo sowie die Olympischen Reiterspiele in Stockholm 1956 – wurden auch erste redaktionell aufbereitete Sportsendungen ausgestrahlt, wie z.B. „Die bunte Sportschau" am 24. Juli 1955 (vgl. Hackforth 1975, 50).

Einen Rückschlag in der Entwicklung als Fernsehsport erlitt der Fußball im Jahr 1958, nachdem die inzwischen zahlreichen Live-Übertragungen für den Zuschauerrückgang in den Fußballstadien verantwortlich gemacht wurden. Am 1. Oktober 1958 schlossen die ARD und der Deutsche Fußball-Bund einen Vertrag, in dem festgelegt wurde, daß lediglich ein Vereinsspiel und insgesamt nur zwei Spiele – einschließlich Europapokal- und Länderspiele – pro Monat übertragen werden durften. Auch die Fußball-Weltmeisterschaft 1958 war von dieser Regelung betroffen, und erst nachdem der Fernsehgerätehersteller Philips eine Ausfallgarantie übernahm, wurden insgesamt 10 Spiele für die Senderechte von insgesamt 160000 DM durch die ARD live ausgestrahlt (vgl. Großhans 1997, 41). Als eine Folge dieser Reglementierung der Fußball-Live-Übertragungen und der seit 1959 vorhanden fernsehtechnischen Neuerung, Bilder auf Magnetband aufzuzeichnen (MAZ), ist die Ausstrahlung der ersten Sportreihensendung „Die Sportschau" am 11. Juli 1961 durch die ARD zu sehen (vgl. Foltin/Hallenberger 1994, 118). Obgleich die Sendung nur einen geringen Unterhaltungswert aufweist und die Berichterstattung, die sich hauptsächlich auf Informationen rund um den Fußball bezieht, vorwiegend in Form von Zusammenfassungen, Nachrichten, Tabellen und Ergebnisübersichten an die Zuschauer weitergegeben wird, entwickelte sich die Magazinsendung zum festen Bestandteil im Leben vieler sportinteressierter Fernsehzuschauer.

Insgesamt ist in den Jahren 1953 bis 1960 eine beträchtliche Zunahme der Sportberichterstattung im deutschen Fernsehen zu beobachten. Wurden 1953 gerade einmal 115 Stunden und 40 Minuten Sport gesendet, so waren es 7 Jahre später bereits 310 Programmstunden (vgl. Tab. 231.1). Die beiden letzten Jahre des ARD-Monopols waren in der Sportberichterstattung durch „einen Rückgang der Sportsendezeit, durch eine Ausweitung der Wintersportübertragungen (…), durch den Beginn der ‚Schleichwerbungs'-Kritik in der Presse und durch eine zunehmende Kritik der Zuschauer an der Auswahl der übermittelten Ereignisse, an mangelnder Aktualität und an den Leistungen der Moderatoren und Reportern" (Foltin/Hallenberger 1994, 119) gekennzeichnet.

Tab. 231.1: Entwicklung der ARD-Sportberichterstattung 1953 bis 1962 (Sendezeit in Stunden) (vgl. Hackforth 1975, 45–69).

Jahr	Sendezeit „Sport" in Stunden
1953	115,7
1954	140,3
1955	127,4
1956	161,5
1957	156,8
1958	202,6
1959	257,8
1960	310,0
1961	310,1
1962	286,4

Als am 1. April 1963 erstmalig das Zweite Deutsche Fernsehen ausgestrahlt wurde, sah sich das Erste Programm der ARD auch einer Konkurrenzsituation im Bereich der Sportberichterstattung ausgesetzt. Während bei den Live-Übertragungen der Großereignisse (z.B. Olympische Spiele in Innsbruck und Tokio 1964) vielfach Abstimmungen zwischen den beiden Sendeanstalten stattfanden und ab dem Jahr 1966 ein offizielles Koordinationsabkommen geschlossen wurde (vgl. Hackforth 1978, 34), konnte ein Wettbewerb nur vorwiegend über Sportsendereihen und neue Formen der Sendekonzeption ausgetragen werden. Am 2. April 1963 wurde erstmals „Der Sportspiegel" gesendet. Es folgte am 5. April desselben Jahres „Die Sportinformation" sowie am 24. August „Das Aktuelle Sportstudio". Während „Der Sportspiegel" sich vor allem durch Hintergrundberichte und „Die Sportinformation" sich durch eine Vorstellung der Bundesligavereine auszeichneten, verstanden es die Verantwortlichen des „Aktuellen Sport-Studios" hervorragend, dem Fernsehzuschauer eine Mischung aus Information und Unterhaltung zu präsentieren. Erstmals war nicht mehr die Dramaturgie des Sports entscheidend, sondern vielmehr eine künstlich geschaffene Dramaturgie, hervorgerufen durch ein spezifisches Sendekonzept (vgl. Großhans 1997, 47–48). Das eigentlich Neue an dieser Sendeform war somit einerseits das Sendekonzept, welches eine achtzigminütige Mischung aus Filmbeiträgen, Berichten, Interviews, Spielen (z. B. Torwandschießen), Sportdemonstrationen sowie Unterhaltungsdarbietungen umfaßte, andererseits der Sendeplatz am späten Samstagabend und somit die Integration in das unterhaltende Abendprogramm des Senders (vgl. Foltin/Hallenberger 1994, 120–121; hierzu auch Holz/Holz 1983). Im Jahr 1966 wurde dann die „Sport-Reportage" eingeführt, deren Aufgabe darin bestand, am Sonntag nachmittag Sportereignisse und Ergebnisse des Wochenendes zu präsentieren. Ab der Saison 1965/66 wurden der ARD und dem ZDF vom Deutschen Fußball-Bund die Senderechte an der Bundesliga für insgesamt 127000 DM übertragen. Von nun an übertrugen die „Sportschau" um 18.00 Uhr, das „Aktuelle Sport-Studio" um 22.00 Uhr und ab 1966 auch die „ZDF-Sport-Reportage" die Geschehnisse der Fußball-Bundesliga und der Regionalligen, d. h. der zweithöchsten deutschen Fußball-Spielklasse.

Die Jahre 1966 und 1967 waren aus sportpublizistischer Sicht durch Innovationen geprägt. Von den Fußballweltmeisterschaften in England 1966 wurden 13 Spiele live und 8 Spiele als Aufzeichnungen durch ARD und ZDF ausgestrahlt, Vor- und Rückschauen, Interviews, Kommentare und Trainingsstudien ergänzten die Berichterstattung. Aber auch Ereignisse am Rande des Spielfeldes erweckten bereits das Interesse des Massenmediums: So sendete das ZDF live im „Aktuellen Sport-Studio" das Abschlußbankett der beiden Finalisten. Am 2. September 1967 wurde das „Aktuelle Sport-Studio" als erste europäische Sportsendung in Farbe ausgestrahlt, nur einen Monat später konnten die TV-Zuschauer die erste Halbzeit des Fußballspiels Deutschland – Jugoslawien ebenfalls in Farbe erleben.

Auch bei den Live-Übertragungen war das ZDF um Neuerungen in der Sportberichterstattung bemüht. „So läßt sie (die ZDF-Sportredaktion; die Verf.) 1966 beim 1000-km-Rennen auf dem Nürburgring in einem offiziell zum Rennen gemeldeten Wagen des Senders erstmals eine elektronische Kamera mitfahren, deren Bilder ein über der Strecke fliegender Hubschrauber weiterleitet. Auf diese Weise können die Zuschauer aus der Perspektive des Fahrers am Rennen teilnehmen" (Foltin/Hallenberger 1994, 124). In den Folgejahren lag das publizistische Hauptinteresse der Sport-Redaktionen beider Sender vorrangig auf den Übertragungen von den Olympischen Spielen in Grenoble und Mexiko 1968 sowie von der Fußball-Weltmeisterschaft 1970 in Mexiko.

Die zunehmende Professionalisierung und Kommerzialisierung des Fußballsports und seiner Berichterstattung, die sich zu Beginn der siebziger Jahre erkennen ließen, äußerten sich einerseits in einem enormen Anstieg der Kosten für die Übertragungsrechte an der Fußball-Bundesliga und den internationalen Fußballereignissen. So betrugen in der Saison 1969/70 die TV-Rechte an der ersten deutschen Fußball-Liga bereits 2,3 Millionen DM und für die Live-Übertragung eines Europacupspiels mußten die Sendeanstalten im Durchschnitt 160000 DM investieren (vgl. Tab. 231.2)

Tab. 231.2: Kosten der Übertragungsrechte an der Fußball-Bundesliga zwischen der Saison 1966/67 und 1969/70 (vgl. Hackforth 1975, 287–288).

Saison	Kosten der Übertragungsrechte
1966/67	0,13 Mio. DM
1967/68	0,81 Mio. DM
1968/69	1,68 Mio. DM
1969/70	2,30 Mio. DM

Zum anderen gewann die Werbung für den Fußball zunehmend an Bedeutung. Während in den vorangegangenen Jahren ARD und ZDF Live-Übertragungen von Sportveranstaltungen aufgrund von Verstößen gegen das Verbot der Schleichwerbung zum Teil absetzten, war dies bei der WM 1970 in Mexiko nun nicht mehr möglich. Werbebanden von „Kaufhof" und „Jägermeister" wurden den deutschen Fernsehzuschauern ebenso präsentiert wie der von der Firma adidas gestellte offizielle WM-Spielball (vgl. Großhans 1997, 51). Im Jahr 1974 wurden dann schließlich die Spielertrikots als Werbefläche für die Wirtschaft freigegeben. Somit vollzog sich in diesem Zeitraum nicht nur der Wandel vom Amateurstatus zum Vollprofitum – begleitet u. a. durch den Anstieg der Spielergehälter und Ablösesummen –, sondern der Fußball wurde auch für alle anderen Akteure zu einem lukrativen Geschäft. So hatte sich ebenso eine Reihe von Fußballvereinen zu Wirtschaftsunternehmen mit Millionenumsätzen entwickelt.

Ende der siebziger Jahre bestritten dann die Mehrzahl der Bundesligavereine ihren Haushalt – neben den Zuschauereinnahmen – vorwiegend mit Fernseh- und Werbegeldern. Zwar konnte der im Jahr 1978 ermittelte Deutsche Meister 1. FC Köln nach wie vor keinen Trikotsponsor aufweisen (vgl. Großhans 1997, 58), die Trias von Fußball, Fernsehen und werbetreibender Wirtschaft war aber nicht mehr aufzuhalten. Letzte Versuche in diese Richtung unternahm das Fernsehen unter Zuhilfenahme spezifischer Bildausschnitte: Diese wurden bei Spieler- und Trainerinterviews so gewählt, daß das Brustlogo der Bekleidung nicht zu sehen war. Nachdem die Logos dann aber auf die Kragen der Protagonisten wanderten, gaben auch die Sendeanstalten den erfolglosen Feldzug gegen die Werbung im Fernsehen entgültig auf.

Bei den Olympischen Sommerspielen 1972 in München, von denen ARD und ZDF insgesamt 235 Programmstunden übertrugen, wurden von den Sendern erneut technische Neuerungen eingesetzt – zu nennen sind hier u. a. drahtlose Kameras außerhalb der Wettkampfstätten sowie Unterwasserkameras im Schwimmstadion – um hautnahe Bilder den Fernsehzuschauern anbieten zu können. Dennoch hat sich bis Mitte der siebziger Jahre des 20. Jahrhunderts obgleich dieser technischen Innovationen „das Ende der fünfziger Jahre entwickelte Sportprogramm der ARD und Anfang der sechziger Jahre konzipierte alternative Sportprogramm des ZDF in der Grundstruktur kaum verändert" (Hackforth 1978, 35). Insgesamt ist jedoch zu konstatieren, daß das ZDF-Sportangebot – außer in dem Jahr seiner Einführung und im Jahr 1968 – in den gesendeten Programmstunden die Sportberichterstattung des Ersten Programms der ARD bis zum Jahr 1975 in der Regel deutlich übertraf (vgl. Tab. 231.3)

Tab. 231.3: Entwicklung der ARD- und ZDF-Sportberichterstattung 1963 bis 1975 (Sendezeit in Stunden) (vgl. Hackforth 1975, 71–92, 109–126; ARD 1974, 292; 1975, 330; 1976, 265; ZDF 1973, 64; 1974, 61; 1975, 63).

Jahr	Sendezeit „Sport" in Stunden	
	ARD	ZDF
1963	265,5	189,9
1964	349,8	371,9
1965	233,8	279,8
1966	272,3	333,5
1967	230,3	249,5
1968	342,8	304,6
1969	207,1	258,4
1970	240,5	285,5
1971	202,0	264,4
1972	334,0	362,0
1973	224,2	245,4
1974	185,7	301,4
1975	176,9	230,8

Ein Blick auf die Sportberichterstattung in der zweiten Hälfte der siebziger und der ersten Hälfte der achtziger Jahre des 20. Jahrhunderts zeigt deutlich, daß der Anteil der Sportsendungen am Gesamtprogramm von ARD und ZDF in den Jahren mit den Sportgroßereignissen wie 1976 (Olympische Spiele in Innsbruck und Montreal) und 1984 (Olympische Spiele in Sarajewo und Los Angeles) besonders hoch ist. Nur das Olympiajahr 1980 mit den Spielen in Moskau konnte aufgrund des Boykotts nicht diese Dimensionen erreichen. So wurden statt den ursprünglich geplanten 10 bis 12 Stunden Live-Übertragungen pro Tag bei ARD und ZDF lediglich 15minütige Ergebniszusammenfassungen präsentiert (vgl. Foltin/Hallenberger 1994, 126). Insgesamt ist jedoch festzustellen, daß in den Jahren 1976 bis 1984 keine entscheidende Zu- bzw. Abnahme des Anteils von Sportsendungen am Gesamtprogramm bei ARD und ZDF vorliegt (vgl. Abb. 231.1).

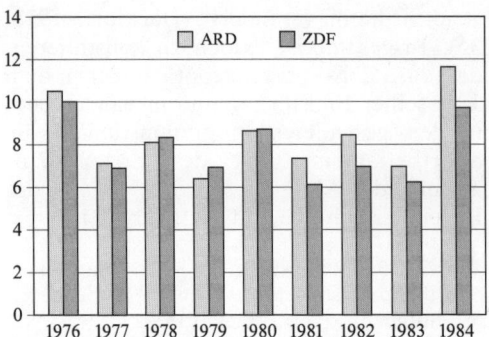

Abb. 231.1: Entwicklung der ARD- und ZDF-Sportberichterstattung 1976 bis 1984 (Sendezeit in Stunden) (vgl. Trapp 1987, 326–327)

Einen weiteren Höhepunkt aus fernsehtechnischer Sicht stellt die Übertragung der Fußball-Weltmeisterschaft 1978 in Argentinien dar. Bereits beim Bau der Stadien berücksichtigten die Organisatoren in Kooperation mit der FIFA die Bedürfnisse der Fernsehanstalten, um eine perfekte Inszenierung und Dramaturgie bei der Übertragung des Fußballereignisses zu gewährleisten. Es erfolgte zum einen eine Weiterentwicklung dramaturgischer Elemente durch neue Kamerapositionen und Bildausschnitte sowie durch eine veränderte Schnittechnik, zum anderen wurden organisatorische Veränderungen, wie z. B. die bessere Kennzeichnung der Spieler durch auffälligere Nummern, durchgeführt. Eine wichtige technische Innovation bestand darin, daß nun das Bild jeder Kamera permanent und nicht nur das live gesendete Bild aufgezeichnet wurde (vgl. Großhans 1997, 56), wodurch jetzt die Möglichkeit der Mehrfachwiederholung aus verschiedenen Perspektiven bestand.

Beachtenswert ist auch die personelle und finanzielle Ausstattung, mit welcher ARD und ZDF die Übertragungen Olympischer Spiele und Fußball-Großereignisse zu Beginn der achtziger Jahre bewerkstelligten. So waren die beiden Sender gemeinsam mit 110 Mitarbeitern bei der Fußball-WM 1982 in Spanien vor Ort und wendeten für die insgesamt 108 Programmstunden insgesamt fünf Millionen DM (einschließlich ARD-Hörfunk) auf. Und auch die Übertragungen der Olympischen Spiele 1984 in Los Angeles zeichneten sich vor allem durch den Einsatz erfolgreicher Ex-Sportler als Co-Kommentatoren aus (vgl. Foltin/Hallenberger 1994, 127–128).

Die bislang weitreichendste Veränderung innerhalb des Fernsehsystems vollzog sich im Jahr 1984, nachdem die ersten kommerziellen Fernsehveranstalter auf dem bundesdeutschen Markt zugelassen wurden und sich schrittweise etablierten. Somit wurde auch der Monopolära von ARD und ZDF in der Sportberichterstattung ein Ende gesetzt. Die privatwirtschaftlichen Anbieter sahen in den Sportarten Fußball, Tennis, Boxen, Formel 1 und neuerdings auch Skispringen ein optimales Profilierungsinstrument für ihre Sender. Während im Jahr 1984 gerade einmal 1200 Stunden Sport im Fernsehen gezeigt wurden, betrug der Umfang der Programmsparte „Sport" 1991 bereits 9600 Stunden. Für das Jahr 1999 läßt sich mit ca. 16 000 Stunden – übertragen von 90 Sendern einschließlich Regionalfenstern und Lokalfernsehen – eine weitere beträchtliche Steigerung feststellen. Zur erheblichen Ausweitung des Fernsehsportangebotes in Deutschland hat nicht nur die Konkurrenz von ARD, ZDF, RTL und SAT.1 beigetragen, sondern auch die Einführung von Sportspartensendern. Ende der achtziger Jahre wurde der paneuropäische Anbieter „Eurosport", ein Gemeinschaftsunternehmen von 16 Sendern der EBU und Rupert Murdochs Sky Channel, und 1993 das Deutsche Sport Fernsehen (DSF) in deutsche Kabelnetze eingespeist. Daß die beiden Spartenkanäle durch ihre nahezu Rund-um-die-Uhr-Ausstrahlung eine bedeutende Vermehrung des Sportangebots im deutschen Fernsehen bewirkten, zeigt auch eine Aufschlüsselung der Gesamtsendezeit der Sportangebote bei den einzelnen TV-Anbietern. Im Jahr 1998 strahlten beispielsweise beide Spartensender gemeinsam 8981 Programmstunden Sport aus (vgl. Abb. 231.2).

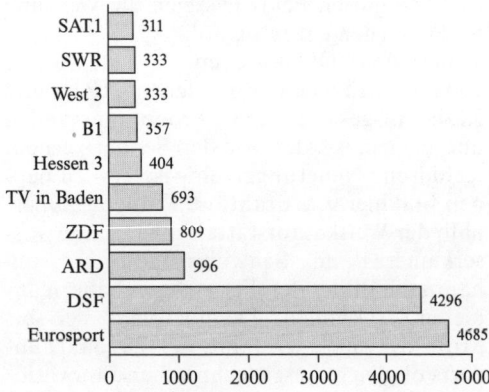

Abb. 231.2: TOP-10-Rangliste der Sender nach ihrem Umfang der Sportberichterstattung 1998 (Sendezeit in Stunden; Basis: 93 deutsche Programme) (vgl. Morhart 2000, 51)

Veränderungen der Sportberichterstattung seit der Einführung des dualen Fernsehsystems lassen sich auch bei den thematisierten Sportarten bzw. Sportveranstaltungen erkennen. Zum einen läßt sich aufgrund der Aufschaltung der Sportspartensender DSF und Eurosport eine Internationalisierung des Angebotes bei den beliebtesten Sportarten feststellen. Betrachtet man beispielsweise die Fußball-Angebote dieser Special-Interest-Programme, so ist insbesondere die umfassende Berichterstattung über die ersten Ligen nahezu aller westeuropäischer Staaten (u. a. Italien, Spanien, Großbritannien) auffällig. Sendekonzepte wie „Futbol Mundial" (DSF), „La Ola" (DSF) „World Soccer" (DSF) und „Euro Goals" (Eurosport) sind Belege hierfür. Zum anderen werden zunehmend Sportarten ins Programm aufgenommen, welche bislang nur in einzelnen Ländern Beliebtheit erlangten (z. B. das britische Snooker). Hierbei wird das Ziel verfolgt, sie europa- bzw. deutschlandweit zu popularisieren sowie eine teilweise sehr kleine Zielgruppe von Experten und Fans an den jeweiligen Sender zu binden. Ferner sind die Sportspartenkanäle bestrebt, visuell attraktive Ereignisse in ihr Programm aufzunehmen, die als neue „Sportarten" inszeniert werden (z. B. Trucker-Grand-Prix) (vgl. Bleicher u. a. 1993, 54).

Mit der quantitativen Zunahme der Sportberichterstattung im dualen Fernsehen fand somit auch hinsichtlich der präsentierten Sportarten und Sportveranstaltungen eine Ausweitung des Angebotes statt. Diese Entwicklung bleibt jedoch vorwiegend auf die Sportspartensender beschränkt. Insgesamt betrachtet erlebt der sportinteressierte TV-Zuschauer jedoch auf allen Kanälen immer häufiger „more of the same". Die fast ausschließliche Konzentration auf den internationalen Spitzensport führt zu vermeintlichen Mediensportarten wie beispielsweise Fußball, Tennis, Motorsport und Boxen. So ermittelte Scholz (1993, 226) bereits für das Jahr 1989 auf der Grundlage zehn ausgewählter öffentlich-rechtlicher und privater TV-Programme – hierbei fand kein Sportspartensender Berücksichtigung – Tennis als Fernsehsportart Nummer Eins mit insgesamt 716 Stunden Übertragungszeit. Mit deutlichen Abstand folgten Eishockey (212 Stunden) und Fußball (189 Stunden). Der Schwimmsport und das Turnen, welche bei der aktiven Sportausübung der deutschen Bevölkerung einen hohen Stellenwert einnehmen, rangieren hingegen in der Gruppe der Sportarten unter 1000 Minuten Sendezeit im Jahr (vgl. Scholz 1993, 227). Im Jahr 1999 konnte bei einer Analyse von 90 deutschen Programmen für die Sportart Fußball ca. 4790 Programmstunden ermittelt werden, gefolgt von Tennis mit 1651 Stunden und Motorsport mit 1472 Stunden (vgl. Schlicht 2000, o.S.). Auch bei den ausgestrahlten Wettbewerben und Veranstaltungen ist Fußball die Nummer Eins. So wurden beispielsweise im Olympia-Jahr 1996 1083 Stunden über die 1. Fußball-Bundesliga im bundesdeutschen Fernsehen berichtet. Auf die Berichterstattung über die Olympischen Spiele in Atlanta entfielen insgesamt nur 787 Programmstunden (vgl. Institut für Medienanalysen 1997, o.S.).

Andere Sportarten finden bei den deutschen Fernsehsendern und somit auch bei den Sponsoren nur noch nachgeordnet oder gar keine Berücksichtigung mehr. Um doch noch an den TV- und Werberechten zu partizipieren, passen sich immer mehr Sportverbände und Sportveranstalter dem Diktat des Fernsehens an. So waren beispielsweise die Vereine der Tischtennis-Bundesliga und der Deutsche Tischtennis-Bund bereit, sich pauschal mit 600 000 DM an den Produktionskosten des Spartensenders DSF für die Live-Übertragung von zwölf Meisterschaftsspielen zu beteiligen, um Berücksichtigung im Fernsehen zu finden. Andere Sportverbände konzipieren und arrangieren ihre Sportereignisse derart, daß sie sich sowohl für das Publikum vor Ort als auch für die Zuschauer am Bildschirm, für die Fernsehsender und nicht zuletzt für die werbetreibende Industrie attraktiv darstellen. Dies hatte u. a. eine Vielzahl an Veränderungen im Regelwerk der Sportverbände zur Folge. Die vorgenommenen Neuerungen und Modifizierungen, sich sowohl auf spezifische Durchführungsbestimmungen in Form von veränderten Wettkampfmodi, Zählweisen und Pausen als auch auf Sportgeräte und Sportkleidung beziehen, erfüllen dabei oftmals ausschließlich den Zweck, den Wettkampf für die Fernsehzuschauer und Moderatoren nachvollziehbar zu gestalten, die Telegenität der jeweiligen Sportart zu steigern, Einschaltquoten und somit Marktanteile zu sichern und die Attraktivität der Übertragung für Werbekunden zu erhöhen. Die Einführung des Tie-Breaks im Tennis, der Einsatz von farbigen Bällen beim Fußball und Hockey, das Spannen eines rot-weißen Trassenbandes im

Faustball (vgl. Blödorn 1988, 110–116) sind ebenso eindrucksvolle Beispiele wie das k.o.-System im Skispringen oder beim Billard. Der Hockey-Bund denkt über einfachere Regeln nach und der Internationale Fußball-Verband erprobte bei der Frauen-Weltmeisterschaft 1995 in Schweden eine Auszeitenregel: je eine Minute pro Halbzeit, bestens geeignet für Werbung. Auch der Moderne Fünfkampf als Vielseitigkeitsprüfung, der als Wettbewerb schon bei den ersten Olympischen Spielen der Neuzeit vertreten war, verändert unter dem medialen Druck ständig sein Gesicht. Die Gefahr, aus dem ebenfalls vom Fernsehen mitbestimmten Olympischen Programm gestrichen zu werden, bleibt dennoch bestehen (vgl. Hahn 1997, o.S.). Weitreichende Konsequenzen für das Sportsystem und seine Veranstaltungen hat darüber hinaus auch die Kreation neuer Sportarten, Disziplinen und Wettkampfformen, die u. a. auch auf die Beziehung zwischen Sport und Fernsehen zurückzuführen ist. So wurde z. B. im alpinen Skisport die Zahl der Disziplinen durch die Aufnahme des Super-G von drei auf vier erhöht. Hinzu kamen außerdem die neu geschaffenen Wettbewerbe „Parallelslalom" und „Nachtslalom", die eine besondere Faszination auf das Publikum am Hang, aber auch auf die Zuschauer am Fernsehgerät ausüben. Ein weiteres beliebtes Mittel, die Wahrscheinlichkeit einer Präsenz von Sportarten und ihrer Wettkämpfe im Fernsehen zu erhöhen, ist die Terminierung von Sportveranstaltungen sowie die Gestaltung von Wettkampfzeitplänen. Die Fechter haben reagiert, indem seit 1998 ihre WM nicht mehr im Juli, sondern erst im Oktober stattfindet, um somit eine Kollision mit den Terminen der Fußball-WM und -EM zu vermeiden (vgl. Haid 1997, o.S.). Auch die Entscheidung, die Olympischen Sommer- und Winterspiele nicht mehr im gleichen Jahr zu veranstalten, sondern sie alternierend in einem Zweijahresturnus durchzuführen, ging auf kommerzielle Erwägungen zurück. Die Aussicht, jährlich finanzkräftige Sponsoren zu akquirieren, kann ebenfalls als ein Grund angeführt werden wie die Tatsache, daß die erheblichen Produktionskosten der Fernsehübertragungen – ausgelöst durch den erhöhten Personalbedarf und das technische Equipment – zukünftig nur noch einmal pro Jahr für die Fernsehveranstalter anfallen (vgl. Foltin/Hallenberger 1994, 138). Auch und gerade bei Olympischen Spielen lassen sich darüber hinaus eine Reihe von Anpassungserscheinungen der Wettkampfzeiten an Sendestrukturen des Fernsehens beobachten. Ein prominenter Leidtragender dieser Entwicklung war der deutsche Schwimmer Michael Groß bei den Olympischen Sommerspielen 1984 in Los Angeles, „als der Start zu einem Endlauf mit der Begründung verschoben wurde, bei ABC lie-fen gerade Commercials" (Hoffmann-Riem 1988, 18). Vier Jahre später in Seoul war die Leichtathletik davon betroffen, als die 100-m-Sprint-Finals unter heftigem Protest von Sportärzten auf den frühen Vormittag gelegt wurden, um in den USA zur Prime Time – und somit zur besten Werbezeit – auf Sendung gehen zu können (vgl. Foltin/Hallenberger 1994, 138–139). Die Verbindung zwischen Sport und Fernsehen scheint auch nicht vor der Konzipierung und dem Bau von Sport- und Wettkampfstätten Halt zu machen. Neue Golfanlagen werden so angelegt, daß das Grün der einen und der Abschlag der nächsten Bahn örtlich nebeneinander liegen, um dem Fernsehen optimale Übertragungsmöglichkeiten zu bieten (vgl. Blödorn 1988, 111). Aber auch der internationale Tennis-Zirkus mit seinen ATP- und WTA-Turnieren ist davon betroffen: Freiluftarenen mit verschließbaren Dächern – erstmals bei den Australian Open in Melbourne eingesetzt – gehören heutzutage auch in Deutschland zum üblichen Standard, um den Tennissport für die Spieler, für die Zuschauer vor Ort und auch für die Tennisübertragungen im Fernsehen witterungsunabhängig gestalten zu können. Bei Hallenturnieren werden die Tennisbodenbeläge farblich so voneinander abgesetzt, daß der Zuschauer am Fernsehgerät mühelos dem Spielgeschehen folgen kann.

Seit der Einführung des dualen Rundfunksystems in Deutschland, der allgemeinen Ausweitung der Gesamtsendezeiten und der entstandenen Konkurrenzsituation zwischen öffentlich-rechtlichen und privaten bzw. zwischen privatwirtschaftlichen Anbietern entwickelte darüber hinaus der Lizenzhandel mit Spielfilmen, Serien und Sportübertragungen auf dem Fernsehmarkt in den vergangenen Jahren eine völlig neue Dynamik. Es hat sich die Beschaffung von Programmangeboten zu einem zentralen Faktor im Wettbewerb der Fernsehveranstalter entwickelt, der dadurch verschärft wird, daß nun auf der einen Seite eine wachsende Anbieterzahl mit entsprechender Nachfrage vorhanden ist, auf der anderen Seite hingegen sich verknappende Ressourcen befinden (vgl. Kiefer 1996, 86).

1990, nach Beendigung des vom Bundeskartellamt beanstandeten Globalvertrages zwischen dem Deutschen Sportbund und ARD/ZDF, nach dem den öffentlich-rechtlichen TV-Anbietern die Erstverwertungsrechte zugesichert waren und der außer Fußball und Tennis alle anderen 38 Fachverbände umfaßte, wurden die Senderechte neu aufgeteilt und die Kosten des Sportfernsehens einer inflationären Entwicklung preisgegeben (vgl. Tab. 231.4). Noch 1987 konnten ARD und ZDF die heimische Fußball-Bundesliga für 18 Millionen DM erwerben. Heute muß die Internationale Sportrechte Verwertungsgesellschaft ISPR, eine gemeinsame Tochter von Leo Kirch und dem Springer Verlag, 140 Millionen DM jährlich an den Deutschen Fußball-Bund überweisen.

Tab. 231.4: Entwicklung der Rechtekosten der 1. Fußball-Bundesliga auf dem deutschen Fernsehmarkt (vgl. Liliental 1997, 14)

Fußball-Bundesliga	Lizenzgebühr (in Mio. DM)	Lizenznehmer
1985/86	12	ARD/ZDF
1986/87	16	ARD/ZDF
1987/88	18	ARD/ZDF
1988/89	40	Ufa (RTL/ARD + ZDF)
1989/90	45	Ufa (RTL/ARD + ZDF)
1990/91	50	Ufa (RTL/ARD + ZDF)
1991/92	55	Ufa (RTL/ARD + ZDF)
1992/93–96/97	700	ISPR (SAT.1)
1997/98–1999/2000	540	ISPR (SAT.1)

Auch ein Blick auf die Kostenentwicklung der Übertragungsrechte für internationale Sportgroßveranstaltungen belegt diesen enormen Anstieg. Während die Sommerspiele 1980 in Moskau dem amerikanischen Sender NBC 72,3 Millionen US Dollar wert waren, überwies der gleiche Sender für die Olympischen Spiele 1996 in Atlanta 600 Millionen US Dollar (vgl. Scholz 1993, 32). Neue Rekordsummen wurden für die Übertragungsrechte der Olympischen Sommerspiele 2000 in Sydney mit 603,3 Millionen US Dollar bezahlt.

Aber auch der europäische Fernsehmarkt geriet angesichts der internationalen Kostenexplosionen in heftige Bewegungen: Die European Broadcasting Union (EBU) bezahlte im Jahr 1980 für die Übertragungsrechte an den Olympischen Spielen in Moskau 5,95 Millionen US Dollar, 1988 in Seoul waren es bereits 26 Millionen US Dollar. Die Etablierung der privatwirtschaftlichen TV-Anbieter auf den europäischen Fernsehmärkten und die dabei entstandene Konkurrenzsituation führte in den neunziger Jahren zu weiteren Preissteigerungen: So betrugen die europäischen Übertragungsrechte für die Olympischen Spiele in Atlanta 1996 rund 240 Millionen US Dollar, die bereits geschlossenen Verträge für das Jahr 2008 sehen sogar 459 Millionen US Dollar vor (vgl. Westerloo 1996, 514). Die Zuwachsrate der Senderechte für den europäischen Raum läßt sich somit zwischen den Jahren 1980 und 2008 auf rund 7600 Prozent beziffern (vgl. Abb. 231.3).

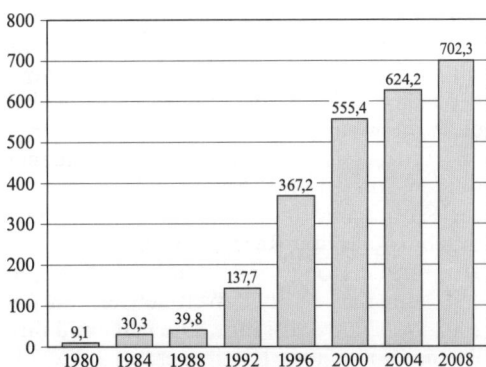

Abb. 231.3: Europäische Übertragungsrechte an den Olympischen Sommerspielen 1980 bis 2008 (in Millionen DM) (vgl. Westerloo 1996, 517)

Ähnlich eindrucksvoll gestaltet sich auch die Entwicklung der Kosten für die Übertragungsrechte an internationalen Fußball-Großereignissen. So kam es angesichts einer steigenden Nachfrage seitens der europäischen Länder nach Übertragungszeiten und einer Aufstockung der Zahl der teilnehmenden Mannschaften von acht auf sechzehn Teams für die Fußball-Europameisterschaften zwischen den Jahren 1980 (3,2 Millionen Schweizer Franken) und 2000 (140 Millionen Schweizer Franken) zu einem Zuwachs von insgesamt 4275 Prozent (vgl. Tab. 231.5). Aber auch die europäischen Liga-Wettbewerbe waren von dieser Entwicklung betroffen. Hier fanden im Zuge der Schaffung neuer Wettbewerbe – so z. B. der Champions League Ende der achtziger Jahre – und der Ausdehnung der Sendezeit auf mehrere Wochentage Preissteigerungen von 400 bis 500 Prozent in drei Jahren statt (vgl. Westerloo 1996, 515)

Tab. 231.5: Entwicklung der europäischen Rechtekosten der Fußball-Europameisterschaften (vgl. Ridder 1997, 316).

Jahr	Teams	Rechtekosten in Mio. sfr	Zuwachs in Prozent
1980	8	3,2	
1984	8	4,1	+ 25
1988	8	5,2	+ 25
1992	8	25,0	+ 400
1996[1]	8	(30,0)	(+ 20)
1996	16	80,0	+ 220
2000	16	140,0	+ 75

[1] Nach ursprünglicher Lizenzvergabe vor Aufstockung auf 16 Teams.

Bei der Vergabe der Fernsehrechte an den Fußball-Weltmeisterschaften ist ebenfalls ein Anstieg der Kosten in den achtziger und neunziger Jahren zu konstatieren, wobei diese Steigerungen im Vergleich zu anderen Sportgroßereignissen als gering bezeichnet werden können (vgl. Abb. 231.4). Ein heftiger Kampf um die Senderechte – mit dem Ergebnis, daß die Rechtekosten explosionsartig in die Höhe schnellten – ist hingegen erst um die Fußball-Weltmeisterschaften 2002 und 2006 entbrannt: Die EBU und ihre Partner boten der FIFA insgesamt 2,2 Milliarden Schweizer Franken für beide Veranstaltungen – wobei der EBU-Anteil auf ca.

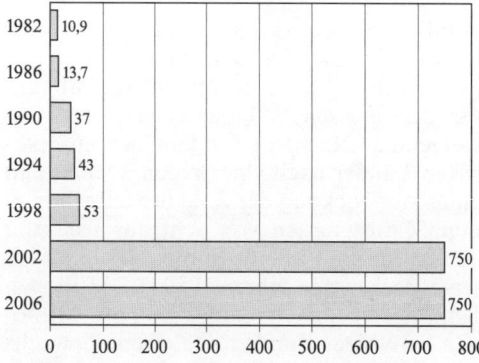

Abb. 231.4: Kosten für die europäischen Übertragungsrechte an den Fußball-Weltmeisterschaften 1982–2006 (in Millionen sfr) (vgl. Westerloo 1996, 516).

1,2 Milliarden Schweizer Franken geschätzt werden kann – und übertrafen hier bei weitem die Rechtekosten, die sie bis einschließlich der Weltmeisterschaft 1996 zu zahlen bereit waren. Den Zuschlag für die Jahre 2002 und 2006 sowie eine Option für 2010 erhielt jedoch Leo Kirch, der gemeinsam mit den Sportrechteagenturen Soris und ISL 2,8 Milliarden Schweizer Franken der FIFA offerierte (vgl. Westerloo 1996, 516).

Da die Kirch-Gruppe nicht nur als mächtiger Inhaber von Fußball-Senderechten agiert, sondern darüber hinaus ein Interesse an der flächendeckenden Verbreitung des digitalen Bezahlfernsehens besitzt, ist die Angst bei den Medienpolitikern und Fernsehzuschauern groß, Fußball-Großereignisse könnten zukünftig nur noch im Pay-TV zu sehen sein. Von Fußball als „gesellschaftlichen Grundnahrungsmittel" war die Rede, Fragen wie „Ist Live-Fußball ein Menschenrecht?" oder „Gibt es ein Bürgerrecht auf Fernsehfußball?" wurden von Journalisten gestellt. Bei einer Anhörung der Rundfunkkommission der Länder am 9. Oktober 1997 in Mainz wurde dann – auf der Grundlage der novellierten EU-Fernsehrichtlinie, die nationale Listen über bestimmte Ereignisse vorsieht, welche von der Vermarktung im Pay-TV ausgeschlossen und über das öffentlich-rechtliche oder werbefinanzierte Fernsehen der Allgemeinheit zugänglich gemacht werden sollten – eine freiwillige Vereinbarung vorgelegt, die ebenfalls eine Liste der zu sichernden Sport-Großereignisse einschloß (vgl. Staatskanzlei Rheinland Pfalz 1997, 4–5).

Am 18. März 1998 einigten sich die Ministerpräsidenten der Länder in Berlin auf eine Liste, welche die Sportereignisse umfaßt, die unverschlüsselt und für jedermann zugänglich im Fernsehen gezeigt werden müssen. Hierzu gehören nunmehr die Olympischen Sommer- und Winterspiele, bei Fußball-Welt- und Europameisterschaften alle Spiele mit deutscher Beteiligung sowie unabhängig von einer Beteiligung der deutschen Nationalmannschaft das Eröffnungsspiel, die Halbfinalspiele und das Endspiel, die Endspiele mit deutscher Beteiligung bei den europäischen Pokalwettbewerben (Champions League, UEFA-Cup), Heim- und Auswärtsspiele der deutschen Fußballnationalmannschaft sowie die Begegnungen im Halbfinale und im Finale beim DFB-Pokal. Diese Liste der Veranstaltungen, die nicht exklusiv vom Pay-TV gesendet werden dürfen, wurde darüber hinaus als Teil in die vierte Novelle des Rundfunkstaatsvertrages aufgenommen (vgl. § 5a des 4. Rundfunkstaatsvertrags).

In bezug auf die Übertragungen der Fußball-WM 2002 in Japan und Südkorea scheint nach langwierigen Verhandlungen, in denen zeitweise auch die Bundesregierung involviert war, eine Einigung zwischen ARD/ZDF und der Kirch-Gruppe erzielt worden zu sein. Die Übertragungsrechte der Fußball-WM im öffentlich-rechtlichen Fernsehen kosten ARD und ZDF ca. 250 Millionen DM und beinhalten eine Garantie für die Ausstrahlung von 25 WM-Endrundenbegegnungen. Ein Übereinkommen für die WM 2006 in Deutschland liegt indes noch nicht vor und soll im Jahr 2003 endgültig verhandelt werden. Das zentrale Anliegen der ARD, bereits jetzt eine feste Zusicherung der Übertragungsrechte vom Kirch-Konzern zu erhalten, blieb bislang unerfüllt. Auch über die Summe der zu zahlenden Übertragungsrechte besteht bislang noch keine Einigkeit. „Möglicherweise wird es zur Finanzierung der Beiträge seitens ARD und ZDF ein weiteres Kompensationsgeschäft mit der Kirch-Gruppe geben. Kirch zeigt sich seinerseits interessiert, die bei ARD und ZDF liegenden Übertragungsrechte an den Olympischen Spielen und den Fußball-Europameisterschaften zu erwerben. Für einen noch auszuhandelnden Betrag will Kirch hier die Rechte an den Sportarten bei Olympia erwerben, die ARD und ZDF nicht im Free-TV zeigen" (vgl. www.sportgericht.de/ Sportarten/Fussball/ TexteFussball/Maerz-2001/TV Rechte/Fussball08032001.htm).

2. Funktion

Das Interesse der Zuschauer an der Sportberichterstattung im Fernsehen scheint ungebrochen. Nach Rühle (2000, 499–500) bezeichnen 54 Prozent der Fernsehzuschauer die Programmsparte „Sport" als für sie persönlich „besonders wichtig" bzw. „wichtig". Damit nimmt der Sport in einer sechsundzwanzig Genres umfassenden Liste den zwölften Rang ein und kann sich neben den Programmgebieten Information und Unterhaltung in der Wertung der Zuschauer an dritter Stelle positionieren. Im Gegensatz zu anderen Programmsparten des deutschen Fernsehens scheint der Sport dabei ein Rezeptionsinteresse bei allen Altersgruppen und Schichten der deutschen Bevölkerung hervorzurufen. Sowohl die Altersgruppe zwischen 14 und 29 Jahren als auch die TV-Zuschauer über 50 Jahre äußern mit jeweils 53 Prozent eine überdurchschnittliche Vorliebe für Sportsendungen im Fernsehen. Und auch bei einer Betrachtung des Bildungsgrads und des Haushaltseinkommens der Zuschauer können nur geringfügige Unterschiede bezüglich des Interesses am Fernsehsport festgestellt werden. Besonderheiten lassen sich bei einer differenzierten Betrachtung der Geschlechter ermitteln: Während ca. 75 Prozent der Männer aller Altersklassen den Sport als „wichtig" bzw. „sehr wichtig" im Programmangebot des deutschen Fernsehens einstufen, sind es bei den weiblichen Zuschauern nur rund 30 Prozent (vgl. Rühle 2000, 499–500). Geschlechtsspezifische Unterschiede sind auch dann offensichtlich, wenn man die Zuschauerpräferenzen in bezug auf spezifische Sportarten untersucht. Fußball, mit 69 Prozent die beliebteste Fernsehsportart der deutschen Bevölkerung, findet – analog zur Formel 1 und dem Radsport – weitaus mehr Interesse bei den männlichen Zuschauern. Ein umgekehrtes Bild ist hingegen beim Eiskunstlauf, Turniertanz und Pferdesport zu erkennen – Sportarten im Fernsehen, die sehr viel mehr Frauen als Männer unter den TV-Rezipienten ansprechen (vgl. Rühle 2000, 502).

Die Rezeption von Sportsendungen im Fernsehen kann dabei für die TV-Zuschauer unterschiedlichste Funktionen erfüllen. Zunächst liegt der Sportberichterstattung die Funktion der Information zugrunde, d.h. die Fernsehzuschauer verfolgen die Sportsendungen, um sich über Sportereignisse, Akteure und deren Leistungen zu informieren, Regeln, Techniken, Taktiken und Strategien der unterschiedlichen Sportarten kennenzulernen sowie ihre eigenen sportlichen Leistungen in einen Bezugsrahmen einzuordnen (vgl. Gleich 2000, 515). Weitaus häufiger nutzen Fernsehzuschauer die Sportsendungen, um sich zu unterhalten, zu entspannen oder anzuregen. Die Funktionen der Information und Unterhaltung bei der Rezeption der Fernsehsportberichterstattung stimmen hierbei mit den zentralen Fernsehnutzungsmotiven überein, die durch die Massenkommunikationsstudie 2000 (vgl. Ridder/Engel 2001) ermittelt wurden. Demnach nutzt der Großteil der deutschen Bevölkerung das Medium Fernsehen, um „sich zu informieren" (92 Prozent), „weil es mir Spaß macht" (84 Prozent) sowie „weil ich dabei entspannen kann" (79 Prozent) (vgl. Ridder/Engel 2001, 108).

Ferner scheint die Sportberichterstattung im Fernsehen Verlusterfahrungen, die die Menschen in unserer modernen Gesellschaft erleben, auf ideale Weise aufzufangen bzw. zu kompensieren. So zeichnet sich unsere heutige Gesellschaft durch eine Routinisierung, Bürokratisierung und Langeweile im Arbeitsleben aus. Der Mensch sucht daher in seiner Freizeit nach Spannung und Abenteuer und wendet sich zunehmend im Bereich der sportlichen Aktivitäten Risiko- und Erlebnissportarten wie Freeclimbing oder Rafting zu. Das Bedürfnis nach Spannung wird aber auch durch die Rezeption von Sportfernsehsendungen befriedigt, ohne daß die Zuschauer selbst Risiken auf sich nehmen. Die dem sportlichen Wettkampf innewohnende Eigendramaturgie, der Spannungsbogen, der durch das jeweilige Sportereignis selbst vorgegeben wird, sowie der ungewisse Ausgang des sportlichen Geschehens tragen zu einer risikolosen Befriedigung der spezifischen Nutzungsmotive bei. Das Gefühl der Anspannung und Aufregung wird zusätzlich verstärkt und bis zum Ende des sportlichen Geschehens aufrecht erhalten, wenn der Zuschauer eine emotionale Beziehung zu einem Sportler und/oder zu einem Team aufgebaut hat. Der Sieg eines favorisierten Sportlers bzw. Teams löst dann positive Gefühle und Freude aus und wirkt sich darüber hinaus auch „positiv auf das eigene Selbstbewußtsein und das Vertrauen in die eigenen physischen, mentalen und sozialen Fähigkeiten" (Gleich 2000, 515) des Zuschauers aus.

Die Identifikation der Zuschauer mit einem Sportler und/oder einem Team nimmt in vielen Fällen Züge einer modernen Heldenverehrung an, wie sie seit längerem bereits in bezug auf Akteure der Show- und Popbranche bekannt ist. Der Star und die Berichterstattung über ihn werden insbesondere für junge Menschen zum Lebensinhalt. Diese Identifikationsprozesse und die Verehrung der sportlichen Helden, der gleichsam die Funktion einer Ersatzreligion in unserer enttranszendierten Gesellschaft gleichkommt, werden durch das Medium Fernsehen und die Sportsendungen der Sender noch verstärkt, indem die Sportberichterstattung den Trend zur Personalisierung aufweist. Hierbei werden nicht nur Sieg und Niederlage, Erfolg und Mißerfolg einzelnen Protagonisten des Sportgeschehens zugeschrieben, auch die zahlreichen Einblicke in das Privatleben und das Umfeld der Athleten erleichtern die emotionalen Bindungen des Zuschauers zu dem Sportler.

Darüber hinaus ist in unserer Gesellschaft eine Zunahme des Nicht-Verstehens und der Intellektualisierung zu beobachten. Durch die Informationsflut, die die Bevölkerung täglich über unsere modernen Medien erreicht, tritt eine Überlastung ein, der nur noch wenige Menschen gewachsen sind. Somit wird die bereits bestehende Wissenskluft zwischen Wissenseliten und Unwissenden in unserer Gesellschaft zunehmend größer. Angesichts dieser Informationsüberlastung suchen immer mehr Menschen das Anschauliche und Allgemeinverständliche. Auch hier können der Sport und die Fernsehsportberichterstattung eine Hilfe darstellen, denn über die Definition der ihm zugrundeliegenden Regeln ist er von jedermann auf relativ einfache Art und Weise nachzuvollziehen. Aus diesem Grund ist der Sport auch ein beliebter Kommunikationsinhalt in unserer Gesellschaft, die sich zunehmend durch Differenzierung und Spezialisierung auszeichnet. Sport bietet ein ideales Kommunikationsthema innerhalb der Alltagskultur – sei es am Arbeitsplatz, in der Schule oder beim Treffen mit Freunden. Diese Kommunikation wird intensiviert, wenn Sportereignisse wie z.B. Fußball-Weltmeisterschaften oder Olympische Spiele in Gruppen gesehen werden und somit die Rezeption spezifischer Sportveranstaltungen in einer modernen Gesellschaft, die zunehmend einen Gemeinschaftsverlust zu beklagen hat, zum Gemeinschaftserlebnis wird.

Häufig werden auch nichtsportbegeisterte Zuschauer bei Großereignissen im Fußball oder bei den Olympischen Sommer- und Winterspielen vor den Fernsehbildschirm gelockt. Es wird dabei vermutet, daß diese Sportereignisse über einen rituellen Charakter mit einem hohen symbolischen Wert verfügen. „Sie werden (…) häufig mit allgemeinen Werten wie Humanität, Fairneß und Sportlichkeit bzw. Völkerverständigung in Verbindung gebracht. Durch ihre Symbolik (Flaggen, Nationalhymnen etc.) symbolisieren sie für den Zuschauer aber auch nationale Werte wie Patriotismus und Stolz" (Gleich 2000, 516).

3. Präsentationsformen

Sportsendungen im Fernsehen beschränken sich in ihren Sendekonzeptionen nicht auf die

Darstellung der Sportereignisse und die Wiedergabe sportlicher Leistungen. Vielmehr greifen Fernsehveranstalter, Bildregisseure, Reporter und Moderatoren zu spezifischen Präsentations- und Inszenierungsmustern, um den Erlebniswert des Sports und der Fernsehsportberichterstattung zu steigern und das Interesse der Rezipienten vor den Bildschirmen zu wecken. Modernste Übertragungstechniken und neue Präsentationsformen werden eingesetzt, außergewöhnliche Inhalte werden präsentiert, Bemerkenswertes am Rande wird aufgegriffen und in einer Mischung aus Information, Unterhaltung, Sensation und Emotion dargeboten, um das Fernsehpublikum an den Bildschirm und somit an den Sender zu binden.

Dabei kommt es zu einer zeitlichen Streckung der Sportfernsehereignisse. Daß ein Fußballspiel – so wie es einst Sepp Herberger beschrieben hatte – 90 Minuten dauert, gehört längst der Vergangenheit an. 30–60 Minuten Vorberichterstattung, Stimmen in der Halbzeitpause, Nachberichterstattung mit einer Zusammenfassung der wichtigsten Spielszenen inklusive Zeitlupe, einer Analyse vom Fachmann sowie Interviews mit Spielern und Trainern ist heute bei allen Sendern – ob öffentlich-rechtlich oder privat – zum Standard geworden. Auch bei der Berichterstattung über die Formel 1 läßt sich diese Tendenz beobachten. So wurden beispielsweise vom Großen Preis in Malaysia im Jahr 2000 insgesamt 7 Stunden ohne Unterbrechung durch den privaten Anbieter RTL berichtet. Die Live-Übertragung des Rennens umfaßte 1 Stunde und 45 Minuten, die restliche Sendezeit wurde mit Vorberichten, Highlights, einer Wiederholung des Rennens sowie einem Rückblick auf die Formel 1-Saison 1999/2000 bestritten. Diese künstliche Ausweitung des eigentlichen sportlichen Geschehens erhöht nicht nur den Produktionsaufwand bis in Dimensionen der Unterhaltungsbranche, sondern verdeckt und verfremdet immer mehr den Sport, um den es eigentlich gehen sollte.

In engem Zusammenhang zu der Ausweitung der Gesamtsendezeit eines Sportereignisses steht auch der erhöhte personelle Aufwand, den die TV-Anbieter bei Live-Übertragungen betreiben. Nimmt man als Beispiel ein Ski-Weltcuprennen, so wurde zu Beginn der achtziger Jahre des 20. Jahrhunderts im Anschluß an die Sendemelodie der Eurovision das Rennen von Anfang bis Ende von einem einzigen Kommentator präsentiert. Heute, im Zeitalter der dualen Konkurrenz, moderieren zwei Personen – ein Sportjournalist des TV-Anbieters und ein ehemaliger Aktiver – in freier Natur das Weltcuprennen an. Hinzu kommen zwei Personen für den Kommentar des Sportereignisses, wobei auch hier wiederum ein ehemaliger Aktiver als Co-Kommentator eingesetzt wird, ein Sportreporter für die Interviews im Zielraum sowie ein Sportjournalist im heimatlichen Studio, der die wichtigsten Ergebnisse noch einmal in Kurzform zusammenfaßt (vgl. Henkel 1997, 222). Aber auch beim Fußball ist dieses Phänomen festzustellen. So waren bei der Fußball-Europameisterschaft in Belgien und den Niederlanden im Jahr 2000 ARD und ZDF, welche die Übertragungsrechte für den bundesdeutschen Fernsehmarkt besaßen und im täglichen Wechsel von der EM berichteten, mit nahezu 500 Mitarbeitern im Einsatz. Neben Moderatoren in den ARD- und ZDF-Studios vor Ort, den traditionellen Kommentatoren auf der Tribüne, den Reportern für die Spieler- und Trainerinterviews setzten beide Sender auch auf sogenannte Experten. Für die ARD war der vielfach ausgezeichnete Günter Netzer gemeinsam mit Gerhard Delling tätig. Das ZDF wiederum bot für jede teilnehmende Mannschaft einen Fachkommentator auf, also 16 Personen an der Zahl, darunter Jupp Heynckes – Experte für das Team aus Portugal – Steffen Freund – zuständig für das englische Team – sowie Otto Rehagel und Ion Tiriac im Auftaktspiel der deutschen Mannschaft gegen Rumänien. Und da der ZDF-Sportchef Wolf-Dieter Poschmann für die Europameisterschaft am Bildschirm „Unterhaltung und Infotainment im besten Sinne" versprochen hatte, verpflichteten die beiden Sender neben den Fachleuten auch Fachfremde aus der Unterhaltungsbranche, welche ausschließlich für den Spaß und die gute Laune der deutschen Fernsehzuschauern sorgen sollte, so z. B. der Comedy-Star Piet Klocke für das ZDF sowie der Stimmenimitator Elmar Brandt für die ARD (vgl. Hahn 2000, 39).

Ferner kommen vermehrt neue Übertragungstechniken in der Sportberichterstattung zum Einsatz. Wo früher drei oder vier Kameras ein Sportereignis einfingen, sind es nun bis zu zwanzig, einige davon als mobile Begleiter am Rande der Laufbahn, des Schwimmbeckens, des Fußballfeldes oder auf der Skipiste. So setzten die holländischen und belgischen Sender bei der Fußball-Europameisterschaft 2000 pro Spiel insgesamt 18 Kameras ein, bis zu 5 weitere Kameras von ARD und ZDF sorgten darüber hinaus dafür, daß der deutsche Zuschauer im Fernsehsessel jede Aktion seines Teams hautnah mitverfolgen konnte. Vermehrter Kameraeinsatz, ereignisnahe Kameraführung, aber auch die Helmkamera beim Skifahrer, Ski- oder Fallschirmspringer ist bei Bildregisseuren ein beliebtes Mittel, der fehlenden dritten Dimension des Fernsehbildes wenigstens nahezukommen und Tiefe zu vermitteln sowie Ersatzempfindungen für Geschwindigkeit zu erzeugen. Auch bei Auto- und Motorradrennen wird diese Präsentationsform gewählt, um den Zuschauer zusätzlich zu informieren, vor allen Dingen aber um ihn zu unterhalten. Mit der Miniaturisierung der Kameraformate wurde zudem eine Entwicklung eingeleitet, deren Ende noch nicht abzusehen ist. Immer häufiger ist der Fernsehzuschauer in der Lage, Aktion und Umfeld nahezu oder gänzlich aus der Sicht der Aktiven zu verfolgen. Minikameras stecken in den Hindernissen der Springreiter, an der Hochsprunglatte, im Tennisnetz und das elektronische Auge im Netz des Fußballtors suggeriert die Perspektive des Torhüters. Noch direkter, aber auch bewegungsbedingt unruhiger vermittelt die Helmkamera des Eishockey-Torwarts die Hektik rund um das kleine Torgehäuse (vgl. Doetz 1994, 74). Der vermehrte Kameraeinsatz hat aber auch zur Folge, daß dem Zuschauer eine Reihe von Bildern von Nebenschauplätzen des sportlichen Geschehens präsentiert wird. So rücken immer häufiger die Trainer, Fans oder Spielerfrauen in das Zentrum der Berichterstattung und ergänzen so den eigentlichen Sport.

Auch neuartige Inszenierungsformen finden vielfach bei den Angeboten der Programmsparte „Sport" Berücksichtigung. Ähnlich den Sendungen des Reality-TV hat sich auch bei Sportsendungen das Abbilden mit Hilfe von Ausschnitten, von Nah- und Großeinstellungen bewährt. So bringen die ausgewählten Bildausschnitte Einzelheiten des Geschehens dem Zuschauer nahe, oftmals bis zur Grenze des journalistischen Ethos. Der schnelle Wechsel von Bildausschnitten vermittelt dem Zuschauer Spannung, hält seine Neugier wach und läßt ihn auch geistig kaum abschalten, da er immer wieder mit neuen, nicht erwarteten Reizen konfrontiert wird. Der dabei angewandte blitzschnelle Wechsel von Perspektiven mit ständig wechselnden Bildinhalten in stets veränderten Größen des Bildausschnittes gehört mit zu den Reizen, die den Zuschauer in Erregung bringen und halten (vgl. Hattig 1994, 170). Zum gesteigerten Informationsgehalt gesellt sich auch neben erhöhter Dynamik eine – dank der Superzeitlupe – neue Ästhetik. Sie rückt in bisher nicht erlebter Intensität alle Komponenten sportlicher Höchstleistung ins Blickfeld – Qual, Härte, Dynamik, Kraft, Energie, Gefahr – und dazu die Reaktionen der sportlichen Helden: Zorn, Wut, Aggression, Erleichterung, Unverständnis, Haß, Entspannung, Staunen, Entsetzen (vgl. Doetz 1994, 74). Technik steht nun für die mediengerechte Aufbereitung des Sports: Leistung plus Emotion. Die Inszenierung von Bildfolgen, d.h. die Aneinanderreihung einzelner Ausschnitte zu einer Einheit, ist in der Sportberichterstattung mehr als die Summe einzelner Teile des Ereignisses: Sie ist Fernsehwirklichkeit. Und diese andere, fernsehkonforme Realität des Sports muß dem Rezipienten Spannung, Dramatik und Unterhaltung bieten, so daß er nicht abschaltet und, bei entsprechendem Angebot, immer wieder einschaltet. Dieses Herstellen der Fernsehwirklichkeit hatte jedoch zur Folge, daß sportliches Geschehen, das nicht den Kriterien Spannung und Dramatik entspricht, von den Fernsehanbietern optisch und verbal aufbereitet und gestaltet wird. So wird z. B. ein Fußball-Bundesligaspiel, das sich vorwiegend im Mittelfeld abspielt und langsame Sequenzen aufweist, durch die Zusammenfassung der spannendsten Szenen, Detailaufnahmen und schnelle Schnittfolgen verfälscht, da sportartinterne Langeweile dem Kunden der Sender nicht geboten werden darf. Ein großes Spektrum an technischen Tricks und Kunstgriffen wird eingesetzt, um den Zuschauer an das Medium zu binden und die Neigung des Menschen anzusprechen, Höhepunkte zu erleben (vgl. Hattig 1994, 182–187). Sie werden eingesetzt, um Spannung, Abwechslung und Attraktivität des Sports künstlich zu steigern.

Neben der Präsentation von zahlreichen Bildern aus unterschiedlichsten Perspektiven und den Kommentaren der Sportjournalisten und Co-Kommentatoren erreichen den Zuschauer auch eine Reihe von Fakten in Form von Tabellen, Statistiken, Ranglisten sowie Einblendungen von Spielzeit, Spielstand, Aufstellungen, aktuellen Klassements etc. Diese Steigerung des Informationsgehaltes durch graphisch anspruchsvoll aufbereitete Zusatzinformationen helfen den Zuschauern in vielen Sportarten, das Geschehen zu verfolgen und das Gesehene besser einordnen zu können (z. B. Biathlon), immer häufiger wird jedoch auch Statistik betrieben, die keinerlei sportlichen oder informativen Wert aufweist. Wenn in den SAT.1-Sendungen „ran" und „ranissimo" der Zuschauer erfährt, wann es die schnellste gelbe Karte in einem Spiel gegeben hat, seit wann Borussia mal wieder vier Gegentore in einem Spiel hinnehmen mußte, seit wieviel Jahren der VfB beim VfL nicht mehr gewonnen hat, daß Hansa in der ersten Halbzeit mehr Abseitsstellungen als Torschüsse zu verzeichnen hatte (vgl. Kuhlmann 1997, 10), so stellt sich sicherlich die Frage nach Bedeutung und Zweck dieser Informationen.

Der Hochleistungssport weist strukturell viele Übereinstimmungen mit der Show- und Pop-Industrie auf. Beide Branchen leben von Stars, im besten Falle von Persönlichkeiten mit hohem Unterhaltungswert. Noch hat sich das Medium Fernsehen nicht so weit vom Sport entfernt, daß es das Leistungsprinzip ad absurdum geführt hätte. Ohne Siege bzw. Titel hätten Boris Becker, Franziska van Almsick, Michael Schumacher und Henry Maske im Fernsehen weder Bühne noch Forum gefunden. Doch in einer Zeit, da Pop- und Showgrößen die Rolle des Idols immer öfter an Sportler abgeben, verwischen sich die schon länger durchlässigen Grenzen zwischen Showbranche und Sport mehr und mehr (vgl. Doetz 1994, 78). Somit ist es nicht überraschend, daß Praktiken des Popgewerbes auf den Sport transferiert werden und eine Steigerung der Starorientierung beobachtet werden kann. Ein Beispiel hierfür ist Magdalena Bzreska, jung, hübsch und national führend in der vom Sportfernsehen weitgehend ignorierten Rhythmischen Sportgymnastik. Fotos im Lolita-Look, Auftritten als Sängerin und „Vorturnerin" in Fitness-Sendungen sowie einem Millionen-Werbevertrag mit einem Immobilienunternehmen brachten der damals Sechzehnjährigen nicht nur Schlagzeilen in der Presse, sondern auch eine sporterfolgsunabhängige Präsenz in Sportsendungen.

Der Fernsehsport, so wie er sich den Zuschauern heute präsentiert, wird von den Sendern vorwiegend als Unterhaltungsware angesehen. Dieser Trend zum Infotainment und Entertainment zeigt eine große Übereinstimmung mit der allgemeinen Entwicklung des bundesdeutschen Fernsehens und ist sowohl bei öffentlich-rechtlichen als auch privaten Anbietern festzustellen. Dies führt dazu, daß bei Live- und Studioinszenierungen eine Reihe von Unterhaltungselementen, wie z. B. Quizfragen oder Gesangseinlagen von Ehefrauen bekannter Fußballspieler, bewußt integriert wird, um die Bedürfnisse der Rezipienten nach Unterhaltung und Zerstreuung zu befriedigen. Eine wichtige Rolle in den Konzeptionen der Sportsendungen hat dabei das Studiopublikum übernommen. Animiert von professionellen „Einpeitschern" werden Sportsendungen wie „ran", „ranissimo" und „Das Aktuelle Sportstudio" von inszeniertem Beifall des Publikums begleitet, so daß dem Rezipienten am Fernsehschirm der Eindruck vermittelt wird, die Begeisterung für die Sendung und den Moderator lasse sich nur mit Mühe in Grenzen halten. Auch die Moderatoren der Sportsendungen stellen ein Mosaikstück in dieser Konzeption dar: Jugendlich und attraktiv ist ihr Auftreten, dynamisch und mit lockeren Sprüchen führen sie durch die Sendung. So stehen z. B. die Namen „Beckmann" und „Kerner" nicht nur für die Moderation der Sportsendung, sie sind Programm. Somit ist es auch nicht erstaunlich, daß Moderatoren der Unterhaltungsbrache in der Programmsparte „Sport" eingesetzt werden (z. B. Jauch, Steinbrecher) bzw. Sportmoderatoren Ausflüge in den Unterhaltungssektor unternehmen (z. B. Kerner, Wontorra). Dies schlägt sich nicht nur bei der Präsentation von Berichten nieder, sondern auch in der Interviewführung. Immer häufiger rücken Human-Touch-Fragen in den Mittelpunkt des Interesses, aber auch Zwistigkeiten zwischen Trainern und Spielern, der Spieler untereinander und zwischen Managern und Trainern werden medienwirksam hochgepuscht und in Szene gesetzt. Mit der Dominanz der Unterhaltungselemente innerhalb des Fernsehsports geht aber auch ein Defizit an vertiefender und recherchierender Berichterstattung einher. Sendekonzepte der inzwischen eingestellten Sportsendungen „Sport unter der Lupe" (SW 3) oder „Sportspiegel" (ZDF) können als Ausnahmeerscheinungen in der sich sonst durch Konformität und Uniformität auszeichnenden TV-Sportberichterstattung angeführt werden.

4. Texttypen

Da in der Berichterstattung über Sport im Fernsehen die Möglichkeit besteht, zeitgleich zum Sportereignis zu berichten, stellt sich die Frage nach den verschiedenen Sendeformen und Textsorten, mit Hilfe derer die Sportangebote im Fernsehsystem dem Rezipienten vor dem Bildschirm dargeboten werden. Es ist somit zu vermuten, daß insbesondere die Live-Sportberichterstattung einen großen Stellenwert bei den Fernsehanbietern einnimmt. Den Ergebnissen der Studie von Scholz (1993, 216) zufolge wurden im Jahr 1989 insgesamt 36,7 Prozent der Sportangebote bzw. 1185 Stunden als Live-Berichterstattung gesendet. Einen höheren Wert konnten lediglich die Reihensendungen erzielen, welche mit 46,3 Prozent bzw. 1495 Programmstunden auch deutlich vor allen anderen Sendeformen rangierten. Insbesondere bei den TV- Anbietern WDR 3 (67,8 Prozent) und SAT.1 (64,2 Prozent) überwog im Jahr 1989 die Live-Berichterstattung, aber auch im Ersten Programm der ARD dominierte diese Art der Sportberichterstattung. Demgegenüber wies die Programmsparte „Sport" der Sender 3sat, Tele 5 und Super Channel überwiegend bzw. nahezu ausschließlich Sportreihensendungen in ihren Programmen auf. Aber auch bei den Vollprogrammen ZDF (46,3 Prozent) und RTL plus (41,0 Prozent) stellen die Reihensendungen die bevorzugte Art innerhalb der Sportberichterstattung dar.

Auch Krüger befaßt sich in seinen Programmanalysen zum dualen Fernsehsystem mit den unterschiedlichen Arten der Sportberichterstattung der vier großen TV-Anbieter in Deutschland. Hierbei erfolgt eine Differenzierung in die Kategorien „Sportinformation" und „Sportdarbietung". In den Bereich der Sportinformation fallen alle Angebote, „in denen über Ereignisse in eigenständiger redaktioneller Arbeit berichtet wird, und zwar in Form von Sportnachrichten, Sportmagazinen oder Sportberichten einschließlich der redaktionell ausgewählten filmischen Zusammenschnitte von Ereignissen. Unter Sportdarbietung fallen alle Sendungen, in denen ein Sportereignis in ungekürzter Länge (als Regelfall) live übertragen oder zeitversetzt ausgestrahlt wird, wobei sich die journalistische Arbeit weitgehend auf Kommentierung beschränkt" (Krüger 1992, 290).

Die öffentlich-rechtlichen Programme ARD und ZDF bestreiten ihr Sportprogramm überwiegend mit Angeboten aus der Kategorie „Sportdarbietung". Insbesondere in den Anfangsjahren des dualen Fernsehsystems wiesen beide Anbieter weitaus höhere Prozentwerte in der live bzw. zeitversetzten Ereignisberichterstattung auf. Für die neunziger Jahre des 20. Jahrhunderts können aber auch Unterschiede in der Art der Sportberichterstattung zwischen dem Ersten Programm der ARD und dem ZDF durch Krüger ermittelt werden. So dominiert bei der ARD zwischen 1994 und 1998 eindeutig die Kategorie „Sportdarbietung", während das ZDF von 1989 bis 1995 das Sportprogramm in Form von Sportinformationen gestaltet (vgl. Tab. 231.6).

Tab. 231.6: Anteile der Kategorien „Sportinformation" und „Sportdarbietung" an der Sportberichterstattung der TV-Anbieter ARD und ZDF von 1986 bis 1999 (in Prozent) (vgl. Krüger 1993, 249–250; 1995, 74; 1997, 358; 1998, 318; 2000, 283)

	ARD		ZDF	
	Sport-Information	Sport-Darbietung	Sport-Information	Sport-Darbietung
1986	26,2	73,8	39,8	60,2
1987	33,0	67,0	32,6	67,4
1988	23,9	76,1	25,6	74,4
1989	50,6	49,4	84,6	15,4
1990	40,8	59,2	70,6	29,4
1991	52,9	47,1	51,9	48,1
1992	54,0	46,0	74,5	25,5
1993	67,4	32,6	55,1	44,9
1994	44,6	55,4	79,4	20,6
1995	35,3	64,7	71,4	28,6
1996	48,3	51,7	42,7	57,3
1997	49,0	51,0	43,8	56,2
1998	25,6	74,4	43,3	56,7
1999	52,9	47,1	35,3	64,7

Beim privatkommerziellen Fernsehanbieter RTL läßt sich zu Beginn der dualen Konkurrenz – d.h. zwischen den Jahren 1986 und 1988 – eine Dominanz der Sportdarbietung beobachten. Der größte Teil des RTL-Sportprogramms wurde in diesem Zeitraum somit in Form von live bzw. zeitversetzt ausgestrahlter Ereignisberichterstattung bestritten. Mit dem Erwerb der Übertragungsrechte an der 1. Fußball-Bundesliga zur Saison 1988/1989 nahm der Anteil in der Kategorie „Sportinformation" durch die Einführung von Sportreihensendungen (z. B. „Anpfiff") sprunghaft auf über 84 Prozent zu. Diese hohen Werte im Bereich der Sportinformation weist der Sender bis einschließlich 1992 auf, d.h. bis zu dem

Zeitpunkt, als die ISPR für SAT.1 die Senderechte der 1. Fußball-Bundesliga erwerben konnte. Daraufhin erfolgte bei RTL wiederum eine eindeutige Konzentration auf die Sportdarbietung, deren Anteil an der gesamten Sportberichterstattung des Anbieters sich nunmehr zwischen 70 Prozent (1997 und 1998) und 93,7 Prozent (1993) bewegte (vgl. Tab. 231.7). Eine entgegengesetzte Entwicklung ist bei SAT.1 zu konstatieren. Auch hier überwog in den Anfangsjahren der Längsschnittstudie die Sportberichterstattung in Form von Angeboten aus der Kategorie „Sportdarbietung". Ab Ende der achtziger Jahre des 20. Jahrhunderts ist aber eine nahezu kontinuierliche Verschiebung der prozentualen Anteile zugunsten der Sportinformation festzustellen. So ermittelte Krüger beispielsweise im Jahr 1997 einen Wert von 100 Prozent für diese Art der Sportberichterstattung (vgl. Tab. 231.7). Die Gründe für dieses Ergebnis liegen hierbei in der ausgedehnten Berichterstattung über die 1. Fußball-Bundesliga in den Sportreihensendungen „ran" und „ranissimo".

Tab. 231.7: Anteile der Kategorien „Sportinformation" und „Sportdarbietung" an der Sportberichterstattung der TV-Anbieter RTL und SAT.1 von 1986 bis 1999 (in Prozent) (vgl. Krüger 1993, 251–252;1995, 74; 1997, 358; 1998, 318; 2000, 283)

	RTL		SAT.1	
	Sport-Information	Sport-Darbietung	Sport-Information	Sport-Darbietung
1986	39,8	60,2	25,0	75,0
1987	32,6	67,4	–	100,0
1988	25,6	74,4	10,5	89,5
1989	84,6	15,4	18,2	81,8
1990	70,6	29,4	26,7	73,3
1991	51,9	48,1	31,0	69,0
1992	74,5	25,5	56,9	43,1
1993	6,7	93,7	37,0	63,0
1994	20,0	80,0	71,4	28,6
1995	16,8	83,2	80,4	19,6
1996	18,2	81,8	90,7	9,3
1997	30,0	70,0	100,0	–
1998	30,0	70,0	77,9	22,1
1999	14,8	85,2	97,5	2,5

Auch die Studie von Rühle (2000) befaßt sich mit den verschiedenen Sendeformen und Textsorten innerhalb der Fernsehsportberichterstattung. Auf der Basis ausgewählter TV-Anbieter wird für das Jahr 1999 eine starke Orientierung auf die Reportage ermittelt, welche fast die Hälfte der Gesamtsportsendezeit ausmacht (vgl. Tab. 231.8). Ferner nehmen in der Sportberichterstattung die Übertragungen von Sportereignissen sowie die Magazinsendungen einen höheren Stellenwert ein. Talksendungen und Sportnachrichtensendungen hingegen werden lediglich bei einzelnen TV-Programmen (z. B. DSF) eingesetzt.

Tab. 231.8: Sportberichterstattung ausgewählter TV-Anbieter nach Sendungsformen (Sendedauer in Prozent) (Rühle 2000, 505)

Programm	Übertragungen	Reportagen/ Dokumentationen [1]	Magazine	Unterhaltung [2]
Das Erste	59	20	20	1
ZDF	43	21	36	–
N 3	15	84	1	–
WDR 3	34	19	45	2
H 3	17	35	47	–
SW TV	44	27	28	–
BFS	11	28	59	2
B 1	6	48	46	1
MDRFS	19	62	19	1
ORB 3	11	24	64	1
RTL	66	34	–	–
SAT.1	9	5	86	–
Eurosport	47	45	6	–
DSF	15	57	8	10
Gesamt in min.	283614	422326	137652	38917
Gesamt in h	4727	7930	2294	649
Gesamt in Prozent	31	46	15	4

[1] Hierunter werden zusammengefaßt: Reportagen/Dokus, Lesungen/Meditation/Bildbetrachtung, Verlautbarung/ Ansprache, Dokumentationen mit fiktionalen Hilfsmitteln/ Dokufilm, Bildungsfernsehen.
[2] Hierunter werden zusammengefaßt: Show, Musikpräsentation.

Rühle (2000) stellte darüber hinaus senderspezifische Unterschiede fest. So liegt der Schwerpunkt der DSF-Berichterstattung auf der Begleit- und Berichterstattung in Form von Reportagen, während Eurosport eine Ereignisorientierung mittels Live-Übertragungen präferiert. Auch bei den öffentlich-rechtlichen Vollprogrammen ARD und ZDF wird vorrangig die Sportberichterstattung von Übertragungen großer Sportereignisse bestimmt, wobei beide TV-Anbieter auch für Magazine und Reportagen eine große Sendedauer einräumen. Die Sportberichterstattung der Drittem Programme der ARD zeichnet sich vor allem durch Magazinformate aus. Diese Formatkategorie macht beispielsweise beim BFS einen prozentualen Anteil von 59 Prozent aus. Lediglich beim Südwestfernsehen kann ein vergleichsweise hoher Wert bei den Live-Übertragungen festgestellt werden. Die privaten Vollprogramme RTL und SAT.1 verfolgen eine unterschiedliche Prioritätensetzung: Die Sportberichterstattung des Kölner Privatsenders RTL ist durch Live-Übertragungen gekennzeichnet, SAT.1 bestreitet sein Programm überwiegend mit Magazinsendungen.

Empirische Untersuchungen zu einzelnen Textsorten in der Fernsehsportberichterstattung liegen hingegen nur vereinzelt vor. So befaßt sich beispielsweise Schaffrath (2000) in einer empirischen Vergleichsstudie mit dem sportjournalistischen Interview im deutschen Fernsehen bei Fußballübertragungen. Durch die Analyse von insgesamt 214 Interviews bei 22 Live-Übertragungen der Sender ARD, ZDF, RTL, SAT.1, DSF und Premiere wurde festgestellt, daß die wichtigsten Gesprächspartner der Sportjournalisten die Trainer mit rund 44 Prozent darstellen. Die eigentlichen Akteure des Sports, die Spieler, liegen mit 26,3 Prozent noch hinter den Funktionären (29,0 Prozent) (vgl. Schaffrath 2000, 66). Der für das Fußball-Interview bevorzugte Ort ist für alle untersuchten TV-Anbieter das Studio, die Interviews werden hierbei in der Regel nach dem Spiel durchgeführt. Das Thema, das in den Interviews vorwiegend angesprochen wird, ist die Bewertung und Analyse des aktuellen Spiels. Themenbereiche, die Hintergründe des sportlichen Geschehens beleuchten (z.B. Trainingsmethoden, medizinische Aspekte) oder auf eine Personalisierung und Boulevardisierung der Sportberichterstattung hindeuten, konnte Schaffrath (2000, 68 und 70) hingegen nur selten ermitteln.

Ein weiterer Bestandteil der Untersuchung war die Ermittlung qualitativer Merkmale der Interviewfragestellungen und deren Beantwortung durch die Interviewpartner. Die Mehrzahl der Fragen (44,1 Prozent) wurden demnach als Sachverhaltsfragen und Stichworte gestellt, bei denen nach einer faktizierbaren Information verlangt wird. Die Gruppe der Kommentarfragen – d. h. Fragen, bei denen der Interwiewer bereits seine persönliche Einschätzung zu dem nachgefragten Sachverhalt in die Fragestellung integriert – wurde mit nahezu 20 Prozent ebenfalls häufig angewandt, während Suggestivfragen kaum Einsatz in den Fußball-Interviews finden (vgl. Schaffrath 2000, 91–100).Dabei war auffällig, daß bei einige Sportjournalisten die Nachvollziehbarkeit der Fragen durch die Artikulation von Lautsubstraten (z.B. „äh", „em") gestört wird. Aber auch die befragten Spieler, Trainer und Funktionäre weisen zu mehr als 60 Prozent diese Lautsubstrate in ihren Antworten auf. Ferner lassen sich bei den interviewten Personen eine Vielzahl an Versprechern, der Gebrauch des falschen Artikels sowie die Verwendung von stereotypen Phrasen und Floskeln in ihren Antworten nachweisen (vgl. Schaffrath 2000, 157).

5. Literatur

ARD (Hrsg.), ARD-Jahrbuch 1974. Hamburg 1974.

ARD (Hrsg.), ARD-Jahrbuch 1975. Hamburg 1975.

ARD (Hrsg.), ARD-Jahrbuch 1976. Hamburg 1976.

Bleicher, Joan Kristin/Rolf Großmann/Gerd Hallenberger/Helmut Schanze, Deutsches Fernsehen im Wandel. Perspektiven 1985–1992. Siegen 1993.

Blödorn, Manfred, Das magische Dreieck: Sport – Fernsehen – Kommerz. In: Neue Medienstrukturen – neue Sportberichterstattung? Hrsg. v. Wolfgang Hoffmann-Riem, Baden-Baden. Hamburg 1988, 100–129.

Doetz, Jürgen (Hrsg.), Faszination Fernsehen. Zehn Jahre nach dem medienpolitischen Urknall. Berlin 1994.

Foltin, Hans-Friedrich/Gerd Hallenberger, Vom Sport im Fernsehen zum Fernsehsport. Zur Geschichte und aktuellen Situation der Sportsendungen. In: Unterhaltung, Werbung und Zielgruppenprogramme. Hrsg. v. Hans D. Erlinger/Hans-Friedrich Foltin. München 1994, 113–141.

Gleich, Uli, Merkmale und Funktionen der Sportberichterstattung. Sport und Medien – ein Forschungsüberblick. In: MP 11/2000, 511–516.

Großhans, Götz-Tillmann, Fußball im deutschen Fernsehen, Frankfurt 1997.

Hackforth, Josef, Sport im Fernsehen. Münster 1975.

–, Sport und Fernsehen. In: Sport und Massenmedien. Hrsg. v. Josef Hackforth/Siegfried Weischenberg. Bad Homburg 1978, 29–37.

Hahn, Jörg, Quotenbringer Sport. In: Frankfurter Allgemeine Zeitung vom 17. September 1997, o.S.

Hahn, Jörg, Traumquoten sollen die Privaten zu Tränen rühren. In: Frankfurter Allgemeine Zeitung vom 29. April 2000, 39.

Haid, Thomas, Die Allianz der Neuzeit: Fußball und TV. In: Stuttgarter Zeitung vom 16. September 1997, o.S.

Hattig, Fritz, Fernsehsport. Im Spannungsfeld von Information und Unterhaltung. Butzbach-Griedel 1994.

Henkel, Doris, Wie war's Katja? In: Programmbericht zur Lage und Entwicklung des Fernsehens in Deutschland 1996/97. Hrsg. v. Arbeitsgemeinschaft der Landesmedienanstalten in der Bundesrepublik Deutschland. Berlin 1997, 221–225.

Hoffmann-Riem, Wolfgang, Sport – vom Ritual zum Medienspektakel. In: Neue Medienstrukturen – neue Sportberichterstattung? Hrsg. v. Wolfgang Hoffmann-Riem. Baden-Baden/Hamburg 1988, 11–20.

Holz, Peter/Helga Holz, Bildschirmsport als Mythos – das Aktuelle Sportstudio. In: Sport und Berichterstattung. Hrsg. v. Helmut Digel. Reinbek bei Hamburg 1983, 135–147.

Institut für Medienanalysen (Hrsg.), Jahrbuch Sport im Fernsehen 1996. Karlsruhe 1997.

Kiefer, Marie-Luise, Das duale Rundfunksystem – wirtschaftstheoretisch betrachtet. In: Medientransformation. Zehn Jahre dualer Rundfunk in Deutschland. Hrsg. v. Walter Homberg/Heinz Pürer. Konstanz 1996, 81–97.

Kuhlmann, Detlef, Die Versportlichung der Gesellschaft hat ihren Preis. In: Olympisches Feuer (1997) 3, 9–10.

Liliental, Volker, Fest im Griff. Sportvermarktung im Fernsehen. In: Journalist (1997) 7, 12–17.

Morhart, Carl, Wie viel Geld für welche Spiele? Mittelaufwendungen und Programmplazierungen seit 1984. In: Der Kampf um die Spiele. Sport im Fernsehen. Hrsg. v. Peter Ch. Hall. Mainz 2000, 49–59.

Ridder, Christa Maria, Daten und Fakten zu den Werbelimits bei Sport in ARD und ZDF. Argumente für funktionsgerechte Rahmenbedingungen der öffentlich-rechtlichen Fernsehwerbung. In: MP 6/1997, 307–319.

–/Bernhard Engel, Massenkommunikation 2000. Images und Funktionen der Massenmedien im Vergleich. Ergebnisse der 8. Welle der ARD/ZDF-Langzeitstudie zur Mediennutzung und -bewertung. In: MP 3/2001, 102–125.

Rühle, Angela, Sportprofile im deutschen Fernsehen. Das Sportangebot 1999 von ARD 1, ARD 3, ZDF, RTL, SAT.1, Eurosport und DSF. In: MP 11/2000), 499–510.

Schaffrath, Michael, Das sportjournalistische Interview im deutschen Fernsehen. Empirische Vergleichsstudie zu Live-Gesprächen bei Fußballübertragungen auf ARD, ZDF, RTL, SAT.1, DSF und Premiere. Münster 2000.

Schlicht, Hans-Jürgen, Von Quotenrennern und sportlicher Vielfalt, in: Allgemeine Zeitung Mainz vom 01. April. 2000, o.S.

Scholz, Rolf, Konvergenz im TV-Sport. Eine komparative Studie des „Dualen Fernsehsystems". Berlin 1993.

Staatskanzlei Rheinland Pfalz (Hrsg.), Ergebnisniederschrift über die Sitzung der Rundfunkkommission der Länder am 9. Oktober 1997 in Mainz. Mainz 1997.

Trapp, Burkhard, Angebot und Nutzung von Sportsendungen im Fernsehen (1976–1985). In: Sportmedien und Mediensport. Wirkungen – Nutzung – Inhalte der Sportberichterstattung. Hrsg. v. Josef Hackforth. Berlin 1987, 325–340.

Westerloo, Ed van, Sportrechte: Preisskala nach oben offen? Der Kampf um die Sportrechte im Fernsehen. In: MP 10/1996, 514–520.

ZDF (Hrsg.), ZDF-Jahrbuch 1972. Mainz 1973.

ZDF (Hrsg.), ZDF-Jahrbuch 1973. Mainz 1974.

ZDF (Hrsg.), ZDF-Jahrbuch 1974. Mainz 1975.

*Verena Burk, Tübingen
(Deutschland)*

232. Entwicklung, Funktion, Präsentationsformen und Texttypen der Kindersendungen

Redaktioneller Hinweis: Aus terminlich-technischen Gründen muß der an dieser Stelle vorgesehene Artikel leider entfallen.

233. Fernsehen als Unterhaltung

1. Unterhaltung
2. Fernsehunterhaltung
3. Literatur

1. Unterhaltung

1.1. Diffuse Begrifflichkeit

Der Begriff 'Unterhaltung' ist schwer definierbar. Viele Definitionsversuche münden in die Leerformeln: „Unterhaltung ist, was unterhält", oder, schon etwas besser: „Unterhaltung ist, was mich unterhält". Die Übersetzung „Ablenkung, Entspannung, Zerstreuung, Zeitvertreib" schafft ebensowenig Klarheit wie die Konfrontierung mit dem ebenso verschwommenen Begriff 'Information'. Auch die Klassifizierung als Freizeitphänomen hilft nicht viel weiter (und unterschlägt zudem, daß auch Arbeitsprozesse unterhaltend sein können). Zur Vieldeutigkeit trägt zudem bei, daß Unterhaltung dem kulturellen Wandel unterliegt und auch interkulturell unterschiedliche Ausprägungen aufweist. Dennoch soll im folgenden versucht werden, das Zentrum und die wichtigsten Konnotationen des Begriffs auszuloten.

1.2. Negative Besetzungen

Bis in die Gegenwart hat 'Unterhaltung', nicht nur bei Intellektuellen, einen negativen Beigeschmack, vor allem im Kontext der Massenkommunikation. Diese Abwertung bezieht sich auf das mit dem Begriff Gemeinte (als gesellschaftlicher Luxus und Störung der Ordnung, man denke an obrigkeitliche Verbote von Kartenspiel, Sportwettkämpfen oder Karneval) und seit etwa 1800 auch auf den Begriff. Bausinger (1994) hat für das 19. Jh. die Stationen und Facetten des „Rufmords an der Unterhaltung" dargestellt, der vor allem dadurch geschah, daß Unterhaltung von Kunst separiert und damit aus der Hochkultur eliminiert wurde. Die Zivilisationskritik des 20. Jhs., Adornos Geißelung der Kulturindustrie, die linke Medienkritik der 70er Jahre und nicht zuletzt Postman (1985) haben die negative Bewertung verstärkt, erst die neuere Medienforschung (Bosshart 1979 und 1994, Dehm 1984) markiert eine Wende zum unvoreingenommenen Gebrauch des Begriffs. Unvoreingenommenheit sollte auch die künftige Beschäftigung mit diesem Phänomen prägen. Sozialisationsbedingt manifestieren sich Unterhaltungsbedürfnisse auf verschiedenen ästhetischen Niveaus. Wenn sie als Stimmungsaufheller eingesetzt werden, fungieren Beethovens Neunte oder Mozarts Kleine Nachtmusik genauso als Unterhaltung wie Punk oder Techno, die grundsätzliche Abwertung der trivialen Unterhaltung durch Vergleich mit der 'gehobenen' macht unter funktionalem Aspekt wenig Sinn, beides ist legitim. Das heißt selbstverständlich nicht, daß Unterhaltungsangebote nicht kritisiert werden dürfen: es gibt dämliche Witze, schlecht organisierte Heimatfeste, langweilige Tennisspiele, mißlungene Sinfoniekonzerte usw. Auch unter dem Aspekt des gesellschaftlichen Nutzens ist zu differenzieren.

1.3. Prozeßcharakter

In der Regel ist Unterhaltung als Prozeß aufzufassen, der erst in der Reaktion des Rezipienten auf die Unterhaltungsreize seinen Abschluß findet. Dieser Prozeß kann, wenn Reizgeber und Rezipient die Rollen tauschen, einen Akt gleichberechtigter Kommunikation darstellen oder – auch außerhalb der Massenmedien (z.B. bei einer Theateraufführung) – primär in einer Richtung verlaufen. Auf jeden Fall sollte Unterhaltung nicht nur aus der Angebots-, sondern auch aus der Bedarfsperspektive betrachtet werden. Erst wenn sich Angebot und Bedarf optimal decken, wird die stärkste Wirkung erzielt.

1.4. Temporärer Wechsel in ein anderes Bezugssystem

Wer sich unterhält, wechselt für kurze Zeit die Welt, d.h. er tritt aus seinem Alltag, aus der Realität seines Lebens heraus und in einen durch andere Regeln und Werte bestimmten Sinnbereich ein, der für ihn während seiner Teilhabe auch durchaus real ist und den er nur ungern verläßt, bevor das programmierte Ende des Unterhaltungsangebots erreicht bzw. bevor sein Reizbedarf gedeckt ist. Nach Wagner (1994) lassen sich in der Welt der Unterhaltung drei große Bereiche ausmachen: Fiktionen (vom Wachtraum bis zur Dichtung), Spiele (z.B. im Sport) und „präsentative Humanwirklichkeiten" (vom Klatsch bis zur Talkshow), die „Innenansichten von Menschen" ermöglichen.

1.5. Positive Stimulierung

Das Unterhaltungsbedürfnis der Individuen wird von zahlreichen gleichbleibenden und veränderlichen Faktoren bestimmt, es ist z. B. auch Moden unterworfen. Im Kern zielt es jedoch auf positive Stimulierung, dabei werden eher die Emotionen bedient als der Intellekt. Einfacher ausgedrückt: Unterhaltung soll Spaß machen. Damit ergibt sich eine nahe Verwandtschaft mit anderen Freizeitbedürfnissen wie dem Tourismus. Diese positive Stimulierung wird teils aus Langeweile nachgefragt, mehr noch aber wegen der Frustrationen, die aus den Versagungen der Lebensrealität resultieren. Man kann Unterhaltungskonsum negativ als Eskapismus werten, aber auch positiv als einen notwendigen Akt der Hygiene, wenn die Stimulierung den Konsumenten wieder „fit fürs Leben" macht.

1.6. Elemente

Die unterhaltende Stimulierung erfolgt durch eine Reihe von recht unterschiedlichen Reizen, deren wichtigste im folgenden kurz beschrieben werden sollen, da die meisten Unterhaltungsangebote auf sie ausgerichtet sind: Human Interest/Voyeurismus, Lebensgenuß/Sexualität, Erfolg, Ordnung, Spannung, Komik, Überraschungsmomente, Standardisierung. Der erste Komplex, die Teilhabe an den Schicksalen, Gedanken und Motiven anderer Menschen, wurde bereits am Ende von 1.4. angesprochen. Unterhaltung, die diese Teilhabe vermittelt, fasziniert durch die Möglichkeit des Eindringens in die Privat- oder gar Intimsphäre von anderen, kann aber auch nützlich sein, indem sie das Verständnis für die eigene Lebenssituation vertieft oder eigene Wertvorstellungen relativiert/festigt. In seltenen Fällen steigert sich die Teilhabe bis zur Identifikation oder zur fiktiven Partnerschaft (Starkult), vor allem bei Jugendlichen, deren Eigenidentität noch nicht sehr ausgeprägt ist. Der Reizfaktor Sexualität (Erotik) bedarf keiner besonderen Kommentierung, schließlich ist er die Wurzel des menschlichen Lebens; Unterhaltungsangebote aller Art setzen, wenn es möglich ist, auf sexuell attraktive Protagonisten (von der Tanzdarbietung beim dörflichen Fest bis zum Fernsehballett). TV-Unterhaltung präsentiert darüberhinaus aber auch andere Formen des Lebensgenusses, zum Beispiel genußreiches Essen und Trinken oder touristisches Reisen, und sehr häufig zumindest positive Einstellungen zum Leben. Der Faktor Erfolg charakterisiert ebenfalls zahlreiche Formen der Unterhaltung. Spiele und vor allem sportliche Wettkämpfe werden positiver bewertet, wenn 'die Richtigen' gewinnen, also der Bewerter selbst oder die Spieler, für die er schon vor der Entscheidung Partei ergriffen hat. Erfolge werden von den Siegern (oder ihrem Umfeld) häufig eindrucksvoll und nachhaltig gefeiert; bleiben sie aus, verkehrt sich die positive Stimmung in Frustration, das Unterhaltungsereignis verliert deutlich an Wert.

Auch in fiktional gestalteter Unterhaltung beeinflußt das Happy-End die Rezeption positiv (Heirat, beruflicher Aufstieg und gesellschaftliche Anerkennung der Helden oder umgekehrt Entlarvung und Bestrafung der Bösen), bereits die Stammtisch-Kommunikation ist von derartigen Mustern geprägt. In der massenmedialen Unterhaltung kann allerdings auch der Mitvollzug von Versagungen, z. B. des Scheiterns einer Liebesbeziehung, unterhaltend sein, allerdings eher dann, wenn in die Handlung Momente des Trostes bzw. der Hoffnung integriert sind (kaum eine Gameshow verzichtet auf Trostpreise für die Verlierer!). Mit dem Erfolg eng verwandt ist das Element Ordnung, denn es bringt das fiktive oder Spiel-Universum in einen Zustand, den der Unterhaltungsrezipient gut nachvollziehen und akzeptieren kann. Die reale Welt erscheint vielen Menschen undurchsichtig, unberechenbar, ungeordnet und bedrohlich, die Welt der Unterhaltung dagegen basiert auf vergleichsweise einfachen Regeln und erscheint dadurch transparenter, berechenbarer, geordneter und sicherer. Mag auch der Ausgang eines Spiels ungewiß sein, am Ende steht immer ein konkretes Ergebnis (das man im ungünstigen Fall mit dem Austritt aus der Spielwelt relativ leicht abhaken kann). Ereignisse mit hohem Unterhaltungswert tragen aber noch auf andere Weise zur Ordnung bzw. Strukturierung des Alltagslebens bei. Sie können Fixpunkte darstellen, auf die man sich schon vorher freut und an die man sich noch längere Zeit erinnert, eine willkommene Unterbrechung der täglichen Routine. Fußballfans z. B. leben in der Bundesligasaison von Samstag zu Samstag bzw. darüberhinaus von einer Weltmeisterschaft zur nächsten, ähnliches gilt für die treuen Anhänger des Karnevals, der 'Lindenstraße' oder einer bestimmten Talkshow. Der Faktor Spannung wird besonders häufig als zentrales Element von Unterhaltung eingeschätzt; die vielen Unterhaltungsangeboten implizite Spannung trifft auf das Entspannungsbedürfnis der Rezipienten. Wie Spannung erzeugt wird und wie sie auf die an einem einschlägigen Unterhaltungsereignis Teilhabenden wirkt, ist noch nicht schlüssig erforscht worden (Vorderer 1994). Das spannende Ereignis oder Werk ist jedenfalls gekennzeichnet durch die Unsicherheit des Verlaufs und des Ausgangs; neben einer entsprechenden Makrostruktur (z. B.: „Gewinnt mein Favorit?", „Wird der Verbrecher gefaßt?") wirken offensichtlich auch spannende Einzelelemente („Geht dieser Aufschlag ins Netz?", „Was verbirgt sich hinter dieser Tür?") stimulierend; brisante Aktionen (Duelle, Verfolgungsjagden) haben offensichtlich einen höheren emotionalen Wert als ungelöste Rätsel (Werden da Urinstinkte angesprochen?). Allerdings hängt die Spannungswirkung in zweifacher Hinsicht vom Rezipienten ab: Er muß erstens an dem spannenden Ereignis selbst aktiv beteiligt oder durch ein ausgeprägtes Interesse an den auftretenden Protagonisten (Sympathie, eventuell Identifikation) motiviert sein, und zweitens muß die gebotene Spannungsintensität seinem augenblicklichen Gemütszustand oder seinem Temperament entsprechen.

Im Gegensatz zu Bosshart (1994), der davon ausgeht, daß „eine mittlere physiologische Erregung" stets als besonders angenehm empfunden wird, vertritt Zillmann (1994) die plausibler erscheinende Theorie, daß gelangweilte Rezipienten eher hochgradige, und gestreßte eher weniger intensive Spannung nachfragen. Zillmann liefert auch gut nachvollziehbare Erklärungen zum hohen Stellenwert von Komik im Unterhaltungskontext; er verifiziert die alte These, daß das Lachen eine heilende Wirkung hat (indem es das Immunsystem aktiviert und Schmerzen lindert). Dieser Effekt wird von Witzen, Gags und komischen Situationen ebenso ausgelöst wie von ausgefeilten Komödien. Im komischen Kontext bereitet auch die Zerstörung von Ordnung, Werten und Autoritäten Vergnügen und wirkt befreiend, auch damit werden realitätsbedingte Frustrationen kompensiert. Komische Elemente finden sich überraschend oft auch in Kombination mit Spannungsformen, die dadurch entschärft bzw. verdaulicher werden. Die Bedeutung von Überraschungsmomenten in Unterhaltungsangeboten darf ebenfalls nicht übersehen werden. Die meisten Unterhaltungsreize nutzen sich mit der Zeit ab, das gilt besonders für unveränderte Wiederholungen. Sie bedürfen daher, wenn sie seriell angeboten werden, zumindest kleinerer Variationen (neue Kulissen, neues Layout, neuer Moderator usw.). Starke Veränderungen können zwar ebenfalls den abgeschwächten Reiz erneuern, andererseits aber auch die bisherigen Interessenten verunsichern oder gar abstoßen, da die Attraktivität von Unterhaltung wesentlich auch auf dem Genuß des Wiedererkennens und der Auslösung gleichartiger Emotionen zu beruhen scheint. Kinder, denen ein ihnen geläufiges Märchen mit einem unorthodoxen Schluß erzählt wird („die Großmutter frißt den Wolf"), sind ebenso frustriert wie die Leser eines Kriminalromans, in dem es am Ende kein Verbrechen gibt. Fans des klassischen Western hingegen fühlen sich in ihrer Menschenkenntnis gestärkt, wenn sie den Fremden mit dem schwarzen Hut, der unfreundlich zu Kindern und Hunden ist, schon frühzeitig als Schurken identifizieren können. Abschließend muß noch angemerkt werden, daß die in diesem Abschnitt skizzierten typischen Unterhaltungselemente in der Praxis häufig kombiniert anzutreffen sind, weil dadurch entweder eine intensivere Stimulierung des einzelnen Rezipienten oder die Befriedigung eines Publikums mit unterschiedlichen Bedürfnissen („für jeden etwas") angestrebt wird.

1.7. Geschlechtsspezifik

Frauen und Männer haben dem Anschein nach (auch) bei der Unterhaltung tendenziell unterschiedliche Präferenzen. Dafür sprechen bereits seit langem der Erfolg von Medien, die auf den Geschmack von Frauen zugeschnitten sind (Frauenzeitschriften, Mädchenbücher, Arzt-Reihenromane), und die deutlich stärkere Begeisterung von Männern für stark spannungshaltige Unterhaltung wie Wettkämpfe, Action-Filme (vgl. Fiske 1987). Unterhaltungsangebote wie die Serie 'Lindenstraße', die für beide Geschlechter attraktiv sind, werden wohl unterschiedlich rezipiert. Nach Kepplinger/ Tullius (1995) beziehen Frauen derartige Sendungen eher auf die eigene Lebenswirklichkeit und nutzen sie stärker als Verhaltensmuster.

2. Fernsehunterhaltung

2.1. Allgemeine Charakteristik

In der Gegenwart nimmt fernsehen unter den Unterhaltungsaktivitäten der meisten

Menschen den ersten Rang ein, zumindest nach der dafür aufgewendeten Freizeit. Die Gründe dafür lassen sich leicht ausmachen: Relativ geringe Kosten, bequeme Verfügbarkeit, große Auswahl. Das Fernsehprogramm liefert kontinuierlich alle Stimuli, die in den anderen Unterhaltungsangeboten enthalten sind, allerdings in einer anderen Qualität, die die Wirkung häufig beeinträchtigt: Fernsehkonsum wird trotz der dafür aufgewendeten Zeitmenge nur relativ selten als „liebste Freizeitbeschäftigung" eingestuft. Diese Geringschätzung hängt nicht nur mit der mangelhaften Qualität bestimmter Sendungen und mit der negativen Besetzung von Unterhaltung zusammen (vgl. 1.2.), die das Fernsehen als primär der Unterhaltung dienendes Medium besonders betrifft, sondern auch mit seiner Ästhetik und Rezeption. Die Rezeption von Fernsehsendungen wird determiniert durch das Bildschirmformat und durch die schnelle Abfolge von audiovisuellen Informationen. Das Format bedingt eine (bei längerer Nutzung anstrengende) Focussierung des Blicks und eignet sich (im Vergleich zur Kinoleinwand) mehr für Groß- und Naheinstellungen als für Totalen. Die schnelle Abfolge von Bildern und Texten (die zudem nicht immer in einem sinnvollen Zusammenhang stehen) erfordert eigentlich, im Vergleich zur Nutzung von Druckerzeugnissen oder des Radios, eine hochgradige Konzentration. Viele Zuschauer sind heute nicht mehr bereit, sich wie noch in den Anfangsjahren auf den Bildschirm zu konzentrieren, oft üben sie nebenbei andere Tätigkeiten aus und verlieren dadurch den Zusammenhang (was dann den Sendungen angekreidet wird). Zudem hat sich speziell in Produktionen, die auf junge Zuschauer zielen (z.B. Musikvideos, Trickfilme), das Schnitttempo erhöht, ein Hindernis für ältere Konsumenten. Schließlich beeinflußt zunehmend auch das durch die Einführung der Fernbedienung stark erleichterte und besonders durch die langen Werbebreaks provozierte Zapping die Rezeption von Unterhaltungsofferten des Fernsehens: Viele Zuschauer kehren dabei nicht mehr zur ursprünglich gesehenen Sendung zurück, sondern basteln sich planlos einen wahrhaft „bunten" Abend, bei dem sich unterschiedliche Reize überdecken oder gar aufheben und der somit nur noch die einfachste Funktion von Unterhaltung erfüllt: die Vernichtung überschüssiger Freizeit.

2.2. Produktion

Nur ein Teil der Unterhaltung, die das Fernsehen anbietet, wird von den Sendern selbst oder von Auftragsproduzenten speziell für dieses Medium hergestellt. Die meisten hier gezeigten Spielfilme sind ökonomisch und ästhetisch an der Kinoauswertung orientiert und werden vom Fernsehen lediglich transportiert, zum Teil mit Kürzungen, und bei kommerziellen Sendern durch Werbung unterbrochen. Bei Großereignissen mit hohem Unterhaltungswert (professioneller Sport, Festveranstaltungen, öffentliche Konzerte) fungiert das Medium im Prinzip ebenfalls als Vermittler, nimmt aber häufig über seine Beteiligung an der Finanzierung massiv Einfluß auf die Gestaltung. Diese Einflußnahme betrifft die Terminierung (die Spiele der Fußballbundesliga werden auf mehrere Wochentage verteilt) und den Ablauf der Ereignisse (die Höhepunkte sollten in der besten Sendezeit liegen), die Inhalte (bei Karnevalsveranstaltungen werden die attraktivsten Nummern ausgewählt), die Akteure (Tennisspiele werden bevorzugt bei Beteiligung deutscher Stars übertragen) und den Ablauf (z.B. Einführung des K.o.-Prinzips beim Skispringen zwecks Spannungssteigerung). Außerdem werden die übertragenen Unterhaltungsereignisse häufig angereichert durch Vorberichte, Kommentare, Interviews mit den Akteuren, Homestories, Gewinnspiele und manchmal auch durch kleine Reportagen aus dem Umfeld der Veranstaltung. Diese Hinzufügungen dienen nicht nur der Überbrückung von Pausen und der lukrativen Dehnung des Ereignisses auf mehr Sendezeit; in diesem „Rahmenprogramm" findet auch eine Ergänzung der primären Stimuli (z.B. Spannung) durch Zusatzreize statt. Die vom Fernsehen selbst produzierten Unterhaltungssendungen sind, wie das gesamte Programm, weitgehend als Serien angelegt. Leider wird dieser Begriff auch wissenschaftlich immer noch auf fiktionale Kreationen beschränkt. Aber auch Game Shows, Talkshows und Boulevardmagazine haben eindeutig seriellen Charakter. Dafür gibt es mehrere Ursachen: die Vereinfachung und Verbilligung der Produktion, die Kontinuität des Programmschemas, die Vereinfachung der Ankündigung in eigenen Trailern und Programmzeitschriften und die langfristige Rekrutierung eines relativ homogenen Publikums im Interesse stabiler oder steigender Quoten und im Interesse der Werbung. Schon allein der Finanzierungsaspekt zwingt die Sender oder die von ihnen beauftragten Produktionsfirmen in die Serie; gespart wird so bereits bei der Entwicklung des Grundmusters (bzw. beim Ankauf eines im Ausland entwickelten Modells), weit mehr noch jedoch bei den Kosten für Studio, Kulissen, Beleuchtung, Kameratechnik und vor allem Personal. Außerdem muß der Unterhaltungswert etablierter Serien in der Programmvorschau nicht mehr ausführlich erläutert werden, sie erreichen im Idealfall den Status von Markenartikeln („da weiß man, was man hat!"); die Verknüpfung der Einzelfolgen funktioniert nicht nur per 'Endloshandlung' wie bei den Seifenopern, sondern auch durch gleichbleibende Protagonisten, Milieus und Handlungsschemata (bei Krimis) oder durch langfristig agierende Präsentatoren (bei Shows). Ein nicht zu unterschätzender Vorteil der Serienfertigung ist die konstante Länge der einzelnen Teile, die es ermöglicht, sie mit gleichbleibenden Sendeterminen in das Gesamtprogramm zu integrieren. Diese festen Sendetermine veranlassen die interessierten Zuschauer, die nächste Folge auch ohne vorherige Information einzuschalten und tragen zur Begründung von Sehgewohnheiten bei. Durch die Kontinuität der spezifischen Reize einer regelmäßig, zu kalkulierbaren Terminen offerierten Produktion kann diese im Laufe der Zeit ein Stammpublikum rekrutieren und somit einen Mindest-Marktanteil behaupten. Die Serialisierung der Unterhaltungssendungen hat allerdings eher negative Auswirkungen auf das Gesamtniveau; Innovationen werden meist erst dann ins Auge gefaßt, wenn die bewährten Muster nicht mehr auf Akzeptanz stoßen, für Experimente bleibt wenig Raum. Die vielfach beklagte Gleichförmigkeit der Fernsehunterhaltung hat jedoch noch andere Ursachen: Die (oft sehr kurzfristigen) Wiederholungen z. B. von Spielfilmen und das Kopieren von Erfolgsrezepten durch die Konkurrenten. Beide Phänomene haben heute natürlich in erster Linie wirtschaftliche Ursachen. Bei den Wiederholungen war dies nicht immer so, ursprünglich bedienten ARD und ZDF in ihrem Vormittagsprogramm damit Schichtarbeiter und ältere Zuschauer. Erst über das Werberahmenprogramm bürgerte sich die Wiederholung kompletter fiktionaler Serien aus Kostengründen ein. Gegenwärtig bieten öffentlich-rechtliche Sender – im Nostalgie-Kontext – sogar jahrzehntealte Game Shows und noch in Schwarz-Weiß produzierte Krimi-Serien an, und die Privaten dehnen mittels des Wiederholungsprinzips ihr Programm über die ganze Nacht aus. Daß viele Spielfilme darüberhinaus bereits nach ein, zwei Jahren wieder ins Programm genommen werden, liegt daran, daß die Ausstrahlungsrechte oft nur noch für einen sehr kurzen Zeitraum vergeben werden. Insgesamt wirken sich die zahlreichen Wiederholungen negativ auf das Image des Mediums aus, analog zur Speisekarte eines Restaurants, auf der man ständig die gleichen Gerichte findet. Die Nachahmung von 'Erfolgsrezepten' verstärkt diesen Eindruck noch – und führt häufig zum schnellen Ende des Erfolgs (wie z. B. vor einigen Jahren bei der 'Volksmusik-Welle'). Heftig kopiert wird nicht nur im Fiction-Bereich, sondern auch bei Shows und Unterhaltungsmagazinen, oft auch grenzüberschreitend ('Das Traumschiff' z. B. war in wesentlichen Merkmalen ein Nachbau von 'The Love Boat', einer US-Serie). Die Nachahmung im Unterhaltungsbereich erstreckt sich nicht nur auf die Grundmuster von Sendungen, sondern auch auf die Themen- und Personenpräsentation in Magazinen und Talkshows. Ein zunehmend wichtiger Faktor der Fernsehunterhaltung ist ihre Ausrichtung auf Stars. Dabei ist zu unterscheiden zwischen Persönlichkeiten, die Star-Status primär unabhängig von diesem Medium erworben haben (als Filmschauspieler, Musiker, Sportler, Models) und ihren Ruhm lediglich in einer auch für das Fernsehen sehr nützlichen Symbiose mehren, und den Fernsehstars, die ihr großes Ansehen langjähriger erfolgreicher Tätigkeit als Moderator, Showmaster oder Schauspieler verdanken (Faulstich/Strobel 1994), also z.B. Hans-Joachim Kuhlenkampff, Peter Alexander, Alfred Biolek, Rudi Carell oder Thomas Gottschalk. Charakteristisch für einen Fernsehstar sind nicht nur seine Präsenz in mehreren, jahrelang laufenden Serien, sondern auch Gastauftritte in anderen Unterhaltungssendungen (die davon profitieren) und Homestories im Fernsehen oder in der Presse, in denen er sich auch als Mensch mitteilen kann (vgl. 1.6.). Gerade in der Fülle relativ gleichartiger Angebote wird den Sendungen der Stars eine besondere Qualität zuerkannt, sie selbst gewinnen für viele Leitbildfunktion (und können sich auch in der Werbung entsprechend vermarkten).

Die Produktion von Fernsehunterhaltung ist auch bestimmt von Amerikanisierung und Internationalisierung. Die führende Position der USA auf diesem Sektor ist nicht nur auf ökonomische Überlegenheit und die Erfahrungen zurückzuführen, die aus der Spielfilmherstellung auf die Produktion von fiktionalen Serien übertragen werden konnten, sondern auch auf die längere Erfahrung mit kommerziellem Fernsehen, in dem schon zu Anfang Modelle für attraktive Shows entwickelt wurden. 'Was bin ich?' z. B., die – gemessen an der Laufzeit – erfolgreichste Game Show des bundesdeutschen Fernsehens (1955–1989), geht auf 'What's My Line?' (CBS seit 1950) zurück (Hallenberger/Kaps 1991). Der Einfluß Hollywoods bei den fiktionalen Serien ist weltweit noch stärker: 'The Flintstones' ('Familie Feuerstein') etwa wurde selbst vom chinesischen Fernsehen übernommen. Die durch TV-Unterhaltung vorangetriebene Nivellierung kultureller Unterschiede trägt zur Vereinheitlichung von Lebensstilen und Konsumbedürfnissen bei und fördert somit den Absatz international orientierter Konzerne (Coca Cola, Nike). Andererseits ist auch bei Unterhaltungsprogrammen eine rasch fortschreitende Zielgruppenorientierung unverkennbar, d.h. eine Differenzierung nach Alter, Geschlecht, kulturellem Niveau, Geschmack und Interessen der Zuschauer. Anspruchsvolle Unterhaltungsangebote der öffentlich-rechtlichen Sender werden in die Kulturkanäle und die Dritten Programme verlagert oder auf Spättermine verbannt. Die Privatsender jagen die für die Werbewirtschaft besonders interessante Altersgruppe der 20- bis 49jährigen und merzen vor allem in ihren Abendprogrammen alle Sendungen aus, deren Zuschauerschaft im Durchschnitt „zu alt" ist. Bereits seit Jahren gibt es Spezialsender für Sportfans und jugendliche Musikliebhaber. Ein kommerzieller Frauenkanal konnte sich in Deutschland zwar nur kurzfristig behaupten, doch im öffentlich-rechtlichen Bereich hat seit 1997 ein spezieller Kinderkanal Erfolg. Ein weiterer Trend, der die Produktion von Fernsehunterhaltung zunehmend prägt, ist das Merchandising, d.h. die Vernetzung von Unterhaltungsangeboten auf verschiedenen Ebenen. Der Disney-Konzern z. B. vermarktet seine ursprünglich für Comics entwickelten Figuren parallel in Zeitschriften, Spielfilmen, Zeichentrickserien, Unterhaltungsmagazinen, als Spielzeug, in Freizeitparks und – über Lizenzen – als Dekoration von Schulranzen, Bettwäsche, Süßigkeiten usw. Das Fernsehen dient dabei als Zugpferd, indem es die Filme und Serien zeigt, über die Parks berichtet und passende Werbespots für Spielzeug usw. transportiert; durch die Kombination erhöht sich der Unterhaltungs- und Kaufreiz beträchtlich, das gilt auch für Merchandising, das auf Erwachsene zielt. In Europa noch ziemlich selten sind bartering-Programme, also (serielle) Unterhaltungssendungen, die von Werbetreibenden wie Procter and Gamble hergestellt und den Sendern im Tausch gegen Werbezeiten kostenlos offeriert werden. Diese Sendungen gelten als ideales Werbeumfeld, weil dort die Unterhaltungsstimuli präzis auf die in den integrierten Werbespots angepriesenen Waren des Konzerns abgestimmt werden können.

2.3. Rezeption

Daß die Wirkung von Fernsehunterhaltung genauso intensiv sein kann wie die von Unterhaltungsformen, an denen man direkt, also z.B. als Spieler oder als Kommunikator beteiligt ist, erklärt sich durch ein besonderes Phänomen: Im Idealfall gehen die Zuschauer mit den Medienakteuren intensive Beziehungen ein, in Gestalt von para-sozialer Interaktion oder Identifikation (Dehm 1984).

Diese Beziehungen werden dadurch gefördert, daß Schauspieler, Stars und Präsentatoren über das Fernsehen den Rezipienten sehr nahe kommen (in der Regel in intimer Wohnzimmeratmosphäre) und mit ihnen durch ausgeprägte Mimik und Gestik auch nonverbal kommunizieren. Je öfter ein Bildschirmakteur mit dem Zuschauer in Beziehung tritt und je mehr er dabei von seiner Persönlichkeit einbringen kann (bei vielen Unterhaltungsprogrammen ist dies ja geradezu Pflicht!), desto mehr wird er zum Kommunikationspartner, Freund oder zur idealisierten Projektion der eigenen Person. Ein weiterer wichtiger Aspekt der Rezeption von Fernsehunterhaltung ist die bereits unter 1.6. angesprochene Strukturierung des Alltagslebens (Mikos 1994), die zwar auch durch serielle Informationssendungen erzielt wird, die aber (abendlichen) Unterhaltungssendungen in besonderem Maße zukommt: Die 'Tagesschau' ist nur das Vorspiel zum „gemütlichen Fernsehabend"; erst der Spielfilm, die Show, die Sportübertragung bewirken die ersehnte Entspannung und Stimulierung.

2.4. Genres

Formen und Muster, Figuren und Themen der Fernsehunterhaltung sind weitgehend aus anderen Unterhaltungsmedien und -veranstaltungen adaptiert worden (Hickethier 1975; Bosshart 1979). So fungierten z. B. das Varieté und ähnliche Unterhaltungsinstitutionen des 19. und 20. Jhs. als Vorbilder für die gemischte Fernsehshow, den Bunten Abend (durch deren großen Erfolg in den 50er und 60er Jahren die Vorbilder stark zurückgedrängt wurden). Quiz, Gameshows, Soap Operas, Wunschkonzerte, Schlagerparaden und Sportreportagen wurden im Radio entwickelt. Mit den Boulevard-, Mode- und Prominentenmagazinen werden entsprechende Druckerzeugnisse audiovisuell übersetzt. Durch die zahlreichen Anleihen und Adaptionen ist die Fernsehunterhaltung sehr bunt und vielgestaltig geworden, obwohl sie kaum eigenständige Genres präsentieren kann. Eine bisher noch gar nicht gewürdigte neue Errungenschaft ist die von mehreren Sendern nachts angebotene Minimalunterhaltung: Stundenlang werden ein flackerndes Kaminfeuer, Fische in einem Aquarium, belanglose Strandszenen, Aufnahmen aus dem Weltraum oder durch die Frontscheibe eines Autos gefilmte Landstraßenfahrten gezeigt, ein ausschließlich auf Entspannung gerichtetes Angebot, das den Rezipienten gleichzeitig vor unerträglicher Einsamkeit bewahrt, indem es ihn an „die Welt da draußen" anbindet. Relativ neu in Deutschland ist auch das aus den USA importierte Genre Reality TV: Zwecks spannender Unterhaltung wird hier 'echte Wirklichkeit', vor allem der Ablauf von Verbrechen und schweren Unfällen nachgestellt bzw. inszeniert, oft in absichtlich schlechter Bild- und Tonqualität, um den Anschein der Authentizität dieser 'Reportagen' zu unterstreichen (Winterhoff-Spurk 1994). Der Erfolg dieses Genres verdankt sich einerseits der Sensationsgier und dem Voyeurismus seiner Zuschauer, erklärt sich andererseits aber auch aus der Abnutzung der entsprechenden fiktionalen Spannungsreize durch Übersteigerung und zu häufigen Gebrauch.

Die Unterhaltungsintention des Fernsehens beschränkt sich jedoch keineswegs auf 'klassische' und neue Unterhaltungsgenres, sondern infiziert mehr und mehr auch den Informations- und den Beratungssektor. Das läßt sich z. B. an den in immer größerer Zahl ausgestrahlten Reisereportagen und -magazinen, wie 'Voxtours', 'Erlebnisreisen', 'Weltenbummler' oder 'Traumziele' demonstrieren: Landschaft und Tierwelt, kulturelle Zeugnisse, Rituale und selbst die Armut z. B. auf abgelegenen Inseln werden zu einem exotisch-kulinarischen Cocktail gemixt, dessen Genuß den Zuschauern wenigstens zu einer Phantasiereise verhilft. Andere Phänomene, die sich dem neuen Begriff Infotainment (Schumacher 1994) zuordnen lassen, sind die Anreicherung vieler Nachrichtensendungen durch soft news, also politisch bedeutungslose Informationen mit primär unterhaltender Funktion (die bezeichnenderweise häufig am Ende dieser Sendungen stehen und so den Übergang zum Kernbereich des Mediums markieren) und der Erfolg des preisgekrönten unterhaltsam-satirischen Politmagazins ZAK, in dem sich zudem als Einzelelement eine politisch besonders bedeutsame Infotainment-Variante nachweisen läßt, das Confrontainment (Foltin 1993, Holly 1994): Interviews und Diskussionen über brisante politische Themen werden so angelegt, daß die kämpferische Auseinandersetzung zwischen den Kontrahenten die Sachargumente in den Hintergrund drängt. Die Rezipienten registrieren primär spannende Auseinandersetzungen, deren Gegenstand wird zur Nebensache.

2.5. Perspektiven

In den nächsten Jahren sind, aufgrund großenteils bereits vorhandener technischer Innovationen, erhebliche Veränderungen bei der Produktion, Distribution und Nutzung des Fernsehens und natürlich auch der Fernsehunterhaltung absehbar. Virtuelle Studios und virtuelle Moderatoren werden z. B. Gameshows und Unterhaltungsmagazine verbilligen und zugleich ästhetisch aufpeppen. In Spielfilmen und fiktionalen Serien können mittels Computeranimation z. B. tote Filmstars reaktiviert und die schauspielerischen Leistungen ihrer lebenden Kollegen gesteigert sowie aufwendige Bauten und Außenaufnahmen eingespart werden. Durch die Digitalisierung der Signalübermittlung und die Verschmelzung von Fernsehapparat und Personalcomputer erhöht sich die Zahl der verfügbaren Unterhaltungsangebote und verstärkt sich der Differenzierungsprozeß. Nicht nur die Bedienung relativ kleiner Zielgruppen ist möglich, sondern auch Interaktivität, d. h. die Beeinflussung laufender Sendungen durch Zuschauerreaktionen (Bühl 1996). Aus Kostengründen, mangels technischer Kompetenz und aus Bequemlichkeit dürfte allerdings zunächst wohl nur ein kleiner Teil des Publikums die neuen Unterhaltungsmöglichkeiten nutzen.

3. Literatur

Bausinger, Hermann, Ist der Ruf erst ruiniert ... Zur Karriere der Unterhaltung. In: Medienlust und Mediennutz. Unterhaltung als öffentliche Kommunikation. Hrsg. v. Louis Bosshart/ Wolfgang Hoffmann-Riem. München 1994, 15–27.

Bosshart, Louis, Dynamik der Fernsehunterhaltung. Freiburg/Schweiz 1979.

–, Überlegungen zu einer Theorie der Unterhaltung. In: Medienlust und Mediennutz. München 1994, 28–40.

Bühl, Achim, CyberSociety. Mythos und Realität der Informationsgesellschaft. Köln 1996.

Dehm, Ursula, Fernseh-Unterhaltung. Zeitvertreib, Flucht oder Zwang? Mainz 1984.

Dorsch-Jungsberger, Petra E., Der Waren-Aspekt der Unterhaltung. In: Medienlust und Mediennutz. München 1994, 345–354.

Faulstich, Werner/Ricarda Strobel, Prominente und Stars – Fernsehgeschichte als Stargeschichte. In: Vom „Autor" zum Nutzer: Handlungsrollen im Fernsehen. Hrsg. v. Werner Faulstich, München 1994, 93–118.

Fiske, John, Television Culture. London/New York 1987.

–, John Hartley, Reading Television. London/New York 1978.

Foltin, Hans-Friedrich, Das Traumschiff. Exotismus in Unterhaltungssendungen des Fernsehens. In: Die andere Welt. Studien zum Exotismus. Hrsg. v. Thomas Koebner/Gerhart Pickerodt. Frankfurt 1987, 363–381.

–, Confrontainment in Talkshows. Streit als Unterhaltung? In: Stichwort Literatur. Bad Münstereifel 1993, 87–103.

–, Die Talkshow. Geschichte eines schillernden Genres. In: Unterhaltung. Werbung und Zielgruppenprogramme. Hrsg. v. Hans-Dieter Erlinger/Hans-Friedrich Foltin. München 1994, 69–112.

–, Gerd Hallenberger, Vom Sport im Fernsehen zum Fernsehsport. In: Unterhaltung, Werbung und Zielgruppenprogramme. München 1994, 113–141.

Hallenberger, Gerd/Hans-Friedrich Foltin, Unterhaltung durch Spiel. Die Quizsendungen und Game Shows des deutschen Fernsehens. Berlin 1990.

–/Joachim Kaps (Hrsg.), Hätten Sie's gewußt? Die Quizsendungen und Game Shows des deutschen Fernsehens. Marburg 1991.

Hickethier, Knut, Unterhaltung ist Lebensmittel. Zu den Dramaturgien der Fernsehunterhaltung – und ihrer Kritik. In: Fernsehunterhaltung TheaterZeit Schrift 1988/4), 5–16.

Holly, Werner, Confrontainment. Politik als Schaukampf im Fernsehen. In: Medienlust und Mediennutz. München 1994, 422–434.

Holtz-Bacha, Christine, Unterhaltung ernst nehmen. Warum sich die Kommunikationswissenschaft um den Unterhaltungsjournalismus kümmern muß. In: MP 1989/4, 200–206.

Jonas, Markus/Christoph Neuberger, Unterhaltung durch Realitätsdarstellungen: „Reality TV" als neue Programmform. In: Publizistik 41, 1996/2, 187–202.

Kepplinger, Hans M./Christiane Tullius, Fernsehunterhaltung als Brücke zur Realität. In: RuF 1995, 139–157.

Lau, Jörg, Das Fernsehen als Feind der Kultur(eliten). Ein Selbstgespräch. In: Merkur 49, 1995, 890–903.

Mikos, Lothar, Fernsehen im Erleben der Zuschauer. Berlin/München 1994.

Postman, Neil, Wir amüsieren uns zu Tode. Urteilsbildung im Zeitalter der Unterhaltungsindustrie. Frankfurt a. M. 1985.

Rohrbach, Günter, Unterhaltung wozu, für wen und wie? In: Unterhaltungsmedium Fernsehen. Hrsg. v. Peter von Rüden. München 1975, 30–39.

Rummel, Alois, Ein Plädoyer für die Unterhaltung. In: Unterhaltung im Rundfunk. Hrsg. v. Alois Rummel. Berlin 1980, 99–116.

Scheuch, Erwin K., Unterhaltung als Pausenfüller. Von der Vielfalt der Unterhaltungsfunktion in der modernen Gesellschaft. In: Fernseh-Kritik. Unterhaltung und Unterhaltendes im Fernsehen. Hrsg. v. Gerhard Prager. Mainz 1971, 13–46.

Schumacher, Heidemarie, Infotainment-Ästhetik im Fernsehen der Gegenwart. In: Medienlust und Mediennutz. München 1994, 478–483.

Stolte, Dieter, Zum Unterhaltungsauftrag des Fernsehens. In: Massenkommunikationsforschung 3: Produktanalysen. Hrsg. v. Dieter Prokop. Frankfurt 1977, 481–492.

Tannenbaum, Percy H. (Ed.), Entertainment Functions of Television. Hillsdale N.J. 1980.

Vorderer, Peter, „Spannung ist, wenn's spannend ist". Zum Stand der (psychologischen) Spannungsforschung. In: RuF 42, 1994/3, 323–339.

Wagner, Hans, Von der Lust, in andere Welten zu wandern. Unterhaltung – Sozialer Unterhalt. In: Medienlust und Mediennutz. München 1994, 126–143.

Winterhoff-Spurk, Peter u.a., Reality TV. Formate und Inhalte eines neuen Programmgenres. Saarbrücken 1994.

Zillmann, Dolf, Über behagende Unterhaltung in unbehagender Medienkultur. In: Medienlust und Mediennutz. München 1994, 41–57.

Hans-Friedrich Foltin, Marburg
(Deutschland)

234. Entwicklung, Funktionen und Präsentationsformen der Werbesendungen aus der Sicht der Wissenschaft

1. Die technische und ökonomische Entwicklung der Fernsehwerbung in der Bundesrepublik Deutschland
2. Die Agenturentwicklung des Werbesystems seit 1948
3. Präsentationsformen der Fernsehwerbung der BRD
4. Funktionen von Fernsehwerbung in der BRD seit 1956
5. Literatur

1. Die technische und ökonomische Entwicklung der Fernsehwerbung in der Bundesrepublik Deutschland

1.1. Wirtschaftswerbung setzte in Deutschland erst nach der Währungsreform (1948) wieder ein. Nachdem sich das Fernsehen zwischen 1952 und 1957 als Massenmedium in der BRD durchgesetzt hatte, begann auch die Fernsehwerbung sich zu entwickeln. Am 9. 11. 1956 führte der Bayerische Rundfunk als erster Sender das Werbefernsehen ein. Bei einer Gesamtprogrammdauer von täglich ca. 4 Stunden betrug die Werbezeit 6–8 Minuten (außer an Sonn- und Feiertagen).

Die Werbeminute (je 1000 Zuschauer) kostete 3000 DM. Am gleichen Tag wurde die Studiengesellschaft für Funk- und Fernsehwerbung in Frankfurt gegründet, um ein kommerziell organisiertes Werbefernsehen vorzubereiten. Ihr gehörten an: der Markenartikelverband, der Deutsche Industrie- und Handelstag, der Bundesverband der Deutschen Industrie, die Gesellschaft Werbeagenturen sowie die deutschen Zeitungs- und Zeitschriftenverleger. 1958 begannen der Süddeutsche, der West- und der Norddeutsche Rundfunk mit regelmäßigen Werbeausstrahlungen. 1963 folgte dann das ZDF mit maximal 20 Minuten täglicher Werbesendungen. Nachdem die in der ARD zusammengeschlossenen Landesrundfunkanstalten zwischen 1964 und 1969 landesweit ausgestrahlte dritte Programme eingerichtet hatten, nahmen die Fernsehwerbezeiten ab Mitte der 60er Jahre erheblich zu.

Aber schon 1966 klagten ARD und ZDF über mangelnde Sendekapazität für Werbespots. Technische Entwicklungen wie das Farbfernsehen (Erstsendung am 25. 8. 1967), Satellitenübertragung von Fernsehprogrammen (ab 1968) und die MAZ-Technik (Erstsendung am 9. 12. 1968) eröffneten auch der Fernsehwerbung neue Gestaltungsmöglichkeiten, aber auch Gefahren wie die Einführung der Fernbedienung (ab 1965), die ein einfaches Um- und Abschalten erlaubte. Besonders interessiert war die Werbewirtschaft an der Videotechnik, die in den 70er Jahren intensiv für Live-Spots genutzt wurde. Die Entwicklung des Kabelfernsehens führte dann schrittweise zur Einführung des dualen Rundfunksystems in der BRD. Am 2. 4. 1984 begann Radio Luxemburg mit der terrestrischen Ausstrahlung von RTL plus. 1985 folgte SAT1 als erstes privates Satellitenfernsehen. 1985 konnten 3sat, Sky Channel, Music Box und RTL plus über Satellit empfangen werden. Ende der 80er Jahre existierten bereits mehr als zwanzig unterschiedliche Programmangebote, die über Kabel zu empfangen waren und finanziell voll von der Werbung abhängig waren. Entsprechend explodierte die Zahl der Werbespots in allen Systemen, vor allem seit 1992 die Unterbrecherwerbung erlaubt wurde. 1990 waren im deutschen Fernsehen bereits mehr als 300 Werbespots zu sehen (mehr als 7 Stunden täglich), d.h. doppelt so viele wie 1986. Neue – durch Digitalisierung bedingte – technische Möglichkeiten wie Computeranimation, elektronisches Screensplitting und Simulationsverfahren (Blue und Paint Box, Cyberspace) revolutionierten seit den späten 80er Jahren die Bilderzeugung und die Rezeptionsgewohnheiten der Konsumenten.

1.2. In den 50er Jahren war das Fernsehen als Werbeträger in der deutschen Werbeszene noch relativ unbeliebt; Fernsehwerbespots waren zu teuer, und die Reichweite war zu gering, da erst wenige Bundesbürger ein Fernsehgerät besaßen. Erst ab Mitte der 60er kam es zu einem spürbaren Wandel. Bis 1962 hatte sich die Fernsehwerbung einen Anteil von 7,1 Prozent (282 Mio. DM) vom Bruttowerbeaufkommen in der BRD erobert, der bis 1972 auf 8 Prozent (782 Mio. DM) gesteigert werden konnte. Bis 1984 stieg der Anteil auf 13 Prozent (1356 Mio. DM) und betrug 1994 bereits 16,6 Prozent (5600 Mio. DM). Dabei haben die Privaten die Öffentlich-rechtlichen bei den Werbeeinnahmen längst überholt. Schon

1992 betrug der Anteil der Privaten 70 Prozent, der von ARD und ZDF noch ganze 30 Prozent.

2. Die Agenturentwicklung des Werbesystems seit 1948

2.1. Schon bald nach dem 2. Weltkrieg wurden die ersten deutschen Werbeagenturen gegründet: 1947 H. W. Brose, dann H. Strauf (der Erfinder von „Mach mal Pause – trink Coca Cola"), R. Rühle, W. Heumann, H. Troost u. a. Daneben eröffneten einige amerikanische Agenturen wieder ihr Geschäft, so McCann und Lintas. Ab Mitte der 50er waren auch Young & Rubicam und J. Walter Thompson vertreten. Sie trainierten ihre deutschen Mitarbeiter in den USA und richteten schon in den 50ern eigene Film-, Funk- und Fernsehabteilungen ein. In den 60er Jahren wurden viele neue Agenturen gegründet, sei es durch deutsche Werbefachleute wie H. Slesina, R. W. Eggert, Verdas & Böltz und Leonhardt & Kern, sei es als Tochterfirmen amerikanischer Agenturen (Erickson, Ogilvy & Mather, Doyle Dane Bernbach (DDB), die auch amerikanische Methoden mitbrachten: Marketing und durch Marktforschung abgesicherte Konzepte bestimmten nun die Arbeit der großen Agenturen. Für die stilistische Entwicklung der Werbung wurde vor allem die Neugründung Gerstner, Gredinger, Kulter (GGK) in Düsseldorf wichtig. Als besonders einfallsreiche Agentur galt in der zweiten Hälfte der 60er Jahre DDB, die die Werbung nachhaltig beeinflußte.

Der Konkurrenzkampf in der vorwiegend von amerikanischen Agenturen beherrschten Werbebranche wurde härter. Markt- und Produktforschung boomten ab Mitte des Jahrzehnts. Entgegen der Befürchtung, einige große Full-Service-Agenturen könnten den Markt ganz übernehmen, entwickelten sich im Schatten der Großen kleine Agenturen (sog. 'Hot Shops'), die durch Spezialwissen und durch die Konzentration auf bestimmte Warensegmente (wie Investitionsgüter, Pharmaka oder Einzelhandel) Marktanteile eroberten. Diese neuen Agenturen entwickelten auch eine neue Agenturphilosophie, die „special teams" gegen starre Hierarchien setzte und auf die „Kraft der Ideen" vertraute.

Aber die 70er waren doch eher das Jahrzehnt der Verschmelzungen und Pleiten (Adverta, Unit). Die Amerikaner beherrschten den Markt und lagen deutlich vorne im Feld der großen Agenturen in der BRD. Konzentration bestimmte auch die 80er Jahre. Großgruppen wie Interpublic, Omnicon, Saatchi & Saatchi u. a. bestimmten den internationalisierten Markt. Marken und Marketingkonzepte wurden ebenso internationalisiert wie die Werbung für international vermarktete Produkte.

2.2. Die Entwicklung der Werbeagenturen seit den 50er Jahren zeigt deutlich zwei Entwicklungen. (a) Die Werbewirtschaft institutionalisierte sich. 1949 wurde der Zentralverband der deutschen Werbewirtschaft (ZAW e. V.) für den internen Interessenausgleich aller am Werbegeschäft Beteiligten gegründet. 1964 schlossen sich die Kreativen zum Art Directors Club (ADC) zusammen, um das künstlerische Niveau der Werbung zu heben. Bei einem jährlichen Wettbewerb werden seitdem die besten Produkte aus allen Werbesparten prämiert. Der Deutsche Werberat diente seit 1972 als Instrument der Selbstkontrolle der Werbewirtschaft und der Regelung von Einsprüchen gegen Werbekampagnen. Im gleichen Jahr gründeten 45 Verbände aller Bereiche der Werbung die 'ZAW-Vereinigung für Öffentlichkeitsarbeit' (VfÖ), die aktive PR-Arbeit und Imagepflege für die speziell ab 1968 in Mißkredit gekommene Werbung betreibt. (b) Die Aktivitäten der Werbeagenturen differenzierten sich schrittweise aus. Neben die Produktwerbung traten politische Werbespots (seit 1971) und Social Spots, die für Umweltschutz und Kirchen warben, über Aids und Drogen aufklärten, gegen Fremdenhaß und Ausländerfeindlichkeit antraten und für ökologische Themen sensibilisierten.

2.3. In der Rückschau wird deutlich, daß die Werbewirtschaft in den 60er Jahren zu einem zentralen Steuerungsinstrument der Firmenpolitik wurde, indem sie die Wirtschaft zu marktorientierten Unternehmenskonzeptionen zwang. Orientierten sich die Aufwendungen für Werbung früher an Konjunkturzyklen, erkannten jetzt viel Unternehmer, daß Werbepausen gefährlich werden können. In den 80er Jahren gingen viele Unternehmer dazu über, sich mit ihrem Marketing nicht nur herrschenden Markttrends anzupassen, sondern eine aktive und zielgerichtete Kommunikationspolitik zu betreiben. Dabei handelte es sich um eine

Kombination aus sensibler Einsicht in Wandlungserscheinungen der (post-)modernen Gesellschaft, ein an solchen Einsichten orientiertes Marketingkonzept, sowie um flankierende Strategien nicht-produktbezogener Zusatzinitiativen. Die Unternehmen beteiligten sich zunehmend aktiv am Prozeß des gesellschaftlichen Wandels und versuchten, die Unternehmensumwelt zu verändern, um ihre Produkte und Leistungen besser positionieren zu können. Dabei wurden verschiedene Strategien eingesetzt, so unter anderem Public Relations, gesellschafts- und kulturpolitische Initiativen (z. B. Sponsoring), Lobbying – und eben Werbung, die mehr und mehr zu einem Bestandteil eines komplexen Marketing-Mix als Gesamtaufwand kommunikationspolitischer Aktivitäten eines Unternehmens unter dem Dach einer Corporate Identity wurde (= Werbeagenturen als Kommunikationsunternehmen).

Die Entwicklung in den 90er Jahren ist unübersichtlich. Zum einen gehen zunehmend Werbeausgaben an den Massenmedien vorbei und fließen in Briefkampagnen, Promotion, Sponsoring usw., zum anderen wird die Palette der Werbe-, Marketing- und Finanzierungsformen – allen rechtlichen Problemen zum Trotz – immer reichhaltiger: Product Placement, Bartering, Merchandising, Programming, Licensing, Infomercials, Narrow Casting, Patronatswerbung, anmoderierte Spots oder Pseudo-Verbrauchermagazine. Angesichts unübersehbarer Individualisierungstendenzen in der Gesellschaft forciert die Werbung den Trend vom Massenmarketing zu individualisierter Kundenansprache. Nach Expertenmeinung wird es die klassische Werbung mit Anzeigen und Spots künftig nur noch als Nischenmarkt geben.

Zukunftsweisendes Marketing dagegen wird Konsumenten über die von ihnen selbst gewählten Kanäle ansprechen. Dabei setzen Agenturen zunehmend auf neue Techniken (CD-ROM) und interaktive Medien (wie z. B. Internet, CompuServe, Europe Online, Microsoft Network), die 1:1-Kommunikation im Online-Format bieten können. Mit interaktiven Medien hofft die werbende Wirtschaft, ihre Zielgruppe ohne Streuverluste zu erreichen, um einen exakt kontrollierbaren Dialog mit den Konsumenten aufzubauen. Das Risiko dieser Marketingstrategie liegt darin, daß die Rezeption solcher Werbeangebote auf dem Freiwilligkeitsprinzip beruht und die Agenturen davon ausgehen, daß der Nutzer etwa im Internet einen neuen, medienadäquaten Typ von Werbebotschaften erwartet, die neben Produktinformationen auch sog. „added values" bieten: Hot Spots, aktuelle Tips und Infos, Nachrichten, Musik usw., kurz: Werbung als Infotainment, das – ausgerichtet auf die persönlichen Interessen der Nutzer – komplexe Inhalte auf unterhaltsame Art vermittelt.

Aber nicht nur im Umgang mit den Kunden, sondern auch im Geschäft mit den Auftraggebern deuten sich heute wichtige Veränderungen an. Agenturen gehen dazu über, ihren Kunden komplexe „Kommunikationspakete" zu liefern, statt nur Werbekampagnen zu realisieren. Dabei bekommen sie jedoch zunehmend Konkurrenz von Unternehmensberatern, die Firmen Rat und Tat bei Markenführung und Kommunikation anbieten.

3. Präsentationsformen der Fernsehwerbung in der BRD

3.1. Die Fernsehwerbung in der BRD der 50er Jahre war überwiegend geprägt von amerikanischen Agenturen und ihrer Stilistik, daneben von der Kino- und Printwerbung. Deutsche Kreative besaßen noch keine Erfahrung im Umgang mit dem neuen Medium. Es mangelte an deutschen Werbefilmregisseuren.

Wie die Werbung der 50er Jahre insgesamt, spiegelt auch die Fernsehwerbung zunächst die Faszination des „ersten Mals" wider (Freß-, Konsum-, Reisewelle). Die Orientierung am amerikanischen Vorbild, geprägt durch Sentimentalität und Sehnsucht nach einer heilen Welt, paßte dabei ideal zur Tendenz der Vergangenheitsverdrängung in der deutschen Nachkriegsbevölkerung. Werbesprecher redeten wie Märchenonkel und sagten lange Gedichte auf, Produkte sangen und tanzten mit lachenden Gesichtern und gestikulierenden Ärmchen und Beinchen (z. B. Aral-Spots). Werbespots arrangierten kleine Geschichten um das Produkt herum (z. B. die Persil-Ente) oder betteten das Produkt in Pseudo-Spielfilmhandlungen ein, wobei z. B. der deutsche Heimatfilm zahlreiche Erzählmuster lieferte. Prominente, Schauspieler und Schauspielerinnen agierten als Sympathieträger. Auch in der Fernsehwerbung dominierte Gereimtes und Gedichtetes. Weibliche Produktnamen wurden bevorzugt. Die Masse der Werbespots zeichnete sich durch treudeutsche Biederkeit sowie oft durch treuherzige Pseudo-Wissenschaftlichkeit aus (z. B. Aral, Persil). 1959 läßt sich dann zuerst in der Printwerbung eine Trendwende hin zu Emotion und Lifestyle beobachten, die die Fernsehwerbung erst Mitte der 60er Jahre nach amerikanischem Muster nachvollzog. Das Leben wurde nur von seinen positivsten Seiten gezeigt (Martini, Marlboro, Coca Cola). Besonderer Genuß markierte hohe soziale Distinktion (Simon Arzt). Auffällig war die wichtige Rolle, die die 'Oben-Unten-Abgrenzung' sozialer Schichten spielte. Von nun an zählte beim Auto, das inzwischen zur Massenware geworden war, nicht primär der Hinweis auf die verläßliche Technik, sondern auf die Gefühle beim Fahren und das Erleben sicherer Geborgenheit sowie auf soziale Distinktionsgewinne. Mit dieser Trendwende antwortete die Print- und Kinowerbung auf die allgemeine ökonomische Entwicklung. Das Einkommen der Haushalte in der BRD stieg allein in den 50er Jahren doppelt so rasch wie in den 150 Jahren davor. Viele Menschen waren bereits in der Lage, sich einen gewissen Luxus zu leisten (Ende des Jahrzehnts setzte die sogenannte Edelfreßwelle ein), 'mit Stil' zu leben, zu reisen und sich kosmetisch zu pflegen. Die Industrie produzierte längst mehr und anderes, als für den Lebensunterhalt gebraucht wurde. Entsprechend mußte Werbung sich von Reklame zu Kommunikationsangeboten wandeln, die in den Dienst von Auftraggebern jeder Art gestellt werden konnten.

Ökologie war in den 50er Jahren – trotz einiger Ölpest-Fälle – noch kein Thema. Die Gesundheitsschädigungen durch Alkohol, Nikotin und Abgase waren entweder noch unbekannt, oder sie wurden durch rauchende und trinkende Chefärzte und Prominente bagatellisiert. Das Unternehmen BV (Aral) feierte sein bleifreies Benzin gar als „reine Natur".

Die wirtschaftliche und wirtschaftspolitische Bedeutung der Werbung stieg in den 50er Jahren deutlich an. Schon ab 1950 wurden neue Werbeformen entdeckt: Schönheitswettbewerbe und Mißwahlen, von den US-Werbemanagern nach Deutschland importiert, dienten zugleich als Werbeveranstaltungen. Branchen wie die Bekleidungs- oder Bierindustrie griffen zum Mittel der Gemeinschaftsreklame, um sich von anderen Produktgruppen abzusetzen.

Ab 1956 setzte – nach amerikanischem Vorbild – ein völlig neuer Trend zur Verwissenschaftlichung der Marktforschung ein. Die Motive der Konsumenten wie die Wirkungsweisen von Werbekampagnen wurden nun systematisch erforscht. Die Marke Coca-Cola, die schon 1950 weltweit mit großem Aufwand zu werben begonnen hatte, setzte im Laufe der 50er Jahre gezielt auf ein junges Publikum und differenzierte damit die sonst meist nur geschlechtsspezifische Werbung zielgruppenspezifisch aus – eine Strategie, die allerdings die Ausnahme blieb.

Die Fernsehwerbung der 50er Jahre hatte große Schwierigkeiten, sich von bekannten Kinomustern zu lösen. Kinofilm und Printwerbung beeinflußten nachhaltig Formen und Strategien der Fernsehwerbung, die zunächst einmal alle verfügbaren Techniken (wie z. B. Realfilm, Sach- und Zeichentrick) ausprobierte und miteinander kombinierte. Strategisch dominierte das Ziel, möglichst viele Informationen über das Produkt zu liefern bzw. den Nutzen und Vorteil des Produkts augenfällig zu demonstrieren. Beworben wurden im Fernsehen in erster Linie Massengüter, vor allem Auto und Benzin, Haushalt und Küche (hier besonders Wasch- und Reinigungsmittel), Möbel, Lebens- und Genußmittel einschließlich Alkohol und Zigaretten, Kosmetik, Kleidung, Arzneimittel und sonstige Gebrauchsgegenstände.

Mit Trickfilmen wurde für HB-Zigaretten (HB-Männchen 'Bruno') und Maggi geworben; W. Millowitsch und B. Brehm agierten als Sympathieträger in Theater- und Spielfilmsequenzen für die 'Funk Uhr' und Persil; mit pseudowissenschaftlichen Argumenten und Inszenierungen wurde der Produktnutzen von Zahnweiß (Karisin), Backin (Dr. Oetker) oder Pril schlagend demonstriert. Stark printorientiert in den verwendeten Darstellungsmitteln blieben dagegen noch TV-Spots für Javata-Kaffee, Thomy Mayonnaise oder Wagner-Möbel.

3.2. Auch in den 60er Jahren dominierten amerikanische Vorbilder in der Fernsehwerbung der BRD: Ein spezifisch deutscher Werbestil war noch nicht zu erkennen, zumal es nach wie vor an deutschen Werbeexperten fehlte. Für die stilistische Weiterentwicklung der Fernsehwerbung waren vor allen drei große Agenturen verantwortlich. DDB war ab 1965 Preisträger vieler ADC-Prämierungen und wurde von vielen Werbern bewundert. DDB war wesentlich dafür verantwortlich, daß sich das Werbeklima in der BRD änderte, daß Werbung interessanter und professioneller wurde. Humor, Witz und Intelligenz, verblüffende Bilder und journalistisch gut aufbereitete Informationen zum Produkt wurden bei DDB miteinander kombiniert, was vor allem eine neue Einstellung zum Konsumenten als kritischen Gesprächspartner erkennen ließ.

Auch Young & Rubicam (Frankfurt) versammelte eine Reihe besonders kreativer Mitarbeiter (so U. Ortsein, M. Schirner, W. Lürzer oder B. Oyne) und machte durch Kampagnen wie die für Chiquita-Bananen von sich reden. Daneben spielte GGK nach der Niederlassung in Düsseldorf eine wichtige Rolle als Vorbild für die Fernsehwerbung.

In den 60er Jahren griff das amerikanische Vorbild wissenschaftlicher Agenturberatung, wie z.B. professioneller Marktforschung, auch auf die Werbung in der BRD über. Die Mitarbeiter großer amerikanischer Agenturen (wie z.B. J. W. Thompson) orientierten sich in der Regel ohnehin am amerikanischen Vorbild der eigenen Company, zumal wenn internationale Kampagnen nach Deutschland geholt und auf deutsche Verhältnisse 'übertragen' wurden (z.B. bei der Ajax Kampagne 'Weißer Wirbelwind'). Vor allem Agenturen, die weltweit große Etats verwalteten, arbeiteten mit Globalstrategien. Ihre Werbespots wurden in den USA produziert und dann auf die jeweiligen nationalen Erwartungen abgestimmt.

Allmählich lernten auch die deutschen Werbefachleute – oft direkt in den USA –, wie man Konzepte entwickelt, Drehbücher schreibt und Werbespots produziert. Die Realisierung der Spots erfolgte in aller Regel durch Spielfilmregisseure, die damit ihre Einkünfte aufbesserten, da eigene Werbefilmregisseure noch immer fehlten. Allerdings bevorzugten deutsche Werber immer noch die Printwerbung, nicht nur, weil sie damit vertrauter waren, sondern auch, weil Printwerbung nicht so risikoreich war wie Fernsehwerbung. Auch die deutsche TV-Werbung orientierte sich oftmals noch so stark an der Printwerbung, daß viele Spots wie „abgefilmte Anzeigen" wirkten, weshalb Produktionsaufträge für Werbespots bald nach England vergeben wurden. Als wegweisend galt die von Fred Bühler in einer kleinen Agentur entwickelte deutschsprachige Peter Stuyvesant-Kampagne, die – so J. Scholz in einem Interview – den Deutschen Mut machte und das schlechte Gewissen nahm: „... für sie war diese Werbung ein Ausbruch und Aufbruch. Das Ausland wartet, wir wollen hinaus in die große weite Welt. Alles wurde mit einem Ruck positiver, fröhlicher, fordernder in der Werbung."

In den 60er Jahren trugen die internationalen Agenturnetze in Deutschland wesentlich dazu bei, auch die Arbeitsweise der Kunden in Deutschland zu professionalisieren, wodurch Produkt- und Kundenerfahrung, ja die Identifikation mit dem jeweiligen Produkt und dem Kunden für die Werber unerläßlich wurde, was wiederum individuell beratenden Kreativ-Agenturen ('Hot Shops') Konkurrenzchancen gegenüber großen Full-Service-Agenturen eröffnete.

3.2.1. Eine wichtige Herausforderung für die gesamte Werbung stellte die Jugend- und Protestkultur der sechziger Jahre dar. Hippies und Gammler sowie ab 1968 die revoltierenden Studenten setzten dem Orientierungssyndrom der fünfziger Jahre (Nüchternheit, Ordnung, Fleiß, Sauberkeit, Sparsamkeit, Unterordnung, Ehrfurcht vor dem Alter und der deutschen Tradition) eine kreative Alternative entgegen: Luststreben, Selbstbestimmung, Eigenverantwortung, natürliche Lebensweise, Natur- und Körperkultur, neue Spiritualität (inklusive Drogen) und ökologisches Bewußtsein.

Für die neomarxistischen Studenten und Professoren hatten konservative Politik und kapitalistische Marktwirtschaft als Spätausläufer des Imperialismus und Kolonialismus abgewirtschaftet. Wettbewerb wurde beargwöhnt, Werbung als reine Verschwendung oder als infame Produktion falschen Bewußtseins wie falscher Bedürfnisse angeprangert. Dabei standen vor allem K. Galbraiths Marketingtheorien im Zentrum, wonach Marketing und Werbung keine echten neuen Werte schaffen, sondern vielmehr scheinhafte Bedürfnisse, die sie dann decken. Konsumzwang durch Werbung führte nach Ansicht der Anhänger der Frankfurter Schule (um Th. W. Adorno, H. Marcuse und J. Habermas) zur Ausplünderung der Verbraucher und zu unzureichenden Investitionen in den Sozialbereich. V. Packards aktualisierte Thesen von der Werbung als geheimer Verführerin ebenso wie die linke Kritik führten in den späten Sechzigern zu einem Imageverlust der Werbung und zu einer Verunsicherung vieler Werber, die bis in die achtziger Jahre reichen sollten. Werbeberufe wurden zu Outsiderberufen, Werbung wurde unpopulär.

Wie M. Schirner betont, hat die linke Kritik an der Werbung deren Praxis verändert und verbessert. Für ihn sind die neuen subtilen Werbeformen, die mit Ironie, Distanz und Humor arbeiten, Reaktionen auf die Kritik der '68er. Auch das neue politische Bild vom mündigen, intelligenten und sensiblen Verbraucher wurde von den Werbern übernommen, gegen den Widerstand der Industrie und großer Agenturen, die immer noch an der amerikanischen Auffassung festhielten, man könne jede Zielgruppe durch geeignete werbepsychologische Strategien beeinflussen oder gar gezielt manipulieren. Besondere Bedeutung für den 'Zeitgeist' der 60er Jahre schreiben Werbefachleute rückschauend der neuen Musik zu, vor allem den Beatles. Daneben besteht ein wichtiger Zusammenhang zwischen zunehmender Professionalität der Werbung und den Einrichtungs- und Reisewellen in den 60er Jahren, die die Werbung sowohl widerspiegelt als auch überhöht und vorgespielt hat.

3.2.2. Die Werbestrategien der 60er Jahre waren geprägt vom wirtschaftlichen Aufschwung. Der Markt in der BRD tendierte bereits in Richtung Übersättigung. Da auch zunehmend internationale Waren auf den deutschen Markt drängten, verschärfte sich die Produktkonkurrenz zusehends. Der Markt wandelte sich vom Anbieter- zum Käufermarkt, auf dem immer prägnantere Konsumanreize geboten werden mußten.

Die Werbung propagierte neue materialistische Leitbilder, predigte Profilierung durch Besitz und erfolgreiche Selbstdarstellung durch Äußerlichkeiten. Entsprechend setzte die Werbung auf einen Übergang von reiner Produktinformation zur ästhetischen Verpackung als 'Mannequin der Ware'. In der Fernsehwerbung dominierte die Strategie, aus Produkten Marken zu machen, was in vielen Fällen auch gelang. Diese Marken wurden verbunden mit Markenfiguren bzw. Symbolpersonen, die in der Folgezeit – z.T. bis heute – erstaunlich präsent blieben: Klementine (1968), Frau Antje (1961), Meister Proper, Tante Tilly, Käpt'n Iglo (1966) oder der Esso Tiger wurden zu Kultfiguren der Alltagskultur.

In den Social-Pressure-Kampagnen im Stile des dominierenden Konzerns Procter & Gamble wurde vor allem die sog. Slice of Life-Strategie angewandt. Bei dieser Strategie präsentiert sich der Werbespot als Alltagsepisode, die – möglichst mit einer deutlichen Pointe – an ein bestimmtes Produkt gekoppelt wird. Der Produktnutzen wird in einem alltäglichen Zusammenhang präsentiert, nachvollzogen, geschildert oder selbst erfahren, wodurch Glaubwürdigkeit suggeriert wird. Der soziale Druck solcher Kampagnen liegt darin, daß Werbefiguren wie Klementine oder Meister Proper an das schlechte Gewissen appellieren und im Rahmen pseudodidaktischer Lehr- und Lernprogramme die Unumgänglichkeit des Gebrauches bestimmter Putz- und Waschmittel (wie Persil oder Lenor) propagieren, soll die Hausfrau nicht an ihren Lieben „schuldig werden".

Der Erfolg dieser sog. Social-Pressure-Kampagnen – die Umsatzsteigerung bei den Unternehmen ist belegt – gründete sich vor allem auf eine genaue Beobachtung des Marktes und gesellschaftlicher Entwicklungen. Allerdings trugen gerade solche Kampagnen und ihr im Verein mit einer stupiden Stereotypik der Geschlechterrollen propagierter Traditionalismus auch zum schlechten Image vor allem der Haushaltsmittel-Werbung bei: Fernsehzuschauer fühlten sich durch diese Art von Werbung seit Ende der 60er Jahre zunehmend belästigt, für dumm verkauft oder schlicht gelangweilt.

Gegen Ende der 60er Jahre wurden auch in der deutschen Fernsehwerbung Slice of Life- sowie Lifestyle-Strategien übernommen. Die Botschaft läuft hier eher indirekt über einen bestimmten Appeal, der dem Produkt gegeben wird.

Bekannte Slice of Life-Kampagnen der 60er Jahre mit Symbolpersonen oder konstanten Presentern waren Ariel (Klementine), Esso (Tiger), Meister Proper, Wick (Olaf), Rama oder Tschibo. Die bekannteste Lifestyle-Kampagne wurde von Troost für die Fa-Seife (Henkel) produziert, in der zum ersten Mal eine nackte Frau in der Werbung gezeigt wurde. Die wohl erfolgreichste Präsentation des amerikanischen way of life, der zum weltweiten Zeitgeist zu werden begann, gelang der Marlboro-Kampagne. Lifestyle-orientiert waren daneben vor allem die Kampagnen für Coca Cola und Martini. Von diesem Mainstream hoben sich nur einige Fernsehspots deutlich ab. So z.B. der VW-Käfer-Spot der Agentur DDB von 1968, in dem ein VW-Käfer auf den Betrachter zukommt, an ihm vorbeifährt und sich entfernt, bis er am Horizont verschwindet. Text: „Der VW-Käfer. Er läuft und läuft und läuft ...". Der Produktnutzen wird nicht begründet oder mit technischen Aussagen belegt, sondern nur konsequent in einer sehr reduzierten, aber dafür um so einprägsameren Form visualisiert. Diese Art der Umsetzung war für die 60er Jahre einmalig und kehrte als allgemeiner Trend in der Werbung erst Anfang der 80er Jahre wieder.

Als ausgesprochener Exot in der Werbebranche der 60er Jahre gilt und galt Charles Wilp, der erotisch bis sexistisch getönte Spots vorstellte: 1965 warb er mit Frauenbeinen für Pirelli-Reifen, 1969 präsentierte seine von der Pop-Kunst beeinflußte Afri-Cola-Werbung Nonnen und nackte Frauen. Die Frau im Mainstream der Fernsehwerbung der 60er Jahre dagegen mußte von Kopf bis Fuß wohlgeformt sein (dank Gummischlüpfer, Büsten- und Hüfthalter). Die neuen Schlagworte der Werbung Ende des Jahrzehnts lauteten: neu, modern, international. Die Apollo-Mondlandung (1969) wurde sofort von der Werbung aufgegriffen, die Verbindung von Mond und Zukunft zum zugkräftigen Slogan. Daneben avancierten erfolgreiche Slogans wie „Pack den Tiger in den Tank!" oder „Mach mal Pause. Coca Cola" zu aphoristischem 'Volksgut'.

3.3. In den 70er Jahren, die in der Rückschau vieler Werbefachleute als die einfallsreichste Phase der Fernsehwerbung in der BRD gelten, differenzierte sich die Werbelandschaft in jeder Hinsicht aus. TV-Werbung wurde professioneller, inhaltlich und formal vielgestaltiger. Neben den schon erprobten Strategien kamen neue Trends auf, die sich ab Mitte der 70er Jahre durchzusetzen begannen, so vor allem:

– Emotionalisierung (Sanftheit, Leidenschaft, Zärtlichkeit, wie bei der „Love Story" für Milka), bis hin zu Angstappellen
– sachliche Information statt Belehrung, Überzeugung statt Überredung (z.B. in den Spots für Esso „Turm", Amselfelder Wein „Stil und Stengel" oder Mazola-„Dose") durch einen sachlich und rational argumentierenden Presenter
– Betonung von Körperlichkeit (vor allem des weiblichen Körpers) bis hin zum Voyeurismus (Mimosept „Kniebeuge", Wrangler „Hosen aus", Fa „Seife", Afri Cola)
– Tabubrüche (OB, Mimosept)
– Übertreibung (Der weiße Riese, Hakle „Schiffskoch")
– atypische Darstellung des Produktnutzens (Samsonite „Schneetest")
– Zurücknahme oder unerwartete Inszenierung des Produkts und des Produktnutzens, oft ungewöhnlich humorvoll (Chiquita Banane „Striptease", Cointreau „Schweigen", mit der Dramaturgie Product-is-hero, oder OB „Schlange").
– Pointierung und Verstärkung narrativer Elemente (Frolic „Dieberei", Chiquita „Zug", Tonka „Starker Mann", Wüstenrot „Goggomobil")
– indirekte Vergleiche (Mazola „Dose", Teflon „Koch", Der weiße Riese)
– eine zweite Öffnung hin zu Lebensstilen, wobei Elemente aus Subkulturen verwendet und eine pointiert antipluralistische Haltung (Individualismus) propagiert wurde.

Daneben führte man die bewährten Dramaturgien und formalen Möglichkeiten weiter bis hin zum Zeichentrickfilm (VW Käfer „Nicht umzubringen", Bonduelle „Loch").

Neue Werbefiguren erschienen auf dem Bildschirm, so Die Generalin (1971), Herr Kaiser (1972), Frau Sommer (1972) oder Der frische Franzose (1977).

Die Tendenz der Fernsehwerbung ging Ende der 70er Jahre dahin, das Produkt zu inszenieren, wobei im Zentrum des Spots eine Geschichte mit einer überraschenden Idee stand.

Ab Mitte der 70er Jahre erprobten einige Werbeagenturen das sog. advocacy advertising. Renault und Mercedes eröffneten dabei einen 'sachlichen' Dialog mit ihren Kunden – ohne dabei die Vorzüge ihrer Produkte zu vergessen. Öl-Multis sprachen 'offen' über Probleme der Ölindustrie und erläuterten ihr 'verantwortungsbewußtes' Handeln (cf. etwa den Esso-Spot „Turm"). Oder die Atomfirma Nukem, die nach einem Skandal die Hälfte ihres Umsatzes verloren hatte, gab in der (von M. Schirner produzierten) Werbung ihre Schuld am Skandal offen zu und versprach aus den Fehlern zu lernen. (Shell imitierte 1995 dieses Verfahren.)

Auf die Ausbreitung der Kommunikations- und Unterhaltungselektronik (Stichwort: Walkman) reagierte die Werbung spontan. Musik ist überall verfügbar, lautete die Devise.

Insgesamt erscheint im Rückblick die TV-Werbung ab Mitte der 70er Jahre professioneller und kreativer. 1977 provozierte GGK-Geschäftsführer M. Schirner mit der These, Werbung sei die wahre Kunst unserer Zeit.

3.4. In den achtziger Jahren erfuhr die Werbewirtschaft in der BRD einschneidende Veränderungen. Ihr Image, ihr Selbstvertrauen und die Qualität ihrer Produkte wandelten sich signifikant. Werbung verlor zunehmend das Negativ-Image, gegen das sie in den sechziger und siebziger Jahren zu kämpfen hatte. Immer mehr und immer besser Ausgebildete drängten in Werbeberufe. Die Beschäftigung mit Werbung nahm in der Öffentlichkeit, in der Wissenschaft und in den Medien ebenso zu wie in der Werbung selbst. Seit 1981 erschienen fast regelmäßig Fernsehsendungen zum Thema Werbung, und große internationale Ausstellungen dokumentierten Geschichte und Erscheinungsformen der Werbung, die zunehmend als Kulturfaktor und als Indikator sozialen Wandels gesehen wurden. Spotzusammenschnitte wie die Cannes-Rolle oder der Film 'Rendezvous unterm Nierentisch' feierten Kinoerfolge. Diese steigende Akzeptanz läßt sich zurückführen auf die qualitative Verbesserung vieler Spots, auf die aktive Auseinandersetzung der Werbung mit Alltagskultur, Kommunikation und Kunst, sowie auf den steigenden Unterhaltungsbedarf der Öffentlichkeit.

In den ersten Jahren beeinflußte u.a. die GGK (Düsseldorf) mit ihrem Stil raffinierter Reduktion die deutsche Fernsehwerbung (vgl. z.B. die IBM-Kampagne), von 1984 bis 1989 setzte die Agentur Springer & Jacoby (Hamburg) neue Maßstäbe (z.B. mit ADC prämierten TV-Spots wie Belmondo „Heiraten" 1984, KangaRoos „Waage" 1989, Spiegel „Bla Bla" 1989). Hamburg entwickelte sich zu einem Werbezentrum mit wichtigen Agentur-Neugründungen (z.B. Scholz & Friends; Baader, Lang, Behnken; Knopf, Nägeli, Schnackenberg). Die Abhängigkeit der privaten Sender (aber auch die der öffentlich-rechtlichen Sendeanstalten) von Werbeeinnahmen begann in den 80er Jahren zunehmend das Programm zu beeinflussen: Die Entwicklung ging in Richtung auf Unterhaltung als Kontext für Werbeinseln. Sponsoren beeinflußten das Programm oder stellten es sogar selbst her (Bartering). Formale und inhaltliche Einflüsse der Werbung auf das Programm wurden unübersehbar.

Selbst öffentlich-rechtliche Anstalten übernahmen von der Werbung Details wie zum Beispiel Trailer oder Werbespots für einzelne Sendungen oder das Gesamtprogramm („Bei ARD und ZDF sitzen Sie immer in der ersten Reihe."). Die Werbefilmästhetik beeinflußte auch die Filmästhetik (zum Beispiel in Kultfilmen wie 'Neuneinhalb Wochen' oder 'Diva'). Selbst inhaltliche Klischees der Werbung wie Familienharmonie, Heile-Welt-Geschichten und oberflächlich glatte Inhalte wirkten sich auf das Fernsehprogramm aus. Fernsehprominente (Ansager, Serienhelden) und Sportgrößen wie Steffi Graf und Boris Becker wurden zunehmend als Sympathieträger eingesetzt. Umgekehrt übernahmen Werbespots Präsentationsformen des Programms, etwa wenn Werbung im Stil von Nachrichten dargeboten wurde.

3.4.1. Versucht man, die allgemeinen Tendenzen der Werbestrategien der 80er Jahre zu kennzeichnen, so ergibt sich folgendes Bild: Die Werbung synchronisierte sich – vor allem natürlich bei Trendsetter- und Exotenspots – eng mit dem allgemeinen gesellschaftlichen Trend zur 'Aktualität des Ästhetischen'. Die Werbung insgesamt verabschiedete sich weitgehend von der alten Reklame und Propaganda und lieferte Orientierungsangebote, Lifestyle-Empfehlungen und Trendberichte. Werbung versuchte, eine Aura für ein Produkt zu erfinden und dafür einen Platz in der Lebenswelt der Zielgruppen zu finden. Sie baute Konnotationsfelder auf, die im Extremfall auch ohne Präsentation des Produkts unmißverständlich auf dieses Produkt verwiesen, was vor allem durch die Beschränkung für Zigaretten- und Alkoholwerbung wichtig wurde. Dabei wurde eine Qualitätsverbesserung vor allem im Fernsehbereich erkennbar (nachdem die deutsche Printwerbung bis dato führend gewesen war): handwerklich-technische Qualität und die Ästhetik der Gestaltung und Präsentation nahmen nachweislich zu.

Kunst und Werbung beeinflußten sich gegenseitig; vor allem spielte Musik – von Klassik bis Rock – eine zunehmend wichtige Rolle bei der Konzeption und Präsentation von emotionsorientierten Fernsehwerbespots (cf. Schmidt/Spieß 1994). Nicht zuletzt durch eine angestrebte Europäisierung der Werbung setzten immer mehr Werbespots auf Ästhetik im Sinne einer Optimierung visueller Oberflächen, wobei zunehmend nach ästhetischen Modellen gearbeitet wurde, die in der Geschichte der Kunst schon einmal erfolgreich gewesen waren. Dabei kamen den Kreativen in den Agenturen technische Neuerungen wie Blue- und Paint-Box, Computeranimation und Simulationsverfahren entgegen.

Bei gesättigten Märkten wurde die kommunikative Gestaltung eines Produkts immer wichtiger. Das Produkt wurde in verstärktem Maße als komplexer Zeichenträger präsentiert, der eine Vielzahl von Entscheidungen und Werten verkörperte. Konsum wurde zum Lebensentwurf, der Wandel vom Versorgungs- zum Erlebniskonsum erwartete vom Produkt Erlebnisqualitäten, die die Werbung exemplarisch illusionierte. Lifestyle-Werbung setzte sich in den 80er Jahren als dominante Strategie der Fernsehwerbung durch (cf. Bacardi, Coca Cola, Langnese). Werbung wurde frecher und selbstbewußter, sie entdeckte den Humor und konzentrierte sich darauf, die Zuschauer zu überraschen, zu unterhalten, zu ergötzen (sog. Advotainment). Sie verband sich eng mit Design, Computer-Animation und -Simulation und produzierte Kunstwelten, in denen Produkte zelebriert wurden. Angesichts steigender technischer Möglichkeiten erwies sich aber schon bald sehr deutlich, daß die Idee entscheidet, nicht der technische Trick.

Gegen Ende der 80er Jahre läßt sich in der stark ausdifferenzierten Fernsehwerbung eine Funktionalisierung faktisch aller Formen von und für Kommunikation beobachten: der lehrhafte Vortrag mit Pseudo-Experimenten, der experimentelle Kurzfilm, Opfer und Aktionsfilm, Science Fiction und Cartoon, Slapstick, Volkstheater, Melodram und Sandalenopfer, Puppenspiel und Kabarett, Computeranimation, Trickgrafik, Gesellschaftsspiel und Vernissage, Wissenschaftsshow, Sport usw.

Ästhetisierung und zielgruppenspezifische Ausdifferenzierung der Fernsehwerbung standen dabei in direktem Zusammenhang mit der Diversifizierung der Konsumbedürfnisse in der sogenannten Multioptionsgesellschaft der 80er Jahre, in der eine Vielzahl von Lebensentwürfen und Orientierungsmustern nebeneinander stand.

Marktforschung büßte viel von ihrer Effizienz ein angesichts eines individualistischer und unberechenbarer werdenden Verbrauchers, der gesünder, geselliger, genußorientierter, aktiver und bewußter leben wollte; der Elemente verschiedenster Lebenswelten abwechselnd integrierte, Widersprüche durchaus akzeptierte und in seine Identitätsbricolage bewußt einbaute und Abenteuer bis hin zur Selbstgefährdung goutierte (cf. etwa die Konjunktur von Freeclimbing, Bungy-Jumping und S-Bahn-Surfen).

Die Fernsehwerbung der 80er Jahre offerierte neue Frauenbilder und neue Seniorentypen, sie lancierte neue Männertypen und wurde damit Projektionsfläche wie auch aktives Ferment im Prozeß der Umwandlung von Geschlechts- und Rollenbildern in der bundesrepublikanischen Gesellschaft. Allmählich erschienen auch in der Fernsehwerbung neue Frauenbilder: die berufstätige Frau (El Vital, Krönung light, Ballisto); die selbstbewußte, sich selbst verwirklichende Frau in verschiedenen Klischees, so als junge Individualistin (Nikon, Coca Cola, Ariel Ultra), als aggressive Frau (Fiskars, Citroen, Egoiste), als Coole oder Androgyne (Citroen, Blaupunkt) usw. (cf. B. Spieß 1994). Auch das Bild des Mannes wurde modifiziert: Spots wie „Fernsehen macht dumm. Normalerweise." (n-tv), „Bodybuilder" (Stollwerk) oder „Geier" (TUI) lassen erkennen, daß auch Geschäftsleute als Trottel auftreten können, männliche Stärke problematisch sein kann und Väter sich auch fürsorglich um den Nachwuchs zu kümmern vermögen. Und schließlich erschienen auch die Senioren in neuen Rollen: als grell Geschminkte (West), als heiße Motorradfahrerin (Raab Karcher) usw. Daneben wurden konsumfreudige Singles mit Haustieren, die verwöhnt werden wollten, junge Doppelverdiener (immerhin ca. 6 Millionen) und aktive Jungsenioren zu heftig umworbenen Zielgruppen.

Körperkult und neues Umweltbewußtsein, die Virtualisierung der Wirklichkeit durch die Mikroelektronik, Wertewandel und neue Formen des (Zusammen)Lebens, neue Sinnsuche und Faszination des Luxus, Europäisierung, Regionalisierung und Ökologisierung: Jeder Trend wurde in der Werbung sofort aufgegriffen und in unterhaltende Aufmerksamkeitswecker transformiert. Eine Übersicht über ADC-prämierte Spots läßt erkennen, daß die TV-Werbung in den 80er Jahren in der BRD über eine große Bandbreite der Spotgestaltung verfügte:

- Reduktion, bis hin zur Reduktion auf Typographie (z. B. IBM „Schreibmaschine" (1981),
- postmoderne Ästhetisierung (z. B. Adidas „Magic Shoes" 1987)

- Ironie und Humor (NDR „Sülze" 1989)
- Lifestyle (plus dem nackten Mann in der Werbung bei Belmondo „Casanova" 1985)
- (Folgen von) Kurzgeschichten (Lagnese „Surfen" 1985)
- Product-is-hero (Audi „Sprungschanze" 1987)
- multikulturelle Stereotypencocktails (Mc Donald „Chicken Shanghai" (1987)
- ästhetische Filmzitate (Candy & Company „Gummsky-Komplott" 1988)
- Testimonial (PAN Am „Der Nörgler" mit Manfred Krug 1988)
- Zeichentrick (Godewind „Hawai" 1980)
- Slice of live, mit dem in der Werbung der 80er Jahre häufig vertretenen Café- und Kneipenambiente
- (ironischer) Tabubruch (Agfa „Liebesgeflüster" 1984, und vor allem die Benetton-Kampagnen).

Der Werbespot der 80er nahm ungescheut Anleihen bei künstlerischen, filmischen, musikalischen und gelegentlich auch literarischen Vorbildern (cf. S. J. Schmidt & B. Spieß 1994). Verkürzung, Stilisierung und Reduktion (oft mit der Product-is-hero-Strategie) und – zum Ende des Jahrzehnts hin zunehmende – Ästhetisierung prägten den Stil der Fernsehwerbung. Audiovisuelle Möglichkeiten wurden vielfältig genutzt, und besondere Aufmerksamkeit galt den akustischen Spotanteilen. Gelegentlich begann die TV-Werbung, sich selbst zu thematisieren (Zimbo-Wurst, Jade).

4. Funktionen von Fernsehwerbung in der BRD seit 1956

4.1. Beobachtet man die Fernsehwerbung von 1956 bis 1990, dann läßt sich unschwer erkennen, daß die Werbung die Erscheinungsformen und Phasen der gesellschaftlichen Entwicklung der BRD zeitlich eng synchronisiert mitvollzogen hat, natürlich unter ihren systemspezifischen Bedingungen, unter denen sie die Interaktionen mit anderen Sozialsystemen systemintern verarbeitet. Die Systemspezifik läßt sich kurz so zusammenfassen: Das Werbesystem produziert durch die Herstellung und Verbreitung von Medienangeboten bei intendierten Zielgruppen zwangfrei folgenreiche Aufmerksamkeit für Produkte, Leistungen, Personen und „Botschaften". Die Medienangebote werden danach ausgesucht bzw. daraufhin angefertigt, über Aufmerksamkeitsweckung intendierte Folgen zu bewirken, so zum Beispiel Zahlungsbereitschaft in bezug auf Produkte und Leistungen; Zustimmungsbereitschaft in bezug auf Personen; Unterstützungsbereitschaft bzw. Wertpräferenzbildung in bezug auf „Botschaften".

Um Aufmerksamkeit zu erzeugen, muß versucht werden, Werbebotschaften mit solchen Ideen, Überzeugungen, Werten, kulturellen Mustern bzw. kulturellen und sozialen Entwicklungstendenzen zu verbinden, von denen man annimmt, daß sie von Auftraggebern wie von Zielpublika akzeptiert oder gewünscht werden, d. h. sie müssen entweder weitverbreitet oder zielgruppentypisch sein.

Spezifisch für die Versuche der Werbewirtschaft, Aufmerksamkeit zu erzeugen, ist die Ausblendungsregel. Diese Regel kann so formuliert werden: Alles, was die Überzeugungskraft einer Information oder eines Arguments bzw. die (Oberflächen-) Attraktivität eines Produkts oder einer Person beeinträchtigen könnte, wird ausgeblendet. Werbung produziert ausschließlich positive Botschaften, wobei sie unterstellt, daß alle an Werbekommunikation Beteiligten dies erwarten und bei ihren jeweiligen Aktivitäten berücksichtigen. Werbung ist prinzipiell und offensichtlich parteilich und kann daraus Kapital schlagen, weil das Wissen von dieser Parteilichkeit zum kollektiven kulturellen Wissen moderner Industriegesellschaften gehört.

Die enge Synchronisierung mit gesellschaftlichen Wandlungen hat in der Werbewirtschaft in den letzten vierzig Jahren zu einem grundlegenden Wandel geführt, der auf die Formel gebracht werden kann: Von der Reklame und Propaganda zu ästhetischen Kommunikationsstrategien.

Diese Entwicklung läßt sich nur mit Verallgemeinerungen auf die letzten vier Jahrzehnte als Zeitraster ihrer Geltung verrechnen, da Werbespots zu einem bestimmten Zeitpunkt nie einheitlich einem Stil folgen, sondern jeweils bis dato entwickelte Möglichkeiten zeitgleich realisieren. Sieht man aber einmal von randscharfen Datierungen ab, dann erweist sich die Werbung in der Tat als sensibler Resonanzkörper gesellschaftlicher Entwicklungen. Dazu einige Beispiele.

(a) Die restaurative Wiedereinführung traditioneller Rollenbilder der Geschlechter in den fünfziger Jahren spiegelt sich ebenso exakt in der zeitgenössischen

Werbung wie die Umdefinition dieser Bilder im Gefolge der '68er Entwicklung. Neue Frauenbilder, neue Lebens- und Selbstverwirklichungsangebote für Kinder, Jugendliche und Senioren begleiten den allmählichen Prozeß der Frauenemanzipation, der Seniorenbewegung, des Imagewandels von Berufstätigkeit und Hausarbeit – obwohl sich gerade in bezug auf den Bereich Hausfrau/Haushalt alte Klischees noch bis heute hartnäckig halten (vor allem in der Social-Pressure-Werbung von Procter & Gamble).

(b) Dem sozialen Prozeß der gesellschaftlichen Ausdifferenzierung und der Individualisierung entspricht der grundlegende Wandel der Einstellung der Werbetreibenden zum Zielpublikum. Aus „den Zuschauern", die man zum Konsum überreden, durch rationale Information überzeugen oder durch ästhetische Verpackung verführen wollte, ist „der Zuschauer/die Zuschauerin" geworden, die man ins Gespräch verwickeln, umschmeicheln oder ganz einfach brillant unterhalten will.

(c) Parallel dazu ändert sich die Einstellung zum Produkt. Genügte in der Mangelsituation der fünfziger Jahre der Hinweis auf schiere Wiederverfügbarkeit, in den sechziger Jahren das Lob „objektiver" Vorzüge des Artikels, muß seit den siebziger Jahren der Artikel als Produktpersönlichkeit mit Lifestyle-Versprechungen inszeniert werden, wird von den Produkten in den achtziger Jahren gar emotionale und soziale Orientierung für immer kleinere Zielgruppen erwartet. Die Fernsehwerbung der achtziger Jahre will positive Visionen des Menschen von sich selbst aussprechen, sie gibt profanen Dingen Charisma.

(d) Die ökonomische Entwicklung der deutschen Nachkriegsgesellschaft von der Mangelgesellschaft über die Konsumgesellschaft bis hin zur Erlebnis- und Luxusgesellschaft spiegelt sich in der Werbung ebenso eindeutig wie die Veränderung der Familien- und Haushaltsstrukturen. Im Fokus der Werbung steht die gut situierte Mittelklasse, für die aktive Freizeitgestaltung, Reisen und Genießen seit den sechziger Jahren immer wichtiger geworden sind.

(e) Symptomatisch ist dabei die Einstellung zum Körper, zur Ernährung und zur Umwelt, die ihr genaues Pendant im Jugendlichkeits-, Schlankheits- und Schönheitswahn der Werbung, in Light- und Biomoden findet.

(f) Wie die Gesellschaft insgesamt, so unterliegt auch die Werbung in der Bundesrepublik seit 1956 einer verstärkten Europäisierung und Internationalisierung. Internationale Produkte ebenso wie internationale Werbeagenturen drängen auf den deutschen Markt. Ausländische Lebensmittel und Spirituosen, Gerichte und Eßgewohnheiten erobern die deutsche Küche auf und vor dem Bildschirm. Für ein Volk von Touristen genügt die optische oder sprachliche Präsentation von Stereotypen, um internationale Schauplätze, französisches Flair oder italienisches dolce vita zu suggerieren.

4.2. Werbung wirkt heute primär durch eine Veränderung der Kommunikation. Die Massenmedien sind seit der Einführung des dualen Rundfunksystems im wesentlichen abhängig von Werbeeinnahmen. Werbung verändert Programmstrukturen und Programminhalte, vor allem aber auch Präsentationsformen. Pointiert gesagt: Werbung ermöglicht Kommunikation, die ihrerseits wieder Werbung möglich macht. Nicht umsonst tendieren Werber heute dazu, sich in erster Linie als Kommunikationsspezialisten einzuschätzen. In diesem Zusammenhang muß in Zukunft stärker als bisher berücksichtigt werden, daß Werbemaßnahmen keine isolierten Vorgehensweisen sind, sondern daß sie eingebunden sind in den Gesamtzusammenhang des Marketing. Werbung wirkt als eine Komponente im „Marketing-Mix" und nicht so sehr über isolierte Spots.

Im Verbund von Massenmedien, Wirtschaft, Marketing, Werbung und Kommunikationsindustrie erzeugt Werbung ihre Wirkung dadurch, daß sie Aufmerksamkeit bindet, die ihrerseits Aufmerksamkeit bindet. Werbung reagiert nicht nur sensibel auf ihre Umgebung, sie wirkt auch auf diese Umgebung zurück. Nur in diesem rückgekoppelten Beziehungsfeld und nicht im Blick auf einzelne Spots läßt sich die Entwicklung, Ausprägung und Wirkung von Werbung verstehen als Motor der Entwicklung der Gesamtgesellschaft in Richtung auf eine Kommunikationsgesellschaft, in der mehr und mehr von unserer Lebenszeit durch die Beschäftigung mit Medien geprägt wird und in der die Medien ein quasi natürlicher Faktor der individuellen wie gesellschaftlichen Umwelt geworden sind.

Kritik an der Werbung muß auf dieser Ebene einzusetzen, nicht bei Manipulations- oder Verdummungsvorwürfen. Und diese Ebene ist wieder erstaunlich von Paradoxa bestimmt: Da bemühen sich die Werbespots zunehmend um höhere ästhetische Anmutungsqualität, um durch Innovation aufzufallen, und zugleich nivellieren sie das Beworbene zur Belanglosigkeit, das bestenfalls noch mit-assoziiert wird. Da mühen sich die Spots um Aufmerksamkeit und töten diese zugleich durch den neuen TV-Werbe-Takt, der Zuschauer massenhaft in die Verweigerung treibt. Da versucht die Werbung, ihre Produkte zu verfeinern, bis sie – per Gestalt-Switch – sogar als kleine Kunstwerke gesehen werden können, und zugleich erlaubt es diese Strategie den Rezipienten, die hybriden Oberflächen unkalkulierbaren Nutzeroptionen zu unterwerfen. Und da bemühen sich Kunden und Werbewirtschaft, durch gezielte (wissenschaftliche und nichtwissenschaftliche) Beobachtung ihrer Umwelt, möglichst genau spezifische Reaktionen ihrer Interaktionspartner zu ermitteln, woraus ein in seiner Entwicklung kaum voraussagbarer Zusammenhang selbstorganisierender Prozesse resultiert.

Die Werbung ist in den 90er Jahren in große Schwierigkeiten gekommen, die vor allem ihr Selbstverständnis betreffen. Die Schwierigkeiten rühren her von der Umstellung von Produkt- auf Kommunikationswettbewerb. Die Überästhetisierung der Spots in den 80er Jahren, ihr Bemühen um moralische, soziale usw. Botschaften sind, wie kritische Werber zunehmend betonen, Abkopplungsphänomene, mit denen sich die Werbung von ihrem ursprünglich rein ökonomischen Auftrag entfernt. Werbung entwickelt sich heute zunehmend zu einem Kommunikationsinstrument nahezu aller gesellschaftlichen Teilbereiche und Belange. Damit aber verlagert sich ihr Funktionsspektrum von der ökonomischen auf die gesamtgesellschaftliche Ebene. Und mit der bislang noch ungebrochenen Proliferation von Medien und Werbung erscheint McLuhans Prognose wieder am Horizont, Werbung sei die Form von Massenunterhaltung, die sich selbst auffrißt. Wir werden sehen, was im Jahre 2000 von dieser Prognose zu halten ist (cf. S. J. Schmidt 2001).

5. Literatur

Schmidt, S. J. /Brigitte Spieß (1994), Die Geburt der schönen Bilder. Fernsehwerbung und Medienkultur. Opladen 1994.

–, Die Werbung auf der Suche nach ihrer Zukunft. In: Klaus Merten/Rainer Zimmermann (Hrsg.), Das Handbuch der Unternehmenskommunikation 2000/2001. Köln/Neuwied 2001, S. 272–287.

Spieß, Brigitte (1994), „Weiblichkeitsklischees in der Fernsehwerbung." In: Klaus Merten; Siegfried J. Schmidt/Siegfried Weischenberg (Hg.), Die Wirklichkeit der Medien. Eine Einführung in die Kommunikationsgesellschaft. Opladen 1994, S. 408–426.

Siegfried J. Schmidt, Münster (Deutschland)

235. Entwicklung, Funktion und Präsentationsformen der Werbesendungen aus der Sicht der Praxis

1. Vorbemerkung
2. Die Entwicklung der Fernsehwerbung in Deutschland
3. Aufgaben und Funktion der Fernsehwerbung
4. Gesetzliche Rahmenbedingungen
5. Präsentationsformen der Fernsehwerbung
6. Akzeptanz von TV-Werbung
7. Zusammenfassung und Fazit
8. Anmerkungen

1. Vorbemerkung

Werbung begegnet uns heutzutage auf Schritt und Tritt. Sie ist mittlerweile zum festen Bestandteil des modernen Alltagslebens geworden. Ein Leben ohne TV- oder Hörfunkwerbung, Zeitungsanzeigen oder bunte Plakate ist in modernen Gesellschaften nicht mehr vorstellbar. Obwohl es immer wieder Anzeichen für eine 'Werbeverdrossenheit' gibt, die sich gegen einzelne Bereiche (z. B. Alkohol- und Tabakwerbung) oder ganz allgemein gegen ein 'Ausufern' von Werbung richtet, wird sie doch nicht generell in Frage gestellt. Auch die neuen Kommunikations-Technologien, wie z. B. das Internet, bilden keinen werbefreien Raum, ermöglichen sie doch mitunter eine noch exaktere Zielgruppenansprache. Zu den bedeutendsten Werbeträgern gehört in den Industrieländern dabei das Medium Fernsehen.

Der vorliegende Text beschreibt die Situation der Fernsehwerbung in Deutschland, das aufgrund seiner Sendervielfalt in Verbindung mit seiner ökonomischen Bedeutung nach den USA mittlerweile zum bedeutendsten Fernsehmarkt der Welt georden ist. Nach einer kurzen Darstellung der Geschichte und Entwicklung der Fernseh-Werbung in Deutschland sowie ihrer wirtschaftlichen Bedeutung erfolgt ein Blick auf die derzeitigen gesetzlichen Rahmenbedingungen sowie die aktuellen Präsentationsformen von TV-Werbung. Anschließend wird etwas ausführlicher auf das Zuschauer-Verhalten gegenüber der Fernseh-Werbung eingegangen; eine Frage, die insbesondere für die Finanziers der Fernsehwerbung – die werbungtreibende Wirtschaft – von großer Bedeutung ist.

Es sei darauf hingewiesen, daß im Rahmen des vorliegenden Textes nur ein Überblick über den Bereich der TV-Werbung gegeben werden kann, ohne auf alle relevanten Einzelheiten der komplexen Thematik einzugehen.

2. Die Entwicklung der Fernsehwerbung in Deutschland

2.1. Die Anfänge

Nach dem Ende des zweiten Weltkrieges sollte es über sieben Jahre bis zur Wieder-Aufnahme eines geregelten Fernseh-Sendebetriebes in Deutschland dauern: am 25. Dezember 1952 um 20.00 Uhr nahm der Nordwestdeutsche Rundfunk (NWDR) seinen Fernseh-Sendebetrieb auf. Die anderen Landesrundfunkanstalten folgten zukzessive.[1]

Der erste Werbespot im deutschen Fernsehen wurde am 3. November 1956, einem Samstag, im Regionalprogramm des Bayerischen Rundfunks ausgestrahlt. Damals gab es in ganz Bayern ca. 50 000 Haushalte, die über ein Fernsehgerät verfügten. Die tägliche Werbezeit betrug sechs Minuten pro Werktag. Nach und nach folgten auch die anderen Rundfunkanstalten der ARD.

Die Einführung der Fernsehwerbung im Jahre 1956 ist auch vor dem Hintergrund zu sehen, daß schon damals Industrie und Wirtschaft ausdrücklich ein kommerzielles Fernsehen in Deutschland forderten. Als mächtiger Gegner erwies sich der Bundesverband der Deutschen Zeitungsverleger, der Werbung im (öffentlich-rechtlichen) Fernsehen grundsätzlich ablehnte, gleichzeitig aber seinen Anspruch anmeldete, ein eigenes kommerzielles Fernsehen zu betreiben, ggf. in Kooperation mit der werbungtreibenden Wirtschaft. Zusammenfassend kann festgehalten werden, daß die Einführung der Fernsehwerbung in Deutschland mehreren Zielen dienen sollte: Neben dem ursprünglichen Ziel, die steigenden Programm-Kosten für das noch junge Medium wenigstens zu einem Teil durch Werbeeinnahmen zu finanzieren, sollte zum anderen durch den begrenzten Zugang der Werbewirtschaft zum Fernsehen den Befürwortern eines kommerziellen Fernsehens entgegengewirkt werden.

Im Rundfunkstaatsvertrag von 1962 wurden den Landesrundfunkanstalten der ARD bezüglich ihrer Werbesendungen die gleichen Verpflichtungen auferlegt, wie sie für das ZDF, das am 1. April 1963 auf Sendung ging, gelten sollten. Die Werbezeit wurde auf maximal 20 Minuten pro Werktag im Jahresdurchschnitt begrenzt, wobei nicht ausgenutzte Werbezeit höchstens bis zu fünf Minuten pro Werktag nachgeholt werden darf. Nach 20.00 Uhr darf Fernsehwerbung nicht ausgestrahlt werden. Diese Begrenzungen haben bis heute für den öffentlich-rechtlichen Rundfunk Gültigkeit, obwohl sich die Fernsehlandschaft in den letzten zehn bis fünfzehn Jahren grundlegend verändert hat. Bei der Gründung des ZDF war die Möglichkeit der Fernsehwerbung von vornehrein vorgesehen worden; die erste Werbesendung des ZDF wurde bereits einen Tag nach Aufnahme des regulären Sendebetriebs ausgestrahlt.

2.2. Die Einführung des privaten Fernsehens in Deutschland

Von großer Bedeutung für die Entwicklung der Fernsehlandschaft und damit auch des TV-Werbemarktes in Deutschland war die Einführung des privaten Fernsehens in Deutschland. Der Startschuß erfolgte im Januar 1984 mit dem Kabelpilotprojekt Ludwigshafen. Nach der staatlich unterstützten Experimentierphase agierten die neuen Anbieter als national verbreitete Kabel- und Satellitensender, die im Zuge der zunehmenden Verkabelung vor allem der städtischen

235. Entwicklung, Funktion und Präsentationsformen der Werbesendungen

Regionen sowie der zunehmenden Verbreitung von individuellen und gemeinschaftlichen Satelliten-Empfangsanlagen rasch an Bedeutung gewannen. Neu waren aber nicht nur die Verbreitungswege der sogenannten Privatsender, sondern auch ihre strikte kommerzielle Ausrichtung, sollten sich die neuen Sender doch ausschließlich über den Werbezeitenverkauf finanzieren.

Der Eintritt neuer kommerzieller TV-Sender in den Wettbewerb um die Gunst der Fernsehzuschauer (vgl. Tabelle 1) erfolgte in Deutschland in zwei Phasen: Die erste Generation der Privatsender (RTL plus, SAT.1, Tele 5, Eureka TV/PRO 7) gingen Mitte bis Ende der achtziger Jahre auf Sendung, während ab 1992 mit Kabel 1, RTL 2, VOX, DSF (vormals Tele 5), n-tv etc. die zweite Generation (inkl. Spartensender) folgte. Dies führte zu einer stetigen Ausweitung des TV-Werbezeiten-Angebotes, der insbesondere Anfang der neunziger Jahre enorm an Dynamik gewann. Die Tatsache, daß die kommerziellen TV-Sender 20 Prozent ihrer gesamten Sendezeit – ohne tageszeitliche Beschränkung – für Werbung in Anspruch nehmen können (vgl. Absatz 4), ließ die Nachfrage nach TV-Werbezeiten von Seiten der Werbewirtschaft explosionsartig ansteigen; zumal jetzt die Möglichkeit gegeben war, rund um die Uhr und auch in Spartenkanälen (z.B. Sportsender und Musiksender) TV-Werbung zu schalten.

Tab. 235.1: Sendestart privater TV-Sender in Deutschland

RTL	01. 01. 1984
SAT.1	01. 01. 1984
Pro 7 (vorm. Eureka)	01. 01. 1989
Eurosport	01. 07. 1989
Kabel 1	01. 02. 1992
VOX	01. 10. 1992
n-tv	22. 12. 1992
DSF (vorm. Tele 5)	01. 01. 1993
RTL 2	06. 03. 1993
Viva	01. 01. 1995
Super RTL	16. 03. 1995
Viva 2	10. 06. 1995
TM 3	25. 08. 1995

Quelle: GfK Fernsehforschung, Mai 1997

Mit dem Erstarken der kommerziellen TV-Sender in Deutschland erhoben diese, unterstützt von einigen Politikern, immer wieder die Forderung nach Abschaffung der TV-Werbung in den öffentlich-rechtlichen Programmen. Dieser Forderung stellt sich insbesondere die Werbewirtschaft entgegen, da sie eine Oligopolisierung des TV-Werbemarktes befürchtet und darüber hinaus auch der Zugang zu den attraktiven Zielgruppen in ARD und ZDF verloren ginge. Die Werbewirtschaft fordert stattdessen die Öffnung der 20.00-Uhr-Grenze für Werbung in den öffentlich-rechtlichen Programmen ARD und ZDF, um die qualitativ hochwertigen Zuschauergruppen der öffentlich-rechtlichen Programme nach 20.00 Uhr erreichen zu können.[2]

Heute besitzen in Deutschland 98 Prozent aller Haushalte mindestens ein Fernsehgerät, und etwa drei Viertel aller erwachsenen Personen ab 14 Jahre schalten an einem normalen Tag mindestens einmal (für mindestens eine Minute) das Fernsehgerät an. Im Jahr 1998 hat jeder Erwachsene ab 14 Jahren pro Tag durchschnittlich 3 Stunden und 21 Minuten ferngesehen (Sehdauer). Berücksichtigt man nur die Personen, die auch tatsächlich ferngesehen haben, steigt die durchschnittliche tägliche Nutzung auf vier Stunden und 27 Minuten an (Verweildauer). Fernsehen ist damit endgültig zum modernen und wichtigsten Massenmedium geworden.

2.3. Die Entwicklung der Werbeeinnahmen

Im Jahr 1998 wurden nach Angaben des Zentralverbandes der deutschen Werbewirtschaft (ZAW) in den 'klassischen' Medien Fernsehen, Hörfunk, Zeitungen, Zeitschriften und Plakat sowie sonstigen Werbeträgern (Adreßbücher, Filmtheater etc.) in Deutschland für 41,1 Milliarden DM Werbung geschaltet.[3] Werbung ist damit zu einem bedeutenden ökonomischen Faktor in Deutschland geworden. Von der Gesamtsumme der Werbeeinnahmen entfielen knapp 7,9 Milliarden DM (19,2 Prozent) auf das Fernsehen. Vor zehn Jahren (1988) hatte der Anteil der Fernsehwerbung erst 8,9 Prozent betragen. Das Medium Fernsehen ist damit in den letzten zehn Jahren zum zweitgrößten Werbeträger hinter den Tageszeitungen aufgestiegen. Dabei ist zu berücksichtigen, daß die Werbeeinnahmen der Tageszeitungen einen hohen Anteil lokaler Werbung sowie Rubrikenwerbung enthal-

Tab. 235.2: Entwicklung der Netto-Werbeeinnahmen in Deutschland 1988–1998

Werbeträger	1988 (in Mio. DM)	1988 (in Prozent)	1998 (in Mio. DM)	1998 (in Prozent)	Werbewachstum (in Prozent)
Tageszeitungen	7 148,4	34,6	11 477,4	27,9	+ 61
Publikumszeitschriften	2 818,4	13,7	3 655,4	8,9	+ 30
Fachzeitschriften	1 641,6	8,0	2 205,0	5,4	+ 34
Anzeigenblätter	1 644,0	8,0	3 446,0	8,4	+ 110
Außenwerbung	587,0	2,8	1 100,8	2,7	+ 88
Fernsehen	1 834,1	8,9	7 904,9	19,2	+ 331
Hörfunk	792,8	3,8	1 182,7	2,9	+ 49
Sonstige	4 169,2	20,2	10 141,4	24,7	+ 143
Gesamt	20 635,5	100,0	41 113,6	100,0	+ 99

Sonstige Werbeträger: Adreßbücher, Werbung per Post, Filmtheater, Zeitungssupplements, Wochen- und Sonntagszeitungen.
Quelle: ZAW 1998, 1999; z.T. eigene Berechnungen

ten. Darüber hinaus hat das Fernsehen mit Abstand die höchste Steigerungsrate bei den Werbeumsätzen zu verzeichnen: 331 Prozent. Fernsehen ist damit zum bedeutendsten Einzelmedium für die Werbewirtschaft geworden.

3. Aufgaben und Funktion der Fernsehwerbung

Was ist Werbung und was will Werbung? Den einen gilt sie als Informationsquelle, anderen als Unterhaltungs- oder gar als besondere Kunstform; wiederum andere sehen sie in erster Linie als beabsichtigte Beeinflussung des Verbrauchers, die einzig darauf abzielt, den Verbraucher dazu zu bewegen, das beworbene Produkt zu kaufen.

Werbung, insbesondere Fernsehwerbung, vereint von allem etwas in sich. Ungeachtet dessen besteht ihre Hauptfunktion nach wie vor darin, dem Verbraucher verwertbare Informationen über angebotene Produkte und Dienstleistungen zu liefern und ihm damit seine Nachfrageentscheidungen als Käufer zu erleichtern. Im marktwirtschaftlichen System spielt die Werbung damit eine nicht zu unterschätzende Rolle als Schnittstelle zwischen Hersteller und Käufer, die zur ökonomischen Entscheidungskompetenz des Verbrauchers wesentlich beiträgt. Werbung ist damit einerseits ein bedeutender Wirtschaftsfaktor (vgl. Absatz 2.3.), andererseits trägt sie durch ihre enorme Finanzkraft auch mit zur publizistischen Unabhängigkeit und Vielfalt der Medienlandschaft bei. Ohne die Werbeeinnahmen wären viele Publikationsorgane in ihrer Existenz bedroht.

Für die Werbung verfolgt jedes einzelne Medium spezifische Kommunikationsziele und Marketingstrategien. Während für die Imagebildung einer Markt eher (längere bzw. regelmäßige) Werbekampagnen in Zeitungen und Zeitschriften geeignet sind, werden die Medien Hörfunk und insbesondere Fernsehen vor allem zum schnellen Aufbau von Markenbekanntheit (bei Einführungskampagnen) sowie zur Erhöhung der Marken-Bekanntheit eingesetzt. Aufgrund seiner starken Verbreitung kann überdies mit dem Medium Fernsehen die Massenkaufkraft effizient angesprochen werden.

Das Medium Fernsehen verfügt dabei über Besonderheiten, die es von anderen Werbeträgern eindeutig abhebt: Aufgrund des gleichzeitigen Einsatzes bzw. der Kombination von visuellen und auditiven Gestaltungsmitteln scheint das Fernsehen besser als jedes andere Medium geeignet, emotionale Erlebnisse hervorzurufen, in denen das beworbene Produkt präsentiert wird – und damit im Bewußtsein der Rezipienten stärker haften bleibt.

4. Gesetzliche Rahmenbedingungen

Werbung in Deutschland unterliegt konkreten gesetzlichen Vorgaben, die in einer Vielzahl von Gesetzen und Verordnungen niedergelegt sind, z.B. im „Gesetz gegen den unlauteren Wettbewerb".[4] Die dort formulierten Regelungen gelten im Kern für alle

Werbeträger gleichermaßen. Gesonderte Restriktionen bezüglich TV-Werbung existieren z. B. für Tabakwerbung: Sie ist im Fernsehen schon seit Jahren nicht mehr erlaubt.[5]

Die speziellen Belange des Rundfunks (Hörfunk und Fernsehen) werden darüber hinaus durch den Rundfunkstaatsvertrag und durch die Landesrundfunkgesetze und Landesmediengesetze geregelt. Dabei stehen insbesondere Umfang und Plazierung der Werbung sowie die Trennung von Programm und Werbung im Vordergrund.

Der von den Bundesländern beschlossene Rundfunkstaatsvertrag formuliert eindeutige Vorschriften für TV- und Hörfunkwerbung für den öffentlich-rechtlichen sowie den privaten Rundfunk in Deutschland.[6] Ohne auf alle Einzelheiten einzugehen, beinhaltet er u. a. die folgenden zentralen Vorschriften.

Generell muß Werbung als solche klar erkennbar und vom übrigen Programm durch optische Mittel (beim Hörfunk durch akustische Mittel) eindeutig getrennt sein.

Dauerwerbung ist zulässig, wenn sie als solche eindeutig gekennzeichnet ist; sie darf – zusammen mit anderen Fernseheinkaufssendungen – eine Stunde am Tag nicht überschreiten. Schleichwerbung (moderner ausgedrückt: Product Placement), also die Erwähnung von Produkten und Marken zu Werbezwecken, ohne dies deutlich zu machen, ist unzulässig. Sponsoring ist erlaubt, wobei unter Sponsoring der Beitrag zur Finanzierung einer Sendung gesehen wird, um den betreffenden Namen oder die Marke zu fördern. Der Hinweis auf die Finanzierung durch einen Sponsor muß in vertretbarer Kürze erfolgen.[7]

Spezielle Vorschriften gelten für den öffentlich-rechtlichen Rundfunk. Die Gesamtdauer der Werbung im Ersten Fernsehprogramm der ARD und im ZDF darf jeweils 20 Minuten pro Werktag im Jahresdurchschnitt nicht überschreiten. Nach 20.00 Uhr sowie an Sonn- und Feiertagen findet bei ARD und ZDF keine Werbung statt. In den Dritten Fernsehprogrammen der ARD sowie weiteren bundesweit verbreiteten Programmen von ARD und ZDF (z.B. dem Kinderkanal) findet keine Fernsehwerbung statt.[8]

Beim privaten Fernsehen darf die Gesamtdauer der Werbung 20 Prozent der täglichen Sendezeit nicht überschreiten, Spotwerbung darf 15 Prozent der täglichen Sendezeit nicht überschreiten. Auch während der einzelnen Stunde darf die Dauer der Spotwerbung 20 Prozent nicht überschreiten.[9]

Fernsehwerbung ist in Blöcken zwischen einzelnen Sendungen bzw. Sendungsteilen auszustrahlen; dies gilt grundsätzlich sowohl für öffentlich-rechtliche als auch für private Fernsehsender.[10]

Die Landesmediengesetze der Bundesländer regeln in erster Linie die Zulassung von privatem Hörfunk und Fernsehen in der Bundesrepublik. Ein wesentlicher Punkt hierbei ist die Frequenzvergabe und Frequenzverwaltung, die Sicherung der Meinungsvielfalt und Programmkontrolle hinsichtlich Einhaltung der Vorschriften zum Jugendschutz, Gewalt, und Sex-Darstellungen. Darüber hinaus erlassen sie die Richtlinien zur Durchführung der Bestimmungen des Rundfunkstaatsvertrages bezüglich der Werbung im privaten Rundfunk.[11]

5. Präsentationsformen der Fernsehwerbung

5.1. Werbeformen

Das Fernsehen ist bislang das einzige tagesaktuelle Medium, daß sich sowohl auditiver als auch visueller Ausdrucksmittel bedient; d.h. die Werbebotschaft wird sowohl in Bild bzw. Schrift als auch per Ton übertragen.[12] Fernsehwerbung kann daher eine breitere Wirkung im Hinblick auf den Rezipienten entfalten als z.B. eine gedruckte Anzeige, die ihre Wirkung allein über Bilder, Text und farbliche Gestaltung entfalten muß.[13]

Der TV-Spot

TV-Werbung präsentiert sich heutzutage auf verschiedene Weisen, wobei allerdings der klassische TV-Spot nach wie vor dominiert. Die beiden gebräuchlichsten Spotlängen sind 15 und 30 Sekunden (vgl. Absatz 5.2., Tabelle 3). Da (bislang) keine einzelnen Spots ausgestrahlt werden dürfen, werden die Spots zu Werbeblöcken von mehreren Minuten Dauer zusammengefaßt. Allgemein wird davon ausgegangen, daß kurze Werbeblöcke die Aufmerksamkeit des Zuschauers weniger erlahmen lassen als lange Werbeblöcke, d.h. Spots in kurzen Blöcken entfalten vermutlich eine größere Wirkung als in langen Blöcken, in denen sie mit vielen anderen Spots um die Aufmerksamkeit des Zuschauers konkurrieren. Werbeblöcke können einzelne Sendungen voneinander trennen (Scharnierblöcke) oder einzelne Teile einer Sendung (Unterbrecherblöcke). Bei Unterbrecherblöcken schalten weniger Zuschauer in ein anderes Programm bzw. aus, da man in der Regel die unterbrochene Sendung zu Ende sehen möchte.

Eine seit einigen Jahren gebräuchliche Variante der Spotwerbung stellt der sog. Tandem-Spot dar. Dabei handelt es sich um das zweimalige Schalten eines Spots im selben Block, wobei ein oder zwei fremde Spots zwischengeschaltet werden. Oft stellt der zweite Spot, der als Reminder nochmals an die Werbebotschaft erinnern soll, eine verkürzte Version des ersten dar. Gelegentlich kommen auch Dreifach-Spots vor.

TV-Spots können sich auf sehr unterschiedliche Weise präsentieren. Beispielhaft seien im folgenden einige der geläufigsten Präsentationsformen[14] kurz skizziert:

- Alltagsszene: Alltags-Situation z. B. im Familienkreis, inklusive Dialog über das Produkt;
- Präsenter: eine einzelne Person (Verbraucher, Prominenter) präsentiert das Produkt;
- Demonstration: Nachweis der Vorzüge des beworbenen Produkts;
- Interview: ein Verbraucher wird von einem (imaginären) Interviewer befragt;
- Testimonial: mit einem Test wird der Verbraucher von den Qualitäten des Produktes überzeugt;
- Produktabbildung: das Produkt steht im Vordergrund, alles andere tritt dahinter zurück;
- Zeichentrickfilm bzw. Computeranimation.

Das Sponsoring

Neben dem klassischen Spot hat sich in den letzten Jahren zunehmend das Sponsoring von Fernsehsendungen etabliert. Beim Sponsoring leistet ein Unternehmen einen Finanzierungsbeitrag zur Sendung; im Gegenzug wird der Sponsor am Anfang und am Ende der Sendung mit seinem Namen, Logo oder einer Marke genannt. Einerseits soll durch die exponierte Stellung am Beginn und/oder Ende der Sendung der Aufmerksamkeitsgrad erhöht und so die Bekanntheit des Sponsors oder seiner Marke gesteigert werden, andererseits ist häufig auch ein Imagetransfer vom Programm auf das Produkt beabsichtigt. Da das Ziel von Sponsoring anders als bei der klassischen Werbung nicht die direkte Verkaufsförderung ist, wird es häufig nicht als singuläres Instrument, sondern in Kombination mit anderen werblichen Maßnahmen eingesetzt.

Sonderwerbeformen

Neben dem klassischen TV-Sport, der immer noch die Basis für werbliche Maßnahmen im Medium Fernsehen bildet, existieren eine Reihe von Sonderwerbeformen, um Werbebotschaften im Fernsehen zu kommunizieren.

Dauerwerbesendungen müssen mindestens 90 Sekunden lang sein; eine zeitliche Begrenzung ist nicht vorgeschrieben. Allerdings müssen sie, wie die übrige Werbung auch, durch entsprechende Hinweise deutlich vom Programm getrennt und während der gesamten Sendezeit als Werbung gekennzeichnet sein. Dauerwerbesendungen, die sich an Kinder richten, sind nicht erlaubt. Die inhaltliche Ausgestaltung bleibt weitgehend dem Kunden überlassen. Dauerwerbesendungen werden auf die täglich zur Verfügung stehende Werbezeit des Senders angerechnet. Da sie außerdem mit zunehmender Länge für den Werbekunden relativ kostspielig werden, stellen sie im Rahmen werblicher TV-Maßnahmen eher die Ausnahme dar.

Teleshopping sind Verkaufssendungen, die als solche durch eine entsprechende Einblendung gekennzeichnet werden müssen. Bei Teleshopping-Sendungen hat der Zuschauer die Möglichkeit, die präsentierten Produkte und Dienstleistungen per Telefon oder Fax direkt zu bestellen (für den Zuschauer handelt es also um eine *Einkaufssendung*). Exakte Angaben zum Preis und Versandkosten sind dabei verbindlich. Sender, die ausschließlich Teleshopping-Sendungen ausstrahlen, sind sogenannte Teleshopping-Sender. In Deutschland sind derzeit mit H.O.T (Home Order Television) und QVC zwei Teleshoppingkanäle auf Sendung.

Bei *Gewinnspielen* wird der Zuschauer in einem stärkeren Maße mit dem ausgelobten Produkt bzw. der Marke konfrontiert, da er vom passiven Zuschauer zum aktiven Mitspieler animiert werden soll. Bei Gewinnspielen darf der Hersteller genannt und das Produkt kurz beschrieben werden, darüberhinausgehende Werbung ist nicht statthaft.

Werbeuhren werden an markanten Programmplätzen eingeblendet, wobei die Uhr selbst nur einen kleinen Teil des Bildschirms ausfüllt. Der restliche Platz kann vom Werbekunden genutzt werden. Werbeuhren sorgen aufgrund ihrer exponierten Stellung für eine hohe Aufmerksamkeit.[15]

Neue Werbeformen

Eine andere gänzlich neue Werbeform stellt die sogenannte *Virtuelle Werbung* dar.[16] Bei der virtuellen Werbung werden, z. B. bei Sportübertragungen, auf den real vorhandenen Stadion-Banden oder auf dem Boden eines Boxringes, virtuelle, d. h. elektronisch erzeugte, Firmenlogos oder andere Werbebotschaften während der Übertragung eingespielt. Dabei ist es für den Zuschauer so gut wie nicht erkennbar, daß es sich nicht um eine – im physischen Sinne – real existierende Werbebotschaft handelt, sondern um eine elektronisch erzeugte. In Deutschland ist diese Werbeform derzeit noch nicht erlaubt, da sie der strikten Trennung zwischen Programm und Werbung zuwiderläuft. In anderen Ländern wird sie hingegen schon gelegentlich praktiziert.

Eine weitere neue Werbeform im Fernsehen stellt der *Split-Screen* dar, also die werbliche Teilnutzung des Bildschirms. Hierbei wird der Bildschirm in zwei oder mehr Bereiche aufgeteilt, so daß parallel zum Programm auf einem Teil des Bildschirms Werbespots ausgestrahlt werden können. Auch diese Werbeform ist bislang in Deutschland verboten, da auch sie gegen das Gebot der Trennung von Programm und Werbung verstößt.[17]

Eine Sonderform des Split-Screen stellt das von dem Nachrichtensender n-tv und dem Wirtschaftssender Bloomberg TV bereits seit einiger Zeit gesendete *Laufband* dar. Das während des normalen Programms ausgestrahlte Laufband enthält in der Regel die aktuellen Börsenkurse; es gilt damit als Verteildienst bzw. Mediendienst, der nicht dem Rundfunkstaatsvertrag unterliegt. Die rechtliche Zulässigkeit einer Integration kurzer Werbetexte in dieses Laufband ist derzeit nicht völlig geklärt.[18]

5.2. TV-Werbung heute

Spot-Werbung

Im Jahre 1998 wurden in Deutschland von den elf national verbreiteten Sendern ARD 1, ZDF, RTL, SAT.1, PRO7, RTL 2, Kabel 1, Super RTL, VOX, DSF und n-tv insgesamt über 1,8 Mio. TV-Sports ausgestrahlt.[19] Vor fünf Jahren waren es erst ca. 0,7 Mio. TV-Spots. Dies entspricht einer Steigerung von 144 Prozent. Die Anzahl der an jedem Tag im Jahr ausgestrahlten TV-Spots erhöhte sich von 2030 im Jahr 1993 auf durchschnittlich 4960 im Jahr 1998. Die Gesamtdauer der pro Tag ausgestrahlten Werbespots erhöhte sich damit von 15 Stunden auf 31 Stunden. Ein Tag würde also längst nicht mehr ausreichen, wollte man sämtliche TV-Spots der elf untersuchten Sender in einem Programm ausstrahlen.

Die 1993 am häufigsten nachgefragten Spot-Formate waren 30 Sekunden und 20 Sekunden; die Durchschnittslänge über alle ausgestrahlten Spots lag dementsprechend bei 26 Sekunden. 1998 ist ein Trend zu kürzeren Spotlängen erkennbar: Bevorzugt wird das 15-Sek.-Format, gefolgt vom 30-Sek.-Format. Die höchsten Steigerungsraten weisen im Fünf-Jahres-Vergleich die kurzen Formate (7 Sek., 15 Sek.) auf. Machten die 7- und 15-Sek.-Formate 1993 insgesamt erst 23,0 Prozent an allen Spots aus, sind es 1998 bereits 42,7 Prozent. Offensichtlich schlägt sich die veränderte Angebotsstruktur durch eine größere Anzahl TV-Sender (s. Tabelle 1) in einer erhöhten Nachfrage nach kurzen, d. h. preiswerten, TV-Spots nieder. Die Durchschnittslänge eines TV-Spots sank dementsprechend in 1998 auf 22 Sekunden.

Tab. 235.3: Ausgestrahlte TV-Spots 1993 und 1998

	1993	1998	Veränderung in Prozent
Einschalttage	365	365	–
Spots insgesamt	740929	1810579	+ 144
davon:			
Spots bis 7 Sek.	27135	210071	+ 674
Spots bis 15 Sek.	143291	563654	+ 293
Spots bis 20 Sek.	210117	375130	+ 79
Spots bis 30 Sek.	247963	502043	+ 102
Spots bis 45 Sek.	57851	104790	+ 81
Spots bis 60 Sek.	44919	44014	– 2
Spots über 60 Sek.	9653	10877	+ 13
Ø Spotlänge (Sek.)	26	22	–
Ø Spots pro Tag	2030	4960	+ 144
Ø Min./Tag	900	1862	+ 107
Ø Std./Tag	15	31	+ 107

Quelle: A. C. Nielsen Werbeforschung S+P; z.T. eigene Berechnungen

Sponsoring

Im Vergleich zur hohen Anzahl klassischer TV-Spots spielt das Sponsoring, obwohl es in den letzten Jahren als Werbemaßnahme zunehmend an Bedeutung gewonnen hat, eine untergeordnete Rolle. So wurden im Jahr 1998 ca. 21 000 Fernsehsendungen gesponsert, wobei der Sponsor meist zweimal genannt wird, nämlich im Vor- und im Abspann. Aus Programmsponsoring konnten die TV-Sender 1998 rund 152 Millionen DM erlösen, ein Jahr zuvor beliefen sich die Erlöse erst auf 111 Millionen DM. Als besonders begehrte Programm-Genres erwiesen sich dabei Wetterberichte und Sportsendungen.[20]

Dauerwerbesendungen / Teleshopping

Auch Dauerwerbesendungen und Teleshopping spielen bislang keine bedeutende Rolle im Vergleich zur Spotwerbung. So wurden im Jahr 1998 im deutschen Fernsehen insgesamt 2555 Dauerwerbe- und Teleshopping-Sendungen ausgestrahlt, die zusammengenommen eine Länge von 43 943 Minuten aufwiesen. Dies entspricht einem Durchschnittswert von genau 7 Sendungen pro Tag mit einer Länge von insgesamt zwei Stunden.[21]

Hinzu kamen 1998 insgesamt noch 1456 Gameshows mit Werbung mit einer Gesamtdauer von 12 761 Minuten. Dies entspricht im Durchschnitt 4 Sendungen pro Tag mit einer Länge von 35 Minuten.[22] Zu den Erlösen der TV-Sender durch Dauerwerbe- und Teleshopping-Sendungen liegen keine verläßlichen Zahlen vor.

6. Akzeptanz von Werbung

6.1. Qualitative Aspekte / Werbewirkungsforschung

Werbespots unterscheiden sich vor allem in qualitativer Hinsicht, d.h. insbesondere bezüglich ihrer Kreation. Für die Werbungtreibenden stellt sich daher häufig die Frage nach der Wirksamkeit in qualitativer Hinsicht, d.h. nach der Frage: Kann der Spot die im Hinblick auf das Kommunikationsziel beabsichtigte Wirkung optimal entfalten?

Zur Werbewirkungsforschung existiert eine Vielzahl von Studien.[23] Sie zeichnen sich in der Regel dadurch aus, daß zwar Wirkungseffekte anhand steigender Werbeerinnerung, Markenbekanntheit, Kaufinteresse etc. beim Rezipienten nachgewiesen werden können; eindeutige kausale Befunde, die diesen empirischen Zusammenhang vollständig erklären, gibt es aber kaum. Allenfalls können einzelne Faktoren im Hinblick auf ihre Wirkung analysiert werden. So gilt es als sicher, daß die Kreation eines Spots, d.h. seine Machart, seine Dramaturgie und damit seine Fähigkeit, Aufmerksamkeit zu erzeugen, einer der wichtigsten Wirkungsfaktoren darstellt.

Äußere Faktoren, die die Wirkung eines Spots beeinflussen können, sind etwa die Blocklänge und das Programmumfeld. Insbesondere dem Programm, das den Spot umgibt, wird mitunter eine starke Wirkung zugeschrieben, insbesondere wenn es sich um extreme Umfelder handelt (z.B. reißerische Gewaltdarstellungen). Dahinter steckt die Annahme, daß die durch extreme Umfelder hervorgerufene (negative) emotionale Befindlichkeit des Zuschauers die Rezeption der nachfolgenden Werbung negativ beeinflußt und damit eine Gefahr für das mitunter langwierig aufgebaute Markenimage des beworbenen Produkts darstellt: Exorzißmus und blutige Leichen sind nun mal ein schlechtes Umfeld für Gulaschsuppen. Dieser Umstand hat bereits schon mehrfach dazu geführt, daß Werbekunden bzw. Werbeagenturen bestimmte Programmumfelder der Sender für ihre Werbung von vornherein ausschließen.[24]

6.2. Werbevermeidung durch Zapping

Im Zuge der rapiden Verbreitung neuer TV-Sender nach Zulassung des privaten Fernsehens in Deutschland änderte sich die Fernsehlandschaft grundlegend. Die neuen Sender entwickelten eine Vielzahl neuer Formate (die allerdings häufig, wie z.B. das sogenannte Reality-TV, aufgrund reißerischer Darstellungen in den Focus der Kritik gerieten). Die Programmpräsentation änderte sich ebenfalls, das Fernsehen wurde lauter und bunter; es wurden die nächtlichen Sendelücken geschlossen usw. Gleichzeitig wurde das Fernsehangebot auch unübersichtlicher. Hinzu kam, daß das erweiterte TV-Angebot der neuen Sender mit dem „Nachteil" erkauft wurde, daß das Programm, z.B. während eines Spielfilms, in regelmäßigen Abständen durch Werbung unterbrochen wurde. Mit dem Ausmaß, wie die Werbung wuchs, wuchs auch die Kritik und der Verdruß an ihr.

All dies führte, unter zur Hilfenahme der sich in den achtziger Jahren massenhaft durchsetzenden Fernbedienung, zu einem neuen Phänomen: dem sogenannten Zapping, womit häufiger Programmwechsel des Zuschauers beim Fernsehen gemeint ist. Unabhängig davon, welche unterschiedlichen psychologischen Verhaltensmuster und motivationalen Aspekte sich hinter dem Zapping verbergen[25], soll hier konkret auf den quantitativen Aspekt der Werbevermeidung eingegangen werden, d.h. auf den Anteil der Personen, die einem Werbeblock durch Um- oder Ausschalten bewußt entgehen wollen.

In schöner Regelmäßigkeit werden in der Fachpresse Befragungen von Marktforschungsinstituten zitiert (die zumeist von Wettbewerbsmedien initiiert wurden), die herausgefunden haben wollen, daß ein exorbitant hoher Anteil (mitunter über 50 Prozent) der befragten Personen TV-Werbung durch Umschalten meidet.[26] Werbung werde demnach im großen Stil vom Zuschauer gemieden, da sie – im Vergleich zum sie umgebenden Programm – zu wenig attraktiv sei und im übrigen die Gelegenheit böte, schnell andere Dinge zu erledigen. Diese Erhebungen sind allerdings wenig zuverlässig, da sich hier offensichtlich das tatsächliche Verhalten während des Fernsehvorgangs (soweit dies überhaupt per Befragung valide erhoben werden kann) und die allgemeine Einstellung zur Werbung im Fernsehen vermischen.

Es erscheint daher angebracht, das Phänomen auf Basis der elektronisch gemessenen Daten des Fernsehforschungspanels der AGF (Arbeitsgemeinschaft Fernsehforschung) zu analysieren. Dabei steht die folgende Frage im Vordergrund: Wie groß sind die Unterschiede zwischen den Reichweiten des Programms und denen der sich anschließenden Werbeblöcke? Gehen die Werbeblock-Reichweiten im Vergleich zu den Programm-Reichweiten tatsächlich um ein Viertel oder gar die Hälfte zurück?

Analysiert wurde das Verhältnis zwischen der Programmreichweite und der Werbeblockreichweite für die großen national verbreiteten TV-Sender für das Jahr 1998. Um zu validen Ergebnissen zu kommen, wurden die reichweitenstarken Tageszeiten, also der Vorabend und die Prime Time, als Zeitintervall ausgewählt.

Als Programm wird die unmittelbar vor dem Werbeblock liegende Sendung bzw. der komplette Sendungsteil definiert, die durch keine anderen Werbeblöcke oder Programmbestandteile unterbrochen werden und mindestens drei Minuten lang sind. Für jeden untersuchten Sender wurden zunächst über das ganze Jahr 1998 per Zufall einzelne Tage ausgewählt; für die zufällig ausgewählten Tage wurden alle Werbeblöcke des betreffenden Zeitintervalls in die Analyse einbezogen, soweit ihnen eine Sendung bzw. ein Sendungsteil vorausging. Für ARD und ZDF wurde als Analysezeitschnitt nur die werberelevante Vorabendzeit (18.00–20.00 Uhr, ohne Sonn- und Feiertage) ausgewählt, für die übrigen Sender das gesamte Zeitintervall 18.00–23.00 Uhr (Montag–Sonntag). Insgesamt gingen 4041 Sendungen bzw. Sendungsteile mit nachfolgenden Werbeblöcken in die Analyse ein.

Die Werte der untersuchten Sender (die hier allerdings nicht als Einzelsender im Vordergrund des Interesses stehen) schwanken lt. Tabelle 4 alle mehr oder weniger stark um 80 Prozent; der niedrigste Wert beträgt 73,0 Prozent, der höchste Wert 87,1 Prozent. Der Durchschnittswert über alle untersuchten Werbeblöcke liegt dementsprechend etwas unter 80 Prozent. Die Unterschiede zwischen Programm- und Werbeblockreichweite sind zwar unbestreitbar und ein bekanntes Phänomen. Die Reichweitenunterschiede zwischen Programm und Werbung sind aber längst nicht so stark ausgeprägt, wie gelegentlich behauptet wird. Von einer massenhaften Werbevermeidung kann demnach keineswegs gesprochen werden; eine Werbevermeidung in besorgniserregendem Umfang findet im Fernsehen nicht statt.

Im übrigen kommen auch zahlreiche andere Untersuchungen zum Thema Werbevermeidung zu ähnlichen Ergebnissen. So kommt z.B. eine Untersuchung des Senders SAT.1 zu einem Index von 86 Prozent: „Im Durchschnitt liegt die Sehbeteiligung bei der Unterbrecherwerbung nur um 14 Prozentpunkte unter der des dazugehörigen Programms".[27] IP Deutschland, die Vermarktungsgesellschaft der privaten TV-Sender RTL, RTL 2 und Super RTL kommt in einer gemeinsam mit der Universität Hohenheim durchgeführten Untersuchung auf 18 Prozent Werbevermeider, d.h. im Durchschnitt sehen 82 Prozent der Zuschauer einer Sendung auch den anschließenden Werbeblock.[28]

Im übrigen sei darauf hingewiesen, daß der Werbewirtschaft durch zappende Zuschauer kein finanzieller Nachteil entsteht, da die Tarife für die TV-Werbung stets auf

Tab. 235.4: Verhältnis Programm-Reichweite vs. Werbeblock-Reichweite 1998 – Zufällig ausgewählte Werbeblöcke; Erwachsene ab 14 Jahre

Sender	Anzahl Sendungen	Reichweite Sendung vorher (in Mio.)	Reichweite Werbeblock (in Mio.)	Index (Sendung = 100) (in Prozent)
Intervall: Montag–Samstag; 18.00–20.00 Uhr:				
ARD 1	161	2,78	2,25	81,0
ZDF	168	3,40	2,96	87,1
Intervall: Montag–Sonntag; 18.00–23.00 Uhr:				
RTL	663	3,58	2,80	78,2
SAT.1	570	2,82	2,18	77,4
PRO 7	511	1,77	1,32	74,6
RTL 2	472	0,77	0,56	73,0
Kabel 1	595	0,92	0,76	82,6
Super RTL	492	0,44	0,37	83,3
VOX	409	0,65	0,47	73,2

Quelle: AGF/GfK; pc#tv; eigene Berechnungen

der Sehbeteiligung des Werbeblocks selbst basieren – und nicht auf der Anzahl der Zuschauer der jeweiligen Serie oder des Spielfilms, der vor dem Werbeblock ausgestrahlt wurde. Dies wirft gleichzeitig die Frage auf, wie sich die Zuschauer innerhalb eines Werbeblocks verhalten.

6.3. Zuschauer-Verhalten während Werbung

Wie verhalten sich Zuschauer während der Werbung? Eine immer wieder geäußerte Meinung behauptet, daß ein großer Teil der Zuschauer während der Werbung sich anderen Dingen widmet als der Beachtung der Werbespots. Als ein häufig zitiertes Klischee erweist sich in diesem Zusammenhang das Bild vom zum Kühlschrank eilenden Zuschauer zwecks weiterer Versorgung mit Getränken bzw. vom unvermeidlichen Gang zur Toilette.[29]

Auch an dieser Stelle soll zur Analyse der Zuschauerbewegung innerhalb eines Werbeblocks wieder auf die elektronisch gemessenen Daten des AGF/GfK-Zuschauerpanels zurückgegriffen werden. Stellvertretend für mehrere ähnlich konzipierte Untersuchungen, wie z.B. die von der Hamburger Mediaagentur G.F.M.O. in Zusammenarbeit mit A. C. Nielsen durchgeführte Analyse[30], soll an dieser Stelle auf eine Auswertung der Arbeitsgemeinschaft Fernsehforschung (AGF) zurückgegriffen werden.

Diese breit angelegte Auswertung, die im wesentlichen zu den gleichen Befunden wie die G.F.M.O./Nielsen-Analyse kommt, wurde in Kooperation mit dem Gesamtverband Werbeagenturen (GWA) sowie der Organisation der Werbungtreibenden im Markenverband (OWM) im Jahre 1996 durchgeführt.[31]

Zielsetzung und Untersuchungsanlage

Ziel solcher Analysen ist es, zu untersuchen, ob es innerhalb der Werbeblöcke zu auffälligen Schwankungen kommt, weil viele Zuschauer wegschalten; oder anders ausgedrückt: ob die einzelnen Spotreichweiten deutlich von der Durchschnitts-Reichweite des gesamten Werbeblockes abweichen. Des weiteren interessiert die Frage, ob ggf. Regelmäßigkeiten beim Reichweitenverlauf in Werbeblöcken feststellbar sind.

Insgesamt gingen fast 8000 Werbeblöcke, die von sieben national verbreiteten TV-Sendern Anfang 1995 ausgestrahlt wurden, in die Analyse ein. Zu diesem Zwecke wurde jeder einzelne Werbeblock in 20-Sekunden-Intervalle unterteilt; anschließend wurde für jedes 20-Sekunden-Intervall die Reichweite (Durchschnittliche Sehbeteiligung) für alle Erwachsenen ab 14 Jahre in der BRD ermittelt und die derart simulierten „Spot"-Reichweiten auf die gesamte Blockreichweite indexiert.

Reichweiten-Schwankungen im Werbeblock

Eine interessante Erkenntnis ist dabei, daß etwa die Hälte aller „Spots" eine geringere Reichweite aufweist als die Werbeblock

Tab 235.5 Spotreichweite indexiert auf Blockreichweite (Index = 100)

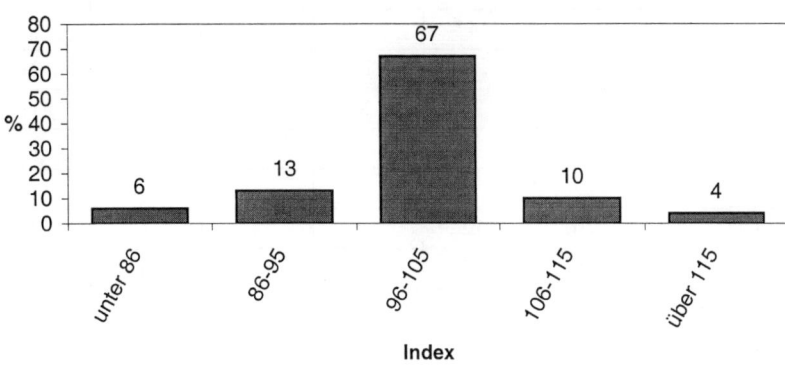

Quelle: AGF/GfK; Sonderauswertung

reichweite und ebenfalls etwa die Hälfte aller Spotreichweiten über dem Block-Durchschnitt liegt. Zwei Drittel aller Spots (67 Prozent) weisen einen Index zwischen 96 und 105 auf, sie schwanken also maximal 5 Prozent um den Block-Durchschnitt (s. Tabelle 5). 90 Prozent aller Spots weisen einen Index zwischen 86 und 115 auf, d.h. neun von zehn Spots haben eine Reichweite, die maximal 15 Prozent von der Durchschnittsreichweite des gesamten Werbeblockes abweicht. Damit kann festgehalten werden, daß Werbung im Fernsehen keineswegs durch krasse Schwankungen im Sehverhalten gekennzeichnet ist. Der Reichweitenverlauf innerhalb von Werbeblöcken scheint im allgemeinen durch einen eher kontinuierlichen Verlauf gekennzeichnet zu sein.

Charakteristische Reichweitenverläufe

Um zu überschaubaren Ergebnissen zu kommen, wird jeder Werbeblock aufgrund seines Reichweitenverlaufs einem charakteristischen Verlaufstyp zugeordnet. Als Verlaufstypen können insbesondere die folgenden Kurvenverläufe definiert werden: konstant, steigend, fallend, u-förmig (d.h. zunächst fallend und dann steigend) und umgekehrt u-förmig. Alle diesen Verläufen nicht eindeutig zuordenbaren Werbeblöcke werden in die Kategorie „sonstige Verläufe" eingeordnet.
Wie Tabelle 6 zeigt, weisen die meisten Werbeblöcke einen konstanten Verlauf auf (30 Prozent). Der von vielen als der „klassische" Verlauf vermutete u-förmige Typ, d.h. ein Werbeblock, der zunächst Zuschauer verliert und am Ende wieder an Reichweite gewinnt, macht nur 13 Prozent der analysierten Werbeblöcke aus. 19 Prozent der Werbeblöcke zeigen fallende Tendenz, immerhin 12 Prozent steigende Tendenz.

Mögliche Einflußfaktoren auf den Reichweitenverlauf

Bei einer Analyse von Reichweitenverläufen in Werbeblöcken ist zu berücksichtigen, daß die untersuchten Werbeblöcke zu den unterschiedlichsten Tageszeiten ausgestrahlt werden und darüber hinaus unterschiedliche Längen aufweisen. Solche Faktoren, von denen angenommen werden kann, daß sie einen Einfluß auf den Reichweitenverlauf im Werbeblock haben, sind u.a. Blocklänge, Ausstrahlungszeit, Blocklage (Unterbrecherblock vs. Scharnierblock) und Wochentag (Werktag vs. Wochenende).
Tabelle 6 verdeutlicht auch den Einfluß der Blocklänge auf den Reichweitenverlauf. Kurze Blöcke haben einen sehr hohen Anteil konstanter Verläufe (ca. die Hälfte) und fallender Verläufe (ca. ein Viertel). Mit steigender Werbeblock-Dauer wird der Verlauf „unruhiger", bei langen Werbeblöcken finden demnach mehr Bewegungen, d.h. Umschaltvorgänge, statt. Der u-förmige Verlauf ist eher bei mittleren Blocklängen anzutreffen.
Auch die Ausstrahlungszeit hat einen gewissen Einfluß auf den Reichweitenverlauf. Ab dem frühen Morgen bis in die Prime Time nimmt der Anteil der Werbeblöcke mit

Tab. 235.6: Häufigkeit der Verlaufsformen in Werbeblöcken (in Prozent) nach Blocklänge

	0–1 Min.	1–2 Min.	2–3 Min.	3–4 Min.	4–5 Min.	5+ Min.	Durchschnitt
konstant	59	47	21	19	21	13	30
steigend	5	8	10	14	20	21	12
fallend	28	24	20	15	14	11	19
u-förmig	4	8	18	16	13	15	13
u-u-förmig	3	1	4	2	1	1	2
sonstige	0	12	28	33	31	39	24
Gesamt	100	100	100	100	100	100	100

Quelle: AGF/GfK; Sonderauswertung

konstantem und steigendem Verlauf kontinuierlich zu und der Anteil der Werbeblöcke mit fallender Tendenz ab. Nach 22.00 Uhr dreht sich dieser Sachverhalt um. Ganz offensichtlich kommt hier der Umstand zum Tragen, daß im Tagesverlauf immer mehr Personen ihren Fernseher anschalten. Insbesondere in der Vorabendzeit (18.00–20.00 Uhr) sorgt dieser Effekt für den höchsten Anteil von konstanten und steigenden Werbeblockverläufen. Nach 22.00 Uhr beenden dagegen immer mehr Zuschauer ihren Fernsehtag, so daß Werbeblöcke (und Sendungen) sehr häufig durch einen fallenden Verlauf gekennzeichnet sind.

Ein weiterer Zusammenhang besteht zwischen Reichweitenverlauf und Lage des Werbeblocks. Scharnierblöcke weisen im Vergleich zu Unterbrecherblöcken etwas häufiger einen fallenden Verlauf auf; Unterbrecherblöcke sind dagegen stärker durch einen unruhigen Verlauf („sonstige") geprägt (siehe Tab. 7). Der Wochentag scheint dagegen keinen gravierenden Einfluß auf die Verlaufsform zu haben.

Zusammenfassend läßt sich also festhalten, daß zum einen die Spotreichweiten nur in relativ engen Grenzen um die Blockreichweite schwanken. Zum anderen weisen diese (geringen) Schwankungen Muster auf, die sich in den allermeisten Fällen bestimmten Verlaufskurven zuordnen lassen. Eine Prognostizierbarkeit des Verlaufs aufgrund bestimmter Variablen wie Blocklänge, Blocklage, Ausstrahlungszeit etc. ist aber nicht möglich.

Aus den Analysen zum Zapping und zu Reichweitenverläufen in Werbeblöcken läßt sich, salopp formuliert, das Fazit ziehen: Wer dran bleibt am Werbeblock (und das sind je nach Untersuchung ca. 80–85 Prozent der Zuschauer des jeweiligen Programmumfeldes), bleibt meist auch drin.

Nebenbei ergibt sich aus den Analysen zum *TV*-Verhalten während Werbeblöcken eine weitere Erkenntnis, nämlich, daß die Werbeblockreichweite die Reichweite des einzelnen Spots im Block hinreichend genau widerspiegelt. Eine Darstellung von einzelnen Spotreichweiten brächte demnach keinen erkennbaren Zusatznutzen zu einem vertretbaren Aufwand. Diese Auffassung wird auch von den Verbänden der Werbewirtschaft mehrheitlich geteilt.

Tab. 235.7: Häufigkeit der Verlaufsformen in Werbeblöcken (in Prozent) nach Blocklage

	Unterbrecher-Block	Scharnier-Block	Durchschnitt
konstant	30	29	30
steigend	12	11	12
fallend	15	25	19
u-förmig	13	14	13
u-u-förmig	2	2	2
sonstige	28	19	24
Gesamt	100	100	100

Quelle: AGF/GfK; Sonderauswertung

7. Zusammenfassung und Fazit

Werbung ist längst zum integralen Bestandteil des modernen Alltaglebens sowie zu einem wichtigen Faktor des ökonomischen Systems geworden. Das Medium Fernsehen hat dabei die höchsten Steigerungsraten bei den Werbeinvestitionen vorzuweisen und ist mittlerweile zum bedeutensten Werbeträger avanciert, vor allem begünstigt durch die sich diversifizierende Senderlandschaft nach Einführung des privaten Fernsehens in Deutschland.

Die vielbeschworene Werbevermeidung ist zwar vorhanden, allerdings in keinem besorgniserregendem Umfang: Sowohl die Reichweitenverluste vom Programm zur Werbung sind mit ca. 15–20 Prozent gering als auch die Reichweitenschwankungen innerhalb der Werbeblöcke. Hervorzuheben ist dabei noch folgender Umstand: Die Quantität der Werbevermeidung ist durch die elektronische Messung der Nutzung für das Medium Fernsehen eindeutig bezifferbar; dies unterscheidet das Medium von anderen Werbeträgern, denn: Zappen ist wie Umblättern, aber meßbar.

8. Anmerkungen

[1] Die Anfänge des Fernsehens in Deutschland gehen bis in die zwanziger Jahre zurück. Die ersten regelmäßigen Versuchsprogramme wurden ab Mitte der dreißiger Jahre ausgestrahlt. Vgl. dazu: Diller, Ansgar: Rundfunkgeschichte; in: ARD/ZDF-Arbeitsgruppe Marketing (Hrsg.): Was Sie über Rundfunk wissen sollten. Materialien zum Verständnis eines Mediums; Berlin 1997.

[2] Vgl. dazu z.B.: Organisation Werbungtreibende im Markenverband (OWM), Wiesbaden: Pressemitteilung vom 01.03.1999: Durchbruch im Privat-TV begrüßt – Werbungtreibende Wirtschaft fordert von der Ministerpräsidentenkonferenz Erleichterungen auch für ARD und ZDF.

[3] Dabei handelt es sich um Nettowerte, d.h. nach Abzug von Rabatten und Provisionen, ohne Skonti. Vgl. dazu: Zentralverband der deutschen Werbewirtschaft (Hrsg.): Werbung in Deutschland 1998; Bonn 1998. Die Angaben für 1998 wurden vom ZAW vorab zur Verfügung gestellt.

[4] Andere Regelungen sind z.B. das „Gesetz über Preisnachlässe", die „Verordnung zur Regelung der Preisangaben" oder das „Gesetz über die Werbung auf dem Gebiete des Heilwesens".

[5] Dies könnte übrigens als ein Indiz dafür gewertet werden, daß man staatlicherseits dem Medium TV eine größere (Werbe)Wirkung zuschreibt als z.B. dem Medium Print.

[6] Vgl.: Staatsvertrag über den Rundfunk im vereinten Deutschland, in der Fassung: Dritter Rundfunkänderungsstaatsvertrag vom 26.8.-11.9.1996, Artikel 1: Änderung des Rundfunkstaatsvertrages.

[7] Ebenda, I. Abschnitt, § 7 und § 8.

[8] Ebenda, II. Abschnitt, § 15.

[9] Ebenda, III. Abschnitt, § 45.

[10] Derzeit (Frühjahr 1999) wird der 4. Rundfunkänderungsstaatsvertrag auf Ministerpräsidentenebene vorbereitet. Änderungen der hier beschriebenen Vorschriften bezüglich der TV-Werbung sind möglich. So haben die Ministerpräsidenten offensichtlich vereinbart, bei TV-Werbung künftig das Bruttoprinzip einzuführen (d.h. die Dauer eines Filmes beinhaltet sowohl Vor- und Abspann als auch die enthaltenen Werbeblöcke) sowie Werbeblöcke zu erlauben, die nur aus einem Spot bestehen. Die Änderungen sollen nach noch zu erfolgender Ratifizierung zum 01. April 2000 in Kraft treten. Vgl. hierzu den Artikel: Rundfunk-Staatsvertrag: Spielraum für Werbung; in: Die Welt vom 17.04.1999.

[11] Vgl.: Gemeinsame Richtlinien der Landesmedienanstalten für die Werbung, zur Durchführung der Trennung von Werbung und Programm und für das Sponsoring im Fernsehen vom 16.12.1997.

[12] Im Prinzip gilt dies zwar auch für das Internet; allerdings ähnelt dieses Medium aufgrund seiner Struktur sowie seiner begrenzten Übertragungskapazitäten sowie dem relativ langsamen Bildaufbau eher einem Printmedium.

[13] An dieser Stelle soll aber nicht verhehlt werden, daß die Möglichkeiten des Mediums offensichtlich in Deutschland noch nicht voll ausgeschöpft werden. Denn: Im internationalen Vergleich spielt die deutsche TV-Werbung keine bedeutende Rolle; bemängelt werden insbesondere die dürftige Kreation der Spots und die biedere Machart, die sich vor allem durch Humorlosigkeit und mitunter oberlehrerhaftes Gehabe auszeichnet.

[14] Vgl.: Meyer-Hentschel, Gundolf: Alles Werbung. Was Sie schon immer über Werbung wissen wollten; Wiesbaden, o.J., S. 116.

[15] Die bekanntesten Beispiele für Werbeuhren in Deutschland sind die der ARD vor der Tagesschau sowie die des ZDF vor den heute-Nachrichten.

[16] Vgl. den Artikel: Virtuelle Bande: Chance für die Zukunft? In: SPONSORs Nr. 1/99, S. 21.

[17] Ungeachtet dessen hat der Sender RTL im Februar 1999 bei einem Faustkampf in den Ringpausen erstmals nebeneinander Werbung und Programm ausgestrahlt, um – einmalig – für eine Flexibilisierung der Werberegelungen zu demonstrieren. Vgl. dazu den Artikel: Geteilter Bildschirm bei RTL-Boxkampf; in: epd medien vom 06.03.1999. Offensichtlich soll zukünftig die virtuelle Werbung sowie der Split-Screen in Deutschland erlaubt werden. Vgl. auch hierzu den Artikel: Rundfunk-Staatsvertrag: Spielraum für Werbung; in: Die Welt vom 17.04.1999.

[18] Vgl. hierzu den Artikel: n-tv darf Laufbandwerbung vorerst weiter zeigen; in: epd medien vom 10.04.1999. Wann die Entscheidung in der Hauptsache fällt, ist derzeit noch offen.

19 Die elf Sender konnten 1998 knappe 80 Prozent der gesamten Sehdauer aller Zuschauer ab 3 Jahre auf sich vereinigen. Von den restlichen 20 Prozent Fernsehnutzung entfallen noch einmal ca. 15 Prozent auf nicht werbeführende öffentlich-rechtliche Programme (Dritte Programme, Kinderkanal, Arte, 3sat, Phoenix). Die elf untersuchten Sender decken damit den allergrößten Teil der Sehdauer, die auf werbungführende Programme entfällt, ab. Zu berücksichtigen ist ferner, daß auf ARD und ZDF aufgrund ihrer begrenzten Werbezeit von maximal 20 Minuten werktäglich nur etwa ein Zehntel der Werbespots entfallen, die die großen Privat-Sender täglich ausstrahlen.

20 Vgl. hierzu den Artikel: Sponsoring: I-Tüpfelchen für Kunden; in: Kabel & Satellit Extra vom 29. 03. 1999, S. 2–4.

21 Quelle: AGF/GfK; eigene Auswertung mit PC#TV über die Variable: Sendungsform = Teleshopping/sonstige Werbung.

22 Quelle: AGF/GfK; eigene Auswertung mit PC#TV über die Variable: Sendungsform = Gameshow mit Werbung.

23 Stellvertretend für die große Zahl von Werbewirkungsstudien im Fernsehbereich seien hier folgende erwähnt: Qualitäten der Fernsehwerbung (von ARD-Werbung und ZDF Werbefernsehen); Werbewirkungskompaß (von IP Deutschland); Adtrend (von SAT.1 Sales & Services).

24 Vgl. hierzu z.B. den Artikel: Kein Sex, kein Reality-TV; in: Die Woche Nr. 50/1993; Oder: Harte Zeiten für harte Streifen; in: text intern Nr. 11/1994.

25 Vgl. hierzu z.B.: Hans-Georg Niemeyer, Jörg Michael Czycholl: Zapper, Sticker und andere Medientypen. Eine marktpsychologische Studie zum selektiven TV-Verhalten; Stuttgart 1994; Artikel: Die Hand an der Fernbedienung. Gründe für Umschaltverhalten: Eine kulturhistorisch-empirische Betrachtung; in: Media Spectrum Nr. 2–3/1997.

26 Vgl. hierzu z.B. den Artikel: Die TV-Werbung animiert zum Umschalten; in: Horizont, Nr. 29/98, S. 28f.

27 SAT.1 Sales & Services: Sehbeteiligung bei Unterbrecherwerbung. Eine aktuelle Analyse des Zuschauerverhaltens; Mainz 1997. Vgl. hierzu auch: Klaus-Peter Schulz: Fernsehzuschauerforschung im Alltag der Sender. Aspekte der Programmplanung und Programmoptimierung aus Sicht des Vermarkters SAT.1; in AGF-Forum '98; 12. November 1998, Wiesbaden.

28 Vgl. Artikel: Das Märchen von der Zapp-Manie; in: Tele Images 1/97; vgl. auch: IP Deutschland: Zapping – Zum selektiven Umgang mit Fernsehwerbung; Kronberg 1998. Aufgrund unterschiedlicher Untersuchungsparameter (Untersuchungszeitraum, Analyse-Intervall, Einbeziehung nur der vorgelagerten oder vor- und nachgelagerten Sendungen, unterschiedliche Sender, Zielgruppen etc.) unterliegen die Ergebnisse der einzelnen Analysen natürlich gewissen Schwankungen, allerdings in relativ engen Grenzen.

29 Vgl. dazu z.B. den Artikel: Werbungsboykotteure im Visier der Forschung, in: w&v Background Nr. 13/97, S. 94: „Je 33 Prozent der Seher schalten bei Werbung um oder gehen aufs Klo beziehungsweise an den Kühlschrank".

30 G.F.M.O./A. C. Nielsen: Reichweitenverläufe innerhalb von Werbeinseln; Hamburg 1997. Siehe dazu auch den Artikel: Gebildete Zapper, in: W&V News Nr. 4/98, S. 30. Eine weitere Veröffentlichung, die sich u.a. mit Reichweitenverläufen in Werbeinseln beschäftigt, ist: Klaus-Peter Schulz: Fernsehzuschauerforschung im Alltag der Sender. Aspekte der Programmplanung und Programmoptimierung aus Sicht des Vermarkters SAT.1; in: AGF-Forum '98; 12. November 1998, Wiesbaden.

31 Vgl. dazu: AGF legt Ergebnisse zu Reichweitenverläufen in Werbeblöcken vor, Pressemitteilung der AGF, Frankfurt/Main, den 10. Juli 1997; Artikel: AGF beleuchtet Reichweitenverläufe in TV-Werbeblöcken; in: new business Nr. 29/1997, S. 24; Michael Peter Wiencken: Effektivität und Effizienz der Werbung, Fallbeispiel TV; Vortrag und Script zur 4. OWM-Fachtagung am 22./23. April 1999 in Hamburg.

*Karl-Heinz Hofsümmer/Dieter K. Müller,
Frankfurt a. M. (Deutschland)*

236. Entwicklung, Funktion, Präsentationsformen und Texttypen der Videoclips

1. Historische Entwicklung
2. Allgemeiner Forschungsstand
3. Funktion
4. Empirische Studien
5. Das Problem der Klassifikation
6. Literatur

1. Historische Entwicklung

Die historischen Wurzeln von Videoclips, auch Musikvideos genannt, können je nach Blickwinkel unterschiedlich beurteilt werden. Aus filmwissenschaftlicher Sicht mag die Ästhetik mancher Videoclips sowohl an die ersten Versuche des Experimentalfilms wie an die Musikfilme der 30er Jahre erinnern (Bódy/Weibel 1987). Aus der Perspektive der Rock- und Popkulturforschung mögen Anleihen bei den Rock'n'Roll-Filmen der 50er Jahre, insbesondere aber bei Inszenierungen einzelner Songs für das Fernsehen erkennbar sein, wie beispielsweise „Jailhouse Rock" von Elvis Presley (1957). Bei genauerer Betrachtung zeigt sich aber, daß der Verweis auf diese frühen Formen filmmusikalischer Darstellung wie auch auf die Verwandtschaft zu Werbeclips nur wenig zum Verständnis von Videoclips beitragen, und das liegt an der eigenständigen Form, Struktur und Funktion von Videoclips (vgl. Deutsches Filmmuseum Frankfurt (Hrsg.) 1993). Der formalen Seite von Videoclips – strikt an einen Song gebundene, d. h. auf ca. 3–5 Minuten begrenzte visuelle Umsetzung – folgen schon eher die Versuche der Bands der zweiten Hälfte der 60er Jahre, allen voran die Beatles mit der Visualisierung der Titel 'Fool on the Hill', 'I am the Walrus' sowie 'Penny Lane' und insbesondere 'Strawberry Fields Forever', das eher an ein surreales Happening erinnert als an eine Rock- oder Popmusik-Performance (1967). Aber der mediale Präsentationsrahmen – Musikfilme und Jugendmusiksendungen des Fernsehens mit Sendungen wie 'Top of the Tops' in Großbritannien, 'American Bandstand' in den USA oder 'Beatclub' in der Bundesrepublik Deutschland – boten einerseits das Forum, in dem ein massenkulturell relevantes Publikum diese 'Werke', die auch für entsprechendes Aufsehen sorgten, sehen konnte. Gleichzeitig setzte dieser Rahmen, der, in erster Linie der Präsentation erfolgreicher Musiktitel und Newcomer oder der Dokumentation musikalischer Fertig- und Fähigkeiten verpflichtet war (wie 'Beatclub' seit Ende der 60er Jahre) hier aber auch einer weiteren Entwicklung, die über dieses direkte Abbildungsverhältnis hinausgeht und das Verhältnis von musikalischer und visueller Struktur in anderer Weise betrifft, vorläufig Grenzen. So blieb 'Strawberry Fields Forever' eher eine formalästhetische Ausnahme eines Avantgarde-Filmregisseurs der 60er Jahre, des schwedischen Regisseurs Peter Goldmann (vgl. Shore 1985, 36). Das gilt auch für Experimente, die in diesem Punkt beispielsweise hinsichtlich Schnitt-Technik und Schnitt-Geschwindigkeit schon weiter gingen, wie der Musikfilm '200 Motels' von Frank Zappa, zumal auch hier die Präsentationsform der Film bleibt. Erst in den 70er Jahren ändert sich dies, und hierzu tragen mehrere Faktoren bei. Zum einen die preisgünstigeren technischen Möglichkeiten visueller Aufzeichnung und entsprechender Abspielgeräte, die es erlaubten, entweder en passant zunächst die Aufführung eines Musiktitels auch visuell zu dokumentieren – sei es Live oder im Aufnahmestudio. Dies passierte im Umfeld einer Band, also Freunde oder das sonstige Personal, das für den Auf- und Abbau der Musikanlagen zuständig war ('Roadies'). Oder der Videoclip wurde von den Musikern als Teil ihres künstlerischen Selbstverständnisses angesehen, wie bei der US-amerikanischen Band DEVO ('The Truth about De-Evolution' bereits in 1976), ansonsten mit Beginn der 80er Jahre in den USA z. B. Laurie Anderson ('Sharkey's Dream', vgl. Naumann 1994), die Talking Heads ('Once in a Lifetime' 1980, 'Burning down the House' 1983, 'Road to Nowhere'), wiederum DEVO ('Love without anger' 1981) oder später auch die computeranimierten Clips von Prince ('I wish you heaven' und „Alphabet Street" 1988, vgl. Altrogge 1994), in Großbritannien z. B. Peter Gabriel ('Sledgehammer'), Genesis ('Land of Confusion'), Kate Bush ('Running down the Hill' oder 'Cloudbursting', vgl. Schumm 1993), Police ('Synchronicity', 'Every breathe you take') oder die Eurythmics ('Who's that Girl'). Bei diesen Beispielen wundert es kaum, daß hier auch ein anderer Aufwand von der Idee bis zur Produktion getrieben wurde.

Davon abgesehen bot die ökonomische Funktion eines Mediums, das zunächst preisgünstig produziert werden konnte, sowohl Newcomern wie Superstars die Möglichkeit, in den Jugendmusiksendungen der Fernsehprogramme anderer Länder auf sich aufmerksam zu machen, ohne – sei es aufgrund zeitlicher oder sei es aufgrund finanzieller Restriktionen – jeweils persönlich anwesend sein zu müssen. Stellvertretend ist hier das immer wieder zitierte Beispiel von Queen mit ihrem Song 'Bohemian Rhapsody' aus dem Jahre 1975 zu nennen (Regie: Bruce Gower). Michael Shore zufolge herrschte Unsicherheit über den möglichen Erfolg des Songs, weshalb die Visualisierung und entsprechende Plazierung in den Musiksendungen des Fernsehens vorgenommen wurde (Shore 1984, 56).

Aufschlußreich ist das Beispiel zum einen deshalb, weil hier eine Inszenierung einer musikalischen Aufführung nicht nur geplant und nachgespielt wurde, sondern weil hier der medienökonomische Gedanke von vornherein im Vordergrund stand und nicht etwa die Idee eines künstlerischen Gesamtkonzepts. Zum anderen spielt bei 'Bohemian Rhapsody', wenn auch sehr reduziert, der Einfluß der bisherigen Mittel der Visualisierung, wie sie durch die aufwendige Cover-Gestaltung der damals gebräuchlichen LPs dokumentiert wurde, noch eine Rolle, wie auch die wenn auch zaghafte Umsetzung der musikalischen Struktur auf die visuelle: Die durch Effektgeräte produzierten Echos der Gesangsstimmen korrespondieren mit Bildüberlagerungen – visuellen 'Echos' – der Gesichter). Gemessen an der Videoclipkultur der 80er Jahre handelt es sich bei 'Bohemian Rhapsody' allerdings noch um eine rudimentäre Form der Postproduction einer Aufführung. Gleichwohl zahlte sich der geringe Aufwand der Produktion aus. Erst einmal in den ersten 30 Titeln der Verkaufscharts, wurde der Clip wieder und wieder in der Chart-Sendung 'Top of the Tops' gespielt, bis hin zu Platz eins. Das wiederholte sich auf dem amerikanischen Markt. Spätestens jetzt war ein Präzedenzfall geschaffen, der das Medium Videoclip ökonomisch attraktiv machte, so daß sich junge Regisseure, zum Teil noch Art-School-Studenten oder die Musiker selbst, auf Videoclips spezialisierten, z. B. in Großbritannien Julian Temple und David Mallet, in Australien Russel Mulcahy, in den USA Chuck Statler und Gerald Casale (DEVO) sowie David Byrne (Talking Heads), in Österreich Rudi Dolezal und Hannes Rossacher.

Zur ökonomischen Fundierung der Videoclipproduktionen trug in der zweiten Hälfte der 70er Jahre auch die Möglichkeit bei, entsprechende Videoclips in Diskotheken und Clubs zu spielen, was auf große Begeisterung der Besucher stieß, von der wiederum eigenständige Agenturen, wie MUVI in Deutschland Mitte der 80er Jahre, profitierten. Gut fünf Jahre seit dem Erfolg des Videoclip 'Bohemian Rhapsody' dauerte es allerdings, bis in den USA das Fernsehen selbst sich auf Videoclips spezialisierte: in Gestalt von MTV (August 1981). Der weltweit erste Fernsehsender, der sich Musikfernsehen nannte und der 24-stündig Videoclips ausstrahlte, bereitete nun die Plattform für eine ganz andere Quantität und Qualität an Videoclipproduktionen. Dabei ist die Bezeichnung 'Videoclip' insofern irritierend, als es sich dabei eher um die Vertriebsform Video handelt, während die Mehrheit der Videoclips auf Film produziert wurde und nach wie vor wird. Mit der Internationalisierung von MTV sowie der wachsenden Musikfernseh-Konkurrenz in den USA und anderen Ländern ergab sich ein ganz anderes Potential an Produktionsmöglichkeiten. Dies auch nicht zuletzt deshalb, weil unter der Hand aus einem Promotion-Instrument eine eigene mediale Gattung geworden war, die ihrerseits zum Kaufartikel wurde. Hinzu kommt, daß mit der Institutionalisierung eines 24stündigen Musikfernsehens die Orientierung der Videoclips nicht mehr ausschließlich auf den Einsatz in Hitparaden-Musiksendungen des 'Normalfernsehens' hin erfolgte, sondern album-orientierte Musiker ebenfalls in Gestalt von Videoclips auftauchten und wesentlich zu einer qualitativen Vielfalt beitrugen, die sich nicht auf einen mehr oder weniger gut nachgestellten Auftritt eines Rock-Videos beschränkte. Entgegen der Anfangszeit in den 70er Jahren wurden in den 80er Jahren nun ganz andere Möglichkeiten der Darstellungstechnik wie des Dargestellten ausprobiert und entsprechend stiegen mit dem Produktionsaufwand auch die Kosten für Videoclips. Aber gleichzeitig war die Zeit der – wenn auch schlecht bezahlten – avantgardistischen Videoclipexperimente vorbei. Mit dem Erfolg von MTV entwickelte sich nicht nur eine eigenständige Videoclip-Branche, deren Produktionsaufwand in zeitlicher, gestalterischer und ökonomischer Hinsicht heute den – laut Shore – Siebentausend-Dollar-Clip 'Bohemian Rhapsody' nur noch als primitiven Vorläufer des Genres Videoclip erscheinen läßt, sondern auch eine – je nach Musikstil (s. u.) – standardisierte Formensprache. Das Gros der Videoclips hält hinter der polierten Oberfläche seither, wie der Mainstream der Popmusik, auch weniger innovative Überraschungen bereit. Diese Entwicklung und der Erfolg des Videoclip wären ohne das Pendant Musikfernsehen also nicht möglich gewesen. (Zur Geschichte von MTV wie auch dem deutschen Musikfernsehen VIVA, insbesondere im Kontext ihrer ökonomischen, aber auch politischen Funktion vgl. Schmidt 1999 u. Hachmeister/Lingemann 1999.)

Die Videoclips der Superstars Michael Jackson oder Madonna betreiben seither längst einen Aufwand, der nicht selten den Millionen-Etat der Werbeclips des Fernsehens übertrifft. So haben die Superstar-Clips der 80er Jahre nichts mehr mit dem Abfilmen oder Nachstellen von Live-Performances zu tun. Die Bildfolgen stehen nur noch mittelbar oder gar nicht mehr im Kontext der musikalischen Aufführung (s. u.). Wie groß auch immer der technische Aufwand und die Dramaturgie der Darsteller – die medienökonomische Funktion der Videoclips bleibt in den 80er Jahren insofern erkennbar dominant, als die Akteure, die Musiker und Musikerinnen, im Bild bleiben. Ausnahmen wie bei den Residents, bei denen die Anonymität der Musiker zum Konzept gehört, bei den Talking Heads oder später bei George Michael bestätigen diese Regel nur, indem sie sie bewußt verletzen. Das ändert sich wiederum – in Abhängigkeit vom musikalischen Genre – erst Mitte der 90er Jahre mit der DJ-Kultur resp. mit Techno und Techno-Derivaten sowie einem Verständnis von Sound und Rhythmus, das produktionstechnisch nicht mehr viel gemein hat mit dem nun als traditionell erscheinenden Bild musikalischen Handwerks. Entsprechend dem Verschwinden von Instrumenten wie Gitarre und Schlagzeug und einer vorherrschenden Produktionstechnik, die sich via keyboardgesteuerter Samples auf 'Found Objects' stützt oder mit ausschließlich computergenerierten Klängen arbeitet, verschwinden auch in den technisch avancierten Produktionen die Musiker aus den ebenfalls wieder in technischer Hinsicht avancierten Bildern. Diesmal aber hat sich die Produktionstechnik der Musik direkt auf die der Bildfolgen ausgewirkt. Allerdings trifft dies nur für die Elite der Videoclipproduzenten, wie den Ende der 90er Jahre hochgeschätzten Regisseur Cris Cunningham und seine Produktionen für Musiker wie Björk, Chemical Brothers oder Square Pusher zu. Aber das zeigt auch, wie sehr die visuelle Form durch die der Musik bedingt bleibt (s. u.). Eine andere Frage ist, ob dies auch von den Rezipienten so wahrgenommen wird und was dies für die Zukunft des Mediums Videoclip bedeutet (s. u.). Ansonsten hat sich die Welt der Videoclips wie die der musikalischen Stile und ihrer unterschiedlichen Anhänger sowohl weiter ausdifferenziert als auch standardisiert.

2. Allgemeiner Forschungsstand

Die wechselseitige Bedingtheit der Entwicklung von Videoclips und Musikfernsehen spiegelt sich auch darin wider, daß erst seit Anfang der 80er Jahre, also mit dem Start von MTV in Amerika, Videoclips von unterschiedlichsten Wissenschaftsdisziplinen und -ansätzen zur Kenntnis genommen wurden, und auch das zunächst nur in den USA. Dabei sind die Arbeiten, die die Entwicklungsgeschichte von Videoclips nachzeichnen, danach zu unterscheiden, ob sie Videoclips auf der einen Seite im Rahmen ihres jugendmusikkulturellen Umfeldes und damit der Entwicklung von Rock- und Popmusik und ihrer medienökonomischen Funktion begreifen, oder ob sie sie unabhängig davon in einen generellen kultur- und medienhistorischen, hier insbesondere filmwissenschaftlichen Kontext einordnen.

Das hat unter anderem damit zu tun, daß die Diskussion um Jugendkultur, Rock und Popmusik und ihre massenkulturelle und ökonomische Funktion, wie auch die film- und medienwissenschaftlichen Theorien im Rekurs auf Soziologie, Psychologie resp. Psychoanalyse und Textwissenschaft ihrerseits auf ein wissenschaftliches Fundament zurückgreifen können, das, älter als die Videoclips selbst, eine zunächst größere Sicherheit im Umgang mit einem vergleichsweise neuen Phänomen bieten. Entsprechend kulturpessimistisch bis wohlwollend skeptisch fallen die ersten Studien aus, die sich – aus welcher fachwissenschaftlichen Perspektive auch immer – mit den Inhalten von Videoclips auseinandersetzen. Wo es um Einzelanalysen geht, konzentriert man sich zudem auf Superstar-Videoclips, deren Strukturen den Gegenständen der eigenen

Forschungstradition entgegenkommen. So wundert es nicht, daß der meist analysierte Clip in den ersten Jahren der Videoclipforschung 'Thriller' von Michael Jackson ist (Faulstich 1985 u. Nachtigäller 1985 sowie Mercer 1986, vgl. dazu auch Frith 1993). Dabei handelt es sich hinsichtlich Länge (gut doppelt so lang wie für Videoclips üblich), Rahmung (längerer Sprech-Dialog ohne Musik), Sujet (Horrorvideo), visueller Struktur (Narrativik), Kulisse und Maske sowie hinsichtlich der Effekte und der ausgefeilten Choreographie gerade um die Ausnahme, was nicht zuletzt auf den Regisseur, den bereits im Horrorgenre bewährten John Landis, zurückgeht. Gebannt von der visuellen Oberfläche und, damit verbunden, den Kosten der Produktion und den entsprechenden Verwertungsinteressen, vermittelt 'Thriller' genau jene Sicherheit eines Forschungsgegenstandes, dem man mit den altbewährten Mitteln aus Filmwissenschaft, Psychoanalyse, Jugendsoziologie und Medienökonomie zu Leibe rücken kann – und der dann zu falschen Schlußfolgerungen über den grundsätzlichen Charakter von Videoclips verleitet (vgl. dazu auch Barthelmes 1988). Insofern illustriert das besondere Interesse an 'Thriller' eher die eigentliche Distanz gegenüber Videoclips.

Das wird auch deutlich in der Diskussion um die generelle Bedeutung und Struktur der Bilder in Videoclips. Angesichts der im Vergleich zum Film sehr hohen Schnittfrequenz bei Videoclips, deren Bildfolgen zudem keinem 'normalen' film- und fernsehgewohnten Blick entsprechen, schien es zunächst sinnfällig, daß es sich hier nur um eine „Bilderflut" handle (Rauh 1985). Dem wurde Ende der 80er Jahre anhand einer Beispielanalyse widersprochen, die nicht von vornherein auf Distanz gegenüber dem Material bleibt. Danach handelt es sich um eine andere, nämlich aus texttheoretischer Sicht durchaus verständliche Ordnung, deren unterschiedliche thematische Textbasen sowohl auf Aufführungsmodalitäten von Rockmusik und ihrer Bedeutung (Live-Auftritt vs. Fernseh-auftritt) als auch auf den Songtext illustrierendes und exemplifizierendes Material zurückgehen (Wulff 1989).

3. Funktion

Im angloamerikanischen Sprachraum wurde die Diskussion um Videoclips frühzeitig eingebunden in den Streit um Postmoderne und Poststrukturalismus und die hier ebenfalls angesiedelten Gender Studies. In diesem Kontext ist auch die Auseinandersetzung der eher diskurstheoretisch geprägten Cultural Studies der 80er mit den Positionen der eher britisch geprägten Cultural Studies der 70er Jahre zu verstehen, hier namentlich des CCCS in Birmingham, dessen Autoren sich ausführlich anhand ethnographischer empirischer Studien mit der Bedeutung unterschiedlicher Rock- und Popmusikstile für Jugendliche auseinandergesetzt haben. Dabei wurde die klassentheoretisch gestützte, ideologiekritische Haltung, derzufolge Massenmedien als Kulturindustrie eine hegemoniale, die bestehenden Herrschaftsverhältnisse spiegelnde und bestärkende Funktion haben, umgemünzt in eine Projektion antihegemonialer Aspekte auf die Produkte der Kulturindustrie. Videoclips, allen voran die Madonnas, deren Struktur und Bedeutung, zumal in ihrer Funktion für Jugendliche, angesichts des bisherigen analytischen Instrumentariums weder formalästhetisch einzuordnen waren, noch eine eindeutige Interpretation zuließen, wurden nun mittels eines Polysemiekonzeptes, das von einem offenen Text ausgeht, zum idealen Kronzeugen der Subversion und Antihegemonie (stellvertretend Fiske 1987, 1989, 1989a). Aus feministischer Sicht bieten danach die Videoclips von Madonna und ihre erotischen Evokationen, aber auch Pat Benatar und Guesch Patti Projektionsflächen für weiblichen Widerstand gegen patriarchale Hegemonie (vgl. zu Gender Studies und Starkult in Videoclips: Bechdolf 1994, 1996 u. 1997, Lewis 1990, Schwichtenberg 1993, Seidman 1992, Signorelli 1994; zur Kritik vgl. Tetzlaff 1993). Auf die dennoch durchaus widersprüchlichen Wirkungen des 'Zeichens' Madonna aufgrund ihres Starimages und dessen ökonomischer Funktion hat Ramona Curry hingewiesen (Curry 1993, 241; vgl. dazu auch Altrogge 1990, 1995, 1999(a)).

4. Empirische Studien

Aufschluß über die faktische kommunikative Dimension von Videoclips versprechen eher empirische Studien. Gegenüber der Studie von Bechdolf (Einzelinterviews) bieten solche empirischen Studien, die jenseits von Hermeneutik und Postmoderne-Theorie der 'klassischen' sogenannten Inhaltsanalyse sowie der Rezipientenbefragung verpflichtet sind, ein weitaus kritischeres Bild

236. Entwicklung, Funktion, Präsentationsformen und Texttypen der Videoclips

von Videoclips, und das auch unter genderspezifischen Gesichtspunkten hinsichtlich der Verbreitung sexual- oder gewaltkonnotativer Bilder. So kommt die Mehrzahl dieser Studien zu dem Ergebnis, daß zwischen 40 Prozent und 60 Prozent aller Musikvideos insbesondere in ihren nicht mit der musikalischen Aufführung befaßten Bildern gewaltkonnotative oder „antisoziale" Bilder aufweisen (NCTV 1983, Caplan 1985, Sherman/Dominick 1986, Brown/Campbell 1986). Allerdings weist Joe Gow im Rahmen einer Rezension dieser Studien zu Recht darauf hi, daß die Konzentration auf dieses Themenfeld weder die weitere kommunikative Bedeutung von Videoclips erfaßt, noch den großen Teil derjenigen Clips berücksichtigt, die im wesentlichen um die musikalische Aufführung kreisen (Gow 1992). Darüberhinaus ignorieren in der Regel diese Analysen die ironisierende bzw. songtextillustrierende Funktion, ebenso den spezifischen 'Text' Musikvideo und seinen Bedeutungskontext, worauf Textwissenschaft und Culturel Studies gerade abheben. Abgesehen davon bleibt die Häufigkeit von gewalt- oder sexualkonnotativen Szenen ein völlig unausgewiesener Maßstab für gewaltleitende Wirkung im Sinne eines linearen Zusammenhangs zwischen Häufigkeit und Dauer der dargestellten Szenen und erhöhter Gewaltbereitschaft bei den Rezipienten (vgl. in Deutschland Glogauer 1991 sowie zur Kritik Altrogge/Amann 1991 und Altrogge 1992).

Auch die rezipientenorientierten Studien der 80er Jahre aus den USA fokussieren in der Regel sexual- oder gewaltkonnotative Bilder. Nach einer Untersuchung von Zillmann und Mundorf haben sexualkonnotative Bilder eine bessere Bewertung der Musik zur Folge als Musikvideos mit gewaltkonnotativen Szenen oder Musikvideos, die weder gewalt- noch sexualkonnotative Szenen aufweisen (Zillmann/Mundorf 1987). Diese Ergebnisse, die den Einfluß der Bilder auf die Akzeptanz der Musik betreffen, wurden in einer anderen Studie nicht nur hinsichtlich der Darstellung stereotypen Verhaltens zwischen Männern und Frauen bestätigt, sondern scheinen auch für gewaltkonnotative Bilder zu gelten (Hall-Hansen/Hansen 1990). Allerdings wurden hier wie auch bei der Untersuchung von Zillmann und Mundorf nur Videoclips mit und ohne entsprechende Bilder verglichen, also jeweils unterschiedliche Musiktitel und nicht etwa unterschiedliche Bilder bei identischer Musik. Auch die Studien, die allgemeiner der Frage nach dem Einfluß der Bilder auf die Akzeptanz der Musik nachgehen, stellen einen Einfluß fest, ohne allerdings nach Musikstil, Bildstruktur, Musikvideostil und Rezipiententypus zu differenzieren (Rubin et al. 1986; vgl. auch Sun/Lull 1986 u. Abt 1987). Demgegenüber ergeben sich nach den Ergebnissen der Studie von Brown und Schulze erhebliche Unterschiede in der Wahrnehmung von Musikvideos in Abhängigkeit von Geschlecht und Rassenzugehörigkeit (Brown/Schulze 1990). Die geschlechtsspezifische Wahrnehmung von Videoclips läßt sich nach neueren Forschungsergebnissen bedingt bestätigen (Altrogge 1995(a), 1999, III). Aber da dies für viele Phänomene der Alltags- und Medienkultur gilt, sagt es noch nicht viel zur spezifischen Wahrnehmung von Videoclips aus.

Das Problem der Cultural Studies, insbesondere der Genderforschung wie der angeführten empirischen Studien bleibt, daß hier letztlich aus Sicht einer spezifischen Wissenschaftsdisziplin Videoclips als idealer Fokus für entsprechende Fragestellungen oder Dokumentationszwecke benutzt werden, ohne die Rezeption oder Hypothesen zur Rezeption aus dem Gesamt der Bauformen von Videoclips resp. Videoclipgruppierungen, d.h. auch, den strukturellen Beziehungen von Musik und Bildbewegung, herzuleiten. Aufgrund der einzelfallbezogenen Analysen lassen sich kaum eine generalisierbare Formensprache oder definitive Kriterien für ihre Bestimmung entwickeln. So bleibt aufgrund der Konzentration auf die kommunikative Bedeutung der Bilder – insbesondere hinsichtlich sexual- oder gewaltkonnotativer Bilder – die musikalische Struktur bei diesen bildfixierten Analysen so gut wie unberücksichtigt (Kinder 1984, Lynch 1984, Aufderheide 1986, Peterson-Lewis/Chennault 1986, Bennett/Ferell 1987, Fry/Fry 1987, Jones 1988, Kaplan 1987, Allan 1990, Burns 1990, Lewis 1990). Auch für die häufig im Zeichen postmoderner Theorien stehenden Untersuchungen sind somit erhebliche Forschungsdefizite zu konstatieren. All diesen Studien fehlt ein Rahmen, der das Zusammenspiel von Ton und Bild in Musikvideos genauer bestimmt und eine Erklärung dafür gibt, wie aufgrund dieses Zusammenspiels Bedeutungen von Musikvideos erst kreiert werden können (vgl. Gow 1992, 41). Auch das Konstatieren der Ordnung der Bilder in Videoclips hilft demnach solange nicht weiter, solange diesbezügliche Parameter den Zusammenhang mit der Musik nicht oder nur unzureichend berücksichtigen und diesen Zusammenhang wiederum auf keinen übergeordneten Rahmen beziehen kann.

5. Das Problem der Klassifikation

Schon in den 80er Jahren ist zwar das Bemühen erkennbar, mit der Entwicklung zu unterschiedlichen Formen Schritt zu halten und die Vielfältigkeit zu berücksichtigen, ohne den Überblick zu verlieren. Die ersten Klassifikationsversuche wirken allerdings recht hilflos, da sie zum einen – 'geblendet' durch die Bilder – die Musik vernachlässigen, zum anderen mit Kategorien operieren, die nicht trennscharf sind und bestenfalls eine nicht überschneidungsfreie Typisierung erlauben.

So wurde zwar schon in den ersten Klassifikationsversuchen auf die strukturgebende Funktion der Musik hingewiesen, deren Bildakzentuierung und Kontinuität den Eindruck eines Zusammenhangs selbst diskontinuierlicher Bildfolgen garantiert und auch dann noch anwesend ist, wenn der Zuschauer sich vom Bild längst abgewandt hat (Kinder 1984, 3); bei der Unterscheidung der verschiedenen Formen wurde dieses als durchgehend apostrophierte Merkmal aber wieder ignoriert. So unterscheidet Marsha Kinder drei Formen von Musikvideos:

– die 'Performance' als abgefilmte oder nachgestellte musikalische Aufführung;
– 'Narrative Visuals', die in einer Art Minifilm, der sich aus unterschiedlichen Filmgattungen speisen kann (Horror, Gangsterfilm, Screwball Comedy etc.), die Erinnerung an die Bilder erleichtern soll und zugleich vorfabrizierte Tagträume mit unterschiedlichen Freiheitsgraden für die persönliche Phantasie der Rezipienten liefert;
– 'Dreamlike Visuals', deren unterschiedliche Bilder aufgrund ihrer Zeit- und Ortssprünge die Erfahrung von Traumbildern wachrufen und dadurch die Wahrnehmung des Tons dominieren sollen.

Im Gegensatz zu narrativen und Performanceclips, die eine klare Unterscheidung der jeweiligen Clips ermöglichen, laufen Musikvideos mit traumartigen Bildern nach Kinder auf 'Dezentrierung' und 'Auflösung' hinaus, womit sie, gleichfalls nach Kinder, die eigentliche Struktur von Fernsehen überhaupt offenlegen. Danach ist Fernsehen ohnehin eine endlose Kette von Bildern, deren strukturelle Einheit oder 'Text' nur ein temporäres, illusionäres Nebenprodukt eines sekundären Zurechtsehens sein soll (Kinder 1984, 4f.). Diese (de-) konstruktivistische Position, wonach der 'Text' an sich keine Bedeutung hat, sondern diese einzig aus Bedeutungszuweisungen der jeweiligen Rezipienten – gegebenenfalls im Rahmen kultureller Einheiten – generiert wird, soll via Musikfernsehen (MTV) ein Gefühl der Omnipotenz auf Seiten des Zuschauers gewährleisten. Danach wiederum kann dieser sich jederzeit und je nach Interesse den Musikvideos zuwenden, indem er sich mehr oder weniger auf die Bilder konzentriert oder auch nur die Musik hört.

Nun stellen sich die drei Videoclip-Typen 'Performance', 'Narrative Visuals' und 'Dreamlike Visuals' bei genauerer Überlegung als zu wenig trennscharf heraus. So können beispielsweise traumartige Bilder zugleich Element narrativer Sequenzen sein, obwohl sie sich durch einen fehlenden raumzeitlichen Bezug von den anderen beiden Kategorien unterscheiden sollen. Der Sänger wiederum kann eine Rolle im narrativen Geschehen übernehmen und dabei trotzdem seine Funktion als Musiker nicht aufgeben, indem er singend zugleich die Geschichte spielt. Die mangelhafte Trennschärfe der drei Typen wäre kein Problem, würde es sich dabei um Grundtypen handeln, die miteinander kombiniert werden können, aber dennoch für sich erkennbar sind wie im Fall einer Kombination von Konzertausschnitten und narrativen Sequenzen. Hier läge ein zeitliches Nacheinander vor, aber das Zusammentreffen der Typen sowohl in räumlicher als auch in zeitlicher und personaler Hinsicht macht diese gerade für eine Klassifikation unzureichend. So können nach Jan Schenkewitz unter 'Dreamlike Visuals' alle diejenigen Bildfolgen versammelt werden, die jenseits der beiden anderen Typen liegen, ohne weitere Ordnungsmerkmale wie die musikalische Struktur zu berücksichtigen (vgl. Schenkewitz 1989, 41).

Andere Ansätze gehen gar nicht auf strukturelle Zusammenhänge von Bild und Ton ein, betonen aber noch die Chancen, die gerade in Musikvideos mit ungeordneten Bildfolgen für eine eigenständige Aneignung liegen. Auch hier geht die Argumentation auf postmoderne Medientheorien wie die Baudrillards oder Jamesons zurück – samt der dort entlehnten Begrifflichkeit, wie dem des 'Pastiche' (Morse 1985, Curry 1993). Hiernach können die Bilder zwar an alltägliche Situationen der Jugendlichen anknüpfen, indem sie diese zunächst nachstellen, aber die 'Lösungsangebote' bleiben dabei ambivalent, haben keine Eindeutigkeit.

Narrativik, hier als Form der Adressierung gemeint ('narrating'), steht bei dem Modell von Morse in einer Art Kopräsenz zu anderen Formen der Darstellung, wie etwa der des Performancegeschehens: So werden Superstars wie Prince zugleich zu einer Art 'Master-Synchronizer' des Bildgeschehens, indem sie sowohl die 'Geschichte' erzählen als auch als Musiker fungieren können (Morse ebd., 165). In diesem, filmwissenschaftlich betrachtet problematischen, Sinne von Narrativik operieren auch jene Analysen, die aufgrund des Songtextes bereits von Narrativik oder Erzählstrukturen ausgehen, selbst wenn die Analyse nur die musikalische Struktur berücksichtigt (vgl. Barth/Neumann-Braun 1999).

Hinsichtlich einer Klassifikation von Musikvideos und ihrer visuellen Strukturen verhindert ein solcher Begriff von Narrativik eher die Trennschärfe.

Weitergehende Versuche zur Klassifikation von Musikvideos thematisieren zum einen noch stärker die Möglichkeiten der Bildsprache, den Bereich des Unbewußten resp. Unterbewußten anzusprechen. In ihrer Kombination aus poststrukturalistischer Medientheorie (namentlich Baudrillard) und Psychoanalyse (namentlich Lacan) fließt hier zum anderen eine moderat feministische, weitgehend filmwissenschaftlich ausgerichtete Position ein (Kaplan 1987). Die Musik, geschweige die musikalische Struktur spielen auch hier nur am Rand eine Rolle, und die aktuelle jugendkulturelle Bedeutung verschiedener Musikstilistiken und der evtl. hieraus erwachsende Bildkontext sind in Überlegungen wie denen von E. Ann Kaplan von untergeordneter Bedeutung.

Im Unterschied zu anderen Klassifikationen unternimmt Kaplan immerhin den Versuch, die Bildstilistik bei drei ihrer fünf Kategorien im Rekurs auf die Musikstilistik herzuleiten: 'Romantic' – Soft Rock der 60er Jahre), 'Socially conscious' – Rockmusik der 60er Jahre mit gesellschaftskritischer Haltung) und 'Nihilistic' – Heavy Metal (die restlichen beiden Kategorien sind 'Classic' und 'Postmodern' (Kaplan ebd., 55). Die Beschreibung der Musikstile geht allerdings über Impressionistisches nicht hinaus, wie Andrew Goodwin in seiner Kritik bemerkt (Goodwin 1987, 38). Auch Kaplan operiert mit Termini wie 'Narrativik' und 'Performance', diese stehen aber quer zu ihrer Kategorienbildung. Das Problem dieser Klassifikation liegt unter anderem darin, daß die Kriterien für eine Unterscheidung der fünf Typen wieder nicht trennscharf sind.

Da die drei ursprünglich musikstilistisch hergeleiteten Kategorien ihrerseits wiederum nach Bildinhalten gefaßt werden, hält auch diese Unterteilung nicht einer genaueren Prüfung stand. Die fünf an sich bereits nicht trennscharfen Kategorien werden wiederum mit drei 'Modes' kombiniert: 'Style' beinhaltet im Grunde jene drei Kategorien, wie sie von Kinder bereits beschrieben werden: Performance, narrative und nicht linear verlaufende Bilder, die Kaplan im Anschluß an Baudrillard als „Pastiche" faßt. Hinzu kommen bildthematische Aspekte wie 'Love/Sex' und 'Authority', die nach Kaplan im MTV-Programm vorherrschend sind.

Im deutschsprachigen Bereich werden Überlegungen zur Klassifikation von Musikvideos eher dann angestellt, wenn es sich um experimentelle Untersuchungen handelt. Diese unterscheiden sich aber nur unwesentlich von den entsprechenden amerikanischen Klassifikationsversuchen. Rauh beispielsweise spricht von „narrativen" und „semi-narrativen" Clips (Rauh 1985), Springsklee fügt diesen die Kategorie 'Performance' im Anschluß an Hustwitt (Hustwitt 1985) sowie 'Art' im Anschluß an Künzel (Künzel 1985) hinzu (Springsklee 1987), wobei 'Art' einerseits – künstlerisch anspruchsvoller hinsichtlich der Montagetechnik – keine Story beinhaltet (Springsklee 1987, 136), in dieser strukturellen Hinsicht andererseits wieder mit den 'Dreamlike Visuals' von Kinder vergleichbar ist. Die Unterscheidung von narrativen und semi-narrativen Grundtypen ist insofern verwirrend, als sie einerseits den Grad visueller Binnenstruktur betrifft, andererseits den Anteil der Story am gesamten Clip (vergleichbar der Unterscheidung von Konzept und Performance bei Sherman/Dominick). Daß die empirische Evidenz experimenteller Erhebungen – und das gilt ebenso für die angloamerikanischen Studien – äußerst fraglich ist, soweit die Ergebnisse im Zusammenhang mit derartigen Typologie- oder gar Klassifikationsversuchen stehen, dürfte nicht überraschen, wobei der Typologieversuch von Springsklee etwa im Vergleich zu demjenigen von Rauh oder gar zu der ohne jegliche Klassifikation operierenden Studie von Wallbott (Wallbott 1989) bereits als differenziert anzusehen ist (vgl. dazu auch Kungel 1987).

Der erste konsequente Versuch, die Bilder von Musikvideos zunächst nur nach der Nähe zur musikalischen Aufführung, nicht aber zugleich nach ihrer sonstigen visuellen Struktur zu beurteilen, ohne bei der allgemeinen Unterscheidung von Performance und Konzept wie bei Sherman/Dominick stehen zu bleiben, stammt von Jan Schenkewitz (Schenkewitz 1988). Schenkewitz sieht Musik als 'strukturbildendes Element' der Gattung Musikvideo. Er weist ausdrücklich darauf hin, daß für die Klassifikation von Musikvideos, die auf den musikkulturellen Kontext zurückgeht, nicht die Merkmale an sich konstituierend sind, „sondern vielmehr das Auftreten dieser Merkmale als Index für die Einordnung in den popmusikalischen Kontext gesehen werden muß" (Schenkewitz 1988, 106). Demnach geht die Klassifikation insbesondere von Musikvideos, die teilweise oder ausschließlich um die Darstellung der musikalischen Aufführung kreisen, im wesentlichen auf bereits existierende musikstilistische Unterschiede und die mit ihnen verbundenen jugend-) kulturellen Einheiten zurück. Nach Schenkewitz finden sich Performance-Elemente in mindestens 80 Prozent aller Musikvideos, nach Altrogge sogar in über 90 Prozent (vgl. Altrogge 1999, Band 2). Nicht nur die stilistischen Eigenheiten, sondern entsprechende ideologische Muster divergierender Jugendkulturen und ihrer Mythenbildung sind für eine Kategorienbildung von entscheidender Bedeutung. Nachdem Schenkewitz die Mythologie der Rockmusik als die der Integrität der Musiker und ihrer sichtbar vorgeführten und daher authentisch wirkenden handwerklichen Fähigkeiten im Unterschied zur Künstlichkeit des Pop erörtert hat (vgl. dazu ausführlich Altrogge/Amann 1991), faßt er in drei Thesen die wesentlichen, musikkulturell herzuleitenden Bestimmungen von Musikvideos zusammen:

– Musikvideos sind zu sehen als Ausdruck sozialer Identifikations- und Gruppenprozesse,
– Form und Inhalt von Musikvideos müssen als entsprechend spezifische Codes gelten, die ohne Kenntnis der jeweiligen meist jugendlichen Bezugsgruppen nicht ohne weiteres zu entschlüsseln sind, und
– Musikvideo-Ästhetik ist an den jeweiligen Musikstil angelehnt (Schenkewitz 1988, 108).

Leider gehen die Bestimmungen an dieser Stelle nicht über eine allgemeine Form hinaus, so daß eine konkrete Einteilung von Videoclips nach bestimmten Kategorien nicht erfolgt.

In einer späteren Arbeit nimmt Schenkewitz zwar diese Bestimmungen noch einmal auf, verfolgt sie aber nicht weiter, sondern leitet seine Klassifikation aus einer anders gelagerten, in grundsätzlicherer Weise systematisierten Relation von auditiven und visuellen Strukturen ab (Schenkewitz 1989). Diese bauen auf differenzierenden Bestimmungen von Kontinuität, Segmentierung und Synchronität zwischen Ton und Bild auf, die nach Schenkewitz die Beziehungen zwischen Ton und Bild regeln sollen, ihrerseits aber nicht unproblematisch sind (vgl. dazu ausführlicher Altrogge 1999, Band 1). Schenkewitz, der nun von 'Darstellungsebenen' spricht, kommt letztlich zu fünf Abbildungsebenen, die sich dadurch auszeichnen sollen, daß der „'physische' Zusammenhalt von Bildinhalt und Ton (…) von Ebene 1 zu Ebene 5 hin ständig" abnimmt, bis „die Musik zur Filmmusik 'degradiert'" (Schenkewitz 1989, 65). In diesem Punkt wiederholt Schenkewitz allerdings den Fehler derjenigen amerikanischen Arbeiten, die Performance und Narrativik gegenüberstellen (s. o.):

– die Abbildung des musikalischen Vortrags (A1)
– die Abbildung nicht-musikalischer Aufführungen (bes. Tanz) (A2)
– synästhetische Bild-Ton-Kombinationen (B1)
– deiktische Abbildungsweisen (A3)
– nnarrative Abbildungsweisen (A4)
(nach Schenkewitz 1989, 55)

Dieses Klassifikationsmodell wird da unbrauchbar, wo entweder die Abbildungsebenen gerade nicht mehr das gleiche Paradigma teilen, sondern sich auf unterschiedliche Aspekte der gleichen Struktur beziehen können, wie bei synästhetischen Bild-Ton-Kombinationen (hier gemeint als Zusammenwirken von Auge und Ohr im Sinne eines komplementären Verständnisses von Ton und Bild, in erster Linie als rhythmische Beziehung) und deiktischen Abbildungsweisen.

Nahezu alle genannten Klassifikationen bewegen sich mit Ausnahme des Modells von Schenkewitz fast ausschließlich auf der Bildebene. Demgegenüber wäre in ganz anderer Weise die Musik und die entsprechenden Interaktionen von Ton und Bildbewegung zu berücksichtigen. So lassen sich strukturell betrachtet drei wesentliche Formen des Zusammenspiels von Ton und Bild festhalten:

- die Koinzidenz einzelner musikalischer und visueller Ereignisse (in Form von Harmonie- und Farbwechsel, rhythmischen Bewegungen, wie betonten Noten und Bildschnitten, oder pointierten Bewegungen, sowie Parallelen in der Art und Richtung der Bewegung auf Ebene des Dargestellten und der Technik der Darstellung),
- strukturelle Parallelen, die sich über längere Zeit hinweg oder durchgängig aufgrund eines gemeinsamen Rhythmus von Bild- und Musikbewegung ergeben, und
- Parallelen hinsichtlich der formalen Organisation des Materials (wie beispielsweise im Fall der Übereinstimmung der Verse mit bestimmten wiederkehrenden Bildfolgen).

Diese drei Aspekte sind wiederum grundsätzlich als strukturelle von den semantischen zu unterscheiden. Danach kann das musikalische Material bereits insofern mit visuellen Assoziationen verbunden sein, als es erstens hinsichtlich der Stimmung der Musik eine bestimmte Art der Darstellung einschließlich der Technik der Aufnahme wie der Montage nahelegt. In diesem Sinne manifestieren sich in Musikvideos die latent bereits mit der Musik assoziierten Bildern zu unterschiedlichem Ausdruck. Zweitens kann die Musik als Zeichensystem kultureller Einheiten die Darstellung in Form des Aufführungsstils betreffen, d. h. wie sich die Interpreten eines bestimmten Musikstils kleiden und bewegen und mit welchen Objekten sie sich umgeben. Drittens existiert eine gemeinsame symbolische Beziehung zwischen Ton und Bild darüberhinaus dann, wenn die musikalische Konvention als musikalisches System nicht nur etabliert ist, sondern zugleich als System musikalischer Bedeutung Visualisierungen in der Darstellung (Schnitt etc.) wie des Dargestellten (z. B. Stereotypen in Kleidung und Verhalten) nach sich zieht, die zugleich mit einer lebensweltlichen Einstellung verbunden sind (Goodwin 1991, 118, vgl. auch zur Bedeutungszuweisung des musikalischen Materials am Beispiel der Rocker- und Hippie-Kultur: Willis 1981). Bei der textwissenschaftlichen Bestimmung des Textes 'Videoclip' geht es aber zunächst darum zu zeigen, ob und inwieweit die Bilder die musikbedingten kulturellen Kontexte nur exekutieren oder ob und ggf. inwieweit sie darüber hinausgehen. Daher und angesichts der Produktionslogik sollte der 'Textcharakter' des Bildmaterials vor der Folie der Musik als bedingendem Faktor beurteilt werden.

Aber selbst auf der Ebene der Bildorganisation läßt sich nach den Kriterien der Auftrittslogik der Musiker sowohl zwischen Musikvideos wie innerhalb einzelner Musikvideos der Grad an Performance herausschälen. Angefangen von der Bühnenperformance, bei der Raum und Zeit in Einklang mit der 'natürlichen' Erfahrung stehen, über die Performance, die gemessen an der Konzerterfahrung in unnatürlichen Räumen stattfindet, über das Auftreten der Musiker in Räumen und Situationen, deren visuelles Konzept nichts mehr mit der Tätigkeit als Musiker zu tun hat – beispielsweise als handelnde Personen in einer Situation oder gar Geschichte –, bis hin zur völligen Abwesenheit der Musiker. Bei den ersten beiden dieser Darstellungsebenen steht noch die musikalische Performance als Grundform Pate, für die anderen beiden das visuelle Konzept. Der Terminus 'Konzept' geht dabei auf die angloamerikanische Forschung zurück (vgl. Kinder 1984, Morse 1985, s. o.) und ist nur insoweit gegenüber seiner ursprünglichen Verwendung sinnvoll, als dieser Begriff alle inhaltlichen Bezüge, die nicht oder nicht unmittelbar aus der musikalischen Aufführung herzuleiten sind, markiert. Im Unterschied zur ursprünglichen Verwendung des Begriffs, wie sie zunächst in der anglo-amerikanischen Forschung erfolgte, muß dabei keine Konzeptstruktur im Sinne eines Textes vorliegen, wie er im Film beispielsweise durch narrative Strukturen erkennbar ist. Die vier Ebenen lassen sich noch durch weitere Varianten ergänzen, die aber verhältnismäßig selten zu beobachten sind und mit veränderten Rollen zu tun haben (z. B. Laien oder Puppen, die als Musiker agieren) oder die Gleichzeitigkeit von Ebenen inszenieren

(z. B. Musiker als Zuschauer ihres eigenen Konzertfilms).

Auch wenn die vier Ebenen innerhalb von Videoclips häufig kombiniert werden, gibt es signifikante Zusammenhänge mit dem jeweiligen Musikstil. So tritt bei Rockperformances, insbesondere bei Metal-Clips, die Kombination von (Live-) Performance mit Konzept ohne das Auftreten der Musiker, dies wiederum meist in Gestalt einer im Wechsel mit der Performance gegengeschnittenen Geschichte, signifikant häufiger auf (vgl. dazu Altrogge/Amann 1991, Altrogge et. al. 1992 u. Altrogge 1999, Band 3).

Sofern innerhalb eines Videoclip zwischen den Darstellungsebenen gewechselt wird, ist es für das Verständnis des Zusammenhangs von Musik und Bild entscheidend, inwieweit musikalischen Formteilen Bildebenen entsprechen und ob der jeweilige Wechsel musikalisch oder durch den Songtext motiviert erscheint. Die Musik kann entweder eine Kontinuitätsfunktion übernehmen, indem sie über die unterschiedlichen Bildebenen hinweg in struktureller und formaler Hinsicht konstant bleibt, oder aber die unterschiedlichen Bildebenen nach unterschiedlichen Formteilen oder wechselnden rhythmischen Strukturmustern segmentieren.

Visuelle Binnenstruktur

Das grundsätzliche visuelle Strukturmerkmal läßt sich in Musikvideos unabhängig von musikalischer Struktur und Stilistik ermitteln: die Verknüpfung der Bilder, die Dichte oder Stärke der visuellen Binnenstruktur. Je stärker ihre Strukturierung vom Ton abhängt, desto schwächer ist ihre Binnenstruktur, bis zu dem Punkt, wo sich ohne Ton kaum Sinn ergibt. Am deutlichsten zeigt sich dies bei reinen Performanceclips, die visuell ausschließlich die musikalische Aufführung illustrieren. Erst bei visueller Eigenständigkeit der Bildfolgen gegenüber der musikalischen Aufführung, Charakteristikum der Konzeptebenen und damit aller Videoclips, die keine oder keine reinen Performanceclips sind, ist eine Differenzierung nach visueller Binnenstruktur sinnvoll. Da dies für die überwiegende Mehrheit aller Clips gilt, ist die visuelle Binnenstruktur neben dem Musikstil zentral für die Klassifikation.

Soweit die Trennungslinie zwischen Konzept und Performance anhand der diskursiven (außermusikalische Handlungsstruktur im Konzept versus Musizieren) und räumlichen Unterscheidungskriterien (Aufführungsort) gezogen wird, sind bestimmte Formen der Vertextung für verschiedene Ausprägungen konzeptueller Umsetzung in Videoclips entscheidend und gleichermaßen für beide Ebenen des Konzepts verbindlich. Dabei sollte eine textwissenschaftlich begründete Unterscheidung solcher Ausprägungen vom Kriterium der Narrativität ausgehen, da sie sich als eine der „globalen 'Grundformen' textueller Kommunikation" (van Dijk 1980, 140) geradezu anbietet. Als voll ausgeprägte Textstruktur sind erst von hier aus Abstufungen möglich. Die Basis dafür bildet ein 'narratives Schema', wie Teun van Dijk es vorschlägt.

Danach sind *narrative*, filmverwandte Videoclips, in denen eine Geschichte erzählt wird und die Bilder folglich chronologisch oder zumindest linear organisiert sind, von Musikvideos mit schwacher visueller Binnenstruktur zu unterscheiden, deren Bilder höchstens für sich genommen als Einzeleinstellungen, nicht aber hinsichtlich ihrer Abfolge (sprach-) logisch organisiert sind.

Wie die Darstellungsebenen, die sich als systematische Destruktion von der musikalischen Aufführungspraxis – angefangen bei der (Bühnen-) Performance bis zum Konzept, bei dem die Musiker nicht mehr vorkommen –, kann auch die visuelle Binnenstruktur als quasi 'ordinal' aufgefaßt werden, insofern deren Ausprägungen die systematische Destruktion der Narrativik abbilden: von der im textwissenschaftlichen Sinne vollständigen Darstellung über eine auf Episoden beschränkte 'Situativik' bis zur Folge von Bildern, welche sich nicht durch ein logisches Binnenverhältnis hinsichtlich ihrer Abfolge auszeichnen, sondern durch ihre Beziehung zur musikalischen Struktur, Stilistik oder Jugend-Musikkultur oder aber durch musikexterne Verweise auf allgemeines Weltwissen. Dieses wird durch die Bilder mit mehr oder weniger gelungenem Bezug zum Songtext illustriert oder exemplifiziert, vergleichbar dem Modell des Textbasen bei Wulff (s. o., vgl. dazu Altrogge 1999, Band 2, Kap. 1).

Weitere Aspekte dieses Klassifikationsmodells betreffen strukturell die Technik der visuellen Darstellung und semantisch die Rahmenbedeutungen der externen Verweise (vgl. Altrogge 1999, Band 2). Alle weiteren Klassifikationsgrößen haben sich zu Erfassung größerer Stichproben nicht als praktikabel erwiesen. So liegt das Problem der Klassifikationsmodelle von Klaus Kanzog (Kanzog 1991, 201–208) und Jan Schenkewitz (Schenkewitz 1989) unter anderem darin, daß beide Ansätze an jweils einem Musikvideo entwickelt wurden (Kanzog: 'Gimme Hope, Jo'anna' von Eddy Grant, Schenkewitz: 'Rage Hard' von Frankie goes to Hollywood). Bei Kanzog liegt zudem eher eine Typologie vor, da die 10 verschiedenen Paradigmen – von Kanzog „Positionen" genannt – keine trennscharfen Kategorien sind, denn das Dargestellte und die (Technik der) Darstellung werden nicht systematisch unterschieden (vgl. Kanzog 1991, 205). Beide Analysen beziehen sich zudem auf Musikvideos, die mit der in der zweiten Hälfte der 80er Jahre bei Videoclip-Produzenten beliebten und mittlerweile wieder aus der Mode gekommenen Split-Screen-Technik operieren. In dieser Hinsicht sind die Analysen durchaus adäquat, aber nicht verallgemeinerbar.

Hieran zeigt sich aber auch, wie sich Mitte der 80er Jahre die Videoclipästhetik ausdifferenziert. Um die konkrete Funktionsweise von Videoclips zu verstehen, bedarf es differenzierenderer Einzelanalysen. Diese wären aber nur in ein theoretisches Modell übertragbar, das faktisch an dem ungeheuren analytischen Aufwand scheitert, den eine Applizierung auf eine repräsentative Stichprobe nach sich zieht. So sind beispielsweise Klassifikationen nach der bildpointierenden Wirkung der Musik, wie sie durch die Koinzidenz musikalischer und visueller Ereignisse vorliegen, nur für gesonderte Einzelanalysen durchzuführen (vgl. Altrogge 1999). Ein Versuch hierzu wurde insofern unternommen, als eine Auswahl von 37 Musikvideos aus einer 508 Videoclips umfassenden Stichprobe auf Zusammenhänge zwischen Schnittrhythmus und musikalischer Zählzeit überprüft wurde, mit dem globalen Ergebnis, daß diese Zusammenhänge für die Mehrheit der in dieser Stichprobe untersuchten Clips gilt. Schon auf dieser allgemeinen Ebene läßt sich die maßgebliche Strukturierungsfunktion der Musik für die Bildfolgen nachweisen (vgl. Schank 1990 u. Altrogge 1999, Band 2), deren spezifische Bedeutung allerdings nur anhand jeweils spezifischer Einzelanalysen (und ggf. ihrer Wahrnehmung) gezeigt werden kann.

6. Literatur

Abt, Dean, „Music Video. Impact of the Visual Dimension." In: Lull, James (Hrsg.): Popular Music and Communication. Newbury/London 1987, 96–110.

Allan, Blaine, „Musical, Cinema, Music Video, Music Television." In: Film Quarterly 43, 3, 1990, 2–14.

Altrogge, Michael, „Wohin mit all den Zeichen oder: Was hat Madonna mit dem Papst und Pepsi-Cola zu tun?" In: Hans J. Wulff (Hrsg.): 2. Film- und Fernsehwissenschaftliches Kolloquium Berlin '89. München 1990, 221–234.

–, „'Dreh dich nicht um, das Schwermetall geht um.' Die ästhetisch-moralische Schere bei der Wahrnehmung von Heavy Metal-Videoclips." In: Mechthild von Schoenebeck/Jürgen Brandhorst/Joachim Gerke (Hrsg.): Politik und gesellschaftlicher Wertewandel im Spiegel populärer Musik. Essen 1992, 109–133.

–, „Von der Bilderflut zum Bewußtseinsstrom. Überlegungen zur musikalischen Organisation von Raum und Zeit in Musikvideos." In: Barbara Naumann (Hrsg.): Vom Doppelleben der Bilder. Bildmedien und ihre Texte. München 1993, 183–218.

–, „Alphabet Street. Prince oder die Kunst der Rede-Konstruktion." In: Joachim Paech (Hrsg.): Film, Fernsehen, Video und die Künste. Stuttgart 1994, 239–261, wiederveröffentlicht in: Klaus Neumann-Braun (Hrsg.): Viva MTV! Popmusik im Fernsehen. Frankfurt/M. 1999, 230–255.

–/Lutz Erbring/Johannes Menge, Videoclips als Indicator für den Wandel jugendlicher Lebens- und Wahrnehmungswelten. Abschlußbericht am Institut für Kommunikationssoziologie und -psychologie der Freien Universität Berlin im Rahmen des gleichnamigen DFG-Projektes. Berlin 1995(a).

–/Eva Schabedoth, „Who is in Bed with Madonna? The Significance of a Process Oriented Method for the Identification of Target Groups." In: ESOMAR (Hrsg.): Looking Through the Kaleidoscope. What is the Qualitative Mission? Book of Papers from the ESOMAR Seminar Amsterdam, December. Amsterdam 1995, 65ff.

–, „Madonna, 'Express Yourself!' und die ambivalenten Impressionen eines Imperativs". In: Gogolin, Ingrid/Ingrid Lohmann: Medien und kulturelle Praktiken. Vom Wandel der Bildungsräume und der Raumbilder. Hamburg 1999(a).

–, Tönende Bilder. Interdisziplinäre Studien zu Musik und Bildern in Videoclips und ihrer Bedeutung für Jugendliche. Band 1: Das Feld und die Theorie, Band 2: Die Musikvideos, Band 3: Strukturen der Wahrnehmung, Berlin 1999.

–/Rolf Amann, Videoclips – die geheimen Verführer der Jugend? Berlin 1991.

Aufderheide, Pat, „Music Videos: The Look of the Sound." In: JC 36, 1, Winter 1986, 57–78.

Barth, Michael/Klaus Neumann-Braun, „Augenmusik. Musikprogramme im deutschen Fernsehen – am Beispiel von MTV." In: Karin Stipp-Hagemann (Hrsg.): Fernseh- und Radiowelt für Kinder und Jugendliche. Villingen 1996, 249–265.

Barthelmes, Barbara, „Der Videoclip. Machwerk der Bewußtseinsindustrie oder Alltagskunst?" In: Munica 3, 1988(a), 239–245.

Bechdolf, Ute, „Musikvideos im Alltag: Geschlechtsspezifische Rezeptionsweisen." In: Marie-Luise Angerer/Johanna Dorer (Hrsg.): Gender und Medien: theoretische Ansätze, empirische Befunde und Praxis der Massenkommunikation. Wien 1994, 1286–193.

–, „Music Video Histories: Geschichte – Diskurs – Geschlecht." In: Christiane Hackl/Elizabeth Pommer/Brigitte Scherer (Hrsg.): Models und Machos? Frauen- und Männerbilder in den Medien. München 1996, 277–299.

–, „Verhandlungssache 'Geschlecht': Eine Fallstudie zur kulturellen Herstellung von Differenz bei der Rezeption von Musikvideos." In: Hepp, A./R. Winter (Hrsg.): Kultur – Macht – Medien. Opladen 1997(a), 201–214.

–, Puzzeling Gender. Re- und Dekonstruktion von Geschlechterverhältnissen im und beim Musikfernsehen. Dissertation, Tübingen 1999.

Bennett, H. Stith/Jeff Ferell, „Music Videos and Epistemic Socialization." In: Youth and Society 18, 4, 1987, 344–362.

Bódy, Veruschka/Peter Weibel, Clip, Klapp, Bum. Von der visuellen Musik zum Musikvideo. Köln 1987.

Brown, Jane D./Kenneth Campbell, „Race and Gender in Music Videos: The Same Beat but a different Drummer." In: JC 36, 1, Winter 1986, 94–106.

–/Kenneth Campbell/Lynn Fischer, „American Adolescents and Music Videos: Why Do They Watch?" In: Gazette, International Journal for Mass Communication Studies 37, 1–2, 1986, 19–32.

–/Laruei Schulze, „The Effects of Race, Gender, and Fandom on Audience Interpretations of Madonna's Music Videos." In: JC 40, 2, 1990, 88–102.

Burns, Gary, „Autorship and Point of View Issues in Music Video." In: Thompson, Robert J./Gary Burns: Making Television Autorships and the Production Process. New York 1990, 175–184.

–, „How Music Video Has Changed and How it has Not Changed." In: Popular Music and Society 16, 3, 1994, 67–79.

Caplan, Richard E., „Violent Program Content in Music Videos." In: JQ 1, 62. Jg., 1985, 144–147.

Curry, Ramona, „Madonna From Marilyn To Marlene – Pastiche And/Or Parody?" In: Journal of Film and Video 42, 2, Summer 1990, 1530ff. Deutsch: „Madonna von Marilyn zu Marlene." In: Barbara Naumann: Vom Doppelleben der Bilder. Bildmedien und ihre Texte, 1993, 219–247.

Deutsches Filmmuseum Frankfurt (Hrsg.), Sound&Vision – Musikvideo und Filmkunst. Ausstellungskatalog zur gleichnamigen Ausstellung vom 16. 12. 1993–3. 4. 1994. Redaktion: Herbert Gehr. Frankfurt am Main 1993.

Dijk, Teun A. van, Textwissenschaft. Eine interdisziplinäre Einführung. Tübingen 1980.

Faulstich, Werner, „Vom Live Auftritt zum Videoclip. Popmusik auf dem Bildschirm." In: Medien und Erziehung 5, 1985, 258–267.

Fiske, John, Reading the Popular. Boston 1989.

–, Television Culture. London/New York (1987), 1990.

–, Understanding Popular Culture. London (1989a), 1990.

Frith, Simon/Andrew Goodwin/Lawrence Grossberg, Sound and Vision. Music Video Reader. London/New York 1993.

–/– „Youth/Music/Television." In: Frith, Simon/Andrew Goodwin/Lawrence Grossberg (Hrsg.): a.a.O., 1993, 67–83.

Fry, Donald L./Virginia H. Fry, „Some Structural Characteristics of Music Television Videos." In: Southern Speech Communication Journal 52, 1987, 151–164.

Glogauer, Werner, „Musikvideo-Clips – die Favoriten der 12–18jährigen." In: Ders.: Kriminalisierung von Kindern und Jugendlichen durch Medien. Baden-Baden 1991, 24–38.

Goodwin, Andrew J., „From Anarchy to Chromakey: Music, Video, Media." In: ONE TWOTHREEFOUR 5, 1987(a), 16–32.

–, „Music Video in the (Post) Modern World." In: Screen 28, 3, 1987(b), 36–55.

–, Music Television and the Politics of Popular Narrative. A thesis submitted to the Faculty of Arts of the University of Birmingham for the degree of Doctor of Philosophy. Birmingham 1991. Veröffentlicht als: ders.: Dancing in the Distraction Factory. London 1993.

–, „Fatal Distractions: MTV Meets Postmodern Theory." In: Frith, Simon/Andrew Goodwin/Lawrence Grossberg (Hrsg.): Sound and Vision. Music Video Reeder 1993, 45–66.

Gow, Joe, „Making Sense of Music Video. Research During an Inaugural Decade." In: Journal of American Culture 15, 3, Fall 1992, 35–43.

Hachmeister, Lutz/Jan Lingemann, „Das Gefühl VIVA. Deutsches Musikfernsehen und die neue Sozialdemokratie." In: Klaus Neumann-Braun: Viva NTV! Popmusic im Fernsehen 1999, 132–172.

Hall-Hansen, Christian/Ronald D. Hansen, „The Influence of Sex and Violence on the Appeal of Rock Music Videos." In: CR 17, 2, 1990, 212–234.

Hustwitt, Mark: Sure Feels Like Heaven to Me. Kent 1985.

Jones, Steve, „Cohesive But not Coherent: Music Videos, Narrative and Culture." In: Popular Music and Society 12, 4, 1988, 15–29.

Kanzog, Klaus, „Überlegungen zur Protokollierung von Videoclips." In: ders.: Einführung in die Filmphilologie. München 1991.

Kaplan, E. Ann, Rocking Around the Clock. Music Television, Postmodernism, and Consumer Culture. London/New York 1987.

Kinder, Marsha, „Music Video and the Spectator – Television Ideology and Dream." In: Film Quarterly, Fall 1984, 2–15.

Kungel, Reinhard, „Oft banal und primitiv: Das Musikvideo und seine Gestaltung." In: Kameramann, Fachzeitschrift für Bildaufnahme, Ton- und Fernsehtechnik, 37, Heft 2, 1988, 44–54.

Künzel, Werner, „Zur Typologie der Videoclips. Die Wiederkehr der Oper." In: Wolkenkratzer Artjournal 6, 1985, 116–119.

Lewis, Lisa A., Gender Politics and MTV. Voicing the Difference. Philadelphia 1990.

Lull, James (Hrsg.), Popular Music and Communication. Newbury/London 1987.

Lynch, Joan D., „Music Videos: From Performance to Dada Surrealism." In: JPC 18, 1, 1984, 53–57.

Mercer, Kobena, „Monster Metaphors: Notes on Michael Jackson's Thriller." In: Frith, Simon/Andrew Goodwin/Lawrence Grossberg (Hrsg.): Sound and Vision. Music Video Reader, 1993, 93–108. Zuerst in: Screen 27, 1, 1986.

Morse, Margaret, „Rock Video: Synchronizing Rock Music and Televison." In: Fabula 5, 1985, 154–170.

Nachtigäller, Roland, „Phantasie und Symbolik in Michael Jacksons Video-Clip *Thriller*." In: Medien und Erziehung 5, 1985, 268–277.

–, „Wenn die Bilder zerfallen. Der Videoclip als neues Drehbuch für die Massenkommunikation." In: Medien und Erziehung 2, 1989, 68–90.

National Coalition on Television Violence (NCTV), „Rock Music and MTV Found Increasingly Violent." Pressemitteilung 14. Januar 1984.

Naumann, Barbara (Hrsg.), Vom Doppelleben der Bilder. Bildmedien und ihre Texte. München 1993.

–, „Bildermusik. Laurie Anderson in ihren Kunstfiguren." In: Paech, Joachim (Hrsg.): Film, Fernsehen, Video und die Künste. Strategien der Intermedialität. Stuttgart 1994, 262–277.

Neumann-Braun, Klaus (Hrsg.), Viva MTV! Popmusik im Fernsehen, Frankfurt/M. 1999.

–/Axel Schmidt, McMusic. Einführung. In: Neumann-Braun: Viva MTV! Popmusik im Fernsehen, Frankfurt/M. 1999, 7–42.

Peterson–Lewis, Sonja/Shirley A. Chennault, „Black Artists' Music Videos: Three Success Strategies." In: JC 36, 1, Winter 1986, 107–114.

Rauh, Reinhold, „Videoclips, Bilderflut und audiovisuelle Geschichten." In: Medien und Erziehung 4, 1985, 210–216.

Rubin, Rebecca B./Alan M. Rubin/Elizabeth M. Perse/Cameron Armstrong/Michael McHugh/Noreen Fax, „Media Use and Meaning of Music Video." In: JQ 63, 2, 1986, 353–359.

Schenkewitz, Jan, „Videopop. Musik als strukturbildendes Element einer Gattung." In: Theater-ZeitSchrift 26, 1988, 104–109.

–, Visuelle Strategien im Musikvideo. Unveröffentlichte Magisterarbeit. Münster 1989.

Schmidt, Axel, „Sound and Vision Go MTV." In: Neumann-Braun, Klaus (Hrsg.): Viva MTV! Popmusik im Fernsehen. Frankfurt/M. 1999, 93–131.

Schumm, Gerhard, „Die Macht der Cuts. Einstellungsverkettungen und Verkettungsserien in Kate Bush's Videoclip 'Cloudbusting'. Vorschläge zur Videoclipanalyse." In: Barbara Naumann (Hrsg.): Vom Doppelleben der Bilder. Bildmedien und ihre Texte, 1993, 249–278.

Schwichtenberg, Cathy (Hrsg.), The Madonna Connection. Boulder/San Francisco/New York 1993.

–, „Madonna's Postmodern Feminism: Bringing the Margins to the Center." In: dies. (Hrsg.): a.a.O., 1993, 129–145.

Seidman, Steven A., „An Investigation of Sexrole Stereotyping in Music Videos." In: JBEM 36, 2, 1992, 209–216.

Sherman, Barry L./Joseph R. Dominick, „Violence and Sex in Music Videos: TV and Rock'n' Roll." In: JC 36, 1, 1986, 79–83.

Shore, Michael, The Rolling Stone Book of Rock Video. London 1985.

Signorelli, Nancy/Douglas McLeod/Elaine Healy, „Gender Stereotypes in MTV Commercials: That Beat Goes on." In: JBEM 38, 1, 1994, 91–102.

Springsklee, Holger, „Videoclips – Typen und Auswirkungen." In: Behne, Klaus-Ernst (Hrsg.): Film – Music – Video oder Die Konkurrenz von Auge und Ohr. Regensburg 1987, 127–154.

Sun, Se-Wen/James Lull, „The Adolescent Audience for Music Video, and Why they Watch." In: JC 36, 1, 1986, 115–125.

Tetzlaff, David, „Metatextual Girl: Patriarchy, Postmodernism, Power, Money, Madonna." In: Cathy Schwichtenberg (Hrsg.): The Madonna Connection Boulder, 1993, 239–263.

Wallbott, Harald G., „Die 'euphorisierende' Wirkung von Musik-Videos – Eine Untersuchung zur Rezeption von 'bebilderter' Musik." In: Zeitschrift für experimentelle und angewandte Psychologie 1, 36. Jg., 1989, 138–161.

Willis, Paul, Profane Culture. Rocker, Hippies: Subversive Stile der Jugendkultur. Frankfurt/M. (1978) 1981.

Wulff, Hans J., „Die Ordnungen der Bilderflut. Konstellationen medialer Kommunikation als strukturbildendes Prinzip in Performance-Videos." In: RuF 37, 4, 1989, 435–446.

–, „The Cult of Personality – authentisch simulierte Rockvideos." In: Neumann-Braun: a.a.O. 1999, 262–278.

Zillmann, Dolf/Norbert Mundorf, „Image Effects in the Appreciation of Video Rock." In: CR 14, 3, 1987, 316–334.

Michael Altrogge, Berlin
(Deutschland)

237. Fernsehspezifik von Präsentationsformen und Texttypen

1. Fernsehspezifik und Gattungen
2. Forschungstraditionen
3. Technisch fundierte Merkmale
4. Institutionell fundierte Merkmale
5. Soziokulturell fundierte Merkmale
6. Literatur

1. Fernsehspezifik und Gattungen

Präsentationsformen und Texttypen des Fernsehens sind zunächst von der Tradition medienübergreifender Gattungen bestimmt, die nach einem „stilistischen Trägheitsprinzip" (Bausinger 1972, 80f.; Straßner 1980, 332) in der Frühphase neuer Medien unabhängig von der jeweiligen Medienspezifik wirksam sind; mit der Entfaltung und Perfektionierung des Mediums und der zunehmenden Professionalisierung seiner Akteure setzen sich allmählich auch in der Gestaltung der Produkte die charakteristischen Züge des Mediums durch, die hier als Fernsehspezifik gefaßt werden und selbst der Veränderung unterworfen sind. Die Spezifik des Fernsehens ist – wie die anderer Medien auch – in den technischen, institutionellen und soziokulturellen Strukturen des Mediums begründet, die in diesem Artikel dargestellt werden sollen.

Außerdem muß natürlich bei einzelnen Fernsehtexten die jeweilige Gattungsspezifik berücksichtigt werden, wie sie in den vorausgehenden Artikeln für eine Reihe von Gattungen beschrieben ist. Trotz der Tendenz des Fernsehens (vgl. 3.5. und 3.6.), Gattungen (Präsentationsformen, Darstellungsformen, Texttypen, Textsorten) zu mischen bzw. in ein Kaleidoskop aufzulösen, kann man auf die Kategorie 'Gattung' nicht verzichten. Der Gattungsbegriff darf aber nicht ontologisch verstanden werden, vielmehr sind Gattungen Interpretationskonstrukte; es sind empirische Handlungsschemata, die im Bereich der Produktion und Mediation (Programmzeitschriften) ebenso wirksam werden wie im Bereich der Rezeption (Schmidt 1987; Rusch 1987/1993); nur aufgrund eines ausgeprägten Gattungswissens ist z.B. der Zuschauer in der Lage, mühelos von einer Sendung zur anderen zu springen. Es handelt sich also um „kulturelle Praktiken" (Fiske 1987, 109) oder „kognitive Konzepte" (Schmidt 1987, 371), die alle Handlungen im gesamten Prozeß der Fernsehkommunikation orientieren. Wegen der empirischen Grundlage des Gattungsbegriffs ist auch keine schlüssige, einheitliche Typologie möglich; Gattungen sind eher nach Wittgensteins Modell der „Familienähnlichkeiten" miteinander verbunden (Wittgenstein 1969, 324). Es gibt nämlich eine Vielzahl von Aspekten, unter denen Fernsehtexte typisiert werden können; die Gattungen sind extrem variabel und unterliegen dem ständigen historischen Wandel. Im weiteren werden hier aber fernsehspezifische Merkmale von Texten grundsätzlich unabhängig von einer möglichen Gattungsspezifik betrachtet.

2. Forschungstraditionen

Seit Herbert Marshall McLuhans provokativer Formulierung „The medium is the message" ist man sich dessen bewußt geworden, daß mediale Kommunikation nicht allein von Inhalten, sondern auch von den charakteristischen Merkmalen des jeweiligen Mediums geprägt ist. Meyrowitz (1994, 50) nennt die Beschäftigung mit den potentiellen Einflüssen der Kommunikationstechnologien '*medium* theory' (vs. anderweitig orientierter 'media theory') und zählt zu den Vertretern einer ersten Generation von 'Medium Theorists' (neben McLuhan und seinem Anreger Harold Adams Innis) u.a. Walter Ong, Edmund Carpenter, Tony Schwartz und Daniel Boorstin, die allesamt unter der Makroperspektive zivilisatorischer Evolution die Frage thematisieren, wie die elektronischen Medien Denkmuster und soziale Organisationen verändert haben (ebd., 53). Meyrowitz zählt sich selbst mit seiner Analyse des Zusammenspiels von Fernsehen und sozialen Rollen (Meyrowitz 1985) zu einer zweiten Generation, die sich konkreter mit den sozialen Implikationen der Medien befaßt.

Eine weitere wichtige Forschungstradition liegt mit den britischen 'Cultural Studies' vor; sie sehen den medialen Text, besonders den Fernsehtext (s. z.B. Fiske 1987), zunächst durchaus in einer ideologiekritischen Perspektive, allerdings als Ausgangspunkt eines aktiven Aneignungsprozesses der Rezipienten, in dessen Verlauf der Text mit seiner Polysemie zum Gegenstand gruppenspezifischer Deutungen und Umdeutungen wird und so zu einem Stück Populärkultur, das nur im gesellschaftlichen Kontext und unter Berücksichtigung seiner medialen Spezifik angemessen beschrieben werden kann (vgl. 5.).

In medienpsychologischer, medienpädagogischer Perspektive hat man sich immer wieder mit populären kritischen Argumenten zum Fernsehen auseinandergesetzt, z.B. mit Thesen zum Zusammenhang von Medien und Gewalt (z.B. Groebel/Gleich 1993), zum Einfluß von Fernsehen auf die Kindheit (z.B. Postman 1983) oder auf die Realitätswahrnehmung (z.B. v. Hentig 1987), und hat sich um eine ausgewogene Darstellung der Probleme bemüht (z.B. Kunczik 1987; Maletzke 1988; Hurrelmann 1994; Keppler 1994a). Gegen Thesen, die direkte und starke Medienwirkungen unterstellen, wird auf die Bedeutung der Interaktionsprozesse in Primärgruppen hingewiesen und auf die selektive und interpretative Leistung der Rezipienten, die in erster Linie situationsbezogen ist (z.B. Charlton/Neumann 1986; Mikos 1994; Bachmair 1996; vgl. 5.). Ein differenziertes Bild von Fernsehen und seiner Spezifik entwerfen neuere kommunikationswissenschaftliche (z.B. Merten/Schmidt/Weischenberg 1994) oder medienpädagogische Darstellungen (z.B. Doelker 1989).

In einem linguistischen Rahmen ist verstärkt die Rolle der Sprache in der Fernsehkommunikation thematisiert worden (z.B. Straßner 1980; Burger 1984). Für die Textlinguistik greift Klaus Brinker (1985, 126ff.) den Begriff 'Kommunikationsform' auf, den Ermert (1979, 59ff.) in Anlehnung an 'Kommunikationsart' (Gülich/Raible 1975, 155) geprägt hatte, und definiert die Kommunikationsformen (im Unterschied zu Textsorten) als begründet von jeweils „besonderen situativen Merkmale(n) der einzelnen Medien" (Brinker 1985, 127). Als solche Merkmale erfaßt er z.B. für die Kommunikationsform 'Fernsehsendung' die Kommunikationsrichtung (monologisch), den Kontakt (akustisch und optisch; zeitlich unmittelbar oder getrennt, räumlich getrennt) und die Sprache (gesprochen und geschrieben). In der Fortführung dieses Ansatzes und unter Einbeziehung von Meyrowitz und Fiske sind verschiedentlich Spezifika von Sprache im Fernsehen dargestellt worden (Holly 1991, 1995, 1995a, 1996a; Holly/Püschel 1993a; s. auch die Bibliographie Holly/Püschel 1996).

Eine wiederum andere Tradition (z.B. Hickethier 1988, 1991, 1993, 1995; Zielinski 1989; Elsner/Müller/Spangenberg 1993) verwendet den von Michel Foucault entwickelten Begriff 'Dispositiv', der zuvor schon auf den Film übertragen worden war (Baudry 1986; Paech 1990), „indem sie den technischen und kulturellen wie den politischen und ökonomischen Rahmen des Mediums als Einheit begreift" (Hickethier 1993, 173). Dabei hat vor allem Hickethier (1993, 176f.; 1995, 64) auf die Historizität und Dynamik des „Dispositivs Fernsehen" hingewiesen, weil dessen prägende Faktoren sich im historischen Prozeß ziemlich rasch verändern.

Im folgenden werden Spezifika des Fernsehens, wie sie in den verschiedenen Traditionen herausgearbeitet worden sind, unter drei Rubriken geordnet (technische, institutionelle und soziokulturelle Merkmale), obgleich der Zusammenhang der drei Bereiche zu einer engen Verflechtung aller Aspekte führt und eine Trennung nur aus Gründen der Darstellung akzeptabel erscheint.

3. Technisch fundierte Merkmale

Medien ermöglichen im Laufe der Geschichte durch ihr technisches Potential die schrittweise Überwindung der räumlichen und zeitlichen Beschränkungen, die der direkten Kommunikation gesetzt sind. Allerdings gelingt dies jeweils nur um den Preis gleichzeitiger Defizite im neuen Medium, die man mit der Ausbildung weiterer Medien zu kompensieren bemüht ist (Holly 1996). So ergibt sich eine zunehmende Ausdifferenzierung von Kommunikationsformen und Medien. Das Fernsehen ist unter den modernen Medien besonders erfolgreich, da es durch die Kombination von 'Mehrkanaligkeit' (3.1.) und 'Aktualität' (3.2.) die Potentiale von Kinofilm und Radio verbindet und damit einen großen Teil der Komplexität direkter Kommunikation – vor allem auch eine wiedergewonnene 'Mündlichkeit' (3.3.) – über Raumgrenzen hinweg in einer speziellen medialen 'Intimität' (3.4.) verfügbar macht, allerdings in der historisch institutionalisierten Form prinzipiell als 'Einwegkommunikation' (3.5.). Es gehört damit – trotz der Rezeption im privaten Raum – zu den öffentlichen Medien oder 'Massenmedien', die im Gegensatz zu den individuell und wechselseitig genutzten (z. B. Brief, Fernschreiber, Telefon, Fax) sich dem Endnutzer nicht „inhaltlich leer" präsentieren. Da es kommunikative Inhalte nicht speichert, sondern überträgt und da seine Produkte als 'segmentierte Einheiten' vom Rezipienten nicht individuell abgerufen werden können, ist es ein 'Programmmedium' (3.6.), das mit der Gleichzeitigkeit von Ausstrahlung und Rezeption – wie die direkte Kommunikation – der Flüchtigkeit unterliegt. Es erscheint als ein 'Kontinuum' von Bruchstücken, das erst durch feste 'Programmstrukturen' und 'Serialität' überschaubar wird.

3.1. Mehrkanaligkeit

Gegenüber den Printmedien und dem Radio ist das mehrkanalige Fernsehen durch die Fähigkeit ausgezeichnet, eine größere Vielfalt an Zeichenqualitäten verarbeiten zu können. Die Printmedien sind auf den optischen Kanal beschränkt, und dabei außerdem auf statisch-stabile Zeichen, seien sie linear wie Schrift oder flächig wie Bilder. Fernsehen kann dazu auch bewegte Bilder als flächig-dynamische Zeichen präsentieren und mit dem akustischen Kanal zwei weitere Zeichentypen: Sprachlaute und Töne. Man muß also immer damit rechnen, daß sich die Zeichen der verschiedenen semiotischen Systeme überlagern und ergänzen oder – wie die These von der „Text-Bild-Schere" (Wember 1976) behauptet – sogar beeinträchtigen; in manchen Gattungen kann der „Visualisierungszwang" zu ablenkenden oder sogar irreführenden Bildbotschaften verleiten. Das komplexe Zusammenspiel von Bild und Sprache (Bentele/Hess-Lüttich 1985; Muckenhaupt 1986) sollte aber nicht einseitig perspektiviert werden. Sprache kann Bilder kommentieren, so daß sie durch einen Sprecher oder durch Schrift „semantisiert" werden (Spangenberg 1988, 784), besser vielleicht „monosemiert". Umgekehrt können Bilder Sprache auf vielfältige Weise begleiten (Huth 1985); häufig bewirken sie eine Emotionalisierung (Cohen 1976), da sie mehr analoge, präsentative und expressive Zeichen enthalten (Meyrowitz 1985). Der relativ geringe Anteil der Schriftkommunikation macht Fernsehen zu einem relativ leicht zugänglichen Medium, das unabhängig von Alter und Bildungsgrad von fast allen zu „entschlüsseln" ist und so zur Vermischung von bisher kulturell getrennten Gruppen beiträgt (ebd.).

Wegen der Faszination der bewegten Bilder, die eine starke Anreizwirkung ausüben, wird Fern"sehen" (analog zum Kino) häufig als ein primär visuelles Medium verstanden (z. B. Postman 1983, 92); dabei wird sowohl die (gegenüber dem Kino) schwächere Bildwirkung als auch die starke sprachliche Verankerung der meisten Texttypen übersehen. Das Kino zielt durch die Größe und erhöhte Position der Projektionsleinwand, die Abdunkelung des Zuschauerraums und die Öffentlichkeit der Vorführung „auf eine sinnliche Vergegenwärtigung" (Hickethier 1995, 67), verbunden mit der „Eigenschaft der machtvollen, sinnlichen Überwältigung [...], die als eine auch ästhetische Eigenschaft (im Kult des Erhabenen) eine hohe kulturelle Wertschätzung besitzt" (ebd., 68); die „televisuelle Angebotsstruktur mit ihren ganz anderen Wort-Bild-Verbindungen, mit ihren gegenüber dem Kinofilm weiterentwickelten Bild-Schrift-Verflechtungen" erfordert dagegen eher „audiovisuelles Abstraktionslernen" (ebd., 67f.). Zwar geht die eine Seite der technischen Entwicklung mit der ständigen Verbesserung der Bild- und Tonqualität in Richtung auf eine Annäherung an die Kinoerfahrung, zumal seit langem Kinofilme im Fernsehen ausgestrahlt werden; andererseits ergibt sich (auch durch den Verbund mit dem Computer) voraussichtlich eine – zusätzliche zweigleisige Entwicklung: Individuell („interaktiv") abzurufende Spielfilm- und Bildungsangebote könnten wie elektronische Videotheken fungieren; daneben werden eigentliche Fernsehprogramme durch Aktualität und Live-Charakteristika geprägt sein; die verschiedenen Rezipienteninteressen können dabei durch vermehrte Auswahlmöglichkeiten zur Geltung kommen (z. B. durch individuelle Selektion von Kamerapositionen, Tonqualitäten usw.).

3.2. Aktualität

Was das Fernsehen am meisten vom Kino abhebt, ist die – zumindest potentielle – Aktualität. Die größte Anziehungskraft haben bis heute Live-Übertragungen spektakulärer Ereignisse, die den Rezipienten das Gefühl geben, „unmittelbar dabei" zu sein. Damit hat das Fernsehen (wie schon zuvor das Radio, das immer noch am schnellsten berichtet,) die Aktualität der Presse bis zur Zeitgleichheit des Erlebens gesteigert. Im westdeutschen Fernsehprogramm dominierte die Liveproduktion bis zur Einführung der Magnetaufzeichnung in der zweiten Hälfte der 50er Jahre auch die nichtaktuellen Sendungen wie z. B. das Fernsehspiel (Hickethier 1993, 198). Mit dem ständigen Programmwachstum stieg auch der Bedarf an vorproduzierten und wiederholbaren Sendungen. Die Attraktion der Live-Atmosphäre ist aber wegen der alltagsähnlichen Spontaneität der Kommunikation nach wie vor so groß, daß auch im Unterhaltungsbereich vieles „quasi-live" aufgezeichnet wird („live on tape"), auch wenn es erst später (dann mehr oder weniger bearbeitet) gesendet wird.

Das darf aber nicht zu dem Schluß verleiten, daß Fernsehen „live" einfach „überträgt"; sehr vieles – wenn nicht das ganze Ereignis selbst – ist für diese „Übertragungszwecke" sorgfältig und aufwendig inszeniert und vorbereitet; das reicht bis in die zeitliche Terminierung von politischen und sportlichen Ereignissen zu Hauptsendezeiten. Inszenierte Spontaneität charakterisiert auch die verwendete Sprache.

3.3. Sekundäre Mündlichkeit

Fernsehen und Radio bringen in unsere seit Jahrhunderten von Schrift geprägte Kultur und speziell in die öffentliche Kommunikation wieder ein neues Element von Mündlichkeit; Prosodisches und Parasprachliches können wieder zur Geltung kommen. Es handelt sich aber – so hat Ong verschiedentlich (z. B. 1982, 135 ff.) dargelegt – um eine „sekundäre Oralität", die auf Schriftlichkeit gegründet ist. Im Fernsehen ist sie auch direkt mit Schrift verbunden: hier ist – anders als im Radio – Schrift unmittelbar kommunizierbar, wenn man die Flüchtigkeit des gesprochenen Worts aufhalten will, z. B. in Schlagzeilen, Inserts, Programmhinweisen, in zusätzlichen und dauerhafter wahrnehmbaren Videotexten, auch kombiniert mit Bildern oder Grafiken, die kompliziertere Informationen aufbereiten. Die Fernsehmündlichkeit selbst (s. Holly 1995 a, 1996 c) unterscheidet sich in wesentlichen Punkten von einer „naiven", alltäglichen oder gar präliteralen Mündlichkeit. Das betrifft vor allem das Ausmaß der Vorbereitetheit und Inszeniertheit; das meiste, was wir im Fernsehen hören, ist nicht spontan hervorgebracht, sondern vorher geschrieben worden, wobei im besten Fall die akustische Rezeption bedacht wurde. Es gehört zum Inszenierungsrahmen des Fernsehens, daß es mehr oder weniger unmerklich die Produktion eines Texts von seiner Performanz und Rezeption lösen kann; geschriebene Texte werden häufig auswendig hergesagt oder (offen oder verdeckt) vorgelesen. Selbst wenn jemand „frei" zu formulieren scheint, steht oft etwas auf einem Spickzettel oder ist vorher in Stichworten konzipiert worden. Die Expressivität der gesprochenen Sprache wird – soweit Akteure im Bild sind – sogar noch gesteigert, was Möglichkeiten und Risiken für die Produzenten wie die Rezipienten enthält. Die Sprachkommunikation ist nicht nur (wie in direkter Kommunikation) eingebettet in die zusätzlichen semiotischen Systeme von Haltung, Bewegung, Gestik, Mimik, Kleidung und Aufmachung; wegen der Intimität und Einwegrichtung der Fernsehkommunikation (vgl. 3.4. und 3.5.) kann der Betrachter in ungewohnter Nähe und bei eigener Aktions- und Risikoentlastung das gesamte – immer nur teilweise kontrollierbare – kommunikative Verhalten eines Akteurs intensiver wahrnehmen und zugleich überprüfen, so daß auch kleinste Fehler, Ungereimtheiten und Widersprüche bemerkt werden. Erfolgreiche Fernsehkommunikation erfordert vom Akteur die (professionelle oder intuitive) Kontrolle aller semiotischen Systeme bei gleichzeitiger Inszenierung ungezwungener Spontaneität. Der Rezipient auf der anderen Seite übersieht leicht, daß die Mehrkanaligkeit des Fernsehens anders beschaffen ist als die direkter Begegnungen; die Teilkommunikate der verschiedenen Kanäle können (z. B. beim Playbackverfahren) unabhängig voneinander hergestellt und (z. B. durch unauffällige Schnitte oder Tonveränderungen) inszenatorisch manipuliert sein; die Leistungen von Bild- und Tonregie und nachträglicher Bearbeitungen der Produkte bleiben vom Rezipienten in der Regel unbeachtet, selbst wenn er die Verfahren kennt.

Die intendierte Annäherung an alltägliche kommunikative Erfahrungen mit gesprochener Sprache macht gesprächshafte Formen zu beliebten Fernsehgattungen (Burger 1991), die sich in der Programmgeschichte immer stärker durchsetzen, nicht zuletzt, um die Schwächen von Einwegkommunikation zu überspielen (vgl. 3.5.). Davon zeugt die stetige Zunahme von Talkshows, Seifenopern, Interviews und von gesprächshaften Moderationen, auch da, wo nur Informationen gegeben werden sollen. Der Gesprächscharakter vieler Sendungen trägt auch zur Intimität der Fernsehkommunikation bei.

3.4. Sekundäre Intimität

Fernsehen ist – wie vor allem Meyrowitz (1985) gezeigt hat – ein intimes Medium, das die Raumgrenzen der Kommunikation eindrucksvoll überwinden und uns das Entfernte nahebringen kann, und zwar nicht nur in einen öffentlichen Raum wie das Kino oder die anfänglich im Deutschland der 30er Jahre von der Post eingerichteten Fernsehstuben, sondern in die private Sphäre der Wohnzimmer. Wie die Ideologeme der 50er Jahre es propagierten, scheint Fernsehen also einerseits „Die Welt in Deinem Heim" zu präsentieren, andererseits gilt es als „Fenster zur Welt" (Elsner/Gumbrecht/Müller u.a. 1994, 186). So werden die Räume von Privatheit und Öffentlichkeit neu definiert, denn es wird nicht nur „Welt" vermittelt, sondern sogar ein ungewohnt naher Blick auf ihre Gegenstände und Akteure. Man kann dies als Steigerung des lange zurückreichenden Prozesses der Intimisierung öffentlicher Kommunikation verstehen, den Habermas (1962) und Sennett (1983) beschrieben haben. Es ist jedenfalls eine „sekundäre Intimität" (Habermas 1962, 207), die eine eigentümliche Kommunikationsform schafft und nicht einfach intime Kommunikation im Fernsehen ist, wie das Ungeschick von Laien im Fernsehen immer wieder beweist. Ungewöhnlich ist vor allem die mögliche Nähe der Kameraeinstellungen; intimisierend wirken auch die schon erwähnten Züge der gesprächshaften und zunehmend zwanglosen Mündlichkeit, die gesteigerte Expressivität der Einwegpräsentation von Personen, die uns als Medienstars wie Freunde (oder Feinde) vertraut werden und mit uns – scheinbar von gleich zu gleich – in sogenannter „para-sozialer Interaktion" (Horton/Wohl 1956) verbunden sind. Der „Nähestil", der mit gesprochener Sprache ohnehin verbunden zu sein scheint (Koch/Österreicher 1985), wird aber systematisch inszeniert, wie z.B. Politiker mit ihren Fernsehauftritten in Unterhaltungsshows zeigen (Holly 1990); sogar dort, wo sie aufgrund der Thematik eigentlich zu geschriebensprachlicher Diktion neigen, in seriösen Interviews, finden sich „Spontaneitätsmarker", die einen intimen, personalisierenden Stil kennzeichnen (Holly 1995a).

3.5. Einwegkommunikation

Mit Fernsehen (wie mit allen Massenmedien) richten sich wenige Kommunikatoren an ein riesiges Publikum, ohne daß ein Rollentausch möglich wäre. Die Einseitigkeit der Kommunikationsrichtung und die grundsätzliche Komplementarität der Kommunikationsbeteiligung ist sicherlich das größte Manko des Fernsehens, das dadurch am schärfsten von direkter Interaktion unterschieden ist; zugleich aber ist die fast vollständige Trennung von Produzenten- und Rezipientenrolle und die damit verbundene extreme Asymmetrie, was Zahl und Kompetenz der beiden Rollen angeht, die Grundlage der gesellschaftlichen Bedeutung von Fernsehen, denn nur die Faktoren Einwegrichtung und Vielfachadressierung ermöglichen die Massenwirkung der Fernsehkommunikation. Das elitäre Produktionsprinzip der Massenmedien prägt die Regel: je weiter das Medium reicht, desto schwieriger und restriktiver ist der Zugang zur Produktion – aus technischen, ökonomischen und politischen Gründen. Die keineswegs zwingende Entscheidung, die Fernsehtechnik vorwiegend für ein öffentliches Programmedium zu entwickeln (und nicht etwa als ein individuell und wechselseitig nutzbares Bildtelefon), hat Fernsehen zum wichtigsten Massenmedium gemacht.

Während in direkter Kommunikation entlang unmittelbarer Reaktionen von Rezipienten agiert werden kann, kommuniziert man bei räumlicher und zeitlicher Trennung „ins Leere". Für Massenmedien kommt hinzu, daß das Bild vom heterogenen und dispersen Publikum trotz immer genauerer Rezipientenforschung abstrakt bleibt; der

Schreiber mag dieses Problem noch vernachlässigen, da für den Leser der Autor gleichermaßen abstrakt ist, so daß die Kommunikation insgesamt entpersonalisiert stattfinden kann. Der pseudopräsente Fernsehkommunikator dagegen muß agieren, als ob der Rezipient anwesend wäre, und dabei doch dessen Abwesenheit berücksichtigen; er muß mögliche Reaktionen – auch unter den Bedingungen der extremen Mehrfachadressierung – mehr als üblich antizipieren.

Es gibt kompensatorisch eine Reihe von Verfahren, mit denen die Risiken der „Blindkommunikation" gemindert werden sollen. Dazu gehört zunächst die Orientierung an einem unterstellten Massengeschmack (vgl. 5.3.): bedingt durch den Versuch, ein möglichst großes Publikum zu erreichen, kommt es zu Mischungen aller Art. Das führt nicht nur zur Aufhebung der Grenzen zwischen den traditionellen Programmsparten (Beispiel „Infotainment", vgl. Wittwen 1995), sondern auch zu einer Mischung von Textsorten, Stilen und Varitäten. Typisch sind Magazinformen oder Gespräche mit mehreren sich überkreuzenden Funktionen; im Sprachgebrauch zu beobachten sind Code-Switching und Code-Shifting zu Dialektismen, Gruppensprachen, Fachsprache, Wissenschafts- und Bildungsjargon, zu hohem und niederem Stil, Humor und Pathos, und zwar bei zunehmendem Einsatz von Gesprächsformen: statt 'mit' dem Rezipienten spricht man 'vor' dem Rezipienten (vgl. 3.3.).

Weiterhin wird häufig in Live-Sendungen ein (mehr oder weniger offensichtlich) manipuliertes Studio- oder Hallenpublikum eingesetzt, das stellvertretend für den eigentlichen Adressaten anwesend ist, um etwas von der Spontaneität der unmittelbaren Kommunikation auch für das entfernte Publikum erlebbar zu machen. Außerdem werden manchmal fiktive akustische Reaktionen („canned audience") eingeblendet, mitunter sogar da, wo es gar kein Studiopublikum gibt. Darüber hinaus kommen vielfältige Publikumsbeteiligungsformen zum Einsatz: Laienkandidaten in Quiz- und Spielshows, Laienbetroffene in Diskussionsrunden und Talkshows (Burger 1989), Telefongespräche mit Laien, Telefonabstimmungen unter den Rezipienten (TED). Durch alle diese Surrogate (s. auch Burger 1984, 33ff.) soll zum einen die prinzipielle Einwegkommunikation überspielt werden; zum andern soll die Wirkung auf das Fernsehpublikum, das sich beteiligt fühlen und einbinden lassen soll, beeinflußt werden. Bei Gesprächen und Aktionen vor Studiopublikum erfordert die mehrschichtige Adressierungskonstellation vom Fernsehkommunikator komplexe Einstellungen auf die situative Angemessenheit, da diese für den Gesprächspartner, das Studio- bzw. das Fernsehpublikum verschieden sein kann.

3.6. Programmcharakter der Kommunikate

Fernsehen ist (wie Hörfunk) ein Programmmedium und damit völlig anders strukturiert als die Speichermedien im Print- oder Audiobereich oder auch die Videographie. Der Programmcharakter der Kommunikate erhöht einerseits ihre Zugänglichkeit und damit ihre Reichweite: man muß nicht gezielt einzelne „Werke" erwerben; die Wahrscheinlichkeit, daß man sie zufällig rezipiert, ist größer – auch dies ein Faktor, der gesellschaftliche Trennungen überwinden kann, indem über Zielgruppengrenzen hinaus rezipiert wird (Meyrowitz 1985); dies führt wiederum zu einer stärkeren Mischung von Gattungen (vgl. 3.5.). Andererseits sind die Kommunikate durch ihre zunächst unaufhaltsame Flüchtigkeit leichter zu übersehen und nehmen weniger intensive Zuwendung in Anspruch: sie können versäumt werden, man kann dabei gestört werden, man rezipiert sie auch nebenbei mehr oder weniger aufmerksam, in einer „weichen Kopplung" (Spangenberg 1988, 789); Fernsehen wird immer häufiger als Hintergrundmedium genutzt. Vor allem aber ist der Status des einzelnen Kommunikats bei einem Programmmedium verändert: Fernsehen präsentiert sich in einem kontinuierlichen Fluß, dem „flow of broadcasting" (Williams 1974, 89f.), der durch „werkübergreifende Strukturelemente" ein „intertextuelles System" schafft (Hickethier 1993, 174).

Orientierung in diesem Kontinuum gewinnt der Rezipient durch ein „Gitter von Trennungen" (ebd., 175): das Programm wird in immer kleiner werdende Segmente gegliedert, das nur kurze ununterbrochene Aufmerksamkeitsspannen fordert und viele Einstiegsstellen bereithält; es bilden sich feste Gattungsmuster aus, die aufgrund gleichbleibender, ständig wiederholter Elemente rasch identifiziert werden können (vgl. 1.). Es werden zunehmend Serien produziert, bei denen der Rezipient vorab wissen kann, was ihn erwartet. Das gesamte Programm wird durch ein relativ starres

Schema mit festen Sendeplätzen („time slots") überschaubarer. Zunehmend differenzieren sich auch Spartenkanäle aus, die in sich wenig Unterscheidung aufweisen und dadurch im ganzen kalkulierbar sind. Das Kontinuum ist also durch Segmentierung, Musterbildung, Magazinierung und Serialisierung in handliche Bruchstücke unterteilt. Unter den Bedingungen eines riesigen Konkurrenzangebots vieler Sender und Kanäle kann sich der Zuschauer in dieser Struktur eines unterteilten Ablaufs, im Spiel von „segmentation and flow" (Fiske 1987, 99 ff.), eigenständig bewegen und so ein unkontrollierbares semiotisches Netz schaffen, das zugleich mehr und weniger als die Summe der einzelnen wahrgenommenen Texte darstellt.

Der Programmcharakter des Fernsehens hat sich im Lauf der Entwicklung verändert; vor allem durch die technische Möglichkeit der magnetischen Bandaufzeichnung (vgl. 3.2.), durch die man in der Lage war, nicht nur fertiges Filmmaterial zu senden, sondern alle Arten von Fernsehsendungen vorzuproduzieren. Auch die Ausdehnung des Angebots hatte Folgen. In den Anfängen des deutschen Fernsehprogramms (und wiederum beim bundesrepublikanischen Neustart) hatte man zusammenhängende Zweistunden-Einheiten konzipiert, die auf eine komplette Rezeption gerichtet waren (Hikkethier 1993, 178; 186). Erst allmählich entfaltete sich der Kaleidoskopcharakter, der auf bunte Vielfalt und Auswahlmöglichkeiten aus war. Mit der privaten Verfügbarkeit von Videorekordern ab 1977 (Zielinski 1986; Winter/Eckert 1990, 101–111) war – abgesehen von anderen Nutzungen – zum Fernsehen nun auch eine Speicherkomponente vorhanden, die individuell zeitversetzte und wiederholte Fernsehzeption ermöglichte. Eine zweite „Zusatztechnik", die es ebenfalls seit den 70er Jahren gibt, die Fernbedienung (Niemeyer/Czycholl 1994; Jäckel 1993; Winkler 1991; vgl. auch Mikos 1994, 90–97), hat angesichts der Vervielfachung des Angebots durch Kabel- und Satellitenempfang eine noch stärker eigenständige Programmgestaltung, aber auch eine stärker fragmentarische und oberflächliche Programmwahrnehmung zur Folge (Schmitz 1996): auf der Suche nach Interessantem kann der Rezipient rasch durchschalten („switching"), er kann Werbung kurzfristig wegschalten („zapping") oder mehrere Programme parallel verfolgen („hopping").

4. Institutionell fundierte Merkmale

Die jeweilige Ausprägung eines Mediums hängt nicht nur von seiner technischen, sondern auch von seiner institutionellen Struktur ab. In verschiedenen Staaten und zu verschiedenen Zeiten ist Fernsehen gesellschaftlich-politisch verschieden verfaßt gewesen, wobei sich im wesentlichen drei Modelle der institutionellen Fundierung unterscheiden lassen: staatlich, öffentlichrechtlich und/oder privatrechtlich-kommerziell; in vielen Fällen sind die Organisationsformen gemischt (vgl. z.B. Gellner 1990). Im folgenden können nur grob einige Implikationen der institutionellen Strukturen für die Texte thematisiert werden.

Auf den ersten Blick ist klar, daß eine vollständige und enge Kontrolle des Programms durch den Staat andere Texttypen bzw. eine andere Ausprägung von Texttypen hervorbringt als etwa eine überwiegend kommerzielle Orientierung. Dabei darf man aber nicht übersehen, daß – analog zu den Strukturen politischer Systeme – die ganze Komplexität der tatsächlichen Verhältnisse ('Verfassungswirklichkeit') berücksichtigt werden muß, nicht nur die gesetzliche Grundlage ('Verfassung'). Hickethier (1995, 69 ff.) legt dar: Zur komplexen institutionellen Struktur von Fernsehen gehören neben den gesetzlichen Rahmenbedingungen, die in den Rundfunk- und Mediengesetzen festgelegt sind, auch andere Arten von Konventionen (wie Staatsverträge) und Praxisregelungen (wie Programmrichtlinien); dazu gehören weiterhin die staatlichen, halbstaatlichen und privatwirtschaftlichen Institutionen selbst, in denen Fernsehprogramme geplant, produziert, gehandelt, ausgestrahlt und kontrolliert werden, d.h. Rundfunk- bzw. Fernsehanstalten mit ihren Gremien, Landesmedienanstalten, Produktionsfirmen, Programmhändler, Distributionsorganisationen – ein ganzer „medienindustrieller Komplex". Seine organisatorischen, administrativen und personellen Strukturen, seine ökonomischen Potentiale und materialen Gegebenheiten bis hin zur Architektur und technischen Ausrüstung erweisen sich als ein komplexes Wechselspiel von internen Strukturen bzw. Regeln und äußeren Eingriffen. Die institutionelle Geschichte des Fernsehens zeugt davon, daß dieses Medium mit seinen kommunikativen und kommerziellen Möglichkeiten schon bald nach seinen ersten Anfängen dem verstärkten Zugriff der gesellschaftlichen Machtinstanzen unterworfen worden ist. Ohne daß hier die institutionelle Struktur und die Institutionsgeschichte auch nur des BRD-Fernsehens dargestellt werden können (s. dazu Bleicher 1993), läßt sich doch festhalten, daß die Entwicklungen der verschiedenen Fernsehsysteme in Deutschland ein breites Spektrum der institutionellen Möglichkeiten aufweisen.

Die Struktur und das Programm des staatlich organisierten NS-Fernsehens (1935 bis 1943) (Zeutschner 1995, Uricchio 1991, Reiss 1979) spiegelten – trotz einer relativen Geringschätzung als Propagandamedium – die nationalsozialistische Ideologie: kollektiver Empfang in öffentlichen Fernsehstuben, das Abspielen von Propagandafilmen und propagandistischer Sendungen, scheinbar unpolitische Unterhaltungssendungen mit gleichwohl ideologischem Wertehintergrund (Hickethier 1993, 177).

Auch Organisation und Programmentwicklung des staatlichen DDR-Fernsehens (Hoff 1993, Ludes 1990, Schmidt 1982), das letztlich als direktes Instrument des Politbüros fungierte, waren auf die Machterhaltung des Staatsapparats ausgerichtet. So wurde etwa (vgl. Hoff 1993, 257 ff.) die originäre Fernsehdramatik, die innerhalb eines breiten Spektrums von Sendearten ein Charakteristikum darstellte, seit den 60er Jahren zunehmend propagandistisch vereinnahmt, wie überhaupt zwischen künstlerischer Kreativität und „massenpolitischer Arbeit" eine ständige Spannung herrschte. In den 70er und 80er Jahren wurde in zwei Programmreformen – gemäß Honeckers Kritik an der langweiligen Programmgestaltung – die Unterhaltungsorientierung verstärkt und dann auch, um als Alternative zum Westfernsehen gelten zu können, das Abspielen von Kinofilmen.

In der kurzen Phase der politischen Wende ab 1989 war das Fernsehen zusammen mit anderen Medien ein wesentlicher Ort für Information über und Artikulation von Opposition. Mit der deutschen Vereinigung 1990 wurde das BRD-Rundfunk- und Fernsehsystem nach dem „Medienüberleitungsgesetz" auf die neuen Bundesländer übertragen.

Das institutionelle System des Fernsehens in der BRD hat sich in den 80er Jahren von einem öffentlich-rechtlichen zu einem dualen verändert, das zusätzlich und zunehmend privat-kommerziellen Anstalten Raum gibt. In den Anfangsjahren nach dem 2. Weltkrieg stand die Idee eines staatsunabhängigen, aber dennoch öffentlich kontrollierten Rundfunks im Vordergrund, der zudem als Instrument demokratischer Erziehung dienen könne. Aber schon bald haben es staatliche Instanzen und die politischen Parteien verstanden, ihren Einfluß auf den Rundfunk und besonders das Fernsehen geltend zu machen, was sich am deutlichsten in der Vorgeschichte des „Zweiten Deutschen Fernsehens" zeigte. Zwar gelang es dem damaligen Kanzler Adenauer nicht, ein privatrechtlich verfaßtes Regierungsfernsehen zu installieren, und es blieb bei einer öffentlich-rechtlichen Anstalt in der Zuständigkeit der Länder, aber der Zugriff der Parteien auf die Kontrollgremien und damit auf Personal- und Programmpolitik der Sender war letztlich erfolgreich, so daß „Ausgewogenheit" und „Schere im Kopf" zu gängigen Schlagworten des Fernsehjournalismus wurden. Auch die Etablierung kommerzieller Fernsehsender war zumindest teilweise politisch motiviert: die konservativen Parteien erhofften sich eine Plattform gegen die als „linkslastig" empfundenen öffentlich-rechtlichen Anstalten.

Reflexe der Auseinandersetzung mit diesem politischen Hintergrund finden sich auch in zwei der „vier zentralen Prinzipien der Programmgeschichte", die Hickethier (1993, 180 ff.) für das BRD-Fernsehen herausarbeitet: während es bei den Prinzipien „Programmwachstum" und „permanente Anpassung an das Zuschauerverhalten" zunächst ganz allgemein um die Entfaltung des Mediums und seine Akzeptanz beim Publikum geht, spiegeln die beiden anderen Prinzipien die Bedeutung der gesellschaftlichen Konstituierungsformen bzw. ihre Begrenzungen; so habe sich nach dem Prinzip der „Vertretung gesellschaftlich einflußreicher Interessen" die Forderung nach Ausgewogenheit sogar auf die Gestaltung einzelner Sendungen ausgedehnt, wobei es statt um „Propagierung der eigenen [...] Auffassungen" mehr darum ging, „die Artikulation unerwünschter Positionen zu verhindern" (ebd., 183 f.); andererseits habe sich doch das Prinzip der „Eigendynamik der Programmentwicklung" gegen die Konstituierungsformen durchgesetzt, etwa in Form von Werbung und kommerzieller Programmproduktion in öffentlich-rechtlichen Anstalten oder bei der Aufnahme typisch öffentlich-rechtlicher Programmelemente durch kommerzielle Anbieter (ebd., 184 f.). Dennoch ist unstrittig, daß durch den Bruch mit dem öffentlich-rechtlichen Rundfunksystem die nahezu ausschließliche Orientierung an Einschaltquoten zu einer umfassenden Umstrukturierung des Programmangebots geführt hat: bei den Öffentlich-rechtlichen wurden die Unterhaltungsanteile verstärkt und die Programmstrukturen vereinfacht; die kommerziellen Anbieter haben sich neben ihrer grundsätzlichen Ausrichtung auf Unterhaltung auch um ein leicht konsumierbares Informationsangebot bemüht und daneben Spartenkanäle, z.B. für Sport, Popmusik, Frauen- und Kinderprogramme eingerichtet, außerdem „Pay-TV" mit attraktiven Spielfilm- und spektakulären Ereignisangeboten. Die trotz dieser Ausdehnung dennoch ziemlich gleichförmige Tendenz der Entwicklung, manchmal als „Boulevardisierung" kritisiert, zeigt jedenfalls, daß die quantitative Erweiterung der Programme nicht unbedingt eine „Vielfalt der Angebote" mit sich bringen muß (ebd., 237).

5. Soziokulturell fundierte Merkmale

Die Fernsehspezifik von Präsentationsformen und Texttypen ist nicht nur von technischen und institutionellen Merkmalen geprägt; zu berücksichtigen ist auch, daß die Kommunikationsform Fernsehen eine soziokulturelle Dimension hat, da der prinzipiell offene Fernsehtext immer in mannigfachen kulturellen Bezügen wahrgenommen wird und durch die Einbeziehung des Rezeptionsprozesses auch die soziokulturellen Bindungen des aktiv aneignenden Rezipienten ins Spiel kommen.

5.1. Textoffenheit und Aneignung

In der hermeneutischen Tradition (z.B. Gadamer 1986), der Rezeptionsästhetik (z.B. Iser 1975) und anderen literaturwissenschaftlichen (z.B. Barthes 1976) und semiotischen (z.B. Eco 1973) Ansätzen, schließlich vor allem in den British Cultural Studies (dazu Winter 1995, 82ff.) geht man seit langem davon aus, daß Texte mehr oder weniger vieldeutige, „offene" Strukturen haben, die es dem Leser/Rezipienten erlauben, seine eigene Sichtweise in den Sinnhorizont des Textes einzubringen.

Wenn die Öffnung des Textes nicht erst durch Rezeptionsleistung bewerkstelligt, sondern schon vom Autor vorgesehen ist, kann man von einer „kalkulierten Offenheit" sprechen. Anspruchsvolle literarische Texte (Eco 1973), aber gerade auch triviale Fernsehtexte (Fiske 1987, 94) können als Prototypen einer solchen gezielten Textoffenheit gelten, letztere, weil sie an ein großes, heterogenes Publikum addressiert sind, (während noch die populärsten Printmedien sich immer nur an Teilöffentlichkeiten richten (Meyrowitz 1985)). Der triviale Fernsehtext verfolgt sein Ziel, indem er wenig Anstrengung vom Rezipienten erfordert, gleichzeitig mehr anbietet, als er kontrolliert, und so Spielraum für verschiedenste Deutungen bereithält (Fiske 1987, 94). Offenheit muß in allen Fällen als ein Mehrebenenphänomen konzipiert werden: auf der Produkt- und auf der Rezeptionsebene.

Es gibt verschiedene Typen von Offenheit auf der Basis verschiedener Texteigenschaften, die mit verschiedenen Aktivitäten des Rezipienten korrespondieren (Holly 1995b/1996b): (1) Offenheit durch Vielfalt, Pluralität des Angebots; so entsteht in Texten ein „semiotischer Überschuß" (Hartley 1984), den der Rezipient durch 'Auswählen' in seinem Sinne nutzen kann. (2) Offenheit durch Vagheit, Mehrdeutigkeit, Pluralität der Deutungsmöglichkeiten, die der Rezipient durch 'Interpretieren' oder ein bestimmtes Textverständnis in seinem Sinne reduzieren kann. (3) Offenheit durch Lückenhaftigkeit, durch Leerstellen im Text, den der Rezipient durch 'Ausfüllen' in seinem Sinne komplettieren kann. (4) Offenheit trotz relativ „geschlossener Texte", durch 'Umdeuten' des Rezipienten (oder sogar 'Umschalten' zu einem anderen Programm).

Die Medienrezeptionsforschung hat lange Zeit den Rezipienten als passiv konzipiert, im schlimmsten Fall innerhalb eines Stimulus-Response-Modells, der sogenannten „Bullet"(Geschoß)-Theorie, in dem – wie heute noch meist in der Werbewirtschaft – vom Vorliegen eines Textes, dem man irgendwie ausgesetzt ist, auf eine entsprechende Wirkung geschlossen wird. Auch wenn spätere Ansätze der Wirkungsforschung z.T. den Rezipienten als aktiven Nutzer gesehen haben (Katz/Blumler 1974) und nicht nur lineare Wirkungsmechanismen, sondern auch reflexive Prozesse einbezogen haben, gilt doch die Kritik von Merten (1994, 292), der den meisten dieser Ansätze mangelnde wissenschaftliche Sorgfalt vorwirft. Der Rezipient ist – nach neueren Konzeptionen – also nicht das passive Opfer oder hilflose Objekt der Medien und seiner Manipulateure, der Rezipient ist aktiv, lebt in instabilen primären Gruppen und wechselnden Situationen, die seine Wirklichkeitskonstruktionen mitformen und ihn zu einem höchst unberechenbaren Gegenspieler in den komplexen Abläufen der Medienkommunikation machen.

Am weitesten in diesem Gegenkonzept, das die Eigenständigkeit des Rezipienten-Konsumenten betont, geht vielleicht de Certeau (1980); er entwirft ein Bild von der Populärkultur in Industriegesellschaften, das den „gemeinen Mann" als eine Art Guerillakämpfer im Alltag darstellt, wobei „Formen und Inhalte der herrschenden soziokulturellen Produktion kunstfertig, d.h. kombinierend und verwertend, angeeignet werden" (Winter 1995, 120). Diese „Aneignung" im Sinne de Certeaus ist nicht unbedingt eine Gegenstrategie gegen die herrschende Kulturindustrie; und doch kann es ihr gelingen, ihre Produkte im Dienste eigener Phantasien und Bedürfnisse umzufunktionieren (ebd., 121).

5.2. Soziale Kontexte, sekundäre und tertiäre Medientexte

Nicht nur ein konstruktivistischer Ansatz in der Medienforschung (Merten/Schmidt/Weischenberg 1994) folgert aus dem Sachverhalt der grundsätzlichen Offenheit von Bedeutungen die Notwendigkeit kommunikativer Abgleichungen unter den Rezipienten (s. dazu Holly/Püschel 1993; Holly 1995b und 1996b Klemm 2000; Holly/Püschel/Bergmann 2001). Ob ich einen medialen Text verstanden habe, kann ich (normalerweise) nicht mit dem Autor klären, ich kann es mir nur selbst zuschreiben; nicht der Schreiber sagt mir, er fühle sich verstanden; ich als Leser komme zu einem Verständnis, – aber vielleicht zu einem anderen als ein anderer Leser. Da die Selbstzuschreibung von Verstehen notwendigerweise zu einem Pluralismus der Lesarten führt (Rusch 1994) und da es nicht bei den subjektiven Lesarten bleiben kann, für deren Richtigkeit es keine endgültigen Kriterien gibt, ist der einzelne darauf angewiesen, die Viabilität seiner Deutungen zu überprüfen. Dies begründet also die Notwendigkeit, die individuellen Deutungen intersubjektiv, durch Kommunikation „über" den Medientext abzugleichen. Möglich wird dies einmal in sekundären Medientexten, die Medientexte zum Gegenstand haben, also z.B. in Kritiken, Programmzeitschriften, durch die zunehmende Selbstreferentialität der Medien. Dann aber vor allem in direkter Kommunikation in Gesprächen unter Primärgruppenmitgliedern, die man auch als tertiäre Texte bezeichnet hat (Fiske 1987, 117–126). In solchen Gesprächen stimmen die Gesprächspartner ihre Deutungen aufeinander ab. So kommt zustande, daß die Deutungen zwar 'subjektabhängig', aber mehr als nur 'subjektiv' sind; sie sind nicht nur durch die Regeln der Sprachgemeinschaft, sondern auch durch gemeinsame soziale Situationen und Kontexte, vor allem durch unterschiedlich subkulturell geprägte Primärgruppen beeinflußt (Winter 1995).

Es geht dem Rezipienten aber nicht nur um Textverstehen. Die Texte haben für ihn nichts Selbstzweckhaftes, sondern werden funktionalisiert für die unterschiedlichsten Zwecke der Lebensbewältigung (Charlton/Neumann 1986 und 1990). So werden die Texte nach den jeweiligen Interessen der Rezipienten gedeutet und umgedeutet. Massenmedientexte sind verbindlich-unverbindlich und deshalb ein geeignetes symbolisches Material, um unsere Wirklichkeitskonstruktionen zu errichten und zu testen, weil sie einerseits eine Fülle von Themen und Situationen hautnah, in „sekundärer Intimität" (vgl. 3.4) präsentieren, gleichzeitig aber keine Handlungsverpflichtungen schaffen: sie sind hinreichend verbindlich, um an ihrem Beispiel Werte, Normen, Einstellungen und Meinungen ständig austarieren zu können, bis sie die dienliche Viabilität erreicht haben, und dabei hinreichend unverbindlich, um als „freies Gut" (Goffman) in der alltäglichen Kommunikation gelten zu können (Keppler 1994), das man auch mit Fremden jederzeit ins Gespräch einbringen kann. In dieser Perspektive kann Fernsehen, unabhängig davon, ob es eher selbstbestimmt benutzt oder eher manipulativ wirksam gesehen wird, sogar als modernes Sinnsystem in der Nachfolge religiöser Institutionen gedeutet werden (Benedict 1978; Reichertz 1994).

5.3. Populärkultur

Die Anschließbarkeit des Fernsehtextes an die eigene alltägliche Erfahrung ermöglicht es, daß Fernsehen von vielen Rezipienten wie ein Stück mündlicher Kultur gehandhabt wird, d.h. es wird – weitaus stärker als schriftliche Texte – selbst zu einem Teil der unmittelbaren Erfahrung: man tritt mit ihm in einen „Dialog" ein, man klatscht darüber, man verschiebt seine Bedeutungen, formt sie für sich um, man integriert Fernsehinhalte mit beträchtlichen subkulturellen Veränderrungen in sein Alltagswissen (Fiske 1987, 105 ff.). So spielt es in Industriegesellschaften beinahe die Rolle, die Folklore in früheren Gesellschaften hatte, es ist ein Stück Populärkultur (Newcomb 1974; Fiske 1989/1989a; Newcomb/Hirsch 1986).

Dem Bedarf nach Populärkultur kommt das Fernsehen mit seiner durchgehenden Orientierung an Spannung und Unterhaltung (Dehm 1984) entgegen, so daß Unterhaltung von Kritikern für die „Superideologie" des Fernsehens gehalten wird (Postman 1985); dies geschieht durch eine ganze Reihe populärer und auch trivialer Gattungen. Quiz- und Spielshows, Seifenopern, Krimis, Actionserien, Heimat- und Arztserien, Sitcoms, Volks- und Schlagermusiksendungen sowie bestimmte Arten von Talkshows – sogar manche Arten von Werbespots – sind populäre Texttypen, die wegen ihrer Trivialität von den meisten Kritikern unablässig gescholten werden, aber doch konstant hohe Zuschauerzahlen erreichen. Sie befriedigen nicht nur das Unterhaltungsbedürfnis, sondern sind in anderen Formen der Populärkultur und im Alltagsleben fest verankert.

So behauptet das Fernsehen unverändert eine starke Stellung im Mediensystem. Seine Popularität und seine Hilfsfunktion für die Sinnstiftung der Nutzer haben es – trotz einer in letzter Zeit spürbaren Tendenz der Entzauberung – als das immer noch konkurrenzlose Leitmedium bestehen lassen, das auch die wachsende Bedeutung von Computern nicht verdrängen, sondern allenfalls multimedial einrahmen und differenzierter nutzbar machen kann.

6. Literatur

Bachmair, Ben, Fernsehkultur. Subjektivität in einer Welt bewegter Bilder. Opladen 1996

Barthes, Roland, S/Z. Frankfurt am Main 1976

Baudry, Jean-Louis, The apparatus: Metapsychological approaches to the impression of reality in cinema. In: Narrative, apparatus, ideology. A film theory reader. Hrsg. v. Philip Rosen. New York 1986, 299–318

Bausinger, Hermann, Deutsch für Deutsche. Bd. 2. Dialekte, Sprachbarrieren, Sondersprachen. Frankfurt a. M. 1972

Benedict, Hans-Jürgen, Fernsehen als Sinnsystem? In: Religionssoziologie als Wissenssoziologie. Hrsg. v. Wolfram Fischer/Wolfgang Marhold. Stuttgart 1978, 117–137

Bentele, Günter/Ernest W. B. Hess-Lüttich (Hrsg.), Zeichengebrauch in Massenmedien. Zum Verhältnis von sprachlicher und nicht-sprachlicher Information in Hörfunk, Film und Fernsehen. Tübingen 1985

Bleicher, Joan K., Institutionsgeschichte des bundesrepublikanischen Fernsehens. In: Hickethier 1993a, 67–134

Brinker, Klaus, Linguistische Textanalyse. Eine Einführung in Grundbegriffe und Methoden. Berlin 1985

Burger, Harald, Sprache der Massenmedien. Berlin/New York 1984

–, Diskussion ohne Ritual oder: Der domestizierte Rezipient. In: Redeshows. Fernsehdiskussionen in der Diskussion. Hrsg. v. Werner Holly/Peter Kühn/Ulrich Püschel. Tübingen 1989, 116–141

–, Das Gespräch in den Massenmedien. Berlin/New York 1991

Charlton, Michael/Klaus Neumann, Medienkonsum und Lebensbewältigung in der Familie. Methode und Ergebnisse der strukturanalytischen Rezeptionsforschung – mit fünf Falldarstellungen. München 1986

–/–, Medienrezeption und Identitätsbildung. Kulturpsychologische und kultursoziologische Befunde zum Gebrauch von Massenmedien im Vorschulalter. Tübingen 1990

Cohen, A. A., Radio versus TV: the effect of the medium: In: JC 26, 1976, 29–35

De Certeau, Michel, L'invention du quotidien 1: arts de faire. Paris 1980

Dehm, Ursula, Fernsehunterhaltung. Zeitvertreib, Flucht oder Zwang? Mainz 1984

Doelker, Christian, Kulturtechnik Fernsehen. Analyse eines Mediums. Stuttgart 1989

Eco, Umberto, Das offene Kunstwerk. Frankfurt am Main 1973

Elsner, Monika/Hans U. Gumbrecht/Thomas Müller/Peter M. Spangenberg, Zur Kulturgeschichte der Medien. In: Merten/Schmidt/Weischenberg 1994, 163–187

–/Thomas Müller/Peter M. Spangenberg, Zur Entstehungsgeschichte des Dispositivs Fernsehen in der Bundesrepublik Deutschland der fünfziger Jahre. In: Hickethier 1993a, 31–66

Ermert, Karl, Briefsorten. Untersuchungen zu Theorie und Empirie der Textklassifikation. Tübingen 1979

Fiske, John, Television culture. London/New York 1987

–, Reading the Popular. Boston 1989

–, Understanding Popular Culture. Boston 1989a

Gadamer, Hans-Georg, Wahrheit und Methode. Tübingen ^{5}1986

Gellner, Winand, Ordnungspolitik im Fernsehwesen: Bundesrepublik Deutschland und Großbritannien. Frankfurt a. M. 1990

Groebel, Jo/Uli Gleich, Gewaltprofil des deutschen Fernsehprogramms: eine Analyse des Angebots privater und öffentlich-rechtlicher Sender, Opladen 1993

Gülich, Elisabeth/Wolfgang Raible, Textsorten-Probleme. In: Linguistische Probleme der Textanalyse. Jahrbuch 1973 des Instituts für deutsche Sprache. Düsseldorf 1975, 144–197

Habermas, Jürgen, Strukturwandel der Öffentlichkeit. Untersuchungen zu einer Kategorie der bürgerlichen Gesellschaft. Darmstadt/Neuwied 1962

Hartley, John, Encouraging Signs. Television and the Power of Dirt, Speech, and Scandalous Categories. In: Interpreting Television. Current Research Perspectives. Hrsg. v. Willard D. Rowland/B. Watkins. Beverly Hills/London/New Delhi 1984, 119–141.

Hentig, Hartmut v., Das allmähliche Verschwinden der Wirklichkeit. Ein Pädagoge ermutigt zum Nachdenken über die neuen Medien. München ³1987

Hickethier, Knut, Das „Medium", die „Medien" und die Medienwissenschaft. In: Ansichten einer künftigen Medienwissenschaft. Hrsg. v. Rainer Bohn/Eggo Müller/Rainer Ruppert. Berlin 1988, 51–74

–, Apparat – Dispositiv – Programm. Skizze einer Programmtheorie am Beispiel des Fernsehens. In: Medien/Kultur. Schnittstellen zwischen Medienwissenschaft, Medienpraxis und gesellschaftlicher Kommunikation. Berlin 1991, 421–447

–, Dispositiv Fernsehen, Programm und Programmstrukturen in der Bundesrepublik Deutschland. In: Hickethier 1993(a), 171–243

– (Hrsg.), Geschichte des Fernsehens in der Bundesrepublik Deutschland. Bd. 1. Institution, Technik und Programm. Rahmenaspekte der Programmgeschichte des Fernsehens. München 1993a

–, Dispositiv Fernsehen. Skizze eines Modells. In: montage/av 4, 1995/1, 63–83

Hoff, Peter, Organisation und Programmentwicklung des DDR-Fernsehens. In: Hickethier 1993a, 245–288

Holly, Werner, Politik als Fernsehunterhaltung. Ein Selbstdarstellungsinterview mit Helmut Kohl. In: Diskussion Deutsch 21, 1990, 508–528

–, Medien und Sprachdidaktik. In: ZGL 19, 1991, 322–338

–, Language and television. In: The German language and the real world. Hrsg. v. Patrick Stevenson. Oxford 1995, 339–373

–, Secondary orality in the electronic media. In: Aspects of oral communication. Hrsg. v. Uta Quasthoff. Berlin/New York 1995a, 340–363

–, „Wie meine Tante Hulda, echt." Textoffenheit in der *Lindenstraße* als Produkt- und Rezeptionsphänomen. In: Lindenstraße. Produktion und Rezeption einer Erfolgsserie. Hrsg. v. Martin Jurga. Opladen 1995b, 117–136.

–, Alte und neue Medien. Zur inneren Logik der Mediengeschichte. In: Kommunikation und Lernen mit alten und neuen Medien. Hrsg. v. Bernd Rüschoff/Ulrich Schmitz. Frankfurt am Main usw. 1996, 9–16

–, Fernsehrhetorik. In: Historisches Wörterbuch der Rhetorik. Hrsg. v. Gert Ueding. Bd. 3: Eup – Hör. Tübingen 1996a, 243–257

–, Hier spricht der Zuschauer. Ein neuer methodischer Ansatz in der sprachwissenschaftlichen Erforschung politischer Fernsehkommunikation. In: Sprachstrategien und Dialogblockaden. Hrsg. v. Josef Klein/Hajo Diekmannshenke. Berlin/New York 1996b, 101–121

–, Mündlichkeit im Fernsehen. In: Mündlichkeit und Schriftlichkeit im Fernsehen. Hrsg. v. Bernd U. Biere/Rudolf Hoberg, Tübingen 1996c, 29–40

–/Ulrich Püschel (Hrsg.), Medienrezeption als Aneignung. Methoden und Perspektiven qualitativer Medienforschung. Opladen 1993

–/–, Sprache und Fernsehen in der Bundesrepublik Deutschland. In: Sprache in den Medien nach 1945. Hrsg. v. Bernd U. Biere/Helmut Henne. Tübingen 1993a, 128–157

–/–, Sprache und Fernsehen. Heidelberg 1996 (Studienbibliographien Sprachwissenschaft 17)

–/Ulrich Püschel/Jörg Bergmann (Hrsg.), Der sprechende Zuschauer. Wie wir uns Fernsehen kommunikativer aneignen. Opladen 2001

Horton, Donald/R. Richard Wohl, Mass communication and para-social interaction: Observations on intimacy at a distance. In: Psychiatry 19, 1956, 215–229

Hurrelmann, Bettina, Kinder und Medien. In: Merten/Schmidt/Weischenberg 1994, 377–407

Huth, Lutz, Bilder als Elemente kommunikativen Handelns. In: ZfS 7, 1985, 203–234

Iser, Wolfgang, Der Lesevorgang. In: Rezeptionsästhetik. Theorie und Praxis. Hrsg. v. Rainer Warning. München 1975, 253–276

Jäckel, Michael, Fernsehwanderungen. Eine empirische Untersuchung zum Zapping. München 1993

Katz, Elihu/George Blumler (Hrsg.), The Uses of Mass Communications: Current Perspectives on Gratifications Research. Beverly Hills/London 1974

Keppler, Angela, Tischgespräche. Über Formen kommunikativer Vergemeinschaftung am Beispiel der Konversation in Familien. Frankfurt am Main 1994

–, Wirklicher als die Wirklichkeit? Das neue Realitätsprinzip der Fernsehunterhaltung. Frankfurt a. M. 1994a

Klemm, Michael, Zuschauerkommunikation. Formen und Funktionen der alltäglichen kommunikativen Fernsehaneignung. Frankfurt a. M. usw. 2000

Koch, Peter/Wulf Österreicher, Sprache der Nähe – Sprache der Distanz. Mündlichkeit und Schriftlichkeit im Spannungsfeld von Sprachtheorie und Sprachgeschichte. In: RJ 36, 1985, 15–43

Kunczik, Michael, Gewalt und Medien. Köln 1987

Ludes, Peter (Hrsg.), DDR-Fernsehen intern. Von der Honecker-Ära bis „Deutschland einig Fernsehland". Berlin 1990

Maletzke, Gerhard, Kulturverfall durch Fernsehen? Berlin 1988

Merten, Klaus, Wirkungen von Kommunikation. In: Merten/Schmidt/Weischenberg 1994, 291–328

–/Siegfried J. Schmidt/Siegfried Weischenberg (Hrsg.), Die Wirklichkeit der Medien. Eine Einführung in die Kommunikationswissenschaft. Opladen 1994

Meyrowitz, Joshua, No sense of place. The impact of electronic media on social behavior. New York/Oxford 1985

–, Medium theory. In: Communication theory today. Hrsg. v. David Crowley/David Mitchell. Stanford 1994, 50–77

Mikos, Lothar, Fernsehen im Erleben der Zuschauer. Vom lustvollen Umgang mit einem populären Medium. München 1994

Muckenhaupt, Manfred, Text und Bild. Grundfragen der Beschreibung von Text-Bild-Kommunikation aus sprachwissenschaftlicher Sicht. Tübingen 1986

Newcomb, Horace, TV, The Most Popular Art, Garden City, N. Y. 1974

–/Paul M. Hirsch, Fernsehen als kulturelles Forum. Neue Perspektiven für die Medienforschung. In: RuF 34, 1986, 177–190

Niemeyer, Hans-Georg/Jörg M. Czycholl, Zapper, Sticker und andere Medientypen. Eine marktpsychologische Studie zum TV-Verhalten. Stuttgart 1994

Ong, Walter J., Orality and Literacy. The Technologizing of the Word. London 1982

Paech, Joachim, Das Sehen von Film und filmisches Sehen. Anmerkungen zur Geschichte der filmischen Wahrnehmung zwischen Fiktion und Wirklichkeit. In: Sprung im Spiegel. Filmisches Wahrnehmen zwischen Fiktion und Wirklichkeit. Hrsg. v. Christa Blümlinger. Wien 1990, 33–50

Postman, Neil, Das Verschwinden der Kindheit. Frankfurt am Main 1983

–, Amusing ourselves to death. New York 1985

Reichertz, Jo, „Ich liebe, liebe, liebe Dich". Zum Gebrauch der Fernsehsendung „Traumhochzeit" durch die Kandidaten, Soziale Welt 45, 1994, 98–119

Reiss, Erwin, „Wir senden Frohsinn" – Fernsehen unterm Faschismus. Berlin 1979

Rusch, Gebhard, Cognition, Media Use, Genres. In: Poetics 16, 1987, 431–469

–, Fernsehgattungen in der Bundesrepublik Deutschland. Kognitive Strukturen im Handeln mit Medien. In: Hickethier 1993a, 289–321

–, Kommunikation und Verstehen. In: Merten/Schmidt/Weischenberg 1994, 60–78

Schmidt, Siegfried J., Towards a Constructivist Theory of Media Genre. In: Poetics 16, 1987, 371–395

Schmidt, Wolfgang, Das Fernsehen der DDR. In: RuF 30, 1982, 129–147

Schmitz, Ulrich, ZAP und Sinn. Fragmentarische Textkonstitution durch überfordernde Medienrezeption. In: Textstrukturen im Medienwandel. Hrsg. v. Ernest W. B. Hess-Lüttich/Werner Holly/Ulrich Püschel. Frankfurt am Main usw. 1996, 11–29

Sennett, Richard, Verfall und Ende des öffentlichen Lebens. Die Tyrannei der Intimität. Frankfurt am Main 1983

Spangenberg, Peter M., TV, Hören und Sehen. In: Materialität der Kommunikation. Hrsg. v. Hans U. Gumbrecht/K. Ludwig Pfeiffer. Frankfurt am Main 1988, 776–798

Straßner, Erich, Sprache in Massenmedien. In: Lexikon der germanistischen Linguistik. Hrsg. v. Peter Althaus/Helmut Henne/Herbert E. Wiegand. Tübingen ²1980, 328–337

Uricchio, William (Hrsg.), Die Anfänge des deutschen Fernsehens. Kritische Annäherungen an die Entwicklung bis 1945. Tübingen 1991

Wember, Bernward, Wie informiert das Fernsehen? München 1976

Williams, Raymond, Television: Technology and Cultural Form. New York 1974

Winkler, Hartmut, Switching – Zapping. Darmstadt 1991

Winter, Rainer, Der produktive Zuschauer. Medienaneignung als kultureller und ästhetischer Prozeß. München 1995

–/Roland Eckert, Mediengeschichte und kulturelle Differenzierung. Opladen 1990

Wittgenstein, Ludwig, Philosophische Untersuchungen, Frankfurt am Main 1969

Wittwen, Andreas, Infotainment. Nachrichten zwischen Information und Unterhaltung. Bern usw. 1995

Zeutschner, Heiko, Die braune Mattscheibe. Fernsehen im Nationalsozialismus. Hamburg 1995

Zielinski, Siegfried, Zur Geschichte des Videorecorders. Berlin 1986

–, Audiovisionen – Kino und Fernsehen als Zwischenspiele in der Geschichte. Reinbek 1989

Werner Holly, Chemnitz (Deutschland)

238. Viewing patterns and viewer habits: Communicative and aesthetic analyses

1. Introduction
2. Viewing patterns
3. Viewer habits
4. On 'rival' conceptual approaches
5. Concluding view
6. References

1. Introduction

1.1. Differentiating 'the audience'

Modern media theories agree in no longer seeing audiences as passive, amorphous 'masses', but as playing a key mediating role in the impact of programme 'texts'. Although further consensus is limited by arcane disputation among ill-defined ideological groupings loosely allied to 'traditional' and 'critical' approaches (McLeod/ Kosicki/Pan 1991; Press 1992), a common issue is how viewing choices and reactions are patterned, and how they are linked to viewer characteristics.

Notions of audience *differentiation* and viewer *activity* are central. Audiences have been notionally differentiated in 'positioning' by 'texts' based on simple categorisation by, say, class or gender, in possessing repertoires for decoding texts through membership of intersecting categories (Fiske 1987; Morley 1992), or in patterns of TV use (Weimann/Brosius/ Wober 1992; Hasenbrink/Krotz 1993) at best loosely linked to social formations or in terms of motives or other psychological features. Thus a principal issue is, what are relevant forms of differentiation?

This issue is complicated by 'the audience' not being fixed, but constantly reconstituted. Where this creates systematic or purposeful patterns of choice, viewers may be seen as 'active'. They are also so regarded by critical theorists in interpreting texts, and by cognitive psychologists in a constant 'effort after meaning' in perception and memory (Bartlett 1932). The successive stages of programme selection and text interpretation describe 'what people do with television', and offer a framework for 'understanding what television does to people' (Klapper 1963).

Most accounts have, however, treated psychological processes scantily. Mass communication theories are typically under-specified, and unsuited to the Popperian aim of testing bold conjecture. Of forty odd models treated by McQuail & Windahl (1993), most address audience factors scantily, if at all. By contrast, Bartlettian cognitive psychology, concerned with socially-shaped structured meanings, and accounts of text-processing (e.g. van Dijk/ Kintsch 1983) offers a 'final common path' for the effects of textual, contextual and individual factors.

1.2. Differentiating the programmes

An intuitive dichotomy of information and entertainment programmes is reflected in motivational theories of viewer choice (see below), and in the fact that the 'rival' approaches to processing behaviour, cognitive psychology and text analysis, have focussed respectively on news and 'soaps', prime exemplars of these two categories. The distinction may be exaggerated. News and weather can be entertaining, quizzes, soaps and drama informative, and appreciation and learning can be measured for both. Also, the categories are too broad for programme planning and audience targeting, and viewing preferences for their subcategories are weakly intercorrelated (Hasenbrink/Krotz 1993), despite some suggestion of correspondence of choice of information and entertainment genres and viewer typology (Weimann/Brosius/Wober 1992)

As to a 'communicative' – 'aesthetic' distinction, the text analysis tradition, deriving via cultural theory from aesthetic analysis of classic literature, has provided a common currency of 'reading' and 'text' for both. The shared nomenclature is used here, anticipating a plea for integrating cognitive and discourse approaches.

2. Viewing patterns

As 'reading' presupposes choice of 'text', we must first address selection patterns. Because audiences consist of individuals and individuals belong to many audiences, viewing choices can be studied in terms either of traditional ratings or individual patterns. The resulting picture depends on which is analyzed. Enhanced choice from technological and political developments has increased practical interest in how viewers 'flow' between programmes and make individual choices. Goodhart, Ehrenberg & Collins (1987), Barwise & Ehrenberg (1988) and Barwise (1990) reported little consistency in patterns of choice, and little evidence that patterns are related to content. Finding that an individual's viewing a given programme is not predictive of later viewing another programme of the same type (Goodhart/ Ehrenberg/Collins 1987; Barwise/Ehrenberg 1988) could reflect strong channel loyalty or random behaviour, or just varying patterns of viewing. In any event, it is not surprising. A frequent viewer with wide tastes is likely to be viewing another type of programme when the genre reoccurs; an infrequent one who watches few genres is unlikely to be watching at all. Although Barwise and Ehrenberg reported, "... most viewers choose a mixed diet of programs of light entertainment, drama, film, sport, news and features", Weimann, Brosius and Wober (1992) found that two dimensions of viewing, amount of viewing and extent of specialization on particular genres, defined four distinct categories of viewer. Webster and Lichty (1991) argue that conventional ratings are mainly determined by structural factors and viewing patterns by individual preferences. Cooper (1993) showed that programme ratings are related to those for the preceding and ensuing items and inversely to the number of alternatives at boundaries, while Youn (1994) found that with few channels, about a quarter of choices coincided with stated genre preferences; this increased greatly with cable and satellite availability.

Inferring activity or passivity from viewing patterns is somewhat problematic. Active viewing may be inferred from consistent individual patterns, defined by genre or content, among available choices (ideally associated with planning viewing and followup activities), while seemingly indiscriminate viewing across routinely-used channels suggests more passive choice. Consistencies across programmes on one channel ('channel loyalty') may reflect either totally passive behaviour or an active pattern within programmes or programme types.

Correlational studies show several types of pattern. Wober (1981) found that the extent of British viewers' choice of all genres varied with availability, except for a constant level of use of newscasts. More films and plays cut viewing of adventure programmes and soaps, and *vice versa*. Gunter (1984) examined correlations of numbers of newscasts recorded in viewing diaries for two weeks. Significant interweek correlations in numbers viewed on a given channel, but not across channels, suggested channel loyalty. More older viewers watched news, but there were no sex differences. Brosius, Wober & Weimann (1992) found viewing consistent over time in terms of channels selected, programme types and specific programmes, the last two indicating that content influences choice.

Audience research has hitherto relied on memory to study viewing choice. Telemetry now affords richer data and precludes possible distortions of memory and perception (e.g. Ferguson 1994). It furnishes reliable basic descriptive data on channel and genre preferences, duration of viewing periods, frequency of channel switching, social context of viewing, etc, revealing huge variations in pattern between individuals, but little between demographic groupings (Hasenbrink/Krotz 1993). This suggests that single demographic factors may not be very relevant.

Factor analysis of viewing time data shows stable underlying dimensions of genres for the individual differences, but not a simple information/entertainment dichotomy, Hasenbrink and Krotz (1993) finding seven interpretable factors in actual choice behaviour, Youn eleven based on rated preferences for conceptually-constructed program types. Another principal components analysis of viewing times by Hasenbrink & Krotz found three dimensions of programme type in German viewers, corresponding to 'public service', 'culture' and private channels.

A major threat to channel loyalty in today's environment of cable and satellite broadcasting is posed by remote control devices. These increase 'grazing', mostly at programme boundaries (Eastman/Newton 1995). US networks meet this threat to their audience flow strategies by structural changes at programme starts, ends and breaks, and by speeding perceived flow across breaks by 'cold starts', 'hot switching', 'living end credits' (Eastman/ Neal-Lunsford/Riggs 1995), 'teasers' and 'bumpers' (Schleuder/White/Cameron 1993). A form of 'channel loyalty' apparent where there is extensive channel availability is habitual selection from a small ensemble of channels (Ferguson/Perse 1993). A distinction may be made between using this set, of less than twelve or so channels available to free recall and reflecting individual needs and preferences, which may represent a high level of active choice and instrumental viewing motives (Rubin 1984), and a more 'ritual' use of the remaining channels, arguably reflecting a lower level of active choice.

Belief that media effects are mediated by differentiated characteristics of active audiences finds expression in 'uses and gratifications' theory (Katz/Blumler/Gurevitch 1974; Rosengren 1974), which has related viewing *choices* to anticipated gratifications, influenced by individual predispositions, social environment and media factors. The approach can also relate differences in *outcomes* to varying patterns of processing based on such factors. Early work stressed typologies of media use and satisfying personal and interpersonal needs (Katz et al, 1974), use of TV for diversion, companionship and informational surveillance (Mc Quail/Blumler/Brown 1972) and the notions of dependence and involvement (Rosengren/Windahl 1972). Later work has tended to systematize disparate typologies and refine motivational concepts, but generalizability of findings remains limited (Rubin 1994). The question of how media behaviour is related to personality, lifestyle and social context has focussed on loneliness rather than a wider picture (eg. Perse/Rubin, 1990; Conway/Rubin, 1991). Age has been found in children and adolescents to be the most significant correlate of viewing motives. Rubin (1979) also found 'habitual' viewing related positively to watching comedies but negatively to viewing news, while viewing for excitement was predictive of watching adventure programmes and that for companionship predictive of viewing comedy, with similar patterns in adults (Rubin, 1981).

Doubts have been raised about the reliability of self-report data in relation to uses and gratifications, and about viewers being universally active (Blumler 1979). Levy & Windahl (1984) found intention to watch only weakly related to using TV for entertainment, but strongly so for news, suggesting that while 'ritualized' viewing, associated with seeking diversion from entertainment genres, may be 'active' in the sense of giving rise to consistent patterns, it is less purposeful and less specifically goal-directed than instrumental viewing. A limitation of 'uses and gratifications' is that saying one watches to be entertained rather than informed does not tell *what* one will find entertaining, or *why*. The limited power of stated motives to predict viewing choice (Youn 1994) suggests that gratifications cannot be anticipated accurately, and is supported by evidence that before-and-after ratings of interest in news stories correlate only modestly (Berry 1988). Zillmann and Bryant (1994) report deliberate choice is the exception in exposure to entertainment. Although what determines appeal is largely unclear, they suggest selection is not 'mindless', but uses reliable, situationally-variable criteria, meeting unconscious needs, and promoting excitement or relaxation to obtain affective relief. The role of individual dispositions in patterns of response to these needs seems likely, as Weaver, Brosius & Mundorf (1993) have found personality dimensions of psychoticism and introversion-extraversion related to preferences for different types of movie.

But for 'uses and gratifications', psychological thought has been little assimilated into media theorising. This is unfortunate, since cognitive psychology (Bartlett 1932) can accommodate social factors, individual differences and general laws of behaviour, drawing attention to both presentation and audience in viewing behaviours and their outcomes. Sociological approaches have dominated attempts to differentiate audiences, distinctions in class, education, gender, etc., providing an 'outer frame' for a potentially more detailed picture of viewer characteristics and behaviour. Bases of differentiation can be demographic (race, gender, class, education, etc), psychological or descriptive. The 'natural history' of demographic patterns is fragmentary, although ethnic groups in the US differ (Huston et al. 1992; Pointdexter/Stroman 1981). With age, income and education controlled, blacks view for entertainment more than whites, hispanics more for information, entertainment and diversion and especially for language learning and acculturation. Both report viewing with the family as a major motive (Albarran/Umphrey, 1993).

In summary, viewers vary greatly in what they see, how often and for what purpose. Analyses of audience inheritance across programmes show little evidence of purposeful viewing, whereas analysing individual behaviour reveals consistencies in choices which partly accord with stated motives and individual characteristics, and which point to both 'active' and 'passive' modes of behaviour. Choices are influenced by channel diversity and availability of remote control devices, though not generally by demographic categories. It would seem that information programmes are more purposefully viewed than entertainment.

3. Viewer habits

3.1. Context and external orientation

Viewer habits can be understood as typical patterns of behaviour in 'natural' viewing contexts or as habitual processes underlying reactions to material in whatever context. Study of the 'ethnography' of viewing has been strongly urged (eg. Moores 1990; Morley 1992). An important issue is whether data on context-related audience behaviour should be regarded as being supplementary in nature or of the essence, some scholars arguing that meanings only exist by being constituted by 'discourses' in specific social contexts. These 'discourses', the terms in which viewers make sense of texts, tend to be identified exclusively by qualitative methods without concern for representative samples or issues of reliability and validity. Tudor (1995) refers to this as "cultural studies' murkiest intellectual pool".

Certainly, the relevance of context to a fuller understanding of TV use is clear from evidence that social patterns of viewing vary with domestic layout, that channel switching is commoner in single than in group viewing, and that lone females tend to combine activities like ironing, with watching, while males 'just watch' (eg. Webster/Wakshlag 1982; Hasenbrink/Krotz 1993; Pardun/Krugman 1994).

Although ultimately we should wish to know how TV use varies with social and cultural context and is integrated into the rest of life, extensive systematic study is required to establish the representativeness of any findings. It may be a better strategy at this stage to seek to extend understanding of basic habitual cognitive processes, currently largely neglected, and *then* to study the effects of contextual influences on them. As Livingstone (1989) says, *"We are more likely to generate meaningful analyses if we approach programs armed with a knowledge of the interpretive strategies, knowledge structures, processing biases and heuristics, categorization procedures, memorial activities, and motivations of viewers."* Thus we now address the processes set in train by broadcast 'texts' once viewing choices are made, and which result in interest or pleasure, learning, forming impressions or judgments or modifying opinions or sympathies, and a host of other viewer-mediated effects.

'Viewing' cannot be simply equated with sitting in front of a TV screen. People may do anything *but* watch TV in this context, doing ironing or homework or conversing, even 'viewing' from outside the room with visual attention conditional on aural monitoring. Conversely, gazing at the screen is no guarantee of attention to programme content. Thus what goes on 'between the ears' must be a central concern in considering the use and impact of television.

One basic process is the integration of sound and picture information. This is highly developed at an early age, Anderson and Lorch (1983) showing that by age 5, children can monitor the soundtrack to integrate attention to TV with visual distractions from toys so efficiently as to avoid impairing comprehension. In adults, the remarkable mutual modulation of picture and sound is rarely appreciated, unless in the jerkiness of the sequences of images on a TV screen seen through a neighbour's window.

The effects of pictures on sound are normally equally discreet. However, pictures can 'tune' the uptake of heard information (Findahl 1971). They do not assist registration *qua* pictures, but do so only if they contain information directing or supporting meaningful decoding of spoken text (Brosius/Donsbach/Birk 1995). Recall here film makers' use of pictures to influence how a sequence is understood and appreciated, and use of sounds, eg. music, to affect how pictures are 'read'.

We shall consider below the fate of verbal aspects of texts, which usually bear the main burden of meaning. The ways viewers extract information and social and aesthetic meanings can be detected by examining patterns of recall, appreciation ratings on various dimensions and by qualitative methods. Results can be related to individual differences in knowledge, motivation, etc. We need to distinguish systematic, theme-related points, picked up in accordance with some plan of discourse, and those registered more or less accidentally, ie. we should look for both semantic and syntactical patterns at different levels of analysis.

Any viable approach must address the construction of meanings as a basic habit. The plural here stresses the multiple character of viewer reactions, though it is not proposed that there are totally distinct ways of processing for information or entertainment texts; rather that responses to texts from different genres which have been forefronted in separate research traditions of information-processing and audience appreciation studies are multi-layered and diverse, and that the detailed processes underlying them may vary from viewer to viewer and one occasion to another. (Part of the pleasure derived from entertainment forms seems to lie in the discovery of multiple layers of meaning, for example in ambiguity, allegory, irony and *double entendre.*) Although analyses of viewer habits with information programmes have centred on how manifest structured meanings are discovered, the distinction is not of the essence. Presentation features of news can modify perceived bias, for example, as well as what information is communicated (Berry/ Scheffler/Goldstein 1993). Furthermore, the way audiences construct interpretations consistent with the bare texts of 'soaps' (Livingstone 1991, 1992) seems similar to how they interpret the behaviour and motives of politicians beyond what is explicitly stated.

3.2. Processing habits

A habitual part of the effort after meaning is an attempt to register the propositional structure of the text (eg. Thorndyke 1977). Even in well-motivated viewers, this process is imperfect. Much information is missed, so that knowledge, beliefs and attitudes have to be engaged to concoct coherences in the registered text, which thus typically omits manifest text information and contains distortions and inventions provided by viewers. Isomorphism of sent and received messages can be excluded for news and weathercasts (Robinson/Levy 1986; Berry 1988). Although the construction of inaccurate virtual messages has been studied via memory and comprehension of news texts, and via interpretational variants for narrative texts in 'soaps', information-communicating and entertainment genres would seem to employ essentially similar processes, namely the processing of texts for meaning guided by activated segments of pre-exisiting cognitive structures ('schemata'). It is relevant that schema theory (Bartlett 1932) has been extended to embrace routine action procedures and social practices ('scripts'), 'frames', TAUs or 'thematic abstraction units' (Dyer, 1983), MOPs, or 'memory organisation packets' (Schank 1982) and TOPs, or 'thematic organisation points' (Schank 1982).

The fact that a major factor in news comprehension is the amount of *background knowledge* people have, rather than level of interest, supports a view of information acquisition linking such knowledge to the existence of cognitive structures reminiscent of Bartlett's schemata and a top-down pattern of processing. Consistent with this is the importance of how news information is 'cognitively packaged' for how much and what information is registered. A key presentation factor is the *structure of news texts*. Berry et al (1993) found that reordering broadcast BBC news texts increased the number of information points grasped by about 50 per cent, the main effect being on recall of the central points. News comprehension is good where a person has extensive knowledge structures in terms of which to interpret information in the text, and when the text conforms to 'story grammar' so as to maximise textual coherence.

The process entails not only information-processing. Besides allowing registering of isolated information points in a text, it is sensitive to abstract structure, so that one may not only comprehend and recall information central to a story – subject to a clear 'story grammar' formulation (Berry et al. 1993) – but recognise 'West Side Story' and 'Romeo and Juliet' as the 'same'. Discerning abstract structures and meanings behind the surface text also allows one to detect irony or humour, or find a story trite or a politician insincere.

Something is known of how both comprehension, perception of 'inner meaning' and impressions are attained. Brosius (1993) describes factors involved in the partial comprehension of news, arguing that viewers use not exhaustive rationality, but various available heuristics to grasp gist or form impressions of texts. Other work has shown that characteristics of the individual viewer can be important in interpretation of messages. Judgments of bias in news stories were found by Berry (1990) to be clearly significantly related to individuals' social beliefs and attitudes and personal 'images' of British TV channels, while being reduced by increasing the macrostructural coherence of broadcast news texts (Berry et al. 1993).

News stories are rarely complete in themselves, but update a continuing story, knowledge of which is assumed. In folk stories the propositional structure is explicit, and information at the top of the structure is better recalled (Thorndyke 1977), so that people tend to grasp the central points of the story, if not all the incidental ones. Brosius (1993) suggests that, though news stories are usually not processed completely, the main meaning is picked up by habitual partial processing on a principle of cognitive economy. Two unpublished UEL studies suggest this may not be typical. In one, Chris Yip found recognition of central information from heard news texts no better than for peripheral information when correction was made for guessing. Gary Buckingham, presenting news stories in original and in reordered form with good 'story grammar', confirmed Yip's conclusions for syntactically poor routine text forms. Selective registration of central points, as posited by Brosius, only occurred with the reordered versions. Thus, top-down processing requires schemata corresponding to the relevant 'top' to be switched in by the text structure. Activating the wrong schema can have comic effects but may be avoided by suitable pictures. (An early British TV advertisement for 'the first margarine to spread straight from the fridge', showed a coolly attractive young housewife. "Tracey", said the voiceover, "has a frigid air". A belated cut to her 'Frigidaire' revealed an intention to communicate information, not to offer impertinent aesthetic comment.)

A little-researched aspect, pertinent to the problems of broadcasting in pluralistic societies, is ethnic differences. In a recent unpublished UEL study, Emily Moseley compared recall by muslims and non-muslims of various stories involving muslims. She found major differences in perceptions of bias and differing patterns of registration of text information that could be construed as having a pro- or anti-muslim tendency. Qualitative analysis has also shown differences in the discourse of English and Irish viewers in discussing a programme on the conflict in Ulster, again reflecting active attempts to make various 'sense' of a common text. (Roscoe/Marshall/Gleeson, 1995). This also makes the important point that habitual behaviour in treating texts is not a single act. News processing entails successive stages of attention, processing and reflective integration (McLeod et al. 1991; Levy/Windahl 1984).

Drama narratives allow more idiosyncratic interpretation than news texts, while advertisements, often with aesthetic and entertainment appeal, are often more 'open' still. Readings here sometimes divide by gender. My female students often report being exhilarated by seeing welldressed young women racing in small cars from the male-dominated city to the nearest desert. Males tend to note that the desert seems to have few petrol stations. Specialised knowledge can be another basis of differentiated viewer responses, as when a wellknown British bank rashly advertised its financial probity backed by what musical viewers will have recognised as Rossini's 'Thieving Magpie'! *In short, viewers vary greatly, and differences in reaction are not related to a single dimension of audience differentiation. Texts are many-layered, reactions to them are multiple, and readers are highly resourceful.*

Livingstone (1991) shows how texts of 'soaps' are recalled schematically within the canonical forms of romantic folk tale, with omissions and distortions. She and others argue that their texts contain 'open' and 'closed' elements, the viewer finding pleasure in involvement in building tension in the unfolding emotional plot, with varied readings of this being 'closed' by conventional, banal endings which produce moral resolution. Livingstone (1988) stresses the polysemic nature of the texts, with latent discourses of justice and social convention, and suggests their appeal to many women is the opportunity to subvert seemingly-closed elements of text. Different discourses may be utilised by viewers in other cultures. Liebes and Katz (1986) note contrasting interpretative responses of Americans, apt to focus on character motivation in *Dallas*, and Russians' attention to underlying political ideology. This approach combines elements of discourse analysis, cognitive psychology and uses and gratifications.

4. On 'rival' conceptual approaches

4.1. Schema, discourse and critical theory

It has often been objected by adherents of the 'critical' tradition that psychological approaches to TV studies generally place uncritical stress on recall studies and neglect meaning. Though this is untrue, it is certainly important to consider the ecological significance of various learning measures in recall studies (Berry 1983), and to seek to determine the relation of different points of recalled information to the whole propositional structure of a message being communicated (Thorndyke 1977; Berry/Scheffler/Goldstein 1993). 'Schema' and 'story grammar' notions are central to cognitive psychological approaches to comprehension and miscomprehension of information texts.

The term 'discourse', deriving from outside cognitive psychology, refers not just to the informational content of a text, but a conception or ideological construction behind it. In radical social psychology it refers to something inherent in an abstract social nexus, from which social behaviour is constituted, and which dictates how a viewer reads a text. (From the present perspective, this is rather to treat psychological processes, the central nervous system and arguably the individual, 'the way Jane Austen treated sex'.) Despite its different intellectual pedigree, the notion of 'discourse' is rather similar to that of 'schema', especially in the latter's post-Bartlettian elaboration. Discourse analysis has complex origins, in aesthetic analyses of literary texts, cultural studies and critical theory, with influence from anthropology and linguistics, Marxism, feminism and psychoanalysis.

In Europe, a neo-Marxist orientation has marked approaches to news, shaped by notions of class structure in news production and consumption, and by the idea that texts reflect 'hegemonic' practices which embody the beliefs and interests of dominant power groups, and which direct recipients on how they are to 'read texts'. However, much broadcast news is shaped in terms of less ideologically-flavoured discourses, eg. in reporting drug stories in terms of a 'war' rather than a health or economic problem (McLeod et al. 1991), or reflecting folk myth discourses, eg. portraying politics as personal conflicts or survival in accidents as 'miracles'.

Critical reception theory has favoured intuitive qualitative categorisations in encoding and decoding texts, for example over systematic empirical studies of variant reader responses to texts (eg. Hall 1973/1991). This raises several problems. First, who decides what discourse lies behind a text, and whether it is the 'dominant' one? Second, a simple triage of readings as 'dominant', 'oppositional' and 'negotiated' does scant justice to the subtleties of readers' reactions. Again, who decides these categorisations? Rejecting quantitative measures seems unwise given evidence that variation in rated beliefs and attitudes can account for a large proportion of individual variablity in reading and judging news stories (Berry 1990). Furthermore, quantitative measures can yield factorial dimensions of viewer reaction not otherwise apparent.

There is nevertheless *prima facie*, if not uncontested, evidence of the Glasgow Media Group, that news texts in 'public service broadcasting' are shaped by 'hegemonic' factors. The answer to who decides in case of disagreement what is the 'preferred', 'dominant' or intended reading is apparently a critical theorist studying a text at leisure like a literary critic making an aesthetic evaluation. In practical terms, though, even viewers of the same mind lack opportunity for reflective study, and perceive texts differently.

Here neglect of details of the psychological processes in registering the text-as-received represents a serious flaw, for it ignores powerful presentation effects, eg. text structure (Berry et al. 1993) and visualisation factors like camera angles (eg. Kepplinger/Donsbach 1986), as well as material individual factors like knowledge, attitude and personality variables.

Evidence has been noted that capacity to grasp even the manifest message presented is frequently overwhelmed by task demands, especially if knowledge of a topic is poor. Research has scarcely addressed the implications of this for the registering of underlying discourses inherent in a text. It does appear, however, that text presentation factors like surface syntax influence both uptake of information and evaluations of ideological bias in news, and also that viewers can perceive discourses not present in a text, but in their own heads (Berry et al. 1993). Findahl and Höijer's (1976) example of viewers erroneously recalling police attacking demonstrating Stockholm cyclists after seeing separate stories about a demonstration by cyclists in Stockholm and an attack on peaceful demonstrators by Paris police reflects the coincidence of the phenomenon of 'proactive interference' based on schematic similarity between stories with idiosyncratic views on the violent inclinations of the Swedish police. Recourse to 'hegemonic' representation of some power interest here seems superfluous, even farfetched.

The macrosociological approach of critical theory has been linked to rejection of empirical 'behaviourist' media studies, on the grounds that the complex ideological structure of media 'texts' means that 'readings' cannot simply be captured by quantitative analysis of literal content. While recognising an important limitation of content analysis studies, this ignores the role of inter-viewer differences and of syntactic factors which may contribute to this limitation. It is important to retain the idea that metamessages reside in many texts. In van Dijk's (1988) words, "... a complete empirical account of discourse also requires a description of cognitive processes of discourse production and understanding of social interactions in sociocultural situations ... a description of the cognitive and social contexts, therefore, is not a task that lies outside of discourse analysis".

4.2. Empirical reception analysis

Critical reception analysis allows for 'oppositional' and 'negotiated' as well as 'preferred' readings based on sociological substructuring of the audience. But how do actual readings vary from this assumed pattern, what factors influence them, and what processes lead to one interpretation rather than another? Empirical studies show that readings are not very predictable from viewer categories defined by class or political group membership (Morley 1992). Whilst this approach extends the description of the 'natural history' of viewer interpretations, it calls for understanding of the detailed processes in constructing the received message.

Cognitive approaches are again helpful here. Thus, Berry, Scheffler and Goldstein (1993) showed that extent of communication of key points and perception of bias seen in news stories depend on both formal presentation factors and on individual attitudes and beliefs concerning aspects of the topic. This supports the view that a multifaceted impact of the 'text' on viewers results from a constructive process in which internal cognitive structures (stored representations of all kinds – formal knowledge, schemata, social discourses, etc) are deployed to devise plausible coherences. The idea of an interaction of individual patterns of knowledge, not coterminous with social formations, and features of the micro- and macroorganisation of texts, has been well developed (e.g. van Dijk/ Kintsch 1983).

Despite its wide scope and explanatory power, this development has had little impact on mass communications theory, even though van Dijk has explicitly addressed notions of 'discourse' in mass communication. There has been a clear failure to examine how far different formulations are isomorphic, complementary or genuinely contradictory. Some versions of reception analysis offer almost an outline cognitive psychology account, if with vagueness as to detailed processes and boundary conditions. When, for example, are certain 'readings' favoured? *By ignoring such matters, sociological ideas of the relation of discourses to a socio-cultural framework risk underestimating viewers' repertoires of discourses, and their subversive resourcefulness in interpreting information and entertainment texts.*

4.3. Towards a resolution?

Understanding audiences is not helped by mutual hostility of the audience studies and text analysis traditions (Schroder 1987; Tudor 1995). Livingstone (1993) notes some convergence between the latter, with a tendency to neglect audiences, and the former, with one to neglect the 'text' (Fejes 1984), and recognition that 'text' and 'reader' are "mutually conceived, joint constructors of meaning". As noted, the concepts of schema and discourse are close. The former, developed in Bartlett's 'experimental and social' approach to memory, has been extended to 'frames' and 'scripts' (Mandler 1984). Experiments on TV news using this approach have, as seen, shown reception shaped by both message- and schemabased factors in constructing idiosyncratic virtual messages (e.g. Findahl/ Höjer 1976; Berry 1983), and have not merely counted meaningless memory fragments (Berry 1983; Goodall 1986), but focused on grasp of key points in text structure (Berry/Scheffler/Goldstein 1993). Discourse analysis approaches deal with 'schemata' in a similar sense, but with more explicit external social reference, pointing to the structured latent meanings beneath the manifest ones. (An American publisher is said to have rejected Orwell's *Animal Farm* on the grounds that his readers didn't like stories about animals). Whereas simple schema approaches have tended to neglect such meanings, some discourse approaches have assumed they will necessarily be decoded as intended, and ignored the likelihood that people possess repertoires of alternative discourses which are flexibly deployed in constructing the virtual message, and have thus inadequately recognised the variety of reactions to texts. The valuable point about latent text meanings is unfortunately linked to attacks on an Aunt Sally of outdated theorising about media effects (McLeod et al. 1991) and garbled 'behavioural' psychology said to neglect interpretative processes and to be at one and the same time both too 'individualistic' and vainly seeking universal laws. Critical discourse analysis is also associated with denying the credibility of empiricism (Tudor 1995) and the proposition that qualitative methods *ipso facto* transcend ecological validity criteria applied to quantitative studies. Too strict a methodology *may* distort objects of study (Bartlett 1932), but qualitative methods do not escape this danger. Nor is lack of rigour an inherent virtue.

A problem in relating 'texts', individuals and social formations is that critical discourse analysis tends to restrict room for interpretative manoeuvre, leaving "... social actors trapped within the cultures to which they are socialized" and a "... controlling and constraining influence of ideology" (Tudor 1995). Later developments see 'readers' not as passively 'situated' by, but as actively producing different readings (Moores 1990) of informational (Morley 1992) and entertainment texts (Hobson 1982), allowing that they are multiply-characterised, so a man may be "a productive worker, a trade union member, a supporter of a social democratic party, ... a racist, a wifebeater and a christian" (Forgacs 1985).

As has been seen with both viewing choices and processing habits, linking viewer behaviour directly to social formations is difficult. Besides a few specific cases of gender and ethnic differences noted above, there is little evidence of links between patterns of viewing behaviour and simple demographic variables, and those found mostly disappear when psychological correlates are partialled out. Thus, in news comprehension, 'effects' of education, class and gender tend to disappear when correlation with knowledge is discounted (Robinson/ Levy 1986; Berry 1988). Psychological variables have tended to prove better predictors of viewer behaviour, presumably because they are more proximal to that behaviour, and mediate social factors, which have at best actuarial rather than causal links to behaviour.

Although psychological variables appear better statistical predictors, and may provide more understanding of reception processes by getting closer to basic underlying processes within individuals, a major problem is that which variables are material varies with the text (Berry 1990). Even the usually powerful link of background knowledge with news comprehension is absent for some individual stories (Brosius/Berry 1990). The task is thus to identify relevant variables *and* to *specify boundary conditions*.

Although the audience clearly can in no way be regarded as amorphous, the above complexities threaten the prospect of any clear cultural mapping. Morley seems to view such apprehension as exaggerated, and regards sociocultural patterns as setting outer bounds for a limited range of variant readings. However, as 'ethnographic' methods typically entail discussion of texts by samples from different social groupings, it is likely that they yield artefactual data constrained by group identification which underestimates the range of variant readings that occur in normal circumstances. It is striking to contrast the relative conformity of Morley's groups with the variety of social and political attitudes expressed by students, seen in some demonologies as quite homogeneous, via individually-administered rating instruments. The fact that independently-measured attitude variations correlate substantially with viewer reactions to texts, and do so in meaningful ways for different topics (Berry 1990), suggests that rather than try to differentiate the audience directly by social formation, we should try to identify psychological characteristics of individual viewers influencing their choices and reactions, and *then* attempt a sociocultural mapping, so reviving the notion of viewers as active agents, and allotting 'discourses' an enabling rather than a restricting role. In such a vein, Livingstone (1989, 1991, 1992) too argues the importance of analysing the 'reader's, role in reception, bringing text analysis close to 'socio-cognitive psychology' and focussing on psychological processes.

Integration of the two traditions to aid understanding of audience mediation of broadcasting 'effects' requires schema notions to treat culturally-embedded discourse more explicitly and recognise the multi-layered nature of texts, and text analysis approaches to discard surplus ideological baggage and cavalier attitudes to process details. A model is provided by van Dijk's (1995) path from literary theory to applied cognitive psychology. Kintsch (van Dijk/ Kintsch 1983; Schmalhofer 1995), suggests that discourse comprehension involves representing in episodic memory a textbase with an updated cognitive representation of the events, actions, persons and situation a text is about. This should "... also allow plausible assumptions about the processes of knowledge, belief and opinion transformation, and hence about the major component of the effects of media news. If we know what information people notice, represent best and most effectively, and are able to retrieve after long delays, we also know what information is used in the formation of more general knowledge and attitude patterns" (van Dijk 1988). We may also better understand 'aesthetic' effects, as the model can embrace knowledge of emotional states in fictional characters (Gernsbacher, 1995).

5. Concluding view

Media theory treatment of audience behaviour has been apt to resemble the Genesis account of Creation, describing features of parochial interest but skimping on key process details. There is, however, an equal danger in focussing on process detail of losing the broader picture. Here the aesthetic, cultural and critical traditions informing text analysis offer a useful corrective. Combining discourse analytic and cognitive psychological approaches in a common framework seems likely to point up theoretical isomorphism and complementarity, sidelining the issue of a 'communicative-aesthetic' distinction. The main division may then be seen to lie elsewhere, between those owing to an obligation to put their conjectures to empirical test and those claiming privileged insights. Should this chasm prove unbridgable, we might recall Marx's (1939) agreement with the flies – "They don't lend me money and I don't walk on the ceiling!"

6. References.

Albarran, A.B./D. Umphrey, An examination of television motivation and program preferences by hispanics, blacks, and whites. *In:* JB 37, 1993, 95–103.

Anderson, D.R./E.P. Lorch, Looking at television: Action or reaction? *In:* J. Bryant & D.R. Anderson (Eds) Children's understanding of television, Academic Press, New York 1983.

Bartlett, Frederic, Remembering: A social and experimental study. Oxford University Press, 1932.

Barwise, T.P. A high involvement framework: Review of Audience responses to media diversification. *In:* JB 37, 1990, 401–418.

–/A.S.C. Ehrenberg, Television and its audience. Sage, London, 1988.

Berry, Colin. Learning from television news: A critique of the research. *In:* JB 27, 1983, 359–370.

–. Memory studies and broadcast messages. *In:* Eds. M. Gruneberg/ P.E. Morris/ R.N. Sykes, Practical aspects of memory: Current Research and issues. Vol. 1. Memory in everyday life. Wiley, Chichester, 1988.

–, Channel images and mental models: Perceived bias on British television. *In:* MCS 12, 1990, 231–246.

–/Andreas Scheffler/Caroline Goldstein, Effects of text structure on the impact of heard news. Applied Cognitive Psychology 7, 1993, 381–395.

Blumler, J.G. The role of theory in uses and gratifications studies. *In:* CR 6, 1979, 9–36.

Brosius, Hans-Bernd, Alltagsrationalität in der Nachrichtenrezeption: Ein Modell zur Wahrnehmung und Verarbeitung von Nachrichteninhalten. Habil., Univ. Mainz, 1993.

–/Mallory Wober/Gabriel Weimann, The loyalty of television viewing: How consistent is TV viewing behavior? *In:* JB 36, 1992, 321–335.

–/Wolfgang Donsbach/Monika Birk, How do textpicture relations affect the informational effectiveness of television newscasts. *In:* JB in print, 1996.

Conway, J.C./A.M. Rubin, Psychological predictors of television viewing motivation. *In:* CR 18, 1991, 443–464.

Cooper, Roger, An expanded, integrated model for determining audience exposure to television. *In:* JB 45, 1993, 401–418.

Dyer, M.G., Indepth understanding: A model of integrated processing for narrative comprehension. M.I.T. Press, Cambridge, Mass. 1983.

Eastman, S.T./G.D. Newton, Delineating grazing: Observations of remote control use. In: JC, 45, 1995, 78–96.

– /J. Neal-Lunsford/K. Riggs, Coping with grazing: Primetime strategies for accelerated program transitions. *In:* JB 39, 1995, 92–108.

Fejes, F., Critical communications research and media effects: The problem of the disappearing audience. *In:* MCS 6, 1984, 219–232.

Ferguson, Douglas A., Measurement of mundane TV behaviors: Remote control device flipping frequency. *In:* JB 38, 1994, 35–47.

–/Elizabeth M. Perse, Media and audience influences on channel repertoire. *In:* JB 37, 1993, 31–47.

Findahl, Olle, The effect of visual illustrations upon perception and retention of programmes. Sveriges Radio Report, Stockholm 1971.

–/B. Höijer, Man as a receiver of information. Sveriges Radio, Stockholm 1976.

Fiske, John, Television culture. Methuen, London, 1987.

Forgacs, D., Review of E. Laclau & C. Mouffe, Hegemony and socialist strategy, Marxism Today, May 1985.

Gernsbacher, Morton. A., Activating knowledge of fictional characters' emotional states. In: Weaver, C.A.III./S. Mannes/C.R. Fletcher, Discourse comprehension: Essays in honor of Walter Kintsch. Erlbaum, Hillsdale 1995.

Goodall, W. Gill, Information theory and television news. *In:* J.P. Robinson/M.R. Levy, The main source: Learning from television news. Sage, London 1986.

Goodhart, G.J./A.S.C. Ehrenberg/M.A. Collins, The television audience: Patterns of viewing. 2nd edition. Gower House, Aldershot 1987.

Gunter, Barrie, Patterns of network TV news viewing in Britain. IBA Research Department working paper, London 1984.

–, Poor reception: Misunderstanding and forgetting broadcast news. Erlbaum, Hillsdale 1987.

Hall, Stuart, Encoding and decoding in the television discourse. Reprinted in: S. Hall et al (Eds), Culture, media and language. Hutchinson, London 1991.

Hasenbrink, Uwe/F. Krotz, Wie nutzen Zuschauer das Fernsehen? Konzept zur Analyse indivuellen Nutzungsverhaltens anhand telemetrischer Daten. *In:* MP 11–12, 1993, 515–527.

Hobson, Dorothy, 'Crossroads': Drama of a soap opera. Methuen, London 1982.

Huston, A.C./E. Donnerstein/H. Fairchild/N.D. Feshbach/P.A. Katz/J.P. Murray/E.A. Rubinstein/B.L. Wilcox/D. Zuckerman, Big world, small screen: The role of television in American society. Lincoln, University of Nebraska Press, Lincoln 1992.

Katz, Elihu./J.G. Blumler/M. Gurevitch, Utilization of mass media by the individual. *In:* J.G. Blumler & E. Katz (Eds) The uses of mass communications: Current perspectives on gratifications research. Sage, Beverly Hills 1974.

Kepplinger, Hans-Matthias/Wolfgang Donsbach, The influences of camera perspectives on the perception of a politician by supporters, opponents and neutral viewers. *In:* D.L. Paletz (Ed) Political communication research: Approaches, studies, Ablex, Norwood 1986.

Klapper, Joseph. T., Mass communication research: An old road resurveyed. *In:* POQ 27, 1963, 515–527.

Levy, Mark. R./S. Windahl, Audience activity and gratifications: conceptual clarification and exploration. *In:* CR 11, 1984, 51–78.

Liebes, Tamar/Elihu Katz, Patterns of involvement in television fiction: A comparative analysis. European Journal of Communication 1, 1986, 151–171.

Livingstone, Sonia M., Why people watch soap opera: An analysis of the explanations of British viewers. European Journal of Communications 3, 1988, 55–80.

–, Audience reception and the analysis of program meaning: Comments on Kepplinger. American Behavioral Scientist, 33, 1989, 187–190.

–, Audience reception: The role of the viewer in retelling romantic drama. In: J. Curran/M. Gurevitch, Mass media and society. Edward Arnold, London 1991.

–, The resourceful reader: Interpreting television characters and narratives. In: S. Deetz (Ed) Communication Yearbook 15, Sage, Newbury Park 1992.

–. The rise and fall of audience research: An old story with a new ending. *In:* JC 43, 1993, 5–12.

Mandler, Jean M., Stories, scripts and scenes: Aspects of schema theory. Erlbaum, Hillsdale 1984.

McLeod, Jack M./G.M. Kosicki/Zhondang Pan. On understanding and misunderstanding media effects. *In:* J. Curran/M. Gurevitch (Eds) Mass media and society. Edward Arnold, London 1991.

McQuail, Denis/J.G. Blumler/J.R. Brown, The television audience: A revised perspective. *In:* D. McQuail (ed) Sociology of mass communications. Middlesex: Penguin Books, 1972.

–/S. Windahl, Communication models for the study of mass communication. New York & London: Longman, 1993

Marx, Groucho, A day at the circus. Metro-Goldwyn-Mayer: Hollywood 1939.

Moores, Shaun, Texts, readers and contexts of reading: Developments in the study of media audiences. *In:* MCS 12, 1990, 9–29.

Morley, David, Television, audiences and cultural studies. Routledge, London 1992.

Pardun, C.J./D.M. Krugman, How the architectural style of the home relates to family television viewing. *In:* JB 38, 1994, 145–162.

Perse, Elizabeth .M./A.M. Rubin, Chronic loneliness and television use. *In:* JB 34, 1990, 37–53.

Pointdexter, P.M./C.A. Stroman, Blacks and television: A review of the research literature. *In:* JB 25, 1981, 103–122.

Press, Andrea, The active viewer and the problem of interpretation: Reconciling traditional and critical research. *In:* S.A. Deetz (Ed), Communication Yearbook 15, Sage, Newbury Park, 1992.

Robinson, John/Mark Levy, The main source: Learning from television news. Sage, Beverly Hills 1986.

Roscoe, Jane/Harriette Marshall/Kate Gleeson, The television audience: A reconsideration of the taken-for-granted terms 'active', 'social' and 'critical'. European Journal of Communication 10, 1995, 87–108.

Rosengren, Ken., Uses and gratifications: A program outlined. *In:* J.G. Blumler/E. Katz (Eds) The uses of mass communications: Current perspectives on gratifications research. Sage, Beverly Hills 1974.

–/S. Windahl, Mass media consumption as a functional alternative. In: D. McQuail (Ed) Sociology of mass communications. Penguin, Harmondsworth 1972.

Rubin, A.M., Television use by children and adolescents. Human Communication Research 5, 1979, 109–120.

–, An examination of television viewing motivations. *In:* CR 8, 1981, 141–165.

–, Ritualized and instrumental television viewing. *In:* JC 34, 1984, 67–77.

–, Media uses and effects: A uses and gratifications perspective. *In:* Bryant, J./D. Zillmann (Eds) Media effects: Advances in theory and research. Erlbaum, Hillsdale 1994.

Schank, R.C., Dynamic memory. Cambridge University Press 1982.

Schleuder, Joan D./Alice V. White/Glen. Y. Cameron, Priming effects of television news: Bumpers and teasers on attention and memory. *In:* JB 37, 1993, 437–452.

Schmalhofer, Franz., An acquisition of knowledge from text and example situations: An extension to the construction-integration model. *In:* Weaver, C.A.III./S. Mannes/C.R. Fletcher, Discourse comprehension: Essays in honor of Walter Kintsch. Erlbaum, Hillsdale 1995.

Schroder, K.C., Convergence of antagonistic traditions? The case of audience research. European Journal of Communication, 2, 1987, 7–31.

Swanson, D.L. Gratification seeking, media exposure, and audience interpretations: Some directions for research. *In:* JB 31, 1987 237–254.

Thorndyke, Perry W., Cognitive structures in comprehension and memory of narrative discourse. Cognitive Psychology 9, 1977, 437–446.

Tudor, Andrew., Culture, mass communication and social agency. Theory, Culture and Society, 12, 1995, 81–107.

van Dijk, Teun A., News as discourse. Erlbaum, Hillsdale 1988.

–, On macrostructures, mental models and other inventions: A brief personal history of the Kintsch-van Dijk theory. In: Weaver, C.A. III./S. Mannes/C. R. Fletcher, Discourse comprehension: Essays in honor of Walter Kintsch. Erlbaum, Hillsdale 1995.

–/Walter Kintsch, Strategies of discourse comprehension. Academic Press, New York 1983.

Weaver J.B. IV/H.-B. Brosius/N. Mundorf, Personality and movie preferences: A comparison of German and American audiences. Personality and Individual Differences, 14, 1993, 307–316.

Webster, J.G./L.W. Lichty, Ratings analysis: Theory and practice. Erlbaum, Hillsdale 1991.

–/J.J. Wakshlag, The impact of group viewing on patterns of television program choice. *In:* JB 26, 1982, 445–455.

Weimann, Gabriel/Hans-Bernd Brosius/Mallory Wober, TV diets: Towards a typology of TV viewship. European Journal of Communication 7, 1991, 491–515.

Wober, Mallory, A box for all seasons: The ebb and flow of television viewing and appreciation over a whole year: 1980. IBA Audience Research Department special report, London 1981.

Youn, Sug-Min, Program type preference and program choice in a multichannel situation. *In:* JB 38, 1994, 465–475.

Zillmann, Dolf/J. Bryant, Entertainment as media effect. In: Bryant, J./D. Zillmann (eds) Media effects: Advances in theory and research. Erlbaum, Hillsdale 1994.

Colin Berry, London (Great Britain)

LIII. Mediengegenwart XIX: Fernsehen V: Zukünftige Entwicklungen und Forschungsgeschichte

239. Zukünftige Programmentwicklungen des Fernsehens

1. Rahmenbedingungen
2. Allgemeine Tendenzen der Senderentwicklung
3. Konkrete Prozesse programmlichen Wandels
4. Programmwandel und -kontinuität
5. Literatur

1. Rahmenbedingungen

Jeder Versuch einer Prognostik ist prinzipiell mit dem Problem konfrontiert, daß nur zum Zeitpunkt der Prognosestellung bekannte oder zumindest abseh- und einschätzbare Einflußfaktoren zugrundegelegt werden können. Aussagen über zukünftige Entwicklungen des Fernsehprogramms allein in Deutschland zu formulieren, stellt heute eine besonders schwierige Aufgabe dar: Vor fünfzehn Jahren wurde mit der Einführung des dualen Systems ein tiefgreifender Umbruch der Fernsehlandschaft in Deutschland eingeleitet, und schon zeichnet sich ein weiterer gravierender Wandlungsprozeß ab – die Ablösung des analogen durch das digitale Fernsehen, eingebettet in den Übergang von der Industrie- in die multimediale Informationsgesellschaft. Was die Prognostizierbarkeit programmlicher Konsequenzen dieser Umbrüche betrifft, ist ein zentraler Unterschied zu berücksichtigen: Während die Zulassung kommerzieller Programmanbieter in Deutschland und in vielen anderen europäischen Ländern vor allem einen Adaptionsprozeß auslöste, handelt es sich bei den anstehenden Veränderungen um einen Innovationsprozeß – im ersten Fall waren die programmlichen Folgen absehbar, heute sind sie es nicht.

Obwohl bei der Analyse der Programmentwicklung der letzten fünfzehn Jahre eine Vielzahl von Einflußfaktoren berücksichtigt werden müssen – beispielsweise langfristige Prozesse gesellschaftlichen und kulturellen Wandels, Traditionen und Veränderungen von Mediennutzung, medienpolitische und medienrechtliche Rahmenbedingungen – war in diesem Ensemble ein Faktor dominant: das Marktparadigma. Mit der Einführung des dualen Systems wurde vor allem die Umwandlung des gesamten Fernsehsektors in ein in hohem Maße marktförmiges Gebilde eingeleitet und damit eine „strukturelle Amerikanisierung". Das immer schon marktwirtschaftlich organisierte amerikanische Fernsehen bot sich mit der Einführung von Marktkonkurrenz in Deutschland zwangsläufig als Vorbild an: In den USA hatten sich in vierzig Jahren Fernsehgeschichte einschlägige Regeln für kommerziell erfolgreiches Fernsehen herausgebildet, die nun auch in Deutschland anwendbar wurden und sich mit zunehmendem Markterfolg der neuen Programmanbieter rasch durchsetzten. Um nur einige Stichworte aus dem Bereich der Programmpräsentation zu nennen, gehören zu diesen Regeln beispielsweise die Anordnung großer Programmflächen nach 'Timeslots' und das 'Stripping', also die tägliche Ausstrahlung bestimmter Sendereihen auf dem gleichen Sendeplatz. Sichtbarster Ausdruck solcher Anpassungsprozesse, die programminhaltlich eine noch verstärkte Unterhaltungsorientierung implizierten, war ab Ende der 80er Jahre eine Fülle von Format-Ankäufen bzw. -Adaptionen. Im Unterschied zu früheren Programmimporten – sei es von fiktionalen Serien oder auch von Spielshows – ging es nun jedoch nicht in erster Linie um den Erwerb von Programminhalten, sondern von markttauglichen Optimierungskonzepten.

In ökonomischer Sichtweise ist privatwirtschaftlich organisiertes, werbefinanziertes Fernsehen, das heute mit den Sendern RTL, SAT.1 und – bei jüngeren Zuschauergruppen – Pro 7 drei der meistgesehenen Programmanbieter in Deutschland stellt, ein komplexes Konstrukt, das sich vor allem aus drei Teilmärkten zusammensetzt. Auf dem ersten, dem Programmmarkt, versorgen sich

Sender mit Programmen, ausgetauscht wird hier Geld gegen Sendematerial. Auf dem zweiten, dem Zuschauermarkt, bieten Sender Programm an, das Zuschauer mit Aufmerksamkeit entgelten. Den Zugang zur Aufmerksamkeit der Zuschauer wiederum, die sich im Idealfall auch auf die in den Sendungen eingeschlossene Werbung erstreckt, offerieren die Sender dann Agenturen auf dem Werbemarkt, von denen sie schließlich das Geld bekommen, mit dem sie sich (u. a.) mit Programmen versorgen.

Für die deutschen Fernsehzuschauer bedeutete die umfassende Durchsetzung von marktwirtschaftlichen Spielregeln im Fernsehsektor nicht zuletzt die Bekanntschaft mit vielen „neuen Sendeformen" (vgl. Hallenberger 1995) wie 'Daily Soap', 'Daily Talk', 'Reality TV', 'Sitcom' und 'Late Night Show', die es zwar in den USA schon seit langem gibt, in Deutschland aber bislang unbekannt waren. Jedes dieser Angebote steht für eine mögliche Lösung des oben skizzierten Optimierungsproblems: Unter Berücksichtigung tageszeitspezifischer Ausgangsbedingungen ist jedes gleichermaßen für den Zuschauer – wie für den Werbemarkt interessant und auf dem Programmmarkt zu günstigen Konditionen beschaffbar.

Auch für die absehbare Zukunft ist davon auszugehen, daß Programmentwicklung vor allem Marktentwicklung bedeutet, also das Verhältnis von Programm und Zuschauer nicht unabhängig von Fragen der Programmfinanzierung gedacht werden kann. Allerdings unter schwierigeren Bedingungen als bisher. Erstens mit Blick auf Programminhalte: Der Fundus aus den USA importierbarer Konzepte ist mittlerweile ausgeschöpft und neue Erfolgsprogramme sind auch dort rar. Zweitens unter dem Gesichtspunkt der Programmkosten: Die Deregulierung nicht nur des deutschen Fernsehens hat zu einer Kostenexplosion auf dem Programmmarkt geführt (insbesondere im Sportbereich und bei Spielfilmrechten), die die Refinanzierbarkeit von Programminvestitionen zu einem Kernproblem der Angebotsentwicklung werden läßt. Drittens ist noch völlig offen, welche Auswirkungen die „digitale Revolution" tatsächlich haben wird – selbst in den USA. Überdies gibt es keine medienwissenschaftlichen Forschungsarbeiten, die sich explizit mit Fragen der Programmentwicklung beschäftigen, sondern lediglich einzelne Hinweise, Andeutungen und Vermutungen.

2. Allgemeine Tendenzen der Senderentwicklung

Relativ unbestritten in der Fachdiskussion ist die Annahme, daß das quantitative Angebot an Fernsehprogrammen weiter zunehmen wird, vor allem durch neue Spartensender (vgl. Ott 1995) und neue Angebotsformen wie Homeshopping-Kanäle oder (Near-)Video-on-Demand (NVoD/VoD). Ermöglicht wird diese Ausweitung durch digitale Datenkompressionstechnologien, die die noch bestehende Knappheit an Übertragungskanälen in den nächsten Jahren beheben wird. Umfang und Konsequenzen dieser Entwicklung werden jedoch um so skeptischer beurteilt, je näher der Zeitpunkt der Einführung dieser Technologien rückt. Wurden zu Beginn der 90er Jahre noch Visionen von „500 Kanälen" artikuliert, die aus der vertrauten Fernsehlandschaft einen „audiovisuellen Kiosk" (PRO 7-Geschäftsführer Kofler) machen würden, an dem vermehrt Spartenangebote und in immer geringerem Umfang Vollprogramme nachgefragt werden würden, fallen spätere Prognosen zurückhaltender aus: Ein deutlicher Trend zu Spartenprogrammen ist nicht zu erkennen (vgl. Hoffmann-Riem/Vesting 1994, 385), selbst in den USA haben sich die Vollprogramme der Networks weitaus besser gegenüber der Konkurrenz durch neue Kabelangebote behauptet, als erwartet werden konnte (vgl. Stipp 1994, 396f.).

Eine realistische Prognose zur allgemeinen Entwicklung des Fernsehangebots muß vor allem in Rechnung stellen, daß potentielle Veränderungen der Fernsehlandschaft auf einem über Jahrzehnte angewachsenen Fundament aufbauen, nicht zuletzt hinsichtlich Zuschauererwartungen und Nutzungsweisen, also radikale Veränderungen in kürzester Zeit sehr unwahrscheinlich sind. Zudem muß berücksichtigt werden, daß traditionelle Vollprogramme die Leistung einer „ungeheuren Komplexitätsreduktion" (Hoffmann-Riem/Vesting 1995, 385) erbringen, gesellschaftlich akzeptierte Informationsselektion betreiben. Bei einer weiteren Vermehrung des Fernsehangebots werden daher beispielsweise in Deutschland ARD, ZDF, RTL, SAT.1 und PRO 7 mit einiger Sicherheit die mit Abstand meistgesehenen Sender bleiben, auch wenn eine steigende Zahl von kleineren Kanälen zusammengenommen einen weiterhin wachsenden Marktanteil erzielen dürfte.

Veränderungen der Senderlandschaft sind dennoch nicht unwahrscheinlich, ausschlaggebend dafür werden aber völlig andere Gründe sein als ein jäher Wandel von Zuschauerpräferenzen. Gut fünfzehn Jahre nach Einführung des dualen Systems sind Wachstumsgrenzen des Fernsehmarkts in seiner bisherigen Form erkennbar: Immens gestiegene Programmkosten bei nur noch geringfügig ansteigenden Werbeeinnahmen, die sich auf immer mehr Wettbewerber verteilen, stagnierende Sehzeiten und geringes Zuschauerinteresse an Werbung (vgl. Kundrun 1996) – alle diese Faktoren sprechen dafür, daß neue Finanzierungsmodelle in Zukunft eine erhebliche Rolle spielen dürften. Gerieten die öffentlich-rechtlichen Sender durch die neuen Anbieter RTL und SAT.1 in eine „Abwärtsspirale", in der rückläufige Zuschauerzahlen zu drastischen Verlusten an Werbeeinnahmen führten, diese wiederum zu Problemen bei der Programmbeschaffung, aus denen weitere Zuschauerverluste resultierten usw., droht heute den werbefinanzierten Privatsendern eine ähnliche Entwicklung.

Eine wichtige und absehbare Veränderung der Senderlandschaft hat sich bereits in den letzten Jahren ereignet. Nachdem die erforderlichen medienrechtlichen Rahmenbedingungen geschaffen waren, sind zwei klar identifizierbare 'Senderfamilien' sichtbar geworden. Aktuell und in der absehbaren Zukunft lassen sich die meisten deutschen Privatsender entweder der 'Bertelsmann-Familie' (derzeit: RTL, RTL II, Super RTL, VOX) oder der 'Kirch-Familie' (derzeit: SAT.1, PRO 7, Kabel 1, N24, DSF) zuordnen. Diese Senderfamilien werden in Zukunft vermutlich noch erheblich klarer strukturiert werden, wobei ein beim britischen Pay-TV BSkyB erprobtes Modell eine Vorbildfunktion haben könnte. Senderfamilien entfalten erst dann ihr volles Potential, wenn erstens die beteiligten Sender klar unterscheidbare Profile haben und sie zweitens arbeitsteilig operieren, also etwa Spartenprogramme dem entsprechenden Segment in Vollprogrammen zuarbeiten, wie dies heute bereits der Sender N24 für die 'Kirch-Familie' tut. Bei BSkyB sind um den Hauptsender Sky One eine ganze Reihe von Nachrichten-, Sport-, Musik-, Spielfilm- und anderen Kanälen gruppiert.

Was die Finanzierung des zukünftigen Programmangebots betrifft, sind allein aufgrund der Kostenentwicklung bei der Programmbeschaffung verschiedene neue Varianten zu erwarten. Sowohl für das primär gebührenfinanzierte öffentlich-rechtliche Fernsehen als auch die ausschließlich werbefinanzierten kommerziellen Sender sind kaum noch wesentliche Einnahmesteigerungen zu erwarten, so daß als Ausweg nur die direkte Bezahlung von Programm durch die Zuschauer bleibt – sei es in Form von Sender-Abonnements (Pay-per-Channel), von sendungsbezogener Abrechnung (Pay-per-View) oder von Mischformen aus Entgelt- und Werbefinanzierung, für die bereits heute eine erhebliche Akzeptanz existiert (vgl. Scheffler 1996, 83), bzw. von Gebühren- und Entgeltfinanzierung bei öffentlich-rechtlichen Anbietern.

Vor diesem Hintergrund ist eine weitere deutliche Veränderung der deutschen Senderlandschaft wahrscheinlich. Bis heute hat die große Zahl der ohne direkte Zusatzkosten empfangbaren Sender dazu geführt, daß die Abonnentenzahl des einzigen deutschen Pay-TV-Kanals, Premiere World, nur sehr langsam gestiegen und weit hinter den Erwartungen der Betreiber zurückgeblieben ist. Im Programmbereich mit den höchsten Preissteigerungen, dem Sport, hat diese Situation bereits die Konsequenz, daß das entsprechende Angebot im Pay-TV deutlich ausgeweitet und im 'Free-TV' merklich verknappt wird. Vergleichbare Entwicklungen sind auch in anderen Programmbereichen zu erwarten, wobei der anstehende Schritt vom primär analogen zum ausschließlich digitalen Fernsehen gleichzeitig eine weitere quantitative Ausweitung und qualitative Erweiterungen des Angebots etwa um Funktionen, die bislang eher mit dem Internet assoziiert werden, ermöglicht.

Eine plausible Verbindung von 'Free-TV' und Pay-TV wäre etwa die Konzentration der Senderfamilien auf wenige Free-TV-Kanäle, die als zielgruppenspezifische Vollprogramme angelegt sind und als 'Fenster' auf eine Vielzahl von Pay-TV-Angeboten verweisen, die spartenbezogene Zuschauerinteressen intensiver bedienen.

3. Konkrete Prozesse programmlichen Wandels

Natürlich läßt sich die Entwicklung des Programmangebots nicht ohne die Einbeziehung der Entwicklung der Programmanbieter denken, zumal in einer Umbruchsituation wie heute, dennoch kann man in

Deutschland (und in ähnlicher Form in zahlreichen anderen Ländern) eine ganze Reihe konkreter programmlicher Wandlungsprozesse beobachten, die sich weitgehend unabhängig vom Angebotsverhalten einzelner Sender vollziehen. Jeder dieser Prozesse ist als programmliche Reaktion auf je spezifische Ensembles von Einflußfaktoren interpretierbar; als Ergebnis werden hierbei nicht lineare 'Trends' sichtbar, sondern Entwicklungsdynamiken, die durchaus verschiedene, sogar gegensätzliche bzw. komplementäre programmliche Auswirkungen haben können.

3.1. Globalisierung und Regionalisierung

Hatte die Einführung des dualen Systems zunächst eine deutliche Vermehrung von Programm- und Konzeptimporten aus den USA zur Folge, so dominieren mittlerweile andere Entwicklungstendenzen. Natürlich werden auch weiterhin beispielsweise erfolgreiche amerikanische Serien wie 'Deep Space Nine' oder 'Emergency Room' von deutschen Sendern übernommen, und das mit weitaus geringerem zeitlichen Abstand zur Erstausstrahlung als in früheren Jahrzehnten, gerade im fiktionalen Bereich ist der Anteil amerikanischer Produktionen bei den meisten Sendern jedoch rückläufig. Zu dieser Tendenz trägt zum einen der Umstand bei, daß sich Eigen- bzw. Auftragsproduktionen in der Regel weitaus besser zum Aufbau von Senderimages eignen als Kaufprogramme, zum anderen hat sich in Deutschland wie auch in fast allen anderen europäischen Staaten gezeigt, daß, von Top-Spielfilmen abgesehen, einheimische Produktionen von der einheimischen Zuschauerschaft präferiert werden. Aufgrund steigender Kosten für eigene Produktionen bei wachsendem Programmbedarf und angesichts eines weitgehend leergekauften US-Marktes ist zumindest eine relative 'Globalisierung' des Programmimports abzusehen, also der vermehrte Einkauf auf anderen Märkten: Schon heute deutet sich diese Tendenz beispielsweise in Form von mexikanischen und brasilianischen Telenovelas, französischen Krimiserien ('Kommissar Moulin') und Fantasyreihen aus Italien ('Prinzessin Fantaghiró') an.

Die prinzipiell höheren Erfolgschancen einheimischer Produktionen mit dem Zugriff auf den internationalen Programmmarkt verbindet die Format-Adaption: Hierbei wird ein ausländisches Serienkonzept an deutsche Gegebenheiten angepaßt und unter Berücksichtigung des Marktpotentials und des Markenartikelcharakters des Originals neu realisiert – wie etwa bei der Daily Doap 'Gute Zeiten, schlechte Zeiten', der deutschen Adaption der niederländischen Adaption der australischen Serie 'Restless Years'.

Nicht zu erwarten ist eine 'Regionalisierung' des Programmangebots im Sinne einer verstärkten Ausrichtung auf Europa – die schlechten Erfahrungen, die in der Vergangenheit mit dezidiert europäischen Projekten wie 'Mission Eureka' und 'Eurocops' gemacht worden sind (beides Projekte der Europäischen Produktionsgemeinschaft EPG), lassen Sender wie Produzenten auf solche Vorhaben verzichten. In verschiedenen Programmbereichen ist dagegen mit einer nationalen Regionalisierung zu rechnen, also der verstärkten Hinwendung zu regionalen bzw. lokalen Themen, der Präsentation einzelner Landschaften, kurz: der Thematisierung und Inszenierung der Nahwelt 'Heimat'. Für diese Prognose sprechen nicht nur die dauerhaften Erfolge von Serien wie der 'Schwarzwaldklinik' bis zum 'Bullen von Tölz' und der Regionalmagazine der Dritten ARD-Programme, sondern auch das Interesse, auf das neue Lokalsender und Konzepte für ein 'Ballungsraumfernsehen' stoßen.

3.2. Genre-Differenzierung und Angebotsmischung

Ebenso wie in anderen Bereichen der populären Kultur stellen auch beim Fernsehen als 'Genres' etikettierbare Angebotstypen im Laufe medialer Entwicklungsprozesse gewachsene Konstrukte dar, die sich anhand bestimmter inhaltlicher Merkmale identifizieren lassen und mit bestimmten Rezeptionsweisen verbunden sind bzw. diese organisieren. Kommt es zu Veränderungen des kulturellen Marktes, auf dem diese Genres angebots- und nachfragestrukturierend wirken, sind auch Modifikationen des Genre-Repertoires absehbar, begriffliche Veränderungen eingeschlossen. Falls sich beispielsweise ein bestimmter Angebotstyp als erfolgreich erweist, werden anschließend Imitationen auftauchen, die an diesem Erfolg partizipieren wollen; sollten auch diese auf Zuspruch stoßen, hat nicht nur das betreffende Genre an Bedeutung gewonnen, sondern es ist auch eine Genre-Differenzierung absehbar, die Herausbildung neuer

Unterformen. Derartige Prozesse sind aus der Geschichte populärer Medien vertraut, etwa durch die Re-Positionierung des Kinofilms nach der Durchsetzung des Fernsehens als wichtigstem audiovisuellen Medium, die unter anderem eine völlige Neubestimmung des filmischen Genre-Kanons zur Folge hatte, oder die Ausdifferenzierung des Pop-Musikmarktes in den 60er und 70er Jahren. Die Marktsegmentierung, mit der solche Prozesse zwangsläufig verbunden sind, provoziert eine Gegenbewegung, die die Bündelung von Publika durch die Mischung von Elementen intendiert – wie etwa George Lucas' 'Star Wars'-Filme oder verschiedene Varianten von popmusikalischem 'Crossover' (z. B. Pop-Techno, Metal-Rap etc.).

Auf der Grundlage eines von Produzenten und Zuschauern geteilten Wissens über Genre-Konventionen sind vergleichbare Prozesse im Fernsehbereich insbesondere im Bereich fiktionaler Serien bekannt, wo die Verknüpfung von Genres, Genreparodien und nicht zuletzt intertextuelle Verweise seit langem eine wichtige Rolle spielen (vgl. Schneider 1995, 43f.). Eine neue Qualität von Prozessen der Angebotsdifferenzierung und -mischung zeichnet sich jedoch dadurch ab, daß immer häufiger vormals getrennte Angebotstypen kombiniert werden, wobei auch das alte Konzept der exklusiven Funktionalität weitgehend aufgegeben wird: Zumindest aus Sicht der Programmveranstalter war bis vor wenigen Jahren eine eindeutige Zuordnung von Programmangeboten zu den klassischen Funktionen der Information, Bildung oder Unterhaltung möglich. Sowohl die Kombination von Elementen verschiedener (Sub-)Genres als auch von funktionalen Orientierungen kennzeichnet geradezu neuere Programmentwicklungen – so steht die 'Late Night Show' für die Verbindung von Talk Show und Comedy, 'Reality TV' verknüpft eine (pseudo-)dokumentarische Form mit Unterhaltung und Lebenshilfe, die Sendereihe 'Wie bitte?!' koppelte sogar Lebenshilfe mit Comedy (vgl. Hallenberger 1995, 18f.). Es zeichnet sich eine immer weitgehendere Vermischung von „Programmsorten" ab (vgl. Schneider 1994), die insbesondere die früher mögliche Identifikation von fiktionalen Angeboten mit Unterhaltung und Realitätsdarstellungen mit Information obsolet macht (vgl. Neuberger 1994).

Mit Blick auf das Verhältnis Programm–Zuschauer läßt sich dieser Prozeß als „Optionalisierung" des Programmangebots beschreiben, als Strategie, die „prinzipielle Mehrdeutigkeit von Fernsehtexten" (Wulff 1992, 106) in der Marktkonkurrenz zu nutzen. Es findet eine Re-Konstruktion bzw. Variation des Programminventars statt, die textuelle Optionen für rezeptive Optionen bieten soll, also die Individualität von Rezeptionsvorgängen in Rechnung stellt: Jede Art von Fernsehsendung kann auf sehr unterschiedliche Zuwendungsmotive und Nutzungsweisen stoßen; solche „offenen" Produktionen bieten dadurch höhere Erfolgschancen, daß sie Kompatibilität mit verschiedenen rezeptiven Strategien anstreben.

Für die zukünftige Programmentwicklung sind vor diesem Hintergrund vor allem drei konkrete Perspektiven zu erkennen. Greift man auf den traditionellen Funktionskanon zurück, wird sich erstens die Zahl der Produktionen erhöhen, die Unterhaltung nicht nur mit Information verknüpfen, sondern auch mit Ratgeber- bzw. Lebenshilfefunktionen – also mit Angeboten, die ihre potentielle „Nützlichkeit" für die mit einer weiter wachsenden Fülle von Auswahlmöglichkeiten konfrontierten Zuschauer betonen. Zweitens ist schon heute absehbar, daß sich zwischen traditionell fiktionalen und traditionell non-fiktionalen Angebotstypen neue Zwischenformen etablieren werden (vgl. Müller 1995) – ohne daß dies eine Ununterscheidbarkeit von Wirklichkeit und Fiktion impliziert (vgl. Keppler 1994, 27).

Eine Kombination von fiktionalen und non-fiktionalen Elementen bot beispielsweise das europaweite Medienereignis 'Big Brother', dessen Alltagsinszenierungen hinsichtlich Inhalt und Akteuren mit fiktionalen Daily Soaps kompatibel war, gleichzeitig bot 'Big Brother' Reality TV und ließ sich als Talk Show ohne Moderator beschreiben, strukturiert wurde das Format von Game-Show-Regeln.

Drittens wird es in steigendem Maße zu Programmentwicklungen kommen, die auf mehreren technologischen Plattformen gleichzeitig angeboten werden. Auch in dieser Hinsicht bot 'Big Brother' Neues: Das Geschehen im Haus wurde nicht nur in täglichen Zusammenschnitten im Fernsehen gezeigt, es konnte zusätzlich den ganzen Tag per Webcam im Internet verfolgt werden.

3.3. Ereignisorientierung und Alltagsorientierung

Hinter diesem Begriffspaar verbirgt sich eine auf den ersten Blick paradoxe Entwicklungsdynamik des Programmangebots: Das Fernsehen ist schon lange nicht mehr an sich „Ereignis", sondern Alltagsmedium, trotzdem spielen Ereignis- wie Alltagsorientierung eine zentrale Rolle in der Programmentwicklung, auch und gerade als komplementäre Konzepte.

Ein Zwang zur Ereignisorientierung ergibt sich allein schon aus der Senderkonkurrenz – um sich aus der Masse des Angebots herauszuheben, ist es für jeden Sender wichtig, zumindest einzelne Sendungen als besondere „Fernsehereignisse" herauszustellen. Der gleiche Umstand läßt jede derartige Behautpung jedoch als höchst fragwürdig erscheinen: Senderkonkurrenz bedeutet auch eine Vielzahl zeitgleich angebotener Programmalternativen. Weitere Probleme kommen hinzu: Erstens gibt es nur relativ wenige Programmangebote, die sich als „Ereignis" stilisieren lassen – Erstausstrahlungen von Top-Spielfilmen, Sportübertragungen, Show-Events und allenfalls der Start aufwendig produzierter fiktionaler Serien. Zweitens hat es gerade in diesem Bereich des Programmarktes eine Kostenexplosion gegeben, so daß selbst hohe Zuschauerzahlen für werbefinanzierte Sender keineswegs bedeuten, daß sich aus diesen Programmangeboten Gewinne ergeben. Überdies stellen Investitionen im Sportbereich für jeden Sender insofern ein hohes Investitionsrisiko dar, daß bei fast allen Sportarten (Ausnahme ist hier allenfalls Fußball) das Zuschauerinteresse direkt vom Abschneiden deutscher Sportler abhängt. Die in letzter Zeit zu beobachtende Tendenz, die Zahl der Sportereignisse durch neue, teilweise von Sendern mitfinanzierte Veranstaltungen zu vermehren, wird längerfristig wenig Erfolg haben, da sie hinsichtlich Image und Bedeutung nicht mit dem etablierten Kanon der Turniere und Meisterschaften konkurrieren können. Mittelfristig dürfte sich daher das Angebot an „Fernsehereignissen" nicht wesentlich von dem heutigen unterscheiden, das sich im übrigen in hohem Maße mit dem der letzten Jahrzehnte deckt. Was sich dagegen weiter verändern wird, ist die ereignisorientierte Programmpräsentation (wie z. B. die Bündelung von Angeboten zu Programmreihen, wobei die Reihung selbst als Argument zur Behauptung der Ereignishaftigkeit dient) und die Programmaufwertung durch Rahmensendungen (z. B. Dokumentationen über die Vorgeschichte von Show-Events oder die Produktion eines Films) bzw. zusätzlich inszenierte Begleitveranstaltungen, auf die im Programm hingewiesen wird und über die berichtet werden kann (z. B. Parties zum Serienstart).

So wichtig eine zwangsläufig kleine Zahl von „Fernsehereignissen" für die Senderprofilierung und die Strukturierung des Programmangebots bleiben werden, das für die weitere Programmentwicklung zentrale „Ereignis" der jüngeren Fernsehgeschichte war gerade die umfassende Veralltäglichung des Mediums. Eingebunden in allgemeine soziale und kulturelle Wandlungsprozesse forcierte die Einführung des dualen Systems Prozesse der Entautorisierung des Fernsehens und der Individualisierung und Flexibilisierung von Nutzungsweisen: Das zuvor „öffentliche" Medium wurde immer mehr zum „privaten". Diese tendenzielle Verlagerung von Machtpotentialen von der Anbieter- zur Nachfragerseite löste auch hinsichtlich des Programmangebots einen deutlichen Trend in Richtung einer Alltagsorientierung aus – alltägliche Akteure, in Protagonisten des Fernsehens verwandelte Zuschauer treten in Talk und Game Shows auf; alltagsbegleitende, oft sogar täglich ausgestrahlte fiktionale Serien spielen mit der „Spannung zwischen Leben und Serie" (Keppler 1994, 27); ebenso wie nachtmittägliche Talk Shows führen unter anderem Homevideo-Sendungen und Reality TV Bedrohungen der Alltagswelt vor und zugleich Wege der Krisenbewältigung. Alle diese Programmformen verbindet, daß sie nicht nur Alltag medialisieren, sondern auch alltägliche Rezeptionssituationen stillschweigend voraussetzen – sie verlangen kein konzentriertes Verfolgen des Geschehens auf dem Bildschirm, statt dessen bieten sie selbst beiläufigen Zuschauern, die gleichzeitig anderen Alltagsbeschäftigungen nachgehen, die Möglichkeit positiver Rezeptionserlebnisse.

Trotz aller Flexibilisierung von Tagesabläufen ist auf absehbare Zeit gesamtgesellschaftlich immer noch von einer prinzipiellen Unterscheidbarkeit von Arbeits-Tag und Freizeit-Abend auszugehen, mit denen sowohl unterschiedliche Umfänge als auch unterschiedliche Formen der Fernsehnutzung sowie unterschiedliche Erwartungshaltungen bezüglich des Programmangebots verbunden werden können. Vor diesem Hintergrund werden Ereignis- und Alltagsorientierung tatsächlich als komplementäre Konzepte erkennbar: Während für die Mehrheit der potentiellen Zuschauer das vor- und nachmittägliche Fernsehangebot primär alltagsbegleitend fungiert und hier eine weitere Zunahme alltagsthematisierender Sendungen fiktionaler wie non-fiktionaler Art erwartet werden kann, steht der Fernseh-Abend als überwiegend dem Freizeitbereich zugeordneter Tagesabschnitt, also auch als Differenzzone des „Nicht-Alltags im Alltag" im Zeichen der Erwartung des Außergewöhnlichen, dessen mediale Erscheinungsform das „Fernsehereignis" darstellt.

3.4. Programmveränderung durch technische Innovationen

Jede Aussage zu Veränderungen der Programmlandschaft des Fernsehens infolge technischer Innovationen ist zwangsläufig in hohem Maße spekulativ: Zwar läßt sich das programmverändernde Potential neuer Technologien annähernd beschreiben, in welcher Form Angebotsveränderungen dann tatsächlich stattfinden, hängt jedoch von einer Vielzahl von Rahmenbedingungen ab – angefangen bei der allgemeinen Wirtschaftsentwicklung bis hin zur Integrierbarkeit denkbarer neuer Programmformen in habitualisierte Nutzungsweisen medienkultureller Angebote. Die Mediengeschichte bietet zahlreiche Beispiele technisch hochinteressanter Innovationen, die nie über das Stadium einer kurzfristigen Attraktion hinausgekommen sind – vom 3-D-Film über die Quadrophonie bis zu HDTV, einem zentralen Diskussionsthema zu Beginn der 90er Jahre. So versprach HDTV die Möglichkeit neuer Dramaturgien und einer Veränderung eingeführter Bildästhetiken, dennoch spielt das hochauflösende Fernsehen schon heute in aktuellen Diskussionen keine eigenständige Rolle mehr, zu einer breiten Markteinführung ist es nie gekommen (vgl. Thomsen 1994, 328 ff.; auch Stipp 1994, 392).

Statt dessen ist HDTV zu einem Randaspekt des bevorstehenden Übergangs in das Zeitalter des digitalen Fernsehens (vgl. allgemein Paukens/Schümchen 2000) geworden, der vor allem mit zwei Schlagworten verbunden ist: 'Multimedia' und 'Interaktivität' (vgl. allgemein Schanze/Kammer 1998, 2001). Bedeutete bereits die massenhafte Verbreitung von Videorecordern zwar noch nicht den Verlust, aber die Bedrohung der herausgehobenen Position des (Programm-)Fernsehens, das nun nicht mehr alleiniges heimisches AV-Medium war, so stellt die rasante Vermehrung multimedialer Angebote und ihrer Nutzung die kulturelle Institution 'Fernsehen' grundsätzlich in Frage. Die Videotechnologie erlaubte den Zugang zu neuen Programmquellen, die Programmnutzung erfolgte aber weiterhin auf dem traditionellen Fernsehbildschirm; heute hingegen konkurrieren u. a. nicht nur Programm- bzw. Datenquellen (DVD, Internet, Kabel, Telefonnetz etc.), sondern auch verschiedene Nutzungsorte – der Fernseh- mit dem Computerbildschirm und beide mit mobilen Displays. Mit der Ablösung des analogen durch ein digitales Fernsehen werden Prozesse technischer Konvergenz zusätzlich begünstigt, ein völliges „Verschmelzen" von Fernsehen und Computer, gar ein „Ende der Massenkommunikation" ist dennoch nicht zu erwarten – selbst wenn bereits heutige Computer auch zum Fernsehen genutzt werden können und künftige Fernsehgeräte Computermodule enthalten werden (vgl. Hoffmann-Riem/Vesting 1994, 383f.). Was sich hingegen abzeichnet, ist eine Ausdifferenzierung von Medienangeboten, die teils computer- bzw. fernsehspezifisch bleiben werden, teils auf beiden Plattformen möglich sind (z. B. Homeshopping). Die Frage der eingesetzten Basistechnologie ist in diesen Fällen dann keine prinzipielle mehr, sondern kann von Nutzern anhand von Kriterien wie Preis oder Qualität des Gebotenen flexibel gehandhabt werden.

Vor diesem Hintergrund erwecken Diskussionen über „interaktives Fernsehen", die Mitte der 90er Jahre intensiv geführt wurden, oftmals den Eindruck vorgezogener Nachhutgefechte, mit denen absehbaren Bedeutungsverlusten des Fernsehens gegenüber computergestützten Anwendungen entgegengearbeitet werden sollte. Experten sind sich weitgehend darin einig, daß bislang noch keine brauchbaren Konzepte für innovatives interaktives Fernsehen existieren (vgl. Hoffmann-Riem/Vesting 1994, 383; Stipp 1994, 393): Die am häufigsten mit interaktivem Fernsehen assoziierten Angebotsformen Video-on-Demand bzw. Near-Video-on-Demand und Pay-per-View ermöglichen zwar einen individualisierten Programmzugriff, haben aber genaugenommen mit „Interaktivität" wenig zu tun, da sich die Nutzeraktivität auf die Selektion beschränkt; Homeshopping ist zwar ein handlungsintensiveres Angebot, aber letztlich nur eine High-Tech-Variante des Bestellens aus einem Katalog; Games-on-Demand schließlich lassen sich schon eher als „interaktiv" bezeichnen – falls man Videospiele so etikettieren will –, allerdings stellen sie ebenso wie Homeshopping keine genuinen Fernsehangebote dar, da sie genausogut am Computerbildschirm abgewickelt werden können.

Unabhängig von der Einführung des digitalen Fernsehens sind einige andere Formen der Interaktivität auch in Deutschland schon vor einiger Zeit ausprobiert worden – die interaktive Game Show und das interaktive Fernsehspiel: In beiden Fällen beeinflussen die Zuschauer per Telefon den Sendungsverlauf; während es bei der Game Show jeweils einzelne Zuschauer sind, die ein Spiel absolvieren, entscheidet beim interaktiven Fernsehspiel die Mehrheit der Anrufer, welchen Ausgang die Handlung nimmt. Besonders erfolgreich war bislang keine Variante. Man kann vermuten, daß es für die Zuschauer nur von begrenztem Interesse ist, anderen beim Spielen zuzuschauen; plausibel ist auch die Annahme, daß der Reiz einer fiktionalen Produktion gerade darin besteht, eine Geschichte erzählt zu bekommen und nicht darin, sie selbst zu Ende zu denken. Ähnliche Gründe lassen vermuten, daß die Zukunftschancen für ein weiteres Konzept des interaktiven Fernsehens nicht sehr viel besser sind, nämlich das Multi-Tasking. Unter diesem Begriff versteht man die parallele Ausstrahlung unterschiedlicher Kameraansichten auf das gleiche (z. B. Sport-)Ereignis auf mehreren Kanälen, so daß sich der Zuschauer als eigener „Regisseur" betätigen kann.

Tatsächlich deuten bisherige Erfahrungen mit Pilotprojekten in den USA an, daß das Interesse an interaktiven Optionen nicht sehr groß ist, sofern sie über die Programmselektion hinausgehen (vgl. Schwartz 1995, auch Bleicher 1994). So lange Computer und Fernsehen verschiedene technische Plattformen darstellen, stehen beide offenbar auch für qualitativ unterschiedliche Zuwendungs- und Nutzungsmodi: Während der Computer eher als „aktives" Medium wahrgenommen wird, das kontinuierlich Entscheidungen verlangt, Arbeit erleichtert und Zeit sparen hilft, ist das Fernsehen in hohem Maße ein „time-wasting device" (Schwartz 1995, 151), der Passivität toleriert und auch ein nur mit teilweiser Aufmerksamkeit registriertes Angebot im Hintergrund bereitstellen kann. Von daher ist abzusehen, daß innovative Formen interaktiven Fernsehens zwar gelegentlich als künstlerische oder technische Experimente im zukünftigen Fernsehangebot auftauchen werden, über ein Nischendasein aber nicht hinauskommen werden – weitaus größere Chancen für solche Versuche bieten dagegen andere Digitalmedien.

4. Programmwandel und -kontinuität

Die digitale Revolution wird sich in den nächsten Jahrzehnten mit hoher Wahrscheinlichkeit als langsamer Evolutionsprozeß vollziehen, bei dem viele vertraute Programmformen in weitgehend unveränderter Gestalt lediglich den Distributionskanal wechseln werden und von den Zuschauern unmittelbar entgolten werden müssen. Wie oben angedeutet, dürfte es in verschiedenen Programmbereichen zu inhaltlichen Veränderungen kommen sowie zu einer weiteren Angebotsvermehrung und -differenzierung nach Sparten- und Vollprogrammen. Da die Kosten für die Einrichtung eines Spartenkanals immer noch weitaus höher als für die Gründung einer Zeitschrift sind, wird der vielzitierte „audiovisuelle Kiosk" ein relativ begrenztes Angebot bereithalten: Der Musikkanal für die Freunde klassischer Musik ist noch ein durchaus realisierbares Senderformat, wogegen selbst ein europaweit ausgestrahlter Bergsteigerkanal kaum finanzierbar sein dürfte.

Das Finanzierungsproblem verweist auf ein weiteres: Schon in den letzten zehn Jahren der europaweiten Vermehrung der Sender und Programmplätze wurde ersichtlich, daß die Programmknappheit ein wesentliches Hindernis der Fernsehentwicklung war, und dieser Befund behält auch in Zukunft seine Gültigkeit. Die Zahl der Neuproduktionen, bei denen in den meisten Programmbereichen mit hohen Herstellungskosten gerechnet werden muß, liegt deutlich unter der der zu füllenden Sendeplätze; angesichts der weiteren Vermehrung der verfügbaren Kanäle durch die digitale Datenkompression wird diese Differenz noch größer werden.

Neben die Unterscheidung von Voll- und Spartenprogrammen kann daher mittelfristig eine weitere treten – die Unterscheidung von aktuellen Programmfernsehen und Archivfernsehen. Während Vollprogramme allein schon wegen ihrer zentralen Rolle im Rahmen von „Senderfamilien" primär Neuproduktionen und „Fernsehereignisse" präsentieren werden, dürfte die Wiederverwertung von eigenen oder angekauften Programmbeständen zentraler Inhalt vieler – wenn auch nicht aller – Spartenkanäle und

Pay-TV-Diensten sein (vgl. Atkinson 1995; Ott 1995), auch Mischformen (Wiederholungen im Tagesprogramm, Neuproduktionen zur Hauptsendezeit) sind dabei denkbar. Das inhaltliche Spektrum solcher Archivkanäle ist im Vergleich mit heute üblichen Wiederholungspraktiken noch erheblich erweiterbar, etwa um Sportübertragungen, Game und Talk Shows etc.

Auf diese Weise lassen sich nicht nur viele neue Distributionskanäle füllen, im Prozeß der Re-Positionierung des Fernsehens in einer sich drastisch verändernden Medienlandschaft wird so eine neue Facette sichtbar: War das Fernsehen vormals ein „Fenster zur Welt" und hat es sich inzwischen in ein alltägliches, alltagsbegleitendes und Alltag kontrastierendes Medium verwandelt, gewinnt es nun erneut die Qualität eines „Fensters" – eines Fensters in den Teil der Lebensgeschichte jedes Zuschauers, den seine private Fernsehgeschichte darstellt.

5. Literatur

Atkinson, Claire, Repeat after me. In: TV World, 1995/5, 29–30

Bleicher, Joan K., Ästhetik und Dramaturgie des Interaktiven Fernsehens. In: Medien und Erziehung, 1994/5, 262–267

–/Rolf Großmann/Gerd Hallenberger/Helmut Schanze, Deutsches Fernsehen im Wandel. Perspektiven 1985–1992. Siegen 1993

Hallenberger, Gerd, „Neue Sendeformen". Thesen zur Entwicklung des Programmangebots im deutschen Fernsehen". In: montage/av 4, 1995/2, 5–20

–/Ute Holdenried (Hrsg.), Neue Sendeformen im Fernsehen. Ästhetische, juristische und ökonomische Aspekt. Siegen 1995

Hickethier, Knut, Online mit der Zukunft. Zum Diskurs über die neuen Medien. In: Ästhkommunik 24, 1995/1, 9–15

–, Dispositiv Fernsehen. Skizze eines Modells. In: montage/av 4, 1995/1, 63–83

Hoffmann-Riem, Wolfgang/Thomas Vesting, Ende der Massenkommunikation? Zum Strukturwandel der technischen Medien. In: MP, 1994/8, 382–391

Keppler, Angela, Wirklicher als die Wirklichkeit? Das neue Realitätsprinzip der Fernsehunterhaltung. Frankfurt a. M. 1994

Kreimeier, Klaus, Lob des Fernsehens. München/Wien 1995

Kundrun, Bernd, Pay-TV als Fernsehform der Zukunft. Schritte der Evolution. In: Interactive Services '96. Dokumentation. O. O. 1996, 32–34

Müller, Eggo, Television Goes Reality. Familienserien, Individualisierung und 'Fernsehen des Verhaltens'. In: montage/av 4, 1995/1, 85–106

Neuberger, Christoph, Was ist neu am neuen Fernsehen? Funktionale Ambivalenz, diffuse Bezüge und der Verlust der Harmlosigkeit. In: medium 24, 1994/2, 67–71

Ott, Klaus, Videothek im Wohnzimmer. In: Spiegel Special, 1995/8, 51

Paukens, Hans/Andreas Schümchen, Digitales Fernsehen in Deutschland. Explorative Studie zur Entwicklung digitaler Pay-TV-Angebote. München 2000

Röckenhaus, Freddie, Wie viele Programme erträgt 1 Mensch? In: Die Zeit, 1993/48, 13–15

Schanze, Helmut/Manfred Kammer (Hrsg.), Interaktive Medien und ihre Nutzer. 3 Bde., Baden-Baden 1998, 2001

Scheffler, Hartmut, Einschätzung, Interesse und Akzeptanz des digitalen Fernsehens bis zum Jahr 2000. In: Interactive Services '96. Dokumentation. O. O. 1996, 82–86

Schmid, Ulrich/Herbert Kubicek, Von den „alten" Medien lernen. Organisatorischer und institutioneller Gestaltungsbedarf interaktiver Medien. In: MP, 1994/8, 401–408

Schneider, Irmela, Vom Ereignis zur Performance. Zur Erzählstruktur und Erlebnisfunktion von Serien. In: Serien-Welten. Strukturen US-amerikanischer Serien aus vier Jahrzehnten. Hrsg. v. Irmela Schneider. Opladen 1995, 42–51

Schneider, Norbert, Begriffsverlust und Zeitgewinn. Staatsvertragsnovellierung: ein Plädoyer für Klärungen. In: epd/Kirche und Rundfunk, 1994/96, 3–5

Schwartz, Evan I., People are supposed to pay for this stuff? In: Wired 3, 1995/7, 148–153 u. 187–191

Stipp, Horst, Welche Folgen hat die digitale Revolution für die Fernsehnutzung? Die amerikanische Debatte über die Zukunft des Fernsehens. In: MP, 1994/8, 392–400

Thomsen, Christian W., Zukunftsperspektiven des Fernsehens. In: Vom „Autor" zum Nutzer. Handlungsrollen im Fernsehen. Hrsg. von Werner Faulstich. München 1994

Wulff, Hans J., Mehrdeutigkeit als Problem der Fernsehtheorie. In: Fernsehtheorien. Dokumentation der GFF-Tagung 1990. Hrsg. von Knut Hickethier/Irmela Schneider. Berlin 1992, 101–108

–, Rezeption im Warenhaus. Anmerkungen zur Rezeptionsästhetik des Umschaltens. In: Ästhkommunik 34, 1995/1, 61–66

Gerd Hallenberger, Siegen
(Deutschland)

240. Forschungsgeschichte des Fernsehens

1. Vorbemerkung
2. Probleme und Grundlinien einer Forschungsgeschichte des Fernsehens
3. Fernsehforschung als Kommunikationsforschung
4. Entwicklungslinien der Fernsehforschung
5. Schlußbemerkungen
6. Literatur

1. Vorbemerkung

Die Spuren der Forschungsgeschichte des Fernsehens müssen auf vielen Pfaden gesucht werden. Eine lineare, chronologische Entwicklung im Rahmen einer Disziplin Fernsehwissenschaft hat nicht stattgefunden. Die eine Forschungsgeschichte des Fernsehens gibt es daher nicht. Die Geschichte der Fernsehforschung setzt sich vielmehr aus Episoden in verschiedenen Einzeldisziplinen (Soziologie, Psychologie, Germanistik, Kulturwissenschaft und andere) sowie aus der Teilgeschichte von Disziplinen wie Publizistik- und Kommunikationswissenschaft, Medienwissenschaft und Literaturwissenschaft zusammen. Insbesondere die Geschichte der Publizistik- und Kommunikationswissenschaft hat die Fernsehforschung wesentlich beeinflußt. Doch auch diese Disziplin hat ihre Tradition, die in anderen Mutterdisziplinen wurzelt. Eine Systematisierung der Forschungsgeschichte des Fernsehens, die alle Episoden, Disziplinen und Verwerfungen in einen Zusammenhang stellt, ist bisher nicht geleistet worden. Eine Forschungsgeschichte des Fernsehens kann daher allenfalls systematisch-episodischen Charakter haben, die den verschiedenen Entwicklungen weitgehend Rechnung trägt. In den Blick rücken so lediglich Hauptströmungen, Nebenlinien finden wenn, dann nur am Rande Beachtung. Auf die wichtigsten Traditionen wird im folgenden näher eingegangen, bevor die wesentlichen Entwicklungslinien der Fernsehforschung dargestellt werden.

2. Probleme und Grundlinien einer Forschungsgeschichte des Fernsehens

Eine Geschichte der Fernsehforschung beginnt nicht erst mit der technischen Erfindung des Fernsehens. Sie setzt auch nicht zu dem Zeitpunkt ein, als das Fernsehen sich als Massenmedium durchgesetzt hat. Sie beginnt viel früher. Einerseits folgt die Fernsehforschung, die sich über ihren Gegenstand, das Fernsehen, definiert, dem Muster sich neu entwickelnder Disziplinen: Sie bedienen sich bei den Traditionen anderer Forschungsrichtungen sowie den Forschungen über historische Vorläufer des Gegenstandsbereiches. Ein großer Teil der Fernsehforschung fußt auf der Radioforschung, und kann so generell der Rundfunkforschung zugeordnet werden. Die Fernsehforschung erfindet die Forschung nicht neu, lediglich ihr Gegenstand ist neu. Andererseits muß die historische Erforschung des Fernsehens ebenfalls bereits vor der Erfindung des Fernsehens beginnen, will sie nicht die Einordnung dieses Mediums des 20. Jhs. in die generelle Entwicklung technischer Kommunikationsmedien außer acht lassen. Denn wie Uricchio (1997b, 20) angemerkt hat: „The televisual, as both an imaginary and a technological construct, was born with the invention of the telephone in 1876." Entsprechend entwickelt sich die historische Fernsehforschung als Teil einer umfassenderen Geschichte der Kommunikationstechniken, insbesondere der elektronischen Massenmedien.

Da sich Herrschaft, und damit auch der Staat, in demokratischen Gesellschaften über öffentliche Zustimmung legitimiert, kommt den Massenmedien eine große politische Bedeutung zu. Das Fernsehen unterliegt daher wie alle anderen Medien auch politischen Regelungen. Außerdem ist es auch von technischen Entwicklungen und ökonomischen Strukturen abhängig. Insbesondere Politik und Ökonomie üben einen nicht unwesentlichen Einfluß auf die Fernsehforschung aus. Das trifft nicht nur auf die angewandte Forschung zu, die im Dienst von Rundfunkanstalten, werbetreibender Industrie sowie politischen und gesellschaftlichen Institutionen durchgeführt wird, sondern auch für die akademische, universitäre Grundlagenforschung, die nicht frei von gesellschaftlichen Einflüssen ist. So hatte nach dem Ersten Weltkrieg die Kommerzialisierung des Radios in den USA eine große Bedeutung für die Entwicklung der Kommunikationsforschung (vgl. Delia 1987, 47). Hinzu kam die politische Bedeutung des Radios als Mittel zur Beeinflussung der öffentlichen Meinung und als Propagandamittel, die einige Aspekte der Kommunikationsforschung vorantrieb. Das hat sich auch mit dem Fernsehen nicht geändert. Das Interesse der Werbewirtschaft an der Zusammensetzung des Publikums und des Publikumszuspruchs führte zu einer kontinuierlichen Messung von Zuschauerzahlen (vgl. 4.1.) sowie zu einer Ausweitung der angewandten Fernsehforschung. Aber auch die universitäre Forschung profitierte von der Kommerzialisierung des Fernsehens. So fiel in der Bundesrepublik Deutschland die Einrichtung des von der Deutschen Forschungsgemeinschaft geförderten Sonderforschungsbereichs 'Ästhetik, Pragmatik und Geschichte der Bildschirmmedien' mit dem Schwerpunkt 'Fernsehen in der Bundesrepublik Deutschland' an der Universität-Gesamthochschule Siegen (vgl. Ludes/Schütte 1997, 44ff.) mit der Einführung des dualen Rundfunksystems, und damit der Kommerzialisierung des Fernsehens in der Bundesrepublik zusammen. Die aufgrund der föderalen Struktur der Bundesrepublik in den einzelnen Bundesländern gegründeten Landesmedienanstalten wurden gesetzlich zur Förderung der Forschung verpflichtet. Davon profitierte sowohl die angewandte Fernsehforschung in Deutschland wie auch die universitäre Forschung (vgl. LfR 1996, 5ff.). Wie sehr die Rundfunk- und Fernsehforschung von politischen Bedingungen abhängt, zeigt sich besonders deutlich in totalitären Staaten (vgl. Wiedemann 1990, 344ff.). Grundsätzlich bedingen die politischen und ökonomischen Strukturen eine unterschiedliche Entwicklung der Fernsehforschung in einzelnen Staaten; auf die Unterschiede in den Industriestaaten der sogenannten Ersten Welt und den Staaten der Dritten Welt kann hier aus Platzgründen nicht eingegangen werden (vgl. Melo 1988, 405ff.; Ito 1993, 69ff.). Zugleich bestimmt die Wissenschaftsgeschichte in den einzelnen Staaten, welche Mutterdisziplinen einen Einfluß auf die Fernsehforschung hatten oder ihr eine Heimstatt boten. Während z.B. in Italien vor allem Soziologen über das Fernsehen forschten (vgl. Bechelloni 1984, 19ff.; Richeri 1988, 101ff.), waren es in Großbritannien Literaturwissenschaftler und Soziologen (vgl. Williams 1974, 9ff.), in Deutschland von der Zeitungswissenschaft kommende Publizistikwissenschaftler (vgl. Dovifat 1956, 3ff.; Eberhard 1961, 259ff.; Eurich 1980, 20ff.) und in den USA die verschiedenen Bereiche der Kommunikationsforschung mit ihren vor allem soziologischen, sozialpsychologischen und sprachwissenschaftlichen Traditionen (vgl. Delia 1987, 24ff.), die den Mainstream der Fernsehforschung in den jeweiligen Staaten ausmachten. Trotz aller nationalen Unterschiede gab es dennoch eine Reihe von Gemeinsamkeiten, da sowohl die europäischen als auch die lateinamerikanischen Staaten sowie Japan auf die Entwicklung der Fernsehforschung in den USA schauten. Dort hatte sich das Fernsehen als Massenmedium schon sehr früh etabliert, und mit ihm sowohl eine angewandte als auch eine universitäre Fernsehforschung.

3. Fernsehforschung als Kommunikationsforschung

Bevor sich in den sechziger Jahren des 20. Jhs. in den einzelnen Staaten die Fernsehforschung etablieren konnte, waren bereits Strukturen der Kommunikationsforschung gewachsen, auf die sie aufbauen konnte. Die Kommunikationsforschung in den USA war Vorbild für viele andere Staaten.

3.1. Die amerikanische Tradition

In den Vereinigten Staaten entwickelte sich sehr früh eine Kommunikationsforschung, die sich allerdings nicht auf ein bestimmtes Medium konzentrierte, sondern sich aus verschiedenen Blickwinkeln den Medien näherte. Zwei wesentliche Grundpfeiler waren einerseits die Analyse von Propaganda nach dem Ersten Weltkrieg und damit verbunden die Forschungen zur öffentlichen Meinung, wie sie von Harold Lasswell (1927) und Walter Lippmann (1922) durchgeführt wurden, sowie andererseits Studien, die dem Bereich des 'Journalism Research' zuzurechnen waren. Aus beiden Richtungen gingen eigene Fachzeitschriften hervor, zunächst 1924 'Journalism Quarterly' (vgl. Eurich 1980, 54) und dann 1937 'Public Opinion Quarterly' (vgl. Delia 1987, 29). Im Zentrum dieser Forschungsrichtungen stand die politische Kommunikation. Daneben gab es in den zwanziger Jahren zwei weitere Richtungen, die die Kommunikationsforschung stark beeinflußten: die Soziologie und die Sozialpsychologie. Die Rolle der Kommunikation im sozialen Leben war ein bedeutender Schwerpunkt der Forschungen der 'Chicago School of Sociology'. Nach Delia (1987, 31ff.) beeinflußte die 'Chicago School' die Entwicklung der Kommunikationsforschung in dreierlei Weise: Erstens war sie eine starke Kraft bei der Etablierung der Soziologie als Wissenschaft mit einem großen Stellenwert der empirischen Forschung, und damit indirekt auch der Kommunikationswissenschaft; zweitens durch ihre Förderung einer theoriegeleiteten angewandten soziologischen Forschung; drittens durch die Impulse für sozialpsychologische Forschung innerhalb der Soziologie, die bis dahin ihren Platz hauptsächlich in der Psychologie hatte. Die sozialpsychologische Forschung innerhalb der Psychologie war vor allem durch ihre Präferenz für experimentelle Ansätze, durch ihren Eklektizismus sowie dadurch gekennzeichnet, daß sie als Grundlage der Kommunikation komplexe vermittelnde Prozesse sah und so individuellen Unterschieden größere Bedeutung beimaß als dramatischen direkten Effekten (vgl. Delia 1987, 38f.). Neben der vom Motion Picture Research Council mit finanziellen Mitteln des Payne Fund in den dreißiger Jahren durchgeführten Forschung über Filme und die Jugend (vgl. Charters 1933, 1ff.), die in insgesamt zwölf Bänden veröffentlicht wurde, spielten vor allem Untersuchungen zur Propaganda und zur Persuasion sowie zur interpersonalen Kommunikation und zur Gruppenkommunikation eine Rolle (vgl. Delia 1987, 41ff.). Mit den sozialpsychologischen Forschungen, die Wert auf die individuellen Unterschiede in der Rezeption von Medien legten, rückten die Rezipienten stärker in den Blick und wurden so entgegen dem bis dahin dominanten Paradigma der Massenpsychologie nicht mehr nur als Teil einer namenlosen gesellschaftlichen Masse gesehen (vgl. Eurich 1980, 55).

Im Zuge der Kommerzialisierung des Rundfunks entstand ein Bedarf an Kommunikationsforschung: „Broadcasters needed evidence concerning their audiences and advertisers needed information concerning the effectiveness of the media and of their advertisements" (Delia 1987, 47). Dieser Bedarf wurde vor allem von dem Soziologen Paul F. Lazarasfeld und dem Sozialpsychologen Carl I. Hovland erkannt, die einen wesentlichen Beitrag zur Entwicklung der angewandten Kommunikationsforschung leisteten (vgl. Delia 1987, 50ff.; Eurich 1980, 56ff.). Lazarsfeld war 1933 aus Österreich in die USA gegangen. Dort widmete er sich fortan der Rezipientenforschung und ging der Frage nach, welche Wirkungen die Massenmedien zeitigten. Zusammen mit dem Psychologen Hadley Cantril von der Princeton Universität und dem Forschungsdirektor des Networks CBS, Frank Stanton, gründete er ein Office of Radio Research, das mit Mitteln der Rockefeller Foundation betrieben wurde. Zusammen mit Frank Stanton erfand er den 'Lazarsfeld-Stanton-Programm-Analyzer', ein Audiometer, mit dem sich experimentell die Programmpräferenzen von Hörern sowie deren emotionale Reaktionen auf bestimmte Programme erfassen ließen (vgl. Lazarsfeld/Stanton 1941). 1939 wurde das Office der Columbia Universität angegliedert. Hier gründete Lazarsfeld dann auch das 'Bureau of Applied Social Research', das neben Höreranalysen auch Wahlanalysen durchführte und das Verhältnis von interpersonaler und massenmedialer Kommunikation erforschte. Zahlreiche bekannte Forscher, die später in der Fernsehforschung eine Rolle spielten, arbeiteten in Lazarsfelds 'Bureau', z.B. Bernard Berelson, Elihu Katz und Joseph T. Klapper. Lazarsfeld gelang es, die disparaten Zweige der Kommunikationsforschung zusammenzuführen, wenn auch unter den Interessen der kommerziellen Auftraggeber. Insofern hatte er einen enormen Einfluß auf die Etablierung der Kommunikationsforschung in den USA, aber auch auf die internationale Verbreitung der empirischen Sozialforschung (vgl. Pollak 1990, 131ff.). „Under Lazarsfeld's leadership mass communication research in the United States had become a formidable enterprise which was deeply committed to the commercial interests of the culture industry and the political concerns of government" (Hardt 1990, 255). Daran änderte auch Lazarsfelds 1941 publizierter, berühmter Aufsatz über kritische und administrative Sozialforschung wenig, denn unter kritischer Sozialforschung verstand er, „daß jeglicher zweckorientierten Analyse eine Untersuchung über die allgemeine Rolle unserer Kommunikationsmedien innerhalb des gegenwärtigen sozialen Systems vorausgehen und parallellaufen muß" (Lazarsfeld 1973, 16). So kann denn Delia (1987, 51) auch feststellen, daß Lazarsfeld die Brücke zwischen akademischen und kommerziellen Interessen in der Kommunikationsforschung zementiert und die theoretische Relevanz der Kommunikationsforschung basierend auf angewandten Problemen etabliert hat. Carl I. Hovland war experimenteller Psychologe an der Yale Universität. Dort leitete er bis in die sechziger Jahre hinein das 'Yale Communication Research Program' (vgl. Eurich 1980, 61). Außerdem leitete er in den vierziger Jahren das Massenkommunikationsprogramm der 'Army's Information and Education Division', das auch Aufträge an Lazarsfeld und seine Gruppe vergab, und das mit Harold Laswell zusammenarbeitete, der Direktor der 'War Communications Research' Abteilung der Library of Congress war (vgl. Delia 1987, 55f.). Hovland beschäftigte sich vor allem mit der Erforschung der Wirkung von Mitteilungen auf Einstellungen, Meinungen und Verhalten. Seine mit Laborexperimenten gewonnenen Ergebnisse standen teilweise im Widerspruch zu den mit Hilfe von Umfragen gewonnenen Ergebnissen der Sozialforscher. Als Konsequenz leitete Hovland die Vereinigung beider Forschungszweige in die Wege. Eine Systematisierung der empirischen Kommunikationsforschung wurde erst mit Hilfe der berühmten Laswell-Formel möglich: „Who says what in which channel to whom with what effect?" (Laswell 1948, 38). Die Schwerpunkte der empirischen Kommunikationsforschung sind danach die Kommunikatorforschung (who), die Inhalts- bzw. Aussagenanalyse (says what), die Erforschung der Medien (in which channel), die Publikums- bzw. Rezipientenforschung (to whom) und die Wirkungsforschung (with what effect). Allerdings wurde damit eine Einseitigkeit des Wirkungsprozesses unterstellt sowie die Zielgerichtetheit jeder Kommunikation (vgl. 4.5.). Die Entwicklung der empirischen Kommunikationsforschung in den USA führte zu einer großen Fülle empirischen Materials. Erst zu Beginn der sechziger Jahre wurde versucht, es zu systematisieren und zu generalisieren, um so zu mehr theoriegeleiteter Forschung zu kommen. Joseph T. Klapper leitete 1960 mit seinem Buch 'The effects of mass communication' diese Phase ein. Die Tradition der empirischen Kommunikationsforschung war einer der prägenden Einflüsse auf die Fernsehforschung seit den sechziger Jahren.

3.2. Die kritische Tradition

Auch wenn Paul F. Lazarsfeld mit seinem Aufsatz über kritische und administrative Sozialforschung zumindest die Beachtung der gesellschaftlichen Rolle der Massenmedien einklagte, wurde die kritische Traditionslinie der Fernsehforschung durch einen theoretischen Essay eingeleitet, der zunächst 1944 in den USA publiziert wurde, aber erst in den sechziger Jahren verstärkt rezipiert wurde, 'Kulturindustrie. Aufklärung als Massenbetrug' von Max Horkheimer und Theodor W. Adorno (1971, 108ff.). Adorno hatte nach seiner Ankunft in den USA für das Radio-Projekt von Paul F. Lazarsfeld und Frank N. Stanton gearbeitet. Bereits während der Projektarbeit kam es zu Differenzen zwischen den Projektleitern und Adorno, der der angewandten Forschung keinen Erkenntnisgewinn zubilligen wollte, sie habe allenfalls den Wert von Hypothesen (Adorno 1970, 114). In ihrem Essay sahen Horkheimer und Adorno das Publikum als Teil des Systems der Massenmedien, dem es hilflos ausgeliefert sei. Die Massenmedien der Kulturindustrie, allen voran der Rundfunk und die Werbung, würden einen großen Verblendungszusammenhang schaffen, aus dem es kein Entrinnen gebe. Die Massenmedien decken so die Bedürfnisse, die sie selbst erst erzeugt haben. Obwohl Adorno (1963, 69ff.) seine radikale Einschätzung später etwas relativierte, blieb in der Rezeption des Essays in der Kommunikationswissenschaft vor allem die These vom hermetisch abgeschlossenen Verblendungszusammenhang bzw. von den Massenmedien als eine Art Gesamtmanipulator bedeutend (vgl. Kausch 1988, 237). Das Fernsehen erfüllte danach die ideologische Funktion, das kapitalistische System zu stabilisieren. In der Folge bildeten sich Forschungsrichtungen, die von diesen Grundannahmen ausgingen. Einerseits wurde mit sogenannten ideologiekritischen Untersuchungen versucht nachzuweisen, daß die Massenmedien, insbesondere das Fernsehen, das Publikum im Sinne der herrschenden Ideologie beeinflussen (vgl. exempl. Wichterich 1979, 26ff.). Andererseits wurden in an der politischen Ökonomie orientierten Untersuchungen die Produktionsbedingungen der Rundfunkanstalten als Teil des kapitalistischen Wirtschaftssystems als Zeichen für den Verblendungszusammenhang gewertet (vgl. Holzer 1975, 85ff.). Dies galt nicht nur für nationale Kulturen, sondern auch für den Export der US-Kultur via Fernsehen in die übrige Welt. Aufgrund ihrer ökonomischen Macht trat die amerikanische Medien- und Fernsehindustrie ihren Feldzug zur Eroberung der restlichen Welt an. Diese These war der Ausgangs- und Endpunkt mehrerer Studien (vgl. Nordenstreng/Schiller 1979; Schiller 1970). Den Forschern der kritischen Tradition kam dabei nicht in den Sinn, daß sie den Medien grundlegend die gleiche große Wirkung beimaßen, wie die Vertreter der administrativen bzw. positivistischen Forschung, die sie kritisierten (vgl. Luyken 1980, 144ff.). So bezeichnete Schiller (1970, 151) das Fernsehen als „the most educative force in existence". Aber neben dieser Form der kritischen Tradition in der Kommunikationswissenschaft, die sich auf Max Horkheimer und Theodor W. Adorno berief, gab es noch eine andere Richtung, die sich auf die Arbeiten von Leo Löwenthal und Walter Benjamin berief, und die sowohl die Medienproduktion als auch den Medienkonsum als widersprüchlich begreift, und diese Widersprüche als Ausdruck gesellschaftlicher Widersprüche sieht (vgl. Kausch 1988, 237). Diese Traditionslinie beeinflußte verschiedene Richtungen der Fernsehforschung (vgl. 4.5. und 4.6.).

4. Entwicklungslinien der Fernsehforschung

Auch wenn bereits in den fünfziger Jahren erste Untersuchungen zum Fernsehen durchgeführt wurden, kann man doch erst seit Mitte der sechziger Jahre von einer sich etablierenden Fernsehforschung ausgehen. Dieser Prozeß dauerte bis Anfang der achtziger Jahre. Seitdem kann die Fernsehforschung nicht nur in einzelnen Aspekten, sondern in ihrer Gesamtheit als etabliert gelten. Die Etablierung in den achtziger Jahren hängt u.a. mit der Kommerzialisierung des Fernsehens in den europäischen Staaten zusammen sowie mit der wachsenden Bedeutung, die das Fernsehen im Leben des Publikums, nicht nur in Europa, erlangte. Dadurch wurden neben der klassischen Kommunikationsforschung auch andere Disziplinen auf das Fernsehen aufmerksam.

4.1. Die Fernsehforschung der Rundfunkanstalten – Umfragen und Quotenmessungen

Die Rundfunkanstalten hatten bereits zu Radiozeiten mit Hörerbefragungen begonnen. Die Fernsehforschung entwickelte sich so im Rahmen bereits vorhandener Forschungsbemühungen. In den fünfziger Jahren wurde mit der Zuschauerforschung begonnen. Durchgeführt wurden Umfragen und Tagebuchaufzeichnungen. Schließlich wollten kommerzielle Rundfunkanstalten und die Werbung wissen, wie sich das Publikum zusammensetzt und welche Sendungen es sieht. In Deutschland gab verschiedene Untersuchungen, bis dann 1960/61 die erste ARD-Tagesablaufstudie von Infratest durchgeführt wurde (vgl. Bessler 1980, 134ff.). 1964 wurde die Mediavergleichsuntersuchung und Langzeituntersuchung 'Massenkommunikation' initiert (vgl. Bessler 1980, 254ff.), die bis 1995 im Abstand von mehreren Jahren durchgeführt wurde (vgl. Berg/Kiefer 1996, 1ff.). Die Fernsehnutzung wurde in Deutschland erstmals 1968 vom Hamburger Hans Bredow-Institut umfassend erhoben (Hans Bredow-Institut 1968, 41ff.). Mit der Gründung des Zweiten Deutschen Fernsehens (ZDF) im Jahr 1963 begann dann die kontinuierliche Messung der Geräteeinschaltzeiten in Deutschland, zunächst von der Infratam bis 1974 durchgeführt, von 1975 bis 1984 von der Teleskopie-Forschung und seit 1985 von der GfK-Fernsehforschung (vgl. Bessler 1980, 199ff.; Gane 1994, 22ff.). Auch in anderen Staaten wurde die elektronische Messung der Zuschauerbeteiligung eingeführt. Ein einheitlicher Standard für die sogenannten 'Peoplemeter'-Messungen existiert nicht. In Europa haben sich zwei Systeme durchgesetzt, das britische AGB-System und das Schweizer Telecontrol-System, das auch von der GfK Fernsehforschung in Deutschland genutzt wird (vgl. Gane 1994, 24ff.; Riccio 1986, 195ff.; Sharot 1994, 47ff.). In den USA hat Nielsen jahrelang nicht mit einem 'Peoplemeter', sondern mit einem 'Setmeter' gearbeitet (Gane 1994, 27). Unterschiedlich ist allerdings in den einzelnen Staaten auch die Definition, ab wann die Einschaltung gemessen wird, bereits wenn ein Zuschauer im Raum ist, in dem der Fernseher steht oder erst, wenn der Zuschauer auch tatsächlich zuschaut (Gane 1994, 32f.). Die Zuschauer werden in den Panels auf wenige Merkmale reduziert, Motive und Einstellungen zum Fernsehen können nicht erfaßt werden. Damit wird ein standardisiertes Publikum konstruiert, das so in der Realität der Gesellschaft nicht existiert (vgl. Miller 1994, 57ff.).

4.2. Fernsehen und Agenda-Setting

Während des US-Präsidentschaftswahlkampfes 1968 führten die beiden Kommunikationsforscher Maxwell McCombs und Donald Shaw eine Untersuchung in Chapel Hill, North Carolina durch, die den Grundstein für die These von der Agenda-Setting-Funktion der Massenmedien legte (vgl.

Rössler 1997, 59; Schenk 1987, 195). Sie befragten 100 unentschiedene Wähler nach der Priorität der Themen, bei denen die Regierung etwas unternehmen sollte. Die Themenliste der Befragten verglichen sie mit den Ergebnissen einer Inhaltsanalyse der Nachrichtenthemen von vier Lokalzeitungen und den Abendnachrichten von NBC und CBS. Sie stellten dabei fest, daß die Prioritätenliste der Befragten sehr stark mit der Themenrangliste der Medien korrelierte. Daraus schlossen sie auf einen Zusammenhang zwischen der Themenstruktur der Medien (Agenda) und den thematischen Prioritäten des Publikums. Sie formulierten daraufhin die Grundthese des Agenda-Setting-Konzepts: „While the mass media may have little influence on the direction or intensity of attitudes, it is hypothesized that the mass media set the agenda for each political campaign, influencing the salience of attitudes toward the political issues" (McCombs/Shaw 1972, 177). Damit eröffneten sie der Medienwirkungsforschung neue Möglichkeiten jenseits der Erforschung von Einstellungsveränderungen. Als ein wesentlicher Effekt der Massenmedien wird die Themenstrukturierung gesehen, sowohl was die Beachtung der von den Medien hervorgehobenen Themen durch das Publikum angeht als auch hinsichtlich der Themenprioritäten, die die Medien setzen und die vom Publikum übernommen werden. Die meisten Agenda-Setting-Untersuchungen konzentrieren sich auf Printmedien und das Fernsehen, wobei der Vergleich zwischen den beiden Medien besondere Beachtung findet. Allerdings wich man in der Folge von dem ursprünglichen Wirkungskonzept ab, da in den Studien die Rezipientenmerkmale ein größeres Gewicht bekamen. Rössler (1997, 52) stellt denn auch fest: „Neuere Agenda-Setting-Studien beschreiben dementsprechend Medienwirkungen als Folge von Wechselbeziehungen zwischen Medienbotschaften und Rezipientenmerkmalen; das Zusammenspiel von objektiv vorhandenem Potential der Medienbotschaft und den subjektiv vorherrschenden Motivationen und Wissenszuständen der Rezipienten löst individuell verschiedene Medienwirkungen aus." Einfache kausale Zusammenhänge zwischen Medienagenda und Publikumsagenda werden nicht mehr angenommen, ein genereller Zusammenhang wird aber nicht mehr in Zweifel gezogen. Die Studien zur Agenda-Setting-Funktion lassen sich danach unterscheiden, ob sie eine eher medienzentrierte oder eine eher rezipientenorientierte Perspektive verfolgen (vgl. Rössler 1997, 113ff.). Die Bedeutung dieser Forschungsrichtung läßt sich daran ersehen, daß bis 1996 mehr als 350 Publikationen zur Agenda-Setting-Hypothese erschienen sind (Dearing/Rogers 1996, X). Agenda-Setting-Studien haben eine große Bedeutung bei der empirischen Erforschung der politischen Funktion des Fernsehens erlangt.

4.3. Fernsehen und Gewalt

Die Frage nach den Wirkungen von Gewaltdarstellungen in den Medien, insbesondere dem Fernsehen hat zahlreiche Studien hervorgebracht. Neuere Schätzungen gehen von mehr als 5000 existierenden Studien aus, die im wesentlichen drei Richtungen zuzuordnen sind: 1) Soziologische Feldstudien, 2) experimentelle sozialpsychologische Studien, 3) Inhaltsanalysen von Fernsehprogrammen. Als Gewalt wird in den meisten Studien physische Gewalt, die andere Personen oder Sachen schädigt, definiert. Strukturelle oder symbolische Gewalt geraten so nicht in den Blick oder werden der physischen Gewalt zugerechnet, wie z. B. die symbolische Gewalt in Zeichentrickfilmen oder Gewalt in komischen Kontexten. Das gilt insbesondere für die inhaltsanalytischen Studien (vgl. Gerbner/Gross 1976, 173ff.; Groebel/Gleich 1993, 61ff.). Nur selten ist in den Studien nach dem Gewaltbegriff der Zuschauer gefragt worden (vgl. Früh 1995, 172ff.). Eine Ausnahme bilden ebenso qualitativ angelegte Rezeptionsstudien, die versuchen das komplexe alltägliche Bedingungsgefüge der Rezeption von Fernsehgewalt zu berücksichtigen (vgl. Schlesinger/Dobash/Dobash/Weaver 1992, 16ff.; Theunert/Pescher/Best/Schorb 1992, 93ff.). Die verschiedenen Studien zur Wirkung von Gewalt im Fernsehen haben acht Wirkungsthesen hervorgebracht, die zum Teil als widerlegt gelten können (vgl. Kunczik 1994, 53ff.): 1) Die Katharsis- und Inhibitionsthese, nach der die Rezeption von Gewalt im Fernsehen zu einer Befreiung von aggressiven Impulsen führt (Katharsis) oder zumindest einen hemmenden Effekt auf die Ausübung von Gewalt hat (Inhibition). 2) Die Theorie der kognitiven Unterstützung stellt eine Variante der Katharsisthese dar. Hiernach erfahren Individuen mit relativ begrenzten kognitiven Fähigkeiten durch das phantasieanregende Material, das ihnen vom Fernsehen geboten wird, eine kognitive Unterstützung der Fähigkeit, aggressive Impulse kontrollieren zu können. 3) Die Stimulationsthese besagt, daß ein durch Frustration bewirkter Zustand emotionaler Erregung zu einer Disposition für Aggression führe. Das Ansehen von z. B. als gerechtfertigt gezeigter Gewalt im Fernsehen führt dann bei bereits vorliegender emotionaler Erregung der Zuschauer und bei bestimmten situativen Bedingungen zu einer Zunahme von aggressivem Verhalten. 4) Nach der Lerntheorie wird befürchtet, „daß violente Unterhaltungssendungen die Zuschauer – und zwar insbesondere Kinder und Jugendliche – mit Handlungsmustern versorgen, die zwar zumeist latent bleiben, aber unter adäquaten situativen Bedingungen doch in manifestes Verhalten umgesetzt werden können" (Kunczik 1994, 83). 5) Die Suggestionsthese geht davon aus, daß Zuschauer durch violente Fernsehinhalte zu mehr oder weniger direkten Nachahmungstaten veranlaßt werden. Allerdings geschieht dies nur unter bestimmten Bedingungen. 6) Die These von der allgemeinen Erregung geht davon aus, daß Zuschauer durch Medieninhalte erregt werden. Allerdings führt die durch Gewaltsendungen verursachte Erregung nicht zwangsläufig zu aggressivem Verhalten, sondern kann in bestimmten situativen Kontexten auch prosoziales Verhalten bekräftigen. Die Erregung ist stärker, je realitätsnaher ein Gewaltinhalt wahrgenommen wird. 7) Die Habitualisierungsthese geht davon aus, daß das häufige Ansehen von Gewalt im Fernsehen zu einer Abstumpfung gegenüber realer Gewalt führt. 8) Die These der Rechtfertigung von Verbrechen besagt, daß gewalthaltige Medieninhalte zur Rechtfertigung von Verbrechen bzw. Aggression dienen können (vgl. Kunczik 1994, 106 ff.). Die verschiedenen Studien zur Fernsehgewalt haben insgesamt widersprüchliche Ergebnisse erbracht. Insbesondere bei den experimentellen Studien scheint die Ausgangshypothese, ob Fernsehgewalt eine oder keine negative Wirkung auf die Zuschauer hat, auch zu entsprechenden Ergebnissen geführt zu haben. Dennoch ist man sich einig, daß einfache monokausale Wirkungsmodelle, wie sie die Katharsis- oder die Suggestionsthese darstellen, nicht greifen. Unstrittig ist auch, daß Gewalt im Fernsehen Effekte hat. Welche das allerdings sind, das wird in weiteren Studien erforscht werden, da das Thema Gewalt und Fernsehen zyklisch immer wieder auf der Agenda der öffentlichen Diskussion steht.

4.3.1. Die öffentliche Debatte über die möglichen negativen Auswirkungen von Gewaltsendungen im Fernsehen führten in den USA bereits 1967 zu jährlichen Programmbeobachtungen, die mit dem sogenannten „Violence Index" ausgewertet wurden. Die Analysen wurden bis 1980 von einem Forschungsteam um George Gerbner an der Annenberg School of Communications in Philadelphia durchgeführt. Die 'National Commission on the Causes and Prevention of Violence' finanzierte das Projekt (vgl. Schenk 1987, 344). Mit den Untersuchungen wurde ein sogenanntes „Violence Profile" des Fernsehprogramms erstellt. Allerdings lag die Problematik darin, daß willkürlich ausgewählte Programmausschnitte als Grundlage der Inhaltsanalyse dienten und daß die Einstufung von Gewalt nicht sehr differenziert war. Ab 1976 wurden die Inhaltsanalysen durch Untersuchungen zum Einfluß des Fernsehens auf die Zuschauer ergänzt. Es ging George Gerbner und seinen Mitarbeitern darum, Kultivierungseffekte zu erforschen. Sie gingen davon aus, daß das Fernsehen ein bestimmtes Weltbild bei den Zuschauern kultiviere, z. B. daß die Welt den Zuschauern erheblich angsterregender erscheine, als sie in Wirklichkeit sei. Entsprechende Effekte wurden vor allem bei Vielsehern gefunden. Begründet wurde dies damit, daß Vielseher stärker den Inhalten des Fernsehens ausgesetzt seien als die Wenigseher. Allerdings wiesen die Untersuchungen der Gruppe um George Gerbner zahlreiche methodische Mängel auf. Zwar ist unbestritten, daß das Fernsehen einen Einfluß auf das Leben der Rezipienten hat, doch der empirische Nachweis solcher Effekte ist bisher nur in Ansätzen erbracht worden.

4.4. Kinder und Fernsehen

Untersuchungen zu Auswirkung und Rolle der Medien bei Kindern fanden nicht erst seit der Einführung des Fernsehens statt (vgl. Wartella/Reeves 1985, 118 ff.). Nach der Einführung des Fernsehens gab es, wie schon nach der Einführung anderer Medien auch, zunächst Studien zur Nutzung des Mediums durch Kinder und zu deren Programmpräferenzen (vgl. Lewis 1949). Erst allmählich richtete sich das Augenmerk auf die Auswirkungen, die das Fernsehen auf

Kinder hat bzw. haben kann. Beeinflußt wurden diese Forschungen durch die öffentliche Diskussion über die Gefährdungen, denen Kinder durch neue Medien angeblich ausgesetzt sind – eine Diskussion, die seit Plato bei der Einführung jeden neuen Mediums geführt wurde (vgl. Wartella/Reeves 1985, 119f.). Das Fernsehen gab da ebenso wie das Radio zu großen moralischen Bedenken Anlaß, war es doch im Haushalt auch für die Kinder jederzeit verfügbar. Vor allem die möglichen negativen Auswirkungen von Gewalt im Fernsehprogramm regten zahlreiche Studien an (vgl. 4.3.; Dubow/Miller 1996, 117ff.). Allein zu diesem Themengebiet liegen bis heute Hunderte von Studien vor, die allerdings zu keinen einheitlichen Ergebnissen kommen. Sicher ist nur, daß Gewalt in natürlichen Kontexten aufgrund höherer Erlebnisintensität einen größeren Eindruck auf Kinder macht als fiktionale, ästhetisierte Gewalt (Rogge 1993, 19). Sicher ist auch, daß Gewalt im Fernsehen Kinder ängstigen kann (Cantor 1996, 87ff.; Theunert/Pescher/Best/Schorb 1992, 142f.). Gegenüber den möglichen negativen Auswirkungen des Fernsehens gerieten die positiven seltener in den Blick. Die Rolle des Fernsehens in der Sozialisation von Kindern ist erst seit den achtziger Jahren häufiger untersucht worden und hat zu der Erkenntnis geführt, daß die kognitive Entwicklung von Kindern durch das Fernsehen auch gefördert werden kann (vgl. Charlton/Neumann 1990, 11ff.; Greenfield 1987, 57ff.; McBeth 1996, 149ff.). Diese Erkenntnisse haben u. a. zum Einsatz des Kinderfernsehens als Lern- und Erziehungsinstrument geführt (vgl. Greenfield 1987, 23ff.; Projektgruppe Kinderfernsehen 1975, 73ff.). Außerdem spielt das Fernsehen im Leben von Kindern eine wichtige Rolle (vgl. Bachmair 1993, 42ff.; Charlton/Neumann-Braun 1992, 4ff.; Kübler/Sowboda 1998, 17ff.; Mikos 1997, 51ff.; Schramm/Lyle/Parker 1960), als Medium, das in der Freizeit zur Unterhaltung genutzt wird, als Medium, mit dem die eigene Identitätsfindung gefördert wird, sowie als Medium, das Anlaß zur Kommunikation und zur Interaktion mit Gleichaltrigen ist.

4.5. Vom Wirkungs- und Nutzenansatz zu handlungstheoretischen Ansätzen der Fernsehforschung

In den frühen Stadien der Kommunikationsforschung zum Fernsehen herrschte noch ein eindimensionales Wirkungsmodell vor, das von Effekten des Fernsehens auf das Publikum ausging. Allerdings wurden immer mehr intervenierende Variablen gefunden, die eine direkte Beeinflussung der Zuschauer durch die Fernsehbotschaften störten. Das führte letztlich in den USA zur Entwicklung des sogenannten 'Uses-and-gratifications'-Ansatzes durch frühere Mitarbeiter von Paul F. Lazarsfeld. Elihu Katz, Michael Gurevitch und Hadassah Haas gingen davon aus, daß das Publikum nicht nur passiver Empfänger ist, sondern aktiv und zielgerichtet danach strebt, seine Bedürfnisse von den Medien befriedigen zu lassen (Katz/Gurevitch/Haas 1973, 164f.). Dabei stehen nicht nur die verschiedenen Medien miteinander in Konkurrenz, sondern sie stehen auch im Wettbewerb mit anderen Quellen der Bedürfnisbefriedigung. Mögliche Wirkungen werden stärker von den Zuschauern als von den Medien selbst bestimmt (Katz/Blumler/Gurevitch 1974, 15ff.). Das Konzept wurde von Karl Erik Rosengren (1974, 269ff.) etwas erweitert, indem er die Bedürfnisse des Publikums in Verbindung sowohl zur gesellschaftlichen Umgebung des Publikums und der Medienstruktur als auch zu intra- und interindividuellen Charakteristika der Zuschauer brachte. In Deutschland wurde das Konzept neuerlich erweitert und als Nutzenansatz diskutiert. Renckstorf (1977, 34ff.) schlägt für die empirische Arbeit eine analytische Dreiteilung vor. Danach geht es erstens um die Erfassung der Publikums-Aktivität, zweitens um die Erfassung sozialer Handlungszusammenhänge und drittens um die Erfassung von Interpretationsprozessen. Der Weg zu einer handlungstheoretischen Perspektive der empirischen Massenkommunikationsforschung ist dadurch bereits geebnet. Neben dem Nutzenansatz können der dynamisch-transaktionale Ansatz der Medienwirkung (vgl. Früh/Schönbach 1982, 74ff.; Früh 1991, 85ff.) sowie das 'Information-seeking'-Modell (vgl. Dervin/Jacobson/Nilan 1982, 807ff.) gelten, die ebenfalls von der Aktivität des Publikums ausgehen. Soziologischer Bezugsrahmen für den handlungstheoretischen Ansatz ist der symbolische Interaktionismus und die soziologische Handlungstheorie. Aus handlungstheoretischer Perspektive gehen in den Rezeptionsprozeß individuelle und soziale Merkmale der Rezipienten ein. In der Rezeption geht das Publikum situationsgebunden mit den Medien um. Die Medieninhalte werden als interpretationsbedürftige Objekte gesehen, „die vor dem Hintergrund eines (subjektiven) Systems von Relevanzen sorgsam wahrgenommen, thematisiert und diagnostiziert werden" (Renckstorf 1989, 330). Die Bedeutung des Fernsehens und anderer Medien entsteht so erst im alltäglichen Handeln der Menschen eben mit diesen Medien und ihren Inhalten (vgl. Bachmair 1990, 57ff.). Aus einer kritischen Position heraus ist der Handlungsforschungsansatz auch auf die „alternative" Produktion (Eurich 1980, 217ff.) und „alternative" Rezeption (Eurich 1980, 312ff.) von Massenkommunikation bezogen worden.

Im Rahmen des 'Uses-and-gratification'- und Nutzenansatzes wurden seit den 70er Jahren zahlreiche Studien zu den Motiven des Publikums zur Mediennutzung sowie zur Auswahl der einzelnen Medien zur Bedürfnisbefriedigung durchgeführt. Ein zentraler Aspekt war dabei der Unterschied zwischen gesuchter Gratifikation (gratification sought) und der durch die Mediennutzung erhaltenen Gratifikation (gratification obtained), wobei die gesuchte Gratifikation als eine Funktion der Eigenschaften des Mediums oder eines Programms und deren Bewertung gesehen wird (vgl. Schenk 1987, 389ff.). Entsprechende Untersuchungen fanden vor allem zur Nutzung des Fernsehens statt (vgl. z.B. Greenberg 1974, 71ff.). Aber auch Vergleiche zwischen einzelnen Medien spielten eine Rolle (vgl. Schenk 1987, 399ff.), sowie die Nutzung des Modells für eine am Publikum und seinen Bedürfnissen und Gratifikationen orientierte Methode des Programmvergleichs (Schenk/Büchner/Rössler 1986, 73ff.). Handlungstheoretische Modelle dienten in der empirischen Fernsehforschung vor allem zur Untersuchung der komplexen Rezeptionsvorgänge und der Folgekommunikation (vgl. Bachmair 1984a, 69ff.; Charlton/Neumann 1986, 91ff.; Früh 1991, 259ff.; Lull 1990, 86ff.; Mikos 1994b, 41ff.; Morley 1986, 56ff.).

4.6. Cultural Studies und ethnographische Fernsehforschung

Die handlungstheoretische Perspektive bildet auch eine der theoretischen Grundlagen ethnographischer Fernsehforschung, die vor allem im Rahmen der Cultural Studies eine nicht unwesentliche Rolle spielt. Das liegt u.a. daran, daß sich ethnographische Forschung als sozialwissenschaftliches Unterfangen versteht, das mit Methoden arbeitet, die auch in der interpretativen Soziologie verwandt werden. Die Tradition der Chicago School of Sociology hat nicht nur die Kommunikationsforschung beeinflußt (vgl. 3.1.), sondern auch die Cultural Studies, wenngleich hier zunächst andere Einflüsse wirksamer waren. Eine besondere Rolle bei der Ausbildung der Cultural Studies spielte in den 70er Jahren das Center for Contemporary Cultural Studies (CCCS) in Birmingham. Hier vermischten sich Traditionen der Literaturwissenschaft und der Soziologie. Vor allem die Arbeiten von Raymond Williams waren wichtig, der diese beiden Linien zu einem kulturwissenschaftlichen Ansatz zusammenführte und sich auch auf die kritische Tradition berief (vgl. 3.2.). Der theoretische Rahmen der Medienforschung wurde durch Stuart Halls einflußreichen Aufsatz „Encoding and Decoding in Television Discourse" abgesteckt. Darin geht er davon aus, daß das Fernsehprogramm ein bedeutungsvoller Diskurs ist. Aber weder der 'encoding'-Prozeß noch der 'decoding'-Prozeß haben eine für sich bestimmbare Identität (Hall 1980, 130f.). Sie können beide nur in der sozialen Praxis auf unterschiedliche Weise miteinander artikuliert werden. Lediglich analytisch lassen sie sich trennen (vgl. auch Winter 1997, 49). Die Dekodierung eines medialen Textes erfolgt nach Hall (1980, 136ff.) idealtypisch auf dreierlei Weise: 1) aus einer dominant-hegemonialen Position, quasi einer Vorzugslesart; 2) aus einer Position des Aushandelns, bei der die dominante Lesart abgewandelt wird; 3) aus einer oppositionellen Position, bei der die Zuschauer die Vorzugslesart zwar verstehen, aber ablehnen. Insbesondere John Fiske hat in seinen Arbeiten immer wieder die oppositionelle Lesart betont. Für ihn liegt der Reiz des Fernsehens und seiner populären Programme vor allem darin, daß die Leute (the people) die Möglichkeit haben, die in der dominanten Sicht der Herrschenden (power bloc) encodierten Texte oppositionell zu lesen und in die soziale Zirkulation von Bedeutung und Vergnügen einzubinden (Fiske 1987, 62ff.). Welche Rolle das Fernsehen als Sinnstifter im Alltagsleben verschiedener Bevölkerungsgruppen spielt, wurde in einigen ethnographischen Studien untersucht (vgl. exempl. Hobson 1980, 105ff.; Jenkins 1992, 50ff.; Lull 1990, 86ff.; Morley 1986, 56ff.), vor allem in den 80er Jahren, als zahlreiche Forscher die Rolle und Bedeutung von Serien und Soap Operas im Alltag des Publikums erforschten (vgl. exempl. Ang 1986, 22 ff.; Buckingham 1987, 154 ff.; Hobson 1982, 105 ff.; Mikos 1994a, 266 ff.; Virta 1994, 48 ff.). In Deutschland wurde aus handlungstheoretischer Perspektive eine ethnographische Studie mit Videobeobachtung zum Fernsehkonsum durchgeführt, bei der in zwei Familien der vierwöchige Verzicht auf das Fernsehen dokumentiert wurde (vgl. Briehm/Lehmer/Bauer/Baur 1976, 72 ff.). Neben dem einflußreichen CCCS existierten in Großbritannien andere Gruppen von Medienforschern, die ethnographische Forschung betrieben wie die Media Research Group am Portsmouth Polytechnic, die bereits in den 70er Jahren zwei ethnographische Studien vorlegte (Piepe/Emerson/Lannon 1975, 67 ff.; Piepe/Crouch/Emerson 1978, 49 ff.). Die ethnographische Fernsehforschung wurde in den Cultural Studies von theoretischen Diskursen über die Rolle des Publikums (audience) und die methodologischen Implikationen der Publikumsforschung (audience research) begleitet (vgl. z. B. Ang 1991, 15 ff.; Hartley 1989, 223 ff.; Morley 1992, 173 ff.; Nightingale 1996, 59 ff.; Silverstone 1994, 132 ff.). Während in Deutschland bereits seit den 80er Jahren vor allem in der medienpädagogischen Fernsehforschung eine breite Diskussion qualitativer Methoden der Zuschauerforschung stattfand (vgl. exempl. Charlton/Neumann 1988, 91 ff.; Kübler 1989, 41 ff.), begann diese Diskussion in den angloamerikanischen Staaten erst aufgrund der Rezeption der ethnographischen Studien (vgl. Jensen 1987, 23 ff.; Lindlof 1991, 25 ff.). Neben der ethnographischen Zuschauerforschung hat sich in den Cultural Studies eine Richtung der Text- und Diskursanalyse etabliert, die sich insbesondere mit populären Fernsehformen beschäftigt (vgl. Fiske 1987, 84 ff.; Geraghty 1991, 9 ff.; Kellner 1995, 231 ff.). Aber vor allem mit den ethnographischen Zuschauerstudien haben die Cultural Studies einen wichtigen Beitrag zur Fernsehforschung geliefert.

4.7. Fernsehen als Forschungsgegenstand in verschiedenen Disziplinen

Neben der Fernsehforschung im Rahmen der Kommunikationsforschung mit ihren Traditionslinien und den Cultural Studies gibt es andere Disziplinen, in denen das Fernsehen Forschungsgegenstand ist. Dazu gehören Psychologie und Sozialpsychologie, Sprachwissenschaft, Linguistik und Semiotik sowie Literaturwissenschaft und Germanistik. Die Sozialpsychologie zeichnet sich durch besondere Nähe zur Kommunikationsforschung aus. Allerdings herrscht dort meist noch das Bild eines weitgehend eindimensionalen Wirkungsmodells vor, in dem dem Publikum lediglich Reaktionen auf das Fernsehen und seine Programme zugestanden werden. Hier sind vor allem die Arbeiten von Dolf Zillman und seinen Mitarbeitern zu nennen, die verschiedene Aspekte der Medienwirkung auf Rezipienten untersucht haben, und dabei u. a. auch Beiträge zur Gratifikationsforschung geliefert haben (Zillman 1985, 225 ff.). Im Mittelpunkt ihrer Untersuchungen standen jedoch die emotionalen Aspekte der Rezeption von Medieninhalten wie die Erregung (arousal) (vgl. Zillman 1982, 53 ff.; Zillman/Bryant 1985, 157 ff.). In Deutschland hat Hertha Sturm zu emotionalen Aspekten der Rezeption geforscht, allerdings unter wahrnehmungspsychologischen Gesichtspunkten (vgl. Sturm 1978, 158 ff.; Sturm 1984, 58 ff.; Sturm/Holzheuer/Helmreich 1978, 25 ff.). Später hat sich in Deutschland Peter Winterhoff-Spurk (1989, 33 ff.) mit kognitiven Mustern der Fernsehrezeption beschäftigt. Peter Vorderer hat zu Beginn der 90er Jahre eine Studie aus motivationspsychologischer Sicht mit dem etwas irreführenden Titel 'Fernsehen als Handlung' vorgelegt (Vorderer 1992, 93 ff.), in der er zwar nicht mehr vom eindimensionalen Wirkungsmodell, sondern vom 'Uses-and-gratifications'-Ansatz ausgeht, handlungstheoretische Modelle jedoch nicht berücksichtigt. Einen wesentlichen Beitrag zur Fernsehforschung aus psychologischer Sicht, in den auch Erkenntnisse der Cultural Studies und der Semiotik einflossen, hat Sonia M. Livingstone (1990, 32 ff.) geliefert, die von einem aktiven Zuschauer ausgeht und die Interpretationen von Zuschauern untersucht hat.

Sprachwissenschaftliche Studien erforschten schwerpunktmäßig die Sprache im Fernsehen. In den Blick rückten daher zunächst die sprachbetonten Sendeformen wie Nachrichten, Diskussionssendungen und Talkshows, die hauptsächlich textanalytisch untersucht wurden (vgl. Holly/Kühn/Püschel 1986, 49 ff.; Mühlen 1985, 67 ff.). Zur Nachrichtensprache förderte die Deutsche Forschungsgemeinschaft ein Projekt „Nachrichtensprache und der Zusammenhang von Text und Bild" (vgl. Straßner 1982). Es wurden auch Verständnisprozesse aus semiotischer und linguistischer Sicht untersucht (vgl. Fiske/Hartley 1978; Hartley 1982; Straßner 1982). Der Paradigmenwechsel vom Wirkungs- zum Nutzenansatz hatte auch Auswirkungen auf sprachwissenschaftliche Untersuchungen. Die kommunikative Aneignung von Fernsehinhalten rückte in den Blick (vgl. Holly 1993, 137 ff.; Ulmer/Bergmann 1993, 84 ff.).

Die literaturwissenschaftliche Fernsehforschung rückte einzelne Sendeformen des Fernsehens in den Mittelpunkt (vgl. Hickethier 1980, 77 ff.; Kalverkämper 1979, 406 ff.; Riha 1979, 183 ff.) und ebnete damit den Weg zu einer Gattungs- und Genregeschichte.

4.7.1. In Deutschland wurde diese Tradition im Sonderforschungsbereich 'Ästhetik, Pragmatik und Geschichte der Bildschirmmedien' mit dem Schwerpunkt 'Geschichte des Fernsehens in der Bundesrepublik Deutschland' an der Universität-Gesamthochschule Siegen fortgesetzt. Dort wurde die Geschichte der einzelnen Fernsehgenres systematisch erforscht und dokumentiert (vgl. als Überblick Ludes/Schütte 1997, 45 ff.; Bernshausen/Pütz 1996, 7 ff.). Daneben existieren zahlreiche historische Studien zur institutionellen und politischen Geschichte des Fernsehens (Abramson 1987, 1 ff.; Anderson 1994, 1 ff.; Hilmes 1990, 1 ff.; Reiss 1979, 11 ff.) sowie zur Rolle des Fernsehens und seiner Programme im öffentlichen Diskurs wie im Alltagsleben der Menschen (Marling 1994, 86 ff.; Spigel 1992, 3 ff.).

5. Schlußbemerkungen

Die Forschungsgeschichte des Fernsehens zeigt, daß es keine einheitliche Fernsehforschung gibt. Uricchio (1997a, 90) spricht denn auch zu Recht von der „openness of television studies". Möglicherweise werden die vielfältigen Richtungen und Ansätze zu spezifischen Forschungsrichtungen einer Fernsehwissenschaft werden, die sich jedoch als Teildisziplin einer Medienwissenschaft versteht – und diese Medienwissenschaft wiederum sollte sich von ihrem Selbstverständnis her als Kommunikationswissenschaft definieren, die auf den hier beschriebenen Traditionslinien aufbaut. Die Interdisziplinarität, die Michael Charlton (1997, 27 ff.) für die Rezeptionsforschung in der Medienwissenschaft eingefordert hat, sollte ein generelles Merkmal der Fernsehforschung sein. Denn die Offenheit und Vielfältigkeit der Fernsehforschung muß nicht als Beschränkung begriffen werden, sondern als Chance.

Für Hilfe bei der Recherche gilt mein Dank Claudia Jungholt, Lars Rettberg und Stefano Semeria.

6. Literatur

Abramson, Albert, The history of television 1880–1941. London 1987

Adorno, Theodor W., Prolog zum Fernsehen. In: Eingriffe. Neun kritische Modelle. Von Theodor W. Adorno. Frankfurt 1963, 69–80

–, Wissenschaftliche Erfahrungen in Amerika. In: Stichworte. Kritische Modelle 2. Von Theodor W. Adorno. Frankfurt 1970, 113–150

Anderson, Christopher, Hollywood TV. The Studio System in the Fifties. Austin 1994

Ang, Ien, Das Gefühl Dallas. Zur Produktion des Trivialen. Bielefeld 1986 (zuerst als: Watching Dallas. Soap Opera and the melodramatic imagination. Amsterdam 1985)

–, Desperately seeking the audience. London/New York 1991

Bachmair, Ben, Symbolische Verarbeitung von Fernseherlebnissen in assoziativen Freiräumen. Band 1. Kassel 1984

–, Alltag als Gegenstand der Fernsehforschung. In: Medienkommunikation im Alltag. Interpretative Studien zum Medienhandeln von Kindern und Jugendlichen. Hrsg. von Michael Charlton/Ben Bachmair. München etc. 1990, 57–75

–, TV-Kids. Ravensburg 1993

Bechelloni, Giovanni, L'immaginario quotidiano. Televisione e cultura di massa in Italia. Torino 1984

Berg, Klaus/Marie-Luise Kiefer, Massenkommunikation V. Eine Langzeitstudie zur Mediennutzung und Medienbewertung 1964–1995. Baden-Baden 1996

Bernshausen, Sara/Susanne Pütz, Veröffentlichungen aus dem Sonderforschungsbereich 'Bildschirmmedien' III. Siegen 1996

Bessler, Hansjörg, Hörer- und Zuschauerforschung. München 1980

Briehm, Gudrun/Ursula Lehmer/Wolf Bauer/Elke Baur, Versuchsanordnung und Arbeitsmethode. In: Vier Wochen ohne Fernsehen. Eine Studie zum Fernsehkonsum. Hrsg. von Wolf Bauer/Elke Baur/Bernd Kungel. Berlin 1976, 72–82

Buckingham, David, Public Secrets. EastEnders and its audience. London 1987

Cantor, Joanne, Television and children's fear. In: Tuning in to young viewers. Social science perspectives on television. Ed. by Tannis M. MacBeth. Thousand Oaks/London/New Delhi 1996, 87–115

Charlton, Michael, Rezeptionsforschung als Aufgabe einer interdisziplinären Medienwissenschaft. In: Rezeptionsforschung. Theorien und Untersuchungen zum Umgang mit Massenmedien. Hrsg. von Michael Charlton/Silvia Schneider. Opladen 1997, 16–39

–/Klaus Neumann, Medienkonsum und Lebensbewältigung in der Familie. Methode und Ergebnisse der strukturanalytischen Rezeptionsforschung – mit fünf Falldarstellungen. München/Weinheim 1986

–/–, Der Methodenstreit in der Medienforschung: Quantitative oder qualitative Verfahren? In: Ansichten einer künftigen Medienwissenschaft. Hrsg. von Rainer Bohn/Eggo Müller/Rainer Ruppert. Berlin 1988, 91–107

–/–, Medienrezeption und Identitätsbildung. Kulturpsychologische und kultursoziologische Befunde zum Gebrauch von Massenmedien im Vorschulalter. Tübingen 1990 (Script Oralia 28)

–/–, Medienkindheit – Medienjugend. Eine Einführung in die aktuelle kommunikationswissenschaftliche Forschung. München 1992

Charters, W. W., Motion pictures and youth. New York 1933

Dearing, James W./Everett M. Rogers, Agenda-Setting. Thousand Oaks/London/New Delhi 1996

Delia, Jesse G., Communication Research: a history. In: Handbook of Communication Science. Ed. by Charles R. Berger/Steven H. Chaffee. Newbury Park etc. 1987, 20–98

Dervin, Brenda/Thomas L. Jacobson/Michael S. Nilan, Measuring aspects of information seeking: a test of a quantitative/qualitative methodology. In: CY 5, 1982, 807–830

Dovifat, Emil, Publizistik als Wissenschaft. Herkunft – Wesen – Aufgabe. In: Publizistik 1, 1956, 3–10

Dubow, Eric F./Laurie S. Miller, Television violence viewing and aggressive behavior. In: Tuning in to young viewers. Social science perspectives on television. Ed. by Tannis M. MacBeth. Thousand Oaks/London/New Delhi 1996, 117–147

Eberhard, Fritz, Thesen zur Publizistikwissenschaft. In: Publizistik 6, 1961, 259–266

Eurich, Claus, Kommunikative Partizipation und partizipative Kommunikationsforschung. Frankfurt 1980

Fiske, John, Television culture. London/New York 1987

–/John Hartley, Reading television. London 1978

Früh, Werner, Medienwirkungen: Das dynamisch-transaktionale Modell. Theorie und empirische Forschung. Opladen 1991

–, Die Rezeption von Fernsehgewalt. In: MP, 1995/4, 172–185

–/Klaus Schönbach, Der dynamisch-transaktionale Ansatz. Ein neues Paradigma der Medienwirkungen. In: Publizistik 27, 1982, 74–88

Gane, Roger, Television audience measurement systems in Europe: a review and comparison. In: Measuring media audiences. Ed. by Raymond Kent. London/New York 1994, 22–41

Geraghty, Christine, Women and soap opera. A study of prime time soaps. Cambridge/Oxford 1991

Gerbner, George/L. Gross, Living with television: the violence profile. In: JC 26, 1976, 173–199

Greenberg, Bradley S., Gratifications television viewing and their correlates for British children. In: The uses of mass communication. Ed. by Jay G. Blumler/Elihu Katz. Beverly Hills 1974, 71–92

Greenfield, Patricia M., Kinder und neue Medien. Die Wirkungen von Fernsehen, Videospielen und Computern. München/Weinheim 1987 (zuerst Mind and media. The effects of television, computers and video games. Cambridge 1984)

Groebel, Jo/Uli Gleich, Gewaltprofil des deutschen Fernsehprogramms. Eine Analyse des Angebots privater und öffentlich-rechtlicher Sender. Opladen 1993

Hall-Stuart, Encoding/decoding. In: Culture, media, language. Ed. by Stuart Hall/Dorothy Hobson/Andrew Lowe/Paul Willis. London etc. 1980, 128–138

Hans-Bredow-Institut, Fernsehen im Leben der Erwachsenen. Bericht über eine Untersuchung im Auftrag des Deutschen Volkshochschul-Verbandes. Hamburg 1968

Hardt, Hanno, Paul F. Lazarsfeld: Communication research as critical research? In: Paul F. Lazarsfeld. Die Wiener Tradition der empirischen Sozial- und Kommunikationsforschung. Hrsg. von Wolfgang R. Langenbucher. München 1990, 243–257

Hartley, John, Understanding news. London 1982

–, Invisible fictions: television, audiences, paedocracy, pleasure. In: Television studies. Textual analysis. Ed. by Gary Burns/Robert J. Thompson. New York/Westport/London 1989, 223–243

Hickethier, Knut, Das Fernsehspiel der Bundesrepublik. Themen, Form, Struktur, Theorie und Geschichte 1951–1977. Stuttgart 1980

Hilmes, Michele, Hollywood and broadcasting: from radio to cable. Chicago 1990

Hobson, Dorothy, Housewives and the mass media. In: Culture, media, language. Ed. by Stuart Hall/Dorothy Hobson/Andrew Lowe/Paul Willis. London etc. 1980, 105–114

–, Crossroads: the drama of a soap opera. London 1982

Holly, Werner, Fernsehen in der Gruppe – gruppenbezogene Spachhandlungen von Fernsehrezipienten. In: Medienrezeption als Aneignung. Methoden und Perspektiven qualitativer Medienforschung. Hrsg. von Werner Holly/Ulrich Püschel. Opladen 1993, 137–150

–/Peter Kühn/Ulrich Püschel, Politische Fernsehdiskussionen. Zur medienspezifischen Inszenierung von Propaganda als Diskussion. Tübingen 1986

Holzer, Horst, Theorie des Fernsehens. Fernseh-Kommunikation in der Bundesrepublik. Hamburg 1975

Horkheimer, Max/Theodor W. Adorno, Kulturindustrie. Aufklärung als Massenbetrug. In: Dialektik der Aufklärung. Von Max Horkheimer/Theodor W. Adorno. Frankfurt 1971, 108–150

Ito, Youichi, The future of political communication research: a Japanese perspective. In: JC 43, 1993/4, 69–79

Jenkins, Henry, Textual poachers. Television fans and participatory culture. New York/London 1992

Jensen, Klaus B., Qualitative audience research: toward an integrative approach to reception. In: Critical Studies in Mass Communication 4, 1987/1, 21–36

Kalverkämper, Hartwig, Talk-Show. Eine Gattung in der Antithese. In: Fernsehsendungen und ihre Formen. Typologie, Geschichte und Kritik des Programms in der Bundesrepublik Deutschland. Hrsg. von Helmut Kreuzer/Karl Prümm. Stuttgart 1979, 406–426

Katz, Elihu/Michael Gurevitch/Hassadah Haas, On the use of the mass media for important things. In: ASR 38, 1973/2, 164–181

–/Jay G. Blumler/Michael Gurevitch, Uses of mass communication by the individual. In: Mass communication research Major issues and future directions. Ed. by W. Phillips Davison/Frederick T. C. Yu. New York/London 1974, 11–35

Kausch, Michael, Kulturindustrie und Populärkultur. Kritische Theorie der Massenmedien. Frankfurt 1988

Kellner, Douglas, Media culture. Cultural studies, identity and politics between the modern and the postmodern. London/New York 1995

Klapper, Joseph T., The effects of mass communication. New York 1960

Kübler, Hans-Dieter, Medienforschung zwischen Stagnation und Innovation. Eine Skizze des Diskussionsstandes aus der Sicht qualitativer Forschung. In: Qualitative Medienforschung. Konzepte und Erprobungen. Hrsg. von Dieter Baacke/Hans-Dieter Kübler. Tübingen 1989, 7–71

–/Wolfgang H. Swoboda, Wenn die Kleinen fernsehen. Die Bedeutung des Fernsehens in der Lebenswelt von Vorschulkindern. Berlin 1998

Kunczik, Michael, Gewalt und Medien. Köln/Weimar/Wien ²1994

Lasswell, Harold D., Propaganda technique in the world war. New York 1927

–, The structure and function of communication in society. In: The Communication of ideas. Ed. by L. Bryson. New York 1948, 37–51

Lazarsfeld, Paul F., Bemerkungen über administrative und kritische Kommunikationsforschung. In: Kritische Kommunikationsforschung. Aufsätze aus der Zeitschrift für Sozialforschung. Hrsg. von Dieter Prokop. München 1973, 7–27

–/Frank N. Stanton, Radio Research, 1941. New York 1941

Lewis, P., TV and teenagers. In: Educational Screen 28, 1949, 159–161

LfR, Medienforschungsprojekte der Landesmedienanstalten. Düsseldorf 1996

Lindlof, Thomas R., The qualitative study of media audiences. In: Journal of Broadcasting & Electronic Media 35, 1991/1, 23–42

Lippmann, Walter, Public opinion. New York 1922

Livingstone, Sonia M., Making sense of television. The psychology of audience interpretation. Oxford etc. 1990

Ludes, Peter/Georg Schütte, Für eine integrierte Medien- und Kommunikationswissenschaft. In: Qualitative Perspektiven des Medienwandels. Positionen der Medienwissenschaft im Kontext „Neuer Medien". Hrsg. von Helmut Schanze/Peter Ludes. Opladen 1997, 27–63

Lull, James, Inside family viewing. Ethnographic research on television's audiences. London/New York 1990

Luyken, Georg-Michael, 25 Jahre 'Communication and Development'-Forschung in den U.S.A.: Wissenschaft oder Ideologie? In: RuF 28, 1980/1, 110–122

MacBeth, Tannis M., Indirect effects of television: creativity, persistence, school achievement, and participation in other activities. In: Tuning in to young viewers. Social science perspectives on television. Ed. by Tannis M. MacBeth. Thousand Oaks/London/New Delhi 1996, 149–219

Marling, Karal Ann, As seen on TV. The visual culture of everyday life in the 1950s. Cambridge/London 1994

McCombs, Maxwell E./Donald L. Shaw, The agenda-setting function of mass media. In: POQ 36, 1972, 176–187

Melo, José Marques de, Communication theory and research in Latin America: a preliminary balance of the past twenty-five years. In: MCS 10, 1988, 405–418

Mikos, Lothar, Es wird dein Leben! Familienserien im Fernsehen und im Alltag der Zuschauer. Münster 1994a

–, Fernsehen im Erleben der Zuschauer. Vom lustvollen Umgang mit einem populären Medium. Berlin/München 1994b

–, Medienkindheiten – Aufwachsen in der Multimediagesellschaft. In: Kinder an die Fernbedienung. Konzepte und Kontroversen zum Kinderfilm und Kinderfernsehen. Hrsg. von Joachim von Gottberg/Lothar Mikos/Dieter Wiedemann. Berlin 1997, 51–69

Miller, Peter V., Made-to-Order and standardized audiences: forms of reality in audiende measurement. In: Audiencemaking: how the media create the audience. Ed. by James S. Ettema/D. Charles Whitney. Thousand Oaks/London/New Delhi 1994, 57–74

Morley, David, Family television: cultural power and domestic leisure. London 1986

–, Towards an ethnography of television audience. In: Television, audiences and cultural studies. By David Morley. London/New York 1992, 173–197

Mühlen, Ulrike, Talk als Show. Eine linguistische Untersuchung der Gesprächsführung in den Talkshows des deutschen Fernsehens. Frankfurt/Bern/New York 1985

Nightingale, Virginia, Studying audiences. The shock of the real. London/New York 1996

Nordenstreng, Karle/Herbert I. Schiller: National sovereignty and international communication. Norwood 1979

Piepe, Anthony/Miles Emerson/Judy Lannon, Television and the working class. Farnborough 1975

–/Sunny Crouch/Miles Emerson, Mass media and cultural relationships. Farnborough 1978

Pollak, Michael, Lazarsfelds Einfluß auf die internationale Verbreitung der empirischen Sozialforschung: Kontinuität und/oder Wandel eines wissenschaftlich-politischen Projekts. In: Paul F. Lazarsfeld. Die Wiener Tradition der empirischen Sozial- und Kommunikationsforschung. Hrsg. von Wolfgang R. Langenbucher. München 1990, 131–146

Projektgruppe Kinderfernsehen, Wenn Ernie mit der Maus in der Kiste rappelt. Vorschulerziehung im Fernsehen. Frankfurt 1975

Reiss, Erwin, „Wir senden Frohsinn". Fernsehen unterm Faschismus. Berlin 1979

Renckstorf, Karsten, Neue Perspektiven in der Massenkommunikationsforschung. In: Neue Perspektiven in der Massenkommunikationsforschung. Beiträge zur Begründung eines alternativen Forschungsansatzes. Von Karsten Renckstorf. Berlin 1977, 7–59

–, Mediennutzung als soziales Handeln. Zur Entwicklung einer handlungstheoretischen Perspektive der empirischen (Massen-)Kommunikationsforschung. In: Massenkommunikation. Theorien, Methoden, Befunde. Opladen 1989, 314–336 (KZSS Sonderheft 30)

Riccio, Tito, Die Fernsehforschung in Italien. Der „TV-Meter" – ein RAI-Service. In: MP, 1986/3, 194–201

Richeri, Giuseppe, Mass communication research in Italy through crisis and new ferment. In: Studies of Broadcasting 24, 1988, 101–124

Riha, Karl, Männer, Kämpfe, Kameras. Zur Dramaturgie von Sportsendungen im Fernsehen. In: Fernsehsendungen und ihre Formen. Typologie, Geschichte und Kritik des Programms in der Bundesrepublik Deutschland. Hrsg. von Helmut Kreuzer/Karl Prümm. Stuttgart 1979, 183–193

Rössler, Patrick, Agenda-Setting. Theoretische Annahmen und empirische Evidenzen einer Medienwirkungshypothese. Opladen 1997

Rogge, Jan-Uwe, Wirkung medialer Gewalt. Wirkungstheorien an Fallstudien (nochmals) überdacht. In: mp 17, 1993/1, 15–20

Rosengren, Karl Erik, Uses and gratifications: a paradigm outlined. In: The uses of mass communication. Ed. by Jay G. Blumler/Elihu Katz. Beverly Hills 1974, 269–286

Schenk, Michael, Medienwirkungsforschung. Tübingen 1987

–/Bernd Büchner/Patrick Rössler, TV-Programmvergleich. In: RuF 34, 1986/1, 71–86

Schiller, Herbert I., Mass communication and American Empire. New York 1970

Schlesinger, Philip/R. Emerson Dobash/Russell P. Dobash/C. Kay Weaver, Women viewing violence. London 1992

Schramm, Wilbur/J. Lyle/E. B. Parker, Television in the lives of our children. Stanford 1960

Sharot, Trevor, Measuring television audiences in the UK. In: Measuring media audiences. Ed. by Raymond Kent. London/New York 1994, 42–87

Silverstone, Roger, Television and everyday life. London/New York 1994

Spigel, Lynn, Installing the television set: popular discourses on television and domestic space, 1948–1955. In: Private screenings. Television and the female consumer. Ed. by Lynn Spigel/Denise Mann. Minneapolis 1992, 3–38

Straßner, Erich, Fernsehnachrichten. Eine Produktions-, Produkt- und Rezeptionsanalyse. Tübingen 1982

Sturm, Hertha, Emotionale Wirkungen – das Medienspezifische von Hörfunk und Fernsehen. Ergebnisse aus zwei Untersuchungen und Weiterführungen. In: FB 12, 1978/3, 158–167

–, Wahrnehmung und Fernsehen – die fehlende Halbsekunde. Plädoyer für eine zuschauerfreundliche Mediendramaturgie. In: MP, 1984/1, 58–65

–/Katharina Holzheuer/Reinhard Helmreich, Emotionale Wirkungen des Fernsehens – Jugendliche als Rezipienten. München/New York 1978 (SchIZJB 10)

Theunert, Helga/Renate Pescher/Petra Best/Bernd Schorb, Zwischen Vergnügen und Angst – Fernsehen im Alltag von Kindern. Eine Untersuchung zur Wahrnehmung und Verarbeitung von Fernsehinhalten durch Kinder aus unterschiedlichen soziokulturellen Milieus in Hamburg. Berlin 1992

Ulmer, Bernd/Jörg R. Bergmann, Medienrekonstruktionen als kommunikative Gattungen. In: Medienrezeption als Aneignung. Methoden und Perspektiven qualitativer Medienforschung. Hrsg. von Werner Holly/Ulrich Püschel. Opladen 1993, 81–102

Uricchio, William, Television studies' shifting disciplinary status: Anglo-American developments. In: Qualitative Perspektiven des Medienwandels. Positionen der Medienwissenschaft im Kontext „Neuer Medien". Hrsg. von Helmut Schanze/Peter Ludes. Opladen 1997a, 80–91

–, Cinema as detour? Towards a reconsideration of moving image technology in the late 19th century. In: Der Film in der Geschichte. Hrsg. von Knut Hickethier/Eggo Müller/Rainer Rother. Berlin 1997b, 19–25

Virta, Teija, Saippuaoopperat ja suomalaiset naiset. Jyväskylän yliopisto 1994

Vorderer, Peter, Fernsehen als Handlung. Fernsehfilmrezeption aus motivationspsychologischer Sicht. Berlin 1992

Wartella, Ellen/Byron Reeves, Historical trends in research on children and the media: 1900–1960. In: JC 35, 1985/2, 118–133

Wichterich, Christa, Unsere Nachbarn heute Abend – Familienserien im Fernsehen. Frankfurt/New York 1979

Wiedemann, Dieter, Von den Schwierigkeiten der Medienforschung mit der Realität. In: RuF 38, 1990/3, 343–356

Williams, Raymond, Television. Technology and cultural form. London 1974

Winter, Rainer, Cultural Studies als kritische Medienanalyse: Vom „encoding/decoding"-Modell zur Diskursanalyse. In: Kultur – Medien – Macht. Cultural Studies und Medienanalyse. Hrsg. von Andreas Hepp/Rainer Winter. Opladen 1997, 47–63

Winterhoff-Spurk, Peter, Fernsehen und Weltwissen. Der Einfluß von Medien auf Zeit-, Raum- und Personenschemata. Opladen 1989

Zillman, Dolf, Television viewing and arousal. In: Television and Behavior. Vol. II. Rockville 1982, 53–67

–, The experimental exploration of gratifications from media entertainment. In: Media gratifications research. Current perspectives. Ed. by Karl Erik Rosengren/L. A. Wenner/P. Palmgreen. Beverly Hills, 225–239

–/J. Bryant, Affect, mood, and emotion as determinations of selective exposure. In: Selective exposure to communication. Ed. by Dolf Zillman/J. Bryant. Hillsdale 1985, 157–191

*Lothar Mikos, Potsdam-Babelsberg
(Deutschland)*

240a. Interaktives Fernsehen

1. Überblick
2. Funktion interaktiver Systeme
3. Technische Realisierung interaktiver Systeme
4. Effektivitätssteigerung interaktiver Systeme infolge Technologiewandel
5. Ausblick
6. Literatur

1. Überblick

Solange Radioprogramme – etwa seit 1923 – und Fernsehprogramme – seit Ende der 30er Jahre, in Deutschland erst wieder Anfang der 50er Jahre – für einen jeden jederzeit verfügbar sind, suchen die jeweiligen Programmverantwortlichen nach Möglichkeiten, mit Zuhörern und Zuschauern Gespräche zu führen. Technisch bedeutet dies das Vorhandensein eines Rückkanals, entweder schmalbandig wie beim Telephon oder breitbandig wie bei einer Antennen- oder Kabelanlage. Die Printmedien veröffentlichen Leserbriefe in Auswahl, insbesondere solche, die das Konzept der jeweiligen Zeitung oder Zeitschrift bestätigen, seltener gegenteilige Meinungen. Das ist verständlich, weil der Leser diejenige Zeitung oder Zeitschrift täglich oder wöchentlich liest, in welcher sich am ehesten seine Meinung widerspiegelt.

Nicht viel anders stellt sich die Rückkopplung, sei es mittels Zuhörer – oder Zuschauerbrief oder Telephonanruf in eine Sendung oder mittels eines Telefaxes oder neuerdings über das Internet bzw. mittels einer E-Mail bei den Elektronischen Medien, also Radio oder Fernsehen einschließlich ihrer sonstigen Zusatzdienste wie Teletext oder Radiotext, dar. Das Interesse der Programm-Macher an solchen Rückkopplungs-Informationen ist sehr groß, zeigt es doch sowohl den Umfang des Interesses an der Sendung, als auch die mögliche Zahl von Rezipienten, die die Sendung eingeschaltet haben. Sie können darüber hinaus Anhaltspunkte für notwendige Programmkorrekturen in 'Form', 'Inhalt' und 'Qualität' (technisch und inhaltlich) liefern, um Programmverbesserungen zu erzielen und um die Hörer – und Seherbindung zu erhöhen.

In den Gründerjahren von Radio und Fernsehen wurden Programme produziert und ausgestrahlt, die das ganze Deutschland betrafen. In gleicher Weise wurde in den anderen Europäischen Staaten verfahren. Das hing in erster Linie damit zusammen, daß die Kosten der Infrastruktur, also die Investitions-Kosten für die Produktionsmittel in den Funkhäusern und für die Sendernetze, sehr hoch waren. Mit zunehmender technischer Erschließung von Frequenzbändern für die Ausstrahlung von Radioprogrammen (wie Langwelle LW, Mittelwelle MW, Kurzwelle KW, Ultrakurzwelle UKW-FM, Satellitenradio über ASTRA und ECS, Digitalradio DAB) und für die Ausstrahlung von Fernsehprogrammen (Frequenzbänder I und III sowie IV und V, später Satellitenfernsehen, sowie Digitalfernsehen terrestrisch, Kabel und Satellit) konnten gemäß der föderalen Struktur der Bundesrepublik Deutschland Programme für die jeweiligen Bundesländer verbreitet werden, und darüber hinaus bot es sich an, Lokalradios und Ballungsraumfernsehen zu installieren. Die dadurch erzielte Programmnähe zum angesprochenen Zuhörer und Zuschauer einerseits und die Weiterentwicklung von Telekommunikationstechniken andererseits ließen Interaktivitäten in den elektronischen Massenmedien geradezu erwarten.

Das 'Qube-Projekt' Mitte der 70er Jahre installiert in der Stadt Columbus im USA-Staat Ohio, das ein Kupferkabelnetz mit schmalbandigem Rückkanal betrieb, wurde zum Wallfahrtsort für innovationsfreudige Medienpolitiker und Programmschaffende aus aller Welt. Alle waren fasziniert von dem vielfältigen Lokal-TV-Angebot und der Möglichkeit, mit Hilfe des Rückkanals die Teilnehmer am Projekt (beschränkte Teilnehmerzahl) zu aktivieren und direkt an den Programmen bzw. Sendungen zu beteiligen. So ereignete es sich u. a. nahezu täglich, daß ein lokaler Popstar plötzlich mitten in seinem Vortrag von den Teilnehmern nach einer Mehrheitsentscheidung abgeschaltet wurde. Das bedeutet nicht eine Wahl mit den Füßen oder einem Stimmzettel, sondern mit einem elektrischen Knopf.

Ursprünglich sah das „Qube-Experiment" mit seinen 30 Kanälen drei verschiedene Angebots-Kategorien vor mit jeweils bis zu zehn unterschiedlichen Programmen oder Dienstleistungen. Mit einem Kommandogerät waren acht normale Fernsehprogramme und ein Offener Kanal anwählbar. Einzelgebühren (Pay-TV) waren zu entrichten, wenn man mit zehn zusätzlichen Programmtasten Filme, Opern, Schauspiele, Unterhaltungsshows, Bildungskurse, Sportveranstaltungen abrief. Hinzu kamen schließlich zehn weitere, nicht einzeln gebührenpflichtige Community-Angebote, sowie die eigenen Lokalfernsehprogramme. Hier konnten nicht nur Berichte über städtische Ereignisse ausgewählt werden, es gab auch Vorschulprogramme, Zielgruppensendungen, Bildungsprogramme, Verbraucherinformationen und vieles andere mehr.

Dank der fünf Antwortknöpfe konnte der Abonnent nun mittels des Fernbedienungsgerätes in das Programm eingreifen, es kritisieren, sich bei Auktionen beteiligen, an Gemeinschaftsspielen teilnehmen usw. Darüber hinaus ermöglichten Zusatzeinrichtungen schon in sehr frühem Stadium des Projekts verschiedene „Fernwirkdienste" (u.a. zentrale Feuer- und Einbruchalarmanlagen).

Aber bereits wenige Jahre später, nach dem die Besucherwelle versiegte, etwa 1984, bot 'Qube' fast ausschließlich herkömmliches Fernsehen an, wie es andernorts in den USA auch empfangbar war, und zusätzlich Pay-TV.

2. Funktionen interaktiver Systeme

Können interaktive Systeme insbesondere im Fernsehen eingerichtet werden, dann ist nach dem Sinn und nach dem Nutzen sowohl für den Zuschauer als auch für den Programm-Macher zu fragen. Es müssen Antworten auf die Frage gefunden werden, wie der Zuschauer an die Interaktivität herangeführt werden kann. Hierzu 3 Thesen mit Erläuterungen.

2.1. Interaktive Systeme erfordern aktive Teilnahme mit Wissen und Wollen des Nutzers.

Falls zur Nutzung eine zu hohe Wissensmenge erforderlich ist, wird die Nutzungshemmschwelle zu hoch. Um eine Vielzahl von Teilnehmern zu erreichen und um dafür zu sorgen, daß eine Vielzahl von Teilnehmern von interaktiven Systemen profitiert, muß auf die Bedienfreundlichkeit der Mensch-Maschine-Schnittstelle höchsten Wert gelegt werden. Sie muß einfach und überschaubar sein.

2.2 Es soll kein passiver Konsum beim Teilnehmer stattfinden. Wesensmerkmal interaktiver Systeme sind Willensäußerungen des Teilnehmers aufgrund des Dargebotenen.

Systemeinstieg und Navigationssystem durch die angebotenen Dienste, z. B. einen Guide, müssen leicht durchschaubar und intuitiv bedienbar sein.

2.3 Grundlage des Erfolgs eines interaktiven Systems ist der praktische Nutzen eines solchen Systems. Das System muß transaktionsfähig sein.

Ein erfolgreiches System muß imstande sein, dem Nutzer Alltagsgeschäfte abzunehmen. Klassisches Beispiel für einen von den Teilnehmern angenommenen Dienst ist Telebanking innerhalb des früheren Bildschirmtextes, dieser später in den Datex-J-Dienst überführt und heute im Internet abgewickelt. Der Dienst 'Telebanking' wird von den Teilnehmern zunehmend genutzt. Allein die „Deutsche Bank" hatte im Jahr 2000 ca. 1,3 Mio. Telebanking-Kunden. Etwa 500000 Kunden dieser Bank betreiben Brokerage. Der Dienst bringt für den Teilnehmer den praktischen Nutzen, 24 Stunden am Tag Finanzangelegenheiten von zu Hause aus erledigen zu können, die sonst einen Besuch bei der nächstgelegenen Zweigstelle der Bank innerhalb der beschränkten Geschäftszeiten erfordert hätten.

3. Technische Realisierung interaktiver Systeme

Ein interaktives System benötigt im Gegensatz zu Systemen für den 'passiven Konsum', wie z. B. dem klassischen Fernsehen, zwei Übertragungskanäle:

3.1. Ein Übertragungskanal vom Diensteanbieter zum Nutzer

Über diesen Kanal wird dem potentiellen Nutzer zunächst ein Dienst angeboten. Nach einer entsprechenden Willensbekundung des Teilnehmers erhält dieser dann die von ihm gewünschten Informationen. Diese 'Hinleitung' entspricht dem klassischen Fernsehübertragungsweg.

3.2. Ein weiterer Übertragungskanal vom Nutzer zum Anbieter

Über diese 'Rückleitung' fordert der Nutzer die Teilnahme am Dienst an, spezifiziert ggf. weiteren Informationsbedarf, gibt seine Information an den Anbieter und beendet die Teilnahme am Dienst.

Klassisches Fernsehen benötigt den zweiten genannten Übertragungskanal nicht. Die Informationen – sprich Fernsehprogramme – werden unidirektional vom Anbieter zum Nutzer verteilt. Der Teilnehmer hat a priori keine Einwirkungs- oder Rückmeldemöglichkeit. Er kann sich lediglich zu- oder abschalten. Die heute verbreiteten Kabelnetze tragen diesem Funktionsprinzip Rechnung: Auch sie sind lediglich für unidirektionalen Betrieb ausgelegt.

Doch gibt es seit mehreren Jahren Fernsehsendungen mit Mitwirkungsmöglichkeiten der Teilnehmer. Die Zuschauer der Fernsehsendung 'Wetten daß' äußern beispielsweise ihre Meinung über die beste Wette über ein System namens TED. Das System TED ist ein klassisches Beispiel einer Nutzung des Telephons als 'Rückleitung' und zwar ausschließlich mit Hilfe von Wählvorgängen und nicht mit gesprochenem Wort. Die Meinung 'Ja' oder 'Nein' wird durch Anwahl jeweils einer bestimmten Telephonnummer oder die Reihenfolge der Attraktivität einer Wette über die Endziffer einer Telephonnummer zum Ausdruck gebracht. Ein Rechner registriert die Anzahl der Anrufe in einer definierten Zeit und bereitet diese graphisch auf.

Ein solches System hat seine Grenzen. Die Anzahl der zur Verfügung stehenden Telephonleitungen muß der Anzahl der Auswahlmöglichkeiten entsprechen. In einer Sendung, die nur die Entscheidung 'Ja' oder 'Nein' verlangt, ist keine weitere rückgekoppelte Information notwendig. Es geht also – technisch gesprochen – lediglich um die Übertragung eines bits. Ist die Übertragung größerer Datenmengen erforderlich, sind auch mit Hilfe des Telephons andere Wege möglich und praktikabel. Denkbar ist beispielsweise, daß die Wünsche des Teilnehmers von einem Mitarbeiter des Diensteanbieters am Telephon entgegengenommen werden. Diesen Vorgang technisch betrachten heißt:

– Zur Datenübertragung sind bei beiden Partnern lediglich Telephone ohne Hardware-Erweiterungen erforderlich.

Die Start-/Stop-Protokolle/Wählen und Abnehmen bzw. Auflegen sind einer unbestimmten Vielzahl von Teilnehmern bekannt.
- Außer der gemeinsamen Sprache sind keine weiteren Formatvereinbarungen erforderlich.
- Die übertragene Datenmenge ist hoch.
- Auch die Übertragungseffizienz ist trotz des Fehlens sonst üblicherweise vorhandener Format-Verabredungen relativ hoch, da der 'Rückleitungsvorgang' des interaktiven Dienstes selbst in sich interaktiv ist. Es besteht eine Rückfragemöglichkeit des Diensteanbieters.

Eine sogenannte 'Rückleitung' eines interaktiven Systems setzt allerdings voraus, daß sich die Zahl der Dienstenutzer zeitlich und räumlich relativ gleichmäßig verteilt und es nicht zu einer punktuellen Spitzenbelastung kommt.

Auch wenn ein solcher Dienst auf den ersten Blick kompliziert erscheint, so findet sich doch für einen solchen Dienst – wenn auch außerhalb des Fernsehens – ein klassisches, weit verbreitetes Beispiel mit hoher Nutzerakzeptanz, nämlich die Telephon-Auskunft, oder wie es jahrelang hieß: das Fräulein vom Amt.

Die Zukunft interaktiver Fernseh-Systeme – wie sie seit einigen Jahren diskutiert wird – liegt aber sicherlich nicht in Systemen, die in der beschriebenen personalintensiven Art und Weise arbeiten. Ziel wird eine automatisierte Auswertung sein.

Erste Ansätze, mehr als nur ein bit über eine Telephonleitung zu übertragen, bietet der Fernsehtext, der bei ARD und ZDF als Dienst Videotext genannt wird. Dort werden Spiele angeboten, bei denen der Teilnehmer den Verlauf des Spiels durch das Bewegen eines Bildpunktes auf dem Bildschirm beeinflussen kann. Der Teilnehmer ruft dazu bei einer angegebenen Telephonnummer an. Nachdem die Verbindung hergestellt wurde, kann der Teilnehmer die Bewegungsrichtung des Bildpunktes durch Drücken der Zifferntasten auf dem Telephon vorgeben. Drückt man z. B. auf 6, bewegt sich der Punkt nach rechts, bei Druck auf die 4 nach links. Aufwärts und abwärts geht es mit den Tasten 2 bzw. 8. Bewerkstelligt wird dies technisch durch Auswertung der Wählerticker, die über die Telephonleitung übertragen werden. Auch bei Tonwahl ist ein entsprechendes Verfahren leicht realisierbar. Letztendlich stellt jedoch auch dieser Ansatz eine Behelfslösung dar.

Um größere Datenmengen sicher über die Telephonleitung übertragen zu können, ist es erforderlich, dazu Rechner, Modems oder ISDN-Geräte zu nutzen. Dann steht für eine Vielzahl von Anwendungen sowohl eine ausreichende Datenübertragungsgeschwindigkeit als auch eine ausreichende Datenmenge zur Verfügung.

Bereits Anfang der 80er Jahre führte die Telekom den Bildschirmtext-Dienst Btx ein. Auch bei Bildschirmtext handelt es sich um einen echten interaktiven Dienst, bei dem Hin- und Rückleitung über das Telephonnetz realisiert werden. Der Nutzer konnte aus einer Vielzahl von Informationsangeboten wählen. Auch Bestellungen bei Versandhäusern und Telebanking waren möglich. Die Nutzung war jedoch enttäuschend gering.

Ursprünglich ermöglichte Btx die Übertragung von 1.200 bit/sek., später wurde seine Datenrate auf 2.400 bit/sek. erhöht, eine weitere Steigerung auf 14.400 bit/sek. lag seinerzeit um 1995 im Bereich des Machbaren. Die um das Jahr 2001 gebräuchlichen Modems arbeiten mit einer Übertragungsrate von 56.000 bit/sc, was dem ISDN-Standard von 64 kbit/sec sehr nahe kommt.

Um die Speicherkapazität von Systemen zu begreifen, sollte man sich bewußt machen, daß eine DIN A 4-Textseite als Standard ASCII-Code etwa einer Datenmenge von 2 kB (kiloByte), also etwa 16 kbit (kilobit), entspricht (8 bit = 1 Byte). Btx benötigte um 1995 immerhin ca. 5 Sekunden, um eine DIN A 4-Textseite zu übertragen. Beinhaltete die Textseite graphische Elemente, dann wurde noch wesentlich mehr Zeit benötigt.

Ein Fernsehbild benötigt – je nach Auflösung, sowohl, was Zeilenanzahl und Farbtiefe angeht – etwa 700 kB (kiloByte). Der typische Datenstrom, der für die Fernsehübertragung erforderlich ist, liegt bei 270 Megabit/sek.

> Auf einer handelsüblichen 3,5-Zoll-HD-Diskette lassen sich (ohne weitergehende Manipulationen) also recht genau zwei Fernsehbilder speichern. Auf einer CD – wenn man sie als Bilddatenträger nutzen würde – lassen sich etwa 20 Sek. 'Fernsehen' unterbringen.

Das verdeutlicht, daß Btx als reines Textmedium brauchbar, zur Übertragung von Graphik, erst recht für interaktives Fernsehen, jedoch absolut ungeeignet ist.

Besser sehen die Verhältnisse im ISDN-Netz aus. Über einen ISDN-Kanal können 64 kbit/sek. übertragen werden. Die Parallelschaltung mehrerer Leitungen ist mit gewissen Einschränkungen möglich. Trotzdem, die Übertragungskapazität auch dieses Mediums liegt um Größenordnungen unter dem für interaktives Fernsehen erforderlichen Niveau, es sei denn, die bekannte Digitaltechnik führt zu neuen Lösungen.

4. Effektivitätssteigerung interaktiver Systeme infolge Technologiewandel. Zwei Maßnahmen führen zur Lösung des Problems:

4.1. Eine signifikante Datenreduktion von Bild- und Tonsignalen

4.2. Eine sinnvolle Analyse der erforderlichen Datenkapazität getrennt für Hin- und Rückleitung.

Zu 4.1.: Datenreduktion bei Bild- und Tonsignalen
In den letzten Jahren wurden Entwicklungen vorangetrieben, die es ermöglichen, MultiMedia-Daten in Echtzeit weiterzuverarbeiten, d.h. ohne daß durch diese Verarbeitung für den Teilnehmer merkliche Verzögerungen auftreten.

Der Begriff 'MultiMedia' wird immer wieder in Zusammenhang mit interaktiven Systemen benutzt, obwohl er damit zunächst nichts zu tun hat.

Definition: Unter 'MultiMedia' versteht man die Systemintegration von in digital vorliegenden Bild-, Ton-, Graphik- und Textdaten unter Benutzung von Rechnern.

Die für interaktive Fernsehsysteme wichtigste Art der Weiterverarbeitung von MultiMedia-Daten sind Datenkompression- und Datenreduktion.

Unter Datenkompression versteht man eine möglichst effektive Packung der Daten bei Speicherung oder Übertragung.

Beispiel: 50 farblich gleiche aufeinanderfolgende Punkte auf dem Bildschirm werden nicht einzeln verarbeitet, sondern es wird die Information übertragen und gespeichert, daß jetzt 50 Punkte mit gleichen Eigenschaften aufeinander folgen.

Damit werden bei der Datenreduktion Daten, die subjektiv nicht wahrnehmbare Signalanteile repräsentieren, nicht übertragen, sondern nur gespeichert. Beispiele für solche nicht wahrnehmbaren Signale:

– Vom Auge nicht wahrnehmbare Spektralfarben
– Vom Auge nicht räumlich auflösbare Bildpunkte
– Schallanteile, die von anderen im Signal enthaltenen Schallanteilen akustisch verdeckt werden.

Die konsequente Anwendung solcher Techniken birgt in bezug auf die erforderlichen Datenraten ein enormes Sparpotential an Kanalkapazität. Stehen auf einem Satellitensystem etwa 30 Transponder zur Verfügung, so bedeutete dies bisher, daß man dem Zuschauer, der über eine entsprechende Empfangseinrichtung verfügte, 30 Programme zuführen konnte. Künftig wird derselbe Satellit, der dann gemäß den Ergebnissen aus Datenreduktion- und Kompression 'mit codierten Transpondern' ausgestattet ist, den Empfang von 200–300 Programmen ermöglichen.

Zu 4.2.: Erforderliche Datenkapazität für Hin- und Rückleitung
Aus obigen Betrachtungen heraus wird klar, daß in wenigen Jahren genügend Kanäle zum Zuschauer hin, also 'Hinleitungen', zur Verfügung stehen können.

Eine Rückleitung über Satellitenverbindungen scheint auf absehbare Zeit für einen Massenmarkt nicht realisierbar zu sein. Auch Rückleitungen über Kabelnetze schienen bis vor kurzem kurzfristig nicht denkbar, jedoch unterdessen möglich.

Eine Umrüstung der bestehenden Kabelnetze auf bidirektionalen Betrieb, also auch vom Nutzer zum Anbieter zurück – gedacht wird für diesen Rückkanal an den Frequenzbereich 16 bis 23 MHz – verursacht einen nicht unerheblichen Aufwand. Allein im Kabelnetz Stuttgart mit im Jahre 1995 ca. 210.000 anschließbaren und seiner Zeit gut 100.000 tatsächlich angeschlossenen Haushalten wären dazu 1.171 Verstärkungspunkte umzurüsten. Trotz des hohen Aufwandes sind in verschiedenen größeren Städten u.a. in Berlin Kabelnetze mit bidirektionalem Betrieb eingerichtet worden.

Für interaktive Dienste erscheint als einzige, preiswerte und auf absehbare Zeit praktikable Methode, das Telephonnetz als 'Rückleitung' sinnvoll nutzbar zu sein. Der Verbreitungsgrad des Telephons ist hoch, die Betriebskosten relativ gering. Dabei spielt es keine Rolle, ob das Telephon drahtgebunden oder mobil betrieben wird. Geht das UMTS-Netz in Betrieb, dann steht ein mobiler Breitbandkanal zur Verfügung. Die Frage wird sein, wieviele Teilnehmer werden in die künftige Generation von Mobiltelephonen einsteigen und können den Dienst bezahlen. Aber für die meisten kurzfristig vorstellbaren interaktiven Dienste sind die relativ geringen Datenraten der drahtgebundenen und der mobilen Netze ausreichend. Da auf der 'Rückleitung' nur Entscheidungen des Nutzers an den Diensteanbieter weitergeleitet werden, kann die Datenrate hier deutlich geringer als auf der 'Hinleitung' ausfallen.

Aber die Zahl der PC's in den Privathaushaltungen nimmt ständig zu. In der Industrie und in der dienstleistenden Wirtschaft wird man vergeblich nach einem Arbeitsplatz ohne PC suchen müssen. Wieviele Privathaushalte bereits mit einem Anschluß an das drahtgebundene Telephonnetz in Form eines Modems versehen sind – unabhängig davon, ob es sich um einen analogen Anschluß oder einen ISDN-Anschluß handelt – ist nicht genau bekannt. Aber man geht von mehreren Millionen aus. Die Kombination PC mit Modem erscheint inzwischen für die Mehrzahl der Haushalte als finanziell tragbare und zumutbare Lösung.

Interaktive Systeme werden als 'bunte' MultiMedia-Systeme bei Durchschnittsbürgern leichter Akzeptanz finden als spartanische, schwierig zu bedienende textorientierte Systeme, wie die in den 80er Jahren von den Telekomunternehmen eingeführten Teletex-Dienste, wozu auch Btx zu rechnen ist. Auf mittlere Sicht werden in den Haushalten Anschlüsse für bidirektionale Systeme auf breiter Basis verfügbar sein. Ein erster Ansatz dazu war das Vorhaben der Telekom, bis Ende 1995 in den neuen Bundesländern 1,2 Millionen Glasfaseranschlüsse in den Haushalten in Betrieb zu nehmen, was auch erfolgreich geschah. Damit wurden zu einem sehr frühen Zeitpunkt die Voraussetzungen für universelle breitbandige Telekommunikationsanschlüsse im Festnetz geschaffen.

Tatsächlich sind die daraus resultierenden Möglichkeiten interaktiver Fernsehsysteme so groß, daß ein dann möglicher Bildtelephon-Dienst schon fast als Abfallprodukt gewertet werden muß. Jeder Teilnehmer ist imstande, eigene Beiträge an andere Teilnehmer abzusetzen. Und das braucht nicht nur der vielzitierte letzte Urlaubsfilm zu sein.

Kommunikation und Informationsaustausch, wie sie bereits heute in den Computernetzen über Mailboxen zwischen Einzelnutzen oder auch Nutzergruppen ablaufen, werden sich auf wesentlich breiterer Basis fortsetzen. Die MultiMedia-Fähigkeit eines solchen Netzes wird die Kommunikation nicht nur zwischen 'Computerfreaks' ermöglichen, sondern – wenn die Mensch-Maschine-Schnittstellen nutzeradäquat gestaltet werden – Frau und Herrn Jedermann in diesen Prozeß einbinden.

Diese Entwicklungen werden sich auf breiter Front erst mittelfristig einstellen. Es ist kritisch zu prüfen, ob nicht viele Anwendungen, die oft als Beispiele für interaktive Anwendungen herhalten müssen, nicht auf ganz 'klassischem Wege' realisierbar sind. Aber die Digitalisierung aller Übertragungssysteme schreitet rasant fort.

Das oft zitierte Beispiel von dem Fußball-Spiel, das mit 10 Kameras aufgezeichnet wird und bei dem der Nutzer neben dem von Regisseur zusammengestellten Programm auch jede einzelne Kamera abrufen kann, ist auch ohne 'interaktives Fernsehen' im strengen Sinne realisierbar. Da ein solches Fußballspiel sicher nicht nur für einen einzelnen Zuschauer aufgezeichnet wird, werden in jedem Falle alle Kameras auf dem Satelliten oder im Kabelnetz verfügbar sein. Die 'Rückleitung' dieses interaktiven Systems kann sich also auf die Infrarotstrecke der Fernbedienung im Wohnzimmer des Nutzers beschränken. Eine 'Rückleitung' zum Anbieter ist nicht erforderlich.

Beschränkt man sich auf den sehr eng begrenzten lokalen Bereich, ist über Telefonleitungen noch eine interessante Alternative denkbar. Unter bestimmten Voraussetzungen ist es möglich, über kurze Strecken auch über Telefonleitungen Datenraten von 2 Mbit/sek. zu transportieren. Bei entsprechender Datenreduktion reicht dies aus, um bei der Übertragung von Fernsehen etwa VHS-Qualität zu erreichen (2 Mbit/sek. entspricht LDTV). Der elektronische Videoshop – dessen Verleihartikel naturgemäß ebenfalls nur VHS-Qualität aufweisen – ist daher denkbar. Voraussetzungen sind paarweise verdrillte Telefonleitungen und Entfernungen von maximal 3 bis 4 km.

Hier ist auch an Video-on-Demand zu denken. Unter VoD wird die individuell abgerufene Übertragung eines Fernsehbeitrages – das kann auch ein Film oder ein Verbraucher- oder Gesundheitsmagazin sein – aus einem von einem Programmanbieter betriebenen Server zum jeweiligen Teilnehmer verstanden. Der Teilnehmer, der den Beitrag abruft, kann sich für eine bestimmte technische Qualität entscheiden, unter der Voraussetzung, daß diese am Server zur Verfügung steht, entweder

> in EDTV (Enhanced Definition TV mit einer Datenrate von 9 Mbit/sec)
> in SDTV (Standard Definition TV mit einer Datenrate von 6 Mbit/sec)
> in LDTV (Limited Definition TV mit einer Datenrate von 2 Mbit/sec).

Je höher die technische Qualität, d.h. je höher die zu übertragende Datenrate ist, um so teurer ist das Produkt, um so tiefer muß der Teilnehmer für den gewünschten Fernsehbeitrag in die Tasche greifen. Für alle Daten, die der Nutzer an den Anbieter damit an den Server sendet, wird eine Rückleitung benötigt. Bei VoD fallen in der Regel Kosten für ein ganzes Programmpaket an. Will ein Teilnehmer nur bestimmte Beiträge aus einem Server abrufen und nur diese Beiträge auch bezahlen, dann spricht man von 'Pay-per-View'. Für den Verbindungsaufbau zwischen dem hauseigenen Fernsehempfänger und der Serverzentrale gibt es verschiedene Möglichkeiten der Hausinstallation, die der Fernsehteilnehmer bezahlen muß. Für die mehrere Systeme umfassende Hausinstallation, also einer Kommunikationszentrale zwischen Nutzer und Anbieter, scheint sich die Set-Top-Box durchzusetzen, die entweder an das Telephonnetz oder an das Fernsehkabelnetz oder an beide Netze angeschlossen wird.

Ein großes Feld interaktive Nutzung im engeren Sinne werden sich sicher in den Bereichen Nachschlagewerke sowie Aus- und Fortbildung ergeben. Schon heute sind interaktive Programme auf CD-ROM verfügbar, bei denen der Benutzer die Themenauswahl sehr leicht mit Hilfe einer 'Maus' bewerkstelligen kann. Die angeforderten Inhalte werden nicht nur als Standbilder, sondern auch in kurzen Bildsequenzen – natürlich mit Stereoton – dargestellt. Der Nutzer kann sehr leicht die Inhalte, die ihm bereits bekannt sind, umgehen und zu den Themen, die ihn besonders interessieren, weitere Informationen anfordern.

Es ist davon auszugehen, daß solchermaßen multimedial aufbereitete Information künftig immer häufiger produziert wird. Bei Datenbanken, die die Inhalte einer Vielzahl solcher Informationsträger über Leitungen anbieten können, werden die Nutzer alle gewünschten Informationen auf fast spielerische Art abrufen können.

Auf der technischen Seite sind zur Realisierung der Übertragungskanäle für solche elektronischen Bildungs- und Nachschlagewerke für den „Hinkanal" vom Anbieter zum Nutzer dank Datenreduktion nur etwa 2 Mbit/sek. erforderlich, für die 'Rückleitung' reichen wenige kbit/sek.

Ähnliche Verhältnisse findet man bei dem oft im Zusammenhang mit interaktiven Medien genannten 'elektronischen Reisebüro' vor. Die Werbewirtschaft wird Wege finden, ihrer Klientel mit bewegten Bildern vom Traumstrand im sonnigen Süden, unterlegt mit exotischer Musik, die Reiseziele noch wesentlich schmackhafter zu machen, als dies mit den teuersten Prospekten der Fall ist.

5. Ausblick

Betrachtet man die bestehende und zugleich augenfällige 'Innovationsfreudigkeit' der Menschen, dann scheint das 'Beharrungsvermögen' ungebrochen. Es existiert eine allgemeine Zufriedenheit mit den angebotenen multimedialen Möglichkeiten. So nutzen in der Bundesrepublik Deutschland nach einer Studie der ARD-Medienkommission gegenwärtig gerade 5 Prozent der Fernsehhaushalte, d.h. 1,75 Mio. die Angebote des Digitalen Fernsehens, wo doch das Angebot der ARD in der neuen Technik wesentlich größer ist, als das einzige Programm im analogen Ersten Programm. 1 Prozent der Bevölkerung beabsichtigt, sich in nächster Zeit einen Digital-TV-Anschluß (Kabel oder Satellit) anzuschaffen, 14 Prozent planen dies in ferner Zukunft, 57 Prozent haben überhaupt keine Absichten, ins digitale Zeitalter einzutreten und 24 Prozent der Bevölkerung können mit Digital-TV überhaupt nichts anfangen. Die Ergebnisse der Untersuchung stehen unter der Prämisse, daß die Bundesregierung schon vor Jahren der Industrie und den Kabelnetzbetreibern zugesagt hat, bis 2010 die analogen Hörfunk- und Fernsehsender abzuschalten. Auf diese Zusage gründen sich alle Entwicklungen zu neuen leistungsfähigen Set-Top-Boxen, die sich zur meistgenutzten Internetzugangstechnologie mit TV-Anschluß entwickeln könnte, die auch der Multimedia-Home-Plattform MHP mit ihrer Spezifikation entsprechen würde. Mit dieser Gerätekonfiguration soll die Möglichkeit bestehen, nicht nur gleichzeitig neben dem TV-Programm (frei zugänglich oder verschlüsselt oder zu bezahlen) im Internet zu surfen, sondern auch Spielfilme aus dem Internet down zu loaden sowie DVD's, CD's und MP 3-Files abzuspielen.

Die Zahl der technischen Möglichkeiten, die in der genannten Plattform MHP enthalten sind, werden sich auf Grund der Technologischen Entwicklung in wenigen Jahren vervielfachen. Dann spielt das am Anfang des Artikels beschriebene Szenario des Interaktiven Fernsehens eine immer geringere Rolle. Man kann es so ausdrücken: Alles ist interaktiv, nur wer spielt noch mit? Die Gesellschaft steht einerseits vor einer Konvergenz von Printmedien und elektronischen Medien, andererseits vor einer Konvergenz der Techniken und einer Konvergenz der Inhalte und ihrer Formen, denn das Internet wird neue oder andere Inhalte hervorbringen, sicher in einer neuen Formensprache.

Wenn in nicht allzu ferner Zukunft 300 bis 500 TV-Programme verfügbar sein werden, dann beginnt unausweichlich der Kampf um Zuschauer. Der einzelne Programmveranstalter wird alles unternehmen, um den Zuschauer an sein Programm zu binden. Jedes Mittel wird ihm recht sein. Steht diese große Zahl von Programmkanälen zur Verfügung, dann müssen sich die Programmanbieter gemeinsam auf ein einziges Navigationssystem verständigen, damit sich der Nutzer in dem fast unüberschaubaren Angebot noch zurechtfindet.

Vorstellbar sind auch Videotheken. Alle Inhalte sind auf einem oder mehreren Servern gespeichert. Der codierte Abruf des gewünschten Programms aus diesem Server erfolgt mit Hilfe einer Set-Top-Box und über die dafür freigeschaltete Fernsehleitung. Der einzelne Zuschauer wird damit selbst aktiv und wird sich so sein Programm selbst zusammenstellen. Dann wird jedwedes Programm nicht zeitkritisch, sondern zeitunkritisch angeboten, wovon viele Fernsehzuschauer heute schon träumen. Das bedeutet eine schöne neue interaktive Fernsehwelt; aber, wieviel interaktives Fernsehen braucht der Mensch?

6. Literatur

BMWi – Dokumentation Nr. 481, Einführung des Digitalen Rundfunks in Deutschland. 2000

Breitkopf, Klaus/Peter Schiwy/Beate Schneider (Hrsg. i. A. des SWF), Satellitenfernsehen und Satellitenhörfunk. Percha–Kempfenhausen 1987

Jarren, Otfried/Peter Widlok (Hrsg.), Lokalradio. Berlin 1985

Multimedia-Home-Plattform, Grundlagen für die Konvergenz der Medien. Hrsg. Deutsche TV Plattform. Frankfurt 1999

Reinhard, Ulrike (Hrsg.), Interaktives Fernsehen, Dokumentationsband. Heidelberg 1994

Schönfelder, Helmut, Fernsehtechnik im Wandel. Berlin–Heidelberg 1996

Dietrich Schwarze, Ostfildern (Deutschland)

LIV. Neue Dienste

241. Die technische Voraussetzung von Online-Diensten: Das Internet

1. Einführung
2. Die technischen Grundlagen der Datenkommunikation – Das Schichtenmodell
3. Das Internet
4. Literatur

1. Einführung

Die Kommunikation ist im wesentlichen ein soziales Problem, wobei der Mensch eine Vielzahl von verschiedenen Kommunikationsformen entwickelt hat. Die Sprache ist unter diesen Kommunikationsmethoden am bedeutsamsten. Sprache bedeutet hier irgendeine Art von Symbolismus, gleichgültig, ob es sich dabei um einen Dialekt, eine Steininschrift, ein Morsezeichen oder eine Impulsfolge in einem Computer handelt. Charakteristisch für die Sprache ist ihre Möglichkeit des Informationsaustausches, d. h. die übermittelten Informationen oder Nachrichten werden in beiden Richtungen zwischen den kommunizierenden Partner übertragen. Ließ die räumliche Entfernung zwischen beiden die akustische Übertragung nicht mehr zu, wurde sich der Schriftsprache in Form des Briefes und seiner besonderen Übertragungsart wie der Postkutsche bedient. Mit der Entdeckung der Umwandlung akustischer Signale in elektromagnetische und ihrer Übertragung über Leitungen oder per Funk im letzten Jahrhundert entwickelte sich ein dichtes Kabel- und Funknetz, um dem elementaren sprachlichen Kommunikationsbedürfnis in der neuen Form nachzukommen. Man verließ das Postkutschenzeitalter und kehrte zur Sprachkommunikation zurück. In der Mitte des letzten Jahrhunderts läutete eine weitere Erfindung cinc neue Epoche ein: die mit dem Nobelpreis ausgezeichnete Erfindung des Transistors durch Bardeen brachte den elektronischen Schalter für die binäre, digitale Informationseinheit, das Bit, das durch eine logische *Null* (Schalter aus) oder eine logische *Eins* (Schalter an) dargestellt wird. Mit diesem elektronischen Schalter begann der Siegeszug des Computers. Solange er im wesentlichen zur Steuerung und zum Rechnen eingesetzt wurde, sprach man vom Computer-Zeitalter. Ende der 60er Jahre im letzten Jahrhundert setzte jedoch die Vernetzung der Computer ein, und er wandelte sich Anfang der 90er Jahre vom Computer zum Kommunikator. Mittels der Datenkommunikation, das ist die *Sprache* der Computer untereinander, nimmt der menschliche Dialog, zunächst noch per Tastenaufforderung an den Computer, dann per Mausklick und in nicht allzu ferner Zukunft über Spracheingabe, eine Form an, die durch das Bild des *Global Village* gezeichnet ist, das man auf einer *Datenautobahn* erreicht. Wir befinden uns im digitalen Informationszeitalter und inmitten neuer Dienste. Welche Eigenschaften bestimmen diesen neuen, im weiteren Verlauf noch genauer zu spezifizierenden Online-Dienste im Vergleich mit den traditionellen elektronischen Mediendiensten wie Rundfunk und Fernsehen? Im wesentlichen sind es fünf Merkmale.

(1) *Die* schnelle *Verfügbarkeit*

Die Übertragungsrate von Daten wird in Bits pro Sekunde [bit/s] gemessen. Ein zu übertragendes Zeichen, z. B. der Buchstabe A, benötigt zu seiner Darstellung im ASCII-Format, dem heute weltweit üblichen Datendarstellungsformat, 8 Bits. Diese acht zusammengefassten Bits werden als 1 Byte oder (älter) im Sprachgebrauch der Telekommunikation als 1 Oktett bezeichnet. Da mit 8 Bits maximal 256 verschiedene Zeichen repräsentiert werden, was für den angelsächsischen und westeuropäischen Sprachbereich ausreichend ist, wird im Zuge zunehmender Multilingualität das Unicode-Darstellungsformat mit 16 Bits pro Zeichen benutzt. Damit lassen sich 2^{16} = 65536 verschiedene Zeichen darstellen. Die heute üblichen Datenraten reichen von 64 kbit/s (ISDN) bis zu einem 1 Gbit/s (das sind eine Milliarde Bits pro Sekunde). Im Laborversuch wurde bereits 1 Tbit/s (das sind eine Billiarde Bits pro Sekunde) erreicht. Zur Verdeutlichung dieser Werte: bei einer ISDN-Geschwindigkeit können 4 Textseiten (80 Zeichen pro Zeile, 25 Zeilen) pro Sekunde und bei 1 Gbit/s 125 Bücher mit je 500 Textseiten pro Sekunde übertragen werden. Information, einmal elektronisch gespeichert, sind also beim Empfänger schnell verfügbar. Das gilt für die neuen wie die traditionellen elektronischen Mediendienste.

(2) *Globalität*

Sowohl die Kabelnetze und Satellitenverbindungen der Telefon- und Rundfunkgesellschaften als auch die Netze für die Datenkommunikation, das Internet, sind heute so dicht ausgebaut, dass jeder Punkt dieser Erde erreichbar wird, wenn auch nicht immer in der gleichen Qualität.

(3) *Interaktivität*

Die Sprachkommunikation ist eine bi-direktionale Kommunikation, d.h. sie erlaubt den Dialog. Die traditionellen Mediendienste, Zeitung, Radio und Fernsehen, lassen dagegen nur eine unidirektionale Kommunikation zu, d.h. sie versorgen als Sender die Empfänger mit Informationen, ohne dass es darüber einen Austausch gibt, vom vereinzelten und zeitlich versetzten Leserbrief oder Videotext abgesehen. Des weiteren ist die Sprachkommunikation i.d.R. eine Punkt-zu-Punkt-Verbindung: es sprechen zwei Menschen miteinander. Das Broadcast-Prinzip, ein Sender erreicht über einen Kommunikationskanal viele Empfänger, ist charakteristisch für die klassischen Mediendienste. Die heutige Datenkommunikation ist grundsätzlich bidirektional, sie lässt ebenfalls die unidirektionale Kommunikation zu Gruppen (Multicasting) und zu beliebig vielen Empfängern (Broadcasting) zu. Damit sind Interaktionen zwischen dem Mensch und dem Computer und allen am Netz angeschlossenen Computern möglich. Die bidirektionale Kommunikation besitzt aufgrund ihrer n:n-Relation im Vergleich zur 1:n-Relation beim Broadcasting eine oft nicht weiter beachtete Komplexität, die am folgenden Beispiel verdeutlicht werden soll: In einem Kinosaal benötigt man unabhängig von der Zahl der Zuschauer immer nur einen Projektor für die Filmvorführung. In der bidirektionalen Datenkommunikation benötigt jeder Computer, der das digitale Videobild empfängt, auf der Sendeseite des sendenden Computers eine eigene Programm-Kopie (sozusagen seinen eigenen „Projektor") für die Sendung des von ihm empfangenen Programms. Während es ohne weiters möglich ist, in Kinosäle 1000 Zuschauer einzulassen, sind herkömmliche Computer nur in der Lage, bestenfalls einige wenige Computer (Nutzer) mit einem technisch hochwertigen Video-Film, z.B. im MPEG2-Format, gleichzeitig zu versorgen. Trotz dieser grundsätzlichen Dialogfähigkeit in der Datenkommunikation hat sich gezeigt, dass diese Beziehung vielfach nicht symmetrisch ist. Lediglich in den stark sprachlich/textlich orientierten Diensten (Internettelefonie, E-Mail, Newsforen) mit ausgeprägten Personenbeziehungen ist diese Symmetrie in der Kommunikation noch gegeben. Diese Dienste sind zwar exponentiell mit dem Internet gewachsen, ihr Datenvolumen ist aber im Vergleich zu dem von asymmetrisch verlaufenden Internetdiensten verschwindend gering. Diese Situation ist vergleichbar mit einem Einkauf im Einzelhandelsgeschäft, wo noch zwischen Verkäufer und Käufer ein Gespräch stattfindet, und dem Einkauf im Supermarkt, wo das Gespräch auf den Wechselgeld-Dialog an der Kasse reduziert ist. Das asymmetrische Downstream-/Upstream-Verhalten, der ankommende Datenstrom ist groß im Vergleich zum abgehenden Datenstrom, hat zu einer sehr kontroversen und im Ausgang noch völlig offen Diskussion zwischen den Anbietern der klassischen und den Anbietern der neuen Mediendienste geführt: Die TV-Industrie versucht über eine Settop-Box auf dem Fernsehgerät einen Rückkanal zum Sender einzurichten, der eine gewisse Interaktivität des Zuschauers ermöglicht wie Video-on-Demand, E-Shopping u.ä.m. Die Computer-Industrie andererseits versucht, den komplexen (und damit teueren) PC soweit abzuspecken, dass er diesem asymmetrischen Verhalten entgegenkommt (Netzwerk-Computer). Neben den Kostenaspekten, wieviel der Konsument für bestimmte Dienste, ihre Qualität und ihren Komfort zu bezahlen bereit ist, spielt hier das über diesen Artikel hinausgehende Thema der Mensch-Maschine-Schnittstelle eine besondere Rolle.

(4) *Zeitlosigkeit*

Ein herausragendes Merkmal der neuen Mediendienste ist ihre Zeitlosigkeit. Der Nutzer kann auf die Information zu jedem von ihm wählbaren und bestimmbaren Zeitpunkt zugreifen. „Information at your fingertips" nannte Bill Gates dieses *just in time*-Angebot der neuen Dienste. E-Shopping kennt keine Ladenschlusszeiten, Online-Banking keine Schalterstunden und die Internet-Seiten der Rundfunk- und Fernsehanstalten keine Sendezeiten. Darüber hinaus kann der Nutzer ein maßgeschneidertes Profil seiner Informationswünsche und seiner benötigten Dienste zusammenstellen oder zusammenstellen lassen, so dass er aus der Informationsflut selektieren kann.

(5) *Diensteintegration*

Aus der ursprünglichen englischen Bezeichnung für einen menschlichen oder maschinellen Rechner wird heute unter dem Computer ein programmierter Rechen-Automat verstanden. Wesensbestimmend ist für ihn infolge der auf ihm laufenden austauschbaren Programme seine Universalität. Wesentlich ist, dass eine solche Maschine in der Lage ist, das Verhalten eines beliebigen anderen wohldefinierten Automaten zu reproduzieren. Der Computer bleibt dabei als physikalisches Gerät, als Hardware, unverändert. Das Programm, die Software, entscheidet, ob der Computer Primzahlen berechnet, Steuererklärungen ausfüllt, Fräsmaschinen steuert, Briefe verschickt oder nur Kochrezepte verwaltet oder Schach spielt. Damit lassen sich die unterschiedlichsten Dienste auf einer Hardware realisieren und integrieren. Die beispielsweise heute aus dem Werbefernsehen bekannte Form des Einkaufens, das Angebot erfolgt über das Fernsehen, die Bestellung über das Telefon, wird beim E-Shopping im Internet zusammengeführt. Die traditionellen Mediendienste haben den Konsumenten mit relativ hohem Komfort in seinem privaten Umfeld erreicht. Das betrifft sowohl die Technik selbst wie auch die Bedienbarkeit und Nutzung dieser Technik durch den Verbraucher. Das ISDN-Telefon mit seinem Display, demnächst das Bildtelefon, der digitale Rundfunk und das Kabelfernsehen, das Satellitenfernsehen, die Videoaufzeichnungsmöglichkeiten bieten zwar dem Verbraucher keine integrierte Dienstleistung, aber jeder Dienst für sich hat in der langjährigen Entwicklungsphase eine hohe Qualität und Zuverlässigkeit erreicht. Die Akzeptanz der neuen Online-Dienste hängt unabhängig von ihrer inhaltlichen Güte von vier technischen Problemfeldern ab.

(1) *Die Mensch-Maschine-Schnittstelle*
oder: Wie geht der Mensch mit dem Computer um?
(2) *Die letzte Meile zum Verbraucher*
oder: Welche nutzbaren Datenraten vom Kernnetz bis zum Endgerät des Nutzers sind technisch möglich und realisiert, um die gewohnte Qualität herkömmlicher Mediendienste zu erreichen?
(3) *Die Leistungsfähigkeit des Kernnetzes*
oder: Welche Datenvolumina lassen sich noch transportieren, bevor das Netz kollabiert?
(4) *Die Leistungsfähigkeit der diensteanbietenden Server*
oder: Welche Dienste lassen sich mit welcher Qualität für viele Nutzer gleichzeitig anbieten?

In den folgenden Kapiteln werden die technischen Grundlagen der Datenkommunikation (Kap.2) und das Internet als das heute bedeutendste Netz (Kap.3) vorgestellt, über das die Datenkommunikation und die heutigen Online-Dienste abgewickelt werden.

2. Die technische Grundlagen der Datenkommunikation – Das Schichtenmodell

Der Aufbau von Rechnernetzen ist im wesentlichen durch wirtschaftliche und militärische Überlegungen initiiert und entwickelt worden. Wesentliche Design-Ziele waren dabei die gemeinsame Nutzung von Ressourcen, die hohe Zuverlässigkeit gegenüber einem zentralen Rechner (Single-Point-of-Failure), die Kosteneinsparung bei der Verwendung vieler kleiner Rechner anstelle eines Großrechners, die Skalierbarkeit, die eine Erweiterung und Anpassung preiswert ermöglicht, und die optimale Aufgabenverteilung, die eine optimale Rechnerauswahl für jeweils dedizierte Aufgaben (Mailing, Datenbankrecherche u.a.) ermöglicht. Die Kommunikation der Rechner, die an diesem Rechnernetz angeschlossen sind, wird als Datenkommunikation bezeichnet. Die Kommunikation wird durch verbindliche Protokolle, d.h. Verhandlungsregeln zwischen zwei oder mehreren Computern, bestimmt. Im Detail hängen diese Kommunikationsprotokolle von der Topologie der Rechnernetze ab. Die grundlegenden Formen (in Klammern Beispiele) sind der Stern (das Terminalnetz), der Ring (IBM Tokenring,

FDDI), der Bus (Ethernet), der Baum (IBM-SP2-Rechner-Kopplung), und das teilvermaschte Netz (Telefonnetze), wenn es sich um Kabelnetze handelt. Bei Funknetzen unterscheidet man zwischen Systemen, die einen starken zentralen Sender mit einer Reichweite von ca. 100 km und mehr besitzen (IMTS = Improved Mobile Telephone System) oder deren Funkbereich in Zellen von einigen Kilometern Durchmesser eingeteilt sind (UMTS = Universal Mobile Telecommunications System). Die Topologie bestimmt z.T. auch die Übertragungstechnik von Daten. Dabei werden zwei Techniken unterschieden: Rundsende- oder Broadcast-Netze (Ethernet, Funknetze) und Punkt-zu-Punkt- oder vermittelte Netze (Token-Ring, Telefonnetz). Broadcast-Netze haben einen einzigen Übertragungskanal, der von allen am Netz angeschlossenen Rechnern gemeinsam genutzt wird. Auf ihm werden Nachrichten in Pakete (das sind Nachrichteneinheiten von bestimmter Länge) unterteilt, gesandt und von allen empfangen. Das im Paket mitgegebene Adressfeld entscheidet, ob der Empfänger das Paket als für ihn bestimmt erkennt, andernfalls ignoriert er es. Bei der Punkt-zu-Punkt-Verbindung werden die Pakete von Rechner zu Rechner weitergereicht, bis sie vom adressierten Rechner verarbeitet werden. In lokalen Netzen (LAN = Local Area Network, MAN = Metropolitan Area Network), die von 10 bis zu etwa 100 km Entfernungen reichen, werden bevorzugt Broadcasting-Netze eingesetzt, während Fernnetze (WAN = Wide Area Network) häufig Punkt-zu-Punkt-Netze darstellen. Die Komplexität der Kommunikationsprotokolle hat dazu geführt, die Kommunikation in übereinander gestapelte Schichten zu zerlegen, wobei die Zahl der Schichten, ihre Bezeichnung, ihre Funktion von Netz zu Netz oder sogar von Rechnerfabrikat zu Rechnerfabrikat verschieden sein kann (IBM-SNA, DECnet, Novell-Netz, Datex-P, Internet).

Die Aufgabe von Schichten ist die Bereitstellung von Diensten für die jeweilig darüberliegende Schicht. Auf diese Dienste der Schicht n (Service-Provider) kann die Schicht n+1 (Service-User) über eine Adresse (Service Access Point) zugreifen, wobei für den Informationsaustausch Regeln über die Schnittstelle (Interface Data Unit) getroffen werden müssen. Insbesondere können die Schichten ihrer übergeordneten Schicht zwei Dienstarten anbieten, einen verbindungslosen (connectionless mode, CL) oder einen verbindungsorientierten (connection-oriented mode, CO) Transport. Beim verbindungslosen Dienst erhält jedes der in Pakete zerlegten Nachrichten neben der Quelladresse eine Zieladresse, und die Pakete können auf verschiedenen Netzteilstrecken den Empfänger erreichen. Bei einem verbindungsorientierten Dienst erfolgt vor dem Senden der eigentlichen Datenpakete (Nutzdaten) ein Verbindungsaufbau zwischen Sender und Empfänger, der den Leitweg für den Transport festlegt. Dieses wird auch als virtuelle Verbindung zwischen Sender und Empfänger bezeichnet im Gegensatz zur Standleitung (z.B. das Kabelnetz), einer permanenten Verbindung, die keinen Verbindungsaufbau benötigt. Nach dem Verbindungsaufbau und der Datenübertragung erfolgt der Verbindungsabbau. Benachbarte Schichten müssen nicht notwendig im gleichen Transportmodus (CL oder CO) arbeiten, da die Designabsichten für die Schichten unterschiedlich sein können. Ebenso können in benachbarten Schichten bei verbindungsorientiertem Betrieb verschiedene Dienste der höheren Schicht in einem Dienst der unteren Schicht zusammengefaßt werden (ein Verbindungsaufbau für mehrere unabhängige Gespräche). Dies wird als Multiplexen bezeichnet. Umgekehrt kann ein Dienst der höheren Schicht auf verschiedene Dienste der unteren Schicht verteilt werden, dies wird als Demultiplexen oder Splitten bezeichnet. Formal wird ein Dienst über einen Satz von Operationen (service primitives) definiert, wobei vier Operationen unterschieden werden: Die *Anfrage* (request), mit der ein Dienst angefordert wird, z.B. der Verbindungsaufbau, die *Anzeige* (indication), mit der über ein Ereignis informiert wird, z.B. das Klingeln des Telefons beim Empfänger, die *Antwort* (response), mit der die Bereitschaft, auf ein Ereignis zu reagieren, erklärt wird, z.B. das Abnehmen des Telefonhörers und die *Bestätigung* (confirmation), mit der der Dienstanbieter eine Anfrage des Dienstenutzers bestätigt, z.B. Beendigung des Wähltons beim Anrufer und Freigabe der Leitung. Die Implementierung dieser Dienste, die zur ihrer Ausführung führt, kann in unterschiedlichen Protokollen erfolgen, solange der Dienstenutzer keine für ihn sichtbare Diensteänderung erhält. Im folgenden werden die beiden wichtigsten Netzarchitekturen, das OSI- und das TCP/IP-Referenzmodell, behandelt. Unter einer Netzarchitektur versteht man eine zusammengehörende Gruppe aus Schichten und Protokollen.

2.1. Das OSI-Referenzmodell

Die Vielfalt der verschiedenen proprietären Datenkommunikations-Protokolle hat die Internationale Standard Organisation (ISO) bewogen, bereits 1977 einen internationalen Standard zur Verbindung offener System, Open Systems Interconnection (OSI), zu entwickeln. Das Model trägt den Namen ISO/OSI-Referenzmodell oder kurz OSI-Referenzmodell. Obgleich wesentliche Bestandteile des Modells rasch zur Verfügung standen, wurde der endgültige ISO-Standard (ISO 7498) erst 1984 veröffentlicht. Die logische Struktur des Modells definiert einen Satz von Schichten und Diensten, die in jeder Schicht auszuführen sind. Die drei untersten Schichten (1–3) sind netzwerkabhängig und behandeln die Dienste, die für die Kommunikationsnetzwerke erforderlich sind. Die drei oberen Schichten (5–7) sind anwendungsorientiert und spezifizieren die Dienste, die zwei Nutzern den Nutzdatenaustausch ermöglichen. Die dazwischenliegende Transportschicht (4) nimmt die Daten aus den anwendungsorientierten Schichten auf und leitet sie an das Kommunikationsnetz zum Weitertransport an den entfernten Rechner bzw. umgekehrt. Ein wesentliches Architekturmerkmal des OSI-Modells ist die strikte Unterscheidung zwischen dem logischen und dem realen Datenfluss während der Kommunikation: Logisch kommunizieren stets die gleichen Schichten auf der Sender- und Empfängerseite, während der tatsächliche Datenfluss die Daten von der obersten Schicht des Senders bis auf die unterste Schicht transportiert, wo die Daten als Bitstrom vom physikalischen Medium (z. B. dem Kabel) zum Empfänger weitergeleitet werden. Dort werden sie von der untersten Schicht bis zur obersten transportiert, um als Nutzdaten für die Applikation zur Verfügung zu stehen. Die logische Kommunikation (Peer-to-Peer Communication) wird dadurch erreicht, dass jede Schicht ihren eigenen Datenbereich (Header) erzeugt, an den Anfang des Datenpakets hängt und weiterreicht. Dieser Header kann aber nur von der gleichen Schicht auf der Empfängerseite interpretiert und ausgeführt werden. Die folgende Abbildung 241.1 zeigt eine Zusammenfassung der Struktur und der Protokolle im OSI-Referenzmodell mit ausgewählten Aufgaben.

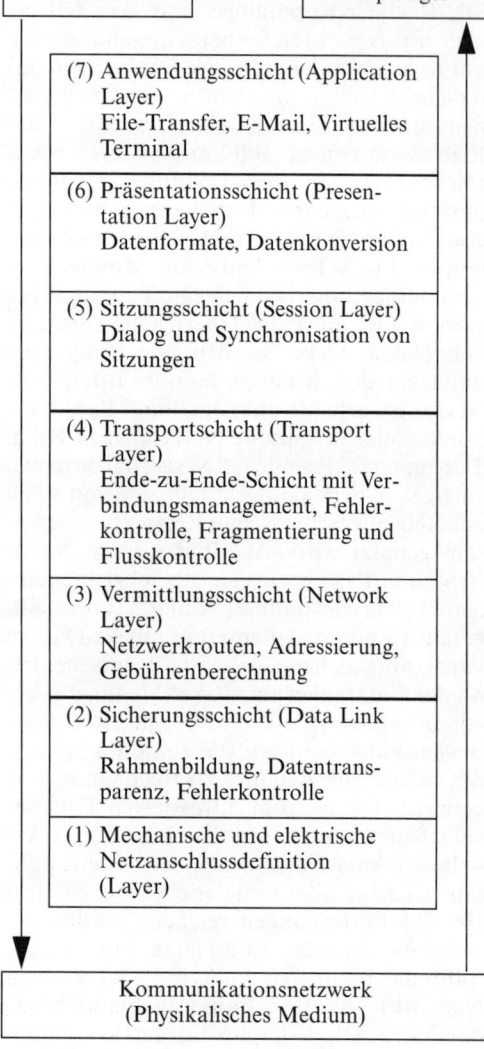

Abb. 241.1: Das OSI-Referenzmodell

Neben der internationalen Normenorganisation ISO gibt es in der Telekommunikationswelt die Internationale Telekommunikations Union (ITU) mit den drei Hauptsektoren Radiokommunikation (ITU-R), Telekommunikation (ITU-T) und Entwicklung (ITU-D). Die ITU-T hieß von 1956 bis 1993 CCITT und umfaßt insbesondere die staatlich und anerkannten privaten Post-, Telegraph- und Telefongesellschaften. Viele der für den elektronischen Medienbereich bedeutenden Normen der CCITT basieren auf dem OSI-Schichtenmodell, wie die X-Standards in den öffentlichen paketvermittelten Netzwerken (Datex-P), die V-Standards für die Telefonnetzwerke oder die

I-Standards für die integrierten Dienste digitaler Netzwerke (ISDN).

2.2. Das TCP/IP – Referenzmodell

Vor und später parallel zu den Standardisierungsarbeiten von ISO und CCITT hatte das amerikanische Verteidigungsministerium durch ihre Defense Advanced Research Projects Agency (DARPA) die Entwicklung von Rechnerkommunikation und Netzen gefördert und 1964 ein aus vier Teilstrecken bestehendes Netzwerk vorgestellt, das ARPANET. Die Protokoll-Suite für dieses Netz war das Transmission Transport Protocol/Internet Protocol (TCP/IP), das 1983 zum einzigen offiziellen Protokoll für amerikanische Netze wurde. DAS TCP/IP – Referenzmodell besitzt eine dem OSI-Modell ähnliche Schichtenstruktur, wenngleich auch nicht alle Schichten spezifiziert wurden, wie die folgende Abbildung 241.2 zeigt.

Schicht 5–7 (Anwendung)	FTP, TELNET, SMTP, DNS, SNMP	
Schicht 4 (Transport)	TCP	UDP
Schicht 3 (Vermittlung)	IP	
Schicht 1–2	LAN/WAN	

Abb. 241.2: Das TCP/IP-Referenzmodell (FTP: File Transfer Protokoll, TELNET: Remote Terminal Protokoll, SMTP: Simple Mail Transfer Protokoll, DNS: Domain Name Service, SNMP: Simple Network Management Protokoll)

Da die TCP/IP Protokoll-Suite zusammen mit dem von der Berkeley Universität entwickelten UNIX-Betriebssystem 4.2BSD als Komplettpaket herausgegeben wurde, hatte man sozusagen als zusätzliche Anwendungssoftware die bekannten Utilities FTP, Telnet und SMTP oben darauf gelegt, ohne die Schichten 5 und 6 zu berücksichtigen. Man sah dafür keine Notwendigkeit, was aus heutiger Sicht nach den Erfahrungen mit dem OSI-Modell nicht ungerechtfertigt erscheint. Das TCP-Protokoll der Transportschicht ist ein zuverlässiges verbindungsorientiertes Protokoll, das einen Bytestrom fehlerfrei einer anderen Maschine übermittelt. Die zusätzliche Flusssteuerung verhindert, dass ein schneller Sender einen langsamen Empfänger mit Nachrichten zuschüttet. Das zweite Protokoll auf dieser Schicht, das User Datagram Protocol (UDP), ist ein unzuverlässiges verbindungsloses Protokoll, bei dem die schnelle Übermittlung anstelle der Zuverlässigkeit im Vordergrund steht, wie bei der Sprach- oder Videoübermittlung. Das Internet-Protokoll der Vermittlungsschicht ist ein verbindungsloses Protokoll, so dass die IP-Pakete über verschiedene Teilstrecken geführt (geroutet) werden können. Dieser Aspekt war gerade aus militärischer Sicht eine notwendige Forderung, um sicherzustellen, dass bei Ausfall von Teilstrecken durch geeignete Routing-Algorithmen die Pakete dennoch das Ziel erreichen. Die Schichten 1 und 2 sind ebenfalls nicht spezifiziert. Hier setzt die TCP/IP-Protokoll-Suite auf entsprechenden OSI- oder CCITT-Schichten auf.

2.3. Die Header der TCP/IP-Protokolle

Es wurde bereits ausgeführt, dass jede Schicht ihren eigenen Datenbereich (Header) besitzt, der den Nutzdaten (payload) vorangestellt ist. Die Nutzdaten sind aus der Sicht der n-ten Schicht alle Daten der darüberliegenden Schichten einschließlich deren Header. Die beiden Header des TCP- und IP-Protokolls spiegeln die unter 2.2 angeführten Unterschiede wieder. Die folgende Abbildung 241.3 des IP-Headers zeigt, dass der Header mindestens 20 Byte lang sein muß, wobei die Länge in 32-Bit-Wörtern formatiert ist.

31–28, 27–24, 23 – 16,15 – 0

V	IHL	TOS	Totale Länge	
Identifikation			Steuerflags	Fragmentsierungs-Offset
Lebensdauer		Protokoll	Header-Prüfsumme	
Quell-Adresse				
Ziel-Adresse				
Optionen (0 oder mehr Wörter)				

Abb. 241.3: Der IP-Header
(V: Version, IHL: IP Header Length, TOS: type of service)

Die max. Gesamtlänge des kompletten Datagramms (Header und Daten) beträgt 2^{16} = 65535 Byte. Seine Lebensdauer im Netz (TTL= Time to Live) ist maximal 255 Sekunden und wird auf jeder Teilstrecke um 1 dekrementiert. Erreicht er den Wert 0, wird das Paket verworfen. Die Angabe einer Quell- und Zieladresse in jedem Paket zeigt, dass der IP-Dienst ein verbindungsloser

Dienst ist. Die Begrenzung des Adressraums auf jeweils 4 Byte führt, wie in Kap. 3 dargelegt wird, zu Beschränkungen in der Adressierung. Das Service-Feld läßt zwar grundsätzlich eine einfache Dienstgüte zu, z. B. ob das Datagramm verzögert und/oder zuverlässig weitergeleitet werden soll, da aber die heute eingesetzten Router, die über die Weiterleitung von Netz zu Netz befinden, dieses Feld ignorieren, wird der IP-Dienst oft auch nur als ein *Best-Effort*-Dienst bezeichnet: der Netzbetreiber bemüht sich zwar, aber garantieren kann er nichts. Der TCP-Header ist ebenfalls mindestens 20 Byte lang mit optionaler Verlängerung. Er enthält zu Beginn (s. Abb. 241.4) den 16 Bit langen Quell- bzw. Zielport, mit dem die lokalen Endpunkte der Verbindung in den Rechnern festgelegt sind und mit dem bestimmte Dienste, z. B. Port Nr. 23 für TELNET oder Port Nr. 25 für SMTP-Mail, identifiziert werden (s. Art. 242).

31			16, 15	0
Quell-Port			Ziel-Port	
Folgenummer				
Bestätigungsnummer				
IHL	reserviert	Steuerbits	Fenstergröße	
Prüfsumme			Urgent Zeiger	
Optionen (0 oder mehr Wörter)				

Abb. 241.4: Der TCP Header

Da jedes Datenbyte in einem TCP-Strom aus Sicherheitserwägungen durchnummeriert ist, sind Folge- und Bestätigungsnummer 32 Bit groß. Der UDP-Header für den verbindungslosen Transportdienst ist dagegen nur 8 Byte lang und enthält neben der Quell- und Zielportnummer nur noch 2 Byte für die Prüfsumme (s. Abb. 241.5). Der aufwendige Bestätigungsmechanismus mit Flusssteuerung entfällt.

31	–	16, 15	–	0
Quell-Port			Ziel-Port	
UDP-Länge			Prüfsumme	
Daten				

Abb. 241.5: Der UDP-Header

2.4. Die IP-Namen

Der Service Access Point der Vermittlungsschicht ist eine numerische Adresse, im Internet die 4 Byte lange Adresse, wie z.B. *134.2.3.5*, wobei *134.2* ein B-Class-Netz (hier das der Universität Tübingen), die dritte Zahl das *3er*-Subnetz im Universitätsnetz und die vierte Zahl einen bestimmten Rechner in diesem Subnetz mit der Adresse *5* meint. Anstelle dieser binären Rechneradresse ist auf der Vermittlungsschicht ein Naming zugelassen, dass die Zuordnung von Namen und numerischen Adressen zulässt. Im obigen Beispiel ist der IP-Adresse der Name *hpc1.zdv.uni-tuebingen.de* zugeordnet. Der Domain Name Service (DNS) ist eine verteilte Datenbank, um weltweit Rechnernamen und IP-Adressen aufeinander abzubilden und um Routing-Informationen für das elektronische Mailen bereitzustellen. Ähnlich dem Unix-Filesystem ist der DNS-Namensraum hierarchisch. Es besitzt eine nicht benannte Wurzel, unterhalb der sich die Top-Level-Domänen (TLD) befinden. Gegenwärtig gibt es sieben generische Domänen, bestehend aus drei Buchstaben: *com, edu, gov, int, mil, net, org*. Die Domäne *gov* und *mil* sind ausschließlich für die U.S.A. reserviert. Über die Zulassung weiterer generischer TLD's wie *info, biz* u. a. wird gegenwärtig von der internationalen Zulassungsorganisation ICANN diskutiert, wobei die Beschränkung auf 3 Zeichen fallen gelassen wurde. Die weiteren TLD's sind Ländernamen, die auf den Ländercodes in ISO 3166 basieren, z.B. *de* für Deutschland. Eine spezielle TDL namens *arpa* wird für die Adresse-Name-Zuordnung benutzt. Unterhalb der TDL, durch jeweils einen Punkt (dot) abgetrennt, befinden sich die bis zu 63 Zeichen langen Sublevel-Domänen. Der vollständige Name darf 255 Zeichen nicht überschreiten.

2.5. Vergleich der Referenzmodelle

OSI-Protokolle haben sich nicht durchgesetzt, sie gelten als zu aufwendig, z.T. als schlecht implementiert. Die logische Struktur, das Schichtenmodell selbst, hat sich dagegen bei der Diskussion in Rechnernetzen als äußerst wertvoll erwiesen. DAS TCP/IP-Modell ist heute der weltweite Standard, und der Art. 242 wird zeigen, wie eingefahrene, ursprünglich von der CCITT genannte Dienste immer weniger auf den CCITT-Normen für die Vermittlungs- und Transportschicht aufsetzen, sondern durchaus als Dienste *over* IP ausgelegt werden.

3. Das Internet

Der 1982 erfolgte Zusammenschluß vier amerikanischer experimenteller Netze zum

Internetting Project, einem paketvermittelten Satellitennetz, einem paketvermittelten Funknetz, ARPANET und ein Ethernet beim XEROX Research Center, war die Geburtsstunde des Internetworking, des Zusammenwirkens verschiedener Netze, die selbst als Teilnetze bezeichnet wurden. Aus Internetworking wurde Internet, das heute aufgrund seiner Bedeutung als *das Netz der Netze* bezeichnet wird und dessen Kommunikationsprotokoll die TCP/IP-Suite ist. Die Dynamik des Informationszeitalters ist bestimmt durch die Entwicklung der Netze und die Entwicklung der Computer einerseits und durch die Entwicklung der Online-Dienste andererseits (s. Art. 242). Für die Bundesrepublik ist die Entwicklung im Vergleich zu den USA zwar beachtlich, aber immer noch zeitlich versetzt. Und unter den inzwischen mehr als 3000 Requests for Comments (RFC), der Standard- und Dokumentationsreihe für das Internet, befindet sich jedoch kein deutscher Beitrag, was bedenklicher erscheint.

1969 ARPANET (USA)
1974 HMI-Net I (Hahn-Meitner-Institut, Berlin)
1976 HMI-Net II
1976 BERNET I (Berlin)
1979 BERNET II
1984 Gründung des DFN-Vereins (Deutsches Forschungsnetz)
1986 Gründung des NSFNet (Amerikanisches Forschungsnetz)
1990 WIN (DFN) mit 64 kbit/s NFSNeT mit 1,5 Mbit/s
1992 WIN mit 2 Mbit/s NFSNeT mit 45 Mbit/s
1996 B-WIN mit 34/155 Mbit/s vBNS mit 622 Mbit/s/ (Nachfolge von NFSNeT)
2000 G-WIN mit 2,4 Gbit/s Abilene (Internet2) mit nx2,4 Gbit/s; (n >1); ein weiteres amerikanisches Forschungsnetz.

In Deutschland sind ca. 2 Millionen Rechner am Netz, europaweit fast 12 Millionen und weltweit etwa 120 Millionen. Die eben skizzierte Bandbreitenentwicklung im Netzbereich stellt die Spitze der i.d.R. für Forschungsbereiche verfügbaren Netzbandbreite dar. Die Mehrzahl der Rechner, insbesondere in den privaten Haushalten, sind mit weniger als 64 kbit/s per Modem über Telefonleitungen am Internet angeschlossen.

3.1. Das Kernnetz

Die im Kernnetz (Backbone) von den Netzbetreibern angebotene Bandbreite reflektiert gleichzeitig die technische Entwicklung im Internet auf den unteren Netzschichten. Die Verwendung von Kupferleitungen als Draht- oder auch als Koaxkabel beschränkt die Datarate im LAN-Bereich auf 100 Mbit/s (FastLan) bei Verbindungslängen von 100m. Bei geringeren Längen und unter der Verwendung mehradriger Kabel sind durchaus Raten bis zu 1 GBit/s (Gigaethernet, HIPPI) im technischen Einsatz. Im WAN-Bereich haben die Kupferkabel Dataraten bis 2Mbit/s (Datex-P) ermöglicht. Anfang der 90er Jahre wurde die Verlegung mit Glasfasern (Lichtwellenleiter) begonnen, sie erreichte bezogen auf die Kernnetze Ende der 90er Jahre eine fast flächendeckende Verkabelungsdichte. Auf den Glasfaserkabeln konnte eine Breitband-Technologie (die Datenkommunikation läuft über viele Kanäle) gegenüber der bisher vorherrschenden Basisband-Technologie (die Datenkommunikation läuft über einen Kanal) realisiert werden, die als B-ISDN- oder ATM-Technologie bekannt geworden ist. ATM ist eine asynchrone Übertragungstechnik mit einem verbindungsorientierten Protokoll und einem *Quality of Service*, so dass Sprache, Bild, Daten und Video als zuverlässige Dienste bei den derzeit erreichbaren Bandbreiten von 2,4 Gbit/s möglich sind. Die gegenwärtige Entwicklung im G-WIN wie auch bei Abilene zeigt, dass es nur eingeschränkte, bei Abilene keine native ATM *end-to-end* Verbindungen geben wird, sondern dass stattdessen IP-Dienste direkt auf den Glasfasern (IP over SONET, einem synchronen Übertragungsprotokoll, oder IP over dark fiber) zum Einsatz kommen bzw. kommen sollen. Diese Entwicklung hatte sich bereits angedeutet, als die vorherrschende Nutzung der ATM-Dienste nicht zugunsten der nativen Dienste, sondern zugunsten der IP-Dienste über/auf ATM ausfiel. Die Gründe liegen in dem Protokolloverhead bei ATM sowie in der vor allen zu teuren Gerätetechnik. Die jetzige Netztechnik wird allgemein als elektrooptisch bezeichnet, d.h. die Verbindungen selbst sind optische Datenleitungen, die Kopplung der optischen Netzverbindungen erfolgt jedoch durch elektronische Bauelemente. Diese Bauelemente begrenzen die Datarate, sie wird etwa bei maximal 40 Gbit/s liegen, durch Bündelung lassen sich auch Vielfache des Wertes akkumulativ erreichen. Darüber hinausgehende Datenraten, Terabits pro Sekunde, lassen sich nur in rein optischen Netzwerken (*all-optical*) erreichen, wo die Kopplungsglieder ebenfalls optische Bauelemente darstellen. Diese Entwicklung wird für die nächste Dekade dieses Jahrhunderts erwartet. Die terrestrische Datenkommunikation erscheint heute durch den Einsatz der Glasfasertechnologie als physikalisches Übertragungsmedium die bevorzugte Form der Datenübertragung zu sein, insbesondere als die Telefongesellschaften begannen, ihre Fernnetze auf Glasfasern umzustellen. Davor war die Zukunft der Datenkommunikation durchaus in der Satellitentechnik gesehen worden, die im Vergleich zur damaligen fast hundertjährigen wenig veränderten Telekommunikation durch die Weltraumprogramme rasch an Bedeutung gewonnen hatte. Auch die ersten Datenübertragungsprotokolle (ALOHA, 1970) waren mit stationären Funkanlagen realisiert worden. Die vom heutigen Kommunikationssatelliten abgegebene Datarate liegt bei 50 Mbit/s pro Transponder, von denen er typischerweise 12 bis 20 besitzt. Auch mit den angestrebten Datenraten von 155 und mehr Mbit/s vom Satelliten liegt die potentielle Bandbreite einer Glasfaser weit über dem, was alle Satelliten zusammen abgeben können. Die Satellitenkommunikation konzentriert sich daher auf zwei Anwendungsbereiche:

(1) Die mobile Kommunikation, die eine Erreichbarkeit an nahezu jeden Punkt der Erde unabhängig vom verdrahteten Netzanschluß ermöglicht und
(2) Broadcasting: Eine vom Satelliten übertragene Nachricht kann gleichzeitig von Tausenden von Bodenstationen empfangen werden. Gegenwärtig ist diese Form der Datenübertragung erheblich günstiger als eine Punkt-zu-Punkt-Versendung von Massen-Nachrichten im Festnetz.

3.2. Das Zubringer-Netz

Der Zugriff auf das Kernnetz vom Büro des Anwenders erfolgt i.d.R. über eine dem Kernnetz adäquate Struktur (LAN- oder MAN-Zugriff), so dass dem Nutzer Zugriffsraten zur Verfügung stehen, die bis zu den Datenraten des Kernnetzes reichen. Zumindest in Forschungsnetzen sind kontinuierlich verfügbare Datenraten von einigen Megabits pro Sekunde pro Anwender typisch, unabhängig davon, ob der Nutzer einen stationären Zugang oder einen mobilen Zugang über ein Funk-LAN nutzt. Eine andere Situation liegt bei Anwendungen vor, die von Zuhause vom Home-PC erfolgen. Hier stehen dem Benutzer heute drei Zugangsdienste zur Verfügung

- die Telefonleitung
- das Kabelnetz
- das Handy.

Die Tab. 241.1 verdeutlicht, welche Datenraten für die verschiedenen Anwendungen pro Anwendung und Nutzer zur Verfügung stehen müssen.

Tab. 241.1: Bandbreitenanforderung pro individuellem Datenstrom (Stream) für verschiedene Dienste

Dienst	Downstream Bandbreite	Upstream Bandbreite
Telefonie	4 kHz	4 kHz
ISDN	64 kHz	64 kHz
ADSL	~7 Mbps	~200 kbps
TV	analog oder 12 Mbps	
interaktives TV	12 Mbps	klein
Internet-Dienste	einige Mbps	anfangs klein
Video-Konferenz	6 Mbps	6 Mbps
Geschäftsanwendungen	2–155 Mbps	2–155 Mbps

Telefon- und Kabelnetze sind in ihrer Struktur sehr unterschiedlich. Telefonnetze unterstützen relativ geringe Bandbreiten bis zum Endnutzer, bis zu einige Megabits pro Sekunde, benötigen aber aufwendige Schalttechniken für die Punkt-zu-Punkt-Anwendung. Kabelnetze liefern dagegen Bandbreiten bis zu mehreren hundert Megabits pro Sekunde, besitzen aber dagegen wegen ihrer unidirektionalen Ausrichtung keine Schalttechniken und geringes Netzmanagement. Das drückt sich ebenfalls, zumindestens in Deutschland, in den monatlichen Grundgebühren für Telefon- und Kabeldienste aus, bezogen auf den Umfang dieser Dienste: Kabeldienste werden z.Zt. preisgünstiger angeboten. Während die Zahl der TV-Kanäle steigt mit immer mehr differenzierten Programmsektoren, beobachten die Telekommunikationsgesellschaft auf ihren Netzen eine Abnahme des Sprachverkehrs.

Sein Anteil betrug 1985 noch 75%, im Jahr 1995 nur noch 39%. Zugleich zeigen einfache Rechnungen, dass die Investitionen ins Glasfasernetz für die Sprachkommunikation alleine eine Fehlinvestition wären: Die amerikanischen Telefongesellschaft AT&T wickelt täglich 125–130 Millionen Anrufe ab. Bei einer Dauer von 5 Minuten pro Gespräch auf einer 64-kbit/s-ISDN-Zubringerleitung benötigt man für das Kernnetz eine Bandbreite von knapp 30 Gbit/s. Das ist jedoch nur ein Tausendstel der theoretischen Bandbreite einer einzigen Glasfaser. Selbst wenn alle 80 Millionen Bundesbürger den ganzen Tag, also 24 Stunden ununterbrochen telefonieren würden (also keiner mehr zuhört!), wäre eine Glasfaser nur zu einem Sechstel ausgelastet. Damit drängen die Telekommunikationsgesellschaften ins Datengeschäft. Die Telekommunikationsgesellschaften versuchen auf zwei Wegen das Bandbreitenangebot für die neuen Dienste zu erhöhen. Mit der Asymmetrischen Digital Subscriber Line (ADSL)- Technik realisieren sie auf der konventionellen 4-Draht-Telefonkabeltechnik unter Verwendung eines ADSL-Modems beim Nutzer eine Downstreamrate von einigen Megabits pro Sekunde (bis zu 9 Mbps in Abhängigkeit von der Entfernung und Kabelcharakteristik) und einigen hundert Kilobits pro Sekunde (bis zu 800 kbps) im Upstreambetrieb. Dies reicht für die Übertragung komprimierter Videos aus. Der erfolgreiche Einstieg in das Geschäft des drahtlosen Telefonieren mit seiner neuen Handy-Kultur auf der Basis einer Datenrate von nur 9,6 kbps (GSM = Global System for Mobile Communication) hat die Telekommunikationsbetreiber veranlaßt, die erheblichen Investitionen im zweistelligen Milliardenbereich für einen Einstieg in die dritte Mobilfunkgeneration mittels der Universal Mobile Telecommunications System (UMTS) vorzunehmen, die bei Mobiltelefonen eine Datenrate von maximal 384 kbps und bei festinstallierten Drahtlos-Kommunikationsgeräten von maximal 2Mbit/s erlaubt. Heutige Kabelnetze sind z.T. Hybridnetze (HFC) dh. am Ausgang des Kernnetzes werden die Signale über eine Glasfaser im Broadcast-Verfahren an einen entfernten Netzknoten gesendet, der dann über Koax-Leitungen die Verteilung an die einzelnen Abnehmer übernimmt. Damit stellt HFC eine natürliche Weiterentwicklung für die Kabelnetze mittels Glasfaser dar, die in einer modifizierten Form (SMFCB = Subcarrier Modulated Fiber Coax Bus) ebenfalls einen von der Bandbreite her begrenzten Upstream-Kanal für Telefonie und einfache Datendienste besitzt. Die technische Weiterentwicklung geht grundsätzlich im Gegensatz zu HFC zur digitalen Übertragung von den Kernnetzausgängen zu den entfernten Knoten über Glasfaserstrecken. Diese optischen Netzknoten werden als ONU's (Optical Network Unit) bezeichnet, die Architektur als FTTC (Fiber To The Curb), wenn einige Anschlüsse bedient werden und als FTTB (Fiber To The Building), wenn größere Bereiche erfasst werden. In sehr optimistischen Szenarien wird diese Architektur auch als FTTH (Fiber To The Home) bezeichnet, und die Glasfaser endet dann im Wohnzimmer. Als technische Grundlage wird die Verteilung über passive optische Komponenten präferiert (PONs = Passive Optical Networks) mit unterschiedlichen Netztopologien.

3.3. Die neue Herausforderung an das Internet: IP Version 6 oder IPnG (next Generation)

Bereits Anfang der 90er Jahre wurde deutlich, dass das Internet anfing mit seiner Möglichkeit, viele Millionen an Nutzern zu unterstützen, aus seinem verfügbaren Netzwerk-Adressraum von IP-Adressen herauszulaufen. Es wurde in der Tagespresse gefragt, ob das Internet ein Opfer seines eigenen Erfolges wird. Für die globale Kommunikation muss die IP-Adresse im IP-Header weltweit eindeutig sein. Die Strukturierung der 32-Bit-Adresse in vier, durch einen Punkt getrennte Dezimalzahlen von 0 bis 255 (=2^8) ermöglicht die Klassifikation nach Netzen und Rechnern, engt aber den Adressraum weiterhin ein. Mitte der 90er Jahre war die begehrte B-Class-Adresse, die 16382 Netze mit je 64000 Hosts erlaubt, ausgeschöpft. Eine technische Lösung wurde durch das Classless Inter Domain Routing (CIDR) gefunden, das durch eine Maskierung der C-Class-Netze mit ursprünglich vorgesehenen 256 IP-Adressen pro Netz den C-Class-Netzen Blöcke in variabler Länge zuweist. Damit ist für einige Jahre der Adressraum erweitert worden, aber man ist sich bewußt, dass das Internet in seiner heutigen Form (IPv4) nicht mehr lange Bestand haben kann. Die Entwicklung führte auf ein neues Protokoll, das IP Version 6, manchmal auch als Protokoll der nächsten Generation, IPnG, bezeichnet, das zwar nicht mit IPv4 kompatibel ist, dagegen aber mit TCP und vor allem mit vielen weiteren Protokollen der IP-Protokoll-Suite, die für den Betrieb der Vermittlungsschicht vonnöten sind. IPv6 verbessert das alte Protokoll in drei Punkten.

(1) Es findet eine Erweiterung des Adressraums von 4 Byte langen auf 16 Byte langen Adressen statt. Die Zahl der möglichen Adressen ist damit so groß geworden, dass pro Quadratmeter Erdoberfläche 7×10^{23} Adressen vergeben werden können. Das ist sozusagen die Loschmidtsche Zahl des Internet.

(2) Die Möglichkeiten für einen *Quality of Service* werden durch neue bzw. erweiterte Felder im Header verbessert, so dass insbesondere Echtzeit-Anwendungen besser unterstützt werden. IPv6 bleibt aber weiterhin ein verbindungsloses Protokoll mit Datagrammen.

(3) Die im Internet bekannte mangelhafte Daten-Sicherheit im Bereich der Authentifizierung und des Datenschutzes wird verbessert. IPv6 kennt neben dem festen IPv6-Header mit 40 Bytes, wovon 32 Bytes die Quell- und Zieladresse sind, Erweiterungsheader, die diesem Header folgen können. Mittels des Authentifizierungheader, einem der Erweiterungsheader, kann mittels des MD5-Algorithmus die Richtigkeit der Signatur überprüft werden. Die zweite Erweiterung zur Datensicherung besteht in der Verschlüsselung der Daten, wobei der DES-Algorithmus im Ziffernblockverkettungsmodus (DES-CBS) als Standard für den Gebrauch des Verschlüsselungsheaders, einen weiteren Erweiterungsheader, gewählt wurde.

Bei der Gestaltung des IPv6 war man sich des Umstandes bewußt, dass die Umstellung von IPv4 aufgrund der weltweit bisher getätigten Investitionen ein jahrelanger Prozeß sein würde. Aus diesem Grunde war man bemüht, den Umstellungsprozeß durch ein geeignetes Protokolldesign so sanft wie möglich zu machen. Die Zahl der heutigen IPv6-Inseln ist allerdings noch sehr klein und oft auf Forschungsbereiche beschränkt.

4. Die technische Grundlagen von Online-Diensten im Internet

Unter Online-Diensten versteht man allgemein Dienste, die über ein Kommunikationsnetzwerk angeboten werden. Die meisten Online-Dienste oder Netzwerk-Anwendungen werden unter der Annahme geschrieben (programmiert), dass eine Seite der Client ist und die andere Seite der Server. Der Zweck der Applikation ist aus Serversicht, dem Klienten einen definierten Dienst anzubieten. Es ginge über dies Kapitel hinaus zu beschreiben, auf welche Art die Server selbst diese Dienste realisieren, sei es beispielsweise über ein Common Gateway Interface (CGI) zum Aufruf anderer Programme oder Servlets oder Java Server Pages. Vielmehr soll neben der kurzen technischen Einführung in die Basis-Online-Dienste

– Zugriff auf entfernte Rechner (telnet)
– Dateientransfer (ftp)
– Nachrichtenaustausch in Form der E-Mail (smtp)

das heute zentrale Kommunikationsprotokoll auf der Anwender-Ebene vorgestellt werden

– das Hypertext Transfer Protokoll (http),

mit dem der Client über seinen Web-Browser auf den Web-Server zugreift und über das die heutigen Dienste angeboten werden.

4.1. Das Client-Server-Modell

Die Server lassen sich in zwei Klassen kategorisieren, in einzelläufige und nebenläufige. Im ersten Fall werden folgende Schritte durchgegangen

(1) Warten auf die Ankunft einer Client-Anfrage
(2) Bearbeitung der Anfrage
(3) Beantworten der Anfrage
(4) Wiederholung des ersten Schrittes.

Das Problem eines einzelläufigen Servers besteht darin, dass er keine weiteren Klienten bedienen kann, wenn der Verarbeitungsschritt (2) eine gewisse Zeit in Anspruch nimmt.

Im Falle der Nebenläufigkeit werden folgende Schritte ausgeführt

(1) Warten auf die Ankunft einer Client-Anfrage
(2) Starten eines neuen Servers zur Bearbeitung der Client-Anfrage. Der neue Server bearbeitet vollständig die Anfrage und terminiert sich, wenn die Anfrage abgehandelt worden ist.
(3) Wiederholung des ersten Schrittes.

Der Vorteil der Nebenläufigkeit besteht darin, dass der Server quasi parallel mehrere Anfragen behandeln kann und dass jeder Client seinen eigenen Server besitzt. Der Client selbst kann nicht feststellen, ob er einen einzel- oder nebenläufigen Server angesprochen hat. In der Regel sind TCP-Server nebenläufig, UDP-Server dagegen einzelläufig.

4.2. Der TELNET-Dienst

Remote Login, entferntes Einloggen in einen anderen Rechner, ist bereits 1964 im ARPANET angeboten worden und wurde mit dem Akronym TELNET (telecommunications network protocol) bezeichnet. Es ersetzt die hardwaremäßige Verdrahtung eines Terminals zu einem entfernten Rechner, indem der lokale Rechner, an dem sich der Nutzer befindet, eine TCP-Verbindung zum entfernten Rechner aufbaut, über die der Einwahlvorgang stattfindet (sofern der Nutzer auf diesem Rechner eine Benutzerberechtigung besitzt). Da sowohl der Client- wie Serverhost unterschiedliche (reale) Terminals unterstützen können, wurde ein virtuelles Terminal (NVT = network virtual terminal) definiert, auf das der Telnet-Client sein reales Terminal und von dem der Telnet-Server auf sein reales Terminal abbilden muß. Das Telnet-Protokoll (RFC 854) kann zwei Simplexdatenströme, einen in jeder Richtung aufbauen. Bei Betätigung der Tastatur am Terminal wird auf der Leitung ein Bytestrom mit jeweils 8 Bit übertragen, der vom NVT in der ASCII-Zeichendarstellung der 7-bit-US-Variante erzeugt wird, der im Internet üblichen Codierung. Jedem 7-bit-Zeichen wird ein 8. Bit mit dem Wert 0 vorangestellt, um ein 8-Bit-Byte zu erhalten. Jedes gesendete Zeichen wird vom Server an den Client zurückgesendet, wenn im Zeichenmodus, der Standardeinstellung, gearbeitet wird. Neben den 95 ASCII-Zeichen sind verschiedene Steuerzeichen wie CR (Wagenrücklauf) oder LF (neue Zeile) erlaubt. Telnet arbeitet in beiden Richtungen mit einer Inband-Signalisierung. Steuerbefehle können damit beliebig in den Datenstrom eingefügt werden. Sie werden durch ein vorangestelltes Byte mit dem Dezimalcode 255, dem IAC-Zeichen (Interpret as Command), eingeleitet. Über dieses Steuerzeichen können insbesondere Optionen wie Terminaltype, Fenstergröße, Terminaldatenrate usw. verhandelt werden. Der Telnet Client kann durch das Escape-Zeichen ^] (Control-Taste und Rechte-eckige-Klammer-Taste) die Verbindung zum Telnet Server unterbrechen und zu sich selbst zurückkehren. Eine durchaus häufige, insbesondere im transatlantischen Verkehr auftretende Unterbrechung resultiert aus dem abgelaufenen Timer der TCP-Verbindungen, wenn innerhalb der eingestellten Zeit infolge einer schlechten Netzverbindung zwischen Client und Server kein Zeichenaustausch mehr stattfindet.

4.3. Das File Transfer Protocol (FTP)

Dateientransfer ist eine weitere häufig genutzte Anwendung über das Internet. Das File Transfer Protocol (RFC 959) unterstützt die Übertragung einer kompletten Datei vom Client zum Server (put a file) bzw. vom Server zum Client (get a file) und erlaubt das Senden einer Liste von Dateien oder Verzeichnisse des Servers (list a directory). Die Benutzung von FTP erfordert eine Zugangsberechtigung auf dem Server, sofern der Server nicht den *anonymous* FTP zuläßt, der keine besondere Nutzerkennung benötigt. Anders als TELNET benötigt FTP zwei TCP-Verbindungen für den Dateientransfer. Die Kontrollverbindung wird in üblicher Client-Server-Weise hergestellt. Über den Port 21 wird während des gesamten Datenaustausches die Kontrollverbindung gehalten, die für Client-Befehle und Server-Antworten genutzt wird. Der Dateientransfer im ARPANET basiert nicht auf dem Konzept eines virtuellen Datenspeichers, sondern ist eine interaktive Applikation. Die Datenverbindung wird jedesmal für die Datenübertragung aufgebaut. Für die Datenübertragung werden zahlreiche Datenrepräsentationen zur Verfügung gestellt, anders als im TELNET-Protokoll, das nur eine Abbildung auf das ASCII–7-Bit-Format vorsieht. Von den 72 angebotenen Möglichkeiten sind i.d.R. nur folgende implementiert

- Datentyp: ASCII oder Binär
- Formatkontrolle: nicht druckfähig (nonprinting)
- Filestruktur: kontinuierlicher Bytestream
- Übertragungsmodus: Stream-Modus

so dass für den Nutzer nur die Wahl zwischen einer ASCII- oder Binärdatei gegeben ist. Das File-Ende wird durch Schließen der Datenverbindung angezeigt.

4.4. Elektronische Post, Simple Mail Transfer Protocol (SMTP)

Die elektronische Post wurde ebenfalls von ARPANET eingeführt. *Electronic Mail* oder bereits eingedeutscht als E-Mail ist ohne Zweifel die beliebteste Anwendung. Das Post- oder Nachrichtenformat wird im RFC 822 festgelegt. Das Übertragungsprotokoll heißt SMTP und ist in RFC 821 beschrieben. RFC 822 wurde ausschliesslich zur Übertragung mehrzeiliger Nachrichten aus ASCII–7-Bit-Zeichen entwickelt. Der Nachrichtenaustausch erfolgt dabei auf zwei Subsystemen:

- Der Benutzeragent (User Agent, UA), mit dem die Benutzer ihre E-Mails lesen und versenden; häufig genutzte Agenten sind im Unix-Umfeld *mail,* PINE, im Microsoft-Umfeld *Outlook Express.*
- Der Nachrichtentransferagent (Message Transfer Agent, MTA), der die Nachrichten von der Quelle zum Ziel befördert; der im Internet gebräuchlichste MTA ist *sendmail,* der die TCP Verbindung via Port 25 zum entfernten MTA aufbaut. Die Konfiguration des *send-mail* obliegt üblicherweise nicht dem Benutzer, sondern dem Systemadministrator. Dem Benutzer stehen i.d.R. die 5 Grundfunktionen zur Verfügung.(1) Erstellen und Beantworten (composition and reply) von Nachrichten, wobei ihm vom UA einfache Texteditoren (Zeilen-Editoren) angeboten werden, die insbesondere Unterstützung bei der Adressierung und sonstiger Headerfelder der im Header (Steuerinformationen für die UA) und Body (Nachrichten für den Benutzer) unterteilten E-Mail geben. (2) Versenden (transfer) von Nachrichten, die von E-Mail-System ohne Benutzer Zutun geleistet werden. Für die Versendung muß der Benutzer jedoch zuvor im Header die Zieladresse und ggfs. weitere Parameter (Bezug, Anlagen etc.) bereitstellen. Die Ziel-Adresse wird in der Form *mailto:name@location* angegeben, wobei sowohl das Namensfeld wie auch das Lokationsfeld aus mittels Punkten getrennten Zeichenketten bestehen können, z.B. *mailto:Dietmar.Kaletta@uni-tuebingen.de.* Bei solchen generischen E-Mail-Adressen ist es Aufgabe des Domainenverwalters für die Domäne (Lokation) *uni-tuebingen.de* die Postverteilung so zu regeln, dass über einen Mail-Exchanger-Eintrag der nicht am Internet vorhandene Rechner (*uni-tuebingen.de*) auf eine konkrete Rechneradresse zeigt, über den die E-Mail-Zustellung erfolgen soll. (3) Unterrichtung (reporting) informiert den Absender über den Zustellvorgang und (4) Anzeige (displaying) signalisiert die Ankunft einer eingegangenen Nachricht. (5) Mit der Disposition (disposition) hat der Benutzer die Möglichkeit, die eingegangenen Nachrichten zu bearbeiten, er kann sie löschen oder speichern oder beantworten und wiederholt lesen. Der Benutzer kann Ordner (Mailboxen oder Folder) anlegen, um ankommende Mails nach verschiedenen Gesichtspunkten zu ordnen.

Header und Body werden von den MTA's in einen Umschlag (envelope) getan, der mit den beiden SMTP-Kommandos *Mail From*: und *RCPT To*: spezifiziert wird, um den Nachrichtenaustausch über ihre TCP-Verbindung auszuführen. Im RFC 822 ist für alle drei Bestandteile einer Internet-Mail, Envelope, Header und Body, als Datenformat das NVT–7-Bit-ASCII-Format vorgesehen. Heute ist dieser Standard bei weltweiter Kommunikation nicht mehr ausreichend. Im Extended SMTP (ESMTP, RFC 1425) wurde insbesondere die Maillänge durch das Schlüsselwort SIZE (RFC 1427) erweitert, um der Übertragung größerer Datenmengen (Bilder, Audio) Rechnung zu tragen. Ältere SMTP-Implementierungen beschränken die Maillänge auf 64 kB. Die weitgehendsten Änderungen beziehen sich auf den Header und den Body. Im Header (RFC 1522) werden Nicht-ASCII-Zeichen zugelassen, um Sender- und Empfänger-Namen durch zusätzliche Zeichen zu erweitern, z.B. Umlaute in Namen. Bei der Quoted-Printable Kodierung geht man von der 7-Bit-ASCII Darstellung aus, wobei alle Zeichen oberhalb 127 (dazu gehören z.B. die Umlaute) als Gleichheitszeichen gefolgt vom zweistelligen heradezimalen Code des Zeichens kodiert werden. Bei der Base64 Kodierung für die Übertragung von binär kodierten Nachrichten (z.B. Programmen) werden Gruppen von 24 Bits in vier 6-Bit-Einheiten zerlegt und jede Einheit als gültiges NVT-ASCII-Zeichen übertragen. Wenn die letzte zu sendende Gruppe nur 8 oder 16 Bit enthält, wird das Gleichheitszeichen zum Auffüllen benutzt. Während der RFC 822 den Body als Zeilen eines NVT-ASCII-Textes spezifiziert, werden durch den RFC 1521 Strukturen zugelassen. Dieses wird als Multipurpose Internet Mail Extensions (MIME) bezeichnet. MIME selbst erfordert keine Erweiterungen in irgendeiner MTA. MIME definiert gemäß RFC 822 neue Header, die dem Empfänger die Struktur des Body mitteilen. Die Nutzung der MIME-Erweiterungen bedeuten nur, dass die UA's auf beiden Seiten MIME verstehen. Die 5 neuen MIME-Header sind (1) die MIME-Version: gegenwärtig 1.0; fehlt ihr Header, wird NVT-ASCII angenommen. (2) der Content-Type: der sieben Arten des Nachrichteninhaltes mit verschiedenen Unterarten definiert, z.B. text/plain; image/jpeg oder video/mpeg.

(3) die Content-Transfer-Encodierung: die Codierung der Daten nach Quoted-Printable oder Base64 oder einem benutzerdefinierten Code. (4) die Content-ID: sie bezeichnet eindeutig den Inhalt, so wie die Message ID eine eindeutige Nummer der Nachricht ist. (5) Content-Discription: eine ASCII-Zeichenkette, die etwas über den Inhalt der Nachricht aussagt.

Bisher wurde angenommen, dass die gesendete E-Mail auch dem Benutzer zugestellt wird. Dies gilt nur, wenn der Empfänger mit seinem PC am Internet angeschlossen ist. Firmen-PCs oder auch die Home-PCs sind i.d.R. nicht am Internet direkt angeschlossen. Sie erhalten ihre E-Mails über den E-Mail-Server ihres Internet Service Providers (ISP), wie z.B. AOL oder die Deutsche Telekom, mittels eines Zustellungsprotokolls. Ein einfaches Protokoll ist POP3 (Post Office Protokoll, RFC 1225), das eine E-Mail von einem E-Mail-Server holt und sie lokal speichert. Mit IMAP (Interactive Mail Access Protocol, RFC 1064) bleibt der E-Mail-Server eine zentrale Ablegestelle, auf die der Benutzer von verschiedenen Rechnern (Workstation im Büro, PC zu Hause, Laptop unterwegs) zugreifen kann. Eine weitere Zustellfunktion ist das automatische Weiterleiten an eine andere Adresse, unter der man derzeitig erreichbar ist.

Zwischen dem Sender und Empfänger einer E-Mail werden mitunter zahlreiche Zwischenstationen durchlaufen. In diesen könnte die E-Mail gelesen und ihr Inhalt verändert oder missbräuchlich genutzt werden. Ein Datenschutz ist grundsätzlich nicht vorgesehen, noch ist sichergestellt, dass der Absender tatsächlich der im FROM-TO-Feld angegebene Sender ist. Eine Authentifizierung findet nicht statt. Dies hat zu der Entwicklung sicherer E-Mail-Systeme geführt, von denen PEM (Privacy Enhanced Mail) ein offizieller Internet-Standard ist und in den RFC 1421–1424 beschrieben wird. Die Verschlüsselung basiert auf dem Konzept privater und öffentlicher Schlüssel mit einem allerdings nur 56 Bit langen Schlüssel zur Datenverschlüsselung und einem RSA-Algorithmus für das Schlüsselmanagement. Die Schlüsselzertifizierung wird über hierarchisch gegliederte Zertifizierungsbehörden (PCA) gestaltet, wobei jede PCA ihre Richtlinien über die Registrierung definieren und bei der obersten Behörde, der IPRA (Internet Policy Registration Authority) einreichen muß. In Deutschland wird im Wissenschaftsbereich vom DFN Verein, Berlin, die oberste PCA gestellt.

4.5. Das World Wide Web (WWW)

Das World Wide Web ist ein Architekturmodell für den Zugriff auf verknüpfte Dokumente, die auf weltweit verteilten Rechnern im Internet liegen. Das WWW besteht aus den Komponenten

(1) *Client*-Server-*Architektur*: WWW-Server stellen Informationen zur Verfügung; WWW-Clients rufen sie ab und stellen sie dar
(2) HTTP: das Hypertext Transfer Protokol als Kommunikationsprotokoll zwischen Client und Server
(3) HTML: die Hypertext Markup Language als Dokumentenformat im WWW für die Strukturierung von Dokumenten, die im WWW als Seite (Pages) bezeichnet werden. Jede Seite kann Zeiger (Links) auf andere Seiten besitzen, die irgendwo im Internet sind. Das Anklicken eines solchen Links mit der endlosen Verkettung weiterer Links auf der angeklickten Seite wird als Hyperlink oder Hyptertextlink bezeichnet, die Seite, die Links enthält als Hypertext.
(4) URI: Uniform Resource Identifier als weltweit einheitliches Adressierungsschema

Der erste Vorschlag für ein Netz aus verknüpften Dokumenten kam 1989 von Tim Bernes-Lee, einem Physiker von CERN. Ein textbasierter Prototyp wurde 1991 vorgestellt. Der eigentliche Siegeszug begann

1993 mit einem Release, das eine grafische Benutzeroberfläche hatte: Mosaic. Innerhalb eines Jahres vom Anfang 1994 bis April 1995 wuchs die Zahl der mittels HTTP übertragenen Datenpakete auf über 20 % des Gesamtverkehrs im Internet. Heute ist der Web-Datenverkehr die dominante Internetanwendung. Im täglichen Sprachgebrauch sind WWW und Internet gleichbedeutend geworden. 1994 unterzeichneten CERN und das MIT eine Vereinbarung zur Gründung des World Wide Web Consortium, einer Organisation zur Weiterentwicklung und Standardisierung des Webs und seiner Protokolle.

4.5.1. Die Client-Seite

Aus der Sicht des Benutzers besteht das Web aus einer Sammlung von verknüpften Dokumenten, den Web-Seiten. Diese Seiten werden durch einen Browser angezeigt, z.B. dem Internet Explorer von Microsoft oder dem Communicator von Netscape. Der Browser holt die aufgeforderte Seite, interpretiert den HTML-Text und stellt ihn dar. Ein vollständiges HTML-Dokument beginnt im Quellcode mit dem Formatierungsbefehl (Tag) <HTML> und endet mit dem Tag </HMTL>. Die meisten HTML-Kommandos sind derartige Paare. Das Dokument enthält dann einen HEAD und einen BODY, die durch entsprechende Tag-Paare <HEAD>, </HEAD> bzw. <BODY>, </BODY> gekennzeichnet werden. Im Kopfteil werden beispielsweise die Titel der Seiten ausgewiesen.

Der Text im Body kann aus dem gewöhnlichen Text bestehen, aber auch aus Referenzen, die auf andere Hypertexte zeigen. Zusätzlich können diese Web-Seiten auch zeichnerische Darstellungen, Abbildungen oder Fotos enthalten. Für deren Darstellung enthalten die Browser bereits intern Programme, die für die Darstellung aufgerufen werden. Eine weitere Möglichkeit besteht darin, dass bei vom Browser nicht selbst unterstützen Datenformaten, wie z.B. das PDF-Druckformat von Adobe oder Ton- und Videoformaten, der Browser einen externen Viewer aufruft, über den der im Dokument referenzierte Inhalt dargestellt wird. Durch diesen Mechanismus wird die Funktionalität des Webs erheblich erweitert. Der Online-Publisher erfährt keine Beschränkung hinsichtlich der Datenformate, und er ist somit nicht darauf angewiesen, sein Informationsangebot vollständig nach HTML zu konvertieren.

4.5.2. Die Server-Seite: HTTP

Das Hypertext Transport Protokocol ist ein einfaches Protokoll. Der Client (Browser) baut eine TCP-Verbindung zum TCP-Port 80 des Web-Servers auf, sendet eine Aufforderung (Request) an den Server und liest die Antwort (Response) des Servers. Danach kann die Verbindung vom Server abgebaut werden. Der Request stellt in den meisten Fällen die Aufforderung an den Server dar, ein bestimmtes Dokument zu übermitteln (GET-Request), doch der Client kann auch Daten zum Server übertragen (PUT- oder POST-Request). Die Datenübertragung erfolgt stets mit 8 Bit pro Zeichen (ASCII oder binär). HTTP ist ein zustandsloses Protokoll, d.h. der Client kann auf einen früheren Zustand des Servers (z.B. bei der Verfeinerung einer Suchanfrage) nicht zurückgreifen. Jeder Request versetzt den Server in einen Anfangszustand. Die Vorteile liegen beim Server, indem er die für die Anfrage benötigten Ressourcen wieder freigeben kann. Kann der Server die Anfrage nicht beantworten, gibt er einen numerischen Fehlercode aus drei Zeichen zurück. Das größte Problem von HTTP in der Version 1.0 (RFC 1945) ist die Benutzung einer TCP-Verbindung pro Datei. Besteht eine Webseite aus mehreren Inline-Bildern, so wird für das Holen jeder Bilddatei eine TCP-Verbindung aufgemacht. Das Öffnen und das Schliessen einer Verbindung ist aber stets ein zeitaufwendiger Schritt, der unnötig wäre, wenn eine stehende TCP-Verbindung zwischen Client und Server während der Web-Sitzung aufgebaut würde, so dass mehrere Teildokumente über die Verbindung geschickt werden könnten. In einer neuen Protokollversion HTTP 1.1 (RFC 2616) werden persistente TCP-Verbindungen zugelassen.

Da HTTP ein zustandsloses Client-Server-Protokoll ist, werden vom Client stets die Server angesprochen, die durch den angeklickten Link adressiert werden. Dieses Verfahren stellt letztlich ein erhebliches Sicherheitsrisiko dar, da keine Vertrauensinformationen über die angesprochenen Server vorliegen. Die Lösung dieses Problems stellt die Einführung eines Proxy Servers zwischen dem Client und dem gesuchten Server dar. Die Aufgabe des Proxy-Servers ist, gegenüber dem Clienten sich als Server auszuweisen, der wiederum in einer Clientfunktion die angeforderte Webseite vom entfernten Server holt und diese seinem Client zurückgibt. Zwischen dem Benutzer und dem entfernten Server besteht damit keine direkte TCP-Verbindung. In einem Firmen- oder Schulnetz (Intranet) muß somit nicht jeder Rechner am Internet direkt angeschlossen sein. Der Internetzugriff erfolgt über einen vertrauenswürdigen Proxy-Server im Intranet, der gegebenenfalls auch Filterfunktionen ermöglicht, d. h. er nimmt nur Verbindungen zu vorher festgelegten Servern auf. Der Proxy-Server kann weiterhin mit Funktionalitäten ausgestattet werden, die der lokale Browser nicht besitzt, indem vom Proxy-Server bestimmte Datenformate oder zusätzliche Dienste, wie der FTP-Dienst, unterstützt werden. Heutige Proxy-Server arbeiten zugleich mit einem Cache-Mechanismus: die angeforderten Dokumente werden nicht nur an den Client weitergegeben, sondern zusätzlich auf einem Plattencache für künftige Zugriffe zwischen gespeichert. Die Vorteile liegen in einem schnellen Zugriff auf das nun lokal vorliegende Dokument, und die Außenanbindung wird nicht durch die Clientabfrage belastet. Wird von dem Intranet-Client nicht häufig auf dieselben Dokumente zugegriffen, erübrigt sich ein Caching. Es werden Hit-Raten (Trefferquoten) von mehr als 30% beim Caching als notwendig erachtet. Ein inhärentes Problem beim Caching ist das Alter der zwischengespeicherten Dokumente. Unter Ausnutzung gewisser HTTP-Features, den Zeitstempeln, werden Strategien entwickelt, die verhindern sollen, das auf veraltete Dokumente im Cache zugegriffen wird.

HTTP/1.x kennt wie die anderen Anwendungen keine Datensicherung und keine Authentifizierung. Mit der zunehmenden Bedeutung, insbesondere der kommerziellen Dienste wie Online-Banking oder E-Shopping wurde der gesicherte und authorisierte Datentransfer immer wichtiger. Da TCP/IP in der heute benutzten Version diese Funktionalität nicht besitzen, wurde zwischen der HTTP-Applikation und dem TCP-Transportdienst eine Zwischenschicht, das Secure Socket Layer (SSL), eingeschoben. Bei der Verwendung von SSL gibt der Client alle Daten an entsprechende SSL-Routinen zur Verschlüsselung, die dann diese verschlüsselten Daten an TCP-Routinen zur Übertragung überlassen. Auf der Serverseite werden die verschlüsselten Daten von den TCP-Routinen abgeholt, von den Server SSL-Routinen entschlüsselt und dem Serverprozeß weiter gereicht. SSL unterstützt die verschiedensten Verschlüsselungsalgorithmen, unter anderem auch die in Kap. 4.3. für den gesicherten E-Mail-Verkehr erwähnten DES- und RSA-Algorithmen.

4.5.3. Der Adress- und Namensraum im WWW

Für das WWW ist mit dem Konzept des Uniform Resource Identifier (URI, RFC 2396) eine einheitliche Adressierung beliebiger Internet-Ressourcen geschaffen worden. Eine Internet-Ressource kann ein beliebiges Objekt im Internet sein, eine Datei, eine Datenbank, eine TELNET-Sitzung u.a.m. Innerhalb der URI gibt es den Uniform Resource Locator (URL, RFC 1738, 1808) und den Uniform Resource Name (URN, RFC 2141). Die URL für Hypertexte besteht aus drei Teilen, dem Protokoll (im Englischen *scheme* genannt), dem DNS-Namen des Rechners, auf dem sich die Webseite befindet, und einen eindeutigen Namen der Webseite (normalerweise der Dateiname). Sie lautet beispielsweise für ein Hyptertextdokument *http://www.uni-tuebingen.de/index.html* und führt auf die Homepage der Universität Tübingen; diese URL besteht aus den Protokoll *http*, dem DNS Rechnernamen *http://www.uni-tuebingen.de* und der Datei *index.html* für die Startseite. Die URL gibt damit den Sitz bzw. den Ort der Internet-Ressource an. Ihr Vorteil liegt in der Möglichkeit, über einen Zugang, den Web-Browser, verschiedene Diensteprotokolle zu adressieren. So kann der Benutzer Gast mit dem Passwort Gast aus dem Web-Browser heraus eine TELNET-Sitzung mit der URL *telnet://guest:guest@trash.uni-tuebingen.de* eröffnen. Weitere Dienstprotokolle wären ftp, file (für eine lokale Datei), gopher (eine textorientiertes Informationssystem), wais (eine Datenbank), mailto (Senden von E-Mails) u. a. URLs dienen damit nicht nur der Navigation im WWW, sondern ebenfalls zum Aufruf von anderen Diensten, so dass man von einer Integration traditioneller Internet-Dienste ins WWW sprechen kann. Die Beliebtheit mancher URLs führt zu einer starken Belastung ihrer Hosts. Des weiteren werden oft aus organisatorisch Gründen Seiten von Hosts auf andere verlegt, so dass die vom Nutzer in sogenannten Bookmarks gespeicherten URLs nicht mehr existieren. Eine Lösung dieser Probleme bietet sich über die URN an, die einen eindeutigen Bezeichner eines Objektes unabhängig von seinem konkreten Ort im Internet dargestellt. Mit der Kenntnis der URN kann das Objekt abgerufen werden, ohne das der physikalische Ort bekannt ist. Dieses Thema ist aber noch Gegenstand intensiver Forschungsarbeiten. Eine andere Lösung bietet sich über persistante URLs (PURL) an.

4.5.4. Informationschaos im Internet und Metadaten

Es gibt heute ca. 1 Million Webserver mit hunderttausenden von Webseiten. Die von einem Browser abgreifbare Informationsmenge würde jeden zeitlichen Rahmen eines Nutzers sprengen. Dies hat zur Programmierung von Suchmaschinen geführt, die auf einer Indexierung von Webseiten beruhen. Diese Maschinen werden z.T. als Spiders, Crawlers oder Worms bezeichnet. Suchmaschinen, die auf Suchmaschinen zurückgreifen, werden Meta-Suchmaschinen genannt. Die Indexierung von Web-Seiten, sei es über deren Titel oder über ihre Inhalte (Wörter), gibt relativ wenig Auskunft über die Signifanz und Belastbarkeit der Information, auch wenn Wichtungen über die Häufigkeit der Wörter ermittelt werden. Der Sinnzusammenhang gleicher Wörter wie das *Herz* in der Herzchirurgie und im Liebesroman führen auf eine für den Benutzer oft sinnlose Zusammenstellung von URLs. M.a.W. die über URLs erfasste Informationsmenge ist völlig strukturlos, da die URL selbst keine Meta-Information zurückliefert. Zur Zeit werden drei verschiedene Ansätze zur Strukturierung der Informationsmengen verfolgt. Insbesondere die kommerzieller Anbieter von Suchmaschinen gruppieren über die reine Stichwortsuche hinaus die gesamten URLs thematisch nach Konsumentenbedürfnissen wie Reisen, Shopping, Sport u.ä.m. Es muss nicht weiter kommentiert werden, dass dieser Ansatz für die wissenschaftliche Informationsversorgung unbefriedigend ist. Der zweite Ansatz, der sowohl von Firmen oder Firmengruppen als auch von wissenschaftlichen Informationsanbietern wie Bibliotheken und Wissenschaftsorganisationen gewählt wird, ist die Portalfunktion. Die Home-Page ist hier nicht nur das Tor zu den (oftmals verzweigten) Firmendiensten, sondern es werden ausgewählte Links zu Servern angeboten, die thematische Verflechtungen zu lassen. Ein typisches Beispiel ist der KVK der Universitätsbibliothek Karlsruhe, der eine Online-Recherche über zahlreiche deutsche und ausländische Bibliothekskataloge erlaubt (Metasuche). Viele derzeitige Aktivitäten im wissenschaftlichen Umfeld die unter der Überschrift *Digitale Bibliothek* oder *Virtuelle Universität* laufen, haben diesen Portalansatz aufgegriffen. Im Gegensatz zu diesen mehr organisatorischen und strukturellen Portalansätzen steht die dritte Variante, die eine selektive Suche aufgrund inhaltlich erschlossener Dokumente anstrebt: das Content Management. Die formale Erschliessung von gedruckten Textdokumenten (Autor, Titel, Verlag etc.) und die Sammlung dieser Metadaten in Katalogen erfolgt heute nach internationalen Regelwerken, die inhaltliche Erschliessungen, beispielsweise großer Verlagsarchive, nach durchaus proprietären Regelwerken. Die formale Erschliessung von analogen audiovisuellen Medien, erst recht ihre inhaltliche Erschliessung, wie sie in Rundfunk- und Fernsehanstalten erforderlich ist, vollzieht sich im wesentlichen nach Gesichtspunkten dieser Anstalten. Die Erschliessung elektronischer, d.h. digitaler Dokumente ist ein noch sehr junges Forschungsgebiet, das in den letzten Jahren in den Mittelpunkt des Interesses geraten ist. Obgleich man davon ausgehen kann, dass heute nahezu jedes gedruckte Dokument zuvor mittels Text-Editoren elektronisch erstellt wurde und damit in digitaler Form vorliegt, ist ihre Erschliessung bisher vernachlässigbar. Ein Zahlenvergleich mag dieses verdeutlichen: Der Südwestverbund in Deutschland hat in seinem Verbundkatalog mehr als 15 Mio. Druckerzeugnisse (Monografien und Zeitschriften) nachgewiesen, dagegen nur einige Tausend elektronische Erzeugnisse, wie Dissertationen u.a. Hochschulpublikationen. Für das Metadatenmodell elektronischer Textdokumente setzt sich das *Dublin Core* Datenmodell (DC) international durch, das jedoch eine HTML-Repräsentation bevorzugt. Die nationale *Digital Library Metadaten Initiative* (DLMI) favorisiert eine XML-Repräsentation ihres DC-konformen Datenmodells. Die internationale *Open Archive Initiative* (OAI), die in Deutschland von der DLMI und der *Deutschen Initiative für Netzwerk Informationen* (DINI) unterstützt wird, spricht sich ebenfalls für eine XML-Repräsentation des Dublin Core Datenmodells aus. In den Anfängen steckt jedoch noch die Erschliessung digitaler multimedialer Objekte, die immer stärker das WWW beherrschen, und die eigene Online-Dienste (Video-on-Demand, Virtuelle Hochschule, Telelearning, seit kurzem auch Elearning genannt, Teleteaching u.v.m.) begründen. Schließlich ist der formale Nachweis eines 64-stündigen Videos über eine Semester-Vorlesung zur Organischen Chemie sicherlich nicht ausreichend, wenn man an aromatischen Kohlenwasserstoffen interessiert ist, die in der 4. Stunde nach 23 min. erstmals behandelt werden und in der 25. und 37. Stunde in anderem Kontext wieder besprochen werden. Mit dem DLmeta-Datenmodell der DLMI wurden die ersten erfolgreichen Ergebnisse zur Verschlagwortung zeitartiger Inhalte (wie Videos) gemacht. Ein sehr viel weiter gehender Ansatz wird von der internationalen Motion Picture Expert Group (MPEG), dem Standardgremium für Audio und Video, in einem neuen vorgeschlagenen Standard MPEG–7 gemacht, der die Auflösung eines Films in einzelne Objekte innerhalb diese Films und deren automatische formale und inhaltliche Erschliessung vorsieht. Dieses wird zu einer neuen Epoche mit dem Umgang mit elektronischen Informationen führen und neue Online-Dienste kreieren.

4. Literatur

4.1. Webadressen der im Artikel genannten Organisationen bzw. Normen

DFN, http://www.dfn.de
ICANN, http://www.icann.org
IEEE, http://www.ieee.org
IETF, http://www.ietf.org
ISO, http://www.iso.ch
ITU-T, http://www.itu.unit/ITU-T/index.html
MPEG, http://www.cselt.it/mpeg
OSI, http://www.iso.ch/cate/35html
RFC, ftp://ftp.rfc-editor.org

4.2. Veröffentlichungen

Bradner, Scott O./Allison Manbin, IPnG Internet Protocol Next Generation, Reading (MASS.) 1995.

Halsall, Fred, Data Communications, Computer Networks and Open Systems, Reading (MASS.) 1994.

Huitena, Christian, Routing im Internet, München, London, Mexiko 1994.

Kartalolonlos, Stanalis V., Introduction to DWDM Technology, Bellingham (WA.) 2000.

Ramaswami, Rajiv/Kunar N. Sivirajan, Optical Networks: A Practical Perspective, San Francisco, San Diego, London 1998.

Stevens, W. Richard, TCP/IP Illustrated, Vol. 1–3, Reading (MASS.) 1998.

Tanenbaum, Andrew S., Computernetzwerke, München, London, Mexiko 1997.

Dietmar Kaletta, Tübingen
(Deutschland)

242. Die technischen Grundlagen von Online-Diensten im Internet

1. Das Client-Server-Modell
2. Der TELNET-Dienst
3. Das File Transfer Protocol (FTP)
4. Elektronische Post, Simple Mail Transfer Protocol (SMTP)
5. Das World Wide Web (WWW)
6. Literatur

Unter Online-Diensten versteht man allgemein Dienste, die über ein Kommunikationsnetzwerk (s. Art. 241) angeboten werden. Die meisten Online-Dienste oder Netzwerk-Anwendungen werden unter der Annahme geschrieben (programmiert), daß eine Seite der Client ist und die andere Seite der Server. Der Zweck der Applikation ist aus Serversicht, dem Klienten einen definierten Dienst anzubieten. Es ginge über dies Kapitel hinaus zu beschreiben, auf welche Art die Server selbst diese Dienste realisieren, sei es beispielsweise über ein Common Gateway Interface (CGI) zum Aufruf anderer Programme oder Servlets oder Java Server Pages. Vielmehr soll neben der kurzen technischen Einführung in die Basis-Online-Dienste

– Zugriff auf entfernte Rechner (telnet)
– Dateientransfert (ftp)
– Nachrichtenaustausch in Form der E-Mail (smtp)

das heute zentrale Kommunikationsprotokoll auf der Anwender-Ebene vorgestellt werden

– das Hypertext Transfer Protokoll (http),

mit dem der Client über seinen Web-Browser auf den Web-Server zugreift und über das die heutigen Online-Dienste angeboten werden.

1. Das Client-Server-Modell

Die Server lassen sich in zwei Klassen kategorisieren, in einzelläufige und nebenläufige. Im ersten Fall werden folgende Schritte durchgegangen

(1) Warten auf die Ankunft einer Client-Anfrage
(2) Bearbeitung der Anfrage
(3) Beantworten der Anfrage
(4) Wiederholung des ersten Schrittes.

Das Problem eines einzelläufigen Servers besteht darin, daß er keine weiteren Klienten bedienen kann, wenn der Verarbeitungsschritt (2) eine gewisse Zeit in Anspruch nimmt. Im Falle der Nebenläufigkeit werden folgende Schritte ausgeführt

(1) Warten auf die Ankunft einer Client-Anfrage
(2) Starten eines neuen Servers zur Bearbeitung der Client-Anfrage. Der neue Server bearbeitet vollständig die Anfrage und terminiert sich, wenn die Anfrage abgehandelt worden ist.
(3) Wiederholung des ersten Schrittes.

Der Vorteil der Nebenläufigkeit besteht darin, daß der Server quasi parallel mehrere Anfragen behandeln kann und daß jeder Client seinen eigenen Server besitzt. Der Client selbst kann nicht feststellen, ob er einen einzel- oder nebenläufigen Server angesprochen hat. In der Regel sind TCP-Server nebenläufig, UDP-Server dagegen einzelläufig.

2. Der TELNET-Dienst

Remote Login, entferntes Einloggen in einen anderen Rechner, ist bereits 1964 im ARPANET angeboten worden und wurde mit dem Akronym TELNET (telecommunications network protocol) bezeichnet. Es ersetzt die hardwaremäßige Verdrahtung eines Terminals zu einem entfernten Rechner, indem der lokale Rechner, an dem sich der Nutzer befindet, eine TCP-Verbindung zum entfernten Rechner aufbaut, über die der Einwahlvorgang stattfindet (sofern der Nutzer auf diesem Rechner eine Benutzerberechtigung besitzt). Da sowohl der Client- wie Serverhost unterschiedliche (reale) Terminals unterstützen können, wurde ein virtuelles Terminal (NVT = network virtual terminal) definiert, auf das der Telnet-Client sein reales Terminal und von dem der Telnet-Server auf sein reales Terminal abbilden muß. Das Telnet-Protokoll (RFC 854) kann zwei Simplexdatenströme, einen in jeder Richtung aufbauen. Bei Betätigung der Tastatur am Terminal wird auf der Leitung ein Bytestrom mit jeweils 8 Bit übertragen, der vom NVT in der ASCII-Zeichendarstellung der 7-bit-US-Variante erzeugt wird, der im Internet üblichen Codierung. Jedem 7-bit-Zeichen wird ein 8. Bit mit dem Wert 0 vorangestellt, um ein 8-Bit-Byte zu erhalten. Jedes gesendete Zeichen wird vom Server an den Client zurückgesendet, wenn im Zeichenmodus, der Standardeinstellung, gearbeitet wird. Neben den 95 ASCII-Zeichen sind verschiedene Steuerzeichen wie CR (Wagenrücklauf) oder LF (neue Zeile) erlaubt. Telnet arbeitet in beiden Richtungen mit einer Inband-Signalisierung. Steuerbefehle können damit beliebig in den Datenstrom eingefügt werden. Sie werden durch ein vorangestelltes Byte mit dem Dezimalcode 255, dem IAC-Zeichen (Interpret as Command), eingeleitet. Über dieses Steuerzeichen können insbesondere Optionen wie Terminaltype, Fenstergröße, Terminaldatenrate usw. verhandelt werden. Der Telnet Client kann durch das Escape-Zeichen ^] (Control-Taste und Rechte-eckige-Klammer-Taste) die Verbindung zum Telnet Server unterbrechen und zu sich selbst zurückkehren. Eine durchaus häufige, insbesondere im transatlantischen Verkehr auftretende Unterbrechung resultiert aus dem abgelaufenen Timer der TCP-Verbindungen, wenn innerhalb der eingestellten Zeit infolge einer schlechten Netzverbindung zwischen Client und Server kein Zeichenaustausch mehr stattfindet.

3. Das File Transfer Protocol (FTP)

Dateientransfer ist eine weitere häufig genutzte Anwendung über das Internet. Das File Transfer Protocol (RFC 959) unterstützt die Übertragung einer kompletten Datei vom Client zum Server (put a file) bzw. vom Server zum Client (get a file) und erlaubt das Senden einer Liste von Dateien oder Verzeichnisse des Servers (list a directory). Die Benutzung von FTP erfordert eine Zugangsberechtigung auf dem Server, sofern der Server nicht den *anonymous FTP* zuläßt, der keine besondere Nutzerkennung benötigt. Anders als TELNET benötigt FTP zwei TCP-Verbindungen für den Dateientransfer. Die Kontrollverbindung wird in üblicher Client-Server-Weise hergestellt. Über den Port 21 wird während des gesamten Datenaustausches die Kontrollverbindung gehalten, die für Client-Befehle und Server-Antworten genutzt wird. Der Dateientransfer im ARPANET basiert nicht auf dem Konzept eines virtuellen Datenspeichers, sondern ist eine interaktive Applikation. Die Datenverbindung wird jedesmal für die Datenübertragung aufgebaut. Für die Datenübertragung werden zahlreiche Datenrepräsentationen zur Verfügung gestellt, anders als im TELNET-Protokoll, das nur eine Abbildung auf das ASCII-7-Bit-Format vorsieht. Von den 72 angebotenen Möglichkeiten sind i.d.R. nur folgende implementiert

- Datentyp: ASCII oder Binär
- Formatkontrolle: nicht druckfähig (non-printing)
- Filestruktur: kontunierlicher Bytestream
- Übertragungsmoudus: Stream-Modus

so daß für den Nutzer nur die Wahl zwischen einer ASCII- oder Binärdatei gegeben ist. Das File-Ende wird durch Schließen der Datenverbindung angezeigt.

4. Elektronische Post, Simple Mail Transfer Protocol (SMTP)

Die elektronische Post wurde ebenfalls von ARPANET eingeführt. *Electronic Mail* oder bereits eingedeutscht als E-Mail ist ohne Zweifel die beliebteste Anwendung. Das Post- oder Nachrichtenformat wird im RFC 822 festgelegt. Das Übertragungsprotokoll heißt SMTP und ist in RFC 821 beschrieben. RFC 822 wurde ausschließlich zur Übertragung mehrzeiliger Nachrichten aus ASCII-7-Bit-Zeichen entwickelt.

Der Nachrichtenaustausch erfolgt dabei auf zwei Subsystemen: Der Benutzeragent (User Agent, UA), mit dem die Benutzer ihre E-Mails lesen und versenden; häufig genutzte Agenten sind im Unix-Umfeld *mail*, *PINE*, im Microsoft-Umfeld *Outlook Express*.

Der Nachrichtentransfer (Message Transfer Agent, MTA), der die Nachrichten von der Quelle zum Ziel befördert; der im Internet gebräuchlichste MTA ist *sendmail*, der die TCP-Verbindung via Port 25 zum entfernten MTA aufbaut. Die Konfiguration des *sendmail* obliegt üblicherweise nicht dem Benutzer, sondern dem Systemadministrator. Dem Benutzer stehen i.d.R. die 5 Grundfunktionen zur Verfügung. (1) Erstellen und Beantworten (composition and reply) von Nachrichten, wobei ihm vom UA einfache Texteditoren (Zeilen-Editoren) angeboten werden, die insbesondere Unterstützung bei der Adressierung und sonstiger Headerfelder der im Header (Steuerinformationen für die UA) und Body (Nachrichten für den Benutzer) unterteilten E-Mail geben. (2) Versenden (transfer) von Nachrichten, die von E-Mail-System ohne Benutzer-Zutun geleistet werden. Für die Versendung muß der Benutzer jedoch zuvor im Header die Zieladresse und ggf. weitere Parameter (Bezug, Anlagen etc.) bereitstellen. Die Ziel-Adresse wird in der Form *name@location* angegeben, wobei sowohl das Namensfeld wie auch das Lokationsfeld aus mittels Punkten getrennten Zeichenketten bestehen können, zum Beispiel. *Dietmar.Kaletta@uni-tuebingen.de*. Bei solchen generischen E-Mail-Adressen ist es Aufgabe des Domainverwalters, für die Domäne (Lokation) *uni-tuebingen.de* die Postverteilung so zu regeln, daß über einen Mail-Exchanger-Eintrag der nicht am Internet vorhandene Rechner *(uni-tuebingen-de)* auf eine konkrete Rechneradresse zeigt, über den die E-Mail-Zustellung erfolgen soll. (3) Unterrichtung (reporting) informiert den Absender über den Zustellvorgang und (4) Anzeige (displaying) signalisiert die Ankunft einer eingegangenen Nachricht. (5) Mit der Disposition (disposition) hat der Benutzer die Möglichkeit, die eingegangenen Nachrichten zu bearbeiten, er kann sie löschen oder speichern oder beantworten und wiederholt lesen. Der Benutzer kann Ordner (Mailboxen oder Folder) anlegen, um ankommende Mails nach verschiedenen Gesichtspunkten zu ordnen.

Header und Body werden von den MTA's in einen Umschlag (envelope) getan, der mit den beiden SMTP-Kommandos *Mail From:* und *RCPT To:* spezifiziert wird, um den Nachrichtenaustausch über ihre TCP-Verbindung auszuführen. Im RFC 822 ist für alle drei Bestandteile einer Internet-Mail, Envelope, Header und Body, als Datenformat das NVT-7-Bit-ASCII-Format vorgesehen. Heute ist dieser Standard bei weltweiter Kommunikation nicht mehr ausreichend. Im Extended SMTP (ESMTP, RFC 1425) wurde insbesondere die Maillänge durch das Schlüsselwort SIZE (RFC 1427) erweitert, um der Übertragung größerer Datenmengen (Bilder, Audio) Rechnung zu tragen. Ältere SMTP-Implementierungen beschränken die

Maillänge auf 64 kB. Die weitgehendsten Änderungen beziehen sich auf den Header und den Body. Im Header (RFC 1522) werden Nicht-ASCII-Zeichen zugelassen, um Sender- und Empfänger-Namen durch zusätzliche Zeichen zu erweitern, z. B. Umlaute in Namen. Bei der Quoted-Printable Kodierung geht man von der 7-Bit-ASCII Darstellung aus, wobei alle Zeichen oberhalb 127 (dazu gehören z. B. die Umlaute) als Gleichheitszeichen gefolgt vom zweistelligen heradezimalen Code des Zeichens kodiert werden. Bei der Base64-Kodierung für die Übertragung von binär kodierten Nachrichten (z. B. Programmen) werden Gruppen von 24 Bits in vier 6-Bit-Einheiten zerlegt und jede Einheit als gültiges NVT-ASCII-Zeichen übertragen. Wenn die letzte zu sendende Gruppe nur 8 oder 16 Bit enthält, wird das Gleichheitszeichen zum Auffüllen benutzt. Während der RFC 822 den Body als Zeilen eines NVT-ASCII-Textes spezifiziert, werden durch den RFC 1521 Strukturen zugelassen. Dieses wird als Multipurpose Internet Mail Extensions (MIME) bezeichnet. MIME selbst erfordert keine Erweiterungen in irgendeiner MTA. MIME definiert gemäß RFC 822 neue Header, die dem Empfänger die Struktur des Body mitteilen. Die Nutzung der MIME-Erweiterungen bedeuten nur, daß die UA's auf beiden Seiten MIME verstehen. Die 5 neuen MIME-Header sind (1) die MIME-Version: gegenwärtig 1.0; fehlt ihr Header, wird NVT-ASCII angenommen. (2) der Content-Type: der sieben Arten des Nachrichteninhaltes mit verschiedenen Unterarten definiert, z. B. text/plain; image/jpeg oder video/mpeg.

(3) die Content-Transfer-Encodierung: die Codierung der Daten nach Quoted-Printable oder Base64 oder einem benutzerdefinierten Code. (4) die Content-ID: sie bezeichnet eindeutig den Inhalt, so wie die Message ID eine eindeutige Nummer der Nachricht ist. (5) Content-Discription: eine ASCII-Zeichenkette, die etwas über den Inhalt der Nachricht aussagt.

Bisher wurde angenommen, daß die gesendete E-Mail auch dem Benutzer zugestellt wird. Dies gilt nur, wenn der Empfänger mit seinem PC am Internet angeschlossen ist. Firmen-PCs oder auch die Home-PCs sind i. d. R. nicht am Internet direkt angeschlossen. Sie erhalten ihre E-Mails über den E-Mail-Server ihres Internet Service Providers (ISP), wie z. B. AOL oder die Deutsche Telekom, mittels eines Zustellungsprotokolls. Ein einfaches Protokoll ist POP3 (Post Office Protokoll, RFC 1225), das eine E-Mail von einem E-Mail-Server holt und sie lokal speichert. Mit IMAP (Interactive Mail Access Protocol, RFC 1064) bleibt der E-Mail-Server eine zentrale Ablegestelle, auf die der Benutzer von verschiedenen Rechnern (Workstation im Büro, PC zu Hause, Laptop unterwegs) zugreifen kann. Eine weitere Zustellfunktion ist das automatische Weiterleiten an eine andere Adresse, unter der man derzeitig erreichbar ist.

Zwischen dem Sender und Empfänger einer E-Mail werden mitunter zahlreiche Zwischenstationen durchlaufen. In diesen könnte die E-Mail gelesen und ihr Inhalt verändert oder mißbräuchlich genutzt werden. Ein Datenschutz ist grundsätzlich nicht vorgesehen, noch ist sichergestellt, daß der Absender tatsächlich der im FROM-TO-Feld angegebene Sender ist. Eine Authentifizierung findet nicht statt. Dies hat zu der Entwicklung sicherer E-Mail-Systeme geführt, von denen PEM (Privacy Enhanced Mail) ein offizieller Internet-Standard ist und in den RFC 1421-1424 beschrieben wird. Die Verschlüsselung basiert auf dem Konzept privater und öffentlicher Schlüssel mit einem allerdings nur 56 Bit langen Schlüssel zur Datenverschlüsselung und einem RSA-Algorithmus für das Schlüsselmanagement. Die Schlüsselzertifizierung wird über hierarchisch gegliederte Zertifizierungsbehörden (PCA) gestaltet, wobei jede PCA ihre Richtlinien über die Registrierung definieren und bei der obersten Behörde, der IPRA (Internet Policy Registration Authority) einreichen muß. In Deutschland wird im Wissenschaftsbereich vom DFN-Verein, Berlin, die oberste PCA gestellt.

5. Das World Wide Web (WWW)

Das World Wide Web ist ein Architekturmodell für den Zugriff auf verknüpfte Dokumente, die auf weltweit verteilten Rechnern im Internet liegen. Das WWW besteht aus den Komponenten

(1) *Client-Server-Architektur*: WWW-Server stellen Informationen zur Verfügung; WWW-Clients rufen sie ab und stellen sie dar

(2) *HTTP*: das Hypertext Transfer Protokoll als Kommunikationsprotokoll zwischen Client und Server

(3) *HTML*: die Hypertext Markup Language als Dokumentenformat in WWW für die Strukturierung von Dokumenten, die im WWW als Seite (Page) bezeichnet werden. Jede Seite kann Zeiger (Links) auf andere Seiten besitzen, die irgendwo im Internet sind. Das Anklicken eines solchen Links mit der endlosen Verkettung weiterer Links auf der angeklickten Seite wird als Hyperlink oder Hypertextlink bezeichnet, die Seite, die Links enthält als Hypertext.

(4) *URI*: Uniform Resource Identifier als weltweit einheitliches Adressierungsschema eines Internet-Objektes

Der erste Vorschlag für ein Netz aus verknüpften Dokumenten kam 1989 von Tim Bernes-Lee, einem Physiker von CERN. Ein textbasierter Prototyp wurde 1991 vorgestellt. Der eigentliche Siegeszug begann 1993 mit einem Release, das eine grafische Benutzeroberfläche hatte: Mosaic. Innerhalb eines Jahres von Anfang 1994 bis April 1995 wuchs die Zahl der mittels HTTP übertragenen Datenpakete auf über 20 Prozent des Gesamtverkehrs im Internet. Heute ist der Web-Datenverkehr die dominante Internetanwendung. Im täglichen Sprachgebrauch sind WWW und Internet gleichbedeutend geworden. 1994 unterzeichneten CERN und das MIT eine Vereinbarung zur Gründung des World Wide Web Consortium, einer Organisation zur Weiterentwicklung und Standardisierung des Webs und seiner Protokolle.

5.1. Die Client-Seite

Aus der Sicht des Benutzers besteht das Web aus einer Sammlung von verknüpften Dokumenten, den Web-Seiten. Diese Seiten werden durch einen Browser angezeigt, z.B. dem Internet Explorer von Microsoft oder dem Communicator von Netscape. Der Browser holt die aufgeforderte Seite, interpretiert den HTML-Text und stellt ihn dar. Ein vollständiges HTML-Dokument beginnt im Quellcode mit dem Formatierungsbefehl (Tag) <HTML> und endet mit dem Tag </HTML>. Die meisten HTML-Kommandos sind derartige Paare. Das Dokument enthält dann einen HEAD und einen BODY, die durch entsprechende Tag-Paare <HEAD>, </HEAD> bzw. <BODY>, </BODY> gekennzeichnet werden. Im Kopfteil werden beispielsweise die Titel der Seiten ausgewiesen. Der Text im Body kann aus dem gewöhnlichen Text bestehen, aber auch aus Referenzen, die auf andere Hypertexte zeigen. Zusätzlich können diese Web-Seiten auch zeichnerische Darstellungen, Abbildungen oder Fotos enthalten. Für deren Darstellung enthalten die Browser bereits intern Programme, die für die Darstellung aufgerufen werden. Eine weitere Möglichkeit besteht darin, daß bei vom Browser nicht selbst unterstützten Datenformaten, wie z.B. das PDF-Druckformat von Adobe oder Ton- und Videoformaten, der Browser einen externen Viewer aufruft, über den der im Dokument referenzierte Inhalt dargestellt wird. Durch diesen Mechanismus wird die Funktionalität des Webs erheblich erweitert. Der Online-Publisher erfährt keine Beschränkung hinsichtlich der Datenformate, und er ist somit nicht darauf angewiesen, sein Informationsangebot vollständig nach HTML zu konvertieren.

5.2. Die Server-Seite: HTTP

Das Hypertext Transport Protocol ist ein einfaches Protokoll. Der Client (Browser) baut eine TCP-Verbindung zum TCP-Port 80 des Web-Servers auf, sendet eine Aufforderung (Request) an den Server und liest die Antwort (Response) des Servers. Danach kann die Verbindung vom Server abgebaut werden. Der Request stellt in den meisten Fällen die Aufforderung an den Server dar, ein bestimmtes Dokument zu übermitteln (GET-Request), doch der Client kann auch Daten zum Server übertragen (PUT- oder POST-Request). Die Datenübertragung erfolgt stets mit 8 Bit pro Zeichen (ASCII oder binär). HTTP ist ein zustandsloses Protokoll, d.h. der Client kann auf einen früheren Zustand des Servers (z.B. bei der Verfeinerung einer Suchanfrage) nicht zurückgreifen. Jeder Request versetzt den Server in einen Anfangszustand. Die Vorteile liegen beim Server, indem er die für die Anfrage benötigten Ressourcen wieder freigeben kann. Kann der Server die Anfrage nicht beantworten, gibt er einen numerischen Fehlercode aus drei Zeichen zurück. Das größte Problem von HTTP in der Version 1.0 (RFC 1945) ist die Benutzung einer TCP-Verbindung pro Datei. Besteht eine Webseite aus mehreren Inline-Bildern, so wird für das Holen jeder Bilddatei eine TCP-Verbindung aufgemacht. Das Öffnen und das Schließen einer Verbindung ist aber stets ein zeitaufwendiger Schritt, der unnötig wäre, wenn eine stehende TCP-Verbindung zwischen

Client und Server während der Web-Sitzung aufgebaut würde, so daß mehrere Teildokumente über die Verbindung geschickt werden könnten. In einer neuen Protokollversion HTTP 1.1 (RFC 2616) werden persistente TCP-Verbindungen zugelassen.

Da HTTP ein zustandsloses Client-Server-Protokoll ist, werden vom Client stets die Server angesprochen, die durch den angeklickten Link adressiert werden. Dieses Verfahren stellt letztlich ein erhebliches Sicherheitsrisiko dar, da keine Vertrauensinformationen über die angesprochenen Server vorliegen. Die Lösung dieses Problems stellt die Einführung eines Proxy Servers zwischen dem Client und dem gesuchten Server dar. Die Aufgabe des Proxy-Servers ist, gegenüber dem Clienten sich als Server auszuweisen, der wiederum in einer Clientfunktion die angeforderte Webseite vom entfernten Server holt und diese seinem Client zurückgibt. Zwischen dem Benutzer und dem entfernten Server besteht damit keine direkte TCP-Verbindung. In einem Firmen- oder Schulnetz (Intranet) muß somit nicht jeder Rechner am Internet direkt angeschlossen sein. Der Internetzugriff erfolgt über einen vertrauenswürdigen Proxy-Server im Internet, der gegebenenfalls auch Filterfunktionen ermöglicht, d.h. er nimmt nur Verbindungen zu vorher festgelegten Servern auf. Der Proxy-Server kann weiterhin mit Funktionalitäten ausgestattet werden, die der lokale Browser nicht besitzt, indem vom Proxy-Server bestimmte Datenformate oder zusätzliche Dienste, wie der FTP-Dienst, unterstützt werden. Heutige Proxy-Server arbeiten zugleich mit einem Cache-Mechanismus: die angeforderten Dokumente werden nicht nur an den Client weitergegeben, sondern zusätzlich auf einem Plattencache für künftige Zugriffe zwischengespeichert. Die Vorteile liegen in einem schnellen Zugriff auf das nun lokal vorliegende Dokument, und die Außenanbindung wird nicht durch die Clientabfrage belastet. Wird von dem Intranet-Client nicht häufig auf dieselben Dokumente zugegriffen, erübrigt sich ein Caching. Es werden Hit-Raten (Trefferquoten) von mehr als 30 Prozent Caching als notwendig erachtet. Ein inhärentes Problem beim Caching ist das Alter der zwischengespeicherten Dokumente. Unter Ausnutzung gewisser HTTP-Features, den Zeitstempeln, werden Strategien entwickelt, die verhindern sollen, daß auf veraltete Dokumente im Cache zugegriffen wird.

HTTP/1.x kennt wie die anderen Anwendungen keine Datensicherung und keine Authentifizierung. Mit der zunehmenden Bedeutung, insbesondere der kommerziellen Dienste wie Online-Banking oder E-Shopping wurde der gesicherte und authorisierte Datentransfer immer wichtiger. Da TCP/IP in der heute benutzten Version diese Funktionalität nicht besitzen, wurde zwischen der HTTP-Applikation und dem TCP-Transportdienst eine Zwischenschicht, das Secure Socket Layer (SSL), eingeschoben. Bei der Verwendung von *SSL* gibt der Client alle Daten an entsprechende SSL-Routinen zur Verschlüsselung, die dann diese verschlüsselten Daten an TCP-Routinen zur Übertragung überlassen. Auf der Serverseite werden die verschlüsselten Daten von den TCP-Routinen abgeholt, von den Server SSL-Routinen entschlüsselt und dem Serverprozeß weitergereicht. SSL unterstützt die verschiedensten Verschlüsselungsalgorithmen, unter anderem auch die in Kap. 4.3. für den gesicherten E-Mail-Verkehr erwähnten DES- und RSA-Algorithmen. Das vom Internet- oder Online-Banking https-Protokoll für die Verbindung zwischen dem Home-PC und dem Bank-Server nutzt beispielsweise diese Möglichkeit.

5.3. Der Adreß- und Namensraum im WWW

Für das WWW ist mit dem Konzept des Uniform Resource Identifier (URI, RFC 2396) eine einheitliche Adressierung beliebiger Internet-Ressourcen geschaffen worden. Eine Internet-Ressource kann ein beliebiges Objekt im Internet sein, eine Datei, eine Datenbank, eine TELNET-Sitzung u.a.m. Innerhalb der URI gibt es den Uniform Resource Locater (URL, RFC 1738, 1808) und den Uniform Resource Name (URN, RFC 2141). Die URL für Hypertexte besteht aus drei Teilen, dem Protokoll (im Englischen *scheme* genannt), dem DNS-Namen des Rechners, auf dem sich die Webseite befindet, und einen eindeutigen Namen der Webseite (normalerweise der Dateiname). Sie lautet beispielsweise für ein Hyptertextdokument *http://www.uni-tuebingen.de/index.html* und führt auf die Homepage der Universität Tübingen; diese URL besteht aus dem Protokoll *http*, dem DNS Rechnernamen *www-uni-tuebingen.de* und der Datei *index.html* für die Startseite. Die URL gibt damit den Sitz bzw. den Ort der Internet-Ressource an. Ihr Vorteil liegt in der Möglichkeit, über einen Zugang, den Web-Browser, verschiedene Diensteprotokolle zu adressieren. So kann der Benutzer Gast mit dem Paßwort Gast aus dem Web-Browser heraus eine TELNET-Sitzung mit der URL *telnet://guest:guest@trash.uni-tuebingen.de* eröffnen. Weitere Dienstprotokolle wären ftp, file (für eine lokale Datei), gopher (ein textorientiertes Informationssystem), wais (eine Datenbank), mailto (Senden von E-Mails) u. a. URLs dienen damit nicht nur der Navigation im WWW, sondern ebenfalls zum Aufruf von anderen Diensten, so daß man von einer Integration traditioneller Internet-Dienste ins WWW sprechen kann. Die Beliebtheit mancher URLs führt zu einer starken Belastung ihrer Hosts. Des weiteren werden oft aus organisatorischen Gründen Seiten von Hosts auf andere verlegt, so daß die vom Nutzer in sogenannten Bookmarks gespeicherten URLs nicht mehr existieren. Eine Lösung dieser Probleme bietet sich über die URN an, die einen eindeutigen Bezeichner eines Objektes unabhängig von seinem konkreten Ort im Internet darstellt. Mit der Kenntnis der URN kann das Objekt abgerufen werden, ohne das der physikalische Ort bekannt ist. Dieses Thema ist aber noch Gegenstand intensiver Forschungsarbeiten. Eine andere Lösung bietet sich über persistente URLs (PURL) an.

5.4. Informationschaos im Internet und Metadaten

Es gibt heute ca. 1 Million Webserver mit Hunderttausenden von Webseiten pro Server. Die von einem Browser abgreifbare Informationsmenge würde jeden zeilichen Rahmen eines Nutzers sprengen. Dies hat zur Programmierung von Suchmaschinen geführt, die auf einer Indexierung von Webseiten beruhen. Diese Maschinen werden z.T. als Spiders, Crawlers oder Worms bezeichnet. Suchmaschinen, die auf Suchmaschinen zurückgreifen, werden Meta-Suchmaschinen genannt. Die Indexierung von Web-Seiten, sei es über deren Titel oder über ihre Inhalte (Wörter), gibt relativ wenig Auskunft über die Signifanz und Belastbarkeit der Information, auch wenn Wichtungen über die Häufigkeit der Wörter ermittelt werden. Der Sinnzusammenhang gleicher Wörter wie das *Herz* in der Herzchirurgie und im Liebesroman führen auf eine für den Benutzer oft sinnlose Zusammenstellung von URLs. M.a.W. die über URLs erfaßte Informationsmenge ist völlig strukturlos, da die URL selbst keine Meta-Information zurückliefert. Zur Zeit werden drei verschiedene Ansätze zur Strukturierung der Informationsmengen verfolgt. Insbesondere die kommerzieller Anbieter von Suchmaschinen gruppieren über die reine Stichwortsuche hinaus die gesamten URLs thematisch nach Konsumentenbedürfnissen wie Reisen, Shopping, Sport u. ä. m. Es muß nicht weiter kommentiert werden, daß dieser Ansatz für die wissenschaftliche Informationsversorgung unbefriedigend ist. Der zweite Ansatz, der sowohl von Firmen oder Firmengruppen als auch von wissenschaftlichen Informationsanbietern wie Bibliotheken und Wissenschaftsorganisationen gewählt wird, ist die Portalfunktion. Die Home-Page ist hier nicht nur das Tor zu den (oftmals verzweigten) Firmendiensten, sondern es werden ausgewählte Links zu Servern angeboten, die thematische Verflechtungen zulassen. Ein typisches Beispiel ist der KVK der Universitätsbibliothek Karlsruhe, der eine Online-Recherche über zahlreiche deutsche und ausländische Bibliothekskataloge erlaubt (Metasuche). Viele derzeitige Aktivitäten im wissenschaftlichen Umfeld, die unter der Überschrift *Digitale Bibliothek* oder *Virtuelle Universität* laufen, haben diesen Portalansatz aufgegriffen. Im Gegensatz zu diesen mehr organisatorischen und strukturellen Portalansätzen steht die dritte Variante, die eine selektive Suche aufgrund inhaltlich erschlossener Dokumente anstrebt: das Content Management. Die formale Erschließung von gedruckten Textdokumenten (Autor, Titel, Verlag etc.) und die Sammlung dieser Metadaten in Katalogen erfolgt heute nach internationalen Regelwerken, die inhaltliche Erschließungen, beispielsweise großer Verlagsarchive, nach durchaus proprietären Regelwerken. Die formale Erschließung von analogen audiovisuellen Medien, erst recht ihre inhaltliche Erschließung, wie sie in Rundfunk- und Fernsehanstalten erforderlich ist, vollzieht sich im wesentlichen nach Gesichtspunkten dieser Anstalten. Die Erschließung elektronischer, d.h. digitaler Dokumente ist ein noch sehr junges Forschungsgebiet, das in den letzten Jahren in den Mittelpunkt des Interesses geraten ist. Obgleich man davon ausgehen kann, daß heute nahezu jedes gedruckte Dokument zuvor mittels Text-Editoren elektronisch erstellt wurde und damit in digitaler Form vorliegt, ist seine Erschließung bisher vernachlässigbar. Ein Zahlenvergleich mag dieses verdeutlichen: Der Südwestverbund in Deutschland hat in seinem Verbundkatalog mehr als 15 Mio. Druckerzeugnisse (Monografien und Zeitschriften) nachgewiesen, dagegen nur einige tausend elektronische Erzeugnisse, wie Dissertationen u.a. Hochschulpublikationen. Für das Metadatenmodell elektronischer Textdokumente setzt sich das *Dublin Core* Datenmodell (DC) international durch, das jedoch eine HTML-Repräsentation bevorzugt. Die nationale *Digital Library Metadaten Initiative* (DLMI) favorisiert eine XML-Repräsentation ihres DC-konformen Datenmodells. Die internationale *Open Archive Initiative* (OAI), die in Deutschland von der DLMI und der *Deutschen Initiative für Netzwerk Informationen* (DINI) unterstützt wird, spricht sich ebenfalls für eine XML-Repräsentation des Dublin Core Datenmodells aus. In den Anfängen steckt jedoch noch die Erschließung digitaler multimedialer Objekte, die immer stärker das WWW beherrschen, und die eigene Online-Dienste (Video-on-Demand), Virtuelle Hochschule, Telelearning, seit kurzem auch Elearning genannt, Teleteaching u.v.m.) begründen. Schließlich ist der formale Nachweis eines 64stündigen Videos über eine Semester-Vorlesung zur Organischen Chemie sicherlich nicht ausreichend, wenn man an aromatischen Kohlenwasserstoffen interessiert ist, die in der 4. Stunde nach 23 min. erstmals behandelt werden und in der 25. und 37. Stunde in anderem Kontext wieder besprochen werden. Mit dem DLmeta-Datenmodell der DLMI wurden die ersten erfolgreichen Ergebnisse zur Verschlagwortung zeitartiger Inhalte (wie Videos) gemacht. Ein sehr viel weiter gehender Ansatz wird von der internationalen Motion Picture Expert Group (MPEG), dem Standardgremium für Audio und Video, in einem neuen vorgeschlagenen Standard MPEG-7 gemacht, der die Auflösung eines Films in einzelne Objekte innerhalb dieses Films und deren automatische formale und inhaltliche Erschließung vorsieht. Dieses wird zu einer neuen Epoche mit dem Umgang mit elektronischen Informationen führen und neue Online-Dienste kreieren.

6. Literatur

6.1. Webadressen der im Artikel genannten Organisationen bzw. Normen

DFN, http://www.dfn.de
DC, http://www.purl.org/de
DIN, http://www.din.de
DINI, http://www.dini.de
DLMI, http://www.dlmeta.de
ICANN, http://www.icann.org
IEEE, http://www.ieee.org
IETF, http://www.ietf.org
ISO, http://www.iso.ch
ITU-T, http://www.itu.int/ITU-T/index.html
MPEG, http://www.cselt.it/mpeg
OAI, http://www.openarchives.org
OSI, http://www.iso.ch/cate/35html
PURL, http://www.purl.org
RFC, ftp://ftp.rfc-editor.org
W3C, http://www.w3.org

6.2. Veröffentlichungen

Bradner, Scott, O., und Manbin, Allison, IPnG Internet Protocol Next Generation, Reading (MASS.) 1995.

Halsall, Fred, Data Communications, Computer Networks and Open Systems, Reading (MASS.) 1994.

Stevens, W. Richard, TCP/IP Illustrated, Vol. 1–3, Reading (MASS.) 1998. (Vol. 1)

Tanenbaum, Andrew S., Computernetzwerke, München/London 1997.

Dietmar Kaletta, Tübingen (Deutschland)

243. Haftung der Online-Dienste: Strafrecht, Zivilrecht, Urheberrecht, Wettbewerbsrecht

1. Einleitung
2. Grundlagen und Rechtsquellen der Online-Providerhaftung
3. Inhalt der Verantwortlichkeit im einzelnen
4. Verantwortlichkeit bei grenzüberschreitenden Sachverhalten
5. Haftung der Onlinedienste im Rechtsvergleich
6. Zusammenfassung
7. Literatur
8. Abkürzungsverzeichnis

1. Einleitung

1.1. Keine andere technische Entwicklung wird das politische, ökonomische und das Gesellschaftssystem, deren Subsysteme Wissenschaft, Kultur, Massen- und Individualkommunikation nachhaltiger beeinflussen, als die Digitalisierung. Diese ermöglicht nicht nur die Vernetzung technisch bisher getrennter Medien (Druck, Ton, Bild), sondern die totale Verfügbarkeit, Verarbeitung und Vernetzung im weltweiten Austausch von Informationen jedweder Art zu jedwedem Zweck.

Eine Schlüsselrolle kommt in dieser Entwicklung dem Internet und dessen Diensten E-Mail, World-Wide-Web, Filetransfer (FTP) und Newsgroups zu. Es revolutioniert die bestehenden unternehmensinternen und -externen Kommunikationssysteme, das Angebot und den Vertrieb von Produkten und Dienstleistungen, die Emission und den Handel von Wertpapieren, den Zahlungsverkehr, die Struktur, das Angebot und die Nachfrage der print- und audiovisuellen Medien; das Internet bildet vor allem die Grundlage für das Angebot technischer und inhaltlicher Kommunikationsdienste im Bereich der Wirtschaft, Wissenschaft, Kultur und Unterhaltungsindustrie.

Mit diesen Veränderungen wächst auch die Gestaltungsaufgabe des Rechts. Die Konvergenz und Verfügbarkeit klassischer und neuer Medien stellt nicht nur das geltende Telekommunikations- und Medienrecht auf den Prüfstand; Aufgabe des Rechts ist es auch, den allgemeinen Rahmen für den Zugang, für die Nutzung und die allgemeinen Spielregeln für die Transaktionen auf den Kommunikationsmärkten zu schaffen (vgl. Amtliche Begründung zum IUKG, BT-Drucksache 13/7385 vom 9. 4. 1997, Seite 1).

Die große Zahl grenzüberschreitender Sachverhalte und die weltweite Bewegungsfreiheit der Diensteanbieter zeigen die Grenzen nationaler Gesetzgebung und Jurisdiktion auf; an die Grenzen stößt bei multilateralen Kommunikationsnetzwerken und Rechtsbeziehungen auch das meist an bilateralen Sachverhalten anknüpfende Rechtsanwendungs-(Kollisions-)recht und Verfahrensrecht.

Vielfach wird die Gestaltbarkeit dieser Sachverhalte durch nationale Gesetzgeber in Frage gestellt. In extremer Übersteigerung wird, gestützt auf das Bild des virtuellen Raums, ein Cyberspacelaw gefordert, dessen Normierung nicht den Staaten oder Staatsorganisationen, sondern der Eigengestaltung der Marktteilnehmer und ihrer Verbände obliegen soll (referierend Mayer, NJW 1996, S. 1782, kritisch P. Mankowski, Wider ein transnationales Cyberlaw, AfP 1999, Seite 138 ff.; Gibbons, No Regulation, Government Regulation or Self Regulation, 6 Cornell J. and Public Policy 1997, 475, 483; David R. Johnson, R. David Post, Law and Borders. The Rise of Law in Cyberspace, 48 Stan L. Rev. 1367 ss. (1996) Note, Developments in the Law, The Law of Cyberspace, 112 Harv. Law Rev. 1574, 1583 ss; Neal Weinstock Netanel Cyberspace Self – Governance: A Skeptical View from Liberal Democratic Theory, 88 California Law Review, 398 ss, 2000; Strömer, Online-Recht, 1997, 156 ff.; allgemein zu den regelungspolitischen Alternativen Ch. Engel, Inhaltskontrolle im Internet, AfP 1996, 220 ff.; Joseph H. Kaiser, Das Recht im Cyberspace, Forum 1998, 18 ff.). Die Legitimation autonomer Rechtsetzung ist indes an die Gewährleistung eines gerechten Interessenausgleichs durch autonome Gestaltung der Betroffenen gebunden. Zum Schutze der allgemeinen Interessen oder der Interessen der an der Selbstregulierung nicht Beteiligten ist ein solches Regime nicht geeignet. Nationaler Gesetzgeber und internationale Organisationen sind deshalb gefordert, sich der Regelung des notwendigen Rechtsrahmens anzunehmen, der Selbstregulierung ergänzend ausfüllt.

1.2. Im Mittelpunkt der öffentlichen Aufmerksamkeit steht die zivil- und strafrechtliche Verantwortlichkeit der Informations-

und Kommunikationsdiensteanbieter im Netz. Nicht zuletzt spektakuläre Fälle diesseits und jenseits des Atlantiks, wie die Verurteilung des Geschäftsführers von Compuserve Deutschland für Darstellungen auf dem Server der amerikanischen Muttergesellschaft (AG München, CR 1998, 500 ff.), Darstellungen rassistischer oder gewaltverherrlichender Art, Schadensersatzklagen gegen Provider für persönlichkeitsverletzende oder beleidigende Inhalte auf ihren Servern (LG München, CR 1997, 155; LG Hamburg, NJW 98, 3650) oder für Verletzungen von Urheber- und Markenrechten haben eine weltweite Regelungswelle ausgelöst (Fallschilderungen bei Bleisteiner, Rechtliche Verantwortung im Internet, 1999, S. 60 ff. N. Bortloff, Die Verantwortlichkeit von Online-Diensten, GRUR 1997, 3871; LG Mannheim, CR 1996, 353; AG Nagold, CR 1996, 240 ff.).

1.3. Seit dem 1. 1. 1997 wird dieser Sachkomplex durch die Verantwortlichkeitsregeln in §§ 5 Teledienstgesetz (TDG) und Mediendienste-Staatsvertrag (MDStV) geregelt. Inzwischen liegt auch eine Richtlinie der EU vor, die neben Bestimmungen für den Handel im Internet die Providerhaftung normiert. Gemeinsames Regelungsziel des europäischen und deutschen Gesetzgebers ist die Beseitigung der Rechtsunsicherheit, die sich aus unterschiedlichen Entscheidungen über die Verantwortung der Diensteanbieter ergab. Häufig werden Diensteanbieter deshalb in Anspruch genommen, weil primär zivil- oder strafrechtlich verantwortliche Täter aus dem Ausland agieren, nicht zu identifizieren oder zu fassen sind oder wegen mangelnder Haftungsmasse nicht erfolgreich belangt werden können.

Für die betroffenen Unternehmen ist eine klare gesetzliche Regelung ihrer Verantwortlichkeit von größter Bedeutung. Bei unabsehbarer strafrechtlicher Verantwortung oder zivilrechtlicher Haftung sind diese gezwungen, ihre Angebote entweder einzustellen oder in Länder zu verlagern, die die Verantwortlichkeit der Provider eindeutig regeln oder beschränken. Substantielle Rechtsunterschiede beim Zugang zu den Märkten und bei der Haftung der Diensteanbieter beeinträchtigen den Markt für elektronische Dienstleistungen und sind deshalb auch von europarechtlichem Belang.

1.4. Im folgenden werden zunächst die kompetenzrechtlichen Grundlagen und Rechtsquellen der Haftung der Tele- und Mediendienste dargestellt (2.1 und 2.2). Im Anschluss daran folgt ein Überblick über den Haftungsinhalt der §§ 5 TDG, MDStV und deren Verankerung im System zivil- und strafrechtlicher Verantwortung (2.3 bis 2.4). Im Zentrum steht die Einzeldarstellung des Inhalts der Verantwortlichkeit der Diensteanbieter und die Möglichkeit ihrer Vermeidung (3.).

Globalität und Internationalität der Online-Dienstleistungen erfordern eine Klärung der bei grenzüberschreitenden Sachverhalten zu beachtenden Grundsätze des Kollisions- und Verfahrensrechts (4.) sowie einen kurzen Ausblick auf die Online-Haftung im Rechtsvergleich (5.). Am Schluss wird die Frage zu beantworten sein, ob sich die Online-Haftung auf dem Wege zu einem transnationalen Recht oder der Konvergenz nationaler Rechtsordnungen befindet (6.).

2. Grundlagen und Rechtsquellen der Online-Providerhaftung

2.1. Kompetenzrechtliche Grundlagen

§§ 5 TDG und MDStV regeln inhaltlich übereinstimmend die Haftung der Anbieter von Tele- und Mediendiensten. Sie sind das Ergebnis eines Kompromisses zwischen Bund und Ländern, der einen Kompetenzkonflikt zwischen den Bundes- und Landesgesetzgebern über die Gesetzgebungszuständigkeit für das Telekommunikations- und Medienrecht abschloss (zu den kompetenzrechtlichen Problemen vgl. Bleisteiner, Rechtliche Verantwortung im Internet, Köln, Berlin, Bonn, München 1999, S. 86 ff.). Gemäß Artikel 73 Nr. 7 GG steht das Telekommunikationsrecht, nach Nr. 9 das Urheberrecht, in der ausschließlichen Gesetzgebungszuständigkeit des Bundes, das Bürgerliche Recht und das Wirtschaftsrecht ist Teil der konkurrierenden Gesetzgebung (Artikel 74 Nr. 1, 7, 11 GG). Im Vorfelde dieses Kompromisses ging es insbesondere um die durch das Rundfunkurteil des Bundesverfassungsgerichts (BVerfG 12, 205 ff.) ausgelöste Kontroverse, ob der Begriff der Telekommunikation nur den technischen Übertragungsvorgang oder inhaltlich – gegenüber der den Rundfunkbegriff kennzeichnenden Massenkommunikation – die Individualkommunikation umfasst oder ob die Schnittstelle zwischen Länder- und Bundeszuständigkeit Verteil- oder Abrufdienste bilden sollten (vgl. Marten, ZUM 1999, 104 ff.).

Die in §§ 2 TDG/MDStV gezogene Schnittlinie folgt grundsätzlich der Grenzziehung zwischen der Individualkommunikation als Regelungszuständigkeit des Bundes (vgl. § 2 Abs. 2 Ziffer 1 und 2 TDG) und der Massenkommunikation als Regelungsaufgabe der Länder (§ 2 Abs. 1 MDStV), verwendet im übrigen die begriffliche Abgrenzung von Telediensten (§ 2 Abs. 2 TDG) und Mediendiensten (§ 2 Abs. 2 MDStV), die aber beide mit dem Begriff Informations- und Kommunikationsdienste umschrieben werden, wobei sich die Teledienste negativ von den Mediendiensten dadurch unterscheiden sollen, dass bei ihnen nicht die redaktionelle Gestaltung und der Beitrag zur Meinungsbildung für die Allgemeinheit im Vordergrund steht. Insbesondere im Bereich E-Commerce lässt sich, wie noch zu zeigen sein wird, anhand der gesetzlichen Vorgaben keine klare Abgrenzung zwischen Tele- und Mediendiensten für die sachliche Anwendung des TDG bzw. des MDStV ziehen.

Nicht nur die generelle Abgrenzung, sondern auch die Haftungsnormen für die Diensteanbieter (§§ 5 TDG, 5 MDStV) sind von den kompetenzrechtlichen Auseinandersetzungen betroffen. Ein Teil der Literatur sieht in § 5 MDStV eine dem Strafrecht bzw. dem Bürgerlichen Recht zuzuordnende Regelung (Artikel 74 Nr. 1 GG) für die die Länder keine Zuständigkeit mehr hätten, da der Bund seine Regelungskompetenz mit § 5 TDG erschöpfend wahrgenommen hat. Ein anderer Teil begründet die Regelungsbefugnis der Länder mit der Annexfunktion des § 5 MDStV gegenüber dem eindeutig der Länderkompetenz zuzuordnenden Sachrecht für Mediendienste (Einzelheiten bei B. Martenczuk, Die Haftung für Mediendienste zwischen Bundes- und Landesrecht, ZUM 1999, 104 ff.). Richtig ist, unabhängig von diesem Streit, die Regelungskompetenz der Länder für die Haftung von Mediendiensten deshalb zu bejahen, weil der Bund in § 5 TDG die Verantwortlichkeit der Diensteanbieter entsprechend dem Kompromiss mit den Ländern explizit auf *Teledienste* beschränkt hat. § 5 MDStV ist demnach verfassungskonform.

Die kompetenzrechtliche Gemengelage zwischen Bund und Ländern wird durch den Regelungsanspruch des europäischen Gesetzgebers überlagert. Gestützt auf die Rechtsangleichungskompetenz des Artikel 100 EUV, der den Organen der EU die Befugnis der Rechtsangleichung für Rechtsmaterien einräumt, bei denen nationale Rechtsunterschiede sich negativ auf das Funktionieren des gemeinsamen Marktes für Waren- und Dienstleistungen auswirken, hat die EU neben Richtlinien in Bereichen des Urheberrechtes (Computer-Softwarerichtlinie, Richtlinie über die Schutzdauer, Datenbankrichtlinie, Harmonisierungsrichtlinie für urheberrechtliche Fragen der neuen Medien, technische Aspekte der Telekommunikation und Regelung des Datenschutzes) jetzt im Zusammenhang der Richtlinie über rechtliche Aspekte des elektronischen Geschäftsverkehrs in den Artikeln 12 bis 15 Vorschläge für die Haftung der Diensteanbieter vorgelegt (ABl. L 178/1 ff vom 8. 6. 2000). Gemäß Artikel 189 EUV sind diese in nationales Recht umzusetzen; unterlässt der Gesetzgeber dies, entfalten sie unmittelbare Wirkung, mittelbare Wirkung kommt einer Richtlinie im Rahmen des Gebots richtlinienkonformer Auslegung nationalen Rechts zu.

2.2. Der Inhalt der Providerhaftung im Überblick

§§ 5 TDG, MDStV sehen in ihren Absätzen 1 bis 3, der Vorgabe des politischen Kompromisses entsprechend, „einen einheitlichen Rechtsrahmen in Form eines Bundesgesetzes und eines Länderstaatsvertrages zu schaffen, eine nach den jeweiligen Funktionen der Diensteanbieter abgestufte Verantwortlichkeitsregelung vor" (vgl. Engel-Flechsig, ZUM 1997, 231 ff.).

Diensteanbieter sind für eigene Inhalte, die sie zur Nutzung bereithalten, nach den allgemeinen Gesetzen verantwortlich (§§ 5 Abs. 1 TDG/MDStV). Anbieter, die fremde Dienste zur Nutzung bereithalten, sind nur dann verantwortlich, wenn sie von diesen Inhalten Kenntnis haben und es ihnen technisch möglich und zumutbar ist, deren Nutzung zu verhindern (§§ 5 Abs. 2 TDG/MDStV). Keine Verantwortlichkeit trifft Anbieter für fremde Inhalte, zu denen sie lediglich den Zugang zur Nutzung vermitteln (§ 5 Abs. 3 Satz 1 TDG/MDStV). Als Zugangsvermittlung gilt auch eine automatische kurzzeitige Vorhaltung fremder Inhalte auf dem sogenannten Cache-Server.

Im Gegensatz zu § 5 Abs. 4 TDG, der eine Verpflichtung der Diensteanbieter zur Sperrung der Nutzung nach allgemeinen Grundsätzen (z. B. aufgrund eines zivilrechtlichen Unterlassungsanspruchs) statuiert, wenn der Diensteanbieter legal von diesen Inhalten Kenntnis erlangt hat und eine Sperrung technisch möglich ist, sieht § 18 Abs. 3 MDStV auch Sperranordnungen gegen den Zugangsprovider vor, der legal von rechtswidrigen fremden Inhalten Kenntnis erlangt hat, soweit die Sperre technisch möglich und zumutbar ist.

2.3. Dogmatische Einordnung der Anbieterhaftung

2.3.1. Verantwortlichkeit im Spiegel der Gesetzesbegründung

Für die Auslegung der Haftungsbestimmungen ist ihre Einordnung in das zivilrechtliche Haftungssystem und in das System der strafrechtlichen Verantwortung von erheblichem Einfluss. Hier erweist sich die als Vorteil gerühmte lakonische Kürze der §§ 5 TDG/MDStV als trügerisch, da der Gesetzgeber mit dem Begriff „Verantwortlichkeit" als übergreifendem Kriterium gegenüber dem terminologischen Gebrauch im zivilrechtlichen Haftungssystem und den Straftatbeständen unscharf bleibt. Verstärkt werden die Unklarheiten dadurch, dass der Gesetzgeber seine Regelung als „Klarstellung von Verantwortlichkeiten" beschreibt, dass die Regelungen zur Verantwortlichkeit als der straf- und zivilrechtlichen Prüfung vorgelagert bezeichnet werden (BT-Drucksache 13/7385 vom 9. 4. 1997, Seite 2 und 16, 19 ff., Stellungnahme des Bundesrats zu Artikel 1 § 5 TDG, a.a.O. Seite 51) oder in der Formulierung der Referenten, „dass ein möglicher Haftungsfall zunächst den Filter des § 5 passieren muss, bevor dann die Prüfung nach den Maßstäben des jeweiligen Rechtsgebiets erfolgen kann" (Engel-Flechsig-Maennel-Tettenborn, Neue gesetzliche Rahmenbedingungen für Multi-Media, Die Regelungen des IuKDG und des MDStV, 1998, Seite 16; dieselben Das neue Informations- und Kommunikationsdienste-Gesetz NJW 1997, 2981, 2984; ähnlich Amtliche Begründung, aaO Seite 20).

Mit dem Begriff „allgemeine Gesetze" sind alle nach der geltenden Straf- und Zivilrechtsordnung rechtswidrigen Angebote im Internet gemeint. Die einzelnen Haftungs- und Straftatbestände sollen nach den Vorstellungen des Gesetzgebers durch die Verantwortlichkeitsregelung der §§ 5 TDG/MDStV überlagert und entsprechend der Differenzierung der Verantwortlichkeit für eigene und fremde Inhalte modifiziert werden.

Innerhalb dieser Haftungstatbestände bezieht sich der Begriff Verantwortlichkeit auf das „Einstehenmüssen für eigenes Verschulden".

Dabei geht der Gesetzgeber von einer „ungefilterten" Verantwortlichkeit der *Hersteller* und *Anbieter* rechtswidriger Angebote im Rahmen der geltenden Straf- und Zivilrechtsordnung aus (Amtliche Begründung zu § 5 Abs. 1, Seite 19). Dagegen soll der *Diensteanbieter* fremder Inhalte neben dem Urheber dann Mitverantwortung tragen, wenn ihm der einzelne, konkrete Inhalt bekannt ist und wenn er technisch in der Lage ist, diesen einzelnen Inhalt gegen weitere Nutzung zu sperren. „Die Regelung dient der Klarstellung, dass den Diensteanbieter, der rechtswidrige Inhalte Dritter in sein Diensteangebot übernimmt, eine Garantiestellung für die Verhinderung der Übermittlung an Dritte trifft. Diese Verpflichtung soll allerdings nur greifen, wenn der Diensteanbieter die fremden rechtswidrigen Inhalte bewusst zum Abruf bereithält" (Amtliche Begründung zu § 5 Abs. 1, Seite 19/20).

Diese Eingrenzung entspricht nach der Begründung des Gesetzes dem geltenden Straf- und Ordnungswidrigkeitsrecht, das für alle Äußerungsdelikte und sonstige im Bereich der Teledienste durch Verbreitung bestimmter Inhalte begehbare Straftatbestände Vorsatz, „also unbedingte oder bedingte Kenntnis der objektiven Tatbestandsverwirklichung" voraussetzt (Amtliche Begründung Seite 20).

Im Bereich der zivilrechtlichen deliktischen Haftung, die im wesentlichen durch ein Einstehen für vorsätzliche oder fahrlässige Rechtsgutverletzungen (§ 823 BGB) gekennzeichnet ist und nur ausnahmsweise spezifische Haftungstatbestände für Kommunikationsdelikte kennt (z. B. §§ 824 BGB, Kreditgefährdung, §§ 3, 4 UWG, irreführende Angaben, §§ 14, 15 UWG, Anschwärzung, geschäftliche Verleumdung) ging es dem Gesetzgeber dagegen um eine Beschränkung der Verantwortlichkeit der Diensteanbieter für fremde Inhalte auf vorsätzliches Handeln unter der Voraussetzung der Möglichkeit, die Nutzung mit zumutbaren Aufwendungen zu sperren (Amtliche Begründung, aaO Seite 20).

2.3.2. Kritik

Das gesetzliche Haftungskonzept hat eine ungewöhnlich breite Diskussion ausgelöst.

Auf dem Prüfstand rechtswissenschaftlicher Analyse entpuppte es sich aber alsbald als brüchig. Der Versuch des Gesetzgebers, mit dem Begriff der „Verantwortlichkeit" querschnittsartig alle Straftatbestände, das zivilrechtliche Haftungssystem, ferner die polizeirechtliche Störerhaftung zu erfassen und deren Anwendung durch die Voraussetzungen der §§ 5 TDG/MDStV „vorzufiltern", erweist sich bei näherem Hinsehen als nicht gangbar.

§§ 5 TDG/MDStV regeln weder spezifische Tatbestände, noch Rechtsfolgen, die losgelöst von dem jeweiligen Straftatbestand oder der zivilrechtlichen Haftungsnahme angewandt werden können. Deshalb ist es verfehlt, §§ 5 TDG/MDStV als „Lex Informatica" (so die Überschrift im Aufsatz von Haedicke, CR 1999, 309ff.), d.h. einer in sich geschlossenen, die jeweils spezifischen Verantwortlichkeitsregelungen des Straf- oder Zivilrechts verdrängenden Sonderrechtsordnung begreifen zu wollen (so aber Engel-Flechsig-Maennel-Tettenborn, NJW 1997, 2981, 2984; Bröhl, CR 1997, 7379).

Die Merkmale „Verantwortlichkeit", „eigene, fremde Inhalte", „Bereithalten", „Kenntnis", „Zumutbarkeit" können vielmehr in ihrer Relevanz für den Einzelfall nur anhand der konkreten Straf- und Haftungstatbestände erfasst und in die Systematik ihrer jeweiligen Tatbestandsvoraussetzungen und Rechtsfolgen eingeordnet werden (sogenannte Integrationslösung).

Die Fehlerhaftigkeit der gesetzlichen Konzeption dokumentiert sich bereits in der Definition der Verantwortlichkeit als das „Einstehenmüssen für eigenes Verschulden". Diese Feststellung widerspricht dem Regelungsanspruch des Gesetzes, neben dem Strafrecht alle zivilrechtlichen Haftungstatbestände, also auch die Gefährdungshaftung und Unterlassungs- und Beseitigungsansprüche des Zivil-, Wettbewerbs- und Urheberrechts zu erfassen, die Rechtswidrigkeit, aber kein Verschulden voraussetzen.

Auch das Abstellen auf eigenes Verschulden übersieht, dass das Zivilrecht eine Reihe von Zurechnungstatbeständen fremden Verschuldens kennt (z.B. §§ 31, 278, 13 Abs. 4 UWG, 14 Abs. 7 Markengesetz, 100 UrhG).

Schließlich ist die Gleichsetzung des Begriffes Kenntnis (§ 5 Abs. 2 TDG/MDStV) mit Vorsatz fehlerhaft, da der Vorsatzbegriff aus dem *Wissens-* und *Willenselement* besteht. Ebenso wenig lässt sich der Begriff der Zumutbarkeit (§ 5 Abs. 2 TDG/MDStV) eindeutig als Verschuldenskriterium definieren, da sowohl im Straf- wie im Haftungsrecht Zumutbarkeitsgesichtspunkte auf der Tatbestands- und Rechtswidrigkeitsebene bei der Konkretisierung von Verhaltensnormen relevant sind.

Es verwundert deshalb nicht mehr, dass über die Auslegung und systematische Einordnung der §§ 5 TDG/MDStV in das System des Strafrechts bzw. allgemeinen Haftungsrechts alsbald eine heftige, häufig von der jeweiligen Sicht der Fachdisziplin beherrschte Kontroverse ausbrach. Auch auf dem Prüfstand der Praxis hat sich die Regelung nicht bewähren können. Dies wird durch die Widersprüchlichkeit der Instanzentscheidungen zur strafrechtlichen Verantwortung des Geschäftsführers der Deutschen Compuserve für pornographische Darstellungen auf den Servern der Muttergesellschaft und die Fülle dazu in der Literatur vertretener *Ansätze* untermauert (vgl. dazu AG München, CR 1998, 500; dazu Moritz, CR 1998, 505; Pätzel, CR 1998, 625; Gravenreuth, CR 1998, 628; Sieber, MMR 1998, 438; Vassilaki, MMR 1999, 525ff.).

Diese Kontroversen können im folgenden nur zusammenfassend referiert werden.

Weitgehende Einigkeit besteht darüber, dass der Begriff der Verantwortlichkeit in umfassender Weise verstanden werden muss, d.h. als das Einstehenmüssen des Diensteanbieters für Rechtsverletzungen, gleichgültig aus welchem Rechtsgebiet sie stammen (Spindler, NJW 1997, 3192, 3195; Koch, CR 1997, 193; Freytag, Haftung im Netz, München 1999; ders. ZUM 1999, 185ff.).

Für das *Haftungsrecht* schält sich vor allem dank der Arbeiten von Freytag und Spindler als Lösung heraus, §§ 5 TDG/MDStV als „akzessorisches Tatbestandselement" anzusehen, „das die allgemein geltenden Haftungsregeln grundsätzlich bereits auf der Tatbestandsebene modifiziert und ergänzt" (Spindler, MMR 1998, 639, 643), noch überzeugender, die Voraussetzungen der §§ 5 TDG/MDStV als Zurechnungsnorm vor allem für die Fälle der Providerverantwortlichkeit für fremde Rechtsverletzungen auf der Rechtswidrigkeitsebene zu verstehen (so zutreffend Freytag, aaO; Haedicke, CR 1999, 309, 311ff.).

Zur strafrechtlichen Bedeutung der §§ 5 TDG/MDStV hat Vassilaki einen originellen Beitrag geliefert (Strafrechtliche Verantwortlichkeit der Diensteanbieter nach dem

TDG, MMR 1998, 630 ff.). Sie versteht §§ 5 Abs. 1 TDG/MDStV als eine Art Klarstellung der Täterschaft für Teledienstdelikte. Mit der Verbreitung eigener oder zu eigen gemachter Inhalte übernehme der Inhaltsprovider die Tatherrschaft (§ 25 StGB), dementsprechend befasse sich § 5 Abs. 2 mit der Teilnahme, also der Beihilfe (§ 27 Abs. 1 StGB), wobei die Kenntnis als Erfordernis eines direkten Gehilfenvorsatzes, die Zumutbarkeit einen Entschuldigungsgrund definiere.

Diese Auffassung lässt sich allerdings nur schwer mit dem Wortlaut und den Intentionen des Gesetzgebers in Einklang bringen, mit den beiden Absätzen sämtliche Deliktstatbestände, also auch den Fahrlässigkeitstatbestand des Gesetzes über jugendgefährdende Schriften erfassen. Vor allem würde sie auf einen weitreichenden Haftungsausschluss im Zivilrecht hinauslaufen oder für die zivilrechtliche Haftung einen anderen Interpretationsansatz erfordern, um diese Konsequenz zu vermeiden. Vor allem ließe sich § 5 Abs. 3 TDG/MDStV nicht in dieses Konzept einordnen.

Vieles spricht deshalb dafür, §§ 5 Abs. 1 bis 3 TDG/MDStV auch im strafrechtlichen Sinne als Konkretisierung von Verkehrspflichten der Provider zu verstehen, die auf der Rechtswidrigkeitsebene der in Frage kommenden Straftatbestände zu prüfen sind (so zutreffend Spindler, MMR 1998, 639, 641 ff.; ähnlich, wenn auch begrifflich unscharf, Sieber, Die rechtliche Verantwortlichkeit im Internet, MMR Beilage 2/99, 1 ff., 6).

3. Inhalt der Verantwortlichkeit im einzelnen

3.1. Diensteanbieter

3.1.1. Definition

Die Absätze der §§ 5 TDG/MDStV richten sich an „Diensteanbieter". Nach § 3 TDG sind darunter alle natürlichen oder juristischen Personen oder Personenvereinigungen ohne Rücksicht auf einen Erwerbszweck (vgl. § 2 Abs. 3 TDG), also auch Kommunen oder Universitäten zu verstehen, die eigene oder fremde Teledienste zur Nutzung bereithalten oder den Zugang zur Nutzung vermitteln.

Übereinstimmend damit, ohne allerdings gemeinnützige Angebote einzuschließen, definiert § 3 MDStV den Begriff des Diensteanbieters für Mediendienste.

Keine Diensteanbieter im Sinne des § 5 sind Anbieter von Telekommunikationsdienstleistungen, also Betreiber von Telekommunikationsanlagen, Netzen und Übertragungswegen.

Von den Diensteanbietern abzugrenzen sind die *Nutzer*, d. h. „natürliche oder juristische Personen oder Personenvereinigungen, die Tele- oder Mediendienste nachfragen (§§ 3 Ziff. 2 TDG/MDStV). Eine eindeutige Unterscheidung von Diensteanbietern und Nutzern ist, insbesondere innerhalb von Unternehmen oder Organisationen wie Universitäten oder Bibliotheken nicht immer möglich. So stellt sich die Frage, ob das Unternehmen oder die Universität durch die Einräumung eines Zugangs zum Internet oder der Nutzung ihrer Rechenanlagen an Arbeitnehmer oder Studierende zum Diensteanbieter wird, oder erst dadurch, dass die Anlagen der Öffentlichkeit zugänglich gemacht oder für eine private Nutzung Dritter geöffnet werden.

Von den Diensteanbietern abzugrenzen ist auch der *Urheber* der rechtswidrigen Inhalte. Urheberschaft darf nicht mit Urhebereigenschaft im Sinne des § 7 UrhG verwechselt werden, gemeint ist vielmehr der für die Rechtsverletzung primär Verantwortliche, d. h. der Verfasser ehren- oder unternehmensschädigender Äußerungen, der unlauter Werbende oder der Verletzer fremder Urheber- oder Markenrechte, dagegen wird nicht vorausgesetzt, dass er die rechtswidrigen Inhalte selbst auf eigenen Servern zur Verfügung stellt und verbreitet.

Inhaltsersteller oder Contentprovider ist demnach derjenige, der sowohl den Inhalt selbst oder durch eigene Mitarbeiter erstellt, als auch über eigene Server zugänglich macht. Im haftungsrechtlichen Sinne hält eigene Inhalte auch bereit, wer fremde Inhalte als eigene anbietet. Dies kann durch eine vollständige Integration fremder Inhalte in das eigene Angebot, die Verweisung des Anbieters auf fremde Inhalte oder die Herstellung von Verbindungen zu fremden Inhalten geschehen, ohne dass sich der Verweisende eindeutig von den Inhalten distanziert.

Hostprovider ist demgegenüber derjenige, der fremde Inhalte in seinen Server einstellt. Für die Abgrenzung des eigenen oder fremden Inhalts ist demnach entscheidend, ob der Inhalt vom Diensteanbieter und seinen Arbeitnehmern selbst erstellt wurde bzw.

vom Unternehmen, über die er die Kontrolle ausübt. Inhaltsprovider ist auch derjenige, dem die Inhalte wegen unterbliebener Distanzierung auf seiner Webseite zuzurechnen sind. Maßgeblich sind Kriterien, wie äußeres Erscheinungsbild, thematischer Bezug des eigenen zum fremden Inhalt aus der Sicht eines Dritten und wirtschaftliche Interessenverflechtungen zwischen dem Urheber und dem Diensteanbieter.

Für die Verantwortlichkeit nach § 5 TDG/MDStV ist schließlich die Abgrenzung des Inhaltsvermittlers (§ 5 Abs. 1 und 2, 3 Ziff. 1 TDG/MDStV) und des Zugangsvermittlers entscheidend.

Das Gesetz hat von einer Legaldefinition abgesehen, als Begründung für die Haftungsprivilegierung aber die Gleichstellung mit Telekommunikationsanbietern erwähnt (Begründung zu § 5 Abs. 3, aaO Seite 20). Obwohl § 5 Abs. 3 TDG/MDStV den Begriff des Zugangsproviders verwendet, weisen das TDG und der Mediendienstestaatsvertrag Unklarheiten auf. § 2 Abs. 2 Nr. 3 TDG sieht das Angebot zur Nutzung des Internet und weiterer Netze als Teledienstleistung vor. § 2 Abs. 2 MDStV lässt demgegenüber die technische Zugangsvermittlung im Katalog der Mediendienste (§ 2 Abs. 2) unerwähnt.

Ungeachtet dessen können §§ 3 Nr. 19 TKG, 2 Abs. 2 Nr. 3 TDG zur Auslegung des Begriffes Zugangsvermittler herangezogen werden. Zugangsvermittler ist zwar nicht der Anbieter von Telekommunikationsleistungen (vgl. § 3 Ziff. 19 TKG), dennoch ist Zugangsvermittler ein technischer Dienstleister, der lediglich den Zugang zu fremden Inhalten vermittelt, diese zum abrufenden Nutzer durchleitet, ohne auf den Inhalt Einfluss nehmen zu können. Eine unmittelbare Kundenbeziehung ist dazu nicht erforderlich. Soweit sich die Vermittlungstätigkeit aber nicht auf eine rein technische Dienstleistung beschränkt, sondern die Möglichkeit des Einflusses des Diensteanbieters auf die Aufnahme, den Ausschluss oder die Gestaltung bestimmter Inhalte erstreckt, entfällt der Grund für die Haftungsprivilegierung der §§ 5 Abs. 3 TDG/MDStV. Anbieter mit einem solchen Tätigkeitsfeld sind deshalb entweder Anbieter für eigene oder fremde Inhalte.

Nach diesen Kriterien ist auch die Verantwortlichkeit für Links oder des Betreibers von Suchmaschinen abzugrenzen (dazu unter Ziffer 6).

3.1.2. Teledienste/Mediendienste

Die in den ersten drei Absätzen gleichlautende Verantwortlichkeitsregelung für Teledienste (§ 5 TDG) und Mediendienste (§ 5 MDStV) macht eine Abgrenzung der Tele- und Mediendienste nicht entbehrlich, zumal die Verfassungsmäßigkeit des § 5 MDStV bezweifelt wird.

Nach § 2 Abs. 1 TDG sind *Teledienste* „alle elektronischen Informations- und Kommunikationsdienste, die für eine *individuelle* Nutzung von kombinierbaren Daten, wie Zeichen, Bilder oder Töne bestimmt sind und denen eine Übermittlung mittels Telekommunikation zugrundeliegt".

Mediendienst ist dagegen „das Angebot und die Nutzung von an die *Allgemeinheit* gerichteten Informations- und Kommunikationsdiensten".

Entscheidendes Abgrenzungskriterium zwischen Tele- und Mediendiensten ist damit die Unterscheidung von Individual- und an die Allgemeinheit gerichteter Kommunikation. Ungeachtet dessen ist die Schnittstelle zwischen den beiden Dienstearten nicht gelungen. Dies unterstreicht schon die kryptische Formulierung des § 2 Abs. 1 Nr. 3 MDStV, „die Bestimmungen des TDG ... bleiben unberührt", obwohl es nach dem Grundkonzept eine tatbestandsmäßige Überschneidung zwischen Tele- und Mediendiensten nicht geben dürfte.

Noch unklarer sind die Grenzen bei Analyse der exemplarisch aufgeführten Fallgruppen für Tele- und Mediendienste in § 2 Abs. 2 TDG/MDStV. Danach sind Teledienste Angebote im Bereich der Individualkommunikation (§ 2 Abs. 2 Ziff. 1 TDG), aber auch Angebote zur Information oder Kommunikation, soweit nicht die redaktionelle Gestaltung zur Meinungsbildung für die Allgemeinheit zur Verfügung steht (§ 2 Abs. 2 Ziff. 2 TDG), also auch Angebote an die Allgemeinheit, die sich lediglich durch eine untergeordnete Bedeutung für die öffentliche Meinungsbildung auszeichnen, wie Verkehrs-, Wetter-, Börsendienste, Informationen über Waren- und Dienstleistungen. Deren Abgrenzung zu Verteildiensten wie Teletext oder Teleshopping, die als Mediendienste eingestuft werden (§ 2 Ziff. 2 bis 4 MDStV), ist ebenso wenig einleuchtend, wie die Einordnung von Telebanking als Teledienst (§ 2 Abs. 2 Ziff. 1 TDG), von Teleshopping und Abrufdienste als Mediendienste (§ 2 Abs. 2 Ziff. 4 MDStV), der Telespiele und Angebote von Waren- und Dienstleistungen in elektronisch abrufbaren Datenbanken im interaktiven Zugriff als Teledienste (§ 2 Abs. 2 Ziff. 4 u. 5 TDG).

Weder das Merkmal der individuellen Nutzung, noch das Kriterium der Allgemeinheit lässt eine klare Abgrenzung zwischen Tele- und Mediendiensten zu. Konsequent wäre es gewesen, alle Kommunikationsdienste, die nicht primär der öffentlichen Meinungsbildung dienen, den *Telediensten* zuzuordnen. Nur ansatzweise kommt dieses Prinzip in § 2 Abs. 4 Ziff. 3 TDG zum Ausdruck (vgl. dazu Tettenborn, Die Evaluierung des IuKDG, MMR 1999, 516ff.).

Die Abgrenzung von Tele- und Mediendiensten muss deshalb als misslungen bezeichnet werden. Die Zuordnung von Newsgroups, Webpages und sonstigen Angeboten ist deshalb nur im Einzelfall möglich und schwer prognostizierbar (näheres Gounalakis/Rhode, Elektronische Kommunikationsangebote zwischen Telediensten, Mediendiensten und Rundfunk, CR 1998, 487ff.).

3.2. Erfasste Inhalte

§§ 5 TDG/MDStV regeln die Verantwortung für „*Inhalte*", dafür findet sich aber im Definitionskatalog der §§ 2 TDG/MDStV keine nähere Beschreibung. In der Literatur ist deshalb ein Streit über den Bedeutungsgehalt des Begriffes entbrannt, dessen Spannweite von „Informationen jeglicher Art in Schrift, Bild und/oder Ton", anders gewendet „kommunikative Inhalte", bis zu Inhalten jedweder Art reicht, die entweder selbst rechtswidrig sind oder rechtswidrig erworben genutzt werden (vgl. dazu Decker, Haftung für Urheberrechtsverletzungen im Internet, MMR 1999, 7ff.; Lehmann, Unvereinbarkeit des § 5 Teledienstgesetz mit Völker- und Europarecht, CR 1998, 232ff.; Waldenburger, Zur zivilrechtlichen Verantwortlichkeit für Urheberrechtsverletzungen im Internet, ZUM 1997, 176ff.). Praktische Relevanz gewinnt dieser Streit vor allem bei Urheber- und Markenrechtsverletzungen im Internet. Zur Begründung der Einschränkung auf kommunikative Inhalte beziehen sich Vertreter dieser Auffassung vor allem auf § 2 MDStV, der als Mediendienste Inhalte bezeichnet, die in Text, Ton oder Bild an die Allgemeinheit gerichtet werden. Doch bezieht § 2 Abs. 2 Ziff. 1 ausdrücklich den Austausch und die Nutzungsüberlassung von Produkten und Dienstleistungen in den Mediendienst ein.

Noch weniger lässt die Begriffsdefinition der Teledienstleistungen und der exemplarische Katalog einzelner darunter subsumierter Angebote in § 2 Abs. 2 TDG eine Reduktion auf „kommunikative Inhalte" zu. Diese umfassen nicht nur das Angebot von Informationen, sondern explizit den Leistungsaustausch, insbesondere im Bereich des e-commerce (§ 2 Abs. 2 Ziff. 5), schließlich auch die Nutzung von Telespielen (§ 2 Abs. 2 Ziff. 4), das Telebanking und den Datenaustausch (§ 2 Abs. 2 Ziff. 1 TDG) (vgl. Spindler NJW 1997, 3193, 3195).

Vor allem spricht der Zweck der §§ 5 TDG/MDStV, mit der Klarstellung der Verantwortlichkeiten der Diensteanbieter eine verlässliche Grundlage für die Gestaltung der Angebote zu schaffen, gegen eine Differenzierung von rechtswidrigen Inhalten und rechtswidrig genutzten Inhalten. Ziel der Haftungsprivilegierung der Host- und Serviceprovider in § 5 Abs. 2 und 3 TDG/MDStV ist es gerade, die Serviceprovider von unzumutbaren Kontrollen oder gar der Einstellung ihrer Dienstleistungsangebote wegen unabsehbarer Haftungsrisiken zu bewahren. Genau diese Konsequenz träte aber ein, wenn rechtswidrig genutzte Inhalte aus der Haftungsregelung der §§ 5 TDG/MDStV ausgenommen wären (ähnlich Spindler, aaO, Seite 3195; Sieber in Hoeren/Sieber, Multimediarecht, 1999, Ziff. 19, Randnummer 248).

3.3. Die Verantwortlichkeit für eigene und fremde Inhalte im Spiegel der bisherigen Rechtslage

§§ 5 Abs. 1 TDG/MDStV belassen es bei der Feststellung, dass Diensteanbieter für eigene Inhalte, die sie zur Nutzung bereithalten, nach den allgemeinen Gesetzen verantwortlich sind. Der Begriff des „eigenen Inhalts" umfasst nach der Gesetzesbegründung sowohl die Herstellung (Urheberschaft) als auch das Angebot von Inhalten dritter Urheber, die sich der Diensteanbieter zu eigen gemacht hat. Zwischen der Haftung des Herstellers und des Anbieters bestehen grundsätzlich keine Unterschiede, da beide im Rahmen der geltenden Straf- und Zivilrechtsordnung gleichermaßen verantwortlich sind. Allerdings macht erst das Bereithalten zur Nutzung über eigene Server einen Hersteller zum Diensteanbieter und löst die Haftungsregelungen der §§ 5 TDG/MDStV aus.

Folglich haftet der Inhaltsprovider sowohl für die von ihm selbst hergestellten und über seine Server verbreiteten Inhalte, als auch für Inhalte, die er derart in sein eigenes Angebot integriert, dass sie als von ihm hergestellte Inhalte erscheinen bzw., falls sie noch als fremde Inhalte erkennbar bleiben, ihm zugerechnet werden, weil er sich davon nicht ausreichend distanziert (Amtliche Begründung, zu § 5 Abs. 1, Seite 19).

3.3.1. Vergleich zur Rechtslage der Print- und audiovisuellen Medien

Die Providerhaftung folgt damit Kriterien der zivil- und strafrechtlichen Verantwortlichkeit im Bereich der Printmedien einschließlich des Buchhandels und der Bibliotheken, des Rundfunks und Fernsehens, der Post und Telekommunikationsdienste.

Die strafrechtliche Verantwortlichkeit für Äußerungsdelikte, wie der Propaganda oder des Verwendens von Kennzeichen verfassungswidriger Organisationen (§§ 86, 86a StGB), die öffentliche Aufforderung zu Straftaten (§ 111 StGB), die Volksverhetzung, insbesondere die sogenannte Auschwitzlüge (§ 130 StGB), die Anleitung zu Straftaten (§ 130a StGB), die Gewaltdarstellung (§ 131 StGB), die Pornographie (§ 184 StGB), die Beleidigung und Verleumdung (§§ 185, 186 StGB) umfasst neben der Herstellung oder Äußerung der inkriminierten Inhalte in der Regel das Einführen, Ausführen, Bereithalten oder die Verbreitung als eigene Tatbegehungsform; bei jugendgefährdenden Schriften stellt die Verbreitung die Tathandlung selbst dar (§ 3 GjS). Durch das IuKG ist klargestellt, dass auch die digitale Verbreitung der Verbreitung in Printform gleichsteht (§ 11 Abs. 3 StGB, § 1 Abs. 3 GjS).

Eine Gleichbehandlung von Urheber- und Verbreiterverantwortung sehen auch zivil- und wettbewerbsrechtliche Tatbestände vor, die sich gegen die Gefährdung des Kredits oder sonstige Nachteile für die gewerbliche Tätigkeit anderer richten (§§ 824 BGB, 14, 15 UWG). Neben den eigentlichen Kommunikationsdelikten, in denen das Handlungsunrecht im Tatbestand konkret beschrieben ist, kommt eine straf- vor allem aber zivilrechtliche Verantwortlichkeit für Rechtsverletzungen durch Kommunikationssachverhalte in Frage. Betroffene Rechte sind im Bereich des Strafrechts der Geheimnisschutz (§§ 202a, 203 StGB), die Sachbeschädigung einschließlich der Datenveränderung und Computersabotage (§§ 303a und b StGB), im Bereich des Zivilrechts die Ehre, das Persönlichkeitsrecht, das Eigentum, das Recht am Unternehmen (§ 823 BGB), der Schutz des geistigen Eigentums, insbesondere von Urheber- (§ 96 ff UrhG) und Kennzeichnungsrechten (§ 15 Markengesetz), schließlich der Schutz des lauteren Wettbewerbs (§§ 1 ff., 13 UWG).

Die jeweiligen, bei vorsätzlichem oder fahrlässigem Handeln mit Schadensersatzsanktionen, bei rechtswidrigem Handeln mit Unterlassungs- und Beseitigungsansprüchen bewehrten, meist als Generalklausel gefassten Tatbestände bedürfen der Konkretisierung bezüglich des Handlungsunrechts und des Verschuldensmaßstabs. Innerhalb dieser Tatbestände kommt als verantwortlicher Täter, Gehilfe, Anstifter grundsätzlich jeder in Betracht, der kausal zu einer Rechtsgutsverletzung beigetragen hat.

Im Bereich der Print- und audiovisuellen Medien bietet sich zu diesen Fragen eine reichhaltige Palette gerichtlicher Entscheidungen und Literaturmeinungen zur Konkretisierung von Einzeltatbeständen der Providerverantwortlichkeit an, wobei die abgestufte Verantwortlichkeitsregelung der §§ 5 TDG/MDStV zu beachten ist (grundlegend dazu Sieber, Strafrechtliche Verantwortlichkeit für den Datenverkehr in internationalen Computernetzen, JZ 1996, Seite 429 ff.; Spindler, Deliktsrechtliche Haftung im Internet, nationale und internationale Rechtsprobleme, ZUM 1996, 533 ff.).

Für Tatbestände des *Ehrenschutzes* hat die Rechtsprechung anerkannt, dass auch in der Wiedergabe der Aussage eines Dritten eine Äußerung des Zitierenden liegen kann, wenn er sich den Inhalt fremden Äußerungen erkennbar zu eigen gemacht hat (BGH NJW 1976, 1131, 1132 m.w.N.). Selbst im Verbreiten dessen, was ein Dritter geäußert hat, wird eine Verletzung des Persönlichkeitsrechts gesehen, „wenn es an einer eigenen und ernsthaften Distanzierung dessen fehlt, der die Äußerung wiedergibt oder wenn das Verbreiten nicht schlicht Teil einer Dokumentation des Meinungsstandes ist, in welcher, wie auf einem Markt der Meinungen, Äußerungen und Stellungnahmen verschiedener Meinungen zusammengestellt und gegenübergestellt werden" (BGH NJW 1996, 1132). Verbreiter ist deshalb nicht nur der Verleger oder die Rundfunkanstalt, sondern auch der Händler von Zeitungen und Zeitschriften, selbst der Bibliothekar (BGH NJW 1976, 799). Die Ausweitung der Verantwortlichkeit auf den Vertrieb oder die

Bibliotheken dient dem effektiven Rechtsschutz des Betroffenen, der die Möglichkeit haben muss, die im Vertrieb oder in der Bibliothek befindlichen ehrverletzenden Schriften anzuhalten (BGH aaO, 800). Deshalb wird es dem Händler zugemutet, die vertriebenen Zeitschriften in jedem Fall nach einem entsprechenden Hinweis, auf ehrverletzende Darstellungen durchzusehen (BGH NJW 1976, 799, 801), der Betreiber einer Bibliothek muss die rechtswidrigen Publikationen bei Feststellung der Rechtswidrigkeit aus dem Bestand nehmen.

An den Ausschluss einer Verbreiterverantwortlichkeit durch eine ernsthafte Distanzierung oder an die Selbstbeschränkung auf die Funktion eines Informations- und Meinungsforums sind strenge Anforderungen zu stellen (so zutreffend Helle, Anmerkung zu BGH JZ 1997, 784 = BGHZ 132, 13ff., Seite 786ff.). Das Weitertragen von rufschädigenden Gerüchten oder Mitteilungen aus der Intimsphäre verletzt die Ehre oder das Persönlichkeitsrecht des Betroffenen ebenso, wie das Behaupten.

Die Strafrechtsprechung hat deshalb eine Strafbarkeit für Ehrverletzungen auch dann angenommen, wenn der Täter die Mitteilung unter den Vorbehalt stellt, er könne die Richtigkeit der Information nicht mehr feststellen, selbst für den Fall, dass sie als absolut unglaubwürdiges Gerücht bezeichnet wird. Anderenfalls „würde es in der Hand des Täters liegen, in der Form der Mitteilung von Gerüchten straffrei die Ehre eines anderen aufs empfindlichste zu verletzen, sofern er nur der Kundgebung den Zusatz beifügt, er glaube nicht an die Wahrheit des Gerüchts" (RGSt 38, 268, 269).

Nur wenn der Informant das Gerücht entkräftet oder ihm ernsthaft entgegentritt, soll die Strafbarkeit entfallen.

Dementsprechend ist die „Distanzierungsthese" als „Verbreitungsprivileg" primär von der Rechtsprechung zum *zivilrechtlichen* Ehrenschutz erwogen worden. Auffallend ist allerdings, dass sie in keinem jüngeren Fall zur Entlastung des Verantwortlichen zum Tragen gekommen ist. Vielmehr hat der BGH einer Unterlassungsklage gegen einen Zeitungsverleger wegen eines Zeitungsberichts ungeachtet der Frage stattgegeben, ob der Zeitungsbericht sich von der mitgeteilten Information eines Dritten distanziert hat (BGH NJW 1986, 2503ff., zurückhaltender BGH NJW 1970, 187ff.; NJW 1976, 1198ff.).

Ebenso wenig hat das Kriterium des „Informations- und Meinungsforums" (BGH NJW 1970, 187) als weiterer Ausschlustatbestand einer Verbreiterhaftung trotz seiner Erwähnung in den Urteilsgründen jüngerer Entscheidungen eine Rolle gespielt, da die betreffenden Informationen stets in eine eigene Darstellung und Bewertung der Vorgänge eingebettet waren (z.B. BGHZ 132, 13, 19; BGH NJW 1997, 1148, 1149). Richtiger Ansicht nach erscheint es auch unangebracht, bereits auf der Tatbestandsebene die Verantwortlichkeit eines Informationsträgers auszuschließen.

Der Beitrag zur Informationsvermittlung und Meinungsbildung muss vielmehr auf der Ebene der Rechtswidrigkeitsfeststellung berücksichtigt werden, die eine Abwägung der betroffenen Rechtsgüter und des Schutzes der Informations-, Presse- und Meinungsfreiheit erfordert (so zutreffend Helle, aaO, Seite 789/791).

Für die Haftung der Kommunikationsdienste spielt demnach die Frage der *Urheberschaft* keine primäre Rolle, da neben die Verantwortlichkeit des Urhebers, die des Informationsverbreiters tritt, unabhängig davon, ob die Information nach außen als dessen eigene Mitteilung erscheint oder nicht.

Für nicht kommunikative Inhalte, wie die Produkthaftung, differenzieren Rechtsprechung und das Produkthaftungsgesetz danach, wer nach außen als Hersteller erscheint. Als Hersteller gilt deshalb auch derjenige, der ein fremdes Produkt mit eigenem Namen oder mit einer eigenen Marke versieht. Wer ein Produkt aber lediglich unter eigenem Namen vertreibt, wird dem Hersteller nicht gleichgestellt, sondern trägt nur händlerspezifische Gefahrenabwehrpflichten, wie die Pflicht zur passiven Produktbeobachtung, anders gewendet die Pflicht zur Überprüfung von Beanstandungen, die dem Händler zugeleitet werden (BGH NJW 1994, 517, 519).

Für Urheberrechtsverletzungen und Wettbewerbsverstöße haften Informationsvermittler neben den primär als Urheber verantwortlichen Dritten nach den Grundsätzen der urheber- und wettbewerbsrechtlichen Störerhaftung, nach neuerer Rechtsprechung allerdings nur bei Verletzung von Prüfungspflichten, die in Fällen grober, unschwer zu erkennender Verstöße besteht (BGH GRUR 1997, 281 – Architektenwettbewerb, BGH MMR 1999, 280).

3.3.2. Folgerungen für die Auslegung der §§ 5 Abs. 1 TDG/MDStV

Der kursorische Überblick auf die Verantwortlichkeit von Informationsvermittlern nach der im Zeitpunkt des Inkrafttretens des TDG/MDStV geltenden Rechtslage verdeutlicht, dass die vom Gesetzgeber vorgenommene Differenzierung der Verantwortlichkeit der Provider für eigene oder fremde Inhalte keine eindeutige Abgrenzung erlaubt. Informationsvermittler haften grundsätzlich *neben* dem primär verantwortlichen Informationsersteller auch für fremde Inhalte unter dem Gesichtspunkt ihrer Verantwortlichkeit für die Verbreitung. Im Bereich der Printmedien trägt die Verbreiterverantwortung neben dem Verleger auch der Händler, sogar Bibliotheken. Die Verantwortung für fremde Inhalte besteht unabhängig davon, ob der Informationsvermittler sich die Information zu eigen gemacht hat oder als fremde Information weitergibt. Bei einer Wiedergabe fremder Informationen kann eine Tatverantwortlichkeit bei „eigener und ernsthafter Distanzierung desjenigen, der die Äußerung wiedergibt", ausgeschlossen werden, doch stellt die Judikatur daran an nahezu unüberwindbare Anforderungen. Ähnliches gilt für das Haftungsprivileg einer Beschränkung auf die Dokumentation des Meinungsstandes. Der Widerspruch zwischen dem Ehren- und Persönlichkeitsschutz und der Informations-, Meinungs- und Pressefreiheit kann nicht über begriffliche Abgrenzungen der Verantwortlichkeit auf der Tatbestandsseite, sondern nur durch eine Güterabwägung auf der Rechtswidrigkeitsebene gelöst werden.

Lediglich außerhalb der eigentlichen Äußerungsdelikte, im Bereich der wettbewerbsrechtlichen und urheberrechtlichen, mit Unterlassungs- und Beseitigungsansprüchen bewehrten Störerhaftung, ist eine Reduktion der Verantwortung der Informationsvermittler bei Einhaltung entsprechender Prüfungspflichten erkennbar.

Diese sehr weitreichende Haftung der Informationsvermittler hat ihre Grundlage in der Verantwortung für die von ihnen geschaffenen und beherrschbaren Gefahrenquellen. Wer Informationen vermittelt, die fremde Rechtsgüter, wie die Ehre oder Persönlichkeitsrechte tangieren, muss grundsätzlich die Richtigkeit ihres Inhalts oder die Befugnis zu ihrer Veröffentlichung überprüfen, gegebenenfalls auf eine Veröffentlichung verzichten, solange nicht ein Mindestbestand an Beweistatsachen zusammengetragen ist (BGH JZ 1997, 784/785). Deshalb kann der Informationsvermittler seine Verantwortung nicht durch eine Verweisung oder einen Haftungsausschluss auf den Urheber abschieben.

Unter diesem Aspekt erscheint die in § 5 TDG/MDStV angelegte Differenzierung der Haftung nach der Urheberschaft für die vermittelten Inhalte im System der Verantwortlichkeit der Informationsanbieter als ein Novum, da sie die Verantwortlichkeit für die *Verbreitung* von rechtswidrigen Informationen als Haftungsgrund vernachlässigt. Ob dies in der Absicht des Gesetzgebers stand, muss bezweifelt werden. Die Entstehungsgeschichte des Gesetzes spricht eher dagegen, da es primäre Absicht des Gesetzgebers war, Provider von der Haftung für solche Inhalte zu entlasten, für die sie keine wie auch immer geartete redaktionelle Funktion übernommen, sondern lediglich ihre Server zur Verfügung gestellt haben.

Im Lichte dessen ist der Begriff des Inhaltproviders in § 5 Abs. 1 TDG/ MDStV weit auszulegen. Die Verantwortlichkeit für sogenannte eigene Inhalte ist unabhängig von der Autorschaft immer dann gegeben, wenn sich der Provider nicht auf die Rolle eines Dokumentationsforums für fremde Informationen oder Meinungen beschränkt, sondern fremde Äußerungen und Informationen in seine Inhaltsdienste einstellt.

3.4. Die Haftung des Inhaltproviders, § 5 Abs. 1

Der Begriff des Inhaltproviders ist demnach in Übereinstimmung mit der allgemeinen zivilrechtlichen Haftung der Informationsvermittler zu konkretisieren.

3.4.1. Äußerungsdelikte

Da derzeit noch kaum Judikate zur Haftung der Internetprovider vorliegen, empfiehlt es sich, auf die Rechtsprechung zur Haftung der klassischen Informationsvermittler zurückzugreifen. Zu der in § 5 Abs. 1 TDG/ MDStV angesprochenen Haftung nach den allgemeinen Grundsätzen zählt insbesondere der zivilrechtliche Ehren- und Persönlichkeitsschutz. Anspruchsgrundlagen sind §§ 823 Abs. 1, 824, 823 Abs. 2 BGB in Verbindung mit den Straftatbeständen des Ehrenschutzes, §§ 185 bis 187 StGB, 826 BGB, 14, 15 UWG.

Grundlegend für den Ehrenschutz ist die Unterscheidung von Tatsachenbehauptungen, Werturteilen und Meinungen. Sie hat Bedeutung nicht nur für die Abgrenzung des Tatbestandes der Beleidigung (§ 185 StGB) und üblen Nachrede (§ 186 StGB), sondern auch für die Verantwortung im Falle eines beweisrechtlichen non liquet, der strafrechtlichen Verantwortung für ehrenverletzende, nicht beweisbare Behauptungen, schließlich für den Umfang einer Rechtfertigung wegen Wahrnehmung berechtigter Interessen oder des Schutzes der Presse-, Rundfunk- und Meinungsfreiheit (Artikel 5 Abs. 1 und 2 GG).

Wesentlich für die Einstufung als Tatsachenbehauptung ist, ob die Aussage einer Überprüfung auf ihre Richtigkeit mit den Mitteln des Beweises zugänglich ist (BGHZ 132, 13, 21; NJW 1997, 1148, 1149). Hinter einer Äußerung, die auf Werturteilen beruht, können Tatsachenbehauptungen stehen, wenn bei den Adressaten zugleich die Vorstellung von konkreten, in die Wertung eingeflossenen Vorgängen hervorgerufen wird.

Für die Richtigkeit von Tatsachenbehauptungen trägt der Träger die strafrechtliche Verantwortung dafür, dass die Behauptung der Wahrheit entspricht. Die strafrechtliche Beweislastumkehr (§ 186 StGB: „Nicht erweislich wahr") gilt auch für das Zivilrecht (BGHZ 132, 13, 23). Unwahre oder nicht beweisbare Tatsachenbehauptungen genießen grundsätzlich nicht den Schutz der Meinungsfreiheit (BGH NJW 97, 1148, 1149 BVerfGE 61, 1, 8; 85, 1, 15). Allerdings hat die Rechtsprechung für Behauptungen, deren Unwahrheit nicht erwiesen ist, auf der Grundlage der nach Artikel 5 GG und 193 StGB (vgl. BVerfGE 12, 113, 125) vorzunehmenden Güterabwägung zugunsten desjenigen, der sie aufgestellt oder verbreitet hat, den Rechtfertigungsgrund der Wahrnehmung berechtigter Interessen anerkannt, soweit der Verantwortliche bei der Aufstellung oder Verbreitung der Behauptungen hinreichend sorgfältige Recherchen über den Wahrheitsgehalt angestellt hat (vgl. BGH NJW 97, 1148, 1149). Dies trifft jedenfalls in Fällen zu, in denen es um eine die Öffentlichkeit wesentlich berührende Angelegenheit geht, insbesondere für Presse und Rundfunk, für deren Recherchen die sogenannten pressemäßigen Sorgfaltsanforderungen gelten.

Dabei dürfen allerdings „die Anforderungen nicht überspannt, insbesondere so bemessen werden, dass die Funktion der Meinungsfreiheit in Gefahr gerät"; dies ist insbesondere da zu beachten, wo über Angelegenheiten von erheblicher Bedeutung für die Allgemeinheit berichtet werden soll (BGHZ 132, 13, 24 m.w.N.). Kritische Werturteile in öffentlichkeitsrelevanten Fragen muss der Betroffene dagegen bis zur Grenze der sogenannten Schmähkritik hinnehmen. „Erst wenn bei einer Äußerung nicht mehr die Auseinandersetzung der Sache, sondern die Herabsetzung der Person im Vordergrund steht, hat die Äußerung, auch wenn sie eine die Öffentlichkeit wesentlich berührende Frage betrifft, als Schmähung regelmäßig hinter dem Persönlichkeitsschutz des Betroffenen zurückzutreten" (BGH NJW 1994, 124, 126).

Die Grundsätze der Güterabwägung gelten auch für Tatbestände des *Persönlichkeitsschutzes*. Das allgemeine Persönlichkeitsrecht ist als sonstiges Recht i.S. des § 823 BGB anerkannt (BGHZ 13, 334, 338; 24, 72, 78; BVerfGE 35, 202 ff. BVerfG NJW 2000, 1021 ff.). Verletzungshandlung ist nicht nur die unbefugte Darstellung richtiger Tatsachen aus der Privatsphäre (BGH NJW 1999, 2853) oder die Abbildung einer Person durch Dritte (BVerfG NJW 2000, 1021 ff.), sondern die Darstellung fiktiver Sachverhalte (BGH NJW 1995, 861 ff.; BGHZ 50, 133 ff.). Das verfassungsrechtlich in Artikel 1, 2 Abs. 1 GG verwurzelte allgemeine Persönlichkeitsrecht zieht der Meinungs- und Pressefreiheit Schranken. Im Konfliktsfall sind beide Rechtsgüter gegeneinander abzuwägen (vgl. BGH NJW 1999, 2893). Dabei sind auf seiten des Verletzten Art und Schwere des Eingriffs, auf seiten des Verletzers Mittel und Zweck des Eingriffs in Beziehung zu setzen. Im Blickfeld der Öffentlichkeit stehende Personen müssen im Rahmen eines echten Informationsinteresses der Allgemeinheit Einschränkungen ihrer Privatsphäre, z.B. auch ihres Rechts am eigenen Bilde (§§ 22, 23 KUG, dazu BGHZ 20, 345, 349; 24, 200, 208; NJW 1996, 985, 986 BVerfG NJW 2000, 1021 ff., 1023 ff.) hinnehmen, soweit, wie bei Abbildung von im öffentlichen Leben stehende Personen nicht illegal in die Privatsphäre eingedrungen wurde (vgl. dazu BVerfG NJW 2000, 1021, 1023 ff.). Die Grenzen des Zulässigen werden überschritten, wenn im Vordergrund nicht der Informationszweck (vgl. OLG Hamburg NJW 1996, 1151), sondern die Auflagensteigerung durch Sensationsberichte oder fiktive Darstellungen steht. Das

Ausmaß der Persönlichkeitsverletzung bestimmt nicht nur die Rechtswidrigkeit, sondern auch die Art der Sanktionen, wie den Widerruf auf der Titelseite, eine präventiv wirkende Höhe des Schmerzensgeldes (BGHZ 128, 1 ff = NJW 1995, 861, 864).

Im Spannungsfeld zwischen privatem Rechtgüterschutz, Meinungs- und Pressefreiheit steht schließlich auch der Schutz des *Unternehmens*. Das sogenannte Recht am eingerichteten und ausgeübten Gewerbebetrieb ist ebenfalls als sonstiges Recht im Sinne des § 823 BGB anerkannt, die Rechtswidrigkeit des Eingriffs muss allerdings wegen der Vielfalt denkbarer Einwirkungen auf den Bestand eines Unternehmens und seine Betätigung auf dem Markt positiv festgestellt werden. Im Bereich der Informationsvermittler stellen, neben Boykottaufrufen vor allem Tatsachendarstellungen und Meinungsäußerungen über die Geschäftspolitik, über Produkte oder Dienstleistungen des betroffenen Unternehmens in Frage. Wahrheitsgemäße Berichterstattung über Gefahr oder Mängel von Produkten ist demnach nicht rechtswidrig, dagegen aber wahrheitswidrige Berichterstattung; für nicht erweislich wahre Behauptungen gilt, ähnlich wie für den zivilrechtlichen Ehrenschutz, das Presseprivileg (vgl. BGH NJW 1987, 22, 25; 96, 1131). Hat der Journalist die presserechtliche Sorgfalt bei den Recherchen gewahrt, entlastet dies. Kritische Meinungsäußerungen durch Medien über Unternehmen sind grundsätzlich durch Artikel 5 Abs. 1 GG gedeckt, ebenso Boykottaufrufe, soweit das Presseorgan damit nicht eigene wirtschaftliche Ziele verfolgt (BVerfG NJW 1983, 1180; BVerfGE 7, 198; 25, 256, 265). Grundsätzlich spricht die Vermutung für die Zulässigkeit der freien Rede (BVerfG NJW 1985, 787; 54, 129, 137; 66, 116, 150). Beiträge zu einem die Öffentlichkeit erheblich berührenden Thema genießen dabei im Rahmen der Abwägung einen erhöhten Schutz (BVerfG 54, 129, 139; 60, 234, 241). Ebenso kann das Informationsinteresse die Informationsbeschaffung gegen den Willen des Betroffenen rechtfertigen, wenn die Zweck-Mittel-Relation gewahrt ist (BGHZ 138, 311, 317, 318).

Im Bereich des wirtschaftlichen Meinungskampfes, in dem neben der Haftung aus §§ 823, 824 BGB eine Haftung aus Unterlassung oder Schadensersatz nach §§ 1, 14 UWG in Frage kommt, schränkt die Rechtsprechung die Berufung auf die Meinungs- und Pressefreiheit allerdings ein, da „niemand Richter in eigener Sache sein kann".

3.4.2. Anwendung auf die Tele- und Mediendienste

Wenig erörtert ist bislang, inwieweit die Privilegierung durch die Meinungs-, Presse- und Rundfunkfreiheit auch für die „neuen Dienste" gelten kann. Erwägenswert wäre, die Privilegierung nur Providern von Mediendiensten zuzugestehen, da diese definitionsgemäß an die Allgemeinheit gerichtete Informationen anbieten (§ 2 Abs. 1 MDStV) und durch redaktionelle Gestaltung diese Inhalte zur Meinungsbildung für die Allgemeinheit beitragen (§ 2 Abs. 2 Ziff. 2 und Abs. 4 Ziff. 3 MDStV), während Aufgabe der Teledienste die individuelle Kommunikation ist. Eine derartige Einschränkung wäre aber weder verfassungsrechtlich noch sachlich haltbar. Presse- und Rundfunkfreiheit beschränkt sich nicht auf die klassischen Herstellungsmethoden. Zwar mag die konkrete Einordnung der neuen Medien unter die Begriffe der Presse bzw. des Rundfunks umstritten sein. Der Sinn der verfassungsrechtlichen Privilegierung der Medien, Presse und Rundfunk liegt in ihrer Funktion, zur politischen Meinungsbildung beizutragen. Die Funktion der Medien- und Teledienste als Massenkommunikationsmittel dürfte unbestreitbar sein, da sie mit ihrem Potential über die traditionellen Medien zur unbegrenzten Verbreitung von Informationen jedweder Art zu jeder Zeit und zwischen unbegrenzt vielen Teilnehmern beitragen können (so richtig Spindler, Deliktsrechtliche Haftung im Internet, nationale und internationale Rechtsprobleme, ZUM 1996, 533, 539).

Ebenso wenig lässt die Rundfunk- und Pressefreiheit eine qualitative Unterscheidung nach der Bedeutung für die öffentliche Meinungsbildung zu; eine Beschränkung auf seriöse, einem anerkennenswerten Interesse dienende Produktion liefen am Ende auf eine Bewertung und Lenkung hinaus, die dem Wesen des Grundrechts widersprechen würde (BVerfGE 35, 202, 223).

Folglich gelten die von der Rechtsprechung entwickelten Maßstäbe für alle Inhalte, unabhängig ihres politischen, wirtschaftlichen alltagsrelevanten oder der Unterhaltung dienenden Informationsgehalts.

Eine Differenzierung zwischen Medien- und Telediensten bei der Haftungsprivilegierung ist deshalb abzulehnen. Die Bedeutung für die öffentliche Meinungsbildung kann allenfalls im Rahmen der Abwägung des Rechtsgüterschutzes mit der Meinungs- und Pressefreiheit relevant sein.

3.4.3. Urheberrechts-, Kennzeichenrechtsverletzungen und Wettbewerbsrechtsverstöße

Außerhalb der Äußerungsdelikte steht die Verantwortung der Onlineprovider über die Verletzung des geistigen Eigentums und wettbewerbsrechtlicher Verhaltenspflichten im Mittelpunkt des Interesses. Verletzungen des Urheber- und Kennzeichnungsrechts gehören dem sogenannten Erfolgsunrecht an. Jeder unbefugte Eingriff in Verwertungsrechte indiziert die Rechtswidrigkeit und löst Unterlassungs- und Beseitigungsansprüche, darüber hinaus bei Urheberrechtsverletzungen auch Ansprüche auf Vernichtung von Vervielfältigungsstücken aus; bei Vorsatz oder fahrlässigen Handlungen entstehen auch Schadensersatzansprüche (§§ 96, 97 UrhG, 14, 15 MarkenG). Diese Ansprüche richten sich bei Verletzungshandlungen von Angestellten auch gegen das Unternehmen. Als Verantwortlicher kommt wegen der erfolgsbezogenen Verursacherhaftung grundsätzlich jeder in Betracht, der den Verletzungstatbestand verwirklicht.

3.4.3.1. Unmittelbare Urheberrechtsverletzungen setzen zunächst das Bestehen eines urheberrechtlich geschützten Werkes, d. h. eines Werkes der Literatur, Musik, eines Bühnenwerks, eines Werks der bildenden Künste, eines Lichtbild-, Filmwerks, Darstellungen wissenschaftlicher oder technischer Art oder eines geschützten Computerprogramms voraus (§§ 2, 69a UrhG). Des weiteren kommen sogenannte verwandte Schutzrechte, wie der Leistungsschutz ausübender Künstler (§ 75 ff UrhG), der Hersteller von Tonträgern (§ 85 ff UrhG), der Sendeunternehmen (§ 87 ff UrhG), der Datenbankhersteller (§ 87a UrhG) und der Filmhersteller in Betracht. Weitere Voraussetzung ist der Eingriff in ein Verwertungsrecht des Urhebers (§§ 15 ff.) oder des Inhabers verwandter Schutzrechte, der nicht durch eine vertragliche Erlaubnis (Lizenz, §§ 31 ff UrhG) oder eine der gesetzlichen Schranken der §§ 45 bis 60 UrhG, insbesondere die Befugnis zur Vervielfältigung zum privaten oder sonstigen Gebrauch (§ 53 UrhG) legitimiert ist.

Im Kontext der Digitalisierung erhebt sich insbesondere die Frage, inwieweit das auf die Verwertungshandlungen in körperlicher Form (§ 15 Abs. 1 UrhG) und das Recht der öffentlichen Wiedergabe (§ 15 Abs. 2 UrhG) ausgerichtete geltende Urheberrecht neben den klassischen Printmedien und audiovisuellen Ton-/Bildträgern, neben dem öffentlichen Vortrag oder der öffentlichen Auf- und Vorführung sowie Sendung in audiovisueller Form digitale Verwertungshandlungen wie das Up- und Downloading zu erfassen vermag (Einzelheiten dazu Loewenheim, Urheberrecht in Loewenheim-Koch, Praxis des Online-Rechts, Weinheim 1998, Seite 269ff., 297ff.; Koch, Grundlagen des Urheberschutzes im Internet und in Online-Diensten, GRUR 1997, 417ff.).

Das Uploading einer digitalen Information wird von der überwiegenden Auffassung als ein Vervielfältigungsvorgang im Sinne des § 16 Abs. 1 UrhG angesehen, da es nach dieser Vorschrift nur auf die Vervielfältigung und nicht nur vorübergehende Speicherung auf einem Medium ankommt, nicht aber auf die Art der Vervielfältigung des Mediums (so explizit § 16 Abs. 1). Bestätigt wird diese Auffassung durch § 69c Ziff. 1 UrhG, der das Laden, Übertragen, Speichern eines Computerprogramms als mögliche Vervielfältigungshandlung definiert. Klärungsbedürftig ist aber, ob und unter welchen Voraussetzungen eine Vervielfältigungshandlung des Onlineproviders anzunehmen ist. Uneingeschränkt ist dies zu bejahen bei Speicherung auf dem Server des Inhalts- oder Hostserviceproviders. Aber auch der Zugangsprovider nimmt für den technischen Übertragungsvorgang eine Zwischenspeicherung vor.

Neben dem Vervielfältigungs- ist das Verbreitungsrecht (§ 17 UrhG) des Urhebers berührt. Dem Urheber steht die Befugnis zu, Original- oder Vervielfältigungsstücke der Öffentlichkeit anzubieten oder in Verkehr zu bringen (§ 17 Abs. 1 UrhG).

Voraussetzung ist aber die Verbreitung der digitalen Information auf einem Vervielfältigungsstück wie einer Diskette (ebenso Loewenheim, aaO, Seite 300). Die digitale Übertragung stellt demnach eine erneute Vervielfältigungs- aber keine Verbreitungshandlung dar (Loewenheim, aaO, m.w. N.F.n. 18).

Das Verbreitungsrecht umfasst nicht das Recht der Weiterveräußerung. Vielmehr ist mit dem rechtmäßigen Inverkehrbringen des

Vervielfältigungsstücks im Bereich der EU das Verbreitungsrecht erschöpft (§ 17 Abs. 2 UrhG). Der Käufer einer Diskette kann diese also weiterveräußern, aber nicht für eine Weiterveräußerung kopieren.

Wegen der Bindung an ein Vervielfältigungsstück bedeutet die digitale Übertragung keine Verbreitungshandlung. Ebenso wenig ist bei einer legalen digitalen Zuspielung urheberrechtlich geschützter Werke die Überspielung an Dritte vom Erschöpfungsgrundsatz (§ 17 Abs. 2 UrhG) erfasst.

Ein weiteres dem Urheber vorbehaltenes Recht ist das Recht der öffentlichen Vorführung eines Werkes der bildenden Künste, eines Lichtbildwerkes, eines Filmwerkes oder eines wissenschaftlichen Werkes durch technische Einrichtungen (§ 19 Abs. 3 UrhG). Offen ist, ob damit auch elektronische Übertragungen gemeint sind. Ein amerikanisches Gericht hat dies für den vergleichbaren Tatbestand bejaht (Playboy v. Frena, 839 F. Supp 1552, 1562, M.D. Fla. 1993, anders dagegen Religious Technology Center v. Netcom Online Communication Services, inc., 907 F. Supp 1361, N.D. Cal. 1995). Der Begriff der Öffentlichkeit ist dann erfüllt, wenn die Wiedergabe für einen nicht abgegrenzten Personenkreis gedacht ist (§ 15 Abs. 3 UrhG). Umstritten ist aber, ob der Begriff der Wiedergabe nicht das Element der gleichzeitigen Wahrnehmung voraussetzt. Verneint man dies, würden digitale Abrufdienste nicht unter § 19 Abs. 3 UrhG subsumierbar sein.

Nur mit erheblichen Schwierigkeiten ist die digitale Übertragung auch dem Senderecht zuzuordnen, das die Wiedergabe durch eine drahtlose Ton- oder Bildsendung voraussetzt (Loewenheim, aaO, Seite 304; F. Koch, aaO, Seite 428 ff.).

Im Gegensatz zum deutschen Urheberrecht haben der WCT (Artikel 8), der WPPT (Artikel 14) die Harmonisierungsrichtlinie der EU (Artikel 3) die öffentliche Wiedergabe von Originalen oder Vervielfältigungsstücken durch digitale Abrufbarkeit explizit dem Urheber vorbehalten. Die Frage ist, ob für deren Umsetzung das deutsche Urheberrechtsgesetz geändert werden muss. Der kasuistische Katalog der Verwertungsrechte scheint dies nahe zu legen, doch ist dieser exemplarisch gemeint. § 15 Abs. 2 UrhG schließt andere, bisher noch nicht bekannte Formen der öffentlichen Wiedergabe aus den dem Urheber vorbehaltenen Verwertungsrechten *nicht* aus (ebenso Loewenheim, aaO, Katzenberger, Elektronische Printmedien und Urheberrecht, Stuttgart, 1996, S. 42 ff., ferner Waldenberger, ZUM 1997, 176, 178). Im Rahmen vertrags- und richtlinienkonformer Auslegung kann § 15 UrhG auf die digitale Wiedergabe erweitert werden (so auch H. Schack, Urheberrecht, § 13 III 6, Rz. 415 ff.).

Ein die Verwertung gestattender urheberrechtlicher Privilegierungstatbestand steht dem Provider nicht zu Gebote. Eine Anwendung des § 49 UrhG auf elektronische Speicherung scheitert schon begrifflich daran, dass elektronische Pressespiegel nicht als Zeitungen und Informationsblätter bezeichnet werden können, außerdem ist der Kreis reproduzierbarer Informationen auf politische, wirtschaftliche oder religiöse Tagesfragen beschränkt. Eine Analogie ist wegen des Ausnahmecharakters nicht möglich (S. 61 Katzenberger, aaO). § 52 UrhG lässt zwar die öffentliche Wiedergabe erschienener Werke gegen Vergütung zu, aber nur wenn der Veranstalter keinen Erwerbszweck verfolgt und die Nutzer unentgeltlich zugelassen werden. Allerdings nimmt Artikel 5 Abs. 1 der Harmonisierungsrichtlinie vorübergehende Vervielfältigungen, die Teil eines technischen Verfahrens sind, um eine Nutzung eines urheberrechtlich geschützten Werks zu ermöglichen, von der Zustimmung des Urhebers aus. Diese Regelung ist explizit auch zum Schutze der Onlineprovider aufgenommen worden, muss aber auf den technischen Übertragungsvorgang (caching) beschränkt werden.

Eine tatbestandsmäßige Verletzungshandlung eines Onlineproviders ist deshalb immer nur dann rechtmäßig, wenn der Nutzer selbst zur Nutzung des Werkes befugt ist. Eine Unterstützung der Nutzung zum persönlichen Gebrauch ist gemäß § 53 Abs. 1 UrhG mit Ausnahme der Fotokopie nur bei unentgeltlichem Handeln zulässig. Eine Vervielfältigung zu Zwecken einer öffentlichen Wiedergabe ist stets untersagt (§ 53 Abs. 6).

§ 53 Abs. 2 UrhG betrifft Unterstützungshandlungen zum eigenen wissenschaftlichen oder sonstigen Gebrauch, aber nur für Teile geschützter Werke oder vergriffener Werke (§ 53 Abs. 2 Ziff. 1 und 4 i.V. mit Abs. 4).

Für Datenbankwerke, für die Aufnahme von Auf- und Vorführungen auf Bild- und Tonträger gelten weitere Einschränkungen (Abs. 5 und 7).

Damit scheidet eine Teilhabe der Online-Dienste am Nutzungsprivileg des § 53 UrhG praktisch aus. Onlineprovider müssen sich daher für Angebote urheberrechtlich geschützter Werke das Recht zur digitalen Speicherung und Übertragung durch ausschließliche oder nicht ausschließliche Lizenzen (§ 31 Abs. 1 und 2 bzw. Abs. 1 und 2 UrhG) einräumen lassen. Gleichzeitig ist bei einer Weiternutzung durch digitale Übertragung bei den Kunden der Onlineprovider eine Unterlizenzierung erforderlich, die der Zustimmung des Urhebers bedarf (§ 35 UrhG).

Der Urheber kann die Nutzung seines Werkes auch durch ein Angebot eines Lizenzvertrags an die Allgemeinheit genehmigen; dies ist z. B. anzunehmen, wenn das urheberrechtlich geschützte Werk auf Veranlassung des Urhebers auf einen Server geladen und die zur Bezahlung erforderliche Nutzungshandlung registriert (sogenannte Share-Ware) oder zur unentgeltlichen Nutzung zur Verfügung gestellt wird (sogenannte Free-Ware, Einzelheiten bei Lütje in: Hoeren-Sieber, Multimediarecht, 1999, VII.2, RdN. 15, 191). Free-Ware und Share-Ware stellen einfache Nutzungsrechte im Sinne des § 31 Abs. 1 und 2 dar. Der Urheber kann im Rahmen der Nutzungseinräumung die Nutzung zeitlich, räumlich und inhaltlich beschränken (§ 32 UrhG), bei unentgeltlicher Überlassung jederzeit beenden.

Unmittelbare Urheberrechtsverletzungen setzen aktives Handeln voraus. Im Internet werden, zumindest bei den Zugangsprovidern, Nutzungshandlungen in der Regel von den Nutzern ausgelöst. Neben den unmittelbar für die rechtswidrige Nutzungshandlung verantwortlichen Nutzern hat die Rechtsprechung aber auch mittelbar Beteiligte, wie Veranstalter von Musikaufführungen, Geräteaufsteller von Musikboxen, Hersteller bzw. Händler von Tonbandgeräten und Betreiber von Kopiergeräten als Störer zur Verantwortung gezogen und diese zur Unterlassung, im Fall der Tongerätehersteller zum Hinweis an die Käufer auf die Beachtung der Autorenrechte, im Fall von Kopierläden zu einem deutlich sichtbaren Hinweis auf die Verpflichtung der Kunden zur Beachtung fremder Urheberrechte verurteilt (BGH GRUR 1972, 141; BGHZ 42, 118; BGH GRUR 1984, 54; KG GRUR 1959, 150). Diese Rechtsprechung führt also zu einer sehr weitgehenden Mitverantwortlichkeit für fremde Urheberrechtsverletzungen, lässt aber bei der Konkretisierung der Verhaltenspflichten mittelbar Beteiligter und der Bestimmung des Ausmaßes notwendiger Abwehr- und Schutzvorkehrungen Differenzierungen erkennen. Soweit ein Veranstalter mögliche Urheberrechtsverletzungen nicht oder nur mit Schwierigkeiten feststellen kann, wird er von einer Mitverantwortung für Urheberrechtsverletzungen Dritter entlastet.

Die Grundsätze der urheberrechtlichen Störerhaftung gelten auch für *Informationsvermittler*. Der Verleger einer Zeitung oder Zeitschrift bzw. einer Rundfunkanstalt trägt deshalb eine Verantwortung als potentieller Störer, wenn in einem Artikel oder in einer Sendung urheberrechtlich geschützte Texte, Bilder oder Musikstücke unbefugt abgedruckt oder gesendet werden. Erst kürzlich hat der BGH die Verantwortung eines Zeitungsverlags für eine fremde Urheberrechte verletzende Werbeanzeige grundsätzlich bejaht, die Feststellung der Rechtswidrigkeit aber an die Verletzung von Prüfungspflichten gebunden. Um die tägliche Arbeit von Presseunternehmen nicht übermäßig zu erschweren, wird dabei aber keine umfassende Prüfungspflicht verlangt. Das Presseunternehmen soll vielmehr für die Veröffentlichung von Anzeigen nur im Falle grober, unschwer zu erkennender Verstöße haften (BGH MMR 1999, 280, 281).

Über den konkreten Sachverhalt der Verlegerverantwortlichkeit ist die Entscheidung nicht nur für die klassischen Medien, sondern auch für Onlineprovider von grundsätzlicher Bedeutung (so zutreffend Decker, Urteilsanmerkung MMR 1999, 282 ff.). Die Entscheidung schränkt die urheberrechtliche Störerhaftung explizit für alle diejenigen ein, die „nur durch Einsatz organisatorischer oder technischer Mittel an der von einem anderen vorgenommenen urheberrechtlichen Nutzungshandlung beteiligt waren". Diese müssen demgemäss, wenn sie „als Störer in Anspruch genommen werden", ausnahmsweise einwenden können, dass sie im konkreten Fall nicht gegen eine Pflicht zur Prüfung auf mögliche Rechtsverletzungen verstoßen haben. Sie müssen insbesondere auch geltend machen können, dass eine solche Prüfung nach den Umständen nicht oder nur eingeschränkt zumutbar war (BGH aaO, Seite 281).

3.4.3.2. Die Verletzung einer *Marke* oder eines *geschäftlichen Kennzeichens* setzt eine Verwendung im geschäftlichen Verkehr für identische oder ähnliche Produkte oder

Dienstleistung voraus (§§ 14, 15 MarkenG). Für mittelbare Verletzungshandlungen hat die Rechtsprechung eine auf § 1004 BGB geschützte Störerhaftung entwickelt, die unabhängig vom Handeln aus eigenem Antrieb oder auf Veranlassung jeden trifft, der an dem Inverkehrsetzen der Ware oder Dienstleistung mitwirkt. Art und Umfang des Tatbeitrags sind deshalb nicht für das Ob einer Haftung, sondern ähnlich wie bei mittelbaren Urheberrechtsverletzungen für das Wie, d. h. den Inhalt des Unterlassungsanspruchs von Bedeutung (BGH GRUR 1957, 352). Als Verantwortliche kommen deshalb gesetzliche Vertreter von Unternehmen, in denen Warenzeichenverletzungen begangen wurden (BGH GRUR 1986, 248, 250) oder Händler (BGH GRUR 1987, 520), mithin auch Medienunternehmen in Betracht. Auch hier ist aber eine Abkehr von einer „strict liability" der „mittelbaren Störer" Rechtsprechung erkennbar. In jüngeren Urteilen wird als Zurechnungskriterium für eine Störerhaftung die Möglichkeit des Eingreifens, die entweder die Kenntnis der Rechtsverletzung durch andere (so BGH GRUR 1986, 248, 250) oder die Verletzung einer Prüfungspflicht (BGH GRUR 1987, 520, 522) voraussetzt.

3.4.3.3. Besonders intensiv wurde die Rechtsprechung mit der wettbewerbsrechtlichen *Verantwortlichkeit* der Presse für Wettbewerbsverstöße Dritter konfrontiert. Bei diesen Fallgestaltungen geht es nicht um die wettbewerbsrechtliche Eigenhaftung der Medien für eigene Wettbewerbshandlungen, sondern ihre Verantwortung für fremde Wettbewerbsverstöße, an denen sie im Rahmen der inhaltlichen Berichterstattung oder Anzeigenwerbung beteiligt ist. Bei dieser Fallgestaltung fehlt es an dem für die Haftung für sittenwidrige Wettbewerbshandlungen (§ 1 UWG) oder für täuschende Angaben (§ 3 UWG) erforderlichem Handeln des in Anspruch genommenen Zwecken des Wettbewerbs, anders gewendet an der von einer subjektiven Absicht getragenen Förderung eigenen oder fremden Wettbewerbs (vgl. BGH GRUR 1990, 373, 374). Den „rechtsfreien Raum" für Mitwirkungshandlungen an fremden Wettbewerbsverstößen, im Regelfall Mitwirkungshandlungen der Medien hat die Rechtsprechung durch die sogenannte wettbewerbsrechtliche Störerhaftung geschlossen. Störer in diesem Sinne ist jeder, der „in irgendeiner Weise willentlich und adäquat kausal an der Herbeiführung einer wettbewerbswidrigen Beeinträchtigung mitgewirkt hat" (BGH GRUR 1988, 829, 830; GRUR 1990, 373, 374). Dabei kann als Mitwirkung auch die Unterstützung oder Ausnutzung der Handlung eines eigenverantwortlichen Dritten genügen, sofern der in Anspruch Genommene die rechtliche Möglichkeit der Verhinderung dieser Handlung hatte.

Das Haftungsprivileg der Presse (§ 13 Abs. 6 UWG) greift in der Mehrzahl der Fälle nicht ein. § 13 Abs. 6 UWG bezieht sich nur auf den Tatbestand der irreführenden Werbung nach § 3 UWG und schränkt die Schadensersatzpflicht des Verlegers und der Redakteure auf den Fall der Kenntnis der Unrichtigkeit ihrer Angaben, also vorsätzliche Irreführung ein. Der BGH hat eine entsprechende Anwendung des Presseprivilegs auf andere Tatbestände, insbesondere die Generalklausel des § 1 UWG unter Hinweis auf seinen Ausnahmecharakter abgelehnt (BGH GRUR 1990, 1012, 1014).

Gleichwohl trägt die Rechtsprechung auch bei der wettbewerbsrechtlichen Pressehaftung der verfassungsrechtlichen Aufgabe der Presse Rechnung. Sowohl im Rahmen der Rechtswidrigkeitsprüfung bei Unterlassungs- und Widerspruchsklagen, als auch bei der Verschuldensprüfung der Schadensersatzklagen verlangt sie die Verletzung einer Prüfungspflicht, die sich auch auf die wettbewerbsrechtliche Zulässigkeit von Anzeigeninhalten erstreckt.

Bei den Anforderungen an diese Prüfungspflicht wird berücksichtigt, dass die Presse unter Zeitdruck steht und eine umfassende Überprüfung sämtlicher Anzeigen auf Gesetzesverstöße die Arbeit der Presse unzumutbar erschweren würde. Die Prüfungspflicht muss sich aber zumindest auf grobe Verstöße erstrecken (BGH GRUR 1990, 1012, 1014).

Die Verletzung von Prüfungspflichten als Voraussetzung der Störerhaftung hat der BGH in seiner Entscheidung „Architektenwettbewerb" generalisiert. „Dem als Störer in Anspruch Genommenen muss ausnahmsweise der Einwand offen stehen, dass ihm im konkreten Fall eine Prüfungspflicht – etwa weil der Störungszustand für ihn nicht ohne weiteres erkennbar war – entweder überhaupt und/oder jedenfalls nur eingeschränkt zuzumuten sei." Diese Einschränkung der Prüfungspflicht auf Wettbewerbsverstöße bei der wettbewerbsrechtlichen Störerhaftung schließt der BGH eine bereits in früheren Entscheidungen angedeutete Entwicklung ab (so explizit BGH WRP 1997, 325, 328).

Wie die urheberrechtliche und kennzeichenrechtliche Störerhaftung ist die wettbewerbsrechtliche Verantwortlichkeit der klassischen Informationsvermittler also an die Verletzung von Prüfungspflichten gebunden, wobei der Umfang dieser Prüfungspflichten, ähnlich wie beim zivilrechtlichen Ehrenschutz, durch das Presseprivileg beschränkt ist. Schon im Hinblick auf die Generalisierung dieser Grundsätze ist ihre Anwendung auf die Haftung der Onlineprovider geboten (vgl. OLG München, MMR 1998, 539 ff mit Anmerkung Pichler).

3.4.4. Haftung für Falschinformationen und fehlerhafte Software

Im Unterschied zu den Äußerungsdelikten und der Verletzung des geistigen Eigentums knüpft bei der Haftung für Falschinformationen oder fehlerhafte Software die Verantwortung nicht an die *Mitteilung* der Inhalte, sondern die *Folgen* der Mitteilung an. Durch fehlerhafte Informationen über Produkte oder durch fehlerhafte Ratschläge können Rechtsgüter, wie das Leben, die Gesundheit oder das Eigentum, durch fehlerhafte Software das Eigentum, der Datenbestand oder der Betriebsablauf in einem Unternehmen betroffen sein.

Rechtsgrundlage dieser Haftung ist § 823 Abs. 1 BGB, der explizit Leben, Körper, Gesundheit, Eigentum als geschützte Rechtsgüter nennt, daneben das Produkthaftungs- und Produktsicherungsgesetz. Ferner kommen vertragliche Ansprüche in Frage, die allerdings nicht von § 5 TDG/MDStV erfasst und daher im folgenden nicht weiter behandelt werden.

Die deliktische Schadensersatzhaftung (§ 823 BGB) ist an die Voraussetzung des Verschuldens (Vorsatz oder Fahrlässigkeit) gebunden. Abweichend davon sieht das Produkthaftungsgesetz und Arzneimittelgesetz für Hersteller eine Gefährdungshaftung vor.

Angesichts der Beschränkung des Produktbegriffes auf bewegliche Sachen und Elektrizität (§ 2 PHG), angesichts der Haftungshöchstbeträge (§ 10 PHG) und der Beschränkung auf materielle Schäden gelten daneben die allgemeinen Grundsätze der Produzentenhaftung nach § 823 Abs. 1 BGB (vgl. § 15 Abs. 2 PHG) fort, die durch besondere Verkehrssicherungspflichten des Herstellers und Vertriebs und eine Beweislastumkehr zugunsten des Verbrauchers hinsichtlich des Verschuldens des Herstellers gekennzeichnet sind.

3.4.4.1. Haftung für fehlerhafte Information

Bei der Haftung des Verlegers eines medizinischen Buches für eine ärztliche Fehlbehandlung, die durch einen Druckfehler entstanden ist, hat der BGH eine allgemeine Verkehrssicherungspflicht des Verlegers abgelehnt und die grundsätzliche Verantwortlichkeit des Verfassers für den Inhalt und die Durchführung von Korrekturen betont, allerdings Ausnahmen für mathematische und technische Tabellen, baustatische Arbeitsanleitungen oder Anweisungen für die Dosierung gefährlicher Medikamente postuliert (BGH NJW 1970, 1963, 1964). Maßgeblich für die Verkehrssicherungspflicht ist dabei, ob aufgrund des Inhalts des Buches bei Fehlern eine besondere Gefährdung für Leben oder Gesundheit eintreten kann und ob eventuelle Fehler von der primären Zielgruppe der Publikation ohne weiteres erkannt werden können. Nur dann, wenn es sich um Informationen von besonderer Bedeutung für die Gesundheit handelt und Fehler nicht ohne weiteres erkannt werden können, sind zur Vermeidung von Fehlern besondere Vorkehrungen zu treffen.

Diese Erwägungen können auch auf elektronische Publikationen übertragen werden. Ebenso sind sie auf elektronische Inhaltsdienste anwendbar.

Wer entsprechende Informationen in seine Dienste einstellt, auch wenn sie aus dritter Quelle stammen, haftet, wie der Verleger eines Printmediums für den Inhalt (Spindler ZUM 1996, 533, 545).

Für mangelhafte Produktinformationen hat der BGH jedenfalls dann, wenn erhebliche Körper- oder Gesundheitsschäden durch eine Fehlanwendung des Produktes entstehen können, die Beweislast für fehlendes Verschulden dem Hersteller aufgebürdet, wenn entweder im Zeitpunkt des Inverkehrbringens das Produkt Anlass zu Warnungen oder Verwendungshinweisen bot oder dieser Anlass aufgrund neuerer Erkenntnisse eintritt (BGHZ 116, 60, 70; BGH NJW 1995, 1284, 1287; NJW 1992, 560, 562).

Im Rahmen des e-commerce (§ 2 Abs. 2 TDG) nimmt der Onlineprovider die Funktion eines *Händlers ein*. Die Gefahrabwendungspflichten des Herstellers treffen nach der Rechtsprechung des BGH einen Händler selbst dann nicht, wenn dieser „wie ein Hersteller" aufgetreten und das von ihm vertriebene Produkt mit einem seinem Namen entlehnten Markenzeichen in Verkehr gebracht hat. Allerdings trägt der Händler dann eine Produktbeobachtungspflicht, wenn er eine Alleinstellung im Vertrieb innehat oder sich mit dem Produkt durch Verwendung einer Handelsmarke in besonderer Weise identifiziert (BGH NJW 1994, 517, 519).

3.4.4.2. Haftung für Softwaremängel

Durch fehlerhafte Steuerungssoftware können erhebliche Gefahren für Leben und Gesundheit, aber auch Eigentumsschäden an Hardware oder Datenverlusten entstehen. Höchstrichterliche Entscheidungen zum Problemkreis einer außervertraglichen Haftung für Software stehen noch aus, die rechtswissenschaftliche Literatur behandelt ihn als Sonderfall der Produzentenhaftung (Hoeren/Pichler, in Löwenheim/Koch, Praxis des Onlinerechts, 1998, Rz. 9.5.3.3, Spindler in Hoeren-Sieber, Handbuch Multimediarecht, Nr. 29, Rz. 190ff.; Lehmann, NJW 1992, 1723).

Im Mittelpunkt der Diskussion steht die Frage, inwieweit Software als Produkt i.S. des § 2 PHG als bewegliche Sache oder Teil einer beweglichen Sache bezeichnet werden kann. Die überwiegende Auffassung bejaht dies, u.a. mit dem Hinweis, dass Software in CD-Form in jedem Fall eine Sache darstellt, des weiteren, dass, wie das Beispiel der Elektrizität in § 2 PHG zeigt, nicht die *Körperlichkeit*, sondern die *Gefährlichkeit* des Produktes die verschuldensunabhängige Haftung des Herstellers rechtfertigt. Zudem behandelt die Rechtsprechung im Rahmen der vertraglichen Softwarehaftung Software als Sache i.S. des Gewährleistungsrechts (vgl. Lehmann NJW 1992, 1721, 1723; BGH NJW 1990, 1290), datenträgergebundene Software als Ware im Sinne des § 3 MarkenG.

Der Produktbegriff des Gesetzes beschränkt sich im übrigen nicht auf industriell gefertigte Standard- und Serienprodukte, sondern erfasst prinzipiell auch Individualsoftware, sofern diese zu gewerblichen Zwecken erstellt und vertrieben wird.

Die Anwendung der Grundsätze der verschuldensabhängigen deliktischen Produkt- und Produzentenhaftung gemäß § 823 BGB steht außer Streit. Die Beweislastumkehr und Beweiserleichterungen im Zusammenhang mit der Schadensverursachung gelten auch für die Haftung für fehlerhafte Software (vgl. Lehmann aaO, Seite 1722 m.w.N.). Die Haftung nach dem PHG und die deliktische Produzentenhaftung decken Personenschäden, die Gefährdungshaftung allerdings nur materielle Schäden bis zu einem Haftungshöchstbetrag, der sich bei mehreren Geschädigten relativ verringert (§ 10 PHG). Die deliktische Produzentenhaftung behält deshalb für weitergehende materielle und immaterielle Schäden Bedeutung.

Ein schwieriges Problem stellt die Abgrenzung ersatzfähiger Sachschäden dar. Nicht von der außervertraglichen, sondern nur von der vertraglichen Haftung gedeckt sind Sachschäden, die am fehlerhaften Produkt selbst entstehen (§ 1 Abs. 1 PHG) oder an Teilen eines vertragsgegenständlichen Systems, dagegen greift die Produzentenhaftung ein, wenn ein Teildefekt geeignet ist, das Gesamtsystem zu beschränken oder zu zerstören (vgl. dazu Lehmann aaO, Seite 1724 m.w.N.).

Als nur vertragliche ersatzfähige Vermögensschäden und nicht als Eigentumsschäden gelten ferner reine Funktionsstörungen. Allerdings hat der BGH als Eigentumsverletzung neben der Beschädigung der Sache eine nicht unerhebliche Beeinträchtigung der bestimmungsmäßigen Verwendung angesehen (BGH NJW 1994, 517, 518 m.w.N.). Eine Eigentumsverletzung liegt auch in der Löschung von Daten auf intakt gebliebenen Datenträgern (OLG Karlsruhe, NJW 1996, 200).

Die Produkthaftung trägt grundsätzlich der *Hersteller*. Ein Onlineprovider haftet deshalb für Softwaremängel nur, soweit er die Software selbst hergestellt hat. Für vertriebliche Aktivitäten im Rahmen von Dienstleistungsangeboten im interaktiven Zugriff (§ 2 Abs. 2 Ziff. 5 TDG) oder Verteildiensten (§ 2 Abs. 2 Ziff. 1 MDStV) haftet der Provider dagegen nur wie ein Händler, den § 4 PHG einem Hersteller nur bei Produktimporten außerhalb des EU-Raums oder nicht Feststellbarkeit des Herstellers gleichstellt. Im übrigen treffen den Provider die von der Rechtsprechung entwickelten Produktbeobachtungspflichten soweit der Provider nicht deutlich macht, dass es sich um fremde Software handelt oder er mit dem Softwareangebot eine Alleinvertriebsstellung hat. Gesteigerte Sorgfaltspflichten treffen den Provider dann, wenn ihm Zufalls- oder Verdachtsmomente hinsichtlich der Zuverlässigkeit der Software bekannt werden (vgl. BGH NJW 1980, 1219; NJW 1981, 2254).

Derart weitreichende Produktbeobachtungspflichten sind nur vertretbar, soweit der Provider die entsprechenden Produkte entgeltlich oder im Rahmen entgeltlicher Teledienstleistungen anbietet. Wer Software im Rahmen technischer Dienstleistungen kostenlos anbietet, kann nur in Anspruch genommen werden, wenn er das Angebot trotz Kenntnis der Mängel anbietet oder im Einzelfall gebotene Tests unterlässt. Im Regelfall ist einer Nutzung solcher Software ohne Benutzung eines Anti-Viren-Programms ein Mitverschulden des Nutzers anzunehmen (Spindler, aaO, Rdnr. 195 ff., 206).

3.4.5. Zusammenfassung

Die zivilrechtliche Verantwortlichkeit des Inhaltproviders gemäß § 5 Abs. 1 TDG/MDStV ist im Spiegel der Judikatur zur Haftung der Anbieter von print- und audiovisuellen Medien zu sehen. Dies gilt sowohl für die Konkretisierung der Verantwortlichkeit für eigene Inhalte, die sie zur Benutzung bereithalten (§ 5 Abs. 1 TDG), als auch für die Voraussetzungen und Rechtsfolgen zur Verantwortlichkeit.

Im Rahmen der sogenannten Äußerungsdelikte knüpft die Verantwortlichkeit nicht nur an die Urheberschaft, sondern an die *Verbreitung* von Informationen an. Die Rechtsprechung schließt zwar eine Schadensersatzhaftung bei eindeutiger Distanzierung vom Inhalt aus, bei Unterlassungs- und Widerrufsklagen wirkt eine Distanzierung trotz erfolgter Verbreitung im Regelfall nicht entlastend. An einem Bereithalten eigener Informationen fehlt es nach der einschlägigen Judikatur nur dann, wenn sich der Provider auf die Rolle des reinen Informationsforums beschränkt.

Das für die Anbieter audiovisueller Medien geltende, auf Artikel 5 Abs. 1 GG (Meinungs-, Presse-, Rundfunkfreiheit) gründende Presseprivileg gilt auch für Inhaltsprovider. Maßgeblich ist die Unterscheidung von Tatsachenbehauptungen und Meinungen. Ehrverletzungen und Persönlichkeitsrechte beeinträchtigende Meinungsäußerungen sind bis zur Grenze der sogenannten Schmähkritik erlaubt. Eine Haftung für nicht erweislich wahre Tatsachenbehauptungen entfällt nur dann, wenn der Provider seinen Prüfungspflichten nachgekommen ist.

Für eigene urheberrechtliche, kennzeichenrechtliche und wettbewerbsrechtliche Verstöße haftet der Provider uneingeschränkt, für Verstöße Dritter, an denen er durch Verbreiten entsprechender Inhalte mitwirkt, nach den Grundsätzen der Störerhaftung nur dann, wenn er seinen Prüfungspflichten nicht nachgekommen ist.

Die Haftung für fehlerhafte Informationen oder fehlerhafte Software trägt der Provider in der Regel nur dann, wenn er selbst Urheber dieser Informationen oder Hersteller der Software ist. Anderenfalls haftet der Provider, wenn es sich um fehlerhafte Informationen handelt, von denen erhebliche Gefahren für Leben und Gesundheit potentieller Nutzer ausgehen und diese berechtigterweise auf diese Informationen vertrauen.

Für fehlerhafte, von Dritten erstellte Software, ist der Provider nur verantwortlich, wenn er sich selbst als Hersteller ausgibt oder eine Alleinvertriebsstellung wahrnimmt. Auch in diesem Fall beschränkt sich die Verantwortlichkeit aber auf eine Produktbeobachtungspflicht, bei unentgeltlich abgegebener Software auf die Pflicht zu einer Mitteilung bei bekannt gewordenen Zweifeln an der Zuverlässigkeit des Produktes.

3.5. Haftung für fremde Inhalte (§§ 5 Abs. 2 TDG/MDStV)

3.5.1. Eigene/fremde Inhalte

Während §§ 5 Abs. 1 TDG/MDStV auf die bestehende Rechtslage verweisen und diese damit unberührt lassen, stellt die Beschränkung der Haftung für *fremde* Inhalte (§ 5 Abs. 2) und der Haftungsausschluss nach § 5 Abs. 3 die Privilegierung der Diensteanbieter dar. Die Privilegierung des sogenannten Host-Providers rechtfertigt sich damit, dass dieser die fremden Inhalte nicht veranlasst hat, sondern sich auf die Bereitstellung eines Servers für Inhalte eines Dritten beschränkt (Amtliche Begründung, S. 20).

Die Haftung des Host-Service-Providers liegt in der Schnittstelle zwischen Begehungs- und Unterlassungsdelikt. Der Host-Service-Provider, der fremde rechtswidrige Inhalte bereithält, trägt zwar kausal zum Verletzungserfolg bei. Eigentlicher Zurechnungsgegenstand ist aber die Kontrollmöglichkeit des Gefahrenbereiches (ausführlich

Vassilaki, Strafrechtliche Verantwortlichkeit durch Einrichten und Aufrechterhalten von elektronischen Verweisen, CR 1999, 85 ff., 87 ff.). §§ 5 Abs. 2 TDG/MDStV legen mit dem Kriterium der Kenntnis und der Möglichkeit die Nutzung rechtswidriger Inhalte zu verhindern, niedrige Zumutbarkeitsgrenzen fest.

Voraussetzung für dieses Haftungsprivileg ist die rechtliche und wirtschaftliche Unabhängigkeit des Host-Providers und des für den Inhalt verantwortlichen Dritten. Stehen dagegen Host-Provider und Dritter in einem Konzernverbund (§ 18 AktG) und ist aufgrund der sich daraus ergebenden Einflussmöglichkeiten die Unabhängigkeit nicht gegeben, wenn der Host-Provider auf den Lieferanten der Information oder dieser auf den Host-Provider unternehmerischen Einfluss wahrnehmen kann. Gleiches gilt für sonstige wirtschaftliche Verflechtungen zwischen Host-Provider und Dritten, die zu einer Koordination unternehmerischer Entscheidungen führt.

Der Kreis der durch die Haftungsprivilegierung des § 5 Abs. 2 TDG/MDStV begünstigten Inhaltsprovider ist demnach wegen der notwendigen restriktiven Auslegung des Begriffes „fremde Inhalte" geringer als gemeinhin dargestellt, letztlich nur durch eine sorgfältige Analyse der Rechtsbeziehungen des Providers und seiner Angebote eingrenzbar. Im Sinne der Rechtsprechung ist nur derjenige Anbieter fremder Inhalte, der den Server des Diskussionsforums für Inhalte fremder Urheber bereithält. Deshalb muss die Feststellung, dass für die Mehrheit der neuartigen Akteure im Internet die Regeln über eine eingeschränkte und bedingte Mitverantwortlichkeit in § 5 Abs. 2 bis 4 TDG/MDStV einschlägig seien (so Freytag, ZUM 1999, 185, 191), auf Skepsis stoßen.

3.5.2. Bereithalten zur Nutzung – Zugangsvermittlung

Neben der Abgrenzung eigener und fremder Inhalte ist die Prüfung erforderlich, ob der Anbieter die fremden Inhalte zur Nutzung bereithält (§ 5 Abs. 2 TDG/MDStV) oder lediglich den Zugang zu ihnen vermittelt (§ 5 Abs. 3 TDG/MDStV). Begrifflich zwischen Bereithalten und Zugang zu unterscheiden, bereitet erhebliche Schwierigkeiten, weil das Bereithalten von Inhalten eine Form des Zugänglichmachens von Inhalten ist.

Da die Haftungsregelung nur für Teledienstleistungen und nicht für Telekommunikationsdienstleistungen, d.h. das gewerbliche Angebot des Aussendens, Übermittelns, Empfangens von Nachrichten jeder Art einschließlich des Angebots von Übertragungswegen (vgl. § 3 Ziff. 18 und 16 TKG) gilt, (§ 2 Abs. 4 Ziff. 1 TDG), reduziert sich die Abgrenzung auf die Form der Verbreitung von Inhalten.

Üblicherweise wird das sogenannte Host-Serviceproviding und das News-Hosting in § 5 Abs. 2, das Access-Providing in wörtlicher Übersetzung der Zugangsvermittlung zugeordnet. Entscheidend wäre demnach für die Einordnung in § 5 Abs. 2 TDG/MDStV die Speicherung auf eigenen Servern, während die Zugangsvermittlung die Herstellung des Netzzugangs und die Nutzung des Internets bedeutet. Angesichts der Zuordnung des Cachings, der automatischen und kurzfristigen Vorhaltung fremder Inhalte aufgrund einer Nutzeranfrage als Zugangsvermittlung (§ 5 Abs. 3 Satz 2 TDG/MDStV), bleiben aber Zweifel daran, die Grenzziehung nur nach dem Speicherort vorzunehmen. Maßgeblich für die Abgrenzung des Hosting von der reinen Durchleitung dürfte vielmehr sein, ob die Speicherung fremder Informationen auf dem Server des Providers über einen längeren Zeitraum mit Zutun des Providers, d.h. nicht ausschließlich vom Nutzer initiierter Übertragungsvorgänge beruht. Zugangsvermittlung beschränkt sich demgegenüber auf das Angebot der technischen Infrastruktur für die Datenkommunikation, ohne dass der Anbieter Einfluss auf Inhalte oder Zielgruppen der Datenkommunikation nimmt. Dies entspricht Artikel 12 der EU-Richtlinie, der präzise Abgrenzungskriterien der Durchleitung zum Hosting (Artikel 12, Artikel 14) liefert. Zunächst muss es sich um die Weiterleitung vom Nutzer veranlasster Informationen oder die Zugangsvermittlung zu einem Informationsnetz handeln. Des weiteren wird verlangt, dass die Übermittlung nicht vom Diensteanbieter veranlasst wurde und dieser weder die Adressaten der Newsgroup ausgewählt, noch die Information aufgrund eigener Entscheidung auf den Server genommen oder redaktionell verändert hat.

Dementsprechend sind Links (dazu unter 3.7.), moderierte E-Mail und Newsgroups dem Host-Providing, unmoderierte E-Mail-Groups der Zugangsvermittlung zuzuordnen.

Ebenso sind Suchmaschinen der Zugangsvermittlung (§§ 5 Abs. 3 TDG/MDStV) zuzuordnen (Sieber MMR Beilage 2/1999, 18, Spindler in Hoeren/Sieber, Multimediarecht, 1999, Nr. 29 Rz. 351.

Eim Network-Providing und Routing ist dagegen zweifelhaft, ob es sich überhaupt um Teledienst- oder um Telekommunikationsdienstleistungen handelt.

3.5.3. Kenntnis

Soweit der Inhalt des Angebots als Fremder zu werten ist, setzt die Haftung des Providers Kenntnis des Inhalts voraus. Die Gleichstellung von Kenntnis mit Vorsatz, anders gewendet die Annahme einer Modifikation der allgemeinen Verschuldenskriterien in der Amtlichen Begründung, ist durch die rechtswissenschaftliche Diskussion widerlegt (vgl. Freytag, ZUM 1999, 185, 192; ausführlich ders. in Haftung im Netz, 1999, 13. Kapitel A II; Spindler, NJW 1997, 9193, 9196; Pichler MMR 1998, 79, 87). Das Erfordernis der Kenntnis bezieht sich auf den *Inhalt* der Information, erst die Kenntnis des Inhalts löst die für die zivil- und strafrechtliche Rechtswidrigkeit entscheidenden Prüfungs- und Handlungspflichten des Providers aus. Das Kenntniserfordernis ist damit die konstitutive Voraussetzung nicht nur für verschuldensabhängige Schadensersatz-, sondern auch für verschuldensunabhängige Unterlassungsansprüche. Mit dem Erfordernis der Kenntnis von Inhalten sollen damit die Host-Provider von proaktiven Such- und Überprüfungspflichten entlastet werden (so explizit Gesetzesbegründung zu § 5 Abs. 2, aaO, Seite 20).

Anders als in Artikel 14 EU-Richtlinie bleibt in § 5 TDG/MDStV aber unklar, ob sich die Kenntnis des Providers nur auf den Inhalt oder auch auf dessen Rechtswidrigkeit beziehen soll. Ausgehend von dem Verständnis, dass Kenntnis des Inhalts Prüfungs- und Handlungspflichten auslöst, bezieht sich, in Übereinstimmung mit der EU-Richtlinie, Kenntnis auf die die Rechtswidrigkeit nahelegenden Tatsachen und Umstände (ebenso bei § 826 BGB, BGHZ 74, 281; bei § 819 BGB, BGH NJW 96, 2652). Anderenfalls würde derjenige privilegiert, der sich „rechtsblind" verhält.

In welcher Weise der Provider Kenntnis erlangt, ob durch eigene Recherchen, durch Nutzer, oder durch den Anspruchssteller, ist irrelevant. Die Mitteilung eines Dritten muss sich auf konkrete Inhalte beziehen, da nur unter dieser Voraussetzung der Anbieter seiner Prüfungspflicht nachkommen, die Zumutbarkeit der Sperrung prüfen und den Inhalt gegebenenfalls löschen kann (so richtig Spindler, NJW 1997, 9193, 9194).

In der Praxis wird ein Anspruchssteller diese Kenntnis des Anbieters dadurch nachweisen, dass er dem Anbieter selbst Kenntnis verschafft.

Im Rahmen arbeitsteiliger Organisation, dem Regelfall von Unternehmen allgemein, aber auch bei Providern, stellt sich die Frage, auf wessen Kenntnis es ankommt. Der Anbieter kann sich nicht entlasten, wenn maßgebliche Informationen zwar in seine Organisation, aber nicht an vertretungsberechtigte Personen gelangt sind. Soweit das Gesetz auf Kenntnis abstellt (§ 166 BGB), ist Wissensvertreter jeder, der in der Arbeitsorganisation des Unternehmens berufen ist, im Rechtsverkehr als dessen Repräsentant bestimmte Aufgaben in eigener Verantwortung zu erledigen und die dabei angefallenen Informationen zur Kenntnis zu nehmen sowie gegebenenfalls weiterzuleiten; eine ausdrückliche Bestellung zum wissens- oder gar rechtsgeschäftlichen Vertreter ist nicht erforderlich (BGHZ 132, 30 = NJW 1996, 1339, 1340). Diese Wissenszurechnung gründet im Schutz Dritter und daran geknüpfter Pflicht einer entsprechenden Organisation der unternehmensinternen Kommunikationsprozesse (BGH aaO, Seite 1341). Der Anbieter kann sich demnach nicht durch den Hinweis auf seine interne Aufbauorganisation entlasten, sondern hat die interne Weiterleitung empfangener Kenntnisse sicherzustellen.

Diese Grundsätze sind auf Informationsprozesse innerhalb von Konzernunternehmen anwendbar, soweit aufgrund bestehenden Einflusses eine entsprechende Steuerung zwischen Konzerngesellschaften möglich ist (Einzelheiten bei Spindler, NJW 1997, 3193, 3197 und CR 1998, 745 ff.).

Schließlich ist Voraussetzung einer Haftung des Anbieters fremder Inhalte, dass diesen die Verhinderung der Nutzung der fremden Inhalte technisch möglich und wirtschaftlich zumutbar ist (§ 5 Abs. 2 TDG/MDStV). Die Zumutbarkeitsklausel trägt der Tatsache Rechnung, dass Tele-/Mediendienste von Dritten dazu benutzt werden können, rechtswidrige Inhalte einzufügen. Sie soll gewährleisten, dass der Diensteanbieter nicht gezwungen wird, die Sperrung der Nutzung für ganze Dienstbereiche oder gar die Einstellung des gesamten Teledienstes vorzunehmen (Amtliche Begründung zu § 5

Abs. 2, aaO, Seite 20). Sie umfasst deshalb neben der technischen Möglichkeit der Löschung die Prüfung der wirtschaftlichen Verhältnismäßigkeit der erwarteten Maßnahmen. Wirtschaftliche Unzumutbarkeit ist aber nicht mit wirtschaftlicher Leistungsfähigkeit des Anbieters gleichzusetzen. Vielmehr ist die Beeinträchtigung des Anspruchsstellers dem Aufwand gegenüberzustellen, der erforderlich ist, um die Rechtswidrigkeit der vorgehaltenen Inhalte festzustellen und bei festgestellter Rechtswidrigkeit die Inhalte zu sperren oder zu löschen. Nur dann, wenn dieser Aufwand gegenüber der wirtschaftlichen Beeinträchtigung des Anspruchsstellers unverhältnismäßig ist, wird der Anbieter entlastet (ähnlich Spindler, NJW 1997, 9193, 9197; Freytag, ZUM 1999, 185, 191). Befürchtungen, die Zumutbarkeitsklausel liefere den Freibrief für Urheberrechtspiraterie (Schäfer/Rasch/Braun, ZUM 1998, 451) sind daher unbegründet (so Freytag, aaO, mit Hinweisen zur Rechtsprechung zur urheberrechtlichen Störerhaftung).

3.6. Zugangsvermittlung zu fremden Inhalten, §§ 5 Abs. 3 TDG/MDStV

Der Begriff der Zugangsvermittlung lässt sich in Abgrenzung zum Bereithalten fremder Inhalte übereinstimmend mit Artikel 12 der EU-Richtlinie als das Angebot der Weiterleitung von Informationen oder die Zugangsvermittlung zu einem Netz definieren. Der Zugangsvermittlung gleichgestellt ist die automatische und kurzfristige Speicherung auf Cache-Servern (§ 5 Abs. 3 Satz 2 TDG/MDStV). Die auf eine Telekommunikationsleistung beschränkte Funktion des Zugangproviders ist auch der Grund einer ständigen Haftungsbefreiung des Zugangsproviders (so Amtliche Begründung zu § 5 Abs. 3 TDG, aaO, Seite 20). Der Diensteanbieter, der fremde Dienste, ohne auf sie Einfluss nehmen zu können, zum abrufenden Nutzer durchleitet, soll nicht für diese Inhalte verantwortlich sein. Aus ähnlichen Erwägungen wird die Zwischenspeicherung auf Proxy-Cache-Servern freigestellt, bei denen die Speicherung automatisch auf Nutzerabruf erfolgt, ohne dass eine Steuerung durch den Diensteanbieter möglich ist. Die Einschränkung auf eine kurzzeitige Zwischenspeicherung trägt der notwendigen Abgrenzung zum Hostserviceprovider Rechnung.
Bereits während des Gesetzgebungsverfahrens wurde im Bundesrat die Befürchtung geäußert, dass die Haftungsfreistellung des Zugangsproviders in der Weise missbraucht werden kann, als in einem bewussten und gewollten Zusammenwirken eines inländischen Zugangs- und eines ausländischen Inhaltproviders rechtswidrige Inhalte ohne Haftungs- und Strafrisiko importiert werden könnten (Amtliche Begründung, Stellungnahme des Bundesrats, BT-Drucksache 13/7385, Seite 51).
Soweit dies innerhalb einer Konzernorganisation geschieht, lässt sich dem durch entsprechende Zurechnung des Handelns der Konzernspitze Rechnung tragen. Aber auch im Falle des bewussten und gewollten Zusammenwirkens sieht sowohl das Straf- wie das Zivilrecht eine wechselseitige Zurechnung der Tatbeiträge vor (§§ 25 Abs. 2 StGB, 830 BGB), so dass sich der Provider nicht entlasten kann.
Darüber hinaus stellt sich die Frage, ob das Haftungsprivileg des § 5 Abs. 3 TDG/MDStV nicht entfallen muss, wenn der Provider Kenntnis von rechtswidrigen Inhalten erhält und ihm eine Sperrung unzumutbar ist (vgl. Spindler, NJW 1997, 3193, 3198). Maßgeblich wird sein, inwieweit der Provider die technische und rechtliche Möglichkeit hat, den Inhalt zu sperren. Ist dies der Fall, entfällt der Grund einer Haftungsprivilegierung gegenüber dem Hostprovider. Diese Auslegung entspricht Artikel 13 der EU-Richtlinie für das Caching (vgl. Spindler, Verantwortlichkeit nach der e-commerce-Richtlinie, 1999, 199, 202).

3.7. Verantwortlichkeit für Links

Das Thema Verantwortlichkeit für Links auf fremde Inhalte nimmt innerhalb der einschlägigen Literatur, vor allem nach der Entscheidung des Landgerichts Hamburg, das einen Homepage-Inhaber für einen Link auf eine Satire über den Kläger auf Unterlassung verurteilt hat (NJW 1998, 3560 = CR 1998, 645, ähnlich LG Frankfurt, CR 1999, 45 ff.) immer mehr Raum ein (z. B. Bettinger/Freytag CR 1998, 545).
Mangels expliziter gesetzlicher Regelungen kann die Frage nur durch Zuordnung zu einem der Tatbestände der §§ 5 Abs. 1 bis 3 TDG/MDStV entschieden werden; die Lösungsvorschläge sind deshalb nachhaltig von deren Auslegung beeinflusst.
Die erste Weichenstellung erfolgt mit der Entscheidung, ob das Setzen eines Links eine Zugangsvermittlung nach § 5 Abs. 3 TDG/MDStV oder eine Bereitstellung fremder Inhalte ist. Unrichtig wäre es, allein aus

der Tatsache, dass der Inhalt erst durch Anklicken des Links durch den Nutzer sichtbar wird, eine technische Zugangsvermittlung des Linksetzenden abzuleiten und diesen damit von jeder Verantwortung für den Link freizuzeichnen. Anders als im Falle reiner Zugangsvermittlung wird der Zugang zum Inhalt nicht ausschließlich durch eine Nutzerhandlung, sondern über den, dem Providerinhalt beigefügten Link ausgelöst. Anders als der reine Zugangsvermittler, der definitionsgemäß weder den Inhaltsanbieter, noch den Nutzer auswählt, greift ein Hyperlink bestimmte Angebote und Inhalte aus dem gesamten Internet heraus und vermittelt dazu den Zugang.

Umgekehrt stößt die Zuordnung des Hyperlinks zu den Tatbeständen der Absätze 1 und 2 auf Schwierigkeiten, wenn der Begriff des Bereithaltens mit dem Begriff „Speicherung" gleichgesetzt wird, da die Informationen, auf die verwiesen wird, nicht beim Diensteanbieter gespeichert sein müssen.

Bedauerlicherweise hat auch die EU-Richtlinie die Chance verpasst, für Hyperlinks als eines der wesentlichen Kommunikationsinstrumente des Internet klare Konzeptionen zu entwickeln. Die begrifflichen Unschärfen und offenen Schnittstellen der §§ 5 TDG/MDStV lassen eine eindeutige Lösung nicht zu. Vielmehr wird das Ergebnis von einer Wertung im Einzelfall abhängig sein, für die lediglich gewisse Richtlinien entwickelt werden können.

Dabei ist aus den genannten Gründen die Annahme einer reinen Zugangsvermittlung abzulehnen, da der Verantwortliche mit dem Setzen eines Hyperlinks im Kontext eines bestimmten Diensteangebotes über die Funktion des Bereithaltens einer technischen Infrastruktur hinaus geht. Anderenfalls müsste die völlige Haftungsfreistellung des Zugangsproviders nach § 5 Abs. 3 TDG/MDStV bei Kenntnis vom Inhalt, auf den verwiesen wird, korrigiert werden. Dafür spricht auch, dass derjenige, der einen Link setzt, jederzeit die Möglichkeit hat, den Link wieder zu beseitigen.

Überzeugender erscheint es deshalb, das Unterhalten eines Links auf eine Stufe mit dem Bereithalten von Inhalten zur Nutzung zu stellen. Unter dem Gesichtspunkt der Verantwortlichkeit für geschaffene Risiken erscheint es irrelevant, ob Informationen auf eigenen Servern oder durch Links auf fremde Server vorgehalten werden. Bei näherer Analyse konzentriert sich die straf- und privatrechtliche Verantwortlichkeit für Links deshalb auf die Alternative einer Zuordnung zu § 5 Abs. 1 oder 2 TDG/MDStV (so richtig Bettinger/Freytag, CR 1998, 545, 550).

Damit ist auch bei Links zwischen durch Link verbreiteten eigenen oder fremden Inhalten zu unterscheiden. Das Setzen eines Links mag auf den ersten Blick als Bereithalten eigener Inhalte erscheinen, weil der Verweisende diesen willentlich in die Gestaltung seiner Webseite einbezieht und sich damit zu eigen macht. Ein derart weitgehendes Verständnis ließe allerdings keine Abgrenzung zum Bereithalten fremder Inhalte (§ 5 Abs. 2) mehr zu. Innerhalb der in § 5 Abs. 1 angesprochenen Haftungsregelung müsste dann gleichwohl zwischen der Verantwortung des Urhebers und Verbreiters der Information differenziert werden. Richtiger erscheint die Differenzierung aus dem Kontext vorzunehmen, in dem der Link steht. Integriert der Provider den mit dem Link vermittelten Inhalt erkennbar in den eigenen Text, hat er sich den fremden Text zu eigen gemacht.

Gleiches gilt, wenn aufgrund fehlender, nicht eindeutiger Distanzierung der Eindruck für Dritte entsteht, dass sich der Linkanbieter den fremden Inhalt zu eigen machen will.

Wer also nicht eindeutig seine rechtliche Verantwortung ausschließt, ist für den gelinkten Inhalt verantwortlich und zwar nicht nur für den ursprünglichen Inhalt, sondern auch für spätere Veränderungen. Der Provider muss in diesem Fall durch regelmäßige Überprüfung sicherstellen, dass die mit dem Link verknüpften Inhalte nach wie vor rechtmäßig sind.

Eine Strafbarkeit setzt aber mit Ausnahme der Verletzung jugendgefährdender Schriften Kenntnis und Billigung des Inhalts, eine Schadensersatzpflicht eben dies oder die fahrlässige Verkennung der Rechtsgutverletzung voraus. Unterlassungs- und Beseitigungsansprüche gegen den Provider müssen dagegen auch dann möglich sein, wenn der Provider einen nicht eindeutig als Fremdinhalt bezeichneten Inhalt nicht kennt. Eben diese Voraussetzung sah das Landgericht Hamburg als erfüllt an. Es bewegt sich damit auf der Linie der im Rahmen des § 5 Abs. 1 TDG/MDStV nach wie vor aktuellen presserechtlichen Rechtsprechung, ist aber dafür zu kritisieren, dass es das TDG nicht erwähnt.

Nur soweit sich der Provider auf ein reines Diskussionsforum beschränkt oder die Übernahme des fremden Inhalts als eigenen erkennbar ausschließt, trifft ihn die eingeschränkte Verantwortung des § 5 Abs. 2 TDG/MDStV. Die Kenntnis muss sowohl den Inhalt der gelinkten Seite als auch tatsächlicher Umstände umfassen, die die Rechtswidrigkeit begründen, nicht dagegen das Erkennen der Rechtswidrigkeit selbst.

Das Entfernen des Links ist im Regelfall mit geringem technischen Aufwand verbunden und daher zumutbar (§ 5 Abs. 2 TDG/MDStV).

Mit der Zuordnung der Hyperlinks zu §§ 5 Abs. 1 oder 2 TDG/MDStV lassen sich also interessengerechte, Einzelfallwertungen ermöglichende Lösungsansätze gewinnen. Bei nicht eindeutiger Distanzierung des Providers ist von einer Verantwortung gemäß § 5 Abs. 1 auszugehen. Innerhalb des § 5 Abs. 1 ist eine Differenzierung der an der Pressehaftung orientierten Prüfungspflichten bei eindeutiger Integration in den eigenen Text und nicht ausreichender Distanzierung möglich. In allen anderen Fällen ist der den Link Setzende bei Kenntnis und trotz technischer Möglichkeit und Zumutbarkeit unterbliebener Beseitigung rechtlich verantwortlich (§§ 5 Abs. 2 TDG/MDStV).

3.8. Verantwortlichkeit nach § 5 Abs. 4 TDG

§ 5 Abs. 4 TDG lässt Verpflichtungen zur Sperrung der Nutzung rechtwidriger Inhalte nach den allgemeinen Gesetzen unberührt, wenn der Diensteanbieter ohne Verletzung des Fernmeldegeheimnisses Kenntnis erlangt und ihm die Sperrung technisch möglich und zumutbar ist. Im MDStV findet die Vorschrift ihre Entsprechung in einer Ermächtigung der Aufsichtsbehörde, eine Sperrung anzuordnen (Artikel 8).

Auch die Auslegung dieses Abschnitts hat erhebliche Verwirrung gestiftet. Die Gesetzesbegründung stellt indes eindeutig klar, dass Abs. 4 nur die objektiven, d.h. keine Schuld voraussetzenden Verpflichtungen der Diensteanbieter zur Unterlassung von Rechtsgutsverletzungen betrifft, seien es gewerbe-, polizei- oder zivilrechtliche Unterlassungsverpflichtungen (BT-Drucksache 13/7385, Seite 21). Damit sind eindeutig strafrechtliche Sanktionen ausgeschlossen (so richtig Sieber, MMR, Beilage 2/1999, Seite 25). Zivilrechtliche Unterlassungs- und Beseitigungsansprüche fallen aber nach überwiegender Ansicht bereits unter die Absätze 1 bis 3 (näheres Spindler, K & R 1998, 177 ff.; Bettinger/Freytag, CR 1998, 545, 548).

Für die Zugangsvermittler wird damit im Bereich der sogenannten Störerhaftung die vollständige Haftungsprivilegierung des Abs. 3 aufgehoben, die nur noch Relevanz für die Strafbarkeit und die Schadensersatzhaftung der Zugangsprovider behält. Ob dies in der Absicht des Gesetzgebers lag, ist offen.

4. Verantwortlichkeit bei grenzüberschreitenden Sachverhalten

Das Internet ermöglicht den weltweiten Datenverkehr, grenzüberschreitende Sachverhalte sind daher die Regel. Damit stellt sich die Frage, inwieweit die Rechtsordnung dem Import rechtswidriger oder strafbarer Inhalte begegnen kann.

Im Bereich der EU stellt die e-commerce-Richtlinie mit Rahmenbedingungen für den elektronischen Handel und die Providerhaftung eine sektorale Rechtseinheit und gleiche Wettbewerbsbedingungen für den Datenverkehr im gemeinsamen Markt her. Eine weltweite Regelung ist angesichts unterschiedlicher Rechtskulturen und der Schwerfälligkeit der Rechtsvereinheitlichung durch internationale Abkommen nur in Spezialbereichen, wie dem geistigen Eigentum realistisch.

Das TDG und der MDStV haben angesichts der Vielfalt in Frage kommender zivilrechtlicher Haftungsnormen und Straftatbestände von eigenen kollisionsrechtlichen Regelungen abgesehen.

Ebenso ist die Zuständigkeit deutscher Gerichte für Internetdelikte nach den bestehenden Regeln des internationalen Verfahrensrechts zu entscheiden. Für die allgemeine zivilrechtliche Haftung gelten die auch für die örtliche Zuständigkeit maßgeblichen Regelungen der ZPO entsprechend, im EU-Bereich hat die europäische Gerichtsstandsvereinbarung (EUGVÜ) Vorrang. Neben dem Gerichtsstand des Wohnsitzes (§§ 13 ZPO, 2 EUGVÜ) bzw. des Sitzes der juristischen Person oder einer Niederlassung (§§ 21 ZPO, 53 EUGVÜ) im Inland besteht für extraterritoriale Deutsche als Gerichtsstand der letzte inländische Wohnsitz (§ 15 ZPO), bei vermögensrechtlichen Ansprüchen auch der Gerichtsstand des inländischen Vermögens (§ 23 ZPO), für Delikte der Gerichtsstand des Begehungsorts (§ 32 ZPO, Artikel 6, 16 EUGVÜ).

In Wettbewerbssachen entscheidet neben der gewerblichen Niederlassung des Beklagten dessen Wohnsitz oder gewerblicher Aufenthalt im Inland, im übrigen das Recht des Begehungsorts, d. h. bei Internetverstößen ist praktisch eine allgemeine Zuständigkeit im Inland gegeben (sogenannter fliegender Gerichtsstand, § 24 UWG, KG NJW 1997, 2321). Gleiches gilt für Pressedelikte und für die Verletzung von Markenrechten (KG NJW 1997, 3321; Spindler, ZUM 1996, 533, 562).

Im Bereich des gemeinsamen Marktes verdrängt das EWG Übereinkommen über die gerichtliche Zuständigkeit und die Vollstreckung gerichtlicher Entscheidungen das nationale Verfahrensrecht. Ähnlich wie § 32 ZPO erklärt Artikel 5 Nr. 3 EUGVÜ das Gericht des Tatorts für maßgeblich. Unter dem Begriff der unerlaubten Handlungen subsumiert die Gerichtspraxis neben den klassischen Delikten auch Wettbewerbsverstöße und Verletzungen von Immaterialgüterrechten (EUGH NJW 1988, 3088, 3089, enger BGHZ 98, 263, 274). Als Tatort ist nach einem Urteil des EUGH wahlweise neben dem Handlungsort der Ort zu verstehen, an dem sich der unmittelbare Schadenserfolg verwirklicht hat (EUGH NJW 1977, 493; BGHZ 98, 263, 275; Einzelheiten bei Kieteh, Internationale Tatortzuständigkeit bei unerlaubter Handlung, NJW 1994, 222 ff.). Für Pressedelikte entscheidet der Verbreitungsort, soweit der Betroffene dort bekannt ist (EUGH EuZW 1995, 248).

Im Strafrecht gilt der Gerichtsstand des Tatorts (§ 7 StPO), des Wohnsitzes oder Aufenthaltsortes (§ 8 StPO), der Ergreifensort (§ 10 StPO), bei Pressedelikten der Ort des Erscheinens (§ 7 Abs. 2 StPO).

Außerhalb vertragsrechtlicher Streitigkeiten ist die zivilrechtliche Providerhaftung dem Deliktsrecht zuzuordnen. Das Deliktsstatut (Artikel 40 EGBGB) erklärt das Tatortrecht (Handlungs-, Erfolgsort) für maßgeblich, bei gleichem Aufenthaltsort oder Sitzstaat juristischer Personen des Ersatzpflichtigen deren Recht. Milderes deutsches Haftungsrecht greift zwar nicht mehr generell, ist aber der Maßstab für eine Begrenzung der Haftung bei sonst anwendbarem ausländischem Recht, wenn dieses den Rahmen einer angemessenen Entschädigung übersteigt oder andere Zwecke (z. B. Strafzwecke) verfolgt (Artikel 40 Abs. 3 EGBGB).

Internetdelikte stellen klassische Distanzdelikte dar, bei denen sich Handlung und Erfolg nicht notwendig in dem gleichen Land ereignen (Einzelheiten vgl. Hoeren, in Hoeren/Sieber, Handbuch Multimediarecht, 7.10 Kollisionsrechtliche Anknüpfung in internationalen Datenbanken).

Damit kann alternativ das Recht des Handlungs- oder Erfolgsorts angewandt werden. Bei unterschiedlichem Schutzniveau entscheidet das für den Verletzten günstigere Recht (BGHZ 80, 199 = BGH NJW 81, 1606; NJW 64, 2012, Spindler, ZUM 1996, 533, 556 m.w.N.).

Bei Internetdelikten ist wegen der Vielzahl der Stationen des Datenflusses der Handlungsort nur schwer auszumachen, wegen der globalen Verbreitung ist bei persönlichkeits-, urheberrechts- und wettbewerbsrechtlichen Verletzungstatbeständen ebenfalls eine Vielfalt von Erfolgsorten betroffen.

Gleichwohl wäre es unangemessen, wegen der „Ubiquität" der Handlungserfolgsorte das Günstigkeitsprinzip entfallen zu lassen. Vom Schutzzweck des materiellen Rechts gesehen, ist bei einer Vielfalt denkbarer Handlungs- und Erfolgsorte ein Wahlrecht des Verletzten die sachadäquate Lösung.

Unabhängig von diesem Ansatz ergeben sich bei einer Vielzahl betroffener Rechtsordnungen erhebliche Probleme bei der Definition der für die Haftung maßgeblichen Verhaltenspflichten und der Bestimmung des Umfangs des Schadensersatzes bei persönlichkeits-, urheberrechts- und wettbewerbsrechtlichen Tatbeständen. Ebenso ist fraglich, ob bei einem Verstoß, bei dem auch deutsches Recht anwendbar ist, ein weltweit geltendes oder nur im Inland wirkendes Unterlassungs- und Beseitigungsverbot verhängt werden kann (unscharf KG NJW 1997, 3321).

Die Frage kann hier nicht vertieft werden (vgl. dazu aber Spindler, aaO, Seite 555 bis 560, m.w.N., Hoeren/Pichler in Löwenheim/Koch, Praxis des Onlinerechts, Nr. 9, Seite 381, 456 ff.).

Grenzüberschreitende *Wettbewerbsverstöße* sind nach dem Begehungsortprinzip, d. h. dem Ort, an dem wettbewerbsrechtliche Interessen der durch den Rechtsverstoß Betroffenen aufeinanderstoßen, zu beurteilen (vgl. beispielhaft BGH NJW 1998, 1227). Im

Internet können eine Vielzahl von Märkten betroffen sein, so dass sich hier ähnliche Anknüpfungsprobleme ergeben, wie bei den Äußerungsdelikten (vgl. Spindler, ZUM 1996, 533).

Für grenzüberschreitende *Urheberrechtsverstöße* ist nicht der Begehungsort maßgeblich, sondern das Schutzlandprinzip, d. h. das Recht des Staates, für dessen Gebiet der Schutz beansprucht wird. Dieses entscheidet über Voraussetzungen, Inhalt und Sanktionen des Urheberschutzes (vgl. BGH NJW 98, 1395 = BGHZ 136, 43 ff.; Schack, Urheber- und Urhebervertragsrecht, 1997, Randnummer 887 ff., Seite 375 ff.; ders. Internationale Urheber-, Marken- und Wettbewerbsverletzungen im Internet, MMR 2000, 59 ff.). Bei Satellitensendungen definiert der BGH das Sendeland als das für die urheberrechtliche Zulässigkeit von Ausstrahlungen relevante Land (BGH aaO). Angesichts der Schwierigkeiten, bei Inhalten im Internet das „Sendeland" zu bestimmen und angesichts der Möglichkeiten, in Länder mit niedrigem Schutzstandard auszuweichen, bedarf dieser Ansatz einer Revision zugunsten des Empfangslandprinzips. Zugleich wird die Notwendigkeit an einer internationalen Rechtsvereinheitlichung auf diesem Gebiet für die digitale Informationsgesellschaft deutlich.

Eine Sonderentwicklung bahnt sich im Bereich der EU mit der Anerkennung des Herkunftlandprinzips in der E-Commerce-Richtlinie (Art. 1 Abs. 3a, Art. 3 Abs. 2) an. Im außervertraglichen Bereich soll das Herkunftlandprinzip dann gelten, wenn das nach allgemeinen Grundsätzen anwendbare Recht zu einer Behinderung des Dienstes der Informationsgesellschaft (Art. 2) führt (vgl. Tettenborn, E-Commerce-Richtlinie, K & R 2000, 59 ff.).

Deutsches Strafrecht gilt neben dem Fall der Inlandbegehung (§ 3 StGB) nach dem Tatorts- (Handlungs- oder Erfolgsorts-) Prinzip (§ 9 Abs. 1 StGB), außerdem, soweit wichtige inländische Rechtsgüter (§ 5 StGB), internationale Rechtsgüter (§ 6 StGB), Deutsche im Ausland als Opfer oder Täter betroffen sind (§ 7 Abs. 2 StGB). Angesichts der Vielfalt der Anknüpfungspunkte ist von einem „Ubiquitätsprinzip" des Strafrechts im Internet die Rede (Hilgendorf, Überlegungen zur strafrechtlichen Interpretation des Ubiquitätsprinzips im Zeitalter des Internet, NJW 1997, Seite 1873 ff.; Breuer,

MMR 1998, Seite 141 ff.; Moritz, Strafbarkeit in Löwenheim/Koch, Praxis des Onlinerechts, 1998, Nr. 10, Seite 473 ff.).

5. Haftung der Onlinedienste im Rechtsvergleich

Eine eingehende rechtsvergleichende Analyse ist in diesem Rahmen unmöglich. Ähnlich wie im deutschen Recht knüpfen aber eine Reihe ausländischer Rechtsordnungen bei der Verantwortlichkeit der Internetprovider für Äußerungsdelikte dritter Personen an presserechtliche Haftungsmodelle bzw. allgemeine Strafbestimmungen an und modifizieren diese durch sachadäquate Einschränkungen der Verantwortlichkeit, wie das Kriterium der Verletzung zumutbarer Prüfungspflichten oder das Erfordernis der Kenntnis oder grob fahrlässigen Unkenntnis verbotener Inhalte (vgl. Sieber, Verantwortlichkeit von Internetprovidern im Rechtsvergleich, ZUM 1999, Seite 196 ff., Bortloff, Die Verantwortlichkeit von Onlinediensten, GRUR Int. 1997, Seite 387 ff.; Hein/Davies, Haftung für fremde Inhalte nach US-amerikanischem Recht, MMR 1998, 627). Soweit spezielle Verantwortlichkeitsregelungen für Provider geschaffen wurden, handelt es sich, ähnlich wie bei §§ 5 TDG/MDStV, um Haftungsprivilegierungen oder die Festlegung von Sorgfaltspflichten, sei es als allgemeine Querschnittsregelungen oder rechtsgebietsspezifische Normen (Sieber, aaO, Seite 201).

Letzteres gilt für den angloamerikanischen Rechtskreis.

Der von US-Supreme Court teilweise für verfassungswidrig erklärte Communication Decency-Act von 1996 (47 USC, § 223 lit. e vgl. dazu Reno v. American Civil Liberty Union 117 S. ct. 2329, 1997) befreit einen Access-Provider von seiner Verantwortlichkeit, wenn er lediglich den Zugang zu einem offenen Computernetz ermöglicht. Dies gilt nicht, soweit er mit den Urhebern rechtswidriger Inhalte zusammenarbeitet, wissentlich für rechtswidrige Inhalte wirbt oder mittelbar die inkriminierten Inhalte unter seiner Kontrolle stehen. 47 USC, § 230 lit. c schließt bei der Verbreitung fremder Inhalte für Host- und Access-Provider die durch die Judikatur entwickelte Verlegerhaftung für fremde Inhalte völlig aus. Eine zivilrechtliche Haftung ist ferner ausgeschlossen (Ziff. 2), wenn der Provider in gutem Glauben freiwillige Überwachungsmaßnahmen oder Zugriffsbeschränkungen gegen die Nutzung rechtswidrigen Materials ergreift. Der Communications Decency-Act beseitigt damit eine erhebliche Rechtsunsicherheit, die durch widersprechende Urteile zur Haftung der Internet-Provider entstanden war (verneinend Cubby, Inc. v. Compuserve, Inc, 776 F. Supp 135, S.D.N.Y. 1991, bejahend Stratton Oakmont, Inc. v. Prodigy Services, Nr. 31063-94, 1995 W.L. 323 710, N.Y. Sup. Lt. 1995).

Über den gesetzlichen Ausschluss der Haftung nach den Grundsätzen der Verlegerhaftung hinaus hat die Entscheidung Zeran (129 F 3 d, 327, 4 th Cir. 1997) auch eine Haftung des Providers bei Mitteilung von angeblich beleidigendem Inhalt ausgeschlossen (ähnlich Blumenthal v. Drudge 992 F. Supp 44 DCC 1998). Dies bedeutet im Ergebnis eine haftungsrechtliche Immunität der Online-Provider.

Eine gleichlautende Privilegierung gilt für die Strafbarkeit jugendgefährdender Inhalte (47 USC, § 231).

In ähnlicher Weise hat der Digital Millennium Copyright Act von 1999 Haftungsrisiken des Host-Service-Providers reduziert (Einzelheiten bei Rosenberg, Liability of Internet-Providers in the framework of the US Digital Millennium Copyright Act, KMR 1999, Seite 399 ff., Freytag, Digital Millennium Copyright Act und europäisches Urheberrecht für die Informationsgesellschaft, MMR 1999, Seite 204 ff.).

Das Gesetz bemüht sich insbesondere um eine Definition des Serviceproviders. Access- und Host-Service-Provider werden nach dem Kriterium der Einflussnahme auf den Inhalt klar geschieden (Sect. 512 K). Sect. 512a stellt in weitestem Umfang das Network-Providing, Routing und Access-Providing einschließlich notwendiger Zwischenspeicherung frei. Voraussetzung ist aber, dass die Übertragung nicht vom Anbieter veranlasst wird, es sich also um einen automatischen Übertragungsvorgang handelt und der Anbieter nicht den Empfänger des Materials bestimmt (Sect. 512a). Caching wird dem Access-Providing nur unter folgenden Voraussetzungen gleichgestellt:

Keine Veränderung der Information, Sperrung nach Kenntnis von der Rechtswidrigkeit und Sperrung am Ursprungsort (Sect. 512b).

Geringer privilegiert ist der Host-Service-Provider, der unter folgenden Voraussetzungen haftet:

a) Keine unmittelbaren finanziellen Vorteile aus der Tätigkeit des Nutzers.
b) Keine Kenntnis des Materials, noch Kenntnis von Tatsachen und Umständen, die die Rechtswidrigkeit nahelegt.
c) Unverzügliche Sperrung nach Kenntnis der Mitteilung.
d) Bestellung eines Verantwortlichen (Sect. 512c).

Schließlich behandelt das Gesetz auch die Suchmaschinen und Hyperlinks und stellt diese dem Host-Service-Provider gleich (Sect. 512d).

Von besonderer Bedeutung ist das sogenannte Notice- und Take-down-Verfahren, das bei einer näher definierten Information des Providers zu einem Verlust des Haftungsprivilegs führt (Sect. 512 lit. b Subs. 3).

Bildungseinrichtungen werden von Urheberrechtsverletzungen ihrer Mitglieder freigestellt, wenn sie von diesen gefertigtes Material in ihren Kursen nutzen oder die Nutzung empfiehlt und nicht bereits vorher wiederholt auf rechtswidriges Verhalten dieser Mitglieder hingewiesen wurden (Sect. 512 lit. e).

Die soeben verabschiedete EU-Richtlinie (ABl.EG L 178/1 ff.) weist weitgehende Parallelen mit dem amerikanischen Recht auf (näheres zur EU-Richtlinie bei Spindler, Verantwortlichkeit von Diensteanbietern nach dem Vorschlag einer E-Commerce-Richtlinie, MMR 1999, 199 ff.).

Anders als der umfassende Ansatz in §§ 5 TDG/MDStV enthält sie in Abschnitt 4 nur allgemeine Regelungen für den Zugangsvermittler (Artikel 12), das Caching (Artikel 13) und das Hosting (Artikel 14).

Diese Tatbestände werden dafür durch eindeutige Regelungen für die Fälle eingegrenzt, in denen der Provider aus seiner technischen Vermittlungsfunktion beim Access-Providing oder Caching heraustritt und der weitergehenden Verantwortung des Host-Service-Providers unterworfen ist. Ebenso sieht Artikel 14 für das Host-Service-Providing eine Beschränkung des Haftungsprivilegs vor, wenn der Host-Service-Provider die Kontrolle über den rechtswidrig handelnden Nutzer ausübt.

Das Haftungsprivileg des Host-Service-Providers ist ausgeschlossen oder endet, wenn der Provider Kenntnis von der Rechtswidrigkeit hat oder Umstände kennt oder erfährt, aus denen die Rechtswidrigkeit offensichtlich wird. Auch diese Regelung erscheint der unklaren Regelung des Begriffs der Kenntnis in § 5 Abs. 2 TDG/MDStV vorzugswürdig.

Lediglich für die Fälle der Suchmaschinen und Links fehlt eine eindeutige Regelung.

6. Zusammenfassung

Die Haftung der Onlinedienste ist demnach allenfalls in sektoralen Ansätzen auf dem Wege zu einem transnationalen Recht. Besondere Bedeutung gewinnt die europäische Rechtsangleichung, deren Notwendigkeit sich auf dem Felde des Onlinerechtes nicht nur auf die vertragsrechtlich garantierte Niederlassungsfreiheit (Artikel 52 ff EUV), sondern auch die Notwendigkeit eines einheitlichen Rechtsrahmens (Artikel 100 EUV) gründet.

Gleiches gilt für Bemühungen, das Urheberrecht im Rahmen des Welturheberrechtsabkommens, des TRIPS und der EU dem digitalen Zeitalter anzupassen.

Grenzüberschreitenden Sachverhalten begegnet das deutsche Recht mit Hilfe der Weiterentwicklung seines Kollisionsrechtes, die zu einem weitreichenden Geltungsanspruch des deutschen Rechts bei Betroffensein von Rechten und Rechtsgütern im Inland führt. Zugleich ergibt sich aus deutschem Kollisionsrecht aber eine im Einzelfall unüberschaubare Anwendung ausländischen Rechts, wenn die Verletzungshandlung im Ausland stattfindet.

Im Bereich der Haftung der Onlinedienste ist eine Konvergenz der Haftungsgrundsätze erkennbar. Sie läuft auf eine, nach der Möglichkeit der Einflussnahme auf die betroffenen Inhalte und ihre Kenntnis abgestufte Haftungsprivilegierung der Onlinedienste hinaus.

Die Regelung der §§ 5 TDG/MDStV lässt zahlreiche Abgrenzungsfragen zwischen der Definition des Inhalts- (Abs. 1) Host-Service- (Abs. 2) und Zugangsproviders (Abs. 3) offen und vermag „Grauzonenfälle" nicht eindeutig zu lösen. Nicht überzeugend ist die vollständige Haftungsfreistellung des Zugangsproviders und des Caching bei Kenntnis des Providers von rechtswidrigen Inhalten. Zu kritisieren ist auch, dass der Gesetzgeber den Begriff der Kenntnis als Ausschluss der Haftungsprivilegierung nicht klarer definiert hat. Die entsprechenden Ansätze im amerikanischen und EU-Recht sind in dieser Hinsicht überzeugender. Zu kritisieren ist ferner, dass der Gesetzgeber der Kenntnis nicht das Kennenmüssen evident rechtswidriger Inhalte gleichgestellt hat.

Die Umsetzung der EU-Richtlinie bietet aber Gelegenheit, diese Unzulänglichkeiten im System der Onlinehaftung im deutschen Recht zu korrigieren.

7. Literatur

Altenhain, Karsten, Die gebilligte Verbreitung missbilligter Inhalte – Auslegung und Kritik des § 5 Teledienstegesetz, AfP 1998, S. 457–464

Bechtold, Stefan, Multimedia und Urheberrecht – einige grundsätzliche Anmerkungen, GRUR 1998, S. 18–27

–, Der Schutz des Anbieters von Information – Urheberrecht und gewerblicher Rechtsschutz im Internet, ZUM 1997, S. 427–450

Bettinger, Torsten/Stefan Freytag, Privatrechtliche Verantwortlichkeit für Links, CR 1998, S. 545–556

Bleisteiner, Stephan, Rechtliche Verantwortlichkeit im Internet, Köln 1999

Bonin, Andreas von/Oliver Köster, Internet im Lichte neuer Gesetze, ZUM 1997, S. 821–829

Bortloff, Nils, Neue Urteile in Europa betreffend die Frage der Verantwortlichkeit von Online-Diensten, ZUM 1997, S. 167–175

–, Die Verantwortlichkeit von Online-Diensten, GRUR.Int. 1997, S. 387–401

Decker, Ute, Haftung für Urheberrechtsverletzungen im Internet – Anforderung an die Kenntnis des Host Providers, MMR 1999, S. 7–14

Dethloff, Nina, Marketing im Internet und internationales Wettbewerbsrecht, NJW 1998, S. 1596–1603

Eichler, Alexander, Anmerkung zu AG München, Urteil vom 28. Mai 1998, K&R 1998, S. 412–414

–/Sabine Helmers/Thorsten Schneider, Link(s) – Recht(s), Supplement zu BB Heft 18/1997, S. 23–26

Engel-Flechsig, Stefan, Das Informations- und Kommunikationsdienstegesetz des Bundes und der Mediendienstestaatsvertrag der Bundesländer, ZUM 1997, S. 231–239

–/Maennel, Frithjof A./Alexander Tettenborn, Das neue Informations- und Kommunikationsdienstegesetz, NJW 1997, S. 2981–2992

Engels, Stefan/Oliver Köster, Haftung für „werbende Links" in Online-Angeboten, MMR 1999, S. 522–525

Ernst, Stefan, Anmerkung zu LG Hamburg, Urteil vom 13. September 1999, CR 2000, S. 122f.

–, Internet und Recht, JuS 1997, S. 776–783

–, Rechtliche Fragen bei der Verwendung von Hyperlinks im Internet, NJW-CoR 1997, S. 224–228

Ertl, Gunther, Zivilrechtliche Haftung im Internet, CR 1998, S. 179–185

Flechsig, Norbert P., Haftung von Online-Diensteanbietern im Internet, AfP 1996, S. 333–346

–/Detlev Gabel, Strafrechtliche Verantwortlichkeit im Netz durch Einrichten und Vorhalten von Hyperlinks, CR 1998, S. 351–358

Freytag, Stefan, Digital Millennium Copyright Act und europäisches Urheberrecht für die Informationsgesellschaft, MMR 1999, S. 207–213

–, Haftung im Netz, München 1999

–, Urheberrechtliche Haftung im Netz, ZUM 1999, S. 185–195

Gounalakis, Georgios, Der Mediendienstestaatsvertrag der Länder, NJW 1997, S. 2993–3000

–/Lars Rhode, Das Informations- und Kommunikationsdienstegesetz, K&R 1998, S. 321–331

Haedicke, Maximilian, „Lex informatica" oder allgemeines Deliktsrecht?, CR 1999, S. 309–313

Heermann, Peter W., Urheberrechtliche Probleme bei der Nutzung von E-Mail, MMR 1999, S. 3–6

Hein, Werner J./Mark S. Davies, Haftung für fremde Inhalte im Internet nach US-amerikanischem Recht, MMR 1998, S. 627–630

Helle, Jürgen, Anmerkung zu BGH, Urteil vom 26. November 1996, JZ 1997, S. 786–791

Hilgendorf, Erik, Überlegungen zur strafrechtlichen Interpretation des Ubiquitätsprinzips im Zeitalter des Internet, NJW 1997, S. 1873–1878

Hoeren, Thomas, Internet und Recht – neue Paradigmen des Informationsrechts, NJW 1998, 2849–2854

–, Ist Felix Somm ein Krimineller?, NJW 1998, S. 2792–2793

–, Rechtsfragen des Internet, Köln 1998

–, Rechtsoasen im Internet, MMR 1998, S. 297–298

–, Vorschlag für eine EU-Richtlinie über E-Commerce, MMR 1999, S. 192–199

–/Ulrich Sieber, Handbuch Multimediarecht, Loseblatt, München 1999 (Stand: 1. Januar 1999)

Holznagel, Bernd, Multimedia zwischen Regulierung und Freiheit, ZUM 1999, S. 425–435

–/Ina Holznagel, Zukunft der Haftungsregeln für Internet-Provider, K&R 1999, S. 103–106

Koch, Alexander, Strafrechtliche Verantwortlichkeit beim Setzen von Hyperlinks auf missbilligte Inhalte, MMR 1999, S. 704–711

Koch, Frank A., Grundlagen des Urheberrechtsschutzes im Internet und in Online-Diensten, GRUR 1997, S. 417–430

–, Internet-Recht, München 1998

–, Zivilrechtliche Anbieterhaftung für Inhalte in Kommunikationsnetzen, CR 1997, S. 193–203

Kochinke, Clemens/Rüdiger Tröndle, Links, Frames und Meta-Tags, CR 1999, S. 190–197

Kühne, Hans-Heiner, Strafbarkeit der Zugangsvermittlung von pornographischen Informationen im Internet, NJW 1999, S. 188–190

Lackum, Jens von, Verantwortlichkeit der Betreiber von Suchmaschinen, MMR 1999, S. 697–704

Lehmann, Michael (Hrsg.), Rechtsgeschäfte und Verantwortlichkeit im Netz – der Richtlinienvorschlag der EU-Kommission, ZUM 1999, S. 180–184

–, Rechtsgeschäfte im Netz – Electronic Commerce, Stuttgart 1999

–, Unvereinbarkeit von § 5 Teledienstgesetz mit Völkerrecht und Europarecht, CR 1998, S. 232–234

Lewinski, Silke von, Der EG-Richtlinienvorschlag zum Urheberrecht und zu verwandten Schutzrechten in der Informationsgesellschaft, GRUR.Int. 1998, S. 637–642

Loewenheim, Ulrich/Frank A. Koch (Hrsg.), Praxis des Online-Rechts, Weinheim u. a. 1998

Maennel, Fritjof A., Elektronischer Geschäftsverkehr ohne Grenzen – der Richtlinienvorschlag der Europäischen Kommission, MMR 1999, S. 187–192

Mann, Roger, Zur äußerungsrechtlichen Verantwortlichkeit für Hyperlinks in Online-Angeboten, AfP 1998, S. 129–133

Martenczuk, Bernd, Die Haftung für Mediendienste zwischen Bundes- und Landesrecht, ZUM 1999, S. 104–112

Marwitz, Petra, Haftung für Hyperlinks, K&R 1998, S. 369–374

Moritz, Hans-Werner, Anmerkung zu AG München, Urteil vom 28. Mai 1998, CR 1998, S. 505–510

–, Anmerkung zu LG München, Urteil vom 17. November 1999, CR 2000, S. 119–121

Möschel, Wernhard/Stefan Bechtold, Copyright Management im Netz, MMR 1998, S. 571–577

Otto, Jan T., Urheberrechtliche Verantwortlichkeit von Internet-Service-Providern in den USA, K&R 1998, S. 487–490

Pankoke, Stefan L., Von der Presse- zur Providerhaftung, München 2000

Pappi, Urban, Verantwortlichkeit im Internet, ZUM 1999, S. 223–225

Pätzel, Claus, Anmerkung zu AG München, Urteil vom 28. Mai 1998, CR 1998, S. 625–628

Pelz, Christian, Die strafrechtliche Verantwortlichkeit von Internet-Providern, ZUM 1998, S. 530–534

Pichler, Rufus, Anmerkung zu OLG München, Beschluss vom 30. April 1998, MMR 1998, S. 540–543

–, Haftung des Host Providers für Persönlichkeitsrechtsverletzungen vor und nach dem TDG, MMR 1998, S. 79–88

Priem, Stephan L., Elektronische Lizenzierung urheberrechtlich geschützter Werke, MMR 1999, S. 256–261

Roßnagel, Alexander, Neues Recht für Multimediadienste, NVwZ 1998, S. 1–8

– (Hrsg), Recht der Multimediadienste, Loseblatt, München 1999 (Stand: 1. Januar 1999; zitiert: Roßnagel-Bearbeiter)

Schwarz, Mathias (Hrsg.), Recht im Internet, Loseblatt, Augsburg 1996ff., Stand: Februar 1999

–, Urheberrecht im Internet, in: Becker, Jürgen (Hrsg.): Rechtsprobleme internationaler Datennetze, S. 13ff.

Sieber, Ulrich, Anmerkung zu AG München, Urteil vom 28. Mai 1998, MMR 1998, S. 438–447

–, Kontrollmöglichkeiten zur Verhinderung rechtswidriger Inhalte in Computernetzen, CR 1997, S. 581–598 und 651–670

–, Strafrechtliche Verantwortlichkeit für den Datenverkehr in internationalen Computernetzen, JZ 1996, S. 429–442 und 494–507

–, Die Verantwortlichkeit von Internet-Providern im Rechtsvergleich, ZUM 1999, S. 196–213

–, Verantwortlichkeit im Internet, München 1999

Spindler, Gerald, Deliktsrechtliche Haftung im Internet – nationale und internationale Rechtsprobleme, ZUM 1996, S. 533–563

–, Dogmatische Strukturen der Verantwortlichkeit der Diensteanbieter nach TDG und MDStV, MMR 1998, S. 639–643

–, Die Haftung von Online-Diensteanbietern im Konzern, CR 1998, S. 745–757

–, Haftungsrechtliche Grundprobleme der neuen Medien, NJW 1997, S. 3193–3199

–, Störerhaftung im Internet, K&R 1998, S. 177–183

–, Verantwortlichkeit von Diensteanbietern nach dem Vorschlag einer E-Commerce-Richtlinie, MMR 1999, S. 199–207

–, Verschuldensabhängige Produkthaftung im Internet, MMR 1998, S. 23–29

–, Verschuldensunabhängige Produkthaftung im Internet, MMR 1998, S. 119–124

Tettenborn, Alexander, Die Evaluierung des IuKDG. Erfahrungen, Erkenntnisse und Schlussfolgerungen, MMR 1999, S. 516–522

–, E-Commerce-Richtlinie: Politische Einigung in Brüssel, K&R 2000, S. 159–163

–, Die neuen Informations- und Kommunikationsdienste im Kontext der Europäischen Union, EuZW 1997, 462–467

Vassilaki, Irini E., Strafrechtliche Verantwortlichkeit der Diensteanbieter nach dem TDG, MMR 1998, S. 630–637

–, Strafrechtliche Verantwortlichkeit durch Einrichten und Aufrechterhalten von elektronischen Verweisen (Hyperlinks), CR 1999, S. 85–93

Völker, Stefan/Nicolas Lührig, Abwehr unerwünschter Inline-Links, K&R 2000, S. 20–29

Waldenberger, Arthur, Teledienste, Mediendienste und die „Verantwortlichkeit" der Anbieter, MMR 1998, S. 124–129

–, Zur zivilrechtlichen Verantwortlichkeit für Urheberrechtsverletzungen im Internet, ZUM 1997, S. 176–188

8. Abkürzungsverzeichnis

ABIEG	Amtsblatt der Europäischen Gemeinschaften
Abs.	Absatz
a.F.	alte Fassung
AfP	Archiv für Presserecht
AG	Aktiengesellschaft, Amtsgericht
AktG	Aktiengesetz
Art.	Artikel
Az.	Aktenzeichen
BB	Betriebsberater
Bd.	Band
BGB	Bürgerliches Gesetzbuch
BGBl.	Bundesgesetzblatt
BGH	Bundesgerichtshof
BGHSt	Entscheidungen des BGH in Strafsachen
BGHZ	Entscheidungen des BGH in Zivilsachen
BT-Drucks.	Bundestagsdrucksachen
BVerfG	Bundesverfassungsgericht
BVerfGE	Entscheidungen des BVerfG
C.A.	U.S. Copyright Act
CR	Computer und Recht
ders.	derselbe
dies.	dieselbe(n)
DMCA	Digital Millennium Copyright Act of 1998
DuD	Datenschutz und Datensicherung
EG	Europäische Gemeinschaft
EGBGB	Einführungsgesetz zum Bürgerlichen Gesetzbuch
EUV	Vertrag zur Gründung der Europäischen Gemeinschaft
EuZW	Europäische Zeitschrift für Wirtschaftsrecht
F.	Federal Reporter
F. Supp.	Federal Supplement
FTP	File Transfer Protocol

GG	Grundgesetz	TDG	Teledienstegesetz
GRUR	Gewerblicher Rechtsschutz und Urheberrecht	TKG	Telekommunikationsgesetz
GRUR.Int.	Gewerblicher Rechtsschutz und Urheberrecht, Internationaler Teil	TRIPS	Übereinkommen über Handelsbezogene Aspekte der Rechte des geistigen Eigentums
GWB	Gesetz gegen Wettbewerbsbeschränkungen	UrhG	Urheberrechtsgesetz
IuKDG	Informations- und Kommunikationsdienstegesetz	UrhRL	Richtlinienvorschlag der EU-Kommission vom 10. 12. 1997 zur Harmonisierung bestimmter Aspekte des Urheberrechts und verwandter Schutzrechte (KOM (1997) 628 endg.), in der geänderten Fassung vom 21. 5. 1999 (KOM (1999) 250 endg.)
JuS	Juristische Schulung		
JZ	Juristenzeitung		
K&R	Kommunikation und Recht		
LG	Landgericht		
MarkenG	Markengesetz		
MDStV	Mediendienstestaatsvertrag	UWG	Gesetz gegen den unlauteren Wettbewerb
MMR	Multimedia und Recht	v.	versus
NJW	Neue Juristische Wochenschrift	VerlG	Verlagsgesetz
OLG	Oberlandesgericht	WCT	WIPO Copyright Treaty vom 20. 12. 1996
PHG	Produkthaftungsgesetz		
RStV	Rundfunkstaatsvertrag	WIPO	World Intellectual Property Organization
RG	Reichsgericht		
Rspr.	Rechtsprechung	WPPT	WIPO Performances and Phonograms Treaty vom 20. 12. 1996
Rz.	Randzeichen		
SCT	Supreme Court	WWW	World Wide Web
Sect.	Section	Ziff.	Ziffer
Stan.L.Rev.	Stanford Law Review	ZPO	Zivilprozessordnung
StGB	Strafgesetzbuch	ZUM	Zeitschrift für Urheber- und Medienrecht
StPO	Strafprozessordnung		
TDDSG	Teledienstedatenschutzgesetz		

Georg Sandberger, Tübingen
(Deutschland)

244. Neue Online-Dienste und Internet

1. Einleitung
2. Internet und Online-Dienste als Medium
3. Neue Online-Dienste und Mehrwert
4. Zum Begriffsfeld »Neue Online-Dienste«
5. Zur Typologie Internet-bezogener Online-Dienste
6. Zukunft der Online-Dienste im Internet
7. Literatur

1. Einleitung

Kernelement und Triebkraft der jüngeren Entwicklung technisch vermittelter Kommunikation ist das *Internet*, das in den letzten Jahren zum Leitsymbol einer zunehmend vernetzten und informationsbewussteren Gesellschaft geworden ist (vgl. Büllingen 1998, 34). Das dezentral organisierte Telekommunikationsnetzwerk hat sich während der neunziger Jahren zum ersten und wichtigsten Medium für die weltweite Übertragung digitaler Daten und Objekte entwickelt. Als Konglomerat aus einer Vielzahl eigenständiger von Universitäten, Regierungsorganen und kommerziellen Online-Dienstleistern betriebener Datennetze, über die Informationen nach einheitlichen technischen Standards paketvermittelt ausgetauscht werden können, verbindet das Internet zumeist über den Zugang Telefonleitungen immer mehr Computer von Datenanbietern (Server) über Knotenrechner (Router und Gateways) mit den Datenkonsumenten (Clients).

Auf der Basis dieser neuen Kommunikationsinfrastruktur konnte sich eine Vielzahl von Online-Diensten, netzvermittelten Dienstleistungen, elektronischen Produkten und innovativen Anwendungen etablieren. Dabei wurden herkömmliche Kommunikationsformen zum Teil mit digitalen Mitteln nur fortgeführt, zum anderen wurde das bestehende Medienangebot aber auch ergänzt und dynamisiert und der Medienmarkt durch völlig neue Formen und Elemente der Mediennutzung erweitert. In nur wenigen Jahren hat sich das Internet zu einer globalen und universellen Plattform für Kommunikation und elektronische Dienstleistungen herausgebildet, deren umfassende und intensive Nutzung das Kommunikationsverhalten im privaten Bereich, wie auch die Strukturen der gewerblichen, administrativen und der politischen Kommunikation nachhaltig verändert hat und weiter verändern wird.

2. Internet und Online-Dienste als Medium

Ausgangspunkt einer Medientheorie des Internet und seiner Dienste ist die Überlegung, dass herkömmliche Modelle interessegeleiteter Kommunikation, in denen Kategorien wie 'Sender' und 'Empfänger' unterschieden werden, im Falle der Internetnutzung weitgehend relativiert werden. Nicht wer sendet und wer empfängt ist im Internet von Bedeutung, sondern die Tatsache, dass sich verschiedene Kommunikationspartner in ihrer jeweiligen Rolle als Anbieter und Nutzer des Internet bedienen, um ihren jeweiligen Interessen gerecht zu werden (Vesper 1998, 124).

Fraglich ist allerdings, ob das Internet allein aufgrund seiner Übertragungsfunktion zwischen Kommunikationspartnern als ein neues Medium bezeichnet werden kann. Sind es doch eher die vielfältigen und unterschiedlichen Formen und Potenziale interaktiver Kommunikation, die auf der Basis des Internet eine Reihe neuer Medientypen und -nutzungen entstehen lassen. Genaugenommen stellt das Internet in seiner Eigenschaft als Datennetzwerk lediglich die infrastrukturelle Basis für eine Vielzahl unterschiedlicher Medienpräsentationen und -nutzungen bereit. Deshalb sehen Burkart/Hömberg (1998, 33) das Internet auch nicht ausschließlich als Medium der Massenkommunikation; sie interpretieren es eher als einen elektronisch mediatisierten Kommunikationsraum, der sowohl Prozesse der Individual-, der Gruppen-, als auch der Massenkommunikation in gleichem Maße unterstützt. Kubicek/Schmid (1996) definieren das Internet in seiner Bedeutung als technisch vermitteltes Interaktionssystem als Medium erster Ordnung, während sie alle auf dem Internet basierenden Anwendungen als Medien zweiter Ordnung einstufen, bei denen erst durch Kombination mehrerer Techniken und Funktionen ein »sinnhaftsozialer Kommunikations- oder Interaktionszusammenhang« entsteht (Kubicek/Schmid 1996, 20).

Die erst junge medientheoretische Auseinandersetzung mit dem Internet hat noch zu keinem Konsens in der Charakterisierung des neuen Medienphänomens geführt. Während Sennewald (1998) feststellt, dass das Internet zwar ein wechselseitiges Massen- und Individualmedium ist, aber in seinen publizistischen Merkmalen der Presse näher steht – „Anbieter von Inhalten können in periodischen Abständen für ein disperses Publikum aktuelle Informationen und Unterhaltung, die potentiell für jedermann zugänglich sind, verbreiten. Damit erfüllt das Internet die aus der Zeitungswissenschaft stammenden Kriterien für Massenmedien" (Sennewald 1998, 10) –, sieht z. B. Sandbothe (1997, 70) mit dem Internet und dem World Wide Web die Trennung zwischen audiovisuellen Medien und Print aufgehoben und die herkömmlichen Relationen neu definiert. Durch diese Eigenschaft der Überlagerung und Verschmelzung herkömmlicher Kommunikationstechniken aufgrund einheitlicher Digitalisierungs- und Übertragungsstandards erweist sich das Internet als Schlüsseltechnologie für *mediale Konvergenz*.

Das Internet ist somit eine Kommunikationsbasis neuen Typs, die sich von herkömmlichen Massen- oder Individualmedien in vielerlei Hinsicht grundlegend unterscheidet. In der medientheoretischen Diskussion werden dem Internet daher eine ganze Reihe von Attributen zugeordnet, die das neue kommunikationswissenschaftliche Phänomen erklären und charakterisieren sollen:

Interaktivität:
Das Internet unterstützt einen interaktiven Medienzugang und bietet damit dem aus seiner bloßen Rezipientenrolle befreiten Nutzer ein breites Potenzial an aktiven Kommunikations- und Dienstleistungsoptionen. Diese Interaktivität ist gekennzeichnet durch eine größere Komplexität der Aus-

wahlmöglichkeiten, durch die Fähigkeit des Mediums zu Reaktionen auf das Eingabeverhalten des Nutzers sowie durch neue Möglichkeiten der interpersonellen Kommunikation (vgl. Vesper 1998, 53).

Entlinearisierung:
Wie bei allen interaktiven Online-Angeboten sind die meisten Informationsinhalte, die über das Internet vermittelt werden, nicht-linear konzipiert, d.h. eine Rezeptionsabfolge ist nicht vorgegeben, sondern kann frei gewählt werden. Unter diesem Gesichtspunkt erscheinen speziell die auf nach dem WWW-Standard verbreiteten Internet-Angebote enger mit den Printmedien verwandt als mit denen des Rundfunks (vgl. Burkart/Hömberg 1998, 27; Bucher/Barth 1998, 517). Die Eigenschaft der Spatialität *(spatiality)* steht dabei für neuartige, alternative Wissenspräsentations- und Zugangsformen im Internet und kennzeichnet die Entlinearisierung dargebotener Information (vgl. Hermann/Weigel 1995, 141).

Multimedialität:
Die speziell für das Internet entwickelte Darstellungs- und Navigationstechnologie World Wide Web (WWW) ermöglicht es, unterschiedliche Medienformen zu kombinieren und integriert über einen Kanal zu transportieren. Technisch gesehen ist die Eigenschaft der Multimedialität bei der interaktiv nutzbaren Verbindung von mindestens einem digitalen kontinuierlichen Medium (Audio, Video, Softwareanimation) mit einem weiteren diskreten Medium (z.B. Text, Bild, Grafik) gegeben (Gabriel 1997, 216).

Hypermedialität:
Die ebenfalls im WWW realisierte Möglichkeit, informationelle Einheiten innerhalb der gesamten Netzwerkstruktur über assoziative oder etikettierte Verknüpfungen direkt miteinander zu verbinden (vgl. Kuhlen 1995, 427), lässt eine völlig neue Organisation von Informationsräumen entstehen. Die im WWW realisierte Integration von Hypertext- und Multimediaoptionen (Hypermedia) führt damit zu einer speziellen Vermaschungs-, Orientierungs- und Navigationsstruktur, die besondere Anforderungen an die Nutzer von Hypermediasystemen stellt.

Visuelle Begrenzung:
Andererseits unterliegt die Präsentation von online-vermittelten Inhalten spezifischen Grenzen, die in der räumlichen Beschränkung des Mediums Bildschirm begründet sind. So machen Bucher/Barth (1998, 517) darauf aufmerksam, dass der Nutzer von Internet-Angeboten nur einen relativ begrenzten Ausschnitt aus einem sehr großen Informationsangebot überblicken und auch intellektuell kontrollieren kann (»informationelle Kurzsichtigkeit«).

Synchronität/Asynchronität:
Die Kommunikation über das Internet und seine Dienste kann sowohl gleichzeitig (Internet phoning), zeitlich verschränkt (Chatten), als auch zeitlich versetzt (E-Mail) erfolgen. Diese Parallelität synchroner und asynchroner Zugangsformen (Döring 2000, 346) erstreckt sich auch auf Informationsangebote: Über das Internet lassen sich Life-Übertragungen (Web-Cams, Internet-Radio) ebenso vermitteln wie retrospektive Videoaufzeichnungen aus einem digitalen Archiv. Nicht nur gewinnen die Nutzer des Internet alles in allem größere Freiheiten an zeitlicher Autonomie, auch können die Anbieter bei der Aktualisierung von Inhalten freier disponieren, da sie nicht mehr an feste Produktions- oder Sendezeiten gebunden sind.

Globalität:
Als Online-Medium steht das Internet für ubiquitären Zugriff, allgegenwärtigen Zugang und grenzüberschreitende Portabilität (vgl. Coy 1997, 169). Globale Präsenz und Verfügbarkeit des Internet führen einerseits zu größerer Transparenz von Informationsdomänen und -märkten; andererseits ist jedoch zu befürchten, dass die durch das Internet bewirkte Neutralisierung von Raum- und Zeitdifferenzen in zunehmendem Ausmaß auch die Bedeutung von sozialer Präsenz und Nähe relativiert.

Beim Internet handelt es sich nach Büllingen (1998, 38ff) um einen hierarchiefreien Kommunikationsraum und ein Netz mit offener Zweckstruktur, über das alle Formen kommunikativen Austauschs sowie informationeller Dienste und Leistungen abgewickelt und angeboten werden können. Zum ersten Mal ist es sowohl privaten als auch kommerziellen Nutzern möglich, über eine einheitliche, universelle und interaktive Plattform eigene Daten in beliebigem Umfang digital zu generieren, zu speichern, kostengünstig global zu kommunizieren und zu verteilen. „Die bisher dominanten Kommunikationsprinzipien des 'one-to-one' und des 'one-to-many' werden erweitert durch das Prinzip des 'many-to many'. Jeder kann als Empfänger und zugleich als Sender fungieren" (Büllingen 1998, 39). Elektronische Veröffentlichungen, virtuelle Konferenzen und computervermittelte Diskussionszirkel beschleunigen den Wissenstransfer und ebnen Hierarchien ein (Gräf/Krajewski 1997, 9). Auf der anderen Seite trägt das Internet auch dazu bei, dass tradierte Werte und Begriffe wie geistiges Eigentum, Persönlichkeitsschutz oder informationelle Sicherheit und Selbstbestimmung relativiert werden oder eine grundlegende, aber gesellschaftlich nicht immer wünschenswerte Umdeutung erfahren.

3. Internet und informationeller Mehrwert

Telekommunikation, Informatik und Digitalisierung von Medieninhalten bilden die drei technologischen Säulen des Internet. Der Durchschnittsnutzer interessiert sich jedoch kaum für die technischen Aspekte des Datenaustauschs, sondern primär für die Möglichkeit, Nachrichten über das Netz zu versenden oder Informationen gezielt zu beschaffen. Auch in der Perspektive der Medien- und Informationswissenschaften erschließt sich das Internet kaum über dessen technische Netzwerkkapazitäten, sondern eher über das ihm eigene Potenzial, sowohl private Kommunikation, als auch kommerzielle Nutzanwendungen weltweit über einen Zusammenschluss von unterschiedlichsten Rechnern, Informationssystemen und den darauf aufsetzenden Online-Diensten zu ermöglichen. Mit dem elektronischen Austausch von Daten und Wissen begründet die Internet-Technologie einen spezifischen Mehrwert gegenüber den konventionellen Informationsmärkten. In der Kombination neuer Distributionsformen über ein weltweit verfügbares elektronisches Netzwerk mit dem Zusatznutzen durch innovative Online-Anwendungen eröffnet das Internet neue Kommunikations-, Präsentations- und Verkaufsmärkte (vgl. Kuhlen 1995, 425). Der Theorie informationeller Mehrwerte von Kuhlen (1995) folgend, lassen sich eine ganze Reihe von typischen Effekten angeben, die von dem Medien- und Dienstearsenal Internet ausgehen (vgl. Tab. 244.1):

Die als medienimmanent einzustufenden Mehrwerte der neuen Internetdienste zeigen sich allein schon in der Menge der über das Netz erreichbaren Informationsangebote, zu denen und zwischen denen man über das WWW besser und vor allem flexibler (wenn auch nicht immer präziser) navigieren kann, als in herkömmlichen Informationssystemen *(komperativer Mehrwert)*. Ein *inhärenter Mehrwert* liegt in der Unabhängigkeit der Nutzer von räumlichen und zeitlichen Restriktionen. Als *agglomerativer Mehrwert* von Internetangeboten ist die Zusammenführung unterschiedlicher, bislang nur getrennt nutzbarer Medientechnologien und -formen innerhalb ein und desselben Medienkontinuums anzusehen. *Integrative Mehrwerte* ergeben sich durch die Kombination verschiedenster Dienste innerhalb eines einzigen Internetangebots; so ist es z. B. möglich, in einem Vorgang anbieterübergreifend Produktvergleiche anzustellen, online Bestellungen auszulösen oder sich sogar ein Produkt individuell nach persönlichen Kriterien anpassen zu lassen.

Organisationsbezogene Mehrwerte der Internetnutzung entstehen insbesondere durch Beschleunigung, Intensivierung und Dezentralisierung von Kommunikations- und Informationsprozessen innerhalb einer Organisation *(organisatorischer Mehrwert)*, zwischen einer Organisation und ihren Marktpartnern *(strategischer Mehrwert)* und zwischen einer Organisation und den für sie entwicklungsrelevanten Informationsquellen *(innovativer Mehrwert)*. Diese Prozesse beeinflussen und verändern überkommene Strukturen der Wirtschaft, des Arbeitsmarktes und der Berufswelt nachhaltig *(makroökonomischer Mehrwert)*.

Wirkungsbezogene Mehrwerteffekte können sich bei einer konsequenten Nutzung der Plattform Internet aufgrund von *Effizienzvorteilen* (Arbeitsprozesse erfolgen schneller, direkter und kostengünstiger), *Effektivitätswirkungen* (Ziele werden schneller und besser erreicht) und *Flexibilisierungstendenzen* ergeben (Dynamisierung und Dezentralisierung von Arbeitsstrukturen). Nicht zuletzt sind es auch *ergonomische, kognitive und ästhetische Mehrwerte,* die über das Internet und die Online-Dienste vermittelt werden (vgl. Kuhlen 1995, 91). So können beispielsweise durch einen verstärkten Einsatz multimedialer Präsentationsformen besondere informationelle Mehrwerte erzeugt werden, indem die Anschaulichkeit, der Inhalt und die Nutzbarkeit von Angeboten deutlich verbessert, der Informationszugang für breitere Benutzergruppen erleichtert und die Akzeptanz des Umgangs mit elektronischen Medien generell erhöht wird.

Kuhlen (1995, 426) folgert, dass es für die Zukunft entscheidend sein wird, ob die auf der Basis von Online-Diensten entstehenden neuen Informtionsmärkte und Kommunikationsforen tatsächlich so deutliche Mehr-

Tab. 244.1: Mehrwert-Effekte Internet-basierter Online-Dienste (nach Kuhlen 1995, 90f)

1. Medienbezogene Mehrwerte durch Online-Dienste	
komparative Mehrwerte	Angebotsumfang, Navigationsmöglichkeit, Interaktivität
inhärente Mehrwerte	zeitliche, räumliche Nutzungsautonomie
agglomerative Mehrwerte	Multimedialität, Medienkonvergenz
integrative Mehrwerte	Kombination von Kommunikations-, Präsentations-, Informations- und Vertriebskomponenten
2. Organisationsbezogene Mehrwerte durch Online-Dienste	
organisatorische Mehrwerte	Neustrukturierung und Optimierung organisationsinterner und -übergreifender Information und Kommunikation
strategische Mehrwerte	Wettbewerbsvorteile durch internetgestütztes Marketing
innovative Mehrwerte	Anreize zu Produkt- und Dienstleistungsinnovationen durch verbesserten Kommunikations- und Informationszugang
makroökonomische Mehrwerte	nachhaltiger Strukturwandel in Wirtschaft und Berufswelt
3. Wirkungsbezogene Mehrwerte durch Online-Dienste	
Mehrwerte mit Effizienzwirkung	Informations- und Kommunikationsprozesse erfolgen schneller, kostengünstiger, leichter, ohne Medienbrüche
Mehrwerte mit Effektivitätswirkung	Kommunikations- und Informationsziele können vollständiger und besser erreicht werden
ästhetische-emotionale Mehrwerte	multimediale Präsentation von Inhalten trägt zur Nutzungszufriedenheit und -akzeptanz bei
Mehrwerte durch Flexibilität	die Internetnutzung dynamisiert individuelle und organisatorische Informations-, Kommunikations- und Arbeitsstile

werte gegenüber konventionellen Angeboten aufweisen, dass sie auch langfristig konkurrenzfähig bleiben können und Bestand haben.

4. Zum Begriffsfeld »Neue Online-Dienste«

Rechnet man zu den *herkömmlichen* Online-Diensten

(a) die Möglichkeit der Abfrage von bibliographischen, Volltext- und Faktendatenbanken über spezialisierte, hochfrequente Datennetze (Datex-P, Datex-L),
(b) im Bereich der privaten Nutzung den früheren Btx- oder Datex-J-Dienst (vgl. Kind 1997, 280, 296),

so ist allen *neuen* Online-Diensten und -Anwendungen gemein, dass sie – technisch und funktional – das Internet als Basis nutzen. Das Begriffsfeld »Neue Online-Dienste« wird in der Literatur relativ weit gesteckt, wobei sich drei ihrem Wesen nach sehr unterschiedliche Bedeutungsvarianten herauskristallisiert haben. Danach assoziiert man mit dem Begriff 'Neue Online-Dienste':

(1) im engeren Sinne: die EDV-Dienstleister, die einen Zugang zum Internet anbieten (Internet Service Provider);
(2) im weiteren Sinne: eine Familie technischer Software-Standards und -Protokolle zur Übertragung, Darstellung und Bearbeitung von Daten und Objekten im Internet (Internetdienste);
(3) im weitesten Sinne: alle netzvermittelten Anwendungen, Dienste und Leistungen, die für Internetnutzer einen Mehrwert darstellen (Netzanwendungen).

5. Zur Typologie Internet-bezogener Online-Dienste

Internetdienste und die Anwendungen im Internet sind also von den Online-Diensten im engeren Sinne zu unterscheiden. In der Regel werden solche Institutionen und Organisationen als *Online-Dienste* bezeichnet, die auf der Basis technisch definierter Übertragungsverfahren, den *Internetdiensten*, den Zugriff auf die funktionalen *Netzanwendungen* ermöglichen (vgl. Tab. 244.2).

Dabei konzentrieren sich die Institutionen und Unternehmen mit Provider-Funktion auf die Bereitstellung eines Internetzugangs, während proprietäre und netzautonome Online-Dienste auch eigene, vom Internet unabhängige Inhalts- und Leistungsangebote aufgebaut haben. Die für die Entwicklung und die Nutzung des Internet wichtigsten protokollbasierten Internetdienste, von denen nach Zimmer (1995, 477) inzwischen über 400 bekannt sind, sind in Abb. 244.2 zusammen mit den korrespondierenden Suchinstrumenten und Navigationsdiensten aufgelistet und beschrieben. In der Abteilung III »Netzanwendungen« ist dargestellt, welche Funktionen mit den einzelnen Anwendungen realisiert sind, welche Art von Daten dazu vorrangig übertragen werden, welche Kommunikationsrichtung und -dimension die einzelne Anwendung auszeichnet und ob die Dienste eine zeitgleiche oder zeitversetzte Kommunikation zulassen.

5.1. Online-Dienste

Bei den institutionellen Online-Diensten kann zwischen proprietären und Internet-bezogenen Diensteanbietern unterschieden werden. Die auf das Internet spezialisierten Online-Dienstleister übernehmen für ihre Klientel die technische Abwicklung des Internetzugangs. Proprietäre Dienste setzen hingegen nicht unmittelbar auf das Internet auf und verwenden unter Umständen eigene Softwarestandards zur Übertragung von Informations- und Dienstleistungsangeboten. Heute bieten jedoch alle proprietären Online-Dienste neben ihrer eigenen Dienstepalette zusätzlich ein Gateway zum Internet und damit zum World Wide Web an.

5.1.1. Internet Service Provider (ISP)

Ein Internet Service Provider (ISP) stellt den Zugang zum Internet her. Technisch gesehen sind ISP Anbieter von Einwählknoten, über die man per Modem oder ISDN-Karte eine Verbindung mit dem Internet herstellen kann. Darüber hinaus stellen vor allem die kommerziellen ISP zusätzliche Dienste wie die Bereitstellung von E-Mail-Postfächern oder die Reservierung von Speicherplatz für eigene Websites ihrer Kunden zur Verfügung. Internet Service Provider verstehen sich in erster Linie als technische Dienstleister, die in der Regel keine eigenen Inhalte produzieren oder verbreiten, sondern lediglich technisch-funktionale Leistungen übernehmen (vgl. Kreutz/ Gieseke 2001, 283f).

5.1.2. Proprietäre Online-Dienste

Kommerzielle Online-Dienste, bei denen die Teilnehmer eine spezielle Software benutzen müssen und deren Inanspruchnahme für einen geschlossenen Abonnentenkreis kostenpflichtig ist, werden als proprietäre (einem Eigentümer gehörende) Dienste bzw. als Consumer Online Services bezeichnet (vgl. Levison 1995). Diese Dienste sind nicht plattformübergreifend konzipiert, sie verfügen also über ein geschlossenes Netz und geben ihren Angeboten eine einheitliche Struktur (Steinhaus 1996, 15). Die proprietären Online-Dienste setzen auf eigene Software- und Performanz-Standards auf, die in einem abgeschlossenen, nur für vertraglich assoziierte Kunden zugänglichen Bereich gelten. Sie verfügen über diensteigene, unabhängige Datennetze, die von nur einem Zentralrechner gesteuert werden.

Proprietäre Online-Dienste gab es schon, bevor das Internet seine heutige Bedeutung erlangte (vgl. Zimmer 2000). Doch inzwischen ist die Attraktivität des Internet auch für die Nutzer der proprietären Dienste derart groß geworden, dass die bislang autonomen Online-Anbieter Übergänge zum Internet geschaffen haben (so ist America Online heute zum weltweit größten Internet-Provider geworden). Nach wie vor können die Abonnenten über den Internetzugang hinaus auch spezielle, redaktionell aufbereitete Informationsofferten (z.B. Nachrichten, Wetter, Magazine, Unterhaltung, Sport, Beruf) und Leistungsangebote (online Einkaufen, interaktive Spiele nutzen, Kontogeschäfte erledigen etc.) der Online-Dienste nutzen.

Zu den bekanntesten Online-Diensten zählt mit dem weltweit größten Kundenstamm America Online (AOL). Mittlerweile ist das Geschäft mit der im Internet erreichbaren AOL-Portalsite mindestens genauso wichtig wie das für die AOL-Kunden exklu-

Tab. 244.2: Typologie Internet-basierter Online-Dienste und -Anwendungen

I. Online-Dienste	= Dienstleister, die den Zugang zu Datennetzen anbieten
Internet Service Provider	bieten Zugang zum Internet sowie entsprechende technische Dienstleistungen
proprietäre Online-Dienste	bieten abonnierten Nutzern netzvermittelte Mehrwertdienste und über Portal-Sites Zugang ins Internet

II. Internetdienste		= übertragungstechn. Standards auf der Basis von Client-Server-Protokollen	
			Metainformationsdienste
Basisdienste	E-Mail	elektronische Postdienste	← Directories
	IRC	Echtzeit-Kommunikation	← Listenübersicht
	Usenet	Newsgroups, Bulletin Boards	← Directories
	File Transfer	Download von Dateien	← Archie
	Telnet	Zugriff auf externe Rechner	← OPAC-Zugriff
Navigationsdienste	World Wide Web (WWW)	Hypertext-basierte Organisation von Multimedia-Dateien	← Suchmaschinen, Webkataloge
	Gopher (veralt.)	menüorientierter Suchdienst	← Veronica
	WAIS (veralt.)	indexorientierter Suchdienst	← Directories

III. Netzanwendungen		= Nutzung der Datennetze f. Kommunikationsfunktionen und Mehrwertdienste		
Geschäfts- und Individualkommunikation				
Bezeichnung	Funktion	Art übertragener Daten	Richtung one/many/all	*Gleichzeitigkeit*
E-Mail	elektronische Post, elektronische Rundmail	Text (Bild, Ton, Video, Daten)	1→1 1→m	asynchron
Mailing List	Nachrichtenverteiler via Listserver	Text (Nachrichten)	m→m	asynchron
Newsgroup	elektronisches Diskussionsforum	Text (Meinungen)	m⇌m	asynchron
Web-Chat	Text-basierte Online-Unterhaltung	Text	1⇌1, m⇌m	synchron
Instant Messaging	simultane Internetkommunikation	Text	1⇌1	synchron
Internetfax, E-Fax	Internet-basiertes Telefaxen	Bild	1→1, 1→m	asynchron
Internet phoning	Internet-basiertes Telefonieren	Ton	1⇌1	synchron
Audio-Conferencing	Telefonkonferenz über Internet	Ton	m⇌m	synchron
Video-Chat, Video-Conferencing	Internet-basierte Bildtelefonie und Videokonferenz	Ton, Video	1⇌1 m⇌m	synchron
Electronic Data Interchange (EDI)	formulargestützter Austausch von Geschäftsdaten	Daten	1→1 1→m	asynchron
Application Sharing	gemeinsame Programmnutzung	Programme	m←1	synchron
Abruf- und Verteilkommunikation				
File Transfer	Dateiübertragung, Download	Dateien, Programme	1→∞ 1←m	asynchron
Online-Research	Datenbankabfrage	Daten, Metadaten	1→∞ 1←m	asynchron
E-Zine, eBook	elektronisches Publizieren	Text, Bild	1→∞ 1←m	asynchron
Newsletter	Informationssendungen via E-Mail	Text, Bild	m←1	asynchron

Internetradio	Internet-basierte Radiosendung	Ton	1→∞	1←m	synchron
Audio-on-Demand	Abruf von Audioproduktionen	Ton, Musik	1→∞	1←m	asynchron
Internetfernsehen	Internet-basierte Fernsehsendung	Ton, Video	1→∞	1←m	synchron
Video-on-Demand	Abruf von Videoproduktionen	Ton, Video	1→∞	1←m	asynchron
Orientierungshilfen					
Web-Katalog	Verzeichnis-basierter Suchdienst	Metadaten	1←∞		synchron
Suchmaschine	Roboter-basierter Suchdienst	Metadaten	1←∞		synchron
Internetportal	personalisierte Information, Kommunikation und Kollaboration	Datenmix	1← m / ∞		synchron
komplexe Mehrwertdienste					
Internet-Banking	online-basierte Kontoführung	Kontodaten	1⇆1		synchron
E-Commerce	elektronischer Handel, Online-Shopping	Bestelldaten, Informationen	1⇆1		synchron, asynchron
Online-Auktion	Auktionen per Internet	Angebots-, Preisdaten	m⇆1		synchron
E-Cash	Bezahlfunktionen im Internet	Personen-, Finanzdaten	1→1		synchron
E-Government	elektronische Verwaltung	verwaltungstechn. Daten	1⇆1		asynchron
Tele-Learning	netzvermitteltes Fernlernen	Text, Bild, Ton, Video	m⇆1		asynchron

siv vorgehaltene Content-Angebot. Ebenfalls international aktiv ist der Anbieter Compuserve, der inzwischen jedoch zur gleichen Mediengruppe wie AOL gehört.

In Deutschland verzeichnet T-Online, der Online-Dienst der Telekom, die meisten Mitglieder. T-Online ist aus dem klassischen, mehr als zwanzig Jahre alten Online-Dienst Bildschirmtext (Btx) hervorgegangen. Der proprietäre Bereich des Telekom-Dienstes, 'T-Online-Classic', bot schon sehr früh die Möglichkeit, online einzukaufen und die Kosten per Telefonrechnung zu bezahlen (Micropayment) oder die Option, Bankgeschäfte vom PC aus zu erledigen (home banking).

So wie das Micropayment-System heute eingestellt worden ist und durch eine auch im World Wide Web funktionierende Lösung mit kostenpflichtigen Telefonnummern ersetzt wurde, so kann man mittlerweile bei vielen Banken die Kontoführung auch über das Internet abwickeln. Aus diesen Gründen konzentriert sich T-Online heute vor allem auf seine Aktivitäten als Internet-Provider und auf die Pflege der eigenen Portal-Site. Der T-Online-eigene Btx-Nachfolger T-On-line-Classic wird (außer den Funktionen für Online-Banking) Ende 2001 ganz abgeschaltet, das Informationsangebot ist bereits eingestellt worden, andere Dienste sind auf HTML-Masken im Internet umgestellt worden.

5.2. Internetdienste

Als Internetdienste werden eine Reihe spezieller Übertragungsprotokolle und datentechnischer Standards bezeichnet, über die innerhalb des Netzverbundes bestimmte Kommunikationsfunktionen realisiert werden können. Sie lassen sich nach Schade (2000, 39) definieren als »eine bestimmte Ausprägung der Transportmöglichkeiten von Daten und Objekten«. Jede Anwendung des Internet basiert auf der Nutzung mindestens einer dieser technischen Dienste.

Kuhlen (1995, 434f) unterscheidet dabei kommunikative *Basisdienste*, die von der Internet-Software eines Client (Browser, E-Mail-Programm) bedient werden, von den *Navigationsdiensten*, mit deren Hilfe Informationsstrukturen in und Vernetzungen zwischen Datenbeständen realisiert werden können. Als dritte Gruppe der Internetdienste werden *Metainformationsdienste* genannt, die Ordnungsmerkmale in Internetbeständen erkennen und darstellen können und so den gezielten Zugriff auf die Basis- und Navigationsdienste sicherstellen.

5.2.1. Basisdienste

Die fünf grundlegenden standardisierten Internetbasisdienste mit einem eigenen Protokoll für die Informationsübertragung zwischen Server und Client sind
- E-Mail für alle Arten elektronischer Post,
- IRC für die Online-Kommunikation,
- FTP für den Dateientransfer,
- Fernzugriff auf Fremdsysteme über Telnet,
- Usenet als Dienst zur Abwicklung von Nachrichten- und Diskussionsforen (vgl. Kyas 1994, 88)

E-Mail gehört schon seit den Anfängen zum Dienstearsenal des Internet. Mit Hilfe des Simple Mail Transfer Protocol (SMTP) können Textdateien zu einer anderen E-Mail-Adresse übertragen werden. Mit Hilfe des MIME-Standards (Multiporpose Internet Mail Extension) werden versendeten Mail-Anhängen bestimmte Multimedia-Attribute wie Text, Image, Video, Audio usw. zugeordnet, damit der Empfänger-PC den Inhalt eines E-Mail-Attachment korrekt interpretieren kann. Mit elektronischer Post kann nicht nur innerhalb des Internet kommuniziert werden, sondern über Gateways werden auch Adressaten in anderen, auch kommerziell betriebenen Netzwerken erreicht (Maier/Wildberger 1994, 21).

Der Internetdienst *IRC* (Internet Relay Chat) wird dazu genutzt, innerhalb einer potenziell unbegrenzten Teilnehmerzahl eine gleichzeitige, direkte, aktive oder passive Life-Kommunikation herzustellen (Pape/Wendland 1997, 289). IRC dient der zeitlich synchronen Textkommunikation, bei der die eingegebenen Wörter zeitgleich auf dem Bildschirm eines anderen Nutzers erscheinen. IRC benutzt ein globales Serversystem, bei dem sich Internetnutzer anmelden müssen, um an der Chat-Kommunikation teilnehmen zu können.

FTP (File Transfer Protocol) ermöglicht das einfache Versenden von Dateien zwischen zwei Rechnern. Einerseits gewährleistet FTP die standardisierte Übertragung von Informationen zwischen verschiedenen Computern und Betriebssystemen, andererseits stellt es dem Benutzer Befehle zur Verfügung, mit denen sich alle Aufgaben im Zusammenhang mit der Dateiübertragung bearbeiten lassen.

Telnet-Protokolle bieten die Möglichkeit, über das Internet Ressourcen auf einem fremden Rechner zu nutzen. Telnet ist ein Internet-Protokoll, mit dem man sich auf andere ans Internet angeschlossene Computer zum Dialogbetrieb aufschalten, sie steuern und die dort befindlichen Daten abrufen kann (remote login). Mit Telnet bekommt man Zugang zu Online-Datenbanken z. B. von elektronischen Bibliothekskatalogen und bei Fachinformationszentren sowie zur Rechenkapazität von Computern, für die man allerdings eine eigene Zugangsberechtigung benötigt.

Usenet (Kurzform von User-Network) ist ein datentechnischer Zusammenschluss von Rechnern im Internet, auf denen Newsgroups installiert sind, die den kollektiven Nachrichtenaustausch innerhalb des gesamten Internet ermöglichen. Usenet funktioniert als Nachrichtenverteilsystem wie ein global verfügbares schwarzes Brett, auf dem nach bestimmten Kategorien Fragen, Antworten und Diskussionsbeiträge zu allen möglichen Themen und Problemen zusammengeführt werden. Die einzelnen Beiträge werden von allen Rechnern des Usenet gesammelt und verteilt, so dass ein einzelner Beitrag unter Umständen einige tausendmal vervielfältigt werden kann (vgl. RRZN 1999, 28).

5.2.2. Navigations- und Suchdienste

Das 1991 entwickelte Datensuchsystem *Gopher* war der erste Hypertext-basierte und multimediale Informationsdienst im Internet, mit dem man Daten von einem zentralen Server aus organisieren, aber dezentral pflegen und aktualisieren konnte. Gopher verfügt über eine sehr einfache Bedienoberfläche und besteht aus einem komplexen hierarchischen Menüsystem zur Auswahl und Sichtung von Dateien (Koch 1994, 62). Das Gopher-Protokoll unterscheidet sich vom Internetdienst WWW dadurch, dass mit Gopher eine rechnerübergreifende Volltextsuche in Dokumenten erfolgen kann, deren genauer Standort nicht bekannt ist (vgl. Stegbauer/Tiedemann 1999, 41). Bevor die heute gebräuchlichen Suchmaschinen entwickelt wurden, war Gopher das geeignete Instrument zur Suche von bestimmten Indexwörtern in digitalen Archiven und Datenbanken (vgl. Clasen/Wallbrecht/Rommerskirchen 1998, 203ff). Viele der Gopher-fähigen Server haben den Dienst inzwischen eingestellt oder bedienen heute den WWW-Standard.

Ebenfalls von der Entwicklung neuerer Suchmaschinen überholt ist das Dokumentensuchprogramm *WAIS*, das weder assoziatives Browsing noch eine Strukturierung von Informationsinhalten zuließ (vgl. Gabriel 1997, 92). Mit WAIS war es jedoch zum ersten Mal möglich, mit einem einheitlichen Befehlssatz auf verschiedene, mit heterogenen Systemen hergestellte Datenbanken bzw. Textdateien zuzugreifen (Kuhlen 1995, 464).

Eine Kombination und Obermenge gleich mehrerer Internetdienste (Schade 2000, 40) ist das Hypertext-basierte *World Wide Web* (WWW) mit seiner äußerst einfach zu bedienenden grafischen Oberfläche. Zwischen allen am Internet beteiligten WWW-Servern kann man durch direkte Verknüpfungen (Hyperlinks) per Mausklick hin und her springen. Grafiken, akustische Dateien und Videodateien lassen sich so einheitlich und auf einfache Weise darstellen. Das WWW nutzt die standardisierte Auszeichnungssprache Hypertext Markup Language (HTML); das entsprechende Protokoll zur Übertragung von WWW-Daten wird als Hypertext Transfer Protocol (http) bezeichnet. Mit speziellen HTML-Editoren sind heute auch ungeschulte Internetnutzer problemlos in der Lage, eine eigene Homepage zu erstellen.

Die WWW-Sites können untereinander hierarchisch oder referentiell zu einem nichtlinearen, multimedialen Informationsgefüge verknüpft werden, das durch Annotation bestehender und Integration neuer Knoten sowie durch Anlegen neuer Verweisungen (Links) permanent ergänzt wird. Die Kommunikation zwischen Informationsanbietern und -nachfragern sowie zwischen System und Anwendern vollzieht sich über eine benutzerinitiierte, interaktive, nichtlineare Navigation mit Hilfe von speziellen Browsersystemen, Indexlisten sowie Such- und Linkmechanismen.

5.3. Internet-basierte Mehrwertdienste und Netzanwendungen

Während der Entstehung des Internet und des WWW haben sich auf der Basis der Internetprotokolle und -dienste eine Reihe medialer Nutzungsformen, Anwendungen und Dienstleistungen herausgebildet, die für das Meta-Medium Internet grundlegend sind. Einige dieser Netzanwendungen sind von den Teilnehmern des Internet auf Dauer nicht angenommen worden, andere wurden von neueren technischen Entwicklungen abgelöst. In der Zwischenzeit ist für jede der traditionellen Kommunikations- und Medienformen eine Entsprechung oder Variante im Internet realisiert. Originär neue, bislang nicht realisierbare Medienformen und -nutzungen ergeben sich insbesondere durch

(a) die Kollektivierung früher auf kleine Gruppen beschränkter Kommunikationsaktivitäten (z. B. Chatten, Multi-User-Games);

(b) die Individualisierung früher nur in großen Auflagen oder Sendekapazitäten realisierbarer Medienangebote (z. B. Internet-Radio, Web-Cams, Media-on-Demand);

(c) die Kombination von Einzelmedien in einem einheitlichen Präsentationsrahmen (multimediale Informationsangebote);

(d) die interaktive Dimension der Angebotsnutzung.

Im folgenden werden die medientheoretischen Aspekte von Internetanwendungen in den vier Bereichen Individual- und Geschäftskommunikation, Abruf- und Verteilinformation, Orientierungsinstrumente sowie komplexe Mehrwertdienste beschrieben.

5.3.1. Netzanwendungen in der Individual- und Geschäftskommunikation

Elektronische Post ist die am meisten genutzte Funktion des Internet; sie ermöglicht das einfache Versenden von Mitteilungen und jeglicher Art von Dateien an andere Internet-Teilnehmer in bislang nicht realisierbarer Geschwindigkeit. Mehrwerteffekte von E-Mail-Diensten ergeben sich insbesondere dadurch, dass (über die einfache 1:1-Adressierung hinaus) auf einfache Weise eine 1:n-Kommunikation möglich wird, da E-Mail-Adressaten leicht zu Gruppen zusammenzufassen sind, an die jeweils ohne Kopiervorgang eine gleichlautende Nachricht verschickt werden kann (vgl. Kuhlen 1995, 443).

Der E-Mail-Dienst kann auch dazu genutzt werden, Neuigkeiten zwischen den Teilnehmern eines genau definierten (geschlossenen) Adressatenkreises zu verteilen. Diese *Mailing Lists* werden auf einem zentralen Listserver verwaltet, über den die

Nachrichten an die E-Mail-Adressen der Subskribienten verschickt werden. Wird diese Form der gruppenöffentlichen E-Mail-Kommunikation dazu erweitert, nicht nur Nachrichten und Informationen, sondern auch Kommentare, Meinungen und Entgegnungen zu transportieren, so spricht man von moderierten bzw. nicht-moderierten *Diskussionsforen*, je nachdem, ob ein Administrator Inhalt, Qualität und Publizierbarkeit einzelner Diskussionsbeiträge überwacht und gegebenenfalls steuernd eingreift.

Während Mailing Lists für geschlossene Gruppen mit einem spezifischen gemeinsamen Interesse gedacht sind, bilden *Newsgroups* Schwarze Bretter (Bulletin Boards) im Internet nach, auf denen jeder Internetnutzer lesen und schreiben kann. „Newsgroups dienen dem temporären themenbezogenen Informationsaustausch in offenen Gruppen" (Pape/Wendland 1997, 394).

Web-Chat dient der direkten, zeitlich nicht versetzten Gruppenkommunikation per Internet. Dabei werden Textbotschaften verschickt, die unmittelbar bei anderen Nutzern auf dem Bildschirm erscheinen. Wie bei den Newsgroups auch können sich die Teilnehmer spezielle Themengebiete aussuchen, über die in so genannten *Chat Rooms* diskutiert wird. Die 1:1-Variante des Chattens, also die zeitgleiche Textkommunikation mit Internetpartnern, wird *Instant Messaging* genannt. Durch Anwahl eines zentralen Instant-Messaging-Servers kann der Nutzer feststellen, welcher der Teilnehmer dieses Dienstes zum selben Zeitpunkt Online ist, um dann quasi-synchron zu kommunizieren oder auch zusammen Internetaktivitäten zu nutzen (Online-Spiele, gemeinsam im Internet surfen).

Wird bei der synchronen Internet-Kommunikation zwischen zwei Teilnehmern der Text durch den digital umgewandelten verbalen Dialog ersetzt, spricht man von *Internet phoning*. Telefonieren über das Internet erlaubt es, zum Ortstarif weltweit mit Personen zu telefonieren, die zeitgleich online sind. Auch beim *Internetfax* besteht der Vorteil darin, für Fernverbindungen keine teuren Telefontarife zu zahlen, sondern die Faxe vom Ortsnetz des Absenders über das Internet in das Ortsnetz des Empfängers zu senden, so dass nur geringe Telefonkosten entstehen.

Internet-Telefonieren gleichzeitig mit mehreren Gesprächsteilnehmern wird als *Audio-Conferencing* bezeichnet und stellt datentechnisch eine einfachere Variante des Video-Conferencing dar. Unter *Video-Conferencing* per Internet versteht man die Kommunikation zwischen prinzipiell beliebig vielen Internet-Teilnehmern mittels Sprache, Bild, Whiteboard (gemeinsames virtuelles Arbeitspapier) und gemeinsamer Dateibearbeitung (vgl. RRZN 1999, 158). Internet-Videokonferenzen werden durch eine Technik möglich gemacht, bei der stark komprimierte Streaming-Video-Dateien eingesetzt werden, mit denen man Video- und Audioinformationen in Echtzeit übertragen und rezipieren kann.

Parallel zu einer Videokonferenz kann zusätzlich eine *Datenkonferenz* geschaltet werden, bei der beliebige Dokumente von den Kommunikationspartnern synchron gesichtet und bearbeitet werden können. So ist es z. B. möglich, während einer Videokonferenz einen Textentwurf zu diskutieren und ihn abzustimmen. Eine weitere Form der Datenkonferenz ist das *Application Sharing*, bei der Softwareprogramme über das Internet gemeinsam und gleichzeitig genutzt werden.

Für den interventionsfreien Austausch strukturierter Geschäftsdaten über das Internet hat sich ein bereits in den 70er Jahren entwickeltes Datenaustauschformat bewährt. Beim *Electronic Data Interchange* (EDI) regelt eine Sammlung von Standardformaten in einfacher Weise die Geschäftsabwicklungen (z. B. Übertragung elektronischer Bestelldaten) über Online-Kommunikationssysteme.

5.3.2. Netzanwendungen der Abruf- und Verteilkommunikation

Der elementare Abrufdienst *File Transfer* dient dazu, ganze Dateien von einem Serverrechner auf einen Clientrechner herunterzuladen. Auf speziellen FTP-Sites werden Dateien zum Download zur Verfügung gestellt, die mittels einer speziellen FTP-Software (FTP-Client) auf den abrufenden Rechner übertragen werden können.

Um interaktiv Informationen in Datenbanken, digitalen Bibliotheken (Binder 1996, 219ff.) und elektronisch verfügbaren Bibliothekskatalogen zu recherchieren, zu selektieren und abzurufen, können über das Internet *Online-Recherchen* durchgeführt werden (vgl. Steinhaus 1997, 133ff). Während die bibliographischen Nachweise in den Online Public Access Catalogues (OPACs) der Bibliotheken unentgeltlich genutzt werden können, ist die Nutzung der meisten im WWW recherchierbaren Fachinformationsdatenbanken kostenpflichtig.

Vor allem in den Bereichen Naturwissenschaft und Technik haben elektronische Zeitschriften, so genannte *E-Journals*, bei der Verbreitung wissenschaftlicher Erkenntnisse an Bedeutung gewonnen. Die elektronische Entsprechung von populäreren periodisch publizierten Magazinen wird als *E-Zines* bezeichnet. Das Vorhaben, ganze Buchinhalte über *eBooks* zu vermarkten, indem die Nutzer aus dem Internet den Buchtext abrufen, um ihn dann auf speziellen Lesegeräten zu installieren und zu konsumieren, zeichnet sich allerdings noch nicht als marktfähiges Konzept ab (vgl. Kreutz/Gieseke 2001, 184).

Bewährt hat sich hingegen das Medium elektronischer *Newsletter*. Um bestimmte, fachlich interessierte Zielgruppen periodisch mit aktuellen Nachrichten zu versorgen, kann der E-Mail-Dienst dazu genutzt werden, in periodischen Abständen Nachrichten und Informationen von einem zentralen Listserver aus an einen eingeschriebenen Adressatenkreis zu verschicken.

Im Bereich der audiovisuellen Verteilkommunikation ist zunächst das *Internetradio* zu nennen. Dabei werden Programme von Hörfunksendern in Echtzeit digitalisiert und als Datenstrom im Media-Stream-Format über das Internet bereitgestellt. Da die Audiodaten derzeit wegen der geringen Übertragungskapazitäten des Internet noch sehr stark komprimiert werden müssen, lässt die Tonqualität im Internetradio zu wünschen übrig.

Dank verbesserter Kompressionstechniken sind auch schon erste Live-Übertragungen von *Fernsehen im Internet* mit Videodaten von 10 bis 15 Bildern pro Sekunde zu sehen. Mit der gleichen Übertragungstechnik arbeiten auch die vielen im WWW erreichbaren Internetkameras *(Web Cams)*, und auch eine eingeschränkte Form der *Internet-Bildtelefonie* kann mit dieser Technik bereits realisiert werden.

5.3.3. Netzanwendungen als Orientierungshilfe

Als dezentral organisiertes und nur minimal administriertes System verfügt das Internet über keine zentrale Anlaufstelle für die Registrierung und den Nachweis von Websites. Die Aufgabe der Indizierung (Registererstellung) von Inhalten wurde daher in den Anfängen des Internet von universitären Einrichtungen und später zunehmend von kommerziellen Unternehmen in Angriff genommen. Heute bieten mehr als 250 verschiedene Suchdienste, Web-Verzeichnisse und Katalogdatenbanken den Nutzern die Möglichkeit, die im WWW verfügbaren Informationsbestände über die Eingabe von Namen, Schlüsselwörtern oder Suchkategorien zu recherchieren (vgl. Schieb 1997, 137). Bei der Erstellung solcher als *Suchmachinen* (Search Engines) bezeichneten Online-Suchdienste lassen sich im wesentlichen zwei Prinzipien unterscheiden: die intellektuell gestützte Erschließung und Katalogisierung von Websites sowie die ausschließlich automatisch generierte Erstellung von Website-Registern.

Zur ersten Klasse gehören die *katalog- und verzeichnisbasierten Suchdienste*, bei denen Verweisungen (Links) auf einzelne Websites themenspezifisch unter einer hierarchisch organisierten Wissenssystematik gesucht werden können. Link-Verzeichnisse werden in der Regel intellektuell erstellt, indem menschliche Indexer Websites sichten und sie den jeweils passenden Inhaltskategorien der Systematik zuordnen. »Eine Redaktion, nicht eine Software, besucht die angemeldeten Seiten und sortiert sie in einen Schlagwortkatalog ein« (Hamdorf 2001, 264). Entsprechend basiert das Suchverfahren in Web-Katalogen und Link-Verzeichnissen auf der Navigation in den hierarchisch organisierten Sachgebieten (Bekavac 1996, 197). Die Basis für den erstellten Index stellen Seiten, die von den jeweiligen Website-Anbietern angemeldet werden oder solche Seiten, die von spezialisierten Programmen im WWW aufgespürt werden. Der bekannteste Web-Katalog ist das 1994 gegründete Verzeichnis Yahoo!, in dem Januar 2002 ca. 2 Mill. Internet-Adressen inhaltlich erschlossen sein dürften (vgl. Steinhaus 1997, 154ff). Der mittlerweile größte Web-Katalog ist mit 2,6 Mill. Einträgen das nichtkommerzielle Open Directory Project (ODP), dessen Kategorisierung von Sachgebieten und Indexierung von Websites auf der Arbeit von freiwilligen und unbezahlten Editoren fußt und dessen Daten dem Open Source-Prinzip folgend allen Interessierten kostenlos zur Verfügung gestellt werden (Hamdorf 2001, 266ff).

Volltextsuchmaschinen, die ohne Unterstützug von Editoren oder Redaktionen und ohne Taxonomien auskommen, arbeiten nach dem Prinzip der automatisierten Inhaltserschließung von Web-Dokumenten. Dazu durchforsten in festgelegten Zeitabständen spezielle Robot-Programme (auch als Crawler oder Spider bezeichnet) nach vorgegebenen Regeln möglichst viele Websites, kopieren die dort hinterlegten Textdokumente (oder nur die ersten 100 Wörter oder die Namen der Dokumente), zerlegen sie anschließend in einzelne Textwörter, die – als Volltextindex in einer Datenbank gespeichert – als Suchkriterien für eine Internetrechreche dienen können (vgl. Günther/ Hahn 2000). Einige Robots folgen jedem Link auf einer besuchten Homepage, um dann wieder allen dort identifizierten Links nachzugehen. Die im WWW angebotenen Dienste von Suchmaschinen unterscheiden sich hinsichtlich der Anzahl, Auswahl und Aktualität der verzeichneten Dokumente, der Abfragemöglichkeiten, der Ausführlichkeit von Referenzinformationen auf die recherchierten Internet-Seiten oder hinsichtlich der Gewichtung von Treffern (vgl. Blittkowsky 1997, 205ff).

Ende der neunziger Jahre entstanden im Umfeld von Web-Katalogen und Suchmaschinen so genannte *Internet-Portale*, die über die einfachen Such- und Navigationsoptionen hinaus die Möglichkeit einer Personalisierung individueller Suchprofile anbieten. Mittels der Registrierung bei einem Portal durch ID und Passwort, Eingabe persönlicher Präferenzdaten und Definition von Interessenprofilen des Nutzers kann der Portaldienst bei jedem Aufruf individualisierte, aktiv auf den Nutzer zugeschnittene Informationsangebote erstellen. Internet-Portale umfassen eine Vielzahl von Funktionalitäten von einem zentralen Einstiegspunkt aus, sie stellen neben der einfachen Textsuche auch Features für die dateityp-spezifische Suche nach Foto-, Audio- oder Videodateien aus dem Web zur Verfügung, und sie präsentieren darüber hinaus als Content-Provider möglichst hochwertige Informationsangebote aus einem speziellen thematischen Segment (vgl. Rösch 2001, 148ff).

5.3.4. Komplexe Internet-basierte Mehrwertdienste

Die Nutzung des Internet hat zu einem weltweit scheinbar grenzenlosen und von den Dimensionen bis dahin nicht gekannten wirtschaftlichen Absatzmarkt geführt. Einige Wirtschaftsbereiche wie das Bankenwesen oder die Touristik haben in bemerkenswerter Weise das Internet in ihre Geschäftsaktivitäten integrieren können. Die schnelle Akzeptanz des Internet in diesen Geschäftsbereichen ist hauptsächlich damit zu erklären, dass die Nutzung des Internet zur Kontoverwaltung, zum Aktienhandel oder zur Flugreservierung bei den Unternehmen zu erheblichen finanziellen Einsparungen führte, die sofort an die Kunden weitergegeben wurden.

Als 1990 vom Federal Networking Council entschieden wurde, das Internet auch für Wirtschaftsunternehmen und damit der kommerziellen Nutzung zu öffnen, führte das zu einem drastischen Anstieg der Zahl privater Nutzer. In der Hoffnung auf neue zukunftsgerichtete Marketingmöglichkeiten investierten viele Firmen und Konzerne in die Entwicklung neuer elektronisch gestützter Dienstleistungen, Werbeformen, Vertriebswege und Geschäftsideen. So entstand zunächst eine Vielzahl kommerziell ausgerichteter Internetanwendungen, deren besondere Strukturen und Funktionen aber rasch von Institutionen und Organisationen aus dem Non-Profit-Bereich adaptiert wurden. An dieser Stelle seien stellvertretend für eine ganze Palette innovativer Online-Konzepte nur einige wenige der marketingorientierten Anwendungsformen für den Austausch von Mehrwertdiensten über elektronische Kanäle genannt.

Internet-Banking über das Internet ist eine Form des Home-Banking, bei der Transaktionen wie z. B. Kontoauszüge erstellen, Überweisungen und Daueraufträge tätigen oder Aktien ordern von Firmen- oder Privatkunden zeit- und ortsunabhängig von eigenen PCs aus über das Internet erfolgen können. Allerdings ist im Vergleich zu geschlossenen Online-Systemen wie T-Online das datentechnisch offene Internet auch anfälliger für Manipulationen und Datenmissbrauch, da die oft unverschlüsselten Daten über das Telefonnetz verschickt und dort abgegriffen werden können. Heute sind die im Bankverkehr entwickelten Verfahren zur Gewährleistung von Datensicherheit allerdings schon so weit entwickelt, dass (anders als bei elektronischer Bezahlung im Internet) die Vorbehalte auf Seiten der Internet-Banking-Nutzer eher gering bleiben.

Unter *Electronic Commerce* (eCommerce), einem Teilbereich des Electronic Business, wird die ausschließlich elektronisch realisierte Anbahnung, Aushandlung und

Abwicklung von unternehmensübergreifenden Geschäftstransaktionen zwischen Wirtschaftssubjekten über Telekommunikationsnetzwerke verstanden. In der Praxis werden Informationen, Waren oder Dienstleistungen über das Internet angeboten, wobei die begleitende Kommunikation und das effiziente Management der gesamten Geschäftsbeziehung zwischen den Beteiligten komplett über das Internet abgewickelt werden. Dabei muss der Kunde nicht unbedingt ein Endverbraucher sein (Business-to-Consumer), es kann sich auch um Unternehmen (Business-to-Business) bzw. um Behörden oder Organisationen handeln (Business-to-Administration).

Seit einigen Jahren werden in den USA und im Anschluss auch in Deutschland über das Internet *Online-Auktionen* angeboten, die zu neuen Formen des Kaufs von Gebraucht- und Neuwaren zwischen beliebigen Verkäufern und Käufern geführt haben. Diese Online-Auktionen führen allerdings zu einer Reihe ungeklärter Rechtsfragen bezüglich Zahlungsmodalitäten, der Gültigkeit von online abgeschlossenen Kaufverträgen und der Verpflichtung des Verkäufers zur Abgabe von Waren gegen einen als zu niedrig empfundenen Höchstpreis.

Mit der Nachfrage nach einer zuverlässigen Bezahlmöglichkeit im Internet wächst auch die Zahl der Verfahren, mit deren Hilfe *E-Cash*, d. h. elektronische Finanztransaktionen und elektronische Zahlungssysteme, im WWW sicherer und zuverlässiger gemacht werden können. Da jedoch viele Fragen der Datensicherheit noch offen sind, hat sich bislang keins der vielen auf dem Markt angebotenen elektronischen Zahlungsarten durchsetzen können.

Die Abwicklung von staatlichen Verwaltungsakten und Dienstleistungen mit elektronischen Mitteln, auch als *Electronic Government* (E-Government) bezeichnet, ist eine Sonderform des E-Business. Danach sind unter E-Government alle von Bundes-, Landes- oder auch Kommunalverwaltungen bereitgestellten Angebote zu fassen, die es dem Bürger ermöglichen, elektronisch mit staatlichen Stellen und Behörden in Kontakt zu treten.

Eine weiterere komplexe Online-Anwendung, die durch das Internet eine gewisse Renaissance erfahren hat, besteht in der als *Telelearning* bekannt gewordenen Online-Nutzung von interaktiven, multimedialen Lernprogrammen. Telelearning steht damit auch für eine netzbasierte Form des kommunikativen Arbeitens in Firmen und Organisationen, bei der Kurse und Lernmaterialien schneller und leichter aktualisiert, Lernprozesse orts- und zeitunabhängig organisiert und durch neue Organisationsformen des Lernens Kosten eingespart werden können.

6. Zukunft der Online-Dienste im Internet

Nicht nur wegen der Unbestimmtheit technischer, organisatorischer und soziologischer Aspekte der Internetentwicklung (vgl. Rost 1997), sondern auch aufgrund des Facettenreichtums des Mediums, der Vielzahl involvierter Akteure und der kontinuierlichen strukturellen Veränderungen ist eine Analyse der Entwicklungsperspektiven des Internet nur schwierig zu prognostizieren (Werle/ Lang 1997). Doch ist unumstritten, dass auch in den nächsten Jahren für das Internet neue Modernisierungsschübe zu erwarten sind (vgl. Wersig 2000, 186f).

Ein erster Schritt zur Entwicklung verbesserter Retrievalsysteme und neuer Dienstleistungsprogramme im Internet ist der Aufbau leistungsfähigerer Datenübertragungswege. Mit dem Internet II, einem Projekt mehrerer Universitäten und Wissenschaftler, wird das Ziel verfolgt, ein »next Generation Internet« mit Hochgeschwindigkeits-Breitbandkabelverbindungen zu etablieren. Es soll ein störungsfreies, hundertmal schnelleres, nicht kommerzielles Netzwerk werden, das für jeden zugänglich ist, aber durch eine intensivere Reglementierung und optimierte Struktur geordneter als das alte Internet sein soll. Seine Hauptanwendung wird im wissenschaftlichen Sektor liegen, wo schnelle, störungsfreie Verbindungen dringend benötigt werden. Dieses Netz wird neu aufgebaut und soll in fünf bis zehn Jahren voll entwickelt sein (vgl. Gieseke 2000).

Eine neue Standardtechnologie für sichere Bezahlverfahren im Internet würde dem E-Commerce zum Durchbruch verhelfen. Derzeit sind zwei Verfahren in der Entwicklung. Erstens die wiederaufladbare Geldkarte, die über ein Lesegerät am PC über Internetverbindungen belastet werden kann. Und zweitens ein Abrechnungsverfahren, bei dem eine digitale Internet-Währung bei Banken eingetauscht, für Internet-Kauftransaktionen als Bezahlung genutzt und von Verkäufern wieder bei den beteiligten Banken eingelöst werden kann.

Den Orientierungs- und Navigationsdiensten wird eine Erweiterung zu Bewertungs- und Einstufungsdiensten vorausgesagt (vgl. Dyson 1997). Solche Online-Dienste, die sowohl auf automatische Textanalysen als auch auf persönliche Überprüfungen durch Menschen zurückgreifen, bewerten dann für unterschiedliche Alters-, Interessens- oder Sozialgruppen geeignete Angebote im WWW nach individuell erhobenen Präferenzen. Diverse Firmen und Organisationen werden sich im Wettbewerb untereinander damit befassen, spezielle Inhaltssegmente im WWW zu klassifizieren und zu bewerten, um den medialen Bedürfnissen und Interessen spezifischer Nutzergruppen besser entsprechen zu können. Dieses Konzept der Wissensbewertung und Wissensverbreitung wird auch von so genannten autonomen Agenten-Programmen unterstützt, die selbstständig für den Anwender komplexe Suchaufgaben erfüllen.

Innovationen sind auch im Bereich der automatisierten Übersetzung im Internet zu erwarten. Eine derzeit in weltweiter Kooperation entwickelte Universal Networking Language (UNL) soll in spätestens fünf Jahren zum Einsatz kommen und dafür sorgen, dass mit dieser Kunstsprache codierte Texte, die ins Netz gestellt werden, beim Aufruf sofort in einer anderen Sprache decodiert werden können.

Letzlich stimmen die meisten Prognosen zur Entwicklung des Internet und seiner Rolle in der Gesellschaft darin überein, dass Nutzungsumfang und -intensität des Internet noch weiter zunehmen, und dass das Netz Kommunikationsformen und Mediengewohnheiten nachhaltig beeinflussen und verändert wird.

7. Literatur

Beck, Klaus/Peter Glotz/Gregor Vogelsang, Die Zukunft des Internet. Internationale Delphi-Befragung zur Entwicklung der Online-Kommunikation. Konstanz 2000.

Bekavac, Bernard, Suchverfahren und Suchdienste des World Wide Web. In: Nachrichten für Dokumentation 47, 1996, H. 4, 195–213.

Binder, Wolfgang, Die virtuelle Bibliothek ist Internet-Realität – neue Rollen für reale Bibliotheken. In: Nachrichten für Dokumentation 47, 1996, H. 4, 215–224.

Blittkowsky, Ralf, Online-Recherchen für Journalisten. Konstanz 1997.

Bucher, Hans-Jürgen/Christof Barth, Rezeptionsmuster der Onlinekommunikation. Eine empirische Studie zur Nutzung des Internet – Angebote von Rundfunkanstalten und Zeitungen. In: MP, 1998, H. 10, 517–523.

Büllingen, Franz, Das Internet als Leitbild für globale Kommunikation? In: Von den »Neuen Medien« zu Multimedia – Gesellschaftliche und politische Aspekte; Dokumentation der Tagung Medien und Gesellschaft im Spannungfeld von Technik, Ökonomie und Recht (Düsseldorf 1997). Hrsg. v. Manfred Mai/Klaus Neumann-Braun. Baden-Baden 1998, 34–57.

Burkart, Roland/Walter Hömberg, Elektronisch mediatisierte Gemeinschaftskommunikation. Eine Herausforderung für die kommunikationswissenschaftliche Modellbildung. In: Multi Media Mania – Reflexionen zu Aspekten Neuer Medien. Hrsg. v. René Pfammater. Konstanz 1998, 19–36.

Clasen, Ralf/Dirk U. Wallbrecht /Thomas Rommerskirchen, Internet für Journalisten. Online-Recherchen im Netz der Netze. Neuwied 1998.

Coy, Wolfgang, Bildschirmmedium Internet? Ein Blick in die Turingsche Galaxis. In: Qualitative Perspektiven des Medienwandels – Positionen der Medienwissenschaft im Kontext »Neuer Medien«. Hrsg. v. Helmut Schanze/Peter Ludes. Opladen 1997, 163–171.

Döring, Nicola, Kommunikation im Internet – neun theoretische Ansätze. In: Internet für Psychologen. Hrsg. v. Bernad Batinic. ²2000, 345–377.

Dörnberg, Iris von, Kommerzielle online-Dienste. In: Multimedia – Voraussetzungen, Anwendungen, Probleme. Hrsg. v. Jürgen Wilke. Berlin 1996, 75–84.

Dyson, Esther, Release 2.0 – Spielregeln für unsere digitale Zukunft. München 1997.

Gabriel, Norbert, Kulturwissenschaften und neue Medien – Wissensvermittlung im digitalen Zeitalter. Darmstadt 1997.

Gieseke, Wolfram, Das große Internet-Handbuch. Düsseldorf 2000.

Gräf, Lorenz /Markus Krajewski, Vorwort. In: Soziologie des Internet – Handeln im elektronischen Web-Werk. Hrsg. v. Lorenz Gräf und Markus Krajewski. Frankfurt/Main 1997, 14–37.

Günther, Armin/André Hahn, Suchmaschinen, Robots und Agenten: Informationssuche im World Wide Web. In: Internet für Psychologen. Hrsg. v. Bernad Batinic. Göttingen ²2000, 85–123

Heise, Gilbert, Die Online-Dienste. In: Handbuch Online-M@rketing – Wettbewerbsvorteile durch weltweite Datennetze. Hrsg. v. Reinhard Hünerberg, Gilbert Heise und Andreas Mann. Landsberg/Lech 1996, 53–81.

Hamdorf, Kai, Wer katalogisiert das Web? Dokumentarische Arbeit als Big Business und Freiwilligen-Projekt. In: nfd 52 (2001), Nr. 5, S. 263–270.

Hermann, Hans-Jürgen/Ulrich Weigel, Wissen aus der »digitalen Dose«? Anmerkungen zur sozialwissenschaftlichen Datenbankwelt und zum Internet. In: Nachrichten für Dokumentation 46, 1995, H. 3, 139–146.

Kaiser, Ulrich, Handbuch Internet und Online Dienste – der kompetente Reiseführer für das digitale Net. München ²1996.

Kind, Joachim, Online-Dienste. In: Grundlagen der praktischen Information und Dokumentation – ein Handbuch zur Einführung in die fachliche Informationsarbeit, Bd. 1. Hrsg. v. Marianne Buder u. a. 4. völlig neu gefaßte Ausg. München 1997, 280–317.

Koch, Traugott, Navigieren und Information Retrieval im Internet. In: Information und Medienvielfalt; Proceedings der 16. Online-Tagung der DGD (Frankfurt/Main 1994). Hrsg. v. Wolfram Neubauer und Ralph Schmidt. Frankfurt/Main 1994, 61–97.

Kreutz, Frank/Wolfram Gieseke, Internet Lexikon. Düsseldorf 2001

Kubicek, Herbert/Ulrich Schmid, Alltagsorientierte Informationssysteme als Medieninnovation. Konzeptionelle Überlegungen zur Erklärung der Schwierigkeiten, »Neue Medien« und »Multimedia« zu etablieren. In: Verbund Sozialwissenschaftliche Technikforschung, Mitteilungen, 1996, H. 17, 6–44

Kuhlen, Rainer, Informationsmarkt – Chancen und Risiken der Kommerzialisierung von Wissen. Konstanz 1995.

Kyas, Othmar, Internet – Zugang, Utilities, Nutzung. Bergheim 1994.

Levison, Andrew, The big three consumer services looking for the on-ramp to the information superhigway. In: Online 19, 1995, H. 5, 54–63.

Maier, Gunther/Andreas Wildberger, In 8 Sekunden um die Welt – Kommunikation über das Internet. Bonn ²1994.

Pape, Martin/Kristina Wendland (Mitarb.), Wörterbuch der Kommunikation. Geschichte, Technik, Medien, Sprache, Gesellschaft, Kultur. Unter Mitarbeit von Kristina Wendland. Neuwied 1997.

Rost, Martin, Anmerkungen zu einer Soziologie des Internet. In: Soziologie des Internet – Handeln im elektronischen Web-Werk. Hrsg. v. Lorenz Gräf und Markus Krajewski. Frankfurt/Main 1997, S. 14–37.

Regionales Rechenzentrum für Niedersachsen (RRZN), Univ. Hannover, Internet – eine Einführung in die Nutzung der Internet-Dienste WWW, E-Mail, News, FTP, Telnet. Hannover ⁷1999.

Rösch, Herrmann, Funktionalität und Typologie von Portalen – Infrastruktur für E-Commerce, Wissensmanagement und wissenschaftliche Kommunikation. In: Information Research & Content Management – Orientierung, Ordnung und Organisation im Wissensmarkt; Proceedings der 23. Online-Tagung der DGI (Frankfurt/Main 2001). Hrsg. von Ralph Schmidt. Frankfurt/Main 2001, S. 142–154.

Sandbothe, Mike, Interaktivität, Hypertextualität, Transversalität – eine medienphilosophische Analyse des Internet. In: Mythos Internet. Hrsg. v. Stefan Münker und Alexander Roesler. Frankfurt/Main 1997, 56–82.

Schade, Oliver, Dienste im Internet. In: Internet für Psychologen. Hrsg. v. Bernad Batinic. Göttingen ²2000, 39–83.

Jörg, Schieb, Verein für Konsumenteninformation (Hrsg): Internet – Nichts leichter als das. Berlin, 1997

Schoop, Eric /Ulrich Glowalla, Internet und Online-Dienste. Eine guided tour durch den Dschungel der Multimedia-Kommunikation. In: Deutscher Multimedia-Kongress '96: Perspektiven medialer Kommunikation. Hrsg. v. Ulrich Glowalla und Eric Schoop. Berlin 1996, 51–60.

Sennewald, Nicola, Massenmedien und Internet – zur Marktentwicklung in der Pressebranche. Wiesbaden 1998.

Stegbauer, Christian/Paul Tiedemann: Internet für Soziologen – eine praxisorientierte Einführung. Darmstadt 1999.

Steinhaus, Ingo, Online-Dienste sicher nutzen. Reinbek bei Hamburg 1996.

–, Online recherchieren – Ökonomische Wege zu Informationen. Reinbek bei Hamburg 1997.

Vesper, Sebastian, Das Internet als Medium – Auftrittsanalysen und neue Nutzungsoptionen. Bardowick 1998.

Werle, Raymund/Christa Lang (Hrsg.), Modell Internet? Entwicklungsperspektiven neuer Kommunikationsnetze. Frankfurt/Main 1997.

Wersig, Gernot, Informations- und Kommunikationstechnologien. Eine Einführung in Geschichte, Grundlagen und Zusammenhänge. Konstanz 2000.

Zimmer, Jochen, Online-Dienste für ein Massenpublikum. Die Expansion des Online-Marktes in Deutschland. In: MP, 1995, H. 10, 476–488.

–, Die Entwicklung von Internet und Onlinediensten in globaler Perspektive. In: Internationales Handbuch für Hörfunk und Fernsehen, 2000, Nr. 1, 46–59.

Ralph Schmidt, Hamburg (Deutschland)

245. Online-Dienste: Ökonomie

1. Begriffliche Grundlagen
2. Akteure im Markt für Online-Dienstleistungen
3. Ökonomische Bedeutung von Online-Dienstleistungen
4. Herausforderungen
5. Literatur

1. Begriffliche Grundlagen

Der Begriff 'Online-Dienst' bedarf einer inhaltlichen Präzisierung, da er in unterschiedlicher Sinngebung verwendet werden kann:

- *Online-Dienst als Produkt oder Prozess*: In dieser Perspektive ist unter Online-Dienst eine Dienstleistung zu verstehen, die ein Akteur unter Ausnutzung von elektronischen Transportwegen (Netzen) erbringt. Ein Online-Dienst ist damit gleich zu setzen mit einer Online-Dienstleistung, wie z.B. die Web Site von FOCUS.
- *Online-Dienst als Institution*: Unter Online-Dienst wird ein (kommerziell agierendes) Wirtschaftsunternehmen verstanden, das einem geschlossenen Benutzerkreis ein umfassendes Angebot an Online-Dienstleistungen zur Verfügung stellt. Angesprochen sind also z.B. große Online-Dienste wie T-Online, AOL und Compuserve. Ein Online-Dienst ist eine organisatorische Einheit.

Zur Analyse der ökonomischen Sachverhalte ist es zweckmäßig, den Begriff Online-Dienst im Sinne einer Dienstleistung zu verwenden. Dadurch ist es leichter möglich, das Zusammenspiel der Marktkräfte zu verdeutlichen.

An der Produktion und Nutzung von Online-Dienstleistungen sind verschiedene *Akteure* oder *Gruppen von Akteuren* beteiligt, die sich grundsätzlich in drei Kategorien einteilen lassen (vgl. Abbildung 1):

- *Nachfrager*: Einzelpersonen, Unternehmen oder Organisationen, die via Online Informationen, Kommunikation oder Erwerbsprodukte nachfragen.
- *Anbieter*: Einzelpersonen, Unternehmen oder Organisationen, die via Online Informationen, Kommunikation oder Erwerbsprodukte anbieten.
- *Intermediäre*: Intermediäre Einrichtungen, die (1) dafür sorgen, dass die Online-Austauschvorgänge technisch und wirtschaftlich einwandfrei funktionieren (Marktbetreiber), und die (2) durch spezielle Angebote und Services dafür sorgen, dass die Akteure im Netz den Überblick behalten und sich zielgerecht bewegen können (Inhaltepaketierer).

Die *Nachfrager nach Online-Dienstleistungen* erkennen in Onlineangeboten einen Nutz-, Gebrauchs- oder Mehrwert und sind daher bereit, ihre Bedürfnisse nach Information, Kommunikation und kommerziellen Gütern zu artikulieren. *Anbieter von Online-Dienstleistungen* wollen diese artikulierten Bedürfnisse befriedigen und suchen die Begegnung mit den Nachfragern. *Intermediäre* ('E-Intermediaries') nehmen eine Vermittlerrolle ein, die passiv oder aktiv sein kann. Alle Akteure gemeinsam bestimmen das Geschehen und die Ablaufprozesse im Onlinemarkt.

Die bislang vorgenommenen begrifflichen Präzisierungen machen deutlich, dass ein *Online-Dienst im angesprochenen institutionellen Sinn* nicht ohne weiteres in eine der genannten Kategorien 'verortet' werden kann. Welche Rolle er einzunehmen gedenkt, wie er sich im Onlinemarkt positionieren will, welchen Geschäftsumfang er abdecken will, ist eine Frage seiner Strategie und seiner Unternehmens- und Geschäftspolitik. Prinzipiell kann ein institutionell verfasster und organisierter Anbieter von Online-Dienstleistungen seine Aktivitäten z.B. eng auf bestimmte Aspekte des Marktgeschehens begrenzen oder aber sich als umfassend ausgerichteter 'Full-Service-Dienstleister' verstehen und danach handeln. Es ist offenkundig, dass die bekannten großen Online-Dienste wie T-Online oder AOL der letzt genannten Gruppe zuzurechnen sind. Beide streben an, ihren Kunden ein umfassendes Angebot von hohem Nutzwert zu unterbreiten und allumfassender Ansprechpartner in Onlinefragen zu sein. Insofern haben sie den Anspruch, sowohl die Rolle eines Anbieters von Inhalten als auch eines Intermediären auszufüllen. Sie verstehen sich als Generalisten bzw. als 'generisch' agierende Online-Dienste. Das Selbstverständnis von AOL lässt sich z.B. als 'Online-Dienst der Luxusklasse' umschreiben, der einem geschlossenen, anspruchsvollen Be-

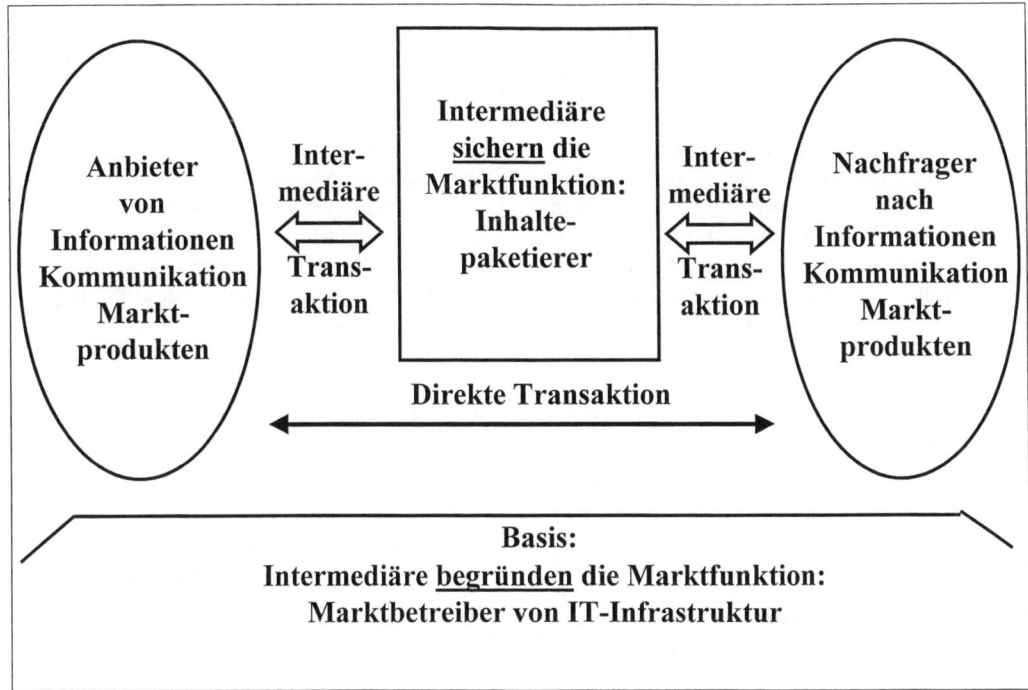

Abb. 245.1: Akteure im Rahmen von Online-Austauschvorgängen

nutzerkreis hochwertige redaktionelle Inhalte, neueste Kommunikations-Tools, E-Commerce-Funktionen, den Zugang zum Internet und alle erforderlichen technischen Vorkehrungen mit erstklassigem Service umfassend und dazu noch global bezogen anbietet. So nimmt es nicht wunder, dass diese Generalisten stark daran interessiert sind, durch Käufe, Kooperationen oder strategische Allianzen diesen Allgemeingültigkeitsanspruch zu untermauern. Angestrebt wird die systematische Vernetzung aller strategisch relevanten Geschäftsfelder.

Beschränkt sich ein Anbieter auf die Produktion und Vermittlung nur von *Teilsegmenten* von Online-Dienstleistungen, wird er zum Marktspezialisten, zum Produktspezialisten oder gar zum 'Minimalisten'. Besonderes Interesse verdienen in diesem Zusammenhang regionale Online-Dienste, vorzugsweise von regionalen Tageszeitungen betrieben, sowie Inhalte paketierende Einrichtungen wie Suchmaschinen, Portale, Einkaufszentren oder Foren. Es ist zweckmäßig, auch solchen Spezialisten das Etikett 'Online-Dienste' nicht zu verweigern.

Unter *Onlinemarkt* sind sämtliche Vorgänge anzusehen, die einen wie auch immer gearteten Austausch zwischen Anbietern und Nachfragern im Wege von Online-Infrastruktur konstituieren. Um das Phänomen von Austauschvorgänge sichtbar zu machen, verwendet wir zweckmäßigerweise den Begriff der *Transaktion*. Dabei soll es unerheblich sein, ob der Austausch einen in monetären Größen sich ausdrückenden Ertrag zum Ziel hat oder nicht-kommerzieller Natur ist. In jeden Falle – kommerziell oder nicht kommerziell – geht es um die ökonomisch relevante Frage nach der Beanspruchung knapper Ressourcen und deren bestmöglicher Verwendung. Drei *Typen von Transaktionen* sind zu unterscheiden:

– *Transaktionstyp Information*: Anbieter von und Nachfrager nach Informationen kommen auf einer geeigneten Online-Plattform zusammen und tauschen das 'Produkt' Information aus. Damit der Austausch gelingt, müssen die Informationen verfügbar sein, z.B. über Datenbanken oder im Wege von News, Link-Listen, Frequently Asked Questions (FAQs), Glossaren oder Push-Abonnements.

- *Transaktionstyp Kommunikation*: Anbieter von und Nachfrager nach Kommunikationsleistungen treffen zusammen und kommunizieren online miteinander, z. B. im Wege von E-mail-Messaging, News Groups, Diskussions-Foren, Chats oder Schwarzen Brettern.
- *Transaktionstyp Business*: Verkäufer und Käufer von Produkten jedweder Art treffen in der Onlinewelt aufeinander, um kommerzielle Geschäftstransaktionen abzuwickeln (E-Commerce). Das kann z. B. geschehen als Kaufhandlungen in Web-Shops, in virtuellen Einkaufszentren oder als Home Banking.

Entsprechend dieser Differenzierung können die Akteure jeweils unterschiedliche Rollen einnehmen: Nachfrager können Informationssucher, Kommunikationssucher oder Käufer sein; Anbieter können Informatoren, Kommunikatoren oder Verkäufer sein; Intermediäre können Vermittler von Informationen, von Kommunikationsmöglichkeiten oder von Geschäften sein.

Für die weitere Behandlung des Themas ist es schließlich wichtig, die Akteure in Onlinemärkten danach zu unterscheiden, inwieweit sie einem der drei folgenden Segmente zuzurechnen sind:

- Konsumenten (Consumer)
- Unternehmen (Business)
- Öffentliche Institutionen (Administration, Public Services)

Aus der Kombination dieser Segmente ergeben sich neun mögliche Transaktionsfelder für Online-Dienstleistungen. Abbildung 2 stellt diese Felder im einzelnen dar und belegt sie mit Beispielen (in Anlehnung an Hermanns/Sauter 1999, 23). Im Hinblick auf nicht kommerzielle Transaktionen ragt der Bereich Consumer-to-Consumer (C-to-C) heraus, im Hinblick auf E-Commerce sind es die Bereiche Business to Consumer (B-to-C) und Business to Business (B-to-B).

2. Akteure im Onlinemarkt

2.1. Nachfrager

2.1.1. Konsumenten

Die Nutzung von Onlinemedien dringt mehr und mehr in das *Alltagsleben* ein. Die Onlinenutzung nimmt laufend und nachhaltig zu. Ihre zeitliche Verteilung wird regelmäßiger. Eine stattliche Zahl der Nutzer geht täglich online, nicht zuletzt unterstützt durch den Onlineeinsatz in den Wirtschaftsunternehmen. Die Einstellung zum Medium Online wandelt sich: Immer mehr Menschen sehen die Online-Dienstleistungen pragmatisch und verfallen weder der Euphorie noch übertriebener Skepsis. Sie erkennen vielmehr den individuellen Nutz- und Gebrauchswert, die immer leichtere Handhabbarkeit und die kostengünstige Anschaffung und Nutzung der Einrichtungen. Die Nebenbeinutzung anderer Medien bei der häuslichen Onlinenutzung ist bei Jugendlichen bereits habitualisiert, ebenfalls ein Zeichen der „Veralltäglichung". Es ist abzusehen, dass Online über kurz oder lang zum massenhaft genutzten Medium heranwächst und der Status einer Vollversorgung mit onlinefähigen Geräten erreicht wird. Abzusehen ist insbesonder die Konvergenz von Mobilfunk und Onlinenutzung. Das Nachfragepotential ist insofern als enorm anzusehen.

Wenn Konsumenten Online-Dienstleistungen nachfragen, kann die Motivation zunächst in ihrem Bedarf nach Informationen liegen. Sie befinden sich in der Rolle von *Informationssuchern*. In dieser Hinsicht bedeutet insbesonder der Zugang zum World Wide Web eine enorme Bereicherung, das eine nie gekannte Fülle von Informationen zugänglich macht, die vorher mühselig beschafft werden mussten oder überhaupt nicht verfügbar waren. Zahlreiche Telefonate, die Beschaffung gedruckter Broschüren oder Recherchen vor Ort werden überflüssig. Die Information kommt auf den Bildschirm, zumeist angereichert um vertiefende Hintergrundinformationen. Eine Fülle von Archivmaterialien und Datenbanken ist erreichbar. Zunehmend zu beachten ist auch die unterhaltungsorientierte Nutzung. Mit Online erreicht der Konsument damit eine höhere Stufe der Bedarfsdeckung, wobei sich sein individueller 'Mix' der verwendeten Informationsquellen ändert. Hier stellt sich die Frage, ob Onlinemedien zu einer Substitution oder Verdrängung klassischer Medien führen werden. Zu erwarten ist eher eine komplementäre Entwicklung, die mit einem weiteren Anwachsen des Zeitbudgets für mediale Aktivitäten einher geht (vgl. u. a. ARD/ZDF-Online Studie 1999).

Konsumenten fragen des weiteren Online-Dienstleistungen nach, um Kommunikationsbedürfnisse zu befriedigen und sind in dieser Rolle *Kommunikationssucher*. Das

		Nachfrager der Leistung		
		Consumer	Business	Administration
Anbieter der Leistung	Consumer	Consumer-to-Consumer z.B. Internet-Kleinanzeigenmarkt	Consumer-to-Business z.B. Jobbörsen mit Anzeigen von Arbeitssuchenden	Consumer-to-Administration z.B. Steuerabwicklung von Privatpersonen
	Business	Business-to-Consumer z.B. Bestellung eines Kunden in einer Internet-Shopping-Mall	Business-to-Business z.B. Bestellung eines Unternehmens bei einem Zulieferer per Internet	Business-to-Administration z.B. Steuerabwicklung von Unternehmen (Umsatzsteuer, Körperschaftsteuer etc.)
	Administr.	Administration-to-Consumer z.B. Abwicklung von Unterstützungsleistungen	Administration-to-Business z.B. Beschaffungsmaßnahmen öffentlicher Institutionen im Internet	Administration-to-Administration z.B. Transaktionen zwischen öffentlichen Institutionen im In- und Ausland

Abb. 245.2: Transaktionsbereiche für Online-Dienstleistungen

Medium Online hilft ihnen dabei, in Kontakt mit gewünschten Kommunikationspartnern zu treten. Es bietet zwei Formen zur Interaktion an, zum einen zeitversetzte Services wie E-Mail, zum anderen Dienste für die Echtzeit-Kommunikation wie Chats und und in absehbarer Zukunft Internet-Telefonie und Videoconferencing. Chats bzw. Live-Begegnungen im World Wide Web entwickeln sich mit enormer Geschwindigkeit und werden immer mehr in so genannten „Communities" oder in virtuellen Cities (Cyberstädten) organisiert.

Schließlich ist die Motivation zur Nachfrage nach Online-Dienstleistungen die Möglichkeit, materielle und immaterielle Produkte über das Netz zu beschaffen. Die Konsumenten sind dann in der Rolle von *Käufern*. Wie auf den herkömmlichen Gütermärkten sind die nachfragenden Konsumenten auch auf den neuen elektronischen Märkten 'das Maß der Dinge'. Sie sind im kommerziellen Bereich die letztlich entscheidenden Akteure: Für die Anbieterseite stellen sie die Kunden dar, deren Bedürfnisse und Präferenzen es zu befriedigen gilt und an denen sich der Erfolg der Onlineaktivität entscheidet. Im Onlinebereich kommt ihnen eine enorme und zunehmende Marktmacht zu, da nicht gewünschte Angebote in Sekundenschnelle verlassen werden können („Die Konkurrenz ist nur einen Mausclick entfernt!"). Überdies hat der Konsument mit der Möglichkeit zur Interaktivität eine scharfe Waffe in der Hand, um in einen herausfordernden Dialog mit den Anbietern einzutreten. Der potentielle 'Online-Shopper' ist prinzipiell als hochgradig sensibel und in seinen Präferenzen als „vagabundierend" anzusehen. Er zeigt sich wenig loyal gegenüber Produkten und Unternehmen.

Die Ansätze, nachfragende Akteure zu beschreiben und zu kategorisieren, sind vielfältig. Bei der Analyse von Käufer-Konsumenten wird man herkömmliche *Zielgruppensegmentierungen*, wie sie z. B. im Rahmen von Werbekampagnen Verwendung finden, heranziehen. Für den sich entwickelnden Onlinemarkt ist besonders der *diffusionstheoretische Ansatz* von Bedeutung, wonach sich die nach Onlineangeboten in fünf Typen einteilen lassen (vgl. Heil 1999, 95f.):

– Innovatoren
– Frühe Adopter
– Frühe Mehrheit
– Späte Mehrheit
– Nachzügler

Eine erfolgreiche Diffusion findet nur statt, wenn Innovatoren mit hoher Risikobereitschaft neue Wege gehen, dieses Vorbild zur Nachahmung durch Frühe Adopter beiträgt und dann eine Mehrheit an Nutzern mobilisiert, die zur Bildung einer 'kritischen Masse' führt. Für die Online-Dienstleistungen kann zweifellos ein fortgeschrittener Diffusionsprozess mit einer beachtlichen Ausstattung an onlinefähigen Endgeräten festgestellt werden.

2.1.2. Unternehmen

Wirtschaftsunternehmen haben längst die hohe Bedeutung von Online erkannt. Jedes größere Unternehmen ist heute im Netz (kleine und mittlere Unternehmen holen auf) und macht es sich nutzbar als Informationsinstrument (z.B. für Recherchen im Einkauf) oder zur Kommunikation mit Geschäftspartnern (Selbstdarstellung im Rahmen von PR; Werbung und Verkaufsförderung). Immer mehr ins Zentrum des Interesses rücken aber die direkten Verkaufsanstrengungen ('Hard Selling') im Rahmen von E-Commerce. Die Unternehmen haben in diesem Zusammenhang einen immer größer werdenden Unterstützungsbedarf nach Marktdiensten, den sie in den unterschiedlichen *Phasen der Geschäftsabwicklung* nachfragen (vgl. Heil 1999, 30ff.):

- Informationsphase: Bedarf nach Geschäftsregeln (z.B. Abrechnungsmodalitäten), Bedarf nach differenzierten und benutzerfreundlichen Darstellungsmöglichkeiten des Gesamtangebotes
- Vereinbarungsphase: Bedarf nach der Möglichkeit zum Abschluss von rechtlich bindenden Verträgen in mediatisierter Form (Electronic Contracting)
- Abwicklungsphase: Bedarf nach Finanzdiensten für den Zahlungsverkehr, nach Schnittstellen zu Logistikdiensten und nach Versicherungsdiensten

Entsprechende Online-Dienstleistungen sind erforderlich, um die Unternehmen in die Lage zu versetzen, ihre *Geschäftsprozesse* auf eine neue, *effizientere Grundlage* zu stellen. So gehen immer mehr Unternehmen – vorzugsweise größere, in einer komplexen Umwelt agierende – dazu über, das Internet als interne Plattform zur Steuerung von Information, Wissen, Kommunikation und Geschäftsprozessen zu nutzen. Solche *Intranet- oder interne Pool-Lösungen* gewinnen stark an Bedeutung. Im Transaktionssegment Business-to-Business werden zunehmend *Extranet-Lösungen* relevant, bei denen ausgewählte Lieferanten und Kunden in eine gemeinsame Informations- und Abwicklungsplattform mit dem Unternehmen gebracht werden mit dem Ziel, Rationalisierungspotentiale auszuschöpfen, die Kundenbindung zu verstärken oder einen besseren Service zu bieten. Die Organisation löst sich damit an den „Rändern" gewissermaßen auf; es entstehen Formen der *Virtualisierung der bestehenden Unternehmensorganisationen*.

2.1.3. Administration

Stark aufgeholt in der Nachfrage nach Online-Dienstleistungen haben Verwaltungen und andere öffentliche Dienstleister. Alle größeren Städte sind heute im Netz; der Diffusionsprozess ist teilweise bis zu kleinen und kleinsten Kommunen fortgeschritten. Hauptstoßrichtung ist dabei bislang hauptsächlich die PR-Darstellung und das Aufzeigen touristischer Angebote und gewerblicher Investitionschancen. In dieser Richtung treten Verwaltungen als Anbieter ihrer Leistungen auf. Die Angebote werden laufend erweitert und verfeinert.

Administrationen werden in der Rolle als Nachfrager – analog zu Unternehmen – ein besonderes Augenmerk auf die Beschaffung qualifizierter Informationen legen, z.B. im Bereich der öffentlichen Beschaffung. Um ihre Kosten zu senken, werden sie ferner an der onlinebasierten Steuerabwicklung mit Privatpersonen und Unternehmen interessiert sein. Für die Verbesserung der Kommunikation innerhalb des öffentlichen Sektors werden sie bereit sein, Online-Dienstleistungen zu prüfen und zielgerecht einzusetzen.

Noch wenig betont ist die politische Komponente. Städte, Gemeinden und staatliche Entscheidungsträger können Online gezielt dazu einsetzen, um bessere Informationen über die Bürger als 'Kunden' zu gewinnen und um die Bürgerbeteiligung an politischen Entscheidungsprozessen entscheidend zu verbessern. So bieten etwa Diskussionsforen die Möglichkeit, die Prozesse der Meinungsbildung über die unterschiedlichsten Themen positiv zu unterstützen, 'Good Will' zu zeigen und beste Bürgernähe zu praktizieren. Ferner können die Planungs- und Entscheidungsprozesse der Verwaltung auch bei gesetzlich vorgeschriebener Bürgerbeteiligung unterstützt werden (zur Thematik vgl. Kommune Online, 1998).

2.2. Anbieter

2.2.1 Informatoren

Als *Anbieter von Informationen* kommen Privatpersonen, Unternehmen und Administrationen in Frage. Informatoren stellen in elektronischen Märkten Informationen zum Abruf bereit, die sie entweder selbst erzeugen, die sie von Dritten beziehen oder von den Nutzern erzeugen lassen. Unter 'Anbieter' ist ein Anbieter von Inhalten ('Content Provider') zu verstehen, die er entweder monomedial z. B. als Text oder (zunehmend) multimedial (Text, Grafik, Standbild, Audio, Video, Computer Animation, Daten) aufbereitet. Die Onlinenutzer können auf die gesuchten Informationen gezielt und interaktiv bzw. mit einem hohem Grad an Selektivität zugreifen, wodurch ein Transaktionsmodus im Sinne eines 'Content on Demand' zustande kommt.

Bei *privaten Informatoren* ist z. B. an die Erstellung einer eigenen Homepage zu denken, die als Visitenkarte im Netz fungiert. Möglich sind Web Services, Newsletters ohne kommerziellen Hintergrund. Eine gewisse Attraktivität haben Web Cameras erlangt, die aus persönlichen Lebensfeldern Eindrücke nach außen vermitteln. *Kommerzielle Informatoren* können als Informationsvermarkter verstanden werden; sie werden im Abschnitt 'Verkäufer' behandelt.

2.2.2 Kommunikatoren

Nach der bekannten „*Lasswell-Formel*" kann man das Kommunikationsgeschehen in fünf Stufen differenzieren:

- Kommunikator: Wer?
- Botschaft: sagt was?
- Kanal: über welchen Transportweg?
- Rezipient: zu wem?
- Effekt: mit welcher Wirkung?

Kommunikatoren haben das Ziel, Verständigung mit Rezipienten zu erreichen und dabei eigene Interessen durchzusetzen. Notwendig ist, dass ein geeigneter Übertragungskanal für die Botschaften zur Verfügung steht, den Anbieter von Online-Dienstleistungen zur Verfügung stellen. Damit kommt ihnen eine mediale Rolle zu: Sie üben eine Kanalfunktion aus, mit der sie Verständigung zwischen Inhalte-Anbietern (Kommunikatoren) und Inhalte-Nachfragern (Rezipienten) möglich machen. Sie können in dieser Hinsicht als eine neue Generation von Medien verstanden werden und stehen in einer Reihe mit Zeitungen, Zeitschriften, Radio und Fernsehen.

Für *private Kommunikatoren* stellen Online-Kanäle eine hoch attraktive Kommunikationsmöglichkeit dar. E-Mail wird gar als 'Killerapplikation' bezeichnet, womit man ausdrücken will, dass die Kommunikation über dieses Medium der Onlinenutzung zur massenhaften Verbreitung verhelfen wird. Zur Verfügung stehen neben E-Mail-Messaging des weiteren Diskussionsforen, Chats, News Groups, Schwarze Bretter. Die diesbezügliche Nutzung hat enorm zugenommen und ist in vielen Nutzersegmenten Bestandteil des Alltags. Kommuniziert wird zwischen zwei Personen (Punkt-zu-Punkt), zwischen einer Person und einer Kleingruppe (Punkt-zu-Mehreren), zwischen einer Person und einer Großgruppe (Punkt-zu-Vielen), in Kleingruppen (Mehrere-zu-Mehreren), in Großgruppen (Viele-zu-Viele) bis hin zu 'Viele-zu-Einem' z. B. bei einem Chat mit einem Pop- oder Medienstar.

Hoch zu beachten sind in diesem Zusammenhang so genannte *virtuelle Communities*. Darunter werden interaktive Gemeinschaften von Personen oder Organisationen im Cyberspace verstanden. Der Kern einer Community ist stets ein zentrales Thema, der Themenfokus, um den herum sich die Mitglieder 'versammeln'. Communities werden von einem Organisator veranstaltet. Voraussetzung für den Erfolg sind Inhalte (Content) und die aktive Beteiligung der Mitglieder, die Erfahrungen und Wissen einbringen, Ideen vorstellen und Diskussionsgruppen moderieren. Wenn Communities eine kritische Masse erreicht haben, werden sie kommerziell interessant. So hat AOL im Jahr 1999 die Community 'GeoCities' für vier Milliarden US-Dollars erworben, die zu einem ohnehin schon gigantischen Angebot an 'eGroups' im fünfstelligen Bereich hinzutritt, davon mehr als Tausend in deutscher Sprache. Auch für Wirtschaftsunternehmen gewinnen Communities zunehmend an Bedeutung, da sie die Möglichkeit zu völlig neuer Kundenkommunikation eröffnen.

Kommerzielle Kommunikatoren sind mit dem Begriff 'Indirekte Transaktionssucher' bezeichnet worden (vgl. Heil 1999, 115ff.). *Indirekte Transaktionssucher* sind Unternehmen, die den Onlinemarkt weniger dafür einsetzen, um direkt Transaktionen und damit Umsatz zu generieren, sondern lediglich um ihre Präsenz zu zeigen, ihre Produkte online darzustellen (Werbung, Verkaufsförderung), das Unternehmen als Ganzes zu kommunizieren (PR) und den Informationsstand der Nachfrager nach den eigenen Angeboten zu verbessern. Diese Unternehmen stellen nach wie vor die herkömmliche Vermarktung ihrer Produkte über konventionelle Vertriebswege in den Vordergrund. Die Präsenz auf dem Onlinemarkt dient primär dazu, Transaktionen auf den konventionellen Märkten anzubahnen. Nach ihren Zielsetzungen können indirekte Transaktionssucher in *zwei Typen* unterschieden werden: zum einen in die Marketingkommunikatoren, zum anderen in die Unternehmens-/Organisationskommunikatoren. Erstere präsentieren vorrangig die Palette ihrer Produkte und Leistungen (z.B. Automobilhersteller, Hersteller von Verbrauchsgütern wie Nestlé, Beiersdorf, Coca-Cola), letztere stellen das ganze Unternehmen bzw. die Organisation in den Vordergrund des Online-Auftritts (z.B. Shell, AT&T oder zahlreiche Organisationen ohne Erwerbscharakter).

Im Zuge der zunehmenden Entwicklung zum E-Commerce ist zu erwarten, dass die Unternehmen immer mehr gezwungen sein werden, die (passive) Onlinenutzung allein zu Kommunikationszwecken aufzugeben und das Netz als 'Verkaufsmaschine' aktiv zu nutzen. Ihre Rolle wird sich also von indirekten zu direkten Transaktionssuchern wandeln. Voraussetzung für diese Entwicklung ist die Lösung von Transaktionsproblemen wie dem elektronischen Zahlungsverkehr und der Garantie von Rechtssicherheit. Diese Entwicklung ist im B-to-B-Bereich (Business to Business) deutlich weiter fortgeschritten als im B-to-C-Bereich (Business to Consumer).

2.2.3. Verkäufer

Zahlreiche *bestehende Unternehmen* nutzen das Netz, um einen *Internet- oder Web-Shop* zu eröffnen und damit – komplementär zu den herkömmlichen Absatzkanälen – auch online am Markt präsent zu sein. Geradezu überlebensnotwendig ist dies für Unternehmen, die mit digitalisierten Produkten bzw. Informationen handeln. Diese haben die Eigenschaft, dass nicht nur die Geschäftsanbahnung (Phasen der Information und der Vereinbarung) online erfolgen kann, sondern sogar die Auslieferung des Produktes. Zu denken ist an das Electronic Publishing von Medienunternehmen (Zeitungs- und Zeitschriftenverlage, Rundfunkunternehmen), an die Produkte der Softwareentwickler, an Musikproduktionen oder an Finanzdienstleistungen. Im Bereich der Vermarktung materieller Produkte und unmittelbar an menschliche Tätigkeiten gebundener Leistungen sind besonders der Versandhandel und der Einzelhandel über große Kaufhausketten für Online sensibilisiert. Diese haben schon früh die erwachsende Konkurrenz erkannt und rüsten sich für den gelegentlich als radikal bezeichneten Umbau der Wertschöpfungsprozesse und Vertriebswege.

Neben den bestehenden Unternehmen ruft die Onlinewelt eine Vielzahl *neuer Unternehmen* auf den Plan, die sich speziell auf E-Commerce spezialisieren. Deren Geschäftsmodell ist auf die reine Online-Vermarktung ausgerichtet. Die Beispiele sind zahllos und finden sich vor allem bei der Vermarktung von Computern (Dell), Software, Büchern, Spezialmagazinen ('E-Zines'), Finanzdienstleistungen (Online-Banken), Reisen, aber z.B. auch von Lebensmitteln.

Verkäufer im Netz, ob sie nun komplementär oder exklusiv dort agieren, sind als 'direkte Transaktionssucher' bezeichnet worden (vgl. hier und nachfolgend Heil 1999, 108ff.). *Direkte Transaktionssucher* sind also Unternehmen, die ihre Produkte an Endkunden (Konsumenten, Unternehmen) gegen Entgelt vermarkten. Sie nutzen die Onlinemärkte als Distributionskanäle entweder für die von ihnen selbst erstellten Waren und Dienstleistungen (= Direktabsatz) oder für von Dritten hergestellte Güter (= Handel). Nach der Art der vermarkteten Produkte sind direkte Transaktionssucher in vier Gruppen zu unterscheiden:

– Konsumgüter
– Investitionsgüter
– Dienstleistungen
– Informationsprodukte

Anbieter der ersten drei Produkttypen bewegen sich in der Welt der materiellen Produkte (Waren) und der (mit persönlichem Einsatz von Menschen zu erbringenden) Dienstleistungen; man kann sie als 'Produkt-/Leistungsvermarkter' zusammenfassen. Anbieter von Informationsprodukten können als 'Inhalte-/Informationsvermarkter' bezeichnet werden. Letztere genießen den Vorzug, dass sie ihre Produkte im Wege von Online nicht nur bewerben und verkaufen können, diese sogar an ihre Kunden online auslieferbar sind.

Inhalte-/Informationsvermarkter haben eine natürliche Affinität zu den konventionellen Inhalteanbietern wie Rundfunk und

Presse. Insofern verwundert es nicht, dass die Akteure der konventionellen Publizistik – aktiv oder gezwungenermaßen – ganz nachhaltig auch als Online-Vermarkter auftreten. So sind alle Rundfunkunternehmen mit einer Fülle spezieller Angeboten online präsent (ARD Tagesschau, diverse ZDF-Sendungen, SAT1 Harald Schmidt, CNN, RTL, NBC, um nur einige zu nennen). Die Angebote der Sender zeichnen sich dadurch aus, dass sie für den Nutzer vorwiegend entgeltfrei verfügbar sind, sich also entweder aus Werbung oder Rundfunkgebühren finanzieren (Ausnahme z.B. Live-Video-Angebot von Bloomberg Business TV). Langfristig ist eine Entwicklung in Richtung entgeltpflichtigen Angeboten zu erwarten. – Neben den Rundfunkveranstaltern sind die Zeitungs- und Zeitschriftenverlage ebenfalls online voll präsent. Tages- und Wochenzeitungen vermarkten in der Regel Teile ihres Angebotes werbefinanziert, zusätzliche Funktionen wie Zugriffe auf Datenbanken, Archive, Hintergrundinformationen gegen Entgelt. Weitgehend werbefinanziert ist das elektronische Angebot der Publikumszeitschriften (Focus, Spiegel, Time Magazine), der Special-Interest-Zeitschriften (Fortune, DM) und der Fachzeitschriften (PC Magazine). Wissenschaftliche Fachzeitschriften vermarkten ihre Inhalte dagegen weitgehend entgeltfinanziert. Festzustellen sind neben den genannten 'klassischen Content Providern' jedoch auch Anbieter, die ihre Inhalte exklusiv über den elektronischen Vertriebskanal zum interaktiven Abruf anbieten oder zu fest vereinbarten Zeitpunkten ohne weitere Aufforderung an Kunden versenden. Für alle Inhalte-/Informationsvermarkter stellt sich gemeinsam die Frage, wie sie ihre Online-Angebote positionieren wollen, also ob sie lediglich eine Zweit- oder Parallelverwertung der originären Inhalte vornehmen sollen, oder ob sie eigens für den Onlinemarkt redaktionell aufbereitete und produzierte Inhalte anbieten. Die strategischen Konzepte der Inhalteanbieter zeigen hier eine große Vielfalt.

2.3. Intermediäre

2.3.1. Marktbetreiber

Marktbetreiber sind vorrangig *technisch agierende intermediäre Einrichtungen*. Sie stellen die Infrastrukturbasis bereit, die einen elektronischen Markt überhaupt erst möglich macht, sie schaffen sozusagen den Markt, also den 'Ort', an dem Anbieter und Nachfrager zusammentreffen können. Erforderlich sind technische Dienstleistungen auf vier Ebenen (vgl. Strauß/Schoder 1999, S. 63 f.):

– Technische Telekommunikationsinfrastruktur: Vielzahl von untereinander verbundenen Computer-, Kabel-, Telefon-, Mobilfunk- und Satellitennetzen, sowie die dazu gehörigen Endgeräte
– Dienste der Datenkommunikation: realisieren die Übertragung der Datenpakete durch geeignete Protokolle
– Digitalisierte Inhalte: sind Sprache (Audio), Grafiken, Bilder und Bewegtbilder (Video)
– Dienste für die Anbahnung, Vereinbarung und Abwicklung von Transaktionen: Sicherheitsmechanismen wie Verschlüsselung und digitale Unterschrift, Authentifizierungsdienste, elektronische Zahlungssysteme, Navigationshilfen.

Im Zentrum steht der Betrieb von Netzinfrastrukturen für die Vermittlung und den Transport der Informationen. Diese Infrastrukturen lassen sich unterscheiden in das analoge Telefonnetz, das diensteintegrierende Netz (ISDN), das Breitbandkabelverteilnetz, das Satellitennetz und das Mobilfunknetz. Nicht alle Netze sind geeignet, in vollem Umfang multimediale Daten zu transportieren; die Perspektiven für die Zukunft sind jedoch günstig (ADSL, ATM). Alle Betreiber von Netzinfrastrukturen (Netzbetreiber) haben größtes Interesse daran, sich als Marktbetreiber in Onlinemärkten zu positionieren. Das entscheidende ökonomische Erfolgskriterium ist dabei das Ausmaß der Anwerbung von Kunden für den Onlinezugang und damit ihre Stärke als *Internet Access Provider*. Stark im Kommen ist der mobile Internetzugang. Als Marktbetreiber in diesem Sinne konkurrieren drei Gruppierungen:

– Führende (generische) Online-Dienste: z.B. T-Online, AOL
– Service Provider: z.B. Viag Interkom, Netsurf, Germany.net
– Call by Call Provider: z.B. Mobilcom, Otelo, Arcor

Erstere bieten neben dem Zugang zum Netz auch eigene Inhalte und Serviceleistungen an und sind massenorientiert. Service Provider besorgen für ihre Kunden ausschließlich den Zugang zum Internet und werben mit dem Argument hoher Geschwindigkeiten im Netz. Letztere setzen hingegen auf Ungebundenheit des Nutzers, der jederzeit den günstigsten Online Anbieter frei wählen kann. Es ist bemerkenswert, dass im Feld des Internet Providing eine erbitterte *Konkurrenz* stattfindet. Alle Online agierenden Akteure haben erkannt, dass der Zugang zur Onlinewelt ein wichtiges Erfolgskriterium ihrer Aktivitäten ist. Wer das Eingangstor ('Gate', 'Portal') beherrscht oder zumindest überblicken kann, hat Vorteile. So ist es zu verstehen, dass die Preise für den Zugang zum Netz immer mehr verfallen und zahlreiche 'Free Service Provider' auftreten. Deren Finanzierung geschieht über Umwege, z.B. durch Werbeschaltungen oder Teilung ('Sharing') von Telefonkosten.

2.3.2. Inhaltepaketierer

Inhaltepaketierer sind Online-Anbieter, die aus der mittlerweile unübersehbaren Fülle der (autonomen) Angebotsinformationen *spezielle Angebote auswählen und zu neuen Informations-„Paketen" bündeln* (vgl. Heil 1999, 118ff.). Die neuen Pakete sollen vom Endkunden als neuartige, eigenständige und kohärente Informationsprodukte erkannt und nachgefragt werden. Um die Pakete in ihrer Funktion und in ihrem Nutzen für den Nachfrager aufzuwerten, werden die ursprünglichen Angebote immer wieder durch selbst erstellte Angebote ergänzt mit dem Ziel, echten Mehrwert für den Endkunden zu erzeugen. Inhaltepaketierer vermarkten ihre Produkte entweder werbe- oder entgeltfinanziert.

Geschäftsziel der Inhaltepaketierer ist die Reduktion von Komplexität, wie sie in den Online-Massenmärkten zunehmend festzustellen ist: Aus Anbieterperspektive stellt sich mit fort schreitender Akzeptanz des Mediums Online das Problem zunehmender Marktteilnehmer- und Angebotszahlen, was zu geringer Sichtbarkeit und Transparenz führt. Die Kunden stehen dem gegenüber vor dem Problem, dass sie die gewünschte Informationen immer schwerer auffinden und die Evaluation der Suchergebnisse Schwierigkeiten bereitet. Inhaltepaketierer filtern und strukturieren die chaotische Informationsflut und bieten dem Kunden dadurch einen 'Transparenzservice'. Sie sichern ferner die Aktualität der Angebote und sorgen dafür, dass die originären Anbieter bestimmte Qualitätsstandards einhalten (müssen). Schließlich schaffen sie die Voraussetzungen, damit die Kommunikation zwischen Anbietern und Kunden möglich wird ('Match Making').

Die Gruppe der Inhaltepaketierer ist vielfältig und wächst ständig. Ihre Angebotsbündel können als 'Plattformen' bezeichnet werden, auf denen sie Nutzerschaften zusammen führen und (Zielgruppen-)spezifisch bedienen. Tendenziell ist eine Vielzahl unterschiedlichster Inhaltepaketierer auszumachen. Nachfolgend seien *sieben Typen* besonders heraus gestellt:

- Generische Plattform: Traditionelle Online-Dienste-Anbieter
- Plattform Recherche und Navigation: Suchmaschinen, Portale
- Plattform Handel: Online-Einkaufszentren, Shopping Malls, virtuelle Marktplätze
- Plattform Forum: Makler, Broking
- Plattform Nachfrage: Einkaufsgemeinschaften
- Plattform Service: Support für Mitglieder
- Plattform Bildung: Online Learning

Auf der *generischen Plattform* agieren insbesondere die traditionellen Online-Dienste (in Deutschland T-Online, AOL, Compuserve). Sie zeichnen sich durch ein Mitgliedschaftsmodell aus, durch das zwischen dem Online-Dienst und dem Mitglied eine langfristige Kundenbeziehung aufgebaut werden soll. Sie betreiben einen eigenen Server mit Inhalten für eine geschlossene Benutzergruppe und bieten darüber hinaus einen Zugang zum Internet. Als Inhaltepaketierer betätigen sie sich insoweit, als sie fremd erstellte Angebote selektieren, bündeln und zum Abruf bereit halten. Sie nehmen damit – wie oben definiert – eine Vermittlerrolle zwischen den Präferenzen der Kunden und den Transaktionssuchern ein. Allerdings muss die Abgrenzung zu den o.g. Inhalte-/Informationsvermarktern unscharf bleiben, da Online-Dienste der herkömmlichen Art gerade durch ihre selbst erstellten Inhalte auffallen, die sie den Mitgliedern gegen Entgelt zugänglich machen. Zusatzangebote an Informationen werden als Instrument der Differenzierung zu Konkurrenten im Kampf um den Markterfolg gesehen. Betont wird dies noch dadurch, dass die Online-Dienstleistungen im Rahmen eines gesonderten, so genannten 'proprietären' Speicher- und Übertragungssystems angeboten werden. Zu beachten ist an dieser Stelle, dass zunehmend auch *regionale Online-Dienste* (z. B. 'berlin.de') und *Dienste von regionalen Tageszeitungen* in die Rolle von Generalisten schlüpfen und entsprechende allgemeine Plattformen zur Verfügung stellen.

Auf der *Plattform Recherche und Navigation* betätigen sich vor allem Internet-Suchmaschinen. Sie erstellen für Nutzer im Internet nach den individuellen Präferenzen ausgerichtete Hyperlink- und Stichwort-Datenbanken (Trefferlisten). Dabei setzen sie intelligente Softwareagenten ein, um auf die von den Nutzern eingegebenen Suchbegriffe zu reagieren. Suchmaschinen zeichnen sich durch eine hohe Nachfrage aus und sind als Werbeträger interessant, so dass sie überwiegend kostenlos genutzt werden können. Mit fortschreitender Online-Durchdringung und der damit einher gehenden Informationskomplexität werden Suchmaschinen immer bedeutender, auch wirtschaftlich, was sich in zum Teil gigantischen Börsenwerten ausdrückt. Suchmaschinen können zum einen als generelle Sucheinrichtungen ausgelegt sein (z. B. Yahoo, Web.de, Altavista), zum anderen können sie sich auf spezifische Themenstellungen konzentrieren (Intelligente Agenten, Web-Scouts, Spezialsuchmaschinen z. B. für Zeitungsartikel oder Immobilien). Die Zunahme der Zahl der Suchmaschinen hat dazu geführt, dass inzwischen 'Meta-Suchmaschinen' eingerichtet wurden.

Eng verwandt mit den Suchmaschinen sind die so genannten *'Portale' oder 'Portal Sites'*. Sie stellen ein Internet-Angebot dar, von dem aus eine nennenswerte Masse von Internet-Nutzern – z. B. zehn Prozent aller Nutzer – ihren Besuch im WWW beginnen und zu dem sie immer wieder zurückkehren. Zwei Arten von Portalen sind zu unterscheiden: (1) Die *'natürlichen Portale'*, die von den Herstellern und Vertreibern von Browsern (z. B. Microsoft, Netscape) oder die von Internet-Zugangs-Lieferanten (z. B. T-Online, AOL, UUnet) als Startseite eingestellt werden. Bei Firmen erscheint oft die Homepage des Unternehmens als beim Starten des Browsers. (2) *'Gewohnheitsportale'*. Dies sind Internet-Seiten, die vom Nutzer intuitiv immer dann aufgesucht werden, wenn er im Netz aktiv werden will. Für Suchanfragen geht er zu Suchmaschinen, seine E-Mails verschickt er z. B. über Hotmail, beim Online-Shopping geht er zu einer Einkaufs-Mall oder als Bürger zu einem regionalen Online-Dienst. Zahlreiche Spezialportale bemühen sich um die Gunst der Nutzer, so gibt es z. B. Portale für Industrieangebote, für Medizin oder für das Thema Wissen. Gewohnheitsportale entstehen durch die klassische Konditionierung der Nutzer, die nachhaltig durch die 'First-in-Market'-Position, von den Marketing-Anstrengungen der Betreiber und von dem Maß der Konzentration von Nutzwert für den Nutzer bestimmt wird. Portale sind also *Wegweiser durch den Informationsdschungel* und versuchen Nutzerschaften generell oder themenbezogen anzusprechen. Da Portale das Ziel verfolgen, hohe Nutzerzahlen zu generieren und Nutzergruppen nach Themen zu vereinigen, sind sie als Instrumente der Werbekommunikation hoch interessant.

Auf der *Handels-Plattform* finden sich Inhaltepaketierer ein, um Online-Einkaufszentren (synonym: Shopping Malls, virtuelle Marktplätzen, E-Commerce-Plattform) zu betreiben. Sie verfolgen das Ziel, einen wirtschaftlichen Ertrag zu erreichen oder – wie bei einem traditionellen Online-Dienst – den Anspruch eines umfassenden Services zu untermauern. Im Gegensatz zu 'einfachen' Anbietern sind sie ausschließlich auf die Bündelung von Transaktionsangeboten Dritter ausgerichtet. Ihre (intermediäre) Leistung besteht darin, geeignete Transaktionssucher (Verkäufer) auszuwählen und diese dazu zu motivieren, an einem gemeinsamen Vermarktungskonzept mitzuwirken. Voraussetzung für das Gelingen dieses Unterfangens ist es, dass die Identität und die optische Gestaltung der Anbieter-Interessenten auch im Online-Einkaufszentrum erhalten bleibt. Auf der anderen Seite hat das Einkaufszentrum ein Interesse daran, ein neues, aus dem Gesamtangebot zusammen gestelltes Sortiment mit eigener Struktur und eigenem Profil präsentieren. Der Zugang für Endkunden zum elektronischen Einkaufszentrum ist weitgehend kostenlos, da es sich entweder aus Werbung oder aber aus Provisionen an den getätigten Umsätzen vom Warenwert finanziert.

Bei Handelsplattformen ist zwischen (1) Plattformen für *private Endkunden* und (2) *Business-to-Business-Plattformen* zu unterscheiden. Beide Segmente sind in großer Vielfalt entstanden, wobei letzteren noch eine höhere Bedeutung zukommt. Sie können z. B. in einfacher Form betrieben werden, indem nur eine kleine Auswahl renomierter Teilnehmer aus einer Branche oder nur ein Produkt beteiligt ist (z. B. Stahl bei 'e-Steel'). Hier erfolgt eine Beschränkung auf wenige, einander bekannte Teilnehmer, die von einem gegenseitigen Vertrauenspotential zehren. Ein solches Modell funktioniert nur für oligopolistische Märkte mit homogenen Gütern. Komplexere Formen sind z. B. in Zentren zu finden, die ganze Branchen versammeln. So betreibt in den USA ein Anbieter ('VerticalNet') einen Marktplatz von vierzig Branchen, die von Nahrungsmitteln über Klebstoffe bis zu Farben und Kunststoffen reichen. Es werden nur Branchen aufgenommen, die mindestens 10 Milliarden Dollar Umsatz machen. Außerdem gilt eine Untergrenze von 3000 Firmen und mindestens 40000 Kunden für jede Branche. Transaktionskosten werden nur fällig, wenn die Organisatoren bei der Geschäftsvermittlung aktiv eingeschaltet wurden. Eine Haftung für die Bonität der Teilnehmer gibt es nicht, der Zahlungsverkehr wird direkt zwischen den Vertragspartnern geregelt.

Handelsplattformen haben gegenüber selbständig betriebenen Web-Shops den Vorteil, dass sie keine Lagerhaltung, keine eigene Warenbewirtschaftung und wenig Personal beanspruchen. So ist es nicht verwunderlich, dass zahlreiche Web-Shop-Betreiber mit eigener Logistik (z. B. Amazon) versuchen, sich vom Web-Shop zur Handelsplattform zu bewegen. Eine solche „Migration" ist aber zumeist schwierig, da die Ersten im Markt regelmäßig einen großen Know-How- und Markt-Vorsprung aufweisen.

Eine besondere Beachtung verdienen des weiteren diejenigen Inhaltepaketierer, die als *Makler ('Broker')* eine Vermittlerrolle zwischen Angebot und Nachfrage ausüben Diese *Forum-Plattform* steht insbesondere auch für die Veranstaltung von *Auktionen* und *Börsen* jedweder Art (von Flugtickets bis Jobs). Festzustellen ist, dass vor allem der gewerbliche Bereich in der Nutzung dieser Angebote weit fortgeschritten ist. Virtuelle Auktionen werden von speziellen Online-Auktionshäusern durchgeführt (z. B. Ricardo im Konsumentenbereich) oder als Zusatzleistung von Online-Einkaufszentren. Für den Nachfrager haben sie den Vorteil weltweiter Reichweite, der Reduktion von Transaktionskosten und die Stärkung seiner Marktmacht durch einen höheren Preisdruck zwischen den Anbietern. Vorteile für den Anbieter sind: Reduktion von Blindleistungen, neue, weltweite Marktpotentiale, unmittelbarer Wettbewerbsvergleich, erhebliche Senkung der Vertriebskosten, lukrativer Absatzkanal für Restposten und neue Waren, Ermittlung von Marktpreisen bei einer Produkteinführung. Im Business-to-Business bieten sich Auktionen besonders für verderbliche Waren oder für zeitlich begrenzte Produkte wie Werbeschaltungen (Anzeigen in Zeitungen, TV-Spots) an. Im engen Zusammenhang sind *Börsen* zu sehen, von der Online-Wertpapierbörse bis zu Börsen für Massengüter wie Strom, Stahl und Papier. Mit den digitalen Möglichkeiten könnte auch der Realtausch von Gütern ('Bartering') eine zunehmende Bedeutung erhalten. Allen Formen ist gemeinsamm dass ein Organisator das Clearing und die Abwicklung aller Geschäfte übernimmt.

In Abgrenzung zu den bisher dargestellten Inhaltepaketierer können Anbieter gestellt werden, die es sich zur Aufgabe machen, speziell den Nachfrager in seiner Marktposition zu stärken. In Frage kommen hier Preisagenturen ('Preisvergleichsmaschinen'), Hinweisdienste auf Billig- oder kostenlosen Angeboten, Inhaltepakete in Verbindung mit dem Verbraucherschutz oder Gesundheitsinformationsnetze. Im Kern geht es um die Bildung virtueller oder tatsächlicher *Einkaufsgemeinschaften*, um die Nachfragermacht auszuspielen. Zahlreiche Einkaufsplattformen sind im kommerziellen Bereich längst entstanden mit dem Ziel, die Beschaffungskosten zu senken. Im Hinblick auf die Konsumenten sind Zusammenschlüsse von Nachfragern, z. B. mit dem erklärten Ziel, Marktmacht gegenüber der Anbieterseite aufzubauen, ökonomisch relevant. Vielfältige Formen entstehen, bis hin zu Angeboten, die Verbrauchermeinungen zu Produkten und Themen des täglichen Lebens sammeln und vermarkten oder zu Online-Diensten für ältere Menschen (z. B. 'SeniorenOnLine').

Eine attraktive Form der Paketierung von Inhalten entsteht, wenn *Verbände, Organisationen oder Interessensgemeinschaften* aktiv werden. Als Inhaltepaketierer nutzen sie das Internet, um ihren *Mitgliedern* einen *zusätzlichen Service* zu bieten. Die Beispiele sind zahlreich. So unterhält beispielsweise das Institut der deutschen Wirtschaft einen Online-Informationsdienst für die Gründung von Unternehmen, über den Anlaufstellen, Existenzgründerbörsen oder Marktplätze für gebrauchte Maschinen zugänglich sind. Branchen- oder berufsbezogene Plattformen sind am Markt, so z. B. in Baden-Württemberg eine Online-Arbeitsplattform für Beratende Ingenieure: Die Ingenieurkammer stellt der mittelständischen Bauwirtschaft Wissen über Ausschreibungen, Patente, Produkte, Tools und Dienstleistungen zur Verfügung, andererseits auch organisatorisches und technisches Wissen, das zur kooperativen Planung von Bauvorhaben dient. Über die Plattform soll die Bildung virtueller Ingenieurunternehmen angeregt werden. Das hier skizzierte Modell findet sich in vielen weiteren Bereichen, so z. B. im Handwerk, in der Werbebranche oder für die Landesärztekammern (z. B. 'Deutsches Gesundheitsnetz').

Weitere Plattformen sind denkbar, auf denen Inhaltepaketierer erfolgversprechende Online-Dienste anbieten können. Heraus gestellt sei nur noch die Plattform für Bildungsangebote, die *virtuelle Bildungsplattform* ('Online Learning'). Sie ist als stark expandierend anzusehen, vor allem im Hinblick auf die Weiterbildungsanstrengungen von Unternehmen und Organisationen. Zahlreiche (Groß-)Unternehmen arbeiten am Aufbau vernetzter Systeme, die sie intern z. B. im Rahmen ihrer 'Corporate University' einsetzen oder als Intranet-System den Mitarbeitern zugänglich machen. Zu fragen ist, wie sich die Inhaltepaketierung von Onlineangeboten auf das öffentliche Bildungssystem auswirken wird. Fest steht, dass der Online-Betrieb von virtuellen Lernwelten und Akademien zunehmend attraktiver wird.

3. Ökonomische Bedeutung von Online-Dienstleistungen

3.1. Betriebswirtschaftliche Perspektive

3.1.1. Konzeption und Vermarktung von Produkten

Die *ökonomischen Konsequenzen der zunehmenden Penetration von Online-Dienstleistungen* auf die Unternehmen sind enorm. Schlüsselfaktoren sind die zunehmende Vernetzung aller Akteure zu einer Netzwerk-Ökonomie auf digitaler Basis und die zunehmende Produktion und Nutzung von Informationsprodukten. Der Informationssektor der Volkswirtschaft wächst kontinuierlich. Besonders krassen Auswirkungen sehen sich diejenigen Unternehmen ausgesetzt, die Informationsprodukte herstellen und vermarkten und die in hohem Maße Informationsprodukte in ihren Wertschöpfungsprozessen einsetzen.

Hersteller von Informationsprodukten stehen zunächst vor dem Thema einer zunehmenden Gefahr der 'Kannibalisierung' durch *neue Konkurrenzprodukte*. Noch nie zuvor war es möglich, mit einem neuen Produkt in kürzester Zeit größte Kundenkreise anzuziehen. So ist nur im Internet das Beispiel Netscape denkbar, das innerhalb von nur drei Jahren 40 Millionen Kunden gewonnen hatte. Kein anderes Markenunternehmen hat das je erreicht. Das Beispiel der Internet-Buchhandlung 'Amazon' zeigt, wie selbst ein etabliertes Unternehmen, gegebenenfalls sogar der Marktführer, in kürzester Zeit von einem neuen Onlineprodukt an den Rand gedrängt werden kann oder gar zur Aufgabe gezwungen wird. Informationsproduzenten stehen des weiteren vor dem Thema der *Individualisierung und Personalisierung von Produkten*. Mit dem Eintritt in die digitale Welt eröffnen sich ihnen ganz neue Möglichkeiten, die mit dem Begriff 'Versioning' beschrieben werden. Dabei handelt es sich um die Möglichkeit zur Produkt- und Preisdifferenzierung digitaler Inhalte, bei der mit wenig Aufwand die Produkteigenschaften nach Leistungsumfang oder Aktualität differenziert werden können (vgl. Die Internet-Ökonomie 1999, 186ff.). So kann eine kommerzielle Datenbank unterschiedlichen Nutzerkreisen (z. B. geschäftliche oder private Nutzung) in größerem oder kleinerem Umfang „zugespielt" werden, oder können Finanzinformationen für professionelle Nutzer in Echtzeit zu hohem Preis geliefert werden, während sie für private Anleger erst später verfügbar sind. Versioning ist dem Trend zur so genannten *Mass Customization* in der industriellen Massenproduktion verwandt, bei der Industrieprodukte gezielt nach den Wünschen der Kunden angefertigt werden.

3.1.2. Wertschöpfungsprozesse

Die Verfügbarkeit von Online-Dienstleistungen führt zu starken Änderungen in den *internen Wertschöpfungsprozessen von Unternehmen* jedweder Art. Altbekannte Herstellungs- und Vermarktungsabläufe werden ineffizient und müssen auf eine neue Grundlage gestellt werden. Festzustellen ist auf der *Inputseite* ein sinkender Zeitbedarf der Prozesse, eine radikalen Verkürzung der Durchlaufzeiten, immer kürzer werdende Technologie- und Produktzyklen, ein effizienterer Ressourceneinsatz. Auf der *Outputseite* führt der Einsatz von Online-Dienstleistun-

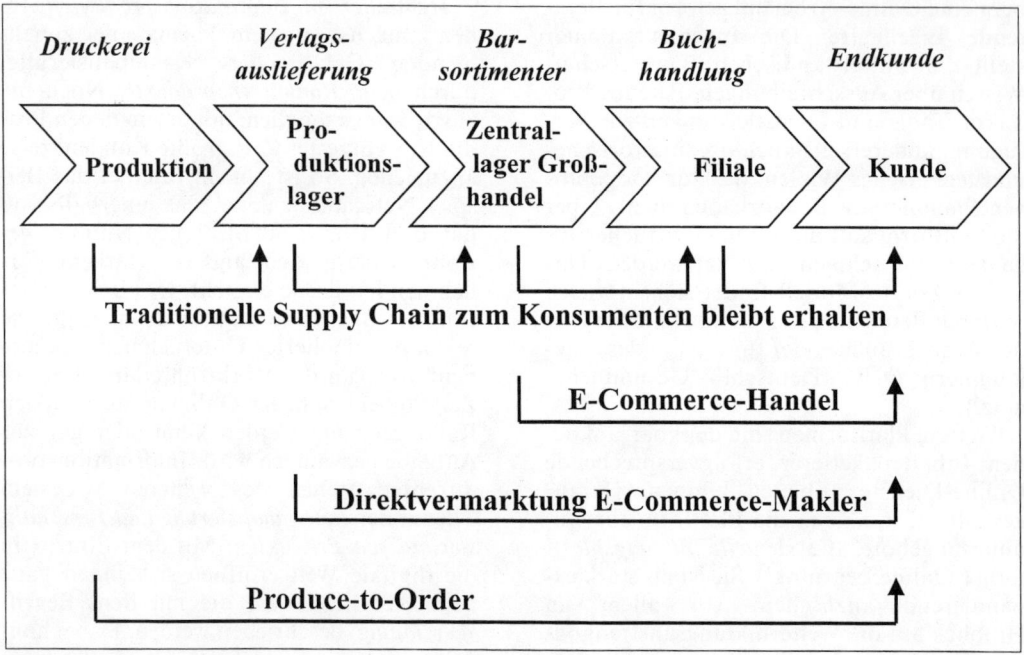

Abb. 245.3: Mögliche Wirkungen von E-Commerce auf die Wertschöpfungskette

gen zu teilweise eklatanten Produktivitätssprüngen. Hauptmotor der Entwicklung ist die informationelle Vernetzung der 'Wissensarbeiter' mit ihren Mitarbeitern, Kunden, Zulieferern und anderen Geschäftspartnern.

Das Internet beeinflusst über das Unternehmen hinaus die *gesamte Wertschöpfungskette* vom Zulieferer über den Hersteller, die Vertriebsorganisation und den Händler bis zum Endkunden. Die Änderungen sind zum Teil radikal. Verschiedene 'Radikalisierungsstufen' sind denkbar, die am Beispiel von Buchprodukten dargestellt seien (vgl. Raab in Picot 1999, 221 ff.):

– Die traditionelle 'Supply Chain' zum Konsumenten bleibt erhalten: Druckerei > Verlagsauslieferung > Barsortimenter/Großhandel > Buchhandlung > Kunde
– E-Commerce-Versandhandel (Web Shop): Ausschaltung der Buchhandlungen; Lieferung direkt vom Großhandel zum Kunden
– Direktvermarktung über E-Commerce-Makler: Ausschaltung des ganzen Handels; Lieferung direkt aus dem Produktionslager; Amazon-Modell
– Produce-to-order: Auslieferung direkt von der Druckerei als Produktionsstätte; analog Dell-Computer-Vertriebsmodell

Der ausschließliche Direktvertrieb (beide letzten Stufen) wird für Informationsvermarkter stetig an Bedeutung gewinnen. Web Shops stellen für den Handel eine Bedrohung dar, eine natürliche Bremse ist jedoch in logistischen Problemen gegeben.

Allen Perspektiven ist gemeinsam, dass künftig dem *Endkunden* ein deutlich höheres Gewicht zukommen wird. Die Onlinewelt wird mehr und mehr die Integration der Kunden in den Wertschöpfungsprozess erzwingen, basierend auf der Möglichkeit der individuellen Ansprechbarkeit. Der Kunde wird zur treibenden Kraft der Wertschöpfung, er steht am Anfang und bestimmt sie in hohem Maße mit (vgl. Meyer in Picot 1999, 11). Damit wird die rigorose Kundenorientierung zum dominanten strategischen Erfolgsfaktor.

3.1.3. Management und Führung

Für *Management und Führung* erwachsen besondere Herausforderungen. Gefordert sind veränderte Geschäftsmodelle und durchdachte Strategien. Selbst sehr radikale Kursänderungen können notwendig werden. So sind z. B. für die Welt der Medien-, Informations- und Kommunikationsanbieter verschiedene 'strategische Navigationshilfen' herausgestellt worden (vgl. Die Internet-Ökonomie 1999, 179 ff.):

– Neue Wettbewerbsstrategien: Empfohlen wird die Bildung von 'Business Webs', um dem Trend zu komplexen Systemprodukten begegnen zu können. Es handelt sich um Gruppen von Unternehmen, die wertschöpfende Teilleistungen erbringen und sich gegenseitig ergänzen.
– Neue Produktstrategien: Einsatz von Instrumenten zur Individualisierung und Personalisierung (Versioning).
– Neue Preisstrategien: 'Follow the Free'. Produkte werden verschenkt, um eine rasche Marktpenetration zu erreichen und eine kritische Masse an Nutzern aufzubauen.
– Neue Kommunikationsstrategien: Eins-zu-eins-Marketing und Aufbau langfristiger Kundenbeziehungen.
– Neue Inhalte: Wirtschaftlich darstellbar werden zunehmend 'Very-Special-Interest-Programme'. Für Computerspiele ergeben sich neue Perspektiven. Regionalisierung und Lokalisierung der Inhalte sind Zukunftsmodelle.

Eine extreme Strategie besteht z. B. in der 'Selbstkannibalisierung' einer eigenen Produktlinie, um ein neues Internetprodukt aufzubauen. Bekannt geworden ist das Beispiel der Encyclopaedia Britannica, die als Print-Produkt schon durch die Einführung der CD-ROM stark Einbußen erlitt. Mit der Einstellung der gesamten Ausgabe ins Netz hat nun eine radikale Umkehr der Vermarktungsstrategie stattgefunden. Die entgeltfreie Nutzung soll dazu anregen, so viel an Nutzung zu versammeln, dass Werbefinanzierung attraktiv wird.

3.2. Volkswirtschaftliche Perspektive

3.2.1. Markt und Wettbewerb

Ein herausragender ökonomischer Effekt der Online-Durchdringung der Wirtschafts- und Lebenswelt ist die *Senkung der Transaktionskosten*. Transaktionskosten sind in jeder Ökonomie Hemmschuh für den reibungslosen Austausch zwischen Angebot und Nachfrage. Sie sind Reflex arbeitsteilig organisierter Leistungsprozesse und des dadurch entstehenden Informations- und Kommunikationsbedarfes. Fünf *Typen von Transaktionskosten* sind zu beachten (vgl. Heil 1999, 14 ff.):

– Anbahnungskosten: für Kommunikations- und Beratungsleistungen zur Beschaffung von Informationen über potentielle Partner
– Vereinbarungskosten: als Folge des Ressourcenverzehrs für Verhandlungen und interne Abstimmungsprozesse
– Abwicklungskosten: für die Steuerung der Geschäftsprozesse
– Kontrollkosten: für die Überwachung von Terminen, Qualiät, Vereinbarungen
– Anpassungskosten: für nachträgliche Änderungen

Über Online geschieht eine noch nicht da gewesene 'Mediatisierung' der Transaktionsprozesse, die eine erhöhte Verarbeitungskapazität und -geschwindigkeit von Informationen und tendenziell einen Abbau von Informations- und Kommunikationsgefällen mit sich bringen. Für die Wirtschaftssubjekte reduzieren sich die Spielräume für opportunistisches Verhalten, Komplexität und Unsicherheit nehmen ab. Die Funktionsfähigkeit der Märkte verbessert sich. Die *Allokation der knappen Ressourcen* geschieht tendenziell auf einer rationaleren Grundlage.

Dieser positive Allokationseffekt wird insbesondere durch die (potentiell) steigende *Markttransparenz* bewirkt. Diese wiederum verschiebt die relativen Machtpositionen zugunsten der Nachfrageseite. Es findet ein *'Move to the Market'-Effekt* statt: Online und die Informations- und Kommunikationstechnologie verringern zunehmend die Notwendigkeit einer hierarchischen Koordination und fördert marktmäßige Organisations- und Koordinationsformen von Transaktionen.

Das Zusammenspiel von Angebot und Nachfrage verbessert sich. Grundsätzlich ist von der zunehmenden Digitalisierung und Nutzung von Online-Dienstleistungen zu erwarten, dass sich der Vorgang der *Anpassung ('Fit') des Angebotes an das Nachfrageverhalten* qualitätiv verbessert. Treibende Kräfte für diese Entwicklung sind die steigende Mündigkeit und Professionalisierung der Konsumenten, der härtere und offenere Wettbewerb zwischen den Anbietern und die neuen Möglichkeiten zur Personalisierung und Individualisierung des Leistungsaustausches. Die Anbieter sind dadurch in bisher nie da gewesener Form gezwungen, ihre Wertschöpfungsprozesse von einer 'Inside-Out-Denkhaltung' in ein 'Outside-In-Geschäftmodell' umzubauen. Kundenorientierung wird zum Schlüsselfaktor für den Erfolg der Zukunft.

Diese Entwicklungen erfassen alle Bereiche, gerade auch die Massenmärkte. Auch dort wird es zu einer *Individualisierung* kommen, die von marktsegmentierenden und individualisierenden Online-Kommunikationsstrategien getragen wird. Internet und Online-Dienste beschleunigen den Informationsaustausch zwischen Anbietern und Nachfragern und intensivieren und internationalisieren ihn. Der Einsatz intelligenter Agenten und kollaborativer Filter sowie kundenbezogene Interaktionsangebote werden zu wichtigen Instrumenten zur Gewinnung von Wettbewerbsvorteilen (vgl. Die Internet-Ökonomie 1999, 194ff.).

Die Funktionsfähigkeit der Märkte wird weiterhin dadurch gestärkt, das die „Dramaturgie" der Wertschöpfungketten sich verändert. Tendenziell ist durch die Penetration aller Abläufe mit Online-Dienstleistungen festzustellen, dass sich eine *'Dis-Intermediation' der Wertschöpfung* einstellt. Nach dieser These verläuft die Entwicklung in Richtung einer direkteren Marktbeziehung von Hersteller und Endkunde unter Umgehung von Zwischenhandelsstufen (vgl. Strauß/Schoder in Albers et al. 1999, 66f.).

Die *Konkurrenz* und der *Wettbewerbsdruck* zwischen Anbietern nimmt durch Online tendenziell zu. Die Konkurrenz verschärft sich in räumlicher Hinsicht, indem sich die Transaktions- und Kommunikationsräume – potentiell oder tatsächlich – drastisch in Richtung Internationalisierung und Globalisierung erweitern. Die internationale Konkurrenz nimmt zu. Sie verschärft sich durch die Zunahme der Marktvolumina bzw. die Anzahl der jeweiligen Marktpartner, die durch sinkende Marktbarrieren und leichtere Zugangsmöglichkeiten für Anbieter und Nutzer bewirkt werden. Schließlich nimmt die Konkurrenz in zeitlicher Hinsicht zu, da die verstärkte Geschäftsabwicklung über Online zu einer Beschleunigung der Vorgänge führt. Immer mehr wird Schnelligkeit zum Erfolgsfaktor. Kleine und schnelle Unternehmen haben in der Onlinewelt ganz neue Chancen. Auswirkungen hat diese Entwicklung nicht zuletzt auf den Preiswettbewerb. Da die Endkunden zunehmend Online-Dienste beanspruchen werden, um Produkte zu vergleichen, erhöht sich die Transparenz; der Preisvergleich gewinnt an Bedeutung. Leistungen über das Netz zu vergleichen, wird einfacher.

In volkswirtschaftlicher Hinsicht erwächst mit Online – zumindest cum grano salis – ein Szenario heran, das eher in Richtung *besserer Voraussetzung für die Funktionsfähigkeit des Wettbewerbs* deutet. Der Endkunde gewinnt an Macht, mehr Transparenz ist möglich, die Marktstrukturen werden flüchtiger, Eintrittsbarrieren werden gesenkt, kleine und mittlere Unternehmen haben größere Chancen. Online und E-Commerce sind Katalysatoren einer Entwicklung zu mehr Wettbewerb. Freilich darf dieses positive Gesamtbild nicht die ebenfalls festzustellenden Tendenzen der Vermachtung und Kartellierung gering schätzen. Auch künftig wird eine wirksame Wettbewerbspolitik von Nöten sein, die allerdings auf eine neue Grundlage zu stellen ist (vgl. Die Internet-Ökonomie 1999, 257ff.).

3.2.2. Strukturen

Die Entwicklung der Volkswirtschaft zu einer 'Online-Ökonomie' hat beträchtliche Auswirkungen auf deren *Strukturen*. Zu hinterfragen sind die Effekte im Hinblick auf folgende Aspekte:

- *Unternehmensstrukturen*: Großunternehmen vs. Kleine und mittlere Unternehmen (KMU)
- *Branchenstrukturen*: Primärer vs. Sekundärer vs. Tertiärer Sektor sowie innerhalb der Sektoren nach einzelnen Branchen
- *Regionale Strukturen*: Ballungsgebiete vs. Ländlicher Raum; Reiche vs. arme Regionen

Antworten auf die Frage nach den Strukturwirkungen fallen schwer und es besteht erheblicher Forschungsbedarf. Mit aller Vorsicht können folgende Thesen aufgestellt werden, die mehr als Fragestellungen zu sehen sind: (1) Online bewirkt tendenziell eine Stärkung und Verbesserung der Chancen der KMUs. (2) Online wirkt als Treiber für den Umbau der Volkswirtschaft in Richtung des Tertiären Sektors, der heute schon etwa zwei Drittel der Wirtschaftskraft auf sich vereinigt. (3) Online bewirkt eine regionale

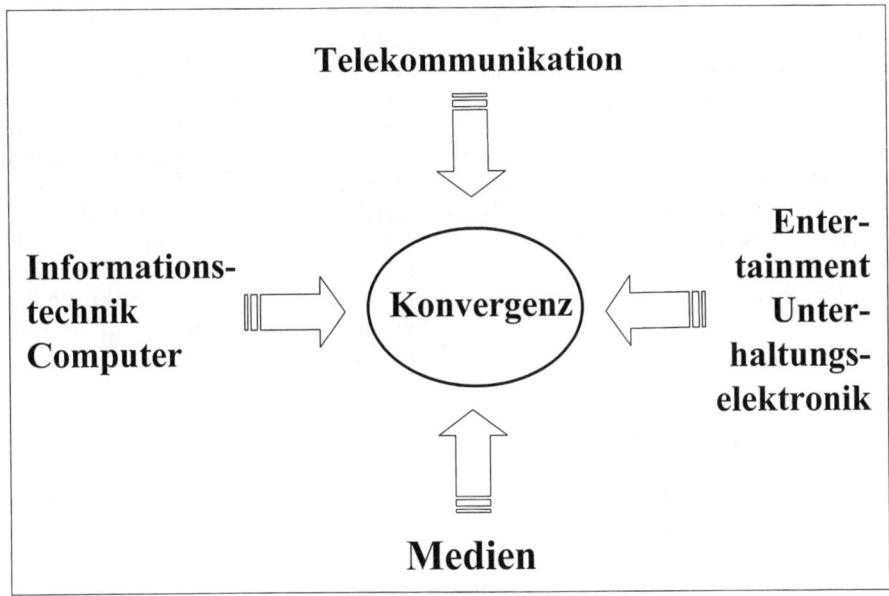

Abb. 245.4: Konvergenz der TIME-Branchen

Dezentralisierung. Garagenfirmen auf dem flachen Land haben gleiche Chancen wie alt eingesessene Firmen in Ballungsgebieten.

In jedem Falle ist auch hier die Politik gefordert, z.B. mit einer überzeugenden Mittelstandspolitik oder Medienstandortpolitik Zeichen zu setzen.

3.2.3. Wachstum

Die fortschreitende Produktion und Nutzung von Online-Dienstleistungen wird mehr und mehr zu einer *Triebfeder des Wirtschaftswachstums*. Festzustellen ist ein explosionsartiges Wachstum der Online-Nutzung und damit der Akzeptanz sowohl bei Privatpersonen als auch in der Wirtschaft. Ebenso explosionsartig wachsen die börsennotierten Internet-Neugründungen ('Start Ups'). Viele dieser Unternehmen sind erfolgreich als Anbieter oder Intermediäre im Markt und betreiben Portale, Communities oder E-Commerce. Sie behaupten sich als Aktiengesellschaften an der Börse und weisen eine Börsenkapitalisierung auf, die herkömmliche industrielle Großkonzerne oder Handelshäuser gelegentlich in den Schatten stellen (z.B. Yahoo im Vergleich zu Metro; AOL ist dreieinhalb Mal so viel wert wie Siemens). Mit dem Internet ist bereits heute ein attraktives Medium entstanden, das die traditionellen Medien um ein neues Standbein ergänzt und sich zu einem echten *Massenmedium* entwickelt. *E-Commerce* wird zu einem „internationalen Großprojekt" mit exorbitanten Steigerungsraten heranwachsen, wobei der phänomenale Aufschwung vom Business-to-Business-Bereich getrieben wird.

Die Online-Ökonomie treibt Wachstum und Beschäftigung an, erfordert aber auch ihren Tribut in Form von radikalen Umstrukturierungen der Organisationen und Prozesse. Zur Absicherung der Schubkräfte ist es erforderlich, noch bestehende Hemmnisse und Bremsen abzubauen. Als *Wachstumsbremsen* für die Onlineentwicklung sind zu nennen:

– Komplizierte Technik
– Mangelnde Medienkompetenz der Nutzer
– Zu hohe Netzkosten

Hemmend wirkt sich auch die noch nicht umfassend vollzogene *Konvergenz* der so genannten 'TIME-Branchen' aus (vgl. Abbildung 4). Darunter sind die *Medien- und Kommunikationsbranchen* einer Volkswirtschaft zu verstehen:

– Telekommunikation
– Informationswirtschaft
– Medien
– Entertainment

Der 'Motor Online' wird erst dann seine volle Schubwirkung erreichen, wenn die Bereiche zu einer gemeinsamen digitalen und multimedialen Plattform zusammen gewachsen sind. Neben dem technischen Zusammenwachsen wird dann sich dann auch zunehmend der ökonomische Verbund einstellen. Ökonomische Konvergenz wird heute schon durch die Bildung strategischer Allianzen zwischen den Playern in den TIME-Branchen vorgezeichnet. Die Entwicklung wird in Richtung umfassender und flexibel praktizierter Wertschöpfungsnetze gehen.

4. Herausforderungen

Die Online-Ökonomie stellt für alle Akteure eine große Herausforderung dar: (1) Die privaten Nutzer müssen Kompetenz erwerben, die sie in die Lage versetzen, mit den neuen Medien professionell umzugehen. Gefragt sind Konzepte, die bereits an den Schulen ansetzen ('Schulen ans Netz'). (2) Wirtschaftsunternehmen haben großer Änderungsbedarf. Sie sind gezwungen, ihre Strategien zu überdenken und die Wertschöpfungsprozesse auf eine veränderte Grundlage zu stellen. Sie müssen sich intensiv auf E-Commerce einstellen, wollen sie auch in Zukunft mithalten. Gefordert ist die 'lernende Organisation' und der Aufbau einer förderlichen Unternehmenskultur. (3) Die Politik ist aufgerufen, unsinnige und überholte Regulierungen aufzugeben und sich auf eine überzeugende Ordnungspolitik zu besinnen. Diese kann es im zeichen von Internet nur in einem internationalen, europäischen und globalen Ordnungsrahmen geben. Auch die Ordnungspolitik wird durch Internet-Ökonomie zu besonderen Anpassungsleistungen gezwungen. International unterschiedliche Regulierungsansätze und Politiken, Überregulierungen und ein 'Flikkenteppich' nationaler Regulierungsansätze in den Bereichen Internet, Multimedia und elektronischer Geschäftsverkehr stellen eine Gefahr für die Fortentwicklung der Online-Ökonomie dar. (4) Schließlich sind *alle* gefordert. Die Online-Ökonomie erzwingt den Umbau der Volkswirtschaft und führt zur Dynamisierung des Wandels. Unter ökonomischer Perspektive ist dies nicht zu beklagen, sondern mit dem Schumpeterschen Bild der „schöpferischen Zerstörung" zu begrüßen. Vertrauen in die Marktkräfte, Existenzgründungsinitiativen, Flexibilisierungen aller Bereiche sind angesagt.

5. Literatur

Albers, Sönke/Michel Clement/Kay Peters/Bernd Skiera (Hrsg.), eCommerce. Frankfurt am Main 1999

ARD/ZDF-Online-Studie 1999: Wird Online Alltagsmedium? In: MP 8/99, S. 401–414

Haasis, Klaus/Ansgar Zerfaß, Digitale Wertschöpfung. Heidelberg 1999

Heil, Bertold. Online-Dienste, Portal Sites und elektronische Einkaufszentren. Wiesbaden 1999

Hermanns, Arnold/Michael Sauter, Management-Handbuch Electronic Commerce. München 1999

Kommune Online. Multimedia-Leitfaden für Kommunen und Regionen. Berlin 1998

Krzeminski, Michael/Ansgar Zerfaß (Hrsg.), Interaktive Unternehmenskommunikation. Frankfurt am Main 1998

Online-Publishing – Business der Zukunft? Frankfurt am Main 1998

Picot, Arnold (Hrsg.): Marktplatz Internet. Heidelberg 1999

Zerdick, Axel et al., Die Internet-Ökonomie, Strategien für die digitale Wirtschaft. Berlin et al. 1999

Martin Gläser, Stuttgart (Deutschland)

246. Internet-based Teleteaching

1. Teleteaching as a form of media-based instruction
2. Media components of Internet-based teleteaching courses
3. Integration of the media components: Virtual classrooms and virtual universities
4. Internet-based teleteaching as an innovative educational medium
5. Bibliography

1. Teleteaching as a form of media-based instruction

The use of newly developed media to transmit learning material has a long tradition in educational contexts. A number of other media, for example teaching films, language labs, and programmed instruction, have found a place beside the traditional textbook in common educational practice. In the recent past, computer supported multimedia teaching has been increasingly used to supplement classroom teaching (Issing/ Klimsa 1995, passim).

In the classroom teaching context, these media are primarily used in their function as information containers or memory, since they establish access to elaborated prepared information sources that the teacher could not generate during the instruction period. They also allow the transmission of information over spatial distances and therefore make more flexible transfers of information possible. This is to some degree true of classroom learning and teaching, which students can prepare for and supplement by using media (for example textbooks) that are not bound to a particular time and place. It becomes crucial in cases where the organizational context makes direct contact between teacher and student impossible. In such cases – for example text-based distance teaching courses, correspondence, television or radio courses – the storage and transfer possibilities of the media are not used to support and supplement the direct interaction between teacher and student, but to cover all aspects of information transfer and largely replace face-to-face teacher-student communication.

This media supported overcoming of spatial distance makes teleteaching particularly suitable in situations in which a local curriculum is impossible or uneconomical, for example in areas with low population density, for specialized subjects for which a critical mass of participants can only be found over a large area, or for local courses for which there is a wider demand because of their high quality. Finally, teleteaching provides for both spatial and temporal flexibility in the sense of learning on demand and is therefore particularly useful in professional training and adult education.

The development of world wide computer networks led to both a quantitative increase and a qualitative change in teleteaching. Quantitatively, forms of Internet-based teleteaching are not only used as an addition to the media used in distance learning, but more importantly as an independent teaching form and as a supplement to the conventional classroom (Harasim/Hiltz/Teles/ Turoff 1995, 77ff.; Kerres/Jechle 2000, 263). On the level of educational policies, this results in a broader spectrum of courses offered to the student and at the same time leads to stronger competition among teaching offers.

Qualitatively, there are distinct differences between traditional and Internet-based teleteaching, which can be described as the transition from the connection of different media to a single medium including different aspects of connection. Traditional forms of teleteaching are characterized by the connection of different media, that is to say, a variety of coordinated but basically heterogeneous individual media. In a radio course, for example, written materials are combined with radio programs and accompanying local courses. In contrast, Internet-based teleteaching operates on the basis of a technology that combines and integrates many different media-based forms of information transfer. This new medium enables stronger synchronous and diachronous coordination of the various components. In addition to the integration of especially designed educational material, Internet-based teleteaching allows the use of supplemental information sources available in the Internet. Finally, the use of computer technology opens new presentation, communication and processing options that traditional media do not offer.

2. Media components of Internet-based teleteaching courses

Spatially independent acquisition of knowledge on the basis of new media – so-called telelearning – includes a number of different forms. Self-teaching is common in non-institutional or autodidactic form (Döring 1997, 363ff.). A student who is interested in a particular field can, for example, use suitable search programs to find relevant Home Pages in the World Wide Web, which he can call up and then work through focussing on the subject of personal interest. Content, form and sequence of the information sources used depend entirely on the student's individual decisions. Tutoring or an exchange of information with other students is unusual.

Telelearning through Internet-based teleteaching is a different process. In contrast to such self-regulated knowledge acquisition, teleteaching is characterized by a complete, pedagogically organized course concerning a specific topic. This course is typically not open to access by any and all interested Internet users, but available only in an institutional context. Important components of this context are a limited group of students who are in contact with one another, a defined temporal frame and sequence, instructional support by a tutor and some form of performance review and feedback, including certification of successful participation.

The implementation of such teleteaching courses takes place on the technical basis of the Internet. This medium is characterized on the one hand by a homogeneous format of data exchange between connected computers (the TCP/IP protocol and the Client Server Model). On the other hand, within these technical restrictions, the Internet provides forms of presentation and communication that combine heterogeneous communication structures, symbol systems, contents and address various senses (December 1996, 24). From the point of view of the users, the Internet is therefore a new integrating medium that allows them, by means of uniform technical equipment (a computer in the net) to use a wide variety of media components. Typically, to prepare a teleteaching course, a number of components are chosen out of this spectrum of possibilities and coordinated with one another to suit the volume and complexity of the material (Chen 1997, 34ff.; Strittmatter/Mauel 1995, 57f.). These components can be grouped for instructional purposes in two classes.

One class of media components is derived from such classic teaching media as textbooks, educational films, and programmed instruction and serves to present a subject matter as unidirectionally distributed, pedagogically prepared study material which the student processes independently (Kozma 1991, 180f.). The technical possibilities that the Internet opens up, however, make the construction of interaction and collaborative structures independent of place important for the student. Teleteaching is not only a question of making study material available via the Internet, in analogy to traditional materials, but should also include the processes of information exchange, feedback, motivation, and testing. A second class of media components therefore includes forms of individual communication that make it possible for the students to communicate and cooperate with each other and with the tutors. This group takes on functions comparable to classes or lessons, e.g. the direct exchange of information between teacher and students.

2.1. Forms of information presentation in the Internet

Analogous to the use of media in conventional teaching and study materials in correspondence courses, Internet-based teleteaching courses also provide the student with pedagogically prepared content. Since this information, unlike traditional study materials, is in electronic form, it can be modified or restructured relatively easily with suitable software tools, such as HTML-editors, and disseminated to the students through computer nets. This allows teachers to be more flexible in designing the presentation of the course contents. Modifications of the presentation during a teleteaching course are also possible. Further, the student does not have to call up all of the study material at once: the information needed can be selected on-line. Supplemental material to the information necessary for the course can be provided to the students, who can access them on demand.

The Internet in its simplest form can thus be used to make study materials efficiently and economically available over a distance, analogous to postal transport. In this form of off-line use information is provided in the form of a file or document, which can be transferred to the student's computer and processed with suitable software independently of the net or printed for use as study text (Chen 1997, 36).

Whereas in off-line use the transfer and processing of files and documents are conducted independently of one another, they coincide in on-line use: the data transfer software makes it possible to read, view, or process the data. These so-called Internet Browsers make an integrated presentation of various forms of information in the framework of a homogeneous interface possible. In addition, such browsers have an "open architecture" form which allows the addition of new presentation forms to the user surface (plugins).

The presentation forms found in the Internet can be further differentiated according to their symbol system, the kind and extent of structure in the information, and the study activities they make possible.

2.1.1. Symbol systems

Increasing transfer capacities and improved forms of data compression have made it possible that not only texts, but also a number of other symbol systems – pictures, graphics, audio presentations, video sequences or three-dimensional animations – can be used to convey information through the Internet. The various symbol systems can be made available in isolation, for example as plain text or as picture databases. More common is the synchronous or diachronous combination of different symbol systems, so that Internet-based teleteaching is typically a multimedia form of information presentation. Besides combinations of symbol systems that are also used in traditional teaching contexts, for example texts with still pictures (analogous to illustrated textbooks) or moving pictures with audio (analogous to educational films) one finds new forms of presentation, especially forms that combine static (text, graphics) with dynamic (video clips, animation, spoken commentary) symbol systems (Schwan 2000, 60). Since the presentation format of information in electronic media is independent of its storage format, any particular bit of information can be presented in many different ways, and the various presentation formats can easily be transformed into one another (Mitchell 1992, 49ff.). For example, complicated sets of data can be visualized as three-dimensional graphic structures that can be viewed from within, instead of just reading a table.

Having this flexibility with regard to the presentation form, Internet based teleteaching takes into account the findings of psychological research on learning. The use of multiple symbol systems enables the presentation of different kinds of information in the most appropriate format, for example spatial information in pictures, quantitative information in graphs, dynamic information in animations or video sequences, and abstract-argumentative information in text form. In particular, the use of audiovisual media makes an authentic, realistic presentation of information possible and takes the context dependence of knowledge acquisition and retrieval into account (CTGV 1997, 3ff.; Gräsel/Bruhn/Mandl/Fischer 1997, 6).

In addition, multimedia presentations make it possible to present study contents in several different ways at once. This takes into account the finding that students profit differently from information offered in different forms, depending on their previous experience with the field (Salomon 1979, 214ff.). Further, the presentation of material in various forms and on various levels of abstraction can lead to more elaborate processing and multiple mental coding, resulting in better understanding and better retrieval from memory (Schnotz/Bammert 1999, 221ff.).

However, these advantages of multimedia study materials are by no means automatic. They require meticulous selection, coordination and instructional embedding of the various presentation forms in an instructional context (Clark 1983, passim; Schwan 1998, 18). In particular, the simultaneous presentation of unrelated information units in different symbol systems can lead to cognitive interference, resulting in poorer understanding and retention (Wetzel/Radtke/Stern 1994, 40ff.). In addition, it has become clear that non-interactive audiovisual presentations can lead to shallow cognitive processing in comparison to texts if they are not adequately embedded in the study course and accompanied by pedagogical strategies to facilitate cognitive activation processes (Kozma 1991, 189ff.)

2.1.2. Structure of the information presented

A further criterion in which teleteaching presentation forms differ is the type and extent of organization of the information provided. Besides materials that predefine the sequence of learning contents to be acquired by the student, there are three other important types of information structure which suggest different study goals and activities. These are, firstly, study materials that allow flexible use because the individual information components are connected in a netlike form (hypertexts), secondly, databases whose contents are organized according to specific retrieval cues, and thirdly the heterogeneously structured data masses of the WorldWideWeb.

Examples of study materials with a linear structure and predefined sequence that are used in Internet-based teleteaching courses are lecture scripts and electronic textbooks, but also computer-based study software that is constructed according to the principles of programmed instruction. Such materials are typically used in off-line mode. They serve to make the course content in the subject systematically comprehensible and integrate it in the student's previous knowledge structures.

A number of information sources are available in the Internet in the form of networks of information elements – hypertexts or hypermedia structures that contain not only text, but also illustrations, animations, soundtracks and video clips. Such hypertextual structures are supposed to allow flexible access to the course content for the student, depending on his or her study goals. The general instructional superiority of hypertexts to linear-hierarchical information structures that has been deduced from this flexibility has not been empirically confirmed as yet (Unz 2000, 61ff.). Aside from the novelty of the medium and the therefore often low user competence of the students, this can be traced to the fact that this flexibility is tied to an increased danger of disorientation ("lost in hyperspace"), a heavier cognitive load because of the frequent necessity of navigational decisions ("cognitive overhead"), and a low global coherence of the information presentation (Thüring/Hannemann/Haake 1995, 58ff.). This is particularly true when the information offered in an Internet based teleteaching course is not a closed system, but instead has hyperlinks to information sources at external Internet sites. Hypertexts are therefore often enriched with structuring aids (so-called guided tours) that make it possible for the student to find an efficient path through them, and with a number of orientation and navigation elements, such as graphic overviews (Schulmeister 1996, 265ff.)

In the course of Internet-based teleteaching studies, students should not only come to understand and reconstruct pedagogically prepared material. They should also be capable of self-guided and discovery learning, that is, able to formulate questions independently, search for the necessary materials, and elaborate and deepen their already acquired knowledge by acquiring additional information. In addition to pedagogically prepared linear and hypertextual presentation forms, many Internet-based teleteaching courses therefore offer students access to databases in which extensive information is organized according to specific criteria and from which subsets of this information can be called up. Typical examples can be found in the context of problem-based learning curricula. Here, the students work through complex problems which come in form of case folders that contain a set of authentic materials. Unlike the study materials in linear texts and hypertexts, in which the information has been explicitly structured and sequenced by the authors, the student must select the information sources found in the databases with reference to his or her current study goals (Koschmann/Kelson/Feltovich/Barrows 1996, 96ff.).

This is all the more true of the student's independent information searches in the WorldWideWeb, whether by means of links between the web sites of various information sources or of Internet search engines, in which various hypermedially connected information elements in the WorldWideWeb are treated as database entries and can be grouped according to key words. The multitude of information sources potentially relevant to a study subject available in the Internet require sufficient expertise in the use of elaborate search strategies. Further, the result of such a search is usually an extensive collection of web sites, which were produced by various authors and therefore contain redundant, incoherent and irrelevant information. The potential advantages of incidental information acquisition during browsing of the search results and increased competence in web use on the one hand must be compared to the disadvantages of low efficiency and effectivity (Wandke/Hurtienne 1999, passim) Generally, independent web searches by the student are of limited use for the acquisition of an overview of the subject. Instead, they can accompany the course and provide supplemental study material.

2.1.3. Interactivity

Finally, study materials in Internet-based teleteaching courses can be classified according to their interactiveness, that is, how much influence the student has on the form, structure and content of the information offered. In addition to hypermedial information sources, which offer more possibilities to select and navigate through information, simulations, microworlds that the student can explore independently, and virtual laboratories in which the user can conduct "quasi-experiments" (Repenning/ Ionnidou/Phillips 1999) can increasingly be found in Internet-based teleteaching courses. The development of Internet-specific programming languages (for example Java) has made it possible to use such interactive programs not only offline, but also online with an Internet browser.

In the context of constructivist models of learning, simulations, microworlds, and virtual laboratories serve to make discovery learning possible for the users by letting them work through the basic functional principles of, for example, economic or physical systems. The students' interest in exploring the possibilities offered by such programs can be encouraged by a suitable multimedia design, including for example three-dimensional virtual reality scenarios, realistic virtual instruments and graphic presentation of the findings (Schwan/Buder im Druck). Software instruments specifically designed for the development of such simulations are now available (Repenning/ Ionnidou/Phillips 1999).

As a rule, students are highly motivated to use simulations, microworlds, and virtual laboratories, but an appropriate work style in the sense of scientific-analog generating and testing of hypotheses causes many students difficulties. For example, they are often unable to deduce basic principles from observation and variation of the system's behavior and therefore to correct extant conceptual mistakes developed in everyday life (de Jong/van Joolingen 1998, 183ff.). Efficient use of such instruments therefore requires sufficient time to become acquainted with the usually complicated instrument, intensive tutorial support and adequate embedding in the curriculum (Schwan/Buder im Druck). Additional application areas for simulations, microworlds, and laboratories may result when they are used collaboratively by study partners or groups (see Sec. 2.2.3).

2.2. Communication and collaboration for learning purposes in the Internet

Teleteaching in the Internet is not only a question of making flexibly structured interactive multimedia study materials available. It also makes it possible for students to communicate with teachers and fellow students about their new knowledge and to cooperate on common projects. Both vertical communication between tutor and student and horizontal communication and collaboration of the students with one another serve important functions in the process of knowledge acquisition which cannot be adequately realized merely by presenting information. In direct contact between tutors and students, misunderstandings and problems for the individual student can be identified and made clear. The tutors can motivate the individual students to participate and articulate their own perspective, they can bring in additional information on particular subject areas and give students feedback on their current progress. Horizontal forms of communication make it possible for the students to generate and exchange different perspectives on a subject area. These processes of comparison make the social construction of knowledge structures possible, which is the foundation of collaborative learning (Maheady 1998, 47ff.; Slavin 1995, 14ff.).

A number of different media of communication and collaboration are available to the participants of Internet-based teleteaching courses. These media can be classified with a view to information exchange on three relevant dimensions (Harasim 1989, 51). Firstly, synchronous communication media that require simultaneous use of the medium by the communicating partners and asynchronous communication forms that do not require that this condition be fulfilled can be separated on a time structure dimension. Secondly, various communication media exchange information in different formats: on the one hand audiovisual and on the other text-based forms. Thirdly, the number of senders and receivers that participate in the information exchange varies. Point-to-point media that allow dyadic communication can be contrasted with multipoint forms that permit group-based communication (Harasim 1989, 51; Paulsen 1995, 31).

2.2.1. Asynchronous, text-based communication

Asynchronous, text-based forms of group or multipoint communication – for example computer conferences, mailing lists or newsgroups – are the central communication component of Internet-based teleteaching courses. They are based on the principle that various course participants compose texts and load them up to a common forum to which all participants have access. This form of communication has several advantages which make it particularly suitable for use in Internet-based teleteaching courses. It makes it possible for relatively large groups of participants to maintain contact with one another without much technical expense. Because the communication is asynchronous, the participants do not have to concern themselves with fixed appointments to take part. They can determine the time and extent of their participation according to their time budget and adapt the formulation of their own contributions and reading of the contributions of others to their own work and information processing rhythms. Since the individual contributions have a written, permanent, computer-based form, students have further information processing options that traditional communication media do not offer – for example the possibility of organizing the messages by theme, searching for key words or appending commentary.

Depending on the composition of the participant and tutor groups and the specific moderation and participation rules, different forms of information transfer are possible in a text-based, asynchronous group communication context. They include for example electronic lectures ("e-lectures") in which the tutor enters prepared lecture texts in the forum at regular intervals and gives the students the opportunity to ask questions, question and answer sessions with experts (Cotlar/Shimabukuro 1995, 107 ff.), moderated and unmoderated group discussions, and also group puzzles and other forms of cooperative exchange of information between the students (Harasim/Hiltz/Teles/Turoff 1995, 77 ff.; Paulsen 1995 39 ff.). Conference software packages support teaching and information transfer with a series of special functions (Palme 1992, 230 ff.; McCormack/Jones 1998, 343 ff.). An example is a Quiz function, which allows the tutor to issue a task or question to be answered by all participants, who are given access to the answers of the other participants only after their own answer has been entered (Hiltz 1994, 50).

The effectiveness and efficiency of text-based asynchronous communication media in the context of Internet-based teleteaching courses depends on a number of background conditions. The written form of information exchange means that more effort is required to produce a message than in face-to-face verbal communication and that transmission of situational, social, and non-verbal cues is sharply limited (Reid/Malinke/Stott/Evens 1996, 1018 ff.; Döring 1999, 210 ff.). In combination with the temporal extension of message exchange, these characteristics lower the mutual "social presence" of the participants and their sense of obligation to take an active part in the exchange. Accordingly, empirical studies often report a high percentage of participants in Internet-based teleteaching courses who either take no part at all in the communication forums or take part only in the form of lurkings, that is, they read the other participants' messages but seldom contribute ones of their own (Hesse/Giovis 1997, 45 ff.). Useful strategies to increase participation include measures to increase commitment, particularly by the choice of teaching forms that stimulate active participation, the close coordination of such teaching forms with the available media of information presentation, and the use of suitable moderation strategies (Harasim/Hiltz/Teles/Turoff 1995, 173 ff.; Friedrich/Hesse/Ferber/Heins 1999, 4 ff.)

Because of the temporal extension of information exchange, text-based forums also show a tendency to have more than one participant contributing at once (multispeaker) and many – sometimes very different – subjects in discussion at the same time (multithreading). The resulting high information density and low coherence of the contributions make it difficult for the participants to follow the various tracks of the discussion and can result in cognitive overload and, as a result, impairment of knowledge acquisition (Hiltz/Turoff 1985, passim; Straub/Schwan 1996, 37; Schwan 1997, 281 f.). To make it easier for participants to follow what is happening in the course, it is necessary to take measures that lead to a transparent information exchange – for example the division of the forum in individual subconferences with defined subjects, the use of explicit connections between messages that refer to each other (replies) and rules requiring the formulation of subject lines that categorize the contents (Hesse/Garsoffky/Hron 1995, 264; Donath/Karahalios/Viégas 1999). It is also possible to structure the communication with direct reference to the study materials, for example by defining annotation points in an electronic textbook, which can serve as links to discussion forums on the specific topic in question (Davis/Huttenlocher 1995).

2.2.2. Synchronous communication

In addition to asynchronous communication, synchronous forms of communication are increasingly being used in Internet-based teleteaching. Text-based types of synchronous communication are Chats, MUDs (multi-user domain) and MOOs (MUD object oriented). MUDs and MOOS differ from chats, because they include text-based descriptions of a virtual topography – for example a building or a city – which are structured in rooms and can be accessed by a number of users simultaneously (Döring 1999, 91 ff.). The users can move between the rooms by means of simple commands and interact with other people who are present and with (virtual) objects by written expression and text commands (Bruckman/Resnick 1996). More advanced are so-called Habitats, in which both the participants and the topography of the learning environment are not described in text, but visible as three-dimensional graphics (Schwan/Buder, in preparation.)

Various forms of synchronous, text-based instruction are possible in the context of Chats, MUDs, MOOs and Habitats – for example free discussions, talks, in which the participants meet regularly in small groups of five to twenty to give short prepared presentations in individual segments of a few paragraphs and then discuss them (Curtis/Nichols 1993) or role playing games, in which the students take on various roles relevant to the course material and try them out in the simulated environment with the tutor's guidance (Mateas/Lewis 1996; Moshell/Hughes 1996, 95 ff.).

In comparison to asynchronous communication, such synchronous communication forms are characterized by a higher degree of social presence and therefore by more commitment to active participation (Lombard/Ditton 1997). Further, the metaphor of a topographically structured study environment makes it possible to include manipulable objects and teaching media in the process of instruction and to work cooperatively on them. However, particularly the text-based MUDs and MOOs require substantial effort to become acquainted with the numerous and complicated actions and interactions available (Mateas/Lewis 1996). In addition, the coordination of the communication – that is, control of the speaking order, referring to previous messages, selection and addressing of a particular audience – have proven to be a problem. In particular inexperienced participants report difficulties following the communication and interaction processes (Herring 1999). Possible measures to improve the communication process include restriction of group size, the definition of scripted dialogues (Hron/Hesse/Cress/Giovis 2000, passim) and the implementation of mechanisms that allow implicit structuring of communication on basis of the topographical relations between participants (Benford/Bullock/Cook/Harvey/Ingram/Lee 1993, 219 ff.; Schwan/Hesse 1996; Donath/Karahalios/Viégas 1999).

Besides text-based communication, increasing bandwidth allows also for the use of video-conferences as means for synchronous communication. In contrast to chats or MUDs, verbal, nonverbal, and situational information is transmitted, including facial expressions, gesture, and parts of the situative context of the participants (Fussel/Benimoff 1995, 230 ff.). Thus, video-conferencing maximizes the impression of social presence and allows for the establishing of a common situative ground. Nevertheless, problems of control of speaking order and audience selection persist, making video-conferencing primarily feasible for e-lectures which require no speaker turns and for heavily scripted forms of discussion in small groups (Patrick 1999).

2.2.3. Collaborative tasks

Additionally, a series of other software instruments which have been developed to support collaborative study forms can be found in Internet-based teleteaching courses. They make it possible for the students to work together on common tasks that involve more than a simple exchange of information – for example the simultaneous joint use of simulations, microworlds, and virtual laboratories (see Sec. 2.1.3), the collaborative production of a text or graphic (Hron/Hesse/Reinhard/Picard 1997, 61f.), the explanation and discussion of knowledge structures on the basis of concept maps (Shaw/Gaines 1995), cooperative planning games with simulation software (Rawson 1990, 285ff.), or the cumulative production of a hypertextual structured database on a given subject (Stahl 2000).

For such synchronous work – which is generally limited to dyads or small groups of up to five people – the students generally have access to a joint work space, which can appear identical to all (WYSIWIS-principle: "What you see is what I see") or different to each participant (Gutwin/Stark/Greenberg 1995). The participants are confronted with the problem of coordinating their intentions and actions with their coworkers, which first requires that they be informed of the state of the other participants with regard to the task ("workspace awareness"; see Gutwin/Stark/Greenberg 1995; Fjuk/Krange 1999). Besides software-based indicators, for example multiple cursors, multiple scrollbars or telepointers, the participants often have access to additional synchronous audiovisual communication channels (Greenberg 1997, 243ff.). Similar problems present themselves in asynchronous forms of collaboration, for example the development and production of a joint text or hyperstructured database. The complexity of such tasks makes it necessary to give the students access to a communication space independent of the actual work space, where they can plan, discuss and coordinate their work on the joint task.

Particularly in cognitive tasks, joint work in a realistic and authentic context is not necessarily sufficient to insure the acquisition of knowledge. In such cases, it is necessary that the participants explain their operations and goals to each other (Guzdial/Turns/Rappin/Carlson 1995). Software tools used to work on collaborative tasks in teaching contexts therefore require suitable support for such explication processes. This can mean aids in the analysis and illustration of the processes and results of collaboration (Fischer/Bruhn/Gräsel/Mandl 2000, 6) or communication tools to ensure that actions are explained, for example scripted dialogues which require the participants to argue according to predefined argumentation structures (Hron/Hesse/Cress/Giovis 2000, 54).

3. Integration of the media components: Virtual classrooms and virtual universities

In summary, Internet-supported teleteaching courses are based on a combination of information presentation media with forms of horizontal and vertical communication and collaborative task work. A teaching and study setting whose function can be described in analogy to traditional teaching forms – for example university seminars – results from this mixture of media: within an organizationally and temporally structured context, the participants acquire knowledge by working on study material and interacting with their tutors and other course participants on the study subject.

Since knowledge is acquired by means of media in this form of Internet-based teleteaching, an effective course design requires, in addition to general curricular and instructional considerations, particular consideration of media-instructional and media-psychological principles (Klimsa 1995, 16ff.; Kerres 1998, 270ff.). The question of which form of media based teaching is most suitable in view of the subject area, the study goals and the specific student population with their particular cognitive and motivational starting point is of special importance. Which of the media components described in the previous sections are chosen for a specific teleteaching course is determined on the one hand by the technological and economic frame of the institution, on the other hand by the instructional concept of the course and the resulting organizational form.

At present, selection and integration of the various media components is still substantially dependent on the technology available. This refers to the hardware and software parts needed and also to the data transfer capacity required. The majority of teleteaching course participants take advantage of the course from their private home computer over a modem and the telephone lines. Under these conditions it would make little sense to make data-intensive presentation forms available, since users often have low data transfer capacities and computer power. However, in view of the rapid development of computer technology it can be assumed that such technology-related conditions will be less and less limiting in the design of teleteaching courses.

In addition to the availability of an adequate technological infrastructure, cost factors limit the choice of media components and the course design. Central cost factors are in particular the production of the study material and the time of the course tutors (Phelps/Welsh/Ashworth/Hahn 1991, 14 ff.; Turoff 1996). Strategies to reduce the generally time and cost intensive development of study materials include references to external information sources that already exist in the Internet and the adaptation of available study material for use in the Internet. Recourse to extant study materials is limited by the specific requirements of information presentation in the Internet. For example, video sequences cannot simply be taken from educational films, because the video clips in Internet presentations, which are short, have a small picture format, which students can manipulate in their flow, and are often combined with written texts and graphics, require specialized design strategies (Schwan 2000, 60 ff.).

An additional cost factor in Internet-based teleteaching courses is the use of individual communication media, since their use in information transmission processes requires a number of additional moderating and structuring activities by the tutors (Salmon 2000, passim). The resulting organizational and teaching effort increases with the amount of reciprocal interaction between tutors and students or of the students with each other (Phelps/Welsh/Ashworth/Hahn 1991, 16).

In spite of the technological and economic restrictions referred to, sufficient latitude for the selection and integration of media components generally exists, so that different teaching concepts could be realized and pedagogic design of Internet-based teleteaching courses is not tied to a specific form of information transfer (Döring 1997, 360 f.; Schwan 1997, 283). Either the coherent, structured presentation of information or – from the constructivist perspective – the active generation of knowledge by the student is emphasized in current instructional concepts.

In the context of a structured presentation of course contents, teaching serves the purpose of assisting the development of suitable mental representations of the contents that are to be learned. In this model, an adequate instructional structure – that is, the selection, organization and sequencing of the study material – is considered highly valuable, since the process of knowledge acquisition in the students can be steered by this means. The transfer of information can take place within a communication situation with a teacher or in depersonalized form through the information presentation media. It is assumed that different media have different information presentation characteristics, and further, that they are bound to specific forms of instructional communication, so that they are variously well suited to transfer different course contents to different student populations (Clark 1983; Kozma 1991, passim).

Comparatively, in constructivist approaches learning is conceptualized as the generation of individual knowledge structures by active confrontation with the subject area. Consequently, teaching serves to provide students with sufficiently complex and open-structured study environments, which they can explore independently according to their study goals. Since the retrievability of the knowledge acquired is further considered to be highly situation dependent, constructivists place a high value on the presentation of course contents in a realistic, everyday-life context. In this view, tutors do not fulfill the function of teaching the students specific, defined course contents. They are to assist the students in their own independent knowledge construction process. Further, learning is defined as a social process, in which different views of the subject are generated and negotiated in communication and collaboration with co-learners (Gräsel/Bruhn/Mandl/Fischer 1997, 7).

The most current teaching concepts attempt to integrate both concepts by making complex study environments available, but structuring them by means of instructional components (Strittmatter/Mauel 1995, 55; Kerres 1998, 195 ff.).

Reflecting these different pedagogic principles, a series of different forms of organization of knowledge acquisition can be found in Internet-based teleteaching courses, each realized by the use of specific media components. Teleteaching courses that work with strongly structured course contents are characterized by emphasis on pedagogically structured, multimedially designed presentation media as the primary source of new knowledge, supplemented by structured forms of communication, primarily between tutors and students. In contrast, constructivist oriented teleteaching courses often include forms of – preferably collaborative – exploration of complex, hypertextual and multimedial study environment and of horizontal communication between the students.

A defined canon of Internet-suitable and empirically validated organization forms for knowledge acquisition has not yet been established, and current Internet-based teleteaching courses are often characterized by simply trying out the use of various very different knowledge acquisition strategies (see Döring 1997; Konrad/Krebs 2000, 261). However, a series of Internet-based software packages for the realization of teleteaching courses already exists. These "virtual classrooms" (Hiltz 1994, 34 ff.) typically include a WorldWideWeb page with general course information, multimedia electures with annotation points, virtual laboratories, asynchronous conference facilities, quizzes and databases with reference lists and glossaries (Goldberg/Salari 1997).

In addition, virtual classrooms include a series of further components that serve to organize and administer the teaching process. The tutors, for example, have access to electronic grade books, which give them an overview of the homework done and participants' grades (McCormack/Jones 1998, 289 ff.). There are electronic bulletin boards, which allow announcements and the coordination of the course administration, and separate communication forums that give the students an opportunity to exchange more informal, personal and social information. Still unsolved is the problem of conducting Internet-based tests and examinations, since the test situation cannot be adequately supervised. Course certification in teleteaching courses is therefore generally on the basis of seminar papers and the extent and quality of participation.

Institutions that provide a number of such Internet-based teleteaching courses integrate them into a comprehensive infrastructure for knowledge acquisition in the form of a virtual campus. Based on the topographic metaphor of a university campus, participants are offered an uniform user frame including, in addition to the actual courses, offices in which information about the courses currently offered is available, lecture halls, in which information relevant to more than one course can be offered, cafeterias in which participants can make contact with each other, and extensive support systems, for example libraries (databases) in which literature and other information material can be collected and administrative-technical services (Harasim/Hiltz/Teles/Turoff 1995, 125 ff.; Watabe/Hamalainen/Whinston 1995, 148 ff.).

4. Internet-based teleteaching as an innovative educational medium

Such terms as virtual classroom, virtual seminar, or virtual university refer to forms of conventional face-to-face study, but Internet-based teleteaching courses are not simply a telematizing of conventional teaching forms, nor are they simply a question of using the Internet to transmit traditional forms of media-based education. Qualitatively new forms of information transmission which are not to be found in classroom or in traditional educational media result – as in other fields of modern communication technology (see Culnan/Markus 1986, 431 ff.) – from the use of the Internet for educational purposes. Seen from a media-theoretical point of view, these special qualitative features can be described as a modification of media-based information sources with regard to increased individualization, expansion of communication facilities, and integration of the component media.

Traditional educational and teaching media – for example educational films, radio programs, or schoolbooks – are characterized by a fixed form of information presentation, in which all potential addressees are confronted with the same information, regardless of their study goals and previous knowledge. In comparison, computer supported educational media show substantially more flexibility in the presentation of information as a result of the wide selection of presentation forms made possible by multimedia technology, by the student-guided information sequence in hypermedial structures, and by the adaptability of the content offered to the student's activities because of the interactive nature of the teaching software (see Sec. 2.1.).

This increasing flexibility makes it possible to adapt the flow of information to the cognitive and motivational state of the student and introduces new possibilities of self-guided, explorative knowledge acquisition. In the final consequence, this is the realization of an information medium that can be described as an individualized mass medium: on the one hand study materials are preproduced and can be distributed in a standardized form to a potentially unlimited number of addressees, on the other hand they allow so much variation in their use that the various course participants can acquire new knowledge in the subject area using different individually tailored variations of the study materials. This increasing individualization of the curriculum offered is the reflection in the field of education of a general trend that can also be seen in other sectors of the media, for example in entertainment with the development of interactive movies and narrative computer games, or in the news field with Internet-based newspapers that are composed on the basis of individual interest profiles.

A further special qualitative feature of Internet-based teleteaching is the close connection of the unidirectional distribution of information with a bi-directional or multidirectional information exchange. This mixture of information presentation components with forms of individual communication results in a qualitatively new form of multimedia, which includes not only various symbol systems addressing various sensory channels, but also various types of communicative connection between the persons involved in the communicative process.

This process of integration evolves from developments that could already be seen in such mass media as television or radio. The tendency to not only mimic forms of communication in parasocial interactions, but to make real contact possible for viewers/listeners during the program can also be found in these areas (Wyver 1999, 161 ff.). The bi-directionality of television and radio programs is, however, sharply limited and based on the principle of representation, in which the assumption is made that the few viewers/listeners who gain the floor in the program are representative of the viewer/listener population. In addition, such interactions are generally limited to short statement-and-answer sequences between a member of the audience and the moderator, which means that there is no horizontal exchange between audience members. In contrast, a wide variety of asynchronous and synchronous individual communication media can be found in Internet-based teleteaching courses, which make complex patterns of vertical and horizontal information exchange possible (see Sec. 2.2).

The integration of these two media forms in the field of Internet-based teleteaching is not coincidental. The combination of unidirectional information presentation with forms of bi- and multidirectional individual communication has always been implicitly present in the pedagogic field, since classroom teaching is often a combination of interpersonal – in this case not technologically mediated – communication with information presentation media. The use of media-based forms of individual communication in combination with information presentation media is therefore a prerequisite for the transfer of these principles of teaching to a setting with spatially dispersed students.

Finally, Internet-based teleteaching courses are characterized by the extreme integration and mixing of their various media components that results from the nature of the Internet as a computer supported medium of connection. This refers to the close connection between the various media on the one hand, which is for example manifest in their joint presentation in a homogeneous interface (Internet browser). On the other hand, the information presentation and individual communication media grow more similar. By being highly individualized, computer based information presentations can reach a level of flexibility in sequence and content normally reserved for individual communication. Conversely, the asynchronous, text-based forms of individual communication open a number of possible uses with their permanence and electronic format that were previously limited to information presentation media. For example, the contributions to a computer conference can be treated as a database and sorted, searched for key words, or edited with a word processing program.

From the point of view of the course participants the result is a uniform, multifunctional study environment which is further embedded in the global network of the Internet and often contains explicit references or links to other Internet sites. It therefore loses the character of an isolated information source and can – like an educational program in the context of other television and radio programs – be experienced by the users as an element in the heterogeneous spectrum of the various Internet sites. For the student, this means expanded research opportunities, but also a low boundary between the course and competing Internet sources – for example from the entertainment sector – whose influence on the process of knowledge acquisition is yet unknown.

In summary, Internet-based teleteaching courses with their options for individualized usage, their opportunities for individual communication, and the high integration of their media components fulfill standards that reflect conceptions of learning as a cognitive-constructivist and social-communicative process particularly well. However, because of the spatial separation of the students, the use of complex study materials of a highly explorative nature and the heavily text-based and asynchronous communication, teleteaching demands high competence in the use of electronic media and substantial self-guidance in knowledge acquisition from the participants.

5. Bibliography

Benford, Steve / Adrian Bullock / Neil Cook / Paul Harvey / Rob Ingram / Ok-Ki Lee, From rooms to cyberspace: models of interaction in large virtual computer spaces. In: Interacting with Computers 5, 1993/2, 217–237.

Bruckman, Amy / Mitchel Resnick, The Media-MOO Project: Constructionism and professional community. In: Constructionism in practice: Designing, thinking, and learning in a digital world. Ed. by Y.B. Kafai/M. Resnick. Hillsdale 1996, 207–221.

Chen, Li-Ling, Distance delivery systems in terms of pedagogical considerations: A reevaluation. In: Educational Technology 37, 1997/4, 34–37.

Clark, R., Reconsidering research on learning from media. In: Review of Educational Research 4, 1983, 445–459.

Cognition and Technology Group at Vanderbuilt (CTGV), The Jasper project: Lessons in Curriculum, instruction, assessment, and professional development. Mahwah 1997.

Cotlar, Morton / James N. Shimabukuro, Stimulating learning with electronic guest lecturing. In: Computer mediated communication and the online classroom. Volume III: Distance Learning. Ed. by Z.L. Berge/M.P. Collins. Cresskill 1995, 105–127.

Culnan, Mary / Lynne Markus, Information technologies. In: Handbook of organizational communication. Ed. by F.M. Jablin/L. Putnam/ K.H. Roberts/L.W. Porter. Newbury Parc 1986, 420–443.

Curtis, Pavel / David A. Nichols, MUDs grow up: Social virtual reality in the real world. Palo Alto 1993. URL ftp://parcftp.xerox.com/pub/MOO/ papers/MUDsGrowUp.ps

Davis, James / Daniel Huttenlocher, Shared annotation for cooperative learning. In: Proceedings of CSCL '95: The first international conference on computer support for collaborative learning. Ed. by J. Schnase/E. Cunnius. Mahwah 1995. URL http://www-cscl95.indiana.edu/cscl95/davis.html.

December, John, Units of analysis for Internet communication. In JC 46, 1996/1, 14–38.

Donath, Judith / Karrie Karahalios / Fernanda Viégas, Visualizing conversation. In: Journal of Computer Mediated Communication 4, 1999/4. URL http://www.ascusc.org/jcmc/vol4/issue4/ donath.html

Döring, Nicola, Lernen und Lehren im Internet. In: Internet für Psychologen. Hrsg. von Bernad Batinic. Göttingen 1997, 359–394.

–, Sozialpsychologie des Internet. Göttingen 1999.

Fischer, Frank / Johannes Bruhn / Cornelia Gräsel / Heinz Mandl, Kooperatives Lernen mit Videokonferenzen: Gemeinsame Wissenskonstruktion und individueller Lernerfolg. Kognitionswissenschaft 9, 2000/1, 5–16.

Fjuk, Annita / Ingeborg Krange, The situated effects of awareness in distributed collaborative learning: Interactive 3D an example. In Proceedings of the computer support for collaborative learning (CSCL) 1999 conference, Ed. by C. Hoadley/J. Roschelle. URL http://kn.cilt.org/ cscl99/A18/A18.HTM

Friedrich, Helmut Felix / Aemilian Hron / Susanne Ferber / Jochen Heins, Partizipation im virtuellen Seminar in Abhängigkeit von der Moderationsmethode – eine empirische Untersuchung. In: Die virtuelle Konferenz – neue Möglichkeiten für die politische Kommunikation (Grundlagen, Techniken, Praxisbeispiele). Hrsg. von M. Fechter & C. Bremer. Essen 1999, 119–140.

Fussell, Susan R. / Nicholas I. Benimoff, Social and cognitive processes in interpersonal communication: Implications for advanced telecommunications technologies. In: Human Factors 37, 1995/2, 228–250.

Gräsel, Cornelia / Johannes Bruhn / Heinz Mandl / Frank Fischer, Lernen mit Computernetzen aus konstruktivistischer Perspektive. In: Unterrichtswissenschaft 25, 1997/1, 4–18.

Goldberg, Murray / Sasan Salari, An update on WebCT (World-Wide-Web Course Tools) – a tool for the creation of sophisticated web-based learning environments. In: Proceedings of NAUWeb '97 – Current practices in web-based course development. Flagstaff 1997. URL http://homebrew.cs.ubc.ca/webct/papers/nauweb/fullpaper.html

Greenberg, Saul, Collaborative interfaces for the web. In: Human factors and web development. Ed. by Chris Forsythe, Eric Grose & Julie Ratner. Mahwah 1997, 241–254.

Gutwin, Carl / Gwen Stark / Saul Greenberg, Support for workspace awareness in educational groupware. In: Proceedings of CSCL '95: The first international conference on computer support for collaborative learning. Ed. by J. Schnase/E. Cunnius. Mahwah 1995. URL http://www-cscl95.indiana.edu/cscl95/gutwin.html

Guzdial, Mark / Jennifer Turns / Noel Rappin / David Carlson, Collaborative support for learning in complex domains. In: Proceedings of CSCL '95: The first international conference on computer support for collaborative learning. Ed. by J. Schnase/E. Cunnius. Mahwah 1995. URL http://www-cscl95.indiana.edu/cscl95/guzdial.html

Harasim, Linda, On-line education: A new domain. In: Mindweave. Communication, computers, and distance education. Ed. by Robin Mason/Anthony Kaye. Oxford 1989, 50–62.

– / Starr Roxanne Hiltz, Lucio Teles, Murray Turoff, Learning networks. A field guide to teaching and learning online. Cambridge 1995.

Herring, Susan, Interactional coherence in CMC. In: Journal of Computer Mediated Communication 4, 1999.

Hesse, Friedrich W. / Bärbel Garsoffky / Aemilian Hron, A., Interface-Design für computerunterstütztes kooperatives Lernen. In: Information und Lernen mit Multimedia. Hrsg. von Ludwig J. Issing/Paul Klimsa. Weinheim 1995, 253–267.

– / Christos Giovis, Struktur und Verlauf aktiver und passiver Partizipation beim netzbasierten Lernen in virtuellen Seminaren. In: Unterrichtswissenschaft 25, 1997/1, 34–55.

Hiltz, Starr Roxanne, The virtual classroom. Learning without limits via computer networks. Norwood 1994.

– / Murray Turoff, Structuring computer-mediated communication systems to avoid information overload, Communications of the ACM 28, 1985, 680–689.

Hron, Aemilian / Friedrich W. Hesse / Petra Reinhard / Emmanuel Picard, Strukturierte Kooperation beim computer-unterstützten kollaborativen Lernen, Unterrichtswissenschaft 25, 1997/1, 56–69.

– / Friedrich W. Hesse / Ulrike Cress / Christo Giovis, Implicit and explicit dialogue structuring in virtual learning groups. In: British Journal of Educational Psychology 70, 2000/1, 51–64.

Issing, Ludwig J. / Paul Klimsa, Information und Lernen mit Multimedia. Weinheim: 1995.

de Jong, Ton/Wouter van Joolingen, Scientific discovery learning with computer simulations of conceptual domains. In: Review of Educational Research 1998/2, 68, 179–201.

Kerres, Michael, Multimediale und telemediale Lernumgebungen. München 1998.

– / Thomas Jechle, Betreuung des mediengestützten Lernens in telemedialen Lernumgebungen. In Unterrichtswissenschaft 28, 2000/3, 257–277.

Klimsa, Paul, Multimedia aus psychologischer und didaktischer Sicht. In: Information und Lernen mit Multimedia. Hrsg. von Ludwig J. Issing/Paul Klimsa. Weinheim 1995, 7–24.

Konradt, Udo / Imke Krebs, Entwicklung und Evaluation einer virtuellen Seminarumgebung zum computergestützten kooperativen Lernen. In: Medienpsychologie 12, 2000/4, 260–275.

Koschmann, Timothy/Ann Kelson/Paul Feltovich/Howard Barrows, Computer-supported problem-based learning: A principled approach to the use of computers in collaborative learning. In: CSCL: Theory and practice of an emerging paradigm. Hrsg. von Timothy Koschmann. Hillsdale 1996, 83–124.

Kozma, Robert B., Learning with media, Review of Educational Research 61, 1991/2, 179–211.

Lombard, Matthew / Teresa Ditton, At the heart of it all: The concept of telepresence. In: Journal of Computer Mediated Communication 3, 1997/2. URL http://www.ascusc.org/jcmc vol3/issue2/

Marchionini, Gary, Information seeking in electronic environments. Cambridge 1995.

Maheady, Larry, Advantages and disadvantages of peer-assisted learning strategies. In: Peer-assisted learning. Ed. by K. Topping/S. Ehly. Mahwah 1998, 45–65.

Mateas, Michael / Scott Lewis, A MOO-based virtual training environment. In: Journal of Computer Mediated Communication 2, 1996/3. URL http://www.ascusc.org/jcmc/vol2/issue3/

McCormack, Colin / David Jones, Building a web-based education system. New York 1998.

Mitchell, William J., The reconfigured eye. Cambridge 1992.

Moshell, J. Michael / Charles E. Hughes, The Virtual Academy: A simulated environment for constructionist learning. In: International Journal of Human-Computer Interaction 8, 1996/1, 95–110.

Palme, Jacob, Computer conferencing functions and standards. In: Collaborative learning through computer conferencing. Ed. by Anthony Kaye. Berlin 1992, 225–245.

Patrick, Andrew, The human factors of MBone conferences: Recommendations for improving sessions and software. Journal of Computer Mediated Communication 4, 1999/3. URL http://www.ascusc.org/jcmc/vol4/issue3/patrick.html

Paulsen, Morton F., An overview of CMC and the online classroom in distance education. In: Computer mediated communication and the online classroom. Volume III: Distance Learning. Ed. by Z.L. Berge/M.P. Collins. Cresskill 1995, 31–57.

Phelps, Ruth H. / Rosalie A. Wells / Rober L. Ashworth / Heidi A. Hahn, Effectiveness and costs of distance education using computer-mediated communication. In: The American Journal of Distance Education 5, 1991/3, 7–19.

Rawson, James H., Simulation at a distance using computer conferencing. In: Educational & Training Technology International 27, 1990/3, 284 bis 292.

Reid, Fraser / Vlastimil Malinek / Clifford Stott / Jonathan Evans, The messaging threshold in computer-mediated communication. In: Ergonomics 39, 1996/8, 1017–1037.

Repenning, Alexander / Andri Ionidou / Jonathan Phillips, Collaborative use & design of interactive simulation components. In Proceedings of the computer support for collaborative learning (CSCL) 1999 conference, Ed. by C. Hoadley/ J. Roschelle. URL http://kn.cilt.org cscl99/A59/A59.HTM.

Salmon, Gilly, E-moderating. London 2000.

Salomon, Gavriel, Interaction of media, cognition, and learning. Hillsdale 1979.

Schnotz, Wolfgang/Bammert, Maria, Einfüsse der Visualisierungsform auf die Konstruktion mentaler Modelle beim Text- und Bildverstehen. In: Zeitschrift für experimentelle Psychologie, 46, 1999/3, 217–236.

Schulmeister, Rolf, Grundlagen hypermedialer Lernsysteme. Bonn 1996.

Schwan, Stephan, Media characteristics and knowledge acquisition in computer conferencing. In: European Psychologist 2, 1997/3, 277–286.

–, Multimodalität und Multicodalität. Wahrnehmungs- und lernpsychologische Aspekte der Gestaltung von Multimedia-CBTs. In: PAE – Arbeitshefte für die Erwachsenenbildung, 1998/4, 12–19.

–, Video in Multimedia-Anwendungen: Gestaltungsanforderungen aus psychologischer Sicht. In: Psychologiedidaktik und Evaluation II. Hrsg. von Günter Krampen/Hermann Zayer. Bonn 2000, 55–72.

– / Jürgen Buder, Lernen und Wissenserwerb in virtuellen Realitäten. Erscheint in: Digitale Welten: Virtuelle Realität als Gegenstand und Methode in der Psychologie. Hrsg. von Gary Bente. Göttingen, im Druck.

– / Friedrich W. Hesse, Communicating and learning in "virtual seminars": The uses of spatial metaphors in interface design. In: Journal of Universal Computer Sciences 2, 1996/6.

Shaw, Mildred / Brian Gaines, Comparing constructions through the web. In: Proceedings of CSCL '95: The first international conference on computer support for collaborative learning. Ed. by J. Schnase/E. Cunnius. Mahwah 1995. URL http://ksi.cpsc.ucalgary.ca/articles/CSCL95WG.

Slavin, Robert, Cooperative learning. 2nd Edition. Boston 1995.

Stahl, Gary, Collaborative information environments to support knowledge construction by communities. AI & Society 14, 1–27.

Straub, Daniela / Stephan Schwan, Wissenserwerb in Computerkonferenzen: Auswirkungen von Mitteilungsmenge und Mitteilungsverknüpftheit auf den Lernerfolg. In: Experimentelle Psychologie. Abstracts der 39. Tagung experimentell arbeitender Psychologen. Hrsg. von E. van der Meer/T. Bachmann/R. Beyer/C. Goertz/H. Hagendorf/B. Krause/W. Sommer/H. Wandke/ M. Zießler. Lengerich 1996, 37.

Strittmatter, Peter / Dirk Mauel, Einzelmedium, Medienverbund und Multimedia. In: Information und Lernen mit Multimedia. Hrsg. von Ludwig J. Issing/Paul Klimsa. Weinheim 1995, 47–62.

Thüring, Manfred / Jörg Hannemann / Jörg M. Haake, Hypermedia and cognition: Designing for comprehension. In: Communications of the ACM 38, 1995/8, 57–66.

Turoff, Murray, Costs for the development of a virtual university, WWW Dokument, 1996 URL http://eies.njit.edu/~turoff/Papers/cbdevu.html

Unz, Dagmar, Lernen mit Hypertext. Münster 2000.

Wandke, Hartmut / Joern Hurtienne, Zum Naviagtionsverhalten von Anfängern im World Wide Web. In Zeitschrift für Arbeits- und Organisationspsychologie 43, 1999, 46–54.

Watabe, Kazuo / Matti Hamalainen / Andrew B. Whinston, An internet based collaborative distance learning system: CODILESS. In: Computers in Education 24, 1995/3, 141–155.

Wetzel, C. Douglas / Paul H. Radtke / Hervey W. Stern, Instructional effectiveness of video media. Hillsdale 1994.

Wyver, John, "Broadcatching" und "Inhabitated Television": Neue Formen partizipatorischer Medien. In: Televisionen. Hrsg. von S. Münker & A. Roesler. Frankfurt 1999, 148–170.

Friedrich W. Hesse / Stephan Schwan,
Tübingen (Deutschland)

247. Aktuelle Bedeutung der Telearbeit für Unternehmen – Empirische Befunde aus dem Mittelstand

1. Vorbemerkung
2. Die Initiative 'Telearbeit im Mittelstand'
3. Die Teilnehmer der Förderinitiative
4. Realisierung und Erprobung der Telearbeit: Praktische Erfahrungen
5. Auswirkungen der Telearbeit auf Verkehr und Umwelt
6. Wirkungen der Initiative und Perspektiven für den Mittelstand

1. Vorbemerkung

Leistungsfähige und kostengünstige Informations- und Telekommunikationstechnologie breitet sich immer stärker in allen Bereichen der Wirtschaft aus und verwandelt die traditionellen Arbeitsplätze in solche mit größeren Informations- und Kommunikationsanteilen. Dies stellt nicht nur eine technische Innovation für die Kommunikation im Unternehmen dar, sondern bietet neue organisatorische Möglichkeiten für flexible Formen der Arbeitsorganisation an. In diesem Kontext boomt auch das Thema Telearbeit. Verstärkt wird diese Entwicklung zudem durch bedeutende Veränderungen in Wirtschaft und Gesellschaft, die es zusätzlich notwendig machen, die heute geltenden Formen der Arbeitsorganisation kritisch zu hinterfragen und grundlegende Gedanken über alternative Arbeitsformen zu entwickeln:

– Die industriellen Gesellschaften unterliegen seit langem einem Wertewandel, der z.B. zu Wünschen nach flexibleren Arbeitszeitmodellen, mehr Individualität, größerer Selbstverwirklichung und besserer Vereinbarkeit von Beruf und Familie geführt hat. Telearbeit kann diese Bestrebungen unterstützen, wie empirische Untersuchungen eindeutig ergeben haben.

– In wirtschaftlicher Hinsicht setzt sich die Tendenz zur Globalisierung durch. Die weltweite Integration der Güter- und Faktormärkte wird immer mehr Realität. Die verschiedenen Wirtschaftsstrukturen sind hochgradig voneinander abhängig. In diesem Zusammenhang werden zunehmend Unternehmen erfolgreich sein, die flexibel auf Marktveränderungen reagieren können. Virtuell organisierte Unternehmen werden hier in Zukunft Vorteile erringen. Die Einführung von Telearbeit bildet einen ersten effektiven Schritt auf dem Weg zur virtuellen Unternehmung.

Telearbeit wurde bereits in der Vergangenheit diskutiert. In den 80er Jahren sprach man weitgehend von Teleheimarbeit, bei der die Mitarbeiter vollständig aus dem Büro herausgelöst zu 100 Prozent von zu Hause aus arbeiten sollten. Diese 'isolierten Telearbeitsmodelle' verliefen in den meisten Fällen nicht erfolgreich, da soziale Kontakte fast ausgeschlossen waren. Darüber hinaus waren die erforderlichen technischen Komponenten (Hardware, Software und Telekommunikationsanschluß) zum damaligen Zeitpunkt noch recht teuer, so daß auch die Wirtschaftlichkeit der Telearbeitsprojekte eingeschränkt war.

Heute dagegen wird Telearbeit als eine flexible Form der Arbeitsorganisation interpretiert, bei der Mitarbeiter sowohl zu Hause als auch im Büro arbeiten. Diese 'alternierende Telearbeit' verbindet die Vorteile der Flexibilität des Arbeitsortes mit den notwendigen und ebenso erwünschten Kommunikations- und Kontaktbedürfnissen zu Kollegen und Vorgesetzten.

Neben der zeitlichen Differenzierung der Telearbeit in die Teleheimarbeit (isolierte Telearbeit) und alternierende Telearbeit kann die Telearbeit auch in verschiedenen Organisationsformen realisiert werden. Zu diesen Organisationsformen zählen Satellitenbüros, Nachbarschaftsbüros, Telecenter und Teleservice-Center. Bei diesen Telearbeitsformen handelt es sich um wohnortnahe Einrichtungen, in denen für mehrere Mitarbeiter technisch ausgestattete Büroarbeitsplätze für Telearbeit zur Verfügung stehen.

Die Erfahrungen einer Vielzahl von Unternehmen, die Telearbeit bereits eingeführt haben, sind sehr positiv. Bekannte Beispiele deutscher Firmen sind Großunternehmen, wie die IBM Deutschland GmbH, die Siemens AG oder die BMW AG. Im Vergleich zu den Großunternehmen ist der Mittelstand in Deutschland bei der Realisierung der Telearbeit jedoch bisher kaum in Erscheinung getreten. Aus diesem Grund hat die Bundesregierung zusammen mit der Deutschen Telekom AG im Jahr 1997 die Förderinitiative 'Telearbeit im Mittelstand' ins Leben gerufen.

Der vorliegende Beitrag faßt wesentliche Ergebnisse der Begleituntersuchung zur Initiative „Telearbeit im Mittelstand" zusammen.

2. Die Initiative 'Telearbeit im Mittelstand'

Die Bundesregierung und die Deutsche Telekom AG haben mit der Förderinitiative 'Telearbeit im Mittelstand' eine entscheidende Maßnahme zur Förderung der Telearbeit in Deutschland initiiert. Die Initiative hatte das Ziel, die Nutzung der Telearbeit in kleinen und mittelständischen Betrieben zu fördern und deren Verbreitung zu forcieren. Telearbeit sollte in den ausgewählten Unternehmen demonstriert und erprobt werden, um anschließend die gewonnenen Erfahrungen auf andere KMU übertragen zu können.

Die 400 geförderten Unternehmen schufen rund 1700 Telearbeitsplätze mit den erforderlichen technischen Einrichtungen und organisatorischen Voraussetzungen. Etwa 500 dieser Arbeitsplätze wurden mit neuen Mitarbeitern gesetzt.

Die TA Telearbeit GmbH, Geilenkirchen, erhielt den Auftrag, den Verlauf der Initiative im Rahmen einer umfangreichen Begleituntersuchung zu analysieren. Die Erfahrungen der geförderten 400 Unternehmen wurden ausgewertet, Best-Practice Beispiele dokumentiert und Handlungsempfehlungen gegeben, die anderen KMU, die sich für die Einführung von Telearbeit interessieren, nunmehr zur Verfügung stehen.

Im Rahmen der Begleituntersuchung fanden, innerhalb der einjährigen Erprobungsphase zu zwei Zeitpunkten (nach der Hälfte und zum Ende), empirische Erhebungen statt. Zu beiden Zeitpunkten wurden sowohl die Projektverantwortlichen, als auch die Telearbeiter befragt. Der Leser ist somit in der Lage, die Erfahrungen der Unternehmen und Telearbeiter, aus den ersten 12 Monaten der Implementierung und Nutzung von Telearbeit, detailliert nachzuvollziehen.

Aus dem Rücklauf der ersten Erhebung gingen insgesamt 344 Fragebögen mit Angaben der Projektverantwortlichen in die Auswertung für den Abschlußbericht ein. Dies entspricht, bezogen auf die 400 Betriebe, die ein Konzept eingereicht hatten, einer Rücklaufquote von 86 Prozent. Im Rahmen der zweiten Erhebung nach Abschluß der Erprobungsphase beschrieben 303 Projektverantwortliche ihre Erfahrungen mit Telearbeit. Die Rücklaufquote fällt demzufolge mit knapp 76 Prozent leicht geringer aus.

Von den Telearbeitern konnte bei der ersten Erhebung ein Rücklauf von 739 Fragebögen, bei der zweiten Erhebung von 738 Fragebögen verzeichnet werden. Die Rücklaufquote, bezogen auf die rd. 1700 eingerichteten Telearbeitsplätze, liegt somit bei rund 43 Prozent. Es handelt sich um die bisher umfangreichste empirische Befragung von Telearbeitern in Deutschland.

3. Die Teilnehmer der Förderinitiative

Im folgenden werden kurz die an der Förderinitiative 'Telearbeit im Mittelstand' teilnehmenden Unternehmen und Telearbeiter beschrieben, um einen Überblick über das Teilnehmerfeld zu geben. Basis bilden dabei die Angaben der 344 Projektverantwortlichen und 739 Telearbeiter aus der ersten Erhebungsrunde nach der Hälfte des Erprobungsjahres.

3.1. Kennzeichen der Unternehmen Branchenverteilung

Die – im Vergleich zur Gesamtverteilung aller Branchen in Deutschland – überproportional hohen Anteile der Branchen 'Datenverarbeitung und -banken' (5,6 Prozent), 'Forschung und Entwicklung' (8,3 Prozent), 'Beratungsunternehmen' (18,3 Prozent), 'Werbung' (7,7 Prozent), 'Architektur- und Ingenieurbüros' (8,0 Prozent) sowie 'Bildung' (4,7 Prozent) in der Förderinitiative tragen der Entwicklung Rechnung, dass innovative Arbeitsformen wie Telearbeit besonders in den dynamischen Bereichen der Wirtschaft als zukunfts- und tragfähige Alternativen zu herkömmlichen Strukturen angesehen werden. Somit kann jedes zweite Unternehmen, das an der Erprobungsphase teilgenommen hat, diesen wachsenden Wirtschaftszweigen zugerechnet werden. Rücklaufquoten von 6,2 Prozent im Groß- und Einzelhandel, 5,9 Prozent im Verarbeitenden Gewerbe und 3,3 Prozent im Baugewerbe zeigen aber, dass mit der Fördermaßnahme 'Telearbeit im Mittelstand' auch traditionelle Wirtschaftszweige erreicht werden konnten.

247. Aktuelle Bedeutung der Telearbeit für Unternehmen

Beschäftigtenzahl

Augenscheinlich nahmen an der Förderinitiative in erster Linie kleinere Unternehmen teil. Zieht man zum Vergleich aber die Angaben der amtlichen Statistik über die Verteilung der Unternehmen in Deutschland nach Beschäftigtenzahl hinzu, ergibt sich ein anderes Bild. So macht der Anteil der KMU mit mehr als 10 Beschäftigten in Deutschland insgesamt 20 Prozent aus. In der Verteilung der an der Initiative teilnehmenden KMU ist diese Unternehmensgruppe hingegen mit 28,3 Prozent sogar überproportional vertreten.

Tab. 247.1: Anzahl der Beschäftigten (N = 344)

bis 5 Beschäftigte	42,0 Prozent
6 bis 10 Beschäftigte	29,7 Prozent
11 bis 50 Beschäftigte	24,2 Prozent
über 50 Beschäftigte	4,1 Prozent

Regionale Verteilung der Unternehmen nach Bundesländern

Die befragten Betriebe verteilen sich regional auf ganz Deutschland. An der Spitze stehen dabei die Flächenländer Nordrhein-Westfalen (22,4 Prozent), Bayern (11,3 Prozent) und Baden-Württemberg (9,0 Prozent); sie stellen vier von zehn befragten -Unternehmen. Da diese Bundesländer nach der amtlichen Statistik auch die höchsten Unternehmenszahlen aufweisen, führt dies jedoch nicht zu einer Verzerrung der empirischen Befunde. In diesem Zusammenhang fällt auf, dass überproportional viele Unternehmen aus den fünf neuen Bundesländern an der Förderinitiative und der Begleituntersuchung teilgenommen haben. Sie stellen zusammen knapp 30 Prozent der Teilnehmer.

Erfahrung mit Telearbeit

Drei Viertel der teilnehmenden Betriebe betraten bzgl. Telearbeit völliges Neuland. Dies zeigt, dass die Förderinitiative einer ihrer Zielsetzungen gerecht geworden ist, Telearbeit gerade in solchen Unternehmen des Mittelstandes zu etablieren, denen der Zugang zu dieser innovativen Arbeitsform bisher verschlossen war. Durchschnittlich wurden ca. 3,75 Telearbeitsplätze pro Unternehmen eingerichtet, wobei dies bei 64,0 Prozent alternierende Telearbeitsplätze, bei 19,6 Prozent isolierte Telearbeitsplätze und bei 14,7 Prozent mobile Telearbeitsplätze waren. Mit 1,7 Prozent weit abgeschlagen auf dem letzten Platz rangieren Telearbeitsplätze in Telecentern.

2.2. Kennzeichen der Telearbeiterinnen und Telearbeiter

Geschlecht

Die Förderinitiative 'Telearbeit im Mittelstand' widerlegt das Klischee, dass Telearbeit in erster Linie eine Domäne der Frauen ist. Im Gegenteil: Zwei von drei Telearbeitsplätzen wurden von männlichen Belegschaftsangehörigen besetzt.

Altersverteilung

Der Schwerpunkt der Altersverteilung lag erwartungsgemäß bei den mittleren Altersgruppen der 26- bis 45-jährigen Beschäftigten (82 Prozent). Das Durchschnittsalter beträgt demzufolge knapp 36 Jahre. Dass jeder Zehnte den beiden ältesten Altersgruppen zuzurechnen ist, zeigt aber deutlich, dass auch ältere Beschäftigte der innovativen Arbeitsform Telearbeit aufgeschlossen gegenüberstehen.

Tab. 247.2: Alter der Telearbeiter (N = 739)

17 bis 25 Jahre	7,0 Prozent
26 bis 35 Jahre	46,5 Prozent
36 bis 45 Jahre	35,0 Prozent
46 bis 55 Jahre	9,2 Prozent
56 Jahre und älter	2,3 Prozent

Familienstand und Kinder

Über die Hälfte der befragten Teilnehmer sind verheiratet (57,2 Prozent), ein gutes Drittel ledig (36,1 Prozent) und 6,7 Prozent leben getrennt, in Scheidung oder sind verwitwet. Jeder zweite Telearbeiter (52,8 Prozent) hat zudem Kinder, die im selben Haushalt leben. Die meisten Telearbeiter haben ein oder zwei Kinder. Die meisten Kinder (63,2 Prozent) sind zehn Jahre oder jünger und bedürfen somit der Betreuung durch die Eltern; weitere 18,2 Prozent sind zwischen elf und fünfzehn Jahren. In den meisten Fällen organisieren die Telearbeiter die Kinderbetreuung so, dass sie entweder während der Kindergarten- und Schulzeiten ihrer Kinder arbeiten oder der Ehe- bzw. Lebenspartner sich während ihrer Telearbeitszeiten um die Kinder kümmert.

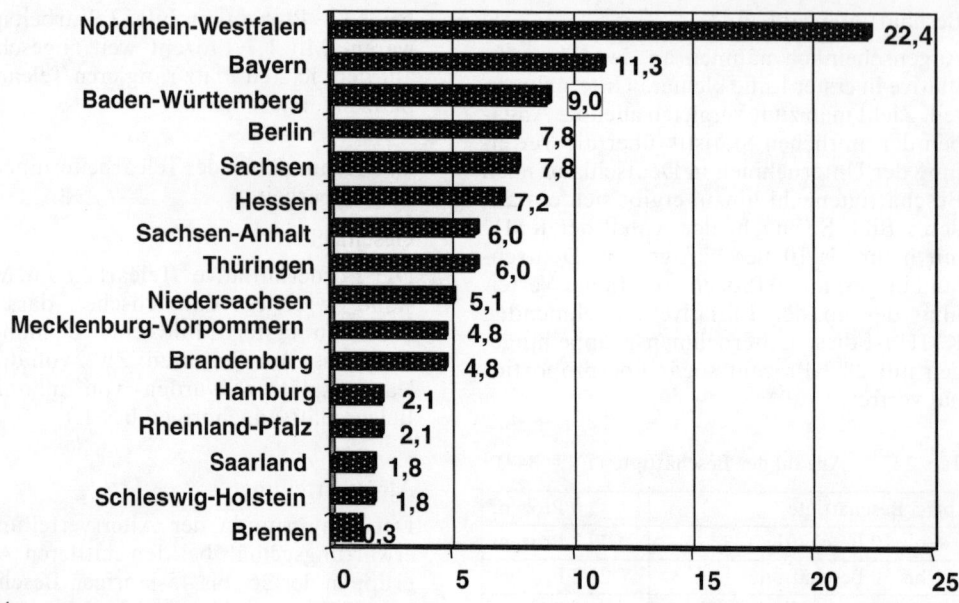

N=344

© TA Telearbeit 1999

Abb. 247.1: Regionale Verteilung

Ausbildung

Nahezu zwei Drittel der befragten Personen verfügen über ein Studium als höchsten beruflichen Abschluss (62,8 Prozent), 22,1 Prozent haben eine praktische Berufsausbildung, 11,9 Prozent haben zusätzlich noch eine berufliche Fortbildung gemacht; lediglich eine verschwindende Minderheit (3,3 Prozent) verfügt über keine berufliche Ausbildung. Dies ist ein deutlicher Beleg dafür, dass Telearbeit keinesfalls nur eine Arbeitsform für Geringqualifizierte ist, wie in der Vergangenheit häufig von Kritikern angeführt wurde.

3. Realisierung und Erprobung der Telearbeit: Praktische Erfahrungen

Nachfolgend werden einige ausgewählte Ergebnisse der empirischen Erhebungen vorgestellt.

3.1. Erwartungen und Befürchtungen

Telearbeit als innovative Arbeitsform gewinnt zwar seit Jahren bei Unternehmen und Arbeitnehmern gleichermaßen an Interesse, ist aber immer noch mit einer Vielzahl von Vorbehalten belegt. Deshalb wurde dem Punkt Erwartungen und Befürchtungen aus Sicht der Teilnehmer (Unternehmen und Telearbeitern) besondere Aufmerksamkeit geschenkt. Beide Teilnehmergruppen wurden zunächst während der ersten Erhebung (nach der Hälfte der einjährigen Erprobungszeit) gebeten, die Ziele und Probleme, die sie mit der Telearbeit verbinden, nach Wichtigkeit auf einer fünfstufigen Bewertungsskala von 1 (trifft voll zu) bis 5 (trifft gar nicht zu) einzustufen. Beiden Gruppen wurde dazu jeweils eine Palette von möglichen Zielen und Problemen vorgegeben. Nach Abschluß der Erprobungsphase wurde der Vorgang wiederholt. Diesmal wurden sie gebeten, im Rückblick auf ihre einjährige Erfahrungen zu beurteilen, in welchem Umfang ihre Erwartungen und Befürchtungen erfüllt worden sind. Ziel war es, Veränderungen im Zeitablauf festzustellen.

Erwartungen und Befürchtungen aus Unternehmenssicht

Ziele der Unternehmen

Die große Mehrheit der befragten Unternehmen erreichte durch die Einführung der Telearbeit eine Flexibilisierung der Arbeitszeiten. Beinahe 85 Prozent der Betriebe gaben zum Ende der Erprobungsphase an, dass dieser Effekt in hohem Maße durch die Telearbeit hervorgerufen wurde (Angabe:

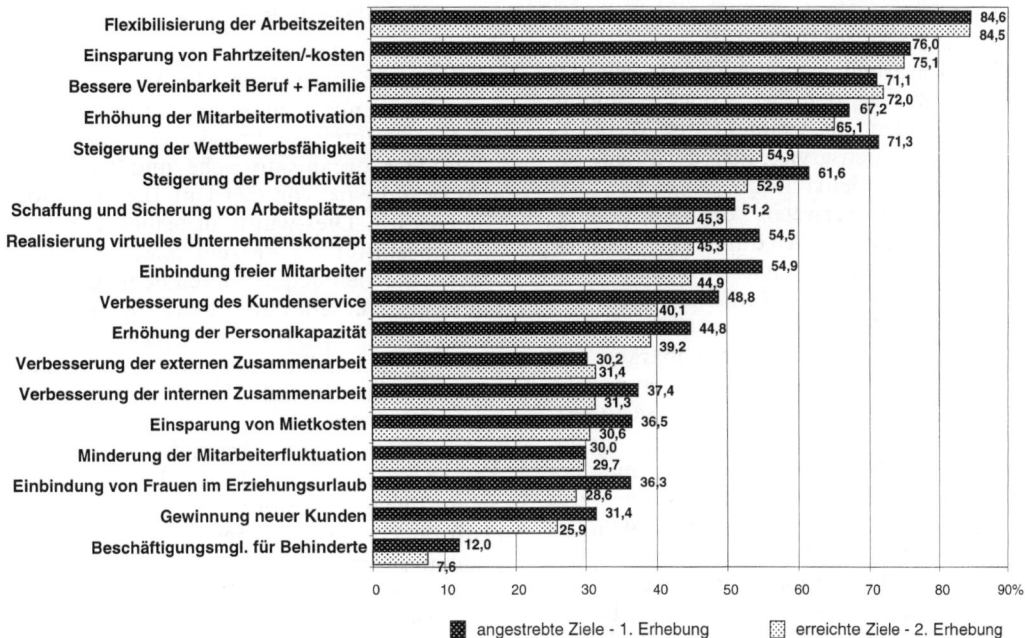

Abb. 247.2: Durch Telearbeit angestrebte und erreichte Ziele aus Unternehmenssicht

trifft voll zu/trifft zu). Damit wurden die hohen Erwartungen, die bereits zum Zeitpunkt der ersten Erhebung von den Unternehmen geäußert wurden, voll bestätigt. Angesichts der zunehmenden Bedeutung der Arbeitszeitflexibilisierung im Zuge von Globalisierung und Strukturwandel, die auch kleinen und mittleren Unternehmen eine höhere Anpassungsflexibilität abverlangt, überrascht die herausragende Stellung nicht, werden doch gerade mit flexibleren Arbeitszeiten Effizienzsteigerungen in den betrieblichen Abläufen verbunden. Die Überwindung starrer Arbeits- und Geschäftszeiten, die durch Telearbeit ermöglicht werden, helfen besonders dem Mittelstand, in einem Umfeld mit verschärftem Wettbewerb zu bestehen.

Zum Abschluß der Erprobungsphase erachteten die Projektverantwortlichen die Telearbeit in den meisten Fällen als ein sehr geeignetes Mittel, um

– Einsparung von Fahrtkosten und -zeiten,
– bessere Vereinbarkeit von Beruf und Familie,
– Erhöhung der Mitarbeitermotivation,
– Steigerung der Wettbewerbsfähigkeit und
– Steigerung der Produktivität

zu verwirklichen.

Acht von zehn Projektverantwortlichen vertreten die Auffassung, dass Telearbeit zumindest teilweise einen Beitrag hierzu geliefert hat. Diese Fakten dokumentieren, dass die Telearbeit sowohl den Mitarbeitern Vorteile bringt als auch zur Verbesserung der wirtschaftlichen Situation beiträgt.

Nach Ablauf der Hälfte der Erprobungsphase (Zeitpunkt der ersten Erhebung) erwarteten noch über die Hälfte der Projektverantwortlichen, dass durch die Realisierung der Telearbeit

– die Einbindung freier Mitarbeiter,
– die Schaffung und Sicherung von Arbeitsplätzen und
– die Verbesserung des Kundenservices

gelingen könnte.

Jedes zweite Unternehmen betrachtete die neue Arbeitsform zudem als einen wichtigen Schritt in Richtung der Realisierung eines virtuellen Unternehmenskonzeptes. In diesen Bereichen hat sich nach Abschluß der Erprobungsphase eine leichte Ernüchterung der Erwartungen eingestellt. Die Anteile liegen mit durchschnittlich 10 Prozentpunkten doch deutlich niedriger als noch zur Halbzeit. Dennoch vertreten auch nach zwölf Monaten Erprobungsphase zwei Drittel der Betriebe die Auffassung, dass Telearbeit der Erfüllung dieser Ziele zumindest teilweise gedient hat. Damit bleibt der positive Grundtenor eindeutig erhalten.

Die Telearbeit erfüllt nach Aussage der Betriebe weniger den Zweck der Gewinnung neuer Kunden, als vielmehr der Verbesserung des Kundenservice, also der Pflege bestehender Kundenkontakte. Zwei von drei Unternehmen vertreten die Auffassung, dass der Kundenservice durch Telearbeit an Qualität gewonnen hat. Während der Durchführung der persönlichen Interviews wurde dieser Effekt in erster Linie mit der besseren und längeren Erreichbarkeit der Telearbeiter begründet. Kunden hatten sich hierüber bereits mehrfach positiv geäußert.

Die Ergebnisse dokumentieren ferner, dass die Arbeitsform Telearbeit nur begrenzt als ein Instrument angesehen wird, mit dem Frauen während bzw. nach dem Erziehungsurlaub wieder in den Betrieb eingebunden werden können. Nur jedes dritte Unternehmen ist der Ansicht, dass Telearbeit diesem Ziel gedient hat. Nach der Hälfte der Erprobungszeit waren die Erwartungen der Projektverantwortlichen zu diesem Punkt noch etwas positiver gewesen. Der relativ geringe Erreichungsgrad dieser Zielsetzung muß allerdings vor dem Hintergrund gesehen werden, dass zwei von drei Telearbeitsplätzen durch männliche Mitarbeiter besetzt worden sind. Deshalb kann man im Umkehrschluss nicht folgern, dass Telearbeit grundsätzlich an Bedeutung hinsichtlich der Wiedereingliederung bewährter Mitarbeiterinnen eingebüßt hat.

Die Hoffnung, behinderte Menschen durch Telearbeit leichter in den beruflichen Alltag integrieren zu können, erfährt durch die Befragungsergebnisse einen doch deutlichen Dämpfer. Die niedrigen Befragungsergebnisse lassen den Schluß zu, dass die Eingliederung von Behinderten zusätzlich auf andere Hindernisse als deren eingeschränkte Immobilität stößt, und dass zur Verbesserung ihrer Situation andere Maßnahmen als die Einführung von Telearbeit durchzuführen sind.

Die Erfahrungen aller befragten Unternehmen in den ersten zwölf Monaten zeigen, dass die von einer Anfangseuphorie getragenen hohen Zielvorstellungen zwar nicht ganz, aber doch im Wesentlichen erfüllt worden sind. Die Betriebe haben nach Abschluss der Erprobungsphase ihre Erwartungen gegenüber der ersten Erhebung im Durchschnitt nur leicht nach unten korrigieren müssen.

Probleme der Unternehmen

Die Realisierung von Telearbeit erfordert in der Anlaufphase erhebliche Anstrengungen und Aufwendungen, um die Grundlagen für einen erfolgreichen Projektverlauf zu schaffen. Der organisatorische und technische Aufwand wird von den Unternehmen hoch eingestuft. Dies wurde in beiden Erhebungen bestätigt. 72 Prozent bzw. 80 Prozent der Unternehmen stimmten dem zumindest teilweise zu, jedes zweite sah dies sogar als bedeutsam an. Nur ein kleiner Anteil der Befragten sah darin kein Problem. Ein ähnliches Bild zeigen die Erfahrungen der Betriebe bei den Investitionskosten. Entsprechend dem hohen organisatorischen und technischen Aufwand, den die Einführung von Telearbeit erfordert, werden die Investitionskosten von drei Vierteln der Teilnehmer als hoch eingestuft. Dagegen wird fehlendes technisches Know-how lediglich von jedem vierten Betrieb als ein bedeutsames Problem angesehen und gerade einmal jedes fünfte Unternehmen empfand das Angebot an technischen Lösungen als unzureichend. Die Anforderungen an die Vorgesetzten sind dagegen durch die Einführung von Telearbeit gestiegen. Telearbeit zwingt das Management dazu, das gängige Führungsverhalten zu überdenken und zu verändern.

Etwas weniger problematisch eingestuft werden, im Vergleich zur ersten Erhebung zum Ende der einjährigen Erprobungsphase,

– die Akzeptanzprobleme beim Management und
– die soziale Isolation von Mitarbeitern und Mitarbeiterinnen.

Arbeitsrechtliche Probleme sind in den wenigsten Unternehmen aufgetaucht, lediglich jedes vierte sah sich damit konfrontiert, nicht einmal jedes zehnte sah hier ein größeres Hindernis. Etwaige Bedenken in dieser Hinsicht haben im Vergleich zur ersten Erhebung deutlich abgenommen.

Mangelnde Wirtschaftlichkeit steht der Realisierung der Telearbeit nach Auffassung der befragten Unternehmen kaum im Wege, nur 7 Prozent sahen darin ein bedeutendes Hindernis. Hohe laufende Kosten werden mit zunehmender Telearbeitserfahrung weniger problematisch angesehen. Dies zeigt, dass dieser Aspekt der Telearbeit zunächst als bedeutender eingestuft wird, als er in Wirklichkeit ist.

247. Aktuelle Bedeutung der Telearbeit für Unternehmen

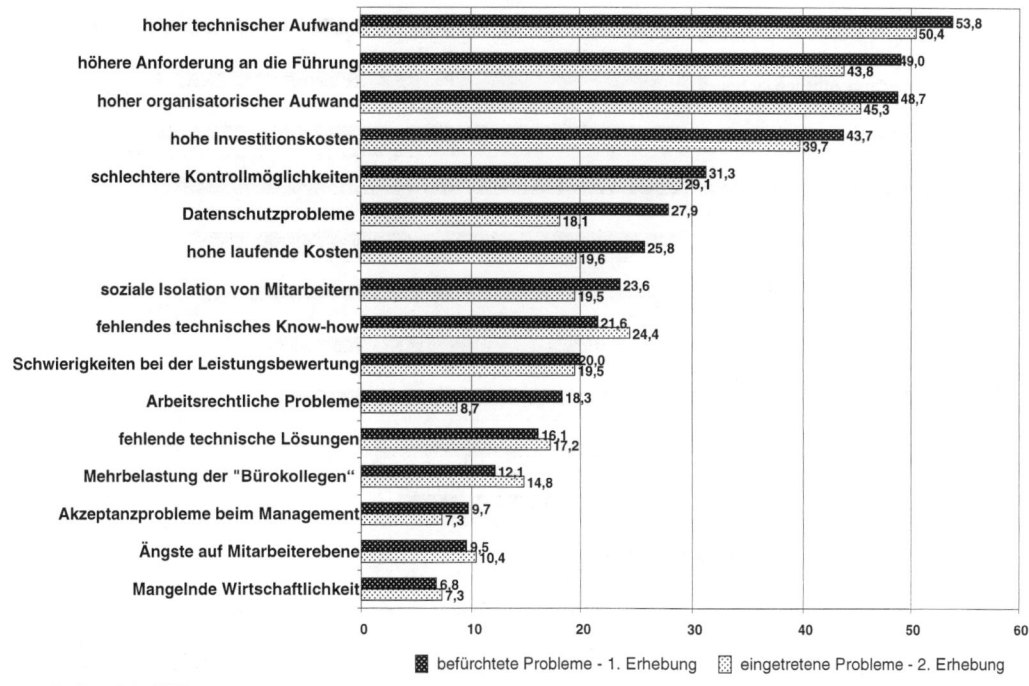

Abb. 247.3: Durch Telearbeit befürchtete und eingetretene Probleme aus Unternehmenssicht

Auch der Datenschutz ist nach Auffassung der Teilnehmer weitgehend gesichert, lediglich jedes fünfte Unternehmen erkannte hier Anpassungsbedarf. Das Vertrauen in technische und organisatorische Regelungen sowie in den sorgfältigen Umgang der Telearbeiter ist mit wachsender Erfahrung zunehmend gestiegen.

Erwartungen und Befürchtungen aus Sicht der Telearbeiter/-innen

Ziele der Telearbeiter/-innen

Im Rahmen der ersten Erhebung verbanden die meisten der Beschäftigten mit der Einführung von Telearbeit die Hoffnung, ihre Arbeits- und Lebenssituation verbessern zu können.

Die Zeitsouveränität stand bei den Mitarbeiter an oberster Stelle der Prioritätenliste. Beinahe jeder (94 Prozent) zeigt sich bereits zur Halbzeit der Erprobungsphase davon überzeugt, durch die Einführung von Telearbeit die Arbeitszeit flexibler gestalten zu können. Das Ergebnis der zweiten Erhebung dokumentiert eindeutig, dass die gesteckten Erwartungen berechtigt waren. In diesem Zusammenhang ist es nur logisch, dass die Telearbeiter den Zielsetzungen Fahrtzeiten und -kosten einsparen und Familie und Beruf besser miteinander verbinden zu können, ebenfalls eine hohe und positive Erwartungshaltung entgegenbrachten, die im Rahmen der einjährigen Erprobung dieser Arbeitsform auch deutlich erfüllt wurde.

Ferner sind die sehr hohen Erwartungen (91 Prozent – erste Erhebung), mit der Verlagerung des Arbeitsplatzes die Produktivität zu steigern, voll bestätigt worden (92 Prozent – zweite Erhebung). Dieses Ergebnis korrespondiert mit der Einschätzung nahezu sämtlicher Mitarbeiter, dass Telearbeit ein konzentrierteres Arbeiten am heimischen Arbeitsplatz ermöglicht hat (92 Prozent). Immerhin vertraten zwei von drei Telearbeitern die Auffassung, dass sie infolge der Einrichtung der Telearbeitsplätze zusätzliche Qualifikationen im Bereich neuer Medien hinzugewinnen konnten. Die Realisierung von Telearbeit bietet den Beschäftigten demzufolge die Chance, sich auf den neuesten Kenntnisstand hinsichtlich der Nutzung von Informations- und Kommunikationstechniken zu versetzen. Damit können sich für die Unternehmen zusätzliche Möglichkeiten durch qualifiziertere Mitarbeiter eröffnen.

Ein Zugewinn an Freizeit wurde von der Mehrheit der Befragten nicht angestrebt

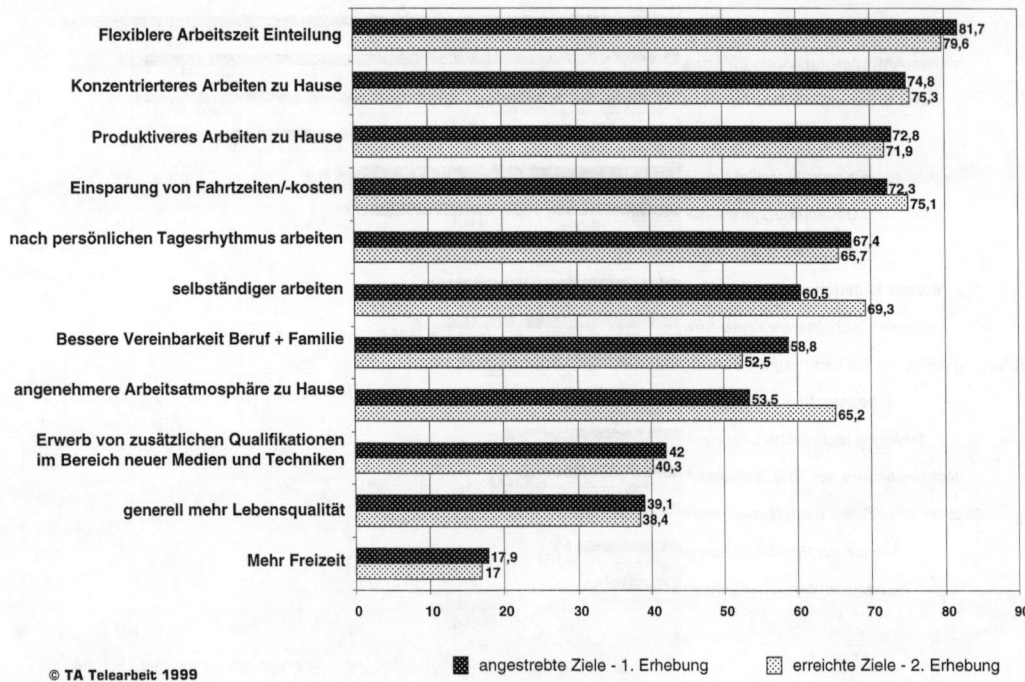

Abb. 247.4: Angestrebte und erreichte Ziele aus Sicht der Telearbeiter

(41 Prozent – erste Erhebung), und ist im Laufe der Erprobung der neuen Arbeitsform auch kaum eingetreten (43 Prozent – zweite Erhebung).

Die Beschäftigten gewinnen durch Telearbeit zunehmend an Eigenständigkeit in ihrer Arbeitsgestaltung. Nahezu jeder Neunte vertritt nach zwölf Monaten Erprobungsphase die Auffassung, zu Hause selbständiger arbeiten zu können (87 Prozent – zweite Erhebung). Damit werden die bereits hohen Erwartungen aus der ersten Erhebung noch deutlich übertroffen. Ferner zeigen sich mittlerweile beinahe alle Befragten von einer angenehmeren Atmosphäre am heimischen Telearbeitsplatz überzeugt (90 Prozent – zweite Erhebung).

Probleme aus Sicht der Telearbeiter/-innen

Die Erprobungsphase zeigt, dass die Arbeitsform Telearbeit dann an Akzeptanz gewinnt, wenn die Beschäftigten ihre ersten Alltagserfahrungen gesammelt haben. Nach Ansicht der Teilnehmer haben sich die Befürchtungen bei weitem nicht in dem Ausmaß bewahrheitet, wie sie noch zur Halbzeit erwartet wurden. Insgesamt wird die Relevanz von mehr als der Hälfte der vorgegebenen Problemfelder nach zwölf Monaten signifikant geringer eingestuft. Dies gilt insbesondere für die zu Beginn am vordringlichsten betrachteten Hindernisse.

So sieht nur noch jeder zweite Beschäftigte die Gefahr, den Kontakt zu Kollegen und Vorgesetzten zu verlieren. Zum Zeitpunkt der ersten Erhebung waren dies noch beinahe zwei von drei. Lediglich ein Viertel (23 Prozent) der Telearbeiter vertritt die Auffassung, dass die Verschlechterung in jedem Fall eingetroffen ist. Dies ist aber ein Drittel weniger als noch sechs Monate zuvor. Die Teilnehmer erkennen auch zunehmend, dass Telearbeit nicht eine Gefährdung des Teamgedankens bzw. der Teamarbeit zur Folge hat. Nur noch jeder Dritte beklagt eine Verschlechterung des Teamworks (38 Prozent), gegenüber 50 Prozent in der ersten Erhebung.

Zwar spielt sich mit wachsender Erfahrung die Kommunikation unter den Beteiligten zunehmend ein, dennoch fühlt sich die Hälfte der Telearbeiter teilweise vom betrieblichen Informationsfluß abgeschnitten. Hier besteht also noch Anpassungsbedarf, auch wenn die Situation längst nicht mehr so kritisch eingeschätzt wird, wie noch sechs Monate zuvor (52 Prozent zur zweiten Erhebung, 63 Prozent zur ersten Erhebung).

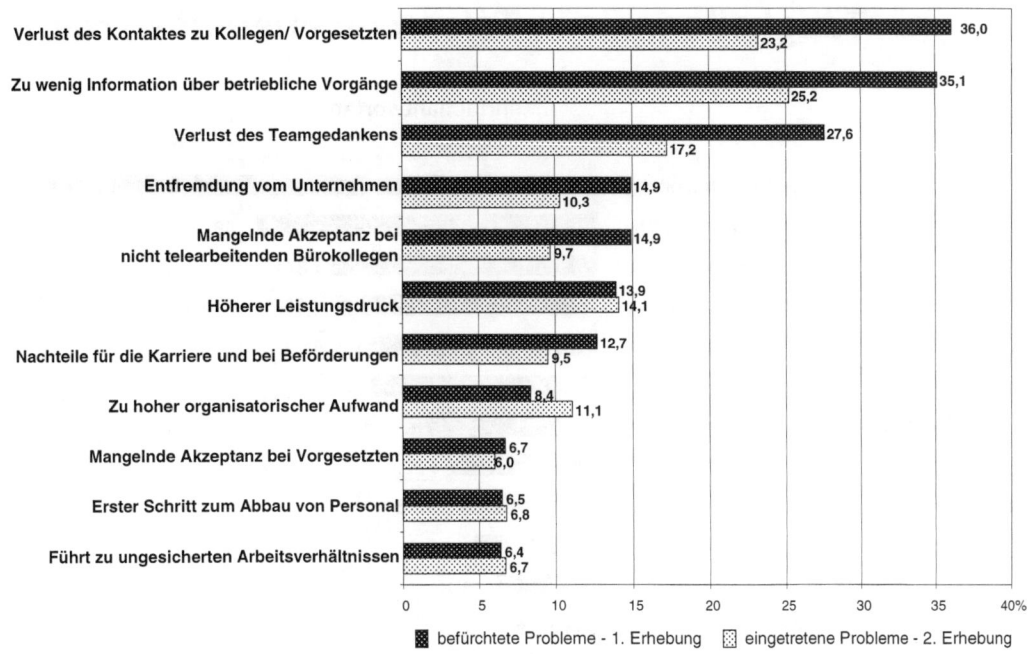

Abb. 247.5: Befürchtete und eingetretene Probleme aus Sicht der Telearbeiter

Dass hieraus Nachteile für die persönliche Karriere erwachsen sind, bestätigt sich aber nicht. Nur jeder Vierte glaubt sich in seinen beruflichen Bestrebungen und Zielen beeinträchtigt.

Telearbeiter gelten ferner als volle und gleichberechtigte Mitarbeiter. Nur 25 Prozent erfuhren Akzeptanzprobleme seitens der Kollegen und 16 Prozent vonseiten der Vorgesetzten. In Kombination mit den Erfahrungen hinsichtlich der Kontakte während des Arbeitstages zeigt dies, dass der Gefahr der sozialen Isolation durch adäquate Maßnahmen vorgebeugt werden kann.

Aus beschäftigungspolitischer Sicht ist es besonders erfreulich, dass nach Ansicht der Telearbeiter diese Arbeitsform weder zum Abbau von Arbeitsplätzen noch zu ungesicherten Arbeitsverhältnissen führt. Nicht einmal jeder Fünfte (18 Prozent bzw. 19 Prozent) verband diese Probleme mit der Arbeitsform Telearbeit. Dies zeigt, das bestehende Vorbehalte gegenüber der Telearbeit durch die empirischen Erfahrungen nicht bestätigt werden.

3.2. Organisatorische Realisierung

Die organisatorische Realisierung der Telearbeit ist ein „Kraftakt, der vielfach bei der Einführung von Telearbeit unterschätzt wird. Er umfaßt die Auswahl der Telebeschäftigten nach beruflicher und persönlicher Eignung, die Wahl der Arbeitszeitaufteilung und die Gewährleistung der Kommunikation und Koordination. Im folgenden soll aufgezeigt werden, welche organisatorischen Regelungen die Pilotunternehmen getroffen haben.

Arbeitszeitaufteilung

Die Modelle der Arbeitszeitaufteilung zwischen Büro- und häuslichem Telearbeitsplatz sind sehr vielfältig und reichen von einem festen Telearbeitstag pro Woche bis hin zu einer völlig flexiblen Arbeitszeitaufteilung nach beruflichen und privaten Anforderungen. Durchschnittlich wurde der Büroarbeitsplatz vor Aufnahme der Telearbeit an 4,7 Tagen in der Woche aufgesucht, während sich die Anwesenheit nunmehr bei Telearbeit auf 2,5 Bürotage reduziert hat. Durchschnittlich wird 49,0 Prozent der Arbeitszeit am Telearbeitsplatz verbracht.

Für Telearbeit geeignete Tätigkeiten im Überblick

Die Tätigkeiten, die am Telearbeitsplatz ausgeübt werden, unterscheiden sich grundsätzlich nicht von denen, die auch im Büro

Tätigkeiten, die in Telearbeit erledigt werden

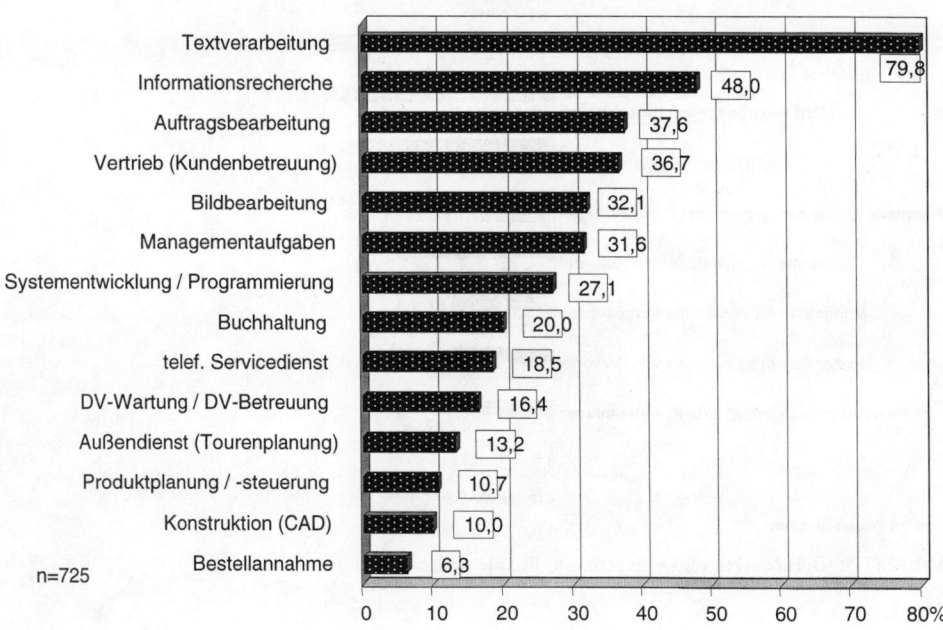

Abb. 247.6: Für Telearbeit geeignete Tätigkeiten

erbracht werden. Die folgende Abbildung zeigt Mehrfachnennungen für die Tätigkeiten. Die Prozentwerte sind auf die Anzahl der Fälle bezogen, d.h. mit 79,8 Prozent der Nennungen wird z.B. die Textverarbeitung von 579 Telebeschäftigten am Telearbeitsplatz ausgeführt. Die aufgeführten Tätigkeiten eignen sich allesamt für Telearbeit. Bei dieser Übersicht handelt es sich überwiegend um bekannte, klassische Tätigkeitsprofile, die aufgrund der verbesserten Technik zunehmend ortsunabhängig ausgeübt werden können.

Für die Zukunft ist zu erwarten, dass es einen weiteren Anstieg an Beschäftigten geben wird, die eine für Telearbeit geeignete Tätigkeit ausüben. Diese Entwicklung ist u.a. auf die Ausweitung des Dienstleistungsbereichs zurückzuführen. Neue Berufsfelder werden entstehen, die wir heute erst in Ansätzen kennen. Aber auch die ständige Weiterentwicklung der Informations- und Kommunikationstechnologien werden zunehmend Möglichkeiten der Arbeitsort- und Arbeitszeitflexibilität schaffen.

Sicherstellung der Kommunikation und Koordination

Zur Sicherstellung der Kommunikation und Koordination wurden mit den Telearbeiter vor Beginn der Telearbeit die folgenden Vereinbarungen getroffen. Mit 82,6 Prozent der Nennungen ist dabei die Absprache von Arbeitszielen die meistgetroffene Vereinbarung. Regelmäßige Meetings haben 79,6 Prozent und Kernarbeitszeiten 59,3 Prozent der Telearbeiter mit ihren Vorgesetzten vereinbart. Diese Vereinbarungen wurden jeweils von rund 30 Prozent der Befragten in der Erprobungsphase wieder geändert. Mit wachsender Telearbeitserfahrung handhaben viele Telearbeiter ihre Arbeitszeitaufteilung flexibler als zu Anfang.

Veränderung der Arbeitsaufgaben und der Zusammenarbeit

Die Veränderungen hinsichtlich der Arbeitsaufgaben durch Telearbeit sind zwischen der ersten und zweiten Befragung eher gering. Von den befragten Telearbeitern verrichten

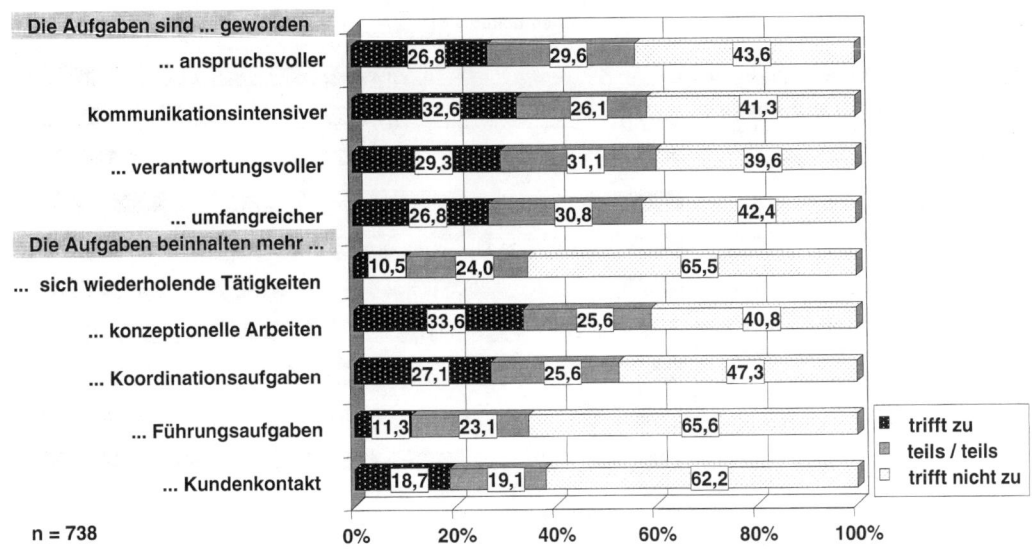

Abb. 247.7: Veränderung der Zusammenarbeit

33,6 Prozent mehr konzeptionelle Tätigkeiten und 27,1 Prozent mehr Koordinationsaufgaben. Lediglich 10,5 Prozent der Befragten üben mehr sich wiederholende Tätigkeiten aus, was der häufig geäußerten Annahme widerspricht, dass Telearbeit nur für einfache Tätigkeiten geeignet sei. Im Gegenteil, schätzen durch Telearbeit 32,6 Prozent ihre Arbeit als kommunikationsintensiver und 29,3 Prozent als verantwortungsvoller ein.

Führungsaufgaben werden erst von 11,3 Prozent der Befragten vom Telearbeitsplatz aus wahrgenommen, wobei dies dann zumeist Männer sind. Frauen gaben signifikant häufiger an, dass diese Veränderung für sie nicht zutrifft.

Die Arbeitssituation mit den anderen Kollegen im Betrieb, den Vorgesetzten und auch mit externen Partnern hat sich ebenfalls wenig verändert. Von Interesse war bei dieser Frage, ob Telearbeiter und Vorgesetzte die gleiche Wahrnehmung bzgl. der veränderten Arbeitssituation haben. Tatsächlich gibt es tendenziell zwischen den beiden Gruppen wenig Unterschiede.

Lediglich die Zusammenarbeit mit Kunden wird von den Vorgesetzten mit 38,3 Prozent deutlich besser und die Möglichkeit, von der Arbeit der Kollegen zu lernen mit 54,8 Prozent erheblich schlechter eingeschätzt, als dies die Telearbeiter tun. Beide Gruppen sind sich dennoch einig, dass sich die Möglichkeit, sich gegenseitig bei der Arbeit zu helfen und von der Arbeit der Kollegen zu lernen, verschlechtert hat. Diesem Problem sollte daher mit einem verbesserten Wissensmanagement begegnet werden.

Veränderung der Mitarbeiterführung

Durchschnittlich gaben die Vorgesetzten zu 47 Prozent und die Telearbeiter sogar zu 74 Prozent an, dass sich durch Telearbeit keine Veränderungen in der Mitarbeiterführung ergeben haben. In den Unternehmen, wo sich eine Veränderung ergeben hat, unterscheiden sich jedoch die Sichtweisen von Vorgesetzten und Telearbeiter erheblich. Während 63,5 Prozent der Vorgesetzten angaben, die Arbeitsziele genauer zu definieren, empfanden dies jedoch nur 30,8 Prozent der Telebeschäftigten gleichermaßen. Eine stärkere Kontrolle der Arbeitsergebnisse findet nur aus Sicht von 19,8 Prozent der Telearbeiter, aber zu 47,4 Prozent aus Sicht der Vorgesetzten statt.

An dieser Stelle kann nur über die Ursachen dieser unterschiedlichen Wahrneh-

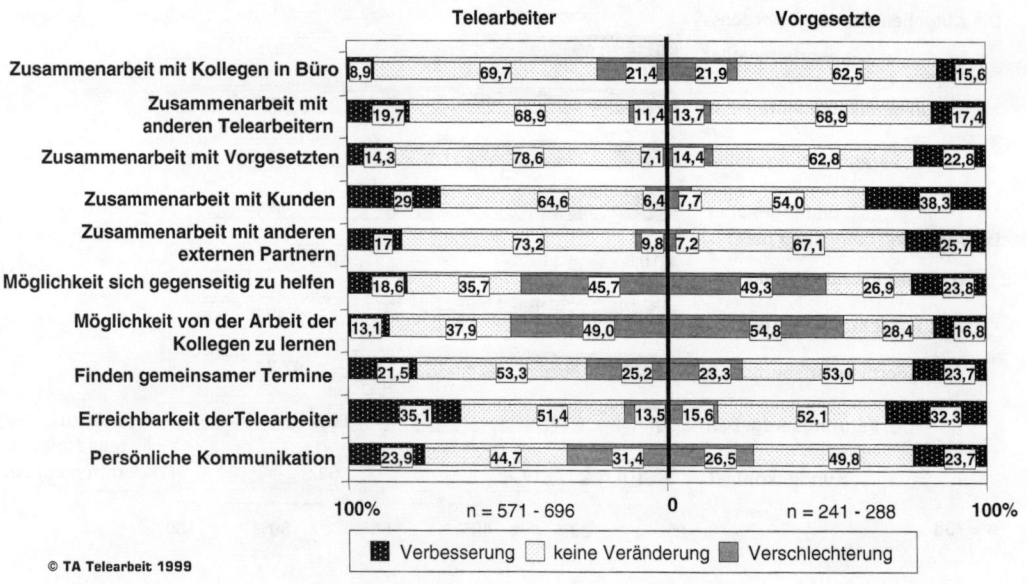

Abb. 247.8: Veränderung der Arbeitssituation

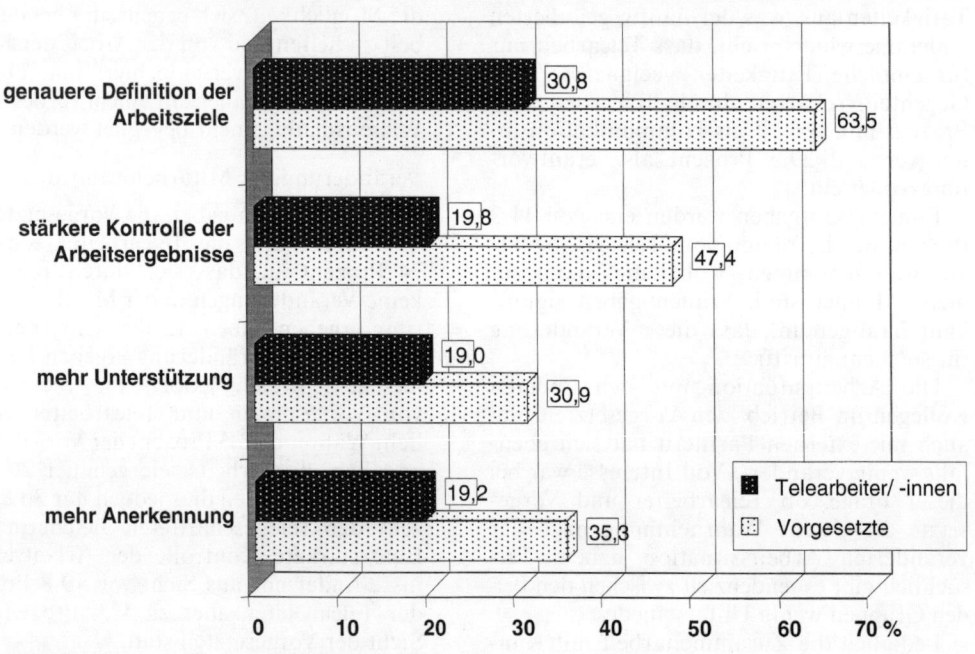

Abb. 247.9: Veränderung der Mitarbeiterführung

mung spekuliert werden. Einerseits besteht die Möglichkeit, dass die Vorgesetzten mit einer zielorientierten Führungsweise bereits exzellent umgehen, so dass sie die Mitarbeiter motivieren und anleiten, ohne dass diese sich kontrolliert fühlen. Andererseits könnte sich hinter den Antworten der Vorgesetzten der Gedanke verbergen, dass man genau dies tun müßte, aber es im Arbeitsalltag nicht immer gelingt, wie die Antworten der Telearbeiter vermuten lassen. Um dieses Problem in der Praxis zu lösen, sollte daher zwischen Telearbeiter und Vorgesetzten auch nach Beendigung der Erprobungsphase ein intensiver und offener Erfahrungsaustausch angestrebt werden.

3.3. Technische Realisierung

Eine der wesentlichen Voraussetzungen für ein gelungenes Telearbeitsprojekt ist die Schaffung der technischen Infrastruktur. Für 54,8 Prozent der KMU war die technische Realisierung unproblematisch bzw. absolut unproblematisch. 21,2 Prozent gaben an, dass die technische Umsetzung teilweise problematisch war und weitere 24 Prozent der befragten Unternehmen sahen sich vor größere Probleme gestellt. 56,8 Prozent der Unternehmen haben die technische Realisierung allein und 43,2 Prozent mit externer Unterstützung – zumeist mit Hilfe eines bereits bekannten Hard- und Softwarelieferanten – durchgeführt.

Mit insgesamt 91,4 Prozent ist ISDN die meistgewählte Anbindung für die Telearbeitsplätze. In rund 55 Prozent der Unternehmen wird ausschließlich ISDN genutzt, während in 36,4 Prozent der Unternehmen auch analoge Anschlüsse mit eingebunden wurden. Spezielle Dienste (z.B. Datex-P) zur Datenübertragung werden von 14,5 Prozent der Unternehmen genutzt. Festverbindungen spielen mit nur 2,6 Prozent der Nennungen eine untergeordnete Rolle.

Arbeitsplatzrechner, TK-Anschluss, Telefon und Drucker sind obligatorische Ausstattungsmerkmale, über die nahezu alle Telearbeitsplätze verfügen. Mit Anrufbeantworter und Fax sind hingegen nur rund 71 Prozent und mit Handy 57,4 Prozent der Telearbeitsplätze ausgestattet. Dabei sind gerade die drei letztgenannten Komponenten wichtige Ausstattungsteile, um die zeitliche Flexibilität und Erreichbarkeit von Telearbeitern am häuslichen Arbeitsplatz zu erhöhen. Ihre Erreichbarkeit ist nicht zuletzt ein wesentliches Kriterium, um im gesamten Unternehmen Akzeptanz für die neue Arbeitsform Telearbeit zu schaffen und zu erhalten.

Die Softwareausstattung der Telearbeitsplätze entspricht den Aufgaben, die von den Telearbeitsplätzen aus erbracht werden sollen. Office-Anwendungen gehören hier ebenso zum Standard wie spezielle fachbezogene Softwareprogramme, womit z.B. Statistikprogramme, Buchhaltungssoftware, aber durchaus auch von den Unternehmen selbst entwickelte Software gemeint sind.

Von größerem Interesse als die Standardanwendungen sind jedoch die Kommunikationsanwendungen und Verbindungsmöglichkeiten, die an den Telearbeitsplätzen genutzt werden können. E-Mail und Dateitransfer sind die meistgenutzten asynchronen Kommunikationsanwendungen an den Telearbeitsplätzen. Demgegenüber stellen Videokonferenzen, Netzkonferenzen sowie Daten-, Application- bzw. Screensharing synchrone Kommunikationsanwendungen dar. Gemeinsames und gleichzeitiges Arbeiten in einem Anwendungsprogramm bzw. an Dateien (Daten-, Application-, Screensharing) ist insgesamt an 27,1 Prozent der Telearbeitsplätze möglich. In rund 18 Prozent der Unternehmen sind alle Telearbeitsplätze mit dieser Kommunikationsanwendung ausgestattet. Insgesamt 17,2 Prozent der Unternehmen erproben bereits Videokonferenzlösungen, wobei in 5 Prozent der Unternehmen alle Telearbeitsplätze und in 12,2 Prozent der Unternehmen nur einzelne Telearbeitsplätze mit dieser Technik ausgerüstet sind. In Anbetracht der noch sehr geringen Verbreitung von Videokonferenzsystemen in kleinen und mittleren Unternehmen sind dies durchaus nennenswerte Größenordnungen.

Weiterhin kann von rund 33 Prozent aller bzw. nochmals zu 12,5 Prozent von einzelnen Telearbeitsplätzen aus Remote-Access als Verbindungsmöglichkeit genutzt werden, mit deren Hilfe sich die dezentral arbeitenden Telearbeiter über Telekommunikationsleitungen in das interne Firmennetz einwählen und Zugriff auf alle dort verfügbaren Programme und Dateien nehmen können, soweit ihre Zugriffsrechte dies erlauben.

Das Telearbeitsprojekt war in vielen Unternehmen der Auslöser, um die beschriebenen Kommunikationstechnologien im Unternehmen einzuführen, verbreiteter einzusetzen oder auch zur Kommunikation und Zusammenarbeit mit externen Partnern zu nutzen. Erkennbar ist, dass das Telearbeits-

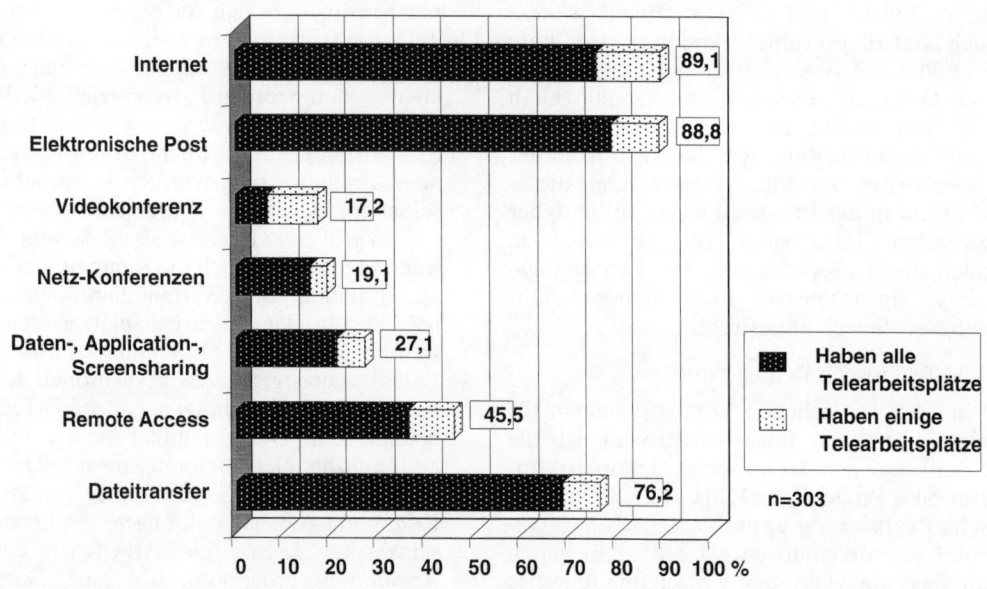

Abb. 247.10: Kommunikationsanwendungen und Verbindungsmöglichkeiten an den Telearbeitsplätzen

projekt in vielen Unternehmen einen wesentlichen Beitrag zur internen Nutzungsausweitung dieser Kommunikationstechnologien beigetragen hat.

Insbesondere Internet, E-Mail und Dateitransfer, aber auch Remote-Access sowie Groupware- und Workflowsysteme wurden aufgrund des Telearbeitsprojektes im Unternehmen eingeführt oder stärker genutzt. Zudem werden die ersten drei genannten Technologien durch die Einführung der Telearbeit auch zur Kommunikation und Zusammenarbeit mit externen Partnern eingesetzt.

Alles in Allem deutliche Belege dafür, dass die Einführung von Telearbeit positive Auswirkungen auf den Grad des Technikeinsatzes von Unternehmen insgesamt hat und somit einen wichtigen Beitrag zur Steigerung von Innovation und Wettbewerbsfähigkeit liefern kann.

3.4. Datenschutz und Datensicherheit

Bei der Einführung von Telearbeitsplätzen sind genauso wie bei betrieblichen Arbeitsplätzen Aspekte des Datenschutzes und der Datensicherheit zu berücksichtigen. Die maßgeblichen gesetzlichen Regelungen zum Datenschutz ergeben sich aus den Vorschriften des Bundesdatenschutzgesetzes (BDSG). Gemäß § 1 Abs. 2 Ziff. 3 BDSG gilt dieses Gesetz für die Erhebung, Verarbeitung und Nutzung personenbezogener Daten durch nicht öffentliche Stellen, soweit diese Daten geschäftsmäßig oder für berufliche oder gewerbliche Zwecke verarbeitet oder genutzt werden. Ziel des BDSG ist es, den Einzelnen davor zu schützen, dass er durch den Umgang mit seinen personenbezogenen Daten in seinem Persönlichkeitsrecht beeinträchtigt wird. Die Regelungen des BDSG sind dabei allgemein gehalten und differenzieren nicht nach der jeweiligen Arbeitsform. Sie gelten somit uneingeschränkt auch für Telearbeit, d.h. es ergeben sich keine zusätzlichen gesetzlichen Anforderungen.

Während Datenschutz also den gesetzlich vorgeschriebenen (Mindest-) Schutz von Daten regelt, versteht man unter der Datensicherheit das individuelle Sicherheitsniveau, das eine Organisation zum Schutze ihrer Datenbestände anstrebt. Wie die Sicherheitsmaßnahmen im einzelnen ausgestaltet werden, entscheidet das jeweilige Unternehmen in eigener Verantwortung.

Bei den befragten Unternehmen dominiert eindeutig der Einsatz von Pass- und

War das Telearbeitsprojekt Auslöser für die Einführung oder Nutzungsausweitung folgender Technologien?

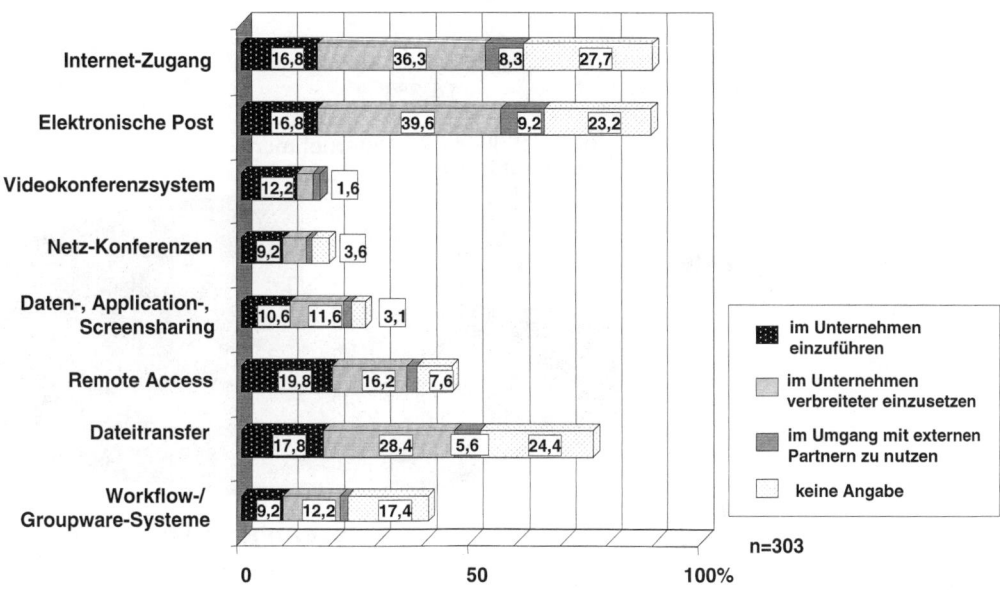

Abb. 247.11: Anwendungsgrad der beschriebenen Technologien im Unternehmen

Codewörtern (83,2 Prozent), der sicherstellen soll, dass nur befugte Personen Zutritt zu den Datenbeständen erhalten. An zweiter Position rangiert die Ausstattung der Telearbeitsplätze mit Virenscannern (75,6 Prozent). Die Maßnahmen der Verschlüsselung zur Sicherung der Daten auf dem Übertragungsweg zwischen Telearbeitsplatz und Unternehmen wird nur von 18,5 Prozent der Unternehmen verwendet. Dafür setzen aber immerhin 34,3 Prozent einen Firewall ein.

Neben den technischen Maßnahmen zur Gewährleistung von Datenschutz und -sicherheit haben die Unternehmen auch organisatorische Maßnahmen ergriffen. Mit 62,1 Prozent gaben die befragten Unternehmen am häufigsten an, dass sensible Daten, wie z. B. personenbezogene Daten, das Unternehmen nicht verlassen dürfen, also an den Telearbeitsplätzen nicht zur Verfügung stehen. Die verbindliche Regelung, dass Telearbeit nur in separaten, abschließbaren Arbeitszimmern ausgeübt werden darf, wurde zwar nur von 30,4 Prozent der befragten Unternehmen getroffen, jedoch gaben annähernd drei viertel der befragten Telearbeiter an, dass sie ein solches Arbeitszimmer für die Telearbeit nutzen. In 21,8 Prozent der Unternehmen ist zudem die private Nutzung des Telearbeits-PCs untersagt.

Abschließend kann konstatiert werden, dass sich die an der Initiative 'Telearbeit im Mittelstand' teilnehmenden KMU durchaus mit der Thematik Datenschutz und -sicherheit auseinandergesetzt haben. Angestrebt wurde dabei in erster Linie die Erreichung der Sicherheitsziele *Vertraulichkeit* und *Integrität* durch den Einsatz relativ einfacher Maßnahmen wie Verwendung von Pass-/Codewörtern und Virenscannern. Ein Defizit ist bei der Sicherung der Daten auf dem Übertragungsweg zwischen Telearbeitsplatz und Unternehmen zu beklagen, die Maßnahme der Verschlüsselung wird mit unter 20 Prozent nur von wenigen Unternehmen eingesetzt.

3.5. Rechtliche Realisierung

Ein Aspekt, der bei der Einführung von Telearbeit eine wesentliche Rolle spielt und deshalb immer wieder im Mittelpunkt von Diskussionen steht, betrifft die Frage nach dem rechtlichen Status von Telearbeitern. Prinzipiell kann ein Telearbeiter tätig sein als Arbeitnehmer, arbeitnehmerähnliche Person (auch Heimarbeiter) oder Selbständiger.

Arbeitsverhältnis

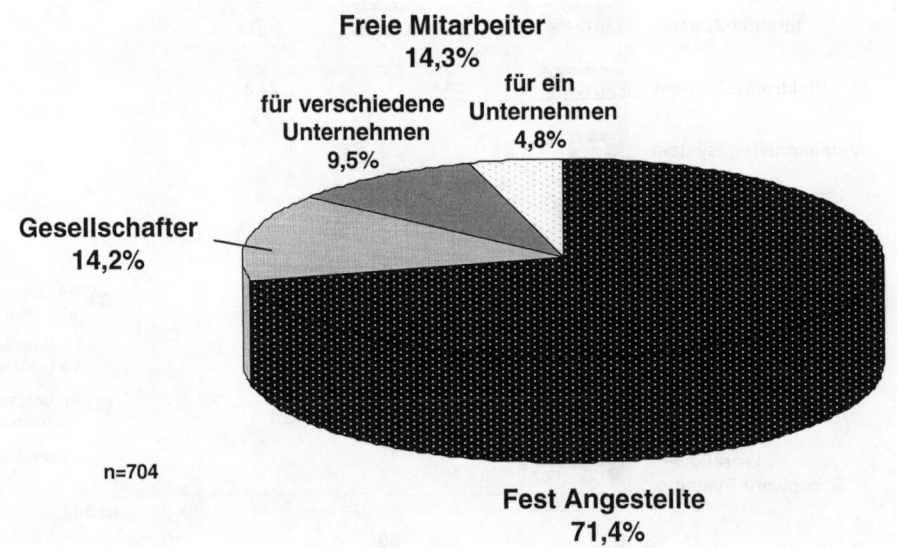

© TA Telearbeit 1999

Abb. 247.12: Arbeitsverhältnisse der Telearbeiter

Die Telearbeiter, die im Rahmen der Begleituntersuchung befragt wurden, sind größtenteils fest angestellt (71,4 Prozent), bei weiteren 14,2 Prozent handelt es sich um Gesellschafter oder Eigentümer des Unternehmens, die restlichen 14,3 Prozent sind freie Mitarbeiter. Nach der bestehenden Rechtslage handelt es sich in 9,5 Prozent der Fälle um echte Selbständige, die für verschiedene Unternehmen Aufträge durchführen. Wie die persönlichen Interviews ergaben, sind dies in den meisten Fällen externe Experten, die von dem Unternehmen im Bedarfsfall (z.B. im Rahmen von Projekten) eingebunden werden. Die Festanstellung eigener Experten können die Unternehmen aus wirtschaftlichen Gründen i.d.R. nicht vornehmen, da derartige Mitarbeiter meist zu teuer sind. Bei 4,8 Prozent der Telearbeiter handelt es sich um freie Mitarbeiter, die ausschließlich für dieses eine Unternehmen tätig sind und somit den Tatbestand der Scheinselbständigkeit erfüllen.

Wie die durchgeführten Interviews ergaben, waren diese Personen auch vor Einführung der Telearbeit bereits als freie Mitarbeiter beschäftigt. Es ist also i.d.R. nicht durch Telearbeit eine Umwandlung der Arbeitsverhältnisse von fest Angestellten zu freien Mitarbeitern vorgenommen worden. Auf Basis dieser Ergebnisse kann somit also zunächst nicht davon ausgegangen werden, dass – wie von einigen Skeptikern befürchtet – die Arbeitsform Telearbeit die Problematik der Scheinselbständigkeit verstärkt und somit negative Auswirkungen auf den Arbeitsmarkt und das System der sozialen Absicherung hat.

Trotz dieser Untersuchungsergebnisse kann jedoch keine generelle Entwarnung bzgl. der Problematik ungesicherter Arbeitsverhältnisse bzw. Scheinselbständigkeit durch Telearbeit gegeben werden. Obgleich fast 80 Prozent der Befragten nicht der Meinung sind, dass Telearbeit zu ungesicherten Arbeitsverhältnissen führt, vertreten immerhin 6,4 Prozent die gegenteilige Ansicht, nochmals 11,2 Prozent stimmten dieser Frage teilweise zu. Die Frage, ob Telearbeit in ernstzunehmenden Maße zu einer Ausweitung ungesicherter Arbeitsverhältnisse (Scheinselbständigkeit) beiträgt, kann hier nicht abschließend

Tab. 247.3: Anzahl abgeschlossener Betriebs- und Zusatzvereinbarungen

Zusatz-vereinbarung	Betriebsvereinbarung			Zeilensumme:
	Ja	Nein	Nein, da kein Betriebsrat vorhanden	
Ja	3,5 Prozent	7,7 Prozent	16,5 Prozent	27,7 Prozent
Nein	1,0 Prozent	34,7 Prozent	36,5 Prozent	72,3 Prozent
Spaltensumme	4,5 Prozent	42,4 Prozent	53,0 Prozent	100 Prozent

geklärt werden. Vieles spricht dagegen, ein Restrisiko bleibt bestehen, so dass die Entwicklungen bei einer weiteren Ausweitung der Telearbeit beobachtet werden müssen. Das Risiko wird momentan jedoch durch das neue Gesetz zur Scheinselbständigkeit, das ebenfalls nach einem Jahr Erprobungszeit nochmals auf seine Sinnhaftigkeit überprüft werden soll, deutlich begrenzt.

Betriebsvereinbarung und Zusatzvereinbarung

Bei der Einführung von Telearbeit ergeben sich erfahrungsgemäß sowohl für den Arbeitgeber als auch für den Beschäftigten verschiedene rechtliche Fragestellungen, die vorab geklärt werden sollten. Dabei ist zunächst festzustellen, dass Telearbeit im Prinzip bereits Teil der bestehenden Rechtsordnung ist und die wesentlichsten rechtlichen Aspekte durch die vorhandenen Gesetze abgedeckt sind. Trotzdem empfiehlt es sich, möglichst viele Bereiche ausdrücklich zu regeln. Möglich ist dies in Form einer Betriebsvereinbarung oder mittels individueller Zusatzvereinbarungen zum Arbeitsvertrag des Telearbeiters. Mit Hilfe solcher Regelungen können auch besondere betriebliche Erfordernisse, etwa bezüglich der Gestaltung der Arbeitszeit, eindeutig festgelegt werden. Zudem sind ergänzende Regelungen, z.B. eine Verbesserung des Schutzes der Mitarbeiter in Haftungsfragen, möglich.
Folgende Punkte sollten daher in Vereinbarungen zur Telearbeit berücksichtigt werden:

- Beschäftigungsstatus
- Arbeitsort(e)
- Ausstattung der Telearbeitsplätze
- Haftungsregelungen/Versicherungsfragen
- Aufwandsersatz/Kostenerstattung
- Arbeitsschutz und Zugangsrechte zum Telearbeitsplatz
- Arbeitszeitgestaltung und -kontrollen
- Qualifizierungsmaßnahmen und Karrierepfade
- Bestandsschutz/Rückkehrgarantie

Im Rahmen der Begleituntersuchung der Maßnahme 'Telearbeit im Mittelstand' wurden die KMU gefragt, ob sie eine Betriebsvereinbarung zur Telearbeit oder individuelle Zusatzvereinbarungen mit den Telearbeitern abgeschlossen haben.

Festzuhalten bleibt, daß von den antwortenden Unternehmen der größte Teil (71,2 Prozent) weder die eine noch die andere Form der Vereinbarung zur Telearbeit getroffen haben. Diese Unternehmen verlassen sich ganz auf den vom Gesetzgeber gesetzten rechtlichen Regelungsrahmen, was zwar prinzipiell durchaus möglich, aber nicht empfehlenswert ist.

Arbeitsschutzvorschriften

Nach § 3 Arbeitsschutzgesetz ist der Arbeitgeber verpflichtet, die erforderlichen Maßnahmen des Arbeitsschutzes zu treffen, wobei die Umstände, die Sicherheit und Gesundheit der Beschäftigten bei der Arbeit beeinflussen, zu berücksichtigen sind. Dies gilt uneingeschränkt auch bei Telearbeit. Das bedeutet, dass der Arbeitgeber auch den Arbeitsschutz zu garantieren hat. Im Gegenzug sind die Beschäftigten nach § 15 Arbeitsschutzgesetz verpflichtet, nach ihren Möglichkeiten sowie gemäß den Unterweisungen und Weisungen des Arbeitgebers für ihre Sicherheit und Gesundheit bei der Arbeit Sorge zu tragen. Eine Abwälzung der den Arbeitgeber obliegenden Arbeitsschutzpflichten auf den Arbeitnehmer ist jedoch nicht zulässig. Die entscheidenden arbeitsschutzrechtlichen Anforderungen für die Gestaltung von Arbeitsplätzen finden sich im Arbeitsschutzgesetz und den darauf gestützten Verordnungen. Hierzu zählen insbesondere die Arbeitsstättenverordnung, die Bildschirmarbeitsverordnung und die Arbeitsmittelbenutzungsverordnung. Sie gelten für Telearbeitsplätze genauso wie für im Betrieb befindliche Arbeitsplätze.

In diesem Zusammenhang wurde im Rahmen der Begleitforschung der Frage nachgegangen, inwieweit der Arbeitsschutz von den Arbeitgebern bei der Einführung von Telearbeit beachtet wurde. Dazu wurden die Telearbeiter zunächst gefragt, ob der Arbeitgeber sie über die ergonomischen Bestimmungen hinsichtlich Arbeitsschutz informiert hat. Die Hälfte der antwortenden Telearbeiter gaben an, daß sie informiert worden sind, weitere 32,7 Prozent wurden teilweise unterrichtet. Des weiteren wurden die Telearbeiter gefragt, ob ihr häuslicher Arbeitsplatz den ergonomischen Richtlinien entspricht. Nach den Aussagen der Befragten erfüllt der Telearbeitsplatz in den meisten Fällen zumindest teilweise die ergonomischen Richtlinien. Nur 3,7 Prozent der Befragten verneinen dies und weitere 13,9 Prozent konnten die Frage nicht beantworten.

3.6. Wirtschaftlichkeit

Einer der im Zusammenhang mit der Einführung von Telearbeit am häufigsten diskutierten Aspekte betrifft die Wirtschaftlichkeit. Insbesondere kleine und mittlere Unternehmer bezweifeln häufig, daß sich für sie diese Arbeitsform rechnet, da ihr finanzieller Handlungsrahmen im Vergleich zu Großunternehmen enger begrenzt ist.

Konsequenterweise bestand eine wesentliche Zielsetzung der Begleituntersuchung zur Maßnahme 'Telearbeit im Mittelstand' darin, der Frage der Wirtschaftlichkeit nachzugehen.

Zunächst wurden die Teilnehmer nach den angefallenen Kosten befragt. Unterschieden wurden dabei:

– *(Einmalige) Kosten für das Telearbeitsprojekt.* Diese ergeben sich durch den Einsatz von Eigen- und/oder Fremdpersonal (z.B. Beratungsunternehmen, Softwarehäuser) zur Erstellung eines tragfähigen Telearbeitskonzeptes, dem Projektmanagement, der -organisation und -administration. Im Durchschnitt fielen bei den befragten Unternehmen ca. 21 100,– DM zur Vorbereitung der Telearbeit an, wobei zu betonen ist, daß diese Kosten grundsätzlich unabhängig von der Anzahl der einzurichtenden Telearbeitsplätze sind.
– *Einmalige Schulungskosten.* Es ist sinnvoll und ratsam die Mitarbeiter vor Beginn ihrer Telearbeit auf diese für sie neue Arbeitsform mit ihren speziellen Anforderungen vorzubereiten. Schulungen im Bereich Zeitmanagement und Selbstorganisation können den Übergang in die neue Arbeitsform erleichtern. Schließlich müssen die Telearbeiter im Umgang mit neuen Techniken, die sie an ihren häuslichen Arbeitsplätzen vorfinden, geschult werden. Die durchschnittlichen Schulungskosten pro Mitarbeiter bezifferten die befragten Unternehmen auf ca. 3650,– DM.
– *Einmalige Ausstattungskosten zur Einrichtung der Telearbeitsplätze.* Zur Ausstattung der Telearbeitsplätze gehören neben der notwendigen Technik (z.B. Arbeitsplatzrechner, Drucker, Telefon, Software) auch Büromöbel, die den Anforderungen an Ergonomie, Arbeitsschutz und u.U. Datenschutz entsprechen (z.B. Schreibtisch, abschließbare Rollcontainer). Die befragten Unternehmen gaben an, pro Telearbeitsplatz im Durchschnitt ca. 7250,– DM an Ausstattungskosten aufgebracht zu haben.

Neben den einmalig anfallenden Kosten sind bei der Telearbeit auch laufende Kosten zu berücksichtigen. In der Diskussion stehen dabei vor allem die Telekommunikationsgebühren. Diese differenzieren sich in

– die monatlichen Grundgebühren für den Telekommunikationsanschluß am Telearbeitsplatz und
– die Verbindungsgebühren, die durch die Kommunikation zwischen Telearbeiter und Unternehmenszentrale bzw. Externen anfallen.

Während die Gebühren für den Anschluß (ca. 50,– DM pro Monat für einen ISDN-Anschluß) Fixkosten sind, stellen die Verbindungsgebühren variable Kosten dar und stehen somit im Mittelpunkt des Interesses. Diese variablen Kosten möglichst gering zu halten, sollte Zielsetzung bei Telearbeit sein. Die befragten Unternehmen bezifferten die monatlichen Verbindungsgebühren im Durchschnitt auf ca. 200,– DM pro Monat und Telearbeitsplatz.

Stellt man die aufgezeigten Kostenfaktoren in der Übersicht dar, ergibt sich folgendes Gesamtbild:

Tab. 247.4: Beispielrechnung der Kosten pro Telearbeitsplatz für ein Jahr

Durchschnittliche Kosten pro Telearbeitsplatz mit ISDN-Anschluß für 1 Jahr	
Schulungskosten	ca. 3650,– DM
Ausstattungskosten	ca. 7250,– DM
Grundgebühr für ISDN-Anschluß (Stand: 7/1999)	ca. 50,– DM pro Jahr mal 12 Monate = 600,– DM pro Jahr
Verbindungsgebühren	ca. 200,– DM pro Jahr mal 12 Monate = 2400,– DM pro Jahr
Gesamtsumme:	ca. 13 900,– DM pro Jahr (hinzu kommen einmalige Projektvorbereitungskosten von ca. 21 100,– DM)

Bei dieser Kostenübersicht ist zu beachten, dass bei den Verbindungsgebühren auch diejenigen Gebühren enthalten sind, die ebenfalls am Büroarbeitsplatz für die Kommunikation mit Externen anfallen würden. Bei den Ausstattungskosten ist zu berücksichtigen, dass diese zu einem Großteil auch bei der Einrichtung eines Büroarbeitsplatzes entstehen würden. Eine genaue Kostenbetrachtung sollte daher immer auch eine Differenzierung in generelle und telearbeitsspezifische Komponenten beinhalten.

Die Kosten für die Einführung und den laufenden Betrieb der Telearbeitsplätze bilden die eine Seite der Wirtschaftlichkeitsbetrachtung, auf der anderen Seite steht der erreichte Nutzen. Zu unterscheiden sind dabei generell quantitative Nutzenaspekte (z. B. Einsparung von Raumkosten) und qualitative Nutzenaspekte (z. B. Steigerung der Mitarbeiterzufriedenheit oder Verbesserung des Firmenimages).

Bei der Frage, ob sich Telearbeit rechnet, stehen im Mittelpunkt der Überlegungen von Entscheidungsträgern in Unternehmen i. d. R. die beiden Nutzenaspekte 'Einsparung von Raumkosten' und 'Erhöhung der Mitarbeiterproduktivität'. Beide Aspekte konnten bereits mehrfach von Unternehmen, die Telearbeit eingeführt haben, erreicht werden.

Einsparung von Raumkosten

Insgesamt gaben 31 Prozent der befragten Unternehmen an, daß sie durch Telearbeit bereits Raumkosten einsparen konnten. Dies haben 8,1 Prozent durch das Abstoßen bestehender Räumlichkeiten erreicht. Wie die Interviews ergaben, handelte es sich dabei i. d. R. um angemietete Flächen, die durch Telearbeit nicht mehr benötigt wurden. Weitere 22,9 Prozent der Unternehmen konnten ihre Raumkosten dadurch reduzieren, dass sie auf die ursprünglich notwendige und geplante Anmietung von zusätzlichen Räumlichkeiten im Rahmen von Expansions- und Wachstumsüberlegungen verzichten konnten. Die durchschnittlich erzielte Einsparung der Raumkosten beläuft sich auf ca. ein Drittel der Gesamtraumkosten.

Eine Frage, die immer wieder auftaucht, ist, wie eine Einsparung von Räumlichkeiten bei alternierender Telearbeit zu erreichen ist. Da die Mitarbeiter wechselweise zu Hause am Telearbeitsplatz und am Büroarbeitsplatz tätig sind, ergibt sich daraus zunächst die Situation, dass für diese Mitarbeiter zwei Arbeitsplätze bereit gehalten werden müssen. Um trotzdem Räumlichkeiten reduzieren zu können, muß das sog. Desk-Sharing eingeführt werden, bei dem dass mehrere Mitarbeiter einen Arbeitsplatz im Unternehmen zeitversetzt nutzen.

Bereits 22,1 Prozent der KMU haben Desk-Sharing eingeführt, weitere 12,8 Prozent planen diesen Schritt. 65,2 Prozent der Befragten haben Desk-Sharing aus unterschiedlichen Gründen nicht geplant.

Steigerung der Mitarbeiterproduktivität

Im Hinblick auf diesen Untersuchungspunkt gaben 22,7 Prozent der befragten Unternehmen an, dass sie bereits eine Produktivitätssteigerung feststellen konnten, weitere 15,7 Prozent planen dies konkret und nur 18,5 Prozent halten eine Produktivitätssteigerung durch Telearbeit für unmöglich.

Interessant sind auch die Angaben der Befragten zu den erreichten und geplanten Produktivitätssteigerungen. So bezifferten die KMU, die bereits Produktivitätssteigerungen erreichen konnten, diese im Durchschnitt mit ca. 15 Prozent, während die KMU, die Produktivitätssteigerungen anstreben, diese durchschnittlich mit 20 Prozent angeben. Die Erwartungen liegen also um ca. 5 Prozent etwas höher als die Realität, trotzdem scheinen sich die Erfahrungen

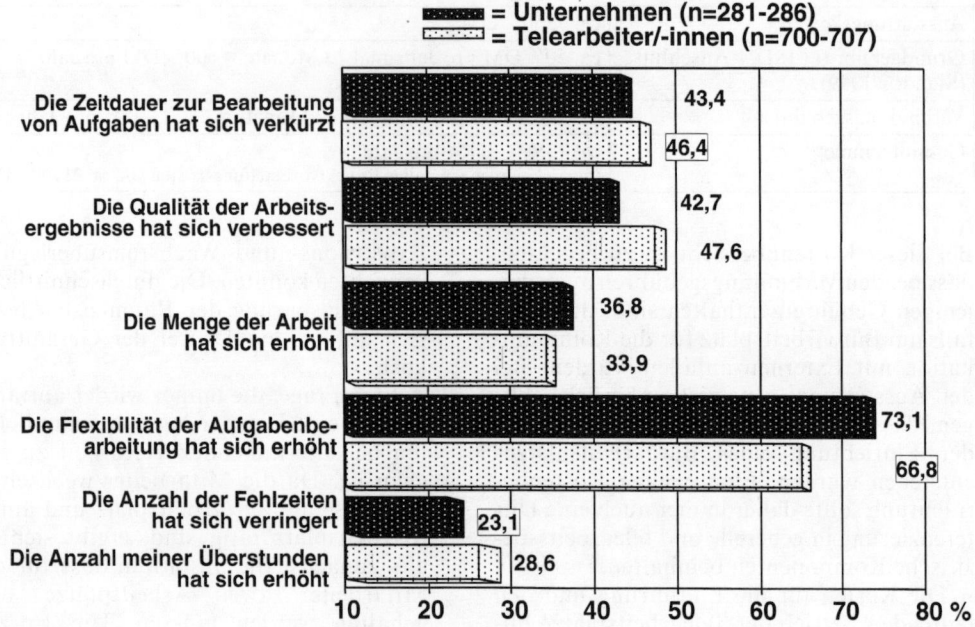

Abb. 247.13: Veränderungen der Arbeitsdurchführung

von Großunternehmen, wonach durch Telearbeit die Produktivität spürbar erhöht werden kann, auch bei den KMU zu bestätigen.

Worauf beruhen diese Produktivitätssteigerungen?

Verbreitete Erklärungsversuche besagen, dass die Mitarbeiter zu Hause ungestörter und damit konzentrierter arbeiten können und deutlich höher motiviert sind.

Diese Erklärungen werden durch die Untersuchungsergebnisse bestätigt. So gaben 75,4 Prozent der Telearbeiter an, dass sie zu Hause konzentrierter und 71,9 Prozent, dass sie produktiver arbeiten können. Von den Projektverantwortlichen der Unternehmen bestätigten immerhin 65,1 Prozent, dass sich die Motivation der Mitarbeiter durch Telearbeit erhöht hat.

Was bedeutet überhaupt Produktivitätssteigerung?

Um dies herauszufinden wurden die Telearbeiter und Projektverantwortlichen nach verschiedenen Aspekten im Bereich der Arbeitsdurchführung befragt. Es zeigte sich dabei eine erstaunliche Übereinstimmung zwischen den Angaben der Telearbeiter und den Projektverantwortlichen:

- Beide Gruppen gaben mit 66,8 Prozent bzw. 73,1 Prozent an erster Stelle eine Erhöhung der „Flexibilität" (kurzfristige Bearbeitung dringlicher Aufgaben, Aufgabenerledigung auch in Randzeiten etc.) an.
- Auf den nächsten Plätzen folgten (mit ca. 45 Prozent) die Verkürzung der „Zeitdauer zur Bearbeitung von Aufgaben" und die Erhöhung der „Qualität der Arbeitsergebnisse" (Verringerung von Fehlern, Grad der Aufgabenerfüllung etc.)

Zum Abschluß der einjährigen Erprobungsphase wurden die Projektverantwortlichen der KMU schließlich gefragt, ob sie auf Basis ihrer Erfahrungen Telearbeit als wirtschaftlich oder unwirtschaftlich einschätzen würden. Eine überwältigende Mehrheit von 90,3 Prozent der Antwortenden beurteilten Telearbeit als wirtschaftlich.

An wieviel Tagen in der Woche suchen Sie Ihr Unternehmen seit Aufnahme der Telearbeit auf?

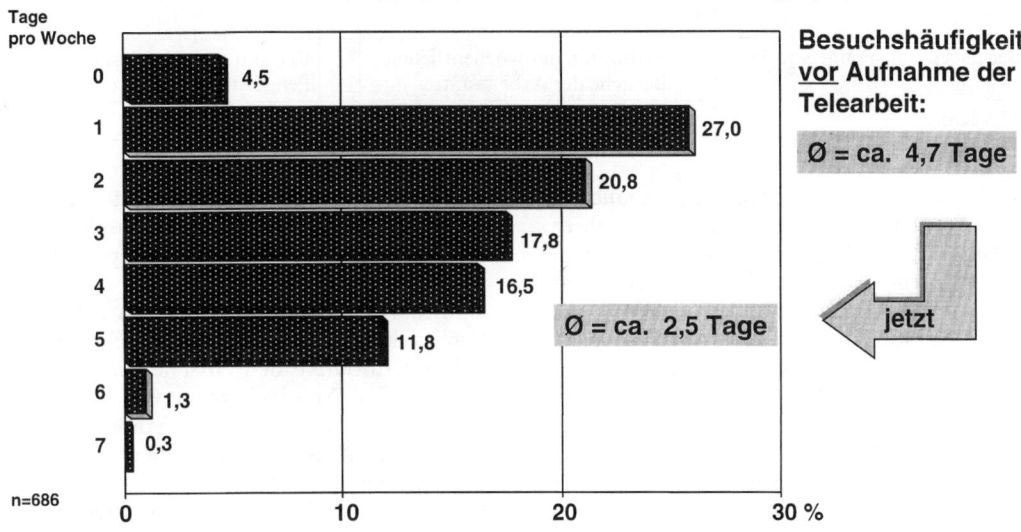

Abb. 247.14: Durchschnittliche Anzahl von Anwesenheitstagen im Unternehmen

4. Auswirkungen der Telearbeit auf Verkehr und Umwelt

Ein Aspekt, der im Zusammenhang mit der Telearbeit häufig Anlass zu Diskussionen gibt, betrifft die Frage nach den möglichen Auswirkungen dieser Arbeitsform auf Verkehr und Umwelt. Naheliegend ist die Überlegung, dass Telearbeit zur Entlastung des Verkehrs durch Reduktion berufsbedingter Pendelfahrten beiträgt, da die Mitarbeiter bei dieser Arbeitsform seltener als vorher die Arbeitsstätte im Unternehmen aufsuchen. Eine Zielsetzung im Rahmen der Begleituntersuchung bestand dementsprechend darin, eine Quantifizierung, der durch die Reduktion berufsbedingter Pendelfahrten eingesparten Fahrkilometer, vorzunehmen. Zu diesem Zweck wurden die Telearbeiter und Telearbeiterinnen zunächst gefragt, wie groß die Entfernung zwischen ihrem Wohnort und ihrer Arbeitsstätte ist. Nach den Angaben der Befragten beträgt deren einfache Strecke im Durchschnitt 27,9 Kilometer.

Im weiteren Verlauf der Befragung gaben die Telearbeiter an, dass sie vor Beginn der Telearbeit ihre Arbeitsstätte durchschnittlich an 4,7 Tagen pro Woche aufgesucht haben. Seitdem sie Telearbeit ausüben hat sich dieser Wert auf 2,5 Tage pro Woche reduziert. Im Durchschnitt suchen die Telearbeiter also 2,2 Tage pro Woche weniger das Unternehmen auf als vorher.

Aus den Angaben zur Entfernung zwischen Wohnort und Arbeitsstätte sowie der Reduktion der wöchentlichen Besuche der Arbeitsstätte läßt sich für diese Untersuchung eine durchschnittliche Reduktion der berufsbedingten Pendelstrecken pro Woche pro Telearbeiter wie folgt errechnen:

Jeder der befragten Telearbeiter spart also pro Woche durchschnittlich rd. 123 Kilometer alleine dadurch ein, dass weniger als vorher berufsbedingt zwischen Wohnung und Unternehmen gependelt wird. Bei 44 Arbeitswochen errechnen sich somit 5412 Kilometer pro Jahr und Telearbeiter. Hochgerechnet alleine auf die rd. 700 Telearbeiter, die sich aktiv an der Begleituntersuchung beteiligt haben, ergeben sich Einsparungen von über 86 000 Kilometer pro Woche und rd. 3,8 Millionen Kilometern pro Jahr.

Noch nicht berücksichtigt ist bei dieser Betrachtung die Nutzung unterschiedlicher Verkehrsmittel. Letztlich führt nur die Einsparung von Fahrten, die mit dem eigenen Pkw durchgeführt werden, zu einer Entlastung des Straßenverkehrs und der Umwelt.

Tab. 247.5: Durchschnittliche Reduktion berufsbedingter Pendelstrecken pro Woche und Telearbeiter

Einfache Strecke zwischen Wohnung und Unternehmen		Anzahl Fahrten pro Tag (Hin- und Rückfahrt)		Berufsbedingte Pendelstrecke pro Tag
27,9 Km	*	2 Fahrten	=	55,8 Km
Berufsbedingte Pendelstrecke pro Tag		Reduktion der wöchentlichen Besuche der Arbeitsstätte		Reduktion der berufsbedingten Pendelstrecke pro Woche
55,8 Km	*	2,2 Tage	=	122,76 Km

Die Befragung ergab hierzu, dass annähernd 80 Prozent mit dem eigenen Pkw zu ihrer Arbeitsstätte fahren. Berücksichtigt man dieses Ergebnis, ergibt sich durch Telearbeit eine jährliche Entlastung des Verkehrs von rd. 4330 Pkw-Kilometern pro Telearbeiter und rd. 3 Millionen Pkw-Kilometern hochgerechnet auf die rd. 700 Telearbeiter.

Die Ergebnisse zeigen deutlich, dass durch die Arbeitsform Telearbeit eine immense Entlastung von Verkehr und Umwelt erreicht werden kann.

5. Wirkungen der Initiative und Perspektiven für den Mittelstand

Im folgenden wird zusammenfassend auf die wichtigsten Wirkungen, die durch die Initiative 'Telearbeit im Mittelstand' erzielt wurden, eingegangen und Perspektiven, welche die Telearbeit für den Mittelstand bietet, werden aufgezeigt.

Wirkungen der Initiative

Die wesentliche Zielsetzung der Initiative bestand in der Demonstration und Erprobung der Telearbeit bei einer großen Anzahl von KMU und Telearbeitern, um die gewonnenen Erfahrungen auf andere KMU übertragen zu können und somit zur Verbreitung dieser modernen Arbeitsform im deutschen Mittelstand beizutragen.

Von Anfang an ist es mit der Initiative gelungen, eine erhebliche Anstoßwirkung zu erzielen: Drei Viertel der knapp 400 teilnehmenden KMU hatten bis zur Teilnahme an der Initiative 'Telearbeit im Mittelstand' keine praktischen Erfahrungen mit dieser Arbeitsform, trotzdem schufen sie insgesamt über 1700 Telearbeitsplätze. Wenn man bedenkt, dass der Mittelstand in Deutschland bis zum Zeitpunkt der Initiative bei der Einrichtung von Telearbeitsplätzen im Vergleich zu den Großunternehmen kaum in Erscheinung getreten ist, ist diese Zahl für sich genommen bereits als Erfolg anzusehen.

Von den 334 antwortenden Unternehmen gaben 18,9 Prozent an, dass sie durch die Initiative zum ersten Mal überhaupt auf das Thema Telearbeit aufmerksam geworden sind, bei weiteren 69,5 Prozent wurde zwar bereits über Telearbeit nachgedacht, jedoch gab die Initiative den entscheidenden Ausschlag, diese Arbeitsform zu realisieren. Die Initiative war also in hohem Maße Auslöser für die Einführung der Telearbeit in den teilnehmenden KMU.

Die Unternehmen wurden weiterhin gefragt, ob sie die Telearbeit nach Beendigung der Initiative weiterführen wollen. Die große Mehrheit von 91,2 Prozent wird die Telearbeit weiterführen, d.h. in diesen Unternehmen hat sie bereits den Status einer gleichberechtigten Arbeitsform erreicht. Besonders bemerkenswert ist aber vor allem, dass sich aufgrund der positiven Erfahrungen über die Hälfte der KMU (51,6 Prozent) entschieden haben, nach Ablauf der Initiative weitere Telearbeitsplätze einzurichten. Sie wollen dabei noch in den nächsten zwölf Monaten insgesamt ca. 400 zusätzliche Telearbeitsplätze realisieren.

Weiterhin konnte mit der Förderinitiative auch von vielen KMU der Einstieg in innovative Netztechnologien, in Internet und Intranet, in Telekooperation, in virtuelle Unternehmensformen und in die Nutzung des elektronischen Geschäftsverkehrs im Rahmen der Einführung von Telearbeit realisiert werden. Die Ergebnisse zeigen, dass insbesondere für die Techniken E-Mail, Internet, Dateitransfer und Remote-Access das Telearbeitsprojekt Auslöser für die Einführung und/oder den breiteren Einsatz in den teilnehmenden KMU war. Aber auch auf den Einsatz weiterer Techniken, die die Kommunikation und Zusammenarbeit verteilter Mitarbeiter und Mitarbeiterinnen deutlich verbessern helfen und deren Verbreitung in der Wirtschaft auch bei Großunternehmen noch eher gering ist, wie Groupware-/Workflowsysteme, Videokonferenzsysteme und Netz-Konferenzen, hatte das Projekt positiven Einfluß.

247. Aktuelle Bedeutung der Telearbeit für Unternehmen

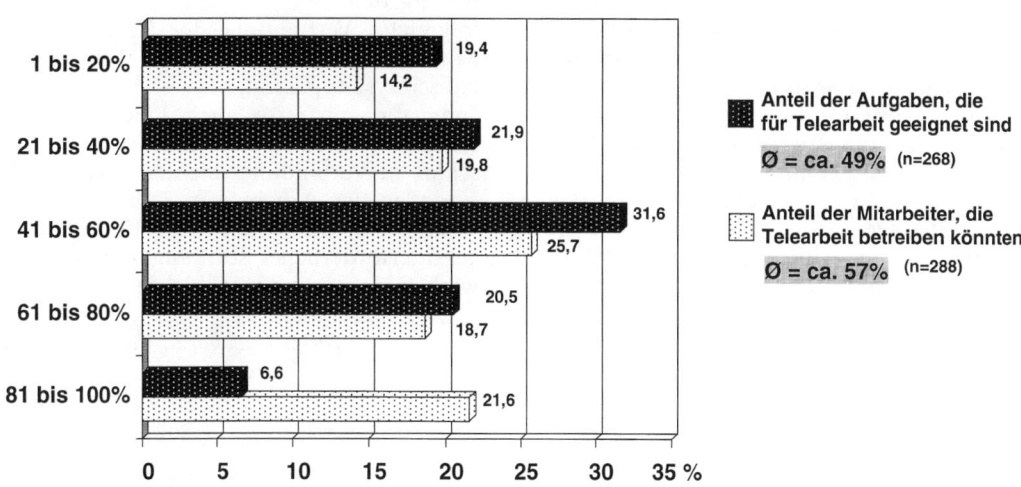

Abb. 247.15: Das Potential der Telearbeit

Perspektiven für den Mittelstand

Bei der Betrachtung der Perspektiven, die die Telearbeit für den Mittelstand bringen kann, stellen sich zwei Fragen:

- Welche Einsatzmöglichkeiten bestehen für diese Arbeitsform?
- Welche Vorteile erbringt sie?

Zur Klärung dieser Fragen haben die aufgezeigten empirischen Erhebungen die Antworten geliefert. So bietet die Telearbeit in mehrfacher Form weitreichende betriebliche Einsatzmöglichkeiten:

- Es handelt sich um eine Arbeitsform, die sowohl von Frauen als auch von Männern durchgeführt wird und beiden Beschäftigtengruppen deutliche Vorteile bringt.
- Telearbeit wird keineswegs nur von jüngeren Mitarbeitern ausgeführt, sondern auch von Älteren mit Erfolg praktiziert.
- Telearbeit eignet sich für eine ganze Reihe unterschiedlicher betrieblicher Aufgaben und Tätigkeiten, ist also keineswegs nur für einfache Tätigkeiten (wie z.B. Textverarbeitung und Dateneingabe) oder IT-Tätigkeiten (wie z.B. Softwareentwicklung) geeignet.

Dieses weite Einsatzfeld der Telearbeit wird dabei nicht eingeschränkt, durch

- massive organisatorische Probleme. Veränderungen in den Bereichen Arbeitsinhalte, -abläufe, -situation oder Mitarbeiterführung treten in sehr viel geringerem Ausmaß auf, als häufig befürchtet. Voraussetzung dafür ist jedoch ein durchdachtes Einführungskonzept, in dem die Anpassung der organisatorischen Strukturen an die neue Arbeitsform, wie auch die innerbetrieblichen Aspekte der Kommunikation und Zusammenarbeit genügend berücksichtigt werden. Zudem sollte eine Aufgaben- und Arbeitsplatzanalyse durchgeführt werden, um herauszufinden, welche Tätigkeiten in welchem Umfang für Telearbeit geeignet sind.
- die Gefahr der sozialen Isolation. Sie stellt ebenfalls keine unüberwindliche Hürde für den Einsatz der Telearbeit dar, wenn dieser Aspekt im Rahmen des Einführungskonzeptes durch gezielte Festlegung der Kommunikationsstrukturen berücksichtigt wird.

Wie schätzen die Verantwortlichen der KMU selbst das Potential der Telearbeit in ihren Unternehmen ein? Die empirischen Erhebungen liefern hierzu überzeugende Ergebnisse.

Nach einem Jahr der Erprobung der Arbeitsform Telearbeit waren 58,7 Prozent der Projektverantwortlichen der Ansicht, dass mehr als 40 Prozent der betrieblichen Aufgaben in Telearbeit erledigt werden könnten. Mit 66 Prozent lag ihre Einschätzung im Bereich der Mitarbeiter, die Telearbeit betreiben könnten, sogar noch deutlich darüber. Insgesamt ergibt sich aus den Einschätzungen, dass im Durchschnitt ca. 49 Prozent der Aufgaben und ca. 57 Prozent der Mitarbeiter für Telearbeit geeignet sind.

Wenn man berücksichtigt, dass annähernd 20 Mio. Beschäftigte in kleinen und mittleren Unternehmen in Deutschland arbeiten, zeichnet sich somit ein enormes Telearbeitspotential ab.

Die Ergebnisse dokumentieren die enormen Auswirkungen und den entscheidenden Beitrag, den diese Förderinitiative für die erfolgreiche Verbreitung der Telearbeit im Mittelstand geleistet hat. Der Mittelstand hat seinerseits gezeigt, mit welcher Dynamik Innovationsprozesse auch hier umgesetzt werden können. Diese Innovationsbereitschaft in Verbindung mit den spezifischen Vorteilen der Arbeitsform Telearbeit kann somit einen weiteren Beitrag für die dringend erforderliche Stärkung der Wettbewerbsfähigkeit von KMU leisten.

Birgit Godehardt, Carsten Klinge,
Ute Schwetje, Geilenkirchen
(Deutschland)

248. Electronic Publishing

1. Begriff und Geschichte
2. Definition
3. Arten des Electronic Publishing
4. Ausblick
5. Literatur

1. Begriff und Geschichte

Der Begriff *Publizieren* ist als Lehnwort (lat. publicare) seit dem 16. Jahrhundert im Sinne von bekannt machen, vor eine größere Menge Menschen (mittellat. publicum) bringen, im Deutschen nachweisbar. Der Begriff impliziert daher immer »öffentlich machen«, meint also den prinzipiell allgemeinen und ungehinderten Zugang zu Informationen. Publizieren schließt traditionell auf der Seite des Rezipienten auch den Aspekt der Verfügbarkeit von Informationen auf Dauer mit ein. Damit werden publizierte Informationen zeitpunktunabhängig nutzbar, d.h. unabhängig von einer »Ereigniszeit« oder einer »Sendezeit«.

Im allgemeinen Verständnis von Publizieren ist auch angelegt, dass die Herstellungs- und Übermittlungsformen, die zwischen Kommunikator bzw. Hersteller und Rezipient treten bestimmten Anforderungen genügen. Die Vermittlungsleistung schließt über die reine Informationsversorgung hinaus auch solche Momente ein, die allgemein als Verlagsfunktionen angesprochen werden, unter Umständen aber auch von anderen Instanzen erbracht werden können (Schönstedt 1999, 467). Dazu gehören insbesondere Selektionsfunktionen, die bewußte Zusammenstellung von Informationen verschiedener Autoren und die inhalts- und präsentationsbezogene Qualitätsverbesserung der Informationen.

Der Publikationsprozess kann vereinfacht im Sinne eines allgemeinen Kommunikationsmodells dargestellt werden, das den Ausgangspunkt der begriffstheoretischen Überlegungen darstellt (Abb. 248.1).

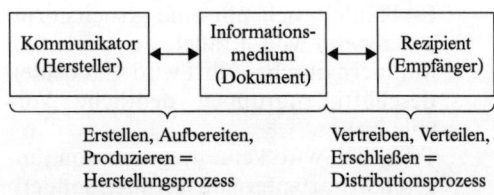

Abb. 248.1: Allgemeines Kommunikationsmodell des Publizierens

Der Begriff *Elektron* (griech. Elektron = Bernstein) ist eine Wortschöpfung des späten 19. Jahrhunderts zur Bezeichnung elektrischer Elementarladung bzw. negativ geladener Elementarteilchen (G.J. Stoney um 1872).

Da diese wichtige Bestandteile zahlreicher elektrischer Schaltungen und Geräte sind, wurde der Begriff in den fünfziger Jahren des vergangenen Jahrhunderts in unterschiedlichen Zusammensetzungen verwandt, darunter Elektronengehirn bzw. Elektronenrechner für Computer. Auch wenn sich diese Komposita im allgemeinen Sprachgebrauch nicht durchgesetzt haben, wird die adjektivische Form, die seit 1902 nachweisbar ist, derzeit für sehr viele Bereiche von Computeranwendungen (häufig auch in abgekürzter Form, z. B. E-Commerce) benutzt.

Der Begriff *Informationsmedium* (lat. medium = Mitte) bedeutet in diesem Zusammenhang Mittel zur Darstellung und Übertragung von Informationen. Die Bezeichnung *elektronische Medien* ist bei genauerer Betrachtung in ihrer Pluralform unscharf, da in diesem Fall das Mittel der Darstellung von Informationen immer diskrete Werte (meist in der Form von binärem Code) sind. Hier liegt der Unterschied zu *analogen Medien* (griech.-lat. analogia = Entsprechung, Ähnlichkeit), die in der Regel jeweils unterschiedliche Mittel zur Darstellung unterschiedlicher Informationen, entsprechend einer kontinuierlichen Ähnlichkeitsbeziehung, bezeichnen. Schallwellen werden beispielsweise in Form magnetischer Schwingungen auf einem Band oder einer Platte repräsentiert, Text in Form von Zeichen auf Papier oder einem anderen Trägermaterial. Aus dieser Begriffsverwendung abgeleitet wird im allgemeinen auch von elektronischen oder digitalen Medien im Plural gesprochen, um auf die Darstellung von elementaren Datentypen wie Text, Ton, Bild, Film u.a. auf elektronischen Trägern zu verweisen. Obwohl auch diese Träger, die oft auch als Speicher- bzw. Trägermedien bezeichnet werden, unterschiedlich sein können (Magnetplatte, optische Platte, Chip etc.) ist die Darstellung immer einheitlich in Form diskreter Werte (Zahlen) gegeben. Der einfacheren Lesbarkeit wegen wird die Pluralform im Folgenden beibehalten. Im Rahmen der Erläuterung des Verhältnisses von Medium und Dokument wird in Abschnitt 2.5 hierauf nochmals Bezug genommen. Die wohl am häufigsten vorkommende Verwendung des Pluralbegriffs Medien im Sinne von Massenmedien zur Bezeichnung öffentlicher und kommerzieller Organisationen (Presse = Text und Bild, Rundfunk = Ton, Fernsehen = Bewegtbild und Ton), die sich mit der massenhaften Verbreitung von Informationen beschäftigen soll, ebenso wie weitere Begriffsdifferenzierungen (siehe hierzu Saxer 1999, 4ff), in diesem Artikel nicht weiter verfolgt werden.

Im Herstellungsprozess von Informationsmedien fanden Computer schon in den frühen sechziger Jahren vereinzelt Verwendung, ohne sich jedoch auf die seit Gutenberg vorherrschende, d. h. gedruckte, Form der zwischen Kommunikator und Rezipient ausgetauschten Informationen im Publikationswesen auszuwirken. Die technische Entwicklung im Herstellungsprozess ohne Änderung des Endproduktes setzte sich in den siebziger und achtziger Jahren fort, wobei der ab 1984 eingeführte Macintosh 128 (später 512) zusammen mit der Software Pagemaker den Beginn einer massenhaften Verbreitung der Computertechnik in diesem Bereich markierte.

Wesentliche konzeptionelle Neuerungen im Bereich der Distribution und Nutzung von Informationen wurden, wenn auch auf einer vollkommen anderen technischen Grundlage, bereits in den dreißiger und vierziger Jahren diskutiert. Schneller Zugriff vom Schreibtisch aus und die Möglichkeit, Beziehungen zwischen einzelnen Dokumenten herzustellen und diese bei Bedarf wieder aufzurufen wurden in dem 1945 von Vannevar Bush beschriebenen fiktiven Ausgabegerät Memex (Memory Extender) realisiert. Die Möglichkeit der konkreten Realisierung dieser Konzepte setzte jedoch erst 1969 mit der Entstehung des ARPANets (Advanced Research Program Agency) ein. Mit ihm war die grundsätzliche technologische Entwicklung der Digitalisierung im Distributionsbereich gegeben, wobei meist noch analoge Leitungen zur Übertragung benutzt wurden, indem digitale Daten dem analogen Signal aufmoduliert und beim Empfänger wieder demoduliert, d. h. abgespalten, werden. Im Laufe der siebziger Jahre setzte sich der Prozess der Netzwerkentwicklung rasch fort, wobei ein immer noch relativ kleiner Kreis von Personen (meist Wissenschaftler) dort Informationen austauschte, so dass der für den Begriff Electronic Publishing konstituierend notwendige Faktor der öffentlichen Kommunikation noch nicht gegeben war. Trotzdem wurde der Begriff bereits im Frühjahr 1977 im Rahmen einer Konferenzankündigung erstmalig öffentlich verwendet (Dijkhuis 1985, 175). Aufgrund der raschen technischen Innovation im Laufe der achtziger Jahre – sowohl im Herstellungs- als auch im Distributionsbereich – breitete er sich schnell aus und erfuhr die unterschiedlichsten Definitionsversuche.

2. Definition

2.1. Electronic Publishing im Sinne einer herstellungsorientierten Definition

In den achtziger Jahren wurden in der Regel unterschiedliche Desktop-Publishing-Systeme und andere computergestützte Verfahren, mit deren Hilfe Informationen aufgefunden, erfasst, gestaltet, gespeichert, auf dem aktuellen Stand gehalten und über verschiedene Austauschsysteme in unterschiedlichster Zusammensetzung an die jeweiligen Zielgruppen verteilt werden können unter dem Oberbegriff Electronic Publishing subsumiert (Kist 1988, 8). Die geringe Verbreitung von Computern und Netzwerkanschlüssen bei potentiellen Anwendern bzw. Empfängern ermöglichte es den Herstellern bzw. Verlagen damals allerdings nur in Ausnahmefällen, digitale Techniken auch im Bereich der publizierten Endprodukte einzusetzen, so dass die angesprochenen EDV-Verfahren in erster Linie im Rahmen der *Prozess- und Steuerungstechnologie zur Herstellung von Printprodukten* eingesetzt wurden.

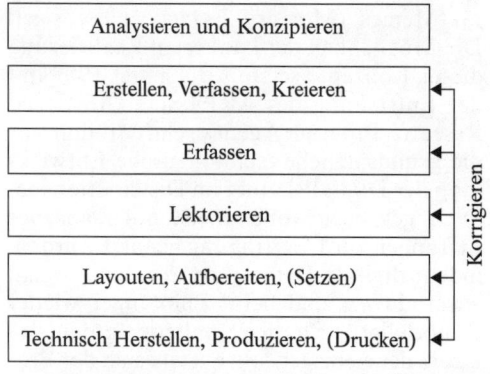

Abb. 248.2: Schematisch vereinfachte Übersicht des Herstellungsprozesses

Die daraus abgeleitete Begrifflichkeit bezieht Electronic Publishing auf einzelne oder mehrere Aspekte der computergestützten Erstellung, Aufbereitung, Präsentation, Speicherung und Distribution von Publikationen (Sandkuhl 1994, 7) – unabhängig davon, ob die Inhalte auf elektronischen oder konventionellen Informationsträgern vertrieben werden. Hawkins (1990, 378) versuchte, für die rein herstellungsbezogene Sicht den Begriff Electronic Aided Publishing (EAP) zu prägen, der jedoch nicht allgemein gebräuchlich geworden ist.

Derartige Versuche zeigen, dass immer wieder die Gefahr einer völligen Unschärfe des Begriffs gesehen wurde, die dann z. B. auch den Online-Auftritt von Verlagen zu Werbezwecken mit einbezieht (Vogel 2001, 88f).

2.2. Electronic Publishing im Sinne der Auswahl von Medien in Kommunikationsprozessen

Durch die Entwicklung und Verbreitung von leistungsfähigen und preisgünstigen digitalen Endnutzergeräten und Netzwerken wurden neue Kommunikationsmöglichkeiten geschaffen. Das 1989 entwickelte World Wide Web (WWW) mit seiner Hypertextstruktur führte ab 1991 diesen Siegeszug im Distributionsbereich an, flankiert von den rasch wachsenden Absatzzahlen des Hard- und Softwaremarkts für Privatanwender. Die neuen Möglichkeiten werden seit dieser Zeit von vielen Verlagen bzw. Herstellern verstärkt genutzt, die ihre Inhalte auf DVDs, CD-ROMs, Disketten oder online publizieren. Dieser Vorgang – und nur dieser: das *Verlegen digitaler Endprodukte* – wird seit Mitte der neunziger Jahre in den meisten Veröffentlichungen zum Thema als Electronic Publishing bezeichnet. Signifikant für den Wandel des Begriffs im Zuge technologischen Wandels ist die deutschsprachige Definition noch Ende der achtziger Jahre ex negativo: »Electronic Publishing ist jedoch nicht «Publizieren» im Wortsinn von «Veröffentlichung» [...] durch einen Verlag [...], sondern allenfalls eine Vorstufe vom Verfassen bis zum Erfassen (Setzen) und Seitenumbruch.« (Ehlers 1989, 452). Interessant als Gegenbeispiel aus dem angloamerikanischen Bereich ist die sehr frühe und konsequente Definition: „Electronic Publishing: Publishing in machine-readable form." (Kent 1986, 114). Die Definition, die den Fokus vom Herstellungsprozess auf das zwischen Kommunikator und Rezipient ausgetauschte Medium und damit stärker auf die Distribution verschiebt, berücksichtigt nun erstmals die Möglichkeit einer geschlossenen elektronischen Publikationskette ohne Medienbrüche, die in der Praxis auch in den neunziger Jahren noch eher die Ausnahme als die Regel darstellte.

Dies zeigt das Spektrum digitaler Endprodukte im Publikationswesen, das einerseits eigenständige elektronische Datenbanken, Multimediaanwendungen, Bücher, Zeitschriften oder Zeitungen umfasst, auf der anderen Seite jedoch weitaus häufiger noch aus digitalen Supplementen oder Parallelausgaben zu herkömmlichen Veröffentlichungen besteht. All diese Produkte kommunizieren jedoch ihre Inhalte in digitaler Form an den Rezipienten. Sinnvoll ist bei dieser auf den Kommunikationsprozess bezogenen Definition die Unterscheidung zwischen Online Publishing und Offline Electronic Publishing, bei dem die Distribution nicht direkt über Netzwerke, sondern auf einem Datenträger erfolgt. Die von den deutschen wissenschaftlichen Bibliotheken kooperativ geführte Schlagwortnormdatei (SWD) trifft ebenfalls die Unterscheidung in Online Publishing und Electronic Publishing, wobei letzteres jedoch „für alle übrigen computerunterstützten Publishing-Verfahren" im Sinne der herstellungsorientierten Definition verwendet wird und sich nicht auf das veröffentlichte Endprodukt bezieht.

2.3. Electronic Publishing im Sinne der Auswahl von Medien in Kommunikationsprozessen unter Berücksichtigung der Kommunikationspartner und ihrer Funktion

Neben Herstellungsprozess und Informationsmedium ist auch der Hersteller einer Publikation von Bedeutung. Die bisher vorgestellten Definitionen machen hierüber eine implizite Aussage, indem sie den Hersteller-Begriff des Kommunikationsmodells (im Sinne von Hersteller gleich Kommunikator) mit Verlag gleich setzen. Hierbei ist zu beachten, dass der Begriff Hersteller innerhalb der Arbeitsprozesse im Verlagswesen noch eine andere, spezifische Definition erfährt, die im Sammelbegriff Hersteller des Kommunikationsmodells eingeschlossen ist und hier nicht weiter berücksichtigt werden soll. Der Begriff Hersteller oder Kommunikator ist ein Abstraktum, das die Gesamtheit der Prozessschritte bis zur Übergabe einer abgeschlossenen Informationseinheit, d. h. eines Endproduktes, an einen Empfänger bezeichnet (vgl. Abb. 248.2). Die semantische Übereinstimmung der Begriffe Verlag und Kommunikator in Bezug auf den Begriff Publizieren vorauszusetzen erscheint jedoch nicht befriedigend, da sie nicht das gesamte Spektrum an Phänomenen in diesem Bereich beschreibt. Ebenso allgemein und damit unbrauchbar wie Definition eins – nur unter Berücksichtigung eines anderen Parameters – wäre sicher der Versuch, jeglichen Austausch digitaler Informationen ohne Differenzierung des Herstellers oder seiner Funktionen als Electronic Publishing zu bezeichnen. Da die Frage nach dem Hersteller immer auch mit der Frage nach der Auswahl bzw. der qualitativen Bewertung des zu publizierenden Inhalts verbunden ist, erscheint nur eine begrenzte Ausdehnung des Hersteller-Begriffes sinnvoll, die bestimmte »graue Formen« digitaler Dokumente mit einbezieht, z. B. Kongressberichte, Preprints, Reports, Dissertationen, Vorlesungsmanuskripte etc. Hierbei übernimmt der Autor oft mehr Aufgaben innerhalb des Herstellungsprozesses als dies im traditionellen Verlagsbereich der Fall ist. Dies bedeutet nicht zwangsläufig, dass die inhaltliche oder präsentationsbezogene Qualitätssicherung außer Acht gelassen wird. Zur inhaltlichen Qualitätssicherung gehört die Überprüfung folgender Kriterien (Endres 2000, 303):

– Wahrhaftigkeit
– Klarheit
– Kompaktheit (Präzision und Kürze)
– Konsistenz (Einheitlichkeit von Aussagen und Terminologie)
– Quellenangabe (Schutz des geistigen Eigentums Anderer)

Die präsentationsbezogene Qualitätssicherung bezieht sich auf die äußere Gestaltung durch Elemente wie Schrift und Layout, die zu einer optimalen Informationsaufnahme beim Rezipienten beitragen soll. Mindestens die inhaltliche Qualitätssicherung ist bei elektronischen Dokumenten im Prinzip schneller und einfacher zu leisten als bei konventionellen. Damit einher geht eine verstärkte Bidirektionalität der Kommunikation innerhalb des Herstellungsprozesses einer elektronischen Publikation einerseits, aber auch die einfachere Möglichkeit der Rückmeldung durch den Rezipienten zum Kommunikator.

Die Ausweitung des Hersteller-Begriffs gilt es als Faktum festzuhalten; zum einen aufgrund neuer Marktteilnehmer vor allem im Bereich multimedialer und datenbankgestützter Informationen und zum anderen aufgrund der in der wissenschaftlichen Kommunikation außerhalb des Verlagsbereiches entstandenen und entstehenden Dokumente. In der Begriffsgeschichte spiegelt sich die Dynamik der nun in allen Teilen des Kommunikationsprozesses wirkenden neuen Technologien, die es neuen Gruppen und Institutionen ermöglicht, Verlagsfunktionen oder Teile hiervon auszuüben. Verbunden mit der Besetzung des Begriffs Hersteller bzw. Kommunikator und seiner Funktionen sind neben den technologischen Faktoren auch unterschiedlich gelagerte wirtschaftliche Interessen, so dass in diesem Bereich mit weiter anhaltenden Diskussionen und Definitionsversuchen zu rechnen ist.

Basis dieses Artikels soll eine Definition sein, die im Rahmen des vorgestellten allgemeinen Kommunikationsmodells tradierten und neuen Bedeutungen Rechnung trägt:

Elektronisches Publizieren umfasst die öffentlichen Formen der zeitpunktunabhängigen Kommunikation mittels digital vorliegender Dokumente zwischen einem über seine Funktionen definierten Hersteller (Kommunikator) und einem Empfänger (Rezipient).

Das dauerhafte Vorhalten der Medien durch den Hersteller ist, ebenso wie beim konventionellen Publizieren, kein notwendiger Faktor zur Bestimmung elektronischen Publizierens. Die Sicherung von Informationen und Erkenntnissen in elektronischer Form ist, wie im konventionellen Bereich, Aufgabe digitaler Bibliotheken (unabhängig von deren Trägerschaft und der Frage des kostenfreien oder kostenpflichtigen Zugangs), wobei aufgrund der unterschiedlichen Zugriffsmöglichkeiten im Vergleich zu gedruckten Publikationen noch zahlreiche Detailfragen gelöst werden müssen.

2.4. Datentypen

Elektronische Informationsmedien (präziser das in Ziffern codierte elektronische Informationsmedium) setzen sich aus einem oder mehreren fundamentalen *Datentypen* bzw. *Medienelementen* zusammen. Datentypen sind dabei im Sinne der Informatik bestimmt durch die Eigenschaften, welche die einzelnen damit zusammengefassten Datenelemente besitzen und die Operationen, die auf die Datenelemente angewandt werden können. Folgende Datentypen lassen sich unterscheiden (Endres 2000, 21):

– Formatierte Daten (Bit, Zahl, Zeichenfolge)
– Text
– Zeichnung
– Bild (Festbild)
– Ton
– Film (Bewegtbild)
– Animation

Diese Typen lassen sich durch ihren Zeitbezug in eine diskrete und eine kontinuierliche Gruppe zusammenfassen. Die ersten vier Punkte der Liste bezeichnen *diskrete Datentypen*, deren Werte zeitunabhängig sind, die restlichen drei sind *kontinuierliche Datentypen*, deren Wert sich mit dem Verlauf der Zeit ändert. Alle Datentypen sind sowohl in elektronischer als auch analoger Form darstellbar. Der Vorteil der elektronischen Form liegt in der möglichen Verbindung aller Datentypen innerhalb eines Informationsmediums begründet. Dies bedeutet für den Rezipienten eine Integration aller Datentypen in eine einheitliche Benutzungsumgebung bzw. ein Ausgabegerät. In analoger Form lässt sich diese Verbindung aufgrund der unterschiedlichen Medien, die zur Darstellung unterschiedlicher Datentypen benötigt werden so nicht realisieren.

Prinzipiell können jedoch umgekehrt alle konventionellen, d.h. analogen Medienelemente auch in elektronischer Form vorliegen oder überführt (d.h. digitalisiert) werden.

2.5. Dokumenttypen

Der Begriff *Dokument* (lat. docere = lehren) bezeichnet im Unterschied zum Medium eine abgeschlossene und für den Rezipienten ausgeformte Informationseinheit, d.h. eine konkrete Instanz innerhalb eines Mediums. Hermann (2000, 10) spricht in diesem Zusammenhang von konkreten Dokumenten im Unterschied zu abstrakten, bei denen nur deren Struktur und Daten betrachtet werden. Die Abgeschlossenheit wird dabei vom Autor oder Hersteller definiert, wobei vielfältige weitere Unterteilungen innerhalb eines Dokumentes möglich sind. Ein analoges Beispiel wäre Gustav Mahlers *Das Lied von der Erde* als eine abgeschlossene Informationseinheit, die sechs Unter-Abteilungen oder Sätze enthält und durch das Medium magnetische Schwingungen (z.B. auf einer Schallplatte, Magnetband etc.) dargestellt wird. Ebenso wäre eine Repräsentation als auf Papier gedruckter Text und Noten (in Form eines Heftes, einer Broschüre, eines Buches etc.) denkbar. Die Formen zeigen, dass innerhalb eines analogen Mediums unterschiedlichste Ausprägungen möglich sind. Die Ausprägungen Schallplatte und Heft des gegebenen Beispiels sind dann jeweils analoge Dokumente, die für den Rezipienten nicht in einem Ausgabegerät zur Verfügung gestellt und miteinander verbunden werden können.

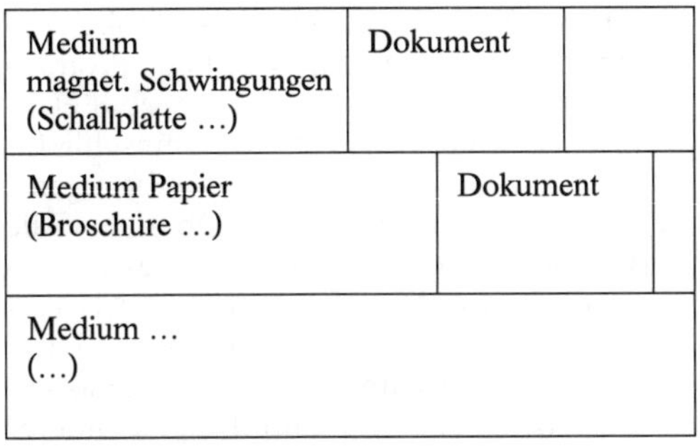

Medium magnet. Schwingungen (Schallplatte ...)	Dokument	
Medium Papier (Broschüre ...)		Dokument
Medium ... (...)		

Abb 248.3: Verhältnis analoger Medien und Dokumente

Medium Ton (0/1)	Dokument	Dokument
Medium Text (0/1)		
Medium ... (0/1)		

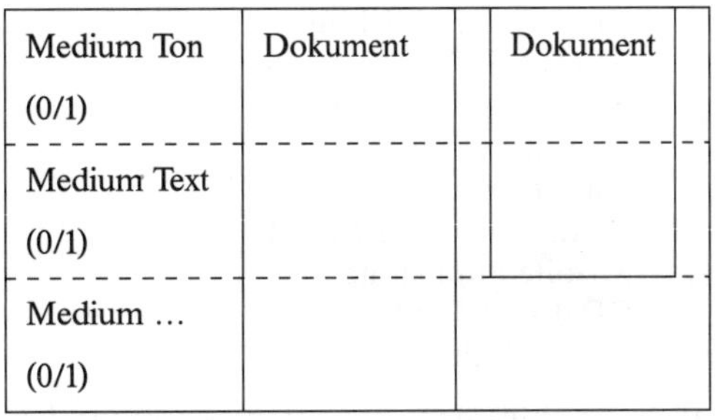

Abb 248.4: Verhältnis elektronischer Medien und Dokumente

Der Dokumentbegriff ermöglicht eine Klassifizierung der anzutreffenden Gegenstände, indem eine Einteilung nach Dokumenttypen vorgenommen werden kann, wobei ein Dokumenttyp eine Klasse von Dokumenten mit gleichen Eigenschaften zusammenfasst (Endres 2000, 109). Da der Dokumentbegriff bis in die achtziger Jahre hinein in einer eher text- und papiergebundenen Tradition stand, lässt sich daraus auch ein Tertium Comparationis gewinnen:

– Referenzwerke
– Primär textbezogene Dokumente
– Druckbare nicht textbezogene Dokumente
– Nicht druckbare Dokumente

Zu den ersten drei Kategorien zählen Bibliographien, Lexika, Kataloge, Monographien, Artikel aus Zeitschriften, Zeitungen und Sammelbände, Patente, Karten, Plakate, Musikalien, Messwerte, Diagramme, Zeichnungen u. a. Darüber hinaus sind in elektronischer Form die nicht druckbaren Dokumente interessant, wobei im Kontext des Publizierens die Aspekte der Herstellerfunktion, der Öffentlichkeit und der zeitpunktunabhängigen Nutzung durch den Rezipienten berücksichtigt werden müssen. Erst diese zusätzlichen Parameter machen aus dem Informationsmedium bzw. seiner Konkretisierung als Dokument eine Publikation. In diesem Sinne sind digitale Fernseh- und Rundfunkprogramme keine elektronischen Publikationen; entsprechend selektierte und elektronisch archivierte Audio-, Video- oder Multimedia-Dokumente, die (auch gegen Gebühr) für einen Rezipienten von der Sendezeit unabhängig abruf- und nutzbar sind, hingegen schon. Auch das erwähnte Mahler-Beispiel wäre in diesem Kontext als binär codierte Schallwellen oder Text und Noten nicht nur ein elektronisches Dokument, sondern auch eine elektronische Publikation.

Auch Software kann integraler Bestandteil derartiger Publikationen sein, wenn z.B. ohne sie eine Nutzung des Mediums nicht möglich wäre. Gemeint ist in diesem Fall anwendungsspezifische Software, da natürlich zum Anzeigen elektronischer Medien immer Soft- und Hardware in irgend einer Form benötigt wird. Die Notwendigkeit anwendungs- oder dokumentspezifischer Software gilt vor allem für den Bereich multimedialer und interaktiver Dokumente, die schwerpunktmäßig für computerbasiertes Lernen (CBT), Simulationen und zur Unterhaltung (Spiele) eingesetzt werden. Verschiedentlich ist auch die Bezeichnung elektronische Ressource oder elektronisches Objekt anstelle von Dokument eingeführt worden, um der Unterschiedlichkeit und möglichen Gleichzeitigkeit der Datentypen Rechnung zu tragen.

2.6. Synonyme und verwandte Begriffe

Aufgrund der vielfältigen und raschen technischen Entwicklung gibt es eine Reihe synonymer und verwandter Begriffe zu Electronic Publishing, die ansatzweise anhand des Kommunikationsmodells eingeordnet werden können. Angegeben werden dabei die im Englischen geprägten Originalbegriffe.

Bezogen auf den Herstellungsprozess:

– Computer Aided Publishing (CAP)
– Computer Assisted Publishing (CAP)
– Electronic Aided Publishing (EAP)
– Distributed Publishing
– Database Publishing
– Desktop Publishing (DTP)
– Integrated Publishing
– Office Publishing
– Electronic Technical Publishing

Bezogen auf das Informationsmedium:

– Multimedia Publishing
– Database Publishing
– Optical Publishing

- CD-ROM Publishing
- Electronic Technical Publishing
- Bezogen auf den Distributionsprozess:
- Telepublishing
- Online Publishing
- Offline Electronic Publishing
- Mobile Publishing
- CD-ROM Publishing
- Network Publishing

Bezogen auf den gesamten Kommunikationsprozess:

- Computer Publishing
- Digital Publishing
- Integrated Publishing
- Telepublishing

Das Verhältnis einiger im Begriff Electronic Publishing enthaltener Begriffe kann anhand der Faktoren Distribution und der Anzahl der verwendeten Datentypen im Dokument schematisch aufgezeigt werden

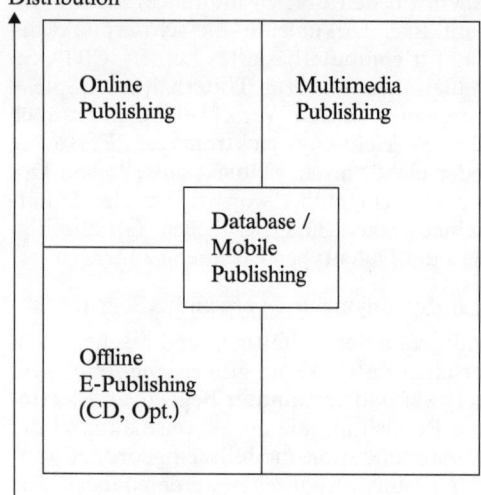

Abb. 248.5: Teilbereiche des Electronic Publishing (abgewandelt nach Sandkuhl 1996, 6)

3. Arten des Electronic Publishing

3.1. Herstellung durch Verlage

Die traditionelle Informationskette Autor (Produzent von wissenschaftlichen Ergebnissen) – Verleger – Buchhandel – (Bibliotheken) – Nutzer (Autor als Konsument wissenschaftlicher Ergebnisse) ist durch die elektronische Datenverarbeitung in der Wissenschaft und im Publikationswesen zumindest für die Fachinformation nachhaltig verändert worden. Elektronisches Publizieren ist erst dann mehr als nur eine neue Produktionstechnologie, wenn es das Angebot elektronischer Endprodukte mit einschließt; dies heißt die Verfügbarkeit stellt die eigentliche Herausforderung dar. Ob dabei die klassischen Aufgaben eines Verlages weiterhin benötigt werden, ist umstritten. Als Verlag wird in diesem Zusammenhang ein kommerzielles Unternehmen verstanden, das auf eigene Kosten geistige Schöpfungen anderer auswählt, herstellt und verbreitet.

Betrachtet man die Diskussion zum Electronic Publishing in Verlagskreisen, so findet man eine breite Palette von Meinungen. Dies ist kaum überraschend, auch wenn sich die Diskussion seit den achtziger Jahren stark verändert hat. Konnte Riehm (1992, 125) noch konstatieren, „dass die vorgebrachten Argumente und Gegenargumente sich kaum aufeinander beziehen", so hat sich inzwischen in Verlagskreisen die Ansicht durchgesetzt, dass gedruckte und elektronische Produkte heute wie selbstverständlich nebeneinander stehen. Man geht heute zumindest in Deutschland davon aus, dass die unterschiedlichen Formen sich nicht verdrängen werden, sondern Printmedien und elektronische Publikationen als nahezu gleichwertige Verlagsprodukte nebeneinander bestehen. Insbesondere Fachverlage beanspruchen eine führende Rolle in der Fortentwicklung elektronischer Publikationen und sehen sich dadurch in einer Führungsrolle bei der Informationsvermittlung. Der Sprecher des Arbeitskreises Elektronisches Publizieren im Börsenverein Arnoud de Kemp stellte die Zukunftstrends für das elektronische Publizieren bei einem Vortrag auf der Frankfurter Buchmesse im Jahr 2000 so dar: „Der Bedarf an professionell bearbeiteten, geprüften und qualifizierten Inhalten im Internet steigt ständig. Buch- und Zeitschriftenverlage geben ihren Nutzern die Garantie für qualitativ hochwertige verlässliche Inhalte. Deshalb wird bei inhaltlichen Angeboten nichts ohne die Verlage laufen." Dabei spielt das »medienneutrale Publizieren« im Bereich der Fach- und Wissenschaftsverlage eine entscheidende Rolle. Immer mehr Verlage bereiten ihre Publikationen so vor, dass sie sowohl in gedruckter Form als auch in der elektronischen offline Variante der CD-ROM oder der online Variante des Internet parallel oder einzeln publiziert werden können. Bisher werden vor allem Zeitschrifteninhalte als parallele online Versionen angeboten, während die Möglichkeiten der CD-ROM eher bei Monographien genutzt werden. Der Trend scheint also nicht von einem entweder-oder, sondern von einem sowohl-als-auch bestimmt zu sein.

Elektronische Publikationen werden in Zukunft die aktuelle Fachinformation bestimmen, während das gedruckte Buch in absehbarer Zeit seine wichtige Rolle als ständig zugängliches und nutzbares Archiv des Wissens behalten wird. Die Mehrfachverwertung von Inhalten wird für Verlage immer wichtiger, gerade weil zu erwarten ist, dass elektronische Publikationsformen immer neue Bereiche erschließen werden. Dabei bringt eine medienneutrale Datenspeicherung vor allem beim elektronischen Publizieren Vorteile, da dann vorhandene Teile wie z. B. Texte, Bilder und Videos ohne großen Aufwand mehrfach genutzt werden können. Dies macht deutlich, dass sich z. B. bei wissenschaftlichen Veröffentlichungen weniger der prinzipielle wissenschaftliche Prozess verändert, als vielmehr der technische Herstellungsvorgang der Ergebnisaufbereitung. Verschiedene Vertreter aus dem Verlagsbereich sehen die zukünftigen Schwierigkeiten somit auch eher im Bereich des noch unzureichenden Urheberrechts, bei fehlenden Normen und Standardisierungen, in mangelnder Erfahrung in Sachen Kalkulation und im Bereich der Qualitätssicherung und der Vertriebswege.

Dennoch ergeben sich vollständig neue Perspektiven für Produkte, die ausschließlich online erscheinen, seien es Zeitschriften oder andere Dokumentarten. Der Grund ist in vielen Fällen, dass diese elektronischen Publikationen Datentypen enthalten, die einfach nicht auf Papier darstellbar sind, wie z. B. Videosequenzen, dreidimensionale Graphiken (z. B. für chemische Strukturen) oder Töne. Mit der Trennung von der Druckausgabe ergeben sich Veränderungen, die strukturelle und inhaltliche Konsequenzen nach sich ziehen: z. B. kann bei wissenschaftlichen Zeitschriften die formale Titelgestaltung, ein Diskussionsforum, Leserbriefe oder Konferenztermine von den Textteilen vollständig getrennt werden. Vorstellbar ist, und tatsächlich werden solche Modelle auch diskutiert, die Einrichtung von thematisch gebundenen Aufsatzservern als Bündelung von Fachinformationen zu sogenannten Portalen. Dann wäre der Artikel das autonome Dokument, die Bindung an eine Zeitschrift bzw. an ein Sammelwerk aufgehoben und der Verlag tatsächlich in der Rolle des Informationsvermittlers. Allerdings wäre auch diese Rolle weiterhin vor allem an die Aufgabe gebunden, für qualitativ hochwertige, verlässliche Inhalte zu sorgen. Eine Aufgabe, die kommerzielle Verlage ja immer wieder betonen, wenn es darum geht, ähnliche Modelle, nur eben ohne diese Verlage, aus Kreisen der Wissenschaft abzulehnen. Es ist aber durchaus unklar, ob die möglichen Veränderungen der redaktionellen Bearbeitung, der Begutachtung, der Qualitätssicherung und der Distributionsverfahren der Verbreitung wissenschaftlicher Ergebnisse nutzen oder ob sie eher kontraproduktiv wirken. Auch vehemente Befürworter moderner wissenschaftlicher Kommunikation unter Ausschluss von Verlagen gestehen zu, dass Preprint-E-Publishing die Notwendigkeit eines begutachteten Publikationssystems nicht aufheben kann.

Insgesamt kann man für den Verlagsbereich im Zusammenhang mit elektronischen Publikationen folgende Problembereiche herausstellen, die noch einer endgültigen Lösung bedürfen, aber zumindest in Teilbereichen auch für den Gesamtkomplex des Electronic Publishing gelten.

Transzendenz: Elektronische Publikationen umfassen Datentypen, die bisher unterschiedlichen Medien zugeordnet waren: Texte, Zeichnungen, Bilder, bewegte Bilder und Töne. Sie alle müssen zukünftig im Rahmen des elektronischen Mediums berücksichtigt werden.

Kapazität: Die Werkzeuge für die Produktion von elektronischen Publikationen sind technisch und konzeptionell sehr komplex und benötigen große personelle und finanzielle Ressourcen als Rückhalt für künftige Entwicklungen. Die Anforderungen an Hard- und Software auf Hersteller- wie auf Endnutzerseite werden weiter steigen.

Authentizität und Originalität: Elektronische Publikationen können leicht manipuliert werden, was teilweise auch gewollt ist. Mehrfachnutzung kennzeichnet sowohl die kommerzielle als auch die nicht-kommerzielle Publikationswelt. Die daraus resultierenden Probleme betreffen die physische Kontrolle und die Integrität von Informationen. Elektronische Publikationen können in der Regel ohne technischen Qualitätsverlust kopiert werden. Zusammen mit den möglichen Manipulationen stellt sich die Frage nach der Authentizität und Originalität der Daten. Identifikationsmodelle wie der Digital Object Identifier (DOI) stellen zusammen mit Sicherheitskonzepten wie digitalen Wasserzeichen, Zeitstempeln und Verschlüsselungsverfahren Lösungsmöglichkeiten dar, die sich aber erst noch flächendeckend als Standards durchsetzen müssen.

Verknüpfungen: Elektronische Publikationen bieten die Möglichkeit verschiedene Dokumente durch sogenannte Links miteinander zu verknüpfen. Hier eröffnen sich Fragen zur Verantwortlichkeit, zur Dauerhaftigkeit der benutzten Netzadressen und auch zu ökonomischen Aspekten von Kooperationen.

Archivierung: Elektronische Publikationen sind untrennbar mit der technischen Umgebung verbunden, in der sie entstanden sind. Die technologische Entwicklung ermöglicht sicherlich neue Dimensionen bezüglich Dauerhaftigkeit und Verfügbarkeit, die auch in nationalen und internationalen Programmen und Projekten erkundet werden, bisher aber kann die Frage der langfristigen Archivierung und Verfügbarkeit nicht eindeutig beantwortet werden.

Urheberrecht (Copyright): Das bisherige Recht basiert auf Dokumenttypen, die sich oft nur schwer auf elektronische Publikationen übertragen lassen. Diese können verteilt werden, ohne dass es tatsächlich ein physisches Exemplar gibt; so kann der Zugriff auf eine elektronische Publikation gleich bedeutend sein mit Besitz. Das führt insbesondere wegen der ökonomischen Konsequenzen zu komplizierten Diskussionen und Absprachen zwischen verschiedenen Vertragspartnern. Die von den Verlagen erarbeiteten unterschiedlichen Lizenzmodelle für online-Nutzungen zeigen deutlich, dass es hier noch keine standardisierten Modelle gibt. Diese sind jedoch in Zukunft für die Nutzer wichtig, um Rechtssicherheit zu erlangen. Ob der von der Bundesregierung 2001 im Entwurf vorgelegte Gesetzesentwurf zum Copyright die erwartete Rechtssicherheit bringt, wird im Augenblick zumindest von den Verlagen bezweifelt.

3.1.1. Elektronische Zeitschriften

Elektronische Zeitschriften bilden innerhalb der elektronischen Publikationen zwar eine eigene Gruppe mit einem starken Gewicht, aber das bisher Gesagte gilt weitgehend auch für diese Publikationsform, an der die Übergangsphase vom gedruckten zum elektronischen Medium besonders deutlich wird. Die Entwicklung elektronischer Zeitschriften ist zum gegenwärtigen Zeitpunkt noch nicht abgeschlossen: auf der einen Seite kann man schon die elektronische Übermittlung von Volltexten, Graphiken und Animationen beobachten, während auf der anderen Seite noch das Verharren in gedruckten Medien festzustellen ist. Sehr häufig findet man beide Ausgabeformen nebeneinander, d. h. die Zeitschrift erscheint parallel in elektronischer und gedruckter Form, wobei der Vorteil auf Seiten der elektronischen Ausgabe bezüglich schnellerer Verfügbarkeit, Verknüpfungs- und Selektionsmöglichkeiten besteht.

Die Geschichte elektronischer Zeitschriften beginnt Anfang der achtziger Jahre. Einen guten Gesamtüberblick bieten die Arbeiten von Schauder (1994), Norek (1997), Keller (2000) und Tenopir (2000), auf die bei der Beschreibung der elektronischen Zeitschriften im Wesentlichen zurückgegriffen wird.

Die ehrgeizigen Projekte der frühen achtziger Jahre des letzten Jahrhunderts galten an sich dem gesamten Bereich des elektronischen Publizierens, aber stets mit besonderem Augenmerk auf der automatischen Textverarbeitung, sowie der Übermittlung von Dokumenten zwischen Autoren, Gutachtern und Herausgebern. Überraschenderweise fehlten bei näherer Betrachtung die sogenannten Endnutzer. Es waren rückblickend wohl eher „informelle elektronische Kommunikationsformen" (Keller 2000, 21) als formal organisierte Zeitschriften. Für den praktischen Einsatz im elektronischen Publikationswesen fehlte es an leistungsfähigen Kommunikationssystemen, an benutzerfreundlicher Anwendungssoftware und an qualitativ zufriedenstellenden Ausgabegeräten. Besonders unbefriedigend war wohl die Wiedergabe von Volltexten an Bildschirmen. Trotzdem versuchten gerade auch wissenschaftliche Verlage, elektronische Versionen ihrer Zeitschriften als Alternative zu ihrer gedruckten Zeitschriftenausgabe anzubieten

Die ersten Pilotexperimente im universitären Bereich zeigten organisatorische, technische und administrative Probleme des elektronischen Publizierens auf. Diesen Schwierigkeiten versuchten die Verleger dadurch auszuweichen, dass sie einerseits elektronische Parallelausgaben von etablierten Zeitschriften herausgeben und andererseits auf die Erfahrung kommerzieller Datenbankanbieter aufbauten, da diese bereits über Erfahrung im Bereich Datenspeicherung, -verwaltung und -übermittlung verfügten und komplexe Suchsysteme einsetzten. Nach wie vor gelten aber diese Angebote über kommerzielle Datenbankanbieter wie DIALOG, BRS oder STN als zusätzliche Serviceleistungen der Verlage. Allerdings mit der Möglichkeit der komplexen und strukturierten Volltextsuche, die naturgemäß in der Hauptform der Druckausgabe nicht möglich ist.

Wegen der schon angesprochenen Speicher- und Datenübertragungsprobleme wurde ab Mitte der achtziger Jahre die neu entwickelte CD-ROM als Publikationsform für elektronische Zeitschriften eingesetzt. Die Unsicherheit hinsichtlich der langfristigen Bedeutung des Speichermediums CD-ROM und die Schwierigkeiten beim Vorhalten großer Datenmengen auf einer entsprechend großen Zahl von CD-ROMs hat jedoch die Bedeutung dieses Mediums im Bereich der elektronischen Zeitschriften nie besonders hoch werden lassen. Zu dieser Entwicklung hat sicherlich auch die rasante Entwicklung globaler Netzwerke beigetragen, die eine schnelle und problemlose Übermittlung großer Datenmengen ab etwa 1990 ermöglichte. Weiterhin halten sich Verlage aber an bewährte, konventionelle Publikationsmuster und die Herausgabe von gedruckten und elektronischen Parallelausgaben. Der Aufbau wissenschaftlicher Netzwerke, insbesondere des Internets, änderte sehr schnell die technischen Rahmenbedingungen des elektronischen Publikationsprozesses. Ausschließlich digitale, interaktive und dynamische Publikationsformen rückten in den Mittelpunkt des Interesses und schienen die Möglichkeiten für Zeitschriftenverlage mit neuem Potential auszustatten. Jedoch erfolgten Titelwachstum und Entwicklung elektronischer Zeitschriften langsamer als von vielen Akteuren erhofft oder erwartet. Das 1991 erstmals erschienene Verzeichnis *Directory of Electronic Journals, Newsletters and Academic Discussion Lists* der Association of Research Libraries (ARL) nennt in der ersten Auflage 27 elektronische Zeitschriften, in der dritten Ausgabe von 1993 werden 45 Titel aufgeführt (vgl. http://db.arl.org/foreword.html). Einen guten Überblick bieten hier wieder die Arbeiten von Tenopir (2000, 55) und Keller (2000, 37), die sich insbesondere auch den Datenformaten für Text und Graphik widmen. »Im technischen Bereich waren große Fortschritte unter anderem dank der Entwicklung von Standards und Quasistandards bei den Datenformaten möglich. Zu den wichtigsten Formaten, die sich im Zeitraum 1992 bis 1995 durchsetzen konnten, gehören TeX und PDF«. Insbesondere bei elektronischen Parallelausgaben zu Print-Zeitschriften hat sich PDF (Portable Document Format) zum Quasistandard entwickelt, während TeX eine zufriedenstellende Lösung für die Veröffentlichung wissenschaftlicher Texte aus den Fachgebieten Naturwissenschaft und Technik bietet. Beide Systeme haben aber auch ihre spezifischen Nachteile, die mit der Weiterentwicklung und Einführung allgemeinerer Formate wie SGML (Standard Generalised Markup Language) bzw. XML (Extensible Markup Language) überwunden werden sollten.

Generell ist eine Differenzierung von Formaten nach dem vorgesehenen Einsatzgebiet und den daraus resultierenden Anforderungen sinnvoll. Hier kann man einerseits Langzeitarchivierung und Datenmigration sowie andererseits Präsentationsqualität und Handhabung bzw. Übertragbarkeit und Austauschbarkeit betrachten, wobei bislang kein Format die Anforderungen aus allen Bereichen vollständig erfüllt. Die genannten Kriterien lassen sich prinzipiell auch auf Formate für andere Datentypen (Bild, Bewegtbild, Ton etc.) übertragen.

In einer Reihe von Projekten wurde die Publikation und Verbreitung von Zeitschriften im Netzwerk vorangetrieben und getestet, doch trotz technologischer Fortschritte konnte kein einheitliches, zuverlässiges Preis- und Geschäftsmodell gefunden werden. Dazu beigetragen hat sicherlich die Entwicklung des World Wide Web, das sich binnen kurzer Zeit als verbreitetster Dienst innerhalb der Netzwerke positionieren konnte. Die hohe Akzeptanz des WWW beruht auf der kostenlosen Verfügbarkeit von leistungsfähigen Web-Browsern, die über eine graphikorientierte Oberfläche sehr einfach zu bedienen und auf sämtlichen Hardware Plattformen als Client-Programme einsetzbar sind.

Die technischen Entwicklungen überzeugten die meisten Verlage und Wissenschaftler von der Tatsache, dass elektronische Zeitschriften einen wesentlichen Bestandteil der zukünftigen Informationslandschaft bilden werden. Aber immer noch ist das Hauptziel, möglichst schnell elektronische Parallelausgaben zu vorhandenen Print-Zeitschriften verfügbar zu machen.

Das Angebot an elektronischen Zeitschriften stieg in den letzten Jahren massiv an. Das schon erwähnte *Directory of Electronic Journals* bzw. die entsprechende Datenbank DEJ Online verzeichnete im Jahr 1997 2459 Titel elektronischer Zeitschriften (vgl. Tenopir 2000, 344), während die kooperativ gepflegte Elektronische Zeitschriftenbibliothek (EZB) der Universitätsbibliothek Regensburg im Mai 2001 nahezu 8000 elektronische Zeitschriften nachweist.

Rein zahlenmäßig ist dies ein enormer Erfolg für das neue Medium. Bei näherer Betrachtung fällt auf, dass nach wie vor der Bereich der STM (Science, Technology and Medicine) Zeitschriften überwiegt (im Jahr 2000 ca. 75%), der Anteil der Geisteswissenschaften einschließlich Sozial- und Wirtschaftswissenschaften fällt dagegen stark ab. Außerdem sind nach wie vor im Jahr 2000 nur etwa 15% aller elektronischen Zeitschriften als reine Online-Zeitschriften erschienen, alles andere sind Parallelausgaben zu Printversionen. Keller (2000, 45) meint daher zu Recht, dass »die hohe Gesamtzahl somit nicht den Durchbruch eines neuen Mediums manifestiert, sondern vielmehr den Siegeszug des digitalen Doppelgängers wiederspiegelt«. Dieser Trend zu Parallelausgaben könnte sich noch verstärken, weil durch die Erwartungshaltung und Ansprüche der Autoren und Leser die kommerziellen Zeitschriftenverlage immer stärker unter Zugzwang geraten, möglichst rasch die gesamte Zeitschriftenproduktion unter einer WWW-Oberfläche elektronisch anzubieten. Hierbei ist das Angebot digital verfügbarer Volltexte aus zurückliegenden Jahren weniger wichtig als die schnelle Verfügbarkeit aktueller Hefte. Nicht zuletzt ist dies auch auf die dynamische Natur von digitalen Dokumenten und die Interaktionsmöglichkeiten im WWW zurückzuführen, die so zur wissenschaftlichen Diskussion beitragen können. Wissenschaftler sind so schnell in der Lage, auf Leseranregungen und Diskussionsbeiträge von Fachkollegen zu reagieren. Die Interaktion zwischen Leser und Autor wird durch Electronic Publishing eindeutig erleichtert und verstärkt. Besonders gilt dies natürlich für den Bereich der Preprint-Server, bei denen vor der eigentlichen Drucklegung bzw. Publikation und in der Regel ohne ein Peer-Review-Verfahren wissenschaftliche Arbeitsergebnisse bekannt gemacht werden. Diese Preprint-Server sind in der Regel im Wissenschafts- oder non-profit-Bereich angesiedelt, aber auch kommerzielle Verlage versuchen, vor dem Erscheinen in Print-Zeitschriften Aufsätze vorab elektronisch verfügbar zu machen, z.B. Springer mit dem Dienst »Online First«, bei dem jedoch bereits die elektronisch publizierten Beiträge begutachtet wurden. Die Anwendung des kostenpflichtigen Digital Object Identifier (DOI), an dessen Entwicklung und Nutzen sich weltweit Verlage beteiligen, macht eine korrekte und eindeutige Zitierung möglich. Abzuwarten bleibt, ob sich neben ihm noch weitere Systeme zur eindeutigen und dauerhaften Identifizierung elektronischer Publikationen bzw. spezifischer Teilmengen hiervon etablieren werden. Ein Beispiel aus dem non-profit-Bereich ist der sogenannte Uniform Resource Name (URN).

Insgesamt zeigt die Entwicklung elektronischer Zeitschriften, dass Erfolg bzw. Misserfolg eines neuen Publikationsmediums nicht nur von der technischen Verfügbarkeit abhängig ist, sondern auch in hohem Maße vom Verhalten der Nutzer und zwar sowohl der Autoren als auch Leser.

Zentrale Voraussetzung für die Nutzung elektronischer Zeitschriften wie bei jeder anderen Art der Literatur ist die korrekte bibliographische Erschließung. Gerade dies aber scheint bei elektronischen Publikationen ein elementares Problem zu sein. Die dauerhafte Verzeichnung und Verfügbarkeit elektronischer Zeitschriften in digitalen Archiven ist nur in den seltensten Fällen gesichert. Die Sicherstellung der langfristigen Verfügbarkeit und Authentizität elektronischer Publikationen bildet gerade im Zeitschriftenmarkt eine wesentliche Voraussetzung dafür, dass das neue Medium als wissenschaftliches Publikationsorgan akzeptiert wird. Die rein technischen Voraussetzungen dafür scheinen inzwischen gegeben zu sein, diskutiert wird vielmehr, wie ein oder mehrere Archivsysteme verwaltet und organisiert sein müssen, d.h. wer letztlich die Verantwortung für die langfristige Verfügbarkeit trägt. Diese Abklärung der Verantwortlichkeiten wird sicherlich noch einige Zeit in Anspruch nehmen, ohne dass jetzt schon mit Bestimmtheit gesagt werden könnte, in welche Richtung die Entwicklung gehen wird. Es ist zu vermuten, dass ein kooperativer Ansatz, d.h. unter Einbeziehung vieler Partner wie Verlage, (National-)Bibliotheken, Fachgesellschaften, Autoren etc., der die unterschiedlichen Interessen berücksichtigt, die besten Resultate zur Sicherstellung der langfristigen Verfügbarkeit elektronischer Zeitschriften bringen könnte.

Wenn es um Geschwindigkeit und Verfügbarkeit von Wissen geht, ist der Vorteil digitaler Informationsnetze evident. Zweifelhaft ist der Mehrwert, wenn es um Bewertungs- und Gratifikationsverfahren geht. Jeder kann, vergleichsweise einfach und kostengünstig, zum Herausgeber, Verleger oder Content-Provider werden. Das Problem ist jedoch die Anerkennung durch die Nutzerschaft. Die Akzeptanz oder besser die Nicht-Akzeptanz elektronischer Texte durch die wissenschaftlichen Gemeinschaften wird solange anhalten wie Wissenschaftler die neuen Medien nicht als gleichwertige Publikationskanäle ähnlich den konventionellen Print-Zeitschriften ansehen.

3.1.2. E-Book

Im allgemeinen wird mit dem Begriff *e-book* die spezifische, portable Hardware bezeichnet, mit deren Hilfe das Lesen elektronischer Bücher ermöglicht wird, aber auch die elektronischen Texte und Bilder selbst, die mit dieser Hardware dargestellt werden können.

Das Prinzip klingt einfach: das e-book ist ein Lesegerät, das eine Bibliothek mit einem Speicher für rund 50 Bücher zu je 400 Seiten beherbergt. In Internetbuchläden oder -bibliotheken soll sich der e-book-Nutzer neuen Lesestoff im elektronischen Format herunterladen und so seine lokale Bibliothek im Lesegerät aktualisieren und personalisieren. Die e-book Library der University of Virginia vermeldet stolz, dass 1600 Titel frei zugänglich sind und diese in der Zeit von August 2000 bis Juni 2001 über drei Millionen mal heruntergeladen wurden (http://etext.lib.virginia.edu/ebooks/ebooklist.html). Der durch solche Zahlen vermittelte Eindruck, e-books hätten sich bei Endnutzern schon weit verbreitet, ist jedoch nicht zutreffend. Eine Studie von Seybold's Industry Survey aus dem Jahr 2000 belegt dies eindeutig (vgl. http://www.seyboldreport.com/Specials/ebookssurvey/summary.html). Die Mehrheit der hier Befragten glaubt, dass das gedruckte Buch weiter die wichtigere Rolle für die Zukunft spielen wird. Nur in Fällen, in denen das e-book tatsächlich einen Mehrwert verspricht, also etwa bei der Darstellung von Animationen oder bewegten Bildern, wird für die Zukunft eine starke Akzeptanz und Nutzung vorausgesagt. Generell kann man sagen, dass e-book-Inhalte ganz spezifisch auf bestimmte Themenfelder zugeschnitten sind, z. B. Landkarten, Reisen, Zeitungen oder Bücher mit technischem Inhalt. Das Lesen eines »guten Buches« (der »Belletristik«) zur Erholung zählt wohl nicht zu diesen Einsatzgebieten. Dennoch werden in der Studie gute Entwicklungsmöglichkeiten für das e-book gesehen, insbesondere wenn sich die Inhalte auf die skizzierten Gebiete konzentrieren. Hinzu kommt, dass mit der weiteren technischen Entwicklung dem Medium neue Möglichkeiten des Einsatzes erschlossen werden. Das Beispiel der elektronischen Tinte bzw. des elektronischen Papiers zeigen hier u. a. mögliche Perspektiven.

3.2. Herstellung durch andere Einrichtungen

In Analogie zum Begriff »graue Literatur«, der im Printbereich für nichtkonventionelle wissenschaftliche Originalliteratur sowie sonstige wissenschaftlich relevanten Materialien Verwendung findet, muss dieses Phänomen im Bereich elektronischen Publizierens sogar verstärkt berücksichtigt werden. Die traditionell hohe Technologie- und Kenntnisdifferenz zwischen Verlagen und anderen Institutionen im Herstellungsbereich ist durch die technologische Entwicklung stark nivelliert und teilweise sogar umgekehrt worden. Neue Institutionen wie Softwarehäuser übernahmen in den neunziger Jahren im Bereich multimedialer Dokumente zunehmend Verlagsfunktionen oder Teile hiervon, da hier das komplexe Wissen zur Realisierung multimedialer Endprodukte früher und in höherem Maße vorhanden war. Zu nennen sind hier Nachschlagewerke, Computerbasiertes Training, Spiele u. ä. Unterschiedliche wissenschaftliche und sonstige Organisationen und Einrichtungen begannen in den neunziger Jahren mit der Publikation elektronischer Dokumente. Das Spektrum reicht dabei von Einrichtungen, die bis dahin selbst keine konventionellen Informationsmedien publizierten bis hin zu bereits etablierten Publikationseinrichtungen, wie z. B. dem Office for Official Publications of the European Union (EUR-OP). Auch das betriebswirtschaftliche Spektrum reicht von reinen Subventionsvorhaben über kostendeckende Modelle (non-profit) bis hin zu gewinnorientierten Unternehmungen, z. B. von Fachgesellschaften wie der American Chemical Society (ACS) oder dem Institute of Electrical and Electronics

Engineers (IEEE). Zu dieser Kategorie sind auch die Software-Unternehmen zu zählen, die Dokumente auswählen, herstellen und vertreiben. Die Mehrzahl der Fachgesellschaften ist nicht gewinnorientiert, jedoch übernehmen fast alle verlagsähnliche Funktionen. Die Voraussetzungen hierfür sind günstig, da Kommunikatoren und Rezipienten dort fachbezogen vereint sind.

Im Sinne der vorgestellten Definition elektronischen Publizierens nicht berücksichtigt sind zahlreiche Dokumente von Institutionen oder Privatpersonen, die nicht entsprechende Funktionen – wie Selektion oder Zusammenstellung von Informationen oder deren inhalts- und präsentationsbezogene Qualitätsverbesserung – ausüben. Sie können allenfalls als graue elektronische Literatur oder als elektronische Dokumente bezeichnet werden. Hierzu zählt der überwiegende Teil der Internet- bzw. Webseiten, Newsgroups, Foren oder auch Mailinglisten, E-Mail etc.

Die im traditionellen Publikationswesen nicht zu überbrückende Technologie- und Infrastrukturdifferenz zwischen Verlagen und anderen Einrichtungen im Distributionsbereich wird durch moderne Kommunikationsplattformen im Bereich Electronic Publishing ebenfalls nivelliert. Auch diese Entwicklung führte zu einer Ausweitung des Hersteller-Begriffs, indem zahlreiche Institutionen digitale Informationsmedien auswählen und im Internet strukturiert suchbar und zugänglich machen. Wichtig ist auch in diesen Fällen die Betrachtung von Funktionen des Herstellers, die vor dem Distributionsprozess einsetzen. Ein Beispiel sind elektronische Dissertationen, die inzwischen an zahlreichen Universitäten erstellt und angeboten werden. An organisierten Bestrebungen, diese Entwicklung zu fördern und zu verbessern, ist einmal die *Networked Digital Library of Theses and Dissertations* (NDLTD) im angloamerikanischen Bereich und zum anderen *Dissertationen Online* in Deutschland zu nennen.

Selektion und inhaltsbezogene Qualitätsverbesserung der Darstellung erfolgen bei Dissertationen im Rahmen der durch die Promotionsordnungen vorgegebenen Prüfungsverfahren, innerhalb derer die betreuenden Hochschullehrer Aufgaben wahrnehmen, die denen eines Lektors oder Gutachters entsprechen. Eine Präsentationsverbesserung der Darstellung kann ebenso wie eine möglichst hard- und softwareunabhängige Repräsentation der Daten (z. B. in XML oder SGML) aufgrund der derzeit noch personalintensiven Konvertierungsverfahren in der Regel nur durch den Autor selbst geleistet werden. Dies entspricht jedoch der häufig geübten Praxis bei der Publikation gedruckter Dissertationen.

Preprints sind Ihrer Wortbedeutung nach Druckvorläufer bzw. Vorläufer einer gedruckten Publikation. Dadurch ist auch bei elektronischen Preprints die Zuordnung zu textbezogenen Dokumenten bzw. druckbaren nicht textbezogenen Dokumenten gegeben. Meist lassen sich aus ihrem Verhältnis zum Printstatus noch drei weitere Unterscheidungskriterien ableiten: Zum einen Dokumente, bei denen die Begutachtung durch einen Kommunikator organisiert wurde und die zur Veröffentlichung angenommen wurden, dann Dokumente, die ein Autor bei einem Verlag eingereicht hat, für die jedoch noch keine Entscheidung bezüglich einer Veröffentlichung vorliegt und schließlich Dokumente, die, bevor sie bei einem Verlag zur Veröffentlichung eingereicht werden, noch an Fachkollegen mit der Bitte um Kommentare und Hinweise weitergegeben werden. Diese letzte Kategorie stellt dabei den aktuellsten Stand der Diskussion und Forschung in einem Fachgebiet dar. Das mit seinen Vorläufern seit 1991 existierende Los Alamos Preprint-Archiv (http://arXiv.org/) ist beispielsweise einer der aktuellsten und wichtigsten Wissensspeicher im Fach Physik. Hier befinden sich Preprints aller Kategorien. Der Status als Publikation ist vor allem bei der letztgenannten Kategorie von Dokumenten umstritten, da sich die Selektionsfunktion hierbei auf die Zugehörigkeit des Dokuments zu einem eng umrissenen Fachgebiet beschränkt und die Begutachtung in der Regel nur durch die Kommentare der Rezipienten erfolgt. Diese Kommentare führen jedoch häufig zu einer Korrektur des Dokuments durch den Autor, so dass auch hier noch von Electronic Publishing im Sinne der vorgestellten Definition gesprochen werden kann. Die klassische Wortbedeutung von Preprint als Vorläufer einer gedruckten Publikation ist somit auf zweifache Weise durchbrochen. Zum einen kann der Preprint selbst elektronische Publikation sein, zum anderen kann er Vorläufer einer rein elektronischen Publikation sein, je nach dem ob die Kriterien des Electronic Publishing erfüllt sind. Im Falle des Los Alamos Preprint-Archivs bieten inzwischen auch Zeitschriften wie das Journal of Artificial Intelligence oder das Journal of Applied and Theoretical Mathematics Besprechungen der dort vorhandenen Dokumente an.

Abschließend kann man sagen, dass sich die Grenzen des Publikationsbegriffs im Bereich grauer elektronischer Literatur durchaus erweitert haben, dass jedoch rein quantitativ der größere Teil der durch andere Einrichtungen als Verlage hergestellten elektronischen Dokumente nicht als elektronische Publikationen bezeichnet werden kann, da hier die bereits erwähnten notwendigen Funktionen des Kommunikators – wie Selektion oder Zusammenstellung von Informationen oder deren inhalts- und präsentationsbezogene Qualitätsverbesserung – fehlen.

4. Ausblick

4.1. Auflösung der Werkbezogenheit

Sowohl im Produktions- als auch im Distributionsprozess sind Entwicklungen erkennbar, die eine Auflösung der Werkbezogenheit möglich machen. Zum einen ist hier die Option der protokollierten Änderung bzw. Annotation von Dokumenten während ihrer Entstehung zu nennen. Die so entstehenden Produkte werden häufig als dynamische oder lebende Dokumente bezeichnet und bergen aufgrund ihrer Dynamik zahlreiche Probleme für das Bezugsgeflecht von Dokumenten (z. B. beim wissenschaftlichen Zitieren) untereinander. Zum anderen ist es heute denkbar, dass elektronische Publikationen nach den Anforderungsprofilen des Rezipienten individuell zusammengestellt werden, so dass der Kommunikator nur noch durch seine Selektionsfunktion auf die Zahl der verfügbaren Informationsbausteine Einfluss nimmt, aus denen der Rezipient bedient wird. Auch der Dokumentbegriff könnte im Zuge dieser Entwicklungen einem weiteren Bedeutungswandel unterliegen, da dann auch der Begriff einer abgeschlossenen Informationseinheit neu gefasst werden muss.

4.2. Konvergenz weiterer Herstellerbereiche und Ausgabegeräte (Radio, Film, Fernsehen)

Electronic Publishing kann auch als Bezeichnung für die Produktion und den Vertrieb von digitalem Fernsehen, Video on demand etc. dienen. Wichtig für den Aspekt des Publizierens ist dabei die Selektionsfunktion des Kommunikators und die zeitpunktunabhängige Verfügbarkeit der Informationen für den Empfänger.

Im Moment der Einheitlichkeit des digitalen Informationsmediums repräsentiert sich noch ein zweiter Aspekt der Konvergenz: Die Ausgabe- bzw. Endgeräte verschmelzen zunehmend: der PC; das Radio; der Fernseher, der mit einem Zusatzgerät als Internetbrowser fungiert; das Mobiltelefon, das alle Medien via Internetzugang empfangen und ausgeben kann. Entwicklungen im Distributionsbereich wie die verbesserte Datenübertragung mittels Stromleitungen oder Funkwellen unterstützen diesen Trend.

Techniken wie elektronisches Papier bzw. elektronische Tinte lassen neue Interfaces bzw. Endgeräte für den Rezipienten erwarten, welche die Vorteile des tradierten Informationsmediums Papier mit elektronischem Mehrwert (vor allem Interaktivität und Integration unterschiedlicher Datentypen) verbinden. Diese neuen Technologien gehen bei unterschiedlichen Detailansätzen im Prinzip von biegsamen dünnen Trägermaterialien aus, in denen sich Farbpigmente befinden, die sich durch gerichtetes Anlegen von Spannung so ausrichten lassen, dass eine erkennbare Darstellung von Zeichen erzeugt wird.

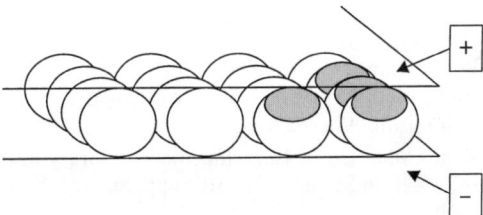

Abb. 248.6: Elektronisches Papier (schematisch vereinfachte Darstellung)

Wie die Konvergenz der Herstellerbereiche und Ausgabegeräte die Beziehungen und Anteile zwischen gedruckten und elektronischen Publikationen verändern wird, bleibt abzuwarten. Eine eindeutige und vollständige Verschiebung zugunsten der elektronischen Publikationsformen ist in absehbarer Zeit nicht zu erwarten – ebenso wenig wie die Ausbreitung des Fernsehens zu einer Verdrängung gedruckter Publikationen führte (vgl. Pflug 2001, 1658ff). Die Geschwindigkeit der Veränderungen in diesem Bereich wird jedoch hoch bleiben und wahrscheinlich für unterschiedliche Anwendungsgebiete bzw. Wissenschaftsdisziplinen disparate Auswirkungen haben.

5. Literatur

Amail, Jens, Electronic Publishing: eine Untersuchung zum Einsatz digitaler Produkttechnologie in Verlagen. München 1996

Bush, Vannevar, As We May Think. In: The Atlantic Monthly 176, 1945, No. 1, 101–108

Cunningham, Steve/Judson Rosebush, Electronic Publishing on CD-ROM. Bonn [etc.] 1996

Dijkhuis, Willem, Electronic Publishing – A Taxonomy of Definitions. In: Electronic Publishing – Corporate and Commercial Publishing. London 1985, 169–181

Ehlers, H. J., Elektronisches Publizieren. In: Lexikon des gesamten Buchwesens. Hrsg. Severin Corsten. Bd. 2 Stuttgart 1989², 452

Endres, Albert/Dieter W. Fellner, Digitale Bibliotheken: Informatik-Lösungen für globale Wissensmärkte. Heidelberg 2000

Frühschütz, Jürgen, Dynamik des elektronischen Publizierens: Daten, Märkte, Strategien. Frankfurt am Main 1997

Hawkins, Donald T. et. al., Forces shaping the Electronic Publishing Industry of the 1990s, In: The Electronic Publishing Business and its Market. Ed. Brian and Margot Blunden. Leatherhead 1994, 375–421

Hermann, Stefan, Designspezifikationen im digitalen Publikationsprozess. München Techn. Univ. Diss. 2000 http://deposit.ddb.de/cgi-bin/dokserv?idn=959771999

Keller, Alice, Zeitschriften in der Krise: Entwicklung und Zukunft elektronischer Zeitschriften. Berlin Humboldt-Univ. Diss. 2000

Keller, Alice, Elektronische Zeitschriften: eine Einführung. Wiesbaden 2001

Kent, Allen (Ed.), Encyclopedia of Library and Information Science. Vol. 41, Suppl. 6, New York 1986

Kipphan, Helmut (Hrsg.), Handbuch der Printmedien: Technologien und Produktionsverfahren. Berlin/Heidelberg 2000

Kist, Joost, Elektronisches Publizieren: Übersicht, Grundlagen, Konzepte. Stuttgart 1988

Klostermann, Vittoro E., Verlegen im Netz: zur Diskussion um die Zukunft des wissenschaftlichen Buches. Frankfurt am Main 1997

Kredel, Lutz (Hrsg.), Computergestütztes Publizieren im praktischen Einsatz: Erfahrungen u. Perspektiven. Berlin [etc.] 1988

Lynch, Clifford, The Battle to define the Future of the Book in the digital World. In: First Monday 6, 2001, No 6 http://firstmonday.org/issues/issue6_6/lynch

Müller, W. Robert (Hrsg.), Elektronisches Publizieren: Auswirkungen auf die Verlagspraxis. Wiesbaden 1998

Nentwich, Michael, Quality Filters in Electronic Publishing. In: Journal of Electronic Publishing 5, 1999, No. 1 http://www.press.umich.edu/jep/05-01/nentwich.html

Neubauer, Karl Wilhelm (Hrsg.), Elektronisches Publizieren und Bibliotheken. Frankfurt am Main 1996

Norek, Sabine, Die elektronische wissenschaftliche Fachzeitschrift, In: Nachrichten für Dokumentation 48, 1997, Heft 3, 137–149

Pflug, Ulrich, Zukunftsperspektiven des Buches. In: HSK 15.2. Berlin/New York 2001, 1656–1663

Rechtsprobleme des elektronischen Publizierens. Hrsg. Herbert Fiedler. Köln 1992 (Informationstechnik und Recht ; 3)

Riehm, Ulrich, Elektronisches Publizieren: eine kritische Bestandsaufnahme. Berlin [etc.] 1992

Sandkuhl, Kurt, Breitbandkommunikation im computergestützten Publizieren: das BILUS-Projekt und seine Ergebnisse. Berlin/New York 1994

Sandkuhl, Kurt/Andreas Kindt, Telepublishing: die Druckvorstufe auf dem Weg ins Kommunikationszeitalter. Berlin/Heidelberg 1996

Saxer, Ulrich, Der Forschungsgegenstand der Medienwissenschaft. In: HSK 15.1. Berlin/New York 1999, 1–14

Schauder, Don, Electronic Publishing of professional Articles: Attitudes of Academics and Implications for the scholarly Communication Industry, In: Journal of the American Society for Information Science 45, 1994, Heft 2, 73–100

Schels, Ignatz/Johann Zechmeister, Fachlexikon Electronic Publishing. Bonn 1988

Schmitt, Ulrich, Computer Publishing: Grundlagen und Anwendungen. Berlin/Heidelberg 1997

Schönstedt, Eduard, Geschichte des Buchverlages. In: HSK 15.1. Berlin/New York 1999, 458–467

Scholarly Publishing: the Electronic Frontier. Ed. Robin P. Peek. Cambridge, Ma. 1996

Scholze, Frank/Werner Stephan, Online Publikationsverbund: Erfassung und Organisation elektronischer Hochschulschriften. In: Bibliotheksdienst 33, 1999, Heft 1, 92–102

Schreiber, Gerhard A., Neue Wege des Publizierens: das Handbuch zu Einsatz, Strategie und Realisierung aller elektronischen Medien. Braunschweig/Wiesbaden 1997

Tenopir, Carol/Donald W. King, Towards Electronic Journals: Realities for Scientists, Librarians, and Publishers. Washington 2000

Tröger, Beate (Hrsg.), Wissenschaft online: elektronisches Publizieren in Bibliothek und Hochschule. Frankfurt am Main 2000

Vogel, Andreas, Electronic Publishing, In: Lexikon der Presse- und Öffentlichkeitsarbeit. Hrsg. Detlef J. Brauner. München 2001, 88–92

Walk, Hans, Lexikon Electronic Publishing. Itzehoe 1996

Frank Scholze
Werner Stephan, Stuttgart (Deutschland)

LV. Mediengesellschaft I: Medienmarkt

249. Der internationale Buchmarkt

1. Einleitung
2. Statistische Grundlagen und Forschungsstand
3. Die Buchtitelproduktion im internationalen Vergleich
4. Die Buchmärkte der Welt im interkulturellen Vergleich
5. Multinationale Verlagskonzerne
6. Internationales Urheberrecht
7. Literatur

1. Einleitung

Das Attribut *international* umfaßt bezogen auf den Buchmarkt zwei zentrale Aspekte: Zum einen die Produktion, Distribution und Konsumtion von Büchern innerhalb spezifischer (zumeist nationaler Märkte, und zum anderen den grenzüberschreitenden Buchhandel. Beide Aspekte werden nachfolgend berücksichtigt, wobei die westlichen Industrienationen aufgrund ihrer bedeutenden Buchproduktion im Vordergrund stehen.

Der Begriff *Buchmarkt* betont die Eigenschaft des Buches als Wirtschaftsgut. Bücher unterliegen jedoch aufgrund ihres Doppelcharakters anderen ökonomischen Bedingungen als sonstige Handelswaren. In materieller (körperlicher) Hinsicht ist das Buch ein Stückgut, in ideeller Hinsicht ein Kulturgut. Für den Leser sind die physischen Eigenschaften des Buches weniger wichtig als sein Inhalt. Das Lesen von Büchern galt in zahlreichen Kulturen jahrhundertelang als die wichtigste Voraussetzung zum Erwerb von Bildung. In vielen Ländern bestehen daher für Buchmärkte andere wirtschaftsrechtliche Rahmenbedingungen als für die Märkte sonstiger Handelsgüter. Dies drückt sich z. B. in mehreren europäischen Staaten in der Preisbindung (fester Ladenpreis) und einem ermäßigten Mehrwertsteuersatz für Bücher aus.

Der Doppelcharakter von Ware und Kulturgut hat erheblichen Einfluß auf den Warenverkehr mit Büchern. Der zwischenstaatliche Austausch von Büchern als materiellem Gut findet vorrangig innerhalb der jeweiligen Sprachgrenzen statt (vgl. Curwen 1986, 64). Unter Berücksichtigung dieses Aspekts umfaßt z. B. der deutsche Buchmarkt die Staaten Deutschland, Österreich und Teile der Schweiz. Der englische Buchmarkt erstreckt sich hingegen über die großen Regionen der englischsprachigen Welt und hat zudem durch die Funktion dieser Sprache als Weltsprache globale Bedeutung. Dennoch existiert kein homogener englischer Buchmarkt, der alle Nationen dieser Sprachengemeinschaft umfaßt. Vielmehr bestehen aufgrund nationaler Gegebenheiten, ethnischer, kultureller und literarischer Grenzen auch innerhalb dieser Weltsprache, ebenso wie in den meisten anderen weit verbreiteten Sprachen, deutlich abgegrenzte einzelstaatliche Buchmärkte. Die Bedeutung der jeweiligen staatlich oder sprachlich definierten Buchmärkte für den grenzüberschreitenden Buchhandel ist nicht von deren Titelproduktion abhängig. Der – auf die Titelproduktion bezogen – größte Buchmarkt der Welt, der chinesische, hat aus sprachlichen und kulturellen Gründen kaum Bedeutung für den internationalen Buchaustausch. Eine internationale Betrachtung von Buchmärkten hat somit zugleich eine interkulturelle Dimension.

Der grenzüberschreitende Warenaustausch von Büchern kann jedoch auch immateriell erfolgen. Das Buch steht hier als Synonym für *Titel* und umfaßt die Urheberrechte an einem geistigen Werk. Der Warenaustausch findet hierbei als Handel mit Lizenzen statt, bezieht sich also auf den An- und Verkauf von Urheberrechten an Texten mit dem Ziel ihrer Übersetzung und Lizenzauflage. Für den sprachübergreifenden Buchmarkt ist der Lizenzhandel weitaus bedeutender als der körperliche Austausch von Büchern. Auch bei der Betrachtung der ökonomischen Verhältnisse nationaler Buchmärkte wirkt sich der Doppelcharakter des Buches deutlich aus. So ist die Determinante des Buchhandels nicht allein die Kaufkraft der Bevölkerung, sondern auch die Lesefähigkeit (Alphabetisierungsgrad) innerhalb eines Sprachgebietes. Neben die Alphabetisierung als primäre Voraussetzung für die Möglichkeit des Buchabsatzes treten der Bildungsgrad der Bevölkerung, die Struktur der Buchproduktion und -distribution, die Höhe des Pro-Kopf-Einkommens sowie die staatliche Einflußnahme (Zensur) als sekundäre Faktoren für die Entwicklungspotentiale des Buchmarktes.

2. Statistische Grundlagen und Forschungsstand

Die Buchtitelproduktion eines Staates ist ein wichtiger Indikator für den Entwicklungsstand des Bildungssystems, der Kultur und Wissenschaften anzusehen. Im Rahmen ihrer Aufgaben erfaßt die United Nations Educational, Scientific and Cultural Organization (UNESCO) jährlich das Titelaufkommen in nahezu allen Staaten der Welt. Die im 'UNESCO Statistical Yearbook' veröffentlichten Daten sind die einzige Quelle dieser Art. Für nahezu alle Studien über den internationalen Buchmarkt bietet die UNESCO-Statistik die Datenbasis. Bei einer international vergleichenden Betrachtung von Buchmärkten ist eine Abgrenzung des Buches von anderen Printmedien (Zeitschriften und Zeitungen) notwendig. Die UNESCO gibt für die Erstellung ihrer Statistik – die durch Abfrage in den Erhebungsländern erfolgt – folgende Definition vor: „A book is a non-periodic printed publication of at least 49 pages, exclusive of the cover pages, published in the country and made available to the public." (UNESCO 1996, 7-2). Klassifizierende Merkmale des Buches sind also seine Nicht-Periodizität, sein Umfang und seine öffentliche Verfügbarkeit. Trotz dieser Vorgabe ist die Aussagekraft der Daten erheblich eingeschränkt, da eine unterschiedliche Erhebungspraxis in den Ländern existiert und teilweise abweichende Zuordnungen der Titeldefinition vorgenommen werden. Einige Länder zählen auch Publikationen geringeren Umfangs als o. g. in ihrer Erhebung. Die UNESCO definiert unterhalb des Buches die Kategorie *pamphlet* als „a non-periodic printed publication of at least 5 but not more than 48 pages" (UNESCO 1996, 7-2). Hinzu kommt eine unterschiedliche Praxis bei der Erfassung von Schulbüchern, Kinderbüchern und Regierungspublikationen, die in einigen Staaten der Titelproduktion zugerechnet werden, in anderen hingegen nicht. Man kann daher die von der UNESCO veröffentlichten absoluten Zahlen nicht vorbehaltlos akzeptieren.

Trotz dieser Einschränkung läßt die UNESCO-Statistik Rückschlüsse auf die Potentiale nationaler Buchmärkte zu, da sie zumindest die Relationen der Titelproduktionen abbildet. Exaktere Datenerhebungen zu den einzelnen Buchmärkten, die weitergehende Differenzierungen ermöglichen, werden von Verleger- oder Buchhandelsverbänden einzelner Länder durchgeführt, sind aber nur partiell zugänglich. Für den deutschen Buchmarkt veröffentlicht der Börsenverein des deutschen Buchhandels jährlich eine Zusammenfassung des Marktgeschehens, die auch den Außenhandel mit Büchern umfaßt. Die wichtigste Datenbasis für die Buchtitelstatistik der USA wird von der Buchhandelszeitschrift 'Publishers Weekly' erhoben und zusammengestellt; die Veröffentlichung der jährlichen Titelproduktion im 'Bowker Annual of Library and Book Trade Information' (vgl. Hauser 1985, 151). Für Großbritannien werden die Daten zur Buchproduktion in der wöchentlich erscheinenden, vom Verlag Whitaker herausgegebenen Zeitschrift 'The Bookseller' veröffentlicht. Kumulierte Zahlen erscheinen dann in verschiedenen weiteren Veröffentlichungen wie 'Whitaker's Cumulative Book List' und 'British Books in Print'.

Der Forschungsstand zum internationalen Buchmarkt, sofern er über reine statistische Kennzahlen hinausgeht, ist ein großes Desiderat der Buchforschung. Zwar liegen vereinzelt Untersuchungen vor, die spezifische Aspekte des bilateralen oder multilateralen Buchaustausches untersuchen. Zu nennen ist hier z. B. eine Studie über den Anteil deutscher Literatur im Buchmarkt der USA (vgl. Rectanus 1990). Der internationale Buch- und Lizenzhandel sowie die Interdependenzen zwischen den großen nationalen Buchmärkten der Welt sind jedoch bisher kaum untersucht. Die Studie von Curwen 'The World Book Industry' (1986) und die Bertelsmann-Studie 'Buch und Lesen International' (1981) sind zwar in ihren grundlegenden Erkenntnissen immer noch gültig, die empirischen Daten hingegen nicht mehr aktuell. Als einzige neuere Publikation, die einen Einblick in das Marktgeschehen sowohl der nationalen Buchproduktion als auch des Warenaustausches zwischen verschiedenen Staaten gibt, ist die Enzyklopädie 'International Book Publishing' (1995) zu nennen. Zusammenfassend muß festgestellt werden, daß die Buchmarktforschung über die internationalen Aspekte der Buchproduktion und -distribution nur vergleichsweise spärliche Ergebnisse vorgelegt hat.

3. Die Buchtitelproduktion im internationalen Vergleich

Die nachfolgende Übersicht zeigt die Titelproduktion der zwanzig größten buchproduzierenden Länder im Vergleich. Die Relationen der Titelproduktion im internationalen Vergleich sind in den letzten Jahren im wesentlichen stabil geblieben. Hiernach sind die führenden Buchnationen China, Großbritannien und Deutschland sowie – bereits mit deutlichem Abstand – die USA. Die Angaben der Titelproduktion Großbritanniens sind allerdings zu relativieren, da hierin auch englischsprachige Publikationen aus anderen Ländern enthalten sind, die in Großbritannien vertrieben werden (vgl. Buch und Buchhandel 1997, 72). Diese importierte englischsprachige Literatur beträgt im Durchschnitt 30 Prozent der jährlich ausgewiesenen Titelproduktion, der Schwerpunkt der Importe stammt hierbei aus den USA (vgl. Hauser 1985, 176).

Die Zahlen verdeutlichen, daß die jeweilige Buchproduktion der Länder weder im linearen Verhältnis zu den Bevölkerungszahlen einzelner Staaten liegt, noch ein alleiniger Reflex auf die Wirtschaftskraft darstellt. Zwar führt China als bevölkerungsreichstes Land der Welt in der Statistik, das an Einwohnern zweitgrößte Land Indien rangiert bei der Buchproduktion hingegen auf dem 18. Rang. Das reichste Land der Welt, die USA, produziert weniger Titel als Deutschland. Betrachtet man größere geographische Einheiten, kommt Europa bei der Buchproduktion eine führende Rolle zu: hier erscheinen durchschnittlich über 60 Prozent des jährlichen Titelaufkommens in der Welt. Die geringste Titelproduktion erfolgt mit durchschnittlich unter 2 Prozent in Afrika. Die schwache Buchtitelproduktion Afrikas korreliert einerseits deutlich mit dem noch weit verbreiteten Analphabetismus auf diesem Kontinent. In zahlreichen Ländern Afrikas können weit über 50 Prozent der Bevölkerung nicht lesen. So liegt der Analphabetismus in Burkina Faso bei 81 Prozent, im Tschad bei 52 Prozent, in Ägypten bei 56 Prozent, um nur einige Beispiele zu nennen (vgl. UNESCO 1996, 1–8 ff.). Die geringe eigenständige Buchproduktion der afrikanischen Staaten hat ihre Ursache andererseits in den Überresten kolonialer Strukturen, die eine Dominanz englischer und französischer Titel im Buchhandel verschiedener afrikanischer Länder zur Folge haben.

Bei einer Bewertung der nachfolgenden Übersicht ist wiederum der Doppelcharakter der Ware Buch zu berücksichtigen. Gezählt wird in dieser Erhebung lediglich die Anzahl der *Titel*, wobei nicht differenziert wird zwischen Erst- und Neuauflage. Hierzu definiert die UNESCO: „a title is a term used to designate a printed publication which forms a separate whole, whether issued in one or several volumes" (UNESCO 1996, 7-2). Die Kategorie Titel zählt mithin die Anzahl unterschiedlicher im Medium Buch verbreiteter Inhalte, nicht jedoch die Auflagenhöhe, also die Anzahl der tatsächlich gedruckten Exemplare eines Titels.

Tab. 249.1: Titelproduktion in den 20 größten buchproduzierenden Ländern im Jahr 1994 (nach Rangfolge)

Land	Titel
China	100951
Großbritannien	95015
Deutschland	70643
USA	51863
Frankreich	45311
Spanien	44261
Japan	35496*
Südkorea	34204
Italien	32673
Russische Föderation	30390
Kanada	22208**
Brasilien	21574
Niederlande	15997*
Schweiz	15378
Schweden	13822
Finnland	12539
Dänemark	11973
Indien	11460
Polen	10874
Australien	10835

* Werte von 1992 und
** Wert von 1993, da neuere Daten nicht vorgelegt wurden.
Quelle: UNESCO Statistical Yearbook 1996.

Die nächste Übersicht zeigt die Verteilung der Titel nach Sachgruppen gemäß der von der UNESCO vorgegebenen universalen Dezimalklassifikation (UDK). Eine Interpretation dieser Daten zeigt die erheblichen Unterschiede in den jeweiligen Buchkulturen. Auffallend ist der hohe Anteil von Titeln der Sachgruppe Sozialwissenschaften in der chinesischen Titelproduktion (vgl. 4.3.) und die allgemein erheblich differierenden Werte zwischen den Nationen im Bereich der Belletristik. Während z. B. die indische Buchproduktion mit 38 Prozent einen deutlichen Schwerpunkt auf die schöne Literatur legt, ist dieses Segment in der chinesischen Titelproduktion nur mit 9,6 Prozent vertreten. Die drei führenden westlichen Buchnationen Großbritannien, Deutschland und die USA zeigen hingegen mit durchschnittlich 20prozentigem Anteil eine recht homogene Struktur ihrer Titelproduktion im Bereich Belletristik. In Frankreich hat die Belletristik mit knapp 30 Prozent Anteil einen ungleich höheren Stellenwert. Die sachgruppenbezogene Buchtitelproduktion unterliegt in den einzelnen Ländern über mehrere Jahre betrachtet vergleichsweise geringen Schwankungen. So lag z. B. in Deutschland die Titelproduktion der Belletristik von 1990 bis 1995 zwischen maximal 20 und minimal 18,3 Prozent (vgl. Buch und Buchhandel 1997, 68).

4. Die Buchmärkte der Welt im interkulturellen Vergleich

4.1. Grundstrukturen

Nimmt man eine vergleichende Analyse der nationalen Buchmärkte vor, lassen sich weltweit bestimmte Grundstrukturen erkennen, die eine Klusterung nationaler Buchmärkte zu größeren multinationalen Einheiten ergibt. Grundlagen für eine solche Klusterung

Tab. 249.2: Internationale Titelproduktion nach Sachgruppen 1994 (nach Reihenfolge der Titelproduktion)

Erscheinungsland	Titel insgesamt	UDK 1	UDK 2	UDK 3	UDK 4	UDK 5	UDK 6	UDK 7	UDK 8	UDK 9	UDK 10
China	100951	3,0	1,1	+ –	54,9	3,1	3,6	15,6	5,3	9,6	3,7
Großbritannien	95015	2,6	3,2	4,5	20,8	4,1	11,3	11,5	10,4	20,1	11,3
Deutschland	70643	8,9	5,1	5,4	23,0	+ –	3,6	14,2	8,2	18,4	13,2
USA	51863	4,7	3,7	5,9	23,8	1,5	6,5	18,0	6,8	19,0	10,1
Frankreich	45311	2,3	4,5	3,1	18,3	2,3	4,7	13,7	7,8	29,8	13,4
Spanien	44261	3,8	3,5	4,3	19,2	3,1	5,6	13,4	7,8	30,8	8,6
Japan	35496*	1,5	4,3	1,8	24,0	2,6	3,2	17,7	15,6	24,0	5,2
Südkorea	34204	1,7	1,9	5,4	19,2	6,9	5,9	11,3	18,5	26,0	3,2
Italien	32673	2,4	5,4	6,2	18,5	2,5	3,5	11,3	10,5	27,5	12,3
Russische Föderation	30390	9,4	2,9	3,1	19,6	3,3	8,7	22,5	2,3	23,6	4,4
Kanada	# 22208**	2,4	1,5	1,8	27,9	1,9	4,2	10,9	3,6	14,4	5,0
Brasilien	21574	9,3	10,6	13,1	26,1	4,4	3,6	10,9	4,9	10,9	6,3
Niederlande	# 15997*	0,3	2,4	3,2	6,5	0,9	1,4	9,6	3,4	12,5	5,4
Schweiz	15378	1,8	4,9	5,7	25,5	1,5	11,2	23,8	9,5	11,3	4,8
Schweden	13822	2,3	2,9	4,2	19,7	3,1	6,6	22,0	6,7	23,3	9,2
Finnland	12539	2,6	1,8	2,7	24,5	3,2	9,6	25,3	6,6	14,8	8,9
Dänemark	11973	3,4	4,2	2,8	19,9	2,4	8,1	23,9	6,4	19,8	9,3
Indien	11460	2,7	3,6	7,4	19,1	2,0	5,1	10,3	2,6	38,0	9,2
Polen	10874	1,9	3,1	5,2	16,4	3,9	8,6	20,1	4,4	27,4	8,7
Australien	10835	2,0	1,4	2,3	41,1	1,4	4,7	16,0	6,5	16,7	7,9

+ Titel dieser Sachgruppen sind in anderen Sachgruppen enthalten.
# Auf Sachgruppen aufgeteilte Titelanzahl ist geringer als Titelanzahl insgesamt.
* Werte von 1992 und ** Werte von 1993, da neuere Daten nicht vorgelegt wurden.
Quelle: UNESCO Statistical Yearbook 1996.

Sachgruppen der universalen Dezimalklassifikation (UDK):
 UDK 1: Allgemeines
 UDK 2: Philosophie, Psychologie
 UDK 3: Religion, Theologie
 UDK 4: Sozialwissenschaften
 UDK 5: Sprach- und Literaturwissenschaft

 UDK 6: Mathematik, Naturwissenschaft
 UDK 7: Angewandte Wissenschaften, Medizin, Technik
 UDK 8: Kunst, Freizeit
 UDK 9: Belletristik
 UDK 10: Geographie, Geschichte

sind in erheblichem Maße kulturelle (vorwiegend sprachliche), historische, wirtschaftliche und nicht zuletzt staatliche Determinanten. Vor diesem Hintergrund lassen sich – orientiert an der kontinentalen Gliederung – folgende Regionen als Buchmärkte mit Strukturähnlichkeiten erkennen: (1) Die Mitgliedstaaten der Europäischen Union, (2) Osteuropa, (3) China, (4) Nordamerika, (5) Lateinamerika, (6) die arabische Welt und Schwarzafrika.

Unterhalb dieser Grobstruktur existieren die einzelstaatlichen Buchmärkte mit ihren jeweils mehr oder weniger stark ausgeprägten nationalen Besonderheiten. Hinzu kommen verschiedene kleine Buchmärkte, die sich keiner der obigen Regionen bruchlos zuordnen lassen wie derjenige Israels oder Südafrikas. Desweiteren sind diverse sehr unterschiedlich strukturierte asiatische Buchmärkte zu nennen. Hervorzuheben sind aufgrund ihrer Titelproduktion hierbei Japan und Südkorea. Quer zu den erstgenannten Strukturen lassen sich, ebenfalls aus sprachlichen und historischen Gründen, Buchhandelsbeziehungen zwischen diesen Staaten und Regionen erkennen, die signifikant stärker ausgeprägt sind als diejenigen zwischen anderen: Am deutlichsten wird dies bei einer Betrachtung des Buchmarktes Großbritanniens, der aufgrund der Bedeutung der Weltsprache Englisch der exportorientierteste nationale Buchmarkt der Welt ist. Interdependenzen gibt es zwischen der spanischen Buchproduktion und derjenigen der hispanoamerikanischen Länder, sowie zwischen Portugal und Brasilien. Der Einfluß französischer Buchverlage ist im französischsprachigen Westafrika zu beobachten. In Kanada dominieren Verlage der USA die Buchproduktion. Unter bestimmten Aspekten weisen die Buchmärkte Schwarzafrikas, Asiens und einigen lateinamerikanischen Ländern strukturelle Ähnlichkeiten auf, die sich als Probleme des Buchmarktes in Entwicklungsländern beschreiben lassen.

Ein weiterer Faktor, der die Grenzen zwischen den o. g. Regionen verwischt, ist in den multinationalen Aktivitäten der großen Buchkonzerne zu sehen. Deren stetig wachsende Bedeutung für den internationalen Buchmarkt wird daher besonders zu behandeln sein. Im Rahmen des vorliegenden Artikels ist eine Darstellung aller nationalen Buchmärkte der Welt ebensowenig möglich, wie eine ausführliche Behandlung der oben genannten Buchmarktregionen. Vielmehr sollen spezifische Strukturmerkmale von Buchmärkten, die jeweils paradigmatisch für größere Regionen sind, herausgearbeitet werden. Eine Einzeldarstellung erfolgt lediglich für den chinesischen Buchmarkt, der im internationalen Vergleich zahlreiche Besonderheiten aufweist, die ihm eine singuläre Stellung verleihen.

4.2. Europa

Unter internationaler Perspektive kommt der europäischen Buchproduktion die weltweit größte Bedeutung zu. Wie bereits erwähnt, stammt über 60 Prozent der globalen jährlichen Titelproduktion aus Europa. Mit einem weitgehenden Alphabetisierungsgrad und einem durchschnittlich hohen Pro-Kopf-Einkommen sind die wesentlichen Voraussetzungen für den Buchabsatz – mit graduellen Abstufungen – in allen europäischen Ländern (mit Ausnahme einiger osteuropäischer Länder) gegeben. Die weltweit an zweiter Stelle rangierende Buchtitelproduktion Großbritanniens ist zu einem erheblichen Teil auf die guten Exportmöglichkeiten englischsprachiger Bücher zurückzuführen und zum anderen Ergebnis einer unkorrekten statistischen Darstellung (vgl. 3.). Berücksichtigt man diesen Aspekt, ist Deutschland mit seiner weitgehend auf den deutschsprachigen Buchmarkt gerichteten Produktion die führende Buchnation Europas. Die Gründe hierfür sind nicht allein ein Reflex auf die Wirtschaftskraft dieses Landes, sondern vor allem darauf zurückzuführen, daß der verbreitete Buchhandel Deutschlands der leistungsfähigste der Welt ist. Ein Netz von über 5 Tsd. Sortimentsbuchhandlungen sowie ein differenzierter und weitgehend effizient arbeitender Zwischenbuchhandel (Buchvertriebe, Verlagsauslieferungen und Barsortimente) ermöglichen eine Buchdistribution, die weltweit beispielhaft ist. Ein wesentliches Merkmal der Leistungsfähigkeit des deutschen Buchhandels ist es, daß für die Buchkäufer aus einem über 700 Tausend Titeln umfassenden Angebot an lieferbaren Büchern jedes gewünschte Buch binnen kurzem beschafft werden kann und dies zu einem einheitlichen vom Verlag festgesetzten Preis.

Der feste Ladenpreis für Bücher ist seit seiner Einführung Ende des 19. Jhs. immer wieder zum Gegenstand heftiger Kontroversen geworden. Anfang der 90er Jahre existierten in 12 europäischen Ländern Buchpreisbindungssysteme in sehr unterschiedlicher Form (vgl. Langbein 1989,

1 ff.). Im Buchpreisbindungssystem drückt sich die Wertschätzung der verschiedenen nationalen europäischen Gesetzgeber gegenüber dem Kulturgut Buch aus, sollen die Buchpreisbindungssysteme doch dafür sorgen, den Konkurrenzdruck innerhalb des herstellenden und verbreitenden Buchhandels zu minimieren und somit ein möglichst breites Angebot nicht nur von Bestsellern, sondern auch von Titeln mit kleiner Auflage zu ermöglichen. Alle großen Buchnationen Europas – Großbritannien, Deutschland, Frankreich und Spanien – waren ursprünglich Länder mit einem Buchpreisbindungssystem. In Frankreich wurde dieses System 1979 außer Kraft gesetzt, aber bereits 1981 wieder eingeführt (vgl. Langbein 1989, 24f.). Im Jahr 1995 ist die Buchpreisbindung in Großbritannien (das sog. Nett Book Agreement) ausgesetzt. Hierdurch ist die Diskussion um die Abschaffung aller Buchpreisbindungssysteme in Europa wieder aufgeflammt. Aufgrund der sukzessiven Einführung des Europäischen Binnenmarktes seit Anfang der 90er Jahre in den Mitgliedsländern der Europäischen Union (EU) ist die Buchpreisbindung aus der Perspektive eines freien Warenverkehrs europarechtlich strittig. Grundsätzlich gelten für den Buchmarkt ähnliche Bedingungen wie für den Warenverkehr mit anderen Gütern in der EU. Mittelfristig ist daher mit einem stärkeren Zusammenwachsen der europäischen Buchbranche zu rechnen, wobei die Sprachenvielfalt hierbei als hemmender Faktor anzusehen ist.

Eine in allen europäischen Ländern zu beobachtende Strukturähnlichkeit sind die Konzentrationsprozesse innerhalb des herstellenden und verbreitenden Buchhandels, die in den letzten Jahren beachtliche Ausmaße angenommen haben. Diese Konzentrationsprozesse sind wiederum vor allem eine Folge der Ausbreitung multinationaler Konzerne (vgl. 5.).

Während man für die Länder der EU eine vergleichsweise strukturelle Homogenität ihrer Märkte konstatieren kann, können die Staaten des ehemaligen Ostblocks hier noch nicht einbezogen werden. Diese Länder sind nach den Jahrzehnten einer weitgehenden staatlichen Reglementierung der Buchmärkte inzwischen dabei, ihre Buchhandelssysteme denjenigen der westlichen Staaten anzupassen.

Die obige Perspektive auf dem Buchmarkt läßt einen Aspekt außer Acht: die Relationen zwischen Titelproduktion und Bevölkerung. Berücksichtigt man diese Relation, dann ist Island die führende Buchnation in Europa. Hier sind im Jahr 1990 5.9 Titel pro 1 Tausend Einwohner publiziert worden. In Großbritannien betrug diese Relation 1.1, in Spanien 0.9, in Deutschland 0.8 und in Frankreich 0.7 pro 1 Tausend Einwohner (vgl. Bryant 1996, 30).

4.3. China

Mit 1,3 Milliarden Einwohnern ist China das bevölkerungsreichste Land der Erde. Vor der Gründung der Volksrepublik China im Jahre 1949 waren über 80 Prozent der Bevölkerung Analphabeten. Aufgrund einer großangelegten Alphabetisierungskampagne konnte dieser Anteil (Stand 1994) auf 22 Prozent gesenkt werden. Parallel zu dieser Entwicklung ist die Nachfrage und Produktion von Büchern in den letzten Jahrzehnten rapide gestiegen. Im Jahrzehnt der Kulturrevolution (1966–1976) erlebte der chinesische Buchmarkt eine Stagnationsphase. Seit 1977 befindet sich das gesamte Buchwesen in einem Aufschwung. Dies drückt sich u. a. in dem großen Wachstum der Titelproduktion aus. Betrug die Titelproduktion im Jahre 1990 noch 80 224, so ist sie im Jahre 1994 auf 100 951 angestiegen.

Der grundlegende strukturelle Unterschied des chinesischen Buchwesens zu demjenigen westlicher Staaten liegt in der staatlichen Lenkung der Verlagsproduktion und der Buchdistribution. Die Verlage in der Volksrepublik China zeigen zwar in den letzten Jahren eine gewisse marktwirtschaftliche Orientierung, es handelt sich jedoch im weitesten Sinne um staatliche Verlage. Die Titelproduktion wird im wesentlichen von den Kulturministern der jeweiligen Provinzen festgelegt. Trotz aller Fortschritte ist China immer noch ein Entwicklungsland. Die staatlich gelenkte Buchproduktion räumt daher dem Druck von Schulbüchern und wissenschaftlicher Literatur absoluten Vorrang ein. Anfang der 80er Jahre lag der Anteil der Schulbücher an der gesamten Buchproduktion bei über 50 Prozent. Neuere Daten zum Schulbuchanteil liegen nicht vor; bei dem hohen Anteil von knapp 55 Prozent, den die chinesische Titelproduktion in der Sachgruppe Sozialwissenschaften ausweist, dürfte es sich allerdings überwiegend um Schulbücher handeln.

Im Jahre 1988 existierten in China 502 Buchverlage, wovon 428 nach 1977 gegründet wurden. Die Zahl der Buchhandlungen ist im letzten Jahrzehnt sprunghaft gestiegen. Anfang der 80er Jahre existierten in China etwas über 5 Tsd. Buchhandlungen, bis zum Jahr 1994 war deren Zahl auf 16 Tsd. gestiegen (vgl. Benrui 1981, 236 u. Wei Ze 1995, 448). Buchgeschäfte im westlichen Sinne finden sich in China überwiegend in den größeren Städten, auf dem Lande existieren zudem 46 Tsd. Buchverkaufsstellen (vgl. Wei Ze 1995, 448).

Seit Anfang der 90er Jahre hat China begonnen, sich stärker für die westliche Buchproduktion zu öffnen. Voraussetzung hierfür war Chinas Beitritt zur Berner Übereinkunft am 15. Oktober 1992 (vgl. 6.). Inzwischen sind 30 Verlage in China befugt, ausländische Literatur zu verlegen, und der Lizenzhandel mit westlichen Staaten ist im Wachstum begriffen. Dennoch bleibt festzuhalten, daß sich der chinesische Buchmarkt im Gegensatz zu denjenigen der osteuropäischen Staaten noch nicht von der staatlichen Reglementierung lösen konnte.

4.4. Nordamerika

Für Nordamerika sind zwei Buchmärkte zu differenzieren, derjenige der USA und derjenige Kanadas:

Der kanadische Buchmarkt ist in hohem Maße von Importen aus den USA abhängig. Über 70 Prozent der in Kanada vertriebenen Bücher sind aus den USA importiert (vgl. Deneau 1995, 623). Hinzu kommen weitere Importe für den englischsprachigen Teil Kanadas aus Großbritannien und für den französischsprachigen aus Frankreich. Dieser Hintergrund und die geographischen Bedingungen – in Kanada leben lediglich 23 Millionen auf einer Fläche von 10 Mio. km² – haben die Entwicklung einer eigenständigen starken kanadischen Buchproduktion bisher weitgehend verhindert. Zusammenfassend läßt sich das kanadische Buchverlagswesen folgendermaßen charakterisieren: Es existiert eine relativ junge kanadisch-kontrollierte englischsprachige Verlagsbranche verstreut im Lande, jedoch mit einer erheblichen Konzentration in Ontario. Diese Verlage haben eine relativ breite Produktionspalette von Belletristik, Wissenschaft und Sachbüchern und produzieren hauptsächlich für den kanadischen Markt. Hinzu kommt ein kleines französischsprachiges Verlagswesen in Quebec, das hauptsächlich wissenschaftliche Literatur verlegt. Weitaus größer und für den Buchmarkt dominant sind ausländisch kontrollierte Firmen mit Hauptsitz in Ontario. Dieser Sektor umfaßt Firmen aus den USA, Großbritannien und teilweise Frankreich. Der größte Teil dieser Verlage ist in der Hand von multinationalen Konzernen mit Hauptsitz in den USA (vgl. Deneau 1995, 622f.).

Der Buchmarkt der USA weist erhebliche Unterschiede zu demjenigen Europas auf. Er zerfällt im Grunde genommen in zwei unterschiedliche Segmente. Auf der einen Seite existiert ein deutlich gewinnorientierter herstellender Buchhandel, der seine Produktion stärker als in Europa auf die Produktion von Bestsellern ausgerichtet hat. Auf der anderen Seite existiert ein großes Segment von Non-profit-Verlegern verschiedenster Vereinigungen und Gesellschaften sowie der university presses. Die exakte Zahl der als Verlage zu bezeichnenden Unternehmen läßt sich aufgrund dieser Struktur nur schwer beziffern. Sie schwankt je nach Statistik zwischen 7 Tsd. und 11 Tsd. Verlagen (vgl. Baensch 1995, 638). Der kommerziell ausgerichtete Teil des amerikanischen Verlagswesens ist stärker als in Europa Konzentrationen ausgesetzt. Der größte englischsprachige Markt der Welt ist jedoch nicht nur für amerikanische Konzerne interessant, vielmehr hat er auch die Aufmerksamkeit holländischer, französischer, deutscher und italienischer Verleger gefunden, die nach und nach über Fusionen und Aufkäufe im Buchmarkt der USA Fuß gefaßt haben. Besonders ist hier der deutsche Konzern Bertelsmann mit seiner Beteiligung an Bantam Doubleday Dell zu nennen (vgl. 5.). Der verbreitende Buchhandel ist im Vergleich zu Europa weniger flächendeckend über das Land verteilt. Insgesamt ist in den letzten Jahren ein Trend zu sog. Superstores zu beobachten. In den Ballungszentren existieren inzwischen knapp 700 solcher Großflächenbuchhandlungen mit einer Verkaufsfläche von bis zu 5000 m². Diese Buchhandlungen gehören wiederum zu einigen wenigen großen Buchhandelsketten, so daß auch im verbreitenden Buchhandel eine große Konzentration gegeben ist.

4.5. Lateinamerika

Die Unterschiede zwischen dem lateinamerikanischen Buchmarkt und den Buchmärkten Europas und Nordamerikas sind erheblich. In vielerlei Hinsicht zeigt der lateinamerikanische Buchmarkt hingegen Parallelen zu denjenigen der wenig entwickelten asiatischen und schwarzafrikanischen

Länder. Lateinamerika, also die spanischsprachigen Gebiete des Kontinents sowie die karibischen Inseln und das portugiesisch sprechende Brasilien, befindet sich in einer Situation, die folgendermaßen zu charakterisieren ist: Noch nicht überwundene Folgen des Kolonialismus, Analphabetismus und politische und wirtschaftliche Instabilität sowie teilweise staatliche Beschränkungen der Publikationsfreiheit haben negative Einflüsse auf die Buchkultur. Ein großes Hemmnis für die Entwicklung eines prosperierenden Buchmarktes in Lateinamerika ist neben der wirtschaftlichen Situation vor allem der Analphabetismus in vielen Ländern des Subkontinents. In Guatemala liegt er über 40 Prozent, in Bolivien, Honduras, El Salvador und Nicaragua zwischen 20 und 30 Prozent; in sieben weiteren Ländern Lateinamerikas zwischen 10 und 20 Prozent, nur in fünf Ländern unter 10 Prozent (vgl. UNESCO 1995, 1–18f.). Die spanischsprachigen Länder sind in ihrer Buchproduktion immer noch deutlich an Spanien orientiert. Wenngleich viele dieser Länder in den letzten Jahren dazu übergegangen sind, eine eigene Buchproduktion aufzubauen, bleibt der Markt noch von spanischen Buchimporten abhängig. Der Buchexport (in körperlicher Hinsicht) spanischer Bücher in den lateinamerikanischen Markt ist jedoch rückgängig. Durch die EU-Einbindung Spaniens sind die spanischen Bücher für den lateinamerikanischen Markt inzwischen zu teuer geworden. Es läßt sich sogar eine gewisse gegenläufige Entwicklung feststellen, d. h. die lateinamerikanischen Länder beginnen allmählich in den Buchmarkt Spaniens zu exportieren. Eine andere Situation zeigt sich hingegen im Lizenzhandel. Der Erwerb spanischsprachiger Lizenzrechte auf dem internationalen Markt wird nach wie vor weitgehend durch Spanien monopolisiert (vgl. Lewy 1995, 575ff.).

Anders stellt sich die Lage in Brasilien dar, das mittlerweile mehr Bücher produziert als Portugal. So betrug die Titelproduktion in Brasilien im Jahr 1994 21 574 Titel, in Portugal hingegen lediglich 6667 (vgl. UNESCO 1996, 7–27ff.). Der Anteil von Büchern, die in Brasilien aus Portugal importiert werden, ist nur noch verschwindend gering.

Im Binnenvergleich der lateinamerikanischen Länder sind der mexikanische und argentinische Buchmarkt die weitestgehend entwickelten. Mexiko ist einer der wichtigsten Exporteure in die zentralamerikanischen Länder und exportiert in zunehmendem Maße auch in den spanischsprechenden Markt der USA.

4.6. Arabische Welt/Mittlerer Osten und Schwarzafrika

Für den Buchmarkt der arabischen Welt gilt in vielerlei Hinsicht ähnliches wie für Buchmärkte in Entwicklungsländern. Ein hoher Analphabetismus und ein niedriges Pro-Kopf-Einkommen (in den nicht erdölfördernden Ländern) behindern die Expansion der Buchproduktion. Der Analphabetismus unter den rd. 140 Mio. Einwohnern der arabischen Welt liegt bei 70 Prozent. Insgesamt ist die Buchproduktion und -distribution ineffizient organisiert. Es gibt keine mit Europa oder Nordamerika vergleichbare Infrastruktur. Die gemeinsame Sprache, Religion und soziales Milieu der arabischen Welt begünstigen den intraregionalen Buchhandel. Hierbei dominieren Ägypten und Libanon, die 75 Prozent der Bücher in arabischer Sprache drucken (vgl. Botros 1995, 604f.).

In Schwarzafrika ist die Struktur des Buchmarktes immer noch deutlich von den ehemaligen kolonialen Strukturen beeinflußt. Hinzu kommen auch die für alle Entwicklungsländer zu nennenden schlechten Rahmenbedingungen für die Buchproduktion. Neben dem Analphabetismus sind es in Afrika vor allem infrastrukturelle Probleme, schlechte Ausstattung mit Produktionsmitteln usw. Der schwarzafrikanische Buchmarkt läßt sich differenzieren in das englischsprachige Westafrika, wobei hier die Buchproduktion in Nigeria vergleichsweise weit entwickelt ist, und das französischsprachige West- und Zentralafrika, in denen Kamerun, Senegal und Zaire als Länder mit einer gewissen eigenständigen Buchproduktion zu nennen sind (vgl. Zell 1981, 111f. u. Zell 1995, 366f.).

5. Multinationale Verlagskonzerne

Die internationale Medienentwicklung in der zweiten Hälfte des 20. Jhs. ist vor allen Dingen durch eine zunehmende Unternehmenskonzentration gekennzeichnet. Von diesem Prozeß sind auch der herstellende und verbreitende Buchhandel nicht ausgenommen. Unter der Perspektive internationaler Verflechtungen ist der Konzentrationsprozeß im herstellenden Buchhandel weitaus stärker vorangeschritten als im ver-

249. Der internationale Buchmarkt

Tab. 249.3: Führende multinationale Medienunternehmen mit bedeutenden Anteilen im Buchverlagswesen nach Rangfolge des Umsatzes im Jahr 1995

Firma (Sitz; Gründung)	Ergebnis 1995 (Mio. DM)		Mitarbeiter
	Umsatz	Gewinn	
Time Warner Inc. (New York; 1923)	30 625,9	− 238,0	59 400
Bertelsmann AG (Gütersloh; 1835)	21 529,0	905,0	57 996
Viacom Inc. (New York; 1970)	16 759,3	319,0	54 700
The News Corporation Ltd. (Sydney, London, New York; 1952)	15 772,6	1 225,3	26 690
Havas S. A. (Neuily-sur-Seine; 1835)	10 430,6	284,9	18 837
Lagadère Groupe (Paris; 1992)	8 821,0	180,1	21 840
Reed-Elsevier plc. (London, Amsterdam; 1903/1980)	8 254,0	1 782,5	30 400
Thomson Corp. (Toronto; 1952)	6 953,9	1 217,3	32 700

Quelle: Aktuell '98.

breitenden Buchhandel, so daß ersterer hier im Vordergrund steht. Eine Betrachtung multinationaler Verlagsaktivitäten wird dadurch erschwert, daß Fusionen großer Verlagshäuser sich nicht allein medienimmanent im Bereich des Buchverlagswesens vollziehen, sondern vielmehr eingebunden sind in multimediale Unternehmensstrategien. Die multinational agierenden Verlagshäuser sind in aller Regel zugleich auch in der Produktion und Distribution anderer Print- und AV-Medien engagiert. Ihre Unternehmensstrategie basiert zumeist auf einer vielfältigen Auswertung und Vermarktung von Urheberrechten bzw. Inhalten in verschiedenen Medienformen. Diese Entwicklung zur Schaffung von Synergien im Medienbereich hat ihren Ausgangspunkt von den Medienkonglomeraten der USA genommen und läßt sich inzwischen weltweit beobachten.

Fokussiert man den Blick auf diejenigen multinationalen Medienkonzerne, die auch in der Buchverlagsbranche eine führende Rolle spielen, schälen sich weltweit acht Konzerne als *global player* heraus.

Nachfolgend sollen die wichtigsten Aktivitäten dieser Konzerne auf dem Buchverlagssektor knapp skizziert werden:

Time-Warner: Aufgrund der Mammutfusion von Time Incorporated und Warner Communication im November 1989 entstand mit Time-Warner der weltweit größte Medien- und Unterhaltungskonzern. Auf dem Buchverlagssektor ist der Konzern insbesondere durch Warner-Books und Little, Brown vertreten. Ferner gehört dem Unternehmen der Buchclub 'Book-of-the-Month-Club'. Bei den herausgegebenen Titeln bestehen enge Verflechtungen zu den Film- und Fernsehsparten des Konzerns.

Bertelsmann: Deutlich stärker als Time-Warner ist der Bertelsmann-Konzern im Buchverlagsgeschäft engagiert; dieser Konzern kann daher als das größte Buchverlagsunternehmen der Welt angesehen werden. Die aus einem bereits 1835 gegründeten mittelständischen Buchverlag hervorgegangene Bertelsmann AG ist sowohl im herstellenden als auch verbreitenden Buchhandel aktiv. Die Erfolgsgeschichte dieses Medienunternehmens begann mit einem 1950 gegründeten Buchclub, einem Buchversandhandel mit Bezugspflicht. Diese erste Bertelsmann-Buchgemeinschaft hat inzwischen in Deutschland 5 Mio. Mitglieder. Derzeit zählt Bertelsmann in Europa und den USA 19 Buchgemeinschaften. Zum Bertelsmann-Konzern gehört die amerikanische Verlagsgruppe Bantam Doubleday Dell, in der jährlich rund 1200 Titel erscheinen. Der Bertelsmann-Konzern ist einer der ersten internationalen Medienkonzerne, der eine Ausweitung des Verlagsgeschäftes in die neuen Medien Online-Dienste und Internet konsequent vorantreibt. Systematisch versucht Bertelsmann seine Verlagsaktivitäten auch mit Online-Angeboten zu verknüpfen und mit seinem Buchclub und Buchvertrieben Online präsent zu sein.

Viacom: Der amerikanische Medienkonzern, der u.a. Eigner der Paramount-Filmstudios und verschiedener Fernsehkanäle (Kinderkanal Nickelodeon, Musikkanäle MTV und VH-1, Movie-Channel) ist, hat seine Aktivitäten auf dem Buchsektor vor allem im Verlag Simon & Schuster gebündelt. Dieser Verlag ist in 150 Ländern der Erde tätig und besitzt ein sehr umfassendes Verlagsprogramm. Er ist der weltweit größte in englischer Sprache publizierende Verlag von Bildungs- und Computerbüchern. Seit einigen Jahren ist der Verlag auch sehr erfolgreich auf dem Multimedia-Sektor aktiv. Der Online-Vertrieb von Büchern besitzt für das Unternehmen ebenfalls eine immer stärkere Bedeutung.

News Corporation: Dieser Konzern ist aus dem australischen Murdoch-Konzern hervorgegangen und primär auf dem Film- und Fernsehsektor tätig. Seine Aktivitäten im Printbereich beschränken sich weitestgehend auf die Herausgabe von Tageszeitungen in Australien, Großbritannien und Neuseeland. Auf dem Gebiet der Buchproduktion ist im Konzern der bedeutende Verlag Harper Collins zu nennen. Dieser Verlag wurde 1817 in New York gegründet und erreichte seine heutige Größe durch den Zusammenschluß mit dem britischen Verlag William Collins, der zu Beginn der neunziger Jahre erfolgte. Das Verlagsprogramm ist breit gefächert und reicht von Wissenschaftsliteratur bis zu Kinderbüchern. Vertriebsschwerpunkte des Verlages sind neben Nordamerika (USA, Kanada), Europa (Großbritannien) auch Australien und Teile Asiens.

Havas: Dieser französische Medienkonzern ist im Buchverlagsbereich mit allein 45 Verlagen (imprints) in Frankreich präsent, die mit ihren Verlagsprogrammen alle Bereiche abdecken. Zu dem Konzern gehören u.a. die Verlage Larousse, Le Robert und Masson. Außerhalb Frankreichs ist der Konzern insbesondere in Großbritannien mit Chambers sowie in Spanien und Südamerika mit Larousse im Verlagswesen engagiert. Beim Buchvertrieb ist Havas mit dem France Loisirs Buchclub aktiv. Dieser gehört dem Konzern und Bertelsmann zu jeweils 50 Prozent.

Lagardère: Dieser Konzern entstand durch den Zusammenschluß der französischen Unternehmen Matra und Hachette, wobei der Medien- und Kommunikationsbereich bei Hachette gebündelt ist. Schwerpunkte von traditionellen Verlagsaktivitäten stellt Frankreich dar, während neue Angebote – wie bspw. von der Tochter Grolier – auch in den USA erhebliche Erfolge haben. Das Verlagsprogramm von Hachette umfaßt ein breites inhaltliches Spektrum und eine große Palette von Buchformen.

Thomson: Das kanadische Unternehmen ist im Bereich Buchproduktion und Vertrieb nahezu weltweit aktiv, wobei die Schwerpunkte jedoch in Großbritannien und den USA liegen. Zu dem Konzern gehören bspw. die Verlage Delmar, South-Western und Chapman & Hill. Das Verlagsprogramm ist umfassend.

Reed-Elsevier: Der britisch-niederländische Konzern ist außer in Europa vor allem in Nordamerika und Australien engagiert. Das Unternehmen entstand in seiner jetzigen Form am 1. Januar 1993 und beschäftigt rund 30000 Mitarbeiter. Der niederländische Verlag Elsevier gehört zu den führenden Wissenschaftsverlagen der Welt. Am 6. Mai 1997 wurde eine strategische Partnerschaft mit dem Microsoft Konzern geschlossen. Das Unternehmen ist außer auf dem Buchsektor vor allem auch noch auf dem Informationssektor vertreten (u.a. durch Tochter Lexis-Nexis).

Graham (1995, 242) schätzt, daß seit Anfang der 90er Jahre über die Hälfte aller Verlagshäuser in Europa und den USA von großen und international ausgerichteten Medienkonzernen kontrolliert werden. Ein Blick auf die Buchmarktstatistiken der europäischen Länder ergibt auf den ersten Blick ein anderes Bild. In den meisten Ländern hat die Zahl von kleinen und mittelständischen Buchverlagen in den letzten Jahren sogar zugenommen. Am Beispiel Deutschlands läßt sich jedoch belegen, daß diese Perspektive den Blick auf die tatsächlichen Verhältnisse verstellt. Die große Anzahl der in Deutschland existierenden Verlage kann nicht darüber hinwegtäuschen, daß der Löwenanteil des Branchenumsatzes von einer Handvoll Großverlage erwirtschaftet wird. Knapp 20 Prozent der Verlage erzielten 1994 nahezu 94 Prozent des Umsatzes. Die gleiche Situation läßt sich für Großbritannien konstatieren. Bereits 1989 wurden 50 Prozent des Umsatzes von Verlagen erwirtschaftet, die zu vier der international operierenden Medienriesen gehörten (Schulz 1989, 642).

Es ist davon auszugehen, daß durch das Internet die Internationalisierung der Verlagsbranche weiter voranschreitet. Innerhalb dieses Prozesses versuchen die Medienkonzerne zugleich, den Bucheinzelhandel vor Ort zu umgehen und via Online-Bestellmöglichkeit direkt auf den Buchkäufer zuzugehen. Auch dieser Prozeß geht weitgehend von den Amerikanern aus, die durch ihre Aktivitäten in Europa die einheimische

Tab. 249.4: Steuerpflichtige Buchverlage und steuerbarer Umsatz 1994 nach Umsatzgrößenklassen in Deutschland

Umsatzgrößenklasse	Steuerpflichtige Unternehmen		Umsatz	
von ... bis unter ... DM	absolut	Prozent	absolut TDM	Anteil Prozent
25 000–100 000	821	25,5	45 804	0,3
100 000–250 000	665	20,7	108 604	0,7
250 000–500 000	447	13,9	159 367	1,1
500 000–1 Mio.	349	10,9	251 255	1,7
1 Mio.–2 Mio.	286	8,9	405 801	2,7
2 Mio. und mehr	647	20,1	14 217 964	93,6
Insgesamt	3 215	100,0	15 188 795	100,1

Quelle: Eigene Berechnung nach „Buch und Buchhandel in Zahlen 1997".

Buchbranche unter Druck setzen. Eine andere Perspektive für internationale Verlagsaktivitäten ergibt sich durch die Möglichkeiten, daß Verlage nicht nur den Buchverkauf über das Netz abwickeln, sondern in Kooperation mit Online-Diensten als Content Provider auftreten, also Inhalte nicht in klassischer gedruckter Form vertreiben, sondern als elektronisch verfügbares Angebot. Aufgrund der internationalen Strukturen des Internets sind hierbei multinationale Aktivitäten vergleichsweise problemlos zu entfalten. Ein Beispiel für das Zusammenwachsen der klassischen Buchverlagsbranchen mit Online-Aktivitäten bietet wiederum Bertelsmann mit seinem Engagement bei America Online (AOL).

6. Internationales Urheberrecht

Eine wichtige Voraussetzung für den internationalen Handel mit Buchlizenzen ist das Bestehen eines multinational anerkannten Urheberrechtschutzes. Der immaterielle Wert eines Buches spielt auf dem internationalen Buchmarkt vor allem beim Überschreiten von Sprachgrenzen eine große Rolle, da hierbei nicht das Buch in seiner materiellen Gestalt (als gedrucktes Exemplar), sondern sein Textgehalt gehandelt wird. Daß auch das geistige Eigentum ein schützenswertes Gut sei, ist eine relativ junge Rechtskonstruktion. Der Urheberrechtsgedanke ist erst im 18. Jh. in Europa entstanden und war eng mit Veränderungen des Buchmarktes verbunden: In den Buchveröffentlichungen wurde die lateinische durch die nationale Sprache verdrängt, gleichzeitig kam es zu einem enormen Anstieg der Buchproduktion und zu strukturellen Veränderungen bei der Buchdistribution. Als erstes Urheberrecht der Welt gilt das Statute of Anne, welches 1709 in England erlassen wurde und dem Urheber eines schriftstellerischen Werkes das ausschließliche Vervielfältigungsrecht für einen begrenzten Zeitraum gewährte. Die französischen Revolutionsgesetze von 1791 und 1793 anerkannten ebenfalls ein Urheberrecht. Das Verhältnis zwischen Autor und Verleger war im 18. Jh. in Deutschland durch eine anhaltende Diskussion über das sog. Autoreneigentum gekennzeichnet. Es dauerte allerdings noch bis zum Jahre 1837, daß erstmals der Urheberrechtsgedanke Eingang in die Gesetzgebung eines deutschen Staates (Preußen) fand. Die nationalen Urheberrechte schützen jedoch das geistige Eigentum lediglich innerhalb ihres Gültigkeitsbereiches. Bereits in der Mitte des 19. Jhs. kam daher die Idee eines internationalen Urheberrechtsschutzes auf. Im Jahre 1886 schlossen sich 10 zumeist europäische Staaten in der *Berner Übereinkunft zum Schutz von Werken der Literatur und Kunst* zu einem Verband zusammen. Innerhalb dieser *Berner Union* gilt als Grundsatz die sog. Inländerbehandlung. Die Urheber von Werken aus einem Mitgliedsland der Union genießen in allen Verbandsländern den selben Schutz wie inländische Autoren. In der Berner Übereinkunft werden den Autoren der Mitgliedsstaaten eine Reihe von Mindestrechten eingeräumt. Die Zahl der Mitgliedsstaaten der Berner Union hat sich von den 10 Gründungsstaaten des Jahres 1886 auf 105 im Jahre 1994 erweitert (vgl. Gleason 1995, 191).

Die Berner Übereinkunft wurde im Laufe der Jahre mehrfach revidiert, zuletzt im Jahr

1971 in Paris. Für Entwicklungsländer sieht die Pariser Fassung eine besondere Regelung vor. Diese Länder haben das Recht, Werke für den Schul- und Hochschulunterricht sowie für Forschung ohne Lizenzvereinbarung mit dem Rechtsinhaber in Form sog. *Zwangslizenzen* zu veröffentlichen.

Die USA und zahlreiche Länder Südamerikas sind der Berner Übereinkunft aufgrund ihres abweichenden Urheberrechtssystems zunächst nicht beigetreten. Das Copyright der USA ist stärker kommerziellwarenorientiert als das autorenorientierte europäische Urheberrecht. Zur Herstellung von Rechtssicherheit zwischen den Ländern der Berner Übereinkunft und diesen amerikanischen Staaten bemühte sich die UNESCO um ein weltweites Urheberrecht. Auf einer Konferenz im Jahre 1952 in Genf wurde das Welturheberrechtsabkommen (WUA) beschlossen, das 1955 in Kraft trat. Auch dieses Abkommen folgt dem Grundsatz der Inländerbehandlung und sieht ebenfalls besondere Vereinbarungen für Entwicklungsländer vor. Die Revision der Berner Übereinkunft in Paris 1971 (RBÜ) hat eine Annäherung an das WUA bewirkt, ohne jedoch alle Unterschiede zwischen den beiden weltweiten Urheberrechtsvereinbarungen zu beseitigen. Langjährige Überlegungen zu einer Vereinigung beider Abkommen sind bisher allerdings nicht verwirklicht worden. Im Jahre 1989 sind jedoch die USA und in der Folge zahlreiche lateinamerikanische und afrikanische Staaten der Berner Übereinkunft beigetreten.

7. Literatur

Aktuell '98. Lexikon der Gegenwart. Dortmund 1997.

Altenbach, Philip G./Edith S. Hoshino, International Book Publishing, Encyclopedia. New York 1995.

Benrui, Lu, Chinas Buchmarkt hat Zukunft. In: Buch und Lesen International, 1981, 233–244.

Börsenverein des Deutschen Buchhandels e.V. (Hrsg.), Buch und Buchhandel in Zahlen, Ausgabe 1997, Frankfurt am Main 1997.

Bryant, Philip, Titel output in the UK: figures, causes and implications. o.O. 1996.

Curwen, Peter, The World Book Industry. London 1986.

Deneau, Denis P., Canada. In: International Book Publishing, 1995, 622–630.

Dorsch, Petra E./Konrad H. Teckentrup, Buch und Lesen International. Berichte und Analysen zum Buchmarkt und zur Buchmarkt-Forschung, Gütersloh 1981.

Gleason, Paul, International Copyright. In: International Book Publishing, 1995, 186–199.

Graham, Gordon, Multinational Publishing. In: International Book Publishing, 1995, 242–251.

Hauser, Hans-Jörg, Literaturproduktion und -preise im Publikationswesen außerhalb der Bundesrepublik Deutschland. Bibliothek, Bd. 9, H. 2, 1985, 150 ff.

Langbein, Heike/Birgit, Die Buchpreisbindung in der EWG. Frankfurt a.M. 1989.

Lewy, Peter, Latin America. In: International Book Publishing, 1995, 575–584.

Rectanus, Mark W., German Literature in the United States. Licensing Translations in the International Marketplace. Wiesbaden 1990.

Schulz, Ferndinand F., Konzentrationstendenzen im britischen Buchmarkt. MP 10/89, 642–654.

UNESCO, Statistical Yearbook. Paris 1996.

Wei Ze, David, China. In: International Book Publishing, 1995, 447–461.

Zell, Hans M., Die Entwicklung des Buch- und Verlagswesens in Schwarz-Afrika. In: Buch und Lesen International, 1981, 111–148.

–, Publishing in Africa. In: International Book Publishing, 1995, 366–372.

Helmut Volpers, Göttingen /Köln
(Deutschland)

250. Der internationale Zeitungs- und Zeitschriftenmarkt

1. Einleitung
2. Der Zeitschriftenmarkt
3. Der Zeitungsmarkt
4. Literatur

1. Einleitung

Der Titel des Beitrags 'Der internationale Zeitungs- und Zeitschriftenmarkt' beschreibt das Thema konkret, grenzt es eingängig von anderen ab, und dennoch ist er mißverständlich. Ein grenzloser Markt für aktuelle Printmedien existiert nicht, allenfalls gibt es kleine Nischen. Andere Medienindustrien sind viel stärker international ausgerichtet. Die Musikindustrie etwa hat für ihre 'Mega-Stars' weltweite Vertriebskanäle aufgebaut. Auch die audiovisuelle Branche ist vor allem in der Spielfilmproduktion seit langem international ausgerichtet, wenngleich die Filme durch Synchronisation den Sprachräumen angepaßt werden. Viele Großproduktionen in Hollywood wären ohne die Erlöse im Ausland nicht zu finanzieren. Und selbst der Buchmarkt ist in erheblichen Teilen von international vertriebenen Werken bestimmt. (vgl. dazu Art. 254 'Die internationale Medienverflechtung' in diesem Band). Ähnliche Verwertungsstrategien auch im Zeitungs- und Zeitschriftenmarkt aufzubauen, ist bislang im wesentlichen gescheitert. Illustrieren mag den Befund die Entwicklung der Zeitung 'The European', deren Titel die Idee ihres Gründers, Robert Maxwell, transportierte, ein Wochenblatt für (West-) Europa aufzulegen. Maxwell sah dafür schon vor Jahren den Markt gegeben. Noch heute werden freilich zwei Drittel der bescheidenen Auflage allein im Stammland Großbritannien vertrieben. Die Nachfrage in anderen westeuropäischen Ländern blieb deutlich hinter den Erwartungen zurück.

Dem Charakter eines international gefragten Produkts entsprechen in etwa die 'Financial Times' und die 'International Herald Tribune'. Nicht zuletzt wegen ihrer inhaltlichen Spezialisierung sind sie im Ausland als Wirtschaftsinformation gefragt. Ansonsten gibt es allein im Sektor der Fachzeitschriften (darunter auch wissenschaftliche Zeitschriften wie 'Nature') eine grenzüberschreitende Nachfrage und entsprechend orientierte – vor allem kleinständische – Verlage, freilich oft zu Großkonzernen (etwa zu Reed-Elsevier) gehörend. Unter ökonomischen Aspekten spielt dieser Sektor aber nur eine nachrangige Rolle. Auch im folgenden bleibt die Darstellung daher auf die Massentitel konzentriert.

Ähnlich wie für Zeitungen gilt der Befund auch für Zeitschriften, obwohl Primärerfahrungen bei Auslandsreisen scheinbar anderes lehren. Am Flughafen oder im Bahnhof springen viele bekannte Titel ins Auge: Frauenzeitschriften wie 'Marie Claire', 'Elle' oder 'Cosmopolitan', Männerzeitschriften wie der 'Playboy' oder Jugendmagazine wie 'Bravo'. Aber es sind eben nicht Übersetzungen der Ausgaben aus dem Stammland. Gemeinsam ist ihnen nur das Konzept, die Marktpositionierung. Die Inhalte sind unterschiedlich und werden jeweils von eigenständigen Redaktionen in den einzelnen Ländern zusammengestellt. Dies gilt selbst für einen Titel wie 'Geo', der inhaltlich zunächst keine nationalen Präferenzen vermuten läßt, sie aber dennoch aufweist.

Ausnahmen von dieser Regel sind auch bei den Zeitschriften rar. Die bekannteste unter ihnen dürfte wohl die aus den USA stammende Zeitschrift 'Reader's digest' sein, in Deutschland unter dem Titel 'Das Beste' vertrieben. Das Monatsblatt gehörte zu den Pionieren der Internationalisierung und hat schon vor Jahrzehnten Ableger in vielen Ländern gegründet. Während anfangs die Inhalte der amerikanischen Ausgaben vielfach übernommen wurden, sind die Redaktionen heute viel eigenständiger. Eine weitere Ausnahme stellt die Frauenzeitschrift 'Burda Moden' dar. Gut möglich, daß das Blatt aus Offenbach weltweit den höchsten Bekanntheitsgrad im Zeitschriftenmarkt genießt. Zeitweilig waren Ausgaben des Monatstitels in über 120 Ländern im Handel, von Finnland bis Südafrika, von Australien bis Kanada. Die mitgelieferten Schnittbögen für die Eigenproduktion sind offenbar international gefragt. Sogar politisch wurde das Blatt benutzt, als Raissa Gorbatschow zusammen mit der damaligen Verlegerin Aenne Burda in Moskau die erste russische Ausgabe der Weltpresse präsentierte und damit die Öffnung des russischen Marktes demonstrierte.

Ansonsten aber existiert der internationale Markt für einheitliche Zeitschriften und Tageszeitungen nicht, sieht man von zwei weiteren Faktoren ab, die ursächlich für hohe Auflagen einzelner Titel im Ausland sind. Zum einen findet sich bedeutender Auslandsabsatz in einheitlichen Sprachräumen. Fast alle hochauflagigen Zeitschriften in Deutschland werden auch in Österreich und in der Schweiz verkauft. (Umgekehrt erreichen österreichische oder schweizer Titel in Deutschland allerdings nur begrenzte Auflagen). Zum anderen sorgen nationale Minderheiten oder im Ausland lebende Arbeitnehmer für hohe Auflagen ausländischer Produkte. Deutschland beispielsweise stellt vor allem für türkische Verlage einen gewichtigen Absatzmarkt dar. Hochauflagige Tageszeitungen wie 'Milliyet' oder 'Hürriyet' lassen sogar eigene Ausgaben in Deutschland produzieren. Gleichfalls stattliche Auflagen – wenngleich geringere als die türkischen Blätter – erreichen hierzulande auch italienische oder portugiesische Titel. Für Verlage in Ländern mit erheblicher Emigration bestehen demnach durchaus Absatzmärkte im Ausland. Ein internationaler Markt im klassischen Sinn besteht damit freilich nicht. Für ein solches Gut fehlt die Nachfrage. Allenfalls sehr kleine Lesergruppen interessieren sich für ausländische Zeitungen und Zeitschriften, ohne sie damit freilich zu einem international oder gar global gefragten Gut zu machen wie etwa 'Coca Cola'.

Wenn also in diesem Sinne ein internationaler Markt für Zeitschriften und Zeitungen nicht besteht, wie erklären sich dann die gleichwohl bei einigen Verlagen hohen Auslandsumsätze?

2. Der Zeitschriftenmarkt

Massenmärkte im Ausland zu bedienen, verstehen gerade deutsche Verlage. Die Großunternehmen der Branche rühmen sich ihres Markterfolgs im Ausland. Nach eigenen Darstellungen ist z.B. Gruner + Jahr gemessen an Auflage und Umsatz jeweils der zweitgrößte Zeitschriftenanbieter in Frankreich und in Spanien, seit einigen Jahren in den USA fünftgrößter Verlag dieser Branche. Der Heinrich Bauer Verlag rangiert in Großbritannien auf Platz drei, ist zudem gleichfalls in den USA, in Frankreich, in Spanien, in Polen und in weiteren Ländern vertreten. Die beiden anderen Großverlage im deutschen Zeitschriftenmarkt, Burda und Springer, haben sich im Ausland weniger engagiert. Der Burda-Konzern hat aber in den letzten Jahren vor allem über zugekaufte Beteiligungen aufgeholt. Der Springer-Konzern hat sein Auslandsengagement als defizitär identifiziert und vermehrte Aktivitäten angekündigt.

Auch kleinere Verlage weisen zum Teil erhebliche Auslandsumsätze auf. Das gilt z.B. für die Motor-Presse in Stuttgart, die mit ihren spezialisierten Titeln fast in ganz Europa präsent ist. Die Stuttgarter nutzen dabei im deutschen Markt erlernte Fähigkeiten. Dieser Markt gilt unter Verlagen als der schwierigste der Welt. Das Statistische Bundesamt hat in seiner letzten Zählung für 1994 für den deutschen Markt über 9000 Titel registriert. Damit verfügt der deutsche Markt über ein Angebot, das selbst jene in deutlich größeren Märkten wie etwa den USA übertrifft. Allein rund 1700 Titel werden den Publikumszeitschriften zugeordnet (in Abgrenzung etwa zu den Fachzeitschriften). Diese Marktstrukturen sind für deutsche Verlage damit auch eine Schule, wie trotz intensiven Wettbewerbs immer wieder neue Produkte im Markt etabliert werden können. Daß dabei kleinere Verlage durchaus in der Lage sind, den Großverlagen Paroli zu bieten, beweist die Entwicklung im Inland. Die kleineren Verlage verteidigen ihren Marktanteil erfolgreich gegen die vier Großverlage. Diese beherrschen zwar, gemessen an der Auflage, zwei Drittel des Marktes, sie konnten diesen gemeinsamen Anteil in den letzten 25 Jahren aber nicht mehr ausweiten. (Röper 1997, 311).

Zusätzliche Marktanteile haben die Großverlage nur im Ausland erzielt. Den wohl wichtigsten Grund für diese Markterfolge deutscher Verlage jenseits der Grenze sieht der Auslands-Chef von Gruner + Jahr, Axel Ganz, in dem im Inland erworbenen Know-how: „Der deutsche Zeitschriftenmarkt ist sicherlich der reifste, der mit dem stärksten verlegerischen Potential und der quantitativ am stärksten ausgereizte der Welt" (werben & verkaufen vom 06. 02. 1998).

Dieses Know-how wird von deutschen Verlagen im Ausland intensiv genutzt. Sie setzen insbesondere auf die Gründung neuer Titel. Der Kauf von Titeln oder Verlagen bzw. von Beteiligungen ist seltener. Noch geringer ist die Bedeutung von Lizenzverkäufen für Zeitschriftenkonzepte ins Ausland. Naturgemäß überwiegt das Interesse an den großen Märkten. In den kleinen Sprachräumen, z.B. in Skandinavien, sind deutsche Verlage kaum vertreten. Diese Präferenz gilt allerdings nur für den Zeitschriftenmarkt. Im Zeitungsmarkt mit seiner überwiegend regionalen Struktur ist dies – wie noch gezeigt werden wird – anders.

Diese hohe Ausdifferenzierung des deutschen Marktes durch inländische Verlage ist auch ein Grund für nur geringe Marktanteile ausländischer Verlage hierzulande. Auch in dieser Beziehung stellt der deutsche Zeitschriftenmarkt im internationalen Vergleich eine Besonderheit dar. Auch Verlage aus Österreich oder der Schweiz spielen keine bzw. nur eine untergeordnete Rolle. Und selbst die international agierenden Medienmultis sind kaum vertreten. Über Neugründungen im dichten deutschen Markt trauen sie sich den Marktzugang nur selten zu, jedenfalls nicht allein. Sogar für Zeitschriftenkonzepte, die in anderen Ländern bereits ihre Marktfähigkeit bewiesen haben, versichern sich ausländische Verlage in der Regel der Unterstützung deutscher Partner durch Gemeinschaftsunternehmen ('Elle', 'Marie Claire').

Nahezu versperrt ist auch der andere Zugangsweg zum deutschen Markt über den Kauf von hiesigen Verlagen. Die deutsche Verlagswirtschaft wird insgesamt überwiegend geprägt von Familienbesitz. Selbst Großverlage wie Burda und Bauer (vollständig), Springer (mehrheitlich) oder Gruner + Jahr (über Bertelsmann zur Familie Mohn) sind im Familienbesitz. Anders als bei anonymen Kapitalhaltern wechseln bei derartigen Unternehmen kaum einmal die Besitzer. Und wenn kleinere Verlage zum Verkauf stehen, kommt den Ausländern die deutsche Konkurrenz in der Regel zuvor. In den letzten Jahren stellte nur die Beteiligung des italienischen Verlags Rizzoli an der 'Milchstraßen-Gruppe' in Hamburg eine relevante Ausnahme dar ('TV Spielfilm', 'Amica', 'fit for fun' u.a.). Das Fehlen auswärtiger Anbieter liegt nicht an mangelnder Attraktivität des deutschen Marktes begründet. Im Gegenteil: Der deutsche Zeitschriftenmarkt ist vom Umsatz her der bedeutendste in Europa.

3. Der Zeitungsmarkt

Ähnlich ist der Befund für den deutschen Zeitungsmarkt. Die Deutschen zählen zu den eifrigsten Zeitungslesern weltweit (vgl. Tabelle 250.2 'Tageszeitungsexemplare je

Tab. 250.1 Tageszeitungsexemplare je 1000 Einwohner 1996

Land	Exemplare
Japan	584
Schweiz	357
Großbritannien	330
Deutschland	318
Niederlande	307
USA	297
Österreich	230
Frankreich	182
Kanada	175
Italien	105
Polen	105
Indien	27

Quelle: BDZV 1997, 472

1000 Einwohner 1996'). Und der stattliche Anzeigenmarkt verheißt gleichfalls hohe Einnahmen. Dennoch ist im deutschen Zeitungsmarkt das Engagement von ausländischen Unternehmen noch bescheidener als bei den Publikumszeitschriften. Auch in dieser Branche stehen nur selten Verlage zum Verkauf, was den Marktzugang erschwert. Ein Zugang über neue Zeitungen ist schier aussichtslos. In den alten Bundesländern hat es, abgesehen von der 'taz' mit ihren sehr spezifischen Bedingungen und sehr wenigen Lokalblättern mit Auflagen unter 10000 Exemplaren, seit über 30 Jahren keine erfolgreiche Gründung gegeben. Bei den Wochenzeitungen hat sich allein 'Die Woche' durchgesetzt. Und in den neuen Bundesländern waren selbst die spezifischen Bedingungen in den Jahren der Wende kein Nährboden für neue Zeitungen.

Daß weder fehlendes Kapital noch mangelndes Know-how für diesen Befund ausschlaggebend sind, illustriert die Entwicklung der Boulevard-Zeitung 'Super'. Das Blatt war vom Burda-Konzern zusammen mit dem global agierenden Medien-Multi Rupert Murdoch in Ostdeutschland gestartet worden, als der Konkurrent 'Bild-Zeitung' dort noch keine mit dem Westen vergleichbare Marktposition innehatte. Unter diesen Bedingungen schien ein Markt für eine weitere Boulevardzeitung gegeben. Doch der Leserzuspruch blieb gering. Nach wenigen Monaten war der Titel gescheitert. Die lange Erfahrung, daß der deutsche Leser zwar bei Zeitschriften flexibel ist und immer wieder neue Blätter akzeptiert, bei

Zeitungen aber sehr konservativ bei alter Lektüre verharrt, war um einen Beleg reicher.

Daß auch in Ostdeutschland ausländische Verlage keine Rolle spielen, ist aber auch politisch gewollt. Nach der staatlichen Vereinigung hatten sich sehr wohl auch ausländische Verlage für die hochauflagigen Tageszeitungen aus dem ehemaligen Besitz der SED interessiert. Die für den Verkauf zuständige Treuhandanstalt, eine dem Bundeswirtschaftsminister nachgeordnete Behörde, hat diese Zeitungen aber ausschließlich an westdeutsche Verlage vergeben.

Die Bundesrepublik stellt mit dem bescheidenen Marktanteil von ausländischen Unternehmen bei Zeitungen und bei Publikumszeitschriften im internationalen Vergleich eine Ausnahme dar. Der 'Import' von aktuellen Printmedien ist bescheiden. Wie sehr sich der deutsche Markt in dieser Beziehung von anderen Märkten unterscheidet, läßt sich am Beispiel des australischen Murdoch-Konzerns demonstrieren. Die News Corporation in Sydney ist das wohl am stärksten auf den Weltmarkt ausgerichtete Unternehmen. Neben seinen globalen Strategien im Fernsehmarkt hat der Konzern auch das Verlagsgeschäft internationalisiert. Beispielsweise ist Murdoch in Großbritannien Marktführer im Zeitungsmarkt (u.a. 'Times' und 'Sun') und verlegt dort zudem Zeitschriften. Auch in den USA ist der Konzern im Zeitungs- ('New York Post') wie im Zeitschriftenmarkt ('TV Guide') aktiv. Noch stärker gilt dies in den Nachbarländern Australiens, beispielsweise in Neuseeland.

Diese Internationalisierungsstrategien verfolgen auch Verlage anderer Länder. In Spanien sind neben deutschen vor allem französische Verlage erfolgreich, während die spanischen Verlage insbesondere in Süd- und Mittelamerika expandieren. Enge Verflechtungen weisen auch die Verlage in BeNeLux auf. Im französischsprachigen Teil Belgiens sind zudem französische Verlage am Markt.

Kaum Relevanz für die Internationalisierung hat bislang der Anzeigenmarkt. Noch in den 80er Jahren war auch von der Verlagswirtschaft ein internationaler Media-Einkauf erwartet worden, doch spielt dieser auch heute noch eine nur nachrangige Rolle.

Nach der Internationalisierung im Westen wurden in den 90er Jahren nach und nach auch die sich öffnenden Märkte in Osteuropa in das internationale Verlagsgeflecht einbezogen. Nicht nur geographisch naheliegend ist dabei eine Dominanz westeuropäischer Medienunternehmen. Für diese Expansion nutzten sie im wesentlichen zwei unterschiedliche Strategien: im Zeitungsmarkt wurden vorhandene Titel gekauft (meist aus vormaligem Parteibesitz), im Zeitschriftenmarkt wurden neue Titel gegründet, fast regelmäßig durch Adaption von im Westen erfolgreichen Konzepten. Heute werden zumindest die Märkte in Polen, Ungarn, der Tschechischen und der Slowakischen Republik sowie Bulgariens beherrscht von Ausländern. Auch in diesen Ländern haben sich gerade die deutschen Großverlage als durchsetzungsfähig erwiesen, wobei jeweils Schwerpunkte in der Expansion gesetzt wurden: Gruner + Jahr (Polen), Bauer (Polen und CR), Springer (Ungarn, Polen, CR und SR), Burda (Polen). Neben deutschen Verlagen haben auch Unternehmen aus Großbritannien (vor allem in Ungarn), aus Frankreich (in Ungarn und Polen) und aus Italien größere Aktivitäten in Osteuropa entwickelt.

Tab. 250.2: Deutsche Verlage in ausländischen Märkten – ausgewählte Länder

Verlag	USA	GB	F	It	Sp	O	Po	Ung	CR	SR	Bulg
Gruner + Jahr	x	x	x	x	x		x	x	x	x	
Springer-Verlag		x	x		x	x	x	x	x	x	
Bauer-Verlag	x	x	x		x	x	x	x	x	x	
Burda-Verlag	x	x	x	x	x		x	x	x	x	
WAZ-Verlag							x		x		x
Neue Presse, Passau						x	x		x		

Quelle: Eigene Recherchen

Diese ausländischen Engagements haben z. T. zu einem annähernd vollständigen Ausverkauf geführt. So sind beispielsweise im ungarischen Zeitungsmarkt einheimische Anteilseigner in einer deutlichen Minderheit. Sowohl die überregionalen als auch die regionalen Zeitungen sind überwiegend in der Hand von deutschen, österreichischen oder britischen Unternehmen. Ansonsten fällt gerade in der Zeitungsbranche auf, daß deutsche Unternehmen sich der Methode des 'Rosinenpickens' befleißigt haben, indem sie sich vor allem bei den jeweiligen Marktführern engagierten: Gruner + Jahr besitzt Mehrheiten an der größten überregionalen Zeitung in Ungarn ('Nepszabadsag') und an der größten Boulevardzeitung in der Slowakischen Republik ('Novy Cas'). Am Gegenstück 'Blesk' in der Tschechischen Republik ist der Springer-Verlag beteiligt; an der größten überregionalen Qualitätszeitung in Tschechien der Verlag der 'Rheinischen Post' in Düsseldorf. In Bulgarien wird die auflagenstärkste Zeitung '168 Stunden' vom WAZ-Konzern verlegt, der auch am zweitgrößten Blatt des Landes beteiligt ist ('Trend').

Tab. 250.3: Auslandsumsätze der deutschen Großverlage

	Gesamtumsatz 1996 in Mio. DM	Auslandsumsatz 1996 in Mio. DM	Auslandsumsatz in Prozent an Gesamtumsatz
Bertelsmann	22414	15040	67,1
Gruner + Jahr	4810	2385	49,6
Bauer	2913	751	34,7
Burda	1727	219	12,7
Springer	4420	531	11,9

Quelle: Geschäftsberichte der Unternehmen

1) Daten für das Geschäftsjahr 1996/97

Brancheninterne inzwischen vielbeachtet wird auch das Engagement der mittelständischen Mediengruppe aus Passau, die aus der Monopolzeitung 'Neue Presse' hervorgegangen ist. Die Passauer haben auf die Tageszeitungen gesetzt und ein Blatt nach dem anderen in Böhmen aufgekauft. Die Aufkäufe gingen soweit, daß die tschechische Kartellbehörde die Aktivitäten untersuchte, letztlich aber nicht eingriff. Die drei Tochterverlage der Passauer jenseits der Grenze erreichten mit ihren rund 30 Ausgaben eine Verkaufsauflage von über 250000 Exemplaren (montags bis donnerstags). Diese Auflage schwankt – anders als in der Bundesrepublik – an einzelnen Verkaufstagen stark. Am Freitag wird mit über 475000 Exemplaren die höchste Auflage erzielt. Die beigelegte Programmzeitschrift 'TV-Magazin' erweist sich als Magnet. Auch samstags liegt die Auflage um 100000 Exemplare höher als an den ersten Tagen der Woche. Das Geschäft ist anders, aber die Passauer haben sich längst auf die Besonderheiten ausländischer Märkte eingestellt.

Dies gilt auch für Polen. Die Passauer sind mit diversen Titeln Marktführer im Süden Polens und erreichen am Wochenende eine Gesamtauflage von rund 2 Millionen Exemplaren. Unter der Woche kommen einzelne Titel auf nicht einmal ein Drittel der Wochenendauflage. Den Wochenendverkauf fördert auch in Polen ein Programm-Supplement. Das 'Tele-Magazyn' erscheint in einem Gemeinschaftsunternehmen der Passauer mit dem Deutschen Supplement Verlag, der hierzulande insbesondere die Beilage 'rtv' (6 Mio. Exemplare wöchentlich) verlegt, die quasi Pate stand für die Supplements im Ausland. Auch in der Tschechischen Republik geben die beiden Partner gemeinsam ein Programm-Supplement und zwei weitere Beilagen heraus. Dort wird das 'TV-Magazin' nebenbei auch am Kiosk als eigenständiger Titel angeboten. Mit dieser – aus deutscher Sicht ungewöhnlichen Vermarktung – werden rund 200000 Exemplare verkauft.

Ihre ersten Auslandserfahrungen haben die Passauer in Österreich erworben. Schon seit Jahren übersteigt der Umsatz der österreichischen Tochter jenen in Deutschland. Und in den letzten Jahren haben die Töchter in Polen (ca. 150 Millionen Mark) und der Tschechischen Republik kräftig aufgeholt. Vom Gesamtumsatz in Höhe von rund einer Milliarde Mark dürfte nur noch ein Viertel in Deutschland erlöst werden. Die Passauer sind damit eine Ausnahme in der deutschen Verlagswirtschaft. Kein Zeitungshaus weist auch annähernd einen so hohen Auslandsanteil am Umsatz aus.

Im sensiblen Medienmarkt wird das Engagement von ausländischen Unternehmen in der Regel kritisch gesehen. Markterfolge von Ausländern werden oft auch in befreundeten Ländern negativ kommentiert. Dies mußte der Verlag Gruner + Jahr beispielsweise in Frankreich erfahren, als die Hamburger dort ihre Marktanteile immer weiter ausdehnten. Noch größer ist die Sensibilität – historisch bedingt – gerade gegenüber deutschen Investoren in Osteuropa. Der Passauer Verlag hat Ressentiments in Polen und in der Tschechischen Republik zu spüren bekommen, der WAZ-Konzern in Bulgarien. Der wachsende Einfluß von Ausländern in den jeweils nationalen Medienmärkten ist gerade in Osteuropa nicht kritiklos hingenommen worden. Im Inland fehlte es aber wohl regelmäßig am Kapital und auch am Know-how, um diese Entwicklung zu stoppen, nachdem die Märkte generell geöffnet worden waren. Dennoch ist gerade das Engagement von Ausländern in der Verlagsbranche vielfach kritisiert worden. Wiederholt geforderte gesetzliche Beschränkungen blieben aber überwiegend unberücksichtigt. Sie paßten wohl nicht in die jeweiligen Wirtschaftspolitiken, die geprägt waren von Deregulierung.

In anderen Ländern, insbesondere in Asien, ist der Medienbesitz von Ausländern Restriktionen unterworfen. Mit trickreichen Konstruktionen werden diese Restriktionen teilweise umgangen. Naturgemäß werden derartige Markterschließungen diskret vollzogen. Hinweise auf solche Engagements sind in der Branche bekannt, können mangels Verifizierungsmöglichkeiten freilich nicht ausgeführt werden. Generell ist aber davon auszugehen, daß zusätzlich zu den geschilderten Auslandsengagements weitere Aktivitäten auch deutscher Verlage in Asien bestehen.

4. Literatur

Hans-Bredow-Institut (Hrsg.), Internationales Handbuch für Rundfunk und Fernsehen. Hamburg (Jährlich).

Jakobs, Hans-Jürgen/Uwe Müller, Augstein, Springer & Co. Deutsche Mediendynastien. Zürich/Wiesbaden 1990.

Radthke, Michael, Außer Kontrolle. Die Medienmacht des Leo Kirch. Bern/München 1994.

Röper, Horst, Konzentration im Zeitungsmarkt gestiegen. In: MP 6/1996, S. 309–323.

Sanchez-Tabernero, Alfonso, Media Concentration in Europe. Commercial Enterprise and the Public Interest. Düsseldorf 1993.

Horst Röper, Dortmund (Deutschland)

251. Der internationale Film- und Videomarkt

1. Grundlegende Merkmale
2. Der Film und Videomarkt in den USA
3. Der europäische Markt
4. Vergleichende Betrachtung
5. Die Internationalisierung des Film- und Videomarktes
6. Literatur

1. Grundlegende Merkmale

Der internationale Film- und Videomarkt umfaßt die grenzüberschreitende Herstellung, den Vertrieb und die Weiterverwertung von Film- und Videoproduktionen. Die folgenden Betrachtungen beschäftigen sich mit Film i. S. von Kinofilm und Video als der Weiterverwertung von Filmen, die primär für das Kino produziert werden. Diese umfassen ungefähr 80 Prozent der gesamten Videoherstellung. Auf dem internationalen Film- und Videomarkt befinden sich sowohl die Großproduktionen à la Hollywood als auch die Werke aus der tendenziell kleinteiligen europäischen, asiatischen und lateinamerikanischen Filmindustrie. Auch wenn die Film- und Videoproduktion einer eigenen Marktlogik und -dynamik folgt, ist sie heute stärker denn je mit allen Marktentwicklungen der audiovisuellen Industrie und deren Regulierungs-, Deregulierungs- und Reregulierungstendenzen national und weltweit verknüpft.

Film- und Videoindustrie gleichen einerseits jeder anderen Industrie, die eine Ware produziert und versucht, diese mit Gewinn zu verkaufen. Wie jedes andere Produkt durchläuft die Ware Film drei Stadien, bis sie beim Endverbraucher angelangt ist: die Produktion, den Vertrieb bzw. Verleih und die Auswertung durch Vorführung. Der Unterschied zur Schuh- oder Waschmittelproduktion besteht aber in zwei entscheidenden Dingen: Jeder einzelne Film ist ein einmaliges Produkt, das nicht in derselben Form beliebig häufig produziert werden kann. Der

251. Der internationale Film- und Videomarkt

Markterfolg ist weniger sicher zu kalkulieren, als bei 'normalen' Konsumgütern. Damit ist das Risiko, in Filme zu investieren, größer als in anderen Industriebereichen. Der zweite Unterschied besteht darin, daß Filme auch als Kulturgut, also als Bestandteil der nationalen Identität und Repräsentation betrachtet werden. Die Folge ist, daß zum Erhalt von nationalen Filmindustrien bei fehlendem wirtschaftlichen Erfolg staatliche Subventionen und Förderungen bereitgestellt bzw. Anreize geboten werden können, nationale Filmproduktionen dennoch erfolgreich durchzuführen, um sie nach Möglichkeit sowohl im eigenen Land aber auch über die eigenen Landesgrenzen zu vermarkten.

Politische und ökonomische Krisen sowie technische Entwicklungen haben von Anbeginn das Filmgeschehen mitbestimmt. Der Ausgang des ersten Weltkriegs hat die Vormachtstellung des amerikanischen Films gegenüber den europäischen Ländern in den zwanziger Jahren begründet, die Auswirkungen der Wirtschaftskrise der dreißiger Jahre führte zu empfindlichen Marktverlusten für den amerikanischen Film. Der Erfolg des deutschen und japanischen Films bis zum Beginn des zweiten Weltkriegs steht auch mit der umfassenden staatlichen Förderung und dem Protektionismus des für die Herrschaftsziele wichtigen Kulturguts Film in Zusammenhang. Der Ausgang des Krieges kam wiederum ganz eindeutig der Siegermacht Amerika zugute.

Die wirtschaftlich und kulturell erfolgreichste Zeit der westeuropäischen und japanischen Filmindustrie fällt in die sechziger und siebziger Jahre, auch Asien und der Ferne Osten erlebten in dieser Zeit ihre fruchtbarste Produktionsphase. Der Marktumschwung zugunsten des amerikanischen Films findet erst wieder in den achtziger und neunziger Jahren statt, eine Entwicklung, die wohl auch mit einer zunehmenden Globalisierung des audiovisuellen Marktes in Verbindung gebracht werden kann.

Technische Innovationen, wie die Einführung des Fernsehens in den fünfziger und sechziger Jahren, die Entwicklung der Videotechnik, der Satelliten- und Kabelübertragungsmöglichkeiten in den siebziger Jahren blieben nie ohne Einfluß auf den Filmmarkt. Aber aus anfänglichen Konkurrenzpositionen der unterschiedlichen audiovisuellen Produktionsformen kann durchaus nach einer Konsolidierungsphase eine gegenseitig günstige Kooperation und auch Interdependenz entstehen, wie das Beispiel Fernsehen und auch Video anschaulich belegt.

Die Videowirtschaft entstand Anfang der achtziger Jahre in erster Linie als neue Auswertungsstufe nach dem Kino und vor dem Fernsehen. Seit Ende der 80er Jahre hat sich Video auch als Trägermedium für Sport-, Hobby-, Kultur- und Musikprogramme durchgesetzt. Der Hauptanteil der Videoproduktion liegt jedoch nach wie vor in der Weiterverwertung von Spielfilmen. Die derzeit stattfindende Ausweitung von Fernsehkanälen könnte den Trend der 'straight-to-video'-Filmproduktionen verstärken, d.h. der direkten Vermarktung von Kinofilmen über Videokassetten und Spielfilmkanäle, ohne vorher den Gang zum Kino gemacht zu haben. Trotz der bereits angesprochenen engen Verknüpfung des Film- und Videomarkts besitzt die Videoindustrie eine ganz andere Struktur als die Filmindustrie. Sowohl von der Entstehungsgeschichte als auch von den jetzt vorherrschenden Marktstrukturen läßt sich die Videoindustrie viel eher mit dem Buch- und Plattenvertrieb vergleichen als mit der Filmindustrie (Dean 1995, 14). Wie das Buch oder die Schallplatte bzw. CD ist das Video ein greifbares Produkt, das hergestellt, vervielfältigt, vermarktet, verkauft und vertrieben werden muß, bevor es die Video-Ausleihe oder den Käufer erreicht.

In der Anfangsphase des Videos haben vor allem vorausschauende Unternehmer unabhängige Videofirmen aufgebaut, während die großen amerikanischen Studio Majors erst Anfang der achtziger Jahre in das Geschäft eingestiegen sind. Diese haben sich bei der Vermarktung sehr stark auf die Erfahrungen der ihnen verbundenen Plattenindustrien verlassen. Auch heute noch wird ein großer Anteil des Vertriebs von Video durch Plattenfirmen betätigt. So wickelten allein in Großbritannien 1994 PolyGram, Sony Music und Warner Music 40 Prozent des Verleihs und Vertriebs von Videokassetten ab.

Video und Fernsehen sind heute unverzichtbare Säulen für den Bestand von Kinofilmen geworden, sodaß man inzwischen durchaus von einer marktmäßigen Interdependenz zwischen der Kino-Filmproduktion, dem Fernsehen und der Videoverwertung sprechen kann. Damit hat auch das Video, entgegen den in den achtziger Jahren geäußerten Befürchtungen (Dean 1995, 14) nicht das Ende für den Kinofilm gebracht, sondern sich als unerläßliche Finanzierungsquelle desselben etabliert: In den USA werden Kinofilme bereits zu 57 Prozent aus dem Videogeschäft finanziert, in Deutschland liegt die Vergleichszahl bei ca. 40 Prozent (Video 1995, 8). Dagegen trägt das Fernsehen in den USA 18, in Deutschland mehr als 30 und Frankreich sogar 40 Prozent zum Gesamtbudget von Kinofilmen bei.

Auch auf die genuinen Abspielstätten für Spielfilme, die Kinos, wirken sich die Veränderungen der audiovisuellen Produktionsformen spürbar aus. Den Kinofilmpalästen mit Filmsälen, die mehrere tausende Zuschauer faßten, folgten nach der Einführung des Fernsehens und dem ersten dramatischen Besucherrückgang die Einführung mehrerer kleinerer Abspielsäle in einem Kino für eine wesentlich geringere Anzahl von Zuschauern. Dem nachhaltigen 'Kinosterben' der achtziger und neunziger Jahre scheint es jetzt allmählich zu gelingen, durch neue Vermarktungsformen in neuen, modernen und technisch aufwendigen Filmtheatern mit vielen Kinosälen, den sog. Multiplexen, zumindest teilweise mit Erfolg entgegenzuwirken. Die Multiplexe, in denen bis zu 20 und 30 Kinosäle, aber auch Cafés, Shops und anderes mehr enthalten sind, sollen die Attraktivität und den Ereignischarakter des Kinobesuchs in den Vordergrund stellen. Sie erinnern damit in ihrer Zielsetzung an die großen, wirtschaftlich erfolgreichen Filmpaläste in der Anfangszeit des Kinos. Nachdem der amerikanische und westeuropäische Markt weitgehend erschlossen ist, breitet sich nun die Multiplexwelle in Osteuropa und, trotz des Widerstandes der einheimischen Filmindustrie, auch in Japan, Korea und Taiwan aus (Groves 1996, 17, 23).

Das Kinosterben ist daher eher auf die kleineren und technisch veralteten Filmsäle beschränkt. In vielen Fällen bedeutet das aber auch, daß bestimmte Regionen filmisch veröden. Bessere Gewinnchancen werden Abspielstätten eingeräumt, die dem Charakter von durchkommerzialisierten Freizeitparks näher kommen (die von Warner in Australien und in Deutschland bei Bottrop errichtete Movie World sind Beispiele für die angestrebte Entwicklung). Auch die nicht ganz so aufwendigen neuen Kinopaläste bieten zum einen den lukrativen Kassenschlagern, den sog. Blockbustern, eine gute Marktplattform, sie können aber auch weniger erfolgreiche Filme sowohl der großen Verleiher als auch einheimischer kleinerer Produzenten eher verkraften als herkömmliche Kinos. Die neue Vermarktungsform macht Filmtheater zunehmend für kapitalstärkere Investoren wie große Medienunternehmen, Major-Studios oder die großen einheimischen Filmverleih-Firmen und Kinoketten in den einzelnen Ländern interessant. Blockbuster-Filme, die z. B. gleichzeitig in sehr vielen Sälen (in den USA bis zu 2000, in den europäischen größeren Ländern bis zu 200) anlaufen, sind bevorzugt in diesen Kinos zu finden. Neben den Multiplexen wurde für die Filmwirtschaft auch die Optimierung der Ausleihe und des Verkaufs von Videos attraktiver, in der Erkenntnis: „The only way movies make money 95 Prozent of the time is, when all (theatrical and ancillary) markets are added up" (Mechanic 1996). Die Folgen der derzeit stattfindenden Digitalisierung und Multimedialisierung des gesamten audiovisuellen Sektors sind in ihren Auswirkungen auf den Film- und Videobereich noch nicht abzusehen. Es muß sich erst erweisen müssen, ob auch bei den neuen technologischen Entwicklungen der Kinofilm weiterhin „the beating heart for the audiovisual body" (National Heritage Committee 1995, viii) bleibt.

Es erscheint sinnvoll, sich im folgenden bei der Analyse des internationalen Film- und Videomarktes weitgehend auf die Entwicklungen in den USA und Europa zu beschränken, da einerseits die amerikanische Dominanz im Film- und Videovertrieb weltweit vergleichbar zunimmt und andererseits der Standort Europa ein repräsentatives Beispiel für die Veränderungen auf tendenziell kleinteilige, auf den einheimischen Markt begrenzte und politisch stark reglementierte Produktionssektoren darstellt. Die Globalisierung von Unternehmensstrukturen, die Unternehmen mit „Gesellschaftern ohne Länder" (Fore 1996) hervorgebracht hat, läßt sich ebenfalls gut mit diesen Staaten belegen. Genuin europäisch ist hingegen das Bestreben von Europäischer Union und Europarat, auf supranationaler Ebene stimulierend auf die Filmindustrien einzuwirken.

2. Der Film und Videomarkt in den USA

Mit der industrialisierten Produktionsweise Hollywoods entstanden bereits in den zwanziger Jahren Unternehmensstrukturen mit vertikal integrierten Korporationen zwischen Filmproduktion, Verleih und Präsentation im Kino (Maltby 1996, 63). In der Folgezeit etablierten sich acht große Firmen (The Big Five and The Little Three) als effektives Kartell, die in den dreißiger und vierziger Jahren die gesamte amerikanische Filmindustrie kontrollierten. In dieser Periode produzierte Hollywood 90 Prozent der amerikanischen und 60 Prozent aller Filme weltweit (Maltby 1996, 66). 35 Prozent seines Gesamtgewinns rekrutierte sich aus dem Export. Die Sieger des zweiten Weltkrieges nutzten ihre Position auch in der Quotierung von Filmen in den besetzten Ländern aus (Keidel 1989, 122) und schufen sich auch dadurch die Basis für einen Marktvorteil, der der amerikanischen Filmindustrie 50 Prozent ihres Gewinns aus Exportgeschäften einbrachte. Zudem konnten die amerikanischen Firmen mit Erfolg ihr Verleih- und Distributionsnetz auch außerhalb des eigenen Landes aufbauen, mit Tochterfirmen oder Beteiligungen an inländischen Firmen. Nach einer relativ erfolglosen und krisenhaften Phase in den sechziger und siebziger Jahren hat der amerikanische Film in den achtziger und neunziger Jahren sowohl im eigenen Land als auch auf der internationalen Arena erhebliche Marktzuwächse erzielen können: die USA halten 74 Prozent des Marktvolumens der Filmindustrie weltweit und produzieren erstmalig seit den dreißiger Jahren auch mengenmäßig nahezu die meisten Filme (Screen Digest Juni 1995, 129). Über 80 Prozent der gezeigten Filme in Europa sind Mitte der 90er Jahre amerikanischer Herkunft, in einigen mittel- und osteuropäischen Ländern übersteigt diese Zahl sogar die 90 Prozent-Grenze (Spinhof 1995, 13).

Gesetzliche Regulierung und Förderung der Filmindustrie sind in den USA außer der bis zum September 1995 gültigen 'Financial Interest and Syndication Rules', der sog. FinSyn-Regelung, die besagte, daß Filmproduktion und der Betrieb von Sendeanstalten strikt getrennt zu erfolgen hat, nicht üblich.

Grundlage dieser Regelungen war eine Entscheidung des amerikanischen Obersten Gerichtshofes im Jahre 1948, der sog. 'Paramount Decision', die eine Trennung von Produktion und Verleih vorschrieb, um damit einer Monopolisierung des Marktes durch die Majors, aber auch den sich herausbildenden Fernsehnetworks entgegenzuwirken. Die Majors konzentrierten sich nach dieser Aufteilung hauptsächlich auf den Verleih von Filmen und auf die Finanzierung von Fernsehsendungen. Sie fungierten als Banker, die unabhängigen Produzenten die Produktionen vorfinanzierten und ihnen die bestehenden Studios entgeltlich zur Verfügung stellten. Drehbuch, Stars und Regisseure werden als Produktionspaket (packaging) von den Talent-Agenturen, als Mittler im Geschäft, den Verleihern angeboten. Die Marktposition der Majors im internationalen Filmgeschäft hat sich im Ergebnis durch die FinSyn-Regelung wenig geändert. Es hat lediglich eine Verschiebung in der Machtverteilung stattgefunden, die den Filmverleih der Majors zur Drehscheibe des Marktes werden ließ und den Einfluß und die Autorität von Agenturen verstärkt hat (Maltby 1996, 73).

Die Zerteilung der Marktsegmente wirkte sich jedoch auf die Logik der Filmproduktion aus. Es erwies sich als rentabler, wenige, aber aufwendigere Produktionen herzustellen, die eine längere Spieldauer zu höheren Eintrittspreisen garantieren würden, das 'Blockbuster-Phänomen' entstand. Eine geringere Anzahl sehr erfolgreicher Filme mit hohen Gewinnmargen rechtfertigen ökonomisch auch eine große Anzahl von Flops. Um den Erfolg zu garantieren, sind Produktionskosten von 50 Millionen Dollar und mehr ebenso keine Seltenheit wie der gleichzeitige Kinostart in 2000 Filmtheatern (Maltby 1996, 75). Die Parallele zur Entwicklung des Buchmarktes ist ganz offensichtlich.

Die Kosten für Filmproduktionen sind in den letzten zehn Jahren erheblich angestiegen, die Zahl der produzierten Filme der Major Studios nimmt dagegen kontinuierlich ab. Dagegen steigt die Zahl der produzierten Filme in Europa, aber auch von den amerikanischen Independents in den 90er Jahren wieder an. Die Durchschnittskosten für US-amerikanische Filme belaufen sich in den neunziger Jahren auf ca. 17 Millionen Dollar (Maltby 1996, 70). Eine andere Quelle ermittelt für das Jahr 1996 12,3 Millionen Dollar. Die Vergleichszahlen für Europa liegen bei 2,7 Millionen Dollar (European Commission 1997, 11). Die Herstellungskosten für einen Hollywood-Studiofilm sind im Jahre 1997 nochmal um über dreißig Prozent gestiegen und liegen im Durchschnitt inclusive der Vertriebskosten bei 75,6 Millionen Dollar. (Bart 1998, 4)

Trotz der formalen Trennung der Bereiche Produktion, Verleih und Vertrieb behielten die großen Firmen der Branche durch zusätzliche Vermarktungsmöglichkeiten wie Video, Kabel und Fernsehen bis hin zum Verkauf von Filmmusik auf CDs oder T-Shirts ihren entscheidenden Einfluß. Ab September 1995 ist auch in den USA die Beteiligung von Produktionsstudios an TV-Stationen und umgekehrt Beteiligung der TV-Stationen an den Filmproduktionsfirmen erlaubt, wodurch sich die Marktstellung der großen Studios noch verstärkt hat.

Das Marktvolumen der acht größten US Majors übersteigt bei weitem den Anteil der übrigen Filmbranche. Die Gesamtbruttoeinnahmen der großen amerikanischen Studios betrugen 1995 4,8 Milliarden Dollar (Screen International v. 3. Mai 1996). Die Zusammenschlüsse der Großen der Branche führt zu einer oligopolen Marktsituation: Unter dem Dach von Time-Warner-Turner findet sich z. B. neben Warner Bros., HBO, ZBO/NYC, Turner/TNT, New Line, Fine Line und Castle Rock; Capital Cities/ABC-Disney umfaßt Touchstone, Hollywood Pictures, Buena Vista Distribution, Disney Channel, Miramax u.a.; Viacom, Paramount und Blockbuster bilden ebenso eine Gruppe wie NBC und Westinghouse; in Europa können sich z. B. Bertelsmann, durch seinen Zusammenschluß mit CLT-UFA und Audiofina SA und Murdochs News Corporation eindeutig zum Medienoligopol dazurechnen (Garvin 1998, 81; European Commission 1997, 4).

Der ständig wachsende Produktionsaufwand setzt aber auch die amerikanischen Majors unter Druck neue Formen der Produktionsfinanzierung zu entwickeln und steigert ihre Bereitschaft, auch längerfristige Kooperationsformen mit europäischen Firmen anzustreben, um das finanzielle Risiko zu streuen und auch Zugang zu europäischem Kapital zu erhalten (Screen International 3. Mai 1996). Unmittelbar wirkt sich die Kostenexplosion bereits jetzt auf die von den Majors unabhängigen Produzenten in den USA selbst aus, die zunehmend Koproduktionen mit europäischen Produzenten anstreben, um über europäische Fördertöpfe ihre Filme mitfinanzieren zu können.

Die bereits erwähnte Bedeutung der Video-Produktion für die Finanzierung von Filmen hat sich ab den achtziger Jahren allmählich zu ihrem jetzigen Umfang entwickelt. Die Hollywood Studio Majors stiegen erst nach einiger Verzögerung in das Videogeschäft ein, um die Weiterverwertung ihrer Kinofilme steuern zu können. Warner, Disney und RCA/Columbia leasten zunächst lediglich ihre Kopien im Paket an die Video-Läden, während Viacom (CIC) die Kassetten neben dem Leasing-Verfahren zu einem willkürlichen Fixpreis von 37,97 ECU an die Einzelhändler verkaufte. In einer zweiten Verwertungsstufe wurde das Produkt, nachdem es zwölf Monate als Leihvideo gelaufen war, für den ebenfalls willkürlich festgesetzten Preis von 12,65 ECU verkauft und danach wie im Buch- und Plattenvertrieb zu Schleuderpreisen abgesetzt (Dean 1995, 16). Inzwischen haben alle Hollywood Studio Majors die Tradition des Filmverleihs und der Weiterverwertung, einschließlich des sog. block-booking-Verfahrens auch auf den Videovertrieb, aber auch auf die Fernsehweiterverwertung (Maltby 1996, 66) mit großem Erfolg übertragen. Deren umfassende Markt- und Werbestrategie sichert ihnen inzwischen den größten Anteil des Gewinns aus dem Video-Geschäft, während kleinere unabhängige Produzenten sich mit einem wesentlich kleineren Teil des Kuchens begnügen müssen, aber dennoch in ihrer Existenz auch vom Videogeschäft mit abhängig sind (Dean 1995, 21).

Wie in der amerikanischen Filmindustrie können nunmehr Videoverleiher in die Gruppe der Tochter-/Schwesterunternehmen der großen Majors und in unabhängige kleinere Firmen, die aber inzwischen ebenfalls häufig mit großen Medienkonzernen verbunden sind, eingeteilt werden. Zur ersten Gruppe zählen z. B.: Columbia Tristar, Warner Home Video, Fox Video, Fiacom (CIC-Video; gehört zu Paramount und Universal) und Walt Disney Home Video. In der zweiten Gruppe befinden sich unabhängige Videofirmen, die z. T. in Besitz von anderen Medienfirmen oder Partnerschaftsfirmen sind.

Um die unterschiedlichen Marktsektoren am Leben zu erhalten, ist es sogar in den USA üblich, die Abspielzeiten in sog. 'Fensterregelungen' zu staffeln, so daß die Video-Abspielung erst sechs Monate nach dem Kinostart und Pay-TV weitere sechs Monate nach der Video-Freigabe beginnen darf (Dean 1995, 19).

Die derzeit bestehende weltweite Dominanz des Hollywoodfilms, seine enormen Gewinnspannen, die nur aus wenigen Produktionen erwirtschaftet werden und die daraus resultierenden ständig wachsenden

Produktionskosten könnten nach Ansicht von Skeptikern bei wenigen Flops zu einem empfindlichen Einbruch im Markt führen (Maltby 1996, 77).

3. Der europäische Markt

3.1. Markttrends

In Europa hatte sich mit der Entwicklung des Films eine einheimische Filmproduktion etabliert, die zumindest auf den nationalen Märkten, mit i.d. Regel begrenztem Export ins Ausland bis in die 70er Jahre erfolgreich war. Seit Mitte der achtziger Jahre hat die europäische Filmindustrie mit der wachsenden Dominanz des amerikanischen Films zu kämpfen, die den europäischen Kinofilm in eine tiefe Krise gestürzt hat.

Die Kennzeichen der Krise ähneln sich in den untersuchten Ländern. Folgende Faktoren beschreiben die Misere: Sinkende Besucherzahlen für die meisten einheimischen Filme, Zunahme der Abhängigkeit der Finanzierung der europäischen Kinofilme durch das Fernsehen und Videoabspielung sowie steigender Subventionsbedarf für Filmproduktionen (Braunschweig/Keidel 1991, 779; Gyory/Glas 1992, 10). Seit wenigen Jahren scheint der zwischen 1980 bis 1994 ständige Abwärtstrend der europäischen Filmproduktion (PIPE 1991), mit einem Produktionstief von ca. 500 Filmen überwunden zu sein.

Im Jahre 1996 wurden sogar 610 Filme in Europa produziert. Vor allem Großbritannien, Spanien und Italien haben wieder aufgeholt, dagegen hat Frankreich noch ein Defizit zu verzeichnen. Der Aufschwung für manche einheimischen Produktionen beschränkt sich jedoch in der Regel auf den heimischen Markt, eine Stärkung des europäischen Films kann daraus nicht geschlossen werden (Keidel 1998, 20).

Während immerhin 20 Prozent der europäischen Filme im Durchschnitt den Sprung über ihre Landesgrenzen schaffen, gelingt es nur einem Bruchteil, den amerikanischen Markt zu erreichen. In den GATT-Verhandlungen zur Uruguay-Runde unterstrich z.B. Frankreich die Tatsache, daß von den 1993 jährlich in Frankreich produzierten 150 Filmen nur etwa 1 Prozent in den USA gezeigt werden (Varis 1996, 11). Das Handelsdefizit im Verhältnis zur USA beträgt 6 Mrd. Dollar (European Commission 1997, 4).

Tab. 251.1: Der europäische Kinofilm im Vergleich (1996)

Land	Anzahl der Kinosäle	Besucherzahlen (in. T.)	Einnahmen an der Kinokasse i.T. ECU	Marktanteil der einheimischen Filme	Marktanteil der sonst. europäischen Filme	Marktanteil der US-amerik. Filme
Österreich	421	12315	66306	k.A.	k.A.	k.A.
Belgien	442	21211	105906	2,0 Prozent*	20,8 Prozent*	73,2 Prozent*
Dänemark	322	9894	47384	17,18 Prozent	15,33 Prozent	67,07 Prozent
Finnland	325	5486	33840	k.A.	11,2 Prozent*	76,5 Prozent*
Frankreich	4519	136618	723968	37,3 Prozent	6,0 Prozent	54,7 Prozent
BRD	4035	132885	678445	6,3 Prozent*	5,1 Prozent*	87,1 Prozent*
Griechenl.	340	9000	k.A.	4,0 Prozent*	24,0 Prozent*	75,0 Prozent*
Irland	215	11480	42137	k.A.	k.A.	90 Prozent*
Italien	2289	95868	456923	23,7 Prozent*	11,7 Prozent*	62,8 Prozent*
Luxemburg	17	753	3862	ca. 0,2 Prozent	16,2 Prozent	78,5 Prozent
Niederlande	440	16783	92961	5,4 Prozent	3,6 Prozent	89,7 Prozent
Portugal	323	k.A.	k.A.	k.A.	k.A.	k.A.
Spanien	2354	89097	338891	9,3 Prozent	11,8 Prozent	72,3 Prozent
Schweden	1165	15399	99317	18,0 Prozent	11,9 Prozent	78,3 Prozent
Großbrit.	2166	123485	535266	k.A. 10,2 Prozent*	6,1 Prozent*	83,7 Prozent
Total EU	19373	695447	3236338			

Quelle: eigene Zusammenstellung nach European Cinema Year 1995 und 1997. * = Zahlen von 1995.

Die bestehende Marktsituation hat gravierende ökonomische Konsequenzen, die eine Finanzierung von einheimischen Filmen vor allem in kleineren Ländern zunehmend infrage stellt.

Auch in Europa hat sich neben dem Kinofilmmarkt ein Videomarkt etabliert, der allerdings nur bis Ende der 80er Jahre in der Ausleihe ständige Zuwachsraten zu verzeichnen hatte. Im Jahre 1989 gab es in der ganzen EU 40000 Videoverleihläden, deren Zahl bis 1994 auf 26000 gefallen ist. Der Grund dafür ist in der Zunahme privater Fernsehsender und Filmkanäle zu sehen. Dagegen ist seit dieser Zeit der Videoverkauf stetig angewachsen und hat in fast allen europäischen Ländern das Leihgeschäft übertroffen (Dean 1995, 17). Im Vertrieb kommen in den einzelnen europäischen Ländern die spezifischen sozialen, politischen und wirtschaftlichen Faktoren beim Einzelhandelsvertrieb zur Geltung (Dean 1995, 14). Das Leihgeschäft konzentriert sich nach wie vor auf Spielfilme, die häufig bis zu 90 Prozent der Ausleihe bestimmen, während nur etwa 40 Prozent der Filme gekauft werden (Dean 1995, 17). In Europa wirkten sich im Gegensatz zu den USA gesetzliche Vorschriften wie z. B. in Deutschland das Jugendschutzgesetz auf die Klientel in den Videoläden aus. Obwohl von der Bevölkerungszahl Deutschland den größeren Markt bietet, ist der Marktanteil im Videoverleih und -verkauf in Großbritannien erheblich höher (Dean 1995, 125, 126). Video gilt auch in Europa als wichtige, unerläßliche Finanzierungsquelle für den Film. Während z. B. in Großbritannien 1981 nur 12,3 Prozent der Filmfinanzierung vom Videoverleih/-verkauf abhängig waren, betrug 1993 der Anteil aus dem Videogeschäft bereits 63,6 Prozent (Cultural Trends 1994) und in Deutschland liegt er bei 40 Prozent. Der prozentuale Anteil setzt sich zusammen aus den bestehenden Marktverbindungen und zum Teil auch aus gesetzlich festgelegten Vorgaben, wie z. B. die Beteiligung der Videoindustrie an der Finanzierung der Filmförderung (in Deutschland ist dies bislang nur eine umstrittene Forderung). Auch in Europa gelten in allen Ländern, wenngleich unterschiedlich lange, Fensterregelungen für die Abspielfolge, die zwischen zwölf Monaten in Frankreich und Portugal und vier bis sechs Monaten in der Schweiz liegen.

Der Videovertrieb wird in Europa inzwischen ebenfalls von den Blockbuster Filmen aus Hollywood dominiert. Bisweilen gelingt es aber auch Filmen in Europa, und zwar jeweils in ihrem spezifischen Entstehungsland, wie z. B. Les Visiteurs in Frankreich, Belle Epoche in Spanien oder Schtonk in Deutschland, erfolgreich auf Video zu sein (MEDIA Business File Autumn 1995, 16).

Die Interdependenz zwischen Kinofilm- und Videomarkt ist auch für die europäischen Länder eindeutig festzustellen, sodaß auch die Entwicklung von Überlebensstrategien für den europäischen Film wohl beide Marktsektoren einbeziehen muß.

3.2. Regulierung und Förderung der Filmproduktion in Europa

Die europäische Filmindustrie verfügt über eine lange Tradition von staatlicher Intervention zugunsten der einheimischen Produktionen, in Form von Quotenregelungen, gesetzlichen Vorschriften für das Fernsehen und die Videoindustrie, sich an der Finanzierung von Filmen zu beteiligen, aber auch in einem breiten Sortiment von wirtschaftlicher und kultureller Förderung. Filmtheaterabgaben, Steuererleichterungen und -erlaß, Regelförderung von erfolgreichen Filmproduzenten, Kinoförderung, Mittelzuweisung aus Abgaben der Fernsehanstalten und Videowirtschaft, Kulturförderung, Abspielvorschriften für das Fernsehen und den Videovertrieb (European Cinema Yearbook 1995, 246) bis hin zur Quotierung von einheimischen und europäischen Filmen (Fernsehrichtlinie der EU von 1989 und 1997).

Der Umfang der staatlichen Förderung ist in den einzelnen europäischen Ländern inzwischen sehr unterschiedlich und abhängig von den derzeit vorherrschenden Regierungs- und gesellschaftlichen Interessensstrukturen.

So bewegt sich der Maßnahmenkatalog zur Verbesserung der Lage des deutschen Films sowohl im Bereich der staatlichen Förderung auf Bundes-, als auch auf Landesebene. Die deutsche Filmförderung ist gekennzeichnet durch die miteinander konkurrierenden Förderinstrumentarien auf der nationalen und föderalen Ebene. Die Problematik ist u. a. darin zu sehen, daß vor allem neben der kulturellen Förderung auch wirtschaftliche Ziele und vor allem Medienstandortinteressen die Filmförderung leiten. Das Ergebnis ist eine Zersplitterung der Fördertöpfe, die die deutsche Förderung besonders ineffizient machen (Braunschweig/Keidel 1992, 57).

Die Beteiligung des Fernsehens zu Finanzierung wird jeweils nach Erfordernissen geregelt: Im Herbst 1996 hat man sich darauf geeinigt, daß die öffentlich-rechtlichen Fernsehanstalten 1997 eine Summe von 20 Millionen Mark für die deutsche Filmproduktion vorzusehen haben. Für die privaten Fernsehsender wird eine Beteiligung von 27 Millionen Mark diskutiert, wobei die bereits geleisteten Zahlungen der Privatsender an die Filmfördereinrichtungen der Länder Bayern, Nordrhein-Westfalen, Berlin-Brandenburg und Hamburg zum Teil angerechnet werden sollen.

Die audiovisuelle Industrie Frankreichs und damit auch die Film- und Videoindustrie ist eine der am stärksten vom Staat regulierten Industrien dieser Art. Staatsintervention hat zu einem komplexen, bürokratischen und interventionistischen Netz geführt, in dem alle Zweige der Filmproduktion mit den anderen audiovisuellen Produktionssektoren geregelt sind. Die Regelungsmechanismen erfassen zum einen den Kinokartenverkauf, eine Spezialsteuer auf Kinokarten und eine Spezialabgabe, die von den Fernseh-Sendern für die Filmproduktion bezahlt werden. Ferner werden die Abspielfristen zwischen Kino, Video und Fernsehsendern ebenso festgelegt wie der Zeitpunkt, wann Kinofilme überhaupt im Fernsehen gezeigt werden können. Kinokarten werden mit dem niedrigsten Mehrwertsatz berechnet. Darüber hinaus müssen alle Fernsehsender mindestens 3 Prozent des gesamten Umsatzes für Kinofilme ihrer Wahl bereitstellen und der Pay-TV-Sender Canal Plus muß sogar 12 Prozent seines Umsatzes in französische oder europäische Filme investieren.

Über die sog. SOFICAS genießt die Filmindustrie noch besondere Steuerprivilegien: Diese Regelung erlaubt Privatpersonen und Firmen, Investitionen in die Film- und audiovisuelle Produktion von einem Teil ihres zu versteuernden Nettoeinkommens abzuziehen.

Die Filmförderung in Großbritannien ist während des Thatcher-Jahrzehnts erheblich reduziert worden, erst im vergangenen Jahr wurde neuerdings eine unmittelbare Maßnahme zur Unterstützung der britischen Filmindustrie mit der Zuteilung von Geld aus dem britischen Lotterietopf im Juni 1995 eingeführt. 123 Millionen Dollar wurden für einen Zeitraum von fünf Jahren für Filmproduktionen in Aussicht gestellt.

In der Regel können 10–50 Prozent der Produktionskosten bis zu einer Höhe von 1,54 Mio. Dollar übernommen werden, wobei nachgewiesen werden muß, daß auch andere Finanzierungsmöglichkeiten gegeben sind. Bereits in einem Jahr sind von den in diesem Zeitraum produzierten 53 britischen Filmen 31 unterstützt worden (Screen International 14. Juni 1996, 16).

Das britische Privatfernseh-Network ITV hat angekündigt, während der nächsten fünf Jahre 100 Millionen Pfund (rund 230 Millionen Mark) in die Filmproduktion zu investieren, um für die britische Filmindustrie neue Anreize zu schaffen (epd KiFu 1996, Nr. 56).

In Italien sendeten 1990 alle Fernsehkanäle des Landes zusammen etwa 5500 Spielfilme, das sind durchschnittlich 15 pro Tag. Die Verwertung der Kinofilme auf dem Bildschirm wird somit für die Filmbranche immer bedeutender: Das Fernsehen ist für den Kinofilm zu einem wichtigen Finanzier geworden. Die RAI beteiligte sich 1990 an 21 Filmen, entweder als Koproduzent oder durch die Vorab-Akquisition der Fernsehrechte. Die Penta-Film, die größte Filmproduktionsfirma Italiens und im Mitbesitz von Berlusconi, hat weitere zwölf Kinofilme finanziert. Beide Fernsehsysteme beteiligen sich überwiegend an publikumswirksamen Filmprojekten. Von den 29 italienischen Filmen, die unter die 130 (an der Kinokasse) erfolgreichsten Filme kamen, waren 20 entweder von der RAI oder der Penta finanziert (Braunschweig/Keidel 1991, 784).

Auf europäischer Ebene wird die Filmindustrie innerhalb der EU durch die MEDIA-Programme (MEDIA I von 1991 bis 1995, MEDIA II von 1996–2000 und MEDIA PLUS von 2001–2005) und im Rahmen des Europarates durch die Maßnahmen von Eurimages unterstützt. Schon im ersten MEDIA-Programm wurde versucht, Filmförderung durch Errichtung von Netzwerkstrukturen und Schaffung von wirtschaftlichen Anreizen zu betreiben. Kooperation ist deshalb unter den meisten der über 300 europäischen Verleiher und Vertriebsagenten zur Routine geworden und 131 Videoproduzenten publizieren gemeinsam europaweite Kataloge (MEDIA 1996; Daily Variety 26. Mai 1996, 13.). Auch wenn zu vermuten ist, daß ohne die europäische Filmförderung Filme fast ausschließlich im Heimatland verbleiben würden und auch europäische Koproduktionen seltener zustande kämen, haben die Initiativen des MEDIA I-Programms nicht die Markstärke erzeugt, die man sich anfänglich erhofft hatte (Müller 1996, 17). Im neu aufgelegten MEDIA II Programm bemühte man sich noch stärker, ökonomischen Erfolg durch die Bündelung von Maßnahmen zu erzielen, indem man sich auf den Vertrieb, Projektentwicklung und Ausbildung konzentrierte (Spinhof 1995, 15). Diese Zielsetzung wird im MEDIA-PLUS Programm fortgesetzt.

Die Filmförderung des Europarates durch Eurimages ist stärker an kulturellen Zielsetzungen bei Beteiligung von mindestens drei europäischen Partnern orientiert. Der Förderumfang ist sehr begrenzt und kann bei einem Spielfilm nicht mehr als 15 Prozent des maximalen Budgets von ca. 1,3 Millionen Mark betragen. Zwischen 1989 und 1995 hat Eurimages 356 Spielfilme und 67 Dokumentarfilme auf diese Weise kofinanziert (Eurimages Guide 1996, 9).

Die generelle Kritik an der Filmförderung in Europa gleicht der Kritik an der Entwicklungshilfe, daß man nicht die richtigen Projekte fördere bzw. eine Subventionsmentalität erzeuge, die Kreativität vernichte. Aber dennoch erscheint Filmförderung insbesondere auf der nationalstaatlichen Ebene unerläßlich, um den europäischen Film zu erhalten (Braunschweig/Keidel 1992, 57).

4. Vergleichende Betrachtung

Im Gegensatz zu der 'Dream-factory' Hollywoods, die in aller Regel von der Produktentwicklung bis zur Vermarktung und Wiederverwertung rigider ökonomischer Marktgesetzlichkeit folgt, sind die Produktionsstrukturen in Europa (Braunschweig/ Keidel 1991, 786) tendenziell kleinteilig, unkoordiniert und schlecht geeignet, sich im globalisierten Wettbewerb zu behaupten. Im Unterschied zur US-amerikanischen Filmpolitik befindet sich die europäische Filmindustrie in einem engen Regelwerk von gesetzlich festgelegten Unterstützungsmechanismen, die dem Ziel dienen, die heimische Filmindustrie zu stärken, die kulturelle Identität und Autonomie und das Kunstwerk Film zu retten, zu fördern oder zu beleben.

Es scheint aber, als ob die bislang unternommenen Versuche, die Kinofilmproduktion in den europäischen Ländern zwischen der Scylla und Charybdis von Kunst und Kommerz mit Erfolg hindurchzusteuern, nur punktuell von Markterfolg gekrönt war.

Obwohl die Fördermengen in den meisten Ländern in den vergangenen zehn Jahren erheblich gesteigert wurden, blieb der erwünschte kommerzielle Erfolg aus. Ergebnis ist, daß sich sowohl in Deutschland Länderfonds als auch die EU noch stärker bemühen den wirtschaftlichen Erfolg zu erreichen. Unter diesem Motto segelte auch das MEDIA II-Programm: 'Toward a competitive European Programme Industry for the Year 2000' (MEDIA Programme Newsletter Quarterly N° 13 April 1996).

Das erklärte Ziel der europäischen Förderungen, ein verstärktes Gegengewicht zur amerikanischen Marktdominanz zu bilden, wurde nicht erreicht. Ein wichtiger Grund dürfte in den strukturellen Unterschieden der Filmherstellung und Vermarktung liegen.

Trotz aller Anstrengungen verschärft sich die Polarisierung zwischen den global erfolgreichen Hollywood-Filmen, die von der Scriptentwicklung bis zur Vermarktung und Nachproduktion einer großangelegten Marktstrategie unterliegen und den nach wie vor eher kleinteiligen Filmproduktionen in den europäischen Ländern, denen nur in Ausnahmefällen ein Coup gelingt, wie z. B. mit dem englischen Film 'Four weddings and a funeral'. Versuche, vor allem von Frankreich, durch aufwendige und stark subventionierte Produktionen à la Hollywood vergleichbare 'Blockbuster'-Erfolge zu erzielen, haben sich in den seltensten Fällen bewährt.

Polygram-Präsident Michael vertritt die Auffassaung: „A simple way of looking at it would be to say that the Hollywood perspective is that there's the domestic market and the rest of the world is all the cream. For us (Europeans), that cream is the core market and America is the shop window that sets a picture's value. We recognize that you can't be in the business without being connected to Hollywood. Experience of recent years and the immediate lineup of product suggest that the long expected internationalization of the movie industry is at hand" (Variety, 20.–26. Mai 1996).

Es stellt sich nun die Frage, ob es neben der publikumsattraktiven Unterhaltungsindustrie einen weiteren Markt für die 'anderen' Filmproduktionen geben kann und damit zwei Märkte nebeneinander bestehen können. Wird es gelingen, durch koordinierte Strategien Marktnischen zu besetzen und damit den beschworenen Untergang des europäischen und auch des kleinteiligen amerikanischen Independent-Filmes zu verhindern?

5. Die Internationalisierung des Film- und Videomarktes

Der Bedeutungswandel der audiovisuellen Industrie unter dem Aspekt des Marktmanagements, der Bewältigung der neuen Technologien und des internationalen Wettbewerbs, erfaßt naturgemäß auch die Weiterentwicklung von Kinofilm- und Videoindustrie. Der Trend, daß die größten und auch im internationalen Vergleich mittelgroßen Medienunternehmen zunehmend in alle audiovisuellen Sparten und damit auch in die Produktion, dem Verleih und dem Vertrieb von Kinofilmen und Videoproduktionen einsteigen, erzeugt einen noch nie dagewesenen Konzentrationsschub. „Studien sagen uns, daß die meisten Medien Ende des Jahrhunderts im Besitz von weniger als einem Dutzend Gesellschaften sein werden. Schon heute sind es nur sieben Filmverleiher und -studios, die den Großteil des Welt-Kinomarktes bedienen, alle befinden sich in den USA, alle im Besitz von Multis. Rupert Murdoch hat 20th Century Fox gekauft, die australische Quinex Gruppe kaufte United Artists, Sony erwarb Columbia, Matsushita Electric kaufte Universal und Time übernahm Warner. Sie sind alle Gesellschafter ohne Länder" (Fore 1996). Im Zeichen der Globalisierung der Märkte und der Konzentration der Medienunternehmen scheint sich das Beteiligungskarussell immer schneller zu drehen. Hinter den 'klassischen' Namen der Hollywood Majors verbergen sich in aller Regel auch Beteiligungen weltweit agierender Konzerne wie Sony und Matsushita in Japan, Murdoch in Großbritannien/USA/Australien, Gaumont und UGC in Frankreich oder Bertelsmann, um nur einige der ganz großen zu nennen. Alle Medienkonzerne sind zunehmend horizontal, diagonal und vertikal miteinander verflochten. Alle verfügen inzwischen über einen mehr oder minder großen Marktanteil in der Film- und Videoindustrie neben Besitzanteilen im Print-, Musik-, TV- und Multimediabereich. Nicht nur die größten der Branche beteiligen sich an diesem Karussell, auch mittlere Unternehmen (zumindest im globalen Maßstab gemessen) wie z.B. Berlusconi und Leo Kirch steigen in den Ring: Kirch hat sich unlängst mit 7,5 Prozent an der amerikanischen New Regency Productions Inc. (Sitz Los Angeles) bei einem Wert von 850 Millionen Dollar beteiligt. Weitere Anteilseigner dieser Firma sind die Milchan Holding des Medienunternehmer Kerry Packers und der koreanische Industrie- und Medienkonzern Samsung. Die Firma zählt zu den renommiertesten Filmproduktions- und Vertriebsunternehmen in Hollywood, mit einer weltweiten Vertriebspartnerschaft für den Bereich Spielfilm mit Warner Brothers. Von Kirch erhofft sich der neue Partner, daß dieser dank seiner Marktposition in Deutschland und Europa zur Stärkung und Ausweitung des Unternehmens beitragen kann (epd kifu 9. 10. 96).

Begünstigt wird diese Entwicklung durch die innerstaatliche Aufweichung von Monopolregelungen, wie sie inzwischen in den meisten europäischen Ländern zugunsten der audiovisuellen Industrie stattgefunden hat. Auch in den USA hat die Aufhebung der FinSyn-Rule eine stärkere gegenseitige Unternehmensverflechtung nach sich gezogen. Die Beteiligung amerikanischer Firmen an europäischen Produktions-, Verleih- und Distributionskonsortien wird ergänzt durch europäische Beteiligungen an amerikanischen Firmen. Die wachsende Konzentration im nationalen Bereich bedeutet nach Einschätzung des Direktors der französischen Produktionsfirma UGC, Alain Sussfeld: „La conséquence du phénomène de concentration est l'intérêt de nouer une relation régulière avec une 'major' américaine", nachdem seine Firma einen Kooperationsvertrag mit 20th Century Fox unterschrieben hatte (Le Film français 16. Juni 1995).

Die verstärkte Verflechtung von unterschiedlichen Medienbereiche, die vormals eher getrennt waren, gehört ebenso zur derzeitigen Entwicklung wie die Globalisierung der Produktionsstrukturen. Der Einstieg von Pro 7 der Kirch-Gruppe in das Geschäftsfeld Kino (Produktion, Verleih und Theater) durch die Übernahme der international agierenden Produktionsfirma Alta Vista im August 1996 (siehe epd. kifu Nr. 58 v. 27. 7. 96) oder die Beteiligung von Leo Kirch an der Produktionsgesellschaft Regency Productions sind deutliche Indikatoren, daß Kinofilmproduktion zumindest als profitable Grundlage gesehen wird, um Synergieeffekte sowohl in der Programmbeschaffung als auch in der Auswertung von Film- und Nebenrechten zu nutzen. Einerseits ist die derzeitige Marktstruktur auch für die Hollywood Majors mit großen Risiken behaftet. Die ständig steigenden Produktionskosten machen es auch für die Großen im Filmgeschäft schwer ihre Stellung zu behaupten, da sich nicht jede teure Filmproduktion als der gewünschte Blockbuster herausstellt (Hazelton 1996, 20).

Andererseits ist es auch begreiflich, daß, vor allem für die Erhaltung von Filmkulturen, einer Monopolisierung des Film- und Videomarktes unter dem Markenzeichen Hollywood, aber mit internationaler Konzernbeteiligung, entgegengewirkt werden muß.

Die seit den achtziger Jahren vor allem in Europa praktizierte Mischung von Deregulierung und Reregulierung hat sich bislang als unwirksames Instrument zur Lösung des Problems erwiesen. Es bleibt offen, ob die von Philippe Olivier Rosseau der französischen Aufsichtsbehörde CSA vorgeschlagene gemeinsame Regulierung des gesamten audiovisuellen Sektors, anstelle einer getrennten Regelung von Fernsehen, Kino und Telekommunikation, wegweisend für den internationalen Film- und Videomarkt sein kann. Es stellt sich die Frage, welche Regelungsmechanismen unerläßlich und welche davon im Zeichen der Internationalisierung des Film- und Videomarktes wirksam sein können? In Europa herrscht „auf Erden reges regulatorisches Treiben, am europäischen Himmel ist die Freiheit dagegen grenzenlos" (Henle 1996, 19). Diese Disproportionalität verdeutlicht auch die Schwierigkeit, lückenlose gesetzliche Vorgaben zu schaffen. Die Frage stellt sich, ob staatliche Regulierungsbehörden, mit der Aufgabe als Schiedsrichter zwischen den divergierenden Interessen auszugleichen wie es die FCC in den USA ist, (Kleinsteuber/Rosenbach 1996, 17) zweckmäßigere Instrumentarien darstellen, um auch den derzeitigen Herausforderungen des Film- und Videomarktes angemessener gerecht zu werden.

6. Literatur

Bart, Peter, Trapped atop a tentpole. In: Variety 16.–22. März 1998.

Braunschweig, Stefan/Hannemor Keidel, Strukturen der europäischen Film- und Fernsehproduktion. In: MP 12/91, 784.

–/–, Film- und Fernsehproduktion in Europa zwischen Markt und Förderung. In: Filmförderung. Hrsg. v. Kurt Hentschel/Karl Friedrich Reimers. München 29–58.

–/–/Peter Wilke, Studie zur Situation der unabhängigen Film- und Fernseh-Produzenten (PIPE), erarbeitet mit Unterstützung des MEDIA-Programms der EU, München 1991.

Bundesverband Video (Hrsg.), Video Zahlen & Fakten, Hamburg 1995.

Chandler, Alfred D. Jr., The Visible Hand: The Managerial Revolution in American Business, Cambridge, MA. 1977.

Dean, Peter, The European Video Directory, London 1995.

Dunlop, Rachel/Jeremy Eckstein (Eds.), Cultural Trends 1994. In: 23. Film, Cinema and Video, London, 22.

European Cinema Yearbook, Utrecht 1995 und 1997.

European Commission, „The European Film Industry under Analysis", Brüssel 1997.

Fore, William F., Plunder zum Plündern. In: epd Nr. 43, 1996, 8–14.

Garvin, Tom, Independents find money's available, for the right price. In: Variety 2.–8. März 1998, S. 80–82.

Groves, Don, Plex Push Piques Overseas Exhib Ire., In: Variety, 23.–29. September 1996.

Gyory, Michel/Gabriele Glas, Statistiken der Filmindustrie in Europa, Brüssel 1992.

Hazelton, John, Flirting with disaster. In: Screen International, 3. Mai, 1996, 20.

Henle, Victor, Der Rundfunkmarkt europäisiert sich. In: tendenz Nr. 3, 1996, 18–19.

Keidel, Hannemor, Pressefreiheit – Garantie für Meinungsvielfalt?, In: Wolfgang Benz (Hrsg.), Sieben Fragen an die Bundesrepublik, München 1989, 117–135.

–, MEDIA und Eurimages – Stärkung des europäischen Films? In: MP 1/98, 19–29.

Kleinsteuber, Hans/Marcel Rosenbach, Thinking Digital: Regulierung in den USA und Deutschland. In: tendenz Nr. 3, 1996, 14–17.

Maltby, Richard, Hollywood Cinema, Oxford 1996.

Media Business File, Autumn 1995.

Media Quarterly Nr. 13, April 1996, 1.

Müller, Thomas G., Bewegung in der Film- und Fernsehförderung. In: tendenz Nr. 1, 1996, 14–19.

National Heritage Committee Second Report, The British Film Industry, Vol. I–III, London 1995.

Smith, Paul J., Sight & Sound November 1996, 32.

Spinhof, Herman, Die Filmindustrie in Europa. In: Das Bulletin 1/95.

Tunstall, Jeremy, The Media in Britain, London 1987.

Varis, Tapio, Internationaler Programmmarkt für Fernsehsendungen. In: Internationales Handbuch für Hörfunk und Fernsehen, Hamburg 1996/97.

Hannemor Keidel, München (Deutschland)

252. Der internationale Markt für Musik-Produktionen

1. Einleitung
2. Der internationale Tonträgermarkt
3. Die Bedeutung des deutschen Tonträgermarktes im internationalen Kontext
4. Neue Verbreitungswege für Musikproduktionen
5. Literatur

1. Einleitung

Musik ist ein universelles, Sprach- und politische Grenzen überschreitendes Verständigungsmittel, zentraler Ausdruck schöpferischer Betätigung und kultureller Orientierung des Menschen, wesentlicher Bestandteil von Sozialisation, individueller und sozialer Standortbestimmung. Seit Erfindung des Tonträgers durch Thomas Alpha Edison im Jahre 1877 haben sich die technischen Möglichkeiten zur Produktion und zur Verbreitung von Musik dramatisch ausgeweitet. Musikproduktionen sind allgegenwärtig geworden, sie umfassen weltweit das gesamte musikalische Schaffen und machen Musik unabhängig von Zeit und Ort praktisch jedermann zugänglich. Mit der Schallplatte, später mit Hörfunk, Fernsehen, privaten Vervielfältigungstechnologien und den heutigen elektronischen Verbreitungsmöglichkeiten hat die Technologie die Grundlage für die von der flüchtigen Aufführung unabhängige Verbreitungsfähigkeit von Musik geschaffen, sowie die wirtschaftliche Basis für das Entstehen eines globalen Marktes für Musikproduktionen gelegt.

Unter Musikproduktion sei die Zusammenfassung aller künstlerischen, organisatorischen, technischen und wirtschaftlichen Vorgänge verstanden, die die Fixierung einer musikalischen Darbietung ermöglichen. Die Fixierung setzt die Verfügbarkeit eines Speichermediums voraus, das seinerseits Ausgangspunkt für die Vervielfältigung und Verbreitung der fixierten Musikproduktion ist. Diese Definition verbindet den Begriff der Musikproduktion mit dem Vorgang der Speicherung und schließt somit Musikproduktionen für ausschließlich ephemere Nutzungen (z. B. Konzert-, Operndarbietungen) aus. In den internationalen und nationalen Urheberrechtssystemen wird im allgemeinen das Speichermedium der Erstfixierung einer Musikproduktion als 'Tonträger' bezeichnet. Im Sprachgebrauch werden als Tonträger die physischen Vervielfältigungsstücke dieser Erstfixierung in unterschiedlicher technischer Ausprägung verstanden. Dies sind heute Compact Discs (CD), Digital Versatile Discs (DVD), Super Audio CD, MusiCassetten, Vinyl-Schallplatten, Mini Discs und Digital Compact Cassetten. Wenn im folgenden von Tonträgern die Rede ist, sind diese Vervielfältigungsstücke gemeint.

Die Produktion und Verbreitung von Musik ist Geschäftsgegenstand einer vielgestaltigen Industrie. Sie schafft und erwirbt ausschließliche Rechte an der Vervielfältigung und Verbreitung von Tonträgern, die die Voraussetzung für die wirtschaftliche Verwertbarkeit von Musikproduktionen und damit für den Bestand des Marktes sind. Mit der 'International Federation of the Phonographic Industry' (IFPI) haben sich die Unternehmen in einem internationalen Dachverband zusammengeschlossen, der weit über 1000 Mitglieder in mehr als 60 Ländern und Landesorganisationen in allen wichtigen Märkten hat. IFPI vertritt die gemeinsamen Interessen dieses Wirtschaftsbereiches vor allem gegenüber internationalen Organisationen und gesetzgebenden Körperschaften. Daneben stellt IFPI wichtige Dienstleistungen bereit, die von der Bekämpfung von illegalen Tonträgern und illegalen Online-Angeboten (sogenannte Tonträgerpiraterie) bis zur Bereitstellung internationaler Marktdaten reicht.

2. Der internationale Tonträgermarkt

2.1. Entwicklung und Marktdaten

Der internationale Tonträgermarkt hat der Musik einen medialen Massenmarkt eröffnet, dessen Globalisierung durch zunehmende Ausstattung der Haushalte mit technischen Abspielmöglichkeiten seit Anfang der fünfziger Jahre stattgefunden hat. Die Entwicklung der Vinyl-Schallplatte nach dem 2. Weltkrieg, die Durchsetzung der Magnetaufzeichnung für den privaten Gebrauch und die Markteinführung des Compact-Cassetten-Systems Anfang der sechziger Jahre sowie der Durchbruch der digitalen Compact Disc (CD) seit 1983 waren wichtige Meilensteine in der Entwicklung der internationalen Tonträgermärkte. Bis zum Ende der siebziger Jahre war der Tonträgerindustrie ein ungebrochenes und schnelles Wachstum beschieden. Plattenspieler und später Cassettenrecorder haben sich rasch etabliert, vor allem in den Haushalten der entstehenden westlichen Wohlstandsgesellschaften. Ende der siebziger Jahre lag die Haushaltsausstattung mit Plattenspielern in den Ländern Westeuropas und Nordamerikas zwischen 65 Prozent und 75 Prozent. Ende der achtziger Jahre verfügten in diesen Ländern 70 Prozent bis 80 Prozent der Haushalte über mindestens einen Cassettenrecorder. Mit Jazz, Rock'n'Roll und Beat haben anglo-amerikanische Musikstile globale Musiktrends entstehen lassen, die weltweit auf ein musikhungriges, meist jugendliches Publikum trafen und dem Tonträgerabsatz wichtige Impulse gaben. Es waren vor allem amerikanische Tonträgerunternehmen, die nach dem zweiten Weltkrieg eine internationale Konzernstruktur mit eigenen Tochterunternehmen oder Lizenznehmern in allen wichtigen westlichen Märkten entwickelt haben. Dies hat die Voraussetzung für internationale Musiktrends durch globale Marketing- und Absatzstrategien geschaffen.

Ende der siebziger Jahre erreichte der Weltumsatz mit bespielten Tonträgern rund 13 Mrd. US $. Gleichzeitig aber wurden erste Anzeichen einer weltweiten Absatzkrise deutlich, die die wachstumsgewohnte Tonträgerindustrie in den Folgejahren traf. Der Umsatz ging bis 1982 auf 11,2 Mrd. US $ zurück und begann nach einer Stagnationsphase erst ab Mitte der achtziger Jahre wieder zu wachsen. Die Tonträgerindustrie hat auf diese Absatzkrise mit Straffung der Fertigungs- und Vertriebsorganisationen, mit Rationalisierungen in der Administration und Reduzierung der Zahl von Neuveröffentlichungen reagieren müssen. In Deutschland war im Verlauf dieses Reorganisationsprozesses jeder 7. Arbeitsplatz in der Tonträgerindustrie verlorengegangen. Für die Absatzkrise war ein ganzes Bündel von Ursachen verantwortlich. Rezessive Wirtschaftsentwicklungen in wichtigen Märkten hatten zu deutlicher Kaufzurückhaltung geführt. Mit der Durchsetzung des Compact-Cassetten-Systems war gleichzeitig die Möglichkeit zum privaten Vervielfältigen auf Leercassetten geschaffen, und Musikliebhaber hatten ihren Musikbedarf durch Kopieren von Tonträgern oder Mitschneiden von Hörfunkprogrammen befriedigt, gleichzeitig dem Leercassetten-Absatz zu kräftigen Wachstumsschüben verholfen. Neue Medienangebote, wie z. B. die Videoaufzeichnungstechnologie, hatten zunehmend Teile des verfügbaren Einkommens beansprucht. Die Markteinführung der digitalen Compact Disc 1983 hat dann schließlich die Grundlage für neue Wachstumsimpulse gelegt, die den weltweiten Tonträgerumsatz von 12,3 Mrd. US $ im Jahre 1985 auf 39,8 Mrd. US $ im Jahre 1996 anwachsen ließen. Die Jahre bis zur Jahrtausendwende zeigen Stagnation und leichte Umsatzrückgänge. Während sich die Compact Disc auf den Höhepunkt ihres Lebenszyklus' zubewegt, verlieren die analogen Bandträger im Wettbewerb gegen die Digitalisierung Absatz- und Umsatzanteile. Die traditionelle Vinyl-Langspielplatte hat nur noch Nischenbedeutung für Liebhaber und Nostalgiker. Wachstumsverlangsamung und auch Absatzrückgänge – vor allem in einigen der wirtschaftlich besonders entwickelten Märkte – prägen die Ausgangssituation zu Beginn des neuen Jahrtausends. Der Attraktivitätsverlust bespielter Tonträger hat wiederum eine Vielzahl von – vor allem exogenen – Ursachen, die Vergleiche mit der Entwicklung Anfang der achtziger Jahre nahelegen. Wiederum hat die technische Entwicklung neue und attraktive Produkte hervorgebracht, die die Märkte erobern und verfügbares Einkommen binden. Der PC erobert die privaten Haushalte, Computerspiele und Software-Angebote finden vor allem in den Kernzielgruppen der Musikindustrie großes Interesse. Digital Versatile Discs, Player und Filmangebote auf DVD-Trägern eröffnen neue Qualitäts- und Nutzungsstandards. Die Revolution der mobilen Telefonie weckt in großem Umfang Besitz- und Nutzungswünsche und bindet Einkommen. Ebenso schafft das Internet völlig neue Kommunikationsmöglichkeiten und Strategien der Bedürfnisbefriedigung. Und wiederum ermöglicht es die Fortentwicklung privat nutzbarer Vervielfältigungstechnologien, die Musikangebote zu nutzen ohne entsprechende Tonträger zu erwerben. CD-Brenner und inzwischen äußerst billige bespielbare CDs (CD-R/CD-RW) erlauben das 'Klonen' von bespielten CDs. Während letztere an Attraktivität verlieren, bleibt die Attraktivität der Musik ungebrochen. Sie steigt sogar weiter an. Die Dynamik des privaten 'Klonens' von Musik auf CD-Rs/CD-RWs übertrifft bei weitem diejenige der Absatzentwicklung im Musikmarkt: In Deutschland wurden im Jahr 2000 rund 130 Mio. CD-Rs/CD-RWs mit Musik bespielt. Das sind 54 Prozent des gesamten CD-R/CD-RW-Absatzes an private Personen. Der CD-Longplay-Absatz lag im Jahr 2000 bei 191 Mio. Stück. Die in vielen Ländern etablierten Vergütungssysteme für privates Vervielfältigen können die durch 'Klonen' entstehende Erosion der wirtschaftlichen Ertragsfähigkeit von Musik und damit die Sicherung der wirtschaftlichen Substanz für Musikproduktion und der Existenzfähigkeit der kreativen musikalischen Szenen nicht aufhalten. Zudem hat das Internet eine Flutwelle von illegalen Musikangeboten hervorgebracht, die ohne Zustimmung der Rechteinhaber (und natürlich ohne ihre Leistungen zu vergüten) omnipräsent sind. Die Etablierung legaler Musikangebote im Netz ist dadurch dramatisch erschwert.

Tab. 252.1: Absatz- und Umsatzentwicklung im Welttonträgermarkt (Absätze in Mio. Stück, Umsätze zu laufenden Endverbraucherpreisen in Mio. US $)

Jahr	Singles	LPs	Tapes	CDs	Wert
1981	550,0	1140,0	510,0	–	12 300
1982	680,0	900,0	570,0	–	11 200
1983	800,0	850,0	660,0	5,5	12 000
1984	750,0	800,0	800,0	20,0	12 000
1985	650,0	730,0	950,0	61,0	12 250
1986	490,0	690,0	970,0	140,0	14 000
1987	390,0	590,0	1150,0	260,0	17 000
1988	370,0	510,0	1390,0	400,0	20 300
1989	357,0	450,0	1540,0	600,0	21 600
1990	341,0	339,0	1446,0	770,0	24 050
1991	333,9	291,6	1492,8	997,5	27 476
1992	352,2	174,5	1476,4	1185,2	29 464
1993	410,3	108,5	1381,7	1418,6	31 158
1994	390,2	49,3	1354,4	1784,0	36 124
1995	431,8	33,0	1200,0	1983,4	39 717
1996	466,0	21,0	1188,2	2162,4	39 812
1997	517,2	18,4	1054,1	2243,1	38 530
1998	458,8	22,9	914,3	2372,0	38 237
1999	438,8	15,6	894,5	2450,8	38 671
2000	376,0	13,5	800,9	2511,2	36 926

Quelle: International Federation of the Phonographic Industry (IFPI)

Der Markt für Musikproduktionen steht damit gegenwärtig vor seiner größten Bedrohung hinsichtlich der Ertragsfähigkeit von Musik und gleichzeitig vor seinen wohl größten Entwicklungschancen, die die neuen Technologien, vor allem die Digitalisierung und die Verfügbarkeit von Netzwerken, eröffnet haben. Während in den ersten 125 Jahren ihrer Geschichte die individuelle Verbreitung von Musikproduktionen an physische Träger gebunden war, eröffnet die netzgebundene nicht-physische Verbreitung völlig neue Dimensionen, wenn es gelingt Marktbedingungen zu etablieren, durch die privates Vervielfältigen und Online-Piraterie wirksam kontrollierbar werden. Die Tabelle 252.1 gibt die Absatz- und Umsatzentwicklung im Welttonträgermarkt zwischen 1981 und 2000 wieder.

Die Entwicklung bis Ende der achtziger Jahre ist durch das Ende des Lebenszyklus' der traditionellen Vinyl-Langspielplatte und die bemerkenswert schnelle Marktdurchsetzung der Compact Disc gekennzeichnet. Die Absätze bandförmiger Träger ('Tapes') zeigen bis zum Beginn der neunziger Jahre anhaltendes Wachstum, danach Stagnation und Absatzeinbußen. 'Tapes' sind dabei bis Mitte der achtziger Jahre sowohl MusiCassetten (MC) als auch sogenannte 8-Track-Cartridges gewesen. Cartridges haben vor allem in USA und Japan eine wichtige Rolle gespielt, sind aber bis zur Mitte der achtziger Jahre von der MusiCassette vollständig verdrängt worden. Singles haben im Tonträgermarkt als Umsatzträger zwar nur eine vergleichsweise geringe Bedeutung, sie sind aber ein wichtiges Präsentationsmedium für neue Talente, neue Musikstile und Hinweisträger auf die wirtschaftlich ausschlaggebenden Longplay-Formate. Anfang der achtziger Jahre war der Single-Markt durch die 17-cm-Vinyl-Single repräsentiert. Inzwischen hat sich auch hier das CD-Format durchgesetzt. In einigen Märkten haben seit Ende der achtziger Jahre auch MC-Singles einen beachtlichen Marktanteil gewinnen, jedoch nicht halten können. In der zweiten Hälfte der neunziger Jahre bewegt sich die CD auf den Höhepunkt ihres Lebenszyklus' zu. Ende der neunziger Jahre zeichnen sich weiter verbesserte Trägertechnologien ab. Die Super-Audio-CD ermöglicht dank verbesserter Speichertechnologie deutlich höhere Klangqualität und Mehrkanalfähigkeit. Außerdem ist die Digital Versatile Disc mit ihrer hohen Speicherkapazität ebenfalls ein Trägermedium, das nicht nur für Film sondern auch für Musik genutzt wird. Gerade für Musik sind dadurch neue Nutzungsoptionen durch Zusatzinformationen und Interaktivität möglich, die sowohl kreative als auch wirtschaftliche Impulse setzen können.

Schließlich dürften auch Speicherchips (sog. RAM-Cards) und mobile Hardware-Technologien zum Abspielen von komprimierten Musikdateien (z. B. sog. MP3-Player) die Musiknutzung ergänzen und erweitern.

Tab. 252.2: Durchschnittsabsatz von Longplays pro Haushalt 2000.

Land	Durch-schnitts-absatz	Land	Durch-schnitts-absatz
USA	9,8	Schweden	6,0
Großbritannien	8,4	Belgien	5,9
Norwegen	8,1	Österreich	5,4
Dänemark	7,3	Frankreich	5,1
Schweiz	7,1	Spanien	4,8
Deutschland	6,4	Portugal	3,6
Niederlande	6,3	Italien	2,5
Japan	6,2	Griechenland	2,1

Quelle: Understanding & Solutions

Die Absatzentwicklung bespielter Tonträger spiegelt den unterschiedlichen Entwicklungsstand nationaler Märkte wieder. So haben vor allem die westlichen Industrienationen mit ihrer zunehmenden Freizeitorientierung und wachsendem Wohlstand die schnelle Marktdurchsetzung der Compact Disc ermöglicht, während in den Ländern des ehemaligen Ostblocks sowie in Schwellen- und Entwicklungsländern bis in die neunziger Jahre hinein noch das MC-Format vorherrschte. Der Markterfolg der CD hat den Absatz von MusiCassetten zurückgedrängt, weil mit der CD ein plattenförmiger Träger verfügbar war, der in die Präferenzdomäne der MusiCassette eingedrungen ist: robust, einfach zu handhaben und mobil einsetzbar. Der Pro-Kopf-Absatz von Tonträgern korreliert in den einzelnen nationalen Märkten sehr deutlich mit dem Ausstattungsgrad entsprechender Abspielmöglichkeiten und dem verfügbaren privaten Einkommen, ist aber auch abhängig von unterschiedlichen kulturellen und gesellschaftlichen Gewohnheiten sowie marktspezifischen Faktoren, wie z. B. vom absoluten oder relativen Preisniveau, das auch steuerlichen Einflüssen unterliegt. Tabelle 252.2 zeigt den Durchschnittsabsatz der Longplayformate LP, MC und CD pro Haushalt für wichtige Absatzmärkte.

2.2. Marktstruktur und Wettbewerb

Die Tonträgermärkte sind weltweit hoch wettbewerbsintensiv. Ein wesentlicher Teil dieses Wettbewerbs findet auf der Repertoire-Beschaffungsseite statt. Internationale „Megastars", das richtige Gespür für Musikstile und Trends sind die Voraussetzung für Absatz- und Umsatzerfolg. Die Tonträgerhersteller konkurrieren weltweit darum, Interpreten und Repertoires an sich zu binden. Die Folge dieses Wettbewerbs sind dramatisch steigende Kosten für die Repertoirebeschaffung; Lizenzen und finanzielle Garantien haben Größenordnungen erreicht, die in vielen Fällen nur noch mit international angelegten Absatzstrategien amortisierbar sind. Kleinere Firmen mit attraktive Repertoires nutzen diesen Wettbewerb, um einzelne Produktionen oder ganze Kataloge solchen Unternehmen anzubieten, die in den Zielgruppenmärkten über ausgebaute Unternehmensstrukturen mit allen relevanten Funktionen verfügen. Sie können damit ganz oder teilweise auf eigenes Marketing und/oder eigenen Vertrieb verzichten, sich also auf ihre kreativen Produktionsaktivitäten konzentrieren. Hieraus ist eine höchst vielfältige Struktur von Unternehmen mit unterschiedlichen Funktionsumfängen gewachsen. Der intensive Wettbewerb auf dem Beschaffungsmarkt hat die Bildung weltweit tätiger Konzerne begünstigt, weil ansteigende Kosten für die Repertoirebeschaffung und vielfach kaum kalkulierbares Erfolgsrisiko enorme Kapitalkraft und weltweite Aktionsfähigkeit voraussetzen. Die Entstehung weltweit operierender Unternehmen hat gleichwohl und trotz anhaltender Konzentrationstendenzen den Bestand und die Entwicklung von unabhängigen Unternehmen ermöglicht, deren territoriale Bedeutung meist allerdings begrenzt ist. Die Marktzutrittsschranken sind niedrig: Neue, kreative musikalische Talente, interessante Produktideen, intelligente und engagierte Artist- und Repertoire-Strategien sowie innovatives Marketing haben immer wieder neuen Firmen einen festen Platz im Markt verschafft. Viele dieser Firmen bieten ihre Produkte und Kataloge auf dem Repertoire-Beschaffungsmarkt an und kooperieren über Verträge unterschiedlichen Umfangs und unterschiedlicher Reichweite mit global operierenden Unternehmen. Andere erschließen sich aber auch selbst absatzrelevante Funktionen entsprechend ihren jeweiligen Unternehmenszielen. Allerdings führt das hohe wirtschaftliche Risiko im Tonträgermarkt auch zu Konkursen. Im deutschen wie im internationalen Markt gibt es für beide Aspekte zahlreiche Beispiele: edel, Koch International, SPV oder ZOMBA konnten mit erfolgreichen Strategien wachsende Marktanteile gewinnen. K-TEL, Arcade oder Pilz Media Group haben dagegen im Wettbewerb nicht überlebt. Allein in Deutschland operieren z. Zt. mehr als 800 Firmen aktiv im Tonträgermarkt.

Die Entwicklung international tätiger Konzerne war in den vergangenen Jahrzehnten auch durch Firmenkäufe gekennzeichnet. Sie betrafen nicht zuletzt Unternehmen, die zuvor ihre Repertoires im Wege von Labelübernahme- oder Vertriebsverträgen durch Konzerne verbreiten ließen, deren Kataloge aber solches Gewicht gewonnen haben, dass durch Aufkauf das Risiko von Repertoirewanderungen eliminiert wurde. Das gegenwärtige Zwischenergebnis dieses Prozesses sind fünf weltweit tätige Konzerne:

- Das deutsche Unternehmen Bertelsmann engagiert sich seit 1958 im Tonträgermarkt. Die Internationalisierung der heutigen Bertelsmann Music Group (BMG) ist gekennzeichnet durch den Kauf der amerikanischen ARISTA Anfang der achtziger Jahre und die Einverleibung der Schallplatteninteressen der amerikanischen RCA in den Jahren 1986 und 1987. In Deutschland erfolgte 1989 außerdem die Übernahme des Unternehmens Miller International.
- Siemens (Deutschland) und Philips (Niederlande) haben 1971 durch Gründung der Polygram-Gruppe ihre Aktivitäten im Tonträgermarkt zusammengeschlossen. Siemens hat sich bald darauf zurückgezogen und seine Anteile Philips überlassen. Wichtige Schritte zum Ausbau der internationalen Präsenz des Unternehmens waren die Aufkäufe der britischen Decca sowie der amerikanischen Island (1989), A&M (1990) und Motown (1994). Schließlich wird Polygram selbst zum Akquisitionsobjekt. Der kanadische Mischkonzern Seagram hatte sich zu einem weltweit operierenden Mediengiganten entwickelt und 1995 vom japanischen Elektronikkonzern Matsushiha das ehemals amerikanische Unternehmen MCA erworben, das danach unter dem Namen Universal firmierte. 1998 erwirbt Seagram Polygram und fusioniert das Unternehmen mit Universal zur Universal Music Group. Im Jahr 2000 fusioniert Seagram mit dem französischen Konzern Vivendi.
- Der amerikanische Konzern Time Warner hat mit dem Zusammenschluss der Schallplattenlabel Warner, Electra und Atlantik als Warner Music Group weltweite Bedeutung. In Deutschland hat Warner 1988 die Teldec erworben, die seither als East-West firmiert. Schließlich hat der Zusammenschluss von Time Warner und dem amerikanischen Online-Anbieter AOL im Jahre 2000 der Entwicklung von Marktstrategien neue Impulse gegeben.
- Die Schallplatteninteressen des amerikanischen Unternehmens Columbia Broadcasting Service sind 1987/88 von dem japanischen Elektronik-Giganten Sony übernommen worden. Die ehemalige CBS Records firmiert seither als Sony Music.
- 1980 hat der britische Elektronikkonzern Thorn das Tonträgerunternehmen EMI erworben, das mit seinem attraktiven britischen Repertoire und seiner amerikanischen Tochter Capitol Records bereits über weltweite Bedeutung verfügte. Thorn EMI hat 1990 die englische Firma Chrysalis, 1992 das britische Unternehmen Virgin dazugekauft. Ende 1994 stieß die deutsche Intercord zur Thorn EMI-Gruppe, mit der bis dahin der deutsche Holzbrinck-Konzern seine Interessen im deutschen Tonträgermarkt verfolgt hatte. Intercord wurde 2000 mit der deutschen EMI-Tochter verschmolzen. 1995 erwarb Thorn EMI den holländischen Zweitverwerter Disky. 1996 verselbständigte Thorn EMI seine Musikinteressen und schuf die EMI Group.

Das noch in den siebziger Jahren von amerikanischen Unternehmen wie der CBS, der RCA, dem Warner-Konzern, der MCA deutlich beeinflusste Tonträgergeschäft hat sich völlig neu aufgeteilt. Unter den großen Konzernen befinden sich heute mit Bertelsmann, Vivendi-Universal und Thorn-EMI drei europäische Unternehmen mit eigenen Interessen im Tonträgermarkt. Warner Communications ist der einzige US-amerikanische Konzern mit weltweitem Tonträgergeschäft. Mit Sony verfügt daneben ein japanisches Unternehmen über global operierende Tonträgerfirmen.

Die Entwicklung der Konzernstrukturen macht deutlich, dass neben den Marktzugängen im Musikmarkt bis in die achtziger Jahre die Verbindung zur Hardware-Seite im Mittelpunkt stand. In den jüngeren Entwicklungen ist dagegen deutlich der Zugriff auf Kabel- und Online-Strukturen im Zentrum sowie die Integration der verschiedenen Medienbereiche Buch, Rundfunk, Film. Aber auch im Kernbereich der Musikproduktionen finden weiterhin Verteilungskämpfe statt, wie die 2000 und 2001 im wesentlichen an wettbewerbsrechtlichen Problemen gescheiterten Versuche von AOL/Time Warner und Bertelsmann, die EMI Music Group zu erwerben.

2.3. Die Modezyklen in der internationalen Popmusik

Internationale Musikmode breitet sich in globalen Wellen aus. Es gibt *'kürzere Wellen'*, die ein oder mehrere Jahre dauern, und *'längere Wellen'*, die etwa ein Jahrzehnt umfassen. 'Kürzere Wellen' beeinflussen die internationale Popmusik, indem sie eine gewisse Zeit einen Trend bestimmen und dann vom 'Mainstream-Pop' aufgesogen werden. 'Längere Wellen' dominieren den Musikgeschmack einer 'Musik-Generation' und lenken den Mainstream-Pop in eine neue Richtung. Sie prägen Kultur und Subkultur einer Generation junger Menschen weit über den Musikbereich hinaus.

Mit einiger Abstraktion kann man sagen, dass seit Beginn des 20. Jahrhunderts etwa alle zehn Jahre eine 'längere Welle' der populären Musik stattfindet. Das erste Jahrzehnt dieses Jahrhunderts wurde geprägt vom *Ragtime* (z. B. Scott Joplin, Tom Turpin, James Scott). Die zwanziger Jahre erlebten den *Hot Jazz* (z. B. Joe „King" Oliver, Jelly Roll Morton, Louis Armstrong). Dieses war zugleich die erste Musikmode, die über Tonträger verbreitet wurde, während Ragtime noch auf die Notenschrift als Medium angewiesen war. Die 'Roaring Twenties' erlebten auch zum ersten Mal die Ausbreitung eines populären Musiktrends von Amerika nach Europa. In den dreißiger Jahren beginnt der *Swing* (z. B. Duke Ellington, Count Basie, Benny Goodman) seinen Siegeszug, wiederum von den USA nach Europa. Besonders Glenn Miller trägt zur Popularisierung des Swing bei. Wie bereits beim Hot Jazz, so nimmt auch jetzt die Schlagermusik die musikalischen Elemente des Swing auf und trägt damit den Trend weiter.

Die vierziger Jahre erleben keine neue, tragende Musikmode: Es herrscht Weltkrieg, und die Jugend der Welt kann ihren Musikgeschmack nicht ausleben. Im Kontrast zur Realität sind die Hits der Zeit eher romantisch und getragen, repräsentiert durch Sänger/Innen wie Bing Crosby, Frank Sinatra, Dinah Shore, Dick Haymes oder Perry Como. Erst mit der Nachkriegszeit, in den fünfziger Jahren, tritt wieder ein neuer Musikstil in den Vordergrund: der *Rock'n'Roll* (z. B. Elvis Presley, Chuck Berry, Bill Haley, Fats Domino). Wichtig für die globale Ausbreitung von Popmusik wird jetzt der Musikfilm (z. B. Rock Around The Clock, Jailhouse Rock). Abgelöst wird der Rock'n'Roll zu Beginn der sechziger Jahre von der *Beatmusik* (Beatles, Rolling Stones, Kinks, The Who). Jetzt wird England zum Ausgangspunkt einer globalen Musikmode, und die Beatles belegen im April 1964 Platz 1–5 der US-Charts. In den siebziger Jahren entwickelt sich aus dem Beat die *Rockmusik* (z. B. Deep Purple, Genesis, Yes, Pink Floyd) mit ihren vielfältigen Strömungen, die bis heute eine wichtige Rolle im Musikgeschäft spielen. Mitte der siebziger Jahre bildet sich der nächste globale Musiktrend, die *Disco-Musik* (z. B. K.C. & The Sunshine Band, Silver Convention, Donna Summer, Bee Gees, Village People), die dann maßgeblich die Popmusik der achtziger Jahre beeinflußt. Zum ersten Mal in der jüngeren Geschichte der internationalen Popmusik ist der europäische Kontinent an der musikalischen Entwicklung mitbeteiligt, und man trifft auch zunehmend auf Künstler, die in Deutschland produziert wurden.

Ab Mitte der achtziger Jahre geht aus Disco die Dancefloor-Musik hervor mit den härteren Varianten wie Techno und Electro-Dance (z. B. Snap, U96, Dr. Alban, Mr. President, Scooter, Rednex). Dancefloor ist während der neunziger Jahre vor allem im Single-Markt präsent. Gegen Ende des Jahrhunderts breitet sich mit HipHop/Rap hingegen wieder eine amerikanisch geprägte Stilrichtung aus (z. B. Ice T, Beastie Boys, Eminem), die im deutschsprachigen Hip-Hop eine interessante lokale Erweiterung findet (z. B. Sabrina Setlur, Absolute Beginnes, Dynamite Deluxe, Die Fantastischen Vier).

In der Geschichte der populären Musik haben eine ganze Anzahl stilbildender Musikmoden Spuren hinterlassen. Sie alle haben einen Beitrag zur Entwicklung der Popmusik geleistet. Ihnen gilt nicht nur unser historisches Interesse, sondern sie leben in der Musikwelt weiter, und das nicht nur als Oldies oder Evergreens: zum Einen sind viele der 'originären' Interpreten noch aktiv und haben ihr Publikum (bestes Beispiel Ibrahim Ferrer mit dem Buena Vista Social Club). Zum anderen gibt es immer wieder junge Künstler, die sich der „älteren" Musikstile annehmen und daraus zeitgemäße Varianten kreieren (z.B. New Rock durch Bands wie Limp Bizkit oder Papa Roach).

Es ist sicherlich kein Zufall, dass langfristige Musikmoden in „Generations-Zyklen" stattfinden und immer von jungen Menschen getragen werden: Jede neue Generation braucht 'ihre' Musik, um sich zu identifizieren und um sich von der Welt der Erwachsenen abzusetzen. Daher kann man zu jedem der oben beschriebenen musikalischen Trends die Geschichte der Auseinandersetzungen erzählen, die sich zwischen Jugendlichen und der Gesellschaft ereignet haben. Und noch eines ist bemerkenswert: Zumindest während der Zeit der Entstehung sind musikalische Trends fast immer „tanzbare Musik", was etwas damit zu tun haben muss, dass für Jugendliche überall auf der Welt die Musik stets ein probates Mittel ist, dem anderen Geschlecht näherzukommen.

3. Die Bedeutung des deutschen Tonträgermarktes im internationalen Kontext

3.1. Der internationale Einfluss auf den deutschen Musikmarkt

Untersucht man die Herkunftsländer der in Deutschland verkauften Musik, so ergibt sich etwa folgendes Bild:

          um   35 Prozent   Deutschland
          um   30 Prozent   USA
          um   20 Prozent   England
          über 10 Prozent   Regional (Europa)
          unter 5 Prozent   Sonstige

Deutschland ist, gemessen an der Größe seines Marktes, immer noch deutlich dominiert von ausländischen Musikproduktionen. Die Ursache dafür liegt zum einen *in der Geschichte der deutschen Popmusik* und zum anderen *in der Struktur des internationalen Musikmarktes*. Allerdings lässt sich seit Anfang der neunziger Jahre ein wachsender Einfluss inländischer Produktionen erkennen, der sowohl der musikalischen Entwicklung wie der Marktentwicklung Impulse gibt.

3.1.1. Der geschichtliche Aspekt

Die populäre deutsche Musik beginnt eigentlich erst mit dem Schlager in den zwanziger Jahren dieses Jahrhunderts. Gesungen wird in Deutsch, alles andere ist undenkbar. Der deutsche Markt ist ein 'nationaler' Markt. Mit der Nazi-Diktatur in den dreißiger Jahren isoliert sich der deutsche Markt immer stärker von ausländischen Märkten (z.B. dokumentiert durch die Comedian Harmonists und ihr tragisches Ende). Die deutsche Popmusik wird bis Ende des 2. Weltkrieges ein auf sich bezogenes Eigenleben führen.

1945 ist deutsche Popmusik nicht existent, und auch in den Folgejahren gelingt es nicht, den Anschluss an den Weltmarkt zu finden. Der 'Deutsche Schlager' ist zwar national präsent, jedoch auf den konservativen Musikgeschmack ausgerichtet. So entsteht bei den jungen Menschen in Deutschland schon bald ein großer Bedarf nach Popmusik, wie sie in England und vor allem in den USA angeboten wird. Im Ergebnis füllt die anglo-amerikanische Popmusik in den nächsten Jahrzehnten das *Vakuum* aus, das mangels einer eigenständigen progressiven Popmusik entstanden ist. Es gilt besonders bei jungen Menschen als 'chic', Popmusik aus Amerika oder England zu hören. Da sich die Massenmedien auch dem jungen Publikum verschreiben müssen, findet anglo-amerikanische Popmusik eine günstige Plattform zur Verbreitung im Radio, im Fernsehen und in den Printmedien. Daraus erwächst eine Basis, die auch den Musikgeschmack nachfolgender Generationen in Deutschland prägt. Es dauert bis in die neunziger Jahre, bis sich das musikinteressierte Publikum (und auch die Künstler im Lande) vom ango-amerikanischen Musikgeschmack zumindest in Teilen emanzipieren.

3.1.2. Der strukturelle Aspekt

Der internationale Musikmarkt hat sich zu einem export-orientierten Teil (USA, England) und zu einem import-orientierten Teil (vor allem Europa, aber auch Japan, Südostasien, Südamerika) entwickelt. Neben der Größe und historischen Bedeutung des anglo-amerikanischen Marktes liegt die Ursache dafür auch in der wirtschaftlichen Auswertung von Musik selbst: Musikproduktionen sind, gemessen an den Umsatzmöglichkeiten in lokalen Märkten, teuer. Es sind heute nicht allein die Kosten für die

Produktion der Musik, sondern zunehmend die Marketing-Kosten, angefangen von der Ausstattung von Tonträgern über die zu produzierenden Musikvideos bis hin zur eigentlichen Marketing-Kampagne (Poster, Spots, Werbe-Material, Internet-Content usw.). Musikvideos spielen in der globalen Promotion neuer Musiktitel heute die entscheidende Rolle (MTV, VIVA) und sind fester (und aufwendiger) Bestandteil des internationalen Marketing. Die Refinanzierung dieser beträchtlichen Investitionen setzt entweder einen großen nationalen Markt (über den nur die USA verfügen) oder aber die Verwertbarkeit der Musikproduktionen auf dem internationalen Markt voraus. Man spricht in diesem Fall auch von *internationaler Repertoire-Exploitation*.

Die internationale Verwertung von Popmusik ist an bestimmte Regeln gebunden: Die Musikproduktion muss internationalen Standards entsprechen. Dazu zählt die *englische Sprache*, die in allen wichtigen Märkten vom Musikpublikum akzeptiert wird. Naturgemäß haben es die Künstler in England und den USA am einfachsten, in ihrer Muttersprache zu texten und zu singen und damit zumindest sprachlich Weltstandard zu repräsentieren. Daneben haben sich die *Charts* zur wichtigsten Orientierungshilfe für Musikinteressierte entwickelt. Die TOP 100 von *Billboard* (USA) und die TOP 100 von *Music Week* (England) werden nicht nur vom internationalen Massenpublikum wahrgenommen, sondern vor allem von den (internationalen und nationalen) Massenmedien multipliziert. Damit tragen auch die Massenmedien zur internationalen Musikverwertung bei. Der internationale Star bzw. der internationale Hit findet also im deutschen Radio, im Fernsehen, in der Presse, auf gut frequentierten Internet-Websites und in den Discotheken statt. Der deutsche Nachwuchs-Künstler hat es dagegen schwer, sich einen Platz gegenüber der allgegenwärtigen internationalen Prominenz zu sichern. Hinzu kommt, dass mit MTV ein amerikanischer TV-Musikkanal global vertreten ist, dem die deutsche Musikindustrie mit VIVA zumindest lokal und regional einen Wettbewerbs-Kanal entgegengesetzt hat.

Eine wichtige Rolle in der internationalen Verwertung von Popmusik spielen die vorm. erwähnten *Majors*, die großen, weltweit operierenden Konzerne der Musikindustrie. Die Konzernzentralen der Major-Firmen (auch der europäisch basierten) befinden sich fast alle in New York, also in den USA. Weiterhin haben alle Majors wichtige Niederlassungen in England, in der Regel die Europa-Zentralen. Damit wird die Bedeutung des amerikanischen und englischen Marktes für den Weltmarkt unterstrichen. Aus wirtschaftlichen Gründen ist es wichtig, die aufwendigen Musikproduktionen nicht nur im Ursprungsland, sondern global zu vermarkten (*Hit-Conversion*). Dazu legen die Musikfirmen Prioritäten von Künstlern und Titeln fest, die den Tochterunternehmen in den einzelnen Ländern (neben ihren nationalen Schwerpunkten) als „internationale" Schwerpunkte vorgegeben werden. Auf diese Prioritäten werden die Marketing- und Promotion-Anstrengungen konzentriert. Naheliegenderweise bestehen die Prioritäten-Listen zum großen Teil aus Künstlern und Titeln anglo-amerikanischer Herkunft.

Die jahrzehntelange Dominanz anglo-amerikanischer Musik in Deutschland hat natürlich eine feste Basis für diese Musik geschaffen. Es haben sich unzählige *internationale Superstars* etabliert, von Frank Sinatra über die Beatles über Pink Floyd, Queen, Tina Turner, Phil Collins, Michael Jackson, Madonna, Whitney Houston, Celine Dion bis zu Robbie Williams und Britney Spears. Man ist es gewohnt, dass Stars aus New York oder London in Hamburg oder Köln Konzerte geben, in deutschen TV-Shows auftreten und in deutschen Radioprogrammen gespielt werden. Umgekehrt ist das nicht so. Allerdings beginnt der deutsche Musikmarkt, wenngleich erst in kleinen Schritten, sich aus dieser Abhängigkeit zu befreien.

3.2. Der deutsche Einfluss auf den internationalen Musikmarkt

Würde man die Herkunftsländer der in den USA und England verkauften Tonträger untersuchen und nach dem Anteil deutscher Musikproduktionen Ausschau halten, müsste man schon sehr genau hinsehen. 'Made in Germany' ist seit langem ein Gütesiegel, aber wohl noch nicht für 'Music Made in Germany'. In diesem Zusammenhang sei in einem – wenn auch unvollständigen – historischen Rückblick den deutschen Erfolgen auf den internationalen Schlüsselmärkten USA und England nachgegangen.

Da der deutsche Musikmarkt vor 1945 ein geschlossener, nationaler Markt war, kann unsere Betrachtung erst in den *fünfziger Jahren* beginnen. Die Annalen verzeichnen nicht gerade viel: So hat der Obernkirchen Childrens Choir 1954 in England einen No.2-Hit, und Helmut Zacharias, Will Glahe und Ivo Robic haben in Amerika TOP 20-Singles. In Titeln wie 'The Happy Wanderer' oder 'Liechtensteiner Polka' scheinen Urteile und Vorurteile über deutsche Popmusik symbolisch zu verschmelzen: Bieder, provinziell, ganz nett, aber nicht sehr ernstzunehmen.

In den *sechziger Jahren* erringen Bert Kämpfert und Horst Jankowski erste internationale Bedeutung. Dabei sind Kämpferts 'Red Roses For A Blue Lady' und 'Bye Bye Blues' mehr amerikanisch als deutsch. Helmut Zacharias, Jan & Kjeld und Lolita sind in den Charts vertreten, Esther & Abi Ofarim schaffen sogar einen No.1-Hit. Günter Kallmann hat zwei Chart-Alben in den USA, und Drafi (Deutscher) ist mit dem unvergessenen 'Marble Breaks And Iron Bends' in den Hitlisten. Zusammengenommen erringen die Deutschen einen Achtungserfolg, aber nicht mehr.

Die *siebziger Jahre* bringen so etwas wie eine (bescheidene) Trendwende, und das liegt an zwei Musikgenres: Zum einen schaffen deutsche Rockgruppen wie Kraftwerk, Triumvirat, Can und die in Deutschland produzierten Nektar den Durchbruch. Für *Deutsch-Rock* wird der Begriff 'Kraut-Rock' geprägt, zuerst mehr verächtlich gemeint, dann entsteht daraus sogar so etwas wie ein Gütesiegel. Zum anderen hat die *Disco-Musik* ein wichtiges Standbein in Deutschland, verkörpert vor allem durch Donna Summer mit dem Produzenten Georgio Moroder (dem Studio Musicland in München mit dem Oasis-Label) und durch Formationen wie Boney M, Silver Convention oder Baccara. Man verzeichnet mehrere No.1-Singles und -Alben in England und den USA und eine Anzahl weiterer Chart-Erfolge. Darüber sollen nicht die Verkaufserfolge von James Last in England übersehen werden, die sich bis in die neunziger Jahre fortsetzen.

Beide Musikgenres, Deutsch-Rock und Disco-Musik, knüpfen auch in den *achtziger Jahren* an ihre bisherigen Auslandserfolge an. Die Rock-Szene wird vor allem von den Scorpions dominiert, gefolgt von Accept, Helloween, MSG, auch Yello und Andreas Vollenweider können einbezogen werden. Von der Neuen Deutschen Welle behauptet sich Nena sogar mit „deutschen" 99 Luftballons in den USA, in England geht es nur mit '99 Red Balloons'. In der Pop-Dance-Szene spielen z.B. Harold Faltermeyer (auch als Autor und Produzent), Falco, Milli Vanilli und Modern Talking eine Rolle. Die Anzahl der Künstler und auch die Anzahl der Titel in den internationalen Charts nehmen weiter zu, aber von nennenswerten Marktanteilen sind deutsche Produktionen noch weit entfernt.

Die *neunziger Jahre* haben den Stellenwert von 'Music Made in Germany' weiter gesteigert. Mehr noch: Mit Dancefloor/ Techno und verwandten Musikstilen hat Deutschland zum ersten Mal in der Geschichte moderner Pop-Musik einen wesentlichen und auch kommerziellen Entwicklungsbeitrag geleistet. Dafür stehen Namen wie Snap, The Real McCoy, Culture Beat, U96, Dr. Alban, La Bouche, Mr. President, Dune und viele mehr. Neben diesen Electronic/Dance-Acts muss man auch Enigma und Rammstein wegen ihrer außergewöhnlichen bzw. beachtlichen Erfolge erwähnen. Die 'Deutschen' sind nicht nur in England und den USA präsent, sondern auch in Frankreich, Italien, Spanien, Skandinavien und anderen europäischen Ländern sowie in Japan (!). Allerdings fällt es zunehmend schwerer, 'deutsche' Pop-Musik in englischer Sprache als „deutsch" zu identifizieren, oder noch gravierender, 'deutsche' Pop-Musik überhaupt zu definieren. Welches Kriterium soll den Ausschlag geben: Der Geburtsort und die Muttersprache eines Künstlers, oder der Ort, an dem er sich (gewöhnlich) aufhält? Ist der Ort der Musikproduktion maßgebend, oder zählt allein das Land, in dem der Künstler unter Vertrag steht? Was passiert, wenn ein Künstler mit seinem Wohnort oder mit seinen Vertragsverhältnissen das Land wechselt, oder wenn Produktionen mit multinationalen Besetzungen stattfinden, dazu noch in mehreren Ländern zugleich? Zwei Beispiele mögen das Dilemma verdeutlichen: Die in England lebende und dort produzierende Boygroup WORLDS APART hatte einen Vertrag in Deutschland und erzielte ihre größten Erfolge in englischer und französischer Sprache in Frankreich! Hingegen hatte der deutsche Dance-Act SASH!, der in Deutschland lebt und produziert, einen Vertrag in England und war sowohl in England als auch in Deutschland mit englischsprachigen Titeln erfolgreich! Wenn man diese Beispiele verallgemeinert, so folgt daraus vor allem eines: Musik kennt keine Grenzen, und nationale

Sichtweisen verlieren zunehmend an Bedeutung.

Die historische Entwicklung deutscher Pop-Musik im Ausland lässt sich wie folgt resümieren: Erstens hat der Stellenwert von 'Music Made in Germany' seit seinen Anfängen in den fünfziger Jahren beständig zugenommen. Deutsche Musikproduktionen haben aber noch nicht die internationale Bedeutung, die Deutschland als drittgrößtem Markt der Welt entspricht. Zweitens gibt es Musikgenres, für die Deutschland international offenbar mehr Kompetenz zugebilligt wird, nämlich eine gewisse Spielart deutscher Rockmusik und elektronisch orientierter (Disco/Dancefloor/Techno-) Musik. Drittens fällt der Erfolg für deutsche Künstler leichter, wenn man die Herkunft und Identität der Musik nicht so einfach feststellen kann. Dies gilt offensichtlich sowohl innerhalb als auch außerhalb unserer Grenzen. Dazu einige Erläuterungen:

Die (noch) bescheidene Rolle Deutschlands beim internationalen Angebot von Musikproduktionen hat interne und externe Gründe. *Intern:* In Deutschland hat man erst spät (etwa seit Mitte der siebziger Jahre) begonnen, konsequent nach internationalen Standards zu produzieren. Ein weiterer interner Grund liegt daran, dass vor dem Erfolg im Ausland der Erfolg zu Hause kommt, und der ist vergleichsweise schwer zu erringen. Die Anteile des lokalen Repertoires an den deutschen Charts lagen zwischen 1989 und 1993 im Durchschnitt bei 28 Prozent (Singles) bzw. 20 Prozent (Alben), zwischen 1994 und 1997 bei 42 Prozent (Singles) bzw. 33 Prozent (Alben) und zwischen 1998 und 2000 bei 44 Prozent (Singles) und 35 Prozent (Alben). Damit sind die Chart-Anteile inländischen Repertoires von einer zunächst schwächeren Basis doch kontinuierlich gestiegen. Außergewöhnliche lokale Chart-Anteile gab es zwar schon 1982 (48 Prozent Singles und 38 Prozent Alben). Aber die Neue Deutsche Welle als 'Verursacher' war bald ohne substantielle internationale Resonanz verebbt, was angesichts der deutschsprachigen Produktionen nicht anders zu erwarten war. Inzwischen hat sich das lokale deutsche Repertoire den weltweiten Marktstandards angepasst, und es bestehen gute Chancen, den positiven Trend zu stabilisieren.

Externe Gründe für die Schwierigkeiten deutscher Produktionen im internationalen Markt ergeben sich im Umkehrschluss aus den Erfolgen internationaler Produktionen auf dem deutschen Markt. Darauf wurde im letzten Abschnitt eingegangen.

Die Entwicklung deutscher Produktionen im Ausland belegt, dass man mit Kreativität, Originalität und Talent auch bei anglo-amerikanischer Dominanz erfolgreich sein kann. Die Elektronik-Rocker von Kraftwerk, Tangerine Dream, Klaus Schulze, Can, Neu! usw. haben Musikstile geprägt. Deren elektronische Musik findet sich in den Disco-Acts der siebziger und achtziger Jahre wieder, und von hier geht eine direkte Linie zur Dancefloor-Szene der neunziger Jahre. Es ist kein Zufall, dass sich genau auf dieser Linie eine internationale Erfolgskette deutscher Musik wiederfindet. Hier hat sich eine Kompetenz deutscher Musiker aufgebaut, die eine stabile Basis für weitere internationale Erfolge darstellt.

Mit dem Erfolg lokalen Repertoires ist auch das Selbstbewusstsein deutscher Künstler gewachsen. Es hat sich eine Szene etabliert, die sich nicht nur an internationalen Trends orientiert, sondern ihr spezifisches Lebensgefühl über die Musik selbst definiert. Ähnliche Entwicklungen lassen sich auch in anderen, traditionell stark von anglo-amerikanischen Musikstilen geprägten Ländern der westlichen Welt feststellen. So wächst in den europäischen Märkten der Anteil inländischer Musikproduktionen seit Mitte der neunziger Jahre. Es ist noch nicht absehbar, ob und wie stark diese Tendenz zum Trend wird und welche Auswirkungen auf Marketing und Absatzstrategien daraus folgen. Immerhin aber lässt sich diese Entwicklung als Indiz dafür interpretieren, dass lokale und regionale Unterschiede im Selbstbewusstsein, im Lebensstil und in der Wahrnehmung von Umwelt und Alltag an Gewicht gewinnen und ihren musikalischen Ausdruck suchen.

4. Neue Verbreitungswege für Musikproduktionen

Der Absatz von bespielten Tonträgern sichert international gegenwärtig rund 95 Prozent des Umsatzes der phonographischen Wirtschaft. Neue Technologien haben bereits in den letzten Jahrzehnten Verbreitungswege für Musikproduktionen abseits des physischen Vertriebs von Tonträgern geschaffen. Von besonderer Bedeutung ist die Verbreitung von Musikproduktionen im Hörfunk, deren Ausgangspunkt nahezu ausschließlich handelsübliche bespielte Tonträger sind. Daneben ist mit der Magnetbandtechnologie seit Anfang der sechziger Jahre die private Vervielfältigungsmöglichkeit auf analoger Basis voll entwickelt, mit der üblicherweise Musik kopiert wird. Der weltweite Leercassettenabsatz für private Kopien hat den Absatz bespielter MusiCassetten um das 2- bis 3-fache überschritten. In vielen (keineswegs in allen) Ländern erhalten die Rechtsinhaber (darunter auch die Tonträgerhersteller) Lizenzen aus der auf diesen Wegen erfolgten Nutzung von Musik. Diese und andere Lizenzeinnahmen bestreiten die verbleibenden 5 Prozent des Umsatzes. In der analogen Welt ist den Rechteinhabern die Kontrolle über weite Bereiche der Musiknutzung faktisch oder durch Rechtsnormen entzogen. Die Sendung erschienener Tonträger ist – wo entsprechende Rechte bestehen – nicht erlaubnis- sondern nur vergütungspflichtig. Private Vervielfältigungen in Analogtechnik lassen sich angesichts der Verfügbarkeit unterschiedlichster Programmquellen nicht kontrollieren.

Digitalisierung, Datenreduktion und Kompressionstechnologien eröffnen in Verbindung mit der Ausbreitung von Kabelnetzen und Satellitenübertragungen national und international neue Verbreitungswege. Der digitale Hörfunk steht vor der Markteinführung und wird eine völlig neue Qualität und Quantität an Hörfunk- und Datenfunkangeboten schaffen. Musik präsentiert sich in multimedialen Zusammenhängen auf neuen Trägerarten (Stichwort: CD-ROM, DVD, Super Audio CD) und Musik wird zu wirtschaftlich und technisch vertretbaren Bedingungen aus Musikdatenbanken über Satelliten- und Kabelnetze verfügbar.

Der internationale Markt für Musikproduktionen kann dadurch in eine neue Dimension über seine bisherige physische Basis hinauswachsen. Mit der Digitalisierung werden zur Steuerung des Angebots Kontrollinstrumente verfügbar, die die analoge Technik nicht bereitstellen konnte. Mit Kontrolle ist in diesem Zusammenhang die Fähigkeit gemeint, auf den jeweiligen Verbreitungswegen die Nutzung von Musikproduktionen zu gestatten oder zu verbieten. Die Marktordnung für Angebot und Nachfrage von Musikproduktionen wird vor allem durch die Regelungen der jeweiligen Urheberrechtsgesetze definiert. Die Fundamente für diese Marktordnung sind vielfach am Beginn unseres Jahrhunderts entstanden und haben sich nur mit großer Zeitverzögerung dem jeweilgen technischen Stand der Nutzbarkeit und der Verbreitungsfähigkeit von Musikproduktionen angepasst. Zur Sicherung der wirtschaftlichen Verwertbarkeit von Musik wird es deshalb darauf ankommen, die urheberrechtlichen Rahmenbedingungen auf internationaler Ebene den neuen technischen Gegebenheiten anzupassen. Für ein breites und vielfältiges Angebot von Musikproduktionen ist die Funktionsfähigkeit des Marktes und die Handlungsfähigkeit der Tonträgerhersteller konstitutiv, und zwar nicht nur aus ökonomischen, sondern vor allem auch aus kulturellen Gründen. Die wirtschaftliche Verwertbarkeit von Musikproduktionen ist weltweit nämlich die mit Abstand wichtigste Quelle der Einkommenserzielung der überwiegenden Mehrzahl von Komponisten, Textdichtern und ausübenden Künstlern. Sie ist damit zugleich die Grundlage für den Bestand und die Entwicklungsfähigkeit der kreativen Substanz im Musikbereich praktisch aller Länder. Die Musikindustrie ist in diesem Funktionszusammenhang der mit Abstand wichtigste Investor in musikalische Kreativität.

Zu den wichtigsten Elementen einer Marktordnung in der Epoche der Digitalisierung und der 'Information-Super-Highways' gehört die Etablierung eines exklusiven elektronischen Verbreitungsrechtes an Musikproduktionen für alle Rechtsinhaber. Bei den elektronischen Lieferwegen lassen sich Punkt-zu-Punkt- und Punkt-zu-Multipunkt-Systeme unterscheiden. Bei ersteren handelt es sich um individuelle und selektive elektronische Lieferungen aus Datenspeichern über Satelliten- und Leitungsnetze an Endverbraucher (auf PCs oder Mobiltelefone, letzteres insbesondere mit Hilfe der UMTS-Technologie), die erlauben, den Bezug der gewünschten Musikproduktionen individuell zu steuern. (Stichwort: 'Musik-On-Demand') Punkt-zu-Multipunkt-Systeme betreffen einerseits zielgruppengenaue Musiklieferungen in exakt definierten Stil- und Repertoiredifferenzierungen (Stichworte: 'Multi-Channel'-Angebote, „Webcasting"). Andererseits handelt es sich um digitale Hörfunkangebote, die sich allerdings vom traditionellen analogen Hörfunk durch einen Quantensprung in Quantität, Qualität und Servicegrad unterscheiden. Solche Dienste werden die physische Verbreitung sowohl ergänzen als auch teilweise verdrängen, wobei über den Verdrängungsgrad kaum mehr als Spekulationen möglich sind. Unabhängig vom Ausmaß der Verdrängung ist gleichwohl die wirtschaftliche Amortisation der Investitionen in Musikproduktionen gefährdet, wenn nicht gesichert ist, dass neue Verbreitungswege adäquaten marktwirtschaftlichen Regelungen unterliegen, die marktkonforme Angebots- und Nachfragestrukturen schaffen. Deshalb ist die individuelle Kontrolle über den Einsatz von Musikproduktionen auf diesen Verbreitungswegen unabhängig von Zeit und Ort von zentraler Bedeutung für die Existenzsicherung des Wirtschaftsbereiches und den Erhalt der kulturellen Bedeutung von Musikproduktionen. Die Diskussion um die Schaffung eines angemessenen urheberrechtlichen Ordnungsrahmen wird seit Beginn der neunziger Jahre im Spannungsfeld zwischen den Interessenten an leichtem und wohlfeilem Nachfrage-Zugriff auf Musikproduktionen und den existentiellen Interessen ihrer Produzenten weltweit geführt. Ein erster wichtiger Schritt wurde Ende 1996 vollzogen: Unter dem Dach der WIPO (World Intellectual Property Organisation) haben Vertreter von über 100 Regierungen zwei internationale Abkommen zum Schutz kreativer und wirtschaftlicher Leistungen bei der Punkt-zu-Punkt Lieferung über Datennetze verabschiedet. Der Ratifizierungsprozess in Europa ist durch die Verabschiedung der EU-Informationsgesellschaften-Richtlinie im April 2001 eingeleitet. Weitere internationale Meilensteine für die Setzung von Rahmenbedingungen in den Online-Umfeldern sind der US-amerikanische Digital Millenium-Copyright-Act und die EU-E-Commerce-Richtlinie. Die politischen Entscheidungsträger erkennen zunehmend den Regelungsbedarf, Fortschritte erfordern offenbar aber großen Zeitbedarf.

Die Musikproduzenten bereiten sich seit geraumer Zeit auf die Nutzung der elektronischen Lieferwege vor. So hat die deutsche Musikindustrie bereits 1997 ein gemeinsames Angebotsmodell mit der Telekom entwickelt. Verschiedene Initiativen arbeiten an sicheren Übertragungstechnologien (z. B. SDMI – Secure Digital Music-Initiative), an Digital Copyright Management Strukturen, die die Steuerung von Nutzungsoptionen und die Leistung von Vergütungszahlungen an die Rechteinhaber sichern, sowie an Angebotsplattformen im Internet, wie etwa Duett, ein gemeinsames Projekt von Vivendi-Universal und Sony Music, oder MusicNet, das von der Bertelsmann Music Group, EMI und Warner Music gegründet wurde.

Plattformen und Angebotsmodelle entwickelten sich aber nur langsam, während illegale Musikangebote im Internet globale Präsenz haben. Die Gründe hierfür sind vielfältig. Während illegale Anbieter weder Rechte klären noch Vergütungen zahlen, müssen legale Angebote hierfür Strukturen schaffen. Auch Qualitätssicherung, Übertragungssicherheit und Inkassofunktionen stellen hohe administrative und technische Anforderungen, die bei illegalen Angeboten entfallen. Vor allem aber setzt die Online-Bereitstellung von Musik sichere rechtliche Grundlagen voraus, die erst langsam entstehen. So hat die Zurückhaltung der rechtmäßigen Anbieter angesichts unsicherer rechtlicher Rahmenbedingungen und der technische Entwicklungsaufwand einen Zeitverzug verursacht, durch den sich ein umfassendes illegales Angebot etablieren konnte, das im Ergebnis zusätzliche Erschwernisse für die Marktdurchsetzung (bezahlter) legaler Angebote schafft. Die Durchsetzung und Nutzung wirksamer Instrumente zur Bekämpfung und Verhinderung illegaler Anbieter rückt daher in den Mittelpunkt strategischer Ansätze zur Strukturierung legaler Angebote in Netzwerken. Aber auch die Umwandlung illegaler Anbieter in legale Strukturen ist in diesem Kontext eine Strategie, die sowohl durch rechtliche Mittel als auch durch Beteiligungen verfolgt wird. So hat sich Bertelsmann mit dem illegalen File-Sharing-Anbieter 'Napster' mit dem Ziel verbündet, seine Systeme (trotz eines laufenden Prozesses vor einem US-Gericht) in legalen Umfeldern nutzbar zu machen, und eine Reihe von Unternehmen haben erfolgreich den Internet-Anbieter MP3.com verklagt, der anschließend von Vivendi-Universal übernommen wurde.

Neben der Online-Verbreitung ist die physische Verfügbarkeit von Musik auf Trägern unverändert eine zentrale Basis für die Verbreitung von Musik. Mit der Marktdurchsetzung von CD-Brennern und mit wohlfeilen Angeboten bespielbaren Trägermaterials (CD-R/RW) wird das Potenzial deutlich, dass die digitale Welt bereits jetzt für private Vervielfältigungen verfügbar macht. Die uneingeschränkte Nutzbarkeit solcher Technologien dürfte zur größten Bedrohung der Musikmärkte werden (vgl. hierzu Kapitel 2). Digitales 'Klonen' ohne Qualitätsverlust und die Fähigkeit, das Ergebnis einer privaten Vervielfältigung den kommerziellen Trägerangebot auch optisch vergleichbar zu machen, ist eine ernste Gefahr für die wirtschaftliche Verwertbarkeit von Musik. Die Antwort der Gesetzgeber in der analogen Welt waren pauschale Vergütungssysteme. In der digitalen Welt wird es Kopierschutztechnologien und Digital-Rights-Management-Systeme geben. Für die wirtschaftliche Verwertbarkeit von Musik wird es darauf ankommen, ob rechtliche Rahmenbedingungen geschaffen werden, die dem technischen Fortschritt Rechnung tragen. War in der analogen Welt Kontrollverlust unvermeidlich und waren Abgabesysteme unvermeidlich, eröffnet die Digitaltechnik auch hier völlig neue Möglichkeiten.

Der Bestand eines Marktes ist von wirtschaftlich vernünftigen Rahmenbedingungen für Anbieter und Nachfrager abhängig. Die Politik hat den technischen und wirtschaftlichen Entwicklungen für die Informationsgesellschaft bisher hohe Priorität eingeräumt. Es sind aber erst die auf diesen Wegen verbreiteten Inhalte, die den „Super-Highway" rechtfertigen und attraktiv machen. Hierzu gehören auch Musikproduktionen, deren kreative Ausgestaltung sich freilich der neuen multimedialen Möglichkeiten bedient. Eine tragfähige internationale Marktordnung setzt voraus, dass die Schöpfer der Inhalte wirtschaftliche Bedingungen vorfinden, die Angebote auf Dauer ermöglichen. Ohne Inhalte bleibt die Datenautobahn leer.

5. Literatur

Brodbeck, Karl-Heinz/Marlies Hummel, Musikwirtschaft, München 1991.

Bundesverband der Phonographischen Wirtschaft e.V. (Hrsg.), Phonographische Wirtschaft. Jahrbuch 2000. Starnberg 2001.

Conen, Michael, Tonträgermarketing. Marktdynamik und Anpassungsmanagement, Wiesbaden 1995

Deutscher Musikrat. (Hrsg.), Musikalmanach 1999/2000. Daten und Fakten zum Musikleben in Deutschland. Kassel 1999.

Hummel, Marlies, Die volkswirtschaftliche Bedeutung des Urheberrechts. Berlin/München 1989.

International Federation of the Phonografic Industry (Hrsg.), The Recording Industry in Numbers 2000. London 2001.

Kreile, Reinhold/Gabriel M. Steinschulte, Musik im Kulturraum Europa – Perspektiven und Strategien. In: Musikforum 79, 1993. Bonn 1993

Kulle, Jürgen, Ökonomie der Musikindustrie. Frankfurt 1998.

Moser, Rolf/Andreas Scheuermann (Hrsg.), Handbuch der Musikwirtschaft. Starnberg/München 1997.

Rehbinder, Manfred, Aktuelle Rechtsprobleme des Urheber- und Leistungsschutzes sowie der Rechtewahrnehmung. Festschrift für Norbert Thurow. Hrsg. v. Martin Schaefer, Peter Zombik, Baden-Baden 1999.

Rudorf, Reginald; Ton ab – Die Geschichte der Schallplatte in Deutschland. München 1998.

Polygram Deutschland (Hrsg.). 100 Jahre Schallplatte. Von Hannover in die Welt. Hamburg 1987.

Schricker, Gerhard (Hrsg.).Urheberrecht auf dem Weg zur Informationsgesellschaft. Baden Baden 1997.

Schulze, Ralf; Die Marktstrukturen und Wettbewerbsstrategien der Musikindustrie. Eine theoretische und empirische Analyse der ökonomischen und kulturellen Interdependenzen der deutschen Musikwirtschaft im Kontext ihrer kulturindustriellen Produktions- und Konsumbedingungen. Diss.(masch.) Witten-Herdecke 1995.

Steinel, Roland, Zur Lage und Problematik der Musikwirtschaft. München 1992.

Thurow, Norbert, Zur gemeinsamen Interessenlage von Musikurhebern, Künstlern und Tonträgerherstellern angesichts der Herausforderungen einer multimedialen Zukunft. In: Wanderer zwischen Musik, Politik und Recht. Festschrift für Reinhold Kreile zu seinem 65. Geburtstag. Hrsg. v. Jürgen Becker/Peter Lerche/Ernst-Joachim Mestmäcker. Baden-Baden 1994.

–, Die digitale Verwertung von Musik aus der Sicht von Schallplattenproduzenten und ausübenden Künstlern. In: UFITA 121, 1994. Baden-Baden 1994.

–/Peter Zombik, Phonographische Wirtschaft (Tonträger). In: Kulturmanagement. Theorie und Praxis einer professionellen Kunst. Hrsg. v. Hermann Rauhe/Christine Demmer. Berlin/New York 1994.

Wicke, Peter/Wieland Ziegenrücker; Handbuch der populären Musik. Mainz 1997.

Wölfer, Jürgen; Das große Lexikon der Unterhaltungsmusik. Die populäre Musik vom 19. Jahrhundert bis zur Gegenwart. Berlin 2000.

Zombik, Peter, Tonträgerhersteller und Radio – Das Ende einer wunderbaren Freundschaft? In: Hörfunk Jahrbuch 2000/2001. Hrsg. v. Stefan Ory und Helmut G. Bauer, Berlin 2001.

–, Einführung in den Tonträgermarkt. In: Kulturstatistik in den neunziger Jahren. Hrsg. v. Zentrum für Kulturforschung in Zusammenarbeit mit dem Arbeitskreis Kulturstatistik. Bonn 1991.

–, Tonträger im Markt der Zukunft. Strukturen und Entwicklungsperspektiven auf dem Weg ins digitale Zeitalter. In: MP10, 1995, 496–511.

–, Globale Netze – Regionale Musikkulturen. Siegt der Mainstream über Musikvielfalt? In: Musikforum Nr. 91/2000. Mainz 2000.

Carl Mahlmann, Köln/Peter Zombik,
Hamburg (Deutschland)

253. International media markets: Television-production

1. Introduction
2. Characteristics of the International Market
3. The European Market
4. References

1. Introduction

The International market in film and television programmes has expanded in the last ten to fifteen years, both as a result of the multiplication of television services and the expansion of transmission hours of television series generally. In 1992 European Union trade in film and television services was worth 4,189 million ECU almost three times the 1983 level of 1,459 million. During that period the balance of EU countries' film and television trade with non-EU member states moved from a small credit of 15 million ecus to a deficit of 1440 million (EUROSTAT 1994). In 1993 EU countries imported $ 1278 million of TV fiction and cartoons from the US and exported only $ 94 million (Petrocchi 1994, 152). These figures reflect the increasing domination of world media markets by US producers and distributors, and by multinational companies such as News International, Time Warner and the newly formed Disney ABC. This imbalance obviously has negative implications for European producers whose activities are threatened by the influx of non-European productions. – Even the most experienced and adept commercial producers face a number of obstacles when trying to place their products overseas. These obstacles need to be understood at the level of individual markets by those operating in the international marketplace.

1.1 The expansion of the international market has resulted in an intensification of mass production techniques, particularly for television series. The size of the internal monolingual market in the USA, coupled with the headstart of the country in multichannel television, has created a manufacturing capability for film and television, centred in Los Angeles, which is at present unrivalled in other parts of the world. Production capability on an industrial scale has been built up for the Luso-Hispanic market in Brazil and Mexico as well as, more recently, in anglophone Australia.

2. Characteristics of the international market

The diversity of languages in Europe, reinforced by a more inhibited cultural tradition, has so far prevented the emergence of a similar development in Europe. The diversity of national requirements and the high cost of small-scale local production has progressively exposed television services in Europe to intensive competition from the USA and the other countries mentioned.

2.1. Characteristics of individual markets

There is wide variation between individual television markets, and between different channels in the same country, in terms of the proportion of imported material shown. According to a recent Television Business International (TBI) survey, (Dziadul/Birch 1995, 91–104) for example, 48 percent of the material shown on the UK's Channel 4 was imported, compared with only 27 percent on the two BBC channels. Germany's ARD and ZDF imported 20 percent and 15.65 percent respectively, whereas the main Norwegian channel, NRK, imported 43 percent, and the Portuguese TVI 60 percent. East European channels included in the survey tended to rely heavily on imported material, presumably because their national industries are unable to fulfil public demand (eg. Czech Republic's *Nova*: 53 percent; Poland's *Polsat*: 65 percent). 95 percent of the total hours of fiction programmes broadcast by Italy's Finninvest channels in 1993 were imported (Petrocchi 1994, 153). At the opposite extreme, programmes transmitted on the American ABC and NBC channels were exclusively domestic in origin (Dziadul/Birch 1995, 104). – Some specialist cable and satellite channels, particularly those aimed at ethnic minority audiences, broadcast little or no locally produced material, eg. Muslim TV Ahmadiyya, Namaste Asian TV and Japan Satellite TV in the United Kingdom (European Audiovisual Observatory Statistical Yearbook 1994/1995, 157). Such channels act instead as a vehicle for the transmission of material produced in the community's country of origin.

2.2.

Locally produced programmes tend to score higher in ratings than imports: the most popular programmes are those which reflect indigenous characteristics and are thus readily comprehensible, both culturally and linguistically. According to the TBI survey referred to above, which revealed the top five peak-period programmes on over 80 channels in 40 countries, certain markets (approximately one in three of those studied, in particular the US, Brazil, France, Ireland, Greece, Japan and Taiwan) appear to be virtually impenetrable for foreign producers. On the other hand in South Africa, the five most popular programmes (apart from news) on both SABC and the Pay-TV network M-NET were all imported. Certain programmes travel better than others, in particular soaps, sports programmes and games shows. The format for the UK's Channel 4 production *Don't forget your toothbrush* has apparently sold particularly well internationally, and in the TBI survey was the second most popular primetime programme on Danmarks Radio.

3. The European Market

Despite measures to promote indigenous production both at the national and the European levels, European countries have been able to fill only about two-thirds of their programme requirement from European services. As Table 253.1 shows, the range runs from Italy, Spain and Portugal with about 50 percent to 60 percent of European material, to the Northern European countries with between 65 percent and 90 percent. There was a decline in transmission of European productions from 67 percent in 1988 to 65 percent in 1992, despite the efforts of the European Commission to reverse the trend (see paragraphs 3.1 and 3.4 below).

In twenty of the twenty-nine most important public service and commercial television services included in the table, the European content declined. It increased in only nine services, notably commercial services whose low programme budgets had initially prevented them from providing or commissioning European programmes.

Their efforts were intended to meet the requirements of the European directive on Television Without Frontiers 1989.

Tab. 253.1: Transmission of European production as a percentage of the total transmissions of some major national television services in Europe 1988 & 1992 (excluding news, panel games and sport)

		1988	1992
(B) Belgium	RTBF1 (French)	85	68
	BRTNTV1 (Flemish)	74	64
(D) Germany	ARD	80	90
	ZDF	83	81
	RTL	61	49
	Sat 1	44	53
(DK) Denmark	Danmarks Radio	86	79
	TV2	62	53
(E) Spain	TVE-1	61	59
	TVE-2	83	67
	TV3	53	49
	RTE 1	61	75
(F) France	France 2	74	75
	France 3	83	77
	TF1	68	66
(GB) United Kingdom	BBC1	75	71
	BBC2	82	70
	Ch4	65	67
	ITV	66	65
(I) Italy	RAI-1	80	73
	RAI-2	74	61
	Canale 5	30	72
	Italia 1	24	40
(IRL) Ireland	RTE 1	61	75
(L) Luxembourg	RTL TV	48	46
(NL) Netherlands	Nederland 1	72	74
	Nederland 2	77	65
(P) Portugal	Canal 1	67	52
	Canal 2	64	62

Source: European Audiovisual Overservatory Statistical Yearbook 1994/5, Table 6.14, 156–158

3.1. Effect of regulatory framework on programme makers

Anxieties that the European market is being swamped by US imports, to the detriment of the European production industry, have prompted the introduction of quotas. The European Commission's Television Without

Frontiers directive, adopted in 1989 after several years of debate within the Community, sought to limit the proportion of non-European works broadcast in EU member states to a maximum of 49 percent of programming where practicable (excluding news, sports events, games, advertising and teletext services). An amendment to this provision, which would have the effect of strengthening it by removing the words "where practicable", is currently being discussed by the member states. Opponents of the amendment believe that the European production industry should be encouraged to compete in the international marketplace without artificial protection.

3.2. National quotas

Individual countries have also imposed quotas on occasion. France for example, imposes stricter quotas than those required by the EU directive. During peak periods French domestic television services are required to carry 60 percent European productions, two-thirds of which should be French. There are also stringent laws on the use of the French language (Crookes, 1995, 1). The Russian deputy prime minister was recently reported to have suggested that up to 71 percent of airtime on the two state channels should be set aside for Russian-made programmes. He was apparently overruled by the prime minister, on the grounds that the quota would only serve to increase demand for western programming and make it more popular (Broadcast, 29. 09. 95).

3.3.

Table 253.2 shows the evolution of US imports of films and own production of European countries between 1989 and 1992. It shows that the only European countries to hold their own in film production on any scale were Denmark, Finland, France, the Netherlands and Sweden. But even in most of these countries US imports increased. Only in Finland, Italy, Norway, Sweden and Switzerland did US imports decline between 1989 and 1992. This trend is likely to continue. – It is important to identify the programme categories in which imports are concentrated. Table 253.3 demonstrates that in Western Europe imports are concentrated in the entertainment, sport and information sectors. One half of all entertainment programmes are imported. This accounts for the general impression that television programmes in Europe are provided largely from the USA.

3.4. Institutional incentives to encourage market activity in Europe

The EU's MEDIA programme aims to bolster the indigenous audiovisual activities of member states through e.g. loans to independent producers, support for EU co-productions, and funding for dubbing and subtitling among other instruments. The aim of the programme is to help EU producers compete more efficiently in international markets both within and outside the Union. After developing nineteen separate projects in the first programme, the second programme will limit intervention to three categories: training, development and distribution. It is recognised more clearly now that the strengthening of European productions in the international media markets involves much more investment in language transfer. Only in this way can the linguistic diversity of Europe be turned from a liability to an asset.

3.5. Linguistic barriers to international trade in programmes

The scope for selling programmes in overseas markets is limited by the need for translation. In Europe alone some 30 different languages are spoken. Markets in other regions of the world are equally, or in some case more fragmented. Although some satellite channels try to deliver services across linguistic barriers (eg. Children's Channel, Discovery, MTV), most programmes need to go through a cumbersome process of translation before being broadcast to another audience: dubbing, voice-over or sub-titling. The latter option is the cheapest (estimated in 1991 at 740 ECU per hour of programme compared with 11,000 ECU for one hour of lip-sync dubbed programme), but is not favoured in all countries (Luyken, 1991, 94, 99). For mainly economic reasons there is a marked preference in most countries for one system over the other. In France, Germany, England, Spain, Italy (all countries with large markets) for example, dubbing is the preferred method of language transfer, whereas in Portugal, Greece, Wales, the Netherlands and the Nordic countries, sub-titling is the norm (Gambier, 1995, 4). Luyken points out that as educational standards rise in Europe, sub-titled versions of foreign lan-

Tab. 253.2: Market shares of US and indigenous film industries in European countries 1989–1992

Country	US Films				Locally Produced Films			
	1989	1990	1991	1992	1989	1990	1991	1992
Germany	65.7	83.8	80.2	82.8	16.7	9.71	3.6	9.5
Belgium	69.5	73.4	79.6	72.9	2.6	3.8	3.1	4.2
Denmark	63.7	77.0	83.3	77.7	15.0	14.7	10.8	15.3
Finland	70.0	80.0	80.0	63.0	5.8	7.6	6.7	10.0
France	55.5	55.9	58.0	58.3	34.3	37.5	30.6	34.9
Greece	86.0	87.0	88.0	92.0	9.0	8.0	7.0	2.0
United Kingdom	84.0	89.0	–	10.0	7.0	13.8	–	
Ireland	75.0	87.0	91.5	–	2.0	5.0	2.0	–
Italy	73.0	74.7	–	54.4	17.2	18.9	–	–
Luxembourg	87.0	80.0	85.0	–	2.0	2.0	2.0	–
Netherlands	75.6	85.8	92.5	78.8	4.6	3.0	2.3	13.0
Norway	72.0	70.0	65.0	68.0	10.9	9.7	5.1	6.9
Portugal	81.0	85.0	85.0	–	1.0	1.0	1.0	–
Sweden	69.3	82.3	70.5	65.5	20.4	8.9	25.5	27.9
Switzerland	71.0	76.0	77.0	67.3	3.0	3.0	2.0	3.8
Spain	73.0	72.0	69.0	77.1	7.3	10.4	10.0	9.3

Source: Media Perspektiven, Frankfurt, 11–12/1993, 561

Tab. 253.3: Programme categories as a percentage of total transmission time, and imported programmes as a percentage of each category in a group of countries around the world

	USA		Canada		Latin America		Western Europe		Former USSR		Eastern Europe		Asia	
	TOT percent	IMP percent	TOT percent	IMP percent	TOT percent	IMP percent	TOT percent	IMP percent	TOT percent	IMP percent	TOT percent	IMP percent	TOT percent	IMP percent
Information/News	19	1	35	–	16	20	29	5	30	2	20	7	15	30
Education	7	0	8	–	7	13	9	10	14	–	13	9	7	13
Arts	6	9	8	24	2	14	6	12	15	4	12	21	3	6
Religion	3	–	2	28	1	18	1	11	–	–	–	–	2	9
Entertainment	40	2	36	72	44	71	35	53	27	14	36	49	48	53
Sport	4	2	3	–	5	18	8	36	9	32	10	43	10	28
Other	25	0	8	35	25	17	12	30	5	5	9	21	15	41
Total percent	104		100		100		100		100		100		100	

Source: Varis, Tapio 1993, 7

guage programmes are likely to become increasingly acceptable, thus substantially reducing the cost of supplying programmes to the countries used to dubbing. This is likely be particularly important in the new multichannel TV environment, because audiences for individual programmes may not be high enough to justify the high cost of lip-sync dubbing, which is estimated to require an audience of 7–8 million viewers in order to be cost-effective. (Luyken 1991, 187–8).

3.6. Result

The main weakness of the MEDIA programme has been throughout that it has acted on the margins of the television and film industry. The Commission has taken the view that the bulk of the industry's turnover is too large for effective intervention at European level. Hence the decline of film production has continued. In the last four years the decline has been of the order of 30 percent. Even in France, the only European country with a consistent media policy, the number of films produced declined from 189 in 1980 to 136 in 1989.

4. References

Broadcast, EMAP Business Communications, London 29. 09. 95.

Commission of the European Communities, Television Without Frontiers Directive (89/552/EEC, 17. 10. 89)

Commission of the European Communities Report on Application of Directive 89/552/EEC and Proposal for a European Parliament and Council Directive (Com (95) 86 final, 31. 05. 95).

Crookes, P., No agreement on television quotas in The Bulletin, European Institute for the Media Vol 12 No 1, March 1995.

Dziadul, C./J. Birch, Peak Practices in Television Business International, April 1995.

European Audiovisual Observatory (Council of Europe): Statistical yearbook. Cinema, Television, Video and New Media in Europe, 1994–95, Strasbourg 1994.

EUROSTAT International Trade in Services EUR 12 from 1983 to 1992. Office for Official Publications of the European Commission, Luxembourg 1994.

Gambier, Y., Forms of Linguistic Transfer in Sequentia Vol II No 4, 1995.

Luyken, G. M. et al. Overcoming Language Barriers on Television, European Institute for the Media, Manchester, 1991.

Media Perspektiven, Frankfurt, 11–12/1993.

Petrocchi, F, Aspetti istituzionali e dinamiche commerciali del modello produttivo italiano in É arrivata la serialità. La fiction italiana. L'Italia nella fiction Anno sesto, RAI/VQPT, no 126, RAI/Nuova ERI, Rome, Dec. 1994.

Varis, Tapio, Trends in the Global Traffic of Television Programs, in: Noam Eli M/Millonzi Joel C, The International Market in Film and Television Programs, Norwood, New Jersey (Ablex).

*George Wedell / Olivia Henley,
Manchester (Great Britain)*

254. Die internationale Medienverflechtung

1. Einleitung
2. Der internationale Fernsehmarkt

1. Einleitung

Wenn Medienkonzerne heute Journalisten zu Bilanzpressekonferenzen einladen, geht es dort international zu. Die Zeiten sind vorbei, als zu diesen Terminen nur wenige Fachredakteure aus dem jeweiligen Land erschienen. Ausländische Kollegen von bedeutenden Zeitungen und Zeitschriften sind heute genauso anwesend wie Vertreter internationaler Agenturen, wie etwa Reuters. Dies ist nur teilweise auf den wirtschaftlichen Bedeutungszuwachs der Medien in den letzten Jahren und ihrer damit verbundenen Ausnahmestellung als weltweite Zuwachsbranche zurückzuführen. Medien und Medienunternehmen werden auch wegen der Internationalisierung der Branche immer mehr zum Thema medialer Berichterstattung. Über deutsche Medienunternehmen berichten ausländische Journalisten heute in ihre Heimat, weil diese Unternehmen vielfach auch dort tätig sind.

Deutschlands größter Medienkonzern beispielsweise, die Bertelsmann AG in Gütersloh, erzielt rund zwei Drittel des Umsatzes im Ausland: 33 Prozent in Europa (ohne den deutschen Inlandsmarkt), 24 Prozent in den USA und weitere 8 Prozent in den übrigen Ländern. Der Konzern kontrolliert über 500 Unternehmen, die meisten davon im Ausland. Zwar ist kein anderes deutsches Medienunternehmen ähnlich stark im Ausland engagiert wie Bertelsmann, doch streben immer mehr Unternehmen Auslandsaktivitäten an bzw. bauen das Auslandsgeschäft aus. Dieser Trend hält seit Jahren an. Als der Großverlag Gruner + Jahr 1978 als erstes deutsches Unternehmen in ausländische Zeitschriftenmärkte investierte, fand dieser Schritt auch außerhalb der Medienindustrie Beachtung. Inzwischen erlöst Gruner + Jahr über 50 Prozent des Jahresumsatzes im Ausland. Zwei andere der Großverlage, Springer und Bauer, folgten dem Beispiel, sind aber bis heute viel stärker auf das Inland fixiert als Gruner + Jahr.

Die Medienunternehmen folgen mit diesen Auslandsengagements Strategien, wie sie auch von Unternehmen in anderen Branchen genutzt werden. Die Dislozierung ihrer Aktivitäten soll sie unabhängiger machen von nationalen Konjunkturen. Zum anderen wird einmal erworbenes Know-how durch Marktausweitung im Sinne betriebswirtschaftlicher Verwertung besser genutzt. Relativ leicht sind derartige Auslandsaktivitäten in einheitlichen Sprachräumen, für deutsche Unternehmen also in Österreich oder dem deutschsprachigen Teil der Schweiz. Inzwischen stellen auch unterschiedliche Sprachen keine Barrieren mehr dar. Ohne das Modewort der Globalisierung bemühen zu wollen, sind diese Tendenzen global zu beobachten. Auch die Sprachenvielfalt in Europa verhindert die Internationalisierung nicht mehr, erschwert sie nur noch.

Die Gründe für ein Auslandsengagement sind vielschichtig. Gerade für die Medienindustrie spielen auch die im Vergleich zu vielen anderen Branchen relativ hohen Renditen eine Rolle. Diese Gewinne können wegen fehlender Perspektiven in bereits dicht besetzten Märkten oder wegen kartellrechtlicher Beschränkungen nur noch bedingt reinvestiert werden. Aus deutscher Sicht gilt dies zum Beispiel für die Märkte von Tageszeitungen, teilweise auch für die Publikumszeitschriften. Das Auslandsengagement folgt dabei unterschiedlichen Strategien. Zum Teil werden ausländische Unternehmen übernommen, zum Teil werden neue Unternehmen – entweder allein oder im Joint-Venture mit jeweils heimischen Unternehmen – gegründet. Die Zahl der internationalen Joint-Ventures ist in den letzten Jahren rasant gestiegen.

Unterstützt wird diese Tendenz zu Auslandsinvestitionen auch durch den Umbruch in Osteuropa. Während bis dahin Engagements in Westeuropa und in den USA überwogen, Aktivitäten in Südamerika, Afrika oder Asien Ausnahmen blieben, haben insbesondere westeuropäische Medienunternehmen in den letzten Jahren den Marktzugang im Osten gesucht. Wie in anderen Branchen auch rangierten dabei zunächst die mitteleuropäischen Länder Ungarn, die Tschechische und die Slowakische Republik sowie Polen auf den vorderen Plätzen des Interesses. Da diese Länder zum Teil sehr rasch nicht nur ihre Medienmärkte öffneten, sondern darüber hinaus auch vorhandene Medienunternehmen, insbesondere Verlage, aus staatlichem oder aus Parteibesitz privatisierten, boten sich Ausländern ideale Voraussetzungen für den Marktzugang. Dies galt zunächst vor allem für die Printmedien-Branchen (vgl. dazu in diesem Band auch Art. 250: 'Der internationale Zeitungs- und Zeitschriftenmarkt').

So haben im ungarischen Zeitungsmarkt beispielsweise Konzerne aus Österreich, der Bundesrepublik, Frankreich und Großbritannien sehr früh den Zugang durch komplette oder anteilige Übernahmen ehemaliger Parteizeitungen gefunden. In der Tschechischen Republik stieg das Schweizer Unternehmen Ringier schnell zum größten Anbieter von Zeitschriften auf, verlegt darüber hinaus auch Zeitungen. Ringier arbeitete dabei zunächst mit dem Kirch-Konzern in München zusammen, dessen Anteile 1996 vom Springer-Konzern übernommen wurden. In Polen hatte sich insbesondere der französische Zeitungskonzern Hersant bei zahlreichen Blättern eingekauft, mußte aus Liquiditätsgründen die polnischen Verlage aber sehr bald wieder abstoßen. Profitiert hat davon u. a. der Passauer Zeitungsverlag, der von Hersant Beteiligungen übernahm und damit mit einem Schlag zu den größten Anbietern im polnischen Zeitungsmarkt aufstieg.

In jüngster Zeit entdecken die westeuropäischen Medienkonzerne nun stärker die weiter östlich gelegenen Medienmärkte. Rußland und ehemalige Länder der Sowjetunion erscheinen den Konzerne wirtschaftlich noch nicht ausreichend gefestigt. Nur im Baltikum haben insbesondere skandinavische Unternehmen nennenswerte Investitionen getätigt. Ins Blickfeld sind jüngst vor allem auch Rumänien und Bulgarien gerückt. Dieser Investitionsprozeß in Osteuropa ist längst noch nicht abgeschlossen. Auch mittelständische Unternehmen aus dem Westen suchen dort weiterhin den Marktzugang. Das erwähnte Beispiel über den Passauer Verlag ist kein Ausnahmefall. Die Passauer hatten bereits zuvor ihren Standort im Dreiländereck von Österreich, der Tschechischen Republik und Deutschland für Investitionen zunächst in Österreich, später noch umfangreicher auch in Böhmen genutzt. Diese Auslandserfahrungen waren dann in Polen hilfreich. Ähnlich agierte der Verlag der Frankenpost in Hof, dessen Verbreitungsgebiet gleichfalls bis an die tschechische Grenze reichte. Auch die Frankenpost hat jenseits der Grenze Zeitungstitel übernommen. Die Erweiterung von Verbreitungsgebieten über die Grenze hinaus erleichtert für grenznahe Unternehmen das Auslandsgeschäft. Diese grenznahe Lage ist aber kein Muß. So haben beispielsweise auch die Verlage der Düsseldorfer 'Rheinischen Post' oder der Koblenzer 'Rhein-Zeitung' in der Tschechischen Republik investiert.

Noch viel stärker internationalisiert als die Printmedien sind die Musikbranche und die miteinander verwobene Film- und Fernsehindustrie. Wie kein anderes Medium hat die Musik schon seit langem Grenzen überwunden. Waren es einst italienische Opern (oder besser Opern in italienischer Sprache), setzte später der Siegeszug des amerikanischen Jazz ein. In den 60er Jahren feierte dann der Beat aus Großbritannien kommend weltweite Erfolge (Beatles, Rolling Stones). Heute dominieren einige international agierende Musikkonzerne das Geschäft, vor allem bei der aktuellen U-Musik. Hitparaden in den USA und Deutschland etwa unterscheiden sich kaum.

Angestoßen durch die Deregulierung der Fernsehmärkte in Westeuropa in den 80er Jahren hat sich auch in der Fernsehindustrie ein dichtmaschiges Netz von internationalen Verflechtungen ergeben. Dieser Prozeß ist längst noch nicht abgeschlossen. Auch haben viele internationale Verbindungen noch nicht die Stabilität erreicht, die es erlaubte, bei einem Zwischenfazit von festgefügten Formationen zu sprechen. Die Rahmenbedingungen für die Fernsehindustrie ändern sich derzeitig noch viel zu rasch. Dies gilt z. B. für den Werbemarkt. Mitte der 80er Jahre war beispielsweise in Deutschland erwartet worden, daß über die Werbung nur zwei, allenfalls drei Vollprogramme finanziert werden könnten. Tatsächlich wurden wegen der boomenden Werbeeinnahmen schnell viel mehr Sender gegründet, die freilich in ihrer Mehrzahl noch Verluste ausweisen. Unerwartet hoch war auch die Akzeptanz, die private Programme sehr schnell gefunden haben. Zudem hat zumindest in einigen Ländern die hohe Bereitschaft überrascht, für zusätzliche Pay-TV-Programme auch zusätzliche Kosten zu tragen. Ursächlich für die dynamische Entwicklung der Fernsehbranche sind immer wieder auch technische Neuerungen, die die Distribution von immer mehr Programmen erlauben. Derzeitig gilt dies insbesondere für das Digital-Fernsehen. Nicht zuletzt bedingen auch Veränderungen des gesetzlichen Rahmens die Entwicklung der Branche, so z. B. Deregulierungen in Großbritannien, Frankreich oder Deutschland.

Änderungen dieser Rahmenbedingungen folgen regelmäßig veränderte Angebotsstrukturen und häufig auch Veränderungen bei den Anbieterstrukturen. Zwei Beispiele sollen die Zusammenhänge illustrieren: Als sich das italienische Parlament entschloß, die Vormachtstellung des Unternehmers Berlusconi im Privatfernsehen wenigstens in Teilen zu begrenzen, mußte dieser seinen Pay-TV-Sender Telepiu mehrheitlich verkaufen. Diese gesetzliche Auflage ermöglichte den international agierenden Konzernen Kirch und Nethold (Südafrika) den Zugang zum italienischen Markt durch die mehrheitliche Übernahme des Senders. In der Bundesrepublik hat eine Lockerung der Begrenzung der Mehrfachbeteiligungen an Fernsehsendern sehr rasch zu großen Umbrüchen geführt. Vor allem die Konzerne Bertelsmann und Kirch haben den neuen Spielraum zur Expansion genutzt.

2. Der internationale Fernsehmarkt

Die Internationalisierung befördert hat – unbeabsichtigt – die Deregulierung des nationalen Rundfunks in Europa. Zunächst hatten in den 80er Jahren die westeuropäischen Länder ihre Märkte für private Anbieter geöffnet. Bis dahin hatten staatliche Sender (z. B. Frankreich, Italien, Spanien) oder öffentlich-rechtliche Anstalten (z. B. Großbritannien, Bundesrepublik) jeweils ausschließlich das Senderecht. In den 90er Jahren folgten dann in rascher Folge osteuropäische Staaten, wo gleichfalls bis dahin staatliche Sender privatisiert wurden oder ihre Monopolstellungen verloren.

Diese Deregulierungen und die damit entstehenden Freiräume haben insbesondere die jeweils nationalen Verlagsunternehmen genutzt. Durch diese Diversifizierungen entwickelten sich vielfach bis dahin oft monomediale Verlage zu multimedial agierenden Medienunternehmen. Trotz fehlenden Know-hows in der Veranstaltung von Rundfunkprogrammen haben viele Unternehmen rasch Erfolg gehabt. Sie befriedigten mit ihren neuen Programmen eine Nachfrage, die in den regulierten Märkten zuvor nicht wahrgenommen worden war. Besonders erfolgreich agierte das luxemburgische Unternehmen Compagnie Luxembourgeoise de Télédiffusion (CLT), das schließlich 1997 durch die Fusion mit dem deutschen Unternehmen UFA zum führenden Rundfunkkonzern in Europa aufstieg. Die Luxemburger hatten wegen des eng begrenzten Heimatmarktes schon früh Programme auch für das Ausland aufgelegt und wurden als Vorreiter damit später zum nachzueifernden Beispiel für andere. Das erworbene Know-how im Rundfunk und die ersten Auslandserfahrungen prädestinierten die CLT zum international agierenden Rundfunkkonzern, als im Zuge der Deregulierung dazu die rechtlichen Voraussetzungen geschaffen worden waren. In rascher Folge hat die CLT sowohl Hörfunk als auch Fernsehprogramme im Ausland aufgebaut und avancierte zum gesuchten Partner für jeweils inländische Unternehmen. In Deutschland waren dies insbesondere der Bertelsmann-Konzern und der im wesentlichen auch heute noch auf Zeitungen gestützte WAZ-Verlag in Essen. Gemeinsam haben sie den Fernsehsender RTL (zunächst unter dem Namen RTL plus gestartet) in wenigen Jahren zum umsatzstärksten Werbeträger in Europa ausgebaut.

Während die CLT in derartige Joint-Ventures insbesondere ihre Branchenkenntnisse einbrachte, verfügten ihre jeweiligen Partner über Marktkenntnisse und Beziehungen zur Politik bzw. zu den jeweiligen Regierungen. Die Deregulierung hatte nämlich keineswegs dazu geführt, den Rundfunk allein dem Prinzip des Marktes unterzuordnen, wie etwa bei Zeitungen und Zeitschriften in Westeuropa üblich. Die Veranstaltung von Rundfunkprogrammen steht auch nach der Deregulierung unter einem Genehmigungsvorbehalt. Die unumgänglichen Lizenzen sind sehr wohl auch unter industriepolitischen Erwägungen vergeben worden. Nicht zuletzt deshalb hatte die jeweils nationale Verlagswirtschaft mit ihren Lizenzanträgen gute Karten. Unter dem Gebot der publizistischen Vielfaltsicherung sind zudem medienrechtliche Begrenzungen vorgenommen worden, die vielfach dem Konsortialprinzip folgten und im Rahmen dieser Anforderungen auch die Teilhabe ausländischer Kapitalgeber begünstigten. Erfolgreich waren diese Konsortien aber zunächst vor allem dann, wenn den nationalen Regulierern eine Kapitalmehrheit nationaler Unternehmen nachgewiesen werden konnte. In einzelnen Ländern ist für Ausländer der Besitz von Rundfunkprogrammen auch gesetzlich begrenzt (noch heute z. B. in den USA). Diese nationalen Bestimmungen fanden ihre Grenzen sehr bald auch in technischen Entwicklungen, vor allem durch die grenzüberschreitende Satellitentechnik. Diese Technik begünstigte aber auch Absprachen über internationale Regelungen durch die EU oder im Europarat.

Genau wie in der Bundesrepublik haben auch in anderen Ländern Erwartungen über den Markteintritt von US-amerikanischen Medienkonzernen bei der faktischen Privilegierung von nationalen Unternehmen beim Zugang zum Rundfunk eine deutliche Rolle gespielt. Die nationalen Anbieter sahen sich sowohl wegen der Finanzkraft als auch vor allem wegen der Software-Ressourcen der US-Unternehmen im Nachteil. Insbesondere die sog. Hollywood-Studios verfügen jeweils über beträchtliche Librarys mit Senderechten für Spielfilme und Fernsehproduktionen, die in Europa hohe Zuschauerakzeptanz finden. Nicht zuletzt auf diese faktische Bevorzugung jeweils nationaler Unternehmen ist die begrenzte Rolle der US-Konzerne in den europäischen Teilmärkten zurückzuführen. Zudem war es für die US-Studios auch lukrativer, Senderechte an ihren Produktionen auf Zeit zu verkaufen, als sie über die riskante Gründung eigener Sender zu verwerten. Bei der zeitlich nachgelagerten Entwicklung osteuropäischer Märkte hat sich hingegen das direkte Kapitalengagement bei Programmveranstaltern deutlicher durchgesetzt.

Der westeuropäische Fernsehmarkt ist dagegen weitgehend in der Hand von westeuropäischen Unternehmen geblieben. Eine Ausnahme bilden nur BSkyB in Großbritannien unter Leitung des aus Australien stammenden Rupert Murdoch, der anders als europäische Medienunternehmen sich auch im Fernsehmarkt der USA engagiert hat, sowie zeitweilig im Pay-TV die Nethold-Gruppe, die vor ihrem Verkauf an das französische Unternehmen Canal Plus zu einem südafrikanischen Konzern gehörte. Innerhalb Westeuropas spielen nationale Grenzen für Medienkonzerne allerdings nur eine begrenzte Rolle.

Vor allem in der sehr breit gefächerten TV-Branche der Bundesrepublik haben sich europäische Unternehmen engagiert und sind dabei Joint-Ventures mit deutschen Unternehmen eingegangen. Das direkte Engagement deutscher Unternehmen in ausländischen Fernsehmärkten ist dagegen eher gering. Über die Beteiligungen an der CLT zählen Bertelsmann und auch der WAZ-

Konzern heute zu diesen Unternehmen. Der Kirch-Konzern hat sein Auslandsengagement durch den Rückzug aus Italien begrenzt und hält nur noch eine Beteiligung in Spanien. Andere bundesdeutsche Unternehmen haben bislang kein Interesse an ausländischen Fernsehmärkten gezeigt.

Durch die Mitte der 90er Jahre beginnende Entwicklung des Digital-Fernsehens könnten sich freilich neue Chancen in fremden Märkten ergeben. Beim Digital-Fernsehen spielt für das Reinvestment das Pay-TV eine besondere Rolle. Zwar scheinen derzeitig die führenden Positionen auch in den nationalen Pay-TV-Märkten bereits vergeben, doch bieten zumindest die Märkte der größeren Länder zahlreiche Chancen für Nischenprogramme, also Programme für kleine Zielgruppen. Diese Programme haben in den wachsenden Pay-TV-Märkten eine ökonomische Basis gefunden, auch weil die digitale Distribution der Programme deutlich kostengünstiger ist als herkömmliche Transportwege.

Für die Inhaber von Senderechten wird damit die Vermarktung auch in anderen Ländern wirtschaftlich lukrativ. So ist z.B. das französische Unternehmen Multi Thématiques S.A., das zunächst in Frankreich Spartenprogramme für kleine Zielgruppen gestartet hatte, inzwischen mit ähnlichen Angeboten auch in Spanien, Italien und Deutschland am Markt. Dabei werden nicht nur die Programmkonzepte aus Frankreich übernommen, sondern annähernd vollständig auch das jeweilige Programm selbst. Derartige Zielgruppenprogramme können dabei sogar teilweise auf relativ teure Synchronisationen verzichten und die viel kostengünstigere Untertitelung einsetzen. Dieses Verfahren wurde bislang vor allem in den kleineren Sprachräumen benutzt, in denen Untertitel seit langem gebräuchlich sind. In den größeren Ländern werden sie überwiegend nicht akzeptiert, jedenfalls nicht von größeren Publika. Nur bei spezifischen Angeboten für kleine Zielgruppen mit jeweils hohem Interesse wird die Untertitelung hingenommen.

Das digitale Pay-TV bietet neue Verwertungsmöglichkeiten auch für Produktionen, die zuvor bereits in anderen Programmen gezeigt worden sind. Es liegt daher nahe, für die nächsten Jahre eine steigende Zahl neuer TV-Kanäle zu erwarten, mit denen die Inhaber größerer Rechtebestände eine Verwertung im internationalen Markt angehen werden. Die Erfahrung der letzten Jahrzehnte lehrt, daß dem Marktzutritt in einem nationalen Markt mit einem Produkt häufig die Expansion mit weiteren Produkten folgt.

Auf diese Expansionstendenzen im allgemeinen und die Verwertungsinteressen an AV-Produktionen im besonderen stützen sich derzeitig in Deutschland Erwartungen der Regulierer, daß eine Mehrzahl von Anbietern künftig im Digital-Fernsehen für ein breites Angebot sorgen werden wird. Nachdem einzelne Landesregierungen zunächst eine Führungsrolle der deutschen Unternehmen Kirch und Bertelsmann aktiv gefördert haben, sind dazu nun auch ausländische Unternehmen in der Rolle von ergänzenden Anbietern willkommen. Noch keineswegs abzusehen ist zudem, wie das erwartete Zusammenwachsen bislang getrennter Branchen sich auf der Anbieterseite auswirken wird. Kapitalverflechtungen zwischen Medienanbietern und Kabelnetzbetreibern oder Telefonieunternehmen werden durch die Digitalisierung wahrscheinlich. Die Märkte der Individual- und der Massenkommunikation dürften zusammenwachsen. Wenn demnächst der PC auch den Empfang von Rundfunkprogrammen erlaubt, oder das Fernsehgerät den Zugang zum Internet und seinen Chat-Rooms bietet, werden möglicherweise auch die bislang jeweils unterschiedlich genutzten Angebote austauschbar. Damit werden auch die Märkte internationaler. Bei den Optimierungsstrategien z.B. im Zuge von vertikaler Konzentration könnten damit auch neue nationale Märkte in den Focus von ausländischen Unternehmen geraten.

Noch steht das Digital-Fernsehen in Europa erst am Anfang. Es hat aber bereits deutliche Spuren in der Bündnisstrategie vieler Konzerne hinterlassen: neue Allianzen wurden vereinbart, alte Bündnisse aufgegeben. Die Fälle sind zahlreich: Der gebürtige Australier Murdoch, einer der bedeutendsten Medienmultis weltweit, hatte zunächst über ein Bündnis mit dem französischen Unternehmen Canal Plus verhandelt, unterzeichnete dann erste Abkommen mit dem Deutschen Leo Kirch, stellte sich für wenige Wochen auf die Seite von dessen Konkurrenten Bertelsmann und Canal Plus und schwenkte erneut um und ging umfangreiche Verbindungen mit dem Kirch-Konzern ein. Auch dieser Verbund war freilich nicht von Dauer und wurde aufgekündigt. Dies ist der aktuelle Stand. Der zeitweilige Wechsel von Murdoch zu Kirch stärkte dessen Wettbewerbsposition. Bei Bertelsmann führte der „Allianzen-Salat", so Bertelsmann-Chef Mark Wössner, schließlich dazu, eigene Pläne für das digitale Fernsehen zurückzustutzen und nun seinerseits einen Schulterschluß mit Kirch anzustreben. Diese wankelmütige Geschäftspolitik wiederum verärgerte den bis dahin wichtigsten Partner von Bertelsmann im internationalen Fernsehgeschäft, Canal Plus. Die Franzosen kündigten das Joint-Venture mit Bertelsmann auf.

Diese Annäherung zwischen Bertelsmann- und Kirch-Konzern mündete 1997 schließlich in weitreichenden Kooperationsverträgen zur Erschließung des deutschen Digitalmarktes. Unmittelbar verbunden mit dieser Allianz war auch eine Aufteilung der wichtigsten europäischen Märkte. Canal Plus zog sich zugunsten von Bertelsmann und Kirch aus dem deutschen Markt zurück. Im Gegenzug verkaufte Kirch seine Anteile am italienischen Pay-TV-Anbieter Telepiu an die Franzosen. Murdoch blieb in dieser ersten Phase auf Großbritannien beschränkt. Ob diese Marktaufteilung unter den wichtigsten europäischen Medienkonzernen freilich von Bestand ist, bleibt abzuwarten.

Horst Röper, Dortmund (Deutschland)

255. Der Markt der Informationsökonomie

1. Entstehung und Beschreibung des neuen Sektors der Informationsökonomie
2. Technologische Strukturelemente der Informationsökonomie
3. Ebenen und Wirkungsfelder der Informationsökonomie
4. Veränderung der Kosten und Kostenstrukturen der Medienproduktion
5. Märkte für Informationsgüter – Besonderheiten der Informationsökonomie
6. Konvergenz im Mediensystem
7. Marktvolumen der Informationsökonomie
8. Zusammenfassung
9. Literatur

1. Entstehung und Beschreibung des neuen Sektors der Informationsökonomie

Medien sind Teil eines neu entstehenden Sektors für Information, Kommunikationstechnik und Massenmedien, dessen Inhalte und dessen Abgrenzungen zur Zeit noch nicht geklärt sind. Es zeichnet sich indes ab, dass dieser neue Sektor durch die Kombination dreier relativ neuartiger Elemente der Wirtschaft beschrieben werden kann:

– die neue Querschnittstechnologie der Digitalisierung,
– der Bedeutungszuwachs des neuartigen Gutes Information und
– der Bedeutungszuwachs der neuartigen Organisationsform Netzwerk.

Die Kombination dieser neuartigen Elemente begründet eine möglicherweise „Neue Ökonomie" (Klodt 2001), eine „New Economy" (Siebert 2000). Zentral ist in dieser Neuen Ökonomie das deutliche Vordringen von Informationsgütern in praktisch alle Wirtschaftsbereiche und zwar sowohl auf der Input- als auch auf der Outputseite der Produktion (Klodt 2001, 78), eine deutliche Zunahme der Produktion und Beschäftigung im Informationsbereich der Wirtschaft (Dostal 1995). Daher wird auch von Informationsökonomie gesprochen oder von wissensbasierter Ökonomie (Enquete Kommission 1998) oder von Informationsgesellschaft (EU 1993).

Das Konzept von Informationsökonomie bzw. Informationsgesellschaft ist nicht neu, es ist bereits Anfang der 60er Jahre des letzten Jahrhunderts aufgetaucht, grundlegend geprägt durch Daniel Bells Entwicklung der Idee einer postindustriellen Gesellschaft (vgl. Bell 1971) und durch Fritz Machlups Analyse der Produktion und der Verteilung des Wissens in den Vereinigten Staaten (Machlup 1962). Dies Konzept beschreibt den grundlegenden Wandel der Produktionsstruktur entwickelter Gesellschaften: die Abnahme des Anteils der industriellen Güterproduktion und die Zunahme des Anteils der Dienstleistungen und der Informationsproduktion (Hensel 1990, 28). Dieser grundlegende Wandel, der sich gegen Ende des 20. Jahrhunderts zu beschleunigen scheint, ist unterschiedlich bezeichnet und konzeptionell unterschiedlich erfasst worden.

Ursprünglich ist der Informationssektor, fußend auf den Abgrenzungen von Porat, sehr weit gefasst worden: Ein primärer Informationssektor enthält die Sektoren, die Informationen produzieren, umformen und verteilen sowie die Produktionsmittel erstellen (z. B. auch Schulmöbel) und ein sekundärer Informationssektor umfasst die mit Informationen verbundene Arbeitszeit (Porat 1976). Erst mit der Entwicklung von Computer-Technologie und Digitalisierung richtete sich der Focus auf diese modernen Schlüsseltechnologien und es wurde üblich, diesen neuen Sektor etwas enger abzugrenzen.

Kern der neuen Entwicklung ist ein sektoraler Strukturwandel der Wirtschaft, in dem die Branchen Marktanteile gewinnen, die die neuen Technologien besonders intensiv nutzen und die das neuartige Gut Information besonders intensiv produzieren, also in erster Linie die Medienbranche. Allerdings gewinnt auch in traditionellen Bereichen der Wirtschaft der Einsatz informationsintensiver Produkte an Bedeutung und auch hier wird die Digitalisierung zu tief greifenden Umbrüchen in der Wirtschaft führen.

Eine allgemein akzeptierte Bezeichnung für diesen neuartigen Sektor hat sich noch nicht herausgebildet: Anfänglich war es üblich, mit der Bezeichnung Multimedia vor allem auf die Verschmelzung aller Erscheinungsformen der Kommunikation abzustellen (vgl. z.B. Monopolkommission 1996, 1998), mittlerweile rückt bisweilen die Querschnittstechnologie der Digitalisierung in das Zentrum der Aufmerksamkeit und man spricht von Digital Economy (Clement 2001) oder die neuartige Kommunikationsinfrastruktur des Internet gilt als das zentrale Element und man spricht von Internet-Ökonomie (Zerdick/Picot/Schrape 2001, Hofer 2000). Hier wird die ältere Bezeichnung bevorzugt, die auf den inhaltlich definierten Strukturwandel abstellt, und im Folgenden wird allgemein von Informationsökonomie gesprochen.

2. Technologische Strukturelemente der Informationsökonomie

Entscheidende Antriebskraft für Wachstum und Strukturwandel von Wirtschaftsgesellschaften ist der technische Fortschritt, verkörpert in neuen Basistechnologien wie der Erfindung von Dampfmaschine, Elektrizität oder Automobil. Die neue Basis- und Querschnittstechnologie, die sich in allen Branchen einsetzen lässt, ist die Digitalisierung der Information, ergänzt um die Miniaturisierung der Komponenten der Informations- und Kommunikationstechniken und ihre durchgängige Standardisierung (Zerdick/Picot/Schrape 2001, 149 ff.).

Digitalisierung bedeutet, Informationen in eine Folge von binären Zeichen (0 und 1) zu verwandeln: Bild- und Tonsignale werden auf elektronischem Weg zerlegt und als binäre Strom- oder Lichtimpulse transportiert. Nach der Übertragung erfolgt die Speicherung im Empfangsgerät und die Zusammensetzung zum ursprünglichen Signal. Hierzu werden spezielle Wandlungs- und Übertragungsverfahren eingesetzt. Technischer Vorteil der Digitalisierung ist die – gegenüber den analogen Übertragungsverfahren – geringere Störanfälligkeit der Übertragung und damit die bessere Qualität, die Möglichkeit der einfachen Kombination der unterschiedlichen Signale und die Möglichkeit, Übertragungskapazität einzusparen.

Digitale Verfahren benötigen zunächst wesentlich höhere Mengen an Informationseinheiten als analoge Verfahren. Techniken der Datenkompression und Datenreduktion können aber die notwendige Menge an zu übertragenden Signalen soweit reduzieren, dass per saldo eine Vervielfachung einer vorhandenen Übertragungskapazität für elektronisch transportierte Signale resultiert. Zum Ersten werden die Daten „komprimiert" – so wird z. B. die Information, ein Bild bestehe zu einem Teil aus blau („1 m² blau") nur als ein Signal übertragen. Zum Zweiten wird auf die Übertragung solcher Informationen verzichtet, die für menschliche Sinnesorgane gar nicht wahrnehmbar sind (Irrelevanz-Reduktion), und zum Dritten werden nur solche Informationen übertragen, die eine Veränderung gegenüber der vorherigen Übertragung bedeuten, gespart wird die Übertragung schon vorhandener und gespeicherter Signale (Redundanz-Reduktion).

Schließlich erweitern Techniken der optimalen Nutzung vorhandener Übertragungskapazitäten die Übertragungskapazität ein weiteres Mal. Grundsätzlich können unterschiedliche Datenströme über einen Kanal, oder ein Datenstrom kann über unterschiedliche Kanäle übertragen werden. Da nun bei digitalen Datenübertragungen nicht zu jeder Zeit die volle Bandbreite benötigt wird, können geeignete Datenpakete geschnürt, gespeichert und übertragen werden (Multiplexing). Durch einen solchen asynchronen Transfermodus (ATM) ist es möglich, in einem Netz nebeneinander Verbindungen mit unterschiedlichen Übertragungsgeschwindigkeiten zu schalten; dies erlaubt eine Mehrfachnutzung und damit eine erhebliche Rationalisierung vorhandener Übertragungskapazitäten.

Die Digitalisierung bewirkt eine radikale Kostensenkung bei der Erfassung, Speicherung, Verarbeitung, Weitergabe und beim Empfang von Informationen und führt zu einem Wertzuwachs von Informationen per se, die beliebig vervielfältigt und verarbeitet werden können, die man gleichzeitig verkaufen und behalten kann, deren Kopien von ihrem Original nicht mehr unterscheidbar sind (vgl. vor allem Negroponte 1995).

Die zweite technologische Grundlage der Informationsökonomie ist die Miniaturisierung der Komponenten der Informations- und Kommunikationstechnologien, die zu einer gewaltigen Leistungssteigerung im Bereich der Rechnerleistungen geführt hat und gleichzeitig den Bereich räumlicher Einsatzmöglichkeiten radikal erweitert hat. Daher gilt auch die Mikroelektronik als Schlüsseltechnologie der Informationsökonomie, die die Informationsverarbeitungsmöglichkeiten drastisch verbilligt und zu einem Einsatz von Mikroprozessoren in nahezu allen Bereichen der Wirtschaft geführt hat, vom Kinderspielzeug bis zur Medizintechnik (vgl. Zerdick/Schrape/Picot 2001, 150f.).

Als dritte technologische Grundlage der Informationsökonomie gilt die Standardisierung der Informations- und Kommunikationstechnologien. Diese vervielfältigt die Kombinationsmöglichkeiten, schafft Planungssicherheit für Investoren und Konsumenten und schafft damit die Voraussetzungen für ein hohes Wertschöpfungspotenzial und für eine reibungslose Diffusion (Clement 2001, 15f.) der neuen Informationsgüter.

Im Internet bündeln sich die technologischen Strukturelemente der Informationsökonomie, durch das Internet wird die Informations- und Kommunikationsinfrastruktur revolutionär verändert, das Internet bietet insbesondere einen Informations- und Kommunikationsverbund, ein Netzwerk von Informations- und Kommunikationsnetzen (Hofer 2000, 32). Zentrale Eigenschaften dieses Informationsnetzwerkes sind:

- die Interaktivität,
- die Unmittelbarkeit des Zugangs und
- die Multimedialität der Informationsleistungen (vgl. Zerdick/Picot/Schrape 2001, 154f.).

Interaktivität, eine mögliche One-to-One-Kommunikation, ermöglicht eine Sammlung, Auswahl, Zusammenstellung und Lieferung von individualisierten Informationen, entweder als aktive Informationsabrufe der Rezipienten oder als personalisierte Angebote von Informationsproduzenten. In spezifischer Erweiterung zu einer Many-to-Many-Kommunikation ermöglicht das Internet auch eine simultane Kommunikation mit mehreren Personen in themenabhängigen elektronischen Rede-Marktplätzen.

Die Unmittelbarkeit des Zugriffs ermöglicht einen Abruf oder eine Zustellung von Informationen zeit- und ortsgebunden, häufig auch in Echtzeit. Dies ermöglicht permanentes Produzieren und Verarbeiten von Informationen und überwindet die übliche Zeitgebundenheit der Berufstätigkeit und es ermöglicht permanentes Konsumieren von Informationen, das z.B. nicht mehr an die Zustellzeiten der Post gebunden ist. Wirtschaftsabläufe lösen sich von Raum und Zeit: Produzenten werden jederzeit arbeits- und entscheidungsbereit und Konsumenten eröffnet sich die Option, Produkte überall und zu jeder Zeit in Augenschein zu nehmen und zu bestellen, es entstehen virtuelle 24-Stunden-Unternehmensnetzwerke und virtuelle 24-Stunden-Globalmärkte.

Die Multimedialität wird eigentlich durch die Digitalisierung der Information ermöglicht, die es gestattet, alle Erscheinungsformen der Information – Text, Bild, Ton und Bewegtbild – in gleicher Weise zu produzieren, zu übertragen, zu verarbeiten und zu speichern, allerdings zu unterschiedlichen Kosten. Faktisch wird eine solche Multimedialität zur Zeit vor allem im Internet angeboten, das auch eine Ausstrahlung von Hörfunk- und Fernsehprogrammen, das Webcasting, ermöglicht.

3. Ebenen und Wirkungsfelder der Informationsökonomie

Die neuartigen Strukturelemente der Informationsökonomie wirken sich stets auf den Aggregationsebenen der Ökonomie, also auf der Ebene des Individuums, auf der Ebene der Unternehmung, auf der Ebene von

Märkten und auf der Ebene der Wirtschaftsordnungspolitik, aus. Hintergrund ist das zentrale Problem der Ökonomie, die optimale Allokation von Ressourcen in der arbeitsteiligen Verbundproduktion, und Vehikel der Durchsetzung von technologisch bedingten Veränderungen ist die Veränderung von Kosten und Kostenstrukturen.

Im Zuge von Arbeitsteilung und Tausch fallen folgende Kosten an:

- Produktionskosten,
- Transportkosten, allgemein auch Distanzüberwindungskosten genannt, und
- Transaktionskosten.

Während das Konzept von Produktionskosten und Distanzüberwindungskosten keiner Erläuterung bedarf, sollte das Konzept von Transaktionskosten, das seit 20 Jahren stetig an Bedeutung gewonnen hat, beschrieben werden. Im Zuge von Produktion und Tausch werden Eigentumsrechte, also bestimmte Formen von Nutzungs- und Verfügungsrechten von Gütern (und Dienstleistungen) übertragen. Diese Übertragung von Eigentumsrechten, die Gütern anhaften, unabhängig vom physischen Transfer, bezeichnet man als Transaktion, und die Kosten der Übertragung von Eigentumsrechten bezeichnet man als Transaktionskosten. Solche Transaktionskosten sind vor allem:

- Informationskosten (Sammlung von Informationen über Preise und Qualitäten),
- Vereinbarungskosten (Kosten der Aushandlung und des Abschlusses von Verträgen),
- Kontrollkosten (Kosten der Kontrolle der Einhaltung von Verträgen, z. B. von Terminen, Qualitäten, Preisen, Mengen usw.) und
- Anpassungskosten, also Kosten der Anpassung an veränderte Umweltbedingungen, z. B. veränderte Qualitäten von Faktorleistungen (vgl. Picot 1999, S. 117f.).

Zu fragen ist also, wie sich Produktionskosten, Distanzüberwindungskosten und Transaktionskosten verändern.

4. Veränderung der Kosten und Kostenstrukturen der Medienproduktion

Im Folgenden sollen die wesentlichen Veränderungen von Kosten und Kostenstrukturen für die Medienproduktion aufgezeigt werden, um die Triebkräfte des Wandels der Medienproduktion in der Informationsökonomie erkennen zu können. Diese Veränderungen zeigen sich im Bereich der Produktionskosten, im Bereich der Distanzüberwindungskosten und im Bereich der Transaktionskosten.

Die Digitalisierung senkt ganz umfassend die Kosten der Produktion, der Verarbeitung, des Konsums und des Vertriebs von Informationen, zur Zeit sehr auffällig im Bereich der Telekommunikation und der Rundfunkveranstaltung. So wird das Telefonieren immer billiger, insbesondere über große Entfernungen, und im Bereich der Rundfunkveranstaltung sind digitale Aufnahmegeräte wesentlich billiger als analoge Geräte, der digitale Schnitt ist wesentlich billiger als der analoge Schnitt, die digitale Steuerung von Sendungsabläufen spart Such-, Archivierungs- und Verwaltungskosten, und der digitale Vertrieb von Rundfunkprogrammen ist ungleich billiger als der analoge Vertrieb. Diese umfassende Kostensenkung bewirkt nach der ökonomischen Logik eine Zunahme des Angebots, daraus resultierend eine Senkung des Preises und nachfolgend eine Zunahme der Nachfrage nach den Produkten der Medienwirtschaft, nach Informationen. Es resultiert eine Wachstumsbranche Information und Kommunikation, deren Volumen und Struktur in Abschnitt 7 dargestellt wird.

Während die globale Abnahme der Kosten im Prinzip das wirtschaftliche Wachstum der Informationsproduktion fördert, verursacht die Veränderung der Kostenstrukturen im Prinzip einen Wandel der Strukturen der Medienproduktion. Diese Veränderung der Kostenstrukturen kann die umfassenden Wertschöpfungsstufen der Medienproduktion verändern – die Produktion, die Zusammenstellung oder den Vertrieb von Information, aber auch spezifizierte Aktivitäten innerhalb der groben Wertschöpfungsstufen der Medienproduktion anders gewichten, wie z. B. das Drehbuchschreiben, das Casting, das Einrichten der Kulissen, das Drehen, das Schneiden und das Vertonen im Rahmen einer TV-Input-Produktion. Die Digitalisierung der Information senkt vor allem, und dies geradezu revolutionierend, die Kosten der Distanzüberwindung von Informationen. Die wichtigsten Auswirkungen sind die Vertriebsintensivierung der Medienproduktion, die ermöglichte Interaktivität und die Globalisierung des Wettbewerbs.

Nach der ökonomischen Logik der Kosten-Nutzen-Analyse sollte das gesamte Wertschöpfungsbündel der Medienproduktion vertriebsintensiver werden, weil der Vertrieb im Verhältnis zur Produktion billiger wird: Vorhandene Medienproduktionen werden in einer zunehmenden Zahl von Vertriebskanälen verbreitet. Dies wird insbesondere in den verschiedenen Formen der Mehrfachverwertung von Rundfunkprogrammen sichtbar, in Wiederholungen, in Übernahmen durch andere Sender, in Formen von Syndicationen oder Mantelprogrammen und in Zusammenstellungen vorhandener Programmelemente und Programmmodule für jeweils neue Zielgruppen. Und auch die On-line-Produktion von Printmedien stellt bislang nicht viel anderes als die Weiterverwertung der auf Papier gedruckten Informationen dar, ein wenig ergänzt, modifiziert und mit anderer Werbung verbunden. Insgesamt werden mithin die Vertriebskanäle und die Wertschöpfungsebenen vielfältiger, aber nicht die Inhalte. Mit der Möglichkeit der Mehrfachverwertung erhält die Information, der Content, einen ganz neuen strategischen Wert im Wertschöpfungsmanagement der Medienunternehmen. Die Inhalte können und müssen permanent verkauft werden und dies erfordert ganz erhebliche Marketinganstrengungen: Vertrieb wird durch Marketing und Inhalte werden durch Marketing ersetzt.

Die drastische Senkung der Distanzüberwindungskosten von Informationen bietet die Chance einer Interaktivität von Kommunikation, wenngleich die Punkt-zu-Punkt-Technik immer noch relativ hohe variable Vertriebskosten von Informationen impliziert und eine Degression der fixen Kosten des Senders auf sehr viele Rezipienten nicht möglich ist. Daher wird vermutlich weniger eine Interaktivität zwischen Kommunikator und Rezipient entstehen als vielmehr eine Interaktivität im Rahmen kommerzieller Tauschprozesse.

Zum einen bietet die Rückkanalfähigkeit Raum für differenziertere Abrechnungssysteme, Systeme, die nach Art, Dauer und Zeit der Nutzung abrechnen können und spezielle Lieferanten-Kunden-Beziehungen begründen. Wenn eine solche differenzierte Marktausschlusstechnik eingeführt wird, könnten die üblichen Steuerungsmechanismen marktgerichteter Produktion – Präferenzen und Preise – auch für Medienproduktionen, insbesondere für den Rundfunk, verstärkt angewendet werden. Dies eröffnet neue Potenziale der Programmsteuerung durch die Nachfrage, und es eröffnet neue Finanzierungspotenziale (Pay-Radio und Pay-TV) für die Anbieter. In welchem Ausmaß diese Potenziale genutzt werden, bleibt abzuwarten.

Zum Zweiten können die Netzteilnehmer Güter und Dienstleistungen bestellen (z. B. Teleshopping) und zunehmend auch über das Vertriebsnetz individuell abrufen (z. B. Home-Banking oder Rundfunk-on-Demand).

Schließlich können die Netzteilnehmer selbst verstärkt als Anbieter von Informationen auftreten, z. B. in Form von Tele-Arbeit, Tele-Medizin oder als journalistische Produzenten im Internet.

Dies bietet, ökonomisch gesehen, die Möglichkeit zu folgenden Aktivitäten:

– Marktzutritt als Anbieter von Dienstleistungen;
– Dislokation immaterieller Produktionsprozesse;
– Schnelle und einfache Erfassung von Kundenpräferenzen;
– Aufbau differenzierter Marktausschlusstechniken.

Wenn die Distanzüberwindungskosten in Relation zu den Produktionskosten sinken, dann begründet dies eine Ausweitung des Handels relativ zur Produktion (vgl. Heinrich 2001, 200). Eine solche relative Abnahme der Distanzüberwindungskosten ist das zentrale Movens der Globalisierung des Wettbewerbs, die auch für die Medienwirtschaft, wenngleich medienspezifisch reduziert, von Bedeutung ist. Im Prinzip nimmt der Wettbewerb auch in der Medienwirtschaft globale Züge an, wenngleich hier gilt, dass eine überwiegend lokal/national gebundene Rezipientennachfrage einem weltweiten Wettbewerb von Medieninformationen enge Grenzen setzt.

Schließlich sinken die Transaktionskosten, die Informationskosten der Übertragung von Eigentumsrechten. Diese werden durch den technischen Fortschritt in der Informationssuche und Informationsverbreitung relativ zu den unternehmensinternen Organisations- und Kontrollkosten reduziert. Dies liegt vor allem daran, dass die Markttransparenz, die Transparenz über Angebote, über Qualitäten, Lieferbedingungen und Preise durch das Internet wesentlich verbessert worden ist. B2B, also Business-to-Business-Handel, und ansatzweise auch

B2C, also Business-to-Consumer-Handel, sind die zur Zeit üblichen Bezeichnungen für die Entwicklung zum Direkt-Handel zwischen Produzent und Abnehmer. Diese Formen von E-Commerce erhöhen die Markttransparenz, vergrößern die Märkte und stärken die Macht der Nachfrage. Dies bedeutet für den Medienbereich, dass die Kosten der Auswahl von extern erstellten Beiträgen und Programm-Inputs sinken und dies verstärkt den Trend zum Outsourcing, den Trend zu einer Verlagerung der Produktion in den Markt.

Im Bereich der Informationskosten der Rezipienten begründet die Abnahme der Produktionskosten und der Transaktionskosten eine gegenläufige Entwicklung: Zum einen werden die Informationskosten der Rezipienten in der zu erwartenden Informationsflut stark steigen, zum anderen werden sich entwickelnde Suchverfahren erheblich billiger. Zu nennen wären Navigationssysteme und Suchmaschinen. Das bedeutet, dass der Rezipient, der weiß, was er will, schneller fündig wird als bisher, der planlose Informationskonsument hingegen nicht.

5. Märkte für Informationsgüter – Besonderheiten der Informationsökonomie

Die technologischen Strukturelemente der Neuen Ökonomie, insbesondere die Digitalisierung, betreffen vor allem die Informationsgüter und bewirken einen Bedeutungszuwachs und Wertzuwachs der Informationsgüter, der sich im zunehmenden Angebot an und zunehmender Nachfrage nach Informationsgütern niederschlägt. Informationsgüter sind aber Güter, die durch eine Reihe von Eigenschaften gekennzeichnet sind, die in ihrer Gesamtheit einen großen Teil des „Neuen" in der Neuen Ökonomie begründen (vgl. Klodt 2001, 83ff.).

- Sie sind öffentliche Güter, gekennzeichnet durch Nichtrivalität im Verbrauch und durch enorme Schwierigkeiten, das Marktausschlussprinzip durchzusetzen.
- Sie sind Erfahrungsgüter, deren Qualität erst nach dem Kauf und nach dem Verbrauch beurteilt werden kann.
- Und sie sind häufig auch Netzwerkgüter, d. h. durch nachfragebedingte Skaleneffekte gekennzeichnet, die einen funktionsfähigen Markt erst bei Überwindung kritischer Schwellenwerte etablieren.

5.1. Information als öffentliches Gut

Informationen sind gekennzeichnet durch Nichtrivalität im Verbrauch: Eine Information verbraucht sich nicht, wenn jeweils weitere Personen sie nutzen. Die Grenzkosten des Konsums einer Information durch eine weitere Person sind Null. Und wenn man eine Information jeweils einer weiteren Person zugänglich macht, so sind die bisherigen Besitzer/Konsumenten der Information deswegen nicht schlechter informiert.

Man kann Informationen also verkaufen und gleichzeitig behalten (Zerdick/Picot/Schrape 2001, 150), was für Informationsanbieter eine Fülle von Wertschöpfungsmöglichkeiten bietet. Informationen sind aber auch dadurch gekennzeichnet, dass das Marktausschlussprinzip nur mit großen Schwierigkeiten durchgesetzt werden kann.

An Informationen per se, d. h. an Informationen unabhängig von ihrem Inhalt, können Eigentumsrechte nur unvollkommen durchgesetzt werden. Ökonomisch formuliert, sind die Transaktionskosten, also die Kosten der Information, der Vereinbarung und der Kontrolle der Definition und der Durchsetzung von Eigentumsrechten an Informationen sehr viel höher als bei materiellen Gütern oder personengebundenen Dienstleistungen. Dies liegt zum einen an den formalen Charakteristika der Information: Sie ist kein physisches Produkt, ein Verbrauch ist nicht notwendig an den physischen Besitz gebunden, und ein unbefugter Verbrauch ist wegen der Nichtrivalität im Konsum nicht direkt erkennbar. Zum anderen liegt die Schwierigkeit, Eigentumsrechte an Informationen zu begründen und durchzusetzen, daran, dass die Menge und der Wert von Informationen vor dem Kauf eigentlich gar nicht und nach dem Kauf nur mit viel Aufwand ermittelt werden kann. Die Schwierigkeit, das Marktausschlussprinzip durchsetzen zu können, begründet die Notwendigkeit, spezielle Marketingstrategien entwickeln zu müssen, um Erlöse aus dem Angebot an Informationsgütern erzielen zu können.

Im Prinzip gibt es vier Erlösemodelle, die festlegen, auf Grund welcher Leistungen und von welchen Geschäftspartnern in welcher Form ein Anbieter Erlöse generieren kann. Zum einen unterscheidet man direkte und indirekte Erlösgenerierung: Entweder werden die Erlöse direkt von den Nutzern erwirtschaftet (z. B. Pay-TV-Preise) oder indirekt von Dritten erbracht (z. B. Banner-Werbung auf Internetseiten). Zum anderen unterscheidet man transaktionsabhängige und transaktionsunabhängige Erlösgenerierung: Entweder werden die Erlöse auf Grund einzelner vermarktungsfähiger Transaktionen erhoben oder auf Grund der gebotenen Nutzungsmöglichkeiten (z. B. Rundfunkgebühren) (vgl. Wirtz/Kleineicken 2000, 629f. und Zerdick/Picot/Schrape 2001, 24ff.).

Von zentraler Bedeutung ist für die Medienwirtschaft der Verbund einer kostenlos bereitgestellten Information mit einem anderen Wirtschaftsgut, das einen positiven Marktpreis erbringt (vgl. Varian 1999). Hier sind zwei Strategien zu beobachten (vgl. Heinrich 1999, 31ff.):

— Das Angebot des öffentlichen Gutes Information im Verbund mit dem Verkauf einer Verbreitungswahrscheinlichkeit von Werbebotschaften und/oder
— das gebündelte Angebot von öffentlichen und privat nutzbaren Informationsgütern, um Aggregationsvorteile zu erzielen (vgl. Bakos/Brynjolfsson 1999).

Massenmedien verkaufen in der Regel ein Produkt, das sie mit Produktion und Vertrieb redaktioneller Informationen miterzeugen: die Verbreitungswahrscheinlichkeit von Werbebotschaften. Dies ist ein rein privates Produkt, das ohne besondere Schwierigkeiten vermarktet werden kann. Das Ausschlussprinzip kann unschwer angewendet werden – nur dessen Werbebotschaft wird verbreitet, der dafür zahlt – und Konsumrivalität ist gegeben – das Verbreiten einer Werbebotschaft verringert die Möglichkeit, andere Werbebotschaften auszustrahlen.

Oder Massenmedien bemühen sich, den privat nutzbaren Teil der Information zu verstärken. Möglichkeiten der Privatisierung der Information sind vor allem:

— Information zusammen mit Unterhaltung zu verkaufen (Infotainment) bzw. bevorzugt so genannte interessante Themen wie z. B. Kriminalität, Alltagstragödien, Gesundheit oder Sexualität auszuwählen;
— die Information durch eine zielgruppenspezifische Gefühlsdramaturgie anzureichern (vgl. Saxer/Märki-Koepp 1992);

— den privaten Gebrauchswert der Informationen durch strikte Serviceorientierung zu erhöhen (z. B. verbraucherorientierte Wirtschaftssendungen im Rundfunk) und/oder
— den privaten Gebrauchswert der Informationen durch starke Zielgruppenorientierung zu steigern (Ballungsraumfernsehen, Spartenkanäle).

Mit einer solchen Privatisierung von Informationen entfernt sich der Journalismus von der Erfüllung seiner öffentlichen Aufgabe.

Neben solchen transaktionsabhängigen aber indirekten Erlösformen spielen in der Medienwirtschaft auch transaktionsunabhängige und direkte Erlösformen wie Rundfunkgebühren oder Abonnementsgebühren eine bedeutende Rolle. Hier wird die Optionalität der Nutzung bezahlt, egal wie häufig der Kunde die Informationsangebote tatsächlich in Anspruch nimmt. Dies ist eine Erlösform, die insbesondere dann einzel- und gesamtwirtschaftliche Vorteile hat, wenn die Kosten der Bereitstellung des Angebots überwiegend fixe Kosten sind, also weitgehend unabhängig von der Nutzung sind. Dies ist für die Informationsproduktion der Massenmedien charakteristisch (Heinrich 1999, 120ff.).

5.2. Information als Erfahrungsgut

Informationsgüter, die Produkte der Medienwirtschaft, sind auch Erfahrungs- oder sogar Vertrauensgüter, d. h. man kann ihre Qualität vor dem Verbrauch nicht beurteilen und häufig ist auch nach dem Verbrauch ein Qualitätsurteil nicht möglich (vgl. Heinrich 1999, 38ff.). Seit Arrow spricht man vom Informationsparadoxon (Arrow 1962, 171). Man kann die Qualität von Informationen nicht beurteilen, bevor man sie konsumiert hat. Wenn man sie aber kaufen und konsumieren wollte, müsste man ihre Qualität vorher kennen. Wenn man aber die Qualität der Information kennt, braucht man sie nicht mehr zu kaufen. Und eine Rückgabe von Informationen, deren Qualität sich als schlecht herausstellt, ist nicht möglich. Hunzicker spricht sehr plastisch von Medienprodukten als einem „Trojanischen Pferd", weil ihre Inhalte beim Erwerb nicht erkennbar sind (Hunzicker 1981, 13). Und auch nach dem Kauf und nach dem Konsum kann die Qualität von Medienprodukten nur sehr schwer beurteilt werden. Dies liegt daran, dass das Produkt sehr komplex ist, dass es permanent neu produziert wird und dass der Konsum sehr zeitaufwändig ist. Im Zuge der Zunahme des elektronischen Handels werden ganz allgemein Suchgüter tendenziell zu Erfahrungsgütern (Zerdick/Picot/Schrape 2001, 235); es resultiert dann ein Informationsdefizit auf der Seite der Kunden, das durch Informationssurrogate kompensiert werden sollte.

Solche Informationsdefizite können durch den Aufbau einer Vertrauensbeziehung zwischen Verkäufer und Käufer überwunden werden. Dies geschieht durch den Aufbau eines Markennamens von hoher Reputation durch eine langjährige und verlässliche Qualitätsproduktion. Gerade für Massenmedien spielen solche Reputationseffekte langlebiger Institutionen eine zentrale Rolle. Weil Rezipienten die angebotenen Informationen vor dem Kauf nicht prüfen können (und wollen), ist es für sie wichtig, zuverlässige und glaubwürdige Informationen zu erhalten, möglicherweise mit impliziten oder expliziten Wertungen, aber immer in einer langfristigen Konstanz (Heinrich 2001, 45). Weil im Zuge des Wandels der Wirtschaft zur Neuen Ökonomie, zur Informationsökonomie, der Informationsgehalt vieler, auch traditioneller, Güter steigt, spielt die Reputation der Anbieter eine zunehmende Rolle in ihrer Marketingstrategie (Klodt 2001, 89).

5.3. Information als Netzwerkgut

Im Medien- und Kommunikationssektor spielen Netze oder Netzwerke seit langem eine besondere Rolle. Netze sind „raumübergreifende, komplex verzweigte Transport- und Logistiksysteme für Güter, Personen oder Informationen" (v. Weizsäcker 1997, 572). So gibt es materielle Netze im Schienen- und Straßennetz, im Bereich der Versorgungsnetze für Gas, Strom und Wasser und im Telekommunikationsnetz und immaterielle (virtuelle) Netze, bei denen Verbindungen zwischen den Objekten nicht materiell zustande kommen wie Flugreservierungs- oder Kontobuchungssysteme. Auch die Verwendung technischer Standards wird zunehmend als Netz interpretiert, z. B. die Verwendung der „Intel/Microsoft"-Standards oder die Verwendung der „d-box" als Decoder.

Neben Größenvorteilen der Produktion existieren in Netzen meist erhebliche Größenvorteile der Nutzung, auch nachfrageseitige Skaleneffekte genannt. Diese bestehen darin, dass der Nutzen, der für einen Kunden aus seinem Netzanschluss resultiert, mit der Zahl der Netzbenutzer steigt. Dies bezeichnet man als positive Netzexternalität. Klassisches Beispiel ist das Telefonnetz. Solche positiven Netzexternalitäten treten auch im Bereich technischer Standards auf, weil ein Standard mit zunehmender Ausbreitung für neue und alte Anwender immer attraktiver wird und ein Systemwechsel mit (hohen) Systemwechselkosten verbunden ist. Dies erschwert den Marktzutritt für neue Standards, selbst wenn sie technisch überlegen sind.

In all diesen Fällen gilt die Kommunikationsinfrastruktur als Netzwerk, nicht nur im technischen Sinn. So spielt z. B. bei Tageszeitungen die Größe des Leserkreises auch deswegen eine Rolle, weil die Leser in einem solchen Informationsnetzwerk mit anderen Lesern kommunizieren wollen und Informationsrückstände vermeiden wollen.

Solche Netzwerkeffekte erfordern von Unternehmen neuartige Wettbewerbsstrategien: Um hohe Nutzerzahlen zu gewinnen, müssen in der Anfangsphase des Marktes sehr niedrige Preise kalkuliert werden, möglicherweise lohnt es, Netzwerkgüter auch gratis anzubieten, um von den positiven Netzwerkexternalitäten profitieren zu können: Der Wert des Gutes steigt mit steigender Verbreitung. So werden Computerprogramme gratis angeboten oder mit einem so schwachen Kopierschutz versehen, dass Raubkopien sehr billig sind. Eine solche Niedrigpreisstrategie soll dann sich selbst verstärkende Wachstumsspiralen in Gang setzen (vgl. Hess 2000, 97). Nachfolgend ist es für Anbieter vorteilhaft, durch den Aufbau hoher Systemwechselkosten (Switching Costs) ihre Kunden fest an sich zu binden (Lock-in-Effekte). Solche Switching Costs und daraus resultierende Lock-in-Effekte können für Informationsgüter als Regel gelten (Shapiro/Varian 1999, 103).

Auf der Ebene von Märkten begründen Netzwerkeffekte und Switching Costs erhebliche Konzentrationstendenzen, denen die Ordnungspolitik z. B. mit der sog. „Essential Facilities Doctrine" zu begegnen versucht. So wird bei marktbeherrschenden Unternehmen als Behinderungsmissbrauch die Weigerung geahndet, „einem anderen Unternehmen gegen angemessenes Entgelt Zugang zu den eigenen Netzen oder anderen Infrastruktureinrichtungen zu gewähren, wenn es dem anderen Unternehmen aus rechtlichen oder tatsächlichen Gründen ohne die Mitbenutzung nicht möglich ist, auf dem vor- oder nachgelagerten Markt als Wettbewerber des marktbeherrschenden Unternehmens tätig zu werden" (§ 19, Abs. 4, Punkt 4 KartellG). Dies ist die Formulierung des deutschen Kartellgesetzes der aus der US-amerikanischen Rechtsprechung übernommenen „Essential Facilities Doctrine". Diese Doktrin ist sehr wirkungsvoll, um den Marktzutritt von Konkurrenten zu erleichtern. Allerdings werden Standards, die ökonomisch als Netzwerke interpretiert werden, in der Kartellrechtsprechung (noch) nicht als Netze gesehen.

6. Konvergenz im Mediensystem

Die Digitalisierung des zentralen Bausteins der Informationsökonomie, die neue Querschnittstechnologie der Digitalisierung der Information, führt zu einer umfassenden Konvergenz (vgl. Latzer 1997), zu einer Konvergenz der Produkte, der Vertriebsnetze, der Medien, der Endgeräte und damit zu einer Konvergenz der Märkte/der Branchen.

Konvergenz der Produkte: Die durchgängige Digitalisierung aller medialen Präsentationsformen der Information – Text, Sprache, Bild, Farbe, Ton, Bewegtbild – ermöglicht ihre Vermischung.

Konvergenz der Vertriebswege: Bei digitalisierten Informationen kann jedes Übertragungsnetz – Kabel, Satellit, Terrestrik, Telefonnetz, Internet – jede Information übertragen. Bei Nutzung der Übertragungsnetze spielt es für die Datenübertragung technisch keine Rolle, welches Netz zur Übertragung genutzt wird. Man spricht von einem Gesamtübertragungsnetz, in dem beliebige Informationen in Datencontainern übertragen werden. Fernsehen per Telefonkabel oder Telefonieren per Fernsehkabel seien als Beispiele genannt.

Konvergenz der Medien: Die Digitalisierung führt zu einer Integration der klassischen Massenmedien; und der Konvergenzdruck wird dadurch verstärkt, dass gleiche Inhalte auf verschiedenen Vertriebswegen übermittelt werden können. Die Grenzen zwischen Buch, Zeitschrift, Zeitung, Radio, Fernsehen und Kino werden verschwimmen, und sie verschwimmen zur Zeit insbesondere zwischen Zeitung, Radio und Fernsehen bzw. Kino. Online abrufbare Zeitungen und Zeitschriften, Radio mit fernsehähnlichem Display oder Video-on-Demand sind zur Zeit sichtbare Konvergenzphänomene, Radio zum Lesen, Zeitung zum Hören werden angeboten.

Konvergenz der Empfangsgeräte/Endgeräte: Vermutet wird schließlich auch eine Entwicklung zur Konvergenz der Empfangsgeräte/Endgeräte. Es wird technisch gesehen eine Schnittstelle zwischen Netz und Nutzer ausreichen, etwa ein fernsehtauglicher PC oder ein PC-ähnliches Fernsehgerät oder ein PC-Telefon usw. Die unterschiedlichen Funktionen von PC und Fernsehgerät – Arbeit bzw. Unterhaltung – und die damit verbundene spezifische Infrastruktur – Schreibtisch und Kaffee bzw. Sofa und Bier – stehen einer faktischen Konvergenz der Endgeräte allerdings entgegen.

Konvergenz der Branchen/der Märkte: Im Zuge der Digitalisierung verschmelzen zunächst die Wertschöpfungsketten des Telekommunikations- und des Informationstechnologiebereichs. Die Nachfrage nach Informationstechnologie wird durch die Ausdehnung der Telekommunikation vorangetrieben und die Nachfrage nach Telekommunikation wird durch den gewaltigen technischen Fortschritt bei der digitalen Schalttechnik und der Mikroelektronik forciert. Nachfolgend beginnt auch die Verschmelzung mit der Wertschöpfungskette des Medienbereichs: Mediale Inhalte werden über die klassische Telekommunikationsinfrastruktur verbreitet und Netzbetreiber produzieren Inhalte. Die vordem durch die unterschiedlichen Techniken von Produktion und Vertrieb getrennten Märkte wachsen zusammen und begründen neuartige Konkurrenzverhältnisse. Dies impliziert nicht nur eine horizontale Integration, sondern auch eine vertikale Integration aller Wertschöpfungsstufen in der Informationsökonomie, die Integration von Inhaltsproduktion, Verpackung, Übertragung, Navigation, Abrechnung und Mehrwertdienste sowie der Stufe der Endgeräte. Dies erfordert eine neue Ordnungspolitik.

7. Marktvolumen der Informationsökonomie

7.1. Abgrenzungen des Sektors Informationsökonomie

Eine allgemein akzeptierte Abgrenzung des Sektors Informationsökonomie existiert bislang nicht. Möglich ist eine funktionale und eine institutionelle Abgrenzung.

In funktionaler Abgrenzung wären alle Aktivitäten zu erfassen, die überwiegend Informationen produzieren, übermitteln, speichern, verarbeiten und anwenden, also die Informationsproduktion in den Bereichen von Wissenschaft, Kunst und Massenmedien, Wirtschaft, Unterhaltung und Werbung; die Informationsübermittlung vor allem im Bereich der Telekommunikation, die Informationsverarbeitung in weiten Teilen der Wirtschaft wie E-Business oder Unternehmenskommunikation und die Informationsanwendung im Bereich von Operations-Management, um nur einiges zu nennen. Hier wird deutlich, dass die Bedeutung des neuen Rohstoffs Information kontinuierlich angestiegen ist und mittlerweile der zentrale Produktionsfaktor der Wirtschaft geworden ist (Zerdick/Picot/Schrape 2001, 149).

Eine mögliche funktionale Abgrenzung des Sektors der Informationsökonomie stellt auf die Informationskosten im Tauschprozess, auf die sog. Transaktionskosten ab. Im Zuge der kontinuierlichen Weiterentwicklung der Arbeitsteilung, in den letzten Jahrzehnten deutlich verstärkt durch die Globalisierung des Wettbewerbs, hat der Umfang der Tauschprozesse und damit der Transaktionskosten zugenommen: Mittlerweile wird der Anteil der Transaktionskosten am Bruttosozialprodukt der USA auf über 60 Prozent geschätzt (vgl. Wallis/North 1986, 121).

Eine ähnliche Entwicklung des Sektors Informationsökonomie in funktionaler Abgrenzung zeigt eine Studie des Instituts für Arbeitsmarkt- und Berufsforschung der Bundesanstalt für Arbeit, die die Entwicklung der Erwerbstätigkeit in den traditionellen Sektoren der Wirtschaft – Sektor I Landwirtschaft, Sektor II industrielle Produktion und Sektor III Dienstleistungen – und im Informationsbereich von 1982 bis 1995 analysiert und die Entwicklung der Erwerbstätigkeit bis zum Jahre 2010 prognostiziert hat (Dostal 1995). Tabelle 1 zeigt den Rückgang der Beschäftigung in den traditionellen Sektoren und die massive Zunahme der Beschäftigung im Informationsbereich bis zu einem Anteil von knapp 55 Prozent in der Prognose für das Jahr 2010.

Tab. 255.1: Entwicklung der Beschäftigung im Informationsbereich von 1882 bis 2010 in Deutschland (Erwerbstätige in Mio.)

Jahr	Sektor I	Sektor II	Sektor III	Informationsbereich	Quelle
1882	8,6	5,7	2,3	2,3	Volkszählung
1895	8,6	7,5	3,1	2,9	Volkszählung
1907	9,9	9,9	4,1	3,9	Volkszählung
1925	9,7	11,5	6,4	4,5	Volkszählung
1933	9,3	11,8	7,0	4,3	Volkszählung
1939	8,9	12,9	7,5	5,0	Volkszählung
1950	5,0	8,8	5,1	4,2	Volkszählung
1961	3,5	10,8	6,7	6,1	Volkszählung
1970	2,0	10,4	6,4	7,5	Volkszählung
1980	1,4	9,0	5,7	10,6	Mikrozensus
1982	1,3	8,6	5,8	11,0	Mikrozensus
1985	1,2	8,2	6,2	10,9	Mikrozensus
1987	1,1	8,1	6,5	11,4	Mikrozensus
1989	1,0	8,2	6,6	11,9	Mikrozensus
1991	1,0	8,7	7,0	13,0	Mikrozensus
1995	0,8	6,9	5,7	14,2	Prognos-IAB 1989
2000	0,7	6,5	6,0	14,8	Prognos-IAB 1989
2005	0,6	6,1	6,2	15,2	Prognos-IAB 1989
2010	0,6	5,8	6,3	15,3	Prognos-IAB 1989

Quelle: Dostal, Werner (1995), Die Informatisierung der Arbeitswelt – Multimedia, offene Arbeitsformen und Telearbeit. MittIAB 4/95, S. 528.

In institutioneller Abgrenzung wird der Sektor Informationsökonomie formal so abgegrenzt, dass alle die Unternehmen mit ihren Umsätzen bzw. mit ihrer Bruttowertschöpfung erfasst werden, die in ihrem Schwerpunkt Güter und Dienstleistungen produzieren, die zum Informationsbereich gehören. Dies ist die Vorgehensweise der amtlichen Statistik, die z.Zt. versucht, eine Abgrenzung an Hand der bestehenden Wirtschaftszweigklassifikationen (WZ 93) bzw. an Hand der ISIC-Klassen der Vereinten Nationen (Vereinte Nationen 1990) zu realisieren (vgl. Schnorr-Bäcker 2001, 169). Auf Grund des Schwerpunktprinzips ist eine ganzheitliche Erfassung gerade neuartiger Wirtschaftsaktivitäten indes praktisch unmöglich, weil auch traditionelle Unternehmen im Neuen Markt tätig sind. Hier ist man also auch auf Schätzungen angewiesen.

In konkreter Zuordnung von Wirtschaftszweigen zum Sektor der hier so genannten Informationsökonomie gibt es einige Unterschiede zwischen den relevanten Institutionen:

– Eine viel verwendete Abgrenzung ist der sog. TIME-Sektor, ursprünglich von Little konzipiert (Little 1996) und später z.B. vom Bundeswirtschaftsministerium übernommen (Bundesministerium für Wirtschaft und Technologie 1999). Zum TIME-Sektor werden folgende Bereiche gezählt (vgl. Clement 2001, 16):
  – Telekommunikation: Netzwerke, Herstellung von Telekommunikationsendgeräten, Telekommunikationsdienstleistungen, Vermittlungsstellen, Transmissionstechnik;
  – Informationstechnik (Hardware, Software, Services): Herstellung von Datenverarbeitungsgeräten einschließlich „Consumer Electronics" (Unterhaltungselektronik), Software, informationstechnische Dienstleistungen (einschließlich E-Commerce, Online-Dienste), Fachhandel, Distribution;
  – Medien: Verlags- und Druckgewerbe; Film- und Videoherstellung, -verleih, -vertrieb, Filmtheater, Hörfunk, Fernsehen, Programmherstellung, Korrespondenz, Nachrichtenbüros, freie Journalisten, Buch-, Zeitschriften-, Musikhandel;
  – Elektronik: elektronische Bauelemente (z.B. Mikrochips, Bildröhren).

– Der ECC (European Communication Council) spricht in seinem Standardwerk von den Bereichen Medien, Telekommunikation und Informationstechnologie (Zerdick/Picot/Schrape 2001).

– Die EITO (European Information Technology Observatory) spricht in ihren Jahrbüchern von Information und Kommunikations-Technologie (ICT = information and communications technology), mit den zentralen Bereichen Informationstechnologie (IT) und Telekommunikation (EITO 2001, 14ff.).

– Die BITKOM (Bundesverband Informationswirtschaft, Telekommunikation und neue Medien e.V.) spricht von der ITK-Branche (Informationstechnik und Telekommunikation) und allgemein von der Informations- und Kommunikationsgesellschaft (BITKOM 2001).

– Das Deutsche Institut für Wirtschaftsforschung (DIW, Berlin), das für Deutschland die ersten quantitativen Analysen des Medien- und Kommunikationssektors vorgelegt hat (vgl. Seufert 1994), sprach ursprünglich vom Medien- und Kommunikationssektor und fasste hier folgende Teilbereiche zusammen:
  – Unternehmen, die schwerpunktmäßig Massenmedien herstellen oder vertreiben, bilden den Teilbereich *Medien*;
  – Unternehmen, die schwerpunktmäßig Unterhaltungselektronikprodukte, Büromaschinen und DV-Einrichtungen, nachrichtentechnische Geräte sowie fototechnische und -chemische Produkte herstellen oder vertreiben, bilden den Teilbereich der *Medien- und Kommunikationstechnik*;
  – Unternehmen, die schwerpunktmäßig DV-Software und -Dienstleistungen, Telekommunikationsdienste und Außendienste anbieten, bilden den Teilbereich der *Kommunikationsdienstleistungen* (DIW-Wochenbericht 10, 1996).

Mittlerweile hat das DIW die gebräuchlichere (aber u. E. schlechtere) Bezeichnung Informations- und Kommunikationssektor (IuK) auch in Anlehnung an die international häufig verwendete Bezeichnung Information and Communication sector (IC) übernommen. Dieser Sektor umfasst:

- die IuK-Technik,
- die IuK-Dienste und
- die IuK-Inhalte (vgl. Seufert 2000).

Diese unterschiedlichen Abgrenzungen sind im Zusammenhang von Branchenanalysen und Branchenprognosen entstanden. Sie spiegeln meist spezielle Erkenntnisziele der Auftraggeber (Seufert 2000, 2). Wichtig ist, dass mit den Abgrenzungen auch unterschiedliche Marktvolumina resultieren. Etwas grob kann folgender Aufbau unterschieden werden: ICT-Industrien beinhalten die Produktion elektronischer Bauelemente, die DV- und Nachrichtentechnik sowie die DV- und Telekommunikationsdienstleistungen.

TIME-Industrien beinhalten zusätzlich die Kabelproduktion, Mess- und Regeltechnik, Prozesssteuerung, Unterhaltungselektronik und die elektronischen Massenmedien (Film, Rundfunk, Onlinedienste).

IuK-Industrien beinhalten neben den ICT-Industrien zusätzlich die Printmedien, die Druckindustrie und die Werbung.

7.2. Das Marktvolumen der Informationsökonomie weltweit

Das weltweite Marktvolumen des Sektors der Informationstechnologie (IT) bzw. des Sektors der Informations- und Kommunikationstechnologie (ICT; im Wesentlichen Informationstechnik und Telekommunikation) ist in Tabelle 2 für das Jahr 2000 zusammengestellt. Das Marktvolumen beträgt gut 2.000 Mrd. Euro für die Informations- und Kommunikationstechnologie und gut 1.000 Mrd. Euro für die Informationstechnologie allein. Deutlich wird die dominierende Position der USA, aber auch der substanzielle Marktanteil der europäischen Informationsökonomie. Die Wachstumsraten im Jahr 2000 betrugen nach Angaben der EITO 13 Prozent für Europa, 8,2 Prozent für die USA, 6,7 Prozent für Japan, 10 Prozent für die vier Tiger und 12,4 Prozent für den Rest der Welt (EITO 2001, 112f.).

Mittlerweile ist der Sektor der Informations- und Kommunikationstechnologie ein bedeutender Wirtschaftszweig in den entwickelten Industrienationen der Welt. Der Anteil des Umsatzes am Bruttoinlandsprodukt liegt zwischen fünf und knapp neun Prozent, wie Tabelle 3 zeigt. Deutschland liegt dabei unter dem westeuropäischen Durchschnitt.

Tab. 255.2: Marktvolumen und Marktstruktur der Informationsökonomie 2000

	ICT-Sektor		IT-Sektor	
	in Mrd. €	in v.H.	in Mrd. €	in v.H.
Europa	576	28,8	258	25,7
USA	727	36,1	457	45,5
Japan	222	11,0	122	12,1
4 Tiger[1]	66	3,3	25	2,5
Rest der Welt	422	21,0	142	14,1
zusammen	2.012	100,0	1.004	100,0
[1] Hong Kong, Südkorea, Singapur, Taiwan				

Quelle: EITO 2001, 113

Tab. 255.3: Anteil des Umsatzes mit Informations- und Kommunikationstechnologie am Bruttoinlandsprodukt 2000 (in Prozent)

Land	Anteil
USA	8,7
Schweden	8,3
Schweiz	7,8
Vereinigtes Königreich	7,4
Portugal	7,0
Niederlande	6,9
Spanien	6,8
Japan	6,5
Finnland	6,4
Frankreich	6,2
Dänemark	6,2
Griechenland	6,1
Österreich	5,9
Belgien/Luxemburg	5,8
Deutschland	5,7
Italien	5,5
Irland	5,4
Norwegen	5,1

Quelle: BITKOM 2001

7.3. Das Marktvolumen der Informationsökonomie in Europa

Für Westeuropa (15 EU-Mitgliedstaaten sowie Schweiz und Norwegen) liegen genauere Daten zum Markt der Informations-

und Kommunikationstechnik vor. Tabelle 4 gibt einen Überblick über Volumen und Struktur des Sektors und stellt die Wachstumsraten der Teilbereiche zusammen. Von großer quantitativer Bedeutung sind der Bereich der Computer Hardware, der IT-Dienstleistungen und insbesondere der Bereich der Telekommunikation. Die Dynamik ist mit einer Wachstumsrate von 11 Prozent (13 Prozent im Vorjahr) recht ausgeprägt und übertrifft das Wachstum des Bruttoinlandsprodukts der EU von 3,1 Prozent im Jahr 2000 beträchtlich.

Tab. 255.4: Volumen und Struktur des IuK-Sektors in Westeuropa 2000 (in Mrd. Euro)

Wirtschaftszweige	in Mrd. €	Anteil in v. H.	+ in v. H.
Computer Hardware	85	15,9	7,5
Nachrichtentechnische Geräte	44	8,2	17,4
Büroausstattung	10	1,8	1,5
Netzausstattung	43	8,0	14,3
Software	50	9,3	14,2
IT-Dienstleistungen	71	13,1	12,8
Hilfsdienste	18	3,3	6,6
Übertragungsleistungen	217	40,4	9,5
zusammen	538	100	11,0

Quelle: EITO 2001, 113ff.

7.4. Das Marktvolumen der Informationsökonomie in Deutschland

Für Deutschland sind Produktionswert, Bruttowertschöpfung und die Beschäftigung in den Bereichen des Informations- und Kommunikationssektors ermittelt worden.

Tab. 255.5: Bruttowertschöpfung[1] des IuK-Sektors in Deutschland von 1992 bis 1998 (in Mrd. DM)

Bereiche	1992	1994	1996	1998
IuK-Technik	58	49	46	51
IuK-Dienste	70	74	79	99
IuK-Inhalte	45	48	53	58
insgesamt	172	171	178	208
Anteil am BIP	5,5 %	5,0 %	5,0 %	5,5 %

[1] zu laufenden Preisen

Quelle: Seufert 2000, 497

Tabelle 5 stellt Volumen und Struktur des Sektors in den Abgrenzungen des Deutschen Instituts für Wirtschaftsforschung (DIW) zusammen. Der Informations- und Kommunikationssektor erreicht 1998 mit einer Bruttowertschöpfung von gut 200 Mrd. DM einen Anteil am Bruttoinlandsprodukt von 5,5 Prozent. Dabei hat insbesondere der Bereich der IuK-Dienste kräftig expandiert, während der Bereich der IuK-Technik sogar geschrumpft ist.

Ähnliche Entwicklungen zeichnen sich im Bereich der Beschäftigung ab, wie Tabelle 6 zeigt. Im Sektor der Information und Kommunikation sind 1.161.000 Menschen beschäftigt, das entspricht einem Anteil von 4,3 Prozent an der Beschäftigung insgesamt. In Teilbereichen, insbesondere im Bereich der IuK-Technik, ist die Beschäftigung sogar deutlich zurückgegangen, dies vor allem als eine Folge der Privatisierung der Bundespost. Insgesamt ist die Dynamik dieses Sektors geringer als die ausgedehnte öffentliche Diskussion erwarten lässt (Seufert 2000, 496).

Tab. 255.6: Beschäftigung im IuK-Sektor in Deutschland von 1992 bis 1998 (in 1000)

Bereiche	1992	1994	1996	1998
IuK-Technik	635	531	508	522
IuK-Dienste	309	316	321	303
IuK-Inhalte	325	318	315	336
insgesamt	1.269	1.165	1.144	1.161
Anteil an Beschäftigung	4,3 %	4,1 %	4,1 %	4,3 %

Quelle: Seufert 2000, 498

7.5. Determinanten des Entwicklungsstandes der Informationsökonomie

Zur Beurteilung des Entwicklungsstandes eines Landes in Bezug auf die neue Informationsökonomie sind eine Reihe von Indikatoren entwickelt worden, die sich in der Regel auf die infrastrukturelle Ausstattung und auf die Pro-Kopf-Ausgaben für die neuen Techniken beziehen. Diese Indikatoren werden sehr häufig zu Länder-Rankings zusammengestellt, um Leistungslücken zum führenden Land zu dokumentieren. Solche Indikatoren sind meist die Folgenden (vgl. Matthes 2001):

- Pro-Kopf-Ausgaben für die Informationstechnik (1),
- Pro-Kopf-Ausgaben für die Telekommunikation (2),
- Personal-Computer je 1000 Einwohner (3),

Tab. 255.7: Determinanten[1] der Informationsökonomie und internationaler Entwicklungsstand 2000

	1[2]	2[2]	3[3]	4[3]	5[3]	6[3]	7[3]	Stand[4]
USA	1.675	991	650	268	170	400	248	100,0
Schweden	1.193	834	630	135	71	750	224	85,2
Schweiz	1.361	1.366	510	75	92	460	340	84,6
Niederlande	799	864	420	100	29	650	370	71,6
Norwegen	1.014	889	510	128	49	670	170	69,3
Dänemark	1.096	898	480	82	40	650	209	68,6
Finnland	722	811	380	179	54	780	165	68,2
Deutschland	679	723	340	40	35	580	250	63,5
Großbritannien	893	792	360	61	55	680	51	61,4
Österreich	626	859	284	76	42	630	146	60,8
Belgien	649	732	270	46	24	400	360	54,2
Japan	963	786	320	42	15	470	55	48,1
Frankreich	731	712	290	23	18	510	48	46,1
Spanien	284	689	160	22	16	660	15	41,6
Italien	362	714	160	37	11	740	5	41,1

[1] Vgl. Auflistung in diesem Abschnitt; [2] in Euro; [3] Anzahl; [4] Bestplaziertes Land = 100

Quelle: Matthes 2001

- Internet-Hosts je 1000 Einwohner (4),
- gesicherte Server je 1000 Einwohner (5),
- Mobiltelefone je 1000 Einwohner (6),
- TV-Kabelanschlüsse je 1000 Einwohner (7).

Tabelle 7 stellt diese Indikatoren für 15 führende Industrienationen zusammen, um einen Eindruck von der Struktur solcher Rankings zu vermitteln. Die führende Position der USA, der skandinavischen Länder und der Schweiz wird deutlich herausgestellt. Solche Indikatoren haben den Vorzug der relativ einfachen Ermittelbarkeit und den Nachteil einer gewissen Zufälligkeit.

8. Zusammenfassung

Der neue Sektor der Informationsökonomie ist gekennzeichnet durch die neue Querschnittstechnologie der Digitalisierung, durch den Bedeutungszuwachs der neuartigen Informationsgüter und durch den Bedeutungszuwachs der neuartigen Organisationsform Netzwerk. Die Veränderungen betreffen vor allem den Sektor der Informationsproduktion, also auch die Massenmedien. Kostensenkungen und Veränderungen der Kostenstrukturen begründen die Wachstumsbranche Informationsökonomie. Die spezifischen Eigenschaften der Informationsgüter – öffentliches Gut, Erfahrungsgut und Netzwerkgut – begründen neue Vermarktungsstrategien und neue Wertschöpfungsketten. Und durch die alle Bereiche betreffende Digitalisierung kommt es zu einer umfassenden Konvergenz im Mediesystem. Das Marktvolumen der unterschiedlich abgegrenzten Informationsökonomie beträgt zwischen fünf und neun Prozent des Bruttoinlandsprodukts der entwickelten Industrienationen, mit steigender Tendenz.

9. Literatur

Arrow, Kenneth, Economic Welfare and the Allocation of Resources for Invention. In: National Bureau of Economic Research. The Rate and Direction of Inventive Activity: Economic and Social Factors. Princeton 1962.

Bakos, Yannis/Erik Brynjolfsson, Bundling Information Goods: Priecing, Profits and Efficiency. In: Management Science, Dezember 1999.

Bell, Daniel, The Post-Industrial Society: The Evolution of an Idea. In: Survey Vol. 17, 1971, 102–168.

BITKOM, Wege in die Informationsgesellschaft. Berlin/Frankfurt 2001.

Bundesministerium für Wirtschaft und Technologie, Multimedia: Potenziale nutzen – Beschäftigung schaffen, Dokumentation Nr. 466. Berlin 1999.

Clement, Reiner, Digital Economy. Münster u. a. 2001.

DIW Wochenbericht, Multimedia: Beschäftigungszunahme im Medien- und Kommunikationssektor vielfach überschätzt, H. 10. 1996, S. 165–172.

Dostal, Werner, Die Informatisierung der Arbeitswelt – Multimedia, offene Arbeitsformen und Telearbeit, in: Mitteilungen des Instituts für Arbeitsmarkt- und Berufsforschung, 4, 1995, S. 527–543.

EITO – European Information Technology Observatory 2001.

Enquete – Kommission, Zukunft der Medien in Wirtschaft und Gesellschaft. Deutschlands Weg in die Informationsgesellschaft. Bonn 1998.

EU (Hrsg.), Wachstum, Wettbewerbsfähigkeit, Beschäftigung – Weißbuch der Kommission der Europäischen Union. Brüssel 1993.

Heinrich, Jürgen, Medienökonomie Band 2: Hörfunk und Fernsehen. Opladen/Wiesbaden 1999.

–, Medienökonomie Band 1: Mediensystem, Zeitung, Zeitschrift, Anzeigenblatt. Wiesbaden ^{2}2001.

Hensel, Matthias, Die Informationsgesellschaft. Neuere Ansätze zur Analyse eines Schlagwortes. München 1990.

Hess, Thomas, Netzeffekte. In: Wirtschaftswissenschaftliches Studium, Heft 2, 2000, S. 96–98.

Hofer, Michael, Medienökonomie des Internet. Münster u. a. 2000.

Hunzicker, Peter, Das Publikum als Marktpartner im publizistischen Wettbewerb. Konstanz 1981.

Klodt, Henning, Die Neue Ökonomie: Aufbruch und Umbruch. In: Die Weltwirtschaft 2001, 78–98.

Latzer, Michael, Mediamatik – Die Konvergenz von Telekommunikation, Computer und Rundfunk. Opladen 1997.

Little, Arthur D., Innovationen und Arbeit im Informationszeitalter, Berlin 1996.

Machlup, Fritz, The Production and Distribution of Knowledge in the United States. Princeton 1962.

Matthes, Jürgen, Determinanten der New Economy im internationalen Vergleich. In: iw-trends, Heft 1, 2001, S. 1–26.

Monopolkommission, Wettbewerbspolitik in Zeiten des Umbruchs, 11. Hauptgutachten 1994/95. Baden-Baden 1996.

–, Marktöffnung umfassend verwirklichen, 12. Hauptgutachten der Monopolkommission 1996/1997. Baden-Baden 1998.

–, Wettbewerbspolitik in Netzstrukturen, 13. Hauptgutachten 1998/1999. Baden-Baden 2000.

Negroponte, Nicholas, Total digital. Die Welt zwischen 0 und 1 oder die Zukunft der Kommunikation. München 1995.

Picot, Arnold, Organisation. In: Vahlens Kompendium der Betriebswirtschaftslehre, Band 2. München ^{4}1999, S. 107–180.

Porat, Marc U., The Information Economy, Vol. I u. II. Stanford 1976.

Saxer, Ulrich/Martina Märki-Koepp, Medien-Gefühlskultur. Zielgruppenspezifische Gefühlsdramaturgie als journalistische Produktionsroutine. München 1992.

Schnorr-Bäcker, Susanne, Neue Ökonomie und amtliche Statistik. In: Wirtschaft und Statistik, Heft 3, 2001, S. 165–175.

Seufert, Wolfgang, Gesamtwirtschaftliche Position der Medien in Deutschland 1982–1992. Berlin 1994.

–, The Development of the Information and Communications Sector in Germany. In: Vierteljahreshefte zur Wirtschaftsforschung 69. Jahrgang, Heft 4, 2000, S. 491–509.

–, Informations- und Kommunikationswirtschaft räumlich stark konzentriert. In: DIW-Wochenbericht Heft 32, 2000, S. 1–23.

Shapiro, Carl/Hal R. Varian, Information Rules. A Strategic Guide to the Network Economy. Boston 1999.

Siebert, Horst, The New Economy – What is Really New? Kieler Arbeitspapiere 1000. Kiel 2000.

Varian, Hal R., Markets for Information Goods. IMES Discussion Papers E 99-9. Institute for Monetary and Economic Studies. Tokio 1999.

Vereinte Nationen, International Standard Industrial Classification of All Economic Activities, Rev. 3. New York 1990.

Weizsäcker, Carl Ch. von, Wettbewerb in Netzen. In: Wirtschaft und Wettbewerb 1997, S. 572–579.

Wirtz, Bernd W./Andrea Kleineicken, Geschäftsmodelltypen im Internet. In: Wirtschaftswissenschaftliches Studium 2000, S. 628–635.

Jürgen Heinrich, Dortmund (Deutschland)

LVI. Mediengesellschaft II: Medienpolitik

256. Medienpolitik in Deutschland

1. Begriff. Gegenstandsbereich und Herausbildung in der politischen Diskussion
2. Systemgrundlagen
3. Phasen der Systementwicklung
4. Medienpolitik und ihre theoretischen Grundlagen
5. Literatur

1. Begriff. Gegenstandsbereich und Herausbildung in der politischen Diskussion

Mit dem Begriff Medienpolitik wird in der Bundesrepublik Deutschland – insbesondere seit den sechziger Jahren – aber auch international die Gesamtheit politischer, insonderheit aber gesetzlicher und in der Rechtsauslegung folgender Festlegungen von Rahmenbedingungen und Steuerungsprozessen für das gesamte System der Massenmedien verstanden (Glotz 1966, 1981; Jarren 1994, 1996; Kepplinger 1982; Kopper 1992; Koszyk 1986; Roegele 1973; Ronneberger 1980ff.; Rühl 1973; Smith 1978, 1980; Tonnemacher 1996; Wilke 1985; Witte 1982). Einbezogen werden hierbei der Rundfunk, die Presse und das Filmwesen, aber auch Tonträger – sowie in neuerer Zeit die technischen Weiterentwicklungsformen mit Massenmediencharakter: Bildschirmtext, bestimmte Dienste im Internet usw. Der Begriff Medienpolitik steht in engem Zusammenhang mit dem Terminus Kommunikationspolitik, unter dem das gesamte staatliche und marktbezogene Einwirkungsrepertoire auf das umfassende moderne Informations- und Kommunikationssystem (IuK-Systeme) zusammengefaßt wird. Verstanden wird darunter außer den Massenmedien, der gesamte Bereich der Telekommunikation sowie der vielfach noch in Entwicklung befindlichen neuen Kommunikationsdienstsysteme (z. B. allgemeine über Computer abfragbare Informationsdienste). Inzwischen wird daher Medienpolitik als Unterbegriff der Kommunikationspolitik verwendet. Folgerichtig finden sich in der fachlichen Diskussion zusätzliche sektorale Unterteilungen: z.B. Rundfunkpolitik, Pressepolitik usw. In der praktischen Ausformung sind die Grenzen zwischen den Begriffsfeldern durchaus fließend. Nicht selten werden Kommunikationspolitik und Medienpolitik sogar in austauschbarer Weise verwendet (vgl. Mahle/Richter 1974; Roegele 1973).

Solange es historisch betrachtet staatlich administriertes Handeln und zielorientierte Politik einzelner Staaten gibt, finden sich Strategien und Einzelverfahren, mit denen das Ziel verfolgt wird, durch Kommunikationsprozesse und ihre Institutionalisierung Herrschaft durchzusetzen, die öffentliche Meinungsbildung bestimmter Teile des Staatsvolkes, einer ganzen Bevölkerung oder sogar umfassender Völkergemeinschaften zu beeinflussen. Von solchen Versuchen wird bereits im antiken griechischen Staatensystem ebenso wie in unterschiedlichen Epochen des römischen Reiches berichtet (Riepl 1913). Ausgerichtet auf einen zeitlich spezifischen Stand der gesellschaftlichen, wirtschaftlichen, technischen und kulturellen Entwicklung existierte also aus heutiger Sicht eine epochenspezifische Kommunikationspolitik durchgehend durch die diversen Abschnitte der Bildung des modernen Staatswesens. Bezogen auf die jeweiligen technischen Möglichkeiten der Informationsübertragung entsprechend auch eine 'Medienpolitik' – wobei Begriff und Instrumentarium keineswegs in dieser Handlungsperspektive oder Terminologie erfaßt wurden. Tatsächlich hat sich das heutige politische und öffentliche Verständnis des Begriffes Medienpolitik – vor dem Hintergrund des umfassenderen Regelungs- und Funktionszusammenhanges der Kommunikationspolitik – jedoch erst zu einem Zeitpunkt entwickelt, in dem mindestens folgende Voraussetzungen erfüllt waren: (1) eine Demokratisierung von Regelungsinstanzen und Regelungsprozessen im Rahmen verfassungsrechtlich abgesicherter Gewaltenteilung mit entsprechenden grundlegenden Garantien der Informations-, Meinungs- und Pressefreiheit; (2) ein allgemeines öffentliches Verständnis des wirtschaftlichen Gewichtes sowie des hohen Einflußpotentials von sowie der allgemeinen und praktischen Verfügbarkeit moderner Massenmedien; (3) das Auftreten massiver Interessenkonflikte zwischen gesellschaftlichen Gruppen, die sich auf institutionalisierte Kommunikationschancen beziehen – darstellbar anhand von Rechten und Pflichten und bezogen auf Zugangsmöglichkeiten und Verteilverfahren, auf Eigentumsrechte und auf Markt- und Finanzierungsmöglichkeiten, dies alles zumeist im Zusammenhang mit technischen Neuerungen und der damit einhergehenden Veränderungen von Einzelmedien und dem umfassenden Medien- und Kommunikationssystem.

In Deutschland ergeben die politischen Weichenstellungen nach Kriegsende 1945 zunächst das in der Phase der Militärregierung in West- wie in Ostdeutschland historisch überlieferte Modell einer vor-demokratischen Kommunikationspolitik (Zensur, Lizensierungsverfahren, Direktiven) (vgl. Hurwitz 1972). Dies gilt in Abstufungen bis zum Übergang in demokratische Prozeduren einschließlich der Selbstbestimmung in Angelegenheiten der Medien (so in den Westzonen ab 1948). Vor-demokratische Regelungsmuster blieben in Teilen Deutschlands – bei Modifikationen im zeitlichen Ablauf – prägend (so in Ostdeutschland während der Zeit der Deutschen Demokratischen Republik).

Bis in die sechziger Jahre herrschte im politischen Handeln der Bundesrepublik Deutschland eine auf Einzelsektoren der Massenmedien bezogene Sicht- und Verfahrensweise vor. Erst die Erkenntnis deutlicher Abhängigkeiten einzelner Mediensektoren voneinander (z.B. die massive Verringerung des Kinopublikums im Zuge der Durchsetzung des Fernsehens) und der Gesamtabhängigkeit des Mediensystems von allgemeinen gesellschaftlichen, kulturellen und wirtschaftlichen Entwicklungen (z.B. gleichzeitig wachsendes Gesamtwerbevolumen trotz einer Vermehrung der Anzahl der Werbeträger) führte zu einer neuen Qualität an Verständnisgrundlagen, sowohl innerhalb der Politik wie auch innerhalb der Fachwelt und Wissenschaft. Damit setzte sich innerhalb der Bundesrepublik Deutschland der pragmatische Zuschnitt einer sektoralen und funktionalen Politikauffassung für den Regelungsrahmen von Massenmedien durch, wie sie prägend in Amerika, aber auch in Großbritannien geworden war (Hoffmann-Riem 1996). In den herrschenden Parteien und in Bundes- und Landesparlamenten wurde der Arbeitsbegriff 'Medienpolitik' als neue Bezeichnung neben traditionellen Bezeichnungen von politischen Arbeitsbereichen etabliert (ab ca. 2. Hälfte der sechziger Jahre). Einen nicht unmaßgeblichen Einfluß auf diese grundlegende Auffassungsänderung, im Sinne einer funktionalen Handlungsperspektive und eines eigenständigen Politikbereiches, hatte die Einbindung der Bundesrepublik in internationale Gremien (Mitglied der OEEC – später OECD – seit 1949; assoziiertes Mitglied des Europarates seit 1950, Mitglied der Unesco). In ihnen wurden spezifische Aspekte der Medienentwicklung und des Medienrechts sowie der industriellen Entwicklung der Informationsindustrie unter Beauftragung wissenschaftlicher Expertisen schwerpunkthaft für Entscheidungsverfahren aufbereitet (z.B. Fragen der Pressekonzentration, der Statistik der Mediensysteme, des Fernsehens als Bildungsmedium, technischer Übertragungsnormen der Fernsehindustrie usw.) (vgl. Breunig 1987).

Tagespolitischer Auslöser einer qualitativ neuen Fundierung und Verselbständigung eines eigenständigen perspektivischen Handlungssystems 'Medienpolitik' bildeten jedoch die vehementen Auseinandersetzungen zwischen divergierenden Interessengruppen innerhalb der Medienindustrie selbst im Ablauf der sechziger Jahre. Diese Konflikte führten in der Folge zu vom Parlament und der Bundesregierung eingesetzten Untersuchungskommissionen, zu speziellen Fachgruppen in Fraktionen und Parteien sowie zu ressortübergreifenden Arbeitseinheiten in den Regierungen. Einen wichtigen Ausgangspunkt setzte die Forderung des Verlegers Axel C. Springer auf einer Jahresversammlung des Bundesverbandes Deutscher Zeitungsverleger (BDZV) im Juni 1961 nach einer Beteiligungsmöglichkeit an den elektronischen Medien für die Zeitungs- und Zeitschriftenindustrie. Vorausgegangen war die Gründung eines Zweiten Deutschen Fernsehens (ZDF) sowie Vorbereitungen für die Einführung von Fernsehregionalprogrammen (3. Programme). Ein lange schon schwelender 'Fernsehstreit' führte damit zur ersten vehementen „medienpolitischen" Auseinandersetzung auf gesellschaftlicher Ebene (Glotz 1966). In der Folge beschließen die Ministerpräsidenten 1962 eine Beschränkung der Werbezeit in den beiden Fernsehprogrammen auf werktäglich 20 Minuten. Es folgt eine Verzichtserklärung der Rundfunkintendanten, bestehende „Werbegebiete" nur nach Absprache mit den Zeitungsverlegern aufteilen zu wollen. Im April 1964 setzt der Bundestag eine Kommission zur Untersuchung der Wettbewerbslage zwischen Presse und Rundfunk (nach ihrem Vorsitzenden 'Michel-Kommission' genannt) ein. Diese legt im September 1967 ihren Abschlußbericht vor. 1967 setzt die Bundesregierung (Koalition aus CDU/CSU, SPD, FDP) eine Sachverständigenkommission zu Fragen der Pressekonzentration (nach ihrem Vorsitzenden 'Günther-Kommission' genannt) ein. Deren Abschlußbericht wird im Juni 1968 vorgelegt. Allein die umfänglichen Arbeiten dieser beiden Kommissionen beschleunigten die Ausgrenzung eines eigenständigen politischen Arbeitsbereiches 'Medienpolitik'.

2. Systemgrundlagen

'Medienpolitik' als Gesamtzusammenhang staatlichen Handelns bezogen auf institutionelle Ausdrucksmöglichkeiten öffentlicher Kommunikation und der spezifischen gesetzlichen Rahmen- sowie Folgebedingungen entfaltet erst im Verlauf der sechziger Jahre ausschlaggebende Wirkung (Glotz 1981). Die Systemgrundlagen der Medienpolitik jedoch werden bereits weit vor der Gründung der Bundesrepublik Deutschland im Jahre 1949 gelegt. Ausschlaggebend für die Herausbildung dieser vorlaufenden Grundlagen sind in ihrem Gesamtzusammenhang: (1) Verbot und Abschaffung aller Institutionen und Gesetze für das Presse-, Rundfunk- und Filmwesen des nationalsozialistischen Regimes; (2) der Aufbau eines neuen dezentralen Rundfunksystems unter alliierter Kontrolle (vgl. Maaßen 1979); (3) die für die spätere Struktur entscheidenden Ausgangsdeterminanten regionalen Zuschnitts für den Aufbau eines neuen Pressewesens; (4) die Abschaffung sämtlicher zentraler Reichsinstanzen und die konsequente Vorbereitung des Aufbaus eines föderalen Staatswesens; (5) die Stufenplanungen für den Übergang von einer anfänglichen Zensur durch Militärbehörden der Alliierten hin zu einer Phase der Presse- und Informationsfreiheit im Rahmen abgestimmter Zwischenschritte.

Mit dem Ende des Zweiten Weltkrieges werden in Deutschland vier Besatzungszonen eingerichtet, wobei es aufgrund des wenig später beginnenden 'Kalten Krieges' zwischen den Westalliierten und der UdSSR sehr bald zu einer deutlich abweichenden Entwicklung zwischen der sowjetisch besetzten Zone (SBZ) – heute: Ostdeutschland – und den Besatzungszonen der USA, Großbritanniens und Frankreichs kommt. Gemeinsame Grundlage der Westalliierten ist die Durchsetzung föderaler Strukturen für den Neuaufbau Deutschlands, eine Stärkung und Eigenständigkeit der kommunalen Selbstverwaltung, eine staatsferne und dezentralisierte Neuerrichtung des Rundfunkwesens sowie ein Verbot jeder Betätigung im Sinne der aufgelösten NSDAP oder etwaiger Nachfolgeorganisationen. Gemeinsames vorrangiges Ziel ist der Aufbau und die Stärkung demokratischer Kräfte.

Im Anschluß an die Kapitulation begann eine auf drei Monate geplante Periode des 'Blackout', während der ausschließlich alliierte Nachrichtenblätter und Rundfunksendungen erlaubt waren. Gleichzeitig setzten Bemühungen der Besatzungsmächte ein, für die nächsten Entwicklungsstufen des Informations- und Medienwesens politisch geeignete demokratische Einzelpersonen und Gruppen zu gewinnen. Eine weitere Stufe der Entwicklung bildete die Gründung eines neuen täglichen Deutschlandsdienstes (Nachrichtenagentur) am 29. Juni 1945, ferner die bereits unter deutscher Leitung herausgegebene Lizenzierung der 'Frankfurter Rundschau' vom 1. August 1945. Die Herausgebergruppe des Blattes setzt sich aus Vertretern sämtlicher wichtiger politischer Gruppierungen einschließlich der Kommunisten zusammen. In der Britischen Besatzungszone werden hingegen in erster Linie Zeitungslizenzen unter dem Gesichtspunkt parteilicher Zuordnung vergeben. Die Umstellung auf ein neues Informationssystem erfolgt mit besonderer Beschleunigung im Bereich der US-Besatzungszone. Dort werden nach der Einrichtung eines gemeinsamen Rates der in der Besatzungszone vertretenen Länder vom Oktober 1945 bereits am 1. Dezember 1945 Aufträge zur Erarbeitung eines Pressegesetzes für ein Lizenzierungsgesetz sowie für ein Gesetz über einen Presserat mit disziplinarischen Zuständigkeiten erteilt.

Die Gesamtwirtschaft Deutschlands ist in dieser Phase durch extreme wirtschaftliche Engpässe, Rohstoff- und Nahrungsmittelknappheit sowie schärfste Rationierung sämtlicher Verbrauchsgüter gekennzeichnet. Entsprechend erfolgen für die Zeitungsherausgabe kontingentierte Zuteilungen von Zeitungspapier sowie eine administrierte Kontrolle der Zeitungsauflagen. Das Wiedererscheinen von Tageszeitungen aus Verlagen, die während der Zeit des Nationalsozialismus in Betrieb waren, ist durch Besatzungsrecht ausgeschlossen. Eine Reihe von sogenannten 'Altverlegern' erkennt hierin – aufgrund ihres nicht selten individuellen Oppositionsverhaltens gegenüber der NSDAP – einen Unrechtstatbestand. Neben den neuen Lizenzverlegern und ihrer bald entstehenden Interessenvertretung bildet sich daher bald auch ein Zusammenschluß der Altverleger, die während dieser Phase statt Zeitungen Anzeigenblätter herausgeben und unter der Funktionsbezeichnung der Anzeigenblattverlage ihre Interessen gegenüber den Besatzungsbehörden vertreten (Kopper 1972). Um die neuen lizenzierten Blätter herstellen zu können, muß in der Regel auf den Maschinenbestand und die Produktionsstätten der Altverleger zurückgegriffen werden. Aufgrund des Interessengegensatzes zwischen diesen Gruppen müssen die Geschäftsbeziehungen durch unter Besatzungsrecht erlassene Zwangspachtverträge abgewickelt werden.

Ab Ende 1948 beginnen die Länder mit der Beratung eigener Landespressegesetze. Diese Arbeit erfolgt schon im Blick auf die inzwischen weitgehend abgeschlossenen Beratungen des Grundgesetzes. Mit seiner Verabschiedung im Mai 1949 endet die erste strukturbildende Phase des Medien- und Informationswesens in der nun beginnenden Bundesrepublik Deutschland. Als besondere Merkmale für die künftige Medienpolitik sind festzuhalten: (1) die föderale Struktur eines öffentlich-rechtlich geprägten Rundfunkwesens (im Grundsatz ein Sender je Land); (2) eine ungleichgewichtige Ausgangslage im Bereich des neuen und sich verstärkenden Wettbewerbs im Pressewesen mit guten Ausgangschancen für eine Reihe regionaler Standortzeitungen neuen Typs; (3) das erkennbare Wiedererstarken eines ausgeprägten und eigenständigen Werbewesens (19. Januar 1949: Gründung des Zentralausschusses der Werbewirtschaft, ZAW); (4) Detailregelungskompetenzen im Bereich des Pressewesens sowie des Rundfunks für die Länder (dies wird später durch Entscheidungen des Bundesverfassungsgerichts bestätigt); (5) ein hohes Einflußgewicht politischer Parteien vor allem im Bereich des Rundfunks – und über die damit verbundenen strukturellen Regelungskompetenzen auf das Mediensystem insgesamt; (6) eine starke Vorprägung von Auseinandersetzungsstrukturen im Rahmen von Verbandspolitik und ihrer besonderen Formen des Lobbying, der Expertise und Generierung von Fachwissen.

3. Phasen der Systementwicklung

Für die Herausbildung des Medien- und Informationswesens in der Bundesrepublik Deutschland lassen sich vier deutlich voneinander abgrenzbare Hauptphasen der medienpolitischen Rahmensetzungen und Rahmenbedingungen kennzeichnen. Innerhalb dieser Hauptabschnitte zeichnen sich einzelne Teilepochen ab, auf deren detaillierte Kennzeichnung hier verzichtet wird. Als Hauptabschnitte sind anzusehen:

1. Entwicklungs- und Erprobungsphase (Gründungsepoche) 1949–1961
2. Steuerungs- und Regulierungsphase 1962 bis 1982
3. De- und Re-Regulierungsphase 1982 bis 1994
4. Phase industriepolitischer und internationaler Anpassung, 1994 ff.

3.1. Entwicklungs- und Erprobungsphase (Gründungsepoche 1949–1961)

Vor dem Hintergrund der bald einsetzenden wirtschaftlichen und politischen Konsolidierung der neu gegründeten Bundesrepublik Deutschland setzen eine Reihe grundlegender struktureller Entwicklungsprozesse im Medienbereich ein und finden teilweise ihren ersten Abschluß. Prägend wirkt sich dies vor allem in folgenden Bereichen aus:

(1) Es bildet sich die regional determinierte Struktur des Tageszeitungswesens heraus. (2) Die föderale Gliederung und politische Kontrolle des öffentlich-rechtlichen Rundfunks wird zum Systemaxiom und verfassungsrechtlich abgesichert. (3) Im Zeitschriftenmarkt etablieren sich neue Angebotsformen, 'Illustrierte', Programmpresse und Nachrichtenmagazine; die Grundlagen eines der wettbewerbsintensivsten Pressemärkte weltweit werden in dieser Phase ge-

legt. (4) Das Pressevertriebssystem auf der Grundlage privatwirtschaftlicher Gebietsmonopolisten, die einem allgemeinen Kontrahierungszwang unterliegen, beginnt sich in seiner auf Dauer wirksamen Form herauszubilden. (5) Die Filmindustrie erlebt ihren ersten und einzigen wirtschaftlichen Höhepunkt und unterliegt am Ende dieser Epoche dem neuen Konkurrenzmedium Fernsehen. (6) Die Gruppierung von Interessen im Rahmen von starken Verbänden manifestiert sich in der Gründung der für den Mediensektor gewichtigen Eigentümer- und Arbeitgeberverbände (BDZV und VDZ) sowie der Arbeitnehmer- und Journalistenvereinigungen (djv, RFFU, DGB usw.).

Zur Einschätzung der Grundlagen der Medienpolitik sind jedoch auch die folgenden Detailmomente der Entwicklung von Gewicht, weil sich in ihnen bedeutsame Qualitätsänderungen für das gesamte Entwicklungspanorama in diesem Politiksektor abzeichnen:

Innerhalb weniger Jahre bis zum Ende der ersten Hälfte der fünfziger Jahre ist das wirtschaftliche Schicksal der ursprünglich mit hohen Auflagenzahlen lizenzierten Parteizeitungen weitestgehend besiegelt. Sie spielen im weiteren Verlauf nur im Falle einiger Blätter der SPD eine Rolle; bis spätestens Ende der sechziger Jahre müssen auch sie nahezu ausnahmslos Unterschlupf in neuen Eigentumskonstruktionen und im Verbund mit anderen Regionalverlagen finden.

Der massive Interessenkonflikt zwischen Alt- und Neu-Presseverlegern findet in der ersten Hälfte der fünfziger Jahre ebenfalls ein Ende durch die Vereinigung der Verbände im Rahmen des Bundesverbandes Deutscher Zeitungsverleger (BDZV). Waren in den ersten Gründungsjahren der Bundesrepublik Deutschland eine Vielzahl von alten Heimatzeitungstiteln und kleineren Lokalblättern wieder durch die Altverlage belebt worden, so zeigte sich recht schnell, daß aufgrund der durch die neuen Regionalzeitungen umstrukturierten Wettbewerbssituation der überwiegende Teil dieser kleinen Zeitungen auf die Dauer keine eigenständige Überlebenschance hatte. Es setzte daher Mitte der fünfziger Jahre ein differenziertes Kooperations- und gesellschaftsrechtliches Netzwerk an Verflechtungen sowohl auf der redaktionellen wie auf der Produktions- und auch auf der Anzeigenebene ein. Im Verlauf bildete sich hier die Grundlage für das gültige Tageszeitungssystem der Bundesrepublik heraus, bei dem innerhalb regional definierter Verbreitungsgebiete ein in der Regel starker regionaler Standortverlag den Mittelpunkt für einen komplexen Verflechtungszusammenhang von Tochterblättern, Miteigentümer-Zweitzeitungen, kooperierenden Heimatblättern und eigenen Lokalausgaben mit eigenständigen Zeitungstiteln bildet. Ursache sowohl für das schnelle Ende der Parteiblätter wie für die wenig erfolgreiche Wiederbelebung der Lokal- und Heimatblätter des kleinauflagigen Weimarer Pressetyps waren neben einer geänderten Erwartungshaltung des Publikums nicht zuletzt auch grundlegende Veränderungen in der wirtschaftlichen, sozialen und kulturellen Rahmengebung des neuen Gesellschaftssystems der Bundesrepublik. Im Zeichen einerseits des 'Kalten Krieges' und seiner Eskalation (Beginn des Korea-Krieges Juni 1950) standen die wirtschaftliche Konsolidierung und politische Restauration (Wiederbewaffnung und Aufstellung der Bundeswehr sowie NATO-Beitritt 1955) im Zentrum der öffentlichen Meinung und bestimmten die Rahmenbedingungen des Journalismus. Gleichzeitig setzte mit der beginnenden, alle Bevölkerungsschichten umfassenden Motorisierung sowie dem gezielten Ausbau des Straßensystems und der Einbeziehung ländlicher Regionen in die metropolen Sphären ein tiefreichender Umbau der soziogeographischen und sozioökonomischen Grundlagen des Landes ein. Hierdurch wurden die Marktstrukturen für die erfolgreiche wirtschaftliche Entwicklung der in der Folge starken Regionalzeitungen und das zugrundeliegende aus breiten Einzugsbereichen stammende Anzeigenaufkommen gelegt.

1952 begann das regelmäßige Fernsehprogramm in zunächst bescheidenem Umfang in abendlichen Kurzsendungen. Ein erster öffentlicher Durchbruch dieses neuen Mediums wurde 1954 anläßlich der Übertragung der Krönungsfeierlichkeiten der britischen Königin Elizabeth II. sowie der Olympischen Spiele von 1956 erreicht. Das Beispiel der Einführung eines unabhängigen und durch Werbung finanzierten Fernsehens zur gleichen Zeit in England (Independent Television) veranlaßte eine neue Interessenformierung auch in Deutschland, die auf die Einführung einer vergleichbaren Lösung, nämlich eines zweiten, werbefinanzierten Fernsehprogramms drängte (v. Gottberg 1979). Besonders aktiv wurde in diesem Bereich auch die Bundesregierung unter Führung von Bundeskanzler Konrad Adenauer.

Sie gründete 1956 die Deutschland-Fernsehen GmbH, in der Anteile durch die Bundesregierung wie auch treuhänderisch für die Bundesländer gehalten wurden. SPD-geführte Bundesländer, voran Hessen unter Ministerpräsident Georg-August Zinn, sahen in diesem Vorgehen der Bundesregierung einen verfassungsrechtlichen Verstoß gegen das Prinzip der föderalen Hoheit im Bereich der Rundfunkfragen und strengten eine Klage vor dem Bundesverfassungsgericht an. 1961 erging das Urteil des Bundesverfassungsgerichtes (erstes Fernsehurteil), das die alleinige Regelungskompetenz der Bundesländer in Rundfunkfragen uneingeschränkt bestätigte. Dieses Urteil hat maßgebliche Richtungswirkung für alle folgenden Rundfunkurteile des Bundesverfassungsgerichtes entfaltet und bildete den Auftakt für die medienpolitisch in der Folge maßgebliche Tatsache einer laufenden Fortbildung des Rundfunkrechtes zu einem entscheidenden Teil aufgrund der Spruchpraxis des Bundesverfassungsgerichtes.

Aufgrund der sogenannten 'Wellendemontage' während der Kopenhagener Weltrundfunkkonferenz von 1948, auf der Deutschland durch die alliierten Besatzungsmächte vertreten wurde und in der Folge erhebliche Einbußen bei der Zuweisung von Rundfunkfrequenzen erlitt, ergab sich im Laufe der 50er Jahre eine starke Initiative und eine Reihe technischer Durchbrüche im Bereich der UWK-Technik in der Hörfunkversorgung. In dieser Zeit wurden die Grundlagen für die spätere überwiegend auf UKW-Frequenzen vermittelte Hörfunkversorgung der Bevölkerung gelegt.

Die Filmindustrie hatte sich aus kleinstem Wiederbeginn schon unter Besatzungsrecht zu einem Medienangebot erheblicher Nachfrage ausgeweitet und erlebte in diesem Abschnitt ihrer Entwicklung den überhaupt stärksten Nachfragehöhepunkt (Roeber/Jacoby 1973). In neuer Form wiederbelebt wurde auch der Typ der in der Weimarer Zeit erstmals zum Erfolg geführten illustrierten Publikumszeitschrift. Die neuen Blätter wurden sehr stark von dem Vorbild erfolgreicher angelsächsischer Blätter inspiriert. Daneben gab es erstmals als neuartigen Typ einer Wochenzeitschrift das Nachrichtenmagazin (Vorbild des US-Newsmagazin „Time") in der Form des „Spiegel". Dieses Blatt hatte seit 1947 einen kontinuierlichen Auflagenanstieg und gewann im Laufe der Jahrzehnte einen durchschlagenden politischen Einfluß aufgrund seines respektlosen investigativen Journalismus und seiner Kritik der Herrschaftspraxis von Regierenden und Mächtigen.

Medienbezogene politische Auseinandersetzungen in dieser Epoche setzten in erster Linie an Grenzfragen des Geschmacks, an der Auseinandersetzung über moralische Werte und mögliche Jugendgefährdung an. Im Mittelpunkt derartiger Auseinandersetzungen standen einzelne Filme und die „Illustrierten". Es entstanden vor diesem Hintergrund erste Selbstkontrollgremien für den Film und die Illustrierten. Damit etablierte sich 'Selbstkontrolle' als medienpolitisches Instrument zur Abwehr staatlicher Regulierung. Dieses Instrument wird auch in späteren Auseinandersetzungen immer wieder eingesetzt.

In dieser Epoche erfolgen eine Reihe weiterer Grundsatzurteile des Bundesverfassungsgerichtes, die Bedeutung für medienpolitische Zukunftsoptionen entfalten werden; so vor allem der Grundsatz der 'Unteilbarkeit der Pressefreiheit' (keine inhaltlichen Differenzierungen zulässig – vgl. BVerfGE 25, 296). Vor dem Hintergrund dieser Rechtsprechung sind viele Gestaltungsoptionen der Medienpolitik in Zukunft von vornherein ausgeschlossen.

Gem. Art. 75 Grundgesetz hat der Bund das Recht, „die allgemeinen Rechtsverhältnisse der Presse und des Film" (Abs. 2) zu regeln. Dieses Recht wurde für die Presse vom Bund bisher nicht genutzt. Ein erstmaliger Entwurf für eine Rahmengesetzgebung zur Presse 1950 blieb aufgrund vielfältigster Einwände, nicht nur der Länder, undurchsetzbar. In der Folge bereiteten die Länder eigene Pressegesetze vor, wenn nicht, wie z. B. in den Ländern der US-Besatzungszone, so in Bayern und Hessen, bereits in der unmittelbaren Übergangszeit zum Grundgesetz neue grundrechtskonforme Landesgesetze vorlagen. Einen Abschluß fanden die Verhandlungen über landeseigene Pressegesetze allerdings erst 1966 mit der Verabschiedung des letzten noch ausstehenden Pressegesetzes in Nordrhein-Westfalen. In der Übergangsphase galten – mangels anderer Regelungen – vielfach die Bestimmungen des Reichspressegesetzes von 1874 fort.

3.2. Steuerungs- und Regulierungsphase 1962–1982

Mit der Errichtung der Mauer und der Schließung und militärischen Sicherung der

Grenzen der DDR ab 13. August 1961 begannen sich die grundlegenden Parameter der Politik der Bundesrepublik Deutschland im Inneren nachhaltig zu verändern; es wurde nach neuen Gründen für das Selbstverständnis, nach neuen Entwicklungslinien, nach neuen sozialen, gesellschaftlichen und wirtschaftlichen Ansätzen gesucht. Die Phase der Restauration hatte ihr Ende gefunden. Wenige Jahre später ab Ende 1966 mußte durch eine Große Koalition zwischen CDU/CSU und SPD der Versuch gemacht werden, tragfähige neue Ausgangspositionen für die Gesamtentwicklung zu finden.

Mit Beginn des Zweiten Deutschen Fernsehens 1961, das seinen Sitz in Mainz hatte, und das einen wesentlichen Anteil seiner Finanzierung durch Werbeeinnahmen erbringen mußte, verstärkte sich die Auseinandersetzung um grundlegende Regulierung des Medienwesens, um institutionelle Grundlagen und um künftige Entwicklungschancen einzelner Mediengattungen. In dieser Zeit begannen die ersten Vorlaufargumente für eine dann ab Mitte der sechziger Jahre auch explizit sogenannte „Medienpolitik" ihren Ausgang zu nehmen. Im Zeichen der Durchsetzung des Fernsehens als neues Medienangebot waren die großauflagigen Publikumszeitschriften zunehmend in Bedrängnis geraten. Vor allem die große Markenartikelwerbung wanderte zunehmend auch in das Fernsehen ab. Aber auch das Publikumsverhalten veränderte sich nachhaltig zugunsten des Fernsehens. Innerhalb der Verlegerschaft und angeführt von dem Verleger Axel C. Springer wuchs der Druck auf die Regierungen, den Verlegern eine Chance der wirtschaftlichen Beteiligung am neuen Medium Fernsehen einzuräumen. Hierfür wurde immer wieder auch auf das britische Beispiel eines kommerziellen unabhängigen Fernsehens verwiesen. Die Eskalation in diesen Fragen führte zur Einsetzung von Untersuchungskommissionen, zunächst der nach ihrem Vorsitzenden benannten 'Michel-Kommission', die von der Bundesregierung eingesetzt wurde, später der nach deren Vorsitzenden genannten 'Günther-Kommission', die vom Bundestag eingesetzt wurde. Es sollte ermittelt werden, ob und in welchem Ausmaße durch den neuen Werbeträger Fernsehen die wirtschaftliche Lage der Presse betroffen sei. Die Michel-Kommission erkennt in ihrem Schlußbericht vom September 1967 eine solche Beeinträchtigung nicht und lehnt ein privatwirtschaftliches Verlegerfernsehen ab (vgl. Bericht der Kommission 1967 – Michel –). Die Günther-Kommission kommt im Juni 1968 zu Feststellungen erheblicher Konzentration im Pressebereich und schlägt eine Marktanteilbegrenzung vor (vgl. Schlußbericht der Kommission 1968 – Günther –). Aus beiden Kommissionsschlußfolgerungen entstehen jedoch keine unmittelbaren gesetzlichen Maßnahmen. Allerdings liegen aufgrund der Kommissionsarbeiten zum ersten Mal umfassende und detaillierte Datenbestände zur wirtschaftlichen Mediensituation in der Bundesrepublik Deutschland vor.

Konzentrationserscheinungen lassen sich insbesondere verstärkt auch im Bereich der lokalen und regionalen Tagespresse feststellen. Es setzt eine, verstärkt auch in der wissenschaftlichen Auseinandersetzung durchdringende Analyse der Auswirkungen der Pressekonzentration auf die Meinungs- und Informationsfreiheit ein (Kisker/Knoche/Zerdick 1979; Kopper 1972, Lange 1979; Möschel 1978; Richter 1973; Wettbewerbswidrige Praktiken 1979). Presse- und Informationsfreiheit als aktives Recht von Journalisten und Bürgern hatte wichtigen Widerhall im öffentlichen Bewußtsein des Landes gefunden, als im Zuge der Berichterstattung über Hintergründe eines Militärmanövers (Fallex 62) der „Spiegel" wegen angeblichen Landesverrats durchsucht, Arbeitsmaterial beschlagnahmt, Räume versiegelt und der Herausgeber und wichtige Redakteure in Untersuchungshaft genommen wurden. Diese Aktion erwies sich später als unverhältnismäßig, letzthin unangemessen und eher von Zielen der politischen Einschüchterung geprägt.

Im Zuge der Regierung der Großen Koalition begannen Auseinandersetzungen mit einer vor allem studentisch geprägten „außerparlamentarischen Opposition" (APO), die sich bis 1968 zunehmend verstärkten und als antipodischen Mittelpunkt und kontroversen Dauergegner vor allem den Verleger und Verlag Axel C. Springer wählten, insbesondere dessen Hauptblatt, 'Bild', wegen seiner aufhetzenden und unseriösen Berichterstattung. Die starke Stellung von 'Bild' im Tageszeitungsmarkt führte zu zunehmendem öffentlichen und fachlichen Druck, Fragen der Pressekonzentration nachhaltig zu untersuchen und zu lösen.

Vor diesem Hintergrund griffen die Zielsetzungen der im Herbst 1969 neu gewählten sozialliberalen Koalition eine Reihe medien-

politischer Fragen auf. Dabei hatten besonderes Gewicht:
(1) Die Ankündigung einer Rahmengesetzgebung zur Presse in der Regierungserklärung (1969, 1972 und 1974), wobei im Kern Regelungen zur „inneren Pressefreiheit", der gesetzlichen Regelung von Kompetenzrechten zwischen Verleger und Redakteur im Zentrum standen (vgl. Branahl/Hoffmann-Riem 1975, Hoffmann-Riem 1979). (2) Die Verabschiedung einer Novellierung des Gesetzes gegen unlauteren Wettbewerb (GWB) mit der Einführung einer pressespezifischen Fusionskontrolle. (3) Die laufende Berichterstattung der Bundesregierung an das Parlament zur Lage der Medien (vgl. Bericht der Bundesregierung 1970ff.). (4) Die Einführung eines Pressestatistikgesetzes im Rahmen der allgemeinen Industriestatistik mit Wirkung ab 1975.
(5) Die Mitinitiierung und Finanzierung von Modellversuchen zur universitären Journalistenausbildung (München und Dortmund). (6) Die Einsetzung einer Kommission zur Ermittlung des Ausbaus des technischen Kommunikationssystems (KtK) 1974. (8) Die phasenweise Zusammenlegung des Forschungs- und des Postministeriums im Sinne eines Ministeriums für die Informations- und Kommunikationsentwicklung 1972–74.

Es ist nicht zu verkennen, daß mit dem Einsetzen einer ersten massiven wirtschaftlichen Rezession im Zuge des 'Ölschocks' von 1973/74 die öffentliche Diskussion zu Fragen der Pressekonzentration sehr schnell abflaute (Bucerius 1974). Statt dessen wurde nach neuen technokratischen Planungs- und Steuerungsverfahren für die gesellschaftliche Entwicklung einschließlich des Medien- und Informationssystems Ausschau gehalten (vgl. Decker/Langenbucher/Nahr 1976); auch die Einsetzung einer, die wichtigsten Herrschaftgruppen umfassenden Ermittlungskommission, der KtK, ist in diesem Licht zu sehen.

Mit der Einsetzung der KtK, in der sowohl Vertreter der Bundesregierung wie der Bundesländer und auch Fachsachverständige zusammenarbeiteten, wurde ein umfassender Versuch unternommen, Grundlagen für Regelungs- und Steuerungsleistungen zur Medien- und Kommunikationspolitik im Wege fachlicher Analyse und politischer Kompromisse zu beschreiten. Auf der Grundlage des im Januar 1976 vorgelegten Berichtes der KtK wurden für weite Bereiche des Ausbaus des Telekommunikationssystems und der Informations- und Kommunikationstechniken wegweisende Planziele ausgewiesen; im Bereich der weiteren Umsetzung von Rundfunktechnologie allerdings kam eine definitive gemeinsame Entscheidung nicht zustande – statt dessen wurde vorgeschlagen, Pilotprojekte zur weiteren praktischen Ermittlung einzusetzen. Derartige Kabelpilotprojekte, ihre Konzeption, Genehmigung und Durchführung, nahmen den Zeitraum zwischen 1978 und 1988 in Anspruch. Sie fanden schließlich in Berlin, München, Ludwigshafen und Dortmund statt und standen jeweils unter unterschiedlichen Gesamtzielsetzungen, deren gemeinsame Basis die Ermittlung der Auswirkungen vermehrter Programmangebote sowie von Spezialdiensten und interaktiven Angeboten in der Gesellschaft, Wirtschaft und im Bereich der Familie sein sollte (vgl. Abschlußbericht 1989). Im Rahmen des Pilotprojektes Ludwigshafen wurde eine Experimentierklausel auch für kommerzielle Rundfunkanbieter eingeräumt, und im weiteren Verlauf entwickelte sich hieraus das erste privatkommerzielle Hörfunk- und Fernsehangebot. Hieraus entstand die spätere Vergabe einer Sendelizenz für das erste privatkommerzielle Fernsehangebot RTL ab Beginn des Jahres 1985.

Mitte der sechziger Jahre hatten technische Vorbereitungen für die allgemeine Nutzung von Satellitentechnik im Bereich der Informations- und Kommunikationstechnologie begonnen (Engler 1983). Es zeichnete sich im Verlauf der Beratungen der KtK und der nachfolgenden Anschlußpilotprojekte eine definitive Ausweitung der Übertragungsmöglichkeiten und des Kanalspektrums für Rundfunkdienste ab. Damit zeichnete sich in der Folge eine Verringerung der ursprünglichen technischen Barrieren für die Verbreitung von Rundfunk, wie sie das Bundesverfassungsgericht noch 1961 in der Folgezeit gesehen hatte, für die Zukunft ab. Die Voraussetzungen für die Einführung von Rundfunkangeboten außerhalb der öffentlich-rechtlichen Struktur wurden insofern immer dringlicher von der Werbeindustrie und den interessierten Verlegerverbänden eingefordert.

Auf der Ebene der für die medienpolitische Regelung zuständigen Bundesländer zeichnete sich bis zum Ende der sozialliberalen Bundesregierungskoalition im Jahr 1982 keine einheitliche Linie ab; die Kluft verlief zwischen den von der SPD und den von der CDU bzw. CSU geführten Bundesländern, wobei die Mehrheit der SPD-geführten Bundesländer weiterhin für eine öffentlich-rechtliche Gesamtregelung auch im Zeichen der technischen Ausweitung der Angebote eintrat. Ausschlaggebend bis zu diesem Zeitpunkt war auch die Tatsache, daß die Bundesregierung nicht bereit war, die Verkabelungstechnik massiv voranzutreiben.

3.3. De- und Re-Regulierungsphase 1982 bis 1994

Ende 1982 wurde die sozialliberale Koalition durch eine konservativ-liberale Koalition unter Führung der CDU/CSU (Bundeskanzler Helmut Kohl) abgelöst. Unmittelbar mit dem Regierungswechsel fiel die Entscheidung zur uneingeschränkt flächendeckenden Breitbandverkabelung der Bundesrepublik Deutschland durch die Deutsche Bundespost. Innerhalb weniger Jahre entstand damit eine Infrastruktur, die die Verbreitung von mehr als zwanzig Fernsehkanälen sowie weiteren Hörfunkangeboten möglich machte. Zusammen mit der inzwischen weiterentwickelten Satellitentechnik ergab sich somit die Möglichkeit, einer unmittelbaren Überwindung der terrestrischen Engpässe bei der Frequenzzuweisung und es war nur noch eine Frage der Zeit bis zur notwendigen Deregulierung des ursprünglich ausschließlich öffentlich-rechtlichen Rundfunksystems.

Nach jahrelangen Vorbereitungsarbeiten wurde 1987 (nach dem siebzehnten Anlauf seit 1982) ein Rundfunkstaatsvertrag der Bundesländer zur Neuordnung des Rundfunkwesens abgeschlossen, dessen wichtigste Punkte vorsahen:

- Von fünf Kanälen des direktstrahlenden Satelliten TV-SAT sollten drei an private Veranstalter vergeben werden, je einer an die ARD und das ZDF.
- Von den Privatkanälen sollte einer den Ländern der „Südschiene" (Baden-Württemberg, Bayern, Rheinland-Pfalz) zugewiesen, der zweite an die „Nordschiene" (Niedersachsen, Hamburg, Schleswig-Holstein, Berlin) gehen und der dritte an die Bundesländer NRW, Hessen und das Saarland.
- Der Werbeumfang der öffentlich-rechtlichen Rundfunkveranstalter sollte eingefroren werden.
- Zwei Prozent der laufenden Rundfunkgebühren für das öffentlich-rechtliche Rundfunkangebot sollten zur Finanzierung der als Aufsichtsbehörden einzurichtenden Landesanstalten für privaten Rundfunk sowie für Infrastrukturverbesserungen privater Sender zur Verfügung gestellt werden.

Damit waren die neuen Grundlagen für eine Umgestaltung des Rundfunkwesens (fortan als 'duales' System bezeichnet) gegeben. In der Folge etablierten sich weitere nationale Fernsehprogrammangebote sowie in den Ländern aufgrund eigener Landesgesetze privatkommerzielle Hörfunkangebote in unterschiedlichen Regelungskontexten (vgl. Medienwandel 1994).

Mit dem Fall der Mauer und der unerwarteten Durchlässigkeit der Grenzen der DDR sowie dem Abschluß der Einheitsverhandlungen im Herbst 1990 ergeben sich auf der Grundlage des neuen Rundfunksystems weitere institutionelle und programmliche Ausweitungschancen und Ausgestaltungsoptionen.

Im Bereich der Presse ergibt sich – nach einer Übergangsphase noch im Zeichen des bestehenden DDR-Regimes zwischen Herbst 1989 und Sommer 1990, während der westdeutsche Presseverlage auf dem Wege der Hilfestellung, der Kooperation und von Fusionsverhandlungen versuchen, in dem noch unerschlossenen neuen Markt Fuß zu fassen – durch die Ausschreibung der Treuhand für den Verkauf der vormaligen SED-eigenen Blätter, voran der Bezirkszeitungen, eine neue Situation. Im Endergebnis erweist sich, daß auf der Grundlage der Treuhandentscheidungen die führenden Zeitschriftenkonzerne der Bundesrepublik (alt) auch Tageszeitungseigentümer geworden sind. Ferner weist die neue Struktur aus, daß schwergewichtige Regionalzeitungsverlage die Grundlage für den Aufbau von 'Zeitungsketten' erhalten haben. Chancen eines marktbildenden Neustarts haben sich also ein weiteres Mal erst im Wege der Brechung durch eine bereits vorhandene Grundstruktur, hier der SED-Bezirkspresse, ergeben. Dies erinnert an die Epoche des Übergangs von der Lizensierungsphase zur Vorbereitungs- und Überleitungszeit des Grundgesetzes 1948–49.

Die wenigen Versuche zur Neugründung von Blättern, insbesondere im Bereich der Lokalpublizistik, erweisen sich im Zuge des neuen Wettbewerbs als kaum überlebensfähig, die ehemaligen SED-Bezirkszeitungen hingegen können ihre vormaligen Verbreitungsgebiete und im wesentlichen auch ihre Leserschaft erhalten und erweisen sich als langfristige Renditebringer.

Im Bereich des Rundfunkwesens wird analog zum existierenden System in der Bundesrepublik (alt) ein föderal organisiertes in die ARD und das ZDF integriertes ausgeweitetes System installiert. Prägend sind dabei Verbundsysteme, ausgehend vom NDR, der nun auch das Bundesland Mecklenburg-Vorpommern umfaßt sowie vom MDR, der die Bundesländer Sachsen, Sachsen-Anhalt und Thüringen umfaßt. Im Bereich der privatkommerziellen Angebote entstehen analog zu der Situation in der Bundesrepublik (alt) unter Aufsicht der entsprechenden Landesmedienanstalten (auch diese wiederum in Verbundform organisiert) entsprechende neue Strukturen privatkommerzieller Anbieter (Mahle 1991).

3.4. Phase industriepolitischer und internationaler Anpassung 1994ff.

Die Ausweitung und Verbesserung der Übertragungstechniken auf der Grundlage des technologischen Fortschrittes im Satellitenbereich, ferner die technische Konvergenz einer wachsenden Zahl von Übertragungs- und Produktionsverfahren auf der Grundlage digitaler Signale und die zunehmende computergestützte Abwicklung, Produktion und Übertragung insgesamt führen einerseits zu erheblichen Kosteneinsparungen auf allen Stufen der Produktion und Übertragung, andererseits auch zu einer substantiellen Vermehrung der Programmressourcen und Programmangebote aufgrund der im internationalen Markt direkt abrufbaren und einspeisbaren Programme (Baldwin/McVoy/Steinfeld 1996). Vor diesem Hintergrund und angesichts der durch die europäischen Gremien und Entscheidungen geförderten Politik der Harmonisierung europäischer Märkte und der Vereinheitlichung europäischen Wirtschaftens gelten die Anstrengungen sowohl auf europäischer Ebene (Venturelli 1998) wie auch auf der Ebene der Bundesrepublik und vieler Länderregierungen (Tonnemacher 1996) mit Beginn der neunziger Jahre vor allem industriepolitischen Zielsetzungen vor dem Hintergrund der internationalen Entwicklungen (Smith 1993). In erster Linie werden im Mediensektor, insbesondere in seinem elektronischen Segment, Chancen für eine neue und zukunftsträchtige Industrie gesehen, die insbesondere angesichts wachsender struktureller Arbeitsmarktprobleme und des Ausfalls vieler traditioneller Bereiche der Industrieproduktion um so größere politische Aufmerksamkeit erfährt. Diese Perspektive wird nicht zuletzt durch die Politik der Europäischen Union (z.B. Programm der „Informationsgesellschaft") unterstützt und durch entsprechende Förderinitiativen unmittelbar als Impuls weitergegeben.

'Medienpolitik' erhält demgemäß unter diesen Vorzeichen eine neue Qualität, in dem vorrangig nicht mehr Zielsetzungen des öffentlichen politischen Diskurses oder der Konzeption von Pluralität das ausschlaggebende Gewicht haben, sondern Fragen der Standortqualifikation für die Ansiedlung der neuen Programmindustrie und ihrer Zuliefereinrichtungen. Ausgelöst auch durch konzeptionelle Neuerwägungen möglicher medienpolitischer Maßnahmen zur Sicherung von Wettbewerb und Pluralität im Medienbereich setzen in der Bundesrepublik Deutschland – nicht zuletzt in Nachfolge europäischer Diskussionen (vgl. Gruber 1995) – im Übergang zur zweiten Hälfte der neunziger Jahre Diskussionen über eine grundlegende Veränderung des ausschlaggebenden Rundfunkstaatsvertrages der Bundesländer ein. Die wichtige Absicherung der finanziellen Grundlagen und Entwicklungschancen des öffentlich-rechtlichen Rundfunks durch eine wegweisende Entscheidung des Bundesverfassungsgerichts vom Februar 1994 verengen den Umgestaltungsrahmen für das öffentlich-rechtliche Rundfunksystem. Um so mehr wird auf strukturelle Veränderungen (z.B. durch neue Verbundeinheiten von Rundfunkanstalten) sowie eine stärkere Homogenisierung der Anstaltsgrößen gedrängt. Im Sektor des privatkommerziellen Rundfunks wird das über europäische Kommissionspapiere in Umlauf gebrachte Konzept des Zuschaueranteilsmodelles zum grundlegenden Konstrukt des neuen Rundfunkstaatsvertrags (Levy 1997). Das Zuschaueranteilsmodell sichert auf der dann mit Wirkung vom 1. Januar 1997 an beschlossenen Größenordnung die weitere ausbaufähige Existenz von mindestens drei nationalen privatkommerziellen Fernsehanbietern, selbst wenn diese zusätzlich in erheblichem Maße noch Eigentümer einer Vielzahl weiterer Medien und Mediendienste sind oder werden sollten. Diese medienpolitische Grundkonstruktion erlaubt somit bei offenkundigem Nachweis tatsächlich vorhandener begrenzender Regelungen ein nahezu ungebremstes Spiel der freien Marktkräfte. Diese Gesetzgebung stellt somit unmittelbar eine völlig neue Qualität in der Medienpolitik der Bundesrepublik Deutschland sicher, weil sie auf alle klassischen Verfahren der Konzentrationskontrolle verzichtet, wenngleich eine neue Untersuchungsinstanz eingerichtet wird, in Form der „Kommission zur Ermittlung der Konzentration im Medienbereich" (KEK), die als unabhängige Vorschaltinstitution vor Entscheidungen der Landesaufsichtsbehörden fungieren soll. Die Vielzahl der Regelungsmöglichkeiten, die bisher auch auf europäisch internationaler Ebene seit Ende der fünfziger Jahre fortlaufend diskutiert und in der Argumentation verfeinert worden sind (vgl. Hoffmann-Riem 1996; Levy 1997), kommen damit nicht mehr zum Zuge, wie z. B.: cross-ownership-control; differenzierte Verfahren der vertikalen und horizontalen Konzentrationskontrolle, Trennungsauflagen zwischen dem Sektor Produktion, dem Sektor Vertrieb und dem Sektor Anbieter und ähnliches mehr (Stock/Röper/Holznagel 1997).

4. Medienpolitik und ihre theoretischen Grundlagen

'Medienpolitik' als Begriff der politischen Auseinandersetzung ist, um sinnvoll eingesetzt zu werden, jeweils den strukturell gewichtigen Epochen des medienbezogenen Systemzusammenhanges zuzuordnen. Medienpolitik zeigt sich in einzelnen Entwicklungsabschnitten in sehr unterschiedlicher Perspektivbefähigung und Handlungsvoraussetzung. Der Begriff selber kann gelegentlich sogar Methoden und Verfahren beschreiben, die mit einer Sicherung der Presse- und Informationsfreiheit wenig oder gar nichts zu tun haben.

Die wissenschaftlich-fachliche Auseinandersetzung mit diesem Gestaltungsbereich ist in der Bundesrepublik überwiegend geprägt von dem Beginn der öffentlich-politischen Auseinandersetzungen der 60er Jahre. Insofern stehen im Mittelpunkt des medienpolitischen Fachinteresses eine Reihe von ausgesuchten Schwerpunktfeldern. Zu diesen gehören: (1) Fragen der Konzentration und Konzentrationskontrolle (2) Fragen der Kompetenzabgrenzungen zwischen Verleger und Journalist sowie innerhalb der öffentlich-rechtlichen Rundfunkanstalten (innere Pressefreiheit) (3) Fragen der Ausgestaltung des öffentlich-rechtlichen sowie des privatkommerziellen Rundfunks und der öffentlichen Kontrolle (4) Fragen der Programmpolitik (Konvergenz, Qualität usw.) (5) Fragen der Fortentwicklung des Medien- und Informationssystems im Zeichen technischer Neuentwicklungen.

Fragen der Medienpolitik sind bisher in den komplexen internationalen Kontext der Theoriebildung, wie sie etwa im Bereich der Political Sciences seit mehreren Dezennien traditionell auch als Spezialgebiet betrieben wird, nicht integriert (vgl. Gunell 1997). Die bisherige fachliche Theoriebildung knüpft insofern eher am Theoriefortgang der international etablierten Communication Sciences an.

Die bisherigen Hauptansätze einer eher als vorläufig zu bezeichnenden Theoriebildung lassen sich in etwa folgende Gruppen zusammenfassen:

(1) Verfassungsbezogene normorientierte Analysen
(2) Verbandsorientierte Konfliktanalysen und Entscheidungsmodellierungen
(3) Wohlfahrtsökonomische Derivate
(4) Funktionale Öffentlichkeitstheorien und daraus abgeleitete Differenzierungsansätze
(5) Internationale Komparatistik

Ein wichtiges Teilelement zum Verständnis der bisher noch recht selten tiefgreifend entwickelten Theoriebildung in diesem Fachausschnitt ist auf das beträchtliche Tempo der strukturellen und funktionalen Grundlagenentwicklung im Medienbereich generell zurückzuführen. Die hinreichende Theoriebildung wird nicht selten zugunsten eines aktuellen Praxisverständnisses und dessen notwendiger Pragmatik zurückgestellt. Im internationalen Vergleich zeichnet sich die Bundesrepublik Deutschland ferner dadurch aus, daß eine bemerkenswert hohe, wenn nicht gar einmalige Größenordnung der Beteiligung von Fachwissenschaftlern an der unmittelbaren Beratung von Gesetzgebungsvorhaben, der Entwicklung von Regulierungskonzepten sowie der gesamten Bandbreite institutioneller Reflexion von Regierungen und Verbänden und allen entsprechenden Formen der Auswertung, festzustellen ist. Dieses Faktum führt automatisch zu einer Verringerung der für eine tiefgehende Theoriebildung erforderlichen Distanz und Gründlichkeit. Ferner zeichnet sich das Feld Medienpolitik durch eine fortlaufende Erweiterung des Fächerspektrums aus, das sich über einen wissenschaftlichen Bezug zu „Massenmedien" in seine Fragestellungen hineinbewegt. Damit entsteht statt einer Vertiefungsbewegung hin zu gründlicher Theoriebildung eher eine Schwarmbewegung mit der Folge kaleidoskopartiger „Theoretisierungen" unterschiedlichster, häufig diffuser Zielrichtungen.

5. Literatur

(Gesetzestexte sowie Entscheidungssammlungen sind nicht aufgeführt)

Abschlußbericht der Begleitforschung des Landes Nordrhein-Westfalen zum Kabelpilotprojekt Dortmund. Bd. 19, Teil 1. Düsseldorf 1989

Axel C. Springer Verlag (Hrsg.). Medienpolitik – wozu? Berlin 1974

Baldwin, Thomas F./D. Stevens McVoy/Charles Steinfeld, Convergence: integrating media, information and communication. Thousand Oaks, Calif., 1996

Bausch, Hans, Rundfunkpolitik nach 1945. Erster Teil 1945–1962. Zweiter Teil 1963–1980. München 1980

Bericht der Bundesregierung über die Lage von Presse und Rundfunk in der Bundesrepublik Deutschland 1. Zwischenbericht 1970 (Bundestags-Drucksache VI/692). 2. Bericht 1974 (Bundestagsdrucksache VII/2104). 3. Bericht 1978 (Bundestags-Drucksache VII/2264). Bonn 1978

Bericht der Kommission zur Untersuchung der Wettbewerbsgleichheit von Presse, Funk/Fernsehen und Film. Bonn 1967 (Bundestags-Drucksache V/2120) – Michel-Komission –

Branahl, Udo/Wolfgang Hoffmann-Riem, Redaktionsstatute in der Bewährung. Eine empirische Untersuchung über Redaktionsstatute in deutschen Zeitungen. Zugleich ein rechts- und sozialwissenschaftlicher Beitrag zur Pressereform. Baden-Baden 1975

Breunig, Christian, Kommunikationspolitik der Unesco: Dokumentation und Analyse der Jahre 1946 bis 1987. Konstanz 1987

Bruck, Peter A. (Hrsg.), Medienmanager Staat. Von den Versuchen des Staates, Medienvielfalt zu ermöglichen. Medienpolitik im internationalen Vergleich. München 1993

Bucerius, Gerd, Der angeklagte Verleger. Notizen zur Freiheit der Presse. München 1974

Decker, Horst/Wolfgang R. Langenbucher/Günter Nahr, Die Massenmedien in der postindustriellen Gesellschaft: Konsequenzen neuer technischer und wirtschaftlicher Entwicklungen für Aufgaben und Strukturen der Massenmedien in der Bundesrepublik Deutschland. Göttingen 1976

Engler, Jörg, Satellitenkommunikation. Nationale Mediensysteme und internationale Kommunikationspolitik. Hamburg 1983

Fischer, Heinz-Dietrich/Barbara Baerns (Hrsg.), Wettbewerbswidrige Praktiken auf dem Pressemarkt. Positionen und Probleme. Baden-Baden 1979

Glotz, Peter, Demokratische Kommunikationspolitik in der entwickelten Industriegesellschaft. In: Junge Republik. Beiträge zur Mobilisierung der Demokratie. Hrsg. v. M. Hereth. Wien 1966, 75–102

–, Der Fernsehstreit als kommunikationspolitisches Problem. In: RuF 1966/14, 121–135

–, Praktische und wissenschaftliche Kommunikationspolitik. In: Publizistik 26, 1981/2, 276–280

Gottberg, Harald von, Initiativen zur Errichtung kommerziellen Rundfunks. Berlin 1979

Gruber, Barbara, Medienpolitik in der EG. Konstanz 1995

Gunell, John G. Why there cannot be a theory of politics. In: Polity 29, 1997/4, 519–537

Hoffmann-Riem, Wolfgang, Innere Pressefreiheit als politische Aufgabe. Über die Bedingungen und Möglichkeiten arbeitsteiliger Aufgabenwahrnehmung in der Presse. Neuwied 1979.

–, Redaktionsstatute im Rundfunk. Baden-Baden 1972

–, Regulating media: the licencing and supervision of broadcasting in six countries. New York/Guilford 1996

Hurwitz, Harald, Die Stunde Null der deutschen Presse. Die amerikanische Pressepolitik in Deutschland 1945–1949. Köln 1972

Jarren, Otfried, Medien- und Kommunikationspolitik in Deutschland. In: Medien und Journalismus I. Eine Einführung. Hrsg. v. Otfried Jarren. Opladen 1994, 108–146

–, Publizistische Märkte und Kommunikationspolitik. Öffentliche Regelung statt politisch-adminstrativer Steuerung? In: Ökonomie der Medien und des Mediensystems. Hrsg. von Klaus Dieter Altmeppen. Opladen 1996, 203–219

– (Hrsg.), Medienwandel – Gesellschaftwandel? 10 Jahre dualer Rundfunk in Deutschland: eine Bilanz. Berlin 1994

Kepplinger, Hans M., Massenkommunikation. Rechtsgrundlagen, Medienstrukturen, Kommunikationspolitik. Stuttgart 1982

Kisker, Klaus P./Manfred Knoche/Axel Zerdick, Wirtschaftskonjunktur und Pressekonzentration in der Bundesrepublik Deutschland. München 1979

Kommission der Europäischen Gemeinschaften (Hrsg.). Pluralismus und Medienkonzentration im Binnenmarkt. Brüssel 1992

Kopper, Gerd G., Zeitungsideologie und Zeitungsgewerbe in der Region. Eine Fallstudie zu den politischen Voraussetzungen und Strukturbedingungen der Konzentration in Schleswig-Holstein 1945–1970. Düsseldorf 1972

–, Massenmedien. Wirtschaftliche Grundlagen und Strukturen. Analytische Bestandsaufnahme der Forschung 1968–1982. Konstanz 1983

–, Medien- und Kommunikationspolitik der Bundesrepublik Deutschland. Ein chronologisches Handbuch. München/London 1992

Koszyk, Kurt, Pressepolitik für Deutsche 1945–1949. Geschichte der deutschen Presse, Teil IV. Berlin 1986

KtK – Kommission für den Ausbau des technischen Kommunikationssystems, Telekommunikationsbericht, Berichtsband, acht Anlagebände. Hrsg. vom Bundesministerium für das Post- und Fernmeldewesen. Bonn 1976

Lange, Bernd-Peter, Zum Monopolbegriff in der Medienpolitik. In: MP 1979/9, 581–593

Levy, David A. L., Regulating digital broadcasting in Europe: The limits of policy convergence. In: West European Politics 20 1997/4, 24–42

Maaßen, Ludwig, Der Kampf um den Rundfunk in Bayern. Rundfunkpolitik in Bayern 1945 bis 1973. Berlin 1979

Mahle, Walter A., Medien im vereinten Deutschland. Nationale und internationale Perspektiven. München 1991

–/Rolf Richter, Communication policies in the Federal Republic of Germany: a study carried out by Arbeitsgemeinschaft für Kommunikationsforschung. Paris, Unesco, 1974

McQuail, Denis, New media politics: Comparative perspectives in Western Europe. London 1986

Möschel, W., Pressekonzentration und Wettbewerbsgesetz. Marktbeherrschung, unlauterer Wettbewerb und Sanierungsfusionen im Pressebereich. Tübingen 1978

Richter, Rolf, Kommunikationsfreiheit = Verlegerfreiheit? Zur Kommunikationspolitik der Zeitungsverleger in der Bundesrepublik Deutschland 1945–1969. Pullach 1973

Riepl, Wolfgang, Das Nachrichtenwesen des Altertums. Mit besonderer Berücksichtigung der Römer. Leipzig/Berlin 1913

Roeber, Georg/Gerhardt Jacoby, Handbuch der filmwirtschaftlichen Medienbetriebe. Pullach b. München 1973

Roegele, Otto B., Medienpolitik – und wie man sie macht. Osnabrück 1973

Ronneberger, Franz, Kommunikationspolitik. Bd. 1: Institutionen, Prozesse, Ziele, Mainz 1978; Bd. 2: Kommunikationspolitik als Gesellschaftspolitik, Mainz 1980; Bd. 3: Kommunikationspolitik als Gesellschaftspolitik. Mainz 1980

Rühl, Manfred, Politik und öffentliche Kommunikation. Auf dem Wege zu einer Theorie der Kommunikationspolitik, Publizistik 18, 1973/1, 5–25

–/Heinz-Werner Stuiber, Kommunikationspolitik in Forschung und Anwendung. Festschrift für Franz Ronnenberger. Düsseldorf 1983

Schlußbericht der Kommission zur Untersuchung der Gefährdung der wirtschaftlichen Existenz von Presseunternehmen und der Folgen der Konzentration für die Meinungsfreiheit in der Bundesrepublik Deutschland (Pressekommission). Bonn, 1968 (Bundestags-Drucksache V/3122) – Günther-Kommission –

Smith, Anthony, The Politics of Information. Problems of Policy in Modern Media. London, 1978

–, The geopolitics of information: how Western culture dominates the world. London 1980

–, Books to bytes: knowledge and information in the postmodern era. London 1993

Stock, Martin/Horst Röper/Bernd Holznagel, Medienmarkt und Meinungsmacht. Zur Neuregelung der Konzentrationskontrolle in Deutschland und Großbritannien. Heidelberg/New York 1997

Tonnemacher, Jan, Kommunikationspolitik in Deutschland: Eine Einführung. Konstanz 1996

Venturelli, Shalini, Liberalizing the European media: politics, regulation, and the public sphere. Oxford/New York 1998

Wilke, Jürgen, Bedeutung und Gegenstand der Medienpolitik. Skizze eines Feldes praktischer Politik und wissenschaftlicher Analyse. In: Aus Politik und Zeitgeschichte 1985/9, 3–16

Witte, Eberhard, Ziele deutscher Medienpolitik. München 1982

Wittkämper, Gerhard W./Anke Kohl, Kommunikationspolitik: Einführung in die medienbezogene Politik. Darmstadt 1996

Gerd G. Kopper, Dortmund
(Deutschland)

257. Medienpolitik in Europa

1. Einleitung
2. Rechtsetzungskompetenz der EU-Organe
3. Werbeverbote
4. Medienvielfalt und Medienkonzentration
5. EU-Richtlinie für die Einrichtung „Europäischer Betriebsräte"

1. Einleitung

Mit der Schaffung eines einheitlichen Binnenmarktes, verstärkt noch durch den Vertrag über die Europäische Union, sind die Bestrebungen der europäischen Organe noch intensiver geworden, sich medienpolitischen Fragen verstärkt anzunehmen.

Dies betrifft in zunehmendem Maße auch die Printmedien.

Wie die Erfahrungen der vergangenen Jahre zeigen, werden dabei nationale pressespezifische Besonderheiten häufig nicht im notwendigen Maße berücksichtigt.

So hat die Kommission eine Richtlinie über die Einführung eines „totalen Tabakwerbeverbotes" vorgeschlagen. Der Gesundheitsschutz steht dabei im Vordergrund. Vernachlässigt wird hier allerdings die Frage, inwieweit Verbote dieser Art in Einklang mit dem Verfassungsgebot „Pressefreiheit" stehen.

Ziel der im September 1994 verabschiedeten Richtlinie über die Einsetzung „Europäischer Betriebsräte" ist, die Mitwirkungsrechte der Arbeitnehmer auf europäischer Ebene bei grenzüberschreitend tätigen Unternehmen zu stärken. Auch hier sind Belange der Presse in Deutschland nachhaltig betroffen, da gleichzeitig der in Deutschland in Mitbestimmungsfragen geltende Tendenzschutz berührt ist.

Die vom Europäischen Parlament begonnene Diskussion über Medienkonzentration und Pluralismus wurde durch das von der Kommission vorgelegte Grünbuch unter dem Aspekt aufgegriffen, allen in den Medien Tätigen den freien Zugang zum gemeinsamen Binnenmarkt zu ebnen. Berührt ist indessen auch der Meinungspluralismus.

2. Rechtsetzungskompetenz der EU-Organe

Der Vertrag zur Gründung der Europäischen Gemeinschaft enthält auch in der Fassung des Vertrages über die Europäische Union begrenzte Einzelermächtigungen für den Erlaß von Verordnungen, Richtlinien sowie sonstiger Maßnahmen der EU-Organe. Ein gesonderter Katalog von Kompetenzgrundlagen besteht nicht.

Er zählt in seinem dritten Teil die Politiken der Gemeinschaft auf. Zur Verwirklichung dieser Politiken sind den Organen der Europäischen Union einzelne Kompetenzen eingeräumt.

Zunächst sollen im folgenden die für die Presse relevanten Kompetenzgrundlagen erläutert werden.

Die Kompetenzfragen bilden dabei im Hinblick auf die Presse immer wieder Anlaß zu heftigen Kontroversen. Auslegungsprobleme und der Vorwurf, die Organe der Europäischen Union zögen Zuständigkeiten an sich, die ihr nach geltendem Recht nicht zustünden, bilden häufig einen Schwerpunkt der Diskussion bei Gesetzgebungsverfahren mit medienpolitischem Bezug.

Im Zusammenhang mit diesen Kompetenzfragen ist auch das Urteil des Bundesverfassungsrichts vom 12. 10. 1993 (BVerfG – Urteil vom 12. 10. 1993 – 2 BvR 2134/92 und 2 BvR 2159/92, NJW 1993, 3047f.) von Bedeutung sowie das mit dem Vertrag über die Europäische Union in Art. 3b EGV besonders hervorgehobene „Subsidiaritätsprinzip".

2.1. Begrenzte Einzelermächtigungen

Gem. Art. 100 EGV erläßt der Rat einstimmig auf Vorschlag der Kommission und nach Anhörung des Europäischen Parlaments und des Wirtschafts- und Sozialausschusses Richtlinien für die Angleichung derjenigen Rechts- und Verwaltungsvorschriften der Mitgliedstaaten, die sich unmittelbar auf die Errichtung oder das Funktionieren des gemeinsamen Binnenmarktes auswirken.

Soweit in dem Vertrag zur Gründung der Europäischen Gemeinschaften nichts anderes bestimmt ist, gilt abweichend von Art. 100 für die Verwirklichung der Ziele des gemeinsamen Binnenmarktes, die Regelung, daß der Rat mit qualifizierter Mehrheit nach Art. 100a gem. dem Verfahren des Art. 189b EGV und nach Anhörung des Wirtschafts- und Sozialausschusses Maßnahmen zur Angleichung der Rechts- und Verwaltungsvorschriften der Mitgliedstaaten erlassen kann, welche die Errichtung und das Funktionieren des Binnenmarktes zum Gegenstand haben.

Dies gilt nicht für die Bestimmungen über Steuern, Bestimmungen über die Freizügigkeit und die Bestimmungen über die Rechte und Interessen der Arbeitnehmer.

Im Bereich der Sozialpolitik – die wie die Richtliniendiskussion zur Schaffung „europäischer Betriebsräte" zeigt, unmittelbar wie mittelbar Auswirkungen auf die Presse hat –, muß unterschieden werden zwischen den Bestimmungen des Vertrags zur Gründung der Europäischen Gemeinschaft, den Art. 117 bis 122 EGV, die für alle Mitgliedstaaten gleichermaßen gelten und dem Abkommen zwischen den Mitgliedstaaten der Europäischen Gemeinschaft über die Sozialpolitik, dem Großbritannien und Nordirland nicht beigetreten sind.

Danach besteht das Recht, unter Berücksichtigung der in den einzelnen Mitgliedstaaten bestehenden Bedingungen Mindestvorschriften auf folgenden Gebieten zu erlassen:

– zur Verbesserung insbesondere der Arbeitsumwelt, zum Schutz der Gesundheit und der Sicherheit der Arbeitnehmer,
– für Arbeitsbedingungen,
– zur Unterrichtung und Anhörung der Arbeitnehmer,
– für Chancengleichheit von Männern und Frauen auf dem Arbeitsmarkt und Gleichstellung am Arbeitsplatz,
– für die berufliche Eingliederung der aus dem Arbeitsmarkt ausgegrenzten Personen unbeschadet des Art. 127 EGV.

Der Rat beschließt in diesen Gebieten mehrheitlich.

In den Bereichen

– soziale Sicherheit und sozialer Schutz der Arbeitnehmer,
– Schutz der Arbeitnehmer bei Beendigung des Vertrags,
– Vertretung und kollektive Wahrnehmung der Arbeitnehmer und Arbeitgeberinteressen, einschließlich der Mitbestimmung,
– Beschäftigungsbedingungen der Staatsangehörigen dritter Länder, die sich rechtmäßig im Gebiet der Gemeinschaft aufhalten,
– finanzielle Beiträge zur Förderung der Beschäftigung und zur Schaffung von Arbeitsplätzen, und zwar unbeschadet der Bestimmungen über den Sozialfonds

beschließt der Rat dagegen „einstimmig".

Art. 128 EGV wurde eingefügt durch den Vertrag über die Europäische Union. Nach seinem Absatz 1 leistet die Gemeinschaft einen Beitrag zur Entfaltung der Kultur der Mitgliedstaaten unter Wahrung ihrer nationalen und regionalen Vielfalt sowie gleichzeitiger Hervorhebung des gemeinsamen kulturellen Erbes. Diese Kompetenzzuweisung spielt in Bezug auf die Medien – insbesondere im Zusammenhang mit der Diskussion um Konzentrationsfragen – eine wichtige Rolle.

Gem. Art. 129 EGV leistet die Gemeinschaft durch Förderung der Zusammenarbeit zwischen den Mitgliedstaaten und erforderlichenfalls durch Unterstützung ihrer Tätigkeit einen Beitrag zur Sicherstellung eines hohen Gesundheitsschutzniveaus. Die Erfordernisse im Bereich des Gesundheitsschutzes sind Bestandteil der übrigen Politiken der Gemeinschaft. In diesem Zusammenhang sind geplante Werbeverbote zum Beispiel für die Tabakwerbung von Relevanz, eine Frage, die auch die Printmedien berührt, da Werbung in Printmedien nach deutschem Verfassungsverständnis durch Art. 5 Abs. 1 GG ebenfalls geschützt wird.

Zur Erreichung eines hohen Verbraucherschutzniveaus leistet die Gemeinschaft einen Beitrag durch Maßnahmen, die sie im Rahmen der Verwirklichung des Binnenmarkts nach Art. 100a EGV erläßt, sowie durch spezifische Aktionen, welche die Politik der Mitgliedstaaten zum Schutz der Gesundheit, der Sicherheit und der wirtschaftlichen Interessen der Verbraucher und zur Sicherstellung einer angemessenen Information der Verbraucher unterstützen und ergänzen. Dies bestimmt Art. 129a Abs. 1 EGV.

2.2. 'Maastricht-Entscheidung' des Bundesverfassungsgerichts

Mit seinem Urteil vom 12. Oktober 1993 (BVerfG, NJW 1993, 3047f.) hat das Bundesverfassungsgericht entschieden, daß der Maastrichter Vertrag über die Europäische Union mit dem Grundgesetz vereinbar ist.

Mit dieser Entscheidung werden zumindestens auf deutscher Ebene verbindliche Auslegungsregeln bezogen auf das europäische Vertragswerk gegeben.

Von zentraler Bedeutung sind dabei die Ausführungen zur Reichweite und Geltung der Grundrechte:

„Die in der Präambel des Grundgesetzes angelegte und in Art. 23 und 24 GG geregelte Offenheit für eine europäische Integration hat zur Folge, daß grundrechtserhebliche Eingriffe auch von europäischen Organen ausgehen können und ein Grundrechtsschutz dementsprechend für das gesamte Geltungsgebiet dieser Maßnahmen gewährleistet werden muß; dadurch erweitert sich insbesondere der räumliche Anwendungsbereich der Freiheitsrechte und die Vergleichsperspektive bei der Anwendung des Gleichheitssatzes.

Eine ins Gewicht fallende Minderung des Grundrechtsstandards ist damit nicht verbunden. Das Bundesverfassungsgericht gewährleistet durch seine Zuständigkeit, daß ein wirksamer Schutz der Grundrechte für die Einwohner Deutschlands auch gegenüber der Hoheitsgewalt der Gemeinschaft generell sichergestellt und dieser dem vom Grundgesetz als unabdingbar gebotenen Grundrechtsschutz im wesentlichen gleich zu achten ist, zumal er den Wesensgehalt der Grundrechte generell verbürgt. Das Bundesverfassungsgericht sichert so diesen Wesensgehalt auch gegenüber der Hoheitsgewalt der Gemeinschaft. Auch Akte einer besonderen, von der Staatsgewalt der Mitgliedstaaten geschiedenen öffentlichen Gewalt einer supranationalen Organisation betreffen die Grundrechtsberechtigten in Deutschland. Sie berühren damit die Gewährleistungen des Grundgesetzes und die Aufgaben des Bundesverfassungsgerichts, die den Grundrechtsschutz in Deutschland und insoweit nicht nur gegenüber deutschen Staatsorganen zum Gegenstand haben. Allerdings übt das Bundesverfassungsgericht seine Gerichtsbarkeit über die Anwendbarkeit von abgeleitetem Gemeinschaftsrecht in Deutschland in einem „Kooperationsverhältnis" zum Europäischen Gerichtshof aus, in dem der Europäische Gerichtshof den Grundrechtsschutz in jedem Einzelfall für das gesamte Gebiet der Europäischen Gemeinschaft garantiert, das Bundesverfassungsgericht sich deshalb auf eine generelle Gewährleistung der unabdingbaren Grundrechtsstandards beschränken kann." (BVerfG NJW 1993, 3047 [3049])

Nach Auffassung des Bundesverfassungsgerichts schließt das durch Art. 38 GG gewährleistete Recht, durch die Wahl an der Legitimation von Staatsgewalt teilzunehmen und auf deren Ausübung Einfluß zu nehmen, im Anwendungsbereich des Art. 23 GG aus, dieses Recht durch Verlagerung von Aufgaben und Befugnissen des Bundestages so zu entleeren, daß das demokratische Prinzip, soweit es Art. 79 Abs. 3 i.V.m. Art. 20 Abs. 1 und 2 GG für unantastbar erklärt, verletzt wird. Im Ergebnis erachtet das Bundesverfassungsgericht diese Grenzen durch den Maastrichter Vertrag über die Europäische Union als gewahrt, denn der Unions-Vertrag nehme auf die Unabhängigkeit und Souveränität der Mitgliedstaaten bedacht, indem er die Union zur Achtung der nationalen Identität ihrer Mitgliedstaaten verpflichtet, die Union und die Europäischen Gemeinschaften nach dem Prinzip der begrenzten Einzelzuständigkeit nur mit bestimmten Kompetenzen und Befugnissen ausstattet und sodann das Subsidiaritätsprinzip für die Union und für die Europäische Gemeinschaft zum verbindlichen Rechtsgrundsatz erhebt. (BVerfG NJW 1993, 3047 (3052))

Es führt ferner aus:

„Würden etwa europäische Einrichtungen oder Organe den Unions-Vertrag in einer Weise handhaben oder fortbilden, die von dem Vertrag, wie er dem deutschen Zustimmungsgesetz zugrunde liegt, nicht mehr gedeckt wäre, so wären die daraus hervorgehenden Rechtsakte im deutschen Hoheitsbereich nicht verbindlich. Die deutschen Staatsorgane wären aus verfassungsrechtlichen Gründen gehindert, diese Rechtsakte in Deutschland anzuwenden. Dementsprechend prüft das Bundesverfassungsgericht, ob Rechtsakte der europäischen Einrichtungen und Organe sich in den Grenzen der ihnen eingeräumten Hoheitsrechte halten oder aus ihnen ausbrechen." (BVerfG NJW 1993, 3047 [3052])

In den durch den Maastrichter Vertrag eingeführten Art. 128 und Art. 129 EGV wird für die Bereiche Kultur und Gesundheitswesen nach Auffassung des Bundesverfassungsgerichts die Tätigkeit der EU auf eine Förderung der Zusammenarbeit der Mitgliedstaaten bzw. eine Unterstützung von deren Maßnahmen beschränkt und eine Harmonisierung der Rechts- und Verwaltungsvorschriften der Mitgliedstaaten ausdrücklich ausgeschlossen. Daher dürfen solche Harmonisierungsmaßnahmen im Sinne der spezifischen Ziele dieser Artikel nicht auf Art. 235 EGV gestützt werden. (BVerfG NJW 1993, 3047 [3053])

Nach dem Verständnis des Bundesverfassungsgerichts kann die Europäische Union somit keine eigene Kulturpolitik betreiben. Dies wird bisweilen von der Europäischen Kommission anders bewertet. Danach müssen, so die EU-Kommission, kulturelle Aspekte in alle Maßnahmen, die sie ergreift und vorbereitet, einfließen. Praktisch könnte dies darauf hinauslaufen, daß im Rahmen von industriepolitischen Maßnahmen, von Regelungen zur Erreichung des freien Binnenmarktes, wesentliche kulturpolitische Vorgaben auf europäischer Ebene gegenüber den Mitgliedstaaten gemacht werden.

Die Entscheidung des Bundesverfassungsgerichts hat die Diskussionen über die Zuständigkeiten auf dem Kultursektor zwischen Bundesländern, Bund und Europäischer Union verstärkt. Hinzu kommt, daß bestimmte Maßnahmen unter verschiedenen Gesichtspunkten und mit unterschiedlicher Zielsetzung angegangen werden. Fragen der Medienkonzentration sind für die Europäische Kommission Probleme des freien Zugangs zum gemeinsamen Binnenmarkt, für andere unter dem Gesichtspunkt des Meinungspluralismus eher Kulturaspekte.

2.3. Das Subsidiaritätsprinzip

Über Bedeutung, Reichweite und Auslegung des in dem Vertrag über die Europäische Union in Art. 3b EGV verankerten „Subsidiaritätsprinzips" besteht derzeit noch keine Einigkeit.

Nach dieser Vorschrift wird die Gemeinschaft innerhalb der Grenzen der ihr in diesem Vertrag zugewiesenen Befugnisse und gesetzten Ziele tätig.

In den Bereichen, die nicht in ihre ausschließliche Zuständigkeit fallen, wird die Gemeinschaft nach dem Subsidiaritätsprinzip nur tätig, sofern und soweit die Ziele der in Betracht gezogenen Maßnahmen auf Ebene der Mitgliedstaaten nicht ausreichend verwirklicht werden können.

Nach Auffassung des Bundesverfassungsgerichts (BVerfG, NJW 1993, 3047 [3057]) begründet das Subsidiaritätsprinzip keine Kompetenzen der Europäischen Gemeinschaft, sondern begrenzt die Ausübung bereits anderweitig eingeräumter Befugnisse. „Das bedeutet: Besteht eine vertragliche Handlungsbefugnis, so bestimmt das Subsidiaritätsprinzip, ob und wie die Europäische Gemeinschaft tätig werden darf. Will der Gemeinschaftsgesetzgeber eine ihm zugewiesene Gesetzgebungsbefugnis ausüben, so muß er sich zunächst vergewissern – und dies gem. Art. 190 EGV und auch nachvollziehbar darlegen –, daß die Ziele der in Betracht gezogenen Maßnahme durch ein Tätigwerden der Mitgliedstaaten auf nationaler Ebene nicht erreicht werden können. Dieser Befund muß den weiteren Schluß rechtfertigen, daß die Ziele in Anbetracht des Umfangs oder der Wirkung der Maßnahme besser auf Gemeinschaftsebene zu erreichen sind." (BVerfG NJW 1993, 3047 [3057])

Die Beachtung des Subsidiaritätsprinzips ist von essentieller Bedeutung für den Bereich der Medienpolitik. Medienpolitik ist ein Teil der Kulturpolitik. Kultur und Medien sind innerhalb Europas auf nationaler, regionaler und lokaler Ebene unterschiedlich entwickelt, differenziert geregelt. Gerade in diesen Bereichen wird sich zeigen, ob das Subsidiaritätsprinzip nicht nur eine leere Worthülse ist.

3. Werbeverbote

Das Thema Werbeverbote berührt die Medien auf europäischer Ebene in vielfältiger Weise. Zum einen gibt es Verbote der Werbung für bestimmte Produkte in einigen Ländern, z. B. die Loi Evin (Loi Nr. 91-31 du 10. Janvier 1991) in Frankreich. Es wird aber auch seitens der Europäischen Kommission daran gedacht, die Werbung für bestimmte Produkte ganz zu verbieten oder zumindest erheblich einzuschränken. Die Festlegung von Werbeverboten auf nationaler und auch auf europäischer Ebene begegnet vielfältigen Bedenken. Die freie Verkehrsfähigkeit von Presseprodukten wird eingeschränkt, das Grundrecht der Pressefreiheit, das auch die Werbefreiheit umfaßt, wird tangiert.

3.1. Nationale Tabakwerbeprodukte, speziell die Loi Evin in Frankreich

In den EG-Mitgliedstaaten ist die Werbung für Tabakerzeugnisse zum Teil durch gesetzliche Vorschriften, zum Teil im Wege der Selbstbeschränkung der Tabakindustrie geregelt. In Italien besteht seit 1962, in Portugal seit 1963 ein umfassendes Werbeverbot, das auch für Presseerzeugnisse gilt.

In Frankreich gilt seit dem 1. Januar 1993 ein vollständiges Tabakwerbeverbot (Loi Nr. 91-31 du 10 Janvier 1991). Nach Auffassung der französischen Behörden erfaßt es auch ausländische Publikationen. Verstöße gegen das Werbeverbot können mit Geldstrafen bis zur Höhe von 500.000 FF geahndet werden. Im Wiederholungsfall kann das Gericht den Verkauf des Produkts, das Gegenstand der Zuwiderhandlung war, bis zu 5 Jahren verbieten (Art. 12). Das Gericht kann ferner die Einziehung der verbotenen Werbung auf Kosten des Zuwiderhandelnden verfügen.

Rechtswissenschaftliche Untersuchungen (Torsten Stein, „Zur europarechtlichen Zulässigkeit eines generellen nationalen Werbeverbotes für Tabakerzeugnisse, das auch für importierte Zeitungen und Zeitschriften aus anderen EG-Staaten gilt, in denen die Presse Werbung für Tabakerzeugnisse erlaubt ist") kommen zu dem Ergebnis, daß die Loi Evin sowohl gegen die Warenverkehrsfreiheit des EWG-Vertrages (Art. 30 und 36 EGV) als auch gegen die Meinungs- und Informationsfreiheit aus Art. 10 Abs. 1 EMRK verstößt. Die wesentlichen Ergebnisse lassen sich wie folgt zusammenfassen:

- Ein totales Werbeverbot für bestimmte, im Gemeinsamen Markt als solche zugelassene Produkte in Zeitschriften und Zeitungen schließt den Marktzugang für solche ausländischen Presseerzeugnisse aus, die im Ursprungsland mit derartiger Werbung erscheinen dürfen und auch erscheinen.
- Totale Werbeverbote behindern darüber hinaus den grenzüberschreitenden Handel mit denjenigen Produkten, die zwar verkauft, für die aber nicht geworben werden darf. Auf dem nationalen Markt eingeführte nationale Produkte werden so vor ausländischen Wettbewerbern geschützt.
- Eine gemeinschaftseinheitliche Regelung zum Beispiel für die Tabakwerbung hat bisher im Rat der EU nicht die erforderliche Mehrheit gefunden. Bis zu einer gemeinschaftsrechtlichen einheitlichen Regelung sind die Mitgliedstaaten der EU im Grundsatz frei, nationale Regelungen zu erlassen. Folgt aus den nationalen Regelungen ein Vertriebsverbot, wie hier für ausländische Presseerzeugnisse mit Tabakwerbung, ist die Freiheit des Warenverkehrs (Art. 30 EGV) betroffen. Beschränkungen des grenzüberschreitenden Warenverkehrs sind u.a. nur zulässig zum Schutz der Gesundheit und des Lebens von Menschen (Art. 36 EGV).
- Ein Mitgliedstaat der EU kann Einfuhrverbote bzw. -beschränkungen nur dann mit dem Schutz der Gesundheit rechtfertigen, wenn die beschränkende Maßnahme verhältnismäßig ist und nicht eine versteckte Diskriminierung ausländischer Produkte beinhaltet. Ein Vertriebsverbot für ausländische Presseerzeugnisse, die Tabakwerbung enthalten, genügt diesem Verhältnismäßigkeitserfordernis in mehrfacher Hinsicht nicht.
- Unverhältnismäßig ist der völlige Ausschluß ausländischer Presseerzeugnisse mit Tabakwerbung vom heimischen Markt auch deshalb, weil hier für den Werbeträger der grenzüberschreitende Marktzugang völlig blockiert wird, während das Produkt, für das geworben wird, aber im Bestimmungsland des Werbeträgers nicht geworben werden darf, die Grenze weiterhin frei passieren kann.
- Gegen das Verbot des Marktzuganges für ausländische Presseorgane mit Tabakwerbung spricht auch der Grundsatz der Gleichwertigkeitsanerkennung. Wenn in einem Mitgliedstaat der EU Tabakwerbung rechtmäßig ist, darf die Verteilung des Werbeträgers in einem anderen Mitgliedstaat nur zum Schutz zwingender Allgemeininteressen unterbunden werden (EuGH 7. 3. 1990 Rs. C 262/88).
- Unabhängig von der Frage, ob ein generelles nationales Werbeverbot für ein als solches verkehrsfähiges Produkt gegen Vorschriften der eigenen Verfassung verstößt, verletzt es jedenfalls die Informations- und Meinungsäußerungsfreiheit aus Art. 10 der Europäischen Menschenrechtskonvention. Daß auch Werbeaussagen durch Art. 10 EMRK geschützt sind, ist mittlerweile als geklärt anzusehen (Urteil des EuGH für Menschenrechte vom 28. 3. 1990, EuGRZ 1990, S. 255, Entscheidung der Europäischen Kommission für Menschenrechte vom 7. 3. 1991 EuGRZ 1991, S. 524).

Diese Erkenntnisse blieben nicht ohne Auswirkungen: Basierend auf mehreren Beschwerden hat die Europäische Kommission inzwischen ein Vertragsverletzungsverfahren gegen Frankreich eingeleitet.

3.2. EU-Richtlinie über die Werbung für Tabakerzeugnisse

Erstmals im April 1989 legte die EU-Kommission einen Richtlinienvorschlag über das Verbot der Werbung für Tabakerzeugnisse durch Presse und Plakate vor (ABl. Nr. C 124 vom 19. 5. 1989). Der auf Art. 100a EGV gestützte Richtlinienvorschlag sah eine Teilharmonisierung durch eine Regelung der Werbung für Tabakerzeugnisse in Mitgliedstaaten, in denen diese Werbung zugelassen ist, vor. Am 17. 5. 1991 legte die Kommission einen neuen Richtlinienvorschlag vor, der ein grundsätzliches Verbot der Werbung für Tabakerzeugnisse in allen Medien vorsieht. Zuletzt geändert wurde der Richtlinienvorschlag mit dem am 30. April 1992 vorgelegten Entwurf (geänderter Vorschlag für eine Richtlinie des Rates zur Angleichung der Rechts- und Verwaltungsvorschriften der Mitgliedstaaten betreffend die Werbung für Tabakerzeugnisse, Kom. (92) 196 endg. – SYN 194, ABl. Nr. C

129 vom 21. 5. 1992). Dabei wird weiterhin an dem Ziel eines totalen Tabakwerbeverbots festgehalten.

Ein solch umfassendes Tabakwerbeverbot auf europäischer Ebene würde das 'Grundrecht der Pressefreiheit' verletzen. Zudem erscheint es äußerst fraglich, ob eine Kompetenzermächtigung zur Regelung der Materie auf europäischer Ebene existiert.

Da es sich bei diesen Fragen noch weitgehend um rechtliches Neuland handelt, sind kritische Stimmen der Literatur hier von besonderem Gewicht (Weiler, Simma „Der geänderte Vorschlag der Kommission für eine Richtlinie des Rates betreffend die Werbung für Tabakerzeugnisse und seine Vereinbarkeit mit dem Gemeinschaftsrecht"). Dabei wird in den Untersuchungen von der Annahme ausgegangen, daß das Rauchen eine ernsthafte Gefährdung der Gesundheit darstellt, und daß ein Zusammenhang zwischen Werbung und Rauchen besteht. In der Kenntnis, daß beide Punkte umstritten sind, geht man somit von einem Sachverhalt aus, dem die gravierendsten Auswirkungen zugrunde liegen.

Weiler und Simma kommen dabei im wesentlichen zu folgenden Ergebnissen:

„– Der Gemeinschaft fehlt nach dem EGV die Rechtsetzungskompetenz, den Richtlinienvorschlag über ein Tabakwerbeverbot in seiner vorgelegten Fassung zu erlassen.
– Selbst wenn die Gemeinschaft zum Erlaß der Richtlinie in ihrer gegenwärtigen Fassung rechtlich zuständig wäre, widerspricht der Text in seiner jetzigen Fassung dem Grundsatz der Verhältnismäßigkeit.
– Die Annahme des Richtlinienvorschlages in seiner gegenwärtigen Fassung würde auch gegen den Grundsatz der Subsidiarität verstoßen.
– Sollte die vorgeschlagene Richtlinie in ihrer gegenwärtigen Fassung angenommen werden und in einem Rechtsstreit vor deutschen Gerichten entscheidungserheblich werden, so könnte sich das Bundesverfassungsgericht, nach dem gegenwärtigen Stand des Gemeinschaftsrechts, die Entscheidung darüber vorbehalten, ob die Maßnahme die Zuständigkeitsgrenzen der Gemeinschaft überschreitet.
– Der Schutzbereich der Meinungs- und Pressefreiheit in Art. 10 Europäische Menschenrechtskonvention (EMRK) umfaßt auch wirtschaftlich motivierte Informationen. Geschützt werden auch informativ-wertende Werbeaussagen.
– Die Meinungs- und Pressefreiheit kann nach der EMRK aus Gründen des Gesundheitsschutzes eingeschränkt werden. Bei der Abwägung zwischen Gesundheitsschutz und Meinungsfreiheit haben die Staaten einen Beurteilungsspielraum. Da bei Meinungsäußerungen im Wirtschaftsleben, insbesondere bei der Werbung, dieser Beurteilungsspielraum besonders weit ist, wird diesen Äußerungsformen nur ein verringerter Schutzstandard gewährt. Nach der bisherigen Rechtsprechung des Europäischen Gerichtshofs für Menschenrechte könnte daher ein Verbot der Werbung, auch der indirekten, als verhältnismäßige Einschränkung zum Schutze der Gesundheit angesehen werden.
– Nach einer Analyse der Rechtsprechung des EuGH gelangt man zu dem Ergebnis, daß das Gemeinschaftsrecht ein hohes Grundrechtsniveau aufweist. Dabei ist jedoch nicht garantiert, daß das Schutzniveau der Gemeinschaft in jedem Fall dem maximalen Schutzniveau eines Mitgliedstaates entspricht.
– Die Freiheit der Berufsausübung, der Schutz des Eigentums, die Meinungs- und Pressefreiheit werden auf der Ebene des Gemeinschaftsrechts geschützt. Die Meinungsfreiheit und die Berufsfreiheit schützen grundsätzlich auch die Werbung, die jedoch wie bei der EMRK ein geringeres Schutzniveau genießt.
– Zu den den Allgemeininteressen dienenden Zielen der Gemeinschaft, die einen Grundrechtseingriff rechtfertigen können, gehört auch die Gesundheit. Für den Fall, daß der EuGH entgegen der hier vertretenen Ansicht doch eine auf Art. 100a EGV gestützte Kompetenz annehmen sollte, kann die Gemeinschaft sich daher bei der Einschränkung von Grundrechten auch auf gesundheitspolitische Argumente berufen, auch wenn sie keine spezielle gesundheitspolitische Regelungskompetenz hat. Zusätzlich kann auch das Interesse der Gemeinschaft an der Herstellung des Binnenmarktes zur Rechtfertigung herangezogen werden.
– Eingriffe in die gemeinschaftsrechtlichen Grundrechte sind jedoch nur insoweit zu-

lässig, als sie verhältnismäßig, d.h. geeignet, erforderlich und zumutbar, sind. Eine letzte Grenze für Grundrechtseinschränkungen ist im Gemeinschaftsrecht die Garantie des Wesensgehalts der Grundrechte. Bei der Einschätzung der Erforderlichkeit eines Grundrechtsbegriffs gesteht der Gerichtshof einen Beurteilungsspielraum zu, der nur eingeschränkt überprüft wird. Aus der Rechtsprechung des Gerichtshofes ergeben sich deutliche Hinweise, daß ein Werbeverbot als verhältnismäßig anerkannt werden würde, sofern Hinweise sowohl für eine Schädlichkeit des betreffenden Produktes als auch einen Zusammenhang zwischen Werbung und Konsum vorliegen.

– Sollte ein Zusammenhang zwischen Werbung und Konsumverhalten jedoch nachweislich nicht bestehen, so wäre ein totales Werbeverbot sowohl nach den internationalen Menschenrechtsverträgen als auch den Grundrechten des Gemeinschaftsrechts unverhältnismäßig und daher rechtswidrig."

Der von der Kommission vorgelegte Richtlinienentwurf fand im Rat nicht die erforderliche Zustimmung. Dänemark, Deutschland, Griechenland, Niederlande und das Vereinigte Königreich Großbritannien lehnen den Richtlinienvorschlag ab.

Der Juristische Dienst des Rates bezweifelt im übrigen (Rechtsgutachten vom 3. 12. 1993, 10732/93), daß das Tabakwerbeverbot auf Art. 100a EGV gestützt werden kann. Das völlige und fast ausnahmslose Verbot jeglicher Werbung für Tabakerzeugnisse verändere das Ziel und den Inhalt der vorgeschlagenen Richtlinie wesentlich. Selbst für den Fall, daß Art. 100a EGV eine angemessene Rechtsgrundlage für die 1992 vorgeschlagenen neuen Bestimmungen wäre, bezweifelt der Juristische Dienst, daß bei den in Betracht gezogenen Maßnahmen der Grundsatz der Verhältnismäßigkeit gewahrt bleibt.

4. Medienvielfalt und Medienkonzentration

Die Diskussion über Regelungen zur Medienkonzentration und zum Meinungspluralismus auf europäischer Ebene begannen Ende der 80er Jahre, flossen jedoch nicht ein in die allgemeinen Fusionsbestimmungen auf EU-Ebene.

Am 15. Februar 1990 verabschiedete das Europäische Parlament eine Resolution zur Konzentration im Medienbereich (ABl. Nr. C 68/137). Hierauf basierend wurden Arbeitsdokumente erstellt, die Grundlage zu einer weiteren Entschließung des Europäischen Parlaments zur Medienkonzentration und Meinungsvielfalt waren. Diese Entschließung wurde am 16. 9. 1992 vom Parlament angenommen (PE 161.872).

Infolge des dadurch hervorgerufenen politischen Drucks griff auch die Kommission der Europäischen Gemeinschaften das Thema auf. Am 23. Dezember 1992 legte sie ein Grünbuch mit dem Titel 'Pluralismus und Medienkonzentration im Binnenmarkt' (Kom [92] 480 endg.) vor. Auf der Grundlage des Grünbuchs, angesichts der darin aufgeworfenen Fragen und den durch die technologischen Entwicklungen entstehenden Perspektiven für eine Informationsgesellschaft entbrannte auf europäischer Ebene eine heftige Diskussion darüber, wie die Medienlandschaft der Zukunft aussehen könnte, sollte bzw. müßte.

4.1. Resolutionen des EU-Parlaments

In seiner Resolution vom 15. Februar 1990 wies das Europäische Parlament darauf hin, daß die Beschränkung der Konzentration im Mediensektor nicht nur aus wirtschaftlichen Gründen notwendig sei, sondern auch und vor allem, um Informationspluralismus und Pressefreiheit zu garantieren. Es stellte sich heraus, daß der Informationspluralismus und die Meinungsfreiheit durch die Verfassungen der Mitgliedstaaten sowie von Art. 10 Abs. 1 der von allen Mitgliedstaaten ratifizierten Konvention zum Schutze der Menschenrechte und Grundfreiheiten (EMRK) garantiert werden. Es war der Auffassung, daß uneingeschränkte und unkontrollierte Unternehmenszusammenschlüsse im Medienbereich das Recht auf Information, die Eigenständigkeit der Redaktionen und die Freiheit der Journalisten gefährdeten. Gefordert wurde unter anderem

„– von Kommission und Rat, alle Initiativen und Vorschläge zu unterstützen, die es der Gemeinschaft ermöglichen, bei der Verteidigung von Grundrechten wie Informationspluralismus und Meinungsfreiheit eine aktive Rolle zu spielen.
– von der Kommission, Vorschläge zur Einführung besonderer Rechtsvorschriften für Zusammenschlüsse und Rück-

käufe von Presseunternehmen sowie von Antitrustbestimmungen zu unterbreiten, damit die berufsständischen Mindestnormen eingehalten werden, das journalistische Berufsethos geschützt wird, die Gefahr der Abhängigkeit kleiner Unternehmen beseitigt wird, sowie die Meinungsfreiheit aller Arbeitnehmer im Informationsbereich gewährleistet wird,
- von den Mitgliedstaaten, in denen es noch keine Rechtsvorschriften für die Kontrolle von Zusammenschlüssen im Mediensektor gibt, diese Instrumente innerhalb kürzester Zeit zu schaffen und dabei gleichzeitig auch die schriftliche und audiovisuelle Kommunikation zu berücksichtigen."

Trotz massiver Einwände gegen diese Forderungen verabschiedete der Ausschuß des Europäischen Parlaments für 'Jugend, Kultur, Bildung, Medien und Sport' am 15. April 1992 eine Entschließung. Unter anderem wird die Kommission darin aufgefordert, insbesondere

- unter Konsultation der betroffenen Parteien einen Vorschlag für eine Antikonzentrationsrichtlinie oder ein anderes in gleichem Maße wirksames Instrument im Medienbereich vorzulegen, das
  – die nationalen Bestimmungen über die Medienkonzentration von Eigentum an Medien harmonisiert und
  – die Meinungsvielfalt und den Pluralismus bei Konzentrationsvorgängen europäische Dimensionen sichert;
- einen Vorschlag für eine europäische Rahmenrichtlinie zur Sicherung der journalistischen und publizistischen Unabhängigkeit in allen Medien zu unterbreiten;
- „dafür zu sorgen, daß die Journalisten- und Verlegerverbände einen Europäischen Medienkodex ausarbeiten, der die für die Wahrung der Berufsethik erforderlichen publizistischen Grundsätze für Verleger, Herausgeber und Journalisten festschreibt; sollten die angesprochenen Verbände dies innerhalb eines bestimmten Zeitraums nicht realisieren, werde die Kommission aufgefordert, unter Berücksichtigung der bereits existierenden nationalen Kodices und in Zusammenarbeit mit Verlegern, Herausgebern und Journalisten einen eigenen Vorschlag vorzulegen.

- Einen unabhängigen Europäischen Medienrat einzurichten, dem mit Unterstützung durch die für die Medien zuständigen nationalen Gremien folgende Aufgaben und Kompetenzen übertragen werden:
  – Beobachtung der europäischen und außereuropäischen Medienlandschaft sowie der technisch-wirtschaftlichen und sozialen Entwicklung im Medienbereich. Vorlage eines Medienberichts im 2-Jahres-Rhythmus;
  – Gewährleistung der vollständigen Transparenz bei Unternehmensverflechtungen (Offenlegung aller privaten und öffentlichen Beteiligungen);
  – Gutachten und Stellungnahmen an die Kommission zu beabsichtigten Unternehmenszusammenschlüssen gemeinschaftlicher bzw. europäischer Dimension;
  – Vorschläge an die Kommission bezüglich eventueller Entflechtungsmaßnahmen".

Die Entschließung des Ausschusses ist die Grundlage der vom Parlament am 16. 9. 1992 angenommenen Resolution.

Die rechtlichen wie medienpolitischen Bedenken gegen diese Entschließung sind vielgestaltiger Natur.

Bei der Erarbeitung der Entschließung des Europäischen Parlaments wurden:

- wirtschaftliche Zusammenhänge nicht hinreichend berücksichtigt sowie Presse und Fernsehen über weite Strecken unterschiedslos behandelt;
- die Bandbreite und Wirksamkeit der vorhandenen nationalen Regelungen nicht ausreichend gewürdigt;
- und bei den Forderungen an die Kommission die Zuständigkeit der Europäischen Gemeinschaft durchweg unterstellt wird.

Die Mehrzahl der Prämissen, Folgerungen und Forderungen, welche die Presse betreffen, müssen überdacht und teils gestrichen, teils geändert werden. Im Hinblick auf die die Presse betreffenden Forderungen bestehen nachfolgende Bedenken:

4.1.1. Vorschlag für eine
       Antikonzentrations-Richtlinie

Der Vorschlag geht davon aus, daß angesichts ihrer europäischen bzw. weltweiten Dimension eine Medienkonzentration nicht mehr allein national geregelt werden könne.

Dies könne allenfalls auf das Satellitenfernsehen zutreffen; keineswegs trifft es zu auf die Presse. Im Fernsehen vermag das bewegte Bild bis zu einem gewissen Grad die Sprachbarriere zu überwinden. Pressemärkte jedoch sind lokal, regional und national. Selbst dort, wo eine Sprachbarriere nicht besteht, wie etwa zwischen Großbritannien und Irland oder zwischen Deutschland, der Schweiz und Österreich, ist die Presse nicht nennenswert grenzüberschreitend.

Damit ist die Frage der Pressekonzentration, soweit sie sich stellt, eine Aufgabe für die nationalen Gesetzgeber. Diese gehen mehrheitlich davon aus, daß Konzentrationsvorgänge oft aus wirtschaftlichen Gründen unvermeidlich sind und keineswegs zu einem Schrumpfen der Meinungsvielfalt in der Presse führen müssen.

In der Tat ist es ein legitimes Anliegen, daß sich in der Presse die Vielfalt der Anschauungen widerspiegelt. Es ist jedoch ein Trugschluß, diesen Pluralismus der Inhalte vorwiegend nach der Zahl der Printmedien zu bewerten. Vielfalt ist nicht gleichzusetzen mit Vielzahl. Eine Zeitung mit eindeutigem Meinungsprofil trägt nicht nur zur Vielfalt der Presse bei; vielmehr erbringt sie Vielfalt für ihre Leser, indem sie „all the news that's fit to print" veröffentlicht und sich mit anderen Auffassungen auseinandersetzt.

Eine Harmonisierung nationaler Vorkehrungen gegen Pressekonzentration würde, angesichts der unterschiedlichen Ansätze, den tatsächlichen Gegebenheiten der Mitgliedstaaten kaum gerecht.

So wenig ein Mitgliedstaat oder die EU den erfolgreichen Marktzutritt neuer Anbieter bewirken kann, so wenig läßt sich „eine möglichst große Zahl" von Zeitungen und Zeitschriften in einem bestimmten Verbreitungsgebiet „gewährleisten". Die Zahl lebensfähiger Zeitungen hängt zum einen ab von der Bevölkerungszahl und der Wirtschaftskraft des jeweiligen Verbreitungsgebiets, zum anderen und vor allem von der Entscheidung der Abonnenten und Käufer für oder gegen eine Zeitung. Allenfalls können die Mitgliedstaaten – je für sich – entscheiden, ob sie das „antitrust law" dagegen einsetzen, daß marktbeherrschende Verlage sich an anderen – prosperierenden oder notleidenden – Verlagen beteiligen oder sie ganz erwerben.

4.1.2. Rahmenrichtlinie zur Sicherung der journalistischen und publizistischen Unabhängigkeit

Verabsäumt wurde zunächst, im einzelnen darzulegen, wodurch „die journalistische und publizistische Unabhängigkeit" gefährdet sein soll.

Zudem wird aber wohl auch von einer unzutreffenden Vorstellung von „journalistischer Unabhängigkeit" ausgegangen. Das tritt am deutlichsten hervor, wenn „die Meinungsfreiheit aller Arbeitnehmer im Informationsbereich gewährleistet" werden soll.

In allen Mitgliedstaaten ist die Presse privatwirtschaftlich organisiert. Auch der Redakteur ist Arbeitnehmer. Er stellt sich in den Dienst einer bestimmten Zeitung. Diese hat eine publizistische Tradition, die der Redakteur nicht außer acht lassen darf. Der redaktionelle Inhalt der Zeitung wird arbeitsteilig gestaltet. Der publizistische Spielraum des Redakteurs wird durch Richtlinien und Entscheidungen des Herausgebers, durch Anweisungen des Chefredakteurs und der Ressortleiter begrenzt. Nur innerhalb dieser Vorgaben kann ein Redakteur, Reporter oder freier Journalist „publizistisch unabhängig" sein.

Dies folgt zwingend aus der privatwirtschaftlichen Struktur der Presse. Danach muß der Verleger einer Zeitung bei der Ausübung von Pressefreiheit wie jeder Unternehmer letztlich über sein Produkt bestimmten können – was keinesfalls ausschließt, daß der einzelne Redakteur, der sich mit seiner Zeitung identifiziert, in der Praxis eine publizistische Gestaltungsfreiheit besitzt, wie sie wohl in keinem anderen Angestelltenberuf anzutreffen ist. Nur eine „Unabhängigkeit" wie die des Hochschullehrers oder des Richters kann nicht in Betracht kommen.

4.1.3. Europäischer Medienkodex

Was die Presse betrifft, so unterliegt sie in allen Mitgliedstaaten, wenngleich in unterschiedlicher Ausprägung rechtlichen Grenzen sowie Selbstbindungen (Presserat, code of ethics etc.).

Eine Notwendigkeit zur Harmonisierung besteht um so weniger, als die Presse nur in geringem Maße grenzüberschreitend ist. Die Berufsethik von Verlegern und Journalisten ist etwas natürlich Gewachsenes. Aus der Tradition und Übung in den Mitgliedstaaten sollte keine Mixtur hergestellt werden.

Hier muß sich vielmehr das Subsidiaritätsprinzip durchsetzen.

Auch nach dem Vertrag von Maastricht ist es fraglich, ob der EU eine Kompetenz für einen harmonisierenden Medienkodex zukäme, bei dem im übrigen – entsprechend ihrem unterschiedlichen Charakter – zwischen Presse und Fernsehen zu unterscheiden wäre.

João Deus Pinheiro, der für die Medien zuständige Kommissar der EU-Kommission, erklärte hierzu am 29. 11. 1993 auf die Frage eines Mitglieds des Europäischen Parlaments hin, daß die Gemeinschaft keine Zuständigkeit zur Schaffung eines europäischen Medienkodexes besitze (Abl. Nr. C 234/45 vom 22. 8. 1994).

4.1.4. Europäischer Medienrat

Der Einrichtung eines Europäischen Medienrates, der Kontrollfunktionen ausüben soll, begegnen schon deshalb erheblichen Bedenken, weil keine Aussage darüber besteht, wie der Europäische Medienrat zusammengesetzt sein soll.

Die angeführten Aufgaben („Beobachtung der Medienlandschaft"; Erfassung der Eigentumsverhältnisse; „Stellungnahmen zu Unternehmenszusammenschlüssen") sind überwiegend wissenschaftlicher Art. Hierfür bedarf es keines europäischen Gremiums. In den Mitgliedstaaten gibt es seit langem zahlreiche wissenschaftliche Einrichtungen zur Beobachtung der „Medienlandschaft".

Eine zentrale Überwachung der Medien steht im Gegensatz zu den Grundsätzen der Meinungsäußerungsfreiheit.

4.2. EU-Grünbuch

Am 23. Dezember 1992 legte die Kommission das Grünbuch mit dem Titel 'Pluralismus und Medienkonzentration im Binnenmarkt' (Kom. (92) 480 endg.) vor.

Anliegen des Grünbuchs ist es, eine erste Einschätzung über die Notwendigkeit einer Aktion der Gemeinschaft im Zusammenhang mit der Konzentration im Medienbereich zu treffen und verschiedene Optionen für Fernsehen, Radio und/oder Presse vorzustellen, für die sich die Kommission nach Eingang der Stellungnahme der interessierten Kreise entscheiden könnte. Die Kommission schlug verschiedene Optionen vor. Nach einer Analyse der Medienlandschaft in Europa, in den einzelnen Mitgliedstaaten der Europäischen Gemeinschaft, spezifiziert das Grünbuch diese vorgestellten Optionen, indem es sieben Fragen aufwirft.

Unter anderem wird dabei um Stellungnahme zu einem möglichen Handlungsbedarf gebeten. Es sollen Fälle genannt werden, in denen Eigentumsbeschränkungen im Medienbereich durch die gemeinschaftsweite Dimension der Medientätigkeit im Bezug auf das Ziel der Aufrechterhaltung des Pluralismus unwirksam geworden sind. Desweiteren sollen Fälle benannt werden, in denen Eigentumsbeschränkungen die Tätigkeit in den betreffenden Branchen behindert haben. Zweitens bat die Kommission um Stellungnahme zu der Frage, ob der ermittelte Bedarf mit Blick auf die Gemeinschaftsziele ausreichend groß ist, um ein Tätigwerden im Medienbereich zu rechtfertigen, und, falls diese Frage bejaht wird, zu welchem Zeitpunkt diese erfolgen sollte.

Das Grünbuch geht zutreffend von der Prämisse aus, daß die Wiedergabe der in der Gesellschaft vorhandenen Meinungsvielfalt durch die Medien – sofern sie überhaupt gesetzlicher Maßnahmen bedarf – in erster Linie Sache der Mitgliedstaaten ist.

Große Beachtung verdient die vorsichtige und eher kritische Annäherung des Grünbuchs an die (oft unreflektiert gehandhabte) Pluralismus-Doktrin, indem festgestellt wird, daß das Prinzip der Aufrechterhaltung des Pluralismus als solches kein Menschenrecht oder Grundrecht darstellt. Es besitzt einen derogierenden Charakter gegenüber dem Grundsatz der freien Meinungsäußerung.

Hier bleibt abzuwarten, wie die Kommission aufgrund der erbetenen Stellungnahmen entscheiden wird.

5. EU-Richtlinie für die Einrichtung „Europäischer Betriebsräte"

5.1. Vorbemerkung

In welchem Maße sozialpolitische Regelungen auf EU-Ebene medienpolitische Auswirkungen in Deutschland haben können, zeigt die über fünf Jahre andauernde Diskussion über eine Richtlinie zur Einrichtung eines „Europäischen Betriebsrats" mit Informations- und Konsultationsrechten von Arbeitnehmern bei grenzüberschreitenden Unternehmen. Wer die kontroverse Diskussion um diese Richtlinie (Kom (94) 0134 – C 3 – 0233/94 – 94 0113 (SYN) seit Anfang der neunziger Jahre mitverfolgt, mag sich in seinen Vorurteilen gegenüber einem europäischen Gesetzgeber bestätigt sehen, der nationale Besonderheiten bei seinen Reglementierungsbestrebungen häufig nicht immer hinreichend beachtet.

Die Kommission weigerte sich im Verlaufe des Richtlinienverfahrens immer wieder, in die Richtlinie die für die Presse in Deutschland notwendige (in § 118 BetrVG geregelte) „Tendenzschutzregelung" aufzunehmen. Einen Durchbruch in dieser, für die Presse in Deutschland wichtigen und grundsätzlichen Frage, brachte der Beschluß des Rates der Arbeits- und Sozialminister vom 22. 6. 1994 (vgl. auch Interinstitutionelles Dossier Nr. 94/0113 [Syn]), der eine entsprechende Öffnungsklausel zur Sicherung des Tendenzschutzes beinhaltete.

Am 22. September wurde die EU-Betriebsratsrichtlinie endgültig mit einer Tendenzschutzregelung verabschiedet. Damit fand die in Deutschland unter anderem für die Presse geltende Tendenzschutzregelung (§ 118 BetrVG), deren Inhalt und Relevanz nachfolgend noch eingehend erörtert wird, auch auf europäischer Ebene die notwendige Beachtung.

Die Formulierung, die den Tendenzschutz betreffend, jetzt Eingang in die EU-Betriebsräte-Richtlinie gefunden hat, lautet wie folgt:

„Jeder Mitgliedstaat kann besondere Bestimmungen für die zentrale Leitung von seinem Hoheitsgebiet ansässigen Unternehmen vorsehen, die in Bezug auf Berichterstattung und Meinungsäußerung unmittelbar und überwiegend eine bestimmte weltanschauliche Tendenz verfolgen, falls die innerstaatlichen Rechtsvorschriften solche besonderen Bestimmungen im Zeitpunkt der Annahme dieser Richtlinie bereits enthalten."

Damit ist sichergestellt, daß der Gesetzgeber bei der Umsetzung dieser Richtlinie in Deutsches Recht diese mit dem Betriebsverfassungsgesetz kompatibel gestalten kann.

5.2. Sozialpolitik als Bestandteil des Binnenmarktes und der Europäischen Union

Mit der Schaffung des einheitlichen Binnenmarktes entstand zunehmend das Bewußtsein eines Binnenmarktes mit einer „sozialen Dimension", was zu einer Verstärkung sozialpolitischer Initiativen auf europäischer Ebene führte, um Arbeitnehmerrechte in die politische Gestaltung einzubeziehen (vgl. Thüsing in: die Vollendung des Europäischen Binnenmarktes, BDZV-Schriftenreihe Heft 29, S. 75ff.).

Einen ersten Ausdruck fand die soziale Dimension des Binnenmarktes in der „Sozialcharta" (vgl. die Zeitschrift „Kompaß", Heft 3/1990). Damit sollte versucht werden, „soziale Grundrechte der Arbeitnehmer" mit vertragsrechtlicher Verbindlichkeit für die Gemeinschaft zu verankern. Sie umfaßten u.a. die Freizügigkeit, Beschäftigung und Arbeitsentgelt, sozialen Schutz, Koalitionsfreiheit und Tarifverhandlungen, Gesundheitsschutz Aussagen über die Unterrichtung, Anhörung und Mitwirkung von Arbeitnehmern.

Da die Sozialcharta selbst keine Rechtsgrundlage für entsprechende Maßnahmen der Kommission bildet, stellte diese zu ihrer Verwirklichung einen umfangreichen Maßnahmenkatalog zusammen und versuchte in der Folgezeit diese einzelnen Maßnahmen – gestützt auf konkrete Zuständigkeiten – in Form von Richtlinien und Verordnungen durchzusetzen.

5.3. Initiativen zur Schaffung einheitlicher Mitwirkungsrechte der Arbeitnehmer auf Gemeinschaftsebene

Bei ihren Bestrebungen, die Gesetzgebung in der Europäischen Gemeinschaft zu harmonisieren, hat die Europäische Kommission seit Beginn der achtziger Jahre wiederholt Initiativen zum Ausbau der Mitbestimmung in den Mitgliedsstaaten ergriffen.

Im Oktober 1980 legte die Kommission einen Richtlinienentwurf vor – die sogenannte Vredeling-Richtlinie (benannt nach ihrem Initiator, dem niederländischen Politiker Vredeling) – der die Unternehmen in den Mitgliedsländern verpflichten sollte, die Arbeitnehmer in dem im Richtlinienvorschlag normierten Rahmen umfassend zu informieren und zu konsultieren.

Diese sogenannte Vredeling-Richtlinie erlangte keine Rechtskraft.

Anknüpfend an die Vredeling-Richtlinie, erging Ende 1990 ein Richtlinienentwurf, der die Einsetzung „europäischer Betriebsräte zur Information und Konsultation der Arbeitnehmer in gemeinschaftsweit operierenden Unternehmen und Unternehmensgruppen vorsieht" (KOM (90) 581 endg. vom 12. Dezember 1990, abgedruckt in: Amtsblatt der EG Nr. C 39 v. 15. 12. 1990).

Diese Richtlinie dient der Information und Konsultation der Beschäftigungen in „gemeinschaftsweit operierenden Unternehmen".

Sofern das gemeinschaftsweit operierende Unternehmen oder die gemeinschaftsweit operierende Unternehmensgruppe ihren Sitz in Deutschland hat, tritt der Ausschuß auf europäischer Ebene neben den auf der Grundlage des Betriebsverfassungsgesetzes gebildeten Betriebsrat.

Von besonderer Relevanz für die deutsche Presse sind dabei die Arbeitnehmerrechte in wirtschaftlichen Fragen.

Die Mindestregelungen im Anhang des Richtlinienentwurfes enthalten weitgehend Rechte, wie sie das Betriebsverfassungsgesetz dem unter bestimmten Voraussetzungen zu bildenden Wirtschaftsausschuß (§§ 106 bis 110 BetrVG) gewährt, nämlich die Unterrichtung der Arbeitnehmervertretung und Beratungspflichten in wirtschaftlichen Angelegenheiten, von denen die Presseunternehmen als sogenannte Tendenzunternehmen gem. § 118 BetrVG ausgenommen sind.

Wäre die Richtlinie ohne eine dem § 118 BetrVG vergleichbare Tendenzschutzregelung oder aber zumindest eine Öffnungsklausel verabschiedet worden, die es dem deutschen Gesetzgeber ermöglichen würde, bei Umsetzung der Richtlinie in nationales Recht, dem Tendenzschutz Rechnung zu tragen, böte die Richtlinie die Möglichkeit, auf einem „europäischen Umweg" den deutschen Tendenzschutz auszuhöhlen und ihn langfristig einem Erosionsprozeß auszusetzen, an dessen Ende die Eliminierung dieses Rechtsinstituts stehen würde.

5.4. Sondersituation von Tendenzunternehmen, insbesondere der Presse

Den Tendenzunternehmen, insbesondere den Presseunternehmen, räumt das Betriebsverfassungsgesetz mit § 118 Abs. 1 Ziff. 2 BetrVG sowie das Mitbestimmungsgesetz mit § 1 Abs. 4 einen Sonderstatus ein.

Soweit die Eigenart eines solchen Unternehmens, d.h. eines sogenannten Tendenzunternehmens, dies erfordert, findet das Betriebsverfassungsgesetz keine oder nur eingeschränkte Anwendung. § 1 Abs. 4 MitbestG schließt die Anwendung des Gesetzes auf Tendenzunternehmen ganz aus.

Unter dem Tendenzschutz versteht man die Einschränkung von Mitwirkungs- bzw. Mitbestimmungsrechten der Arbeitnehmer in Unternehmen und Betrieben, die geistig-ideelle Ziele verfolgen. Dazu zählen Presseverlage, kirchliche, karitative und parteipolitische Organisationen.

Bei der Schaffung des Betriebsverfassungsgesetzes 1952 war die Auffassung, daß der Tendenzschutz ein notwendiges Korrektiv der betriebsverfassungsrechtlichen Arbeitnehmerrechte zum Schutz der Pressefreiheit darstellt, unstreitig.

Das Betriebsverfassungsgesetz 1972 setzt diese Rechtsauffassung in § 118 BetrVG fort.

Das Bundesverfassungsgericht hat das Verhältnis zwischen Tendenzschutz und Art. 5 Abs. 1 S. 2ff. näher konkretisiert, indem es ausführt, daß das „Grundrecht der Pressefreiheit auch die Freiheit umfaßt, die Tendenz einer Zeitung zu bestimmen und zu verwirklichen. Dies sei – so das Bundesverfassungsgericht – die Grundbedingung einer freien Presse (BVerfGE 52, 283ff.).

Aufgrund der 'Tendenzschutzregelung' in § 118 BetrVG sind die Vorschriften über die Bildung und Tätigkeit von Wirtschaftsausschüssen (§§ 106 bis 110 BetrVG) expressis verbis ausgeschlossen.

Dies aus guten Gründen: Hauptaufgabe des Wirtschaftsausschusses ist es, die wirtschaftlichen Angelegenheiten mit der Unternehmensleitung zu beraten und den Betriebsrat zu unterrichten.

Dabei führt das Gesetz beispielhaft auf, was als wirtschaftliche Angelegenheit anzusehen ist (§ 106 Abs. 3 BetrVG). Dazu zählen die wirtschaftliche und finanzielle Lage des Unternehmens, die Produktions- und Absatzlage, das Produktions- und Investitionsprogramm und Rationalisierungsvorhaben.

Von diesen Beratungs- und Informationsverpflichtungen werden Tendenzunternehmen ausgenommen.

Der Grund für diese Einschränkung liegt in den Pressestrukturen, wie sie vor dem Hintergrund von Art. 5 Abs. 1 Satz 2 GG ihre Ausprägung erfahren haben, und in der Garantenstellung des Gesetzgebers für eine freie und unabhängige Presse.

Presse- und Meinungsvielfalt – für ein demokratisches Staatswesen von schlechthin konstituierender Bedeutung – setzen das Erscheinen von Presseerzeugnissen mit unterschiedlicher politischer weltanschaulicher Grundhaltung voraus. Um dies zu gewährleisten, muß die Tendenz eines Presseproduktes, d.h. die individuelle geistige Richtung sowohl von staatlicher als auch von gesellschaftlicher Einflußnahme freigehalten werden.

Dieser Garantenpflicht ist der Gesetzgeber dadurch nachgekommen, indem er durch die Tendenzschutzregelung einen umfassenden Schutz der Pressefreiheit gegen „sachfremde Einflüsse" schuf (vgl. BVerfG in AfP 1980, S. 33 ff.; BVerfG in Der Betrieb 1982, S. 1062; Rüthers, Tendenzschutz und betriebsverfassungsrechtliche Mitbestimmung, in AfP 1980, S. 2 ff.).

Aus gutem Grund entfällt daher die Konsultation bzw. Information in wirtschaftlichen Angelegenheiten, da es in diesem Zusammenhang in der Regel stets auch um die „publizistische Linie" in einem Zeitungs- oder Zeitschriftenunternehmen geht, die festzulegen allein verlegerische Aufgabe ist.

5.5. Berücksichtigung des Tendenzschutzes auf europäischer Ebene

Die Ausführungen zum Sonderstatus der Presse in Deutschland machen deutlich, daß auch Regelungen auf europäischer Ebene, sofern sie Mitwirkungs- oder Mitbestimmungsregelungen schaffen, diesen nationalen Besonderheiten Rechnung tragen müssen. Andernfalls greifen sie in gewachsene Pressestrukturen und grundrechtliche Gewährleistungen ein.

In diesem Zusammenhang ist auch auf Art. 17 der Sozialcharta hinzuweisen, wonach bei der Regelung von Mitwirkungsrechten auf EU-Ebene die „nationalen Gepflogenheiten" berücksichtigt werden sollen.

Diesem Postulat entsprechend muß in jede Richtlinie, die die Mitbestimmung der Arbeitnehmer auf betrieblicher Unternehmens- oder Unternehmensleistungsebene betrifft, eine Regelung aufgenommen werden, die es dem nationalen Gesetzgeber ermöglicht, den Besonderheiten des jeweiligen Landesrechtes – also der Tendenzschutzregelung des § 118 BetrVG – Rechnung zu tragen.

Im Hinblick auf den deutschen Tendenzschutz bedeutete dies zumindest eine entsprechende Öffnungsklausel, zumal der Tendenzschutz in Deutschland nicht nur eine „nationale Gepflogenheit" i.S.d. Art. 17 der Sozialcharta darstellt, sondern eine fundamentale grundrechtlich begründete Regelung im deutschen Presserecht.

Dies ist bei der Richtlinie über EU-Betriebsräte geschehen.

5.5.1. Tendenzschutzdiskussion auf EU-Ebene

Mit der Ablehnung, den Tendenzschutz in diese EU-Richtlinie aufzunehmen, setzte sich die EU-Kommission in Widerspruch zu der selbst gesetzten Prämisse, „nationalen Gepflogenheiten" Rechnung zu tragen. Sie verkannte zudem den Wesensgehalt des Tendenzschutzes und übersah auch, daß sich reine Mitwirkungsrechte – wie Unterrichtungs- und Anhörungsrechte – in der Praxis sehr schnell in faktische Mitbestimmungsrechte umwandeln.

Auch dem Hinweis, die Vernachlässigung des Tendenzschutzes auf europäischer Ebene würde langfristig zu einer Gefährdung, wenn nicht gar zur Abschaffung dieses Rechtsinstitutes in Deutschland führen, zeigte sich die Kommission nicht aufgeschlossen. Die Korrektur dieser Fehleinschätzung erfolgt am 22. September 1994 durch den Ministerrat.

Auch die Begründung, der Tendenzschutz sei ein deutsches Spezifikum, kann nicht überzeugen.

5.5.2. Die Vereinbarkeit einer Richtlinie zur Schaffung von Konsultations- und Mitwirkungsrechten ohne Tendenzschutzregelung mit Grundrechten des Gemeinschaftsrechts

Wie vorstehend dargestellt, ist der deutsche Tendenzschutz Ausfluß der in Art. 5 Abs. 1 S. 2 GG normierten Pressefreiheit und ein wesentlicher Eckpfeiler zur Erhaltung einer freien und unabhängigen Presse.

Es stellt sich die Frage, ob eine Richtlinie über „Europäische Betriebsräte", ohne Berücksichtigung des spezifischen deutschen Tendenzschutzes mit Grundrechten des Gemeinschaftsrechts überhaupt vereinbar wäre.

Mit anderen Worten, gebieten Grundrechte auf EU-Ebene die Aufnahme einer Tendenzschutzregelung oder zumindest aber einer Öffnungsklausel in diese EU-Richtlinie bzw. vergleichbare künftige Richtlinien?

5.5.2.1. Grundrechtliche Gewährleistungen und Grundrechtsbindung der EU-Organe

Weder die Römischen Verträge noch spätere Ergänzungen und Änderungen des EWG-Vertrages enthielten expressis verbis einen Katalog individueller Grundrechte für die Bürger der Gemeinschaft, wie sie Bestandteil der Verfassungsordnungen der Mitgliedsstaaten sind.

Während der Europäische Gerichtshof in Luxemburg in den Anfangsphasen seiner Rechtsprechung die Frage der Geltung von Grundrechten in der EU nicht als eine von ihm wahrzunehmende Aufgabe betrachtete, hat er die Grundrechtsfrage seit 1969 aufgegriffen und weiterentwickelt (hierzu: BVerfGE 73, 339 [378 ff.] – Solange II –).

Dabei stellte der Europäische Gerichtshof fest, daß auch die Beobachtung von

Grundrechten zu den allgemeinen Grundsätzen der Gemeinschaftsordnung gehöre, deren Wahrung der Gerichtshof zu sichern habe. Damit hat der Gerichtshof erstmalig die Existenz einer eigenen Grundrechtsordnung in der EU anerkannt und in der Folgezeit präzisiert.

Auch ohne eine normierte Vorgabe ist die Bindung der Gemeinschaftsgewalt, d. h. der Organe, an Grundrechte durch die Rechtsprechung sukzessive entwickelt worden und heute allgemein anerkannt.

Dies kommt u. a. in der gemeinsamen Erklärung von EG-Parlament, Kommission und Europarat vom 5. 4. 1977 zum Ausdruck, in der die rechtliche Bindung der Gemeinschaftsorgane an die Grundrechte, wie sie vom Europäischen Gerichtshof entwickelt wurden, anerkannt wird.

Genannt sei auch die Präambel der Einheitlichen Europäischen Akte (BGBl II 1986, S. 1102 [1104]), in der die Vertragsstaaten die Verpflichtung formulieren, für die Wahrung des Rechts und der Menschenrechte einzutreten.

Eine ausdrückliche Bindung an Grundrechte enthält auch der „Vertrag von Maastricht" und in Art. F Abs. 2 der allgemeinen Bestimmungen findet sich die Formulierung, daß die Union die Grundrechte achtet, wie sie in der am 4. November 1950 in Rom unterzeichneten Europäischen Konvention zum Schutz der Menschenrechte und der Grundfreiheiten gewährleistet sind und wie sie sich aus den gemeinsamen Verfassungsüberlieferungen der Mitgliedsstaaten als allgemeine Rechtsgrundsätze der Gemeinschaft ergeben.

Bei seiner Rechtsprechung zur Bedeutung von Grundrechten in der europäischen Gemeinschaft orientiert sich der EuGH im wesentlichen

– an den gemeinsamen Verfassungsüberlieferungen der Mitgliedsstaaten,
– und den internationalen Verträgen zum Schutz der Menschenrechte der Mitgliedsstaaten, insbesondere an der Europäischen Menschenrechtskonvention (EMRK) (Ständige Rechtsprechung seit RS 4/73, SLG 1974, 491 und RS 44/79, SLG 1979, 3727).

Dabei wird allerdings die Eigenständigkeit des Gemeinschaftsrechts betont, so daß die gemeinschaftliche Grundrechtsgewährung durchaus über den Schutzstandard der EMRK hinaus gehen kann.

Da die EMRK einen gewissen Mindeststandard verbürgt, ist das gemeinschaftsrechtliche Grundniveau jedenfalls dann nicht erreicht, wenn bereits eine Verletzung der in der EMRK normierten Grundrechtspositionen gegeben ist.

5.5.2.2. Verpflichtet Art. 10 EMRK zur Aufnahme einer Tendenzschutzregelung in Richtlinien zur Information, Konsultation und Mitbestimmung der Arbeitnehmer?

Die als allgemeine Rechtsgrundsätze gemeinschaftsrechtlich verbürgten Grundrechte gelten in erster Linie für Maßnahmen der Gemeinschaftsorgane.

Bei der Richtlinie über „europäische Betriebsräte" handelt es sich um eine Regelung, die die Mitgliedsstaaten in nationales Recht umsetzen müßten. Anders als bei der Verordnung, die unmittelbare Rechtswirkung entfaltet, bedarf es eines legislatorischen Transformationsaktes in innerstaatliches Recht.

Streng genommen wird daher auf den Rechtsbereich des einzelnen durch die Richtlinie Betroffenen erst dann eingewirkt, wenn die innerstaatlichen Regelungen in Kraft treten.

Diese Zweistufigkeit des Rechtsetzungsverfahrens impliziert, daß die Organe der Gemeinschaft bereits bei Erlaß der Richtlinie die Grundrechte auf Gemeinschaftsebene berücksichtigen müssen.

Im Zusammenhang mit der Frage, ob EU-Richtlinien über die Mitwirkung der Arbeitnehmer eine Tendenzschutzregelung vorsehen müssen, kommt Art. 10 EMRK als Grundlage für ein solches Postulat in Betracht.

Art. 10 Abs. 1 EMRK garantiert das Recht auf Meinungsfreiheit.

Dieses Recht schließt die Freiheit der Meinung und die Freiheit zum Empfang und zur Mitteilung von Nachrichten und Ideen ohne Eingriffe öffentlicher Behörden ein (BGBl 1952 II, S. 685).

Auch wenn die Pressefreiheit – etwa im Gegensatz zu Art. 5 Abs. 1 GG – nicht expressis verbis aufgeführt wird, muß Art. 10 EMRK nach herrschender Auffassung dahin ausgelegt werden, daß die Meinungsäußerung durch Presse und Rundfunk garantiert ist (EGMR Ser. A 217, 1, 29, § 50 (Sunday Times II); EGMR Ser. A 204, 1, 25, § 57 (Oberschlick); EGMR Ser. A 236, 1, 23, § 43 [Castells]). Der EuGH betont in seinen Entscheidungen immer wieder die herausragende und konstituierende Bedeutung einer freien Presse für ein demokratisches Gemeinwesen.

Der Verleger eines Presseerzeugnisses ist Träger der Meinungsfreiheit i.S.d. Art. 10 Abs. 1 EMRK (EGMR Ser. A 30, 1, 6, § 1 (Sunday-Times I), dies gilt auch für juristische Personen, EGMR Ser. A 178, 1, 23, § 47 (Autronic)) und unterfällt damit dem Schutzbereich dieser Norm.

Er wird daher vor unmittelbaren staatlichen Eingriffen in die Pressefreiheit ebenso geschützt wie vor mittelbaren Grundrechtseingriffen, die dadurch bewirkt werden, daß der Staat Dritten Eingriffsmöglichkeiten eröffnet (Engel, Privater Rundfunk vor der Europäischen Menschenrechtskonvention 1973, Seite 445 ff.).

Zieht man zur Interpretation der Frage, wann ein solcher Eingriff vorliegt, die Rechtsprechung des Bundesverfassungsgerichts zu Art. 5 und zum Tendenzschutz heran, was durchaus zulässig erscheint, da der EuGH als Rechtsquelle u. a. auch auf die „gemeinsamen Verfassungsüberlieferungen der Mitgliedsstaaten" zurückgreift, so dürfte die „Schaffung europäischer Betriebsräte" ohne Berücksichtigung des Tendenzschutzes, in diese Kategorie einzuordnen sein.

Wie das Bundesverfassungsgericht ausgeführt hat, (AfP 1980, 33 ff.; sog. Malms-Beschluß) umfaßt das Grundrecht der Pressefreiheit die Freiheit, die Tendenz einer Zeitung festzulegen, beizubehalten und diese Tendenz zu verwirklichen. Der Staat darf nicht durch rechtliche Regelungen die Presse fremden (auch nichtstaatlichen) Einflüssen unterwerfen oder öffnen, die mit dem durch Art. 5 Abs. 1 S. 2 GG begründeten Postulat unvereinbar wären.

Dem Betriebsrat steht danach unter verfassungsrechtlichen Aspekten ein Einfluß auf die Tendenz nicht zu. Ein solcher wäre ein „fremder" im Sinne dieser Rechtsprechung. Seine Begründung würde zu einer Einschränkung der Pressefreiheit führen.

Aus dem Schutzbereich des Art. 10 Abs. 1 EMRK ließe sich das Postulat ableiten, eine Tendenzschutzregelung in Richtlinien aufzunehmen, die Mitwirkungs-, insbesondere Mitbestimmungsregelungen enthalten, zumindest aber eine Öffnungsklausel, die es dem nationalen Gesetzgeber ermöglicht, dem Tendenzschutz Rechnung zu tragen.

Der aus Art. 10 EMRK abgeleitete Schutz der Presse vor sachfremden Einflüssen dürfte durchaus als ein allgemeines Rechtsprinzip diskussionswürdig sein.

Dirk M. Barton, Bonn
(Deutschland)

258. Media politics in USA

1. Government–press relations
2. The foundations of government–mass media relations
3. Shaping political news
4. Summary
5. Bibliography

1. Government–press relations

The relationship between government and mass media in the United States is a symbiotic one. Government officials and politicians need the media to build public support for their policies. In turn, the media need to present news about government and political life to their readers and viewers; the media turn to government officials and politicians for much of this information.

The stakes are high for both sides in this mutual dependency, giving rise to a continual struggle for advantage or control. Government officials and politicians strive to influence the mass media so that news and information reflect well on them and their policies, leading to political victories and re-election. For reporters, the focus is not on re-election but professional autonomy, competence and public credibility. Editors and journalists rely on government officials and politicians for news, but they strive to maintain independence so that they can provide disinterested news to the public. Editors and reporters see themselves as serving the information needs of the nation and not any particular party or politician.

2. The foundations of government–mass media relations

In their struggle to define and control news and information, both government officials and the mass media are armed with distinct strengths. Both also operate under constraints. These factors determine how both sides deal with one another and go far to defining the political content of the U.S. mass media.

2.1. Governmental advantages

Government officials – unlike reporters or editors – are elected and thus vested with prestige, leadership and a measure of respect. They define national priorities and policies, creating issues that the mass media must address. This is particularly true of popular leaders, but even less popular officials command public and media attention. Government officials can also command significant resources within the government – from speech writers to media advisers – to aid them in influencing the news and information. The public relations apparatus of various U.S. government agencies alone grew from fewer than 10 employees in 1953 to more than 30,000 during the late 1960s and early 1970s.

2.2. Mass media advantages

Although the U.S. mass media lack the authority or prestige that comes from popular election, they too have some distinct advantages in dealing with government. The mass media have legal protections designed to keep them safe from governmental coercion or outright censorship. The key protection is the First Amendment to the U.S. Constitution, which states that "Congress ... shall make no law ... abridging freedom of speech or of the press." Although the specific application of the First Amendment has depended on the U.S. courts, the amendment generally has served as a bulwark against governmental intrusion except in cases of national security, incitement to violence and obscenity. Political analysis, debate and criticism by the media have been particularly wide ranging and free from governmental intrusion through most of U.S. history. Exceptions have occurred, particularly during wartime (see "Wartime Reporting" below). U.S. Supreme Court rulings have protected the media from criminal or civil penalties for criticism (libel) of government or politicians.

The sheer size and scope of the U.S. mass media also give them distinct advantages in dealing with government. There are many media outlets in the United States; virtually every citizen is within the reach of the media. The country has approximately 1600 daily newspapers with a daily circulation of 63 million. There are approximately 7,500 weekly or biweekly newspapers with a circulation of 55 million copies. The U.S. has more than 1400 over-the-air television stations that reach 100 million homes – virtually the entire nation. There are nearly 6,000- cable television systems, including 50 cable television networks, serving more than 50 million homes. There are 10,000 radio stations serving virtually every U.S. household. There are 10,000 magazines published at least once a month; about 1,000 of these have significant public circulation.

This size and scope give the mass media particular power in focusing public attention on events or issues. This power to "frame" an issue can influence public opinion and policy makers. "Framing" thus can shape not only political discourse but policy or law. Naturally, some U.S. media have more influence than others. Among the "elite" media that appear to have the greatest influence in defining news are two newspapers (the New York Times and the Washington Post) and, to a somewhat lesser extent, the Wall Street Journal, the three older commercial television networks (ABC, CBS and NBC) and the one non-commercial network, PBS. Other publications that have less direct influence over news but that still have political influence include a wide variety of politically-oriented magazines (such as the New Republic and Mother Jones on the left and the National Review on the right). Since the late 1980s, call-in radio shows ("talk radio") have become increasingly important for political advocacy and debate.

2.3. Constraints on government

Both parties work under certain constraints in dealing with one another as well. For government, the chief constraint is the fact that it does not own media outlets. Government officials cannot automatically rely upon the media to advance their causes. Media ownership in the United States is in private hands.

2.4. Constraints on the media

On balance, the mass media may appear to have advantages that far outweigh those of the government. However, the mass media operate with several distinct constraints that serve to limit their autonomy and that make them particularly susceptible to manipulation by government officials and politicians. Specifically, the mass media operate within a particular economic structure and within certain methods and standards of news-gathering. Both have a significant impact on media operations and on media-government relations.

2.4.1. Economic structure of the U.S. mass media

Media economic structure refers broadly to patterns of ownership and finance. Ownership of media outlets (newspapers, radio, television, magazines, etc.) is in private hands; individuals and publicly-held stock-based corporations are typical owners of U.S. media companies. Business imperatives, coupled with obligations to profit-seeking stockholders, mandate profits.

Virtually all U.S. media rely on advertising as the chief source of revenues; newspapers, magazines and cable television networks get about 75 percent of their revenues from advertising (the remainder coming from reader/viewer subscriptions). Broadcasters (radio, non-cable over-the-air television) derive all of their income from advertising. (There are some exceptions, however. The Corporation for Public Broadcasting does not run traditional advertisements, although it relies on donations from listeners and corporations for revenue.)

Heavy competition for advertising income means that advertisers have substantial influence over media content. Specifically, advertisers want to reach substantial numbers of readers/viewers who will buy their products. From an advertiser's point of view, "ideal" media content is thus entertaining and not offensive. Within this framework, politics is either de-emphasized or often placed within an "entertainment" format (see "Campaign Reporting" below). Television in particular tends to avoid substantive political debate or analysis. Only about 4 to 6 percent of television time is devoted to political issues. The amount of traditional political news in U.S. newspapers has also declined in recent years; as part of marketing strategies newspapers have begun to emphasize other kinds of content, including financial advice, restaurant reviews and extensive entertainment coverage.

There are exceptions to this aversion to political news. The Cable News Network (CNN) provides 24-hour news and analysis. The only ostensibly non-commercial television network (PBS, run by the Corporation for Public Broadcasting) devotes substantial energy to news and information programming. Some of the elite media, notably the New York Times and the Washington Post devote substantial energy to covering government and politics. Citizens who want to find substantial political news can do so but it is not a common characteristic of television or of many other U.S. media.

2.4.2. News gathering standards in the U.S. mass media

Economics explains in large part the overriding emphasis on entertainment in politics but standards of professional behavior by journalists also define the formula for news. The overriding standard of U.S. journalism is based on early 20th century U.S. strains of positivism which assert that reporters can present "facts" without making any value judgements about those facts. Although many have criticized this notion ("objectivity"), it still provides the framework for newsgathering and reporting in the United States today in most media.

The influences of "objectivity" on mainstream news gathering and reporting are fourfold. First, reporters do not advance their own opinions (except in carefully segregated and explicitly labeled "editorial" or "analysis" columns). In exchange for broad access to government officials, government records and other public officials, reporters avoid advocacy. Second, in gathering news, reporters rely extensively on persons who appear to be knowledgeable about particular events or issues. These "sources" become central to defining news. Third, reporters seek to provide balance in political news by covering opposing sides. In practice, information from sources means that source access is crucial. Reporters who do not have access to government officials or political events are essentially unable to gather news in any coherent fashion.

Reliance on "sources" has several important consequences, all of which aid government officials and politicians in influencing the news. First, news sources tend to be persons already prominent in politics, government or business, and thus closely tied to the status quo. Leon Sigal's study of news content in the New York Times and the Washington Post showed that government officials were the sources of nearly three-quarters of all news; only one sixth of news could be traced to sources outside government. Further, the vast majority of news stories (more than 70 percent) are drawn from situations over which newsmakers have either complete or substantial control (such as interviews or press releases). Second, "objectivity" is not value free; instead it is a system of reporting that is closely tied to those with a vested interest in the status quo. Third, because reporters do not impose their own views, sources consequently have substantial power over how news is defined and reported. Fourth, reporters who are dependent upon certain knowledgeable sources can become reluctant to print information critical of their sources for fear that they will lose access in the future. In all of this, the U. S. mass media usually cover all news – including political issues – in a reactive way, attempting to describe events that have already occurred. As such, the media usually do not have their own independent agenda for news; this fact cedes power to persons (such as government officials and politicians) who are active in defining the events and issues. Leon Sigal's study of news content in the New York Times and Washington Post showed that less than 1 percent of all news stories were based on reporters' own analysis, while more than 90 percent were based on the calculated messages of the political officials involved.

In addition to these standards of newsgathering and reporting, political news is also influenced by the commonly-used formats of the U. S. media and related production requirements. Complex issues which are not easily illustrated are likely to be ignored. The shortness of television newscasts precludes in-depth political reporting. National TV news shows are 30 minutes long; after advertisements, however, these shows actually have only 22 minutes for news and information. The effort to provide a variety of interesting stories usually means that no single "story" runs more than 90 seconds; it is difficult to deal with complex issues in such a short period of time. The relative decline of newspaper circulation in the past 20 years has prompted newspaper owners and editors to copy this television format; newspaper articles have become shorter as well.

Production requirements within the U. S. mass media emphasize getting news quickly. Daily publication schedules in newspapers and daily television news shows all serve to emphasize speed over interpretation or time-consuming investigation. Some of the elite media, such as the New York Times and the Washington Post, rely on investigative reporters to provide more in-depth coverage, but most media organizations do not.

Because of these production issues, most government officials and politicians can escape substantive scrutiny from the media. There is neither time nor resources sufficient for extensive investigation by the media.

In summary, both government and mass media have strengths and weaknesses in dealing with one another. Neither side has complete control over the other, so a struggle for ascendancy or control is fairly constant.

3. Shaping political news

The symbiotic relationship between government and mass media, as well as the ongoing struggle to influence and control news and information, is apparent in three related but somewhat distinct areas: Government News Management, Campaign Reporting and Wartime Reporting.

3.1. Government news management

Even though formal controls, such as ownership or extensive censorship, are not a characteristic of government-mass media relations in the United States, government officials and politicians still have had substantial influence over media content. The greatest to those who were able to exploit the media's economic structure and news gathering standards.

Several U. S. presidents in the 20th century were particularly successful in managing news to reflect well on themselves and their policies: Theodore Roosevelt (president from 1901 to 1909); Franklin D. Roosevelt (1933 to 1945), John F. Kennedy (1961–63) and Ronald Reagan (1981–89). Others who were particularly adept at media management included U. S. Senator Joseph McCarthy who dominated much of the U. S. national debate on Communism in the early 1950s. These political figures were able to control news to a significant degree because they understood the needs and norms of the U. S. media.

3.1.1. Entertaining news

First, they understood the media's economic constraints, and particularly the need for information that was entertaining or interesting. Theodore Roosevelt and Kennedy were the youngest men to serve in the presidency; both were sportsmen whose activities intrigued their fellow citizens. Roosevelt kept to a frenetic pace in horse-riding, bronco busting and even critical newspapers showed him to be energetic and competitive. Media coverage of Kennedy playing touch-football or sailing with family members was equally captivating. Both presidents also had small children. Photographs of these politicians with their boisterous children were not uncommon; these were ideal images for media concerned with entertaining readers and viewers. For the politicians, these images were uniformly quite favorable.

3.1.2. Understanding deadlines

Second, these politicians understood the varying needs of different media. Sen. McCarthy was clearly attuned to the deadlines of newspapers: reporters who worked for morning newspapers needed to complete their articles by early evening, while reporters for afternoon papers had deadlines before noon. McCarthy, cognizant of these working routines, made sure that reporters had his veiws before their deadlines – thus making it more likely that his views would appear in the articles they wrote.

3.1.3. News sources

Third, these politicians understood that reporters' never-ending need for "facts" and information. They invited reporters to social events (such as dinners, baseball games, etc.); they also provided them with information about government activities and issues. These politicians used their role as news sources to blunt reporters' analytical style and thus to influence how an issue was framed. Journalists who published material critical of these politicians often found that their key sources were no longer accessible. I. F. Stone, a highly independent reporter and editor, argued that journalists who socialized with politicians lost their independent perspective on the news, and thus no longer served the public well.

The Nixon and Reagan administrations were particularly sophisticated in understanding the importance of news sources. Both administrations relied upon an Office of Communications, staffed by media experts, to guide media dealings. Access by reporters to the President and others was limited, forcing reporters to rely extensively on a few key administration spokespersons. The Office defined a particular media message ("the line of the day") each day, and then made sure that reporters who were dependent upon sources, usually followed the administrations's plan and focused on the topic chosen by the White House.

3.1.4. Circumventing media framing

Fourth, these politicians were also adept at circumventing the "framing" function of media; they were able to create their own media images independent of media news judgment. The new media of the 20th century – particularly radio and television – contributed immensely to the ability of politicians to shape their own media images. The audio and audio-visual components of these new media accentuated a politician's image: first on voice in radio and later on physical appearance in television. Politicians, in turn, paid greater attention to their own image in the age of radio and television. By the late 20th century, a politician's success depended increasingly on media (particularly television) skills.

The first politician who recognized the potential of radio was Franklin D. Roosevelt (president from 1933 to 1945). By the 1930s, virtually every U.S. household had a radio, thus making this new medium a powerful tool for explaining the innovative and sometimes controversial policies that his administration devised to combat the Great Depression of the 1930s and to maintain national resolve during World War II.

The first U.S. president to capitalize on television was John F. Kennedy, whose administration spanned from 1961 to 1963. Most U.S. households had television sets by the early 1960s, thus providing a national television audience to Kennedy. Kennedy relied heavily on television during his 1960 campaign against a much better known opponent, Vice President Richard M. Nixon. That campaign witnessed the first televised debates between the two major candidates. Between 85 and 120 million people were estimated to have watched at least one of the four debates. The debates aided Kennedy's campaign greatly by solidifying his party's support behind him.

Kennedy's success in the debates stemmed from his charisma, eloquence, intelligence and good looks. Kennedy's presidency built upon his earlier success in television. He held the first televised presidential news conferences. The news conferences enjoyed large viewership and relatively favorable reaction.

Richard Nixon had long viewed the media as an enemy and so sought to avoid journalistic "framing" of his policies or ideas as much as possible. He addressed the public directly through television, attempting to avoid media analysis. During the Nixon administration, events were carefully scripted for television; the 1972 Republican national convention was planned with extraordinary care for television audiences, replete with demonstrations and poignant moments during prime evening viewing hours.

Skillful use of television alone is not sufficient to create a positive image; Nixon's questionable reputation was only confirmed in the Watergate scandals that ended his presidency. Ronald Reagan, on the other hand, did not have such obvious character flaws. A veteran actor, Reagan was able to exploit television with his affable style and rugged good looks. His staff concentrated on presenting a favorable television image for him, staging visual events (such as a visit to a steel mill to demonstrate Reagan's concern for the working class. The image was more accessible to the public than were the details of his policies. Reagan's ability to make blundering statements led his advisers to limit direct access to him from reporters; the prime image of Reagan was on television or through his surrogates. Such an image was more easily manipulated or controlled.

Even government officials or politicians who make extensive use of television are not able to avoid media framing completely. Consequently, many have devoted substantial attention to cultivating media that are less likely to be analytical in their "framing" and reporting. Nixon's Office of Communication attempted to cultivate ties to more conservative newspapers and broadcasting stations around the country. Reagan and President Bill Clinton continued this strategy; both travelled extensively nationally to expose their ideas directly to voters through media outside of Washington, D. C. Clinton relied upon rather informal question and answer sessions (which he called "town hall meetings") throughout the country. Questions from non-journalists were relatively easy.

3.1.5. Journalistic responses

The U.S. mass media have varied in their susceptibility to governmental news management. Some reporters have adopted an adversarial approach in covering government, although this seems to fluctuate with the popularity of presidents or other political leaders. Presidents who faced substantive opposition, such as Lyndon Johnson, Richard Nixon or Jimmy Carter, often found the press much more adversarial. Popular presidents with well-organized news management apparatuses (such as Reagan) were quite successful in news management.

Daniel Hallin's work on the Vietnam War is particularly useful in analyzing press coverage that is critical of government officials and politicians. The U.S. media contained substantial amounts of news that reflected poorly on the U.S. war policies in Vietnam. As Hallin notes, that critical coverage came only when prominent U.S. politicians began to criticize the war after early 1969. Both before and after that date, media coverage was derivative of key governmental sources.

Outside of the mainstream media, other publications are much more likely to contain more opinionated or analytical reporting. This is particularly true of politically-oriented magazines (such as the National Review on the right and the New Republic or Mother Jones toward the left).

3.2. Campaign reporting

Efforts by government officials and politicians to manage news is clearest during the months preceding elections. Candidates are convinced that how the media portray them is central to their electoral success, so they devote energy and resources in trying to control that portrayal. Most candidates are convinced that television is the most powerful medium, so they tailor their campaigns to it. Campaign appearances are carefully designed with television in mind; candidate speeches are written with short pithy phrases ("sound bites") that will fit well with TV's 60–90 second story format. Television camera crews have ready access to candidates but usually in situations controlled by the candidate and his aides.

Candidates seek to avoid journalistic "framing" in several ways. First, in the 1988 campaign, for example, George H. Bush reduced news coverage of his campaign to a series of television images of orchestrated campaign appearances: Bush eating ethnic food at a church festival, Bush wearing a hard hat while talking to workers. These were highly favorable portrayals devoid of any serious questioning of the candidate. In contrast, Bush's opponent Michael Dukakis spoke frequently with reporters. The result was news stories that were not always flattering to the candidate. Dukakis was unable to force the media to present the soft, "feel-good" images as Bush did. The lesson was clear for candidates: avoid serious journalists as much as possible. Second, candidates since the mid-1980s have relied increasingly on communications satellites to give interviews to journalists outside of Washington D.C. who usually are far less probing in their questions than reporters who have experience in covering politicians. Third, candidates have appeared on entertainment-oriented programs (including both daytime and late-night talk shows), where again they avoid probing questions. In 1992, candidate Bill Clinton appeared on late-night-shows on MTV, the music-video channel. Ross Perot, an independent presidential candidate in 1992, routinely appeared on another television talk show, the Larry King Show, and faced easy, congenial questions. Lastly, candidates avoid journalistic news framing by relying on television advertisements. Major campaigns at both national and state levels (president, U.S. Senator, Congressman, Governor) devote the majority of their funds to television advertisements. Routinely, these campaigns devote 45 to 60 percent of all expenditures on television advertising. In 1980, television advertising for elections to the U.S. Senate and U.S. House of Representatives cost $239 million; by 1988 that figure had climbed to $540 million. In 1988, the 'average' U.S. Senate campaign cost $3.7 million, more than half of which was spent on television advertising. In 1988, the Republican presidential nominee George Bush spent $45 million on television advertising, while the Democratic presidential nominee Michael Dukakis spent $24 million. Advertisements have several attractions. First, television advertisements are controlled by the candidate and his staff, avoiding media framing and any portrayal of flaws, inconsistencies or unpopular policies. Second, the shortness of political advertisements (30 to 60 seconds) is an excellent length for linking the candidate to idealized traits such as patriotism or strength or to present images of the candidate's family life. In 1980 and 1984, Ronald Reagan's campaign evoked hopeful, patriotic images of "Morning in America", while George Bush's campaign in 1988 portrayed him as a doting grandfather. These advertisements were meant to leave viewers with a positive view of the candidate.

At various points, candidates have also used television advertising to attack their opponents. The fact that the candidate and his staff controls the advertisement means that there are few checks on accuracy. In 1964 the notorious "Daisy Ad" implied that Republican presidential nominee Barry Goldwater would involve the nation in a nuclear holocaust; the obvious message was that the re-election of Lyndon Johnson would protect the country. In 1988, George H. Bush relied extensively on negative advertising in attacking Democratic presidential nominee Michael Dukakis. The Bush advertisements seriously misrepresented Dukakis' record, scurrilously and incorrectly linked Dukakis with crime and played to racism among whites. Since then, reporters have broken from some of the more confining notions of their news gathering norms and have begun to point out the misrepresentation in such advertisements.

The mass media are often complacent in allowing candidates to dictate campaign coverage. Television's preeminence reduces coverage to pictures of carefully orchestrated public appearances devoid of substance. Economic pressures to make news interesting focus reporting not on issues but on the contest itself. This "horse race" mentality concentrates on which candidate is ahead in public opinion polls. One scholar, Larry Sabato, estimates that 57 percent of all coverage of the 1988 presidential election was "horse race" style coverage; only 10 percent of the coverage dealt with policy issues. Voters instead need to know about the views and proposed policies of candidates. Some reporters go beyond passivity, but other problems arise. A deeply embedded journalistic norm is that reporters should not be the promoters of any candidate. In application, this means that reporters seem fearful of reporting positively on a candidate, concentrating instead on faults or errors in judgment. The more lurid these faults are, the better; hence the U.S. media emphasis in recent years on possible sex scandals involving politicians. Part of this stems, of course, from the animus infecting U.S. political life itself in the late 1980s and through much of the 1990s.

3.3. Wartime reporting

Wartime presents a situation in which government usually has substantive control of news. Traditionally, U.S. military commanders concerned that media reports might inadvertently aid wartime enemies, adopt extensive censorship, measures. The U.S. military usually has required that reporters seek accreditation to accompany troops into war zones. In exchange for accreditation, reporters have usually accepted pre-publication review by the military. In War II and during the latter stages of the Korean War, such censorship existed. Censorship existed in addition to the routine influences of sources; military commanders were important sources of information and thus had influence over news.

Self-censorship has been a key element in wartime in the 20th century, too, particularly when reporters perceived themselves first in patriotic terms – as U.S. citizens – and only secondarily as reporters. John Steinbeck, the noted novelist, said that many U.S. reporters during World War II failed to write about abuses within the U.S. military because they feared it would create dissension at home and indirectly aid the Axis powers. U.S. governments routinely appeal to reporters' sense of patriotism during wartime. During the Vietnam War, government officials frequently questioned the patriotism of reporters whose articles contained criticism of U.S. policy.

The Vietnam War was unlike most U.S. wars because it lacked both the accreditation and censorship requirements. The U.S. government made one attempt to censor newspapers, the New York Times and the Washington Post, in 1971 in what was known as the Pentagon Papers case. The government's action was highly controversial and drew much criticism.

The unpopularity of the Vietnam War, and the subsequent defeat of the United States, led some military officials to blame the U.S. media for the loss. As noted above, however, critical media reports on Vietnam derived from official sources; the media did not "lose" the war. Nonetheless, many in the U.S. military clung to that view, influencing press involvement in U.S. military operations in the 1980s and early 1990s. During U.S. military operations in Grenada (1983), Panama (1989) and the Persian Gulf (1990–91), reporters were in effect denied access to the war zones and thus were unable to report first hand on military operations. This lack of access sanitized war coverage; pictures of gruesome fatalities were not presented to the American public as they had been during the Vietnam war. News organizations were forced to get information from military spokespersons who had been trained in public relations techniques. Much of that information was revealed far from war zones, leaving reporters no way to verify what military and political spokespersons told them. From the view of government officials who want to control news, the denial of access was preferable to the usual accreditation and censorship provisions of earlier wars. Censorship, as in the Pentagon Papers case in 1971, was controversial. Denial of access, on the other hand, obviated the need for censorship and forced reporters to rely more than usual on official sources.

4. Summary

Even though formal controls – such as ownership or extensive censorship – are not major characteristics of government-mass media relations in the United States, government officials and politicians still have substantial influence over media content. Their success has depended primarily on exploiting the constraints under which the media operate.

5. Bibliography

Bennett, W. Lance, News, The Politics of Illusion. Longman, 1988.

Bernstein, Carl/Bob Woodward, All the President's Men. Simon and Schuster, 1974.

Denton, Robert E. (Ed.), The 1992 Presidential Campaign: A Communication Perspective. Praeger, 1994.

–, The Primetime Presidency of Ronald Reagan. Praeger, 1988.

Grossman, Michael B./Martha J. Kumar. Portraying the President: The White House and the News Media. The Johns Hopkins University Press, 1981.

Hallin, Daniel C., The "Uncensored War". The Media and Vietnam. University of California Press, 1989.

Hertsgaard, Mark, On Bended Knee: The Press and the Reagan Presidency. Farrar Straus Giroux, 1988.

Jamieson, Kathleen H., Packaging the Presidency: A History and Criticism of Presidential Campaign Advertising. Oxford University Press, 1992, second edition.

Lang, Gladys E./Kurt Lang, Politics and Television, Re-Viewed. White House Office of Communications and the Management of Presidential News. University of North Carolina Press, 1992.

McCubbins, Matthew D. (Ed.), Under the Watchful Eye: Managing Presidential Campaigns in the Television Era. Congressional Quarterly Press, 1993.

McGinnis, Joe, The Selling of the President 1968. Trident Press, 1992.

Parenti, Michael, Make-Believe Media: The Politics of Entertainment. St. Martin's Press, 1992.

Postman, Neil, Amusing Ourselves to Death: Public Discourse in the Age of Show Business. Penguin Books, 1986.

Sabato, Larry J., The Rise of the Political Consultants: New Ways of Winning Elections. Basic Books, 1981.

Winfield, Betty H., Roosevelt and the Press: How Franklin D. Roosevelt Influenced Newsgathering. Illinois, 1985.

Gerald Baldasty, Seattle (USA)

LVII. Mediengesellschaft III: Medienrecht und Medienethik

259. Medienrecht in Deutschland

1. Begriff
2. Das Grundrecht der Kommunikationsfreiheit
3. Die Sonderrechte der Massenmedien
4. Grenzen der Berichterstattungsfreiheit
5. Der Schutz geistigen Eigentums: Das Urheberrecht
6. Werbung in den Massenmedien
7. Die Sicherung des Rechtsgüterschutzes
8. Literatur

1. Begriff

Unter der Bezeichnung Medienrecht werden hier die Rechtsnormen zusammengefaßt, die die Rechtsstellung der Massenmedien sowie die Rechte und Pflichten ihrer Mitarbeiter in spezifischer Weise prägen (vgl. Branahl 2000, 13). Damit umfaßt das Medienrecht zum einen die Spezialregelungen für die Printmedien (Presserecht) und die elektronischen Medien (Rundfunkrecht), zum anderen aber auch diejenigen Bestandteile der allgemeinen Rechtsordnung, die für die Tätigkeit der in den Massenmedien Beschäftigten von besonderer Bedeutung sind.

2. Das Grundrecht der Kommunikationsfreiheit

Grundlegend bestimmt wird die Rechtsstellung der Massenmedien durch den Umstand, daß Art. 5 Grundgesetz (GG) die Freiheit der Meinungsäußerung und die Freiheit, sich aus allgemein zugänglichen Quellen zu informieren, gewährleistet und darüber hinaus Presse, Rundfunk und Film gegen staatliche Eingriffe schützt. Dieser Schutz der Massenmedien reicht von der Beschaffung der Information bis zu ihrer Verbreitung. Träger des Grundrechts ist demgemäß jeder, der an der Herstellung und der Verbreitung der Massenmedien beteiligt ist. Das gilt für Rundfunkveranstalter und Verleger in gleicher Weise wie für deren Mitarbeiter in Redaktion, Verwaltung und Vertrieb, aber auch für freie Mitarbeiter. Sie alle können sich gegen staatliche Eingriffe in ihre berufliche Tätigkeit unter Berufung auf das Grundrecht zur Wehr setzen. „Innere" Rundfunk- oder Pressefreiheit hingegen gewährleistet Art. 5 GG nicht. Ihre Rechtsbeziehungen untereinander können die Beteiligten deshalb – durch Einzel- oder Kollektivvertrag – selbst regeln. Doch auch der Staat ist durch Art. 5 GG nicht daran gehindert, gesetzliche Regelungen für diesen Bereich zu treffen (Branahl 1979, 149ff.).

Das Zensurverbot stellt sicher, daß die Verbreitung einer Publikation oder eines Beitrages nicht generell von einer staatlichen Genehmigung abhängig gemacht werden darf, hindert den Staat allerdings nicht daran, die Verbreitung bestimmter Informationen zu verhindern – etwa durch Geheimhaltung, die Androhung von Sanktionen oder den unmittelbaren Einsatz staatlicher Gewalt. Jeder staatliche Eingriff in die Medientätigkeit bedarf allerdings einer besonderen Rechtfertigung. Solche Maßnahmen sind nur zulässig, soweit sie zum Schutze eines anderen, mindestens gleichwertigen, Rechtsgutes erforderlich sind und die Medienfreiheit nicht unangemessen beschneiden (Grundsatz der Verhältnismäßigkeit). Besonderen Schutz genießen die Massenmedien, soweit sie ihren Beitrag zur Funktionsfähigkeit der vom GG intendierten freiheitlichen Demokratie leisten. Dieser Beitrag, die 'öffentliche Aufgabe' der Massenmedien, besteht in erster Linie darin, dem einzelnen Bürger die Informationen zu verschaffen, die dieser benötigt, um sich auf rationale Weise eine eigene Meinung zu allen Fragen von allgemeiner Bedeutung bilden zu können (Informationsfunktion). Dazu sind Informationen über Fakten und Meinungen zu beschaffen, auszuwählen und zu strukturieren; durch die Verbreitung von eigenen und fremden Bewertungen können die Medien dem Einzelnen helfen, seinen eigenen Standpunkt zu finden (Orientierungsfunktion). Die Diskussion politischer Fragen in den Medien zwingt die Vertreter der Staatsgewalt idealiter, ihre Entscheidungen öffentlich zu begründen und an den, in der Regel freilich uneinheitlichen und widersprüchlichen, Wünschen und Interessen des Staatsvolkes auszurichten (Kritik- und Kontrollfunktion).

Der Staat hat nach der Rechtsprechung des Bundesverfassungsgerichts (BVerfG) seine Rechtsordnung so zu gestalten, daß die Massenmedien diese 'öffentliche Aufgabe' erfüllen können. Deshalb genießen die Massenmedien einige Sonderrechte (Auskunftsanspruch, Informantenschutz) und besondere Freiheiten bei der Berichterstattung in öffentlichen Angelegenheiten. Außerdem hat der Staat gesetzliche Vorkehrungen für eine Organisation der Massenmedien zu treffen, die deren Erfüllung ihrer öffentlichen Aufgabe sichert. Dazu gehört, daß die Massenmedien frei von staatlichem Einfluß berichten (Staatsfreiheit) und die Vielfalt der in der Bevölkerung und ihren Gruppierungen vertretenen Auffassungen angemessen wiedergeben (publizistische Vielfalt, vgl. Branahl 1992, 85ff.). Das Gebot der Staatsfreiheit der Massenmedien verbietet dem Staat, auf den Prozeß der öffentlichen Meinungs- und Willensbildung dadurch Einfluß zu nehmen, daß er eigene Rundfunksender, Zeitungen oder Zeitschriften betreibt oder bestimmte Medien um ihrer politischen Ausrichtung willen gegenüber anderen bevorzugt. Publizistische Vielfalt soll in der gegenwärtigen Rechtsordnung auf unterschiedliche Weise erreicht werden: (a) Zum einen ist der Zugang zur Ausübung journalistischer Tätigkeit frei von staatlichen Zulassungsvoraussetzungen oder -beschränkungen. Jeder kann sich – auch beruflich – journalistisch betätigen, ohne eine staatliche Eignungsprüfung absolvieren zu müssen. (b) Dasselbe gilt für die Herausgabe und den Vertrieb von Printmedien. Tätigkeiten in Verlag und Vertrieb – einschließlich der Unternehmensgründung – bedürfen keiner staatlichen Zulassung. In diesem Bereich vertrauen Gesetzgeber und Verfassungsgericht auf die steuernde Wirkung des freien Marktes: Die Konkurrenz zwischen den Blättern und die Nachfrage des Publikums sollen dafür sorgen, daß keine relevanten Informationen unterdrückt werden können. Eine verschärfte – allerdings nur bedingt wirksame – Konzentrationskontrolle soll der Zusammenballung von Medienmacht in den Händen Weniger entgegenwirken. (c) Für den Rundfunk hingegen gelten andere Organisationsprinzipien. Die Vielfalt seiner Programme soll durch entsprechende Programmnormen gesichert werden, deren Einhaltung durch pluralistisch zusammengesetzte Aufsichtsgremien überwacht wird. Diese Überwachung obliegt beim öffentlich-rechtlichen Rundfunk internen Organen (Rundfunkräten), beim privaten Rundfunk externen Landesmedienanstalten.

3. Die Sonderrechte der Massenmedien

Damit die Massenmedien ihr Publikum über Angelegenheiten von allgemeinem Interesse sachgerecht unterrichten können, müssen sie die Möglichkeit haben, sich die erforderlichen Informationen zunächst einmal selbst zu verschaffen. Zu diesem Zweck haben alle Bundesländer den Vertretern der Presse und des Rundfunks einen Auskunftsanspruch gegen alle staatlichen Einrichtungen (Behörden) eingeräumt. Der Anspruch entfällt allerdings, soweit durch die Auskunft die Durchführung eines schwebenden Verfahrens beeinträchtigt würde, Geheimhaltungsvorschriften entgegenstehen oder überwiegend öffentliche oder schutzwürdige private Interessen verletzt würden. (Zu Einzelheiten vgl. Branahl 2000, 32ff.) Die Behörden haben bei ihrer Auskunftstätigkeit den Gleichbehandlungsgrundsatz zu beachten. Sie dürfen ihnen wohlgesonnene Journalisten oder Medien nicht zu Lasten anderer, kritischerer, bevorzugt informieren. Der Wert dieses Auskunftsanspruchs für die journalistische Recherche ist allerdings in mehrfacher Hinsicht beschränkt. Zum einen richtet er sich nur gegen Behörden. Privatrechtlich organisierte Vereine, Verbände und Unternehmen sind nicht auskunftpflichtig, soweit sie nicht vom Staat mit der Wahrnehmung hoheitlicher Aufgaben (Erteilung staatlicher Genehmigungen z.B.) betraut sind oder Aufgaben der Daseinsvorsorge wahrnehmen, und sich mehrheitlich in staatlicher Hand befinden (Energie- und Wasserversorgung, Abfall- und Abwasserbeseitigung, aber auch öffentlicher Personennahverkehr). Zum anderen bereitet die Durchsetzung des Auskunftsanspruch auch gegen Behörden in der Praxis nicht selten erhebliche Probleme. Verweigern Behörden(-leiter) eine Information zu Unrecht, droht ihnen praktisch keinerlei Sanktion. Der Journalist müßte seinen Anspruch in der Regel mit Hilfe des Verwaltungsgerichts durchzusetzen suchen – ein insbesondere für den aktuellen Journalismus untaugliches, weil zu langwieriges Verfahren (Branahl 1985, 176ff.). Journalisten reagieren auf eine Auskunftsverweigerung deshalb selten mit rechtlichen Schritten. In der Regel versuchen sie stattdessen, sich die gewünschte Information auf anderem Wege zu beschaffen. Dabei hilft ihnen der Umstand, daß sie aufgrund ihres publizistischen Zeugnisverweigerungsrechts ihren Informanten zusichern können, die Quelle geheimzuhalten, aus der die Information stammt. An dieser Geheimhaltung haben die meisten Informanten ein großes Interesse, weil sie anderenfalls mit Sanktionen rechnen müßten. Denn Mitarbeiter einer Behörde oder eines Unternehmens verletzen in der Regel ihre dienst- bzw. arbeitsrechtlichen Pflichten, wenn sie einem Journalisten ohne Erlaubnis ihres Chefs Auskünfte geben. Ohne Informantenschutz drohten viele Informationsquellen für Journalisten deshalb zu versiegen. Das publizistische Zeugnisverweigerungsrecht sichert somit die Informationsquellen und damit die Funktionsfähigkeit der Massenmedien. Es berechtigt die Mitarbeiter des Rundfunks und der Verlage, die Zeitungen und Zeitschriften (periodische Druckwerke) herausgeben, alle Angaben zu verweigern, die zur Ermittlung ihres Informanten führen könnten oder sich auf den Inhalt der von diesem erhaltenen Informationen beziehen. Das Zeugnisverweigerungsrecht setzt allerdings voraus, daß ein gewisses Vertrauensverhältnis zwischen Informant und Medienmitarbeiter besteht. Deshalb muß der Mitarbeiter das, was er auf andere Weise erfahren hat, z.B. bei einer öffentlichen Veranstaltung gehört oder gesehen hat, bei einer Vernehmung durch ein Gericht oder die Staatsanwaltschaft ebenso preisgeben wie jeder andere Bürger. Ansonsten kommt eine Durchbrechung des Informantenschutzes nur in den Fällen in Betracht, in denen ein Journalist von einer konkret bevorstehenden schweren Straftat erfährt. In diesem Fall muß er den durch die Straftat Bedrohten oder die Polizei informieren, damit die Straftat noch abgewehrt werden kann.

Das publizistische Zeugnisverweigerungsrecht könnte von der Polizei und der Staatsanwaltschaft in vielen Fällen erfolgreich dadurch unterlaufen werden, daß sie eine Hausdurchsuchung bei dem Sender, dem Verlag, der Druckerei oder dem Mitarbeiter durchführen und dort Unterlagen beschlagnahmen, die Hinweise auf den Informanten enthalten. Damit dies nicht geschehen kann, wird das Zeugnisverweigerungsrecht durch ein Beschlagnahme- und Durchsuchungsverbot ergänzt. Geschützt sind Journalisten und ihre Informanten auch dagegen, daß Gespräche, die sie in einer Wohnung oder den Räumen eines Verlages oder Senders führen, mit ‚Wanzen' oder anderen technischen Hilfsmitteln abgehört werden. Demgegenüber fehlt ein entsprechender Schutz gegen die Überwachung von Telefongesprächen und die Auswertung der Verbindungsdaten, mit deren Hilfe der Aufenthaltsort eines Informanten zu ermitteln ist.

Ferner können sich die Massenmedien bei der Informationsbeschaffung aus den allgemein zugänglichen Quellen unterrichten. Sie haben nicht nur – wie jeder andere Bürger – Zutritt zu öffentlichen Sitzungen von Staatsorganen (Parlament, Gericht), auch private Veranstalter dürfen Medienvertreter von öffentlichen Versammlungen nicht ausschließen. Fernsehsendern steht darüber hinaus ein Recht auf Kurzberichterstattung von solchen Veranstaltungen zu. Soweit die Einsichtnahme in ein öffentliches Register (Handelsregister, Grundbuch, Melderegister) vom Nachweis eines berechtigten Interesses abhängig ist, können sich die Massenmedien auf ihre öffentliche Aufgabe berufen (vgl. Soehring 1990, 64ff.). Im übrigen haben die Vertreter der Massenmedien bei ihrer Recherche jedoch die Grenzen der allgemeinen Rechtsordnung zu beachten. Dazu gehört auch die Respektierung des Hausrechts, dessen Inhaber auch einem Journalisten den Zutritt oder die Anfertigung von Fotos sowie Film- oder Tonaufnahmen auf seinem Grundstück verweigern kann.

4. Grenzen der Berichterstattungsfreiheit

4.1. Ehrenschutz

Die Medienfreiheit findet ihre Grenzen u.a. am Recht der persönlichen Ehre (Art. 5 Abs. 2 GG). Ehrverletzend sind Äußerungen, die das Ansehen eines Menschen beeinträchtigen können. Das kann durch herabsetzende Bewertungen (wie etwa „unfähiger Minister") oder grobe Beschimpfungen („Pinscher") ebenso geschehen wie durch unzutreffende Tatsachenbehauptungen, durch die dem Betroffenen körperliche, geistige oder charakterliche Mängel zugeschrieben oder tatsächlich erworbene Verdienste abgesprochen werden. Von besonderer Bedeutung für die Medienpraxis ist der Umstand, daß die Behauptung, jemand habe sich eines bestimmten Fehlverhaltens schuldig gemacht, in der Regel nur veröffentlicht werden darf, wenn der Verbreiter dieser Meldung beweisen kann, daß die behaupteten Fakten auch tatsächlich stimmen. Für die Verbreitung unzutreffender Tatsachenbehauptungen können die Massenmedien den Schutz des Art. 5 GG grundsätzlich nicht in Anspruch nehmen. Denn die Verbreitung unwahrer Tatsachenbehauptungen trägt in der Regel nicht zu einer sachgerechten öffentlichen Meinungs- und Willensbildung bei. Bei der Bewertung der Fakten hingegen kommt der Schutz der Meinungsäußerungsfreiheit voll zum Tragen. Ohne offenen Meinungsstreit in Angelegenheiten von öffentlichem Interesse ist eine freiheitliche Demokratie nicht denkbar. Deshalb sind im politischen Meinungskampf auch harte, überspitzte und polemische Bewertungen erlaubt. Ihre Grenze findet die Meinungsäußerungsfreiheit in solchen Angelegenheiten erst dort, wo eine Äußerung keinen Sachbezug mehr hat, sondern nur noch dazu dient, den anderen zu beschimpfen (Schmähkritik). Erhebliche Schwierigkeiten bereitet der Rechtsprechung die Beurteilung von Aussagen, in denen eine Bewertung untrennbar mit einem Tatsachenkern verbunden ist. In diesen Fällen darf die Äußerung nicht einseitig als Werturteil beurteilt werden; ihre Zulässigkeit muß vielmehr auch davon abhängig gemacht werden, daß die tatsächlichen Elemente wirklich zutreffen (so jetzt auch BVerfGE 90, 253, sowie Grimm 1995, 1699). Bei der Beurteilung von Karikaturen und satirischen Darstellungen unterscheidet die Rechtsprechung zwischen Inhalt (Aussagekern) und Form (satirische Einkleidung). Die Form ist frei, solange sie nicht die Menschenwürde des Betroffenen verletzt. Der Aussagekern wird nach den Regeln behandelt, die für ernst gemeinte Aussagen gelten, also als Tatsachenbehauptung bzw. Werturteil. Besondere Schwierigkeiten ergeben sich bei diesem Vorgehen naturgemäß daraus, daß fast jede Karikatur oder Satire unterschiedlichen Deutungen zugänglich ist, ihr „Aussagekern" demgemäß nicht eindeutig festzustellen ist. Das BVerfG besteht im allgemeinen darauf, daß die Gerichte ihrer Bewertung in diesen Fällen die „freiheitsfreundlichere" Interpretation des Aussagekerns zugrundezulegen haben (Vgl. BVerfG in: Neue Juristische Wochenschrift 1994, 2943).

Gegen unwahre und ehrverletzende Aussagen (auch) in den Massenmedien kann sich nur zur Wehr setzen, wer von diesen unmittelbar betroffen ist. Betroffen sein können neben einzelnen Menschen auch juristische Personen (Verein, AG, GmbH) oder nichtrechtsfähige Personengruppen. Ehrverletzende Presseberichte über anonyme Personen hingegen werden durch den Ehrenschutz auch dann nicht erfaßt, wenn sie frei erfunden sind.

4.2. Persönlichkeitsschutz

4.2.1. Das allgemeine Persönlichkeitsrecht

In den fünfziger Jahren haben die Gerichte begonnen, den Schutz des Einzelnen gegen die Berichterstattung aus seiner Privatsphäre zu verstärken. Dieser Schutz – inzwischen vom BVerfG zum „Recht auf informationelle Selbstbestimmung" ausgeweitet – gibt dem Einzelnen heute grundsätzlich die Möglichkeit, sich gegen die Veröffentlichung seiner persönlichen Daten zu Wehr zu setzen. Zu den geschützten Daten gehören Angaben über die Person (Lebensalter, Gesundheitszustand), persönliche Lebensverhältnisse (Familienstand, Einkommen und Vermögen, Wohnung und deren Einrichtung), Verhalten in der Privatsphäre, Zugehörigkeit zu Glaubensgemeinschaften, Vereinen und Verbänden u.a. Außerdem kann jeder selbst entscheiden, ob persönliche Aufzeichnungen (Briefe, Notizen, Tagebücher) und nichtöffentlich gesprochene Worte der Öffentlichkeit zugänglich gemacht werden sollen. Der Persönlichkeitsschutz endet allerdings dort, wo das Interesse der Öffentlichkeit überwiegt, die Informationen zu bekommen, die sie zur Meinungs- und Willensbildung in Angelegenheiten von allgemeiner Bedeutung benötigt. Soweit es um die Erfüllung der öffentlichen Aufgabe der Massenmedien geht, müssen die Interessen der Betroffenen, von der Öffentlichkeit unbehelligt zu bleiben, deshalb unter Umständen zurücktreten; Neugier und Sensationslust des Publikums hingegen rechtfertigen keinen Eingriff der Medien in den Persönlichkeitsschutz. Bei der Abwägung, ob im Einzelfall dem öffentlichen Informationsinteresse oder dem Schutz des Betroffenen der Vorrang gebührt, ist einerseits die Intensität des Eingriffs, andererseits die Wichtigkeit der Information zu berücksichtigen. Hilfreich für die Beurteilung der Intensität des Eingriffs ist die Zuordnung der Information zu verschiedenen „Sphären" (Wenzel 1994, 138 ff.). Die Intimsphäre betrifft vor allem das Sexualleben eines Menschen. Detaillierte Erörterungen des Sexualverhaltens sind ohne Einwilligung des Betroffenen generell unzulässig. Die Geheimsphäre umfaßt alle Lebensäußerungen, deren Geheimhaltung entweder gesetzlich geschützt ist (z. B. Privat- und Geschäftsgeheimnisse, Post- und Fernmeldegeheimnis), oder die ihrer Natur nach geheimhaltungsbedürftig sind (z. B. Tagebücher). Informationen aus der Geheimsphäre dürfen (nur) publiziert werden, soweit dies erforderlich ist, um ein anderes schutzwürdiges Rechtsgut (Leben, Gesundheit) vor Schaden zu bewahren. Zur Privatsphäre gehören die übrigen persönlichen Daten. Sie dürfen preisgegeben werden, soweit an ihrer Kenntnis ein ernsthaftes Informationsinteresse der Öffentlichkeit besteht. Dies kann sich bei Personen des öffentlichen Lebens vor allem daraus ergeben, daß Umstände aus ihrem privaten Bereich Auswirkungen auf ihr berufliches Wirken haben. Der Sozialsphäre zuzurechnen sind Lebensäußerungen, die von anderen ohne weiteres wahrgenommen werden können (Besuch von öffentlichen Veranstaltungen, Teilnahme am Straßenverkehr u. ä.). Personen, die aufgrund ihrer gesellschaftlichen Stellung ohnehin im Blickpunkt der Öffentlichkeit stehen, müssen eine Berichterstattung über ihr Verhalten in dieser Sphäre grundsätzlich hinnehmen; andere nicht. In Erfüllung ihrer öffentlichen Aufgabe dürfen die Massenmedien jedoch auch über berufliches Verhalten von Personen berichten, an denen im übrigen kein öffentliches Informationsinteresse besteht (z. B. Polizisten, Kaufleute).

Ergänzt wird der Persönlichkeitsschutz durch das Verbot, eine Person ohne ihre Zustimmung für Zwecke der Wirtschaftswerbung einzusetzen. Außerdem kann sich jeder gegen die Verbreitung unwahrer Tatsachenbehauptungen zur Wehr setzen, die der Öffentlichkeit ein falsches Bild von ihm vermitteln – auch wenn die Behauptungen nicht ehrenrührig sind. So muß sich beispielsweise niemand gefallen lassen, daß ihm Aussagen in den Mund gelegt werden, die er in Wirklichkeit nicht getan hat (Interview).

4.2.2. Schutz gegen Abbildungen

Das Recht, über die Preisgabe persönlicher Daten selbst zu bestimmen, wird ergänzt durch das Recht am eigenen Bild. Dementsprechend dürfen Abbildungen, auf denen Personen erkennbar dargestellt sind, grundsätzlich nur mit deren Einwilligung veröffentlicht werden. Dieser Grundsatz ist allerdings für vier Fallgruppen durchbrochen, in denen typischerweise der Abgebildete weniger schutzbedürftig ist oder das Informationsinteresse der Öffentlichkeit überwiegt:

(a) An Abbildungen zeitgeschichtlicher Vorgänge besteht ein besonderes Informationsinteresse. Deshalb dürfen Abbildungen von Personen des öffentlichen Lebens (aus Politik, Wirtschaft, Kultur und Sport) auch ohne deren Einwilligung publiziert werden. Auch wer durch sein eigenes Verhalten öffentliches Aufsehen erregt, muß grundsätzlich hinnehmen, daß sein Bild in dem Bericht darüber gezeigt wird. (b) Bilder von Bauwerken, Landschaften und anderen Gegenständen, auf denen Personen nur als Beiwerk erscheinen, greifen in den Persönlichkeitsschutz im allgemeinen nur marginal ein. Ihre Veröffentlichung bedarf deshalb nicht der Einwilligung der Abgebildeten. (c) Dasselbe gilt für Bilder von Versammlungen. (d) Bei künstlerisch gestalteten Bildern (Porträts z. B.) tritt das Schutzinteresse des Abgebildeten in der Regel zugunsten des Interesses des Künstlers und der Öffentlichkeit an der Verbreitung der Kunst zurück.

Im Einzelfall kann jedoch auch in diesen Fallgruppen ein berechtigtes Abwehrinteresse des Abgebildeten vorliegen; dann bleibt die Veröffentlichung ohne seine Einwilligung untersagt. Ein solches Abwehrinteresse ist u.a. anerkannt für (a) Abbildungen aus der Privatsphäre, (b) Nacktfotos, (c) Veröffentlichungen, durch die Leib oder Leben des Abgebildeten konkret gefährdet werden (V-Leute, Zeugen), (d) Einsatz von Abbildungen für Zwecke der Wirtschaftswerbung. Ungelöst ist bislang das Problem, daß Prominente sich einer ständigen „Belagerung" und „Verfolgung" durch eine große Zahl von Fotografen ausgesetzt sehen, sobald sie auf der Straße oder an anderen öffentlich zugänglichen Orten erscheinen (vgl. auch Soehring 1990, 147).

4.2.3. Regeln für die Kriminalberichterstattung

Die identifizierende Berichterstattung über abweichendes, insbesondere kriminelle Verhalten hat wegen ihrer Prangerwirkung für die Betroffenen vielfach deutlich gravierendere Folgen als die Straftat selbst und deren Ahndung durch die staatlichen Gerichte. Deshalb ist eine solche Berichterstattung nach der Rechtsprechung des BVerfG nur eingeschränkt zulässig. Über Ordnungswidrigkeiten und leichte Straftaten darf identifizierend nur bei Personen des öffentlichen Lebens berichtet werden; die Namen Jugendlicher dürfen nur in Fällen schwerster Gewaltkriminalität genannt werden. Außerdem ist das Resozialisierungsinteresse des Verurteilten zu beachten. Deshalb ist eine Wiederaufnahme der Berichterstattung anläßlich der Haftentlassung oder zu einem späteren Zeitpunkt ohne besonderen rechtfertigenden Anlaß unzulässig. Schon aus den allgemeinen Regeln des Ehrenschutzes folgt darüber hinaus, daß der Beschuldigte sich nicht als Täter bezeichnen lassen muß, solange dies nicht erwiesen ist, und daß er sich gegen eine einseitig verzerrende Darstellung zu seinen Lasten zur Wehr setzen kann. Besonderen Schutz gegen identifizierende Berichterstattung müssen Opfer und Zeugen einer Straftat in Anspruch nehmen können. Während dem Täter vorgehalten werden kann, die (Berichterstattungs-)Folgen seiner Tat selbst ausgelöst zu haben, gilt dies für die Tatbetroffenen nicht. Sie sind deshalb in besonderer Weise gegen öffentliche Bloßstellung zu schützen. Identifizierende Berichterstattung müssen sie nur hinnehmen, soweit diese zur angemessenen Unterrichtung der Öffentlichkeit über die Straftat und deren Ahndung unvermeidlich ist.

4.3. Unternehmensschutz

Für geschäftsschädigende Berichte gelten im Grundsatz dieselben Regeln wie für den Ehrenschutz: Gegen die Verbreitung unwahrer Tatsachenbehauptungen kann sich das Unternehmen zur Wehr setzen, gegen eine kritische Bewertung, auch scharfe Polemik, hingegen nicht, solange die Grenze zur bloßen, nicht mehr sachbezogenen, Schimpftirade nicht überschritten ist (Ricker 1989, 52 ff.). Auch an den eigenen Konkurrenten dürfen Massenmedien – anders als die anderen Unternehmen – sachbezogene Kritik üben, weil sonst das Mediensystem der Kritik weitgehend entzogen wäre. Boykottaufrufe durch die Medien und in den Medien sind zulässig, soweit es um die Auseinandersetzung in Fragen von allgemeiner Bedeutung geht, kein (wirtschaftlicher) Druck zur Durchsetzung des Boykotts ausgeübt wird und keine eigenen wirtschaftlichen Interessen im Spiel sind (Grundlegend BVerfGE 7, 198 ff., sowie BVerfGE 25, 256 ff.). Vergleichende Leistungsbeurteilungen von Unternehmen, Waren und Dienstleistungen dürfen von den Medien verbreitet werden, soweit sie auf der Anwendung sachgerechter Kriterien und nachvollziehbarer Methoden basieren (Ricker 1989, 68 ff.). Betriebs- oder Geschäftsgeheimnisse von Unternehmen dürfen nur preisgegeben werden, soweit ein überwiegendes öffentliches Informationsinteresse dies erfordert (etwa zum Schutz des Publikums gegen Gesundheitsgefahren oder unlautere Geschäftspraktiken).

4.4. Der Schutz des Staates, des öffentlichen Friedens und der Jugend

Grenzen der Medienfreiheit ergeben sich schließlich aus (Straf-)Vorschriften, die nicht dem Schutz individueller Interessen dienen, sondern gravierende Störungen eines gedeihlichen Zusammenlebens verhindern sollen. Allerdings darf auch die Anwendung dieser Gesetze die Funktionsfähigkeit der Massenmedien im eingangs dargestellten Sinne nicht beeinträchtigen. So darf ein Journalist, der öffentlich zugängliche Fakten zur Rüstungs- und Wehrpolitik zusammenträgt und der Öffentlichkeit auf diese Weise neue Einsichten auf diesem Gebiet vermittelt, nicht unter Anwendung der sog. 'Mosaiktheorie' wegen des Verrats von Staatsgeheimnissen verurteilt werden (BVerfGE 20, 162 ff.). Im Rahmen ihrer Berichterstattung über Vorgänge des Zeitgeschehens dürfen die Massenmedien, z. B. zu Dokumentationszwecken, auch Propagandamittel und Kennzeichen verfassungswidriger Organisationen abdrucken, deren Verbreitung ansonsten strafbar ist. Selbst eine polemische Auseinandersetzung mit dem Verhalten von Staatsorganen in der aktuellen Berichterstattung rechtfertigt keine Verurteilung wegen Verunglimpfung des Staates, seiner Organe und Symbole.

Auf der anderen Seite kann sich nicht auf den Schutz von Meinungsäußerungs- und Medienfreiheit berufen, wer zu Haß, Gewalt- oder Willkürmaßnahmen gegen eine Bevölkerungsgruppe aufruft, den Holocaust öffentlich billigt, leugnet oder verharmlost, grausame Gewaltakte gegen Menschen verherrlicht oder verharmlost, öffentlich zur Begehung von Straftaten auffordert oder konkrete, bereits begangene schwere Straftaten öffentlich billigt. Im Rahmen der Berichterstattung über solche Vorgänge steht es den Massenmedien jedoch ebenfalls frei, entsprechende Publikationen zu Dokumentationszwecken abzudrucken.

Ob Karikaturen kirchlicher Würdenträger und satirische Auseinandersetzungen mit kirchlichen Gebräuchen als Verstoß gegen das Verbot verfolgt werden, religiöse Bekenntnisse und Gebräuche öffentlich zu beschimpfen, hängt de facto sehr stark davon ab, wo und in welchem Medium sie erscheinen. So genießt z. B. ein in Frankfurt/Main erscheinendes Satiremagazin größere Freiheitsspielräume als ein öffentlich-rechtliches Rundfunkprogramm. Das hängt nicht zuletzt damit zusammen, daß die Rundfunkgesetze der Länder eine Reihe von Normen enthalten, die über die strafrechtlichen Schrankenbestimmungen weit hinausgehen, indem sie den jeweiligen Sender auf die Förderung bestimmter Werte (soziale Gerechtigkeit, Toleranz, Gleichberechtigung, Völkerverständigung, Schutz der natürlichen Umwelt u. ä.) verpflichten. Eine Befugnis des Staates und seiner Gerichte, die Einhaltung dieser Programmvorgaben zu kontrollieren, läßt sich aus solchen Normen allerdings nicht ableiten, da diese das Gebot der Staatsfreiheit des Rundfunks verletzen würde und damit als unzulässiger Eingriff in die Rundfunkfreiheit zu qualifizieren wäre.

Dem Jugendschutz schließlich dienen eine Reihe von Vertriebsbeschränkungen (vgl. Branahl 2000, 242 f.) für Darstellungen, die geeignet sind, Kinder oder Jugendliche „sittlich zu gefährden". Neben Pornografie kommen hier vor allem Gewaltdarstellungen in Betracht. Im Rundfunk wird dem Jugendschutz dadurch Rechnung getragen, daß bestimmte – etwa pornografische – Beiträge gar nicht, andere nur zu Zeiten gesendet werden dürfen, zu denen Kinder oder Jugendliche üblicherweise nicht fernsehen (vgl. Herrmann 1994, 517 ff.).

4.5. Weitere Regeln für die Berichterstattung

Die Landespressegesetze fordern von der Presse, alle Nachrichten vor ihrer Verbreitung sorgfältig auf ihre Wahrheit, ihren Inhalt und ihre Herkunft zu prüfen; sie ordnen für Verstöße gegen diese Sorgfaltspflicht jedoch keinerlei Sanktionen an. Deshalb kann fahrlässig oder gar vorsätzlich unrichtige Berichterstattung, soweit sie nicht zugleich einen der zuvor (Abschnitt 4.1. bis 4.4.) beschriebenen Tatbestände erfüllt, vom Staat nicht verfolgt werden. Der Verstoß kann allerdings eine öffentliche Rüge durch den Deutschen Presserat zur Folge haben.

Die einzelnen Rundfunkgesetze normieren für die öffentlich-rechtlichen Rundfunkanstalten zahlreiche Programmgrundsätze, zu denen u. a. auch die Einhaltung der journalistischen Sorgfaltspflicht, die Trennung von Nachrichten und Kommentaren sowie die Wahrung journalistischer Fairneß gehören. Die Einhaltung dieser Grundsätze zu überwachen, ist Aufgabe der anstaltsinternen Aufsichtsgremien. Sie können Verstöße gegen die Programmgrundsätze beanstanden und vom Intendanten verlangen, dafür zu sorgen, daß solche Verstöße gegen das Rundfunkgesetz künftig unterbleiben. Die Einhaltung der für die Privatsender geltenden Programmgrundsätze überwacht die zuständige Landesmedienanstalt. Sie kann bei Verstößen Aufsichtsmaßnahmen bis hin zum Entzug der Lizenz ergreifen.

5. Der Schutz geistigen Eigentums: Das Urheberrecht

Das Urheberrecht ist für die Tätigkeit der Massenmedien von zweifacher Bedeutung: Zum einen hindert es sie, sich fremder Produkte nach Belieben zu bedienen, zum anderen schützt es sie selbst in bestimmtem Umfang gegen die Ausbeutung ihrer Produkte durch Dritte. Seine Bedeutung ist jedoch dadurch beschränkt, daß lediglich die Produkte journalistischer und verlegerischer Tätigkeit als solche urheberrechtlich geschützt sind, nicht aber die in diesen enthaltenen Informationen. So können sich Autor, Verlag und Sender im allgemeinen nicht dagegen zur Wehr setzen, daß ein anderer die in den einzelnen Beiträgen des Blattes bzw. des Programms enthaltenen Informationen übernimmt. Demgegenüber bedarf die unmittelbare (wörtliche), vollständige oder teilweise Übernahme fremder Beiträge grundsätzlich der Einwilligung der Berechtigten. Das gilt in gleicher Weise für Wort- und Text-, Foto- und Filmbeiträge sowie Grafiken, aber auch für die Aufzeichnung musikalischer, szenischer oder pantomimischer Werke. Während Fotos und Filmbilder unabhängig davon geschützt sind, ob sie eine individuelle Gestaltung aufweisen, ist der Schutz von Wort- und Textbeiträgen sowie Grafiken von dieser Voraussetzung abhängig („Werk"). Das simple tägliche Frage- und Antwortspiel zwischen Reportern und Politikern ist ebensowenig ein urheberrechtlich geschütztes Werk wie eine einfache Nachricht. Demgegenüber sind Berichte, Reportagen, Kommentare und auf andere Weise gestaltete Wort- und Textbeiträge geschützt, ohne daß an den Grad der Individualität besonders hohe Anforderungen gestellt werden.

Auch ohne Einwilligung des Berechtigten dürfen fremde Werke für journalistische Zwecke in den folgenden Fällen verwendet werden: (a) Amtliche Werke wie Gesetze, Verordnungen, Erlasse, Gerichtsentscheidungen, amtliche Bekanntmachungen u. ä. genießen keinen urheberrechtlichen Schutz. (b) Die Verwendung von Reden, die in öffentlichen Sitzungen staatlicher, kommunaler oder kirchlicher Organe gehalten worden sind, ist frei. Die Massenmedien dürfen öffentliche Reden zu aktuellen Problemen („Tagesfragen") auch dann verbreiten, wenn diese anderswo gehalten worden sind. (c) Zeitungsartikel und Rundfunkkommentare zu Tagesfragen dürfen von (anderen) Zeitungen nachgedruckt und von (anderen) Sendern verbreitet werden, wenn sie nicht mit einem Vorbehalt der Rechte versehen sind. Für die Übernahme ist eine angemessene Autorenvergütung an die zuständige Verwertungsgesellschaft abzuführen. Die Vergütung entfällt, wenn lediglich kurze Auszüge aus mehreren Kommentaren oder Artikeln zu einer Übersicht (Presseschau) zusammengestellt werden. (d) Aktuelle Presse- und Rundfunkberichte dürfen fremde Werke (Gemälde, Objekte, Musik), die bei den Vorgängen, über die berichtet wird, wahrnehmbar geworden sind, in angemessenem Umfang in Bild und Ton wiedergeben. (e) Ferner dürfen fremde Werke wiedergegeben werden, wenn sie sich dauerhaft an öffentlichen Wegen, Straßen oder Plätzen befinden oder als unwesentliches Beiwerk neben dem eigentlichen Gegenstand der Berichterstattung anzusehen sind. (f) Die Zitierfreiheit erlaubt Journalisten zum einen, einzelne Stellen eines fremden Werkes zum Beleg oder zur Auseinandersetzung mit diesem wörtlich anzuführen. Auch die Übernahme ganzer Werke (von Fotos, Werbeplakaten o. ä.) ist zulässig, soweit dies für eine sachgerechte Berichterstattung erforderlich ist.

Das Urheberrecht entsteht automatisch mit der Schaffung des Werks; eines Copyright-Vermerks bedarf es nur, um urheberrechtlichen Schutz auch in den USA erlangen zu können. Das Urheberrecht steht – auch bei Werken, die in einem Anstellungsverhältnis geschaffen werden, – dem Werkschöpfer zu, also dem Autor, Fotograf oder Designer. Er hat das Recht, über das Ob und Wie der (Erst-)Veröffentlichung und die Zulassung von Bearbeitungen seines Werks zu entscheiden. In der journalistischen Praxis sind diese Rechte vor allem für Textautoren allerdings weitgehend ausgehöhlt. So ist nicht nur die redaktionelle Bearbeitung solcher Beiträge generell üblich; auch auf die Nennung des Autors wird in vielen Blättern ganz oder teilweise verzichtet. Zulässig wird diese Praxis durch Vereinbarungen mit den – freien oder angestellten – Autoren, die auch stillschweigend („konkludent") getroffen sein können. Nicht gedeckt ist allerdings das Plagiat (Veröffentlichung unter fremdem Namen) und die Entstellung eines Beitrages (Veränderung der inhaltlichen Aussage eines Namensartikels). Das Urheberpersönlichkeitsrecht von Fotografen und Grafikern ist in den Massenmedien etwas besser geschützt. Die redaktionelle Bearbeitung von Grafiken ist – von Vergrößerung oder Verkleinerung abgesehen – ohne Einwilligung des Urhebers unzulässig; Fotografen müssen im allgemeinen auch die Veröffentlichung von Ausschnitten hinnehmen. Beide haben grundsätzlich einen Anspruch darauf, daß ihre Arbeiten mit Namensangabe veröffentlicht werden.

Welche Nutzungsrechte der Verlag oder Sender von seinen freien Mitarbeitern erwirbt, hängt von der jeweiligen vertraglichen Regelung ab. Ist insoweit keine Vereinbarung getroffen, erwirbt der Verleger einer Zeitung ein einfaches, der Buch- oder Zeitschriftenverlag hingegen ein ausschließliches Vervielfältigungs- und Verbreitungsrecht. Die Tarifverträge für (festangestellte) Redakteure sehen darüber hinaus vor, daß der Arbeitgeber so gut wie alle Nutzungsrechte erhält, den Redakteur jedoch an dem Erlös aus Verwertungen beteiligen muß, die über die „normale" Verwendung innerhalb des Verlags oder Senders hinausgehen. Außerdem behält der Redakteur den Anspruch auf die Vergütung, die ein Verlag oder Sender an die zuständige Verwertungsgesellschaft zu entrichten hat, wenn er im Rahmen aktueller Berichterstattung fremde Beiträge übernimmt.

6. Werbung in den Massenmedien

Die Verbreitung von Anzeigen und Werbebeiträgen ist für die Massenmedien von existenzieller wirtschaftlicher Bedeutung. Sie ist deshalb vom Schutzbereich der Presse- und Rundfunkfreiheit mit umfaßt. Die Finanzierung der Massenmedien aus Werbeeinnahmen birgt allerdings die Gefahr in sich, daß die werbetreibende Wirtschaft auf deren inhaltliche Gestaltung – und damit auf die Bildung der öffentlichen Meinung – einen Einfluß erhält, der ihr in einer pluralistischen Gesellschaft nicht zukommt, die darauf angewiesen ist, daß in den Medien die Auffassungen und Interessen aller gesellschaftlichen Gruppen in größtmöglicher Breite und Vollständigkeit zum Ausdruck kommen (gleichgewichtige Vielfalt). Um dieser Gefahr zu begegnen und die Massenmedien funktionsfähig zu halten, unterliegen die Redaktionen aller Massenmedien dem Gebot der strikten Trennung von redaktioneller Berichterstattung und Wirtschaftswerbung. Diesem Gebot entsprechend sind (a) Anzeigen und Werbebeiträge als solche zu kennzeichnen, (b) Einflußnahmen der Werbewirtschaft auf die redaktionelle Gestaltung der Massenmedien verboten und (c) in der Wirtschaftsberichterstattung Beiträge zu vermeiden, die für ein Unternehmen, seine Produkte oder Dienstleistungen unangemessen werben.

(a) Durch die Kennzeichnung von bezahlten Beiträgen als „Anzeige" oder „Werbung" soll verhindert werden, daß das Publikum das Vertrauen, das es einem redaktionellen Beitrag entgegenbringt, ungeprüft auf die Werbebotschaft überträgt, weil es über deren Herkunft getäuscht wird. Dementsprechend entfällt die Kennzeichnungspflicht für Beiträge, die schon aufgrund ihrer Gestaltung auf den ersten Blick als Werbung zu erkennen sind.

(b) Vereinbarungen, durch die dem Anzeigen- oder Werbekunden Einfluß auf die Gestaltung des Programms bzw. redaktionellen Teils der Zeitung oder Zeitschrift eingeräumt wird, sind sittenwidrig und damit nichtig. Das gilt sowohl für die Zusage redaktionellen Wohlverhaltens gegenüber dem werbetreibenden Unternehmen als auch für die „Zugabe" redaktioneller Beiträge. Unzulässig ist dementsprechend auch das in der Praxis inzwischen verbreitete „product placement", der gezielte Einbau der Darstellung von Markenartikeln in Filme und Fernsehsendungen gegen Bezahlung.

(c) Unzulässige Schleichwerbung liegt schließlich vor, wenn ein Unternehmen, seine Produkte oder Dienstleistungen in der redaktionellen Berichterstattung ohne ausreichenden publizistischen Anlaß vorgestellt oder übermäßig gelobt werden. Als Maßstab für einen ausreichenden publizistischen Anlaß können die Richtlinien herangezogen werden, die die Verlegerverbände in Zusammenarbeit mit dem Deutschen Journalisten-Verband und dem Zentralausschuß der Werbewirtschaft herausgegeben haben. In der Sportberichterstattung scheinen inzwischen allerdings alle Beteiligten vor den finanziellen Interessen der Vereine und Verbände kapituliert zu haben: Vor allem infolge der Trikotwerbung ist heute kaum noch ein Sportfoto ohne Schleichwerbung.

Neben diesen allgemeinen Grundsätzen, die für Print- und elektronische Medien gemeinsam gelten, sind besondere zeitliche und inhaltliche Werbebeschränkungen für Hörfunk und Fernsehen in den – insoweit gleichlautenden – Rundfunkgesetzen der Länder enthalten. So ist (bezahlte) Werbung politischer, weltanschaulicher oder religiöser Art im Rundfunk unzulässig. Sprecher und Moderatoren von Nachrichtensendungen oder Sendungen zum politischen Zeitgeschehen dürfen nicht in der Fernsehwerbung auftreten. Übertragungen von Gottesdiensten sowie Sendungen für Kinder dürfen nicht durch Werbung unterbrochen werden. Im übrigen müssen die Werbebeiträge so gestaltet sein, daß sie den Verbraucher nicht irreführen, seinen Interessen nicht schaden, keine Verhaltensweisen fördern, die die Gesundheit, die Sicherheit der Verbraucher oder den Schutz der Umwelt gefährden, und die Unerfahrenheit von Kindern und Jugendlichen nicht ausnutzen.

7. Die Sicherung des Rechtsgüterschutzes

Um sicherzustellen, daß die vorstehenden Ge- und Verbote in der Praxis möglichst weitgehend befolgt werden, knüpft die Rechtsordnung an deren Verletzung zum einen straf- und ordnungsrechtliche Sanktionen, zum anderen gibt sie den von Rechtsverstößen Betroffenen die Möglichkeit, sich zivilrechtlich zur Wehr zu setzen. Zu diesen Maßnahmen der allgemeinen Rechtsordnung tritt als medienrechtliche Besonderheit der Gegendarstellungsanspruch hinzu.

7.1. Die Gegendarstellung

Wer von einer Tatsachenbehauptung betroffen ist, die in einer Zeitung, einer Zeitschrift oder im Rundfunk verbreitet wurde, hat das Recht, von deren Verlag oder Sender die Verbreitung einer von ihm formulierten Erklärung („Gegendarstellung") zu verlangen, in der er behauptet, die verbreitete Tatsachenbehauptung sei falsch, und den Sachverhalt richtig stellt. (Einzelheiten bei Branahl 2000, 281 ff.) Weigert sich der Verlag bzw. Sender, die Gegendarstellung abzudrucken, kann der Betroffene den Abdruck in einem Eilverfahren gerichtlich durchsetzen, in dem lediglich geprüft wird, ob die Gegendarstellung formal einwandfrei ist, nicht jedoch, ob die in ihr aufgestellten Behauptungen zutreffen. Verlag oder Sender können sich deshalb gegen das Abdruckverlangen auch dann nicht erfolgreich zur Wehr setzen, wenn sie beweisen können, daß die von ihnen verbreitete „Erstmitteilung" wahr ist. Sie dürfen den Abdruck der Gegendarstellung jedoch in aller Regel mit dem Hinweis auf diesen Umstand versehen und dem Publikum mitteilen, daß die Redaktion bei ihrer Darstellung bleibt.

Der Sinn dieser Regelung ergibt sich daraus, daß die öffentliche Verbreitung einer unwahren Tatsachenbehauptung für den Betroffenen erhebliche soziale und wirtschaftliche Folgen haben kann, die nicht ohne weiteres rückgängig zu machen sind, wenn eine gerichtliche Entscheidung über seine Abwehransprüche erst nach einer ausführlichen Beweisaufnahme – und damit in der Regel nach Ablauf mehrerer Monate oder gar Jahre – ergeht. Durch die Verbreitung der Gegendarstellung erfährt das Publikum alsbald, daß der Betroffene die von dem Medium verbreitete Behauptung bestreitet; mehr läßt sich ohne Beweisaufnahme nicht erreichen. Darauf in einer Anmerkung hinzuweisen, muß den Medien gestattet sein, um falsche Eindrücke beim Publikum zu vermeiden. Deshalb sind gesetzliche Beschränkungen dieses Rechts in Rundfunk- und Pressegesetzen verfassungsrechtlich problematisch.

Auf der anderen Seite wird die Schutzwirkung der Gegendarstellung verfehlt, wenn die Gerichte das Gebot, die Gegendarstellung auf den notwendigen Umfang zu beschränken, zu rigide interpretieren. So muß vor allem dem von einer Pauschalbehauptung Betroffenen gestattet werden, die einzelnen Fakten vorzutragen, aus denen sich die Unrichtigkeit der Erstmitteilung ergibt (vgl. Seitz/Schmidt/Schoener 1990, 66f.).

7.2. Zivilrechtliche Ansprüche bei Rechtsverletzungen

Gegen eine Verletzung der in den Abschnitten 4.1. bis 4.3. und 5. genannten Rechte kann sich der Betroffene mit einer zivilgerichtlichen Klage zur Wehr setzen. Abwehransprüche gegen Wettbewerbsverstöße (vgl. Abschnitt 6.) können auch von Verbänden geltend gemacht werden. Eine unmittelbar bevorstehende Veröffentlichung oder die Wiederholung einer rechtswidrigen Publikation kann der Berechtigte mit einer Unterlassungsklage zu verhindern suchen; um die Folgen einer unwahren Berichterstattung zu mindern, kann er deren Richtigstellung verlangen. Ist ihm durch die Veröffentlichung ein materieller Schaden entstanden (Gewinneinbußen eines Unternehmers z.B.), kann er diesen ersetzt verlangen, wenn die Redaktion schuldhaft gehandelt hat. Auch die Forderung eines Schmerzensgeldes für erlittene Unbill (durch Ehr- oder Persönlichkeitsrechtsverletzungen z.B.) setzt ein schuldhaftes Fehlverhalten voraus. Solchen Ansprüchen kann die Redaktion deshalb entgehen, wenn sie ihrer journalistischen Sorgfaltspflicht genügt, also vor der Veröffentlichung eines Beitrages sorgfältig prüft, ob durch diesen fremde Rechte verletzt werden könnten (vgl. Branahl 1995, 40 ff., 121 ff.). Dazu gehört vor allem eine ausreichende Recherche: Bevor eine Tatsachenbehauptung über eine oder mehrere Personen veröffentlicht wird, die deren Rechte verletzen könnte, müssen alle zur Verfügung stehenden Quellen genutzt werden, um ihren Wahrheitsgehalt zu überprüfen. Zu diesen Quellen gehört auch der Betroffene selbst. Ihm ist grundsätzlich Gelegenheit zur Stellungnahme zu geben; diese ist bei der Entscheidung über die Veröffentlichung und bei der Veröffentlichung selbst zu berücksichtigen. Nur eine Information aus einer seriösen Quelle darf ohne weitere Recherche publiziert werden. Zu den seriösen Quellen gehören in erster Linie die offiziellen Mitteilungen von Behörden und die Meldungen der großen, anerkannten Nachrichtenagenturen.

Neben den unmittelbar beteiligten Personen haftet grundsätzlich auch der Verlag oder Sender für den Inhalt des von ihm verbreiteten Blattes oder Programms.

7.3. Die strafrechtliche Ahndung von Rechtsverstößen

Die meisten der in den Abschnitten 4. und 5. beschriebenen Schutzgüter sind auch strafrechtlich gesichert. Das gilt vor allem für den gesamten Ehrenschutz, die Kernbereiche des sonstigen Persönlichkeitsschutzes (Geheimnisschutz, Recht am eigenen Bild), den Staats-, Friedens- und Jugendschutz sowie das Urheberrecht. Strafrechtlich geahndet werden können Rechtsverstöße allerdings auch nur in den Fällen, in denen sie schuldhaft erfolgt sind. Deshalb schützt die Wahrung der journalistischen Sorgfaltspflicht (vgl. oben 7.2.) zugleich gegen strafrechtliche Verfolgung.

Wird durch eine Veröffentlichung eine Straftat begangen, kann zum einen jeder zur Rechenschaft gezogen werden, der an ihr mitgewirkt hat. Das gilt in gleicher Weise für die Informanten, auf deren Mitteilungen der Bericht basiert, die Autoren des Beitrags und die Redakteure, die seine Veröffentlichung veranlaßt haben. Eine Verfolgung dieser Personen wird aber vielfach daran scheitern, daß sie nicht zu ermitteln sind. Das liegt zum einen an der Wirkung des publizistischen Zeugnisverweigerungsrechts, zum anderen daran, daß vor allem in den Printmedien nicht alle Beiträge namentlich gezeichnet werden. Um unerwünschte Auswirkungen dieses Umstandes zu verhindern, verpflichtet der Gesetzgeber den Verleger von Printmedien („periodischen Druckwerken"), sowohl für den redaktionellen wie für den Anzeigenteil (zumindest) einen Verantwortlichen zu benennen und im Impressum auszuweisen, der dafür zu sorgen hat, daß die in dem von ihm verantworteten Teil des Blattes enthaltenen Veröffentlichungen strafrechtlich unbedenklich sind. Verstößt der Verantwortliche gegen diese Pflicht, macht er sich seinerseits strafbar. (Zum Umfang der Haftung im übrigen vgl. Löffler/Ricker 1994, 78 ff.). Damit der Benannte auch tatsächlich zur Rechenschaft gezogen werden kann, darf zum verantwortlichen Redakteur nur bestellt werden, wer seinen Wohnsitz in der Bundesrepublik Deutschland hat, voll geschäftsfähig ist und strafrechtlich unbeschränkt verfolgt werden kann, also nicht etwa als Parlamentarier Immunität genießt. (Zu weiteren Einzelheiten vgl. Branahl 2000, 296 ff.) Der Verstoß gegen die Pflicht, geeignete Verantwortliche zu bestellen, kann als Straftat oder Ordnungswidrigkeit verfolgt werden.

Das Rundfunkrecht hat diese Regelungen nicht durchgängig übernommen. Nur das Gesetz über den Bayerischen Rundfunk enthält eine analoge Regelung zur strafrechtlichen Haftung der für eine Sendung verantwortlichen Person.

7.4. Ordnungsrechtliche Sicherungsinstrumente

Damit ein Anspruchsberechtigter ohne großen Aufwand ermitteln kann, an wen er sich halten muß, um seine Forderungen durchzusetzen, muß jedes Druckwerk in seinem Impressum den Namen und die Anschrift des Verlages, ersatzweise des Herausgebers oder des Autors, und des Druckers enthalten. Periodische Druckwerke haben darüber hinaus dieselben Angaben für die Verantwortlichen zu machen. In einigen Bundesländern sind darüber hinaus regelmäßig Angaben über die Eigentums- und Beteiligungsverhältnisse am Verlag zu machen. Verstöße gegen die Impressumspflicht können in den meisten Bundesländern als Ordnungswidrigkeiten, u. U. auch als Straftaten, verfolgt werden.

Das Rundfunkrecht enthält für die Offenlegung der Verantwortlichen unterschiedliche Regelungen. Teils müssen deren Namen regelmäßig im Programm bekanntgegeben werden, teils haben die Rundfunkveranstalter auf Verlangen den Namen und die Anschrift des für eine Sendung Verantwortlichen mitzuteilen.

Zudem kann jeder die Verletzung von Programmgrundsätzen geltend machen. In diesem Fall hat er einen Anspruch darauf, auf seine Beschwerde in angemessener Frist einen schriftlichen Bescheid zu erhalten. Dieser wird im öffentlich-rechtlichen Rundfunk von der Anstalt selbst erteilt. Erkennt ein privater Rundfunkanbieter die Beschwerde nicht als berechtigt an, hat der Beschwerdeführer einen Anspruch auf eine Entscheidung der zuständigen Landesmedienanstalt. Damit im Rahmen einer solchen Beanstandung oder eines von einem Betroffenen angestrengten Rechtsstreits festgestellt werden kann, was tatsächlich gesendet worden ist, haben die Rundfunkveranstalter ihre Sendungen in Ton und Bild vollständig aufzuzeichnen und aufzubewahren. Wer geltend macht, durch eine Sendung in seinen Rechten verletzt zu sein, kann (kostenfrei) Einsicht in die entsprechende Aufzeichnung oder (gegen Kostenerstattung) eine Kopie davon verlangen.

8. Literatur

Amtliche Sammlung der Entscheidungen des Bundesverfassungsgerichts. Zitiert als: BVerfGE (Band, Seite)

Branahl, Udo, Pressefreiheit und redaktionelle Mitbestimmung. Frankfurt/New York 1979.

–, Der Informationsanspruch des Journalisten – ein unhandliches Instrument. In: Der Kampf um die Köpfe. Hrsg. v. Frauke Höbermann. Göttingen 1985.

–, Medienrecht. Eine Einführung. Wiesbaden ³2000.

–, Publizistische Vielfalt als Rechtsgebot. In: Publizistische Vielfalt zwischen Markt und Politik. Hrsg. v. Günther Rager/Bernd Weber. Düsseldorf [etc.] 1992.

–, Das Presserecht. Remagen-Rolandseck 1995.

Grimm, Dieter, Die Meinungsfreiheit in der Rechtsprechung des Bundesverfassungsgerichts. In: Neue Juristische Wochenschrift 1995, 1697–1705.

Herrmann, Günter, Rundfunkrecht. Fernsehen und Hörfunk mit neuen Medien. München 1994.

Löffler, Martin/Reinhard Ricker, Handbuch des Presserechts. München ³1994.

Ricker, Reinhart, Unternehmensschutz und Pressefreiheit. Heidelberg 1989.

Seitz, Walter/German Schmidt/Alexander Schoener, Der Gegendarstellungsanspruch in Presse, Film, Funk und Fernsehen. ²1990.

Soehring, Jörg, Das Recht der journalistischen Praxis. Recherche – Darstellung – Haftung. Stuttgart 1990.

Wenzel, Karl E., Das Recht der Wort- und Bildberichterstattung. Handbuch des Äußerungsrechts. ⁴1994.

*Udo Branahl, Dortmund
(Deutschland)*

260. Medienrecht in Europa

1. Der Untersuchungsgegenstand
2. Die Pluralität der nationalen Rechtsordnungen
3. Grundstrukturen eines gemeineuropäischen Rundfunkrechts
4. Grenzüberschreitung und Supranationalität
5. Literatur

1. Der Untersuchungsgegenstand

Medienrecht in Europa betrifft eine komplexe Materie und eine kompakte Thematik. Sie bedarf der Differenzierung.

Medienrecht ist zunächst einmal ein Gegenstand des jeweiligen Staates, d. h. ein Gebiet der diversen staatlichen Rechtsordnungen des europäischen Kontinents. Europa spielt dabei mehr die Rolle einer faktischen Gegebenheit. Europa ist freilich nicht nur eine geographische Befindlichkeit, sondern ebenso ein juristisches Phänomen. Europa steht auch für das Regelungswerk der Europäischen Union und für dessen Auswirkungen auf die Mitgliedstaaten. Medienrecht in Europa dreht sich darum auch um die Frage der Einwirkungen des Europarechts auf die einzelnen staatlichen Rechtsordnungen. Mit dieser Zweiteilung ist allerdings nur ein erster Differenzierungsansatz gewonnen. Die eigentlichen Schwierigkeiten fangen erst an.

2. Die Pluralität der nationalen Rechtsordnungen

Schon das Medienrecht der jeweiligen staatlichen Rechtsordnung wirft eine Menge von Problemen auf:

2.1. Nicht wenige Staaten Europas zeichnen sich durch eine hochdifferenzierte Gesamtrechtsordnung aus, die aus verschiedenen Teilrechtsordnungen besteht. Das Medienrecht stellt dabei eine Querschnittsdisziplin dar (Bethge, 1994, 433), die sich über mehrere Teilrechtsordnungen erstreckt. Sie kann sowohl das (qualifizierte) Verfassungsrecht als auch das einfache, d. h. das mit einfachen parlamentarischen Mehrheiten zustandegekommene Recht ansprechen. Betroffen ist sowohl das öffentliche Recht als auch das Zivilrecht. Teilrechtsdisziplinen können das Telekommunikationsrecht, das Wettbewerbsrecht, das Kartellrecht, das Arbeitsrecht sein, aber auch das zivilrechtliche Haftungsrecht und das Strafrecht.

2.2. Medienrecht ist in erster Linie das Recht der Medien selbst. Das klingt nur scheinbar wie ein Gemeinplatz. So sehr das Medienrecht den Aktionskreis und den

Funktionskreis der Medien selbst berührt, so wenig erschöpft es sich indessen in diesem Anspruch. Medien sind Faktoren der Meinungsbildung; sie sind Transportinstrumente; sie sind Massenkommunikationsmittel. Sie erreichen das Publikum; sie brauchen Rezipienten und Konsumenten. Mit dem Einfluß der Medien auf die öffentliche Meinungsbildung ist der Anteil der Medien an der demokratischen Meinungsbildung, also ein eminent wichtiges Strukturprinzip des modernen Staates angesprochen. Die Medien erfüllen eine öffentliche Aufgabe; sie erfüllen integrierende Funktionen für das Staatsganze (BVerfGE 47, 198 [225]). Mit der Orientierung am Empfänger- und Nutzerkreis sind Informations- und Teilhabeansprüche eines Rechts auf Kommunikation (vgl. dazu Lücke, 1979) berührt, aber auch Reaktionsansprüche gegen die Medien, wenn diese durch ihr Wirken den Rechtskreis anderer beeinträchtigen.

2.3. Medienrecht beschäftigt sich mit den normativen Geltungsbedingungen und Funktionsvoraussetzungen der Medien, aber auch mit deren Grenzen und Schranken. Doch was sind die Medien? Eine statische Betrachtungsweise wird sich auf die Printmedien (die Presse), auf die elektronischen Medien (Hörfunk und Fernsehen) und auf den Film zurückziehen. In der Tat war Medienrecht herkömmlich der juristische Bezugsrahmen für Presse, Funk und Film. Es bleibt der verläßliche Ausgangspunkt. Schon für diesen überkommenen Erfahrungsschatz ist es wichtig, die Unterschiede, aber auch die Gemeinsamkeiten zwischen diesen Medien herauszuarbeiten; eine Aufgabe, die nicht in allen Rechtsordnungen zu gleichen Ergebnissen führt. Das Recht steht vor der Herausforderung, des Phänomens Technik, seiner Möglichkeiten und Risiken, Herr zu werden. In den grundrechtsgeprägten Demokratien können die Medien zudem Freiheitsträger sein, die im Dienst der Demokratie stehen (vgl. BVerfGE 90, 60 [87]). Sie können freilich im Falle von multimedialer Meinungsmacht auch der Demokratie abträglich sein und die Freiheit bedrohen. Entsprechendes gilt für die Entstehung von Informationsmonopolen, die der freien Meinungsbildung abträglich sind.

2.4. Aber der Begriff der Medien läßt sich nicht auf eine historische Momentaufnahme reduzieren. Schon im allgemeinen sind technische Phänomene dieses Zuschnitts entwicklungsoffen; daher muß sich jede Rechtsordnung – will sie nicht zum Geschichtsbuch erstarren – auf den technologischen Wandel einstellen; sie muß ihm Rechnung tragen. Das macht neue Interpretationen erforderlich. Neue Gesetze werden notwendig. Hinzu kommt, daß die Medien über den normalen technologischen Wandel hinaus mit den Chancen und Gefahren einer technologischen Revolution konfrontiert sind, für die schlagwortartig die Begriffe Konvergenz, Digitalisierung, Globalisierung, Multimedia stehen. Wer Sinn hat für didaktische Gegenprozesse, muß ins Kalkül ziehen, daß mit der Multiplizierung der Kommunikationsmöglichkeiten deren Individualisierung verbunden ist: Das Individuum tritt aus dem bloßen passiven Rezipienten- und Konsumentenstatus heraus; es agiert nunmehr als aktiver Partner; es avanciert zum Medium selbst. Was früher Massenkommunikation war, gerät zur unendlichen Zahl der Individualkommunikationen.

2.5. Das Medienrecht steht im Spannungsfeld zwischen wirtschaftlicher und publizistischer Betrachtungsweise, zwischen ökonomischer und kultureller Perspektive (Classen, 1997, 53). Eine strikte Trennung ist nicht immer möglich. Andererseits ist es aus demokratieorientierten und kompetenzrechtlichen Gesichtspunkten nicht möglich bzw. zulässig, beliebig auf die eine oder die andere Karte zu setzen. Auch gibt es mehr als nur geringfügige Nuancen zwischen den einzelnen Medien. Für die privatrechtlich und privatwirtschaftlich organisierte Presse waren ökonomische Sichtweisen immer schon ohne Schwierigkeiten zu bejahen. Demgegenüber entzieht sich die Programmfunktion des öffentlich-rechtlichen Rundfunks primär wirtschaftlichen Kategorisierungen (vgl. Bethge, 1991, 29ff.; Dörr, 1997, 31ff.), die sich beim Privatfunk zwangloser einstellen.

2.6. Die zur Zeit dramatischen technischen Innovationen zwingen nicht nur zu einer grundlegenden Neudefinition der Medien, die mehr ist als nur eine technische Assimilation bzw. Adaption des überkommenen Medienpotentials. Es muß nicht allein berücksichtigt werden, daß frühere Formen des Medienverbundes und der Medienverflechtung (cross-ownership) zum neuartigen Medium aufsteigen. Es bilden sich auch neue Nutzungsformen (etwa Teleshopping,

Telebanking) (Schroeder, 1994, 471 ff.). Neuartige Informations- und Kommunikationsdienste formieren sich, insbesondere im Internet (vgl. Roßnagel, 1998, 1 ff.).

2.7. Die verschiedenen Landes- und Rechtssprachen verhindern eine einheitliche begriffliche Erfassung der medialen Phänomene. Die Konstruktion länderüberwölbender verbaler Neuschöpfungen ist von begrenztem Nutzeffekt. Telekommunikation z. B. hat sinnvariable Deutungsmöglichkeiten. In Deutschland ist damit nur die fernmeldetechnische Komponente angesprochen, die den Bund zum Kompetenzträger macht (Art. 73 Nr. 7 GG), während das inhaltliche Kommunikative des Rundfunks Ländersache ist (BVerfGE 12, 205 [225 ff.]).

2.8. Die Verschiedenartigkeit der Rechts- und Kultursprachen läßt sich nicht auf einen Nenner bringen. Auf rechtsvergleichendem Sektor kommt man zwar ohne Übersetzung nicht aus: Traducere necesse est. Aber: traduire c'est trahir (Rüggeberg, 1997, 44). Rechtsvergleichung und die Herausarbeitung von Unterschieden sind auch dann geboten, wenn Modelle anderer Staaten 'importiert' wurden bzw. werden. Das gilt auch für den öffentlich-rechtlichen Rundfunk in Deutschland, der nach dem zweiten Weltkrieg nach dem Vorbild der BBC strukturiert wurde (vgl. Herrmann, 1994, 68 ff.).

2.9. Das Medienrecht ist immer zugleich politisches Recht. Es ist Teil der Verfassung, genauer der Verfaßtheit des Staates. Dies gilt auch in den Staaten, die auf normative Strukturen für das Medienrecht weitgehend verzichten. Diese Verfaßtheit fällt unterschiedlich aus. Zwar besteht nach Überwindung des scharfen, unversöhnlichen Ost-West-Gegensatzes ein demokratischer Minimalkonsens gemeineuropäischer Verfassungsstaatlichkeit. Doch ändert dies nichts an den zum Teil fundamentalen Unterschieden in den Verfassungsstrukturen. Davon bleibt auch das Medienrecht nicht unbeeinflußt. Sogar zwischen den klassischen Verfassungsstaaten lassen sich beträchtliche Differenzierungen ausmachen. Der Rundfunk in Deutschland wie überhaupt die Medien sind prononciert staatsfern (BVerfGE 31, 314 [329]). Demgegenüber ist der Rundfunk in Frankreich traditionell betont etatistisch geprägt, was allerdings durch Privatisierung etwas relativiert worden ist. In den kommunistischen Staaten mit dem menschenverachtenden Totalitätsanspruch waren die Medien Herrschaftsinstrumente der Staatsmacht selbst. Die für freiheitliche Staatswesen eigentümliche Polarität zwischen Grundrechten als verfassungsgeschützten Raumplanen (Adolf Arndt) auch der Medien und Staat war ihnen unbekannt bzw. fremd.

2.10. Teilweise sind sogar in den einzelnen Staaten politische Gegenströme unverkennbar. Ein Grundkonsens der politischen Klasse fehlt. Die einen sehen im Privatfunk das Kernstück der Rundfunkfreiheit; die anderen suchen dasselbe im öffentlich-rechtlichen Rundfunk. In föderalistisch geprägten Staaten mit einer vertikalen Aufteilung der Gesetzgebungszuständigkeiten drücken sich solche Gegenströmungen in unterschiedlichen Gesetzen der einzelnen staatlichen bzw. regionalen Teilordnungen aus. Die Synthese oder den Kompromiß bildet die duale Rundfunkordnung (Zur dualen Rundfunkordnung als europäischem Modell Dörr, 1997, 10 ff.).

3. Grundstrukturen eines gemeineuropäischen Rundfunkrechts

Eine Reihe von Grundstrukturen läßt sich für die Medien ausmachen. Die wesentlichen Erkenntnisse des deutschen Verfassungsrechts finden sich auch in anderen Rechtsordnungen. Wo Unterschiede bestehen, sind sie für den deutschen Betrachter am ehesten auf der Grundlage und vor dem Erfahrungswert der deutschen Rechtsaussagen verständlich. Vor allem für die Rundfunkfreiheit, auch wenn sie selbst aus unterschiedlichen Rechtsgrundlagen abgeleitet wird, lassen sich zwischen den Aussagen des Grundgesetzes und denen anderer Verfassungsrechtsordnungen Gemeinsamkeiten feststellen. Sie wurden mitunter von den Verfassungsgerichten der betreffenden Länder herausgearbeitet (Holznagel, 1996, 119 ff.).

3.1. Die Pressefreiheit

3.1.1. Die Pressefreiheit ist liberales Urgestein und Grundstock des demokratischen Verfassungsstaates. Das Bundesverfassungsgericht beschreibt den herausragenden Stellenwert der Pressefreiheit so:

„Eine freie, nicht von der öffentlichen Gewalt gelenkte, keiner Zensur unterworfene Presse ist ein Wesenselement des freiheitlichen Staates; insbesondere ist eine freie, regelmäßig erscheinende politische Presse für die moderne Demokratie unentbehrlich. Soll der Bürger politische Entscheidungen treffen, muß er umfassend informiert sein, aber auch die Meinungen kennen und gegeneinander abwägen können, die andere sich gebildet haben. Die Presse hält diese ständige Diskussion in Gang [...]. In der repräsentativen Demokratie steht die Presse zugleich als ständiges Verbindungs- und Kontrollorgan zwischen dem Volk und seinen gewählten Vertretern in Parlament und Regierung" (BVerfGE 20, 162 [174f.]).

Gerade die Pressefreiheit ist schlechthin konstituierend für die freiheitliche demokratische Grundordnung (BVerfGE 35, 202 [221f.]). Sie ist unentbehrliches Medium und essentieller Faktor der öffentlichen Meinungsbildung (BVerfGE 12, 205 [260]). So wichtig die der Presse zufallende öffentliche Aufgabe ist, so wenig kann diese von der organisierten staatlichen Gewalt erfüllt werden. Presseunternehmen müssen sich im gesellschaftlichen Raum frei bilden können. Sie arbeiten nach privatwirtschaftlichen Grundsätzen und in privatrechtlichen Organisationsformen. Sie stehen miteinander in geistiger und wirtschaftlicher Konkurrenz, in die die öffentliche Gewalt grundsätzlich nicht eingreifen darf.

3.1.2. Die Aufgabe der Presse setzt die Existenz einer relativ großen Zahl selbständiger, vom Staat unabhängiger und nach ihrer Tendenz, politischen Färbung oder weltanschaulichen Grundhaltung miteinander konkurrierender Presseerzeugnisse voraus (BVerfGE 52, 283 [296]).

3.1.3. Der Begriff der Presse ist weit und formal (BVerfGE 66, 116 [134]) aufzufassen; er ist entwicklungsoffen (Schulze-Fielitz, 1996, 372 ff.). Er bezieht sich nicht nur auf Zeitungen, Zeitschriften und Bücher, sondern auf alle zur Verbreitung geeigneten Druckerzeugnisse. Entscheidend ist das Kriterium der gegenständlichen Verkörperung im Unterschied zu den technischen Modalitäten, die unter den Rundfunk- und Filmbegriff fallen (Degenhart, 1999, Art. 5 Abs. 1 und 2, Rdn. 397 ff., insbesondere 402). Von daher erfaßt der Pressebegriff auch Schallplatten, Videobänder, CDs u. ä. Jede andere – restriktive – Handhabung würde das Gebot des lückenlosen Grundrechtsschutzes verfehlen.

3.1.4. Die Pressefreiheit hat eine individualrechtliche und eine objektive (institutionelle) Komponente. Ihrer klassischen und traditionellen Ausrichtung nach ist sie ein individuelles staatsgerichtetes Abwehrrecht. Die negatorische Funktion dominiert. Doch sind auch positive Ansprüche nicht von vornherein undenkbar (zurückhaltend BVerfGE 80, 124 [133f.]).

Die Pressefreiheit enthält freilich nicht nur ein individuelles Abwehrrecht. Sie gewährleistet auch das Institut der freien Presse (BVerfGE 20, 162 [175]; 66, 116 [133]; 80, 124 [133]). Mit der objektiven Einrichtungsgarantie, die eine Institutsgarantie darstellt, sind eine Reihe von Strukturprinzipien verbürgt. Neben der privatrechtlichen und privatwirtschaftlichen Ausrichtung der Presse (BVerfGE 20, 162 [175]; 66, 116 [133]; vgl. auch Lerche, 1971, 45; Klein, 1973, 494), die eine Überführung in öffentlich-rechtliche Organisationsformen verbietet (Verfassungswidrig wäre deshalb die strukturelle Überführung der Presse in öffentlich-rechtliche Zeitungsanstalten nach der Art öffentlich-rechtlicher Rundfunkanstalten. Vgl. Ehmke, 1969, 115 ff. Ablehnend v. Mangoldt/Klein/Starck, 1999, Art. 5 Abs. 1., 2 Rdn. 86), ist es vor allem die Staatsferne auch der Presse als genereller medienrechtlicher Grundsatz (BVerfGE 80, 124 [134]). Das Prinzip der Staatsferne schließt die Einvernahme der Presseangehörigen (Verleger, Journalisten) in berufsständische Zwangskörperschaften des öffentlichen Rechts aus (v. Mangoldt/Klein/Starck, 1999, Rdn. 70; bedenklich daher Dietlein, 1997, 1182). Weiter zählen dazu der Tendenzschutz (BVerfGE 52, 283 [296]) und das Redaktionsgeheimnis (BVerfGE 20, 162 [176]; 66, 116 [134]).

3.1.5. In der Eigenschaft als objektiver Grundsatznorm für die Freiheitlichkeit des Pressewesens erlegt das Grundrecht dem Staat eine Schutzpflicht für die Presse auf (BVerfGE 80, 124 [133]). Sie richtet sich namentlich an die Adresse des Gesetzgebers, der für die Funktionsbedingungen eines freien Pressewesens zu sorgen hat. Anders als bei der Rundfunkfreiheit, die in noch stärkerer Weise eine dienende Freiheit (BVerfGE 57, 295 [320]; 87, 181 [197]) ist, gilt für den Gesetzgeber bei der Pressefreiheit zwar nicht die Last des Parlamentsvorbehalts, auf Grund dessen er gehalten wäre, alle wesentlichen grundrechtsrelevanten

Fragen in einer „positiven Ordnung" zu regeln (BVerfGE 57, 295 [321]; 83, 238 [296]). Die Pressefreiheit ist vor allem kein normgeprägtes Grundrecht, das auf die Ausgestaltung durch den Gesetzgeber angewiesen wäre und ohne diese leerliefe. Doch folgt aus der objektiven Einrichtungsgarantie die Pflicht, die Freiheit des Kommunikationsprozesses zu gewährleisten und zu sichern. Das schließt auch Maßnahmen gegen die Pressekonzentration ein (vgl. BVerfGE 20, 162 [174]; 52, 283 [296], unter Verweisung auf BVerfGE 12, 205 [261]).

3.1.6. Die Pressefreiheit erfaßt einschließlich der Informationsbeschaffung und Informationsverbreitung (BVerfGE 10, 118 [121]; 91, 125 [134]) zuvörderst den redaktionellen Teil. Dazu rechnen nicht nur das Redaktionsgeheimnis und der Informantenschutz (BVerfGE 64, 108 [114f.]; 66, 116 [133f.]). Bedeutsam ist vor allem das Recht der Tendenzfestlegung. Dem Staat sind insoweit nicht nur unmittelbare Eingriffe in Gestalt eigener Einflußnahme auf die Tendenz von Zeitungen verwehrt; er darf auch nicht durch rechtliche Regelungen die Presse fremden – nichtstaatlichen – Einflüssen unterwerfen oder öffnen, die mit dem Postulat unvereinbar wären, der Freiheit der Presse Rechnung zu tragen. Dies gilt auch für Regelungen des Tendenzschutzes, die das Verhältnis zwischen dem Verleger und dem Betriebsrat eines Tendenzbetriebes zum Gegenstand haben (BVerfGE 52, 283 [296]).

3.2. Die Rundfunkfreiheit

3.2.1. Die Rundfunkfreiheit ist jünger als die klassische Pressefreiheit. Die Rundfunkfreiheit ist ebenfalls von schlechthin konstituierender Bedeutung für die freiheitlich-demokratische Grundordnung.

Im Unterschied zu anderen Freiheitsrechten des GG handelt es sich bei der Rundfunkfreiheit nicht um ein Grundrecht, das seinem Träger hauptsächlich zum Zweck der Persönlichkeitsentfaltung oder Interessenverfolgung eingeräumt ist (BVerfGE 87, 181 [197]). Die Rundfunkfreiheit ist vielmehr vorrangig dienender Natur. „Die Rundfunkfreiheit dient der gleichen Aufgabe wie alle Garantien des Art. 5 Abs. 1: der Gewährleistung freier individueller und öffentlicher Meinungsbildung ... Indem Art. 5 Abs. 1 Meinungsäußerungs-, Meinungsverbreitungs- und Informationsfreiheit als Menschenrechte gewährleistet, sucht er zugleich diesen Prozeß verfassungsrechtlich zu schützen. Er begründet insoweit subjektive Rechte; im Zusammenhang damit normiert er die Meinungsfreiheit als objektives Prinzip der Gesamtrechtsordnung, wobei subjektiv- und objektivrechtliche Elemente einander bedingen und stützen".

3.2.2. Die Rundfunkfreiheit stellt keine natürliche Freiheit dar (BVerfGE 95, 220 [237]). Sie ist normgeprägt (Bethge, 1998, 7 ff.). Als Veranstalterfreiheit (dazu BVerfGE 97, 298 [310]; Bethge, 1995, 559; ders., 1997, 1 ff., jeweils m.w.N.) existiert sie nicht urwüchsig und beliebig (BVerfGE 83, 238 [315]; kritisch Depenheuer, 1997, 673 m.w.N.); sie bedarf der Ausgestaltung durch den Gesetzgeber (BVerfGE 57, 295 [320f.]; 73, 118 [166]; 95, 220 [237]).

Die Rundfunkfreiheit ist von einer Reihe von Strukturprinzipien geprägt, die der formelle Gesetzgeber kraft Parlamentsvorbehalts zu realisieren hat.

3.2.3. In erster Linie ist es der Grundsatz der Staatsfreiheit des Rundfunks (BVerfGE 83, 238 [322]; 88, 25 [36]; SächsVerfGH DVBl. 1997, 1244 [Leitsätze]), dessen Adressat neben der Verwaltung auch der Gesetzgeber selbst ist. Im Zentrum der Rundfunkfreiheit, die eine Rundfunkveranstalterfreiheit ist (BayVerfGH DÖV 1994, 692; Bethge, 1994, 440), steht die Programmautonomie des Veranstalters (BVerfGE 87, 181 [201]; 97, 298 [310]). Weiter darf der Rundfunk nicht dem freien Spiel der Kräfte überlassen werden (BVerfGE 12, 205 [262f.]). Pluralistische Sicherungselemente sind erforderlich, die sich auch auf programminhaltliche Ausgewogenheitskriterien und ein Mindestmaß von Neutralitätspflichten auswirken. Diese treffen freilich die Akteure der dualen Rundfunkordnung in unterschiedlicher Intensität.

3.2.4. Die Rundfunkfreiheit des Art. 5 I 2 GG ist verfassungsrechtliche Basisnorm sowohl für den öffentlich-rechtlichen Anstaltsfunk als auch für den Privatfunk.

3.2.5. Der öffentlich-rechtliche Rundfunk ist in besonderem Maße verfassungsrechtlich geprägt, zumindest aber der dienenden und fiduziarischen Funktion der Rundfunkfreiheit verhaftet. Eine Reihe von Schwerpunkten läßt sich ausmachen:

(1) Der Typus der vollrechtsfähigen Anstalt mit korporationsrechtlichem Einschlag, der die folgenden Charakteristika aufweist: Staatsfreiheit bei beschränkter staatlicher Rechtsaufsicht (BVerfGE 12, 205 [259]); Parteiferne bei anteiliger Berücksichtigung der politischen Parteien in den Aufsichtsgremien; binnenpluralistisch umgesetzter Legaleinsatz der gesellschaftlich relevanten Gruppen als Treuhänder der Allgemeinheit (vgl. Ossenbühl, 1977, 381); Programmautonomie mit der Pflicht zur Ausgewogenheit und Grundversorgung; Wirtschaftsferne gekoppelt mit dem Verbot der Selbstkommerzialisierung (Oppermann/Kilian, 1989, 61, 83).
(2) Die Grundlagen einer Mischfinanzierung (BVerfGE 83, 238 [310]): Vorrang der Eigenfinanzierung durch Gebühren; zeitlich begrenzte Wirtschaftswerbung, die bei Kompensation durch andere Finanzquellen zur Disposition des Gesetzgebers steht (BVerfGE 74, 297 [342]; 83, 238 [310]).
(3) Die anstaltsinterne organisatorische Binnenverfassung: monokratische Intendantenverantwortlichkeit; Kontrolle durch pluralistisch besetzte, verbandsrekrutierte (BVerfGE 83, 238 [334f.]) Kollegialorgane.
(4) Die föderative Komponente: Unitarisch-kooperative Verfassung eines länderübergreifenden Informations- und Programmverbundes (Badura, 1986, 62).

3.2.6. Privatfunk ist ebenfalls von der verfassungsrechtlichen Rundfunkgewährleistung gedeckt. Seine Einführung ist nach deutschem Verfassungsverständnis Sache des Gesetzgebers, der in dieser Frage über Ermessen und weitreichende Gestaltungsmöglichkeiten verfügt (BVerfGE 57, 295 [324]; 89, 144 [152]). Eine gesetzesungebundene Privatfunkfreiheit besteht nicht. Der Gesetzgeber kann am öffentlich-rechtlichen Trägerschaftsvorbehalt festhalten. Ein Privatisierungszwang besteht also nicht.
Soll indessen Privatfunk realisiert werden, sind die Bedingtheiten des Parlamentsvorbehalts zu beobachten, der die Regelung der wesentlichen grundrechtsrelevanten Fragen in Gestalt einer positiven Ordnung erfordert (BVerfGE 73, 118 [159]). Der Gesetzgeber hat namentlich für den Inhalt des Gesamtprogramms Leitgrundsätze verbindlich zu machen, die ein Mindestmaß von inhaltlicher Ausgewogenheit, Sachlichkeit und gegenseitiger Achtung gewährleisten (BVerfGE 12, 205 [263]; 57, 295 [325]). Der Privatfunk darf freilich nicht um jegliche privatnützige Entfaltungsmöglichkeiten gebracht werden (BVerfGE 73, 118 [157, 171]; 83, 238 [297]). Zu den gebotenen gesetzlichen Regelungen privaten Rundfunks zählt die Normierung einer begrenzten (Rechts-)Aufsicht, die die Einhaltung der gesetzlichen Bestimmungen gewährleistet (BVerfGE 57, 295 [326]; 95, 220 [236]).

3.2.7. Die gegenwärtige duale Rundfunkordnung ist von einem eigentümlichen Entsprechungsverhältnis zwischen öffentlich-rechtlichem und privatem Rundfunk gekennzeichnet.
Das Aufkommen neuer Technologien hat zwar die Einführung des Privatfunks begünstigt. Doch ist damit nicht die Legitimationsgrundlage für den öffentlich-rechtlichen Anstaltsfunk entfallen. Vielmehr obliegt diesem gebührenfinanzierten, binnenpluralistisch strukturierten, zur Ausgewogenheit verpflichteten Akteur die unerläßliche Grundversorgung (BVerfGE 74, 297 [325f.]; 83, 238 [297]); er ermöglicht daher dem Privatfunk größere Freiräume und hält ihn im System der dualen Rundfunkordnung (vgl. Bethge, 1995a, 514ff.; unrichtig Depenheuer, 1997, 673, der dem öffentlich-rechtlichen Rundfunk die Legitimationslast aufbürdet [und letztlich abspricht]). Der Privatfunk ist (nur) zu einem Grundstandard gleichgewichtiger Vielfalt verpflichtet (BVerfGE 73, 118 [159]; 83, 238 [316]). Der Gesetzgeber ist gehalten, die Grundversorgung der Bevölkerung durch die Gewährleistung der erforderlichen technischen, organisatorischen, personellen und finanziellen Voraussetzungen für den öffentlich-rechtlichen Rundfunk zu sichern (BVerfGE 73, 118 [158]; 83, 238 [298]).

3.2.8. Die Rundfunkfreiheit schließt also auch die finanzielle Komponente ein (BVerfGE 87, 181 [198]). Von daher erschließt sich auch die Unbedenklichkeit, ja verfassungsrechtliche Notwendigkeit einer gesetzlichen Bestands- und Entwicklungsgarantie für den öffentlich-rechtlichen Rundfunk. Zwischen Grundversorgung, Bestandsgarantie und staatlicher Finanzierungspflicht (Die auf Art. 5 I 2 GG beruhende staatliche

Pflicht zur Finanzgewährleistung schließt ein Konkursverfahren über das Vermögen öffentlich-rechtlicher Rundfunkanstalten – jedenfalls unter den gegenwärtigen Bedingungen der dualen Rundfunkordnung – aus; vgl. BVerfGE 89, 144ff.) besteht eine eindeutige Interdependenz (Schmidt, 1989, 27f.). Bei der Gebührenfestsetzung hat der Staat dem Grundsatz der Programmneutralität Rechnung zu tragen. Die Gebühr darf nicht zu Zwecken der Programmlenkung oder der Medienpolitik eingesetzt werden (BVerfGE 90, 60ff.). Die notwendigerweise dynamisch (BVerfGE 83, 238 [299]; Hesse, 1997, 1085) zu verstehende Grundversorgung selbst ist nicht 'privatisierbar' (vgl. Bethge, 1991, 527 mit Fn. 37).

3.2.9. Die Rundfunkfreiheit ist im Kern Programmfreiheit (BVerfGE 59, 231 [258]; 90, 60 [87]; 95, 220 [224]; 97, 298 [310]). Sie erstreckt sich ebenso auf programmbezogene Hilfsfunktionen wie die Verwertung der Programme oder begleitende Tätigkeiten wie etwa die Herausgabe von Programmzeitschriften (SächsVerfGH NJW 1997, 3015, im Anschluß an BVerfGE 83, 238 [312ff.]). Zur umfassend gewährleisteten Programmfreiheit zählt auch das Recht der Personalauswahl (BVerfGE 59, 231 [258ff.]. Von Art. 5 I 2 GG geschützt ist – auch wenn das Bundesverfassungsgericht dies bisher offengelassen hat – ebenfalls die nicht zur genuinen Programmfunktion rechnende Wirtschaftswerbung, wenn sie gesendet wird. Davon zu unterscheiden ist die Tatsache, daß die Wirtschaftswerbung den Anstalten als Finanzierungsinstrument vom Staat untersagt werden kann, sofern sie dafür finanziellen kompensiert werden (Bethge, 1992, 59).

3.3. Die Filmfreiheit

3.3.1. Die Freiheit der Berichterstattung durch den Film – kurz: die Filmfreiheit – ist eine medienspezifische Gewährleistung, die immer schon etwas im Windschatten der beiden anderen Massenkommunikationsmittel des Art. 5I2 GG stand. Auch heute dominieren eindeutig das Printmedium (die Presse) und das elektronische Medium (der Rundfunk).

3.3.2. Die Filmfreiheit partizipiert in Teilen an den Sicherungselementen, die für die beiden anderen Medienfreiheiten entwickelt worden sind. Namentlich mit dem Fernsehen gibt es funktionelle Gemeinsamkeiten, die aus der nahezu kompletten Austauschbarkeit der Produkte resultieren. Freilich wird die Filmfreiheit nicht von den beiden anderen Medienfreiheiten völlig vereinnahmt. Vor allen Dingen kommt es schon wegen gewichtiger struktureller Unterschiede zwischen Presse und Rundfunk einerseits, aber auch gegenüber diesen andererseits darauf an, neben den partiellen Übereinstimmungen auch die medienspezifischen Eigenheiten gerade des filmischen Kommunikationsmittels herauszuarbeiten.

3.3.3. Vorrangiges verfassungsrechtliches Problem der Filmfreiheit ist die Definition und Qualifikation des Begriffs Film (Bethge, 1989, 76; siehe auch Reupert, 1994, 1155f.). Auf diese Qualifizierung kann nicht verzichtet werden. Es gibt kein einheitliches Mediengrundrecht des Art 5I2 GG, mit Hilfe dessen alle Massenkommunikationsmittel über einen Leisten geschlagen werden könnten. Das GG geht von der Funktionsteilung der drei Medien aus, die auch deshalb interpretatorisch durchgehalten werden muß, weil die Strukturen und Bedingtheiten unterschiedlich sind. Damit ist ein generelles Problem des Medienrechts umschrieben, das auch die Neuen Medien betrifft. Die technischen Neuerungen sind dahingehend zu klassifizieren, welchem der verfassungsrechtlich ins Auge gefaßten Massenmedien sie zuzuordnen sind. Die Definitionsfrage gerät leicht zu einem Kompetenzproblem, das der bundesstaatlichen Funktionsabgrenzung.

3.3.4. Das Grundrecht erlegt in seiner objektiv-rechtlichen Dimension dem Staat eine Schutzpflicht für den Film auf. Es bindet den Staat bei allen Maßnahmen, die er zur Förderung des Films ergreift. Daraus folgt allerdings für den einzelnen Träger der Filmfreiheit noch kein grundrechtlicher Anspruch auf staatliche Förderung.

4. Grenzüberschreitung, Völkerrecht und Supranationalität

Medienrecht in Europa betrifft nicht nur die normative Ordnung der Massenkommunikationsmittel in den einzelnen Staaten des alten Kontinents. Medienrecht in Europa ist nicht nur eine Materie der diversen nationalstaatlichen Rechtsordnungen. Das Medienrecht hat auch einen supranationalen Zug.

Namentlich das elektronische Massenkommunikationsmittel, Hörfunk und Fernsehen also, zeitigt grenzüberschreitende Effekte (vgl. Eberle/Gersdorf, 1993).

4.1. Die Ausgangslage

Der Vorgang ist zunächst einmal nur faktischer Natur, weil Funkwellen und ihre modernen technischen Surrogate vor Ländergrenzen nicht haltmachen. Doch hat diese faktische Gegebenheit auch rechtliche Konsequenzen. Die grenzüberschreitende Veranstaltung kommt dem „free flow of information" entgegen. Sie kommt vor allen Dingen der Informationsfreiheit der Bürger zugute. Aus der Sicht des deutschen Verfassungsrechts sind ausländische Hörfunk- und Fernsehsendungen allgemein zugängliche Quellen im Sinne des Art. 5 Abs. 1 Satz 1 GG. Diese Perspektive betrifft freilich nur die Stellung der Rezipienten der Medienfreiheit aus innerstaatlicher Sicht und hat keine völkerrechtliche Dimension.

4.2. Art. 10 EMRK

Sie wird erreicht durch Art. 10 EMRK, der neben der Meinungsfreiheit ebenfalls die Informationsfreiheit absichert. Die Gewährleistung der EMRK, die jeweils in innerstaatliches Geltung entfaltet, stützen die Individualgrundrechte der Bürger der Mitgliedstaaten. Die Rundfunkfreiheit wird in Art. 10 I EMRK nicht ausdrücklich erwähnt. Jedoch erfaßt die dort verbürgte Meinungsäußerungsfreiheit nach Auffassung des Europäischen Gerichtshofs für Menschenrechte (EGMR) auch die Verbreitung von Rundfunkprogrammen (vgl. Holznagel 1996, 154 m.w.N.; Engel 1993). Deswegen hält der EMGR das Verbot privater Runfunktätigkeit für einen Verstoß gegen Art. 10 EMRK.

4.3. Europarechtliche Implikationen

Medienrecht in Europa erlangt ein spezifisch europarechtliches Gewicht durch die EG, die mit ihrem Instrumentarium regulierend zugunsten, vor allem aber begrenzend gegenüber den Medien tätig wird.

4.3.1. Die Organe der Europäischen Gemeinschaften reklamieren Zuständigkeiten auf dem Felde des Rundfunks, dessen Tätigkeit sie als Dienstleistung gem. Art. 50 EG begreifen. Belege dafür sind der Erlaß der EG-Fernsehrichtlinie vom 3. 10. 1989 (geändert durch die Richtlinie 97/36/EG) und der Kabelfernsehrichtlinie vom 23. 6. 1999. Ihre Ziele sind die Harmonisierung mitgliedstaatlicher Vorschriften in Fragen der Werbe- und Sponsorentätigkeit, des Jugendschutzes, der Gegendarstellung und des Urheberrechts. Ein weiteres Anliegen ist, daß Fernsehveranstalter den Hauptteil ihrer Sendezeit europäischen Werken vorbehalten (vgl. Art. 4 der Fernsehrichtlinie); in dieser Quotierung wurden zumal aus amerikanischer Sicht protektionistische Absichten gemutmaßt (vgl. Holznagel, 1996, 178ff.; Herrmann, 1994, 221ff.).

Das kann auch zu Konflikten mit innerstaatlichen Dezentralisierungsformen führen, in Deutschland mit den Landeskompetenzen. Die besondere europarechtliche Dimension der Problematik (vgl. dazu Ossenbühl, 1986; Delbrück, 1986; Börner, 1985, 577ff.; Koszuszeck, 1989, 548ff.; Herrmann, 1994, 217ff.) unterstreicht die Brisanz der Materie und das Interesse der Länder, ihre alleinige kulturstaatliche Organisationskompetenz auf dem Gebiete des Rundfunks gegenüber dem regulierenden und kontrollierenden Zugriff anderer Kompetenzträger, hier des Bundes und namentlich der Organe der Europäischen Gemeinschaften, zu verteidigen. Auch insoweit geht es nicht um eher periphere Fragen der Zuständigkeitsabgrenzung zwischen den Ländern und dem Bund bzw. den Organen der Europäischen Gemeinschaften, sondern um zentrale Angelegenheiten der bundesstaatlichen Kompetenzverfassung, die Herzstück und Hausgut des Föderalismus betreffen.

4.3.1.1. Bei Abschluß des EWG-Vertrages ist keiner der Vertragschließenden davon ausgegangen, der Europäischen Gemeinschaft Gesetzgebungskompetenzen auch im Bereich des Rundfunks zu übertragen (Jarass, 1986, Rdn. 70). Entscheidend dafür war der Umstand, daß die Gegenstände des Rundfunks weitestgehend als nichtökonomische, kulturelle Sachverhalte angesehen werden, deren Regelung ausschließlich Sache der Mitgliedstaaten war und auch bleiben sollte. Der Europäischen Gemeinschaft wurden demzufolge nur wirtschaftliche Zuständigkeiten überantwortet (vgl. statt aller Ipsen, 1972, 10).

Eine dezidierte Übertragung rundfunkrechtlicher Kompetenzen durch den Bund auf die EG hat also nicht stattgefunden (Dörr/Charissé, AfP 1999, 19). Das Zustimmungsgesetz des Bundes zu den Gemeinschaftsverträgen deckt eine Regelungskompetenz der Europäischen Gemeinschaft auf rundfunkrechtlichem Sektor, wie sie die EG-Fernsehrichtlinie in Anspruch nimmt, eigentlich nicht; die konträre Praxis des Europäischen Gerichtshofs (EuGH), der in ständiger Rechtssprechung seit 1974 (Rs 155/73, Sacchi) Rundfunk als Dienstleistung qualifiziert und daher die gesetzgeberische Zuständigkeit der EG sub specie der Harmonisierung des Binnenmarktes bejaht, daher verfassungsrechtlich bedenklich, auch wenn sich momentan kaum noch literarischer Widerstand dagegen rührt. Allenfalls in wirtschaftsrechtlich geprägten Randbereichen des Rundfunks können Handlungsvollmachten der Europäischen Gemeinschaft denkbar sein, die freilich im Fall der EG-Fernsehrichtlinie nicht einschlägig sind. Ansonsten entzieht sich der Rundfunk einer am Begriff der Dienstleistung ausgerichteten wirtschaftlichen Betrachtungsweise. Das gilt auch, soweit Fragen der Programmquotierung, des Jugendschutzes (im Rundfunk) und der Werbung in Rede stehen, die sämtlich von unmittelbarer rundfunkspezifischer Programmrelevanz sind und von daher nicht auf die Europäische Gemeinschaft übertragen worden sind. Der Anspruch der Gemeinschaftsorgane, rundfunkrelevante Sachverhalte zu regeln, ist vom Integrationsprogramm der Verträge also nicht gedeckt.

4.3.1.2. Demzufolge verschließt sich nach der hier vertretenden Auffassung denn auch der Rundfunk bundesdeutscher Provenienz der ausschließlich auf wirtschaftliche Sachverhalte beschränkten Regelungskompetenz der Organe der Europäischen Gemeinschaft; dies mit der Maßgabe, daß es den Vertretern der Bundesregierung versagt ist, in den Organen der EG positiv an rundfunkrelevanten Entscheidungen zu Lasten der deutschen Bundesländer mitzuwirken.

Der im innerstaatlichen Kompetenzgefüge ausschließlich den Ländern überantwortete Rundfunk stellt keine lediglich wirtschaftliche Kategorie dar, sondern betrifft ein Phänomen, dem integrierende Funktion für das Staatsganze (BVerfGE 31, 314 [329]; 47, 198 [225]) sowie gleichermaßen demokratische (BVerfGE 35, 202 [222]; 73, 118 [157]) und kulturstaatliche Relevanz (BVerfGE 73, 118 [158]; 74, 279 [324]) zukommen. Dies gilt sowohl für den öffentlich-rechtlich organisierten Rundfunk, der ohnehin in öffentlicher Verantwortung steht (BVerfGE 31, 314 [329]) und Aufgaben der schlichten Hoheitsverwaltung wahrnimmt (BVerwGE 22, 299 [306]), als auch für den privatrechtlich strukturierten Rundfunk. Die gesamte, in den Grundzügen einvernehmlich durch Staatsvertrag der Länder (vgl. den Rundfunkstaatsvertrag vom 1./3. April 1987, nunmehr in der Fassung des fünften Änderungsstaatsvertrages, in Kraft seit dem 1. 1. 2001) festgelegte duale Rundfunkordnung entzieht sich mithin der Regelungskompetenz der Organe der Europäischen Gemeinschaft. Es bereitet auch keinen Unterschied, ob die eigentliche Programmfunktion des – öffentlich-rechtlichen oder privatrechtlich betriebenen – Rundfunks in Rede steht oder ob es sich um den für die Finanzierung des Rundfunks bedeutsamen Teilbereich der Wirtschaftswerbung handelt.

4.3.1.3. Der Rundfunk ist nicht nur Gegenstand wirtschaftlichen Gewinnstrebens, sondern zu vörderst integrierend für das Staatsganze und schlechthin konstituierend für die Demokratie.

Das unentbehrliche Massenmedium Rundfunk ist ein für die öffentliche Meinungsbildung unverzichtbares Element. Es gehört damit zu einer Kommunikationsverfassung (vgl. Hoffmann-Riem, 1988, 203), die unverkennbar enge Bezüge aufweist zur Demokratie als einer verfassungsgestaltenden Grundentscheidung und eines für den Staatscharakter bestimmenden Strukturprinzips. Ob man die Grundrechte im allgemeinen als „Faktoren der Staatshervorbringung" bezeichnen und begreifen kann (vgl. die Kontroverse zwischen Krüger, 1966, 542f., und Lerche, 1971, 43f., und wiederum Krüger, 1973, 249 Fn. 5), braucht nicht entschieden zu werden. Des weiteren bedarf es keiner Auseinandersetzung mit der sog. demokratisch-funktionalen Lehre der Grundrechte (kritisch Klein, 1974, 10, 25).

4.3.1.4. Dieser staatsintegrierende und -konstituierende Charakter macht das Wesen des – öffentlich-rechtlichen wie privaten – Rundfunks aus, der sich darum einer ausschließlichen Kategorisierung als wirtschaftlich relevanter Dienstleistungsbetrieb entzieht. Demzufolge ist denn auch die Ausgestaltung der Rundfunkfreiheit ganz auf den Programmauftrag im Sinne der dienenden Rolle des Rundfunks im verfassungsrechtlichen Kommunikationsprozeß ausgerichtet (vgl. Ricker, 1989, 378). Diesem Befund von der staatsintegrierenden Relevanz der (rundfunkrechtlichen) Kommunikationsverfassung steht nicht entgegen, daß die Aufgaben des Rundfunks selbst im engeren Sinne keine staatliche Funktion darstellen. Insofern trifft es zu, daß der Rundfunk im Gegenteil gerade dem Verfassungsgebot der Staatsfreiheit unterliegt (BVerfGE 31, 314 [329]; für den Privatfunk vgl. BVerfGE 73, 118 [165]).

4.3.1.5. Ist der Rundfunk prägend und integrierend für die Staatlichkeit der Länder, erweist sich eine Auffassung nicht nur als unangemessen, sondern auch als verfassungsrechtlich höchst bedenklich, die das Medium vorwiegend oder auch nur zum Teil als wirtschaftliches Phänomen begreift. Ein dennoch in dieser Richtung unternommener Versuch stellt eine unzulässige Kommerzialisierung staatsbedingender Strukturen dar, bei der die verfassungsrechtlichen Besonderheiten der innerstaatlichen Rechtsordnung der Bundesrepublik Deutschland verkannt werden. Demzufolge sind der EG Regelungen verwehrt, die vorrangig auf die demokratische Willensbildung oder die soziale Integration in den Mitgliedstaaten zielen oder kommunikative Orientierungen der Bürger in nicht ökonomischen Fragen betreffen (Hoffmann-Riem, 1990, 49).

4.3.1.6. Die Organe der Europäischen Gemeinschaft verfügen – entgegen der ständigen Rechtsprechung des Europäischen Gerichtshofs – auch nicht über eine Kompetenz-Kompetenz dahin, selbst authentisch zu definieren, was ein wirtschaftliches, d. h. dem Regelungsanspruch der EG offenstehendes Phänomen ausmacht (vgl. BVerfGE 75, 223 [242]; vgl. auch Streinz, 1988, 19; Lecheler, 1989, 137). Dem entspricht es, daß die Kompetenzverteilung des Gemeinschaftsrechts auf dem Prinzip der begrenzten Ermächtigung beruht, aus dem u. a. folgt, daß Rat und Kommission nicht in Bereichen Recht setzen dürfen, die in den Verträgen nicht ausdrücklich geregelt sind (Schweitzer, 1990, 148).

4.3.1.7. Der Rundfunk ist nicht nur Part, also Medium und Faktor, des für die Demokratie als Staatsstrukturentscheidung lebensnotwendigen Prozesses der öffentlichen Meinungsbildung. Sein Auftrag erschöpft sich nicht allein in seiner Rolle für die Meinungs- und politische Willensbildung, Unterhaltung und über laufende Berichterstattung hinausgehende Information. Der Auftrag umgreift als selbständigen Legitimationsgrund auch die kulturelle Verantwortung (BVerfGE 73, 118 [158]; 74, 297 [324]), die den Rundfunk zusätzlich neben der allgemeinen staatsintegrierenden Relevanz als kulturstaatliche Einrichtung ausweist, die sich einer vorwiegenden oder einseitigen wirtschaftlichen Betrachtungsweise entzieht.

Dieser in der jüngeren Entwicklung zunehmend in den Vordergrund gerückte kulturelle Bezug des Rundfunks ist nicht gänzlich neu. Schon das erste Fernsehurteil hat unter vorwiegend kompetenzrechtlichem Aspekt vom Rundfunk als einem (auch) kulturellen Phänomen gesprochen (BVerfGE 12, 205 [229]). Gleichwohl ist die neuerlich betonte kulturelle Verantwortung (BVerfGE 73, 118 [158]; 74, 297 [324]) eine zusätzliche, auch grundrechtliche Standortneubestimmung des Rundfunks. Damit wird die am Demokratieprinzip ausgerichtete besondere kommunikationsgrundrechtliche Seite der Rundfunkfreiheit erweitert um die spezifisch kulturelle Integrationsfunktion (vgl. auch Grimm, 1984, 71; siehe weiter Steiner, 1984, 812f.; Badura, 1986, 38; Schmidt, 1989a, 263ff.; ferner auch Hoffmann-Riem, 1990, 50), wobei verfassungsrechtliche Querverbindungen und Zusammenhänge nicht ausgeschlossen sind.

4.3.2. Das Bundesverfassungsgericht hat sich der Auffassung der deutschen Länder über die Unverfügbarkeit ihrer Rundfunkkompetenzen nur ansatzweise angeschlossen (BVerfGE 92, 203 ff.; dazu Bethge, 1996, 55 ff.; Badura, 1997, 119). Die Europäische Kommission nimmt heute auf der Grundlage der Fernsehrichtlinie und gestützt durch die Rechtsprechung des Europäischen Gerichtshofs umfangreiche Kontrollkompetenzen in Anspruch. Darüber hinaus werden auf dem Rundfunksektor wettbewerbsrechtliche Überwachungsbefugnisse reklamiert (Kartellverbote, Fusionskontrolle) (vgl. Holznagel, 1996, 161 ff.; Engel 1996, 116 f.). Die Presse hat ohnehin Unternehmenscharakter. Nach heutiger Verfassungslage richten sich die Mitwirkungsrechte der Länder bei der Übertragung von Landeskompetenzen auf die Europäische Union in Deutschland nach Art. 23 GG.

4.4. Die Fernsehkonvention des Europarats

Das 'Europäische Übereinkommen über das grenzüberschreitende Fernsehen' trat am 1. Mai 1993 in Kraft. Die auch von Deutschland unterzeichnete Fernsehkonvention gilt als ein erster Schritt auf dem Weg zu einer europäischen Kommunikations- und Kulturverfassung. Sie beseitigt nicht die Regelungskompetenz der Mitgliedstaaten, sondern müht sich um die Aufstellung eines Mindeststandards entsprechend den Erfahrungswerten westlicher demokratischer Kommunikationskultur.

Im Gegensatz zur EG-Fernsehrichtlinie geht es nicht so sehr um die Harmonisierung der nationalen Rechtsordnungen, sondern um Mindestgarantien bei der Herstellung und Verbreitung grenzüberschreitender Fernsehprogramme (Holznagel, 1996, 186ff.).

4.5. Europäischer Fernseh-Kulturkanal (ARTE)

Seit dem 30. Mai 1992 veranstalten die ARD-Landesrundfunkanstalten mit dem ZDF und französischen Rundfunkveranstaltern das Fernsehprogramm ARTE. Rechtsgrundlage ist ein völkerrechtlicher Vertrag zwischen Frankreich und Deutschland (vgl. näher Herrmann, 1994, 389). Die Programmgestaltung ist interkulturell und bilingual angelegt.

5. Literatur

Badura, Peter, Rundfunkfreiheit und Finanzautonomie. Frankfurt/M. 1986.

–, Zur grundrechtlichen, gebühren- und europarechtlichen Auslegung des Rundfunkbegriffs. In: Der Rundfunkbegriff im Wandel der Medien. Hrsg. v. Armin Dittmann/Frank Fechner/Gerald G. Sander. Berlin 1997, S. 117ff.

Bethge, Herbert, Verfassungsrechtliche Grundlagen. In: Recht der neuen Medien. Hrsg. v. Fuhr, Ernst W./Rudolf Wasserburg. Heidelberg 1989, S. 74ff.

–, Landesrundfunkordnung und Bundeskartellrecht. Baden-Baden 1991.

–, Funktionsgerechte Finanzierung der Rundfunkanstalten durch den Staat, AöR 116 (1991), 521 ff.

–, Die Zulässigkeit der zeitlichen Beschränkung der Hörfunkwerbung im NDR. Baden-Baden 1992.

–, Zur Funktion und Relevanz eines Medienverwaltungsrechts, Die Verwaltung Bd. 27, 1994, 433 ff.

–, Grundrechtsschutz durch die Medienpolizei?, NJW 1995, 557ff.

–, Die Perspektiven des öffentlich-rechtlichen Rundfunks in der dualen Rundfunkordnung, ZUM 1995, 514ff. (zit. als: Bethge, 1995a)

–, Deutsche Bundesstaatlichkeit und Europäische Union – Bemerkungen über die Entscheidung des Bundesverfassungsgerichts zur EG-Fernsehrichtlinie. In: Staat, Wirtschaft, Steuern, Festschrift für Karl Heinrich Friauf, hrsg. v. Wendt, Rudolf. Heidelberg 1996, S. 5ff.

–, Der Grundrechtsstatus privater Rundfunkveranstalter, NVwZ 1997, 1ff.

–, Der Grundrechtseingriff, VVDStRL 57 (1998), 7ff.

Börner, Bodo, Kompetenz der EG zur Regelung einer Rundfunkordnung, ZUM 1985, 577ff.

Classen, Claus D., Der Rundfunk zwischen Wirtschaft und Kultur: Die Perspektive des europäischen Gemeinschaftsrechts. In: Der Rundfunkbegriff im Wandel der Medien. Hrsg. v. Dittmer, Armin/Frank Fechner/Gerald G. Sander. Berlin 1997, S. 53ff.

Degenhart, Christoph, in: Bonner Kommentar, Art. 5 Abs. 1 und 2, 1999.

Delbrück, Jost, Die Rundfunkhoheit der deutschen Bundesländer im Spannungsfeld zwischen Regelungsanspruch der Europäischen Gemeinschaft und nationalem Verfassungsrecht. Frankfurt a. M. 1986.

Depenheuer, Otto, Informationsordnung durch Informationsmarkt, AfP 1997, 669ff.

Dietlein, Max, Zu den Grenzen der Interessenvertretung durch berufsständische Kammern. In: Staatsphilosophie und Rechtspolitik. Festschrift für Martin Kriele, hrsg. v. Burkhardt Ziemske. München 1997, S. 1181ff.

Dörr, Dieter, Die Rolle des öffentlich-rechtlichen Rundfunks in Europa. Baden-Baden 1997.

–/Charissé, Peter, Die Rangfolge im Kabel und die Dienstleistungsfreiheit, AfP 1999, 19ff.

Eberle, Carl-Eugen/Hubertus Gersdorf, Der grenzüberschreitende Rundfunk im deutschen Recht. Baden-Baden 1993.

Ehmke, Horst, Verfassungsrechtliche Fragen einer Reform des Pressewesens. In: Festschrift für Adolf Arndt, hrsg. v. Ehmke, Horst/Schmidt, Carlo/Scharonn, Hans. Frankfurt a.M. 1969, S. 77ff.

Engel, Christoph, Privater Rundfunk vor der Europäischen Menschenrechtskonvention. Baden-Baden 1993.

–, Medienordnungsrecht. Baden-Baden 1996.

Grimm, Dieter, Kulturauftrag im staatlichen Gemeinwesen, VVDStRL 42 (1984), S. 46ff.

Herrmann, Günter, Rundfunkrecht. München 1994.

Hesse, Albrecht, Staatsfreiheit des Rundfunks und SWR-Staatsvertrag, JZ 1997, 1083 ff.

Hoffmann-Riem, Wolfgang, Europäisierung des Rundfunks – aber ohne Kommunikationsverfassung. In: Rundfunk im Wettbewerbsrecht. Hrsg. v. Hoffmann-Riem, Wolfgang. Baden-Baden 1988, 201 ff.

–, Erosionen des Rundfunkrechts, München 1990.

Holznagel, Bernd, Rundfunkrecht in Europa. Tübingen 1996.

Ipsen, Hans P., Europäisches Gemeinschaftsrecht. Tübingen 1972.

Jarass, Hans D., Gutachten G zum 56. DJT 1986.

Klein, Hans H., Medienpolitik und Pressefreiheit, AfP 1973, 494 ff.

–, Die Grundrechte im demokratischen Staat. Stuttgart 1974.

Koszuszeck, Helmut, Freier Dienstleistungsverkehr und nationales Rundfunkrecht, ZUM 1989, 541 ff.

Krüger, Herbert, Allgemeine Staatslehre. Stuttgart 2. Auflage 1966.

–, Die Verfassung als Programm der nationalen Interpretation. In: Festschrift für Friedrich Berber, hrsg. v. Blumenwitz, Dieter. München 1973, 247 ff.

Lecheler, Helmut, Öffentliche Verwaltung in den Mitgliedstaaten nach Maßgabe der „Dynamik der europäischen Integration". In: Die Verwaltung 1989, 137 ff.

Lerche, Peter, Verfassungsrechtliche Fragen zur Pressekonzentration. Berlin 1971.

Lücke, Jörg, Ein internationales „Recht auf Kommunikation"?, Recht und Staat, Heft 494/495, 1979.

v. Mangoldt/Klein/Starck, Das Bonner Grundgesetz, Band 1, 2. Auflage, 4 1999.

Oppermann, Thomas/Michael Kilian, Rechtsgrundsätze der Finanzierung öffentlich-rechtlichen Rundfunks in der dualen Rundfunkverfassung der Bundesrepublik Deutschland. Frankfurt a. M. 1989.

Ossenbühl, Fritz, Rundfunkprogramm – Leistung in treuhänderischer Freiheit, DÖV 1977, 381 ff.

–, Rundfunk zwischen nationalem Verfassungsrecht und europäischem Gemeinschaftsrecht. Frankfurt/M. 1986.

Reupert, Christine, Die Filmfreiheit, NVwZ 1994, 1155 ff.

Roßnagel, Alexander, Neues Recht für Multimediadienste, NVwZ 1998, 1 ff.

Ricker, Reinhart, Das Landesmediengesetz Baden-Württemberg vor dem Bundesverfassungsgericht. Hrsg. v. Margret Wittig-Terhardt/ Jörg Rüggeberg. Baden-Baden 1989.

Rüggeberg, Jörg, Der Rundfunkbegriff in anderen Ländern. In: Der Rundfunkbegriff im Wandel der Medien. Hrsg. v. Armin Dittmann/Frank Fechner/Gerald Sander. Berlin 1997, S. 41 ff.

Schmidt, Walter, Die Rundfunkgebühr in der dualen Rundfunkordnung. Neuwied 1989.

–, „Kultureller Auftrag" und „kulturelle Verantwortung" des Rundfunks, ZUM 1989, 263 ff. (zit. als Schmidt, 1989a)

Schroeder, Werner, Teleshopping und Rundfunkfreiheit, ZUM 1994, 471 ff.

Schulze-Fielitz, Helmuth, in: GG, hrsg. v. Dreier, Horst/Bauer, Hartmut. Tübingen 1996.

Schweitzer, Michael, EG-Kompetenzen im Bereich von Kultur und Bildung. In: Föderalismus und Europäische Gemeinschaften. Hrsg. v. Detlef Merten. Berlin 1990.

Steiner, Udo, Zur Kulturförderung durch den öffentlich-rechtlichen Rundfunk. In: Festschrift für Heinz Hübner, hrsg. v. Baumgaertel, Gottfried. Berlin/New York 1984, 799 ff.

Streinz, Rudolf, Die Auswirkungen des Europäischen Gemeinschaftsrechts auf die Kompetenzen der deutschen Bundesländer. In: Gegenwartsfragen des Öffentlichen Rechts. Hrsg. v. Dirk Heckmann/Klaus Meßerschmidt. Berlin 1988, 15 ff.

Herbert Bethge, Passau (Deutschland)

261. Medienrecht in den USA

1. Vorbemerkung
2. Verfassungsrechtliche Grundlagen der Medienfreiheit
3. Sicherung journalistischer Freiheit
4. Regulierung der Massenmedien
5. Literatur

1. Vorbemerkung

Die Medienentwicklung und das Medienrecht in den USA haben für viele Staaten der Welt eine Vorbildfunktion entfaltet, so auch – wenn auch nur beschränkt – in Europa. Die amerikanische Rechtsordnung kennt differenzierte Regeln für die Medien, deren Verständnis Einblick in das amerikanische Rechtssystem voraussetzt. Im folgenden können nur Grundzüge bezeichnet werden. Am Anfang wird die verfassungsrechtliche Gewährleistung der Medienfreiheit skizziert (2). Anschliessend wird der rechtliche Rahmen für die journalistische Tätigkeit umrissen (3.), bevor im grössten

Teil (4.) schliesslich die spezifische Regulierung der massenmedialen Verbreitung kommunikativer Inhalte in den Blick genommen wird.

2. Verfassungsrechtliche Grundlagen der Medienfreiheit

Die amerikanische Verfassung schützt die Medienfreiheit als Teil der Kommunikationsfreiheit im 1791 verabschiedeten First Amendment mit den Worten: „Congress shall make no law ... abridging the freedom of speech, or of the press; ...". Dieser knappe Wortlaut und die auslegungsfähigen historischen Materialien (vgl. Levy 1960) ergeben grosse Interpretationsspielräume, die zu einer Fülle verfassungstheoretischer Konzepte geführt haben. Das der jeweiligen normativen Funktionszuweisung in der staatlichen Ordnung entsprechende Medienverständnis schafft dabei einen je verschiedenen Bezugspunkt für die Einzelfragen des Medienrechts.

2.1 Kommunikationsfreiheit – theoretische Ansätze

Vergröbernd kann man vier konzeptionelle Grundansätze unterscheiden. Von einem individualistischen Blickwinkel her wird die Kommunikationsfreiheit vor allem als Möglichkeit der Selbstentfaltung des Kommunikators gesehen, als Ausdruck seiner Autonomie (Redish 1982). Dieser Wert wird jedoch nur selten als Selbstzweck verstanden, sondern häufig bereits zum Konzept eines 'Marktplatzes der Meinungen' in Beziehung gesetzt. Gemäss dieser, bereits in der englischen Literatur v. a. durch Miltons Areopagitica entwickelten Vorstellung sollen die offene Diskussion und der freie Informationsfluss den gesellschaftlichen Prozess der Wahrheitsfindung ermöglichen. Denn „the best test of truth is the power of the thought to get accepted in the competition of the market" (Abrams v. United States), wie Justice Holmes in seiner einflussreichen dissenting opinion formulierte. Der Perspektivenwechsel zu kollektiven Zielen ist in der nach seinem klassischen Hauptvertreter benannten Meiklejohn Interpretation vollzogen. Nach ihr sichert die Kommunikationsfreiheit die Möglichkeit der demokratischen Selbstregierung des Volkes durch die freie Erörterung öffentlicher Angelegenheiten (vgl. Fiss 1986). Deshalb soll entsprechend dem Vorbild des town-meetings gelten: „What is essential is not that everyone shall speak, but that everything worth saying shall be said" (Meiklejohn 1948). Ebenfalls demokratiebezogen, wenn auch von geringerer Reichweite, ist schliesslich jener Ansatz, der den Schwerpunkt auf die Sicherung der Kontrolle staatlicher Machtausübung legt (Blasi 1977).

Diese theoretischen Ansätze bilden allerdings nur einen Fundus für eine eher pragmatisch ausgerichtete Verfassungspraxis.

2.2. Allgemeine Regeln

Es ist selbstverständlich, dass auch ein verfassungsrechtlicher Wert wie die Kommunikationsfreiheit letztlich keinen absoluten Schutz beanspruchen kann. Die Bewältigung von Konfliktlagen mit anderen (Verfassungs-)Werten erfolgt entsprechend dem case-law des anglo-amerikanischen Rechtskreises durch die Anwendung von operationalen Regeln mittlerer Abstraktionshöhe, die sich aus der Ratio gerichtlicher Einzelentscheidungen ableiten. Der Supreme Court entwickelte für die Entscheidung von First Amendment Fällen eine Reihe solcher Regeln, die letztlich keinem der theoretischen Ansätze konsequent folgen, aber bei allen Anleihen in verschiedener Gewichtung machen.

2.2.1. Prior Restraint

Eine der am längsten bestehenden und am besten gefestigten Regeln ist das grundsätzliche Verbot der Beschränkung der Kommunikationsfreiheit im Vorfeld der Meinungsverbreitung (prior restraint) (Near v. Minnesota). Staatliche Vorkontrolle gilt als besonders anfällig für die ungerechtfertigte Unterdrückung von Meinungen; sie verursacht im übrigen das Risiko einer vorauseilenden Anpassung und führt regelmässig zu Verzögerungen bei ihrer Verbreitung (vgl. Emerson 1955). Während der Staat in Wahrnehmung legitimer Interessen bestimmte Meinungsäusserungen sanktionieren darf (subsequent punishment), ist die Verhinderung der Erstverbreitung deshalb mit der starken Vermutung der Verfassungswidrigkeit belastet und regelmässig unzulässig, sofern diese Gefahren nicht durch wirksame Massnahmen ausgeschlossen sind (Freedman v. Maryland).

Bedeutsam ist, dass sich dieser Grundsatz prinzipiell auch auf gerichtliche Unterlassungsverfügungen (injunctions) erstreckt (Organisation For A Better Austin v. Keefe).

Dies schliesst praktisch die Möglichkeit Dritter aus, bei Verletzung ihrer Rechte durch eine bevorstehende (erstmalige) Publikation vorbeugenden Rechtsschutz zu erlangen. In Urheberrechtsfällen oder im Bereich des Schutzes von Betriebsgeheimnissen sind gerichtliche Unterlassungsverfügungen allerdings auch unter geringeren Anforderungen zulässig (vgl. Franklin/Anderson 1990, 96ff., 275).

2.2.2. Interessenabwägung

Auch im Bereich staatlicher, der Verbreitung des Kommunikationsinhalts nachfolgender Massnahmen entwickelte die Rechtsprechung bestimmte feststehende Entscheidungsregeln. Auf ihre nähere Darstellung soll jedoch verzichtet werden, da gegenwärtig eine starke Erosion der festen Abwägungsregeln erfolgt und der Supreme Court mehr und mehr einem Ansatz der Interessenabwägung zuneigt (balancing) (Carter u.a. 1994, 19ff.). Hierbei überprüft er v.a., ob der Staat sich auf die Verfolgung eines legitimen Interesses berufen kann, ob dieses Interesse schwer genug wiegt, um eine Einschränkung der Kommunikationsfreiheit zu rechtfertigen und ob die Massnahme sich in ihrer Reichweite auf das Erforderliche beschränkt. Bei inhaltsbezogenen staatlichen Massnahmen wird grundsätzlich ein strenger Erforderlichkeitsmasstab angelegt und der Staat muss sich auf ein zwingendes, überragendes Interesse berufen können (vgl. Consolidated Edison v. Public Service Commission). Hierbei wird nur selten eine hinreichende Rechtfertigung der Massnahme bejaht. Bei Massnahmen, die als unbeabsichtigte Nebenwirkung auch die Kommunikationsfreiheit betreffen, ist die Erforderlichkeitsprüfung hingegen oftmals gelockert und es genügt bereits ein substantielles Interesse als Rechtfertigung (O'Brien v. United States). Die Schutzwürdigkeit der Kommunikationsfreiheit hängt bei diesen Abwägungen teilweise auch davon ab, welche Art kommunikativer Inhalte von der Massnahme betroffen ist. So geniesst Werbung etwa nur einen verminderten Schutz.

3. Sicherung journalistischer Freiheit

Eine Medien(rechts)ordnung ist entscheidend durch die Freiräume geprägt, die sie für die Ausübung der journalistischen Tätigkeit gewährt. Das amerikanische Recht behandelt hier Medienvertreter und sonstige Kommunikatoren zwar prinzipiell gleich, entwickelt seine Masstäbe dabei aber regelmässig mit Blick auf die Erfordernisse einer Medien- und insbesondere der Pressefreiheit.

3.1. Informationssammlung

Eine Grundbedingung für eine (auch) demokratiestaatlich eingebundene Medienordnung ist die Möglichkeit für die Journalisten, relevante Informationen überhaupt zu erlangen. Von zentraler Bedeutung sind insofern jene Gesetze, die einen breiten Zugang der Öffentlichkeit zu staatlichen Informationen ermöglichen. Der Freedom of Information Act (5 U.S.C. § 552) gibt jedermann grundsätzlich Zugang zu den Akten staatlicher Einrichtungen, soweit sie nicht unter eine der eng definierten Ausnahmen des Gesetzes fallen. Und die „government in the sunshine" Gesetze auf allen staatlichen Ebenen verlangen regelmässig – wenn auch verschieden weitreichend –, dass die Sitzungen, auf denen die Entscheidungen der staatlichen Stellen getroffen werden, öffentlich sind und die informelle Kommunikation zwischen Behördenvertretern und den von der Entscheidung Betroffenen in einer öffentlich zugänglichen Akte dokumentiert wird (5 U.S.C. § 552b). Besonders weitreichende Zugangsrechte für die Öffentlichkeit bestehen auch hinsichtlich der Gerichtsverfahren.

Unklar ist bislang geblieben, inwieweit die Informationssammlung auch verfassungsrechtlich geschützt ist. Der Supreme Court leitet allein den persönlichen Zugang zu den Gerichtssälen aus dem First Amendment ab. Hinsichtlich sonstiger Informationen finden sich zwar in einer Reihe von Entscheidungen beiläufige Annahmen einer Einbeziehung in das First Amendment, der hieraus erwachsende Schutz reicht jedoch keinesfalls über die Nutzung öffentlich zugänglicher Informationsquellen hinaus (vgl. Carter u.a. 1994, 246).

Bei der Recherche gegenüber Privatpersonen kommt den Medienvertretern prinzipiell keinerlei Privilegierung zu. Sie unterliegen bei ihrer Informationssammlung insoweit voll der allgemeinen Rechtsordnung und sind demgemäss bspw. nicht berechtigt, sich unter falschem Vorwand Zutritt zu privaten Grundstücken oder Räumlichkeiten zu verschaffen (Dietemann v. Time). Zulässig ist jedoch in den meisten, wenn auch nicht allen Staaten, die Benutzung versteckter Tonbandgeräte oder Videokameras zur Aufzeichnung selbst geführter Kommunikation (18 U.S.C. §§ 2510–2520). Die Publikation von Informationen, die in unzulässiger Weise erlangt werden, ist allerdings selbst bei dahingehender Kenntnis der Journalisten nicht grundsätzlich unzulässig (Lively 1992, 88).

3.2. Schutz der Informationsquellen

Journalisten sind bei ihrer Informationssuche häufig darauf angewiesen, dass sie Material vertraulich behandeln oder ihren Quellen ausdrücklich Vertraulichkeit zusichern können. Sie erlangen aber oftmals Informationen, die auch für Dritte – insbesondere die Strafverfolgungsorgane oder die Parteien eines Rechtsstreits – von grossem Wert sein können und dann ggf. zur Vernehmung der Journalisten als Zeugen und dem Verlangen nach Herausgabe des Materials in gerichtlichen Verfahren führen (subpoenas).

In solchen Verfahren können die Journalisten ohne das Risiko einer Bestrafung die Vertraulichkeit nur bewahren, soweit ihnen ein Aussage- bzw. Herausgabeverweigerungsrecht (Privilege) zusteht. Für ein derartiges Recht gibt es keine einheitliche Regelung. Bestand und Reichweite sind je nach Grundlage (Verfassung, Einzelstaatliches Gesetz, Common Law), Eigenart der betroffenen Information (vertraulich/nicht vertraulich, persönliche Beobachtung/zweite Hand etc.), Art des Verfahrens (Vorverfahren, Hauptverfahren, Straf- oder Zivilverfahren) und Rolle des Journalisten (Partei, Dritter) verschieden und variieren zwischen den Einzelstaaten. Für das durch das First Amendment verfassungsrechtlich gesicherte Verweigerungsrecht (vgl. Carter u.a. 1994, 266ff.) lässt sich als Tendenz feststellen, dass es in Strafverfahren allenfalls Schutz vor Informationsbegehren von Seiten der Verteidigung (nicht aber der Staatsanwaltschaft) bietet und auch hier nur durchschlägt, soweit es für die Verteidigung von nur untergeordneter Bedeutung ist. In Zivilverfahren wird hingegen grundsätzlich ein Verweigerungsrecht angenommen, es sei denn die Information ist von zentraler Wichtigkeit (goes to the heart of the case) und kann nicht anderweitig erlangt werden.

Eine weitere bedeutsame Gefährdung der Vertraulichkeit stellen Durchsuchungen der Redaktionsräume und Beschlagnahmen von Material durch die Strafverfolgungsbehörden dar. Hier bietet das First Amendment keinen Schutz, doch schränkt der Privacy Protection Act von 1980 (42 U.S.C. § 2000) ihre Zulässigkeit stark ein. In der Praxis kommen sie praktisch nicht vor (Holsinger 1991, 335f.).

3.3. Journalistische Freiheit im Konflikt mit anderen Rechtsgütern

Während Informationssammlung und Schutz der Vertraulichkeit der Informationsquellen Vorbedingungen für journalistisches Arbeiten darstellen, soll nachfolgend auf die zentralen Konfliktpotentiale im Bereich der kommunikativen Inhalte selbst eingegangen werden.

3.3.1. Schutz der Persönlichkeit

Der Konflikt zwischen dem über Informationsinteressen der Öffentlichkeit begründeten Interesse der Medien an weitreichender Berichterstattung über und freier Kritik von Einzelpersonen auf der einen Seite und dem Interesse der hiervon Betroffenen auf eine Privatsphäre sowie den Schutz ihrer Persönlichkeitsrechte auf der anderen Seite ist wegen seiner ständigen Aktualisierung und der Bedeutung für die Beteiligten schon lange herausragender Diskussionsgegenstand. Wenn die Medien die Grenzen der zulässigen Berichterstattung überschreiten, sind sie vor allem den Schadensersatzforderungen der Betroffenen aus dem Recht der unerlaubten Handlung (tort law), in seltenen Fällen darüber hinaus auch strafrechtlichen Sanktionen ausgesetzt (Kaufman 1993). Ein Gegendarstellungsrecht gibt es nur für den Rundfunk – und auch dort nur in eng begrenzten Fällen.

Die Bedeutung potenzieller Schadensersatzklagen für die Medien beruht hierbei v.a. auf der möglichen Höhe der gerichtlich festgesetzten Schadensersatzforderungen (Carter u.a. 1994, 44ff., 75). Neben dem Ausgleich realer Vermögenseinbussen (special damages) kann die Schadensersatzpflicht nach common law grundsätzlich auch erhebliche Summen zum Ausgleich immaterieller Schäden („general damages") sowie bei Böswilligkeit oder Rücksichtslosigkeit eine Zahlung mit Straf- und Abschreckungscharakter (punitive damages) umfassen. Die punitive damages werden nach der Vermögenslage des Schädigers bestimmt und können sich auf zweistellige Millionenbeträge belaufen. Bereits die Kosten der Rechtsverteidigung gegen die entsprechend bedrohlichen Klagen besitzen mangels Kostenerstattung selbst im Fall des

Obsiegens ein erhebliches Einschüchterungspotential.

3.3.1.1. Ehrschutz

Der Ehrschutz ist ein traditioneller Teil des anglo-amerikanischen common law und entwickelte sich im Laufe der Zeit zu einem hochkomplizierten und ausdifferenzierten System von Ansprüchen. Der hierüber vermittelte Schutz wurde jedoch insbesondere wegen der weitreichenden Gefährdungshaftung und der erheblichen Anforderungen für die Entlastungsbeweise als die Medien zu sehr beschränkend empfunden. Der Supreme Court modifizierte ihn deshalb unter Hinweis auf die durch im First Amendment verankerten verfassungsrechtlichen Vorgaben (Nolte 1992, 94ff.). Die zentralen Weichenstellungen dieser Rechtsprechung bildeten dabei die Entscheidungen New York Times v. Sullivan und Gertz v. Robert Welch.

In der Folge ergibt sich zunächst ein zweispuriges System des Ehrschutzes. In der Öffentlichkeit stehenden Personen (public figures) kommt, wenn die ehrverletzende Berichterstattung ein Verhalten betrifft, das im Zusammenhang mit diesem öffentlichen Status steht, nur ein eng begrenzter Ehrschutz zu. Der Kläger muss für einen Schadensersatzanspruch nachweisen, dass der Journalist mit Wissen oder in rücksichtsloser Missachtung der Wahrheit (actual malice) in ehrverletzender Weise falsch berichtete. Für alle sonstigen Personen (private persons) muss meist nur der Nachweis einer fahrlässigen ehrverletzenden Falschberichterstattung geführt werden.

Als public figure sind vor allem Personen anerkannt, die erheblichen Einfluss bzw. grosse Berühmtheit besitzen (all purpose public figures) oder sich in öffentliche Angelegenheiten einmischen („vortex" public figures). Dies entspricht dem Grundgedanken, dass diese Personen (freiwilligen) Anlass für eine öffentliche Kommentierung ihres Verhaltens gegeben haben bzw. aufgrund ihres Status über leichten und dauerhaften Zugang zu den Medien mit der damit verbundenen Möglichkeit einer Korrektur des falschen Eindrucks verfügen (Teeter Jr./LeDuc 1992, 164ff.). Die Abgrenzung im Einzelfall ist sehr schwierig.

Sofern die Ehrverletzung auf einer Meinung des Journalisten beruht, kommt der traditionellen common law Rechtfertigung des „fair comment" besondere Bedeutung zu. Danach ist die geäusserte Kritik gerechtfertigt, wenn sie ehrlich gemeint ist, auf zutreffend wiedergegebenen Fakten beruht und von einem Informationsinteresse getragen wird (Franklin/Anderson 1990, 257ff.).

Neben diesen Einschränkungen des Entstehens einer Schadensersatzpflicht kann auch ihr Umfang begrenzt sein. In vielen Staaten etwa müssen die Betroffenen vor Erhebung einer Klage einen Widerruf fordern. Erfolgt der Abdruck/die Sendung eines vollständigen Widerrufs (retraction), führt dies zum weitgehenden Ausschluss von punitive damages bzw. sonstigen Beschränkungen der Ersatzpflicht. Auch im Bereich des common law verringert es jedenfalls faktisch die Gefahr hoher Zahlungen (Gillmor u.a. 1990, 274f.).

3.3.1.2. Weiterreichender Persönlichkeitsschutz – privacy

Ein über den Ehrschutz hinausgehender Persönlichkeitsschutz hat sich in Form des „Right to Privacy", welches grob als „right to be let alone" verstanden werden kann, im wesentlichen erst in diesem Jahrhundert herausgebildet (vgl. Pavesich v. New England Life Insurance). Er ist mittlerweile auf Grundlage des Common Law und/oder einzelstaatlicher Gesetze in fast allen Staaten der USA anerkannt, variiert hierbei jedoch auf Grund einer fehlenden allgemeinen Theorie in seiner Reichweite (Carter u.a. 1994, 112ff.).

Das 'Right to Privacy' schützt den Einzelnen insbesondere grundsätzlich vor einer ihn in ein falsches Licht rückenden Berichterstattung (false light) sowie der ungerechtfertigten Offenlegung bestimmter privater Tatsachen (private facts). Ein 'false light' kann etwa durch die fälschliche Zuschreibung von Aussagen, die Verwendung von Bildmaterial in falschem Kontext oder eine unzutreffende fiktionale Aufbereitung tatsächlicher individueller Begebenheiten entstehen. Die Verbreitung peinlicher und anstössiger privater Tatsachen hat einen eigenen Anwendungsbereich vor allem im Bereich wahrer Tatsachen, begründet dort aber allenfalls in krassen Ausnahmefällen eine (nach common law) unerlaubte Handlung. Denn die Rechtsprechung fasst traditionell den Tatbestand eng und den Rechtfertigungsgrund eines öffentlichen Interesses an der Veröffentlichung (Newsworthiness Privilege) extrem weit (Franklin/Anderson 1990, 427ff.).

3.3.2. Öffentliche Moral

Kommunikative Inhalte können nicht nur den Selbstwertanspruch einzelner verletzen, sondern auch mit dem gesellschaftlichen Selbstverständnis im Sinne der öffentlichen Moral kollidieren. Das Konfliktfeld mit der traditionell grössten Aufmerksamkeit bilden hierbei eindeutig sexualitätsbezogene Inhalte (Teeter Jr./LeDuc 1992, 329 ff.).

Der Supreme Court zeigte früh an, dass pornographische Inhalte nicht unter den Schutz des First Amendment fallen und damit weitgehend unbeschränkter staatlicher Regulierung offen stehen. Die verfassungsrechtliche Aufgabe beschränkte sich für diesen Bereich damit auf die schwierige Aufgabe, Pornographie hinreichend genau zu definieren (Miller v. California). Für die derart ausgegrenzten Inhalte existieren auf allen Gesetzgebungsebenen vielfältige Verbote und Regulierungen. Bei diesen darf zum Zwecke des Jugendschutzes von Verfassungs auch ein minderjährigenspezifischer Masstab für die Einordnung als Pornographie zugrunde gelegt werden.

Diesseits der Pornographie unterfällt die Kommunikation dem First Amendment und darf entsprechend nur nach den oben (2.2.2.) beschriebenen Grundsätzen der Interessenabwägung beschränkt werden. Eine weitreichende Regulierung dieses Bereichs findet sich jedoch bei den elektronischen Medien. Hierauf wird bei den einzelnen Medien eingegangen.

4. Regulierung der Massenmedien

Die Massenmedien haben in der amerikanischen Verfassungsdogmatik keine eigenständige theoretische Grundlegung erfahren (Hoffmann-Riem 1981, 56 ff.). Insbesondere Entscheidungen und Literatur zur Pressefreiheit, die neben der „free speech" ausdrücklich vom First Amendment erwähnt wird, sind aufs engste mit der allgemeinen Entwicklung der Meinungsfreiheit verwoben. Dennoch haben die geschichtlichen und tatsächlichen Unterschiede der verschiedenen Medien dazu geführt, dass sich ihre verfassungsrechtliche Einordnung und der Regulierungsansatz medienspezifisch ausdifferenzierten (Lively 1992, 29 ff.).

Gemeinsam ist den Medien allerdings eine prinzipiell kommerzielle Organisation und marktmässige Finanzierung. Dass die hierüber bedingte eigenständige Dynamik des Bereichs verfassungsrechtlich weitgehend folgenlos blieb, ist in der Annahme einer prinzipiell gleichen Ausrichtung von wirtschaftlichem Wettbewerb und Kommunikationsfreiheit begründet.

4.1. Presse

Der Presse, deren Erwähnung im First Amendment auf die geschichtlichen Erfahrungen staatlicher Repressionen in England und seinen Kolonien zurückzuführen ist, wird eine umfassende Freiheit eingeräumt. Ihre besondere Regulierung durch den Staat ist prinzipiell unzulässig (Minneapolis Star and Tribune Co. v. Minnesota Commissioner of Revenue).

4.1.1. Kein Presserecht

Ein besonderes Presserecht hat sich in den USA entsprechend nicht herausgebildet. Die Verhaltenssteuerung erfolgt im Pressebereich nur durch die oben in den zentralen Punkten beschriebene allgemeine Rechtsordnung. Im übrigen wird voll auf den ökonomischen Markt vertraut, der nur im Kartellbereich eine pressespezifische Ausnahme der allgemeinen Rahmenvorgaben erfahren hat.

4.1.2. Konzentration

Die ökonomischem Besonderheiten des Zeitungsmarktes mit seinen erheblichen Grössenvorteilen und der selbstverstärkenden Eigendynamik der Anzeigen-/Auflagenspirale führten zu erheblichen Konzentrationsprozessen. In Reaktion darauf wurde 1970 der Newspaper Preservation Act (18 U.S.C. §§ 1801–04) erlassen, der in Abweichung von den normalen Kartellverbotsregeln des Sherman-Acts eine weitgehende ökonomische Zusammenarbeit von Zeitungen erlaubt, sofern diese redaktionell voneinander unabhängig bleiben. Voraussetzung hierfür ist die Feststellung des Justizministers, dass eine der Zeitungen ökonomisch gefährdet ist und die Zusammenarbeit dem Gesetzeszweck der Erhaltung redaktionell unabhängiger und wettbewerblicher Zeitungen dient.

Dieser konzeptionelle Ansatz ist umstritten, da Befürchtungen bestehen, dass die Voraussetzungen für die Kooperationsgenehmigung wegen der mit ihr möglichen Gewinnsteigerungen im Rahmen einer Unternehmensstrategie bewusst herbeigeführt werden könnten und die Kooperationen die Marktchancen bzw. den -zutritt für Dritte entscheidend erschweren. Die praktische Relevanz der Regelung ist jedoch sehr begrenzt, da es ohnehin nur noch in wenigen Städten konkurrierende Tageszeitungen gibt und die Zahl neuer Kooperationen sehr gering ist (Lively, 1992, 138).

4.2. Elektronische Medien

Für den zum Zeitpunkt der Verfassungsgebung noch unbekannten Rundfunk war eine der Presse vergleichbare Freiheit schon aus technischen Gründen nicht möglich. Nachdem in den zwanziger Jahren die ungeregelte Frequenznutzung chaotische Zustände hervorgerufen hatte, wurde 1927 durch den Kongress die grundsätzlich bis heute bestehende Genehmigungspflicht für die Rundfunkveranstaltung eingeführt. Der Supreme Court hielt sie in seiner grundlegenden Entscheidung National Broadcasting Co. v. United States wegen der Knappheit der Frequenzen für gerechtfertigt. Bis heute – und trotz der technischen Entwicklung – stellt diese Frequenzknappheit das zentrale Rechtsprechungsargument für die rundfunkrechtliche Regulierung dar, wenngleich insbesondere die aussergewöhnliche Wirkungskraft des Mediums und die Zugänglichkeit für Kinder in jüngeren höchstrichterlichen Urteilen ebenfalls erwähnt werden. Die zur Genehmigungserteilung erforderliche staatliche Auswahlentscheidung und der Schutz der Frequenz vermögen wiederum auch weitergehende Regelungen wie etwa solche des Programminhalts zu legitimieren, sofern über sie erreicht werden soll, dass die knappe Ressource nicht „verschwendet", sondern treuhänderisch im öffentlichen Interesse genutzt wird. Den normativen Bezugspunkt des öffentlichen Interesses bilden hierbei in Anlehnung an das First Amendment Verständnis Meiklejohns v. a. die Rezipienten und ihr Interesse an vielfältiger Information (Red Lion Broadcasting v. FCC).

Eine gesetzgeberische Pflicht zur Rundfunkregulierung im öffentlichen Interesse besteht jedoch nicht. Die oftmals anklingende Orientierung der Rundfunkfreiheit an den gesellschaftlichen Voraussetzungen freier Meinungsbildung wird vom Supreme Court ausschliesslich als (begrenzte) Legitimation für gesetzliche oder untergesetzliche Beschränkungen des individuellen Freiheitsrechts, nie aber als Verfassungsauftrag verstanden. Diese bloss einseitige Bindung eröffnet dem Staat die Freiheit, weitgehend nach politischen Motiven die Regelungsdichte und -schwerpunkte im Rundfunksektor zu bestimmen. Verfassungsrechtliche Argumente und gerichtliche Entscheidungen durchziehen hierbei zwar die Entwicklungen, haben aber nur begrenzt steuernde und kaum ordnende Kraft.

In ähnlichem Masse gilt die politische Gestaltungsfreiheit für die neueren elektronischen Medien, von denen allein der besonders wichtige Kabelrundfunk näher behandelt werden soll. Seine verfassungsrechtliche Verortung ist bisher noch weitgehend unklar. Während einige Gerichte den Kabelrundfunk dem terrestrischen Rundfunk gleichstellen, verweisen andere auf das Fehlen einer rechtfertigenden Frequenzknappheit und halten deshalb die dortigen Regulierungslegitimationen für nicht anwendbar. Der Supreme Court hat den Kabelrundfunk zunächst in den Eingriffsanforderungen zwischen Rundfunk und Presse eingeordnet (Turner Broadcasting Sys. v. FCC; jetzt aber auch Turner Broadcasting Sys v. FCC (II)).

4.2.1. Die FCC als Regulierungsbehörde

Die Regulierung aller elektronischen Medien und der Telekommunikation obliegt im wesentlichen der durch den Communications Act von 1934 (47 U.S.C. § 151ff.) als Bundesbehörde in Form einer sog. „independent agency" eingerichteten Federal Communications Commission (FCC). Die Kommission selbst besteht hierbei aus 5 Mitgliedern, die für jeweils 5 Jahre vom Präsidenten benannt und vom Senat bestätigt werden; nicht mehr als 3 Mitglieder dürfen derselben Partei angehören. Ihr untersteht ein grosser, zentralisierter Verwaltungsapparat. Die FCC kann innerhalb des ihr gesetzlich übertragenen Aufgabenbereichs weitgehend selbständig Regelungen treffen und Richtlinien erlassen. Sie ist im wesentlichen nur verpflichtet, ihre Aufgabe wahrzunehmen „… as public convenience, interest, or necessity requires …" (47 U.S.C. § 303).

Über diese breite Ermächtigung gestaltet die FCC aktiv die Medienordnung und stellt einen zentralen Faktor der Medienpolitik dar. Ihre Bedeutung ist um so grösser, als die gesetzlichen Bestimmungen in vielen Bereichen nur breite Handlungsaufträge an die FCC umschreiben (vgl. nur 47 U.S.C. § 303, 309) bzw. äusserst lückenhaft sind oder gänzlich fehlen. Der Kongress beobachtet die FCC jedoch sehr genau und wirkt gegebenenfalls über informelle Kontakte oder die Haushaltsgesetzgebung steuernd auf sie ein.

Die Regulierung der elektronischen Medien durch Gesetzgeber wie FCC ist traditionell an den Übertragungswegen ausgerichtet und unterwirft diese jeweils unterschiedlichen Regelungsregimen. Bei deren Gestaltung ist neben den jeweiligen technologiespezifischen Eigenarten mittlerweile als Leitgesichtspunkt massgeblich, eine weitgehende Konkurrenz auch zwischen den verschiedenen Verbreitungswegen durch eine Verschiebung von Regulierungslasten entsprechend den ökonomischen Befindlichkeiten der Branchen zu ermöglichen. Dies entspricht dem generellen weitgehenden Vertrauen der FCC in den ökonomischen Markt als Steuerungsfaktor, das seit Anfang der 80er Jahre zu einem weitgehenden Abbau von Programminhalts- und anderen Regeln im Rundfunkbereich führte (Le Duc 1987; Hoffmann-Riem, 1996, 11 ff.). Die Tendenz wurde mit dem Telecommunications Act 1996 und dem Balanced Budget Act von 1997 bestätigt und nochmals verstärkt (Wilmer, Cutler&Pickering 2000).

4.2.2. Terrestrischer Rundfunk

Den historisch ersten und traditionell bedeutsamsten Teil der Medienlandschaft bildet der terrestrisch verbreitete Rundfunk. Seine frequenztechnische Ordnung wird von der FCC für die wichtigsten Bereiche (UKW-Radio und Fernsehen) durch Frequenzpläne vorgenommen, in denen nicht nur die Zuteilung der Frequenzen zu den Nutzungsarten sondern auch die technischen Merkmale der Stationen (z. B. Sendestärke) festgelegt werden. Im folgenden sollen nur die medienrechtlichen Steuerungen innerhalb dieser technischen Vorgaben näher untersucht werden. Radio und Fernsehen sind hierbei ähnlich reguliert, wenngleich der Radiobereich bei den Deregulierungen seit Anfang der 80er Jahre häufig als Vorreiter genutzt wurde. Vereinfachend wird hier in Detailfragen oft nur auf einen der Bereiche Bezug genommen.

4.2.2.1. Lizenzierung

In Folge des traditionellen frequenzpolizeilichen Ansatzes ist für den Betrieb einer Rundfunkstation eine Lizenzierung durch die FCC erforderlich, die regelmässig in einem relativ formlosen Verfahren vergeben werden kann. Liegen mehrere, sich wechselseitig ausschliessende Bewerbungen vor, wurden diese traditionell in einem vergleichenden Verfahren der Bewerberauswahl vergeben. Die massgeblichen Vorrangkriterien enthielten grundsätzlich keine unmittelbar programminhaltsbezogenen Kriterien, boten jedoch u. a. Vorteile für solche Bewerber, deren organisatorische und personelle Struktur einer Programmvielfalt förderlich erschien (Hoffmann-Riem, 1996, 21 f.). So wurden Bewerber bevorzugt, die keine oder nur geringe anderweitige Medieninteressen innehatten, bzw. bei denen der örtlich ansässige Eigner voll mitarbeitete. Auf Druck des Kongresses wurden trotz rechtlicher Zweifel bei FCC und Gerichten auch Bewerbungen von Frauen und ethnischen Minderheiten bevorzugt.

Angesichts wachsender Zweifel an der Angemessenheit des vergleichenden Verfahrens wurden zunächst verschiedene alternative Vergabeverfahren wie Auktionierung oder Lotterie zugelassen, aber nur in Randbereichen angewendet. Nachdem ein Obergericht das praktisch zentrale Auswahlkriterium der Mitarbeit des örtlich ansässigen Eigners für rechtswidrig erachtet hatte (Bechtel v. FCC), stoppte die FCC allerdings alle vergleichenden Verfahren (FCC 1994). Seit dem Balanced Budget Act von 1997 muss sie jetzt bei allen TV und Radio-Lizenzen für kommerzielle Zwecke prinzipiell das Versteigerungsverfahren durchführen. Das Ziel der früheren Auswahlkriterien, ein privilegierter Zugang mutmasslich vielfaltsfördernder Eigentümerstrukturen, soll zwar gesetzlich auch in diesem Verfahren beachtet werden, wurde vorbehaltlich der Ergebnisse laufender Untersuchungen aber von der FCC (FCC 1998) auf einen gestuften „bidding credit" für „Neueinsteiger" im Medienbereich beschränkt (47 C.F.R. § 735007). Da zugleich auch die sonstigen Mechanismen der verstärkten Beteiligung von Frauen und ethnischen Minderheiten an Rundfunksendern bzw. der Beschäftigung in Rundfunksendern rechtlich bzw. faktisch abgeschwächt oder aufgegeben wurden (Wilmer, Cutler & Pickering 2000, 119 ff.), scheint die an gesellschaftlichen Gruppen ansetzende strukturelle Vielfaltssicherung für den kommerziellen Rundfunk endgültig verabschiedet zu werden.

Vor der Lizenzvergabe prüft die FCC zunächst die Basisqualifikationen der Bewerber. Diese umfassen insbesondere die erforderliche U.S. Staatsbürgerschaft bzw. den Ausschluss ausländischen Einflusses die persönliche Zuverlässigkeit (character), die Einhaltung der technischen Vorgaben und die Vereinbarkeit mit den unten (4.2.2.2.1.) dargestellten Konzentrationsregeln.

Die Lizenzen werden grundsätzlich nur für höchstens acht Jahre erteilt, nach deren Ablauf der Inhaber einen Antrag auf Erneuerung stellen muss. Obwohl er hierbei grundsätzlich ein (vergleichendes) Lizenzierungsverfahren durchlaufen müsste, bei dem theoretisch auch die Programmqualität ein Vergabefaktor ist, wird von der FCC regelmässig eine Erneuerung an den Lizenzinhaber gewährt. Dies verwundert nicht, denn schon die enormen Quantitäten – gegenwärtig gibt es ca. 11 000 Radio- und fast 1500 Fernsehstationen – lassen ein intensives Prüfverfahren kaum zu. Die FCC operiert zwar seit dem Bechtel-Urteil nicht mehr mit der nur schwer widerleglichen Vermutung, dass der Veranstalter den Interessen der Rezipienten seines Sendegebietes gerecht wurde (vgl. Mc Gregor 1989), sondern entscheidet fallweise auf der Grundlage der vom Veranstalter und konkurrierenden Bewerbern vorgelegten Unterlagen. Sie lässt aber keinen Zweifel daran, dass jedenfalls der Nachweis einer „substantial performance" des Lizenzinhaber weiter überragendes Gewicht haben wird (FCC 1998).

Auch die – allerdings erst nach einem Jahr zulässige – Übertragung einer Lizenz unterliegt nur einer vergleichsweise schwachen Kontrolle durch die FCC.

4.2.2.2. Strukturkontrolle

4.2.2.2.1. Konzentration

Auch der Markt der elektronischen Medien besitzt wegen Grössenvorteilen eine starke Tendenz zur Konzentration, die aufgrund der Regulierungsphilosophie einer Sicherung der Programmvielfalt durch ökonomische Konkurrenz auch rundfunkpolitische Zielwerte gefährdet. Die FCC versuchte, diesem Konzentrationsdruck traditionell durch Begrenzungen der Mehrfachveranstaltung (multiple ownership) sowie der intermediären Konzentration (cross-ownership) zu begegnen, wobei jeweils nicht nur an die Eigentümerstellung, sondern allgemein an zurechenbare Interessen angeknüpft wurde (47 C.F.R. § 73.3555). Der im wesentlichen über FCC-Verordnungen regulierte Grad zulässiger Konzentration wurde im Laufe der Jahre jedoch kontinuierlich erhöht, was v. a. mit den ökonomischen Schwierigkeiten des terrestrischen Rundfunks gegenüber dem erstarkten Kabelrundfunk und dem Erfordernis ökonomischer Potenz zur Erstellung eines leistungsfähigen Programms gerecht-fertigt wird (vgl. FCC 1992). Der Telecommunications Act 1996 beschleunigte diese Entwicklung nochmals enorm, indem er in der Hoffnung auf verstärkten Wettbewerb das gesetzliche Verbot der gleichzeitigen Beteiligung an Fernsehsendern und Kabelfernsehnetzen aufhob und die FCC hinsichtlich zahlreicher konzentrationshemmender Regulierungen zu Lockerungen verpflichtete oder ermunterte (Wilmer, Cutler&Pickering 2000, 115ff.). So überprüft die FCC die traditionellen Restriktionen wie die Verbote der cross-ownership zwischen Zeitungen und Rundfunksendern in demselben Markt, der gleichzeitigen Beteiligungen an Fernsehsendern mit überlappenden Sendegebieten und der differenzierten Begrenzung von Mehrfachveranstaltung von Radioprogrammen auf lokalen Märkten. Sie erwägt ferner, die Begrenzungen der cross-ownership zwischen Radio- und Fernsehsendern auf demselben Markt weiter zu lockern.

Die einzige gegenwärtig sichere, weil bereits gelockerte Konzentrationsregel beschränkt die Mehrfachveranstaltung von Fernsehen auf national 35% der Fernsehanschlüsse.

4.2.2.2.2. Network-Regulierung

Die amerikanische Rundfunkstruktur kann jedoch mit blossem Blick auf die einzelnen Rundfunkstationen nicht hinreichend erfasst werden. Denn viele von ihnen sind sog. Networks angeschlossen; einige gehören ihnen sogar direkt. Die Networks (v. a. ABC, NBC, CBS, Fox) sind Programmgesellschaften, die den Stationen ein hochprofessionelles, von ihnen selbst promotetes Programm einschliesslich der Werbeblöcke sendefertig anbieten, das letztlich landesweit empfangen werden kann (Levin 1980, 276ff.). Die angeschlossenen Stationen ergänzen dieses Angebot nur noch – insbesondere um kleine lokal oder regional ausgerichtete Programmteile. Die Networks haben damit eine Scharnierstellung inne, die eine machtvolle Position auf dem Rundfunkmarkt bedeutet. Denn viele Rundfunkstationen sind von ihnen wegen ihrer publizistischen Macht faktisch abhängig, wodurch die networks auf der anderen Seite auch auf dem Programmmarkt zur zentralen Figur werden.

Die Ansätze der FCC zur Regulierung der Networks knüpften sowohl an deren Beziehungen zu den ihnen angeschlossenen Stationen (affeliates) als auch an deren Rolle auf dem Programmmarkt an, blieben aber insgesamt schon immer in Bedeutung und Reichweite hinter der faktischen Machtstellung der Networks zurück (Hoffmann-Riem, 1981, 70 ff.). Für den Radiobereich wurden die Regulierungen bereits 1977 fast vollständig aufgehoben. Die finanziellen Schwierigkeiten der Networks und der zunehmende Wettbewerb zwischen Fernsehsendern und neuen Medien führten auch im Fernsehbereich zu weiteren Lockerungen (Wilmer, Cutler & Pickering 2000, 111 ff.).

Jetzt wird im wesentlichen nur noch das Verhältnis zu den affaliates reguliert, wobei auch hier nur solche Klauseln verboten sind, die zu ihrer vollkommenen Abhängigkeit führen würden (47 CFR § 73.658). So darf den affaliates etwa nicht untersagt werden, als unzureichend erachtete Programme abzulehnen oder Programme auch anderer Networks zu senden. Auf dem Programmmarkt versuchte die FCC den Networks im Verhältnis zu den Programmproduzenten eine unbillige Ausnutzung der grossen Nachfragemacht sowie durch massive Beschränkungen der Eigenproduktionen und der Tätigkeit als Syndicator (Rechtehändler) eine Dominanz des Programmproduktions- und -vertriebsmarktes zu verwehren. Diese sog. „Fin-Syn"-Regeln liefen jedoch 1995 aus.

4.2.2.3. Programminhaltsregulierung

Nach der gegenwärtigen Regulierungsphilosophie von Kongress und FCC soll der Inhalt der Rundfunkprogramme grundsätzlich über den Wettbewerb der Veranstalter auf dem (ökonomischen) Markt gesteuert werden. Entsprechend gibt es keine programminhaltsbezogenen Regeln, die etwa ein vielfältiges Programm sichern sollen (zum Abbau der Privilegierungen bestimmter Veranstalterstrukturen siehe oben 4.2.2.1.). Insbesondere die bekannte „Fairness-doctrine" wurde Mitte der 80er Jahre aufgegeben. Nach ihr sollten die Veranstalter angemessene Zeit auf die Behandlung kontroverser Angelegenheiten von allgemeiner Bedeutung verwenden und waren verpflichtet, hierbei angemessene Gelegenheit für die Darstellung unterschiedlicher Positionen zu geben (Hoffmann-Riem, 1981, 173 ff.; Rowan, 1984; Relikte sind 47 C.F.R. § 73.1920, 73.1930).

Die einzigen weiterreichenden positiven Programmanforderungen bestehen hinsichtlich der Veranstaltung von Kinderprogrammen. Der Children's Television Act von 1990 (47 U.S.C. §§ 303(a)–(b)) bestimmt u.a., dass bei einer Lizenzerneuerung besonders zu berücksichtigen sei, ob der Veranstalter auch den erzieherischen und informatorischen Bedürfnissen der Kinder diente. Nachdem die FCC diese Anforderungen zunächst durch vage Begriffsinterpretationen verwässert hatte (FCC 1991), ergriff sie 1996 eine Reihe von Massnahmen, um die Umsetzung zu befördern (FCC 1996). Neben präziseren Definitionen, einer verfassungsrechtlich umstrittenen Quantifizierung zu sendender Kinderprogramme und dem Anreiz eines schnelleren Lizenzerneuerungsverfahrens für eindeutig gesetzestreue Antragsteller führte sie insbesondere Veröffentlichungspflichten für die Veranstalter ein. Hierdurch sollte zum einen Markttransparenz für die Eltern und damit eine grössere Nachfrage geschaffen, aber auch explizit der direkte Dialog zwischen Nutzergruppen und den Veranstaltern und damit ein sozialer Druck auf letztere gefördert werden.

4.2.2.3.1. Öffentliche Moral – Jugendschutz

Ein Versagen der Marktsteuerung und damit ein Regulierungsbedarf wird hinsichtlich des Schutzes der Öffentlichen Moral und dem damit eng verwandten Jugendschutz angenommen. Hierbei werden hinsichtlich der Darstellung von Gewalt und sexuell anstössigen Sendungen voneinander verschiedene Regelungsansätze verfolgt.

Für die Begrenzung der Gewaltdarstellungen im Fernsehen beschränkte sich der Television Program Improvement Act (47 U.S.C. § 303 (c)) zunächst darauf, die Networks, Veranstalter, Produzenten und Kabelindustrie zum freiwilligen Erlass selbstbeschränkender Richtlinien durch eine diesbezügliche Ausnahme vom Kartellverbot zu ermuntern. Er setzte damit auf eine durch politischen Druck flankierte Hoffnung auf Selbstregulierung.

Die Ausstrahlung sexuell anstössiger Sendungen ist hingegen direkt beschränkt (Hoffmann-Riem, 1996, 38 ff.). Die Verbreitung von Pornographie ist vollständig verboten und diejenige sexuell anstössigen Materials unterhalb dieser Schwelle (indecent programming) ist nur zu bestimmten Sendezeiten erlaubt (safe harbor). Die grundsätzliche verfassungsrechtliche Zulässigkeit der Beschränkung auch bloss anstössiger und damit vom First Amendment geschützter Sendungen im Rundfunk wurde vom Supreme Court v.a. wegen dessen Fähigkeit, in die Privatheit der Haushalte einzudringen und der leichten Zugänglichkeit für Kinder bestätigt (FCC v. Pacifica Foundation). Der „safe harbor for adults" ist gegenwärtig auf 22:00 bis 6:00 festgelegt.

Mit Section 551 des Television Act 1996 wurden diese Regulierungsansätze um eine weitere Variante ergänzt, die auf Selbstregulierung der Anbieter- und Selbstschutz der Nachfragerseite setzt. Angesichts der gesetzlichen Drohung behördlicher Regulierung hat die Fernsehindustrie freiwillige, fortlaufend überwachte und evaluierte Regeln erarbeitet, nach denen die Programme hinsichtlich ihrer problematischen Inhalte und der Angemessenheit für Altersstufen gekennzeichnet werden (TV Parental Guidelines). Die FCC hat diese Regeln als angemessen anerkannt und entsprechend von einer Regulierung abgesehen (FCC 1998a). Sie hat nach umfangreicher Zusammenarbeit mit allen beteiligten Gruppen ergänzend verordnet, dass in zwei Stufen zukünftig alle Fernsehgeräte mit dem sog. V-chip ausgerüstet sein müssen, der es erlaubt, in Anknüpfung an dieses Rating unerwünschte Sendungen zu blockieren (FCC 1998b)

4.2.2.3.2. Werbebeschränkungen

Die Werbung im Rundfunk wird im wesentlichen durch die allgemeinen Rechtsvorschriften über die Werbung (Irreführungsverbot etc.) geregelt und entsprechend von der Federal Trade Commission (FTC) – nicht der FCC – überwacht. Neben wenigen Verboten bzw. Begrenzungen der Rundfunkwerbung für bestimmte Produkte und Dienstleistungen und der Verpflichtung zur Nennung eventueller Sponsoren bestehen rundfunkspezifische Begrenzungen nur hinsichtlich der Kinderprogramme. In ihnen dürfen Werbehöchstgrenzen nicht überschritten und müssen besondere Regeln zur Trennung von Werbung und Programm beachtet werden (FCC 1991; 47 C.F.R. § 73.670).

4.2.2.4. Überwachung

Der FCC kommt nicht nur erhebliche Gestaltungsmacht durch ihre weitreichende Befugnis zur Regelsetzung, sondern auch durch die Art und Weise der Wahrnehmung ihrer Überwachungsaufgabe zu (Hoffmann-Riem, 1996, 18ff., 55ff.). Die Veränderung der Überwachungsintensität wurde und wird von ihr teilweise bewusst als Äquivalent zur Änderung rechtlicher Regeln eingesetzt. Als grundsätzlicher Aufsichtsstil lässt sich ein kooperatives und konsensorientiertes Vorgehen der FCC ausmachen. So bevorzugt sie etwa weiche, informelle Instrumente wie die Erteilung von Mahnungen und Hinweisen gegenüber den formellen Sanktionen. Für die Ermittlung von Verstössen verlässt sich die FCC in weiten Feldern auf Beschwerden, insbesondere von Seiten der Konkurrenten oder Bürgergruppen. Das Vorgehen im Bereich der Kinderprogramme weist sogar eine offene und gezielte Instrumentalisierung der Öffentlichkeit für Regulierungszwecke aus.

Die Öffentlichkeit, die durch viele Interessengemeinschaften einen beachtlichen Organisationsgrad erreicht hat, besitzt ohnehin eine nicht zu vernachlässigende Bedeutung. Sie vermag nicht nur erheblichen politischen Druck auf einzelne Veranstalter auszuüben, sondern hat auch eine Reihe von rechtlich eingeräumten Beteiligungsmöglichkeiten. Sie kann sich etwa an den Rechtsetzungsverfahren der FCC beteiligen und deren Regeln gerichtlich angreifen.

4.2.3. Kabelfernsehen

Das Kabelfernsehen hat mittlerweile eine enorme ökonomische und publizistische Bedeutung erlangt und stellt eine starke Konkurrenz zu den terrestrischen Anbietern dar. 60% der Haushalte sind bereits an Kabelnetze angeschlossen.

Beim Kabelfernsehen sind grundsätzlich drei Gruppen beteiligt. Die staatlich über einen Franchisevertrag zugelassenen privaten Betreiber der Kabelnetze (cable operator), die Programmveranstalter, seien es Anbie-
ter spezieller Kabelprogramme oder Veranstalter bereits terrestrisch ausgestrahlter Programme, sowie die Teilnehmer. Die Netzbetreiber beziehen von den Programmveranstaltern gegen eine (zuschauerabhängige) Lizenzgebühr oder aufgrund gesetzlicher Verpflichtung die Programme für die je nach Technik 20 bis über 100 Kabelkanäle. Die Teilnehmer abonnieren gegen eine Gebühr bestimmte Programmpakete oder auch Einzelsendungen (pay-per-view) und erhalten vom Netzbetreiber auch den entsprechend programmierten Decoder.

Die Regulierung dieses Bereichs (Esser-Wellié, 1995) erfolgt im wesentlichen durch den Cable Communications Policy Act von 1984 und den Cable Television Consumer Protection and Competition Act von 1992 sowie die jeweils ergänzenden FCC-Regeln. Grundsätzlich ist damit auch das Kabelfernsehen in wesentlichen Punkten bundesrechtlich geregelt, wenngleich den insoweit präkludierten Einzelstaaten und v.a. den Gemeinden aufgrund des Wege- und Bodenrechts noch einzelne Befugnisse zustehen. In ihre Zuständigkeit fällt etwa die Durchführung der (bundesrechtlich ausgestalteten) Zulassung.

Als durchgängiges Regulierungsziel wird die Förderung der Programmvielfalt durch eine grösstmögliche Anzahl von Programmen angestrebt und zu seiner Verwirklichung möglichst weitgehend auf den ökonomischen Markt vertraut. Soweit jedoch kein effektiver Wettbewerb besteht, sollen die Verbraucher geschützt und die Ausnutzung von Marktmacht verhindert werden. So reguliert etwa die FCC die Teilnehmerentgelte (rates) in jenen Märkten, in denen die Kriterien für die Annahme eines effektiven Wettbewerbs (47 U.S.C. § 543; FCC 1996a) nicht vorliegen. Die vielfältigen bestehenden Markt- und Verbraucherschutz-Regeln sind höchst komplex und sollen nur hinsichtlich einiger Schwerpunkte näher vorgestellt werden. Viele der Vorschriften und FCC-Regeln wurden und werden überdies gerichtlich angegriffen bzw. in Reaktion auf solche Angriffe überarbeitet, so dass noch nicht von einem stabilen Regulierungsregime ausgegangen werden kann (Sinel u.a., 1994).

4.2.3.1. Zulassung des Netzbetreibers (Franchising)

Die Betreiber der Kabelnetze bedürfen der Zulassung, die durch Abschluss eines sog. Franchisevertrages mit den Gemeinden nach einem vorangegangenen Ausschreibungsverfahren erfolgt (Barnett 1988, 126f.). Im Ausschreibungsverfahren werden die gesetzlich nur begrenzt vorgegebenen leistungsbezogenen Kriterien wie Art und Umfang des Kabelsystems, Finanz- und Zeitplan etc. festgelegt. Auch die unten beschriebenen Zugangsregeln werden regelmässig in diesem Rahmen konkretisiert. Anhand eines Punktsystems werden die von den Bewerbern daraufhin eingereichten Angebote und Preiskalkulationen bewertet und mit dem oder den geeignetsten Bewerbern der Franchisevertrag abgeschlossen. In diesem werden die jeweiligen Vorgaben verbindlich gemacht und die abzuführende Lizenzgebühr von höchstens 5% des Bruttoertrages bestimmt (47 U.S.C. § 542). Während die Gemeinden früher regelmässig Netzmonopole zuliessen, dürfen seit 1992 keine exklusiven oder de-facto exklusiven Lizenzen mehr vergeben und Anträge auf Errichtung konkurrierender Netze nicht mehr ohne Grund zurückgewiesen werden (Esser-Wellié 1995, 173ff.).

Die Franchiseverträge werden auf 15 Jahre abgeschlossen und bedürfen dann der Erneuerung. Diese erfolgt meist durch schlichte Vereinbarung und führt regelmässig nur dann zu einem formalen Verfahren, wenn die Gemeinde über die Erneuerung im Zweifel ist (Sinel u.a. 1994).

4.2.3.2. Programmangebotsregulierung

Da im Kabelbereich die Netzbetreiber und nicht die einzelnen Programmveranstalter zugelassen werden, gibt es keinen unmittelbaren Ansatzpunkt für eine Regulierung des Programmangebots. Seine Auswahl und Steuerung liegt zunächst in Händen des Netzbetreibers, an den sich gesetzliche und konkretisierende vertragliche Vorgaben richten müssen.

4.2.3.2.1. Zugangsregeln

Auch im Kabelfernsehen gibt es keine Regeln, die über inhaltsbezogene Vorgaben ein vielfältiges Programm sichern sollen. Es bestehen jedoch Regeln, die jedenfalls negativ eine Ausnutzung der Marktmacht bei der regelmässig bestehenden Monopolstellung der Netzbetreiber verhindern und somit jedenfalls einen offenen Zugang zum Netz gewährleisten sollen (Esser-Wellié 1995, 113ff.; Carter u.a. 470ff.).

Schutzbedürftig erschienen hierbei vor allem die lokalen, terrestrischen Rundfunkveranstalter, die mit den Kabelbetreibern um Werbeeinnahmen konkurrieren und im Falle der Nichteinspeisung in ihrer Existenz gefährdet sein könnten. Dies wiederum gefährdete das Angebot für Nicht-Kabelteilnehmer. Die Kabelnetzbetreiber sind deshalb verpflichtet, auf Wunsch die Programme der lokalen terrestrischen Sender mit Ausnahme inhaltsgleicher Programme unter ihrer terrestrischen Kanalnummer unentgeltlich einzuspeisen (must-carry rule). Sie müssen grundsätzlich bis zu einem Drittel ihrer Kapazitäten für die Weiterverbreitung der Programme kommerzieller Stationen sowie 1–3 Kanäle für die nichtkommerzieller Stationen reservieren (47 U.S.C. § 534f.). Die kommerziellen lokalen

Fernsehsender können auch statt der Inanspruchnahme der Einspeiseverpflichtung eine Vergütungsvereinbarung für die Weiterverbreitung aushandeln, für die jedoch nur bei besonders populären Sendern hinreichender Anreiz bestehen dürfte. Die Einspeiseverpflichtung wurde vom Supreme Court mit knapper Mehrheit für grundsätzlich verfassungsgemäss erachtet (Turner Broadcasting Systems v. FCC (I und II).

Die Kabelnetzbetreiber müssen ferner eine von der Gesamtkapazität abhängige Anzahl von Kanälen für unabhängige Programmveranstalter auf Mietbasis zur Verfügung stellen (leased access channels). Auf deren Programme darf der Netzbetreiber keinen Einfluss nehmen, ist grundsätzlich aber auch nicht für ihren Inhalt verantwortlich. Er darf jedoch die Übertragung von obszönen, anstössigen oder Nacktheit zeigenden Programmen verweigern (47 U.S.C. § 531 f.). Die zulässigen Miethöchstpreise sowie Verfahren zur Streitbeilegung zwischen den Parteien sollen durch die FCC festgelegt werden. Der Kabelbetreiber kann auch verpflichtet werden, eine bestimmte Anzahl von Kanälen für nicht-kommerzielle Nutzungen zur Verfügung zu stellen (public, educational and governmental access use – PEG channels; 47 U.S.C. § 531).

4.2.3.2.2. Öffentliche Moral – Jugendschutz

Auch hinsichtlich des Schutzes der Öffentlichen Moral und der Jugend knüpft die gesetzliche Regelung vor allem an der Verbreitung durch den Netzbetreiber an (Esser-Wellié 1995, 78 ff.). Die Verbreitung pornographischen Materials ist grundsätzlich untersagt. Anstössige Sendungen unterhalb dieser Schwelle (indecent programs) müssen in einem Kanal angeboten werden, zu dem auf Wunsch des Teilnehmers der Zugang für Minderjährige durch Vorrichtungen zu erschweren ist. Der Teilnehmer kann auch verlangen, dass der Zugang zu im Kabelnetz verbreiteten anstössigen Programmen grundsätzlich versperrt wird.

Ein gänzliches, oder wie beim terrestrischen Rundfunk auf bestimmte Zeiten beschränktes Verbot anstössiger Sendungen wäre hingegen nach der Rechtsprechung verfassungsrechtlich nicht zulässig, denn die Kabelkanäle würden freiwillig in die private Sphäre gelassen und Eltern könnten die Rezeption derartiger Sendungen durch die Kinder verhindern (Cruz v. Ferre).

4.2.3.3. Konzentration

Der Kabelfernsehsektor zeichnet sich durch eine hohe vertikale und horizontale Konzentration aus, die durch das allgemeine Wettbewerbsrecht nicht verhindert werden konnte (Esser-Wellié 1995, 123 ff.). In Reaktion hierauf wurden im Cable Television Consumer Protection and Competition Act von 1992 medienspezifische Regelungen angestrebt, die v. a. die Konzentrationsprozesse eindämmen und eine Bevorzugung eigener Programme durch die Netzbetreiber verhindern sollen. Ein Kabelbetreiber darf nicht gleichzeitig direkt oder verdeckt die Zulassung für andere neue Multikanalträger in seinem Sendegebiet erhalten und unterliegt Beschränkungen, die letzteren einen hinreichenden Zugang zu Programmmaterial sichern sollen (vgl. zur cross-ownership mit terrestrischem Rundfunk 4.2.2.2.1., mit anderen neuen Übertragungswegen 4.2.4.1.). Entsprechend einem verfassungsrechtlich umstrittenen (Time Warner v. FCC) gesetzlichen Handlungsauftrag erliess die FCC auch Regelungen, die u. a. die landesweite Teilnehmerzahl eines Kabelunternehmens auf 30 % sowie die Anzahl der Kanäle auf 40 % für solche Programmveranstalter begrenzen, an denen der Kabelnetzbetreiber relevante Anteile hält (47 C.F.R. § 76.503 f.). Sie soll auch durch Regelungen verhindern, dass die Einspeisung eines Programmveranstalters durch einen Kabelbetreiber von der Einräumung von Beteiligungsrechten oder exklusiven Verbreitungsrechten abhängig gemacht wird. Schliesslich sollen die Regelungen eine Gleichbehandlung der Programmveranstalter durch den Kabelbetreiber sichern. Mit dem Telecommunications Act 1996 beauftragte der Gesetzgeber allerdings die FCC damit, ihre Vorschriften zu Eigentümerverhältnissen zu prüfen und aufzuheben bzw. zu ändern, soweit sie dem öffentlichen Interesse entgegenstehen (Wilmer, Cutler&Pickering 2000, 139).

4.2.4. Regulierung bei Medienvervielfachung und Konvergenzprozessen

Die bisherige Darstellung war auf die etablierten Medienzweige des terrestrischen und Kabelfernsehens beschränkt. Dies rechtfertigt sich daraus, dass sich bislang im wesentlichen nur für sie ein medienspezifisches Recht herausgebildet hat. Die tatsächliche, vor allem technikgetriebene Entwicklung im Bereich der elektronischen Medien deutet jedoch auf eine weitaus komplexere zukünftige Medienlandschaft hin. Diese Entwicklung besitzt dabei eine solche Dynamik, dass die rechtlichen Probleme noch gar nicht vollständig erkannt, geschweige denn bereits konzeptionell aufgearbeitet sind.

4.2.4.1. Vervielfachung und Verknüpfung der Übertragungstechnologien

Bereits gegenwärtig existiert eine Vielzahl von (massenmedialen) Übertragungswegen, die mit den etablierten Systemen konkurrieren (Teeter Jr./LeDuc 1992, 414ff.) Der Satellitendirektempfang (Direct Broadcast Satellites – DBS) besitzt das Potential eines flächendeckenden Verbreitungsmediums und hat in den letzten Jahren erheblich an Bedeutung gewonnen. Die FCC versteigert mittlerweile auch hier die Lizenzen und verpflichtet die Betreiber, 4% ihrer Kanalkapazität für Fernsehprogramme nicht-kommerzieller Anbieter freizuhalten. (Wilmer, Cutler & Pickering 2000, 94f.). Low-Power TV (LPTV), den Mikrowellenbereich des Frequenzspektrums nutzende Multichannel, Multipoint Services (MMDS) und satellitengespeiste Kabelnetze grösserer Gebäudekomplexe, sog. Satellite Master Antenna TV (SMATV), vervielfachen die lokalen Übertragungskapazitäten. Kongress und FCC versuchen die Wettbewerbsfähigkeit dieser Systeme durch vergleichsweise geringe Regulierungslasten und die Sicherung des Programmzugangs durch Diskriminierungsverbote für die Kabelbetreiber zu fördern.

Technische Weiterentwicklungen u.a. in den Bereichen der Übertragungstechnik und der Datenkompression bei zunehmender Digitalisierung der Datenströme führen dazu, dass die einzelnen Übertragungsmedien nicht nur je für sich expandieren bzw. sich modernisieren und darüber neue Regulierungsfragen aufwerfen – wie sich etwa beim Übergang vom analogen zum digitalen Fernsehen aufzeigen lässt (FCC 1998c). Die Übertragungsmedien werden auch zunehmend funktional äquivalent und verknüpfbar. Dies gilt v.a. für die traditionell voneinander getrennten Kabelnetze für Tele- bzw. Massenkommunikation. Es zeichnet sich ein vielfach verknüpftes Netz verschiedener Übertragungsnetze ab (Wiley 1994). Mit dem Telecommunications Act von 1996 sollte konsequenterweise auch der Wettbewerb zwischen Telekommunikations- und elektronischen Massenmedien im leitungsgebundenen Bereich") ermöglicht werden („dual wire strategy"). Faktisch haben sich die Unternehmen aber bislang nur sehr begrenzt in die jeweils fremden Märkte begeben (Botein 1999).

Inhaltlich vollzieht sich eine Integration von Video-, Sprach- und Datenübertragung und die Entwicklung interaktiver Kommunikationsformen. Beide sind bereits jetzt auch im Rahmen der klassischen Medienformen technisch (begrenzt) möglich und werden in verschiedenen Projekten getestet. Die Internettechnologie hat bereits eine interaktive Kommunikationswelt eröffnet.

Diese technischen Konvergenzprozesse führen zu einem Verschwimmen der Grenzen zwischen bislang getrennten Mediensystemen. Mit wechselseitig beschleunigender Wirkung vollzieht sich dieser Grenzabbau hinsichtlich der Technologien, der Anbieter der verschiedenen Dienste und der Dienste selbst.

4.2.4.2. Folgen für die Regulierung

Dieses Verschwimmen der tradierten Grenzlinien führt zu erheblichen Schwierigkeiten der Zuordnung neuer Übertragungstechnologien und Dienste zu den verschiedenen Regulierungsregimen. Hierüber aktualisiert und erhöht sich fortlaufend der Rechtfertigungsdruck für die Verschiedenheiten dieser Regime. Nach der Logik der medienpolitischen Entwicklung der letzten 15 Jahre spricht viel dafür, dass dieser Druck zu einer durchgängigen Primärorientierung der Regulierung auf die Sicherung chancengleichen Wettbewerbs auf einem ökonomischem Markt kommunikativer Dienste führt und die dafür erforderlichen partiellen De- bzw. Re-regulierungen auslöst (Hoffmann-Riem 1996, 51ff.). Unter Einnahme dieser Perspektive verbleiben für die Regulierung entsprechend vor allem Fragen angemessener Zugangsregulierung, aber auch des Verbraucherschutzes oder der Gewährleistung flächendeckender Diensteangebote (Branscomb 1994). Die Zugangsregulierung muss dabei vor allem an den neuen bottlenecks der Medienverbreitung, wie etwa den zur Rezipientenorientierung zunehmend unverzichtbaren Navigatoren ansetzen. Die FCC versucht hier durch wettbewerbsfördernde Regulierung Missbrauch entgegenzuwirken (FCC 1998d, 1999). Für den Internetbereich verfolgt die FCC grundsätzlich eine weitgehende Politik der Nicht-Regulierung und scheint diese auch unabhängig vom jeweiligen Übertragungsmedium beibehalten zu wollen (Oxman 1999). Die hierin liegende Sprengkraft für die etablierte Medienregulierung liegt auf der Hand.

In welchem Ausmass und wie schnell die neuen Entwicklungen die bestehende Medienordnung grundsätzlich umzugestalten vermögen, lässt sich allerdings noch nicht abschätzen. Die tatsächlichen ökonomischen Marktpotentiale für die technisch realisierbaren Möglichkeiten sind noch nicht ausgelotet, sondern oftmals in visionärem Überschwang geschätzt. Jedenfalls aber werden dem Medienrecht beträchtliche Innovationen abverlangt werden.

5. Literatur

5.1. Gerichtsentscheidungen

Abrams v. United States, 250 U.S. 616 (1919).

Bechtel v. FCC, 10 F.3d 875, 878 (D.C.Cir. 1994).

Consolidated Edison Co. v. Public Service Commission, 447 U.S. 530 (1980).

Cruz v. Ferre, 755 F.2d 1415 (11thCir.1985).

Dietemann v. Time, Inc. 449 F.2d 245 (9th Cir. 1971).

FCC v. Pacifica Foundation, 438 U.S. 726 (1978).

Freedman v. Maryland 380 U.S. 51 (1965).

Miller v. California, 413 U.S. 15 (1973).

Minneapolis Star and Tribune Co. v. Minnesota Commissioner of Revenue, 460 U.S. 665 (1983).

National Broadcasting Co. v. United States, 319 U.S. 190 (1943).

Near v. Minnesota 283 U.S. 697 (1931).

O'Brien v. United States, 391 U.S. 367 (1968).

Organisation For A Better Austin v. Keefe, 402 U.S. 415 (1971).

Pavesich v. New England Life Insurance 122 Ga. 190 (Ga.1905).

Red Lion Broadcasting v. FCC, 395 U.S. 367 (1969).

Time Warner Entertainment Co. v. FCC, 94 F.3d 957 (D.C.Cir. 1996).

Turner Broadcasting Sys., Inc. v. FCC (I), 114 S.Ct. 2445 (1994). Turner Broadcasting Sys., Inc. v. FCC (II), 117 S. Ct. 1174 (1997).

5.2. Schriften

Barnett, Stephen R., Regulation of Mass Media, In: Barnett Law of International Telecommunications in the United States. Hrsg. von Stephen R. Barnett/Michael Botein/Eli M. Noam. Baden-Baden 1988, 81–246.

Blasi, Vincent, The Checking Value in First Amendment Theory. In: American Bar Foundation Research Journal 1977, 521–610.

Botein, Michael, Der „Telecommunications Act" von 1996: Mehr Konzentration, weniger Wettbewerb? In: Medialex 1999, 74–76.

Branscomb, Anne W., Who owns Information? From Privacy to Public Access, New York 1994.

Carter, Barton T./Juliet Lushbough Dee/Martin J. Gaynes/Harvey L. Zuckman, Mass Communication Law, St. Paul, Minn. ^{4}1994.

Emerson, Thomas I., The Doctrine of Prior Restraint. In: 20 Law and Contemporary Problems 20, 1955, 648–671.

Esser-Wellié, Michael, Das Verfassungs- und Wirtschaftsrecht der Breitbandkommunikation in den Vereinigten Staaten von Amerika. Baden-Baden 1995.

Federal Communications Commission, In Re Revision of Radio Rules and Policies. In: FCC Record 7, 1992, 2755.

Federal Communications Commission, Policies and Rules Concerning Children's Television and Commercialization Policies In: FCC Record 6, 1991, 2111.

Federal Communications Commission, Telephone Company – Cable Television Cross Ownership. In: FCC Record 7, 1992, 5785.

Federal Communications Commission, FCC Freezes Comparative Proceedings, In: 9 FCC Record 1055 (1994).

Federal Communications Commission, Policies and Rules Concerning Children's Television Programming, In: FCC 96–335 (1996).

Federal Communications Commission, Implementation of Cable Act Reform Provisions of the Telecommunications Act of 1996, In: 11 FCC Rcd 5937 (1996a).

Federal Communications Commission, Implementation of Section 309 (j) of the Communicatios Act ... First Report and Order In: 13 FCC Record 1520 (1998).

Federal Communications Commission, Video Programming Ratings, In: FCC 98–35 (1998a).

Federal Communications Commission, Technical Requirements to Enable Blocking of Video Programming based on Program Ratings, In: FCC 98–36 (1998b).

Federal Communications Commission, Advanced Television Systems and Their Impact upon the Existing Television Broadcast Service, FCC 98–315 (1998c).

Federal Communications Commission, Commercial Availability of Navigation Devices, In: FCC 98–116 (1998d) und FCC 99–95 (1999).

Fiss, Owen, Free Speech and Social Structure. In: Iowa Law Review 71, 1986, 1405–1425.

Franklin, Marc A./David A. Anderson, Mass Media Law. 4. Aufl. Westbury 1990.

Gillmor, Donald M./Jerome A. Barron/Todd F. Simon/ Herbert A. Terry, Mass Communication

Law, 5. Aufl. St. Paul/New York/Los Angeles (etc.) 1990.

Hoffmann-Riem, Wolfgang, Kommerzielles Fernsehen. Baden-Baden 1981.

–, Regulating Media. Licensing and Supervision of six countries, Guilford, London, New York 1996.

Holsinger, Ralph R., Media Law, 2. Aufl. New York 1991.

Libel Defense Center, hrsg. v. Kaufman, 50 State Survey: Current Developments in Media Libel and Invasion of Privacy Law, Vol. 9, 1993.

Le Duc, Don R., Beyond Broadcasting. New York 1987.

Levin, Harvey J., Fact and Fancy in Television Regulation. New York 1980.

Levy, Leonard W., Legacy of Suppression: Freedom of Speech and Press in Early American History. Csmbridge, Mass. 1960.

Lively, Donald E., Essential Principles of Communications Law, New York/ Westport/London 1992.

Mc Gregor, Michael A., Assessment of the Renewal Expectancy in FCC Comparative Renewal Hearings. In: Journalism Quaterly 66, 1989, 295–301.

Meiklejohn, Alexander, Free Speech: And Ist Relation to Self-Government, New York 1948.

Nolte, Georg, Beleidigungsschutz in der freiheitlichen Demokratie. Heidelberg 1992.

Oxman, Jason, The FCC and the Unregulation of the Internet, OPP Working Paper No. 31, July 1999; www.fcc.gov/broadband.

Redish, Martin H., The Value of Free Speech. University of Pennsylvania Law Review 130, 1982, 591–645.

Rowan, Ford, Broadcasting Fairness: Doctrine, Practices, Prospects. White Plains, New York 1984.

Sinel, Norman M./Patrick J. Grant/William E. Cook Jr./Bruce A. Henoch/Carl A. Fornaris, Recent Developments in Cable Law. Practising Law Institute. PLI Order No. 64–3924, November 1994, 400 PLI/Pat 503.

Teeter, Dwight L./Le Duc, Don R., Law of Mass Communications. 7. Aufl. Westbury 1992.

Wiley, Richard E., Who will be the Players on the Infomation Superhighway? Practising Law Institute.PLI Order No. 64–3924, November 1994, 400 PLI/Pat 793.

Wilmer, Cutler & Pickering, Telekommunikations- und Medienrecht in den USA, Heidelberg 2000.

Das Manuskript wurde Anfang 1996 abgeschlossen. 2000 wurden vor allem die mit dem Telecommunications Act 1996 und dem Balanced Budget Act 1997 einhergehenden gravierenden Änderungen im Recht der elektronischen Massenmedien eingearbeitet.

Martin Eifert, Hamburg
(Deutschland)

262. Medienethik

1. Voraussetzungen
2. Wahrhaftigkeit als Grundform der Kommunikation
3. Verfehlungen gegen das Wahrheitsgebot
4. Die Pflichten gegen das Wahrheitsgebot
5. Medien und Unterhaltungskultur im Alltag
6. Pornographie und Gewalt
7. Zur Ethik der vernetzten Informationsgesellschaft
8. Literatur

4. Voraussetzungen

1.1. Strukturen der Öffentlichkeit

In der vorneuzeitlichen bzw. vorindustriellen Gesellschaft ist Öffentlichkeit auf eine hierarchische Kommunikation begrenzt. Dabei gibt es freilich die fortdauernde Tradition der 'res publica' in den Stadtstaaten und den teildemokratischen Formen.

Mit der Aufklärung, der Liberalisierung und Demokratisierung im Kontext der technischen und ökonomischen Entwicklung wird Öffentlichkeit in die Gewaltenteilung mit einbezogen. Öffentlichkeit ist eine Funktion der demokratischen Gesellschaft, insofern sie sich in einem partiellen Gegenüber zum Staat befindet. Öffentlichkeit hat eine vermittelnde Funktion zwischen Staat und Gesellschaft und zugleich eine kritische Aufgabe. In diese Vermittlung und Kritik ist das Individuum mehr oder minder einbezogen. Nicht alle nehmen in gleicher Weise an der Öffentlichkeit teil.

Mit der Massendemokratie, der Massenproduktion und dem Massenkonsum wird Öffentlichkeit ein flexibles System von Information, Rezeption und Beeinflussung. Die Massenkommunikationsmittel spiegeln dieses System wider. Die aufgeklärte Gesellschaft wurde von der bürgerlichen Öffentlichkeit dominiert. Indem diese Dominanz einer bestimmten Gruppe abnimmt, wird zugleich die Vermittlung zwischen aktiver und passiver Beteiligung an der Öffentlichkeit schwierig. Der Teilnehmer am System Öffentlichkeit wird daher oft als Rezipient bestimmt.

Die rechtliche Unterscheidung zwischen öffentlichen und privaten Belangen verschiebt sich in allen nicht rechtlich geregelten Bereichen des gesellschaftlichen Umgangs zur Unterscheidung zwischen Öffentlichkeit und Privatheit. Diese Unterscheidung läßt zugleich vielfältige Vermittlungen zu. Die dem Individuum zugeordnete Privatheit wird zugleich formal respektiert und inhaltlich in der Öffentlichkeit und ihren Kommunikationssystemen dargestellt und durchleuchtet. Der persönliche Lebensstil, die Lebenshaltung, enthält insofern auch Elemente politischer Partizipation: „Das Private ist das Politische" (K. Struck)

Die Öffentlichkeit bedarf selbst einer vermittelnden Struktur. Diese Struktur ist nicht einfach eine 'neutrale' Gegebenheit. Ob diese Struktur z. B. privatökonomisch oder öffentlich-rechtlich gestaltet ist, stellt eine Streitfrage in der Entwicklung des medialen Systems dar. In jedem Falle funktioniert die vermittelnde Öffentlichkeit zugleich auch als Produktions- und Konsumations-System. Sie begleitet und verstärkt den gesellschaftlichen Wandel. Sie vermittelt Sinn und beeinflußt Wertorientierungen. Sie kennt neben sichtbaren Machtpositionen auch die Konturlosigkeit der Macht (indirekte Beeinflussung). Die kennt neben sichtbaren Ohnmachtspositionen (Arbeitslose, Asylbewerber) auch unsichtbare Ohnmachtspositionen (zum Beispiel einen großen Teil der Frauen).

In der öffentlichen Kommunikation geschieht also soziale, ökonomische und politische Vermittlung. Wenn nun diese Öffentlichkeit als Form der Kommunikation bezeichnet wird, dann stellt sich sogleich die Frage, wie sie sich zum Phänomen der Kommunikation als Lebensgrundlage der Menschen verhält.

1.2. Kommunikation als Lebensgrundlage

Der Mensch ist ein soziales Lebewesen. Ohne Sprache kann er nicht existieren. Ohne die Gebärde des anderen findet er nicht zu sich selbst. Ohne ein Regelsystem kann er diese Gebärde nicht erfassen und verstehen. Diese Beobachtungen aus Linguistik, empirischen Wissenschaften und Sozialpsychologie zeigen, wie wichtig die Kommunikation für das Leben der Menschen ist. Im Folgenden sollen einige Perspektiven hervorgehoben werden. Dabei beschränke ich mich auf einen phänomenologischen, hermeneutischen und evaluativen Zugang.

a) Phänomenologie

In phänomenologischer Sicht spielen sich im Ablauf der Kommunikation verschiedene Vorgänge ab, die teils als Mitteilungen unter den Menschen, als Begegnung und Verbindung der Menschen miteinander beschrieben werden können. Die Kommunikationsmodelle, die sich mit der Mitteilung beschäftigen, unterscheiden zwischen der Quelle der Mitteilung, ihrer Verschlüsselung, dem Gehalt der Mitteilung, ihrer Entschlüsselung und schließlich ihrer Bestimmung. In diesem Kommunikationsvorgang, der sich auf Adressaten richtet, ist der Rezipient gleichsam von vornherein mitenthalten. In diesem Sinne spricht man im Roman vom „impliziten Leser".

Über die Kommunikation als Mitteilung geht jedoch die Kommunikation als Mitsein hinaus. „Der Mensch kommuniziert bereits durch das, was er ist und wie er ist, nicht durch das, was er sagt oder tut" (H. Rombach). In diesem Sinne können die Menschen, phänomenologisch gesehen, auf verschiedene Weise und mit verschiedener Intensität miteinander kommunizieren. Sie können sich arrangieren (funktionaler Konsens); sie können sich verständigen (sachlicher Konsens); sie können sich verstehen (persönlicher Konsens); sie können sich schließlich sogar miteinander zu einer neuen „Wir-Erfahrung" vereinigen (communio). Je intensiver dieses Miteinander der Kommunikation verstanden wird, um so mehr kann man von sogenannter „existentieller Kommunikation" sprechen.

Die phänomenologische Beobachtung der Kommunikation zeigt auf, daß eine Begrenzung der Kommunikation auf die bloße Mitteilung ihrer anthropologischen Dimension nicht gerecht wird. Ein kybernetisches Modell der Kommunikation kann daher ihr Wesen nur teilweise erfassen. Nun scheint es aber gerade zur öffentlichen Kommunikation zu gehören, daß das System der Mitteilung vor die Beziehung des Miteinander gestellt wird. Dies macht es nicht gerade leicht,

Kommunikationsformen, die am Miteinander orientiert sind, in Mitteilungsformen zu übersetzen. Abgeleitet davon spricht man auch von der Schwierigkeit, die sogenannte sekundäre Kommunikation umzusetzen. Je weniger Kommunikation begegnet und je mehr Kommunikation Vermittlung darstellt, um so schwieriger wird es für die Beteiligten, sich in diese Kommunikation „einzubringen".

b) Hermeneutik

In der Hermeneutik der Kommunikation geht es darum, Kommunikationsprobleme des Selbstverstehens des Menschen in seinen Beziehungen zugleich auch als lebenspraktische Probleme tiefer zu erfassen. Dazu gehört die Erfahrung der Grenzen der Kommunikation und ihres Scheiterns. Daß Kommunikation eigentlich nicht gelingen kann, ist eine gleichsam paradoxe Erfahrung im Bemühen des Menschen um das Gelingen von Kommunikation. Am Beispiel des Problems, fremde Kulturen zu verstehen, hat Rüdiger Bubner dargestellt:

„In allen Fällen ist das Interesse, das sich auf fremde Völker und Lebensformen richtet, die von den eigenen deutlich verschieden sind, in letzter Konsequenz orientiert an Selbsterkenntnis. Das Fremde ist ein Anlaß oder gar eine Herausforderung, das Eigene besser zu begreifen."

Die Hermeneutik als allgemeine Lehre des 'Fremdenverstehens' zeigt, daß Verstehen ohne Beziehungen nicht denkbar ist. Die Kommunikation als Mitteilung kann also nicht gelingen ohne die Kommunikation als Miteinander. Dieses Miteinander steht auf verschiedenen Stufen des Gelingens (und den entsprechenden Stufen des Mißlingens): Es klappt, es geht, es gelingt, es glückt sind eher Formen des Miteinanders in der Beziehung und des Verstehens in der Mitteilung. Kommunikation als Lebensgrundlage ist in diesem hermeneutischen Sinne sogleich das Geheimnis der Undurchdringlichkeit des Fremden, des Anderen und das Geheimnis des partiellen Gelingens von kommunikativen Formen der Sprache und der Begegnung.

c) Wertbesetztheit

„Value added information" ist ein Slogan der medialen Kultur. Die Information ist zwar als solche ein Wert, aber der 'Wert' der Information bemißt sich nach dem Gehalt. Die ökonomische Bestimmung des Wertgehalts bemißt sich anhand der Knappheit und der Nachfrage. Der ökonomische Wert steht jedoch mit nicht-ökonomischen Werten (oder 'Gütern') im Austausch. Dieser Austausch ist moralisch problematisch, wenn er nicht-ökonomische Güter durch ökonomische ersetzt. Aber dieser Ersatz ist selbst wiederum nicht im Interesse der medialen Ökonomie. Wenn z. B. Sponsoren in den Medien, z. B. beim Sport, ursprünglich nicht-ökonomische Interessen als Leistung, Körperkultur und Vergnügen ökonomisch ausnutzen wollen, muß der nicht-ökonomische Wert in seiner Attraktivität erhalten bleiben. Sport, der nur noch ökonomisch wäre oder gar mittels Doping als 'Gut' verfälscht würde, wäre nicht mehr unökonomisch wertbesetzt und daher nicht verwertbar. Die Wertbesetztheit von Information und Kommunikation ist also auch als nicht-ökonomische ökonomisch prämiert. Diese Dialektik der Werte kann also durch keine Kommerzialisierung aufgehoben werden, aber sie wird durch diese beeinflußt: es kann zu Nivellierungen von nicht-ökonomischen, moralisch relevanten Werten, zur Umwertung von Werten und zur neuen Wertbesetzung kommen. Der Erhalt des „Daß" der Werte ist kein Erhalt des „Was" oder des „Wie".

2. Wahrhaftigkeit als Grundnorm der Kommunikation

Der erste Teil der folgenden Ausführungen dient der Begründung; der zweite Teil stellt eher eine Explikation oder eine verantwortungsethische Interpretation dar; der dritte Teil beschäftigt sich mit Ausprägungen der Grundnorm der Wahrhaftigkeit in unterschiedlichen ethischen Theorien, der vierte Teil untersucht unter der Voraussetzung der Universalität des Negativen die Verfehlungen gegen das Wahrheitsgebot, der fünfte Teil benennt grundsätzliche Pflichten, die sich im Hinblick auf die Grundnorm der Wahrhaftigkeit ergeben könnten.

2.1. Die Begründung einer Grundnorm der Wahrhaftigkeit

2.1.1. Der Ausnahmestatus der Nichtgeltung als indirekte Anerkennung einer Grundnorm

Selbst wenn man unterstellt, daß die Wahrhaftigkeit, die gelebte Anerkennung des Verpflichtungscharakters der Wahrheit, in unterschiedlichen Kulturen und in unterschiedlichen ethischen Schulen unterschiedlich interpretiert wird, wird doch in jedem Falle, in dem damit gerechnet wird, daß die Grundnorm der Wahrhaftigkeit nicht kategorisch gilt, dieses nichtkategorische Gelten als eine Ausnahme von einer Regel betrachtet. Man scheint für dieses Nichtgelten im Einzelfalle eine Legitimationspflicht zu haben. Wenn man zum Beispiel unterstellt, es gäbe so etwas in einer asiatischen Kultur wie die 'Wahrung des Gesichtes' als höhere Norm im Vergleich zur Grundnorm der Wahrhaftigkeit, so wäre dies immer noch eine spezielle Legitimation oder der Versuch eines Rechtfertigungsgrundes für die Abweichung von der Wahrhaftigkeit. Auch wenn man die Grundnorm der Wahrhaftigkeit um der Liebe willen zurückstellen würde, etwa bei der Frage nach der Wahrheit am Krankenbett, oder um einer falsch verstandenen Gemeinschaftstreue willen (z.B. bei frommen Lügen von Kirchenoberen) gälte das gleiche. Manchmal wird die Grundnorm der Wahrhaftigkeit auch zurückgestellt, weil ein bestimmter Kommunikationsstil existiert, bei dem man, auch wenn man lügt, die Wahrheit sagt, weil jeder über die Lüge Bescheid weiß. Das Entscheidende in jedem denkbaren Fall dieser Art scheint mir zu sein, daß es sich bei aller Abweichung doch um eine 'Ausnahme' von einem im allgemeinen gültigen Gebot handelt. Das Gebot findet eine breite Anerkennung im vorhinein, sonst müßte man diese Ausnahmen nicht als Sonderfälle legitimieren. Deshalb gehe ich davon aus, daß der erste Rechtfertigungsgrund der Grundnorm der Wahrhaftigkeit darin besteht, daß diejenigen, die eine solche Norm relativieren, diese indirekt anerkennen, indem sie für die Einschränkung ihrer kategorischen Geltung Rechtfertigungsgründe anzuführen gewohnt sind.

2.1.2. Die Begründung aus dem Prinzip gegenseitiger Anerkennung

Eine zweite Begründung beruht auf der allgemeinen Begründung des moralischen Sollens, wie sie Klaus Steigleder vorgelegt hat. Aus den Voraussetzungen, welche die an Handlungen beteiligten Menschen akzeptieren, geht hervor, daß sie, um ihre Handlungen durchführen zu können, die gegenseitigen Rechte und Pflichten sowohl bei sich selbst wie auch bei den anderen Beteiligten respektieren müssen. Demnach scheint es einen grundsätzlichen Respekt zu geben, den Menschen einander zollen müssen, die miteinander in einem Handlungszusammenhang stehen. Aus diesem grundsätzlichen Respekt geht dann unter anderem hervor, daß sie einander auch schulden, die Wirklichkeit, über die sie kommunizieren, so wiederzugeben, oder Beziehungen, über die sie miteinander kommunizieren, so zu gestalten, daß sie diese Rechte und Pflichten gegenseitig aufrechterhalten können. Daher würde die Grundnorm der Wahrhaftigkeit zu den ersten Ableitungsnormen aus diesem Anerkennungsprinzip gehören.

2.1.3. Kants Begründung aus den Pflichten gegen sich selbst

Als ein Anhänger der Konvergenzargumentation gehe ich davon aus, daß ein Begründungsweg allein nicht zwingend sein kann. Denn es gibt immer Grenzen der Plausibilität, starke und schwache Seiten einer Argumentation. Deshalb erinnere ich den Begründungsgang aus den Pflichten gegenüber sich selbst, den wir bei Immanuel Kant vorfinden. Jean Claude Wolf hat in einem Aufsatz über 'Wahrheit und Lüge' die Sachlage bei Kant erneut überprüft. Es heißt bei Kant: „Die Lüge ist mehr eine Verletzung der Pflicht gegen sich selbst als gegen andere. Weit gefehlt, daß die Pflichten gegen sich selbst die niedrigeren sind, sie haben im Gegenteil den obersten Rang und sind die wichtigsten unter allen, denn, ohne noch zu erklären, was die Pflicht gegen sich selbst ist, so kann man sagen, wenn ein Mensch seine eigene Person entehrt, was kann man von dem noch fordern?" Wir haben hier ein Bild vor uns, in dem der Mensch sich selber zum Mittel, zum Zweck macht, d.h. die Selbstzweckformel des kategorischen Imperativs wird auf den Menschen in seinem Handeln sich selbst gegenüber angewandt. Diese Selbstzweckformel lautet: „Handle so, daß du die Menschheit sowohl in deiner Person als in der Person eines jeden anderen jederzeit zugleich als Zweck, niemals bloß als Mittel brauchest." „Sowohl in deiner Person", darauf kommt es hier an: indem ich mich selbst zum Mittel einer Täuschung machen würde, nehme ich meine eigene Person aus ihrer Selbstzwecklichkeit heraus und stelle sie in eine Funktion, die Kommunikation gefährdet und damit die Achtung der Vernunft in jedem menschlichen Wesen zerstört. In diesem Augenblick habe ich die Pflicht gegenüber mir selbst als einer selbstzwecklichen Vernunftnatur mißachtet. Kant ist nicht der Meinung, daß die Frage der Wahrhaftigkeit nur die Frage der Pflicht gegenüber sich selbst beinhaltet, aber er hat insbesondere diese Pflicht sich selbst gegenüber herausgearbeitet. Daß diese kategorische Pflicht sich selbst gegenüber im Grunde darauf beruht, daß wir alle die „Menschheit" in uns tragen, wobei mit der „Menschheit" die Vernunftnatur gemeint ist, das bedeutet freilich auch, daß man bei Kant in seinen konkreten ethischen Vorlesungen sehr wohl Überlegungen finden kann, inwieweit es doch Möglichkeiten oder Rechtfertigungsgründe gibt, in einer Pflichtenkollision anderen Normen den Vorzug zu geben. Aber in seiner Grundargumentation läßt er dies nicht zu.

2.1.4. Eine hermeneutische Überlegung

Eine weitere Begründungsart geht von der Hermeneutik des Sinnbedürfnisses aus. Ausgangspunkt ist die Einsicht, daß die Sittlichkeit auch die reflektierte Anerkennung anthropologischer Bedürftigkeit ist. Das heißt, im sittlichen Bewußtsein und in der sittlichen Handlung versuchen wir, anthropologische Voraussetzungen in die Sprache des ethischen Sollens zu übersetzen. „Wahrheit" existiert als Bedürfnis der Menschen unter Menschen, und zwar in zweifacher Weise: einmal in dem Sinne, daß die Menschen ihren Bezug zur greifbaren Wirklichkeit nicht verlieren wollen, weil sie in dieser Wirklichkeit leben müssen. Sie können nicht auf Dauer in einer von der Wirklichkeit abgehobenen Abstraktionsform leben. Obwohl solches gelegentlich vorkommt, ist es nicht das Modell des gelingenden menschlichen Lebens, eher eine Verfallsform. Auf der anderen Seite wird die Kommunikation zwischen den Menschen nur dann von den Menschen als achtungsvoll erfahren, wenn in dieser Kommunikation das Kriterium der Wahrheit zum Zuge kommt. Sonst wird die zwischenmenschliche Kommunikation als eine Form der Mißachtung erfahren. Insofern kann man von der Wahrheit als einem dreifachen Bedürfnis des Menschen sprechen: im Verhältnis zur Wirklichkeit, im Verhältnis zu sich selbst und im Verhältnis zu anderen Menschen. Wenn man von der Bedürfnistheorie von Seev Gasiet ausgeht, kann man dieses Wahrheitsbedürfnis unter das Sinnbedürfnis einordnen. Er unterscheidet vier Bedürfnisse als Kategorien: das Bedürfnis nach Überleben, das Bedürfnis nach sozialer Anerkennung, das Bedürfnis nach persönlichen Beziehungen, das Bedürfnis nach Sinn. Die Form des Bedürfnisses, das ich bisher skizziert habe, das Bedürfnis nach Wahrheit als Selbstverhältnis, als kommunikative Beziehung und als Wirklichkeitsverhältnis ist ein Teil des Sinnbedürfnisses. In diesem Sinne wäre die Wahrhaftigkeit nichts anderes als die praktische Anerkennung eines zwischenmenschlichen Sinnverhaltes. Die Wahrheit, die Sinn macht, wird durch ihre Anerkennung zu einem Gut, das sittlich erstrebenswert ist und das daher auch sittlich gesollt ist.

Dabei sind bei einer Wahrheitshermeneutik die unterschiedlichen Formen, in denen Wahrheitstheorien Wahrheit zu verstehen suchen, zu beachten. Diese Theorien sind bekannt: Wahrheit als Annäherung an die Wirklichkeit, Wahrheit als Kommunikation und Konsens, Wahrheit als Kohärenz und Kontextualität, Wahrheit als Narration. Jede dieser Theorien hat eine unterschiedliche Reichweite, und deswegen können diese Theorien, solange sie sich nicht als exklusive Alternativen verstehen, miteinander konvertibel sein. Wichtig scheint mir z. B. zu sein, daß man bei einer Kohärenztheorie der Wahrheit, welche die Wahrheit als ein in sich schlüssiges gedankliches System versteht, auch die Kontextualität der Wahrheit beachtet. Sonst könnte man in Kohärenzsysteme der Wahrheit hineingeraten, die mit den Lebenskontexten überhaupt nichts mehr zu tun haben. Narration schließt Wahrheit auch im Gelände der Phantasie ein: die Imagination als Wahrheitsort darf nicht fehlen.

Die Wahrheitshermeneutik unterscheidet also unterschiedliche Perspektiven: Wirklichkeitstreue, Konsens, Kohärenz, Kontextualität und Narration. Wenn diese Reichhaltigkeit der Wahrheitshermeneutik gilt, dann müssen wir von vornherein damit rechnen, daß Wahrheit mehr ist als eine bloße Information. Wir können Wahrheit nicht auf Informationshermeneutik reduzieren. Wir können etwas affektiv wahrnehmen, z. B. als „echt" empfinden, wir können etwas kognitiv wahrnehmen, d. h. als schlüssig erkennen, und wir können etwas praktisch wahrnehmen, d. h. etwas operational nachvollziehen. Diese drei Elemente, affektiv, kognitiv und praktisch, gehören zu einem performativen Verständnis hinzu, damit die Wahrheit in ihren unterschiedlichen hermeneutischen Facetten in die Lebenspraxis des Menschen übernommen wird, durch Wahr-Nehmen.

2.1.5. Nach Wahrheit streben und Sollen im Bereich der Wahrheit

Das Muster der Anerkennung des Sinnverhaltes Wahrheit kann nun im ethischen Gelände in zweifacher Weise erfaßt werden, einmal in der Form des Strebens und zum anderen in der Form des Sollens. Ich greife hier auf eine Unterscheidung zurück, die Hans Krämer ('Integrative Ethik', 1992) gemacht hat, wobei er eine Form des Sittlichen, die er Streben nennt, das Streben nach dem Gelingen des Lebens oder nach dem Glück, von einer Form des Sittlichen unterscheidet, die unter dem Anspruch von Sollensregeln oder unter dem Anspruch von Pflichten steht. Unter dem Strebensparadigma kommt die Annäherung an die Wirklichkeit viel stärker zum Zuge als die Perspektive der Wahrheitstreue in der Kommunikation. Die Wahrheitstreue in der Kommunikation wird als ein Gesolltes von außen her erfahren, das im Anspruch der Menschen an eine Person existiert, während das Streben nach dem eigenen Glücken und Gelingen die Wahrheit sehr viel mehr als eine Annäherung an die eigene Wirklichkeit („Selbstverwirklichung") einrechnet, weil der Wirklichkeitsverlust in der Tat mein eigenes Streben nach Gelingen und Glück aufheben würde. Die Strebensethik und die Sollensethik können also im Bereich des Sittlichen jeweils unterschiedliche Komponenten an der Ist-Plausibilität einer Wahrheitshermeneutik in den Vordergrund stellen.

2.1.6. Konvergenzargumentation

Der Versuch, von der Wahrheit zur Wahrhaftigkeit in der Form einer hermeneutischen Begründung der sittlichen Grundnorm zu gelangen, ist gegenüber einer Begründung aus dem Anerkennungsprinzip und einer Begründung aus den Pflichten gegen sich selbst eigenständig. Auf der anderen Seite aber schließt er diese Begründungswege nicht aus und bleibt für weitere Begründungswege offen. Die Grundnorm wird also einer sog. Konvergenzargumentation plausibel, nicht in einer deduktiven kategorischen Begründung, sondern im Zusammenwirken unterschiedlicher Begründungswege.

2.2. Verantwortungsethische Entfaltung der Grundnorm in Information und Kommunikation

Welches sind die Grundfaktoren einer verantwortungsethischen Interpretation der Grundnorm der Wahrhaftigkeit? Wahrhaftigkeit bedeutet im Grunde nichts anderes als die Verpflichtung auf intrapersonale, interpersonale und wirklichkeitsbezogene Wahrheit. Die vierstellige Relation der interpersonalen Verantwortung, die man zunächst einmal ins Auge fassen kann, ist die Verantwortung eines Subjektes (der Person 1) vor sich selbst und vor einem anderen Subjekt (der Person 2) in bezug auf einen Informations- oder Mitteilungsgehalt, wobei sich das, was mit Wahrheit gemeint ist, nach unseren vorherigen Überlegungen nicht auf Information und Mitteilungsgehalt allein reduzieren läßt. Diese vierstellige Relation ist von Dietrich Bonhoeffer in seinen Überlegungen über das Thema „Wie wird mein Wort wahr?" folgendermaßen zusammengefaßt worden: 1. indem ich weiß, wo ich stehe (die Situation von P 1 beinhaltet auch ihre intrapersonale Wahrheit), 2. indem ich weiß, zu wem ich rede (das ist der Adressat P 2), 3. indem ich weiß, worüber ich rede (auch das werden wir später noch zu entfalten haben) und 4. indem ich weiß, welche Regeln für diese Realisierung der Wahrheit unter den Kriterien der Verantwortung gelten. Neben solchen Grundfaktoren sind in einer verantwortungsethischen Interpretation noch weitere Faktoren zu berücksichtigen:

Erstens, die Frage nach dem Geltungsbereich. Das ist zunächst die (1.) Frage nach der Geltung im Nahbereich zwischenmenschlicher Begegnung. Man kennt den Menschen, mit dem man spricht oder steht mit ihm in einer näheren Beziehung. Dann geht es um (2.) die Geltung im sog. Mesobereich, d. h. in der Kommunikation einer Gruppe, zu denken wäre da an Gruppen wie die Scientific Community, die bereichsspezifische wissenschaftliche Kommunikation mit ihrer besonderen Anforderung an das Ethos. Schließlich stellt sich (3.) die Frage nach dem Fernbereich oder im Öffentlichkeitsbereich. Dort herrscht Anonymität, gilt also eine andere Struktur des miteinander Umgehens, die stärker von Abstraktion bestimmt ist und die von Rechtsstrukturen und von Institutionen begleitet wird.

Diese drei Reichweiten und unterschiedlichen Strukturierungen von Kommunikation differenzieren die Aussagewerte und die Anspruchsform von Wahrheit. Eine diskrete persönliche Wahrheit gehört in den Nahbereich; eine riskante experimentelle Aussage gehört in den Bereich wissenschaftsinterner Prüfung; im öffentlichen Rechtsbereich kann eine Aussage verweigerbar sein, wenn sie den Aussagenden oder Nahestehende belastet. Eine Aussage kann aber auch im öffentlichen Interesse erzwingbar sein, wenn es um die Wahrheitsfindung geht. Das Zustandekommen der Wahrheit durch Beweismittel vor Gericht ist von der Zulassung dieser Beweismittel abhängig, so daß die rechtliche Wahrheit von der empirischen Plausibilität differiert u.a.m. Deshalb spielen Reichweiten und Strukturen der Kommunikation in der Konkretisierung des Wahrheitsanspruches jeweils eine unterschiedliche Rolle.

Der Faktor Zeit, zweitens, wird meistens im Zusammenhang mit einer verantwortungsethischen Interpretation übersehen. Ich will dafür ein Beispiel nennen: wenn jemand ein Interview gegeben hat, das am nächsten Tag in der Zeitung erscheinen soll, dann ist es die Aufgabe des Journalisten oder der Journalistin, das Interview so zusammenzufassen, daß der entscheidende Punkt erfaßt wird. Dabei müssen in begrenzter Zeit Entscheidungen gefällt werden, die eine Marge von Unsicherheit und Ungewißheit haben: was hat der Interviewpartner wirklich gemeint? Wie ist dies mit dem öffentlichen Interesse an der Sache und an seiner Aussage zu vermitteln? Die Art und Weise, wie zitiert wird, welcher Kontext weggelassen wird, welcher Kontext mit eingeschlossen wird, ist eine Entscheidung in der Zeit. Die Wahrheitsfähigkeit praktischer Fragen ist nicht abstrakt und nicht zeitlos zu formulieren, sondern sie muß immer wieder in konkreten Zeitbudgets umgesetzt werden.

Drittens ist die Frage nach der moralischen Bewußtseinsstufe nicht ohne Bedeutung. Die bekannten Theorien von Piaget und Kohlberg über die Stufen des moralischen Bewußtseins unterscheiden im wesentlichen drei Grundstufen: das Handeln nach Lust und Strafe, das Handeln nach Law and Order und das Handeln nach selbstgesetzten, selbstanerkannten, also autonom gewählten Maximen. Handeln kann sich nicht in einer kontinuierlichen Form immer auf der höchsten Bewußtseinsstufe der Autonomie des Ethischen befinden. Es ist eine ethische Aufgabe, die eigene verantwortungsethische Interpretation so zu betreiben, daß man die Frage nach dem sittlichen Charakter der Wahrheit oder der Grundnorm der Wahrhaftigkeit auf die höchste Bewußtseinsstufe zu heben versucht. Dies ist ein Faktor der sittlichen Persönlichkeitsbildung. Er hat mit der Frage zu tun, ob ich weiß, wo ich stehe, wie Dietrich Bonhoeffer diese personale Relation formuliert hat.

Schließlich stellt sich als vierter Faktor der Berücksichtigung die Frage nach den Adressaten. Ähnlich wie bei der Unterscheidung von Nahbereich, mittlerem Bereich und Fernbereich wird man hier zwischen einzelnen Subjekten, Gemeinschaften, Öffentlichkeiten und Institutionen zu unterscheiden haben. Im Umgang mit Institutionen in der Wahrheitskommunikation geht es um Abwägungen, die im Nahbereich u.U. keine Rolle spielen würden.

Dieser fragmentarische Versuch, einzelne Faktoren abzuschreiten, die bei einer verantwortungsethischen Interpretation der Grundnorm der Wahrhaftigkeit eine entscheidende Rolle spielen, dient hier im Rahmen grundsätzlicher Überlegungen nur zur Veranschaulichung.

3. Die Verfehlungen gegen das Wahrheitsgebot

Die Tendenz der Norm zur Universalität läßt sich eher im Negativen als im Positiven ausdrücken. Man kann in extremis zeigen, wo die Norm völlig außer Kraft gesetzt würde oder wo sie in ihrem Bestehen gefährdet wäre. Diese Negativität läßt sich besser als eine umfassende positive Formulierung dieser Grundnorm erfassen.

Für diese Universalität ex negativo oder für die Verfehlungen gegen die Wahrheitspflichtigkeit möchte ich fünf Beispiele anführen.

(1) Die Verheimlichung bei bestehenden Anspruchsrechten. Diese negative Regel ist ein formales Verbot. Inhaltlich kann man immer noch über die Anspruchsrechte diskutieren. Falls diese Anspruchsrechte aber anerkannt werden, dann wäre es eine universelle konkrete Norm, daß diesbezüglich keine Verheimlichung stattfinden dürfte. Wer z.B. der Meinung ist, nur besonders Kompetente hätten einen Anspruch darauf, die gesamte Information und das gesamte Wissen über eine verhandelte Problemfrage zu erhalten, der hätte dieses Anspruchsrecht eingeengt. Aber es müßte ein Grund dafür angegeben werden, warum man dieses An-

spruchsrecht einengt. Unter dem Kriterium des Anspruchsrechtes wird dies außerordentlich schwer fallen.

(2) Die Verfälschung bei Kenntnis des Richtigen. Verfälschung bei Kenntnis des Richtigen ist mehr als Verheimlichung oder Verschweigung. Sie stellt nicht eine passive Haltung, sondern eine aktive Haltung, eine offensive Haltung dar, eine offensive Verwandlung der Kenntnis des Richtigen in der Kommunikation in das Unrichtige. Dies wäre z. B. bei Propagandavorgängen, die wir aus totalitären Staaten kennen, oder bei Wahlverfälschungen und dergleichen gegeben. Dazu wird bekanntlich die mediale Kultur oft verfälscht.

(3) Die Versicherung bei Unkenntnis oder Teilkenntnis. Unter einer Wahrheitskommunikation ist meistens eine Mitteilungsform zu verstehen, in der man mit empirisch überprüfbaren Wahrheiten rechnet. Bei einer Kommunikationsform, in der man sich Geschichten erzählt, rechnet man mit dieser Art von Wahrheit nicht. In der empirischen Wahrheitskommunikation besteht seitens der Person, die Mitteilungen macht, Informationen gibt oder die ihre eigene Person als Medium benutzt, die Pflicht, nichts zu versichern, was nicht nach bestem Wissen und Gewissen überprüft ist. Man muß das auch in der nicht-kognitiven oder nicht-verbalen Form sehen, weil Täuschungsmanöver ja auch nichtverbal sein können. Im Modus der Gewißheit darf man nicht sagen, was man im Modus der Gewißheit nicht versichern kann. Im journalistischen Ethos kann dies ein ganz entscheidender Punkt sein, und es kommt dennoch vor, daß dieses Verbot, vor allem unter dem ständigen Druck beschleunigter Information, mißachtet wird.

(4) Die Zumutung bei Abwehr. Es besteht in der Wahrheitskommunikation auch ein Anspruchsrecht darauf, die eigene Intimsphäre, die eigene Schamsphäre unter dem Anspruch der Diskretion zu sehen. Bonhoeffer nennt als Beispiel ein Kind, das die Anfrage eines Lehrers nach der Trunkenheit seines Vaters abwehrt. Es wäre in der Wahrheitskommunikation dort sittlich falsch, Auskünfte zu erwarten oder Ansprüche geltend zu machen, wo sie auf andere Anspruchsrechte der betroffenen Personen stoßen, die von höherem Rang sind. Damit wird aber von vornherein zugestanden, daß man in der Auseinandersetzung zwischen den Grundprinzipien des menschlich Richtigen die Frage nach der Höchstrangigkeit der Wahrheitspflichtigkeit immer wieder neu, Fall für Fall, stellen muß. Sonst würde man diese Pflicht über das viel allgemeinere Kriterium der Menschenwürde stellen.

(5) Die Übertreibung oder Überinszenierung in der Wahrheitskommunikation durch die Darstellungsform. Gerade in den narrativen Strukturen sind Übertreibungen und Überinszenierungen möglich. Sie werden auf Grund der besonderen narrativen Kommunikation als solche auch ohne weiteres zugestanden. Daß eine Satire übertreibt, gehört zum Modus ihrer Darstellung. Aber wo Menschen miteinander in einem kommunikativen Prozeß des Handelns stehen, indem sie sich als Menschen wahrnehmen, die die Wahrheit erwarten dürfen, die Rechte und Pflichten auf diesem Gebiete haben, da ist eine Übertreibung und Überinszenierung ein Täuschungsakt.

Die Universalität des Negativen enthält eher schwache Behauptungen, die nicht umständelos gelten. Es handelt sich eher um Faustregeln, die im allgemeinen Gültigkeit beanspruchen, weil, wie wir gesehen haben, die Geltung einer für einen bestimmten Bereich als einschlägig anerkannten Pflicht keineswegs ausschließt, daß diese Pflicht mit anderen Pflichten kollidieren kann.

4. Die Pflichten gegen das Wahrheitsgebot

Die grundsätzlichen Pflichten, die ich vorzuschlagen versuche, sind ebenfalls nicht im Sinne starker Behauptungen zu verstehen, sondern eher als ein relativer Ertrag aus den vorhergehenden Überlegungen:

(1) Der Annäherungsprozeß an die Wirklichkeit ist zu steigern. Das entspricht dem Plausibilitätscharakter der Wahrheitstheorie, die in der Wahrheit eine Annäherung an die Wirklichkeit zu fassen versucht.

(2) Die kommunikative Kompetenz ist zu fördern, d. h. jene Fähigkeit, Wirklichkeit als eine diskursive Wirklichkeit wahrzunehmen, in der die einzelnen

Menschen als Kommunikationsteilnehmer bestimmte Anspruchsformen entfalten können.
(3) Es besteht eine grundsätzliche Pflicht zur Balance zwischen Kohärenz und Kontextualität. Dies ist mir immer wieder an einem kirchlichen Beispiel aufgefallen: an der alleinigen Herrschaft der abstrakten Kohärenztheorie der Wahrheit in einem lehramtlichen Moralsystem, das jede Kontextualität z. B. aus der Kohärenztheorie der Norm der Unauflöslichkeit der Ehe ausklammert. Die Balance zwischen Kohärenz und Kontextualität scheint mir eine Forderung der Lebensförderlichkeit der Wahrheit zu sein.
(4) Die Förderung der Autonomie des moralischen Bewußtseins bei einzelnen Beteiligten. Die dahinterstehende theoretische Reflexion über kognitive moralische Förderstufen ist bekannt.
(5) Die Konvergenz aller grundsätzlichen Pflichten. Ich gehe davon aus, daß, wenn wir die Richtigkeit der Wahrheitspflichtigkeit miteinander erörtern, wir das immer in einer Konvergenz mit der Selbstbestimmung der Person und ihrer Würde tun müssen, ferner in einer Konvergenz mit der Gerechtigkeit, – Gleiches muß gleich, Ungleiches muß ungleich behandelt werden – und in einer Konvergenz mit der Solidarität mit den Schwachen und Marginalisierten. Das Prinzip der Konvergenz zwischen den grundsätzlichen Pflichten, die ihrerseits zu den Gründen der Norm der Wahrhaftigkeit gehören, setzt eben voraus, daß diese Grundnorm der Wahrhaftigkeit niemals in Selbstisolation vertreten wird, sondern daß sie immer unter der Perspektive steht, mit anderen grundsätzlichen Pflichten in Übereinstimmung oder in Abstimmung über die Einschlägigkeit gebracht zu werden. Dies bedeutet keine Schwächung der Wahrheitspflicht. Die Normen, mit denen die Wahrheitspflicht vom Ansatz her kohärent ist, das Anerkennungsprinzip, der gerechte Diskurs, die lebensförderliche Liebe, können im Kontext der Wirklichkeit nur deshalb den perspektivischen Vorrang beanspruchen, weil sie ihrerseits die Wahrheitspflicht ebenso mitbegründen wie diese Wahrheitsnorm an ihrer Begründung – zumindest als Widerspruchsverbot – mitwirkt.

5. Medien und Unterhaltungskultur im Alltag

5.1. Alltag und Alltagserfahrung

Zum Alltag gehört ein gleichbleibendes Inventar einer vertrauten Welt, in dem man immer wieder dem Gleichen, in verschiedenen, ja typischen Variationen begegnet.

Alfred Schütz hat den Alltag als die 'wohlsanktionierte Welt ohne Zweifel' bezeichnet. (Vgl. Schütz/Luchmann, 139 ff.) In dieser Welt sind wir von der Art abhängig, wie andere Menschen uns von ihren Erwartungen her sehen und interpretieren und wie dies auf uns zurückwirkt. Wir wissen unsere Haltung oder unser Verhalten bewertet. Haltungen und Verhalten bewertet zu wissen, läßt mit Sanktionen rechnen. Der Alltag erscheint, solange er nicht von bestimmten Ereignissen dramatisiert wird, als oberflächlich, als banal.

Diesen Alltag auf die Ebene der Erfahrung zu heben, verlangt das Gespräch. Erst, indem wir das, was wir erleben und wahrnehmen, aussprechen, dringt es uns selbst in ein greifbares Bewußtsein. So kommt im Gespräch über Medienkonsum im allmählichen Aussprechen von Einzelereignissen über die Erinnerung die Handlungsstruktur wieder zum Vorschein. Auf der Ebene dieses Darübersprechens wird Erfahrung, Reflexion und Konfrontation mit diesem Alltagsgehalt Medium vermittelt – denn Medium ist ja auch ein Alltagsgeschehen. Das rein beiläufige Sehen einer Fernseh-Serie hat wie die Alltagsstruktur selbst etwas 'Serielles', in ihrer Kontinuität und Routine, aber auch in der Undurchdringlichkeit der Oberfläche. Wie also unser Medienkonsum sich gestaltet, darin wird auch ein Stück Alltag gespiegelt.

5.2. Die Relevanz der medialen Alltagskultur

Die mediale Alltagskultur kann unter zwei Perspektiven betrachtet werden. Die erste Perspektive geht vom Medienkonsum als Alltagskultur aus und setzt bei der Erkenntnis an, daß für die durchschnittlichen Bürger(innen) etwa die Hälfte der Freizeit aus Medienkonsum besteht. Gemeint ist die Hälfte der „freien" Freizeit, nicht der bürokratisch aufgefangenen Freizeit oder der Haushaltstätigkeiten. Die zweite Perspektive ist die Widerspiegelung des Alltags im Medium selber, z. B. in der Fernsehserie.

5.3. Wahrnehmen, Erleben und Aneignen mit partieller Aufmerksamkeit

Partielle Aufmerksamkeit bedeutet, daß nur ein Teil unserer Wahrnehmungsorgane auf das Medium gerichtet ist. Das ist vor allen Dingen bei Serien der Fall: Die Personen sind bekannt, die Charaktere sind geschildert, die Spielmöglichkeiten der Konflikte zwischen diesen Personen weisen ebenfalls schon einen gewissen Bekanntheitsgrad auf. Das Geschehen kann also mit halbem Ohr und halbem Auge wahrgenommen werden. Der Fernsehkonsum erlaubt es ohnehin, zwischendurch etwas anderes zu tun. Leute sehen z. B. etwa beim Betrachten klassischer Seifenopern wie 'Dallas', 'Denver' oder 'Reich und berühmt' weniger die Handlung als die Kleidung der Damen. Bei der Herstellung von Serien wird dies insofern berücksichtigt, als sie eine gewisse Werbungsträgerschaft einbeziehen müssen.

5.4. Konsum von Unterhaltungsserien verlangt, daß es dort zugeht wie im Leben und zugleich ganz anders als im Leben

Karl Valentin und Liesel Karstadt unterhalten sich als Mann und Frau über einen Film, den sie nicht gesehen haben, und sie behaupten dazu: es geht zu wie im Leben, aber es geht doch ganz anders zu als im Leben. Beides wird paradoxerweise von der Unterhaltung verlangt, aber das ist eigentlich nicht überraschend: Es muß insofern wie im Leben zugehen, daß nicht eine totale Unähnlichkeit entsteht, und es muß trotzdem ganz anders zugehen als im Leben, denn das Leben bloß etwa dokumentarisch zu beobachten, wäre ja keine Unterhaltung. Man kann Unterhaltung als ein „Dazwischenhalten" (Entertainment) betrachten. Unterhalten stellt sich zwischen die Lebensvollzüge. Es geschieht sozusagen im Modus des „Interim". Es geht nicht nur darum, Menschen zu entspannen, auf andere Gedanken zu bringen, abzulenken und dergleichen. Die paradoxe Forderung „es muß zugehen wie im Leben" – schafft den Anschluß an die vorherige Situation in der Familie – „und doch anders als im Leben", das die Abhebung, die ebenfalls notwendig ist, damit man überhaupt etwas Besonderes wahrnimmt. Das heißt also: Gerade wenn die Alltagskultur den Medienkonsum bestimmt, dann muß die mediale Gestaltung wiederum so sein, daß sie dieser Alltagskultur entsprechen kann. Zu erwarten, daß eine Fernsehserie die Alltagsstruktur 'wie im Leben' wiedergibt, ist eigentlich ein Anspruch, der von daher gar nicht erfüllt werden kann und auch gar nicht von denen erwartet wird, die vor dem Fernseher sitzen. Alltagserfahrung im Sinne der Aneignung wird der Medienkonsum erst durch das Gespräch darüber.

5.5. Auf die Aufnahme einer Fernsehserie im Alltag wirkt sich die übliche Erfahrung der Rezipienten aus

Die vornehm als 'Medienteilnehmer' bezeichneten Konsumenten oder Rezipienten sind vielfach im Hinblick auf die Art und Weise, wie sie etwas aufnehmen, wissenschaftlich analysiert worden. „Wer hat, dem wird gegeben" oder – das Matthäus-Prinzip besagt: wer differenziert aufnimmt und darüber spricht, der wird – egal, was er eigentlich im Fernsehen sieht – immer etwas für ihn Nützliches daraus entnehmen können, und wenn es in der Weise des Widerspruchs geschieht. Wer aber keine Verarbeitungsmodi in der Art seiner Aufnahme kennt, der kann durch Fernsehserien nur so dumm bleiben wie er schon ist. Der Gescheite wird gescheiter, der Dumme wird dümmer: wer hat, dem wird gegeben. Ferner gilt das Auswahlprinzip. Wir wissen aus der Rezipientenanalyse: Die Menschen nehmen von einer Fernsehserie oder auch einer Fernsehinformation – es spielt keine Rolle, ob das im Erzählerischen oder ob das in der Unterhaltung ist oder ob das Nachrichten und Informationen sind – das wahr, was sie immer schon wahrgenommen haben. Der Zuschauer selektiert die Bestätigung. Er hat die Fähigkeit, Bestätigungen heraus zu selektionieren, auch etwa jetzt in narrativen Handlungen, deren Ergebnis keineswegs die Bestätigung des eigenen Bewußtseins ist.

Zu der üblichen Rezipientenerfahrung gehört das 'Verpackungsprinzip', das nicht leicht zu erläutern ist. Oft ist die Verpackung wichtiger als das Produkt, wie man dies aus der Werbung kennt. Sie verbirgt das Produkt eher als daß sie es vorzeigt. Im Sinne einer Illusion wird das Produkt erworben, wie es von seiner Verpackung her gezeigt worden ist, das gilt in gleicher Weise auch für Fernsehserien: was die Leute tragen, was für Gesichter sie haben, wer wofür ausgewählt ist, wie die Typologie gemeint ist usw. Solche Verpackungen geraten in die Nähe von Schleichwerbungen.

6. Pornographie und Gewalt

Die jenseits von liberalen und konservativen Positionen liegende Pornographiebestimmung des Feminismus betrachtet Pornographie vor allem als Darstellung Frauen erniedrigender sexueller Handlungen. Alle Formen spielerischer erotischer Darbietung sind davon strikt zu unterscheiden, so freizügig sie auch sein mögen. Daß die Welt der Pornographie eine männliche Welt ist, die primär von Männern für Männer hergestellt wird, zeigt sich auch darin, daß die Gewalt, die fast ausnahmslos vom Mann ausgeht, gleichsam in einer Linie als Erniedrigung und als Werbung eingesetzt wird, auf welche die „gebrauchsfertige" Frau zugleich mit Unterwerfung und mit Lust zu reagieren hat. Schon die Tendenz, Sexualität als Ware zu vermarkten, ist in besonderer Weise frauenfeindlich. Der Sexismus der Pornographie setzt sich dabei fort im Sexismus der Gewalttat, die nicht unmittelbaren sexuellen Inhalt hat. Die Frauenbewegung ist freilich fast durchweg der Meinung, daß dem Zusammenhang von männlichem Sexualfetischismus und Gewalt gegen Frauen nicht mit staatlicher Zensur, sondern nur mit einer Änderung der Mentalität der Menschen beizukommen sei.

Das gleiche gilt im Bereich unmittelbar anschaulicher Formen der Verharmlosung und Verherrlichung von Gewalt im Horrorbzw. Massakerfilm. Neben der strukturlosen Anhäufung von Gewalttaten, neben Rassismus und Kannibalismus, neben der deutlich herausgestellten Erbarmungslosigkeit gegenüber betroffenen Opfern, neben dem sexistischen Frauenmißbrauch sind noch zwei weitere Tendenzen zu beobachten, die Verhinderung der Katharsis, indem ein Ende mit Schrecken in einen Schrecken ohne Ende ausmündet, d.h. der Schrecken erscheint wie eine Infektion, die mit dem Ende des Films keineswegs vorbei ist. Hier erscheint die sadistische Tendenz, den Zuschauer gezielt zu verunsichern. Er wird nicht, wie im klassischen Horror-Märchen, vom Schrecken „erlöst", sondern gerade tiefer in ihn hineingetrieben.

Als einen weiteren Trend kann man die 'Ritualisierung' beobachten. Wenn nahezu gleichberechtigt eine Bluttat an die andere gereiht wird, weckt dieser Verzicht auf Rhythmisierung und eigentliche Spannung auf ein Ende zu den Verdacht, es gehe dabei hauptsächlich um den Vollzug eines blutigen Rituals. Die im Horrorfilm schon anwesende Ritualisierung wird vom Konsumenten dadurch verstärkt, daß er die Grausamkeit ohne weitere Zusatzkosten an seinem Videogerät wiederholen kann. Dies mag darüber hinaus zu „sportlichen" Leistungen führen, die unter Jugendlichen beobachtet werden, die einen Massakerfilm solange abspielen, wie sie es nur aushalten können. Die endlose Wiederholung und das „Nichtgenug-davon-kriegen-können" weisen aber auch darauf hin, daß man sich diese Filme wie eine Droge „reinzieht", möglicherweise um eigene Ohnmachtsgefühle in irgendeiner Form von Ersatzhandlung kompensieren zu können.

Die kollektiven Ängste vor einer technologischen Zukunft in seinen technischen Monstern und technologischen Gewalttaten werden so individuell erlebbar gemacht. Möglicherweise werden sie damit abgeleitet und verdrängt.

Entrüstungsmechanismen werden von der gesellschaftlichen Liberalisierungswelle oft unter dem Hinweis auf den Schutz der künstlerischen Gesellschaftskritik und auf die rechtliche Toleranz gegenüber dem Wertpluralismus abgeschmettert. Sexualfetischismus ist dabei ja nicht nur die Vergötzung der Sexualität als konsumierbare Ware, sondern zugleich auch die Lust an ihrer Verteufelung. Liberalisierende Kräfte haben immer auch ein Interesse daran, daß die Entrüstungsmechanismen intakt bleiben. Denn je mehr sie intakt sind, um so mehr lassen sie sich als nützliche Repression dafür benutzen, die sexuellen Ventilsitten aufrechtzuerhalten. Dabei entsteht eine Art Entrüstung über die Entrüstung.

Aus den Kontexten, in denen der Gewaltkonsum in den Filmstories angeboten wird, lassen sich ohne weiteres die inhaltlichen destruktiven Momente des Rassenhasses, der faschistischen Ideologie, der Frauendiskriminierung, der Kriegsverherrlichung herausarbeiten. Dabei geht es um einen inhaltlich kritischen Begriff der Gewalt, der stets auch eine politische Dimension hat. Mit einem solchen inhaltlich kritischen Begriff der Gewalt kann man die Angebotsziele, die in der filmischen Konsumware stecken, erkennen. Schließlich hat jede Story einen impliziten Leser oder Zuschauer. Weniger an den empirischen Wirkungen als an den erkennbaren Lernzielen lassen sich die Formen der Verharmlosung und Verherrlichung von Gewalt deutlich machen. Dabei stehen meines Erachtens zwei

Formen heute im Vordergrund: erstens der Einsatz von Gewalt als scheinbare Werbung gegenüber einer vorausgesetzten weiblich-masochistischen Tendenz zur Lust. An zweiter Stelle erscheint der projektierte Gewaltkonsum in der Form der Legitimierung, oder wenigstens des Anscheins einer Legitimierung, zu herrschen, zu quälen, zu töten. Die faschistoide Tendenz dieser Art der Gewaltlegitimierung besteht darin, daß das beherrschte, gequälte, zerstückelte Opfer in irgendeiner Weise durch seine Angehörigkeit zu einer bösen Gruppe disqualifiziert ist: als Monstrum, als Computer, als Angehöriger einer Rasse. Auf der anderen Seite dient der Legitimierung zum Herrschen, Quälen, Töten eine besondere Lizenz, die dem Gewalttäter zuerkannt wird, weil er in einer besonderen Weise geschädigt, zur Rache berechtigt, zum Strafvollzug legitimiert erscheint. Dadurch kann die perverse Situation erscheinen, daß Frauen als die quälenden Rächer auftreten und am Manne genau das vollziehen, was seinen gewalttätigen Sexismus kennzeichnet.

Das normative Denken in der Ethik und in der Jurisprudenz wird in solchen Fragen vorrangig von einer Verantwortung für die Folgen bestimmt. Nun ist gerade die Frage nach den Wirkungen und den Folgen des Pornographie- bzw. Gewaltkonsums in besonderer Weise eingeengt, insofern man dabei auf empirisch nachweisbaren Wirkungen und Folgen aufzubauen versucht. Die empirische Nachweisbarkeit leidet darunter, daß es ganz verschiedene hypothetische Ansätze zur Beobachtung der empirischen Folgen gibt (die Katharsisthese, die Inhibitionsthese, die Habilisierungsthese, die Stimulationstheorie), ferner darunter, daß das empirische Experiment ja gerade die Konstellationen des Sexualfetischismus und des Gewaltkonsums benutzen müßte, gegen die es gerichtet ist.

In einer Verantwortungsethik geht es nicht nur um die Folgen, sondern es geht auch um die Ursachen. Diese Ursachen sind in den Angebotszielen der ökonomischen Interessen an sexuellem oder sadistischem Gewaltkonsum zu erkennen. Diese Angebotsziele stoßen auf Bedürfnisse, für die es gesellschaftliche Ursachen gibt. Die Erforschung dieser gesellschaftlichen Ursachen ist das erste Mittel einer Verantwortungsethik. Die Fragestellung nach den Folgen bleibt weiterhin berechtigt. Eine Präventivethik kämpft um eine Verantwortung für erkennbar projektierte Folgen und um Wertmaßstäbe, mit denen diese projektierten Folgen oder „heimlichen Lehrpläne" einer Diagnose und Prognose unterworfen werden können. Wer der Meinung ist, er könne wertneutral allein nach den Gesichtspunkten mehr oder minder größerer Sozialschädlichkeit eingetretener empirischer Folgen urteilen, der wird immer hinter den Realitäten so nachhinken, daß er sie ratifiziert, anstatt sie zu verändern.

7. Zur Ethik der vernetzten Informationsgesellschaft

Welche Gesellschaft bildet sich aufgrund einer ausdifferenzierten Informationstechnik heraus? Im positiven Sinne einer Gesellschaft der Selbstbestimmung und der Partizipation. Denn alle können mehr für sich selbst wählen und sich mehr an Vorgängen aktiv beteiligen, die außerhalb ihrer Reichweite liegen. Auf der anderen Seite sind Selbstbestimmung und Partizipation vorgefertigt wie nie zuvor. Die neue Unmittelbarkeit der Medien bedeutet zugleich die Herrschaft der Mittelbarkeit. Um selbstbestimmt zu leben, braucht der Mensch immer mehr (nicht-direktive) Beratung, sozusagen einen Lifestyle-Service. So gleichen sich die Perspektiven der Spontaneität und des Second-Hand-Lebens ebenso aus wie die Perspektiven der verstärkten Mitwirkung und der verstärkten Manipulation. Die Informationsgesellschaft erscheint ohne moralischen Mehrwert, aber auch ohne moralischen Einbruch. Dies gilt auch für den befürchteten „Einstieg in fremdes Bewußtsein". Die Abbildung der menschlichen Fähigkeiten in der Chip-Technik vermag zwar in vielen linearen Fortschritten die einzelnen Fähigkeiten des Menschen zu überbieten, aber einen Computer, der uns versteht, würden wir nicht bauen können, da wir unsere eigene Komplexität nicht verstehen können und jede andere noch so große Komplexität uns nicht verstehen würde. Hier sind zwar manche science-fiction-Perspektiven noch unausgelotet, aber die künstliche Intelligenz kann zumindest die Endlichkeit des Menschen (seine Begrenztheit und Fehlerfähigkeit) nicht überschreiten.

Die Bedrohung der Intimität unserer Daten und damit der Privatsphäre ist nicht zu leugnen, aber ist der Mißbrauch, den wir einschränken, aber nicht verhindern können, ein moralisches Argument gegen einen vernünftigen Gebrauch? Wir befinden uns in einem Wandel in dem, was wir für intim und was wir für öffentlich halten. Die Intimsphären von Sexualität, Körper und Religion sind offen gelegt – auf der anderen Seite schützt die idee der political correctness vor Diskriminierungen des Sexismus, Rassismus und Klassismus.

Die mediale Gesellschaft ist die multikulturelle Gesellschaft, das globale Dorf. Auch die Intimsphäre der Kulturen ist durchbrochen. Das zeigt sich auch daran, daß Gewalt nötig scheint, um sie zu erhalten oder wieder zu gewinnen (religiöser Fundamentalismus). Die Ethik der Weltinformationsgesellschaft ist der Streit- und Konsenskultur der einen Welt ausgeliefert. Universale Ansprüche der Menschenrechte begegnen religiösen, kulturellen und ideologischen Schranken oder sie versinken in einer postmodernen Nivellierung aller Verbindlichkeiten. Eine Weltinformationsgesellschaft kann jedoch nicht ohne eine Charta fundamentaler Rechte (s. o. über den Wahrheitsanspruch) bestehen. Und in dieses Recht sind nicht nur die Informationsteilnehmer einzubeziehen, sondern alle Menschen, in denen wir, um mit Kant zu sprechen, die Würde der Menschheit achten.

8. Literatur

Anderson, Robin, Consumer Culture and TV programming. Boulder 1995.

Bentele, Günter (Hrsg.), Aktuelle Entstehung von Öffentlichkeit. Akteure – Strukturen – Veränderungen. Konstanz 1997.

Bonhoeffer, Dietrich, Ethik. München ³1977, 385–395.

Bühl, Achim, Cybersociety. Mythos und Realität der Informationsgesellschaft. Köln 1996.

Bubner, Rüdiger, Ethnologie und Hermeneutik. In: Ethnologie im Dialog. Hrsg. v. Gerhard Baer u. Pierre Centlivres, Fribourg 1980, 183–195.

Christians, Clifford G./Mark Fackler/Kim B. Rotzoll, Media Ethics: Cases and Moral Reasoning, 4th. ed. New York 1995.

–,/Michael Fraber (Eds.), Communication Ethics and Universal Values. Thousand Oaks 1997.

Coleman, John A./Miklós Tomka (Hrsg.), Die Massenmedien = Concilium. Internat. Zeitschrift für Theologie (in sieben Sprachen) 29 (1993) Heft 6.

Cooper, Thomas W. (Ed.), Communication ethics and global change. New York 1989.

Dovey, Jon, Fractal Dreams. New Media in Social Context. London 1996.

Elliot, Deni (Ed.), Responsible journalism. London 1986.

Ethical issues in journalism and the media. Eds. Andrew Belsey and Ruth Chadwick. London 1992.

Gasiet, Seev, Menschliche Grundbedürfnisse. Frankfurt a. M. 1980.

Grundfragen der Kommunikationsethik. Hrsg. v. Rüdiger Funiok. Konstanz 1996.

Haller Michael/Helmut Holzhey, (Hrsg.), Medienethik, Wiesbaden 1991.

Hohmann, Harald (Hrsg.), Freiheitssicherung durch Datenschutz. Frankfurt a. M. 1987.

Holderegger, Adrian (Hrsg.), Kommunikations- und Medienethik. Interdisziplinäre Perspektiven. Freiburg/Schw.–Freiburg i. Br. ²1999. (Zuerst: Ethik der Medienkommunikation. 1992.)

Hunold, Gerfried W. (Hrsg.), Forum Medienethik. Halbjahreszeitschrift. Rottenburg a. N. ab 1997.

Jones, Steven G. (Ed.), Cyber-Society. Computer-mediated Communication and Community. Thousand Oaks 1995.

Kant, Immanuel, Eine Vorlesung über Ethik. Hrsg. v. Gerd Gerhardt. Frankfurt a. M. 1990.

Kolb, Anton/Reinhold Esterbauer/ Hans-Walter Ruckenbauer (Hrsg.), Cyber-Ethik. Verantwortung in der digital vernetzten Welt. Stuttgart u. a. 1998.

Krämer, Hans, Integrative Ethik. Frankfurt a. M. 1992.

Kottlorz, Peter, Fernsehmoral. Ethische Strukturen fiktionaler Fernsehunterhaltung. Berlin 1993.

Lee, Philip (Ed.), The Democratization of Communication. Cardiff 1995.

Postman, Neil, Amusing ourselves to Death: Public Discourse in the age of Show Business. New York 1986.

Rodotà, Stefano, „Small Brothers" or continuous democracy? Latest developments in Scientific Research and Regulatory Practices. In: Wissenschaft und Ethik in Europa. Hrsg. v. Dietmar Mieth, Freiburg i. Br. 2000.

Rombach, Heinrich, Strukturanthropologie. „Der menschliche Mensch". Freiburg–München 1987.

Schütz, Alfred/Luckmann, Th., Strukturen der Lebenswelt. Frankfurt a. M. 1979.

Steigleder, Klaus, Grundlegung der normativen Ethik. Der Ansatz von Alan Gewirth. Freiburg–München 1999.

Traber, Michael, Communication Ethics. In: George Gerbner et alii (eds.), The Global Media Debate: Ist rise, fall and renewal. Norwood NJ 1993, 151–158.

Turkle, Sherry, Life on the Screen. Identity in the Age of Internet. New York 1995. London 1997.

Wolbert, Werner (Hrsg.), Moral in einer Kultur der Massenmedien. Freiburg/Schw.–Freiburg i. Br. 1994.

Wolf, Jean-Claude, Kant und Schopenhauer über die Lüge. In: Zeitschrift für Didaktik der Philosophie 10 (1988).

Wunden, Wolfgang (Hrsg.), Beiträge zur Medienethik. 8 Bde. Hamburg–Stuttgart 1993ff.

Dietmar Mieth, Tübingen (Deutschland)

LVIII. Mediengesellschaft IV: Medienpädagogik und Mediendidaktik

263. Medienpädagogik

1. Definitionen und Aufgaben
2. Sozialer Wandel: Neue Medien
3. Geschichte und wichtige Konzepte
4. Literatur

1. Definition und Aufgaben

'Medienpädagogik' versteht sich als Teildisziplin der Erziehungswissenschaft und hat sich wie diese vor allem seit der Aufklärung entwickelt (Entstehung der Buchkultur, Kalender, Wochenblätter, Magazine etc.). Sie beschäftigt sich mit dem erziehlichen und bildenden Umgang mit 'Medien' aller Art, von den Printmedien über Film und Kino bis zum Rundfunkwesen (Radio, Fernsehen) und den Neuen Medien (s. 2.). Abzugrenzen ist die 'Mediendidaktik', die sich mit dem didaktischen Einsatz von (meist audiovisuellen) Medien im Unterricht zum Erreichen optimaler Lehr- und Lernerfolge beschäftigt. Medienpädagogik umfaßt alle sozialpädagogischen, sozial-politischen und sozialkulturellen Überlegungen und Maßnahmen sowie Angebote für Kinder, Jugendliche und Erwachsene, die ihre kulturellen Interessen und Entfaltungsmöglichkeiten, ihre Wachstums- und Entwicklungschancen sowie ihre politischen Ausdrucks- und Partizipationsmöglichkeiten betreffen, sei es als einzelne, als Gruppen oder als Organisationen und Institutionen. Diese kulturellen Interessen und Entfaltungsmöglichkeiten, Wachstums- und Entwicklungschancen, politischen Ausdrucks- und Partizipationsmöglichkeiten werden heute beeinflußt und mitgestaltet durch expandierende Informations- und Kommunikationstechniken mit Wirkungen auf das Rezeptionsverhalten gegenüber Programm-Medien (Radio, Fernsehen), auf Arbeitsplätze, Arbeitsverhalten und Arbeitschancen; auf Handlungsmöglichkeiten und Verkehrsformen im öffentlichen und privaten Leben. Daher stellt Medienpädagogik heute diese Informations- und Kommunikationstechniken mit ihren sozialen und kulturellen Implikationen in den Fokus ihrer Betrachtung. 'Medienerziehung' (mit dem Schwerpunkt auf intentional geleiteten Akten pädagogisch-professionellen Handelns in schulischen und außerschulischen Einrichtungen) oder, in noch eingeschränkterer Bedeutung, 'Medienkunde' (das Bescheidwissen über Organisationsformen und Funktionen von Medien aller Art) sind ebenfalls häufig verwendete Unterbegriffe (Baacke 1987; Sowboda 1994, 12–14). Im Mittelpunkt neuerer Diskussionen stehen die Begriffe 'Medienpädagogisches Handeln' sowie 'Medienkompetenz'. Medienpädagogisches Handeln versteht sich als „kommunikatives Handeln" etwa zwischen Lehrern und Schülern und zielt darauf, die Lernenden „an der Planung, Gestaltung und Auswertung von Unterricht zu beteiligen". Des weiteren orientiert sich medienpädagogisches Handeln an einem weitgefaßten Medienbegriff: „Medien werden als Zeichen-/Informationssysteme und Zeichen-/Informationsträger verstanden, die es Menschen ermöglichen, sich mit sich selbst, mit anderen und mit gesellschaftlicher Praxis auseinanderzusetzen. Ganz gleich, ob man sich mit 'handhabbaren' Medien (z. B. Foto-, Videokamera, Tonbandgerät), Unterrichtsmedien, Massenmedien oder neuen Informations- und Kommunikationstechniken auseinandersetzt, es ist aufgrund dieser Orientierung notwendig, daß *technische Medien* immer auch in Beziehung zu anderen Kommunikationsformen – vor allem zu personaler Kommunikation – gesehen werden" (Schill u. a. 1992, 8). Indem medienpädagogisches Handeln die Lebens- und Medienerfahrungen der Lernenden aufnimmt, mit dem Ziel, ihre Handlungsfähigkeit im Umgang mit Medien zu fördern und zu entwickeln, wird auf diese Weise 'Medienkompetenz' vermittelt, die es Menschen ermöglicht, ihren alltäglichen Umgang mit den Medien souverän und aktiv zu gestalten (Schorb 1995, 10–13).

Im Rahmen ihrer Aufgaben hat die Medienpädagogik spezifische Fragestellungen entwickelt: (1) Gegenstands- und Objektbereich sind Erziehung und Bildung von Kindern, Jugendlichen und Erwachsenen im Umgang mit Medien. Medienpädagogik ist insofern Bestandteil von Pädagogik: „Da jeder Mensch von Geburt an in eine Informations- und Mediengesellschaft hineinwächst, wo sich die Sphären des Medialen und des Nichtmedialen immer stärker gegenseitig durchdringen, sind Erziehungs- und Sozialisationsprozesse immer weniger ohne Bezug auf medial vermitteltes Verhalten zu denken. Die Medienpädagogik kann deshalb nicht eine Sonderdisziplin bleiben, sondern muß zum konstituierenden Teil der allgemeinen Pädagogik werden: Wer überlegt, wie Menschen aufwachsen, und wie sie dabei lernen, kommt um den Einfluß der Medien nicht herum. Kindheit, Jugend- und Erwachsenenalter sind als Lebensphasen ohne Einbezug der Reflexion auf die Medien kaum noch zu beschreiben." (Moser 1995, 25). (2) Als Sozialwissenschaft untersucht Medienpädagogik die ihr aufgegebenen Objektbereiche, bedarf dazu aber der Integration kommunikationswissenschaftlichen, psychologischen, soziologischen – kurz: sozialwissenschaftlichen Wissens in eigene Fragestellungen und Konzepte. Als Teilbereich pädagogischer Verantwortung kommen historische, philosophische, vor allem aber ethische Reflexionen und Aufarbeitungen für praktisches Handeln (wieviel Medien braucht der Mensch?) hinzu. (3) Die Wirklichkeits- und Gegenstandskonstruktionen der Medienpädagogik sind in den historisch-gesellschaftlichen Veränderungs- und Modernisierungsprozeß eingelagert und werden von ihm bestimmt. Insofern folgt Medienpädagogik *technischen Entwicklungen* und wird in vielen ihrer Fragestellungen von ihnen bestimmt. Da Medienpädagogik (4) auch praktische Fragen (Formen zur Wissensvermittlung, Umgang mit Medien etc.) zu beantworten hat, ist ein Rückzug in die rein wissenschaftliche Reflexion nicht möglich. Vielmehr reagiert Medienpädagogik in besonderer Weise auf die Wirklichkeitskonstruktionen, die außerhalb wissenschaftlicher Theorie-Konstruktion erfolgen. Gerade aus dieser Grenzlage leiten sich ihre Geltung, auch die Nachfrage nach ihren Leistungen ab.

1.2. Beispiele und Fragedimensionen

Medienpädagogik wird in vieler Hinsicht von den unterschiedlichsten Institutionen und Einrichtungen angefragt. Beispiele für Fragen, die an die Medienpädagogik gestellt werden: (1) Nicht nur die Gewalt auf den Straßen, auch die *gezeigte* Gewalt in den Medien (Kino, Fernsehen, Video) nimmt zu: Sollte der Jugendschutz einschreiten (Maßnahmen der Programmkontrolle und Programmbewertung für Kinder- und Jugendeignung etc.)? (2) Welche Wirkungen haben Gewalt- und Horrordarstellungen sowie pornographische Produkte auf Kinder und Jugendliche, die sich vielleicht an diesen Mustern orientieren oder gezeigte Handlungsweisen sogar umzusetzen trachten? Viele Jugendliche umgeben sich vom frühen Morgen bis zum späten Abend mit einer Klangkulisse aus Pop- und Rockmusik, bezogen aus Radios und Kassettenrekordern, von Plattenspielern und Videoclips. Welche emotionale Bedeutung hat diese Art Musik für Jugendliche? In welcher Weise wirkt sie geschmacksbildend? Solche Fragen nach *Auswirkungen* der Medien auf den Entwicklungsprozeß vor allem von Kindern und Jugendlichen stehen im Zentrum vieler Debatten; sie erweitern sich mit jedem neuen Medium, etwa: Der Walkman gehört heute zur Grundausstattung der meisten Jugendlichen; sie stülpen sich ihn über die Ohren, vorzugsweise auch in der Schule oder im Straßenverkehr. Ist dies nicht gefährlich? Zeigen sich nicht Tendenzen zur Isolation in einem akustischen Traumreich? Oder: Die Einführung des Computers hat viele zu 'Computerfreaks' gemacht. Verlieren diese damit die Chance, soziale Kontakte zu pflegen, und unterwerfen sie sich nicht der binären Computerlogik und lassen Emotionalität und Menschlichkeit verkümmern? Oder: Seit vor allem Verkabelung und Satelliten eine Vervielfältigung der Rundfunkprogramme ermöglichen und eine wachsende Zahl von Privatstationen auf Sendung ist, hat sich die Mediennutzungszeit von Kindern verdoppelt. Richtet die Programmformierung kommunikativen Schaden in Familien an? Verwandelt sie die 'Kindheit der Spiele' in eine 'Medienkindheit'? Schließlich: Die Verbreitung von Videogeräten, über die inzwischen über die Hälfte aller Haushalte verfügt, führt zu zusätzlichen Programmergänzungen, die nicht nur die Schlafzeit verkürzen, sondern auch den

Griff zum Buch immer seltener machen und den kulturellen Anspruchspegel durch triviale Produkte verfehlen. Ist dies so? Sind die neuen, meist jugendlichen 'Videoten' nicht oft durch minderwertige audiovisuelle Waren gebannt, mit der Bevorzugung von Horror, Action, Gewalt? Welche Langzeitfolgen hat dies für soziales Verhalten, für das eigene Lebenskonzept? (3) Ein anderer Fragenkomplex beschäftigt sich umfassender mit möglichen gesellschaftlichen Folgen, etwa: Stimmt die These, daß die neuen Techniken die Gesellschaft zunehmend in zwei soziale Gruppen spalten (Wissenskluftthese): Die einen können mit Computer, Videogeräten und vermehrten Programmangeboten produktiv umgehen; sie nutzen alle Geräte für ihre berufliche Förderung, für die Kultivierung ihrer Person und auch als stimulierende Unterhaltung. Die anderen, weniger Gebildeten, fahren dagegen den 'Unterhaltungsslalom', d.h. sie vermeiden informative Beiträge und nutzen die neuen Medien nicht für ihre eigene Entwicklung, sondern suchen immer nur das Gleiche – triviale Unterhaltung. Es sind die, die allenfalls Telespiele spielen, aber nicht zum Programmieren kommen, und deren gesellschaftspolitische Aktivität durch das überhandnehmende Medienangebot eher beeinträchtigt wird. Konstruieren Medien nicht ihre eigenen Wirklichkeiten, verdoppeln so die Welt, machen dabei die Unterscheidung von Fiktion und Wirklichkeit immer schwieriger, mit Folgen für das alltägliche Handeln von Kindern und Jugendlichen. Ist dies so, und wie sollte dies Problem bearbeitet werden? (4) Es gibt aber auch ins Positive gewendete Fragenkomplexe, etwa: Kann man mit Hilfe der neuen Medien besser lernen, weil komplexere Lernumgebungen geschaffen werden, die nicht nur vom diskursiv geleiteten Wort abhängig sind? Kann das Fernsehen nicht zusätzliche Bildungsangebote bereitstellen gerade für Leute, die eher durch Anschauung lernen als durch die Entzifferung von Buchstaben und Texten? Welche Beiträge leisten die Medien zur Verbesserung von Lernprozessen, die auch im Alltag stattfinden können? Oder: Eine Gruppe von Frauen hat sich zusammengeschlossen und Computer als 'kreatives Medium' entdeckt; sie produziert mit Hilfe von Desktop und mit Programmen der Computer-Simulation Kunstfilme. Jugendliche gestalten eigene Radiobeiträge, geben Schülerzeitungen heraus, äußern sich auf ihnen vorbehaltenen Seiten großer Tageszeitungen: Eröffnen die Medien nicht ein weites Feld gesellschaftlicher und kultureller Kommunikation, an denen sich auch Kinder und Jugendliche produktiv beteiligen können?

Die Verschiedenartigkeit und Vielzahl der beispielhaft ausgeführten Themenbereiche, die der Medienpädagogik zur Bearbeitung aufgegeben sind, zeigt nicht nur, daß Medienpädagogik heute auf Expansionskurs ist, sondern auch, daß ihre disziplinären Zuständigkeiten sich ständig ausweiten, freilich auch nie präzise angebbar sind. Eine endgültige Definition mit dem Ziel einer 'Festschreibung' medienpädagogischen Arbeitens ist weder derzeit noch zukünftig möglich.

2. Sozialer Wandel: Neue Medien

2.1. Soziale Veränderungen und Medienpädagogik

Medien als technische Kanäle der Wahrnehmung sind in ständiger Entwicklung und Veränderung begriffen. So hat sich das Programmangebot des Rundfunks durch die Entdeckung neuer terrestrischer Frequenzen, den Einsatz von Satelliten sowie durch Kabelanlagen vollständig verändert: Zum öffentlich rechtlichen Rundfunk kamen private Angebote, und die Zahl der Programme wächst. Die Digitalisierung der Übertragungswege wird weitere einschneidende Veränderungen erwartbar machen. Auch das Internet und 'Multimedia' sind Weiterentwicklungen, die in den Horizont medienpädagogischen Arbeitens gehören. In den 90er Jahren hat sich der Gegenstandsbereich der Medienpädagogik erheblich ausgeweitet. So läuft sozialer Wandel heute entscheidend über die Medientechnik. 'Multimedia' ist die derzeit letzte Station. Während die einen mit 'Multimedia' die Verknüpfung von Bildern, Texten, Filmen und Tönen verbinden, denken andere eher an die Verbindung der Medien Radio, Fernsehen, Computer und Telefon in einem einzigen 'Informationszentrum'. Eine eindeutige Definition des Begriffs 'Multimedia' liegt nicht vor. Auch im Bereich der Wissenschaft gibt es bisher keine allgemeingültige Begriffsbestimmung (Hennes/Jakobs 1996, 12ff.). Leitend sind drei neue Möglichkeiten, die für sich und auch in Kombination die gegenwärtige Anwendungsbreite des Informations- und Kommunikationsverhaltens erheblich steigern: *Vernetzung* (die Möglichkeit des Zugangs zu allen weltweit gespeicherten Informationen), *Integration* (Möglichkeit der zeitgleichen Zusammenführung der verschiedenen Medien Text, Graphik, bewegtes Bild und Ton in einem Medium) und *Interaktivität* (tendenziell weltweite Möglichkeit, daß jeder zugleich Empfänger und Sender von Informationen wird). Multimedia und die digitale Kommunikation über Datenautobahn gehören zusammen. Digitale Informationstechnik erlaubt, im Vergleich zu anderen Informationswegen, das Zehnfache an Daten zu übertragen. Dies gilt für jede Art von elektronischer Informationsübermittlung, Fernsehen, Radio sowie Datentransfer unmittelbar. Hervorzuheben ist, daß Multimedia nicht nur einen speziellen Informationssektor darstellt, sondern in alle Lebensbereiche gleicherweise, wenn auch mit verschiedenen Funktionen und Möglichkeiten, eingreift. Während wir bisher gewohnt waren, die „Unterhaltungselektronik" (Radio, Fernsehen; CDs, Videos und zugehörige Geräte) als eigenen Bereich abzusondern von der Computernutzung, die wiederum in den Spielbereich (Telespiele, Gameboy etc.) und einen Lern- bzw. wissenschaftlichen Bereich um professionelle Nutzung unterschieden wurde (Entwicklung von Software zur Bearbeitung von Aufgaben), sind die neuen Angebote von Multimedia für alle Lebensbereiche und gesellschaftliche Institutionen in gleicher Weise wesentlich. Diese neuen Entwicklungen stehen derzeit, Ende der 90er Jahre, im Zentrum medienpädagogischer Projektarbeit. Tele-Learning und Tele-Teaching sind vor allem in der Berufsbildung bereits weit vorangetriebene Angebote. Man wird zu Hause studieren, Prüfungen ablegen, Zertifikate erwerben können. Wissenschaftliches Wissen, früher in vielbändigen Lexika gestapelt, wird in ständig aktualisierter und erneuerter Form von international arrangierten Datenbanken angeliefert werden. Projekte wie „Schulen ans Netz – Verständigung weltweit" machen Elemente informationstechnischer Grundbildung praktisch und sollen die Schüler befähigen, neue Lernwege mit vielfältigen Zeichenkombinationen zu betreten und vor allem, im internationalen Austausch und Diskurs übers Internet an den Prozessen der Globalisierung einer Weltgesellschaft rechtzeitig teilzunehmen, fremde Kulturen kennenzulernen und die Angst vor Unbekanntem zu überwinden. Das Szenario weltweit vernetzter Informationsformen und die Bedeutung der modernen Informationssysteme finden in der Kinder- und Jugendforschung bisher nur randständige Beachtung, so daß der Medienpädagogik eine besondere Entwicklungsverantwortung zufällt. Wir haben zwar hinreichend Studien über den Wandel der Familie und unterschiedlicher pädagogischer Einrichtungen, aber der hochkomplexe, sich schnell weiterentwickelnde Mediensektor wird in seiner Allgegenwärtigkeit entweder nicht thematisiert oder aber nur als *Rand*bedingung von Sozialisationsprozessen betrachtet. Damit sind die Interessen von Kindern und Jugendlichen – abgesehen vom Jugendschutz – in dem auch ihr Aufwachsen bestimmenden Informationszeitalter kaum berücksichtigt, und sie werden auch nicht hinreichend diskutiert. Wir wissen heute nicht, wie Kinder mit der befürchteten „Informationsüberflutung" fertig werden, oder was es bedeutet, wenn jemand von den neuen Informationsmöglichkeiten ausgeschlossen wird, weil er technische Berührungsängste hat oder die Teilhabe an den neuen Systemen nicht finanzieren kann. Schon jetzt wird deutlich, daß jugendschützerische und staatliche Regulierungen des Medienmarktes angesichts der Globalisierung von Mediensystemen nicht mehr greifen. Niemand wird bei einer bald möglichen Übertragung von Hunderten von Fernsehprogrammen kontrollieren können, wie sich Gewaltverherrlichung und pornographische Darstellungen in dieser Informationsüberfülle verteilen. Im Internet ist eine solche Kontrolle von Inhalten völlig unmöglich, denn die Verbindungen zwischen den Rechnern werden (ohne daß ein bestimmter Weg vorgegeben ist) automatisch von den Server-Rechnern aufgebaut. Indem Mediendichte und Mediennutzung weiter kontinuierlich ansteigen und die interaktiven Dienste mit ihren unterschiedlichen Anwendungsmöglichkeiten in ganz unterschiedlichen Arbeits- und Erlebnisfeldern die Bannung in den Kommunikationskreislauf erheblich verstärken, entstehen durch die Systemrationalität und Durchkapitalisierung der Informationsgesellschaft neue Gefährdungspotentiale und Spannungsfelder. Medienpädagogik beschäftigt sich zunehmend mit Fragen, die sich im *außer*pädagogischen Bereich stellen und die *Bedingungen* moderner Kommunikation umgreifen. Ein zentrales Anliegen der Medienpädagogik ist es, ihrem eingangs formulierten Auftrag gemäß dazu beizutragen, eine 'medienkommunikative Grundversorgung' für alle Kinder und Jugendliche bereitzustellen und abzusichern.

2.2. Informationstechnische Grundbildung und Medienpädagogik

Während Medienpädagogik weder an den Schulen noch in der Lehrerbildung an Hochschulen als eigene Disziplin etabliert ist, sondern nur als allgemeine Aufgabe in dafür zuständigen Fächern mitverhandelt wird, ist die informationstechnische/informationstechnologische Grundbildung (ITG) ein Bestandteil der Bildungsreform und in fast allen Bundesländern seit Beginn der 90er Jahre verbindlich eingeführt (Hammelrath/Kübler 1985, 100). Als 'Grundbildung' gehört sie zum festen Bestandteil von Allgemeinbildung; in allen Schularten des Sekundarbereichs I sind Unterrichtseinheiten vorgesehen, die an ein bestimmtes Fach oder mehrere bestimmte Fächer angebunden bzw. in sie integriert sind. Der zeitliche Umfang des Angebots differiert je nach Bundesland zwischen 30 bis 90 Unterrichtsstunden. In einigen Ländern wird die informationstechnische Grundbildung auch als fächerübergreifendes Themenangebot oder als projektorientierter Unterricht vermittelt. Über den Begriff 'Informationstechnik' ist die ITG in ihren grundlegenden Lehrzielen vor allem am Fach Informatik orientiert, im weiteren auch am Lernbereich Arbeitslehre. ITG, und Medienpädagogik als über Technik handelnde pädagogische Arbeitsbereiche zu vermitteln und in ihrer Reichweite abzustimmen ist eine noch zu lösende bildungsstrategische Aufgabe. Ob die ITG als Unterdisziplin der Medienpädagogik zu verstehen ist oder umgekehrt Medienpädagogik in der ITG aufgeht, steht zur Debatte (Abel 1997).

3. Geschichte und wichtige Konzepte

Die neuere Medienpädagogik begann sich um die vorletzte Jahrhundertwende zu konturieren, als die neuen Drucktechniken (Rotationsdruck) es möglich machten, Trivialliteratur, etwa Kriminal- und Frauenromane, massenhaft zu produzieren. Es etablierte sich eine bereits in der Aufklärung sich abzeichnende *medienkritische* Grundposition vieler Pädagogen, die bis heute einen *kulturkritischen* Impetus beibehalten hat (vgl. die Veröffentlichungen Neill Postmans, von Hentigs u.a.). Der Unterhaltungsliteratur wurde eine jugendgefährdende Wirkung zugesprochen. Symptomatisch für diese Position ist bis heute Heinrich Wolgast, Vorsitzender der Literarischen Kommission der in Hamburg gegründeten „Lehrervereinigung zur Pflege der künstlerischen Bildung in der Schule" und der Sozialdemokratie nahestehend. Im Jahr 1896 erschien sein Buch „Das Elend unserer Jugendliteratur". Nicht nur Trivialliteratur, sondern auch moralisch-belehrende patriotische und religiöse Werke werden abgelehnt, aus Protest gegen die Gängelung durch den Wilhelminischen Staat und die mit ihm kooperierenden Kirchen. Wolgast vermutete „Tendenzschriftstellerei" und befürchtete eine Verwässerung und Verwüstung des „ästhetischen Sinns". Ziel war ihm die Bildung literarischen Geschmacks, etwa durch die großen Klassiker der deutschen und internationalen Literatur. Dabei ging es Wolgast durchaus um eine Emanzipation der Jugend. Er wandte sich gegen Verbote und Zensurmaßnahmen des Staates und setzte an ihre Stelle den Maßstab literarischer Tradition. Das Argumentationsmodell ist deutlich: Interessengruppen bedienen sich des Mediums der Unterhaltung, um auf diese Weise zu beeinflussen. Pädagogen, auf die Autonomie des Subjekts bedacht, müssen hier Gefahren sehen. Sie setzen auf Medien, die Kulturträger sind und Qualitätsmaßstäbe setzen. Es geht um den Anspruch, jeweils als 'gut' oder 'schlecht' erachtete Medienprodukte zu klassifizieren und über Wertungen zu kontrollieren. Diese pädagogische *Kontroll-Orientierung* setzte sich zunächst jahrzehntelang durch. Ein Beispiel ist die Kinoreformbewegung, die den 'guten' Film fördern und als erzieherisches Mittel einsetzen wollte. In der Schulfilm-Bewegung der 20er Jahre dieses Jahrhunderts meinten reformpädagogisch gesonnene Lehrer, daß die Schule zu rational und dürr sei, ihr Curriculum müßte ergänzt werden durch das Prinzip der 'Anschauung'. Für solche Formen ganzheitlicher 'Verlebendigung' schien das optische Medium sehr geeignet zu sein. Medienpädagogik im neuzeitlichen Sinn begann also als schulisch-orientierte Mediendidaktik (Einsatz von Medien als Lehr- und Lernmittel). Deutlicher noch wird die Kontroll-Orientierung in der Zeit des Nationalsozialismus. Der Film wurde als Instrument der Propagandaerziehung eingesetzt ('Hitlerjunge Quex' oder 'Kopf hoch, Johannes'). Medien waren ein Instrument der Politik. Diese Erfahrungen führten nach dem Zweiten Weltkrieg dazu, die Distanz gegenüber den Medien zu vergrößern. Es ging nun darum, 'in den rechten Umgang mit den Medien' einzuführen im Rahmen einer *Bewahrpädagogik*. Ihr Ziel war es, das 'Gute und Echte' den Kindern zu vermitteln, das 'Schlechte und Gefährliche' fernzuhalten. Filmerziehung, Filmgespräch, die Verarbeitung des Filmerlebnisses und die Erzeugung von Filmverständnis sollten dazu dienen, den Heranwachsenden Maßstäbe an die Hand zu geben. Diese waren oft religiös und konservativ geprägt. Erst mit dem wirkmächtigen Fernsehen wurden Konzepte entwickelt, die den kritischen, pädagogischen Impetus von seinen konservativen Folien befreiten. Es entwickelte sich, besonders im Anschluß an die Frankfurter Kritische Theorie eine *ideologiekritische Medienpädagogik*. Damit schloß sich Medienpädagogik an sozialwissenschaftliche Debatten an und befreite sich aus der Bindung geisteswissenschaftlich-konservativer Tradition. Materialistische und psychoanalytische Elemente gingen in die Debatten ein. Insbesondere die Schriften von Horkheimer, Adorno, Benjamin und Marcuse haben wichtige Bausteine zu einer kritischen Medientheorie beigetragen. Nicht nur die Industrialisierung von Kultur (auch Kunstwerke sind technisch unbegrenzt reproduzierfähig geworden), sondern auch die Tatsache, daß Konsument und Rezipient Handelnde innerhalb des gleichen Bewußtseinsspielraums sind, werden gedeutet als Blockierungszusammenhang spätkapitalistisch kontrollierten Bewußtseins. Die Undurchdringlichkeit der Erscheinung – was das Fernsehen sendet, gilt als 'gegeben' und 'wirklich' – wird als Ideologie 'entlarvt'. Medienprodukte sind Waren wie andere, Bestandteil industrieller Produktion und kapitalistischer Verwertungsinteressen. Diese Konzepte haben auf die Medienpädagogik befruchtend gewirkt. Sie besaß nun nicht nur eine Theorie für ihre medienkritische Grundhaltung; sie verfügte nun auch über ein Verfahren der wissenschaftlichen Analyse (stark soziologisch orientiert) sowie über die Methoden der Ideologiekritik und eine mögliche Praxis. Verbunden mit Gedanken einer „Emanzipation" anstrebenden Pädagogik erlaubten diese kritischen Ansätze, das Konzept gesellschaftlicher Veränderung insbesondere auf benachteiligte Gruppen der Gesellschaft auszudehnen. Eine solche Medientheorie konnte in den vom Staat getragenen Systemen (Schule, Erwachsenenbildung, betriebliche Ausbildung, Sozialpädagogik) freilich kaum gelehrt bzw. vertreten werden. Daher sind Elemente dieses theoretischen Konzepts nur in autonomen Lehrlings-, Schüler- und Studentengruppen vermittelt worden. Hinzu kam, daß die Theorie zu anspruchsvoll war, um in pädagogische Praxis umgesetzt zu werden. Die Zielkriterien der Medienpädagogik waren jedoch jetzt kritischer und zugleich formal-allgemeiner geworden und hefteten sich nicht mehr an moralische Alltagsüberzeugungen und tradierte Werte. Die Emanzipation des Individuums aus Bewußtseinszwängen, die Forderung seiner Selbstbestimmung und seiner Partizipationschancen wurden von nun an wichtig. Parallel entwickelte sich im Bereich der Unterrichtstechnologie eine Medienpädagogik, die ebenfalls nicht mehr von moralischen Postulaten bestimmt war, sondern eher im Rahmen technologischer Rationalität versuchte, die Bedeutung der Medien für Lernprozesse einzuschätzen. An die Stelle der *kontrollorientierten* Medienpädagogik treten nun Konzepte, die Interessen und sog. Bedürfnisse des Rezipienten oder Nutzers stärker betrachteten und normative Erziehungsvorgaben in Frage stellten. Jetzt gewinnt der *außerschulische* Bereich (Sozialpädagogik, Freizeitpädagogik, Jugendzentrumsbildung, Bildungsarbeit, Kulturarbeit) an Bedeutung. Hier gibt es Freiräume, die Medien nicht nur zu Instrumenten organisierten Lernens machen, sondern den Jugendlichen als Ausdrucks- und Artikulationsinstrumente ihrer eigenen Interessenlagen zur Verfügung stehen. Es entstand damit die *handlungsorientierte* Medienpädagogik. Insbesondere das Aufkommen von Video und die damit verbundene *Videobewegung* versuchten gegenüber der komplex organisierten Öffentlichkeit etablierter Massenmedien eine 'alternative Öffentlichkeit' aufzubauen (Negt/Kluge 1973), die sich in basisbezogenen Produktionen stadtteil- oder regionalbezogen und kritisch gegenüber der herrschenden Meinung artikulierte. MedienpädagogInnen haben seitdem eine differenzierende Position inne, die sich nicht von radikaler Kulturkritik und Medienabwehr, aber auch nicht von euphorischer Zustimmung zu den neuen Medienentwicklungen leiten läßt. Geprüft werden die Medienangebote unter der Prämisse, inwieweit Medien *Handlungsmöglichkeiten* erschließen und *ästhetische Erfahrungen* erweitern anstatt zu unterdrücken und einzuschränken. Seitdem insistiert Medienpädagogik darauf, daß (im Anschluß an einen Wortgebrauch B. Brechts) Medien nicht nur Botschaften 'distribuieren', sondern auch die Kommunikationsbeteiligung aller Gesellschaftsmitglieder verbessern. Solche Postulate werden durch eine Theorie der Kontexte (Sozialökologie) ergänzt. Die Pluralisierung von Medien und Medienangeboten führt zum Konzept der „Medienwelten" (Baacke/Sander/Vollbrecht 1991): Der Kommunikations-Alltag und die lebensweltlichen Bindungen (im Rahmen einer gesellschaftlichen Ordnung und ihre Umsetzung in institutionelles Handeln, Gruppenhandeln und Handeln von einzelnen) sind von Medien (von den großen Produktions- und Distributionsorganisationen über die dem einzelnen verfügbaren Geräte bis zur Zusammenschaltung in interaktiven Diensten der Computer) derart eng miteinander verbunden, daß Medien heute an der Konstruktion sozialer Wirklichkeit genuin mitwirken. Medien transzendieren mit ihren symbolischen Botschaften über die elektronischen Vermittlungskanäle Räume, werden jedoch kontextgebunden unterschiedlich genutzt. Die Analyse der Interferenz von konkreten Kontexten in die Aufnahme und Verarbeitung von Medienbotschaften gibt wertvolle medienpädagogische Hinweise über die Rolle, die Medien bei der Realitätsverarbeitung von Kindern und Jugendlichen spielen. Daneben gibt es den Versuch, 'Medienbiographien' zu erstellen, um die Bedeutung audiovisueller Medien für einzelne Lebensphasen im Lebenszyklus sowie die Konstitution von Ich-Identität zu erfassen. Im Gegensatz zu einer eher ökonomisch oder technisch interessierten quantitativen Forschung interessieren sich medienpädagogisch-orientierte WissenschaftlerInnen daher vor allem für qualitative Instrumente und Zugänge (teilnehmende Beobachtung, ausführliche Gespräche und Tiefeninterviews), weil sie nicht an puren Nutzungsdaten (Einschaltquoten) interessiert sind, sondern an der Art und Weise, wie Medien heute in Sozialisationsprozesse eingehen und sie mitbestimmen (Baacke/Kübler 1989).

Die medienpädagogische Theoriebildung ist ebensowenig abgeschlossen wie ein Kanon an verwertbaren Ergebnissen vorliegt. Die Konzepte einer auf Handeln hinweisenden kommunikativen und Medien-Kompetenz (Baacke 1973), neue Ansätze medienpädagogischer Forschung und eine Vielzahl von Projekten im außerschulischen Bereich sind ein (derzeit noch ungeordneter) Fundus, aus dem Wissensbestände und Ergebnisse der Medienpädagogik abzuleiten sind. Voraussetzung dafür ist, daß Medienpädagogik in den Bildungseinrichtungen, von den Schulen bis zu den Hochschulen, stärker beachtet und etabliert wird.

4. Literatur

Abel, Jürgen, Bildungsanspruch oder Computerführerschein? Voraussetzungen für die Erstellung begründeter Lehrziele zur informationstechnologischen Grundbildung. Münster 1997

Adorno, Theodor W., Eingriffe. Neun kritische Modelle (darin: Prolog zum Fernsehen; Fernsehen als Ideologie). Frankfurt a. M. 1963

Baacke, Dieter (Hrsg.), Kritische Medientheorien. Konzepte und Kommentare. München 1974

–/Hans-Dieter Kübler (Hrsg.), Qualitative Medienforschung. Konzepte und Erprobungen. Tübingen 1989

–/Franz J. Röll (Hrsg.), Weltbilder Wahrnehmung Wirklichkeit. Der ästhetisch organisierte Lernprozeß. Opladen 1995

–/Uwe Sander/Ralf Vollbrecht, Medienwelten Jugendlicher. Opladen 1991

–/Ralf Vollbrecht, Zwischen Selbststabilisierung und Selbstrevision. Heranwachsende im Informationszeitalter. In: J. Mansel/A. Klocke: (Hrsg.) Die Jugend von heute. Selbstanspruch, Stigma und Wirklichkeit. Weinheim/München 1996, 53–68

–, Kommunikation und Kompetenz. Grundlegung einer Didaktik der Kommunikation und ihrer Medien. München 1973 (1980³)

–, Medienpädagogik im Umbruch. In: Hrsg. v. Landeszentrale für politische Bildung Baden-Württemberg: Medienpädagogik im Umbruch. Stuttgart 1987

Bachmaier, Ben/Gunther Kress (Hrsg.), Höllen-Inszenierung „Wrestling". Beiträge zur pädagogischen Genreforschung. Opladen 1996

Büttner, Christian, Video-Horror. Schule und Gewalt. Weinheim/Basel 1990

Hammelrath, Alf/Hans-Dieter Kübler, Informationstechnische Grundbildung, was ist das? In: H.-G. Rolff/P. Zimmermann (Hrsg.). Neue Medien und Lernen. Herausforderungen, Chancen und Gefahren. Weinheim 1985

Hennes, Wolfgang/Peter Jakobs, Der Einstieg ins Internet. Multimedia, CD ROM und Daten-Highway für Nicht-Techniker. Frankfurt/New York 1996

Hentig, Hartmut v., Das allmähliche Verschwinden der Kindheit. München 1987

Hiegemann, Susanne/Wolfgang H. Swoboda (Hrsg.), Handbuch der Medienpädagogik. Theorieansätze – Traditionen – Praxisfelder – Forschungsperspektiven. Opladen 1994

Höltershinken, Dieter u.a., Praxis der Medienerziehung. Beschreibungen und Analyse im schulischen und außerschulischen Bereich. Stuttgart 1991

Hurrelmann, Bettina, Fernsehen in der Familie. Auswirkungen der Programmerweiterung auf den Mediengebrauch. Weinheim/München 1989

Lauffer, Jürgen/Ingrid Volkmer (Hrsg.), Kommunikative Kompetenz in einer sich ändernden Medienwelt. Opladen 1995

Moser, Heinz, Einführung in die Medienpädagogik. Aufwachsen im Medienzeitalter. Opladen 1995

Negt, Oskar/Alexander Kluge, Öffentlichkeit und Erfahrung: Zur Organisationsanalyse von bürgerlicher und proletarischer Öffentlichkeit. Frankfurt ²1973

Postman, Neill, Das Verschwinden der Kindheit. Frankfurt 1983

–, Wir amüsieren uns zu Tode. Frankfurt a.M. 1985

Rogge, Jan-Uwe, Kinder können fernsehen. Reinbek 1990

Sander, Uwe/Ralf Vollbrecht, Kinder und Jugendliche im Medienzeitalter. Opladen 1987

Schill, Wolfgang/Gerhard Tulodziecki/Wolf-Rüdiger Wagner (Hrsg.), Medienpädagogisches Handeln in der Schule. Opladen 1992

Schorb, Bernd, Medienalltag und Handeln. Medienpädagogik in Geschichte, Forschung und Praxis. Opladen 1995

Swoboda, Wolfgang H., Medienpädagogik. Konzeption, Problemhorizont und Aufgabenfelder. In: S. Hiegemann/W. H. Swoboda (Hrsg.). Handbuch der Medienpädagogik, Opladen 1994, S. 11–24

Theunert, Helga u.a., Zwischen Vergnügen und Angst. Fernsehen im Alltag von Kindern. Hamburg 1992

Wegener, Claudia, Reality-TV. Fernsehen zwischen Emotion und Information. Opladen 1994

Dieter Baacke †, Bielefeld (Deutschland)

264. Mediendidaktik

1. Einleitung
2. Lernrelevante Charakteristika von Medien
3. Mediendidaktische Forschungs- und Theorieansätze
4. Mediengestaltung und Medienverwendung in der Schule
5. Literatur

1. Einleitung

Die Möglichkeiten technischer Medien – vom Buch über Film, Radio, Fernsehen sowie andere Print-, Bild- und Tonmedien bis zum Computer – legen es nahe, diese auch im Bildungswesen zu nutzen. Häufig sind damit erhebliche Hoffnungen im Hinblick auf eine Verbesserung der Bildungsmöglichkeiten generell und der Lehr- bzw. Lernprozesse speziell verknüpft. Allerdings gibt es bei der Verwendung technischer Medien für Bildungszwecke auch warnende Stimmen, die einen Verlust an unmittelbarer Erfahrung sowie ein Zurückdrängen der personalen Vermittlung und Interaktion befürchten. Insbesondere beim Aufkommen neuer Medien sind immer wieder unterschiedliche Bewertungen festzustellen: Stets mischen sich euphorische Einschätzungen mit eher skeptischen Stellungnahmen.

Im Spannungsfeld unterschiedlicher Einschätzungen ist es eine wichtige Aufgabe der *Mediendidaktik*, eine wissenschaftliche Klärung der Möglichkeiten und Grenzen von Medien in Lehr- und Lernprozessen sowie Handlungsorientierungen für die Gestaltung und Verwendung von Medien zu erarbeiten.

Dieser Aufgabe ist der folgende Beitrag gewidmet. Insbesondere sollen lernrelevante Charakteristika von Medien, didaktische und lerntheoretische Grundlagen sowie Perspektiven der Medienverwendung und Mediengestaltung für unterrichtliche Prozesse dargestellt werden.

2. Lernrelevante Charakteristika von Medien

2.1. Erfahrungsformen und didaktischer Medienbegriff

Kinder, Jugendliche und Erwachsene lernen im Laufe ihres Lebens verschiedene Sachverhalte bzw. Inhalte kennen. Die Sachverhalte bzw. Inhalte können ihnen in unterschiedlicher Form begegnen. Beispielsweise kann ein Kind eine Windenergieanlage dadurch kennenlernen, daß es mit der Schulklasse oder mit den Eltern eine Windenergieanlage besichtigt. Eine andere Möglichkeit besteht darin, daß ein Kind ein Technikmuseum besucht und dort dreidimensionale Modelle von Windenergieanlagen betrachtet. Eine dritte Form der Erfahrung bzw. Darstellung des Sachverhalts „Windenergieanlage" liegt vor, wenn eine Lehrperson Diapositive oder Videoaufzeichnungen mit Realaufnahmen oder schematischen Darstellungen von verschiedenen Windenergieanlagen präsentiert. Schließlich ist es auch möglich, den Begriff 'Windenergieanlage' rein verbal, d.h. ohne bildhafte Unterstützung, einzuführen.

In Anlehnung an dieses Beispiel lassen sich folgende *Formen der Erfahrung bzw. Darstellung* eines bestimmten Sachverhalts bzw. Inhalts unterscheiden:

- *reale Form*, diese ist z.B. beim Handeln oder bei Beobachtungen in der Wirklichkeit, bei der personalen Begegnung mit Menschen oder beim realen Umgang mit Sachen gegeben.
- *modellhafte Form*, diese liegt z.B. beim Umgang mit Modellen oder beim simulierten Handeln im Rollenspiel und entsprechenden Beobachtungen vor,
- *abbildhafte Form*, diese entspricht z.B. der Information mit Hilfe realgetreuer oder schematischer bzw. typisierender Darstellungen,
- *symbolische Form*, diese besteht z.B. in der Information durch schriftliche oder mündliche verbale Darstellungen.

In allgemeinster Bedeutung kann man ein 'Medium' als die Form bezeichnen, in der sich ein Inhalt oder Sachverhalt einem Menschen darstellt bzw. in der er präsentiert wird. Der Begriff 'Medium' beschreibt in diesem Sinne ein konstitutives Element der Interaktion des Menschen mit seiner Umwelt.

Geht man von einem solch weiten Medienbegriff aus, so hat jede Interaktion und Kommunikation – d.h. auch jeder unterrichtliche und erzieherische Vorgang – eine mediale Komponente. Diese ist mitentscheidend für die Vorstellungen, die Kinder und Jugendliche von den jeweiligen Sachverhalten bzw. von der Wirklichkeit überhaupt entwickeln. So wird ein Kind, das eine Windenergieanlage in der Natur erlebt und die entsprechenden technischen Einrichtungen besichtigt hat, andere Vorstellungen mit dem Begriff 'Windenergieanlage' verbinden als ein Kind, das den Begriff (nur) durch Erläuterungen einer Lehrperson kennengelernt hat.

Im Hinblick auf den Unterricht ist zu bedenken, daß bereits die modellhafte Form der Präsentation eines Inhalts eine Reduktion im Vergleich zur Wirklichkeit bedeutet. Gleiches gilt für abbildhafte und erst recht für rein verbale bzw. symbolische Darstellungen. Aus lerntheoretischer Sicht ist es deshalb wünschenswert, daß Vorstellungen über die Wirklichkeit aus der Beobachtung oder aus dem konkreten Handeln in der Realität erwachsen. Bei nur modellhaften, abbildhaften oder symbolischen Darstellungen besteht immer die Gefahr, daß sich unangemessene bzw. irreführende Vorstellungen über die Wirklichkeit ausbilden (vgl. Bruner/Olson 1975, 197ff.; Tulodziecki 1992, 75ff.). Beispielsweise können Kinder, die noch nie eine Windenergieanlage in der Realität, sondern nur auf Bildern ohne Vergleichsgegenstände gesehen haben, keine angemessene Vorstellung über deren Größe entwickeln.

Diese Überlegungen besagen allerdings nicht, daß Unterricht *immer* mit Beobachtungen oder konkretem Handeln in der Realität beginnen müßte. Dort, wo aufgrund des bisherigen Lebens- und Bildungsweges bereits unmittelbare Erfahrungen zu einem Wirklichkeitsbereich vorliegen, kann selbstverständlich auf diese zurückgegriffen und mit modellhaften, abbildhaften und symbolischen Darstellungsformen angemessen gelernt werden. Wenn Kinder z.B. bei der Stadtreinigung reale Müllfahrzeuge kennengelernt haben, kann die Lehrperson davon ausgehen, daß entsprechende Bilder oder verbale Beschreibungen mit realitätsgerechten Vorstellungen verknüpft werden. Unter Umständen bietet es sich im Unterricht auch an, einen Wirklichkeitsbereich (zunächst) über abbildhafte Darstellungen, etwa in Form von Schemaskizzen, zu erschließen, weil Strukturen so besser sichtbar gemacht werden können. Beispielsweise kann es durchaus sinnvoll sein, vor der Besichtigung einer Windenergieanlage deren strukturellen Aufbau anhand einer schematischen Skizze zu erläutern. Es ist allerdings wichtig, daß mit der anschließenden Erkundung der Bezug zur Realität hergestellt wird.

Darüber hinaus ist zu bedenken, daß ein großer Teil unserer Vorstellungen ohnehin auf modellhaften, abbildhaften oder symbolischen Formen der Erfahrung beruht – sei es, weil unmittelbare Erfahrungen nicht möglich oder prinzipiell zwar möglich, aber aus verschiedenen Gründen nicht realisierbar sind, sei es, weil bestimmte Begriffe kein mit den Sinnen unmittelbar erfahrbares Korrelat haben (vgl. Boeckmann 1987).

Angesichts des zunehmenden Anteils mittelbarer Erfahrungen an den Gesamterfahrungen gewinnt der obige lerntheoretische Hinweis eine besondere Bedeutung: Inhaltliche Vorstellungen sollten – wenn dies realisierbar bzw. möglich ist – auf unmittelbare Erfahrungen bezogen werden.

Zu beachten ist weiterhin, daß die verschiedenen Erfahrungs- bzw. Darstellungsformen kombiniert auftreten können. So wird z.B. eine Lehrperson, die den Begriff 'Windenergieanlage' mit Hilfe einer Diareihe einführen will, die Diareihe kommentieren und auf diese Weise die abbildhafte und die verbale bzw. symbolische Darstellungsform miteinander verbinden.

Welch Erfahrungs- bzw. Darstellungsform vorliegt, bestimmt sich allerdings erst durch den inhaltlichen Gegenstand, auf den sich das Interesse richtet. Wird der Sachverhalt 'Windenergieanlage' beispielsweise von einer Lehrperson verbal beschrieben, so liegt in bezug auf diesen Gegenstand eine symbolische Präsentation vor. Würde eine entsprechende Unterrichtsstunde jedoch von Studentinnen und Studenten besucht, die Beobachtungen zur Lehrersprache durchführen wollen, so würden die verbalen Äußerungen zu einer realen Präsentation im Hinblick auf den Inhalt 'Lehrersprache'.

Mit den bisherigen Überlegungen ist eine bestimmte, und zwar eine sehr weite Auffassung des Medienbegriffs eingeführt worden. Es gibt allerdings auch andere bzw. engere Auffassungen des Begriffs *'Medium'* in der Literatur. Das Begriffsverhältnis reicht von der oben angeführten weiten bis zu einer engen Auffassung, bei der nur dann von Medien gesprochen wird, wenn Informationen mit Hilfe technischer Geräte gespeichert, übertragen oder verarbeitet und in abbildhafter oder symbolischer Darstellung wiedergegeben werden. Beispiele für Medien in diesem engeren Sinne sind Buch, Arbeits- und Diaprojektion, Film, Video und Fernsehen, Schallplatte, Tonband und Hörfunk, Bildplatte, Computer und Multimedia (vgl. Hagemann/Tulodziecki 1980, 18 ff.). Ein solch engerer – als technisch zu bezeichnender – Medienbegriff umfaßt sowohl die technischen Geräte bzw. Einrichtungen zur Speicherung, Übertragung oder Verarbeitung von Informationen als auch die dazugehörigen Materialien bzw. die Software sowie deren funktionales Zusammenwirken im Vorgang der Kommunikation. In diesem Sinne wird der Begriff des *technischen Mediums* im Vergleich zum weiten Medienbegriff auf technisch unterstützte Kommunikationsvorgänge eingeschränkt.

Aus unterrichtlicher und erzieherischer Sicht bietet es sich an, zunächst von einem umfassenden Medienbegriff auszugehen. Damit wird sichergestellt, daß ein für pädagogische Interaktion und Kommunikation bedeutsamer Aspekt generell im Blick bleibt: die Form, in der Informationen bzw. Inhalte vermittelt werden. Auf der Basis eines solchen weiten Medienbegriffs können dann spezielle Medien durch geeignete Adjektive oder Begriffsverbindungen gekennzeichnet werden. So lassen sich die obigen – unter einem engeren Medienbegriff angeführten – Medien als *technische Medien* bezeichnen.

In der pädagogischen Diskussion kommt den *technischen* Medien eine besondere Bedeutung zu: einerseits weil man sich von ihnen besondere unterrichtliche Möglichkeiten verspricht, andererseits weil sie im außerschulischen Leben der Kinder und Jugendlichen und in unserer Gesellschaft eine immer größere Bedeutung erlangt haben. Erst mit Bezug auf technische Medien, spricht man in der Pädagogik von Mediendidaktik und Medienerziehung. In Übereinstimmung mit dieser Entwicklung beziehen sich die folgenden Ausführungen auf technische Medien. Dabei wird der Begriff Medien – zur sprachlichen Vereinfachung – im Sinne *technischer* Medien benutzt.

2.2. Medienmerkmale

Ein bestimmtes mediales Angebot, z.B. eine Radio- oder Fernsehsendung, läßt sich nach verschiedenen Merkmalen kennzeichnen (vgl. z.B. Heidt 1976, 24 ff.; Hagemann/Tulodziecki 1979, 41 ff.; Boeckmann/Heymen 1990, 22 ff.; Weidenmann 1993, 17 ff.). Unter Berücksichtigung verschiedener Ansätze lassen sich die folgenden *lernrelevanten Merkmale* nennen:

(1) *Erfahrungsform:* Diese kann – gemäß den Ausführungen unter 2.1 – abbildhaft oder symbolisch sein. Bei der abbildhaften Darstellung kann man zwischen realgetreuen und schematischen bzw. typisierenden Darstellungen unterscheiden. Realgetreue Darstellungen sind dadurch gekennzeichnet, daß mindestens ein Aspekt der Realität abgebildet wird, z. B. das Erscheinungsbild einer Person bei der Fotografie oder Originalgeräusche aus einer Schreinerwerkstatt bei einem Tondokument. Schematische bzw. typisierende Darstellungen abstrahieren dagegen vom realen Gegenstand oder Vorgang durch akzentuierende Darstellungen, z. B. in Form von grafischen Präsentationen. Bei den symbolischen Darstellungen lassen sich verbale von nicht-verbalen Symbolen unterscheiden. Beispielsweise ist das Wort 'Stein' ein verbales Symbol für den gemeinten Gegenstand, während ein Pfeil, der eine Bewegungsrichtung andeuten soll, ein nicht-verbales Symbol darstellt.

(2) *Sinnesmodalität:* Je nachdem, welcher Sinneskanal angesprochen wird, kann man auditive, visuelle oder audiovisuelle Medienangebote unterscheiden. Beispielsweise sind Hörfunksendungen auditive, Fotografien visuelle und Fernsehsendungen audiovisuelle Medienangebote.

(3) *Darbietungsweise:* Diese kann flüchtig oder ruhend sein. Beispielsweise entspricht die Präsentation eines Hörspiels oder eines Films einer flüchtigen Darbietung und die Projektion von Diapositiven einer ruhenden.

(4) *Steuerungsform:* Die Steuerung des inhaltlichen und zeitlichen Ablaufs kann durch das mediale Angebot in linearer Form vorgegeben sein. Dies ist z. B. bei einer Schulfernsehsendung der Fall. Dabei können Aufgaben zur Aktivierung der Lernenden eingestreut sein. Die Steuerung kann jedoch auch in Abhängigkeit von Reaktionen der Lernenden verzweigt erfolgen, wie dies beispielsweise bei computerunterstützten Lehrprogrammen geschieht. Darüber hinaus kann die Steuerung den Lernenden überlassen bleiben, wobei das Medium auf Eingaben der Lernenden reagiert.

(5) *Gestaltungstechniken:* Jedes Medium verfügt über verschiedene Gestaltungstechniken. Beim Film kann man z. B. die Einstellungsgröße, die Einstellungsperpektive, die Kamerabewegung, die Montage und die Tongestaltung als Gestaltungstechniken bezeichnen, beim Hörfunk sind es die Aussteuerung bei der Aufnahme von Sprache, Musik und Geräuschen, die Tonmischung, Multi-Play, Trickeffekte oder Blenden und Schnitt.

(6) *Informationsbehandlung:* Hierbei geht es um die Frage, ob mit einem Medium Informationen nur übertragen oder gespeichert und wiedergegeben oder auch weiterverarbeitet werden können. Der Film ermöglicht z. B. die Speicherung und Wiedergabe von Informationen, während mit Hilfe des Computers auch eine Verarbeitung von Daten möglich ist.

(7) *Gestaltungsformen:* Neben den Gestaltungstechniken können in medialen Angeboten unterschiedliche Gestaltungsformen zur Geltung kommen, z. B. tabellarische Darstellungen, Diagramme, dokumentarische Aufnahmen, Moderation, Reportage, Kommentar, Interviews, Spielszenen, Trickgrafik und Trickfilm.

Diese Darstellung verschiedener Medienmerkmale läßt die Frage aufkommen, welche der damit gegebenen vielfältigen medialen Möglichkeiten geeignet sind, Lerninhalte in wirkungsvoller Form zu vermitteln. Dieser Frage geht die mediendidaktische Forschung in Verbindung mit lerntheoretischen Überlegungen nach.

3. Mediendidaktische Forschungs- und Theorieansätze

In der Mediendidaktik gibt es eine Fülle unterschiedlicher Ansätze, um die Bedeutung von Medien für Lehr- und Lernprozesse zu klären und begründete Entscheidungen zur Mediengestaltung und Medienverwendung zu ermöglichen. Im Rahmen dieses Beitrags ist es nicht möglich, alle Facetten der entsprechenden Diskussion anzusprechen, geschweige denn darzustellen. Es kann nur darum gehen, wichtige Entwicklungslinien und Grundgedanken bei den Forschungs- und Theorieansätzen sichtbar zu machen.

3.1. Medienorientierte Ansätze

Die frühe mediendidaktische Forschung ist durch den Versuch gekennzeichnet, Medienunterricht mit konventionellem Lehrerunterricht zu vergleichen. So sind z. B. mit dem Aufkommen des Schulfernsehens zahlreiche *Vergleichsuntersuchungen* durchgeführt worden. Diese gestalten sich in der Regel nach folgendem Muster: In zwei parallelen Lerngruppen wird zunächst ein Vortest zu dem zu vermittelnden Inhalt durchgeführt. Danach bekommt eine Lerngruppe den Lerninhalt über das Fernsehen dargeboten, die andere wird auf herkömmliche Art von einer Lehrperson unterrichtet. Am Ende wird ein Nachtest durchgeführt, so daß der Lehreffekt als Verbesserung der Lernergebnisse vom Vortest zum Nachtest ermittelt werden kann. Ein statistischer Vergleich der Lehreffekte ermöglicht eine Einschätzung, ob zwischen der Fernsehgruppe und der herkömmlich unterrichteten Gruppe signifikante Unterschiede im Lernergebnis bestehen oder nicht. Beispielsweise zeigt eine zusammenfassende Auswertung von 421 Vergleichsuntersuchungen dieser Art durch Chu/Schramm (1967), daß in 15 Prozent der Fälle signifikante Unterschiede zugunsten der Fernsehgruppe, in 12 Prozent der Fälle signifikante Unterschiede zugunsten der herkömmlich unterrichteten Gruppe und in 73 Prozent der Fälle keine signifikanten Unterschiede auftraten. Auch andere zusammenfassende Studien zu Medienvergleichsuntersuchungen kommen zu dem Schluß, daß man keinen generellen Vorteil von Medienunterricht gegenüber dem Lehrerunterricht annehmen kann (vgl. z. B. Jamison/Suppes/Wells 1974). Allerdings zeigen neuere Meta-Analysen zu Vergleichsuntersuchungen zwischen computerbasiertem Lernen und herkömmlichem Unterricht einen deutlich höheren Anteil an Studien, in denen Vorteile für das computerbasierte Lernen nachgewiesen wurden (vgl. Kulik/Kulik 1991).

Wenn die früheren Ergebnisse aus Vergleichsuntersuchungen auch enttäuschend für die Verfechter eines stärkeren Medienunterrichts waren, so hatten sie doch gezeigt, daß Lernen nicht nur durch personale Vermittlung angeregt und unterstützt werden kann, sondern auch durch Medien. Für die Forschung und die Theoriebildung brachten die Vergleichsuntersuchungen darüber hinaus den Impuls, eine Differenzierung herkömmlicher Aussagen zum Lehren und Lernen mit Medien zu versuchen. Dieser Impuls führte einerseits zur Entwicklung von *Medientaxonomien* und andererseits zur Untersuchung spezieller *Medienvariablen*.

Medientaxonomien stellen Ordnungsschemata dar, durch die Medien nach bestimmten Kriterien klassifiziert und in eine Rangordnung gebracht werden, um Medienentscheidungen für Lehr- und Lernprozesse zu erleichtern. Dabei kann man zwei Gruppen von Medientaxonomien unterscheiden. Bei der ersten Gruppe werden Medieneigenschaften als Ordnungskriterien eingeführt, z. B. Erfahrungsformen oder Sinnesmodalitäten, bei der zweiten Gruppe gelten unterrichtliche Kategorien als Ordnungskriterien, z. B. unterrichtliche Funktionen oder Ziele. Ein frühes Beispiel für die erste Gruppe ist der „Erfahrungs-Kegel" von Dale (1954), bei dem die Medien nach der Art der Sinneserfahrung geordnet werden, und zwar nach direkten Erfahrungen, ikonischen (bildhaften) Erfahrungen und symbolischen Erfahrungen. Insgesamt und innerhalb dieser drei Gruppen werden die Erfahrungsmöglichkeiten bzw. Medien nach dem Grad der Sinnesbeteiligung klassifiziert. So ist beispielsweise – bezogen auf ikonische Erfahrungen – das Unterrichtsfernsehen vor dem Radio eingeordnet. Diese Klassifikation wird mit verschiedenen Lernformen in Verbindung gebracht: die direkte Erfahrung mit „learning by doing", die ikonische Erfahrung mit „Beobachtungslernen" und die symbolische Erfahrung mit „imaginativem Lernen". Die Auswertung verschiedener Taxonomien solcher Art bietet die Möglichkeit, die Medien hinsichtlich mehrerer Eigenschaften zu charakterisieren und für jedes Medium ein Medienprofil zu erstellen (vgl. z. B. Armbruster 1978). So könnte man beispielsweise die unter 2.2 beschriebenen Merkmale nutzen, um für verschiedene Medien, z. B. Diaprojektion oder Schulfernsehen, jeweils ein medienspezifisches Profil zu entwickeln.

Ein Beispiel für die zweite Gruppe der Taxonomien ist der Ansatz von Allen (1967), der versucht, die Eignung verschiedener Medien, z. B. Buch, Bild, Tonaufnahme und Fernsehen, im Hinblick auf unterschiedliche Ziele einzuschätzen, z. B. Erlernen von Tatsachenwissen, Erlernen von motorischen Fertigkeiten, Entwicklung von Einstellungen, Meinungen und Motivationen.

Parallel und zum Teil in Verbindung mit der Entwicklung von Medientaxonomien kam es in der empirischen Forschung zu einer Reihe von Untersuchungen, in denen einzelne *Medienmerkmale* im Hinblick auf ihre Lerneffekte untersucht wurden. Beispielsweise führten Overing/Travers (1973) eine experimentelle Studie zum Einfluß verschiedener Darstellungsformen auf die Befähigung von Lernenden zum Transfer des Gelernten durch. Für eine transferwirksame Vermittlung des physikalischen Prinzips der Brechung von Lichtstrahlen im Wasser wurden folgende Darstellungsformen miteinander verglichen: bloß verbale Darstellung des Prinzips, schematisierte bildhafte Darstellung mit verbaler Information, realistische Demonstration mit verbaler Information sowie schematisierte Darstellung mit verbaler Information und vorhergehender praktischer Problemstellung. In der Untersuchung zeigte sich, daß die realistische Demonstration mit verbaler Information sowie die schematisierte Darstellung mit verbaler Information und vorhergehender Problemstellung den anderen beiden Darstellungen überlegen waren.

Ein weiteres Beispiel stellt die Untersuchung von Issing/Schellenberg (1973) dar, in welcher der Einfluß verschiedener medialer Steuerungsformen auf Wissen und Behalten geprüft wurde. Das Thema „Magnetismus" wurde drei Lerngruppen in einer jeweils anderen Form vermittelt: als herkömmliche Fernsehsendung ohne Aufgaben, als „programmierte Fernsehsendung" mit Aufgaben sowie fremdgesteuertem Lerntempo und als Buchprogramm mit selbstgesteuertem Lerntempo. Im Ergebnis waren die „programmierte Fernsehsendung" und das Buchprogramm der konventionellen Fernsehsendung hinsichtlich Wissen und Behalten überlegen. Im Vergleich zwischen dem Buchprogramm und der „programmierten Fernsehsendung" zeigten sich beim Buchprogramm zwar leicht bessere Erfolge, jedoch keine signifikanten Unterschiede. Dies bedeutet u. a., daß sich Aktivierungen durch Aufgabenstellungen und Rückmeldungen günstig auf das Lernergebnis auswirken und daß diese – in gewissen Grenzen – wirksamer sind als die Medienart.

Untersuchungsergebnisse dieser Art legen generell die Annahme nahe, daß für das Erreichen bestimmter Lehrziele die Wahl der Erfahrungsformen, z. B. abbildhaft oder verbal, und die Wahl bestimmter Steuerungsformen, z. B. Aktivierung durch Aufgaben, wichtiger sind, als das Medium, durch das sie präsentiert und realisiert werden (vgl. auch Weidenmann 1986, S. 500 ff.). Des weiteren verweisen solche Ergebnisse darauf, daß Annahmen, die einen generellen Einfluß der Sinnesmodalitäten auf das Lernergebnis unterstellen, irreführend sind. Beispielsweise ist in der mediendidaktischen Literatur zum Teil der Hinweis zu finden, daß beim Zuhören 20 Prozent, beim Sehen 30 Prozent und beim Hören plus Sehen 50 Prozent behalten werden. Für Annahmen dieser Art gibt es keinen wissenschaftlich akzeptablen Beleg (vgl. auch Weidenmann 1995, 4 ff.). Darüber hinaus machen die Untersuchungsergebnisse darauf aufmerksam, daß neben bestimmten Medienmerkmalen die Wahl des Lehrkonzepts besonders wichtig ist. So wurden beispielsweise die medialen Effekte – bezogen auf Erfahrungs- und Steuerungsformen – in den Untersuchungen von Overing/Travers sowie Issing/Schellenberg durch die zugrundeliegenden Lehrkonzepte (problemorientiertes Vorgehen und programmierte Unterweisung) überlagert. Für die Bedeutung der Lehrkonzepte spricht auch eine zusammenfassende Studie von Kulik/Kulik/Cohen (1980), in der belegt wird, daß empirische Vergleiche zwischen gedruckten Lernprogrammen und computergestützten Lernprogrammen in der Regel keinen Unterschied im Lernerfolg zeigen, während beide gegenüber dem konventionellen Unterricht wirkungsvoller sind.

Trotz vieler interessanter Ergebnisse der bisher angesprochenen Forschungs- und Theorieansätze greifen diese an einem entscheidenden Punkt zu kurz. Die Voraussetzungen und Prozesse, die bei der Mediennutzung auf Seiten der Lernenden bedeutsam sind, werden nicht angemessen berücksichtigt. Dies hängt zum Teil mit der *behavioristischen Grundorientierung* der Ansätze zusammen, die durch den Gedanken bestimmt ist, daß sich das Verhalten eines Individuums durch äußere Hinweisreize und Verstärkungen steuern lasse. Bei dieser Grundposition würde es ausreichen, die medialen Gestaltungsmöglichkeiten im Sinne von Hinweisreizen und Verstärkungen zu nutzen, um ein gewünschtes Lehrziel zu erreichen. Allerdings machen die zum Teil widersprüchlichen Ergebnisse entsprechender Forschung darauf aufmerksam, daß eine solche Grundposition unzureichend ist. Diese Einsicht führte zu einem Ansatz mediendidaktischer Forschung, bei dem Lerneffekte nicht als Medieneffekte, sondern als Wechselwirkung von Medienmerkmalen und Merkmalen der Lernenden begriffen werden.

3.2. Interaktionsorientierte Ansätze

Bei der Entwicklung eines Forschungskonzepts, bei dem Wechselwirkungen von Medienmerkmalen und Merkmalen der Lernenden in den Mittelpunkt rücken, wurde die mediendidaktische Forschung durch den sogenannten *„Aptitude-Treatment-Interaction"-Ansatz* angeregt, der sich in der allgemeinen Lehr-Lernforschung entwickelt hatte. Dieser Ansatz versteht Lernen als Interaktion von Persönlichkeitsmerkmalen (Aptitudes) und unterrichtlichen Maßnahmen (Treatments). Beispielsweise hat Salomon (1976, 56 ff.) im Medienbereich ein Experiment durchgeführt, bei dem es darum ging, die Bildwahrnehmung als Wechselwirkung zwischen der Fähigkeit, wesentliche Details aus einem Gesamtzusammenhang herauszulösen, und verschiedenen medialen Präsentationen zu untersuchen. Dazu wurde bei den Lernenden zunächst die betreffende Fähigkeit mit einem Test erfaßt. Danach wurden die Lernenden mit je einer von drei medialen Versionen konfrontiert. Die erste Version bestand aus einem Film, in dem drei Gesamtgemälde gezeigt wurden, aus denen dann mit Hilfe der Zoomtechnik verschiedene Details herausgelöst wurden. Bei der zweiten Version handelte es sich um eine Folge von Diapositiven mit den Gesamtgemälden am Beginn und anschließenden Detailaufnahmen. Die dritte Version beschränkte sich auf die Projektion der Gesamtgemälde. Als Ergebnis zeigte sich, daß die Lernenden, die bereits die Fähigkeit zum Herauslösen von Details aus einem Zusammenhang besaßen, die besten Ergebnisse bei der dritten Version erzielten, während Lernende ohne diese Fähigkeit am meisten von der ersten Version profitierten.

Durch diese Untersuchung wird zum einen die Angemessenheit von Interaktionsannahmen belegt, zum anderen zeigt sich, daß es möglich ist, bestimmte interne Lernvorgänge – z. B. das Herauslösen von Details aus einem Gesamtzusammenhang – durch ein Medium extern zu simulieren, hier mit Hilfe der Zoomtechnik. Die mediale Simulation interner Lernvorgänge bezeichnet Salomon (1976, 54) als Supplantation. Mit dem *Supplantationskonzept* verbindet sich die Annahme, daß Lernen um so wirkungsvoller verläuft, je besser die mediale Präsentation den – vom Lernenden zu vollziehenden – internen Operationen angepaßt ist. Dieses Konzept erfordert jedoch eine weiterreichende Analyse der kognitiven Prozesse beim Lernenden, die mit dem Supplantationskonzept allein nicht geleistet werden konnte (vgl. Strittmatter/Seel 1984, 4).

Trotz dieser Einschränkung verdeutlicht das Beispiel, daß der ATI-Ansatz und das Supplantationskonzept eine entscheidende Wende bezüglich der lerntheoretischen Grundlagen der mediendidaktischen Forschung markiert: die Wende von der behavioristischen zur kognitionstheoretischen Sichtweise. Bei einer *kognitionstheoretischen Grundlegung* der mediendidaktischen Forschung wird der Lernende als aktiver Empfänger medialer Lernangebote betrachtet, der die präsentierten Informationen auf der Basis seines Entwicklungs- und Erfahrungsstandes bzw. seiner kognitiven Struktur – einschließlich affektiv-motivationaler Komponenten – in selektiver Weise wahrnimmt, interpretiert und verarbeitet. Damit rücken für die kognitionstheoretisch orientierte Forschung Überlegungen in den Mittelpunkt, die beim behavioristischen Ansatz keine Beachtung fanden: Überlegungen zu intern im Individuum ablaufenden Prozessen bei der Medienrezeption.

Mit dieser Wende in den lerntheoretischen Grundlagen der mediendidaktischen Forschung war eine Hinwendung zum *Rezipienten* und seinen Voraussetzungen bei der Mediennutzung verbunden. Beispielsweise beschreibt Weidenmann (1993, 29 ff.) vier allgemeine Variablen, die für die Mediennutzung und den Lernerfolg bedeutsam sind. Als erstes nennt er die *medienspezifische Einstellung und die mentale Anstrengung*. So wird bei einem Medium, das vom Rezipienten als schwierig eingeschätzt wird, z. B. ein schriftlicher Text, in der Regel von vornherein eine größere mentale Anstrengung investiert und damit ein größerer Lernerfolg grundgelegt als bei einem Medium, das als 'leichtes Medium' gilt, z. B. das Fernsehen. Eine zweite wichtige Variable ist die *intrinsische Motivation und das Interesse*: Je stärker diese ausgeprägt sind, um so wahrscheinlicher sind gute Lernerfolge. Als dritte Variable wird die Fähigkeit zum Umgang mit *Überlastung* beschrieben: Je besser es dem Individuum bei der Mediennutzung gelingt, Belastungen durch wechselnde Erfahrungsformen, Sinnesmodalitäten, Gestaltungstechniken und inhaltliche Unklarheiten zu bewältigen, um so größer sind die Chancen auf gute Lernergebnisse. Schließlich wird als viertes die Variable *„Media-Literacy"* aufgeführt: Je kompetenter das Individuum die Gestaltungsmöglichkeiten und Ausdrucksformen der Medien bzw. die „Mediensprache" interpretieren und einordnen kann, um so eher ist ein angemessenes Verstehen und Verarbeiten der medialen Präsentationen zu erwarten.

Bei aller Bedeutung, die der individuellen Verarbeitung beim Lernen mit Medien zugemessen wird, hält die kognitionstheoretisch orientierte Forschung doch konsequent an der Wechselwirkungsannahme zwischen externen medialen Präsentationen und internen Verarbeitungsprozessen fest. Damit ist die Position verbunden, daß das Lernen durch Instruktion und Lernhilfen angeregt, unterstützt und in gewissem Umfang gesteuert werden kann. Die Möglichkeit der Anregung, Unterstützung und Steuerung von Lernprozessen durch Lehrmedien wird allerdings aus einer anderen Perspektive, die als *Konstruktivismus* zu bezeichnen ist, wesentlich skeptischer eingeschätzt. Konstruktivistische Lerntheorien betonen noch stärker als kognitionstheoretische die Bedeutung, die der individuellen Wahrnehmung und Verarbeitung von Erlebnissen in der Umwelt zukommt. Erkenntnisse sind danach individuelle Konstruktionen von Wirklichkeit auf der Basis subjektiver Erfahrungsstrukturen. Auch empirisches Wissen gilt zunächst nur als eine subjektive Konstruktion von Wirklichkeit, die allerdings über sprachliche Verständigungsprozesse zu sozialer Konstruktion und zu einer intersubjektiv geteilten Wirklichkeitskonstruktion führen kann (vgl. Maturana/Varela 1987). Für diese Position gilt, daß mediale Angebote im wesentlichen als Informations- und Werkzeugangebote für selbstorganisierte Lernprozesse betrachtet und konzipiert werden und keineswegs als Mittel der Steuerung von Lernprozessen. Eine solche Position wird zum Teil bei der Entwicklung von Hypermedia-Arbeitsumgebungen umgesetzt (vgl. z.B. van Lück 1995). Für die Forschung liegt es im Rahmen eines solchen Konzeptes nahe, auf experimentelle oder quasi-experimentelle Studien und ihren Generalisierungsanspruch zu verzichten und sich in Fallstudien auf die Beobachtung selbstorganisierter Lernprozesse und ihre Dokumentation zu konzentrieren. Allerdings ist die konstruktivistische Position mit ihren Forderungen durchaus umstritten. Aus heutiger Sicht geht es eher um eine Verbindung kognitionstheoretischer und konstruktivistischer Ansätze als um die einseitige Bevorzugung einer Perspektive (vgl. z.B. Weidenmann 1993, 12ff.).

3.3. Evaluationsforschung

Parallel zu den experimentell oder quasi-experimentell angelegten Untersuchungen hat es in der Medienforschung immer auch *Evaluationsstudien* gegeben. Während man das Experiment als eher erkenntnisorientiertes Verfahren zur Präzisierung oder Überprüfung von (allgemeinen) Hypothesen kennzeichnen kann, läßt sich die Evaluation als eher entscheidungsorientiertes Verfahren zur Verbesserung und Überprüfung der Wirksamkeit von Maßnahmen charakterisieren.

Für die Medienforschung bieten Evaluationen die Chance, sowohl einzelne Medienkurse, z.B. einen Sprachlernkurs mit Toncassetten und Programmbüchern, als auch umfassende Bildungsmaßnahmen, z.B. die Einführung computerbasierter Lehrformen, hinsichtlich ihrer Zielerreichung und Nebenwirkungen nach verschiedenen Kriterien zu bewerten. Beispielsweise gab es bei der Einführung des Schulfernsehens in der Bundesrepublik Deutschland ca. 50 Evaluationsstudien, die einen Einblick in Vorzüge und Proleme der Schulfernsehverwendung erlaubten und zu einer Verbesserung der Programmangebote und der schulischen Bedingungen ihrer Nutzung führten (vgl. Tulodziecki 1977). Wenn der Gegenstand solcher Evaluationen auch der einzelne Kurs oder die einzelne Bildungsmaßnahme ist, so lassen die Ergebnisse in der Regel jedoch auch allgemeinere Aussagen zur Mediengestaltung oder Medienverwendung zu. Beispielsweise hat Salziger (1977) vorhandene Evaluationen zum Schulfernsehen im Hinblick auf die Einschätzung verschiedener Gestaltungsformen durch Lehrpersonen und Lernende durchgesehen. Dabei zeigt sich, daß Trickfilme, Filmberichte, Filmreportagen und Stehbilder relativ günstig beurteilt werden, während Moderatorbeiträge sehr häufig Gegenstand der Kritik sind. Weniger günstig als Trickfilme, Filmberichte und Stehbilder werden auch Gespräche, Diskussionen und Interviews beurteilt. Sehr unterschiedlich – von Sendereihe zu Sendereihe und zwischen Lehrpersonen und Lernenden – werden Spielszenen und Spielhandlungen eingeschätzt. Ein weiteres Beispiel liefern Evaluationen zum Lernen mit dem Computer. Dort zeichnen sich für die Software-Entwicklung als Design-Prinzipien ab: Transparenz im

Sinne von Einfachheit und Verständlichkeit, Konsistenz als gleichbleibendes Aussehen und gleichbleibende räumliche Anordnung wiederkehrender Elemente, direkte Manipulationsmöglichkeiten auf dem Bildschirm, Fehlerfreundlichkeit durch Fehlermeldungen und Hilfen, Reversibilität als Möglichkeit, einzelne Schritte rückgängig zu machen, sowie Orientierungshilfen (vgl. Weidenmann 1993, 28).

Wenn aus der bisherigen Evaluationsforschung auch viele interessante Ergebnisse vorliegen, bleibt für die Zukunft doch die Forderung, schon bei der Entwicklung später zu evaluierender Maßnahmen ausdrückliche Theoriebezüge im Sinne der Qualitätsverbesserung und Übertragbarkeit herzustellen. So könnte sich die *theoriegeleitete Entwicklung und Evaluation von medialen Angeboten* zu einem bedeutsamen Verfahren der Medienforschung entwickeln (vgl. Tulodziecki 1983).

4. Mediengestaltung und Medienverwendung in der Schule

Die bisherigen Ausführungen waren – trotz einzelner Hinweise auf den unterrichtlichen Kontext der Medienverwendung – im wesentlichen auf das Verhältnis von Medium und Lernen konzentriert. Insbesondere im schulischen Rahmen stehen Medienverwendung und Lernen jedoch im Zusammenhang vielfältiger Einflüsse, auf die zunächst mit einigen Ausführungen zu mediendidaktischen Konzepten aufmerksam gemacht werden soll. Auf dieser Basis geht es dann um die Frage, wie die Medienverwendung in der Schule gestaltet werden sollte. Dabei werden auch Perspektiven für die Zukunft einbezogen.

4.1. Mediendidaktische Konzepte

Ein früher Ausdruck der Überlegung, in welcher Form die zu lernenden Inhalte an Kinder und Jugendliche herangetragen werden sollen und welche Hilfsmittel für das Lernen geeignet erscheinen, ist das von Comenius (1658) herausgegebene bebilderte Lehrbuch „Orbis sensualium pictus" („Die sichtbare Welt"). Auch in der Folgezeit haben Pädagoginnen und Pädagogen immer wieder über geeignete Anschauungsmittel für das Lehren und Arbeitsmittel für das Lernen nachgedacht (vgl. Döring 1969). Allerdings blieben diese Überlegungen zunächst der Methodik des Lehrens zugeordnet. Erst als Heimann (1962) unter dem Eindruck der zunehmenden Bedeutung elektronischer Massenmedien die Medienwahl – neben den Intentionen, der Thematik und der Methodik sowie den anthropogenen und sozial-kulturellen Voraussetzungen – als eigenes Strukturmoment des Unterrichts auswies, entwickelte sich in der Bundesrepublik Deutschland eine eigenständige *Mediendidaktik* (vgl. Dohmen 1973). Im Rahmen einer solchen Mediendidaktik lassen sich vor allem fünf Konzepte der Medienverwendung ausmachen: das Lehrmittelkonzept, das Arbeitsmittelkonzept, das Bausteinkonzept, das Systemkonzept und das Lernumgebungskonzept (vgl. Flechsig 1976; Hagemann/Tulodziecki 1980).

Das *Lehrmittelkonzept* umfaßt vor allem die Verwendung einzelner visueller Medien, z. B. von Karten, Bildtafeln, Fotografien, Dispositiven und Arbeitstransparenten. Die Verwendung dieser Medien ist dadurch charakterisiert, daß die Lehrperson sie – je nach den Erfordernissen – flexibel einsetzen kann. Die Flexibilität bezieht sich sowohl auf die Funktion im Lehrprozeß als auch auf die Aufgabenstellungen und Kommentierungen, die sich damit verknüpfen lassen. Man kann solche Medien mit „Werkzeugen" vergleichen, die der Lehrperson für das Lehren zur Verfügung stehen.

Schon zum Beginn des 20. Jhs. entwickelte sich im Zusammenhang mit der Reformpädagogik ein Konzept, bei dem Medien nicht nur als Lehrmittel, sondern vor allem als Lernmittel begriffen wurden. Unter der allgemeinen reformpädagogischen Intention, vom Kinde auszugehen und seine Spontaneität und Aktivität zu entfalten, wurden Materialien für das Lernen – insbesondere in der Arbeitsschulbewegung – als Arbeitsmittel verstanden. Damit war der Gedanke grundgelegt, daß Medien nicht nur Hilfsmittel in der Hand der Lehrpersonen, sondern auch Arbeitsmittel in der Hand der Lernenden sein können und sollen. Ein solches Konzept kann man als *Arbeitsmittel-Konzept* bezeichnen.

Mit dem Aufkommen der komplexeren Medien Film, Hörfunk, Tonbildreihe und Fernsehen sowie dem Versuch, diese für Lehr-Lernzwecke zu verwenden, veränderte sich der Stellenwert von technischen Medien in Lehr- und Lernprozessen. Lehrfilme, Tonbildreihen, Schulfunk- und Schulfernsehsendungen weisen neben inhaltlichen Aussagen eine zeitliche und didaktische Struktur auf, die dem Lehr-Lernablauf nicht beliebig angepaßt werden kann. Insofern haben diese Medien weniger den Charakter von „Werkzeugen", sondern eher den von „Bausteinen". Diese Überlegungen führten in der mediendidaktischen Diskussion dazu, eine entsprechende Medienverwendung unter dem Begriff des *Bausteinkonzepts* zusammenzufassen. Das Bausteinkonzept, das mit dem Anspruch verknüpft ist, bestimmte Lehrfunktionen auf mediale Angebote zu übertragen und die Lehrpersonen dadurch für einzelne Phasen des Unterrichts zu entlasten, war vor allem in den sechziger Jahren in der Bundesrepublik Deutschland relevant. Diese Zeit war u. a. durch eine zunehmende Produktion von Unterrichtsfilmen, Diareihen und Tonmedien durch das Institut für Film und Bild in Wissenschaft und Unterricht (FWU) gekennzeichnet sowie durch die Weiterentwicklung des Schulfunkangebots und die Neuentwicklung eines Schulfernsehangebots durch mehrere Rundfunkanstalten der Arbeitsgemeinschaft der öffentlich-rechtlichen Rundfunkanstalten der Bundesrepublik Deutschland (ARD). Darüber hinaus wurden Kindersendungen für den außerschulischen Bereich mit dem Ziel der Lern- und Entwicklungsförderung ausgestrahlt, z. B. „Sesamstraße". Das Bausteinkonzept erfordert von der Lehrperson eine sorgfältige Analyse der angebotenen Bausteine und ihre Einordnung in das Unterrichtsgeschehen im Hinblick auf Lernvoraussetzungen, Unterrichtsziele, Unterrichtsinhalte sowie Unterrichtsmethoden (vgl. z. B. Hagemann/Tulodziecki 1980).

Die Orientierung am Bausteinkonzept wurde im Laufe der sechziger Jahre überlagert durch die Rezeption angloamerikanischer Ansätze zur Programmierten Unterweisung sowie zur Entwicklung von Lehrmaschinen und Medienverbundsystemen (vgl. auch 3.1). Die Ansätze wurden zum Teil übertragen, zum Teil kritisiert und weiterentwickelt, und zwar im Rahmen eines Konzepts, das man als *Systemkonzept* bezeichnen kann. Kennzeichen dieses Konzepts ist der Versuch, möglichst sämtliche Komponenten zu erfassen, die für Lehr-Lernprozesse wichtig sind, und auf dieser Basis Lehrsysteme bereitzustellen, die das Lehren mehr oder weniger vollständig übernehmen sollen. Die entsprechenden Überlegungen trafen u. a. aufgrund des Lehrermangels sowie einiger als notwendig erachteter curricularer Innovationen zum Ende der sechziger und zum Beginn der siebziger Jahre in der Bundesrepublik Deutschland auf fruchtbaren Boden. Allerdings konnten sich Programmierte Unterweisung und Lehrmaschinen letztlich nicht durchsetzen. Auch bei der Entwicklung und Verwendung von umfangreichen Medienverbundsystemen mit aufeinander abgestimmten Schulfernsehsendungen, Lehrprogrammbüchern und Arbeitsblättern, z. B. zum Thema „Mengenlehre", zeigten sich zahlreiche Probleme. Solche Probleme waren u. a. die externe Bestimmung des Unterrichts, die Schwierigkeit, für heterogene Zielgruppen ein gemeinsames Programm zu planen, die Vernachlässigung sozialer Bedürfnisse, der mangelnde Einbezug der letztlich für den Unterricht verantwortlich bleibenden Lehrpersonen sowie ein eingeschränktes Zweck-Mittel-Denken (vgl. Tulodziecki 1974). Diese Probleme haben dazu geführt, daß sich auch Medienverbundsysteme im schulischen Rahmen nicht durchsetzen konnten. Sie sind heute praktisch nur noch im außerschulischen Bereich bzw. im Bereich der Erwachsenenbildung anzutreffen, z. B. beim Funkkolleg oder Telekolleg. Das Telekolleg ist beispielsweise eine „Fernsehschule", durch die Erwachsene die Fachhochschulreife erwerben können. Dabei sind die oben genannten Probleme nicht so gravierend, während die Vorzüge von Medienverbundsystemen besser zur Geltung kommen können. Für die praktische Schularbeit sind dagegen das Lehrmittelkonzept, das Arbeitsmittelkonzept und das Bausteinkonzept relevant geblieben.

Neben den genannten Konzepten hat sich ein weiteres Konzept entwickelt, das man in Abhebung von den bisherigen Konzepten als *Lernumgebungskonzept* bezeichnen kann. Grundlegend für dieses Konzept ist die Forderung, daß Lernen nicht einfach als Prozeß der Vermittlung von Kenntnissen, Fähigkeiten und Fertigkeiten von einer Lehrperson oder einem Lehrsystem an Lernende zu betrachten ist. Lernen soll vielmehr als aktive Auseinandersetzung von Lernenden mit ihrer Lernumgebung gestaltet werden (vgl. 3.2). Elemente einer solchen Lernumgebung können unter anderem technische Medien sein. Eine Variante des Lernumgebungskonzepts stellt z. B. die Verwendung von computergestützten Simulationen dar. Dabei werden die Schülerinnen und Schüler mit komplexen Problemsituationen konfrontiert, z. B. Leitung eines Betriebes, fällen dazu bestimmte Entscheidungen und erhalten für diese mit Hilfe eines entsprechenden

Simulationsprogramms Rückmeldungen (vgl. Breuer/Kummer 1990). Insgesamt geht es beim Lernumgebungskonzept darum, daß Lernende die Informationen, die sie zur Bearbeitung einer Fragestellung benötigen, selbständig in Interaktion mit ihrer Lernumgebung erarbeiten, z. B. durch Zugriff auf bestimmte Sequenzen eines interaktiven Lehrsystems bzw. durch die Nutzung eines computergestützten Informationssystems oder einer Hypermedia-Arbeitsumgebung. Im Rahmen des Lernumgebungskonzepts kommen auch frühere Überlegungen im Sinne des Arbeitsmittelkonzepts wieder stärker zur Geltung.

Allerdings ist – auch vor dem Hintergrund der eingangs erwähnten lerntheoretischen Bedeutung verschiedener Darstellungsformen – darauf zu achten, daß die Realität nicht zunehmend hinter künstlichen Lernumgebungen „verschwindet".

4.2. Perspektiven der Medienverwendung in der Schule

Medienverwendung in der Schule muß sich an Leitideen für Erziehung und Bildung orientieren. Diese lassen sich unter der Zielvorstellung eines sachgerechten, selbstbestimmten, kreativen und sozialverantwortlichen Handelns zusammenfassen. Ein solches Handeln setzt voraus, daß in der Schule die Lebenssituation und die Bedürfnisse der Kinder und Jugendlichen beachtet, neue Erfahrungen ermöglicht und die Urteilsfähigkeit sowie das Wertbewußtsein gefördert werden (vgl. Tulodziecki 1994, 42 ff.).

In einer entsprechenden Schule sollte es vielfältige *Kommunikations- und Arbeitsformen* geben: offene Formen des Gesprächs und des Erfahrungsaustausches, freies und selbsttätiges Arbeiten in geeigneten Lernumgebungen, Bearbeitung entwicklungsanregender Aufgaben in Lerngruppen unter Anleitung einer Lehrperson sowie mannigfaltige Aktivitäten des Schullebens. Zwei von diesen Kommunikations- und Arbeitsformen sind für die Medienverwendung besonders bedeutsam, und zwar das freie und selbsttätige Arbeiten in geeigneten Lernumgebungen und die Bearbeitung von Lernaufgaben in Lerngruppen unter Anleitung einer Lehrperson.

Die zunehmende Heterongenität von Interessenlagen bzw. Lernvoraussetzungen sowie das Ziel, selbständiges Lernen grundzulegen, führen dazu, in der Schule zukünftig mehr Raum für *freies und selbsttätiges Arbeiten* zu geben. Es kann in Einzel-, Partner- und Kleingruppenarbeit erfolgen. Mediale Lehrangebote – vom Buch bis zu Multimedia – sind dabei als wichtige Arbeitsmittel und Lernhilfen anzusehen. Bibliotheken und Mediotheken können als „Lernlandschaften" dienen. Allerdings sollte diese Entwicklung nicht dazu führen, daß Lernen vorwiegend oder gar nur noch individuell verläuft. Das wäre aus pädagogischer Sicht nicht sinnvoll, u.a. weil eine auf Verantwortung zielende soziale Entwicklung der personalen Begegnung und der sozialen Interaktion bedarf, Lern- und Arbeitsformen die Möglichkeit bieten sollen, soziale Bedürfnisse einzubringen, die Schule auch eine ausgleichende Funktion im Hinblick auf Vereinzelung und Individualisierung im außerschulischen Bereich hat und alle Kinder – unabhängig von ihrem familiären Hintergrund – das Recht auf eine Lern- und Entwicklungsförderung in einem sozialen Rahmen haben.

Vor dem Hintergrund dieser Überlegungen kann man davon ausgehen, daß Lernen auch in einer zukünftigen Schule – trotz bestimmter Zeiten für freie und selbsttätige Arbeit – im wesentlichen im *sozialen Rahmen von Lerngruppen* unter Anregung und Unterstützung durch eine Lehrperson stattfinden wird. Diese Grundposition schließt ein, daß Medien zur Anregung und Unterstützung von Lernprozessen verwendet und individuelle Lernphasen im Rahmen sozial eingebetteter Lernprozesse eingeplant werden. Dabei ist allerdings wichtig zu überlegen, wie der Unterricht gestaltet werden sollte.

Wertet man die pädagogisch-psychologische Literatur unter der Frage aus, welche Grundsätze für *Unterricht* gelten sollen, so lassen sich folgende Empfehlungen formulieren (vgl. Tulodziecki/Breuer/Hauf 1992, 18 ff., sowie 2.2):

(1) Unterricht soll jeweils von einer – für die Lernenden bedeutsamen – *Aufgabe* ausgehen. Solche Aufgaben können Probleme, Entscheidungsfälle, Gestaltungs- und Beurteilungsaufgaben sein: Ein *Problem* kann z.B. darin bestehen, für einen Haushalt, der relativ hohe Strom- und Gaskosten aufweist, Vorschläge zu entwickeln, wie diese ohne Verlust an Komfort und Behaglichkeit gesenkt werden könnten. Ein *Entscheidungsfall* ist z.B. gegeben, wenn Jugendliche sich in die Rolle der Geschäftsleitung eines Betriebes versetzen

sollen, in dem verschiedene Maßnahmen zu beschließen sind, um die Wettbewerbsfähigkeit und die Arbeitsplätze zu sichern. Eine *Gestaltungsaufgabe* liegt z. B. vor, wenn sich eine Schülergruppe entschließt, eine Schülerzeitung zu produzieren. Eine *Beurteilungsaufgabe* besteht z. B. darin, ein politisches Magazin zu analysieren und nach inhaltlichen, formalen und interessenbezogenen Kriterien zu bewerten.

(2) Ausgehend von einer bedeutsamen Aufgabe sollte Unterricht folgende *Phasen* umfassen: Aufgabenstellung und Anregung von spontanen Stellungnahmen, Vereinbarung der Ziele und Besprechen der Bedeutsamkeit, Verständigung über das Vorgehen mit den Lernenden, Erarbeitung von Grundlagen für die Aufgabenlösung, Lösung der Aufgabe, Vergleich von Lösungen und Zusammenfassung des Gelernten, Einführung von Anwendungsaufgaben und deren Bearbeitung, Weiterführung und Reflexion des Gelernten und der Lernwege.

Im Rahmen solcher Lehr- und Lernprozesse können Medien – von Printmedien bis zum Computer – verschiedene *Funktionen* übernehmen und den Unterricht in vielfältiger Weise unterstützen, und zwar als Mittel der Präsentation von Aufgaben, als Informationsquelle und Lernhilfe, als Hilfsmittel oder Instrument bei individuellen oder kooperativen Aufgabenlösungen, als Gegenstand von Analysen sowie als Instrument der Planung, des Austausches und der Speicherung von Ergebnissen.

Besondere *Vorzüge* der Verwendung computergestützter Lernangebote liegen – wenn man die Entwicklung entsprechender Software voraussetzt – in folgenden Möglichkeiten (vgl. auch Kozma 1991): rascher Zugriff auf eine umfangreiche Materialauswahl in verschiedenen Formen, z. B. Texte, Tondokumente, Grafiken, Bilder, Filme und Programme, Verbindung verschiedener Darstellungsformen, z. B. Bild und Grafik, situationsgerechter Abruf der Materialien, z. B. zur zusätzlichen Erläuterung, schnelle Rückmeldung auf Lernaktivitäten der Schülerinnen und Schüler, z. B. in Form von Entscheidungskonsequenzen bei Simulationen, Bearbeitung und kreative Umgestaltung vorhandener Materialien, z. B. Veränderung von Bildmaterial, Entlastung von Routinearbeiten, z. B. von verschiedenen Rechenvorgängen, Vereinfachung von Dokumentation und Austausch sowie Kooperation. Dabei können die selbständige Informationssuche und Informationsauswahl sowie die Bewertung der Informationen gefördert werden. Zugleich lassen sich durch Medien sinnvolle Rhythmisierungen des Lernprozesses in soziale und individuelle Lernphasen sowie entdeckendes und projektorientiertes Lernen fördern. Stehen Netzwerke zur Verfügung, wird außerdem ein Austausch mit anderen Personengruppen, z. B. Eltern, Fachleuten und Partnerklassen, im Sinne eines offenen Unterrichts begünstigt.

Bei allen Vorzügen der Medienverwendung ist allerdings wichtig, daß Medien direkte Erfahrungen und personale Kommunikation nicht verdrängen. Insofern bedarf die Konzeption von Medien und ihre Verwendung einer besonderen pädagogischen Verantwortung im Hinblick auf den Entwicklungsstand der Lernenden. Außerdem sollte die Medienverwendung in einen *medienerzieherischen Rahmen* gestellt werden (vgl. Tulodziecki/Schlingmann/Mose u.a. 1995). Das bedeutet, daß die Medien selbst zum Inhalt der unterrichtlichen Reflexion gemacht werden müssen, und zwar im Sinne folgender Aufgabenbereiche der Medienerziehung: Erkennen und Aufarbeiten von Medieneinflüssen auf Denken sowie Fühlen und Handeln, Verstehen und Bewerten von Medienbotschaften und Programmen, reflektiertes Auswählen und Nutzen von medialen Angeboten, eigenes Gestalten und Verbreiten von medialen Produkten, Analyse von Medien im gesellschaftlichen Kontext und Intervention im Sinne der Mitgestaltung von Medien- und Kommunikationskultur. Die Umsetzung eines solchen Konzepts erfordert für die Zukunft allerdings erhebliche Anstrengungen in Entwicklung, Lehrerbildung und Forschung.

5. Literatur

Allen, William H., Medium stimulus and types of learning. In: Audiovisual Instruction 12, 1967, 27–31

Armbruster, Brigitte, Beschreibung medienspezifischer Merkmale und Einsatzmöglichkeiten audiovisueller Materialien. In: Allgemeine Mediendidaktik. Eine Studienanleitung. Hrsg. v. Brigitte Armbruster/Ottmar Hertkorn. Köln 1978, 218–255

Boeckmann, Klaus, Wirklichkeitsverlust durch Medien. In: Sehen–Hören–Bilden, 1987, Nr. 147, 4–9

Boeckmann, Klaus/Norbert Heymen, Unterrichtsmedien selbst gestalten. Handbuch für Schule und Ausbildungspraxis. Neuwied 1990

Breuer, Klaus/Rüdiger Kummer, Cognitive Effects from process learning with computer-based simulations. In: Computers in Human Behavior 6, 1990, 69–81

Bruner, Jerome S./David R. Olson, Lernen durch Erfahrung und Lernen durch Medien. In: Quellentexte zur Unterrichtstechnologie I. Hrsg. v. Horst Dichanz/Günter Kolb. Stuttgart 1975, 184–209

Chu, Godwin C./Wilbur Schramm, Learning from television: What the research says. Washington 1967

Comenius, Johann A., Orbis sensualium pictus. Nachdruck der Erstausgabe von 1658. Dortmund ²1979

Dale, Edgar, Audio-visual methods in teaching. New York 1954

Dohmen, Günther, Medienwahl und Medienforschung im didaktischen Problemzusammenhang. In: Unterrichtswissenschaft 1, 1973, 2/3, 2–26

Döring, Klaus W., Lehr- und Lernmittel. Weinheim/Basel 1969

Flechsig, Karl-Heinz, Die technologische Wende in der Didaktik. In: Unterrichtstechnologie und Mediendidaktik. Grundfragen und Perspektiven. Hrsg. v. Ludwig J. Issing/Helga Knigge-Illner. Weinheim/Basel 1976, 15–38

Hagemann, Wilhelm/Gerhard Tulodziecki, Unterrichtsplanung und Medienentwicklung. Studientexte. Köln 1979

–/Gerhard Tulodziecki, Einführung in die Mediendidaktik. Studientexte. Köln ³1980

Heidt, Erhardt U., Medien und Lernprozesse. Das Problem einer Massenklassifikation im Zusammenhang didaktischer Modelle und lernpsychologischer Forschung. Weinheim/Basel 1976

Heimann, Paul, Didaktik als Theorie und Lehre. In: Die Deutsche Schule 54, 1962, 407–427

Issing, Ludwig J./Cornelia Schellenberg, Anwendung von PU-Prinzipien auf die Gestaltung von Schulfernsehsendungen – eine Vergleichsuntersuchung. In: Pädagogische Psychologie: Lernen und Instruktion. Hrsg. v. Manfred Hofer/Franz E. Weinert. Frankfurt a. M. 1973, 247–260

Jamison, D./P. Suppes/S. Wells, The effectiveness of alternative instructional media: A survey. In: Review of Edudational Research 44, 1974, 1–68

Kozma, Robert B., Learning with media. In: Review of Educational Research 61, 1991, 179–211

Kulik, Chan-Lin C./James A. Kulik, Effectiveness of computer-based instruction: An updated analysis. In: Computers in Human Behavior 7, 1991, 74–94

–/James A. Kulik/P. Cohen, Instructional technology and college teaching. In: Teaching of Psychology 7, 1980, 199–205

Lück, Willi van, Gestaltung von Hypermedia-Arbeitsumgebungen – Lernen in Sinn- und Sachzusammenhängen. Soest 1995

Maturana, Humberto/Francisco Varela, Der Baum der Erkenntnis. Bern/München/Wien 1987

Overing, Robert L./Robert M. Travers, Die Wirkung verschiedener Übungsbedingungen auf die Übertragung des Gelernten (Transfer). In: Pädagogische Psychologie: Lernen und Instruktion. Hrsg. v. Manfred Hofer/Franz E. Weinert. Frankfurt a. M. 1973, 89–105

Salomon, Gavriel, Können wir kognitive Fertigkeiten durch visuelle Medien beeinflussen? Eine Hypothese und erste Befunde. In: Quellentexte zur Unterrichtstechnologie II. Hrsg. v. Horst Dichanz/Günter Kolb. Stuttgart 1976, 44–67

Salziger, Dietmar, Zur Gestaltung von Schulfernsehsendungen. In: Schulfernsehen in der Bundesrepublik Deutschland. Eine Zusammenstellung von Ergebnissen aus Begleituntersuchungen zu Projekten öffentlichen Fernsehens. Hrsg. v. Gerhard Tulodziecki. Köln 1977, 87–131

Strittmatter, Peter/Norbert M. Seel, Externe und interne Medien: Konzepte der Medienforschung. In Unterrichtswissenschaft 12, 1984, 2–17

Tulodziecki, Gerhard, Probleme der Unterrichtsplanung und Lehrobjektivierung. In: Die Deutsche Schule 66, 1974, 654–669

–, Zusammenfassung der Ergebnisse. In: Schulfernsehen in der Bundesrepublik Deutschland. Eine Zusammenstellung von Ergebnissen aus Begleituntersuchungen zu Projekten öffentlichen Schulfernsehens. Hrsg. v. Gerhard Tulodziecki. Köln 1977, 161–182

–, Theoriegeleitete Entwicklung und Evaluation von Lehrmaterialien als Aufgabe der Unterrichtswissenschaft. In: Unterrichtswissenschaft 11, 1983, 27–45

–, Medienerziehung in Schule und Unterricht. Bad Heilbrunn ²1992

–, Unterricht mit Jugendlichen. Eine handlungsorientierte Didaktik mit Unterrichtsbeispielen. Bad Heilbrunn/Hamburg ²1994

–/Klaus Breuer/Annemarie Hauf, Konzepte für das berufliche Lehren und Lernen. Naturwissenschaftliche Grundlagen, technische Systeme, neue Technologien und komplexe Arbeitsaufgaben im Unterricht. Bad Heilbrunn/Hamburg ³1992

–/Andrea Schlingmann/Katja Mose u. a., Handlungsorientierte Medienpädagogik in Beispielen. Projekte und Unterrichtseinheiten für Grundschulen und weiterführende Schulen. Bad Heilbrunn 1995

Weidenmann, Bernd, Psychologie des Lernens mit Medien. In: Pädagogische Psychologie. Ein Lehrbuch. Hrsg. v. Bernd Weidenmann/Andreas Krapp/Manfred Hofer, München 1986, 413–554

–, Instruktionsmedien. München 1993

–, Multimedia, Multicodierung und Multimodalität im Lernprozeß. München 1995

Gerhard Tulodziecki, Paderborn
(Deutschland)

LIX. Forschungsschwerpunkte und Forschungseinrichtungen

265. Medienforschungsschwerpunkte und -einrichtungen: Deutschland

1. Voraussetzungen einer Organisation der Medienwissenschaften
2. Schwierigkeiten der Institutionalisierung nach dem Ersten und nach dem Zweiten Weltkrieg
3. Überblick über die Institutionen
4. Literatur

1. Voraussetzungen einer Organisation der Medienwissenschaften

Wissenschaftliche Einrichtungen, die mit unterschiedlicher Aufgabenstellung auf alle, mehrere oder auch nur ein Massenmedium ihre Aufmerksamkeit richten, gibt es in der Bundesrepublik Deutschland in unterschiedlichsten organisatorischen Zusammenhängen. Neugründungen und Umstrukturierungen sind seit dem Aufkommen der neuen Medien (beginnend mit dem Kabelfernsehen am Ende der 70er Jahre) begonnen worden. Der Prozeß befindet sich in vollem Gange, sein Ende ist gegenwärtig weder zeitlich noch organisatorisch abzusehen.

Die Finanzierung der Einrichtungen erfolgt fast durchgängig durch staatliche Gelder, wobei die Länder, v. a. als Träger der Hochschulen, am stärksten hervortreten, aber auch der Bund und die kommunale Ebene sind beteiligt. Durch die akute Finanzkrise des Staates dürften auch Rückwirkungen bei Medieneinrichtungen unvermeidbar sein. Auch dieser Prozeß befindet sich gegenwärtig in vollem Gang. Daß staatlicherseits etwa künftig nicht mehr finanzierte Einrichtungen und Vorhaben durch private Finanzierungen etwa Stiftungen ausgeglichen werden können, wie es bspw. in den Vereinigten Staaten beobachtet werden kann, ist kaum zu erwarten. Es widerspricht der deutschen Tradition, und v. a. auch den hier gültigen Steuergesetzen. Private Einrichtungen der Medienforschung gibt es hauptsächlich im Servicebereich bei der regelmäßigen Erhebung von Mediennutzungsdaten.

Die klassische deutsche Organisation der Wissenschaft ruht auf zwei Säulen: Den Universitäten, die als wissenschaftliche Hochschulen die Einheit von Forschung und Lehre realisieren sollen und im Rahmen des Lehrangebotes der Studienfächer, die an den jeweiligen Hochschulen vertreten sind, mindestens einen, in vielen Fächern mehrere Studiengänge anbieten, die zu akademischen Abschlüssen auf mittlerer (Magisterdiplom und/oder Diplom) und höherer (Promotion) Ebene führen. Der wissenschaftliche Nachwuchs kommt dem klassischen Modell zufolge direkt aus der Hochschule. Die Berufschance eröffnet sich Promovenden, die über eine Mitarbeit an der Hochschule und/oder die Gewährung eines Stipendiums die Chance einer wissenschaftlichen Weiterarbeit wahrnehmen, deren Ertrag in einer Habilitationsschrift zusammengefaßt wird, die die wesentliche Voraussetzung für die Gewährung der Lehrbefugnis darstellt. Daneben werden für einzelne Fächer und Fachgebiete, v.a. im Bereich der Naturwissenschaften, der Technik und der Medizin, außerhalb der Hochschulen Forschungsinstitute unterhalten (Max-Planck-Gesellschaft, Frauenhofer Gesellschaft, Blaue-Liste-Institute in Bund-Länder-Finanzierung u.a.), die, personell meist mit Hochschulen verknüpft, in lockerer Verbindung mit der Universitätswissenschaft spezielle Forschungsaufgaben wahrnehmen und ihren Nachwuchs durchgängig ebenfalls von den wissenschaftlichen Hochschulen beziehen.

Diese klassische Organisation hat für den Medienbereich vom Beginn seiner Institutionalisierung an allenfalls als regulative Idee, nicht aber in der Praxis eine Rolle gespielt. Dafür sind mehrere Faktoren ausschlaggebend:

Eine Diskussion über Mängel der Journalistenausbildung in Deutschland hat bereits in der Zeit vor dem Ersten Weltkrieg zu, unter den unmittelbar Beteiligten (Verlegern, Journalisten) strittigen Vorschlägen geführt, ein Fach Zeitungskunde/Zeitungswissenschaft zu schaffen, das zumindest Vorbildung für den journalistischen Beruf in seiner Lehre bieten sollte. Da für diese Aufgabe aus dem Hochschullehrerbereich und aus dem wissenschaftlichen Nachwuchs nur wenige, und dann auch in ihrer journalistisch praktischen Befähigung umstrittene Persönlichkeiten zur Verfügung standen, griffen die Hochschulen bei der Besetzungen der Dozenturen und später eingerichteten Professuren in der Regel auf Seiteneinsteiger aus dem Journalismus zurück. Durch die sehr unterschiedlichen Karrieremuster von Journalisten und Hochschullehrern hat sich, wiederum in krassem Unterschied zu den Vereinigten Staaten, bis heute kein lebendig funktionierender Austausch zwischen Hochschulen und Medienpraxis ergeben.

Die journalistischen Praktiker auf Hochschulpositionen haben in der Regel keinen Zugang zu Forschungsaspekten ihres Faches gefunden. Sie entwarfen theoretische Systeme, die häufig bestimmte Aspekte ihrer eigenen, naturgemäß begrenzten, praktischen Erfahrung zugrunde legten, während eine Verbindung zu der zeitgleichen wissenschaftlichen Forschung bspw. auf dem Gebiet der Soziologie, Sozialpsychologie, Politikwissenschaft, Geschichte, des Presserechts usw. unterblieb. Die sogenannte Praktikertheorie (Rühl) hatte in der Wissenschaft kein, oder aber ein äußerst kritisches Echo gefunden.

Die Zeitungswissenschaft betrachtete sich als geisteswissenschaftliches Fach. Die Geisteswissenschaften bedürfen für ihre Forschung und Lehre fast immer nur der soliden, fachlich betonten Ausbildung, der erforderlichen Kreativität und der Muße (Einsamkeit und Freiheit) zur analytischen Durchdringung ihres Gegenstandes (Beispiel: Günter Anders: Die Antiquiertheit des Menschen). Bereits die Zeitungswissenschaft konnte aber ohne einen größeren archivischen Aufwand nicht auskommen, denn Tageszeitungen und Publikumszeitschriften, das Quellenmaterial, wurden in Deutschland (im Unterschied zu den meisten europäischen und den nordamerikanischen Ländern) in den wissenschaftlichen Bibliotheken eklatant vernachlässigt. Hinzu kam, daß die vor dem Ersten Weltkrieg erkannte Zeitungslücke in den Bibliotheken nicht, wie geplant, durch die Errichtung einer Reichszeitungsbibliothek in Berlin ausgeglichen wurde. Deshalb begannen alle zeitungskundlichen/zeitungswissenschaftlichen Einrichtungen mit dem Aufbau eigener Sammlungen, die v. a. für die Lehrtätigkeit als Veranschaulichung, für die Examensarbeiten als Material dienten. Diese Sammlungen waren von Anbeginn an unterfinanziert. Ihre Aufrechterhaltung konnte nur auf Kosten der Forschungsleistungen erfolgen, und ein dauernder Unterhalt solcher rasch wachsenden Sammlungen, die noch dazu erhebliche Probleme der Bestanderhaltung zwangsläufig mit sich brachten, war mit den Finanzierungsmöglichkeiten eines geisteswissenschaftlichen Hochschulinstituts nicht in Einklang zu bringen. Auch der Wandel des fachlichen Selbstverständnisses in den 60er Jahren in Richtung auf die Sozialwissenschaften linderte den Problemdruck nicht. Vielmehr verschärfte die aufgrund der Medienentwicklung zwangsläufige Einbeziehung von Film, Hörfunk und Fernsehen, später den neuen Medien in die Hochschularbeit das Problem erheblich. Der Aufbau eigener Film-, Hörfunk- und Fernseharchive war den Hochschulinstituten über kleine Beispielsammlungen hinaus technisch gar nicht möglich. Hinzu kamen erhebliche Urheberrechtsprobleme bei allen audiovisuellen Medien.

Aus den dargestellten Gründen entwickelte sich im Bereich der Medien von Beginn an eine defizitäre Wissenschaftslandschaft. Die Lehre war bis in die 60er Jahre hinein in fast allen Fällen mit den Restriktionen sogenannter Ein-Mann-Institute belastet, in denen ein Dozent (in vielen Fällen nicht einmal Lehrstuhlinhaber), häufig nur unterstützt von wenigen Lehrbeauftragten, den akademischen Unterricht allein versorgen mußte. Ihm blieb, v. a. unter den Bedingungen des 20. Jahrhunderts, die eine Einheit von Forschung, Lehre und Verwaltung mit sich brachten, wenig Zeit für eigene Forschungen; als Forschung konnten an diesen Instituten allein die Examensarbeiten angesprochen werden. In den 20er Jahren waren nur wenige Abschlüsse im Fach möglich, da es häufig als Hauptfachstudium nicht zugelassen war. Nachdem diese Möglichkeiten ab den 30er Jahren eröffnet wurden, wuchs die Zahl der Examina auch nur langsam, weil bis in die 60er Jahre hinein, nur die Promotion als Abschluß möglich war. Erst als in den 60er Jahren der Magister Artium, ab den 70er Jahren auch Diplomprüfungen an den meisten Einrichtungen eingeführt wurden, sank die Zahl der Studienabbrecher entscheidend. Da viele Magister- und Diplomarbeiten gute Qualität aufweisen, ist dadurch auch die Forschungsleistung angestiegen. Allerdings sind vor allen Dingen Fragestellungen der Grundlagenforschung davon nicht betroffen, weil sie nur in den seltensten Fällen, und dann ausschnitthaft, in Examensarbeiten behandelt werden können.

Mit der Hochschule locker verbundene Forschungsinstitute, die Grundlagenforschungen zu ihren Aufgaben zählten, gab es in den Weimarer Jahren (ab 1925) mit dem Deutschen Institut für Zeitungskunde an der Friedrich-Wilhelms-Universität in Berlin. Das Institut ist nach dem Zweiten Weltkrieg nicht wieder eröffnet worden. Es kam auch zu keiner Neugründung an anderer Stelle, wobei Quantität und Qualität der Personaldecke des Faches wohl eine ausschlaggebende Rolle spielten. Die Diversifizierung der Forschung und Lehre im Medienbereich unter dem Eindruck des Aufstiegs der audiovisuellen Medien hat die Anzahl der Studienangebote in ganz erstaunlicher Weise erhöht, der Forschung aber, soweit bisher erkennbar, wenig Impulse verliehen. Wenn es richtig ist, daß Forschung und Lehre zusammengehören, weil die Lehre ohne Forschung rasch leerläuft, ist eine Stärkung und Bündelung der Forschungsanstrengungen anzuraten.

Weil an Hochschulen heute bis zu 50 Prozent eines Schulabgangsjahrgangs ausgebildet werden, hat für die Heranbildung des Hochschullehrernachwuchses neben der immer noch vornehmlich gepflegten Forschungsqualifikation auch die Ausbildung pädagogischer Befähigungen eine eigene Bedeutung erhalten, ohne daß die Universitäten bislang erkennbar auf die neue Herausforderung reagiert hätten. Da die staatliche Finanzierung von Hochschulen und deren Einrichtungen bei steigenden Ausbildungsanforderungen gleich bleiben oder sogar schrumpfen dürfte, werden Hochschulinstitute bereits auf mittlere Sicht ohne Managementqualifikationen ihrer Leitung nicht auskommen, auch um auf dem privaten Sektor Zuschüsse einzuwerben. Sei es, daß Hochschullehrer diese Befähigung erwerben, oder daß Verwaltungsfachleute in geeigneter Einbindung durch wissenschaftliche Direktoren tätig werden.

Da Grundlagenforschung, wie bereits die preußische Wissenschaftspolitik unter Althoff seit den 90er Jahren des vorigen Jahrhunderts erkannte, eigene, mit den Hochschulen nur locker verbundene Einrichtungen braucht, ist zu wünschen, daß entweder für weitere Teilbereiche oder aber für die Medienwissenschaften insgesamt effektive Forschungsinstitute begründet werden.

2. Schwierigkeiten der Institutionalisierung nach dem Ersten und nach dem Zweiten Weltkrieg

In der Selbstdarstellung der Zeitungskunde/Zeitungswissenschaft wird deren Entstehung im allgemeinen auf die Weltkriegsniederlage 1918 zurückgeführt, die aufgedeckt habe, daß die öffentliche Kommunikation in Deutschland durch die Presse gegenüber den Kriegsgegnern im Nachteil gewesen sei. Die Presse habe nicht in geeigneter Weise die Unterrichtung der Bevölkerung und die Festigung einer positiven Stimmung gegenüber der Kriegführung gewährleistet. Mängel in der Journalistenausbildung wurden vor allem ausgemacht. Zutreffend beobachtet ist, daß die Argumentation der Regierungen und Parlamente, denen auch von den Berufsverbänden sich anschlossen, begierig aufgegriffene Begründungen folgten und Gelder für die Einrichtung von Planstellen und Instituten bereitstellten. Allerdings greift die Selbstdarstellung zu kurz. Sie verbirgt, daß die Presse, beginnend in der Mitte des 19. Jahrhunderts von verschiedenen Fächern her (Nationalökonomie, neuere Geschichte, Psychologie, auch von der sich gerade herauszubildenden Soziologie und der Rechtswissenschaft) thematisiert wurden. Daß es seit den 1880er Jahren nicht zur Bildung einer Hochschuldisziplin um die Zeitung herum gekommen ist, ist wahrscheinlich eher zufällig als systematisch begründet. In jenen Jahrzehnten befanden sich die Philosophischen Fakultäten in einem rapiden Veränderungsprozeß, der eine Vervielfältigung der angebotenen Disziplinen bewirkte. Da hätte sich Zeitungskunde gut einführen lassen. Allerdings war der Gegenstand durch seine Aspektvielfalt, und damit die Vielfalt der interessierten Wissenschaften, nicht zwingend zu einem Fach zu formen. Möglicherweise fehlte aber auch nur die überragende fachliche Persönlichkeit, die eine solche Gründung hätte durchsetzen können.

In der wissenschaftsgeschichtlichen Betrachtung kann die 2. Hälfte des 19. Jahrhunderts als Gründungszeitraum für eine an der Presse orientierte Medienwissenschaft allerdings auch als reichlich spät erscheinen. War doch schon damals bekannt, daß es Zeitungen seit dem Beginn des 17. Jahrhunderts in Deutschland gab und deren weitere Verbreitung für das 18. Jahrhunderts unstrittig ist, wobei die Wirkungen in Richtung Alphabetisierung und Verbreitung nützlicher Kenntnisse unbestritten sein dürften. Diese Betrachtung geht aber fehl, denn trotz relativ weiter Verbreitung der Zeitungen war ihr gesellschaftlicher Radius in den ersten Jahrhunderten durchaus eingeschränkt. Vom Massenmedium zu sprechen fällt schwer. Die Zeitungen des 18. Jahrhunderts können genauso als aktuelle Ergänzung des Buchmarktes betrachtet werden, der in seiner Medieneigenschaft auch nicht oder nur marginal an Hochschulen thematisiert worden ist, obwohl er sehr viel älter als die Tagespresse ist. Entscheidend für die wissenschaftlichen Aktivitäten war wahrscheinlich die durch politische und technische Faktoren bedingte Revolution der Presse, der in der 2. Hälfte des 19. Jahrhunderts hohe Auflagen durch neue Technik möglich waren, die durch den planmäßigen Absatz der Produkte refinanziert werden mußte. Dadurch gewann Presse eine völlig neue Qualität und erschloß sich Schritt für Schritt alle gesellschaftlichen Schichten, wobei sich die heute typische Finanzierung auf zwei Märkten (Lesermarkt, Anzeigenmarkt) herausbildete. 'Massenmedium' ist die Presse erst in der 2. Hälfte des 19. Jahrhunderts geworden, eben in der Zeit, als sich das wissenschaftliche Interesse einer Reihe von Fächern auch diesem Phänomen zugewandt hat. Hier ist vor allem Max Weber zu nennen, der das Thema Presse durch die von ihm vorgeschlagene Presse-Enquete als Gründungsprojekt der von ihm angeregten und mit begründeten Deutschen Gesellschaft für Soziologie vorschlug. Ebenso wichtig war das Engagement des bekannten Nationalökonomen, Karl Bücher, der 1916 in Leipzig das erste Institut für Zeitungskunde gründete, übrigens mit einer namhaften Verlegerspende im Rücken. Auch die intensive Arbeit mit Zeitungen, die der Neuhistoriker, Martin Spahn, an der Universität Straßburg seit Anfang unseres Jahrhunderts entfaltete, war für die spätere Institutionalisierung der Zeitungskunde/Zeitungswissenschaft von Bedeutung, obwohl Spahn als katholischer Historiker und Zentrums-Reichstagsabgeordneter in seiner vornehmlich preußisch-protestantisch geprägten Kollegenschaft umstritten war.

So kam es in der Weimarer Republik zu einer Reihe von an Leipzig anschließenden Gründungen in Münster, München, Berlin, Heidelberg, Nürnberg, Halle, Köln und in kommunaler Trägerschaft ohne Hochschulbindung Dortmund und nochmals Köln. In der nationalsozialistischen Zeit wurden weitere Einrichtungen in Königsberg, Wien und Prag gegründet.

Der Wiederaufbau der Zeitungswissenschaft nach dem Zweiten Weltkrieg kam einem verzögerten Neuaufbau gleich. Ursächlich dafür waren nicht in erster Linie die Kriegszerstörungen, sondern das Zusammenwirken einer Reihe von endogenen und exogenen Faktoren. Die Zeitungswissenschaft hatte sich nur äußerst zögernd der Bearbeitung der neuen Medien, Film (seit dem Ende des 19. Jahrhunderts entstanden) und Hörfunk (seit den 20er Jahren sich entwickelnd), sowie dem Fernsehen (Versuchsbetrieb in Deutschland seit 1935), wissenschaftlich genähert, und damit Raum für die allerdings in der Nachkriegszeit zunächst folgenlose Gründung einer Rundfunkwissenschaft (Universität Freiburg/Breisgau) und von Instituten für Rundfunk- und Fernsehkunde (Universität Leipzig und Universität Berlin jeweils in lockerer Verbindung mit der Zeitungswissenschaft) gelassen. Es gab keine wissenschaftlichen Konzepte oder gar Strategien zur Einbeziehung der audiovisuellen Medien.

Die Zeitungswissenschaft hatte sich überwiegend freiwillig mit der nationalsozialistischen Politik eingelassen und teilweise identifiziert, sich in jedem Fall von den Nationalsozialisten die Personalpolitik diktieren lassen. So waren viele Amtsinhaber nach dem Zweiten Weltkrieg politisch so schwer belastet, daß sie ausscheiden mußten.

Die Antwort auf die neue Entwicklung hieß ab 1946 Publizistikwissenschaft, d.h. Erforschung der öffentlichen Kommunikation, insbesondere, sofern sie mediengebunden ist. Die angewendete Methode blieb aber philologisch-historisch, also streng geisteswissenschaftlich. Sogar der Einfluß des früher wirksamen nationalökonomischen Denkens wurde eliminiert.

Der vor allem durch Austausch und Vorbildfunktion wirksame Einfluß der Besatzungsmächte ging in den Westzonen vor allen Dingen von Nordamerika aus. Er bezog sich methodisch im Kern auf die Einführung der empirische Sozialforschung (Mass Communication Research) und studiengangbezogen auf die Berufsfeldorientierung (Journalism). Zunächst reagierte die Publizistik mit der methodischen Neuorientierung auf die empirische Sozialforschung, die am Beginn der 60er Jahre alle Hochschulinstitute erfaßte. Erst mit der Studentenbewegung gewann die Berufsfeldorientierung (Praxisbezug) Relevanz.

In der sowjetischen Besatzungszone machte sich das sowjetische Vorbild bemerkbar, d.h., nach einer Übergangsperiode, in der unmittelbar an „bürgerlich-demokratische" Traditionen zeitungswissenschaftlicher Art angeknüpft wurde, erhielt die Leipziger Universität den Auftrag, zentral Journalisten auszubilden. Die Forschung blieb der Akademie der Wissenschaften überlassen, wurde aber nicht als ständige Aufgabe begriffen, da die politische Meinungs- und Willensbildung, durch die Theorie des dialektischen und historischen Materialismus in der Fortbildung durch Lenin und Stalin, als ausreichende Beurteilungsbasis galt. Empirische Kommunikationsforschung wurde teilweise in der Akademie der Wissenschaften der DDR, Fachgebiet Soziologie, betrieben, das aber über eine Reihe von Jahrzehnten wenig gelitten war, weil Soziologie als bürgerliche Wissenschaft galt. Kontinuierliche empirische Forschung wurde nicht öffentlich von den Staatlichen Komitees für Rundfunk und Fernsehen (Hörer- und Zuschauerreaktionen) betrieben und mit – zumindest teilweiser Publikation – durch das Institut für Jugendforschung (Leipzig).

In der Bundesrepublik machten sich die neuen Einflüsse nur langsam institutionell bemerkbar, ablesbar etwa an der Umbenennung der Wissenschaftlichen Fachgesellschaft in Deutsche Gesellschaft für Publizistik und Kommunikationswissenschaft zu Beginn der 60er Jahre und im Aufbau eigener journalistikwissenschaftlicher Studiengänge in den 70er Jahren.

Trotz der Umorientierung hat das Fach Publizistik und Kommunikationswissenschaft nicht die Kraft gehabt, die audiovisuellen Medien voll inhaltlich zu integrieren. Denn neben dem Fach, das seinen integrierenden Anspruch nach wie vor aufrechterhielt, entstanden auch auf Hochschulebene Spezialeinrichtungen, die vor allem dem Film und/oder dem Fernsehen zugewandt waren.

Vergleichbar mit der Lage vor dem Krieg war auch, daß Versuche, die Kommunikationstechnik, wie sie bspw. an Fachinstituten der technischen Universitäten/Hochschulen und von hochschulunabhängigen technischen Forschungsinstituten (Heinrich-Hertz-Institut Berlin) betrieben wurde, nicht erfolgten.

3. Überblick über die Institutionen

3.1. Lehre und Forschung an Hochschulen

3.1.1. Publizistik und Kommunikationswissenschaft. Institute mit Haupt- und Nebenfachstudienmöglichkeiten/Magisterstudiengänge mit anschließender Promotionsmöglichkeit: FU Berlin, Ruhr-Universität Bochum, Technische Universität Dresden, Universität Leipzig, Johannes-Gutenberg-Universität Mainz, Ludwig-Maximilians-Universität München, Westfälische Wilhelms-Universität Münster.

3.1.2. Journalistik/Diplomstudiengänge: Universität Dortmund, Katholische Universität Eichstätt, Universität Leipzig, Ludwig-Maximilians-Universität München.

3.1.3. Aufbau- und Zusatzstudiengänge Journalistik/Medien: Otto-Friedrich Universität Bamberg, Universität-Gesamthochschule Essen, Hochschule für Musik und Theater Hannover, Universität Hohenheim, Johannes Gutenberg-Universität Mainz, Philipps-Universität Marburg, Katholische Hochschule Sankt Georgen Frankfurt/Main, Universität Trier, Eberhard-Karls-Universität Tübingen, Pädagogische Hochschule Weingarten.

3.1.4. Journalistik, Publizistik und Kommunikationswissenschaft. Medienwissenschaft als Nebenfach oder Schwerpunkt: Universität Augsburg, Heinrich-Heine-Universität Düsseldorf, Friedrich-Alexander-Universität Erlangen-Nürnberg, Justus-Liebig-Universität Gießen, Georg-August-Universität Göttingen, Universität Hamburg, Deutsche Sporthochschule Köln, Universität Lüneburg, Universität Mannheim, Universität Osnabrück, Universität-Gesamthochschule Paderborn (die Studiengänge in Bamberg und Marburg sind ebenfalls als Nebenfächer wählbar).

3.1.5. Studiengänge für audiovisuelle Medien: Hochschule für Film und Fernsehen Konrad Wolf Potsdam-Babelsberg, Filmakademie Baden-Württemberg Ludwigsburg, Deutsche Film- und Fernsehakademie Berlin, Kunsthochschule für Medien Köln, Hochschule für Film und Fernsehen München, Universität Hamburg – Aufbaustudium Film.

3.2. Forschungseinrichtungen, Einrichtungen, die das gesamte Gebiet der Medienkommunikation erforschen, gibt es in Deutschland nicht. Deshalb werden sie in der Folge nach Medien gruppiert.

3.2.1. Deutsche Presseforschung (Bremen), Institut für Zeitungsforschung (Dortmund).

3.2.2. Hans-Bredow-Institut für Rundfunk und Fernsehen (Hamburg), Deutsches Rundfunkarchiv (Frankfurt/Main/Berlin), Institut für Rundfunkrecht (Köln), Internationales Zentralinstitut für das Jugend- und Bildungsfernsehen.

3.2.3. Bundesarchiv, Filmarchiv (Koblenz), Filmmuseum (Düsseldorf), Filmmuseum (Frankfurt/Main), Filmmuseum (München), Filmmuseum (Potsdam), Haus des Dokumentarfilms (Stuttgart), Institut für Bild und Film in Wissenschaft und Unterricht (Grünwald bei München), Institut für den wissenschaftlichen Film (Göttingen).

3.3. Weitere forschungs-relevante Einrichtungen

Medienforschung mit akademischem Anspruch, deren Ergebnisse sich zumindest teilweise in öffentlich zugänglichen Publikationen niederschlagen, werden von den Medienforschungsabteilungen der öffentlich-rechtlichen Rundfunkanstalten regelmäßig durchgeführt; die Werbetöchter der Rundfunkanstalten unterhalten in Frankfurt/Main eine gemeinsame Forschungsstelle. Die Landesmedienanstalten werden als Auftraggeber für Forschung tätig und haben teilweise (Düsseldorf, München) auch eigene Forschungskapazitäten aufgebaut. Die Umfrageinstitute widmen einen erheblichen Teil ihrer Tätigkeit der Analyse des Publikums der Medien respektive der Analyse der Medien als Werbeträger, wobei sie für den öffentlich-rechtlichen Rundfunk und den privaten Rundfunk tätig werden (u. a. Emnid, Bielefeld; Infratest, München; Institut für Demoskopie, Allensbach).

Die zunehmende Internationalisierung der Besitzstruktur der Medien und die internationale Produktion von Medieninhalten hat auch im Bereich der Auftragsforschung die Gründung einer Einrichtung nahegelegt, die zunächst in Großbritannien (Manchester), heute in der Bundesrepublik (Düsseldorf), als Auftragnehmer für Forschungen tätig ist: das Europäische Medieninstitut.

3.4. Deutsche Forschungsgemeinschaft

Die Deutsche Forschungsgemeinschaft unterhält keine Forschungseinrichtungen, sondern stellt auf Antrag, ausgewählt durch ein spezielles Gutachterverfahren, Finanzmittel für konkrete, befristete Projekte zur Verfügung. Daneben fördert sie Forschungsschwerpunkte und Sonderforschungsbereiche, bei denen eine interdisziplinäre Gruppe von Antragstellern für eine gewisse Zeit unter dem Dach einer Gesamtfragestellung gebündelt Einzelforschungen betreibt, die aufeinander bezogen werden. Die Medienforschung hat bislang dreimal von diesem Verfahren profitiert. Die Universität Erlangen-Nürnberg, hat in den 60er Jahren im Rahmen eines Sonderforschungsbereiches die Sozialisation durch Massenkommunikation erforscht. Im Rahmen einer Senatskommission der DFG wurde auf ähnliche Weise ein Bericht zum Stand der Medienwirkungsforschung in den 80er Jahren erstellt. Seit derselben Zeit arbeitet an der Universität-Gesamthochschule Siegen eine Forschergruppe, die das Medium Fernsehen, vor allem auch im Hinblick auf die Programme analysiert.

3.5. Fragen der Bewertung

Deutschland gehört zu den wirtschaftlich potentesten Staaten der Erde. Sein Mediensystem ist in fast allen Hinsichten mit am weitesten ausgebaut. Erhebliche Teile des Bruttosozialprodukts werden durch den Wirtschaftssektor Massenkommunikation erarbeitet. Die soziale Bedeutung der Medien im Alltag der Menschen ist, gemessen am finanziellen Aufwand und am Zeitbudget, erheblich. Die Bedeutung der Medien wird durch das technisch ermöglichte Zusammenwachsen von mediengebundener Massenkommunikation und mediengebundener individueller Kommunikation (Multimedia mit dem Verknüpfungsmedium PC) zukünftig noch höher zu veranschlagen sein als bisher. Das gilt vor allem, weil durch die Mediensysteme nicht nur Informations- und Unterhaltungsbedürfnisse befriedigt werden, sondern künftig auch (Tele-)Arbeit verrichtet werden kann.

Medienkompetenz zu vermitteln und die Medienentwicklung vorausschauend zu planen ist deshalb von zentraler Bedeutung für die gesellschaftliche Entwicklung, in der sich die Medien unverkennbar als soziale Institution konstituiert haben. Die traditionellen Funktionen in vielen anderen Bereichen, etwa des politisch administrativen Systems, gemessen an der traditionellen Funktionsweise bürgerlicher Öffentlichkeit, haben sich bereits verschoben und werden sich künftig weiter verändern. In diesem Zusammenhang verschärfen sich auch die Anforderungen an die Ausbildung für Medienberufe.

3.5.1. Medienwissenschaft auf den Hochschulen

Auf den Hochschulen hat sich ein differenziertes Geflecht von Einrichtungen, vor allem der Ausbildung auf den verschiedensten Sektoren, besonders des Journalismus, angenommen. Vor allem in den 70er und 80er Jahren haben in den alten Bundesländern die Regierungen auch unter den Gesichtspunkten der (Medien-)Standortpolitik vorhandene Studiengänge aufgewertet und neue zusätzlich geschaffen. Nach der Wiedervereinigung haben sich die neuen Bundesländer ähnlich verhalten.

Pauschale Bewertungen der Situation sind nicht aussagekräftig genug. aber zusammenfassend läßt sich folgendes sagen: Gewiß ist der Finanzaufwand, den die Länder und in sehr viel bescheidenerem Umfang die anderen politischen Ebenen leisten, in den vergangenen Jahrzehnten erheblich gestiegen. Die Nachfrage nach Studienplätzen übersteigt in den meisten Studiengängen das Angebot. Die Anzahl der Examina ist zahlenmäßig vermutlich nicht nur absolut, sondern auch relativ zu der Anzahl der Studierenden deutlich gestiegen. Und von einer nennenswerten Arbeitslosigkeit ist bei graduierten Studenten – wie es Absolventenbefragungen zeigen – keine Rede.

Allerdings fehlt es den deutschen Hochschulen – verglichen mit Nordamerika – an einer regelmäßigen, mit transparenten Kriterien arbeitenden Evaluation der Lehre und Forschung. Sie wäre Voraussetzung dafür, Schwachstellen rechtzeitig zu erkennen, um Verbesserungsmöglichkeiten herauszufinden und umzusetzen. Voraussetzung von Verfahren der institutionalisierten Selbst- und Fremdbewertung ist allerdings, daß die Institute explizit Ziele formulieren, die alle ihre Arbeitsfelder betreffen, d. h., neben den Zielkatalogen, die für die meisten neueren Studiengänge vorliegen, auch Ziele für die Forschung und für die Verknüpfung von Forschung und Lehre aufzustellen. Denn nur wenn man weiß, wo man hingehen will, läßt sich feststellen, ob man dort auch wirklich angekommen ist. Nur durch solche Verfahren wäre es möglich, einigermaßen rational Ziele, Aufwände und Erträge miteinander zu vergleichen. Dann wäre es möglich, konkret die Struktur von Curricula, der Studiendauer, der Qualität der studentischen Forschung durch Abschlußarbeiten, der Länge, Auswertung und Plazierung von Praktika, der Qualität der Lehre und der Hochschulforschung präziser zu formulieren und zumindest ansatzweise Antworten zu erhalten. In diesem Zusammenhang könnte auch diskutiert werden, ob die hochschulgebundene Ausbildung für den Medienbereich besondere unverzichtbare Charakteristika aufweist, oder ob Fachhochschulstudiengänge die gleichen Dienste leisten können. Andersherum gefragt: Was bedeutet der Praxisbezug einer Universitätsausbildung? Welche Relevanz hat eine theoretische Ausbildung für die praktische Bewährung in Medienberufen? Die Beantwortung dieser Fragen wird durch die Finanznot der öffentlichen Hände künftig sehr dringend sein. Die Universitäten müssen sich dieser (Selbst-)Befragung stellen; dann werden sie auch Klarheit darüber erlangen, ob der, Ende der 60er Jahre mit dem gemeinsamen Memorandum des Deutschen Presserats beschrittene Weg, die Publizistik und Kommunikationswissenschaft durch die Begründung eines neuen Faches Journalistik praktisch und theoretisch herauszufordern, strategisch ein Erfolg war und der Qualifizierung von Forschung und Lehre gedient hat.

3.5.2. Forschungseinrichtungen

Während sich, zumal unter dem Dach von Universitätsinstituten, mehrere Studiengänge in einer Einrichtung verbinden und dadurch erhebliche Teile der Medienlandschaft abdecken, haben sich Forschungsinstitute fast ausschließlich medienspezifisch konstituiert. Das macht für die Wahrnehmung von Archivfunktionen Sinn. Die Presse, den Film oder das Programm von Rundfunk und Fernsehen in einer Einrichtung archivisch zu behandeln, ist wegen der speziellen Techniken für die Langzeitaufbewahrung und Erschließung wenig erfolgversprechend. Aber zum Verständnis der immer stärker zusammenwachsenden Medienwelt erscheint es durchaus zweckmäßig, Einrichtungen, die den Medienvergleich betreiben und bei der Analyse der Dynamik der Medienentwicklung Methodenvielfalt fördern, besonders zu entwickeln. Es ist sicher richtig, daß alle Forschungseinrichtungen, die sich speziellen Medien widmen, heute ihre Arbeit nur unter Berücksichtigung der Interrelationen zu den jeweils anderen Medien ansetzen und durchführen können; trotzdem kann Forschung, die nach den Trennlinien der Medien segmentiert ist, Blindstellen aufweisen, die durch integrative Institutionen vermieden werden können.

Die Ausweitung und ökonomische Stärkung des Medienmarktes in den vergangenen Jahrzehnten hat die Auftragsforschung besonders stark anschwellen lassen. Demgegenüber scheint heute die Grundlagenforschung vernachlässigt. Mittel für angewandte Forschung, etwa aus Programmen der Bundesregierung (die seit 1974 regelmäßig ausgeschrieben werden), der Landesmedienanstalten, von Presseverlagen, öffentlich-rechtlichen Rundfunkanstalten, privaten Rundfunkanstalten und Medienkonzernen zu erhalten, ist gemessen an den Chancen der Publizistik und Kommunikationswissenschaft in den 60er Jahren oder den Chancen, die andere Hochschulfächer besitzen, relativ einfach. Ob daraus ein Nachteil für Grundlagenforschung entsteht, wäre zu überprüfen. Die DFG-Schwerpunkte haben Grundlagenforschung vorangebracht. Weil es sich bei DFG-Förderungen grundsätzlich um zeitlich befristete Vorhaben handelt, könnte dennoch eine Schieflage entstanden sein.

Parallel zu den Hochschulinstituten muß auch für die Forschungsinstitute eine regelmäßig Evaluierung gefordert werden. Dann ließen sich wichtige Fragen der Bewertung begründet und präzise beantworten, bspw. die Frage, ob die deutsche Medien- und Kommunikationswissenschaft an internationaler Ausstrahlung gewonnen oder verloren hat. Die Beteiligung deutscher Forscher an fremdsprachigen Zeitschriften und Sammelwerken ist, wie jeder Blick in die angloamerikanische Publikationstätigkeit zeigt, gering. Dasselbe gilt für die Übersetzung deutscher Monografien ins Englische. Beobachter können auch erkennen, daß die Rezeption deutscher Forschungen im Ausland häufig zufällig ist; es scheint so, daß das auch für die Rezeption ausländischer Forschungen in Deutschland zumindest teilweise gilt. Neben den DFG-Schwerpunkten und Sonderforschungsbereichen lassen sich kaum identifizierbare Forschungsprofile über einen mittelfristigen Zeitraum hinaus machen. Als Beispiele seien genannt: Die Kooperation des Instituts für Publizistik der Universität Mainz mit dem Institut für Demoskopie, Allensbach, die unter gemeinsamer Leitung die Erforschung der öffentlichen Meinung theoretisch und empirisch vorangebracht haben. Ferner die Untersuchung der emotionalen Wirkungen audiovisueller Kommunikation, die vom Münchner Zentralinstitut für das Jugend- und Bildungsfernsehen mit dem Institut für Kommunikationswissenschaft der Universität München, ebenfalls unter gemeinsamer Leitung, unternommen wurde, oder die Erforschung der politischen Zeitungsgeschichte vor allem des 19. und 20. Jahrhunderts auf der Basis detaillierter Quellenstudien im Institut für Zeitungsforschung, Dortmund. Auch die Frage nach dem zweckmäßigen Methodenmix wäre auf der Basis brauchbarer Evaluationen besser zu entscheiden. Es müßte intensiver darüber nachgedacht werden, welchen Stellenwert historisch-philologische Forschung, sozialwissenschaftliche Methoden und ästhetische Fragestellungen haben sollten. Es ist sicher richtig, daß Medienforschung unter dem Primat des Methodenpluralismus stehen muß, weil die Medien heute für nahezu alle Bereiche des gesellschaftlichen und individuellen Lebens von Bedeutung sind. Es wäre aber sicher unvertretbar, wenn Forschungsansätze nur deshalb stärker ins Spiel kämen, weil bspw. durch geringere Nachfragen nach Lehrerausbildung philologische Kapazitäten frei sind, oder ästhetische Problemstellungen der Theaterwissenschaft allein deswegen auf die Medien übertragen werden, weil der traditionelle Gegenstand Theater sich zu den audiovisuellen Medien öffnet und damit nicht nur einer systematischen Notwendigkeit, sondern vielleicht stärker einer Konjunktur folgt. Systematische Evaluation nach öffentlich nachprüfbaren Kriterien könnte auch die Bewertung von Forschungen im öffentlichen Raum fördern. Der starke Bedeutungszuwachs der Medien hat außerhalb des engeren Bereiches der Medien- und Kommunikationswissenschaft eine Vielzahl von Fächern und Fachrichtungen gereizt, Forschungsprojekte zu entwickeln oder auf dem Wissenschaftsmarkt einzuwerben. Dabei ist immer wieder nach dem Motto verfahren worden, daß jeder, der bspw. Zeitungen lesen kann, auch qualifiziert ist, wissenschaftlich gemeinte Aussagen über die Presse zu machen. Mit diesem Fehlschluß hatte schon die alte Zeitungswissenschaft zu kämpfen. Es scheint so, daß es gerade im Blick auf die künftige Entwicklung wichtig ist, Maßstäbe der Qualität medien- und kommunikationswissenschaftlicher Forschung zu entwickeln, öffentlich zu diskutieren und dadurch deren Verbreitung zu fördern.

4. Literatur

Hinweis: Einen Überblick über die Medien- und Kommunikationsforschung in der Bundesrepublik bietet die Durchsicht dreier wissenschaftlicher Fachzeitschriften, „Media Perspektiven", Frankfurt/Main, 1965 ff., „Publizistik", (heute) Konstanz, 1956 ff. und „Rundfunk und Fernsehen", heute „Media- und Kommunikationswissenschaft" Hamburg, 1953 ff. Berichte über die Arbeit und Entwicklung von Institutionen finden sich vor allem in der Zeitschrift „Publizistik".

Einen bibliographischen Überblick über die Forschung leistet die von Wilbert Ubbens herausgegebene „Jahresbibliographie Massenkommunikation" 1974/75 ff., vor allem wegen ihres internationalen Charakters, der Vergleiche zuläßt.

Anders, Günther, Die Antiquiertheit des Menschen. 2 Bde. München 1956, 1980.

Bohrmann, Hans/Wilbert Ubbens, Kommunikationsforschung. Eine kommentierte Auswahlbibliographie der deutschsprachigen Untersuchungen zur Massenkommunikation. 1945–1980. Konstanz 1984.

–, Martin Spahn revisited. In: Zeitungen sammeln. Berlin 1988. 123–143.

Bruch, Rüdiger vom/Otto B. Roegele (Hrsg.), Von der Zeitungskunde zur Publizistik. Frankfurt/M. 1986.

Bücher, Karl, Gesammelte Aufsätze zur Zeitungskunde. Tübingen 1926.

Dovifat, Emil, Handbuch der Publizistik. Bd. 1: Allgemeine Publizistik. Berlin 1968.

Gavin-Kramer, Karin/Klaus Scholle, Journalistik, Kommunikations- und Medienwissenschaften, Studienführer. München 1993.

Groth, Otto, Die Zeitung, ein System der Zeitungskunde. 4 Bde, Mannheim (u. a.) 1928–1930.

–, Geschichte der deutschen Zeitungswissenschaft. München 1948.

Heuser, Joachim, Zeitungswissenschaft als Standespolitik. Martin Mohr und das Deutsche Institut für Zeitungskunde in Berlin. Münster, Hamburg 1994.

Kutsch, Arnulf (Hrsg.), Zeitungswissenschaft im Dritten Reich. Köln 1984.

–, Rundfunkwissenschaft im Dritten Reich. München 1985 (Rundfunkstudien 2).

–, Max Webers Anregung zur empirischen Journalismusforschung. In: Publizistik 1988, 5–31.

Noelle-Neumann, Elisabeth, öffentliche Meinung: Die Entdeckung der Schweigespirale. Berlin ⁴1996.

Prakke, Henk, Kommunikation der Gesellschaft. Münster 1968.

Ronneberger, Franz (Hrsg.), Sozialisation durch Massenkommunikation. Stuttgart 1979.

Rühl, Manfred, Journalismus und Gesellschaft, Bestandsaufnahme und Theorieentwurf. Mainz 1980.

Schulz, Winfried (Hrsg.), Medienwirkungen ... Forschungsbericht. Weinheim 1992.

Spiess, Volker, Verzeichnis deutschsprachiger Hochschulschriften zur Publizistik, 1885–1967. Berlin/München 1969.

Sturm, Hertha, Der gestreßte Zuschauer. Stuttgart 2000.

Traub, Hans, Zeitung, Film, Rundfunk, die Notwendigkeit ihrer einheitlichen Betrachtung. Berlin 1933.

Stand 1996
Hans Bohrmann, Dortmund (Deutschland)

266. Medienforschungsschwerpunkte und -einrichtungen: Europa

Redaktioneller Hinweis: Aus terminlich-technischen Gründen muß der an dieser Stelle vorgesehene Artikel leider entfallen.

267. Media research programmes and institutions in the United States

1. Media research in the U.S.
2. Universities
3. Private research institutes
4. Foundations and endowments
5. Government agencies

1. Media research in the U.S.

This article deals with the major research centers and programs in the United States. It first establishes, in survey form, the few key institutions – from universities to private research institutes, from foundations and endowments to government agencies. What are the most important institutions? Where are they located? What types of services do they offer? How can they be contacted?

2. Universities

In general most research on the mass media in the United States is done at universities and by individuals or collections of individuals affiliated with universities. Typically a professor and her or his colleague will conduct the research. Sometimes a professor and her or his graduate students take on a larger project. This is far different from the system in European universities, for example, principally because of the looseness and small scale of the organization. In most universities with graduate programs there is some sort of center for research, but this is usually a minimalist operation with a small budget. Most typically it is a single individual, such as Steve Hess at the Brookings Institution in Washington, D.C. or Michael Schudson at the University of California – San Diego, researching and writing about the history, economics, psychology, sociology, or politics of the mass media.

The leading universites with comprehensive graduate programs in the United States are the Ivy League schools (for example, Harvard, Yale, and Princeton) and some other top private and a few public universities. But media research is not considered a top priority by Ivy League schools and most do not have comprehensive graduate programs in media studies.

If the Ivy League has anything it is an endowed outreach center for media study, not working as part of the regular curriculum. This is a growing trend and even can be found at Harvard in the form of the Shorenstein Center on the Press, Politics, and Public Policy at Harvard's John F. Kennedy School of Government at Harvard University, Cambridge, Massachusetts 02138; telephone = 617.495.8269. The Kennedy School is an outreach arm of Harvard, for public policy studies, funded by out grants and not offering normal degrees. The program, named after the sponsoring family for their late daughter, is to promote good government and to do that through better relations with the press. It does this through prizes, fellowships and some publications.

An exception is the Annenberg program at the University of Pennsylvania which has a major communications program as part of the regular curriculum. Created first under George Gerbner and today headed by Kathleen Hall Jamieson, this important unit of the regular university is funded by the former owner of TV Guide, a number of television stations, and other media properties. This Annenberg program at the University of Pennsylvania tenders all possible degrees through the Ph.D., and offers courses concerning all forms of mass communication study, not so much practice as in most other centers in the United States. Yet even at the University of Pennsylvania there is really no centralized and coordinated research institute, worked on by many scholars. At the University of Pennsylvania each professor works on her or his individual agenda, from very conservative scientific studies to Marxist critiques. For example, Oscar Gandy studies the exploitation found in cyberspace while Elihu Katz does scientific analysis of television in Israel. Annenberg funds prizes for top communicators, outside lectures, and graduate assistants. Annenberg pays for taping conferences and offers video copies for sale. Sponsored graduate students were urged to publish their findings in top journals, both in the United States and elsewhere. Yet the program is small, with only a dozen faculty. Annenberg funds a number of visiting guest faculty each term. Graduates of the Annenberg School of the University of Pennsylvania teach in universities around the world and also work in government and industry. Few go on to be media practitioners. For a time there was also an Annenberg program at the University of Southern California but by the mid-1990s this was phased out so Walter Annenberg could concentrate his funds on this university program.

In the United States the study of mass media is concentrated at top public universities plus a selected few private schools such as Northwestern University (located outside Chicago), New York University, the University of Southern California, and Stanford University. Otherwise the largest and most prestigious graduate programs – and thus those generating the top research – can be found at state universities, as part of vast communications and journalism programs. It is best to divide up the United States into regions to understand their locus. The northeastern states have no such programs. One must look to Pennsylvania south, to the Universities of Maryland, North Carolina, Georgia, and Florida. All have some sort of center for research at their state university. For example, there is the Institute for Public Relations Research, University of Florida, Post Office Box 118400, Gainesville, Florida 32611-8400; telephone = 904.392.0280; e-mail = iprre@grove.ufl.edu; FAX = 904.846.1122. Since its establishment in 1956, the Institute for Public Relations Research has pioneered many significant achievements that have had a marked impact on the conduct and acceptance of professional public relations that include guidelines for undergraduate and graduate education, and studies of the use of new technology for public relations. In addition the Institute conducts an annual program of research grants, achievement awards and student competition. This Institute is not special, but typical.

There are the great state universities of the midwestern states of the United States, such as the Universities of Wisconsin, Minnesota, Indiana, Missouri, and Iowa. Typical of their institutes is the University of Iowa School of Journalism and Mass Communication. The Iowa Center for Communication Study supports scholarly inquiry in journalism and mass communication through the publication of books, a scholarly journal, essays and other reports. There is the semi-annual Journal of Communication Inquiry which is published both in theme issues and general issues. The Iowa Guide is the best known of the book publications, a handbook of detailed information on where to publish research in journalism and mass communication compiled by Professors Carolyn Dyer and Jay Hamilton. Another example is the Center entitled "New Directions for News" located at the University of Missouri School of Journalism, Post office Box 838, Columbia, Missouri 65205; telephone = 314.882.1110; FAX = 314.884.4735. "New Directions for News" is a non-profit institute fostering innovation in newspapers to make them more relevant and useful in the service of a democratic society. Its aim is to be both a practical aid and a source of new visions for the newspaper profession. It focuses on three initiatives: innovation, new audiences, and information technology. In 1995 Jean Gaddy Wilson was its Director.

The final grouping of major state universities in the United States can be found in the west where one finds major programs for the study of the mass media at the Universities of Colorado, Kansas, Arizona, and Washington. Each has some sort of a small center, but not as large or well organized as found at Florida, Iowa, or Missouri.

One can be easily misled by simply looking at the title of some of the university catalogs. For example, there is the Center for International Journalism at the University of Southern California, Los Angeles, California. But this is no research institute, but only a fellowship program whereby newspaper reporters spend a year, free of deadlines, studying about U. S. and Mexico relations. This is not a research center per se but a way to get members of the working media to universities to learn about areas and issues that they might cover.

3. Private research institutes

The leading and the most visible private institute for the mass media in the United States is The Freedom Forum, 1101 Wilson Blvd., Arlington, VA 22209. The Freedom Forum seems to do everything. Funded by a sizable endowment from the Gannett media empire, the Freedom Forum is a non-partisan foundation dedicated to "free press, free speech, and free spirit for all people." The foundation pursues these priorities through programs including conferences, publishing, broadcasting, on-line services, and research. Research is but one of many priorities of the Freedom Forum. The Freedom Forum holds teaching workshops to strengthen the teaching of journalism and mass communication. There is also the Freedom Forum First

Amendment Center at Vanderbilt University in Nashville, Tennessee, and the $42 million Newsuem at the Freedom Forum World Center Headquarters in Arlington, Virginia, a mile across the Potomac River from the White House.

At its Media Center in New York City, affiliated with Columbia University, the Freedom Forum has residential fellowships of twelve to fifteen professionals and scholars for independent study of a major issue or problem, an annual summer leadership institute and a technology studies program that examines technology's impact on journalism and the media industries through seminars and study groups. As of 1 June 1996 the Media Studies Center at Columbia University moved from quarters near the University in upper Manhattan to 580 Madison Avenue, New York City 10022; telephone = 212.317.6500. It became more a critic of the media in the heart of the media world, less an academic center.

But far more typical of the Freedom Forum are panel discussions of contemporary issues about current media controversies, from the proper coverage of the O. J. Simpson trial to the ethnics of high speaking fees for journalists. Such round table discussions might include a researcher but more than likely include newspaper editors and writers, TV executives, and government and business officials. The Freedom Forum offers awards such as "Journalism Administrator of the Year", in association with the Association for Education in Journalism and Mass Communication, a leading organization of media researchers who teach in colleges and universities. It awards small grants to journalism professors to support out of pocket expenses for projects to be published in newspapers, books and magazines. It offers scholarships for undergraduates and fellowships for graduate students.

The research activities constitute but a tenth of the budget of $50 million each year spent by the Freedom Forum. The Center in New York began in 1985. It has published the Media Studies Journal, which prints both papers by scholars and opinions of practitioners in media. In sum the Freedom Forum, while large and influential, is hardly an institute for research as that term is used outside the United States.

But while the Freedom Forum is the largest and most publicized center, it is hardly alone. For example, there is The Media Institute, 1000 Potomac Street, NW, Suite 300, Washington, D.C. 20007; telephone = 202.298.7512; FAX = 202.337.7092. The Media Institute states that it is a non-profit research foundation specializing in communications policy issues to foster freedom of speech, a competitive communications industry and excellence in journalism. It deals in every medium from print to advanced television and publishes books and monographs, prepares regulatory findings, convenes conferences, and sponsors luncheon forums for journalists. The Media Institute (along with the more avowedly conservative "think tank", the Cato Institute) also co-sponsors a series of seminars called "Telecommunications Colloquium".

4. Foundations and endowments

The Pew Center for Civic Journalism is located at 1101 Connecticut Avenue NW, Washington, D.C. 20036; telephone 202.331.3200; FAX = 202.347.6640. With an advisory board composed of media professionals and professors this center was created by the Pew Foundation, not to do research per se, but as a centerpiece by the Pew Charitable Trusts initiative "Renewing Our Democratic Heart". This center seeks to involve citizens of the United States in their communities and government, and hopes to redraft the press (newspapers, TV, and radio) to help towards this goal. Pew seeks to partner government with the press to work together, not to remain at odds, to make government work for the individual citizen. Edward M. Fouhy was the executive director as of 1996. The Pew Trusts is a foundation created from monies made by Joseph N. Pew, founder of the Sun Oil Company and also supports non-profit activities in the environment, culture, education, health and human services, and religion. It has workshops, offers symposia, and sponsors videos and books to effect its goals. Projects work with individual newspapers and broadcast outlets in Portland, Maine, Spokane, Washington, Duluth, Minnesota, Birmingham, New York, San Jose, California, and elsewhere. Rather than research this foundation, working with media professionals, civic leaders, volunteer organizers, and researchers seeks to shift the agenda back to making the connection between ordinary citizens and their governments. One segment is the Pew research Center which does polling about people, government and the press issues. The Pew foundation is probably the leading player in media issues in the U.S. in 1996.

The Poynter Institute, found at 801 Third Street South, St. Petersburg, Florida 33701; telephone = 813.821.9494; FAX = 813.821.0583. This is a nonprofit educational institution devoted to raising levels of excellence in newspapers, broadcast news, and the communications media generally. It offers fifty seminars annually for university students, graduate students, teachers and professionals in writing, graphics and design, media management, and ethics. These are seminars of practice, not of research. This, like many centers in the United States, is meant for re-training of mid-career professionals, not for researching the impact and state of the media. These cover print, TV and radio, and new media. As such the Poynter Institute has created books and videos, but as training devises, not research. It is noted for its series "Best Newspaper Writing of the Year." It even has writers camps for teenaged and younger persons. Nelson Poynter was the publisher of the St. Petersburg [Florida] Times, and like the owners of the New York Times, and the Knight Ridder newspapers, Poynter took the massive profits he made in the media business and poured some back to improve it. Its core goals are to teach, examine essential values, and revitalize the industry. In 1996 James M. Naughton was today named president of the Poynter Institute. Naughton, until recently executive editor of The Philadelphia Inquirer, was one of the key architects of the Inquirer's development into a newspaper of national stature, winning more than a dozen Pulitzer Prizes and a host of other national awards during his 18-year tenure there.

5. Government agencies

In the United States government, executive and Congressional agencies do conduct research, such as the Office of Plans and Polices of the Federal Communications Commission, but this research is for the internal use of the Federal Communications Commission Commissioners, not for public dissemination. Its long time director, Robert Pepper, has a Ph. D. from the University of Wisconsin. Yet at the Federal Communications Commission the policy is principally internal, to help the five Commissioners make proper policy. Yet this was also its weakness and probable downfall. It was reactive and set no agenda and so was very hard to define, save aside from its beautiful headquarters in the Willard hotel.

6. The future

The sad state of media research, outside corporate sponsored activities and university individual research can be seen in the case of the Annenberg Center in Washington, D.C. which prospered from 1983 until 1996 but was phased out as Walter Annenberg concentrated his funding on the program at the University of Pennsylvania. Yet in its day this Annenberg Center in the capital of the United States offered a model public policy research program, with guest scholars, books published, a plethora of conferences, and a desire to impact the communications policy of the United States. It was loosely affiliated with Northwestern University but that connection was more symbolic than influential. This Washington, D.C. center was also to coordinate with the then centers at the University of Pennsylvania and the University of Southern California, but that coordination never panned out either. This Washington Annenberg Center was guided, in major thrust, by the complex plethora of communications policy issues then before the government of the United States, really beginning with the deregulation era of president Ronald Reagan (dealing with a democratic controlled congress) up until the passage of the first new communications law in 1996 under a Republican party dominated Congress and a Democratic president, Bill Clinton. Thus if there was an overriding philosophy of research it was from legal bent, aimed at making new laws, not sociology, psychology, or economic analysis. Pure research in Institutes in the United States in simply a rare and underfunded part of the educational world.

Douglas Gomery, Maryland (USA)

268. Medienforschungsschwerpunkte und -einrichtungen: Japan

1. Der gegenwärtige Stand der Massenmedien in Japan
2. Historischer Hintergrund der Massenmedienforschung in Japan
3. Die heutige Lage der Massenmedienforschung an den Universitäten
4. Massenmedienforschung auf der praktischen Ebene wie z. B. Kunsthochschulen
5. Die gegenwärtige Lage der Massenmedienforschungen insbesondere in bezug auf die Multimedien
6. Nicht-universitäre Forschungsinstitute
7. Literatur

1. Der gegenwärtige Stand der Massenmedien in Japan

Es liegt nahe, zu erörtern, in welchem Stadium sich japanische Massenmedien auf der technischen und sozio-kulturellen Ebene befinden, bevor man sich der Forschung über die Massenmedien zuwendet. Wir betrachten dabei zwei Seiten, d. h. die broadcasting media (v. a. Fernsehsendungen) und die print media (v. a. Zeitungen und Verlage).

Was die broadcasting media betrifft, so werden sie, grob gesagt in zwei Kategorien eingeteilt. Da gibt es den NHK (den japanischen Rundfunk), der sozusagen ein öffentlicher Rundfunk- u. Fernsehsender ist, und kommerzielle bzw. private Sender. NHK ist ein rechtsfähiger Verein, der seit 1925 bis 1950 das einzige Organ seiner Art in Japan war und nach dem im Jahr 1950 erlassenen Rundfunkgesetz zu einem speziellen Rundfunkwesen umorganisiert wurde, d. h. für den Empfang der Programme mußten fortan Rundfunkgebühren bezahlt werden (cf. NHK 1994, 277ff.). NHK hat einen sogenannten multi-channel und einen channel für Kultur und Bildung. Was kommerzielle Fernsehsender anbelangt, so gibt es fünf große Fernsehsender, die je ein Sendernetz haben: Nippon News Network, All Nippon News Network, Japan News Network, Fuji Network System, und TX Network.

NHK hat als erster Sender in der Welt HDTV (High Definition Television) entwickelt, brachte mittels eines BS (broadcasting satellite) eine erste Probesendung und erprobte erstmals die Anwendung im Bereich der Ausbildung, des Films, des Drucks usw. Mit dem BS gründete NHK drei channels (BS 1. television, BS 2. television, HDTV); außerdem gründete ein Privatunternehmen einen channel (WOWOW). Außer BS gibt es channels, die CS (communications satellite) benutzen, die allerdings eine etwas kleinere Kapazität als BS haben. Jedoch im Jahr 1997 wurde das Broadcasting vom CS digitalisiert, so daß die Zahl der channels um mehr als 300 zugenommen hat. Im selben Jahr wurde ein neuer BS in Betrieb genommen, und im Jahr 2001 wurde dessen Nachfolger in die Umlaufbahn gebracht. Seit Dezember 2000 gibt es das digitale Broadcasting vom BS, wobei das analoge Broadcasting vom BS im Jahr 2007 beendet wird, wenn es nach dem Plan des Postministeriums geht. Das analog-terrestrische Broadcasting wird im Jahr 2010 beendet werden. Das digital-terrestrische Broadcasting wird im Jahr 2003 zuerst in den Großstädten eingeführt, danach bis zum Jahr 2006 in ganz Japan. So wird wohl in naher Zukunft die multi-channel-Zeit in Japan anbrechen. Außerdem ermöglicht das digigal system broadcasting die Integration von Computern, d. h. man kann beispielsweise mit dem personal computer Sendungen empfangen. An diesem System kann man einerseits viele Vorteile finden, aber andererseits tauchen auch die Probleme auf, d. h., der Inhalt (auf der Software) ist im Vergleich zur Form (Hardware) nicht ausreichend. Weil die Ausbreitung von CATV und CS-television nicht vorankommt, ist der Bedarf des multi-channel systems an sich in Frage gestellt.

Rasche Fortschritte auf der technischen Seite, die Teilnahme der Unternehmen, die eigentlich nicht in Verbindung mit den Medien stehen, die Internationalisierung und Konkurrenz der Geschäftswelt der Sendung: Unter diesen Umständen sind die bisherigen kommerziellen Fernsehsender, die BS und CS nicht benutzen, in einem kritischen Zustand, so daß sie sich übermäßig mit 'audience rating' beschäftigen. Als Folge davon neigen sie dazu, viele niveaulose Programme, sogenannte Idiotenprogramme, zu produzieren.

In welchem Zustand stehen die print-Medien? Deren Vertreter sind v. a. Zeitungen. Japanische Zeitungsunternehmen stehen in bezug auf die Auflagenzahl weltweit an der Spitze, und die Zeitungen haben eine Stellung als Schlüsselmedium unter den Massenmedien. Auch in dieser Zeitungswelt ist die Verbindung mit den multimedia vorangeschritten: die Zeitungsunternehmen beispielsweise beginnen damit, mittels internet unterschiedliche Informationen anzugeben. Auch bei anderen Druckerzeugnissen kann man auf Ähnliches hinweisen: z. B. beim Verlegen durch CD-ROM (compact disc readonly memory). EB (electronic books). CD-ROM wie z. B. englisch-japanische Wörterbücher können nicht nur Schriftzeichen, sondern auch Laute und Bilder wiedergeben. Und auch der Handel hat eine neue Form: Die Kombinationen der unterschiedlichen Medien, wie z. B. eine Zeitschrift mit CD-ROM, sind schon alltäglich zu sehen. Eine Welle von multi-media hat seit 1990 auch die Werbung ergriffen: Multi-media advertising. Beispielsweise advertising CD-ROM für Zeitschriften.

Wie sieht die Entwicklung bei Drucksachen aus? Es scheint, die 90er Jahre sind wohl die Zeit der Zeitschriften. Zahllose verschiedene Zeitschriften werden auf den Markt geworfen. Dies zeigt die Eigentümlichkeit des japanischen Verlagswesens. Starkes Interesse werden diese Zeitschriften vor allem bei der jungen Generation, und Zeitschriften, die den personal computer Boom widerspiegeln, sind in allen Buchhandlungen reichlich vertreten. Außer Fachzeitschriften sind auch Multi-Wochenzeitschriften massenhaft zu finden, wobei die Glaubhaftigkeit der Beiträge oftmals fraglich ist. Was die Auslage und Auflage angeht, besetzen besonders Comics die Spitzenpositionen, und es kommt nicht selten vor, daß sich allgemeine kleine Buchhandlungen inzwischen zu Comicheftgeschäften verändert haben. Die Diskussionen über die Sex- bzw. Gewalt-Darstellungen und die Darstellungsfreiheit gehen oft ins Uferlose (cf. Amano/Matsuoka/Murakami 1994, 203ff.; Matsui 1994). Auch der Einfluß auf die Gesellschaft und die entsprechenden Folgen sollten berücksichtigt werden, da die Wirkung der Massenmedien bekanntlich sehr weitreichend ist.

2. Historischer Hintergrund der Massenmedienforschung in Japan

In diesem Abschnitt werden hier wichtige Punkte aus den Aufsätzen von Haruhara (1985; 1994) vorgestellt, denn v. a. der von 1994 stellt klar und deutlich die Forschungsgeschichte dar.

Nach Haruhara (1994, 107ff.) wird die Forschung über die Massenmedien in folgende drei Stadien geteilt: (a) die Zeit der Zeitungswissenschaft (shimbun-gaku), (b) die Zeit der Massenkommunikationsforschung und (c) Aufgaben der informierten Gesellschaft. In der Zeit vor dem Krieg wurde Journalistik als Zeitungswissenschaft bezeichnet. Der Begriff 'Massenkommunikation' wurde erst in den 50er Jahren aus den USA eingeführt. Die Zeitungswissenschaft in Japan folgte der Entwicklung der Zeitungsindustrie, die in der Zeit vom Ende des 19. Jhs. bis zum Anfang dieses Jhs. aufgebaut wurde. Am Anfang gab es zahllose Arbeiten, die die Funktionen und Tätigkeiten der Zeitung vorstellen, und zwar häufig anhand amerikanischer und europäischer Beispiele aus dem Pressewesen. Ein wichtiger Zweck dabei war, Journalisten auszubilden. Etwa um die Taisō-Zeit (1906–1915) hat sich der Terminus 'shimbun-gaku' (Zeitungswissenschaft) bei den Forschern eingebürgert. Der ehemalige Journalist Hideo Ono (1922/NF. 1982) hatte unter dem Einfluß deutscher Werke zu diesem Thema das Buch „nihon-shimbun-hattatsu-shi" (Die Entwicklungsgeschichte der japanischen Zeitungen) veröffentlicht. Dank seiner großen Bemühungen wurden im Jahr 1929 ein Seminar über Zeitungswissenschaft an der Universität Tokyo (faculty of literature) und im Jahr 1932 eine Abteilung über die Presse an der Sophia Universität gegründet. Diese sind die ersten richtigen Organe für die Ausbildung und Forschung in bezug auf Zeitungswissenschaft. Die Zeit von der zweiten Hälfte der 20er Jahre bis zum Anfang der 30er Jahre war eine Blütezeit der Zeitungsforschung vor dem Krieg (Haruhara 1994, 116). Es war eine liberale Zeit des Journalismus. Während des Krieges wurden die Forschung und Ausbildung über die Zeitungswissenschaft wegen der Nationalpolitik der Regierung abgebrochen. Nach dem Krieg wurden sie als wichtiges Mittel zur Demokratisierung Japans wieder an den Universitäten eingeführt. In den 50er Jahren wurde die neue Kommunikationsforschung, die vorwiegend an den Aspekten der Kommunikationswissenschaft bzw. der Soziologie orientiert ist, von Europa und Amerika eingeführt (Haruhara 1994, 120). Im Jahr 1951 wurde die Japan Society for Studies in Journalism and Mass Communication gegründet. Am Anfang der 50er Jahre hatten die Print-media noch eine Hauptstellung. Deshalb stand die Zeitungswissenschaft im Mittelpunkt (Haruhara 1994, 120). In den 60er

Jahren breitete sich der Fernsehapparat rasch aus, und Wochenzeitschriften erlebten einen regelrechten Boom. Inzwischen wurde 1959 das Broadcasting Culture Research Institute of NHK gegründet. Der Forschungsgegenstand wurde auf die unterschiedlichen Medien erweitert. Die 90er Jahre schließlich sind die Zeit der neuen Medien. Die Ausweitung dieses Bereichs und die Qualität der Medienforschung werden nun besonders berücksichtigt.

3. Die heutige Lage der Massenmedienforschung an den Universitäten

In den letzten Jahren wurde an vielen japanischen Universitäten die Integration und Reduzierung von Fakultäten bzw. Abteilungen aktiv gefördert. Der erste Grund dafür liegt darin, daß die Studentenzahl an den Universitäten stark abgenommen hat. Der zweite Grund: Im Laufe der Zeit, in der Fortschritte der Technologie, die Umweltfragen, die Einführung der multimedia und internet das allgemeine Leben durchdringen, wurde eine Reform der Hochschulausbildung nötig.

Wo kann man nun konkrete Zeichen der Reform sehen? Als ein typisches Beispiel gelten Fakultäten bzw. Abteilungen für allgemeine Bildung (kyōyō-bu), die ein eigentümliches japanisches System zeigen. Diese 'kyōyō-bu' wurden an fast allen staatlichen Universitäten abgeschafft. Es soll fortan mehr Wert auf die Fachausbildung gelegt werden. Dabei werden auch interdisziplinäre Forschungen, die den Anforderungen der Zeit entsprechen, notwendig, weshalb neue Studienpläne entworfen werden. Heutzutage muß man sich mit den Fragen der verschiedenartigen Bereiche, welche die Gesellschaft betreffen, auseinandersetzen. Dabei werden aber auch die Grenzen zwischen den einzelnen Wissenschaftsgebieten verwischt. Dieses sogenannte boarderless-Phänomen zwischen Wissenschaftsgebieten wird zum Anlaß, das Hochschulsystem zu reformieren. Das System 'kyōyō-bu' wird also für ein überkommenes Produkt der alten Zeit gehalten.

Außer diesem System 'kyōyō-bu' verlieren auch traditionelle Fakultäten wie beispielsweise die Fakultäten für Literatur und die junior colleges (Zwei Jahre-System) an Popularität. Besonders einige der junior colleges sehen sich gezwungen, sich wegen zunehmender Finanzschwierigkeiten zu Universitäten (Vier Jahre-System) umzuorganisieren. In einer solchen Lage entwickeln sich die Universitäten verschiedene Überlebensstrategie. In dem neu umorganisierten Bildungs- und Forschungswesen sind in den meisten Fällen Forschungsunternehmungen über die Massenmedien und die Massenkommunikation in den Mittelpunkt gestellt; hier spiegeln die Universitäten die informierte Gesellschaft wider. Allerdings verbergen sich hinter dieser Bewegung folgende Umstände: Diese Fächer sind in bezug auf ihre Inhalte an den staatlichen Universitäten an den jeweiligen Haushaltsplänen orientiert, weil das Kultusministerium dies fordert. An den privaten Universitäten sind diese Fächer ebenfalls gefährdet, wenn sie nicht mit der Zeitströmung gehen. Daher ist eine Tendenz zu erkennen, daß Studenten zunehmend Studienfächer wählen, die 'später nützlich' werden könnten, um die Bedeutung der Arbeitslosigkeit zu meiden. Personal computer, multi-media und internet erleben also heute einen Boom. Die Massenmedienforschung und die Massenkommunikationsforschung werden bei anstehenden Universitätsreformen relevant. Welche Universitäten richten nun Lehrstühle für Fächer in bezug auf die Massenmedien bzw. Massenkommunikation ein? Im Zuge der Universitätsreformen in den letzten Jahren haben die Universitäten, die sich bislang nur zurückhaltend mit diesen Fächern befaßt haben, steigendes Interesse an diesen neuen Fächern gezeigt. Es werden Universitäten, die heute zahlreiche Lehrstühle für diese Fächer haben bzw. sie relativ früh eingerichtet haben, genannt (cf. Japanese Colleges and Universities 1989; Japanese Colleges and Universities 1999–01; Index of Majors 1994, 12; Asahi Shimbun Extra Report & Analysis Special No. 2 1994, 145ff.). In bezug auf dieses Thema kann man sich bei der neuesten Auflage von Japanese Colleges and Universities (1999–01) und bei folgender Adresse erkundigen: Information Center, Association of International Education, 4 – 5 – 29 Komaba, Meguro-ku, Tokyo (153–8503).

In den letzten Jahren nehmen die Universitäten zunehmend ausländische Studenten auf; auch dies ist ein Indiz dafür, welches Interesse die Institute an einer Erweiterung ihrer Fächer haben. Hier seien nun einige Universitäten genannt, die sich auf diesen Themenbereich spezialisiert haben:

Staatliche Universitäten:
(1) Institute of Socio-Information and Communication Studies, University of Tokyo; (2) College of Comparative Culture, Second Cluster of Colleges, University of Tsukuba.

Private Universitäten:
(1) Faculty of Humanities, Department of Journalism, Sophia University; (2) Mass Communication Course, Faculty of Sociology, Toyo University; (3) Department of Mass Communication, Faculty of Sociology, Kansai University; (4) Journalism Major, Department of Social Science, Faculty of Letters, Doshisha University; (5) Department of Mass Communications, College of Sociology, Edogawa University; (6) Department of Sociology, Faculty of Social Sciences, Hosei University; (7) Department of Mass Communications, School of Letters, Tokai University; (8) Social Studies of Information and Communication Course, Department of Sociology, Chuo University; (9) Department of Political Science, School of Political Science and Economics, Meiji University; (10) Department of Journalism, College of Law, Nihon University; (11) Department of Communication, College of Human Science, Tokiwa University; (12) Department of Sociology, School of Sociology, Kwansei Gakuin University; (13) Department of Mass Communication, Faculty of Information and Communication, Bunkyo University; (14) Department of Social Studies, School of Literature (Evening Division), Waseda University; (15) Department of Mass-Communication Studies, Faculty of Arts and Literature, Seijo University; (16) Department of Communication, College of Culture and Communication, Tokyo Woman's Christian University; (17) Division of Education, College of Liberal Arts, International Christian University.

Das erwähnte, traditionelle Organ für die Zeitungswissenschaft an der Universität Tokyo wurde im Jahr 1949 vom Seminar in ein angegliedertes Institut umgewandelt und im Jahr 1992 zum Institute of Socio-Information and Communication Studies, University of Tokyo (7-3-1 Hongo, Bunkyo-ku, Tokyo 113–8654) wieder umorganisiert. Hier werden sowohl die traditionellen Massenmedien als auch die sogenannten 'new media' als Forschungsgegenstand behandelt, und es wird bezweckt, den Mechanismus der Kommunikation zu erläutern. Dieses Institut verwaltet The Japan Society for Studies in Journalism and Mass Communication (cf. Oka/Yamaguchi/Watanabe 1994, 4f.), und veröffentlicht eine Zeitschrift über Massenkommunikation. Als ein privates Institut sei das Institute for Communications Research, Keio University (2-15-45 Mita, Minato-ku, Tokyo 108-8345) genannt, das auf eine lange Tradition zurückblicken kann: Das Seminar für Zeitungswissenschaft, das im Jahr 1946 gegründet wurde, wurde 1961 in ein eigenständiges Institut umgewandelt; hier werden praktische und theoretische Forschungen unter vereinheitlichten Gesichtspunkten betrieben.

Außerdem wurde 1970 an der Universität Komazawa das Institute of Mass Communication (1-23-1 Komazawa, Setagaya-ku, Tokyo 154–8525) gegründet. Die Abteilung für Journalismus (Faculty of Humanities, 7-1 Kioi-cho, Chiyoda-ku, Tokyo 102–8554) an der Sophia Universität ist, wie schon erwähnt, wie die Abteilung für Zeitungswissenschaft an der Universität Tokyo, sehr bekannt, und zwar als Universität, an der wissenschaftliche Systeme für die Forschung schon in der Vorkriegszeit entwickelt wurden. An der Seijo Universität gibt es seit 1992 eine Gesellschaft für Medienforschung, die unter historischen Aspekten forscht und die wissenschaftliche Zeitschrift 'Media History' veröffentlicht (The Society for Media History, Faculty of Arts and Literature, Seijo University, 6-1-20 Seijo, Setagaya-ku, Tokyo 157–8511).

4. Massenmedienforschung auf der praktischen Ebene wie z. B. Kunsthochschulen

Massenmedienforschung wird jedoch nicht nur auf der akademischen Ebene betrieben, sondern auch auf einer eher praktischen. An den Kunsthochschulen bzw. Kunstakademien, wie z. B. an der Tokyo National University of Fine Arts and Music (12-8, Ueno Park, Taito-ku, Tokyo 110–8714), Tokyo Zokei University (1556 Utsunuki-machi, Hachioji-shi, Tokyo 192–0922), Osaka University of Arts (Higashiya-ma, Kanan-cho, Minamikawachi-gun, Osaka 585–0001), Musashino Art University (1-736 Ogawa-cho, Kodaira-shi, Tokyo 187–8505), Kyushu Institute of Design (4-9-1 Shiobaru, Minami-ku, Fukuoka-shi, Fukuoka 815–8540) kann man Techniken der Reklamemethoden oder der Rundfunksendungen, der Fotographie usw. erlernen. An den Fakultäten bzw. Hochschulen für Informatik bzw. Informationsverarbeitung werden die Anwendungstechniken der unterschiedlichen Medien gelehrt. Dabei werden die Möglichkeiten der neuen Medien erforscht, wie z. B. an der University of Library and Information Science und an deren angegliedertem Institut, dem Information Processing Center (1-2 Kasuga, Tsukuba-shi, Ibaraki 305–8550); ferner am College of Information Sciences an der Universität Tsukuba (1-1-1 Tennodai, Tsukuba-shi, Ibaraki 305–8577), an der Tokyo University of Information Sciences (1200-2 Yato-cho, Wakaba-ku, Chiba-city, Chiba 265–8501) und der Faculty of Information and Communication an der Bunkyo Universität (1100 Namegaya, Chigasaki-shi, Kanagawa 253–8550). Was die Reklameforschung betrifft, so ist an der Universität Waseda das Institute for Research in Business Administration (1-6-1 Nishiwaseda, Shinjuku-ku, Tokyo 169–8050) zu nennen, zu dem auch eine Gesellschaft für Reklameforschung gehört.

Auch viele Business-Schulen haben dieses Thema in ihre Lehrveranstaltungen aufgenommen. Sie stellen zunehmend erfahrene Leute aus dem Presse- und Rundfunkbereich als Lehrkräfte an.

5. Die gegenwärtige Lage der Massenmedienforschungen insbesondere in bezug auf die Multimedien

Wenn man heute die Medien und ihre Systeme betrachtet, beeindruckt v. a. ihre rasche Entwicklung: Das LAN-System ist schon in akademischen Bereichen eingeführt, öffentliche Vortragsreihen werden über einen Satelliten übertragen. Darüber hinaus werden die Medienbenutzer heute alltäglich mit Termini, wie z. B. Windows, CD-ROM, EB, internet, HDTV, konfrontiert. Diese Multimedien-Überschwemmung bis in zahlreiche Lebensbereiche führen dazu, die Leute von den print media, wie z. B. den Büchern, Fahrensleuten. Es ist also ein Umschwung von den print media auf die broadcasting media insbesondere in Japan zu sehen. Dies entspricht natürlich auch dem allgemeinen Trend in Europa und Amerika.

Dieser Trend beeinflußt auch den Journalismus. Ein Beispiel ist der Fernsehjournalismus, der seinen Schwerpunkt vorwiegend auf Bilder legt, so daß bei japanischen Fernsehsendungen dieser Art weder ausgeprägte Originalität noch Vielfältigkeit zu finden sind. In den letzten Jahren werden solche Fernsehsendungen immer häufiger kritisiert. Die Methode des sogenannten subliminal perception advertising wurde 1995 sogar in den Nachrichten benutzt. Hierbei werden bei einem Massenmedium, das eigentlich die Wahrheit berichten muß, durch Inszenierungen absichtlich Fakten verdreht (Media Hoax) (cf. Oka/Yamaguchi/Watanabe 1994, 128f.); dahinter ist natürlich die Konkurrenz um die Quoten der Sehbeteiligung als Hauptgrund zu sehen. Wenn die Medien als die sogenannte vierte Macht (The Fourth Estate) ihre Wirkung ausnützen und auf ihre Pressefreiheit (Areopagitica) pochen, wird oftmals als unangenehme Begleiterscheinung die Privatsphäre der Betreffenden verletzt. Vor allem die sogenannten variety shows, die fast nur Klatsch und Unsinn senden, und das meist über viele Stunden, sollten stärker ins Blickfeld der öffentlichen Kritik gerückt werden. In bezug auf die Anzahl derartiger niveauloser Sendungen liegt Japan weltweit sicher mit an der Spitze. Der Einfluß des Fernsehjournalismus' auf die Zuschauer ist wegen der optischen Effekte größer als derjenige der print media, so daß die Gefahr besteht, daß japanische Medien, die sowieso zu einem pack journalism neigen, die öffentliche Meinung manipulieren können. Forschungsprojekte über den Einfluß der Fernsehsendungen auf die Gesellschaft sollten heute mehr gefördert werden.

Ohne solche Bemühungen verliert der Journalismus im neuen Informationssystem der Multimedien zunehmend an Objektivität, Sinn und Originalität. Denn die Informationen werden wie eine Ware behandelt, wobei die Informationen, die zwar wahr sind, aber nicht für nützlich gehalten werden, nicht gesendet werden können, was zur Folge hat, daß das Publikum nur die Informationen erhält, die dem Profit des Unternehmens förderlich sind. Dies beeinträchtigt konsequenterweise die Qualität journalistischer Beiträge. (Man denke als Beispiel an die ins Kreuzfeuer der Kritik geratene deutsche Sendung „stern TV", bei der ja auch im Januar 1996 einige Beiträge als erfundene, inszenierte Beiträge entlarvt wurden.) Die Forschung über den sogenannten äußeren Rahmen, d. h. die technische Komponente der Medien, entwickelt sich in unterschiedlichen Bereichen. Dieses Thema wird beispielsweise am National Institute of Multimedia Education (2-12 Wakaba, Mihama-ku, Chibashi, Chiba 261–0014) und am NHK, das ein eigenes Institut für Technologieforschung der Medien hat, behandelt. Das National Institute of Multimedia Education wurde 1978 als ein gemeinsames Organ für staatliche Universitäten gegründet. Im Jahr 1989 wurden die privaten Universitäten miteinbezogen. Hier werden grundtheoretische bzw. praktische Forschungen über Software und Hardware durchgeführt und zusätzlich Forschungsunternehmungen über neue Informationssysteme gestartet, die der Vielfältigkeit und der Internationalisierung der Hochschulausbildung dienen. Die Forschungsergebnisse werden an den verschiedenen Universitäten bzw. an sogenannten Fernuniversitäten in die Praxis umgesetzt: so z.B. die Entwicklung eines multi-media-networksystems bzw. eines Networksystems über Satelliten, öffentliche Vortragsreihen, die Universitäten und Rundfunksender gemeinsam machen usw. Für solche Projekte und für die Aufstellung von Rundfunkprogrammen und audiovisuellen Lehrmitteln hat das Institut ein eigenes Fernseh- und Rundfunkstudio. Jedes Jahr werden die Projektthemen und -resultate dieser Anstalt öffentlich bekanntgemacht.

6. Nicht-universitäre Forschungsinstitute

(a) The Broadcasting Culture Research Institute of NHK:

Grob gesagt, werden hier Inhalte bzw. Änderungen in Fernsehprogrammen untersucht. Es gibt eine Abteilung für Meinungsforschung und eine für die Erforschung der Fernseh- und Rundfunkinformation. Regelmäßig werden ein Almanach, ein Datenbuch und Zeitschriften über die Fernseh- und Rundfunkforschung veröffentlicht. Hier gibt es auch ein Museum über Radio- und Rundfunksendungen. (2-1-1 Atago, Minato-ku, Tokyo 105–0002)

(b) The Broadcasting Technology Research Institute of NHK:

Hier wird vor allem die technische Seite der Medien untersucht. (1-10-11 Kinuta, Setagaya-ku, Tokyo 157–8510)

(c) The National Association of Commercial Broadcasters in Japan:

Dieser Verband ist in Japan das Zentralorgan für die kommerziellen Fernseh- und Rundfunksender. Viele kommerzielle Sender sind Mitglieder in diesem Verband. Er befaßt sich mit der Erforschung der Fernseh- bzw. Rundfunkprogramme und neuer Technologien. Auch ein Almanach über kommerzielle Sender und ein paar Zeitschriften wird herausgegeben. (3-23 Kioi-cho, Chiyoda-ku, Tokyo 107–8577)

(d) The Japan Newspapers Publisher and Editors Association:

Dieser Zeitungsverband hat eine Abteilung für Zeitungswissenschaft. Dort werden Leseranalysen, die Forschungsinhalte u. -resultate über das Verhältnis der Massenkommunikation mit dem Rechtswesen, die Zukunft und die Vergangenheit der Presse zu Inhalten gemacht. Er veröffentlicht beispielsweise wöchentlich einen Bericht des Verbandes, monatlich eine Zeitschrift über die Zeitungswissenschaft, jährlich einen Almanach über japanische Zeitungen.

Dieser Zeitungsverband leitet auch einen nationalen Verein, der sich mit ethischen Aspekten der Medien auseinandersetzt. Man kann sich bei diesem Verband genauere Informationen über die Tätigkeiten dieses Vereins einholen. (2-2-1 Uchisaiwai-cho, Chiyoda-ku, Tokyo 100–8543)

(e) The Japan Specialized Newspapers Association:

Diese Gesellschaft, die sich aus Zeitungen unterschiedlicher Bereiche aus Industrie, Erziehung und Kultur formiert hat, ist 1947 unter der Aufsicht der Alliierten gegründet und 1952 als ordentlicher Verein anerkannt worden. Jedes Jahr veröffentlicht sie den japan specialized newspapers guide. (1-2-12 Toranomon, Minato-ku, Tokyo 105–0001)

(f) The Foreign Press Center:

Nach Informationen über die Presse kann man sich bei dieser Einrichtung erkundigen.

Das Japan Press Center und der japanische Presseklub haben ihren Sitz im selben Geschäftsgebäude. (2-2-1 Uchisaiwai-cho, Chiyoda-ku, Tokyo 100–0011)

(g) The Newspaper Advertising Review Council:

Hier werden vor allem die Zeitungsreklamen untersucht und Ergebnisse darüber veröffentlicht. (6-7-15 Ginza, Chuo-ku, Tokyo 104–0061)

(h) The Media Research Institute:

Dieses Institut wurde 1994 von ca. 30 Journalisten und anderen in den Medien Aktiven gegründet. Der Grundsatz dieses Institutes ist die Forschung über Journalismus und Medien über dem Aspekt des right of media-access. Eine Zeitschrift wird alle zwei Monate veröffentlicht, wobei alle möglichen Fragen über broadcasting leicht verständlich behandelt werden. (1-29-5-902 Shinjuku, Shinjuku-ku, Tokyo 160–0022)

(i) The Institute of General Journalism:

Hier wird das allgemeine Phänomen der Massenkommunikation behandelt. Vor allem legt man Gewicht auf die Veröffentlichung der Zeitschrift „General Journalism Review". (2-16-1 Shinbashi, Minato-ku, Tokyo 105–0004)

(j) The Advertising Council:

Dies ist ein rechtsfähiger Verein, der aus zahlreichen Firmen besteht und sich zum Ziel setzt, vor allem über die Umweltprobleme öffentliche Werbung zu machen. (1-9-9 Tsukiji, Chuo-ku, Tokyo 104–0045)

(k) The Japan Advertising Review Organisation:

Diese Organisation bemüht sich um eine Selbstkontrolle des allgemeinen Werbewesens, um mehr Vertrauen in die Werbung zu gewinnen. Sie hat eine Beschwerdestelle eingerichtet, um der Öffentlichkeit die Möglichkeit zu geben, ihre Meinung direkt mitzuteilen. (2-16-7 Ginza, Chuo-ku, Tokyo 104–0061)

7. Literatur

Bei Veröffentlichungen, die auf japanisch geschrieben, aber einen englischen Titel haben, wird hier 'jap' in Klammern zum Titel hinzugefügt.

Chikushi, Tetsuya, tajisōron media to kenryoku. Tokyo 1994

Directory of Scientific Research Institute of Universities in Japan 1994 (jap). Hrsg. v. Japan Society for the Promotion of Science. Tokyo 1994

Fujitake, Akira, Mass Media (jap). In: imidas '96 (Innovative Multi-Information Dictionary, Annual Series) (jap). Hrsg. v. Shigeru Akasaka. Tokyo 1996, 485–493

–, Mass Media (jap). In: imidas 2000 (Innovative Multi-Information Dictionary, Annual Series) (jap). Hrsg. v. Masao Yamagata. Tokyo 2000, 611–618

Gemba kara mita masukomi-gaku. Shimbun-terebi-shuppan no kōzō. Hrsg. v. Katsufumi Amano/Yukio Matsuoka/Takashi Murakami. Tokyo 1994

Haruhara, Akihiko, nihon-shimbun-tsūshi. 1861–1973. Tokyo 1985

–, masukomi-gaku hatten sandankairon. In: Asahi Shimbun Extra Report & Analysis Nr. 2, 1994, 107–122

Hayakawa, Zenjiro/Akira Fujitake/Osamu Nakano/Hideo Kitamura,/Naoyuki Okada, Masukomyunikēshon nyūmon. Tokyo 1979

Index of Majors. Undergraduate and Graduate Degree Programs in Japan 1994–1995. Hrsg. v. The Association of International Education. Tokyo 1994

Ishizaka, Etsuo, masu-media sangyō no tenkan. Tokyo 1987

Jānarizumu wo manabu hito no tame ni. Hrsg. v. Norio Tamura/Toshitaka Hayashi. 2. Aufl. Tokyo 1995

Japanese Colleges and Universities 1989. A Guide to Institutions of Higher Education in Japan. Hrsg. v. The Association of International Education. Tokyo 1989

Japanese Colleges and Universities 1999–01. Hrsg. v. The Association of International Education. Tokyo 2000

Kuroda, Isamu, Off media·On media (jap). Kyoto 1995

'95 nemban masukomi denwachō. Hrsg. von Hiroyuki Umeno. Tokyo 2001

2001 nemban shakaikagaku-kei daigakuin an'nai. Hrsg. v. Masao Fukuoka. Tokyo 2001

Maruchi-media-gaku ga wakaru. Hrsg. v. Masao Ninagawa. Tokyo 1995 (Asahi Shimbun Extra Report & Analysis Special No. 7)

Mass Media's Responsibility for the Past & the Future (jap). Hrsg. v. JCJ. Tokyo 1995

Masukomi-gaku ga wakaru. Hrsg. v. Masao Ninagawa. Tokyo 1994 (Asahi Shimbun Extra Report & Analysis Special No. 2)

Matsuda, Hiroshi, sengoshi ni miru terebeihōsō chūshi jiken. Tokyo 1994 (iwanami bukkuretto No. 357)

Matsui, Shigenori, masumedia-hō nyūmon. mass media law. Tokyo 1994

Media-gaku no genzai. Hrsg. v. Mitsuo Oka/Koji Yamaguchi/Takesato Watanabe. Tokyo 1994

Media no meisō. Hokorinaki hōdō ga kuni wo horobosu. Hrsg. v. Kazuki Kasuya. Tokyo 1994

Media-shakai no kishutachi. Hrsg. v. Asahi Shimbun. Tokyo 1995 (nijusseiki no sen'nin No. 6)

Nemoto, Shojiro, kōkoku-jin-monogatari. Tokyo 1994

NHK dētabukku sekai no hōsō 1994. Hrsg. v. NHK. Tokyo 1994

Nihon no masukomyunikēshon. Hrsg. v. Akira Fujitake/Akira Yamamoto. 3. Aufl. Tokyo 1994

Okada, Naoyuki, Sociological Perspectives on Mass Communications Research (jap). Tokyo 1992

Ono, Hideo, nihon-shimbun-hattatsu-shi. Tokyo/Osaka 1922, NF. Tokyo 1982

Ozawa, Takahiro, Information & Communication Industry (jap). In: imidas '96 (Innovative Multi-Information Dictionary, Annual Series) (jap). Hrsg. v. Shigeru Akasaka. Tokyo 1996, 170–181

Shiga, Nobuo, shin-terebi-jidai. Tokyo 1993

Shima, Nobuhiko, media kage no kenryokushatachi. Tokyo 1995

Shimbun-gaku. Hrsg. v. Michio Inaba/Naoyuki Arai. erw. 2. Aufl. Tokyo 1988

Takahashi, Yasuo, media no akebono, Meiji-kaikokuki no shimbun-shuppan-monogatari. Tokyo 1994

Takasaki, Ryuji, zasshi-media no sensōsekinin. „bungeishunjū" to „gendai" wo chūshin ni. Tokyo 1995

Tokumei-hōdō. Media-sekinin-seido no kakuritsu wo. Hrsg. v. Kenichi Asano/Yamaguchi Masanori. Tokyo 1995

Watanabe, Takesato, terebi – „yarase" to „jōhōsōsa". Tokyo 1995

Yamamoto, Taketoshi, shimbun to minshū. Tokyo 1994

Nobuya Otomo, Morioka (Japan)

269. Medienarchive

1. Allgemeines
2. Töne und Bilder – Erfindungen des 19. und 20. Jahrhunderts
3. Audiovisuelle Dokumente – Methodologie von Sammlung, Nutzung und Forschung
4. Medienarchive in Einzelformen
5. Verbreitung und Digitalisierung – übergreifende Aspekte
6. Literatur

1. Allgemeines:

Unter *Medien* verstehen wir gemeinhin Mittel und Werkzeuge, die in der Kommunikation der Menschen untereinander zur Vermittlung von Inhalten dienen. Dabei kommen Sprache und Ton bzw. Musik und Gestik als verbalen bzw. akustischen oder gestischen Vermittlungsformen Bedeutung zu, wie die Vermittlung in Schrift und Bild, Ton und bewegten Bildern ihren Ausdruck findet. Dies gilt für das synchrone Verständnis von Kommunikation, wenn es z. B. um Gespräche, Vortrag, Vorstellung und Vorführung geht, hat aber ebenso Gültigkeit, wenn es im diachronen Verständnis die Entwicklung von Traditions- bzw. Gedächtnisbildung und Inhalts- bzw. Wissensüberlieferung betrifft. So gesehen stellen sich *Medien* als individuelle und kollektive Vermittler von Inhalten dar, sind Form und Ausdruck einer von den sozialen und kulturellen Faktoren jeweils bestimmten historischen Anthropologie und stehen in enger Wechselwirkung zu den kulturellen und biologischen Entwicklungsfaktoren. Dies zeigt sich u. a. auch in dem Umstand, dass sich beispielsweise Formen der Religion, Sakralität, Charisma und Herrschaft in bestimmter Analogie über Zeiten und Kulturen dokumentieren lassen und von vornherein den Vergleich als methodisches Erfordernis nahe legen, ohne dass sich daraus etwa Gesetzmäßigkeiten im Sinne determinanter Prognostik ableiten ließen.

So stellen sich die geschichtlichen Entwicklungen grundsätzlich und allgemein als Evolution menschlicher Kommunikationsformen und -inhalte dar, was sich aus der jeweils aktuellen Verständigung ebenso erklärt wie aus den Bemühungen, die in der Gegenwart kommunizierten Inhalte zwecks Gewährleistung für die Zukunft aufzubewahren, um sie dann je nach Bedarf heranzuziehen bzw. ins Gedächtnis zu rufen: Deshalb haben die Menschen schon immer Texte und Gegenstände der Vergangenheit aufbewahrt, meist aus dem der jeweiligen Gegenwart entstammenden Interesse und der Neigung, Wissen und Erkenntnis um die eigene individuelle und kollektive Vergangenheit zu erlangen und dieses Wissen in den Wirkungszusammenhang von Gegenwart und Zukunft zu stellen. Dies gilt für Dokumente und Monumente, für Akten und Bilder sowie Plastiken und Bauten als beispielhaften Formen, die wesentlich vom Prinzip physischer Fixierung bestimmt sind – obgleich sie eigentlich und nur das Ergebnis bzw. die Fixierung schöpferischen Handelns und des in andere Form gegebenen Dokuments verbaler und nonverbaler Kommunikation darstellen. Sammlungen in Archiven und Bibliotheken, Museen und Dokumentationsstellen stellen so gesehen inhaltliche Wissensspeicher, formal *Medienarchive* im breiten kulturgeschichtlichen Verständnis dar und werden in diesem Handbuch z. T. an anderer Stelle behandelt (→ Artikel Nr. 41, Bd. 15.1, S. 473–500).

Im Nachfolgenden geht es bei den Medienarchiven daher im engeren Begriffsverständnis um die Sammlungen audiovisueller Dokumente und elektronischer Medien, deren Ursprung und Entwicklung in enger Verbindung zu Erfindungen und Verbreitungen seit dem Industriezeitalter stehen. Nach allgemeinem Verständnis zählen dazu historische Tondokumente, Photos, Filme, Radio- und Fernsehsendungen sowie Sammlungen von elektronischen Trägern. Zu den Medienarchiven können freilich auch Pressearchive als Archive von Medien in publizistischem Sinne gerechnet werden, obgleich sie wegen ihrer physischen Form eigentlich den Schrift- bzw. Printmedien in Archiven und Bibliotheken zuzuordnen wären.

2. Töne und Bilder – Erfindungen des 19. und 20. Jahrhunderts.

Die Versuche, das im Augenblick gesprochene oder gesungene Wort magnetisch aufzuzeichnen und zu wiederholtem Abspielen zu speichern, gehen bis ins 18. Jh. zurück, als in der Académie Française erste Experimente und Projekte zur Schallaufzeichnung unternommen wurden. Mit der Erfindung Thomas Alva Edisons in der 2. Hälfte des 19. Jahrhunderts wurde es technisch möglich, Töne auf einem Wachszylinder, dem sog. *Edison-Zylinder,* zu speichern und sie über den Edison-Phonographen abspielbar zu machen (→Artikel Nr. 122, „Von der Edisonwalze zur CD", Bd. 15.2., S. 1362–1366). Vom Edison-Zylinder war es nicht mehr weit zu weiteren Experimenten und Erfindungen, die sich von Wachsmatrizen und Decelith-Folien über verschiedene Kunststoffe und Schellack bis zu Vinyl und CD- Tonträgern in Acryl mit verschiedenen Laufgeschwindigkeiten und unterschiedlichen Abspielsystemen erstreckten. Sie alle hatten den gleichen Zweck, Schalldokumente zu beliebiger Zeit und an beliebigem Ort als reproduzierbare gesprochene oder gesungene Töne, Worte oder Musik, verfügbar zu machen. Hierbei spielte die Entwicklung der Unterhaltungsindustrie, dem jeweiligen Design und Geschmacksempfindung der Massengesellschaften des 20. Jahrhunderts folgend, mit entsprechend gestalteten Tonträgern und Abspielgeräten eine wesentliche Rolle. Da die Intervalle der Entwicklung einzelner Formen, Standards, Normen im Verlauf der Zeit stets kürzer wurden, bedarf es für die Konservierung von historischen Tonträgern in einem Medienarchiv von vornherein auch, parallel zu den verschiedenen Generationen von Trägermaterialien, der Bereithaltung von Abspielgeräten im Sinne eines historischen Geräteparks. Dies ist aber, da die jeweiligen Techniken von der nachfolgenden technischen Entwicklung stets kurzfristig abgelöst werden, umso mehr mit Kosten für die Archivierung verbunden, je weiter der Zeitraum des Entstehens des Dokumentes zurückliegt und es daher nicht selten erforderlich ist, alte Abspielgeräte nachzubauen, um überhaupt historische AV-Dokumente zugänglich machen zu können. Dies galt für Medienarchive wie Phonogrammarchive, Phonotheken, Radio- und Musikarchive im Bezug auf analoge Tonträger, die zunächst als verschiedene Schallplattenformen (z. B. Langspielplatten bzw. Single analog 45 UpM, bei Durchmesser 30 cm Maxi Single analog 33 UpM, Maxi Single analog 45 UpM, LP analog 33 UpM, EP analog 33 UpM) der Archivierung von Kommunikation (auch für Radiosendungen) dienten. Ab ca. 1940 kam dann Tonbänder und schließlich Kassetten in verschiedenen Formen (z. B. MC analog, MC analog Single, Cartridge) ergänzend hinzu, was neuerlichen Kompatibilitätsbedarf im Sinne der Archivierung und Nutzung hervorrief. Mit der Entwicklung von Compact Discs in ihren verschiedenen Formen (Durchmesser 8 cm Single CD, Maxi Single CD; Durchmesser 12cm: Longplay CD, Maxi CD, Maxi Single CD, DVD-Audio Album, DVD-Audio-Single, DVD-Video Single, Mixed Mode CD, Super Audio CD, Super Audio CD Single, Single Laser Disc (CDV), Mini Disc, Mini Disc Maxi Single, DAT Musikkassette, DCC) und dem damit verbundenen Übergang von der *analogen* zur *digitalen* Produktions- und Reproduktionstechnik ist ein nochmaliger Qualitätssprung eingetreten, der die von den analogen Tonträgern her als *Geräte*problem bekannte Kompatibilitätsfrage wegen der entsprechenden Hard- und Softwarefragen auf das Problem der Anpassung und Migration von DV-Systemen und Software erweitert. Für eine Langzeitarchivierung stellen sich damit zusätzliche Probleme bei der Veränderung von anderen analogen Dokumentformen bei Texten, Zeichnungen etc. und technisch-methodischer Veränderung und Produktion zu digitalen Trägern und Trägerformen.

Historische Tondokumente erhielten ab Anfang der 20er Jahre des 20. Jahrhunderts in Gestalt von archivierten Rundfunksendungen eine wesentliche Erweiterung, als die Sendung nicht kommunikationstechnisch über physische Transportwege zu den Empfängern kamen wie etwa Zeitungen, sondern über den Äther ausgestrahlt wurden (→Art. Nr. 123–138). Das, was aus Unterhaltung und Nachrichten, Bildungssendungen und Musik über das Massenkommunikationsmittel Rundfunk bzw. Radio terrestrisch, später über Satellit und Internet ausgestrahlt werden konnte, war schwierig zu archivieren, als ja den Dokumenten die nicht-physische Sendung zugrunde lag und die Langzeitarchivierung sich von vornherein auf die Archivierung nicht-materieller Sendungen zu beziehen hatte.

Was für die historischen Tondokumente einschließlich Geräuscharchive, Spracharchive u. a. gilt, lässt sich in ähnlicher Weise für historische visuelle Dokumente in Form von Photo und bewegtem Film sowie Fernsehen bis hin zu digitalen Visualisierungen im Internet feststellen. Mit der Erfindung des französischen Malers Louis Jacques Mandé Daguerre (* 1789, † 1851), der sog. Daguerreotypie als erstem fotografischem Verfahren, jeweilige Augenblicke auf die Glasplatte zu bannen, also ein Bild bzw. Photo als Abbild der Wirklichkeit als technischen Vorgang zu produzieren, und der am Ende des Jahrhunderts fast zeitgleichen Erfindungen von Max Skladanowsky in Berlin, der Brüder Lumière in Lyon und von Le Roy in den USA (→Art. Nr. 92, „Vom Stummfilm zum Tonfilm") wurden Möglichkeiten geschaffen, sowohl statisch ein Bild festzuhalten als auch Bildabläufe bzw. -szenen zu dynamisieren in Gestalt des Films bzw. bewegter Bilder. Zuvor hatte schon Linett den Taschenkinematographen im Jahre 1868 erfunden, hatte Muybridge in Kalifornien die ersten Reihenaufnahmen laufender Tiere produziert und hatte Anschütz den elektrischen Schnellseher erfunden (1887). Wurden die ersten Filme noch auf Nitroacetat-Film produziert, deren Brennbarkeit für alle Filmarchive die Separierung dieser Spezialbestände unter Feuerschutzgesichtspunkten bedeutet, so durchliefen die Trägerformen eine den Tonträgern ähnliche Entwicklung, nämlich von 35 mm- und 16 mm-, 8 mm- und Super-Acht-Filmen bis hin zur Erfindung des Fernsehens durch Paul Nipkows Versuche um 1935 (→Art. Nr. 200, „Von der Nipkowscheibe zur Braunschen Kathodenstrahlröhre") und den späteren Produktions- und Reproduktionsformen 2-Zoll-MAZ, 1-Zoll-MAZ (ab den 60er Jahren) Umatic, VHS, Video 2000 u. a. Systemen bis zu analogen und digitalen Beta-Kassetten. Dabei kam und kommt für die Bestandserhaltung erschwerend hinzu, dass zusätzliche technische Normen und Formate wie PAL, Secam, Nisc, PAL plus (→Art. Nr. 209, „Entwicklung der Farbfernsehsysteme") nicht nur das Vorhandensein die entsprechender historischer Geräte, sondern parallel auch die jeweiligen Konversionstechniken erforderlich machen, um überlieferte historische Fernsehproduktionen überhaupt zugänglich machen zu können, seien es Nachrichtensendungen, Unterhaltungssendungen, Literaturverfilmungen, Jugendprogramme, Kindersendungen, kurz: die gesamte Vielfalt von öffentlich-rechtlichen und privaten Fernsehangeboten. Zudem ist die Erhaltung der Farbechtheit eine besondere Aufgabe, der sich Film- und Fernseharchive zu widmen haben (weswegen z. B. die Originalfilme (Negativfilm) grundsätzlich tiefgekühlt werden)

Aber auch bei den Film- und Fernsehdokumenten ist der Übergang von analogen zu digitalen Produktionsformen und Reproduktionsmöglichkeiten längst im Gange, was für die Archivierung – ähnlich wie bei allen anderen Dokumenten – das Konzept eines dualen Systems von physischen Dokumentformen einerseits und nicht-materiellen Formen andererseits bedeutet. Seit der Einführung digitaler Dokumentformen stellt sich zugleich die Frage der Langzeitarchivierung neu, definiert durch den Paradigmenwechsel vom dauerhaften (‚ewigen') Datenträger zum ‚ewigen Datensatz'. Auch dies eröffnet die schon von analogen Dokumenten herkannte Notwendigkeit der Migration bzw. Kompatibilität von Systemen.

Medienarchive haben dabei nicht nur die audiovisuellen Dokumente zu archivieren, sondern sie im Sinne von Wort- und Bildbeschreibungen inhaltlich anders zu erschließen, als Bibliotheken und Archive dies für Schriftgutarchive bzw. Bibliotheken und Zeitungen zu tätigen haben. In der digitalen Produktion freilich findet in den Datenspeichern zugleich die Verschmelzung von Inhaltsdaten der Erschließung und Informationsvermittlung und der elektronischen Dokumentverwaltung selbst statt. Auf diese Weise entsteht ein virtueller Verbund in den elektronischen Speichern.

3. Audiovisuelle Dokumente – Methodologie von Sammlung, Nutzung und Forschung

Was audiovisuelle historische Dokumente und ihre Bedeutung für Zeit- und Kulturgeschichte angeht und wenn Geschichte immer vom Wandel von Mitteilungsformen bestimmt war, dann stellt sich die Gedächtnisbildung als ein allmählicher Prozess von der Oralität zur Literalität dar, in der stets aufgezeichnet und archiviert wird.

Dabei beherrscht das Prinzip der Schriftlichkeit die historische Gedächtnisbildung Ende des 20./Anfang des 21. Jahrhunderts nach wie vor, obgleich neue Medien und audiovisuelle Dokumente schon seit über 100 Jahren in Gebrauch sind. Warum eigentlich konzentriert man sich z. B. auf Personen der Zeitgeschichte? Das ist erstaunlich und problematisch: Medien als akustische und visuelle Mitteilungsformen und Veränderungen von Inhalten sind immerhin schon über 100 Jahre alt und Rundfunk, d. h. Hörfunk existiert bereits seit 75 Jahren, in der Weimarer Zeit als freiheitlich demokratisches Instrument mit pluralistischen Grundverständnis aufgebaut und wenig später von den Nationalsozialisten fast vollständig zu Manipulation und Desinformation missbraucht.

Was war denn eigentlich die massenhafte Veränderung der Gesellschaft, mit welchen Mitteln betrieben beispielsweise etwa die Nazis die Inszenierung der ‚Volksgemeinschaft'? Wie andere Diktaturen ihrerseits ihre Ziele ideologisch umsetzten, indem sie sie inszenierten, kam es wohl auch darauf an, Hitler und Goebbels bei Massenveranstaltungen vor Ort wahrzunehmen. Das war – zwar – auch Teil der Inszenierung, aber ein weit wichtigerer Aspekt waren die Reden via *Volks*empfänger: Dabei kam es weniger darauf an, *was* etwa Goebbels in einer Rede sagte, als auf das *Wie*, d. h. die historische Intonation, die Rhetorik. Dass zugleich das Radio als Teil der Agitation im Kriege zu Täuschung, zum Betrug am Hörer benutzt wurde, machten Meldungen von den Frontabschnitten deutlich.

Mit der Entzweiung Deutschlands bzw. der Herausbildung zweier deutscher Staaten setzte ein neues Kapitel der Zeitgeschichte ein, die ohnehin, da viele Archive erstmals geöffnet sind, neu zu schreiben sein wird. Dabei ist darauf zu achten, dass nicht erneut Medien hintangesetzt werden: und dass die Aufarbeitung der DDR-Geschichte nicht nach den üblichen Schablonen der Quellenorientierung (Akten) erfolgen darf; unsere Erfahrung ist durch Töne und Bilder einzelner Ereignisse und Entwicklungen geprägt, gleich, ob es sich um den Bau oder das Niederbrechen der Mauer, um Alltagserfahrung u. a. m. handelt; unser Gedächtnis hat Erstprägung nicht selten über Hörfunk und Fernsehen erhalten und Verdichtung durch Lektüre der Zeitung am nächsten Tage.

Sieht man von den wenigen Beispielen ab, dann stellt man erhebliche, insbesondere methodologische Defizite fest: Erstens zeigt ein Blick in Handbücher und Nachschlagewerke in Einführungen zur Geschichte, dass Mediengeschichte kaum thematisiert ist, bestenfalls eher in engerem Begriffverständnis der Pressegeschichte, die ihrerseits auch lange um Anerkennung in der Zukunft zu ringen hatte. Hörfunk, Fernsehen, Film kommen in vielen Lexika nicht vor. Zweitens beschränkt sich etwa die Sprach- und Literaturwissenschaft bei der Erforschung von Aufführungsformen auf die Theater- und vielleicht noch auf die Filmwissenschaft, doch sind Radiokunst und Fernsehwissenschaft als Teildisziplinen an Universitäten kaum vertreten und als ‚Grund- bzw. Hilfswissenschaften der Moderne' eigentlich erst an den Hochschulen interdisziplinär zu etablieren. Drittens liegt eine Quellenkunde, wiewohl schon lange angemahnt, bis heute nicht vor. Zwar liegen einige Topographien wie die vom Deutschen Rundfunkarchiv bzw. Bundesarchiv erarbeiteten Topographien der Film- und Fernseharchive vor, auch sind Editionen für Forschung und Unterricht in den letzten Jahren stärker in Erscheinung getreten, doch sind dies nur Ansätze, sich der Thematik methodisch zu nähern. Viertens hängt die Nutzung audiovisueller Quellen von ihrer Zugänglichkeit ab. Dies bezieht sich auf die stets aufwendigen technischen Rahmenbedingungen der Nutzung, ebenso auf die Problematik der Rechte und gilt nicht zuletzt auch, zumal bei Hörfunk und Fernsehen, für das Selbstverständnis der Präsentation der Quellen: Rundfunk ist in nicht wenigen Ländern staatsfern und föderal, was zunächst einmal heißt, nicht Teil eines staatlichen Sammelns in Bundes- und Landesarchiven, -bibliotheken zu sein. Dieser Sammelauftrag für audiovisuelle Medien ist je nach Land und Mentalitäten unterschiedlich geregelt: während Frankreich das seit der Französischen Revolution geltende, im Archivgesetz von 1794 erstmals propagierte *Prinzip der öffentlichen Sammlung* fördert und demzufolge mit dem Institut National de ‚Audiovisuel (INA) ein großes Nationalarchiv für audiovisuelle Dokumente unterhält, ist die Situation in Deutschland deutlich vom Primat der Schriftgutsammlungen in Archiven und Bibliotheken geprägt. Zwar sammeln Archive und Bibliotheken in Städten, Kreisen, Ländern und auf Bundesebene – auch – audiovisuelle Dokumente, doch führen sie in den jeweiligen Sammlungen eher ein Randdasein, obwohl sie Dokumente der Zeit- und Kulturgeschichte sind. Auch gibt es z. B. für Radio- und Fernseh-Sendungen in Deutschland keinen staatlichen Sammelauftrag im Sinne der INA. Diese deutsche Situation ist unterschieden von der anderer Länder, die den Sammelauftrag unterschiedlichen organisieren.

4. Medienarchive in Einzelformen

Die nachfolgenden Abschnitte beziehen sich auf die Überlieferung in Deutschland und ergänzend auf ausländische Institute.

4.1. Schallarchive

Schallarchive sind Sammlungen, in denen historische Tondokumente aufbewahrt werden. Diese sind vom Inhalt her Wort- und Musikdokumente, doch gehören auch Geräusche in diesen Zusammenhang; während die Wortdokumente sich aufteilen lassen in gesprochene Texte, in Ansprachen, Vorträge, Reden, Lesungen, Berichte, literarische Inszenierungen wie Hörspiele, Theateraufzeichnungen und viele andere Arten mündlicher Mitteilung, beinhalten historische Musiksammlungen sowohl instrumentale als vokale Musiken, solistische Vorführungen und Choraufnahmen, Konzerte und vieles andere mehr. Aber auch dialektologische Quellensammlungen, für sprachwissenschaftliche Forschungen und Lehre angelegt, gehören dazu. Vor allem aber sind in Schallarchiven industrielle Tonträger in Gestalt von verschiedenen Walzen, Schallplatten und Tonband- bzw. Kassettenformen sowie archivierte Radio- und Fernsehsendungen aufbewahrt.

Industrielle Tonträger, die die seit Anfang des 20. Jahrhunderts sich mehr und mehr entwickelnde Unterhaltungsindustrie in immer neuen Formen auf einen stets globaler werdenden Markt gab, nahmen in Archiven und Bibliotheken eher eine Randfunktion ein: Dies bezieht sich sowohl auf die Intensität des Sammel- und Archivierungsauftrags als auch auf die Formen der Erschließung, die bis heute eher einer von der Akten- und Bücherbearbeitung herkommenden und daher formalen Erschließungsmethode entspricht. Maßgeblich rührt dies aus dem Grundverständnis, alle Dokumente einer Sammlung nach gleichen, der Schriftgutbearbeitung angelehnten Prinzipien zu bearbeiten. Dass freilich gerade die Erschließung von Tondokumenten wie z. B. bei Reden oder Vorträgen erst durch die inhaltliche Dokumentation zugänglich werden, hat erst spät in die Institutionen Eingang gefunden.

Gleiches gilt im übrigen auch für den Sammelauftrag im Sinne kollektiver Gedächtnisbildung: Während es für die Archivierung von Schriftgut entsprechende archivgesetzliche Abgabepflichten und Regelungen gibt, die die Sammlungen entweder in nationalem oder regionalem und lokalem Rahmen mit einem entsprechenden, auch jurifizierbaren Auftrag versehen und für Archive wie für Bibliotheken ein Pflichtexemplarrecht (Depôt legal, legal deposit) in nahezu allen Ländern der Welt gilt, hat eine solche Regelung für historische Tondokumente wie für audiovisuelle Dokumente insgesamt nur partielle Wirkung: Einige Länder haben das jeweilige Pflichtexemplarrecht auf Tonträger, meist aber nur die aus industrieller Produktion, ausgedehnt und ihren nationalen Sammelauftrag dem jeweiligen Nationalarchiv bzw. der Nationalbibliothek und/oder regionalen Institutionen mit ähnlichen Funktionen übertragen, andere Länder haben spezielle Institutionen für die Sammlung von Tondokumenten oder audiovisuellen Dokumenten insgesamt geschaffen und entsprechende gesetzliche Rahmenbedingungen vorgegeben. Die Bandbreite reicht dabei von dem umfassenden gesetzlichen Sammelauftrag, den das Institut National de l'Audiovisuel in Frankreich für alle audiovisuelle Formen, auch für Hörfunk- und Fernseh-Sendungen übernimmt, über den Sammelauftrag des Deutschen Musikarchivs, das als Teil der Deutschen Bibliothek seinen Sammelauftrag für vorwiegend industrielle Tonträger, nicht aber für Rundfunksendungen, wahrnimmt, bis hin zur Situation in der USA, wo sich die Library of Congress den Tonträgern industrieller Produktion zuwendet und die National Archives vor allem historisch-politische Tondokumente der staatlichen Administration aufbewahren. Die Vielzahl und Vielfalt der Wahrnehmung des Sammelauftrages ließe sich ergänzen, so z. B. in Italien, wo sich die Discoteca dello Stato in Rom der Sammlung von Schallplatten zuwendet, in Stockholm ein eigenständiges Tonträgerarchiv existiert (Archiv för Ljud och Bild), in Österreich sich das Phonogrammarchiv bei der Österreichischen Akademie der Wissenschaften und die Österreichische Nationalbibliothek im Sammelauftrag ergänzen und in Moskau ein staatliches Tonträgerarchiv bis 1991 für die gesamte Sowjetunion sammelte und jetzt „nur" noch für Russland zuständig ist.

Angesicht der Vielfalt der staatlichen Regelungen des Sammelauftrages und weiterer Sammlungen in den großen Universalarchiven, -bibliotheken und -museen ist es kaum verwunderlich, dass es bislang kaum eine brauchbare Topographie von Bestandsnachweisen gibt: So finden sich Spezialsammlungen in Institutionen, bei denen solche Tondokumente auf Grund ihrer sonstigen Funktion zwar ‚erwartet' werden können, doch sind Sammlungen nicht zuletzt aus privaten Nachlässen auch in Archive, Bibliotheken und Museen gelangt, bei denen sie nicht ohne weiteres erwartet werden dürfen. In Deutschland finden sich große Tonträgersammlungen vor allem im Deutschen Musikarchiv Berlin als Teil der Deutschen Bibliothek, in der Stiftung Deutsches Rundfunkarchiv Frankfurt am Main–Potsdam-Babelsberg, die neben historischen Hörfunk- und Fernseh-Sendungen über gleichfalls umfassende Sammlungen industrieller Produktion und sonstiger Produktionen verfügt, in der Phonothek der Sächsischen Landes- und Universitätsbibliothek Dresden, sowie im Phonogrammarchiv des Museums für Völkerkunde der Stiftung Preußischer Kulturbesitz in Berlin. Aber auch in der Stiftung Archiv der Akademie der Künste Berlin, im Deutschen Literaturarchiv Marbach sowie in den Mediatheken und Musikbibliotheken großer Stadtbibliotheken in München, Stuttgart und Köln wie im Haus der Geschichte in Bonn oder im Deutschen Historischen Museum Berlin finden sich größere Sammlungen, wie wiederum auch das Bundesarchiv mit seiner Abteilung Tonträger zu nennen ist. Nicht selten sind historische Tondokumente wegen des Bezugs zur Technikgeschichte auch Gegenstand des Sammelns in großen Museen geworden: dies gilt vor allem für das Deutsche Museum in München und die Smithsonian Institution in Washington, um nur zwei Beispiele zu nennen, hat aber auch Gültigkeit für Spezialmuseen wie z. B. Theatermuseen, wenn dort auch Tonträger mit Wort- und Musikdokumenten aufbewahrt werden. Nicht zu vergessen sind als private Sammlungen die Archive einiger großer Schallplattenfirmen, sofern diese ihre über Jahre und Jahrzehnte entwickelten Produktionen archiviert haben. Schließlich sind Meinungsforschungsinstitute zu nennen, sofern diese ihre demoskopischen Untersuchungen auf Befragungsinterviews aufbauten. Ein besonders Kapitel stellen die in der Regel freilich nicht zugänglichen Schallarchive von Geheimdiensten dar, was sich beim Zusammenbruch der politischen Systeme des Ostblocks, aber auch anderswo in der Welt, in besonderer Weise dokumentiert hat: So verfügt nicht nur das Archiv des ehemaligen Staatssicherheitsdienstes der DDR über Tausende von Tonbändern, heute Behörde zur Aufarbeitung der DDR-Diktatur, auch lässt sich Ähnliches für die anderen Staaten des Ostblocks sagen, sofern es den früheren Geheimdiensten nicht gelang, diese Tonaufzeichnungen noch rasch zu vernichten.

Gerade das Beispiel der Diktaturforschung zeigt, in welcher Weise Ton- und Bild- bzw. Film- oder Rundfunkarchive die Forschung der Zeitgeschichte bestimmen (können): Dabei ist nicht allein entscheidend, dass die historischen Töne sozusagen als Accessoires zu Ausstellungen herangezogen werden, sondern von vornherein als authentische Quellen der Zeit- und Kulturgeschichte zu gelten haben. Diesem Aspekt hat sich auch die UNESCO bei der Erörterung des Kulturbegriffes grundsätzlich zugewandt, als es um die Erweiterung desselben ging: So hat in dem seit 1982 gültigen Kulturbegriff der UNESCO zwar schon früh der Film als Bestandteil des Kulturerbes Eingang gefunden, nicht aber der historische Ton oder die Radio- und Fernseh-Sendungen. Mit der Entwicklung eines neuen Programms, das sich unter dem Namen Memory of the World nunmehr dem Weltdokumentenerbe zuwendet und dabei die digitale Präsentation von ausgewählten Dokumenten der schriftlichen und audiovisuellen Form und Inhalten in der Verbreitung mittels Internet zum Ziele hat, haben auch historische Tondokumente Aufnahme in den Kulturbegriff gefunden.

Die Nutzung der audiovisuellen Dokumente ist stets an die entsprechenden urheberrechtlichen und leistungsschutzrechtlichen Bedingungen geknüpft: So können keineswegs einfach von den Unikaten Kopien gezogen und diese zur Verbreitung gegeben werden, wenn dies nicht vertraglich geregelt wird. Gerade nach dem Zusammenbruch des Ostblocks ist manches Tonträgerarchiv, aber auch Bild-, Rundfunk- und Filmarchiv Ziel des privatwirtschaftlichen Kommerzialisierungsprozesses von Firmen (gewesen), die z.B. Musikaufnahmen durch Überspielung und Produktion auf Compact Disc auf den Markt gaben, ohne dafür die Rechte zu haben oder den jeweiligen Urhebern die erforderlichen Rechte abgegolten zu haben.

Dieser Aspekt, der sich für Aktenarchive und Bibliotheksbestände so nicht stellt, verdient schon deshalb besondere Hervorhebung, als im Zeitalter der Globalisierung gerade im Musikmarkt die urheberrechtlichen Rahmenbedingungen gefährdet sind durch Raubkopien und, wenn diese etwa ins Internet gestellt werden, durch illegale Verbreitung. Wieweit die Digitalisierung ferner die Veränderung oder Veränderbarkeit von Schalldokumenten ermöglicht, wie die Manipulation von Bild- und Film-/Fernsehdokumenten erleichtert wird, ist ein Problemfeld, dem sich nicht Wenige in der Welt im Wettlauf mit der technischen Entwicklung zuwenden. Dabei geht es um die Einbringung von sog. elektronischen Wasserzeichen bzw. Codes, die bei audiovisuellen Dokumenten insgesamt wegen der Frage der Autorität über die Bestände, der Authentizität der Inhalte und der Legitimität der Nutzung von besonderer Bedeutung sind. Dies betrifft in besoderer Weise kommerziell verwertbare Musikarchive, hat aber ebenso Gültigkeit für Schallarchive insgesamt und für Bild-, Film- und Fernseharchive.

4.2. Bildarchive

Bildarchive sind Sammlungen, in denen – im Gegensatz zu *bewegten* Bildern – *feste, statische* Bilder in Gestalt von Daguerrotypien, Glasplatten, Photographien, Diapositiven (Dias), Folien u.a. Formen aufbewahrt werden. Nicht selten, eher sogar zumeist, sind diese Sammlungen aus Privatsammlungen von Einzelpersonen oder aus der Arbeit von Photoagenturen, wissenschaftlichen Instituten etc. hervorgegangen und haben Eingang gefunden als Spezialsammlungen (Photoarchive, Photheken) in Universalsammlungen wie Nationalarchive, Nationalbibliotheken und Nationalmuseen oder gleichartigen kulturellen Errichtungen auf regionaler und lokaler Ebene. Daneben finden sich Photosammlungen aber auch in Universitäten und Instituten (z.B. der Kunstgeschichte, Architektur, Naturwissenschaften, Ingenieurwissenschaften u.a. Disziplinen), ferner in Filmarchiven, -bibliotheken und -museen sowie in Spezialarchiven, -bibliotheken und -museen. Eine genauere Zuordnung eines Sammelauftrages, wie er für Schriftgut und Büchern gilt, ist für die Überlieferung bzw. Sammlung von Photos nicht feststellbar. Auch gibt es keinerlei gesetzlichen Auftrag etwa im Sinne eines national oder regional verstandenen Pflichtexemplarrechts. Ein weiteres Problem stellt die Erschließung von Inhalten dar: wo bei Schriftgutarchiven und Bibliotheken die Identifikation von Inhalten in der formalen und inhaltlichen Erschließung quantitativ und qualitativ methodisch zu bewältigen ist, sind die Inhalte von Bildern zumal dann weit schwieriger zu erschließen, wenn diese Erschließung nicht zeitgleich, sondern später erfolgt („Wer ist/was ist abgebildet?"). Auch ist, wie die „Bereinigung" bei Photoarchiven im Zuge von Säuberungsaktionen in Diktaturen der Zeitgeschichte zeigt, die Manipulation durch Eliminieren oder Photomontage zwecks Erzeugung neuer oder veränderter Bildinhalte im Vergleich zu textuellen Dokumenten leicht(er) möglich. Die Methodologie für die eindeutige Identifikation von Bildinhalten ist weiter zu entwickeln, weil die Veränderbarkeit von Bildern – auch von Filmen – wie sie bereits für die analoge Form von Papierbildern galt, erst recht Gültigkeit im Übergang zu digitaler Bildproduktion, -übermittlung und -speicherung erhält: Die Veränderung bzw. Manipulation stellt dann nämlich nicht mehr einen handwerklichen Vorgang dar, sondern eine Programmierung von Bits und Bytes, was wesentlich leichter vorgenommen werden kann. Auch wird der Schutz des Urheberrechts deutlich durch diese Veränderung gefährdet: umso mehr sind Sicherungssysteme im Sinne *digitaler Signaturen* bzw. *Wasserzeichen* gefordert, wie sie schon früher als Copyrightzeichen © etwa bei Bildagenturen eingeführt wurden und wie auch dem Bildnachweis in Büchern wie in Produktionen entsprechende Rechtsgeltung zukam und zukommen muss.

Bildarchive unterliegen wie alle audiovisuellen Beständen besonderen klimatischen Aufbewahrungsbedingungen. Dies gilt für Negative wie für Positive, wobei seit Einführung der Farbphotographie dem Negativ als ‚Urphoto' besondere Archivfunktion gegenüber den Papierabzügen in der Doppelüberlieferung von Negativ- und Positivbildern zukommt. Bedeutende Sammlungen in Deutschland finden sich in der Deutschen Photothek als Teil der Sächsischen Landes- und Universitätsbibliothek Dresden, im Bildarchiv Preußischer Kulturbesitz Berlin, im Bundesarchiv Koblenz, in der Stiftung Partei- und Presseorganisationen der DDR in Berlin, in der Stiftung Deutsches Rundfunkarchiv (bes. Standort Potsdam-Babelsberg), im Stadtmuseum München, im Folkwang-Museum Essen, im Deutschen Museum München, im Deutschen Technik-Museum Berlin, im Germanischen Nationalmuseum Nürnberg, um nur einige wenige kulturelle Einrichtungen zu nennen. Von den Firmenarchiven verdienen insbesondere die Photosammlungen bei Agfa Gevaert in Leverkusen, Orwo Wolfen, aber auch bei Daimler Benz, BMW, Volkswagen wegen ihrer jeweiligen industriellen bzw. industriegeschichtlichen Bedeutung Erwähnung, wie dies natürlich in besonderer Weise für große Photoagenturen wie Ullstein Bilderdienst Berlin, Keystone, ADN, dpa, ddp und die großen Presse- und Verlagsarchive von Spiegel, Stern, Frankfurter Allgemeine Zeitung, Süddeutsche Zeitung u.v. a.m. gilt. Im internationalen Rahmen ist die Übersicht über Sammlungen und Sammlungsschwerpunkte erwartungsgemäß noch schwieriger, doch gilt auch hier das, was als Prinzip der Ansiedlung von Photoarchiven bzw. Phototheken bei nationalen, regionalen und lokalen Sammlungen oben erwähnt worden ist. Hervorhebung verdient als ein Beispiel unter mehreren das National Museum of Film and Photography, das in Großbritannien in Bradford/Yorkshire gegründet wurde, doch finden sich zugleich auch im British Museum und in der British Library sowie in vielen Universitätsinstituten Photosammlungen mit historischen, künstlerischen oder wissenschaftlichen Wert- bzw. Themenstellungen. Ähnlich verhält es sich mit den nationalen und regionalen sowie lokalen Sammlungen in anderen Ländern. In Spezialsammlungen wie z.B. den Presidental Libraries in den USA sind umfangreiche Photosammlungen anzutreffen, die auf die jeweiligen Regierungszeiten bezogen sind. Ähnliches gilt auch für das Nehru Institute in New Delhi, das sich ähnlich wie andere Kulturinstitute in der ganzen Welt als eine Mischung aus Archiv, Bibliothek und Museum, also als übergreifendes Dokumentationszentrum versteht, und hat ebenso Gültigkeit für die Streuung der Überlieferung in vielen Ländern der Welt. Die Reihe der Beispiele ließe sich unbegrenzt fortsetzen und gilt auch für Länder der Dritten Welt, wo in Afrika, beispielsweise im Senegal, Photosammlungen aus dem 19. und 20 Jh. als Dokumente des Alltags und der soziokulturellen Rahmenbedingungen überliefert sind und zur Dokumentation bzw. Erfassung der Geschichte der Sklaverei herangezogen werden (können), wo sonstige Schriftgutdokumente, zumal für die Frühgeschichte von Kolonien und später souveränen Staaten, eher spärlich sind.

4.3. Rundfunkarchive

Audiovisuelle Quellen und insbesondere die Sendungen von Hörfunk und Fernsehen sind neben anderen Überlieferungsträgern wichtige Dokumente und Zeitzeugnisse des 20. Jahrhunderts und sowohl Spiegelbild des Programms als auch der politisch-historischen wie kulturellen Entwicklungen.

Da man gerade in der Anfangszeit des Rundfunks weder über die technischen Voraussetzungen zur Konservierung der gesendeten Aufnahmen verfügte und eher journalistisches, auf Aktualität gründendes Verständnis und Interesse hatte, sind wir für die Frühzeit des Rundfunks vielfach auf gleichsam „üblichere" Belege wie Akten, Programmankündigungen und anderes mehr angewiesen. Zwar werden in einzelnen Archiven wie z.B. in der Stiftung Deutsches Rundfunkarchiv Frankfurt am Main – Potsdam-Babelsberg am Standort Frankfurt auch Tondokumente aus der Frühzeit aufbewahrt, doch sind sie im Sinne der Vollständigkeit keinesfalls repräsentativ für das seinerzeit gesendete Programm.

Möglichkeiten zur Konservierung waren erst mit der Entwicklung von Ton- und Bildträgern geschaffen, die sowohl im Material stabil als auch in den Fertigungskosten günstig waren. Es handelte sich dabei zunächst um die Wachsplatten der Zwanziger Jahre, denen dann in den Dreißiger Jahren die leichteren Schallfolien und schließlich in den Vierziger Jahren die magnetisierten Tonbänder folgten. Die Reichsrundfunkgesellschaft (RRG) erstellte für die Jahre 1929 bis 1939 einen Katalog, der 10.324 Titel mit dem Hinweis verzeichnet, dass sie aus verschiedenen Sendeprogrammen stammen und zugleich für die spätere Nutzung archiviert und konserviert sind. Der heute historische RRG-Bestand, der sich nach den zahlreichen Aus- und Umlagerungen im Westen erhalten hatte bzw. dort wiedergefunden worden war, war bis zum Jahre 1989 zwar nicht unbeträchtlich, jedoch keineswegs vollständig. Er wurde und wird im Deutschen Rundfunkarchiv (DRA) in Frankfurt am Main aufbewahrt und für die Nutzung zur Verfügung gestellt.

Nach der Wiedervereinigung Deutschlands und nach der Beendigung der Sendetätigkeit des Funkhauses Berlin (der früheren DDR) konnte der Frankfurter Bestand der Reichsrundfunkgesellschaft um einen beträchtlichen Bestand ergänzt werden, der sich über vierzig Jahre lang im Osten des geteilten Berlin erhalten hatte. Weitere Ergänzungen erfolgen im Rahmen von Kooperationen mit verschiedenen Stellen im (häufig osteuropäischen) Ausland, indem Kopien der dort liegenden und auch dort verbleibenden Originaltonträgern dem Frankfurter Bestand zugefügt werden. So stellen diese rundfunkgeschichtlichen Quellen nicht nur eine Fundgrube ersten Ranges für Rundfunk- und Medienhistoriker dar. Sie sind – in breitem Verständnis – eine bedeutende Sammlung von Dokumenten als Ausdruck des Zeitgeschehens von Anfang der 20er Jahre bis zum Ende des Zweiten Weltkrieges. Hinsichtlich der Überlieferung von Hörfunk- und Fernseh-Sendungen nach 1945 verteilen sich die Medienarchive in Deutschland auf öffentlich-rechtliche Anstalten von ARD und ZDF und auf die Stiftung Deutsches Rundfunkarchiv, Frankfurt am Main – Potsdam-Babelsberg sowie auf die allerdings noch jungen Archive der privaten Rundfunkanbieter. Dabei verläuft die Arbeit in den Archiven der jeweils eigenständigen Rundfunkanstalten zweigleisig: die eine Aufgabe ist die Programmversorgung mit Informationen und Dokumenten als Bestandteil der Infrastruktur; das gesendete Programm wiederum in den Anstalten selbst zu archivieren, zu erschließen und für die spätere Wiederverwendung bereitzuhalten, ist der andere Aspekt in der Aufgabenstellung der Archive und Rundfunkanstalten.

Im Gesamtverständnis der kulturellen Entwicklung der Bundesrepublik Deutschland stellen die in den einzelnen Archiven aufbewahrten Sammlungen in toto das rundfunkgeschichtliche Programmvermögen des öffentlich-rechtlichen Rundfunks dar. Zudem übernehmen die Rundfunkanstalten eine Funktion, die in anderen, insbesondere zentralstaatlich organisierten Ländern von Institutionen wie Nationalarchiven und/oder Nationalbibliotheken geleistet wird. Im Gegensatz z. B. zum Institut National de l'Audiovisuel (INA), das in Frankreich einen breiten Sammelauftrag ausübt und das auch Hörfunk- und Fernsehsendungen gemäß Dépôt légal archiviert, erfüllen die Rundfunkanstalten in Deutschland mit ihren Archiven eine kulturelle Funktion, die über ihr ureigenes Interesse der Sendungsbereitstellung zur eigenen Wiederverwendung hinausgeht und auch mit nicht unerheblichen Kosten verbunden ist.

Eine besondere Rolle spielt dabei die Stiftung Deutsches Rundfunkarchiv als überregionales Institut: „Ihre Aufgabe ist die Erfassung von Ton- und Bildträgern aller Art, deren geschichtlicher, künstlerischer oder wissenschaftlicher Wert ihre Aufbewahrung, Nutzbarmachung für Zwecke der Kunst, Wissenschaft, Forschung, Erziehung oder des Unterrichts rechtfertigt." Dieser Satz, zu lesen in der Verfassung der im Jahre 1952 von den Rundfunkanstalten der ARD gegründeten Stiftung, kennzeichnet deren Aufgaben im überregionalen Kontext: Das DRA bewahrt am Standort Frankfurt am Main nicht nur die überlieferten Quellen aus der Zeit der Reichsrundfunkgesellschaft (RRG) auf und erschließt sie. Vielmehr werden dort auch die bis zum Ende des 19. Jahrhunderts zurückreichenden historischen Tonträger aufbewahrt, ebenso weitere Sammlungen, die durch Kauf und Erwerbung, Schenkung und Stiftung ins Deutsche Rundfunkarchiv gelangten.

Das Deutsche Rundfunkarchiv ist heute als eine der umfangsreichsten und wichtigsten, alle Gebiete umfassenden Tonträgersammlungen in Europa und darüber hinaus anzusehen, weil diesem Institut im Jahre 1993 – ähnlich wie 1952 bei der Gründung – und wiederum auf einhelligen Beschluss der Landesrundfunkanstalten – die umfangreichen und bedeutenden Archive des Rundfunks der ehemaligen DDR organisatorisch zugeordnet wurde. Auf diese Weise wird das vom Rundfunk der DDR überlieferte Programm einerseits für das Programm genutzt werden, andererseits aber kann die Überlieferung selbst einen wesentlichen Beitrag zur Aufarbeitung der Geschichte der ehemaligen DDR leisten, da Zeitgeschichte im 20. Jahrhundert wesentlich auch Medien- und Propagandageschichte ist.

Neben der Sammlung und Verwaltung von Ton- und Bildträgern widmet sich die Stiftung einer zweiten, überregional koordinierenden Funktion, nämlich der des zentralen Nachweises von Fremdbeständen. Gemeint sind damit die dezentral in den Archiven der einzelnen Rundfunkanstalten gelagerten umfangreichen Bestände. So vermittelt diese zentrale Nachweisstelle in Gestalt von Datenbanken und Gesamtkatalogen für die Bereiche Wort, Musik und Fernsehen gezielt Informationen. Dies ist auch Teil eines von der Stiftung Deutsches Rundfunkarchiv mit anderen Kulturinstitutionen aufgebauten Netzwerks „Mediatheken in Deutschland", in dessen Rahmen verschiedene dezentrale Bestände nachgewiesen und z. T. bereits digital zugänglich gemacht werden. Ergänzungen stellen die Bild- und Tonträgerverzeichnisse und Spezialkataloge zu Tondokumenten, beispielsweise aus den Bereichen Literatur, Kunst und Wissenschaft, Verzeichnisse und Repertorien zu einzelnen Genres der Fernsehproduktion dar (Nachweis unter www.dra.de). Darüber hinaus erscheinen jährlich Produktionen von zeit- und kulturhistorisch bedeutenden Dokumenten auf CD (Stimmen des Jahrhunderts) oder auf VHS/DVD, meist in Kooperation mit Landesrundfunkanstalten und Kulturinstituten. Mit den von der Stiftung Deutsches Rundfunkarchiv bereit gestellten Informationen ist somit zu erfahren, bei welchen Anstalten welche Hörfunk- und Fernsehsendungen (zu einem bestimmten Sujet, bezogen auf bestimmte biographische Daten oder auch zu einem bestimmten Vorgang) zu erhalten sind, wer die Rechte hat und von welchen Sendungen und Produktionen entweder Teil- oder Volleditionen auf CD, CD-ROM, VHS oder DVD oder im Internet verfügbar sind.

4.4. Filmarchive

Unter Filmarchiven sind im folgenden Sammlungen anzusehen, in denen bewegte Bilder als Filme aufbewahrt und zur Nutzung angeboten werden. Dabei reichen diese visuellen Dokumente auf eine über 100 Jahre dauernde Entwicklungsgeschichte zurück, die sich sowohl in den Inhalten wie nicht zuletzt in den technischen Standards und Rahmenbedingungen widerspiegelt. So gesehen können Filmarchive als spezielle Medienarchive oder als Teilsammlungen von universellen Medienarchiven und Mediatheken als visuelles Gedächtnis des Jahrhunderts der sich entwickelnden Massengesellschaften, ihrer Kulturen und ihrer Medien angesehen werden. Die Bewahrung von Film- und Fernsehdokumenten in kulturellen Einrichtungen, ihre Erschließung und ihre Nutzung meint letzlich nichts Anderes als einen quellenorientierten Beitrag zur individuellen und kollektiven Erinnerung an Ereignisse, (Geschichts-)Abläufe, Entwicklungen, die uns über das Auge erreichen, im Archiv des Gehirns abgelegt und im Netzwerk des Gedächtnisses verdichtet werden. Ähnlich wie die oben beschriebenen Photodokumente und Photoarchive sind Filmarchive vor allem Orte und Sammlungen intensiver ästhetischer Wahrnehmung, bei der die üblichen Methoden der eher auf Schriftgutanalyse bezogenen Quellenkritik nicht ausreichen und durch methodische Erfahrungen aus anderen Disziplinen angereichert werden müssen. Dazu zählen nicht zuletzt die Kunstgeschichte und die Photographie, ebenso aber Psychologie und Kommunikationswissenschaft u.a. Lange Zeit galten der Film und das Fernsehen als Kommunikationsmittel der Aktualität und erlangten in den Sammlungen eher marginale Betrachtung. Nachdem die Unesco sich schon früher der Bewahrung des Kulturerbes im Sinne von Monumenten und Dokumenten im physischen Sinne angenommen hatte, wandte sich die für Bildung und Kultur zuständigen Weltorganisation auch den audiovisuellen Dokumenten zu –, verkürzte mit den „Empfehlungen zum Schutz und zur Erhaltung bewegter Bilder" (1980) den Betrachtungsrahmen sogleich auf den Film und klammerte historische Tondokumente, Hörfunk- und Fernsehdokumente aus. In gewisser Weise setzte sich der Traditionalismus und Konservativismus einer Betrachtungsweise fort, obwohl die Unesco Jahre zuvor erst den erweiterten Kulturbegriff neu definiert hatte. Ungeachtet dessen bedeutete es einen Fortschritt, filmische Dokumente überhaupt als Kulturgut einzustufen, das es ebenso zu bewahren gilt wie Schriftgut, Archivalien und Bibliotheksgut. Dabei befasste sich die Unesco ab dem Jahre 1980 mit dem Sammelauftrag, mit den technischen Standards, mit den Rechten sowie mit Fragen von Öffentlichkeit und Reproduktion dieser Quellen der Zeit- und Kulturgeschichte.

Die Sammlungen selbst sind je nach historischer Genese und Provenienz sehr unterschiedlich ausgeprägt: Gibt es in einigen Ländern nationale Filmarchive, in denen gemäß Pflichtexemplarrecht und gesetzlicher Bestimmung alle Filme aufbewahrt werden, die im Lande entstanden, so ist die Situation in Deutschland vergleichsweise diffus: Zwar ist das Filmarchiv als Abteilung des Bundesarchivs das bei weitem größte Filmarchiv in Deutschland, doch verfügt es weder über einen, dem französischen Dépot legal vergleichbaren Auftrag noch bezieht sich sein Sammelauftrag etwa auf Fernsehsendungen: vielmehr ist das Filmarchiv auf die (freiwillige) Abgabe von Filmen aus Kinoproduktionen und anderen Provenienzen angewiesen und umfasst mit seinen Sammlungen eher historisch überregional bedeutsame Dokumentarfilme, Wochenschauen und Spielfilme, nicht aber regionale, lokale, private oder andere, auf spezielle Interessen ausgerichtete Filmdokumente. Letztere finden sich in einer umfassenden Zahl von Kulturinstituten oder -institutionen wie z.B. in der DEFA-Stiftung, die die Filme der ehemaligen DEFA verwaltet, sowie im Deutschen Filminstitut bzw. Deutschen Filmmuseum in Frankfurt am Main, im Filmmuseum München, in der Stiftung Deutsche Kinemathek und Filmmuseum Berlin, im Filmmuseum Düsseldorf, um nur einige zu nennen. Dazu kommen noch weitere wichtige Filmarchive z.B. in Automobilfirmen, bei der Stahlindustrie, aber auch das Institut für den Film in Wissenschaft und Unterricht in Göttingen sowie meist verstreute Filmbestände in Universitäts- und Landesbibliotheken, einzelnen Universitätsinstitutionen und in Landesbildstellen. Schließlich seien die Fernseharchive in den Landesrundfunkanstalten sowie in der Stiftung Deutsches Rundfunkarchiv Frankfurt am Main–Postdam-Babelsberg erwähnt. (www.dra.de).

Die ersten Filmarchive entstanden in Deutschland, Großbritannien, Schweden, Italien, den USA, Frankreich und Belgien. Den Grundstock der Archive bildeten Stumm- und Tonfilme, deren Filmbänder auch dann als historisch bedeutsame „moving images" noch der Öffentlichkeit zugänglich sein sollten, wenn das Interesse des Kinopublikums erloschen war. In gewisser Weise ist hier eine Parallele zu den Rundfunkarchiven festzustellen, bei denen die Aufbewahrung aus kulturhistorischen Erwägungen, aber auch aus Gründen der Reproduktion und Wiederholung von ganzen Stücken oder Klammerteilen von Interesse ist.

Früh haben sich die Filmarchive zur Féderation Internationale des Archives du Film (FIAF) im Jahre 1938 zusammengeschlossen, um die Erarbeitung von Grundsätzen und Methoden in der Bewahrung und Erschließung von Filmarchiven zu verbessern und letztendlich zur Bedeutung des Films als Kulturgut beizutragen. So setzte früh eine Internationalisierung unter den Filmarchiven ein, deren Sammlungen oder Sammelauftrag sich auf einen geographisch, institutionell, thematisch oder zeitlich begrenzten Breich bezog.

Die Filme sind, analog zur Vielfalt ihrer Inhalte, auch in verschiedenartigen Trägerformen überliefert. Diese stellen sich als Generationsabfolge technischer Erfindungen dar und erfordern, wenn man die Aufgabe der Langzeitarchivierung ins Auge fasst, das Überspielen auf jeweils neue Träger und, da es kaum möglich ist, die jeweils älteren Generationen von Archivalien auf die neuesten zu übertragen, das Vorhalten eines historischen Geräteparks. Anders als bei Tonträgern, bei denen die Schelllackplatte eine lange Zeit unumstrittene Trägerform gewesen ist, bis sie dann nach ca. 50 Jahren endgültig abgelöst wurde, war dieser Wechsel von Trägerformen und Abspielverfahren schon immer eine besondere, methodische Herausforderung in der Filmarchivierung. Materialspezifische Aspekte bestimmten von Anfang an archivische Konzeptionen, wie dies beispielsweise auch für die technischen Apparaturen bei der Filmproduktion galt, nämlich Kamera, Kopiermaschine, Sendeanlagen, Projektor, Leinwand, Fernsehgerät, Antenne, Satellitenschüssel, Kabelanschluß u.a.. Zudem gibt es die vom Schriftgut her gewohnte Unterscheidung zwischen Original (z.B. mittelalterliche Handschrift auf Pergament) und Reproduktion bzw. Edition (z.B.

Faksimile bzw. Buchedition) bei Filmen nicht in den gewohnten Betrachtungsparametern, da der Kopiervorgang wie bei Tonträgern in der Regel Teil des Nutzungsverfahrens ist und es beim Kopieren um die Übertragung des Inhaltes des Urfilms (meist Negativfilm) geht. Ungeachtet dessen wird aber umso mehr zwischen dem Masterfilm und der Nutzungskopie unterschieden, da jeder Kopiervorgang häufig auch Verluste z. B. in Farbe und Konsistenz des Bildes bei Originalen mit sich bringt. Wenn die Speicherung von bewegt-bildlichen Inhalten sich auf die Abfolge von Belichten, Fixieren, Magnetisieren bis – neu – zu Digitalisieren versteht, so gilt dies im großen und ganzen seit den ältesten Filmen bis zu den nach neueren DIN/ISO-Normen hergestellten Filmprodukten. Der jeweiligen technischen Konsistenz angepasst, ergeben sich entsprechende Archivierungsvorschriften in Hinblick auf Lagerungsbedingungen, was sowohl relative Feuchte als auch Temperatur angeht und die Geräte- wie Nutzungsbedingungen im Grunde genommen mit einschließt: So sind beispielsweise für die älteren Nitrocellulosefilme, die lange im Gebrauch und vom Tag ihrer Herstellung ab einem Zersetzungsprozess auf Grund chemischer Reaktion ausgesetzt sind, bei 50 Prozent relativer Feuchte und 4 °C aufzubewahren, während Cellulosediacetatfilme bei mindestens 15 Prozent relativer Feuchte und -4 °C gelagert werden sollten. Die älteren Nitrocellulosefilme, auf denen z. B. historische Wochenschauen und ältere Spielfilme lange Zeit überliefert wurden, trugen auf Grund ihrer chemischen Zusammensetzung stets die Gefahr der Selbstentzündung in sich und bilden deswegen auch ein Sicherheitsrisiko, weswegen ihre Lagerung unter besonderen Bedingungen erfolgen muss.

Als an die Stelle dieser älteren Filme – meist auf 35 mm – Anfang der 1950er Jahre ein neuer Materialträger in Gestalt des sog. Sicherheitsfilms trat, der kaum noch entflammbar war, hoffte man auch auf eine längere Haltbarkeit bei der Archivierung und Nutzung, doch zeigte sich auch hier bald die Gefahr der chemischen Zersetzung. Diese Di- und Triacetatfilme weisen bei entsprechenden Raumklimata das sog. Vinegarsyndrom auf, indem Essigsäure in einem chemischen Zersetzungsprozess freigesetzt wird und die Emulsionsschicht ablöst bzw. ablösen kann. Es bleibt nichts anderes übrig, als von den gefährdeten Beständen neue Kopien zu erstellen, die dann zugleich einen technischen Generationswechsel (auch bei der gerätetechnischen Umgebung) bedeuten. Die Kosten dafür sind nicht unbeträchtlich, weswegen mit den medienarchivischen Strategien der Bestandsorganisation und -bewahrung stets auch ein qualitativer Bewertungsprozess einhergeht, da es bei der Entwicklung der audiovisuellen Medien kaum möglich ist, *alle* älteren Bestände jeweils umzukopieren. So ist stets abzuwägen zwischen dem Gebot, Kulturerbe zu bewahren, und den realisierbaren ökonomisch-technischen Rahmenbedingungen.

All dies gilt nicht nur für die Erhaltung älterer Filmrollen (35 mm, 16 mm, 8 mm, Super 8 mm), für die es zahlreiche Normen und Standards gibt (FIAF-Preservation Commission 1989, DIN-Norm 19070.T. 3. 3.1990, Norm SMPTE RP 131 (1991) EBU-Norm 250 (1991), Norm ISO 5466: 1992 (E) und Norm ISO/DIS 5466: 1995), sondern hat ebenso Gültigkeit für die Magnetaufzeichnungen (MAZ) in 2 Zoll, 1 Zoll-Formaten und für spätere Videoträgerformen wie U-matic, VHS, Video 2000 bis zu Beta-Kassetten, um nur wenige technische Formate zu nennen, für schwarz-weiß und Farbe, für Kinofilme und wissenschaftliche Filme wie für überlieferte Fernsehsendungen.

Problematische Aspekte bei der Archivierung von analogen Filmen sind die Speicherdichte der Informationen, die Löschgefahr, der Kopiereffekt, die Entmagnetisierung, Temperatur und Luftfeuchtigkeit sowie Staub und andere Verunreinigungen. Für die digitalen Träger gilt dies in ähnlicher Weise, wenngleich die Übertragung von einer Generation von Informationsträgern dann nicht (mehr) den Übertrag von einem auf einen anderen Datenträger bedeutet, sondern die Transformation von einem Datensatz auf die nächste Datensatzgeneration. Dabei ist, was bei analogen Beständen eher ein Problem von Hardware und Technik sein mochte, die Übertragung zwecks Langzeitarchivierung jetzt eine Softwarefrage, was die Notwendigkeit der Adaption und Kompatibilität für die jeweilige Anpassung ebenso notwendig macht wie das Wissen um die jeweiligen, meist dann älteren Programmiersprachen und -systeme. Auch ist zu beachten, dass über die Haltbarkeit von Disketten, Plattenspeichern etc. noch keine abschließenden Ergebnisse vorliegen (können), weswegen nicht selten elektronische FS- Produktionen (z. B. Fernsehspiele,

Fernseh-Spielfilme) re-analogisiert bzw. auf beschichteten Film überspielt werden, um diese dann als Masterfilm unter entsprechenden Rahmenbedingungen konservieren und archivieren zu können.

5. Verbreitung und Digitalisierung – übergreifende Aspekte

5.1. Archivierung und Wertebildung

War in den ersten Jahren und Jahrzehnten der Schallaufzeichnung und der Filmproduktion und ihrer wiederholbaren Vermittlung und Vermarktung von Inhalten das Prinzip der physischen bzw. materiellen Gebundenheit (durch die Form der Schallplatte und die Abspieltechnik) gegeben, so trat mit der Einführung des „Rundfunks", der im Hörfunk gesprochene, gesungene und gespielte Inhalte über den Äther sandte, eine neue Qualität ein, die die heutige Situation des Web-Zeitalters im Prinzip vorwegnahm, ohne dass dies über die vergangenen Jahre und Jahrzehnte in der Wertebildung und Strategieentwicklung direkt wahrgenommen wurde bzw. worden wäre: Weniger bezieht sich diese Beobachtung auf die qualitativ-ästhetische Wertebildung, die in Bezug auf Sammelinteressen schon früh und bis heute die von wechselnden Faktoren bestimmte *Kanonbildung* betraf. Weit mehr ist zu berücksichtigen, dass mit den ersten Radiosendungen aus den 20er Jahre eine erste standortübergreifende und *immaterielle* Verbreitung von Inhalten der Musik, aber ebenso künstlerischer Werken des Wortes und der Literatur stattfand und formal im Grunde genommen prototypisch Erscheinungsformen vorweg genommen wurden, wie sie sich im Verhältnis der Kommunikation im Internet wie der Frage der Langzeitsicherung und Archivierung stellen: nicht mehr wurden wie z. B. bei Schallplatten die Inhalte in einer Auflage auf dem Markt verkauft, wobei die Tantiemen für Künstler und Urheber bereits in den Abschluss der jeweiligen Produktionsverträge einflossen und Copyright, Leistungsschutzrechte und Schutz vor Falsifikat und Manipulation dort zumindest Berücksichtigung finden sollten: nein, im „Rund"-funk wurden die Stücke und Aufführungen gleichsam *einmalig verbreitet*, als Unikate, wurde die Entgeltung anfangs für den Augenblick der Aus-Sendung festgelegt, weil die Technik für die Archivierung des einmal Gesendeten zumindest zu Anfang noch gar nicht entwickelt war: Auftrag des Rundfunks war nämlich gewiss nicht die Archivierung, sondern die Kommunikation „on air", und die Archivierung von gesendeten Sendungen folgte nicht nur früher – erst – zu einem Zeitpunkt, als man sich einerseits des Wertes der Wiederholbarkeit im Programm bewusst war und andererseits die Technik des physischen Fixierens des im Äther Gesendeten zur Archivierung entwickelt war. Eine Situation, die sich bei jeweiligem Wandel technischer Standards bei audiovisuellen Dokumenten mit schöner Regelmäßigkeit wiederholte, wenn der schnellen Präsentation der jeweiligen neuen Kommunikationstechnologie die dann nachmalige Archivierung folgte, was im Wechsel von analogen zu digitalen Trägern allerdings die bislang größte Herausforderung darstellt: Kann man dem Prinzip des ewigen „Datensatzes" digitaler Formen trauen, wo wir im Blick auf analoge Träger zumindest über Langzeiterfahrungen verfügen? Ist die Konsistenz von Daten gewährleistet, die im Gegensatz zum Verhältnis von physischer Apparatetechnik zur Abspielung nicht nur ein Hardwareproblem, sondern Schritthalten und Anpassen an jeweilige Softwareentwicklungen bedeutet? Der Umstand, dass in vielen Einrichtungen unzählige Datenbanken brachliegen, weil die entsprechende Software als „Sesam öffne Dich" nicht mehr vorhanden ist, sollte nachdenklich machen, wenn es um die Archivierung der digital im Netz vermittelten Inhalte geht, gleich, ob dies über Radio, Fernsehen oder im Internet erfolgt.

5.2. Unikate, Rechte und Verwertung

So vermeintlich retrospektiv der Blick in die Geschichte der Archivierung der analogen historischen AV-Dokumente und Vermittlung erscheinen mag, so beschreibt er gleichwohl die Phänomene, die sich mit der entmaterialisierten Kommunikation seit Einführung des Rundfunks bis heute *praeter propter* entwickelt haben: schon früh waren wegen des Einmaligkeitseffektes der Ausstrahlung, aber auch wegen der später durch Archivierung erst möglich gewordenen Wiederholung die Urheberrechte und Leistungsschutzrechte in den Vordergrund gerückt und wurde dies durch Honorar- und Lizenzabteilungen sowie ein Meldesystem an Verwertungsgesellschaften (in Deutschland GEMA bzw. GVL) klar geregelt. Das Gesagte bezieht sich freilich nicht allein auf die Sendungen des Hörfunks und Fernsehens als audiovisuelle Dokumente der Zeit und ihrer Geschichte; es gilt in gleicher Weise für alle Sammlungen, die sich mit der Archivierung und Benutzung von Ton- und Bildquellen jeder Art befassen: stets ist zunächst urheberrechtlich, wenngleich nicht immer im physischen Sinne, von einem Exemplar, einem Unikat auszugehen, bei dem die rechtlichen wie technischen Rahmenbedingungen zu beachten waren und sind. Ganz besonders gilt dies natürlich für Hörfunk- und Fernsehsendungen: für die jeweilige Ausstrahlung und Verbreitung müssen unter Berücksichtigung der rasanten technischen Entwicklungen und Veränderungen in der technologischen Generationenfolge sowohl die urheberrechtlichen als auch lizenz- und verwertungsrechtlichen Rahmenbedingungen eingehalten werden.

Ungeachtet des Überganges von analogen zu digitalen Dokumentformen müssen und sollen bestimmte Grunderfordernisse Gültigkeit besitzen für die Bewahrung, Erschließung und Nutzung audiovisueller Dokumente – die im digitalen Zeitalter eigentlich virtuell-digitale Zeugnisse sind. Im Hinblick auf die entmaterialisierte und globale, unabhängig von Zeit und Raum sich verstehende Inhaltsvermittlung, die auch an die Entwicklung von Formen der Kommunikationstechnik gebunden ist, wird der Übergang vom *varia-medialen* Text, Ton und Bild zum *integral-medialen*, auch *multimedialen* digitalen Dokument vollzogen: Mit der Eröffnung neuer Techniken, aber auch neuer marktorientierter Ansätze gelten bzw. sollten nach wie vor die nachfolgenden drei Grundfaktoren Gültigkeit besitzen für diese Formen der Informations- und Dokumentenvermittlung im Primärverständnis des Vermittlungsauftrages: Erstens die *Autorität* über die Bestände, d. h. die präzise Bezeichnung der individuellen und/oder kollektiven Urheberschaft, zweitens die *Authentizität*, die Desinformation und Manipulation vorbeugen soll, und beide Gebote münden schließlich in der Frage der *Legitimität*, mit der die Nutzung erfolgt: Nur wer über diese in sich klausal verbundenen Faktoren verfügt, gewährleistet, dass der Inhalt ein Gut bleibt, das der Vermittlung und Kultur dient und zugleich die Kommunikation der Gesellschaft bestimmen kann. Dabei sind, zumal unter dem Eindruck moderner telekommunikativer Piraterie im Netz, Urheber- und Leistungsschutzrechte ebenso zu berücksichtigen und in die Strategiebildung einzubeziehen wie Verwertungsrechte, ein Postulat, dem jetzt, genauer: erst jetzt mit zeitlichem Verzug weltweit Bedeutung und damit Regelungsbedarf zugebilligt wird (Medienrecht). Es geht dabei um nichts anderes, als angesichts der Kommerzialisierung ein operationales System zur Verwertung geistigen und künstlerischen Eigentums, das auf elektronischen Wegen kommuniziert wird und in digitalen Archivspeichern deponiert ist, zu etablieren, um nicht das kreative Schaffen unter der Zielsetzung, alles sei gleichsam „public domain", zu entwerten. Immerhin sind die digitalen Speicher, von denen abgerufen wird, nichts anderes als *virtuelle Archive*. Die Bemühungen der Phonoindustrie, gegen virtuelle Tauschbörsen vorzugehen und auf diese Weise die durch Raubkopien entstehenden Millionenverluste vereiteln oder zumindest einschränken zu können, sind zwar intensiv – und doch eher von der Hoffnung, wenigstens Teilziele zu erreichen als Gesamtlösungen zu finden, geprägt. Längst gehen über MP Formate Inhalte über den Äther bzw. werden im Internet vermittelt, und folgerichtig bemüht man sich, gleichsam „digitale Zöllner" zur Übersicht und Einhaltung der Urheber- und Leistungsschutzrechte einzusetzen. Dies kann über Filterserver geschehen, doch müssen erst einmal die „digitalen Diebe" von den „digitalen Detektiven" aufgespürt werden: Ein „Räuber- und Gendarm-Spiel" besonderer Art. Nicht einfach wird es sein, doch werden nunmehr – und nicht nur für die Musikindustrie – für alle Formen elektronischen Inhalts und ihrer Vermittlung elektronische Wasserzeichen eingeführt werden. Eine Entwicklung, nicht unähnlich frühneuzeitlichen Phänomenen, als es bei den gewohnten Wasserzeichen auch gleichfalls um die Identifikation von Dokumenten ging.

5.3. Inhalte im Netz und Archivierung

Wichtig ist im Hinblick auf die Wertebildung und Archivierung die Frage, welcher Formen und Verfahren sich die öffentliche Vermittlungskultur hinsichtlich ihrer Infrastruktur für Wissensvermittlung und Dokumentenbeschaffung bedienen wird und welche Möglichkeiten und Notwendigkeiten sich im Zeitalter globaler Netze bieten. Dabei ist bei letzterem nicht nur der Frage nachzugehen, ob das, was heutzutage über Netze verbreitet wird, also auch elektronische Zeitschriftenaufsätze oder Faktendatenbanken, Ton- und

Bilddokumente, nicht möglicherweise und eigentlich Rundfunk im klassischen Sinne darstellt, eine Diskussion, die derzeit in nicht wenigen Ländern der Welt schon deshalb als Teil der Medien- und Rundfunkgesetzgebung stattfindet, weil sich Rundfunk und Netzanbieter („*content provider*") im Sinne weitverbreiteter Marktstrategien bei gleichzeitig stattfindenden, kartellrechtlich nicht unproblematischen Konzentrationsbildungen als Konkurrenten empfinden müssen. Vielmehr wirken sich diese Faktoren auf den Kommunikationsmarkt, seine Konsumenten, auf Anbieter und Produzenten, letztlich auf die Entwicklung insgesamt aus.

Weil Verbreitung und Archivierung in der digitalen Dokumentenverwaltung integriert sind, kommen dabei im Internet im Blick auf Produktion, Verbreitung und Archivierung im Grunde genommen drei Problemkomplexe zusammen, die neben der Grundfrage der Urheberschaft und der Rechte („Wer verbreitet?") zwei Fragen aufwerfen, nämlich: Was wird verbreitet und wie? Es ist nämlich bei Schalldokumenten beispielsweise zu berücksichtigen, dass Musik im Internet in vielfacher Form und Zielgruppenorientierung verbreitet wird, und zwar in Gestalt von Klangbeispielen, die den klassischen Konsum von Musik anregen, die Informationen transportieren, bei der die Qualität nicht im Vordergrund steht, ferner in Form von Musik in CD-Qualität, die als Konkurrenz zur klassischen Verbreitung von Musik auf Tonträgern steht, sodann durch MIDI-Dateien, mit deren Hilfe Musikstücke durch elektronische Musikinstrumente realisiert werden können, darüber hinaus in Gestalt neuerdings abspielbarer Partituren und Aufführungsmaterialien, die von Musikverlagen angeboten werden könnten, und endlich und natürlich auch in Rundfunkprogrammen; die als bereits gesendete Programme entweder wieder ausgestrahlt werden oder per Internet abgerufen werden. Darüber hinaus und zweitens ist die Frage zu stellen, *wie* verbreitet werden wird. Hier gilt: je besser die Audioqualität, um so größer ist die Datenmenge, die übertragen werden muss. Je größer die Datenmenge, um so schneller müssen die Netze sein, und so gibt es Datenformate und Kompressionsverfahren, die die Datenmenge reduzieren. Welche Verfahren dabei eingesetzt werden, hängt von der Verwendung der Musik ab. Zu Informationszwecken genügt oft „Mittelwellenqualität" (Real Audio) und für „CD-Qualität" gibt es andere Verfahren (vor allem MPEG.). Eine weitere Frage betrifft den finanziellen und zeitlichen Aufwand für Verbreitung und Archivierung gleichermaßen: Solange – noch – der Internetzugang für ein paar Stunden teuer ist, sind dem Zugang zum Internet Grenzen gesetzt, und solange der Internetzugang nur über PC möglich ist, ist er für die große Mehrzahl der potentiellen Konsumenten derzeit noch zu kompliziert. Es ist freilich anzunehmen, dass diese technischen Probleme sich lösen lassen.

Daher ist grundsätzlich Wertebildung mit Archivierung in dem Verständnis gekoppelt, dass archiviert werden *kann*, wessen man „habhaft" wurde und wird. Gleichwohl ist mit Anwachsen von Kommunikation und Vielfalt derselben ein qualitatives Entscheidungsproblem hinzugetreten: soll, muss man alles, tatsächlich und wirklich *alles* aufbewahren, gleich, ob es sich im heutigen Verständnis eher um als Randnutzung zu verstehende Platten- und CD-Produktion handelt oder um Sendungen im Hörfunk und Fernsehen? Kann man dies überhaupt? Oder ist nicht vielmehr Bewertung, und zwar in qualitativem und nicht in nur formal quantitativem Sinne angesagt? Ein allumfassender Archivierungsauftrag war nämlich bei audiovisuellen Medien schon immer schwierig und war im Grunde genommen noch nie gegeben, geschweige denn möglich, und doch werden in Wissenschaft und Forschung nicht selten Verlust bzw. Kassation als Nicht-Archivierung von historischen Mediendokumenten zeitgenössischer Kulturgeschichte im nachhinein beklagt, wo sie in der jeweiligen Zeit als Kommunikationsinhalte eben gar nicht historisch bewertet – und deshalb zumeist nicht aufgehoben wurden. Wir finden Vergnügen an historischen Schallaufnahmen wie Musikstücken aus der ersten Hälfte des 20. Jahrhunderts, auch etwa über eine zufällig überlieferte Werbeschallplatte der Schallplattenindustrie vom Jahre 1905, an historischen Aufführungen des Rundfunks früherer Zeiten und nähern uns nostalgisch der Unterhaltungsmusik der 50er Jahre, nur: einmal waren und sind diese Zeugnisse frühester Zeit jeweils ebenso Zufälligkeiten ihrer Überlieferung ausgesetzt, wie es mittelalterliche Handschriften und Wiegedrucke waren, und zum anderen entschieden über sie regelrechte Bewertungs*verfahren*, welche Bestände aufzubewahren und welche zu kassieren waren. Heute bemessen Redakteure und Archivare z. B. in Rundfunkanstalten im Dialog den Wert, allerdings meist schon nicht mehr mit Blick auf die Entscheidung zur Archivierung, sondern mit dem Ziel späteren Programmeinsatzes für die digitale Speicherung auf Sende-, Wellen- und Archivspeicher.

Die Entscheidungsverfahren sind, zumal im pluralistischen Verständnis und angesichts des progressiven Wandels der Technologie freilich komplexer geworden: die Frage, *wer heute entscheidet, an was wir uns morgen erinnern*, weil irgendwo, irgendwann, irgendwas gebraucht wird, ist ungleich differenzierter zu erörtern und im Internet-Zeitalter keineswegs mit den herkömmlichen Parametern der Wertebildung („Was könnte in 10 Jahren wichtig sein?") zu lösen: die Breite des Interesses ist heute angesichts des international bzw. global orientierten Geschmacksempfindens ebenso zu berücksichtigen, wie bzw. nach welcher, auch in 10 Jahren noch verfügbaren Technik zu archivieren ist.

Dies – die Definition der Bedeutung, der Betonung der *Relevanz* von Archivierung gegenüber der *Redundanz* von Produktion und Markt war und ist im Feld der Medienarchivierung im Gegensatz zu Archiven und Bibliotheken wegen der Grenzüberschreitungen und ihrer Internationalität, noch nie einfach: natürlich haben z. B. mit Anbruch der Rock- und Popmusik neue Formate von Musiksendungen im Hörfunk und im Musikmarkt sich gegenseitig ergänzt, wie sie sich ebenso bedingt haben (über Hitparaden etc.), doch bezog sich die Wertebildung im Hinblick auf die Archivierung (noch) auf einen Plattenmarkt, auf dem zwar Hits produziert wurden, jedoch in Kombination zu anderen Titeln auf der gleichen Platte: Was früher A- und B-Seite einer Platte solchermaßen unterschied, reduziert sich im Zeitalter der Abrufbarkeit einzelner Titel bzw. Interpreten per *real audio* über Internet: hier werden Hits nicht mehr als Hitparade von mehreren Einzeltiteln, also als *Summe*, begriffen, sondern als Individualtitel: sie werden von den nicht nur jugendlichen Nutzern über Internet abgerufen, und es werden aus den jeweiligen Einzeltiteln neue CD's gebrannt, die unter der jeweiligen Gruppe kursieren: gleichsam wird eine zweite Ebene des Marktes eröffnet, die urheberrechtlich nicht mehr grau, sondern schwarz ist.

Wie kann man das Problem, das eben nicht nur eines der Wertebildung der jeweils aktuellen Musikproduktion bzw. des zeitgleichen Marktes ist, lösen, wo man die Inhalte ‚weil nicht (mehr) physisch vermittelt, jederzeit *neu* abrufbar, im wahrsten Sinne nicht „zu greifen" sind? Ein Umstand, der zwar auch für Rundfunksendungen galt, wenn der Hörer bzw. Zuschauer diese nicht direkt mitgeschnitten hatte und auf eine Wiederholung am Tag X hätte warten müssen, doch hat sich diese „Abhängigkeit" in nicht wenigen Fällen im Internet-Zeitalter auf Null reduziert in Gestalt des Abrufs und Klickens an die richtige Adresse und den erdweitentfernten Massenspeicher und Server. Ein Problem, das keineswegs „nur" die Archivierung angeht, sondern vor allem Positionen von Produzenten und Verlegern betrifft: letztere sind, über die aktuelle Produktion hiausgehend, an der Archivierung statt dessen interessiert, wenn es um Neuauflagen und Vermarktung von historischen Aufnahmen geht, aber: Wie sind in einem Massenspeicher Titel so vorzuhalten, dass sie in 10, 20 Jahren für einen zu produzierenden *nostalgischen Sampler* wieder abrufbar sind – so wie die Vinyl-Schallplatten, die auf CD's neu gebrannt werden? Wie kann man vermarkten, wenn sich die Gesetzmäßigkeiten des Marktes, die ja nicht nur Angebot und Nachfrage, sondern die physische Gebundenheit der Kaufprodukte in Gestalt einer CD bedeutet, gleichsam durch Dialog zwischen Internet-„empfang" im Wohnzimmer auf der einen und Server andernorts auflösen?

Erst recht gilt diese Wertbestimmung für Institutionen wie Archive, Bibliotheken und Museen, wenn diese im kulturpolitischen wie geschichtlichen Auftrag archivieren. Kaum wird der in Zeiten physischer Dokumentformen begründete „universelle Sammelbegriff" sich halten lassen, der schon beispielsweise bei sog. grauer, d. h. außerhalb des Buchhandels erscheinender Literatur kaum einzuhalten war und in dessen Rahmen nur wenige Nationalbibliotheken im umfasssend(eren) Sinne Bücher und Zeitschriften als Ausdruck ihres Bestandsmanagments kontinuierlich erwerben konnten: vielmehr wird wohl selektive Strategie die Wertebildung für Archivierung zwecks *Nutzung für später* bestimmen, weil längst nicht alles bekannt wird, was über's Netz „geht" und längst nicht alles „abgegriffen" werden kann, um es dann elektronisch zu speichern und damit den Archivierungsauftrag zu erfüllen.

Bedeutsam ist, dass sich ohnehin die Produktions- und Anbieterverhältnisse schnell und rasch wandeln: Längst werden natürliche Auswege aus dem Dilemma gesucht, indem z. B. große Labels oder Stars der Unterhaltungsbranche ihre eigenen Homepages im Cash-Verfahren als „virtuelle Medienarchive" betreiben und damit Gewährleistung von Urheberrechten, Leistungsschutzrechten und vor allem „income" anstreben, doch bedeutet dies zugleich eine Kanalisierung eines bis dahin frei(er)en Marktes und seines Verständnisses. Zugleich wird die Archivierung im kollektiven Interesse erschwert, weil das neue Kommunikationsverständnis, präziser: der Wandel zum Abrufverfahren im Internet (gegenüber Angebot und Nachfrage in Markt und Radio), das kollektive Interesse deutlich reduziert auf die individuelle Ebene des Internetdialoges. Wo der Nutzer mit Blick auf die o. g. „Produktionen" (Abruf von Hits zum Brennen neuer CDs) gleichsam sein eigener (auch seiner Gruppe) „Verleger" werden kann und wo Komponisten, Aufführende und Verleger zu Content-Providern werden. Da all dies im großen Geschäft betrieben wird, werden Markstrategien entwickelt werden, wo sie es nicht schon sind; möglicherweise werden die Entwicklung und Bewertung von Inhalten zukünftig eher nach marktanalytischen denn ästhetischen Wertebildungen stattfinden: das Risiko der Vielfalt wird, so ist zu befürchten, reduziert werden auf einen engeren Kanon von wertbestimmten Produkten, bei denen man a priori annehmen darf, sie seien gängig und würden nicht zum „Flop".

Die Vielfalt, die sich ja auch in der *Vielzahl des Zufälligen* dokumentiert, wird stärker in Abhängigkeit gesetzt zur Kalkulierbarkeit des Marktes in einem weltumspannenden Netz, dessen Fäden von wenigen „global player" gezogen werden. Fraglich ist dabei, wie sich die pluralistische Gesellschaft, auch beispielsweise die Vielfalt von Kultur und Kommunikation der Zeit, auch in der Archivierung von heute für morgen präsentieren wird. Dies gilt aber auch für andere digitale Dokumentformen und ihre Archivierung. Nicht ohne Sorge wird man daher das Spannungsfeld zwischen der *Tradition*, aus der wir kommen, und dem Übergang zur jeweiligen Produktion und Kommunikation, in der wir ja aktuell jeweils stehen, als Entwicklung zwischen Vergangenheit, Gegenwart und Zukunft der ästhetischen Vielfalt betrachten müssen. Nicht ganz zufällig befasst sich das neue Unesco-Programm „Memory of the World" mit ähnlichen Fragen, drehen sich die Diskussionen um die Vielfalt der Dokumente, ihre Formen und dabei um das Verhältnis von Relevanz und Redundanz. Dieses Unesco-Programm zielt dabei auf Archivierung *und* Nutzung als integralen Prozess ab und nicht auf die Separierung vermeintlich unabhängiger Aufgaben. Beide, Archivierung *und* Nutzung, haben vehement mit Wertebildung zu tun, für deren Methodik es im pluralistischen Verständnis des Internetzeitalters noch kein Allgemeinrezept gibt und auf das sich die gewohnten, von der Schriftgutbewahrung abgeleiteten Parameter der Archivierung nicht so einfach übertragen lassen.

Im digitalen Zeitalter soll und wird die Wertebildung breit(er) angelegt sein müssen, weil insbesondere individuelle Aspekte wie Urheber- und Leistungsschutzrechte wie kollektive Nutzungsinteressen zu berücksichtigen sein werden.

6. Literatur

Einzelne Titel:

Allerstrand, Sven; Unesco Report: Legal Questions facing Audiovisual Archives. In: Phonographic Bulletin/IASA, 1992, No. 61, 63–67;

Audiovisuelle Überlieferung in den Rundfunkarchiven und wissenschaftliche Forschung: Protokoll eines Rundgesprächs auf der Frühjahrstagung 1987 der Fachgruppe der Presse-, Rundfunk- und Filmarchive in Zürich. In: INFO 72, 1987, H. 2. 72–84;

Auer, Leopold; Standardizing Archival Practices: A Tool for the Infomation Age: Standardizing Terminology. Montreal, 1992.

Bock, Heinz Michael (Hrsg.), Cinegraph: Lexikon zum deutschsprachigen Film, München 1984;

Bowser, Eileen, Kuiper John (Hrsg.) (1991): A Handbook for Film Archives/FIAF. New York 1991;

Buder, Marianne Werner Rehfeld; Thomas Seeger (Hrsg.), Grundlagen der praktischen Information und Dokumentation: Ein Handbuch zur Einführung in die fachliche Informationsarbeit.

Das Bundesarchiv, Geschichte und Organisation – Aufgaben – Bestände. Koblenz 1988;

Drucksache 9/963 v. 30. 10. 1981 UNESCO-Empfehlung zum Schutz und zur Erhaltung bewegter Bilder), S. 7–12. – (angenommen auf 37. Vollsitzung vom 27. 10. 1980, engl. Originaltitel; Recommendation for the Safeguarding and Preservation of Moving images);

FIAF: 50 Years of Film Archives: 1938 – 1988. Brüssel 1988;

The FIAF Cataloguing Rules for Film Archives Harrison Hrsg. v. Harriet W. FIAF Cataloguing Commision. München 1991;

Franz, Eckhardt G., Einführung in die Archivkunde, Darmstadt 1990;

Griep, Karl, Das Bundesarchiv-Filmarchiv. In: Der Archivar 45, (1992), H 3, Sp. 346–352;

Harms, Michael, Das System der Medieninformation: Strukturen und Dienste der Rundfunkarchive. In: Grundlagen der praktischen Information und Dokumentation. München 1991, 616–636;

Hempel, Wolfgang, Zur Situation der Hörfunk- und Fernseh-Programmüberlieferung in den Rundfunkarchiven. In: Der Archivar 43, H. 1, Sp. 74–79;

Kahlenberg, Friedrich P., Die Erhaltung von Filmmaterialien als Kulturgut: Eine Empfehlung der UNESCO. In: Mitteilungen StRuG 6, 1980, H 3, 148–152;

Kirchner, Daniela, (Ed.): Film und Television Collections in Europe. The MAP-TV Guide/London/Glasgow u. a. 1995;

Klaue, Wolfgang, Audio-Visual Records as Archival Materials. In: Proceedings of the 11th International Congress on Archives (Paris 22.–26. August 1988). München 1989, 69–74;

Leonhard, Joachim-Felix, The Future of the Present Past. Audiovisual Tradition and Cultural Heritages, in: Féderation Internationale des Archives de Télévision (FIAT)/International Association of Sound Archives (IASA). International Congress Bogensee/Berlin 1994, Minutes and Working Papers of the FIAT/IFTA Conference. Baden-Baden 1994, 50–58;

–, Medienkultur, Medien und Kultur: Audiovisuelle Dokumente, Kulturerbe und Gedächtnisbildung im 20. Jh., in: Kultur und Entwicklung. Zur Umsetzung des Stockholmer Aktionsplans, hrsg. von R. Bernecker. Bonn, 129–133;

–, Der Rundfunk der DDR wird Geschichte und Kulturerbe, in: Rundfunkpolitik in Deutschland. Wettbewerb und Öffentlichkeit, hrsg. von D. Schwarzkopf. – München, 1999, 927–977;

Millonig, Harald, Film-, Fernseh- und Videodokumentation an deutschen Hochschulen. In: INFO 7 2, 1987, H. 1, 16–19;

Pollert, Susanne, Film- und Fernseharchive. Bewahrung und Erschließung audiovisueller Quellen in der Bundesrepublik Deutschland, Potsdam 1996;

The Moving Image Heritage, Survey on the Implementation of the UNESCO Recommendation on the Safeguarding and Preservation of the Moving Images. – Part 1: Filmarchives/Part II: Television Archives. – Brüssel/Madrid 1987;

Treue, Wilhelm, Das Filmdokument als Geschichtsquelle, in: Historische Zeitschrift 186, 1958, 308–327;

Vaganov, Feodor M. Conservation of New Archival Materials: Report. In: Proceedings of the 11th International Congress on Archives (Paris, 22.–26. August 1988), München 1989, 135–152;

Wilbert, Gerd, Topographie audiovisueller Materialien an wissenschaftlichen Einrichtungen der Bundesrepublik Deutschland, München 1987;

Reihen und Zeitschriften:

Veröffentlichungen des Deutschen Rundfunkarchivs, hrsg. vom Deutschen Rundfunkarchiv, Potsdam 1995 ff, Bd. 1ff. – (früher) Bild- und Tonträger-Verzeichnisse Bd. 1–26., Frankfurt: DRA, 1972–1989, 1993–1994; München: 1991–1992:

Ästhetik, Pragmatik und Geschichte der Bildschirmmedien: Arbeitshefte Bildschirmmedien 1 (1988);

Der Archivar: Mitteilungsblatt für deutsches Archivwesen 1 (1947/48);

Historical Journal of Contemporary History/IAMHIST 1 (1981)-13 (1993). – (anfangs u. d. T.: Historical Journal of Film, Radio and Television);

INFO 7: Information und Dokumentation in Archiven, Mediatheken, Datenbanken 1 (1986)-ff.;

Mitteilungen des Studienkreises für Rundfunk und Geschichte 1 (1974/75) – 20 (1994). – (seit 21 (1995) u. d. T.: Rundfunk und Geschichte);

Nachrichten für Dokumentation. Zeitschrift für Informationswissenschaft und Praxis 1 (1950)-ff.;

Phonographic Bulletin/IASA (1961), No. 1– (1992), No. 61;

Joachim-Felix Leonhard, München
(Deutschland)

Namenregister

A

Abarbanell, Steffan I, 384
Abel, Jürgen III, 1878, 1879, 2804, 2806
Abel, Richard I, 162, 174
Abel-Struth, Sigrid III, 2049
Abelson, Robert P. I, 84, 87, 109, 110; II, 1696, 1702
Abraham, Cresques I, 666
Abraham, Karl II, 1180
Abramson, Albert III, 2496
Abromeit, Heidrun II, 1774, 1775, 1780, 1781
Abt, Dean III, 2449
Accius I, 530
Achtelstetter, Karin I, 384
Achternbusch, Herbert III, 2360
Ackermann, Anton II, 1237
Ackroyd, P.R. I, 499
Acoust, J. II, 1386
Acres, Birt II, 1164
Adam, Ken III, 1798
Adam, Paul I, 423, 436
Adam, Wolfgang I, 793
Adameck, Heinz II, 1542; III, 2262, 2263
Adenauer, Konrad II, 1484, 1485, 1486, 1487, 1488, 1557, 1778; III, 2270, 2334, 2718, 2295, 2459
Adér II, 1367
Ades, Dawn I, 982, 983
Adhémar, Jean I, 791
Adler, Günter I, 98, 104
Adler, Richard P. I, 196, 198
Adler, Walter II, 1497, 1499
Adloff, Lieselotte I, 887, 889
Admoni, Wladimir I, 866
Adolf von Nassau I, 803
Adorno, Jean I, 672
Adorno, Theodor W. I, 27, 190, 191, 198, 199, 235, 257, 267, 269, 275, 280, 281, 320, 323, 333, 334, 361, 522, 523, 525, II, 1108, 1116, 1141, 1641; III, 2406, 2418, 2489, 2490, 2496, 2498, 2805, 2806
Adrian, Werner I, 437
Adverteerdes, Bond van I, 343
Aegidius, Petrus I, 682, 683, 684
Aegidius, Romanus I, 656

Aeneas I, 643
Aetion I, 602
Africanus, Leo I, 677
Africanus, Sextus J. I, 637
Agde, Günter III, 1824, 1828, 1875, 1879
Agee, James II, 1172, 1176, 1718
Agesilaos (König) I, 533, 610
Agraval, Govind II, 1337, 1339
Agricola I, 807
Ahn, R.M.C. I, 130
Ahnert, Steffen II, 1271
Ahrens, Rupert I, 81
Ahrens, Wilfried III, 2213, 2232
Ahrlé, Ferry II, 1788
Aichinger, Ilse II, 1494
Aigner, Dietrich I, 511
Ailred of Rievaulx I, 645
Airenti, Gabriella I, 85, 104
Aischylos I, 530, 603, 605
Aitken, Harry II, 1075, 1170, 1171, 1173
Akasaka, Shigeru III, 2839, 2840
Akyuz, Gün III, 2332, 2339
Alantsee (Verleger) I, 461
Alanus ab Insulis I, 650, 651
Alard, M. III, 1942, 1948, 1957
Albach, Horst I, 201, 211
Albachary, Jacques I, 977, 978
Albarran, A.B. III, 2467, 2474
Albèra, Francois II, 1197
Albers, Sönke III, 2594, 2596
Albersmeier, Franz-Josef I, 310, 312, 316; II, 1184, 1196, 1198; III, 1791, 1798, 1836
Albert der Große I, 627, 634, 635, 650, 651, 655, 656
Alberti, Leon B. I, 368, 373, 687, 699, 708
Albertini, Rudolf v. I, 734
Alberts, Jürgen I, 963
Albig, William I, 251, 255
Albrecht I, 980, 983
Albrecht, Horst I, 384
Albrecht, Jörn I, 51
Albrecht, Michael I, 528, 538
Albrecht, Richard I, 774
Alden, John I, 673, 674, 677
Aldrich, Thomas B. II, 1170
Aldrovandi, Ulisse I, 818
Aleksandrov, Grigorij II, 1188, 1193

Alexander (Bishop) I, 642
Alexander (König) I, 609
Alexander II (Papst) I, 731
Alexander VI. (Papst) I, 502, 696
Alexander von Hales I, 651
Alexander, Alison II, 1150
Alexander, Peter III, 2410
Alexanderson, Ernst F.W. II, 1305, 1388
Alexandrov, Grigorij III, 1834, 1836
Alexandrow II, 1206
Aley, Peter I, 566, 567
Alfaric, Prosper I, 615, 625
Alfred of Beverly I, 645
Alidosi (Kardinal) I, 698
Alkuin I, 548
Allaire, Yvan I, 79, 80
Allen, Blaine I, 174; III, 2443, 2449
Allen, Brown, R. I, 648
Allen, Robert C. I, 106, 198, 282, 286, 963; II, 1144, 1149; III, 2340, 2341, 2342, 2344, 2347, 2348, 2349, 2350
Allen, Steven III, 2323
Allen, W. I, 774
Allen, William H. III, 2811, 2818
Allen, Woody III, 2189, 2193
Allende, Isabel I, 767
Allerstrand, Sven III, 2856
Allilujewa, Swetlana I, 770
Allmer, Henning I, 49, 54, 56, 57
Allsburg, Chris Van II, 1591
Almendarez, Valentin I, 174
Almsick, Franziska van III, 2401
Aloi, Roberto II, 1091
Alper, Donna L. III, 1994
Alston, R.C. I, 717, 724
Alston, William P. I, 29, 49, 216, 226, 293, 295, 306
Alt, Franz III, 2292, 2295
Altenbach, Philip G. III, 2660
Altenberg, Peter I, 870
Altendorfer, Otto III, 1982
Altenhain, Karsten III, 2561
Altenhein, Hans I, 573
Altenloh, Emilie I, 319; II, 1153, 1157; III, 1874, 1876, 1879

Althaus, Hans P. I, 56, 231, 880; II, 1106
Althaus, Peter III, 2464
Altheide, David L. I, 75, 80; II, 1694, 1701; III, 2318, 2319
Althoff, Friedrich I, 492
Althusser, Louis I, 170
Altman, Rick II, 1141; III, 1835, 1836
Altmann, Robert II, 1067; III, 1796
Altmeppen, Klaus-Dieter I, 57, 61, 66, 70, 272, 332, 333, 347, 355; II, 1765; III, 2725
Altrichter, Helmut I, 29, 49
Altschull, J. Herbert I, 905, 911
Altzenbach (Verleger) I, 786
Alvares, Francisco I, 676, 677
Alverdes, Paul II, 1492
Aly, Wolf I, 612
Amail, Jens III, 2648
Amann, Max I, 281, 911, 949, 950
Amann, Rolf III, 2443, 2446, 2448, 2449
Amano, Katsufumi III, 2834, 2839
Ambrosius (Bischof) I, 618, 631
Amelot de la Houssaye I, 733
Amenagual, Barthélémy II, 1196
Amerbach, Johann I, 544
Ames, Russell A. I, 694
Amman, Jost I, 786
Ammer, Andreas II, 1499; III, 2067
Amor, Hamed III, 1942, 1957
Ampére III, 2127
Amsler, André III, 1824, 1828
Anaxagoras I, 468, 531, 804
Andermann, Kurt I, 558
Anders, Günter I, 192, 198, 275, 280; III, 2821, 2828
Anders, Stefan I, 142
Andersch, Alfred II, 1464, 1468, 1494, 1495; III, 2027, 2028, 2029, 2032, 2039
Andersen, Lale II, 1510
Anderson, Christopher III, 2496
Anderson, Daniel R. I, 87, 104; III, 2468, 2474
Anderson, David A. III, 2774, 2776
Anderson, John R. I, 84, 86, 104
Anderson, Kent III, 2331, 2339
Anderson, Laurie III, 2439
Anderson, Robert II, 1061, 1071
Anderson, Robin III, 2799
Anderson, Roland III, 1914
Anderson, Terry J. I, 131

Andreae, Johann V. I, 692
Andreev, Leonid II, 1191
Andresen, Carl I, 538
Andrew, J. Dudley I, 174
Andringa, Els I, 85, 91, 92, 93, 97, 104, 110
Ang, Ien I, 103, 104, 268, 269; III, 2349, 2495, 2496
Angebaud, Didier III, 1957
Anger, Kenneth III, 1789, 1791, 1792
Angerer, Marie-Luise III, 2450
Angiolello, Giovan-Maria I, 672
Anglicus, Bartholomäus I, 631, 632, 633
Anglo, Sydney I, 647, 648
Anjou, Karl v. I, 732
Annenberg, Walter III, 2829, 2830, 2832
Anschütz, Ottomar II, 1162, 1166
Anselm von Canterbury I, 658
Antheil, George II, 1507
Antoni, Manfred I, 347, 355
Antonioni, Michelangelo II, 1219, 1224, 1225, 1226; III, 1792
Antos, Gerd I, 49, 304, 306; II, 1711
Apel, Karl-Otto I, 18, 525
Aperger, Andreas I, 788
Apian, Philipp I, 755, 756, 759
Apollonius von Perga I, 739
Appelquist, P. III, 2244, 2255
Appian I, 610
Appollodoros von Karystos (Rhodios) I, 529, 531, 610
Aprà, Adriano II, 1227
Apuleius I, 538, 626
Arai, Naoyuki III, 2840
Arat I, 529, 534
Arden, Radulfus I, 630
Ardenne, Manfred v. III, 2134, 2135, 2136, 2137
Arendt, Dieter I, 525
Arendt, Joachim III, 2370, 2383
Arens, Karlpeter I, 963
Arentzen, Jörg-Geerd I, 747, 748, 762
Areopagita, Ps.-Dionysius I, 550, 655
Aretin, Johann Ch. v. I, 491
Aretino, Leonardo B. I, 699, 708
Aretino, Pietro I, 706
Argyris, Chris I, 72, 80
Ariès, Philippe I, 561, 567
Arijon, Daniel III, 1875, 1879
Aristarch von Samos I, 610, 737
Aristarco, Gido II, 1227
Aristeides I, 537
Aristippus, Henricus I, 652

Aristophanes I, 531
Aristoteles I, 169, 273, 280, 475, 527, 530, 532, 535, 536, 537, 601, 610, 611, 622, 626, 631, 652, 655, 656, 703, 708, 737, 738
Armat II, 1167
Armbruster, Brigitte III, 2811, 2818
Armes, Roy I, 174, 174; II, 1227
Armstrong, Cameron B. III, 2088, 2451
Armstrong, Elisabeth I, 710, 724
Armstrong, L. III, 2682
Arnaz, Desi II, 1067
Arndt, Adolf III, 2763, 2771
Arndt, Ernst M. I, 134, 788, 813, 815, 902, 941
Arndt, Johann I, 765
Arnheim, Rudolf I, 31, 32, 49, 161, 162, 165, 166, 173, 174, 175, 181, 182, 183, 184, 185, 186, 187, 198, 371, 373; II, 1105, 1122; III, 1790, 1798, 1833, 1835, 1836, 1875, 1879, 2066, 2088
Arnim, Achim v. I, 565, 790
Arnim, Manfred v. I, 436
Arnold, Bernd-Peter III, 2010, 2017, 2022, 2023, 2024, 2025, 2073, 2078, 2081, 2082, 2083, 2084, 2085, 2086, 2087, 2088, 2089, 2090, 2110
Arnold, Edward III, 2475
Arnold, Friedrich I, 149, 160, 1000, 1010; II, 1771, 1781
Arnold, Heinz L. I, 770, 774, 775; II, 1647, 1738, 1739
Arnold, Martin I, 789
Arnold, Werner I, 141, 148, 449, 513, 573, 590, 801, 894
Arns II, 1155
Arntz, Hans U. I, 938
Arntz-Pietscher, Cora III, 2043, 2045
Arntzen, Helmut I, 877
Arnu, Titus III, 2291
Aronson, Elliot I, 117
Arren I, 150, 157
Arriens, Klaus III, 1875, 1879
Arrow, Kennetz III, 2705, 2712
Arthur (King) I, 644, 646, 647, 648
Artmann, H.C. I, 782
Arvidson, Linda II, 1168, 1176
Arzt, Simon III, 2417
Asamen, Joy K. I, 105, 106
Asano, Kenichi III, 2840
Asch, Simon E. I, 116, 117
Ashby, Ross W. I, 2, 13
Asheri, David I, 612

Ashworth, Rober L. III, 2605, 2610
Asper, H. III, 2384, 2386, 2387
Aßfalg, Julius I, 548, 557
Aßmann von Abschatz, Hans I, 134
Assmann, Aleida. I, 132, 140
Assmann, Jan I, 132, 140
Assurbanipal (König) I, 474
Astor, Jacob J. I, 909; II, 1089
Astruc, Alexandre II, 1232, 1236
Atkinson, Claire III, 2485
Atticus I, 527
Atwell, David II, 1157
Aubert, Michelle II, 1166
Aubin, Jean I, 675, 677
Audran, Stéphane II, 1230
Auer, Alfons I, 384
Auer, Leopold III, 2856
Auer, Manfred III, 1828
Auer-Krafka, Tamara II, 1461, 1468; III, 2039
Auerbach II, 1204
Aufderheide, Pat III, 2443, 2450
Aufenanger, Stefan I, 83, 104, 260, 266, 267, 269, 358, 362, 363, 365
Aufermann, Jörg I, 885, 889; II, 1105, 1459, 1749; III, 1975, 2280
Augaitis, Daina III, 2070
Augros, Joël II, 1081, 1082, 1083, 1084
Augst, Gerhard I, 49, 678
Augstein, Richard II, 1082
Augstein, Rudolf I, 694, 834
August Herzog von Braunschweig d.J. I, 817
Auguste (Gebrüder) I, 495; II, 1163
Augustin (Kirchenvater) I, 544, 550, 610, 611, 631, 637, 645
Augustodunensis, Honorius I, 630
Augustus (Kaiser) I, 501, 528, 530, 610
Aulich, Reinhard I, 511
Aull, Manfred II, 1573
Aumont, Jaques II, 1184, 1196
Aurenche, Jean II, 1231
Aureoli, Petrus I, 661
Aurich, Rolf II, 1154, 1157
Aurifaber, Johannes I, 741, 745
Aurora, Blaise II, 1157
Austin, John L. I, 29, 49, 289, 293, 300, 306
Autant-Lara, Claude II, 1229
Autry, Gene III, 2192
Auwärter, Manfred I, 271, 336
Auzel, Dominique II, 1166
Averroes I, 652, 655
Avery, Gillian I, 566, 567

Avian I, 553
Avicenna I, 652, 655
Avril, François I, 443
Axen, Hermann II, 1239
Ayrton, Edmond III, 2128

B

Baacke, Dieter I, 50, 103, 104, 227, 260, 268, 269, 271, 307, 320, 330, 333, 358, 362, 365; II, 1157; III, 2498
Baacke, Rolf-Peter II, 1085, 1086, 1087, 1088, 1091, 1155, 1157
Baasner, Rainer I, 743, 745
Babin, Pierre I, 384
Babinger, Franz I, 672, 677
Bacall, Lauren II, 1065
Bach, Johann Sebastian II, 1217
Bach, Kent I, 296, 306
Bach, Ulrich I, 819
Bach, Wolfgang II, 1772, 1775, 1776, 1778, 1781
Bache, Alain III, 1957
Bachem, Jos. P. I, 887, 889, 942
Bachem, Rolf II, 1774, 1775, 1776, 1778, 1779, 1781
Bachler, K. I, 420
Bächlin, Peter II, 1073, 1075, 1076, 1077, 1079, 1084, 1198, 1203, 1206; III, 1875, 1876, 1879
Bachmair, Ben I, 107, 260, 267, 269; III, 2453, 2462, 2493, 2494, 2496, 2806
Bachmann, Ingeborg I, 239; II, 1494, 1495, 1642
Bachmann, T. III, 2610
Backes, H. II, 1105
Bacon, Francis I, 691, 692, 693
Bacon, Henry II, 1227
Bäder, Karl O. III, 1900, 1907, 2107, 2116
Bader, Wolfgang I, 55, 230
Badius, Jodocus I, 405
Badura, Peter III, 2766, 2770, 2771
Baensch III, 2655
Baer, Gerhard III, 2799
Baerns, Barbara III, 2725
Baeumker, Clemens I, 664
Bagier, Guido II, 1200
Bagrow, Leo, A. I, 747, 748, 749, 750, 753, 762
Bahne, Siegfried I, 834, 836
Bahner, Werner I, 525
Bahr, Herman I, 870
Bähr, Rolf II, 1089, 1091

Bailly, G. I, 126, 130
Bain, Alexander III, 2127
Baird, John L. III, 2130, 2132
Bake, Curt II, 1502, 1503
Bakenhus, Norbert III, 2088
Bakhtin, M. II, 1698, 1699, 1701
Bakos, Yannis III, 2705, 2712
Bakr, Abu I, 671
Balanis, Constantine A. II, 1309, 1314, 1315
Balázs, Béla I, 161, 163, 164, 165, 167, 174; II, 1093, 1099, 1105, 1114, 1116, 1183, 1184, 1196; III, 1790, 1798, 2358
Balbi, Gasparo I, 676
Balbi, Joannes I, 711, 723
Balcke, Siegfried I, 968, 971
Baldasty, Gerald J. I, 911
Baldi, Bernardino I, 741, 745
Baldry, Harold C. I, 612
Baldwin, Evelyn II, 1176
Baldwin, Huntley III, 1828
Baldwin, Thomas F. III, 2723, 2725
Bales, Robert F. I, 252, 255
Balio, Tim III, 1798
Balio, Tino II, 1060, 1067, 1071, 1076, 1084, 1144, 1145, 1149, 1150
Ball, Lucille II, 1067
Ballhaus, Edmund III, 1816, 1820
Ballhaus, Michael II, 1036
Ballstaedt, Steffen-Peter I, 87, 104, 299, 306
Bally, Charles I, 287, 346
Balnck, Horst I, 557
Balzac, Honoré de I, 905; II, 1653, 1738
Balzer, Bernd I, 801, 823
Balzer, Walter I, 889
Bamm, Peter II, 1600
Bammé, Arno I, 49, 966, 969, 970, 971
Bammert, Maria III, 2599, 2610
Bandello, Matteo I, 676
Bandilla, Wolfgang II, 1755
Bandini, Domenico I, 634, 666
Bandmann, Otto I, 886, 889
Bandura, Albert I, 115, 328, 333
Bandy, Mary L. II, 1032
Bañez, Dominicus I, 662
Bangemann, Martin I, 24, 26
Bangerter-Schmid, Eva-Maria I, 140, 791, 793, 799, 801, 819
Banneitz, Fritz III, 2136
Bär, Peter III, 1876, 1877, 1878, 1879
Bara, Bruno G. I, 85, 104
Baraka, Armini II, 1499

Baranowski, Henryk I, 736, 745
Baratsits, Alexander III, 1974
Barbaro, Giosafat I, 677
Barbaro, Umberto III, 1794
Barbian, Jan P. I, 512
Barbier, Frédéric I, 573
Barbosa, Duarte I, 676, 677
Barchatowa, Jelena I, 994, 1000, 1010
Barck, Simone I, 512
Bardeen, J. II, 1366
Bardot, Brigitte II, 1081
Barenboim, Daniel III, 1894
Baret, John I, 721, 723
Barge, Hermann I, 420
Bargeld, Blixa II, 1499
Bargiel-Harry, Réjane I, 1015
Bargstedt, Peter III, 2088
Barguet, A. I, 612
Barker, Adam I, 174; II, 1116, 1122, 1177
Barkhausen, Hans II, 1126, 1135; III, 1875, 1879
Barkus, Hans-Hermann I, 525
Barloewen, Constantin v. I, 49; III, 2322, 2323, 2328, 2329
Barnard, Chester I, 78
Barnay, Markus III, 2005
Barner, Wilfried I, 525, 578, 579, 581; II, 1725, 1727, 1728, 1738
Barnes, John A. II, 1048, 1049, 1057
Barnet, Boris II, 1190, 1191, 1197
Barnett, Stephen R. III, 2783, 2786
Barnicoat, John I, 981, 983, 1016
Barnouw, Erik II, 1068, 1071
Baron, Auguste II, 1027
Baron, Christian II, 1042
Baron, Hans I, 727, 734
Barré, Louis I, 722, 724
Barrett, Katherine II, 1217
Barrick, Donald E. II, 1315, 1316, 1323
Barrie, Gunter III, 2368
Barron, Jerome A. III, 2786
Barros, João de I, 675, 676
Barrows, Howard III, 2600, 2609
Barry, J.F. II, 1152, 1157
Barrymore, John II, 1062; III, 2191
Barrymore, Lionel II, 1212
Barsalou, Lawrence W. I, 84, 85, 104
Barsam, Richard M. III, 1803, 1812
Barsch, Achim I, 91, 104, 105, 106, 109, 110
Bart, Peter III, 2669, 2676

Bartels, Hugo II, 1465
Bartetzko, Dieter II, 1155, 1156, 1157
Barth, Christof I, 215, 226, 227; II, 1445, 1458; III, 1974, 1982, 2089, 2566, 2578
Barth, Gerda I, 850, 922
Barth, Hermann I, 316
Barth, Karl I, 378, 384
Barth, Maria I, 355
Barth, Michael III, 2445, 2450
Barth, Rüdiger III, 1902, 1903, 1904, 1907
Barth, Susanne I, 567
Barth, W. II, 1049, 1057
Barthel, K. II, 1643
Barthélemy, René II, 1539
Barthelmes, Barbara III, 2442, 2450
Barthelmes, Jürgen I, 102, 104, 267, 269
Barthelmess, Richard II, 1175
Barthes, Roland I, 100, 102, 104, 133, 140, 155, 160, 196, 282, 283, 284, 285, 286, 522; II, 1122; III, 2460, 2462
Bartlett, Frederic III, 2465, 2467, 2469, 2472, 2473, 2474
Barwise, T.P. III, 2466, 2474
Basedow, Johann B. I, 564
Baselitz, Georg II, 1620
Basinger, Janine II, 1217
Bass, L. I, 119, 130
Bassermann, Albert II, 1111
Bassewitz, Susanne I, 63, 70
Bates, Benjamin J. III, 2276, 2279
Bates, Stephen III, 1828
Bateson, Gregory I, 16, 21, 26
Batinic, Bernad III, 2578, 2579, 2608
Batteau II, 1265
Baudrillard, Jean I, 275, 276, 280, 283, 323; II, 1122, 1661, 1662; III, 2445
Baudry, Jean-Louis II, 1122; III, 2453, 2462
Bauer, Andreas F. I, 409, 826
Bauer, Barbara I, 139, 140, 792
Bauer, Clemens I, 649
Bauer, Eddie III, 2214
Bauer, Evgenij II, 1189
Bauer, Günther III, 2039, 2042, 2045
Bauer, H.M. II, 1495
Bauer, Helmut G III, 1957, 1974, 1982, 2689, 2772
Bauer, Hermann I, 687, 694
Bauer, Inez II, 1747, 1748
Bauer, Josef M. II, 1475, 1492, 1494
Bauer, Konrad F. I, 420

Bauer, Ludwig I, 317
Bauer, Walter II, 1492
Bauer, Wilhelm I, 955
Bauer, Wolf III, 2495, 2496
Bäuerle, Ferdinand I, 972
Baum, Achim I, 266, 269
Baum, Richard III, 2049
Baum, Vicki I, 766
Baumann, Willi II, 1157
Baumberger, Otto I, 996, 1004, 1014
Baumert, Heinz III, 1813, 1814, 1815, 1816, 1821
Baumert, Paul I, 887, 889
Baumgaertel, Gottfried III, 2772
Baumgart, Fritz I, 695, 708
Baumgart, Manuela II, 1733, 1738
Baumgarten, Norbert I, 700, 709
Baumgärtner, A. Clemens I, 355, 365, 586, 587, 590
Baumgärtner, Ingrid I, 666, 671, 677
Baumgartner, Peter I, 966, 971
Baumhauer, Otto II, 1778, 1779, 1780, 1781
Baur, Elke III, 2495, 2496
Baur, U. II, 1630
Baurier, D. Du II, 1654
Baurmann, Jürgen I, 304, 306
Bausch, Hans I, 49; II, 1425, 1429, 1442, 1444, 1449, 1458, 1513; III, 2270, 2279, 2371, 2372, 2383, 2725
Bausch, Karl I, 49
Bausinger, Hermann III, 1995, 2005, 2302, 2406, 2413, 2452, 2462
Bautier, Robert-Henri I, 499
Bayer III, 2322, 2328
Bayer, Herbert I, 997, 1005, 1006, 1010, 1014
Bayer, I III, 1903, 1907
Bayer, Klaus I, 49
Bayer, Werner III, 2166, 2167
Bayerdörfer, Hans-Peter I, 525
Bayerl, Günter I, 420, 457
Bayezid (Osmane) I, 671
Bayle, Pierre I, 733; II, 1607, 1609
Baylin, Frank III, 2232
Bazin, André I, 161, 162, 163, 167, 174; II, 1216, 1217, 1229, 1231, 1234; III, 1794
Beadle, Irwin P. II, 1627
Beardsley, Aubrey I, 988, 1002, 1003, 1014
Beardsley, Charles II, 1157
Beaugrande, Robert de I, 85, 92, 95, 104, 302, 304, 306
Beaulieux, Charles I, 716, 724

Beauregard, Georges de II, 1230
Beauvais, Peter III, 2352
Beauvais, Vinzenz v. II, 1606
Bebel, August I, 943, 944
Bechdolf, Ute III, 2442, 2450
Bechelloni, Giovanni III, 2487, 2496
Becher, Johannes R. I, 239, 472, 507; II, 1491
Bechtel, Guy I, 449
Bechter, Frank-D. I, 47, 49
Bechtold, Gerhard II, 1086, 1089, 1091, 1154, 1157
Bechtold, Stefan III, 2561, 2562
Beck, Klaus III, 2578
Beck, Thomas I, 679
Beck, Ulrich I, 323, 333
Becker (Hofrat) I, 926
Becker, Alexandra II, 1495
Becker, Barbara I, 58, 69
Becker, Boris III, 2401, 2421
Becker, Gustav I, 539, 557
Becker, Hartmut I, 783
Becker, J.N. I, 812
Becker, Jens P. I, 310, 316
Becker, Jürgen I, 239; II, 1496; III, 2563, 2689
Becker, Rolf II, 1495
Becker, Rudolf Z. I, 765
Becker, Stephen I, 783
Becker, Thorsten C. II, 1322; III, 1942, 1957
Becker, Werner I, 747, 748, 749, 750, 763
Becker, Wolfgang II, 1110, 1116
Becker-Cantarino, Barbara I, 575, 581
Beckermann, Ansgar I, 293, 306
Beckett I, 523
Beckett, Sandra II, 1589, 1592
Beckmann III, 2401
Beckmann, Bruno II, 1395
Beckmann, Johann I, 925, 930
Beckmann, Michael I, 102, 104
Beckmann, Otto III, 2068
Beckmann, Reinhard I, 963
Beda I, 550, 554
Bednarz, Klaus III, 2292
Bedürftig, Friedemann II, 1635
Beentjes, Johannes I, 87, 104
Beethoven II, 1434, 1510; III, 2406
Begault, Durand R. II, 1385
Begemann, Marianne II, 1748
Beggarstaff-Brothers I, 988, 1003, 1014
Behling, Klaus III, 2362
Behn II, 1179
Behne, Adolf I, 150, 159, 160
Behne, Klaus-Ernst II, 1138, 1141, 1142; III, 2451

Behrenbeck, Sabine I, 1008, 1010
Behrend II, 1627
Behrens, Alfred II, 1496
Behrens, Karl C. II, 1733
Behrens, Peter I, 1003, 1004, 1014; II, 1086
Behrens, Tobias I, 49
Beijerinck, Frits H. II, 1199, 1201, 1202, 1203, 1204, 1206
Beilenhoff, Wolfgang I, 155, 160, 982, 983, 1000, 1006, 1010; II, 1185, 1188, 1190, 1196, 1198, 1788
Beineix, Jean-Jacques III, 1797
Beja, Morris I, 311, 316
Bekavac, Bernard III, 2575, 2578
Békésy, Georg v. II, 1265
Bekmeier, Sigrid III, 1828
Bekow, Günter II, 1127, 1135; III, 1814, 1815, 1820
Belach, Helga II, 1181, 1184
Belke, Horst II, 1738
Bell, Alexander G. II, 1362, 1363, 1367; III, 2127, 2128
Bell, Allan I, 49, 215, 216, 217, 218, 222, 226, 304, 306; III, 2008, 2017
Bell, Chichester A. II, 1362,
Bell, Daniel III, 2699, 2712
Bell, Elizabeth II, 1217
Bell, Frank II, 1157
Bell, N. II, 1694, 1695, 1696, 1700, 1701
Bella, Stefano della I, 778
Bellamy, Edward I, 692, 693
Bellanger, Claude I, 912
Beller, Elmer A. I, 823
Beller, Hans II, 1185, 1196
Belmondo, Jean-Paul II, 1230
Belsey, Andrew III, 2799
Belting, Hans I, 367, 371, 373, 374
Belton, John II, 1141, 1150, 1206, 1207; III, 1836
Benatar, Pat III, 2442
Benckiser, Nikolas I, 214, 226
Bender, Hans I, 896
Benedict, Hans-Jürgen III, 2461, 2462
Benedikt von Nursia I, 476, 569, 639
Benedikt, Michael I, 525
Benet, John I, 642
Benford, Steve III, 2603, 2608
Benigno, Mateo di I, 675
Benimoff, Nicholas I. III, 2603, 2608
Benjamin, Walter I, 22, 23, 26, 164, 179, 180, 187, 188, 257, 274, 280, 311, 316, 320, 323,

332, 333, 581, 917, 922; II, 1118, 1122, 1495; III, 2490, 2805
Benn, G. II, 1640
Benna, A.H. I, 552, 557
Bennett, H. Stith III, 2443, 2450
Bennett, James G. I, 905, 908
Bennett, Josephine W. I, 670, 677
Bennett, Tony I, 99, 100, 104, 106
Bennett, W. Lance I, 49, 220, 226, 873, 877; III, 2748
Benoît, C. I, 130
Benrui, Lu III, 2655, 2660
Bense, Max I, 156, 160, 283; II, 1771
Benseler, Frank I, 581
Bensheimer, Ernst J. I, 884, 889
Bensley, Thomas I, 409
Bente, Gary I, 48, 49, 112, 254, 255; II, 2610
Bentele, Günter I, 14, 48, 49, 56, 212, 283, 284, 286, 319, 323, 333, 1010; II, 1459; III, 2090, 2454, 2462, 2799
Bentzin, Hans II, 1134; III, 2264
Bentzinger, Rudolf I, 808, 809, 815
Benz, Ernst I, 687, 694
Benz, Wolfgang I, 851; II, 1648; III, 2676
Benzing, Josef I, 789
Berber, Friedrich III, 2772
Berchorius, Petrus I, 633
Berding I, 901
Berelson, Bernard I, 49, 255, 264, 269; II, 1744, 1748; III, 2488
Berg, Henk de I, 326, 333; II, 1158
Berg, Klaus I, 8, 13, 49, 193, 586, 590; II, 1458, 1746, 1748, 1756, 1757, 1765; III, 2006, 2017, 2285, 2490, 2496
Berg, Rainer III, 2359, 2362
Berg-Ganschow, Uta II, 1091, 1158
Berg-Schwarze, Elisabeth II, 1069, 1071
Berg-Walz, Benedikt II, 1135
Berge, Z.L. III, 2608, 2610
Bergengruen, W. II, 1641
Berger, Albert I, 887, 889
Berger, Arthur A. I, 282, 283, 286
Berger, Charles R. I, 13, 85, 104; III, 2497
Berger, Hartwig I, 332, 333
Berger, John II, 1499; III, 2067
Berger, Jürgen II, 1057

Berger, Peter L. I, 525; II, 1700, 1701
Berger, Roland III, 1878
Berger, Rudolf I, 525
Berger, Wilhelm I, 966, 971
Bergfleth, G. I, 280
Berghahn, Klaus L. I, 694, 864; II, 1719
Berghaus, Günter I, 140, 791
Berghaus, Margot I, 198; III, 2088, 2332, 2337, 2339
Bergius, Johann H.L. I, 926, 930
Berglund, Sven II, 1027
Bergman, Bo I, 162
Bergman, Ingrid II, 1120, 1139, 1212, 1214
Bergmann von Olpe, Johann I, 673
Bergmann, Ernst v. II, 1127
Bergmann, Jörg R. I, 301, 302, 306; III, 2461, 2463, 2496, 2500
Bergmeister, Jörg II, 1158
Bergsdorf, Wolfgang II, 1776, 1781
Bergsträsser, Ludwig I, 942
Bergtold, Fritz II, 1372, 1375
Berkeley, Busby II, 1065
Berkowitz, Leonard I, 115
Berkowitz, Stan II, 1067, 1071
Berlin, Isaiah II, 1196
Berliner, Emile II, 1363, 1367, 1371
Berlow, Horace I, 109
Berlusconi, Silvio II, 1544, 1550; III, 1868, 2304, 2675
Bermann-Fischer, Gottfried I, 472
Bernáldez, Andres I, 675
Bernard, Jeff I, 283, 286
Bernath, Klaus I, 664
Bernauer, Klemens P. III, 1967, 1970, 1974
Bernays, Edward L. II, 1685
Bernes-Lee, Tim III, 2521, 2529
Bernhard, Lucian I, 990, 992, 996, 1010, 1014
Bernhard, Th. II, 1646
Bernini, Gian L. I, 778
Berns I, 899
Bernshausen, Sara III, 2496
Bernstein, Aaron I, 933
Bernstein, Carl III, 2748
Bernstein, Mathew II, 1144, 1149
Bernt, Günter I, 548, 553, 557, 558
Berossos I, 609, 610
Berrens, Philipp II, 1761
Berrou, C. III, 1942, 1948, 1957
Berry, Chuck III, 2682
Berry, Colin III, 2301

Berry, Gordon L. I, 105, 106
Berthold von Henneberg I, 549
Berthoud, Martin I, 384
Berti, Berto I, 725
Bertkau, Friedrich I, 884, 889
Bertolucci, Bernardo II, 1036
Bertoni, Henry L. II, 1320, 1323
Bertuch, Friedrich J. I, 903; II, 1717
Bertz, Dieter II, 1091
Besch, Werner I, 56; III, 2088
Bessarion (Kardinal) I, 749
Bessarion von Nikaia. I, 481
Bessel, Friedrich W. I, 743
Bessler, Hansjörg II, 1444, 1458; III, 2490, 2496
Best, Petra III, 2491, 2493, 2499
Bethge, Herbert II, 1552, 1559, 1563
Bethscheider, Monika II, 1770, 1772, 1774, 1776, 1777, 1778, 1781
Betschart, Andreas I, 673, 678
Betten, Anne II, 1105
Bettinger, Torsten III, 2556, 2557, 2561
Betts, B.F. II, 1085, 1092
Betzonich-Wilken, Per II, 1105
Beuavais, Peter III, 2358
Beumelburg, Werner I, 766
Beun, R.J. I, 130
Beusch, Bruno III, 2067
Beutelschmidt, Thomas III, 1801, 1805, 1809, 1812
Beutler, Johann H.Ch. I, 854, 927, 930
Beuys, Joseph III, 2068
Bevington, David M. I, 694
Bewick, Thomas I, 413
Beyer, Eugen II, 1368
Beyer, Frank II, 1240, 1242, 1243; III, 2352
Beyer, Franz-Heinrich I, 140
Beyer, Lothar I, 388
Beyer, R. III, 2610
Beyrer, Klaus I, 850, 851, 880, 912, 922
Biagosch, Heinrich I, 974, 978
Bialas, Volker I, 742, 745
Bichler, Reinhold I, 612
Bickley, C.A. I, 131
Biedenkopf, Kurt I, 305
Biege, Hans-Peter III, 1941
Bieger, Eckhard III, 2367, 2368, 2369
Bieghold, Michael III, 1801, 1812
Bien, Günther I, 708
Bien, Helmut I, 848, 850
Bierbach, Mechtild I, 713, 724
Bierbach, Wolf II, 1504

Bierbrauer, Katharina I, 545, 547, 548, 557
Biere, Bernd U. I, 48, 49, 53, 55, 56, 216, 226, 228, 229, 231, 263, 269, 298, 306, 307, 879; III, 2008, 2017, 2019, 2088, 2089, 2090, 2329, 2330, 2463
Bierig, Jeffrey III, 2088
Bierlich, F. I, 850
Biernatzki, William E. III, 2039, 2045, 2368
Bignens, Christoph II, 1085, 1086, 1087, 1088, 1089, 1090, 1091, 1151, 1158
Bijker, Wiebe E. II, 1161
Bilharz II, 1293
Bill, Max I, 997, 1005
Billinger, Richard II, 1475, 1492
Biltereyst, Daniel III, 2274, 2279
Binder, H. II, 1733
Binder, Joseph I, 1014
Binder, Wolfgang III, 2574, 2578
Bing, Gertrud I, 374
Bing, Max II, 1491
Bingen, Nicole I, 720, 724
Binkowski, Johannes I, 802, 822, 823, 824, 912
Binnewies, Harald I, 887, 889
Biocca, Frank I, 83, 85, 86, 87, 88, 89, 104, 283, 284, 286
Biolek, Alfred III, 2410
Biondo, Flavio I, 730
Birch, J. III, 2690, 2694
Bird, Elizabeth S. I, 873, 877
Birett, Herbert II, 1110, 1116, 1178, 1184
Birk, Monika III, 2468, 2474
Birken, Sigmund v. I, 134, 786
Birkenmajer, Ludwik A. I, 735, 745
Bischoff, Bernhard I, 443, 499, 542, 548, 557
Bischoff, Friedrich II, 1421, 1465, 1484, 1489, 1491, 1492
Bischoff, Fritz III, 2083
Bischoff, Jürgen III, 2075, 2088
Biscop, Benedict I, 639
Biskup, Marian I, 735, 745
Bismarck, Klaus v. III, 2049
Bismarck, Otto v. I, 906, 942, 947
Bisticci, Vespasiano de I, 542
Bitomsky, Hartmut II, 1105; III, 1803, 1804, 1807, 1812, 1875, 1879
Bitter, Georg I, 955, 963
Bittorf, Wilhelm III, 1807
Bitzer, Billy II, 1169, 1170, 1173
Bitzer, G.W. II, 1176
Björk III, 2441

Black, Gregory D. II, 1066, 1071
Black, John B. I, 110
Black, M.H. I, 599
Black, Max I, 31, 50, 300, 306
Blackton, Stuart II, 1039
Blado, Antonio I, 732
Blaeu, Willem J. I, 405, 451, 762
Blake, William I, 415, 565
Blakemore, Colin I, 109
Blakemore, Diana I, 306
Blamberger, Günter II, 1648
Blana, Hubert II, 1573, 1751, 1754
Blanchard, Gérard I, 783
Blanchot, Maurice I, 523, 525
Blanck, Horst I, 443, 538, 541, 557, 573
Blasetti, Alessandro II, 1219, 1223
Blasi, Vincent III, 2773, 2786
Blattner, Lois II, 1365
Blau, Albrecht I, 884, 887, 889
Blauert, Jens II, 1271, 1385
Blaukopf, Kurt III, 2024, 2048, 2049
Blaum, Verena I, 850, 922
Blech, Hans Ch. II, 1494
Bleckmann, Matias II, 1181, 1184, 1628, 1630
Blei, Franz I, 870
Bleicher, Joan K. I, 50; III, 2268, 2270, 2271, 2273, 2275, 2277, 2279, 2393, 2404, 2459, 2462, 2484, 2485
Bleicken, Jochen I, 612
Bleisteiner, Stephan III, 2534, 2561
Blickle, Peter I, 140, 143
Blind, Sofia I, 46, 55; III, 2278, 2280
Blittkowsky, Ralf III, 2576, 2578
Blöbaum, Bernd I, 50, 327, 333
Bloch, Ernst I, 274, 280, 682, 686, 687, 688, 692, 693, 694; II, 1109, 1116
Blödorn, Manfred III, 2394, 2404
Blomann, Karl-Heinz III, 2070
Blonsky, Marshall I, 283, 286
Bloom III, 1819
Bloom, Charles P. I, 84, 88, 105
Blotevogel, Hans H. I, 748, 763
Blothner, Dirk III, 1877, 1880
Bluestone, George I, 311, 316
Blühm, Elger I, 50, 51, 114, 143, 801, 850, 866, 877, 883, 889, 896, 897, 898, 900, 912, 922, 930
Blum, Joachim I, 217, 219, 222, 226, 306, 869, 877

Blum, Roger II, 1692, 1693
Blum, Rudolf I, 499
Blum-Kulka, Shoshana I, 225, 226, 227, 289, 306; II, 1724
Blume, Judy II, 1587
Blumenberg, Hans I, 138, 140, 525, 744, 745
Blumenthal, Drudge v. III, 2560
Blumenthal, Norman III, 2331, 2332, 2339
Blumenwitz, Dieter III, 2772
Blumer, Herbert I, 329, 330, 333
Blumers, Marianne III, 1991, 1994
Blumler, George III, 2460, 2463
Blumler, Jay G. I, 193, 199, 325, 330, 333; III, 2338, 2339, 2467, 2474, 2475, 2476, 2493, 2497, 2498, 2499
Blümlinger, Christa III, 2464
Blunden, Brian III, 2648
Blunden, Margot III, 2648
Blythe, Cheryl III, 2331, 2340
Bobrow, Daniel I, 109
Bobrowski, J. II, 1645
Bobrowsky, Manfred I, 50, 890, 912, 930
Boccalini, Traiano I, 733
Bock, E. I, 420
Bock, Gerd III, 1875, 1879, 1963, 1974
Bock, Hans-Michael II, 1158, 1177, 1178, 1179, 1180; III, 1876, 1879
Bock, Heinz M. III, 2856
Bock, Wolfgang III, 1942, 1958
Böckelmann, Frank I, 63; II, 1689
Böcker, Franz I, 864
Bockwitz, Hans H. I, 420
Bodde, Gerrit II, 1141
Böddeker, Günter I, 963
Boddien, A. v. I, 787
Bode, Helmut II, 1755
Bode, Hermann I, 886, 889
Bode, Paul II, 1085, 1086, 1088, 1091, 1158
Bodel, Jean I, 644
Boden, Deirdre I, 229, 301, 306, 308
Bodenstedt, Hans II, 1465, 1489; III, 2088
Bodenstein I, 809
Bodmer, Johann J. I, 579, 875
Bódy, Veruschka III, 1875, 1879, 2439, 2450
Boeckmann, Klaus III, 2809, 2818
Boeger, Peter II, 1086, 1087, 1091, 1155, 1158
Boehm, Gottfried I, 50, 371, 373, 374
Boehnke, Klaus II, 1459

Boelcke, Willi A. II, 1482; III, 2024
Boelte, Hans H. III, 2363, 2366, 2368
Boer, K. de II, 1379, 1385
Boerner, Peter I, 677, 678; II, 1739
Boese, Carl Heinz III, 2261
Boethius v. Dacien I, 651, 652, 656
Bofinger, Alfred II, 1506
Bogart, Humphrey II, 1065, 1120
Bogdanovich, Peter II, 1083, 1217, 1218; III, 1796
Bogel, Else I, 883, 889, 912
Bogeng, Gustav A.E. I, 436
Boggel, Gerhard II, 1361
Bohatcová, Mirjám I, 793
Böhle, Knud I, 55
Bohm, Hark II, 1082
Böhm, Laetitia I, 649
Böhm, Stefan III, 2012, 2017
Böhme, Hartmut I, 384
Böhme, Herbert II, 1476, 1477
Böhme, Max I, 677, 678
Böhme, Waltraud I, 839, 850
Böhme-Dürr, Karin II, 1458
Böhmer I, 614
Bohn, Rainer I, 7, 13, 50, 51, 321, 333; III, 2463, 2497
Bohn, Volker I, 783
Bohr, Alexander I, 850, 922
Bohrmann, Hans I, 148, 889, 913, 983, 1000, 1010, 1011; II, 1105, 1458, 1748, 1781, 1782
Bohrmann, Thomas III, 1828
Bohse, Hans I, 429, 436
Boissier I, 615
Boitani, Piero I, 694
Bojadzijev, Manuela III, 2120, 2126
Böke, Karin I, 308; II, 1712
Boldensele, Wilhelm v. I, 670
Böll, Heinrich I, 767, 960; II, 1494, 1640, 1641, 1642, 1653; III, 2027, 2352
Bollenbeck, Georg I, 237, 242
Bologna, Giulia I, 443
Bolte, Johannes I, 791
Bolton, John III, 1820
Boltz, Waltraud II, 1630
Bolz, Norbert I, 25, 26, 50, 259, 269, 275, 280, 281, 332, 333
Bömer, Karl I, 883, 884, 885, 889
Bonaventura I, 656
Bond, James II, 1082
Bondanella, Peter II, 1227
Bonfadelli, Heinz I, 8, 14, 98, 105, 268, 269, 964; III, 2310, 2319

Bonhoeffer, Dietrich III, 2792, 2793
Boniface VIII. I, 647
Bonin, Andreas v. III, 2561
Böning, Holger I, 842, 850, 901, 912, 930
Böning, Thomas I, 525
Bonitzer, Pascal II, 1236
Bonnard, Pierre I, 1003, 1013
Bonnell, René II, 1082, 1084
Bonsiepe, Gui I, 156, 160; II, 1779, 1781
Boockmann, Friederike I, 745
Boorstin, Daniel III, 2453
Borbé, Tasso I, 1010
Borchers, Hans I, 50, 101, 103, 110; III, 2349, 2350
Borchert, Wolfgang I, 239; II, 1463, 1494, 1640, 1641
Borchmeyer, Dieter I, 317, 694
Bordwell, David I, 83, 86, 87, 88, 89, 90, 105, 174, 242, 315, 316; II, 1062, 1065, 1071, 1120, 1121, 1122, 1144, 1148, 1149, 1176, 1177, 1182, 1184, 1217; III, 1789, 1792, 1798, 1833, 1836
Boré, Gerhart II, 1271, 1289
Borel I, 714
Borelli I, 744
Boreman, Thomas I, 564
Borg, Ingwer I, 255, 256
Borgia, Cesare I, 726, 729
Born, Max I, 744, 745
Börne, Ludwig I, 505, 870, 871, 875, 877; II, 1717, 1718
Bornemann, Ernest II, 1066, 1071
Börner, Bodo III, 2768, 2771
Bornträger, Anke III, 1994
Borris, Siegfried III, 2049
Borsche, T. III, 2076
Borst, Arno I, 525
Bortloff, Nils III, 2559, 2561
Bortz, Jürgen I, 252, 255
Bos, Wilfried I, 245, 251, 254, 255
Bosbach, Franz I, 141
Bosch, Michael I, 889
Boschetto, Jacopo I, 696
Bosse, Heinrich I, 576, 581
Bosséno, Christian-Marc II, 1158
Bossert, M. II, 1535, 1538
Bosseur, Jean-Yves III, 2070
Bosshart, Louis I, 53, 323, 333; II, 1741, 1748; III, 2300, 2307, 2406, 2408, 2412, 2413
Bossi, Alfred I, 978
Bost, Pierre II, 1231
Boston, Lucy II, 1586
Botein, Michael III, 2785, 2786
Botero, Giovanni I, 733

Böthig, Peter I, 510, 512
Botros III, 2656
Böttcher, Johannes I, 889
Böttcher, Jürgen II, 1242; III, 1801, 1806, 1809
Böttcher, Winfried I, 436
Botteck, M. III, 2116
Böttger, Wolfgang I, 220, 227
Bottigheimer, Ruth B. I, 563, 567, 775
Bottomore, Stephen II, 1109, 1116
Boüard, Michel de I, 634
Bouchot, Henri I, 988
Bourdeau, Marc III, 1957
Bourdieu, Pierre I, 323; II, 1711; III, 2307
Bourgault, Louise M. III, 1997, 2005
Bourges, Hervé III, 1996, 1997, 2005
Bourret, Steffan de (Pariser Bischof) I, 660
Bouveresse, Jacques I, 525
Boventer, Hermann I, 50
Boveri, Margret I, 912
Bowers, Q. David II, 1158
Bowman, Barbara II, 1217
Bowman, William W. I, 69
Bowser, Eileen II, 1153; III, 2856
Boyce, George I, 850
Boyd, Andrew III, 2008, 2011, 2017
Boyd, Douglas A. III, 1996, 1997, 2000, 2005
Boyd-Bowman, Susan I, 106
Bracciolini, Poggio I, 666, 671
Brackert, Helmut I, 336; II, 1630
Bradac, James J. I, 104
Brade, Ludwig I, 436
Bradley, Will I, 988, 1014
Bradner, Scott O. III, 2525, 2532
Bradshaw, F.R. II, 1744
Bradwardine, Thomas I, 666
Braga, Santaella I, 285
Brägas, Peter III, 1914
Bragin, Charles II, 1627, 1630
Brähler, Elmar I, 245, 255
Brakensiek, Stefan I, 783
Bramah, Joseph I, 394
Bramstedt, Beate III, 2012, 2017
Branahl, Udo I, 50; III, 2721, 2725
Brand, Peter I, 850, 922; II, 1680, 1684
Brand, Stewart I, 388
Brandauer, Karin III, 2352
Brandenberg, Hans v. I, 49; III, 2322, 2328, 2329

Brandenburg, Karlheinz III, 1942, 1957
Brandes, Helga I, 864, 876, 877
Brandhorst, Jürgen III, 2449
Brandis, Helmut II, 1242
Brandis, Tilo I, 543, 544, 557
Brandlmeier, Thomas III, 1807, 1812
Brandon, Edgard E. I, 710, 711, 713, 715, 724
Brandstetter, Alois II, 1105
Brandt, Elmar III, 2399
Brandt, Gisela I, 807, 815
Brandt, Margareta I, 50
Brandt, Willy II, 1541; III, 1803, 2184, 2295
Brandt, Wolfgang I, 355; II, 1733; III, 2088
Brandy, Leo II, 1172, 1176
Branigan, Edward I, 86, 87, 105, 315, 316; II, 1146, 1149
Branscomb, Anne W. III, 2785, 2786
Brant, Sebastian I, 134, 541, 543, 545, 555, 556, 570, 786, 791, 796, 804, 805, 818
Bratke II, 1199, 1206
Brattain, W.H. II, 1366
Bratvogel, Werner I, 930
Brauer, Gernot II, 1689
Braulio von Saragossa I, 630
Braun III, 2555
Braun, Alfred II, 1465, 1472, 1477, 1489, 1491, 1492; III, 2088, 2091
Braun, Barbara I, 97, 105; II, 1586, 1593
Braun, Ferdinand II, 1388; III, 2133, 2140
Braun, Gerhard I, 50
Braun, Harald II, 1477, 1492
Braun, Karl F. II, 1539
Braun, Marta II, 1166
Braun, Nikolas III, 2068
Braun, Peter L. II, 1468; III, 2039, 2083, 2084
Braun, Walter I, 1025
Brauner, Detlef J. III, 2648
Braunfels, Walter II, 1507
Braunmühl, Hans-Joachim v. II, 1365, 1374
Braunmühl, Joachim v. III, 1893
Braunschweig, Stefan III, 1878, 1879, 2671, 2672, 2673, 2674, 2676
Bray, Laurent I, 722, 724
Brecht, Bertolt I, 175, 177, 178, 179, 185, 186, 187, 239, 357; II, 1122, 1465, 1466, 1470, 1473, 1476, 1477, 1490, 1492, 1493, 1495, 1506, 1508, 1643,

1644; III, 1800, 2065, 2066, 2073, 2806
Brechtel-Schäfer, Jutta III, 1828
Brednich, Rolf W. I, 134, 135, 136, 140, 674, 678, 778, 781, 783, 791, 793, 801, 819, 820, 821, 823; III, 1816, 1820
Bredow, Hans I, 177; II, 1376, 1389, 1417, 1469, 1477, 1504, 1505, 1509; III, 1915, 1929, 2072, 2088, 2089, 2090
Breed, Warren I, 65, 66, 69, 72, 80
Breen, Joseph II, 1066
Brehm, B. III, 2417
Breillat, Catherine III, 1798
Breindl III, 2067
Breinersdörfer, Fred III, 2361
Breisach, Ernst I, 638, 648
Breitenfeldt, Dorothea II, 1158
Breitinger, Johann J. I, 579, 875
Breitkopf, Klaus II, 1361; III, 2213, 2507
Breitner, Andrea I, 50
Breloer, Heinrich III, 2352, 2359, 2360
Bremer, C. III, 2608
Bremerich-Vos, Albert II, 1781
Bremonds, Claude I, 312
Brendel, Rolf I, 152, 153, 157, 158, 160, 982, 983
Brenner, Gerd I, 364, 365
Brenner, Peter J. II, 1728, 1739
Brentano, Bernhard v. II, 1181
Brentano, Clemens I, 565, 790
Bresson, Robert III, 1835
Breton, André le II, 1607
Bretschneider, Jürgen I, 221, 227
Breu, Jörg d.Ä. I, 676
Breuer III, 2559
Breuer, Dieter I, 140, 500, 512
Breuer, Klaus III, 2817, 2819
Breuer, Marcel II, 1087
Breunig, Christian I, 117; II, 1458; III, 2715, 2725
Brewer, Stella M. I, 708
Breydenbach, Bernhard v. I, 673
Brialy, Jean-Claude II, 1230
Briegleb, Klaus II, 1647
Briehm, Gudrun III, 2495, 2496
Briesemeister, Dietrich I, 555, 557
Brieskorn, Norbert I, 552, 557
Briggs, Raymond II, 1591
Brik, Ossip II, 1186
Brincken, Anna-Dorothee v. den I, 673, 678
Bringéus, Nils-Arvid I, 793
Bringmann, Karl I, 833, 836
Brinker, Klaus I, 50, 222, 225, 227, 290, 294, 303, 306; II, 1711, 1777, 1781; III, 2453, 2462
Brinker-Gabler, G. I, 864
Brinkmann, Justus I, 990, 1000
Brion, Patrick II, 1042
Briquet, Charles M. I, 420
Bristow, Joseph I, 566, 567
Broch, H. II, 1641
Brocher, Corinna II, 1152, 1158
Brock, Bazon II, 1496
Brockhaus, Friedrich A. I, 463, 941; II, 1607, 1608, 1609, 1616, 1619
Brockhaus, Hans II, 1620
Brockhaus, Heinrich E. II, 1620
Brockmann, H.M. III, 2027, 2028
Brod, Max I, 766, 771
Brodbeck, Karl-Heinz III, 2689
Bröder, Friedrich II, 1711
Broder, Henryk M. I, 512; III, 2024
Brodlie, K.W. I, 126, 130
Brodmann, Roman III, 1807
Bröhan, Margrit I, 912
Bröhl III, 2537
Broichhausen, Klaus I, 967, 971
Bronnen, Arnolt I, 192, 198; II, 1489, 1493
Bronnen, Barbara II, 1152, 1158
Brooke, Christopher I, 644, 648
Broscius, Johannes I, 736, 742
Brose, H.W. III, 2415
Brosius, Hans-Bernd I, 50, 105, 250, 251, 252, 255, 260, 269, 326, 333; II, 1771, 1775, 1781; III, 1828, 2276, 2279, 2310, 2311, 2319, 2465, 2466, 2467, 2468, 2469, 2470, 2473, 2474, 2476
Brössler, Daniel I, 50, 850
Brown Kuriyama, C. II, 1217
Brown, Edward, Jr. II, 1091
Brown, J.R. III, 2338, 2339, 2467, 2475
Brown, Jane D. III, 2443, 2450
Brown, Mary E. I, 103, 104, 105, 106; III, 2339
Brown, P.F. I, 130
Brown, Richard III, 2191
Browning II, 1168
Brownrigg, Linda L. I, 635
Bruce, David I, 453
Bruch, Rüdiger vom III, 2828
Bruch, Walter II, 1539, 1541, 1551; III, 2130, 2136, 2137, 2138, 2139, 2140, 2151, 2181, 2184, 2188
Bruck, Connie III, 2218
Bruck, Peter A. I, 81, 963, 964; II, 1744, 1748; III, 2725
Bruckman, Amy III, 2603, 2608
Brückmann, Heinrich II, 1029, 1128, 1203
Brückner, Jutta III, 2352
Brückner, Wolfgang I, 140, 141, 142, 789, 791, 793
Bruder, Marianne III, 2579
Brudzewski, Blar de I, 736
Bruenjes, Stephan III, 1974
Brüggemann, Günter II, 1504
Brüggemann, Theodor I, 562, 567
Brugger, Alfons I, 887, 889
Brugger, Roland III, 1942, 1957
Brühl, Fritz III, 2083, 2086, 2088
Bruhn, Herbert II, 1142
Bruhn, Johannes III, 2599, 2604, 2605, 2608
Bruhn, Wolfgang III, 2353, 2362
Brumm, Dieter I, 960, 963
Brummack, Jürgen I, 684, 694
Bruner, Jerome S. I, 88, 105; III, 2808
Brunetta, Gian P. II, 1227
Brunette, Peter II, 1227
Brunfels, Otto I, 796
Brunhölzl, Franz I, 548, 557, 630, 634
Brunhuber, Robert I, 882, 889
Bruni, David II, 1227
Brüning, J. III, 2024
Brunken, Otto I, 562, 567
Brunnengräber, Richard III, 2305, 2307
Brunner III, 1997
Brunner, Emil I, 378, 379
Brunner, F. I, 420
Brünner, Gisela II, 1712
Brunner, Kurt I, 755, 759, 763
Brunner, Otto I, 613
Bruno, Giordano I, 741
Brunöhler, Kurt I, 888, 889
Brunot, Ferdinand I, 722, 724
Brunotte, Barbara I, 801
Bruns, Alken III, 1836
Bruns, Thomas I, 50
Brunsdon, Charlotte I, 101, 105; III, 2344, 2349
Brunswig, Heinrich II, 1310, 1311, 1323
Brurein, Ulrich II, 1504
Brustolon, Romina III, 2126
Brutus I, 643, 646, 648
Bry, Theodor de I, 677
Bryant, Jennings I, 83, 104, 105; III, 2319, 2467, 2474, 2476, 2495, 2500
Bryant, Philip III, 2654, 2660
Brynjolfsson, Erick III, 2705, 2712

Bryson, L. II, 1459; III, 1875, 1879, 2498
Bublitz, Wolfram I, 307
Bubner, Rüdiger I, 525; III, 2789, 2799
Bucerius, Gerd III, 2721, 2725
Buchbender, Ortwin I, 140, 789, 798, 801, 822, 823
Bucher, Hans-Jürgen I, 29, 35, 36, 41, 47, 48, 50, 56, 263, 269, 850, 867, 868, 873, 877, 880, 922, 964; II, 1445, 1458, 1711, 1721, 1722, 1724, 1743, 1748; III, 1982, 2005, 2019, 2025, 2088, 2090, 2126, 2566, 2578
Bücher, Karl I, 145, 146, 148, 319, 321, 332, 334, 422, 436, 572, 601, 849, 930; III, 2823, 2828
Buchholz, Axel III, 1974, 2011, 2017, 2018, 2019, 2020, 2025, 2029, 2072, 2078, 2081, 2082, 2083, 2084, 2085, 2086, 2087, 2088, 2089, 2090, 2298
Buchli, Hanns I, 1018, 1025; II, 1733
Buchloh, Paul G. I, 310, 316
Büchner, Bernd III, 2494, 2499
Büchner, Georg I, 520, 813
Buchwald, Manfred III, 2293, 2298
Buchwald, Wolfgang I, 538
Buck, August I, 734
Bücking, J.H. I, 436
Buckingham, David I, 101, 102, 105; III, 2349, 2495, 2496
Buckingham, Gary III, 2470
Buckland, Warren I, 284, 286
Buckley, Walter I, 13
Budde, Neil F. II, 1753, 1755
Buder, Jürgen III, 2603, 2610
Buder, Marianne III, 2857
Budés, Guillaume I, 714
Buggert, Christoph II, 1496, 1497, 1498; III, 2125, 2126
Bühl, Achim III, 2413, 2799
Bühler, Fred III, 2418
Bühler, Karl I, 31, 50, 288, 289, 307
Buhlert, Klaus II, 1499; III, 2067
Bulgakova, Oksana II, 1187, 1193, 1196
Bullejahn, Claudia II, 1137, 1138, 1141
Büllingen, Franz III, 2564, 2566, 2567, 2578
Bullinger, Hans-Jörg II, 1755
Bullinger, Martin III, 2119, 2126
Bullock, Adrian III, 2603, 2608
Bullock, William I, 409, 827
Bultmann, R. I, 378

Bumke, Joachim I, 555, 557
Bundy, J. III, 2377, 2378, 2379
Buñuel, Luis III, 1791
Bunyan, John I, 563
Buondelmonte I, 731
Burch, Noel II, 1192, 1196
Burchard, H.J.v.d. III, 2377, 2378, 2379
Burchartz, Max I, 1014
Burckhardt, Jacob I, 369, 373, 695, 696, 698, 708
Burckhardt, Max I, 546, 547, 559
Bürgel, Peter II, 1739
Bürger, Christa I, 577, 581
Bürger, Gottfried A. II, 1362
Burger, Harald I, 51, 217, 225, 226, 227; II, 1721, 1722, 1723, 1724; III, 2003, 2005, 2008, 2011, 2012, 2013, 2017, 2024, 2078, 2081, 2088, 2328, 2329, 2453, 2456, 2457, 2462
Bürger, Peter I, 581
Bürger, Ulrich I, 850, 922
Burgert, Martin I, 87, 93, 96, 105, 110
Burges, Hugo I, 409, 451
Burgess, Anthony I, 694
Burghardt, Kirsten I, 317
Bürgi, Jürg I, 961, 963, 964
Burgkmair, Hans d.Ä. I, 412, 675
Burgoon, Michael I, 309
Burkard, Günther I, 499
Burkart, Roland III, 2014, 2017, 2565, 2566, 2578
Burke, Peter I, 708
Burke, Thomas II, 1174, 1175
Burkert, Walter I, 612
Burkhard, Mahlon D. II, 1380, 1385
Burkhard, Ulrich I, 547, 555, 557
Burkhardt III, 1810
Burkhardt, Hermann II, 1771, 1775, 1778, 1781
Burkhart, Roland I, 10, 13, 261, 269, 321, 323, 324, 325, 328, 331, 334, 335
Burkowitz, Peter III, 1894, 1907
Burks, Arthur W. I, 286
Burljuk, David II, 1186
Burmeister, Gustav II, 1495
Burmeister, Rudolf II, 1495
Burnett, Frances H. I, 567
Burns, Gary III, 2443, 2450, 2497
Burns, John. I, 87, 104, 106
Burov, Andrei II, 1186
Burton, D. II, 1701
Burton, Tim II, 1070
Burtt, Harold E. I, 983
Bury, Richard v. I, 544

Busbeck, Augier G. de I, 672
Busby I, 251
Busch, Ernst II, 1491
Busch, Jürgen C. III, 2024, 2088
Busch, Wilhelm I, 565, 778, 779, 780, 781, 787; II, 1633, 1636
Buschek, Oliver I, 187, 188
Büscher, Hartmut II, 1742, 1748
Bush, George H. III, 2747
Bush, Kate III, 2439
Bush, Vannevar III, 2648
Busleiden, Jerome (Budaeus) I, 681, 684
Busse, Gisela v. I, 499
Bussemacher I, 786
Bussmann, Hans I, 356, 365
Butler, Samuel I, 676
Büttenbender III, 1807
Butter, Nathaniel I, 898
Butting, Max III, 2046
Büttner, Christian III, 2806
Buxton, W. I, 119, 130
Buzas, Ladislaus I, 499
Buzzati, Dino I, 783
Byrne, David III, 2440
Byron I, 599
Bzreska, Magdalena III, 2401

C

Cabanis, Rainer M. III, 1982
Cabet, Etienne I, 692
Cabot, Sebastian I, 669
Cabral I, 675
Cacioppo, John T. I, 117
Cadogan, Mary I, 566, 567
Cadwallader I, 643
Caesar, Gaius J. (Kaiser) I, 475, 534, 569, 609, 611, 648, 1017
Caesar, T. I, 130
Cage, John II, 1496, 1498; III, 2068
Cagney, James II, 1065, 1213
Cajetan (Kardinal) I, 662, 664
Cajetan, Thomas (Jakob de Vio) I, 661
Calabrese, Omar I, 283, 286
Caldas-Coulthard, Carmen R. III, 2018
Caldecott, Randolph I, 565
Caldiron, Orio II, 1227
Calepinus, Ambrosius I, 711, 712, 715, 723
Calkins, Robert G. I, 599
Callenbach, Ernest I, 694
Callois, Roger I, 280
Callot, Jacques I, 778
Calverley, J. I, 828

Calvin I, 502, 710
Camden, William I, 648
Camen, Rainer I, 870, 877
Camerino, Vincenzo II, 1227
Cameron, Deborah I, 296, 309
Cameron, Evan W. II, 1150, 1206
Cameron, Glen Y. III, 2466, 2476
Cameron, James II, 1120; III, 1793
Cames, James M. III, 1794
Campagnoni, Donata P. II, 1058
Campanella, Tommaso I, 691, 692, 693
Campbell, J. I, 640, 648
Campbell, Kenneth III, 2443, 2450
Campe, Friedrich I, 787
Campe, Johann H. I, 564, 854
Camrose (Lord) I, 909
Canal, Pierre I, 720, 723
Cance II, 1122
Cancik I, 530
Canetti, E. II, 1641
Cano, Melchior I, 663
Cantacusino, Thédoro S. I, 672
Cantis III, 1803
Cantor, Joanne III, 2493, 2496
Cantor, Muriel I, 72, 80
Cantor, Nancy I, 107
Cantril, Hadley III, 2488
Canudo, Riciotto I, 162, 174; II, 1118; III, 1790
Cão, Diogo I, 675
Capella, Joseph N. I, 83, 85, 105
Caplan, Richard E. III, 2443, 2450
Capone, Al II, 1213
Capote, Truman II, 1718
Cappiello, Leonetto I, 150, 995, 1014
Capra, Frank II, 1064, 1065, 1207, 1208, 1209, 1210
Capreolus, Johannes I, 660, 661, 662
Carax, Léos III, 1797
Carbonara, Corey III, 2232, 2241
Card, James II, 1176
Card, S.K. I, 119, 130
Cardinaux I, 996
Carell, Rudi III, 2410
Carey, George B. III, 2128
Carey, James W. I, 99, 105, 877; II, 1742, 1748
Carlé, Wilhelm I, 888, 889
Carlson II, 1373
Carlson, David III, 2604, 2609
Carlson, Lauri I, 291, 295, 296, 297, 298, 307
Carlu, Jean I, 150, 151

Carnap, Rudolf I, 19, 26, 257
Carné, Marcel II, 1224; III, 1794
Carney, Raymond II, 1217
Carolus, Johann I, 897
Carossa, H. II, 1641
Carow, Heiner II, 1240, 1242, 1243, 1244
Carpenter II, 1373
Carpenter, Edmund III, 2453
Carpenter, Kevin I, 783
Carpi, Fabio II, 1227
Carraci, Agostino I, 778
Carraci, Annibale I, 778
Carrier, Peter III, 2070
Carroll, J.M. I, 130
Carroll, Lewis I, 565
Carroll, Noel II, 1206
Carruthers, Mary I, 557, 594, 599
Carson, Johnny III, 2323
Carstensen, Broder I, 877
Carter, Barton T. III, 2774, 2775, 2776, 2783, 2786
Carter, J.B. I, 612
Carter, Jimmy III, 2746
Carter, R. II, 1701
Carter, Thomas F. I, 420
Cartledge, Paul I, 601, 611, 612
Caruso, Enrico II, 1490
Carveth, Rodney II, 1150
Casale, Gerald III, 2440
Case, Theodore II, 1200, 1201
Casie, Count III, 2682
Caspar, Max I, 763
Cassady, Ralph, Jr. II, 1144, 1149
Cassandre (Jean-Marie Mouron) I, 995, 996
Cassandre, A.M. I, 150, 152, 1004, 1014
Cassani, Tina III, 2067
Cassata, Mary III, 2349
Cassdorf, Claus-Hinrich III, 2292
Cassiodorus, Magnus A. I, 476, 537, 548, 569, 626; II, 1606
Cassirer, Ernst I, 274, 280, 522, 525
Castan, Joachim II, 1166
Castanheda, Fernão L. de I, 675
Castelain, Damien III, 1942, 1957
Castellani, Renato II, 1223, 1225
Casteñeda, Hector-Neri I, 525
Castiglione, Christoforo I, 695, 696
Castro, Fidel III, 2194
Cato I, 535, 536, 553, 627
Catull I, 529
Cavallé, Mario II, 1091

Cavallo, Guglielmo I, 499, 539, 547, 557, 674, 678
Cavett, Dick III, 2194
Caxton, William I, 896
Cayatte, André II, 1229
Cee, Werner III, 2067
Celan, P. II, 1641
Celsus I, 535, 536, 627
Cemona, Gerhard v. I, 652
Censorius, Cato I, 626
Centlivres, Pierre III, 2799
Ceolwulf (König) I, 642
Ceram, C.W. (= Marek, Kurt W.) I, 766, 767; II, 1596, 1598, 1600, 1601, 1602, 1603, 1604, 1605
Ceserani, Gian P. III, 1828
Chabod, Federico I, 727, 734
Chabrol, Claude II, 1228, 1229, 1230, 1235, 1236; III, 1794
Chadwick, Ruth III, 2799
Chaffee, Steven H. I, 13; III, 2497
Cham (Amédée de Noé) I, 779, 780
Chamber, Ephraim II, 1607
Chambers, R.W. I, 682, 694
Champion, Virginie II, 1158
Chan`zonkov II, 1189
Chandler, Alfred D. Jr. III, 2676
Chaplin, Charlie I, 166, 781; II, 1062, 1064, 1076, 1079, 1093, 1118, 1119, 1120, 1121, 1174, 1207, 1208
Chappel, Warren I, 420
Charell, Eric II, 1508
Charissé, Peter III, 2089, 2768, 2771
Chariton I, 538
Charlton, Michael I, 35, 51, 54, 260, 267, 268, 269, 271; II, 1742, 1748; III, 2453, 2461, 2462, 2493, 2494, 2495, 2496, 2497
Charney, Leo III, 1790, 1798
Charpentier, F. I, 130
Charters, W.W. III, 2488, 2497
Chartwright, Dorwin I, 117
Châteauvert, Jean II, 1110, 1116
Châtillon, Jean I, 630, 634
Chatman, Semour I, 311, 316; II, 1702
Chen, Li-Ling III, 2598, 2599, 2608
Cheney, Richard B. III, 2194
Chennault, Shirley A. III, 2443, 2451
Chenu, Marie-Dominique I, 658, 664
Chéret, Jules I, 150, 151, 152, 160, 975, 986, 988, 995, 1001, 1013, 1021

Cherubim, Dieter I, 879
Chesterfield, Earl of I, 707
Chevalier, Maurice II, 1209
Chikushi, Tetsuya III, 2839
Chion, Michel III, 1834, 1836
Chmielewicz, Klaus I, 355
Chochlova, Aleksandra II, 1190, 1191
Cholinus, Petrus I, 715, 716, 717, 722, 723
Chomsky, Noam I, 18, 21, 219, 229, 287, 288, 307, 362
Chopin II, 1140
Chotjewitz, Peter I, 186
Chrisie, Jan II, 1197
Christ, Dorothea A. I, 673, 678
Christadler, Marieluise I, 566, 567
Christadler, Martin II, 1177
Christaller, A. I, 281
Christian-Smith, Linda K. II, 1587, 1593
Christians, Clifford G. III, 2799
Christians, Mady II, 1181
Christie, Ian II, 1084
Christmann, Ursula I, 298, 307
Christus II, 1195; III, 2368
Chrøder, Kim Chr. II, 1593
Chrysipp I, 532
Chrysler, S.T. I, 87, 106
Chrystostomus, Johannes I, 476
Chu, Godwin C. III, 2811, 2819
Church, Jenny III, 2015, 2017
Churchill, Winston II, 1119, 1213, 1600
Chwast, Seymour I, 1016
Cicero, Marcus T. I, 468, 515, 527, 528, 532, 533, 536, 537, 547, 569, 608, 611, 617, 651, 655, 699, 700, 708, 737
Cichon, Dieter J. II, 1321, 1322
Cicourel, Aaron V. I, 264, 269, 332, 334
Cimino, Michael II, 1064
Cingularius, Hieronymus I, 723
Claes, Franz I, 715, 716, 717, 722, 724
Clair, René III, 1789, 1791
Clairvaux, Bernhard v. I, 550
Clanchy, Michael I, 545, 557
Clapperton, Robert H. I, 420
Clarin, Hans II, 1494
Clark, R. III, 2599, 2605, 2608
Clark, Sandra I, 793
Clarke, Arthur C. III, 2204, 2219, 2220
Clasen, Ralf III, 2572, 2578
Class, F. I, 130
Classen, Claus D. III, 2762, 2771
Claudius (Kaiser) I, 537
Claudius, Matthias I, 870, 876
Clausius, Claudia II, 1217

Clavijo, Ruy G. de I, 671
Clay, Lucius D. I, 953
Clayman, Steven E. I, 217, 218, 224, 225, 226, 227, 229
Cleland, James I, 708
Clemens VII. (Papst) I, 732, 740
Clement, Michel III, 2596
Clement, Reiner III, 2700, 2701, 2709, 2712
Clément, René II, 1229
Clevé, Bastian III, 1878, 1879
Clift, Montgomery II, 1214; III, 1793
Clinton, Bill II, 1548; III, 2746, 2747, 2832
Clinton, D.D. III, 2746
Clobes, Heinz-Günter III, 2025
Clore, Gerald L. I, 88, 109
Clouzot, Claire II, 1229, 1236
Clymer, George I, 407
Coase, Ronald H. I, 203, 211
Coates, D. II, 1702
Cobb, John B. I, 379, 384
Cobden-Sanderson, Thomas J. I, 423, 424, 436
Cochlaeus, Johannes I, 796
Cocker, Joe III, 1993
Cockerell, Douglas I, 436
Cocteau, Jean II, 1493; III, 1791
Coen (Brüder) III, 1797
Cogger, J. I, 407
Cohen, A.A. I, 89, 105; III, 2454, 2462
Cohen, Keith I, 311, 316
Cohen, Marshall II, 1123; III, 1799
Cohen, P. III, 2812, 2819
Cohen, S. III, 2018
Cohen-Séat, Gilbert I, 167, 174
Cohl, Emile II, 1039
Cohn, Emil I, 908
Cohn, Harry II, 1064
Cohn-Vossen, Richard III, 1806
Cohnfeld, A. I, 787
Coker, H. I, 130
Cole, Barry III, 2339
Cole, Peter I, 51, 52, 308
Cole, Richard C. I, 823
Coleman, John A. III, 2799
Colgrave, Bertram I, 641, 648
Colines, Simon de I, 710
Collande, Gisela v. II, 1494
Collet, Jean II, 1236
Collin, Claude I, 175, 187, 188
Collin, Wilkie I, 988
Collins, Allan I, 88, 109
Collins, Ava P. II, 1071
Collins, Jim II, 1071
Collins, M.A. III, 2466, 2475
Collins, M.P. III, 2608, 2610
Collins, Phil III, 1993, 2684

Collison, Robert I, 626, 634, 912
Colombetti, Marco I, 85, 104
Columbus, Christoph I, 667, 673
Columella I, 534, 535
Combres, Elisabeth III, 1814, 1820
Comencini, Luigi II, 1222
Comenius, Johann A. I, 358, 562, 565; III, 2376, 2815, 2819
Como, Perry III, 2682
Comparato, Frank E. I, 429, 436
Conant, Michael II, 1144, 1146, 1150
Condillac I, 518
Conen, Michael III, 2689
Connell, Ian I, 99, 101, 106, 216, 227
Conover, Ted II, 1718
Conrad, Erich I, 887, 889
Conrady, Karl O. I, 232, 242
Conroy, Andy III, 2008, 2009, 2010, 2014, 2017, 2019
Constantius I, 639
Conti, Niccolò de I, 668, 671, 677
Conver, P.J. I, 85, 105
Conway, J.C. III, 2467, 2474
Conway, Jack II, 1212
Conze, Werner I, 613
Conze, Wilhelm I, 424, 436
Cook, J. II, 1694, 1701
Cook, Neil III, 2603, 2608
Cook, William E. Jr. III, 2787
Cooper, Alan III, 1820
Cooper, Charles R. I, 109
Cooper, Gary II, 1210, 1214
Cooper, Louis I, 720, 722, 724
Cooper, Maria I, 905, 912
Cooper, Roger III, 2466, 2474
Cooper, Thomas I, 717, 720, 721, 723; III, 2799
Cooper-Chen, Anne III, 2332, 2337, 2339
Cope, Richard W. I, 408
Copernicus, Nicolaus d.Ä. I, 736
Copinger I, 678
Copland, Aaron II, 1138, 1139
Coppens van Diest, Aegidius I, 754
Coppola, Francis F. III, 1791, 1796, 1797
Corber, Robert II, 1217
Corcella, Aldo I, 612
Corcelle, Pierre I, 614, 615, 625
Cordier, Henri I, 666, 667, 668, 678
Coreth, Emerich I, 664
Corino, Karl I, 576, 581
Cork, Kevin II, 1160

Corleis, Gisela I, 783
Corman, Roger III, 1796
Cormier, Robert II, 1591
Corner, John I, 85, 87, 105, 286
Corner, Philip III, 2068
Corra, Bruno I, 162
Corsten, Severin I, 141, 420, 473, 499, 573, 574; III, 2648
Cortés, Hernán I, 674
Corti, Axel II, 1495
Corvinus, Laurentius I, 737
Corvinus, Matthias (König) I, 556
Cory, Marc E. I, 184, 188
Coryate, Thomas I, 672
Cosby, Bill III, 2331
Coseriu, Eugenio I, 33, 51
Cossar, C.D.M. I, 673, 678
Costard, Helmut III, 2360
Coste, Tara G. I, 87, 106
Coster, Janszon I, 460
Coster, Laurenz J. I, 896
Cotgrave, Randle I, 720, 723
Cothias, Patrick II, 1635
Cotlar, Morton III, 2602, 2608
Cotta I, 812
Cotta, Friedrich J. I, 408, 867
Cotta, Johann F. I, 470, 826, 831, 901, 904
Cottle, Simon III, 2277, 2279
Coulmas, Peter III, 2087, 2088
Coulthard, Malcolm III, 2018
Coupe, William A. I, 140, 787, 789, 791, 793, 801, 819, 823
Courcelle, Pierre I, 614, 615, 625
Courmont, Eugen I, 150
Courths-Mahler, Hedwig I, 765; II, 1114, 1622
Coutaz, J. I, 130
Covilhãs, Pero de I, 675
Coy, Wolfgang III, 2566, 2578
Craig, Patricia I, 566, 567
Cramer, Friedrich II, 1597, 1599, 1600, 1604, 1605
Cramer, Heinz v. II, 1496
Cramer, Thomas I, 143, 802
Cranach, Lucas I, 139, 806, 809
Cranach, Lucas d.Ä. I, 786
Crane, Thomas F. I, 695, 708
Crane, Walter I, 565
Cranston, Mechthild I, 725
Craven, Ian II, 1064, 1065, 1066, 1067, 1070, 1071
Crawford, Joan II, 1065; III, 2191
Craxi, Bettino II, 1544
Creedon, Pamela J. I, 103, 105
Cremer, Hanns I, 783
Cremer, Lothar II, 1271
Cremer, Ludwig II, 1494, 1495
Crepax, Guido I, 783

Cress, Ulrike III, 2603, 2604, 2609
Cretico, Matteo I, 675
Creussner, Hain F. I, 666
Crick, Julia C. I, 643, 648
Crisell, Andrew I, 181, 182, 183, 185, 188; III, 1998, 2001, 2002, 2005, 2007, 2013, 2014, 2017
Crisolli, Karl-August I, 978
Crisp, Donald II, 1175
Critchley, John I, 665, 666, 678
Crockaert von Brüssel, Peter I, 662
Crocket, T.S. I, 983
Crofts, Stephen III, 2346, 2349
Croissant, Doris I, 680
Crompton, Denis II, 1047, 1057
Cromwell, Oliver I, 898
Cromwell, Thomas I, 732
Crookes, P. III, 2692, 2694
Crosby, Bing III, 2682
Crosland, Alan II, 1064
Cros, Charles II, 1362, 1363
Cross, Frank M., Jr. I, 592, 599
Crossgrove, William I, 554, 557
Crouch, Marcus II, 1593
Crouch, Sunny III, 2495, 2499
Crowley (Reformer) I, 682
Crowley, David III, 2464
Crowther, Mosley II, 1150
Cruikshank, George I, 779
Cruise, Tom II, 1036
Crumb, Robert II, 1634
Crystal, David III, 1597, 1598, 1599, 1600, 1603, 1605
Cube, Alexander v. III, 2387, 2388
Cube, Walter v. II, 1485
Cudlipp, Hugh I, 957, 963
Cukor, George II, 1120, 1212
Culhane, J. II, 1217
Culnan, Mary III, 2606, 2608
Cunningham, Cris III, 2441
Cunningham, Steve III, 2648
Cunnius, E. III, 2608, 2609, 2610
Cuomo, Glenn R. II, 1477
Cupchik, Gerald C. I, 86, 105
Curio, Caelius S. I, 717
Curran, Alvin III, 2067
Curran, J. III, 2475
Curran, John I, 105, 108
Currau, James I, 850
Curry, Ramona III, 2442, 2445, 2450
Curschmann, Michael I, 544, 556, 557, 630, 635
Curti, Lindia I, 99, 101, 106
Curtis II, 1200, 1368
Curtis, Pavel III, 2603, 2608
Curtius, Ernst R. I, 687; II, 1728

Curtiz, Michael II, 1120, 1207, 1211, 1212, 1213
Curwen, Peter III, 2649, 2650, 2660
Cushman, Robert II, 1090, 1091
Custine (General) I, 812
Cutler III, 2780, 2787
Cutt, Margaret N. I, 566, 567
Cyrus, Wilhelm I, 978
Czarniakwska-Joerges, Barbara I, 80, 81
Czukay, Holger II, 1499
Czycholl, Jörg M. III, 2438, 2458, 2464

D

d'Ache, Caran I, 781
d'Acosta, José I, 675
d'Ailly, Pierro I, 667, 673, 677
d'Alembert, Jean le Rond I, 487; II, 1607
d'Azeglio, Taparelli I, 663
d'Ester, Karl I, 319, 334, 872, 875, 877, 885, 890, 900
D. Move III, 2067
Dachs, Karl I, 449
Dadek, Walter II, 1105; III, 1874, 1875, 1879
Daecke, Sigurd M. I, 384
Dafai, Y.B. III, 2608
Dafcik, Jan M. II, 1096, 1097, 1105
Dagover, Lil II, 1181
Daguerre, Louis I, 495
Dahl, Folke I, 912
Dahl, Peter I, 188; II, 1504; III, 2088
Dahlgreen, Reinhold II, 1158
Dahlgren, Peter III, 2312, 2319
Dahm, Volker I, 512
Dahms, Erich II, 1128, 1135
Dahrendorf, Malte I, 561, 568; II, 1593
Dale, Edgar III, 2811, 2819
Dalferth, Ingolf I, 379
Dali, Salvador II, 1119; III, 1791
Dalichow, Bärbel II, 1245
Dallmeier, Martin I, 850, 851, 880, 912, 922
Daly, Herman E. I, 384
Damaske, P. II, 1385
Danelzik-Brüggemann, Christoph I, 132, 137, 140
Danet I, 714
Daniel, Dieter III, 1875
Däniken, Erich v. II, 1597, 1599, 1600, 1601, 1602, 1603, 1605

Dankert, Birgit I, 511, 512
Dankert, Harald III, 2088
Dann, Otto I, 588, 590, 892, 898, 899, 912; II, 1750
Dante I, 528
Danza, Paolo I, 667
Darby, William II, 1217
Dardenne, Robert W. I, 873, 877
Dareios (König) I, 603, 606, 607
Darschin, Wolfgang I, 44, 51; III, 2285
Dart, Peter A. II, 1196
Darton, Frederic J.H. I, 564, 568
Darwin, Charles I, 743
Dascal, Marcelo I, 51, 307
Dasypodius, Petrus I, 715, 716, 721, 723
Daumier, Honoré I, 779, 1013
David, Hans-Ulrich II, 1630
Davidson, John III, 2323
Davidson, Paul I, 160
Davies, Mark S. III, 2559, 2562
Davis, Bette II, 1144, 1150
Davis, Donald G. jr. I, 500
Davis, H. III, 2018
Davis, James III, 2603, 2608
Davis, Ralph H.C. I, 640, 648
Davis, Sara I, 92, 105
Davison, Peter I, 574
Davison, W. Phillips III, 2498
Davray-Piekolek, Renée II, 1158
Davy, Humphry II, 1364
Day, Benjamin H. I, 905
Day, Mildred I, 649
De Baecque, Antoine II, 1236
De Certeau, Michel III, 2461, 2462
De Fleur, Melvin L. III, 2310, 2320
De Forest, Lee II, 1199, 1200
De Gaudenzi, R. III, 1958
De Jong, Ton III, 2601, 2609
De Kemp, Arnoud III, 2640
De Mattei, Rodolfo I, 732, 734
De Melo, José M. III, 2498
De Sica, Vittorio III, 1794
de'Nelli, Bartolomea I, 725
Deal, Terrence E. I, 79, 81
Dean, Christopher I, 647, 648
Dean, James III, 1793
Dean, Peter III, 2667, 2670, 2672, 2676
Dearing, James W. III, 2310, 2320, 2491, 2497
December, John III, 2598, 2608
Decker, Edith III, 1875, 1880
Decker, Horst III, 2721, 2725
Decker, Ute III, 2540, 2561
DeCordova, Richard II, 1061, 1071

Dedner, Burghard I, 239, 243
Dees, Anthonij I, 725
Deetz, S.A. III, 2475, 2476
Deetz, Werner I, 74, 81
Defoe, Daniel I, 563, 692
Degenhart, Christoph III, 2764, 2771
Degenkolbe, Gert II, 1776, 1781
DeHaen, Imme I, 384
Dehler II, 1486
Dehm, Ursula III, 2300, 2307, 2337, 2339, 2406, 2411, 2413, 2462
Dehmel, Paula I, 566
Dehmel, Richard I, 566
Dehnbostel, Karin I, 357, 365
Dei Grimaldi, Robbio P. I, 708
Deichsel, Alexander I, 250, 254, 255
Deiters, Heinz G. II, 1468; III, 2027, 2039
DeJong, Allard S. III, 2276, 2279
DeKnop, Sabine I, 220, 227
Delane, John I, 905
Delannoy, Jean II, 1229
Delaunay, Robert I, 374
Delbrück I, 343, 346
Delbrück, Jost III, 2768, 2771
Delbrun I, 714
Deleuze, Gilles I, 173, 275, 278, 280
Delgado, Mariano I, 675, 678
Delia, Jesse G. III, 2486, 2487, 2488, 2497
Della Casa, Giovanni I, 706, 708
Delling, Gerhard III, 2399
Delling, Wolfgang III, 2353, 2362
Delluc, Louis I, 162, 174; II, 1192
DeLong, Thomas A. III, 2339
Delsarte II, 1190
Delumeau, Jean I, 140
Deluz, Christiane I, 670, 678
Demandt, Alexander I, 138, 140
Demel, Walter I, 676, 678
Demenÿ, Georges II, 1164
Demetrius von Phaleron I, 532
Demetz, Peter I, 709
DeMille, Cecil B. II, 1216
Demmer, Christine III, 2689
Demmer, Ulrich II, 1563
Demske-Neumann, Ulrike I, 220, 227, 866, 877
Demy, Jacques II, 1228
Deneau, Denis P. III, 2655, 2660
Denis, Michael I, 571
Denkins, Harvey I, 163, 174
Denkler, Horst I, 243, 801, 813, 814, 815

Dennhardt, J. III, 2388
Denton, Robert E. III, 2748
Denucé, Jean I, 753, 763
Denzin, Norman K. III, 1798
Depenbrock, Gerd I, 967, 972; III, 2384, 2388
Depenheuer, Otto III, 2766, 2771
Deren, Maya III, 1789
Dermée, Paul I, 150, 153, 157, 980
Dernschwam, Hans I, 672
Derrida, Jacques I, 273, 275, 278, 280, 323, 525; II, 1662
Dervin, Brenda I, 110, 287; III, 2493, 2497
Descartes, René I, 27, 651
Desceliers, Pierre I, 669
Desch, Kurt I, 472
Deschner, K. II, 1641, 1643
Desni, Xenia II, 1181
Despauterius I, 715
Despentes, Virginie III, 1798
Dessau, Paul II, 1507
Detering, Klaus II, 1729
Dethloff, Nina III, 2561
Detmold, Hermann I, 780
Dettke, Karl H. II, 1091
Deutsch, Ernst I, 992, 1014
Deutscher, Drafi III, 2685
Devauchelle, Roger I, 436
Dewald, Carolyn I, 606, 612, 613
Dewey, John I, 329
Dexel, Walter I, 1005
Dexter, Louis A. I, 81
Dharampal-Frick, Gita I, 675, 678
Di Carlo, Carlo II, 1227
Diamond, Edwin III, 1828
Diamond, Milton II, 1205
Dias, Bartolomeu I, 675
Dibbets, Karel II, 1206
Dibelius, Ulrich II, 1513; III, 2049
Dichand, Hans I, 956, 957, 963
Dichanz, Horst I, 360, 365; III, 2819, 2819
Dickens, Charles I, 905; II, 1168, 1718
Dickfeldt, Lutz I, 359, 365
Dickinson, John I, 394
Dickopp II, 1372
Dickreiter, Michael II, 1271, 1289, 1304; III, 1895, 1897, 1907
Dickschus II, 1751, 1755
Dickson, William K.L. II, 1059, 1162, 1167
Dickstein, Morris II, 1172, 1176, 1217
Diderot, Denis I, 403, 487, 733; II, 1605, 1607, 1609

Dieckmann, Max II, 1539; III, 2133, 2140
Dieckmann, Walther I, 225, 227, 871, 873, 877, 878, 1010, 1011; II, 1773, 1781
Diederich, Reiner II, 1774, 1775, 1779, 1780, 1781
Diederichs, E. I, 790
Diederichs, Hans H. II, 1725, 1728
Diederichs, Helmut H. I, 174, 208, 211; III, 1836, 1876, 1879
Diehl, Edith I, 436
Diekhof, Rolf II, 1752, 1755
Diekmannshenke, Hajo III, 2463
Diemeringen, Otto v. I, 680
Diercks, Carsten III, 1801, 1812, 1813
Dierichs, Paul I, 884, 889
Diesener, Gerald I, 1008, 1009, 1010
Diesner, Hans-Joachim II, 1620, 1621
Dieterle, Gabriele S. II, 1788
Diether von Isenburg I, 803
Dietlein, Max III, 2764, 2771
Dietrich, Marlene I, 171; II, 1181, 1209
Dietrich, Otto I, 850, 918, 922
Dietrich, Rainer I, 255
Dietrich, Wolf II, 1483, 1484
Diez, Hermann I, 882, 889
Digel, Helmut III, 2405
Digges, Thomas I, 742
Dihle, Albrecht I, 612, 745
Dijk, Theun A. van I, 51, 84, 85, 86, 87, 89, 90, 93, 105, 107, 214, 215, 219, 220, 222, 223, 224, 227, 229, 290, 294, 297, 302, 303, 304, 306, 307; II, 1694, 1695, 1696, 1701, 1724; III, 2007, 2015, 2017, 2018, 2448, 2450, 2465, 2472, 2474, 2476
Dijkhuis, Willem III, 2635, 2648
Dijkstra, Katinka I, 96, 105
Dilbaum, Samuel I, 914
Diller, Ansgar II, 1429, 1444, 1513; III, 2437
Dillery, John I, 612
Dilly, Heinrich I, 367, 368, 373, 374
Dilthey, Wilhelm I, 257, 258, 269
Dimmick, John III, 2088
Dingler, Christian I, 408
Dio, Cassius I, 610
Diodor I, 610, 611
Diogenes Laertios I, 534
Diokletian (Kaiser) I, 501
Dion, Celine III, 2684

Dionys von Halikarnass I, 468, 610, 648
Dionysius Exiguus I, 640
Dionysos I, 530
Diphilos I, 531
Dirk, Reinhardt I, 1025
Dirks, Rudolph I, 781
Disney, Walt I, 204, 567, 781, 782; II, 1040, 1042, 1080, 1146, 1148, 1207, 1216, 1217, 1590; III, 1824, 2193, 2380
Ditfurth, Hoimar v. III, 2386
Dittmann, Armin III, 2771, 2772
Dittmann, Jürgen I, 55
Dittmer, Joachim I, 971, 972
Ditton, Teresa III, 2603, 2609
Dittrich, Kurt I, 960, 963
Dittrich, Wolfgang I, 449, 513, 590
Dix, Otto I, 994
Dixon, Thomas II, 1170, 1171, 1172
Dobash, R. Emerson III, 2491, 2499
Dobash, Russell P. III, 2491, 2499
Döbler, Hansferdinand I, 458, 467
Döblin, Alfred I, 177, 188, 239, 471, 692, 766; II, 1117, 1122, 1472, 1473, 1490, 1491, 1492, 1640; III, 2028, 2360
Dobrenský I, 790
Doderer, Klaus I, 568, 779, 783; II, 1585, 1593
Doelker, Christian I, 196, 198; III, 2379, 2382, 2383, 2453, 2462
Doesburg, Theo van I, 997, 1004
Doetz, Jürgen III, 2400, 2401, 2404
Döhl, Reinhard I, 184, 188, 311, 317; II, 1477, 1492, 1493, 1500; III, 2070, 2088
Dohmen, Günther III, 2815, 2819
Dohms, Peter I, 140, 793
Dohms, Rüdiger I, 209, 212
Dohrendorf, Rüdiger I, 250, 255
Dolbear, A.E. II, 1046, 1057
Dolezal, Rudi III, 2440
Dolezalek, Gero I, 544, 551, 557
Dolle-Weinkauff, Bernd I, 568; II, 1586, 1593, 1633, 1635, 1639
Doller, Michail II, 1188
Dollerup, Cay I, 95, 105
Dombkowski, Dennis J. II, 1084

Dominick, Joseph R. III, 2276, 2279, 2443, 2445, 2446, 2451
Dominicus di Novara I, 736, 737
Dominik, Siegried I, 839, 850
Domino, Fats III, 2682
Domitian (Kaiser) I, 501
Domsich, Johannes I, 51; II, 1663
Don Moye, Famoudou III, 2067
Donald, E. I, 230
Donath, Judith III, 2603, 2608
Donkin, Bryan I, 394
Donnepp, Bert III, 2353
Donner, H.W. I, 684, 694
Donner, Wolf III, 1875, 1879
Donnerstag, Joachim I, 332, 336, 355
Donnerstein, E. III, 2475
Donohue, George A. I, 116, 117; III, 2321
Donovan, Jason III, 2347
Donsbach, Wolfgang I, 58, 62, 69, 328, 334; II, 1741, 1747, 1748; III, 2309, 2310, 2319, 2468, 2471, 2474, 2475
Döpfner, Mathias II, 1725, 1728
Doré, Gustave I, 779, 780; II, 1636
Doren, Alfred I, 693, 694
Dorer, Johanna III, 1970, 1974, 2450
Dorey, Thomas A. I, 648
Dörffeldt, Siegfried III, 1877, 1879
Dorffner, Otto I, 424
Dörger, Hans-Joachim I, 384
Döring, Jürgen I, 974, 978, 982, 986, 987, 990, 1000, 1002, 1007, 1010, 1011, 1016; II, 1788
Döring, Klaus W. III, 2815, 2819
Döring, Nicola III, 2566, 2578, 2598, 2602, 2603, 2605, 2606, 2608
Dörnberg, Iris v. III, 2578
Dörner, Andreas I, 575, 581
Doros I, 468
Dörr, Dieter II, 1563; III, 1878, 1879, 2763, 2768, 2771
Dörrich, Sabine II, 1663
Dörrie, Doris III, 1795
Dorsch, Petra E. II, 1745, 1749; III, 2660
Dorsch, T.S. I, 682, 694
Dorsch-Jungsberger, Petra E. III, 2413
Dorst, T. II, 1644
Dosch, Christoph III, 1942, 1957

Dostal, Werner III, 2699, 2708, 2713
Doubleday, Catherine N. I, 86, 105
Doucet, Julie II, 1633
Douglas, Mike III, 2323
Douin, Jean-Luc II, 1236
Dov`zenko II, 1185, 1187
Dovey, Jon III, 2799
Dovifat, Emil I, 146, 148, 319, 832, 836, 859, 864, 877, 912, 922, 938, 965, 972; II, 1684, 1708, 1711; III, 2487, 2497, 2828
Doyle, A.I. I, 542, 557
Drabczynski, Michael I, 117, 260, 269, 325, 334; II, 1744, 1745, 1749
Drachmann, Gaberell II, 1105
Draht, Jochen I, 58, 69
Drehsen, Volker I, 384
Dreier, Horst III, 2772
Dreiser, Hans II, 1209
Dreiser, Th. II, 1653
Drengberg, Joachim II, 1456
Dreppenstedt, Enno I, 885, 889
Dresang, Eliza II, 1592, 1593
Drescher, S.H. I, 983
Dresdner, Albert II, 1725, 1728
Drew, Paul I, 216, 227, 228, 302, 307
Drew, Robert II, 1131; III, 1800
Drew, William M. II, 1176
Drewitz, Ingeborg I, 512
Dreyer, Carl Th. I, 167
Dreyhaus, Hermann I, 886, 889
Drieseberg, Thomas I, 102, 105
Driessen, Christoph I, 898, 912
Drobashenko, Sergej III, 1803, 1805, 1812
Droege, Kristin L. I, 86, 105
Dröge, Franz I, 324, 334, 963
Drost, Wolfgang I, 784; III, 1828
Droste, Heinrich I, 833
Droste-Hülshoff II, 1124
Drotner, Kirsten II, 1590, 1593
Droysen, Johann G. I, 792, 882, 889
Druckrey, Tomothy III, 2070
Drugulin, W. I, 790
Du Bois Reymond I, 743
Du Mont Schauberg I, 962
Dübbers, Eva II, 1739
Dubin, B. II, 1649, 1652, 1655
Dubois, Jaques I, 316, 317
Dubow, Eric F. III, 2493, 2497
Duchamp, Marcel III, 2068
Duchkowitsch, Wolfgang I, 53
Duddel, William II, 1388
Dudovich, Marcello I, 1014
Dudovitz, Resa L. I, 775

Dudow, Slatan II, 1237, 1238, 1239
Duiker, Johannes II, 1087
Dukakis, Michael III, 2747
Dulac, Germaine III, 1791
Dumas I, 905
Dummett, Michael I, 29, 51
Dumont, Franz I, 812, 815
DuMont, Marcus I, 832
Duncan, Richard III, 2218
Duncker, Karl III, 2126
Dunlap, Orrin E. I, 190, 199
Dunlop, Rachel III, 2676
Dünnebier, H. I, 420
Dunphy, Dexter C. I, 256
Duns Scotus, Johannes I, 655, 661
Düperthal, Gitta III, 2291
Dupont, Ewald A. II, 1031, 1063, 1119
Düppengießer, Karl A. II, 1490
Dupuys, Jacques I, 714
Durand, Dana B. I, 669, 678
Duras, Marguerite II, 1230, 1236
Dürer, Albrecht I, 412, 545, 556, 786
Dürrenmatt, Friedrich II, 1494, 1495, 1641; III, 2351
Durrer, Beat I, 78, 81
Durzak, Manfred I, 243
Dussel, Konrad II, 1429, 1444, 1458; III, 2005
Dußler, Sepp II, 1573
Düsterfeld, Peter III, 2045, 2365, 2368
Dustmann, F.W. II, 1202
Dutschke, Rudi I, 960
Duval, Marie I, 779
Duvigneau, Volker II, 1771, 1779, 1781
Dwinger, Erich E. I, 766
Dyck, Joachim I, 525
Dyer, Carolyn III, 2830
Dyer, M.G. III, 2469, 2474
Dyer, Richard II, 2349
Dygutsch-Lorenz, Ilse I, 58, 69, 71, 72, 74, 78, 81
Dyson, Esther III, 2578
Dyson, Peter II, 1158
Dziadul, C III, 2690, 2694

E

Eagle, Herbert I, 163, 174
Eanes, Gil I, 675
Easthope, Antony I, 170, 174
Eastman, George II, 1033, 1061, 1162, 1164, 1167

Eastman, S.T. III, 2466, 2474, 2475
Eaten, Dormann II, 1685
Eaton, Anne Th. I, 568
Ebel, Friedrich I, 551, 552, 557
Ebel, Uda I, 557, 558
Ebeling, Gerhard I, 375, 377, 384
Eberhard, Fritz II, 1444, 1458, 1483, 1484; III, 2487, 2497
Eberhard, H.W. I, 415
Eberle, Carl-Eugen III, 2768, 2771
Eberlein, Alfred I, 883, 889
Eberlein, Johann K. I, 556, 558
Eberlin von Günzburg, Johann I, 796, 806
Ebermayer, Erich II, 1473, 1489, 1490
Eberson, John II, 1090
Eberspächer, Hans III, 2058
Eberspächer, Jörg I, 388
Ebert, Friedrich A. I, 492; II, 1389
Ebert, P.M. III, 1942, 1958
Ebner, Andreas II, 1361
Eck, Johannes I, 796, 807, 808, 809; III, 2322
Eckardt, Hans I, 436
Eckardt, Juliane I, 568
Ecke, Jörg-Oliver III, 2024, 2088
Ecker, Gisela I, 140, 801
Ecker, Hans-Peter II, 1723, 1724
Eckert, Gerhard I, 180, 181, 188, 190, 199; II, 1105, 1458, 1467, 1468, 1474, 1477, 1482; III, 2031, 2039, 2351
Eckert, Roland I, 102, 105; III, 2458, 2464
Eckhardt, Josef II, 1458; III, 2047, 2049
Eckhardt, Rolf II, 1712
Eckmann, Otto I, 1003
Eckmiller II, 1369
Eckstein, Ernst I, 886, 889; II, 1725, 1728
Eckstein, Jeremy III, 2676
Eco, Umberto I, 18, 22, 27, 92, 96, 102, 105, 155, 160, 168, 169, 191, 196, 199, 282, 283, 284, 285, 286, 323, 767; II, 1122, 1498, 1732, 1733, 1778, 1781; III, 1798, 1828, 2344, 2460, 2462
Eddy, William I, 190, 199
Edelman, Murray I, 49, 200, 220, 226, 873, 877; II, 1771, 1775, 1781
Edelmann, Heinz I, 1015
Eder, Georg I, 796
Eder, Klaus III, 1812

Edison, Thomas A. II, 1027, 1033, 1060, 1061, 1118, 1161, 1162, 1163, 1164, 1165, 1166, 1167, 1168, 1198, 1362, 1363, 1364, 1367, 1370, 1371, 1373; III, 2677, 2841
Edwards, Mark U., Jr. I, 598, 599
Eggebrecht, Axel II, 1178, 1493; III, 2027, 2032
Eggeling, Viking III, 1792, 2068
Eggers, Hans I, 872, 877; II, 1105
Eggers, Kurt II, 1493
Eggersmann, Horst I, 966, 972
Eggert, R.W. III, 2415
Eggestein, Heinrich I, 486
Egk, Werner II, 1507
Egloff, Helmut I, 888, 889
Eher, Franz I, 834
Ehlermann, E. I, 463
Ehlers, H.J. III, 2636, 2648
Ehlers, Kurt-F. I, 420
Ehlers, Renate II, 1458
Ehlich, Konrad I, 262, 269, 314, 545, 558
Ehly, S. III, 2609
Ehmke, Horst III, 2764, 2771
Ehre, Ida II, 1494
Ehrenberg, A.S.C. III, 2466, 2474, 2475
Ehrenburg, Ilja II, 1122
Ehrenstein, David I, 173, 174
Ehrhardt, Ute I, 767, 768
Ehrke, Hans II, 1490
Eich, Günther I, 239; II, 1463, 1475, 1476, 1490, 1492, 1493, 1494, 1495, 1496
Eich, Hans I, 214, 223, 228
Eichenbaum I, 163; II, 1187
Eichenberg, Fritz I, 420
Eichhorn, Wolfgang III, 2000, 2005
Eichinger, Bernd II, 1069
Eichler, Alexander III, 2561
Eichler, Ernst I, 764
Eichmann, Adolf II, 1135
Eigler, Gunther I, 304, 307
Eilers, Wolfgang I, 512
Eimeren, Birgit van II, 1458, 1755
Einhard I, 554
Einheit, F.M. II, 1499
Einstein, Albert I, 495; II, 1362, 1600
Eisel, Hartmut I, 839, 850
Eisenhardt, Ulrich I, 502, 503, 512
Eisenhower, Dwight D. III, 2219
Eisenstein, Elizabeth L. I, 543, 558, 572, 573, 595, 597, 599, 899, 912

Eisenstein, Sergej M. I, 161, 163, 164, 165, 167, 168, 173, 174; II, 1079, 1119, 1122, 1174, 1176, 1182, 1185, 1186, 1187, 1188, 1189, 1190, 1191, 1192, 1193, 1194, 1195, 1196, 1197, 1206; III, 1789, 1791, 1807, 1834, 1836, 1875
Eisfeld, Gerhard I, 883, 889
Eisler, Hanns II, 1141
Eisner, Lotte H II, 1122; III, 1791, 1798, 1813, 1820
Eisner, Michael II, 1148
Ekkehard von Aura I, 630
Eldridge, John I, 228, 230
Elias, Norbert I, 169, 684, 685, 687
Eliot, George II, 1168
Eliot, Marc II, 1217
Eliot, T.S. I, 599
Elisabeth II., Königin II, 1541; III, 2718
Elitz, Ernst III, 2293
Ellerbrock, Beate II, 1630
Ellerbrock, Jürgen II, 1630
Ellington, Duke III, 2682
Elliot, Deni III, 2799
Elliot, Frank R. I, 983
Elliott, Robert C. I, 682, 694
Ellis, Bret E. II, 1591
Ellis, Donald G. I, 289, 307, 309
Ellis, Henry I, 649
Ellis, Richard II, 1361
Ellwein, Thomas I, 117
Elmham, Thomas I, 642
Elsaesser, Thomas I, 174; II, 1111, 1116, 1122, 1136, 1140, 1141, 1158, 1177; III, 1795, 1798
Elsmann, Thomas I, 142
Elsner, Monika I, 51, 199; III, 2453, 2456, 2462
Elyot, Thomas I, 717, 723
Emerson, Miles III, 2495, 2499
Emerson, Thomas I. III, 2773, 2786
Emmelius, Helfricus I, 717, 724
Emmerich, Roland III, 1795
Emmerich, Wolfgang II, 1648
Emons, Hans II, 1141
Empedokles I, 531, 534
Emser, Hieronymus I, 796, 807
Ende, Michael I, 767
Endres, Albert III, 2637, 2638, 2639, 2648
Endres, Elisabeth II, 1648
Endres, Stacey II, 1090, 1091
Enel, Cassandre I, 150
Enel, Francoise I, 155, 156, 157, 160, 981, 983
Engel, Bernhard III, 1966, 1975, 2397, 2398, 2405

Engel, Christoph III, 2533, 2741, 2768, 2770, 2771
Engel, Erich II, 1237
Engel, Friedrich II, 1373, 1375
Engel, Stefan I, 343, 346
Engel-Flechsig, Stefan III, 2535, 2536, 2537, 2561
Engel-Hardt, Rudolf I, 978
Engelbrecht, Martin I, 787
Engelkamp, Jochen I, 107
Engell, Lorenz I, 194, 199
Engelmann, Bernt II, 1716, 1719
Engelmann, Urs I, 698, 709
Engels, Heinz I, 525, 733
Engels, Stefan III, 2561
Engelsing, Rolf I, 355, 365, 525, 575, 581, 585, 586, 587, 588, 590, 850, 887, 888, 889, 912, 922
Engert, Jürgen III, 2292
Engl, Jo II, 1027, 1199, 1207, 1368
Engler, Jörg III, 2721, 2725
Ennen, L. I, 885, 890
Ennius I, 528, 530
Ensink, Titus I, 231
Enzensberger, Hans M. I, 178, 187, 188, 357, 361, 877; II, 1105, 1644, 1645; III, 2027
Epikur I, 537
Eppler, Erhard I, 333
Epstein, E.J. II, 1694, 1701
Epstein, Hans II, 1628, 1630
Epstein, Jess I, 1320, 1322
Eptingen, Hans B. v. I, 673
Erasmus von Rotterdam I, 515, 543, 548, 550, 562, 570, 597, 684, 685, 687, 702, 736, 788
Erasmus, Desiderius I, 708
Eratosthenes von Kyrene I, 610, 748
Erbring, Lutz II, 1207; III, 2449
Erbse, Hartmut I, 612
Erdmann, Georg I, 850
Erdt, Hans R. I, 991, 992, 1003
Erens, Maya III, 1791
Erhard, Ludwig II, 1778; III, 2295
Ericson, Rune II, 1035
Ericsson, K. Anders I, 85, 93, 106
Eriksson-Kuchenbuch, Ylva I, 558
Eriugena I, 658
Erlinger, Hans-Dieter III, 1828, 2307, 2329, 2404, 2413
Ermert, Karl III, 2453, 2462
Ermler, Friedrich II, 1185
Ernst, Gustav II, 1032, 1632
Ernst, Stefan III, 2561
Ernst, Tilman III, 2272, 2279
Erro III, 1797

Ersch, Johannes S. I, 571; II, 1608
Ertel, Dieter II, 1132; III, 1806, 1807
Ertel, S. II, 1741
Ertl, Gunther III, 2561
Ertzdorff, Xenja v. I, 666, 678, 680
Erzberger, Mathias I, 507
Erzgräber, Willi I, 694
Escarpit, Robert I, 235, 243, 584, 590
Esch, A. I, 674
Eschenauer, Barbara I, 361, 365
Eschenburg, Johann J. I, 571
Eschmann, I.T. I, 664
Esfir, Èub II, 1133
Eska, Georg II, 1271
Esmeyer, Rainer III, 1828
Essen, Arthur van I, 231
Esser, E. I, 256
Esser, Frank I, 250, 251, 252, 255
Esser-Welliè, Michael III, 2783, 2784, 2786
Eßmann, Herbert II, 1085, 1091
Esterbauer, Reinhold III, 2799
Estermann, Alfred I, 311, 317; II, 1099, 1105
Estienne, Charles I, 710, 711
Estienne, François I, 710
Estienne, Henri I, 710
Estienne, Robert I, 710
Etherington, Don I, 438
Ettema, James S. III, 2499
Euagoras (König) I, 533
Eugen IV. (Papst) I, 671
Euklid I, 535
Eule, Wilhelm I, 429, 436
Eurich, Claus I, 192, 199, 384; III, 2487, 2488, 2489, 2494, 2497
Euringer, Richard II, 1493
Euripides I, 527, 530, 531
Eusebios I, 533, 610, 637, 639
Evans, C.F. I, 499
Evans, James A.S. I, 612
Evans, Jonathan III, 2602, 2610
Evard, Jean-Luc I, 281
Everaert-Desmedt, Nicole I, 283, 286
Everett, Linda II, 1159
Every, Ian III, 1820
Evra, Judith van I, 86, 106
Ewers, Hans-Heino I, 561, 565, 566, 567, 568, 766; II, 1586, 1589, 1593
Ewinkel, Irene I, 140
Exter, Aleksandra II, 1186
Eyles, Allen II, 1089, 1091, 1158, 1159
Eyman, Scott II, 1217
Eyre, Frank II, 1593
Eyssen, Jürgen I, 424, 436

F

Faasch, Werner III, 1813, 1820
Fabe, Maxene III, 2331, 2333, 2339
Faber, Karl-Georg I, 792, 793
Faber, Marlene I, 225, 228
Fabian, Bernhard I, 499, 588, 590; II, 1578
Fabian, Walter II, 1708, 1712
Fabri, Felix I, 672, 673
Fabris, Hans H. I, 69
Fabritius, Adam I, 137
Fabyan, Robert I, 642
Fackler, Mark III, 2799
Fähndrich, Walter II, 1142
Fahr, Andreas III, 1828
Fahr, Heinz I, 612
Fairbanks, Douglas II, 1064, 1076, 1174
Fairchild, H. III, 2475
Fairclough, Norman I, 217, 220, 223, 228, 305, 307; II, 1696, 1700, 1701; III, 2009, 2017
Falco III, 2685
Falke, Rita I, 690, 694
Faltermeyer, Harol III, 2685
Falvo, Joseph D. I, 708
Fansa, Mamoun I, 559
Fanselow, Gisbert I, 288, 307
Faraday, Michael II, 1364; III, 2130
Farassino, Alberto II, 1227
Färber, Helmut II, 1177
Färberböck, Max III, 2359
Farenburg, Hanns III, 2351
Faret, Nicolas I, 706
Farin, Michael II, 1142
Farnsworth, Philo T. III, 2140, 2151
Farocki, Harun III, 1807
Fassbinder, Rainer W. II, 1069; III, 1792, 1795, 1796, 1835, 2352, 2360, 2361
Faul, Erwin III, 2269, 2272, 2276, 2279, 2316, 2319
Faulbaum, Frank II, 1755
Faulkner, W. I, 599; II, 1653
Faulmann, Karl I, 420, 457
Faulstich, Werner I, 4, 5, 7, 13, 95, 108, 175, 181, 182, 184, 185, 188, 199, 238, 241, 243, 260, 261, 264, 269, 310, 313, 317, 321, 329, 331, 334, 768, 770, 773, 774, 775, 912; II, 1177, 1217, 1218, 1236, 1631, 1748, 1749, 1750; III, 2126, 2307, 2410, 2413, 2442, 2450, 2485
Faust, Wolfgang M. I, 1004, 1011

Faustus (Bischof) I, 618
Fax, Noreen III, 2451
Fay, Fritz II, 1486, 1487, 1488
Febvre, Lucien I, 420
Fechner, Eberhard I, 243; II, 1132, 1246; III, 1807, 1808, 2352, 2359
Fechner, Frank III, 2771, 2772
Fechter, M. III, 2608
Feddersen, Helga II, 1494
Federici, Cesare de I, 676
Fehling, Detlev I, 612
Fehr, Hans I, 791, 793
Feil, Hans-Dieter I, 156, 160
Feininger, Andreas III, 1816, 1817, 1820
Feininger, Lyonel I, 781
Feix, Josef I, 612
Fejes, F. III, 2472, 2475
Feldkeller, Richard II, 1267, 1271; III, 1942, 1946, 1958
Feldman, S. I, 85, 105
Feldmann, Rötger II, 1634
Felix, Sascha W. I, 288, 307
Fell, John II, 1177
Fellini, Federico I, 782; II, 1081, 1219, 1224, 1225, 1226
Fellner, Dieter W. III, 2648
Felmy, Hansjörg III, 2361
Fels, Peter III, 2116
Felsen, Leopold B. II, 1322
Felsenberg, Alexander II, 1361
Feltovich, Paul III, 2600, 2609
Fenby, Jonathan II, 1693
Fénelon, François I, 563
Fenice, Antoine I, 720, 723
Fenn, Eric I, 600
Fera, Ludwig III, 1876, 1879
Ferber, Susanne III, 2602, 2608
Ferdinand Albrecht, Herzog von Braunschweig I, 817
Ferdinand II. (Kaiser) I, 796
Ferell, Jeff III, 2443, 2450
Ferguson, A. I, 611
Ferguson, Douglas A. III, 2466, 2467, 2475
Fernandel II, 1230
Fernandez, Valentin I, 677
Ferrari, Luc II, 1496
Ferrer, Ibrahim III, 2683
Fertel, M.D. I, 403
Fertig, Ludwig I, 579, 581
Feshbach, N.D. III, 2475
Fessenden, Reginald A. II, 1305, 1388
Fessmann, Ingo II, 1563
Festenberg, Nikolaus v. III, 2334, 2339
Festinger, Leon II, 1740, 1749
Feuchtlinger, Heinz-Werner II, 1782, 1788
Feuchtwanger, Lion I, 239, 766; II, 1242, 1641

Feuer, Jane III, 2349
Feuerhorst, Ulrich I, 1025
Feuillade, Louis II, 1060
Feure, George I, 1013
Feyerabend, Paul I, 17, 27
Fichte, Johann G. I, 274, 280, 571, 733
Fiebach, Joachim II, 1032
Fiedler, Herbert III, 2648
Fiedler, Rudolf I, 499
Field, Audrey II, 1089, 1091
Field, Francis F. I, 801
Fielding, Raymond II, 1198, 1206
Fijal, Andreas I, 551, 552, 557
Finch, Christopher II, 1042
Findahl, Olle III, 2468, 2471, 2475
Finler, Joel W. II, 1217
Firestone, F.A. II, 1379, 1385
Firsirotu, Mihaela E. I, 79, 80
Fischart, Johann I, 134, 786, 811
Fischbach, Ute M. I, 96, 106
Fischer, Christoph III, 2088
Fischer, Erika J. I, 955
Fischer, Ernst I, 473, 578, 581
Fischer, Eugen K. I, 188; II, 1458, 1463, 1474, 1475, 1477; III, 2029, 2039
Fischer, F. II, 1202, 1206
Fischer, Frank III, 2599, 2604, 2605, 2608
Fischer, Gustav I, 472
Fischer, Hardi I, 51
Fischer, Heinz-Dietrich I, 60, 69, 506, 512, 834, 836, 843, 850, 878, 879, 922; III, 2268, 2332, 2339, 2725
Fischer, Jens M. II, 1141
Fischer, Joschka I, 333
Fischer, L. II, 1605
Fischer, Lucy III, 1834, 1836
Fischer, Lynn III, 2450
Fischer, Samuel I, 471
Fischer, Wolfgang III, 2367, 2369
Fischer, Wolfram III, 2462
Fischer-Lichte, Erika I, 314, 317
Fischerkoesen, Hans III, 1824
Fischinger, Oskar III, 1824
Fischle, M. I, 85, 105
Fischli, Bruno II, 1085, 1091, 1154, 1158
Fisher, Harold A. I, 912
Fishman, Mark I, 218, 228; II, 1694, 1701
Fiske, John I, 99, 100, 103, 106, 193, 196, 199; III, 2307, 2332, 2339, 2408, 2413, 2442, 2450, 2452, 2453, 2458, 2460, 2461, 2462, 2465, 2475, 2494, 2495, 2496, 2497

Fiss, Owen III, 2773, 2786
Fitch, M. I, 89, 106
Fitch, Ralph I, 676
Fix, Oliver I, 78, 81, 355
Fix, Ulla I, 879
Fjuk, Annita III, 2604, 2608
Flader, Dieter II, 1731, 1733, 1781
Flagge, Ingeborg II, 1087, 1089, 1091, 1158
Flaherty, Robert II, 1123; III, 1804, 1810
Flanagan, J.L. I, 126, 130
Flechsig, Karl-Heinz III, 2815, 2819
Flechsig, Norbert P. III, 2562
Flechtheim, Ossip I, 833
Fleer, Cornelia II, 1154, 1158
Fleischer, Max II, 1040
Fleischmann, Gerd I, 1011
Fleischmann, Isa I, 420
Fleming, J.A. II, 1370
Fleming, Victor II, 1120, 1207, 1210, 1212, 1218
Flesch, Hans I, 177; II, 1463, 1489, 1491, 1492
Flesch, Rudolf I, 250, 255
Fletcher, C.R. I, 87, 106; III, 2475, 2476
Flettner, Peter I, 809
Flexner, Bernard II, 1168
Fley, Matthias III, 2323, 2329
Flichy, Patrice I, 27, 321, 334
Flick, Uwe I, 256, 269
Flickenschildt, Elisabeth II, 1493
Fliege, Norbert III, 1897, 1907
Fliegel, Peter II, 1751, 1754
Flitterman, Sandy III, 2342, 2349
Floch, Jean-Marie I, 282, 286
Flodr, Miroslav I, 558
Flöhl, Rainer I, 972
Flom, Eric L. II, 1217
Flöper, Berthold L. I, 850; II, 1756, 1759, 1760, 1762, 1765
Flottau, Heiko III, 2073
Floyd, Pink III, 2684
Fluck, Hans-Rüdiger I, 220, 228; III, 2008, 2012, 2013, 2017
Flusser, Vilém I, 51, 194, 197, 198, 199, 275, 280; II, 1663; III, 1792
Flynn, Erol II, 1211, 1213
Föckler, Knut I, 967, 972
Fodor, Jerry A. I, 288, 307
Foerster, Heinz v. I, 326, 334
Foersterling, Hermann O. II, 1165
Fohrbeck, Karla I, 575, 581, 582; II, 1513
Fohrmann, Jürgen I, 694

Földes-Papp, Károly I, 420
Foley, Helene P. I, 612
Foley, J. I, 126, 130
Foltin, Hans-Friedrich III, 2300, 2307, 2323, 2329, 2332, 2337, 2338, 2339, 2388, 2389, 2390, 2391, 2392, 2394, 2404
Fonda, Henry II, 1065, 1211; III, 2191
Fontaine, Jacques I, 580, 626, 627, 635
Fontana, Bill III, 2068
Fontane, Theodor I, 580, 765, 870; II, 1101, 1624, 1718
Ford, John II, 1065, 1119, 1121, 1207, 1209, 1210, 1211; III, 1793
Fordun, John I, 646
Fore, William F. I, 384; III, 2668, 2675, 2676
Forest, Claude II, 1158, 1634
Forest, Lee de II, 1364, 1370, 1389
Forgacs, D. III, 2473, 2475
Fornara, Charles W. I, 608, 612
Fornaris, Carl A. III, 2787
Först, Walter I, 1429, 1444; III, 2088
Förster, Ernst I, 374
Forster, Georg F. I, 792, 812; II, 1717, 1719
Förster, Heinz v. I, 21, 27
Forster, Leonard I, 133, 140
Forsyth, Frederic I, 767
Forsythe, Chris III, 2609
Fort, Gertrud von le II, 1641
Fortne, Wolfgang II, 1507
Fossati II, 1632
Foster, Hal II, 1636; III, 1798
Foster, Harold I, 782
Foster, Norman II, 1216
Foth, Jörg II, 1245; III, 1809
Foucault, Léon I, 742
Foucault, Michel I, 278, 280, 522, 525; III, 2453
Foucher Frères I, 453
Fouhy, Edward M. III, 2831
Foulkes, David I, 265, 270
Foulon, Otto I, 164, 174
Fouquet-Plümacher, Doris I, 558
Fowler, Robert L. I, 612
Fowler, Roger I, 223, 228, 231, 305, 307; III, 2009, 2017, 2018
Fox, William II, 1061, 1063, 1201
Fox-Talbot, William I, 415
Foxe, John I, 563
Fraber, Michael III, 2799
Frampton, John I, 668
France, Henri de II, 1541; III, 2178
Franceschi, Olle III, 1958

Franciscus S. von Ferrara I, 662
Franck, Sebastian I, 819
Francke, Ernst I, 887, 890
Frank, Barbara I, 680
Frank, Bernward I, 44, 51, 586, 590; III, 2049, 2285
Franke, Christian W. II, 1608
Franke, Wilhelm III, 2328
Fränkel, Hermann I, 538
Frankenfeld, Peter III, 2333, 2334
Franklin, Ashley II, 1158
Franklin, Harold B. II, 1152, 1158
Franklin, Marc A. III, 2774, 2776, 2786
Franklin, Richard II, 1047, 1057
Franklin, S. I, 103, 106
Frantzen, Allen J. I, 552, 559
Franz I. (Kaiser) I, 504
Franz I. (König) I, 486, 504
Franz, Eckhardt G. I, 499; III, 2857
Franz, Gerhard II, 1444; III, 1987, 2088
Franzke, Jürgen I, 457
Franzmann, Bodo I, 192, 199, 573, 583, 590; II, 1639
Franzmeyer, Fritz I, 882, 883, 890
Frare, Therese II, 1787
Fraschetti, Augusto I, 612
Fraund, Martin III, 2088
Fredriksen, Paula I, 625
Freeman Sandler, Lucy I, 634, 635
Frei, H.P. I, 51
Frei, Norbert I, 851, 910, 912, 922
Frei-Borer, Ursula I, 51; III, 2328, 2329
Freiesleben, Hans-Christian I, 748, 763
Freise, Heinrich I, 58, 69
Freisler, Stefan I, 304, 307
Frenzel, Gustav I, 978
Frese, Frank II, 1042
Freud, Sigmund I, 163, 279, 280, 521
Freund, B. III, 2388
Freund, Bärbel I, 104
Freund, Cajetan I, 888, 890
Freund, Karl II, 1119, 1182, 1183
Frey, Dieter II, 1741, 1749
Frey, Horst II, 1304
Frey, Siegfried I, 254, 255
Frey, Susanne I, 49
Frey-Vor, Gerlinde III, 2349
Freyer, Ulrich III, 1942, 1957
Freymuth, Claus III, 1810
Freytag, Gustav I, 790, 906

Freytag, Hartmut I, 630, 635
Freytag, Stefan III, 2537, 2553, 2554, 2555, 2556, 2557, 2560, 2561, 2562
Friauf, Karl H. III, 2771
Friccius, Enno III, 1877, 1880
Fricke, Dieter I, 912
Fricke, Gerd II, 1492, 1493
Fricke, Jürgen I, 972
Friedberg, Anne III, 1790, 1798
Friedeburg, Ludwig v. I, 271
Friedell, Egon I, 870; II, 1111, 1116
Friedewald, Hans II, 1126, 1136
Friedländer, Max J. I, 420
Friedman, Daniel II, 1160
Friedrich (König) I, 491
Friedrich der Große I, 733, 940; II, 1180, 1181
Friedrich II. (Kaiser) I, 478, 731
Friedrich III. (Kaiser) I, 803, 804
Friedrich von der Pfalz I, 486, 811
Friedrich von Limburg I, 805
Friedrich Wilhelm von Brandenburg-Preußen I, 489, 903
Friedrich, Alfons I, 548, 558
Friedrich, Hans II, 1703, 1711
Friedrich, Heinz III, 1813, 1820
Friedrich, Helmut F. III, 2602, 2608
Friedrich, Herbert I, 436
Friedrich, Otto II, 1122
Friedrichs, Jürgen I, 2, 13, 252, 255
Frieling, Günter III, 1942, 1957
Frieling, Rudolf III, 1875, 1880
Frielingsdorf, Britta III, 2093, 2096
Fries, Lorenz I, 669, 721
Friese-Greene, William II, 1162
Frigge, Uwe III, 1968, 1974, 2003, 2005, 2024
Fripp, Robert II, 1499
Frisch, Justinian I, 978
Frisch, Max II, 1494, 1641
Frisius, Joannes I, 715, 716, 717, 718, 722, 723
Frith, Simon III, 2442, 2450, 2451
Fritsch, Bruno I, 850
Fritsch, Willi II, 1181
Fritz, Angela I, 55, 98, 105, 109, 584, 585, 590; II, 1663
Fritz, Gerd I, 29, 33, 34, 35, 36, 38, 40, 41, 45, 47, 50, 51, 52, 55, 56, 215, 216, 220, 221, 222, 227, 228, 291, 293, 294, 295, 296, 297, 299, 300, 301, 302, 304, 306, 307, 309, 851, 878, 922; II, 1724

Fritz, Kurt v. I, 608, 612
Fritz, Thomas II, 1733, 1788
Fritzsche, Hans II, 1419, 1435
Fröbel, Julius I, 903
Fröhlich, Werner I, 192, 199
Fróis, Luis I, 676
Fromm, Bettina I, 48, 49
Fromm, Erich I, 191, 199
Froschauer, Christoph I, 715, 716, 717
Frost, John I, 963
Frotschner, Fredo I, 221, 230
Früh, Werner I, 35, 36, 48, 51, 95, 106, 113, 117, 193, 215, 218, 228, 246, 254, 255, 263, 269, 303, 307; III, 1810, 1812, 2010, 2018, 2309, 2319, 2491, 2493, 2494, 2497
Frühling, Gerhard III, 2126
Frühschütz, Jürgen II, 1753, 1755; III, 2648
Fründt, Bodo II, 1217
Frutolf von Michelsberg I, 630
Fry, Donald L. III, 2443, 2450
Fry, Virginia H. III, 2443, 2450
Frye, Northrop I, 694
Fryland, Alphons II, 1181
Fuchs, Erika I, 375, 790; II, 1634
Fuchs, Heinz I, 1006
Fuchs, Reimar W. I, 444, 449
Fuchs, Siegfried E. I, 420
Fuchs, Wolfgang J. I, 783
Fuchsberger; Joachim III, 2323
Fucks, Wilhelm I, 245, 250, 255
Fuest, Benedikt III, 2291
Fügen, Norbert I, 235, 243, 584, 590
Fugger I, 458
Fugger, Ulrich I, 485
Fühmann, F. II, 1643, 1645
Fuhr II, 1563
Fuhr, Ernst W. III, 2771
Führer, Karl Ch. II, 1377
Fuhrmann, Manfred I, 538
Fuhrmann, Susanne II, 1157
Fuhrmeister, Christian II, 1158
Fujio, Takashi III, 2232, 2241
Fujitake, Akira II, 2839, 2840
Fukuoka, Masao III, 2839
Fuller, Loïe II, 1047
Fünfgeld, Hermann III, 1994
Fung, Adrian, K. II, 1315, 1316, 1319, 1322, 1323
Funiok, Rüdiger III, 2799
Funke, Fritz I, 420, 436, 457
Fuqua III, 2344
Furberg, Kjell II, 1158
Furch, Eberhard I, 436
Fürchtegott, Christian I, 765
Furetière I, 714
Furler, Alfred I, 436
Furlong, William III, 2071

Namenregister

Fürst, Paul I, 786
Furtwängler, Wilhelm II, 1507
Furui, S. I, 131
Füssel, Stephan I, 473, 557
Fussel, Susan R. III, 2603, 2608
Füssli, Orell I, 1021
Füsslin, Georg II, 1049, 1057
Fust, Johannes I, 449, 460
Füth, Beate I, 851

G

G(möhling), H(orst) I, 978
Gaarder, Jostein I, 767; II, 1498; III, 2076
Gabel, Detlev III, 2562
Gabel-Becker, Ingrid I, 55
Gabin, Jean II, 1230
Gable, Clark II, 1065, 1212
Gabler, Werner II, 1085, 1086, 1087, 1088, 1091, 1158
Gabriel, Alfons I, 676, 678
Gabriel, Gottfried I, 525
Gabriel, Norbert III, 2566, 2573, 2578
Gabriel, Peter III, 2439
Gad, Peter U. II, 1060
Gadamer, Hans-Georg I, 18, 235, 243, 257, 377; III, 2460, 2462
Gaede, Friedrich I, 525
Gagel, Hanna I, 149, 150, 160, 982, 983, 988, 990, 1000, 1011
Gagné, Robert M. III, 1819, 1820
Gaida, Editz II, 1626, 1630
Gaier, Ulrich I, 525
Gaines, Brian III, 2604, 2610
Gaitanides, Michael I, 355
Gaius (Jurist) I, 536
Galambos, James A. I, 110
Galbraith, K. III, 2418
Galen (Mediziner) I, 651
Galienus von Orto I, 661
Galilei, Galileo I, 741, 742, 745
Gallagher, John II, 1217
Gallagher, Tag II, 1227, 1217
Gallas, Helga I, 234, 243
Galle, Heinz J. II, 1627, 1628, 1630
Gallo, Max I, 149, 160, 981, 983, 1000, 1011, 1016
Gallus (Heiliger) I, 478
Galsworthy, John I, 766, 771; II, 1653
Galtung, Johan I, 873, 878; II, 1694, 1701; III, 2007, 2018, 2309, 2319
Galvani III, 2127
Galvão, António I, 675

Gamber, Klaus I, 549, 558
Gambetti, Giacomo II, 1227
Gambier, Y. III, 2692, 2694
Gameson, Richard I, 600
Gance, Abel II, 1119, 1129; III, 1791
Gandillac, Maurice de I, 632, 635
Gandy, Oscar III, 2829
Gane, Roger III, 2490, 2497
Gangloff, Tilmann P. II, 1762, 1765
Gans, H.J. II, 1694, 1701
Gans, Herbert I, 72, 81; III, 2318, 2319
Gansberg, Marie I, 235, 243
Gansen, Petra II, 1459; III, 1975
Gansera III, 1807
Ganz, Axel III, 2662
Ganz, David I, 629, 635
Ganz, Peter I, 574
Ganz-Blättler, Ursula I, 673, 678
Ganzt I, 252, 255
Garamont, Claude I, 710
Garber, Klaus I, 143, 579, 582
Garbo, Greta II, 1065, 1119, 1122, 1209
Garcia, Mario I, 222, 228
Gardin, Vladimir II, 1191
Gardner, Lindzey I, 117
Gardt, Andreas I, 525
Garin, Eugenio I, 708
Garncarz, Joseph II, 1112, 1116, 1181, 1184
Garnier, Katja v. III, 1795
Garnier, Pierre III, 2068
Garr, Max I, 884, 890
Garrett, Peter I, 304, 306
Garsoffky, Bärbel III, 2603, 2609
Gärtner, Hannelore II, 1610, 1620
Gärtner, Hans-Dieter II, 1749
Garvin, Tom III, 2670, 2676
Garz, Detlef I, 256, 270
Gasbarra, Felix II, 1466
Gasiet, Seev III, 2791, 2799
Gass, Karl III, 1801, 1805, 1806, 1812
Gassaway, Bob M. I, 218, 228
Gassendi, Pierre I, 741, 745
Gäßler, Ewald I, 552, 559
Gastaldi, Jocobo I, 667, 668
Gates, Bill III, 2510
Gaube, Uwe II, 1105, 1105
Gauger, Hans-Martin I, 545, 558
Gauguin, Paul I, 413
Gaumont, Léon II, 1060, 1198
Gaus, Günter II, 1132; III, 2292, 2295

Gavin-Kramer, Karin III, 2828
Gawlik, Alfred I, 544, 552, 558
Gaynes, Martin J. III, 2786
Gebauer, W(alter) L. I, 978
Gebhardt, Hartwig I, 50, 51, 141, 801, 850, 885, 886, 890, 896, 898, 900, 906, 908, 912, 922, 930
Gebühr, Otto II, 1181
Geer, Jürgen II, 1468, 1497
Geerken, Hartmut II, 1500; III, 2067, 2071
Geers, Jürgen III, 2031, 2039
Geest, Ton van der I, 231
Gehlen, Arnold I, 275, 280
Gehr, Herbert III, 2450
Gehrke, Gernot I, 51, 52; III, 2269, 2272, 2276, 2279
Geier, Ruth II, 1596, 1605
Geiger, Klaus F. I, 238, 243; II, 1630, 1743, 1749
Geiger, Seth I, 87, 106
Geis, Michael L. I, 217, 228
Geisberg, M. I, 790
Geisendörfer, Robert I, 384
Geisler, Heinrich II, 1753, 1755
Geisler, Michael II, 1719, 1739
Geissendörfer, Hans W. II, 1082
Geissler, Christian II, 1499
Geissner, Hellmut III, 2003
Geitner, Ursula I, 525
Geldner, Ferdinand I, 449, 499, 574, 666, 667, 678
Geller, Oscar II, 1111, 1116
Gellert Lyons B. II, 1217
Gellert, Christian F. I, 765
Gellius, I.G. I, 709
Gellner, Ernest I, 27
Gellner, Winand I, 51; III, 2307, 2458, 2462
Gellrich, Jesse M. I, 558
Gemmingen, Barbara v. I, 720, 724
Gene, D. I, 613
Genet III, 1792
Geng, Norbert II, 1312, 1317, 1320, 1321, 1322
Gengenbach, Pamphilius I, 796
Genosko, Gary I, 283, 286
Genoux, Claude I, 452
Genscher, Hans D. II, 1779
Gentillet, Innocent I, 732
Gentner, D. III, 2381
Genuit, Klaus II, 1385
Georg von Ungarn I, 672
George, Götz III, 2361
George, Heinrich II, 1491
Georgievit, Bartholomaeus I, 672
Georgii, Eberhard I, 888, 890
Geraghty, Christine III, 2344, 2346, 2349, 2495, 2497
Gerald the Welshman I, 646

Gerber, Richard I, 694
Gerber, Walter III, 2150, 2151, 2200
Gerbner, George I, 117, 252, 255, 384; III, 2311, 2319, 2348, 2491, 2492, 2497, 2829
Gercken, Philipp, W. I, 489
Gerhard von Cremona I, 652
Gerhard, Heinz I, 44, 51
Gerhard, Maria III, 2285
Gerhardt, Claus W. I, 444, 449, 789, 828, 830
Gerhardt, Gerd III, 2799
Gerhardt, Marlis II, 1468; III, 2039
Gerhardt, Ulrich II, 1497, 1499
Gerhardus, Dietfried I, 51, 307
Gérin I, 157
Gerke, Joachim III, 2449
Gerlach Brüder I, 941
Gerlach, Arthur v. II, 1180
Gerlach, Erwin II, 1202, 1367, 1368
Gerlach, Ludwig v. I, 941, 942
Gerlach, Peter I, 894
Germi, Pietro II, 1223
Gernert, Wolfgang I, 359, 365
Gernsbacher, Morton A. III, 2474, 2475
Gersch, Wolfgang I, 174
Gersdorf, Hubertus III, 2768, 2771
Gershon, Richard A. I, 209, 211
Gerson, Johannes I, 544
Gerstäcker, Friedrich I, 565, 765
Gertberg, Hans III, 2333
Geserick, Rolf I, 851; II, 1429, 1444
Gesner, Conrad I, 484, 721, 818
Gessinger, Joachim I, 525
Geyer, Friedrich K. III, 2165, 2167
Geyer, Herbert I, 886, 890
Ghezzi, Pier L. I, 778
Ghymnius (Ghim, Walther) I, 751
Giacometti I, 996
Giampetro, Josef II, 1108
Gibas, Monika S. I, 801
Gibbons III, 2533
Gibbs, R.W. Jr. I, 89, 106
Gieber, Walter I, 72, 81
Gier, Helmut I, 793
Gierl, Heribert I, 864
Gierlich, Hans-Wilhelm II, 1385
Giersch, Ulrich I, 848, 850
Giese, Hans J. II, 1126, 1136
Giese, Tiedemann I, 738
Giesecke, Michael I, 148, 262, 270, 338, 346, 444, 449, 473, 525, 543, 558, 573, 574, 595, 596, 597, 600, 674, 675, 678, 803, 816

Gieseke, Ludwig I, 338, 339, 346, 576, 582
Gieseke, Wolfram III, 2569, 2575, 2577, 2578, 2579
Gieseler, Jens I, 866, 871, 878, 922
Gieseler, Karlheinz I, 54
Giesen, Rolf II, 1042
Giesenfeld, Günter I, 51, 259, 270
Gilber, William I, 745
Gilbert von Poitiers I, 651
Gilbert, Felix I, 726, 727, 728, 732, 734
Gilbert, Martin II, 1700
Gilbert, William I, 742, 745
Gildas I, 636, 638, 639, 641, 642, 643, 644, 645, 648
Giles, Harald I, 105; II, 1700, 1702
Gili Gaya, Samuel I, 722, 724
Gilke (Buchdrucker) I, 452
Gillain, Anne II, 1236
Gilles, Peter I, 681
Gillessen, Günther I, 911, 912
Gillmor, Donald M. III, 2776, 2786
Gillon, Paul II, 1635
Gillray, James I, 778
Gilson, Étienne I, 659, 664
Gimmler, Roland II, 1459
Gingerich, Owen I, 744, 745
Giocandi, Michele I, 775
Giordanos, Fra I, 687
Giovannini, Giovanni III, 2006
Giovanoli, Fritz I, 888, 890
Giovis, Christo III, 2602, 2603, 2604, 2609
Gipkens, Julius I, 992
Girardet, Wilhelm I, 833, 934, 935, 936
Girardin, Émil de I, 905, 908
Girouard, Mark II, 1597, 1598, 1600, 1604, 1605
Giroud, Françoise II, 1229
Gish, Dorothy II, 1169, 1173, 1174
Gish, Lillian II, 1169, 1171, 1173, 1174, 1175, 1177
Gitlin, Todd I, 196, 199
Gitting, Heinz I, 798, 801
Giulio, Testa C. I, 679
Giunta, Bernardo I, 732
Giunti, Tommaso I, 677
Givón, Talmy I, 298, 300, 307, 309
Glage, Gustav III, 2133
Glahe, Will III, 2685
Glas, Gabriele III, 2671, 2676
Glasbrenner, Adolf I, 870
Glaser, Horst A. I, 235, 243, 334, 694

Gläser, Rosemarie III, 2079, 2088
Glasmeier, Heinrich II, 1419
Glassbrenner, Adolf II, 1718
Glasser, Theodore L. I, 231
Glässgen, Heinz III, 2042, 2045, 2368
Glauche, Günter I, 553, 558
Gleason, Paul III, 2659, 2660
Gledhill, Christine II, 1071, 1122; III, 2349, 2349
Gleeson, Kate III, 2470, 2476
Gleich, Ulrich I, 52, 117, 251, 255, 265, 270; II, 1459, 1741, 1749; III, 2349, 2397, 2398, 2404, 2453, 2463, 2491, 2497
Glenisson, Jean I, 443
Gliese, Rochus II, 1063
Glogauer, Werner I, 361, 365; III, 2443, 2450
Glogauer, Wilhelm II, 1586, 1593
Gloger, J. I, 130
Gloning, Thomas I, 29, 51, 52, 220, 228, 300, 301, 307, 865, 866, 878
Glotz, Peter I, 3, 4, 13, 321, 334, 887, 890, 967, 972; II, 1725, 1727, 1728, 1771, 1780, 1781, 1781; III, 1811, 1812, 2578, 2714, 2716, 2725
Glowalla, Ulrich III, 2579
Gnam, Arnulf III, 1821, 1828
Gnauck-Kühne, Elisabeth I, 428, 436
Gnüg, Hiltrud I, 575, 582
Gobery, Douglas II, 1217
Godard, Jean-Luc I, 782; II, 1094, 1221, 1228, 1230, 1233, 1234, 1236; III, 1789, 1792, 1794, 1795, 1798, 1801, 1835
Godechot, Jacques I, 912
Gödeke, Peter III, 2021, 2024
Gödel I, 521
Godley, A.D. I, 613
Goebbels, Heiner III, 2067
Goebbels, Joseph I, 507, 508, 910, 911, 948; II, 1129, 1177, 1180, 1418, 1419, 1434, 1435, 1466, 1467, 1473, 1475, 1478, 1480, 1481, 1482, 1497, 1498, 1508, 1509, 1510; III, 2144, 2261, 2843
Goebel, Gerhart II, 1377, 1395; III, 2128, 2134, 2136, 2141, 2143, 2144, 2147, 2150
Goedkoop, Richard III, 2331, 2332, 2339
Goer, Michael I, 140
Goertz, C. III, 2610
Goertz, Lutz III, 2011, 2015, 2016, 2019

Goes, Albrecht II, 1640; III, 2351
Goethe, Johann W. v. I, 519, 625, 743, 745, 765, 767, 832, 871, 872, 878; II, 1111, 1124, 1181, 1489, 1640, 1716, 1728; III, 2351
Goetsch, Paul I, 82, 106, 694; II, 1105; III, 2320
Goettle, Gabriele II, 1719
Goetz, Curt II, 1600
Goetz, John III, 2068
Goetz, Rainer II, 1499
Goetz, Walter I, 634, 635
Goetze, A. II, 1630
Goetzeler, Herbert II, 1199, 1207
Goetzinger, Annie II, 1633
Goetzke, Bernhard II, 1183
Goetzmann, Jürgen III, 2088
Goffart, Walter I, 641, 648
Goffman, Erving I, 216, 228, 301; III, 1823, 1828, 2461
Gogarten, Friedrich I, 378, 379
Gogh, Vincent van I, 986
Göhler, Helmut I, 586, 590
Göhres, Frank III, 2359
Goitsch, Heinrich I, 886, 890
Gokl, Robert II, 1158
Gold, R. I, 131
Goldberg, Murray III, 2606, 2608
Goldfinch, John I, 449
Goldfriedrich, Johann I, 436, 473, 571
Goldmann, Peter III, 2439
Goldmark, Peter II, 1364, 1372; III, 2175
Goldschmidt, Rudolf II, 1388
Goldschmidt, Victor I, 525
Goldstein, Caroline III, 2469, 2471, 2472, 2474
Goldwater, Barry III, 2747
Goldwyn, Samuel II, 1078
Goll, Claire II, 1114, 1116
Golovnja, Aleksandr II, 1188
Gombrich, Ernst H. I, 29, 31, 50, 52, 133, 135, 140, 371, 374
Gomery, Douglas II, 1158, 1198, 1200, 1201, 1202, 1204, 1205, 1206
Gonzaga, Elisabetta I, 697, 705
Gonzaga, Francesco I, 696, 697
Gonzales, R.C. I, 124, 130
Gööck, Roland III, 2155, 2157, 2167
Good, Colin H. I, 48, 52, 223, 228, 305, 873, 878
Goodall, W.Gill III, 2472, 2475
Goodfield, June III, 2307, 2384, 2388
Goodhart, G.J. III, 2466, 2475
Goodman, Benny III, 2682

Goodman, Nelson I, 31, 52
Goodman, S. II, 1701, 1702
Goodrich, L. Carrington I, 420
Goodrich, Samuel I, 566
Goodson, Mark III, 2332, 2339
Goodwin, Andrew J III, 2445, 2447, 2450, 2451
Göpferich, Susanne I, 42, 52
Göpfert, Herbert G. I, 473, 511, 512, 573, 574, 584, 590, 591
Göpfert, Winfried III, 2064
Göpfert, Wolfgang III, 2386, 2388
Gorbachev, Mikhail S. III, 2194
Gorbatschow, Michael III, 2315
Gorbman, Claudia II, 1141
Gordon I, 767
Gordon, Gary III, 2232
Gordon, George N. I, 912
Gorgias I, 531, 602
Göring, Hermann III, 2261
Görner, Felix I, 58, 69
Görres, Joseph I, 832, 846, 869, 902, 916, 941
Gorschenek, Margaretha I, 265, 271
Görtler, Edmund I, 102, 104
Görtz, Franz J. II, 1648
Göschen, Georg J. I, 470
Goscinny, René I, 782; II, 1634
Goslich, Lorenz II, 1751, 1755
Goss, Anthony III, 2316, 2319
Gothan, Bartholomäus I, 544
Gottberg, Harald v. III, 2718, 2725
Gottberg, Joachim v. III, 2499
Gotthardt, Christian II, 1705, 1711
Göttler, Fritz II, 1068, 1071
Göttlich, Udo III, 2348, 2349
Gottschalk, Hans III, 2351
Gottschalk, Ludwig II, 1073
Gottschalk, Thomas III, 2325, 2410
Göttsche, Dirk II, 1648
Gottsched, Johann Ch. I, 579, 743, 745, 874, 875; II, 1111, 1607, 1738
Gottscho II, 1202, 1206
Götz, Markus III, 1975
Gotzkowsky, Bodo I, 555, 558
Gould, John D. I, 118, 130
Gounalakis, Georgios III, 2562
Gow, Joe III, 2443, 2450
Gower, Bruce III, 2440
Grab, Walter I, 789, 816, 900, 912
Grabe, Hans-Dieter II, 1132; III, 1808
Graber, Dieter I, 771, 775
Graber, Doris A. I, 85, 106
Grabmann, Martin I, 664

Grabowsky, Adolf II, 1108, 1116
Graefen, Gabriele II, 1712
Graesser, Arthur C. I, 96, 105
Graf, Gerhard II, 1458
Gräf, Lorenz III, 2567, 2578, 2579
Graf, Roland II, 1242, 1244
Graf, Steffi III, 2421
Grafe, Manfred II, 1770, 1774, 1781
Grafl, Franz II, 1091, 1158
Graham, Gordon III, 2658, 2660
Graham, J.C. II, 1205
Graham, Jefferson III, 2331, 2339
Grajczyk, Andreas III, 2285
Gramsci, Antonio I, 733; II, 1223
Grand-Carteret, John I, 783
Grandy, Richard I, 308
Gransden, Antonia I, 641, 643, 644, 648
Grant, Eddy III, 2449
Grant, Gary II, 1214
Grant, Patrick J. III, 2787
Grappin, Pierre I, 913
Gräsel, Cornelia III, 2599, 2604, 2605, 2608
Grass, Günter I, 767, 769, 773, 960, 969; II, 1642, 1644, 1646, 1647
Grass, Karl II, 1132
Grasset, Eugène I, 1013
Grassi, E. I, 709
Gratian I, 552
Grau, Albin II, 1182
Grau, Wolfgang II, 1085, 1091
Grauman, Sid II, 1090, 1091
Graumann, Carl F. I, 6, 13
Grautoff, Otto I, 436, 981, 983
Gray, Paul R. II, 1312, 1322
Gray, Richard II, 1158
Gray, Vivienne I, 612
Grayson, C. I, 734
Greatbatch, David I, 225, 226, 228, 229, 302, 308; II, 1723, 1724
Greciano, Gertrud II, 1712
Greeley, Horace I, 905
Green, Dennis H. I, 539, 540, 545, 558
Green, Georgia M. I, 297, 308
Green, Ian I, 172, 174
Greenaway, Kate I, 565
Greenaway, Peter III, 1792, 1797, 1798
Greenberg, Bradley S. I, 250, 255; III, 2494, 2497
Greenberg, Saul III, 2604, 2609
Greene, Hugh C. II, 1421, 1511; III, 2026, 2027

Greene, Thomas M. I, 702, 709
Greenfeld, Howard II, 1573
Greenfield, Patricia M. II, 1590, 1593; III, 2493, 2497
Greenslade, S.L. I, 599
Greflinger, Georg I, 134, 139, 870, 915
Gregor der Große I, 547, 550
Gregor I, (Papst) I, 133
Gregor VII (Papst) I, 731
Gregor von Rimini I, 661
Gregor, Josef II, 1114, 1116
Gregor, Ulrich II, 1122, 1177; III, 1789, 1798
Gregory of Tour I, 637
Greiffenberg, Horst I, 202, 211
Greiffenhagen, Maurice I, 988
Greiling, Werner I, 930
Greimas, A.J. I, 282, 283
Grell, Petra I, 265, 271
Grene, P. I, 613
Grenz, Dagmar I, 566, 568
Grenzmann, Ludger I, 635
Gresset, Lynne A. I, 873, 877
Greulich, Helmut III, 1807
Greve, Ernst W. I, 437
Grewendorf, Günther I, 288, 308
Grewenig, Adi I, 52, 53, 229; II, 1724
Gribomont, Jean I, 548, 557, 558
Grice, H. Paul I, 31, 52, 214, 224, 228, 291, 292, 296, 305, 308; II, 1777
Griebel II, 1575
Grieger, Karlheinz III, 2005
Grien, Baldung I, 412
Griep, Karl III, 2857
Grierson, John II, 1123; III, 1804, 1805
Gries, Rainer I, 1008, 1009, 1010
Griese, Sabine I, 544, 558
Griffith, David W. I, 163, 165; II, 1062, 1064, 1075, 1076, 1119, 1168, 1169, 1170, 1171, 1172, 1173, 1174, 1175, 1176, 1193, 1216
Griffith, Jacob II, 1168
Grillparzer, Franz II, 1099, 1100
Grimal, Pierre I, 626, 635
Grimaldi Robbios, Pelegro dei I, 706
Grimm, Dieter III, 2118, 2126, 2753, 2761, 2770, 2771
Grimm, Gunter E I, 235, 243, 579, 582, 583, 584, 590
Grimm, Hans I, 766
Grimm, Jacob I, 565
Grimm, Jürgen I, 48, 52; II, 1630

Grimm, Petra III, 1826, 1828
Grimm, Thomas III, 1809
Grimm, Wilhelm I, 565
Grimme, Adolf III, 2155, 2156
Grimme, Eduard P I, 74, 81
Grimmelshausen, Johann J. C. v. I, 134, 792, 899
Grimminger, Rolf I, 879, 880; III, 1798
Gripe, Maria II, 1587
Griscom, Acton I, 648
Grisham, John I, 767
Grob, Norbert II, 1069, 1071
Grodin, Charles III, 2194
Groebel, Jo I, 193, 199, 251, 255, 265, 270, 321, 323, 329, 334, 336; III, 1811, 1812, 2453, 2463, 2491, 2497
Groeben, Norbert I, 83, 85, 94, 95, 96, 98, 106, 254, 255, 264, 270, 298, 307
Groensteen, Thierry I, 780, 783
Groer, Georgette d. I, 672, 678
Grohnert, René I, 984, 1000, 1011
Groll, Gunter II, 1105
Groningen, Bernhard A. v. I, 613
Groote, E.v. I, 672, 678
Gropius, Walter II, 1086, 1182
Groschopp, Richard II, 1238, 1242
Grose, Eric III, 2609
Groß, Bernd I, 66, 69
Groß, Johannes II, 1606
Gross, Konrad I, 694
Gross, Larry I, 117; III, 2319, 2491, 2497
Groß, Markus I, 52
Groß, Michael I, 525; III, 2394
Gross, Sabine II, 1663
Grossberg, Lawrence I, 27; III, 2450, 2451
Grosse, Siegfried I, 879; II, 1101, 1105
Grossenbacher, René III, 1997, 2005
Grosser, Christiane I, 197, 199
Großhans, Götz-Tillmann III, 2389, 2390, 2391, 2392, 2404
Grosskopf, Jürgen II, 1315, 1317, 1318, 1322
Großkopf, Rainer III, 1942, 1957
Grossman, Michael B. III, 2748
Großmann, Hans I, 971
Großmann, Rolf III, 2404, 2485
Grosz I, 994

Groth, Otto I, 143, 148, 215, 218, 228, 319, 334, 825, 830, 851, 870, 878, 881, 882, 886, 887, 890, 901, 903, 906, 912, 928, 930, 940, 941, 955; III, 2828
Groth, Peter I, 177, 188; II, 1477
Grothe, Franz II, 1510
Groult, Germaine I, 767
Groult, Thierry III, 1957
Groves, Don III, 2668, 2676
Growald, Ernst I, 150, 152, 153, 157, 160
Groys, Boris I, 525; II, 1186, 1196
Gruber, Barbara III, 2723, 2725
Gruber, Gottfried II, 1608
Gruber, Joachim I, 557, 558
Gruber, Klemens I, 188
Grubitzsch, Jürgen I, 961, 963
Grübling, Richard II, 1774, 1775, 1777, 1779, 1780, 1781
Grubmüller, Klaus I, 141, 142, 557, 559, 635, 716, 721, 724
Grulich, Walter II, 1780, 1781, 1782
Grün, Max von der II, 1644, 1736
Grün, Rita von der II, 1466, 1467, 1477
Gründel, Johannes I, 630, 636
Gründer, Karlfried I, 526
Grundsche Erben I, 827
Gruneberg, M. III, 2474
Grunenberg, Johann I, 788
Gruner, Paul-Hermann II, 1771, 1774, 1778, 1781
Grünewald, Dietrich I, 776, 779, 783; II, 1586, 1593
Grünewald, Heidi II, 1721, 1724
Grünewald, Rolf II, 1091, 1158
Grupe, Ommo I, 54
Gruschke, Georg II, 1202
Grüsser, Otto-Joachim I, 584, 590
Gryzik, Antoni III, 1835, 1836
Guarinonius, Hippolyt I, 899
Guattari, Félix I, 278, 280
Guazzoni, Enrico II, 1061
Guback, Thomas II, 1070, 1071, 1077, 1079, 1080, 1081, 1082, 1083, 1084, 1148
Guchmann, Mirja I, 525
Guckes, Emil III, 1828
Guevara, Che I, 1015
Guevara, Luis de I, 671
Guggenheimer, W.M. III, 2027
Guicciardini, Francesco I, 696, 706, 709, 726
Guillery, Étienne I, 676
Gulbransson, Olaf I, 990

Guldenmund, Hans I, 786
Gülich, Elisabeth III, 2019, 2453, 2463
Gumbrecht, Hans U. I, 200, 263, 270, 525, 574; III, 2456, 2464
Gundlach, Friedrich-Wilhelm II, 1312, 1319, 1323, 1337, 1339, 1361
Gunell, John G. III, 2724, 2725
Günnel, Traudel III, 2121, 2126
Gunning, Tom II, 1122, 1123, 1124, 1136, 1153, 1177; III, 1790, 1791, 1798
Gunold, Rolf II, 1489, 1490
Gunter, Barrie III, 2466, 2475
Günther, Armin III, 2576, 2578
Günther, Egon II, 12, 42, 1243, 1244, 1245
Günther, Hanns III, 2136, 2143
Günther, Hans II, 1186, 1196
Günther, Hartmut I, 307, 558, 559, 560
Güntner, Joachim I, 457
Gunzel-Haubold, Margarete I, 783
Gurevitch, Michael I, 105, 108, 193, 199, 287; III, 2467, 2475, 2493, 2498
Gurguntius I, 646
Gurst, Günter II, 1617, 1620, 1621
Gustafsson, Lars I, 687, 688, 690, 694
Gustav Adolf II. von Schweden I, 791, 796, 811, 897
Gutenberg (= Gensfleisch, Johannes) I, 391, 398, 399, 401, 403, 404, 444, 446, 447, 448, 449, 452, 459, 460, 468, 482, 485, 502, 543, 548, 572, 586, 595, 596, 600, 746, 749, 896, 897; II, 1564, 1729; III, 2219, 2230, 2635
Güth, W. II, 1271
Guthmüller, Bodo I, 725
GutsMuths, Johann Ch. I, 855, 927, 930
Gutterer, L. I, 1008
Güttinger, Fritz II, 1114, 1116
Güttinger, Helmut II, 1371, 1375
Gutwin, Carl III, 2604
Gutzkow, Karl I, 505, 875, 876
Guzdial, Mark III, 2604, 2609
Gwathmey, Emily II, 1159
Gwisdek, Michael II, 1244
Gyory, Michel III, 2671, 2676

H

Haacke, Wilmont I, 319, 334, 832, 836, 887, 890, 893, 894; II, 1715, 1719, 1725, 1728, 1739
Haaf, Günter III, 2057
Haage, Ulrike III, 2067
Haake, Jörg M. III, 2600, 2610
Haas, Gerhard II, 1739
Haas, Hannes I, 14
Haas, Hassadah III, 2493, 2498
Haas, Helmut de I, 150, 160
Haas, Hendrik de I, 437
Haas, Jürgen I, 355
Haas, Michael H. III, 1968, 1974, 2003, 2005, 2024
Haas, Mike III, 2010, 2018
Haas, N. I, 281
Haas, Robert B. II, 1166
Haas, Sabine III, 2093, 2096
Haas, Wilhelm d.Ä. I, 405, 452
Haas, Wilhelm d.J. I, 406
Haas, Willy I, 771; II, 1181, 1371, 1375
Haase, Armin III, 2024, 2086, 2088
Haase, Helga I, 973
Haasis, Klaus III, 2596
Haaß, Christoph II, 1459; III, 2088
Haber, Hans III, 2385, 2388
Habermann, Werner III, 2154
Habermas, Jürgen I, 18, 25, 27, 147, 148, 257, 271, 275, 279, 280, 318, 321, 322, 323, 334, 362, 365; II, 1663; III, 2418, 2456, 2463
Hachmeister, Lutz I, 319, 323, 334, 851; II, 1551; III, 2441, 2450
Hacker, Kenneth L. I, 87, 106
Hacker, Rupert I, 499
Hackett, Robert A. III, 2309, 2319
Hackforth, Josef II, 1742, 1749; III, 2024, 2088, 2090, 2388, 2389, 2390, 2391, 2404, 2405
Hackl, Christiane III, 2450
Hadamovsky, Eugen II, 1419, 1475, 1545; III, 2261
Hadel, Werner v. I, 969, 972
Haebler, Konrad I, 426, 427, 437, 449
Haebler, Ruth v. II, 1750
Haedecke, Gert II, 1512, 1513; III, 1982, 2088, 2118, 2126
Haedicke, Maximilian III, 2537, 2562
Haeger, John W. I, 665, 678
Haenschke, Friedrich I, 978
Haensel, Carl I, 190, 199

Haentzschel, Georg II, 1510
Haferkorn, Hans J. I, 577, 579, 580, 582
Häfker, Hermann I, 162, 174
Haftlmeier-Seiffert, Renate I, 140
Hagar, William I, 408
Hage, Volker II, 1648
Hagedorn III, 2344
Hagelweide, Gert I, 148, 880, 881, 883, 890, 892, 894, 895, 912
Hagemann, Ludwig I, 547, 558
Hagemann, Walter I, 888, 890, 894, 895, 939, 955; II, 1156, 1158
Hagemann, Wilhelm III, 2809, 2815, 2816, 2819
Hagen (Chefredakteur) I, 960
Hagen, Ingunn I, 101, 106
Hagen, Lutz M. II, 1690, 1692, 1693; III, 2319
Hagen, Manfred I, 158, 160; II, 1771, 1772, 1774, 1777, 1778, 1781
Hagenah, Ulrich I, 927, 928, 929, 930
Hagenauer, Joachim III, 1942, 1950, 1957
Hagendorf, H. III, 2610
Hägermann, Dieter I, 544, 552, 558
Hagner, Annemarie I, 981, 983, 988, 1000
Hahn III, 2021
Hahn, André III, 2576, 2578
Hahn, Heidi A. III, 2605, 2610
Hahn, Jörg III, 2394, 2399, 2404, 2405
Haid, Thomas III, 2394, 2405
Haider, Manfred I, 983, 1024, 1025
Hain, Ludwig I, 667, 671, 678
Hain, Walter A. I, 678
Hainhofer, Philipp I, 790, 817
Hakluyt, Richard I, 677
Halász, László I, 85, 87, 88, 89, 90, 91, 92, 94, 95, 96, 97, 98, 106
Halbert-Lassale, Roselyne III, 1942, 1957
Hale, Julian III, 2024
Halefeldt, Elke III, 1982, 2044, 2045, 2368
Halefeldt, Horst III, 2005
Haley, Bill III, 2682
Halkin, Daniel III, 2746
Hall, Annie III, 2189
Hall, Ben M. II, 1085, 1092, 1158
Hall, Edith I, 612
Hall, Peter Ch. III, 2025, 2405

Hall, Stuart I, 99, 100, 101, 106, 223, 228; II, 1694, 1700, 1702; III, 2349, 2471, 2475, 2494, 2497
Hall-Hansen, Christian III, 2443, 2450
Hallenberger, Gerd I, 52, 55; III, 2280, 2306, 2307, 2388, 2389, 2390, 2391, 2392, 2394, 2404, 2411, 2413
Haller, Albrecht v. I, 518, 692
Haller, Johannes I, 737
Haller, Klaus I, 864
Haller, Michael I, 877, 878, 961, 963; II, 1713, 1714, 1716, 1719, 1721, 1722, 1723, 1724, 1739; III, 2079, 2080, 2083, 2084, 2085, 2089, 2799
Halliday, Michael K.A. I, 223, 283, 302, 308; II, 1696, 1697, 1698, 1700, 1702
Hallier, Jürgen III, 1942, 1957
Hallin, Daniel C. III, 2749
Halm, Christian I, 679
Halper, Donna L. III, 1994
Halsall, Fred III, 2525, 2532
Halter, Albert I, 149, 150, 151, 152, 153, 154, 157, 160, 980, 982, 983
Haltom, William I, 873, 877
Hamalainen, Matti III, 2606, 2610
Hamann I, 518, 521
Hamblin, C.L. I, 295, 308
Hamburger, Käte I, 232, 243
Hamdorf, Kai III, 2575, 2578
Hamel, Christopher de I, 443, 594, 600
Hamilton, Jay III, 2830
Hamm, Fritz I, 288, 308
Hamm, Ingrid I, 81; III, 1811, 1812
Hammelrath, Alf III, 2804, 2806
Hammer, Michael I, 98, 107
Hammer, Walter I, 907
Hammerschmidt, Helmut III, 2089
Hampe, Theodor I, 789
Hampel, Johannes II, 1781, 1782
Hampf, Michaela III, 1970, 1974
Hampton, Benjamin B. II, 1144, 1150
Hamsun, Knut I, 766
Han, H.N. II, 1766
Händel, Paul I, 538
Handke, Peter I, 239; II, 1496, 1643, 1644
Hanebutt-Benz, Eva-Maria I, 424, 437
Hanisch, Michael II, 1158

Hänisch, Ulrike D. I, 140, 791, 793
Hannapel, Hans II, 1776, 1781
Hannemann, Jörg III, 2600, 2610
Hanning, Robert W. I, 637, 638, 643, 644, 648, 697, 709
Hänsel, Sylvaine II, 1086, 1087, 1088, 1091, 1158
Hansen, Carsten R I, 95, 105
Hansen, Miriam I, 174; II, 1177
Hansen, Ronald D. III, 2450
Hantsch, Ingrid II, 1733
Happes, Wolfgang I, 864
Harasim, Linda III, 2597, 2601, 2602, 2606, 2609
Harbou, Thea v. II, 1180, 1183
Hardenberg, Karl A. I, 902
Harder, Klaus II, 1375
Harding, John I, 642, 646, 647
Hardt, Ernst II, 1489, 1491, 1492
Hardt, Hanno III, 2488, 2497
Hardy, Dudley I, 988, 1014; II, 1121
Harff, Arnold v. I, 672, 673
Harfouch, Corinna II, 1499
Harig, Ludwig I, 239; II, 1496, 1497
Harley, J.B. I, 747, 763
Harlow, Jean II, 1209
Harms, Bernhard I, 422, 437
Harms, Michael III, 2857
Harms, Rudolf I, 164, 174; II, 1155
Harms, Wolfgang I, 52, 132, 133, 134, 135, 136, 137, 139, 140, 141, 318, 783, 786, 789, 801, 811, 816, 819, 896, 898, 912
Harmsworth, Alfred I, 909
Harmsworth, Harold I, 909
Harnack, A.v. I, 615
Harnish, Robert I, 296, 306
Harper-Bill, Christopher I, 648
Harpprecht, Klaus II, 1719
Harriehausen, Bettina I, 304, 309
Harrington, James I, 733
Harris, Michael I, 912
Harris, Richard A. I, 83, 106
Harris, Sandra I, 226, 228
Harrison II, 1364
Harriss, Julian II, 1712, 1713, 1719
Harrisse, Henry I, 668, 673, 674, 678
Harsdörffer, Georg P. I, 134, 360, 786
Hart, James II, 1177
Härtel, Helmar I, 449, 574
Harth, Dietrich I, 525, 680
Hartley, John I, 100, 106, 193, 196, 199, 228; II, 1698, 1702; III, 2413, 2460, 2463, 2495, 2496, 2497
Härtling, Peter II, 1587
Hartmann, Britta II, 1206
Hartmann, D. III, 2388
Hartmann, Heinz I, 324, 334; II, 1739
Hartmann, Jörg I, 680
Hartmann, Karl-Theo II, 1366
Hartmann, Regina I, 783
Hartmann, Thomas I, 52; II, 1781
Hartmann, Wilfried I, 551, 558
Hartmann-Laugs, Petra S. III, 2316, 2319
Hartmut, Simon III, 1820
Hartnack, Daniel I, 847, 851
Hartnagel, Hans L. II, 1323
Hartog, François I, 612
Hartridge III, 2175
Hartshorne, Charles I, 286
Hartung, Albert E. I, 649
Hartung, Georg, F. I, 831
Hartung, Wolfdietrich I, 53
Haruhara, Akihiko III, 2834, 2839
Harvey, James II, 1217
Harvey, Lilian II, 1181
Harvey, Paul III, 2603, 2608
Harvey, Robert C. I, 783
Harweg, Roland I, 213, 220, 228, 302, 308; III, 2012, 2018
Hasan, R. I, 302, 308
Haschak, Paul G. I, 694
Hase, Karl-Günther v. II, 1488
Hasebrink, Uwe I, 52
Haselmayr, Helmuth III, 2161, 2165, 2167
Haseloff, O.W. II, 1733
Hasenbrink, Uwe III, 2465, 2466, 2468, 2475
Hasenclever, Walter II, 1097
Hassler, Conrad D. I, 672, 678
Hata, Masaharu II, 1320, 1322
Hathaway, Henry II, 1065, 1212
Hatschek, Paul II, 1203, 1206
Hättenschwiler, Walter I, 8, 14, 183, 188, 964; III, 1996, 2005
Hattig, Fritz III, 2400, 2405
Haubrichs, Wolfgang I, 558, 784
Haucke III, 1809
Hauf, Annemarie III, 2817, 2819
Hauff, Reinhard III, 1795, 2352
Hauff, Wilhelm II, 1622
Haug, Walter I, 142, 555, 582
Haug, Wolfgang I, 157, 160
Hauptmann, Carl II, 1114
Hauptmann, Gaby I, 768
Hauptmann, Gerhart I, 317, 458, 692; II, 1111, 1181, 1470

Hauptmann, Helmut II, 1718, 1719
Hauptmeier, Helmut I, 83, 85, 86, 87, 88, 91, 95, 97, 107
Hauser, Bodo H. III, 2293
Hauser, Hans-Jörg III, 2650, 2651, 2660
Häusermann, Jürg I, 221, 223, 228; II, 1720, 1722, 1723, 1724; III, 1959, 1974, 2089
Hausmann, Franz, J. I, 720, 724, 725
Hausmann, Raoul II, 1197; III, 2068
Häußling, Angelus I, 550, 558
Hautsch, Gert II, 1204, 1206
Hauvette, Henri I, 695, 709
Havas, Charles I, 905; II, 1681
Havelock, Eric A. I, 955
Havilland, Olivia de II, 1211, 1213
Hawes, William III, 2362
Hawkins, Donald T. III, 2636, 2648
Hawkins, Robert I, 229
Hawks, Howard II, 1119, 1121, 1207, 1212, 1213, 1214; III, 1793
Hay, Denis I, 636, 647, 648
Hay, Gerhard I, 188, 239, 243; II, 1477; III, 2071
Hayakawa, Zenjiro III, 2839
Hayashi, Toshitaka III, 2839
Haydn, Joseph II, 1510
Haymes, Dick III, 2682
Hays, Will H. II, 1209
Hayward, Susan III, 1789, 1798
Hayworth, Rita II, 1064, 1216
Hazelton, John III, 2676, 2676
Healy, Elaine III, 2451
Hearst, William R. I, 781, 910
Heartfield, John I, 993, 994, 1009, 1014; III, 2068
Hebbel, Friedrich I, 871; II, 1641
Hebdige, Dick I, 99, 103, 107
Hebel, Franz I, 98, 107
Hebel, Johann P. I, 870, 876; II, 1641
Hebenstreit-Wilfert, H. I, 801
Heber, Hans III, 2154
Hecht, Ben II, 1213
Hecht, Herrmann II, 1044, 1054, 1057
Heck III, 1894
Heck, L. II, 1374;
Heckl, Manfred II, 1271
Heckmann, Dirk III, 2772
Hedick, Wilhelm II, 1364
Hediger, Vinzenz III, 1828
Heenemann, Horst I, 888, 890
Heermann, Peter W. III, 2562
Heers, Jacques I, 672, 678

Hege, Hans III, 2118, 2126
Hegel, Georg W.F. I, 274, 276, 278, 280, 376, 733
Hegen, Hannes II, 1632
Hegselmann, Rainer I, 27
Hehlgans, F. II, 1202, 1206
Hehr-Koch, Monika I, 81
Heide, Walther I, 882, 890
Heidegger, Martin I, 18, 144, 274, 275, 277, 279, 280, 379, 522
Heidinger, Veronika I, 48, 57
Heidt, Erhardt U. III, 2809, 2819
Heidtmann, Horst II, 1586, 1593, 1634
Heigert, Hans III, 2295
Heijnk, Stefan II, 1754, 1755
Heiks, Michael III, 2021, 2022, 2023, 2025
Heil, Bertold III, 2583, 2584, 2585, 2586, 2588, 2593, 2596
Heil, Karolus H. III, 2268
Heimann, Paul III, 2815, 2819
Heimann, Sabine I, 725
Heimann, Thomas III, 1805, 1812
Heimlich, Rüdiger III, 2291
Heims, Steve I, 27
Hein, Birgit III, 1875, 1880
Hein, Werner J. III, 2562 III, 2559
Heine, Heinrich I, 505, 870, 872, 875, 876; II, 1465, 1510, 1717, 1718
Heine, Thomas Th. I, 990, 994, 1014
Heinemann, Klaus I, 54
Heinemann, Rudolf III, 1991, 1994, 2047, 2049
Heinemann, Wolfgang I, 294, 302, 304, 308; II, 1703
Heinisch, Klaus J. I, 685, 687, 688, 694
Heinke, Hugo II, 1091
Heinrich der Seefahrer I, 667
Heinrich III. von Kastilien I, 671
Heinrich IV. (Kaiser) I, 731
Heinrich VII. von England I, 685
Heinrich VIII. (König) I, 540, 685, 732
Heinrich von Gent I, 661
Heinrich von Herford I, 634
Heinrich, Erik II, 1429
Heinrich, Hans II, 1238
Heinrich, Horst-Alfred I, 251, 255
Heinrich, Jürgen I, 52, 831, 836; II, 1677, 1680
Heinrich, Robert III, 1819, 1820

Heins, Jochen III, 2602, 2608
Heinse I, 692
Heinze, Ines I, 430, 437; II, 1751, 1755
Heinze, Michael II, 1044, 1057
Heinze, Thomas I, 256, 258, 270
Heise, Gilbert III, 2578
Heise, Thomas II, 1132; III, 1809
Heißenbüttel, Helmut I, 239; II, 1496
Heister, Hans S. v. II, 1489, 1491
Heitz, Paul I, 749, 763, 778, 783, 790
Hekataios von Abdera I, 609
Hekataios von Milet I, 603
Helander, Martin I, 118, 130
Helbig, Jörg III, 2071
Held, F.W.A. I, 787
Held, Martin II, 1494
Heldner, Christina II, 1591, 1593
Heliodor I, 538
Hell, Rudolf III, 2140
Hellack, Georg III, 2077, 2089
Hellberg, Martin II, 1239
Hellbrück, Jürgen II, 1271
Helle, Jürgen III, 2542, 2562
Hellenberger, Gerd III, 2485
Heller, Eva I, 768; II, 1788
Heller, Heinz-B. I, 164, 174; II, 1115, 1116, 1181, 1184; III, 1798, 1810, 1812, 1813
Heller, Martin I, 155, 160, 982, 983, 1000, 1006, 1010; II, 1788
Heller, Peter III, 1809
Heller, Steven I, 1016
Hellinga, Lotte I, 449, 574
Hellman, Monte III, 1796
Hellmann, Manfred III, 2058
Hellsing, Lennart II, 1586
Hellweg, Werner I, 978
Hellwig, Albert II, 1130, 1136
Hellwig, Joachim III, 1806
Helm, Brigitte II, 1119
Helm, J. II, 1702
Helmers, Sabine III, 2561
Helmholtz, Hermann v. II, 1387
Helmreich, Reinhard II, 1750; III, 2495, 2499
Heltzel, Virgil B. I, 706, 709
Helwig, Hellmuth I, 421, 422, 423, 425, 427, 437, 457
Hemingway, Ernest II, 1213, 1642, 1738
Hemmer, Katrin II, 1693
Hempel, Manfred III, 2144, 2147
Hempel, Wolfgang III, 2857
Hempel-Küter, Christa II, 1504
Hempfer, Klaus II, 1739

Henatsch, Martin I, 149, 150, 160; II, 1788
Henatsch, Michael I, 983
Henderson, Brian I, 170, 174
Henderson, Robert M. II, 1177
Henfflin, Ludwig I, 480
Hengst, Heinz I, 102, 107
Henkel, Doris III, 2399, 2405
Henkel, Joachim II, 1087, 1089, 1091, 1158
Henkel, Martin I, 883, 890, 906, 912
Henkel, Nikolaus I, 543, 553, 558
Henkys, Reinhard I, 384
Henle, Victor III, 2676, 2676
Henne, Helmut I, 50, 56, 228, 229, 231, 263, 269, 880; II, 1106; III, 2017, 2019, 2088, 2089, 2090, 2329, 2330, 2463, 2464
Hennecke, M.E. I, 131
Hennes, Wolfgang III, 2802, 2806
Hennig (Mörder) II, 1110
Henningsen, Theodor I, 437, 457
Henningsen, Wiltrud II, 1154, 1158
Henrich, Bruce A. III, 2787
Henry I. von England I, 644, 647
Henry II. von England I, 646
Henry of Huntington I, 638, 642, 643, 644
Henry VII. von England I, 647, 686
Henry VIII. von England I, 636, 647, 648, 686
Henschel, Kurt III, 1876, 1878, 1879, 1880
Hensel, Matthias III, 2699, 2713
Hensing, Ulrich I, 874, 878
Hensley, Wayne E. I, 163, 175
Hentig, Hartmut v. I, 356, 365; III, 2453, 2463, 2804, 2807
Hentschel, Kurt III, 2676
Henze III, 2046
Hepburn, Katherine II, 1214; III, 2191
Hepp, Andreas III, 2450, 2500
Hepworth, E.M. II, 1048, 1057
Herberstein, Sigismund v. I, 677
Herbert, Stephen II, 1047, 1057
Herbig, Albert I, 220, 228
Herd, Harold I, 899, 912
Herder, Johann G. I, 518, 521, 564, 733, 790; II, 1370
Herding, Klaus I, 141
Herding, Otto I, 816
Herdzina, Klaus I, 201, 206, 211

Hereth, M. III, 2725
Hergé (d.i. Georges Remi) I, 782
Hergot, Hans I, 806
Heringer, Hans J. I, 29, 30, 31, 33, 34, 35, 40, 47, 48, 52, 55, 230, 291, 293, 294, 296, 298, 300, 301, 305, 308, 309, 879; III, 2015, 2018
Heritage, John I, 216, 217, 224, 225, 227, 228, 229, 302, 307, 308; II, 1723, 1724
Herkenhoff, Michael I, 666, 667, 670, 672, 673, 678
Herkt, Günther II, 1158
Herla, Siegbert III, 1907, 1907, 2116
Herle, Jakob I, 437
Herler, Eberhard III, 2232
Herlinghaus, Hermann III, 1805, 1812
Herlth, Robert II, 1182
Herman, Edward D. I, 219, 229
Hermand, Jost I, 234, 243, 244, 578, 582, 775, 1011; II, 1630
Hermann, Günter II, 1411
Hermann, Hans I, 49; II, 1113, 1116
Hermann, Hans-Jürgen III, 2566, 2579
Hermann, Ingo I, 54; II, 1639
Hermann, Siegfried II, 1395, 1411; III, 1818, 1820, 1920, 1923, 1925, 1931, 2116
Hermann, Stefan III, 2638, 2648
Hermanns, Arnold III, 2582, 2596
Herodot I, 532, 533, 611; II, 1716
Herondas I, 529
Herrad von Hohenburg I, 630
Herrewayer, Anne I, 750
Herriman, George I, 781
Herring, Susan III, 2603, 2609
Herrman, Bernard II, 1139
Herrmann, Georg I, 765
Herrmann, Günter II, 1552, 1555, 1556, 1563; III, 2045, 2268, 2369, 2756, 2761, 2763, 2768, 2771
Herrmann, Joachim II, 1599, 1605; III, 2315
Herrmann, Siegfried II, 1370, 1375
Herrmann, Theo I, 85, 107
Herrmann, Ulrich I, 355, 365
Hersant III, 1868
Hersch, Isaac M. I, 814
Hersey, John II, 1718, 1719
Hershbell, Jackson P. I, 955
Hertel, Carlos III, 1875, 1880
Hertel, Peter I, 749, 763

Herter, Eberhard II, 1310, 1311, 1322
Hertkorn, Ottmar III, 2818
Hertsgaard, Mark III, 2749
Hertz, Anselm I, 384
Hertz, Heinrich R. II, 1305, 1387; III, 1915
Herwegh, Georg I, 505
Herz, Johann D. d.J. I, 787
Herzau, Eugen I, 437
Herzfelde, Wieland I, 472
Herzog, Herta I, 268, 270; III, 2332, 2338, 2339, 2347, 2348, 2350
Herzog, J.R. I, 436
Herzog, Rudolf I, 765
Herzog, Werner III, 1791, 1795, 1798, 2352
Herzogenrath, Carola III, 2332, 2339
Herzogenrath, Wulf III, 1875, 1880
Heseltine, Michael II, 1699
Hesiod I, 534, 605, 606
Heß, Dieter I, 47, 48, 52; II, 1727, 1728; III, 2089
Hess, Günther I, 141
Hess, Thomas III, 2706, 2713
Hess, Walter I, 978
Hess, Wolfgang II, 1322
Hess-Lüttich, Ernest W.B. I, 50, 56, 227, 230, 283, 284, 286, 307, 877, 879; II, 1748; III, 2328, 2454, 2462, 2464
Hesse, Albrecht III, 2767, 2772
Hesse, Friedrich W. III, 2609
Hesse, Hermann I, 692, 766, 771; II, 1624, 1640, 1641
Hesse, Kurt R. I, 212
Hesselmann, Norbert II, 1289
Hessels, Joannes H. I, 751, 752, 763
Hessler, Hans W. III, 2045, 2365, 2368
Hesslinger, Eva I, 80, 81
Hettler, Max I, 423, 437
Heuer, Gerd F. I, 930, 938
Heuermann, Hartmut I, 259, 270, 694
Heumann, W. III, 2415
Heun, Manfred III, 2009, 2018
Heuser, Joachim III, 2828
Heuss, Theodor I, 834
Hexter, J.H. I, 685, 688, 694, 695
Hey, Richard II, 1495
Heyen, Franz-Josef III, 2089
Heyer, Peter III, 2213
Heygster, Anna-Luise I, 54; III, 1828
Heym, St. II, 1644
Heymen, Norbert III, 2809, 2818

Heynckes, Jupp III, 2399
Heynicke, Kurt II, 1476
Heynowski, Walter II, 1134; III, 1806
Heyse, Elisabeth I, 629, 635
Hickethier, Knut I, 4, 13, 50, 52, 109, 189, 199, 243, 260, 263, 265, 266, 270, 310, 311, 317, 359, 365, 372, 374; II, 1106, 1116, 1122, 1157, 1181, 1184, 1218, 1595, 1605; III, 1798, 1800, 1802, 1806, 1812, 2071, 2119, 2126, 2268, 2269, 2270, 2271, 2272, 2273, 2278, 2279, 2298, 2306, 2307, 2412, 2413, 2453, 2454, 2455, 2457, 2458, 2459, 2462, 2463, 2464, 2485, 2496, 2497, 2500
Hickey, Neil III, 2332, 2336, 2339
Hicks, Jimmy II, 1218
Hiegemann, Susanne I, 104, 357, 363, 365, 366; III, 2272, 2279, 2806, 2807
Hienzsch, Ulrich I, 58, 69, 73, 81, 82
Hieronymus I, 476, 550, 610
Hieronymus von Prag I, 796
Higden, Ranulph I, 645, 646
Higgins, Dick III, 2068
Higgins, E. Tory I, 85, 107
Higgins, John I, 721, 723
Higham, Charles II, 1218
Higman, Jean I, 710
Hildebrandt, Ewald I, 983
Hildebrandt, Reiner I, 629, 635, 724
Hildegard von Bingen I, 626, 630, 632
Hildesheimer, Wolfgang II, 1494, 1495; III, 2046
Hilduin (Erzkaplan) I, 541
Hilgendorf, Erik III, 2559, 2562
Hill, P.B. I, 252, 256
Hill, Rowland Sir I, 409
Hill, Ruth I, 568
Hiller, Helmut I, 458, 467, 831, 836
Hiller, Holger II, 1499
Hilliar, R. III, 1956, 1958
Hillier, Bevis I, 981, 983
Hilmes, Michele III, 2496
Hilscher, Elke I, 783, 786, 787, 789, 801
Hilty, Gerald I, 764
Hiltz, Starr R. III, 2597, 2602, 2606, 2609
Himmels, Gerd II, 1788
Hinck, Walter I, 244
Hind, Arthur M. I, 420, 443
Hindemith, Paul II, 1507; III, 2046
Hindenburg III, 2074

Hinkel, Hans II, 1419
Hintikka, Jaakko I, 296, 308
Hinz, Werner II, 1372, 1375
Hipparchos I, 739
Hippler, Christiane I, 672, 678
Hippokrates von Chios I, 535
Hirche, Peter II, 1495
Hirm, Gerd III, 2320
Hirsch, Nicola III, 1968, 1974
Hirsch, Paul M. I, 72, 74, 81, 199; III, 2312, 2320, 2354, 2363, 2462, 2464
Hirsch, Rudolf I, 574
Hirschberg, J. I, 131
Hirsching, Friedrich K.G. I, 489
Hirth, Georg I, 790, 937
Hitchcock, Alfred I, 171; II, 1120, 1207, 1214, 1215; III, 1793
Hitler I, 733, 766, 798, 834, 910, 918, 948, 949, 1008, 1010; II, 1079, 1080, 1135, 1435, 1466, 1467, 1479, 1482, 1492, 1508, 1509, 1510; III, 2261, 2359, 2843
Hjort, Kirsten II, 1620
Hjort, Øystein I, 545, 557
Hoadley, C. III, 2610
Hober, David III, 2045
Hoberg, Rudolf I, 50, 53, 56; III, 2329, 2330, 2463
Höbermann, Frauke III, 2761
Höbermann, Susanne II, 1158, 1166
Hobl-Friedrich, Mechthild III, 2071
Hobson, Anthony R. I, 437, 499
Hobson, Dorothy I, 101, 106, 107; III, 2302, 2308, 2350, 2473, 2475, 2494, 2495, 2497
Hoby, Thomas I, 706, 708
Hochberg, Julian I, 50
Hochhuth, R. II, 1644
Hochmuth, Dietmar II, 1196
Hochs, Paul I, 873, 878
Hocke, Gustav-René I, 525
Hocker, Ursula III, 2088
Hockings, Paul III, 1820
Hodeige, Fritz I, 437
Hödel (Attentäter) I, 943
Hodge, Bob I, 223, 228, 231, 283, 286, 307; III, 2018
Hodge, R. II, 1696, 1701, 1702
Hodgkiss, A.G. I, 755, 756, 763
Hodkinson, William II, 1075
Hödl, Ludwig I, 550, 558
Hodler I, 996
Hoebel, Hansjoachim II, 1679, 1680
Hoeg, Wolfgang II, 1370, 1375; III, 1892, 1895, 1897, 1898,
1899, 1900, 1901, 1902, 1903, 1907, 1942, 1957, 2116
Hoehe, Hans I, 254, 255
Hoenen, Maarten J.F.M. I, 664
Hoer, Karl I, 1020
Hoeren, Thomas III, 2540, 2551, 2554, 2558, 2562
Hoerschelmann, Fred v. II, 1490, 1492, 1494
Hofer, Arthur III, 2025, 2089
Hofer, Manfred III, 2819
Hofer, Michael III, 2700, 2701, 2713
Hofer, Walther I, 734
Höfer, Werner III, 2088, 2323
Hoff, Peter III, 2268, 2459, 2463
Hoffmann, Carl II, 1183
Hoffmann, Hans-Norbert I, 887, 890
Hoffmann, Heinrich I, 565, 765, 780
Hoffmann, Hilmar II, 1663
Hoffmann, Kay II, 1158
Hoffmann, Konrad I, 801
Hoffmann, Ludger I, 309
Hoffmann, Paul II, 1054, 1057
Hoffmann, Wilhelm II, 1501, 1502
Hoffmann-Riem, Wolfgang I, 11, 13, 52, 207, 211, 323, 333, 343, 346; II, 1513, 1551, 1741, 1748; III, 2268, 2394, 2404, 2405, 2413, 2478, 2483, 2485, 2715, 2721, 2724, 2725, 2769, 2770, 2772, 2777, 2779, 2781, 2782, 2785, 2787
Hoffstaedter, Petra I, 92, 107
Höfler, Manfred I, 725
Hofman, Ernst II, 1181
Hofmann, Gert II, 1497
Hofmann, Hans J. I, 938
Hofmann, Karl-Ludwig I, 783
Hofmann, Martin I, 32, 52
Hofmann, Walter I, 584, 590
Hofmann, Werner II, 1633, 1639
Hofmannsthal, Hugo v. I, 519, 870; II, 1470, 1647
Hofmeister-Hunger, Andrea I, 878, 899, 902, 912
Hofrichter, Jürgen I, 55
Hogarth, Burne I, 782
Hogarth, William I, 778; II, 1636, 1639
Hogenberg, Frans I, 752
Hoggart, Richard I, 99, 100, 107
Hoheberger, Eva III, 1875, 1880
Hohenberg, John I, 912
Hohendahl, Peter U. I, 82, 107, 237, 243, 774, 775; II, 1725, 1727, 1728, 1648

Hohenemser, Paul I, 793
Hohenstein, Adolfo I, 1014
Hohlfeld, Johannes II, 1613, 1620
Hohlfeld, Ralf I, 51, 52; III, 2269, 2272, 2276, 2279
Hohlweg, Armin I, 538
Hohlwein, Ludwig I, 982, 992, 1000, 1014
Hohmann, Harald III, 1809, 1810, 2799
Höhne, Hansjoachim I, 52; II, 1684, 1690, 1691, 1692, 1693, 1719; III, 2008, 2018
Höijer, Brigitta I, 88, 89, 107; III, 2471, 2472, 2475
Hoiss, Josef III, 2010, 2018
Höke, Bernhard III, 2068
Holbein d.J., Hans I, 684
Holdenried, Ute III, 2485
Holderegger, Adrian III, 2799
Hölderlin II, 1640
Holdheim, Hermann I, 933
Holdsworth, Christopher J. I, 648
Holicki, Sabine II, 1727, 1728, 1781
Holinshed I, 686
Holland, Norman N. I, 94, 107
Hollatz I, 376
Hollingshead, Richard M., Jr. II, 1091
Hollis, Patricia I, 912
Hollmann, Helga I, 983
Hollmann, Wolfgang I, 925, 930
Hollstein, Walter II, 1739
Holly, Werner I, 35, 47, 48, 53, 55, 92, 107, 214, 215, 218, 219, 220, 222, 224, 225, 226, 227, 229, 230, 262, 270, 271, 297, 307, 308, 330, 334, 877, 879; II, 1721, 1722, 1723, 1724; III, 2087, 2089, 2308, 2330, 2412, 2413, 2495, 2497, 2500
Holm, Dary II, 1181
Holm, Kurt I, 271
Holmes, Brian III, 2070
Holmes, Justice III, 2773
Holmes, Sherlock III, 2190
Holsinger, Ralph R. III, 2775, 2787
Holtbrügge, Dirk II, 1780, 1781
Höltershinken, Dieter I, 361, 365; III, 2807
Holtz-Bacha, Christina II, 1459; III, 2413
Holyband, Claude I, 720, 723
Holz, Arno I, 517
Holz, Helga III, 2390, 2405
Holz, Peter III, 2390, 2405
Holzbach, Heidrun I, 851, 912, 922

Holzer, Horst I, 83, 107, 191, 199, 267, 270, 331, 334; III, 2489, 2498
Holzhauser, Otto I, 978
Holzheuer, Katharina III, 2495, 2499
Holzhey, Helmut III, 2799
Holznagel, Bernd I, 343, 346; III, 2562, 2724, 2726, 2763, 2768, 2770, 2771, 2772
Holznagel, Ina III, 2562
Hömberg, Walter I, 14, 53, 93, 107, 335, 887, 890, 968, 972; III, 2005, 2384, 2388, 2405, 2565, 2566, 2578
Homer I, 459, 527, 528, 529, 531, 534, 605, 606, 616
Homuth, Gerhard II, 1372, 1375
Honal, Gerhard III, 2363, 2366, 2368
Hondius, Jodocus I, 761
Honecker, Erich I, 510; II, 1243; III, 2315, 2459
Honecker, Margot III, 2263
Honig, Michael-Sebastian I, 366
Höning, Dieter I, 428, 437
Honke, Gudrun I, 684, 694
Hooffacker, Gabriele I, 138, 141, 791, 796, 801
Hooftman, Gilles I, 751
Hoover, Stewart M. I, 384
Hopf, A. I, 787
Hopkins I, 599
Hoppe-Graff, S. III, 2015, 2018
Hoppenkamps, Hermann I, 217, 229
Hopper, Dennis III, 1796
Hopster, Norbert I, 512
Horaz I, 459, 529, 530, 535, 537, 538
Hörburger, Christian I, 177, 188, 239, 243; II, 1477
Hörisch, Jochen I, 275, 280; II, 1749
Horkheimer, Hanns II, 1108, 1114, 1116
Horkheimer, Max I, 18, 20, 27, 190, 199, 235, 257, 280, 281, 320, 334, 361; II, 1116; III, 2489, 2490, 2498, 2805
Hörl III, 1804, 1805
Horlow, Jean II, 1212
Hörmann, Hans I, 88, 107
Horn, Otto I, 978
Horn, Peter A. III, 2351
Horn, Wolfgang I, 964
Hornblower, Simon I, 613
Horneffer, A. I, 612
Hornkens, Henri I, 718, 719, 720, 722, 723
Horowitz, Rosalind I, 105

Horst, Fritz II, 1197
Horton, Donald I, 330, 334; III, 2456, 2463
Horwath, Alexander III, 1799
Hose, Martin I, 613
Hosemann, Theodor I, 778
Hoshino, Edith S III, 2660
Hoßfeld, C.H. I, 932
Hostnig, Heinz II, 1496
Hotschewar, M.V. II, 1042
Houben; Heinrich H. I, 500, 512
Houssaye, Amelot de la I, 733
Houston, Whitney III, 2684
Hovald, Patrice-G. II, 1227
Hovland, Carl I. I, 327, 328; II, 1740, 1774; III, 2488, 2489
How, Walter W. I, 613
Howard, J. II, 1218
Howard, Roy W. I, 910
Howe, Ellic I, 801
Howe, Frederic II, 1110
Howland, Chris II, 1510
Hoxie, Charles A. II, 1200
Hoyer, Fritz I, 978
Hoyer, Wayne I, 85, 107
Hron, Aemilian III, 2603, 2604, 2608, 2609
Hsu, Mei-Ling I, 89, 107
Huber, Günter L. I, 93, 107, 255
Huber, Heinz III, 1806
Huber, Martin II, 1726, 1728
Huber, Rupert III, 2067
Huber, Wolfgang I, 384, 526
Hübner, Christoph III, 1810
Hübner, Gerhard I, 966, 972
Hübner, Heinz III, 2772
Hübner, Peter I, 271
Hübscher, Arthur I, 281; II, 1620
Huby, Felix III, 2361
Huchel, Peter I, 239; II, 1475, 1476, 1493, 1645
Huck, August I, 833, 908, 935, 936
Huck, Jörg I, 1018, 1025
Hudde, Herbert II, 1385
Hude, Carolus I, 612
Huet, Marie III, 1932
Huettig, Mae D. II, 10, 73, 1074, 1075, 1076, 1078, 1079, 1084, 1144, 1150
Huff, Theodore II, 1177
Hügel, Hans-Otto II, 1627, 1630; III, 2339
Hügel, Roland II, 1444
Hugenberg, Alfred I, 834, 909, 910, 917, 948, 957; II, 1079, 1080, 1127, 1177, 1179, 1180, 1184
Hughes, Charles E. III, 2603, 2609
Hughes, Howard II, 1067, 1213

Hugo von St. Victor I, 626, 630, 651
Hugo, Chris III, 1789, 1799
Hugo, Victor I, 780; II, 1600
Hugutios I, 629
Huh, Michael I, 53
Huhn, Dieter III, 2084, 2089
Huitena, Christian III, 2525
Hull, Clark L. I, 328
Huloet, Richard I, 721, 723
Hülsebus-Wagner, Christa II, 1461, 1468; III, 2027, 2039, 2089
Hulsius, Levin I, 677, 719, 720, 723
Humboldt, Wilhelm v. I, 490
Hummel, Marlies III, 1992, 1994, 2689
Hummel, Roman I, 956, 964
Hümmerich, Franz I, 675, 678
Humphrey II, 1131
Hundertmark, Gisela III, 1877, 1878, 1879, 1880
Hundertwasser, Friedrich II, 1620
Hundhausen, Carl I, 150, 154, 160
Hundsnurscher, Franz I, 29, 50, 51, 52, 55, 56, 227, 228, 300, 306, 307, 309, 824; II, 1711, 1724; III, 2330
Huneke, Friedrich I, 925, 930
Hünemörder, Christian I, 632, 635
Hünerberg, Reinhard III, 2578
Hunger, Herbert I, 443, 499, 538, 539, 558
Hungholt, Claudia III, 2496
Hünnekens, Annette III, 2071
Hunnisett, Basil I, 420
Hunold, Gerfried W. III, 2799
Hunt, M.J. I, 123, 130
Hunt, Peter I, 568; II, 1586, 1593, 1594
Hunt, Russel A. I, 88, 92, 107, 110
Hunte, Otto II, 1183
Hunter, Dard I, 420
Hunter, Virginia I, 613
Hunzicker, Peter III, 2705, 2713
Hupka, Werner I, 133, 141
Hüppauf, Bernd II, 1125, 1136
Hüpper, Dagmar I, 557, 559
Hurrelmann, Bettina I, 6, 13, 97, 98, 107, 267, 270, 561, 567, 568; III, 2453, 2463, 2807
Hurtienne, Joern III, 2600, 2610
Hurwitz, Harold I, 851, 922, 955; III, 2715, 2725
Hus, Jan I, 501, 796
Huß-Michel, Angela I, 873, 878
Husserl, Edmund I, 18, 257, 274, 276, 281

Huston, Aletha C. I, 89, 106; III, 2467, 2475
Huston, John II, 1212
Hustwitt, Mark III, 2445, 2451
Husung, Max J. I, 437
Hutchby, Ian I, 216, 219, 222, 229
Hutchinson, J.H. II, 1158
Huter, Alois I, 192, 199
Huth, Arno II, 1482; III, 2021, 2025
Huth, Hella II, 1596, 1605
Huth, Jochen II, 1470, 1477
Huth, Lutz I, 219, 228, 229; III, 2454, 2463
Hütt, Wolfgang I, 512
Hutten, Ulrich v. I, 134, 684, 796, 803, 805, 807, 808
Huttenlocher, Daniel III, 2603, 2608
Huttich, Johann I, 677
Huxley I, 688, 693
Hyan, Hans II, 1628, 1630
Hyman, Unwin I, 99
Hymmen, Friedrich W. II, 1495
Hythlodaeus, Raphael I, 683

I

Ibell, Karl v. I, 903
Ibsch, Elrud I, 91, 107
Iglis, Fred I, 282, 286
Iliffe (Lord) I, 909
Illich, Ivan I, 558; II, 1656, 1662, 1663
Illig, M.F. I, 451
Imbach, Ruedi I, 664
Imbert, Patrick I, 283, 286
Imdahl, Max I, 369, 370, 374
Immer, Nikolaus III, 2269, 2272, 2276, 2280, 2320
Immermann, Karl L. I, 871
Immerwahr, Henry R. I, 613
Inaba, Michio III, 2840
Ing, Janet I, 420
Ingen, Ferdinand van I, 143
Inglis, Ruth II, 1066, 1071
Ingold, Felix P. I, 578, 581, 582
Ingram, Rob III, 2603, 2608
Ingrao, Pietro II, 1218
Inhetveen, Rüdiger I, 50
Innis, Harold A. III, 2453
Innozenz VIII. (Papst) I, 502
Ionesco I, 523
Ionidou, Andri III, 2601, 2610
Ipsen, Hans P. III, 2768, 2772
Irby, Franklin S. II, 1203, 1205, 1206
Irle, Martin II, 1749
Iros, Ernst II, 1105

Irro, Werner II, 1727, 1728
Iser, Wolfgang I, 82, 92, 95, 107; III, 2344, 2460, 2463
Ishaghpour, Youssef II, 1227
Ishida, Masayuki III, 1958
Ishida, Yoshinobu III, 1958
Ishikawa, Sakae III, 2276, 2279
Ishimaru, Akira II, 1316, 1322
Ishizaka, Etsuo III, 2839
Isidor von Sevilla I, 550, 628, 629, 631, 651
Isokrates I, 533, 535, 536, 537
Isselburg, Peter I, 786
Issing, Ludwig J. I, 362, 365, 366; III, 2381, 2382, 2383, 2597, 2609, 2610, 2812, 2819
Ito, Youichi III, 2487, 2498
Ivens, Joris III, 1804
Ives, Herbert E. III, 2132
Iyengar, Shanto III, 2309, 2319

J

Jablin, F.M. III, 2608
Jabs-Kriegsmann, Marianne I, 238, 243; II, 1739, 1743, 1749
Jäckel, Michael II, 1750; III, 1987, 2005, 2458, 2463
Jackson, Johann B. I, 413
Jackson, Mary V. I, 562, 563, 568
Jackson, Michael III, 2441, 2442, 2684
Jackson, Sidney L. I, 499
Jackson, Steve II, 1592
Jacobi, Reinhold III, 2367, 2369
Jacobi, Richard I, 882, 890
Jacobi, Ursula I, 58, 65, 68, 69
Jacobsen, Wolfgang II, 1060, 1064, 1071, 1091, 1122, 1158; III, 1875, 1880
Jacobson, Alexandra II, 1157
Jacobson, Thomas L. III, 2493, 2497
Jacoby, Felix I, 608, 609, 613
Jacoby, Gerhard III, 1875, 1876, 1877, 1880, 2719, 2726
Jacoby, Jacob I, 85, 107
Jacques, Norbert III, 1790
Jaeckel, Ralf I, 972, 973, 994
Jaedicke, Horst III, 2157, 2164, 2167
Jaeger, Karl I, 882, 890
Jäger, Georg I, 55, 506, 512, 573, 574, 584, 586, 588, 590
Jäger, Jens I, 141
Jäger, Manfred I, 510; II, 1239, 1243, 1245
Jäger, Nike II, 1444; III, 1987, 2088

Jäger, Siegfried I, 213, 214, 224, 228, 229
Jäger, Wolfgang II, 1445, 1513
Jahn (Turnvater) I, 871
Jahn, Otto H. II, 1492
Jahnke, Hans III, 2025
Jahnn, H.H. II, 1641
Jakimov, G.R. II, 1651, 1655
Jakob von Metz I, 661
Jakob von Vitry I, 631
Jakob, Karlheinz I, 231
Jakobs, Eva-Maria I, 869, 878
Jakobs, Hans-Jürgen I, 964; III, 2666
Jakobs, Peter III, 2802, 2806
Jakobson, Roman I, 235
Jakoby, Richard III, 2049
Jakoby, Ruth II, 1725, 1729
Jakubowski, Horst III, 1887, 1891
Jamblich I, 532
James, William I, 329
Jameson, Fredric I, 524, 526
Jamieson, Kathleen H. III, 2749, 2829
Jamison, D. III, 2811, 2819
Jandl, Ernst I, 239; II, 1496, 1647
Janetzke-Dillner, G. II, 1631
Janitschek, Hubert I, 373
Jankowski, Horst III, 2685
Jankowski, Nicholas W. I, 107, 260, 267, 270
Jannings, Emil II, 1063, 1112, 1119, 1160, 1181
Janota, Johannes I, 600, 793
Janowitz, Morris I, 65, 69
Jansen, Bernd I, 964
Jansen, Klaus I, 874, 878
Jansen, Peter W. III, 1799
Jansen, Sharon L. I, 647, 648
Jansky, D.M. III, 2248, 2255
Janssen, Frans A. I, 420
Jansson, Tove II, 1586
Januensis, Johannes I, 629
Janzin, Marion I, 457
Jarass, Hans D. III, 2768, 2772
Jarmusch, Jim III, 1797, 2360
Jarren, Otfried I, 9, 13, 53, 55; II, 1748, 1749; III, 1971, 1974, 1975, 2319, 2320, 2507, 2714, 2725
Jason, Alexander II, 1031, 1032, 1077, 1084, 1158
Jaspers, Karl III, 2057
Jaspert, Friedhelm I, 980, 983
Jauch, Günther III, 2294, 2401
Jauer, Joachim III, 2293
Jaumann, Herbert I, 575, 580, 582
Jauß, Hans R. I, 232, 243, 526, 583, 590
Javolen (Jurist) I, 536

Jayant, N.S. II, 1537, 1538
Jechle, Thomas III, 2597, 2609
Jeck, Philip III, 2067
Jedele, Helmut I, 188
Jedin, Hubert I, 664
Jehle, Werner II, 1159
Jehn, Margarete II, 1495
Jelinek, Elfriede II, 1647
Jeninger, Philipp I, 305
Jenke, Manfred II, 1445; III, 1982, 2015, 2018, 2074, 2084, 2089
Jenkins, Billy II, 1630
Jenkins, Henry III, 2494, 2498
Jenkins, Reese V. II, 1146, 1150
Jenner, E. III, 2378
Jenny, Urs III, 1876, 1880
Jens, Carsten II, 1429
Jens, Walter I, 150; II, 1641
Jensen, Klaus B. I, 101, 107, 260, 267, 270; II, 1368, 1591, 1593; III, 2495, 2498
Jentsch, Irene I, 888, 890
Jentsch, Walter H. I, 888, 890
Jerome I, 637
Jeschke, Claudia I, 314, 317
Jesionowski, Joyce E. II, 1177
Jessen, Hans I, 887, 891; II, 1725, 1729
Jeter, Ida II, 1144, 1150
Jhering, Herbert II, 1181
Jipp, Karl-Ernst III, 2011, 2018
Joachim, Dierck II, 1158
Jobin, Bernhard I, 786
Jochum, Uwe I, 499; II, 1663
Jockwers, Gustav I, 935
Johanek, Peter I, 541, 552, 554, 558, 560, 646, 649
Johann Georg von Sachsen I, 796
Johannes a S. Thoma I, 663
Johannes von Freiburg I, 661
Johannes von St. Gimignano I, 633
Johannes XXII (Papst) I, 660
Johannsen, Albert II, 1622, 1627, 1630
Johannsen, Ernst II, 1490
Jöhlinger, Otto I, 882, 890
John of Caen I, 647
John of Whethamstede I, 646
Johnson, Amy II, 1048, 1057
Johnson, David R. III, 2533
Johnson, Deirdre I, 566, 568
Johnson, Dianne II, 1588, 1593
Johnson, Francis R. I, 742, 745
Johnson, J. I, 695
Johnson, Lyndon III, 2746, 2747
Johnson, Robert III, 2193
Johnson, Samuel I, 689
Johnson, Stanley II, 1712, 1713, 1719
Johnson, U. II, 1642, 1643

Johnson-Laird, Philip M. I, 85, 86, 87, 88, 97, 107
Johnston, G. II, 1702
Johnstone, John W.C. I, 64, 69
Johst, Hanns II, 1493
Jolson, A. II, 1064, 1201
Jonas, Markus III, 2413
Jones, D.M. I, 131
Jones, Daryl II, 1630
Jones, David III, 2602, 2606, 2609
Jones, Steven G. III, 2443, 2451, 2799
Jonscher, Norbert III, 1996, 2005
Joolingen, Wouter van III, 2601, 2609
Joost, Siegfried I, 499
Joplin, Scott III, 2682
Jordan, Carlo III, 1809
Jordan, Günter III, 1805, 1806, 1812
Jordan, Neil III, 1835
Jordanes I, 637
Jörg von Nürnberg I, 672
Jörg, Sabine III, 2330, 2332, 2339
Josef II (Kaiser) I, 504, 797
Joseph II (König) I, 504
Josephus I, 609, 610
Jossé, Harald II, 1027, 1032, 1122, 1198, 1199, 1200, 1201, 1205, 1206
Josting, Petra I, 512
Joyce, James II, 1642
Juang, W. I, 130
Jubin, Olaf III, 2268
Jucker, Andreas H. I, 226, 229; II, 1723, 1724
Juergens, Albrecht I, 141
Julian (Jurist) I, 536
Juncker, Christian I, 860
Jung, Ernst III, 2058
Jung, Matthias II, 1712
Jung, Uli II, 1116
Junge, Winfried II, 1133; III, 1806, 1809
Jünger, Ernst I, 692; II, 1640; III, 1790
Jungk, Klaus III, 2045, 2049
Jungnickel, Dirk II, 1242, 1244, 1245
Jungwirth, Bruno III, 1994
Junius (Journalist) I, 899
Junker, Almut II, 1054, 1057
Jurga, Martin III, 2463
Jürgens, Hans Wilhelm II, 1742, 1749
Jurgensen, Manfred II, 1739
Jürgs, Michael I, 266, 270
Just, Dieter I, 877, 878
Justinian I. (Kaiser) I, 532, 536, 551
Juvenal I, 529, 537

Namenregister

K

Kaase, Max I, 51, 53, 70, 81, 109, 193, 199, 230, 255, 336; II, 1749
Kabel, Walter II, 1624
Kaeppeli, Thomas I, 673, 678
Kaes, Anton I, 190, 199; II, 1071, 1110, 1116, 1122, 1123, 1154, 1158; III, 1875, 1880
Kafka, Franz III, 1790
Kagel, Mauricio II, 1496, 1497, 1498
Kagelmann, H.-Jürgen II, 1632, 1635, 1639
Kahane, Peter II, 1244
Kahle, Wolfgang II, 1375, 1395, 1411; III, 1920, 1923, 1925, 1931, 2116
Kahlenberg, Friedrich P. III, 2089, 2857
Kahmann, Wilhelm I, 887, 890
Kahn, Douglas III, 2071
Kaindl I, 150
Kaiser, Bruno II, 1720
Kaiser, Charles W. II, 1181
Kaiser, Joseph H. III, 2533
Kaiser, R. I, 281
Kaiser, Ulrich III, 2579
Kalb, Friedrich I, 558
Kalbus, Oskar II, 1127, 1128, 1136
Kalenbach, Dieter II, 1635
Kallert, Ursi III, 2005
Kallimachos I, 474, 529
Kallinos I, 529
Kallmann, Alfred II, 1204, 1206
Kallmann, Günter III, 2685
Kalt, Gero III, 2089, 2090
Kaltenecker, Siegfried I, 172, 175
Kaltenmeier, A. I, 125, 130
Kalverkämper, Hartwig III, 2322, 2328, 2330, 2496, 2498
Kambara, Noayuki III, 2277, 2279
Kambyses (König) I, 606, 608
Kaminski, Peter III, 1905, 1907, 2116
Kaminski, Winfried II, 1586, 1593
Kammann, Uwe III, 2298
Kammer, Manfred II, 1752, 1755; III, 2483, 2485
Kammerer, Ernst II, 1202, 1206
Kammeyer, D. II, 1536, 1538
Kammeyer, Karl D. II, 1312, 1322
Kamp, Ulrich I, 357, 366; III, 1982
Kämper, Heidrun I, 878
Kämper-Jensen, Heidrun I, 791, 793

Kämpfer, Frank I, 149, 154, 156, 158, 159, 160, 982, 983, 985, 994, 1000, 1008, 1011, 1016
Kämpfert, Bert III, 2685
Kampmann, Dirk I, 141, 793, 801
Kampmann, Susanne III, 2042, 2045, 2089
Kamps, Johann M. I, 239, 243
Kamps, Johann P. II, 1496
Kamps, Johannes II, 1788
Kandinsky, Wassily I, 373, 374
Kant, Immanuel I, 16, 23, 26, 27, 197, 274, 278, 279, 280, 281, 505, 519, 743, 745, 874; III, 2790, 2799
Kantorowicz, Ludwig I, 888, 890
Kanzleiter, Gerda I, 58, 61, 69
Kanzog, Klaus I, 240, 243, 500, 512; III, 2449, 2451
Kao, Charles K. II, 1337, 1339
Kaplan, Ann E. I, 196, 199
Kaplan, E. Ann III, 2349, 2443, 2445, 2451
Kapp, Friedrich I, 473, 571
Kapp, Volker I, 709
Käppeli, Heiner III, 2001, 2003, 2005, 2024, 2089
Kapr, Albert I, 420, 449
Kaprov, Alan III, 1836
Kaps, Joachim II, 1635; III, 2339, 2411, 2413
Karahalios, Karrie III, 2603, 2608
Karl der Große (Kaiser) I, 477, 478, 569
Karl V. (Kaiser) I, 503, 674, 696, 726, 732
Karl VI. (Kaiser) I, 504
Karl VIII (Kaiser) I, 696, 726
Karlson, Fred I, 307
Karlsson, Pierre III, 1957, 1958
Karlstadt, Andreas I, 796, 808
Karmasin, Helene III, 1822, 1828
Karolus, August II, 1202; III, 2130, 2133, 2136, 2142, 2143
Karolus, Hildegard III, 2136
Karrasch, Alfred II, 1493
Karrow, Robert W. I, 750, 752, 753, 755, 756, 763
Karst, Karl II, 1488, 1497, 1498
Karstadt, Liesel III, 2796
Karsten, Anitra I, 983
Kartschoke, Dieter I, 548, 557
Kasack, Hermann I, 239; II, 1490, 1492, 1640
Kasher, A. I, 296, 308
Kaskelines, Wolfgang III, 1824
Kasper, Hans II, 1495
Kassel I, 284

Kasten, Jürgen II, 1031, 1032, 1178, 1184
Kastenbein I, 827
Kastl, Jörg M. I, 76, 81
Kästner, Erich II, 1490, 1718
Kästner, Hannes I, 55
Kastner, Ruth I, 141, 791, 801, 810, 811, 816, 819, 821, 823
Kasuya, Kazuki III, 2839
Kato, Hiroaki III, 1958
Katz, Elihu I, 21, 102, 107, 193, 199, 265, 270, 325, 330, 333; III, 2310, 2319, 2460, 2463, 2467, 2470, 2475, 2476, 2488, 2493, 2497, 2498, 2499, 2829
Katz, K. III, 2388
Katz, P.A. III, 2475
Katz, Rudolf II, 1487
Katzenberger, Paul I, 339, 346; III, 2547
Kauder, Gustav I, 957, 964
Kaufer, Erich I, 204, 211
Kauffmann, Michael I, 55, 230
Kauffmann, Ulrich III, 1964, 1974
Kaufman III, 2775, 2787
Kaufman, Michail II, 1188
Kaufmann, Franz-Xaver I, 337, 346
Kaufmann, Nicolas II, 1127
Kaufmann, Oskar II, 1086
Kaufmann, Preston J. II, 1159
Kaufmann, Rainer III, 1795
Kaurismäki, Aki III, 1797
Kausch, Michael I, 188, 258, 270, 320, 334; III, 2489, 2490, 2498
Kautsky, Karl I, 682, 694
Kautzsch, Rudolf I, 436
Kavsek, Michael I, 96, 105
Kawin, Bruce III, 1833, 1836
Kay, Bernhard II, 1573
Kaye, Anthony III, 2609
Kaysersberg, Geiler v. I, 545
Kazan, Elia II, 1067
Kazazis, J.N. I, 613
Keaton, Buster II, 1121, 1156
Keckeis, Hermann I, 239, 243
Keefe, Austin v. III, 2773
Keeken, Nadja van II, 1154, 1159
Keeler, Laura I, 645, 649
Kehm, Peter III, 2075, 2089, 2091, 2126, 2126
Keidel, Hannemor III, 1878, 1879
Keil, Erika III, 2089
Keil-Slawik, Reinhard III, 1820, 1820
Keilhacker, Martin I, 360, 366
Keith, Michael C. III, 1959, 1974, 2000, 2005
Keitz, Ursula v. II, 1058, 1116

Kelchner, Mathilde II, 1628, 1630
Kell, Julius I, 780
Kelle, Bernhard I, 231
Kellen, Tony I, 886, 890; II, 1725, 1729
Keller, Alice III, 2642, 2643, 2644, 2648
Keller, Dieter II, 1753, 1755
Keller, Friedrich G. I, 394, 409, 451
Keller, Gottfried I, 765
Keller, Hagen I, 540, 545, 553, 557, 558, 559, 635
Keller, Joseph B. II, 1317, 1322
Keller, Matthias II, 1141
Keller, Michael II, 1459; III, 1987, 2121, 2126
Keller, Rudi I, 53, 305, 308
Kellermann, Bernhard I, 765
Kellner, Douglas III, 2495, 2498
Kellner, Joachim II, 1788
Kellner, Rolf I, 238, 243
Kellogg, Edward W. II, 1364, 1369, 1372
Kelly-Familie III, 1993
Kelso, Ruth I, 709
Kelson, Ann III, 2600, 2609
Kemmer III, 1877
Kemp, Cornelia I, 136, 141, 792
Kemp, Wolfgang I, 367, 373, 374
Kemper, Robert II, 1720
Kempf, Thomas I, 930
Kempowski, Walter II, 1496, 1499
Kemsley (Lord) I, 909
Kendrick, Thomas I, 647, 649
Kennedy, Allan A. I, 79, 81
Kennedy, Edward D. I, 646, 649
Kennedy, John F. II, 1131; III, 2744, 2745, 2746
Kennedy, Joseph P. II, 1078, 1144, 1150, 1170
Kent, Allen III, 2636, 2648
Kenton, Stan II, 1510
Kenyon, Frederic G. I, 538
Kepler, Johannes I, 738, 741, 742, 744, 759, 763
Kepley, Vance, Jr. II, 1079, 1084, 1192, 1197
Keppler, Angela I, 102, 107, 267, 270; III, 2453, 2461, 2463, 2481, 2482, 2485
Kepplinger, Hans-Matthias I, 48, 53, 65, 69, 111, 117, 251, 252, 255, 331, 334; III, 2025, 2309, 2310, 2311, 2316, 2319, 2348, 2350, 2413, 2471, 2475, 2714, 2725
Kerkorian, Kirk III, 2190, 2191
Kerlikowski, Horst I, 966, 972

Kern, Anton I, 671, 679
Kern, Richard III, 1792
Kern, Stefan II, 1310, 1323
Kerner III, 2401
Kerr, Alfred II, 1728
Kerr, Eleanor II, 1159
Kerr, Paul II, 1071, 1072, 1149, 1150
Kerres, Michael III, 2597, 2604, 2609
Kerschensteiner I, 359
Kersten, Heinz III, 1808, 1876, 1880
Kersten, Paul I, 423, 437
Kersting, Rudolf II, 1194, 1196, 1197
Kesser, Hermann II, 1490, 1492
Kessler, Frank II, 1058, 1116, 1136, 1153, 1166, 1167, 1182
Kessler, Thomas III, 2325, 2327, 2328
Kestenberg, Leo II, 1117
Kesting, Peter I, 547, 559
Kettelhut, Erich II, 1183
Kettenbach, Heinrich v. I, 796, 806
Kettmann, Gerhard I, 526, 815
Keusch III, 1807
Keyson, D.V. I, 127, 130
Khuon, Ernst v. III, 2386
Kidder, Tracy II, 1718
Kidman, Nicole II, 1036
Kiefer, Barbara II, 1586, 1593
Kiefer, Bernd III, 1794, 1798, 1799
Kiefer, Marie-Luise I, 49, 193, 586, 590; II, 1458, 1459, 1746, 1748, 1756, 1757, 1765; III, 1987, 1997, 2005, 2006, 2017, 2125, 2126, 2269, 2285, 2394, 2405, 2490, 2496
Kiele, Martin III, 2771
Kieling, Wolfgang II, 1493
Kienast, Dietmar III, 1932, 1941
Kienzle, Michael I, 512
Kienzle, Ulrich III, 2293
Kiepenheuer, Gustav I, 766
Kiesbauer, Arabella III, 2325
Kiesel, Helmuth I, 577, 582
Kieser, Alfred I, 81
Kieser, Jörg I, 77, 79, 81
Kieser, Karl III, 1813, 1820
Kieseritzky, Ingomar v. II, 1499
Kieslich, Günter I, 801, 821, 822, 823, 831, 836
Kieteh III, 2558
Kihlstrom, John F. I, 107
Kilchenstein, Gabriele II, 1124, 1136
Kiliaan, Corneel I, 722
Kilian, Michael III, 2766, 2772
Killy, Walter I, 590, 793

Kilwardby, Robert I, 661
Kimberly, John R. I, 80, 81
Kimchi, Ruth I, 86, 107
Kimpel, Dieter I, 880
Kind, Joachim III, 2568
Kindel, Andreas III, 2081, 2089
Kindem, Gorham II, 1149, 1150
Kinder, Marsha II, 1227; III, 2443, 2444, 2447, 2451
Kindt, Andreas III, 2648
King, Donald W. III, 2648
King, Gillian I, 85, 107
King, John III, 2067
King, Larry III, 2747
King, Lynda J. I, 775
Kintsch, Walter I, 85, 86, 87, 93, 105, 107, 303, 307; III, 2015, 2018, 2465, 2472, 2474, 2475, 2476
Kintzinger, Martin I, 553, 559
Kippenhahn, Rudolf III, 2058
Kipphan, Helmut III, 2648
Kipphardt, Heiner J. II, 1132, 1644
Kirch, Leo I, 201, 204, 209, 210; II, 1083, 1546, 1549, 1550; III, 2395, 2396, 2397, 2675, 2698, 2699
Kirch, Thomas I, 201
Kirchbach, Wolfgang II, 1110, 1116
Kirchbaum, Clarence K. II, 1323
Kirchner, Daniela III, 2857
Kirchner, Joachim I, 148, 458, 467, 834, 836, 893, 895, 965, 972
Kirchner, Klaus I, 141, 787, 789, 792, 793, 798, 801
Kirkwood (Erfinder) I, 454
Kirn II, 1205
Kirsch, Edith I, 271, 336
Kirsten, Ralf II, 1242
Kisch, Egon E. II, 1473, 1716, 1718, 1719, 1736
Kisch, Gisela II, 1719
Kishon, Ephraim I, 767
Kisker, Klaus P. I, 890; III, 2720, 2725
Kist, Joost III, 2636, 2648
Kitamura, Hideo III, 2839
Kittler, Friedrich I, 27, 275, 281, 332, 334, 526
Kjelldahl, Lars II, 1752, 1755
Klapper, Joseph T. III, 1998, 2005, 2310, 2319, 2465, 2475, 2488, 2489, 2498
Klaprat, Cathy II, 1144, 1150
Klarwill, Victor I, 922
Klatt, D.H. I, 126, 130
Klaue, Siegfried I, 211
Klaue, Wolfgang III, 2857

Klaus, Elisabeth II, 1458, 1459
Klaus, Georg I, 283, 286
Klauser, Rita II, 1739
Klawitter, Willy I, 883, 890
Kleberg, Tönnes I, 538
Kleiman, Naum II, 1186, 1187, 1190, 1194, 1196, 1197
Klein, Erich I, 983, 994
Klein, Gerhard II, 1239, 1240, 1242
Klein, Gerrit I, 970, 971, 972, 973
Klein, Hans H. III, 2764, 2769, 2772
Klein, Josef I, 55, 214, 229, 305, 308; II, 1709, 1711, 1773, 1776, 1777, 1781; III, 2463
Klein, Marie-Luise I, 964
Klein, Norma II, 1587
Klein, Wolfgang I, 255
Klein-Rogge, Rudolf II, 1183
Kleineicken, Andrea III, 2705, 2713
Kleinjohann, Michael I, 864
Kleinpaul, Johannes I, 851, 922
Kleinschmidt, Sebastian II, 1122
Kleinsteuber, Hans J. I, 188; III, 1997, 2005, 2676
Kleist, Heinrich v. I, 313, 870, 901, 902, 941; II, 1476, 1641
Klemens VII. (Papst) I, 732
Klemm, Michael I, 48, 53; III, 2461, 2464
Klemp II, 1372
Kleon I, 531
Klering, Hans II, 1237
Klesczewski, Reinhard I, 709
Klever, U. II, 1375
Kliemann, Horst I, 437
Kliemann, Peter III, 2089
Klier, Peter I, 281
Klimsa, Paul III, 2597, 2604, 2609, 2610
Klimt, Gustav I, 988
Kline, Gerald I, 81
Klingelhöfer, Hans I, 676, 679
Klingemann, Hans D. I, 252, 254, 255
Klingemann, Ute I, 964
Klingenstein, Grete I, 512
Klinger, Julius I, 150, 992, 1014
Klingler, Cornelia I, 526
Klingler, Walter I, 50, 56, 226, 227; II, 1429, 1444, 1445, 1458, 1459, 1482, 1633, 1636; III, 1982, 1999, 2000, 2005, 2025, 2088, 2117, 2122, 2126, 2285
Klingmann, Hans-Dieter I, 964
Klippert, Werner III, 2001, 2003, 2004, 2005

Klitzsch, Ludwig II, 1112, 1127, 1204
Klocke, A. III, 2806
Klocke, Piet III, 2399
Klockow, Reinhard I, 672, 679
Klodt, Henning III, 2699, 2704, 2706, 2713
Kloepfer, Rolf I, 283, 286; II, 1631; III, 1823, 1828
Klönne, Arno I, 964
Kloppenburg, Josef II, 1141; III, 1875, 1880
Klopstock, Friedrich G. I, 470, 576, 577, 580, 900
Klostermann, Vittoro E. III, 2648
Kloth, Emil I, 422, 437
Klotz, Volker II, 1731, 1733
Kluge, Alexander I, 178, 188, 191, 199; II, 1093, 1099, 1100, 1106, 1135, 1152, 1460, 1464, 1644; III, 1795, 1802, 1803, 1812, 1835, 1836, 1842, 2268, 2360, 2805, 2807
Klüger, Ruth I, 770
Klump, Eberhard II, 1395
Klumpp II, 1468
Klüppelholz, Werner II, 1138, 1141
Kluthe, Peter I, 888, 890
Kluxen, Wolfgang I, 653, 658, 664
Knape, Joachim I, 557
Knapp, Gerhard P. II, 1739
Knappe, Karl A. I, 559
Knappwell, Richard v. I, 661
Knatz, Karlernst I, 152, 160
Knauf, Thomas II, 1244
Knaur II, 1460
Kneepkens, E.W. I, 97, 107
Knef, Hildegard I, 767, 770
Knefelkamp, Ulrich I, 676, 679
Kneisch II, 1755
Knieper, Thomas I, 53
Knies, Karl I, 882, 890
Kniestedt, Joachim II, 1375, 1395, 1411; III, 2116, 2130, 2136, 2154, 2213
Kniffka, Hannes I, 220, 229
Knigge, Andreas II, 1635, 1639
Knigge-Illner, Helga I, 366; III, 2819
Knight, Eric II, 1591
Knilli, Friedrich I, 175, 181, 182, 184, 185, 186, 188, 233, 240, 243, 310, 311, 317; II, 1463, 1465, 1468, 1472, 1477, 1495, 1496, 1500; III, 1828, 2066, 2071
Knobloch, Heinz I, 870, 878
Knoche, Manfred I, 208, 211, 851, 884, 885, 887, 890, 923; III, 2720, 2725

Knoop, Ulrich I, 724
Knöpfke, Friedrich G. II, 1509
Knott, Roger P. III, 1957
Knuth, Gustav I, 964; II, 1493
Koberger, Anton I, 422, 449, 461, 469, 486
Kobes, Hans II, 1178
Kobsa, Alfred I, 131
Kobuch, Agatha I, 512
Koch, Alexander III, 2562
Koch, Frank A. I, 346; III, 2546, 2547, 2551, 2558, 2559, 2562
Koch, Hans-Albert II, 1620
Koch, Howard II, 1473
Koch, Petra I, 553, 559; III, 2456, 2464
Koch, Traugott III, 2572, 2578
Koch, Walter A. I, 282, 283, 286
Kocher, Gernot I, 551, 552, 557
Köcher, Renate I, 58, 63, 69, 98, 105
Kochinke, Clemens III, 2562
Kocka, Jürgen I, 346
Koebner, Thomas I, 241, 243; II, 1116, 1122, 1630; III, 2352, 2360, 2362, 2413
Koelhoff, Johann d.J. I, 447
Koellin, Konrad I, 662
Koeman, Cornelis I, 750, 751, 752, 753, 754, 755, 763
Koengen, Norbert I, 5, 13
Koenig, Friedrich I, 826, 827, 905
Koepp, Volker II, 1133; III, 1806, 1809
Koeppen, W. II, 1642
Koerber, Martin II, 1166
Kofler III, 2478
Kögel, Karl H. III, 1994
Kogon, Eugen II, 1132
Kohl, Anke III, 2726
Kohl, Helmut III, 2722
Kohlberg III, 2793
Köhler, Bernd F. II, 1411
Köhler, Erich I, 141
Köhler, Hans-Joachim I, 132, 141, 543, 550, 554, 559, 788, 789, 793, 801, 806, 809, 816, 819, 820, 823, 824
Kohler, Josef I, 341, 346
Köhler, Wolfgang I, 165
Köhler, Wolfram II, 1429, 1445
Kohlhaase, Wolfgang II, 1239, 1244
Kohlmann-Viand, Doris I, 851, 923
Kohlrausch, Ernst II, 1166
Kohlschmidt, Werner I, 317
Kohn G. II, 1322
Kohner, Friedrich I, 310, 317
Köhnke, K.C. I, 308

Kohnlechner, Peter III, 1875, 1880
Kolb, Anton III, 2799
Kolb, Günter III, 2819
Kolb, Richard II, 1472, 1476, 1477, 1491, 1492; III, 2071
Kolbe, Jürgen I, 243
Kolbet-Sandig, Christiane III, 2019, 2025
Kolditz, Gottfried II, 1242
Koller, Barbara I, 71, 81
Koller, Gerhard III, 2017
Koller, Heinrich I, 803, 816
Koller, Ulrike I, 580, 582
Kolling, Fritz II, 1573
Kollwitz, Käthe I, 994; II, 1633
Kolmar, Gertrud II, 1640
Kolodner, Janet L. I, 84, 85, 91, 107
Kolumban (Heiliger) I, 478
Kommer, Helmut I, 359, 366
Komorowski, Manfred I, 499
Komozin, A.N. II, 1651, 1655
Kondylis, Panajotis I, 16, 27
König II, 1729
König, Barbara I, 770, 776
König, Christoph I, 583
König, Eckard I, 256, 257, 269, 270, 365
König, Friedrich G. I, 408, 409, 422, 452, 491
König, Hans-Joachim I, 679
König, Theodor I, 983
Königstein, Horst III, 2352, 2359
Könneker, Marie-Luise I, 780, 783
Konrad von Megenberg I, 632
Konrad, Ulrich I, 560
Konradt, Udo III, 2606, 2609
Könsgen, Ewald I, 635
Konstantin d. Gr. (Kaiser) I, 475, 476, 501, 533
Konstantin der Afrikaner I, 651
Koolman, Egbert I, 552, 559
Koolwijk, Jürgen van I, 256
Kootz, Robert I, 930
Kopalin, Ivan II, 1188
Köpeczi, Béla I, 142
Kopiez, Reinhard II, 1141
Kopitz, Dietmar III, 1914
Köppen, Edlef II, 1491
Koppenfels, Werner I, 686, 694
Kopper, Gerd G. I, 211, 324, 334, 885, 886, 890, 912; III, 2717, 2720, 2725
Koppitz, Hans-Joachim I, 574, 667, 679
Kopsch, Herbert I, 978
Korbmann, Rainer I, 971, 972
Korensky, Jan I, 53
Köring, Dieter II, 1762, 1765
Korn, Arthur II, 1199

Korngold III, 1814
Kornrumpf, Gisela I, 554, 556, 559
Körperth, Hugo II, 1573
Korpus, Lili II, 1114, 1116
Korschunova, Valentina II, 1196
Körte, Alfred I, 538
Korte, Helmut I, 264, 269, 317, 374; II, 1154, 1177, 1217, 1218, 1236
Korzeny, Felipe I, 105
Kosch, Günther II, 1627, 1628, 1630
Koschatzky, Walter I, 420
Koschmann, Timothy III, 2600, 2609
Koschwitz, Hansjürgen I, 968, 972
Koselleck, Reinhart I, 613, 899, 912
Kosicki, G.M. III, 2465, 2475
Kossatz, Horst H. I, 152, 974, 978
Kosslyn, Stephen M. I, 87, 107
Kostelanetz, Richard III, 2071
Köster, Oliver III, 2561
Koszuszeck, Helmut III, 2768, 2772
Koszyk, Kurt I, 53, 59, 65, 69, 148, 833, 835, 836, 851, 870, 873, 878, 883, 889, 890, 923, 938, 941, 943, 955, 958, 964; II, 1717, 1719; III, 2714, 2725
Kothenschulte, Daniel II, 1218
Kötter, Rudolf I, 50
Kötterheinrich, Manfred II, 1458
Kottje, Raymund I, 552, 559, 628, 629, 635
Kottlorz, Peter III, 2799
Kotzebue, August v. I, 903
Kötzle, Alfred I, 355
Kotzmann, Ernst I, 49, 966, 969, 970, 971; III, 2064
Kouyoumijan, Robert G. II, 1317, 1322
Koyré, Alexandre I, 744, 745
Kozamernik, Franc III, 1942, 1957
Kozinzev, Grigorij II, 1185, 1187
Kozma, Robert B. III, 2598, 2599, 2605, 2609, 2818, 2819
Krabiel, Klaus-Dieter I, 179, 188
Kracauer, Siegfried I, 161, 162, 163, 164, 165, 166, 167, 173, 174, 255, 264, 270, 320, 323, 334, 770, 774, 775; II, 1099, 1105, 1122, 1155, 1159; III, 1790, 1799, 1833, 1834, 1836

Krafft, Fritz I, 739, 740, 741, 745
Kraimer, Klaus I, 256, 270
Krajewski, Markus III, 2567, 2578, 2579
Kralik, Wolfgang I, 1021
Krämer, Hans III, 2792, 2799
Kramer, Jane II, 1718
Kramer, Mark II, 1720
Krämer, Reinhold II, 1625, 1626, 1628, 1630
Krämer, Waldemar II, 1411
Kramerius, Wenzel I, 1020
Krampen, Günter III, 2610
Krange, Ingeborg III, 2604, 2608
Krank, Wolfgang III, 1938, 1941
Krantz, Albert I, 796
Krapp, Andreas III, 2819
Krapp, Helmut II, 1105; III, 2361
Kraszna-Krausz, Andor I, 159, 160
Krath, Herbert III, 1929, 1931
Kratzert, Horst II, 1242
Krauch, H. III, 2385, 2386, 2388
Kraus, Egon III, 2049
Kraus, Karl I, 19, 520, 872, 878; II, 1108, 1116, 1737
Kraus, Wolfgang I, 196, 199
Krause, B. III, 2610
Krause, Fritz II, 1130, 1136
Krause, Joseph M. III, 1959, 1974
Krause, Manfred II, 1370, 1375
Krause, Markus II, 1648
Krauß, Werner II, 1181
Krautkrämer, H.W. I, 184
Krcho, Michaela II, 1727, 1728
Krebs, Imke III, 2606, 2609
Krebs, Roland I, 913
Krebs, Tobias III, 2121, 2126
Kredel, Lutz III, 2648
Kreidolf, Ernst I, 565
Kreile, Reinhold III, 2689
Kreimeier, Klaus I, 196, 199, 259, 263, 270; II, 1063, 1071, 1122, 1177, 1180, 1181, 1182, 1184, 1199, 1204, 1206; III, 1808, 1875, 1880, 2308, 2485
Kreisler II, 1505
Krell, Max II, 1116
Kremer, Jutta II, 1771, 1781
Krenz, Egon III, 2315
Kress, Gunther I, 214, 223, 228, 229, 231, 283, 286, 307; II, 1694, 1702; III, 2009, 2018, 2806
Kress, R. II, 1696, 1701
Kretschmer, Ingrid I, 748, 761, 763

Kretschmer, Thoma III, 1799
Kreuder, E. II, 1640
Kreutz, Frank III, 2569, 2575, 2579
Kreutzberg, Harald III, 2139
Kreutzer, Dietmar II, 1788
Kreutzner, Gabriele I, 50, 101, 103, 110
Kreuzer, Bernd I, 96, 105
Kreuzer, Helmut I, 45, 53, 107, 230, 233, 240, 243, 310, 313, 317, 366, 582; II, 1551; III, 2299, 2308, 2330, 2387, 2498, 2499
Kreuzhof, Hans-Dieter II, 1788
Krey, Friedrich I, 689, 690, 695
Kribus, Felix III, 2089
Krickler I, 426
Krieg, Peter III, 1802, 1808, 1809, 1812
Krieg, Walter I, 576, 582
Kriener, Markus III, 2279
Krings, Hans P. I, 47, 53, 304, 306, 307
Krippendorf, Klaus I, 35, 53, 83, 108, 215, 218, 229, 255
Kristeva, Julia I, 311, 524, 526
Kriteller, Paul I, 420
Kriwet, Ferdinand I, 186; II, 1496, 1497
Kriz II, 1632
Kroeber-Riehl, Werner II, 1771, 1772, 1778, 1781, 1788
Kroener, Adolph I, 471
Krogt, Peter v.d. I, 750, 763
Krohn, Dörthe III, 1997, 2005
Krohn, Knut I, 43, 53
Kroisos (Lyderkönig) I, 606, 607, 608
Kröll, Friedhelm I, 578, 582
Kroll, Günter III, 2150
Kron, Friedhelm I, 578, 582
Kropff, H.J.F. I, 978, 983
Kroschel, Kristian II, 1311, 1312, 1322
Krotz, Friedrich I, 52, 99, 108, 260, 268, 270, 320, 323, 330, 331, 334; III, 2465, 2466, 2468, 2475
Krueger, M. I, 125, 130
Kruesi, John II, 1371
Krug, Hans-Jürgen II, 1477
Krug, Manfred II, 1242
Krüger III, 2402, 2403
Krüger (Verleger) I, 908
Krüger, Christiane I, 255, 878
Krüger, H. II, 1374
Krüger, Helmut III, 1894
Krüger, Herbert III, 2769, 2772
Krüger, Jürgen I, 334
Krüger, Otto I, 420, 457
Krüger, Udo M. I, 48, 53, 264, 270; III, 2269, 2271, 2272, 2273, 2274, 2275, 2276, 2279, 2285, 2314, 2319
Krugman, D.M III, 2468, 2476
Krumbacher, Herbert I, 891
Krumbhaar, Herbert I, 884
Krünitz, Johann G. I, 927, 930
Krup-Ebert, Agnes II, 1620
Krupp, Alfred II, 1685
Krupp, Fried. AG I, 909, 917
Kruschewski, Christiane II, 1105
Krüss, James II, 1586
Krutmann, Friedrich I, 886, 891
Kruyfhooft, Cécile I, 761, 763
Krysmanski, Hans-Jürgen I, 690
Krzeminski, Michael I, 219, 229; III, 2596
Kübel, Wilhelm I, 634, 635
Kubelka, Peter III, 1875, 1880
Kubicek, Herbert I, 77, 79, 81; III, 2485, 2565, 2579
Kublai Khan I, 399, 665
Kübler, Friedrich I, 205, 211
Kübler, Hans-Dieter I, 5, 13, 50, 227, 307, 590; II, 1742, 1744; III, 2493, 2495, 2498, 2804, 2806
Kubrik, Stanley II, 1140
Kuby, Erich II, 1718
Kuchenbuch, Thomas I, 783
Küchenhoff, Erich I, 964
Küchenmeister II, 1371
Kuchenreuter, Hans III, 1982
Kückelmann, Norbert III, 1842
Kuechen, Ulla-Britta I, 792
Kuenzli, Rudolf E. III, 1799
Kues, Nikolaus v. I, 671
Küffner, Rolf I, 214, 229; III, 2012, 2018
Kuh, Hans II, 1772, 1781
Kuhlen, Rainer I, 32, 53, 304, 308, 388; II, 1752, 1755; III, 2566, 2567, 2568, 2571, 2573, 2579
Kuhlmann, Christoph III, 1810, 1812
Kuhlmann, Detlef III, 2401, 2405
Kuhlmann, Marlies I, 886, 891
Kühlmann, Wilhelm I, 143
Kuhn, Christoph II, 1753, 1755
Kühn, Gustav I, 787
Kühn, Hellmut III, 2049
Kühn, Hermann I, 420
Kühn, Peter I, 47, 48, 53, 218, 222, 225, 226, 229, 297, 308; II, 1723, 1724; III, 2330, 2462, 2495, 2498
Kühn, Siegfried II, 1242, 1243
Kuhn, Thomas S. I, 22, 27, 322, 324, 334, 744, 745
Kühne, Hans-Heiner III, 2562
Kühne, K. I, 923
Kühnel, Walter I, 583, 590, 775
Kühner III, 2031
Kuhner, Arthur A. II, 1475
Kühnle-Xemaire, Elke I, 922
Kuhrmann, Dieter I, 421
Kuin, Roger I, 709
Kuiper, John III, 2856
Kulenkampff, Hans-Joachim III, 2333, 2334, 2410
Kuleschov, Lev V. II, 1182, 1185, 1186, 1187, 1189, 1190, 1191, 1192, 1194, 1197
Kulik, Chan-Lin C. III, 2811, 2812, 2819
Kulik, James A. III, 2811, 2812, 2819
Kull, Heinz I, 970, 972
Kulle, Jürgen III, 2689
Kullman, Harry II, 1587
Kumar, Martha J. III, 2748
Kümmel, Barbara II, 1504
Kummer, Rüdiger III, 2817
Kunczik, Michael I, 117, 266, 271, 324, 329, 334; II, 1749; III, 1998, 2005, 2453, 2464, 2491, 2492, 2498
Kundrun, Bernd III, 2479, 2485
Kunelius, Risto I, 220, 229
Kunert, G. II, 1645
Küng, Hans I, 384
Kungel, Bernd III, 2496
Kungel, Reinhard III, 2446, 2451
Künneke, Eduard II, 1507
Kunsemüller, Johannes II, 1620
Kunze, Horst I, 449, 499, 775
Kunze, Reiner I, 767; II, 1645
Künzel, Werner III, 2445, 2451
Kunzle, David I, 776, 777, 778, 783, 790; II, 1639
Künzle, Hannelore I, 545, 559
Kupfer, Hugo v. I, 909
Küpfmüller, Karl II, 1322
Küppers, Hannes III, 2351
Küppersbusch III, 2325
Kürer, Ralf II, 1380, 1385
Kürnberger, Ferdinand I, 223, 229, 870, 872, 878
Kürner, Thomas II, 1321, 1322
Kuroda, Isamu III, 2839
Kurowski, Ulrich II, 1160
Kursten, Ralph II, 1242
Kurth, Karl I, 851, 881, 891
Kurth, Ulrich II, 1788
Kurtz, Rudolf I, 164, 174
Kurylo, Friedrich III, 2140
Kurz, Helmut I, 1025
Kurz, Josef I, 217, 220, 229
Kushner, J.M. I, 89, 106
Kussmaul, Ingrid I, 913

Kusterer, Hermann II, 1751, 1754
Küthe, Erich II, 1788
Kutsch, Arnulf I, 58, 59, 69, 144, 319, 335, 882, 891; II, 1459; III, 2828
Kutschera, Franz v. I, 15, 21, 27
Kutterof, Albrecht III, 2089
Kuttner, Stephan I, 552, 559
ky III, 2361
Kyas, Othmar III, 2572, 2579
Kyros I. (König) I, 534, 537, 605, 606
Kytzler, Bernhard I, 690

L

La Rocca, G. I, 708
La Ruelle, Joseph I, 935, 937
Laarmann, Susanne I, 851
Labbé, Philipp I, 488
Labeo I, 536
Labov, W. II, 1685, 1702
Labriola, Albert C. I, 595, 600
Labroisse II, 1626
Lacan, Jacques I, 170, 171, 275, 278, 281, 521; III, 2445
Lach, Donald F. I, 676, 677, 679
Lach, Theodor I, 1023
Lachenmeier, Rosa II, 1159
Lachmann, Renate I, 526
Lackum, Jens v. III, 2562
Lacloche, Francis II, 1085, 1092, 1159
Ladiges, Peter II, 1496
Laemmle, Carl II, 1061, 1063, 1074, 1075, 1168, 1170
Laermann, Klaus I, 237, 243
Laffont, Bernadete II, 1230
Lafreri, Antonio I, 750, 752, 763
Lagorio, Valerie M. I, 649
Lahann, Gerhard III, 2159, 2160, 2167
Lahnstein, Manfred I, 355
Lahr, Helmut II, 1749
Lai, J.C. I, 130
Laistner, Max L.W. I, 639, 649
Lakoff, George I, 86, 89, 108
Lamar, Hedy II, 1212
Lamb, Brian III, 2193
Lamb, M.R. I, 130
Lamb, Thomas W. II, 1090
Lambert von St. Omer I, 630
Lambert, Johann H. I, 743, 745
Lambrecht, Joos I, 719, 723
Lämmert, Eberhard I, 262, 271, 581, 582, 583
Lamnek, Siegfried I, 255, 256, 257, 261, 263, 264, 271

Lampalzer, Gerda III, 1875, 1880
Lampe, Felix II, 1128
Lampe, Gerhard W. III, 2292, 2298
Lamprecht, Gerhard II, 1237
Landauer, T.K. I, 119, 130
Landbeck, Hanne III, 1823, 1828
Lander, Dan III, 2070, 2071
Landgraeber, Wolfgang III, 1807, 1812
Landmann, Michael II, 1197
Landow, Georg P. I, 53
Landsberg I, 614
Landwehr, Jürgen II, 1723, 1724
Lang, Alfred I, 87, 108
Lang, Arend I, 749, 759, 763
Lang, Christa III, 2577, 2579
Lang, Elisabeth C. I, 141
Lang, Fritz II, 1063, 1119, 1120, 1121, 1179, 1180, 1183, 1206; III, 1790, 1791, 1793, 1794, 1798
Lang, Gladys E. III, 2749
Lang, Kurt III, 2749
Langbein, Birgit III, 2653, 2654, 2660
Langbein, Heike III, 2653, 2654, 2660
Langbein, Rolf I, 965, 972
Lange, Allert de I, 472
Lange, Bernd-Peter I, 694, 885, 889; III, 2720, 2726
Lange, Eckhard II, 1755
Lange, H.W. I, 896
Lange, Horst II, 1475, 1493
Lange, Klaus II, 1323
Lange, Konrad II, 1110, 1116
Lange, P.Werner II, 1599, 1600, 1603, 1605
Lange, Victor I, 582
Langen, August I, 871, 872, 878
Langenbucher, Wolfgang R. I, 50, 53, 55, 65, 69, 98, 109, 257, 272, 335, 336, 584, 589, 590, 591, 775, 890, 912, 921, 923; II, 1663; III, 2497, 2499, 2721, 2725
Langer, Inghard I, 298, 308, 968, 972
Langer, U. I, 80, 81
Langermann, Martina I, 512
Langewiesche, Dieter I, 589, 591; II, 1504
Langfeldt, Johannes I, 499
Langguth, Gerd II, 1771, 1772, 1781, 1782
Langmantel, V. I, 671, 679
Langosch, Karl I, 626, 635
Langton, Stephan I, 594
Lannon, Judy III, 2495, 2499

Lanoue, David J. I, 254, 256
Lanston, Thomas I, 453
Lanzman Claude III, 1802
Larisch, Rudolf I, 1003, 1011
LaRoche, Walther v. I, 867, 870, 878; III, 1711, 1804, 1960, 1974, 2010, 2011, 2017, 2018, 2019, 2020, 2025, 2029, 2072, 2078, 2081, 2082, 2083, 2084, 2085, 2086, 2087, 2089
Larousse, Pierre II, 1610, 1617
Larsen, S. III, 2015, 2018
Larsen, Steen F. I, 86, 88, 98, 108
Larsen, Viggo II, 1063
Larson, James F. III, 2320
Las Casas, Bartolomé de I, 674
Lasorsa, Dominic L. I, 208, 211
Lassalle, Ferdinand I, 849
Lassalle, Roselyne III, 1942, 1957
Lasseter, John II, 1071
Lasswell, Harold D. I, 320, 324; II, 1445, 1459, 1775; III, 1875, 1880, 2487, 2489, 2498
Last, James III, 2685
László, Janos I, 84, 85, 87, 88, 89, 92, 97, 108
Latini, Brunetto I, 626
Latniak, Erich I, 256
Lattmann, Dieter II, 1648
Latuada, Alberto II, 1223
Latzer, Michael III, 2707, 2713
Lätzer, Rüdiger I, 220, 229
Lau, Armin III, 1942, 1957
Lau, Ernst II, 1628, 1630
Lau, Jörg III, 2413
Lau, R. I, 105
Laube, Adolf I, 142, 793, 801
Laube, Heinrich I, 505, 875
Lauber, Diebold I, 459, 468, 480, 542
Laufer, Bernhard II, 1573
Lauffer, Jürgen I, 362, 366; III, 2807
Laurel, B. I, 130; II, 1121
Laurence, William L. II, 1718
Lauretis, Teresa de I, 172, 174
Lauri, Carlson I, 307
Lausberg, Heinrich I, 316, 317
Lauste, Eugène A. II, 1027, 1199
Lauterbach, Burkhart R. I, 769, 774, 775
Lauterbach, Thomas III, 2116
Lauterbach, Ulrich II, 1495
Laven, Paul II, 1477
Lavergne, Léonce de I, 932
Lavine, John M. I, 71, 81
Lawinsky, Anton I, 995
Lawrence, Florence II, 1061, 1168
Lawrence, Francis L. I, 709

Lawrence, Paul R. I, 71, 74, 81
Lawton, David I, 598, 600
Laxroix, A. II, 1537, 1538
Layamon I, 645
Lazarsfeld, Paul F. I, 20, 21, 27, 193, 199, 257, 268, 270, 271, 319, 321, 324, 335; II, 1741, 1748, 1749; III, 1998, 2339, 2350, 2488, 2489, 2493, 2497, 2498, 2499
Lazarus, Moritz I, 288, 308
Läzer, Rüdiger II, 1709, 1711
Le Carré, John I, 767
Le Floch, Bernard III, 1942, 1948, 1957
Le Prince Aimé, L. A. II, 1162
Leacock, Richard II, 1131; III, 1800, 1803
Leake Day, Mildred I, 649
Lear, Edward I, 565
Léaud, Jean-Pierre II, 1230; III, 1794
Lebherz, Manfred II, 1321, 1322
Leblanc, Maurice III, 2128
LeBlond I, 614
LeBon, Gustave II, 1110, 1116, 1125
Lecheler, Helmut III, 2770, 2772
Lechner, Gotthard I, 725
Leckie, William R. I, 644, 649
Ledderose, Lothar I, 680
Ledig, Elfriede I, 317; II, 1106
LeDuc, Don R. III, 2776, 2777, 2779, 2785, 2787
Lee, Alan J. I, 909, 912
Lee, Ivy II, 1685
Lee, Ok-Ki III, 2603, 2608
Lee, Philip III, 2799
Lee, S. Charles II, 1090, 1160
Leech, G.N. II, 1699, 1702
Leech, Geoffrey I, 296, 297, 308
Leech, John I, 779
Lees, David II, 1067, 1071
Leeuwen van II, 1701, 1702
Léger, Fernand I, 996; III, 1792
Leggatt, Tomothy III, 2276, 2279
Legrand, Philippe-E. I, 612
Lehmann, Ernst H. I, 148, 792, 965, 893, 895; II, 1620
Lehmann, Günter II, 1411
Lehmann, Hartmut I, 142
Lehmann, Michael III, 2540, 2551, 2562
Lehmann, Paul I, 499
Lehmann, Rainer H. I, 585, 591; II, 1748, 1749
Lehmann, W. II, 1640
Lehmann-Haupt, Helmut I, 673, 679
Lehmer, Ursula III, 2495, 2496

Lehn, Erwin III, 1992
Lehner, Fritz III, 2352
Lehner, Günther II, 1314, 1323
Lehnert, Joachim III, 1956, 1957
Lehr II, 1485
Lehrer, Jim III, 2313
Lehrs, Max I, 749, 763
Leibniz, Gottfried W. I, 304, 488, 517
Leichty I, 251
Leidinger, Georg I, 457
Leidinger, Paul I, 558
Leigh, Vivien II, 1212
Leiling, O.H. III, 2083, 2089
Leinfellner, Werner I, 4, 14
Leirbukt, Oddleif I, 230; II, 1712
Leiser, Erwin II, 1133; III, 1803, 1808, 1810
Leitner, Gerhard I, 219, 229; III, 2013, 2018, 2025
Leland, John I, 648
Lemener, Jean Y. II, 1036
Lemoine, Bertrand II, 1158
Lendle, Otto I, 608, 613
Leni, Paul II, 1178
Lenin, V.I. I, 942; II, 1079, 1186; III, 1803, 1996, 2824
Lenk, Carsten II, 1377; III, 2000, 2005
Lenk, Hartmut II, 1709, 1711
Lenk, Sabine II, 1058, 1116, 1136, 1153, 1166, 1167, 1178, 1184
Lenk, Werner I, 801
Lensing, Lambert I, 947
Lenssen Margit I, 266, 269
Lent, John A. II, 1551
Lenz, Siegfried I, 767; II, 1494; III, 2028
Lenz, Werner II, 1620
Leo X. (Papst) I, 502
Leo XIII. (Papst) I, 661, 663
Leo, Richard I, 978
Leonardi, Claudio I, 539, 557
Leone, Michael de I, 554
Leonhard I, 833
Leonhard, Joachim-Felix II, 1377, 1429, 1445, 1459, 1504, 1513
Leonhard, Rudolf II, 1490
Leonhard, Susanne I, 791, 798, 801
Leopold II. (Kaiser) I, 504
LePore, Gulick van I, 306
Lepper, Peter III, 2213
Lerch-Stumpf, Monika I, 54, 55
Lerche, Peter III, 2689, 2764, 2769, 2772
Lerchner, Gotthard I, 879
Lerg, Winfried B. I, 11, 14, 177, 188, 833, 836, 851, 938; II,

1488, 1504, 1513, 1554, 1563; III, 1995, 2005, 2021, 2025
Lerner, Franz I, 974, 978
Lersch, Edgar II, 1429, 1444, 1445; III, 2000, 2005, 2091, 2092, 2096
Léry, Jean de I, 675
Leske, Carl W. I, 415
Lesky, Albin I, 538
Lesle, Lutz II, 1725, 1729
Lesnik-Oberstein, Karin II, 1586, 1588, 1593
Lessing, Doris I, 768
Lessing, Gotthold E. I, 470, 488, 765, 872, 900; III, 2350
Lester, Richard III, 1796
Lettau, Reinhard II, 1497
Letterman, David III, 2323, 2324
Letts, Malcolm I, 670, 679
Leupold, Eberhard III, 1806
Leuze, Otto I, 457
Levada, Ju. A. II, 1655
Levako, Ronald II, 1191, 1197
Lévi-Strauss, Claude I, 170
Levin, Gerald M. III, 2214, 2216, 2218
Levin, Harvey J. III, 2780, 2787
Levin, Ludwig II, 1111, 1116
Levin, Tom III, 1834, 1836
Levinson, Stephen C. I, 289, 290, 294, 295, 296, 302, 303, 308
Levison, Andrew III, 2569, 2579
Levy, Bernard S. I, 599
Levy, David A.L. III, 2723, 2724, 2726
Levy, Leonard W. III, 2773, 2787
Levy, Mark.R. III, 2469, 2470, 2473, 2475, 2476
Lewin, Bruno I, 165
Lewin, Kurt I, 320, 335
Lewinski, Silke v. III, 2562
Lewis III, 1997
Lewis, Arthur O. I, 690
Lewis, Bill III, 2339
Lewis, Clive S. I, 131, 682, 694; II, 1586
Lewis, David K. I, 53
Lewis, Justin I, 99, 108
Lewis, Lisa A. III, 2442, 2443, 2451
Lewis, P. III, 2492, 2498
Lewis, Scott III, 2603, 2609
Lewy, Peter III, 2656, 2660
Lexier, Micah III, 2071
Ley, Klaus I, 706, 707, 709
Ley, Werner III, 2262
Leyda, Jay II, 1196, 1197
Leyh, Georg I, 499
Leyhausen II, 1751, 1755

Libanios I, 537
Liberatore, M. I, 663
Libova, O.S. II, 1654, 1655
Lichte, Hugo II, 1202, 1206
Lichtenberg, Georg Ch. I, 521, 743, 745
Lichtensein, Roy II, 1634
Lichty, L. III, 2466, 2476
Liden, G. II, 1386
Lidmann, Sven II, 1619
Liebau, Dieter I, 430, 432, 434, 437
Lieben, Robert v. II, 1198, 1364, 1370, 1389
Liebes, Tamar I, 100, 101, 102, 108; III, 2470, 2475
Liebig, Martin III, 2379, 2382, 2383
Liebknecht, Karl I, 946
Liebknecht, Wilhelm I, 943
Liebmann, Rolf III, 1805, 1812
Liechtenstein, Roy I, 782
Liedtke, Frank I, 308
Liedtke, Harry II, 1181
Liehm, Mira II, 1227
Lierman, Peter II, 1188, 1197
Liesegang, E. II, 1539
Liesegang, F. Paul III, 1813, 1820
Liesegang, Franz P. II, 1046, 1053, 1054, 1057, 1058
Liesegang, Paul E. II, 1046, 1047, 1058
Liesenhoff, Carin I, 580, 582
Liesenkötter, Bernhard II, 1361
Lifton, John III, 2068
Lilien, Otto M. I, 829, 830
Lilienthal, Volker I, 48, 54, 970, 971, 972; III, 2405
Lille, Alain de I, 698
Linck, Jürgen I, 214, 229
Lincoln, Abraham II, 1175
Lind, Hera I, 768
Lindbergh, Charles II, 1210, 1465, 1473
Lindemann, Klaus III, 2034, 2035
Lindemann, Margot I, 148, 851, 873, 874, 875, 878, 883, 890, 898, 900, 901, 902, 912, 923, 955
Lindenmeyer, Christoph II, 1499; III, 2121, 2126
Linder, Max II, 1108
Lindgren, Astrid II, 1586, 1591
Lindgren, Babro II, 1591
Lindgren, Uta I, 679, 750, 759, 763
Lindlof, Thomas R. I, 35, 54, 100, 108, 267, 271; III, 2495, 2498
Lindner, Bernd I, 586, 590
Lindner, Ludwig I, 978

Lindner, Rolf I, 42, 54
Lindner, Werner I, 978, 983
Lindner-Braun, Christa III, 1970, 1974
Lindsay, John C. II, 1159
Lindsay, Rachel I, 162, 174
Linett III, 2842
Lingemann, Jan III, 2441, 2450
Lingenberg, Jörg III, 2362
Lingenbrink, Georg I, 772
Linhart, Hanns II, 1771, 1774, 1782
Link, Franz I, 694
Link, Hannelore I, 584, 591
Link, Jürgen I, 138, 142, 214, 229
Link, Manfred II, 1715, 1719
Linke, Angelika I, 217, 218, 225, 229, 302, 308; III, 2328, 2329, 2330
Linschoten, Jan H. van I, 676
Linzbach, J. II, 1187
Lipfert, Kurt III, 2140
Lipinski, Klaus III, 1875, 1880
Lippe, von der III, 2325
Lippert, Klaus III, 1813, 1814, 1815, 1816, 1821
Lippert, Werner II, 1788
Lippmann, Walter I, 331, 335; III, 2487, 2498
Lipschütz, Rahel III, 1876, 1880
Lissa, Zofia II, 1138, 1141
Lissitzky, El I, 471, 995, 1000, 1004, 1005, 1014
List, Fritz I, 888, 891
Liszt, Franz II, 1481, 1510
Litfaß, Ernst I, 822, 977, 1012, 1021
Litman, Barry R. III, 2276, 2279, 2279
Litt, Theodor II, 1610
Little, Arthur D. III, 2709, 2713
Littré I, 689
Lively, Donald E. III, 2777, 2778, 2787
Livingstone, Ian II, 1592
Livingstone, Sonja M. I, 83, 87, 99, 102, 103, 108; III, 2468, 2469, 2470, 2472, 2473, 2475, 2495, 2498
Livius I, 468, 533, 610, 611, 648, 727
Llossas, Juan II, 1510
Lloyd, Alan B. I, 613
Lloyd, B.B. II, 1697, 1702
Löbel, Renatus G. II, 1608, 1619
Löber, Ulrich II, 1159
Löbl, Emil I, 882, 891
Löcherer, Karl-Heinz II, 1323
Locke, John I, 304, 563, 564, 611

Locksley, Gareth M. I, 204, 211
Lodemann, Jürgen I, 772, 775
Loelius, Johann L. I, 817
Loest, Erich I, 510
Loew, Marcus II, 1063, 1155
Loewe, Siegmund III, 2134, 2135
Loewenheim, Ulrich I, 346; III, 2546, 2547, 2551, 2558, 2559, 2562
Löffelholz, Martin I, 57, 61, 66, 70, 272, 323, 335; II, 1765; III, 2321
Löffler, Dietrich I, 586, 590
Löffler, Franz A. I, 842, 851
Löffler, Heinrich I, 50, 227, 231, 306, 764; III, 2306
Löffler, Jaromir II, 1739
Löffler, Martin III, 2760, 2761
Logau, Friedrich v. I, 134
Lohisse, Jean I, 384
Lohmann, Ingrid I, 526
Lohmeier, Anke-Marie I, 313, 317
Löhr, Paul II, 1591, 1593
Lohrengel, Karl III, 2072, 2089
Loiperdinger, Martin II, 1044, 1052, 1058, 1107, 1108, 1116, 1122, 1136, 1153, 1184
Lokatis, Siegfried I, 512
Lölhöffel, Erich II, 1204, 1205, 1207
Lolita III, 2685
Lombard, Matthew III, 2603, 2609
Lombardus, Petrus I, 550, 651, 662
Lommel, H. I, 281
Lommer, Horst III, 2352, 2358
London, Jack II, 1191
Long, Elizabeth I, 775
Longley, A.G. II, 1320, 1323
Longo I, 538
Longolius, Christian III, 2362
Loos, Erich I, 695, 696, 699, 709
Loos, Theodor II, 1183
Lopes, Duarte I, 676
Lopez, Ana M. III, 2350
Lorch, E.P. III, 2468, 2474
Lörcher, Wolfgang II, 1310, 1311, 1322
Loreck, Sabine I, 889, 891
Lorenz, Emil III, 1818, 2136
Lorenz, Erich I, 893, 895
Lorenz, Kuno I, 51, 307
Lorenzer, Alfred I, 171, 174, 335
Lorsch, Jay W. I, 71, 74, 81
Losansky, Rolf II, 1245
Löschenkohl, Johann H. I, 787
Losey, Joseph III, 1835
Lotman, Jurij M. I, 311, 312, 316, 317; II, 1654, 1655

Lott, Frank III, 2116
Lotz, Karl H. II, 1245
Lotz, Walther I, 887, 890
Lotzer, Sebastian I, 788
Loubier, Hans I, 437
Louis Philippe XII (König) I, 696, 905
Lowe, Andrew I, 106; III, 2497
Löwenthal, Gerhard III, 2292, 2295
Löwenthal, Leo I, 257, 320; III, 2490
Lowery, Shearon A. III, 2310, 2320
Loy, Myrna II, 1212
Lubin II, 1061
Lubitsch, Ernst II, 1063, 1065, 1120, 1122, 1179, 1207, 1208; III, 1823
Luca, Renate I, 267, 271
Lucas, George II, 1120; III, 2481
Lucilius I, 537
Lucis, Flavia De II, 1159
Lück, Willi van III, 2814, 2819
Lücke, Jörg III, 2762, 2772
Luckhardt, Wasili II, 1088
Luckmann, Thomas I, 525; II, 1700, 1701; III, 2795, 2799
Ludendorff (General) II, 1063, 1177; III, 1839
Ludes, Peter I, 7, 14, 45, 54, 217, 230; III, 2277, 2278, 2279, 2308, 2459, 2464, 2487, 2496, 2498, 2500, 2578
Ludewig, J.P. I, 925
Ludewig, Werner II, 1620
Ludolf (Pfarrer v. Sudheim) I, 673
Ludwig der Deutsche I, 628
Ludwig der Fromme I, 541, 545, 547
Ludwig XII. (König) I, 726
Ludwig XIV. v. Frankreich II, 1090
Ludwig XVI. (König) I, 900
Ludwig, Emil I, 766
Ludwig, Hans-Werner I, 95, 108, 242, 243
Ludwig, Martin H. II, 1719, 1720
Ludwig, Otto I, 307, 545, 558, 559, 560
Lüers, Heinrich I, 426, 437
Luff, Paul III, 1957
Lüger, Heinz-Helmut I, 41, 54, 220, 230, 263, 271, 869, 870, 871, 878; II, 1711, 1722, 1724, 1726, 1729; III, 2009, 2018
Luger, Kurt I, 268, 271
Luhmann, Niklas I, 3, 14, 71, 73, 81, 189, 195, 199, 221, 230, 251, 255, 279, 281, 323, 325, 326, 335, 362, 379, 384, 500, 687; II, 1707
Lührig, Nicolas III, 2563
Luise, M. III, 1958
Lüke, Friedmar II, 1445, 1512, 1513; III, 1982
Lukesch II, 1632
Lukian I, 537, 538, 602, 610, 684
Lukrez I, 532, 534
Lull, James I, 102, 108, 267, 271; III, 2443, 2449, 2451, 2494, 2498
Lumbeck, Ernst I, 430, 457
Lumière (Brüder) II, 1060, 1118, 1121, 1124, 1150, 1152, 1163, 1164, 1166, 1167; III, 2842
Lumière, Auguste I, 495; II, 1034, 1038, 1059
Lumière, Emil II, 1059
Lumière, Louis I, 495; II, 1034, 1038, 1163, 1164, 1165
Lundqvist, Ulla II, 1593
Lüning, Otto H. I, 904
Lunzer-Lindhausen, Marianne I, 53
Lupset I, 684
Lupus von Ferrières I, 539
Lury, C. I, 103, 106
Lürzer, W. III, 2418
Lüschen, Fritz II, 1202, 1205
Luscombe, D.E. I, 648
Lushbough Dee, Juliet III, 2786
Lusignan, Serge I, 635
Lüth, Erich II, 1490
Luther, Marcus II, 1042
Luther, Martin I, 377, 469, 482, 484, 502, 503, 548, 549, 597, 598, 650, 651, 672, 736, 741, 745, 765, 788, 796, 806, 808, 809, 811, 940; III, 2322
Lüthy I, 158
Lutter, Franz-Josef III, 1942, 1957
Lutz, Benedikt I, 215, 230; III, 2001, 2005, 2009, 2012, 2013, 2014, 2015, 2016, 2018
Lutz, Bernd I, 582
Lutz, Michel I, 420
Lützeler, Paul M. II, 1719
Lützen, Wolf D. I, 310, 317
Lux, Harald II, 1755
Luxemburg, Rosa I, 946; III, 2359, 2362
Luyken, Georg-Michael III, 1829, 1830, 1833, 2490, 2498, 2692, 2693, 2694
Luykx, Theo I, 912
Lyle, J. III, 2493, 2499
Lynch, Clifford III, 2648
Lynch, David III, 1797, 1798
Lynch, Joan D. III, 2443, 2451
Lynda Haas II, 1217
Lyon, Gustave II, 1088
Lyons, J. II, 1702
Lyons, Martyn I, 775
Lyotard, Jean-François I, 278, 281
Lypp, Maria II, 1589, 1593
Lysinski, Erich I, 979, 983

M

Maaler, Josua I, 721, 723
Maar, Elke I, 864
Maas, Georg II, 1139, 1141
Maas, Hedwig I, 437
Maaßen, Ludwig III, 2716, 2726
MacBeth, Tannis M. III, 2493, 2496, 2497, 2498
MacCann, Richard D. II, 1073, 1075, 1084
MacCay, Winsor II, 1632
MacDonald, J.C. I, 828
MacDonald, Ruth I, 562, 568
Mach, Josef II, 1242
Machatschke III, 2020
Machiavelli, Bernardo I, 725
Machiavelli, Niccolò I, 689, 698, 701, 706, 709
Machlup, Fritz III, 2699, 2713
Mackay, W. I, 131
Mackensen, Lutz I, 872, 876, 878
Mackie, J.D. I, 688, 694
MacLeod, Anne S. I, 566, 568
MacLuhan II, 1658, 1659, 1660, 1661, 1663
Maczak, Antoni I, 678, 679
Madaré I, 1003
Maddison III, 1814
Mäde, Hans D. II, 1243, 1244
Madonna III, 2441, 2442, 2684
Madsack, August I, 935, 962
Maecenas I, 459
Maennel, Fritjof A. III, 2536, 2537, 2561, 2562
Maestlin, Michael I, 742
Maetzig, Kurt II, 1237, 1238, 1239, 1240, 1241, 1242; III, 1805
Maffei, Domenico I, 725, 734
Magalhães, Fernão I, 674
Mägele, M. III, 1956, 1958
Magliano, Joseph P. I, 105
Magnani, Anna II, 1222
Magnus, Uwe II, 1459
Magnusson, Magnus II, 1597, 1600, 1604, 1605
Magny, Joël II, 1236
Maheady, Larry III, 2601, 2609

Mahlberg, Paul I, 150, 151, 152, 160
Mahle, Walter A. I, 14; III, 2269, 2714, 2723, 2726
Mahler, Gustav III, 2638
Mahner, Thomas II, 1154, 1159
Mai, Manfred III, 2578
Maier, Gunther III, 2572, 2579
Maier, Hans I, 913
Maier, Reinhard I, 886, 891
Mailer, Norman II, 1718
Mais, Hugo I, 437
Majakovskij, Vladimir II, 1186, 1187
Majetschak, Stefan I, 526
Major, John II, 1697
Malamud, Bernard I, 694
Maland, Charles II, 1218
Malavieille, Sophie I, 423, 429, 431, 437
Maletzke, Gerhard I, 51, 54, 111, 117, 188, 320, 335, 384, 586, 590; II, 1459; III, 1813, 2049, 2073, 2089, 2453, 2464
Malhotra, Ruth I, 983, 994, 1000, 1001, 1008, 1011, 1016; II, 1779, 1782
Malinek, Vlastimil III, 2602, 2610
Mallarmé I, 521
Malle, Louis II, 1140, 1228, 1236; III, 1796
Mallet, David III, 2440
Mallinckrodt, Anita II, 1626, 1630
Malmkjær, Kirsten III, 2018
Malpass, Eric I, 767
Maltby, Richard II, 1064, 1065, 1066, 1067, 1070, 1071; III, 2669, 2670, 2671, 2676
Maltin, Leonard II, 1218
Malton, Lessly II, 1499
Man, Paul de I, 526
Manbin, Allison III, 2525, 2532
Mancini, Marc II, 1141
Mandé Daguerre, Louis J. III, 2842
Mandelbrot, Benoit I, 21, 22, 23, 27
Mander, Jerry I, 49, 54, 192
Mandeville, Johannes (John, Jean) v. I, 670
Mandl, Heinz I, 93, 107, 110; III, 2015, 2018, 2599, 2604, 2605, 2606, 2608
Mandler, E. I, 130
Mandler, Jean M. I, 84, 87, 108; III, 2472, 2475
Mandlmayr, Martin I, 142
Manet I, 986
Manethon I, 610
Mangold I, 996
Mangoldt v. III, 2764, 2772

Manilius d.J. I, 534
Manis I, 618
Mankowski, P. III, 2533
Mann, Andreas III, 2578
Mann, Anthony I, 175
Mann, Denise III, 2499
Mann, Golo I, 693
Mann, Heinrich II, 1098, 1099, 1180
Mann, Roger III, 2562
Mann, Thomas I, 766; II, 1462, 1624, 1641
Mannes, S. III, 2475, 2476
Mannhart, Franz I, 955
Mannheim, Karl I, 690, 694
Mannoni, Laurent II, 1058, 1166
Mansel, J. I, 779; III, 2806
Manselli, Raoul I, 554, 560
Mante, Edouard I, 1013
Mantz, Renate I, 264, 271
Manuel, Frank E. I, 695
Manuel, Fritzie P. I, 695
Manuel, Niklas I, 806
Manutius, Aldus I, 422, 611
Mao Tsetung II, 1550
Mara, Lya II, 1181
Marbe, Karl I, 153, 161, 979, 983
Marc, Aurel I, 610
Marcel I, 167
Marcellinus, Ammianus I, 609
March, James G. I, 71, 73, 81
Marchal, Peter III, 1987
Marchioni, Bartolomeo I, 675
Marchionini, Gary III, 2609
Marcinkowski, Frank I, 7, 14, 73, 74, 81; III, 2269, 2272, 2276, 2280, 2320
Marconi, Guglielmo II, 1305, 1387, 1388
Marcus von Orvieto I, 633
Marcus, Solomon I, 286
Marcuse III, 2805
Marcuse, Herbert I, 257, 320, 695; III, 2418
Maré, Eric de I, 420
Marek, Kurt W. (Ceram, C.W.) I, 766
Marey, Étienne-Jules II, 1126, 1136, 1162, 1164, 1166
Marg, Walter I, 612
Margadant, Bruno I, 996, 1000
Margolies, John II, 1159
Margolin I, 702
Margolit, Evgenij II, 1185, 1197
Marhold, Wolfgang III, 2462
Maria Theresia (Kaiserin) I, 470
Maria, Javier I, 770
Marie, Michel II, 1228, 1236
Marincola, John I, 613
Marinetti, F.T. I, 162

Marjasch, Sonja I, 764, 775
Marker, Chris II, 1131; III, 1802, 1804
Märki-Koepp, Martina III, 2705, 2713
Marks, Bev III, 1914
Markus, Götz II, 1459
Markus, Lynne III, 2608
Markus, Robert A. I, 639, 649
Marling, Karal A. III, 2496, 2498
Marlitt, Eugenie II, 1622
Marnach, Barbara III, 2077, 2089
Maron, Monika II, 1645
Marperger, Paul, J. I, 852
Marquez, Gabriel G. I, 767
Marré, Heribert I, 355
Marrou, Henri-Irénée I, 527, 538, 614
Marsch I, 791
Marschall, Susanne III, 1798
Marschik, Matthias III, 1970, 1974
Marschner, Wilfried III, 2116
Marsh, Mae II, 1171
Marshall, Harriette III, 2470, 2476
Marsilius von Padua I, 554
Marßolek, Inge II, 1459
Marszalek, Franz II, 1507
Martel, Zweder v. I, 672, 679
Martellus, Henricus I, 666
Marten III, 2535
Martenczuk, B. III, 2535, 2562
Martens, Gunter I, 317
Martens, Wolfgang I, 578, 582, 587, 588, 591, 853, 864, 875, 878
Martial I, 459, 468, 529, 569
Martin, Ellen I, 805, 816
Martin, G.H. I, 648
Martin, Hansjörg III, 1877, 2361
Martin, Henri-Jean I, 420, 572, 574
Martin, Jean II, 1141
Martin, Karl-Heinz II, 1178
Martindale, Colin I, 91, 108
Martini (Maschinenbauer) I, 456
Martini, Bernd-Jürgen I, 972; II, 1689
Martini, Fritz I, 310, 317
Martino, Alberto I, 473, 586, 588, 591, 709
Martius, Philip v. III, 1982
Martyr, Petrus I, 676
Maruhn, Ernst II, 1374, 1375
Marvin, Arthur II, 1168
Marwitz, Petra III, 2562
Marx (Reichskanzler) III, 2074
Marx, Groucho III, 2474, 2475

Marx, Karl I, 275, 281, 331, 520, 733, 904, 906, 941, 942; II, 1143
Marx, Paul I, 437
Mary (Königin von England) I, 599
Marzi, Demetrio I, 726, 734
Masanori, Yamaguchi III, 2840
Masaracchia, Agostino I, 612
Maseberg, Eberhard III, 1828
Masereel II, 1633, 1636
Maske, Henry III, 2401
Mason, David N. III, 2339
Mason, Robin III, 2609
Masoni, Tullis II, 1227
Massolle, Joseph II, 1027, 1199, 1200, 1207, 1368
Masson, Franz III, 1930, 1931
Mast, Claudia I, 12, 14, 58, 69, 965, 972
Mast, Gerald II, 1123, 1150, 1218; III, 1799
Mataja, Viktor I, 153, 154, 161
Matarazzo, Raffaello II, 1222
Mateas, Michael III, 2603, 2609
Matejka, Wilhelm III, 2096
Math, Norbert III, 2067
Mathes, Rainer III, 2013, 2018, 2089
Matheson, Lister M. I, 646, 649
Mathias, Fr. II, 1365
Matschke, Evelin III, 1805, 1812
Matsuda, Hiroshi III, 2839
Matsui, Shigenori III, 2834
Matsuoka, Yukio III, 2834, 2839
Mattauch, Hans I, 864
Mattausch, Josef I, 872, 878
Matter, Herbert I, 996
Mattheier, Klaus I, 879
Matthes, Jürgen III, 2711, 2713
Matthies, Marie I, 888, 891
Matthiesen, Ulf I, 87, 108
Mattmüller, Hans-Dieter I, 384
Maturana, Humberto III, 2814, 2819
Matz, Jutta II, 1159
Mauel, Dirk III, 2598, 2605, 2610
Maupassant II, 1168, 1641
Maurach, Martin I, 188; III, 2071
Mauro, Fra I, 666, 669, 671
Maurus, Hrabanus I, 478, 541, 626, 628, 629; II, 1606
Mäusl, Rudolf II, 1361
Mauthner, Fritz I, 19, 27, 304, 308
Mauz, Gerhard II, 1719, 1720
Max (Brüder) II, 1163
Max IV. Joseph von Bayern I, 491

Max, Hubert I, 930
Maxfiel II, 1364
Maximian I, 553
Maximilian (König) I, 821
Maximilian I. (Kaiser) I, 469, 502, 570, 726, 804, 818
Maximilian von Bayern I, 486
Maxwell III, 1868
Maxwell (Verleger) I, 962
Maxwell, James C. II, 1305, 1323, 1387; III, 2127
Maxwell, Robert III, 2661
May, Eduard G. I, 787
May, Joe II, 1183
May, Joseph III, 2128
May, Karl I, 565
Mayakovsky, Vladimir I, 162
Mayer III, 2533
Mayer, Emil II, 1205, 2106
Mayer, Hans II, 1648
Mayer, J.-P. I, 709
Mayer, Louis B. II, 1063
Mayer, Mercer II, 1592
Mayer, Michael II, 1146, 1150
Mayer, Norbert II, 2154
Mayerhofer, Wolfgang I, 1025
Mayne, Judith I, 172, 175
Mayring, Philipp I, 35, 54, 255, 256, 264, 266, 271
Mayröcker, Friedricke II, 1463, 1496
Maysles (Brüder) III, 1800
Mazal, Otto I, 437, 499
Mazanec, Josef I, 1025
Mazer, Harry II, 1592
Mazois I, 1017
McArthur, Tom III, 2013, 2019
McBride, Joseph II, 1218
McCallum, Robyn II, 1589, 1593
McCarthy II, 1066
McCarthy, John A. I, 512
McCarthy, Joseph III, 2744, 2745
McCarthy, Mary I, 770
McCay, Winsor I, 781; II, 1039
McCloud, Scott I, 776, 783
McCombs, Maxwell E. I, 115, 117, 221, 230, 326, 335; III, 2310, 2320, 2490, 2491, 2498
McCormack, Colin III, 2602, 2606, 2609
McCubbins, Matthew D. III, 2749
McCutcheon, George II, 1168
McDonald, Jeanette II, 1209
McFarland, David T. III, 1998, 2006
McGinnis, Joe III, 2749
McGregor, Michael A. III, 2780, 2787
McGuire, William J. I, 117
McHugh, Michael III, 2451

McIntosh, A. II, 1702
McKenzie, F. I, 574
McKeon, Elizabeth II, 1159
McKinsey III, 1990, 1994
McKitterick, Rosamond I, 559
McKnight Kauffer, Edward I, 1014
McKoon, Gaie I, 87, 110
McLaren, Norman II, 1042; III, 1792
McLeod, Douglas III, 2451
McLeod, Jack M. III, 2465, 2470, 2471, 2473, 2475
McLuhan, Marshall I, 8, 14, 23, 24, 27, 148, 183, 188, 193, 194, 199, 259, 275, 278, 281, 284, 286, 332, 335, 383, 384, 573, 574; III, 1996, 2014, 2018, 2301, 2425, 2452, 2453
McManu, George I, 781
McNamara, Timothy P. I, 87, 88, 110
McPhee, John II, 1718
McQuail, Denis I, 9, 10, 14, 54; III, 2338, 2339, 2465, 2467, 2475, 2476, 2726
McVoy, D. Stevens III, 2723, 2725
Mead, George H. I, 257, 329, 330, 335
Mead, Margret I, 21
Mechau, Emil III, 2138, 2140
Meckel, Christoph I, 107
Meckel, Miriam II, 1551
Medebach, Friedrich I, 150, 158, 161, 982, 983, 985, 1000, 1011; II, 1771, 1774, 1775, 1780, 1782
Meder, Johann I, 788
Meder, Thomas II, 1227
Medici, Catarina I, 732
Medici, Cosimo I, 731
Medici, Giuliano I, 726
Medici, Giulio I, 730
Medici, Lorenzo di Pier Francesco de' I, 674, 726, 731
Medina, Bartholomäus de I, 662
Meer, E. van der III, 2610
Meester, Oskar III, 1823
Megasthenes I, 609
Meggendorfer, Lothar I, 779, 781; II, 1636
Meggle, Georg I, 52, 54, 228, 293, 307, 308
Meggs, Philip B. I, 1016
Megiser, Hieronymus I, 668
Mehnert, Gottfried I, 384
Mehrgardt, S. II, 1385
Mehring, Walter II, 1493
Meichle, Thomas E.J. II, 1762, 1765

Meichsner, Dieter III, 2351, 2359
Meid, Volker I, 141
Meier, Christel I, 626, 627, 629, 630, 631, 632, 633, 635, 557, 559
Meier, Christian I, 613
Meier, Klaus II, 1752, 1755
Meier, Werner I, 8
Meier-Engelen, Egon III, 1942, 1958
Meier-Kern, Paul II, 1154, 1159
Meier-Reutti, Gerhard I, 384
Meierhold, Vsevolod II, 1186, 1187, 1190
Meigs, Cornelia I, 568
Meiklejohn, Alexander III, 2773, 2778, 2787
Meindl, W. III, 2378, 2380, 2382
Meinecke, Friedrich I, 732, 734
Meinecke, Thomas III, 2067
Meinefeld, Werner I, 328, 335; II, 1740, 1749
Meinel, Walter II, 1152, 1159
Meiner, A. II, 1620
Meinhof, Ulrike III, 1808
Meinke, Hans-Heinrich II, 1312, 1319, 1323, 1337, 1339, 61
Meisenbach, Georg I, 415; II, 1729
Meissner, Alexander II, 1389
Meissner, Hans-Heinz I, 887, 891, 938
Meissner, Michael I, 54
Meißner, O. II, 1370
Meister, Klaus I, 613
Meixner, Horst I, 311, 317
Mekerchus, Adolphus I, 754
Melanchthon, Philipp I, 482, 502, 741, 796, 809, 913
Melcher, Andrea I, 188
Melenk, Hartmut II, 1776, 1781
Méliès, George II, 1038, 1061, 1074, 1118, 1167, 1168; III, 1823
Melischek, Gabriele III, 2311, 2320
Mellema, Elcie I, 718, 719, 720, 722, 723
Mellencamp, Patricia I, 174, 175
Mellert, Volker II, 1385, 1386
Melnik, Stefan R. I, 54
Melo, Jos Marques de III, 2487, 2498
Meloy, Arthur S. II, 1085, 1092, 1159
Melville, Jean-Pierre II, 1228, 1236; III, 1796
Ménage I, 714
Menander I, 531

Menavino, Giovanantonio I, 672
Mencke, Otto I, 874
Mende, Dirk I, 512
Mendell, Pierre II, 1787
Mendelsohn, Erich II, 1088, 1092, 1155, 1156
Mendelssohn, Peter de I, 851, 908, 912, 955, 964
Mendoza, Juan G. de I, 676
Menestò, Enrico I, 539, 557, 670, 679
Menge, Johannes III, 2449
Menge, Wolfgang III, 2361
Mengele II, 1135
Menippos I, 537
Menke, Christoph I, 526
Menninger, Annerose I, 675, 679
Menold, Heinrich H. I, 437
Menotti, Gian C. III, 2363
Menut, Albert D. I, 709
Menz, Gerhard I, 572, 895; II, 1621
Menzel, Adolph v. I, 778
Mercator, Gerhardus (Gerhard Kremer) I, 748, 750, 751, 762
Mercer, Colin I, 106
Mercer, Kobna III, 2442, 2451
Mercer, L.R. I, 130
Mercier, Louis S. I, 693
Mergenthaler, Otmar I, 453, 491, 827, 907; II, 1729
Merisalo, Outi I, 671, 679
Merkel, Felicitas II, 1504
Merkert, Rainald I, 361, 366
Merklin, Harald I, 708
Merleau-Ponty I, 167
Merrill, John C. I, 912
Merrill, M. David III, 1819, 1820
Mersiowsky, Mark I, 560
Merten, Detlef III, 2772
Merten, Jessica II, 1140, 1141
Merten, Klaus I, 35, 48, 54, 117, 215, 230, 263, 264, 266, 271, 322, 323, 332, 335, 336, 366, 873, 878; II, 1456, 1459, 1741, 1749; III, 1969, 1975, 2272, 2280, 2425, 2453, 2460, 2461, 2463, 2464
Merton, Robert K. I, 193, 199, 322, 323, 324
Mesenhöller, Peter I, 678
Mesnard, Jean I, 706, 709
Messerer, Wilhelm I, 545, 559
Meßerschmidt, Klaus III, 2772
Messter, Oskar. II, 1027, 1029, 1058, 1059, 1060, 1063, 1064, 1117, 1125, 1127, 1136, 1165, 1166, 1167, 1179, 1198, 1203
Mestmäcker, Ernst-Joachim I, 209, 211; III, 1811, 1812, 2689

Métivet I, 157
Metken, Günter I, 779, 784; II, 1633, 1639
Metlicovitz, Leopoldo I, 1014
Mets de I, 779
Mette, Norbert I, 338, 346
Metternich I, 904
Metz, Christian I, 163, 168, 169, 170, 171, 173, 175, 282, 284, 286, 316, 317; II, 1105; III, 1816, 1820, 1835, 1836
Metz, J.B. I, 379
Metzger, Bruce M. I, 593, 600
Metzger, Heinz-Klaus III, 2071
Metzler, Dieter I, 558
Meuche, Hermann I, 816
Meuer II, 1484
Meunier, Ernst I, 887, 891
Meunier, Friedrich E. II, 1725, 1729
Meurer, Peter H. I, 750, 751, 752, 753, 754, 761, 762, 763
Meurier, Gabriel I, 719, 722, 723, 724
Meusburger, Wilfried II, 1573
Meusel, Johann G. I, 571
Meusy, Jean-Jacques II, 1159
Meutsch, Dietrich I, 83, 85, 86, 87, 88, 91, 92, 95, 104, 107, 108, 254; III, 2388
Mey, Jacob L. I, 290, 308
Meyer III, 2592
Meyer, Andreas III, 2356, 2362
Meyer, Ed. I, 602
Meyer, F.J.L. II, 1054, 1058
Meyer, Georg II, 1621
Meyer, Guido III, 2291
Meyer, Gustav I, 559
Meyer, Hans-Friedrich I, 885, 891, 930
Meyer, Heinz I, 542, 546, 559, 632, 633, 635
Meyer, Herrmann, J. II, 1609
Meyer, Horst I, 473
Meyer, Joseph II, 1607, 1608, 1610, 1616, 1619, 1621
Meyer, Maurits de I, 791
Meyer, Petra M. III, 2071
Meyer, Robert G. II, 1312, 1322
Meyer, Ruth I, 584, 590, 591
Meyer, Thomas III, 2319, 2320
Meyer-Dohm, Peter I, 473; II, 1621
Meyer-Hentschel, Gundolf III, 2437
Meyn, Hermann II, 1712, 1720
Meynecke, Dirk R. I, 768, 775
Meyrink, Gustav I, 765
Meyrowitz, Joshua I, 268, 271, 384; III, 2319, 2320, 2363, 2452, 2453, 2454, 2457, 2460, 2464

Meysel, Inge II, 1494
Meysenbugs, Alfred v. I, 783
Miall, David S. I, 92, 108
Micciché, Lino II, 1227
Miceli, Sergio II, 1142
Michael III, 2674
Michael, George III, 2441
Michael, Klaus I, 510, 512
Michaelis, Anthony R. III, 1813, 1820
Michaelis, Werner I, 221, 230
Michalka, Wolfgang II, 1136
Michel, Dieter III, 1905, 1908
Michel, Oskar I, 884, 891
Michelitsch, Antonius I, 664
Michelson, Annette II, 1197, 1198
Michler, Annette I, 47, 54
Michon, Louis M. I, 438
Miedema, Nine I, 543, 559
Mielke, Jürgen III, 1914
Mierendorff, Carlo II, 1114, 1116
Miermeister, Jürgen I, 799, 802, 815, 816
Migon, Krzystof I, 574
Mihály, Denes v. II, 1199; III, 2132, 2136, 2140, 2147
Mikesch, Elfie III, 2352
Mikos, Lothar I, 99, 108, 323, 335; III, 2269, 2323, 2330, 2350, 2411, 2413, 2453, 2458, 2464
Milanesi, Marica I, 677, 679
Milanini, Claudio II, 1227
Miles, Harry J. II, 1073
Miles, Herbert II, 1073
Milestone, Lewis II, 1120
Milev, Rossen III, 2025
Milkie, Melissa A. I, 103, 108
Miller, Arthur III, 2351
Miller, David I, 216, 230
Miller, G.A. I, 86, 108
Miller, Glenn II, 1510; III, 2682
Miller, Jonathan I, 27
Miller, Laurie S. III, 2497, 2493
Miller, Peter V. I, 81; III, 2490, 2499
Millicent, Marcus II, 1227
Millonig, Harald III, 2857
Millowitsch, Willi III, 2417
Mills, Adam I, 216, 227
Mills, W.R. I, 89, 106
Milton I, 599; III, 2773
Mimnermos I, 529
Min (König) I, 605
Minet, Gert-Walter II, 1690, 1693
Minetti, Bernhard II, 1493
Minney, R.J. II, 1077, 1084
Minogue, Kylie III, 2347
Minsky, Marvin L. I, 388; II, 1696, 1702

Mintzberg, Henry I, 71, 77, 78, 81
Mirabelli, Domenico N. II, 1607
Miran (Shah) I, 671
Miret Jorba, Rafael II, 1227
Misch, Georg I, 625; II, 1739
Mischewsky, Paul III, 2138
Misselwitz, Helke III, 1809
Mitchell, David III, 2464
Mitchell, P.M. I, 745
Mitchell, William J. III, 2599, 2609
Mitford, Jessica II, 1714, 1720
Mitic, Gojko II, 1242
Mitry, Jean I, 167, 168, 175; III, 1833, 1836
Mittelberg, Ekkehart I, 872, 879, 963, 964
Mittelhaus, Michael II, 1573
Mittelstrass, Jürgen II, 1621
Mitterrand, Francois III, 2194
Mix, York G. I, 512
Mixner, Manfred II, 1498
Mlasko, Torsten III, 1942, 1958
Möbius, Hanno III, 1802, 1812
Mochmann, Ekkehart I, 254, 255, 256
Modleski, Tania II, 1218; III, 2349, 2350
Moede, Walther I, 154, 161, 888, 891, 979, 983
Moeller, Bernd I, 678, 807, 816
Moes, Jean I, 913
Moewig II, 1626
Mögel II, 1411
Mogge, Birgitta I, 871, 879
Mohl, Robert v. I, 492, 688, 692, 695
Mohler, Peter Ph. I, 255, 256
Mohn, Erich I, 260, 269
Moholy-Nagy, László I, 997, 999, 1000, 1005; III, 2068
Mohr, Martin I, 882, 891
Mohr, Wolfgang I, 317
Möhrmann, Renate I, 575, 582
Moigno, M. II, 1046, 1058
Moilanen, Markku I, 229, 230, 231, 870, 879; II, 1709, 1711, 1712
Mölders II, 1510
Moles, Abraham A. I, 150, 155, 161, 981, 983
Molitor, Hansgeorg I, 141, 824
Möller, Henrik II, 1386, 1490
Möller, Lise L. I, 983
Möller-Naß, Karl-Dietmar I, 286; II, 1105; III, 1816, 1817, 1820, 1834, 1836
Molo, Walter v. II, 1114
Molsner, Michael III, 2361
Moltmann, Jürgen I, 377, 378, 379; III, 1803

Momigliano, Arnoldo I, 609, 610, 611, 613
Mon, Franz II, 1496
Monaco, James I, 260, 271; II, 1236
Monaco, Lucio I, 671, 679
Mondrian I, 1004
Monet I, 714
Moneti, Guglielmo II, 1227
Monk, Egon II, 1495; III, 2351, 2360
Monkenbusch, Helmut III, 2339
Monroe, Marylin II, 1119, 1214; III, 2191
Montag, Frank I, 209, 212
Montag, Helga II, 1557, 1563
Montagu, Ivor II, 1197
Montalboddo, Fracanzano da I, 677
Monte Sion, Burchard v. I, 673
Montecarvino, Johann v. I, 399
Montefeltro, Federico da I, 541
Montefeltro, Guidobaldo da I, 697
Montgomery III, 1835
Monty, Gloria III, 2342, 2347
Moore, Gene II, 1141
Moore, Richard K. II, 1315, 1316, 1319, 1323
Moores, Shaun III, 2468, 2473, 2476
Morach I, 996
Moragas Spa, Miguel de I, 284, 286
Moran, Albert III, 2350
Moran, James I, 420, 574
Moran, T.P. I, 130
Mordek, Hubert I, 539, 551, 559
More, Hannah I, 566
Moreau, Jeanne II, 1230
Morel, Guillaume I, 718, 722, 724
Moréri, Louis II, 1607, 1609
Moretus I, 403
Morgan, Jerry L. I, 51, 52, 308
Morgan, Michael I, 117; III, 2319
Morgan, Michèle II, 1230
Morgan, Waler III, 2232
Morgenstern, Christian I, 521
Morgenstern, Hildegard I, 221, 227
Morhart, Carl III, 2392, 2405
Mörike, Eduard II, 1124
Morin, Edgar I, 167, 175; III, 1802
Moritz, Hans-Werner III, 2537, 2559, 2562
Morley, David I, 99, 101, 102, 108, 323, 335; III, 2465, 2468,

2472, 2473, 2476, 2494, 2495, 2499
Moroder, Georgio III, 2685
Morra-Yoe, Janet II, 1218
Morreale, Joanne III, 1828
Morris, Charles W. I, 18, 288, 308; III, 1834, 1836
Morris, P.E. III, 2474
Morris, S.P. I, 612
Morris, William I, 692, 693
Mörsdorf III, 1809
Morse III, 2127
Morse, Margaret III, 2445, 2447, 2451
Morton, A.L. (Kardinal) I, 683, 685, 695
Morton, Jelly R. III, 2682
Morus, Thomas I, 684, 693, 695, 700
Mos`zuchin II, 1189, 1190
Möschel, Wernhard III, 2562, 2720, 2726
Moscherosch, Michael I, 134
Mose, Katja III, 2818, 2819
Moseley, C.W. I, 670, 679
Moseley, Emily III, 2470
Moser, Dietz-Rüdiger II, 1648
Moser, Heinz I, 362, 366; III, 2801, 2807
Möser, Justus I, 870, 925, 940
Moser, Koloman I, 988, 1003, 1014
Moser, Rolf III, 2689
Moses I, 501
Moshell, J. Michael III, 2603, 2609
Mosse, Rudolf I, 829, 833, 846, 871, 908, 910, 917, 933, 934
Mosse, Wertham II, 1633
Mössner, Gustav II, 1573
Mosto, Alvise Ca' da I, 675, 677
Motekat, Helmut II, 1630
Motsch, Walfgang II, 1711
Mott, Frank L. I, 775, 901, 905, 912
Motte-Haber, Helga de la II, 1141
Moule, A.C. I, 679
Moulines, E. I, 126, 130
Moulinier, Laurence I, 631, 635
Mouron, Henri I, 996, 1000
Moxon, Joseph I, 403, 405
Mozart III, 2406
Mozhukin I, 163
Mrakitsch, Michael III, 1804
Mross, Stefan III, 2297
Mucha, Alphons I, 988, 1013
Mückenberger, Christiane II, 1197, 1238, 1245
Mückenberger, Jochen II, 1240
Muckenhaupt, Manfred I, 83, 108, 214, 215, 217, 220, 224, 230, 291, 294, 296, 299, 304, 308, 873, 879, 1011; II, 1105; III, 2312, 2320, 2454, 2464
Mühe, Ulrich II, 1499
Mühl-Benninghaus, Wolfgang II, 1161, 1198, 1205, 1207
Mühlberg, Lieselotte II, 1459
Mühlberger, Holger I, 58, 69
Mühlen, Ulrike I, 48, 55, 225, 230; III, 2322, 2323, 2324, 2326, 2328, 2330, 2495, 2499
Muir, Percy H. I, 562, 568
Mukarovsky, Jan I, 235
Mulcahy, Russel III, 2440
Müler, W. Robert III, 2648
Mulerius, Nicolaus I, 742
Müller, C.W. I, 537
Müller, Corinna II, 1111, 1116, 1153, 1154, 1159, 1178, 1184; III, 1875, 1880
Müller, Eggo I, 7, 13, 51, 321, 333; III, 2339, 2463, 2481, 2485, 2497, 2500
Müller, Gerd I, 982, 983, 1010, 1011
Müller, Gerhard I, 223, 230
Müller, Götz I, 695
Müller, Hans II, 1238
Müller, Hans D. I, 959, 960, 964
Müller, Hartmut I, 879
Müller, Heiner II, 1497, 1499, 1643
Müller, Helmut I, 568, 709, 779, 783
Müller, Helmut A. II, 1271
Müller, Horst I, 984; III, 2102, 2103, 2104, 2105, 2116
Müller, Ines III, 1987
Müller, Jan-Dirk I, 805, 816
Müller, Jörg II, 1591
Müller, Jürgen E. III, 1795, 1799
Müller, Jürgen K. II, 1429, 1444; III, 2005
Müller, Klaus E. I, 613
Müller, Marlise II, 1739
Müller, Max I, 457, 649
Müller, Michael I, 285, 286
Müller, Pamela II, 1157, 1158, 1166
Müller, Peter O. I, 717
Müller, Siegfried II, 1134
Müller, Thomas I, 51, 197, 199, 526; III, 2453, 2456, 2462, 2676
Müller, Ulrich I, 539, 559, 725, 824
Müller, Uwe I, 964; III, 2666
Müller, W.D. I, 690
Müller, Wolfgang II, 1159
Müller, Wolfhart II, 1459
Müller-Adolphi, Heiner II, 1513
Müller-Brockmann, Josef I, 986, 988, 997, 1000, 1004, 1011, 1016; II, 1782
Müller-Brockmann, Shizuko I, 986, 988, 997, 1000, 1004, 1011, 1016
Müller-Dohm, Stefan I, 53, 99, 108, 229, 260, 266, 269, 266, 271, 323, 335; II, 1749; III, 2126
Müller-Fischer II, 1367, 1375
Müller-Römer, Frank III, 2074, 2097, 2116
Müller-Sachse, Karl H. I, 51, 586, 590; III, 2049
Mulvey, Laura I, 170, 171, 172, 173, 175; II, 1123
Munch, Edward I, 413
Münch, Paul I, 577, 582
Münch, Thomas II, 1459
Mund, Karlheinz III, 1806
Mundhenke, Reinhard II, 1679, 1680
Mundorf, Norbert III, 2443, 2452, 2467, 2476
Mundt, Michaela I, 312, 317
Mundt, Theodor I, 505, 875, 876
Münker, Stefan III, 2579, 2610
Münkler, Marina I, 665, 679
Münster, Hans A. I, 888, 891
Münster, Sebastian I, 668
Münsterberg, Hugo I, 162, 175
Muntean, Greg III, 2337, 2339
Münz-Koenen, Ingeborg III, 2363
Münzenberg, Willi I, 834, 911; II, 1079
Münzer, Thomas I, 796
Munzinger, Ludwig I, 887, 891, 938
Murakami, Takashi III, 2834, 2839
Murašov, Jurij III, 1798
Murav'eva, E.G. II, 1654, 1655
Murdoch, Rupert II, 1145, 1148, 1548, 1549, 1550, 1551; III, 1868, 2221, 2258, 2392, 2663, 2675, 2697, 2698, 2699
Murnau, Friedrich W. II, 1063, 1119, 1120, 1178, 1180, 1181; III, 1790, 1791
Murner, Thomas I, 788, 796, 806, 807, 808
Murray, J.P. III, 2475
Murray, Oswyn I, 609, 613
Murrow, Edward R. III, 2323
Muser, Gerhard I, 884, 891
Musil, Robert I, 870; II, 1641
Musper, Heinrich Th. I, 420, 443
Musser, Charles II, 1123, 1153, 1163, 1166

Mussolini, Benito I, 733; II, 1433
Muth, Ludwig I, 82, 108, 584, 586, 590, 591, 771, 775; II, 1748, 1749
Mutz, Rüdiger I, 260, 269
Muybridge, Eadweard II, 1038, 1126, 1136, 1162, 1167; III, 2842
Myers, Michael I, 875, 879

N

Nabakowski, Gislind II, 1123
Naber, Hermann I, 184; II, 1496
Nachtigäller, Roland III, 2442, 2451
Nadeau, Alain I, 635
Naeher, Gerhard I, 48, 55, 959, 964
Naevius I, 528, 530
Nagl, Manfred II, 1627, 1628, 1630
Nagy, Magda I, 174
Nahr, Günter I, 69; III, 2721, 2725
Nail, Norbert III, 2011, 2012, 2018, 2081, 2089
Nakano, Osamu III, 2839
Nani, Hercule de' I, 676
Nanutius, Aldus I, 611
Napoleon (Kaiser) I, 788, 813, 832, 900, 901, 902, 905, 941; II, 1608
Narath, Albert II, 1202, 1206, 1207
Narboni, Jean II, 1236
Nardocchio, Elaine F. I, 104, 106, 109
Naremore, J. II, 1218
Narr, Andreas III, 2023, 2025, 2089
Nas, Johann I, 811, 818
Naschold, Frieder II, 1740, 1749
Nassen, Ulrich I, 566, 568; II, 1593
Natalis, Herveus I, 661
Natori, Motoki I, 108
Naudé, Gabriel I, 488
Naughton, James M. III, 2832
Naumann, Barbara I, 55, 110; III, 2439, 2449, 2451
Naumann, Bernd I, 824
Naumann, Michael III, 1874
Navratil, Josef III, 1828
Naylor, David II, 1090, 1091, 1092, 1159
Nayman, Oguz B. I, 65, 69

Neal-Lunsford, J. III, 2466, 2475
Neale, Steven I, 172, 175; III, 2346, 2350
Nearchos I, 609
Nebenzahl, Kenneth I, 761, 763
Neckam, Alexander I, 631
Neckel, Sighard III, 2336, 2339
Neckermann, Gerhard II, 1091; III, 1877, 1879, 1880
Needham, Joseph I, 420
Negri, Pola II, 1063, 1181
Negroponte, Nicholas I, 388; II, 1663; III, 2713
Negt, Oskar I, 178, 188, 191, 199, 335; III, 2805, 2807
Nehls, Thomas III, 2025, 2086, 2089
Neidhardt, Friedrich I, 70
Neill, A.S. II, 1586
Neira, Evelyn III, 2291
Nekos (Ägypterkönig) I, 605
Nelson, Cary I, 27
Nelson, Katherine I, 86, 89, 109
Nelson, Lowry, Jr. I, 648, 709
Nelson, T.H. I, 118, 130
Nembach, Ulrich I, 187, 188; III, 2015, 2018
Nemoto, Shojiro III, 2839
Nena III, 2685
Nenci, Giuseppe I, 612
Nennius I, 643
Nentwich, Michael III, 2648
Nepos, Cornelius I, 534
Nero (Kaiser) I, 501, 533
Nesbitt, Edith I, 566, 568
Nestel II, 1485; III, 2151
Nestler, Peter III, 1808
Nestler, Rainer I, 437
Netenjakob, Egon I, 233, 243; III, 2360, 2363
Nethöfel, Wolfgang I, 384
Nettelhorst, Leopold I, 1016
Netzband, Rolf III, 1914
Netzer, Günter III, 2399
Neubauer, Karl W. II, 1663; III, 2648
Neubauer, Wolfram III, 2579
Neuberger, Christoph I, 290, 308; III, 2413, 2481, 2485
Neuburg, Victor E. I, 568
Neugebaur I, 744
Neuhaus, Joachim I, 512
Neuhaus, Otto v. I, 670
Neukirch, Dieter I, 680
Neumann I, 898
Neumann, Alfred I, 766, 771
Neumann, Georg II, 1368, 1372
Neumann, Gerhard II, 1739
Neumann, Hans I, 547
Neumann, John v. I, 21
Neumann, Karl F. I, 671, 679
Neumann, Klaus I, 335; III,
2453, 2461, 2462, 2493, 2494, 2495, 2497
Neumann, Ulrich III, 1809
Neumann-Bechstein, Wolfgang III, 2291
Neumann-Braun, Klaus I, 35, 51, 53, 54, 83, 99, 103, 105, 108, 109, 229, 266, 267, 268, 269, 271, 323, 335; II, 1742, 1748, 1749; III, 2073, 2087, 2089, 2126, 2445, 2449, 2450, 2451, 2452, 2493, 2578
Neumann-Hartmann, F.W. I, 926, 928, 929, 930
Neumeister, Ingeburg I, 816
Neurath, Otto I, 19, 27
Neuschäfer, Hans-Jörg I, 582
Neusüss, Arnhelm I, 695
Neuwöhner, Ulrich III, 1992, 1993, 1994
Neverla, Irene I, 58, 61, 65, 67, 69, 79, 80, 81, 268, 271
Newbery, John I, 564
Newcomb, Horace M. I, 199; III, 2312, 2320, 2354, 2363, 2462, 2464
Newell, A. I, 130
Newman, Alfred II, 1139
Newnes, George I, 931
Newton, G.D. III, 2466, 2474
Newton, P.H. II, 1702
Nichols, Bill I, 170, 175; II, 1123; III, 1800, 1802, 1812
Nichols, David A. III, 2603, 2608
Nichols, Mike III, 1796
Nicholson I, 409
Nickel, Gitta III, 1806
Nicolai, Friedrich I, 571
Nicolai, R. I, 613
Nicolay, Klaus P. II, 1573
Nicot, Jean I, 714, 718, 719, 720, 724
Nida-Rümelin, Julian III, 1868
Niederehe, Hans-Josef I, 712, 724, 725
Niefanger, Susanne II, 1739
Nieland, Jörg-Uwe I, 55; III, 2348, 2349
Nielsen, A.C. III, 2431, 2438
Nielsen, Asta II, 1060, 1063, 1073, 1111, 1181
Nielsen, Jacob I, 32, 55
Niemann, H. I, 124, 130
Niemeyer, Hans-Georg III, 2438, 2458, 2464
Niemi, Jussi II, 1711
Nierentz, Jürgen II, 1493; III, 2261
Nies, Fritz I, 142, 586, 591
Niese, Herbert II, 1386
Nieß, Ferdinand I, 98, 107
Niesyto, Horst I, 364, 365

Nietzsche, Friedrich I, 276, 281, 521, 744, 746; II, 1111
Nightingale, Virginia III, 2494, 2499
Nigrinus, Georg I, 796
Nikander I, 534
Nikolajeva, Maria II, 1589, 1593
Nikolaus V. (Papst) I, 611
Nilan, Michael S. III, 2493, 2497
Nilgen, Ursula I, 542, 548, 559
Nilsson, N.G. II, 1720, 1724
Ninagawa, Masao III, 2839
Ninos von Assyrien (Prinz) I, 538
Nipkow, Paul I, 495; II, 1539; III, 2128, 2129, 2130, 2131, 2150, 2174, 2842
Nippel, Wilfried I, 613
Nipperdey, Thomas II, 1110, 1117
Nisbett, Richard E. I, 93, 109
Nitz, Hermann I, 438
Niver, Kemp R. II, 1169, 1177
Nixon, Richard M. III, 2745, 2746
Nizschke, Helmut II, 1243
Noack, Victor III, 1876, 1880
Noah I, 748
Noam, Eli M. III, 2786
Nobis, Heribert M. I, 746, 745
Noble, James I, 644, 649
Nodelman, Perry II, 1586, 1591, 1593
Noé, Amédée de I, 779, 780
Noelle-Neumann, Elisabeth I, 3, 14, 69, 111, 116, 117, 251, 256, 319, 328, 335, 336, 981, 984; II, 1459, 1680, 1712, 1720, 1741, 1747, 1749, 1788; III, 1876, 1880, 2310, 2320, 2828
Noelte, Rudolf III, 2351
Noever, Hans II, 1496, 1497
Noldan, Svend III, 1825, 1826, 1827
Noll, P. II, 1537, 1538
Nolte, Georg III, 2787
Nolte, Joseph I, 824
Noltemeier, Hartmut I, 389
Nolting, Wilfried I, 877
Nordenstreng, Karle III, 2489, 2499
Nordlund, B. II, 1386
Norek, Sabine III, 2642, 2648
Norretranders, Tor III, 1836, 1836
North III, 2708
Northcliffe, Alfred (Lord) I, 909
Nöstlinger, Christine II, 1587
Nöth, Winfried I, 263, 271; II, 1733

Novak, Helga M. I, 239
Novalis I, 521
Novitz, David I, 29, 55
Nowell-Smith, Geoffrey II, 1123; III, 1789
Nowotny, Peter II, 1158
Nowottnick, Marlies III, 2025, 2073, 2089, 2323, 2330
Nowottny, Friedrich III, 1878, 1880
Noyse, J.E. I, 707
Nussbaumer, Markus I, 308
Nusser, Peter I, 238, 243; II, 1630, 1733
Nüsslein-Volhard, Christiane III, 2058
Nutz, Walter II, 1626, 1630
Nyquist, N. II, 1365

O

O'Brien, Margaret II, 1159
O'Connell, Robert J. I, 614, 615, 625
O'Donnell, James J. I, 614, 625
O'Henry II, 1191
O'Meara I, 614
O'Neill, Eugene III, 2351
Oatley, Keith A. I, 98, 109
Obenaus, Sybille I, 873, 876, 879
Oberender, Peter I, 211
Oberer, Klaus II, 1787
Oberländer, Adolf I, 778, 779
Obermann, Karl I, 802, 814, 816
Obolenskij II, 1191
Octavian (Kaiser) I, 609
Ode, Erik III, 2361
Odendahl, F.W. III, 2089
Oebsger-Röder, Rolf I, 888, 891
Oehme, Roland II, 1243
Oehmichen, Ekkehardt II, 1755; III, 1989, 1994, 2095, 2096
Oehrle, Wolfgang II, 1159
Oelke, Harry I, 792, 793
Oelkers, Jürgen I, 358, 366
Oeller, Helmut III, 2371, 2383
Oellerking, Christian II, 1772, 1773, 1775, 1782
Oerter, Rolf II, 1142
Oevermann, Ulrich I, 257, 267, 271
Ofarim, Abi III, 2685
Ofarim, Esther III, 2685
Ogden, Schubert M. I, 379
Ogilvie, Daniel M. I, 250, 256
Öglin, Erhart I, 556
Ohchi, Hiroshi I, 151, 161

Ohde, Horst III, 1974
Ohe, Werner v. I, 512
Ohler, Josef III, 2008, 2009, 2011, 2018
Ohler, Peter I, 86, 87, 88, 89, 90, 109
Öhlschläger, Günther I, 52, 217, 220, 230
Ohnesorg, Benno III, 1807
Ohnesorge, Wilhelm III, 2144, 2145
Oka, Mitsuo III, 2837, 2839
Okada, Naoyuki III, 2839, 2840
Oldoni, Massimo I, 633, 635
Olien, Clarice I, 116, 117; III, 2321
Olive, J. I, 131
Oliver, Joe III, 2682
Olson, David R. I, 87, 109, 140; III, 2808, 2819
Olson, Harry F. II, 1368
Olsson, Sophie III, 1942, 1958
Oncken, Hermann I, 682, 695
Ong, Walter J. I, 27, 598, 600; III, 2453, 2455, 2464
Ono, Hideo III, 2834, 2840
Opaschowski, H.W. III, 2384, 2385, 2388
Opdenberg, Georg I, 759, 763
Opdycke, Leonard E. I, 708
Opel, Julius O. I, 882, 883, 891, 940, 955
Opgenoorth III, 1805
Opper, Frederick B. I, 781
Oppermann, Thomas III, 2766, 2772
Oppitz, Ulrich-Dieter I, 552, 559
Orians, Wolfgang III, 2090
Orosian I, 637, 639
Orosz, Susanne II, 1106
Ørsted, Christian II, 1364
Ortega, A. I, 635
Ortels, Léonard I, 750
Ortmann, Ernst A. I, 384
Ortony, Andrew I, 88, 109
Ortsein, U. II, 2418
Orwell, George I, 693; II, 1718; III, 2472
Ory, Stefan III, 1957, 1974, 2689
Osbern von Gloucester I, 629
Oschilewski, Walther G. I, 958, 964
Oshima, Nagisa III, 1792
Osiander, Andreas d.Ä. I, 735, 738
Osiander, Lucas I, 796
Ossenbühl, Fritz I, 343, 346; III, 2766, 2768, 2772
Ossietzky, Carl v. III, 2359
Ossorio-Capella, Carles I, 885, 891

Österreicher, Wulf III, 2456, 2464
Ostrovskij, Aleksandr II, 1193
Oswald von Wolkenstein I, 576
Oswald, Julius I, 761, 763
Otfrid I, 548, 555
Otruba, Gustav I, 142, 792, 793
Ott, Klaus III, 2478, 2485
Otten, Kurt I, 695
Otterson, John E. II, 1201, 1205
Ottevaere-van Praag, Ganna I, 566, 568
Ottheinrich (Kurfürst) I, 486
Ottinger, Ulrike III, 2352
Otto III. (Kaiser) I, 478, 479
Otto von Freising I, 611
Otto, Berthold I, 359
Otto, Jan T. III, 2562
Otto, Ulla I, 512
Otto, W.F. I, 709
Ottwald, Ernst II, 1493
Oudin, Antoine I, 714
Oudin, César I, 718, 719, 720, 722, 723, 724
Oultcault, Richard F. I, 781
Overadt I, 786
Overing, Robert L. III, 2812, 2819
Ovid I, 478, 528, 529, 534, 537
Oviedo Y Valdés, Gonzalo F. de I, 675
Ow, A. v. III, 2117
Owen, Dorothy I, 648
Owen, Michael I, 385
Owers, James II, 1150
Oxman, Jason III, 2786, 2787
Oyne, B. III, 2418
Oysein Hjort I, 557
Ozawa, Takahiro III, 2840
Ozep, Fedor II, 1191

P

Paas, John R. I, 135, 141, 142, 790, 793, 802
Pabel II, 1626
Pabst II, 1206; III, 1791
Pabst, Georg W. II, 1180
Pabst, Rudolf II, 1092, 1159
Pacensky, Gert v. III, 2292, 2295
Pächt, Otto I, 443
Packard, Edward II, 1592
Packard, Vance II, 1730; III, 2418
Packers, Kerry III, 2675
Pacuvius I, 530
Paech, Anne II, 1092, 1151, 1154, 1156, 1159
Paech, Joachim I, 243, 311, 312, 317; II, 1106, 1159, 1236; III, 1875, 1880, 2449, 2451, 2453, 2464
Paffenholz, Alfred II, 1197; III, 2084, 2090
Pagan, Matthio I, 667
Painlevé, Jean III, 1813, 1814, 1815, 1818, 1820
Paiva, Adriano de III, 2128
Paivas, Alfonso de I, 675
Paivio, Allan I, 133, 142
Pál, Hugo II, 1086
Palermo, Blinky III, 2068
Palet, Jean I, 718, 719, 720, 722, 723, 724
Paletz, D.L. III, 2475
Palme, Jacob III, 2602, 2609
Palmer, Christoph E. II, 1772, 1774, 1782
Palmer, Nigel F. I, 543, 546, 559
Palmgreen, Philipp I, 82, 109, 117; III, 2500
Paminger, L. I, 809
Pan, Zhondang III, 2465, 2475
Panaitios I, 532
Pankens, Hans III, 2025
Pankoke, Stefan L. III, 2562
Pannartz I, 447
Pannenberg, Wolfhart I, 377, 378, 379, 384
Panofsky, Erwin I, 369, 374, 791; II, 1108, 1117
Panowsky, Walter II, 1127, 1136
Pantenburg, Josef I, 938
Panzer, Georg W. I, 571
Pape I, 812
Pape, Helmut I, 281, 576, 580, 582
Pape, Martin III, 2572, 2574, 2579
Pape, Walter I, 562, 568, 784
Papen, Franz v. II, 1508
Paperny, Vladimir II, 1186, 1197
Papias I, 629
Papillon, Jean M. I, 413
Papinian I, 536
Pappi, Urban III, 2562
Paracelsus I, 736
Paravicini, Werner I, 670, 673, 679
Pardun, C.J. III, 2468, 2476
Parenti, Michael III, 2749
Paris, Barry II, 1218
Paris, Matthew I, 647
Parish, Maxfield I, 1014
Parisi, Antonio II, 1228
Park, R.E. I, 257
Parker, E.B. III, 2493, 2499
Parkers, Lottie II, 1175
Parkes, Malcolm B. I, 542, 557, 559
Parmenides I, 169, 531, 534
Parmentier, Richard J. I, 284, 286
Parnall, Simon III, 1914
Parnass, Peggy II, 1719, 1720
Parry, Lee II, 1181
Parson, Talcott I, 3, 14, 71, 72, 81, 324, 325
Parthasarathy, S. I, 126, 130
Paruta, Paolo I, 733
Pascal, Blaise II, 1600
Pasolini, Pier P. II, 1106; III, 1794, 1835
Pasquier, Nicolas I, 706
Passe, Crispyn de d.Ä. I, 786
Passen, Anne-Marie van I, 720, 724
Pastorello, Ester I, 667, 679
Patalas, Enno II, 1122, 1177; III, 1789, 1793, 1798, 1799, 1807, 1812
Pathak, Prabhakar H. II, 1317, 1322
Pathé, Charles II, 1059, 1060, 1061, 1074, 1166, 1197, 1371
Patricio, Francesco I, 728
Patrick, Andrew III, 2603, 2609
Patterson, Sylvia W. I, 568
Patti, Guesch III, 2442
Patze, Hans I, 678
Patzek, B. I, 602
Pätzel, Claus III, 2537, 2562
Pätzold, Ulrich I, 211, 212, 851, 969, 972; II, 1089, 1092
Patzschke, Ursula II, 1545
Paukens, Hans III, 2483, 2485
Paul IV. (Papst) I, 502
Paul the Deacon I, 637
Paul, Bruno I, 990
Paul, Eberhard II, 1597, 1598, 1599, 1600, 1602, 1603, 1604, 1605
Paul, Hermann I, 288, 308
Paul, Robert W. II, 1121
Pauli, Fritz I, 984
Pauli, Hansjörg II, 1139, 1140, 1141; III, 2049
Paulini, Rudolf A. II, 1764, 1765
Paulmier-Foucart, Monique I, 633, 635
Paulsen, Morton F. III, 2602, 2610
Paulsen, Wolfgang I, 188; II, 1477
Paulus I, 536
Paumgartner, Hieronymus I, 738
Pausanias I, 610
Pausch, Michael III, 1942, 1957
Pauthier, M.G. I, 679
Pavese, Cesare II, 1224
Pawek, Karl I, 956, 958, 964

Pawera, Norbert II, 1271
Pawlow I, 163
Payer, Peter II, 1158
Peacham, Henry I, 707, 709
Pearce, Millard C. III, 2276, 2279
Pearce, Philippa II, 1586
Pearson, Cyril A. I, 909
Pearson, Edmund II, 1630
Pearson, Roberta E. II, 1177
Peart, Stephen II, 1159
Pec^at II, 1653
Pech, Klaus-Ulrich I, 567
Pechel, Rudolf I, 858, 864
Pechmann, T. I, 107
Pechstein I, 994
Peck, Gregory III, 2191
Pedro, Dom I, 667
Peek, Robin P. III, 2648
Peellaert, Guy I, 783
Peer, Willie van I, 92, 98, 109
Peeters, Benoît I, 780, 783
Pegg, Mark III, 2014, 2018
Pehnert, Horst II, 1243
Pehnt, Wolfgang II, 1182, 1184
Pehrke, Jan II, 1069, 1071
Peil, Dietmar I, 138, 142
Peirce, Charles S. I, 18, 276, 281, 282, 283, 284, 285, 286, 287; II, 1779
Peisistratos I, 459, 475
Pelinka, Peter I, 964
Pellaert II, 1634
Pelliot, Paul I, 679
Pellizzari, Lorenzo II, 1228
Pelz, Christian III, 2562
Penfield, Edward I, 988, 1014
Pennebaker, Donn A. II, 1131; III, 1800
Penzer, N.M. I, 679
Penzoldt, Ernst II, 1738
Pepper, Robert III, 2832
Perikles I, 602
Peripatos I, 532
Perkins, Anthony III, 1793
Perosino, Carlo M. III, 2128
Perot, Ross III, 2747
Perrin, Daniel II, 1693
Perrochat, J.M. III, 2377
Perrot, Jean II, 1590, 1592, 1593
Perry, John III, 2128
Persch, Franz I, 436
Perse, Elizabeth M. III, 2451, 2467, 2475, 2476
Persius I, 529, 537
Perthes, Friedrich Ch. I, 470, 574
Perthes, Justus I, 462
Pesch, Otto H. I, 664
Pescher, Renate III, 2491, 2493, 2499
Petancic, Felix I, 672
Peter of Langtoft I, 647
Peter, Bruce II, 1159

Petermann, Werner III, 1812
Peters, Butz I, 55
Peters, Dieter II, 1788
Peters, Günter III, 2071
Peters, Hans P. III, 2064
Peters, Jan Marie II, 1185, 1197
Peters, Kay III, 2596
Peters, Thomas J. I, 79, 81
Petersen, Dag E. I, 436, 438
Petersen, Heinz I, 438
Petersen, Klaus I, 507, 512
Petersen, Wolfgang III, 1795
Peterson, Donald W. II, 1320, 1322
Peterson-Lewis, Sonja III, 2443, 2451
Pethig, Rüdiger I, 46, 55; III, 2278, 2280
Petit, Léonce I, 779, 780
Petke, Gerd III, 1956, 1958
Petkewitz, Wolfgang R. I, 384
Petreius, Johannes I, 738
Petri`c, Vladimir II, 1188, 1197
Petrocchi, F. III, 2690, 2694
Petronius I, 538
Petrus von Bergamo I, 660
Petsch, Robert I, 310, 317
Petschke, Simone II, 1461, 1468; III, 2039
Petter-Zimmer, Yvonne I, 48, 55, 225, 230
Pettigrew, Nick I, 78, 81
Petty, Richard E. I, 117
Petzke, Ingo III, 1875, 1880
Petzold, Konrad II, 1242
Petzold, Willy I, 1014
Peucer, T. I, 842, 881
Peuckert, Herrmann I, 384
Peurbach, Georg I, 736
Peus, Stephan II, 1271
Peutinger, Konrad I, 747
Pew, Joseph N. III, 2831
Pfammaer, René III, 2578
Pfeffer, Maria I, 142
Pfefferkorn, Johannes I, 796, 805, 806, 818
Pfeifer, Werner III, 2155, 2156, 2167
Pfeifer, Wolfgang II, 1719
Pfeiffer, Hermannus II, 1711
Pfeiffer, K. Ludwig I, 200, 263, 270, 574
Pfeiffer, Ludwig I, 525; III, 2464
Pfeiffer, Rudolf I, 527, 538
Pfeilschifter, J.B.v. I, 941
Pfersmann, F. v. I, 281
Pfetsch, Barbara I, 48, 55
Pfister I, 414
Pfister, Gertrud I, 964
Pfister, Manfred I, 694
Pflaum, Dieter I, 966, 972; II, 1689
Pflaum, U.G. II, 1630

Pfleumer, Fritz II, 1365, 1373
Pflueger, Timothy L. II, 1090
Pflug, Günther I, 141, 473
Pflug, Ulrich III, 2647, 2648
Pforte, Dieter II, 1595, 1596, 1605, 1624, 1625, 1626, 1630
Phelps, Ruth H. III, 2605, 2610
Pherekydes von Athen I, 603
Philemon I, 531
Philinos aus Sizilien I, 610
Philipp der Kanzler I, 651
Philipp II. (König) I, 754
Phillips, Jonathan III, 2601, 2610
Philo, Greg I, 214, 230; II, 1694, 1702
Piaget III, 2793
Pias, Claus II, 1122
Piatti, Celestino I, 161
Picard, Emmanuel III, 2604, 2609
Picard, Robert C. III, 2196
Picasso, Pablo III, 2068
Piccard, Gerhard I, 420
Piccolomini, Enea S. I, 445, 667, 671, 673, 679
Pichler, Rufus I, 342, 346; III, 2550, 2551, 2554, 2558, 2562
Pichol, Karl I, 420, 457
Picht, Georg II, 1616, 1621; III, 2371
Pickering, Samuel F. I, 562, 563, 568; III, 2780, 2787
Pickerodt, Gerhart III, 2413
Pickford, Mary II, 1062, 1064, 1076, 1168, 1169, 1174
Pico della Mirandola, Giovanni I, 685, 700, 709
Picone, Michelangelo I, 636
Picot, Arnold III, 2700, 2701, 2702, 2704, 2705, 2706, 2708, 2709, 2713
Pictor, Fabius I, 610
Piel, Harry II, 1181, 1184
Piepe, Anthony III, 2495, 2499
Pieper, Wolfgang II, 1689
Pierer, Heinrich A. I, 926, 928, 929, 930; II, 1606, 1608, 1610, 1611, 1619, 1621
Pieske, Christa I, 421
Pietilä, Veikko I, 216, 217, 220, 230
Pietra, V.J.D. I, 130
Piette, Louis I, 451
Pigafetta, Antonio I, 676
Pigafetta, Barbaro G. I, 677
Pigafetta, Filippo I, 676
Piil, Christian I, 415
Pijet, Georg W. II, 1490, 1491
Pikarski, Margot I, 798, 802
Pilcher, Rosamunde I, 767
Pildas, Ave II, 1090, 1091, 1092, 1159

Pilipczuk Alexander I, 983
Pilz, Manfred II, 1626, 1630
Pinchard, Bruno I, 664
Pinchot, Ann II, 1177
Pinel, Vincent II, 1166
Pingree, Suzanne I, 229
Pinheiro, João Deus III, 2736
Pinker, Stephan I, 27
Pinker, Steven III, 1836, 1836
Pinkerneil, Beate I, 579, 582
Pinkerneil, Dietrich I, 579, 582
Pinschewer, Julius III, 1824
Pinthus, Kurt II, 1114, 1464, 1465; III, 1874, 1880
Pinz, A. I, 124, 130
Piotrovskij, Adrian II, 1188
Pipino, Francesco I, 666, 667
Pires, Tomé I, 676
Piscator II, 1644
Pius II. (Papst) I, 445, 671, 674
Place I, 172
Plachta, Bodo I, 505, 512
Plake, Klaus III, 2323, 2330
Plambök, G. I, 709
Plano Carpini, Johannes v. I, 670, 677
Plant, Darrel III, 1875, 1880
Plantin, Christophe I, 403, 718, 721, 722, 754
Plateau, Joseph II, 1038
Platina I, 728
Platon I, 27, 273, 276, 278, 281, 356, 459, 468, 475, 527, 528, 531, 532, 535, 537, 569, 652, 681, 691, 699, 709, 727, 738
Platte, Hans K. I, 5, 14
Platte, Hans-Joachim II, 1386
Plautus I, 531, 712
Plenge, Georg II, 1380, 1385, 1386
Pletsch, Oskar I, 778
Plinius II, 1716
Plinius C. Secundus d.Ä. I, 535, 631, 639, 648, 667; II, 1606
Plinius d.J. I, 528, 533, 537
Plotin I, 532, 615, 622
Plotzek, Joachim M. I, 548, 559
Plummer, Charles I, 649
Plutarch I, 534, 537, 610, 737
Pocci, Franz v. I, 778, 779
Poch, Bernd II, 1160
Poch, Heinz III, 1958
Poelzig, Hans I, 1006; II, 1086, 1087, 1088, 1155; III, 1893
Poggibonsi, Niccolò da I, 673
Pohl, Peter II, 1591
Pohle, Heinz II, 1445, 1449, 1459, 1477
Pohle, Peter III, 2339
Pöhlmann, Egert I, 527, 538
Pohlmann, Ken II, 1366
Pöhlmann, Matthias I, 384

Pointdexter, P.M. III, 2467, 2476
Polan, Dana I, 164, 175
Pole, Reginald (Kardinal) I, 732
Polenz, Peter v. I, 55, 230, 305, 308, 747, 763
Polgar, Alfred I, 870; II, 1064, 1738
Polimanti, Oswald III, 1813, 1820
Politis, Friederico II, 1788
Pollack, Ernest I, 966, 972
Pollak, Michael III, 2488, 2499
Pollard, Graham I, 542, 559
Pollert, Susanne III, 2857
Pollio, C. Asinius I, 475
Polo, Marco I, 399, 481
Polybios I, 533, 601, 609, 610, 611
Polydore, Vergil I, 636, 642, 643, 647, 648, 649
Pomey I, 714
Pommer, Elizabeth III, 2450
Pommer, Erich II, 1063, 1180
Pommier, Daniel III, 1942, 1958
Pomponius I, 536
Ponchielli II, 1217
Pongs, Hermann I, 177, 18, 8; II, 1472, 1477, 1492
Pönninghaus, Siegfried III, 1901, 1908
Pontician I, 619
Pool, Ithiel S. De. I, 256
Popitz, Klaus I, 983, 998, 1000, 1011
Popkin, Jeremy D. I, 901, 912
Popp, Harald II, 1304
Popper, Karl R. I, 1, 14, 257, 688; II, 1661, 1663
Porat, Marc U. III, 2700, 2713
Pordenone, Odorico da I, 671, 677
Pörksen, Uwe II, 1595, 1599, 1605
Porphyrius I, 532
Porstmann, Walter I, 978, 1005
Porten, Henny II, 1063, 1111, 1181
Porter, Edwin S. II, 1062, 1167, 1168
Porter, L.W. III, 2608
Portillo, Michael II, 1700
Pörtl, Gerhard III, 2010, 2019
Portmann, Paul R. I, 308
Pörtner, Paul II, 1496
Poschmann, Wolf-Dieter III, 2399
Poseidonios I, 532, 610, 626
Posner, Ernst I, 499
Posner, Roland II, 1707, 1711; III, 1836
Post, R. David III, 2533
Postel, Guillaume I, 672

Postman, Neil I, 192, 199, 276, 281, 384, 389; II, 1661, 1663; III, 2230, 2406, 2413, 2453, 2454, 2462, 2464, 2749, 2799, 2804, 2807
Potter, Beatrix I, 567
Pötter, Günter I, 894
Potter, Rosanne G. I, 94, 96, 109
Poulsen, Valdemar II, 1365, 1373, 1374, 1388
Powell, Colin L. III, 2194
Powell, Enoch I, 613
Powell, William II, 1212
Powesland, P.F. II, 1700, 1702
Pradi I, 706
Prager, Gerhard II, 1494; III, 2413
Prakke, Henricus J. I, 149, 153, 156, 161; II, 1771; III, 2828
Prange, Carsten I, 870, 879
Prangel, Matthias I, 326, 333
Prášek, Vydal J.V. I, 679
Preacher Collins, Ava II, 1071
Prediger, Christoph E. I, 438
Preetorius, Emil I, 990
Preller, Ludwig I, 886, 891
Prendergast, Roy II, 1138
Prenzel, Manfred I, 109
Presbyter, Theophilus I, 626
Prescott, Orville I, 698, 709
Presley, Elvis III, 1793, 2439, 2682
Press, Andrea III, 2465, 2476
Press, Volker I, 816
Presser, Helmut I, 594, 600
Preti, Giulio I, 702, 708
Pretzsch, Dietmar III, 2339
Preusker, Karl B. I, 494
Preußler, Otfried II, 1586
Price, Victor J. II, 1159
Price, Vincent I, 89, 107
Pridham II, 1368
Priem, Stephan L. III, 2563
Prignitz, Helga I, 983
Prince, Gerald I, 88, 109
Prince, Stephen I, 163, 172, 175
Pringsheim, Klaus II, 1113, 1117
Prinz, Hellmut H. III, 2090
Prinz, Matthias I, 55
Prinz, Otto I, 538
Prinz, Wolfgang I, 86, 109
Prinzler, Hans H. II, 1071, 1122; III, 1795, 1799, 1875, 1880
Pritchard, Suyderhoud III, 2232
Proakis, John G. II, 1311, 1323
Prochazka, Wolfgang I, 1025
Prodi II, 1549
Prodikos I, 531
Prodoehl, Hans G. III, 1874
Proeller, Gerhardt I, 438

Proklos I, 655
Prokop, Dieter I, 191, 194, 199, 319, 320, 335; II, 1060, 1062, 1064, 1065, 1066, 1071, 1123; III, 2413, 2498
Prommer, Elizabeth II, 1159
Properz I, 529, 537
Propp, Vladimir II, 1630
Prosi, Gerhard I, 572
Proske, Rüdiger II, 1131
Pross, Harry I, 893, 895
Prost, J.H. III, 1816, 1820
Protagoras I, 531, 602
Prott, Jürgen I, 58, 61, 69
Prowe, Leopold I, 735, 740, 746
Prox, Lothar II, 1139, 1142
Prudentius I, 698, 709
Prüfer, Thomas III, 2090
Prüfig, Katrin III, 1983, 2010, 2019, 2086, 2087, 2090, 2277, 2280
Prüm, Herbert III, 2330
Prümm, Karl I, 53, 243, 317; II, 1069, 1071, 1206, 1207; III, 2308, 2330, 238, 2498, 2499
Prüsener I, 588
Prutz, Robert E. I, 144, 148, 856, 864, 874, 879, 882, 891, 926, 930
Pruys, Karl H. I, 59, 836, 870, 878
Ptolemaios I. I, 474, 535
Ptolemäus, Claudius I, 667; I, 737, 738, 739, 747, 748, 750, 757, 761
Pudovkin, Vsevolod I. II, 1174, 1182, 1185, 1186, 1187, 1188, 1190, 1191, 1192, 1193, 1194, 1197, 1206; III, 1834, 1836, 1875, 1880
Pulitzer, Joseph I, 8, 781
Purchas, Samuel I, 677
Pürer, Heinz I, 53, 385, 851, 923, 962, 964; II, 1717, 1719, 1720, 1745, 1749; III, 2005, 2019, 2077, 2078, 2082, 2083, 2084, 2085, 2090, 2405
Puškin II, 1649
Püschel, Ulrich I, 47, 48, 49, 53, 92, 107, 215, 218, 219, 220, 222, 225, 226, 227, 229, 230, 262, 270, 271, 297, 304, 307, 308, 330, 334; II, 1723, 1724; III, 2087, 2089, 2308, 2330, 2453, 2461, 2462, 2463, 2464, 2495, 2497, 2498, 2500
Puskas II, 1367
Putnam, L. III, 2608
Pütter, Conrad II, 1482
Pütter, Johann, St. I, 571
Putti, Lya de II, 1181
Pütz, Jean III, 2140, 2150
Pütz, Susanne III, 2496
Puzo, M. II, 1654
Pynchon, Thomas III, 1797

Q

Quaglietti, Lorenzo II, 1228
Quak, Arend I, 725
Quandt, Siegfried III, 2022, 2024, 2025, 2088, 2089, 2090
Quanz, Lothar I, 964
Quasthoff, Uta I, 229
Quellmalz, Achim II, 1308, 1323; III, 1935, 1941
Quemada I, 714, 716, 725
Querido I, 472
Querini, Pietro I, 677
Quervel, Pierre-Louis II, 1757, 1765
Quidde, Ludwig I, 492
Quine, Orman I, 277, 281
Quinn, David B. I, 667, 679
Quintilianus, Aristeides I, 459, 468, 532, 535, 610, 651

R

Raab III, 2592
Raabe, Johannes I, 851, 923, 962, 964; II, 1717, 1719, 1720, 1745, 1749
Raabe, Paul I, 573, 574, 584, 591
Raabe, Wilhelm I, 580, 582, 765
Raaflaub, Kurt I, 613
Rabanus, Gert III, 1829, 1833
Rabe, Horst I, 141, 824
Rabiner, L.R. I, 123, 130
Raboy, Marc III, 2277, 2279
Rachewiltz, Igor de I, 665, 679
Rada, Holger I, 46, 55
Raddatz, Fritz J. I, 694
Rademacher, Helmut I, 154, 155, 161, 981, 984, 986, 990, 992, 994, 1000, 1011; II, 1775, 1779, 1782, 1788
Radler, Ralf III, 2274, 2280
Radner, Hilary II, 1071
Radowitz v. (General) I, 941
Radthke, Michael III, 2666
Radtke, Paul H. III, 2599, 2610
Radunski, Peter II, 1771, 1772, 1774, 1775, 1782
Raduyev, Salman II, 1699
Radway, Janice A. II, 1630
Raedemaeker, Jan I, 751, 752
Rafetseder, Hermann I, 501, 512
Rager, Günther I, 208, 211, 212, 851, 970, 973; II, 1459, 1551, 1744, 1749, 1757, 1758, 1761, 1762, 1765; III, 2090, 2761
Raggam, Miriam II, 1097
Rahmelow, Jan M. I, 820, 824
Rahner, Karl I, 378, 385
Raible, Wolfgang I, 539, 545, 559; III, 2019, 2453, 2463
Raimund II, 1100
Ramaswami, Rajiv III, 2525
Ramge, Hans I, 220, 221, 230
Ramos, Mel II, 1634
Ramseger, Georg I, 771, 775
Ramseier, Markus III, 2001, 2006, 2090
Ramses II. I, 474
Ramusio, Giovanni B. I, 677
Rank, J. Arthur II, 1081
Ranke, Kurt I, 733, 823
Raphael, Max I, 684, 685, 686, 691; II, 1197
Rapp, Uri I, 330, 335
Rappin, Noel III, 2604, 2609
Rasch III, 2555
Rasch, Bodo I, 1005, 1011
Rasch, Heinz I, 1005, 1011
Raschid, Harun al I, 391
Raschke, Martin II, 1475
Rathbone, Basil III, 2190
Ratliff, Paul A. III, 1942, 1958
Ratner, Julie III, 2609
Ratzinger, Karl I, 385
Ratzke, Dietrich III, 2222, 2232
Raue, Johann I, 489
Raue, Paul-Josef I, 850; II, 1720, 1756, 1759, 1760, 1762, 1765
Rauh, Reinhold II, 1106; III, 2442, 2445, 2446, 2451
Rauhe, Hermann III, 2689
Raulet, Gérard I, 526
Rausch, Reinhard I, 972
Rausendorff, Dieter I, 432, 434, 438
Raven, Simon I, 709
Ravenstein, Marianne III, 2025
Rawson, James H. III, 2604, 2610
Ray, Man III, 1791
Ray, Nicholas II, 1064
Rayer-Stromberg, Margret II, 1630
Rayleigh, John II, 1253, 1271
Raymond, Alex I, 782
Raymond, Joad I, 912
Raymond, Kent III, 2497
Reade, Walter II, 1081
Reagan, Nancy III, 2194
Reagan, Ronald III, 2194, 2744, 2745, 2746, 2747, 2832

Real, Michael R. I, 99, 109
Rebhan, Richard III, 1942, 1957, 1958
Rebhorn, Wayne A. I, 697, 698, 699, 702, 706, 709
Reclam I, 472
Rectanus, Mark W. III, 2650, 2660
Reddick, David B. II, 1091, 1092
Redding II, 1368
Redfield, J. I, 613
Redish, Martin H. III, 2773, 2787
Redl, Elisabeth I, 797, 802
Redlich, Fritz I, 791, 978
Reed, John II, 1718, 1720
Reese, Walter I, 232, 243
Reetze, Jan I, 55
Reeves, Byron I, 87, 106; III, 2492, 2493, 2500
Refuge, Eustache de I, 706
Regenbogen, Otto I, 613
Reger, Harald I, 964
Reggio, Emilia II, 1159
Reginald von Piperno I, 651, 657
Regiomontan, Johannes (J. Müller) I, 736, 740, 746, 747, 749
Rehagel, Otto III, 2399
Rehbein, Jürgen I, 142
Rehberg, Hans II, 1492
Rehbinder, Manfred III, 2689
Rehbock, Helmut I, 225, 230; III, 2328, 2330
Rehfeld, Werner III, 2857
Reiber, Hans J. I, 955
Reich-Ranicki, Marcel II, 1647, 1648
Reichardt, Rolf I, 141
Reicher, Isabella III, 1797, 1799
Reichertz, Jo III, 2461, 2464
Reichl, Karl I, 559
Reichmann, Oskar I, 56, 725
Reichwein, Adolf I, 359, 366
Reid, Fraser III, 2602, 2610
Reid, Mayne I, 565
Reidemeister, Helga III, 2352
Reilly, S. I, 88, 110
Reimann, Horst I, 4, 14; II, 1780, 1782
Reimann, Walter II, 1182
Reimers, Horst II, 1159
Reimers, Karl F. I, 54, 55; III, 1803, 1813, 1876, 1878, 1879, 1880
Reimers, Ulrich II, 1322, 1323, 1361; III, 2676
Reinacher, Eduard II, 1490, 1492
Reinecker, Herbert II, 1102, 1495; III, 2303, 2361

Reinhard, Petra III, 2604, 2609
Reinhard, Ulrike III, 2507
Reinhardt, Carl I, 778
Reinhardt, Dirk I, 974, 978; III, 1828
Reinhardt, Max II, 1111, 1470
Reinhold, Erasmus I, 741, 742
Reinitzer, Heimo I, 142
Reinke, Heinz II, 1494
Reinke, Jutta II, 1158
Reinke, Wolfried II, 1099, 1100, 1106; III, 1835, 1836
Reinken, Liselotte II, 1429, 1445
Reis, Philipp II, 1255, 1367
Reisch, Günter II, 1242, 1243, 1244
Reiss, Erwin I, 233, 243; III, 2143, 2147, 2459, 2464, 2496, 2499
Reiß, Katharina III, 1830, 1833
Reissnegger, Kurt III, 2126
Reisz II, 1368
Reitberger, Reinhold I, 783
Reiter, Sybille I, 972, 973
Reitz, Edgar II, 1093, 1099, 1100, 1106; III, 1835, 1836, 2352, 2360
Rejtblat, A.I. II, 1649, 1655
Remarque, Erich M. I, 766
Remi, Georges I, 782
Remppis, Hermann I, 926, 931
Renaudot, Théophraste I, 897, 924
Renckstorf, Karsten I, 83, 109, 117, 193, 215, 230, 330, 335; III, 2493, 2494, 2499
Rendtorff, Trutz I, 378, 379
Renker, Armin I, 421
Renn, Ludwig I, 766
Renner, Karl N. I, 312, 316, 317
Renner, Stefani III, 1895, 1900, 1905, 1908, 2116, 2117
Rennert, Georg I, 883, 891
Rentschler, Eric III, 1795, 1799
Renzi, Renzo II, 1228
Repenning, Alexander III, 2601, 2610
Repgow, Eike v. I, 552
Reschenberg, Hasso I, 49
Resing, Christian II, 1684, 1693
Resnais, Alain II, 1228, 1230, 1236; III, 1796
Resnick, Mitchel III, 2603, 2608
Rettberg, Lars III, 2496
Reuchlin, Johannes I, 502, 503, 796, 805, 806, 818
Reumann, Kurt I, 14, 159, 885, 891
Reupert, Christine III, 2767, 2772
Reus, Gunter II, 1727, 1729

Reuter, Eleonore I, 547, 558
Reuter, Fritz I, 515
Reuter, Michael III, 2213
Reuter, Paul J. I, 905; II, 1681
Reuwich, Erhard I, 673
Reynaud, Emile II, 1162, 1166
Reynolds, L.D. I, 547, 559
Rhedin, Ulla II, 1586, 1593
Rhee, Florus van der I, 725
Rhees, Rush I, 309
Rhein, Adolf I, 438
Rheinberger, H.-J. I, 280
Rheticus, Georg J. I, 736, 738, 740, 741
Rhode, Lars III, 2562
Rhodie, Sam II, 1228
Rhotert, Bernd III, 2363
Ribak, Rivha I, 101, 108
Ribarsky, W. I, 130
Ricci, Matteo I, 670, 676
Riccio, Tito III, 2490, 2499
Rice, Chester W. II, 1364, 1369
Rice, P.L. II, 1320, 1323
Rich, E. I, 130
Richard von Knappwell I, 661
Richard von St. Victor I, 626, 630
Richards, Donald R. I, 765, 774, 775
Richards, I.A. I, 94, 109
Richardson, Frank H. II, 1092
Richardson, O.W. II, 1370
Richaria, Madhavendra II, 1323
Riché, Pierre I, 559
Richel, Theodosius I, 717
Richelieu, Armand I, 897, 899
Richeri, Giuseppe III, 2487, 2499
Richmond, Ian I, 709
Richter, Erika II, 1242, 1245
Richter, Hans W. II, 1493, 1641; III, 2027, 2068
Richter, Ludwig I, 994
Richter, Paul II, 1181
Richter, Peter I, 221, 230
Richter, Rolf III, 2714, 2720, 2726
Richter, Walter III, 2361
Ricke, Stefan I, 339, 346
Ricken, Ulrich I, 526
Ricker, Reinhart III, 2755, 2760, 2761, 2770, 2772
Ricketson, Frank H. II, 1152, 1159
Ridder, Christa-Maria III, 1966, 1975, 2269, 2396, 2397, 2398, 2405
Ridder, Klaus I, 670, 680
Ridolfi, Roberto I, 734
Riech, Heinz II, 1088
Rieck, Joachim III, 1819, 1820
Riedel, Heide II, 1459, 1467

Riedlinger, Heinz I, 548, 558
Riefler, Katja II, 1756, 1763, 1764, 1765
Rieger, Burghard II, 1630
Rieger, Dietmar I, 665, 680
Rieger, Isolde I, 955
Riegger, Hans II, 1368, 1369
Riegger, Volker II, 1772, 1782
Riegger-Baurmann, Roswitha I, 1011
Riehm, Ulrich I, 55, 331, 335, 357, 366; III, 2640, 2648
Riehn, Rainer III, 2071
Riepl, Wolfgang I, 147, 148; III, 2714, 2726
Riesbeck, Christopher K. I, 84, 85, 90, 109
Riess, Curt II, 1177, 1184
Riess, Martin III, 2000, 2005
Riessler, Michael III, 2067
Riffarth I, 415
Riggs, K. III, 2466, 2475
Riha, Karl I, 229, 778, 779, 784; II, 1605; III, 2496, 2499
Rikli, Martin II, 1128, 1129, 1130, 1136
Rimanelli, Giose II, 1227
Rimmler, Hildegard I, 982, 984
Rinck, Mike I, 87, 88, 110
Rindfleisch, Hans II, 1290, 1304, 1369, 1375, 1395, 1411, 1414; III, 2150, 2188, 2213
Ring, Klaus II, 1748, 1749
Ring, Wolf-Dieter III, 2118, 2126
Ringmann, Matthias I, 674
Rings, Werner I, 190, 199
Rinkleff, Marian I, 983
Ripa diMeana, Carlo III, 1869
Rippel, Philipp I, 701, 708, 709
Rippert II, 1112
Rischbieter, Henning III, 2351
Rischert, Christian III, 1804
Rist, Johann I, 134
Ritsch, Dietrich I, 379, 385
Ritsert, Jürgen I, 264, 271
Rittau, Günther II, 1183
Rittaud-Hutinet, Jacques II, 1164, 1166
Ritter, Joachim I, 526
Ritter, Susanne I, 824
Rivadeneyra, Pedro I, 732
Rivette, Jacques II, 1221, 1230; III, 1794
Robert of Gloucester I, 646
Robert, Louis I, 409, 451, 491
Robertis, Francesco De II, 1219
Roberts, Colin H. I, 499, 600
Roberts, K.H. III, 2608
Roberts, Matt T. I, 438
Robertson, Etienne G. II, 1054, 1058
Robertson, James C. II, 1218

Robertson, Pat III, 2192, 2193
Robes, Jochen I, 331, 335
Robespierre II, 1607
Robic, Ivo III, 2685
Robins, Kevin I, 99, 109
Robinson, David II, 1044, 1058
Robinson, Gertrude J. I, 219, 231, 284, 287
Robinson, John P. III, 2469, 2473, 2475, 2476
Robinson, W. Peter I, 105
Robnik, Drehli III, 1797
Rockefeller, John D. II, 1064, 1074, 1685
Röckenhaus, Freddie III, 2485
Rockwell, Teven C. I, 83, 105
Rodenberg, Hans II, 1239
Rodotà, Stefano III, 2799
Rodtschenko, Alexander I, 994, 1000; II, 1186
Roeber, Georg III, 1875, 1876, 1877, 1880, 2719, 2726
Roeder, Ralph I, 709
Roegele, Otto B. I, 863, 965, 971, 972; III, 2714, 2726, 2828
Roeh, I. I, 89, 105
Roesler, Alexander III, 2579, 2610
Roger, Gane III, 2497
Roger, Georg I, 480
Roger, Roy III, 2192
Rogers, Everett M. III, 2310, 2320, 2491, 2497
Rogers, Joseph W. I, 438
Rogge, Jan-Uwe II, 1459, 1591, 1593; III, 2090, 2493, 2499, 2807
Rohe, Mies van der II, 1086
Röhl, Henning II, 1712
Rohmer, Éric II, 1228, 1230, 1234, 1235, 1236
Rohmer, Ernst I, 870, 879; II, 1739
Rohner, Ludwig II, 1739
Rohr, Julius B.v. I, 860
Rohrbach, Günter II, 1875, 1879, 1880, 2352, 2357, 2413
Rokeby, David III, 2068
Rolf II, 1703
Rolfes, Eugen I, 708
Rolff, Hans-Günter I, 357, 366; III, 2806
Röll, Franz J. III, 2806
Rollenhagen, Georg I, 676
Roller, Alfred I, 988, 1003, 1014
Rollin, Lucy II, 1586, 1590, 1591, 1593
Rollka, Bodo I, 887, 891; II, 1725, 1729
Roloff, Eckart K. I, 41, 55; III, 2386, 2388, 2072, 2077, 2083, 2090
Roloff, Hans P. I, 979, 980, 984

Roloff, Hans-Gert I, 582
Roloff, Volker I, 312, 316; II, 1184
Romann, Gernot III, 2090
Rombach, Heinrich III, 2788, 2799
Römer, Claus II, 1271
Römer, Ruth II, 1731, 1733
Romeyke, Helga I, 221, 231
Rommer, Claire II, 1181
Rommerskirchen, Thomas III, 2572, 2578
Ronneberger, Franz I, 8, 14, 71, 324, 335; II, 1780, 1782; III, 2714, 2726, 2828
Rönnerstrand, Torsten II, 1591, 1593
Roosen-Runge, H. I, 443
Roosevelt, Franklin D I, 857; II, 1146, 1213; III, 2744, 2745
Roosevelt, Theodore III, 2744, 2745
Röper, Horst I, 55, 208, 211, 212, 354, 355, 851, 962, 964; II, 1089, 1092, 1429, 1763, 1765; III, 1969, 1975, 2724, 2726
Rorty, Richard I, 16, 17, 27
Ros, A. III, 1836
Rosalind, Thomas I, 613
Rosand, David I, 697, 709
Rosanov, Vladimir II, 1185
Rosch, E. II, 1697, 1702
Rösch, Herrmann III, 2576, 2579
Roschelle, J. III, 2610
Roscoe, Jane III, 2470, 2476
Rose, Brian G. III, 2339
Rose, Jon III, 2067
Rosebrock, Cornelia I, 98, 109, 110
Rosebush, Judson III, 2648
Rosen, Edward I, 736, 746
Rosén, Haiim B. I, 612
Rosen, Philip I, 174, 175; II, 1123; III, 1798, 2462
Rosenbach, Marcel III, 2676
Rosenbauer, Hansjürgen III, 2323
Rosenberg III, 2560
Rosenberg, Alfred I, 507, 508
Rosenberg, Bernard I, 81
Rosenberg, H. III, 2383
Rosenberger, Bernhard II, 1690, 1692, 1693; III, 2309, 2321
Rosenblatt, Louise M. I, 94, 109
Rosenfeld, Hellmut I, 778, 784
Rosengren, Inger I, 50
Rosengren, Karl E. I, 7, 14, 82, 109, 256; III, 2277, 2279, 2320, 2493, 2499, 2500
Rosengren, Ken III, 2467, 2476

Rosenkranz, Karl I, 784, 790
Rosenstein, Doris I, 45, 55
Rosenstein, Roy I, 714, 725
Rosenstiel, Lutz v. II, 1772, 1782
Rosenthal, Hans III, 2333, 2334, 2339
Rosenzweig, K. I, 520
Röser, Jutta I, 864
Rosing, Boris III, 2137
Rösing, Helmut II, 1137, 1142
Ross, C.J. II, 1205
Ross, Charles H. I, 779
Ross, Dieter I, 13, 176, 188; II, 1429, 1444; III, 2271, 2280
Ross, Lillian II, 1144, 1150
Rossacher, Hannes III, 2440
Rossbacher, Karlheinz I, 93, 107
Rosseau, Philippe O. III, 2676
Rossel, Deac II, 1049, 1058, 1161, 1162, 1163, 1164, 1166
Rossellini, Roberto II, 1219, 1220, 1221, 1222, 1223, 1224, 1225; III, 1794
Rossi, John II, 1218
Rössing-Hager, Monika I, 708, 788, 816
Rossini III, 2470
Rössler, Patrick III, 2332, 2338, 2340, 2491, 2494, 2499
Roßnagel, Alexander III, 2563, 2763, 2772
Rosso, Corrado I, 709
Rost, Dankwart I, 972
Rost, Martin III, 2577, 2579
Rot, Dieter III, 2068
Roters, Gunnar I, 226; II, 1459
Roth, A. I, 544, 560
Roth, Andrew L. I, 225, 229
Roth, Gunhild I, 9, 559
Roth, Heinrich I, 357, 366
Roth, Joseph II, 1736
Roth, Markus III, 1877, 1880
Roth, Wilhelm II, 1129, 1130, 1131, 1136; III, 1801, 1802, 1806, 1808, 1812, 1875, 1880
Rotha, Paul II, 1133; III, 1804, 1805, 1812, 1875, 1881
Rothapfel, Samuel L. II, 1089, 1090
Rothe II, 1494
Rother, Hans-Jörg III, 1806, 1807, 1812
Rother, Rainer III, 2500
Rothermere, Harold (Lord) I, 909
Rotteck (Politiker) I, 941
Röttger, Ulrike I, 268, 271
Rottweiler, Charlotte III, 2033
Rötzer, Florian I, 55; III, 2071
Rotzoll, Kim B. III, 2799
Rouch, Jean II, 1131; III, 1802
Rougemont, Fritz I, 374

Rous, John I, 642
Rousseau, Jean-Jacques I, 563, 564, 624, 733
Rovere, Francesco M. della I, 697, 698
Rowan, Ford III, 2781, 2787
Rowbotham, Judith I, 566, 568
Rowland, Williard D. I, 196, 199; III, 1997, 2463
Rowlandson, Thomas I, 778
Roy, John II, 1092
Roy, Le III, 2842
Rozier, Jacques II, 1230
Ruben, Paul I, 157, 161, 978
Ruberg, Uwe I, 559
Rubin, Alan M. III, 2088, 2451, 2467, 2474, 2476
Rubin, Rebecca B. III, 2443, 2451
Rubinstein, E.A. III, 2475
Rubinstein, Nicolai I, 726, 734
Rublack, Hans-Christoph I, 141, 824
Rubruk, Wilhelm v. I, 670
Ruck, George II, 1315, 1316, 1323
Ruckenbauer, Hans-Walter III, 2799
Rücker, Günther II, 1242, 1244
Rückert, Corinna I, 912
Ruckhäberle, Hans-Joachim I, 142, 789, 792, 793, 797, 802
Rückl, Gotthard I, 499
Rucktäschel, Annemarie II, 1630; III, 2017
Rüden, Peter v. III, 2413
Rudert, Frithjof III, 2133, 2136, 2141, 2143
Rudolf II, 1563
Rudolph, Werner II, 1459; III, 2090
Rudorf, Reginald III, 2689
Rüegg, Walter I, 584, 590, 591
Ruf, Ambrosius I, 199
Rufus, Quintus C. I, 677
Rufus, William I, 644
Ruge, Arnold I, 899
Ruge, Mari H. I, 873, 878; II, 1694, 1695, 1701; III, 2007, 2018, 2309, 2319
Rüggeberg, Jörg III, 1939, 1941, 2763, 2772
Ruggieri, Ruggero M. I, 679
Ruggiero, Michele I, 676
Ruh (Timuriden Shah) I, 671
Ruh, Kurt I, 559
Rühl, Manfred I, 3, 5, 14, 49, 58, 59, 65, 67, 70, 71, 73, 74, 81, 323, 324, 326, 333, 335, 968, 972; III, 1996, 2006, 2714, 2726, 2821, 2828
Rühle, Angela III, 2397, 2403, 2405

Rühle, R. III, 2415
Rühm, Gerhard I, 239; II, 1496, 1497
Ruhmer, Ernst II, 1027, 1199
Ruhrmann, Georg I, 55, 251, 256, 264, 271
Rülicke-Weiler, Käthe II, 1239, 1245; III, 1806, 1812
Rumelhart, David I, 87, 109
Rummel, Alois III, 2413
Runge, Erika II, 1644
Rupert (Heiliger) I, 478
Ruppel, Aloys I, 449, 572, 573, 596, 597, 600
Ruppert, Rainer I, 7, 13, 51, 321, 333; III, 2463, 2497
Rupprecht, Michael II, 1648
Rupprecht, Wilhelmine I, 887, 891
Rürup, Bernd I, 572
Rusch, Gebhard I, 85, 88, 91, 94, 104, 105, 106, 109, 110, 235, 243; III, 2452, 2461, 2464
Ruschenbusch, Eberhard I, 613
Rüschoff, Bernd III, 2463
Ruß-Mohl, Stephan I, 55, 210, 212, 334, 968, 970, 972, 973; II, 1743, 1749, 1758, 1762, 1763, 1765; III, 2052, 2064
Russel, Paul A. I, 820, 824
Russell, Jane II, 1213, 1214
Russell, William H. I, 905
Rust, Holger I, 58, 70, 256, 263, 271; III, 2277, 2278, 2280
Rustemeyer, Ruth I, 254, 255, 256, 263, 270
Rustichello I, 665
Rüter, Hubert I, 775
Rutsky, R.L. I, 173, 175
Rütten, Dirk I, 55
Ruttmann, Walter II, 1472, 1476, 1492, 1495, 1497; III, 1824
Rutz, Victor I, 153
Ruyer, R. I, 695
Ryan, Steve III, 2331, 2340
Ryan, W.F. II, 1054, 1058
Ryle, Gilbert I, 29, 34, 55
Rynmann (Verleger) I, 461

S

s'Gravesande, Willem J.S.van II, 1046, 1055, 1058
S. Porciano, Durandus de I, 661
Saage, Richard I, 695
Sabato, Larry J. III, 2747, 2749
Sabbah, C. III, 2137
Sabine, Wallace C. II, 1269
Sacchi I, 343; III, 2769

Sachs, Hans I, 786, 788, 796, 803, 806, 808, 809, 811, 816, 819; II, 1180
Sachs, Hans Dr. I, 1023
Sachs, Nelly II, 1641
Sachs, R.M. II, 1380, 1385
Sackett, Susan III, 2331, 2340
Sadeler, Johann d.Ä. I, 786
Sadleir, Michael I, 423, 428, 438
Sadler, Glenn E. II, 1593
Sadoul, Georges II, 1179, 1184
Saenger, Paul I, 545, 559, 594, 600
Saenredam, Pieter J. I, 403
Safran, Kurt II, 1622
Sager, Dirk III, 2293
Sager, Sven I, 50
Sahm, H. II, 1271
Said, Edward I, 611, 613
Sailer, Anton I, 1018, 1025; II, 1788
Sak, Mark II, 1197
Salari, Sasan III, 2606, 2608
Salazar, Francisco H.A. II, 1159
Saldern, Adelheid v. II, 1459
Saldern, Axel v. I, 983
Salicetus, Nikolaus I, 549
Salje, Gunther I, 191, 200, 329, 335
Sallust I, 533, 609, 610
Salmon, Charles T. I, 231
Salmon, Gilly III, 2605, 2610
Salomon, Gavriel III, 2599, 2610, 2813, 2819
Salomon, Ludwig I, 851, 882, 891, 940, 955
Salow, Friedrich III, 1805, 1812
Salt, Barry III, 1801, 1812
Salten, Felix I, 870; II, 1217
Salter, Harry II, 1168
Salvadori, Giulio I, 695, 709
Salvatorelli, Luigi I, 695, 709
Salziger, Dietmar III, 2814, 2819
Samson, Gunhild I, 55, 230
Samuels, S. Jay I, 105
Sánchez, Gabriel I, 673
Sanchez-Tabernero, Alfonso I, 212; III, 2666
Sand, Rüdiger III, 2154
Sandbothe, Mike II, 1663; III, 2565, 2579
Sander, Ekkehard I, 102, 103, 104
Sander, Gerald G. III, 2771, 2772
Sander, Uwe I, 268, 271; III, 2806, 2807
Sandermann, Wilhelm I, 457
Sanders, Barry II, 1662, 1663
Sanders, Don II, 1159
Sanders, Susan II, 1159
Sanderson, J. II, 1218

Sandig, Barbara I, 49, 55, 213, 220, 228, 231, 304, 309, 879, 964; II, 1712; III, 2012, 2019
Sandkuhl, Kurt III, 2636, 2640, 2648
Sandler, Freeman I, 634
Sandmann, Manfred I, 725
Sándor, László III, 2068
Sänger, Fritz I, 912
Santaella Braga, Lucia I, 285, 287
Santaella, Rodrigo F. de I, 668
Santangel, Luis de I, 673
Santen, J. van I, 126, 131
Santis, Giuseppe De II, 1219, 1223, 1224
Santo Stefano, Girolamo da I, 668
Santos, Lopes I, 675, 676, 680
Sanz, Carlos I, 668, 674, 678, 680
Sappler, Paul I, 816
Saragossa, Braulio v. I, 627
Sarchi, Nantan II, 1188
Sarcinelli, Ulrich II, 1770, 1771, 1773, 1775, 1776, 1782, III, 2319, 2320
Sargeant, Jack III, 1799
Sargent, Epens W. II, 1152, 1157
Sargent, Lyman T. I, 695
Sarnoff, David III, 2137
Sarris, Andrew II, 1209, 1218
Sarris, Victor II, 1049
Sartori, Carlo III, 1996, 2006
Sartre, Jean-Paul I, 167, 274, 281, 523; III, 2351
Sasbout, Matthias I, 720, 722, 724
Sashegyi, Oskar I, 504, 512
Sasso, Gennaro I, 727, 734
Satyros I, 534
Sauder, Gerhard I, 512, 874, 875, 879
Sauer, Christoph II, 1712
Sauer, Günter I, 384
Sauer, Manfred I, 587, 591
Saul, Louis III, 1877, 1878, 1879, 1880
Saussure, Ferdinand de I, 155, 278, 281, 282, 284, 285, 287, 309, 337, 346, 522
Sauter, Gerhard I, 379
Sauter, Günter I, 385
Sauter, Michael III, 2582, 2596
Savonarola, Girolamo I, 726
Sawatzki II, 1463
Sawyer, Edward III, 2128
Saxer, Ulrich I, 55, 73, 81, 98, 109, 385, 584, 590, 591, 961, 963, 964, 970, 972; II, 1663; III, 1996, 1998, 2006, 2635, 2648, 2705, 2713

Scaliger I, 610
Scannell, Paddy I, 227, 228; III, 2000, 2006
Scarbath, Horst I, 265, 271
Scaurus, Aemilius I, 530
Schabedoth, Eva III, 2449
Schaber, Will II, 1708, 1712
Schacht, Hjalmar I, 884, 891, 926, 928, 931
Schack, H. III, 2547, 2559
Schade, Oliver III, 2571, 2573, 2579
Schade, Sigrid III, 2071
Schadewald, Bernd III, 2359
Schadwinkel, Gerhard III, 1901, 1908
Schaefer, Martin III, 2689
Schaefer-Dieterle, Susanne I, 969, 970, 972; II, 1757, 1759, 1760, 1765
Schaeffer, J. Ch. I, 451
Schaeffer, Norbert II, 1499
Schaeffer, Pierre II, 1495
Schäfer III, 2555
Schäfer, Gerhard III, 2298
Schäfer, Hans-Dieter II, 1477, 1648
Schäfer, Horst II, 1091, 1092, 1157
Schäfer, Oda II, 1475
Schäfer, Otto I, 436
Schäfer, R. III, 2251, 2253, 2255
Schäfer, Walter E. II, 1465, 1490, 1492, 1494
Schäffer, Walter III, 1893
Schäffle, Albert E. I, 882, 891
Schäffner, Gerhard III, 2013, 2019, 2117, 2119, 2122, 2126
Schaffrath, Michael III, 2404, 2405
Schäflein-Armbruster, Robert I, 47, 55, 299, 309
Schalcher, Traugott I, 978
Schälicke, Bernd I, 983
Schaller, Dieter I, 635
Schaller, Klaus I, 360, 366
Schalow, Matthias II, 1622, 1623, 1626, 1630
Schank, Gerd I, 56
Schank, Roger C. I, 84, 85, 90, 109; II, 1696, 1702; III, 2449, 2469, 2476
Schanze, Helmut I, 7, 14, 45, 53, 233, 240, 243, 244, 310, 317; II, 1752, 1755; III, 2299, 2308, 2363, 2404, 2483, 2485, 2498, 2500, 2578
Schaper, Petra II, 1092, 1154, 1159
Scharang, Michael I, 239
Scharf, Wilfried II, 1459; III, 1975, 2280

Scharonn, Hans III, 2771
Scharoun, Hans II, 1086
Scharpe, Klaus II, 1759
Schatz, Heribert I, 13, 46, 50, 55, 56; III, 2269, 2272, 2276, 2280, 2314, 2320, 2349
Schatz, Thomas II, 1071
Schäuble, Ingegerd I, 967, 972
Schäuble, P. I, 51
Schäuble, Wolfgang III, 2296
Schauder, Don III, 2642, 2648
Schaudig, Michael I, 312, 317; II, 1184; III, 1828
Schauer, Georg K. I, 438
Schäufelen, Gustav I, 394
Schawinsky, Karl III, 2082, 2090
Scheckel, Rainer I, 29, 56
Schede, Wolfgang Martin III, 2351
Schedel, Hartmann I, 671, 673
Scheel, Heinrich I, 802, 812, 816
Scheel, Klaus II, 1482
Scheele, Friedrich I, 552, 559
Scheffler, Andreas III, 2469, 2471, 2472, 2474
Scheffler, Hartmut III, 2479, 2485
Schegloff, Emanuel A. I, 214, 225, 226, 231, 297, 309
Scheibe, Hermann I, 438
Scheible, J. I, 790
Scheideler, Britta I, 574, 582
Schell, Fred I, 357, 364, 366
Schellenberg, Cornelia III, 2812, 2819
Schelling, Friedrich W.v. I, 274, 281, 855
Schellingius, David I, 717, 724
Schels, Ignatz III, 2648
Schelsky, Helmut II, 1606, 1621, 1772
Schemme, Wolfgang II, 1626, 1630
Schenda, Rudolf I, 135, 142, 586, 588, 591, 786, 789; II, 1627, 1630
Schenk, Christoph II, 1310, 1323
Schenk, Michael I, 7, 14, 117, 251, 265, 271, 324, 325, 326, 327, 328, 332, 335, 336, 355; II, 1740, 1741, 1744, 1745, 1749; III, 1828, 2310, 2320, 2332, 2338, 2340, 2491, 2492, 2494, 2499
Schenk, Ralf II, 1155, 1157, 1159, 1238, 1239, 1240, 1245
Schenk, Ulrich II, 1693
Schenk-Güllich, Dagmar II, 1725, 1729
Schenkel, Elmar I, 242, 243
Schenkewitz, Jan III, 2444, 2446, 2447, 2449, 2451
Schenzinger, Karl A. I, 766
Schepseskaf (König) I, 474
Scherchen, Hermann II, 1507
Scherer, Brigitte III, 2450
Scherer, Georg I, 796, 818
Scherer, Helmut I, 81; III, 1966, 1975, 2000, 2005
Scherer, Joachim III, 1937
Scherer, Marie-Luise II, 1719, 1720
Scherer, Wolfgang III, 2006
Scherl, August I, 833, 871, 908, 909, 935, 936
Schermann, Andreas III, 2689
Scheu, Just III, 2333
Scheuch, Erwin K. III, 2413
Scheuch, Manfred I, 964
Scheuchzer, Jakob I, 790
Scheuer, Helmut II, 1739
Scheuermann, Silke III, 2291
Scheugl, Hans II, 1177; III, 1791, 1792, 1799
Scheumann, Gerhard II, 1134; III, 1806
Scheunemann, Dietrich II, 1105
Scheurich, Paul I, 992
Schibrani, Harald II, 1459
Schickel, Richard II, 1177
Schieb, Jörg III, 2575, 2579
Schieber, Elke II, 1244, 1245; III, 1812
Schieffer, Rudolf I, 558
Schierl, Thomas II, 1788; III, 1875, 1881
Schierse, Bruno I, 885, 891
Schiesser, H. II, 1374; III, 1894
Schiewer, Hans-Jochen I, 671, 680
Schiff, E. I, 105
Schiffer, Stephen I, 221, 231, 296, 300, 309
Schildbach, Martin II, 1369, 1375
Schildt, Joachim I, 526, 814, 815, 816
Schill, Wolfgang I, 360, 364, 366; III, 2800, 2807
Schillbach, Brigitte I, 913
Schiller, Friedrich v. I, 197, 519, 765, 832, 900; II, 1111, 1434, 1472, 1474, 1489, 1622
Schiller, Herbert I. III, 2489, 2490, 2499
Schiller-Lerg, Sabine I, 179, 188; III, 2025
Schilling, Heinz III, 2019, 2020, 2021, 2025
Schilling, Michael I, 132, 133, 134, 135, 136, 139, 141, 142, 786, 789, 791, 792, 793, 800, 802, 804, 810, 811, 816, 820, 821, 822, 824, 898, 912
Schilson, Arno I, 385
Schiltberger, Hans I, 671
Schimmel, Cläre II, 1494, 1495
Schindelbeck, Dirk I, 801
Schindler, Friedrich I, 888, 891
Schindler, Herbert I, 155, 161, 981, 984; II, 1788
Schirme, Werner II, 1386
Schirmer, Walter F. I, 644, 649
Schirner, Michael I, 149, 152, 161; II, 1786, 1787, 1788; III, 2418, 2419, 2420, 2421
Schirokauer, Arno I, 180, 188; II, 1477, 1491, 1492
Schivelbusch, Wolfgang II, 1087, 1092, 1123, 1136
Schiwy, Peter I, 14; III, 2213, 2507
Schklovskij, Viktor II, 1186, 1188, 1191, 1197
Schlabrendorf, G. v. I, 813
Schlappner, Martin II, 1228
Schlatter, Stefan II, 1628
Schlawe, Fritz I, 873, 879
Schleber II, 1372
Schlegel (Gebrüder) I, 832
Schlegel, F. I, 520, 521
Schlegel, Hans-Joachim II, 1196, 1197
Schleich, Thomas I, 679
Schleiermacher, F.D.E. I, 281, 376, 709
Schleif, Wolfgang II, 1237, 1238
Schlemmer, Gottfried II, 1177
Schlemmer, Johannes II, 1468; III, 2039, 2052, 2053, 2063
Schlenstedt, Dieter II, 1718, 1720
Schlesinger, Paul II, 1694, 1702, 1715
Schlesinger, Philip III, 2491, 2499
Schleuder, Joan D. III, 2466, 2476
Schlicht, Hans-Jürgen III, 2393, 2405
Schlick, Moritz I, 257
Schlicke II, 1627
Schlie, Otto II, 1459; III, 1975, 2280
Schlieben-Lange, Brigitte I, 544, 559
Schliemann, Heinrich II, 1596
Schliepmann, Hans II, 1085, 1092, 1153, 1154, 1159
Schlingensief, Christoph III, 1795, 2067
Schlingmann, Andrea III, 2818, 2819
Schlobach, Jochen I, 138, 142
Schlögell, Volker II, 1630

Schlöndorff, Volker III, 1795, 1796, 1799, 2352
Schloßbauer, Stephanie II, 1788
Schlosser, Hans II, 1771, 1782
Schlotes, Wilhelm I, 783
Schlözer August L.v. I, 832, 875, 899, 901, 915, 940
Schlüpmann, Heide II, 1123, 1159
Schmalhofer, Franz III, 2474, 2476
Schmerl, Christiane I, 265, 271; III, 1823, 1828
Schmid, Beat II, 1752
Schmid, Carlo II, 1484
Schmid, Gunzelin II, 1116
Schmid, Hans II, 1142, 1324, 1339
Schmid, Konrad I, 803
Schmid, Peter I, 874, 878
Schmid, Sigrun II, 1690, 1693
Schmid, Ulrich I, 879; III, 2485, 2565
Schmidbauer, Michael II, 1591, 1593
Schmidel, Ulrich I, 675
Schmidt III, 1807
Schmidt, Alfred I, 888, 891; II, 1116
Schmidt, Arno III, 2027
Schmidt, Axel III, 2441, 2451
Schmidt, Carlo III, 2771
Schmidt, Ernst jr III, 1791, 1792, 1799
Schmidt, Evelyn II, 1244
Schmidt, Gerhard J. II, 1788
Schmidt, German III, 2759, 2761
Schmidt, Hans-Christian I, 30, 56; III, 2049
Schmidt, Hans-Harro III, 2090
Schmidt, Harald III, 2325
Schmidt, Hartmut I, 816, 878
Schmidt, Helmut II, 1488
Schmidt, Joost I, 997, 1000, 1005
Schmidt, Klaus J. III, 1997, 2006
Schmidt, Louis I, 989
Schmidt, Peter I, 873, 878
Schmidt, Sebastian-Justus III, 1905, 1908
Schmidt, Siegfried J I, 7, 14, 54, 83, 88, 91, 94, 109, 230, 234, 235, 243, 260, 271, 323, 326, 327, 331, 335, 336, 526, 577, 582, 873, 878; III, 1822, 1823, 1828, 2301, 2452, 2453, 2461, 2464
Schmidt, Susanne III, 2363
Schmidt, Thomas M. I, 671, 680
Schmidt, Walter III, 2767, 2770, 2772

Schmidt, Wieland I, 449
Schmidt, Wolf-Rüdiger I, 383, 384, 385
Schmidt, Wolfgang III, 2459, 2464
Schmidt-Aßmann, E. I, 346
Schmidt-Beck, Rüdiger I, 55
Schmidt-Isserstedt, Hans II, 1510
Schmidt-Künsemüller, Friedrich A. I, 421, 437, 438, 444, 445, 449
Schmidt-Ott I, 496
Schmidt-Radefeldt, Jürgen II, 1729
Schmidt-Wiegand, Ruth I, 142, 552, 559
Schmidtke, Dietrich I, 633, 635
Schmidtke, Werner G. II, 1624, 1630
Schmiedchen, Johannes I, 1022
Schmieder, Felicitas I, 670, 680
Schmieder, Konrad I, 470
Schmiedt-Schomaker, Monika I, 775
Schmitt, Angelika II, 1086, 1088, 1091, 1158
Schmitt, Eberhart I, 675, 680, 913
Schmitt, Hella II, 1752, 1755
Schmitz, Hermann-Josef I, 70, 972
Schmitz, Johannes I, 922
Schmitz, Ulrich I, 47, 56; III, 2312, 2320, 2458, 2463, 2464, 2648
Schmitz, Wolfgang I, 449, 499
Schmögner, Walter I, 783
Schmölders, Claudia I, 295, 309
Schmolke, Michael I, 384, 851, 938, 955
Schnabel, Ernst II, 1468, 1493, 1497; III, 2027, 2028, 2032, 2039
Schnabel, Hildegard I, 788, 789
Schnabel, Johann G. I, 692
Schnackenberg, Walter I, 1007
Schnackertz, Hermann J. I, 778, 784
Schnase, J. III, 2608, 2609, 2610
Schneeberger, Günther II, 1361; III, 1942, 1958, 2117
Schneegass, Christian I, 984
Schneider, Alfred II, 1200, 1207
Schneider, Alois I, 792
Schneider, Annerose I, 793, 801
Schneider, Beate I, 14; III, 2213, 2312, 2318, 2320, 2507
Schneider, Carl I, 887, 889
Schneider, Cornelia I, 543, 560
Schneider, Falko I, 931
Schneider, Harriett I, 783
Schneider, Horst II, 1197

Schneider, Irmela I, 177, 189, 199, 243, 311, 318, 579, 582; II, 1100, 1101, 1106, 1477; III, 2071, 2090, 2363, 2481, 2485
Schneider, Jakob H.J. I, 664
Schneider, Liselotte II, 1197
Schneider, Manfred III, 2340
Schneider, Norbert J. II, 1139, 1140, 1142; III, 1964, 1975, 2481, 2485
Schneider, Peter I, 148, 882, 889, 893, 894
Schneider, R. II, 1630
Schneider, Robert I, 773
Schneider, Roland II, 1218
Schneider, Rolf II, 1495
Schneider, Silvia I, 105, 268, 271; III, 2497
Schneider, Thorsten III, 2561
Schneider, Ute I, 573, 574
Schneider, Werner I, 884, 891
Schneider, Wolf I, 231; II, 1720
Schneider-Lengyel, Inge III, 2027
Schneiders, Peter III, 1942, 1958
Schnell, Bernhard I, 560
Schnell, Matthias I, 384
Schnell, Rainer I, 252, 256
Schnell, Raoul W. II, 1496
Schnelle, Joseph II, 1218
Schnith, Karl I, 554, 560
Schnitzler, Arthur I, 507, 766; II, 1111
Schnitzler, Karl-Eduard v. III, 2262
Schnitzler, Luda II, 1197
Schnorr-Bäcker, Susanne III, 2709, 2713
Schnotz, Wolfgang I, 85, 110, 299, 303, 309; III, 2599, 2610
Schnurre, Wolfdietrich II, 1494
Schnurrer, Achim I, 783
Schoch, Rainer II, 1782
Schockel, Erwin I, 150, 161, 982, 984, 1011
Schoder III, 2587, 2594
Schoen, Ernst II, 1506
Schoenebeck, Mechthild v. III, 2449
Schoener, Alexander III, 2759, 2761
Schoenfelder, Christel II, 1626, 1630
Schoenlank, Bruno I, 944
Schöffer, Peter I, 414, 444, 445, 448, 460, 486
Schöhl, Wolfgang I, 969, 973
Scholl, Armin I, 63, 70, 272; II, 1759, 1765; III, 2321
Scholl, R. I, 745
Scholl-Latour, Peter I, 767
Scholle, Klaus III, 2828

Schöller, Bernadette I, 789
Scholten, Bernhard I, 886, 891
Scholz, F. I, 281
Scholz, J. III, 1827
Scholz, Manfred G. I, 545, 560, 587, 591
Scholz, Rolf III, 2393, 2395, 2405, 2402
Scholz-Hänsel, Michael II, 1788
Schomers, Michael II, 1719, 1720
Schön, Erich I, 98, 109, 588, 589, 591
Schön, Gerhard I, 150, 161
Schönbach, Klaus I, 59, 70, 95, 106, 113, 117, 193, 215, 228, 250, 252, 254, 255, 256, 325, 328, 336; II, 1459, 1703, 1712; III, 2010, 2011, 2015, 2016, 2018, 2019, 2309, 2320, 2493, 2497
Schönberg, Arnold II, 1507
Schönberg, Nicolaus v. (Kardinal) I, 741
Schönberger, Rolf I, 664
Schöne, Albrecht I, 141, 582, 816
Schöne, Walter I, 881, 882, 883, 891
Schönert, Jörg I, 55, 588, 590
Schönfeld, Detlef II, 1304
Schönfelder, Helmut III, 2154, 2188, 2507
Schönherr, Dietmar III, 2323
Schönhoven, Klaus I, 589, 591
Schönhut, Jürgen III, 2017
Schöning, Klaus I, 189; II, 1496, 1500; III, 2071
Schönlank, Bruno II, 1490
Schönstedt, Eduard III, 2634
Schönter, Jens I, 150
Schoop, Eric III, 2579
Schopenhauer, Arthur I, 275, 281, 304, 519, 872; II, 1124
Schöpf, Katrin I, 14
Schorb, Bernd I, 267, 272, 358, 359, 361, 362, 363, 366; III, 2491, 2493, 2499, 2801, 2807
Schorbach, Karl I, 572
Schorn, Ludwig I, 374
Schorn, Maria I, 979, 984
Schott, Johann I, 551, 788
Schott, Kaspar II, 1046, 1053, 1054, 1058
Schottenloher, Karl I, 788, 789, 793, 802, 820, 821, 822, 823, 824, 912, 955
Schottky, Walter II, 1199, 1367, 1368, 1370
Schpikovskij, Nikolaj II, 1191
Schrader, Marc III, 1942, 1958
Schram, Dick H. I, 91, 98, 107, 110

Schramka, Bernd II, 1764, 1765
Schramm, Albert I, 666, 667, 680
Schramm, Wilbur I, 21; II, 1749; III, 2493, 2499, 2811, 2819
Schrape, Klaus I, 355; III, 2700, 2701, 2704, 2705, 2706, 2708, 2709
Schrattenecker, Gertraud I, 1016, 1025
Schreiber, Eduard III, 1807, 1812
Schreiber, Gerhard A. III, 2648
Schreiber, Hermann I, 970, 973
Schreiber, Karlheinz III, 2297
Schreiber, Wilhelm L. I, 443, 820
Schreier, Margit I, 95, 106
Schreiner, Klaus I, 499
Schreker, Franz II, 1507
Schrey, Heinz-Horst I, 385
Schricker, Gerhard III, 2689
Schrinner, Walter I, 709
Schröder, Ernst II, 1494; III, 1942, 1958
Schröder, Hartmut I, 283, 287; II, 1361; III, 2018
Schröder, Horst I, 776, 784
Schroder, K.C. III, 2472, 2476
Schröder, R.A. II, 1640
Schröder, Ralf J. I, 310, 316
Schröder, Reinald II, 1157, 1157
Schröder, Thomas I, 29, 33, 34, 36, 38, 45, 47, 56, 220, 222, 231, 851, 866, 873, 878, 879, 923
Schröder, Wilhelm Freiherr v. I, 924
Schröder-Jahn, Fritz II, 1494, 1495
Schroeder, Werner III, 2763, 2772
Schroedter, Adolf I, 780
Schroer, Henning I, 385
Schroeter, Werner III, 2360
Schröter, Christian I, 50, 56, 218, 222, 227; II, 1445, 1458; III, 1939, 1941, 1974, 1982, 2005, 2025, 2088, 2089, 2126
Schröter, Detlev III, 2090, 2096
Schröter, Fritz III, 2137, 2138, 2140, 2143, 2148
Schröter, J. II, 1385
Schröter, Manfred I, 271, 336
Schroth, Arno II, 1315, 1323
Schrott, Peter R. I, 254, 256
Schub, Esther II, 1185, 1189
Schubart, Christian F. D. I, 133, 134, 797, 817, 832, 845, 869, 875, 899, 925, 940
Schubert, Franz II, 1510

Schubert, Georg III, 2141
Schubert, Walter F. I, 981, 984
Schücking I, 584
Schudack, Achim II, 1139, 1141
Schüddekopf, Charles I, 799, 802
Schudson, Michael I, 220, 231, 309; III, 2829
Schuh, Horst I, 140, 789, 798, 801, 823
Schuhmacher, R.M. III, 2381
Schuitema, Paul I, 1005
Schuler-Harms, Margarete III, 1967, 1975
Schüller, Eduard II, 1365, 1373
Schulmeister, Rolf III, 2600, 2610
Schulte, Johann F. I, 552, 560
Schulte-Herbrüggen, Hubertus I, 695
Schulte-Sasse, Jochen I, 581
Schultheis, Stefan K. II, 1377
Schulthess, Peter I, 664
Schultz, Robert II, 1204, 1207
Schultze, Ernst II, 1628, 1630
Schulz von Thun, Friedemann I, 298, 308, 968, 972
Schulz, Charles II, 1634
Schulz, Ferdinand III, 2658, 2660
Schulz, Gerd I, 467
Schulz, Hans-Joachim I, 550, 558
Schulz, Herbert II, 1680
Schulz, Klaus-Peter III, 2438
Schulz, Rüdiger I, 320, 333, 336; II, 1742, 1746, 1747, 1749
Schulz, Winfried I, 14, 48, 51, 53, 56, 70, 73, 81, 109, 117, 193, 199, 230, 255, 265, 271, 321, 323, 328, 331, 336, 385, 886, 891; II, 1680, 1712, 1720, 1749; III, 1876, 1880, 2019, 2309, 2320, 2828
Schulz-Behrend, George I, 140
Schulze, Berge, F. II, 1363
Schulze, Christine I, 833, 836
Schulze, Gerhard I, 323, 336
Schulze, Henrik III, 1942, 1957, 1958
Schulze, Laruei III, 2443, 2450
Schulze, Otto III, 1801, 1813
Schulze, Ralf III, 2689
Schulze, Volker I, 850, 874, 879, 922
Schulze, Wilfried II, 1788
Schulze-Fielitz, Helmuth III, 2764, 2772
Schulze-Fürstenow, Günther II, 1689

Schulze-Vorberg, Max II, 1483, 1484, 1485, 1488
Schumacher, Heidemarie I, 45, 53, 54; III, 2299, 2308, 2320, 2412, 2413
Schumacher, Kurt II, 1484, 1487
Schumacher, Marianne II, 1739
Schumacher, Michael III, 2401
Schumacher, Rosa II, 1157
Schumacher-Hellmold, Otto II, 1483, 1485, 1486, 1487, 1488
Schumann, Frank I, 437
Schumann, Robert II, 1510
Schümchen, Andreas III, 2483, 2485
Schumm, Gerhard I, 89, 110; III, 2439, 2451
Schünemann, Georg III, 1893, 1908
Schunke, Ilse I, 438
Schupp I, 996
Schur, Ernst I, 784
Schurig, Christian III, 1935, 1941
Schurig, Michael II, 1160
Schürmanns, Werner III, 1994
Schuster-Walser, Sibylla I, 676, 680
Schütt, Bernd I, 58, 70
Schütte, Dagmar I, 250, 251, 256
Schütte, Georg I, 264, 271; III, 2487, 2496, 2498
Schutte, Jürgen I, 824
Schütte, Wilfried I, 48, 49, 56
Schütte, Wolfgang II, 1445
Schütte, Wolfram III, 1796, 1799
Schütz, Alfred III, 2795, 2799
Schütz, Eberhard II, 1739
Schütz, Erhard II, 1718, 1720
Schütz, Hans J. I, 500, 512
Schütz, Walter J. I, 208, 212, 833, 836, 884, 886, 888, 891, 894, 962, 964; II, 1677, 1678, 1680, 1756, 1765
Schwab, Frank I, 48, 57
Schwab, Sepp II, 1237, 1238, 1239
Schwaegerl, Tony III, 2363
Schwaiger, Karl-Heinz III, 1914
Schwarcz, Joseph II, 1586, 1593
Schwartz, David III, 2331, 2340
Schwartz, Evan I. III, 2484, 2485
Schwartz, Tony III, 2453
Schwartz, Vanessa R. III, 1790, 1798
Schwarz, Alexander I, 314, 318; II, 1106
Schwarz, Egon II, 1719
Schwarz, Mathias III, 2563
Schwarz, Reent I, 365

Schwarz, Werner M. II, 1092, 1154, 1159
Schwarz-Schilling, Christian II, 1344
Schwarze, Dietrich II, 1395
Schwarze, Hanns-Werner III, 2293
Schwarzkopf, Dietrich III, 2857
Schwarzkopf, Joachim v. I, 881, 885, 891, 927, 931
Schweiger, Günter I, 1016, 1025
Schweigger, J.S. II, 1364
Schweinfurter, Judith II, 1739
Schweinitz, Jörg II, 1110, 1123, 1136, 1154, 1159
Schweitzer, Michael III, 2770, 2772
Schwenckfeld, Caspar v. I, 819
Schwenger, Hannes I, 581, 582
Schwichtenberg, Cathy I, 103, 110; III, 2442, 2451
Schwind, Moritz v. I, 778; II, 1633
Schwind, Peter I, 526
Schwitalla, Johannes I, 41, 45, 48, 53, 55, 56, 142, 218, 220, 224, 225, 226, 229, 231, 792, 793, 802, 816, 820, 821, 824; II, 1722, 1723, 1724, 1777; III, 2012, 2019, 2087, 2090
Schwitter, Kurt II, 1495
Schwitzke, Heinz I, 181, 183, 184, 185, 188; II, 1106, 1468, 1477, 1490, 1492, 1494, 1496, 1500; III, 2026, 2071
Schwoch, J. I, 88, 110
Schwoebel, Robert I, 672, 680
Schwonke, M. I, 695
Scorsese, Martin II, 1140; III, 1793
Scott, Charles P. I, 905
Scott, Eduard L. II, 1362
Scott, James III, 2682
Scott, Léon II, 1371
Scott, Ridley II, 1083; III, 1797
Scotus, Michael I, 631, 652
Scribner, Robert W. I, 820, 824
Scripps, Edward W. I, 910
Scripps, Robert I, 910
Searle, John R. I, 290, 293, 294, 295, 296, 309
Sears, D. I, 105
Sebeok, A. I, 286
Sechehaye, Albert I, 287, 346
Sedlmayr, Hans I, 369, 370, 374
See, Klaus v. I, 530, 538, 613
Seeber, Guido II, 1059, 1060, 1167
Seeber, Hans U. I, 687, 694, 695
Seeberger, Kurt III, 2071, 2072, 2090
Seeger, Thomas III, 2857
Seel, Norbert M. III, 2813, 2819

Seeling, Karl I, 1020
Seemann, Horst II, 1242
Seeßlen, Georg II, 1123, 1177, 1218; III, 1822, 1828
Segal, Arthur III, 2068
Segeberg II, 1153, 1159
Segebrecht, Wulf I, 802
Seghers, Anna II, 1493, 1641, 1643, 1644
Segrave, Kerry II, 1091, 1092, 1160
Seguin, Jean-Claude II, 1166
Séguin, M.M. III, 2137
Seibert, Peter I, 576, 582
Seidel, Norbert I, 78, 81
Seidenfaden, Thomas III, 1825, 1828
Seidler-Winkler III, 1893
Seidman, Steven A. III, 2442, 2451
Seifert, Colleen M. I, 87, 110
Seifert, Hans W. I, 801
Seiffert, Werner I, 142
Seilman, Uffe I, 86, 108
Seip, Axel III, 2090
Seiter, Ellen I, 101, 103, 106, 110; III, 2343, 2344, 2348, 2349, 2350
Seitz, Fritz II, 1127, 1136
Seitz, Walter III, 2759, 2761
Sejong (König) I, 398
Selbmann, Rolf I, 578, 579, 581, 582
Selesnjova, T. II, 1191, 1197
Selig, Maria I, 559, 680
Seligman, E.R.A. I, 695
Seling, Helmut I, 1000
Sell, Kurt G. II, 1412
Sells, Laura II, 1217
Selznick, David O. II, 1065, 1078, 1212, 1215
Semeria, Stefano III, 2323, 2330, 2496
Semmler, Johannes III, 1877
Seneca I, 468, 530
Seneca d.J. I, 532, 537
Senefelder, Alois I, 418, 1018; II, 1729
Senlecq, Constantin III, 2128
Sennett, Richard I, 321, 336; III, 2456, 2464
Sennewald, Nicola III, 2565, 2579
Serceau, Michel II, 1228
Serner, Walter II, 1117, 1123
Sernigi, Girolamo I, 675
Servius I, 627
Sessa, Giovan B. I, 667
Setlur, Sabrina III, 2682
Settekorn, Wolfgang II, 1723, 1724
Seufert, Wolf-Rüdiger. II, 1087, 1089, 1091, 1158

Seufert, Wolfgang I, 355; III, 2709, 2710, 2711, 2713
Seume, Johann G. II, 1717, 1720
Seuse, Heinrich I, 542
Seuss II, 1589
Severing, Carl II, 1502, 1503, 1504
Sexton, R.W. II, 1085, 1092
Sextus Empiricus I, 532
Seyffert, Rudolf I, 150, 153, 157, 158, 161, 979, 980, 983, 984
Seymour, M.C. I, 632, 635, 670, 680
Sforza, Lodovico I, 696
Shakespeare I, 599; II, 1111, 1168, 1465; III, 1830
Shand, P. Morton II, 1160
Shannon, Claude E. I, 20, 27
Shapiro, Carl III, 2706, 2713
Sharff, Stefan II, 1218
Sharot, Trevor III, 2490, 2499
Sharp, Dennis II, 1085, 1089, 1092, 1160
Shavit, Zohar I, 561, 568
Shaw, Bernhard III, 2351
Shaw, Donald L. I, 115, 117, 221, 230, 326, 335; III, 2310, 2320, 2490, 2491, 2498
Shaw, Edgar A.G. II, 1386
Shaw, Mildred III, 2604, 2610
Sheldon, Cyril I, 978, 980, 984
Sheldon, S. II, 1654
Shen, Wang I, 398
Sheng, Bi I, 398
Sherman, Barry L. III, 2443, 2445, 2446, 2451
Shiga, Nobuo III, 2840
Shih Huang Ti (Kaiser) I, 501
Shima, Nobuhiko III, 2840
Shimabukuro, James N. III, 2602, 2608
Shimbun, Asahi III, 2839
Shirai, K. I, 131
Shizuko II, 1782
Shklovsky I, 163
Shneiderman, Ben I, 47, 56
Shneidman, Edwin I, 250, 256
Shoemaker, Pamela J. III, 2309, 2320
Shore, Dinah III, 2682
Shore, Michael III, 2439, 2440, 2451
Short, M.H. II, 1699, 1702
Shrimpton, Gordon S. I, 613
Shustermann, Richard II, 1638, 1639
Sica, Vittorio De II, 1219, 1222, 1223, 1224
Sichler I, 425
Sichtermann, Barbara I, 259, 272

Siebenpfeiffer, Philipp, J. I, 788, 903
Sieber, Ulrich III, 2537, 2540, 2551, 2554, 2557, 2558, 2559, 2563
Siebert, Horst III, 2699, 2713
Siegel, Christian II, 1715, 1720, 1739
Siegen, Ludwig v. I, 417
Siegert, Reinhart I, 765, 775
Siegle, Gerd III, 1942, 1958
Siegried, Dominik I, 850
Siegrist, Hansmartin II, 1106
Sielecki, Frank III, 2070
Sielemann, Franz I, 884, 891
Siemann, Wolfram I, 512
Siemens, Georg II, 1198, 1202, 1203, 1207
Siemens, Werner v. II, 1367, 1368
Siemsen, August I, 950
Sievernich, M. I, 675
Sigal, Leon III, 2744
Sigebert von Gembloux I, 630
Siger von Brabant I, 656
Sigismund I. (König) I, 735
Signorelli, Nancy I, 117; III, 2319, 2442, 2451
Sikow, Ed II, 1218
Silber, Karl H. III, 1875, 1879
Silbermann, Alphons I, 193, 200; II, 1459
Silj, Alessandro II, 1551
Silva, Fred II, 1177
Silverman, Gregg III, 2337, 2339
Silverman, Kaja III, 1833, 1836
Silvers, Robert B. I, 27
Silverstone, Roger III, 2495, 2499
Silvestri, Domenico I, 666
Simmel, Georg I, 164, 167; II, 1197
Simmel, Johannes M. I, 767
Simmering, Klaus I, 194, 200
Simmon, Scott II, 1177
Simokattes, Theophylaktos I, 736
Simon, Hartmut I, 32, 49
Simon, Herbert A. I, 71, 73, 81
Simon, Hermann Th. II, 1199
Simon, Lothar I, 52
Simon, Rainer II, 1242, 1244
Simon, T. I, 119, 131
Simon, Todd, F. III, 2786
Simon, W.G. II, 1218
Simoneit, Manfred II, 1573
Simpson, Grant G. I, 647, 649
Simpson, O.J. III, 2195
Sims, Norman II, 1718, 1720
Sinatra, Frank III, 2682, 2684
Sinclair, Upton I, 766, 771; II, 1718

Sinel, Norman M. III, 2783, 2787
Sinemus, Volker II, 1738, 1739
Singelnstein, Christoph III, 2090
Singer, H.W. I, 421
Singer, Hans I, 990, 1000
Singer, Torch III, 2191
Sirach, Jesus I, 626, 627
Sirges, Thomas I, 588, 591
Sirk, Douglas (Sierck, Detlef) II, 1120; III, 1793
Sivirajan, Kunar N. III, 2525
Six, Ulrike I, 363, 366; II, 1459
Sixtus IV (Papst). I, 486
Sixtus VI. (Papst) I, 469
Sjöman, Vilgot II, 1081
Sjurts, Insa I, 355; III, 1875, 1881
Skeat, T.C. I, 600
Skelton, R.A. I, 686, 747, 748, 749, 750, 751, 752, 754, 763
Skiera, Bernd III, 2596
Skill, Thomas III, 2349
Skinner, Burrhus F. I, 328, 694
Skjønsberg, Kari II, 1591, 1593
Skladanowsky (Gebrüder) II, 1163, 1165
Skladanowsky, Emil II, 1163
Skladanowsky, Eugen II, 1152
Skladanowsky, Max II, 1058, 1118, 1152, 1166; III, 2842
Sklar, Rick III, 1994
Skone, Keith II, 1089, 1091
Skovmand, Michael II, 1593
Skreb, Z. II, 1630
Slavin, Robert III, 2601, 2610
Slawski, Edward J. I, 69
Slesina, H. III, 2415
Slide, Anthony II, 1169, 1177
Sling (= Paul Schlesinger) II, 1720
Sloane, William I, 563, 568
Sloterdijk, Peter I, 871, 879
Smalley, Beryl I, 600
Smalley, Vera E. I, 720, 725
Smet, Gilbert de I, 716, 717, 721, 725
Smetz, John W. I, 595, 600
Smirnow II, 1485
Smith, Anthony I, 851, 923; III, 2714, 2723, 2726
Smith, Courtland II, 1201
Smith, Jean II, 1697
Smith, Lucinda II, 1090, 1092
Smith, Marshall S. I, 256
Smith, Oberlin II, 1365, 1373
Smith, Paul J. III, 2676
Smith, Pauline I, 709
Smith, Peter I, 408
Smith, Thomas G. II, 1042
Smith, Willoughby III, 2128

Smolawa, Carol I, 388
Smoodin, Eric II, 1150
Snow, Robert P. III, 2318, 2319
Soderini, Piero I, 674, 726
Sodomka III, 2067
Soeffner, Hans-Georg I, 262, 272
Soehring, Jörg III, 2752, 2754, 2761
Sokolov, V. II, 1193, 1197
Sokrates I, 356, 459, 468, 531, 534, 602
Soldania, Johannes v. I, 671
Soldati, Mario II, 1223
Solignac, Aimé I, 614, 625
Solinus I, 626, 631
Sölle, Dorothea I, 379
Solon I, 529
Solovjev, Sergej II, 1185
Sommer III, 2052
Sommer, Cornelius I, 824
Sommer, Michael I, 864
Sommer, W. III, 2610
Sonderegger, Stefan I, 56
Sondergeld, Klaus I, 5, 13; III, 2386
Sonnemann, Leopold I, 944
Sonnenschein, Carl III, 2039
Sophokles I, 530, 602
Soppe, August II, 1477
Sörensen, Christian I, 453
Sorg, Anton I, 486, 667, 671
Sorkaja, Neja II, 1197
Soto, Domingo de I, 663
Sottong, Hermann I, 285, 286
Spada, Hans I, 109, 110
Spahn, Martin III, 2823, 2828
Spahn, W. I, 281
Spamer, A. I, 791
Spangenberg, Peter M. I, 51, 195, 197, 199, 200; III, 2453, 2454, 2457, 2462, 2464
Spears, Britney III, 2684
Speck, Josef I, 664
Speckenbach, Klaus I, 142
Speckter, Otto I, 778
Speetzen, Rolf I, 967, 972
Spehr, Paul C. II, 1160
Speicher, Stephan II, 1648
Spener, Johann K.Ph. I, 831
Spengler, Lazarus I, 796
Sperber, Dan I, 296, 309
Sperenzi, Mario II, 1228
Speusippos I, 626
Speyer, Johann v. I, 447
Speyer, Wolfgang I, 501, 513
Spicker, Jürgen II, 1110, 1117, 1128, 1136
Spiegel, Bernt I, 984
Spielberg, Steven II, 1033, 1067, 1120, 1137; III, 1793, 1794, 1796
Spieler, Ekkehard I, 207, 212

Spielmann, Heinz I, 983, 986, 988, 1001, 1011
Spieß, Brigitte III, 1822, 1823, 1828, 2421, 2422, 2423, 2425
Spiess, Volker I, 883, 891; III, 2828
Spiewok, Wolfgang I, 141
Spigel, Lynn III, 2496, 2499
Spiker Dr. I, 827
Spille, J. III, 1942, 1958
Spindler, Gerald III, 2537, 2538, 2540, 2541, 2550, 2552, 2554, 2555, 2558, 2559, 2563
Spinhof, Herman III, 2669, 2674, 2676
Spitra, Helfried III, 1806, 1807, 1811, 1813
Spitzer, Daniel I, 870; II, 1718
Spoliansky, Mischa II, 1507
Sponable, Earl II, 1200, 1201
Sponsel, Jean L. I, 152, 981, 984, 1011
Spörri, Hansruedi II, 1788
Spottiswoode, Raymond III, 1875, 1881
Sprenger, Balthasar I, 675
Springer, Axel C. I, 834, 958, 959, 960, 961; II, 1671; III, 2715, 2720
Springsklee, Holger III, 2445, 2446, 2451
Sprinkle, Annie III, 1792
Sproat, R. I, 131
Spyri, Johanna II, 1591
Square Pusher III, 2441
Staab, Joachim F. I, 48, 53, 73, 82, 252, 255; III, 2332, 2337, 2339
Staadt, Jochen I, 799, 802, 815, 816
Stacey, J. I, 103, 106
Stache, Rainer II, 1625, 1630, 1631
Stachowiak, Aribert III, 2091, 2096
Stachowiak, Herbert III, 1813, 1818, 1819, 1820
Stackelberg, Jürgen v. I, 710
Stackmann, Karl I, 635, 678, 807, 816
Stadelmayer II, 1485
Staden, Hans I, 675
Stadler, Franz II, 1625, 1626, 1628, 1630, 1631
Stadler, Peter I, 430, 438
Staeck, Klaus II, 1772, 1778, 1782; III, 2068
Staehelin, Martin I, 556, 558, 560
Stagart, Fritz II, 1627
Stahl, Gary III, 2604, 2610
Stahnke, Günter II, 1242

Staiger, Emil I, 237, 243; II, 1643
Staiger, Janet II, 1062, 1071, 1072, 1074, 1079, 1084, 1122, 1144, 1148, 1149, 1182, 1184, 1217; III, 1792, 1798
Stalin I, 464, 770; II, 1239, 1643; III, 2824
Stam, Mart I, 997, 1005; II, 1087
Stam, Robert III, 1799
Stamm, Willy II, 1626
Stammler, Wolfgang I, 334, 877, 878; III, 2090
Stampfer, Simon v. II, 1038
Stanger, Gerhard I, 429, 430, 432, 438
Stangl (Reichssportminister) II, 1507
Stanhope, Charles E. I, 406, 452
Stanhope, Philip D. I, 707, 709
Stanic, Dorothea II, 1092
Stanislavskij II, 1189
Stanitzek, Georg I, 326, 336
Stankowski, Anton I, 996
Stanley, Henry M. II, 1718
Stanton, Domna C. I, 709
Stanton, Frank N. I, 270, 335; II, 1748; III, 2350, 2488, 2489, 2498
Stanwyck, Barbara II, 1214
Staphylus, Friedrich I, 818
Stappers, James III, 2320
Starck III, 2764, 2772
Stark, Gary D. I, 513
Stark, Gwen III, 2604, 2609
Stark, Ulrike II, 1092
Starke, Volker II, 1493
Starkey I, 682
Starmer, Charles I, 909
Starnes, Witt T. de I, 717, 718, 722, 725
Starowolski, Szymon I, 741, 746
Stati, Sorin I, 51, 307; II, 1711
Statius I, 553
Statler, Chuck III, 2440
Staub, Hermann I, 506, 513
Staub, Kurt H. I, 449
Staubach, Nikolaus I, 557, 559, 635
Staude, Linda II, 1461, 1468; III, 2027, 2039
Staudte, Wolfgang II, 1237
Stauß, Emil G. v. II, 1179
Stearns, Samuel D. II, 1289
Stechow, Arnim v. I, 288, 309
Steckel, Ronald II, 1499
Stedman, Raymond W. III, 2350
Steele, Ross I, 228
Steen, Gerard J. I, 93, 110
Steenbock, Frauke I, 427, 438
Steffen, Joachim II, 1154, 1160

Namenregister

Steffens, Lincoln II, 1718
Stegbauer, Christian III, 2572, 2579
Steger, Hugo I, 56, 231, 747, 763, 764
Stegers, Wolfgang I, 578, 582
Stegert, Gernot I, 29, 36, 47, 56; III, 2090
Steidl, Holger I, 1025
Steigleder, Klaus III, 2799
Steigner II, 1462
Stein, Eckart III, 1868, 1878, 1881, 2360
Stein, Gabriele I, 717, 725
Stein, Meyer L. II, 1713, 1720
Stein, Peter I, 851, 883, 892, 910, 913, 923
Stein, Torsten III, 2730
Stein, Volker II, 1315, 1323
Steinbach, Peter II, 1499
Steinbeck, John II, 1212; III, 2748
Steinbeck, Rudolf I, 858, 864
Steinberg, S.H. I, 421
Steinbock, Dan II, 1074, 1084
Steinbrecher, Michael III, 2321, 2322, 2323, 2324, 2325, 2328, 2330
Steinbuch, Karl I, 389; II, 1522, 1534, 1538
Steinel, Roland III, 2689
Steiner, Harald I, 576, 582
Steiner, Heinrich I, 788
Steiner, Max II, 1139, 1141
Steiner, Udo III, 2770, 2772
Steiner-Hall, Daniele III, 1828
Steinfeld, Charles III, 2723, 2725
Steinhaus, Ingo III, 2569, 2574, 2575, 2579
Steininger, Rolf II, 1411, 1488, 1504
Steinkamp, Hermann I, 338, 346
Steinke, Gerhard II, 1386
Steinlein, Rüdiger I, 564, 568
Steinlen,
  Théophile-Alexandre I, 1013
Steinmetz, Rüdiger I, 54, 55
Steinschulte, Gabriel M. III, 2689
Steinseifer, Anita II, 1782
Stelle, Andreas III, 1942, 1957
Stenberg (Brüder) I, 995, 1005
Stendhal II, 1653
Stenger, L. III, 2251, 2255
Stenner-Day, Karen I, 85, 106
Stepen, Markus III, 1942, 1958
Stephan, Heinz II, 1610, 1621
Stephan, Ronald II, 1755
Stephen, George A. I, 438
Stephens, John II, 1589, 1593, 1600

Stern, Hervey W. III, 2599, 2610
Sternberg, Josef v. I, 171; II, 1180
Sternberger, Dolf I, 305, 308, 309
Sterne, Harold E. I, 438
Sternefeld, Wolfgang I, 288, 308, 309
Stettiner, Richard I, 436
Stettner, Herbert II, 1160
Stevens, K.N. I, 126, 131
Stevens, W. Richard III, 2525, 2532
Stevenson, Patrick III, 2463
Stewart, James II, 1210; III, 2191
Stickel, Gerhard I, 309
Sticker, Bernhard I, 745
Stiebner, Erhardt D. I, 421; II, 1573
Stiebnitz I, 926, 931
Stieda, Wilhelm I, 885, 892
Stiefel, Susanne III, 1994
Stieler, Kaspar I, 841, 847, 860, 864, 870, 871, 880, 881, 892, 896, 913
Stieper, Frank II, 1592
Stierand, Ingo III, 1942, 1957
Stierlin, Helm III, 2058
Stievermann, Dieter I, 816
Stifter, Adalbert I, 1020, 1025; II, 1718
Stiglegger, Marcus III, 1792, 1798, 1799
Stille, Curt II, 1365, 1373
Stindt, Georg O. I, 164, 175; II, 1160
Stinnes, Hugo I, 917, 947
Stipp, Horst III, 2478, 2483, 2485
Stipp-Hagemann, Karin III, 2450
Stöber, Rudolf I, 909, 913
Stock, Brian I, 545, 560
Stock, Martin II, 1563; III, 2272, 2280, 2724, 2726
Stock, Walter III, 1829
Stocker, Gerfried III, 2067
Stocker, Günther II, 1744, 1748
Stockhammer, Robert I, 82, 110
Stöckl, Ula III, 2352
Stoddard, Richard II, 1092
Stoecklin, Niklaus I, 996, 1004, 1014
Stoffels, Ludwig II, 1445
Stoffers, Manfred I, 359, 365
Stöffler, Johannes I, 800
Stoker, Bram III, 1790
Stoklas, Karlheinz II, 1092
Stoklossa, Paul I, 884, 886, 887, 892
Stoll, Gerhard II, 1361; III, 1942, 1957, 1958

Stoll, O. II, 1126, 1130, 1136
Stollwerck, Ludwig II, 1164, 1165
Stolt, Birgit I, 808, 816
Stolte, Dieter I, 355; III, 2413
Stone, I.F. III, 2745
Stone, Oliver III, 1797
Stone, Philipp I, 250, 254, 255, 256
Stone, Susannah H. II, 1092
Stones, Barbara II, 1155, 1160
Stones, Edward L.G. I, 647, 649
Stoney, G.J. III, 2634
Stoph III, 1803
Stopp, Frederick J. I, 791
Storaro, Vittorio II, 1036
Storck, Karin II, 1782
Storey, John I, 27
Störig, Hans-Joachim II, 1599, 1600, 1603, 1605, 1621
Stork, D.G. I, 131
Storm, Willem J. van II, 1058
Storrer, Angelika I, 304, 309
Storrs, Graham I, 131
Storz, Gerhard I, 309
Storz, Oliver III, 2350
Storz, Werner I, 881, 892
Stote, Helen M. II, 1160
Stott, Clifford III, 2602, 2610
Stötzel, Georg I, 47, 56, 230, 879
Stowell, P. II, 1218
Strabon I, 611, 748
Straka II, 1751, 1755
Stranka, Erwin II, 1243
Strasburger, Gisela I, 613
Strasburger, Hermann I, 602, 609, 613
Straschek, Peter II, 1123
Strasser, Alex III, 1813, 1814, 1820
Strasser, Gregor I, 948
Straßner, Erich I, 4, 14, 45, 47, 50, 51, 56, 83, 110, 148, 215, 217, 218, 220, 224, 227, 228, 231, 263, 264, 269, 272, 306, 321, 336, 526, 816, 821, 824, 865, 872, 876, 877, 878, 880, 892, 895, 964, 973; II, 1459, 1468, 1744, 1746, 1749, 1772, 1776, 1777, 1782; III, 2008, 2010, 2012, 2017, 2018, 2019, 2025, 2028, 2038, 2039, 2081, 2090, 2302, 2308, 2312, 2313, 2317, 2320, 2452, 2453, 2464, 2495, 2496, 2499
Stratemeyer, Edward I, 568
Stratmann, D. III, 2117
Stratton, Jon III, 2349
Stratton, Oakmont III, 2560
Straub, Daniela III, 2602, 2610
Straub, Jean-Marie III, 1835
Strauf, H. III, 2415

Strauß III, 2587, 2594
Strauß, B. II, 1643, 1646;
Strauß, Gerhard II, 1771, 1773, 1782
Strauß, Johann III, 1824, 2295
Strauss, Neil I, 189
Strauss, W.L. I, 790
Strauß, Wolfgang I, 467, 473
Straw, William O. I, 284, 287
Strawinsky II, 1217
Strawson, Peter F. I, 29, 56, 274, 281, 293, 300, 309
Strecker, Bruno I, 29, 52, 56, 293, 294, 297, 309
Streeck, Jürgen I, 297, 298, 309
Street, Douglas II, 1591, 1593
Street, Richard L. I, 83, 85, 105
Streicher, Julius I, 948
Streinz, Rudolf III, 2770, 2772
Stresemann, Gustav I, 947
Strevens, Peter II, 1702; III, 2013, 2019
Stripp, Peter III, 2352
Strittmatter, E. II, 1645
Strittmatter, Peter III, 2598, 2605, 2610, 2813, 2819
Strobel, Hans-Rolf III, 1842
Strobel, Ricarda I, 774, 775; II, 1154, 1160, 1626, 1631; III, 2410, 2413
Stroheim, Erich v. I, 167
Strohm, Water II, 1207
Strohschneider, Peter II, 1726, 1728
Stroman, C.A. III, 2467, 2476
Strömer III, 2533
Stromer, Ulman I, 391
Stroschein, F.-R. II, 1783, 1788
Strübel, Gustav III, 2052
Struck, K. III, 2788
Strüder, Rolf I, 884, 892, 938
Struth, Abel III, 2049
Strutt, William II, 1271
Stryker, Sheldon I, 329, 336
Stuart, William D. II, 1315, 1316, 1323
Stuck, Franz I, 1014
Stückelberger, Alfred I, 535, 538
Stuckmann, Heinz D. I, 972
Stückrath, Jörg III, 1798
Stückrath, Jörn I, 336; II, 1630
Studt, Birgit I, 541, 560
Stuhlmann, Andreas III, 1974
Stuiber, Heinz-Werner III, 2726
Stuke, Franz R. II, 1459; III, 2370, 2383
Stümcke, Heinrich II, 1111, 1117
Stümpel, Rolf I, 457
Stümpert, Harmann III, 2010, 2019

Stupperich, Robert I, 816
Sturges, Preston II, 1065
Sturlese, Loris I, 630, 632, 634, 635
Sturm, Herta I, 83, 110, 193; II, 1741, 1750; III, 2495, 2499, 2828
Sturm, Robert III, 1999, 2000, 2001, 2003, 2006
Sturminger, Alfred I, 939, 955
Stürzebecher, Dieter III, 2320
Suárez, Franciscus I, 663
Sucharowski, Wolfgang I, 227, 230; II, 1729
Suckale-Redlefsen, Gude I, 149, 161
Sudermann, Daniel I, 819
Südholt, G. I, 851, 923
Sue I, 905
Suess, Alexandra I, 584, 585, 590
Sueton I, 468, 610
Suhling, Edgar III, 2145, 2146, 2147
Sullivan, Pat I, 781
Sülzer, Rolf I, 889; II, 1105
Šumjatskij, Boris II, 1079
Summer, Donna III, 2685
Summerfield, George I, 562, 568
Sun, Se-Wen III, 2443, 2451
Sündermann, Horst I, 851, 923
Sundström, Nils III, 1957
Supp, F. III, 2547, 2560
Suppes, P. III, 2811, 2819
Surtz, Edward I, 695
Susann, J. II, 1654
Süskind, Patrick I, 767
Süskind, W.E. I, 309
Sussfeld, Alain III, 2675
Sutauer, Hans II, 1366
Sutter, Tilmann I, 104
Süverkrübbe, Rolf III, 1914
Svarez, Carl G. I, 505
Svilova, Elisaveta II, 1188
Swanson, D.L. III, 2476
Swanson, Gloria II, 1078
Sweet, Blanche II, 1170
Swerdlow, Noel M. I, 744, 746
Sweynheim I, 447
Swierk, Alfred G. I, 574
Swieten, Gérard van I, 504
Swift, Jonathan I, 692
Swinnerton, James I, 781
Switalle I, 314
Swithenby, Steve III, 1820
Swoboda, Wolfgang H. I, 104, 357, 363, 365, 366; III, 2493, 2498, 2800, 2806, 2807
Sydow, Peter III, 2297
Sykes, R.N. III, 2474

Sylvanus, Bernardus I, 669
Sylvanus, E. II, 1644
Sylvester I, 664
Symons, Julian I, 693
Szyszkowitz, Gerald III, 2360

T

Tachart I, 714
Tacitus I, 533, 534, 609, 610, 611, 648, 666, 733
Tadday, Ulrich II, 1725, 1729
Tainter, Charles S. II, 1362, 1363, 1364
Takahashi, Yasuo III, 2840
Takasaki, Ryuji III, 2840
Takeda, Masuyuki III, 1942, 1958
Takquet, V. Andreas II, 1054
Talkenberger, Heike I, 142, 786, 789, 802, 820
Tamura, Norio III, 2839
Tancke, Gunnar I, 725
Tanenbaum, Andres S. III, 2525, 2532
Tannenbaum, Herbert I, 150, 159, 162, 175
Tannenbaum, Percy III, 2413
Tannoy II, 1369
Tappert, Horst III, 2361
Tapscott, Don I, 389
Tarantino, Quentin III, 1797
Tarnai, Andor I, 142
Tarnai, Christian I, 245, 251, 254, 255
Tarski I, 521
Tasca, Cathérine III, 1868
Tatar, Marina I, 565, 568
Tate, Judith III, 2021, 2025
Tatio, Achilleus I, 538
Tatlock, John S.P. I, 644, 649
Taubert, Rolf I, 883, 890, 906, 912
Taura, Kenichi III, 1942, 1958
Tausch, Reinhard I, 298, 308, 968, 972
Taut, Bruno II, 1086, 1088
Taves, B. II, 1218
Taye, Jean I, 720, 724
Taylor, Eva G.R. I, 748, 749, 764
Taylor, Richard II, 1084, 1196, 1197
Taylor, S.J. II, 1700, 1702
Taylor, Talbot J. I, 296, 309
Teckentrup, Konrad H. III, 2660
Teeter, Dwight L. III, 2776, 2777, 2785, 2787
Teichert, Will I, 52, 56, 117,

330, 335, 336; II, 1451, 1459, 1513; III, 1996, 2006
Teichmann, H. II, 1621
Teichmüller, Joachim II, 1087
Teipen, Petra I, 35, 48, 54, 332, 335
Teisias I, 535
Teles, Lucio III, 2597, 2602, 2606, 2609
Tellegen II, 1370
Tempier, Étienne (Bischof) I, 660
Temple, Julian III, 2440
Temple, Shirley II, 1065; III, 2191
Tenbergen, Albert I, 938
Tenbruck, F. III, 2388
Tennyson II, 1168
Tenopir, Carol III, 2642, 2643, 2644, 2648
Tenreyro, Antonio I, 676
Terenz I, 531, 616, 712
Terhardt, Ernst II, 1271
Terkel, Studs II, 1718
Tern, Jürgen II, 1705, 1712
Terreaux, Claude II, 1158
Terry, Herbert A. III, 2786
Teschner, Helmut II, 1751, 1755
Tesnière, Marie-H. I, 633, 636
Tettenborn, Alexander III, 2536, 2537, 2559, 2561, 2563
Tetzlaff, David III, 2442, 2451
Tetzner, Karl III, 2148, 2150
Teuteberg, Hans J. I, 678, 679
Thärichen, H. III, 1901, 1908
Thatcher, Margaret II, 1699; III, 2194
Thauer, Wolfgang I, 499
Theile, Günther II, 1386; III, 1895, 1908
Theis, Anna M. III, 1959, 1975
Theoderich d.Gr. I, 476, 537
Theodol I, 553
Theognis I, 529
Theokrit I, 529
Theophrast I, 532, 535, 610
Theuer, Max I, 373
Theune, M. III, 1836
Theunert, Helga I, 267, 272; III, 2491, 2493, 2499, 2807
Theuring, Gerhard III, 1807
Thevet, André I, 672
Thiel, Wolfgang II, 1142
Thiele, Gustav-Georg II, 1411
Thiele, Heinz H.K. II, 1366, 1374, 1375
Thiele, Jens I, 372, 374; II, 1160, 1586, 1594
Thiele, Michael III, 1942, 1958
Thiermeyer, Michael II, 1063, 1068, 1070, 1072, 1092
Thierry, Jean I, 714, 721, 722, 724

Thieße, Frank II, 1630
Thimbleby, Harold I, 130, 131
Thissen, Rolf II, 1213, 1218
Tholen, Georg-Christoph I, 275, 281; III, 2071
Thom, Randy II, 1140, 1142
Thoma, Dieter III, 2023, 2024, 2025
Thomas II, 1462
Thomas von Aquin I, 550, 633, 703
Thomas von Cantimpré I, 626, 631, 632
Thomas von Sutton I, 661
Thomas, B. II, 1218
Thomas, Carmen III, 1998, 2006, 2076, 2090, 2123
Thomas, Günter I, 383, 385
Thomas, Michael W. I, 963
Thomas, Ralph III, 1812
Thomas, Rosalind I, 613
Thomas, W.I. I, 257
Thomasius, Christian I, 874; II, 1737
Thompson, Alexander H. I, 648, 649
Thompson, D.V. I, 443
Thompson, David II, 1218
Thompson, J.W. III, 2418
Thompson, John B. III, 2000, 2006
Thompson, Kristin I, 86, 87, 105; II, 1062, 1071, 1072, 1122, 1144, 1148, 1149, 1150, 1176, 1177, 1180, 1182, 1184, 1217; III, 1792, 1798, 1833, 1836
Thompson, Robert J. I, 106; III, 2450, 2497
Thompson, Tony II, 1092
Thompson, Walter III, 2415
Thomsen, Christian W. I, 230, 775; II, 1551; III, 2071, 2483, 2485
Thomsen, Dieter III, 1903, 1905, 1908, 2117
Thomson, Michael II, 1160
Thon, Christina I, 983, 1001, 1011
Thorn, Beate-Maria III, 2025
Thorndike, Andrew II, 1130; III, 1805, 1806
Thorndike, Annelie II, 1130; III, 1805, 1806
Thorndyke, Perry W. III, 2469, 2470, 2471, 2476
Thorne, Josef I, 453, 827
Thorne, Ross II, 1160
Thorpe, Lewis I, 648
Thorpe, Richard II, 1120, 1212
Thoss, Dagmar I, 545, 557
Thrax, Dionysios I, 535
Threadgold, Terry I, 228

Thresen, Hans II, 1631
Thrower, Norman J.W. I, 747, 764
Thukydides I, 533, 606, 609, 610, 611
Thumm, Manfred II, 1310, 1323
Thun, Mattco II, 1788
Thüring, Manfred III, 2600, 2610
Thurn, Hans Peter I, 319, 323, 336
Thurneysen, E. I, 378
Thurow, Norbert III, 2689
Thwaite, Mary F. I, 562, 568
Tiberius (Kaiser) I, 475, 501
Tibull I, 529
Tichenor, Philip J. I, 116, 117; III, 2310, 2321
Tichy, G. I, 204, 212
Tieck, Ludwig I, 871
Tiedemann, Paul III, 2572, 2579
Tiemann, Barbara I, 457
Tierpitz, Alfred v. II, 1685
Tietz, Heike I, 304, 306
Tietze, Hans I, 367, 374
Tietze, Ulrich II, 1310, 1323
Tietze, Wolfgang I, 200; III, 2340
Tietzel, Manfred I, 577, 582
Tiglatpileser I. (König) I, 474
Tiittula, Liisa I, 229, 230, 231, 870, 879; II, 1711, 1712
Tilghman, Chew I, 451
Tillich, Paul I, 378, 379, 380
Tillmann, Alexander II, 1777, 1782
Tillner, Georg I, 172, 175
Tilly (Graf) I, 796
Timm, Hermann I, 385
Timmermann, Waltraud I, 136, 141, 142
Timotheos von Milet I, 529
Timur I, 671
Tinazzi, Giorgio II, 1228
Tinctoris, Johannes I, 662
Ting-Toomey, Stella I, 105
Tiriac, Ion III, 2399
Tischler, Matthias M. I, 540, 560
Tischner, Horst II, 1202
Tisse, Eduard II, 1188
Titze, Wolfram III, 1942, 1958
Titzmann, Michael I, 311, 315, 318
Tizian I, 139
Tobien, Hubertus v. I, 389
Toch, Ernst II, 1507
Tocqueville, Alexis de I, 707, 708, 709
Todorov, Tzvetan I, 668, 680
Todorow, Almut II, 1725, 1729

Toepfer, Armin I, 388
Toepffer, Rodolphe I, 779, 784; II, 1636
Toeplitz, Jerzy II, 1197; III, 1875, 1881
Toepser-Ziegert, Gabriele I, 851, 911, 913
Toffetti, Sergio II, 1228
Töldte, Harald III, 2160, 2161, 2167
Tolkemitt, Brigitte I, 142, 793
Tolkiens, J.R.R. II, 1498
Toller, E. II, 1640
Tolstoi II, 1168
Tomalin, Barry III, 2013, 2019
Toman-Banke, Monika II, 1771, 1782
Tomé, Hans E. III, 2369
Tomka, Miklós III, 2799
Tompert, Hella I, 824, 972
Tonnemacher, Jan III, 2714, 2723, 2726
Tooley, Ronald V. I, 750, 752, 759, 764
Toorop, Jan I, 1014
Topping, K. III, 2609
Torrel, Jean-Pierre I, 651, 658, 664
Torti, Anna I, 694
Toscanella, Orazio I, 717, 722, 724
Toscani, Oliviero II, 1787, 1788
Tosi, Virgilio III, 1813, 1821
Töteberg, Michael II, 1177, 1178, 1179, 1180, 1184; III, 1876, 1879
Toubiana, Serge II, 1236
Toulmin, Stephen I, 17, 19, 27
Toulouse-Lautrec, Henri de I, 986, 987, 988, 1003, 1013
Tourneur, Jacques II, 1120
Townsend, John R. II, 1594
Traber, Michael III, 2799
Tracey, Michael I, 46, 56; III, 1997
Tracy, David I, 378, 384
Tracy, Karen I, 297, 309
Tracy, Spencer II, 1065, 1212
Traitler, Hildegard I, 142, 802, 824
Trajan (Kaiser) I, 533, 537
Trampe, Gustav III, 2293
Transsylvanus, Maximilianus I, 676
Trapp, Burkhard III, 2405
Trattner, Edler v. I, 470
Traub, Hans I, 146, 148, 883, 892, 924, 931; III, 2828
Trauberg, Leonid II, 1185, 1187
Traumann, Gudrun I, 851, 923
Travers, Robert M. III, 2812, 2819
Trebellius, Theodosius I, 711

Treck, J. I, 49
Treichler, Paula A. I, 27, 103, 110
Trendelenburg, A. I, 280
Tretjakov, Sergei II, 1186, 1193
Treue, Wilhelm III, 2857
Treut, Monika III, 1792
Trew, A. II, 1702
Trew, Tony I, 223, 228, 231, 307; II, 1696, 1701
Trier, Lars v. III, 1797
Trigault, Nicolas I, 676
Trillich I, 380
Trilling, Lionel I, 693
Trinckler, Carl H. III, 2033
Tripp, David I, 283, 286
Tristão, Nuño I, 675
Trithemius, Johannes I, 484
Trobas, Karl II, 1573
Troesser, Michael III, 2090
Tröger, Beate III, 2648
Trogus, Pompeius I, 610, 611
Troilo, Franz G. I, 790, 817
Tröndle, Rüdiger III, 2562
Troost, H. III, 2415
Troppau, Martin v. I, 554
Trotz, Lydia III, 1877, 1881
Truffaut, François II, 1082, 1221, 1228, 1229, 1230, 2131, 1232, 1235, 1236; III, 1792, 1794, 1796
Tschaikowsky II, 1217
Tscharner, Horst v. I, 667, 679
Tscharntke II, 1575
Tschech, Hans III, 2010, 2018
Tschechow II, 1641
Tschiaureli II, 1239
Tschichold, Jan I, 150, 151, 161, 471, 997, 998, 1000, 1004, 1005, 1011, 1014
Tschopp, Silvia S. I, 133, 134, 139, 142, 789, 791, 793, 796, 802, 820
Tschörtner, Petra III, 1809
Tsivian, Yurij II, 1185, 1187, 1188, 1189, 1190, 1195, 1197
Tsujishita, Masahiro III, 1942, 1958
Tucher, Hans I, 673
Tuchman, Gaye I, 48, 57, 74, 82, 218, 231, 873, 880; II, 1694, 1702; III, 2011, 2019
Tucholsky, Kurt II, 1118, 1123, 1640
Tuchwiller, D.W. I, 280
Tudor, Andrew III, 2468, 2472, 2473, 2476
Tugendhat, Ernst I, 57
Tullius, Christiane III, 2408, 2413
Tulloch, John III, 2308, 2350, 2363
Tully, Claus J. I, 358, 366

Tulodziecki, Gerhard I, 8; III, 2807
Tulpanow, S. II, 1237
Tunstall, Jeremy I, 913; III, 2676
Turing I, 521
Turkle, Sherry I, 389; III, 2799
Turner, Graeme I, 99, 110
Turner, Lana II, 1212
Turner, Ted II, 1147; III, 2188, 2190, 2191, 2194, 2258, 2304
Turner, Tina III, 1993, 2684
Turns, Jennifer III, 2604, 2609
Turoff, Murray III, 2597, 2602, 2605, 2606, 2609, 2610
Turpin, Tom III, 2682
Twitchell, James B. II, 1067, 1072
Tyndale, William I, 598
Tynjanov, Jurij II, 1188
Tyrtaios I, 529
Tzschaschel, Gerta E. II, 1483, 1484, 1486, 1488

U

Ubbens, Wilbert I, 148, 893, 895; III, 2828
Uderzo, Albert I, 782; II, 1634
Udet II, 1510
Uebel, Günter I, 798, 802
Ueding, Gert I, 142, 526, 784; III, 2463
Uenk, Renate I, 851
Ufer, Joachim I, 820, 824
Uhland, Ludwig I, 790
Uhlig, Claus I, 706, 709
Uhlig, Friedrich I, 461, 467, 574
Uhse, Bodo II, 1719
Ukena, Peter I, 143, 820, 822, 824, 896
Ulaby, Fawwaz T. II, 1315, 1316, 1319, 1323
Ulbricht, Walter I, 510; II, 1243, 1643; III, 2262
Ulfila I, 597
Ullmann, Walter I, 647, 649
Ullstein, Leopold I, 833, 871, 908, 909, 910, 871, 917, 957, 958
Ulmer, Bernd III, 2496, 2500
Ulmschneider, Helgard I, 632, 636
Ulpian I, 536
Ulrich von Württemberg I, 805
Ulzhöfer, Matthias II, 1780, 1782
Umeno, Hiroyuki III, 2839
Umiker-Sebeok, Jean I, 286
Umphrey, D. III, 2467, 2474

Unbehaun, Matthias III, 1942, 1957, 1958
Undset, Sigrid I, 766
Unger, G.F. II, 1623
Unger, Johann F.G. I, 413
Unger, Karl III, 2020, 2022, 2025
Ungern-Sternberg, Wolfgang v. I, 576, 580, 582
Ungureit, Heinz III, 2352
Unterkircher, Franz I, 443, 499
Unwin, Allen Sir I, 463
Unz, Dagmar III, 2600, 2610
Updike, Daniel B. I, 421
Urban, Dieter II, 1776, 1782, 1788
Uricchio, William I, 45, 51, 57; III, 2362, 2459, 2464, 2486, 2496, 2500
Urtel, Rudolf III, 2138

V

Vaganow, Feodor M. III, 2857
Vale, Maria I, 710
Valente, Catharina III, 1992
Valenti, Jack II, 1147
Valentin, Karl III, 2796
Valentine, Maggie II, 1160
Valerio, Joseph II, 1160
Valesianus (Anonymus) I, 440
Valignano, Alessandro I, 676
Valjavec, Fritz I, 899, 900, 913
Valla, Lorenzo I, 611
Vandergrift, Kay II, 1590, 1594
Vanilli, Milli III, 2685
Vansina, Josef I, 605, 609, 614
Varda, Agnès II, 1228, 1230, 1236; III, 1794
Varela, Consuelo I, 673, 680
Varela, Francisco III, 2814, 2819
Varian, Hal R. III, 2705, 2706, 2713
Varis, Tapio III, 2274, 2278, 2280, 2671, 2676, 2694
Varro, Marcus T. I, 528, 535, 610, 627; II, 1606
Varthema, Ludovico de I, 675, 676, 677
Varwig, Freyr R. III, 2013, 2019
Vasari, Giorgio I, 368, 374
Vasco, Gama da I, 675, 677
Vassilaki, Irini E. III, 2537, 2553, 2563
Vater, Heinz I, 302, 304, 309
Vater, Hubert II, 1244
Vega, Alejandro O. II, 1159
Veiczis, János II, 1242
Veidt, Conradt II, 1181
Velde, Henry van de I, 988, 1003
Veneson, Constant I, 709
Venturelli, Shalini III, 2723, 2726
Venturi, Lionello II, 1725, 1729
Verbeek, Gustave I, 781
Verdonk, Robert A. I, 720, 725
Verga, Giovanni II, 1219
Vergano, Aldo II, 1223
Verger, Jacques I, 557, 558
Vergil I, 528, 529, 534, 547, 616
Verheijen I, 614
Vermeer, Hans J. III, 1830, 1833
Vermeule, E.T. I, 612
Vermeulen, R. II, 1385
Vermij, Rienk I, 748, 763
Verne, Jules I, 565
Vernier, Gilles I, 720, 724
Veron, John I, 717, 724
Verres, Hanns III, 2010, 2017, 2073, 2088
Verschueren, Jeff I, 217, 222, 231, 289, 308, 309
Vertov, Dziga II, 1182, 1185, 1186, 1187, 1188, 1189, 1190, 1191, 1198; III, 1791, 1795, 1798, 1807, 1875
Verwiebe, Birgit II, 1107, 1117
Vesper, Sebastian III, 2565, 2566, 2579
Vespucci, Amerigo I, 674, 675
Vesting, Thomas I, 52, 346; III, 2478, 2483, 2485
Victor, Hieronymus I, 718, 719, 720, 722, 724
Vidor, King II, 1120, 1212
Viégas, Fernanda III, 2603, 2608
Viehoff, Reinhold I, 83, 85, 86, 87, 88, 89, 91, 92, 93, 94, 95, 96, 104, 105, 106, 107, 108, 109, 110
Viehweger, Dieter I, 294, 302, 304, 308; II, 1703
Vielhauer, Peter II, 1324, 1339
Vieregg, Axel II, 1477
Villain, Jean II, 1716, 1720
Villanis, Giovanni I, 731
Villgradter, Rudolf I, 689, 690, 695
Viny, Rachel III, 2368
Vinzenz von Beauvais I, 557, 627, 629, 631, 633, 670
Vipond, Douglas I, 88, 107, 110
Virilio, Paul I, 197, 200, 275, 281
Virt, Günter I, 385
Virta, Teija III, 2495, 2500
Vischer, Friedrich Th. I, 779, 784
Visconti, Luchino II, 1219, 1221, 1222, 1224; III, 1794
Vitalis, Ordericus I, 642
Vitoria, Franz de I, 662
Vitruv I, 368, 374, 535
Vives, Juan L. I, 701, 710
Vivès, L. I, 663
Vlcek, Anton II, 1323
Vocelka Karl G. I, 142
Vodosek, Peter I, 499, 574
Voelter I, 907
Vögeding, A. III, 1906, 1908, 2117
Vogel, Amos II, 1105; III, 1791, 1792, 1799
Vogel, Andreas I, 895, 967; II, 1747, 1750; III, 2090, 2636, 2648
Vogel, Frank II, 1242
Vogel, Harold L. II, 1146, 1150
Vögel, Herfried II, 1726, 1728
Vogel, Martin I, 576, 577, 581, 583
Vogel, Rudolf II, 1485
Vogelgesang, Wolfgang I, 102, 110
Vogels, Vladimir II, 1190, 1507
Vogelsang, Gregor III, 2578
Vogl-Bienek, Ludwig II, 1107, 1117, 1161, 1167
Vogler, Klaus-Peter I, 47, 56
Vogt III, 2041, 2042
Vogt, Ernst I, 538, 613
Vogt, Gerburg E. III, 2363, 2369
Vogt, Hans II, 1027, 1199, 1207, 1368
Vogt, Ludgera I, 575, 581
Vogt, U. III, 2014, 2017
Vogt-Huse, Kornelia I, 766, 775
Vogt-Praclik, Kornelia I, 766, 776
Vohl, Inge I, 65, 69
Voight, Melvin I, 287
Voigt, Andreas III, 1809
Voigt, Stefan I, 205, 212
Voigt, Thomas I, 970, 973
Voigt-Spira, Gregor I, 560
Voigts, Manfred I, 188
Volke, Werner I, 913
Völker, Ernst-Joachim III, 1893, 1908
Völker, Paul G. I, 237, 243
Völker, Stefan III, 2563
Volkmer, Ingrid I, 366; III, 2807
Vollberg, Susanne III, 2291
Vollbrecht, Karl II, 1183
Vollbrecht, Ralf I, 103, 104, 268, 271; II, 1157; III, 2806, 2807
Vollenweider, Andreas III, 2685
Vollmann, Heinz II, 1377
Volmer, Ingrid I, 362, 366
Voloshinov, V.N. II, 1702
Volpers, Helmut III, 1983
Volta III, 2127

Voltaire I, 733
Völter, Heinrich I, 394
Volz, Hans I, 449, 450
Vonnegut, Kurt I, 694
Vonnegut, Kurt jr. III, 1797
Vooijs, M.W. I, 87, 104
Voort, Tom H. van der I, 87, 104
Voragine, Jacobus de I, 550
Vorderer, Peter I, 96, 98, 106, 110, 112; II, 1741, 1750; III, 2408, 2413, 2495, 2500
Vormweg, Helmut II, 1648
Vorstius, Joris I, 499
Voss, Christian F. I, 831
Voßkamp, Wilhelm I, 232, 244, 574, 583, 684, 694, 695
Vowinckel, Antje III, 2071
Vredeling III, 2737
Vring, Georg von der II, 1475
Vuillermoz, Emile I, 162
Vulpius, Christian A. I, 765
Vydal, Justin V. Prášek I, 679

W

Wachinger, Burghart I, 582
Wachtel, Karl III, 2025
Wachtel, Martin II, 1777, 1782
Wachtel, Stefan III, 2003, 2025, 2072, 2090
Wächter, Thomas III, 1942, 1958
Wackmann, Daniel B. I, 71, 81
Waddington, Rudolph I, 717, 718, 724
Wadle, Elmar I, 340, 346
Waesberghe, Jean I, 720, 724
Waetzold, Stephan I, 152, 161, 983
Wagenbrett, Gerhard II, 1573
Wagenführ, Kurt II, 1490; III, 2021, 2025
Wagenknecht, Christian I, 878
Wagenknecht, Edward II, 1169, 1177
Wagner, B. II, 1385; III, 2301
Wagner, Christoph II, 1142
Wagner, Erich I, 939, 958, 964
Wagner, Fritz A. II, 1183
Wagner, Gerhard I, 189; II, 1663
Wagner, Hans I, 3, 14, 319, 321, 323, 332, 336; III, 2090, 2406, 2413
Wagner, Hans-Ulrich II, 1445
Wagner, Klaus III, 1895, 1907
Wagner, Monika III, 1799
Wagner, Rainer C.M. II, 1132, 1136
Wagner, Richard II, 1054, 1111, 1434, 1447, 1510; III, 2066
Wagner, Wolf-Rüdiger III, 2807
Wahl, Mats II, 1591
Wahlster, Wolfgang I, 131
Wahrig, Gerhard II, 1610, 1621
Waidacher, Friedrich I, 499
Waismann, Friedrich I, 29, 34, 57, 300, 309
Wakshlag, J.J. III, 2468, 2476
Walch, Ingeborg S. I, 79, 80, 81
Waldenberger, Arthur III, 2540, 2547, 2563
Waldmann, Günther II, 1630, 1631
Waldmann, Werner III, 2363
Waldseemüller, Martin I, 674, 669
Walendy, Elfriede III, 1983
Walenski, Wolfgang I, 438; II, 1573
Waleran, Count of Mellent I, 638
Waletzky II, 1695, 1702
Walfisch, Joram II, 1320, 1323
Walk, Hans III, 2648
Walke, B. II, 1519, 1538
Walker, Frederik I, 988, 1013
Wallace, Michael D. I, 131
Wallbott, Harald G. III, 2446, 2451
Wallbrecht, Dirk U. III, 2572, 2578
Waller, Gregory A. II, 1154, 1160
Wallis III, 2708
Wallisch, Gianluca I, 970, 973
Wallraff, Günter I, 239, 961; II, 1716, 1719, 1720, 1644
Wallroth, Werner II, 1242
Walser, Gerold I, 614
Walser, Martin II, 1494, 1499; III, 2027
Walser, R. II, 1641
Walter, John I, 408
Walter, John III I, 827, 828
Walter, John V. I, 905, 909
Walther von der Vogelweide I, 576; II, 1640
Walther, Bernhard I, 740
Walther, Jürgen II, 1724
Walther, Karl K. I, 143, 504, 513, 791, 793
Walton, P. III, 2018
Walzel, Oskar I, 310
Wandel, Paul II, 1237
Wanders, Lilo III, 2325
Wandke, Hartmut III, 2600, 2610
Wang, Andreas I, 139, 141, 143, 816
Wangen, Edgar II, 1771, 1772, 1774, 1782
Wangenheim, Gustav v. II, 1238
Wanger, Walter II, 1078, 1144, 1149
Wannemacher, Stefan II, 1334, 1339
Waples, D. II, 1744
Wapowski, Bernhard I, 735
Warburg, Aby M. I, 369, 374, 791, 793; II, 1633
Ward, Benedicta I, 641, 649
Warhol, Andy I, 782; II, 1119; III, 1789, 1792
Warncke, Carsten-Peter I, 143, 499
Warnecke, Lothar II, 1242, 1244
Warnecke, Rainer III, 2008, 2009, 2019
Warner Brothers II, 1027, 1028, 1063; III, 2675
Warning, Rainer I, 321, 336; III, 2463
Warnke, Martin I, 374
Warstat, Dieter H. II, 1153, 1160
Wartella, Ellen III, 2492, 2493, 2500
Warth, Eva-Maria I, 50, 110; III, 2350
Wäscher, Hansrudi II, 1634
Wäscher, Hermann I, 802, 811, 812, 813, 816
Wasilewski, Andreas I, 1017, 1025
Wasko, Janet II, 1070, 1072, 1075, 1078, 1080, 1083, 1084, 1148, 1150
Wasmund, Klaus II, 1771, 1782
Wasner, M. III, 1892, 1901, 1907
Wasserburg, Rudolf II, 1563; III, 2771
Wassermann, Jakob I, 766
Watabe, Kazuo III, 2606, 2610
Watanabe, Takesato III, 2837, 2839, 2840
Watermann, Robert H. I, 79, 81
Watkins, Bruce I, 106, 199; III, 2463
Watkins, Tony II, 1586, 1594
Watson, Andrew G. I, 559
Watson, John B. I, 328
Watt, Charles I, 409, 451
Watt, Tessa I, 793
Wattenbach, Wilhelm I, 443, 560
Watzenrode, Lukas I, 736
Waugh, Coulton I, 784
Wayne, John II, 1211, 1214; III, 1793, 2191
Weaver, C. Kay III, 2491, 2499
Weaver, C.A. III, 2475, 2476
Weaver, David H. I, 62, 64, 70

Weaver, J.B. III, 2476
Weaver, Pat III, 2323, 2328
Weaver, Warren I, 20, 27
Weber, Adolf III, 2351
Weber, Bernd I, 208, 211, 212, 970, 973; III, 2090, 2761
Weber, Bruno I, 143, 145, 793, 820
Weber, Johannes I, 841, 842, 847, 851, 853, 864, 866, 880, 897, 913; II, 1037, 1038, 1203, 1207, 1289
Weber, Klaus I, 964
Weber, Max I, 58, 70, 82, 144, 145, 257, 265, 272, 319, 336, 882, 892; III, 2823
Weber, Uwe III, 2332, 2338, 2340
Weber, Walter II, 1365, 1374
Weber, Wilhelm I, 421
Webster, J.G. III, 2466, 2468, 2476
Weck, Chris III, 1947, 1958
Weck, Helga II, 1610, 1621
Wedding, Bernd II, 1337, 1339
Wedekind, Frank I, 506
Wedel, Michael II, 1140, 1141
Wedemeyer, A. II, 1160
Wedgewood, Veronica I, 693
Weerth, Georg II, 1717, 1718, 1720
Wefers, Sabine I, 574
Wegener, Claudia I, 48, 57; III, 2807
Wegener, Paul II, 1063, 1112, 1182
Wegner, Immo I, 49
Wegner, J. III, 2386, 2388
Wegner, Ulrich III, 1974
Wehdeking, Volker II, 1648
Wehle, Johann H. I, 882, 892
Wehnelt, A. II, 1370
Wehr, Barbara I, 665, 680
Wehrend, S. I, 126, 131
Wei Ze, David III, 2655, 2660
Weibel, Peter III, 1875, 1879, 2068, 2071, 2439, 2450
Weichart II, 1389
Weichler, Kurt I, 923; II, 1757, 1765
Weick, Karl E. I, 75, 76, 82
Weidemann, Kurt II, 1637, 1788
Weidenmann, Bernd I, 57, 309; III, 2383, 2812, 2813, 2814, 2815, 2819
Weidenmüller, Hans I, 152, 161
Weidig I, 813
Weigand, Edda I, 51, 227, 306, 307; II, 1711; III, 2330
Weigand, Rudolf I, 633, 636
Weigel, Sigrid I, 143, 200, 788, 789, 791, 793, 798, 802, 813, 814, 816, 822, 823, 824; II, 1647
Weigel, Ulrich III, 2566, 2578
Weiher, Sigfrid v. II, 1199, 1207, 1305, 1323
Weil, Claudius II, 1123, 1218
Weiler, Simma III, 2732
Weill, Alein I, 981, 984, 999, 1000, 1001, 1011, 1016; II, 1788
Weill, Kurt II, 1472, 1477, 1506, 1507, 1507, 1508
Weimann, Gabriel III, 2465, 2466, 2474, 2476
Weimann, Karl-Heinz I, 500
Weimar, Peter I, 551, 560
Weinauge, B. III, 1956, 1958
Weinbender, J. III, 2090
Weinbrenner, Hans-Joachim II, 1444
Weiner, Richard III, 2011, 2019
Weinert, Franz E. III, 2819
Weingarten, Rüdiger I, 304, 306, 356, 366
Weinrich, Harald I, 213, 231, 302, 309, 583, 591, 969, 973; II, 1712
Weinstein, Donald I, 726, 734
Weinstein, Stephen III, 1942, 1958
Weinstock, Neal III, 2533
Weinwurm, Edwin H. II, 1073, 1077, 1078, 1080, 1084
Weis, Elisabeth II, 1141, 1150; III, 1836
Weischedel, Wilhelm I, 27, 281
Weischenberg, Siegfried I, 48, 54, 57, 82, 221, 230, 231, 260, 266, 271, 272, 323, 324, 326, 327, 335, 336, 867, 868, 873, 878, 880; II, 1760, 1765; III, 2008, 2019, 2024, 2083, 2090, 2318, 2321, 2404, 2425, 2453, 2461, 2463, 2464
Weise, Christian I, 847, 851
Weise, Gustav I, 787
Weisenborn, Günter II, 1491
Weisheipl, James A. I, 664
Weiske, Martin III, 2321, 2322, 2323, 2324, 2325, 2328, 2330
Weismann, Ch. I, 801
Weiss, Audrey J. I, 87, 110
Weiß, Christian F. I, 568
Weiß, Ernst II, 1368, 1375
Weiß, Hans-Jürgen I, 58, 59, 70
Weiß, Johannes III, 2043, 2045
Weiss, Karl Th. I, 421
Weiss, Paul I, 286; II, 1644
Weiss, Peter III, 1875, 1881
Weiß, Ralph I, 187, 189, 320, 323, 336; II, 1457, 1459; III, 2088, 2090
Weiß, Ulrich II, 1244
Weiss, Wisso I, 421
Weiß, Wolfgang I, 143, 684, 691, 695
Weißbecker, Helga III, 2348, 2350
Weisstein, Ulrich I, 310, 318
Weist, Elizabeth II, 1206, 1207
Weizsäcker, Carl Ch. v. III, 2706, 2713
Welcker (Politiker) I, 941, 942
Welke, Martin I, 888, 892, 899, 900; II, 1743, 1750
Wellek, René II, 1725, 1729
Weller, Emil I, 674, 676, 680, 790, 820
Wellershoff, Dieter I, 239; II, 1103, 1104, 1495, 1631, 1644
Welles, Orson I, 167; II, 1120, 1122, 1207, 1214, 1215, 1216, 1218; III, 1793, 1794, 2051, 2190
Wellhausen, Hans III, 2153, 2154
Wellner, P. I, 125, 131
Wells, H.G. I, 693
Wells, John J. I, 408
Wells, Joseph I, 613
Wells, Rosalie III, 2605, 2610
Wells, S. III, 2811, 2819
Welsch, Wolfgang I, 523, 526; III, 1799
Welser I, 486
Wember, Bernward I, 47, 48, 57; III, 1833, 1836, 2311, 2321, 2454, 2464
Wendel, Carl I, 527, 538
Wenders, Wim II, 1082, 1160; III, 1795, 1796, 1807, 2300, 2308, 2352, 2360
Wendland, Henning I, 450
Wendland, Kristina III, 2572, 2574, 2579
Wendorff, Rudolf II, 1621
Wendt, Klaus II, 1386
Wendt, Rudolf III, 2771
Wendt, S. II, 1537, 1538
Wengeler, Martin I, 47, 56, 308; II, 1712
Wengenroth, Thomas I, 965, 973
Wenner, Lawrence A. I, 82, 109; III, 2500
Wente, E.C. II, 1368
Wentzcke, Paul I, 813, 816
Wenzel, Horst I, 545, 546, 560, 594, 600
Wenzel, Karl E. III, 2754, 2761
Wenzel, Manfred I, 745
Werber, Bernd I, 973
Werfel, Franz I, 766
Wergeland, Björn III, 1942, 1958
Werle, Horst III, 1931

Werle, Raymund III, 2577, 2579
Werlen, Iwar I, 526
Wermke, Jutta I, 238, 244
Wermter, Ernst M. I, 735, 746
Werner, Andreas II, 1753, 1755
Werner, Hanns II, 1411
Werner, Hans U. II, 1140, 1142
Werner, Johannes I, 735, 740
Werner, Otmar I, 824
Werner, Petra I, 851; II, 1744, 1749, 1757, 1758, 1761, 1762, 1765; III, 2090
Wernsing, Armin V. I, 238, 244; II, 1625, 1631
Wernström, Sven II, 1587
Werremeier, Friedhelm III, 2361, 2362
Wersig, Gernot III, 2577, 2579
Wertheimer, Max II, 1058
Wessellok, Peter II, 1631
Wessels, Hans-Friedrich I, 864
Wessels, Wolfram II, 1429, 1445, 1473, 1482; III, 2083, 2084, 2090
Wessely, Paula II, 1493
Wessington, John I, 642
West, Julian I, 692
West, Mark II, 1594
West, Morris L. I, 770
Westbrock, Ingrid III, 1823, 1824, 1829, 1875, 1881
Westendorf, Andreas III, 1957
Westerbarkey, Joachim I, 2, 14
Westerloo, Ed van III, 2395, 2396, 2405
Westheim, Paul I, 150, 152, 153, 157, 161
Weston-Smith, Miranda I, 109
Westphal, Gert II, 1494, 1495
Westphal, Uwe I, 849, 851
Wettges, Wolfram I, 824
Wetzel, C. Douglas III, 2599, 2610
Wetzel, Michael I, 275, 281; II, 1663
Weyl, Paul I, 436
Weyrauch, Erdmann I, 438, 473, 500, 511, 512, 513
Weyrauch, Wolfgang I, 239; II, 1463, 1490, 1494, 1641; III, 2028
Whalen, Jack I, 225, 226, 227
Wheldon, Huw I, 372, 374
Whinston, Andrew B. III, 2606, 2610
Whistler, James McNeill I, 1003
Whitaker, B. II, 1694, 1702
White, Alice V. III, 2466, 2476
White, David M. I, 72, 81, 82; III, 2309, 2321
White, M. I, 88, 110
White, Percival I, 984
Whitehead, Alfred N. I, 379

Whitehead, Gregory III, 2071
Whitman, Walt II, 1172
Whitney, D. Charles III, 2499
Whittaker Cope, Richard I, 408
Wibel, Martin III, 2360
Wichner, Ernest I, 510, 513
Wicht, Henning II, 1439, 1445; III, 2087, 2090
Wichterich, Christa III, 2489, 2500
Wick, Jakob I, 790
Wick, Johann J. I, 817
Wicke, Peter III, 2689
Wickert, Ernst II, 1495
Wickler, Wolfgang III, 1818, 1821
Wicliff, John I, 597
Widder, Ellen I, 560
Widlok, Peter III, 1967, 1968, 1970, 1975, 2507
Widmann, Hans I, 449, 473, 500, 573, 574
Widmann, Johann J. I, 394
Widmannstädter, Johann A. I, 740
Widmer, Urs II, 1497
Wiechert, E. II, 1641
Wiedemann, Dieter III, 2487, 2499, 2500
Wiedemann, Peter M. I, 262, 272
Wiegand, Herbert E. I, 56, 231, 725, 880; II, 1106; III, 2464
Wiegand, Ute II, 1154, 1160
Wiegand, Wayne A. I, 500
Wieken-Mayser, Maria I, 256
Wieland, Christoph M. I, 470, 576, 577, 580, 692, 832, 874, 940
Wieland, Georg I, 664
Wieland, Ludwig I, 902, 941
Wieler, Petra I, 97, 110
Wiemann, John M. I, 229
Wiemeler, Ignaz I, 423
Wien, Max II, 1388
Wienbarg, Ludolf I, 505, 875
Wiencken, Michael P. III, 2438
Wiene, Robert II, 1063, 1064, 1178
Wiener, Norbert I, 21, 27
Wiener, Philip P. I, 734
Wiesand, Andreas J. I, 58, 70, 575, 581, 582; II, 1513
Wiesbeck, Werner III, 1942, 1957
Wiese, Fritz I, 425, 434, 438
Wiese, Hans-Jürgen II, 1157
Wiesener, Bernd II, 1159
Wiesinger, Peter I, 725
Wiesner, Herbert I, 510, 513, 776
Wiggershaus, Rolf I, 320, 336
Wiggins, Steven N. I, 203, 212

Wilbert, Gerd III, 2857
Wilby, Pete III, 2008, 2009, 2010, 2014, 2017, 2019
Wilckens, Ulrich I, 378
Wilcox, B.L. III, 2475
Wild, Reiner I, 564, 568, 875, 880; II, 1594
Wildberger, Andreas III, 2572, 2579
Wildberger, Jörg I, 78, 82
Wilde, Frank II, 1761
Wildenhahn, Klaus II, 1132; III, 1800, 1801, 1803, 1807, 1808
Wilder, Samuel (Billy) II, 1065, 1067, 1120
Wilder, Thornton III, 2351
Wilensky, Harold L. I, 65, 70
Wiley, Richard E. III, 2785, 2787
Wilhelm de la Mare I, 661
Wilhelm I. (Kaiser) I, 943
Wilhelm II. (Kaiser) I, 506; II, 1116, 1164
Wilhelm von Auxerre I, 651
Wilhelm von Cayex-sur-Mer I, 661
Wilhelm von Conches I, 631
Wilhelm von Moerbeke I, 652
Wilhelm von Ockham I, 661
Wilhoit, G. Cleveland I, 62, 64, 70
Wilke, Jürgen I, 13, 48, 54, 57, 117, 230, 266, 272, 336, 513, 770, 776, 851, 867, 868, 873, 874, 875, 877, 880, 886, 892, 901, 913, 923; II, 1680, 1690, 1692, 1693, 1708, 1711, 1744, 1745, 1746, 1748, 1750; III, 2309, 2321, 2578, 2714, 2726
Wilke, Peter III, 2676
Wilkening, Albert III, 1813, 1814, 1815, 1816, 1821
Wilkens, Henning II, 1380, 1385, 1386
Wilkes, Walter I, 421
Willemen, Paul I, 172, 175
Willems, Helmut I, 102, 105
Willemsen, Roger III, 2325
Willette, Adolphe I, 781
William of Malmesbury I, 638, 642, 643, 647
William of Newburgh I, 643, 645
William the Conqueror I, 644
Williams, Alan II, 1123
Williams, C.H. I, 686, 695
Williams, David R. II, 1160
Williams, Jennifer I, 776
Williams, Ned II, 1092
Williams, Raymond I, 99, 110, 196, 200; III, 2343, 2457, 2464, 2487, 2494, 2500

Williams, Robbie III, 2684
Williams, Tennessee III, 2351
Williams, W.F. III, 1942, 1957
Williger I, 614
Willis, Paul I, 103, 106, 110; III, 2447, 2452, 2497
Wilmer III, 2779, 2781, 2784, 2785, 2787
Wilms, Fritz II, 1155, 1160
Wilp, Charles III, 2420
Wilpert, Gabriele I, 798, 802, 822, 823, 824
Wilpert, Gero v. I, 690
Wilson (Präsident) II, 1685
Wilson, Barbara J. I, 110
Wilson, Deirdre I, 296, 309
Wilson, Jean G. III, 2830
Wilson, Peter N. II, 1142
Wilson, Stephanie G. I, 110
Wilson, Thomas P. I, 258, 272, 330, 336
Wilson, Timothy D. I, 87, 88, 93, 109
Wilzopolski, Siegfried II, 1107, 1117
Wimmer, Rainer I, 52, 230, 305, 309, 879
Winch, Peter I, 57, 214, 231
Winckelmann, Johann J. I, 368, 374
Winckler, Emil I, 436
Winckler, Klaus III, 2269
Winckler, Lutz I, 580, 581, 583
Windahl, S. III, 2465, 2467, 2470, 2475, 2476
Winder, R. I, 131
Windgasse, Thomas III, 1999, 2000, 2005, 2006
Windhorst, Christof I, 824
Windsor, Peter I, 120, 131
Winfield, Betty H. III, 2749
Wingate, Pauline I, 850
Wingert, Bernd I, 55, 331, 335, 357, 366
Winker, Klaus II, 1551
Winkler Dr. I, 949
Winkler, Hartmut I, 57; III, 2308, 2458, 2464
Winkler, Karl T. I, 924, 931
Winkler, Max II, 1080
Winn, Mary I, 193, 200
Winter, E. III, 2154
Winter, Konrad L. I, 885, 892
Winter, Michael I, 695
Winter, Rainer III, 2450, 2458, 2460, 2461, 2464, 2494, 2500
Winterhoff, Edmund I, 572
Winterhoff-Spurk, Peter I, 48, 57, 193, 199, 329, 334; II, 1750; III, 1987, 2005, 2412, 2413, 2495, 2500
Wintermann, Bernd III, 2009, 2012, 2019

Wintermonat, Gregor I, 841
Winteroll, Hans M. I, 450
Wintgen, Hans III, 1810
Wirth, Franz J. III, 2351
Wirth, Fritz I, 886, 892
Wirth, Gerhard I, 554, 560
Wirth, Johann G.A. I, 788, 903, 941
Wirth, Werner III, 1810, 1812
Wirtz, Bernd W. III, 2705, 2713
Wischnewski, Klaus II, 1242, 1243, 1245
Wise, Robert II, 1064
Wiseman, Frederick III, 1800, 1803
Wister, Owen II, 1210
Witte, Eberhard III, 2213, 2714, 2726
Witte, Julius II, 1489
Witte, Karsten II, 1122, 1155, 1160
Wittel, Andreas I, 80, 81
Wittgenstein, Ludwig I, 29, 57, 278, 281, 291, 293, 294, 300, 309, 521; III, 2452, 2464
Wittich, Ursula II, 1596, 1605
Wittig-Terhardt, Margret III, 1939, 1941, 2772
Wittkämper, Gerhard W. III, 2726
Wittmann, Reinhard I, 422, 438, 467, 473, 575, 576, 580, 583, 586, 589, 591
Wittmann, Waldemar I, 355
Wittwen, Andreas III, 2317, 2321, 2457, 2464
Wittwer, Max I, 884, 892
Witzleben, C.D. v. I, 885, 892
Wober, Mallory III, 2465, 2466, 2474, 2476
Wodak, Ruth I, 215, 224, 230, 231; III, 2001, 2005, 2009, 2012, 2013, 2014, 2015, 2016, 2018
Woesler, Winfried I, 317
Wohl, Richard R. I, 330, 334; III, 2456, 2463
Wohlfeil, Rainer I, 132, 142, 143, 793
Wohlfeil, Trude I, 132, 143
Wohlrab, Hans Chr. II, 1202, 1207
Wohmann, Gabriele II, 1499
Woisin, Matthias III, 2332, 2340
Wolbert, Klaus II, 1779, 1782
Wolbert, Werner III, 2799
Woldt, Runar I, 208, 212
Wolf, Christa II, 1644, 1645
Wolf, Dieter I, 143, 802; II, 1106
Wolf, Felix I, 978

Wolf, Friedrich I, 177; II, 1476, 1490
Wolf, Gotthart III, 1813, 1814, 1815, 1816, 1818, 1819, 1820, 1821
Wolf, Hans-Jürgen I, 450, 457
Wolf, Hellmuth II, 1306, 1323
Wolf, Jean Claude III, 2790, 2799
Wolf, Jeremias I, 787
Wolf, Konrad II, 1240, 1241, 1242, 1244
Wolf, Kurt K. II, 1751, 1755
Wolf, Ror II, 1499
Wolf, Sylvia II, 1160
Wolf, Werner II, 1774, 1782
Wolfe, Tom II, 1718
Wölfel, Ursula II, 1587
Wölfer, Jürgen III, 2689
Wolff, Bernhard I, 911; II, 1681
Wolff, Christian I, 743, 746
Wolff, Erwin I, 614
Wolff, Gerhart II, 1770, 1776, 1778, 1780, 1782
Wolff, Hans I, 756, 763, 764
Wolff, Harald II, 1138, 1142
Wolff, Kurt I, 471, 766
Wolff, Philipp II, 1165
Wolff, Theodor I, 905, 908, 947
Wölfflin, Heinrich I, 369, 374
Wolfram von Eschenbach I, 555
Wolfschmidt, Gudrun I, 745
Wolfskehl, Wenzel I, 805
Wolgast, Heinrich I, 566; III, 2804
Wollen, Peter I, 170, 175; II, 1198
Wollherr, Horst II, 1386
Wöllner, Christoph v. I, 505
Wolsey (Kanzler) I, 685
Wolter, Hans-Wolfgang I, 851, 892, 913
Wondratschek, Wolf I, 186, 239; II, 1463, 1496
Wontorra, Jörg III, 2401
Wood III, 1996
Wood, Robin II, 1218
Wood, Sam II, 1212
Woodens, Williams W. I, 563, 568
Woodhouse, John R. I, 696, 706, 707, 710
Woods, R.E. I, 130
Woodward, Bob III, 2748
Woodward, David I, 747, 763
Wooldridge, Terence R. I, 713, 714, 720, 725
Woollacott, Janet I, 99, 100, 104, 106, 282, 287
Wordsworth, William I, 564
Worschech, Rudolf II, 1154, 1160
Worschech, Thomas II, 1160

Worthington, Clifford II, 1160
Wössner, Mark III, 2699
Wostbrock, Fred III, 2331, 2340
Wöste, Marlene II, 1429
Wright, C. I, 324
Wright, J.C. I, 89, 106
Wucherpfennig, Wolf I, 238, 244; II, 1625, 1631
Wuchterl, Kurt I, 17, 27
Wühr, Paul II, 1497
Wulf, Hans Jürgen I, 89, 110
Wulf, Jens I, 437
Wulf, Richard III, 2138
Wulff, Hans-Jürgen III, 2332, 2337, 2338, 2340, 2442, 2448, 2449, 2452, 2481, 2485
Wulfila I, 597
Wülfing, Wulf I, 138, 142; II, 1717, 1720
Wülfrath, Karl I, 939
Wunden, Wolfgang III, 2799
Wünderich, Hermann II, 1788
Wunderlich, Werner I, 578, 581, 582
Wundt I, 614
Würffel, Stefan B. I, 177, 179, 180, 188, 239, 244; II, 1477, 1494, 1497, 1500; III, 2030
Wurth, C. II, 1363
Würzburger, Karl III, 2084, 2085, 2090
Wuss, Peter II, 1123; III, 1790, 1799
Wüste, Werner III, 1801, 1812
Wüstenhagen, Ulf III, 2116
Wüsthoff, Klaus III, 1829
Wütschner, Wolfgang III, 1957
Wuttig, Heinz O. II, 1495
Wuttke, Dieter I, 793, 804, 816
Wuttke, Heinrich I, 882, 892, 931
Wyatt, Justin I, 173, 175
Wyclif I, 548
Wyngaert, Anastasius van den I, 670, 671, 680
Wyver, John III, 2607, 2610

X

Xavier, Francisco I, 676
Xenophanes I, 531, 534
Xenophon von Ephesos I, 527, 528, 532, 533, 534, 535, 537, 538, 609, 610, 611
Xerxes (Perserkönig) I, 601, 606, 608

Y

Yamagata, Masao III, 2839
Yamaguchi, Koji III, 2837, 2839
Yamamoto, Akira III, 2840
Yamamoto, Taketoshi III, 2840
Yeats I, 599
Yerasimos, Stéphane I, 672, 680
Yip, Chris III, 2470
Yoe, C. II, 1218
Yoon, Grace III, 2067
Youn, Sug-Min III, 2466, 2467, 2476
Young, Chic I, 781
Young, J. III, 2018
Young, Thomas II, 1362
Youngblood, Denise J. II, 1198
Yu, Frederick T.C. III, 2498

Z

Zacharias, Helmut III, 2685
Zaddach, Gerhard I, 310, 318
Zagrodzki, Christophe I, 1015
Zahlten, Johannes I, 374
Zahn, Peter v. II, 1131; III, 1806, 2027, 2032, 2292
Zahn, Susanne I, 566, 568
Zainer, Günther I, 486
Zamjatin, Evgenij I, 693
Zampa, Luigi I, 1223
Zan, Heribert II, 1573
Zancan, Marina II, 1228
Zander, Alvin I, 117
Zander, Horst II, 1372, 1374, 1375
Zankl, Hans L. I, 888, 892, 978, 984
Zapf-Schramm, Thomas I, 53, 264, 270; III, 2269, 2273, 2279
Zapp, Hartmut I, 552, 560
Zappa, Frank III, 2439
Zavattini, Cesare II, 1221, 1222, 1223
Zayer, Hermann III, 2610
Zaza, Tony II, 1142
Zechlin, Lothar I, 511, 512
Zechmeister, Johann III, 2648
Zedd, Nick III, 1792
Zedelmeier, Helmut I, 540, 560
Zedler, Johann H. I, 462, 762, 764, 797; II, 1607
Zedler, Peter I, 256, 257, 269, 270, 365
Zeeden, Ernst W. I, 141
Zehrer, Hans I, 959
Zehrt, Wolfgang I, 57; III, 2090
Zeiß, Michael I, 58, 70
Zekl, Hans G. I, 740, 746
Zelada, Francisco X. de I, 666
Zell, Hans M. III, 2656, 2660
Zell, Ulrich I, 445, 447
Zeller, Bernhard I, 148, 449, 513, 590, 894
Zeller, Emil III, 1942, 1958
Zeller, Ursula I, 982, 984, 985, 986, 1001, 1011
Zeller, Wolfgang I, 148, 894
Zenon von Elea I, 169, 475
Zentes, Joachim I, 200, 212
Zeran III, 2560
Zerdick, Axel I, 211, 885, 889, 890; III, 2596, 2700, 2701, 2704, 2705, 2706, 2708, 2709, 2720, 2725
Zerfaß, Ansgar I, 81; III, 2596
Zerges, Kristina I, 589, 591, 887, 892
Zettl, Herb I, 31, 57
Zeutschner, Heiko I, 57; III, 2459, 2464
Zglinicki, Friedrich v. II, 1167, 1199, 1201, 1207
Zgusta, Ladislav I, 725, 764
Zhong, Lianmin II, 1739
Ziegenrücker, Wieland III, 2689
Ziegler, Edda I, 505, 513
Zielinski, Siegfried I, 194, 200, 263, 266, 270, 272; II, 1152, 1153, 1154, 1160, 1199, 1202, 1207; III, 1799, 2158, 2159, 2167, 2453, 2458, 2464
Ziemer, Albrecht II, 1361; III, 2153, 2154
Ziemske, Burkhardt III, 2771
Ziermann, Klaus I, 238, 244; II, 1625, 1631
Zierold, Kurt III, 1815, 1821
Zießler, M. III, 2610
Zifonun, Gisela I, 309
Zillig, Werner II, 1229
Zillmann, Dolf I, 98, 105, 110; III, 2319, 2408, 2413, 2443, 2452, 2467, 2476, 2495, 2500
Zima, Peter v. II, 1663
Zimmer, Dieter E. I, 513
Zimmer, Gert III, 1968, 1974, 2003, 2005, 2024
Zimmer, Hubert D. II, 1788
Zimmer, Jochen I, 43, 57; III, 2278, 2280, 2569, 2579
Zimmerli, Walter II, 1663
Zimmerman, Don H. I, 217, 224, 229, 301, 306, 308
Zimmermann, Bernhard I, 583, 591, 774, 776
Zimmermann, Christine I, 526
Zimmermann, Dietmar III, 2370, 2383
Zimmermann, Hans-Dieter I, 784; II, 1630, 1631, 1639, 1648, 1753, 1755

Zimmermann, Harro III, 2121, 2126
Zimmermann, Peter I, 45, 54; II, 1132, 1136, 1134, 1135; III, 1804, 1805, 1806, 1808, 1810, 1812, 1813, 1875, 1881, 2320, 2806
Zimmermann, Rainer III, 2425
Zimmerschied, Karl II, 1060, 1072
Zindel, Paul II, 1587
Zindel, Udo II, 1289
Zinke II, 1310, 1311, 1323
Zinn, Georg-August III, 2719
Zinnecker, Jürgen I, 358, 366
Zinner, Ernst I, 746, 747, 764
Zipfel, Astrid I, 117
Zipser, Richard I, 513
Zirbik, Jürgen III, 1999, 2000, 2001, 2003, 2006

Zischka, Gerd D. II, 1621
Zitzlsperger, Rolf I, 192, 199; II, 1639
Zmegac, Viktor I, 317, 579, 582, 694; II, 1631
Zöberlein, Hans I, 766
Zoche, Peter I, 50
Zohlnhöfer, Werner I, 202, 211
Zola, E. II, 1653
Zöllner, Oliver I, 117, 226
Zorkaja, N. II, 1652, 1655
Zosimo I, 609
Zschoches, Hermann II, 1242, 1243, 1244
Zschunke, Peter II, 1684
Zubayr, Camille III, 2276, 2279
Zucker, Paul II, 1086, 1089, 1090, 1092, 1155, 1160
Zuckerman, D. III, 2475
Zuckman, Harvey L. III, 2786

Zuckmayer, Carl II, 1493
Zukor, Adolph II, 1062, 1063, 1075, 1076, 1144
Züll, Cornelia I, 255, 256
Zur Westen, Walter v. I, 981, 984, 1016, 1025
Zurara, Gomes E. de I, 675
Zuse, Konrad I, 496
Zwaan, Rolf A. I, 85, 96, 97, 105, 107, 110
Zwart, Piet I, 997, 1005
Zweig, Arnold I, 766, 771; II, 1472, 1641
Zweig, Stefan I, 766; II, 1640
Zwicker, Eberhard II, 1267, 1271; III, 1942, 1946, 1958
Zwiedineck-Südenhorst, Hans v. I, 792, 793
Zworykin, Vladimir K. III, 2137, 2138, 2140, 2151, 2155

Institutionenregister

3sat II, 1344; III, 1847, 2206, 2207, 2275, 2278, 2314, 2414, 2360, 2387, 2402

A

A&M III, 2681
A.C. Nielsen III, 2434
Aafa (Tonfilmproduzent) II, 1029
Abtei I, 478, 660
Academie Française III, 2841
Academy Awards II, 1176
Academy of Motion Pictures Arts and Sciences II, 1066; III, 2189
Adult Contemporary Radio (ACR) III, 1969, 1977
AER-Koordinierungsgruppe III, 2099
Africa No. 1 III, 1996
Agence France-Presse (AFP) II, 1681, 1682, 1683, 1690, 1691, 1713
Agence Havas (Frankreich) I, 905; II, 1681
Agenzia Nazionale Stampa Associata (ANSA) II, 1690
Ahmadiyya III, 2690
Airport Channel III, 2194
AJYM (Filmproduzent) II, 1230
Akademie der Wissenschaften I, 475, 477, 487, 532; II, 1119
Akademie der Wissenschaften der DDR III, 2824
Aktien-Gesellschaft für Anilinfabrikation (Agfa) II, 1060
Aktiengesellschaft I, 471
All Nippon III, 2833
Allgemeine Elektrizitätsgesellschaft (AEG) II, 1030, 1198, 1202, 1203, 1205, 1365, 1373
Allgemeiner Deutscher Nachrichtendienst (ADN) II, 1682; III, 2847
Alliierte Hohe Kommission III, 2200

AlsterRadio III, 1970
Alta Vista III, 2675
Amann-Konzern I, 949
AMC III, 2190, 2191
America Online (AOL) III, 2258, 2569, 2580, 2587, 2588, 2589, 2595, 2681, 2682
American Broadcasting Company (ABC) I, 204; II, 1083, 1549; III, 2194, 2258, 2312, 2340, 2690, 2780
American Chemical Society (ACS) III, 2645
American Forces Network (AFN) II, 1510; III, 1928, 1934, 1936, 1938, 2323
American Health Network III, 2195
American Movie Classic III, 2190, 2191
American Mutoskop and Biograph Company II, 1059, 1166
American Telephone & Telegraph Co. (AT&T) II, 1200; III, 2132, 2214, 2517
Amt für Schrifttumspflege I, 508
Animal Planet III, 2195
Annenberg Center III, 2832
Annenberg School of Communication III, 2348, 2492
Antenne 1 III, 1990
Antenne Bayern I, 354; II, 1443
Antenne Brandenburg III, 1925
AOL/Time Warner III, 2258
APF Blick III, 2314
APTV, London (Fernsehnachrichtendienst der AP) II, 1683
Arbeitsgemeinschaft der öffentlich-rechtlichen Rundfunkanstalten in der Bundesrepublik Deutschland (ARD) I, 61, 348, 349, 351; II, 1036, 1069, 1131, 1132, 1134, 1284, 1300, 1341, 1342, 1343, 1344, 1346, 1347, 1348, 1378, 1381, 1395, 1420, 1422, 1424, 1425, 1426, 1428, 1437, 1438, 1440, 1441, 1443, 1450, 1452, 1453, 1456, 1488, 1498, 1500, 1541, 1542, 1543, 1546, 1547, 1552, 1557, 1560; III, 1806, 1807, 1849, 1852, 1887, 1889, 1918, 1926, 1932, 1934, 1960, 1961, 1963, 1964, 1965, 1979, 1980, 1985, 1988, 1991, 1993, 2042, 2046, 2047, 2048, 2052, 2067, 2076, 2114, 2120, 2121, 2155, 2159, 2160, 2161, 2165, 2171, 2200, 2201, 2203, 2204, 2205, 2207, 2208, 2221, 2239, 2256, 2257, 2264, 2266, 2270, 2271, 2273, 2274, 2275, 2276, 2278, 2280, 2284, 2286, 2287, 2288, 2289, 2292, 2293, 2294, 2295, 2296, 2297, 2298, 2313, 2314, 2315, 2316, 2323, 2327, 2331, 2335, 2347, 2358, 2359, 2361, 2363, 2365, 2366, 2367, 2371, 2372, 2373, 2374, 2380, 2383, 2384, 2387, 2388, 2389, 2390, 2391, 2392, 2395, 2397, 2399, 2400, 2402, 2404, 2410, 2414, 2421, 2426, 2427, 2429, 2431, 2433, 2478, 2480, 2490, 2503, 2506, 2587, 2690, 2722, 2848
Arbeitsgemeinschaft Fernsehforschung (AGF) III, 2433, 2434
Arbeitsgemeinschaft Media-Analyse (AG.MA) II, 1454, 1455, 1756
Arbeitsgemeinschaft Sammlung Deutscher Drucke II, 1578
Arbeitsgemeinschaft Werbung (ARW) II, 1454, 1455
Arbeitskreis ›Jugend und Film‹ I, 360
Archiv I, 487, 491; III, 2845, 2848
Arcor III, 2587
Arianespace III, 2221
ARISTA III, 2681
Art Directors Club (ADC) III, 2415
Artcraft II, 1174
Arts & Entertainment III, 2192
Asfi (Tonfilmproduzent) II, 1203
Associated Press (AP) II, 1681, 1682, 1683, 1690, 1713

Association for Education in Journalism and Mass Communication III, 2831
Association of Radio Industries and Businesses (ARIB) III, 2244
Association of Research Libraries (ARL) III, 2643
Association Rélative à la Télévision Européenne (ARTE) II, 1344, 1545; III, 1847, 2275, 2278, 2315, 2387
Astra Digital Radio III, 1960, 1963
Atelierbetriebsgesellschaft III, 2357
Audio Engineerung Society (AES) II, 1277, 1374
Audiofina SA III, 2670
Audiovisuelles EUREKA III, 1869
Australian Associated Press (AAP) II, 1690
Austria Presse Agentur (APA) II, 1690
Auswärtiges Amt (AA) II, 1126, 1419, 1428
Auxiliary Information Channel (AIC) III, 1954

B

Baader, Lang, Behnken III, 2421
Badische Anilin- und Soda-Fabrik AG (BASF) II, 1365
Baird Television Ltd. III, 2140
Bantam Doubleday Dell III, 2655, 2657
Barnett Banks, Inc. III, 2217
Bauer (Verlag) I, 354; III, 2663, 2694
Bavaria (Filmproduzent) II, 1068; III, 2357
Bavaria Studio III, 2166
Bayerischer Film-Fernseh-Fonds II, 1069
Bayerischer Rundfunk (BR) I, 61; II, 1340, 1420, 1440, 1442, 1444, 1450, 1483, 1484, 1485, 1488, 1495, 1497, 1498, 1499, 1500, 1552; III, 1921, 1923, 1964, 1979, 1981, 1988, 1999, 2010, 2068, 2077, 2122, 2160, 2200, 2203, 2264, 2292, 2358, 2371, 2372, 2373, 2374, 2387, 2414, 2760
BBC World Service of Star-TV II, 1550

Beauftragter der Bundesregierung für Angelegenheiten der Kultur und der Medien (BKM) III, 1839, 1843
Beka/Columbia II, 1508
Bell Telephone Laboratories I, 20; II, 1064, 1200, 1368
Berliner Bank AG III, 1842
Berliner Funk-Stunde II, 1412, 1417, 1432, 1470, 1489, 1509
Berliner Industriebank AG III, 1842
Berliner Radio Stunde AG II, 1553
Berliner Rundfunk II, 1427, 1438; III, 1923, 2022, 2140
Berliner Rundfunk- und Chöre GmbH II, 1511
Berliner Rundfunk-Sinfonie-Orchester II, 1505
Berner Union III, 2659
Bertelsmann I, 204, 354; II, 1550; III, 1840, 1969, 2267, 2479, 2650, 2663, 2670, 2675, 2681, 2682, 2694, 2696, 2697, 2698, 2699
Bertelsmann Lexikon Verlag II, 1617
Bertelsmann Music Group (BMG) III, 2681, 2688
Bewegung 2. Juni 1967 III, 1807
Bibliothek I, 169, 397, 414, 463, 465, 466, 474, 475, 477, 478, 481, 484, 485, 486, 488, 489, 491, 493, 494, 508, 527, 532, 569, 570, 667; II, 1577, 1587, 1607, 1634, 1652, 1653, 1658
Bild- und Filmamt (BuFA) II, 1126, 1178; III, 1839
Bildarchiv Preußischer Kulturbesitz Berlin Stiftung Partei- und Presseorganisationen der DDR III, 2847
Bildschirmtext (BTX) II, 1562, 1753
Biograph Company II, 1060, 1061, 1168, 1169, 1170
Black Entertainment Television III, 2192, 2193
Black Entertainment Television Channel III, 2214
Bloomberg Business TV II, 1690; III, 2587
BMW AG III, 2611
Börsenverein I, 463, 464, 465, 466, 468, 470, 472, 494, 506, 572
Bravo III, 2192
British Broadcasting Corporation (BBC) I, 101; II, 1401, 1406, 1421, 1437, 1448, 1511, 1539, 1540, 1541, 1542, 1543, 1545, 1598; III, 1963, 1996,
2010, 2011, 2013, 2016, 2021, 2026, 2027, 2032, 2039, 2042, 2143, 2166, 2256, 2259, 2278, 2291, 2315, 2346, 2469, 2690, 2718, 2763
British Forces Network (BFN, später BFBS) II, 1510
British Library III, 2847
British Museum III, 2847
British Photophone II, 1029
British Phototone II, 1203
British Satelitte Service (BSS) III, 2205
British Sky Broadcasting (BSkyB) II, 1550; III, 2479, 2697
British Talking Pictures II, 1203
British Telecom III, 2221, 2250
British Universities Film and Video Council (BUFVC) III, 1816
Broadcasting Culture Research Institute of NHK III, 2835
Brooklyn Institut II, 1163
BRS III, 2643
Bruel & Kjaer II, 1380
BTA, Bulgarien (Nachrichtenagentur) II, 1682
BTS III, 2154
Bücherkommission I, 503
Buchgemeinschaft I, 471
Buchhandlung I, 470, 471, 577
Buchmesse I, 465, 466, 469, 482, 503
Buena Vista Distribution II, 1080; III, 2670
Bundesarchiv III, 2843
Bundesministerium für das Post- und Fernmeldewesen III, 2201
Bundesministerium für Forschung und Technologie II, 1340
Bundesministerium für Post und Telekommunikation II, 1342
Bundesregierung I, 497
Bundesrepublik (BR) II, 1421, 1439, 1440, 1441, 1449
Bundesverband Deutscher Fernsehproduzenten III, 2226
Bundesverband Deutscher Zeitungsverleger (BDZV) II, 1747; III, 2715, 2718
Bundesverband Informationswirtschaft, Telekommunikation und neue Medien e.V. (BITKOM) III, 2709
Bundesverfassungsgericht (BVerfG) I, 343; II, 1415, 1556, 1558, 1559, 1560, 1562, 1563; III, 2264, 2270, 2367, 2534, 2719, 2723, 2727, 2729, 2730, 2732

Bundesverwaltungsamt (BVA) III, 1844
Bündnis für den Film III, 1839, 1874
Burda-Konzern I, 354, 962; III, 2662, 2663, 2664
Bureau of Applied Social Research III, 2488
Business Channel III, 2194
Byzantinisches Reich I, 547

C

C. Lorenz AG III, 2144
Cable News Network (CNN) II, 1550; III, 2188, 2193
Cable Satellite Public Affairs Network (C-SPAN) III, 2193, 2194
Cable Video Store III, 2195
Cablevision III, 2192
Canal Plus II, 1545; III, 2697, 2698, 2699
Capital Cities/ABC-Disney II, 1549; III, 2192, 2670
Capitol Records III, 2681
Cartell lyrischer Autoren I, 578
Cartoon Network II, 1550; III, 2218
Castle Rock III, 2670
Cautio GmbH II, 1080
CCITT III, 2512, 2513, 2514
CENELEC III, 2247, 2254
Centaur-Film II, 1178
Center for Contemporary Cultural Studies (CCCS) III, 2442, 2494
Central Religious Advisory Committee (CRAC) III, 2039
Centre for Contemporary Cultural Studies an der Universität Birmingham (CCCS) I, 99, 100, 101, 103, 257
Centre National d'Études Spatiales III, 2221
CEO Channel III, 2215
CFN III, 1934, 1936
Chan'zonkovs Filmstudio II, 1189
Channel 4 III, 2346
Chicago School I, 257, 329
Chicago School of Sociology III, 2487, 2494
Children's Channel III, 2692
Christian Broadcasting Network (CBN) III, 2192
Christlich Demokratische Union (CDU) I, 305; II, 1773, 1774, 1775, 1778, 1780

Christlich Soziale Union (CSU) II, 1773
Chronos Film III, 1808
Church of England III, 2039
Cinemax III, 2189
Cinemax Channel III, 2214
Cines (Italien) III, 1839
CLT-UFA III, 1425, 1550, 2670
CNBC III, 2193, 2194
CNES III, 2221
Columbia Broadcasting System (CBS) II, 1215, 1364, 1540, 1550; III, 2175, 2258, 2312, 2316, 2317, 2340, 2341, 2411, 2488, 2491, 2675, 2681, 2780
Columbia Pictures II, 1028, 1064, 1065, 1078, 1145, 1148, 1212, 1214, 1372
Columbia Tristar III, 2670
Comedy Cable-TV Channel III, 2214
Comedy Channel III, 2193
Comeniusgesellschaft I, 494
Comics Magazine Association of America (CMAA) II, 1633
Comité Consultatif International des Radiocommunications (CCIR) III, 1929, 2150, 2151, 2152, 2153, 2154, 2178, 2200
Commission of the European Communities (CEC) III, 2246
Committee Consultative Internationale de Radiocommunication / Gerber-Expertenkommission (CCIR) II, 1348, 1403
Communications Satellite Corporation (COMSAT) III, 2205
Community Antenna Television (CATV) III, 2188
Compagnie Française Tobis II, 1203
Compagnie Luxembourgeoise de Télédiffusion (CLT) I, 210; II, 1543, 1550; III, 2696, 2697
Compuserve III, 2416, 2534, 2580, 2588
Conférence Européenne des Administrations des Postes et des Télécommunications (CEPT) III, 2205, 2212, 2221
Conseil Supéuropäisczherieur de l'Audiovisuel (CSA) III, 2208, 2676
Contemporary Hit Radio (CHR) III, 1969
Continental Distributing II, 1081

Corporation for Public Broadcasting III, 2743
Cotta (Verlag) I, 827, 916
Court TV III, 2195
CTK, Tschechische Republik (Nachrichtenagentur) II, 1682

D

D.S. Loewe III, 2140, 2144
D.W. Griffith, Inc. (Filmproduzent) II, 1175, 1176
Data Radio Channel (DARC) III, 1912, 2114
De Boer (Firma) III, 1895
De Forest (Filmproduzent) II, 1201
De Stijl I, 995, 997, 1004, 1005
Decca III, 2681
Decla-Bioscop (Filmproduzent) II, 1178, 1179, 1183
DEFA-Stiftung III, 2848
Defense Advanced Research Projects Agency (DARPA) III, 2513
Degeto Film GmbH III, 2266
Deulig (Filmproduzent) II, 1063, 1112, 1128
Deutsche Angestellten Gewerkschaft (DAG) III, 1968
Deutsche Arbeitsfront (DAF) III, 2144
Deutsche Bibliothek III, 2845
Deutsche Bioskop (Filmproduzent) II, 1060
Deutsche Bundespost III, 1932
Deutsche Demokratische Republik (DDR) I, 11, 154, 221, 321, 382, 430, 464, 465, 466, 472, 509, 510
Deutsche Film AG (DEFA) II, 1130, 1134, 1237, 1238, 1239, 1240, 1241, 1242, 1243, 1244, 1245; III, 1806, 1807, 1809, 1810
Deutsche Film- und Fernsehakademie Berlin III, 1807, 1846, 2825
Deutsche Forschungsgemeinschaft (DFG) I, 45, 111, 112, 313, 496; II, 1454, 1577, 1580; III, 2487, 2825, 2827
Deutsche Funkausstellung und Phonoschau I, 495
Deutsche Gesellschaft für Publizistik und Kommunikationswissenschaft III, 2824
Deutsche Gesellschaft für Soziologie I, 145; III, 2823

Deutsche Grammophon II, 1508
Deutsche Journalistenschule, München (DJS) I, 203
Deutsche Kinemathek III, 1846
Deutsche Kinographische Gesellschaft III, 1839
Deutsche Lichtspiel Gesellschaft II, 1063, 1127
Deutsche Mediathek I, 242
Deutsche Photothek III, 2847
Deutsche Post III, 1925
Deutsche Presse-Agentur (dpa) I, 61, 204; II, 1682, 1690, 1713; III, 2008, 2156, 2847
Deutsche Presseforschung (Bremen) III, 2825
Deutsche Public Relations Gesellschaft (DPRG e.V.) II, 1689
Deutsche Reichspost II, 1375, 1389, 1391, 1392, 1393, 1413, 1501, 1553, 1554; III, 1916, 1923
Deutsche Stunde, Gesellschaft für drahtlose Belehrung und Unterhaltung mbH. II, 1505
Deutsche Telekom AG II, 1284, 1339, 1341, 1343, 1344, 1345, 1346, 1347, 1352, 1367, 1401, 1415; III, 1918, 1971, 2208, 2210, 2212, 2221, 2250, 2612
Deutsche Tonbild AG II, 1029, 1203
Deutsche Wehrmacht II, 1480
Deutsche Welle (DW) I, 61; II, 1416, 1422, 1426, 1428, 1429, 1432, 1446, 1558; III, 1847, 1922, 1928, 1962, 1963, 1973, 2076, 2087, 2267, 2387
Deutscher Bund I, 505
Deutscher Depeschen Dienst (ddp) II, 1682; III, 2847
Deutscher Fernsehfunk (DFF) II, 1134; III, 1964, 2263, 2264, 2315
Deutscher Fernsehrundfunk II, 1557
Deutscher Film Vertrieb II, 1080
Deutscher Flottenverein II, 1107
Deutscher Freiheitssender 904 II, 1427
Deutscher Fußball-Bund III, 2395
Deutscher Gemeinschaftsrundfunk II, 1557
Deutscher Industrie und Handelstag (DIHT) II, 1689

Deutscher Journalisten-Verband (DJV) I, 60; III, 1968, 2718, 2758
Deutscher Kurzwellensender II, 1428
Deutscher Musikrat III, 2049
Deutscher Presserat III, 2826
Deutscher Rundfunk III, 2074
Deutscher Schriftstellerkongreß II, 1640
Deutscher Sportbund III, 2395
Deutscher Volkshochschulverband III, 2353
Deutscher Werberat III, 2415
Deutsches Bibliotheksinstitut II, 1577
Deutsches Fernsehen II, 1541
Deutsches Filminstitut III, 2848
Deutsches Filmmuseum in Frankfurt a.M. III, 2848
Deutsches Funk-Kartell II, 1500
Deutsches Gesundheitsnetz III, 2591
Deutsches Institut für Wirtschaftsforschung (DIW), Berlin I, 352; II, 1425; III, 2709, 2711
Deutsches Institut für Zeitungskunde II, 1447; III, 2822
Deutsches Lichtspielsyndikat II, 1029
Deutsches Literaturarchiv Marbach III, 2845
Deutsches Museum in München III, 2845
Deutsches Musikarchiv Berlin III, 2845
Deutsches Rundfunkarchiv (DRA), Frankfurt a.M.-Berlin I, 495; III, 2267, 2825, 2843, 2848
Deutsches Sport Fernsehen (DSF) I, 204; III, 2267, 2315, 2392, 2393, 2403, 2404, 2427, 2431, 2479
Deutschland-Fernseh GmbH II, 1557, 1558; III, 2201, 2270, 2719
Deutschlandfunk (DLF) II, 1422, 1428, 1428, 1498, 1552, 1558; III, 1922, 1926, 1936, 1938, 1964, 1982, 2054, 2119
DeutschlandRadio (DLR) Berlin II, 1426, 1428, 1498, 1512; III, 1926, 1927, 1963, 1964, 1976, 1979, 1982, 2054, 2256, 2266, 2068, 2095, 2119, 2120, 2123, 2095
Deutschlandsender (DS) III, 1916, 1924, 1926, 2120, 2198, 2264

Deutschlandsender Berlin (DLS) II, 1427, 1432, 1438, 1492, 1493
DF1 II, 1550
DGB III, 2718
DIALOG III, 2643
Digital Audio Broadcasting (DAB) II, 1519
Digital Audio Visual Council (DAVIC) III, 2255
Digital Radio Mondiale (DRM) II, 1400
Digital Video Broadcasting (DVB) II, 1519
Digital Video Broadcasting-Group III, 2231
Digital-Satellite-Radio (DSR) II, 1519
Discovery III, 2192, 2692
Discovery Channel III, 2192
Disky III, 2681
Disney Channel III, 2193, 2670
Disney-Konzern III, 2411, 2670
Disney-Studios II, 1217
Documentary Company for Television Programmes (DCTP) III, 2268
Dokumentarfilmstudio Babelsberg II, 1132
Dow Jones II, 1690
Doyle Dane Bernbach (DDB) III, 2417, 2418, 2419, 2415
Drahtlose Dienst A.G. (Dradag) II, 1417, 1431, 1434, 1479
Druckerei I, 403, 422
DS Kultur II, 1552
DT 64 MDR Sputnik II, 1427, 1442, 1444
Duisburger Institut für Sprach- und Sozialforschung (DISS) I, 223, 224

E

Eastman Color II, 1146
Eastman Kodak II, 1146
Eclaire (Frankreich) III, 1839
Edel, Koch International, SPV III, 2681
Edison Gesellschaft II, 1061, 1167
Educational Television (ETV) III, 2370
Effekten-Spiegel AG II, 1682
Eher (Verlag) I, 949
Eidak III, 2196
Eins Live III, 1989, 2124, 2277
Eins Plus (1Plus) III, 2314

El Libro Libre, Mexiko I, 472
Electric III, 2675
Electrical Research Products Inc. (ERPI) II, 1028, 1030, 1201
Electrola II, 1508
Emelka (Tonfilmproduzent) II, 1029
EMI III, 2681, 2688
EMI Music Group III, 2682
EMNID-Institut, Bielefeld III, 2385, 2825
Epoch Production Company II, 1171
Erickson III, 2415
Ernemann II, 1060
Erste staatliche Filmhochschule (VGIK) II, 1191
Erstes Deutsches Fernsehen III, 2266, 2280
ESPN III, 2195
EU-Kommission III, 2729, 2730, 2737, 2739, 2770
EUREKA III, 2244
Eureka TV/PRO III, 2427
Europäische Gemeinschaft (EG) I, 464, 462, 466; II, 1563
Europäische Kommission I, 341; III, 2208, 2239
Europäische Pressephoto Agentur (EPA) II, 1683
Europäische Rundfunk-Konferenz III, 1929
Europäische Rundfunkunion II, 1546
Europäische Union (EU) I, 472, 497; II, 1035, 1070, 1342, 1415, 1547, 1562, 1563; III, 2654, 2655, 2711, 2723, 2727, 2729, 2731, 2733, 2736, 2739
Europäische Union für Forschung und technologische Entwicklung (FTE) III, 1869
Europäischer Gerichtshof (EuGH) I, 343; III, 2732, 2770
Europäischer Gerichtshof für Menschenrechte (EGMR) III, 2768
Europäischer Investmentfonds (EIF) III, 1872
Europäischer Medienrat III, 2736
Europäisches Frequenzbüro (ERO) II, 1352
Europäisches Parlament III, 2727, 2733, 2734
Europarat III, 2674
Europe Online III, 2416
European Broadcasting Union (EBU) II, 1277; III, 1913, 2099, 2205, 2221, 2225, 2392, 2395, 2396

European Communication Council (ECC) III, 2709
European Communication Satellite (ECS) III, 2205, 2221
European Communication Satellite Organization (EUTELSAT) III, 2205, 2207, 2210, 2221
European Film Academy e.V. (EFA) III, 1857
European Film Distribution Office (EFDO) II, 1082
European Film Promotion e.V. (EFP) III, 1856, 1860, 1872
European Free Trade (EFTA) I, 466
European Information Technology Observatory (EITO) III, 2709, 2710
European Launcher Development Organization (ELDO) III, 2220
European Launching Group III, 2244
European Space Agency (ESA) III, 2208, 2220, 2221, 2224
European Space Research Organisation (ESRO) III, 2205, 2220
European Support Fund for the co-production of cinematographic works (EURIMAGES) III, 1870, 2674
European Telecommunications Standards Institute (ETSI) II, 1344, 1351; III, 2247, 2252
Eurosport III, 2315, 2393
Evangelische Kirche in Deutschland (EKD) I, 382
Evangelischer Pressedienst (epd) II, 1683, 1691
EWG III, 1811

F

Family Channel III, 2193
Famous Players-Lasky Corp II, 1062, 1063, 1075, 1144, 1174
Fast Information Channel (FIC) III, 1944
Federal Communications Commission (FCC) II, 1540, 1548, 1549; III, 2174, 2175, 2188, 2240, 2258, 2259, 2778, 2779, 2780, 2781, 2782, 2783, 2784, 2785
Federal Networking Council III, 2576
Federal Trade Commission (FTC) II, 1075, 1076; III, 2782
Fédération Internationale des Archives du Film (FIAF) I, 314
Felten & Guillaume II, 1198
Fernmeldetechnisches Zentralamt (FTZ) III, 2201, 2212
Fernseh AG III, 2140, 2141, 2144, 2145
Fernseh- und Kinotechnische Gesellschaft (FktG) III, 2153
Fernseh-Rundfunk III, 2141
Fernsehen der Deutschen Demokratischen Republik (DDR) III, 2262, 2263, 2264, 2315
Fernsehrat III, 2265
Fernsehsender Paul Nipkow III, 2144, 2351
FernUniversität Hagen III, 2373
ffn III, 1969
Fiacom (CIC-Video) III, 2670
FIAF- Preservation Commission III, 2851
Film Booking Office II, 1028
Film d'Art II, 1062
Filmakademie Baden Württemberg Ludwigsburg III, 2824
Filmarchiv I, 314
Filmbewertungsstelle Wiesbaden (FBW) II, 1069, 1156; III, 1842, 1849
Filmboard Berlin-Brandenburg GmbH II, 1069; III, 1857, 1158
Filmbüro Nordrhein-Westfalen III, 1860
Filmbüro Rheinland-Pfalz e.V. III, 1865
FilmFernseh-Fonds Bayern GmbH (FFF) III, 1858
FilmFörderung Hamburg GmbH III, 1857
Filmförderungsanstalt (FFA) II, 1069, 1156, 1089; III, 1844, 1848, 1849, 1852, 1854, 1857, 2357
Filmkreditbank GmbH III, 1840
Filmmuseum III, 2825
Filmmuseum Düsseldorf III, 2848
Filmmuseum München III, 2848
Filmorchester Babelsberg III, 1894
Filmstiftung Nordrhein-Westfalen GmbH II, 1069; III, 1860
Filmverlag der Autoren II, 1082
Fin Arts Pictures II, 1172

Institutionenregister

Financial New Network III, 2194
Fine Line III, 2670
Finninvest III, 2690
First National II, 1174
Focus-TV III, 2294
Förderbereich Global Info des Bundesministeriums für Bildung und Forschung II, 1580
Forschungsgruppe Journalistik, Universität Münster II, 1688
Forschungsinstitut für Kultur (NII kul'tury) II, 1650
Forza Italia (Partei) II, 1544
Fox Broadcasting Company II, 1549, 1550; III, 2258
Fox Film Corporation II, 1028; III, 2780
FOX News III, 2193
Fox News Channel III, 2195
Fox Video III, 2670
Fox-Case-Corporation II, 1201
Fox-Network II, 1548
France Info III, 2121
France Inter II, 1512
Frankfurter Institut für Sozialforschung I, 320
Frankfurter Schule für Sozialforschung I, 18, 20, 235, 257, 267; II, 1661
Franklin-Institut (Philadelphia) II, 1363
Frauenhofer Gesellschaft III, 2820
Fraunhofer Institut II, 1299
Freie Demokratische Partei (FDP) II, 1773, 1774, 1776, 1779, 1780
Freie Rundfunk AG (FRAG) II, 1558, 1559
Freies Sendekombinat Hamburg (FSK) III, 1972
Freiwillige Selbstkontrolle der Filmwirtschaft (FSK) II, 1156; III, 1825, 1841, 1842
Freiwillige Selbstkontrolle für Serienbilder (FSS) II, 1633
French Phototone II, 1203
Fritz Lang GmbH II, 1183
Fuji Network System III, 2833
fun fun Radio 95.0 III, 1970
Funk-Kartell II, 1501
Funkhaus Berlin III, 2848
Funkhaus Berlin-Oberschöneweide III, 1894
Funkkolleg III, 2816

G

G.F.M.O. III, 2434
Gaumont (Filmproduzent) II, 1060, 1074; III, 2675
Gebühreneinzugszentrale (GEZ) III, 1962
Geheime Staatspolizei (Gestapo) I, 508
GEMA III, 1905
Gemeinschaftswerk der EvangelischenPublizistik eV., Frankfurt II, 1684
General Electric Company II, 1028, 1029, 1030, 1200, 1202, 1204, 1364; III, 2258
General Film Company II, 1061, 1074, 1075
General Talking Pictures II, 1203
General Tire and Rubber Company II, 1067
Generalsuperintendent des Bücherwesens inganz Deutschland I, 502
German Demonstration Project II, 1581
Germany.net III, 2587
Gerstner, Gredinger, Kulter (GGK) (Düsseldorf) III, 2415, 2418, 2421
Gesamtrussisches Zentrum zur Erforschung der öffentlichen Meinung (Vserossijskij Centr po Izu`'ceniju Obš`'cestvennogo Mnenija/VCIOM) II, 1648, 1649, 1654
Gesamtverband Werbeagenturen (GWA) III, 2434
Gesellschaft für Hörfunkbeteiligungen mbH (AVE) II, 1425
Gesellschaft für Konsum-, Markt- und Absatzforschung (GfK) Nürnberg I, 44; III, 2282, 2490
Gesellschaft für Medien in der Wissenschaft III, 1816
Gesellschaft für Senderechte II, 1469
Gewerkschaft I, 422
GMTV Ltd. III, 2260
Goethe-Bund I, 507
Gong-Radio III, 2120
Goskino (Filmtrust Sowjetunion) II, 1079
Greenbaum (Tonfilmproduzent) II, 1029
Großdeutscher Rundfunk II, 1433, 1478, 1479, 1492, 1493, 1509, 1510
Großfunkstelle Nauen II, 1388

Group W Westinghouse III, 2194
Grundy/Ufa III, 2347
Gruner + Jahr (Konzern) I, 205, 345, 958, 962; II, 1675, 1746; III, 2662, 2663, 2664, 2665, 2694
Gruppe 47 II, 1494, 1641, 1642; III, 2027, 2028, 2029, 2033
Gruppe 61 II, 1644
Gulf & Western Industries II, 1067
Günther-Kommission III, 2720
Gutenberggesellschaft in Mainz I, 570

H

Hambacher Fest I, 505
Hamburger Filmbüro e.V. III, 1859
Hamburger Filmkontor GmbH III, 1841
Hamburger Modell I, 298
Hans-Bredow-Institut für Rundfunk und Fernsehen, Hamburg I, 320, 330; II, 1453; III, 2490, 2825
Hansemann (Verlag) I, 917
Harper Collins Verlag III, 2658
Hauptfunkstelle Königs Wusterhausen I, 1389
Haus Busch Hagen I, 203
Haus des Dokumentarfilms (Stuttgart) III, 2825
Havas III, 2658
Hays-Office II, 1066
HBO Channel III, 2214
Hearst Corporation III, 2192
Heidegger-Schule I, 144
Heinrich Bauer Verlag III, 2662, 2664
Heinrich J. Küchenmeister Kommanditgesellschaft II, 1203
Heinrich-Hertz-Institut Berlin (HHI) II, 1379; III, 2824
Hell (Firma) I, 410
Henschel Konzern III, 1839
Hersant III, 2695
Hessischer Buchhändler- und Verlegerverband I, 472
Hessischer Rundfunk (HR) II, 1420, 1438, 1439, 1440, 1444, 1449, 1453, 1457, 1486, 1495, 1496, 1497, 1499, 1552; III, 1921, 1923, 1964, 1980, 1981, 1988, 1989, 1990, 2075, 2119, 2122, 2123, 2200, 2203, 2264, 2358, 2371, 2387

Hethitisches Reich I, 474
Historische Kommission der ARD II, 1452
Historische Kommission des Börsenvereins des Deutschen Buchhandels I, 570
Hit Radio FFH II, 1443
Hitler-Jugend II, 1509
Hochschule für Film und Fernsehen Konrad Wolf Potsdam-Babelsberg III, 2824
Hochschule für Film und Fernsehen München (FF) III, 1807, 1859, 2825
Hoe (Firma) I, 409
Hollerbaum & Schmidt (Druckerei) I, 975, 992
Holzbrinck-Konzern I, 354; III, 1969, 2681
Home Box Offixe (HBO) II, 1549, 1550; III, 2188, 2189, 2215, 2217, 2258, 2670
Home Order Television (H.O.T) III, 2430
Home Team Sports III, 2195
Hörerforschung des Nordwestdeutschen Rundfunks II, 1448, 1449
House of Un-American Activities Comitee II, 1208
Hugenberg (Konzern) I, 947
HV II, 1240

I

IBM Deutschland GmbH III, 2611
IG Medien III, 1965, 1968
IG-Farben II, 1365, 1373
Ilag-Film II, 1178
Independent Bradcasting Authority (IBA) III, 2260
Independent Motion Picture Company II, 1168
Independent Motion Picture Distribution and Sales Company (IMP) II, 1061, 1063, 1074, 1075
Independent Television (ITV) II, 1543; III, 2259, 2260, 2345
Independent Television Commission (ITC) III, 2260
Independent Television News Ltd. III, 2260
InfoRadio, Berlin III, 2119, 2121
Information Services Control Branch (ISC) II, 1448
Informations- und Dokumentationsprogramm (IuD-Programm) I, 497
Informationsgemeinschaft zur Feststellung der Verbreitung von Werbeträgern (IVW) II, 1756
Infratest, München III, 2490, 2825
Inquisition I, 501, 502
Institut des Hautes Études Cinemátographiques (I.D.H.E.C.) II, 1229
Institut für Allgemeine Elektrotechnik und Akustik, Bochum II, 1383
Institut für Auslandsbeziehungen III, 1847
Institut für Demoskopie, Allensbach (AWA) I, 320; II, 1448, 1746, 1747; III, 2825, 2827
Institut für den Wissenschaftlichen Film Göttingen (IWF) III, 1813, 1815, 1819, 1820, 1847, 1848, 2825
Institut für Film und Bild in Wissenschaft und Unterricht (FWU) I, 359, III, 1847, 2816, 2825
Institut für Höchstfrequenztechnik und Elektronik der Universität Karlsruhe (TH) II, 1321
Institut für Jugendforschung III, 2824
Institut für Publizistik der Universität Mainz III, 2827
Institut für Rundfunk- und Fernsehkunde III, 2823
Institut für Rundfunkrecht, Köln III, 2825
Institut für Rundfunktechnik (IRT), München II, 1299, 1340, 1367, 1383, 1893
Institut für Zeitungsforschung, Dortmund III, 2825, 2827
Institut für Zeitungswissenschaft d. Univ. Leipzig II, 1447
Institut Jugend Film Fernsehen I, 360
Institut National de l'Audiovisuel (INA) I, 495; III, 2844, 2848
Institute of Electrical an Elextronics Engineers (IEEE) III, 2645
Inter Nationes III, 1847
Inter Press Service (IPS) II, 1683
INTERFAX, Rußland II, 1682
INTERIM EUTELSAT III, 2205
International Academy of Broadcasting III, 1942
International Association for Media in Science (IAMS) III, 1816
International Coalition of Library Consortia (ICOLC) II, 1580
International Electrotechnical Commission (IEC) III, 1918
International Federation of the Phonographic Industry (IFPI) III, 2677
International Frequency Registration Board (IFRB) III, 1928, 1937, 2207
International Scientific Film Association (ISFA) III, 1814, 1815, 1816
International Symposium on DAB III, 1942
International Telecommunication Satellite Consortium (INTELSAT) III, 2205, 2220
International Telecommunications Union (ITU) II, 1400, 1403; III, 1943, 2198, 2196, 2223, 2512
Internationale Büro-Maschinen GmbH (IBM) I, 21
Internationale Funkkonferenz III, 2196
Internationale Gesellschaft für Empirische Literaturwissenschaft (IGEL) I, 91
Internationale Sportrechte Verwertungsgesellschaft (ISPR) III, 2395, 2403
Internationale Standard Organisation (ISO) III, 2512
Internationale Telegraphenunion III, 2196
Internationale Verlegerunion I, 463
Internationales Zentralinstitut für das Jugend- und Bildungsfernsehen (IZI) II, 1454; III, 2825
Internet I, 28, 49, 60, 187, 194, 303, 342, 357, 386, 387, 388, 467, 472, 497, 511, 868; II, 1345, 1411, 1500, 1516, 1550, 1578, 1580, 1687, 1690, 1763
Internet Relay Chat (IRC) III, 2572
Interpublic III, 2415
ISL III, 2396
Italia Uno II, 1544
ITAR-TASS (Russische Nachrichtenagentur)
ITV II, 1545
IuKDG I, 343, 345

Institutionenregister

J

Japan News Network III, 2833
Japan Society for Studies in Journalism and Mass Communication III, 2834
Japanischer Rundfunk und Fernsehen III, 1902
Jugendinstitut (Institut molode''zi), Moskau II, 1651
Jünger Audio (Firma) III, 1887
Junges Deutschland I, 505

K

K-TEL, Arcade III, 2681
Kabel 1 III, 2284, 2336, 2479
Kabelkanal I, 204
Kalem (US-Filmproduzent) II, 1061
Kampfbund für Deutsche Kultur I, 507
Karlsruher virtueller Katalog (KVK) II, 1581
Karolingerreich I, 547
Kartell I, 201; II, 1682, 1690
Kartographenschule I, 669
Katholische Nachrichtenagentur (KNA) II, 1683, 1684, 1691
Kerry Packers III, 2675
Keystone III, 2847
Kinney National Services II, 1067
Kirch-Gruppe III, 2267, 2396, 2397, 2675, 2698, 2699
Klangfilm GmbH II, 1029, 1030, 1203
Klangfilm Ltd. (Great Britain) II, 1203
Klassik Radio II, 1513; III, 1970, 1976, 2046, 2124, 2277
Kloster I, 476, 478, 553
KMK III, 2374
Knight-Ridder II, 1690
Knopf, Nägeli, Schnackenberg III, 2421
Koenig & Bauer-Albert (KBA) II, 1673
Kolleg Alberoni in Piacenza I, 663
Kölner Rundfunk-Sinfonie-Orchester II, 1505
Kommission zur Ermittlung der Konzentration im Medienbereich (KEK) II, 1548, 1549, 1562; III, 2723
Kommission zur Ermittlung des Ausbaus des technischen Kommunikationssystems (KtK) III, 2721
Kommission zur Ermittlung des Finanzbedarfs der Rundfunkanstalten (KEF) I, 349; II, 1423, 1426, 1560; III, 2160, 2161, 2165, 2267
Kommunales Kino e.V. III, 1862
Kommunistische Partei Deutschland (KPD) I, 509; II, 1501, 1502, 1503
Kongreß I, 70, 319, 509
Königsberger ORAG-Orchester II, 1507
Konvent I, 478, 479
Konzern I, 201, 204, 205, 209, 210, 354; III, 2658
Konzil I, 502, 549
Kopenhagener Wellenkonferenz II, 1437
Kuleschovs Film-Werkstatt II, 1191
Kulturelle Filmförderung Schleswig-Holstein e.V. III, 1864
Kulturfonds Nordrhein-Westfalen III, 1842
Kunsthochschule für Medien Köln III, 2825
Kuratorium Junger Deutscher Film II, 1069; III, 1795, 1842
Kyodo II, 1690

L

La Cinq II, 1544
La Cinquième II, 1545
La Sept II, 1545
La Sept/ARTE II, 1545
Labor für Akustisch-Musikalische Grenzgebiete des RFZ, Berlin-Adlershof III, 1893
Lagardère III, 2658
Landesmedienanstalt I, 343; II, 1424, 1425, 1426, 1548; III, 1962, 1964, 1978, 2118, 2212, 2267, 2268, 2458, 2723, 2756, 2760, 2825, 2827
Landesrundfunkanstalt (LRA) II, 1446, 1452, 1455, 1456; III, 2120, 2200, 2201, 2203, 2207, 2257, 2264, 2266, 2426, 2849
Landessender Minsk II, 1493
Landessender Reval II, 1493
Lasky Feature Play Company II, 1075
Lehrervereinigung zur Pflege der künstlerischen Bildung in der Schule III, 2804
Leipziger Hochschule, Abteilung für Zeitungskunde I, 145
Leipziger Literaturverein I, 578
Leitz III, 2139
Léon Gaumont II, 1166
Lesegesellschaft I, 489
Lesekabinett I, 489
Lesezirkel I, 489
Liberian Rural Communications Network III, 1997
Library of Congress III, 2845
Liesegang II, 1046
Lifetime III, 2193
Lifetime for women III, 2192
Lignose Hörfilm II, 1203
Loew's II, 1212
LoRa (München) III, 2120
Lorenz II, 1388
Los Alamos Preprint-Archiv III, 2646
LRA II, 1454

M

M-NET III, 2691
M.E.D.I.A.-Programms II, 1070
M6 (früher TV6) II, 1545
Macrovison III, 2196
Macy-Conferences I, 21
Magic Lantern Society II, 1044
Main Service Channel (MCI) III, 1951, 2214
Mainzer-Central-Polizei I, 505
MAN Roland II, 1673, 1675
Markenverband (OWM) III, 2434
Matsushita Electric II, 1145, 1148; III, 2675, 2681
Max-Planck-Gesellschaft I, 493; III, 2820
Max-Planck-Institut für experimentelle Medizin in Göttingen II, 1597
Maxwell-Gruppe II, 1675
MCA III, 2681
MCA/Universal II, 1145, 1148
Mecklenburg-Vorpommern Film e.V. III, 1865
Media Control III, 1992
Media Group I, 223
Media Research Group am Portsmouth Polytechnic Institute III, 2495
Mediatheken in Deutschland III, 2849

Medien- und Filmgesellschaft Baden-Württemberg mbH (MFG) III, 1861
Mediengesellschaft Niedersachsen/Bremen NORD MEDIA GmbH III, 1863
Mediengruppe, Passau III, 2665
Medienoperative Westberlin III, 1809
Medienverband Sachsen-Anhalt e.V. III, 1862
Medienwerkstatt Freiburg III, 1809
Méliès II, 1060, 1074
MENA II, 1691
Meschrabpom-Ru`s-Filmstudio II, 1191
Messe I, 462; II, 1054, 1687
Messter-Konzern II, 1063; III, 1839
Methuen (Verlag) I, 99
Metro III, 2595
Metro Picture Corporation II, 1063
Metro-Goldwyn-Mayer Corporation (MGM) II, 1028, 1036, 1063, 1065, 1077, 1078, 1083, 1090, 1120, 1144, 1179, 1212; III, 2191
Metro-Goldwyn-Mayer Corporation /United Artists (MGM/UA) II, 1083, 1550; III, 2190, 2192
Michel-Kommission III, 2720
Microsoft III, 2589
Microsoft Channel III, 2214
Microsoft Network III, 2416
Milchan Holding III, 2675
Milchstraßen-Gruppe III, 2663
Militärregierung-Deutschland I, 464
Ministerium für Post und Telekommunikation III, 2244
Ministerrat der DDR III, 2262
Ministerrat für Reichsverteidigung II, 1479
Miramax III, 2670
Mitteldeutsche Medienförderung GmbH (MDM) III, 1858, 1861
Mitteldeutscher Rundfunk (MDR) II, 1426, 1441, 1444, 1498, 1552, 1556; III, 1861, 1924, 1925, 1964, 1979, 1980, 1981, 2119, 2203, 2264, 2265, 2289, 2292, 2358, 2387, 2723
Mix & Genest II, 1373
Mobilcom III, 2587
Monitora (Firma) III, 1886
Monogram II, 1083, 1145
Motion Picture Association (MPA) II, 1081, 1147

Motion Picture Expert Group (MPEG) III, 2532
Motion Picture Export Association (MPEA) II, 1080, 1081, 1082
Motion Picture Patents Company (MPPC) II, 1061, 1064, 1074, 1169
Motion Picture Producers and Distributors Association of America (MPPDA) II, 1066
Motion Picture Research Council III, 2488
Motor-Presse III, 2662
Motown III, 2681
Movie Channel III, 2189, 2657
Moving Pictures Experts Group (MPEG) III, 2247
MP3.com III, 2688
MSNBC III, 2193, 2195, 2216
MTV III, 2191, 2192, 2278, 2315, 2440, 2441, 2444, 2657, 2684, 2692, 2747
Multi Thématiques S.A. III, 2698
Münchener Schule I, 147
Münchener Zensurbeirat I, 506
Murdoch-Konzern III, 2658, 2663, 2664, 2675
Murdochs New Corporation III, 2670
Museum I, 403, 569; II, 1176
Music Box III, 2414
Music Choice Europe II, 1513
Music Television III, 2192
Music-Net III, 2688
Muslim TV III, 2690
Mutual Film Corporation II, 1062, 1075, 1170

N

N 24 III, 2267, 2479
N-Joy Radio des NDR II, 1443; III, 1989, 2011, 2119, 2124, 2203
n-tv III, 2267, 2278, 2315, 2422, 2427, 2431
N.V. Küchenmeister's Internationale Maatschappyi voor Accoustiek II, 1029
N.V. Küchenmeisters Int. Mij. voor Sprekende Films II, 1203, 1205
Namaste Asian TV III, 2690
Napster III, 2688
NASA III, 2220
Nashville Network (TNN) III, 2192

National Aeronautics and Space Administration (NASA) III, 2204
National Association for the Advancement of Colored People II, 1172
National Broadcasting Company (NBC) II, 1067, 1202, 1539, 1540; III, 2021, 2192, 2216, 2258, 2312, 2340, 2395, 2491, 2587, 2670, 2690, 2780
National Commission on the Causes and Prevention of Violence III, 2492
National Film AG II, 1029
National Heritage III, 2259
National Museum of Film and Photography III, 2847
National Television System Committee (NTSC) III, 2174, 2175
Nationale Vereinigung für den Wissenschaftlichen Film (NVWF) III, 1815, 1816
Nationalsozialistische Deutsche Arbeiterpartei (NSDAP) II, 1418, 1466, 1509, 1778
Nauck & Hartmann (Plakatiergesellschaft) I, 977
NBA III, 2191
NBC's Consumer News III, 2194
Nehru Institute in New Delhi III, 2847
Neos-Film II, 1178
Neptun-Film II, 1178
Nethold-Konzern III, 2696, 2697
Netscape III, 2589
Netsurf III, 2587
Networked Digital Library of Theses and Dissertations (NDLTD) III, 2646
Neue Deutsche Wochenschau III, 2156
Neue Soziale Bewegungen III, 1972
Neue-Fernseh-Ag II, 1558
New Line III, 2670
New Regency Productions Inc. III, 2675
New School of Social Research in New York City III, 2191
News Corporation (Sydney) III, 2658, 2664
News Network III, 2833
NewsTalk (Berlin) III, 2121
NHK III, 2833
Nickelodeon II, 1059, 1085; III, 2192, 2193, 2284, 2657
Nielsen III, 2490
Nikon Television (NTV) II, 1541

Nippon Hoso Kyokai (NHK) II, 1541; III, 2370
Nippon News Network III, 2833
Nord Media Agentur III, 1858
Norddeich Radio II, 1394
Norddeutsche Rundfunk AG (NORAG), Hamburg II, 1417, 1506, 1507
Norddeutscher Rundfunk (NDR) I, 61; II, 1347, 1422, 1423, 1426, 1438, 1439, 1440, 1441, 1443, 1444, 1449, 1450, 1495, 1496, 1497, 1498, 1499, 1511, 1512, 1552, 1556; III, 1807, 1863, 1921, 1925, 1964, 1966, 1969, 1979, 1980, 1988, 2033, 2048, 2076, 2084, 2087, 2119, 2122, 2124, 2155, 2156, 2160, 2165, 2239, 2264, 2265, 2289, 2323, 2351, 2358, 2370, 2371, 2374, 2387, 2414, 2423, 2723
Nordische Film GmbH II, 1178
Nordisk Film-Company (Dänemark) II, 1060, 1063; III, 1839
Nordmende III, 2389
Nordwestdeutscher Fernsehdienst III, 2155
Nordwestdeutscher Rundfunk (NWDR) II, 1348, 1369, 1420, 1421, 1422, 1424, 1428, 1436, 1437, 1438, 1449, 1451, 1483, 1484, 1485, 1486, 1493, 1494, 1495, 1511, 1540, 1541, 1557; III, 1801, 1806, 1920, 2027, 2032, 2087, 2148, 2200, 2270, 2273, 2307, 2333, 2351, 2389, 2426
Nordwestdeutscher Rundfunkverband (NWRV) III, 2351
Notgemeinschaft der deutschen Wissenschaft I, 496
Nova III, 2690
NRK III, 2690
NS-Lehrerbund I, 507
NS-Zensurapparat I, 508
NSDAP-Betriebe I, 509
NSDAP-Gauleitung I, 509
Nürnberger Schule für Organisationsforschung I, 71

O

Oberkommandos der Wehrmacht II, 1480
Odeon/Parlophon II, 1508
OECD III, 2715
OECD-Länder I, 388
OECD-Staaten I, 387
Offene Handelsgesellschaft (OHG) I, 471
Office for Official Publications of the European Union (EUR-OP) III, 2645
Office of military Government for Germany II, 1447
Office of Radio Research III, 2488
Office of Radio Research an der Columbia University I, 20
Ogilvy & Mather III, 2415
OK Radio III, 2011
Ökumenischer Rat der Kirchen I, 380
Oliver Film GmbH II, 1178
Olympia-Sender Garmisch-Partenkirchen II, 1413
Olympische Spiele II, 1539, 1546
Omnicon III, 2415
Orchester der WERAG (Westdeutsche Rundfunk AG) II, 1505
Organization for Economic Cooperation and Development (OECD) II, 1748
Ostdeutsche Rundfunk AG (ORAG), Königsberg II, 1417
Ostdeutscher Rundfunk Brandenburg (ORB) II, 1347, 1426, 1444, 1498, 1512, 1552, 1556; III, 1925, 1964, 1980, 1981, 2124, 2166, 2264, 2372, 2374, 2387
Österreichische Nationalbibliothek III, 2845
Österreichischer Rundfunk (ORF) II, 1453; III, 2008, 2010, 2015, 2067, 2206, 2387
Österreichisches Institut für den Wissenschaftlichen Film III, 1820
Otelo III, 2587
Ovation III, 2195
OVC III, 2430

P

Panavision II, 1146
Paramount Pictures Corporation II, 1028, 1034, 1063, 1065, 1067, 1072, 1075, 1078, 1080, 1081, 1082, 1083, 1145, 1148, 1149, 1174, 1175, 1179, 1205; III, 2193, 2670
Paramount Publix II, 1144
ParamountUniversal II, 1212
Pariser Schule der Semiotik I, 282
Parlament I, 506
Parlamentarischer Rat II, 1483, 1486, 1487
Passauer Zeitungsverlag III, 2666, 2695
Pathé-Frères (Frankreich) II, 1059, 1064, 1074, 1166, 1178, 1179; III, 1839
Paul Nipkow, Berlin II, 1539
Paul-Leni-Film II, 1178
Paulskirche I, 506
Pay-Radio Musik Choice Europe II, 1444
Payne Fund III, 2488
Peacock Committee III, 2259
Pearson Public Limited Company III, 2260
PEN-Club I, 511
Penny Arcades II, 1059
Penta III, 2673
Philips (Firma) III, 1895, 2389, 2681
Philips Laboratorien II, 1379
Phoenix III, 2278
Phonogrammarchiv bei der Österreichischen Akademie der Wissenschaften III, 2845
Phonogrammarchiv des Museums für Völkerkunde der Stiftung Preußischer Kulturbesitz in Berlin III, 2845
Phonothek der Sächsischen Landes- und Universitätsbibliothek Dresden III, 2845
Physikalisches Institut der Universität Göttingen II, 1379
Pilz Media Group III, 2681
Pizza Hut, Inc. III, 2217
Playboy Channel III, 2193
Polsat III, 2690
Polygram-Gruppe III, 2667, 2674, 2681
Polyphon AG II, 1029
Polyphonwerke AG II, 1203
Prana-Film II, 1178
Premiere II, 1550; III, 2267, 2404
Premiere World III, 2278, 2479
Presidental Libraries III, 2847
Press Association (PA) II, 1690
Presse- und Informationsamt (Bundespresseamt; BPA) II, 1688
Presse-Grosso I, 203
Prime Life Network III, 2195
PRO 7 I, 204, 349, 350, 351, 354; II, 1341, 1547, 1682; III, 1860, 1863, 2267, 2273, 2280, 2297, 2328, 2353, 2477, 2478, 2479, 2431, 2675

Procter & Gamble III, 2341, 2411, 2419, 2424
Production Code Administration (PCA) II, 1066
Products Inc. (ERPI) II, 1028
Prognos AG, Basel II, 1759
Programmdienst GmbH II, 1470
Projektions AG III, 1839
Projektions AG ›Union‹ (PAGU) II, 1063, 1179
Propagandaministerium I, 508
ProSieben-Sat 1 Media AG III, 2267
Psychologisches Institut der Univ. Hamburg II, 1448
PTT Norwegen III, 2208
Public Broadcasting Corporation (PBC) II, 1542
Public Broadcasting System (PBS) II, 1542
Public Opinon Research Section (PORS) II, 1448

Q

Quinex Gruppe III, 2675

R

Radio AG III, 2144
Radio Berlin International (RBI) II, 1396, 1428; III, 1962
Radio Beromünster II, 1493
Radio Bremen (RB) I, 61; II, 1420, 1422, 1552; III, 1921, 1923, 1964, 1965, 2084, 2203, 2264, 2265, 2371, 2374
Radio Brocken III, 1978
Radio Canada (RCI) II, 1409
Radio Corporation of America (RCA) II, 1028, 1539; III, 2137, 2138, 2175, 2258
Radio DDR II, 1427, 1438
Radio der Deutschen und Rätoromanischen Schweiz (DRS) III, 2020, 2322, 2323, 2329
Radio Dreyeckland III, 1972, 1982, 2120
Radio Energy III, 1970
Radio F.R.E.I. III, 1972
Radio Frankfurt II, 1486
Radio Free Europe/Radio Liberty (RFE/RL) III, 1923
Radio fun III, 2011
Radio Hamburg II, 1511; III, 2011, 2026

Radio Korah III, 1968
Radio Luxemburg II, 1453, 1510; III, 1996, 2414
Radio Mecklenburg Vorpommern III, 1925
Radio Mephisto III, 1972
Radio München II, 1436
Radio NRW GmbH II, 1425, 1442, 1561; III, 2120
Radio Paradiso (Berlin) III, 1979, 2121
Radio Sachsen-Anhalt III, 1925
Radio SAW III, 1978
Radio Schleswig-Holstein (R.SH) II, 1443; III, 1969, 2011, 2120
Radio St. Paula III, 1972
Radio Stuttgart II, 1436, 1465
Radio Television Malaysia (RTM) II, 1551
Radio X-MIX III, 1982
Radio Z (Nürnberg) III, 1972, 2120
Radio-Keith-Orpheum (RKO) II, 1201, 1202, 1212, 1214, 1215; III, 2191
Radio2Day III, 1979
Radio4 in Simbabwe III, 1997
Radiotelevisione Italiana (RAI) II, 1544, 1547; III, 2256, 2673
RAF III, 1807
Rank Film Distributors of America II, 1081
RCA Photophone Inc. II, 1028, 1200, 1205
RCA/Columbia III, 2670, 2681
Reed-Elsevier III, 2658, 2661
Reichs-Rundfunk-Gesellschaft (RRG) I, 177; II, 1290, 1376, 1413, 1417, 1418, 1419, 1420, 1428, 1430, 1433, 1446, 1447, 1448, 1471, 1478, 1479, 1480, 1489, 1554, 1555; III, 2141, 2143, 2144, 2261, 2848
Reichsanstalt für Film und Bild in Wissenschaft und Unterricht (RWU) I, 359
Reichsfilmkammer II, 1068
Reichsführer-SS I, 508
Reichsführung der Hitler-Jugend I, 507
Reichskulturkammer (RKK) I, 464, 507
Reichsministerium des Innern (RMI) II, 1417
Reichsministerium für die besetzten Gebiete II, 1128
Reichsministerium für Propaganda und Volksaufklärung (RMPV) I, 507, 508; II, 1088,

1170, 1415, 1418, 1419, 1433, 1434, 1447, 1478; III, 2091, 2261, 2291
Reichspost-Fernsehgesellschaft mbH III, 2261
Reichspostamt II, 1504
Reichspostministerium (RPM) II, 1416, 1505, 1553
Reichspostzentralamt (RPZ) III, 2132
Reichspräsident I, 507
Reichspropagandaleiter I, 507
Reichsschrifttumskammer (RSK) I, 507, 508, 509
Reichstag I, 445, 506
Reichsverband Deutscher Filmtheaterbesitzer II, 1088
Reichsverband Deutscher Schriftsteller I, 509
Reichszeitungsbibliothek III, 2821
Reinhardt (Trust) I, 949
Reliance-Majestic II, 1170, 1172
Republic Pictures II, 1083, 1145
Request Television III, 2195
Retequattro II, 1544
Reuters (Englische Nachrichtenagentur) I, 61; II, 1682, 1683, 1691, 1713; III, 2694
Reuters Group PLC II, 1690
Reuters TV II, 1683
Ricardo III, 2590
Ringier III, 2695
Rizzoli III, 2663
RKO Radio Pictures Inc II, 1064, 1067, 1078, 1079, 1145, 1202
Robert Bosch AG III, 2140, 2160
Rockefeller Foundation III, 2488
Rote Armee-Fraktion (RAF) I, 511
Routledge (Verlag) I, 99
RPR II, 1443
RTL I, 61, 349, 350, 351, 354; II, 1342, 1547, 1550; III, 1976, 2267, 2268, 2273, 2274, 2277, 2278, 2280, 2284, 2297, 2314, 2315, 2315, 2327, 2328, 2335, 2336, 2353, 2357, 2366, 2392, 2399, 2402, 2403, 2414, 2427, 2431, 2433, 2477, 2478, 2479, 2587, 2697
RTL 2 III, 2431
RTL Group II, 1550
RTL Plus I, 48
Rundfunk der DDR II, 1427; III, 1964
Rundfunk im amerikanischen Sektor (RIAS), Berlin II, 1380, 1396, 1420, 1426, 1438,

1440, 1495, 1511, 1552; III, 1921, 1923, 1926, 2021, 2022, 2264, 2374
Rundfunk- und Fernsehtechnischs Zentralamt der Deutschen Post II, 1367
Rundfunk-, Fernseh- und Filmunion (RFFU) III, 1965, 2718
Rundfunkkommissar II, 1509
Rundfunkkommission der Länder III, 2396
Rundfunkrat III, 1964, 2118, 2265

S

S.A. Films Sonori in Rom II, 1203
Saarland Medien GmbH III, 1864
Saarländischer Rundfunk (SR) I, 61; II, 1422, 1439, 1441, 1496, 1552; III, 1921, 1965, 1980, 1981, 2021, 2122, 2203, 2264, 2374
Saatchi & Saatchi III, 2415
Saba III, 2389
SABC III, 2691
Sachsen-Radio Leipzig II, 1498; III, 1925
Sage (Verlag) I, 99
Sammlung I, 136, 140
Samsung III, 2675
SAT 1 I, 61, 201, 204, 210, 349, 350, 351, 354; II, 1069, 1341, 1543, 1547, 1549; III, 1860, 2206, 2267, 2268, 2273, 2277, 2278, 2280, 2284, 2297, 2314, 2328, 2335, 2336, 2353, 2366, 2392, 2401, 2402, 2403, 2414, 2427, 2431, 2433, 2477, 2478, 2479, 2587
SAT 2 II, 1343
Satellite NewsChannel III, 2194
Satellite Television plc. III, 2221
Satellite TV III, 2690
Scherl (Verlag) I, 834, 917, 947
Schlesinger-Konzern II, 1203
Schlesische Funkstunde, Breslau II, 1421, 1465, 1506
Scholz & Friends III, 2421
Schreibschule I, 478
Schriftstellerverband I, 510
Schule I, 532, 650, 662; II, 1661
Schutzverband deutscher Schriftsteller I, 578
Schweizer Rundspruch Gesellschaft (SRG) II, 1296; III, 2166, 2206, 2387

Schweizerische Depeschen-Agentur (SDA) II, 1690
Science Fiction Channel III, 2193
Scientific Atlanta, Inc. III, 2213
Seagram II, 1145, 1148; III, 2681
Secure Digital Music-Initiative (SDMI) III, 2688
Sektion Dichtkunst, Preußische Akademie der Künste I, 177
Sektion Journalistik der Karl-Marx-Universität in Leipzig III, 2263
Sender Freies Berlin (SFB) II, 1374, 1422, 1426, 1438, 1439, 1444, 1453, 1467, 1497, 1498, 1499, 1500, 1552, 1556; III, 1806, 1921, 1923, 1964, 1965, 1979, 1980, 1981, 2033, 2034, 2036, 2048, 2068, 2084, 2095, 2119, 2123, 2124, 2200, 2203, 2264, 2292, 2371, 2387
Sendestelle Berlin, Voxhaus III, 2072
SES II, 1343, 1344, 1416; III, 2225
Seven Arts II, 1067, 1083
Showtime III, 2189
Sicherheitsdienst der SS (SD) I, 508; II, 1447, 1473, 1480
Siemens & Halske AG II, 1028, 1029, 1030, 1162, 1198, 1199, 1202, 1203, 1204, 1368
Siemens AG III, 1886, 1889, 2595, 2611, 2681
Silicon Graphics, Inc. III, 2213
Sky Channel III, 2392, 2414
Sky Television III, 2221
Smithsonian Institution in Washington III, 2845
SNC III, 2194
Société des Films Sonores Tobis II, 1203
Société Européene des Satellites (SES) III, 2207, 2224
Société Lumière II, 1163, 1164, 1165
Soldatensender Bordeaux II, 1493
Soldatensender Finnmark II, 1493
Soldatensender Gisela II, 1493
Soldatensender Lappland II, 1493
Sony II, 1145, 1148; III, 2153, 2154, 2160, 2675, 2681
Sony Music III, 2667, 2688
Soris III, 2396
Sovkino II, 1079
Sowjetische Besatzungszone (SBZ) I, 464; II, 1555, 1640, 1641

Sowjetische Militäradministration (SMAD) II, 1237
Sowjetunion I, 495
Sozialdemokratische Partei Deutschland (SPD) I, 509; II, 1501, 1502, 1503, 1773, 1774, 1776, 1777, 1778, 1779, 1780
Sozialistische Einheitspartei Deutschland (SED) I, 465, 509, 510; II, 1237, 1238, 1239, 1436, 1542, 1643, 1645; III, 2262, 2664
Spanish International Channel III, 2193
Speedvision III, 2195
Spiegel III, 2268
Spiegel-TV I, 210; III, 2294
Spitzenorganisation der Filmwirtschaft e.V. (SPIO) II, 1156; III, 1811, 1840
Sport-Informations-Dienst (sid) II, 1691
Sportrechte- und Marketingagentur GmbH (SportA) III, 2266
SportsChannel III, 2195
Sprachgesellschaften I, 515
Springer & Jacoby (Hamburg) III, 2421
Springer-Konzern I, 201, 204, 209, 354; II, 1425, 1549; III, 2662, 2663, 2665, 2694, 2695
Staatliche Akademische Hochschule für Musik in Berlin III, 1893
Staatliche Filmarchiv der DDR II, 1132
Staatliche Komitee für das Fernsehen III, 2262
Staatliches Komitee für Fernsehen der DDR II, 1542
Staatliches Komitee für Filmwesen der DDR III, 1840
Staatliches Komitee für Rundfunk und Fernsehen III, 2824
Staatliches Rundfunkkomitee der DDR II, 1426, 1442, 1555; III, 2262
Standortpresse GmbH I, 203
Star Film, Montreuil II, 1167
STAR*SAT Radio III, 1976
Stasi (Staatssicherheit) der DDR I, 465
Statistisches Bundesamt II, 1677, 1678; III, 2662
Stern-TV I, 210; III, 2268, 2294
Stiftung I, 98; II, 1748
Stiftung Archiv der Akademie der Künste Berlin III, 2845
Stiftung Deutsche Kinemathek und Filmmuseum Berlin III, 2848

Stiftung Deutsches Rundfunkarchiv Frankfurt a.M/Postdam-Babelsberg III, 2845, 2847, 2848, 2849
Stimme Amerikas II, 1436
Stimme der DDR II, 1427
STN III, 2643
Studer (Firma) III, 1886, 1901
Studio Hamburg III, 2166
Sturm (Konzern) I, 917
Süddeutsche Rundfunk AG (SÜRAG), Stuttgart II, 1506
Süddeutscher Rundfunk (SDR) II, 1069, 1291, 1293, 1294, 1296, 1297, 1420, 1438, 1440, 1441, 1449, 1450, 1453, 1457, 1483, 1484, 1495, 1499, 1500; III, 1806, 1807, 1808, 1921, 1932, 1934, 1938, 1939, 1940, 1964, 1979, 1980, 1988, 1989, 1990, 1991, 1992, 1993, 2000, 2035, 2046, 2052, 2055, 2056, 2057, 2058, 2063, 2068, 2121, 2157, 2161, 2166, 2200, 2203, 2264, 2357, 2358, 2387, 2414
Südfunk II, 1486
Südwestdeutsche Rundfunk AG III, 2042
Südwestfunk (SWF) I, 61; II, 1420, 1421, 1437, 1438, 1440, 1441, 1443, 1449, 1453, 1493, 1496, 1497, 1498, 1499, 1500, 1512; III, 1806, 1808, 1809, 1882, 1921, 1934, 1938, 1939, 1964, 1980, 1981, 1988, 1989, 1990, 1991, 1993, 1996, 2013, 2020, 2057, 2058, 2068, 2083, 2084, 2119, 2121, 2122, 2158, 2160, 2161, 2166, 2200, 2203, 2221, 2264, 2292, 2358, 2360, 2369, 2372, 2373, 2374, 2379, 2387, 2401
Südwestrundfunk (SWR) II, 1552; III, 1861, 1964, 1979, 1981, 2063, 2064, 2068, 2119, 2121, 2266, 2289, 2292, 2297, 2372
Super Channel III, 2402
Super RTL III, 2431
Supermarket Channel III, 2194

T

T-Online III, 2571, 2580, 2587, 2588
TA Telearbeit GmbH III, 2612
Tagung I, 177, 311
Tarifverband Privater Rundfunk (TPR) III, 1968
TASS (Russische Nachrichtenagentur) II, 1682, 1690, 1691
TBS III, 2218
TBS Superstation II, 1550
TCF II, 1214
TCI III, 2191, 2217
TeKaDe III, 2144
Teldec III, 2681
Tele 5 III, 2335, 2402, 2427
Tele-Communications Inc. (TCI) III, 2193, 2258
Tele-FAZ (Frankfurter Allgemeine Zeitung) I, 210
Telefilm Saar III, 2166
Telefunken AG II, 1029, 1198, 1204, 1374, 1388, 1393; III, 2130, 2133, 2137, 2138, 2140, 2143, 2144, 2146, 2148, 2184, 2389
Telegraphentechnisches Reichsamt II, 1389, 1504
Telehor AG III, 2140
Telekolleg III, 2816
Telekom III, 1925
Telepiu III, 2696, 2699
Television Business International (TBI) III, 2690
Tempel I, 475
Terra II, 1068
TF1 II, 1545
The Cartoon Network III, 2190
The Family Channel III, 2192
The Freedom Forum III, 2830, 2831
The History Channel III, 2192
The Learning Channel III, 2192
The Movie Channel III, 2189
The Pew Center for Civic Journalism III, 2831
The Poynter Institute III, 2832
The USA cable network III, 2193
The USA network III, 2193
The Weather Channel III, 2193
Thompson III, 2154, 2658
Thorn EMI III, 2681
Thüringen-Radio III, 1925
Time III, 2675
Time Warner II, 1145, 1148, 1549, 1550; III, 2189, 2193, 2214, 2216, 2217, 2218, 2657, 2681, 2682
Time Warner Channel III, 2214
Time Warner's Orlando III, 2215
Time, Inc. III, 2215
Time-Warner-Turner III, 2670
Times Mirror's Center for The People & The Press III, 2194
TNN III, 2192
TNT Channel III, 2214
Tobis-Klangfilm GmbH II, 1203, 1204, 1205
Tonbildsyndikat AG (Tobis) II, 1029, 1030, 1068, 1080, 1128, 1129, 1202, 1203
Touchstone, Hollywood Pictures III, 2670
TR-Verlagsunion III, 2372
Trans Tel III, 1847
Transport Protocol Expert Group (TPEG) III, 1913
Tri-Ergon AG St. Gallen II, 1199, 1200, 1368, 1508
Tribune Company of Chicago III, 2190
Tribune Corporation III, 2190
Turner Broadcasting System (TBS Superstation) II, 1550; III, 2218, 2258
Turner Classics Movies III, 2192
Turner Network Television (TNT) III, 2190, 2191, 2218, 2670
TV 3 II, 1551
TV-SAT III, 2206
TVI 60 III, 2690
Twentieth Century Fox II, 1061, 1063, 1065, 1067, 1072, 1078, 1145, 1148, 1212, 1548; III, 2189, 2191, 2675
TX Network III, 2833

U

UdSSR III, 1806
Ufa Film und Fernseh GmbH I, 204; II, 1543, 1561; III, 1839, 1840, 2144, 2697
UFA Theater AG III, 1840
Ufa-Film GmbH (Ufi) II, 1080; III, 1840, 1849, 1856
UGC III, 2675
Ullstein Bilderdienst, Berlin III, 2847
Ulmer Stadtradio III, 1932
Union Europäischer Rundfunkveranstalter (UER/EBU) III, 2246
Union International Télécommunications (UIT) III, 1928, 1932, 2196
UniRadio/Academic Hardcore III, 1972
United Artists II, 1028, 1064, 1076, 1078, 1079, 1144, 1145, 1174, 1175, 1176, 1212, 1213; III, 2675
United Nations Educational, Scientific and Cultural Organization (UNESCO) I,

236; II, 1541, 1661; III, 2650, 2651, 2652, 2660, 2715, 2856, 2845, 2846
United Press International (UPI) II, 1682, 1691, 1713
United States Information Agency (USIA) III, 1806
Universal II, 1028, 1078, 1083, 1145; III, 2193, 2670, 2675, 2681
Universal Music Group III, 2681
Universität I, 223, 327, 328, 469, 480, 482, 484, 502, 547, 551, 553, 650, 655, 662, 649; II, 1542, 1597
Universum-Film-Aktiengesellschaft (Ufa) II, 1029, 1031, 1063, 1068, 1076, 1077, 1079, 1080, 1086, 1112, 1120, 1127, 1128, 1129, 1131, 1133, 1156, 1157, 1178, 1200, 1201, 1203, 1476, 1550
Univision III, 2192
UNO III, 1932, 2198
US AIR FORCE I, 388
US-Supreme Court III, 2559, 2773, 2774, 2778, 2784
USA Channel III, 2193
UUnet III, 2589
UWG I, 343

V

Vaudeville II, 1059
Vaz Dias, niederländisches Pressebüro II, 1412
VCR II, 1147, 1148
VDZ III, 2718
VEB DEFA-Studio für Spielfilme II, 1239
VER.DI (Gewerkschaft) III, 1965
Verband der italienischen Filmindustrie (ANICA) II, 1081
Verband Deutscher Elektrotechniker (VDE) III, 1918
Verband privater Rundfunk und Telekommunikation (VPRT) III, 1849, 1852, 1854
Vereinigte Wirtschaftsdienste (VWD) II, 1683, 1690
Vereinigung volkseigener Betriebe des Filmwesens (WB Film) III, 1840
Verlag I, 354, 472
Verteidigungsministerium der DDR II, 1427
Verwaltungsrat III, 2265
VH-1 III, 2192, 2278, 2657

Viacom II, 1067, 1148; III, 2189, 2193, 2657, 2670
Viacom International III, 2189, 2670
Viag Interkom III, 2587
Viewer's Choice III, 2195
Visnews II, 1683
Vitagraph II, 1061
Vitaphone Corporation II, 1201
VIVA III, 2278, 2684
VIVATelevision III, 2315
Vivendi III, 2681
Vivendi-Universal III, 2681, 2688
Vladimir Gardins Filmschule II, 1191
Voice of America (VOA) III, 1922, 1923, 1928
VOX I, 354; III, 2267, 2427, 2431, 2479
VOX AG II, 1373, 1505, 1509
Vox-Case Corp II, 1028

W

Walt Disney (Film- und Fernsehproduktion) II, 1549
Walt Disney Corporation II, 1146, 1148; III, 2258
Walt Disney Home Video III, 2670
Wark Producing Corporation II, 1173, 1175
Warner III, 2670, 2675
Warner Bros. Pictures II, 1027, 1028, 1029, 1063, 1065, 1067, 1072, 1078, 1080, 1120, 1144, 1145, 1200, 1201, 1204, 1212, 1213
Warner Bros. Studio Channel III, 2214
Warner Brothers III, 2192, 2217, 2670, 2675
Warner Communication and Time, Inc. Channel II, 1067; III, 2214, 2215, 2681
Warner Home Video III, 2670
Warner Music Group II, 1550; III, 2667, 2681, 2688
Warner/First National II, 1120
WAZ-Konzern III, 2665, 2666, 2697
Weather Channel III, 2195
Wellenkonferenz III, 1932
Welsh Fourth Channel Authority in Cardiff (Sianel 4 Cymru) III, 2260
Weltfunkkonferenz in Washington III, 1929

Weltfunkverein III, 2196
Weltrundfunkkonferenz III, 2719
Weltrundfunksender III, 1916
Welttelegraphenunion in Bern III, 1928
Wernerwerk für Fernmeldetechnik II, 1202
Westdeutsche Allgemeine Zeitung (WAZ) I, 201
Westdeutsche Rundfunk AG (WERAG) II, 1490
Westdeutscher Rundfunk (WDR) I, 61; II, 1069, 1412, 1422, 1423, 1425, 1428, 1439, 1440, 1441, 1443, 1444, 1449, 1451, 1452, 1453, 1457, 1495, 1496, 1497, 1498, 1499, 1500, 1511, 1512, 1552, 1561; III, 1808, 1860, 1921, 1977, 1980, 2021, 2046, 2047, 2048, 2067, 2074, 2076, 2086, 2092, 2093, 2118, 2119, 2122, 2123, 2124, 2156, 2160, 2203, 2264, 2265, 2273, 2292, 2323, 2351, 2357, 2358, 2360, 2372, 2373, 2374, 2387, 2402, 2414
Western Electric II, 1027, 1028, 1029, 1030, 1200, 1201, 1202, 1204, 1205, 1364
Westinghouse Electric and Manufacturing Company II, 1028, 1029, 1030, 1550; III, 2137, 2258, 2670
Wetzlarer ERF III, 1979
WGN III, 2190
WGN from Chicago III, 2190
Wiener Kreis I, 18, 257
Wissenschaftliche Abteilung zur Erforschung der Hörermeinung (DDR) II, 1451
Wissenschaftliche Gesellschaft I, 487
WOR-TV II, 1067
World Administrative Radio Conference (WARC) III, 1929, 1930, 1961, 2198, 2221
World Intellectual Property Organisation (WIPO) III, 2688
World Wide Web (www) I, 467, 497; II, 1753, 1754; III, 1993, 2217, 2218, 2521, 2528, 2530, 2531, 2533, 2565, 2566, 2567, 2569, 2571, 2572, 2573, 2576, 2578, 2583, 2589, 2598, 2600, 2606, 2636, 2644
WorldDAB-Forum III, 2099
WPIX from New York III, 2190
WTBS III, 2190
WTBS Channel III, 2214
WTBS from Atlanta III, 2190
WWOR form New York III, 2190

X

XEROX Research Center III, 2515
Xinhua II, 1681

Y

Yahoo III, 2595
Yale Communication and Attitude Change Programm I, 328
Young & Rubicam (Frankfurt) III, 2415, 2418

Z

Z Channel of Los Angeles III, 2189, 2190
ZAW I, 206
ZAW-Vereinigung für Öffentlichkeitsarbeit (VFÖ) III, 2415
ZBO/NYC III, 2670
Zeiss II, 1060
Zeiss-Ikon III, 2140
Zeitschriftendatenbank (ZDB) II, 1577
Zensurkommission I, 504
Zentralausschuss der Werbewirtschaft (ZAW) II, 1450, 1451
Zentrale Fortbildung der Programmmitarbeiter ARD/ZDF (ZFP) III, 2267
Zentralinstitut für das Jugend- und Bildungsfernsehen III, 2827
Zentralinstitut für Erziehung und Unterricht II, 1127, 1128
Zentralinstitut für Schulfunk und Schulfernsehen (Potsdam) III, 2263
Zentralkomitee der Sozialistische Einheitspartei Deutschland (SED) II, 1427; III, 2262
Zentralstelle für Auslandsdienst (ZfA) II, 1125, 1126
Zentralverband der deutschen Werbewirtschaft (ZAW e.V.) III, 2415, 2427, 2717, 2758
Zentralverwaltung für Volksbildung (ZV) II, 1237
ZOMBA III, 2681
ZUMA I, 254
Zweites Deutsches Fernsehen (ZDF) I, 61, 348, 349, 351, 382; II, 1036, 1069, 1132, 1134, 1135, 1296, 1341, 1342, 1343, 1344, 1346, 1347, 1348, 1426, 1542, 1543, 1547, 1552, 1558, 1560; III, 1808, 1809, 1829, 1849, 1852, 1860, 1861, 1926, 1964, 1979, 2153, 2155, 2159, 2161, 2165, 2203, 2206, 2256, 2264, 2265, 2266, 2267, 2270, 2271, 2273, 2274, 2276, 2278, 2280, 2284, 2286, 2287, 2291, 2292, 2293, 2294, 2295, 2296, 2297, 2303, 2304, 2305, 2313, 2314, 2315, 2324, 2331, 2334, 2335, 2347, 2352, 2358, 2359, 2360, 2361, 2365, 2367, 2370, 2371, 2372, 2373, 2384, 2387, 2389, 2390, 2391, 2392, 2395, 2397, 2399, 2400, 2401, 2402, 2404, 2410, 2414, 2421, 2426, 2427, 2429, 2431, 2433, 2459, 2478, 2490, 2503, 2587, 2690, 2715, 2720, 2722, 2848

Sachregister

3-D-Film III, 2483

A

A/D-Wandler III, 1883
Aanalphabetismus III, 2651
Abenteuerliteratur II, 1650
Abhandlung I, 873, 874, 876; II, 1734
Abonnent II, 1680
Absatzforschung I, 258; II, 1730
Absolutismus I, 488, 490, 797, 832, 899, 902
Abtastfrequenz III, 2100
Abtastraten III, 1887
Abtasttheorem II, 1531
Abtastwert II, 1521
Access-Providing III, 2560
Achtziger Jahre II, 1424, 1458, 1588, 1721; III, 1980, 1984, 1988, 2037, 2064, 2074, 2124, 2210, 2222, 2272, 2334, 2335, 2340, 2346, 2352, 2353, 2357, 2359, 2373, 2414, 2415, 2421, 2422, 2440, 2441, 2444, 2449, 2459, 2493, 2494, 2503, 2635, 2636, 2664, 2667, 2682, 2685, 2781, 2825, 2826
Ad-hoc-Kratie I, 78
Adaption II, 1489, 1493
Administration I, 552, 553; III, 2584
Adolf-Grimme-Preis III, 2353
Adressierung I, 217, 782, 794, 805, 818
AES/EBU Format III, 1883
AGB-System III, 2490
Agenda III, 2491
Agenda-Setting I, 115, 221, 326; II, 1692
Agenda-Setting-Konzept III, 2491
Agentur I, 35, 40, 73, 204, 216, 218, 381, 767, 834, 837, 838, 847, 907, 919, 921, 1014, 1015, 1021; II, 1713, 1774; III, 1827, 1962, 2008, 2081, 2415, 2416, 2418, 2422, 2590, 2694, 2759
Agenturmeldung II, 1416

Agitation I, 145, 158, 187, 221, 789, 795, 796, 798, 799, 820, 821, 822, 839, 840, 918, 922, 939, 946, 950, 993, 1008, 1009; II, 1186, 1193; III, 1805, 1806, 1807, 2263, 2843
Agitprop-Bewegung II, 1474
AIDA-Formel II, 1730
Aktualisierung III, 2775
Aktualität I, 138, 210, 215, 313, 611, 768, 778, 817, 820, 841, 847, 854, 856, 863, 868, 873, 881, 892, 897, 898, 914, 926, 940, 955, 957; II, 1614, 1619, 1712, 1716, 1763; III, 2007, 2019, 2021, 2042, 2072, 2389, 2455, 2847
Aktualitätenkomplex III, 2109
Aktualitätenspeicher III, 1905, 2104
Aktuelle Kamera III, 2263
Aktuelles III, 2262
Akustik I, 314; II, 1031, 1088, 1246, 1250, 1252, 1263, 1268, 1269, 1272, 1283, 1287, 1462, 1496; III, 1893, 2038
Akustische Kunst III, 2065, 2067
Akzeptanz II, 1639
Akzessorietät II, 1544
Akzidenz I, 390, 411, 785
Album I, 780, 782
Allegorie I, 135, 623, 754, 757, 809, 813, 875, 990, 1001, 1003
Alltagskommunikation I, 37, 92, 102, 213, 216, 217, 222, 225, 273, 515, 921
Alltagskultur I, 982
Alltagssprache II, 1101
Alltagstheorie I, 257
Almanach I, 565, 588
Alphabetisierung I, 562, 589, 632, 765, 833, 924, 929; III, 2370, 2650, 2653, 2823
Alphabetschrift I, 396, 526
Alternativbewegung II, 1132
Alternative Hörfunksender III, 2120
Alternativen Frequenzen (AF) III, 1910
Alternativmedien I, 9, 920
Amendment to the U.S. Constitution III, 2742

Amerikanisierung I, 190, 907; III, 2335, 2477
Amerikanismus II, 1191
Amusement II, 1661
Analgo/Digital-Wandler III, 1898
Analog-Digital-Umsetzung (ADU) II, 1522, 1528, 1531, 1532, 1533, 1537
Analog/digitale Hybridlösung III, 1882
Analogpult III, 1883
Analogsignal II, 1537
Analogtechnik II, 1518, 1519
Analphabetismus II, 1662
Analytische Philosophie I, 213
Andachtsbild I, 411, 785, 794, 817, 818, 819, 821
Anekdote III, 2086
Angebotsspektrum III, 2256
Anglistik I, 310
Animation II, 1039, 1040, 1042
Annenberg Programm III, 2829
Antenne II, 1308, 1309, 1360, 1387, 1388, 1392, 1401, 1403, 1404, 1405, 1407, 1409
Anthropologie I, 361, 378, 380, 627, 699, 702
Anthropozentrismus I, 169
Antifaschismus III, 1805
Antike I, 256, 368, 369, 396, 421, 439, 440, 442, 459, 460, 461, 468, 473, 475, 501, 526, 546, 553, 554, 569, 593, 600, 601, 602, 606, 628, 637, 652, 710, 727, 729, 747, 748, 752, 777, 796, 840, 874, 896, 939, 1016, 1017, 1024; II, 1606
Anzeige I, 215, 245, 250, 279, 469, 823, 832, 847, 849, 850, 871, 887, 905, 907, 916, 920, 921, 923, 924, 927, 928, 931, 933, 937, 956, 959, 961, 966, 970, 1011, 1020; II, 1152, 1677, 1679, 1738, 1754, 1766, 1767
Apokalyptiker I, 191
Apperzeption I, 153
Aptitude-Treatment-Interaction (ATI) III, 2813
Arbeitsmarkt I, 887
Arbeitswelt II, 1646
Archäologie II, 1598, 1694
Architektur I, 627; II, 1151, 1155, 1189, 1598, 1636

Archivierung III, 2642, 2852
Archivmaterial II, 1167
Archivwesen I, 139, 474, 475, 476, 487, 489, 490, 491, 530, 535, 552, 850, 883, 924; II, 1374, 1418
ARI III, 1908
Arisierung I, 472
Arkankommunikation I, 896, 924
Arrangement II, 1130
Artificial Intelligence I, 21
Artikel I, 33, 246, 247, 651, 712, 840, 854, 876
Assoziation II, 1194; III, 2447
Ästhetik I, 83, 132, 155, 156, 161, 164, 166, 168, 240, 258, 263, 274, 282, 323, 338, 368, 518, 520, 521, 522, 524, 538, 555, 560, 561, 702, 703, 768, 826, 993, 1005; II, 1031, 1143, 1183, 1185, 1189, 1230, 1234, 1787; III, 1797, 1799, 1801, 1802, 1804, 1807, 1809, 1823, 1825, 1835, 2057, 2143, 2356, 2409, 2421, 2449
Ästhetisierung II, 1461, 1463, 1464
Ästhetizismus I, 693
ASTRA III, 2222
Astrologie I, 553, 621, 799, 806
Astronomie I, 535, 553, 554, 747, 749, 791, 792, 806
Asymmetrische Digital Subscriber Line (ADSL)-Technik III, 2517
Asynchroner Transfer Modus (ATM) II, 1519
Ätiologie I, 602
Atlas I, 483, 669; II, 1611
Attraktion II, 1193, 1194
Attraktivität III, 2326
Ätztechnik I, 415, 417, 418, 828
Audience Differentiation III, 2465
Audience research III, 2466, 2495
Audio II, 1515
Audio-Aufrufdienst III, 2098
Audio-Conferencing III, 2574
Audio-on-Demand III, 1973, 2098
Audio-Streaming-Technik (Real Audio) III, 1961, 1973
Audiodienste II, 1518
Audiotechnologie II, 1247, 1366
Audiovision I, 194, 239
Aufklärung I, 16, 17, 19, 187, 190, 282, 324, 356, 364, 470, 478, 483, n487, 488, 504, 505, 517, 518, 563, 564, 566, 576, 577, 580, 587, 812, 843, 853, 855, 861, 875, 876, 882, 926,
940; II, 1186, 1587, 1607, 1610, 1620, 1635, 1639, 1727; III, 2787, 2800
Auflage I, 884, 885, 899, 908, 915, 931, 936, 947, 949, 950, 970, 977
Aufmacher I, 219, 869, 873,
Aufnahmetechnologie III, 2106
Aufsatz II, 1734
Aufzeichnungsmedien I, 19
Aufzeichnungssystem II, 1281
Ausgewogenheitsgebot II, 1543
Auslandsberichterstattung III, 2271
Aussagenanalyse I, 886
Aussageverweigerungsrecht III, 2775
Außenpluralität II, 1561
Außerparlamentarische Opposition (APO) III, 2720
Ausspielwege III, 1883
Ausstellung II, 1687
Aussteuerungsmesser III, 1885
Authentizität II, 1130, 1133, 1233, 1289, 1724; III, 2030, 2033, 2641, 2853
Automationssystem III, 2109
Automatisches Bildverstehen I, 124
Automatisches Sprachverstehen I, 123
Automatisierung II, 1675; III, 1893, 1902
Autonomie II, 1232
Autopoesie I, 3, 7, 74
Autorenfilm III, 1790, 1795
Autorität I, 899; III, 2853
Autorschaft I, 216, 233, 245, 262, 515, 544, 570, 575, 579, 580, 688, 766, 767
Autotypie I, 395, 415, 765, 974
Autronic-Urteil III, 2226
AV-Medien II, 1043
Avantgarde I, 995, 1004, 1014; II, 1186, 1498; III, 1789, 1791, 1792
Averroismus I, 656
AVID III, 2164

B

B-to-C-Bereich (Business to Consumer) III, 2586
Bagatellprogramm III, 2099
Balance-Modell II, 1741
Balanced Budget Act III, 2779
Bandaufzeichnung II, 1280
Bandbreite II, 1528
Banner-Werbung III, 2705
Barock I, 478, 483, 487, 515,
516, 517, 545, 557, 1013; III, 2048
Bartholomäusnacht II, 1172, 1173
Basisbandsignal II, 1530
Bauernkrieg I, 483, 554, 788, 796, 803, 807, 819
Bauhaus I, 995, 997, 1000, 1005, 1014
Bauhütte II, 1182, 1184
Begleitmedium III, 2013
Begleitprogramm III, 2022, 2119, 2121
Behaviorismus I, 21, 320, 327, 328, 329, 360; III, 2472
Belletristik II, 1594, 1598, 1600, 1650; III, 2652
Beobachtung (teilnehmende) III, 1800
Beobachtungslernen III, 2811
Bericht I, 29, 35, 37, 38, 39, 40, 41, 42, 43, 75, 115, 133, 214, 215, 219, 220, 221, 222, 224, 293, 303, 305, 381, 413, 489, 534, 569, 602, 677, 697, 790, 806, 810, 814, 837, 840, 842, 846, 866, 867, 871, 875, 898, 899, 905, 914, 919, 940; II, 1734, 1735; III, 2038, 2075, 2077, 2081, 2082, 2083, 2086
Berichterstattung II, 1692; III, 2160
Berner Übereinkunft III, 2655
Berufsfreiheit III, 2732
Berufstypologie I, 61, 887
Besatzungsmacht I, 464, 510, 838, 888, 918, 951, 952; II, 1068, 1390, 1426, 1448, 1540, 1555; III, 2716, 2719
Besatzungsrecht III, 2717
Besatzungszone II, 1483, 1682
Beschallung II, 1296
Beschallungstechnik II, 1262
Bestands- und Entwicklungsgarantie für den öffentlich-rechtlichen Rundfunk II, 1544
Bestseller I, 237, 672; II, 1591; III, 1992
Betriebs-Disposition III, 2161
Betriebstechnologie III, 1891
Bewußtseinsindustrie I, 361
Bewußtseinstheorie I, 189
Bibel I, 392, 445, 447, 448, 449, 460, 476, 480, 482, 501, 542, 547, 548, 549, 555, 562, 587, 588, 617, 626, 628, 629, 630, 637, 651, 710, 746, 765, 779, 800, 809; II, 1056, 1636
Bibliographie I, 570, 852, 883, 893, 894; II, 1044, 1657
Bibliothekswissenschaft I, 132, 584, 883, 893
Bild-Journalismus III, 2035

Bild-Text-Verbindungen II, 1730
Bild-Zeitung II, 1549
Bildarchiv II, 1686; III, 2846
Bildästhetik III, 2483
Bildauswertung II, 1786
Bilddruck I, 370, 397, 404, 410, 411, 443, 481, 544, 545, 555, 785, 974; II, 1124
Bildeinstellung III, 2238
Bilderbogen I, 310, 315, 777, 778, 780, 787, 791; II, 1632, 1633, 1636
Bilderbuch I, 97, 777, 779, 780, 783
Bilderflut I, 149, 371; III, 2442
Bilderschrift I, 396
Bilderwelt II, 1135
Bilderzyklus I, 776
Bildfunk III, 2156
Bildgeschichte I, 310, 315, 776
Bildgestaltung III, 2235
Bildinformation I, 83, 946; II, 1093
Bildinhalt II, 1190
Bildkultur I, 239
Bildkunst I, 371
Bildlichkeit I, 29, 42, 122, 126, 134, 138, 153, 155, 276, 370, 539, 702, 808, 956, 969
Bildmotiv II, 1784
Bildpublizistik I, 132, 133, 136, 139
Bildqualität II, 1031, 1034; III, 2174
Bildrasterung III, 2128
Bildschirmmedien II, 1044
Bildschirmtext (Btx) II, 1562; III, 2503, 2571, 2714
Bildsondenröhre III, 2151
Bildsymbolik II, 1101
Bildtheorie I, 198, 299
Bildtradition I, 138
Bildübertragung III, 2130
Bildung II, 1543, 1561, 1606, 1608, 1610, 1742, 1745; III, 2044, 2073, 2075, 2125, 2271, 2278, 2298, 2307, 2367, 2369, 2481, 2835
Bildungsbürgertum II, 1059
Bildungsgeschichte I, 356
Bildungsprogramm II, 1417
Bildungsreform III, 2804
Bildungssendung III, 2842
Bildverstehen I, 369
Bildwelt II, 1119
Bildwirkung I, 414, 1013; II, 1095, 1182, 1183, 1783
Bildzeichen I, 848
Binnenorganisation III, 2265
Binnenplurale Programmstruktur III, 2276
Biographie I, 241, 261, 266, 268, 318, 358, 533, 534, 573, 601, 610, 615, 620, 624, 625, 666, 688, 734, 735, 811, 876; II, 1186, 1611, 1612, 1742
Biologie I, 627, 631, 791; II, 1612
Bitfehlerrate III, 2251
Bitstromformatierung III, 1946
Blechdruck I, 1020
Blockbuster III, 2189, 2668, 2669, 2676
Blockdruck I, 398, 399, 443, 447, 543, 594, 595
Blue-Screen-Tricktechnik III, 2168
Bluebox-Verfahren I, 217; II, 1041; III, 2163, 2307, 2414, 2422
Bodenwelle III, 1917
Bogentechnik II, 1570
Books On Demand (BOD) II, 1570
Börse III, 2590
Botanik I, 535, 721, 792; II, 1612
Boulevard III, 2276, 2277
Boulevardblatt II, 1549
Boulevardisierung I, 48, 49, 869, 872, 919; II, 1743; III, 2084, 2278, 2404
Boulevardpresse II, 1549, 1661, 1722, 1743
Boulevardzeitung III, 2663
Boykott II, 1205
Braunsche Röhre II, 1539; III, 2133, 2134, 2136, 2137, 2138, 2144
Breitbandverteilnetz (BVN) III, 2210
Breitbild-Signalisierungs-Signale III, 2188
Brief II, 1715, 1736
Broadcasting-Netz III, 2509, 2511, 2516
Broker III, 2590
Broschur I, 434
Broschüre I, 390, 421, 431, 446, 449, 454, 457, 504, 814, 817; II, 1152, 1627
Browser III, 2599
Buchbinderei I, 405, 409, 421, 422, 446, 450, 456, 542; II, 1572
Buchdruck I, 134, 136, 338, 339, 347, 355, 356, 370, 390, 391, 398, 442, 444, 450, 459, 469, 502, 514, 517, 540, 543, 547, 548, 549, 551, 552, 556, 560, 562, 570, 673, 746, 749, 765, 777, 785, 817, 825, 832, 974, 1018; II, 1564, 1572; III, 2379
Bücherverbrennung I, 464, 501, 502
Buchführer I, 422, 460, 461, 469, 484
Buchgemeinschaft I, 9, 471, 767, 773
Buchhandel I, 135, 236, 242, 405, 459, 461, 463, 466, 467, 480, 484, 491, 506, 509, 527, 571, 572, 577, 578, 769, 771, 786, 831, 900
Buchkultur II, 1649
Buchmalerei I, 411, 414, 442, 448, 481, 541, 542, 545, 549, 555, 556
Buchmarkt I, 422, 471, 472, 503, 504, 510, 565, 575, 577, 588, 764, 765; II, 1627, 1661
Buchmarktforschung I, 82, 236, 583, 584
Buchmesse I, 463, 465, 467, 469, 470, 472, 482, 484, 488, 503, 751, 769
Buchreligion I, 547
Buchschmuck I, 1001
Buchstraße I, 431
Bundesrundfunkgesetz II, 1557
Bürgerkrieg II, 1168, 1193, 1408
Bürgschaft III, 1841
Burleske II, 1163
Bürokratisierung I, 223
Bürokratismus II, 1238
Business-to-Business-Handel (B2B) III, 2703
Business-to-Consumer-Handel (B2C) III, 2704
Byzantinisches Reich I, 477

C

Cable Communications Policy Act III, 2782
Cable Television (CATV) III, 2188
Cable Television Consumer Protection and Competition Act III, 2782, 2784
Caching III, 2560
Camera obscura III, 2127
Campaign Reporting III, 2746
Cannes-Rolle III, 2421
Casting III, 2702
Causerie II, 1717, 1738
CD-ROM I, 467; II, 1571, 1576, 1581, 1583, 1592, 1657, 1687, 1751, 1752, 1754, 1762, 1763
CD-Spieler III, 1882
Chaosforschung I, 21, 283
Charts III, 2684, 2686
Chat-Room III, 2698
Children's Television Act III, 2781

Choreographie III, 2442
Christliche Publizistik I, 381, 382, 383
Chrominanz III, 2180, 2182, 2186, 2187
Chronik I, 136, 137, 554, 602, 605, 610, 611, 630, 673; II, 1185, 1187, 1188, 1189, 1715
Chronistenpflicht I, 842
Cinéma Vérité III, 1801, 1802
Clarkes Orbit III, 2220
Code-Shifting III, 2457
Code-Switching III, 2457
Coded Orthogonal Frequency Division Multiplex (COFDM) III, 1942, 1948, 2253
Cognitive Psychology III, 2465, 2472
Collage I, 994; II, 1463, 1464, 1493, 1497, 1499, 1635; III, 2001, 2079
Color-Plus III, 2187
Comedy III, 1989, 1990, 2331, 2481
Comic Strip I, 170, 282, 283, 310, 315, 956, 959; II, 1590, 1591, 1650, 1745, 1762; III, 2085, 2086, 2344, 2834
Common Gateway Interface CGI III, 2518
Common Interface III, 2254
Common Scrambling System III, 2254
Communitas I, 25
Community Radio III, 1960
Compact Disc (CD) II, 1283, 1301, 1366, 1371, 1372, 1415; III, 1902, 2242
Composit-Signal III, 2152
Computer II, 1499, 1512, 1522, 1570, 1592, 1657, 1662, 1674, 1763; III, 2069, 2508
Computer Conference III, 2602
Computer-Technologie III, 2700
Computer-to-plate (CTP)-Verfahren II, 1751
Computeranimation II, 1039
Computerisierung I, 385, 387, 388
Computernetzwerk I, 24, 25; II, 1516; III, 2075
Computers and Communications (CC) II, 1514
Computersatz I, 454, 467
Computerspiel I, 126, 387; II, 1590, 1591; III, 2593
Computertechnologie I, 32, 431; III, 2097
Computertheorie I, 521
Concept Map III, 2604
Conditional-Access-Verfahren III, 2254

Confirmation III, 2511
Construct II, 1694
Construction of Meanings III, 2469
Content Provider III, 2587, 2659
Cooperative Planning III, 2604
Copy-Test II, 1760
Copyright III, 2757, 2852
Corporate Culture I, 79
Corporate Design (CD) II, 1686, 1783
Corporate Identity (CI) I, 209; II, 1686, 1783; III, 2416
Corporate University III, 2591
Cross-ownership II, 1548; III, 2762, 2780
Cultural Channel III, 2192
Cultural Studies I, 23, 83, 98, 99, 100, 102, 103, 193, 196, 223, 257, 302; II, 1586, 1588; III, 2348, 2442, 2443, 2453, 2460, 2494, 2495
Cyberradio (Internetradio) III, 1961, 1973
Cyberspace I, 24, 331, 386; III, 2414
Cyberspacelaw III, 2533

D

Dadaismus I, 1004; II, 1499
Daguerreotypie III, 2842, 2846
Daily Serial III, 2353
Daily Soap III, 2478, 2481
Daily Talk III, 2478
DAT-Gerät III, 1882
Datenautobahn III, 2508, 2252
Datenbank II, 1657, 1752
Datencontainer III, 2246
Datendienste II, 1518
Datenkompression III, 2097, 2219
Datennetz I, 18, 493, 496; III, 2565
Datenrundfunk III, 2097, 2246, 2252
Datensatz III, 1906
Datenstrom (DSD) III, 1906
Datenträger II, 1567
Datenübertragung II, 1527
DBS-Satellit III, 2223
DBV-Meßtechnik III, 2254
Debatte I, 178, 190, 221, 224, 494; II, 1153, 1426
Deckenband I, 434
Deckenmachmaschine I, 431, 433
Decoder III, 2176, 2181, 2230, 2243, 2706

Dekonstruktivismus I, 18, 314, 522
Dekoration I, 997, 1008
Demographie I, 61, 907
Demokratie II, 1774
Demokratisierung II, 1108, 1609; III, 2787
Demoskopie I, 258, 319; II, 1741
Deregulierung II, 1547, 1548, 1563; III, 2696, 2697, 2779
Design I, 119, 299, 341, 367, 768, 1014; II, 1141, 1623; III, 2422
Desinformation III, 2843
Desktop Publishing I, 454, 467; II, 1751
Detektor II, 1377
Deutsche Initiative für Netzwerk Informationen (DINI) III, 2532
Deutsches Reich I, 907; II, 1478
Dezentralität II, 1557
Diachronie I, 237
Diagram II, 1694
Dialektik I, 377
Dialektspiel II, 1496
Dialog II, 1461, 1463, 1465, 1471, 1473, 1516, 1718; III, 1833, 1834, 2030, 2037, 2509
Dialoganalyse I, 299, 300
Dialogkommunikation II, 1516
Dialogsystem I, 29, 38, 39, 40, 127
Diffussionsforschung I, 114
Digiset-Anlage I, 410
Digital Audio Broadcasting (DAB) (Digital Radio) III, 1519, 1941, 1942, 1960, 1961, 1963, 1973, 1993, 2101, 2113, 2118, 2212, 2245, 2248, 2253
Digital compression III, 2219
Digital Copyright Management III, 2688
Digital Economy III, 2700
Digital Library Metadaten initiative (DLMI) III, 2532
Digital Millenium-Copyright-Act III, 2560, 2688
Digital Multimedia Broadcasting (DMB) III, 1942
Digital Object Identifier (DOI) III, 2644
Digital Radio Mondiale (DRM) III, 1961, 1973
Digital Satellite Radio (DSR) III, 1973, 2208
Digital TeleVision Broadcasting (DTVB) III, 2242
Digital Versatile Disc (DVD) III, 2106, 2243
Digital Video Broadcasting (DVB) III, 2212, 2242

Digital-Rights-Management
 III, 2689
Digital/Analog-Wandler III, 1898
Digitalanzeige II, 1522
DigitalAudio-Format III, 1883
Digitalbandkassette (R-DAT) III, 1906
Digitaldruck II, 1570, 1571
Digitale Bibliothek III, 2531
Digitale Massenspeicher III, 2113
Digitale Quelle III, 1882
Digitale Rundfunktechnologie (Hörfunk und Fernsehen) III, 2212
Digitale Schnittstelle III, 1888
Digitale Signalverarbeitung III, 1882
Digitale Übertragungsnorm III, 2226
Digitaler Fernsehempfänger III, 2242
Digitaler Massenspeicher (DMS) III, 2113
Digitales Medienarchiv-System III, 2113
Digitales Signalverteilsystem III, 2107
Digitales Studio III, 2242
Digitales Tonmischpult III, 1898
Digitalisierung I, 18, 194, 351, 352, 357, 384, 385, 386, 387, 410, 493, 573, 836; II, 1288, 1289, 1400, 1402, 1499, 1516, 1518, 1519, 1658, 1659; III, 1893, 1961, 1973, 1974, 2166, 2276, 2374, 2382, 2412, 2567, 2635, 2668, 2687, 2700, 2701, 2702, 2707, 2762, 2802, 2846
Digitalpult III, 1883
Digitalserielle Komponententechnik (DSC) III, 2154
Digitalsignal II, 1525, 1526, 1530, 1535, 1536, 1537
Digitaltechnik II, 1272, 1293, 1312, 1339, 1372, 1411, 1518; III, 2099, 2100, 2097
Diorama II, 1043
Direct Broadcast Satellites (DBS) III, 2785
Direct cinema III, 1800, 1801, 1803, 1806, 1807, 1808
DirectTV III, 2229
Discovery Channel III, 2278
Disk-Server III, 2108
Diskette I, 1592
Diskurs II, 1702, 1703, 1706, 1708, 1715, 1728
Diskursanalyse I, 29, 38, 85, 221, 223, 224, 225, 283, 294, 300, 302, 314; III, 2471

Diskurstheorie II, 1661
Diskussion I, 48, 180, 216, 218, 225, 245, 265, 297, 602, 699; II, 1726; III, 2045, 2061, 2077, 2084, 2085, 2457
Diskussionssendung III, 2042, 2495
Dislozierung III, 2695
Disponibilität I, 215
Dispositives Fernsehen III, 2453
Disputation I, 653, 728
Dissector-Tube III, 2140
Distribution I, 28, 135, 202, 236, 237, 352, 388, 459, 461, 466, 467, 571, 577, 781, 787, 788, 817, 938, 956; II, 1044, 1059, 1060, 1107, 1143, 1144, 1148, 1153, 1624, 1626, 1631, 1752; III, 1821, 1825, 2113, 2607, 2637, 2653, 2654
Diversifizierung III, 2120, 2241, 2696
Dokument II, 1461, 1771; III, 2639, 2647
Dokumentarfilm I, 338; II, 1185, 1187, 1188, 1189, 1221, 1224, 1237, 1545
Dokumentarsendung II, 1547
Dokumentartheater II, 1644
Dokumentation I, 32, 37, 68, 234, 475, 479, 494, 850, 867, 893; II, 1131, 1132, 1134, 1367, 1462, 1545; III, 1803, 1808, 1816, 1819, 2024, 2038, 2045, 2077, 2124, 2271, 2278, 2366, 2373, 2376, 2379, 2443
Dolby-Surround II, 1378
Domain Name Service (DNS) III, 2514
Dossier I, 218
Drahtfunk III, 1961
Drama II, 1472
Dramatic Series II, 1546
Dramatik III, 2400
Dramatisierung II, 1464, 1777
Dramaturgie I, 45, 190, 237, 239, 522; II, 1031, 1044, 1046, 1053, 1065, 1109, 1187, 1210, 1216, 1217, 1466, 1474, 1490, 1496; III, 1801, 1822, 1826, 2021, 2037, 2262, 2353, 2483
Dreamlike Visuals III, 2444
Drehbuch I, 314, 471; II, 1062, 1093, 1108; III, 2702
Dreißiger Jahre II, 1418, 1432; III, 2046, 2072, 2139, 2439, 2456, 2500, 2682, 2683, 2821, 2834
Dreißigjährige Krieg I, 137, 139, 422, 788, 792, 796, 803, 811, 817, 818, 821, 897, 898, 899, 914, 940

Dritte Welt III, 1805
Drittes Reich I, 472, 507, 508, 509, 766, 834, 856, 882, 884, 887, 888, 918, 951, 982, 1008; II, 1130, 1156, 1454, 1718; III, 2091
Druckerfarbe I, 403, 450, 451, 454, 825, 828, 877
Druckform I, 402
Druckgraphik I, 777, 778, 781, 787, 818
Druckmaschine I, 402, 408, 452, 491, 826, 827
Druckpresse I, 402, 403, 404, 405, 406, 407, 408, 444, 446, 451, 452, 454, 825, 826, 897, 905, 916
Drucktechnik I, 397, 411, 414, 444, 488, 747, 765, 825, 896, 898, 932, 974, 986; II, 1729; III, 2804
Druckverfahren I, 396
Duales Fernsehsystem III, 2271
Duales Rundfunksystem III, 2043
Duales System II, 1546, 1556, 1558, 1559, 1560, 1562; III, 1962, 1975, 1976, 2296, 2352, 2364, 2477, 2482, 2722
Dualisierung III, 2276
Durchhörbarkeit III, 1970, 2000, 2010
DVB-C(able) III, 2252
DVB-Decoder III, 2243
DVB-S(atellite) III, 2252
DVB-T(errestrial) III, 2253
DVC-Format (Digital Video Cassette) III, 2243
Dynamisch-transaktionaler-Ansatz I, 193; III, 2493

E

E-Book III, 2645
E-Business III, 2708
E-Commerce III, 2535, 2550, 2576, 2582, 2584, 2586, 2589, 2592, 2594, 2595, 2596, 2635, 2704
E-Journal III, 2575
E-Mail III, 2500, 2518, 2525, 2527, 2528, 2572, 2573, 2574, 2582, 2583, 2585, 2589, 2646, 2624, 2632, 2646
E-Shopping III, 2509
E-Textbook III, 2600
E-Zine III, 2575
Editionskunde I, 235, 313, 398, 779
Editorial I, 217, 219

Ehrenschutz III, 2541, 2543, 2545, 2752, 2776
Eiffelturm II, 1540
Einakter II, 1471
Einband I, 405, 422, 423, 424, 430, 431, 450, 454, 455, 543, 571
Einbanddekorationstechnik I, 427, 431, 434, 481
Einbandverzierung I, 427, 431, 434
Einblattdruck I, 390, 399, 403, 412, 443, 444, 544, 570, 674, 749, 778, 785, 786, 803, 809, 812, 817, 821, 898; II, 1632
Einigungsvertrag II, 1556
Einschaltquote II, 1542, 1559; III, 2274, 2277, 2316
Einstellung I, 245; II, 1740
ELDO III, 2220
Electronic Bulletin III, 2606
Electronic Contracting III, 2584
Electronic Data Interchange (EDI) III, 2574
Electronic Government (E-Government) III, 2577
Electronic mail II, 1753
Electronic Publishing III, 2586
Electronic-Cam III, 2157
Electronical News Gathering (ENG) III, 1801, 2159
Elektronische Berichterstattung III, 1801
Elektrizität I, 24; II, 1365; III, 2127
Elektroakustik II, 1202
Elektroindustrie II, 1554
Elektromagnetisches Telefon III, 2127
Elektromagnetismus II, 1364, 1373
Elektronenauge III, 2137
Elektronische Berichterstattung (EB) III, 2160
Elektronische Bildverarbeitung (EBV) II, 1751
Elektronische Bogenmontage (CTP) II, 1570
Elektronisches Direktmarketing III, 2227
Elementarismus I, 997
Elite II, 1498, 1649
Emanzipation II, 1243, 1497; III, 2805
Emblematik I, 135, 138, 315, 517
Emergenz I, 25, 198
Emotion II, 1784; III, 2399, 2417
Emotionale Disposition II, 1741
Emotionalisierung II, 1661; III, 2454

Empfangsqualität III, 1943
Empfehlungen zum Schutz und zur Erhaltung bewegter Bilder III, 2849
Empirie I, 16, 17, 82, 222, 234, 278, 332, 358, 600, 605
Empirismus I, 235, 236, 257, 702
Enkulturation II, 1589, 1592
Enrichement-Funktion III, 2374, 2375
Entautorisierung III, 2482
Entdeckung I, 668, 749
Entertainer III, 2257
Entertainment I, 1014; II, 1144; III, 2465
Enthüllungsreportage II, 1715
Entrefilet I, 870
Entscheidungstheorie I, 71, 73
Enzyklopädie I, 28, 397, 405, 462, 484, 487, 543, 550, 557, 650, 757, 852; II, 1187, 1605, 1606, 1607, 1617, 1620
Episode II, 1194, 1224
Episodenserie III, 2345
Ereignisberichterstattung III, 2007
Erkenntniskritik I, 19
Erkenntnistheorie I, 2, 16, 234, 318
Erlebnisgesellschaft I, 323
Erster Weltkrieg I, 59, 138, 409, 494, 566, 766, 798, 822, 849, 856, 884, 886, 887, 908, 910, 917, 944, 947, 997, 979, 990, 992, 1004, 1014; II, 1060, 1062, 1066, 1068, 1081, 1086, 1112, 1119, 1124, 1127, 1130, 1133, 1166, 1178, 1186, 1198, 1199, 1200, 1208, 1412, 1479, 1628; III, 1791, 1838, 2130, 2486, 2487, 2667, 2820, 2821
Erzählkommunikation I, 33, 40, 41, 216, 293
Erzähltheorie I, 232, 302, 315
Erzählung I, 860, 875
Erziehung I, 846, 847; II, 1186
Erziehungswissenschaft I, 257, 323, 651
ESA III, 2220
Eskapismus II, 1741
Essay I, 218, 315; II, 1712, 1718, 1734; III, 1804, 2075, 2367
Essential Facilities Doctrine III, 2706, 2707
Ethik I, 528, 562, 630, 633, 655, 821
Ethnic Differences III, 2470
Ethnographie I, 257, 265, 267, 318, 371, 607, 609, 610, 611

Ethnomethodologie I, 257, 267, 301
EU-E-Commerce-Richtlinie III, 2688
Eureka 147-Projekt III, 1942
Europäische Menschenrechtskonvention (EMRK) III, 2226, 2731, 2732
Europäischer Medienkodex III, 2735
Europäisierung I, 68
European Directive on Television without Frontiers III, 2691
European DVB Project III, 2244
European Norm (EN) III, 2254
Eutelsat III, 2221
Evaluation III, 2814, 2815, 2826, 2827
Event II, 1687; III, 1989
Evolution I, 26
Exil I, 949, 950, 952; II, 1640
Exilverlag I, 472, 766
Existentialismus I, 234, 323, 379
Exklusivität II, 1707
Export II, 1179
Expressionismus I, 164, 471, 522, 982, 994, 995, 1008, 1014; II, 1086, 1178, 1636; III, 1790

F

Fachsprachenlinguistik II, 1594, 1595
Fairness-Doktrin II, 1548
Faktographie II, 1188, 1644
Falsifikat III, 2852
Fantasy III, 2480
Farbbildsignal II, 1520
Farbdruck I, 975, 1013; II, 1743
Farbfernsehsystem III, 2174
Farbträger III, 2151
Farbträgerfrequenz III, 2152, 2176
Farbwerk II, 1664
Farnsworth-Kamera III, 2140
Faschismus I, 733, 1015; II, 1219, 1220, 1242, 1646; III, 1794
FBAS-Signal III, 2152
Feature I, 221, 223, 239, 877, 968; II, 1286, 1481, 1493, 1687, 1713; III, 1800, 1804, 1998, 2004, 2042, 2048, 2072, 2076, 2077, 2080, 2083, 2084, 2123, 2124, 2270

Fehlerkorrektur III, 1950
Feldzeitung I, 902
Felsbild II, 1564
Feminismus I, 170, 171, 172
Fensterprogramm III, 2119, 2120
Fernbedienung III, 2281
Fernmelderecht II, 1555
Fernmeldetechnik II, 1272, 1554
Fernschreiben II, 1518
Fernseh-Einheitsempfänger III, 2144
Fernseh-Gemeinschaftsprogramm II, 1543; III, 2266
Fernseh-Kanone III, 2139
Fernseh-Kiosk III, 2227
Fernsehaufnahmewagen III, 2141
Fernsehdirektempfang III, 2222
Fernsehkonkurrenz II, 1543
Fernsehmarkt III, 2269, 2273, 2276, 2395, 2664
Fernsehnorm III, 2147
Fernsehnutzung III, 2282, 2283
Fernsehrecht II, 1550
Fernsehserie I, 101, 102, 265, 361
Fernsehspiel I, 265; II, 1545, 1547; III, 2299, 2306
Fernsehstube II, 1539; III, 2144
Fernsehvertrag II, 1557
Fernsprechtechnik II, 1514
Festival III, 1809, 1840, 1847, 1849
Festplattenspeichertechnik III, 2106
Feudalgesellschaft I, 516
Feuilleton I, 221, 572, 843, 846, 868, 870, 872, 875, 886, 887, 907, 958; II, 1110, 1156, 1494, 1640, 1714, 1715, 1718, 1728, 1738
Fiber Distributed Data Interface (FDDI) III, 2112
Fiktion II, 1638; III, 2272, 2274, 2283, 2284
Fiktionalität I, 88
File Transfer Protocol (FTP) III, 2519, 2526
Film noir I, 172; II, 1120; III, 1793, 1835
Filmabtaster III, 2140
Filmanalyse I, 310
Filmarchiv III, 2849, 2850
Filmästhetik I, 161
Filmbericht III, 2814
Filmförderung III, 2672, 2673, 2674
Filmfreiheit III, 2767
Filmkritik I, 310
Filmmusik III, 2670
Filmpfennig III, 2357
Filmphilologie I, 310

Filmpreis III, 1844, 1845
Filmroman II, 1650
Filmtheorie I, 162; III, 1818, 1819
Filmwirtschaft III, 2357
Filmwissenschaft I, 310, 337
Financial Interest and Syndication Rules (FinSyn-Regelung) III, 2669, 2675
Fingerkamera III, 2163
Fixed Satellite Service (FSS) III, 2205
Flachdruck I, 418, 454
Flexibilisierung III, 2482
Flimmern III, 2148
Flugblatt I, 370, 371, 411, 413, 570, 847, 897, 902, 914, 985, 1001, 1011; II, 1627
Flugnavigationsfunkdienst III, 1933
Flugschrift I, 45, 315, 370, 483, 543, 550, 554, 674, 746, 765, 897, 940, 956
Flüssigkristall-Lichtventil-Projektor III, 2234
Flying spot scanner III, 2136
Flying-Spot-Technik III, 2136
Föderalismus I, 492, 838; II, 1556, 1563; III, 1962
Folklore III, 2366
Formalismus II, 1238, 1417, 1643
Format I, 5, 37, 38, 43, 44, 45, 48, 218, 240, 403, 453, 517, 587, 780, 786, 787, 817, 826, 868, 897, 948, 956, 958, 961, 976, 980, 986, 1012, 1013; II, 1074, 1075, 1174, 1277, 1282, 1294, 1301, 1512, 1513, 1603; III, 1999, 2010, 2013, 2016, 2048, 2058, 2101, 2112, 2119, 2274, 2294, 2296, 2305, 2318, 2332, 2409, 2416, 2477, 2480, 2481
Format-Fernsehen III, 2277, 2278
Format-Fernsehspiel III, 2270
Formatanalyse II, 1456, 1457
Formatierung III, 2277
Formatradio III, 1443, 1456
Formular I, 411, 444
Forschungssatellit III, 2219
Fotografie I, 310, 490, 494, 495, 859, 957, 976, 992, 994, 996, 1000, 1015; II, 1043, 1049, 1053, 1054, 1118, 1124, 1133, 1162, 1635, 1637, 1743, 1767
Fotojournalismus II, 1131
Fotokathode III, 2138
Fotomontage I, 975
Fotosatz I, 411, 828, 975; II, 1565, 1567
Franchising III, 2783
Französische Revolution I, 137,
490, 505, 540, 611, 788, 792, 797, 812, 842, 866, 899, 900, 901, 916, 1012; II, 1717
Frauenbewegung III, 2797
Frauenforschung I, 575
Frauenfunk II, 1448
Frauenliteratur II, 1646
Frauenroman II, 1650
Free flow of information III, 2768
Freies Radio III, 2120
Freiheit II, 1774
Freiheit der Berichterstattung durch Rundfunk und Film II, 1553
Freiheitskrieg I, 861, 869, 941
Freiwillige Selbstkontrolle II, 1625, 1628, 1633
Frequenz III, 2778
Frequenzanalyse I, 241
Frequenzbereich III, 1917, 2196
Frequenzmodulation III, 1921
Frequenzmultiplexverfahren III, 2175
Frequenzökonomie III, 1943
Frequenzselektivität III, 1947
Frequenztausch III, 2118
Frequenzvergabe III, 2118
Frequenzzuweisung III, 2203
Freund-Feind-Schema I, 1014
Fronttheater II, 1186, 1193
Frühe Neuzeit I, 135, 136, 138, 139, 339, 340, 446, 449, 468, 500, 502, 514, 577, 585, 609, 610, 611, 807, 817, 818, 819, 956, 1011
Führerprinzip II, 1419
Full service media system III, 2214
Füllsendertechnik III, 2203
Fünfziger Jahre II, 1422, 1424, 1590, 1740; III, 1805, 1827, 1977, 1993, 2032, 2047, 2064, 2073, 2074, 2075, 2086, 2091, 2157, 2280, 2281, 2334, 2336, 2345, 2351, 2353, 2354, 2389, 2412, 2414, 2415, 2416, 2417, 2455, 2456, 2500, 2677, 2682, 2718, 2724, 2834
Funkfabel II, 1476
Funkhoheit III, 2200
Funkkolleg III, 2076
Funkmärchen II, 1476
Funkpoetik II, 1490
Funkspiel II, 1471
Funktechnik II, 1199, 1389
Funktionalismus I, 9, 10, 11, 324, 325, 326; II, 1238
Funktionalität II, 1192; III, 2481
Funkübertragungssystem II, 1305, 1306
Funkverein II, 1500

Funkwerbung II, 1416, 1419, 1424, 1440, 1450
Futurismus I, 164, 995, 1004, 1005

G

Game Show III, 2411, 2412, 2481, 2482, 2484
Games-on-Demand III, 2483
Gartenbau II, 1598
Gatekeeper-Forschung I, 59, 65, 72, 74; II, 1694; III, 2309
GATT-Verhandlung III, 2671
Gattung III, 2452
Gazette I, 853, 914
Gebühr II, 1542, 1557
Gedächtsnisbild II, 1784
Gedichtrezitation II, 1465
Gegen-Öffentlichkeit I, 187; III, 2120
Gegendarstellungsanspruch III, 2758
Gegenwartstheorie I, 318
Geheimdienst III, 2845
Geheimnisschutz III, 2760
Geheimwissenschaft I, 553, 940
Geistesgeschichte I, 256
Geistesschulung II, 1660
Geisteswissenschaft I, 17, 35, 147, 257; III, 2821
Gemeinschaftsspiel II, 1493, 1494
Gemeinwohl II, 1556
Gender Studies II, 1586
Generalanzeiger I, 833, 843, 849, 907, 911, 916, 917, 944, 956
Genfer Wellenplan III, 1929, 1932, 2196
Geographie I, 610, 627, 630, 669, 747, 750, 752, 759, 847; II, 1054, 1612
Geologie I, 791; II, 1612
Geometrie I, 22, 535, 553
Geophysik II, 1612
Geostationärer Satellit III, 2220
Geräusch II, 1465, 1472; III, 2031, 2034, 2035, 2036, 2037, 2084
Geräuschkulisse III, 2095
Gerbernorm III, 2150, 2151
Gerichtsreportage II, 1715
Germanistik I, 5, 310; III, 2486
Gesamtkunstwerk I, 522; II, 1185
Geschichte II, 1612
Geschichtsschreibung I, 263, 528, 532, 533, 609, 847, 965; II, 1044

Geschichtswissenschaft II, 1446
Gesellschaft I, 193, 318, 320, 375, 583, 693, 847, 858, 882, 915; II, 1191, 1209, 1219, 1556, 1649, 1734; III, 2277
Gesellschaftsgeschichte II, 1455
Gesellschaftskritik I, 190, 191, 331, 377
Gesellschaftssystem II, 1415
Gesellschaftstheorie I, 189, 257, 258
Gesetz gegen unlauteren Wettbewerb (GWB) III, 2721
Gesinnungspresse I, 832
Gespräch I, 37, 38, 43, 224, 225, 226, 297, 853, 860, 874; II, 1133, 1721, 1726, 1737
Gesprächsanalyse I, 299, 300; III, 2328
Gesprächstyp II, 1721, 1722
Gestaltungsfreiheit III, 2778
Gewalt III, 2491, 2492, 2493, 2755, 2781, 2797, 2798
Gewaltdarstellung III, 2801
Gewaltwirkungsansatz I, 111, 114, 192, 251, 252, 266, 329, 381
Gewerkschaft I, 422, 861; II, 1501, 1502, 1503
Ghettobuchhandlung I, 472
Gilde I, 924
Glasfaserkabel II, 1329
Glasnost II, 1244
Glaubwürdigkeit I, 918, 922; III, 2053, 2282
Global player III, 2657, 2856
Global System for Mobile Communication (GSM) III, 2517
Global Village III, 2508
Globalisierung I, 18, 26, 773, 921; II, 1071; III, 2347, 2594, 2615, 2668, 2675, 2695, 2702, 2762, 2803, 2846
Globalität III, 2509, 2566
Glosse I, 8, 76, 550, 551, 553, 629, 654, 712, 870, 876; II, 1726, 1735, 1759, 1762; III, 2075, 2077, 2084, 2085
Gotik I, 412, 477, 1013
Government news management III, 2744
Government-press valations III, 2741
Grafik I, 41, 121, 133, 134, 137, 139, 150, 215, 217, 218, 220, 299, 367, 386, 390, 403, 411, 412, 418, 483, 785, 790, 846, 975, 986, 1003, 1006; II, 1042, 1604, 1689, 1692; III, 2377, 2379, 2380, 2455, 2756, 2757
Grammophon II, 1363, 1371
Grand Alliance HDTV System III, 2240, 2241, 2247

Graphiker II, 1679
Gratifikation II, 1741, 1745; III, 2338, 2494
Gratifikationsforschung III, 2495
Gravur II, 1667
Grobianismus I, 808
Groß-Übertragungs-Wagen III, 2108
Großaufnahme III, 2238
Großbuchbinderei I, 428
Großmischpult III, 2107
Groupwaresystem III, 2624, 2632
Grundversorgung II, 1425, 1543, 1559, 1562; III, 2256
Grundversorgungsauftrag II, 1544, 1560
Günther-Kommission III, 2716
Gutenberg-Galaxis I, 24
Gutenberg-Zeitalter II, 1658

H

Haftung III, 2534, 2535, 2536, 2537, 2539, 2541, 2542, 2543, 2545, 2549, 2550, 2551, 2552, 2554, 2555, 2557, 2561
Handarbeit II, 1598
Handlungsmaxime I, 29, 31, 38, 39, 40, 45, 224, 291, 292, 293, 296, 299, 305
Handlungsnetz I, 34, 293
Handlungstheorie I, 29, 37, 213, 216, 257, 266, 289, 322, 330, 362
Handschrift II, 1583
Harddisk-Recorder III, 1882, 1906, 2107
Hauptsendezeit (Prime Time) III, 2271
Haus des Rundfunks III, 1893
Hausmusik II, 1598
Haustierhaltung II, 1598
HD-DIVINE III, 2244
Headroom III, 1886
Hearing I, 224, 225
Heftchen I, 812; II, 1108
Heftmaschinen I, 425, 457
Heiligenbild I, 785
Hellenismus I, 474, 527, 529, 530, 534, 609, 610
Heraldik I, 368
Herausgabeverweigerungsrecht III, 2775
Hermeneutik I, 18, 235, 241, 257, 267, 322, 323, 376, 377, 378, 517, 521, 541, 594, 623; III, 2789
Heroisierung II, 1779

Hieroglyphe I, 526
High Definition TeleVision (HDTV) III, 2232, 2237
Hintergrundbericht II, 1689, 1692
Hintergrundinformation II, 1484
Historik I, 132, 150, 261
Historiographie I, 146, 234, 533, 610, 611, 630, 668, 726, 730, 882
Historismus I, 234, 257, 368, 377, 571
Historizität I, 262, 313, 615
Hitliste III, 2284
Hitparade I, 774; III, 1989, 1991, 1992, 2696
Hochdruck II, 1564, 1671
Hofberichterstattung I, 899
Hofkultur I, 518
Holzdruckstock I, 397, 399, 411, 412, 442, 460
Holzschnitt I, 133, 134, 370, 391, 397, 403, 411, 412, 442, 443, 447, 448, 460, 481, 545, 556, 587, 666, 673, 675, 684, 749, 778, 780, 785, 786, 787, 804, 809, 810, 817, 821, 829, 986, 988, 1012, 1013; II, 1636
Holzstich I, 413, 785, 829
Holztafeldruck I, 398
Home Box Office (HBO) III, 2188, 2258
home page II, 1516
Home-Banking III, 2576
Homeshopping III, 2483, 2484
Homeshopping-Kanal III, 2478
Homevideo III, 2482
Homunkulus II, 1186
Honorar II, 1625; III, 2239, 2324
Hopping III, 2458
Hörbarkeit II, 1401
Hörbericht II, 1469
Hörbild II, 1464, 1465, 1466
Höreraktion III, 2124
Hörerbindung II, 1458; III, 2023, 2124
Hörerbrief III, 2051
Hörerclub III, 2124
Hörerforschung II, 1438; III, 2073
Hörergespräch III, 2077
Hörfolge II, 1464, 1465, 1466, 1467, 1468, 1469
Hörfunk III, 2097
Hörfunk-Comic III, 2077
Hörfunkprogramm III, 2117
Hörfunkstrukturen III, 2097
Hörgeschädigte III, 2099
Horrordarstellung III, 2801
Hörspiel I, 175, 176, 177, 181, 182, 184, 185, 186, 239, 310, 314, 471; II, 1102, 1105, 1215, 1286, 1380, 1381, 1418, 1432, 1435, 1436, 1439, 1448, 1451, 1461, 1462, 1463, 1465, 1466, 1467, 1468, 1469, 1470, 1471, 1472, 1473, 1474, 1475, 1476, 1481, 1640; III, 1989, 1997, 2001, 2004, 2045, 2048, 2051, 2057, 2072, 2074, 2075, 2076, 2077, 2084, 2105, 2123, 2124, 2810
Hörstück II, 1469; III, 2066
Hörwerk II, 1469; III, 2057
Host-Service-Provider III, 2538, 2552, 2553, 2554, 2560
Hosting III, 2553
Hotmail III, 2589
Hugenotte II, 1173
Human Interest II, 1713
Human Interest Story III, 2011
Humanismus I, 469, 480, 488, 490, 515, 544, 546, 550, 562, 570, 636, 684, 691, 707, 710, 721, 736, 796
Humanist I, 579, 681, 700, 727, 818
Humor II, 1589
Hyperband III, 2212
Hypermedialität III, 2566
Hypermedien I, 18, 25, 32, 46, 286; III, 2600, 2814, 2817
Hypertext I, 32, 46, 218, 299, 304, 524; II, 1579, 1752, 1753; III, 2518, 2521, 2525, 2529, 2573, 2600
Hypervisibilität I, 195

I

Ich-Identität III, 2806
ICT-Industrie III, 2710
Idealismus I, 257, 520, 697, 702, 743
Idealsprache I, 21
Ideologie I, 2, 3, 80, 159, 164, 170, 177, 180, 186, 191, 196, 197, 214, 215, 223, 259, 283, 331, 332, 361, 372, 523, 693, 807, 840, 848, 854, 863; II, 1115, 1143, 1184, 1186, 1219, 1467, 1468, 1474, 1475, 1613, 1650, 1653, 1690; III, 2459, 2797, 2805
Ideologiekritik I, 237, 520; III, 2805
Ideologisierung II, 1239
Ikonographie I, 156, 369, 981, 982; II, 1044, 1115, 1213, 1779
Ikonoskop III, 2137
Ikonoskop-Aufnahmeröhre III, 2151
Illusion II, 1233; III, 2069
Illusionierung I, 697, 699
Illusionskino III, 1790, 1797
Illustration I, 157, 412, 415, 535, 545, 554, 594, 630, 777, 779, 785, 796, 813, 817, 849, 874, 876, 914, 946, 1012; II, 1518, 1618, 1627
Illustrationstechnik I, 785
Illustrierte I, 859, 872, 876, 892, 908; II, 1504, 1730
Image II, 1686, 1692, 1709, 1744, 1745, 1746
Imagery II, 1778
Imaginäre I, 170, 523, 524
Imagination II, 1463
Imperialismus III, 1806
Implementation Guidelines III, 2253
Impressumspflicht III, 2760
Improved Mobile Telephone System (IMTS) III, 2511
Indication III, 2511
Indiskretion II, 1485
Individualisierung II, 1751, 1752; III, 2482, 2591, 2594, 2762
Individualität I, 356, 522, 693
Individualkommunikation I, 28; II, 1516
Industrialisierung I, 319, 393, 394, 471, 882, 887, 892, 928; II, 1054, 1059, 1111; III, 2805
Industrie II, 1161, 1415, 1687; III, 2258
Industriegesellschaft I, 318, 965
Industriereportage II, 1716
Inflation II, 1179, 1389
Infographik I, 41, 868, 877
Informantenschutz III, 2752
Information II, 1514, 1543, 1549, 1550, 1561; III, 2044, 2073, 2075, 2093, 2125, 2271, 2298, 2367, 2397, 2399, 2406, 2481
Information and Communication sector (IC) III, 2710
Information Highway I, 24
Information-Super-Highway III, 2687
Informations- und Kommunikationssystem (IuK-System) III, 2714
Informations- und Kommunikationstechnologie (ICT) III, 2710
Informationsdefizit III, 2706
Informationsfluß I, 116, 298
Informationsflut II, 1692
Informationsfreiheit I, 340, 345, 346; II, 1552; III, 2543, 2720, 2724, 2768

Informationsgesellschaft I, 9, 12, 15, 24, 198, 381, 388, 590; II, 1564; III, 2477, 2699, 2723, 2803
Informationsmagazin II, 1511
Informationsparadoxon III, 2705
Informationspluralismus III, 2733
Informationspolitik I, 218, 305; II, 1685
Informationssystem II, 1649
Informationstechnik III, 2804
Informationstheorie I, 16, 40, 83, 84, 150, 156; II, 1365, 1514
Informationsüberflutung III, 2803
Informationsverarbeitung II, 1536
Informationsverteilsystem (IVS) III, 2104
Infotainment I, 48, 63, 67, 68, 969; II, 1661, 1762; III, 2007, 2072, 2081, 2278, 2322, 2326
Inhaltsanalyse I, 18, 29, 33, 35, 36, 161, 215, 235, 241, 244, 245, 259, 263, 264, 266, 282, 319, 573, 886; III, 2492
Inhaltsforschung II, 1446
Inhibition III, 2491
Inhibitionsthese III, 2491
Initiale I, 442, 445, 448
Inkunabel I, 460, 482, 540, 543, 556, 570, 571, 586, 587, 629, 765
Innovation II, 1065, 1086, 1143, 1141, 1227, 1496, 1499
Institution II, 1686
Institutionalisierung III, 2714, 2823
Institutsgarantie III, 2764
Instrumentalisierung I, 882; II, 1113
Inszenierung I, 218; II, 1043, 1115
Integration III, 2468, 2803
Integriertes Kommunikationssystem via Satellit III, 2225
Intelligenz II, 1650
Intelligenzblatt I, 832, 843, 916, 932, 933
Intelligenzzwang I, 832, 924
Intelsat-System III, 2220
Intendant III, 2265
Intensitätsanalyse I, 241
Intention II, 1464
Interactive experiment III, 2217
Interactivity III, 2214, 2601
Interaktion II, 1093; III, 2069, 2644
Interaktionismus I, 118, 257, 322, 329, 330, 331
Interaktionsanalyse I, 252

Interaktives System III, 2505
Interaktivität I, 32, 385, 539; III, 2097, 2483, 2484, 2509, 2565, 2701, 2702, 2803
Interchangeability II, 1030
Interdependenz I, 7, 777
Interesse III, 2813
Interessentheorie I, 344
Intermedialität I, 7, 312; II, 1591; III, 2068
Internationaler Fernmeldevertrag (IFV) III, 1928
Internationaler Frühschoppen III, 2322, 2323, 2393, 2594, 2658, 2664, 2676
Internationalisierung I, 345, 511, 768; II, 1503; III, 1989, 2714, 2802, 2833
Internationalität II, 1030, 1110
Internet Access Provider III, 2587
Internet Providing III, 2588
Internet Service Provider (ISP) III, 2569
Internet-Radio (Cyberradio) III, 1960, 1973, 1974, 1993
Interpenetration I, 7
Intertextualität I, 216; II, 1599, 1600
Interview I, 29, 41, 48, 178, 214, 219, 224, 225, 265, 297, 867, 967, 968; II, 1129, 1132, 1133, 1134, 1412, 1481, 1485, 1699, 1713, 1715, 1726, 1743; III, 1802, 1807, 1990, 2029, 2030, 2031, 2037, 2042, 2054, 2061, 2075, 2080, 2081, 2083, 2084, 2085, 2086, 2156, 2295, 2377, 2391, 2404, 2456, 2793, 2810
Intimität III, 2456, 2798
Intimsphäre III, 2754
Intoleranz II, 1172
Inverted Pyramid II, 1713
Investigativer Journalismus III, 1989, 2719
Investition I, 8
Ironie II, 1235
Irrelevanzreduktion III, 1944
Islam I, 654
ISO III, 2513
Isolation III, 2801

J

Jakobinismus I, 812, 900
Japanismus I, 1003
Jesuiten I, 662, 663
Jingle III, 2001, 2010, 2072, 2077, 2085, 2086, 2103
Joint-Ventur III, 2697

Journal I, 852, 853, 854, 858, 860, 875, 899; II, 1717, 1734; III, 2077, 2087
Journalism Research III, 2487
Journalismus I, 28, 37, 44, 47, 48, 58, 59, 60, 62, 63, 64, 65, 66, 67, 69, 71, 72, 144, 145, 221, 222, 266, 326, 381, 511, 845, 868, 870, 872, 882, 887, 901, 909, 910, 919, 959, 965, 968, 969, 970; II, 1717, 1721, 1758; III, 2705, 2752, 2821, 2824, 2826, 2837
Journalistenkritik I, 58, 65
Journalistikwissenschaft II, 1594
Judentum I, 523, 592, 805, 857
Jugendfunk II, 1434, 1436, 1439
Jugendkultur III, 1796, 1980
Jugendkulturforschung I, 268
Jugendmedienschutz I, 111, 359, 506, 507, 508, 510
Jugendschriftenbewegung I, 564, 566
Jugendschutz II, 1424; III, 2756, 2769, 2781, 2784, 2801
Jugendschutzgesetz III, 2672
Jugendstil I, 423, 988, 1001, 1003, 1013, 1014
Jugendweihe II, 1502
Juke-Box III, 1901
Junger Deutscher Film III, 1807
Junges Deutschland I, 505, 870, 875, 941; II, 1717
Jurisprudenz I, 551, 552, 627, 651; III, 2798

K

Kabarett II, 1471, 1481, 1508
Kabel III, 2687, 2782, 2820
Kabel- und Richtfunknetz III, 2222
Kabelnetz III, 2225, 2226, 2251
Kabelpilotprojekt I, 111; II, 1456
Kabelsystem II, 1551
Kalender I, 397, 431, 436, 587, 600, 746, 803, 806, 812, 817, 832, 897
Kalter Krieg II, 1130, 1440, 1485; III, 1962, 2716, 2718
Kaltnadeltechnik I, 416
Kameralistik I, 924, 926
Kampagne I, 1013, 1015; II, 1201
Kampfsport II, 1163
Kanalcodierung II, 1534; III, 1943

Kanon I, 237, 257, 313, 375, 378, 380, 461, 478, 483, 589, 593, 610, 630; II, 1112, 1469, 1641
Kanonbildung III, 2852
Kanzleiwesen I, 479, 552, 806, 810, 822
Kapazität III, 2641
Karikatur I, 777, 778, 780, 785, 846, 856, 959, 968, 992, 1009, 1013; II, 1217, 1779; III, 2753, 2756
Karikaturist II, 1679
Katalogisierung II, 1576
Kategorie I, 246, 254
Katharsis III, 2797
Katharsisthese III, 2491
Kathodenstrahlröhre III, 2133
Katholizismus I, 941, 942
Keilschrift I, 396, 527, 602
Kerrzelle III, 2130
Kettenstichheftung I, 424
Kinderfunk II, 1444, 1469; III, 2076
Kindermedienkultur I, 267, 567
Kinematographie I, 994; III, 2219
Kino I, 769; II, 1045, 1108, 1111, 1117, 1545
Kino-Fernseh-Abkommen III, 2352
Kino-Fernseh-Koproduktion III, 2357
Kino-Wochenschau III, 2156
Kinofilm III, 2454
Kinopublikum I, 319
Kinoreformbewegung III, 2804
Kinosterben III, 2668
Kirche II, 1501, 1683
Kirchenfunk II, 1436, 1451
Kirchengeschichte I, 792
Klangbearbeitung II, 1288
Klangkunst III, 2066
Klassik I, 478, 518, 577; II, 1509, 1649, 1651; III, 2048
Klebebinden I, 429
Kleine und mittlere Unternehmen (KMU) III, 2594, 2612, 2613, 2623, 2627, 2629, 2630, 2632, 2633
Klippgrenze III, 1886
Klischee II, 1638, 1711
Kognitionswissenschaft I, 18, 103, 288, 298, 302
Kognitive Dissonanz II, 1740
Kolophon I, 469, 570
Kolportage I, 135, 765, 786, 787, 788, 795, 840
Kolportageroman II, 1627, 1628
Kolumne I, 959; II, 1726
Kommentar I, 31, 41, 136, 215, 219, 224, 245, 250, 293, 543, 550, 551, 610, 650, 652, 654, 655, 656, 662, 733, 752, 774, 776, 790, 812, 818, 842, 844, 866, 869, 875, 877, 886, 915, 960, 968, 986; II, 1129, 1132, 1215, 1395, 1421, 1436, 1461, 1462, 1474, 1486, 1487, 1717, 1726, 1735; III, 1801, 1804, 1806, 1833, 1834, 2024, 2030, 2031, 2037, 2042, 2054, 2075, 2077, 2080, 2081, 2082, 2084, 2085, 2086, 2757, 2810
Kommentierung III, 2402
Kommerzialisierung I, 320; II, 1285, 1424, 1591, 1780; III, 2390, 2486, 2488, 2490
Kommunikation II, 1514, 1515
Kommunikationsanalyse I, 31, 35, 300
Kommunikationsfreiheit II, 1553; III, 2773, 2774
Kommunikationsgemeinschaft I, 9, 12, 279
Kommunikationskreislauf III, 2803
Kommunikationskultur I, 15
Kommunikationsmodell I, 21, 22, 215
Kommunikationspolitik I, 58; III, 2715
Kommunikationsprozess I, 252, 483, 514, 584, 886
Kommunikationsskanal I, 5, 6, 21, 118
Kommunikationssystem I, 28, 310
Kommunikationstechnik III, 2800
Kommunikationstechnologie I, 8, 24, 121, 122, 326, 490
Kommunikationstheorie I, 15, 132, 150
Kommunikationswirtschaft III, 2231
Kommunikationswissenschaft I, 7, 59, 214, 240, 264, 319, 332, 376, 381; II, 1446
Kommunikationszeitalter II, 1550
Kommunikative Ethik I, 305
Kommunikative Kompetenz I, 362, 514
Kommunikative Maximen I, 31, 34, 39, 40, 214, 224, 292, 305; II, 1777
Kommunikatives Handeln I, 28, 29, 30, 32, 34, 37, 38, 330
Kommunikator III, 2385
Kommunikatorforschung II, 1446
Kommunismus I, 510, 688, 733, 857, 911, 946, 950, 952, 954, 960, 982, 1008, 1014, 1015; II, 1131, 1237
Kommunist II, 1237
Komödie III, 2353, 2408
Kompaktsendung III, 2085
Komparatistik I, 310, 791
Kompatibilität III, 2151
Kompilation III, 1804
Komplettprogramm III, 2101
Komponentenstandard III, 2153
Konfrontainment I, 48, 224
Konfuzianismus I, 397
Konjunktur I, 848, 934
Konsensualismus I, 261
Konservatismus I, 940, 942, 947
Konservierung III, 2848
Konsistenztheorie I, 328
Konsortialprinzip II, 1563
Konstruktivismus I, 94, 113, 151, 164, 235, 323, 326, 327, 331, 332, 362, 994, 995, 997, 1004, 1005, 1014; III, 2814
Konsum II, 1742
Konsument III, 2228
Konsumforschung I, 258, 381
Kontingenz I, 71, 74, 266
Kontinuität II, 1227, 1677
Kontrolle II, 1549, 1552
Kontrollforschung I, 9, 66, 72, 78, 771
Kontrollsystem I, 838
Konvention I, 30; II, 1093
Konvention zum Schutze der Menschenrecht und Grundfreiheiten (EMRK) III, 2733
Konvergenz I, 341; III, 2762, 2792, 2795
Konvergenzhypothese III, 2272
Konversationsanalyse I, 216, 225, 262, 267, 297, 300, 301
Konversationslexikon I, 632, 633
Konzentration I, 9, 919; II, 1548, 1549, 1562, 1756; III, 2698
Konzentrationskontrolle I, 201; III, 2751
Konzentrationsprozeß I, 954
Konzernbildung I, 9, 909
Konzession I, 840, 927
Koordination II, 1462
Kopenhagener Plan III, 1929
Kopfhörer-Wiedergabe III, 1895
Korrespondent II, 1483, 1484, 1485, 1486, 1487, 1488, 1679, 1692; III, 1981, 2008, 2020, 2082
Korrespondentenbericht III, 2079, 2317
Korrespondentenbüro I, 834, 841, 913; II, 1681
Korrespondentennetz II, 1416; III, 2313

Korrespondenz I, 38, 840, 842, 843, 866, 868, 898, 913, 915; II, 1734
Kosmographie I, 627, 673
Kosmologie I, 627, 741, 742
Kosmos II, 1596
Kostümkunde I, 368
Kreativität III, 2072, 2081, 2085
Kriegsberichterstattung II, 1718
Kriegskunst I, 627, 726
Krimi II, 1650, 1654; III, 2263, 2361, 2410, 2480
Kriminalistik II, 1603
Krimkrieg I, 905
Krisen-PR II, 1686
Kritik II, 1175, 1635
Kritische Gesellschaftstheorie I, 173, 190, 191, 193, 257, 258, 320, 321, 322, 323, 331, 361, 379; III, 2472, 2805
Kryptograph II, 1189
Kubismus I, 995, 1004, 1014
Kultivierung III, 2802
Kultivierungsanalyse I, 114, 116
Kultur II, 1185, 1426, 1561, 1562, 1608, 1648, 1650, 1691, 1734; III, 1981, 1986, 1994, 2048, 2057, 2058, 2062, 2075, 2076, 2084, 2265, 2271, 2353, 2411, 2533
Kulturation II, 1742
Kulturauftrag III, 2047
Kulturethnologie I, 323
Kulturforschung I, 44, 266
Kulturgeschichte I, 369, 561, 593, 600, 609, 627, 777; II, 1455, 1458
Kulturhoheit II, 1554, 1555, 1559; III, 1838
Kulturindustrie I, 20, 190, 191, 275, 320, 361; II, 1184; III, 2489
Kulturinstitut II, 1505; III, 2849
Kulturjournalismus III, 2078
Kulturkampf I, 907, 943
Kulturkritik I, 19, 190, 238, 265, 359, 383, 471, 854, 881
Kulturpolitik I, 887; II, 1238, 1239, 1643
Kulturprogramm II, 1496
Kulturpropaganda II, 1434
Kulturprozeß I, 22
Kulturrevolution III, 2654
Kultursoziologie I, 83
Kulturtechnik I, 23, 26, 478, 490, 589, 602; II, 1161
Kulturtheorie I, 196, 323
Kulturverlust I, 48, 190
Kulturwissenschaft I, 17, 321, 376; III, 2486
Kunst II, 1186, 1481, 1734, 1786, 1787; III, 2066

Kunstgeschichte II, 1598, 1786
Kunsthandwerk I, 628; II, 1598
Kunstkopf-Stereofonie III, 1895
Kunstkritik I, 521, 854
Künstleragentur I, 7
Künstliche Intelligenz I, 21
Kunsttheorie I, 151
Kunstwissenschaft I, 150, 310, 319; II, 1633, 1786
Kupferstich I, 133, 391, 412, 415, 416, 443, 488, 489, 545, 556, 752, 754, 778, 785, 786, 787, 791, 810, 829; II, 1636
Kuriosität I, 914; III, 2277
Kurz-Comic III, 1989
Kurzwelle III, 1916
Kybernetik I, 21, 25, 320, 322, 326

L

Labeling II, 1785
Laienspiel II, 1598
Landesmediengesetz III, 1938, 2040
Landesverrat III, 2720
Landkarte I, 397, 480, 483, 785, 817; II, 1604
Landwirtschaft I, 627
Langstichheftung I, 424
Langwelle III, 1915
Langzeitsicherung III, 2852
Late Night Show III, 2478, 2481
Latein I, 136, 477, 515, 528, 532, 553, 562, 577, 587, 593, 636, 710, 852; II, 1607
Laterna magica II, 1046, 1047, 1049, 1107, 1109, 1123, 1161, 1162, 1163; III, 2127
Lautsprecherwiedergabe III, 1895
Law II, 1698
Layer 2 III, 1943
Layout I, 35, 38, 43, 121, 216, 217, 223, 299, 543, 546, 553, 555, 556, 956, 969; II, 1619, 1623, 1624, 1694, 1701, 1761, 1767
Layouter II, 1679
Lead I, 877; III, 2011
Leasing III, 2670
Lebenshilfe I, 64, 66, 863; III, 2481
Lebenslaufforschung I, 358
Lebensreformbewegung I, 471
Lebensweltanalyse I, 257, 323, 370
Lebenswissenschaft III, 2054

LED-Technologie II, 1570
Legitimität III, 2853
Lehrspiel II, 1470, 1471
Lehrstück II, 1471
Leitartikel I, 250, 869, 886, 900, 908, 941; II, 1712, 1717
Leitmedium I, 239, 803, 882, 883; II, 1585, 1591
Leitungsstruktur III, 2257
Lerntheorie I, 115, 323, 327, 328, 329; II, 1740
Lesbarkeit I, 152, 251, 314, 807; II, 1192
Leseförderung I, 6, 356
Lesegesellschaft I, 470, 489, 585, 588, 899, 927
Lesekabinett I, 489
Lesekultur II, 1586, 1748
Lesemarktforschung I, 82, 471
Lesemotivations-Forschung I, 96, 577, 586
Leserbetreuung II, 1626
Leserbindung I, 871, 887, 969; II, 1760
Leserbrief I, 214, 224, 294, 860, 875, 889
Leserforschung I, 135, 573, 862, 881, 888
Leserkritik I, 860
Lesermarkt II, 1677
Lesermarktforschung II, 1625
Leserschwund II, 1757
Lesezirkel I, 489, 588, 915
Lesung II, 2045
Letterbox-Format III, 2184
Leuchtfleck-Abtaster III, 2136
Lexikon I, 847, 852, 928; III, 2843
Liberalisierung II, 1243; III, 2787, 2797
Liberalismus I, 904, 934, 941, 943, 944, 947
Libretto I, 314
Lichtintensität II, 1520
Lichtsatz I, 411, 454
Lichtspiel II, 1472
Lichtton II, 1027
Lichtwelle II, 1514
Lifestyl II, 1764; III, 2417, 2421, 2424, 2798
Limiter III, 1887
Lineare PCM-Technik III, 2100
Linguistik I, 5, 29, 82, 96, 124, 132, 213, 220, 260, 283, 284, 314, 362, 963, 982; II, 1093, 1694, 1778; III, 2495
Linotype II, 1565
Lip Synchronization III, 1830
Literalität I, 569, 602, 606; II, 1656, 1748; III, 2843
Literarische Öffentlichkeit I, 518
Literarisierung II, 1463, 1587

Literarität II, 1589
Literary Criticis II, 1699
Literatur II, 1188, 1192, 1193, 1418, 1432, 1464, 1471, 1478, 1612; III, 2029, 2048, 2084, 2351
Literaturadaption III, 2360
Literaturgeschichte I, 310, 856; II, 1469
Literaturkritik I, 234, 522, 577, 772, 774, 854; II, 1641, 1642, 1643, 1647
Literaturpreis II, 1643, 1647
Literatursoziologie I, 332, 516
Literaturtheorie I, 523
Literaturverfilmung I, 312, 471; II, 1545; III, 1835, 2842
Literaturwissenschaft I, 19, 23, 82, 91, 92, 95, 97, 177, 184, 262, 281, 283, 326, 337, 372, 561, 573, 583, 792; II, 1185, 1188, 1494, 1594, 1625
Lithographie I, 410, 418, 454, 785, 787, 876, 974, 975, 976, 986, 1012, 1013, 1018; II, 1636
Lizensierung III, 2715
Lizensierungssystem I, 838
Lizenz I, 79, 464, 465, 472, 510, 767, 768, 773, 834, 835, 838, 845, 858, 863, 897, 918, 951, 952, 953, 954; II, 1029, 1030, 1068, 1069, 1077, 1079, 1163, 1164, 1166, 1203, 1407; III, 1969, 1983, 2162, 2258, 2259, 2268, 2660, 2662, 2678, 2680, 2687, 2716, 2779, 2780, 2782
Lobby I, 837; II, 1501
Logik I, 25, 291, 877; II, 1193, 1659
Loi Evin III, 2730
Lokalfunk III, 1940
Lokalreportage II, 1715
Low-Power-Satellit III, 2222
Luminanz III, 2174, 2175, 2178, 2180, 2184, 2186, 2187
Lustspiel III, 2353

M

Machtkonzentration II, 1548
Magazin I, 37, 45, 76, 101, 294, 778, 781, 859, 873, 876, 877, 966, 968; II, 1436, 1439, 1440, 1441, 1712; III, 1808, 1965, 1978, 1981, 1982, 1989, 2007, 2067, 2074, 2075, 2077, 2085, 2086, 2087, 2122, 2123, 2271, 2278, 2286, 2289, 2304, 2338, 2367, 2404, 2410, 2506, 2818

Magazingespräch III, 2082
Magazinierung III, 2458
Magna Charta II, 1556
Magnetband II, 1371, 1372, 1373, 1374, 1377; III, 2157, 2158
Magnetspeichertechnik II, 1365
Magnetton II, 1373
Maifeier II, 1502
Mainstream-Kino III, 1790
Malerei II, 1188, 1189, 1464, 1635
Management I, 79, 970; III, 2257
Mandat I, 845
Manierismus I, 516
Manifest I, 995; II, 1188, 1189, 1193, 1206, 1234
Manipulation I, 327, 370; II, 1221, 1638, 1715; III, 2843
Many-to-Many-Kommunikation III, 2701
Map II, 1694
Märchen II, 1636
Marconi Galaxis II, 1658
Markenimage II, 1730
Markenname III, 2706
Marketing I, 258, 320, 331, 766, 768, 966, 967, 970; II, 1155, 1756, 1765, 1774; III, 2124
Marketing-Kampagne III, 2684
Marketingtheorie II, 1758
Marktanteil III, 2662
Marktforschung I, 9, 200, 769, 884, 967; II, 1679, 1758, 1760
Marxismus I, 155, 163, 170, 190, 191, 221, 234, 320, 322, 324, 379, 520, 733, 942; II, 1186, 1652
Marxismus-Leninismus II, 1610
Mass Communication Research III, 2824
Mass Customization III, 2591
Massengesellschaft II, 1045
Massenkultur II, 1062, 1650, 1651
Massenliteratur II, 1650
Materialismus I, 223, 320, 322, 331, 333, 618; III, 2824
Materndienst I, 834
Mathematik I, 519, 535, 553, 741, 747; II, 1193
Matrize I, 401, 445, 825, 827
Matthäus-Prinzip III, 2796
Maxime I, 29, 31, 38, 39, 40, 45, 48, 49, 224
MEDIA-Programm III, 2673
Mediale Konvergenz III, 2565
Mediation III, 2452
Mediatisierung I, 320, 332, 567; II, 1590; III, 2593
Medien-Archäologie II, 1044

Medienallmacht I, 10
Medienanalyse I, 29, 222, 223, 250, 258, 263, 283, 294, 362
Medienarbeit I, 357, 362
Medienarchiv II, 1751
Medienbiographie III, 2806
Mediendialog I, 216, 217, 222, 224, 226
Mediendidaktik I, 313, 388
Mediendienst I, 61, 342, 345
Mediendienste-Staatsvertrag (MDStV) III, 2534, 2539
Medienerlebnis I, 363
Medienethik I, 192, 223, 224, 304, 305, 380, 381
Medienforschung III, 2051
Medienfreiheit I, 11; III, 2752, 2755, 2772
Mediengattung I, 91
Mediengattungswissen I, 88
Mediengeschichte I, 8, 11, 222, 223, 259, 264, 266, 473, 757, 777; II, 1044, 1469
Mediengesellschaft I, 2, 5, 9, 10, 12, 13, 250, 380, 381, 770; II, 1592
Mediengewalt II, 1741
Medieninstitutionalisierung I, 11
Medieninszenierung I, 48
Medienkindheit III, 2801
Medienkompetenz I, 8, 133, 215, 362; III, 2800
Medienkonkurrenz II, 1758
Medienkontrolle I, 111, 340
Medienkonzentration I, 205, 209, 210, 353, 354, 511; III, 2727, 2730, 2733, 2734
Medienkonzern I, 200, 204, 209, 332, 773, 834
Medienkritik I, 47, 49, 223, 224, 259, 275, 305, 362; II, 1115
Medienkultur I, 5, 773
Medienkunst I, 372, 373; II, 1499
Medienmacht I, 10, 187, 201, 266
Medienmanagement II, 1757, 1765
Medienmarkt II, 1048, 1551, 1754, 1764
Medienmulti II, 1425
Mediennutzung I, 46, 193, 217, 358; II, 1756, 1757; III, 2241, 2801
Medienökologie I, 192
Medienökonomie I, 8, 200, 331, 332, 347, 884
Medienpädagogik I, 8, 196, 260, 380, 381; II, 1592
Medienphilosophie I, 259
Medienpolitik I, 6, 8, 380; II, 1485; III, 1960, 2231

Medienproduktion I, 9, 200, 207, 884; II, 1044
Medienrealität I, 34, 47, 48, 76, 185, 214, 224, 262, 285, 305, 332
Medienrecht I, 11, 209, 337, 387
Medienrhetorik I, 192
Mediensozialisation I, 261
Mediensystem I, 2, 7, 11, 12, 68, 214, 223, 311, 381, 961
Medientaxonomie III, 2811
Medientechnik I, 5, 8, 12, 275
Medientechnologie II, 1045, 1047
Medientheorie I, 12, 15, 147, 222, 276
Medientypologie I, 9, 28, 38
Medienverbund I, 313; II, 1157, 1590, 1591, 1628
Medienwandel I, 8, 11, 12, 774
Medienwirkung I, 3, 62, 276, 321, 769, 881
Medienwirkungsforschung I, 9, 10, 82, 265, 328, 329, 381
Medienwirtschaft I, 332, 347, 351
Medienwissenschaft II, 1594
Medium-Power-Satelliten III, 2207, 2224
Medizin I, 535, 553, 627, 652, 791, 792; II, 1127, 1575, 1598, 1612, 1657
Meereskunde II, 1598
Mehrkanal-Stereofonie III, 2106
Mehrkanaltechnologie III, 1895, 2106
Mehrkanalton III, 2204
Mehrwert III, 2567
Meinung II, 1553, 1703, 1740
Meinungsäußerungsfreiheit III, 2731, 2732, 2768
Meinungsbildung I, 245, 861, 870, 916, 940, 941, 944, 955; II, 1556, 1560, 1563
Meinungsforschungsinstitut III, 2845
Meinungsfreiheit I, 822, 903; II, 1706; III, 2543, 2720, 2733, 2768
Meinungskampf I, 985
Meinungsklima II, 1741
Meinungsmacht II, 1549, 1561
Meinungspluralismus III, 2730, 2733
Meinungspresse I, 833, 870, 899
Meinungsvielfalt I, 349, 354, 835; II, 1562; III, 2734, 2735
Meldung I, 29, 40, 41, 42, 43, 866, 868, 898; II, 1431, 1435, 1487, 1689, 1691, 1713; III, 2081

Melodrama II, 1175
Memoiren II, 1600
Memory of the World III, 2846, 2856
Mensch-Maschine-Interface III, 2107, 2502, 2510
Menschenbild I, 702
Merkantilismus I, 1018
Message III, 2048
Message Transfer Agent (MTA) III, 2520
Messkatalog I, 462, 488
Messrelation I, 874, 896, 897, 914
Metallschnitt I, 413, 414, 443
Metaphorik I, 7, 135, 277, 547, 698, 743, 747, 776, 807, 811, 813, 877; II, 1101, 1193, 1194, 1603, 1732, 1779
Metaphysik I, 375, 521, 618, 654, 655, 658, 660, 698
Meteorologie I, 627, 630, 791
Michel-Kommission III, 2716
Mikroelektronik II, 1519; III, 2701
Mikrofon II, 1253, 1254, 1255, 1257, 1258, 1278, 1282, 1286, 1287, 1297, 1367, 1368, 1378, 1381, 1387, 1412, 1413, 1497; II, 1521
Militärregierung I, 464, 843, 916
Mimesis I, 275; II, 1232
Mindestfeldstärke III, 1935
Miniatur I, 442, 556
MiniDisc III, 2108
Mirabilienliteratur I, 666
Mischpult III, 1882
Mithörschwelle III, 1946
Mittelalter I, 65, 339, 367, 370, 371, 397, 439, 440, 458, 468, 476, 478, 479, 480, 483, 485, 501, 569, 570, 577, 587, 593, 611, 626, 632, 636, 777, 796, 840, 913, 939; II, 1606; III, 2048, 2127
Mittelwelle III, 1916
Mobiles Telecommunications System (UMTS) III, 2517
Mobilfunk III, 2582, 2587
Mobilisierung II, 1772
Mobilität I, 863; II, 1054, 1156
Mobilkommunikation II, 1515
Mode II, 1742
Modelltheorie (Film) III, 1818, 1819
Moderation I, 29, 37, 41, 218, 225, 226, 262, 296; II, 1457; III, 1978, 1985, 1989, 2001, 2002, 2022, 2078, 2087, 2094, 2095, 2287, 2289, 2293, 2295, 2306, 2456, 2810
Moderator II, 1723; III, 2010,

2023, 2055, 2072, 2086, 2094, 2123, 2286, 2288, 2292, 2313, 2324, 2331, 2389, 2399, 2412, 2481, 2758, 2814
Modernisierungsprozeß III, 2801
Monographie II, 1575
Monolog II, 1463, 1465, 1471; III, 2030, 2037
Monopol II, 1544; III, 1971, 1976
Monopolisierung II, 1764
Montage I, 263, 994, 995, 1004; II, 1062, 1065, 1093, 1122, 1124, 1132, 1167, 1171, 1173, 1174, 1182, 1185, 1186, 1187, 1188, 1189, 1190, 1192, 1193, 1194, 1195, 1206, 1215, 1461, 1463, 1465, 1466, 1467, 1472, 1497, 1637, 1715; III, 1817, 1826, 1827, 2032, 2034, 2038, 2377, 2445, 2447
Montage-Kino III, 1790
Moral, öffentliche I, 40, 278, 506, 533, 630, 727, 808, 818, 860, 870; III, 2777
Moralische Wochenschrift I, 843, 853, 860, 873, 875
Morgenandacht III, 2042
Morgenfeier II, 1432; III, 2039
Morgenmagazin III, 2273
Mosaiktheorie III, 2755
Motiv I, 245, 615
Motivation III, 2813
Motivforschung I, 325
Motor Online III, 2595
Movie made for Television III, 2357
Movie on Demand III, 2227
MP3 Player III, 1960
MPEG-1 III, 1943
MPEG-2 III, 1943
Multi-media center III, 2214
Multi-Media-Welt im Heim III, 2097
Multi-Tasking III, 2484
Multi-User Domain III, 2603
Multicasting III, 2509
Multichannel Microwave Distribution System (MMDS) III, 2242
Multilingualität III, 2508
Multimedia I, 8, 303, 341, 343, 351, 359, 836; II, 1357; III, 1989, 2097, 2483, 2504, 2700, 2762, 2802
Multimedialisierung III, 2668
Multimedialität III, 2566, 2701
Multiple Subsampling Encoding (MUSE) III, 2240, 2244
Multiplex III, 2668
Multiplex Configuration Information (MCI) III, 1953

Multiplexbildung III, 1943
Multipoint-to-Point-Übertragung II, 1516
Mündlichkeit I, 28, 527, 539, 545, 601; III, 2077, 2454, 2455
Museum I, 490, 981; II, 1633
Musical II, 1209
Musifile-Format III, 2101
Musik I, 30, 31, 102, 177, 184, 386, 535, 556; II, 1113, 1193, 1287, 1418, 1430, 1432, 1435, 1436, 1437, 1439, 1451, 1456, 1457, 1464, 1465, 1468, 1496, 1504, 1505, 1507, 1508, 1510, 1512; III, 1981, 1983, 1985, 1988, 1990, 1991, 1999, 2010, 2019, 2020, 2023, 2030, 2031, 2034, 2035, 2037, 2042, 2056, 2066, 2072, 2084, 2093, 2094, 2095, 2105, 2122, 2347, 2416, 2840, 2842, 2854
Musikmarkt III, 2046
Musikpädagogik II, 1505
Musikvideo III, 2278, 2444
Musikwissenschaft I, 337
Mythologie III, 2446
Mythos I, 259, 276, 279, 283, 299, 522, 530, 606, 637, 873, 990; II, 1145, 1148, 1475, 1636, 1660

N

Nachdruck I, 469, 470, 576
Nachkriegszeit II, 1541
Nachricht I, 8, 28, 29, 34, 35, 36, 37, 38, 40, 43, 44, 45, 48, 61, 64, 65, 67, 72, 73, 75, 83, 134, 136, 155, 177, 196, 214, 217, 218, 221, 224, 264, 265, 304, 780, 817, 818, 821, 828, 831, 840, 842, 852, 865, 867, 868, 877, 896, 897, 898, 900, 915, 916, 924, 925, 931, 940, 994; II, 1101, 1395, 1396, 1412, 1417, 1418, 1421, 1428, 1431, 1434, 1435, 1436, 1441, 1444, 1454, 1456, 1464, 1468, 1478, 1480, 1484, 1488, 1515, 1544, 1547, 1554, 1702, 1712, 1713, 1714, 1735, 1763, 1764; III, 1978, 1980, 1985, 1989, 1999, 2000, 2030, 2031, 2037, 2042, 2045, 2072, 2075, 2077, 2078, 2080, 2081, 2083, 2109, 2123, 2258, 2268, 2271, 2287, 2293, 2299, 2302, 2304, 2338, 2367, 2416, 2421, 2491, 2495, 2842
Nachrichtenagentur I, 7, 9, 61, 66, 266, 834, 902, 916; II, 1418, 1552
Nachrichtenbrief I, 913
Nachrichtendienst II, 1554
Nachrichtenfluß I, 837
Nachrichtenmagazin I, 834; III, 2277
Nachrichtenpolitik I, 841, 901, 902
Nachrichtensatellit III, 2219
Nachrichtentechnik II, 1247, 1514
Nachrichtenübermittlung II, 1658
Nachschlagewerk II, 1657
Narration II, 1109, 1120, 1065
Narrative Visuals III, 2444
Narrativik III, 2445
Narrativität I, 87, 242, 600, 602; II, 1147
Narratologie I, 220, 315
National Quotas III, 2692
Nationalismus I, 234, 948; II, 1627
Nationalökonomie I, 144, 145, 146, 319, 881
Nationalsozialismus I, 150, 180, 186, 305, 359, 462, 464, 472, 502, 507, 508, 509, 566, 733, 823, 834, 838, 857, 882, 910, 917, 918, 946, 948, 949, 950, 978, 1015; II, 1088, 1129, 1237, 1238, 1428, 1434, 1466, 1468, 1493, 1610, 1628, 1639, 1646, 1685, 1703; III, 1804, 1824, 1962, 1964, 2091, 2260, 2351, 2804
Nationalsozialist I, 176, 183, 496, 798, 911, 957, 1008, 1009; II, 1068, 1156, 1467, 1471, 1475, 1554, 1555; III, 2065, 2143
Naturalismus I, 471, 520
Naturwissenschaft I, 16, 17, 132, 376, 518, 535, 626, 743, 790, 874; II, 1253, 1575, 1608, 1612, 1657
Navigation III, 2589, 2593, 2704
Navigationssystem III, 2502
Navigator III, 2785
Near Video on Demand (NVoD/VoD) III, 2227, 2229, 2478, 2483
Neorealismus II, 1239; III, 1789, 1794
Network-Struktur II, 1544
Netz-Konferenz III, 2632
Netzträgerschaft II, 1563
Netzwerk II, 1687, 1756; III, 2097, 2706
Neue Medien I, 8, 18, 28, 31, 32, 277, 347, 348, 367, 370, 372, 497, 524, 819; II, 1445, 1552, 1562
Neue Rhetorik II, 1774, 1780
Neue Sachlichkeit I, 164, 994; II, 1086, 1716
Neue Zeitung I, 674, 675, 676, 788, 811, 818, 896, 914
Neuer deutscher Film III, 1789, 1794, 1795, 1796, 2352
Neuer Mensch II, 1186
Neunzehntes Jahrhundert III, 2653
Neunziger Jahre III, 1983, 1984, 1985, 1988, 2064, 2074, 2093, 2121, 2280, 2282, 2284, 2302, 2357, 2359, 2360, 2425, 2441, 2483, 2495, 2508, 2653, 2655, 2664, 2679, 2680, 2683, 2685, 2698, 2736, 2803, 2804, 2834, 2835
Neutralität I, 938, 956
Neutralitätspflicht III, 2765
New Economy III, 2699
New Hollywood III, 1789, 1794, 1796
New Journalism II, 1715
New Realism II, 1587
News Channel III, 2193
News Comprehension III, 2469
Newsshow I, 76
Nihilismus I, 276
Nipkow-Scheibe II, 1539; III, 2128
NIR-Verfahren III, 2181
Noise to Mask Ratio (NMR) III, 1947
Nominalismus I, 662
Non-Stop-Fernsehen III, 2273
Norm III, 2147
Normensystem I, 2, 245, 500, 514, 539
Nouvelle Vague II, 1221, 1232, 1233, 1234; III, 1789, 1794, 1796, 1797, 1801, 1807
NS-Zeit III, 2037, 2065
NTSC-System III, 2151
NTSC-Verfahren III, 2176
Nucleus Synchronization III, 1831
Numismatik I, 368
Nutzenansatz III, 2493, 2494
Nutzenansatz (Uses-and-Gratification-Approach) I, 10, 112, 114, 215, 265, 325, 330
Nutzer II, 1141; III, 2538, 2548, 2566, 2588, 2594, 2706, 2762, 2805
Nutzerakzeptanz III, 2503
Nutzungsforschung I, 9, 82, 863
Nutzungsrecht III, 2757

O

O-Ton-Beiträge III, 2020
O-Ton-Bericht III, 2081
O-Ton-Collage III, 2084
Oberhausener Manifest III, 1795, 1806, 1842
Objektivität II, 1609, 1610, 1611, 1763; III, 2081, 2083, 2299, 2837
Offener Kanal I, 357; III, 1977, 1982, 2120
Öffentliche Meinung I, 221, 222, 812, 845, 882, 940
Öffentlichkeit I, 65, 146, 147, 178, 240, 279, 321, 381, 382, 475, 480, 484, 489, 496, 505, 519, 526, 577, 663, 769, 788, 795, 798, 806, 818, 837, 843, 844, 854, 866, 881, 892, 896, 900, 914, 915, 940, 985, 994; II, 1161, 1412, 1418, 1542, 1563, 1612, 1685, 1717, 1721, 1727, 1728, 1741; III, 2314, 2456
Öffentlichkeitsarbeit III, 1989
Öffentlichkeitsstelle I, 837, 921
Offizin I, 447, 448, 460, 572, 710, 738, 754, 786
Offsetdruck I, 409, 410, 411, 419, 454, 828, 974, 975, 976, 1014; II, 1565, 1665, 1671
Ökologie II, 1693; III, 2075
Ökonomie I, 77, 236, 518, 572, 773, 815, 884, 888, 924, 965; III, 2486
Ökumene I, 603, 604, 605, 606, 610, 760
On-line-Text II, 1657
Online Learning III, 2591
Online-Dialog I, 32
Online-Dienst II, 1348, 1690; III, 1989, 2508, 2510
Online-Medien I, 299, 341, 344, 357, 359, 362, 387
Online-Recherche I, 32; III, 2574
Online-Shopping III, 2589
Onomatopöie II, 1635
Ontologie I, 273, 654
Open Archive Initiative (OAI) III, 2532
Oper II, 1222, 1241, 1418, 1436, 1439, 1504, 1506, 1507, 1511
Operations-Management III, 2708
Operette II, 1241, 1506
Opportunismus II, 1238
Opposition I, 906, 941, 949, 960
Optik II, 1161, 1462, 1463
Oral history II, 1152; III, 1809
Oralität I, 495, 524, 545, 546, 569, 594, 602; II, 1659; III, 2843
Organisation I, 1, 5, 6, 7, 8, 9, 22, 58, 60, 66, 67, 172, 221, 265, 321, 348, 350, 463, 481, 484, 834, 867, 937, 939, 945, 977, 978; II, 1056, 1080, 1189, 1415, 1416, 1418, 1421, 1541, 1542, 1554, 1679; III, 2166, 2820
Organisationsleistung III, 2256
Organisationssoziologie II, 1446
Organisationszweck III, 2256
Orientierungshilfe I, 746, 757, 863, 868
Originalität II, 1062, 1763; III, 2641
Originalton (O-Ton) III, 2011, 2030, 2031, 2032, 2033, 2034, 2037, 2038, 2072, 2073, 2074, 2077, 2079, 2083, 2123, 2156
Ornament I, 442, 988, 1003, 1004, 1014
Orthodoxie I, 698, 703
Orthogonal Frequency Division Multiplexing (OFDM) III, 1948
OSI III, 2514
Outsourcing II, 1759; III, 1988, 2166, 2257, 2704
Ownership III, 2743

P

Pädagogik I, 4, 144, 196, 323, 561, 562, 563, 564, 710, 965, 966, 997; II, 1662
Paint Box III, 2414, 2422
PAL-Norm III, 2204
PAL-Verfahren III, 2151, 2182
Paläographie I, 368
PALplus III, 2184, 2204
Pamphlet I, 897, 985; II, 1153, 1232; III, 2650
Panorama II, 1043, 1044, 1123
Panpsychologismus II, 1191
Pantomime II, 1208
Papier I, 236, 390, 391, 392, 393, 394, 395, 396, 397, 398, 399, 404, 409, 413, 422, 440, 446, 480, 481, 491, 509, 545, 825, 905, 908, 952, 976, 1012; II, 1564, 1571, 1572
Papiergeld I, 397, 399
Papierherstellung I, 390, 392, 394, 450, 451
Papyrus I, 439, 440, 474, 476, 526, 527, 540, 569, 592, 593, 611, 1017
Paradigma I, 3, 5, 17, 22, 76, 190, 215, 234, 261, 262, 275, 289, 328, 330, 337, 338, 356, 362, 388, 579, 583, 602, 700, 766, 990; II, 1044, 1231; III, 2311
Parameter II, 1354
Parlament II, 1417, 1421, 1422
Parlamentsberichterstatter II, 1486
Parole I, 158, 813
Partei I, 843, 906, 917, 931, 932, 939, 940, 942, 952, 953; II, 1238, 1484, 1505, 1501, 1542, 1682, 1686, 1772, 1779; III, 1964, 1965
Parteilichkeit II, 1240, 1610, 1775; III, 2083
Parteinahme I, 938
Partizipation I, 921
Pasquill I, 796, 806, 817
Patent II, 1162, 1199, 1203, 1204, 1205, 1363
Pathosformel II, 1786
Patriotismus I, 945
Pay per view-Kanal III, 2173
Pay-per-Channel III, 2479
Pay-Per-View (PPV) II, 1552, 1753; III, 2195, 2227, 2479, 2483, 2506
Pay-TV II, 1552; III, 2227
Pay-TV networks III, 2188
Peer-Review-Verfahren III, 2644
Peer-to-Peer Communication III, 2512
Pegelsteller III, 1885
Pejorisierung II, 1633
Perestroika II, 1244, 1651
Performance III, 2066, 2067, 2444, 2446, 2447, 2448
Pergament I, 391, 392, 404, 439, 440, 450, 455, 474, 476, 479, 527, 540, 611
Periodikum II, 1679
Periodizität I, 146, 215, 218, 238, 488, 610, 611, 841, 881, 892, 896, 897, 899, 914, 924, 941, 955; II, 1622, 1677, 1716; III, 2272
Personalisierung I, 842; II, 1778; III, 2404, 2591, 2594
Personifikation I, 135
Persönlichkeitsschutz III, 2543, 2753, 2754, 2776
Perspektive II, 1637
Persuasion III, 2488
Persuasionsforschung I, 112, 114
Perzeption I, 4, 120, 121, 123, 125, 153, 159, 262, 360
Phänomenologie I, 257
Phantasie II, 1660

Phantasmagorie II, 1054
Phantastik II, 1650, 1651, 1654
Philologie I, 310, 313, 320, 521, 569, 874
Philosophie I, 15, 19, 29, 83, 132, 144, 150, 167, 173, 214, 234, 273, 274, 281, 318, 332, 368, 377, 379, 475, 487, 518, 521, 528, 530, 531, 532, 535, 547, 553, 573, 615, 630, 633, 634, 651, 652, 743, 874; II, 1185, 1600, 1610
Phonetik III, 2043
Phonograph II, 1027, 1363, 1371
Photomontage I, 994, 1008
Photonik-Netz III, 2113
Photozelle III, 2132
Phraseologie I, 814
Physiologie II, 1264, 1266
Pilottonverfahren II, 1378
Piratensender III, 1997
Plagiat I, 2757
Plakat I, 371, 410, 411, 769, 789, 800, 803, 812, 813, 821, 822, 849; II, 1086, 1187
Planungswissenschaft I, 5
Plasmatechnik II, 1357
Plastik II, 1635
Plattform Recherche III, 2589
Playbacktechnik III, 1897
Playout-Center III, 2173
Pluralismus I, 939
Poesis I, 275
Poetik I, 137, 232, 475, 520, 535
Polarforschung II, 1598
Polarisierung II, 1773
Polemik I, 139, 178, 617, 808, 810, 811, 841, 898, 900, 939; II, 1153, 1736
Political Correctness II, 1588
Politik II, 1210, 1467, 1475, 1488, 1608, 1612, 1691, 1734, 1770; III, 2048, 2265, 2486, 2595
Politikwissenschaft I, 263
Politische Information III, 1984
Politische Kommunikation I, 222, 225, 305
Politische Ökonomie I, 331
Politisierung I, 842, 915, 916, 926, 931, 936, 937, 938, 960; II, 1434, 1474
Pop II, 1511
Pop-Kunst II, 1495
Popmusik II, 1499; III, 1969
Popularisierung I, 926, 931, 937, 938; II, 1609; III, 2682
Popularität II, 1460, 1511, 1632; III, 2462
Populärkultur II, 1216
Pornographie I, 511; III, 2777, 2781, 2797, 2798

Porträt I, 41; II, 1715, 1718; III, 1806, 1808, 2296, 2367
Positivismus I, 18, 234, 235, 257, 320, 375
Postfreiheit I, 923
Postmoderne I, 283, 323, 524; II, 1134, 1589, 1661; III, 1789, 1797
Prädisposition II, 1742
Prägeautomat I, 431
Pragmatik I, 213, 218, 245, 261, 288, 289, 302, 329, 593; II, 1778
Praktische Semantik I, 29
Praktizismus II, 1238
Präsentation I, 35, 48, 217, 218, 493, 982, 1010; II, 1143, 1144, 1150, 1705, 1708, 1721, 1773; III, 2599, 2809, 2810, 2813, 2814, 2852
Präzision II, 1518
Presse-Trust-Bildung I, 917
Presseagentur I, 837, 843
Presseclub III, 2323
Pressedienst I, 61, 921
Pressefreiheit I, 381, 504, 506, 510, 578, 788, 797, 834, 838, 839, 840, 844, 845, 869, 896, 905, 931, 940, 941; II, 1706; III, 2543, 2545, 2719, 2721, 2724, 2732, 2738, 2740, 2758, 2763, 2764, 2765, 2777, 2837
Pressegeschichte I, 146, 833, 931
Pressekonzentration I, 339, 835, 838, 859, 884, 888, 909, 910, 919, 945, 954; III, 2715, 2720, 2721, 2735
Pressekritik I, 19, 856, 871, 872, 873, 920
Pressemitteilung I, 216
Pressepolitik I, 841, 902, 906, 915, 916
Presserecht I, 74, 837, 844, 845, 902, 933, 934
Presseschau III, 2073
Pressestatistik I, 833, 835, 883, 884, 893, 894, 970
Priming-Effekt II, 1785
Printing On Demand (POD) II, 1570, 1571, 1752
Printmedien I, 18, 28, 31, 61, 70, 134, 182, 207, 217, 239, 347, 562, 777, 876, 892; II, 1457
Prior Restraint III, 2773
Privates Hörfunkprogramm III, 2120
Privatfunkfreiheit III, 2766, 2767
Privatheit I, 321; III, 2456
Privatisierung III, 2705, 2711
Privileg I, 338, 340, 392, 469,

486, 503, 576, 593, 841, 853, 866, 897, 914, 917, 1020
Product Placement I, 839, 920; II, 1686; III, 2416, 2429, 2758
Produkt II, 1694
Produktanalyse I, 37
Produktion I, 2, 5, 28, 60, 70, 175, 388, 865, 882, 893, 932, 937, 969; II, 1045, 1059, 1073, 1080, 1081, 1143, 1151, 1168, 1170, 1171, 1500, 1624, 1631; III, 2265, 2452, 2654
Produktionsform III, 2161
Produktionskunst II, 1188
Produktionsmanager III, 2161
Produktionsmethode III, 2160
Produktionsmethode ›Live‹ III, 2157
Produktionsplanung III, 2158
Produktionsstruktur III, 2274
Produktionstechnik II, 1418
Produktionstechnische Innovation III, 2157
Produktionstechnologie III, 1891
Produktivität I, 1
Professionalisierung I, 64, 882, 1014; II, 1780; III, 2390, 2452
Professionalität I, 74, 78, 967
Prognostik I, 746, 832
Programm II, 1232, 1233, 1542; III, 2117
Programm-Abwicklungskomplex III, 2103
Programm-Abwicklungspult (Broadcast-Konsole) III, 2110
Programmablaufplan III, 2168
Programmabwicklung III, 1892, 1900
Programmanalyse I, 37, 43
Programmartkennung (PTY) III, 1909
Programmauftrag II, 1543, 1562; III, 2256, 2257, 2269
Programmaustausch II, 1394
Programmautonomie II, 1561
Programmdistribution III, 1893
Programmdynamik III, 2273
Programme Associated Data (PAD) III, 1946
Programmentwicklung III, 2117
Programmexpansion III, 2272
Programmformat II, 1545
Programmformen III, 2270
Programmfreiheit III, 2767
Programmgeschichte I, 45; II, 1545
Programmgesellschaft II, 1554
Programmierung II, 1357
Programmkennung III, 2023
Programmkette (PS) III, 1909

Programmlayout II, 1456
Programmplanung II, 1438
Programmpräsentation III, 2168
Programmproduktion III, 1892
Programmrezeption III, 1893
Programmstruktur III, 2269
Programmvorbereitung III, 1892
Programmzeitschrift II, 1338, 1549
Projekt SYMPHONIE III, 2205
Projektionskunst II, 1043, 1044, 1045, 1046, 1047, 1049, 1053, 1054, 1107, 1110, 1151
Proklamation I, 940
Promotion-Take III, 2103
Propaganda I, 11, 133, 139, 158, 180, 185, 219, 221, 507, 524, 534, 554, 566, 570, 785, 787, 794, 795, 797, 798, 799, 804, 806, 809, 813, 818, 821, 822, 823, 840, 857, 863, 909, 910, 917, 918, 939, 940, 948, 949, 960, 982, 992, 994, 1008, 1010, 1014, 1017; II, 1068, 1079, 1080, 1088, 1110, 1125, 1126, 1127, 1129, 1174, 1178, 1179, 1184, 1186, 1196, 1213, 1219, 1238, 1239, 1395, 1400, 1418, 1419, 1420, 1428, 1434, 1466, 1468, 1471, 1473, 1474, 1475, 1478, 1479, 1481, 1482, 1493, 1494, 1508, 1509, 1650, 1684; III, 1804, 1838, 1962, 1995, 1996, 2037, 2065, 2143, 2144, 2261, 2421, 2423, 2459, 2487, 2488, 2541
Propagandaforschung I, 263
Propagandaparole II, 1480
Prophetie I, 803
Prospekt I, 411, 431, 436, 847, 850
Protest I, 139, 823, 1015
Protestantismus I, 599, 799, 818
Provider I, 342
Pseudonym II, 1624
Psyche II, 1216, 1463
Psychoanalyse I, 191, 275, 311, 323, 333, 520, 521, 815; II, 1180, 1193, 1214
Psychologie I, 1, 2, 16, 19, 21, 82, 83, 132, 150, 153, 163, 241, 264, 318, 320, 322, 327, 329, 360, 376, 518, 533, 624, 951, 979; II, 1110, 1446, 1731; III, 2051, 2486, 2495
Psychologisierung II, 1060, 1065
Psychologismus II, 1238
Psychophysiologie II, 1186, 1194

Public Broadcasting Act III, 2312
Public Radio III, 2121
Public Relation (PR) I, 73, 208, 216, 364, 769; II, 1641, 1685, 1686, 1728; III, 2416, 2584, 2586
Public Service II, 1542, 1543; III, 1961, 1972
Publikation II, 1679
Publikum II, 1061, 1165, 1491, 1498, 1507, 1509, 1513
Publikumsforschung I, 9, 319; II, 1446
Publikumszeitschrift II, 1625
Publishing on Demand I, 467
Publizistik I, 7, 132, 146, 147, 150, 200, 214, 220, 221, 281, 306, 382, 536, 792, 874, 939, 940; II, 1594, 1721
Publizistikgeschichte I, 817, 967
Publizistikwissenschaft I, 5, 7, 11, 12, 35, 59, 221, 238, 261, 264, 281, 319, 321, 963, 967, 968; III, 2823
Publizität I, 146, 215, 881, 892, 893, 899, 915, 931, 933, 935, 936, 937, 938, 955; II, 1492, 1716
Pulsdauermodulation (PDM) III, 1918

Q

Quadrophonie II, 1378; III, 2483
Quaestion I, 652, 657
Qualität II, 1062, 1594
Qualitätsüberwachung III, 2100
Quality of Service III, 2518
Qube-Projekt III, 2501
Quelle I, 39, 135, 140, 160, 216, 237, 262, 539, 540, 576, 586, 610, 747, 754, 818, 837, 866, 883, 893, 902, 913, 974; II, 1044, 1132, 1152, 1164, 1487
Quellencodierung II, 1536, 1537; III, 2247
Quellenkritik I, 368
Quiz III, 1998, 2270, 2331, 2333, 2401, 2412
Quotendenken III, 2098
Quotenregelung II, 1547

R

Radierung I, 133, 417, 749, 786, 787
Radio III, 2454
Radio Show III, 1980
Radio-Akademie III, 2076
Radio-Daten-System (RDS) III, 1908, 1954
Radio-on-Demand III, 2105
Radio-Soap III, 1989
Radioästhetik III, 2123
Radiogenität III, 2036
Radioklub II, 1500
Radiokultur II, 1497; III, 2125
Radiokunst II, 1489, 1494, 1495, 1497, 1499; III, 2064, 2843
Radioprogrammforschung III, 2117
Radiosprache III, 2002, 2012
Radiotext (RT) III, 1910, 2101
Radiotheorie I, 357; III, 2065
Räsonnement I, 504, 505, 842, 853, 869, 875, 900, 905, 915; II, 1717
Rassismus II, 1172
Rating II, 1542; III, 2258
Rationalisierung II, 1564, 1772
Rationalismus I, 257, 282, 322, 618, 939
Rationalität I, 356, 523, 652, 808; II, 1660; III, 2805
Raubdruck I, 339
Raumfahrt II, 1598
Raumklang II, 1378
Raumwelle III, 1917
Rauschabstand III, 1943
Reaktivität I, 252, 253
Realismus I, 257, 331, 995, 996, 1001, 1015; II, 1121, 1124, 1168, 1183, 1234, 1235, 1238, 1239, 1242, 1588, 1643; III, 1794, 1798
Realität I, 3, 23, 88, 112, 165, 166, 172, 191, 195, 196, 700; II, 1133, 1134, 1170, 1174, 1188, 1189, 1194, 1222, 1223, 1233, 1461, 1473, 1476, 1638; III, 1810, 1962
Realitätskonstruktion I, 195
Reality TV I, 48; III, 2278, 2478, 2481, 2482
Reallexikon I, 626
Recherche I, 218, 381, 968; II, 1713, 1752; III, 2075, 2295, 2359, 2544, 2584
Recht II, 1612
Recht am eigenen Bild III, 2760
Rechtsaufsicht II, 1557

Rechtsprechung III, 2256
Rechtswissenschaft I, 4, 5, 319, 535, 546, 551, 552, 573, 965
Redaktion I, 326, 882, 920, 959; II, 1679, 1681
Redaktionsarbeitsplatz III, 2101
Rede I, 939
Redewiedergabe I, 39, 216, 217, 220
Reduktion II, 1783
Redundanz III, 2855
Redundanzreduktion III, 1944
Referat I, 874
Referenzmodell III, 2512, 2513
Reformation I, 136, 374, 469, 483, 540, 543, 544, 551, 576, 597, 663, 741, 765, 778, 788, 790, 795, 796, 799, 803, 806, 808, 809, 811, 814, 818, 819, 820, 841, 897, 898, 913, 940
Reformpädagogik II, 1586; III, 2815
Regenbogenpresse II, 1714, 1722
Regiepult II, 1278
Regionalisierung I, 959, 960; II, 1424, 1430, 1441, 1444, 1456, 1671, 1673; III, 1996, 2125, 2263, 2387
Register II, 1698
Registratur I, 474
Reglementierung III, 2655
Regulation II, 1548
Regulierung II, 1551
Reichsgründung I, 943
Reichskristallnacht I, 472
Reichspressegesetz III, 2719
Reichweite III, 2282
Reisebericht I, 398, 489, 610, 752, 765, 847, 871, 876, 887; II, 1718
Reisebeschreibung II, 1717
Reisejournalismus III, 2078
Reisen II, 1598
Reisereportage II, 1715
Reisetip III, 2075
Reiz-(Stimulus)-Reaktions-(Respone)-Modell I, 21, 112, 327
Reizüberflutung II, 1638
Reklame I, 150, 153, 154, 975, 992, 1014, 1012, 1022; II, 1430; III, 2421
Relevanz II, 1693, 1713; III, 2855
Religion I, 261, 526, 547, 548, 549, 566, 627, 746, 821, 939; II, 1698
Remote Control III, 2466
Remote-Access III, 2624, 2632
Renaissance I, 339, 478, 480, 483, 490, 514, 557, 570, 663, 735, 742, 754, 1013

Repertoire II, 1462
Repertoire-Exploitation III, 2684
Report II, 1699, 1713, 1714
Reportage I, 37, 41, 42, 43, 76, 218, 219, 221, 222, 867, 877; II, 1292, 1297, 1373, 1374, 1412, 1435, 1461, 1462, 1473, 1490, 1689, 1692, 1712, 1713, 1714, 1715, 1716, 1717, 1718, 1735, 1762; III, 1804, 1982, 2004, 2029, 2030, 2037, 2042, 2051, 2054, 2063, 2074, 2075, 2077, 2080, 2081, 2083, 2112, 2138, 2141, 2163, 2261, 2295, 2304, 2366, 2403, 2412, 2423, 2810
Reporter II, 1679; III, 2021, 2050, 2051, 2082, 2389, 2399
Repräsentation I, 275
Repräsentationssystem I, 32, 37
Reprint I, 782
Requests for Comments (RFC) III, 2515
Ressort I, 843, 846, 859, 863, 958
Retraction (Widerruf) III, 2776
Retrospektive II, 1176
Revisionismus II, 1238
Revolution I, 137, 144, 467, 491, 506, 587, 589, 693, 798, 906, 908, 941, 942, 945, 946, 947, 965, 1012; II, 1186, 1187, 1188, 1192, 1193, 1244, 1607
Revue I, 876, 893; II, 1508
Rezension I, 571, 852, 859, 861, 873, 874, 900; III, 2077, 2084, 2085
Rezeption I, 4, 23, 28, 32, 48, 135, 161, 166, 214, 215, 265, 267, 288, 314, 321, 322, 324, 329, 361, 372, 388, 471, 476, 477, 514, 519, 547, 577, 587, 611, 706, 707, 768, 770, 786, 863, 865, 886, 888, 898, 986; II, 1045, 1105, 1114, 1117, 1121, 1129, 1141, 1143, 1150, 1172, 1192, 1214, 1491, 1446, 1448, 1450, 1452, 1495, 1637, 1660, 1661, 1732, 1733, 1741, 1771, 1774; III, 1821, 2012, 2028, 2038, 2300, 2397, 2407, 2409, 2411, 2454, 2458, 2471, 2489, 2493, 2494, 2787, 2800
Rezeptionsforschung I, 4, 23, 236, 251, 260, 261, 267, 268, 362, 383, 561, 583; II, 1138, 1457, 1586
Rezipient I, 3, 7, 30, 37, 42, 58, 71, 111, 150, 176, 182, 185, 193, 196, 202, 215, 217, 219, 221, 236, 237, 238, 244, 328,

364, 381, 483, 565, 803, 820, 870, 932, 992; II, 1115, 1135, 1187, 1458, 1460, 1476, 1595, 1599, 1601, 1636, 1638, 1687, 1690, 1704, 1710, 1742, 1770; III, 1998, 2000, 2003, 2009, 2014, 2044, 2066, 2097, 2276, 2302, 2310, 2338, 2348, 2349, 2385, 2386, 2399, 2406, 2408, 2412, 2442, 2453, 2455, 2457, 2460, 2488, 2492, 2495, 2565, 2585, 2637, 2703, 2704, 2706, 2768, 2796, 2805
Rezipientenforschung II, 1446
Rezitation III, 2072
Rhetorik I, 16, 156, 238, 275, 312, 316, 323, 514, 517, 527, 528, 531, 532, 535, 536, 545, 562, 610, 617, 627, 704, 705, 869, 939, 992; II, 1193, 1223, 1695, 1732, 1778; III, 1822, 1824, 2043, 2843
Right to Privacy III, 2776
Risikogesellschaft I, 323
Risikokommunikation I, 251, 323
Ritual I, 922; II, 1742
Ritualisierung II, 1771; III, 2015, 2797
Roaring Twenties III, 2682
Roboter II, 1667
Rock II, 1511
Rollendruckpapier I, 395
Rollenoffsetmaschine II, 1564
Rollenrepertoir I, 702, 704, 705
Rollenreportage II, 1716, 1717
Rollsiegel I, 396
Roman I, 846, 859, 860, 871, 929
Romanheft II, 1743
Romantik I, 519, 520, 521, 522, 561, 564, 790; II, 1509, 1586, 1589; III, 2048
Römisches Reich I, 477, 751, 1017
Rotation II, 1664
Rotationsdruck I, 409, 454, 827, 848, 916; II, 1671, 1675, 1676, 1677
Rotes Kloster III, 2263
Rotoskopierung II, 1039
Royal Charter III, 2259
Rückprojektionsempfänger III, 2238
Rundfunkänderungsstaatsvertrag II, 1549, 1560
Rundfunkauftrag II, 1544
Rundfunkdrama II, 1471
Rundfunkfreiheit II, 1552, 1553, 1556, 1559, 1560; III, 2545, 2758, 2763, 2765, 2766, 2768, 2769, 2770

Rundfunkgebühr II, 1549, 1559, 1560, 1561; III, 2118
Rundfunkordnung II, 1561
Rundfunkorganisationsrecht II, 1555, 1556
Rundfunkpolitik II, 1503, 1563
Rundfunkreform II, 1554
Rundfunksatellit III, 2222
Rundfunksender III, 1916
Rundfunkstaatsvertrag (RStV) II, 1547, 1552, 1560, 1561; III, 2040, 2267, 2268, 2722, 2723
Rundfunkversorgung II, 1556
Rundfunkvortrag III, 2084
Rundfunkwissenschaft III, 2823
Rural Radio III, 1997
Russische Revolution 1718
Russischer Bürgerkrieg II, 1186

S

Säkularisation I, 484, 490, 491, 504
Samizdat II, 1649
Sammelkommunikation II, 1516
Satellit I, 203, 343, 345, 351, 387; II, 1131, 1146, 1297, 1342, 1353, 1354, 1398, 1400, 1403, 1407, 1409, 1410, 1411, 1549; III, 1961, 1963, 1976, 1995, 2074, 2113, 2204, 2205, 2206, 2207, 2208, 2209, 2210, 2243, 2244, 2249, 2269, 2427, 2587, 2687, 2697, 2721, 2722, 2802, 2838
Satelliten-Reportagewagen III, 2108
Satellitenempfang II, 1551; III, 2223
Satellitentechnik II, 1339, 1342, 1346, 1401
Satellitenübertragung III, 2219
Satire I, 860, 870, 875; II, 1481, 1495; III, 2318, 2753, 2756
Satztechnik II, 1565
Scannertechnik II, 1751
Schablonendruck I, 974, 986
Schallarchiv III, 2844
Schallaufzeichnung I, 494; II, 1279, 1300, 1362, 1365, 1462
Schallfeld II, 1246, 1258
Schallplatte II, 1027, 1110, 1113, 1126, 1363, 1367, 1371, 1372, 1377, 1381, 1415, 1431, 1433, 1434, 1441, 1491, 1504, 1505, 1509, 1513
Schallplattenindustrie II, 1418, 1433, 1508
Schallplattenmusik II, 1511

Schallspiel I, 184, 186; II, 1472
Schallwelle II, 1514; III, 2127
Schaltgespräch I, 37, 41; III, 2295
Schaubild I, 877
Schauspiel II, 1471, 1472
Schauspielkunst II, 1193
Schematismus II, 1238
Schlager II, 1508
Schlagerparade III, 2412
Schlagwort I, 1009
Schlagzeile I, 873, 959, 960
Schlüsselbegriff II, 1616
Schlüsselbild II, 1786
Schlüsselsymbol II, 1774
Schmalband-Bildfernsprechen II, 1518
Schnittstelle II, 1519
Scholastik I, 282, 546, 550, 649, 654
Schreibanweisung II, 1625
Schrift II, 1515
Schriftband I, 412, 556
Schriftbeherrschung II, 1662
Schriftbild I, 276, 868
Schriftkultur I, 239, 450; II, 1126
Schriftlichkeit I, 28, 153, 475, 477, 495, 496, 524, 539, 541, 542, 544, 545, 546, 556, 570, 601
Schrifttheorie I, 1003
Schulfernsehen III, 2814
Schulfilm-Bewegung III, 2804
Schulfunk II, 1418, 1436, 1447, 1450, 1469; III, 2076
Schundfilm III, 1790
Schutzrecht II, 1553
Schwank III, 2353
Schweigespirale I, 114, 116, 328; II, 1741
Science-Fiction II, 1497, 1498, 1588, 1596; III, 2798
Science-fiction-Film III, 2378
Scientific Community III, 2792
SECAM-Verfahren III, 2178
Sechziger Jahre II, 1423, 1424, 1452, 1587, 1621; III, 1806, 1993, 2036, 2037, 2064, 2074, 2075, 2081, 2086, 2270, 2280, 2342, 2353, 2354, 2357, 2358, 2359, 2412, 2414, 2415, 2418, 2419, 2420, 2439, 2489, 2667, 2685, 2699, 2715, 2720, 2821, 2825, 2826, 2827
Seifenoper III, 2456
Selbstfahrerstudio III, 2101
Selbstkontrolle II, 1126, 1763
Selektivität II, 1740
Selen III, 2128
Self-Teaching III, 2598
Semiologie I, 168, 170
Semiotik I, 25, 132, 163, 169, 172, 196, 258, 260, 263, 281, 282, 283, 288, 311, 323, 1008; II, 1446, 1586
Sendeablaufsteuerung III, 2169
Sendeabwicklung III, 1900, 2167
Sendeantenne III, 1919
Sendelizenz II, 1540
Sendemischer III, 2168
Senderegie III, 1882, 1900, 2168
Sendespiel II, 1469, 1471, 1489
Sendungsanalyse I, 37
Sendungsgeschichte I, 45
Sensation I, 136, 157, 766, 778, 788, 794, 818, 869, 871, 914, 918, 946, 955, 956, 961; II, 1053, 1151; III, 2399
Sensationsreportage II, 1715
Sensualismus I, 257
Serialisierung I, 240, 543, 566, 782; II, 1591; III, 2355, 2458
Serialität II, 1622
Serie II, 1546, 1547; III, 2271, 2274, 2340, 2367, 2457, 2482, 2495, 2795, 2796
Service III, 1990
Servicemeldung III, 2075
Set-top box III, 2213
Setzmaschine I, 410, 411, 453
Sexualität (Erotik) III, 2407
Shopper Vision III, 2216
Shortstory II, 1641
Show III, 1989, 2305, 2331, 2357, 2410
Siebdruck I, 419, 974, 1018
Siebziger Jahre II, 1424, 1453, 1456, 1587, 1588, 1721, 1745; III, 1992, 2037, 2066, 2271, 2342, 2352, 2353, 2361, 2362, 2376, 2415, 2420, 2440, 2442, 2635, 2667, 2671, 2820, 2821, 2826
Signal II, 1515, 1518, 1520, 1521, 1532, 1533
Signal to Mask Ratio (SMR) III, 1947
Signalgeber II, 1785
Signalprozessor III, 2099
Signalverarbeitung II, 1537
Silbenschrift I, 396
Simple Mail Transfer Protocol (SMTP) III, 2527, 2572
Simplifizierung II, 1707, 1784
Sinfoniekonzert II, 1440
Single-Point-of-Failure III, 2510
Situation Comedy (Sitcom) II, 1546; III, 2478
Situationskomik II, 1210
Skandal II, 1485
Skeptizismus I, 615, 618, 693
Sketch III, 2351

Skizze II, 1715
Skriptorium I, 476, 479, 481, 542, 595
Skulptur II, 1189
Slapstick I, 782; II, 1635
Slogan II, 1771, 1775, 1776
Slot-Struktur III, 2277
Soap Opera I, 101, 103; II, 1545; III, 2302, 2305, 2412, 2495
Social Patterns of Viewing III, 2468
Social-Pressure-Kampagne III, 2419
Soft News III, 2327
Sondermeldung II, 1480
Sophistik I, 527, 532
Sortiment I, 461, 469, 470, 471, 472, 769, 771, 773, 925
Sowjetzeit II, 1649
Sozialforschung II, 1447, 1744
Sozialgeschichte II, 1458
Sozialisation I, 60, 64, 66, 72, 380, 561, 590, 838; II, 1586, 1587, 1588, 1638, 1742; III, 2493
Sozialisationsforschung I, 267, 268
Sozialismus I, 379, 509, 510, 693, 797, 845, 846, 847, 848, 861, 863, 907, 911, 918, 922, 943, 944, 945, 946, 950, 952; II, 1243, 1617, 1775
Sozialistischer Realismus II, 1643; III, 1803
Sozialkritik II, 1215
Sozialökologie III, 2806
Sozialphilosophie I, 20
Sozialpolitik II, 1693
Sozialpsychologie II, 1446; III, 2487, 2495
Sozialreportage II, 1715
Sozialwissenschaft I, 17, 35, 147, 235, 237, 238, 241, 254, 256, 257, 264, 288, 376; III, 2821
Soziolinguistik I, 223; II, 1695
Soziologie I, 1, 2, 20, 61, 65, 70, 82, 83, 144, 145, 191, 214, 221, 234, 235, 236, 240, 241, 257, 311, 318, 319, 320, 322, 324, 325, 327, 329, 573, 584, 815, 888, 966; II, 1143; III, 2051, 2486, 2487, 2824
Soziosemiotik I, 283
Spannung III, 2400
Spartenprogramm II, 1543, 1550, 1561; III, 2101, 2119
Special Interest Fernsehen III, 2227, 2228
Special-Interest II, 1760, 1761, 1764
Speicherformat III, 1907

Speichermedien I, 21, 344, 347, 357
Speichermedien für digitales Fernsehen III, 2243
Spektrum II, 1528, 1530, 1531
Spezialisierung II, 1456
Spielfilm II, 1545, 1547; III, 2270, 2271, 2284, 2409
Spielfilmrecht II, 1546
Spielkarte I, 397, 411, 413
Spielshow II, 1547
Spieltheorie I, 4
Spirallochscheibe III, 2130
Sponsor III, 2393, 2394, 2768
Sponsoring II, 1562, 1686, 1760; III, 2021, 2024, 2416, 2429, 2430
Spontaneität II, 1660
Sport I, 887, 958, 959; II, 1482, 1546, 1683, 1691, 1759; III, 1990, 2074, 2285, 2300, 2331, 2460, 2482
Sport A III, 2267
Sportberichterstattung II, 1547; III, 2758
Sportrecht III, 2267
Sportreportage II, 1715; III, 2412
Sports Cable Network III, 2195
Sprachanalyse I, 29, 35, 245
Sprachbarriere III, 2735
Sprachbewußtsein II, 1662
Sprachgesellschaft I, 515
Sprachkrise II, 1647
Sprachkritik I, 19, 47, 223, 287, 292, 304, 305, 521, 522, 871, 872
Sprachkultur I, 524
Sprachökonomie I, 1003, 1004, 1010
Sprachpflege I, 287
Sprachphilosophie I, 16, 19, 29, 213, 289, 362
Sprachpolitik I, 1006
Sprachsignal II, 1521, 1530
Sprachskeptizismus I, 19, 304, 519
Sprachspiel I, 521
Sprachstil II, 1589
Sprachsynthese I, 126
Sprachtheorie I, 289
Sprachverfall I, 522, 854, 876
Sprachwissenschaft I, 28, 29, 30, 83, 223, 232, 281, 287, 313, 337, 372; II, 1446
Sprecher III, 2758
Sprechgeschwindigkeit II, 1537
Sprechsprache III, 2038
Staatsapparat II, 1554
Staatsaufsicht II, 1552
Staatsferne III, 2764
Staatsfreiheit III, 2766, 2770
Staatsrecht I, 144

Staatsvertrag II, 1425, 1542, 1555, 1558, 1560
Staatswissenschaft I, 145, 881
Stahlstich I, 417, 876
Standardisierung II, 1062, 1353, 1357, 1400, 1624; III, 2700
Standardsprache III, 2012, 2013
Standbild I, 41
Start Ups III, 2595
Statement III, 2081, 2082, 2083, 2156
Statistik I, 218, 223, 893, 945; II, 1151, 1152, 1677
Stauchfalzung I, 432
Stempel I, 396, 397, 398, 401, 427, 445, 456
Stempelsteuer I, 899, 906
Stereophonie II, 1378, 1496/1497
Stereotyp I, 221, 223; II, 1110, 1638, 1646, 1746
Stereotypie I, 828
Steuerungswissenschaft I, 5
Stilistik I, 221, 238, 289, 514; II, 1594, 1595, 1603
Stimmungsbild II, 1715
Stimulation III, 2045
Stimulus-Response-Konzept I, 251, 320, 327, 328; II, 1740; III, 2460
Story I, 75, 220, 877
Storyboard II, 1039, 1042, 1216
Straight-to-video-Filmproduktionen III, 2667
Streitgespräch I, 225, 939
Streitschrift I, 570, 807, 808, 810
Stripping III, 2477
Struktur III, 2037
Strukturalismus I, 18, 170, 235, 241, 283, 311, 323, 337
Strukturfunktionalismus I, 71, 500
Studentenbewegung I, 245, 803, 814, 960; II, 1132; III, 1807
Studentenrevolte II, 1645
Studiotechnik I, 340
Stummfilm I, 781; III, 1789, 1790, 1791, 2068
Sturm und Drang I, 812
Subsidiarität II, 1563
Subsidiaritätsprinzip III, 2730
Suggestionsthese III, 2492
Superikonoskop III, 2138
Supplantationskonzept III, 2813
Supplement I, 859
Surrealismus I, 1014; II, 1238, 1636; III, 1791
Switching III, 2458
Switching Cost III, 2706

Symbol II, 1475, 1523, 1771
Symbolforschung I, 266
Symbolischer Aktionalismus I, 257, 329
Symbolisierung II, 1771
Symbolismus I, 995; II, 1636
Symbolsystem I, 28, 259, 266, 521; III, 2599
Symbolwelt I, 274
Sympathiewert II, 1784
Synchronisation II, 1027, 1081, 1180, 1237; III, 1887
Synchronität/Asynchronität III, 2566, 2603
Synchronizität II, 1064; III, 2603
Synchronsatellit III, 2220
Systemanalyse I, 7, 240
Systemtheorie I, 21, 25, 71, 72, 73, 74, 75, 194, 322, 324, 325, 326, 362, 379, 500, 561, 573
Szenenwissen I, 89
Szientismus I, 15, 235

T

Tabloid I, 910, 956, 957, 962
Tabu-Kanäle III, 2248
Tafelmalerei I, 411, 555
Tagesschau I, 31; II, 1516; III, 2271, 2281, 2292, 2293, 2363
Talk III, 2085, 2482
Talkmaster III, 2322
Talkshow I, 194, 224, 225, 769; II, 1546; III, 1990, 1991, 2301, 2302, 2305, 2306, 2318, 2338, 2410, 2456, 2457, 2481, 2495
Taschenbuch II, 1627
Tatsachenbehauptung III, 2759
Teamwork III, 2618
Technical Module III, 2246, 2254
Technik I, 24, 60, 73, 78, 164, 167, 176, 178, 184, 189, 194, 236, 274, 275, 278, 279, 311, 321, 347, 386, 387, 396, 432, 535, 847, 887, 957, 966, 1000; II, 1042, 1059, 1060, 1107, 1132, 1135, 1143, 1144, 1147, 1161, 1188, 1415, 1417, 1437, 1500, 1504, 1542, 1575, 1607, 1608, 1610, 1612, 1659; III, 1961, 1963, 1970, 1971, 2097, 2244, 2246, 2265, 2510
Technikgeschichte I, 196, 445
Technikwissenschaft I, 4, 5
Technologie I, 5, 43, 594; II, 1415, 1514; III, 2014
TED-Umfrage III, 1992
Tele-Arbeit III, 2703

Tele-Medizin III, 2703
Telebanking III, 2502, 2503, 2539
Telecommunications Act III, 2779
Telecontrol-System III, 2490
Teledienst I, 342
Telefax II, 1515, 1518
Telefon II, 1367, 1389; III, 2128, 2219
Telefoninterview III, 2077
Telegraph II, 1681; III, 2219
Telegraphie I, 868; II, 1305, 1387, 1389
Telekommunikation I, 258, 338, 341, 342; II, 1340, 1514, 1515, 1549, 1553, 1753; III, 2534
Telekommunikationsnetz II, 1323
Telelearning III, 2524, 2532, 2577, 2803
Telematik I, 24, 197, 198
Telemetrie I, 333
Telenovela II, 1546; III, 2480
Telepräsenz III, 2069, 2234
Teleshopping III, 2268, 2539
Teleskopie-Forschung III, 2490
Telespiel III, 2540, 2802
Teleteaching III, 2524, 2532, 2803
Teletex-Dienst III, 2505
Television Act III, 2782
Telex II, 1518
TELNET-Dienst III, 2519, 2526, 2527
Temperatur II, 1520, 1522
Tendenzschutz III, 2737, 2738, 2739, 2740, 2741
Text I, 33, 36, 38, 40, 42, 45, 83, 86, 120, 139, 155, 213, 214, 215, 220, 222, 234, 252, 297, 298, 311, 326, 386, 444, 474, 514, 522, 523, 539, 601, 651, 935; II, 1097, 1515, 1537, 1694, 1696, 1768, 1784; III, 2465
Text-Bild-Berichterstattung II, 1129
Text-Bild-Beziehung I, 28, 30, 31, 32, 33, 36, 37, 42, 43, 133, 136, 152, 214, 215, 221, 223, 236, 299, 310, 315, 780, 791, 986, 1003, 1004, 1006; II, 1130
Text-Bild-Schere III, 2311, 2454
Text-Processing III, 2465
Textdesign I, 877
Textfunktion II, 1703, 1704, 1722
Textkritik I, 234; III, 2349
Textmuster II, 1704
Textsorte II, 1594, 1595, 1598, 1600

Textstruktur II, 1703
Texttyp III, 2079, 2087
Textwissenschaft III, 2443
Theater II, 1188, 1190, 1192, 1210, 1222, 1418, 1473, 1476, 1489, 1491, 1493, 1499, 1506, 1508, 1636, 1637; III, 2066
Theaterästhetik II, 1189
Theateraufzeichnung II, 1545
Theaterkultur II, 1644
Theaterwissenschaft I, 184, 310, 313, 319; III, 2827
Thema I, 33, 34, 36, 43, 115, 136, 215, 220, 221, 222, 245, 297, 305, 321, 794, 853, 856, 869, 930, 965, 966, 971; II, 1054
Thematisierungsansatz (Agenda-Setting-Approach) I, 114, 115
Themenwissen I, 215
Theologie I, 132, 144, 318, 547, 550, 570, 573, 587, 629, 630, 633, 634, 810, 821
Theorie II, 1185
Thermometer II, 1521
Thingspiel II, 1493, 1494
Thriller II, 1191, 1214
Tiefdruck I, 415, 464, 749, 829; II, 1669
TIME-Industrien III, 2710
TIME-Sektor III, 2709
Timeslots III, 2477
Toleranz II, 1244
Tondatenreduktion III, 1943
Tondokument III, 2842
Tonmischpult III, 1898
Tonmischpult-Technik III, 2107
Tonqualität II, 1031
Tonregieeinrichtung III, 1897
Tontechnik II, 1247
Tonträger II, 1284, III, 2677, 2678, 2680, 2681, 2684, 2687, 2844, 2845, 2850
Tonträgerpiraterie III, 2677
Top-Heavy-Form II, 1713
Top-Level-Domäne (TLD) III, 2514
Topik II, 1732
Totalitätsanspruch III, 2763
Tradition I, 241, 266, 471, 528, 539, 602, 609, 652; II, 1227, 1437
Traffic Channel III, 1974
Trailer III, 2001, 2072, 2077, 2085, 2086, 2103, 2168, 2171, 2421
Traktat I, 731, 853, 876
Transaktion I, 94, 113, 203, 215; III, 2581, 2708
Transaktionskosten III, 2702
Transdisziplinarität I, 2, 13

Transformationsgrammatik (generative) I, 18, 21, 288
Translation of accent III, 1831
Translational equivalence III, 1830
Transparenz II, 1763; III, 2703
Transponder II, 1550
Transzendenz III, 2641
Traumspiel II, 1476
Trend III, 2421, 2480
Trendanalyse I, 245, 251, 266
Tribalismus II, 1661
Trickfilm II, 1545
Trickfilm III, 1824, 2378, 2379, 2380, 2810, 2814
Trivialliteratur I, 232, 233, 237, 311, 537
Tugend I, 703, 704, 705, 728, 794
TV-Movie III, 2353, 2357, 2358, 2360, 2376
Two Step Flow-Kommunikationsschema I, 21
Typographie I, 24, 151, 223, 411, 448, 452, 453, 469, 470, 471, 571, 593, 595, 817, 869, 900, 956, 992, 997, 1000, 1003, 1004, 1005; II, 1603, 1618, 1623, 1635, 1783
Typologie II, 1085

U

Übersetzung I, 569, 597, 600, 602, 607, 611, 633, 636, 652, 666, 672, 706, 707, 713, 732, 765
Übertragung II, 1514
Übertragungskanal II, 1247
Übertragungsmedien I, 19, 20, 344, 347
Ultrakurzwelle (UKW) III, 1934, 1921
Umfrage II, 1648; III, 2030, 2031, 2037, 2081
Umsetzer III, 2203
Umwelt I, 76, 77, 78, 79, 84, 118, 121, 236, 324, 387, 746
Uncontrolled cinema III, 1801
Universal Mobile Telecommunications System (UMTS) III, 2511
Universal Networking Language (UNL) III, 2578
Universalität I, 146, 215, 609, 627, 630, 881, 886, 892, 897, 932, 955; II, 1716; III, 2510
Universalpragmatik I, 18
Universalsprache I, 19, 288
Unterhaltung I, 192, 197, 239, 245, 370, 470, 495, 537, 544, 565, 588, 765, 766, 809, 820, 843, 846, 853, 861, 865, 870, 874, 887, 916, 921, 926, 955, 956, 969, 1012; II, 1053, 1054, 1056, 1063, 1066, 1070, 1079, 1082, 1123, 1151, 1155, 1156, 1163, 1164, 1181, 1184, 1208, 1219, 1223, 1389, 1420, 1431, 1432, 1435, 1457, 1471, 1474, 1475, 1481, 1482, 1488, 1490, 1498, 1540, 1543, 1545, 1635, 1658, 1661, 1728, 1741, 1764; III, 1984, 1991, 2044, 2045, 2065, 2073, 2075, 2086, 2125, 2265, 2272, 2275, 2278, 2284, 2298, 2299, 2300, 2326, 2334, 2337, 2351, 2354, 2367, 2397, 2399, 2400, 2401, 2481, 2492, 2796, 2802, 2842
Unterhaltungselektronik III, 2420, 2803
Unterhaltungsindustrie II, 1179; III, 2533
Unterhaltungsliteratur III, 2804
Unterhaltungsmusik II, 1511; III, 2021, 2854
Unterhaltungsrundfunk III, 2074
Unterhaltungsslalom III, 2272
Unternehmenskommunikation III, 2708
Unternehmenskultur I, 79
Unternehmensschutz III, 2755
Unterrichtsfilm I, 359
Uraufführung II, 1545
Urheber III, 2546, 2547, 2559, 2538, 2540, 2541
Urheberrecht (Coyright) I, 339, 340, 341, 343, 469, 471, 571, 572, 575, 576, 767; III, 2642, 2756, 2757, 2847
Urheberrechtschutz III, 2659
User Agent (UA) III, 2520
Uses-and-Gratifications-Approach I, 193, 265, 325, 330; II, 1744; III, 2349, 2467, 2493, 2494, 2495
Utopie I, 997; III, 2362

V

Valenzanalyse I, 241
Varieté II, 1163, 1165, 1167
Verbalisierung II, 1463; III, 2379
Verbreiter III, 2541, 2542
Verbürgtheit III, 2030
Verdeckung III, 1946
Verfassung II, 1428, 1543
Verfassungsrecht II, 1553
Verfassungswirklichkeit II, 1559
Verfremdung II, 1715, 1716
Verhältnismäßigkeit III, 2750
Verifikation I, 34
Verkehrsdurchsagekennung (TA) III, 1909
Verkehrsfunkkennung (TP) III, 1909
Verkehrsinformationen (TMC) III, 1911
Verlag I, 79, 80, 134, 326, 339, 347, 354, 491, 749, 750, 767, 769, 772, 786, 848, 885, 908, 910, 919, 926, 950, 969; II, 1552; III, 2640, 2643
Verlagswesen III, 2029
Verleger I, 65, 72, 134, 266, 456, 468, 469, 509, 527, 570, 573, 576, 762, 765, 788, 827, 849, 853, 859, 884, 900, 909, 927, 934, 965; II, 1574, 1579
Vernetzung II, 1662; III, 2069, 2103, 2508, 2803
Vernunftkritik I, 521, 744
Versioning III, 2591
Versorgungsgrad III, 2281
Verstaatlichung II, 1419
Verständlichkeit II, 1110, 1693; III, 2008, 2015
Verständlichkeitsforschung I, 298, 303, 304, 871
Verstehen I, 30, 34, 35, 40, 42, 84, 91, 103, 120, 121, 122, 215, 217, 222, 241, 250, 289, 298, 299, 310, 369, 375, 584, 713, 719, 968
Verteilkommunikation II, 1516
Vertraulichkeit III, 2775
Vertrieb II, 1679
Video I, 102, 194, 240, 357, 359, 372, 472, 773; II, 1070, 1143, 1146, 1148, 1515, 1590; III, 2066
Video-Clip II, 1036
Video-on-Demand II, 1518, 1552; III, 2217, 2227, 2483, 2509, 2524, 2532
Videobewegung III, 2805
Videoclip III, 2367
Videodienst II, 1518
Videokonferenz III, 2574, 2583, 2632
Videorecorder III, 2281, 2458
Videospiel II, 1591; III, 2483
Videotechnik II, 3102; III, 2342
Videotext II, 1552, 1562, 1687; III, 2204, 2503
Videothek II, 1157
Vielleser II, 1659
Vierziger Jahre II, 1424

Vietnam-Krieg III, 1796, 1805, 1806
Viewer Activity III, 2465
Viewer Habits III, 2468
Viewing Time III, 2466
Violence Index III, 2492
Violence Profile III, 2491
Virtual Classroom III, 2606
Virtualisierung III, 2433
Virtuelle Universität III, 2531
Virtuelles Studio III, 2107, 2163
Visualisierung II, 1123, 1193, 1620; III, 2050, 2313, 2439, 2447, 2842
Visualität I, 97, 126, 166, 372, 555, 594; II, 1115
Visuelle Kommunikation I, 195, 361
Voice over III, 1829
Voice quality III, 1831
Völkerkunde II, 1612
Völkerwanderung I, 421
Volksaufklärung II, 1508
Volksbildung I, 494, 589; II, 1053
Volksbuch II, 1242
Volksbühnenbewegung II, 1505
Volksempfänger III, 2144, 2843
Volkskunde I, 132, 791, 792
Volksmusik II, 1448
Volkstheater II, 1187
Volkswirtschaft II, 1693
Vollprogramm II, 1543, 1550; III, 2119
Vollversorgung III, 2256
Voltmeter II, 1522
Vormärz I, 144, 505, 788, 832, 901, 941, 942; II, 1610
Vortrag II, 1431, 1478; III, 2057
Vortragsdienst II, 1554
Vortragswesen II, 1418
Vorurteil I, 221
Vorwissen I, 84
Vulgärlatein I, 515

W

Wahlkampf I, 823, 929, 1015; II, 1741
Wahrheit II, 1135; III, 2791, 2792
Wahrheitsgehalt II, 1130
Wahrheitstheorie I, 34, 40, 48, 331, 898
Wahrnehmung II, 1194, 1195, 1246, 1249
Walkman III, 2420
Wanderdrucker I, 445
Wanderkino II, 1060, 1073, 1085
Wandern II, 1598

Warenästhetik I, 157
Wartime Reporting III, 2748
Wasserzeichen I, 391, 393, 571
Web-Chat III, 2574
Web-Shop III, 2582, 2590, 2592
Wehrmacht II, 1468, 1480, 1510
Wehrmachtsbericht I, 918
Weihespiel II, 1475
Weihestück II, 1467; III, 2037
Weimarer Jahre II, 1420
Weimarer Republik I, 506, 766, 789, 822, 884, 910, 918, 920, 947, 952, 994, 1008, 1010, 1014; II, 1114, 1127, 1128, 1178, 1180, 1181, 1184, 1421, 1430, 1432, 1434, 1435, 1447, 1449, 1454, 1458, 1466, 1473, 1475, 1491, 1493, 1498, 1505, 1553, 1555, 1556; III, 2065, 2823
Weimarer Zeit II, 1421, 1422, 1438, 1467, 1555; III, 2843
Wellenchef III, 2122
Wellendemontage III, 2719
Wellenkonferenz III, 2198
Wellenprogramm III, 2103
Weltmarkt II, 1063, 1409; III, 2664
Weltsicht I, 318, 479, 483, 738, 818, 918, 941
Weltsprache III, 2649
Welttheater I, 701
Welturheberrechtsabkommen (WUA) III, 2660
Weltwirtschaft I, 1018
Weltwirtschaftskrise II, 1180, 1503
Weltwissen I, 121, 123, 215, 564, 626, 627
Werbeagentur II, 1450, 1774
Werbeeinnahme II, 1542
Werbeforschung I, 979
Werbefotografie II, 1767, 1780
Werbekontakt II, 1783
Werbemarkt III, 2696
Werbemarktforschung II, 1625
Werbesendung II, 1427
Werbespot III, 2258, 2411
Werbetheorie I, 149, 151, 152, 154, 158, 859
Werbewirkung I, 112, 153, 803, 979, 980
Werbewirkungsforschung I, 979
Werbewirtschaft I, 238; II, 1757; III, 2487, 2506
Werbewissenschaft I, 150
Werbung I, 74, 149, 202, 226, 239, 245, 265, 283, 310, 331, 347, 351, 361, 364, 371, 449, 765, 768, 771, 798, 800, 814, 847, 848, 849, 859, 861, 863, 920, 921, 959, 986, 1010, 1011, 1012, 1013, 1015, 1016;
II, 1070, 1127, 1135, 1151, 1455, 1469, 1557, 1562, 1686, 1689, 1763, 1766; III, 1968, 1970, 1978, 1990, 2097, 2227, 2244, 2256, 2266, 2268, 2301, 2336, 2367, 2391, 2411, 2479, 2489, 2584, 2589, 2612, 2728, 2730, 2731, 2732, 2733, 2757, 2758, 2767, 2782, 2796
Wertbesetztheit III, 2789
Wertesystem I, 245
Wettbewerb III, 2615, 2703
Wetterbericht III, 2011
Widerspiegelungstheorie III, 1803, 1804
Widerstand I, 139
Wiedererkennungswert III, 2269
Wiederholbarkeit III, 2072
Wildwest-Show II, 1163
Willenstheorie I, 344
Wirklichkeit II, 1189, 1192, 1220, 1222, 1235; III, 1799, 1803, 1804, 2791, 2808
Wirklichkeitsanalyse II, 1186
Wirklichkeitskonstruktion III, 2801
Wirkung I, 215, 221, 245, 294, 388, 610, 791, 941, 965; II, 1137, 1638; III, 2284
Wirkungsforschung I, 71, 153, 219, 251, 260, 261, 265, 319, 321, 324, 325, 327, 328, 361, 381, 388, 771; II, 1446, 1740
Wirtschaft I, 886, 934, 955; II, 1608, 1612, 1687, 1691; III, 2533
Wirtschaftlichkeit III, 2626
Wirtschaftsjournalismus III, 2078
Wirtschaftskrise I, 934, 946; III, 2667
Wirtschaftsnachricht II, 1505
Wirtschaftssystem II, 1415
Wirtschaftswissenschaft I, 4, 5, 208, 572, 573
Wissenschaft III, 2271, 2533
Wissenschaftlichkeit II, 1611
Wissenschaftsgeschichte I, 256, 583, 745
Wissenschaftsjournalismus III, 2078
Wissenschaftsreportage II, 1715
Wissenschaftssystem I, 1, 3, 7, 13
Wissenschaftstheorie I, 1, 2, 3, 4, 5, 484, 535, 744
Wissenskluft-Forschung III, 2310
Wissenskluft-Hypothese (Knowlege-Gap-Hypothesis) I, 114, 116; III, 2802
Wissensorganisationen I, 84

Wissenssystem I, 16, 84, 96, 221, 296
Wissensverdichtung II, 1613
Wissensvermittlung III, 2801
Witz I, 846, 856, 1022
Wochenschau II, 1113, 1125, 1126, 1129, 1151, 1180, 1184, 1189
Workflowsystem III, 2624, 2632
Workstation III, 1905
Wortkunstwerk II, 1463
Wortspiel II, 1494
Wortwitz II, 1210
Wunschkonzert III, 2021, 2239, 2412

X

Xylographie I, 413

Z

Zangenreportage II, 1716
Zapping III, 2273, 2285, 2432, 2433, 2458
Zeichengebrauch I, 281
Zeichenprozess I, 282
Zeichensystem I, 5, 24, 28, 155, 263, 281, 282, 311
Zeichentheorie I, 150, 283, 288
Zeichentrickfilm I, 776, 781; II, 1162, 1216, 1590, 1631
Zeichentrickserie II, 1591
Zeichner II, 1679
Zeilensprungverfahren III, 2148
Zeitfunk II, 1418, 1420, 1434, 1474, 1478
Zeitgeist III, 2419
Zeitgeschehen III, 2268
Zeitgeschichte II, 1494; III, 2379
Zeitinterleaver III, 1951
Zeitmultiplex-Verfahren III, 2174, 2175
Zeitreihenstudie ›Massenkommunikation‹ III, 2281
Zeitschrift II, 1575, 1590, 1627
Zeitstück II, 1495
Zeitungsjournalismus II, 1661
Zeitungskolleg I, 853, 881
Zeitungswissenschaft I, 45, 59, 143, 145, 147, 281, 319, 849, 881, 882, 883; III, 2821, 2823, 2834
Zensur I, 144, 359, 465, 486, 566, 786, 788, 789, 818, 822, 832, 841, 843, 844, 861, 869, 896, 897, 899, 901, 902, 903, 905, 907, 910, 914, 940, 945, 978, 1012; II, 1110, 1115, 1124, 1125, 1175, 1180, 1417, 1421, 1508, 1553, 1555, 1587, 1643, 1645, 1649, 1717; III, 1792, 1825, 2650, 2715, 2750, 2804
Zentralität II, 1557
Zeugdruck I, 411, 443
Zeugnisverweigerungsrecht III, 2752
Zitat I, 34, 39, 712, 713, 808; II, 1737; III, 2029, 2030, 2031, 2037
Zivilisation II, 1650
Zivilisationskritik III, 2406
Zoologie I, 535, 627, 792; II, 1612
Zunft I, 422, 751, 924
Zusatzinformation III, 1905, 1908
Zuschauerforschung I, 44, 45, 100, 183
Zwanziger Jahre II, 1400, 1429, 1508; III, 1983, 2037, 2046, 2083, 2091, 2804, 2821, 2823, 2834, 2848
Zwei-Weg-Kommunikation III, 2225
Zweikanal-Stereofonie-Aufnahme III, 1894
Zweiter Weltkrieg I, 70, 138, 452, 472, 496, 787, 822, 857, 872, 882, 883, 911, 918, 958, 966, 976, 978, 1010, 1014; II, 1081, 1088, 1129, 1133, 1145, 1210, 1217, 1219, 1222, 1468, 1478, 1479, 1481, 1510, 1540, 1555, 1574, 1586, 1682; III, 1793, 1794, 1827, 1964, 1983, 2026, 2037, 2042, 2148, 2155, 2198, 2200, 2264, 2270, 2323, 2415, 2459, 2669, 2677, 2683, 2716, 2763, 2805, 2822, 2823, 2849
Zwischenfilm-Wagen III, 2141
Zwischenfilmgerät III, 2141
Zwischenfilmverfahren III, 2141, 2142